Kunstgeschichte kommt gewöhnlich als chronologisch erzählte Geschichte daher und verschüttet damit viele interessante Aspekte künstlerischen Schaffens und seiner Wirkungen. Nicht so diese Geschichte der italienischen Kunst, das Gemeinschaftswerk führender italienischer Kunstwissenschaftler, die die Kunstbetrachtung aus dem musealen Gefängnis befreiten. Entsprechend groß war das Aufsehen, als das Werk zwischen 1979 und 1983 in Italien erschien, und ebenso, als 1987 die deutschsprachige Ausgabe in zwei Bänden vorgelegt wurde. Die Autoren verlassen das überlieferte Schema, Fakten und Werke in chronologischer Reihenfolge aufzuzählen; ihre Aufmerksamkeit richtet sich vielmehr auf die Grundlagen, Absichten und Wirkungen, auf die Bedingungen, unter denen italienische Kunst entstand. In profunden und brillant geschriebenen Studien spüren die Autoren den Themenkomplexen nach.

Band 1

Band 2

Italienische Kunst

Eine neue Sicht auf ihre Geschichte
Mit 663 Schwarzweißabbildungen

Von Luciano Bellosi, Enrico Castelnuovo, Alessandro Conti, Massimo Ferretti, Carlo Ginzburg, Giovanni Previtali, Giovanni Romano, Salvatore Settis, Bruno Toscano, Federico Zeri

Vorwort von Willibald Sauerländer

Band 1

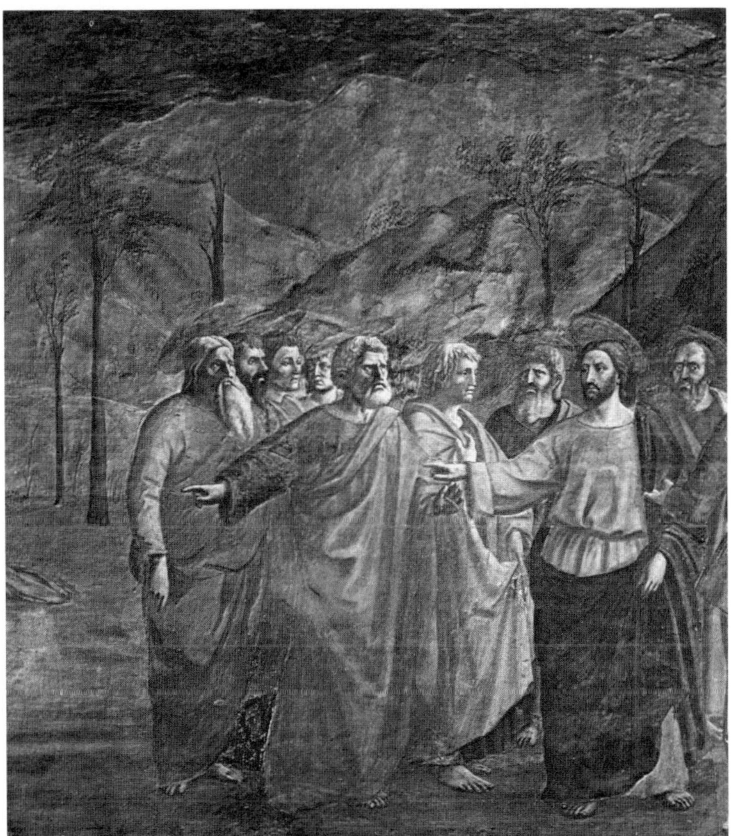

Deutscher
Taschenbuch
Verlag

vorhergehende Seite:

TOMMASO DI GIOVANNI DI SIMONE GUIDI, gen. MASACCIO, *Der Zinsgroschen,* 1425
Die Mittelgruppe aus dem Fresko
Florenz, S. Maria del Carmine, Cappella Brancacci

Aus dem Italienischen von Martina Kempter (Castelnuovo/Ginzburg), Heinz-Georg Held (Conti), Ulrich Hausmann (Ferretti, Toscano).

Lektorat: Thomas Schmid unter Mitarbeit von Klaus Wagenbach
Für Beratung und Hilfe bei der Auswahl für diese Ausgabe dankt der deutsche Originalverlag Andreas Beyer, Andrea Buzzoni, Enrico Castelnuovo, Carlo Ginzburg, Karl F. Hauber und Salvatore Settis.
Ferner Luigi Vittorio Ferraris, Mathias Gatza, Agnese Incisa, Katharina Krause, Gerd-Michael Meyer, Bruno Mocci, Nicole Riegel, Bettina von Volkmann, Ute Wachsmuth und Jürg Zimmerli für die freundliche Mitarbeit und Hilfe, sowie dem ›Ministero degli Affari Esteri‹ für die finanzielle Förderung der Übersetzung.
Der größte Teil der Abbildungen folgt der italienischen Ausgabe, für die deutschen Leser wurde jedoch – in Zusammenarbeit mit den Autoren – der Bildteil ergänzt oder verändert. Die Bildunterschriften im Text dienen der Orientierung, das Abbildungsverzeichnis enthält auch die genauen Ortsangaben.

Ungekürzte Ausgabe
Oktober 1991
Deutscher Taschenbuch Verlag GmbH & Co. KG, München

Titel der italienischen Originalausgabe:
Storia dell'arte italiana, herausgegeben von
Giovanni Previtali und Federico Zeri

ISBN 3-8031-3537-0
Umschlaggestaltung: Celestino Piatti
Umschlagabbildung: »Baldassar Castiglione« (um 1515) von Raffael
Gesamtherstellung: Druckerei Wagner GmbH, Nördlingen
Printed in Germany · ISBN 3-423-59018-1

INHALTSÜBERSICHT

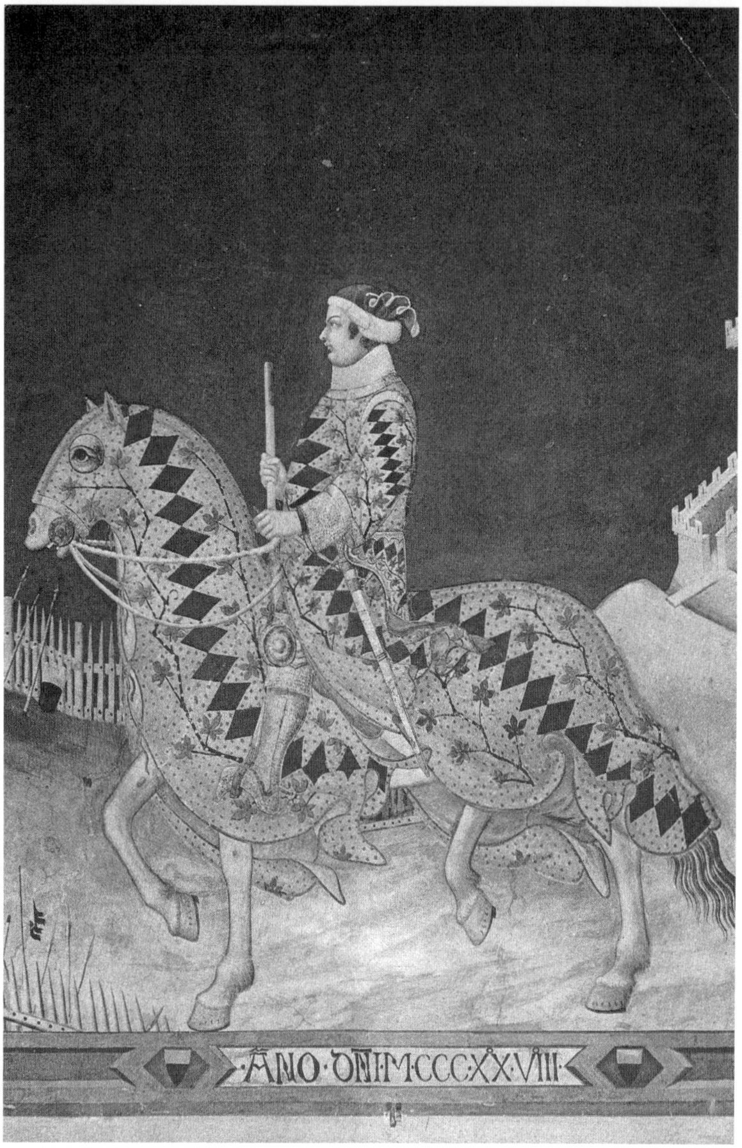

SIMONE MARTINI (zugeschr.),
Guido Riccio da Fogliano, um 1328
Ausschnitt
Siena, Palazzo Pubblico

INHALT

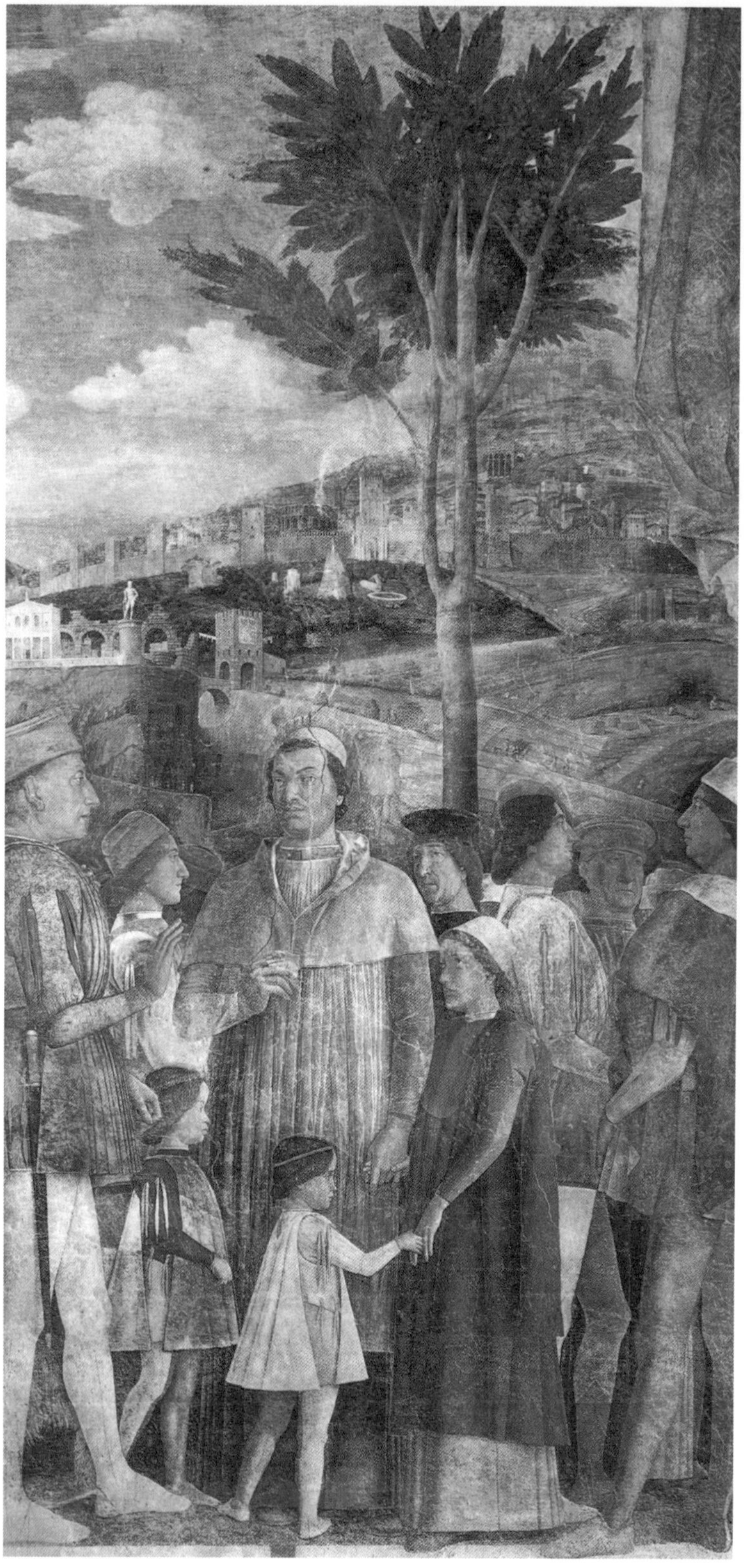

ANDREA MANTEGNA,
Camera degli Sposi, um 1475
Ausschnitt
Mantua, Palazzo Ducale

WILLIBALD SAUERLÄNDER

Vom Wagnis, die Kunstbetrachtung aus dem musealen Käfig zu befreien

Die Veröffentlichung einer zwölfbändigen *Geschichte der italienischen Kunst,* der »Storia dell'arte italiana«, in den Jahren 1979 bis 1983 durch das Haus Einaudi in Turin war ein staunenswertes Wagnis, das wahrscheinlich in keinem zweiten europäischen Lande so unbefangen unternommen und so brillant hätte verwirklicht werden können. Die letzten vielbändigen Publikationen über die Geschichte der französischen, englischen, spanischen oder gar der deutschen Kunst liegen Jahrzehnte, ja teilweise über ein halbes Jahrhundert zurück und scheinen einer vergangenen kulturellen und politischen Mentalität anzugehören. Man führt zwar neuerdings besonders in Deutschland eine nostalgische Debatte über nationale Geschichte und Identität, aber der kunsthistorische Diskurs hält sich, so hofft man, aus wohlerwogenen Gründen dieser Reprise fern. So bewundert der ausländische Leser die naturwüchsige Selbstverständlichkeit, mit der die Autoren der »Storia dell'arte italiana« von den Städten, den Bauten, den Gärten, den Bildern in ihrem Lande sprechen und dabei weder die Festdekorationen, noch die Briefmarken oder die Fatalitäten der faschistischen Architektur auslassen. Diese vielstimmige Veröffentlichung ist auf erfrischende Weise vorurteilsfrei. Auf jeder Seite spürt man, wie sehr Kunst hier in das tägliche Leben hereinreicht und im kollektiven Gedächtnis gegenwärtig ist. So kann diese Kunstgeschichte in einzelnen Kapiteln einem extremen Campanilismo frönen, sich über Hunderte von Seiten nur über Montagnana oder Gallipoli in der Provinz Lecce verbreiten, ohne in Provinzialität zu verfallen, weil die Strukturen einer geschichtsträchtigen Urbanität in allen Winkeln des Landes faßbar bleiben. Auch können die Texte sich immer wieder auf ein rhetorisches Pathos einlassen, das in jedem anderen Idiom peinlich wirken würde, hier aber von einer Tradition der literarischen Kunstrühmung zehrt, die bis zu Dante, Petrarca und Boccaccio zurückreicht. Und doch ist die »Storia« eine ausgesprochen moderne, zur Aktualität hin offene Publikation, welche die alten Fragen und Probleme der italienischen Kunstgeschichte in neuer Weise aufgreift.

»Die traditionelle Vorstellung von den Bildenden Künsten, wie sie den Handbüchern der italienischen Kunstgeschichte bisher zugrundelag, erscheint heute als zu eng. Das Gebiet der Anwendung des Begriffes ›Kunst‹ hat sich nach vielen Richtungen hin erweitert: Von den Gipfeln der Kunst zu den zweitrangigen Künstlern hin, die auf ihre eigene Weise bedeutsam sind; von den eigenhändigen Originalen hin zu den Repliken, den Kopien, den Ableitungen, den serienmäßig hergestellten Gegenständen; von den Metropolen hin zu den kleineren Zentren und den Territorien; von den ideologisch aufgeladenen Hauptwerken der großen Künste zu den schlichteren, gebrauchsnahen Erzeugnissen der angewandten Kunst; von der Architektur zum Bauwesen allgemein; von der Malerei und Skulptur zur Zeichnung, zu der Druckgraphik, der Lithographie und der Photographie.« Die hier zitierten Sätze stehen in der »Premessa«, welche der Herausgeber der italienischen Ausgabe vorangestellt hat. Man mag der berechtigten Ansicht sein: Diese Rede von der Ausweitung und Nivellierung des Kunstbegriffs wiederhole nur, was seit mindestens zwei Jahrzehnten auch außerhalb Italiens eine mittlerweile selbstverständliche Einsicht geworden sei. Venturis programmatisches Buch »Learning from Las Vegas« erschien in den sechziger Jahren. »Back to the farms« lautete um 1970 die Überschrift eines damals aufsehenerregenden Artikels im amerikanischen »Journal of the Society of architectural historians«. Die Industriearchäologie, das industrielle Design, die Geschichte der Photographie haben inzwischen die Kunstgeschichte nicht nur stofflich erweitert, sondern die Perspektive und die Mentalität der Disziplin verändert. In den Vereinigten Staaten, in England, in Deutschland hat dieser Wandel zu einer Fülle von Einzeluntersuchungen oder auch zu theoretischen Erörterungen geführt, welche die neue Offenheit zuweilen ins Sektiererische verbogen. Nur in Italien aber hat man das Wagnis durchgestanden, diese erweiterte und relativierte Vorstellung von Kunst zur Grundlage einer »Storia dell'arte italiana« zu machen, die vom Frühmittelalter bis zur Gegenwart reicht. Die Vitalität der ästhetischen, besser wohl der visuellen Kultur hat es hier erlaubt, die Öffnung zu den alltäglicheren Medien hin mit größter Selbstverständlichkeit zu vollziehen, sie von ikonoklastischen und antielitären Anwandlungen frei zu halten und zu den Werken Michelangelos und Raffaels die Photographien oder die bescheidenen Erzeugnisse der Volkskunst einfach als Bereicherung hinzuzufügen. Das ist die Einmaligkeit dieser neuen Einaudi-Publikation, der kein anderes Land gegenwärtig Vergleichbares entgegenzustellen hat.

Noch ein zweiter Passus der »Premessa« muß hier zitiert werden, um die spezifische Position der neuen »Storia dell'arte italiana« in der aktuellen wissenschaftlichen und kulturellen Situation der achtziger Jahre deutlich werden zu lassen. Ihre Planung, so heißt es, »hat bewußt auf die Wahl eines einzigen Gesichtspunktes« verzichtet, dem sich die Beiträge der verschiedenen Spezialisten unterzuordnen hätten und sich statt dessen für eine »ottica multipla e problematica«, eine »pluralistische und problemorientierte Optik« entschieden. Tatsächlich gehört die »Storia« erkennbar nicht mehr in jene Reihe kombattiver Veröffentlichungen, welche in den sechziger und frühen siebziger Jahren den traditionellen Kunstbegriff mit ideologischer Schärfe in Frage stellten. Sie setzt das Resultat dieser Auseinandersetzung als gegeben voraus und spiegelt ein reflektierteres Bewußtsein der Kunstwissenschaft, das allen eindeutigen Interpretationen und Bestimmungen mißtraut. Die Zeugnisse der visuellen Überlieferung sind nur noch gebrochen im Medium der Repliken, im Lichte der voraufgegangenen Rezeption und Interpretation, als Ergebnis von Restaurierung oder Fälschung gegenwärtig. Dieser Zustand reizt zu einem spielerischen, den Wechsel der Standpunkte nicht scheuenden Umgang mit dem Material. Weder die Chronometrie noch die Topographie der Kunstgeschichte sind heute noch länger einfach festgeschrieben. Die spannendsten Beiträge in den zwölf Bänden sind von dieser Einsicht erfüllt. Gerade weil sie kein geschlossenes Konzept hat, ist die »Storia« aktuell.

Traditionelle »Kunstgeschichten« wählten in aller Regel einen strikt chronologischen Aufbau, der allenfalls leichte topographische Varianten zuließ. Das eindruckvollste italienische Beispiel bietet noch immer Adolfo Venturis monumentale »Storia dell'arte italiana«, die enzyklopädische Leistung eines Einzelnen, der die Geschichte der italienischen Kunst fast wie in einem naturalistischen Roman in vielen Bänden nacherzählte. Die neue »Storia dell'arte« hat sich von diesem starren Schema, von seinem Glauben an die Kausalität zeitlicher Entwicklungen gelöst, um ihre »ottica multipla e problematica« zur Entfaltung bringen zu können. Nur die mittleren Bände bieten einen sehr freien chronologischen Überblick über die italienische Kunstgeschichte, wobei allein dem 20. Jahrhundert ein Viertel des Platzes eingeräumt ist. Emphatischer konnte man kaum demonstrieren, daß hier Kunstgeschichte bewußt von der Gegenwart aus geschrieben werden sollte. Dieser chronologische Teil der »Storia« wird flankiert von einleitenden Bänden, die »Materialien und Probleme« behandeln, und von sehr ausgedehnten abschließenden Beiträgen, die unter der lockeren Überschrift »Situationen, Augenblicke, Nachforschungen« einzelne Themen und Aspekte aufgreifen, Tiefenbohrungen unternehmen.

Teil I enthält Abhandlungen über die Figur des Künstlers, das Publikum, die Kunstgeschichtsschreibung und die Kunsttechniken, aber auch über die figürliche Darstellung in der Malerei und auf dem Theater sowie über den Zusammenhang von Kunst und Frömmigkeit, der in diesem katholischen Land bis in das 18. Jahrhundert hinein so prägend gewesen ist. Teil III wiederum verbreitet sich über Schrift und Votivbilder, Landschaftsmalerei und Stilleben, aber auch Restaurierung und Kunstmarkt. Es sind lauter diachrone Perspektiven, die Kontinuität und Bedingungen der »arte italiana« offenlegen. Diese Beiträge sind nicht systematisch aufeinander abgestimmt, sie sind Streiflichter. Ihre Form ist nicht die systematische Abhandlung, die kontinuierliche Erzählung, sondern der Essay, der aphoristisch auf Probleme und Konstellationen aufmerksam macht. Es stört auch nicht, daß die angebotenen Methoden und Sichtweisen oft denkbar divers sind. Die »Premessa« bekennt sich ausdrücklich dazu, »autori di varia estrazione ed orientamento«, »Autoren verschiedenartiger Herkunft und Orientierung« eingeladen zu haben. Unter dem herkömmlichen Titel »Storia dell'arte italiana« bietet diese neue Kunstgeschichte einen ganzen Fächer von Variationen zum Thema des italienischen Patrimoniums, des erdrückenden Erbes an Palästen und Hütten, an Denkmälern und Bildern. Da kann im gleichen Band und ganz unpolarisiert von der »Villa« und von »casa e matrimonio«, von »Haus und Ehe« die Rede sein. Von Ausweitung des Kunstbegriffs hat die »Premessa« zwar ausdrücklich gesprochen. Wo Kunst und Alltag, geformtes Bild und geformtes Leben so nahe beieinander liegen, war diese Ausweitung jedoch bloß die Wiederentdeckung eines herkömmlichen sozialen Zustandes, den eine musealisierte Kunstgeschichte nur verstellt hatte.

Was bedeutet die Botschaft dieser neuen »Storia dell'arte italiana« für den deutschen Leser? Die hier vorgelegte Auswahl von immerhin zehn gewichtigen Beiträgen in deutscher Übersetzung bietet Einblick in eine Art von Kunstgeschichte, die in größerem Maße als in Deutschland ein lebendiger Teil der intellektuellen Kultur ihres Landes zu sein scheint. Sie ist sicherer in ihrer Tradition, wohl aber auch offener der Aktualität gegenüber. Man findet hier kaum jenes Bild vom Traumland der klassischen Kunst bestätigt, das lange die Vorstellung der deutschen Gebildeten beim Gedanken an Florenz, an Rom, bei der Erinnerung an ihre italienischen Reisen besetzt hielt. Vielleicht werden diese Essays den Leser eher Erfahrungen ins Gedächtnis rufen, die er bei der Lektüre Calvinos oder angesichts der Filme Bertoluccis oder Fellinis gemacht hat. Die Autoren dieser Essays verstehen die Kunst – auch die Kunst der Vergangenheit – als Teil einer immer noch lebendigen visuellen Kultur, als präsentes sinnliches Material für den Spiel-Raum des Intellekts.

Wie gliedert man eine Geschichte der italienischen Kunst, wie teilt man sie in einzelne zeitliche Abschnitte ein? *Giovanni Previtali* antwortet in seinem Beitrag über »Die Periodisierung der italienischen Kunstgeschichte«: Alle »mechanischen Unterteilungsraster (Jahrhunderte, Jahrzehnte, Generationen u. ä.)« seien für den Historiker unakzeptabel und insistiert gleich zu Beginn: »Verschiedene Periodisierungen implizieren verschiedene Definitionen des Untersuchungsgegenstandes.« Was also ist dann, lautet die nächste Frage, italienische Kunst? Und wieder folgt eine Distanzierung, dieses Mal gilt sie der metahistorischen Beschwörung eines nationalen Wesens, das sich in der Kunst enthülle. »Es ist nicht die Aufgabe des Historikers, bleibende und unveränderliche Wesensmerkmale zu bestimmen, sondern miteinander verknüpfte und erkennbare Kontinuitäten auszumachen.« Es ist diese rationale Antwort auf die alte Frage, ob die zivilisatorischen Leistungen einer Nation sich dem Volksgeist oder der Geschichte verdanken, welche Previtali dann die Freiheit gibt, sich zu einer ebenso klaren wie traditionsgebundenen Definition von italienischer Kunst zu bekennen. Italienische Kunstgeschichte ist keinesfalls identisch mit der Masse der Kunstwerke, die sich heute auf italienischem Boden finden. Nicht nur das Altertum ist auszuscheiden, sondern auch große Teile des Mittelalters. Italienische Kunst entstand um 1300 durch die großen Toskaner, und sie entfaltete sich in einer Kontinuität bis ins 18. Jahrhundert, um in dem Augenblick in der allgemeinen europäischen Kunstgeschichte aufzugehen, als Italien kulturell zu einem randständigen Land wurde. Das ist eine Sicht, die noch beinahe jener Vasaris entspricht, jetzt aber ausgeweitet bis zum Beginn der Moderne. Nicht jeder Leser wird diese Sicht vorbehaltlos übernehmen wollen, aber Previtali hat sie an Prämissen festgemacht, die er offen darlegt und historisch relativiert. Er bietet seine Periodisierung als eine in der Anschauung und in der Geschichte begründete Hypothese an.

Den deutschen Leser mag weiter die Offenheit und Klugheit faszinieren, mit der Previtali den Verlauf der künstlerischen und der wirtschaftlichen Konjunkturen in den verschiedenen italienischen Zentren und zu wechselnden Zeiten zueinander in Beziehung setzt. Einfachen Gleichungen oder Kontrasten, wie sie etwa der Wirtschaftshistoriker Lopez angenommen hatte, mißtraut er. Und mit Erheiterung liest man seine freimütige Äußerung: »Und eine Sache ist es schließlich, in Kunstwerken – die ja Produkte menschlicher Arbeit sind – deswegen ›Waren wie alle anderen‹ zu sehen, und zwar in dem Sinn, daß sie – wie alle anderen auch – den Marktgesetzen gehorchen; eine andere hingegen der Glaube, Kunstwerke seien Waren, die allen anderen gleich sind.« Die Periodisierung der italienischen Kunstgeschichte läßt sich weder von den Daten der Wirtschafts- und Gesellschaftsgeschichte abkoppeln noch in eine völlige Abhängigkeit von ihnen hineinmanövrieren. Die italienische Kunstgeschichte ist ein komplexes Gefüge aus Innovationsschüben, Unterbrechungen, Erstarrungen und Renovationen, das die sozialen und ökonomischen Veränderungen in den italienischen Städten auf wechselnde Weise begleitet. Für lineare Zeit- und Entwicklungsvorstellungen hat der Autor nur noch freundliche Ironie übrig. Nicht zufällig zitiert er gerne das nachdenkliche Buch »The Shape of Time« des Amerikaners Georg Kubler, das vor dreißig Jahren erstmals ein solches gebrochenes Bild von der künstlerischen Zeit entworfen hat.

Italien ist bis heute kulturell ein polyzentrisches Land geblieben. Der Gegensatz von Hauptstadt und Provinz, wie er seit Jahrhunderten das künstlerische und literarische Gesicht Frankreichs geprägt hat, macht hier keinen Sinn. Die Probleme der Kunstgeographie Italiens sind vielfältig, und sie waren schon in der Kunstliteratur des Cinquecento als Konkurrenzverhältnisse zwischen den einzelnen Zentren – Rom, Florenz, Bologna, Venedig – geschildert worden. Aber gibt es außerhalb dieser dominierenden Kunststätten nur Rückständigkeit und Provinzialität? Es gab diese Ansicht, aber seit wir dem Monopol der Avantgarden zu mißtrauen begonnen haben, entdecken wir auch in der älteren Kunstgeschichte das eigene Gesicht abgelegener Produktionszonen. In einem geistvollen Essay mit dem Titel »Zentrum und Peripherie« haben *Enrico Castelnuovo* und *Carlo Ginzburg* diese Problematik am »Fall Italien« untersucht. Wie es zur Kristallisation eines Kunstzentrums kommt, das läßt sich nicht allein von der Kunstgeschichte her erklären. Es gibt in Italien kein Kunstzentrum, das nicht zugleich Sitz eines Bistums war, aber es gibt natürlich zahlreiche Bischofssitze, die niemals zu Kunstzentren wurden. Zum Kunstzentrum gehört strukturell die Konkurrenz, und zwar sowohl die Konkurrenz am Ort selbst wie die konkurrierende Beziehung zu externen Zentren. Politisch und ökonomisch boten mit Ausnahme des Südens die im Hochmittelalter entstehenden Kommunen die günstigsten Ausgangsbedingungen für Konkurrenz und künstlerische Innovationen. »Nur ein Zentrum der außerkünstlerischen Macht – der politischen und/oder ökonomischen und/oder geistlichen Macht – wird Kunstzentrum sein können.« Mit dieser urbanen Feststellung sind wir weit von der romantischen Vorstellung von der Kunstlandschaft entfernt, wie sie gerade in Deutschland die kunstgeographische Diskussion lange beherrscht hat.

Aber wie steht es nun in den Augen der Autoren mit dem Verhältnis von Zentrum und Peripherie? Sie beschreiben eine breit gefächerte Typik von möglichen Beziehungen, die von der Rückständigkeit bis zum Widerstand, von der Deklassierung bis zum Rückzug reicht, vom Triumph der zentralen Herrschaft bis zur Alternative und produktiver Abweichung vom hauptstädtischen Paradigma. Lorenzo Lotto fand in Bergamo, Barocci in Urbino Bedingungen für eine idiosynkratische künstlerische Entfaltung, die Venedig oder Rom ihnen in gleicher Weise nicht geboten hätten. Das Fazit lautet, »daß der Zusammenhang Zentrum/Peripherie nicht als eine unveränderliche Beziehung zwischen Innovation und Rückständigkeit gesehen werden kann«, und warnend wird an anderer Stelle mit Brecht hinzugefügt: »Die Peripherie ohne weiteres mit Rückständigkeit gleichzusetzen, bedeutet letztendlich, sich damit abzufinden, die Geschichte auf immer vom Standpunkt des jeweiligen Siegers aus zu schreiben.« Lob der Provinz? Mit einem solchen Verdikt würde man es sich zu einfach machen. Die Autoren wollten nur daran erinnern, daß die »Storia dell'arte italiana« auch kunstgeographisch reicher gewesen ist, als der Blick auf die Zentren erkennen läßt. Sie führen eine Optik ein, welche einem »postmodernen« historischen Bewußtsein entspricht, das nicht mehr vorbehaltlos an den Siegeszug der Innovationen und Avantgarden glaubt, das Raum läßt für Alternative.

In der Kunstliteratur Italiens hat sich von Dante bis zu Vasari das Bild und die Legende vom Künstler geformt, der mehr ist als Handwerker und der schließlich im Falle Michelangelos sogar das Adjektiv »divino« auf sich zog. Mit Außenseitertum und Boheme freilich, die das bürgerliche 19. Jahrhundert den Künstlern zuschrieb, hatte jenes ältere Bild wenig gemein. *Alessandro Conti* hat in einem ausführlichen Beitrag über »Die Entwicklung des Künstlers« zunächst einmal völlig unromantisch die sozialen und ökonomischen Bedingungen erörtert, unter denen die Künstler bis ins Quattrocento arbeiteten, hat die Struktur der Verträge, die Rolle der Auftraggeber, die Einschränkung durch Vorbilder, die Schiedssprüche und Begutachtungen geschildert. Der deutsche Leser begegnet hier Problemen wieder, die Martin Warnke jüngst in seinem Buch über »Hofkünstler« behandelt hat. Facettenreich erzählt Conti, wie die Künstler von Handwerkern zu Rittern, Adligen und schließlich zu Akademikern wurden, aber auch wie Michelangelo oder später Poussin sich dieser Entwicklung entzogen, in Freiräume eskapierten. Energisch insistiert er auf der Sonderrolle Caravaggios, der das ganze System der künstlerischen Rangordnungen sprengte und dessen Nachfolger dann doch alsbald vom System als Spezialisten für Niedriges und Unziemliches integriert wurden, ein Vorgang, der Mechanismen der Kunstszene im 20. Jahrhundert vorwegzunehmen scheint. Contis Essay greift schließlich über Italien hinaus und zeigt, wie die klassischen Ideale der italienischen Kunsttheorie des Seicento im Umkreis der französischen Revolution in eine politisch und bürgerlich engagierte Malerei transformiert werden, deren Auswirkungen bis ins 20. Jahrhundert hereinreichen. Denkt man zurück an Rudolf und Margot Wittkowers vor einem Vierteljahrhundert erschienenes Buch »Born under Saturn«, das sich dem gleichen Thema zugewandt hatte, so macht Contis Beitrag sichtbar, wie sehr Künstlergeschichte inzwischen zu einem Sonderfall der allgemeinen Sozial- und Institutionengeschichte geworden ist.

Über mehr als tausend Jahre hinweg wurde ein zunächst überwiegender und dann bis in das 18. Jahrhundert ein großer Teil der italienischen Kunst im Auftrag der Kirche produziert. *Salvatore Settis* zeigt in seinem Beitrag »Ikonographie der italienischen Kunst: eine Linie. 1100–1500«, wie die mittelalterliche Kirche sich der Bilder bediente, »ut populus ad ecclesiam trahatur«, »damit das Volk in die Kirche hingezogen werde«, und damit einen Prozeß in Gang setzte, der zu einer immer größeren Zahl von immer sinnlicheren Bildern führte. Waren diese Bilder wirklich nur die Schrift für die des Lesens Unkundigen, wie ein berühmtes, immer wieder zitiertes Kirchenväterwort meint? Settis antwortet mit einem Satz aus Butors »Wörter in der Malerei«: »Pole, zwischen denen eine Elektrizität der Sinne zirkuliert«, und meint, daß diese Elektrizität Geistliche und Laien in gleicher Weise erreicht haben dürfte. Am Ende ist es so, daß die Kunst in ihren vollkommensten Bildern die anschauliche Vorstellung von den biblischen Ereignissen völlig besetzt. Buñuel in »Viridiana« oder Norman Jewison in »Jesus Christ Superstar« bleibt nichts anderes, als das Abendmahl nach dem Vorbild Leonardos zu stellen.

Settis läßt seine Linie um 1500 abbrechen. *Bruno Toscano* greift das gleiche Thema in seinem Essay »Geschichte der Kunst und Formen des religiösen Lebens« nochmals auf und führt es bis in das 17. Jahrhundert fort. Der Titel ist mit Bedacht gewählt, denn Toscano mißtraut den einfachen Gleichungen zwischen großen kirchlichen Bewegungen und Veränderungen der Kunst, und er warnt mit bedenkenswerten Gründen davor, den Einfluß der »Fachleute des Heiligen« etwa im Vor- und Umfeld des Trienter Konzils auf die Erscheinung der Kunst zu überschätzen. Ist aber damit das historische Thema Kunstgeschichte und Kirchengeschichte einfach obsolet geworden? Keineswegs. Toscano zitiert »Montaillou« von Le Roy Ladurie und das »Journal d'un curé de Campagne au XVIIe siècle«, das Platelle herausgab, um Untersuchungen über die Beziehung zwischen Kirche und Kunst im engen Rahmen von Diözesen, ja von Pfarreien, von einzelnen Orden zu fordern, also über den Zusammenhang zwischen den Bildern und der frommen Praxis im Alltag. Nicht nur an dieser Stelle erkennt man die Nähe der neuen »Storia dell'arte italiana« zur französischen Geschichtsschreibung im Umfeld der »Annales«.

Salvatore Settis ließ seinen Essay mit dem Wort Leonardos enden, der Maler müsse die Haltung der Menschen beim Streiten, beim Sprechen, beim Lachen »dal vivo« studieren. Die ikonographische Linie, die Settis in der italienischen Kunst verfolgt hatte, bricht um 1500 ab. An Stelle der Rezepturen tritt nun das Studium der Natur. Schon 1436 hatte Alberti in seinem Buch über die Malerei geschrieben: »Wenn wir etwas sehen, dann sagen wir, es handelt sich um eine Sache, welche einen Raum einnimmt.« Die Wiedergewinnung einer vergleichsweise natürlichen räumlichen Illusion ist das augentrügerische Experiment der italienischen Malerei im Trecento und Quattrocento, das sich bekanntlich rasch auch auf die Malerei im Norden der Alpen ausgewirkt hat. So ist es sinnvoll, daß die aus dem Teil I der »Storia« entnommenen Beiträge in der deutschen Auswahl mit *Luciano Bellosis* Abhandlung über »Die Darstellung des Raums« enden. Der Erörterung über die kunstgeschichtliche Zeit, die Kunstgeographie, die soziale Stellung des Künstlers, die religiösen Inhalte folgt damit ein Text über ein spezifisch italienisches Kunstmittel. Italien ist über die Zeiten hinweg das große Land der perspektivischen Illusion in der europäischen Kunstgeschichte geblieben. Noch die »pittura metafisica« unseres Jahrhunderts bezog sich in spielerischen Verfremdungen auf diese Tradition. Bellosi verfolgt sie von ihren Anfängen am Ende des 13. Jahrhunderts bis zu den Bologneser Quadraturisten und zu Pozzo, die perspektivische Kunststücke als ihre Spezialität vorführten und bekanntlich im Süden Deutschlands und in Österreich eine eifrige Nachfolge gefunden haben.

Es folgen drei Beiträge aus dem zentralen historischen Abschnitt der »Storia«, welcher in der italienischen Ausgabe den Titel »Dal Medioevo al Novecento«, »Vom Mittelalter bis zum 20. Jahrhundert«, führt. Es war richtig, dabei die Texte über das Mittelalter und über die neueren Zeiten auszusparen und dem deutschen Leser drei wichtige Abhandlungen zur »Aetas aurea«, zum »goldenen Zeitalter« der italienischen Kunst zwischen dem Trecento und der sogenannten Hochrenaissance vorzulegen. Noch einmal kommt *Enrico Castelnuovo* zu Wort mit einem funkelnden Essay »Kunst der Städte, Kunst der Höfe zwischen dem 12. und 14. Jahrhundert«. Der Autor kennt die europäische Kunst genauso gut wie die italienische, und so kann er das Geben und Nehmen über die Alpen hinüber und herüber in faszinierender Weise schildern: Die limitierte und dennoch inspirierende Wirkung, welche die Gotik Frankreichs, das »opus francigenum« auf das in alten Traditionen verharrende Italien ausübte, die Anregungen, die seit dem 14. Jahrhundert von Siena und Florenz über viele Kanäle, vor allem über den päpstlichen Hof in Avignon, die Malerei im europäischen Norden erreichten und modernisierten. Wer weiß, wie sehr sich noch vor wenigen Jahrzehnten ein großer Teil der italienischen Kunstforschung hermetisch auf das Studium des eigenen Patrimoniums beschränkte, vermag einzuschätzen, welche Neugier und intellektuelle Vitalität sich in dieser Europäisierung der kunsthistorischen Perspektive zu Wort melden.

Castelnuovo versteht es, Glanzlichter zu setzen, er beschreibt die Phänomene nicht nur, er erhellt sie. Man liest mit Spannung, wie er die Entfaltung einer neuen italienischen Bildhauerkunst im Werk Nicola

Pisanos mit jenen berühmten Versen aus dem Zehnten Gesang des »Purgatoriums« der »Göttlichen Komödie« zusammenbringt, in denen Dante den Anblick eines in einen Hang aus Marmor gemeißelten Verkündigungsengels beschreibt: »dinanzi noi pareva sì verace quivi intagliato in un atto soave che non sembiava imagine che tace.« »Er stand in Stein geschnitten so wahrhaftig vor uns und mit so lieblicher Gebärde, daß er nicht aussah wie ein stumm Gebilde.« In der italienischen Kunstliteratur kam es später bekanntlich zum »Paragone«, zum Streit über die Rangstellung von Malerei und Dichtung – und man mag sagen: Nur in einem Lande mit einer so ausgeprägten visuellen Kultur konnte dieser Wettstreit beginnen. Der deutsche Leser aber wird in Castelnuovos Text eine historische Konstellation bestaunen, die es ermöglicht, so selbstbewußt und glückhaft am Beispiel der größten Werke der dichterischen und bildhauerischen Tradition eine wechselseitige Erhellung der Künste durch das bloße Zitat entstehen zu lassen.

Rinascimento ist nicht nur ein italienischer Begriff. Die Wiedergeburt, die Wiedererwachung oder, wie man seit dem 19. Jahrhundert zu sagen pflegt, die Renaissance ging von Italien aus, war ein visuelles Korrelat zum Humanismus der italienischen Philologen, Philosophen und Literaten. Freilich pocht heute niemand mehr mit dem Optimismus, mit dem selbstsicheren Wissen auf die Renaissance, auf ihr Wesen und ihre Ziele, wie es im 19. Jahrhundert die Denker und Historiker des bürgerlichen Zeitalters getan hatten: Hegel, Michelet und vor allem natürlich Burckhardt. Unsere Vorstellung von der Renaissance ist widersprüchlicher und komplizierter geworden, ihre Nachtseiten wurden ebenso entdeckt wie das Fortwirken mancher mittelalterlicher Überlieferung. Schon 1952 hatte Erwin Panofsky mit der besorgten Stimme eines Apologeten der humanistischen und auch der bildungsbürgerlichen, gymnasialen Tradition vor einer »Renaissance-Dämmerung« gewarnt. Kunsthistoriker, die aus dem Umkreis des mitteleuropäischen Expressionsmus kamen, wollten bereits um 1925 sogar Anzeichen einer latenten Gotik mitten in der Malerei der italienischen Frührenaissance entdecken. Dieser Problematik nähert sich *Federico Zeris* eigenwilliger und überraschender Beitrag: »Renaissance und Pseudo-Renaissance«. Zeri verficht einen exklusiven, auf »der Linie eines künstlerischen Rationalismus« aufgezogenen Renaissance-Begriff, dem nur die Strengsten und Konsequentesten unter den Künstlern zu genügen vermögen: Masaccio, Donatello, Piero della Francesca und auch Mantegna. Mit souveräner Geste verweist er nicht nur Agostino di Duccio, Squarcione, zahlreiche Sienesen, sondern sogar Uccello und eventuell selbst Botticelli in ein Pseudo-Rinascimento, eine Schatten-Renaissance, die historisch folgenlos geblieben sei und bestenfalls den Manierismus vorbereitet habe. Würde man hier nur Widerspruch einlegen, übersähe man, wie hartnäkkig Zeri mit diesem unkonventionellen Vorschlag auf die Diversitäten, den Pluralismus der unter dem monolithischen Begriff Renaissance subsumierten Erscheinungen aufmerksam macht. Vor allem: Wo begegnete man sonst in kunsthistorischer Literatur einer solchen Freimütigkeit des ästhetischen Urteilens, die sich angesichts historischer Kunstwerke noch heute zu einem geradezu klassischen Formenkanon bekennt? »Die Florentiner«, so heißt es, »stehen mit Piero della Francesca und Raffael am Ursprung des Klassizismus, der (trotz zeitweiliger Verfinsterungen) noch immer nicht am Ende ist.« Dieser Satz stammt merkwürdiger- oder auch charakteristischerweise vom gleichen Autor, der für die »Storia« den Beitrag über die »francobolli italiani«, die italienischen Briefmarken geschrieben hat. Mag man nun mit Zeris

Vorschlägen im einzelnen übereingehen oder nicht, dem deutschen Leser gewährt sein Text Einblick in eine ungebrochene Verbundenheit mit dem klassischen Erbe der italienischen Kunst, wie sie in vergleichbarer Weise hierzulande kaum vorstellbar wäre. Täusche ich mich nicht, so ist Zeris Perspektive allerdings die konservativste, die innerhalb des Spektrums der so erstaunlich offenen »Storia« angeboten wird.

Seit Aby Warburgs denkwürdiger Dissertation über Botticellis »Geburt der Venus« und »Frühling« aus dem Jahre 1893 gehört die Entschlüsselung und allegorische Auslegung von Bildinhalten zu den wichtigsten Aufgaben der kunstgeschichtlichen Renaissanceforschung. Aber diese gelehrte Arbeit wurde lange so gut wie ausschließlich außerhalb Italiens getan, zunächst in Deutschland und nach dem verhängnisvollen Exodus von 1933 dann in England und in den Vereinigten Staaten. In den letzten Jahren jedoch scheint sich die italienische Forschung mit kritischem Zugriff in diesen Diskurs einzuschalten und ihm eine neue Richtung zu weisen. *Giovanni Romanos* Beitrag: »Auf dem Weg zur ›modernen Manier‹: von Mantegna zu Raffael« bietet dafür ein interessantes Beispiel. Im Zentrum seiner Darlegungen steht die Kunst am Hof der Gonzaga in Mantua an der Wende vom Quattrocento zum Cinquecento mit Isabella d'Este als Schlüsselfigur, der Gemahlin des Markgrafen Francesco Gonzaga und Auftraggeberin des berühmten »Studiolo«.

Romano ist von unwirscher Skepsis angesichts des buchgelehrten Eifers, in dem die jüngste Forschung die Gemälde aus Isabellas Studiolo mit einem »philosophischen Ballast« überfrachtete, den es nach seiner Ansicht »im Geiste der Protagonisten dieser Jahre« – will sagen, der Entstehungszeit – niemals gegeben habe. Die antiken Götter und Fabeln, so erinnert er seinen Leser, spukten im Alltag der italienischen Höfe herum, und er zitiert Isabella, die einem von ihr bestraften Hoffräulein, das sich angeblich mit dem Markgrafen eingelassen hatte, eifersüchtig zugerufen haben soll: »Geh doch, sei die Nymphe des Herrn.« In einem solchen Klima waren auch die moralischen Stoffe auf den Leinwänden ihres Studiolos mehr als nur ein Stück gelehrter Malerei oder gemalter Gelehrsamkeit. Einen »privaten ikonographischen Wegweiser« nennt sie Romano und deutet damit an, daß die anspruchsvolle Auftraggeberin diese Allegorien vom Triumph der Tugend über die Laster, von der »Battaglia di Castità contro Lascivia« sehr wohl als ein ihrer sittlichen Aufgabe als »donna di Palazzo« angemessenes Programm empfunden haben mag. So ist Romanos Essay ein Plädoyer dafür, Bildinhalte an den Renaissancehöfen nicht nur mit Texten, sondern mit der konkreten Geschichte – übrigens auch der Geschichte der Empfindungen – zu verknüpfen. Diese komplizierten Programme gehorchen einfach nicht dem geschlossenen System der späteren gedruckten Ikonologien, sondern bleiben offen für Anspielungen auf Alltagspraxis, emotionale Bedürfnisse und Konflikte. Wieder ist die Nähe eines solchen Ansatzes zur »Nouvelle Histoire« nicht zu übersehen. Die Ikonologie kehrt ins Leben zurück.

Aus dem dritten Teil der »Storia«, der sich mit den Situationen, den Augenblicken, den Nachforschungen befaßt, hat man für die deutsche Ausgabe den Beitrag von *Massimo Ferretti* über »Fälschungen und künstlerische Tradition« ausgesucht. Diese Wahl mag auf den ersten Blick überraschen, den kultivierten Italienliebhaber sogar irritieren, aber die Lektüre wird ihn bald eines Besseren belehren. Kein zweiter Beitrag in der »Storia« nämlich enthält ein so leidenschaftliches, aber auch desillusioniertes Bekenntnis zum Patrimonium Italiens. Diese äußerst differenzierte und gescheite Geschichte der wechselnden Nachahmungen, Variationen, Wiederholungen und schließlich betrügerischen Fälschungen aus der italienischen Kunstgeschichte vom Mittelalter bis in die Tage des Faschismus ist für den ausländischen Leser eine beklemmende, um nicht zu sagen, beschämende Lektüre. Hier wird geschildert, wie die reichen kapitalistischen Länder der Alten und bald auch der Neuen Welt ein ökonomisch und auch kulturell rückständig gewordenes und provinzialisiertes Italien im 19. Jahrhundert zu einem riesigen Markt für echte und gefälschte alte Kunst herabwürdigten. Mindestens Teile der reichen handwerklichen Tradition des Landes, die im Industriezeitalter produktionsgeschichtlich rückständig geworden waren, verkamen zur Produktion von Fälschungen, Pasticcios, Kopien für die gierigen Museumsleute, Sammler und wohlhabenden Italienreisenden aus dem Ausland. Arrogant stellte ein französischer Autor – P. Eudel – in seinem 1884 erschienenen Buch »Le truquage« fest: »Italien ist ein Kaufhaus gefälschter Antiquitäten. Dieser große orientalische Basar nährt beständig das Interesse und wird niemals leer.« Auch das ist ein Teil der »Storia dell'arte italiana« und ein nicht wegzudenkender Teil der Italiennostalgie im gebildeten, bürgerlichen Europa und im Nordamerika von gestern und vorgestern. Indem Italien sich im Laufe des 20. Jahrhunderts entprovinzialisierte und zu einem führenden Land der modernen Architektur und Kunst wurde, hat es diesen Zustand des Basars, des Ausverkaufs der Trophäen einer abgebrochenen künstlerischen Tradition längst hinter sich gelassen. Ferrettis Beitrag rückt das triste Geschehen, die Provinzialität von gestern mit dem kritischen Selbstbewußtsein eines engagierten italienischen Intellektuellen von heute in historische Distanz.

Die »Storia dell'arte italiana«, die Einaudi publiziert hat, ist im ganzen eine vitale Bestätigung dafür, wie aktiv die italienischen Kunsthistoriker an jener intellektuellen Renaissance, jener Offenheit der eigenen Tradition wie der Welt gegenüber teilnehmen, die Italien seit 1945 erlebt hat. Die einzelnen Beiträge lassen immer wieder ein heftiges Verlangen nach Befreiung von erstarrten Geschichtsbildern, von der drückenden Last eines langen Erbes erkennen. Wie es zwei der Autoren – Enrico Castelnuovo und Carlo Ginzburg – sehr anschaulich ausdrükken: »Hat man eine so bedeutende Tradition unabänderlich im Rükken, so ist es unmöglich, sich nicht peripher zu fühlen. Aus der Peripherie herauszukommen, setzt mithin die Auseinandersetzung mit der Tradition, mit dem Museum voraus.« Entperipherisierung könnte man als das Programm dieser Untersuchungen bezeichnen, die einem erweiterten Verständnis der italienischen Kunstgeschichte alle die neuen Methoden und Perspektiven der angelsächsischen und französischen Historiographie aus den letzten Jahrzehnten zuführen möchten. Schon deswegen lohnt es sich für den deutschen Leser, mit dieser neuen italienischen Kunstgeschichte, mit ihrer Mentalität, ihren Methoden, ihrem hinreißenden Argumentationstempo Bekanntschaft zu machen. »Del senno di poi sono piene le fosse«, »Die Gräber sind voll von verspäteten Einfällen«, meint ironisch die italienische Volksweisheit. Zu wieviel neuen Einfällen aber ein altes Patrimonium eine so lebendige Nachkommenschaft noch immer inspirieren kann, zeigt die hier zur Lektüre empfohlene »Storia«: Die Kunstgeschichte, die sie anbietet, zu der sie ihre Leser auffordert, ist kein bloßes Kompendium von Daten und Fakten, sondern ein Werk zum Nachdenken.

ENRICO CASTELNUOVO und CARLO GINZBURG

Zentrum und Peripherie

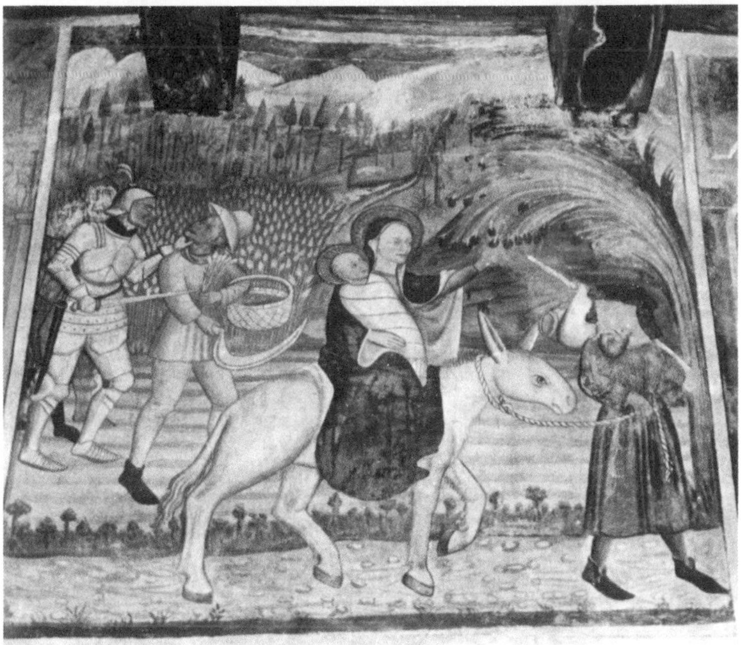

Anonymer Künstler der Alpenregion,
Flucht nach Ägypten
Ausschnitt aus einem Freskenzyklus, 1526
Bessans (Savoien),
Oratorium von Sant' Andrea

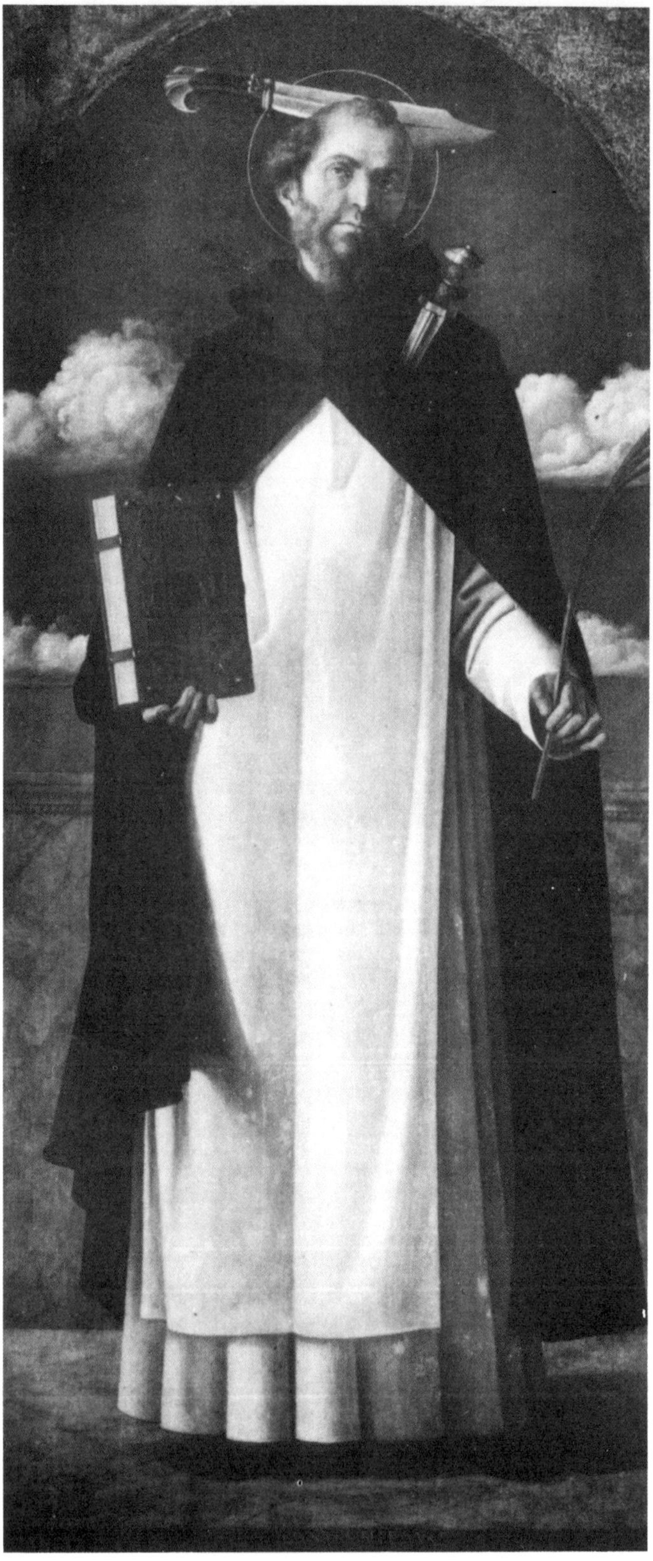

Giovanni Bellini,
Petrus Martyr
Ausschnitt

Peripherie und Provinz

Peripherie oder Provinz? Wahrscheinlich ist es besser, das neutralere, weniger mit wertenden Untertönen belastete Wort Peripherie zu verwenden. Aber auch die scheinbare Neutralität des Ausdrucks »Peripherie« ist nicht ohne Tücken. So war es ein Geograph, der zum paradigmatischen Gegensatz Zentrum/Peripherie bemerkt hat, der zweite Begriff sei als eine »zugleich räumliche und politische Allegorie« zu verstehen[1]. Aber welches Gewicht haben diese beiden Elemente? Und in welches System fügt sich das eher komplementäre als antithetische Begriffspaar Zentrum/Peripherie ein?

Diese Fragen, die für Geographen offenbar entscheidend sind, könnten es ebenso für Kunsthistoriker sein[2]. Hier besteht jedoch das Risiko, die etwas entwaffnende Antwort zu bekommen, die folgende Worte von Lord Kenneth Clark enthalten:

> Die Geschichte der europäischen Kunst ist weitgehend die Geschichte einer Reihe von Zentren, von denen aus sich jeweils ein Stil verbreitet hat. Mehr oder weniger lange hat dieser Stil die Kunst der Zeit beherrscht, er ist de facto zu einem internationalen Stil geworden, der im Zentrum der Stil einer Metropole war und umso provinzieller wurde, je mehr er die Peripherie erreichte. Ein Stil entwickelt sich nicht spontan in einem weit ausgedehnten Gebiet. Er ist die Schöpfung eines Zentrums, einer einzelnen Einheit, von der der Impuls ausgeht, die klein sein kann wie das Florenz des 15. Jahrhunderts oder groß wie das Paris der Vorkriegszeit, die aber die Sicherheit und die Kohärenz einer Metropole hat[3].

Wenn das Zentrum als Ort der künstlerischen Schöpfung definiert wird, und Peripherie einfach den Abstand vom Zentrum meint, dann bleibt schlechterdings nichts anderes mehr übrig, als die Peripherie als Synonym für künstlerische Rückständigkeit anzusehen. Genau genommen handelt es sich dabei um ein subtil tautologisches Schema, das die Schwierigkeiten eher beiseite räumt, als zu lösen versucht. Wir wollen statt dessen versuchen, die Begriffe »Zentrum« und »Peripherie« (und die dazugehörigen Beziehungen) in ihrer geographischen, politischen, ökonomischen, religiösen und auch künstlerischen Komplexität wahrzunehmen. Dies bedeutet freilich auch, künstlerische und außerkünstlerische Phänomene zueinander in Beziehung zu setzen, um das falsche Dilemma zwischen Kreativität im idealistischen Sinn (der Geist weht, wo er will) und summarischem Soziologismus zu meiden. Aber die Relevanz einer solchen Arbeit ist nicht nur eine methodologische, denn unter derart vielseitigen Aspekten betrachtet, wird die Beziehung zwischen Zentrum und Peripherie ziemlich anders dargestellt werden müssen als in jenem friedlichen Bild, das Lord Kenneth Clark gezeichnet hat. Es geht nicht um Verbreitung, sondern um einen Konflikt: Einen Konflikt, der auch noch in Situationen auffindbar ist, in denen sich die Peripherie darauf zu beschränken scheint, die Anweisungen des Zentrums blind zu befolgen. Und im Zeitalter der Imperialismen und Subimperialismen, in dem auch Coca-Cola-Flaschen die Gestalt eines greifbaren Zeichens nicht nur kultureller Bindungen annehmen, betrifft uns das Problem symbolischer Herrschaft, ihrer Formen sowie der Möglichkeiten und Arten, gegen sie anzugehen, aus nächster Nähe[4].

Der Fall Italien

Für eine Untersuchung des Zusammenhangs Zentrum/Peripherie auf dem Gebiet der Kunst erweist sich Italien als privilegiertes Forschungsfeld. Und zwar aus vielen, nicht zuletzt geographischen Gründen. Erinnern wir an die auffälligsten Daten: die Länge der Halbinsel; das Verhältnis zwischen Küstenumfang und Oberfläche; die Vielzahl an Buchten; das Vorhandensein zweier Gebirgsketten – transversal die eine, longitudinal die andere – wie der Alpen und des Apennin; die Fülle von Tälern und Pässen. Diese Elemente haben zu einer außerordentlich widerspruchsvollen und differenzierten Landschaft geführt. Ein verhältnismäßig müheloser Verkehr mit fernen Ländern ging mit spärlichen und schwierigen Verbindungen zwischen womöglich sehr nah beieinanderliegenden Gebieten im Inland einher. (Noch heute ist es übrigens einfacher, mit dem Zug von Turin nach Dijon zu fahren, als etwa von Grosseto nach Urbino.)

Dieser Gegensatz wurde durch die Geschichte der Halbinsel seit der Spätantike eher akzentuiert als abgeschwächt. Das Vorhandensein eines dichten römischen Straßennetzes und einer außergewöhnlichen Anzahl städtischer Zentren sowie die politische Spaltung der Halbinsel seit dem byzantinisch-gotischen Krieg haben die Diversifizierung auf der einen Seite und die Fülle der Verbindungen auf der anderen verstärkt. Seit damals war die Kunstproduktion in Italien für eine starke Tendenz zum Polyzentrismus prädestiniert – einem bewußten Polyzentrismus überdies, der meistens durch Vielfalt und nicht durch Mangel an Kontakten charakterisiert war. Es handelte sich außerdem um Kontakte, die oftmals eher erduldet als gesucht waren: Man denke nur an die byzantinischen Kaiser und an die des Heiligen Römischen Reiches, an die arabischen Kalifen und die fränkischen Könige, an die ungarischen Invasoren und die normannischen Piraten. Die Physiognomie der italienischen Kunstproduktion unter dem Gesichtspunkt der Beziehungen zwischen Zentrum und Peripherie nochmals zu überdenken – selbst wenn man vor allem die Malerei, weit weniger die Bildhauerei und die Architektur fast gar nicht berücksichtigt –, dies bedeutet also, sich die gesamte Geschichte Italiens zu vergegenwärtigen.

Luigi Lanzis »Storia«

»Und tatsächlich«, schrieb Lanzi, »ist die Geschichte der Malerei, der Geschichte der Literatur, der Staaten und der Religionen ähnlich.« Die von Lanzi Ende des achtzehnten Jahrhunderts aufgestellte große Ordnung ist für unsere Überlegungen ein obligatorischer Ausgangspunkt, und sei es nur, weil er sich als erster vom altehrwürdigen, auf die Künstlerbiographien gestützten Schema löste, um ein anderes, historisch-geographisches anzuwenden, das seine Bemühungen als Verwalter der großherzoglichen Galerie widerspiegelte.

Mit seiner *Storia pittorica* (Geschichte der Malerei) hatte sich Lanzi ausdrücklich vorgenommen, ein Gegenstück zu Tiraboschis *Storia* zu liefern: »Dieses schöne Land [Italien] besitzt dank dem Cavaliere Tiraboschi bereits die Geschichte seiner Literatur, aber noch harrt es jener seiner bildenden Künste.« Dies machte es in seinen Augen nötig, ein dem Gegenstand kohärentes und adäquates Ordnungskriterium zu finden:

Eine gewisse Unterscheidung von Orten, Zeiten, Ereignissen, welche darin die Zeitabschnitte untergliedern und die Ergebnisse eingrenzen soll; fehlt diese Ordnung, so artet sie [die Geschichte der Malerei] wie jede andere in ein Durcheinander von Namen aus, das eher zur Belastung des Gedächtnisses als zur Erhellung des Verständnisses führt.

Wo läßt sich diese Leitlinie finden?

Man kann (...) nicht die Naturforscher nachahmen, die, da die Pflanzen nach den verschiedenen Systemen von Tournefort oder Linné beispielhaft in mehr oder weniger Klassen unterschieden sind, eine jede an beliebigem Ort wachsende Pflanze mühelos jeder Klasse zuordnen und jedem Namen präzise, besondere wie auch durchgängige Merkmale geben. Um eine vollständige Geschichte der Malerei zu schreiben, muß man einen Weg finden, jeden Stil in seiner Verschiedenheit von allen anderen darin unterzubringen; ich habe dafür keine bessere Lösung finden können, als die Geschichte einer jeden Schule für sich genommen abzufassen. Dafür habe ich mir Winckelmann zum Vorbild genommen, den vorzüglichen Verfasser der Geschichte der Kunst des Altertums, der gerade so viele Schulen getrennt voneinander beschreibt, als es sie ausbildende Nationen gibt, und auch Herr Rollin hat das, wie ich sehe, in seiner Geschichte der Völker nicht anders gemacht...[5]

Einzig die Schulen geben also ein von Rigidität oder Schematismen freies Kriterium ab, mit dem sich »eine vollständige Geschichte, wie Italien sie sich wünscht, abfassen« läßt. Der Reichtum der Geschichte der italienischen Malerei ist nicht reduzierbar auf die Festlegung der Stile oder die Erzählung der Lebensgeschichten der Begründer von Schulen. Und um welche Schulen handelte es sich überhaupt?

Die Geographie des Italiens der Malerei gewann in Lanzis Vorstellung nach und nach schärfere Konturen. Das ursprüngliche Projekt sah zwei Bände vor, die die Unterteilung des Plinius in Italia superior und inferior, in Ober- und Unteritalien also, übernehmen sollten:

Im ersten Band gedachte ich die Schulen (...) Unteritaliens zusammenzufassen, da dort die wiedererstehenden Künste früher zur Reife gelangten; und im zweiten Band die Schulen Oberitaliens, deren Größe sich erst später zeigte.

Aber nur der erste Band wurde 1792 in Druck gegeben: Er umfaßte zwei sogenannte »Hauptschulen«, die florentinische und die römische, nebst zweier, der sienesischen und der neapolitanischen, die er als »Nebenschulen dieser wichtigsten« Schulen ansah[6]. In der Widmung an die Großherzogin der Toskana Marie Louise von Bourbon wies Lanzi darauf hin, daß die bereits fortgeschrittene Ausarbeitung des zweiten Bandes abgebrochen worden war »und sich auch nicht so bald wiederaufnehmen läßt«. Die nachfolgenden Überarbeitungen aber, die dann zur dritten, endgültigen Ausgabe von 1809 führen sollten, ersetzten die anfängliche Zweiteilung durch ein erweitertes und komplexeres, in fünf Bände unterteiltes Werk (zusätzlich eines sechsten Registerbands)[7]. Jedem Band entsprach (mit einer wichtigen Ausnahme, wie wir gleich sehen werden) eine der Hauptschulen. Diese Unterteilung richtete sich ausdrücklich nach der zu Anfang des 17. Jahrhunderts von Monsignore Agucchi vorgenommenen, welcher allerdings nur vier Schulen (die lombardische, venezianische, toskanische und römische)

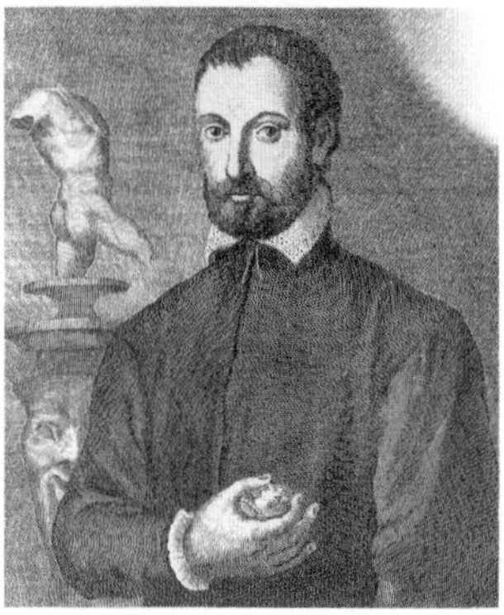

Benvenuto Cellini (1500–1571)
Anonymer Kupferstich nach einem verschollenen Gemälde

angeführt hatte, die ihrerseits dem Muster der vier »Stile der Alten« (attischer, sikyonischer, asiatischer und römischer Stil) folgten[8]. Von »Vereinigungen, Klassen oder sagen wir Schulen« hatte Giulio Mancini gesprochen, der für die Unterscheidung der um 1620 in Rom vertretenen stilistischen Hauptrichtungen von Überlegungen geographischer Art allerdings abgesehen hatte[9]. Und früher noch, im Jahr 1591, hatte der Maler G. B. Paggi in Italien »drei berühmte Malschulen, in Rom, Florenz und Venedig«, wirken gesehen; und Mitte des 16. Jahrhunderts hatte Cellini von »trefflicher Schule« gesprochen[10].

Mit seiner Definition der italienischen Malschulen reihte sich Lanzi demnach in eine Diskussion ein, die bereits länger als zwei Jahrhunderte andauerte. Während dieses Zeitraums war die Zahl der anerkannten Schulen nach und nach gewachsen, sei es, weil bereits bestehende Zentren eine Stellung in vorderster Reihe eingenommen hatten (Bologna, Genua), sei es, weil die kommunale Reaktion im 17. Jahrhundert versucht hatte, das im Bereich der Kunstliteratur von Vasari geprägte, wesentlich monozentrische Bild durch ein polyzentrisches zu ersetzen. Das Neue an Lanzi bestand darin, daß er den Hauptschulen einen großen Kreis kleinerer Schulen zur Seite gestellt hatte: insgesamt vierzehn, Piemont eingeschlossen, »welches zwar keine so überkommene Schulnachfolge wie andere Staaten, doch aber andere beträchtliche Verdienste hat, deretwegen es in die Geschichte der Malerei eingehen soll«[11]. So kam ein viel differenzierteres Bild als die bisherigen zustande: Die größte Neuerung stellten vielleicht die fünf Schulen dar (Modena, Parma, Mantua, Cremona und Mailand), in die die allgemeine Bezeichnung »lombardische Schule« aufgegliedert wurde. Und doch handelte es sich um ein unter geographischem Aspekt nach wie vor sehr unausgeglichenes Bild.

Gehen wir von einer rücksichtslos quantitativen Überlegung aus. In der Ausgabe der *Storia pittorica* von 1809 kam der Löwenanteil, wie vorauszusehen, den größeren Schulen zu (die lombardische – aus dem soeben erwähnten Grund – ausgenommen): der florentinischen (300 Seiten), venezianischen (293), römischen (280), bolognesischen (214). In beträchtlichem Abstand folgten: die mailändische (98), neapolitanische (85), genuesische (73), sienesische (70), ferraresische (64). Und in noch größerem Abstand die von Parma (46), von Cremona (45), die piemontesische und ihre Nebenschulen (38), die modenesische (35) und mantuanische (25). Der den Malern Süditaliens – jener »neapolitanischen Schule«, die seit Lanzis ursprünglichem Projekt Anhängsel der römischen Schule war – gewidmete Teil bildete mit anderen Worten nicht mehr als ein Zwanzigstel des Ganzen: 85 von insgesamt mehr als 1600 Seiten.

Um ein so augenfälliges Ungleichgewicht zu erklären, muß man vor allem bedenken, daß Lanzi weder das Königreich Neapel noch die Inseln jemals aufsuchte. Seine sachkundige Gewissenhaftigkeit, die ihn dazu bewog, auch weniger naheliegende Zonen wie etwa das Friaul (von Genua und der Lombardei ganz zu schweigen) auszukundschaften, um sich möglichst Urteile aus erster Hand zu bilden, machte angesichts der Schwierigkeiten und Mühen einer Reise in Gebiete südlich von Rom offenbar halt. Lanzi war der erste, der sich dieses Mangels bewußt war. Zwischen der zweiten, dreibändigen (Bassano 1795–96) und der dritten, endgültigen Ausgabe (Bassano 1809) versuchte er, in den Besitz umfangreicherer und zuverlässigerer Informationen über die neapolitanische Schule zu gelangen. Am 13. Juni 1801 schrieb er aus Bassano an seinen Freund Bartolomeo Gamba:

Ich hätte gern von ihm [dem Cavaliere Lazara] oder von Ihnen einige gute neuere Bücher über die neapolitanische und sizilianische Schule, da ich nichts nach Dominici benutzt habe[12].

Diesen Nachfragen war jedoch kein allzu großer Erfolg beschieden, und Lanzi mußte für seine Versäumnisse in den Kenntnissen über die Malerei des Südens büßen. Seine einzige Informationsquelle zur neapolitanischen Schule blieben De Dominicis *Vite dei pittori... napoletani* (Lebensbeschreibungen der neapolitanischen Maler), Neapel 1742–43, und zur Ergänzung über Sizilien oder besser Messina die 1792 unter Hackerts Namen in Neapel erschienenen, tatsächlich aber vom ortsansässigen Gelehrten Grano verfaßten *Memorie de' pittori messinesi* (Denkwürdigkeiten über die Maler von Messina). Von De Dominici wollte sich Lanzi mit einem richtiggehenden Verriß distanzieren, innerhalb dessen ein einzelnes, allgemein gehaltenes positives Urteil eher ironisch klang, weil es von einer Reihe überaus deutlicher kritischer Äußerungen begleitet war:

Der Wegweiser beziehungsweise *Breve descrizione di Napoli* [Kurze Beschreibung Neapels] wünscht sich an diesem voluminösen Werk [des De Dominici] ›mehr Inhalt, eine bessere Methode, weniger Worte‹. In Bezug auf einige ältere Fakten läßt sich noch hinzufügen: ein besseres Urteilsvermögen; und gegenüber manchen neueren: weniger Nachsicht. Im übrigen hat Neapel durch ihn eine durchaus beachtenswerte Geschichte der Malerei zur Hand, wegen der Urteile, die er über die Künstler abgibt und die meistens von anderen Künstlern vorgegeben sind, deren Namen dem Leser Vertrauen einflößen. Die Frage, ob Baukunst und Bildhauerei sich gleich gut darin ausnehmen, soll hier nicht aufgeworfen werden[13].

Die *Memorie de' pittori messinesi* mußten Lanzi – bedenkt man, daß er die daraus entnommenen Informationen mit peinlicher Genauigkeit in die Fußnoten verbannte – übrigens noch mißtrauischer gemacht haben.

Kurz: Das Kapitel über die neapolitanische Schule berücksichtigt nur zwei Zentren, Neapel und Messina. Hinweise auf außerhalb Neapels im Königreich wirkende Maler (Cola dell'Amatrice, Pompeo dell' Aquila, G. P. Russo da Capua, Pietro Negroni) sind selten und unbestimmt. Ein Werk über die Maler von Syrakus und über Sizilien im allgemeinen wird in Aussicht gestellt. Sardinien und Korsika werden nicht einmal erwähnt.

Kunstgeschichte und geographische Verteilung

Neunzehn Zwanzigstel der *Storia pittorica* sind also Nord- und Mittelitalien gewidmet. Hier fehlte es Lanzi weder an direkter Kenntnis der Primärquellen noch an einem breiten und zuverlässigen Apparat an Sekundärquellen. Im Verlauf seiner Abhandlung stieß er trotzdem auf ein, sagen wir, taxonomisches Problem, welches er vor allem in Bezug auf die römische und die lombardische Schule diskutierte.

Bei Liebhabern der Malerei habe ich öfter Zweifel vorbringen hören, ob man nicht aus einer mißbräuchlichen Begriffsverwendung heraus von römischer Schule spreche oder doch mit jener Genauigkeit, mit der man die florentinische, bolognesische und venezianische so nennt[14].

Diejenigen, welche in Rom »unterrichtet oder auch in der Malerei den Ton angegeben« hatten, waren mit Ausnahme Giulio Romanos und Sacchis tatsächlich »auswärtige Künstler« gewesen. Dies stellte in Lanzis Augen keine Schwierigkeit dar, da Tizian aus Cadore, Paolo aus Verona, Jacopo aus Bassano in Venedig genauso auswärtig waren, aber da sie jener Herrschaft unterstanden, zählt man sie zu den Venezianern, zumal diese Bezeichnung im Sprachgebrauch sowohl die aus der Stadt als auch die aus der Republik Stammenden umfaßt. Dasselbe gilt für diejenigen aus dem Kirchenstaat. Außer den aus Rom Gebürtigen kamen Meister aus verschiedenen untergebenen Städten dorthin, welche mit ihrem Unterricht in Rom die erste Nachfolge fortgeführt und in gewisser Weise auch die ersten Richtlinien eingehalten haben[15].

Die Zugehörigkeit oder Nichtzugehörigkeit zu einer bestimmten Schule scheint also mit politischen Erwägungen wie der Frage nach der Herkunft aus der Hauptstadt »untergebenen Städten« verknüpft zu sein. In Wirklichkeit ist Lanzis Haltung komplizierter. Einerseits wird der Ausschluß de facto auf stilistischer Grundlage vorgenommen, obwohl er unter geographisch-politischem Gesichtspunkt zu rechtfertigen wäre:

Weit weniger rechne ich ihm [Rom] diejenigen zu, die dort lebten, aber einen ganz anderen Stil übten, wie zum Beispiel Michelangiolo da Caravaggio[16].

Andrerseits haben einige Städte, die zu der Zeit, in der Lanzi schreibt, Rom unterstehen, in der Vergangenheit unabhängige Schulen hervorgebracht:

Ich gebe die Grenzen dieser Schule nicht mit denen des Kirchenstaates an, weil ich sonst Bologna, Ferrara und die Romagna miteinschlösse, deren Maler ich für einen anderen Band vorbehalten habe. Hier berücksichtige ich neben der Hauptstadt nur die Provinzen in deren nächster Nähe: Latium, Sabina, Patrimonium Petri, Umbrien, Picenum und den Staat Urbino, dessen Maler größtenteils in Rom oder wenigstens durch Maler, die von dort kamen, ausgebildet wurden[17].

Die beiden Kriterien, das stilistische und das politische, stimmen also oft überein, da jede Schule ein Zentrum voraussetzt, das auch ein politisches Zentrum ist. Manchmal aber weichen sie auch voneinander ab, weil es künstlerische Zentren gibt, die vormals politische Zentren waren, es jetzt aber nicht mehr sind. Mit anderen Worten: Die Geographie der Malerei und die politische Geographie Italiens sind zu der Zeit, in der Lanzi schreibt, nicht immer zur Deckung zu bringen. In diesen Fällen ist das für Lanzi ausschlaggebende Kriterium das stilistische. Man vergleiche hierzu die besonders klaren Aussagen über Piemont:

Die aus Novara, aus Vercelli und einige vom Lago Maggiore (...), welche dieser Zeit vorausgingen, kamen als Untertanen eines anderen Staates zur Welt, lebten und starben als solche; und doch wurden sie durch die neuen Eroberungen auch nicht eher zu Turinern, als Parrasius und Apelles von dem Augenblick an zu Römern wurden, als Griechenland Rom untertan war. Aus diesem Grund (...) habe ich jene bei der mailändischen Schule mitberücksichtigt, der sie wegen ihrer Ausbildung, des Wohnorts oder um der Nähe willen zuzurechnen wären, obgleich sie ihr aufgrund der Herrschaftsverhältnisse nicht angehört hatten. Nach dieser Methode bin ich bisher verfahren, da ich die Geschichte der Malschulen, nicht die der Staaten zum Gegenstand habe[18].

In einem Fall ist Lanzi aber doch gezwungen zuzugeben, daß diese Methode unangemessen ist. Als er dabei anlangt, »die Anfänge und Fortschritte der Malerei in der Lombardei« darzulegen, welche »unter denen Italiens die am wenigsten bekannte ist«, stellt Lanzi fest, daß »ihre Geschichte mit einer ganz anderen Methode als alle übrigen abgefaßt werden müßte«. Dies ist der Abwesenheit eines einigenden Zentrums, einer Hauptstadt zuzuschreiben:

Die Schule von Florenz, jene von Rom, von Venedig und Bologna kann man gleichsam als ebenso viele Dramen ansehen, in denen Akte und Szenen wechseln, denn genauso sind die Epochen einer jeden Schule; auch die Schauspieler wechseln, und wie sie sind die Meister eines jeden neuen Zeitraums; aber die Einheit des Orts, welche ein- und dieselbe Hauptstadt ist, bleibt immer gewahrt; und die Hauptdarsteller, die Protagonisten gleichsam, bleiben immer ein Vorbild, auch wenn sie von der Bühne abgetreten sind (...). Anders in der Geschichte der Lombardei, die in den Blütezeiten der Malerei in mehr Herrschaftsbereiche als jetzt unterteilt war und in jedem Staat eine von allen anderen unterschiedene Schule und auch verschiedene Epochen hatte. Und wenn eine Schule den Stil einer anderen beeinflußte, so geschah das nicht so allumfassend oder nach so kurzer Zeit, als daß ein- und dieselbe Epoche zu vielen von ihnen passen könnte. Daher habe ich vom Titel dieses Buches an auf die verbreitete Redeweise verzichtet, wonach man von lombardischer Schule spricht, so als sei sie eine einzige.

Gewiß habe manch einer geglaubt, den Nachfolgern Correggios den Namen »lombardische Schule« geben zu können, indem er deren Charakteristika ausmachte: »aber wenn die Schule so eingegrenzt ist, wo werden wir dann die Mantuaner, die Mailänder, die Cremoneser und die vielen anderen unterbringen, die auch in der Lombardei geboren und zur Blüte gelangt und überdies die Lehrmeister vieler späterer Generationen gewesen sind und daher durchaus einen Platz unter den Lombarden verdienen?«[19]

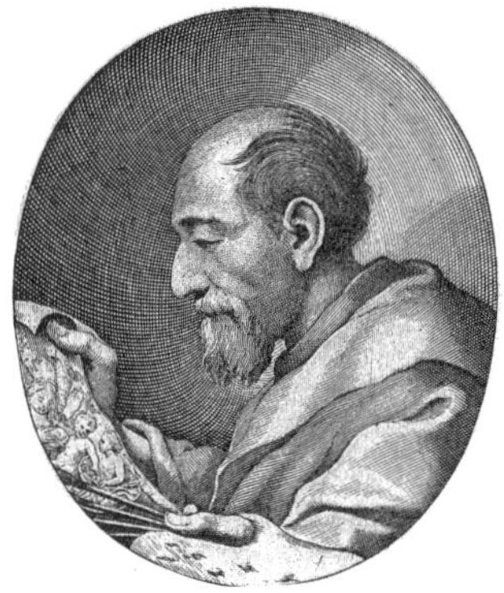
Antonio da Correggio (1494–1535) Kupferstich von Franz Bugatti um 1680, nach einer Zeichnung von Ambrosius Besozzi

An die Stelle der üblichen Vorstellung eines unangefochtenen großen Zentrums tritt diesmal eine polyzentrische. Aber die Unterscheidung zwischen den verschiedenen lombardischen Schulen, auf der Lanzi entgegen der »verbreiteten Redeweise« besteht, rührt von den politischen Trennungen der Vergangenheit her. Wenn Lanzi den stilistischen Bestimmungen Vorrang einräumt, dann läßt das einen – von ihm nicht geklärten – Zusammenhang zwischen »Geschichte der Malschulen« und »Geschichte der Staaten« erkennen, der dadurch verschleiert ist, daß die von ihm berücksichtigten künstlerischen Zentren auch, zumindest zeitweilig, Zentren der politischen Macht waren.

Wir fassen zusammen: Die von Lanzi beschriebene Galaxie der italienischen Malerei zeigt sich von vier wichtigeren Planeten, den »Hauptstädten« beherrscht: Florenz, Rom, Venedig und Bologna. Nur in den allerseltensten Fällen ist es einer davon gelungen, zur Sonne zu werden und die ganze Halbinsel künstlerisch zu einen:

So wurde Giotto den Lernenden das ganze 14. Jahrhundert hindurch zum Vorbild, wie später im 16. Jahrhundert Raffael und im darauffolgenden die Caracci; aber ich kann in Italien keine vierte Manier finden, der bei uns so sehr nachgefolgt worden wäre wie diesen dreien[20].

Aber es handelt sich um außergewöhnliche Zeiträume. In der Regel gelingt es den »Hauptstädten«, über die »untergebenen Städte« der jeweiligen Staaten eine dauerhafte künstlerische Hegemonie auszuüben. Wenn dem, wie im Fall der Lombardei, nicht so ist, so haben wir eine Konstellation von Planeten zweiter Größenordnung vor uns. Es ist klar, daß der Begriff »Hauptstadt« in einer künstlerischen, nicht einer politischen Bedeutung gebraucht wird: 1809, als Lanzi die durchgesehene Ausgabe der *Storia* in Druck gab, war Mailand die Hauptstadt des Königreichs Italien, und all die anderen Zentren der von ihm beschriebenen lombardischen Schulen (mit Ausnahme Cremonas) waren bis in mehr oder weniger jüngere Vergangenheit hinein Sitze von Höfen gewesen. Schließlich haben wir eine Myriade von Satelliten (die »untergebenen Städte«), die in völlig untergeordneter Position um die Planeten erster und zweiter Größenordnung kreisen:

Jede Hauptstadt hat, das ist wahr, ihr Staatsgebiet, und in diesem sind die verschiedenen Städte und ihre jeweiligen Angelegenheiten zu erwähnen; aber diese sind gewöhnlich so fest mit denen der Metropole verbunden, daß sie sich leicht derselben Kategorie zuordnen lassen, sei es, weil ihre Bewohner die Kunst der Hauptstadt in der Nähe haben, sei es, weil sie diese in ihr gelehrt haben, wie man an der Geschichte der venezianischen Schule hat sehen können, und die wenigen Ausnahmen ändern die Einheit der Schule und die Abfolge der Geschichte gewöhnlich nicht[21].

Hierzu braucht man nur an die zwei in einem gewissen Sinn entgegengesetzten Fälle des Jacopo da Bassano und des Veronese zu erinnern. Ersterer

hatte nur wenig Einfälle und wiederholte sie daher leicht. Daran war auch seine Situation schuld, denn es ist nur allzu wahr, daß den Künstlern und Schriftstellern in den großen Metropolen die Ideen kommen, in den kleinen Orten aber nachlassen[22].

Der zweite hingegen ging von Verona

zunächst nach Vicenza und dann nach Venedig. Seine Begabung war von Natur aus edel, erhaben, prächtig, voller Anmut und vielseitig, und keine Provinzstadt konnte ihm die einer solchen Begabung angemessenen Ideen eingeben, nur Venedig[23].

Hauptstädte und untergebene Städte

Man könnte sagen, daß die Peripherie in Lanzis *Storia* nur in Form einer Schattenzone auftritt, die das Licht der Hauptstadt besser zur Geltung bringt. Ungeschliffenheit oder Ideenarmut zeichnen die Maler der untergebenen Städte aus, die Lanzi im allgemeinen kurz vor den unbedeutenderen Richtungen der Malerei abfertigt. In einer seiner seltenen generalisierenden Aussagen schrieb er über einen Maler aus der Peripherie, den Marattaschüler Ubaldo Ricci aus Fermo:

Im allgemeinen gelangt er gar nicht übers Mittelmaß hinaus, was bei den Malern, die außerhalb der Hauptstädte, ohne Anregungen durch Wetteifer und ohne viele gute Vorbilder leben, durchaus üblich ist[24].

Eine gute Atmosphäre, Mäzenatentum, Wetteifer, gute Vorbilder: Dies sind nach Lanzi die Charakteristika der Metropolen, die die Künste anzuregen vermögen. Und in neuerer Zeit haben sich eine verbreitetere künstlerische Bildung und die Existenz der Akademien dazugesellt. Es handelt sich um eine traditionelle Zusammenstellung, wenn man die letzten beiden Elemente ausnimmt, die an eine für das 18. Jahrhundert spezifische Situation geknüpft sind. Doch das in der früheren Literatur weit verbreitete Thema des Wettstreits zwischen den Künstlern (man denke an Vasari) bekommt bei Lanzi neue Bedeutungen. Zu ihrem Verständnis wollen wir noch einmal die Gründe aufführen, die Lanzi dazu bewogen hatten, seine *Storia pittorica* zu schreiben:

Alles scheint dafür zu sprechen; die Begeisterung der Regierenden für die schönen Künste; das unter allen möglichen Personen verbreitete Verständnis derselben; das Reisen, das durch das Beispiel der großen Herrscher auch bei Privatpersonen mehr und mehr zur Gewohnheit geworden ist; der Handel mit Bildern, der zu einem für Italien wichtigen Handelszweig geworden ist; die philosophische Ader unserer Zeit, die in jeder Wissenschaft Überflüssiges verabscheut und Ordnung verlangt[25].

Die Bilder sind also zu einem Handelszweig geworden: Auch für sie gelten die Regeln der Konkurrenz. Man schaue sich die Seite an, die die Abteilung über die römische Schule abschließt:

Da die Mittel angewachsen sind, und die zu anderen Zeiten auf einige wenige Gesellschaftsschichten beschränkte Bildung sich auf alle ausgedehnt hat, gewinnt die Kunst, die auch durch Ehrgefühl und Gewinnstreben belebt wird, ein neues Gepräge. Der Brauch, die Bilder in aller Öffentlichkeit dem Blick einer Menge auszusetzen, die sie ohne alle Umschweife beurteilt und die schlechten auspfeift; die öffentlichen, von Schriftwerken der Literaten und einer öffentlichen Feier auf dem Kapitol begleiteten Preise, die den Verdienstvollsten gleich welcher Herkunft verliehen werden; die einer Metropole der Christenheit angemessene Pracht der Gotteshäuser, die sich durch die Künste erhält und zum Ausgleich dafür die Künste erhält; die gewinnbringenden Aufträge, die von außerhalb kommen und in der Stadt durch die Großzügigkeit Pius' VI. (...) reichlich vorhanden sind; das beständige Vorbild der Herrschenden (...); all diese Dinge halten die Künstler und ihre Schulen in ständiger Bewegung und in löblichem Wettstreit...[26]

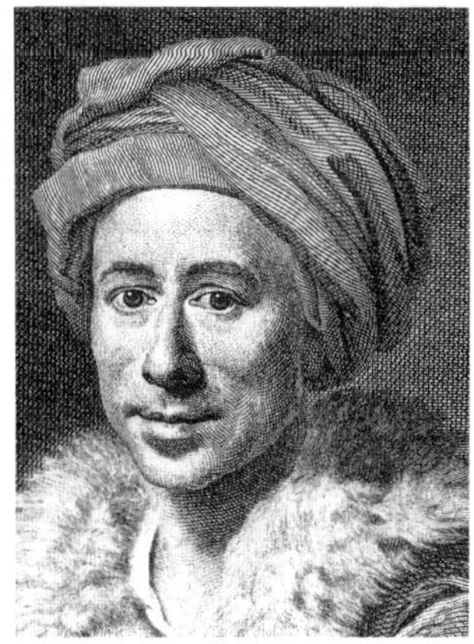

Johann Joachim Winckelmann (1717–1768)
Kupferstich von J. F. Bause nach A. Maron

»Ehrgefühl« und »Gewinnstreben«; »löblicher Wettstreit« und »Mittel«; »öffentliche Preise« und »gewinnbringende Aufträge«. Winckelmann hatte in seiner *Geschichte der Kunst des Altertums,* die von Lanzi ausdrücklich genannt, ja sogar wegen ihres Aufbaus als Modell für die *Storia pittorica* verwendet wurde, die Bedeutung der »öffentlichen Wettspiele« für die Entwicklung der Kunst in Athen hervorgehoben[27]. Die Hervorhebung des »Gewinnstrebens« als Antriebskraft der künstlerischen Entwicklung stammt aber nicht von Winckelmann. Man hat versucht, sie mit der mutmaßlichen Lektüre eines Werks in Zusammenhang zu bringen, das wir gewöhnlich in einem kulturellen Rahmen ansiedeln, der dem des Abts Lanzi sehr fern steht: des *Essay on the History of Civil Society* (Versuch über die Geschichte der bürgerlichen Gesellschaft) von Adam Ferguson (1767). 1791–92 erschien in Venedig eine italienische Übersetzung dieser Studie – *Saggio sopra la storia della società civile* –, die auf der Grundlage einer früheren französischen Übersetzung ausgeführt und pflichtgemäß mit einer Druckerlaubnis des venezianischen Heiligen Offizium versehen war[28].

Die Spuren einer möglichen Lektüre dieser Fergusonübersetzung durch Lanzi sind, wie wir sehen werden, spärlich. Sicher ist, daß in der *Storia pittorica* die Bedeutung der Konkurrenz stark betont wird: sowohl im Sinn des Wettstreits unter Künstlern, als auch im Sinn des Wettstreits unter Auftraggebern. Weshalb zum Beispiel treten zu bestimmten Zeiten gehäuft Künstler – Maler oder Schriftsteller – von außerordentlichem Rang auf, wie etwa im »Zeitalter Leos X.«? Lanzi gibt zunächst eine traditionell akademische Antwort:

Meiner Ansicht nach werden die Epochen immer von gewissen, von den Lehrern wie auch den Dilettanten empfangenen Richtlinien gebildet. Wenn diese sich nun zu irgendeiner Zeit an höchster Naturtreue und Genauigkeit gleich sind, dann bilden sie einige außergewöhnliche und sehr viele tüchtige Lehrer heran.

Der nachfolgende Satz hört sich aber ganz anders an und klingt, obwohl er als Zusatz hingestellt wird, eher nach einer alternativen Erklärung:

Ich füge aber hinzu, daß diese glücklichen Epochen nie zustande kommen, wenn es nicht eine große Zahl von Fürsten und Privatmännern gibt, die sich im Genuß und in der Bestellung stilvoller Kunstwerke zu übertreffen suchen: Auf diese Weise finden sehr viele eine Beschäftigung, und aus ihrer großen Zahl gehen immer gewisse Begabungen hervor, die in der Kunst den Ton angeben[29].

Eine Bestätigung liefert nach Lanzis Meinung die »Geschichte der Bildhauerei in Athen, dieser Stadt, in der Freigebigkeit und Geschmack zusammengingen«: Auch dies ist ein direkter Verweis auf Winckelmann – aber man muß zwangsläufig auch an Fergusons Bemerkungen über den Luxus in Beziehung zum Fortschritt der Künste denken[30].

Es ist klar, daß der auf die Vielzahl der Auftraggeber gelegte Nachdruck implizit ein politisches Problem aufwirft: Begünstigt eine absolute Herrschaft die Entwicklung der Künste genauso wie eine Republik? Lanzi scheint sich in der ersten Ausgabe (1792) der *Storia* hinsichtlich Sienas eine solche Frage gestellt zu haben:

Nachdem Cosimo I. die Sienesen einer Freiheit beraubt hatte, welche jene jedem anderen italienischen Staat mit geringerer Kränkung als dem florentinischen abgetreten hätten, gerieten in Siena die Künste in Verfall, und zwar nicht allein deswegen, weil diese sich gewöhnlich nach dem zivilen Wohl der Städte richten, sondern weil zwei Drittel der Bürger aus diesem Anlaß den Ort wechselten, da sie es ablehnten, dort als Untertanen zu leben, wo sie als Freie geboren waren[31].

In der dritten Ausgabe (1809) war der entsprechende Abschnitt vorsichtiger formuliert:

Schließlich kam das Jahr 1555, in dem Cosimo I. die Sienesen ihrer althergebrachten Freiheit beraubte. Sie hätten sie jedem anderen Staat mit geringerer Kränkung als dem florentinischen abgetreten; von daher ist es nicht weiter verwunderlich, wenn zwei Drittel der Bürger aus diesem Anlaß den Ort wechselten, da sie es ablehnten, als Untertanen eines derart verabscheuten Feindes zu leben[32].

So wurde also der in der ersten Ausgabe hergestellte Zusammenhang Freiheit – ziviles Wohl – Gedeihen der Künste in der zweiten nicht mehr erwähnt. Zwischen den beiden Fassungen war Napoleon aufgetreten, der »neue Alexander«, dem Lanzi am Ende der Ausgabe von 1809 eine lakonische Huldigung darbrachte.

Der behutsame, aber beredte Akzent auf der Freiheit hatte einen sehr winckelmannschen Ton. In der *Geschichte der Kunst des Altertums,* seinem Hauptwerk, hatte dieser beispielsweise geschrieben, daß »die Freyheit die vornehmste Ursache des Vorzugs der [griechischen] Kunst [ist]«. »Es ist ein bevorzugter Grundsatz des Herrn Winckelmann«, so merkte der Herausgeber der italienischen Übersetzung (Rom 1783), C. Fea, an dieser Stelle an, »daß die Freiheit immer einen überaus großen Einfluß auf die Vervollkommnung der Künste ausgeübt habe; aber die Erörterung und die Geschichte selbst beweisen oft das Gegenteil«[33]. Es scheint so, als hätte Lanzi zumindest 1792 in diesem Punkt den Vorstellungen Winckelmanns näher gestanden als denen Feas. Aber im Hinweis auf das »zivile Wohl« läßt sich ein Echo des Fergusonschen *Versuchs* nicht ausschließen. Im 7. Kapitel des 3. Teils, welches den Titel *Von der Geschichte der Künste* trägt, ist zu lesen:

Gefühl und Einbildungskraft, der Gebrauch der Hand und des Kopfes sind nicht Erfindungen besonderer Menschen. Die Blüte der Kunst, die von ihnen abhängt, ist bei jedem Volke eher ein Beweis der politischen Glückseligkeit in seinem Innern als für irgendeine von auswärts erhaltene Unterweisung oder für natürliche Überlegenheit an Fleiß oder Begabung[34].

»Die Blüte der Künste (...) ist bei jedem Volke eher ein Beweis von politischer Glückseligkeit in seinem Innern«, schrieb Ferguson; »die Künste [...richten] sich gewöhnlich nach dem zivilen Wohl der Städte«, erklärte Lanzi (vorbehaltlich, wie wir gesehen haben, der späteren Korrektur des gesamten Abschnitts). Man könnte vermuten, daß auch der Ausdruck »zivile Gesellschaft«, der in der Einleitung zur *Storia pittorica,* in dem den Methoden der Kunstsachverständigen gewidmeten Teil, vorkommt (»Zur Sicherheit der zivilen Gesellschaft verleiht die Natur jedem Schreibenden einen eigenen Schriftzug, der schwerlich gefälscht oder völlig mit einer anderen Schrift verwechselt werden kann.«), eine Spur der Fergusonlektüre enthält: Vor allem, weil die »zivile Gesellschaft« hier nicht die organisierte menschliche Gemeinschaft der aristotelischen Tradition, sondern die bürgerliche Gesellschaft meint – eine Gesellschaft, die auf gegenseitiges Vertrauen gegründet ist, welches in erster Linie von der Schwierigkeit herrührt, die den Handelsverträgen beigefügten Unterschriften zu fälschen[35].

Konkurrenz und bürgerliche Gesellschaft

Wenn wir auf der immerhin nicht erwiesenen Möglichkeit bestehen, daß Lanzi Ferguson gelesen haben könnte, so deshalb, weil das über ein Thema Rechenschaft ablegen könnte, das auf den Seiten der *Storia pittorica* immer wieder auftaucht und dem gemeinhin nicht die Bedeutung zugemessen worden ist, die ihm zusteht. Das Vorhandensein einer mannigfachen Auftraggebergesellschaft und also eines Marktes hat, wie wir gesehen haben, einen positiven Einfluß auf die Kunstproduktion. Aber dies ist für Lanzi nur die eine Seite der Medaille. Er sieht nämlich das beklagenswerte Risiko, daß ein Künstler dazu verleitet werden könnte, an Zeit und Materialien zu sparen, um den Aufträgen nachzukommen oder die Konkurrenz zu schlagen. Lanzis Aufmerksamkeit für die handwerklichen, manuellen Aspekte der Tätigkeit der Maler nimmt hier außergewöhnlich moderne Züge an. Um Correggio vom traditionellen Ruf eines Geizhalses zu befreien, zögert er nicht, den im Stil der *Storia* vorherrschenden Ton in auffälliger Weise zu durchbrechen, indem er eine minutiöse Auflistung von Zahlungen einfügt, die in der folgenden Feststellung gipfelt:

> Alle seine Bilder sind auf Kupfer, auf Tafeln oder auf Leinwand der besten Qualität ausgeführt, mit einer wahren Flut von Ultramarin, mit schönsten Lacken und Grüntönen, mit kräftigem Impasto und andauernden Nachbesserungen, und meistens ohne vom Werk abzulassen, bevor es nicht ganz vollendet ist; mit einem Wort: ohne auch nur eine jener Einsparungen an Kosten oder Zeit, wie sie bei fast allen anderen üblich waren[36].

Vor allem die Zeiteinsparung, die »Schnelligkeit«, scheint für Lanzi eine verbreitete und tadelnswerte Gewohnheit zu sein. Zu viele Maler ahmen Vasari nach, welcher »der Vollendung meistens die Schnelligkeit vorzog«, wobei er sich auf die kompendiarische Malerei der Antike berief: Aber die Stelle bei Plinius über Philoxenos von Eretria, so kommentiert Lanzi, spricht von Bildern, bei denen die Schnelligkeit der Ausführung mit Perfektion einherging. Die neue, auf »mechanischen Ablauf«, auf »routinemäßige Hudelei« gegründete Methode

> schadet der Kunst ebenso sehr, wie sie für den Künstler, der auf diese Weise seine Einkünfte vervielfacht, von Vorteil ist; denn die Kunst gerät dadurch zwangsläufig zum Manierismus oder zur Entstellung der Natur[37].

Den Grenzpunkt stellen die Venezianer und besonders Giorgione dar, welcher »jene peinliche Genauigkeit, die es noch zu meistern gab, verschmähte; und er ersetzte sie durch eine gewisse Freiheit und gleichsam Unbekümmertheit, worin der Gipfel der Kunst besteht«. Dadurch, daß sie »weniger mit Impasto als mit Pinseltupfen und -strichen« arbeiteten, zogen die Venezianer bei den Fremden die Anschuldigung auf sich, einer »Geschwindigkeit« nachgegeben zu haben, »die pfuscht, die die Zügel der Regeln verschmäht, die die gegenwärtige Arbeit vor lauter Unruhe, nur bald zur nächsten Arbeit und damit zum nächsten Verdienst zu kommen, nicht vollendet«[38].

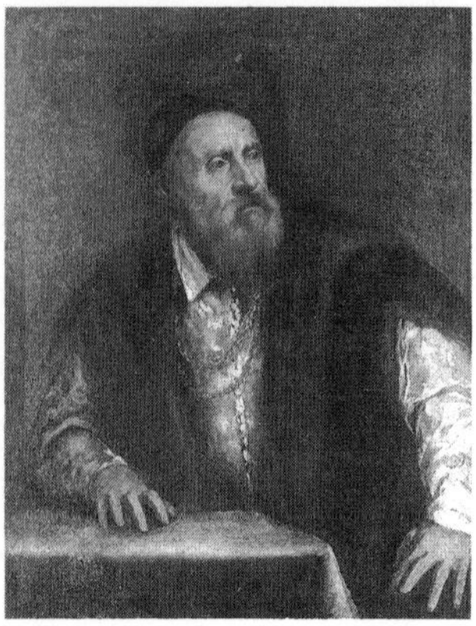

TIZIAN
Selbstbildnis, 1562

Lanzi spricht Tizian von dieser Beschuldigung los, indem er sagt, daß er »mit der Vervollkommnung seiner Arbeiten viel Mühe hatte und gleichzeitig Sorge trug, diese Mühe zu verbergen«, und auch Veronese, bei dem die Geschwindigkeit mit »höchstem Sachverstand« einherging; er kritisiert jedoch den Mangel an Sorgfalt bei Tintoretto, die Bilder von Palma il Giovane (die wegen der zu zahlreichen Aufträge Skizzen zu sein schienen) sowie die zur Nachlässigkeit gewordene Schnelligkeit des Piazzetta; und schließlich sagt er über den Cremoneser Giuseppe Bottani:

> Der Leser hat im Verlauf dieser Geschichte nunmehr feststellen können, daß das verhängnisvollste Hindernis für das Ansehen der Maler die Eile ist. Es sind wenige, die schnell und gut arbeiten können[39].

Die von Rousseau und Ferguson analysierte »zivile Gesellschaft« ist die auf der Konkurrenz beruhende bürgerliche Gesellschaft. Der vereinzelte Hinweis Lanzis auf die »zivile Gesellschaft« soll nicht mit zu vielen Implikationen belastet werden: Sicher aber ist, daß er sowohl die antreibenden Wirkungen der Konkurrenz auf die Entwicklung der Malerei als auch die durch die wachsende Kommerzialisierung der künstlerischen Tätigkeit bedingte Ausbreitung des »mechanischen Ablaufs« auf Kosten der Qualität der Produkte hervorhob.

Die territorialen Ungleichgewichte

Diese erneute, von der Frage nach den Beziehungen zwischen Zentrum und Peripherie geleitete Lektüre der *Storia* Lanzis hat zwei Ordnungen ungelöster und, wie zu sehen sein wird, voneinander abhängiger Probleme zutage gefördert. Unter geographischem Gesichtspunkt das Mißverhältnis zwischen dem Mittel- und Norditalien gewidmeten Teil und dem Teil über Süditalien und die Inseln. Unter entwicklungsgeschichtlichem Gesichtspunkt die maßgebliche Bedeutung, die der Konkurrenz nicht nur unter Künstlern, sondern auch unter Auftraggebern beigemessen wird – und folglich ein nicht geklärter Zusammenhang zwischen Zentren der (politischen oder anderen) Macht und Zentren der künstlerischen Vervollkommnung. Mit diesen Problemen (auch wenn sie sich unvermeidlich etwas anders darstellen) müssen wir uns auch heute noch auseinandersetzen.

Beginnen wir mit dem geographischen Problem. Es ist eindeutig festgestellt worden, daß sich im Bereich der literarischen Kultur Italiens zwischen dem 16. und dem 18. Jahrhundert, von Tasso über Marino und Gravina bis zu Metastasio, ein vollständiges Gleichgewicht zwischen Norden und Süden herstellt[40]. Man wird sich daran erinnern, wie verschieden und unausgeglichen hingegen das von Lanzi gezeichnete Bild war. Es fragt sich nun, ob diese Verzerrung, derer sich Lanzi selbst, wie wir gesehen haben, bewußt war, ausschließlich der Dürftigkeit und Unzuverlässigkeit seiner Informationsquellen über Süditalien sowie dem Mangel an direkten Nachforschungen zuzuschreiben ist.

Daß die Malerei des Königreichs Neapel und der Inseln größtenteils noch zu entdecken ist, steht außer Zweifel. Es steht ebenso außer Zweifel, daß die noch anhaltende Nachlässigkeit der Kunstgeschichtsschreibung gegenüber diesem Teil Italiens einem Problem zugeschrieben werden muß, das sich unter den Begriff »Südfrage« (questione meridionale) fassen läßt[41]. Und dennoch – um eine Schlußfolgerung vorwegzunehmen, die vielleicht selbstverständlich erscheint – werden die wünschenswerten Forschungen über die Malerei im Süden kein Netz künstlerischer Zentren ans Licht bringen können, das dem Mittel- und Norditaliens vergleichbar wäre. In diesem Sinn kann man durchaus sagen, daß die Verzerrung in Lanzis *Storia pittorica* im wesentlichen eine Verzerrung, oder besser *die* Verzerrung, widerspiegelt, welche die Geschichte (nicht nur die der Malerei) Italiens kennzeichnet.

Wir haben von einer selbstverständlichen Schlußfolgerung gesprochen. Die geographische Verteilung der italienischen Kunstzentren jedoch ist nicht selbstverständlich. Es lohnt sich, sie zu analysieren.

Versuchen wir, die italienischen Kunstzentren als eine Art Klub zu betrachten. Was waren die Bedingungen dafür, Mitglied in diesem Klub zu werden? Und ab wann konnte man ihm nicht mehr beitreten? Metapher beiseite: Weshalb sind die italienischen Kunstzentren historisch ganz bestimmte und nicht andere gewesen? Und wann (oder warum) traten keine neuen mehr in Erscheinung?

Um darauf zu antworten, wird man weit ausholen müssen. Das hohe Alter und die Beständigkeit der urbanen Zentren sind in der Tat eines der deutlichsten Kennzeichen der Geschichte der Halbinsel. Nach Sereni ergibt sich bei einer Stichprobe von 8000 Zentren für mehr als ein Viertel (2684) eine Gründung in römischer oder vorrömischer Zeit. Etwas weniger als ein Drittel ist zwischen dem 8. und dem 12. Jahrhundert, und weniger als ein Achtel in der Zeit nach dem 14. Jahrhundert gegründet worden[42]. Diese rein quantitative und für sich schon beeindruckende Tatsache verbirgt eine andere, qualitative, die an Konsequenzen für die italienische Geschichte, auch für die der Kunst, noch reicher ist: und zwar die, daß sich schon im Lauf des 1. Jahrhunderts v. Chr. ein fundamentaler Gegensatz zwischen den urbanen Zentren der Halbinsel herausgebildet hatte[43].

Fragen der langen Dauer

In dieser Zeit vollzogen sich zwei parallele Prozesse, freilich mit unterschiedlichen Vorzeichen. Nach Ende des Bundesgenossenkriegs (88 v. Chr.) tendierte eine große Zahl verarmter Bauern aus Mittel- und Süditalien dazu, das Ackerland zu verlassen und nach Rom zu strömen. Die römische Führungsschicht mußte daher die massiven Initiativen zum Wiederaufbau und zur baulichen Erneuerung, die von den vormals verbündeten Munizipien ergriffen wurden, mit Wohlgefallen sehen. Auch wenn es wohl keine bewußte Politik gab, unbeschäftigte Arbeitskräfte durch den Städtebau zu absorbieren, war das Resultat dennoch das, den Druck des Zugs in Richtung Rom abzuschwächen. Alte Stadtzentren wurden ausgeweitet und mit Mauern eingefaßt, und viele Gemeinden legten den Stammesstatus ab und gingen zu einem gemeinschaftlichen Leben urbanen Typs über. Diese Initiativen der Gemeinden erfolgten in ganz Mittel- und Süditalien, mit der (aus Gründen, die wir noch sehen werden, bezeichnenden) Ausnahme des zentral gelegenen Streifens, wo es in der Vergangenheit etruskische Niederlassungen gegeben hatte: Etrurien und ein Teil des heutigen Umbrien.

Ungefähr zur selben Zeit vollzog sich gerade die Kolonisierung der Gallia cisalpina. Auch sie wurde von der Gründung städtischer Zentren begleitet, deren Merkmale allerdings ganz anders als die in Mittel-

und Süditalien waren. Und zwar nicht nur, weil die Zahl der neuen Zentren weitaus geringer war, sondern vor allem, weil ihre Gründung nach einem regelrechten Plan erfolgte, der eine Reorganisation des Gebiets, die Konstruktion von Anlagen zur Wasserversorgung usw. beinhaltete[44]. Auf der einen Seite also eine Art »wilde Urbanisierung«, die von den einzelnen Gemeinden vorgenommen wird; auf der anderen Seite eine von Rom gesteuerte und geplante Urbanisierung. Letzten Endes also verschiedene und verschieden ausgewogene Verhältnisse zwischen Stadt und Land.

Als Salvatorelli vor Jahren einen lange gehegten Gedanken genauer ausführte, vertrat er die Ansicht, von italienischer Geschichte im eigentlichen Sinn könne man erst seit dem 1. Jahrhundert v. Chr. sprechen, und zwar seit dem Bundesgenossenkrieg, auf den die Verleihung des römischen Bürgerrechts an die Italiker folgte[45]. Die oben angestellten Überlegungen liefern weitere Einzelheiten zur Stützung dieser These. Die an Revolutionen so arme Geschichte Italiens wäre demnach unter dem Zeichen einer zur Hälfte siegreichen Revolution geboren.

Damit soll selbstverständlich nicht gesagt werden, daß das Problem des Südens damals entstanden sei. Wohl aber ist richtig, daß das fundamentale Ungleichgewicht, das die Geschichte der Halbinsel kennzeichnet (und ohne das sie eine andere gewesen wäre als sie war und ist), seine sehr weit zurückliegenden Wurzeln in den divergenten Ereignissen des 1. Jahrhunderts v. Chr. hat. Die späteren Umwälzungen und Erschütterungen konnten dies Ungleichgewicht zwar verschieben, aber nicht aufheben.

Am Ausgang der Antike bot das Netz der städtischen Zentren Italiens also einen zweifachen Anblick: in Mittel- und Süditalien (mit Ausnahme Etruriens und eines Teils des heutigen Umbrien) ein überaus dichtes Geflecht, im Norden ein viel weitmaschigeres Netz. Die Resistenz der beiden damals ohnehin schon stark geschwächten Gebiete gegen die nachfolgende Erschütterung war höchst unterschiedlich. Um sich davon zu überzeugen, wird es genügen, sich die Karte der italienischen Diözesen zu Beginn des 7. Jahrhunderts vorzunehmen. Bekanntlich decken sich die Bischofssitze in der Tat mit ebenso vielen städtischen Zentren: Die Zerstörung oder Entvölkerung dieser letzteren brachte nach einem oft recht langen Zeitraum entweder die Verlegung der Diözese in ein benachbartes Zentrum oder aber ihre Auflösung mit sich. Aus diesen Gründen liefert eine Untersuchung der aufgelösten Diözesen eine Reihe ziemlich bedeutender Anhaltspunkte.

Was in die Augen springt, ist das Ausmaß des Phänomens: Von 232 zu Beginn des 7. Jahrhunderts vorhandenen Diözesen wurden 106 (3 unsichere eingeschlossen) aufgelöst. Fast die Hälfte also. Festzuhalten gilt, daß die aus einem zugrundegegangenen in ein benachbartes Zentrum neuerer Gründung verlegten (von Luni nach Sarzano zum Beispiel, oder von Roselle nach Grosseto) Diözesen bei jenen aufgelösten nicht mitgezählt worden sind: Die Aufstellung der untergegangenen oder zu Dörfern gewordenen Zentren erweist sich daher als eine unzureichende Näherung. Aber neben dem Ausmaß des Phänomens beeindruckt auch seine geographische Streuung. Von den 106 aufgelösten Diözesen gehörten 15 dem Norden, 42 Mittelitalien und 49 (fast die Hälfte) dem Süden und den Inseln an. Das dichteste Städtenetz erwies sich also als das zerbrechlichste. Sicher, die Zahl der Diözesen im Süden blieb trotz der stattgefundenen Reduzierung sehr hoch: Aber es handelte sich und handelt sich noch heute um oft winzig kleine Diözesen, oft deckungsgleich mit Ortschaften von unerheblicher Bedeutung.

Eine ganz andere Widerstandskraft bot hingegen das vergleichsweise weitmaschigere Städtenetz des Nordens (und eines Teils von Mittelitalien). Zwar gingen Zentren wie Aemonia, Aquileia, Altinum, Vicohabentia, die an der Küste oder in Küstennähe lagen und in höherem Maß den Invasionen ausgesetzt waren, unter oder verfielen; aber das Gesamtbild erfuhr keine allzu schwerwiegenden Veränderungen. Auf dieser Basis ließe sich eine Linie ziehen, die Roselle (oder, wenn man will, Grosseto) mit Chiusi, Perugia und Ancona verbindet. Südlich dieser imaginären Linie haben wir eine Art Gräberfeld antiker urbaner Zentren[46]; und nördlich davon eine Reihe von manchmal sehr schwer getroffenen, aber fast nie endgültig zerstörten Städten. Corfinium oder Marruvium sollten im Unterschied zu Bologna oder Piacenza nicht wieder aufblühen. Hinter dieser Zweiteilung scheint (einige Abweichungen im Streifen, der Nordlatium und Südumbrien umfaßt, ausgenommen) der Gegensatz auf, der sich im Lauf des 1. Jahrhunderts zwischen den städtischen Siedlungen in den verschiedenen Teilen der Halbinsel herausgebildet hatte.

Das im Verhältnis zu dem Corfiniums oder Marruviums andere Geschick Bolognas oder Piacenzas erklärt sich freilich im Licht der späteren italienischen Geschichte. Das ist nun aber genau der Punkt. Versuchen wir, einen Sprung von einigen Jahrhunderten zu machen. Nach der Jahrtausendwende kommt es zu einem Wiederaufblühen der Städte. Aber innerhalb eines Jahrhunderts entwickeln sich die Verhältnisse in Mittel- und Norditalien einerseits und im Süden andrerseits nochmals in entgegengesetzter Richtung. Dem Italien der Kommunen tritt ein feudalistisches Italien gegenüber. Die autonome Entwicklung der süditalienischen Städte kommt zum Stillstand: Amalfi, um nur einen beispielhaften Fall zu nennen, erlebt seinen Niedergang. Palermo gedeiht und gewinnt an Stärke, aber nur deswegen, weil es Sitz eines Hofs ist. An die Stelle eines Gesamtbilds, das sich analog zu jenem ausgeprägt polyzentrischen Mittel- und Norditaliens abzeichnete, tritt nun ein völlig anderes, das durch die Erstickung der unbedeutenderen Städte zum Nachteil der Metropolen gekennzeichnet ist. Man schreibt diese entscheidende Wende in der Regel exogenen Faktoren zu: zuerst der normannischen Eroberung, dann der Hohenstauferherrschaft. Aber Erklärungen der Art »Einfall der Hyksos« sind immer simplifizierend. Die Geographie des Italiens der Kommunen lädt vielmehr dazu ein, über das ausschlaggebende Gewicht nachzudenken, welches tiefergreifende und ältere Faktoren besitzen konnten. Das Verbreitungsgebiet der Kommunen deckt sich in der Tat weitgehend mit jenem Teil Italiens, in dem sich das urbane Netz römischen oder vorrömischen Ursprungs am widerstandsfähigsten gezeigt hatte. Die Übereinstimmung ist sicher nicht ganz perfekt: Wenn wir die beiden Gebiete übereinanderlegen, hebt sich ein Streifen Mittelitaliens südlich der Zone Roselle (Grosseto) – Chiusi – Perugia – Ancona ab, in dem sich Kommunen wie Orvieto oder Viterbo entwickelten. Aber gerade dieser herausfallende Streifen ist bezeichnend, weil er uns noch einmal auf eine ältere Zweiteilung verweist: auf den Gegensatz zwischen den zwei Teilen der Halbinsel, der im 1. Jahrhundert v. Chr. entstanden war. Dieser Gegensatz war nach mehr als tausend Jahren immer noch wirksam.

Die Verteilung der künstlerischen Zentren

Wir müssen uns diese lange (oder sehr lange) Zeit hindurch währenden Widersprüche vergegenwärtigen, wenn wir die geographische Verteilung der italienischen Kunstzentren verstehen wollen. Wir finden unter ihnen tatsächlich viele Zentren römischen oder vorrömischen Ursprungs: aber das stellt keine notwendige (und schon gar keine hinreichende) Bedingung für die Aufnahme in den Klub dar, von dem weiter oben die Rede war. Man braucht nur an Venedig oder Ferrara zu denken, um sich klar zu machen, daß wir in einer anderen Richtung suchen müssen. Der Umstand also, Diözese gewesen zu sein? Dies muß wahrscheinlich als eine fast notwendige Bedingung betrachtet werden, und zwar insofern, als es schwierig ist, ein italienisches Kunstzentrum zu finden, das nicht auch Bischofssitz gewesen wäre. Es gibt nur wenige Ausnahmen, wie etwa Saluzzo oder Fabriano, die erst spät zu Bischofssitzen wurden: Was die Klöster angeht, so handelt es sich um Zentren *sui generis,* die sich durch das Fehlen einer dazugehörigen Peripherie auszeichnen. Aber es handelt sich gewiß nicht um eine hinreichende Bedingung: Es gibt unzählige Bistumsstädte, die in der Kunstgeschichte der Halbinsel keine erhebliche Rolle gespielt haben – von Sarasina über Numana bis zur Unzahl kleinerer Bischofssitze im Süden.

Es ist also im Umkreis der Bistumsstädte, wo wir die italienischen Kunstzentren in der Regel zu suchen haben werden. Aber welche (natürlich historischen, nicht formalen) Elemente definieren diese Untergruppe?

Gehen wir nach dem Grundsatz sukzessiver Ausschließung vor. Untersuchen wir zunächst die nach Beginn des 7. Jahrhunderts untergegangenen oder in Verfall geratenen (und nicht wiederaufgeblühten) Zentren. Keines davon (Aquileia vielleicht ausgenommen) kann als künstlerisches Zentrum im eigentlichen Sinn definiert werden. Das Untersuchungsfeld wird nun sofort enger. Versuchen wir also, die nach dem 7. Jahrhundert eingerichteten Bischofssitze durchzugehen. Es läßt sich eine Phase intensiver Reorganisierung der kirchlichen Geographie Italiens erkennen, welche im Süden vom 11. und 12. Jahrhundert an, im Norden in der zweiten Hälfte des 14. Jahrhunderts einsetzt[47]. Dennoch: Keiner der nach dieser Zeit eingerichteten Bischofssitze kann als künstlerisches Zentrum bezeichnet werden. Wie man sieht, wird der Kreis der möglichen Kandidaten weiterhin enger. Wenn wir mit diesem Eingrenzungsmanöver fortfahren, gelangen wir zu der Schlußfolgerung, daß dem Beitritt zum Klub der italienischen Kunstzentren, der grundsätzlich allen Bischofssitzen offen stand, zu Ende des 11. Jahrhunderts ein Ende gesetzt war. Nach dieser Zeit fanden die neuen Sitze – ob Alessandria oder Livorno, Carpi oder Prato, Foggia oder Civitavecchia – verschlossene Türen vor.

Wir haben zwar jetzt die notwendigen chronologischen Bedingungen für die Aufnahme sehr eingegrenzt: Die hinreichenden Bedingungen haben wir aber noch nicht herausgefunden. In anderen Worten: Die italienischen Kunstzentren entsprechen allesamt ebensovielen, gegen Ende des 11. Jahrhunderts bestehenden Bischofssitzen; umgekehrt trifft dies aber nicht zu. Weshalb gelang es Andria, Matelica, Venosa, Tarent (um nur einige zufällig ausgewählte Namen von Bistümern aufzuzählen) nicht, zu künstlerischen Zentren im vollen Sinn des Wortes zu werden?

Das, was uns endlich erlaubt, die geographischen und chronologischen Koordinaten der italienischen Kunstzentren zu entziffern, ist der entscheidende Gegensatz zwischen den beiden Italien – dem kommunalen und dem feudalen –, der sich eben genau im Lauf des 11. Jahrhunderts entwickelt. In Mittel- und Norditalien (abgesehen von den Fällen *sui generis* Venedig und natürlich Rom) stimmen die Kunstzentren mit denjenigen Städten überein, die ein reges kommunales Leben entfalteten – alle ausnahmslos Sitze einer Diözese[48]. In Süditalien, mit Ausnahme Messinas, mit den später vom normannisch-hohenstaufischen Zentralismus unterdrückten Städten (Amalfi, Bari) und mit den Städten, die Sitz eines Hofs waren (Palermo, Neapel). Die Grenze zwischen diesen beiden Italien der Kunst – polyzentrisch das eine, oligozentrisch das andere – verläuft auf derselben Grenzlinie, die im 1. Jahrhundert v. Chr. entstand und die alle späteren Wechselfälle überdauerte.

Die Kommunen

Wenn wir die entscheidende Bedeutung der Kommunen in der Entwicklung der italienischen Kunst hervorheben, wollen wir damit natürlich nicht die rhetorischen Ausschweifungen über die freie Kommune – sei sie nun Landgemeinde oder nicht – wieder aufgreifen, die im 19. Jahrhundert üblich waren. Was in unseren Augen zählt, ist zunächst die in einer Reihe von städtischen Zentren gleichzeitige Präsenz einer kommunalen und einer bischöflichen Macht, die manchmal miteinander verbündet waren, häufiger aber im Zwist lagen, und die zu einem zweifachen, wahlweise weltlichen und geistlichen Auftraggebertum von beträchtlicher Dauer führten. An zweiter Stelle die erbitterte Spannung zwischen den Gemeinden, die im Zeitalter der Stadtrepubliken mit besonderer Heftigkeit ausbrach, aber viel länger anhalten sollte, und die einen überaus starken Antrieb für die künstlerische Differenzierung darstellte. Einerseits haben wir also eine Situation potentieller innerer Konkurrenz der einzelnen Zentren, andrerseits eine vergleichbare Situation zwischen verschiedenen Zentren. Das bedeutet, daß wir uns noch heute im Rahmen des von Lanzi umrissenen Konkurrenzmodells bewegen. Tatsächlich ist auch für uns das Vorhandensein oder Fehlen einer Konkurrenzsituation zwischen Künstlern und Auftraggebern ein Zeichen für eine mehr oder weniger starke Tendenz zur künstlerischen Innovation. Wir werden uns sehr wohl davor hüten, Innovation und Qualität ohne weiteres miteinander zu identifizieren – womit wir wieder in die Tautologie verfallen würden, auf die wir in den eingangs zitierten Worten von Kenneth Clark gestoßen sind. Es steht jedoch außer Zweifel, daß die Bedingungen, die zur Begünstigung der künstlerischen Neuerung tendieren, in der Regel in den sogenannten Zentren eintreten. Man könnte die Kunstzentren tatsächlich als Orte definieren, die durch die Präsenz einer ansehnlichen Zahl von Künstlern und bedeutender Gruppen von Auftraggebern charakterisiert sind, welche aus verschiedenen Motivationen – aus familiärem oder individuellem Stolz, dem Wunsch nach Überlegenheit oder dem Verlangen danach, das ewige Heil zu erlangen – dazu bereit sind, einen Teil ihres Vermögens in Kunstwerke zu investieren. Dieser letztere Punkt impliziert freilich, daß das Zentrum ein Ort ist, an dem ein beträchtliches Surplus zusammenkommt, das unter Umständen in die Kunstproduktion fließen kann. Ferner wird es mit Institutionen zum Schutz, zur Ausbildung und Förderung der Künstler sowie mit solchen zur Verteilung der Kunstwerke ausgestattet sein können. Schließlich wird es ein viel größeres Publikum als jenes der eigentlichen Auftraggeber zählen: gewiß kein homogenes, sondern ein in Gruppen unterteiltes Publikum, von denen eine jede ihre eigenen Wahrnehmungsgewohnheiten und Bewertungsmaßstäbe haben kann, die sich in spezifische Erwartungen und Nachfragen übersetzen lassen.

Wie man sieht, handelt es sich um eine überaus allgemeine, aber historisch zugleich einschränkende Definition. Es ist nämlich nicht ersichtlich, wie es möglich sein soll, eine derartige Vielzahl von Auftraggebern im Bereich eines hochmittelalterlichen Klosters ausfindig zu machen, die solche Konflikte hätte auslösen können, wie sie bisweilen zwischen Bischof und Kapitel auch auf dem Gebiet der künstlerischen Entscheidungen zustande kamen[49]. Es versteht sich allerdings von selbst, daß die Begriffe »Zentrum« und »Peripherie«, wenn man sie auf das Europa der Klöster bezieht, eine ganz andere Bedeutung haben als jene, die ihnen im Hinblick auf die Jahrhunderte nach der Jahrtausendwende zugeschrieben werden kann. Außerdem impliziert die von uns vorgeschlagene Definition, daß der Begriff eines *ausschließlich* künstlerischen Zentrums widersprüchlich ist. Nur ein Zentrum der außerkünstlerischen Macht – der politischen und/oder ökonomischen und/oder geistlichen Macht – wird Kunstzentrum sein können. Daher reicht das bloße Vorhandensein oder sogar die Anhäufung von Kunstwerken an einem bestimmten Ort nicht aus, um aus ihm ein Kunstzentrum im obengenannten Sinn zu machen. Die Schlösser, die Villen oder die Wallfahrtskirchen wird man möglicherweise als physische Projektionen im Herrschaftsbereich einer anderswo angesiedelten politischen, ökonomischen oder geistlichen Macht betrachten können.

Innovationszentren und Zonen der Rückständigkeit

Wenn das Zentrum dazu tendiert, zum Ort der künstlerischen Neuerung zu werden, so tendiert die Peripherie (wenn auch nicht immer) entsprechend dazu, zum Ort der Rückständigkeit zu werden. Wir wollen versuchen, eine summarische Typologie dieses – in den Beziehungen zwischen Zentrum und Peripherie sicherlich häufigsten – Phänomens zu umreißen. Es lassen sich unterscheiden: eine Rückständigkeit von mehreren Jahrhunderten wie im Fall der als »Volkskunst« bezeichneten, von Bauern für die Bauern hervorgebrachten Kunstproduktion; eine mehrere Generationen umfassende Rückständigkeit wie im Fall der zwar von professionellen Künstlern, aber für eine bäuerliche Kundschaft ausgeführten Produkte; und eine Rückständigkeit von wenigen Jahren, die jedoch als traumatisch empfunden wird, weil sie mit Momenten und Situationen zusammentrifft, die durch plötzliche Änderungen des Geschmacks gekennzeichnet sind. Dementsprechend werden wir also Produkte haben wie Wiegen oder verzierte Löffel, Betten, Truhen, Stoffe verschiedener Art, von den jeweiligen Benutzern verfertigte Gebrauchsgegenstände[50], Freskenzyklen, die von Werkstätten wandernder Maler, die mit der Ausschmückung von Feldkapellen oder von Pfarrkirchen kleinerer Orte beschäftigt sind, gemalt werden; oder aber Werke renommierter Maler, die sich plötzlich an den Rand des Kunstmarkts gedrängt sehen.

Nehmen wir ein bäuerliches Produkt, einen Gebrauchsgegenstand oder auch einen liturgischen Gegenstand. Die grundlegenden Formen

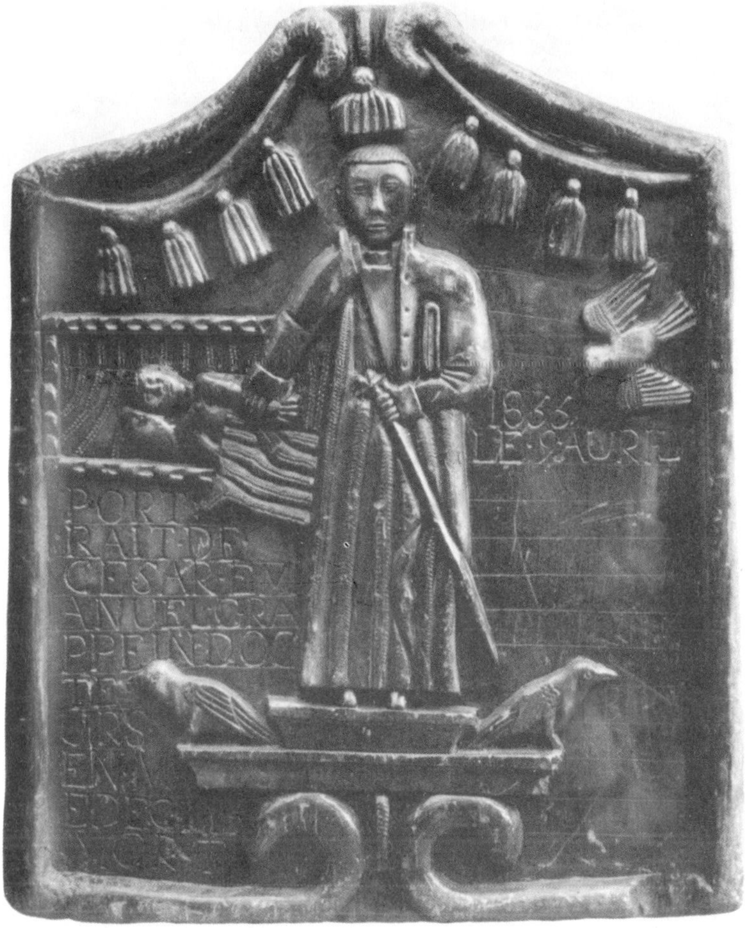

Unbekannter Bildhauer aus dem Aostatal, *Portrait des Dottor Grappein di Cogne*

basieren auf einem begrenzten Repertoire (verschieden kombinierte Spiralen, Kreise, Sterne etc.), welches Jahrhunderte hindurch nahezu feststehend bleibt, so daß einige Formen sogar bis auf neolithische Zeit zurückzugehen scheinen. In diesem Bereich ist die Beständigkeit, der typologische Fortbestand besonders stark. Wenn wir uns hingegen den Erzeugnissen der Wanderateliers zuwenden, jener Gruppen von Künstlern beispielsweise, die um 1450–70 im Gebiet um Vercelli tätig waren und denen unter anderem die malerische Ausschmuckung der Kapelle San Bernardo in Gattinara[51] zu verdanken ist, so sehen wir, daß sie mit geringfügigen Änderungen Modelle wiederaufnehmen, die vielleicht auf die letzten Jahrzehnte des 14. Jahrhunderts zurückgehen. Als Beispiel für den dritten Typ ließe sich das anführen, was Vasari über einige Gemälde Peruginos für die Kirche Santissima Annunziata in Florenz schrieb:

Man erzahlt, daß diese Arbeit, als sie aufgedeckt wurde, von allen neuen Künstlern harten Tadel erfuhr, vornehmlich, weil Pietro darin Figuren angebracht hatte, die man schon aus seinen früheren Werken kannte. Seine Freunde schalten ihn und sprachen, er habe sich nicht sehr angestrengt, und sey, entweder aus Gewinnsucht oder um schnell zu arbeiten, von seiner guten Methode gewichen. – ›Ich habe dieselben Figuren dargestellt‹, entgegnete Pietro, ›die sonst Lob und großes Gefallen bei euch erweckten; was kann ich dafür, wenn ihr sie jetzt nicht mögt und rühmt.‹ –

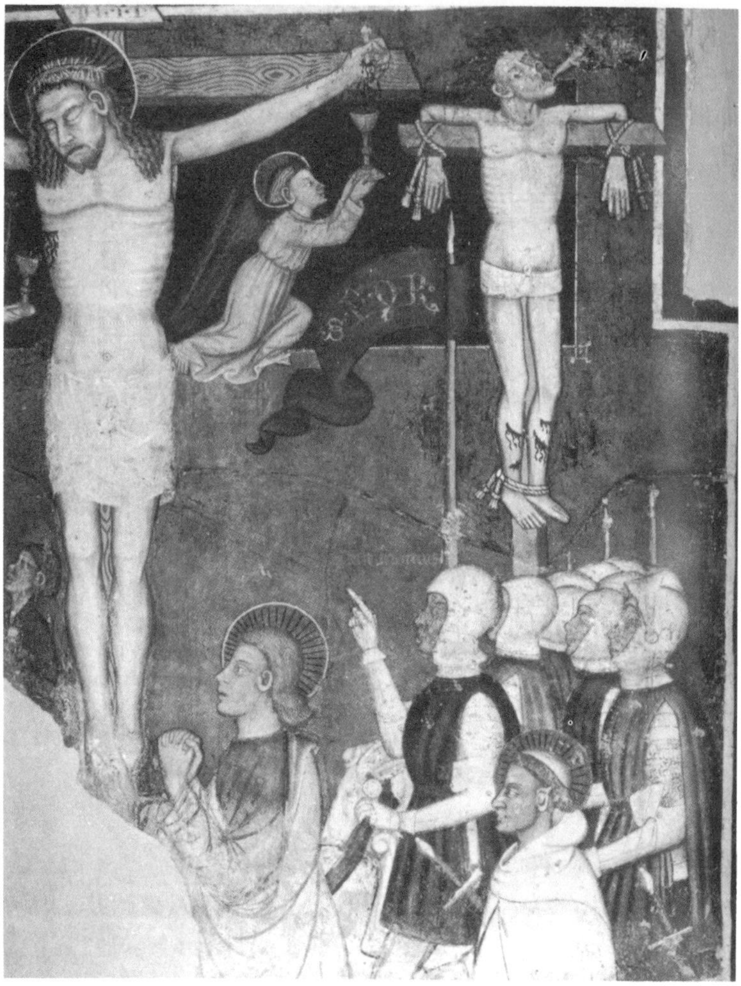

Maler der Passion Christi,
Kreuzigung, um 1450
Ausschnitt
früher in Gattinara, San Benardo

Dieß hinderte nicht, daß jene ihn mit beißenden Sonetten und öffentlichen Schmähungen verfolgten. Pietro, der schon alt war, schied deßhalb von Florenz und ging nach Perugia zurück. Dort fertigte er einige Frescoarbeiten in der Kirche S. Severo (...), zu Fratta, zu Montone und an vielen andern Orten in der Umgegend von Perugia vollführte er Arbeiten[52].

Den verschiedenen Ebenen, die wir schematisch unterschieden haben, entsprechen also verschiedene Grade der Beständigkeit (und eine jeweils davon abhängige, größere oder geringere Möglichkeit der Datierung). Es ist wohl nicht zu gewagt, daraus die Schlußfolgerung zu ziehen, daß in einer Situation des künstlerischen Eigenverbrauchs wie der der Bauern die Innovation praktisch gleich null ist. In einer Situation des Halbmonopols wie der, in der die vercellesischen Wandermaler in der Mitte des 15. Jahrhunderts tätig waren, konnte man sich ruhig der in manchen Fällen ziemlich alten Modelle bedienen, ohne dabei Gefahr zu laufen, die Erwartungen eines Publikums zu enttäuschen, welches keinerlei Vergleichsmöglichkeit hatte. In einer Konkurrenzsituation wie der in Florenz um 1505 ist es die von den Kollegen und Rivalen, den »neuen Künstlern«, geäußerte Kritik, die Perugino dazu veranlaßt, die Stadt (wenn auch nicht definitiv) gegen das umbrische Land zu tauschen. Wir können in diesem Fall nicht von »Rückständigkeit der Peripherie« im eigentlichen Sinn sprechen: Aber es ist die Peripherie, in die sich zurückzuziehen der Maler gezwungen ist, um mit seiner Arbeit fortfahren zu können und um Aufträge für eine Produktion zu erhalten, die im Zentrum nicht mehr zufriedenstellt.

Peripherisierung und Deklassierung

In anderen Fällen ist es hingegen die materielle Verlagerung der Kunstwerke vom Zentrum in die – geographische und/oder soziale – Peripherie, die erkennen läßt, daß letztere mit einem rückständigen Kunstgeschmack identifiziert wird. Man nehme den Fall der Kanzel der Kathedrale von Cagliari, die zwischen 1159 und 1162 von einem Meister Guglielmo für die Kathedrale von Pisa aus Stein gehauen wurde und die man 1312, als in Pisa die Kanzel Giovanni Pisanos eingeweiht wurde, nach Sardinien brachte. Zur Erinnerung an das Ereignis wurde eine Versinschrift angebracht:

Castello Castri concexit
Virgini Matri direxit
Me templum istud invexit
Civitas Pisana[53]

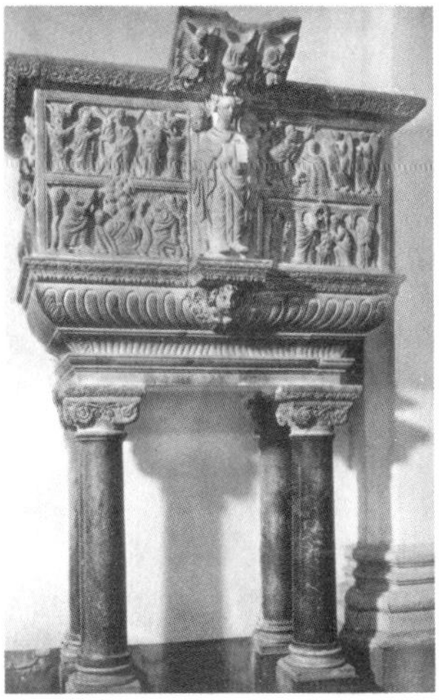

GUGLIELMO, Kanzel, um 1160
Cagliari, Kathedrale

Das neue Publikum, an das sich die Kanzel richtete, war das der in Cagliari eingerichteten pisanischen Kolonie im hochgelegenen, von Castel di Castro beherrschten Viertel. In der Nähe dieses Symbols und Mittelpunkts der pisanischen Herrschaft war die neue Kathedrale erbaut worden. Die alte Kanzel der Kathedrale von Pisa mußte für die toskanische Kolonie eine ehrwürdige Reliquie des Ursprungslands werden – ein Hinweis auf das gemeinsame kulturelle Erbe, ein Mittel zur Identifikation mit und zur Anbindung an Pisa. Außerdem gilt es festzuhalten, daß sich zum Zeitpunkt der Verlegung der Kanzel eine schwere Bedrohung für die Zukunft der pisanischen Herrschaft immer deutlicher abzeichnete, da der Papst den König von Aragon mit dem Königreich Sardinien belehnt hatte. Es ist aber nicht ohne Bedeutung, daß die symbolische Befestigung der kulturellen Bande mit dem Mutterland durch die Übersendung eines hundertfünfzig Jahre alten Kunstwerks erfolgte: Der Kolonie schrieb man trotz allem einen rückständigeren Geschmack als den der Metropole zu.

Andere, wenn auch weniger aufsehenerregende Fälle dieser Art zeigen, daß diese Interpretation nicht auf einer Petitio principii beruht. Zwischen dem 16. und dem 18. Jahrhundert werden die Polyptychen des 14. Jahrhunderts aus den berühmtesten Kirchen Sienas entfernt und in entlegene Landkapellen und -pfarrkirchen verbannt: Das von Pietro Lorenzetti, einst in der Carminekirche, endet in der Kirche Sant'Ansano in Dofana. Manchmal ist die Deklassierung eher sozial als geographisch, wie im Fall der *Verkündigung* von Ambrogio Lorenzetti, die von der Sala del Concistoro (Ratssaal) des Palazzo Pubblico in »einen Raum (...) neben der Küche, wo die Diener zu essen pflegen«, überwechselt. Auf diese Weise kam ein Kunstwerk, das Francesco, Mönch von San Galgano und Kämmerer der Biccherna (der sienesischen Schatzkammer), in Auftrag gegeben hatte, am Ende nicht den Regierenden Sienas, denen es ursprünglich gewidmet worden war, sondern einem Publikum der niedersten sozialen Rangstufe zugute[54]. Es kommt mit anderen Worten vor, daß Monumente, Einrichtungen und

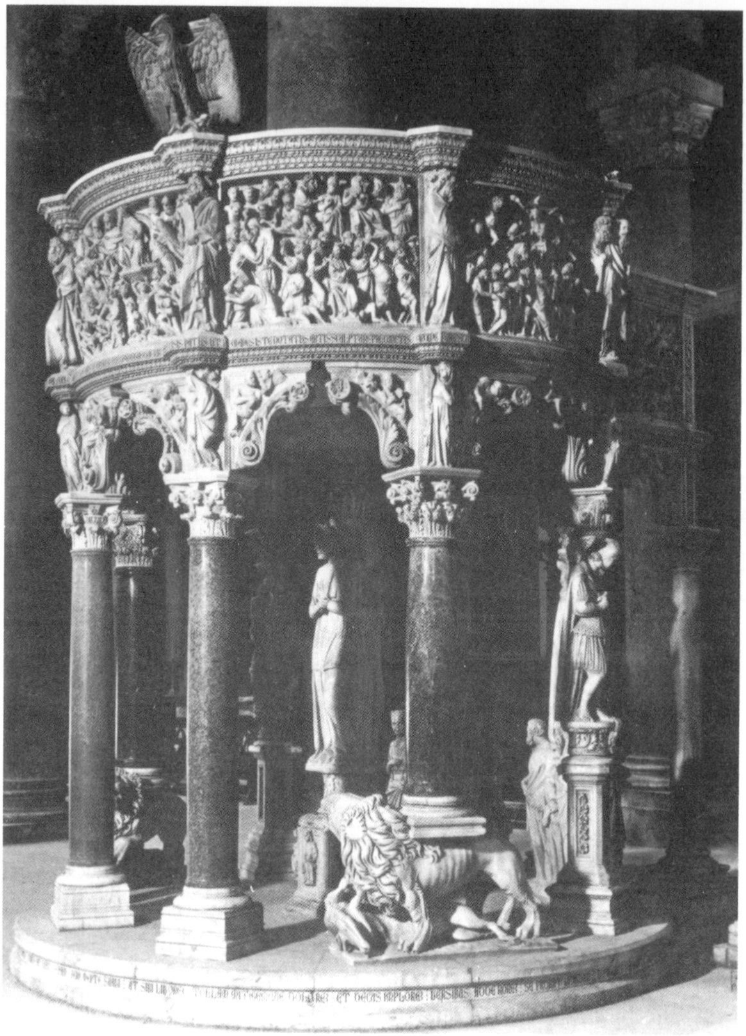

GIOVANNI PISANO, Kanzel, 1312
Pisa, Kathedrale

Kunstwerke der Vergangenheit zu einem bestimmten Zeitpunkt abgegeben oder wie abgelegte Kleider in eine Ecke geworfen werden. Eine systematische Sammlung von Zeugnissen dieser Art könnte die wechselhaften Beziehungen außerordentlich erhellen, die historisch zwischen den einzelnen Zentren und den dazugehörigen Peripherien bestanden.

Das bisher Gesagte beweist zur Genüge, daß der Zusammenhang Zentrum/Peripherie nicht als eine unveränderliche Beziehung zwischen Innovation und Rückständigkeit gesehen werden kann. Es handelt sich im Gegenteil um ein bewegliches Verhältnis, das jähen Beschleunigungen und Spannungen ausgesetzt ist, die nicht nur an künstlerische, sondern auch an politische und soziale Veränderungen geknüpft sind. In Anbetracht dessen, daß Vasari in seinen *Vite* (Lebensbeschreibungen) ein kanonisches Modell der Peripherie als Ort der Rückständigkeit lieferte, das von Gewicht und von Dauer sein sollte, wird es sinnvoll sein, die von ihm gegebene Übersicht unter diesem Gesichtspunkt zu analysieren.

Die einzige Chance für einen in der Provinz geborenen und ausgebildeten Künstler besteht nach Vasari darin, mit dem Zentrum in Kontakt zu kommen: Nur so wird er an der Innovation und am Fortschritt teilhaben können. Die Neigung zur Hegemonie, welche Florenz seit dem 13. Jahrhundert besessen hatte, wird vom zweiten Jahrzehnt des 16. Jahrhunderts an von Rom übernommen werden. Und nach Rom zieht es, getrieben von einer Art unaufhaltsamem Tropismus, Künstler aus allen Teilen Italiens, die vielleicht nur vage verstanden haben, was in der Luft liegt. So Parmigianino, dem

> das Verlangen [kam], Rom zu sehen; er war im Vorwärtsschreiten und hörte die Werke der guten Meister, besonders Raffaels und Michelagnolo's rühmen, so offenbarte er seinen alten Oheimen den Wunsch seines Herzens[55].

Ebenso Niccolò Soggi, der,

> da er hörte daß man in Rom mit großen Dingen beschäftigt sey, (...) Florenz voll Verlangen in der Kunst sich vervollkommnen und etwas zu erübrigen [verließ][56].

Oder auch Pierino da Vinci:

> Während Vinci so Vorzügliches leistete, hörte er oft von den Kunstwerken Roms reden und sie preisen, wie allezeit von jedermann geschieht, und Sehnsucht nach solcher Herrlichkeit entflammte ihn zugleich mit der Hoffnung, es werde ihm Gewinn bringen, wenn er die dortigen Alterthümer nicht nur, sondern auch die Arbeiten Michelagnolo's und diesen selbst kennen lerne, welcher damals in Rom lebte[57].

Dasselbe gilt auch für Giovanni da Udine, der, während er sich in Venedig bei Giorgione aufhielt,

> damit er die Kunst lerne, indeß die Werke Michelagnolo's und Raffaels so vielfach rühmen hörte, daß er beschloß, auf allen Fall nach Rom zu gehen[58].

Oder für Battista Franco, der

> sich in frühster Jugend in der Zeichenkunst befleißigt [hatte] und (...), voll Verlangen nach Vollkommenheit in seinem Beruf, mit zwanzig Jahren nach Rom [ging]. Nachdem er sich dort einige Zeit mit vielem Studium im Zeichnen geübt und die Verfahrungsweise verschiedener Meister kennengelernt hatte, beschloß er einzig die Bild- und Malerwerke Michelagnolo's zu studiren und nachzuahmen[59].

Angesichts dessen, was sich ihnen in Rom enthüllt, schwören bereits anerkannte Künstler ihrer früheren Ausbildung ab und beginnen nochmals von vorn. Und auch der Topos, daß der bereits berühmte Künstler wieder zum Schüler wird, wenn er erst einmal die gute Manier kennengelernt hat, kommt bei Vasari häufig vor: Ein berühmtes Beispiel ist das Raffaels, der, nachdem er den Karton der *Schlacht von Cascina* von Michelangelo gesehen hatte, das machte, was

> ein anderer dem der Muth gesunken wäre, in der Meinung er habe seine Zeit bis dahin verloren, (...) wenn auch mit herrlichem Geist begabt, doch nimmer vollbracht haben [würde],

indem er nämlich

> die Manier Pietro's von sich warf, um die in allen Theilen so schwierige des Michelagnolo's sich anzueignen, und fast vom Meister noch einmal zum Schüler wurde. Ein Mann schon, zwang er sich, durch unglaubliches Studium in wenigen Monaten zu lernen, was ein zarteres für Aneignung aller Dinge empfänglicheres Alter und einen Zeitraum von vielen Jahren bedurft hätte[60].

Derselbe Topos findet sich mit ähnlichen Ausdrücken – wie: sich von einer früheren Ausbildung »frei machen«, oder: »vom Meister wiederum ein Schüler werden« – in der Lebensbeschreibung des Garofalo wieder, der nach seiner Ankunft in Rom

fast allen Muth [verlor], ja (...) in starre Verwunderung [geriet], als er die Anmuth und Lebendigkeit in den Malereien Raffaels sah und Buonarroti's tiefe Kenntniß der Zeichnung. Er verwünschte die lombardische Weise, und die, welche er mit vielem Studium in Mantua erlernt hatte, und würde sich, wäre es möglich gewesen, gerne davon frei gemacht haben. Da er nun keinen andern Weg vor sich sah, entschloß er sich, um zu verlernen, was er in vielen Jahren mühsam sich angeeignet, vom Meister wiederum ein Schüler zu werden[61].

Das Verwünschen der lombardischen Weise erinnert an die »Flüche der Lombardei«, mit denen der *Dialogo della lingua* (Dialog über die Sprache) von Macchiavelli – zum Zeichen einer ebenso monozentrischen Konzeption – endet. Diese liegt um so offener zutage, wenn man bedenkt, daß die Lebensbeschreibung Garofalos Vasaris Absichten nach dazu bestimmt war,

einen gedrängten, allgemeinen Bericht von den trefflichsten Malern, Bildhauern und Baumeistern [zu] geben, welche zu unserer Zeit (...) in der Lombardei geblüht haben[62].

Auch handelt es sich um keinen Einzelfall, denn Girolamo da Carpi »beklagte« im Gespräch mit Vasari,

daß er seine Jugend und seine besten Jahre in Ferrara und Bologna, nicht aber in Rom oder an sonst einem Orte zugebracht habe, wo er sicherlich mehr gelernt hätte[63].

Nach Rom kommt man also aus Florenz, aus Venedig, aus Mantua oder aus Ferrara, und wer weggehen muß, nachdem er es kennengelernt hat, leidet sehr darunter, wie etwa Polidoro da Caravaggio, der in Messina

unausgesetzt brennendes Verlangen [fühlte], Rom wieder zu sehen, eine Sehnsucht, die jeden quält, welcher Jahre lang dort verweilt hat und in anderen Landen umherschweift[64],

oder wie Garofalo in Ferrara, der

bei der Ausführung dieser Werke (...) bisweilen unter großen Schmerzen daran [dachte], daß er Rom verlassen habe, und beschloß auf allen Fall dorthin zurückzukehren[65].

Das Bild der Provinz ist vom hochangesehenen und anregenden Bild des Zentrums denkbar weit entfernt. Einen Extremfall stellt Kalabrien dar, die Heimat des Marco Cardisco, von dem Vasari schreibt:

Sehen wir eine Frucht an einem Ort, an welchem sie früher nicht zu wachsen pflegte, so verwundern wir uns, und können uns doppelt eines vorzüglichen Geistes freuen, wenn wir ihn in einem Lande finden, wo Männer seines Berufes sonst nicht geboren werden[66].

Nicht immer ist die Provinz diese öde Gegend, wo die Pflanze der Künstler nicht gedeiht: Aber wenn es dort dann doch welche geben sollte, dann tun sie gut daran, nicht lange dort zu bleiben, da es an Vorbildern, Wetteifer und Konkurrenz fehlt, an einigen der für die Entwicklung der Innovation grundlegenden Faktoren also. In Arezzo, der Vaterstadt Vasaris, ist die Lage genau diese. Für Giovan Antonio Lappoli ist es eine

Stadt (...), woselbst ihm Gelegenheit zu Selbststudien mangelte, wie sehr die Natur ihn auch dazu trieb[67],

und nicht anders schätzt Montorsoli Perugia ein, dem der Aufenthalt dort nicht weiterhilft (»Er erkannte, daß der Aufenthalt in dieser Stadt nicht für ihn sey, und daß er da nichts lernen könne.«), oder Daniele Ricciarelli Volterra, der dort merkt,

daß in jener Stadt niemand sey, der ihn durch Wetteifer zu einem höhern Grade der Vollkommenheit treibe und er dort weder alte noch neuere Werke finde, an denen er viel lernen könne[68].

Nicht nur Arezzo, Perugia oder Volterra: auch Siena wird in Vasaris Augen zur wenig stimulierenden Provinz. Er berichtet, daß Sodoma

in jener Stadt einige Zeit keinen Nebenbuhler hatte, und dort allein arbeitete, was ihm zwar manchen Nutzen schaffte, ihm aber am Ende doch nachteilig war, da er auf diese Weise gleichsam eingeschläfert, wenig studirte[69].

Derselben Ansicht ist Beccafumi, der Vasaris Meinung nach

nichts mehr verlangte als zu lernen und überzeugt war, daß er in Siena seine Zeit verliere[70],

und dasselbe wird im Fall des Vignola oder in dem bereits zitierten des Girolamo da Carpi für Bologna und Ferrara gelten.

Es handelt sich um Fälle, in welchen sich der Künstler – Vasari zufolge – fast immer der Situation bewußt geworden sein soll. An anderen Stellen beschränkt er sich auf die Feststellung, daß der Künstler, von dem er spricht, Außerordentliches geschaffen hätte, wenn es ihm möglich gewesen wäre, aus seiner Provinz herauszukommen (was denjenigen, die in der Peripherie bleiben, eben gerade nicht vergönnt ist). In diesem Sinn äußert er sich über Luca de' Longhi:

(...) wäre Luca von Ravenna fortgegangen, (...), so würde er (...) sicherlich äußerst vorzüglich geworden seyn[71],

oder über eine Gruppe von lombardischen Bildhauern, denen dadurch, daß sie in Mailand gearbeitet haben, geradezu eine Grenze gesetzt ist:

Herrschte in Mailand das Studium der Kunst wie in Rom und Florenz, so würden jene trefflichen Meister erstaunenswürdige Werke ausgeführt haben und ausführen[72].

Besonders schwer fällt es Vasari, den Fall einzuräumen, in dem sich jemand absichtlich nicht von der Stelle rührt, wie etwa Cola dell'Amatrice, Provinzbewohner aus freien Stücken:

Unbekümmert, ob er Rom oder ein anderes Land gesehen habe, lebte er in Ascoli,

wohingegen

dieser Künstler (...) sehr Vorzügliches geleistet haben [würde], wenn er seinen Beruf an Orten geübt hätte, woselbst er durch Wetteifer getrieben worden wäre, eifriger zu studiren, und den herrlichen Geist auszubilden, welchen die Natur ihm verliehen hatte[73].

Im übrigen führt die Herausforderung, welche die Werke der Großen darstellen, nicht automatisch zum Wetteifer. In manchen Fällen zieht sich der »herausgeforderte« Künstler zurück, weil er sich nicht so viel zutraut. So Francabigio, der nie

von Florenz fort [mochte], und da er einige Werke Raffaels von Urbino gesehen hatte, achtete er sich einem solchen Mann und andern von großem Namen nicht gleich, und wollte sich dem Vergleich mit diesen ausgezeichneten Künstlern nicht aussetzen[74].

Oder Morto da Feltre, der vorgehabt haben soll, die Grotesken, die seine Spezialität waren, aufzugeben, um sich der Figurenmalerei zu widmen.

Und nachdem einmal das Verlangen, sich zu vervollkommnen, in ihm erwacht war, und da er vernahm, welches Aufsehen in dieser Kunst die Cartons von Lionardo und Michelagnolo in Florenz erregten, begab er sich dahin; doch als er die gepriesenen Werke gesehen, achtete er nicht für möglich, einen gleichen Grad von Vollkommenheit zu erlangen, wie er es in seinem frühern Beruf vermochte, und kehrte deßhalb zu seinen Grottesken zurück[75].

Andere verzichten zwar nicht auf den Vergleich, schieben ihn aber auf, wie Pierino da Vinci, der

sich (...) in Gesellschaft einiger Freunde [... nach Rom begab], und nachdem er alles was er wünschte sich angesehen, kehrte er nach Florenz zurück, da er mit richtigem Urtheil erkannte, jene Werke seyen für ihn noch zu tief und müßten nicht in so frühem Alter, sondern erst bei reiferer Einsicht gesehn und nachgeahmt werden[76].

Der Wettstreit zwischen den Künstlern und die Anregungen, die von den Erwartungen des Publikums kommen können, sind Vasaris Meinung nach grundlegende Antriebskräfte des künstlerischen Fortschritts. Das Fehlen von Vergleichsmaßstäben und die einfache Befriedigung des Publikums bewirken daher, daß die Künstler in der Provinz weniger angeregt werden. Genau das widerfährt Donatello in Padua:

Weil er (...) für ein Wunder gehalten und von jedem Einsichtigen gerühmt wurde, beschloß er nach Florenz zurückzukehren, indem er sagte: Wäre er länger in Padua geblieben, so würde das viele Lob, was man ihm zutheilte, Ursache geworden seyn, ihn alles vergessen zu machen, was er wisse; er wolle gern wieder in seine Vaterstadt gehen, um sich dort überall tadeln zu lassen; dieser Tadel sey Veranlassung zum Studium und daher zu größerem Ruhm[77].

Donatello wußte – Vasari zufolge –, daß ihm in Padua der Ansporn durch Kritik fehlte; andere wußten es nicht, wie Sodoma in Siena, der dort mangels Konkurrenz träge wurde, oder wie Bartolomeo da Bagnacavallo, Amico Aspertini, Girolamo da Cotignola und Innocenzo da Imola, alle aus der Emilia, die

in Wahrheit nicht zu der nothwendigen geistigen Eigenthümlichkeit der Kunst hinan reichten. Es gab indeß zu jener Zeit in Bologna keine Künstler, die mehr verstanden hätten als sie, und sie galten deßhalb bei den Männern von der Regierung und bei den Bewohnern dieser Stadt für die besten Maler Italiens[78].

Auch Marco Cardisco in Neapel trifft kein anderes Los:

Nebenbuhlerschaft von Künstlern hatte er in der Malerei nicht zu bestehen; deßhalb wurde er von den dortigen Herren stets verehrt und erhielt für seine Werke reichliche Bezahlung[79].

Die Rolle, die die Auftraggeber spielen, ist demnach strategisch entscheidend. Und von der neapolitanischen Auftraggeberschaft liefert Vasari in der Lebensbeschreibung des Polidoro ein noch viel negativeres Bild als das eben zitierte. Polidoro war nach Neapel gezogen,

da aber die dortigen Großen wenig nach Malerwerken fragten, war er nahe daran Hungers zu sterben[80],

weswegen er,

der in Neapel seine Kunst wenig anerkannt sah, (...) den Entschluß [faßte], von einem Ort zu scheiden, woselbst man mehr auf ein springendes Pferd als auf Meister Acht hatte, deren Hände gemalten Figuren Leben verliehen[81].

Neapel wird als Extremfall vorgeführt, aber auch das Rom des 15. Jahrhunderts mit seinen ansehnlichen Investitionen in die Kunst erscheint Vasari als Ausdruck eines zurückgebliebenen und peripheren Geschmacks:

Wenn Papst Eugen IV. als er die Thüre von St. Peter zu Rom in Bronze arbeiten ließ, sich mehr Mühe gegeben hätte, zu dieser Arbeit treffliche Meister zu bekommen, wie zu seiner Zeit leicht möglich gewesen wäre, in welcher Filippo di Ser Brunelleschi, Donatello und andere herrliche Künstler lebten, so würde dieß Werk nicht in so unglücklicher Manier ausgeführt worden seyn, als es nunmehr vor uns steht. Vielleicht geschah hier, was häufig bei Fürsten der Fall zu seyn pflegt, die entweder sich nicht auf Kunstsachen verstehen, oder wenig Freude daran finden. Wären sie indeß geneigt zu beachten, wie es um des Ruhmes willen, der davon zurückbleibt, von Wichtigkeit sey, bei öffentlichen Werken auf vorzügliche Männer Rücksicht zu nehmen, so würden sicherlich weder sie noch ihre Diener in solcher Weise nachlässig seyn; wer sich mit niedrigen, ungeschickten Künstlern einläßt, der ist Schuld, daß seine Werke und sein Ruhm von kurzer Dauer sind; und außerdem geschieht dadurch dem Zeitalter Unglimpf, in welchem man geboren ist, da die Nachkommen unfehlbar glauben: Wenn es in jener Zeit bessere Meister gegeben hätte, würde sicherlich jener Fürst sich vielmehr ihrer, als der unerfahrenen und ungeschickten bedient haben[82].

Das Stigma des Provinzialismus erscheint bei einem Papst wie Sixtus IV., der traditionellen Zielscheibe der politischen und kulturellen Polemik in Florenz, besonders deutlich. Vasari zufolge soll der Papst dadurch, daß er Cosimo Rosselli Botticelli, Ghirlandaio, Signorelli und Perugino vorzog, seine eigene Inkompetenz unter Beweis gestellt haben; er zog die auffälligen und teueren Farben Cosimos den kunstreichen Erfindungen der anderen vor:

denn die Augen des Papstes, der keine Einsicht in solchen Dingen hatte, obwohl er Vergnügen daran fand, wurden durch den Farbenglanz geblendet; er urtheilte, Cosimo's Werke seyen viel besser als die der übrigen, erkannte ihm den Preis zu, und bestimmte, die anderen Meister sollten ihre Malereien mit dem schönsten Blau übergehen und Gold darin aufsetzen, damit sie in Glanz und Reichthum der Färbung den Bildern Cosimo's gleichkämen. Die armen Maler, in Verzweiflung, daß sie der geringen Einsicht des Papstes Folge leisten mußten, schickten sich an zu verderben, was sie Gutes ausgeführt hatten[83].

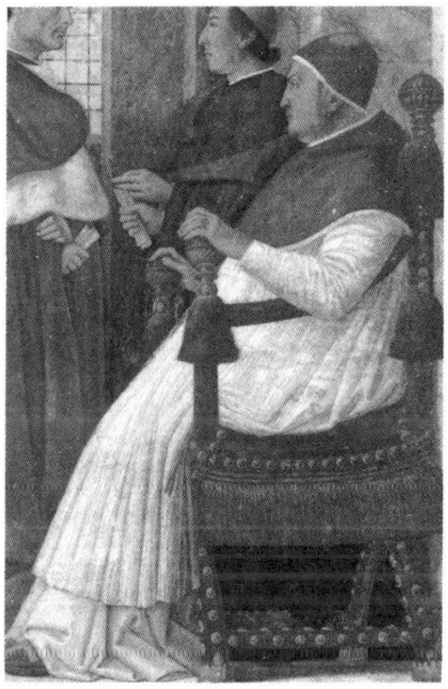

MELOZZO DA FORLÍ, *Papst Sixtus IV.*, 1477, Ausschnitt

Um den Ton dieses Abschnitts ganz zu verstehen, muß man an eine andere Anekdote erinnern, die Vasari in die Lebensbeschreibung Michelangelos einfügte und die Menighella betraf, den

Duzend-Maler (...) aus Valdarno, [...einen] dummen aber sehr drolligen Menschen, der bisweilen zu Michelagnolo kam, damit er ihm die Zeichnung zu einem St. Rochus oder St. Antonius fertige, die er für Landleute zu malen hatte. Michelagnolo, der schwer daran ging für einen König etwas zu arbeiten, ließ alles liegen und machte ihm eine Zeichnung wie sie für seine Manier und seinen Geschmack paßte, wie Menighella sich ausdrückte. Unter andern erhielt dieser von ihm das sehr schöne Crucifix, machte eine Form darüber, preßte Crucifixe darin von Pappe und anderen Substanzen, und ging auf dem Lande umher sie zu verkaufen, was Michelagnolo lachen machte, daß er bersten wollte, vornehmlich wenn jenem lustige Dinge begegneten, wie mit einem Landmann, der einen St. Franziscus bei ihm bestellt hatte und sich dann unzufrieden zeigte, ihn in ein graues Gewand gekleidet zu sehn, da er es von schönerer Farbe gewünscht habe, worauf ihm Menighella einen Regenmantel von Brocat darüber malte und den Landmann vollkommen zufrieden stellte[84].

In diesem Abschnitt wird offensichtlich ein Topos beschrieben, auch wenn die historische Existenz Menighellas gesichert ist. Aber das interessiert uns hier nicht. Wichtiger ist es, festzuhalten, daß in Vasaris Augen der Geschmack der bäuerlichen Kundschaft Menighellas, welche Bilder mit den für die ländliche Frömmigkeit typischen Heiligen (Hl. Rochus, Hl. Antonius, Hl. Franziskus) bestellt und die kräftigen, auffälligen Farben liebt, mit den Vorlieben eines Papstes mönchischer Kultur und Bildung wie Sixtus IV. übereinstimmen, der einem – Vasaris Meinung nach, versteht sich – rückständigen Milieu wie demjenigen Roms im 15. Jahrhundert verhaftet ist. Noch einmal überlagern sich soziale und geographische Peripherie.

Das Ende des Polyzentrismus und die Entstehung der »dritten Manier«

Eine radikale Operation also, die Vasari da durchgeführt hat. Eine Situation wie die, die damals gerade in der Toskana entstanden war – ein absoluter Staat auf regionaler Basis, geprägt von der Unterordnung und Enteignung der verschiedenen Zentren zugunsten der Hauptstadt –, wurde auf die Vergangenheit projiziert: Die Rolle Sienas oder Pisas wurde verkürzt, die von Pistoia, Volterra oder Lucca ganz gestrichen. Arezzo blieb aus Heimatliebe verschont. Diese Projektion der Gegenwart auf die Vergangenheit, oder, wenn man so will, diese Angleichung der Vergangenheit an die Gegenwart (die aber eine Tilgung war) blieb, wie wir gesehen haben, nicht auf die Toskana beschränkt. Mit seiner drastischen Einschränkung des Polyzentrismus zugunsten einiger weniger Zentren, die sich eine gewisse Autonomie bewahren konnten, zog Vasari nach Ablauf einiger Jahrzehnte die Summe aus einem Prozeß, der zu Beginn des 16. Jahrhunderts eine doppelte, politische wie auch künstlerische, Zäsur in der Geschichte der Halbinsel bewirkt hatte. Die Jahre des frühen 16. Jahrhunderts, in denen plötzlich Perugino der Peripherie zugerechnet wird, (der unter den Angriffen der »neuen Künstler« gezwungen ist, Florenz zu verlassen), sind entscheidende Jahre, in denen gerade ein neues Paradigma entsteht und sich bereits durchzusetzen beginnt, »die dritte Manier, welche wir« – so schreibt Vasari – »die neuere nennen wollen«: jene Leonardos, Giorgiones, des »anmuthbegabte[n] Raffael von Urbino« und des »göttlichen Michelagnolo Buonarroti«, dem »der Preis vor allen diesen Künstlern, vor lebenden wie vor todten gebührt«. Die »ungewöhnliche« Vielfalt und der Reichtum der »dritten Manier« läßt die »neue lebendigere Schönheit«, die Francia Bolognese und Perugino zu schaffen begonnen hatten, auf einen Schlag veraltet erscheinen und beweist den »Fehler« derer, die »herbei[strömten, sie] zu sehen und (...) für unmöglich [hielten], daß man es jemals noch besser machen könne«[85].

Die »dritte Manier« begann sich durchzusetzen: Und diese Entwicklung steht in engem Zusammenhang mit einem Prozeß der Umstrukturierung der künstlerischen Geographie Italiens – mit einem Prozeß, den Vasari registriert und zu dessen Akzentuierung er beiträgt, indem er ihn auf die Vergangenheit projiziert.

Ein beispielhafter Fall: Umbrien

Gehen wir diesem Sachverhalt an einem beispielhaften Fall, dem Umbriens, nach. Zentren wie Perugia, Gubbio, Foligno, Todi, Assisi, Montefalco, Spoleto und Orvieto, die zwischen dem 13. und 15. Jahr-

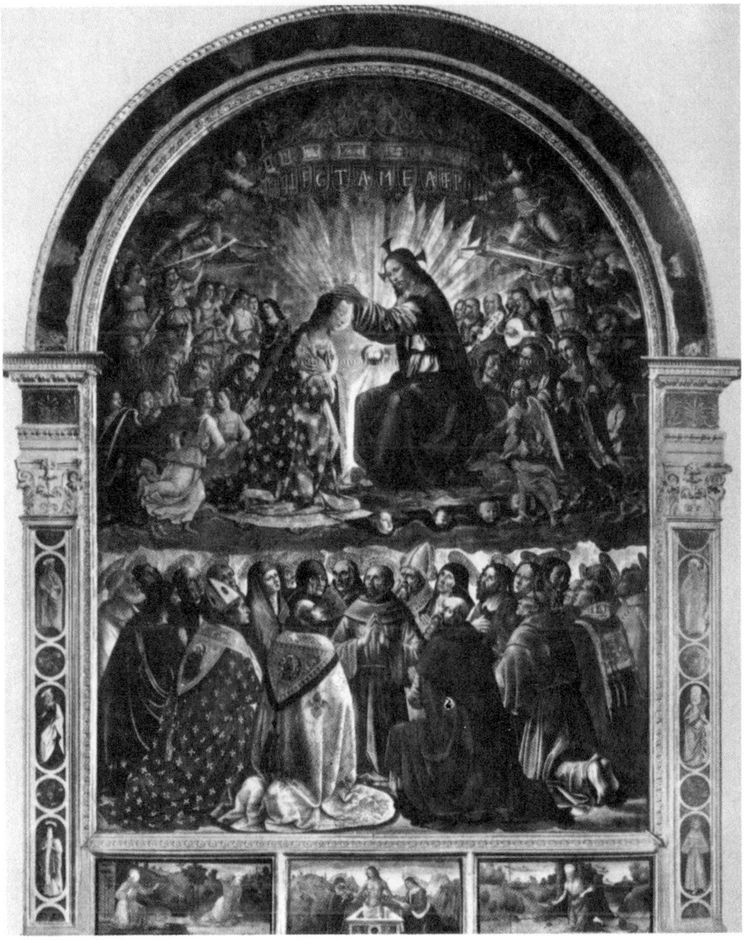

DOMENICO GHIRLANDAIO,
Krönung Mariae
früher Narni,
Chiesa degli Osservanti

hundert eine komplexe und unterschiedliche Kunstproduktion besessen hatten, waren so lange Zeit hindurch Opfer der zentralisierenden Sichtweise Vasaris, daß die umbrische Malerei vor Perugino erst seit ein paar Jahrzehnten Gegenstand spezieller Analysen geworden ist[86]. Im 16. Jahrhundert tendiert dies vielfältige Gesamtbild aber immer mehr zur Uniformität und Wiederholung. Die Innovation scheint zum Privileg und Charakteristikum weniger größerer Zentren zu werden.

Ein bezeichnendes Charakteristikum dieser Situation ist die Treue einer Formel gegenüber. Man betrachte den Erfolg eines Bildes wie der *Krönung Mariens* von Domenico Ghirlandaio. Das 1486 für die Osservanti von San Girolamo bei Narni gemalte Bild wurde auf ausdrücklichen Wunsch der Auftraggeber mehrere Male nachgeahmt: In der *Krönung Mariens* der Kirche der Riformati von Montesanto in Todi, die »pictam de auro cum coloribus et aliis rebus ad speciem et similitudinem tabulae factae in Ecc. Sancti Jeronymi de Narnia« (zu malen in Gold mit Farben und anderen Dingen ähnlich der Art der Tafel, die gemalt ist in der Kirche San Girolamo von Narni) anzufertigen Spagna sich verpflichtet hatte und die im Jahr 1511 vollendet wurde; in der ebenfalls von Spagna für die Franziskaner von Trevi gemalten *Krönung*, wie auch in derjenigen, die 1541 von Jacopo Siculo für die Kirche der Annunziata bei Norcia angefertigt wurde[87].

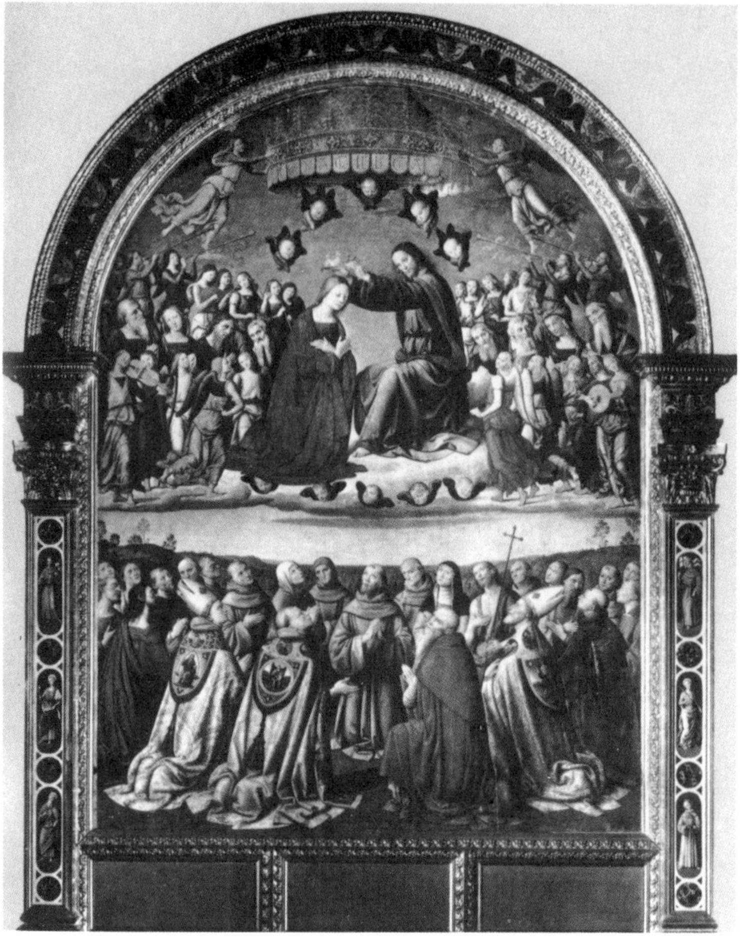

GIOVANNI DI PIETRO, gen. LO SPAGNA, *Krönung Mariae,* 1511 früher in Montesanto, Chiesa dei Riformati

Ein weiteres charakteristisches Phänomen ist die Bildung lokaler Dynastien, welche besonders seit der zweiten Hälfte des 15. Jahrhunderts wahrnehmbar ist. Der Mechanismus scheint im großen und ganzen folgender zu sein: Am Anfang steht die Einrichtung einer Familienwerkstatt, in der Vater und Söhne arbeiten. Die Erzeugnisse dieser Werkstatt sind zunächst auf verhältnismäßig neuem Stand und lehnen sich an neuere Formeln und Schemata an, die großen Erfolg haben. Der Werkstattleiter kann eine verhältnismäßig reiche Erfahrung besitzen, welche von Reisen, einer Ausbildung außerhalb des Heimatorts oder der Lehrzeit bei einem vor Ort arbeitenden auswärtigen Maler herrührt. Auf diese Weise konnte der Aufenthalt des Niccolò da Siena in Norcia auf den Aufstieg der Sparapane oder des Domenico da Leonessa Einfluß nehmen[88]. Die Dynastie der Sparapane beginnt ihre Karriere mit dem Gemälde *Madonna mit Kind, Heiligen und Geschichten aus dem Leben Christi* auf der Ikonostase der Kirche San Salvatore in Campi (bei Norcia), auf dem Datum und Urheberschaft festgehalten sind: »Questo laurero a pinto Johani de Sparapane et Antonio suo figliolo da Norscia 1464« (Dieses Werk haben Giovanni di Sparapane und sein Sohn Antonio aus Norcia 1464 gemalt). Von nun an wird die Benutzung der Kartons und des formalen Repertoires des leitenden Meisters zum üblichen *modus operandi* der Werkstatt – und zwar so,

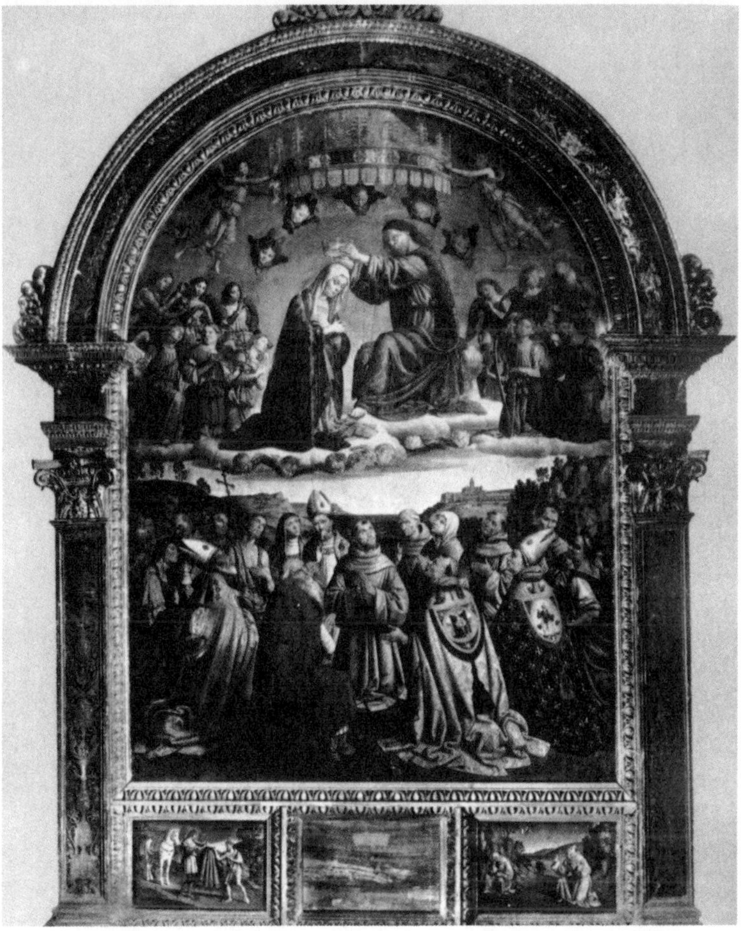

GIOVANNI DI PIETRO, gen. LO SPAGNA
Krönung Mariae
früher Trevi, San Francesco

daß das Überleben bestimmter Schemata sogar über mehrere Generationen hinweg gesichert werden konnte. Eben dies ist bei den Sparapane aus Norcia oder den Angelucci aus Mevale der Fall[89]. Mit der Zeit verbreitert sich die Kluft zwischen der Wiederholung bereits archaisch gewordener Malweisen und Formeln und der Produktion der großen Zentren. Diese Dynastien wurden von einzelnen Auftraggebern, von Bruderschaften oder auch von Landgemeinden für Votivbilder herangezogen; es konnte vorkommen, daß sich im Schatten einer Wallfahrtskirche oder einer Pilgerstätte eine Künstlerdynastie niederließ, wie die der Lederwasch, die in Tamsweg im Salzburgischen von Generation zu Generation mit der Kunstproduktion für die prächtige Wallfahrtskirche Sankt Leonhard betraut wurden, und deren in der Nähe der Kirche liegendes Haus noch heute zu besichtigen ist.

Anfangs weist diese überall in der Peripherie entstehende Malerei, die an eine sozial homogene Auftraggeberschaft gebunden ist, noch nicht die deutlich rückständigen Merkmale auf, die sie später annehmen wird, wenn sich die Kluft zwischen Zentrum und Peripherie verbreitert haben wird. Sie läßt vielmehr eine größere Neigung und Bereitschaft der gesellschaftlichen Gruppen erkennen, die sich bisher kaum in dieser Richtung engagiert hatten, in die Kunst zu investieren. Es würde sich lohnen, eine Landkarte der Dekorationen zu zeichnen,

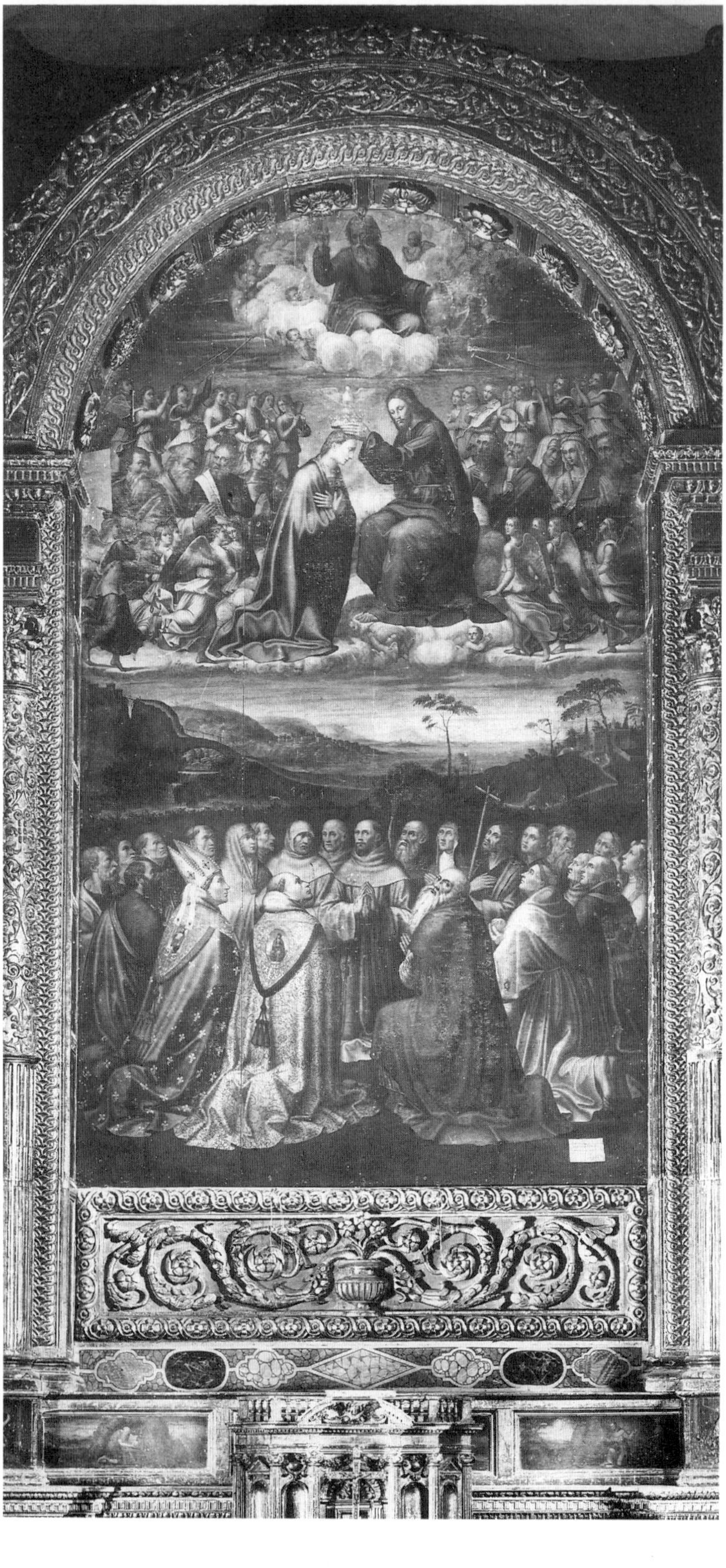

GIACOMO SANTORI,
gen. JACOPO SICULO,
Krönung Mariae
Norcia, Chiesa dell'Annunciata

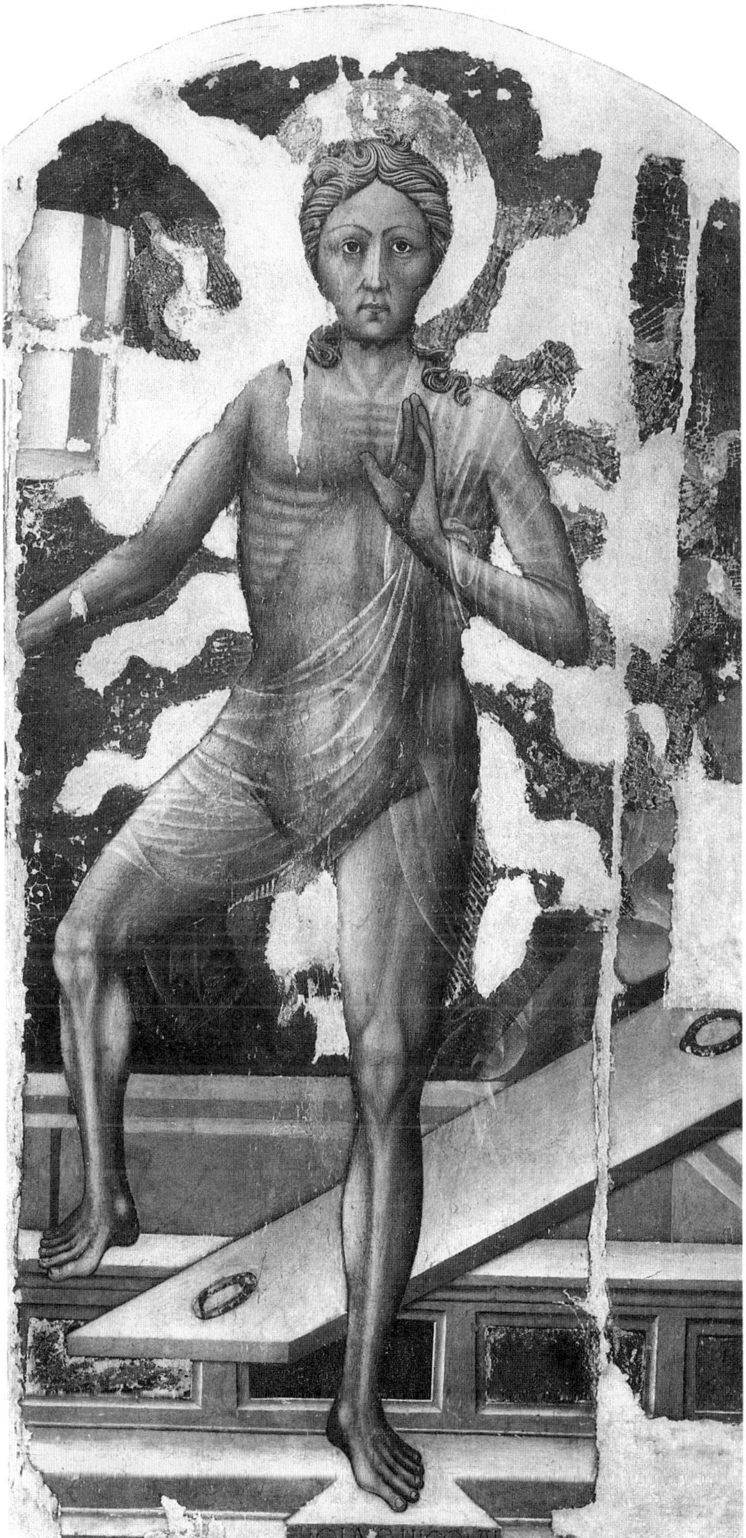

NICCOLÒ DA SIENA,
Auferstehung Christi, Ausschnitt
Norcia, Santa Scolastica

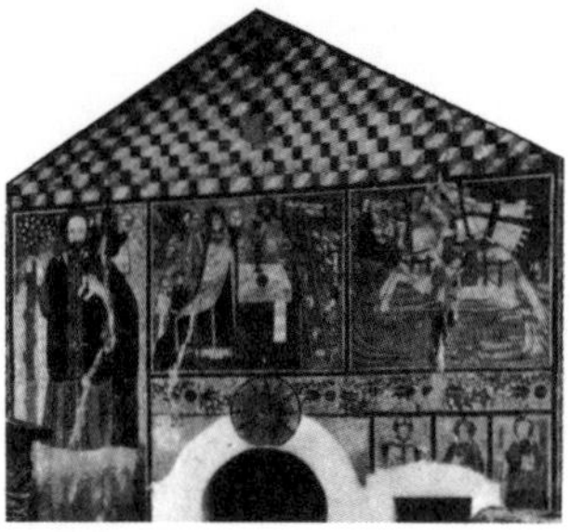

GIACOMINO DA IVREA, Wandmalereien, 1463 Gressan, Aosta, Chiesa della Madeleine

die während des 15. Jahrhunderts – eindeutig zu Erbauungszwecken – für Kirchen und Kapellen auf dem Land ausgeführt wurden: Um sich unter den vielen Fällen auf einige wenige im Piemont zu beschränken, denke man nur an Domenico della Marca d'Ancona, der die Apsis der Kirche Santa Maria von Spinariano bei Ciriè mit Fresken schmückt[90], an Giacomino da Ivrea, der um die Jahrhundertmitte im Canavese und im Aostatal tätig ist[91], oder an Giovanni Massucco, der im Gebiet um Mandovì arbeitet[92]. Die Niederlassung in der Provinz von Künstlern wie Domenico della Marca d'Ancona, die aus entlegenen, womöglich genauso peripheren Ortschaften stammen, nimmt im Lauf des 16. Jahrhunderts zu: Giacomo Santori aus Giuliana bei Palermo, besser bekannt als Jacopo Siculo[93], arbeitet in Umbrien und der Sabinergegend; ebenfalls in der Sabinergegend betätigen sich in der ersten Jahrhunderthälfte die Veronesen Lorenzo und Bartolomeo Torresani; in der Basilikata treffen wir zur gleichen Zeit Simone da Firenze an[94]. Parallel hierzu werden renommierte Künstler aus dem Zentrum in die Peripherie vertrieben oder zurückgetrieben, weil sie mit den Vorschlägen der »neuen Künstler« und der daraus sich ergebenden Änderung des Geschmacks und der Erwartungen des Publikums nicht Schritt halten können. Außer dem bereits erwähnten Fall Peruginos, der von Florenz nach Montone und Fratta flüchten muß, haben wir bei Signorelli einen ganz ähnlichen Verlauf, oder früher noch bei Antonio da Viterbo, welcher, nachdem er in Rom an wichtigen Aufträgen wie etwa den Fresken von Santa Francesca Romana gearbeitet hat, durch die Tätigkeit der von Sixtus IV. gerufenen umbrischen und florentinischen Maler ins Land um Viterbo zurückgetrieben wird und schließlich in Corchiano malt[95].

Rückkehr in die Peripherie und Rückständigkeit

Die Phänomene, die wir aufgeführt haben – a) die Errichtung lokaler Dynastien mit der sich daraus ergebenden Wiederholung bestimmter Schemata durch den Gebrauch von Kartons und Entwürfen; b) die Niederlassung von Künstlern ferner Herkunft, die sich weder in den jeweiligen Heimatorten, noch in den bedeutenderen Kunstzentren durchgesetzt hatten, in der Peripherie; c) die Rückkehr in die Peripherie von bereits berühmten Künstlern, die durch die sich vollziehenden stilistischen Veränderungen in Schwierigkeiten geraten waren – sie alle stellen einen Peripherisierungsprozeß dar, der viele italienische Regionen in eine Lage kultureller Subalternität versetzt, die Jahrhunderte andauern sollte. Der Siegeszug des absoluten Staats auf regionaler Basis, die Erstickung der lokalen Autonomien und die betont hierarchische Schichtung der Gesellschaft hatten auf künstlerischer Ebene wichtige Konsequenzen.

Da quantitative Untersuchungen auf regionaler Ebene fehlen und – im Vergleich zum vorausgehenden Zeitraum – Untersuchungen über »provinzielle« Künstler äußerst rar sind, werden wir auf den ausgezeichneten Band *Ricerche in Umbria*[96] (Forschungen in Umbrien) zurückgreifen, der die Ergebnisse einer umfassenden Untersuchung über die Malerei des 17. und 18. Jahrhunderts in einem südumbrischen Gebiet auswertet. Wir werden versuchen, die signifikanten Grundzüge zusammenzufassen, die sich aus ihr ergeben und die unserer Meinung nach einen Wert besitzen, der über den lokalen Bereich hinausgeht.

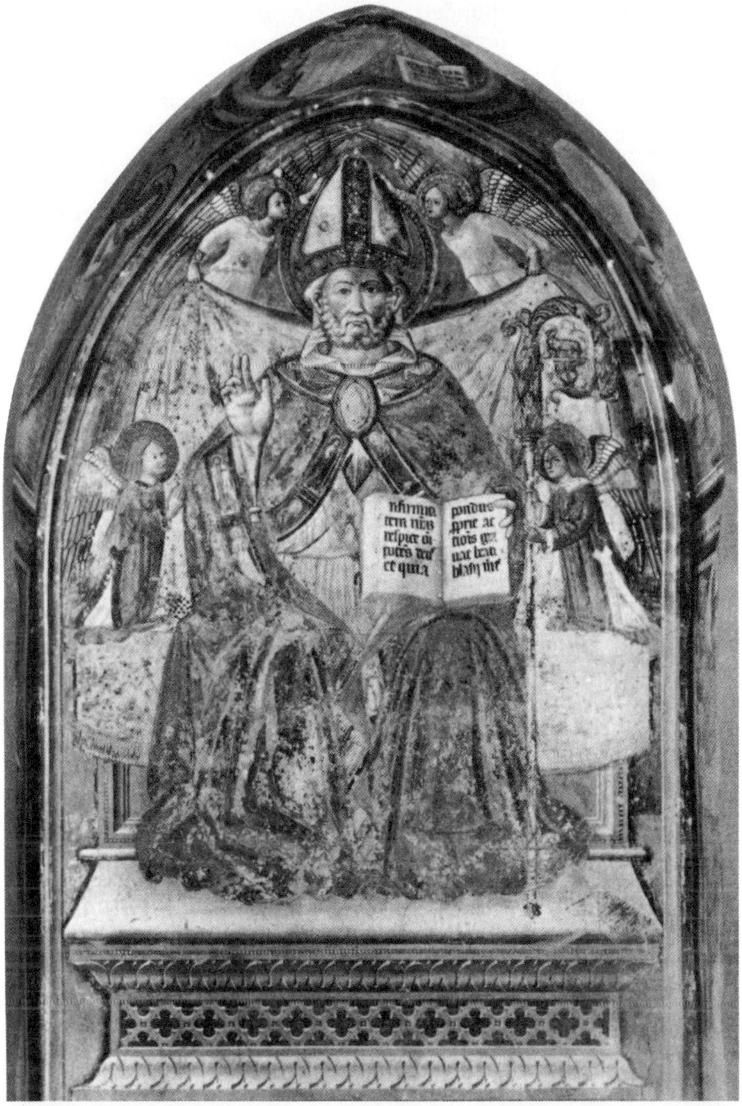

ANTONIO DA VITERBO,
Der Hl. Blasius auf dem Thron
Corchiano (Viterbo), Pfarrkirche

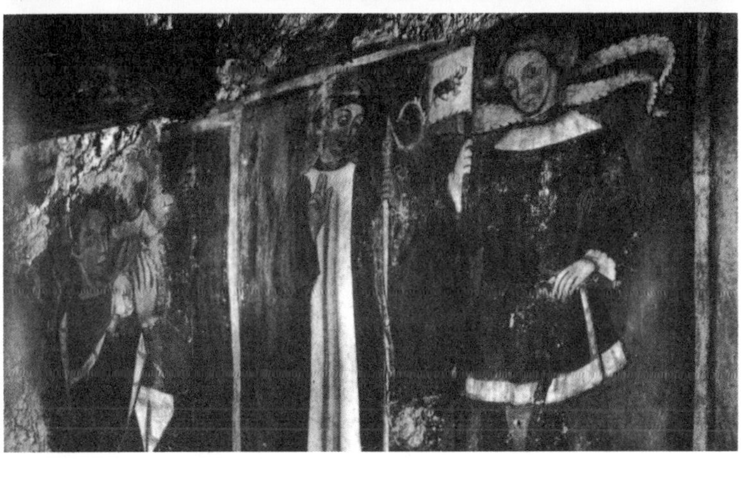

GIOVANNI MASSUCCO,
Drei Heilige
Roccaforte Mondoví,
Cascinale dei frati

a) Im 17. und 18. Jahrhundert ist die Region bereits ein wesentlicher Bestandteil des Kirchenstaates: Daher tendiert die Provinz dazu, sich der Metropole anzupassen, von der sie abhängig ist, da sie durch die Aufträge einer gewissen Zahl von Personen, die auf verschiedene Weisen der Hauptstadt verbunden sind, Anregungen aus ihr bezieht. Man darf jedoch im Provinzgebiet nicht eine reine, bloße Erweiterung der im Einflußzentrum herrschenden Situation sehen. Neben zu Erwartendem lassen sich in der Tat ungewöhnliche, außerordentliche Zeugnisse finden.
b) Der Refeudalisierungsprozeß hat im Innern der Region wichtige Konsequenzen, sowohl was den Wechsel der Auftraggeber, als auch was die Arten der Nachfrage angeht. In der Stadt steigt der Bedarf an Kunstwerken, im Umland (bis auf Ausnahmen und Sonderfälle) nimmt er ab. Dort, wo es Gebiete des Kleinbesitzes oder assoziativer Formen des Gemeineigentums gibt, hält er jedoch an, während er in der Zone des Großgrundbesitzes nachläßt.
c) Die Werke, die von den Künstlern des Zentrums in die Peripherie geschickt werden, sind von strenger liturgischem Stil als jene, die dieselben Künstler für die Metropole anfertigen.
d) Während die Provinz im 17. Jahrhundert die entsprechenden Fähigkeiten besitzt, auf die Begegnung mit der Kultur der Metropole zu reagieren, indem sie sich auf sie einstellt oder aber Varianten hervorbringt, kommt es im 18. Jahrhundert vor, daß »die Altarbilder wie ein Spezialprodukt ohne jegliche Konkurrenz aus Rom in die Provinz gelangen, und manchmal werden sogar sämtliche Altäre einer Kirche mit perfekt zueinander passenden ›Stücken‹ ausgestattet oder die Kirchenschiffe in Galerien der zeitgenössischen römischen Malerei verwandelt«[97].

Bei diesem Bild der Abhängigkeit, die durch die Arbeits- und Aufgabenteilung im Innern des Staates bedingungslos und irreversibel geworden ist, kann die Betrachtung der »Peripherie als Rückständigkeit« vielleicht stehenbleiben. In diesem Stadium gewinnt nicht mehr das Problem der Rückständigkeit, sondern jenes der symbolischen Herrschaft Gestalt. Wir werden Gelegenheit haben, darauf zurückzukommen.

Rückständigkeit der Peripherie oder der Methode?

Wenn aber nicht alle Rückständigkeiten peripher sind, wie der Fall des aus dem Zentrum in die Peripherie vertriebenen Perugino zeigt, so sind nicht alle Peripherien rückständig. Das Gegenteil anzunehmen hieße, sich eine einseitige Sicht der Geschichte der Kunstproduktion zu eigen zu machen, die es einerseits für möglich hält, eine (auf jeden Fall ideologisch motivierte) Linie des Fortschritts zu erkennen, und andrerseits jede Lösung, die sich von der vom Innovationszentrum vorgeschlagenen unterscheidet, automatisch der Rückständigkeit bezichtigt. Auf diese Weise sucht man in der Kunst der Peripherie schließlich nach jenen Merkmalen, jenen Regeln, jenen Werten, die eben auf Grundlage der Charakteristika der im Zentrum produzierten Werke festgelegt wurden. Falls man die Existenz verschiedener Regeln doch anerkennt, untersucht man sie ausschließlich auf der Grundlage des herrschenden Paradigmas, mit einer Verfahrensweise, die leicht zu Urteilen über Dekadenz, Entartung, Qualitätsverlust, Plumpheit usw. führt. Dies war zum Beispiel bei der bolognesischen oder der umbrischen Malerei des 14. Jahrhunderts der Fall, die lange Zeit auf den Rang plumper und mittelmäßiger Nachahmungen der florentinischen oder sienesischen Kunst herabgewürdigt wurden.

Im Jahr 1855 schrieb Jacob Burckhardt:

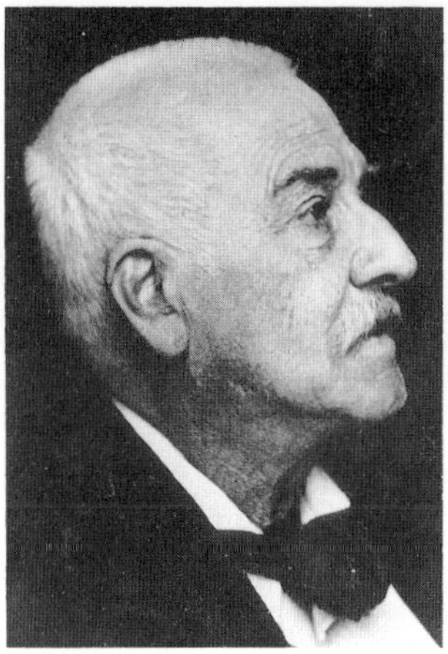

Jakob Burckhardt (1818–1897)

Scheinbar selbständig [gegenüber Giotto] blieben nur die Unfähigen. Unter den Oberitalienern mußten die Bolognesen der ganzen Einwirkung von der florentinischen Schule aus am unfehlbarsten ausgesetzt sein. Aber ihre malerische Tätigkeit und Fähigkeit ist im 14. Jahrhundert erstaunlich lahm und geringfügig. Der älteste von ihnen, Vitale, ein Zeitgenosse Giottos, ist wenigstens in einem Bilde der Pinacoteca zu Bologna (1320, thronende Maria mit zwei Engeln) süß und holdselig auf sienesische Weise, so daß man an Duccio erinnert wird. Die übrigen, halbgiottesken, sind in ihren Tafelbildern meist so gering, daß in Florenz von ihnen nicht die Rede sein würde. Und dieselbe Behandlungsweise, dieselbe Tatenlosigkeit, bleibt das Merkmal der Schule bis über die Mitte des 15. Jahrhunderts hinaus[98].

Und 1908 schrieb Bernard Berenson zur umbrischen Malerei vor Perugino: »Nelli was and remains an idiot«[99]. Und der gleiche Berenson gab 1918 einem dem Orvietaner Cola Petruccioli gewidmeten Essay den Titel *A Sienese little Master in New York and elsewhere,* was, wie R. Longhi bemerkte,

sowohl über den niedrigen Rang, der dem Künstler zugewiesen wird, als auch über seine mutmaßliche, bedingungslose Untertänigkeit der sienesischen Schule gegenüber genug ausgesagt. Es war damals tatsächlich sehr in Mode, sich für die sienesischen Erzeugnisse des gesamten Trecento schwärmerisch zu begeistern, und all das, was ihnen irgendwie ähnelte, davon abhängig zu machen. (...) Eine spezifische orvietanische Kultur der Malerei in der zweiten Hälfte des Trecento schien unzulässig, was sage ich, undenkbar. Und doch hatte es sie gegeben[100].

Die Peripherie ohne weiteres mit Rückständigkeit gleichzusetzen bedeutet letztendlich, sich damit abzufinden, die Geschichte auf immer vom Standpunkt des jeweiligen Siegers aus zu schreiben.

Peripherie als Abweichung

Sogar Giorgio Vasari, der ein monozentrisches Modell der Geschichtsschreibung entwickelte und verfocht, räumt die Möglichkeit einer autonomen Produktion der Peripherie ein. Die Herausforderung durch den Wetteifer kann unter bestimmten Umständen zu großen Ergebnissen führen. Die Bildung Mantegnas vollzieht sich unter dem Zeichen dieses Wetteifers:

Ein mächtiger Sporn zum Fleiße war ihm außerdem der Wetteifer mit Marco Zoppo aus Bologna, Dario aus Trevigio und Niccolo Pizzolo aus Padua, alles Schüler seines Adoptivvaters und Meisters[101].

Ganz ähnlich wird der künstlerische Erfolg Galassos als eine Art kommunaler Antwort auf den Erfolg eines »auswärtigen« Malers wie Piero della Francesca in Ferrara gesehen:

Wenn in eine Stadt, in der es keine ausgezeichneten Künstler gibt, Fremde kommen, um Werke auszuführen, so wacht stets in irgend jemandem die Begabung auf, der dann eben jene Kunst erlernt und sich anstrengt, es dahin zu bringen, daß die Auswärtigen nicht mehr in seine Vaterstadt zu kommen brauchen, um sie in der Folgezeit zu verschönern und die Wohlhabenheit davon zu tragen; er trachtet, sich diese mit seinem Können zu verdienen, und jene Reichtümer sich zu erwerben, die ihm in der Hand der Fremden allzu schön dünkten. Das ward deutlich an dem Ferraresen Galasso kund; denn als dieser den Pietro aus Borgo San Sepolcro für die Werke und Arbeiten, die er schuf, von jenem Herzoge belohnt und außerdem ehrenvoll in Ferrara unterhalten sah, ward er durch solches Beispiel angespornt, nach dessen Abscheiden sich in solchem Grade der Malerei zu widmen, daß er in Ferrara den Ruf eines guten und ausgezeichneten Meisters erwarb[102].

Wenn es einen starken Wettstreit zwischen den Künstlern gibt, kann das sogar dazu führen, daß ein Provinzgebiet an Subalternität verliert. Es kommt tatsächlich vor,

daß Einem, welcher beginnt, Andere nachfolgen und durch gegenseitigen Wetteifer herrliche Werke hervorbringen, ohne Rom, Florenz oder sonst einen Ort gesehen zu haben, wo preiswürdige Malerwerke gefunden werden. Dieß sehen wir insbesondere im Friaul, woselbst nach einem solchen Anfang in unserer Zeit unendlich viele vorzügliche Maler gelebt haben, was in jenen Gegenden Jahrhunderte lang nicht der Fall gewesen war[103].

Ganz gelegentlich kann man »nach einem solchen Anfang« also »herrliche Werke« hervorbringen, »ohne Rom, Florenz (...) gesehen zu haben«. Im weiteren Verlauf seiner Ausführungen nimmt Vasari jedoch die durchweg positiven Urteile, die er in der Vorrede fällt, zurück und setzt das Werk Pordenones in mehreren Anläufen (im Vergleich mit Tizian, Beccafumi usw.) herab. Jene Art von Wunder, die die Entstehung »herrlicher Werke« außerhalb des Zentrums ermöglicht hatte, geht nicht so weit, aus der Peripherie einen eigenständigen, dem Zentrum gegenüber autonomen Ort zu machen: In Vasaris System gibt es für Lösungen dieser Art keinen Platz.

In Wirklichkeit gab es diesen Fall immer wieder; die Peripherie konnte nicht nur ein Ort der Rückständigkeit, sondern auch einer der alternativen Produktionen sein.

Diese Behauptung erfordert eine kurze terminologische Klärung: Verschieden und alternativ sind keine Synonyme; nicht alle Veränderungen können als Alternativen, als »Abweichungen« (scarti)* definiert werden. Wir gebrauchen diesen letzteren Begriff in der speziellen Bedeutung von »unvermittelte Seitenbewegung gegenüber einer vorgegebenen Bahn«.

Im Bereich der künstlerischen Tatsachen kann man unter der »vorgegebenen Bahn« die geläufige künstlerische Sprache verstehen.

Formeln wie »Sprache« oder »Ausdrucksweisen der Kunst« sind so sehr in Gebrauch gekommen, daß ihr metaphorischer Charakter beinahe verschwunden ist. Tatsächlich ist die Analogie zwischen der Sprache im eigentlichen Sinn und der Sprache der Kunst alles andere als allgemein anerkannt, und außerdem hinkt sie[104]. Wenn wir uns trotz allem solcher Begriffe wie Kode oder Sprache bedienen, so werden wir es im Bewußtsein tun, daß wir Metaphern einführen, die eher ein Problem aufwerfen als lösen. Trotz allem, was über die »Grammatik« der Sprache der Kunst glaubwürdig geschrieben wurde, sind wir gegenwärtig nicht in der Lage, streng zwischen »Abwandlungen« und »Abweichungen«, zwischen lexikalischen Entlehnungen und syntaktischen Strukturen zu unterscheiden. Was jedoch zählt, ist die Tatsache, daß eine solche Unterscheidung, auch wenn sie anders formuliert wurde,

* Die Verfasser weisen an dieser Stelle darauf hin, daß der Begriff *scarto* in der hier intendierten Bedeutung bei bestimmten unvermittelten Bewegungen der Pferde verwendet wird, und vergleichen die »Abweichung« daher mit einem »Rösselsprung«, einem »Schachzug«. Wichtig ist in diesem Zusammenhang, daß die Verwendung dieses Begriffs keinerlei negative Konnotation impliziert. Die Anführungszeichen, in die wir den deutschen Begriff *Abweichung* setzen, sollen auf seinen neutralen Gebrauch hinweisen. A. d. Ü.

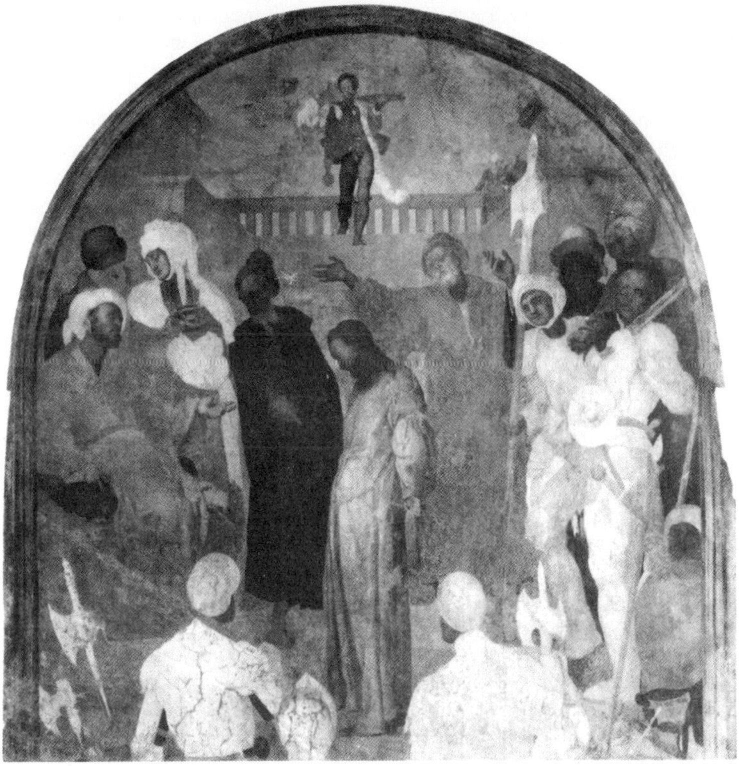

JACOPO DA PONTORMO,
Christus vor Pilatus
Florenz, Chiostro della Certosa

einem Publikum von Kennern in einer bestimmten historischen Situation gegenwärtig war. Genau das meinte Vasari, als er über Pontormo schrieb:

Niemand tadle Jacopo, daß er Albrecht Dürer nachahmte, denn in den Erfindungen ist dieß von vielen Malern geschehen und geschieht noch jetzt, weil es kein Irrthum ist; er nahm jedoch die reine deutsche Weise in jedem Dinge, in den Gewändern, dem Ausdruck der Köpfe und den Stellungen an, und dieß hätte er meiden, sich bloß der Erfindungen bedienen sollen, da die neue Manier in aller Grazie und Schönheit ihm eigen war[105].

Für Vasari ist der Gegensatz zwischen »Manier« und »Erfindungen« klar: Die »neue Manier« kann die Erfindungen der Deutschen vollkommen assimilieren. In der normativen Sichtweise Vasaris war Pontormos Irrtum der, die typischen Formen der »neuen Manier« aufzugeben und die »reine deutsche Weise« zu übernehmen. Uns mögen die »Erfindungen«, die Kompositionen also, als tiefere und kennzeichnendere Merkmale eines Stils erscheinen als etwa die Gewänder, der Ausdruck der Köpfe und der Stellungen. Aber das ist hier nicht so wichtig. Wesentlich ist, daß Vasari zwischen Elementen unterschied, die ungestraft verändert werden konnten, und anderen, bei denen dies nicht möglich war, ohne dabei den Bezugsrahmen zu sprengen.

Im Fall Pontormos handelte es sich also um eine wirkliche »Abweichung«. Er war bekanntlich kein Einzelfall. Roberto Longhi stellte in einer fulminanten Zusammenfassung dem »Manierismus« Gengas, Beccafumis, Rossis und Pontormos das Werk Aspertinis zur Seite,

wahrer Knotenpunkt der geistigen Kommunikation zwischen jenen Bewegungen des Zentrums und jenen verwandten Norditaliens; ebenso wichtig also für das Verständnis des plötzlichen Ablassens vom ›chromatischen Klassizismus‹ Giorgiones und des jungen Tizian durch eine Gruppe von Malern aus dem Veneto und vor allem aus dem Friaul, aus Brescia, Vicenza, Trient und Cremona im Lauf des zweiten Jahrzehnts[106].

Die Hauptpersonen dieser antiklassischen Guerilla operieren in exzentrischen Situationen oder bedienen sich solcher Waffen, die aus einer peripheren Kultur wie der deutschen importiert sind. Als eine solche, periphere, erschien sie zumindest Vasari, der sarkastisch bemerkte:

Die Züge aller Soldaten [sind] nach deutscher Weise im Ausdruck wunderlich (...), so daß jeder, der sie betrachtet, durch die Einfalt dieses Mannes zum Mitleid bewogen wird, daß er mit viel Geduld und Mühe zu gewinnen suchte, was andere meiden, und die Manier abzulegen strebte, welche alle an Güte übertrifft und jedermann unendlich wohl gefiel. Wußte Pontormo nicht, daß die Deutschen und Flammänder zu uns kommen um die italienische Manier zu lernen, die er für schlecht achtete und mit Anstrengung los zu werden suchte[107]?

Und es handelte sich dabei nicht nur um ein italozentrisches Vorurteil Vasaris, wie Dürers Einstellung gegenüber der italienischen Kultur der bildlichen Darstellung während seiner Venedigreisen beweist.

Wie sowohl aus seinem *Diario* (Tagebuch) als auch aus Vasaris Erzählungen hervorgeht, ist im Fall Pontormos die Entscheidung in Richtung Peripherie von wirklichem materiellem Selbstausschluß aus der Gemeinschaft der Malerfreunde und -kollegen begleitet. In anderen Situationen haben wir Fälle einer erduldeten, erlittenen oder aber absichtlich in Kauf genommenen Peripherisierung vor uns. Aber das Problem erschöpft sich nicht in den Fällen individuellen Widerstands, denen es angesichts eines Zentrums, das der Andersartigkeit keinen Raum läßt, gelingt, in der peripheren Zone einen Ausweg oder auch nur eine Überlebenschance zu finden. Man muß es in einem größeren Zusammenhang sehen, bis man die Fälle miteinschließt, in denen die »Abweichung«, die Alternative, das Sichwidersetzen gegen bestimmte Modelle die vorherrschenden Haltungen in einem ganzen Gebiet sind.

Der Widerstand gegen das Modell

Beim Wiederaufbau der Kathedrale von Chartres, die durch einen Brand im Juni 1194 zerstört worden war, machte ein unbekannter Meister von deutlich innovatorischen Lösungen Gebrauch, indem er die Stützen vereinheitlichte und standardisierte, die Dreidimensionalität der Wände durch die Beseitigung der Emporen und die Abschwächung einer jeden Andeutung von Tiefe maximal reduzierte, und damit schließlich ein Modell einer zweidimensionalen Abschirmung schuf, welches den Weg hin zu jener lichtdurchlässigen Umhüllung ebnete, die während des 13. Jahrhunderts in der Île de France außerordentlich oft angewandt werden sollte. Eine bestimmte Zahl von Architekten, die in Burgund, im Genfer Becken und im Rhônetal tätig waren, akzeptierte diese Lösung aber nicht und schlug andere oder (wenn wir die unwesentlichen Unterschiede außer acht lassen) eine andere vor. Angesichts dieses Sachverhalts sprachen Generationen von Architekturhistorikern ständig von Rückständigkeit; erst in verhältnismäßig neuerer Zeit bemerkte man, daß es sich nicht um Rückständigkeit, sondern vielmehr um konsequenten Widerstand handelte[108].

Es ist offensichtlich, daß Widerstand und Rückständigkeit zwei völlig verschiedene Phänomene sind, aktiv das eine, passiv und unselbständig das andere. Die Lösung der Opponenten gegen Chartres war im übrigen nicht ausschließlich älteren Modellen verhaftet: Es handelte sich eher um eine äußerst originelle Ausführung einer Art leichter, durchbrochener zweiter Wand, die vor der anderen errichtet wurde, und die eine perzeptive Wiedergewinnung der Effekte der dreidimensionalen Wand zuließ. Im Vergleich zur Innovation von Chartres stellte dieser alternative Vorschlag den Versuch dar, durch Umformung Elemente zu bewahren, die die neue Lösung hingegen beseitigte. Dank der zentralen Bedeutung welche die Île de France auf politischer, ökonomischer und kultureller Ebene haben sollte, war es das Modell von Chartres, das dann dominierte.

Modell und neues Paradigma

Wenn wir nun nach Italien und genauer in das Florenz zu Beginn des 14. Jahrhunderts zurückkehren, so haben wir Lösungen des Widerstands, alternative Vorschläge und schließlich die Peripherisierung der Alternativen vor uns, welche mit dem Fall des Widerstands gegen Chartres einige Punkte gemein haben können.

Die Lösungen, die Giotto auf dem Gebiet der Malerei in die Wege geleitet hatte, waren von noch größerer Brisanz gewesen als jene, die der Meister von Chartres entwickelt hatte. Mit Giotto war in Florenz tatsächlich ein neues Paradigma entstanden, welches die Situation ganz plötzlich verändert hatte und diejenigen, welche ihm nicht folgten, schlagartig an den Rand der Kunstgalaxie verbannte.

Unter Abänderung seiner Bedeutung in der Wissenschaftsgeschichte[109] benutzen wir den Ausdruck »neues Paradigma«, um das Auftreten einer Sprache zu kennzeichnen, die nicht nur neu, sondern auch so angesehen ist, daß sie sich als normative durchsetzt und eine hemmende Wirkung auf jene ausübt, die aus dem einen oder anderen Grund davon ausgeschlossen sind. Vasari liefert eine eindrucksvolle Beschreibung der Wirkung, die ein neues Paradigma haben kann, als er von der verwirrenden Wirkung spricht, welche die römischen Werke der »dritten Manier« auf jene ausübten, die sie zum ersten Mal sahen:

> Manche Personen, wenn sie Ort oder Land wechseln, [verändern] auch Natur, Kunst, Sitten und Gewohnheiten, [daß sie] nicht mehr sich selbst gleichen, sondern als andere, als befangen und gedankenlos erscheinen. Dieß konnte Rosso in der Luft Roms wohl begegnen, wo er die mächtigen Bild- und Bau-Werke, die Malereien und Statuen Michelagnolo's sah, die ihn vielleicht außer sich brachten, gleichwie Fra Bartolommeo von S. Marco und Andrea del Sarto dadurch der Fassung beraubt wurden, so daß sie in Rom nichts zu arbeiten vermochten[110].

Die erste Konsequenz, die der Siegeszug des giottesken Paradigmas für die Anfänge des 14. Jahrhunderts in Florenz und der Toskana hatte, war die, eine ansehnliche Zahl von Künstlern und sogar von alten Zentren zu peripherisieren[111]. Anfangs jedoch gab es in Florenz neben Giotto und seinen engsten Gefolgsleuten eine Gruppe anders gesinnter Maler, die, obwohl sie einige Grundzüge von Giottos Vorschlägen befolgten – was sie vor dem Risiko einer sofortigen Peripherisierung bewahrte –, mit einigen Punkten des neuen Paradigmas nicht übereinstimmten und zum Beispiel versuchten, die Ausdruckserfahrungen Cimabues weiterzuentwickeln. Diese Abtrünnigkeit wurde zunächst tole-

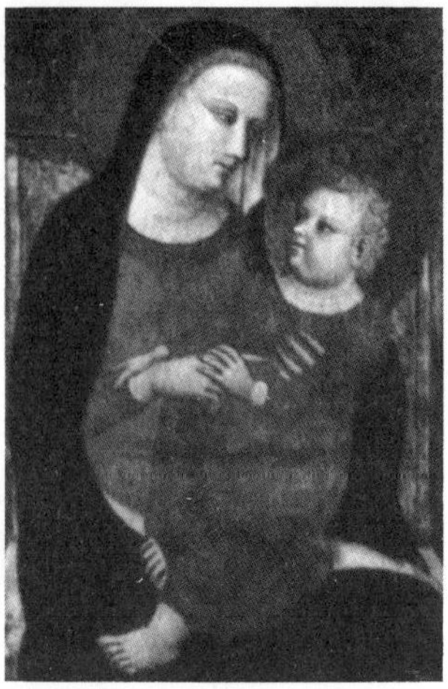

Aretiner Mitarbeiter des Buffalmacco, *Madonna mit Kind,* Ausschnitt Pergognano, Chiesa di San Donato

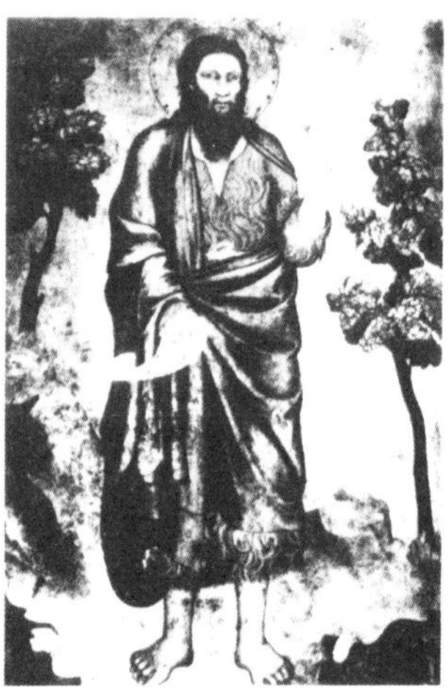

Maestro di Figline, *Johannes der Täufer,* Ausschnitt

riert; aber das änderte sich bald, wie die Situation in Florenz um 1340–50 deutlich zeigt, wenn man sie mit derjenigen um 1310–20 vergleicht.

Gegen 1340–50, nach Giottos Tod, prägten dessen Vorstellungen die zu dieser Zeit in der Stadt wirkenden florentiner Maler auch weiterhin so sehr, daß die giotteske Orthodoxie nicht nur dominierte, sondern jegliche Alternative auf ihre Linie zwang. Vom Anfang des Jahrhunderts bis zu den zwanziger Jahren bietet die florentiner Malerei hingegen einen Anblick, der alles andere als einheitlich ist, und neben der linientreuen Gefolgschaft Giottos (»Meister der Heiligen Caecilie«, Pacino di Bonaguida, Jacopo del Casentino) gab es auch Fälle offener Dissidenz, wie sie von Meistern vertreten wurde (»Meister von Figline«, Lippo Benivieni, Buffalmacco, »Meister des Georgs-Kodex« usw.), die versuchten, sich den klar gotischen Ausdrucksweisen zu öffnen oder sich die alten expressiven und pathetischen Ausdrucksweisen wieder nutzbar zu machen[112].

Es handelt sich um eine Episode des »Widerstands gegen Giotto« durch eine Gruppe von Malern, die, obwohl sie bestimmte Aspekte der Lehre Giottos für grundlegend halten, nicht nur keineswegs vorhaben, der Suche nach Ausdruckskraft des ausklingenden 13. Jahrhunderts eine Absage zu erteilen, sondern deren Aktualität verfechten. Es ist also klar, daß es sich hier nicht um Rückständigkeit oder um das Festhalten an einem überlebten Modell handelt, sondern um einen alternativen Vorschlag, der zeigen will, welche Entwicklungen aus gewissen Vorgaben, deren ganzer Fruchtbarkeit man sich bewußt ist, zu gewinnen sind. Aufgrund mancher Aspekte ließe sich die Situation mit derjenigen der Architekten vergleichen, die im Sinne des »Widerstands gegen Chartres« wirken, und die die Aktualität eines Systems proklamieren, das von der anglonormannischen »dicken Mauer« abgeleitet ist[113].

Wenn sich in einem Zentrum ein System von Formen und Schemata durchsetzt, das die Unterstützung einer mächtigen Gruppe von Auftraggebern erhält und daher schließlich die Nachfragen und Erwartungen des Publikums bestimmt, müssen sich die »Anderen« beugen oder auf kulturell weniger determinierende Koordinaten ausweichen. Genau zu dem Zeitpunkt, an dem die »irregulären« Tendenzen abnehmen, verstummen die Nachrichten über die Tätigkeit Buffalmaccos in der Stadt und setzen die Erwähnungen dieses Malers in anderen Zentren ein[114]. Buffalmacco, der eine gegenüber Giotto »abweichende« Linie vertritt, wird im dritten Jahrzehnt des 14. Jahrhunderts also gezwungen sein, das angesehenste Zentrum zu verlassen und in Arezzo, Pisa und Bologna zu arbeiten; analog hierzu wird eine expressionistische Fronde Aufnahme und Entwicklungsmöglichkeiten in Pistoia finden[115]. An dieser Stelle soll an den geographischen Rahmen dieser Ereignisse erinnert werden, an ein

> kommunales, nicht regionales Italien, das jahrhundertelang existiert hat, unbeugsam, zu energisch und hartnäckig, um eigenbrötlerisch sich selbst zu genügen und sich in sich selbst zurückzuziehen, aber auch dafür, es akzeptieren zu können, sich politisch oder literarisch der Region oder der Nation unterzuordnen[116].

Politisch, literarisch oder künstlerisch: Diese letztere Produktion ist in der Tat ein wichtiger Bestandteil der so sorgsam gehüteten kommunalen Identität. Die Peripherie, die der möglichen »Abweichung« eine territoriale Basis liefert, ist niemals eine amorphe oder undifferenzierte Peripherie, ganz im Gegenteil.

Die Alternative von Avignon

Einer dieser oppositionellen Maler, der Meister des Georgs-Kodex, sollte in Avignon einen Stützpunkt suchen[117]. Von Avignon, das im 14. Jahrhundert Sitz des päpstlichen Hofs war, als von einer Peripherie zu sprechen, ist offensichtlich absurd und widersinnig. Dennoch wird man sich über die Bedeutung der Begriffe verständigen müssen: Wenn die ökonomische, politische und religiöse Bedeutung, die die provenzalische Stadt unversehens erhielt, auch außer Frage steht, so gehörte sie unter dem Gesichtspunkt der Kunst eine gewisse Zeit lang doch demjenigen, der sie sich nahm. Im Bereich der Malerei handelte es sich um Italiener, Sienesen oder Florentiner wie Simone Martini oder den Meister des Georgs-Kodex: Aber das Fehlen einer auf irgendeine Weise bindenden Tradition begünstigte die Entfaltung einer Malerei, die von den in den italienischen Hauptzentren gebräuchlichen Regeln und Schemata ziemlich weit entfernt war. Der außergewöhnliche Erfolg wie auch die überaus persönliche Sprache eines sowohl seiner Geburt als auch seiner Bildung nach in gewisser Weise exzentrischen Malers aus Viterbo wie Matteo Giovannetti, der länger als zwanzig Jahre hindurch Maler der Päpste war, kann so eine Erklärung finden. Einige seiner Lösungen wären dort, wo eine starke Tradition wirksam gewesen wäre, sicherlich nicht akzeptiert worden. Dies wird durch die Tatsache bestätigt, daß die »Abweichungen« Matteo Giovannettis, welche in der neuen päpstlichen Hauptstadt beste Aufnahme fanden und einen bedeutenden europäischen Einfluß hatten[118], in der Folgezeit von einer Tradition der Geschichtsschreibung verschwiegen wurden, die in Florenz entstand und entwickelt wurde und die dazu neigte, andere, orthodoxere Normen und Regeln als gültig zu erklären und zu feiern. Selbst der Name des Malers aus Viterbo verschwand bis zum Ende des 19. Jahrhunderts, und auch, als er in den vatikanischen Archiven wieder aufgefunden wurde, blieb es nicht aus, daß Giovannettis Werke tiefstes Mißtrauen erweckten[119].

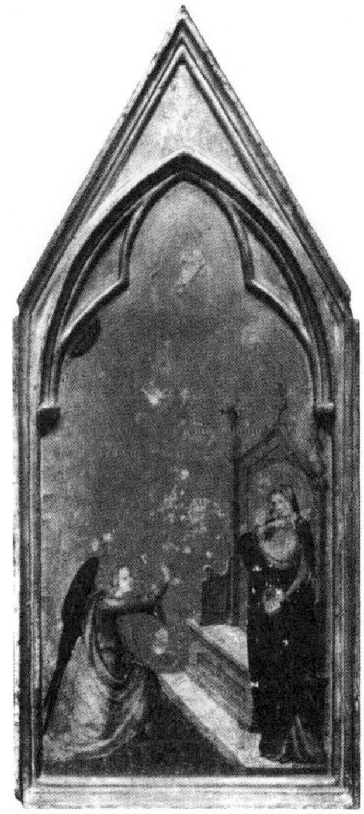

Meister des Georgs-Codex,
Verkündigung
Ausschnitt

Tatsächlich stellen die Lösungen von Avignon gegenüber den künstlerischen Gewohnheiten von Florenz oder Siena wesentliche Änderungen dar; die Symmetrie, das Gleichgewicht, die Kohärenz der Darstellungen, der Zuschnitt der Szenen, die Mienen und Gesichter der Figuren erfahren merkliche Veränderungen, sogar Verzeichnungen, die, wie man inzwischen allgemein einräumt, jedoch zu einem Ausgangspunkt für die internationale gotische Malerei werden sollten.

Diese »Abweichungen«, die der europäischen Malerei einen Weg in die Zukunft bahnten, waren in Avignon aus verschiedenen Gründen möglich, und zwar vor allem aufgrund des Wandels von Auftraggebern und Publikum. Um 1340–50 ist der päpstliche Hof im Vergleich zum Anfang des Jahrhunderts tiefgreifend verändert. Der Papst und die Mehrzahl der Kardinäle stammen aus Südfrankreich, das Publikum, das zum Palast Zugang hat, ist außerordentlich heterogen; selbst die Künstler arbeiten unter anderen Bedingungen als den in Italien damals üblichen. Die *équipes,* die unter der Leitung Matteo Giovannettis arbeiten, umfassen Toskaner verschiedener Herkunft (aus Siena, Lucca, Arezzo, Florenz), Maler aus Viterbo, Parma, dem Piemont, der Provence, aus Lyon, England und Deutschland[120]. Das Netz der verfügbaren Bezugspunkte schließt zuletzt gotische Vorbilder von Meistern aus Nordfrankreich und England sowie eine okzitanische Kultur der bildlichen Darstellung mit ein, die nach dem Krieg gegen die Albigenser in starkem Niedergang begriffen, aber doch noch vorhan-

MATTEO GIOVANNETTI,
Die Wunder während des Begräbnisses des Hl. Martialis, 1345 (?)
Ausschnitt
Avignon, Papstpalast, Kapelle des Hl. Martialis

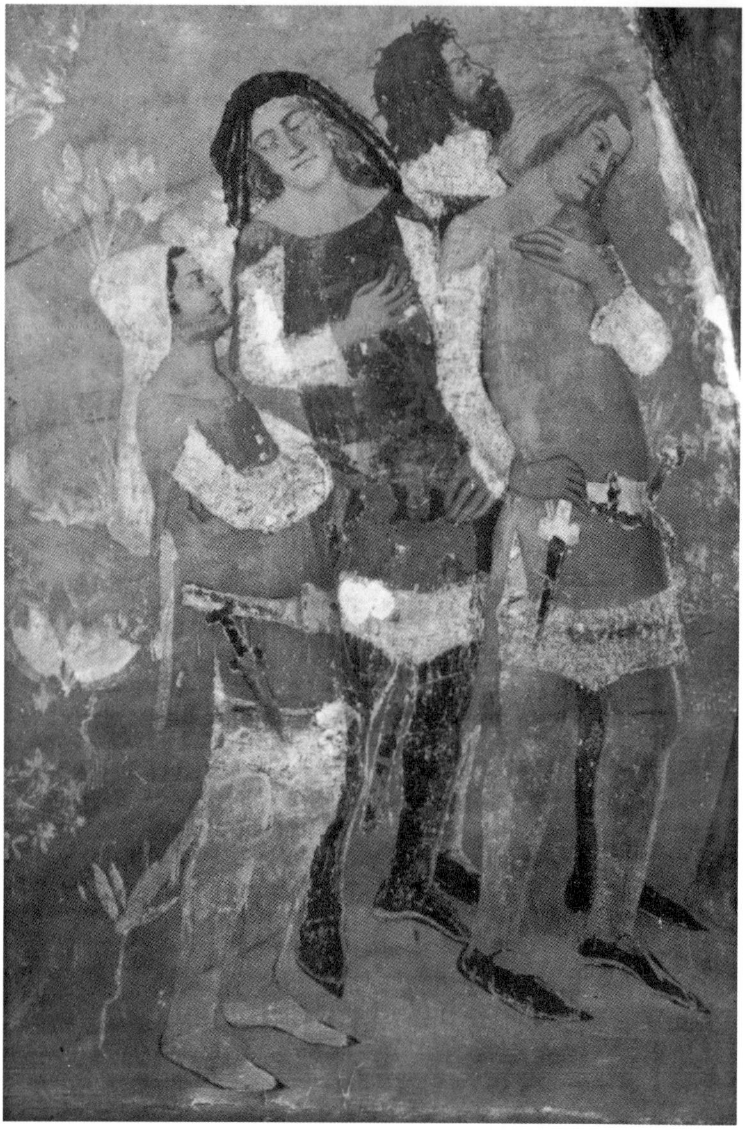

den ist. All diese Charakteristika machen Avignon in jenen Jahren zu einem Fall einer künstlerisch »zweifachen Peripherie«: Während die okzitanische Kultur untergeht, bilden die Malerei Mittelitaliens und die gotische Zeichenkunst des Nordens die Bezugspunkte.

Die Grenzregionen

Es handelt sich hier nicht um ein Einzelphänomen. Zu verschiedenen Zeiten befanden sich die italienischen Grenzregionen in vergleichbaren Situationen: Und die Lage der »zweifachen Peripherie« dieser Grenzgebiete konnte die Entstehung von Scharnierzonen, die Treffpunkt verschiedener Kulturen und Ausgangspunkt ursprünglicher Erfahrungen waren, geradezu anregen. Das war zu Anfang des 15. Jahrhunderts im

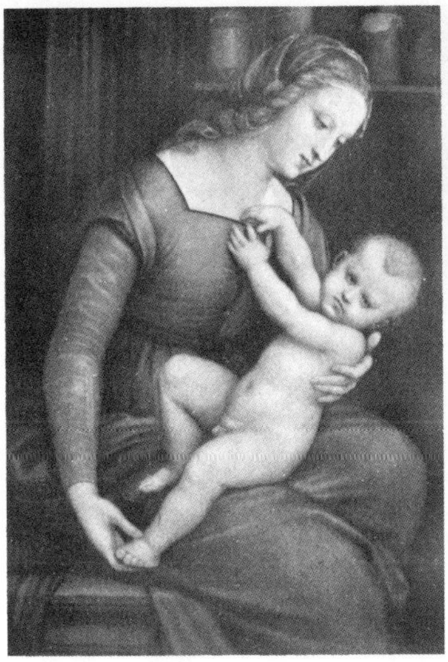

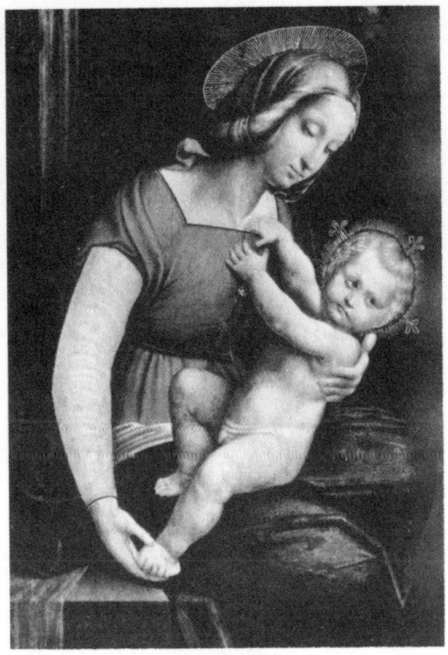

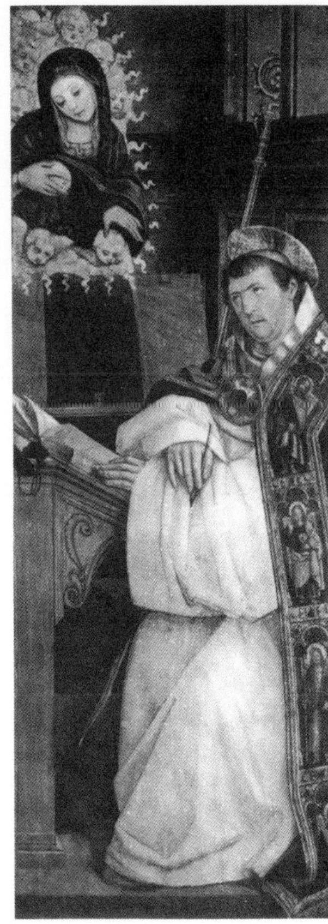

alpinen Piemont der Fall gewesen, zur Zeit der Herrschaft des Herzogs Amadeus VIII., als diese Gegend durch das Zusammentreffen von Künstlern verschiedener kultureller Herkunft (Italien, Burgund, Oberrhein) zu einem *haut lieu* der internationalen Gotik wurde.
Für viele italienische Zentren und Regionen, von Roccaforte Mandoví bis zu Ripacandida in der Basilikata, stellte die spätgotische Sprache einen letzten Augenblick der Integration, der Homogenität, der gleichberechtigten Teilhabe an der Kunstproduktion dar. Das, was danach kam, hatte lange Zeit hindurch kein vergleichbares Ansehen: Einzig das, was Vasari die »neue Manier« nennt, deren Annahme oder Ablehnung eine erste Trennungslinie zwischen Zentren und Peripherien markierte, führte zu einem neuen Paradigma, welches das alte endgültig außer Kraft setzte. Die ersten Äußerungen der Renaissance hatten hingegen – ohne lähmend zu wirken – mit denen der Spätgotik koexistiert[121]. Aber gerade die Verbreiterung des Grabens zwischen Zentrum und Peripherie im Innern der Halbinsel machte es möglich, daß sich Italien gegenüber einer europäischen Peripherie als Kunstzentrum herausbildete.

Im westlichen Piemont tritt noch einmal ein anderer Fall von »Abweichung« auf, der von der Situation der »zweifachen Peripherie«, in der sich die Region befindet, profitiert. Es ist der des Defendente Ferrari, der Elemente verschiedener Herkunft – provenzalische, flämische, rheinische und lombardische – in Formen, die im Alpengebiet ein beachtliches Echo haben werden[122], überarbeitet und Modelle vorschlägt, die den in ganz Italien sich bereits ausbreitenden Paradigmen deutlich fernstehen. Diese Distanz beruht nicht auf Unwissenheit oder verspäteter Information über die florentinischen oder römischen Kunstereignisse. Werke Raffaels wie die *Madonna von Orléans* (jetzt in Chantilly) hatten im Piemont zirkuliert: Der Herzog Karl II., der sie besaß, hatte 1507 durch Martino Spanzotti sogar eine (verlorengegangene) Kopie davon ausführen lassen; die erhalten gebliebenen, von Defendente oder Giovenone angefertigten Kopien beweisen die Verbreitung des Prototyps zur Genüge. Später, aber vor dem Jahr 1564, wird eine Kopie des *Jüngsten Gerichts* Michelangelos auf die Mauern der Kirche Madonna dei Boschi in Boves gemalt werden[123]. Der Weg,

links:
RAFFAEL,
Madonna von Orléans

mitte:
DEFENDENTE FERRARI,
Kopie der *Madonna von Orléans*
des Raffael, 1526

rechts:
DEFENDENTE FERRARI (?),
Die Jungfrau Maria erscheint dem Hl. Bernard
Hautecombe, Abteikirche

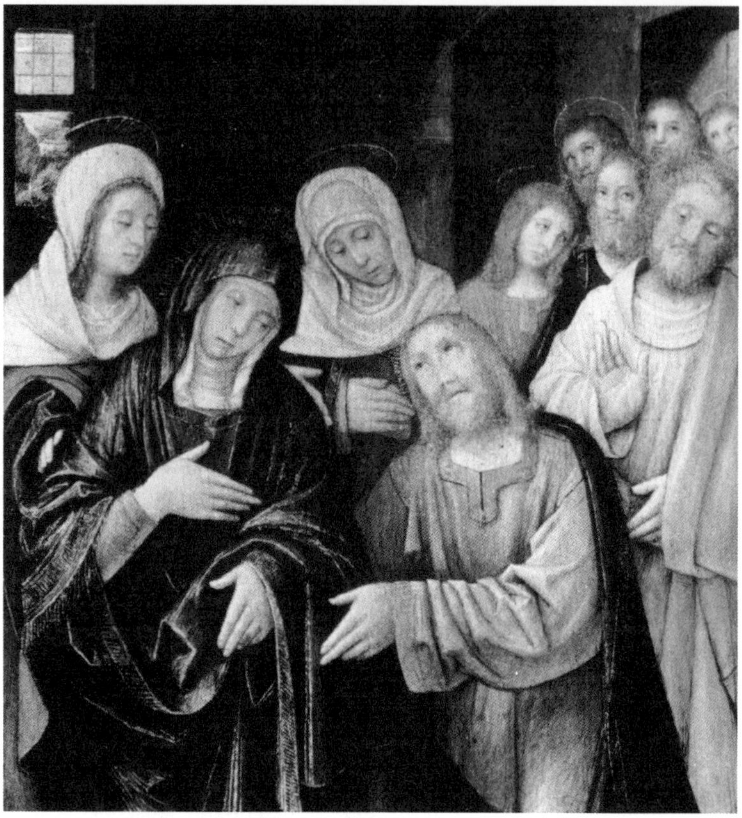

DEFENDENTE FERRARI,
Christi Abschied von der Mutter

den Defendente geht, ein Weg der deutlichen Wiederaufnahme gotischer Elemente, ist also nicht das Ergebnis einer peripheren Rückständigkeit, sondern vielmehr das einer absichtlichen Abweichung, bei deren Wahl der Andachtscharakter des Großteils seiner Produktion ein unbestreitbares Gewicht besitzt. Aber genau auf dieser Ebene zeigt sich die Verflechtung von Archaismus und Neuheit, die so häufig die mühevolle Ausarbeitung der Alternativen der Peripherie charakterisiert. Die Inschrift, die den *Christi Abschied von der Mutter* begleitet, lautet:

Tu che conte(m)pla del viso lo perspicace et acuto potere nel deifi / co simulacro del sacrato intuito destina el vivo radio et ne la / mente sigilla quanto in ver de la dilecta matre pare che con summa hu / militate la inefabile sapientia clementissimamente si exhibischa et / con quale gratia la materna compassione al coresponder si monstra / con affanato cordoglio (resultante et maiore) per la memoria / del parato suplicio che nel cuore fixamente / inpresso teneva considerato bene.

(Du, der du die weitsichtige und durchdringende Macht des Gesichtssinns betrachtest, richte den aufmerksamen Blick auf das vergöttlichende Bildnis der heiligen Intuition, und verschließe im Gedächtnis, wie sehr offenbar wird, daß sich die unaussprechliche Weisheit überaus gnädig mit höchster Demut gegenüber der geliebten Mutter erzeigt, und mit welcher Huld sich das Mitleid der Mutter bei der Erwiderung bekundet, mit Kummer und Schmerz, der durch das Angedenken an die vorbereitete Marter, die sie wohl erwogen im Herzen eingeprägt hielt, verursacht und vergrößert wird.)[124]

Was dem Betrachter vorgeschlagen wird, ist also nicht die unmittelbare, sozusagen physiologische Reaktion auf das heilige Bild, sondern eine viel komplexere Projektion. Das vorausschauende Gedächtnis Mariens, die in der Zukunft die Marter des Sohns erkennt, wird dem

Gedächtnis des Betrachters als Vorbild genannt. Die »Gebrauchsanweisungen«, die in einer an Latinismen reichen Sprache formuliert sind, fordern ein wahrscheinlich geistliches Publikum dazu auf, die psychologischen Implikationen des Bildes eingehend zu lesen.

Gerade die neugotische Andacht Defendente Ferraris wird den Bemühungen mancher Manieristen Vorschub leisten[125]. Tatsächlich scheint das *réculer pour mieux sauter* ein regelmäßig wiederkehrendes Element bei der Ausarbeitung der peripheren Abweichung zu sein. In diesem Sinne stimmen die Erwartungen des Publikums und der Auftraggeber auf der einen Seite und auf der andern der Vorsatz, eine ausweglose Situation dadurch zu meiden, daß man zeitlich und räumlich entlegene Wege einschlägt, miteinander überein.

Lorenzo Lottos Exil

Es gibt aber auch Fälle, in denen die Suche nach einer Alternative ganz real zum Exil führt. Nehmen wir das kanonische Beispiel Lorenzo Lottos. Fast sein ganzes Leben verbrachte er außerhalb Venedigs, und außerhalb Venedigs befinden sich auch die meisten seiner Bilder: in Treviso, in Bergamo und den bergamaskischen Tälern, in den Städten, Ortschaften und Dörfern, die längs der Küsten und auf den Bergen der Marken gelegen sind, von Ancona bis Recanati, Fermo, Jesi, Cingoli, Monte San Giusto und Loreto, wo der Maler, zurückgezogen in ein Kloster, starb.

Gewiß, um 1515 konnte Bergamo nicht als eine Peripherie betrachtet werden. Man wird die dortige Tätigkeit Lorenzo Lottos allenfalls als Teil des Eindringens der venezianischen Darstellungskultur in eine Stadt aufzufassen haben, in der bis kurz zuvor Bramante, Filarete und Amadeo gearbeitet hatten. Andererseits hatte sich zu dieser Zeit in Venedig – wie früher im Florenz der Jahre 1310–20 – noch nicht ein einziges Paradigma durchgesetzt. Die Dekoration der Suardi-Kapelle in Trescore in den bergamaskischen Tälern (1524) muß vor diesem Hintergrund gesehen werden[126]. Hier werden archaisierende ikonographische Muster (der Weinstock Christus oder die Erzählsequenz, in der sich die Ereignisfolge wie bei einem Kalvarienberg in zahlreichen

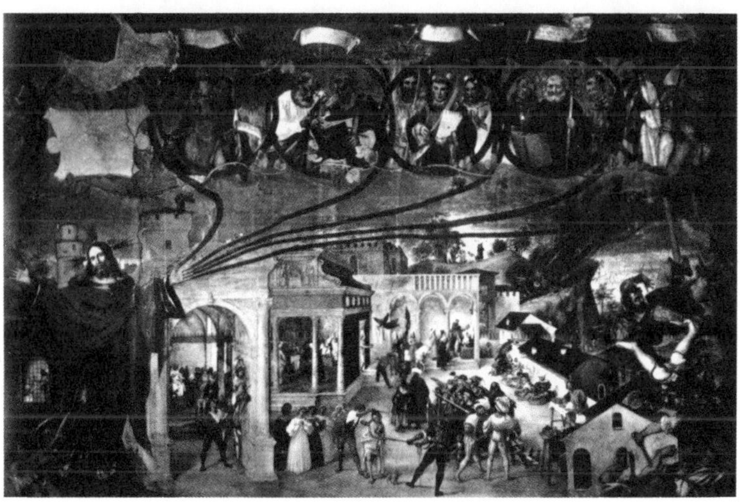

LORENZO LOTTO,
Christus-Viten und Szenen des Martyriums der Hl. Barbara, 1524
Ausschnitt
Trescore Balneario, Cappella Suardi

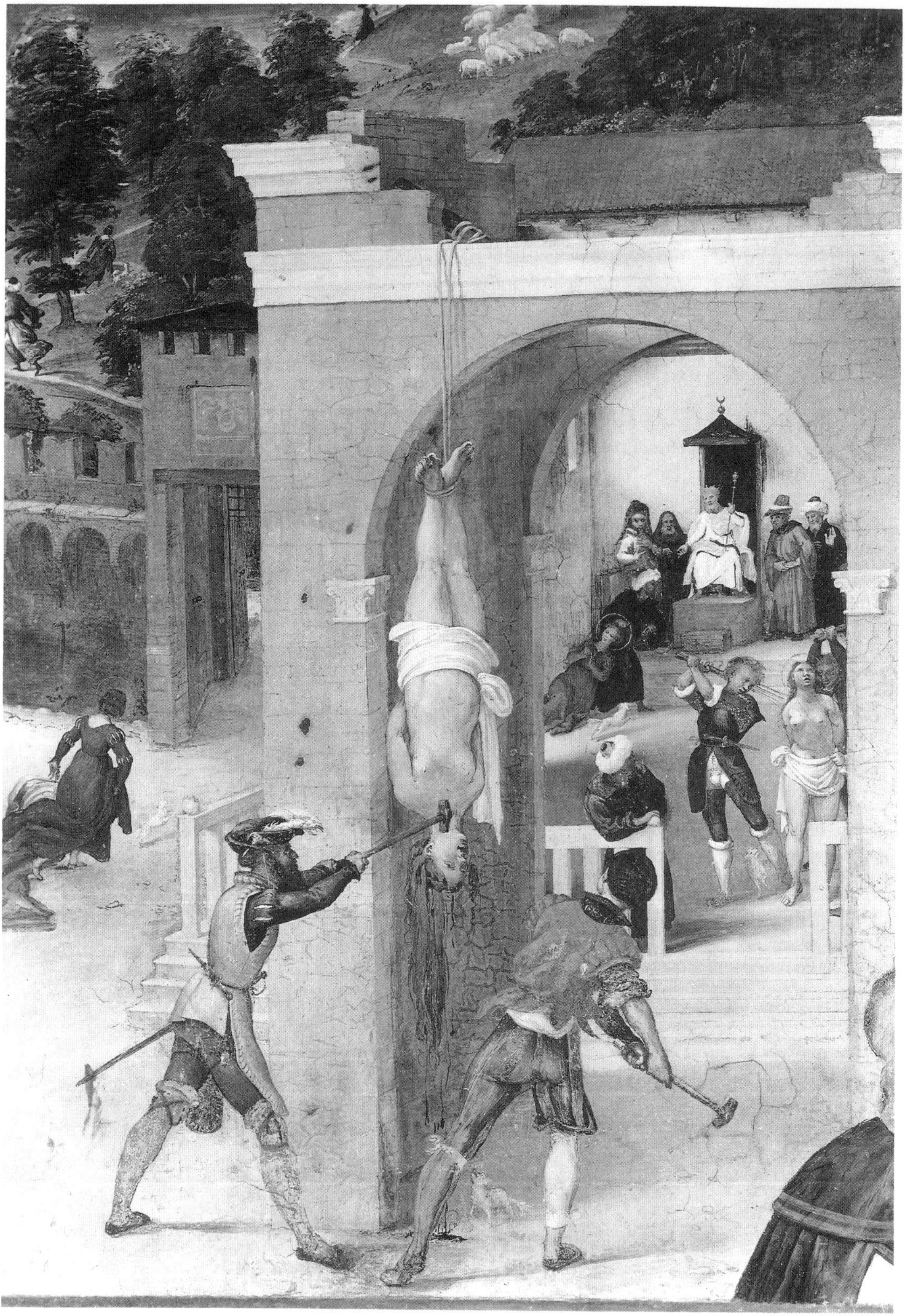

Stationen, Palästen, Loggien, Proszenien entfaltet) einer kühnen naturalistischen Umarbeitung unterzogen. Von den Fingern Christi aus verzweigen sich die Rebenschößlinge, welche die Märtyrer, Bekenner, Propheten und Kirchenväter einrahmen. Die beiden Darstellungsebenen, die historische (die Szenen aus dem Leben und dem Martyrium der Heiligen) und die metahistorische (der von den Häretikern vergeblich angegriffene Weinstock Christi) sind übereinandergelegt, beide sind perspektivisch gefaßt, aber in den Proportionen radikal verschieden. Und wiederum setzt der alternative Vorschlag einen unvoreingenommenen Gebrauch entschieden archaischer Elemente voraus, deren mögliche innovatorische Kraft erkannt wird.

In Venedig wäre all dies natürlich nicht möglich gewesen; aber auch ein Werk wie das Altarbild der Chiesa dei Carmini, das keine solch verwirrenden Effekte aufwies, erschien Ludovico Dolce als »bemerkenswerthes Beispiel solcher mißlungener Farbentöne«. Ein abschätziges Urteil, das gleichsam als Exemplifizierung den Aretino in den Mund gelegten Ausführungen folgte, die auf den Konventionen, die beim Gebrauch der Farben einzuhalten seien, bestanden:

> Dabei muß man diese Tinten variiren und zugleich auf die Verschiedenheit des Geschlechtes, des Alters und der Verhältnisse Rücksicht nehmen. Des Geschlechtes, weil im Allgemeinen dem Fleische eines Mädchens ein anderer Farbenton, als dem eines Jünglings entspricht; des Alters, weil ein Greis und ein Jüngling eine eigene Fleischfarbe haben; der Verhältnisse, weil man beim Bauer nicht Dasjenige suchen darf, was nur für den Aristokraten paßt[127].

Die negative Reaktion eines Kreises von Auftraggebern und Kritikern, die Tizian zugewandt sind, wird durch die Spärlichkeit der – in jeweils langjährigem Abstand – für Venedig angefertigten Werke bezeugt. Das

gegenüber:
LORENZO LOTTO,
Christus-Viten und Szenen des Martyriums der Hl. Barbara, 1524
Ausschnitt
Trescore Balneario, Cappella Suardi

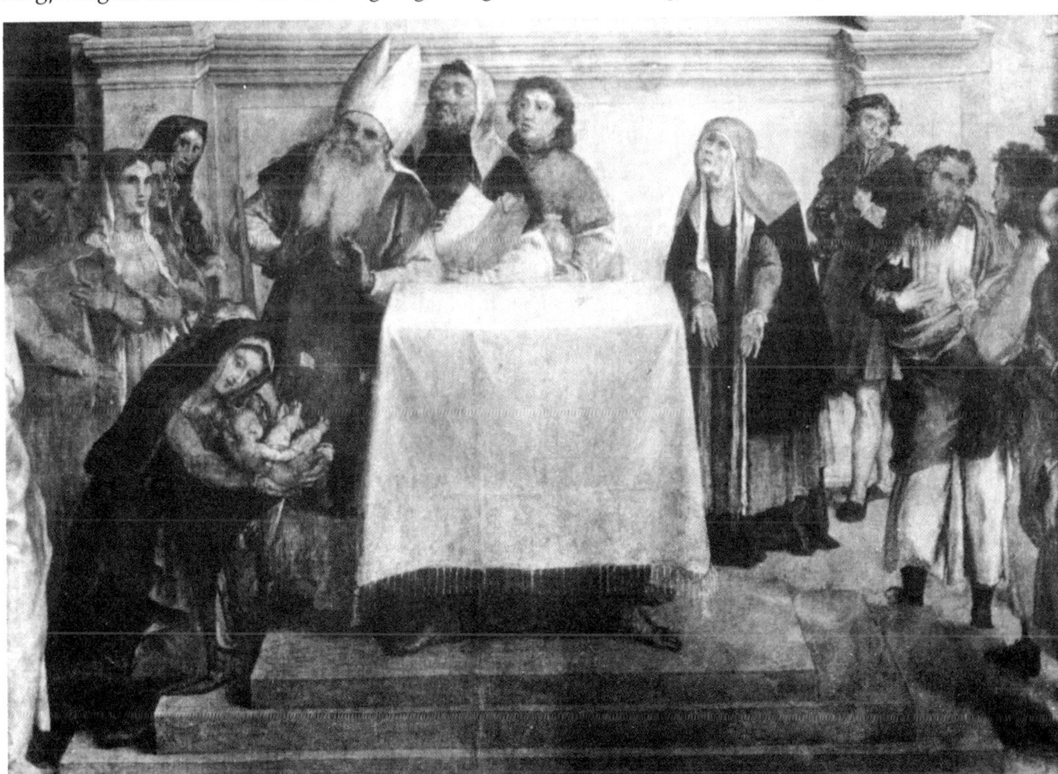

LORENZO LOTTO,
Darstellung Christi im Tempel
Ausschnitt
Loreto, Palazzo Arcivescovile

außerordentlichste davon ist das kleine Altarbild von San Zanipolo, welches er für ein befreundetes Kloster, in dem er sich lange aufgehalten hatte, malte, während – wie Lanzi schreibt, der immerhin »die neuen Arten von Tafelbildern« geschätzt hatte, in denen Lotto »unter den Ersten und Einfallsreichsten« gewesen war – »sein Niedergang sich seit 1546 erkennen läßt, dem in dem Bild von San Jacopo dell'Orio festgehaltenen Zeitpunkt«[128].

Dieses Werk wurde während des letzten Venedigaufenthalts Lottos ausgeführt. Er hatte Treviso verlassen, wo er, wie er sagte, »den Lebensunterhalt nicht verdiente«, und versuchte nun zu überleben, indem er sich dem Stil und den Modellen Tizians anpaßte, die er nüchterner und andächtiger machte.

Nachdem diese Zwischenzeit vorüber und Venedig endgültig verlassen ist, wird Lotto in den Marken, weit ab von den verpflichtenden Modellen, in Loreto die Freiheit des Ausdrucks finden, die die unvollendete *Darstellung Christi im Tempel* so modern erscheinen lassen wird[129].

Nach Bergamo sind es also die Marken, die Lotto einen Raum für seine Malerei geben. Eine, wenigstens im adriatischen Teil, traditionell an Venedig gebundene Region, für die die venezianischen Maler seit dem 14. Jahrhundert gearbeitet hatten, die aber im Lauf des 16. Jahrhunderts nach und nach ihre politische und ökonomische Bedeutung einbüßt. Das bedeutet, daß die modernsten Beispiele Lottos hier einen Ort der Freiheit, nicht einen der Zukunft finden werden, und daß seine Linie weder Nachfolger noch Propagandisten haben wird, außer in einigen wenigen lokalen und sehr begrenzten Episoden[130].

Urbino und Barocci

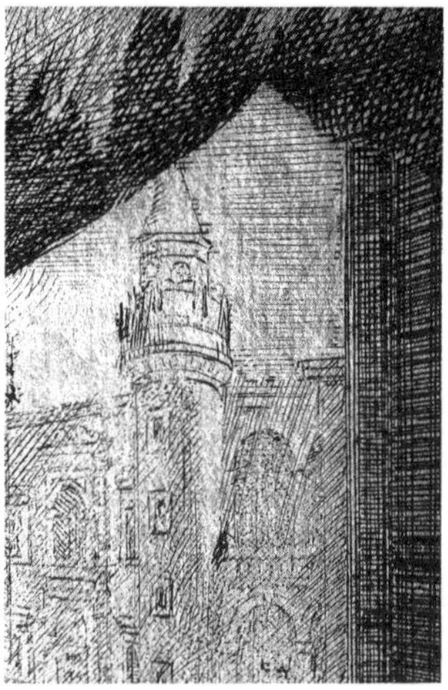

FEDERICO BAROCCI,
Palazzo Ducale von Urbino

Einige Jahre nach Lottos Tod verließ Federico Barocci auf dem Höhepunkt seines Erfolgs Rom und zog sich vorzeitig und überstürzt in seine Heimat, in ein im Niedergang begriffenes Urbino zurück. Nach der Darstellung der Biographen soll ihn angeblich die Krankheit, die sich nach einem Vergiftungsversuch einstellte, zur Flucht veranlaßt haben. Es läßt sich nicht ausschließen, daß hinter dieser Geste komplexere Beweggründe standen[131]: Sicher ist, daß die Flucht endgültig war. Barocci, der Schöpfer von Heiligenbildern, die vom Heiligen Filippo Neri bewundert wurden, der von Verdauungsstörungen heimgesuchte Greis, der von Herzögen und Kardinälen geschätzt wurde, der unermüdliche, der Natur gegenüber achtsame Zeichner, der intellektuelle Maler, der im musikalischen Akkord das Vorbild für die Farbabtönung suchte, er fügte Jahrzehnte hindurch obsessiv das Abbild Urbinos, welches dazu verwendet wurde, die »Ansicht von Jerusalem« darzustellen, wie auch den »überaus prächtigen Palast« des Herzogs zur Vollendung der verschiedensten Evangeliumsszenen in seine Bilder ein.

Diese Entscheidung zugunsten einer Stadt, die in kürzester Zeit bereits an den Rand gedrängt werden sollte, erschien Bellori als eine richtiggehende Fahnenflucht:

> Ich werde ferner etwas erzählen, was unglaublich scheinen mag: Weder in Italien noch außerhalb fand sich irgendein Maler, denn es lag noch nicht lange zurück, da Peter Paul Rubens, der erste, die Farben wieder aus Italien fortbrachte; und Federico Barocci, der die Kunst wiederherstellen und ihr hätte helfen können, schmachtete in Urbino und leistete ihr keine Hilfe[132].

Der in die Peripherie Verbannte nimmt diesmal die Gestalt des ausgebliebenen Retters an. In einem vielleicht ganz ähnlichen Sinn hat man angenommen, daß ein Erfolg Lottos in seiner Vaterstadt »die venezianische Kunst (und vielleicht nicht allein die Kunst) (...) in Rembrandts, und nicht in Tintorettos Richtung« gelenkt hätte[133].

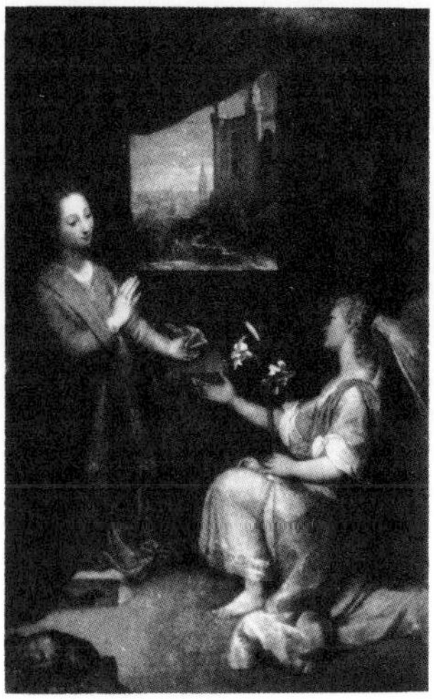

FEDERICO BAROCCI, *Verkündigung* Ausschnitt

Das 17. und das 18. Jahrhundert

Im 17. Jahrhundert nehmen die Abweichungen der Peripherie weniger dramatische und augenfällige Formen an. Mit dem Voranschreiten der politischen und ökonomischen Umstrukturierung beginnt sich jetzt die Lage zu stabilisieren, wobei die Kluft, die sich im vorhergehenden Jahrhundert zwischen Zentrum und Peripherie aufgetan hat, gefestigt wird. Nachdem Zahl und Autonomie der alten kommunalen Zentren in großem Umfang gesunken sind, setzen sich nun differenzierte Kodes durch, wovon die einen für die Metropole, die anderen für die Provinz gelten. Daher nehmen die Möglichkeiten für Abweichung in einer unterworfenen und in ihr Schicksal ergebenen Peripherie stark ab[134]. Und doch muß man die abruzzesischen Werke Tanzios und die in den Marken entstandenen des Gentileschi sowie die Rückkehr Bassettis nach Verona, die Niccolò Mussos nach Casale Monferrato und die insgesamt denkwürdige eben Tanzios nach Valsesia – der damit entschieden von Morazzone und vom lombardischen Kontext abweicht – unter diesem Blickwinkel betrachten. Ein Bild wie das »proletarische Exvoto« Tanzios mit den Bauern von Comasco, die den »Divvo Rocho in Adversis Intercessori« (Göttlichen Rochus, Fürsprecher in allen widrigen Umständen) umringen, nimmt die Tradition der Prozessionsbanner, angefangen bei dem des Foppa in Orzinuovi, wieder auf und zeigt deutlich, wie der alte Andachtsfundus der Provinz zum Zufluchtsort für die Naturalisten der römischen Diaspora werden konnte. Es handelt sich um einen Widerstand, der lange anhalten sollte.

Das schönste Gruppenportrait des 18. Jahrhunderts in Italien, *Die Kanoniker von Lu* von Pier Francesco Guala, ist in den Halbschatten einer Kirche im Monferrat getaucht, die Flotte der *gueux* von Ceruti rückt auf den Wänden der Villen in der Umgegend Brescias vor. Es gibt in der Provinz – zumindest in einer gewissen für symbolische Investitionen aufgeschlossenen Provinz – Auftraggeber, die in ihren Entscheidungen von den Vorschriften der Metropole relativ unabhängig sind.

Die Wiederaufnahme der kommunalen Tradition stellt eines der zentralen Ereignisse in der Kultur des 18. Jahrhunderts dar. Die von Bottari gesammelten, später von Ticozzi vermehrten und neu veröffentlichten *Lettere Pittoriche* (Briefe über die Malerei) liefern mehr als ein Beispiel dieses erneuten Forschungseifers. »Ich kann Euch wohl sagen«, schrieb Algarotti an einen venezianischen Briefpartner, »daß Ihr in Cento etwas gefunden hättet, Euren prüfenden Blick darauf zu richten«[135]. Luigi Crespi, der die Veröffentlichung von Ortsbeschreibungen und -führern unterstützt, tadelt die damals verbreiteten Beschreibungen Italiens, weil sie Volterra, Cortona oder Pescia nicht erwähnen, und beklagt das Fehlen von Schriften über die Städte der Romagna:

> Wenn man nur mit den Malereien vieler Städte der Romagna so verfahren wäre, auf daß die vielen tüchtigen Maler, die dort wirkten, nicht noch immer zum großen Teil unbekannt blieben, und ihre so schönen Werke nicht verlorengegangen oder zum

TANZIO DA VARALLO,
Der Hl. Rochus und Gefährten, 1631

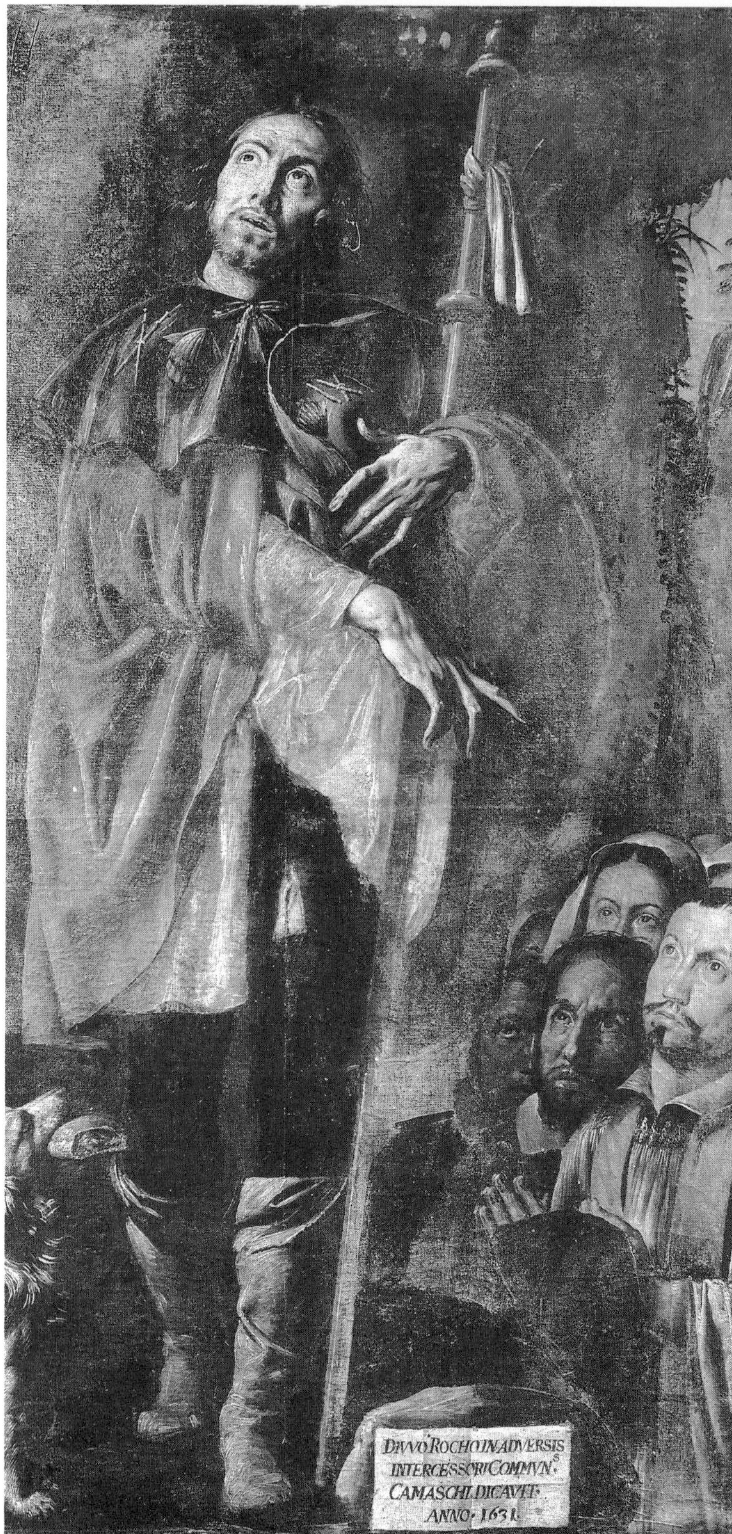

Schaden der entsprechenden Städte, der Maler und der Familien vernachlässigt worden, sondern in der gehörigen Achtung bewahrt, bewundert und von den Reisenden besichtigt worden wären! – Besitzen Sie beispielsweise Kenntnis von einem gewissen Christofano Lanconello? einem Gio. Batista Bertuccio? einem Palmeggiani[136]?

Für Crespi muß

alles, was auf irgendeine Art einer Stadt Glanz verleihen kann, (...) vorgezeigt werden, um das Andenken dessen, der es befördert oder hervorgebracht hat, möglichst zu verewigen (...) Und wenn dies grundsätzlich für alle trefflichen Dinge gilt (...), um so mehr wird es sich dann bei den drei edelsten Künsten der Malerei, Bildhauerei und Baukunst bewahrheiten, dank derer allein, wie man sagen kann, sich die Städte hervortun, welche von gelehrten Reisenden besichtigt werden (...), und obwohl sie zumeist von Künstlern bescheidener, bisweilen niedriger Abkunft ausgeübt werden, ernten diese doch durch sie Anerkennung und große Ehre aus der ganzen Welt[137].

Im selben Sinne äußern sich Ratti und viele andere Briefeschreiber. Ein in diesen Ausführungen häufig wiederkehrendes Motiv ist die Verherrlichung der Künste, welche, »obwohl sie zumeist von Künstlern bescheidener, bisweilen niedriger Abkunft ausgeübt werden«, die Aufmerksamkeit von »gelehrten Reisenden«, »verständigen Fürsten«, »Forschern und Gelehrten« und »gebildeten Schriftstellern« auf diese Städte lenken.

Die historische Rekonstruktion des Ruhms der kleinen Vaterstädte, handle es sich nun um Cento, Faenza, Forlí oder um Pescia, Cortona und Volterra, vollzieht sich in denselben Jahren, in denen nach den alten, vorrömischen[138] oder mittelalterlichen Traditionen geforscht wird. Für die Peripherie schien sich also ein neuer Raum aufzutun: Dies sollte jedoch nur auf einige wohlhabendere Gebiete zutreffen. In einem großen Teil Italiens werden die Umstände keinerlei Aufholen erlauben[139].

Zentrum und Peripherie, Überredung und Herrschaft

Die Behauptung, daß Bilder im nie friedlichen Verhältnis zwischen Zentrum und Peripherie Mittel zur Überzeugung und Beherrschung sein können, stellt gewiß keine Neuheit dar. Manchmal, wenn es darum geht, das Bildnis des Herrschers und seiner Insignien zur Geltung zu bringen, wird es ein direkter Einsatz sein: Es mag genügen, darauf hinzuweisen, wie Bonifaz VIII. sein eigenes Abbild nutzte und nutzen ließ, um von Orvieto bis Bologna und Anagni die Herrschaft der Kirche und die eigene, persönliche Macht auszudrücken und zu bekräftigen; wie die Reiterstatue Azzone Viscontis von der Höhe des Hochaltars der Kirche San Giovanni in Conca herab Untertanen und Gläubige beherrschte; wie die Wappen über den Stadttoren je nach Wechsel der Signoria aufgemalt bzw. entfernt wurden; oder darauf, wie die Ausstattungen der triumphalen Einzüge die Macht und die Großmut des Herrschers bestätigten. Sehr häufig kann der Gebrauch der Bilder indirekter sein, indem sie in einen allgemeineren politischen Diskurs Eingang finden: und auch hier fehlt es nicht an Beispielen, angefangen bei den Taten der Langobarden, die im Palast der Theodelinde in Monza aufgemalt waren, über die Kirchenväter, die Martin I. nach dem lateranischen Konzil von 649 auf die Mauern der Kirche Santa Maria Antiqua malen ließ, um gegen die monotheletische Häresie, die

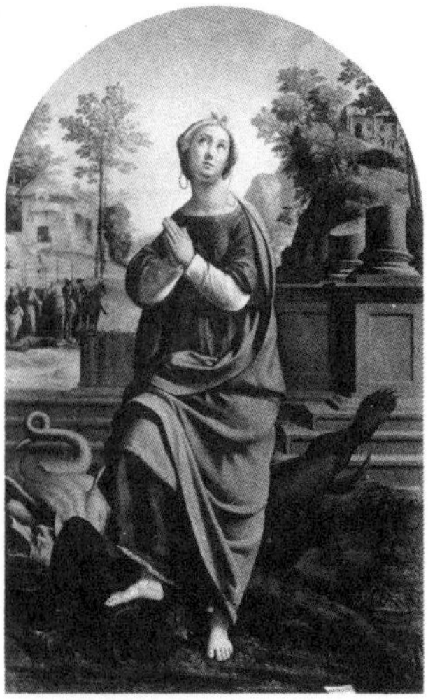

L'ORTOLANO,
Die Hl. Margherita, 1524

von Konstantinopel unterstützt wurde, anzukämpfen, bis zu den Szenen aus dem Risorgimento, die Cesare Maccari, Amos Cassioli und deren Umkreis in der Sala Vittorio Emanuele im Palazzo Pubblico von Siena malten, oder bis zu weniger weit zurückliegenden Episoden, für die uns die Kunstproduktion aus der Zeit des Faschismus eine große Zahl an Beispielen liefert.

In anderen Fällen wird es darum gehen, die politischen Zusammenstöße anhand der Narben der Bilder zu entziffern: Es wäre zu klären, wie ein bestimmter Stil und bestimmte Darstellungsformeln aufgezwungen worden sein können. Das Kreuz von Ruthwell oder die Kapitelle von Santo Domingo de Silos haben die Existenz authentischer symbolischer Schlachten offenbart, in denen während des Mittelalters ein neuer, von einer politischen und geistlichen Autorität befürworteter Stil gegen den Widerstand einer autochtonen Kultur durchgesetzt wurde[140].

Die erzwungene Übernahme stilistischer und ikonographischer Modelle, die aus dem Zentrum stammen; die Ausarbeitung unterschiedlicher stilistischer Kodes im Zentrum, von denen die einen für die Metropole, die anderen für die Peripherie Gültigkeit besitzen; die Plünderung der symbolischen Güter des unterworfenen Lands; der Strom der besten Talente aus der Peripherie in Richtung aufs Zentrum und der in umgekehrter Richtung verlaufende von Produkten hoher symbolischer Wirkungskraft in die Peripherie: All dies sind Formen und Ereignisse, in denen sich die Methoden der Herrschaft manifestieren. Da es unmöglich ist, auf organische Weise in allen Einzelheiten darauf einzugehen, werden wir anhand einer Art typologischer Aufzählung vorgehen, die es ermöglichen soll, Fälle und Probleme zu exemplifizieren.

Die symbolische Herrschaft

Um einige bedeutende Aspekte des symbolischen Herrschaftsverhältnisses auszumachen, kann man die Positionen einiger Elemente, aus denen sich das Gebiet der Kunst zusammensetzt, vielleicht gesondert verfolgen: die Werke, die Künstler, die Auftraggeber, das Publikum. Unter all diesen macht das Publikum den Eindruck desjenigen Elements, das bei der ständigen Verlagerung der anderen drei unbeweglich bleibt, aber es ist gleichzeitig am wenigsten untersucht worden und daher am wenigsten greifbar; unsere Untersuchung wird ihren Schwerpunkt daher auf die anderen, und zuerst auf die Werke legen.

Wir können hier verschiedene Situationen unterscheiden, die vom vollkommen negativen Moment der Zerstörung, dem Nullpunkt der Skala, durch verschiedene Phasen hindurch bis zur Verschickung von Werken höchsten Niveaus aus dem Zentrum in die Peripherie reichen.

Wir wollen uns nicht lange bei dem aufhalten, was wir Nullpunkt genannt haben: Im großen und ganzen können die vom Konflikt Zentrum-Peripherie bewirkten Zerstörungen von zweierlei Art sein, und zwar leiten sie sich entweder direkt vom Willen zur Auslöschung der Zeugnisse der Kultur des unterworfenen Gebiets her, oder sie werden eher indirekt durch die geringe Beachtung, die in den unterworfenen Städten den Zeugnissen der eigenen alten Kultur geschenkt wird, verursacht. Die Zerstörungen der alten, außen an den Stadtmauern angebrachten herzöglichen »Köstlichkeiten« nach der Übertragung der estensischen Staaten auf den Heiligen Stuhl geben für den ersten Fall ein

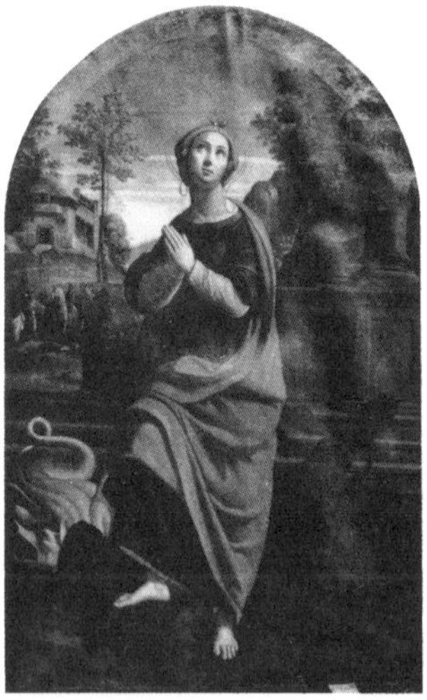

GIACOMO BAMBINI,
Kopie der *Hl. Margherita*
von Ortolano

Beispiel ab: eine radikale Auslöschung der architektonischen Zeugnisse der alten Machthaber, die von einem ferraresischen Geschichtsschreiber dadurch gerechtfertigt wird, daß

die unnötigen Kosten, die die Kammer zu ihrer Erhaltung bestritten hätte, und die Befestigungsanlagen der Stadtmauern, die solchen Feinheiten von Natur aus im Wege stehen, ihnen keine längere Dauer erlaubten[141].

Ein Beispiel für den anderen Fall liefern die Klagen über die Situation der Kunstschätze in den Provinzstädten, wie sie in den *Lettere Pittoriche* so zahlreich dokumentiert sind.

Eine ausführliche Behandlung verdient der Raub symbolischer Güter. Die Geschichte dieser phantastischen und abenteuerlichen Beutezüge ist weithin bekannt, angefangen bei Karl dem Großen, der das sogenannte Reiterstandbild des Theoderich von Ravenna nach Aachen bringt, über die auf ganz Europa ausgedehnten Beschlagnahmungen für die Einrichtung des Musée Napoléon[142] bis zu denjenigen der Hitlerzeit, die in Zusammenhang mit dem geplanten Supermuseum in Linz standen[143]. Bibliotheken (wie die Heidelberger Palatina, die dem pfälzischen Kurfürsten nach der Schlacht am Weißen Berge vom Herzog von Bayern geraubt und danach als Zeichen des Sieges über die Protestanten und der ehrerbietigen Untertänigkeit dem Papst geschenkt wurde), Kunstsammlungen, Reiterstandbilder, Altarbilder, Portraits und Skulpturen verlassen ihren ursprünglichen Ort und werden in die Hauptstädte gebracht, deren symbolischer Primat gefördert werden soll[144]. Während des Peripherisierungsprozesses vieler italienischer Regionen nach der Umstrukturierung im 16. Jahrhundert kommt es regelmäßig zu solchen Beraubungen. Ein beispielhafter Fall ist wiederum Ferrara zum Zeitpunkt des Erlöschens der estensischen Dynastie und der Übertragung des Staates auf den Heiligen Stuhl. Lanzi, der die künstlerischen Konsequenzen dieser Ereignisse in Erinnerung ruft, schreibt:

Der Regierungswechsel ereignete sich zur Zeit des Pontifex Maximus Clemens VIII., bei dessen feierlichem Einzug Scarsellino und Mona, welche man wegen ihrer Befähigung, viel Arbeit in wenig Zeit zu erledigen, gewählt hatte, für die öffentlichen Festlichkeiten arbeiteten. Ferner wurden verschiedene Maler, und insbesondere Bambini und Croma, zum Kopieren verschiedener ausgesuchter Tafelbilder der Stadt eingesetzt, welche der römische Hof in die Hauptstadt gebracht haben wollte, wobei Ferrara die Kopien und den ferraresischen Geschichtsschreibern die Klagen verblieben[145].

Es mag sinnvoll sein, unter den »Klagen« der ferraresischen Geschichtsschreiber jene Antonio Frizzis zu erwähnen[146]:

Widerwärtig war es für unsere Bürger, im Jahr 1617 die Kirchen vieler ihrer besten Bilder von der Hand der Dossi, des Ortolano, Garofalo, Carpi, Tizian, Gio. Bellino, Mantegna und anderer ausgezeichneter inländischer und ausländischer Maler beraubt und durch, wenngleich achtenswerte, Kopien des Bononi, Scarsellino, Bambini, Naselli und anderer ersetzt zu sehen. Wer sie fortbrachte und wohin, wird uns nicht berichtet, aber wir wissen, daß viele unserer ähnlich kostbaren Monumente, sowohl Manuskripte als auch antike Kunstgegenstände, zu verschiedenen Zeiten fortgebracht wurden, um die Hauptstadt damit zu bereichern.

Girolamo Baruffaldi bezeugt diese Beraubungen in seiner Lebensbeschreibung Niccolò Bambinis, eines der zum Kopieren der geraubten Bilder herangezogenen Künstler:

Zur Zeit der Übertragung dieser Stadt auf die kirchliche Regierung, das heißt im Jahre 1598, war er einer der Maler, die in Ferrara tätig waren, und als solcher wurde er daher zum Kopieren verschiedener kostbarer Gemälde hervorragender Meister eingesetzt, damit die vom päpstlichen Hof erwünschten Originale nach Rom geschickt werden konnten, woselbst sich dieser befand. Über zwei davon kann ich sichere Rechenschaft geben, und zwar über das Tafelbild der Himmelfahrt Christi in S. Maria in Vado und das der Hl. Margarete in der Chiesa della Consolazione. Dieses war von Ortolano, das andere von Benvenuto da Garofalo[147].

Der Fall Ferraras mag als Modell für eine Situation gelten, für die sich auch andere Beispiele anführen ließen. Nicht viel anders waren beispielsweise die Folgen der Übertragung der Güter der Della Rovere auf die Kirche[148]. Eine Erforschung dieser negativen Momente in der Geschichte der italienischen Kunst würde einiges Licht bringen in die wechselhafte Geschichte des Verhältnisses von Zentrum und Peripherie; auch die gewaltige Zerstreuung von Kunstwerken, der Italien in den letzten hundertfünfzig Jahren ausgesetzt war, sollte in diesem Zusammenhang nicht außer acht gelassen werden.

Die Dynamik der Werke

Die Verschickung von Werken aus dem Zentrum kann auf verschiedene Weise und in unterschiedlicher Intensität erfolgen. Auch hier werden wir mehrere Fälle unterscheiden können.

Nehmen wir zum Beispiel denjenigen von Massa Marittima im 14. Jahrhundert. Vor der endgültigen Unterwerfung der Stadt im Jahr 1336 waren hier die aus Siena importierten Werke ein Mittel, das Vordringen der sienesischen Kultur zu fördern. Die wichtigen künstlerischen Aufträge, mit denen sienesische Künstler betraut werden, beherrschen die ersten Jahrzehnte des 14. Jahrhunderts völlig: 1316 üben die neun Ratsherren von Massa auf den Leiter des Kirchenbaus von San Cerbone Druck aus, damit das große, vom Modell der *Maestà* Duccios beeinflußte und sicherlich im Atelier des großen sienesischen Künstlers ausgeführte Altarbild für den Hochaltar der Kathedrale fertiggestellt wird. Wie eine Inschrift angibt, wurde das Grabmal von San Cerbone, ein Meisterwerk der gotischen Bildhauerkunst in Italien, das von Perucius, dem Bauleiter der Kathedrale, in Auftrag gegeben worden war, 1324 vom Meister Goro di Gregorio »de Senis« fertiggestellt; einige Jahre später, aber vielleicht noch vor der sienesischen Eroberung, wird die *Maestà* Ambrogio Lorenzettis angefertigt, die ehemals in der Kirche Sant'Agostino war und sich nun im Palazzo Comunale befindet.

Einige der bedeutendsten Werke der sienesischen Kunst werden also für die reiche Bergbaustadt Massa Marittima ausgeführt, die damit von Siena völlig dominiert ist, noch ehe dieses die politische Kontrolle über die Stadt erlangt und Agnolo di Ventura die Eroberung mit der neuen Befestigungsanlage besiegelt. Im Unterschied zu anderen Zentren wie Volterra und San Gimignano lernte das reiche Massa Marittima trotz der Fülle an Aufträgen niemals eine autonome künstlerische Tradition kennen und erfuhr eine externe Kulturhegemonie, die durch den Ansturm von Werken außergewöhnlicher Qualität, der die politische Herrschaft vorwegnahm, aufgezwungen wurde. Wenn wir auf die Beitrittskriterien zu jenem von uns unterstellten Klub der italienischen Kunstzentren zurückgreifen, so ist der Umstand bezeichnend, daß die Bischöfe von Popolonia letztlich erst zu Anfang des 12. Jahrhunderts einen festen Sitz in Massa finden, wie das auch in Grosseto (das ebenfalls völlig von der sienesischen Kunstproduktion beherrscht werden sollte) der Fall ist, wohin die Bischöfe von Roselle erst 1138 endgültig übersiedeln.

Nehmen wir einen anderen Fall der Verschickung von Werken, mit dem wir immer noch im 14. Jahrhundert und auch in der Gegend von Siena bleiben. Diesmal geht es nicht um eine bedeutende und reiche Stadt wie Massa, sondern um Roccalbegna am Fuß des Amiata, das heute ein bescheidenes Dörfchen ist. Die Pfarrkirche verwahrt drei Tafelbilder hoher Qualität von Ambrogio Lorenzetti, und dies hat zur Frage nach den Umständen geführt, welche einen der größten Künstler der Zeit dazu brachten, ein Werk von solcher Bedeutung für eine so abgelegene Ortschaft zu schaffen[149]. Die Antwort besteht möglicherweise in dem Wert, den die Sienesen dem kleinen Bergbauzentrum beimaßen, das an der Südgrenze des Staates lag und das sie erobert und zu Ende des 13. Jahrhunderts wiederaufgebaut hatten[150]. Der Fall dieser Tafelbilder muß also im Zusammenhang mit der Schaffung einer neuen Stadt und dem Bemühen – das sich in zahlreichen Vergünstigungen ausdrückt – gesehen werden, Bürger aus Siena darin zu versammeln, bei denen die eindrucksvollen Gemälde eines der besten Künstler Sienas als Mittel zur Identifikation und Anbindung funktionieren sollten. All dies muß mit der Zunahme der Kunstwerke und -aufträge in Zusammenhang gebracht werden, zu der es während des 14. Jahrhunderts in den Städten und Ortschaften der südlichen Maremma von Grosseto bis Paganico, das heißt im Gebiet der jüngsten sienesischen Expansion, kommt.

In anderen Fällen enthüllt und bekräftigt die Übersendung von Werken eine Lage kultureller Abhängigkeit, die mit ökonomischer oder politischer Abhängigkeit zusammenfallen kann. In der Pfarrkirche von Calvi auf Korsika ist ein großes Polyptychon, das den Hochaltar schmückt, von Giovanni Barbagelata »de Janua« (aus Genua) signiert (eine Sammlung der Fälle, bei denen in der Signierung der Herkunftsort auf den Namen des Künstlers folgt, könnte beim Vergleich mit den Bestimmungsorten der Werke recht nützliche Angaben liefern). Die Urkunden informieren uns darüber, daß das Polyptychon von zwei Bürgern aus Calvi in Auftrag gegeben wurde, die es ähnlich ausgeführt haben wollten wie das, welches Giovanni Mazone 1465 für Santa Maria di Castello in Genua gemalt hatte[151]. Bezeichnend ist die Geltung, die sich das ältere Werk verschafft (ein analoger Fall zu dem bereits besprochenen der Kopien, die nach dem Muster des Bilds von Ghirlandaio in Narni angefertigt wurden), sowie die Tatsache, daß die Vorlage aus Genua stammt und ein genuesischer Maler mit dem Auftrag betraut wird. Zu diesem Zeitpunkt wird die Insel politisch und ökonomisch von Genua beherrscht, aber die kulturelle Unterordnung kann auch dann noch fortdauern, wenn die politische unterbrochen wird. Davon legen auf Sardinien die Übersendungen von Werken aus Pisa (Skulpturen, Polyptychen, Glocken)[152] Zeugnis ab, die auch dann nicht aussetzten, als die Insel fest in Händen der Aragonesen, aber noch nicht von jenem »gotisch - hispanisch - neapolitanischen« Verkehr im Mittelmeerraum gestreift war, von dem sie wichtige Zeugnisse besitzt[153]. Dasselbe belegen auch die zahlreichen Werke aus Pisa und Genua in Sizilien im 14. Jahrhundert, sowie die venezianischen aus dem 14. und 15. Jahrhundert in Apulien.

Die Dynamik der Künstler

Parallel zu den Werken, aber manchmal, wie wir sehen werden, in entgegengesetzter Richtung, können sich die Künstler bewegen. Dennoch wird man die Situationen auseinanderhalten müssen. Die Ausdehnung der venezianischen Herrschaft scheint beispielsweise nicht zu einer umfassenden kulturellen Unterwerfung geführt zu haben. Auch für die Malerei in den Festlandstaaten der Serenissima gilt das, was über das Beharrungsvermögen einer lokalen literarischen Kultur in Verona im 18. Jahrhundert gesagt wurde:

> Es ist eine kommunale literarische Tradition, und vier Jahrhunderte venezianischer Herrschaft vermögen es nicht, sie derjenigen der Hauptstadt Venedig konform oder gar hörig zu machen (...) Ich habe gesagt, daß vier Jahrhunderte venezianischer Herrschaft Verona nicht bezwingen können, aber man sollte sich restlos klarmachen, daß Venedig niemals den Vorsatz hatte zu bezwingen...[154]

Dies bedeutet nicht, daß aus dem Cadore, von den Ufern des Brenta oder der Etsch keine Künstler nach Venedig gekommen wären, sondern im Gegenteil, daß die Voraussetzungen für eine lokale Aktivität nicht zerstört wurden.

In anderen Fällen jedoch werden Künstler bescheidenen Formats vor Ort bleiben, wo sie durch die Aufträge eines nicht gehobenen Publikums Arbeit finden können. Ein korsischer Maler wie Maestro Antonio di Simone aus Calvi wird 1505 ein Polyptychon für die Kirche von Cassano (bei Calvi)[155] signieren, während, wie wir gesehen haben, das Polyptychon des Hochaltars für die Pfarrkirche von Calvi aus Genua angefordert wurde. Manchmal ist es so, daß die Werke der Tafelmalerei von weit herkommen, während sich lokale Meister bestimmten typischen Produktionen – wie etwa der Deckenbemalung – widmen. Dieser Fall liegt im 14. Jahrhundert in Palermo vor, als »Mastru Simuni pinturi di Curigluni«, »Mastru Chicu pinturi di Naro« oder »Mastru Darenu« aus Palermo die Decke des Steri ausmalen, während Bartolomeo da Camogli oder Niccolò da Voltri aus Genua, Jacopo di Nicola, Turino Vanni und viele andere aus Pisa Tafeln und Polyptychen für Kirchen und Oratorien schicken[156].

Die typische Situation der Künstler aus den peripheren Gegenden wird die sein, daß sie vom politisch herrschenden Zentrum angezogen werden. Dies ist bei Niccolò di Lombarduccio aus Vico der Fall, einem der bedeutendsten Künstler, die im 15. Jahrhundert in Ligurien arbeiteten, der aus Korsika stammte und eben deswegen als Niccolò Corso bekannt war; oder auch bei dem genialen Meister Tuccio d'Andria »de Apulia«, der 1487 für die Kathedrale von Savona ein Triptychon mit der Vermählung der Heiligen Katharina malt (die Beziehungen zum westlichen Mittelmeer wurden möglicherweise durch die provenzalische Herkunft der Signori von Andria, der Del Balzo, begünstigt); bei anderen apulischen Künstlern wie Reginaldo Piramo aus Monopoli, der in Neapel und in Venedig Handschriften illuminiert [157]; bei vielen Kalabresen wie dem Miniaturenmaler Cola Rapicano, dem Architekten Francesco Mormando, dem Maler Marco Cardisco, und später, im 17. und 18. Jahrhundert, bei Mattia Preti oder Francesco Cozza[158]; bei Sizilianern wie Agostino aus Messina, genannt Sarrino, der sich im Jahre 1400 in Genua, oder Pavanino aus Palermo, der sich in der zweiten Hälfte des Jahrhunderts in der Gegend um Salerno aufhält[159]. Ganz zu schweigen von den beiden berühmtesten sizilianischen Emigranten Antonello da Messina und Francesco Juvarra. In diesen beiden Fällen liefern Venedig im ausgehenden 15. Jahrhundert und Turin zu

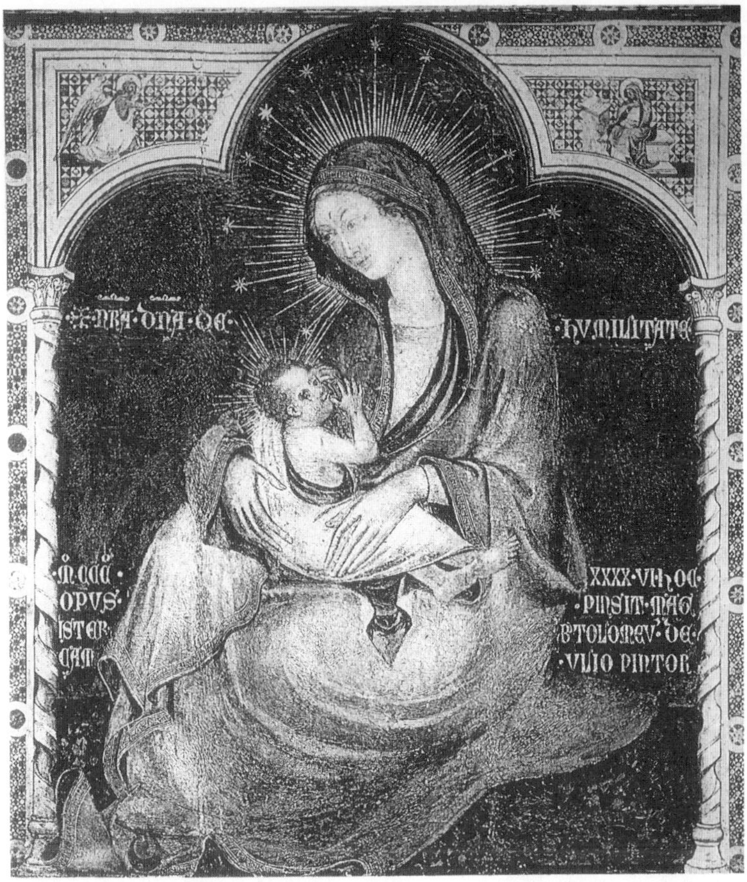

BARTOLOMEO DA CAMOGLI,
Madonna dell'Umiltà, 1343

Anfang des 18. Jahrhunderts die Ausgangsstationen, von denen aus sich die vorgeschlagenen Modelle in ganz Italien oder sogar in Europa werden verbreiten können.

Andere Umstände können die Künstler dazu veranlassen, die Flucht in entgegengesetzter Richtung, vom politischen Zentrum weg, zu ergreifen: Dies geschieht beispielsweise in Pisa nach der florentinischen Eroberung. Im Unterschied zu dem, was sich in den von Venedig besetzten Festlandszentren ereignet hatte, verläßt ein Großteil der pisanischen Maler die Stadt und flüchtet nach Genua. Ihre Zahl ist so erheblich, daß im Jahr 1415 eine Versammlung der genuesischen Malerzunft – wo von zwanzig Teilnehmern drei aus Genua und gut neun aus Pisa kommen – eine Abänderung des Zunftstatuts zugunsten der auswärtigen Maler, die zum Arbeiten in die Stadt kommen, beschließt[160].

Ein anderes Beispiel, das in dieser summarischen Typologie berücksichtigt werden muß, wird das der Künstler sein, die sich in solche Gegenden begeben, die man eher abhängig als peripher nennen könnte. Wenn wir den Fall der Sienesen beiseite lassen, die nicht nur Werke nach Massa, San Gimignano, Paganico usw. schicken, sondern im 14. Jahrhundert auch zum Arbeiten dorthin gehen, so liefern die Tätigkeit der Venezianer in den Städten auf dem Festland im 15. und 16. Jahrhundert sowie der wahrhafte *rush* der lombardischen Maler nach Ligurien, nachdem sich Genua im Jahr 1421 der Protektion der

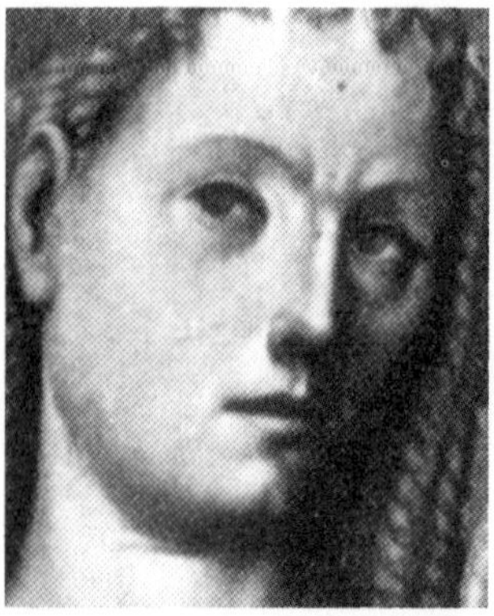

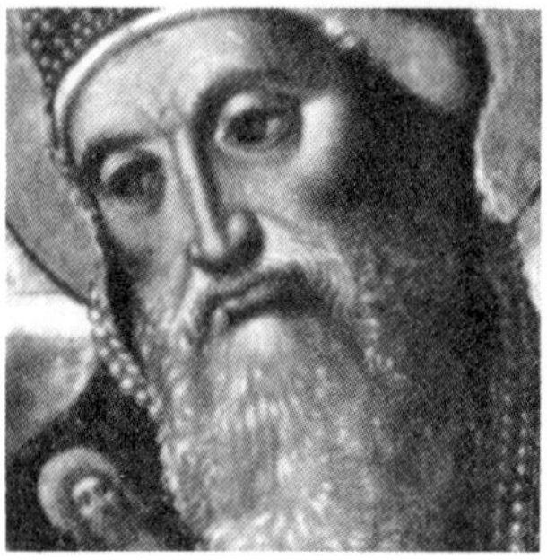

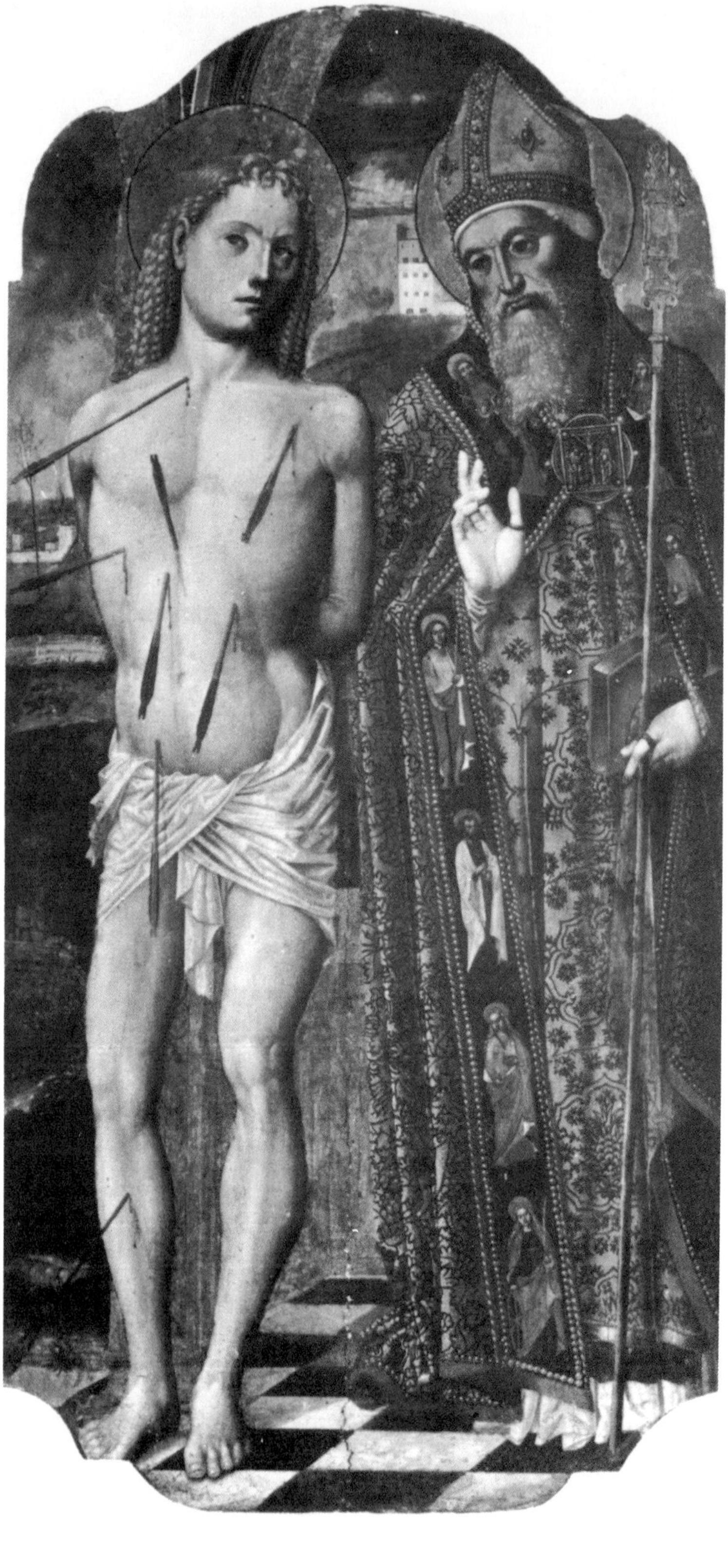

NICCOLÒ CORSO,
Die Hll. Sebastian und Augustinus

Visconti unterstellt hatte, Beispiele in großem Umfang. In diesem letzteren Fall wird es darum gehen, sich in einem Zentrum, das ökonomisch ein Riese, kulturell (und zu diesem Zeitpunkt auch politisch) ein Zwerg ist, die besten Aufträge – und Positionen – zu sichern. Im übrigen ist der Fall Genuas im 14. und 15. Jahrhundert im Vergleich zur Physiognomie von Kunstzentren wie Florenz, Siena oder Venedig anomal: Aufgrund des massiven und wiederholten Eindringens auswärtiger Künstler aus Pisa, dem Piemont und der Lombardei stellt es einen Fall von *Relais*-Zentrum dar, in dem verschiedene Erfahrungen zusammenkommen und von dem aus sie übertragen und verstärkt werden.

Die Dynamik der Auftraggeber

Bleiben noch die Auftraggeber. Wie bei den Werken gibt es auch hier einen Nullpunkt in der Kasuistik, und zwar dann, wenn eine Gruppe von Auftraggebern ihre Autorität vollständig einbüßt. Dazu wird es in Casale Monferrato kommen, als Guglielmo Gonzaga die alte Dynastie der Paleologi ablöst und mit seiner Politik die Liquidierung bestimmter sozialer Gruppen in der Stadt wie auch einer Tradition der Malerei, welche sich auf diese stützte, ankündigt, eine Tradition, die später weitergehen wird, allerdings in ganz anderer Richtung[161]. Ähnliche Fälle wird es in Urbino[162] und in anderen italienischen Zentren geben.

Ein anderer Fall ist der solcher Auftraggeber, die aus einem wichtigen Zentrum kommen und in der Peripherie Spuren ihres Aufenthalts hinterlassen. Es sind Bischöfe, Statthalter, Gouverneure, Komturäbte, die Gefallen daran finden, für ihren zeitweiligen Wohnsitz Werke in Auftrag zu geben, die ihre Herkunft, ihre Reisen, ihre gehobene soziale und kulturelle Stellung zum Ausdruck bringen sollen. Die Früchte dieses Mäzenateneifers gehen ein bißchen wie Meteore nieder, außerhalb jeden Kontexts und jeder lokalen Entwicklung oder Erwartung. Ein solcher Fall ist Philos Roverella aus Ferrara, der 1545 vom Tridentinischen Konzil in seine Diözese Ascoli Piceno zurückkehrt und einen der prominentesten Künstler vom Hof des Fürst-Bischofs von Trient mitbringt: den Friauler Marcello Fogolino, den er ersucht, den eigenen bischöflichen Palast mit biblischen Szenen auszuschmücken[163]. Nicht anders liegt – was das Fehlen jeden Kontextes angeht – der Fall derer, die in der Peripherie geboren sind und in einer Hauptstadt zu großen Ehren gelangen, wie das so manchen Prälaten, Ärzten, Verwaltungsbeamten, Juristen im Lauf des 17. und 18. Jahrhunderts widerfährt. Es kann vorkommen, daß sie dafür sorgen, daß eines oder mehrere Kunstwerke in ihren Geburtsort geschickt werden, die ihre Heimatliebe, ihren wachen Kunstsinn oder ihren sozialen Erfolg unter Beweis stellen sollen. So kommt es, daß ein hoher päpstlicher Beamter, der um 1636–37 als Gouverneur in Cento residiert, eifrig das Atelier Guercinos besucht, dessen Werke kauft und sie auch einer Bruderschaft in seiner Heimat schenkt[164].

Es gibt noch andere Situationen: Zum Beispiel diejenige von Auftraggebern in der Peripherie, die mit ihren Entscheidungen von einer kulturellen Unterordnung dem Zentrum gegenüber Zeugnis ablegen. Ein in dieser Hinsicht typisches und für Strukturen feudalen Typs wie die Kalabriens äußerst symptomatisches Beispiel liefert das Auftraggebertum der Sangineto, der Signori von Altomonte[165]. Als Filippo di Sangineto 1326 im Gefolge Karls von Kalabrien zufällig durch die

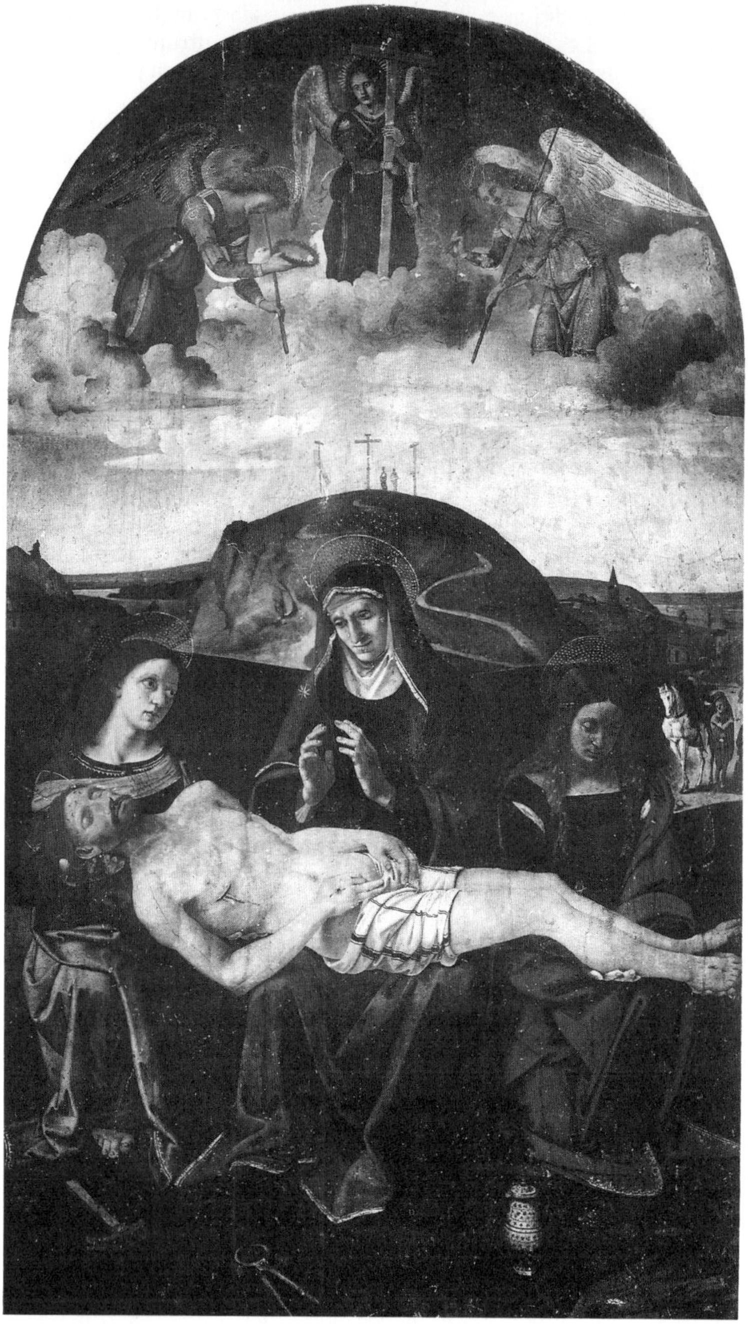

PIERO DI COSIMO,
Pietà

Toskana kommt, bestellt er den Hl. Ladislaus von Simone Martini und ein Polyptychon von Bernardo Daddi. Später wird ein Mitglied derselben Familie, das sich diesmal im Schlepptau der Entscheidungen des Ladislaus von Durazzo befindet, in Neapel ein Polyptychon mit Geschichten aus der Passion bei dem anonymen Meister, genannt »Meister von Antonio und Onofrio Penna«, bestellen. In beiden Fällen folgen die Entscheidungen der Sangineti denjenigen der Anjou von

Neapel, in beiden Fällen kommen die bestellten Werke in die Kirche von Altomonte, den Sitz der Feudalmacht, der im Verhältnis zur Einöde des umliegenden Gebiets eine große Konzentration kultureller Symbole aufweist. Die Ungleichheit in der Güterverteilung und deren Heterogenität sind Anzeichen nicht allein peripherer, sondern geradezu kolonialer Verhältnisse, die sich in Teggiano, dem Grundbesitz der Sanseverino, der an der Grenze Kampaniens das Dianotal beherrscht, wiederholen werden, oder in Galatina im Salento, wo Raimondello Orsini del Balzo und seine Frau Maria d'Enghien die Wallfahrtskirche Santa Caterina stiften und von den verschiedensten Maler-*équipes* ausschmücken lassen[166].

Diese kulturelle Unterordnung dem Zentrum gegenüber kann sich auch bei Auftraggebern bemerkbar machen, die anderen sozialen Gruppen angehören. Recht bezeichnend dafür sind die Verhältnisse in einer eng umgrenzten Gegend in den Bergen von Norcia, wo man auf eine einzigartige Ansammlung florentinischer Bilder der Spätgotik oder Renaissance von Giovanni del Biondo bis zu Neri di Bicci, Piero di Cosimo und Filippino Lippi trifft. Solch eine dichte und einzigartige Massierung, die letzten Endes einen ziemlich homogenen Kontext herstellt, erklärt sich aus der lange währenden Beziehung zwischen einer Gruppe von Ortschaften in dieser Gegend des Apennin und Florenz, in dem die umbrischen Bergbewohner traditionell als Träger beim Zoll angestellt waren[167]. Die wirtschaftlichen Beziehungen zwischen den peripheren Emigrationsortschaften und dem zentralen Arbeitsort führten zu einer Form der kulturellen Untertänigkeit.

Ein letztes Beispiel kommt aus Apulien, wo die Zentren der adriatischen Küste durch die Ansammlung venezianischer Werke gekennzeichnet sind, die vom 14. bis zum 16. Jahrhundert reichen (und später durch das Vordringen neapolitanischer Werke ersetzt werden) und die Begleiterscheinungen der militärischen, politischen und kommerziellen Präsenz Venedigs sind[168]. Häufig sind es geistliche Orden, die venezianische Werke erwerben: Das Polyptychon des Jacobello di Bonomo des Museums von Lecce stammt aus der Kirche des Evangelisten Johannes der Benediktinerschwestern in Lecce; der *Petrus Martyr* Giovanni Bellinis der Pinakothek Bari aus der Dominikanerkirche in Monopoli; Savoldo und Pordenone malen Bilder für die Franziskanerkirche in Terlizzi. Aber das Ansehen Venedigs ist in allen sozialen Gruppen groß: Während Muzio Sforza, ein Literat aus Monopoli, Tintoretto ein Gedicht widmet, empfängt Lorenzo Lotto am 16. Juni 1542 den Kaufmann Alouise Catalano aus Barletta, der von »li homine di Juvenazo« (den Bürgern von Giovinazzo) zu ihm geschickt wurde, um ein Triptychon für ihre Kirche San Felice zu bestellen[169].

Die Kirche nach dem Konzil von Trient

Die zentralisierende und bürokratische Neustrukturierung der Territorialstaaten und die Neuorganisation der Kirche nach dem tridentinischen Konzil führen während des 16. Jahrhunderts zu neuen Formen der Herrschaft des Zentrums über die Peripherie, welche sich in einem vermehrten Typologisierungs- und Kodifizierungsprozeß der Bilder[170] und der Architekturen manifestieren: Ein Prozeß, der durch das Anwachsen der Traktatliteratur angeregt und gleichzeitig aufgedeckt wird. In einer der unsrigen näheren Zeit legte im wilhelminischen Deutschland eine präzise Regelung fest, daß die Postämter der Zentren mit weniger als fünfzigtausend Einwohnern im Stil der »deutschen Renaissance« sein sollten, während die großen Städte mit mehr als hunderttausend Einwohnern romanische Postämter erhalten sollten[171]. Wenn die minuziöse Kasuistik der Traktate der Gegenreformation auch keine differenzierte Anwendung der historischen Stile vorsah, so tendierte sie doch dazu, eine hierarchische Typologie zu konstruieren, indem sie besondere Lösungen und Register unterschied und vorschrieb, je nachdem, ob die Kirche eine Kathedrale, Kollegialkirche, Pfarrkirche, Filialkirche, Klosterkirche war, und ob das Oratorium zur Zelebration der Messe bestimmt war oder nicht. Auf der anderen Seite hat die Einrichtung von Stätten mit Bildungsauftrag wie der Akademien, deren System sich im 18. Jahrhundert durchsetzt, bei der Sicherung einer präzisen kulturellen Kontrolle ein erhebliches spezifisches Gewicht. Dennoch werden die Kodifizierung der Typologie und die Zentralisierung des Unterrichts auch Wirkungen zeitigen, die denen einer mechanischen Ausbreitung einer Art von peripherem Konformismus entgegengesetzt sind, indem sie die Zirkulation internationaler Erfahrungen und die Kenntnis eines umfänglicheren Repertoires erleichtern. Ein Beispiel dafür liefert das Werk Bernardo Vittones, einer der größten und genialsten Gestalten des 18. Jahrhunderts in Europa, der, obwohl er beinahe ausschließlich in der piemontesischen Provinz arbeitet, wo er im wesentlichen mit dem Bau von Dorfpfarrkirchen und Feldkapellen beschäftigt ist, innovative Lösungen findet, die mit den fortgeschrittensten europäischen Erfahrungen einen Dialog eröffnen.

Durch die Veränderungen, die sich in der Künstlerausbildung und bei der Zirkulation der Informationen ergeben, erlebt das 18. Jahrhundert tiefgreifende Wandlungen der kulturellen Strukturen, ihrer Funktionsweise und sogar ihres geographischen Bezugsrahmens. Die Eingliederung der piemontesischen Provinz in die Architekturproblematik des europäischen Alpengebiets ist ein spürbares Zeichen dafür: Aber diese günstige Situation läßt sich nicht verallgemeinern.

Am 14. September 1755 schreibt ein Architekt aus der Peripherie, ein gewisser Lorenzo Daretti, aus Ancona an Vanvitelli, um ihn um die Erlaubnis zu bitten, den Bau der Augustinerkirche fortführen zu dürfen, und stellt sich dabei so demütig vor:

> Nach der Rückkehr hierher nach Ancona, der Stätte meiner bescheiden betriebenen Studien zur Architektur, hatte ich Gelegenheit dazu, etliche kleine Bauten bescheiden auszuführen, welche auf eine gewisse Nachsicht gestoßen sind...

Der Architekt aus dem Zentrum antwortet voller Arroganz aus Neapel:

> Ihr Name ist mir, wie Sie selbst sagen, nicht bekannt, und weit weniger bekannt ist mir Ihre Tüchtigkeit in der Architektur, aber als ich nach Ancona kam, fand ich niemanden dort, nicht einmal in der Provinz. In dieser Stadt fand ich jedoch viele, die diese Fähigkeit bei mir zu erlernen wünschten, aber als sie dann die Schwierigkeiten erkannten, hielten sie es mit zuträglicherem Ratschluß für besser, weiterhin der Bequemlichkeit und der Muße mitsamt den Vergnügungen nachzugehen, als mir die Unbequemlichkeit zu bereiten, sie in meinem Haus beim Studieren zu ertragen; und seither habe ich niemals mehr Nachricht erhalten, daß jemand in dieser überaus diffizilen Wissenschaft, die alle anderen Wissenschaften umfaßt, Fortschritte gemacht habe[172].

Italien und Europa

Hatten die italienische Kunst und Kultur im 18. Jahrhundert eine weite europäische Zirkulation gekannt, so sah nach Piranesis und Canovas Tod für lange Zeit kein italienischer Künstler mehr sein Werk zum Rang eines Modells in Europa emporsteigen. Die folgende Zeit war die einer langen Finsternis, die sich im übrigen bereits seit längerem ankündigte. Mitte des 17. Jahrhunderts war ein jahrhundertelanges Zeitalter zu Ende gegangen. In einer symbolischen Koinzidenz erlebt Paris im selben Jahr (1665), in dem Poussin in Rom stirbt, das Scheitern des Projekts Berninis für den Louvre. Die überaus tiefe Krise der italienischen Gesellschaft und vor allem die Schwäche des römischen Hofs im Gesamtbild der europäischen Mächte verhindern nunmehr, daß sich ein umfassendes künstlerisches Paradigma von der Halbinsel aus durchsetzt, wie das in nicht allzu ferner Vergangenheit geschehen war, als das künstlerische und außerkünstlerische Prestige Roms, der Hauptstadt der Christenheit (und wenn auch einer nur nominell, nicht faktisch katholischen Christenheit), ausreichte, um den Welterfolg der beiden Paradigmen zu sichern, die sich hier im Widerstreit herausgebildet hatten. Das war zunächst bei Raffael und Michelangelo, dann bei den Carracci und Caravaggio der Fall: dem scheinbar siegreichen Paradigma und seiner Alternative. Dies wiederholt sich nicht mehr: Es werden allenfalls noch eingegrenzte Kodes entstehen, wie etwa derjenige der »Vedutenmaler«, welcher mit der privilegierten Stellung, die Italien im *grand tour* einnahm, zusammenhängt. Ein erneuter Beweis dafür, daß diese Situation andauert, wird von den Wechselfällen des neoklassischen Paradigmas geliefert. Wenn seine Ursprünge auch italienisch waren, so läßt sich das von seinen Protagonisten nur zum Teil behaupten. Es entstand dagegen die paradoxe Situation, daß ausländische Künstler in Rom ziemlich isoliert vom lokalen künstlerischen Leben der Gegenwart arbeiteten und eher damit beschäftigt waren, in den Monumenten der Vergangenheit die Schlüssel zu einer neuen Zukunft zu suchen. Hier erarbeitet der Angloschweizer Füssli die Voraussetzungen seines visionären Stils, hier studieren und arbeiten Engländer wie Barry oder Runciman, Schweden wie Sergel, Dänen wie Abildgaard und später Thorwaldsen, Amerikaner wie Benjamin West, Schweizer wie Abraham-Louis Ducros, Franzosen wie Jacques-Louis David. Es ist in Rom, wo das Manifest der neuen Malerei, der *Schwur der Horatier* Davids, gemalt und zum ersten Mal der Öffentlichkeit vorgestellt wird (1784): Aber trotz der erregten Neugierde findet das Werk hier nur geringe Resonanz. Rom ist zu diesem Zeitpunkt nicht mehr das vorantreibende Zentrum, das es in der Vergangenheit gewesen war, und man kann es auch nicht als *Relais*-Station definieren: eher eine Art geisterhaftes Zentrum, in dem die Sehnsüchte, Erwartungen und Pläne vieler ausländischer Künstler zusammentreffen. Nur einen Monat vor dem Sturm auf die Bastille begnügt sich David nicht mit einem Paris, das ihm peripher vorkommt, und bekennt seinem Schüler Wicar, den er dazu ermutigt, in Italien zu bleiben:

> An diesem armen Ort bin ich wie ein gegen seinen Willen ins Wasser geworfener Hund, der zappelt, um das Ufer zu erreichen und nicht zu ertrinken[173].

Wenn Italien für die Ausländer eine Vergangenheit ist, in der man die Zukunft sieht, so ist das Verhältnis der italienischen Künstler dieser Zeit zur Antike weit davon entfernt, dynamisch und voller Sprengkraft zu sein. Nach dem Tod Piranesis, der im Erforschen der römischen

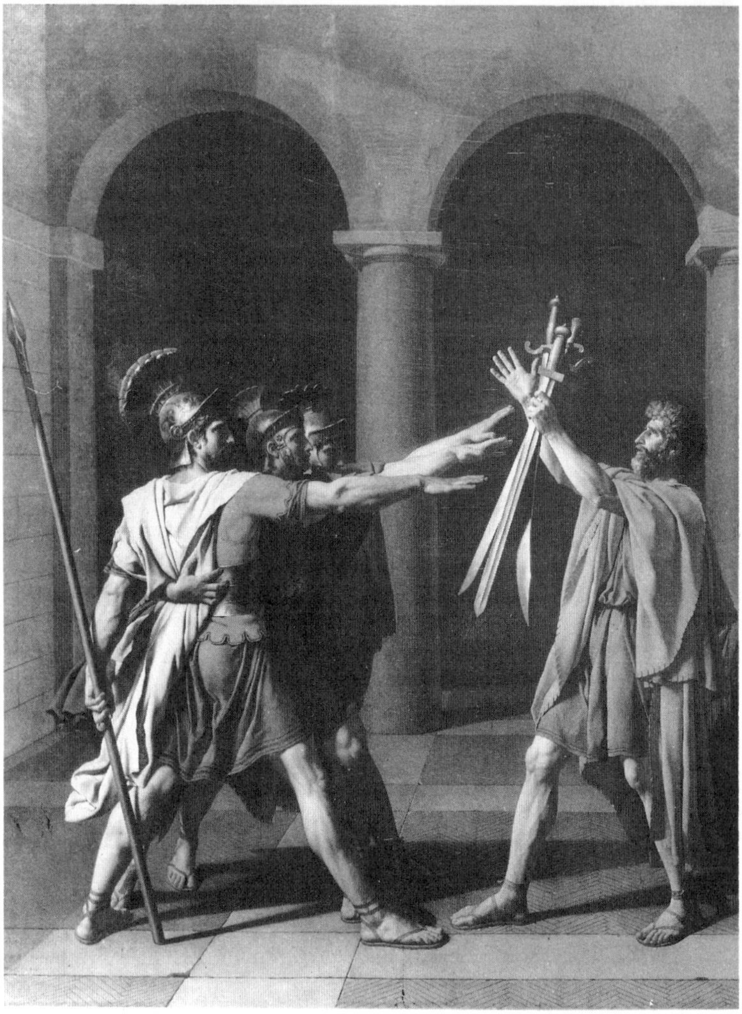

JACQUES LOUIS DAVID,
Der Schwur der Horatier, 1748
Ausschnitt

Ruinen und in den *Carceri* Prototypen einer sublimen und visionären Interpretation der kolossalen Größe der Antike geschaffen hatte, hatte es kein Italiener vermocht, diesem Weg zu folgen. In einem gewissen Sinn wird das neoklassische Paradigma Italien nur indirekt, eher über die künstlerische als die politische und militärische Hegemonie des napoleonischen Frankreich erreichen. In den Jahren der Restauration bestehen die verschiedenen regionalen Zentren fort, die durch die Präsenz der Akademien gestärkt wurden, welche den verschiedenen regionalen Schulen eine institutionelle Struktur verliehen hatten, aber ihre Ausdauer ist ziemlich unterschiedlich. Parma oder Modena, Lucca oder Mantua sind von nun an endgültig im Schlepptau der großen Zentren, Venedig macht eine sehr tiefe Krise durch, die jahrzehntelang andauern wird, während Mailand neben seiner politischen Bedeutung als Hauptstadt Lombardo-Venetiens auch seine kulturelle Bedeutung verstärkt. Eben in Mailand läßt sich der Venezianer Francesco Hayez nieder, der unerschütterliche Nestor, der die lombardische Kunstlandschaft bis über 1780 hinaus bestimmen und Aufträge der lombardischen Patrioten, Führungszeugnisse des österreichischen Kaisers und Auszeichnungen des Königreichs Italien erhalten wird. Turin behält seine privilegierten Bande mit Frankreich bei, aber in einem erstarrten, bigotten Klima, in dem ein Gioacchino Serangeli, der Schüler Davids gewesen war und vom Nationalkonvent den Auftrag erhalten hatte, das große revolutionäre Bildnis des ermordeten Marat zu stechen, schließlich eine *Maria, die dem Hl. Bernhard erscheint* für die von Carlo Felice als dynastisches Monument Savoyens wiedererbaute Abtei von Hautecombe malt. Dank der Präsenz bedeutender ausländischer Kunstkolonien unterhalten Rom, Florenz oder Neapel noch immer intensive Beziehungen zu den transalpinen Kulturen, aber (analog zu dem, was in der Literatursprache geschieht, wie der Fall Carduccis zeigt) stößt man dort, wo die Fortdauer der Strukturen der Vergangenheit besonders stark ist, auf ernsthafte Schwierigkeiten, die künstlerischen Ausdrucksweisen den neuen Konzepten und den neuen Inhalten unterzuordnen. Man wohnt in den italienischen Zentren einer Art Erschöpfung der Kodes bei, einer Unfähigkeit, sie zu erneuern.

In dieser Situation der Rückständigkeit, der allgegenwärtigen Hypotheken der Vergangenheit, ergibt sich mit der politischen Einigung auch das Problem der sprachlichen Einigung der italienischen Kunst. Man wird den Prozeß vor allem auf thematischer Ebene an der Zunahme und Verbreitung einer gemeinsamen patriotischen Ikonographie feststellen, welche, angefangen bei den Unternehmungen Garibaldis über die Unabhängigkeitskriege bis hin zu den Kolonialvorhaben, die jüngste italienische Geschichte verherrlicht und in der Künstler verschiedener kultureller und geographischer Herkunft engagiert sind: Lombarden, Veneter, Toskaner, Süditaliener. Eine weitere, nicht verherrlichende, sondern kritische Einheitsthematik war die der sozialen Untersuchung: Auch hier widmen sich Künstler verschiedener Herkunft der Darstellung verborgener und dunkler Wirklichkeiten des Landes und arbeiten an einer Art anthropologischer Untersuchung, die die eigentümlichen, selbst die düstersten Aspekte der einzelnen Kulturen und Regionen aufzeigen soll. Aber bei beiden Strängen geht das gemeinsame thematische Engagement mit der Suche nach einer auch sprachlichen Einigung einher, die nur teilweise durch den verbreiteten realistischen Anspruch befriedigt wird. Die lokalen Partikularismen behaupten sich: Auf der einen Seite die traditionellen Zentren wie Venedig, das nach einer jahrzehntelangen Krise wieder erwacht ist, Mailand, Turin, Florenz, Rom und Neapel; auf der anderen die vergessenen Regionen wie die Abruzzen des Michetti, die sich zum ersten Mal im Rampenlicht zeigen.

Die Beziehungen zu Europa werden nun eindeutig: Es handelt sich fast ausschließlich um Beziehungen zu Künstlern, Kritikern und Kunsthändlern, die in den Kreisen der offiziellen Salons verkehren, und nicht zu den avanciertesten Gruppen. In einer Zeit der Klassengegensätze, der ideologischen Spannungen, der Kämpfe zwischen den Paradigmen, wie sie das 19. Jahrhundert war, ist diese Entscheidung besonders schwerwiegend. Zu dem Zeitpunkt, an dem das Aufkommen der Avantgarden in Frankreich die Krise der Kunst der Salons markieren wird, werden sich viele italienische Künstler und sogar viele Kunstzentren völlig an den Rand gedrängt sehen. Einen beispielhaften Fall stellt die auf internationaler Ebene etwa von Goupil, Fortuny und Meissonier Unterstützung und Beistand erhaltende neapolitanische Schule dar, die zuletzt aus dem künstlerischen Gesamtbild Europas verschwindet. Die Etappen dieses Geschehens sind bekannt: von den klaren Landschaften der Schule von Posillipo zur Öffnung der Palizzi hin zu Frankreich, vom mehrdeutigen symbolischen Realismus Domenico

Morellis zum kurzen Zwischenspiel der »Schule von Resina« und schließlich zum dick aufgetragenen Strich und dem Zierat Mancinis, des Künstlers mit großem europäischem Erfolg, des »überaus scharfen, aber schwer erziehbaren Auges«. Es fällt nicht schwer, die Ursachen der Zwischenfälle und des Endergebnisses dieses fortschreitenden Abgleitens zu erkennen: Eine Fortbildung auf der Grundlage schlecht ausgewählter und schlecht verstandener französischer Erfahrungen, eine fortwährende Tendenz zum Kompromiß zwischen Realität und Idealisierung, Wirklichkeit und Symbol, eine Nachgiebigkeit sowohl den Erwartungen eines europäischen Publikums mit ansehnlichen finanziellen Mitteln und einfachem Geschmack als auch denen der internationalen Kunsthändler gegenüber, die nach technischer Virtuosität und handwerklichem Aufwand Ausschau halten. Und all dies im Rahmen des fortschreitenden ökonomischen Niedergangs der Stadt.

Die Mißverständnisse, die dies Geschehen durchziehen, sind in der Biographie des Vincenzo Gemito, potentiell einer der großen europäischen Bildhauer seiner Zeit, zusammengefaßt. Mit außergewöhnlicher Eindringlichkeit und Unmittelbarkeit stellt er einerseits eine Galerie von Fischern, Gassenjungen, »malatielli« (Kränklichen) dar, wobei er mit Virtuosität den Effekten der hellenistischen Meisterwerke in der Bronze nachgeht; andererseits portraitiert er Fortuny, bewundert Meissonier bedingungslos und hat in den Salons großen Erfolg. Die lange psychologische Krise, die ihn für mehr als zwanzig Jahre sich absondern läßt, kann als die Folge des Unterschieds zwischen Erwartungen und Realität, zwischen außergewöhnlichen technischen Fähigkeiten und dem Fehlen angemessener stilistischer Horizonte gesehen werden. Um zu vermeiden, in die Tendenz zur Skizze zu verfallen, sucht Gemito in der großen Tradition einen Ausgleich: Aber sein verzweifelter Versuch, mit den hellenistischen Bronzestatuen des Museums von Neapel zu rivalisieren, trägt den unverwechselbaren Stempel provinzieller Selbstabsonderung. Gemito führt die Entfernung der neapolitanischen künstlerischen Kultur vom modernen Europa auf einem außergewöhnlichen Niveau vor.

Rom und Mailand werden binnen kurzem die zwei beherrschenden Zentren: Rom ist der Sitz der wichtigsten kulturellen Institutionen des Königreichs, in Mailand entsteht der erste italienische Kunstmarkt, der die neoimpressionistische Tendenz unterstützt oder sogar vorantreibt. Segantini und Pelizza da Volpedo sind gegen Ende des Jahrhunderts Maler, deren Stil, Niveau und Problematik nicht provinziell sind; und das, was sich in diesen Jahren der anarchistischen und sozialistischen Bestrebungen, der umfassenden Hoffnungen wie etwa denen, die beim langsamen, imposanten Vorrücken des vierten Standes aufkommen, in Mailand und Rom ereignet, das »große Bild«, mit dem die italienische Malerei des 19. Jahrhunderts ausklingt, besitzt europäisches Gepräge und europäische Qualität: Vielleicht mehr als das, was folgen wird, wenn sich in Mailand die futuristische Bewegung im Umfeld des Programms von Marinetti vornehmen wird, die italienische Kunst in den Umkreis der modernsten Erfahrungen in Europa zurückzuführen, sie darüber hinaus sogar an deren Spitze zu setzen. In einem gewissen Sinn kann man den Futurismus, der ebenso wie der Faschismus das Kind einer verspäteten Industrialisierung ist[174], als einen beispielhaften Fall »peripherer Abweichung« sehen, und dies kann zur Erklärung des Erfolgs beitragen, den er in Europa, und insbesondere dort, wo bestimmte Formen und bestimmte Einstellungen nicht mehr möglich waren, erzielt hat. Sein optimistischer und provokatorischer Kult der

Modernität war in der Tat nur in einem Land vorstellbar, in dem die industrielle Revolution gerade erst am Anfang stand[175]; die dynamische und dissonante Synthese jüngster, selbst widersprüchlicher europäischer Erfahrungen (vom Pointillismus zum Expressionismus und Kubismus) wäre dort, wo diese Erfahrungen eine organische Entwicklungsmöglichkeit gehabt hätten, undenkbar gewesen. Hinzu kommt, daß die Futuristen, die doch eine Politik und Aktion der Gruppe vorschlugen, den heroischen und demiurgischen Aspekt des künstlerischen Schaffens bevorzugten und die moderne Problematik der »angewandten Künste« ablehnten, die gerade in Italien von einigen bereits richtig erfaßt worden war.

Das Verebben der ersten futuristischen Welle, die Verlegung des Zentrums der Bewegung nach Rom und die kurze Phase der metaphysischen Malerei verändern die Geographie der italienischen Kunstzentren noch einmal. Der futuristische Versuch, eine Achse Mailand-Rom zu schaffen, scheitert. Die nachfolgenden Jahrzehnte bis zum Sturz des Faschismus erleben das Wiederaufblühen kommunaler Tendenzen, die mehr oder weniger mit europäischen Erfahrungen in Zusammenhang stehen: von den »Sei« in Turin zur Mailänder Gruppe des »Corrente«, von der römischen Schule der Via Cavour zu den einzelgängerischen Erfahrungen Rosais in Florenz und Morandis in Bologna. Der italienische Polyzentrismus war – wieder einmal – stärker als jeder Zentralisierungsversuch.

Polyzentrismus oder Polyperipherie? Auf dieses Dilemma ließe sich eine berühmte Stelle bei Lewis Carroll anwenden:

›Weil du gerade von Hügeln sprichst‹, fiel ihr die Königin ins Wort, ›so könnte ich dir Hügel zeigen, dagegen käme dir das wie das reinste Tal vor.‹ ›Nein‹, sagte Alice, die ihr vor lauter Verblüffung nun doch widersprach, ›ein Hügel kann doch gar nicht wie ein Tal sein. Das wäre ja Unsinn –‹[176].

Tatsächlich ist das Problem der italienischen Kultur – und nicht nur der bildenden Künste – auch in dieser Zeit das der Beziehung zu Europa. Dies Europa hat eine Hauptstadt, Paris: Aber es handelt sich um eine in hohem Maße phantasmagorische Hauptstadt – von einer Geschichtsschreibung dazu gemacht, die kaum weniger sektiererisch als die Vasaris ist.

Sich mit Europa auseinanderzusetzen bedeutet für Italien aber, sich mit der eigenen Vergangenheit auseinanderzusetzen. Hat man eine so bedeutende Tradition unabänderlich im Rücken, so ist es unmöglich, sich nicht peripher zu fühlen. Aus der Peripherie herauszukommen, setzt mithin die Auseinandersetzung mit der Tradition, mit dem Museum voraus. Und hier treten die zwei radikalsten Vorschläge auf den Plan, der der Futuristen und der De Chiricos: das Museum in Brand zu setzen oder es in ein ironisches, sublimes Licht zu entrücken.

ALESSANDRO CONTI

Die Entwicklung des Künstlers

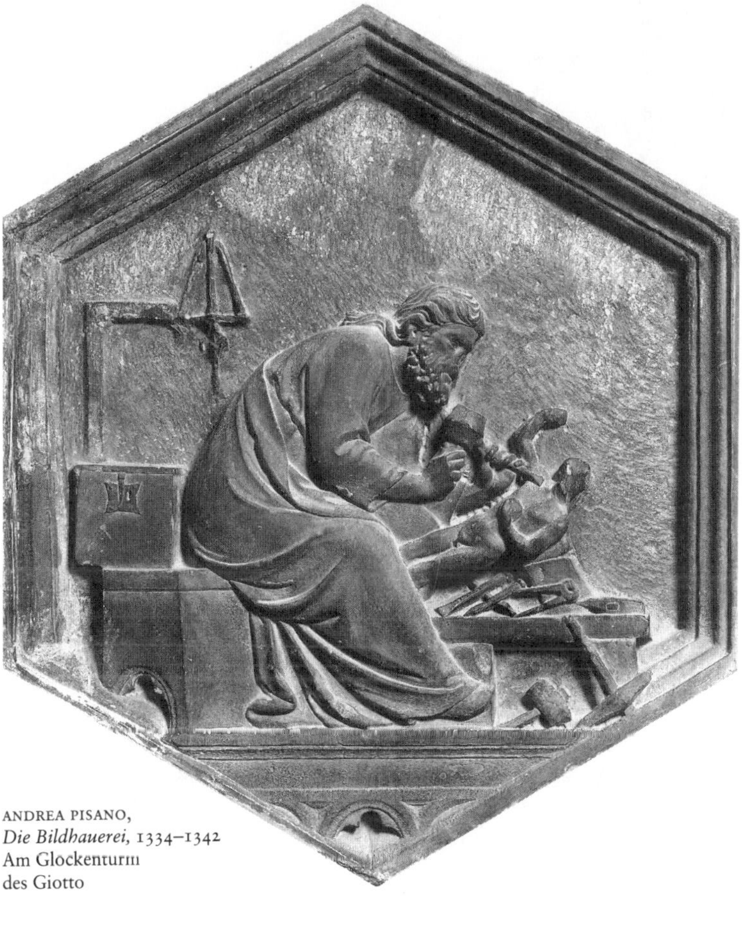

ANDREA PISANO,
Die Bildhauerei, 1334–1342
Am Glockenturm
des Giotto

GIOTTO,
Enrico degli Scrovegni erhält das Modell der Kapelle
Ausschnitt aus dem *Jüngsten Gericht,* 1303–1305

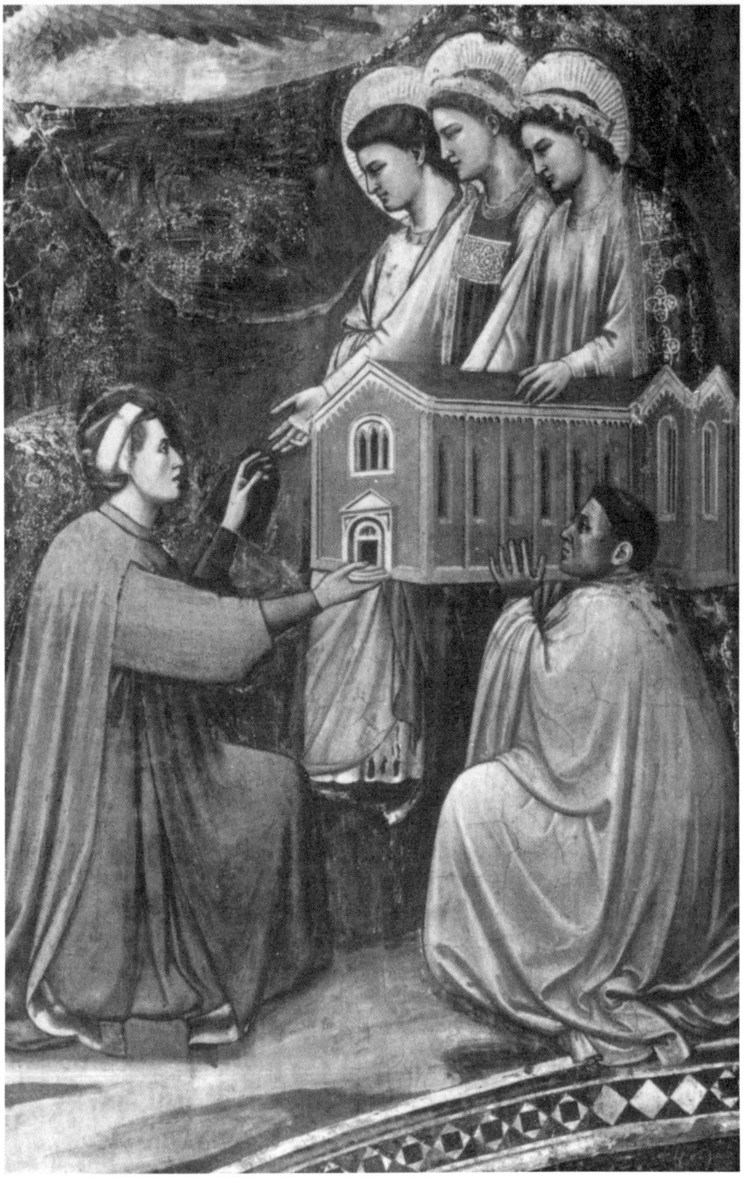

Der »Künstler«

Das Bild vom genialen, unzugänglichen, saturnischen ›Künstler‹, wie es sich in einer traditionsreichen Auffassung durchgesetzt hat, entspricht einer geläufigen Vorstellung, einer Definition, die ganz und gar in den allgemeinen Sprachgebrauch eingegangen ist und keine weiteren Erklärungen verlangt. Hubert Damisch hat kürzlich einen anthropologischen Aufriß des Künstlers skizziert, so daß es überflüssig erscheint, noch weiter darauf einzugehen. Bei der Lektüre seines Artikels oder auch des kleinen Buches von Jean Gimpel, *Contre l'art et les artistes*, denkt man sogleich an den exotischen Mythos Gauguin, an Künstlergestalten wie den verrückten Van Gogh oder den zwergwüchsigen Toulouse-Lautrec: an Biographien, die dem Mythos vom Künstler eher entsprechen als etwa das ruhige Leben des Cézanne. Oder man wird sich der großen ›deklamierenden Stimme‹ unseres Jahrhunderts, Pablo Picasso, erinnern[1].

Proudhon betrachtet 1865 die Künstler als »eine Klasse für sich, streng im Hinblick auf ihr Ideal, aber minderwertig sowohl im Verstand als auch in der Moral«; man könne sich »mit allen Leuten, die rechnen, denken, kombinieren, kalkulieren«, unterhalten – nicht aber mit Künstlern. Die Elemente, aus denen ein Gauguin oder Picasso ihre Künstlerexistenz gestalten, die »genialen Kämpfe« Boccionis, die Geisteshaltungen, die Proudhon so beunruhigen, haben im romantischen Voluntarismus neuen Aufwind erhalten, sie sind vom Ästhetizismus, von der Dekadenz wie von deren modernisierenden Adepten des 20. Jahrhunderts gepflegt worden, aber sie sind keinesfalls neu[2].

Aus einem Almanach von 1792 berichten E. und J. Goncourt eine Anekdote über das Verhalten von Maurice Quentin de La Tour, welcher Mme. de Pompadour die besonderen Bedingungen eines Modeportraitisten diktiert: Er verlangt, daß bei den Sitzungen keine weitere Person zugegen sein dürfe, und er unterbricht die Arbeit an dem angefangenen Portrait in dem Augenblick, da der König erscheint; er verweist darauf, daß man versprochen habe, die Tür zum Zimmer der Dame verschlossen zu halten, und daß es ihm ganz unmöglich sei, in Gegenwart Außenstehender seine Arbeit fortzusetzen, und daß er nicht eher zurückkehren werde, als bis man ihn der Einhaltung jener Bedingungen versichern wolle, welche zur Ausführung des Pastells unerläßlich seien. Das Gebaren einer wahren Primadonna, wie es nur schwerlich in einer Gesellschaft zulässig wäre, die nicht gerade dadurch ihren Esprit zu beweisen wüßte, daß sie dem Genie alle Extravaganzen nachsähe[3].

Häufig verleitet der Künstlermythos zu eigenartigen nachträglichen Projektionen; so etwa wenn Rudolf Wittkower in seinem – den ›Kindern Saturns‹ gewidmeten – Buch bemerkt, daß zu Beginn des 16. Jahrhunderts die gesellschaftliche Position der Künstler auch in den glücklichsten Fällen nicht über den Stand eines *valet de chambre* etwa des französischen Königs oder anderer großer Feudalherren hinausgegangen sei – ein Titel, den der Künstler mit Dichtern, Musikern und Hofnarren habe teilen dürfen und der diesen allen einen Rang unterhalb des im Hause dienenden militärischen, kirchlichen sowie des Verwaltungspersonals zugewiesen habe. Diese Beobachtung ist einer Abhandlung des Grafen De Laborde von 1850 entnommen, in der überhaupt ein lebhaftes Befremden über die verunglimpfte Würde der Kunst zum Ausdruck kommt. Und doch wird man sowohl Wittkower als auch den Grafen De Laborde fragen müssen, ob denn in der Mitte des 19. Jahrhunderts oder auch im Jahre 1963 die berühmtesten zeitgenössischen Künstler sich einer besseren sozialen Stellung erfreut hätten als hohe militärische Würdenträger, bedeutende Prälaten oder führende Politiker und Finanziers[4].

Im übrigen besteht nicht immer dasselbe Mißtrauen gegenüber dem Künstler, wie es Proudhon empfindet; so stellt Emil Kaufmann fest, daß

> die Umwälzungen in der Architektur den entsprechenden Veränderungen des Denkens einer Epoche und den Veränderungen ihrer gesellschaftlichen Struktur vorausgehen. Gegen Ende des 18. Jahrhunderts vollzog sich eine Revolution der architektonischen Sprache, noch bevor die eigentliche Revolution ausbrach. Auf ähnliche Weise gingen die Bemühungen der italienischen und französischen Architekten um ein neues System der Architektur der Gründung einer neuen staatlichen Ordnung – durch Ludwig XIV. –, der Entstehung der großen metaphysischen Systeme der Barockzeit, der Theorie Spinozas über die vollkommene Entität und der Leibnizschen Lehre von der prästabilierten Harmonie voraus. Die Kunst der Renaissance ging der Reformation und die Krise der Architektur um 1900 ging den politischen Krisen des 20. Jahrhunderts voraus[5].

Abgesehen von den äußerst subjektiven Gesichtspunkten ist eine derartige Interpretation wegen des Vertrauens interessant, das sie in die Fähigkeit architektonischer Projekte und Planungen zu Abrissen und Erneuerungen setzt; ein Vertrauen, wie es unter jenen Architekten allzu verbreitet erscheint, die ihre Arbeit in erster Linie als eine politische Aufgabe und weniger als Handwerk verstehen, dessen Technik wieder den Verdacht der Minderwertigkeit aufkommen lassen könnte: wenn auch nicht als ›mechanische Kunst‹, so doch als ein Aktionsbereich, der nicht hinreichend ideologisiert wäre.

Die Hervorhebung gerade des Architekten, wie sie »in der idealistischen Kritik implizit« zum Ausdruck komme, sei, so vermerkt James S. Ackerman, »keine moderne Erfindung. Michelangelo, Bernini, Schinkel und Richardson sind als Schöpfer von außergewöhnlichem Talent angesehen worden«; diese seien die Nachkommen des Imhotpe, des göttlichen Architekten der Ägypter, und nicht der anonymen römischen Architekten und nur teilweise der Erbauer der mittelalterlichen Kathedralen[6].

Die Figur des Künstlers, der trotz seiner manuellen Tätigkeit als eine kulturelle Persönlichkeit wahrgenommen wird, ist bereits zu Beginn des Cinquecento in Italien eine gesellschaftliche Tatsache. Wie außergewöhnlich diese Position gewesen sein mag, wird dadurch noch hervorgehoben, daß man den Charakter des Künstlers von dessen melancholischen, saturnischen Zügen her deutet: Ein Modell, dem viele Künstler in ihrem Verhalten entsprechen werden – zumindest nach dem Bild zu urteilen, das Vasari entwirft. Am Beispiel der ersten Manieristen konnte Roberto Longhi zu folgenden Beobachtungen kommen:

Hinsichtlich des Temperaments waren sie meist sonderbare Naturen, launisch, häufig introvertiert, um es vorsichtig auszudrücken. Die charakteristischen Eigenschaftswörter in den Biographien sind fast immer dieselben: ›wild‹ – ›seltsam‹ – ›mißtrauisch‹ – ›melancholisch‹ – ›eigenbrötlerisch‹ – ›philosophistisch‹; die Spitznamen lauten ›il Mattaccio‹ [der Närrische] – ›lo Schizzone‹ [der Kritzler] – ›lo Spillo‹ [der Kleinlichkeitskrämer] – ›il Guazzetto‹ [der Gouachekleckser] – ›lo Sguazzella‹ [der Farbenspritzer]. Und was die Fakten anbelangt – überflüssig, auf den ebenso luziden wie anmaßenden Wahnsinn eines Cellini hinzuweisen; es gibt noch wesentlich Makabreres. Andrea Ferrucci trägt stets ein Korsett aus der Haut eines Gehenkten. Rosso überwirft sich mit dem Bischof von Borgo, da er Leichen ausgegraben hat; er begeht schließlich in Frankreich Selbstmord. Torri aus Arezzo ›bewahrt aus allzu großer Liebe zur Anatomie in den Zimmern und unter dem Bett menschliche Körperteile und Gliedmaßen auf, die das ganze Haus verpesten‹. Pontormo baut sich ein Haus, das ›eher das Aussehen einer Behausung eines einsiedlerischen und überspannten Menschen als das einer anständigen Wohnung‹ hat; er öffnet schließlich niemandem mehr. Parmigianino gibt die Malerei auf, um zum Alchimisten zu werden und Quecksilber zu gefrieren, und er verliert dabei vollkommen den Verstand. Rustici hat als Haustiere nicht nur einen Adler und eine Krähe, sondern auch einen Igel.

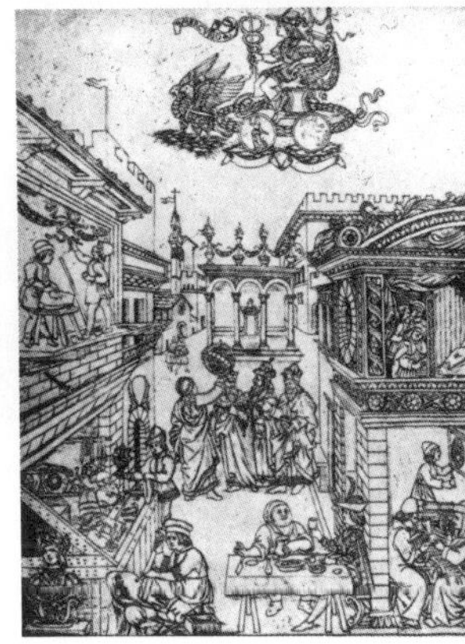

Florentiner Stecher,
Merkur, um 1460

Die Beschreibung der Lebensgewohnheiten dieser Künstler entspricht der Lektüre ihrer jeweiligen Stilarten:

> ... es ist aufschlußreich, daß die alten Definitionen – in Übereinstimmung mit den psychologischen Portraits – die ›Künstlichkeit‹ betonen, das ›Abweichen‹ von der Regel, die ›grillenhafte‹ Manier, die ›Grazie, welche die Maße überschreitet‹, die ›Verstiegenheit der Posituren‹, und so fort[7].

Wie auch immer – extravagante Verhaltensweisen sind kein Privileg der Manieristen (ist Rustici wirklich ein Manierist?), sondern finden sich auch bei anderen Künstlern zu Beginn des Cinquecento, etwa bei Amico Aspertini oder Piero di Cosimo oder auch – in seiner manischen Sorgfalt – bei Lorenzo di Credi. Nach dieser historisch und gesellschaftlich bedingten Konjunktur jedoch wenden sich die späteren Generationen von Manieristen anderen Lebensformen zu, so zum Beispiel Bandinelli, Bronzino und Giorgio Vasari; ganz zu schweigen von Pellegrino Tibaldi, der zum künstlerischen Vertrauten des Heiligen Carlo Borromeo wird.

Daß man den Künstler als saturnischen Charakter wahrzunehmen beginnt, geschieht in den ersten Dekaden des 16. Jahrhunderts. Die geläufige Vorstellung vom Künstler entspricht aber nicht ausschließlich diesem einen Schema. Die unregelmäßige Lebensführung, die Sinnlichkeit, die Unmäßigkeit werden von der Astrologie des 15. Jahrhunderts als Charakteristika der Künstler, Uhrmacher und Instrumentenbauer genannt: alles geschäftige Menschen, denen der Einfluß Merkurs günstig ist und die ein gutes Leben zu schätzen wissen. Im Zentrum eines florentinischen Kupferstichs in feiner Manier (etwa 1460) befindet sich zwischen den Feldern, in welchen die verschiedenen, dem Merkur zugehörigen Aktivitäten versammelt sind, ein reich gedeckter Tisch; ebenso in der Handschrift »De Sphaera« der Biblioteca Estense; und eine Zeichnung des »Hausbuchmeisters« postiert sogar eine graziöse weibliche Figur in freundschaftliche Nähe zum arbeitenden Maler. Genau diesem Charakterbild entsprechen auch die Maler in den Novellen Boccaccios und Sacchettis über Giotto, Buffalmacco und dessen Freunde. Wenn nun Saturn zum Planeten der Künstler wird, so bedeutet dies die Anerkennung und Würdigung des spekulativen Charakters künstlerischer Arbeit, wobei allerdings – wegen der anomalen gesellschaftlichen Position des Künstlers – noch die Vorstellung seiner Isolation und Einsamkeit hinzutritt[8].

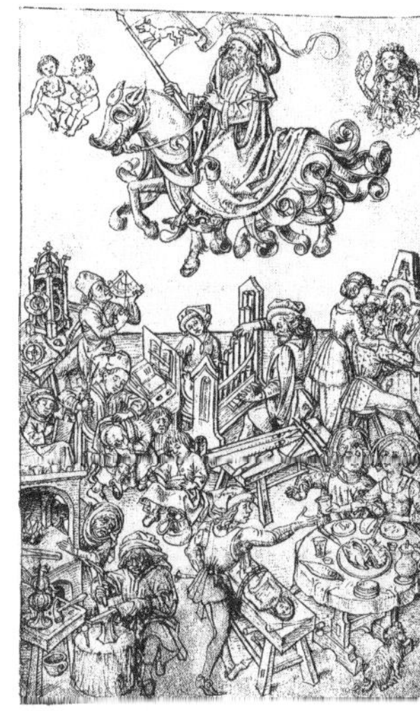

Hausbuchmeister,
Merkur, um 1480

Dieses Bild vom Künstler, das gesellschaftlich und kulturell in Italien entsteht, verbreitet sich als Folgeerscheinung der Renaissance in ganz Europa und kann somit zu einem der bedeutungsvollsten Symbole werden für »eine jener paradoxen Epochen, in welchen die wirtschaftlichen Veränderungen mit den kulturellen Veränderungen nicht Schritt zu halten scheinen«[9].

Da zusammenfassende Studien über den italienischen Künstler als gesellschaftliche Figur fehlen, wird es zur genaueren Untersuchung dieses Phänomens unumgänglich sein, alle wichtigen Bezugspunkte zwischen Kunst und Gesellschaft in Italien anhand von Quellen und Dokumenten darzustellen: eine Arbeit, bei der gewiß auch Bereiche und Zusammenhänge von größter Bedeutung unberücksichtigt bleiben werden und die in ihrem Aufriß unter allen Gesichtspunkten die Malerei privilegieren wird. Für die Zeit nach der Renaissance beschränkt sich die Thematik der Untersuchung auf das Modell des idealen Kunstakademikers – wie es Bellori mit Poussin und Carlo Maratta entwirft – sowie auf die Probleme, die aus dem römischen, klassizistischen und katholischen Kontext entstanden sind.

Mechanische Künste

Am Hauptportal von San Marco in Venedig wird man die übliche Darstellung der *Freien Künste* vergeblich suchen, wie sie etwa an den französischen Kathedralen zu finden ist: Die *Tugenden* und *Monate* werden durch einen sehr schönen Fries ergänzt, auf dem ein Bildhauer in der Tradition Antelamis die verschiedenen Gewerbe – vom Böttcher über den Schmied und den Metzger bis zum Barbier – wiedergibt. Man vermeidet hier geradezu eine Darstellung der *mechanischen Künste* wie jene von Ugo di San Vittore; anstelle der allegorischen Figuren werden Menschen bei der Arbeit gezeigt. Der Zyklus von Bronzekassetten,

Meister im Stil Antelamis,
Steinmetze und Tischler,
vor 1275
Venedig, Basilica di San Marco

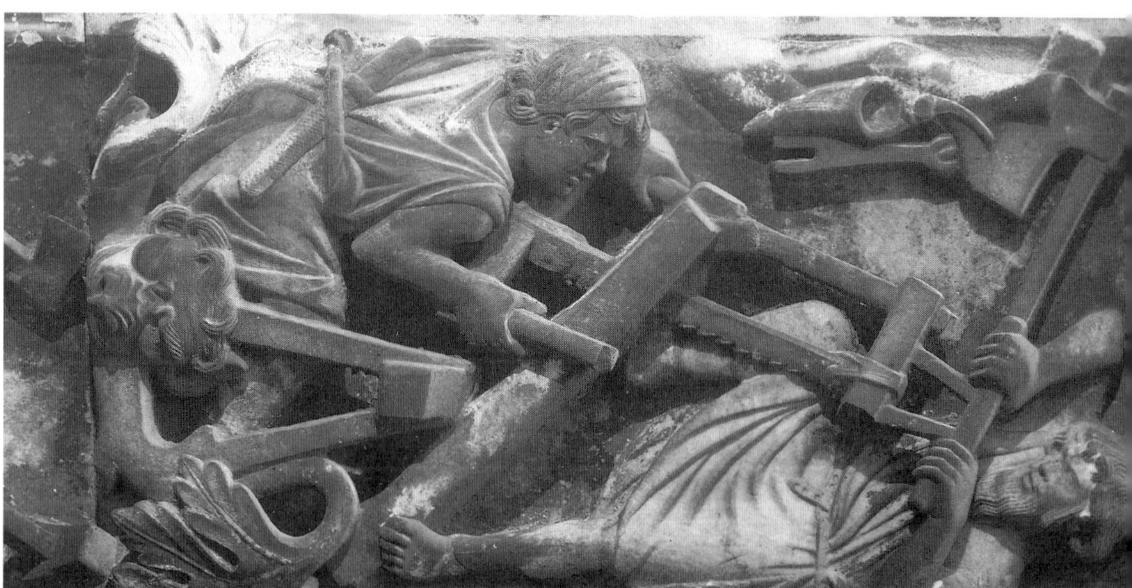

an denen Andrea Pisano arbeitet, wird kurz nach dem Sockelbau von Giottos Campanile in Florenz unterbrochen; den Szenen aus der *Schöpfungsgeschichte*, den (biblischen) Begründern der Künste und den Darstellungen verschiedener Künste und Gewerbe folgen zunächst nicht die der freien Künste; sie werden erst zwischen 1437 und 1439 in fünf Basreliefs von Luca Della Robbia eingefügt[10].

Als Giovanni Boccaccio in seiner *Genealogia deorum* auf Vulkan zu sprechen kommt, geht er auch auf die Techniken ein, mit deren Hilfe der Mensch die Natur nachahme, die ihm aber unerreichbar gewesen sei ohne den Gebrauch des Feuers. Vulkan sei als Kind von Affen gefunden und aufgezogen worden, gewissermaßen um die Tiere zu kennzeichnen, denen die Menschen ohne das Feuer ähnelten. Nach der Gabe Vulkans (und des Prometheus) hätten sich die ersten Gesellschaften gebildet, man habe die Sprache erfunden und Häuser gebaut. Auf diese Weise wird eine primitivistische Auffassung, die auf Lukrez und Epikur zurückgeht, vorgestellt und verbreitet – wenn dabei auch eingeräumt wird, daß die Bibel in der Lage sei, uns einer anderen Wahrheit zu versichern. Alternativ zu der Anschauung Hesiods und Platons von einem Goldenen Zeitalter, in welchem der Mensch in einem Zustand der Unschuld gelebt und welches er (parallel zum Sündenfall in der *Genesis*) für immer verloren habe, wird hier das Bild eines Menschen entworfen, der allein durch den Gebrauch des Feuers, durch die eigene schöpferische Fertigkeit seine Sprache und seine Kenntnisse entwickelt habe; eine Vorstellung also, nach der die Kultur nicht die Entfaltung angeborener Fähigkeiten, sondern ein mühsamer, aus der Not geborener Prozeß der Aneignung mittels der ›mechanischen‹ Erfahrung gewesen sei[11].

Auch in ihrer Zufälligkeit sind diese Zeugnisse aufschlußreich genug, um die Diskrepanz zwischen der sozialen Stellung eines Handwerkers – und sogar der eines Kaufmanns – und den intellektuell privilegierten sieben »freien Künsten« in der Gesellschaft der Stadtrepubliken deutlich zu machen. Die Zusammenstellung dieser geistig überlegenen

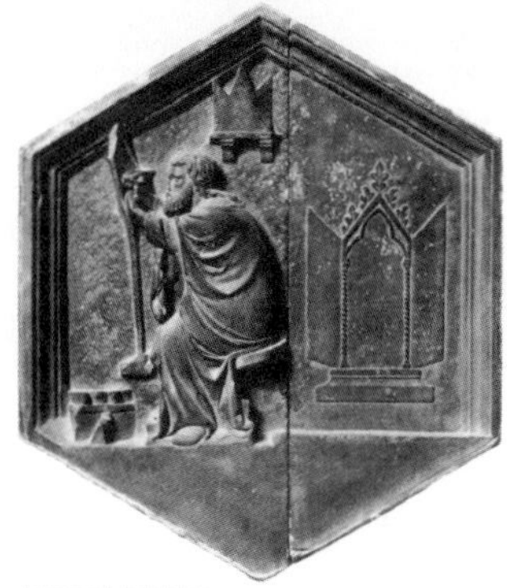

ANDREA PISANO,
Die Malerei, 1334–1342
Am Glockenturm des Giotto

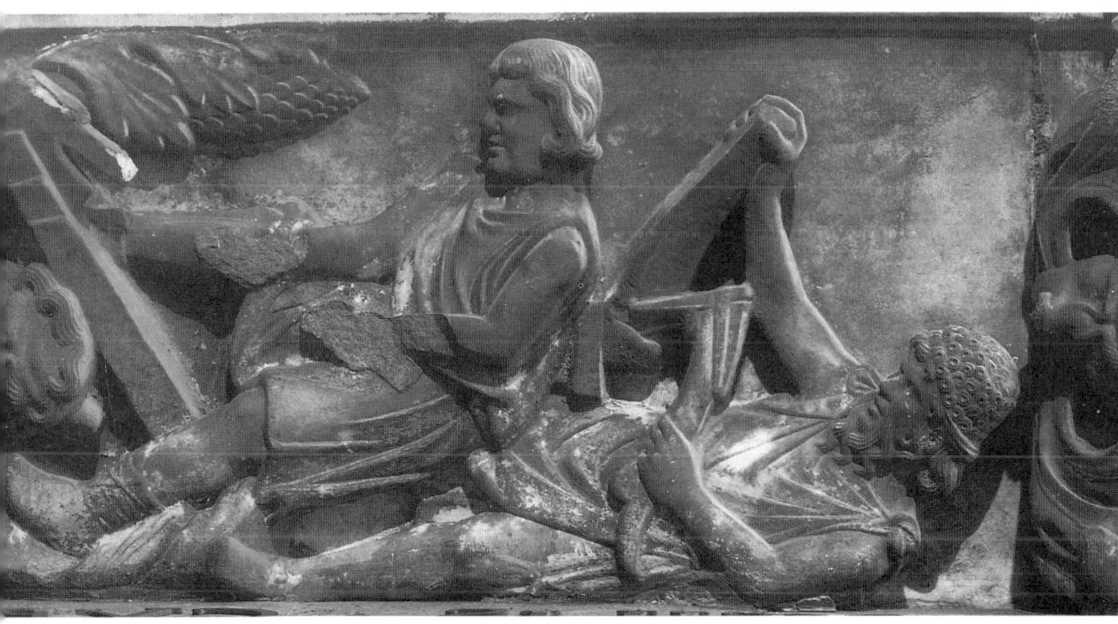

Tätigkeiten geht auf die Spätantike zurück; Martianus Capella hatte damit ein Schema entworfen, wonach sich der Wert menschlicher Tätigkeit nach ihrer Distanz zur körperlichen Anstrengung richtete, welche an die Arbeit der Sklaven erinnern mochte und von welcher sowohl das platonische als auch das aristotelische Denken denjenigen, der frei sein wollte, warnend abhielten[12]. Die unmittelbare Korrespondenz zwischen der Ausübung der freien Künste und dem Genuß bürgerlicher Rechte wird durch den Charakter der dem Trivium zugehörenden Disziplinen – Grammatik, Rhetorik und Dialektik – hervorgehoben. Diese Künste sind offenkundig mit der Redekunst in der politischen Debatte und dem Gebrauch der Schrift verflochten, welche seit ihren Ursprüngen in Mesopotamien und Ägypten eine im Dienste der Macht stehende Erinnerungskunst gewesen ist. Der Schriftgelehrte verachtete Handwerker und Bauern, weil praktische Kenntnisse nicht schriftlich vermittelt wurden. Jene Wissensformen, die notwendig zu schriftlichen Aufzeichnungen und Überlieferungen führen (von der Mathematik über Medizin und Wahrsagekunst bis zur Astronomie), waren gerade deswegen zum unveräußerlichen Bestandteil der schreibenden Kaste geworden, und genau in diesem Bereich versammelt sich Capellas Quadrivium: Arithmetik, Geometrie, Musik und Astrologie[13].

Diese Klassifizierung ist also von so fest verwurzelter Tradition, daß sie noch gegen Ende des Mittelalters die Kraft besitzt, nicht nur jegliche praktische Form des Handwerks, sondern sogar den Handel oder das Wechselgeschäft aus dem eigenen kulturell privilegierten Bereich auszuschließen: und damit auch jene Berufe, welche die großen, führenden Zünfte des internationalen Handels vertreten, also die Gewerbe der herrschenden Klassen in den bedeutendsten italienischen Stadtstaaten. Jedoch ist der Tätigkeitsbereich derer, welche Bürgerrechte genießen, in den großen Handelsstädten ohnehin ein anderer, und nicht zufällig werden die traditionellen freien Künste auf dem Portal von San Marco gänzlich ignoriert und in den Reliefs am Florentiner Campanile bis zum Schluß aufgespart; im übrigen standen die Vorstellungen von Gesellschaft, Ökonomie und Technik, welche die freien Künste vermittelten, in einem völligen Mißverhältnis zu jenen Kenntnissen, die man sich aneignen mußte, wenn man in Geldgeschäften oder im Handel tätig sein wollte.

Die Scholastik würdigte die Bedeutung der geistigen Führung durch die Künste des Triviums und Quadriviums; aber in der politischen Realität wurde die gesamte Hierarchie der Werte und zulässigen Tätigkeiten derer, die Bürgerrechte genossen, die Staatsgewalt ausüben konnten oder sich der Kriegskunst widmeten, zur Diskussion gestellt. Der Hegelschen Dialektik von Herr und Knecht folgend, übertrugen die Bürger von Stadtstaaten, die mit Handel und Regierungsgeschäften betraut waren, Söldnertruppen die militärischen Funktionen und nahmen im Falle eines Krieges sogar das Risiko eines Handstreichs durch einen Condottiere in Kauf, um ihre eigenen Geschäfte nicht aufgeben zu müssen. Sowohl gesellschaftliche Aufsteiger als auch alte Feudalherren – und nicht nur niederen Adels –, die das traditionell edle Geschäft der Waffen betrieben, wurden also von einer Führungsschicht aus Kaufleuten in Dienst genommen und bezahlt – ganz ähnlich wie die Notare, deren Profession als eine freie Kunst angesehen wurde.

Bei einer solchen gesellschaftlichen Dynamik ist es unvermeidlich, daß andere als die dem alten Kanon der freien Künste zugehörigen Tätigkeiten eine immer größere Aufwertung erfahren (bei den mechanischen Künsten denke man zum Beispiel an die Medizin) und daß man nach neuen Kriterien sucht, um die Bedeutung einer ›Kunst‹ und deren ›Nobilität‹ einzuschätzen. Pietro Pomponazzi stellt sich die Frage, ob die Erhabenheit im Gegenstand einer Untersuchung liege (wonach die Theologie am erhabendsten wäre), oder aber in der Sicherheit der Methode, wie sie in der Mathematik bestehe, oder nicht vielleicht im Zusammenwirken beider. Vor dem Hintergrund dieser allgemeinen Diskussion entsteht also ein gewisser Spielraum für die neue und abweichende Bewertung einiger handwerklicher Techniken als nicht ausschließlich manuelle Tätigkeiten. In der Urkunde, die Federico da Montefeltro 1468 Francesco Laurana ausstellt, wird die *virtù* der Architektur betont (was eine sehr schöne Übersetzung der aristotelischen *dynamis* ist), da sie sich auf die Kunst der Arithmetik und der Geometrie stütze, »die zu den sieben freien Künsten und zu den wichtigsten gehören, weil sie in erster Linie Sicherheiten darstellen«[14].

Norm und Vorstellung der antiken Welt

Grundsätzlich stützte sich die Ideologie, welche der Anerkennung des kulturellen Wertes der bildenden Künste entgegenstand, auf Argumente, die die Unwürdigkeit der manuellen Arbeit hervorhoben: Um die für die Wahrheitssuche (wie man sie im Umfeld postsokratischer Kreise in Athen verstand) notwendige Ausgeglichenheit zu bewahren, sei solche Tätigkeit unangebracht. Es sind dies Argumente von Intellektuellen, die sich den Idealen einer aristokratischen Klasse – mit Sympathie für die militärische Oligarchie in Sparta – verbunden fühlten: Xenophon verachtet die Handwerker, weil ihre Arbeit im Unterschied zur Landarbeit den Körper für militärische Übungen ungeeignet werden lasse. In der *Politeia* bemerkt Platon, es gehöre zu den Eigenschaften eines Mannes von guter Herkunft, die Arbeit zu verachten. Aristoteles gibt präzise Regeln an, denen man bei der richtigen Wahl einer Tätigkeit folgen solle; so heißt es in Antonio Bruciolis Übersetzung der *Politik* aus dem Jahre 1547:

Und es ist als gemeine und niedere Arbeit, Kunst oder Unterweisung zu begreifen, welche den Körper oder die Seele oder den Geist eines freien Mannes zum Gebrauch und zur Ausübung der Tugend untauglich machen. Aus diesem Grunde heißen wir gemein all jene Künste, welche den Körper zu häßlichem Zustande bringen, und ebenfalls die Arbeiten für Lohn, weil sie den Geist erniedern und beherrschen. Wohl gibt es gewisse freie Wissenschaften, welche bis zu einem gewissen Grade zu erlernen gestattet sein möge; sich ihnen aber ganz hinzugeben und ihnen bis zum Äußersten folgen zu wollen, erbringt jene Schäden und Nachteile, deren wir gedacht. Und von großer Bedeutung ist, worauf wir unser Tun und unsere Künste lenken oder wozu wir sie erlernen, denn sei es zu unserem Nutzen oder dem der Freunde oder um der Tugend willen, so ist es keine unedle Sache; wer jedoch selbst diese Tätigkeiten für andere ausführt, wird in Wahrheit oft als unfrei und unedel und mit niederen Tätigkeiten beschäftigt erscheinen«[15].

Die traditionelle Mißachtung der mechanischen Künste fand eine weitere Bestätigung in der Lektüre der – ohnehin ausschließlich Feldherren und Staatsmännern gewidmeten – *Parallelbiographien* von Plutarch. So sehr auch die Meisterwerke eines Phidias oder eines Polyklet zu bewundern seien, so wolle doch ein junger Mensch von guter Herkunft mit jenen keinesfalls tauschen, da der Aufwand so vieler Mühen auf die bildenden Künste zugleich Indifferenz gegenüber bedeutenderen und sublimeren geistigen Beschäftigungen beinhalte. Es handelt sich dabei um eine Geringschätzung, welche alles miteinschließt, was nicht philosophische oder mathematisch-spekulative Erkenntnis wäre; das ging so weit, daß Platon – so jedenfalls Plutarch – über den Mesographen, mit welchem die Sophisten Archytas und Eudoxos die mittlere Proportionale errechneten, äußerst indigniert gewesen wäre, da jene sich herabließen, anstelle einer vernünftigen Beweisführung sich eines mechanischen Instrumentes zu bedienen. Und auch die Würde eines Archimedes lasse nicht zu, daß er jemals Werke geschrieben habe, die sich auf seine Maschinen bezögen: Die Mechanik sei von der Geometrie verschieden, ihre praktische Ausrichtung verbinde sie mit der Kriegskunst. Auf dieses Modell einer nicht-experimentellen Geometrie, wie es bei Plutarch erscheint, wird sich noch der französische Architekt Jean Mignot 1401 während seiner Auseinandersetzung mit den Mailänder Dombaumeistern berufen[16].

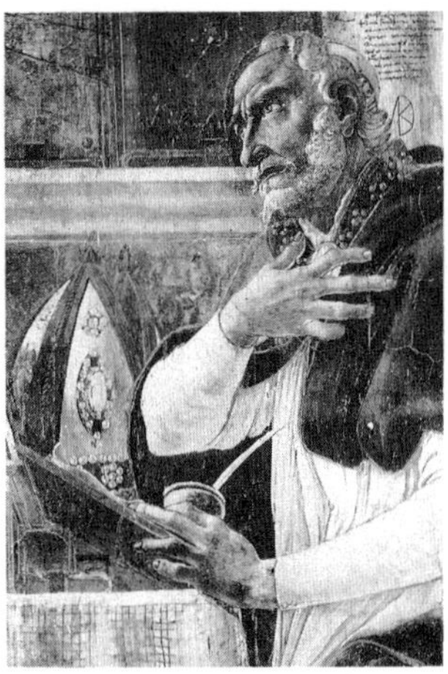

SANDRO BOTTICELLI,
Augustinus
Freskogemälde, Ausschnitt
Florenz, Ognissanti

Angesichts der Rolle, die das neoplatonische Denken bei der neuen Wertschätzung der bildenden Künste in der Renaissance spielt, würden wir erwarten, daß die griechische und lateinische Tradition dazu Anregungen gegeben hätte. Schon kurze Zeit nach der Kanonisierung der sieben freien Künste durch Martianus Capella ist es niemand anderes als der Hl. Augustinus, der in seiner Antwort auf das Problem *De pulchritudine simulacrorum* (Von der Schönheit der Abbilder) den Ausschluß der bildenden Künste und ihrer Fertigkeiten aus dem Bereich der rechtmäßigen kulturellen Tätigkeiten vornimmt. Wenn auch die Fähigkeit eines Künstlers, nämlich »pulchra atque congruentia« (Schönes und Ebenmäßiges) zu bilden, von der göttlichen Weisheit herzuleiten sei, welche die Welt aus dem Nichts geschaffen habe und aus der sich die lebenden Körper geformt hätten, so sei es gleichwohl nicht notwendig, jene sonderlich zu schätzen, die derartige Kunstwerke herstellten oder eine Vorliebe dafür hätten: Die Seele, die sich von solcherart materiellen Vergänglichkeiten angezogen fühle, wende sich gerade dadurch von der höchsten Weisheit ab, in der diese Fertigkeit ihren Ursprung habe. Und was würde man über denjenigen sagen, der sich leidenschaftlich für den Körper der Tiere begeisterte, welcher doch mit ungleich größeren Fähigkeiten ausgestattet sei[17]?

Doch es fehlte der klassischen Tradition in ihrer ganzen Komplexität auch nicht an Anknüpfungspunkten für Versuche, die – sich auf die Autorität der Alten stützend – den positiven Wert der bildenden Kunst zum Ausdruck bringen wollten. Plinius der Ältere führt eine reichhaltige Folge von Episoden an, die – insbesondere aus dem Zusammenhang genommen – ausführlich die ›Nobilität‹ der Künste und vornehmlich der Malerei darlegten und dabei die Wertschätzung erkennen ließen, die sie bei den Alten genossen hätten. Er zitiert zahlreiche Beispiele von königlich entlohnten Werken, von ausdrücklichen Zeichen der Hochachtung, die Künstlern von Fürsten und Feldherren entgegengebracht worden sei. Diese Anekdoten, in denen die Rolle der *luxuriae ministri* (Diener des Luxus) im Vordergrund steht, gelangen aber keineswegs zu jener Einschätzung des Kunstwerks als Kulturgut, aus der sich dann die Möglichkeit zu einer anderen Bewertung der künstlerischen Tätigkeit in der Renaissance herleiten ließe; vielmehr wäre zu fragen, wie viele dieser Episoden in Plinius' Quellen nicht einzig und allein als Beispiele für die Korrumpierung der Sitten oder für fürstliche Extravaganzen angeführt werden.

Die lateinische Tradition war einem Luxus wie dem der bildenden Künste gegenüber äußerst streng: Cicero gibt vor, in Malerei und

Skulptur ganz unsachkundig zu sein; für Seneca sind Bilder und Säulen aus buntem Marmor kleinen Steinchen vergleichbar, unbedeutenden Gegenständen, die Kindern gefallen. Und er verweist auf eine Unterteilung der Künste von Poseidonius, demzufolge die bildenden Künste zweifelsfrei unter die *ludicrae* (Zeitvertreib) fielen, welche nur auf die »voluptatem aurium atque oculorum« (Lust der Augen und der Ohren) abzielten[18].

Als Autoritätsbeweis für eine höhere Einschätzung der Kunst in der Antike galt – neben der Erinnerung an den hochadligen Caius Fabius Pictor – wiederum Plinius; und es war insbesondere eine Bemerkung, die mit Vorliebe aufgegriffen wurde: Daß man nämlich nach dem Beispiel des Pamphilos

zuerst in Sikyon und dann in ganz Griechenland festlegte, daß unter den ersten Dingen, in denen man edle Knaben unterweisen möge, das Zeichnen sei, das dem Malen vorausgehe, und daß die Kunst der Malerei den ersten Rang unter den freien Künsten einnehme. Und tatsächlich hat diese Kunst bei den Griechen immer in großem Ansehen gestanden und wurde nicht allein von Adligen betrieben, sondern auch von hochgeehrten Personen, und bei ausdrücklichem Verbot, daß Sklaven sich dem Erlernen dieser Kunst widmeten. Daher auch findet man weder in der Malerei noch in irgendeiner anderen Tätigkeit, die sich vom Zeichnen herleitet, einen Künstler erwähnt, der einmal Sklave gewesen.

So paraphrasiert und interpretiert Giambattista Adriani in einem Brief, welcher der 1568 erschienenen Ausgabe von Vasaris *Lebensbeschreibungen* vorangestellt wurde[19].

Im 4. Jahrhundert vor Christus – worauf sich der Abschnitt über Pamphilos bezieht – weist auch Aristoteles darauf hin, daß die Erziehung der Knaben im allgemeinen aus Grammatik, Gymnastik, Musik und – nach dem Willen einiger zumindest – aus Zeichnen habe bestehen müssen. Während er aber die Zweckmäßigkeit der musikalischen Erziehung diskutiert, stellt er die des Zeichenunterrichts überhaupt nicht in Frage. Dieser sei ebenso nützlich wie die Grammatik, er diene der Beurteilung von Kunstwerken (um bei ihrem Kauf nicht betrogen zu werden), aber verhelfe auch dazu, die Schönheit der Körper zu erkennen. Die verschiedenen Vergleiche, die zwischen der Nachahmung der Charaktere in der Tragödie und ihrem Ausdruck in der Malerei angestellt werden, die Parallele zwischen Fabel und Disegno, zwischen dem Ausdruck des Kostüms und der Farbgebung, oder auch die Anführung der Malerei und Medizin als ›episteme‹ – dies alles zeigt, daß für Aristoteles die Malerei zwar nicht den gleichen Wert wie die vollkommene Geistesarbeit der philosophischen Spekulation hatte, aber auch nicht unter die niederen Tätigkeiten fiel, die ohne jeden erzieherischen oder kulturellen Nutzen seien[20].

Jegliche Form des Handwerks blieb jedoch – ganz unabhängig davon, inwieweit es kulturelle Werte vermittelte – weiterhin eingebunden in jene prinzipielle Verflechtung von Handarbeit und Sklaventum – sei es in einer Sklavenhaltergesellschaft, in der die führenden militärischen Schichten von landwirtschaftlichen Erträgen leben, sei es in einer Gesellschaft von Leibeigenen und weltlichen oder kirchlichen Feudalherren. Das Auseinanderbrechen dieser Beziehung und die Grenzbereiche der daraus resultierenden gesellschaftlichen Öffnung gehören zu den charakteristischsten Aspekten der italienischen Renaissance; sie sind ebenso bezeichnend wie der Übergang der Unternehmerschicht vom Patriziat zu neuem Adel und die Rückkehr vieler Handelserträge zum Land – womit sich der chronologische Bogen, innerhalb dessen man legitimerweise von ›italienischer Renaissance‹ sprechen kann, zu schließen scheint. Es ist dies eine Entwicklung, die sich Betrachtungen Ciceros über den Handel zu eigen gemacht zu haben scheint, wonach dieser niedrig und gemein sei, solange er im kleinen betrieben werde, dafür aber lobenswert, wenn er »magna et copiosa« (groß und reichhaltig) sei: wie dann von hoher See die Ware den Hafen erreicht und »ex ipso se portu in agros possessionesque se contulit« (aus dem Hafen selbst sich auf Äcker und Besitzungen begeben hat)[21].

Die Zeugenschaft der Verträge

Die Arbeitsverhältnisse der Maler und Bildhauer weisen diese zunächst nicht als Händler aus, noch arbeiten sie wie der moderne Künstler für einen Markt, der zwischen ihnen und dem Publikum als Vermittler fungiert. Von Mal zu Mal überlassen sie vielmehr ihre Arbeitskraft einem bestimmten Auftraggeber, und nur in einem ganz unerheblichen Ausmaß bieten sie einer zufälligen Kundschaft ihre Werke an, die sie nach eigenem Geschmack oder Präferenzen des Marktes ausgeführt haben. Sobald sie als juristische Personen in den Verträgen erscheinen, zeigen sie sich stets in Abhängigkeit von einem Arbeitgeber oder Patron.

Die Verträge zur Auftragsvergabe von Kunstwerken, welche eigens für einen *dominus* (Herren) angefertigt werden, entsprechen gewöhnlich in ihren Formulierungen nicht den Kaufverträgen, wie sie im Handelsverkehr üblich sind und in denen die Vertragspartner auf gleiche Ebene gestellt werden. Salatiele trifft dabei sogar die Präzisierung, daß man in solchen Verträgen nicht ein *pretium* (Preis), sondern eine *merces* (Lohn) festlege. Was die *locatio operis* (Arbeitsvertrag) des römischen Rechts angeht, erscheinen Formulierungen, die eher der *locatio operarum* (Vertrag, der die Verfügung über die Arbeitskraft betrifft) zugehören: Es handelt sich also nicht so sehr um einen Vertrag, der die Lieferung eines Werkes innerhalb eines bestimmten Zeitraums vorsieht, als um die Verpflichtung zu einer Arbeitsleistung während des Zeitraums, in dem dieses Werk ausgeführt wird. Formal sind diese Bedingungen nicht allzuweit entfernt von Verträgen für die Durchführung von *aliquod laborerium*, die den Umfang einer Arbeit und die Kostenaufteilung regeln, oder für landwirtschaftliche Arbeiten, bei denen festgelegt wird, zu welcher Zeit diese zu leisten seien[22].

Bei seinen Untersuchungen der Vertragsentwürfe über Abschriften von Kodizes von Raniero da Perugia und Rolandino de' Passeggeri hat Gianfranco Orlandelli einige Einzelheiten hervorgehoben, die für das Verständnis der gesellschaftlichen Situation – wie sie implizit aus den Formulierungen und aus verschiedenen, auch auf andere künstlerisch spezialisierte Arbeiten übertragbare Details hervorgeht – außerordentlich hilfreich sind. Im Falle Ranieros ist der Vertragsgegenstand das fertige Werk, die Abschrift des Kodex; der Auftraggeber sorgt daher selbst für das Rohmaterial – das Papier, auf dem die Abschrift erfolgen soll –, wodurch diese Vereinbarung wenig Ähnlichkeit zu einem Kaufvertrag aufweist. Rolandinos Vertragsbedingungen kommen dem Modell der *locatio operarum* (Vertrag, der die Verfügung über die Arbeitskraft betrifft) erheblich näher: Es wird die entscheidende Wendung eingeführt, daß er während der für die vereinbarte Abschrift vorgesehenen Zeit keine anderen Arbeiten beginnen dürfe; allerdings ist im Vertrag die Bereitstellung des Pergaments nicht vorgesehen, so daß dem Schreiber der gleiche Status wie der eines Kleinunternehmers eingeräumt wird, da er sich das Papier und die zu kopierende Handschrift bei den Papierhändlern und den Peziari der Universität selbst beschaffen muß[23].

Bei der Ausführung einer künstlerischen Arbeit, wie sie in diesen beiden Beispielen aus dem 13. Jahrhundert vorgesehen ist, wird die Überlegenheit des Auftraggebers anerkannt (der in diesem speziellen Fall ein Gelehrter oder ein Kleriker oder auch ein Student gewesen sein dürfte, der später einen höheren sozialen Rang einnehmen wird als der Künstler), zugleich aber dem Schreiber ein Status zugesprochen, der ihn von dem Abhängigkeitsverhältnis eines Tagelöhners oder eines Domestiken deutlich abhebt. Daß es in diesen Fällen zweckmäßig erscheint, eine zeitliche Begrenzung der Arbeit anzugeben, erlaubt eine Unterscheidung zwischen diesen Verträgen und einem Dienstverhältnis mit fortdauernder Entlohnung, das dem Stand der Leibeigenschaft gleichkommen konnte[24].

So streng die aufgesetzten Klauseln auch erscheinen mögen, man wird sich doch andererseits daran erinnern müssen, daß ein schriftlicher Vertrag stets auch dem Künstler einige minimale Sicherheiten verschaffte. Außerdem muß man berücksichtigen, daß juristische Zeugnisse immer dazu tendieren, eine eher konservative Auffassung wiederzugeben, und daß – auf dieser Grundlage – die Vertragstexte von kulturell mehr oder eben minder fortschrittlichen Notaren ausgearbeitet wurden. Darum ist es häufig schwierig, die stehenden Formulierungen in den Dokumenten von den wirklich ausgehandelten Vereinbarungen zu unterscheiden; jedwede Einschätzung wird eine ganze Reihe von Umständen in Betracht ziehen müssen, die sich entweder aus dem allgemeinen historischen Zusammenhang ableiten lassen oder von besonderen Situationen herrühren und die es daher nicht gestatten, prinzipielle Schlußfolgerungen über die soziale Stellung eines Künstlers oder seine Beziehungen zum Auftraggeber zu ziehen. Insbesondere für das 15. Jahrhundert gibt es einige eng auf die Toskana begrenzte Forschungsarbeiten zu solchen Vertragstexten, doch findet man – von wenigen Ausnahmen abgesehen – nur selten Untersuchungen, die über das ›wann‹, ›von wem‹, ›für wen‹ hinausgingen, wobei sich die Prüfung in aller Regel auf Dokumente zur Kunstgeschichte beschränkt. Oder das wissenschaftliche Interesse richtet sich einzig und allein auf den – verglichen mit anderen zeitgenössischen Kunstwerken – höheren oder geringeren Preis, die größere oder geringere Beachtung der zeitlichen Begrenzung, das Verhältnis zwischen Materialkosten und Vergütung des Meisters[25].

Zu einer Einordnung des Künstlers in den jeweiligen gesellschaftlichen Rahmen sind jedoch die Hinweise, welche die Vertragstexte enthalten, sehr viel ergiebiger: Sie bieten die beste Möglichkeit, die soziale Stellung des Künstlers zwischen dem 12. Jahrhundert und dem Beginn des Cinquecento zu bestimmen. So läßt sich zum Beispiel, je nach der Gesellschaftsschicht, welcher die verschiedenen Auftraggeber angehören, eine unterschiedliche Behandlung des Handwerker-Künstlers feststellen, und zwar bis hin zu Fällen, in denen er die stärkere Partei darstellt – sei es aufgrund der eigenen gesellschaftlichen Position oder aufgrund des Prestiges, das er wegen seiner Werke genießt. Sodann zeigt sich die größere oder geringere Bedeutung des erforderlichen Materials, was schließlich sogar so weit führt, daß die Maler die Goldhintergründe ganz aufgeben; und weiterhin, daß die Bezahlung teilweise in Naturalien erfolgt oder daß ihre Höhe einer Schiedskommission anvertraut wird. Auch und gerade bei einer Überprüfung dieser Art ist nicht zu übersehen, daß die Position des Künstlers als juristische Person immer stärker wird, je weiter man sich dem Ende des Quattrocento nähert.

Ein offenkundiges Beispiel für vertragliche Formeln, die mit den in Wirklichkeit ausgehandelten Vereinbarungen über die auszuführende Arbeit nicht übereinstimmen, scheint in einem Vertrag enthalten zu sein, in dem sich Nicola Pisano im Jahre 1265 bereiterklärt, für die Dombauhütte in Siena die Kanzel der Kathedrale auszugestalten; dabei geht er die Verpflichtung ein, den Vertrag in keinem Punkte zu verletzen:

Et haec omnia suprascripta et singula suprascriptorum, ut dicta sunt, faciet et observabit sine briga et molestia et reclamatione curiae. Si ea ut dictum est non observabit aut si contra predicta vel aliquod eorum fecerit vel factum fuerit, penam centum librarum denariorum pisanorum minutorum et omnes expensas curiae et advocatorum et alias quae inde fierent, ei [operario] per stipulationem componere et dare promisit. Et pena soluta hoc instrumentum in suo robore et vigore consistat.

(Und alles, was oben im ganzen und im einzelnen geschrieben ist, soll er, so wie es gesagt ist, ausführen und befolgen, ohne Streit und Belästigung und Anrufung des Gerichts. Wenn er das Gesagte nicht beachten oder gegen das Gesagte oder einen Teil davon etwas unternehmen sollte, so hat er versprochen, als Strafe aufgrund der vertraglichen Vereinbarung 100 Pfund kleiner pisanischer Pfennige zu büßen und zu zahlen sowie alle Gerichts- und Anwaltskosten und anderes, was anfällt. Und nach Zahlung der Strafe soll diese Urkunde weiterhin rechtliche Gültigkeit besitzen.)[26]

Abgesehen von der allgemeinen Wertschätzung der Kunst Nicola Pisanos lassen sein weiter Aktionsradius und die kommerziellen Bedingungen seiner Werkstatt vermuten, daß er nur schwerlich auf solche subalternen Konditionen eingegangen wäre, hätte es sich dabei nicht um etwas anderes als eine reine Formalität gehandelt.

Die Materialkosten und der Zeitaufwand bei der Ausführung jener Werke, denen sich Pisanos Werkstatt widmete, schlossen praktisch eine Beschränkung auf den lokalen Markt aus[27].

Der Meister traf andere Vorkehrungen als bei einer fortlaufenden Produktion, die – um bei Auftraggebern einer einzigen Stadt kontinuierlich Absatz finden zu können – auch zu solchen Arbeiten hätte zur Verfügung stehen müssen, deren Kosten durch kürzere Arbeitszeiten und weniger wertvolle Materialien geringer ausgefallen wären. Der Sitz der Werkstatt in Pisa war besonders günstig für einen Bildhauer, der sich an eine Käuferschaft in weitem geographischem Umkreis wandte: Pisa war eine wichtige und bekannte Handelsstadt, die von vielen Fremden besucht wurde, und man befand sich gleichzeitig in der Nähe der Marmorbrüche von San Giuliano, in denen das schwere Rohmaterial abgebaut wurde. Repräsentativ für Nicolas Kundschaft waren die Bauhütten der Kathedralen und die wichtigsten Stadtrepubliken in Mittelitalien (Pisa selbst, Lucca, Pistoia, Siena, Perugia), aber auch die Dominikaner von Bologna, die bei ihm eine so wichtige Arbeit wie den Sarkophag ihres heiligen Ordensstifters in Auftrag gaben. Wirtschaftlich gesehen bedeutete dies, daß man in der Lage war, ebenso Reisen zu organisieren wie den Transport des Materials (im Vertrag mit Siena sind dies elf kleine Säulen, deren Kapitelle, die zu bemalenden Paneele u. a., was in Pisa fertiggestellt werden mußte). Wie bei Cimabue, Giotto und Arnolfo wird mit Nicola Pisano ein Tätigkeitsbereich sichtbar, dessen zahlreiche und verschiedenartige Aspekte nicht so sehr an die Führung eines Handwerksbetriebes als an die Leitung eines großen Handelsunternehmens denken lassen.

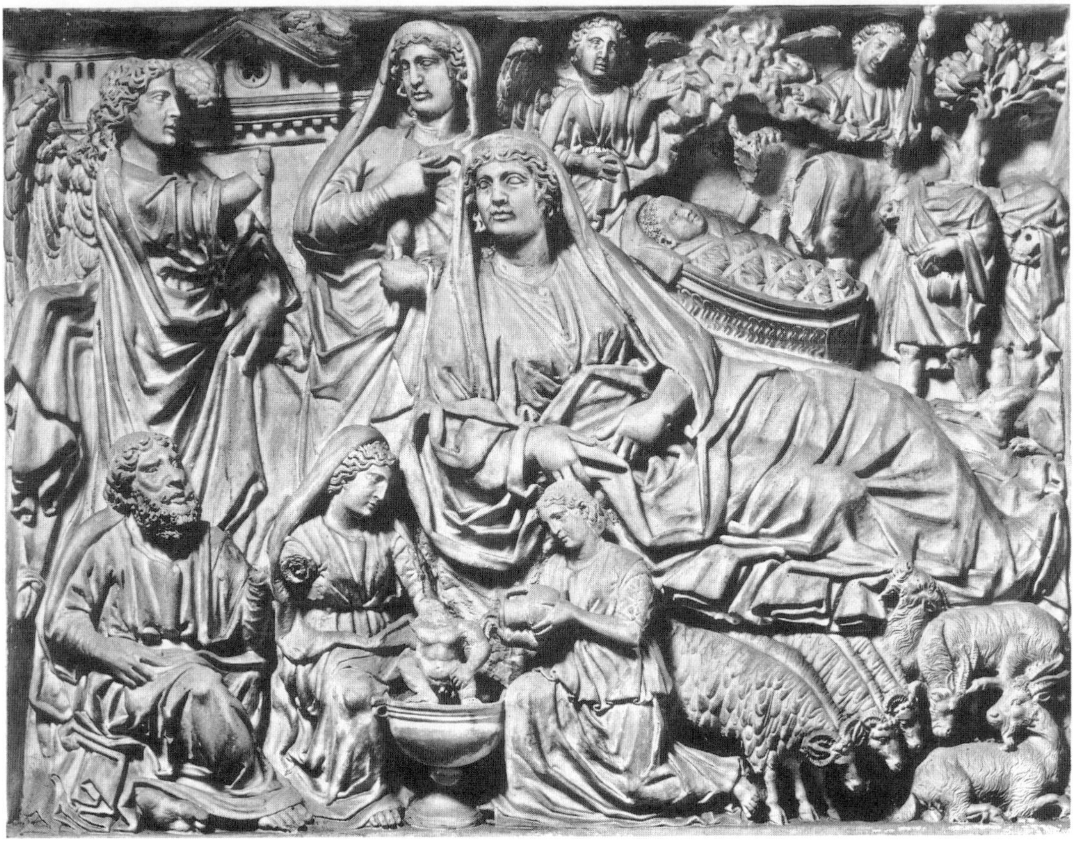

NICOLA PISANO,
Mariae Verkündigung und Geburt Christi, 1260
Pisa, Baptisterium

»Patronus« – Arbeitgeber

Eine offenkundig schlechte Behandlung des Künstlers – wobei der Auftraggeber in die Rolle eines Feudalherren zu schlüpfen scheint – läßt ein Vertrag in Bologna aus dem Jahr 1357 erkennen, in dem zwischen dem Bischof und dem Maler Gaetano di Tomeo da Pisa folgendes festgelegt wird:

Constitutus in presentia reverendi patris domini Iohannis episcopi bononiensis, Gaytanus quondam Thomei de Pisis pictor locavit se et operas et industriam suae personae ad pingendum, standum et morandum in pingendo in assidibus et muris et ubique voluerit idem pater de inde ad kalendas mensis septembris proxime venturi.

(Vor dem ehrwürdigen Vater Herrn Johannes Bischof von Bologna vorstellig geworden, hat der Maler Gaytanus, Sohn des Thomeus de Pisis sel., seine Arbeitsleistung und seinen Fleiß verdungen, um zu malen und sich – malend – in den Anlagen und Mauern oder wo sonst es der Ehrwürdige Vater für gut befindet, aufzuhalten von jetzt an bis zu den Kalenden des folgenden Septembers.)

Es ist schwierig, sich eine Formulierung vorzustellen, die der *locatio operarum* näherkäme. Die vorgesehenen Arbeitszeiten nach Tagesanbruch dauern vier bis fünf Stunden in den Wintermonaten und den gesamten Tag während der guten Jahreszeit. Die Affinität zur Dienerschaft wird außerdem dadurch unterstrichen, daß Kost und Logis sowie die Materialkosten zu Lasten des Auftraggebers gehen. Die zusätzliche Entlohnung von drei Fiorini im Monat scheint jedoch auszuschließen, daß der *pictor* (bei den Arbeiten in der Kathedrale oder im Bischofspalast) nur als Anstreicher angestellt worden wäre[28]. Natürlich ist es der Rang des *dominus*, welcher in solchen Fällen auch die soziale Stellung des Malers bestimmt. Einem Bischof ist man ohnehin qua Filiation (oder durch Feudalrecht) untergeordnet; diese Situation ermöglicht es dem Maler auf der anderen Seite, integrierter Bestandteil der herrschaftlichen Familie zu werden, mit dem Recht auf Straffreiheit und mit allen Privilegien, die damit verbunden sind. Gegenüber der Menge derer, die in Berufen der kleinen Zünfte arbeiten, ist dies ein sozialer Aufstieg, wie er durch den *valet de chambre* (der den Grafen De Laborde so verbitterte) repräsentiert wird; ein Aufstieg, der auch die Befreiung von Wegzöllen sowie von Verpflichtungen gegenüber den Bruderschaften und Zünften miteinschließt.

Gäbe es nicht die freundlichen Worte in dem Brief vom 16. April 1458 und bezöge sich das Dokument nicht auf einen Sachverhalt, der anderweitig gut bekannt ist, so könnte das Abhängigkeitsverhältnis von einem Feudalherren, wie es in dem zitierten Vertrag aus dem Trecento festgelegt wird, jenem ähnlich erscheinen, welches der Marchese von Mantua – wenn auch mit besseren Konditionen – noch einem Mantegna vorschlägt:

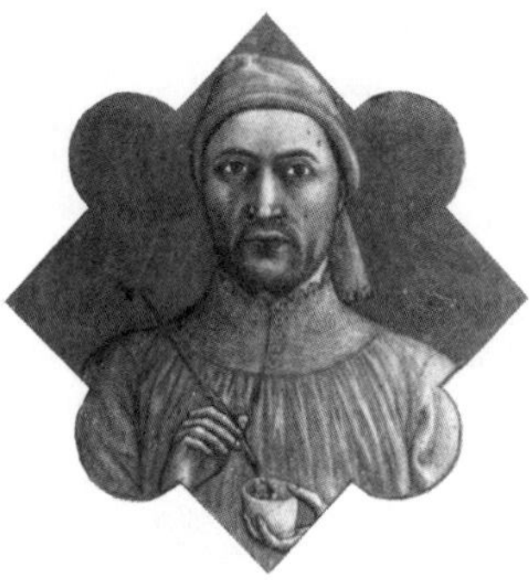

COLA PETRUCCIOLI,
Selbstbildnis, um 1260
Perugia, San Domenico

> Ich werde Euch 15 Dukaten monatlich als Gehalt zahlen, Euch eine Wohnung zur Verfügung stellen, in der Ihr mit Eurer Familie bequem leben könnt, Euch jedes Jahr genug Getreide geben, um sechs Münder großzügig zu ernähren, und dazu das Feuerholz, das Ihr für Euren eigenen Bedarf benötigen werdet.

Zwischen dem 2. und 3. Jahrhundert erinnert der Jurist Julius Paulus daran, daß

> homo liber, qui statum suum in potestate habet et peiorem eum et meliorem facere potest; atque ideo operas suas diurnas nocturnasque locat.
>
> (ein freier Mann ist, wer über seine Lebenslage Macht besitzt und über sich zum Schlechteren oder Besseren verfügen kann und daher auch seine Arbeiten Tag und Nacht ausführen läßt.)[29]

Vielleicht kann das lange Zögern Mantegnas angesichts so vorzüglicher Bedingungen, die ihm Gonzaga eröffnete, auch vor dem Hintergrund dieser Feststellung interpretiert werden. War einmal die Protektion und damit die Dienstbarkeit gegenüber einem Feudalherren akzeptiert, so konnten sich daraus zweifelsohne unzählige Vorteile ergeben; in den meisten Fällen genügte es (und war zugleich notwendig), einfach um etwas zu bitten. Mit seiner Rolle am Hof und dem zumindest formalen Eintritt in die »Familie« eines Fürsten wird die Abhängigkeit des Künstlers von einem Gönner zu einer Konstanten seiner gesellschaftlichen Stellung bis zum Ende des Settecento. Und wo auch, wenn nicht bei einem humanistisch gebildeten Fürsten, hätte Mantegna seine archäologische Kultur entfalten können, die sowohl der Tradition der Altarbilder wie den neuen perspektivischen Fertigkeiten fremd gegenüberstand? Als – *nach* allen Auseinandersetzungen der Renaissance – Caravaggio mit der Bilderwelt des italienischen Manierismus und der Gegenreform brach, blieb immer noch die Protektion eines Kardinals Del Monte unerläßlich, um auf zivile Weise Caravaggios rebellisches – wenn auch sicher nicht revolutionäres – Verhalten zu decken. Doch gerade im Schatten der Autorität wird es (vielleicht zum ersten Mal in Europa) überhaupt möglich, eine künstlerische Sprache zu entwickeln, die nicht einfach neu oder reformatorisch, sondern im vollen Wortsinn revolutionär gewesen ist.

Wenige Künstler sind sich ihres Ruhms innerhalb einer Stadtrepublik so bewußt gewesen wie Lorenzo Ghiberti. Zeugnis davon geben das Ausmaß und die Bedeutung der Aufträge, die er als Goldschmied und als Bronzegießer erhielt, seine Beteiligung als Berater oder Leiter von fast allen künstlerischen Unternehmen in Florenz (außer denen Brunelleschis): »Wenige Sachen von Bedeutung sind in unserem Land gemacht worden, die ich nicht eigenhändig unterzeichnet oder bestellt hätte«, kommentiert er selbst[30]. Tatsächlich entwirft Ghiberti zu Beginn seiner *Commentari* eine Vorstellung von den freien Künsten, nach der diese auch Perspektive, Geschichte, Anatomie, Theorie des Zeichnens und Medizin umfassen und somit dem Maler und Bildhauer schlechterdings unentbehrlich sind. Die Tätigkeit des Künstlers wird in die freien Disziplinen eingereiht; als solche kommen folglich auch einige Aktivitäten in Betracht, die sich aus dem Trivium und Quadrivium Martianus Capellas herleiten[31]. Im übrigen genießt Ghiberti Bürgerrechte, da er in die Zunft der Seidenhändler eingeschrieben ist.

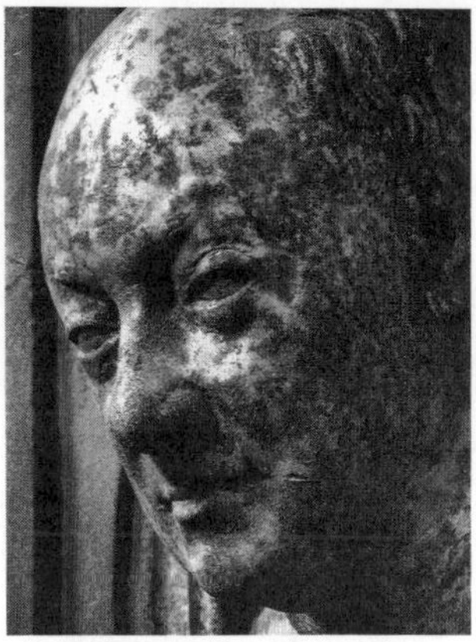

LORENZO GHIBERTI,
Selbstbildnis
Ausschnitt aus der Paradiespforte des Baptisteriums in Florenz

Die Aufnahme von Goldschmieden in eine Zunft, die Stoffe herstellt und mit ihnen handelt, erinnert deutlich daran, wer in der Ökonomie der florentinischen Stadtrepublik die führende Rolle spielte. Zumindest in dem Moment, da die Zahl der großen Zünfte sich stabilisiert hatte, verdankten die Goldschmiede ihre bedeutende Stellung der Einbeziehung in die Herstellung von Seidenstoffen, die mit Gold- und Silberfäden durchsetzt waren; ihre übrigen Aktivitäten innerhalb des städtischen Wirtschaftslebens blieben zweitrangig und rechtfertigten nicht – wie in anderen Städten – die Bildung einer eigenen Goldschmiedezunft. Die florentinische Wirtschaft, die sich auf die großen Zünfte mit ihren internationalen Handelsbeziehungen konzentriert hatte, kreiste um die Wollentuchzunft und die Calimala, die sich der Herstellung und dem Handel von Wollstoffen widmeten. Um das eigene Prestige noch zu unterstreichen, hatten diese beiden Zünfte die bürgerliche Ehrenaufgabe übernommen, das Baptisterium und den Neubau der Kathedrale zu unterhalten und auszuschmücken.

Daher auch ist Lorenzo Ghiberti bei der Ausführung der Bronzetüren von San Giovanni von der Calimala-Zunft abhängig, die ihn mit »allem Material und Werkzeug« versorgt, darüber hinaus mit der Bronze, die sich die Zunft mit ihrem weitreichenden Netz internationaler Beziehungen und durch die eigenen Handelsgesellschaften leichter als jeder Künstler beschaffen kann[32].

Die Auswertung der Dokumente läßt eine Behandlung des Künstlers erkennen, welche den Vereinbarungen bei einer *locatio operarum* sehr nahekommt: Der Meister »muß jeden Tag, an welchem gearbeitet wird, mit eigenen Händen arbeiten wie derjenige, der in einem Dienstverhältnis steht, und im Falle einer Arbeitsunterbrechung wird ihm diese vom Lohn abgezogen«. Ganz analog ist die Situation, die in dem Vertrag von 1432 über die Anfertigung des Reliquienschreins für San Zanobi – einem Auftrag der Dombauhütte, die von der Wollentuchzunft abhängig ist – festgesetzt wird: Die Dombauhütte besorgt alles Material, das »bei besagter Arbeit verwendet wird« (Bronze und andere Metalle), und »jegliche anderen Dinge, die zur Ausführung der Arbeit erforderlich sind« (die für die Arbeiten notwendigen Hilfsmaterialien wie Wachs, Ton, Kohle etc.); die Zunft zahlt den Gesellen und Arbeitern ihren Lohn, und innerhalb der drei Jahre, die zur Fertigstellung des Auftrags vorgesehen sind, wird Lorenzo Ghiberti eine monat-

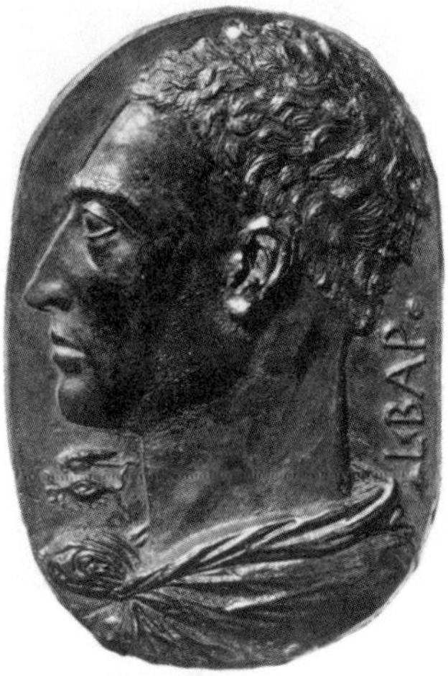

LEON BATTISTA ALBERTI
Selbstbildnis, um 1435
Bronzeplakette

liche Zahlung von 15 Fiorini erhalten. Andere Arbeiten dürfen von ihm in dieser Zeit nur mit Erlaubnis der Bauhütte angenommen werden. Um den rein formalen Charakter großer Teile dieses Vertrages hinreichend zu verstehen, wird man sich nur die Tatsache vergegenwärtigen müssen, daß das Bronzereliquar von San Zanobi erst 1442 – also gut sieben Jahre nach Ablauf des 1432 festgelegten Termins – fertiggestellt wird[33].

Zur richtigen Einschätzung solcher Vertragsformen mit großen Institutionen sollte man sich vor Augen führen, daß die Bauhütte einer Kirche gewöhnlich über Materialien aus verschiedenen Baustellen verfügte, über Steine, Bauholz und häufig auch über wertvollen Marmor. Noch im Jahre 1501 erhält Michelangelo sechs Fiorini im Monat für die Veränderungen an einer Marmorskulptur der Bauhütte (womit der *David* gemeint ist), und der Auftraggeber sorgt wiederum für das Holz zum Bau der Gerüste[34].

Um die gesellschaftliche Stellung eines Ghiberti richtig einzuschätzen, muß man vor allem bedenken, daß in Florenz – in einer Stadt also, die von den großen Zünften regiert wird – diese Körperschaften eine ähnlich mächtige Rolle spielen wie der Fürst in einer Regierung feudaler Tradition. In einem von ihnen abhängigen Arbeitsverhältnis zu stehen, bedeutet daher auch unter derart strengen Verpflichtungen keinen sozialen Abstieg; auch nicht für den, der – wie Lorenzo Ghiberti – Bürgerrechte genießt. Dieser erscheint nun angesichts seines guten Einkommens und des beträchtlichen Kreises seiner Gehilfen, die von der Zunft bezahlt, aber von ihm beaufsichtigt werden, als eine Art Manager oder Filialleiter einer großen Handelsgesellschaft. Man bezahlt ihm nicht mehr die mühsame Handarbeit oder die reale Arbeitszeit, sondern den Disegno, die Komposition und wenige direkte Eingriffe, »hauptsächlich an jenen Stellen, die von größerer Vollkommenheit sein sollen, wie Haare, nackte Körperteile und ähnliches« (wie in dem Vertrag für die erste Tür des Baptisteriums spezifiziert wird)[35].

Für sich genommen hätte das Schema der *locatio operarum* ein völlig verzerrtes Bild von Ghibertis gesellschaftlicher Position vermittelt.

Die Forderungen des Auftraggebers

Wenn man den grundsätzlich konservativen Charakter und die daraus resultierende Rückständigkeit juristischer Zeugnisse gegenüber der realen gesellschaftlichen Praxis mit in Betracht zieht, so vermitteln die zwischen der Dombauhütte von Siena und Duccio di Buoninsegna hinsichtlich der *Maestà* getroffenen Vereinbarungen einen außerordentlich nützlichen Eindruck von der sozialen Stellung eines großen Malers auf der einen und der Bauhütte, für die er arbeitet, auf der anderen Seite, und dies zur Zeit Giottos und somit vor dem Beginn der sozialen Aufwertung des Künstlers durch die Humanisten.

Am 9. Oktober 1308 verpflichtet sich Duccio, das Tafelbild des Hauptaltars der Kathedrale zu Siena zu malen, so gut er nur könne und Gott es ihm gewähre, ohne Unterbrechung außer durch höhere Gewalt daran zu arbeiten und bis zur Fertigstellung des Werkes keine anderen Arbeiten zu übernehmen. Die Bauhütte (»dominus Jacoppus« Marescotti) verpflichtet sich, dem Meister 16 Sieneser Soldi für jeden Tag zu zahlen, an dem Duccio eigenhändig an besagter Tafel arbeite, abzüglich jener Abschnitte des Arbeitstages, während derer er Zeit verliere.

Die Bezahlung soll einerseits in monatlichen Beträgen von 10 Lire erfolgen und tilgt zum anderen eine bestehende Schuld des Malers gegenüber der Bauhütte. Das Material (von der Tafel, die bemalt werden soll, bis zum Hintergrundgold und den Farben) geht sämtlich zu Lasten des Auftraggebers, und es wird nur Duccio in eigener Person und ausschließlich für diese Arbeit zur Verfügung gestellt, welche er in seiner eigenen Werkstatt ausführen wird. Im Falle einer Nichterfüllung der Vereinbarung wird beiderseits eine Strafe von 25 Lire festgesetzt. Duccio leistet freiwillig einen Eid darauf (nicht dagegen der Vertreter der Dombauhütte); die Verpflichtungen gelten auf Seiten Marescottis auch für dessen Nachfolger, seitens des Meisters für dessen Erben[36].

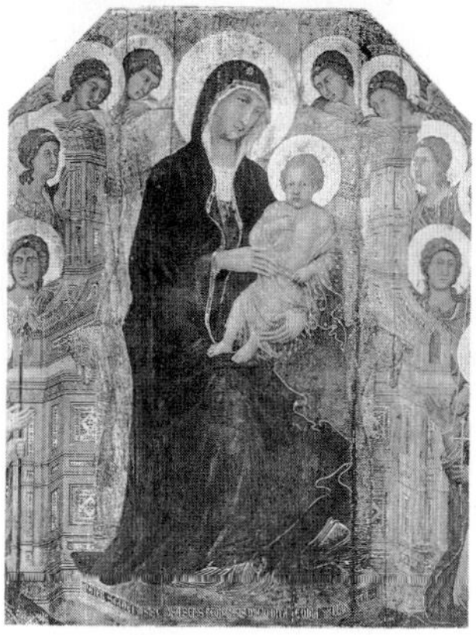

DUCCIO DI BUONINSEGNA, *Madonna mit Kind*

Demnach mußten im Todesfall die Kinder, die Witwe oder andere Erben die Anzahlung zurückerstatten, eventuelle Strafen zahlen und für die Beendigung der unterbrochenen Arbeit sorgen, wobei eine Vertragsklausel dieser Art von der allgemeinen Voraussetzung ausging, daß die Werkstatt vom Vater auf den Sohn (oder von dem Schwiegervater auf den Schwiegersohn) übergehen und der Sohn oder ein anderer Erbe der Werkstatt die Arbeit zu Ende bringen werde. Typisches Beispiel für ein Werk, das von den Erben vollendet wird, sind die gleich nach Giottos Tod gemalten Fresken in der Kapelle des Palazzo del Podestà in Florenz[37].

Andernfalls revidierte man den Vertrag, oder die Erben sorgten dafür, daß auf ihre Kosten eine andere Werkstatt die Arbeit vollendete. Daß eine solche Regelung sich nicht mit der vorgeschriebenen Eigenarbeit des Meisters (wie sie die vertraglichen Formulierungen festlegten, die sich allerdings von der realen Praxis erheblich unterscheiden konnten) vereinbaren ließ, ist offensichtlich, doch handelte es sich dabei nicht um Bewertungskriterien, die – über die handwerkliche Qualität hinaus – auch stilistische Aspekte berücksichtigt hätten.

Duccios Vertrag bedeutet in Wirklichkeit keine Verpflichtung zu eigenhändiger Ausführung, wie es ein abgenutzter Gemeinplatz glauben machen will, der auf »dominus Jacoppus« Erwartungen und Wünsche eines postromantischen oder sogar idealistischen Auftraggebers projiziert: Die Auswahl, die Aufsicht und die Leistung der Gehilfen ist ein Organisationsproblem innerhalb der Werkstatt; die Vertragsklausel, die sich auf die Tage bezieht, an denen Duccio mit eigenen Händen am Bild arbeiten solle, meint seine Anwesenheit bei der Arbeit, sie spezifiziert keine seiner besonderen Verpflichtungen, sondern stellt einen eher beiläufigen Satz – im Zusammenhang der Zahlungsbedingungen – über die Aufgaben der Bauhütte dar. Nach einer neueren Vermutung sollen Simone Martini, die Lorenzetti etc. unter den Werkstattgehilfen, die an der *Maestà* gemalt haben, identifizierbar sein; doch auch ohne dieser Hypothese zu folgen, die eher von der Wertschätzung Tizios – nach dem aus der Werkstatt Duccios, wie aus dem Trojanischen Pferd, »pictores optimi evasere« (die besten Maler hervorgehen) – als von einer konkreten stilistischen Analyse bestimmt zu sein scheint, lassen sich wirklich verschiedene Mitarbeiter unterscheiden; insbesondere bei den Engeln im mittleren Feld, deren einer die typische Malweise des »Meisters von Badia a Isola« zeigt, andere den vollen, prälorenzettischen Typus, der vermutlich für Memmo di Filippuccio charakteristisch ist, oder auch das proportional überlängte Modell, wie es bei Segna di Bonaventura üblich ist[38].

Die weithin bekannten Statuten der Sieneser Malerzunft von 1355 mit ihren Regeln über die Güte der Farben – daß das Ultramarinblau nicht durch Azurit ersetzt oder daß anstelle des Goldes keine Silberlegierung verwendet werden dürfe – geben eine präzise Vorstellung von den Qualitätsmaßstäben, mit denen man in diesem Zusammenhang einen Maler beurteilt. Von daher erklärt sich der große Erfolg zweitrangiger Werke, von mediokren Malern wie Bartolo di Fredi in Siena oder Giovanni del Biondo in Florenz. Beispielhaft dafür ist der Qualitätssprung, der sich in der Kapelle Rinuccini in Santa Croce nach 1365 abzeichnet, als Matteo di Pacino an den Fresken und Giovanni del Biondo am Tafelbild Giovanni da Milano ablösen[39]. Vergessen wir jedoch nicht, daß der Unterschied – wenn man ihn einmal konstatiert hat und es ganz offenkundig ist, daß man die beiden mittelmäßigen Florentiner Maler nicht mit dem großen Meister lombardischer Herkunft verwechseln kann – in der Erscheinung der vielfarbigen Dekorationen des Gesamtbildes doch nicht so unmittelbar ersichtlich wird: Es überwiegen die in der Sieneser Urkunde empfohlenen Eigenschaften – bis hin zu einer Anpassung an die rein figurativen und stilistischen Elemente, welche den qualitativen Unterschied zwischen den Malern ausmachen.

Cennino Cennini verbreitet sich des längeren über die Eigenarten jeder einzelnen Farbe, über ihre Herstellung und Zubereitung, doch er sieht sie stets in Verbindung mit ihrer praktischen Verarbeitung. Der Eigenwert der Materialien, die um ihrer selbst willen aufgeführt werden, gehört natürlich zu einem mittelalterlichen Rezeptbuch wie der »Schedula« des Mönchs Theophilus und erinnert an die Bedeutung, die diese materielle Evidenz für den Betrachter hatte. Nicht zufällig ist nach der Konzeption des Thomas von Aquin das Schöne dem Bereich der Natur zugehörig und nicht dem der Kunst (die hingegen auf das Nützliche bezogen wird): Je mehr das Material in seinem Glanz und seiner Reinheit hervortritt, desto mehr hat das Kunstwerk über seine nützlichen Funktionen hinaus Anteil an der Schönheit, welche die Steine, die Metalle, die Farben ihrer eigenen Natur nach auch besitzen. Noch im Jahre 1551 zeigt sich Paolo Giovio betroffen von der Qualität des Ultramarins, mit welchem die Fresken Pisanellos in San Giovanni im Lateran ausgebessert worden sind: eine Farbe, »die wegen der Würde ihrer wertvollen Natur weder in den Kalk eindringt noch sich jemals zersetzt«[40].

Für einen Auftraggeber des Trecento war – gerade auch aufgrund des verbreiteten Berufsethos der Werkstätten – die Verwendung einer noch so geeigneten Lasur, durch die derselbe intensive Ton des Ultramarins mit Hilfe des Azurits getroffen werden konnte, nicht etwa ein Zeichen technischer Fertigkeit, sondern einfach Geschäftsbetrug. Die Zugehörigkeit der Maler zur Zunft der Ärzte und Gewürzhändler unterstreicht die Vorrangstellung der verwendeten Materialien und läßt dabei eine Einschätzung ihrer Kunst als eine Art einfallsreicher Farbenmischerei erkennen. In diese Perspektive fügt sich auch eine Nachricht aus dem Jahre 1402, wonach einer der ersten Maler Bolognas, Jacopo di Paolo, den Auftrag erhält, eine in Holz und Wattepapier gearbeitete Kopie eines Modells aus Stein von der Kirche San Petronio anzufertigen, das im Hause der Familie Pepoli aufbewahrt wurde[41].

Eine andere Malerwerkstatt in Bologna – es handelt sich um die von Vitale da Bologna – läßt nach einem Auftrag des Bischofs von Ferrara über vier Holzstatuen, die durch ihre Bemalung das Aussehen von Marmor bekommen sollten, ganz ähnliche Charakteristika erkennen. Am 14. August 1343 verpflichtet sich Vitale dazu, die Figuren »facere et construere« (zu verfertigen und aufzustellen), die in dem Tabernakel an der Säule der Madonna im Dom von Ferrara angebracht werden sollen (*Maria*, der *Verkündigungsengel*, *San Giorgio* und ein *Bischof*), und sie müssen folgendermaßen sein:

... de bono ligno et optime et bene incolatas, et bene et solempniter intagliatas et figuratas et pictas, seu colloratas colore albo ad modum figurarum marmorearum, prout melius fieri poterit, et fuxatarum de bono et puro aureo floreni, cum capitellis sub pedibus bene ornatis, et quae bene conveniant dictis tabernaculis. Item dipingere, seu pingere, dicta quatuor tabernacula de optimis coloribus et de auro de medietate, et dictas figuras fecisse et posuisse in dictis tabernaculis, et dicta tabernacula depinxisse ut superius dictum est...

(... von gutem Holz und bestens verleimt und schön und prächtig geschnitzt und geformt und bemalt oder in weißer Farbe gefärbt nach Art der Marmorstatuen, je nachdem wie es besser ausgeführt werden kann, und Belag aus gutem und reichem florentinischen Gold, mit Kapitellen, die unten reich verziert sind und gut zu den genannten Tabernakeln passen. Ferner die genannten vier Tabernakel mit besten Farben und zur Hälfte mit Gold zu bemalen oder zu malen, wenn er die genannten Statuen angefertigt und die genannten Tabernakel aufgestellt und die Tabernakel bemalt hat, wie oben gesagt ist...)[42]

Dies ist eine typische Forderung nach guter Qualität und Technik, wie sie häufig in Verträgen des Trecento vorkommt; in diesem Sinn – als Güte und Prunk des Goldes und der Farben – wird auch die »pulcerrima pictura« (sehr schöne Malerei) interpretiert werden müssen, welche die von der Compagnia della Madonna di Santa Maria Novella eigens ins Leben gerufene Bauhütte von Duccio di Buoninsegna für die *Madonna Rucellai* verlangt[43].

Es sind unverkennbar eben diese materiellen Qualitäten, denen noch die Maler, die in der Reliquienkapelle im Schloß von Pavia arbeiten, genügen müssen. Auf diesen Umstand spielt Bartolomeo Gadio gegenüber dem Herzog Galeazzo Maria Sforza in einem Brief vom 27. Juni 1474 an: Zwischen den verschiedenen Kostenvoranschlägen scheint er sich für den von Giovanni Pietro da Corte und dessen Mitarbeitern entschieden zu haben, da diese bereit seien, im Preis auf 150 Dukaten herunterzugehen; er werde dem Herzog einen von ihnen mitsamt den Vorzeichnungen schicken, unter denen die gewünschte ausgesucht und ausgeführt werden möge,

... also mit oder ohne Cherubine, Gottvater mit einem ultramarinblauen Gewand arbeiten zu lassen, mit Strahlen und Schnüren aus feinem erhabenen Gold, wobei besagte Halbkuppel in Azurblau von einer Güte und Feinheit gemalt werden soll, die dieselbe wie in den Vorzeichnungen ist, mit Sternen aus feinem erhabenen Gold, und auch mit zwölf Engeln für jedes Kompartiment der Kapelle, außer dort, wo sich das Fenster befindet und wo gesagt worden ist, daß man nur sechs machen könne; aber sie [die Maler] werden mehr machen, wenn sie darin Platz finden werden; für besagte 150 Dukaten müssen sie auch ein Gesims von einer halben Elle Breite in der Farbe des Holzes des Altarbildes bis zum Gewölbe machen, daß das Altarbild von ähnlicher Farbe wie das Altarbild sei, und somit den alten Verputz der Halbkuppel entfernen und ihn auf eigene Kosten erneuern und den Kalk dort anbringen; wobei ihnen die Balken, Hölzer und Eisen und alles, was zum Bau der Gerüste notwendig ist, zur Verfügung gestellt wird[44].

Technische und ikonographische Vorgaben

Eine weitere Besonderheit, welche die vertraglichen Vereinbarungen zu einem Werk auszeichnen, besteht in der Festschreibung des Sujets, also der Heiligen oder der darzustellenden ›Storia‹, die die Aufstellung der Tafel an einem bestimmten Altar oder die Ausstattung einer Kapelle

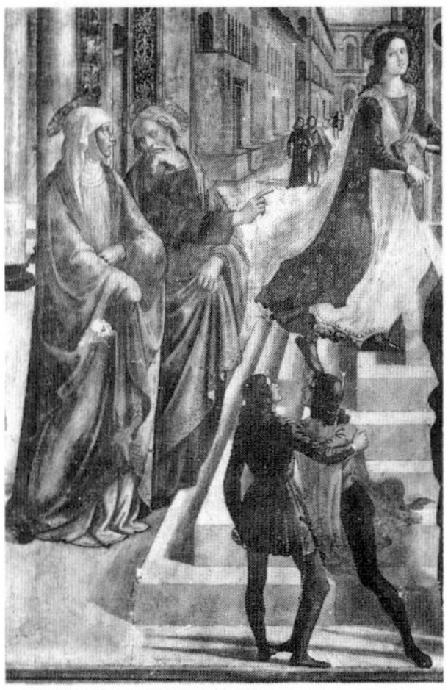

GHIRLANDAIO,
Tempelgang Mariae, um 1486–1490
Ausschnitt
Florenz, Santa Maria Novella,
Cappella Tornabuoni

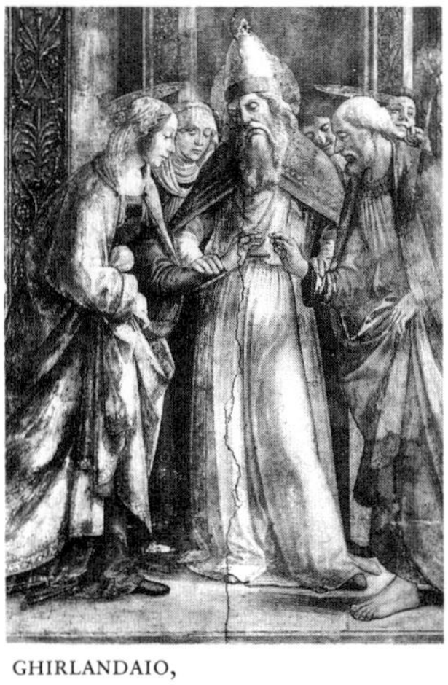

GHIRLANDAIO,
Vermählung Mariae, um 1486–1490
Ausschnitt
Florenz, Santa Maria Novella,
Cappella Tornabuoni

mit einem Freskenzyklus rechtfertigen. Von Textdokumenten, die einfach auf mündliche Vereinbarungen verweisen (wobei der Bildgegenstand oder die Mehrfarbigkeit als solche gegenüber der Figurenanordnung privilegiert wird), gelangt man zu immer größeren Präzisierungen bis hin zu jenen Fällen, in denen der Vertrag dazu verpflichtet, dem ikonographischen Vorbild bereits existierender Werke zu folgen.

Wenn man sich vor Augen führt, daß ein Altarbild den Charakter eines bemalten Möbelstücks hatte (mit Schnitzereien, Vergoldungen etc.), so erscheint der Hinweis auf ein ähnliches Werk besonders nützlich, um einerseits die Art der verschiedenen Techniken und andererseits den Umfang der Arbeiten jener Künstler festzulegen, die nicht zur Werkstatt des Malers gehören. Gegen Ende des Quattrocento ist in Umbrien die *Marienkrönung*, die Ghirlandaio 1486 für die Kirche San Girolamo in Narni malt, überaus erfolgreich; bei der Pala von Todi soll Spagna 1507 diesem Modell folgen, und 1505 geben die Vorsteher der Nonnen von Monteluce in Perugia dieselbe Anweisung für die Tafel, deren Ausführung Raffael so sehr in die Länge zieht, daß er sie schließlich – postum – Giulio Romano und Giovan Francesco Penni überlassen muß[45]. In der Malerei soll der Verweis auf ein bestehendes Modell alle Eigenschaften, die für die devotionalen Funktionen von Bedeutung sind, genau spezifizieren: die Position der Hauptfiguren, die Anwesenheit von weiteren Heiligen sowie deren Aufteilung, die Anordnung von Szenen, Halbfiguren, Putti, Cherubimköpfen in der Predella, auf den Pilastern und im Gesprenge.

Nachdem gegen Ende des 15. Jahrhunderts keine Polyptychen mehr angefertigt werden, gewöhnen sich Maler wie Auftraggeber in Umbrien an Altartafeln, auf denen die Figuren nach einem so festen Schema verteilt werden, daß man sie mit derselben Leichtigkeit identifizieren kann wie bei der alten Einteilung in einzelne Felder; man denke dabei an die *Verlobung der Jungfrau* von Perugino (Caen) und Raffael, an dessen *Kreuzigung* und die peruginesken Versionen desselben Themas, an die nur geringfügigen Variationen dieses Schemas, mit denen Perugino – sogar in Florenz – von der *Himmelfahrt Christi* quasi unterschiedslos zur *Himmelfahrt Mariae* übergeht oder die Architekturperspektive wiederholt, und selbst die Figuren von *Grablegung* zu *Grablegung*, von einer *Madonna mit Heiligen* zur nächsten *Madonna mit Heiligen* dieselben bleiben. Es handelt sich um ein neues ikonographisches System, dessen Entwicklung schon bald von der Ausbreitung der ›neuen Manier‹ unterbrochen werden wird.

Abgesehen von der ikonographischen Routine beinhaltet der Hinweis auf ein schon existierendes Werk als Modell für das auszuführende ebenfalls eine Präzisierung der verschiedenen Partien, für welche Gold oder Ultramarin verwendet werden sollen. Das Gold taucht in den Verträgen häufig auf, selbst dann noch, als seine Verwendung in den figuralen Teilen einer Altartafel kaum mehr üblich ist; es kann dabei die Arbeit am Rahmen gemeint sein (für den auch noch Alberti den Gebrauch des Goldes anrät) oder sich einfach um den Teil einer feststehenden Klausel handeln – so ganz offensichtlich in dem Vertrag vom Juli 1481 über die *Anbetung der Heiligen Drei Könige* von Leonardo da Vinci: Der Maler solle dabei die Kosten für seine Farben selbst tragen, für das Gold »sowie alle anderen Ausgaben, die dabei auftreten mögen«[46].

Dem Beispiel von Van Eyck und der Regel Albertis (»dem Künstler, der die Goldstrahlen durch andere Farben nachahmt, gebührt größere Bewunderung und Lob«) folgen unmittelbar Domenico Veneziano und

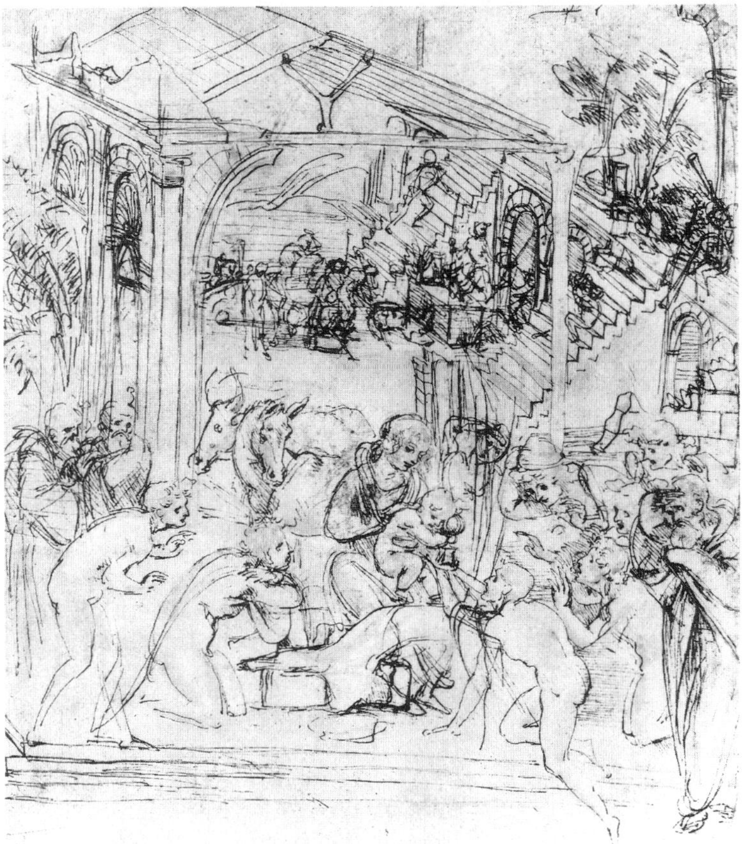

LEONARDO DA VINCI,
Anbetung der Heiligen Drei Könige
Vorstudie

Piero della Francesca; und diese werden zur Norm für eine neue visuelle Einheitlichkeit bei der Verwendung der Farben für eine perspektivische und lichtvolle Malerei, für den Übergang vom mittelalterlichen polychromen Gegenstand zur spezifischen Methode der Mimesis in der Flächenmalerei. Doch dieselben Meister wenden bisweilen auch traditionelle Techniken an; das Blattgold einfach zu eliminieren und den ganzen Prozeß der Vorbereitung, wie er bei Cennino Cennini beschrieben wird, weitgehend abzukürzen, konnte dem Auftraggeber oft als ein allzu bequemes Mittel erscheinen, teures Material und Arbeitszeit zu sparen – zum Schaden des sakralen und prunkvollen Charakters, mit dem er seine Altartafel zu präsentieren wünschte.

Daher behält Fra Angelico Aureolen aus poliertem Gold bei, auch wenn er die neuen Tiefenperspektiven und Landschaftshintergründe übernimmt; und so ist es auch möglich, daß in zahlreichen Bildern von Perspektivmalern wie Antoniazzo Romano das Gold weiterhin den Hintergrund bildet. Man bedient sich dabei eines Hilfsmittels: Diese Goldhintergründe repräsentieren nicht mehr die traditionelle Unendlichkeit, sondern stellen eine einheitliche Fläche dar, imaginäre, reich ausgestattete Vertäfelungen oder Lederbehänge, eine vergoldete Tapete, wobei die geeigneten Lasierungen sogar die optische Einheit erhalten konnten, welche durch das Blattmetall sonst zerstört wurde. Typisches Beispiel dafür ist das Polyptychon in Perugia von Piero della Francesca, das allen Bedürfnissen eines klösterlichen Publikums entspricht, von der doppelten Predella über die obligatorische Seitenansicht der *Verkündigung* bis zur Aufteilung in ein Triptychon und der Verwendung des Goldes, das jedoch auf die vorgetäuschten Stoffe des Hintergrunds beschränkt bleibt und nicht in den Aureolen erscheint, wo die Farben und die metallenen Reflexe sich aus der malerischen Technik ergeben.

Diese Kausalbeziehung zwischen der Vielfalt der Techniken, die bei einem Altarbild zur Anwendung kommen, und der Bezugnahme auf ein bestimmtes Modell wird insbesondere bei den großen lombardischen Retabeln deutlich, die sich aus Schnitzarbeiten, Malerei und Vergoldung zusammensetzen. In diesem Umfeld entsteht »eine gewisse Generation von Malern«, denen Leonardo vorwirft, der Tatsache zu wenig Aufmerksamkeit geschenkt zu haben, daß »Gold und Blau der Schönheit untergeordnet sein müssen«. In Genua erhalten 1485 Giovanni Barbagelata und Giovanni Massone Aufträge für Polyptychen, die nach dem Vorbild einer Altartafel von Foppa in San Domenico gearbeitet werden sollen. Bei der Anfertigung dieser lombardischen Retabeln, die eher der alpinen Tradition – zu der etwa ein Pacher gehörte – verpflichtet waren als vergleichbaren venezianischen oder toskanischen Werken, konnte die Flächenmalerei eine ziemlich untergeordnete Rolle spielen[47].

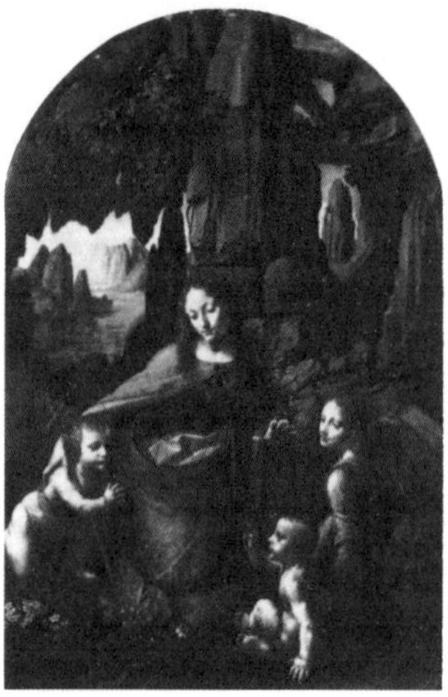

LEONARDO DA VINCI
Felsgrottenmadonna

Und nichts anderes läßt sich dem Vertrag vom 25. April 1483 zwischen Leonardo und De Predis über die Malerei auf der großen Altartafel entnehmen, in welche die *Felsgrottenmadonna* eingefügt werden sollte. Für die einfache Ölmalerei auf der Fläche der Tafel (dabei ist bemerkenswert, daß die Verwendung von Gold nicht erwähnt wird), sind einzig und allein eine *Madonna mit Kind, Engel und zwei Propheten* vorgesehen. Die gesamte Schnitzarbeit, die von Giacomo del Maino ausgeführt wird, soll am Rahmen vergoldet werden; in den Szenen (»capitoli«) sollten einige fast vollständig vergoldete Figuren mit fingiertem Brokat erscheinen, andere in Ölfarben gemalt, mit aller Perfektion, wie auch die Häuser, die Hintergründe und die Landschaftspartien[48].

Es gehört in diesen Zusammenhang, daß man in den ersten Jahrzehnten des Cinquecento die Rolle der gemalten Skulptur eingrenzen wird, daß man sie auf marginale Teile beschränkt und sie zu einem von der bemalten Tafel deutlich unterschiedenen Teil des Rahmens werden läßt. So hören wir z. B., daß Gaudenzio Ferrari, nachdem er am 3. Juli 1529 den Vertrag über die Cappella Maggiore von San Christoforo in Vercelli abgeschlossen hat, den Rahmen der Retabel offiziell bei Niccolino da Vailate in Auftrag gibt und dem Schnitzer die Zeichnung vorlegt, nach der dieser die Arbeit ausführen soll[49].

»Secundum ingenium artis pictoriae« *

Im Vertrag vom 17. April 1320 für das Polyptychon in der Pfarrkirche von Arezzo betreffen die Forderungen an Pietro Lorenzetti nicht mehr jene »sehr schöne Malerei«, wie man sie von Duccio für die *Madonna Rucellai* verlangt hatte, sondern *pulcherrimis figuris* (sehr schöne Figuren); sie beziehen sich also weder auf technische noch auf ikonographische Eigenschaften und stellen insofern eine vollkommene Ausnahme

* Entsprechend dem Ingenium der Malkunst

dar. Schwerlich wird man in einem Vertrag Forderungen finden, die unmittelbar figurativen Aspekten gelten; sie erscheinen seit dem Quattrocento vor allem in Form von stereotypen Wendungen, die gleichwohl ein Verhalten gegenüber dem Maler erkennen lassen, das diesen nicht mehr ausschließlich als Handwerker begreift. In Sansepolcro verlangt man 1437 von Sassetta, daß seine Tafel für San Francesco »cum ornamentis et aliis secundum subtile ingenium suae artis pictoriae et quantum plus venustius sciret et poterit« (mit Ornamenten und anderem [Schmuck], wie es dem subtilen Ingenium seiner Malkunst entspricht, und noch liebreizender, je nach seinen Wissen und Vermögen) gearbeitet werden möge. Die *Geburt Christi*, die Baldovinetti 1460 in der Santissima Annunziata in Florenz als Fresko ausführt, soll nicht nur mit guten Farben, Gold und Blau gemalt, sondern darüber hinaus auch »reich mit Engeln, mit Figuren, Pflanzen und anderen Dingen« ausgestattet werden, wobei allein durch die einfache Aufzählung das hervorgehoben wird, was die figurativen Aspekte in der Landschaft und in der verfallenen Hütte bestimmt.

Sehr viel reicher ist der Text einer Eingabe vom 28. Dezember 1466, der von einem Auftrag für ein Banner mit der *Verkündigung* für die *Compagnia della Nunziata* in Arezzo handelt. Nachdem man sowohl in Florenz als auch an Ort und Stelle »einen guten und befähigten Meister« gesucht habe, sei die Bruderschaft zu der Überzeugung gekommen, daß niemand sie mehr zufriedenstellen könne, wenn das Werk so schön wie nur möglich ausgeführt werden solle, als Piero della Francesca. Der größere Teil der Darlegungen betrifft den Gebrauch des Blaus: Die Maße für die ornamentale Einfassung, die die Szene der *Verkündigung* umrahmen soll, werden festgelegt; wenn der Maler es für zweckmäßig halten werde, jene zu verkleinern, um die Figur der Verkündigten größer zu machen, möge er Ultramarinblau für den Stoff des Engelsmantels verwenden, und ähnliches mehr. Jedenfalls wünscht man bei der Einfassung, daß sie »ein Fest [für die Augen] sei, so schön und liebenswürdig wie nur irgend möglich, und wie es besagtem Meister Pietro scheinen werde, daß es noch gefälliger und schöner sei«; und die Köpfe der Hauptfiguren »mögen liebenswürdig und schön und mit engelsgleichen Gesichtern sein«. Die Formulierung solcher Wünsche – wenn auch in dieser einfachen Form – zeigt deutlich, daß das *opus*, das dem Maler aufgetragen wird, nicht allein darin besteht, innerhalb einer bestimmten Zeit und nach einer festgelegten Technik zu arbeiten, sondern daß die Erwartungen (analog zu dem, was man von Ghiberti für die erste Tür des Baptisteriums in Florenz verlangte) auch – wie schon in dem Vertrag mit Sassetta von 1437 – den Kunstverstand des Malers einbeziehen[50].

Die Wertschätzung gerade stilistischer Qualitäten durch das Publikum belegt in aller Klarheit ein Brief des Herzogs von Mailand an Vincenzo Foppa und Bernardino Zenale vom 23. August 1476. Donna Zuccherina Beccaria hatte an eine ganze Reihe der exklusivsten Maler der Lombardei (Bonifacio Bembo, Foppa, Zanetto Bugatto) einen Freskenzyklus für die Kirche von San Giacomo zu Pavia in Auftrag gegeben und beklagte sich offiziell bei dem Herzog über die noch ausstehende Ausführung der Arbeiten – nicht ohne dabei unterschwellig auf das Selbstverständnis von Potentaten anzuspielen, die nach ihrem Belieben über handwerkliche Arbeitskraft zu verfügen gewohnt sind: Der größte Teil der Meister war zu dieser Zeit mit der Ausmalung der Kapelle des Kastells von Pavia beschäftigt, von wo sie sich – trotz der Verpflichtung gegenüber Donna Zuccherina – gewiß nicht ohne die Zustimmung des

Herzogs entfernen durften. Der Herzog ersuchte daraufhin die beiden Maler, jener Dame die ihr schuldige Genugtuung zu geben, wobei jedoch das Werk nur von einem einzigen Maler ausgeführt werden solle: »So, daß die Malerei nicht, wie sie [Donna Zuccherina] es zu wünschen scheint, von vielen Händen gemacht und die Arbeit darüber mißgestaltet werde, sondern daß einer von Euch allein es versehe, und – da er sich den anderen verpflichtet fühlen möge – so rasch als möglich«[51].

Stil und künstlerische Qualität des Werkes werden – wie in diesem Brief – auch in einem offiziellen Vertragstext vom 14. August 1498 miteinander verknüpft, in dem der Notar Jacopo Galli dem Kardinal De la Groslaye verspricht, daß die *Pietà*, die er bei Michelangelo bestellt hat, »das schönste Werk in Marmor wird, als es heute in Rom nur gibt, und es kein Meister heute besser machen würde«. Analog dazu heißt es 1501 von den fünfzehn Statuen für den Piccolomini-Altar im Dom von Siena, sie »mögen so vollendet sein, wie er [Michelangelo] versprochen; das heißt von besserer Güte und Ausführung, feiner und vollendeter, als moderne Figuren heute nur irgend in Rom seien.« Unter den Formulierungen des höchst detaillierten Vertrages erscheint auch die Verpflichtung, daß Michelangelo einen von Pietro Torrigiani gefertigten *San Francesco*, der in demselben Komplex aufgestellt werden sollte, vollende und ihn seinem Stil angleiche:

> ... und es wird hinsichtlich des Kardinals verlangt, daß, da die Gewandung und der Kopf nicht von solcher Vollendung ist, Michelangelo zu seiner Ehre und Gefälligkeit und Menschlichkeit sie eigenhändig in Siena vollende, wohin ihn Seine Erlauchtigsten Hochwürden geleiten lassen wird, damit jene Figur zwischen den seinen werde stehen können und keines anderen Hand erkennen lassen, weil sodann die Mangelhaftigkeit des Werkes auf ihn zurückfiele, so ein jeder, der es sähe, sagen würde, daß es sein Werk sei[52].

Wenn aber von einem Michelangelo die Rede ist, wenn an dessen Ehre, Gefälligkeit und Menschlichkeit appelliert wird, dann befinden wir uns offenkundig weit entfernt von einer Betrachtungsweise, in welcher die bildenden Künste als einfache handwerkliche oder auch unfreie Tätigkeiten erscheinen könnten.

Eigenhändigkeit und Erfindung

Wenn in den Verträgen Kunstwerke als handwerkliche Produkte (seien sie auch von höchster Qualität) verhandelt werden, so wird man die Eigenhändigkeit des Künstlers nur in wirklichen Ausnahmefällen als Gegenstand der Vereinbarungen finden. Eigenhändigkeit in Werken vom Umfang etwa der *Maestà* von Duccio zu fordern, wäre um so absurder gewesen, als sich damit ja die Dauer der Ausführung proportional zu der Arbeitszeit einer einzigen Person verlängert hätte. Wenn man gegenüber Ghiberti darauf besteht, daß er bei den Arbeiten an den Reliefs für die erste Tür anwesend und eigenhändig dabei tätig sei, so verlangt man Eingriffe bei den »Haaren, nackten Körperteilen und ähnlichem«; bei allem übrigen, auch der technischen Solidität, vertraut man darauf, daß allein seine Aufsicht ein gutes Ergebnis garantiere. Im übrigen muß man sich erinnern, daß selbst in Florenz in der ersten Hälfte des 15. Jahrhunderts die Signatur und sogar das Datum sich noch auf den devotionalen Status des »his perfecit opus« (diesem verfertigte er das Werk) beziehen konnte: Die Inschrift etwa in der

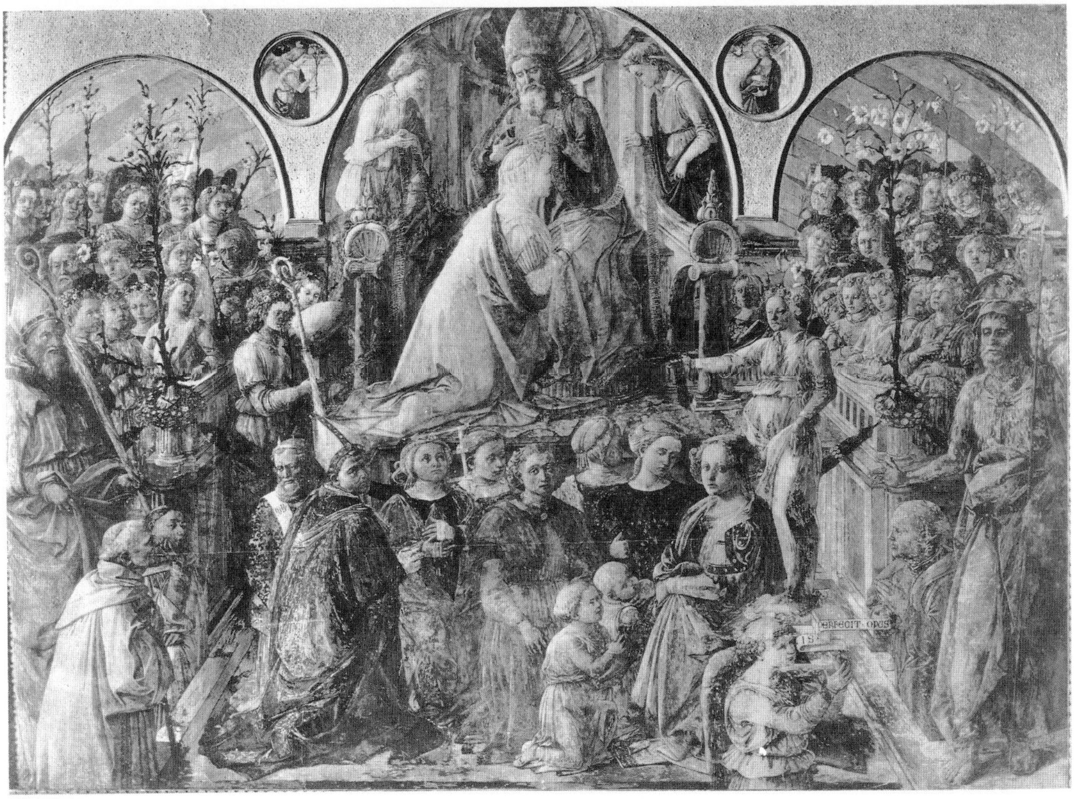

FILIPPO LIPPI
Krönung Mariae, 1441–1447

Marienkrönung von Filippo Lippi in den Uffizien gilt nicht dem Maler, sondern meint den Auftraggeber des Altarbildes, der gestorben war, kurz nachdem er die Holztafel hatte vorbereiten und eine hinreichende Summe zur Verfertigung (»perficere«) des Bildes ausstellen lassen[53].

Die Vertragsformel der eigenhändigen Ausführung des Meisters wurde möglicherweise als Schutz vor einer Weitervergabe des Auftrags eingesetzt (typisches Beispiel dafür ist im Jahre 1460 die Ausmalung der *Anbetung der Heiligen Drei Könige* von Lorenzo Monaco in den Uffizien, wofür Baldovinetti bezahlt wird, während die Arbeit Cosimo Rosselli ausführt). Baldovinetti vermerkt 1454 in seinen *Ricordi* eine Geldsumme, die Andrea del Castagno ihm schuldig sei und die einen Betrag von 40 Lire für eine – dem Herzog von Mantua zugedachte – *Hölle* enthält, die er für Andrea gemalt habe. Die Praxis der Weitervergabe von Aufträgen scheint in dem Augenblick korporativ gebilligt zu werden, da die Händler von bemalten Objekten zu derselben Zunft gehören wie die Maler selbst: In Padua legen die Zunftstatuten 1441 fest, daß der Verkauf von »Truhen, Vorhängen, Schatullen, Leuchtern, Retabeln aus Holz, Tuch und bedrucktem Papier« Monopol der Zunftmitglieder sei. Der Maler konnte also ohne weiteres zu einer Art Unternehmer werden, der für die Herstellung dieser Produkte sorgte; etwas in der Art muß auch Squarcione gewesen sein, der zugleich Schneider war[54].

Durch einen offiziellen Vertrag vergibt noch am 24. März 1507 Pinturicchio an Eusebio da San Giorgio die Arbeit an der für Sant' Andrea in Spello bestimmten Tafel, ausgenommen »die wichtigen großen Köpfe«; den vertraglichen Verpflichtungen zufolge, die er übernommen hatte, mußten diese Köpfe von ihm selbst ausgeführt werden[55]. Als Schutz vor dieser Art der Weitervergabe von Arbeiten scheint ein Vertrag vom 12. März 1416 gedeutet werden zu müssen, in dem sich Mariotto di Nardo verpflichtet, *propria manu* (eigenhändig) alle Figuren der Hauptfelder, der Predella und des Gesprenges eines Triptychons für die *Compagnia del Bigallo* zu malen. Die Vorsichtsmaßnahme schützt die Auftraggeber freilich nicht vor einem Ergebnis, das in seiner Figurengestaltung äußerst bescheiden ausfällt; die Freiheit, die übrigen Partien »per alium cui dicto Mariocto videbitur et placuerit« (durch einen anderen, wie es besagtem Mariocto gut erscheinen und gefallen wird) ausführen zu lassen (ausgenommen alle im Triptychon vorkommenden Figuren), bedeutet ganz offenkundig auch die Möglichkeit, die Arbeit an den weniger bedeutenden Teilen weiterzugeben, was zum Beispiel auch die Bemerkungen zur Vollendung der *Marienkrönung* von Filippo Lippi 1447 nahelegen: Die Maler Stefano und Barnaba vergolden die Predella und den Rahmen, Piero übernimmt die Vergoldung der Säulen, Barnaba erhält einen unbedeutenden und für die Vervollständigung einer Retabel typischen Auftrag, die Bemalung des Vorhangs. Die Malerei ist gänzlich »von Hand« des Filippo Lippi, sie verläßt seine Werkstatt, was nicht im mindesten ausschließt, daß man in ihr die aktive Präsenz der Helfershelfer ausmachen könnte[56].

Bisweilen konnten auch die reduzierten Ausmaße eines Werkes, das eine diskontinuierliche Ausführung schlecht vertragen hätte, die eigenhändige Arbeit des Meisters nahelegen. Wenn es sich auch noch nicht um eine Schutzmaßnahme vor der Weitervergabe von Aufträgen handelt (man denke dabei an die massive Hilfe, derer sich der Meister in Pomposa bedient), so läßt sich gleichwohl der Vertrag von Vitale 1353 für das Polyptychon von San Salvatore in Bologna in dieser Richtung deuten. In einem Vertrag kann jedoch auch die Forderung auftauchen, daß der Meister die Köpfe der Hauptfiguren ausführen solle. Im Jahre 1487 überrascht eine solche Klausel nicht mehr: Genau diese Vereinbarung wird mit Ghirlandaio für die beiden Figuren der Verkündigung (den *Engel* und die *Annunziata*) getroffen, die er in die polychrome Dekoration der Cappella Maggiore in der Abtei zu Settimo einfügen soll. 1490 verpflichtet man wiederum Ghirlandaio dazu, die Köpfe der Heiligen auf der Tafel für den Konvent von Palco bei Prato zu malen; und der Vertrag von 1489 mit Filippino Lippi über die Fresken in der Kapelle Strozzi in Santa Maria Novella verlangt vom Künstler die eigenhändige Arbeit in allen wichtigen Teilen des Bildes. Es scheint nunmehr offensichtlich zu sein, daß der Vertrag von 1505 mit Raffael und Berto di Giovanni über die Pala von Monteluce festlegt, daß die Figuren des Hauptfeldes von Raffael gemalt werden sollten[57].

Wenn es an Mitteln nicht fehlte, war es durchaus üblich, die großen Dekorationsarbeiten – von den Miniaturen in Chorbüchern bis hin zu einem Freskenzyklus – auf mehrere Werkstätten zu verteilen. So wurde jener Wettbewerbsgeist gefördert, auf den Vasari häufig verweist, und vor allem wurde so die Dauer der Arbeit insgesamt erheblich verkürzt. Insbesondere die Aufteilung der Arbeiten bei den Miniaturen von Kodizes läßt erkennen, daß – speziell im 13. und 14. Jahrhundert – eine stilistische Einheit überhaupt nicht gefragt war. Die Norm war eher die, nach der Donna Zuccherina Beccaria fünf verschiedene Meister bei dem Zyklus in San Giacomo in Pavia beschäftigte; die Ausnahme dagegen die Bemerkung des Herzogs von Mailand, der Foppa anrät, daß nur ein Maler sich mit dem Vorhaben befassen solle, um zu vermeiden, daß die Arbeit »mißgestaltet« gerate.

Die Gewohnheit, die Dekorationen umfangreicher Komplexe mehreren Werkstätten anzuvertrauen, findet man auch im Rom des 15. Jahrhunderts, wo der päpstliche Hof Auftraggeber verschiedenster Provenienz versammelt. Die Meister, die am 27. Oktober 1481 für die Arbeiten in der Sixtinischen Kapelle verpflichtet werden, sind Botticelli, Ghirlandaio, Cosimo Rosselli und Perugino. Nur die ersten beiden führen ihre Fresken unter der üblichen Beteiligung der Werkstatt aus, Rosselli wendet sich an Biagio d'Antonio aus Florenz; Perugino ist es wahrscheinlich zu verdanken, daß durch eine ganze Reihe von Auftragsweitervergaben Signorelli, Bartolomeo della Gatta, Pinturicchio und – wahrscheinlich – Pastura in der päpstlichen Kapelle tätig werden können. Pastura, der Maler aus Viterbo, hätte demnach einige Fresken – wie etwa das der heiligen Eremiten Antonius und Paulus in dem Appartamento Borgia – ausgeführt (oder zumindest vereinzelt daran mitgearbeitet), denen Pinturicchio einen großen Teil seines Ruhms verdankt.

Das System, nach dem sich verschiedene Werkstätten in einem Vertrag verpflichten oder sich unter einer juristisch verantwortlichen Person zusammenschließen, um dann ein einziges Werk auszuführen – und offenbar ohne daß man dabei der stilistischen Einheit größere Aufmerksamkeit geschenkt hätte –, ist durchaus noch gebräuchlich, als Raffael die Ausgestaltung der Stanzen übergeben wird; nach Vasari tritt er die Nachfolge von Bartolomeo della Gatta, von Signorelli, Bramantino und Sodoma an. Auch diejenigen Fresken im Raffael-Zyklus, die nicht unbedingt von seiner Hand stammen, erscheinen als Beispiele einer so einheitlichen Ausführung, wie sie niemals zuvor bei den großen römischen Dekorationsunternehmen erreicht worden war. Die Fresken waren von einer homogenen Gruppe von Künstlern gemalt worden, die immer zusammenarbeiteten und – unter der Leitung Raffaels – ihre Arbeit bis hin zu den Naturstudien kollegial aufteilten. Wenn man sich jedoch dem Vorurteil hingeben will, demzufolge im Disegno (der Vorzeichnung) unbedingt ein Moment unvermittelter Expressivität zu sehen und dieser insofern der endgültigen Fassung vorzuziehen sei, so wird es vielleicht überraschen, daß die Aktstudien für die *Schlacht von Ostia* oder das Kind in der *Sacra Famiglia*, die für Franz I. bestimmt waren, auf Giulio Romano zurückgehen. In Wirklichkeit konnte der Disegno – als vorbereitende Arbeit – von jemand ganz beliebigem ausgeführt werden, wenn er nur den Erwartungen Raffaels bei der Abzeichnung des studierten Modells richtig entsprach; unter dieser Voraussetzung war es gleichgültig, ob er selbst, Giulio Romano oder irgendein anderer Schüler oder Gehilfe die Arbeit angefertigt hatte. An Dürer schickte er als Beispiel seiner Kunstfertigkeit ausgerechnet eine Studie von Giulio Romano, mit der (und mit dem) er außerordentlich zufrieden gewesen sein muß[58].

Noch größer ist die stilistische Einheitlichkeit der Deckenmalerei Michelangelos in der Sixtinischen Kapelle. Zu seiner Unterstützung hatte er sich aus Florenz eine Gruppe von Malern kommen lassen, die offenbar sein Vertrauen besaßen (Granacci, Bugiardini, Aristotele da Sangallo, Jacopo Foschi, Indaco Vecchio, Agnolo di Donnino); nach einem ersten Versuch schickt er sie alle wieder fort, läßt ihre Arbeit abschlagen und verschließt sich in einer seiner typischen saturnischen Stimmungen. Er setzt dann seine Arbeit allein fort, wenn man von den

Gehilfen absieht, die – aller Wahrscheinlichkeit nach – mit den rein manuellen Tätigkeiten beschäftigt wurden[59].

Ein Beispiel für ein großes Unternehmen, bei dem eine Zusammenarbeit unumgänglich und das auch unter den großen Künstlern des Cinquecento einigermaßen ungewöhnlich ist: Am 2. Dezember 1567 unterbreitet Tizian Philipp II. das Angebot, das gesamte Leben des Heiligen Laurentius im Escorial zu übernehmen; sowie er von der Zustimmung des Monarchen gehört haben werde, schreibt Tizian, werde er unverzüglich

> jede Anstrengung unternehmen, daß Eurer Majestät rasch gedient werde, und nicht zögern, zur Mitarbeit mich meines Sohnes und Dieners Orazio zu bedienen sowie eines anderen begabten jungen Mannes, der mein Schüler ist, auf daß in so kurzer Zeit, wie Eure Majestät mir befehlen werden, das Werk ausgeführt sei ...[60]

In einem Klima, in dem man besonders den ideellen Charakter der Kunst hervorzuheben sucht, stützt sich die Wertschätzung noch vornehmlich auf die Erfindung. Malvasia stellt sich vor, wie Guido Reni dem Papst, der sich über die ausgiebige Beteiligung der Schüler an den Fresken des Quirinale beschwert hatte, zu verstehen gibt, daß

> ... das Einritzen, Entwerfen und Grundieren nicht das ist, was die Arbeit ausmacht. Sie sind genau wie ein Schriftstück Eurer Heiligkeit, das, bevor Ihr nicht Eure Hand daruntersetzt und unterschreibt, zu überhaupt nichts dient. Nicht nur sind die Gedanken und Disegni mein, ich werde auch alles wieder zudecken und neu verputzen, erneuern und auf eine Weise vollenden, daß, wenn meiner eigenen Hand das Werk, das man mir gegeben hat, nicht gelingen sollte, ich zufrieden wäre, in Eure Ungnade zu fallen[61].

Auf eben diese Form der Wertschätzung, welche die Erfindung in jeder Hinsicht privilegiert, geht auch die Gewohnheit zurück, bei der Bezahlung eines Bildes die einzelnen Figuren zu berechnen. Ein frühes Beispiel dafür (das jedoch dem Ton nach eher eine Kalkulation der notwendigen handwerklichen Arbeiten an einer Altartafel darstellt) ist das Gutachten von 1545, in dem Lorenzo Lotto die *Mariae Himmelfahrt* von Francesco Beccarucci in Valdobbiadene bewertet: 20 Dukaten für die Farben, ungefähr 15 für die Madonna, 60 für die vier ganzfigurigen Hauptapostel etc. Hier ist man nicht mehr weit von einer neuen Betrachtungsweise entfernt: Sie geht von der Figur als einzelnem Element einer Dekoration aus und nimmt die Zeit, die – in Form von Handarbeit – auf eine Figur verwendet wurde, zum Maßstab. Ganz ähnlich müssen die Bedingungen für Paolo Uccello gewesen sein, der die Riesen in der Casa Vitelliani in Padua für einen Dukaten pro Stück malte[62].

Davon unterscheidet sich jedoch die Einschätzung des Werkes, die nicht mehr von seinen Ausmaßen und der bei der Ausführung aufgewendeten Zeit ausgeht, sondern von den Figuren, von der Erfindung, die alles übrige bestimmt. Domenichino orientiert sich bei den Fresken in der Cappella del Tesoro im Dom von Neapel an der Norm und den Preisen von Guido Reni, wenn er 100 römische Scudi (oder 130 Dukaten) für eine ganze Figur, 50 für eine halbe und 25 für einen Kopf verlangt; Lanfranco fordert für die Kuppelmalerei einen Preis von 100 Dukaten für jede Figur. Diese Berechnungsnorm setzt sich im Verlauf des 17. Jahrhunderts durch, auch wenn eine solche Art der Kalkulation – eine bestimmte Summe pro Figur – ein allzu mechanisches Verfahren zu sein scheint, um das Genie des Künstlers zu messen: Poussin verwahrt sich dagegen, und Salvator Rosa erklärt verärgert, man möge »zum Böttcher oder Tonbrenner gehen, die ihre Arbeit nach Anzahl und Maß machen«[63].

Ablauffristen

Von dem Augenblick an, da man in den Verträgen die Freiheit des Künstlers innerhalb der festgelegten Aufgaben, die mit einem – in aller Regel sozial höhergestellten – Auftraggeber vereinbart worden sind, mit größerer Deutlichkeit hervorhebt, werden die Termine für die Fertigstellung der Kunstwerke nicht mehr eingehalten. Die Fristen in einem traditionellen Vertrag waren äußerst dringlich; es ist typisch für eine vollkommen handwerkliche Betrachtungsweise, die unter einer Altartafel einen mehrfarbigen Gegenstand zu devotionalen Zwecken versteht, wenn der Termin der Fertigstellung – wie in dem Mailänder Vertrag vom 25. April 1483 – auf das kommende Fest der Unbefleckten Empfängnis vom 8. Dezember festgelegt wird. Und es handelt sich dabei um Gipsauftrag, Vergoldung, Bemalung, um ein plastisch gearbeitetes Gesamtwerk, von welchem die *Felsgrottenmadonna* (mit ihrer Höhe von fast zwei Metern) nur das mittlere Feld in der unteren Ordnung ausmacht. Es wäre unmöglich gewesen, das Werk ohne umfassende Beteiligung der Werkstatt zu vollenden.

Ein Künstler, der sich als Künstler fühlt und von den anderen als solcher angesehen wird, kann solche Vereinbarungen unmöglich akzeptieren. Am 12. August 1502 übergibt die Signoria in Florenz Michelangelo den Auftrag zu einem *David* in Bronze, der für den Marschall von Giè bestimmt und innerhalb von sechs Monaten auszuführen sei: ein Geschenk, das die politischen Beziehungen verbessern helfen soll. Am 31. Dezember schreibt die Balia an die florentinischen Gesandten in Frankreich und erinnert daran, daß man, »wie Ihr wißt, sich von Malern und Bildhauern niemals etwas Sicheres versprechen kann«; am 30. April 1503 erwartet man, daß die Statue am Johannestag fertiggestellt sein werde, »wenn der Maestro Michelangelo sich fest an sein Versprechen hält, welches jedoch nicht allzu sicher ist, wenn man den Geist solcher Leute in Rechnung setzt«. Am 19. Juli wird konstatiert, daß »die Natur dieses Mannes« es nicht erlaube, die Sache in wenigen Tagen zu erledigen. Und das alles bei einer Frist, die von diplomatischen Zweckmäßigkeiten bestimmt wird[64].

Die wechselvolle Geschichte des Grabmals für Julius II. ist allgemein bekannt; da er durch neue Auftrage fur die Medici in Anspruch genommen ist, gelangt Michelangelo von der ersten Vereinbarung 1505 mit ständigen Verzögerungen und von Vertrag zu Vertrag schließlich zu jenem endgültigen Termin von 1542 und zur Fertigstellung des Monuments im Jahre 1545. Die Vollendung dieses Werkes schränkt andererseits die vollständig eigenhändige Arbeit am *Moses* erheblich ein und veranlaßt den Künstler dazu, die Arbeit an den *Gefangenen* zu unterbrechen, welche dann nicht wieder aufgenommen wird und unvollendet bleibt. Michelangelo ist mit immer neuen Projekten der jeweils regierenden Päpste beschäftigt, und diese konnten der Realisierung eines Grabmals für einen heroisierten Pontifex aus der Familie della Rovere im Zentrum der neuen Vatikanskirche nur desinteressiert oder sogar feindlich gegenüberstehen. Freundlich, aber sehr bestimmt räumt der Brief des Herzogs von Urbino 1542 daraufhin ein, daß Michelangelo von dem Augenblick an, da er die neue Kapelle für Paul III. auszumalen habe, die Skulpturen der oberen Reihe von anderen Meistern, die unter seiner Aufsicht arbeiten, ausführen lassen dürfe, und dieses Zugeständnis ist für ihn dann auch die einzig verbleibende Möglichkeit, das Monument für seinen Onkel noch vollendet zu sehen[65].

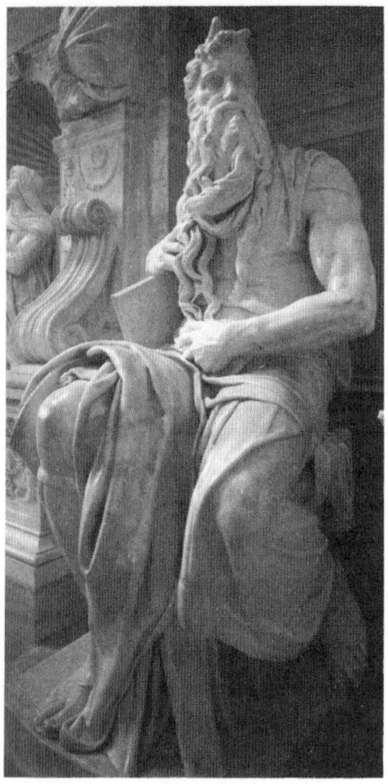

MICHELANGELO, *Moses*

Als Maler aller einflußreicheren Persönlichkeiten am päpstlichen Hof befindet sich Raffael in der Lage, Arbeiten nach Belieben aufzuschieben, deren Auftraggebern er sich in jenen Jahren verpflichtet hatte, als er teils im republikanischen Florenz, teils in Perugia arbeitete; dies trifft etwa für die Tafel von Monteluce zu. Doch kann er auch Arbeiten für eine so bedeutende Persönlichkeit wie Alfonso d'Este aussetzen, indem er diesen mit Entwurfkartons beschenkt (die seinen Stil bezeugen, aber keine fertigen Arbeiten sind), um ihn vorerst zufriedenzustellen. Alfonso zahlt 1517 an Raffael einen Vorschuß von 50 Dukaten für ein Gemälde, das für die Zimmer seines Schlosses in Ferrara bestimmt ist. Durch die Korrespondenz mit dem Botschafter in Rom, dem Bischof von Adria, Beltrando Constabili, und mit dem Sekretär Paolucci lassen sich die verschiedenen Verhaltensweisen sowohl des Fürsten als auch des Künstler-Fürsten genau verfolgen. Am 30. April 1519 etwa weist der Herzog Paolucci an, »in der angemessenen Form« auf die Fertigstellung des Werkes zu drängen: Je eher der Herzog sie erhalte, desto willkommener sei ihm die Malerei. Die Mißerfolge bei diesem Vorgehen lassen es dem Sekretär vorteilhaft erscheinen, daß Alfonso d'Este selbst dem Maler schreibe (3. September), doch hält es der Herzog, wie Wittkower betont, offenbar nicht für ratsam, sich persönlich zu exponieren und womöglich dabei den vom Papst bevorzugten und protegierten Maler zu beleidigen; in seiner Antwort vom 10. September 1519 bemerkt der Herzog:

Es scheint uns nicht gegeben, nach Eurem Vorschlag an Rafael da Urbino zu schreiben; doch wir wollen, daß Ihr ihn aufsucht und ihm von Briefen von uns sprecht, in denen wir Euch schrieben, daß es nun bereits drei Jahre seien, daß er uns sein Wort gegeben habe; und daß dies keine Fristen seien, die es unserer Ansicht nach bedürfe; und daß, wenn er uns nicht zufriedenstellen werde, wie er uns versprochen habe, wir dafür sorgen würden, daß er erkenne, daß er nicht wohl daran getan habe, uns zu betrügen. Und dann, als käme es von Euch, könnt Ihr ihm sagen, daß er sich vorsehen möge, nicht unseren Haß zu erwecken, da wir ihm mit Liebe zugetan seien; und daß er ebenso, wie er die Treue zu uns achte, hoffen könne, sich bei uns Verdienste zu erwerben, so auch im Gegenteil, wenn er uns nicht diene, einen Tag erwarten dürfe, da ihm jene Dinge nicht zum Besten gereichen würden; und alle diese Reden seien zwischen Euch und ihm allein.

Am 20. Januar 1520 übermittelt der Herzog erneut ähnliche Instruktionen an Paolucci und ersucht ihn ausdrücklich, sich zu versichern, daß der Meister wirklich an dem Bild arbeite. Wie üblich – und ungeachtet der Tatsache, daß er es vermeidet, den Sekretär des Herzogs im eigenen Haus zu empfangen – zeigt sich Raffael »mit guten Worten dem Dienste Eurer Hoheit völlig ergeben«. Als schließlich am 6. April der Meister unerwartet stirbt, gibt es keinen Anlaß mehr, den Konflikt zwischen einer latenten Ehrensache und dem Problem, den berühmtesten Maler Italiens nicht zu beleidigen, weiterzuführen.

Die Hierarchie der Aufträge, die er zu respektieren sich verpflichtet fühlt, setzt Raffael selbst; so berichtet Paolucci dem Herzog von Ferrara am 14. Mai 1519, daß »er mir antwortet, er habe keinen anderen Herrn und Patron, nebst dem Papst, als Eure Hoheit, und nun, da der Kardinal de' Medici nicht da sei, werde er mehr Zeit haben, sich dem Werk Eurer Hoheit zu widmen«[66].

Diese Verzögerungen sind meistens alles andere als ein Ausdruck der Launenhaftigkeit des saturnischen Künstlers; sie zeigen sogar dessen sorgfältige Anpassung an die ungeschriebenen und gleichwohl allseits akzeptierten Gesetze des gesellschaftlichen Umgangs: Man denke zum Vergleich an Tizian, der sich zwischen den Wünschen der verschiedenen Fürsten Norditaliens, des venezianischen Senats und selbst des Kaisers souverän bewegt.

Es gibt indes auch Verzögerungen aufgrund von Umständen, die nicht wiedergutzumachen sind; zu einer vergleichsweise späteren Zeit, im Jahre 1631, kommt es zu einem Ereignis, das gerade wegen seiner gesellschaftlichen Implikationen nicht uninteressant ist: Die Miniaturistin Giovanna Garzoni entschuldigt sich bei Cassiano Dal Pozzo dafür, daß es ihr unmöglich sei, ihm aus Neapel einen *Heiligen Johannes* zu senden, den sie ihm versprochen habe...

... unvorhergesehenerweise suchte mich der Sekretär des Herzogs d'Alcalà, Herrera, in meinem Hause auf, gemeinsam mit dem Marchese di Vico, die mir einen typisch espagnolischen Streich spielten; denn während ich beschäftigt war, ihnen einige Werke zu zeigen, die ich für Eure Exzellenz begonnen hatte, zog mir besagter Marchese di Vico nicht ohne Galanterie aus einem Buch Euren *Heiligen Johannes* und Herrera zwei andere Blätter mit Bildnissen und nahmen diese einfach mit[67].

Auch ganz einfache Ursachen können Verzögerungen bewirken, die wahrscheinlich der Künstler selbst am wenigsten herbeiwünscht: Obwohl es auch hier Streitigkeiten gab, kann unter diesem Gesichtspunkt das gesamte Quellenmaterial über Jacopo della Quercia und das Portal von San Petronio neu betrachtet werden. Die ganze Angelegenheit wird vor allem durch die Beschaffung von veronesischem Marmor und Stein aus Istrien erschwert; zwar setzt der Vertrag vom 28. März 1425 für die Ausführung eine Frist von zwei Jahren, jedoch ausgehend »von dem Tag, da man die Steine haben wird und jener fortlaufend daran zu arbeiten beginnt«. Die Verzögerungen bei der Materialbeschaffung zwingen zur Unterbrechung der Arbeit an dem Bologneser Portal, die sich nun mit anderen Verpflichtungen in Siena überschneidet; diese werden die Arbeiten am Portal zusätzlich komplizieren und in die Länge ziehen, während der Meister zwischen zwei wichtigen Bauhütten in zwei verschiedenen Städten lavieren muß. Obwohl das Portal ohne das 1425 vorgesehene Tympanon bleibt, wird bereits am 24. Oktober 1429 ein neuer Vertrag für das Portalinnere aufgesetzt – ein Zeichen dafür, daß man die Arbeit im wesentlichen als abgeschlossen betrachtet, zumindest als vereinbar mit dem insgesamt noch unfertigen Zustand der Fassade[68].

Die Verspätung von Piero della Francesca bei der Ausführung des *Polittico della Misericordia* in Sansepolcro gibt einen außerordentlich bedeutsamen Hinweis auf eine Situation, die zunächst von der Form der *locatio operis* des Vertrages und der in ihm festgehaltenen Gleichrangigkeit bestimmt ist, die sich aber zwischen 1445 und 1462 – dem Datum der letzten Zahlung – so geändert hat, daß inzwischen der Künstler die stärkere Position einnimmt. Der Maler soll nach dem Muster einer anderen, bereits existierenden Retabel sowie nach den ikonographischen Anweisungen des Priors und der Mitglieder der Bruderschaft eine Holztafel anfertigen, vergolden und malen lassen, und all dies auf eigene Kosten. Als Garantie für eine gute Ausführung (und eine gute Wahl des Holzes) wird Piero della Francesca verpflichtet, über zehn Jahre jeden Fehler »propter defectum lignaminis vel ipsius Petri« (aufgrund eines Fehlers im Holz oder des Piero selbst) zu reparieren. Die Frist (auch stilistisch läßt sich die Verzögerung der Arbeit bis fast zum Jahr 1462 feststellen) beläuft sich auf drei Jahre; die Bezahlung besteht in 50 Fiorini bei Abschluß des Vertrages – eine für die Materialkosten und die Arbeiten an den Holzteilen notwendige Summe – und in 100 Fiorini nach Fertigstellung der Tafel. Wie Roberto

Longhi bemerkt, steht der Maler bereits kurz nach dieser Vereinbarung vor einer Reihe von Aufträgen, die ihn von Urbino nach Rimini, nach Ferrara und an den Hof des Papstes führen. Es ist leicht anzunehmen, daß ihm die Fertigstellung des dörflichen Polyptychons dabei zweitrangig wurde. Gesellschaftlich erreichte Piero della Francesca in diesen Jahren eine – im Vergleich zu den meisten Brüdern der Misericordia – beneidenswerte Position, wobei die Bruderschaft nur Vorteile aus den Verbindungen ziehen konnte, die ihr Landsmann zu allen großen Fürstenhöfen Italiens knüpfte. Darüber hinaus muß man bedenken, daß der vereinbarte Preis in Wirklichkeit ein Freundschaftspreis war; schon 1454 waren bei dem neuen Polyptychon für Sant'Agostino 320 Fiorini allein für die Malerei vorgesehen[69].

Schiedsspruch und Schiedsgericht

In dem konservativen Rahmen notarieller Formeln scheint die vertragliche Parität zwischen Auftraggeber und Künstler durch die offizielle Einrichtung eines Schiedsgerichtes abgesichert worden zu sein, das sich aus Kollegen des Malers oder Bildhauers zusammensetzt, um Streitpunkte zu schlichten oder besondere, anfangs nicht vorhersehbare Probleme zu klären. Es handelt sich dabei um eine Einrichtung, die sich nur gegen Ende des Quattrocento behaupten kann.

Als am 14. Juni 1211 die Bauhütte der Pfarrkirche von Santo Stefano in Prato einen Vertrag mit dem Marmorsteinmetz Guido da Lucca abschließt, erscheint unter den verschiedenen Klauseln auch jene, daß alles, was der »maiori parti hominum« (der Mehrheit) nicht gut und angemessen erscheine, von ihm, »sicut melius potuerit« (wie er es wird besser machen können), überarbeitet werden müsse. Es ist dies ein Appell an einen unbestimmten gesunden Menschenverstand, der auch 1285 im Zusammenhang mit Duccios *Madonna Rucellai* angesprochen wird, auch wenn hier insgesamt Bedingungen eingefügt werden, die eine erheblich bessere Behandlung des Meisters erkennen lassen. Die Malerei wird bezahlt und die Ausgaben des Duccio di Buoninsegna (»conducens dictam tabulam ad pingendum a predictis rectoribus et operariis locantibus«, der vorübergehend besagte Tafel zum Bemalen von den genannten Leitern und deren gedungenen Arbeitern übernimmt) werden zurückerstattet werden, sofern die Malerei schön sein wird und nach dem Willen der Auftraggeber. Andernfalls verbleiben die Ausgaben zu Lasten des Malers, wie auch die Tafel, die er bemalt hat, in diesem Fall in seinen Besitz übergeht. Es ist offenkundig, daß es sich hierbei um eine Klausel von rein formaler Bedeutung handelt; die Schönheit und die volle Zufriedenheit über Duccios Malerei wurden als selbstverständlich vorausgesetzt[70].

Der Fall jedoch, daß ein Maler nach der wenig ehrenvollen Ablehnung durch den ersten Auftraggeber zum Händler der Tafel wird, die er selbst gemalt hat, trifft 1446 in Perugia ein: Giovanni Boccati hat einen gewissen Messer Agnolo nicht zufriedengestellt, weswegen er dafür Sorge tragen muß, die *Pala dei Disciplinati* (Holzarbeit, Hauptfeld, Predella und Rahmen) nunmehr selbst abzusetzen. Der Kauf durch die Bruderschaft, die der Tafel ihren Namen gegeben hat, geschieht zu einem Preis von 250 Fiorini; das sind 100 Fiorini mehr, als in dem Vertrag von 1445 über den *Polittico della Misericordia* von Piero della Francesca als Preis vorgesehen worden war, jedoch 70 Fiorini weniger als die 320, für die wiederum der Meister von Sansepolcro sich im Jahre 1454 einzig und allein zur Ausmalung des *Polyptychon des Heiligen Augustinus* verpflichtet[71].

Das Schiedsspruchverfahren in künstlerischen Angelegenheiten entwickelte sich wahrscheinlich aus der kollegialen Zusammenarbeit bei der Lösung von Problemen, wie sie sich den großen Bauhütten nach und nach bei dem Bau einer Kathedrale stellten. An eine solche Herkunft wird man denken müssen, wenn man liest, daß die Dombauhütte von Florenz sich 1398 an einen Goldschmied (Simone di Andrea) und an zwei Maler (Neri di Antonio und Giuliano d'Arrigo) wendet und jedem von ihnen einen Fiorino zahlt, um Vergütung und Gehalt des Pietro di Giovanni Tedesco für eine Marmorstatue festzulegen. Es handelt sich um eine private Anfrage, die von den offiziellen Vertragsbedingungen her nicht notwendigerweise hätte anerkannt werden müssen. Jedoch scheint die Schlußfolgerung erlaubt, daß man weniger die Materialkosten oder die Arbeitszeit als vielmehr stilistische Aspekte habe schätzen lassen wollen, zumal zu der kleinen Kommission kein »Steinschneider« gehört[72].

Daß es sich um ein Verfahren außerhalb vertraglicher Vereinbarungen handelt, wird noch deutlicher, wenn 1454 »sachverständige Künstler der Zunft« ein Tabernakel von Neri di Bicci schätzen; oder wenn derselbe Maler, der 1466 schwierige Verhandlungen über eine Tafel aus dem Nachlaß Lapacci für San Romolo in Florenz zu führen hat, mit einem Gutachten von Zanobi Strozzi und Alesso Baldovinetti konfrontiert wird. Dagegen hat die Schätzung des Marmors für das Grabmal Federighi von Luca Della Robbia (heute in Santa Trinità), die Bruggiano anläßlich der Auseinandersetzung zwischen dem Bildhauer und den Erben des Bischofs 1459 vornimmt, bereits offiziellen Charakter[73].

Eine Kommission von Künstlern, die dem Auftraggeber beratend zur Seite steht, gehört zu den Bedingungen des Vertrags vom 21. Mai 1417 zwischen Lorenzo Ghiberti und der Dombauhütte von Siena. Ghiberti soll zwei Bronzereliefs für das Baptisterium ausführen, und der Preis für die erste ›Storia‹ soll bei der Übergabe geschätzt werden. Die Bedeutung des Auftrags wird durch den Vorschuß von 100 Fiorini unterstrichen. Es kann jedoch nicht mit Sicherheit vorausgesetzt werden, daß zu diesen Kommissionen – wenn sie einen offiziellen Status haben – auch Künstler gehören; 1419 wird Ghibertis Skulptur des Hl. Matthäus für Orsanmichele von einem Kollegium geschätzt, das sich gänzlich aus Mitgliedern der Wechsler-Zunft – welche die Statue in Auftrag gegeben hatte – zusammensetzt; und es ist die Korporation, nicht der Schöpfer des Werkes, die in der Inschrift am Gewandsaum des Heiligen gefeiert wird: »opus universitatis cansorum florentie anni domini MCCCCXX« (das Werk des gesamten florentinischen Finanzwesens im Jahre des Herren 1420)[74].

Natürlich sind der herzögliche Kanzler Antonio de' Girardi und der Adlige Fiorello Beccaria (»quibus data est potestas et commissio per ambas partes«, denen zu beiden Teilen Bevollmächtigung und Auftrag gegeben ist) ebenfalls keine Künstler; sie werden 1476 ausgewählt, um zu beurteilen, ob die Fresken in San Giovanni della Vernavola in Pavia, die Foppa und andere Maler ausgeführt hatten, die im Vertrag vereinbarten 190 Dukaten wert seien oder nicht. Ein Schiedsspruch dieser Art gründet nicht so sehr in den praktischen Kenntnissen eines Handwerks oder einer Kunst, sondern vielmehr in der Autorität der Persönlichkeit. Auch in der herzöglichen Lombardei ist diese Praxis keineswegs mehr allgemein üblich, als 1480 der Bildhauer Giacomo del Maino und die

Bruderschaft der Unbefleckten Empfängnis in Mailand Amadeo als Schiedsherrn bei eventuellen Streitfragen bestimmen. Die Vereinbarung bezieht sich auf die Schnitzarbeiten für die große Altarretabel, in welche die *Felsgrottenmadonna* eingefügt werden sollte[75].

Bereits an der kleinen Kommission der Dombauhütte von Florenz, die sich 1398 mit der Statue von Pietro di Giovanni Tedesco befaßt, läßt sich ersehen, wie man über eine rein handwerkliche Begutachtung hinaus und zu einer Einschätzung der figurativen und eher unwägbaren Qualitäten des Werkes übergeht. Der Wunsch, gerade die stilistischen Aspekte immer präziser bewerten zu können, welche nichts mehr mit einer bloß handwerklich befriedigenden Arbeit zu tun haben – und die dabei jenen Auftraggebern entgehen mußten, die sich mit einer Tafel von Giovanni del Biondo oder Bartolo di Fredi zufriedengaben –, wird bei der Wahl offenkundig, die die Testamentsvollstrecker von Francesco Maringhi treffen, um die Ausführung der Tafel mit der *Marienkrönung* von Filippo Lippi zu verfolgen: Ein Verwandter, ein Bankier, der wahrscheinlich als Finanzberater fungiert, und Lorenzo di Bartoluccio (Ghiberti), der den bildnerischen Qualitäten der Pala nur seinen Beifall geben kann[76].

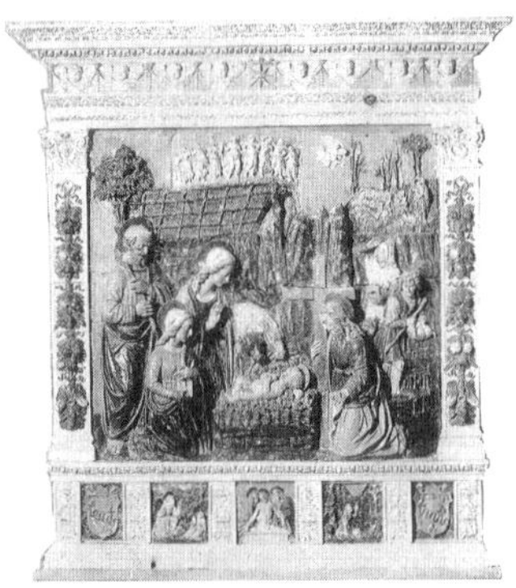

LUCA DELLA ROBBIA,
Anbetung des Kindes

1445 wird die Bezahlung der *Auferstehung* in Terrakotta von Luca Della Robbia auch »pro sua industria et inventione ad inveniendum dictum laborerium« (entsprechend seinem Fleiß und der Erfindung, die bei der Verfertigung des genannten Werkes angewandt werden) entrichtet, während die neuen Bewertungskriterien, die sich in der toskanischen Stadt durchzusetzen beginnen, auch von ihrem Bischof, dem Hl. Antoninus, bezeugt werden, wenn dieser in der *Summa theologica* bemerkt, daß die Maler (»magis vel minus rationabiliter«, mehr oder weniger vernunftgemäß) sich »non solum secundum quantitatem laboris sed magis secundum industriam et maiorem peritiam artis« (nicht allein nach dem Aufwand der Arbeit, sondern mehr nach dem Fleiß und der größeren Fertigkeit in der Kunst) bezahlen lassen. So unterscheidet 1496 bei dem Streit um Ghirlandaios Tafel in Rimini der Notar, der zugleich Schiedsrichter ist, daß nur 10 Fiorini des noch ausstehenden Restbetrages von 24 Fiorini zu zahlen seien, wobei er auf die minderen technischen Qualitäten David Ghirlandaios verweist, der zur Fertigstellung der Tafel nach dem Tod des Domenico an dessen Stelle getreten war, und führt als Beispiel die Portraits an, welche die Malatesta in Auftrag gegeben hatten: Figuren, »quae minime eorum personae nec eorum aspectui conveniunt« (die nicht im mindesten mit jenen Personen noch mit deren Antlitz übereinstimmen)[77].

Wenn man die Zusammensetzung der Kommission interpretieren will, die 1453 eine Vereinbarung zwischen den Erben Gattamelatas und Donatello über das Monument in Padua zu treffen hat, erscheint es logisch, daß ihr Urteil auch den Wert der bildnerischen Aspekte des Werkes einbeziehen muß: Unter den von Donatello berufenen Schiedsrichtern erscheinen Pantaleone di Paolo und Bartolomeo Bon, für die Erben Gattamelatas Michele Giambono, die Goldschmiede Antonio di Sisti und Giovanni Testa und der Stecher Jacopo Moranzone. Verschiedene Kompetenzen werden dagegen in Anspruch genommen, als am 17. Januar 1482 der Schiedsspruch über die Fresken der *honorabiles viri*, die die Sixtinische Kapelle bemalt haben, gefällt werden soll: Meister Antonio da Pinerolo, »in sacra pagina magister« (ein Meister der Buchmalerei), Bartolomeo Bolli als Kanonikus der Peterskirche, die Maler Lauro Padovano und Giovanni Alvise da Mantova und der Architekt Giovannino de'Dolci[78].

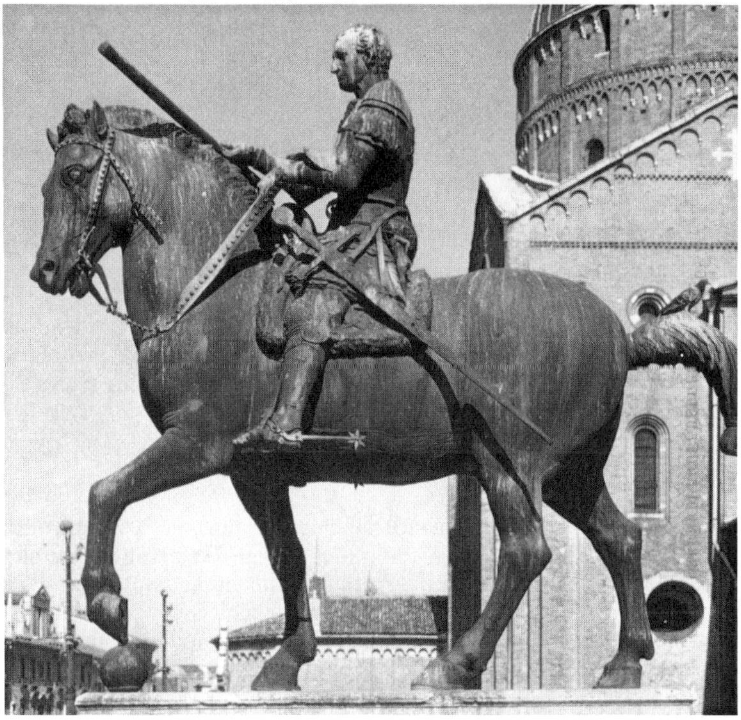

DONATELLO,
Reiterstatue des Gattamelata

Die Zusammensetzung dieser Kommissionen gibt jeweils synchrone Querschnitte einer Realität wieder, die nur gelegentlich mit unseren Vorstellungen von stilistischer Einheitlichkeit übereinstimmt: 1497 besteht die Kommission, welche die Fresken von Baldovinetti in Santa Trinità begutachtet, aus Benozzo Gozzoli, Filippino Lippi, Pietro Perugino und Cosimo Rosselli. 1508 werden die wundervollen Fresken Giorgiones im Fondaco dei Tedeschi auf Empfehlung von Giambellino durch Lazzaro Bastiani, Vittore Carpaccio und Vittore Belliniano geschätzt[79].

Auf der einen Seite konnte diese Form des Schiedsgerichtes im Namen des alten Autoritätsprinzips noch diskutabel sein (man wird privat auch Meister der Zunft befragt haben, aber die Entscheidung wurde – wie in dem Beispiel von 1476 – von einer Persönlichkeit wie dem herzöglichen Kanzler oder dem Adligen aus Pavia gefällt); unter neueren Gesichtspunkten wurde ein solches Verfahren jedoch auch deshalb problematisch, weil sich die bildenden Künste auf jene Disziplinen ausgeweitet hatten, die auch einem Adligen nicht unbekannt sein durften[80]. Als der Kardinal Piccolomini in dem Vertrag von 1501 auf zwei Meister verweist – der eine wird von ihm, der andere von Michelangelo ausgewählt –, die beurteilen sollen, ob die beiden ersten für den Altar von Siena bestimmten Statuen den vertraglichen Vereinbarungen entsprechen, wird sogleich präzisiert, daß diese Vollmacht, ein Urteil zu fällen, nur vergeben wird, weil sich der Kardinal nicht selbst nach Florenz begeben könne. Der Notar Pandolfo Leonardelli beruft sich 1496 bei dem Schiedsspruch zur Tafel des Ghirlandaio von Rimini (der die qualitative Überlegenheit Domenicos zum Gegenstand hat) auf die Ansicht vieler Sachverständiger (die nicht notwendigerweise Künstler sind); aber von Rechts wegen ist er es, der das Schiedsurteil erläßt. Daß solche Schiedskommissionen offiziellen Charakter erlangen und mit

Meistern des eigenen Metiers besetzt werden, ist zwar ein konkretes Indiz für das neue Ansehen des Künstlers in der Gesellschaft, zugleich aber ein Erfolg von nur ganz kurzer Dauer.

Mit der Refeudalisierung des 16. Jahrhunderts und der Eingliederung der Künstler-Fürsten in die Paideia der herrschenden Klasse nimmt diese Form, die deutlich die vertragliche Gleichstellung zwischen Handwerker und Auftraggeber ausdrückt, immer mehr den Charakter eines besonderen Ausnahmefalls an. Sie wird zu einer ritterlichen Pflicht, mit der der Rivale das Verdienst seines Antagonisten anerkennt, das er, wäre es käuflich, ihm absprechen würde: alles zum Ruhm der Kunst und zum eigenen Ansehen. Genau dieser Perspektive folgt Ridolfi, wenn er vom Urteil Tizians über die Fresken Pordenones in Treviso spricht; das Ganze wird schließlich zu einem Gemeinplatz, der in den Vitensammlungen der Künstler weite Verbreitung findet[81].

Die Bezahlung

Ein Vertrag gibt neben der eigentlichen Summe auch die Währung oder Münzart an, in welcher die Entlohnung erfolgt. Einzig und allein die Vergütung in Naturalien hat die Aufmerksamkeit der Kunsthistoriker angezogen, wobei man darin ein Zeichen der schlechten gesellschaftlichen Stellung des Künstlers sehen wollte (so Antal im Hinblick auf das florentinische Trecento) oder auch behauptete, daß dies eine gewöhnliche Form der Zahlungsleistung noch weit bis ins Seicento gewesen sei[82] – allerdings ohne dabei die Beziehungen zum sozialen und wirtschaftlichen Kontext zu berücksichtigen, der vom 14. bis zum 18. Jahrhundert sicherlich alles andere als einheitlich gewesen ist.

Unter der allgemeinen Voraussetzung, daß sich die Auftragsvergabe auf Kunstwerke in Italien seit dem Trecento in einem wesentlich von der städtischen Geldwirtschaft geprägten Rahmen abspielt, wird eine Bezahlung in Naturalien in den offiziellen Vertragsformulierungen nur in Form von präzise umschriebenen Immobilien oder Grundbesitztümern angeführt. Nach den Einnahme- und Ausgabebüchern und anderen privaten und administrativen Quellen läßt sich auf eine Begleichung in Naturalien – als eine Art Warenaustausch von geringem Umfang – bei Teilen einer Zahlung schließen, sofern die Vertragspartner persönliche Beziehungen unterhielten. 1462 werden 15 Lire, die zu der Summe für den *Polittico della Misericordia* von Piero della Francesca gehören, in Form eines mit Färberwaid kolorierten Stoffes dem Bruder des Malers ausgehändigt: Es ist dies eine Form der Bezahlung, die völlig übersehen wird, wenn man allein die Vertragstexte berücksichtigt. Für die Kleidungsstücke, welche unter den Zahlungen der Compagnia del Corpus Domini in Urbino zwischen 1467 und 1469 an Paolo Uccello erscheinen, wird man eine Herkunft aus einer Erbschaft oder Pfändung annehmen dürfen; auch diese Vergütung ist uns nur aus den Ausgabebüchern der Bruderschaft bekannt und geht über das hinaus, was in dem eigentlichen notariellen Akt als Vereinbarung festgehalten wurde[83].

Auf vertraglicher Grundlage dagegen wird von der Vergütung, die Andrea di Buonaiuto im Dezember 1365 für die Cappellone degli Spagnoli erhält, durch den Prior von Santa Maria Novella die Summe von 65 Fiorentini einbehalten und dafür dem Maler und seiner Frau ein Haus zur Nutznießung überlassen; nach ihrem Tod würde es in den Besitz des Konvents zurückkehren. Die Entlohnung geschieht weiter-

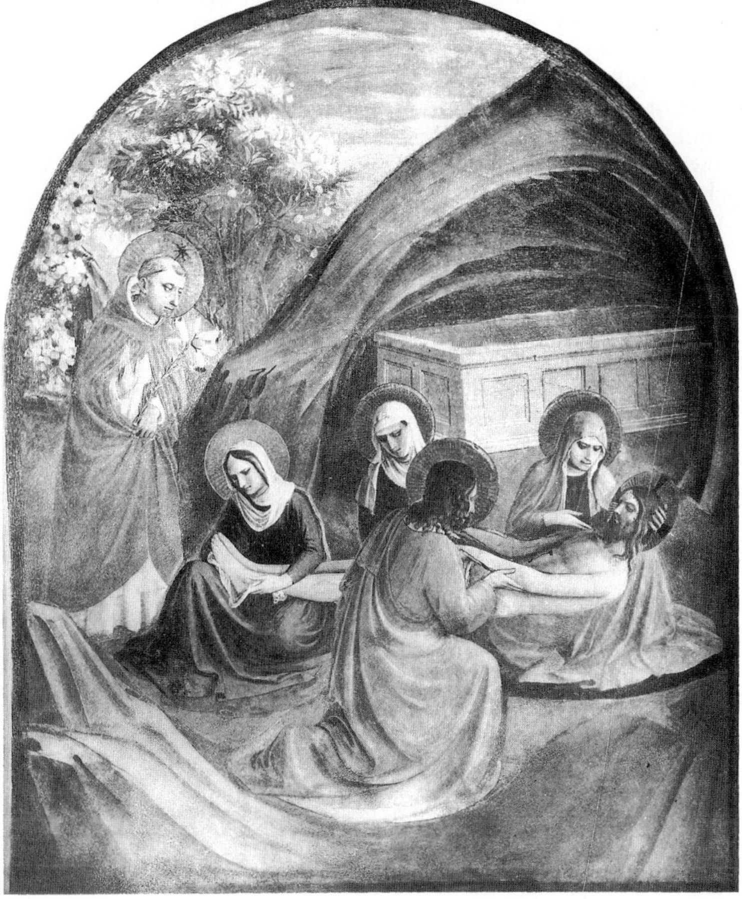

FRA GIOVANNI DA FIESOLE, gen. FRA ANGELICO, *Grablegung*

hin häufig in Form von landwirtschaftlichen Produkten, also Lebensmitteln, die sich jedes wohlhabende Haus unabhängig von den Schwankungen des Marktes zu sichern suchte. Weder Tiraboschi noch Pungileoni nehmen Anstoß daran, wenn 1528 Donna Briseide Colla, nachdem sie Correggio 400 Reichslire gezahlt hat, ihre Zufriedenheit damit zum Ausdruck bringt, daß sie der regulären Vergütung noch ein Geschenk hinzufügt – bestehend aus einigen Scheffel Korn, zwei Fuder Holz und einem Schwein. Abgesehen von dem realen Wert dieser Dinge muß man allerdings betonen, daß es sich um eine sehr traditionelle Form von Geschenken handelt, die bei Malerfürsten in Rom und Venedig ganz undenkbar gewesen wäre[84].

Es überrascht also nicht, daß 1436 von der Bezahlung der *Grablegung*, die Beato Angelico für Santa Maria della Croce al Tempio gemalt hatte, 8 Dukaten als Preis für ein Meßbuch abgezogen und zusätzlich 60 Scheffel Korn an sein Konvent in Fiesole geschickt werden[85]. Von der Entlohnung in Naturalien und der Versorgung mit Lebensmitteln gelangt man zu einer Entgeltung durch den Nießbrauch eines Grundbesitzes: zu einer Form von Einkünften also, zu denen – wie groß oder klein sie auch sein mögen – nicht-kapitalistische Ökonomien wie die im Italien des ausgehenden Mittelalters stets tendieren. Diese Art der Vergütung wird in vertraglichen Formulierungen berücksichtigt. In der Summe von 320 Fiorini, die Piero della Francesca für den *Polittico di*

Sant'Agostino in Sansepolcro erhält, ist ein Landgut mit inbegriffen; die Bezahlung für die *Anbetung der Heiligen Drei Könige*, die Leonardo den Mönchen von San Donato in Scopeto niemals fertigstellte, bestand 1481 zu einem Drittel aus einem Besitz in Valdelsa, welchen die Fratres für 300 Siegel-Fiorini nach drei Jahren wieder freikaufen konnten; innerhalb dieser Zeit durfte es der Maler zwar nicht veräußern, hätte jedoch die Nutznießung als eine Art Zins in Anspruch nehmen können. Die Situation, die sich zusätzlich noch durch die Entrichtung einer Aussteuer für ein junges Mädchen komplizierte, erlaubt es in der Tat nicht, in den vereinbarten 300 Fiorini einen festen Preis auszumachen, und man gewinnt deswegen Verständnis dafür, daß Leonardo, als er nach Mailand wechselte, die Tafel unvollendet zurückließ.

Die Entlohnung von nicht weiter ausgebildeten Handlangern oder Gehilfen in Naturalien hat einen anderen Charakter und wird in Statuten aufgeführt, die einen deutlichen Unterschied zwischen dieser Art der Lohnauszahlung und der Vergütung eines Malers erkennen lassen. 1567 führen die Statuten in Ferrara eine Rubrik »de mercede solvenda in pecunia numerata« (von der zu zahlenden Ware in abgezähltem Geld), die insbesondere die Arbeiter der Woll- und Draperienmanufakturen betrifft: Sie werden täglich oder wöchentlich ausgezahlt, sie dürfen über den persönlichen Gebrauch und den der Familie hinaus nicht mit den Produkten der Zunft entlohnt werden, auch wenn sie dem zustimmen sollten. Diese Maßnahme zielt darauf ab, die Löhne, die man sich unschwer in der Nähe des reinen Existenzminimums vorstellen kann, zu schützen; aber sie sollte offenbar auch verhindern, daß die Wollerzeugnisse in andere Verteilungskanäle als die der Handelshäuser gerieten.

Häufig gehen die Statuten auf Verpflegung und Unterkunft der Maurer und Zimmerleute ein. In Siena wird 1262 festgelegt, daß die Stein- und Holzmeister, wenn sie eine Arbeit *ad pretium*, auf eigene Kosten (mit Verpflichtungen eher von Art eines Werkvertrages als denen eines Arbeitsvertrags), unternähmen, keine Verköstigung (»pane-bere«), keine Vesper oder andere Erfrischungen erhalten dürften, sondern ausschließlich den vereinbarten Preis. Die Statuten in Pisa verordnen 1324 für Tischler, Maurer und Kalfaterer einen täglichen Lohn, zu dem 3 Soldi hinzugefügt werden, mit denen das Brot, der Wein oder deren Äquivalent in Geld erfaßt sind. Es überrascht nicht, wenn man in einem Text, der wie die florentinischen Statuten von 1415 den Schutz der Unternehmerschicht zum Gegenstand hat, in dieser Frage eine feste Norm findet: Kein Holz-, Stein- oder Dachmeister und auch keiner ihrer Gehilfen möge am Sonntag im Hause der Person essen, für die er in der Woche arbeite, oder Geld für Kost und Verpflegung erhalten[86].

Die Festlegung solcher Normen kann man sonst nur in Verträgen wie in jenem aus Prato von 1211 finden: Meister Guido da Lucca erhält für jeden Tag, an dem er für die Bauhütten der Pfarrei arbeitet, 3 Soldi in Münzen oder 36 Denare zuzüglich Verpflegung und Unterkunft, die ihm auch am Sonntag und an einem weiteren wöchentlichen Feiertag zusteht; außerdem wird man ihm jährlich 12 Some [Hohlmaß; ca. 145–171 Liter] Holz geben[87].

Um die gesellschaftliche Situation eines hochspezialisierten Handwerkers – der sich schließlich zum Künstler entwickeln wird – genau zu beleuchten, um seine Möglichkeiten abzuschätzen, sich mehr oder weniger dem Status eines Kaufmanns anzunähern, ist es unerläßlich, die Art des Geldes zu berücksichtigen, womit man ihn bezahlt. Das monetäre System bestand, wie Ruggiero Romano schreibt, aus Goldmünzen, Silbermünzen, Kupfermünzen und Münzen mit anderen Legierungen:

Die ersten beiden bilden die Gruppe der ›großen Münzen‹ [moneta grossa]; jene mit Silberlegierungen oder Kupfer (und zuweilen auch die kleinen Silbermünzen) die der ›kleinen Münzen‹ [moneta piccola]. Zwischen diesen beiden Gruppen besteht eine kontinuierliche Spannung: Gegenüber einer relativen Stabilität bei den ›großen‹ läßt sich eine fortschreitende Abwertung der ›kleinen‹ Münzen bemerken; das entscheidende Instrumentarium zur Lenkung dieses monetären Systems befindet sich in den Händen der ökonomisch stärksten Schichten und wird von diesen offenkundig den eigenen Interessen entsprechend genutzt. Tatsächlich führt eine Abwertung der ›kleinen Münzen‹ zu einem unmittelbaren Preisanstieg bei Einzelwaren (deren Wert eben in ›kleinen Münzen‹ gerechnet wird), und die verspätete Anpassung der Löhne (die ebenfalls in ›kleinen Münzen‹ berechnet werden) bewirkt automatisch das Absinken der realen Löhne; was wiederum zu einem höheren Gewinn der Unternehmer beiträgt, die ihrerseits mit Rohstoffen oder Manufakturwaren auf einem stabilen Preisniveau handeln, da ihre Preise in ›großen Münzen‹ festgelegt werden[88].

Wenn Bottari 1754 die Überlieferung, daß die Kuppel von San Giovanni Evangelista in Parma mit Kupfermünzen bezahlt worden sei, tatsächlich für bare Münze nimmt, so lebt darin nur der Mythos von Correggios schlechter Behandlung durch seine Zeitgenossen fort[89]; in Wirklichkeit gehörte die Arbeit des Künstlers zu denjenigen, die in Lire – in Silbermünzen – vergütet wurden. Doch wie zwischen ›kleinen‹ und ›großen‹ Münzen existiert auch ein Spannungsverhältnis zwischen Gold- und Silbergeld. Die Florentiner Statuten von 1415 beschränken eindeutig die Verwendung des Fiorino, der für die Kaufleute der Calimala, der Por Santa Maria und der Wollentuchzunft, für die Geldwechsler, die Gewürzgroßhändler und die Kürschner (allerdings nur für die, welche Feh, Kanin und Hermelin handeln) reserviert bleibt; den Handwerkern – etwa den Tischlern – ist die Bezahlung in Fiorini ausdrücklich verboten[90].

Die Verträge von 1445 und 1454 über das Polyptychon von Piero della Francesca in Borgo San Sepolcro bestimmen den Preis in Fiorini, in einem Verhältnis von 5 cortonesischen Lire (5 Lire und 5 Soldi im Jahr 1445) zu einem Fiorin. Die Goldwährung wird also in dem Vertrag nur als Berechnungsgrundlage angeführt und dient zur genauen Umrechnung in Silbergeld. 1476 sieht der Vertrag, durch den Donna Zuccherina Lonati die erwähnten (und verlorenen) Fresken in Pavia ausführen läßt, eine Zahlung in Silbermünzen vor. Der Moment, da der Künstler eine gesellschaftliche Stellung erreicht hat, die einem Kaufmann der großen Zünfte entspricht, ist also dann gekommen, wenn man seine Entlohnung in Goldmünzen festlegt.

Im Jahre 1453 wird der *Gattamelata* von Donatello durch ein Schiedsgericht auf 1650 Golddukaten geschätzt; es ist wahrscheinlich, daß damit auch eine Auszahlung des Betrags in Gold gemeint ist, zumal die Schätzung alle Ausgaben des Bildhauers einschließt, wobei dieser allerdings eher als Unternehmer denn als Arbeitnehmer angesehen wird. Auch für eine Arbeit von weitaus bescheidenerem Umfang – wie jenes Banner, das Piero della Francesca 1466 für die Compagnia dell' Annunziata in Arezzo malen soll – ist in dem Bericht der Kommission von 32 großen Florentinischen Golddukaten die Rede. Die vier Maler, welche 1497 die Fresken von Alesso Baldovinetti in der Capella Maggiore von Santa Trinità schätzen, kommen auf einen Preis von 1000 Goldfiorini, der in Gold zu zahlen sei; wiederum handelt es sich um eine Arbeit, deren Auslagen vollständig – einschließlich der Gerüste – zu Lasten des Malers gegangen sind.

Und die Goldwährung erscheint abermals bei der Schätzung des *David* in Bronze, den Michelangelo für die Signoria in Florenz ausführt; nunmehr ist die reale Auszahlung der Goldfiorini oder -dukaten ein spürbares Zeichen für die neue soziale Stellung, welche die Künstler in Florenz, Rom oder Venedig erreicht haben. Laut Vasari weigert sich Leonardo während der Arbeit an der *Schlacht von Anghiari*, als man ihm seine monatliche Vergütung auszahlen will, »gewisse Tüten mit Hellern« anzunehmen, die ihm der Kassierer der Signoria aushändigt: »Ich bin kein Pfennigmaler«. Wenn Pietro Torrigiani die Madonna, die er in Spanien für den Herzog di Arcos gemalt hat, verunstaltet, so rührt seine Empörung daher, daß man ihn mit einem Haufen Kupfermünzen ausgezahlt hat, und dies zu einer Zeit (sein Tod, der mit diesem Ereignis in Verbindung steht, fällt in das Jahr 1528), da eine solche Bezahlung für einen Bildhauer in Italien undenkbar gewesen wäre. Eine Behandlung hingegen, die einen Künstler wahrhaft belohnt, ist diejenige, die Giuliano da Sangallo widerfährt, als er von Julius II. Abschied nimmt: »Und nachdem er ihn gesegnet hatte, gab er ihm eine Börse aus Atlas mit fünfhundert Scudi, wobei er ihm sagte, er möge nach Hause zurückkehren und sich ausruhen, und man würde ihm zu allen Zeiten in Liebe zugetan sein«[91].

Geschenke und Honorare

Das Honorar ist konzeptionell mit der Ausübung nicht eines Handwerks, sondern eines freien Berufs verknüpft. Quintillian bemerkt, daß es ehrenvoll und diesen Disziplinen würdig sei, wenn sie ihre eigene Kunst nicht verkauften, daß es jedoch richtig sei, wenn sich der Redner ›danken‹ lasse. So erhalte er für seine Hilfe nicht eine Ware, sondern ein Zeichen des Dankes. Ein Fragment des Ulpianus unterscheidet genau die Tätigkeiten, welche ein solches Honorarium zuließen – auf der Grenze zwischen freien und mechanischen Künsten: Rhetorik, Grammatik, Geometrie, Medizin, Advokatur –, von jenen wie Philosophie oder Jurisprudenz, für die so etwas völlig unvorstellbar sei[92].

Wenn Erasmus von Rotterdam lebhaft das Gerücht bestreitet, nach welchem er sich von den Editoren seiner Texte habe bezahlen lassen, weist das auf einen Tätigkeitsbereich hin, der sich von allem, was den Anschein einer Ware haben könnte, zu distanzieren sucht: Niemals habe er mit den eigenen Werken Schacher getrieben, er habe einzig und allein Geschenke von Freunden erhalten, die ihm für eine Widmung dankbar gewesen seien oder sich für den Inhalt seiner Schriften interessiert hätten[93]. Der weniger olympische Pietro Aretino ersucht dagegen laufend um solche Geschenke – und er ist jemand, der an der Seite Tizians und Jacopo Sansovinos lebt.

Exemplarisch ist das Geschenk, das nach Vasari der Herzog von Kalabrien Giuliano da Sangallo für den Palazzo di Poggio Reale in Neapel übergibt. Natürlich handelt es sich hierbei um eine jener Anekdoten, deren Glaubwürdigkeit eher dem eigenen zeitgenössischen Kontext zuzurechnen ist und die daher Besonderheiten anführen, die der Realität des ausgehenden 15. Jahrhunderts nicht entsprechen. Das Beispiel ist gleichwohl aufschlußreich: »Ihm wurden vom König Pferde zum Geschenk gemacht und Kleider und unter anderem eine Tasse aus

Silber mit einigen hundert Dukaten, welche Giuliano nicht annehmen wollte, indem er sagte, daß er bei einem Herren lebe, der weder Gold noch Silber brauche« (gewöhnlich arbeitete er bei Lorenzo Magnifico und war von diesem zum Herzog von Kalabrien und zum König von Aragon gesandt worden)[94].

Für einen Künstler ist es – im Gegensatz zu Erasmus – unmöglich, sich allein auf solche ›Geschenke‹ zu verlassen, wenngleich es häufig vorteilhaft gewesen sein wird, das gewünschte Werk einer großen Persönlichkeit als Ehrengabe zu überreichen, um damit diese Person zu veranlassen, mit einem Gegengeschenk zu antworten, welches deren Größe und Reichtum demonstrieren konnte. Dabei handelt es sich um eine Praxis, die nur für die großen, geadelten Künstler gilt. Am 8. Juli 1527 dankt Federico Gonzaga Tizian dafür, daß es diesem gefallen habe, ihm zwei Bilder als »Geschenk« zu übersenden; es versteht sich dabei von selbst, daß der Adressat mit Würde seine Dankbarkeit zu erkennen geben lassen wird. Zehn Jahre danach – in der Zeit der *Zwölf Cäsaren* – ist es Tizian, der am 6. April 1537 Gonzaga für ein »sehr reiches Gewand« seinen Dank ausspricht: Für ein Kleidungsstück, das – wenn man die hohen Kosten für Webwaren vor der industriellen Revolution bedenkt – nicht einmal dann ein entwürdigendes Geschenk dargestellt hätte, wenn es nicht neu gewesen wäre[95].

Ein Brief von Simone Fortuna an den Herzog von Urbino illustriert recht gut den Stil eines Künstlers und Edelmanns wie Giambologna: Seine ›Geschöpfe‹ nenne er ›Gefährten‹, er kaufe meist zu höherem Preis als den, den er selbst erhalten habe, all das zurück, was er in seiner Jugend geschaffen habe und ihm nun nicht mehr gut genug erscheine, um es zu vernichten oder zu überarbeiten. Wenn der Herzog irgendeine Arbeit von ihm haben wolle, solle er bedenken, daß der Cavaliere Gaddi und der Signor Jacopo Salviati für Statuetten von einer halben Elle ihm Gewänder für 50 Scudi und ein Halsband für 60 Scudi geschenkt hätten, »weil er erklärt habe, nichts dafür haben zu wollen«. Giambattista Marino erklärt Ludovico Carracci gegenüber, daß das Geld für seine *Salmace* (einzulösen bei den Bankiers Rinaldi oder Rabbia) keine »Bezahlung« sein werde, sondern nur die Anerkennung seiner Schuld, da er weder Attalos noch Kandaules sei, welche die Malereien des Aristides und Bularco in Talenten bezahlt hätten[96].

Im Jahre 1637 erhält Pietro da Cortona, nachdem er die beiden ersten Fresken der Sala della Stufa im Palazzo Pitti gemalt hat, zwei goldende Halsketten zum Geschenk – was ihn in der Wertschätzung Ferdinandos II. Medici unwiderruflich von den besten Florentiner Malern wie Cecco Bravo, Ottavio Vannini, Francesco Furini abhebt, die zur selben Zeit die Sala degli Argenti ausmalen und als gute Meister Werke von üblicher guter Qualität erstellen und dabei tatsächlich nach Arbeitstagen bezahlt werden. Wiederum am Hofe des Großherzogs findet 1639 ein Bild von Orazio Gentileschi solche Begeisterung, daß sogar die Garderobieren sich dessen als »ein schönes Bild der Heiligen Maria Magdalena« erinnern; die Tochter des Künstlers, Artemisia, oder wer sonst das Bild der Großherzogin überbracht hat, wird mit einem goldenen Halsband belohnt[97].

Gelegentlich vermischt sich das Geschenk, mit welchem dem Künstler die Zufriedenheit über sein Werk ausgedrückt werden soll, mit Vergütungen in Naturalien; in dem Tagebuch Guercinos, das zunächst dessen Bruder Paolo Antonio Barbieri und danach er selbst von 1626 bis 1666 führte, werden bestimmte Situationen aufgezeichnet, in denen eine solche Form der Bezahlung geradezu typisch ist. Im Jahre 1636 besteht das ›Geschenk‹, das Guercino für das *Martyrium des Heiligen Bartholomäus* von San Martino in Siena erhält, aus 200 großen florentinischen Dukaten und 14 Ellen Peluzzo di Siena (eine kostbare Stoffart). ›Cambraia‹ zur Herstellung von Kragen, Ultramarinblau, die Waren des Gewürzgroßhändlers Zanoni di Cento oder wertvolle Möbel gehören zu den Naturalien, die die Zahlungen an den Künstler vervollständigen. Eine Galanteriewaare wie die Schokolade, die Marcantonio Franceschini 1704 für nur einen kleinen Kupfer erhält, stellt ein außergewöhnliches Geschenk dar, zumal der Maler sie für 75 Lire verkaufen kann. Der Prozeß gegen Don Fabrizio Valguarnera im Jahre 1631 zeigt, daß dieser Abenteurer seine in Madrid gestohlenen Diamanten in Form einer Teilzahlung an Lanfranco abgesetzt und dasselbe bei Valentin, Turchi und den Sammlern und Händlern Ferrante Carlo und Giovanni Stefano Roccatagliata versucht hatte[98].

Das Geschenk ist häufig auch eine stillschweigend vereinbarte Zugabe zum offiziellen Preis: Ein Brief von 1712 an Franceschini spielt darauf an, daß dieser für die Freskenbemalung der Kuppel im Petersdom eine Vergütung von 3200 Scudi und darüber hinaus ein Geschenk von 300 Scudi erhalten habe[99].

Eine Notiz über den zutiefst saturnischen Charakter des Bernardino Poccetti, wie er von Baldinucci beschrieben wird, bezieht sich gerade auf seine Weigerung, jenes Silbertablett anzunehmen, auf dem ihm der Bischof Marzi Medici 25 Piaster als Bezahlung für die Freskomalerei an einer Lünette im Kloster Santissima Annunziata in Florenz übersandt hatte. Poccetti nimmt das Geld, weist aber das Geschenk zurück: »Und was habe ich mit diesem Ding zu schaffen?« Eine Grobheit, eine bedauernswerte Überspanntheit für jedweden Künstler, so mit einem Publikum zu verfahren, das aus Edelleuten besteht, zumal es gegenüber so vornehmer Gesellschaft zur zweckmäßig sein kann, deren Spielregeln zu befolgen, nicht zuletzt um die Würde der eigenen Profession – den Adel der Kunst – hervorzuheben[100].

Die Kunst als Sprache

Gleich mit dem Beginn des Cinquecento verbreiten sich parallel zur Entwicklung der künstlerischen Praxis die Diskussionen und theoretischen Auseinandersetzungen über die bildenden Künste, sie finden Eingang in die Biographien, in die Traktatliteratur und die immer reichhaltigeren Briefwechsel. Man gewinnt den Eindruck einer völlig unvorhergesehenen Blüte, der durch den konservativen Charakter der juristischen Texte – etwa der Verträge – noch verstärkt wird. In Wirklichkeit aber ist die gesellschaftliche Situation des Künstlers im 16. Jahrhundert nur das Erbe eines Prestiges, welches er – entsprechend der Erneuerung der *studia humanitatis* – längst genießt, und man könnte sich daher eher fragen, ob die Entstehung einer derart reichhaltigen und differenzierten Debatte nicht auf eine wachsende Unsicherheit über die gesellschaftliche Position des Künstlers hinweist, die – ohne daß es notwendig gewesen wäre, darüber zu theoretisieren – bereits im vorangegangenen Jahrhundert bestanden hatte. Vom Cinquecento an wird es also möglich sein, nicht nur die soziale Stellung des Künstlers zu bestimmen, sondern daraus auch die Forderung abzuleiten, daß diejenigen, die Gegenstände in einer bestimmten Technik herstellen, auch eine ideologisch bedeutsame Rolle spielen sollten.

Aus der Bautätigkeit, aus dem vielfarbig bemalten Gegenstand des Mittelalters gehen die Künste des Disegno hervor: die Techniken also, in welchen die Möglichkeit einer kulturellen Botschaft gesehen wird. Mit dem Wissen und Bewußtsein einer späteren Zeit wird es einfach, die ersten Vorzeichen davon in zahlreichen Vertragstexten auszumachen, die, wörtlich genommen, nichts weiter beinhalten würden als eine immer weiter zunehmende Wertschätzung der bildenden Künste, vornehmlich der Malerei, ohne dabei die unterschiedliche Rolle klären zu können, welche jene gegen Ende des 14. und zu Beginn des 15. Jahrhunderts annehmen werden.

Eine Tatsache, die ohne jeden Zweifel beweist, daß die bildende Kunst nun als etwas verstanden wird, das eine kulturelle Botschaft vermittelt, ist die schrittweise, aber irreversible Bestimmung der Malerei als Sprache. Eine Auseinandersetzung über den kulturellen Charakter der Malerei wird bereits in den berühmten Versen des 11. Gesangs des *Purgatorio* bezeugt, den Dante der Begegnung mit Oderisi da Gubbio widmet. Das Thema des älteren Künstlers, der von einem später geborenen übertroffen wird, entfaltet sich zwischen drei Paaren: Zwei Miniaturmaler, die in Bologna tätig waren (Oderisi, der mit dem Dichter und mit Franco spricht), Cimabue und Giotto, Guido Guinizelli und Guido Cavalcanti (also zwei der von Dante am meisten geschätzten Volksdichter). Wie auch immer die ›ideologische‹ Antwort zur Rolle der Malerei innerhalb der Wertskala aussehen mag, die von den freien Künsten bis zu den eher dienstleistenden Tätigkeiten hinabreicht – es ist hier der Kontext, den der Dichter herstellt, es sind die stilistischen Nuancierungen dieses Gesangs, die erkennen lassen, daß es Dante keineswegs unangemessen erschien, die Malerei der Volksdichtung anzunähern: eine Unterhaltungspoesie, die sich auf die Beschreibung verliebter Gefühle beschränkt, eine literarische Tätigkeit mithin, welche ganz sicherlich nicht die oratorische Würde der lateinischen Redekunst beanspruchen darf, die jedoch zweifelsfrei eine intellektuelle Tätigkeit und etwas ganz anderes darstellt als eine mechanische Kunst[101].

Der *Ottimo commento* legt dem Leser nahe, sich nicht darüber zu wundern, »wenn der Autor diese mechanischen Künste in Ruhm und Ehre setzt, was Valerio Massimo ganz offen tut«. Ganz anders geartet ist das Problembewußtsein bei einem gebildeteren Kommentator wie Benvenuto da Imola. Dieser hält sich gar nicht erst damit auf, den kulturellen Aspekt der Malerei, wie er sich implizit aus den Versen Dantes abzeichnet, weiter zu erklären; die Einschätzung der Tätigkeit Oderisis ist von Beginn der Auslegung an klar: Er sei nicht »magnus et magnificus« (groß und prächtig) wie der Graf Omberto Aldobrandeschi, der unmittelbar zuvor gesprochen hat, »sed quidam spiritus parvus et plebeius. Erat enim unus miniator librorum« (sondern ein gewisser kleiner und plebejischer Geist. Er war nämlich ein Buchmaler). Obwohl er ausführlich auf Giotto eingeht – wobei er ganz sicherlich keine Verachtung für die Person selbst an den Tag legt, bei seiner Charakterisierung jedoch von jeder Ein- oder Wertschätzung der Malerei absieht –, leitet Benvenuto daraufhin zu der Feststellung über, daß viele Leser sich darüber verwunderten, warum Dante hier das Beispiel von »homines ignoti nominis et bassae artis« (Leuten unbekannten Namens und niederer Künste) anführe, während er Exempel hervorragender Menschen hätte darbringen können, welche »avidissimi gloriae« (höchst begierig nach Ruhm) schöne und edle Unternehmungen ausgeführt hätten. Auf die Kunst aber sei Dantes Wahl gefallen, »quia

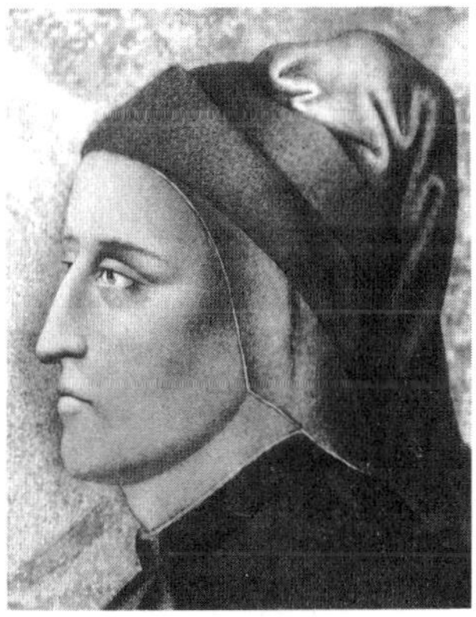

GIOTTO (und Restaurateur des 19. Jh.), *Dante Alighieri*
Ausschnitt aus *Das Paradies*
Florenz, Magdalenenkapelle des Bargello

per hoc dat tacite intelligi quod appetitus gloriae ita indifferenter occupat omnes quod etiam parvi artifices sunt solliciti circa illam acquirendam, sicut vidimus quod pictores apponunt nomina operibus...« (weil er dadurch zu erkennen gibt, daß die Begierde nach Ruhm so ohne Unterschied alle in Besitz nimmt, daß auch armselige Künstler darauf aus sind, ihn zu erwerben, wie wir denn sehen, daß die Maler ihren Namen den Werken beifügen)[102].

Die Position Benvenutos da Imola ist die eines konservativen Ideologen; untersucht man die Sprache und die Schriften, welche zu der Zeit, in der er die *Divina Commedia* kommentiert, bereits von den Humanisten verfaßt worden sind, so findet man dort eine Vorstellung von der Malerei als einer Kunstform mit narrativen Funktionen und somit als Gegenstand der Kritik und der Geschichte.

Hinlänglich bekannt ist die Wertschätzung Giottos in der fünften Novelle des sechsten Tages im *Decamerone*: Der Maler darf sich als »einer der Sterne des florentinischen Ruhms« bezeichnen, da es nichts gebe, was »er mit dem Stift oder der Feder oder dem Pinsel nicht gemalt« und das dann nicht der dargestellten Sache eher identisch als ihr ähnlich geschienen und den Betrachter geradezu getrogen hätte. Sein Verdienst sei es gewesen, »jene Kunst wieder ans Licht gebracht zu haben, welche viele Jahrhunderte unter dem Irrtum einiger, deren Malerei lieber die Augen der Unwissenden unterhalten als den Geist der Wissenden zufriedenstellen wollte, begraben worden war«.

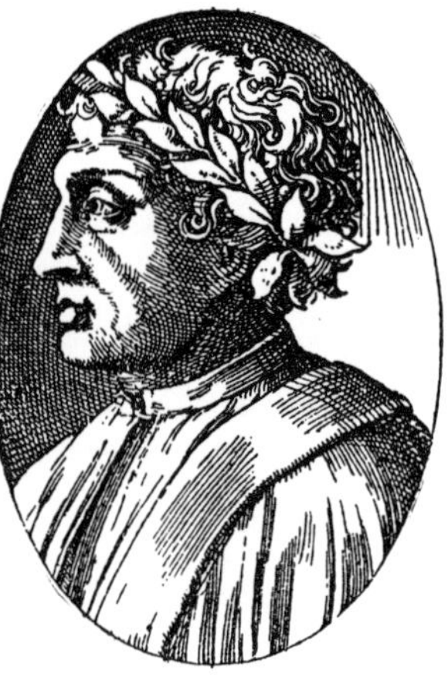

Giovanni Boccaccio,
Kupferstich von Vonenzo

Die Bewertung der Kunst als gebildete und kultivierte Tätigkeit, wie sie implizit in der latenten Kritik Boccaccios an der Übergangskunst (des Mittelalters) zum Ausdruck kommt, wird unverkennbar, wenn Enea Silvio Piccolomini noch sehr viel eingehender jenes Thema behandelt, das bei Dante nur unter dem Gesichtspunkt der Affinität zwischen Literatur und bildender Kunst angesprochen wird. Der Vergleich, der ›Paragone‹, ist jedoch nicht mehr auf die Volksdichtung beschränkt; ein Brief an Nikolaus von Ulm hat die Parallelität zwischen (lateinischer) Redekunst und Malerei zum Thema: »amant enim se artes haec invicem« (diese Künste lieben sich nämlich gegenseitig), Malerei und Redekunst blühten zur selben Zeit auf; die alten Malereien von vor zweihundert Jahren seien plump, jedoch »post Petrarcham emerserunt litterae; post Iotum surrexerunt pictorum manus, utramque ad summa iam vidimus artem pervenisse« (nach Petrarca blühte die Literatur auf; nach Giotto erhoben sich die Hände der Maler, und wir sehen bereits, daß beide Künste zum Höchsten gelangt sind)[103].

Was auch immer von der scholastischen Einordnung der Malerei verbleibt (noch Castiglione, der das Zeichnen bei der Erziehung des Edelmanns empfiehlt, stellt fest, daß viele darin eine mechanische Tätigkeit sähen)[104], ihre kulturstiftende Bedeutung braucht nicht mehr diskutiert zu werden; wird doch Buonarroti bereits in der Ausgabe des *Orlando* von 1532 von Ariost als der »göttliche« Michelangelo bezeichnet (»Michel più che mortal angel divino«)[105]. Diese Benennung ist keineswegs so nebulös, wie sie von uns verstanden werden könnte; in Wirklichkeit ist sie nur eine gelehrte und zugleich technische Umschreibung, die sich auf den poetischen Schaffensprozeß des Schriftstellers, des Musikers, des bildenden Künstlers bezieht. Es ist genau dasselbe, wie wenn man in der Umgebung Croces die beglückenden lyrischen Eingebungen eines zeitgenössischen Künstlers beobachtete oder wenn ein marxistischer Gelehrter feststellen würde, daß eine Reihe von bildnerischen Qualitäten als Antwort auf die soziale und wirtschaftliche Entwicklung jener Welt, in der der Künstler lebte, entstanden sei.

Die prometheische Respektlosigkeit, die in jenem »göttlich« enthalten ist, wird man im Zeitalter der Gegenreformation aufgeben, doch war es ohnehin nur eine Definition, die das neuplatonische Denken Marsilio Ficinos nahelegte: »Das, was Gott in der Welt durch den Gedanken schafft, empfängt der Geist in sich selbst durch den Akt des Intellekts, spricht es in der Sprache aus, schreibt es in seinen Büchern, bildet es mittels dessen, was die Materie der Welt konstituiert«[106].

In der chinesischen Zivilisation, die eine ideographische Schrift verwendet, stellten sich Malerei, Kalligraphie, Ideogramm und Erzählung immer als verschiedene Aspekte ein und derselben Tätigkeit dar. Die Malerei war in diesem Zusammenhang nicht weniger Sprache als die Schrift und gehörte zu den Disziplinen, deren Beherrschung notwendige Voraussetzung für die Zulassung zu einem Amt in der öffentlichen Verwaltung und somit zur Erlangung von Machtbefugnis war. Die Problemstellung – ob die Malerei eine mechanische Kunst sei oder nicht – hätte überhaupt keinen Sinn gemacht, wurden doch Schrift und Malerei als Künste betrachtet, die sich vollkommen von den anderen bildnerischen Tätigkeiten abhoben, die von der niederen Kaste der Handwerker ausgeübt wurden. In der italienischen Kulturtradition findet man eine solche Assimilation von Malerei und Ideogramm nur in Zusammenhang mit der Vorstellung vom figurativen Bild als einer Sprachform, die unmittelbarer als eine schriftliche Darlegung wahrzunehmen sei. Es ist dies ein zu verbreitetes Motiv, um aus unserer Kulturtradition getilgt zu werden. Die Unmittelbarkeit, mit der man ein figuratives Bild ›liest‹, konnte wohl darauf schließen lassen, daß dessen Interpretation weniger Vorbereitung, weniger Kultur und (vielleicht auch) weniger Intelligenz erfordere als die Lektüre eines Textes. Das Thema ist auch in dem Breve der Sieneser Maler von 1355 präsent: Sie bezeichnen sich darin selbst als »Kundgeber für diejenige große Menschenmenge, die nicht lesen kann, als Manifestatoren von wunderbaren Dingen, die mit der Kraft [virtù] und für die Kraft des heiligen Glaubens gearbeitet werden«. Gabriele Paleotti entwickelt das Thema auf ganz andere Weise; er zitiert den Heiligen Basilius (»quae sermo historiae per auditum exhibet hae pictura tacens per imitationem ostendit«, was der Vortrag von Geschichten durch das Gehörte ausführt, das zeigt die schweigende Malerei durch Nachahmung), Johannes von Damaskus (»Quia non omnes litteras norunt, neque lectioni incumberunt...«, weil nicht alle die Buchstaben kennen, noch sich auf die Lektüre verlegen) und Gregor den Großen: »Quod legenti scriptura hoc et idioti praestat pictura; quia in ipsa legunt qui litteras nesciunt« (weil für die Lesenden die Schrift und für die der Schrift Unkundigen die Malerei geeignet ist: da diejenigen darin lesen, welche die Buchstaben nicht kennen). Diese Themen verbindet der Bologneser Kardinal mit einer aristotelischen Analyse über den Ursprung der Schrift und der Malerei: Unter der Voraussetzung, daß »von zwei Dingen, welche eine andere Sache bezeichnen, das unmittelbar Bezeichnende demjenigen vorausgeht, das mittelbar zeigt« (so nämlich die Buchstaben, »welche nur Töne bedeuten«), muß die Malerei der Schrift vorausgegangen sein, »weil deren Charaktere sehr verschieden von den natürlichen Dingen sind«[107].

Die Auffassung der bildenden Kunst als Sprache und als intellektuelle Tätigkeit wird zu jener privilegierten Vorstellung von der Malerei führen, die sich über einen ziemlich langen Zeitraum halten und derzufolge noch in unserer gegenwärtigen Sprache das Wort ›Maler‹ häufig synonym mit ›Künstler‹ verwendet wird – ungeachtet der Technik, in der er arbeitet (und das gilt auch, wenn er als Pop- oder Konzeptkünstler dreidimensionale Objekte konstruiert); die (sehr traditionellen) Techniken jener Künstler, die wir Bildhauer oder Architekten nennen, umschreiben wir dagegen ganz genau.

Die von den Humanisten entwickelte und herausgearbeitete Vorstellung von der Malerei (vielleicht besser gesagt: von der Darstellung in der Fläche) als Sprache – und nicht etwa als Ideogramm – führt hingegen zu dem Mißverständnis, eine einzige normative Ästhetik suchen zu wollen, die für die Literatur wie für die verschiedenen Bereiche der bildenden Künste gelte und diese in wechselseitige Annäherung bringen könne – also zu dem Problem des »ut pictura poesis« (Dichtung, die wie Malerei ist).

Diese Gleichsetzung beider Techniken, die an den Ausdruck der *Ars poetica* von Horaz anknüpft und sich ohne Schwierigkeit aus verschiedenen Passagen des aristotelischen Werks herleiten läßt, begegnet bereits bei Filippo Villani, wenn dieser bekräftigt, daß Giotto das gemalt zu haben scheint, was andere in der Dichtung vorzustellen versuchten. Der Gedanke einer solchen Äquivalenz bleibt ungebrochen und gelangt bis in die allgemein verständlichen Erklärungen der *Encyclopédie*: Die von Plinius beschriebene *Heirat Alexanders und Roxanas* von Esione wird als Beispiel eines Themas angeführt, bei dem die Malerei Eindrücke vermitteln könne, die noch weitaus bewegender seien als die, welche die Poesie bewirke; und der gesamte Artikel des Chevalier de Jaucourt, der der Malerei gewidmet ist, kreist um die Frage, welche unterschiedlichen Momente zwischen Malerei und Dichtung auszumachen seien: Ihre Gleichartigkeit galt in der Kultur des Settecento also als ausgemacht[108].

Für die Maler selbst konnte das soziale Prestige nur verlockend sein, das sich aus der Assimilation ihrer Kunst mit der Dichtung gewinnen ließ: einer Dichtung, die 1341 Petrarca in Campidoglio wie einen Kaiser gekrönt gesehen hatte (»per triunfare o cesare o poeta«, Kaiser oder Dichter, um triumphieren zu können). So konnten es die Maler auch nur zweckmäßig finden, jene offenen Fragen auszuklammern, aus denen sich Analysen wie jene des Francesco Patrizi ergaben: Dieser stellte nämlich fest, daß der Begriff der Mimesis »so konfus aufgefaßt wird, daß es weder eine einzige noch eine analoge Darstellungsart für Maler, Bildhauer, Dichter, Schauspieler, für einander so verschiedene Künste geben zu können scheint«[109].

Das Mißverständnis des *ut pictura poesis* begleitet sonst alle in besonderem Maß ideologisch inspirierten Analysen der Malerei, und der Maler, der sich zwischen dem 16. Jahrhundert und dem 18. Jahrhundert als kulturell Tätiger fühlen will, kann von der Annäherung seiner Kunst an die des Dichters unmöglich absehen. Als Lessing 1766 den *Laokoon* veröffentlicht und dabei gegen diese Verwirrung zu Felde zieht, indem er die Unvergleichbarkeit der beiden mimetischen Techniken analysiert – die eine sei auf zeitliche Abfolge ausgerichtet, die andere auf die Entwicklung im Raum –, geht es in seinem Beitrag darum, ganz entschieden die kulturelle Überlegenheit der Dichtung herauszustreichen. Und noch die lyrische Intuition Croces zielt auf »Poesie«, nicht auf optische Erfassung. Und dies mit solcher Ausschließlichkeit, daß es Roberto Longhi, der bedeutendste italienische Leser dieses Jahrhunderts von »Poesien« in Bildern mehrfach für angebracht hielt, darauf hinzuweisen, daß Croces Kriterien dem Studium der bildenden Künste nicht angemessen seien – ohne daß er dabei selbst über eine strikt idealistische Debatte hinausgegangen wäre[110].

Wenn man bedenkt, daß die Verschiedenheit der beiden Techniken, die Lessing betont hat, einer der Kernpunkte der marxistischen Ästhetik ist, dann ist es erklärlich, daß die Wiederaufnahme und Untersuchung der Thematik von *ut pictura poesis* fast ausschließlich mit konservativen – wenn nicht gar reaktionären – Intentionen erfolgte, in jedem Fall aber von einem nostalgischen Verhältnis gegenüber einer ganzen Reihe unwiderruflich verlorener Werte geprägt war[111].

Kunst, Technik, Bürgerrecht

Die Alternative, die im Verlauf der Renaissance entworfen wird, ist eine Vorstellung von der künstlerischen Tätigkeit als Wissenschaft: auf der einen Seite die Optik und die Geometrie der Maler, auf der anderen Seite die anwachsende Traktatliteratur, welche in ihrer Dission der Perspektive über deren Status als ein überliefertes, nützliches Hilfsmittel bei der Werkstattarbeit (zur Darstellung eines Fußbons oder einer Balkendecke) weit hinausgeht; »das Maß, das wir Perspektive nennen«, heißt es bei Piero della Francesca[112]. Durch die Künstler hatte sich für die Malerei, die Leonardo als Wissenschaft betrachtete, ein ganz neuer Erfahrungsbereich erschlossen. Cesare Luporini schreibt:

Die Malerei ist nach Leonardo Wissenschaft, weil sie eine so irreduzible Methode darstellt, daß es ihr ganz allein zusteht, die Welt zu erkennen. Und weil sie sich wesentlich auf ihr schöpferisches Moment, ihren eigentlichen künstlerischen Aspekt beruft, so handelt es sich um eine Methode, die nicht generalisierbar, nicht zu lehren (wenngleich sie – nach Leonardo – die am ehesten mitteilbare) ist und die sich in den konkreten malerischen Werken realisiert, sofern diese ihre innersten Aufgaben erfüllen (woraus der gesamte polemische Teil des Traktats herrührt, der keineswegs nur Ausdruck eines bestimmten Geschmacks ist). (...) Es existiert eine Sphäre, eine Seite des Realen, deren Entdeckung ausschließlich in die Kompetenz der Malerei fällt; daher weist Leonardo – jenseits der akademischen Diskussion – der Malerei eine primäre Stellung gegenüber den anderen Künsten zu. Der Gegenstand wird für sie von den »Formen der Natur« gebildet (zu denen natürlich jene Dinge hinzugefügt werden, die vom Menschen geschaffen worden sind oder geschaffen werden könnten)[113].

Der Vergleich mit dem Dichter ergibt sich bei Leonardo nicht aus der Suche nach einem Zeugnis für die Dignität der Malerei (welches diese im übrigen von der Besonderheit ihres eigenen Diskurses entfernte), sondern aus der Analyse der verschiedenen Techniken und aus einem genauen Sinn für Individualisierung:

Im Vorstellen von Worten geht die Poesie über die Malerei, im Vorstellen von Thatsachen aber übertrifft die Malerei die Dichtkunst, und das gleiche Maassverhältnis, das von Thaten und Wirklichkeiten zu Worten ist, besteht auch von der Malerei zur Poesie. Denn Wirklichkeiten sind dem Auge unterthan, Worte aber dem Ohr, und so stehen auch die Sinne in dem gleichen Rangverhältniss zu einander, wie ihre Gegenstände unter sich. Daher urtheile ich, die Malerei sei über der Poesie; da aber die sie Ausübenden ihre guten Rechtsgründe nicht auszusprechen verstanden, so ist sie lange Zeit ohne Anwalt geblieben. Denn sie selbst redet nicht in Worten, sondern legt durch sich selbst ihr Wesen dar, sie schliesst mit Thaten ab. Die Poesie hingegen läuft auf Worte hinaus, mit denen sie in wohlgemuther Redseligkeit sich selbst lobt[114].

Die Angleichung an die freien Künste hätte jedoch – statt über die Analogie zur Dichtung – auf eine viel unmittelbarere Weise, nämlich durch Mathematik und Geometrie, erfolgen können. Es war der Weg, den der Künstler des Quattrocento eingeschlagen hatte. Klar und unmißverständlich sind dazu die Formulierungen in dem Patent, das Federico da Montefeltro 1468 an Luciano Laurana ausstellt:

Wir meinen, daß jene Menschen geehrt und gepriesen werden sollten wie man sonst Menschen von Genie und Begabung ehrt, und ganz besonders von solchen Fähigkeiten, die immer schon bei den Alten und Modernen in Ansehen gestanden haben; wie auch die Fertigkeiten der Architektur in der Kunst der Arithmetik und der Geometrie gründen, welche zu den sieben freien Künsten und zu deren wichtigsten gehören, weil sie in erster Linie Gewißheiten darstellen, und diese Kunst von großer Wissenschaft und großem Geist erfreut sich bei uns großer Hochachtung und Wertschätzung[115].

Gegen Ende des Mittelalters war in den Handwerksstätten herangereift, was dann als bildende Kunst und somit als etwas aufgefaßt werden sollte, das sich von anderen technischen Fertigkeiten unterschied, und zwar nicht minder als alle die (kaum oder gar nicht schriftlich überlieferten) Praktiken, aus denen später die moderne experimentelle Wissenschaft entstehen konnte. Die einfallsreichen Farbenmischer, bei denen es sich häufig um die Maler des Trecento handelt, wurden oft auch als Personen angesehen, die zu erfinderischen und präzisen Arbeiten besonders geeignet seien: In Bologna ist 1381 der Wärter der Stadtuhr ein Maler namens Cristofero, der durch Werke recht unterschiedlicher Qualität – alle jedoch auf gutem Niveau – einigermaßen bekannt ist[116].

Dem Bereich der Werkstätten entstammten auch die Versuche Brunelleschis, die zu einem Mythos des Quattrocento wurden. Brunelleschi stellt einen neuen Typus des Architekten dar: Er ist kein Meister im Maurerhandwerk, er ist kein Stein- oder Holzmeister, aber er ist genausowenig der traditionelle Architekt, der die Arbeiten an einem gotischen Gebäude leitet, das er nach einem abstrakten geometrischen Schema entwirft. Die Untersuchungen, die er für eine antikisierende Dekoration durchführt (Untersuchungen, welche den philologischen Erkenntnisgewinn des Architekten mit der humanistischen Rekonstruktion von Texten und ihrer richtigen Lesart in einem kongruenten Verhältnis erscheinen lassen)[117], stellen nicht etwa ein Problem der Neugestaltung dar, sondern entstehen aus der Suche nach Modellen, die sich sowohl zu sich selbst als auch im Verhältnis zur Struktur des gesamten Bauwerks auf organische Weise proportional verhalten.

Die Technik gehört ebensowenig wie die Dekoration zur »Wissenschaft« der Kathedralbaumeister; beide machten einen Teil jener Praxis aus, die den Holz- und Steinmeistern oblag. Ein aufschlußreiches Dokument dafür ist die Debatte, die sich 1401 zwischen Jean Mignot und den Mailänder Dombaumeistern entspinnt:

Wenn man diese Theorie oder vielmehr diese *scientia* untersucht, ist man zunächst einmal über die Tatsache erstaunt, daß sie sich den Problemen der Baustruktur nicht auf die Weise annähert, die wir als wissenschaftlich zu bezeichnen geneigt wären. Mignot beispielsweise, der auf der einen Seite sehr wohl den Schub erkennt, den eine Gewölberippe ausübt, ist auf der anderen Seite nicht dazu in der Lage, auch nur annäherungsweise die Kraft eines solchen Schubs zu schätzen, und fordert Strebemauern, die doppelt so groß sind, wie es eigentlich notwendig wäre. Doch weiter: Nachdem er den Aufbau für ungeeignet erklärt hat, die von der Dombauhütte geplanten Bögen zu tragen, entwirft er von sich aus Bögen, welche die Schubkraft sogar noch erhöht hätten. Zu keinem Augenblick der fortdauernden Kontroverse um die Struktur des Gebäudes wird eine der beiden an dem Streit beteiligten Seiten in der Lage sein, die Funktionalität eines gegebenen architektonischen Elementes zu begründen...

Diese *scientia* ist offenkundig nicht die eines modernen Ingenieurs, sondern eine Disziplin mit sehr viel weiterführenden, aber dafür weniger praktischen Zielen. Sie artikuliert sich wesentlich bei der – a priori getroffenen – Auswahl einiger Schemata, denen sich dann das gesamte Gebäude sowohl in seiner Konstruktion als auch in seinen ästhetischen Aspekten anpassen muß. Die geometrischen Schemata legen die idealen Figuren des Baukomplexes fest, die in konstanter Beziehung zwischen den verschiedenen Teilen des Gebäudes auftreten. Die Formen, die bei dem Bau des Mailänder Doms zur Diskussion stehen, sind Dreieck und Quadrat.

Ohne feste Grenzen können die Figuren – und infolgedessen auch die Verhältnisse – verändert werden, wie die Alternative zwischen Dreieck und Quadrat zeigt. Gewisse Ähnlichkeiten zwischen dieser Art der Problemlösung und den Kanons der Antike und der Renaissance zur Proportion sind unverkennbar, doch ist es für das Verständnis unserer Theorie von größter Bedeutung, daß wir uns die Unterschiede vor Augen führen. Das klassische System der Proportionen kann organisch genannt werden. Es lohnt sich, darauf hinzuweisen, daß ein einziges Element wie eine Säule an einem Gebäude mit großen Ausmaßen eher als an einem kleinen Bauwerk proportional höher oder breiter ist. Die gotische Lösung könnte man als abstrakt bezeichnen, und sie geht vergleichsweise unbekümmert mit den Proportionen um. Für die gotische Architektur werden die Höhe und die Breite eines einzelnen Elementes ausschließlich durch einen einfachen Bezug zum gesamten Schema bestimmt, und ist dieses Verhältnis einmal gegeben, kann jenes Element hoch oder niedrig, breit oder schmal sein, ganz wie es der Kontext will, in dem es gebraucht wird. Im wesentlichen besteht der Unterschied darin, daß ein einzelnes Element keine autonome Existenz hat, sondern seine Form nur aus der logischen Verbindung mit dem Ganzen herleitet. Unsere *scientia* kann daher als eine Theorie der konstanten Verhältnisse bezeichnet werden. Die Überprüfungen, denen sie in Mailand unterzogen wird, zeigen, daß sie einerseits kein besonderes proportionales Verhältnis zwischen der gegebenen Breite und der Höhe der Kathedrale oder zwischen ihren Teilen erforderlich macht, aber auf der anderen Seite bereits hinreichend kritisiert wird wegen der Vermischung von Dreiecksfiguren, welche die Konsistenz der Verhältnisse unterbricht. Außerdem kann man mit Sicherheit annehmen, daß die reziproke Beziehung der Teile, die die geometrische Schematisierung verursacht, die Unwissenheit des gotischen Ingenieurs über die mechanischen Gesetze aufwiegt. In einem gewissen Sinn ist diese reziproke Beziehung ein Symbol der strukturellen Stabilität[118].

Mit diesem langen Zitat soll nicht nur Ackermans Klarheit und Intelligenz die gebührende Hochachtung erwiesen werden; es erscheint auch hilfreich für das Verständnis von Ereignissen und Episoden, die ansonsten etwas seltsam anmuten könnten – wie etwa Giottos »scientia et doctrina« (Wissenschaft und Gelehrsamkeit), aufgrund derer ihm die Stadt Florenz 1334 die Leitung aller Bauvorhaben anvertraut: die Instandsetzung der Brücken nach der Überschwemmung des Vorjahres, die Weiterführung der neuen Stadtmauer sowie die Fundamentlegung des Campanile der Kathedrale auf sandigem Grund[119]. Es werden damit Aufgaben, die für uns nicht einmal die eines Architekten, sondern eher eines Ingenieurs wären, einem bedeutenden Maler anvertraut, von dem uns in der Tat nicht bekannt ist, ob er jemals zuvor Bauvorhaben durchgeführt hätte, welche in unseren Augen ein derartiges Amt rechtfertigen würden. Die Wahl wird hingegen sofort verständlich, wenn wir uns das System geometrischer Beziehungen vergegenwärtigen, welches die Wissenschaft eines Jean Mignot ausmacht.

Die Figur des Architekten-Direktoren, der nach den Grundsätzen dieser »Wissenschaft« und nicht auf der Grundlage von Kunst und Technik argumentiert, scheint sich jedoch von der der großen Architekten und Bildhauer zu unterscheiden, die mit den wesentlichen Bau- und

Dekorationsvorhaben des ausgehenden Mittelalters in Italien betraut waren. Antelami, die Pisano, Arnolfo sind der Praxis der Steinmetz- und Maurermeister verbunden, da sie sowohl Architekten als auch Bildhauer sind. Und die Tätigkeit eines Vorstehers einer großen Bauhütte führte über Steuerbefreiung und andere Privilegien, die sich auch auf die Familienmitglieder übertrugen, zu einer größtmöglichen Integration in die städtische Gemeinschaft. Beispielhaft dafür ist die Behandlung, die Lorenzo Maitani im Jahre 1310 in Orvieto erfährt: Er erhält 12 Goldfiorini im Jahr, die Erlaubnis, in der Stadt sowie in den Vorstädten Waffen zu tragen, die Befugnis, auf Kosten der Dombauhütte so viele Gehilfen anzustellen, wie er nur wolle. Er wird zusammen mit seiner Familie Stadtbürger und für fünfzehn Jahre von Steuern und Wegzöllen befreit[120].

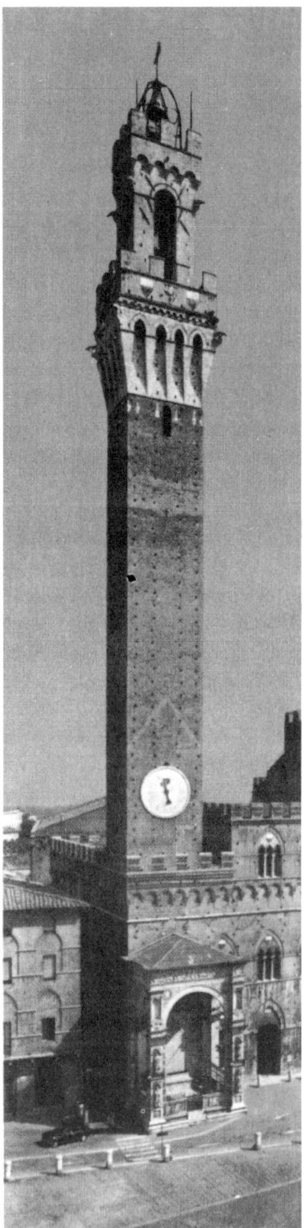

Torre di mangia am Palazzo Pubblico in Siena

Ebenso läßt sich der Brief von Jacopo della Quercia an seine Stadt vom 4. Juli 1428 heranziehen, in dem von jenen Meistern die Rede ist, welche den Bau der neuen Loggien von San Paolo leiten könnten, und worin er Giovanni da Siena empfiehlt, der gerade ein Schloß für den Marchese von Ferrara erbaue: »Gebt ihm 300 Dukaten das Jahr und Unterhalt für acht Personen (...), er ist kein Meister mit der Kelle in der Hand, sondern ein Entwerfer und Ingenieur«[121].

Ein für die Situation in Italien charakteristischer Zug scheint sich in der besonderen Rolle des Architekten (oder jedenfalls in seiner häufigen Beteiligung an den Aufträgen der Kirchenfabriken) abzuzeichnen, dessen Aufgaben nicht selten einem Maler übertragen werden. Vielleicht sieht man in ihm den Künstler, der am ehesten geeignet ist, ein Bauwerk aus dem Zusammenspiel von Proportionen zu konstruieren, das Mignot als Wissenschaft bezeichnet: Giotto, Lippo Memmi, der den Turm des Palazzo Pubblico in Siena (1341) entwirft, Orcagna, dessen Ambitionen bei dem Tabernakel von Orsanmichele und anderen Projekten glücklicherweise vereitelt werden.

Maler, Architekt, Goldschmied – in diesen Berufen profiliert sich zu Beginn des Quattrocento eine Figur, die unserer Konzeption eines Künstlers schon sehr nahekommt. Der Goldschmied (*auri-faber*) repräsentiert mit seiner – der mittelalterlichen Tradition so teuren – aufwendigen und luxuriösen Produktion den höchsten technischen Standard (was die Probleme der Schmelzung, der Metallurgie im allgemeinen betrifft, deren weiterer Anwendungsbereich in der *Pirotechnia* von Biringucci beschrieben wird). Wenn man sich diesen Aspekt der Goldschmiedekunst nicht vergegenwärtigt, wird unverständlich bleiben müssen, warum nicht nur ein bedeutender Gießer wie Ghiberti, sondern auch Brunelleschi dieser Zunft entstammen[122].

Besonders interessant ist jedoch die Position dieser florentinischen Künstler auch im Hinblick auf ihre Eingliederung in eine Schicht der »cittadini«, also derjenigen Stadtbewohner, die als Mitglieder einer der großen Zünfte Bürgerrechte genossen. Die Bezeichnung »cittadini fiorentini«, die sich in dem Vertrag über die Kanzel in Prato von 1428 auf Donatello und Michelozzo bezieht, wäre auf einen Maler – da dieser nicht vollberechtigtes Mitglied der Seidenhändlerzunft gewesen wäre, sondern nur eines ihrer untergeordneten Zweige, der Mediziner und Gewürzhändler – nicht angewendet worden. Es ist zwar richtig, daß diese am Tag nach dem Aufstand der Ciompi im Jahre 1378 den Vollmitgliedern der Zunft gleichgestellt wurden, in der politischen Realität jedoch mußten sie mitansehen, wie ihre Anstrengungen durch eine Reihe von Maßnahmen vollkommen zunichte wurden; in der Zeit der restaurativen Oligarchie wurden die Mitglieder der kleinen Zünfte (oder der kleinen Zweige der großen Zünfte) aus allen politisch wichtigen Positionen verdrängt, wenngleich ihre Rechte unbestritten blieben. Innerhalb dieser Grenzen und mit diesem Prestige des Künstler-Technikers und des Stadtbürgers genießt der Künstler Bürgerrechte. Farrington hat den umgekehrten Entwicklungsvorgang im nachperikleischen Athen deutlich vor Augen geführt. Die Sache ist von entscheidender Bedeutung, denn in diesem Augenblick werden die bildenden Künste nicht mehr als unfreie Tätigkeiten angesehen[123].

In anderen Städten, in denen die kleinen Zünfte an der Macht teilhaben, finden wir verschiedene Maler, die Geschäftsträger, Gesandte, Kastellane der städtischen Landbesitzungen sind, die Ämter in der städtischen Verwaltung innehaben, die als »guardiani di porte« (Torwächter) ausersehen werden etc.; das trifft auf Siena in der zweiten Hälfte des 14. Jahrhunderts zu und gilt in Bologna für Simone dei Crocifissi, Niccoló di Giacomo und Jacopo di Paolo sowie in Pistoia für den bescheidenen Antonio di Vita[124].

Das Quattrocento ist – wie Ferdinando Bologna einmal hervorgehoben hat – noch weit davon entfernt, irgendwelche Techniken in den Bereich der kleinen Zünfte zu verbannen. In Florenz, wo aus Tradition eine potentielle Zugehörigkeit zur Seidenhändlerzunft unter den Stadtbewohnern Gewicht haben konnte, sind noch Pollaiolo und Verrocchio offiziell Goldschmiede. Aus der Werkstatt des letzteren gehen alle bedeutenden Meister hervor, die gegen Ende des 15. Jahrhunderts in Florenz arbeiten: Leonardo, Botticelli, Perugino, Ghirlandaio, Lorenzo di Credi. Mit Ausnahme von Leonardo sind dies jedoch alles Künstler, die sich ausschließlich der Malerei zuwenden.

Im Jahre 1540 – und somit zu einer Zeit, da sich der Gegensatz zwischen großen und kleinen Zünften, zwischen Technik und spekulativer Wissenschaft verschärft – erscheint in Venedig das Werk *De la pirotechnia* des Sieneser Gießers Vannoccio Biringucci, dessen Untersuchungen schon den Anfängen moderner Technologie zugehören. Von der Goldschmiedekunst sagt er, daß sie

> eine Kunst von Geist und Genie ist, und zu ihrer Ausübung bedarf es, daß man sich als guter Meister bewiesen habe und universell und ein guter Meister in mehreren Künsten sei. Denn unbegrenzt ist die Vielfalt der Arbeiten, die zu vollziehen ihm an die Hand gegeben werden, so daß diejenigen, die mit Gold und Silber arbeiten, genauso wie diese Metalle die übrigen an Würde übertreffen, selbst auch in ihrem Wissen und in ihrer Arbeit die übrigen Handwerker und Künstler übertreffen müssen; doch ist es hierbei vor allem notwendig, ein guter Zeichner zu sein, denn der Disegno ist der Schlüssel, der die Türen nicht allein zum Gold, sondern auch zu allen anderen Aufträgen öffnet, und wer zu schmelzen und zu gießen beabsichtigt, wird das Zeichnen unbedingt erlernen müssen ...[125]

Die führende Kunst jedenfalls wird die Malerei; und nicht nur in Italien. Die Haltung der Reformatoren – ihre Bilderfeindlichkeit – kann den Triumph der Malerei nicht aufhalten, befreit sie vielmehr sogar von jeglicher Einbindung in eine liturgische Ausstattung, und gerade in Holland – einem Land, das sich größtenteils dem Calvinismus angeschlossen hat – wird man die Entstehung der bedeutendsten bürgerlichen Malerei des 17. Jahrhunderts verfolgen können. Die feindliche Einstellung gegenüber der Skulptur freilich wird auch bei Agrippa von Nettesheim sehr deutlich: Die Bildhauerkunst, die Plastik, die Glyptik und die Schmelzkunst seien »importuni ingenii artificia« (die Kunstwerke eines unzureichenden Ingeniums), sie stellten »idola rerum« (Abbilder der Dinge) in Stein, in Holz und in Elfenbein her, sie machten davon Modelle in Kreide oder stellten sie in Bronze oder anderen Metallen dar. »Alle diese Künste sind, so glaube ich, zusammen mit der Malerei von den Teufeln der Hölle zum Pomp, zur Ausschweifung und zum Aberglauben erfunden worden.« Agrippa zitiert dazu Paulus, der von den Kunstwerken schreibt, daß sie den unantastbaren, den unvergänglichen Ruhm Gottes »in similitudinem imaginis corruptibilis hominis et volucrum et quadrupedum et serpentum« (auf die dem vergänglichen Menschen, den Vögeln, den Vierfüßlern, den Schlangen ähnliche Bilder) übertragen würden[126].

Trotz solcher Auffassungen wie der von Agrippa ist es in dem allgemeinen Klima des Humanismus, von dem die gebildeten Klassen zu Beginn des 16. Jahrhunderts durchdrungen sind, möglich geworden, daß die großen Tafeln von Dürer und Holbein oder die Gemälde des Konrad Witz (dessen Skulpturen als Idole zertrümmert werden) von den Altären genommen und zur Ausschmückung von Ratssälen oder bürgerlichen Wohnungen verwendet werden: Sie kommen an Orte, wo Bilder zur Ausschmückung des Raumes beitragen und wo ihre Qualitäten bewundert werden können, ohne daß sie zu Mißverständnissen und Verwechslungen mit dem Bilderkult Anlaß gäben.

Der Künstler im Quattrocento

Die Begeisterung für bildnerische Werte ist – wie Meyer Schapiro bemerkt und wie Ferdinando Bologna angesichts des Entwurfs einer ganz von Transzendenz durchdrungenen Kunst des Mittelalters erneut wiederholt – in der Romanik überall gegenwärtig und in ganz Europa verbreitet[127]. Die Ideologisierung der Scholastik, die eine Unterscheidung zwischen (Natur-) Schönheit und Kunst (als einem Vorgang, der auf technischen Nutzen abzielt), vornimmt und die Wiederaufnahme des Schemas von Martianus Capella sind vor allem dazu angetan, den Enthusiasmus einzudämmen, der mit den Werten einer von der feudalen Tradition abweichenden und sich alternativ zu deren Wertvorstellungen entwickelnden merkantilen Kultur verknüpft ist.

In der Malerei ist Giotto der erste Heros dieser erneuerten Welt; von Dante, Petrarca und Boccaccio wird sein Werk als ein fühlbares Zeichen des Fortschritts und der Innovation gewertet. Filippo Villani fühlt sich zu dem Schluß berechtigt, daß dessen »arte et ingenio« (Kunstfertigkeit und Genie) sogar die antiken Maler übertreffe. Mit der Verbreitung der humanistischen Gepflogenheit, Zitate über die Malerei in die Diskussion einzubringen und Vergleiche und Gegenüberstellungen vorzunehmen, wird es tatsächlich zur Gewohnheit, Giottos Namen durch den der mythischen griechischen Maler zu ersetzen; Baxandall führt als ein sehr frühes Beispiel Pier Paolo Vergerio aus dem Jahre 1396 an[128].

Die Künstler erscheinen hier alles andere als saturnisch; auf der einen Seite berichten die Novellen Boccaccios und Sacchettis von ihren Scherzen, von ihrem heiteren und umgänglichen Charakter, während andererseits ihre Beziehungen zu Prälaten und anderen Würdenträgern, von denen Aufträge von Bedeutung und Geltung abhängen, sie lehren, wie sie sich als Personen von Welt zu verhalten haben; Petrarca hat die Liebenswürdigkeit kennengelernt, mit der Simone Martini mit hochgestellten Personen umzugehen wußte – genauso wie Apelles mit Alexander umging. In der berühmten Novelle, in der Franco Sacchetti den Niedergang der Malerei in Florenz nach der Pest von 1348 erwähnt, haben die Maler, die sich darüber unterhalten, gerade bei dem Abate von San Miniato al Monte zu Mittag gespeist; in der Novelle von Boccaccio pflegt Giotto – abgesehen von dem ›Ihr‹ und dem ›Du‹ – mit dem Juristen Forese da Rabatta einen freundschaftlichen Umgang. Und ebenfalls noch im Trecento wird das Selbstbewußtsein, das die Maler von ihrer gesellschaftlichen Stellung hatten, durch das Statut der Florentiner Maler von 1349 bezeugt, in dem der Auftraggeber nicht als ›Padrone‹ des Vertrags bezeichnet wird, sondern einfach als »derjenige, der solche Malerei ausführen lassen wolle«[129].

Der Künstler des beginnenden Quattrocento zeichnet sich durch höfische Verhaltensweisen und durch die Zurschaustellung von Luxus aus, und dies insbesondere – verglichen mit dem einfachen Leben eines Donatello – an den Höfen im nördlichen Italien. 1556 erinnert Francesco Sansovino von Gentile da Fabriano nichts anderes als dessen Einkommen von einem Dukaten pro Tag, das er vom venezianischen Senat erhalten habe, sowie seiner Gewohnheit, mit jenen »offenen Ärmeln« bekleidet gewesen zu sein, mit Gewändern, die gerade in der Malerei der Spätgotik Kennzeichen eleganter Persönlichkeiten sind. Der Brief, in dem sich am 22. August 1428 Jacopo della Quercia bei der Signoria von Siena dafür entschuldigt, daß er sich nicht von Bologna entfernen könne, ist in Begriffen des höfischen Ehrenkodex abgefaßt:

> ... Bande der Vernunft halten mich gegenwärtig hier fest, so daß ich, wollte ich mich fortbewegen, an Ehre und Loyalität Einbuße erleiden müßte, so daß ich als Diener Eurer Signoria nach solchem Verluste Eurer Herrlichkeit wenig Ehre machte, wenn ich Ihretwegen müßte untreu werden[130].

Der soziale Status der Meister im fortgeschrittenen 15. Jahrhundert wird deutlich sichtbar in der Urkunde, die am 26. September 1468 von dem Herzog Galeazzo Maria Sforza dem zum Hause des Herzogs gehörenden Vincenzo Foppa ausgestellt wird: Er empfiehlt diesen, wann immer es geschehe, »se huic inde et per varios orbis partes conferre« (daß er sich außer Landes und in verschiedene Teile des Erdkreises begebe), allen seinen Freunden, Honoratioren, herzöglichen Offizieren und Beamten; er möge gut empfangen werden und nicht mit Zöllen und Wegegeldern weder zu Lande noch zu Wasser behelligt werden; er reise »cum comitiva personarum duarum equestrium vel pedestrium suisque armis, arnixiis, bulgis, valixiis et bonis omnibus« (mit einer Begleitschaft von zwei Personen, beritten oder zu Fuß, mit seinen Waffen, Geldbörsen, Gepäck und allen seinen Gütern)[131].

Das Werturteil eines Eneas Silvio Piccolomini zeigt bereits – wie Villani hervorhob – die Haltung des Humanisten, der die Intelligenz der Maler nicht geringer einschätzt als die zur Ausübung irgendeiner der freien Künste notwendigen Geisteskräfte; und Piccolomini fügt sogar noch hinzu, daß die Meister der freien Künste sich der Hilfe von schriftlichen Texten bedienten, während sich die Maler ausschließlich auf ihr Genie und ein gutes Gedächtnis stützen könnten. Zu Beginn des Quattrocento erkennt man die Möglichkeit, daß es in dieser Kunst, die lange Zeit als mechanische angesehen wurde, Regeln und Vorschriften geben könne, die es schriftlich festzuhalten und zu überliefern gelte[132]. Und dies wird – über das Handbuch von Cenini hinaus – schon bald von Leon Battista Alberti bestätigt werden.

Als Marsilio Ficino (wiederum auf der Grundlage des Neuplatonismus) zur Bedeutung der bildenden Künste eine dem Heiligen Augustin entgegengesetzte Antwort gibt, repräsentieren bereits Giotto und Brunelleschi ganz allgemein die Gestalt des genialen Künstlers, aus der sich derselbe Enthusiasmus herleitet, der – parallel zur industriellen Revolution – den Mythos des genialen Erfinders entstehen lassen wird.

Die poetischen Fähigkeiten der Künste hatten bereits vor Marsilio Ficino die Aufmerksamkeit der humanistischen Denker auf sich gezogen. Bei seinem römischen Aufenthalt von 1411 bis 1413 fügt beispielsweise Manuele Crisolora in eine Epistel, welche den beiden Rom (am Tiber und am Bosporus) gewidmet ist, eine aristotelisch orientierte Untersuchung über das intellektuelle Vergnügen ein, welches man aus der künstlerischen Darstellung gewinne – ein Thema, das den Erwartungen von Humanisten wie Leonardo Giustiniani oder Battista Guarino entspricht. Giannozzo Manetti dient der Verweis auf die Malerei, die Skulptur, die Wissenschaften und die menschliche Weisheit dazu, die Würde und die Vollkommenheit des Menschen hervorzuheben, der als Abbild Gottes bezeichnet zu werden verdiene wegen seines Geistes, durch den er eine ganze Welt erbaue: *domus, oppida, urbes* (Häuser, Städte, Weltteile); der Akzent liegt insbesondere auf den Gebäuden, die von solcher Größe seien, daß man diese Werke eher aus dem Geist der Engel als von irdischen Wesen geschaffen denken möchte. Werturteile, hinter denen man unschwer den gewaltigen Bau der Kuppel Brunelleschis wahrnehmen kann, die nunmehr mit ihrem Schatten alle Völker der Toscana bedeckt[133].

Als Widerspiegelung eines neuen Bewußtseins, das sich um die Rolle des Künstlers gebildet hat, ist die Position Ficinos um so aufschlußreicher, als es gar nicht in seiner Absicht liegt, die Bedeutung, die Freiheit einer bestimmten Kunstgattung hervorzuheben: Er diskutiert ausschließlich die menschliche Kreativität im allgemeinen, die nun von den Künsten – in eben dem Sinn, den wir dem Begriff zu geben gewohnt sind – ausgeübt und reflektiert wird. Es fällt darüber hinaus auf, daß er den bildenden Künsten keine privilegierte Stellung einräumt: Musik und Gesang seien vielmehr jene Erfahrungen, die für die Wiedergabe des Seelenlebens zu bevorzugen seien. Die Werke der Künstler, welche darauf ausgerichtet seien, den Gesichts- oder Gehörsinn zu beeindrukken, drückten fast vollständig den Geist des Autors aus, was hingegen bei solchen Werken, die den Tastsinn, den Geschmack oder Geruch ansprächen, nicht zuträfe; insbesondere jedenfalls »in sermonibus, cantibus atque sonis artificiosus animus se depromit in lucem« (in Gesprächen, Gesängen und Musik bringt sich der künstlerische Geist ans Licht).

Jene Werke, die in unserer Sprache in Kunst und Technik geschieden würden, werden von Ficino gleichermaßen als Beispiele dafür angeführt, wie die Seele den Körper dominiere. Die anderen Tiere würden ohne Künste leben oder mit einer Kunst allein, der sie sich im übrigen nicht freiwillig überließen, sondern an die sie *fatali lege* (durch schicksalhaftes Gesetz) gebunden seien: was die Tatsache beweise, daß sie im Lauf der Zeit nicht zu einer höheren Vollkommenheit ihrer Werke fortschreiten würden. Die Menschen seien jedoch keine Sklaven, sondern Nacheiferer und Rivalen der Natur: Man betrachte die Trauben des Zeuxis und andere berühmte Beispiele, etwa Archita Tarantino, der eine fliegende Taube, oder die Ägypter, die gehende und sprechende Statuen konstruiert hätten, ganz zu schweigen von den Pyramiden, den griechischen und römischen Bauwerken, den Arbeiten in Metall und Glas. Der Mensch ahme die Werke der Natur nach, aber er korrigiere sie auch und verbessere ihre minderwertigen Produktionen. Da er nur ganz wenig den Grenzen und Beschränkungen des Körpers unterliege, lasse er alle dessen höheren Aspekte hervortreten; er denke nicht nur an die Bedürfnisse und Notwendigkeiten, sondern auch an die Vergnügungen und »ad oblectamenta sensuum varia, quasi quaedam pabula phantasiae« (an die verschiedenen Sinnesfreuden, gewissermaßen eine Weide der Phantasie). Er zeige die Kraft seines Geistes bei der Herstellung von Woll- und Seidenstoffen, in der Malerei, in der Skulptur und durch die Werke seiner Baukunst; er bediene sich nicht nur der Tiere, er zähme sie, und schließlich sei er im Unterschied zu diesen bereit, zum Wohl der Gemeinschaft zu sterben.

Ein Element im Denken Ficinos, das noch auf besondere Weise hervorgehoben zu werden verdient, ist die Behauptung, daß die geistige Erfahrung sich nicht allein darauf beschränke, ihr göttliches Wesen in dem unmittelbaren poetischen Prozeß zu enthüllen, sondern sich auch darin zeige, daß ein von anderen geschaffenes poetisches Werk intellektuell nachvollzogen werde: Niemand, der nicht selbst einen gleichen Grad an künstlerischer Intelligenz besäße, könne begreifen, wie und warum ein Kunstwerk von einem befähigten Künstler gearbeitet worden sei. Wer dank dieser Identität von Geistesgaben in der Lage sei, zu einem solchen Verständnis zu gelangen, nachdem er dem Mechanismus des Werkes nachgegangen sei, könne dieses auch reproduzieren, sofern er über das notwendige Material verfüge: Wenn also der Mensch die Ordnung der Himmel kenne, wenn er die passenden Instrumente gefunden hätte sowie die Materie, aus welcher jene zusammengesetzt seien – dann würde er sie nachbauen können[134].

Ficinos Nachfolge

Daher ist es nicht allein die Mimesis des Künstlers (oder des Technikers), die geistige Inhalte hervorbringt; die Wahrnehmung des poetischen, musikalischen, malerischen oder technisch-praktischen Werkes bedeutet nicht mehr einfach nur eine angenehme Erfahrung, sondern stellt einen Vorgang von kultureller Bedeutung dar. Mit dem Cinquecento begegnet immer häufiger die Gestalt des ›Dilettanten‹: Eine Person, die – einen bestimmten sozialen Rang und unabhängige Einkünfte vorausgesetzt – jene Scheu und Befürchtung abgelegt hat, die noch Gilio erkennen läßt, und die Kunstausübung nicht zum Gelderwerb betreibt, sondern sich mit derselben Geisteshaltung, mit welcher er sich einer literarischen Tätigkeit zuwenden würde, der Zeichnung, der Miniatur oder dem kleinen Tafelbild widmet (wobei der handwerkliche Aufwand, wie er bei größeren Arbeiten notwendig wäre, vermieden wird). Dolce nennt einige solcher vornehmen Dilettanten in Venedig: den Verleger Vitruvio Daniele Barbaro, einen Francesco Morosini, einen Alessandro Contarini. Auch Galileo ist ein Kenner von exquisitem Geschmack; er vermag häufig Malern wie Cigoli nützliche Hinweise zu geben, und als junger Mensch, wie es in der Biographie von Vincenzo Viviani heißt,

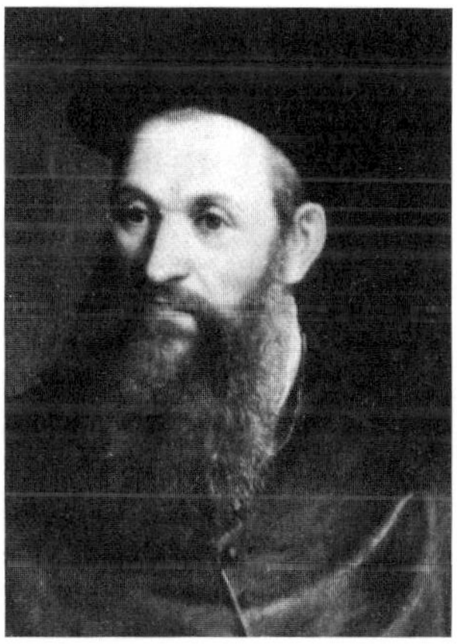

PAOLO VERONESE,
Portrait des Daniele Barbaro,
1365–1370
Ausschnitt

> beschäftigte er sich mit großem Vergnügen und bewundernswürdigem Erfolg mit dem Zeichnen; worin er so große Begabung und Talent hatte, daß er selbst später seinen Freunden gegenüber zu sagen pflegte, daß, wenn er sich in jenem Alter seinen Beruf hätte wählen können, seine Wahl gewiß auf die Malerei gefallen wäre[135].

Der rasche Erfolg der Philosophie Ficinos wird offenkundig in der Behandlung, die – im realen Leben – Leonardo, Raffael, Michelangelo erfahren. Es ist bezeichnend, daß wenige Jahre, nachdem Maarten van

Heemskerk den malenden Heiligen Lukas vom *furor poeticus* begleitet darstellt, das platonische Thema der Inspiration auch auf den Maler bezogen wird (auf einem allerdings popularisierten, zufälligen, eher beliebigen Niveau), wie etwa in dem Briefwechsel zwischen der Signoria von Siena und Sodoma, der zu dieser Zeit in Piombino arbeitet und das Fresko in der Capella di Piazza vernachlässigt. Am 16. April 1537 erinnert man ihn:

Du weißt, daß es einem guten Maler von Vorteil ist, auf daß sich seine Fähigkeit ebenso jedem offenbare, nicht nur ein schönes Werk zu beginnen, sondern es auch so rasch und mit solcher Behendigkeit und schließlich auf eine Weise zu vollenden, daß ein jeder gerechte Ursache haben möge, sich darüber zu verwundern.

Am 13. August 1539 kommt eine Antwort von der Herrschaft von Piombino selbst; sie begegnet dem Argument der schnellen Arbeitsweise mit dem Begriff der Inspiration: Sie selbst habe Sodoma länger als schuldig bei sich behalten; denn was den Meister betreffe, so »möge man diesen entschuldigen und alles der Profession des Malers zuschreiben, der (wie es oft dem Dichter zu begegnen pflegt) von seinem Furor fortgerissen und getrieben wird, auf solche Weise, daß, wollte er auch von dem eigenen Werk lassen, er es doch nur schwerlich könnte«[136].

Auch einem Künstler wie Giovanni Bellini, den wir gewöhnlich in Begriffen und im Zusammenhang des Quattrocento denken, gelingt es durchaus, Isabella d'Este seinen eigenen Stil aufzunötigen, wie er in der *Sacra Allegoria* zum Ausdruck kommt, statt – was zunächst erwünscht war – irgendein Bild auszuführen, das sich in das ikonographische Programm der schwerfälligen mythologischen Allegorien ihres Studiolo eingefügt hätte. Als sich daraufhin die Marchesa von Mantua wegen der Vermittlung eines weiteren Werkes an Pietro Bembo wendet, setzt dieser sie am 1. Januar 1505 wie folgt in Kenntnis:

Bellino, bei dem ich in diesen Tagen gewesen bin, steht vollkommen zu Eurer Hoheit Diensten, wie jedes Mal, sobald Ihr nur die Maße oder die Leinwand ihm übersandt habt. Die Erfindung [invenzione], die – wie mir Eure Hoheit schreiben – ich zum Disegno beisteuern möge, wird man der Phantasie dessen, der sie zur Ausführung bringt, überlassen müssen; derselbe wünscht, daß ihm nicht zu viele Direktiven gegeben würden, gewöhnt daran, wie er sagt, sich immer nach seinem eigenen Wunsch in der Malerei zu bewegen, so daß er selbst zufriedengestellt werde wie der Betrachter. Beständig werde er das eine wie das andere versuchen[137].

Mit dem Werk, das nicht mehr in Begriffen der Güte und künstlerischen Fertigkeit oder nach seinen ikonographisch ablesbaren Inhalten, sondern als Ausdruck eines bestimmten Stils beurteilt wird, eröffnet sich die Möglichkeit, neben den Bildern ohne Gegenstand (so erscheinen sie zumindest Michiel im Jahr 1525: »Die kleine Landschaft mit dem Sturm, mit der Zigeunerin und dem Soldaten«)[138] auch das sogenannte »Unvollendete« aufzunehmen: die Skulpturen, an denen Michelangelo einige Teile kaum mehr als grob bearbeitet hat, oder die Bilder des alten Tizian, welche »im Fluge, grob und fleckig gemalt sind, in der Nähe nicht gesehen werden dürfen, in der Ferne aber eine vollkommene Wirkung machen« – eine, wie Vasari kommentiert, »höchst einsichtsvolle, schöne und erstaunenswürdige Manier, wodurch die Malereien sehr lebendig erscheinen und mit großer Kunst ausgeführt sind, während ihre Mühen verborgen bleiben«. Doch vor allem ist es Parmigianino, der mit seinen Bologneser Bildern Vasari – zu der Zeit, als die erste Ausgabe der *Lebensbeschreibungen* erscheint – aufs höchste verblüfft, da diese Werke kaum mehr als Entwürfe seien. Seine *Santa Margherita* »gibt sich«, wie Roberto Longhi hervorhebt,

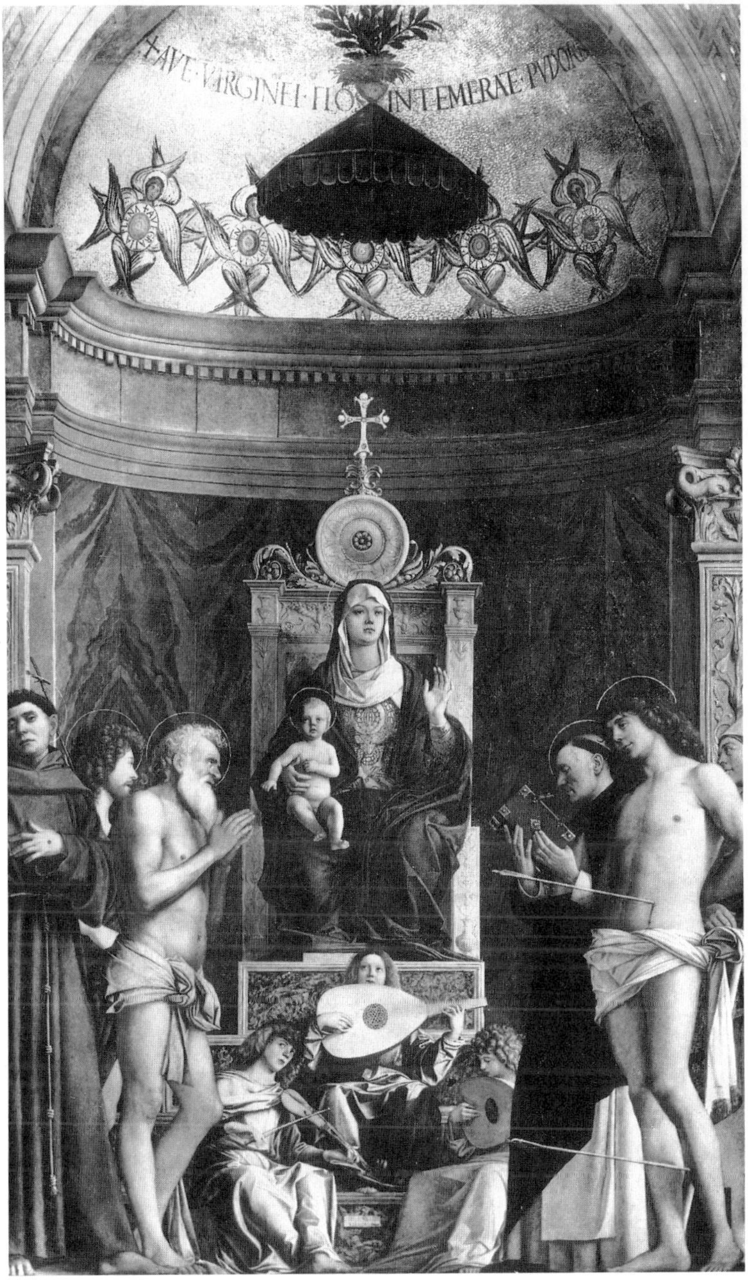

GIOVANNI BELLINI,
Thronende Maria mit Kind und Heiligen

»als ›vollendetes‹ Werk« – und als solches wird es dem Publikum präsentiert, noch dazu auf einer Altartafel –, auch wenn »sich alles daran in einem ersten Arbeitsstadium befindet«, als »Idee eines Universalentwurfs«. Mehr erstaunt als – wie Tizian gegenüber – bewundernd, schließt Vasari in der Ausgabe von 1550 daher mit dem Bedauern, daß die Leidenschaft für Alchemie den Maler ruiniert habe: »Er bemerkte nicht, wie abträglich die Alchemie dem Zeichnen und Ausführen der Figuren gewesen; welche letzteren mit wenigen Farbflecken die Geldbeutel anderer Leute um hunderte von Skudi erleichterten«[139].

Von Beccafumi bis zu den *Geschichten der Aeneis* von Dosso führt – quer zu den inhaltlichen und stilistischen Normen der Gegenreformation (man vergleiche Gilio Cesare Procaccini, den Longhi als Beispiel anführt) – ein direkter Weg zu Rubens, zum autonomen Entwurf und zu der gesamten unabhängigen großen Malerei im Europa des 17. Jahrhunderts: bis hin zu einem Virtuosentum, für das eine reichhaltige Vermischung von Stilen und die zur Schau gestellte Pinselführung Teil einer technischen Sprache wird, die nicht versteckt zu werden braucht, der der Kenner im Settecento zu folgen vermag und die er zu schätzen weiß. Bereits in den letzten Jahren des 17. Jahrhunderts wird Domenico Piola von Niccolò Maria Pallavicino über die Fortschritte seines in Rom studierenden Sohnes benachrichtigt; dieser, so wird versichert, habe in zwei Kopien »seine gute Pinselführung« gezeigt und »geschmackvoll gemalt«[140].

Eher als die Sorgfalt und Mühe bei der Ausführung scheint die Schnelligkeit geeignet zu sein, die Begabung und die Freiheit des Genies zu demonstrieren. Am 10. Mai 1548 bittet Annibal Caro Giorgio Vasari um ein Bild, dessen Gegenstand er nicht vorgeben wolle, von dem er sich aber wünschen würde, daß es eine *Venus mit Adonis* sei:

Ob schnell oder langsam, überlasse ich Euch; denn ich meine, daß man auch schnell und gut arbeiten könne, wo sich der Furor einstellt, wie in der Malerei, die hierin und in allen anderen Teilen der Poesie ganz ähnlich ist. Es ist wohl wahr, daß die Welt glaubt, daß Ihr, wenn Ihr weniger schnell, so gleich besser arbeiten würdet; doch dies ist eher wahrscheinlich als unabdingbar, weil man doch immer sagen könnte, daß diejenigen Arbeiten schlechter ausfielen, die mit Mühen ausgeführt und nicht in jenem Fieber, in dem sie zunächst begonnen, hingeworfen und gleich auch vollendet werden[141].

In Verbindung mit einer bestimmten künstlerischen Haltung entsteht aus diesem Traditionszusammenhang auch eine Gewohnheit, die Guido Reni in seinen letzten Jahren angenommen hatte: »Sich sofort, hatte er eine Arbeit übernommen, an den Entwurf zu machen und darauf soviel Arbeit zu verwenden, daß ein guter Teil der Anzahlung oder des erhaltenen Geldes damit abgegolten war, so daß, wenn ihn der Tod ereilte, sein Gewissen nicht mit der Rückzahlung belastet wäre...« Dieses Vorgehen steht völlig im Gegensatz zu jener poetischen Begeisterung, von der etwa Salvator Rosa spricht, wenn er 1663 erklärt, daß er sich einem Werk gänzlich nach »den Anstürmen der Begeisterung« widme: in dem Augenblick, da er sich von jener »Gewalt erfaßt« fühle. Daher sind die Werke, bei denen Reni nach eben dieser Regel verfahren ist (von der *Geißelung Christi* der Pinacoteca Nazionale in Bologna bis zur *Madonna mit Jesuskind und Johannesknaben* der Sammlung Longhi und den kapitolinischen Halbfiguren), im Augenblick seines Hinscheidens in ihrem bewundernswerten Entwurfsstadium verblieben[142].

Parallel dazu zeigt sich eine Sammelleidenschaft nicht mehr für ausgeführte Werke, die innerhalb der Räumlichkeiten eine bestimmte Funktion ausüben sollen, sondern für Beispiele und Studien verschiedener Stile und Techniken, die dem endgültigen Werk zur Vorbereitung dienen. Mit dem Cinquecento beginnen Zeichnungen, Kartone, kleine Wachs- und Tonmodelle die Künstlerwerkstätten zu verlassen und Eingang in die Kammern der Kunstliebhaber zu finden. Einen äußerst wichtigen Hinweis auf eine neue Einstellung gegenüber den Zeugnissen außergewöhnlicher Stilistik gibt das Geschenk, das Raffael im Jahre 1518 Alfonso d'Este macht: der Karton des *Grand Saint-Michel* für Franz I., als Ehrenbezeugung wie auch als Entschuldigung für die noch nicht erfolgte Fertigstellung eines Bildes gedacht, das er für Alfonsos Kabinett malen sollte[143].

Und es werden auch solche Werke akzeptiert, die nicht dem Anschein nach, sondern auch wirklich unvollendet sind: Die *Anbetung der Heiligen Drei Könige* von Leonardo kann sicherlich nicht ihrer vorgesehenen Funktion als Altartafel gerecht werden, was aber Amerigo Benci und die nachfolgenden Besitzer des Bildes nicht gehindert hat, es aufzubewahren und wertzuschätzen, wahrscheinlich ohne daran Ergänzungen vornehmen zu lassen.

Der saturnische Künstler

Die Position, welche die großen Künstler auf dem Höhepunkt ihres Goldenen Zeitalters, der klassischen Renaissance, erreicht haben, läßt jeden direkten Einwand gegen den durchweg intellektuellen Charakter der bildenden Künste sinnlos werden. Gleichwohl geht der Künstler immer aus einem handwerklichen Tätigkeitsbereich hervor, aus Arbeitsprozessen, die jenen körperlichen Aufwand, jene Mühe und Anstrengung erfordern, welche bei dem Vergleich zwischen den Künsten stets der Bildhauerei als Beweis ihres geringeren ›Adels‹ entgegengehalten werden.

Gerade um die Figur des Künstlers entsteht zweifelsohne ein neuer kultureller *Ethos*, der sich im Gegensatz zu einem anderen, früheren befindet. Der Künstler war ursprünglich an die Welt der manuellen, handwerklichen Tätigkeiten gebunden – eine Welt, die auch vom Bürger als minderwertig eingestuft wurde. Der Künstler erhob sich daraus als Künstler und als Techniker, und als Techniker konnte es ihm geschehen, zu bedeutenden und verantwortlichen Tätigkeiten im städtischen Leben herangezogen zu werden...

Doch das eigentliche Problem ist folgendes: Handelt es sich bei der neuen Bewertung der Figur des Künstlers, bei dem Ruhm, der ihm in Italien insbesondere seit dem 15. Jahrhundert zugetragen wird (und man erhöht die Künstler aufs äußerste und gesteht ihnen gegen Ende des 15. und in den ersten Dezennien des 16. Jahrhunderts außergewöhnliche Verhaltensweisen zu), weiterhin um jene Welt, in welcher derselbe Künstler seine Wurzeln hatte und in der nur seine soziale Stellung aufgewertet worden ist, oder wird er von dieser Sphäre getrennt, um in eine höhere überzugehen?

Die Lösung wäre eine

Trennung des Künstlers von dem Organismus des gesellschaftlichen – des städtischen und korporativen – Lebens, innerhalb dessen er noch im 15. Jahrhundert lebte und arbeitete (die ›Werkstatt‹ mit dem Künstler-Techniker, aus der der Künstler-Wissenschaftler hervorgegangen war), und seine Aufnahme in eine gesellschaftlich höherstehende und nunmehr höfische Kultur, die sich – wie bereits ein großer Teil des Humanismus im Quattrocento – an den Fürstenhöfen nährte. Eine Transformation, die alles andere als marginal ist und in der sich ein politisches Handeln ausdrückt, das darauf abzielt, Kultur und Kunst zu einem Bestandteil des Fürstentums werden zu lassen (...): der Gebrauch von Kunst und Kultur als Mittel zur Hegemonie[144].

Die Abspaltung von der Welt des Handwerks und die Außergewöhnlichkeit des Künstlers drücken sich auf drei verschiedene Weisen aus, die zu seiner Entfremdung vom gesellschaftlichen Kontext beitragen. Mit den Poetiken des *ut pictora poesis* wird ein Modell der Nobilitierung umschrieben, dessen intellektueller Wert völlig außer Diskussion steht, welches aber zugleich dazu führt, daß von allen handwerklichen Aspekten der bildenden Künste abgesehen wird. Was die Techniken angeht, wird eine Unterscheidung zwischen höheren und niederen Künsten eingeführt, welche diejenigen, die sich in der Renaissance als führende Künste herausgestellt haben (Malerei, Skulptur, Architektur), an privilegierter Stelle aufführt. Gesellschaftlich schließlich verbreitet sich das Bild des saturnischen Künstlers.

Die wesentlichen Ereignisse, die in der bildenden Kunst entscheidend zu Brüchen und Erneuerungen beigetragen, die zu Veränderungen geführt haben, welche über ihre jeweiligen spezifischen Zusammenhänge hinausgehen sollten, werden von der stärker ideologisierten Kritik entweder abgestritten oder einfach nicht wahrgenommen (man denke an Caravaggio), so daß sich eine beinahe konstante Trennungslinie zwischen ästhetischer Theorie – die von der platonischen Idee oder einer sprachlichen Analyse nach aristotelischem Muster bestimmt ist – und der bildnerisch-künstlerischen Praxis abzeichnet. Man kann Roberto Longhi nur beipflichten, wenn er die Konfusion beklagt zwischen den

> erhellenden Urteilen, die Kunstverständige oder einfach Kunstliebhaber abgeben, und der Geschichte des ästhetischen Denkens, so daß die Aufgabe – um die Verallgemeinerung Croces nicht zu überbieten – fast noch verdienstvoller wäre, zu zeigen, daß die Werke immer mit den Theorien übereingestimmt haben; während es allenfalls darum ging, das Gegenteil zu beweisen[145].

Zur Analyse des saturnischen Künstlers gibt Erwin Panofskys Illustrierung der Ikonographie von Dürers *Melencolia I* eine Reihe von aufschlußreichen Hinweisen[146]. Man braucht diesen Ausführungen nur zu folgen, um sich darüber klarzuwerden, auf welche Weise sich der Blickwinkel ändern, wie man von Merkur, dem die künstlerischen Tätigkeiten in der Abfolge der sieben planetarischen Einflüsse zugeordnet waren, zu einem Planeten übergehen konnte, der mit jenen vier Flüssigkeiten verbunden war – den cholerischen, phlegmatischen, sanguinischen und melancholischen Körpersäften –, welche wiederum den menschlichen Charakter bestimmten. Jeder dieser Flüssigkeiten entsprach eines der vier Elemente, eine Himmelsrichtung, ein Wind, eine Jahreszeit, eine Tageszeit, eine Lebensphase, ein Planet, der schließlich für die Melancholiker Saturn war. Deren Bedingungen nun waren unter den vieren die schlechtesten: Die schwarze Galle korrespondierte mit dem Wahnsinn, die Menschen, die sie beherrschte, waren unglücklich und unleidlich, und ihr einziger positiver Aspekt war eine gewisse Veranlagung zum einsamen Studium.

Von dieser gänzlich negativen Anschauung des melancholischen Temperaments gelangt man über die Spekulation Marsilio Ficinos dazu, die Melancholie als eine für die künstlerische Kreativität typische Disposition anzusehen. Ficino verwertet vor allem jene Betrachtungen, die Aristoteles in den *Problemata* dem Charakter der »von Natur aus Melancholischen« gewidmet hatte. Für diese gab es als Alternative zum delirierenden Wahnsinn, in den sie fallen konnten, die »ausgeglichene und schöne Manier« zur Steuerung ihres geistigen Zustands: So bemerkte man, daß die Menschen, die sich im Studium der Philosophie, in der Lenkung des Staatswesens, in dichterischen Kompositionen oder in der Ausübung anderer Künste ausgezeichnet hätten, ausnahmslos Melancholiker gewesen und daher von Zeit zu Zeit von der schwarzen Galle heimgesucht worden seien. Ficino verknüpft diese aristotelischen Betrachtungen mit der platonischen Theorie der poetischen Begeisterung; die Melancholie sei daher die geeignetste Prädisposition für gewisse Zustände des Wahnsinns, der Besessenheit und Raserei, der

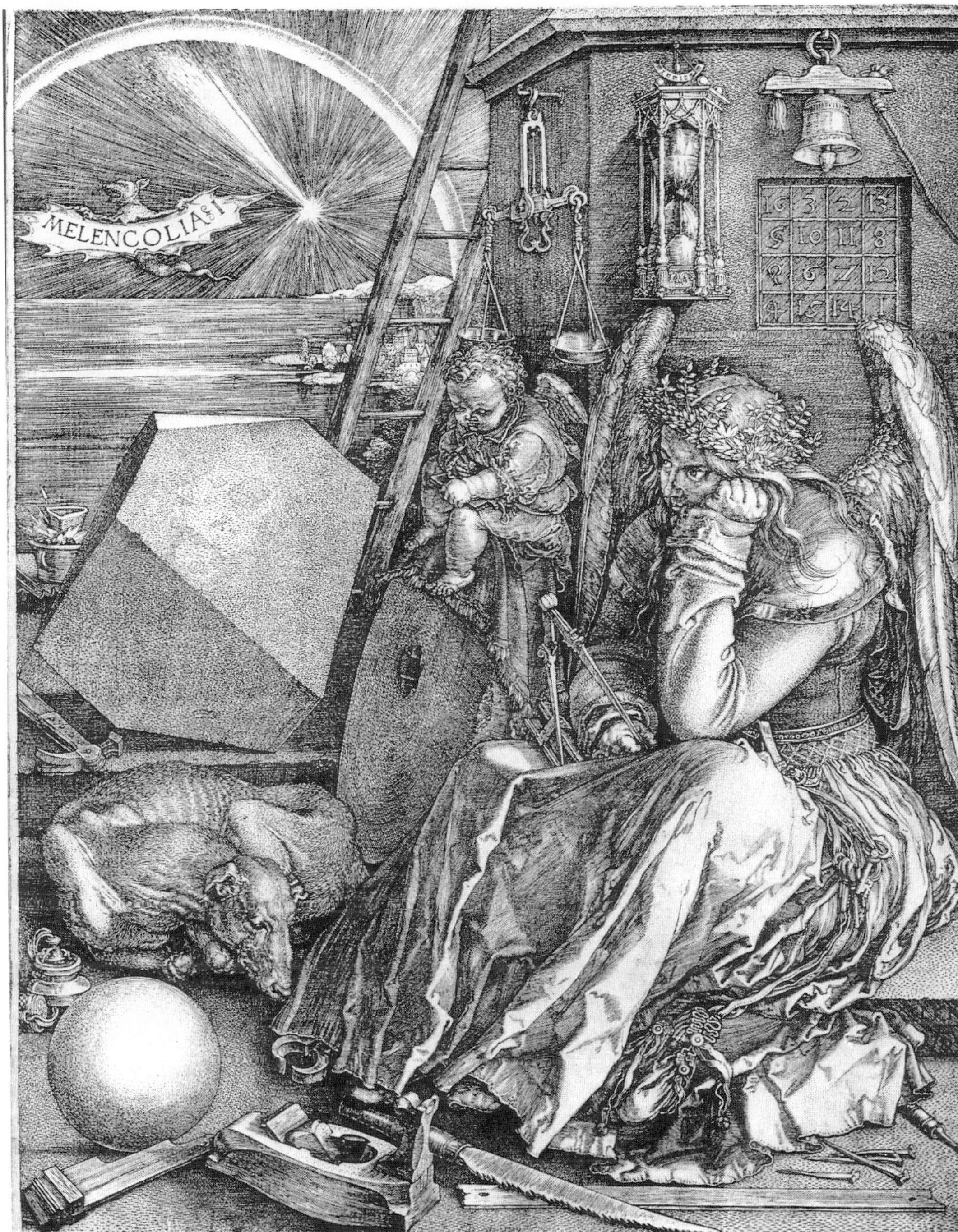

ALBRECHT DÜRER,
Melencolia
1514, Kupferstich

himmlisch inspirierten Begeisterung: also für jene »geheimnisvollen Ekstasen, welche den Körper erstarren lassen und beinahe töten, während sie die Seele fortreißen«[147].

Wenn man den von Panofsky vorgezeichneten Gedankengang fortsetzen wollte, so könnte man weiterhin anführen, daß Saturn – der nicht allein Planet, sondern auch eine archaische italische Gottheit war – jener wohltätige König gewesen war, der nach dem von Janus regierten goldenen Zeitalter in Latium die Arbeit, die Grundlage des Besitzes und des gesellschaftlichen Zusammenlebens, eingeführt hatte; »wegen so vieler erhaltener Annehmlichkeiten scheint in jenen Zeiten Saturn vom Himmel gesandt worden zu sein«, kommentiert Matteo Palmieri[148].

Zahlreiche Elemente, die um Saturn kreisen, schaffen jenes extreme Helldunkel, welches die Anlage zur intellektuellen Tätigkeit auszeichnet; sie verbinden diese mit der Erde, mit mühseliger Handarbeit, und nehmen auf diese Weise emblematisch jene Widersprüche wieder auf, mit denen auch die Figur des Künstlers ausgestattet ist. Apollon und Minerva werden weiterhin die schöpferischen Genies aus dem Umkreis Saturns beschützen.

Eben dieses Verhältnis zur Welt der freien Künste, das sich für den Künstler des Quattrocento über die Mathematik und die Geometrie herstellte, konnte später dessen melancholische Neigungen bestätigen. Panofsky zitiert in diesem Zusammenhang einen scholastischen Denker des 13. Jahrhunderts, Heinrich von Gent; dieser bezeichnet die Melancholie als typische Verfassung der Mathematiker, welche sich jener besonderen Art von Spekulation verschrieben hätten, die sich ausschließlich mit einer Materialisierung in Begriffen der *magnitudo* (Menge, Größe, Quantität etc.) befasse und deren Verständnisvermögen nicht zu rein metaphysischen Auffassungen (wie die Idee der Engel oder der außerweltlichen Nichtigkeit) ausreiche. Jene brauchten daher fortwährend konkrete geistige Bilder und eben keine abstrakten philosophischen Konzeptionen. Das Wissen jedoch von einer ihnen unzugänglichen Sphäre des Bewußtseins bewirke ihr melancholisches Leiden[149].

Für Agrippa von Nettesheim erreicht die Kraft des melancholischen Saftes ein solches Ausmaß, daß »suo impetu etiam coelestes daemones in humana corpora nonnumquam rapiantur« (durch seinen Angriff manchmal auch die himmlischen Dämonen im menschlichen Körper wüten). Unter den Einfluß Saturns faßt er drei verschiedene Grade von Begabungen zusammen, wobei die Vorstellungskraft, der Verstand oder der Geist überwiegen können. Die Künstler gehören dem ersten Grad an; diese Menschen, sofern sie mit Prophetie begabt sind, vermögen ausschließlich natürliche Phänomene vorauszusagen: »sic vidimus rudissimum aliquem hominem subito in pictorem egregium aut architectum vel alterius cuiusque arti evadere magistrum« (so sehen wir, daß gerade irgendein ungebildeter Mensch plötzlich zum ausgezeichneten Maler oder Architekten oder Meister irgendeiner anderen Kunst aufsteigt). Die Einteilung in verschiedene Grade reflektiert den Bezug zur Handarbeit und somit den minderwertigen Status des Künstlers gegenüber den anderen saturnischen Talenten: Die Vorherrschaft des Verstandes bringt in der Tat gute Wissenschaftler, Ärzte oder Staatsmänner hervor; jene des Geistes verschafft Zugang zu den Geheimnissen der göttlichen Welt, zur Theologie, und bei prophetisch begabten Geistern führt sie zur Vorhersage von religiösen Krisen, dem Erscheinen neuer Propheten und neuer Konfessionen[150].

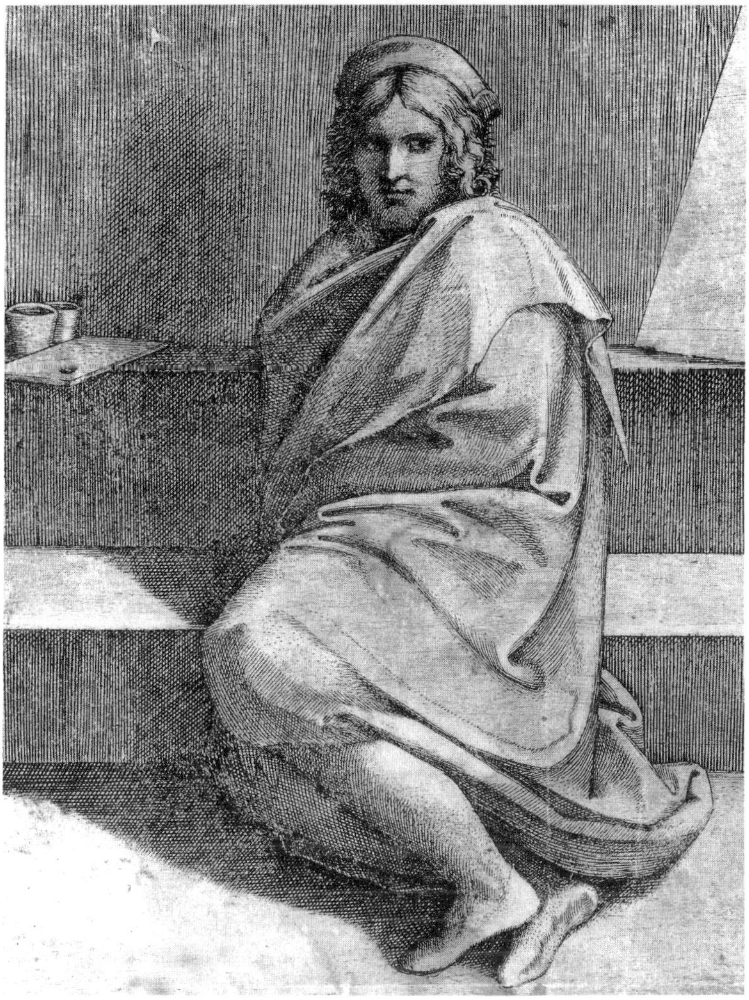

MARCANTONIO RAIMONDI,
Bildnis Raffaels

Der Mythos des saturnischen Künstlers entspricht daher vollkommen dem Unbehagen der traditionellen Ideologien gegenüber dem Künstler und Handwerker, der in der Lage wäre, sich als Schöpfer von Kultur zu qualifizieren und damit eine Würde in Anspruch zu nehmen, die derjenigen der freien Künste vergleichbar wäre. Auch der apollinische Raffael wird von seinen strengeren Zeitgenossen als melancholische Persönlichkeit angesehen[151], ganz zu schweigen von Michelangelo, der mitsamt den Problemen seiner überstarken Persönlichkeit jene Zeitperiode, in welcher die Figur des saturnischen Künstlers ihren Höhepunkt erreicht, noch überschreitet, um sich mit den Problemen der Gegenreformation und den ersten absolutistischen Fürsten konfrontiert zu sehen. Wahrscheinlich ist es nicht zufällig, daß in Venedig, in einer vom Patriziat regierten Republik, das Cinquecento keine Künstler aufzuweisen hat, deren Leben unter melancholischen oder saturnischen Aspekten interpretiert worden wäre; die Überlieferung kennt Giorgione jedenfalls nicht als Melancholiker, und sicherlich ist ein Malerfürst wie Tizian ebensowenig saturnisch wie Sansovino, Veronese, Tintoretto – und melancholisch erscheinen sie auch nicht einem Beobachter außerhalb Venedigs wie Vasari.

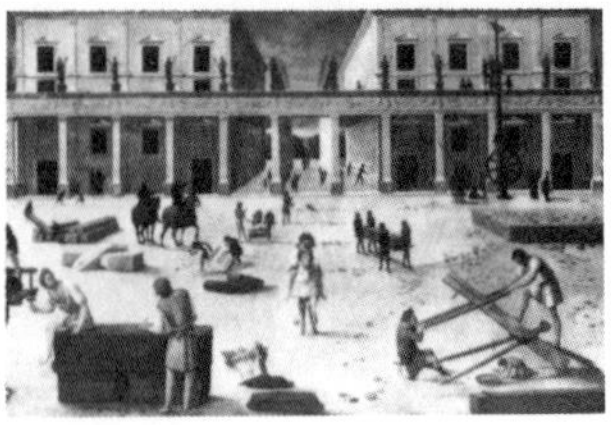

PIERO DI COSIMO,
Die Architektur, um 1490
Ausschnitt

Künstler und Handwerker

Unsere Unterscheidung zwischen höheren und niederen Künsten existierte im Mittelalter nicht; dagegen können wir häufig feststellen, daß sowohl in Byzanz als auch im Westen diejenigen Techniken als führende Künste galten, die einen größeren finanziellen Aufwand erforderten. Es gibt gar keinen Zweifel, daß im Vergleich zu Elfenbein- und Schmelzarbeiten und bisweilen sogar zur Herstellung von Stoffen die byzantinische Malerei eine minderwertige Kunst darstellte, zumal wenn das einfache Fresko an die Stelle des Mosaiks trat. Roberto Longhi konnte eine Universitätsvorlesung eröffnen, indem er anhand einer französischen Miniatur aus der zweiten Hälfte des 13. Jahrhunderts deren »fremde Ursprünge« analysierte, sowohl in der »Konvention«, »die Formen mit einer schwarzen Linie zu umgeben, ohne Rücksicht auf die Modellierung und das Chiaroscuro«, als auch in der Verteilung von Farbgrundierungen, die auf Emailkunst oder auf die Glasmalereien der Kirchenfenster verwiesen.

Bei Überlegungen zur Kunst des Mittelalters ist es immer zweckmäßig, an Gebäude und komplexe Gegenstände und deren Dekoration und Bemalung zu denken, ohne sich dabei eine institutionalisierte Unterscheidung in verschiedene Techniken vorzustellen: Es genügt hierzu die einfache Beobachtung, daß ein so bedeutendes Ausstattungsobjekt wie eine Altartafel aus Tischlerarbeit, Skulptur und Holzschnitzerei, Vergoldung, Polychromie und ausgemalten Teilen bestand[152].

Die Erhebung der Malerei, der Plastik und der Architektur zu den führenden Künsten enthüllt an sich nur den Wunsch eines breiteren Publikums als jenes der großen luxuriösen Künste des Mittelalters, Gegenstände von einer verfügbaren Visualität als Kunstwerke par excellence anzusehen. Während im Frankreich des 15. Jahrhunderts so viele neuere Meisterwerke wie die eines Fouquet zwischen den Seiten eines Stundenbuches verschlossen bleiben, ist das Fresko bereits zur Zeit Giottos in Mittelitalien zur führenden Kunst geworden: Und dies geschieht in dem Augenblick, da die Miniatur keine Formen mehr hervorbringt, die einen Bezug zwischen Text, Ornamentierung und Bildern herstellen, sondern vielmehr kleine Bildchen in Majuskeln, die offenkundig die szenischen Darstellungen der Tafelmalerei und des Freskos nachahmen[153]. Sogar in Bologna, wo die Miniatur während des 13. und 14. Jahrhunderts Schauplatz einer der lebendigsten bildnerischen Kunstproduktionen Europas gewesen ist, passen sich in der 2. Hälfte des 14. Jahrhunderts Miniaturmaler wie Niccolò di Giacomo immer häufiger jenen anderen Vorbildern an, welche den Wand- und Deckenfeldern und der darin eingefügten Malerei entliehen sind. Und während der Luxus der Visconti die Bücher der Bibliothek in Pavia mit Szenen und verschiedenen Phantasien ausschmücken läßt, verbannen die Humanisten rigoros jede figürliche Ablenkung aus ihren Texten in »littera antiqua« und übernehmen als einzige Dekoration die weißen Flechtbänder der Handschriften in Karolingischer Minuskel – und dies genau zur gleichen Zeit, in der sie die Malerei als Sprache untersuchen und aufwerten.

Der in den großen Werken der mittelalterlichen Goldschmiedekunst betriebene verschwenderische kirchliche Luxus, der immer dazu bestimmt war, nur von wenigen Privilegierten oder bei seltenen rituellen Gelegenheiten wahrgenommen zu werden, findet in Ghibertis Bronzesarkophagen für die Heiligen Proto und Giacinto oder für den ersten Bischof von Florenz, den Heiligen Zanobius, einen Ersatz: Durch

Werke, in welchen die Eleganz der Ausführung den Wert des reichen, aber nicht verschwenderischen Materials übertrifft, wie dies auch bei seinen Baptisteriumstüren, bei den Kanzeln oder dem Paduaner Altar von Donatello der Fall ist. Es sind nunmehr die Qualitäten von Verrocchios Goldschmiedekunst, nach denen das Grab für Giovanni und Piero de' Medici in San Lorenzo bewertet wird, es sind die technischen Fertigkeiten eines Pollaiolo, aufgrund deren man die beiden päpstlichen Grabstätten im Petersdom in Rom schätzt.

Das bevorzugte Meisterwerk wird mit immer größerer Entschiedenheit in der Altartafel, im Freskenzyklus, im Grabmonument oder in der Skulptur gesehen. Der Auftraggeber, der Geld in diese Werke investiert, sucht durch eine prunkvolle Ausstattung an Prestige zu gewinnen: durch eine verschwenderische Zurschaustellung von Reichtum, die zweckmäßigerweise an einem öffentlichen Ort wie etwa einer Kirche geschieht, in der eine Kapelle das Ansehen einer Familie hervorheben kann. Der Vertrag von 1485 führt genau aus, daß Giovanni Tornabuoni die Ausmalung der Fresken in Santa Maria Novella Ghirlandaio anvertraut, »in exaltationem suae domus ac familiae et ornatum ac decorum dictae ecclesiae et cappellae prefatae« (zur Erhöhung seines Hauses und seiner Familie und zum Schmuck und zur Zierde der genannten Kirche und der vorgenannten Kapelle)[154].

Trotz dieses Umschwungs, der weder unvermittelt noch überall in gleicher Form auftritt und der an den mehr oder weniger von merkantilen Schichten bestimmten gesellschaftlichen Kontext gebunden ist, hat Ferdinando Bologna mit Recht darauf hingewiesen, daß das 15. Jahrhundert weit davon entfernt war, die Techniken der »kleinen Zünfte« herabzusetzen. Es genügt, bei Alberti nachzulesen, jenem Autor, der mit seinen Traktaten über Malerei, Architektur und Skulptur die Auswahl für die zukünftigen »großen Künste« getroffen zu haben scheint. Es fällt auf, daß Alberti mit *pictura* häufig das meint, was man in unserem heutigen Sprachgebrauch als Zeichnung oder Darstellung in der Fläche bezeichnen würde; so zum Beispiel, wenn er von der Malerei sagt, sie sei »die Lehrerin für alle Künste oder sicher eine nicht geringe Zier derselben«:

> Wenn ich mich nicht irre, nahm der Architekt von niemand Anderem als dem Maler die Architrave, die Basen, die Capitäle, die Säulen, die Gesimse und ähnliche andere Dinge herüber, und Regel und Kunst des Malers leitet jeden Handwerker und jeden Bildhauer, jede Werkstätte und jedes Atelier. Und kaum wirst du irgendeine Kunstfertigkeit, auch von noch so niedriger Werthstufe finden, die nicht auf die Malerei Rücksicht nähme, so dass du sagen kannst, wo immer einige Schönheit an den Dingen sichtbar werde, nehme diese ihren Ursprung aus der Malerei.

Wenn Alberti allerdings in *De statua* die beiden Konzeptionen von »porre« und »levare« (wegnehmen und hinzugeben) näher bestimmen muß, nimmt er als Beispiel unterschiedslos »Stuckmeister«, Bildhauer, Versilberer und »diejenigen, die Siegel herstellen«. Albertis Privilegierung von Disegno-Malerei, Architektur und Skulptur bezeichnet daher nicht eine Unterscheidung in Künste, die akademische Würden besäßen, und solche, die im Bereich der Handwerke und Zünfte zu suchen wären, sondern meint eine Auswahl, die es ermöglicht, jene Prinzipien zu unterscheiden, die der bildnerischen Tätigkeit insgesamt zugrundeliegen und die in jeder Technik wahrnehmbar werden[155].

Gerade in Florenz – in der Stadt, in der sich im Verlauf des 16. Jahrhunderts die Hierarchie zwischen den drei prinzipiellen »Künsten des Disegno« und den kleinen Zünften mit größter Rigorosität herausbildet – sind noch in der zweiten Hälfte des Quattrocento die »legnaioli« (Holzmeister) neben den Malern von erstrangiger Bedeutung, wenn es um die Realisierung der wichtigen Altarbilder geht. Der enge Umgang mit dem Schreiner, der die Herstellung des Holzrahmens und die Einlegearbeiten an der Tafel übernimmt, bleibt so lange bestehen, wie die Altäre nicht in Ädikulen aus Stein eingefügt werden, was in Florenz erst seit Vasaris Neuordnung von Santa Croce im Jahr 1568 geschieht[156].

Die Zusammensetzung der Kommission, die 1504 über die Aufstellung der neuen riesenhaften Skulptur Michelangelos – den *David* – zu entscheiden hat, zeigt deutlich, daß die jeweilige Technik, in der jemand arbeitete, keinen Einfluß darauf hatte, ob er als vollwertiger Künstler galt oder nicht. Von den 33 anwesenden oder jedenfalls zusammengerufenen Meistern sind nur neun wirkliche Maler; Attavante ist ein Miniaturmaler, Giovanni delle Corniole ein Gemmenschneider, sechs weitere sind als Goldschmiede oder Juweliere ausgebildet. Darüber hinaus treffen sich ein Sticker und der Uhrmacher Lorenzo Volpaia; von den sechs Bildhauern arbeiten Andrea Della Robbia und Benedetto Buglioni ausschließlich in Terrakotta, während von den vier Architekten sowohl Giuliano und Antonio da Sangallo als auch Baccio d'Agnolo vom Tischlerhandwerk herkommen, und als Schreiner sind auch der höchst einfallsreiche Cecca sowie zwei andere Meister ausgebildet[157].

Das Verschwinden dieser Tradition ist bereits in der Untersuchung von Benedetto Varchi zum Verhältnis von Malerei und Skulptur aus dem Jahr 1546 nicht mehr zu übersehen[158]. Der wesentliche Unterschied, der sich in der Ausschließung sogar der Bronzeskulptur abzeichnet (da diese durch »porre« entstehe), verweist auf einen poetischen Vorgang, dem die Malerei näherkomme als die Ausgestaltung einer Statue in Marmor. Es ist dies ein außerordentlich hilfreicher Text, wenn man die geläufigen Ideen unter den gebildeten Dilettanten in der Hauptstadt des Großherzogtums verfolgen will, vergleichbar mit dem *Riposo* von Raffaello Borghini aus dem Jahre 1584, der sich, als er die wichtigsten öffentlich ausgestellten Kunstwerke der Stadt Revue passieren läßt, auf Malerei und Marmorskulpturen beschränkt. Bei dem wachsenden Widerstand gegenüber den handwerklichen Implikationen der Kunst scheint die Ausschließung der Bronze sich aus dem Mißtrauen gegenüber einem Material zu erklären, das nicht nur für Skulptur oder Relief, sondern ebenso gut für Gebrauchsgegenstände verwendet werden, das also allzu leicht von der würdevollen Kunst zur reinen Verzierung übergehen könnte. Vannoccio Biringucci wird mit seiner *Pirotechnia* nicht in der Kunstliteratur Gefolgschaft finden, sondern in den Schriften zur Technik, unter Autoren wie Guidobaldo Del Monte (der Bruder des Kardinals, der Caravaggio protegiert), die ihre eigenen Werke über Maschinen und Arbeitsvorgänge stets gegen den demütigenden Vorwurf des Mechanischen verteidigen müssen[159].

Tischler, Architekten, Goldschmiede

Um jene Haltung zu verfolgen, die verschiedene Formen handwerklicher Tätigkeit von dem auszuschließen sucht, was (nunmehr) als vollberechtigte künstlerische Aktivität zu betrachten sei, ist die Polemik Vasaris gegen die Tischler äußerst aufschlußreich. Die Motive sind offenkundig, da sich Vasari auf die Ereignisse um den Mercato Nuovo in Florenz bezieht: Battista del Tasso wird »vom Tischler zum Baumeister erhoben« und somit der Holzschneidekunst abtrünnig, »worin er nicht seines Gleichen hatte«. Von daher rühren die zahlreichen Fehler, die in seinem Modell nur undeutlich zu erkennen gewesen waren und die während des Baus mühsam berichtigt werden mußten; ganz zu schweigen von einem seiner Fenster mit einem Bogengitter an der Piazza della Signoria:

... er übte dabei seine gewohnte Weise, setzte Capitäle an die Stelle der Basen und führte so vieles ohne Maß und Verhältnis aus, daß man sagen kann, die deutsche Manier habe durch diesen Mann in Toscana wiederum neues Leben gewonnen.

Und auch viele andere »Dinge, die er im Palast machte«, hätte Cosimo I. abtragen lassen und sich für die Erneuerung an Vasari selbst wenden müssen. Das Thema wird eindeutig mit der Hierarchie der künstlerischen Techniken in Verbindung gebracht, wenn Vasari die Reaktion Giovan Francesco Rusticis vor der Kommission wiedergibt, die dessen Bronzegruppe an der Nordtür des Baptisteriums schätzen soll. Wahrscheinlich projiziert Vasari hier eine Einstellung seiner eigenen Zeit auf den Beginn des 16. Jahrhunderts: Während der Bildhauer Michelangelo zum Gutachter wählt, beruft die Calimala-Zunft Baccio d'Agnolo, worüber sich Rustici entrüstet, weil es »allzu seltsam war, daß ein Tischler die Mühen eines Bildhauers schätzen sollte«; der große Architekt war tatsächlich in der Zunft der Tischler ausgebildet worden. Schließlich kann man sich daran erinnern, daß Benvenuto Cellini das Fehlen »gewisser edler Vorzüge« in den Werken Antonio da Sangallos auf die Tatsache zurückführte, daß dieser weder Maler noch Bildhauer gewesen sei, sondern »nur Tischlermeister«[160].

Am Ausgangspunkt einer solchen abschätzigen Haltung gegenüber den handwerklichen Tätigkeiten und im Zusammenhang mit den gesellschaftlichen Ambitionen auf jene neue Rolle hin, welche dem vollberechtigten Künstler zustünde, läßt sich auch die dynamische und organizistische Anschauung der Architektur ausmachen, auf die Michelangelo in einem Brief an den Kardinal Rodolfo Pio da Carpi um das Jahr 1560 anspielt:

Wenn ein Plan verschiedene Teile hat, so müssen alle diejenigen Teile, die von einer bestimmten Qualität und Quantität sind, auch Schmuck von derselben Art und in derselben Manier haben, und ähnlich ihre jeweiligen Gegenstücke. Doch wenn der Plan sich in seiner Form vollkommen verändert, so ist es nicht nur erlaubt, sondern geradezu notwendig, von dem Genannten auch die Ausschmückung zu verändern, und ähnlich die der Gegenstücke; und die Mittel dazu stehen frei, wie man es wünscht; wie die Nase, die in der Mitte des Gesichtes ist, weder dem einen noch dem anderen Auge verpflichtet ist, dafür aber die eine Hand sehr wohl verpflichtet ist, wie die andere zu sein, und das eine Auge wie das andere, aus Rücksicht auf die Seiten und Gegenstücke. Es ist aber eine unzweifelhafte Sache, daß die Glieder der Architektur von den menschlichen Gliedmaßen abhängig sind. Wer kein guter Meister in den Figuren und im besonderen der Anatomie ist oder gewesen ist, kann davon nichts verstehen.

Wie James S. Ackerman bemerkt, werden »die Teile des Gebäudes nicht mehr an den idealen Proportionen des menschlichen Körpers gemessen, sondern vielmehr an seinen Funktionen. Der Hinweis auf die Augen, die Nase, die Arme legt sogar den Gedanken einer Beweglichkeit nahe; das Gebäude ist ein Organismus, der lebt und atmet«[161].

In einer verbreiteten Auffassung, die sich an solchen Orientierungspunkten ausrichten konnte, ist der »maestro di figure« (sei er Maler

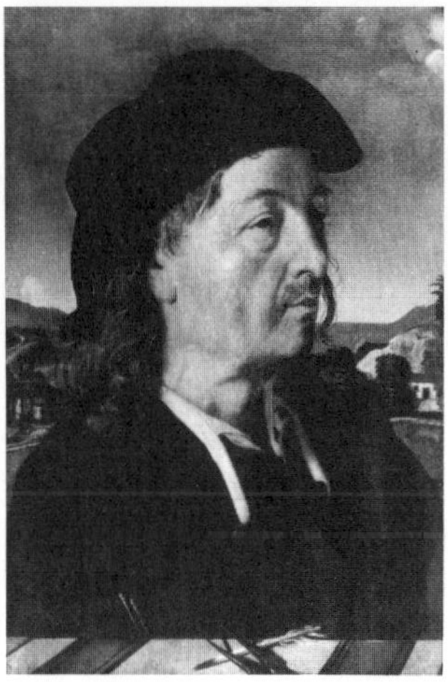

PIERO DI COSIMO,
Portrait des Giuliano da Sangallo,
1500–1505

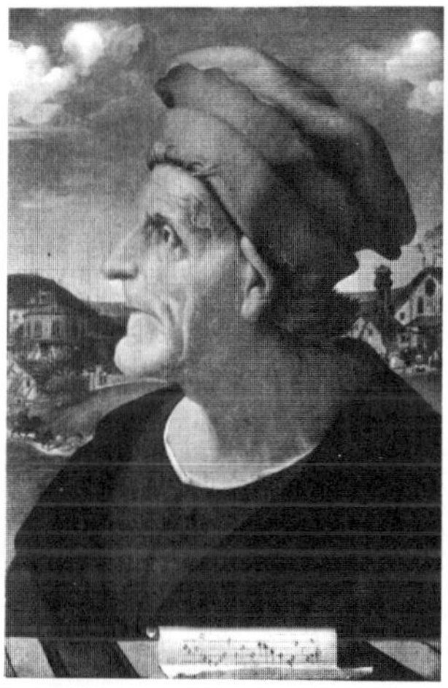

PIERO DI COSIMO,
Portrait des Francesco Giamberti, Vater Sangallos
1500–1505

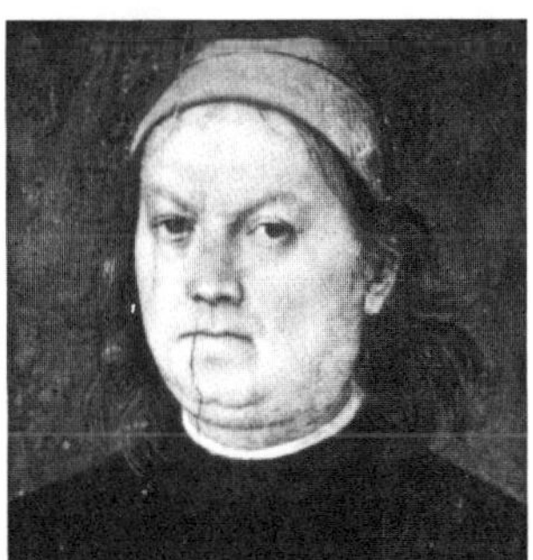

PIETRO PERUGINO,
Selbstbildnis, um 1500
Ausschnitt

oder Bildhauer) auch ein guter Architekt; ganz sicherlich aber nicht der Tischler, der sich noch immer gemächlich in der Vorstellungswelt des Quattrocento bewegte, dessen Architektur sich auf proportionale, harmonische, aber in sich feste, unveränderliche Beziehungen gründete und nicht zufällig im Zusammenhang mit den in der Musiktheorie studierten Verhältnissen gesehen wurde[162].

Jedenfalls geht es nun um die Einordnung des Architekten, der im wesentlichen Entwürfe anfertigt. Bereits in dem Traktat von Alberti ist es nicht mehr notwendig, daß ein Architekt in technischer Hinsicht die Arbeit in ihrem Fortgang unmittelbar überwacht. In dem organischen (wenn auch geschlossenen) System der Architektur von der Antike bis zum 15. Jahrhundert befaßt er sich mit dem Gebäude in allen seinen Einzelheiten, überläßt aber die Ausführung den Maurermeistern. Von daher erklärt sich das Fehlen einer technischen Disziplin bei großen Architekten wie Bramante[163].

Von aufschlußreicher Bedeutung für die Unterscheidung zwischen den führenden und den kleinen Künsten ist die Stellung des Goldschmiedehandwerks. Ein Cellini gibt sich und versteht sich noch als Meister, der gleichberechtigt neben Maler und Bildhauer treten kann; er widmet sich der Bildhauerei gerade auf der Grundlage seiner Erfahrungen als Goldschmied. Und doch ist es unvermeidlich, daß dieselbe Goldschmiedekunst, die sich allzu leicht auch Gebrauchs- und Schmuckgegenständen zuwendet, von den Meistern der bildenden Künste und von einem Denken, das diese als kulturstiftend anerkannt und somit von den einfachen Handwerkern unterschieden hat, unter eben diese geringeren Künste gerechnet wird. Erhellend ist in diesem Zusammenhang, was Filippo Baldinucci über die erste Lehrzeit von Stefano Della Bella bei einem der bedeutendsten Goldschmiede in Florenz, Orazio Vanni, berichtet: Es sei unzweckmäßig, einen Jungen auf diese Weise anzuleiten, der in einem Handwerk zum Disegno gebracht werde, in dem gutes Zeichnen zwar »unbedingt notwendig« sei, jedoch innerhalb eines »ziemlich engen und eingeschränkten Bereichs, der sich höchstens darauf erstreckt, wenige Sachen, die wirklich zu ihm gehören, gut zu machen«, während in der Malerei »alle Werke der Natur zum Gegenstand der Nachahmung werden«[164].

Als »arte del disegno« nimmt die Goldschmiedekunst einen beschränkten künstlerischen Rang ein, und es wird für das Seicento kaum zu erwarten sein, daß ein Goldschmied oder ein Versilberer über die Herstellung von Tafelsilber, Ketten oder Kolliers ohne den Disegno eines künstlerischen Leiters – der ein Bildhauer (man denke an die Modelle von Algardi), ein Maler oder ein Architekt sein kann – hinausgelangen könnten[165]. Dennoch sichert seine gesellschaftliche Situation dem Goldschmied ein berufliches Prestige, das sich allerdings nicht aus der Nobilität seiner Arbeit ableitet, sondern einmal dem luxuriösen Charakter der von ihm hergestellten oder bearbeiteten Gegenstände zuzuschreiben ist, zum anderen seinen Beziehungen zur mondänen Gesellschaft, die sich aus seiner Arbeit ergeben, und schließlich den Materialkosten selbst, die immer wieder Investitionen von einem Umfang erfordern, wie sie sich nur wenige Maler auf dem Höhepunkt einer brillanten Karriere hätten erlauben können.

Die Tätigkeit des Goldschmieds zeichnet sich dadurch aus, daß dieser – wie viele andere Künstler oder Handwerker, die an Schmuck, Bekleidung, Einrichtungsgegenständen arbeiten – seine gute soziale Stellung behaupten kann, die er der alten Rolle der *luxuriae ministri* (Diener der Prunksucht) verdankt: Einer Rolle also, welche die Maler,

Bildhauer oder Architekten durch die Eingliederung ihrer Künste in die intellektuellen Tätigkeiten überwunden hatte.

Der Virtuose

Im allgemeinen wird die Loslösung der Maler von den Zünften als jener große Augenblick gefeiert, in dem sich die Befreiung vom – so Schlosser – »engstirnigen Zunftgeist« vollzieht. Der Streit zwischen Giambattista Paggi mit der Zunft der Maler und Vergolder in Genua (in die er sich 1590 einzuschreiben weigert) gilt dabei als das signifikante Beispiel für die neue, freie Situation der Malerei. In Wirklichkeit handelt es sich in seinem Fall um einen Adligen, der mit seinem Verhalten den Wunsch zum Ausdruck bringt und nachdrücklich darauf besteht, daß die Kunst, die er ausübe, kein Beruf sei, der zum Gelderwerb betrieben werde oder sich in eine Zunft einfügen lasse oder mit dem Handel zu tun habe, sondern als eine Tätigkeit verstanden werden sollte, aus der man finanziellen Nutzen ausschließlich in Form von Ehrengaben ziehen könne[166].

Aufschlußreicher als der Fall Paggis sind dagegen die päpstlichen Erlasse Pauls III., das *motu proprio* vom 3. März 1539 und das vom 14. Januar 1540, in denen er – in Anbetracht Michelangelo Buonarrotis und seiner einzigartigen Gaben und Fähigkeiten – die Bildhauer von der Pflicht entbindet, sich in die Zunft der Steinmetze und Marmorschneider einzuschreiben; denn ihre Aufgabe bestehe darin, die Dinge der Natur nachzubilden und Päpste und weltliche Fürsten zu portraitieren[167].

Die Möglichkeit, sich außerhalb der Korporationen und ihrer Normen zu bewegen, hatte immer schon bestanden: Es genügte, sich in Abhängigkeit eines Herren zu begeben und in seinen Diensten zu arbeiten. In Frankreich konnte – noch vor der Eröffnung der Akademie – der Maler des Königs oder der Königin in Paris arbeiten, ohne sich in die Zunft einschreiben zu müssen, und in einem ähnlichen Sinn wird man wahrscheinlich die Entbindung Giovanni Bellinis von den Immatrikulationspflichten der Zunft (1483) interpretieren müssen, da er als offizieller Maler der Republik in der Sala del Maggior Consiglio arbeitet und infolgedessen mit vergleichbaren Privilegien ausgestattet wird wie ein Kollege, der am Hofe und im Dienste eines Fürsten gestanden hätte.

Alle Maler, die diesen Saal, in dem sich der venezianische Senat versammelt, ausstatten (von Bellini über Tizian und Pordenone bis zu Tintoretto), erhalten – solange sie dort arbeiten – kein Gehalt, sondern werden (von Auslagen und Spesen abgesehen) mit bestimmten Staatseinnahmen entlohnt: mit den Gebühren für Warenlager oder, genauer, mit einem bestimmten Prozentsatz vom Umsatz eines deutschen Kaufmanns[168].

Giovanni Bellini stellt sich bereits als eine Künstlergestalt von Rang und Adel dar: eine Rolle, die – ohne an höfisches Leben gebunden zu sein – für Tizian geradezu typisch wird, der von Venedig aus Beziehungen zu den Herzögen von Ferrara, Mantua, Urbino, mit den Fürsten von Farnese, Karl V. und Philipp II. unterhält; Pietro Aretino ist sein Freund und zugleich sein begabter Propagandist. Ihn sich disponibel zu machen, wird zu einer Gefälligkeit unter Fürsten: 1523 schreibt Federico Gonzaga an Alfonso d'Este, um Tizian bald wieder in Mantua zu

links:
TIZIAN,
Selbstbildnis, um 1562
Ausschnitt

rechts:
TIZIAN,
Selbstbildnis, 1565–1570
Ausschnitt

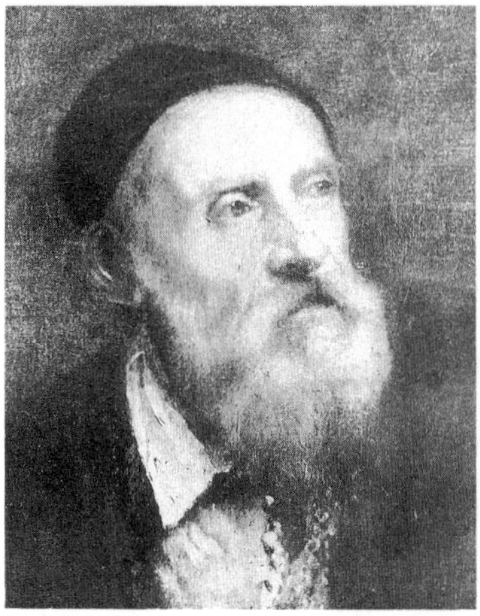

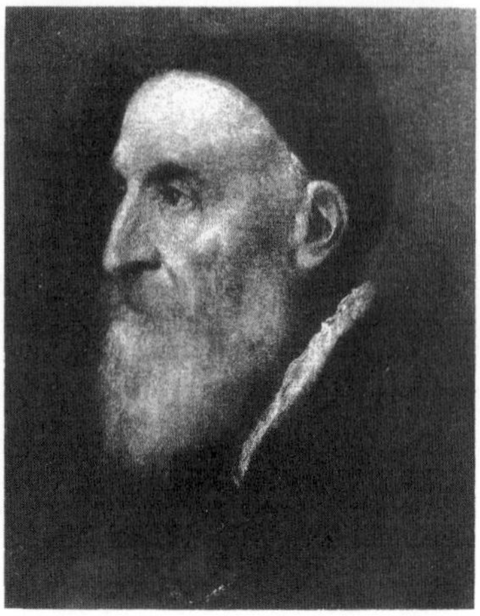

haben; und während sich die Beziehungen zwischen dem päpstlichen Hof und Karl V. verschlechtern und Tizian sich nach Augsburg zum Kaiser begeben muß, entschuldigt er sich dafür in einem Brief vom 24. Dezember 1547 an den Kardinal Farnese; ganz so, als wäre er weniger Maler als Diplomat[169].

Mit sehr viel Sinn fürs Praktische rechnet Vasari aus, daß Tizian bei Erscheinen der zweiten Auflage der *Lebensbeschreibungen* als Ritter und Pfalzgraf ein jährliches Einkommen von 200 Scudi hat, darüber hinaus ein Einkommen von ebenfalls 200 Scudi, seitdem er Philipp II. portraitiert hatte, und weitere 300 Scudi aus den Warenlagergebühren in Venedig: So »hat er ohne jegliche Mühe ein festes Einkommen von 700 Scudi jährlich«. In Wirklichkeit war die Situation nicht ganz so einfach, die Zahlungen von der spanischen Krone standen häufig nur auf dem Papier und waren fortwährend Gegenstand mahnender Anfragen des Malers an Karl V. und Philipp II.[170].

Als 1566 für Tizian die Befreiung von der Jahressteuer aufgehoben wird und er eine Aufstellung seiner Güter anfertigen muß, umfaßt sein Besitz zahlreiche Grundstücke, insbesondere in Cadore, wo in einem seiner Häuser sein Bruder Francesco wohnt; er hat zwei Sägemühlen vermietet, er besitzt ein Grundstück und ein Haus in Col di Manza sowie ein Haus in Conegliano. Da es sich um eine Steuer handelt, die nur den Grundbesitz betrifft, werden keine Einkommensquellen angeführt: die Pensionen, die Warenlagergebühren, eine Holzhandlung an den Zattere. Vor allem in seinen letzten Lebensjahren – als der spanische Gesandte Hernández bemerkt, daß »mit dem Alter er ein wenig geldgierig geworden ist« (»que como viejo es on poco codicioso«) – werden für die jeweiligen Werke nicht mehr einzelne Preise ausgehandelt, sondern weitere Einkünfte. Er versucht, seine Besitztümer auszudehnen, »zu meinem Unterhalt und dem meiner Kinder«. Pomponio garantiert er kirchliche Pfründen, und er selbst ist als Witwer nahe daran, der Nachfolger Sebastiano Lucianis im Amt des Siegelverwalters am päpstlichen Hof zu werden. Wenn er Arbeiten für weniger erhabene Auftraggeber als die kaiserliche Majestät oder den allerunbesiegbarsten König ausführt, akzeptiert er auch Leistungen einfacherer Art: Die Tafel für Castel Roganzuolo von 1546 wird in Naturalien bezahlt, und zwar in Form von Steinen für das Haus in Col di Manza; und für die Fresken, die er 1567 in der Kirche von Pieve di Cadore von einem seiner Schüler malen läßt, nimmt er als Bezahlung einige Fuhren Holz an[171].

Am 10. Mai 1533 wird ihm von Karl V. der Adelsbrief ausgestellt: Tizian ist der moderne Apelles – indem man ihn zum kaiserlichen Maler kürt, folgt man den Beispielen Alexanders und Augustus'. Er wird zum Grafen des Lateranpalastes, des Höfischen Rates, des Konsistoriums, ernannt und mit dem Titel eines Pfalzgrafen ausgezeichnet. Er hat die Befugnis, die ordentlichen Notare und Richter zu ernennen und Kinder von Personen zu legitimieren, deren Stand geringer ist als der von Fürsten, Grafen und Baronen. Seine Kinder gehören dem Reichsadel an, dessen Rechte auf die Familien bis zur vierten Generation übergehen. Tizian ist außerdem Ritter des goldenen Vlieses und wird hoffähig[172].

Als Vasari ihn 1566 in Venedig besucht, sind sein Glück, seine Fähigkeit, sein Leben selbst ein Wunder der Kunst:

Tizian war stets gesund und so glücklich wie je ein anderer Meister seines Berufes; der Himmel gab ihm nur Glück und Heil. In seinem Hause in Venedig sah man alle Fürsten, Gelehrte und vorzügliche Personen, die zu seiner Zeit nach jener Stadt kamen, oder dort lebten; denn nicht nur war er trefflich in seiner Kunst, sondern auch sehr liebenswürdig, war vorzüglich durch Sitten und zeichnete sich durch ein gefälliges Wesen und Betragen aus. Er hatte in Venedig einige Nebenbuhler, doch nicht von großer Bedeutung, so daß er sie leicht übertreffen konnte, in der Kunst sowohl als in der Gabe sich mit Angesehenen geschickt zu unterhalten und ihnen angenehm zu seyn. Der Gewinn den er von seinen Arbeiten zog, war groß, da sie ihm sehr gut bezahlt wurden (...). Tizian, der die Stadt Venedig, ja ganz Italien und andere Theile der Erde durch treffliche Malereien geschmückt hat, verdient von Künstlern geliebt und beachtet und in vielen Dingen bewundert und nachgeahmt zu werden, als jemand, der Werke ausgeführt und noch ausführt, die eines unendlichen Lobes würdig sind und dauern werden so lange das Andenken berühmter Menschen bestehen kann[173].

Man muß vielleicht berücksichtigen, daß die Aussetzung von Pensionen durch Karl V. weniger als sichere Einnahmequelle denn als ehrenvolle Auszeichnung angesehen werden konnte, ähnlich wie die Ernennung zum Ritter oder zum Pfalzgrafen. Tizian jedoch betrachtete diese Einkünfte als Honorar für die Bilder, die er fortwährend für den Kaiser und Philipp II. malte, und ließ es sich nicht nehmen, die ausstehenden Zahlungen mit einer Offenheit und Freimütigkeit anzumahnen, die er sich in jüngeren Jahren einem Alfonso d'Este gegenüber nicht erlaubt hätte. Der Forderung, daß ihm 2000 Dukaten in Venedig ausgezahlt werden mögen, fügt er ein Bild bei:

Und als Fürbitterin habe ich ein Bild der Magdalena vorbereitet, die sich im voraus darbietet mit Tränen in ihren Augen, flehend für die Bedürfnisse ihres untertänigsten Dieners.

Durch die Komplimente hindurch wird Tizian dem König gegenüber immer deutlicher: »Es scheint, daß Eure Majestät, die hohe und mächtigste Feinde mit Ihrer allerunbesiegbarsten Größe zu überwinden weiß, bei den eigenen Dienern keinen Gehorsam finde...« Gegenüber dem Herzog von Urbino nähert sich die Tonart schon der einer Zahlungsmahnung im normalen geschäftlichen Briefverkehr.

Es sind nun sieben Monate seit dem 10. Mai vergangen, während derer ich nur Worte erhalten habe; so habe ich mich denn entschlossen, mich ebenfalls mit Worten an Eure Hoheit zu wenden, damit Eure unendliche Großzügigkeit meinem Bedürfnis Abhilfe verschaffe, weshalb ich vielleicht wenig bescheiden erscheinen mag[174].

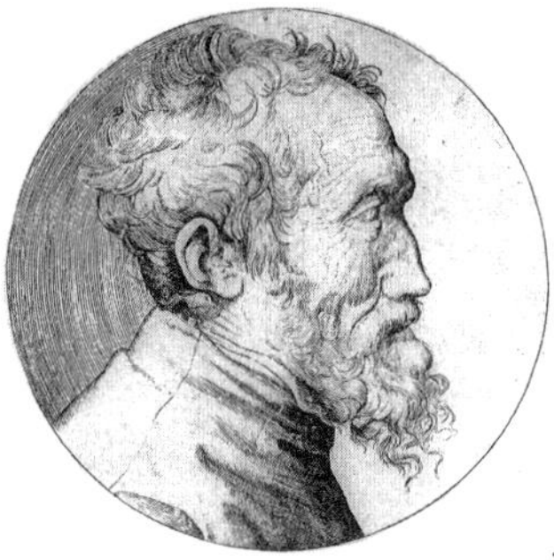

GIULIO BONASONE,
Portrait Michelangelos, 1546
Stich

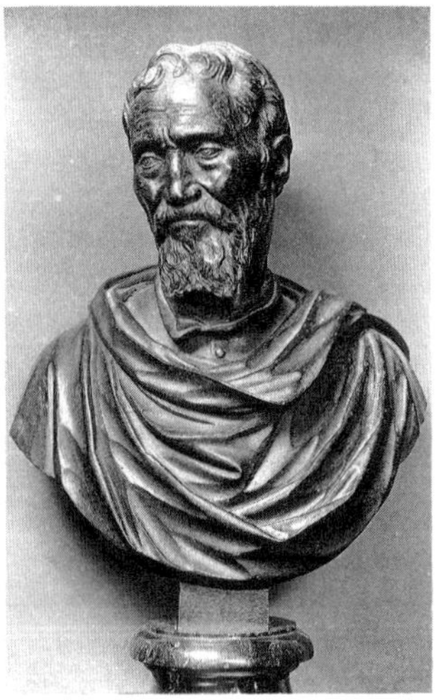

DANIELE DA VOLTERRA,
Büste Michelangelos, 1564–1566
Bronze

Die Freiheit Michelangelos

Tizian kümmert sich recht wenig um die neofeudalen Ehren, die man ihm angetragen hat; sein Leben ist nicht an höfischen Vorbildern ausgerichtet, sondern entspricht dem Stil einer Stadt, dessen Patriziat allen Reichtum dem Handel verdankt und seine Einkünfte und Gewinne in Landgüter investiert. Und auch der zweite Patriarch der italienischen Kunst in der Mitte des Cinquecento zeigt wenig Neigung zu dem Geist des neuen Künstleradels.

Wenn man die Definition der beiden bedeutendsten Rechtsgelehrten des augusteischen Zeitalters – in der Formulierung von Seneca d. Ä. – darauf anwenden kann, so wären beide darin zu unterscheiden, daß sich Tizian dem »obsequium dominantibus« (Gehorsam gegenüber den Herrschenden) des Ateius Capito befleißigt habe, während Michelangelo Hüter der »incorrupta libertas« (unangetasteten Freiheit) des Antistius Labeo gewesen sei[175]. Im übrigen ist er dem Leben und den Mythen jener Generation verhaftet geblieben, die den Künstler zum Saturnmenschen gemacht hatte. Seine Familie genoß Bürgerrechte (der Vater Ludovico bekleidete, als Michelangelo geboren wurde, das Amt des Bürgermeisters in einer Landvogtei des Casentin); und die gewöhnliche Beschäftigung einer solchen Familie war der Handel innerhalb der großen Zünfte. Ein Sohn, der sich einer handwerklichen Tätigkeit widmete, stellte daher ein Problem für das gesellschaftliche Ansehen der Familie dar, wie etwa wenn im 19. Jahrhundert eine Tochter aus gutem Hause Schauspielerin werden wollte. Condivi verbreitet sich des längeren über den Ursprung »ihres alten Hauses«: So glaubten die Buonarroti tatsächlich, von den Grafen von Canossa abzustammen[176].

Der Vater gibt seinen Widerstand gegen den Beruf, den Michelangelo in Ghirlandaios Werkstatt erlernt, möglicherweise in dem Augenblick auf, als Lorenzo Magnifico den Jungen bei den eigenen Angehörigen aufnimmt, ihm ein monatliches Einkommen von 5 Dukaten zukommen läßt und ihm den »violetten Mantel« schenkt, den noch Vasari erwähnt; sein Vater geht indessen einer Beschäftigung beim Zollamt nach. Es ist bezeichnend, daß die Biographie Condivis die Lehrzeit bei Ghirlandaio herunterspielt, dafür aber die familiäre Aufnahme im Hause der Medici besonders hervorhebt, auch wenn dabei jene Vorstellung über den Garten von San Marco als einer Art Akademie fehlt – die aber ohnehin, was nach den Untersuchungen Chastels kaum noch der Erwähnung bedarf, eine freie Erfindung Vasaris ist[177].

Michelangelo wird seine Herkunft – aus einer Familie von bürgerlichem Stand innerhalb eines republikanischen Staatswesens – niemals verleugnen können. Diese Bindung hindert ihn jedoch nicht daran, intensive – geschäftliche oder emotionale – Beziehungen zu Lorenzo Magnifico, Leo X. und vor allem zu Clemens VII. zu entwickeln; aber sie schließt zugleich jedwedes konziliante Verhalten – als Gehorsam gegenüber den Herrschenden – im Falle etwa des äußerst verhaßten Herzogs Alessandro aus; Michelangelo befürchtet höchstens einen Angriff auf persönlicher Ebene. Nach der Belagerung, bei der er sich nicht nur engagiert, sondern auch kompromittiert hat, wird er von Clemens VII. begnadigt, es wird ihm päpstliche Protektion zugesichert (ähnlich wie sich die Herrschenden in neuerer Zeit über die ideologische Gefolgschaft eines Wissenschaftlers, dessen sie sich bedienen können, keine weiteren Sorgen machen); der Künstler jedoch würde lieber in Rom bleiben und seinen Auftrag für das Grab Julius II. erledigen, als den Arbeiten in San Lorenzo nachzugehen. Als der Tyrann ihn auffordert, ihn bei der Besichtigung des Ortes zu begleiten, an dem die Festung – die die Sicherheit seines Herzogtums garantieren wird – gebaut werden soll, weigert sich Buonarroti und erklärt, daß der Papst Clemens ihm dazu nicht ausdrücklich Befehl erteilt habe[178].

Rom ist – mit all jenen Persönlichkeiten unterschiedlicher Herkunft, die an der Spitze des Kirchenstaates stehen – genau die Stadt, in der er sich seinen Freiraum schaffen kann, die es ihm gestattet, praktisch in unmittelbarer Abhängigkeit von den jeweiligen Päpsten, die im Pontifikat einander ablösen, zu arbeiten; sich also einer so hohen und umfassenden Autorität zu unterstellen, in deren Dienst zu stehen nicht einmal für die am meisten auf ihre Autonomie und Unabhängigkeit bedachten Individuen eine Beeinträchtigung ihrer Freiheit bedeuten konnte. Die ganze Lebensbeschreibung Vasaris tendiert dazu, den Bruch Michelangelos mit dem herzöglichen und großherzöglichen Florenz als nicht definitiv darzustellen; er hebt vor allem hervor, daß es für Michelangelo unmöglich war, die Bauhütte von St. Peter zu verlassen, da diese sonst wieder in dieselbe Situation geraten wäre, in der sie sich 1546 beim Tod Antonio da Sangallos befunden habe: Ein Bauvorhaben, das »als eine Bude angesehen wird oder als ein Handel um Gewinn, der verlängert wird, mit der Absicht, ihn nicht zu beenden, den jeder, welcher ihn übernimmt, als einen Ankauf betrachtet«. Schließlich nennt Vasari als Motiv sogar das mildere Klima in Rom, das Michelangelo seiner Gesundheit wegen habe vorziehen müssen[179].

Die Politik Cosimos I. förderte im übrigen durchaus das Wiederanknüpfen an Elemente der republikanischen Vergangenheit, und Michelangelo war zudem eine Persönlichkeit von solchem Ansehen, daß man mit ihm – wie es bereits Clemens VII. mit seiner Begnadigung zu verstehen gegeben hatte – gute Beziehungen unterhalten sollte. Buonarroti selbst bekennt in einem Brief an Vasari, daß ihm der Herzog »mit solcher Freundlichkeit« schreibe, auch wenn er sich im selben Augenblick entschuldigt, daß er darauf nicht antworte, unter dem Vorwand, das Schreiben bereite ihm »große Anstrengung«. Am 22. Dezember 1559 schreibt ihm wiederum Cosimo I. und übermittelt ihm seine Wertschätzung des Modells von San Giovanni de' Fiorentini als »sehr ehrenvoll und prächtig, wie man von alledem nur erwarten kann, was aus Euren Händen und der Vortrefflichkeit Eures Ingeniums hervorgeht, die nichts anderes als vollkommene Dinge schaffen können«. Vasari neigt dazu, sich als äußerst effizienten Vermittler darzustellen: daß ihn Michelangelo in einem Schreiben als »Messer Giorgio, lieber Freund« tituliert, ist ihm von um so größerer Bedeutung, als er sich in der zweiten Auflage der *Lebensbeschreibungen* dringend veranlaßt sieht, die guten Beziehungen zwischen dem Mediceerfürst und dem größten modernen Künstler, der in denselben Landen geboren ist, deutlich herauszustreichen und als Antwort auf eine gegen den Herzog gerichtete Opposition, die sich mehr oder weniger in der *Lebensbeschreibung* des Condivi findet, fortwährend auf dieses Briefdokument zurückzugreifen. Er referiert Briefe häufig in zusammengefaßter oder verderbter Form, mit Passagen aus anderen Originalen, die den Tenor der Schreiben verfälschen, aber dazu dienen, eben jenes gute Verhältnis zu demonstrieren. Die Einfügung des Dokuments in den historischen Bericht gibt zu erkennen, daß wir ein sehr wichtiges Thema berühren: Es handelt sich um ein Novum jener Jahre, das aus den Auseinandersetzungen zwischen Protestanten und Katholiken resultierte[180].

Die Überführung der Leiche Michelangelos nach Florenz ist eine Angelegenheit des Staates und bestätigt die insgesamt an künstlerischem Prestige ausgerichtete Politik Cosimos I.: Es ist unerläßlich, daß die neuen kulturellen Unternehmungen ausnahmslos unter der Ägide des großen Meisters präsentiert werden, unter dessen Einfluß und in dessen Abhängigkeit alle großen Florentiner Künstler stehen, und es ist zugleich zweckmäßig (zumal auch Baccio Bandinelli gestorben ist), auf ihrer aller Herkunft von Buonarroti zu insistieren. Man muß verhindern, daß seine Projekte entstellt werden, daß seine Zeichnungen verlorengehen. Ungefähr ein Jahr vor seinem Tod gelingt es Cosimo I. und Vasari, über den florentinischen Gesandten in Rom sicherzustellen, daß

...wenn ihm, wie es bei alten Leuten zu geschehen pflegt, irgendein Unglücksfall zustoßen sollte, Vorkehrungen getroffen werden, daß die Sachen, Zeichnungen, Kartone, Modelle und Geld und seine ganze Habe bei seinem Tod inventarisiert und zur Aufbewahrung zusammengestellt werden, um sie der Kirchenfabrik des Petersdoms zu geben, falls sich darunter ihr zugehörige Dinge befinden, ebenso der Sakristei und Bibliothek von San Lorenzo, was diese und die Fassade betrifft; daß sie nicht fortgeschafft werden, wie das sonst häufig vorkommen mag...

Die Begräbnisfeier für Michelangelo, die Leichenrede von Benedetto Varchi sowie der Bericht darüber, der gedruckt wird, bekräftigen den Ruhm der neuen florentinischen Akademie. Um Leben und Kunst Michelangelos wird ein ikonographisches Programm gewebt, in dem sich eine höfische Version der widersprüchlichen Verhaltensweisen des großen Künstlers niederschlägt. So entsteht ein Bild von Herzog Cosimo als jugendlichem Beschützer und vom Künstler als väterlichem Diener – jener Vorstellung nicht unähnlich, welche die Dekorationen aus dem 17. Jahrhundert inspiriert hat, die Michelangelos Großneffe ihm in der Galerie der Casa Buonarroti widmete. Einige der dargestellten Episoden illustrieren die Augenblicke des größten gesellschaftlichen Ansehens, zu welchem Michelangelo gelangt war – zu seinem und dem Ruhm der Künste des Disegno: So als Julius III. ihn in der Villa Giulia unter zwölf Kardinälen neben sich Platz nehmen läßt, oder aber die Szene mit Francesco, dem Großfürsten der Toscana, der ihn mit entblößtem Haupt anredet oder ihm den eigenen Platz anbietet[181].

Als Privatperson betrat schon Julius II. den Raum, in dem Michelangelo den Marmor für das Grabmal des Papstes bearbeitete; und um ihn davon zu überzeugen, daß er die Ausführung dieses Grabmals zugunsten der Kapelle in San Lorenzo zurückstellen solle, besuchte ihn Clemens VII. zu Hause in Begleitung von zehn Kardinälen. Obwohl er gewöhnlich ausreitet, entschuldigt sich Buonarroti mit seiner Altersschwäche, um 1560 an der Ehrung des neuen Kardinals, Ferdinando di Medici, nicht teilnehmen zu müssen; er kann es allerdings nicht verhindern, Cosimo I. und der Herzogin Eleonora während ihres Besuches in Rom seine Ehrerbietung zu bezeugen, und sie empfangen ihn »mit großer Liebe und Freundlichkeit«. Im übrigen hält er sich mit seinen Ratschlägen – so vor allem für die Gestaltung der Treppe der Biblioteca Laurenziana – nicht zurück, und Vasari rechnet sich dies mit Vorliebe als Verdienst an[182].

Der Geist konfliktfreudiger Unabhängigkeit manifestiert sich nicht allein gegenüber den Herzögen von Florenz: Während der Flucht vor der Belagerung 1529 weist er die Gastfreundschaft Alfonso d'Estes zurück (der ein Freund der Republik und den Franzosen zugetan war), er bleibt im Gasthof und legt jene »geringe Phantasie« für die Bekanntschaft von Personen von Welt an den Tag, die er bei derselben Gelegenheit auch in Venedig zeigt[183].

Seine Lebensart wird niemals die eines Künstlers von Adel werden; auch in dieser Hinsicht bemerkt Vasari einen jener »saturnischen« Aspekte, die ihm so viel Material zur Charakterisierung der Künstlerviten aus dem frühen Cinquecento lieferten.
So war Michelangelo

...sehr mäßig und genügte sich, um anhaltend bei der Arbeit zu bleiben, in der Jugend mit ein wenig Brot und Wein, und pflegte in spätern Jahren, zu der Zeit, wo er das Weltgericht in der Capelle malte, abends nach vollbrachtem Tagewerk ein sparsames Mahl einzunehmen. Obwohl reich, lebte er gleich einem Armen, nie oder doch selten aß ein Freund mit ihm, auch wollte er von niemand Geschenke annehmen, da er sich demjenigen, der ihm etwas gab, für verpflichtet hielt. Seine Mäßigkeit war Ursache, daß er äußerst wachsam war und nur wenig Schlaf bedurfte; oft stand er nachts auf, wenn er nicht ruhen konnte, um mit dem Meißel zu arbeiten (...). In seiner Jugend hat Michelangelo, wie er mir selbst erzählt, oft in Kleidern geschlafen, wenn er ermüdet von der Arbeit sich nicht ausziehen mochte, um sich dann wieder anziehen zu müssen. Einige haben ihn für geizig gehalten, aber mit Unrecht, da er bei Werken der Kunst und andern Besitzthümern das Gegentheil bewiesen hat...

Er sei, so betont Vasari, großzügig gewesen, er habe Zeichnungen verschenkt, das Bild und den Karton der *Leda*, die Kartons zur *Venus* und zum *Noli me tangere* und sogar zwei *Gefangene* und die *Pietà*, die er zerbrochen hatte (»so viele Dinge, mit denen er Tausende von Scudi hätte verdienen können«); sein Geld habe er verdient, doch »nicht durch Einkünfte, nicht durch Wechselgeschäfte, sondern mit seiner Mühe und seinem Fleiß«. Seine Freigiebigkeit sei so weit gegangen, daß er seinem liebsten Diener Urbino bei einer einzigen Gelegenheit 2000 Scudi schenkte.

Die Einnahmen Michelangelos waren natürlich beträchtlich: Er arbeitete als Unternehmer, der die Ausführung verschiedener Teile des Bildes und der Ausschmückung des Monuments von Julius II. vertraglich weitergab. Das *Jüngste Gericht* wird von 1535 bis 1547 mit den Einnahmen aus den Schiffszöllen, die für die Durchfahrt durch den Po bei Piacenza erhoben wurden, vergütet, und danach entschädigt man ihn für seinen Verlust bei den Bezügen aus der Kanzlei von Rimini und einer Einnahme aus der Bauhütte des Petersdoms. Bei seinem Tod schreibt der florentinische Gesandte in Rom an Cosimo I., daß man bei ihm einen Geldschrank mit 7000 oder 8000 Scudi gefunden habe[184].

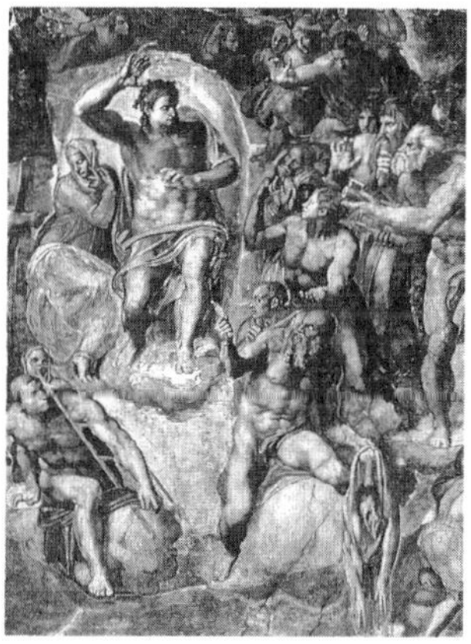
MICHELANGELO,
Das Jüngste Gericht, 1508
Ausschnitt

Der Bericht Vasaris führt eine Reihe von Tatsachen an, die geeignet sind, jeglichen Verdacht des Geizes oder der Habgier zu zerstreuen, und zeichnet statt dessen das Bild eines Künstlers, der an den praktischen Auswirkungen seiner Arbeit völlig desinteressiert ist; ganz ähnlich charakterisiert er Donatello (und stützt sich dabei wahrscheinlich auf eine Reihe von verläßlichen Zeugnissen)[185]. Jede Abweichung von den modellhaften Vorstellungen, wie sie Vasari für ein ideales Künstlertum entwirft, muß als etwas Außergewöhnliches präsentiert werden: ohne Beziehung zu einer anderen Welt als der, in welche sich der Biograph eingelebt hatte, und als Zeichen unnachahmlicher Genialität.

Die große Ferne zur mondänen Lebensweise, zur Fähigkeit, sich in der zeitgenössischen Lebenswelt zurechtzufinden, hat sehr viel mit dem Meditieren über stoische und christliche – auf den Tod bezogene – Themen zu tun:

Né pinger né scolpir fia piú che queti
L'anima volta a quello amor divino...
(Malen und Bilden stillt jetzt längst nicht mehr
die Seele, jener Liebe zugekehrt...)

Im Jahre 1554 – anläßlich der Geburt eines Großneffen, der seinen Namen erhält – läßt er Vasari wissen, daß man seiner Ansicht nach »kein so großes Fest, für einen, der geboren wird«, veranstalten solle, »mit jener Fröhlichkeit, die man sich aufbewahren sollte für den Tod desjenigen, der gut gelebt hat«; und das Ableben von Urbino habe ihn »gelehrt, zu sterben, nicht mit Unmut, sondern mit dem Wunsch nach dem Tod«: »Wenn uns das Leben gefällt, dürfte uns auch der Tod nicht mißfallen, da beide von der Hand desselben Meisters kommen«[186]. All dies sind Themen, die sich von einer formellen und bigotten Frömmigkeit, von der üblichen religiösen Devotion als Form und Teil des gesellschaftlichen Lebens abheben, und die ihn der Vorstellungswelt eines Valdés, eines Kardinal Pole oder eines Marchese di Pescara sowie der reformierten Katholiken annähern. Sir Anthony Blunt bemerkt, daß der Mystizismus des inzwischen bejahrten Michelangelo ein Mittel gewesen sei, »um sich dem Gefühl zu entziehen, daß seine Welt rings um ihn zusammenbreche«; wäre er jünger gewesen, hätte er sich vielleicht dem neuen Klima der Gegenreformation angepaßt, »doch die allgemeine Situation trug auch dazu bei, die Grundlagen, auf denen er sein Leben aufgebaut hatte, in Stücke zu schlagen«[187].

In einem Brief von 1563 an Vasari beschreibt Don Miniato Pitti den nun schon sehr alten Michelangelo:

Er sagt, er sei 88 Jahre alt, und bei dem Fall der Pazzi sei er auf dem Arm getragen worden; und er erinnere sich, als Messer Jacopo de' Pazzi gefangengenommen, daß er im Casentin gefaßt worden sei, wohin er sich nach den Ausschreitungen geflüchtet habe. Er geht gebeugt und hält nur mit Mühe den Kopf und ist noch darauf bedacht, kontinuierlich mit dem Meißel zu arbeiten, wozu er im Hause bleibt.

Er gehört einer Welt an, die weit entfernt ist von der Eingliederung des Künstlers und der Würde seines Berufes in die neue Konfessionsgemeinschaft und vor allem in das neue absolutistische Fürstentum, an das Vasari so sehr glaubt. Wenn er in seinen *Lebensbeschreibungen* die Genialität und Unnachahmlichkeit Michelangelos hervorhebt, zeigt er in Wahrheit oft nur, daß er zahlreiche Gewohnheiten und Charakterzüge des Künstlers nicht verstand und von ihnen verwirrt wurde. So zum Beispiel, wenn er die geringe Geselligkeit Buonarrotis erklärt:

Niemand wird es seltsam finden, daß Michelangelo die Einsamkeit liebte, da er sich so ganz der Kunst ergeben hatte, die den Menschen für sich und seine Gedanken allein haben will und denen, die ihr sich widmen, zur Pflicht macht, die Gesellschaft zu meiden, da, wer mit ihren Betrachtungen sich beschäftigt, nie allein ist noch ohne Gedanken, und wer dies für Grillenfängerei und Wunderlichkeit achtet, hat sehr unrecht, da man, um etwas wahrhaft Gutes zu leisten, sich von Sorgen und Widerwillen fernhalten muß. Die Kunst heischt Nachdenken, Einsamkeit und Gemächlichkeit und kann Zerstreuungen nicht vertragen[188].

Vasaris Modell

Mit Vasaris *Lebensbeschreibungen der berühmtesten Maler, Bildhauer und Architekten* treten die Künstler an die Seite der Helden aus Plutarchs *Parallelbiographien*; während dieser von Feldherren und Staatsmännern schrieb, befaßt sich Vasari mit neuen Heroen, die zwar von minderer Geburt, aber dennoch Gegenstand der Geschichtsschreibung geworden sind: mit den Heroen des neuen Mythos der Künste des Disegno, in denen die manuellen und geistigen Fähigkeiten des Menschen ihren höchsten Gipfel erreicht haben. Es ist der gleiche Überschwang, in dem später die *engineers* zu den Heroen der zwischen 1851 und 1852 in London veröffentlichten Biographien von Samuel Smiles avancieren.

Aus der reichhaltigen Abfolge von Einzelbiographien – in der Art zeitgenössischer Chroniken beziehen sich viele davon auf die jüngste Vergangenheit – läßt sich unschwer die Absicht Vasaris erkennen, durch verschiedene positive und negative Beispiele moralische Vorstellungen zu vermitteln, die den Künstler anhand der vorgefallenen Begebenheiten nicht nur zur Verwirklichung seiner eigentlichen Arbeit, sondern auch in einem besonderen Lebensstil anleiten sollen, wobei letzterer unentbehrlich sein wird, sei es um aus den eigenen Werken nützlichen Gewinn zu ziehen, sei es um das Prestige eines Schöpfers von Kultur zu erlangen. Der saturnische Künstler paßt sicher nicht in die Umgebung, in die sich der Künstler Vasaris begibt, und die Charakterzüge zahlreicher Künstler des frühen Cinquecento – wie sie etwa in den Biographien von Amico Aspertini, Sodoma, Baccio Bandinelli entworfen sind – dienen geradezu als typische Beispiele einer moralisch verwerflichen Lebensart.

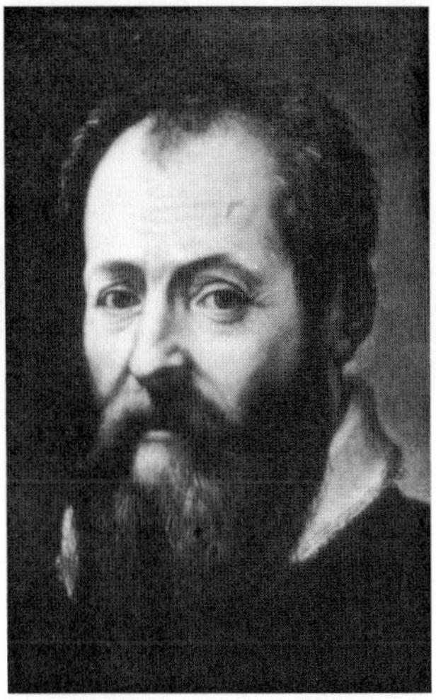
GIORGIO VASARI, *Selbstbildnis* Ausschnitt

Der Künstler Vasaris ist noch eine praktische, eine aktive Person, die zu den Werkstätten Kontakt hält. Trotz der Polemik gegen die Schreiner-Architekten verbreitet sich Vasari in der Einführung zu den *Lebensbeschreibungen* des längeren und ohne Voreingenommenheit über alle Techniken, in denen Werke des Disegno ausgeführt werden können. Und tatsächlich sind alle diese Kenntnisse nützlich für einen Kunstschaffenden (Vasari ist sowohl Maler als auch Architekt), der bei den öffentlichen, dem Prestige, der Propaganda dienenden Unternehmen, die der neue absolutistische Staat in sein Regierungsprogramm einbezieht, wirklich disponibel zu sein versteht. Es sind eben jene Aktivitäten, bei denen sich Vasari selbst in Florenz unter Cosimo I. als so tüchtig erwiesen hat. Und diese öffentliche – wenn auch vom Fürsten kontrollierte – Auftragsvergabe, die noch nicht den geschlossenen, elitären Charakter der höfischen Kunst erreicht hat, scheint genau den Bereich zu definieren, in dem der Künstler seine höchste gesellschaftliche Stellung erreichen kann.

Offenkundig sind verschiedene zweckdienliche Maßnahmen erforderlich, um mit den Herrschenden Kontakte zu pflegen; die »bontà« (Güte, Qualität), die Alberti von seinem Maler verlangt, damit er sich das Wohlwollen seiner Mitbürger verdiene[189], wird in einer Reihe von Beispielen konkretisiert, durch Ratschläge, wie sie das gesamte Werk der *Lebensbeschreibungen* durchziehen: Hinweise etwa zu der Art und Weise, wie man sich gebührende Wertschätzung, Entlohnung und neue Aufträge verschaffe. Cecchino Salviati, der an den Fresken im Palazzo Vecchio arbeitet, wird als Exempel eines offenkundig unklugen Verhaltens genannt:

Francesco war von trübsinniger Gemüthsart und mochte, wenn er malte, nicht gerne jemanden um sich haben. Dennoch überwand er beim Beginn dieses Werkes seine Natur, spielte den Angenehmen und gestattete mit vieler Höflichkeit Tasso und den anderen seiner Freunde, gegen die er irgend Verbindlichkeiten hatte, ihm bei der Arbeit zuzusehn, indem er ihnen auf alle mögliche Weise schön that. Nachdem er aber Zutritt bei Hofe hatte und Gunst erlangt zu haben meinte, kehrte er, wie man ihm nachsagt, zu seiner zornmütigen, scharfen Weise zurück und achtete jener gar nicht mehr. Ja was schlimmer war und seinen Gegnern zur Entschuldigung diente, er beurtheilte und tadelte seiner Gewohnheit gemäß die Werke anderer mit beißenden Worten, während er seine eigenen zu den Sternen erhob. Dies Betragen mißfiel den meisten, und einige Künstler faßten solchen Haß wider ihn, daß sie ihm im Verein mit Tasso und anderen, die von Freunden seine Gegner geworden waren, zu schaffen und zu denken gaben (...). Anfangs verspottete Francesco solcherlei Reden, später als sich ihr Ton über Gebühr steigerte, führte er gegen den Herzog zu mehrerenmalen Beschwerde. Da man aber sah, daß dieser Herr offenbar ihm nicht so viel Gunst bezeugte, als Francesco lieb gewesen wäre, und da es sogar schien, als frage derselbe nicht viel nach seinen Beschwerden, fing Francesco an zu sinken, so daß seine Gegner Muth gewannen das Gerücht zu verbreiten, man werde seine Bilder im Saale herabschlagen, sie fänden keinen Beifall und seyen in keiner Weise gut[190].

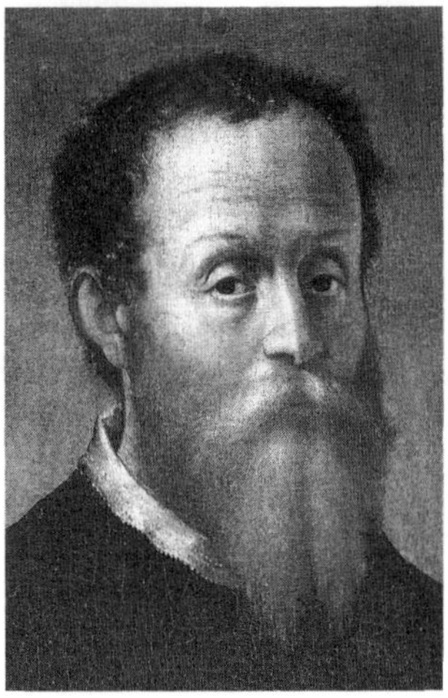

BACCIO BANDINELLI, *Selbstbildnis* Ausschnitt

Trotz seiner Beteiligung an zahlreichen Arbeiten von herausragender Bedeutung wird auch Baccio Bandinelli fortwährend als Negativbeispiel angeführt. Bandinelli wirft in seiner Autobiographie (dem *Memoriale*) Vasari vor, daß dieser ihn unablässig bekämpft habe, selbst dann noch, wenn er ihn gemieden habe; Vasari habe Grund, ihn zu fürchten. Das Bild, das umgekehrt Vasari von ihm zeichnet, erscheint – wenn man andere Zeugnisse und die Angaben aus Bandinellis Autobiographie hinzuzieht – durchaus wahrscheinlich. Bandinelli sei so ruhmsüchtig zu erklären, er habe Karl V. eine *Venus* geschenkt, die jener des Phidias für ebenbürtig gehalten worden sei; er sei habgierig, hochmütig, grausam und bereit, für den Herzog Alessandro zu spionieren, um sich in dessen Gunst zu setzen. Er sei ein großer Künstler gewesen, aber er hätte

... viel mehr Anerkennung und Liebe erfahren, wäre ihm die Gabe verliehen gewesen, sich freundlich und höflich zu betragen. Daß er das Gegentheil that und sehr grobe Reden führte, entzog ihm die Gunst der Menschen, verdunkelte seinen Ruhm und war Schuld, daß seine Werke, die mit verdrießlichem Sinn und scheelem Auge betrachtet wurden, niemand wohl gefallen konnten. Zwar arbeitete er für diesen und jenen Herrn und verstand es, mit seiner Kunst Dienste zu leisten, that es aber auf so unliebliche Weise, daß niemand ihm deshalb Dank wußte. Außerdem hatte er die Gewohnheit, von andern Übles zu reden und ihre Werke stets zu tadeln, so daß niemand ihn leiden konnte, und wer ihm zu antworten wußte, gab ihm das Doppelte wieder. Vor den Behörden pflegte er den Bürgern ohne Rücksicht Grobheiten zu sagen, und mußte sie von ihnen hören; er mochte in allen Dingen gerne klagen und processieren, lebte immer in Streit und schien dessen froh zu seyn[191].

Dosso hingegen – das einschränkende Urteil Vasaris über diesen Künstler mag vielleicht überraschen – sei »vom Herzog Alfonso di Ferrara sehr geliebt worden, zunächst wegen seiner Qualitäten in der Kunst der Malerei, sodann weil er ein liebenswürdiger und angenehmer Mensch war, von jener Art, wie sie jener Herzog schätzte«. Die einem Künstler angemessenen moralischen Qualitäten erscheinen in der kurzen Charakterskizze Bronzinos, die Vasari noch zu dessen Lebzeiten schreibt:

Bronzino war und ist sehr sanftmüthig, ein dienstwilliger Freund, angenehm in der Unterhaltung und rechtschaffen in seinem ganzen Thun. Er war freigiebig und liebreich in Mittheilung dessen, was er besaß, so sehr als ein edler Künstler gleich ihm es seyn kann. Von Gemüthsart ruhig, sagte er andern niemals etwas Beleidigendes und liebte die vorzüglichen Menschen unseres Berufes[192].

Über diese sympathischen und virtuosen Eigenschaften hinaus muß jedoch der Künstler auch praktisch veranlagt sein, er muß in der Lage sein, bestimmte Situationen zu begreifen, um sie zu seinem eigenen Vorteil zu wenden, er muß seine Unternehmungen durchzuführen wissen: »Viele Dinge bleiben unvollendet, sei es durch die Schuld des unentschlossenen Künstlers, sei es durch die der Fürsten, die sich nur wenig bemühen, jene dazu anzuregen.« Wie Annibal Caro in einem Brief an Francesco Salviati aus dem Jahre 1544 paraphrasierend wiedergibt, sind die Herren »für gewöhnlich mit ihren Wünschen heftig;

und daher glauben sie bisweilen, daß die Werke sich ebenso schnell vollenden lassen, wie sie es begehren«.
Diese Unentschlossenheit etwa habe sich zum Schaden der grandiosen Gartenanlage ausgewirkt, welche Tribolo – nach einem Programm von Benedetto Varchi – mit Loggien, Brunnen, Statuen für die Villa Castello geplant habe:

All die genannten Ausschmückungen würden den Garten von Castello zu dem reichsten und glänzendsten von Europa erhoben haben, sie wurden aber nicht zu Ende gebracht, weil in der Zeit, als der Herzog Lust dazu hatte, Tribolo die Unternehmung nicht nachdrücklich genug betrieb, wie er wohl gekonnt hätte, da ihm Leute genug und des Herzogs Kasse zu Gebot und nicht wie später Hindernisse entgegenstanden[193].

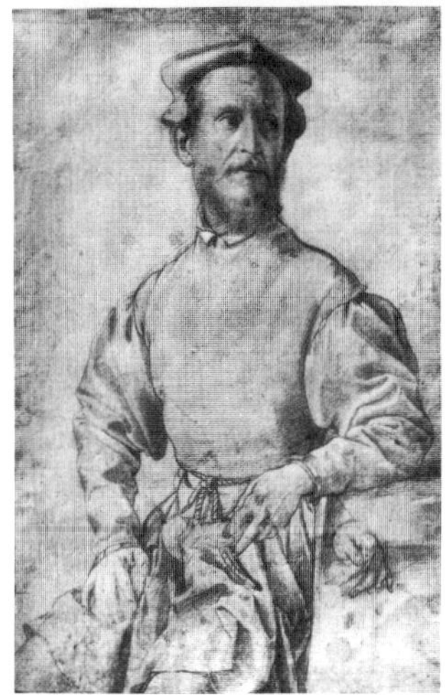

BRONZINO,
Portrait Pontormos, 1533–1534

Es ist wiederum der höchst tadelnswerte Bandinelli, der zu einer weiteren Vorhaltung über die Lebensart des Künstlers Anlaß gibt: daß man jene übertriebene Schmeichelei vermeide, derer sich Bandinelli bei den Gräbern der Mediceer Päpste bedient habe, indem er Leo X. und Clemens VII. über die Apostel hinaus, die zu ihrer Seite stehen, durch eine Minerva verherrlicht habe. Vasari distanziert sich von jener Regel, die beim Übergang vom 16. zum 17. Jahrhundert völlig geläufig sein wird, gewisse Persönlichkeiten durch mythologische oder allegorische, aber keineswegs religiöse Bildprogramme zu feiern. Der Vorwurf Vasaris liest sich wie eine Mahnung, den Sinn für das Maß zu bewahren:

Andernteils glaube ich, daß, wenn man irgend jemand ehren will, man sich zähmen und in gewissen Schranken halten müsse, so daß Lob und Ehre nicht ein ander Ding, nicht Unklugheit und Schmeichelei werde, welche dem Rühmenden Schmach bringt und auch dem, welcher gerühmt wird, wenn er anders Gefühl hat, keineswegs gefällt. Baccio ließ, indem er tat, was ich erzählt habe, jedermann erkennen, daß er zwar viele Anhänglichkeit und guten Willen gegen die Päpste im Herzen trage, sie aber mit wenig Einsicht auf ihren Gräbern zu ehren und zu erheben verstehe[194].

Künstlerische Leiter wie Vasari in Florenz oder Giulio Romano in Mantua leben nicht isoliert von der Welt des Handwerklich-Technischen, die noch immer vom städtischen Bürgertum repräsentiert wird, von den Werkstätten, ohne die eine Unternehmung wie der Palazzo del Tè oder die neuen Appartamenti des Palazzo Vecchio niemals hätten verwirklicht werden können. Die Schaffung von Werkstätten innerhalb des Hofes geschieht in Florenz erst nach Vasari; sie beginnt mit der von Francesco I. betriebenen Anwerbung von Spezialisten aus Mailand zur Herstellung von Pietra dura (sog. ›Florentiner Mosaik‹) und ist aufs engste verbunden mit sehr kostenaufwendigen Techniken; die Werkstätten am Hof unterhalten nicht notwendigerweise Beziehungen zu der neuen Institution, in der sich seit 1563 die »Künstler des Disegno« versammeln: der Akademie.

Unabhängig von der neuen Aura, der Würde, der Protektion des Herzogs, der formell der Rektor der Akademie ist, berührt dieser neue Zusammenschluß – funktionaler als die vormalige Verteilung auf verschiedene Korporationen – nicht deren Geist der Gemeinschaftlichkeit; die Bezeichnung Akademie darf nicht zu einer Verwechslung mit den gleichnamigen Zusammenschlüssen von Literaten führen. Mit der neuen staatlichen Einrichtung entsteht jedoch ein wesentlicher Bezugspunkt, durch den ein Gleichgewicht zwischen den Initiativen, die von fürstlicher Seite ausgehen, und der öffentlichen Tätigkeit der Künstler gesichert wird[195]. Das Ganze ist ein großer Apparat, ein bedeutendes Unternehmen, in dem de facto die Studien, die dem jeweiligen Auftrag angemessen sind, unter allen Künstlern verteilt werden, um keinen

Groll aufkommen zu lassen und dennoch jenen Wetteifer aufrechtzuerhalten, den die *Lebensbeschreibungen* immer wieder als das treibende Moment einer guten bildnerischen Produktion bezeichnen.

In diesem Sinne (der alten Tradition verwandt, die Arbeit an einem bestimmten Werk um einer rascheren Ausführung willen aufzuteilen) läßt sich auch bei der Neuordnung von Santa Maria Novella und Santa Croce unter der Ägide Vasaris die Aufteilung der Arbeit an den Altartafeln unter verschiedene Meister interpretieren. Dem Auftrag für den Brunnen auf der Piazza all'Ammannati geht – zumindest pro forma – ein Wettbewerb zwischen ihm, Cellini und Francesca di Simone Mosca voraus; auch Giambologna und Vincenzo Danti, die noch zu jung sind, um für die Realisierung des Projektes in Frage zu kommen, liefern einen Vorschlag und eigene Modelle[196].

Bei der Dekoration des Studiolo von Francesco I. im Palazzo Vecchio wird zum letzten Mal ein Bezug zwischen fürstlichem Patronat und Akademie-Korporation erkennbar: Die Waffenschmiede, die Arkebusiere, die Goldschmiede, die Miniaturmaler, die mit den Kristallschneidern und den Meistern der Pietra dura in den Werkstätten der Galleria arbeiten, sind nun von der städtischen Öffentlichkeit isoliert; es steht ihnen frei, Mitglieder der Akademie oder einer Zunft zu werden[197].

Der entscheidende Bruch zwischen der höfischen Kunst und den Künstlern, die in der großherzöglichen Stadt arbeiten, scheint mit der Initiative für die neue, prächtige Bestattungskapelle in San Lorenzo vollzogen. Der künstlerische Leiter des Hofes, Bernardo Buontalenti, kann 1603 seine Mißbilligung angesichts einer derart »deutschen Sache und dann noch mit großen Ausgaben«[198] nicht zurückhalten. Die Modelle des preziösen Manierismus aus den *Wunderkammern* der Höfe in München oder Wien faszinieren die Mediceer-Fürsten jedoch immer mehr und dienen, als Johanna oder Maria Magdalena von Österreich heiraten, dazu, einem Hof von erst neuerem Adel Habsburger Stil zu vermitteln. Es triumphieren daher Kristalle und Pietra dura oder die botanischen Raffinements eines Jacopo Ligozzi, während die Bildhauerei nach dem Tod von Giambologna verfällt und die besseren Florentiner Maler wie Cigoli oder Passignano es vorziehen, in Rom zu arbeiten. Giovanni da San Giovanni trotzt der Verachtung Maria Magdalenas von Österreich – er zieht ihrer Villa von Poggio Imperiale die Apsis der Santi Quattro Coronati in Rom vor[199].

Das Interesse Cosimos II. auch an ausländischen Künstlern vermag die Spaltung zwischen dem Hof und den lokalen Künstlern nicht mehr zu überwinden; im fortschreitenden Seicento wird es immer deutlicher, daß Florenz nicht mehr zu den führenden Zentren der bildenden Künste gehört. Als Ferdinando II. den neuen Appartamenti di Stato im Palazzo Pitti die gebührende Ausstattung zukommen lassen will, läßt er Pietro da Cortona aus Rom kommen. Emblematisch ist der Ausruf, den Baldinucci dem sehr ehrenwerten Matteo Rosselli zuschreibt, als dieser sich (im Jahr 1640) mit Francesco Curradi auf Einladung des Großherzogs zu den neuen Fresken begibt: »Oh, mein lieber Curradi, wie sind wir anderen klein!«[200]

Das Haus des Künstlers

Indirekt gibt Vasari seinen hohen gesellschaftlichen Status zu erkennen, wenn er in der *Lebensbeschreibung* des Giovanni da Udine erzählt, wie er dem friulanischen Meister begegnet, der zum Jubiläum von 1550 inkognito, »arm und in Begleitung niederer Personen«, nach Rom gekommen war. Er trifft auf Giovanni, als dieser gemeinsam mit besagten Personen auf dem Weg nach San Paolo fuori le Mura ist, wohin sich Vasari, »in einer Kutsche«, zusammen mit Messer Bindo Altoviti begeben wollte. Ein glückliches Zusammentreffen, um den Meister der Grotesken in Rom und Florenz die rechte Anerkennung seiner Fähigkeiten finden lassen zu können.

Die gute soziale Stellung des lebensgewandten Künstlers jedoch (im Gegensatz nicht zu dem zurückgezogenen Leben des Giovanni, sondern zu der verschwenderischen und ausschweifenden Art des Jacone) kommt nirgends besser zum Ausdruck als in jener Geschichte, in der Jacone ihn zu verspotten versucht. Die Worte Vasaris angesichts des Künstlers, der »nach Art des Philosophen« lebt, werfen ein überaus bezeichnendes Licht auf die Biographie eines Malers, der sich seiner Zeit anzupassen versteht:

Als daher eines Tages Giorgio Vasari von Monte Oliveto, einem Kloster außerhalb Florenz, heimkehrte, woselbst er den sehr ehrwürdigen tugendsamen Don Miniato Pitti, den damaligen Abt jenes Klosters, besucht hatte, traf er Jacone mit einer großen Zahl seines Trosses an der Ecke der Medici; und auf seinem Pferde zwischen sie gekommen, ward er von Jacone, der, wie ich nachmals hörte, durch irgendeine seiner losen Reden, halb scherzend, halb ernsthaft, etwas Beleidigendes zu sagen gedachte, angeredet: »Wohlan Giorgio, wie geht es Euch?« »Gut, mein Jacone«, antwortete Giorgio, »ich war vordem arm wie ihr alle und habe nun 3000 Scudi oder mehr; ich galt bei Euch für albern, die Mönche und Priester aber halten mich für vorzüglich, vordem diente ich Euch, und jetzt versorgt dieser Bediente hier mich und mein Pferd, ich trug Kleider wie arme Maler sie besitzen, jetzt gehe ich in Sammet, ich wandelte sonst zu Fuß, jetzt reite ich, demnach, mein Jacone, steht es mit mir vollkommen gut, behüte dich Gott«[201].

Die Häuser, die Vasari außerhalb von Florenz bewohnt, offenbaren deutlich seine hohe gesellschaftliche Position, weisen aber keine Besonderheiten auf, die sie als Wohnungen einer außergewöhnlichen Persönlichkeit – wie eben die eines Künstlers – kennzeichneten. In Arezzo besitzt er ein bequemes, etwas abgelegenes Haus mit Garten; in Florenz ein Patrizierhaus, das aus dem Besitz von Medici-Gegnern konfisziert worden war. Nur diese beiden Häuser verziert er im Innern mit Freskenzyklen zu verschiedenen Themen, die sich jedoch gleichermaßen auf die Verherrlichung der bildenden Künste beziehen und die in häuslicher Umgebung den Besucher und den Bewohner selbst an die Wertschätzung der Malerei bei den Alten erinnern, während er (im Florentiner Haus) den neueren Ruhm der Künste des Disegno darstellt[202]. In der Mitte des 16. Jahrhunderts gab es jedoch bereits Häuser von Künstlern, in denen eine Reihe von dekorativen Elementen und architektonischen Auffälligkeiten auch von außen her erlaubten, wenn schon nicht den genauen Beruf, so doch mehr oder weniger den gesellschaftlich außergewöhnlichen Status des Bewohners auszumachen.

Das berühmteste und zeitlich vorangehende Beispiel ist der Palazzo, den Bramante für Raffael in Borgo Nuovo erbaut, aus »Backsteinen mit in Kasten gegossenem Gypswerk bekleidet. Die Säulen und Bossagen sind in dorischem und rustikem Geschmack, kurz dieß Werk ist schön und die Art der Gußarbeit völlig neu.« Es handelt sich also um ein Gebäude mit einer Ordnung, wie sie bei gewöhnlichen Häusern nicht üblich war; die Ausschmückung jedoch, die das Haus so außergewöhnlich veredelt, setzt sich aus ganz einfachem Material zusammen, das sich deutlich von Travertin oder den Steinsorten unterscheidet, wie man sie für die Verkleidung von Kardinalspalästen verwendet hätte.

FRANCESCO MORANDINI, gen. POPPI,
Atelier des Künstlers, um 1561
Ausschnitt

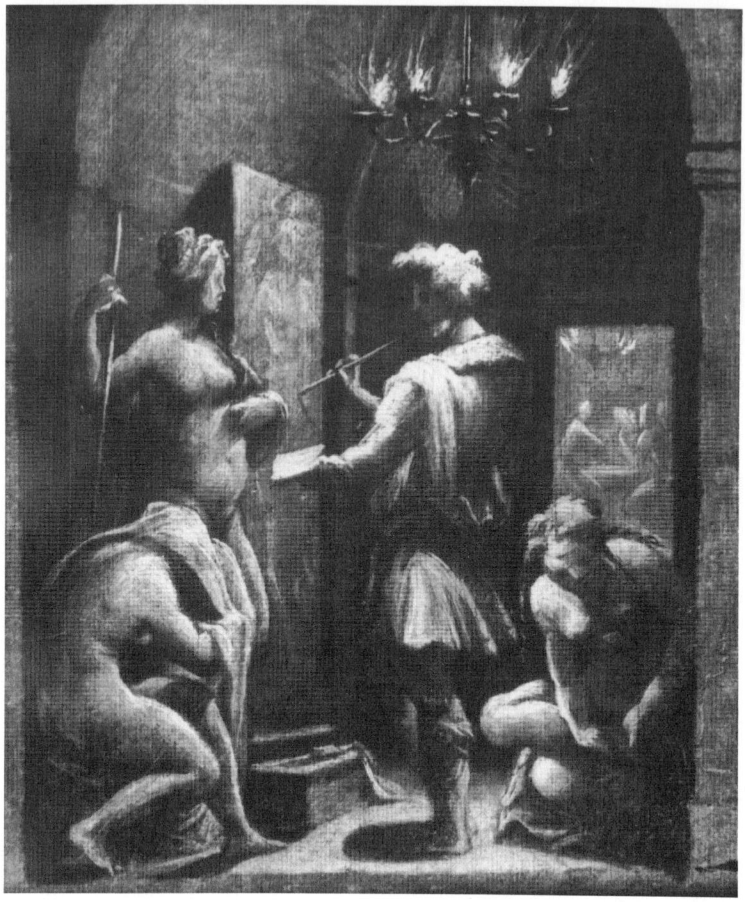

Aus Stuck ist auch, in Übereinstimmung mit dem architektonischen Charakter der gesamten Stadt, die Verkleidung des Hauses von Giulio Romano in Mantua, mit einer rustizierten Ordnung und einer Skulptur in der Mitte der Fassade, die Merkur darstellt. Giulio Romano wohnt hier auf fürstliche Weise, zumal das Innere nicht mit Szenen ausgestattet ist, die sich auf die von Vasari oder von Federico Zuccari auserwählten Künste beziehen, sondern mit Fresken, die Nischen und Götterstatuen vortäuschen[203].

Michelangelo in Rom dagegen lebt in einem Haus am Macel de' Corvi, das sich durch nichts auszeichnete, was es gegen Ende des 19. Jahrhunderts vor den Durchbrüchen und Abrissen hätte bewahren können; in Florenz unterscheidet sich das Haus in der Via Ghibellina von außen einzig und allein durch die Büste des Künstlers, die man wie die Galerie und die übrige Innenausstattung dem feierlichen Impetus seiner Nachkommen verdankt. Die Häuser, die nach einigermaßen glaubwürdigen Überlieferungen als Wohnungen venezianischer Maler gelten, weisen keine besonderen Züge auf, die sie von den luxuriösen Wohnstätten der Kaufleute oder Patrizier unterschieden; wie immer es auch mit der Richtigkeit dieser Angaben bestellt ist, sie lassen doch erkennen, daß man vom Haus eines Tizian oder Tintoretto keine besonderen Züge erwartete[204]. Das Haus von Giovanni da Udine in seiner Heimatstadt ist mit kleinen Stuckarbeiten und mit gemalten

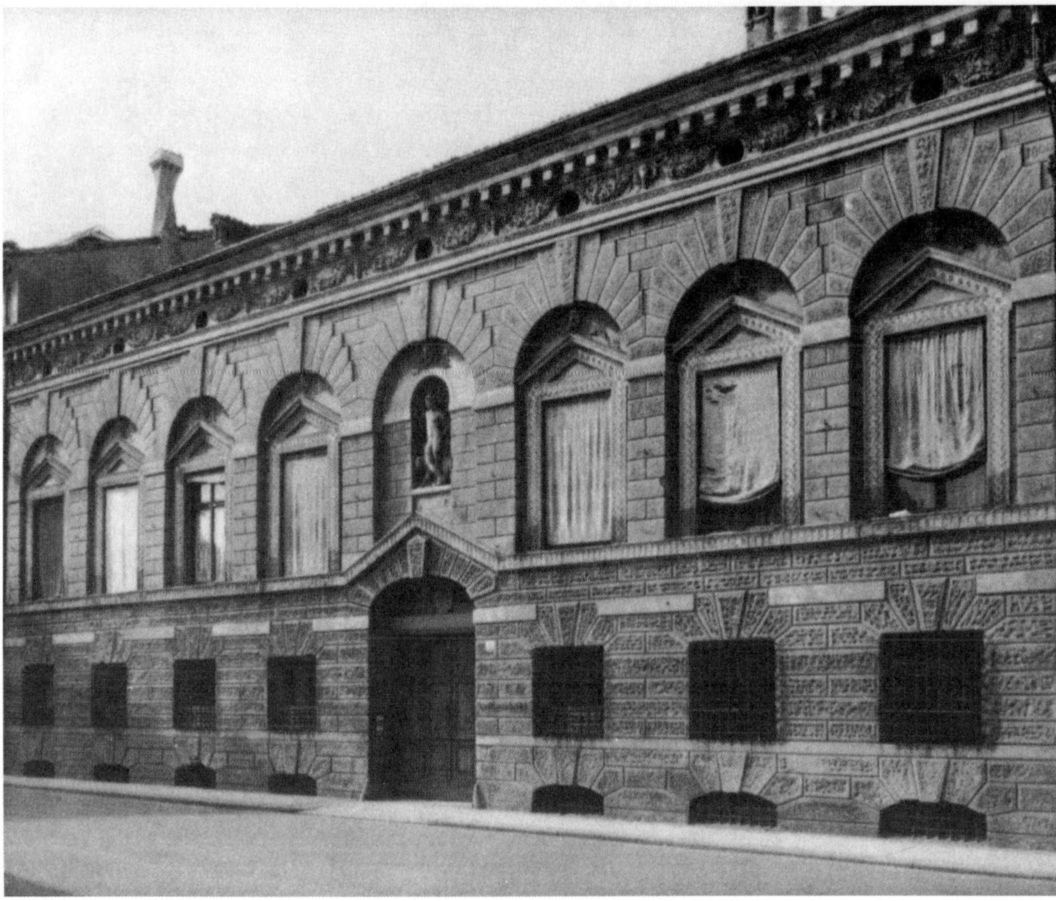

GIULIO ROMANO,
Haus des Künstlers, 1544
Mantua

Scheinfenstern verziert; abgesehen aber von der Einfügung dieser dem Geschmack des Cinquecento entsprechenden Elemente mußte es weiter nicht aus dem ländlichen Stadtbild, zu dem es gehörte, herausfallen.

Wer hingegen seine »Bude«, in deren Besitz er 1565 in Mailand gelangt, auffällig gestaltet, ist Leone Leoni. Er macht daraus die Casa degli Omenoni, voll mit »kapriziösen Erfindungen« wie den sechs Gefangenen aus Stein, von denen es seinen Namen hat; ein Fries ist aus den »Instrumenten der Künste des Disegno« gebildet. Lelio Orsi plant für sein eigenes Haus eine Fassadendekoration mit dem *Sturz der Giganten* und anderen heroischen Fresken, während 1578 Federico Zuccari, wahrscheinlich in dem Glauben, sich in Florenz etablieren zu können, das Haus kauft, das Andrea del Sarto gehört hat, und es mit einer Ecksäule und Frontispizien in Pietra serena über den Fenstern verziert. Abgesehen von dieser Verschönerungsmaßnahme konzentrieren sich die Veränderungen auf eine phantasievolle – und archäologisch inspirierte – Verkleidung des angrenzenden Ateliers: mit Ziegeln und Steinen, mit Giebeln und Gerätschaften der Kunst, einem Zuckerhut als Emblem des Künstlers und einem großen Feld für ein Fresko, das niemals ausgeführt wurde[205].

Die Außergewöhnlichkeit seines Hauses in der Nähe der Trinità dei Monti wird noch – wir sind nun im Jahr 1591 – durch die von Maskaronen umgebenen Portale hervorgehoben. Im Innern der beiden

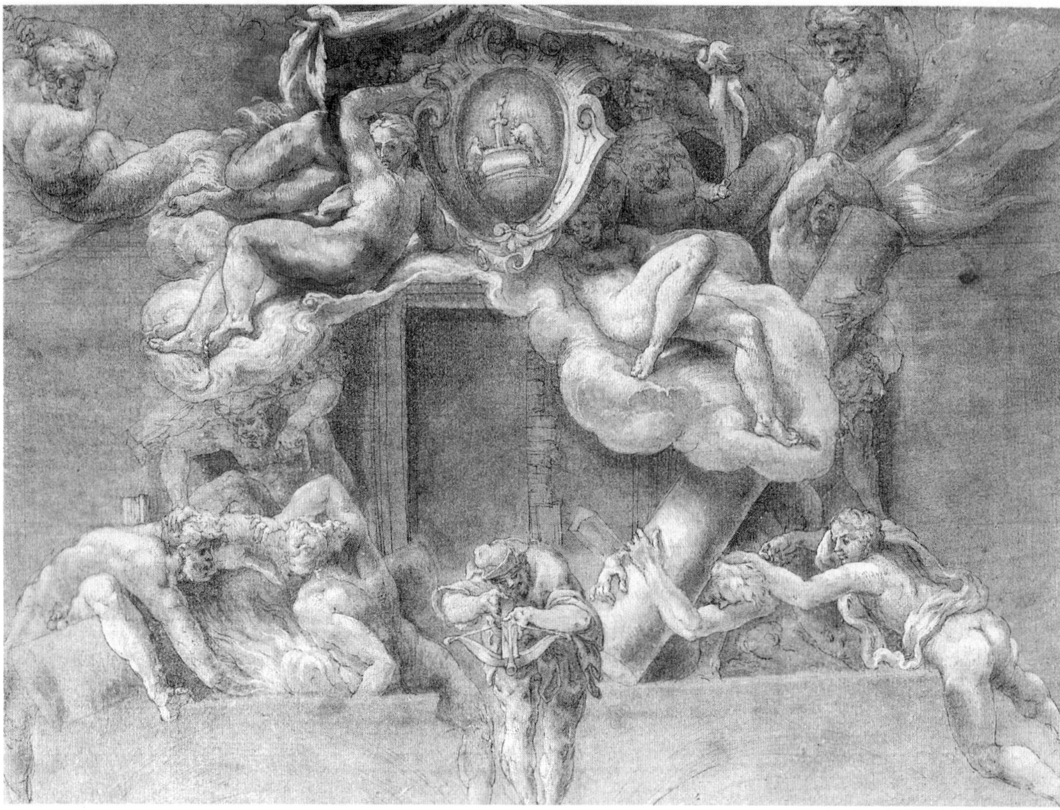

LELIO ORSI,
Entwurf für die Fassade des Hauses des Künstlers, um 1563

Häuser befinden sich Fresken mit Allegorien, welche die Tugenden der Kunst und das familiäre Leben feiern, mit Portraits, die den Bruder Taddeo und andere Verwandte zeigen, sowie Szenen aus dem häuslichen Leben. Aber Häuser dieser Art gibt es vorzugsweise im Cinquecento. Bereits jenes, das sich Santi di Tito in Florenz erbaut, entspricht wieder einer normalen herrschaftlichen und bequemen Wohnung, die sich weder durch Prunk noch durch merkwürdige Charakteristika abhebt. 1620 scheint das Haus der Serodine in Ascona mit seinen Stuckverkleidungen aus Altarädikulen eher den Ruhm und das lokale Ansehen einer Familie von Maurermeistern hervorkehren zu wollen – mit dem ziemlich nachdrücklichen Hinweis auf die kirchliche Ausrichtung ihrer Tätigkeit[206].

Außerhalb dieser angenehmen Atmosphäre lombardischer Kleinstädte hebt man die Außergewöhnlichkeit und Würde des Künstlers nicht durch besonders prachtvolle Behausungen hervor. Eine Synthese beider Aspekte (welche jedoch eher weltläufiges Prestige und gesellschaftliche Würde betont) stellt das Haus von Rubens in Antwerpen dar: »Ein großer und sehr vornehmer Palast, ganz modern im italienischen Stil mit Bossen und anderem Schmuck, worunter sich eine Loggia mit Perspektiven, Architekturen und Basreliefs von großem Einfallsreichtum befinden, die er mit eigener Hand gemalt hat«[207]. Wenn es – wie in Antwerpen und insgesamt in einem Land, das noch wenige Generationen zuvor durch den Aufstand der Bilderstürmer erschüttert worden war – nicht nötig zu sein scheint, auch und gerade die politische Rolle eines großen Künstlers der Gegenreformation zu unterstreichen, kann sich die Herrschaftlichkeit und Würde des Künstlers ebenso im

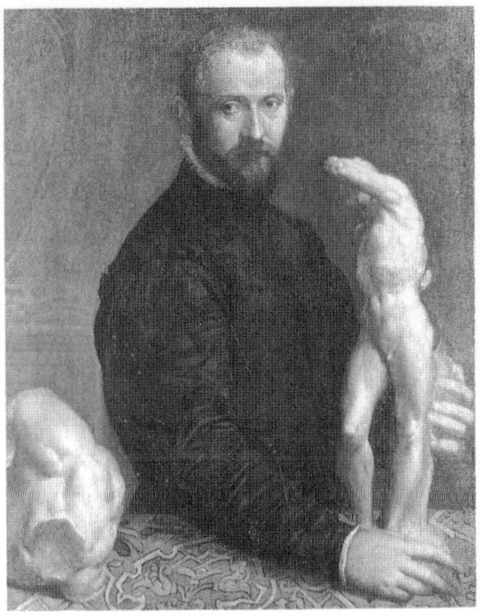

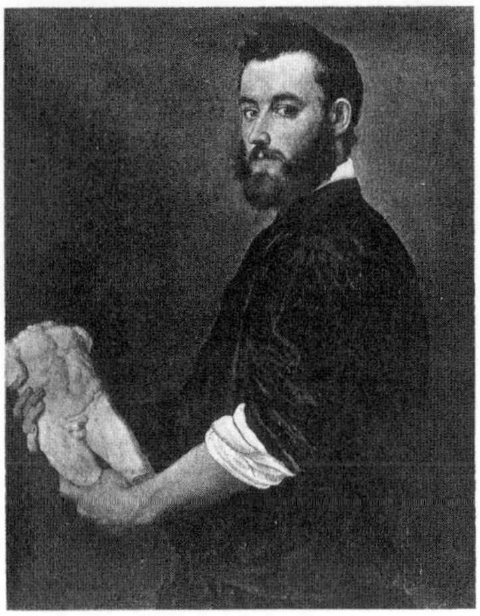

links:
PAOLO VERONESE,
Portrait des Alessandro Vittoria,
um 1546

rechts:
GIANBATTISTA MORONI,
Künstlerbildnis

Sammeln von Kunstwerken ausdrücken, denen nicht mehr die Funktion von Studienobjekten zukommt, sondern die nun als Einrichtungsgegenstände in der Wohnung eines Virtuosen der bildenden Künste dienen.

Nach dem Tod von Alessandro Vittoria im Jahre 1608 zählt das Inventar seines Hauses eine Reihe von Gemälden auf, die von einem Selbstportrait Parmigianinos bis zu Werken reicht, welche Tizian, Schiavone, Bassano, Paolo Veronese zugeschrieben werden, Landschaften von Paul Bril oder jedenfalls flämischer Herkunft, darüber hinaus verschiedene Skulpturen von Vittoria selbst. Es darf dabei aller-

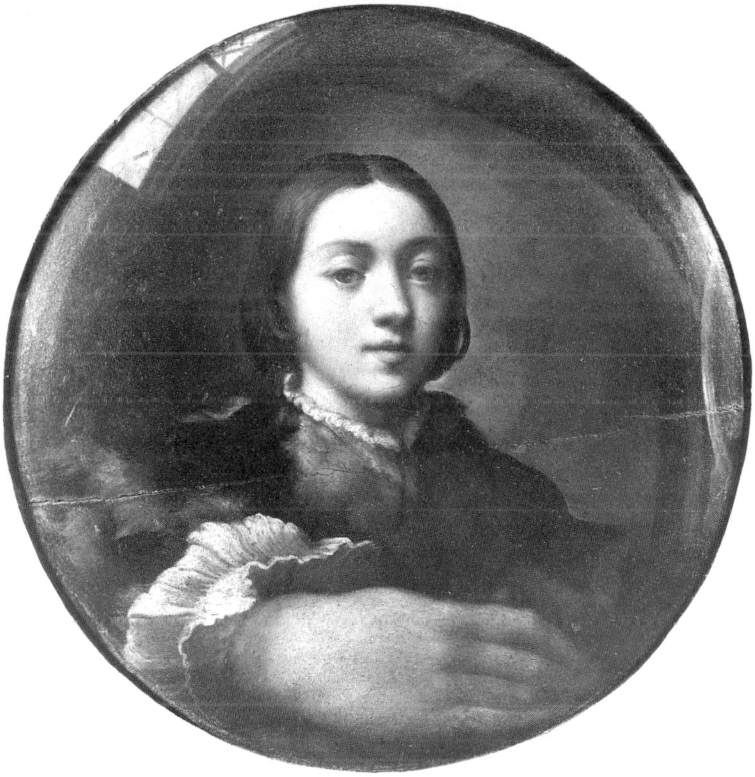

PARMIGIANINO,
Selbstbildnis im Konvexspiegel, 1523

dings nicht vergessen werden, daß – insbesondere in Venedig – die Künstler oft auch schon Händler oder Kommissionäre von alten und neuen Kunstwerken waren. Was in diesem Fall aber die Verehrung der Kunst innerhalb der Wohnung eines Kunstvirtuosen kennzeichnet, sind die Selbstportraits von Palma il Giovane, von Maganza, von einem nicht identifizierten Künstler aus Brescia sowie weitere Portraits von Künstlern: Tintoretto, ein *Tizian* von Veronese und ein *Veronese* von Carletto Caliari[208].

Künstler und Ritter

Dem zweiten Manierismus entspricht zeitlich die Ära der Künstler-Ritter; es ist eine Epoche, die dem Pontifikat Leos X. und Clemens' VII. und somit jener Zeit folgt, in der sich die Künstler (und ebenso die Literaten, wie wir zur Genüge durch Ariost wissen) nicht verheiraten, weil sie die Einkünfte aus einer kirchlichen Sinekure anstreben. Vielleicht wäre es Raffael, hätte er länger gelebt, als einzigem gelungen, den Kardinalshut eines Bembo oder eines Bibbiena zu erlangen; Sebastiano del Piombo erhält 1531 immerhin das Amt des päpstlichen Siegelverwalters, wobei man ihn Giovanni da Udine vorzog, und nach seinem Tod wird Gugliemo della Porta sein Nachfolger werden. Auch in Frankreich gelangt Rosso Fiorentino bis zum Rang eines Kanonikus der Sainte Chapelle, und Primaticcio wird zum Abbé des Königs ernannt.

Das weitgespannte Netz von Beziehungen, das Raffael am Hofe des Pontifex – und insofern auch am Trabantenhof des Mediceer Herzogs von Florenz – erfolgreich unterhält, erlaubt es ihm, 1518 zugunsten eines Marcantonio di Ser Niccolò da Urbino zu intervenieren, der eine Rebellion gegen den Herzog Lorenzo de' Medici zugunsten der Della Rovere angezettelt hatte[209]. Dies sind Aktionsbereiche und Privilegien, die mit der neuen Strenge der Gegenreformation und der sie begleitenden Rückkehr zu einer neofeudalen Ordnung nicht mehr möglich sein werden. Die kirchlichen Benefizien werden geordnet und wieder in den Schoß der Kirche zurückgeführt; das Streben des Künstlers nach gesellschaftlichem Ansehen richtet sich somit auf die Erhebung in den Adelsstand. Wenn Vasari 1559 den lucchesischen Gesandten verspottet, kennzeichnet das auf der einen Seite die etwas außergewöhnliche Geltung des Leiters aller von Cosimo I. in Auftrag gegebenen künstlerischen Unternehmungen, andererseits die Verachtung, die der Herzog von Florenz der kleinen Republik entgegenbringt[210].

Wenn der Maler unverheiratet ist, kann ihm ein verbliebener Rest an Konfusion – durch die Übertragung von kirchlichen Sinekuren – zur Ernennung eines Malteserritters verhelfen, wie es bei Caravaggio, Cigoli oder Mattia Preti geschieht: Ritter von Gnaden (die ihnen aufgrund ihrer besonderen Verdienste gewährt werden), nicht von Rechts wegen, also durch rechtlichen Anspruch aufgrund adliger Herkunft[211]. Oder aber das Kanonikat geht auf die Söhne eines Malers über, der von einem Prälaten besonders geschätzt wird; man denke etwa an den Sohn Giuseppe Marias, den Kanonikus Luigi Crespi.

Die Ambitionen, die das gesellschaftliche Ansehen und recht bald auch die Würde des Künstlers überhaupt betreffen, zielen nun auf eine Ernennung zum Ritter. Vasari mißbilligt diese Haltung ganz offen: Alfonso Lombardi habe in Ton gearbeitet, weil er sich »mehr zum

Vergnügen und aus einer Art Ruhmsucht als aus Verlangen, Steine zu meißeln«, der Kunst gewidmet habe:

Er pflegte Arme, Hals und Kleider mit Gold und anderen Lappalien zu schmücken und sah dadurch eher einem eiteln, müßigen Hofmann als einem Künstler ähnlich, der nach Ehre verlangt. In Wahrheit, so wohl derlei Zierraten denen anstehen, welchen sie durch Reichtum, Würde oder Adel des Blutes zukommen, eben so übel lassen sie Künstlern und anderen Personen, welche aus verschiedenen Rücksichten unterlassen sollten, sich Reichen gleichzustellen; anstatt deshalb belobt zu werden, erfahren sie von einsichtigen Männern Geringschätzung und wohl gar Verspottung. Alfonso, in sich selbst verliebt, überschritt die Schranken und war üppig, wie einem edlen Künstler wenig ziemte; dadurch büßte er bisweilen den Ruhm ein, den er sich durch die Arbeiten in seinem Beruf erworben hatte[212].

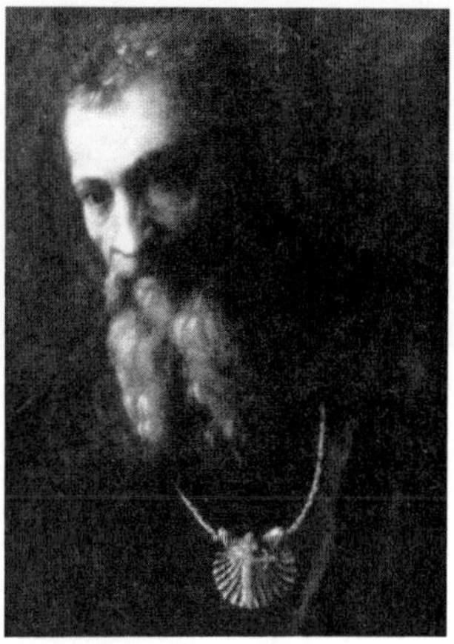

BACCIO BANDINELLI, *Selbstbildnis,* 1530 Ausschnitt

Als Künstler-Ritter (und auch zu Fälschungen bereit, um ein solcher zu werden) gehört Baccio Bandinelli in den *Lebensbeschreibungen* Vasaris zu den Negativbeispielen par excellence. Die Bilanz, die ein Historiker kürzlich über seinen Charakter gezogen hat, bestätigt nur das Bild Vasaris:

Alles in allem war er eine fortdauernde Ursache von Schwierigkeiten und Unstimmigkeiten; er brachte die Flußbeamten mit seinen angeblichen technischen Kenntnissen schier zur Verzweiflung, mit seinen Zeichnungen von Brücken und Straßen, derer er sich bei jeder Gelegenheit den Uneingeweihten gegenüber rühmte. Äußerst geizig wie er war, hatte er sich in den Besitz von zahlreichen Häusern und Grundstücken zu bringen gewußt, der ihm gleichzeitig eine unaufhörliche Abfolge von Streitigkeiten und Prozessen verschaffte. Obwohl er in dem geräumigen Haus in der Via de' Ginori lebte, beklagte er sich unentwegt über die Armut und den unzureichenden Stand der Familie, insbesondere weil er von der Idee besessen war, den Titel eines Ritters führen zu müssen, den er auch erhielt, nachdem er einen gefälschten Beweis seiner Herkunft von dem adligen Hause der Bandinelli von Siena geliefert hatte[213].

Indem er seinen Familiennamen von Brandini in Bandinelli abändert, kommt der Bildhauer den Einwänden der Ritter von San Jacopo zuvor, die sich seiner Aufnahme in den Orden 1529 entgegengestellt hatten (»unwissenderweise, indem sie sagten, sie würden mich als Bildhauer nicht schätzen«). Mit der Hilfe von Anton Francesco Doni gelingt es ihm, seine Abkunft von der Familie Alexanders III. nachzuweisen,

... und so hielt in der Kapelle des heiligen Palastes im Vatikan in Anwesenheit dreier Kardinäle – Salviati, Ridolfi und der Kardinal von Santa Maria di Portico, welche zu meinen Gunsten gesprochen hatten – besagter kaiserlicher Kaplan die Messe und obengenannter Signor Don Grazia Manriguez legte mir die Sporen an, und Signor Don Ferrante Caracciolo gürtete mich mit dem Schwert, und in Anwesenheit des Signor Jacopo Biusco und anderer Ritter des Ordens des Heiligen Jakobus gaben sie mir das Gewand, da mir seine Heiligkeit ihren Segen übersandt hatte; dann, nach der Zeremonie, die mit großer Feierlichkeit abgehalten ward, lud mich der Kardinal von Santa Maria di Portico zum Mittagsmahl mit den anderen Rittern, die an der Einkleidung beteiligt waren, und mit ihnen nahmen beide obenerwähnte Kardinäle an dem Bankett teil. Nach dem Mahle gab und las mir besagter Don Grazia, welcher wußte und gesehen hatte, daß ich zum Ergötzen die Poesie betrieben, ein Sonett zu meiner Ehre wegen meiner Einkleidung, welches begann: »Tus meritos, virtud y noblica, etc.« [Deine Verdienste, Tugend und Adel]; worauf ich nun mit einem anderen antwortete: »Grazia, non mie virtù, non egual merto« [Dank, es ist weder meine Tugend noch mein Verdienst]; und beide Sonette haben sich unter meinen Sonetten erhalten.

Unter den verschiedenen Wappen, die er angenommen zu haben sich erinnert, ist jenes bemerkenswert, welches einen Berg aus Eis mit dem Motto »ex glacie nives« zeigt, was bedeuten solle, daß, »zu Eis gemacht durch Mißgeschicke und das ungünstige Schicksal meiner Vorfahren, ich zu Schnee geworden bin durch das Weiß und die Reinheit meiner Tugend«. Seinen Söhnen schließlich legt er nahe, vor allem Sorgfalt auf seine literarischen Arbeiten zu verwenden, mehr als auf jene, »die in Zeichnungen, in Marmor, in Bronze und in Farben überall auf der Welt bekannt sind«. Darüber läßt er sich nicht weiter aus, im Vertrauen darauf, daß sie nach seinem Tod »unter den Verständigen jene Wertschätzung erfahren werden, die ihnen gebührt«[214].

Mit der Ernennung zum Ritter findet sich der Virtuose in den Stand des Kleinadels aufgenommen. Und wenn auf der einen Seite Vesalio die absurde Aufspaltung zwischen Studium und Praxis der Anatomie kritisiert, die in dem Paradox gipfelt, daß der Anatom den Leichnam, der seziert werden soll, gar nicht mehr berührt und diese Tätigkeit einem unwissenden Handlanger überläßt[215], so kann andererseits die Entfremdung von jenem Bereich, der den bildenden Künsten zur Anerkennung ihrer kulturellen Bedeutung verholfen hatte, zu nicht minder absurden Vorstellungen führen, wie wir sie bei Giambattista Paggi 1591 bezeugt finden:

> Das Reiten ist eine sehr edle Sache und eines jeden großen Herren würdig. Das Besorgen der Pferde, das Striegeln, Waschen, Säubern, Pflegen, Beschlagen, Satteln und alle übrigen Vorbereitungen, auf daß sich der Ritter seines Pferdes bedienen könne, ist servile Handarbeit und eines Ritters unwürdig. Wenn es nun, wie es in der Malerei geschehen ist, so auch beim Reiten vorkäme, daß irgendein Ritter, sei es aus Armut oder auch aus mangelnder Einsicht, alle genannten Dinge bei seinem Pferde eigenhändig zu verrichten pflegte, so würde deswegen gleichwohl nicht derjenige Recht haben, der sagte, daß die Kunst oder die Profession des Ritters eine gemeine oder verächtliche Sache sei, da man sich dabei in besagter Weise die Hände schmutzig mache. Eine Sache ist das Reiten und beim Reiten Waffen Führen, Lanzen Brechen, Kämpfen und derartige höchst edle Dinge Tun; eine andere das Besorgen und Vorbereiten des Pferdes. Wie es auch zwei verschiedene Dinge sind, zu malen und malend verschiedene Vorstellungen einer Idee auszudrücken, mit der Natur selbst zu wetteifern, wie ich schon gesagt habe, die Augen auf graziöse Weise mit den abgebildeten Dingen zu betrügen, die bereits vergangenen Geschichten darzustellen, als seien sie unmittelbar gegenwärtig (und deren unendlich viele andere höchst edle Effekte, die dem Maler zu eigen sind, mehr); und andererseits Tafel und Leinwand vorzubereiten, sie mit Gips zu bestreichen oder zu grundieren, Farben zu mischen, Pinsel einzuweichen und alle diese Dinge vorzubereiten, die das Pferd der Malerei sind. Und wenn es geschähe, daß ein edler Maler von Zeit zu Zeit Hand an diese Dinge legte, aus Übereifer für den ewigen Ruhm seines Werkes, so würde er in diesem Fall dem Ritter gleichen, der sich – indem er sich auf irgendein Turnier oder eine Schlacht vorbereitete und seinen Dienern kein Vertrauen schenkte – eigenhändig versichern wollte, daß die Riemen, Steigbügel, Zügel und alle anderen Dinge wohl gerichtet wären, und den anderen nicht glaubte, wenn er nicht selbst auf seine Weise die Dinge geordnet hätte[216].

Religiöse und politische Gegenreformation

Die Eingliederung der Künstler in Akademien bedeutet nicht, daß diese die Aufgaben der alten Zünfte oder die bildende Funktion der Werkstätten vollständig übernommen hätten; unter der (nicht offiziellen) Bezeichnung ›Akademie‹ wird sie den Charakter einer Zeichenschule – insbesondere für Aktzeichnen – erhalten. Akademiegründungen wie jene in Florenz (1563) und in Rom (1593) bleiben jedoch die Ausnahme; Venedig wird eine solche Einrichtung erst 1688 erhalten. Die von Federico Borromeo im Jahre 1620 an die Ambrosiana angeschlos-

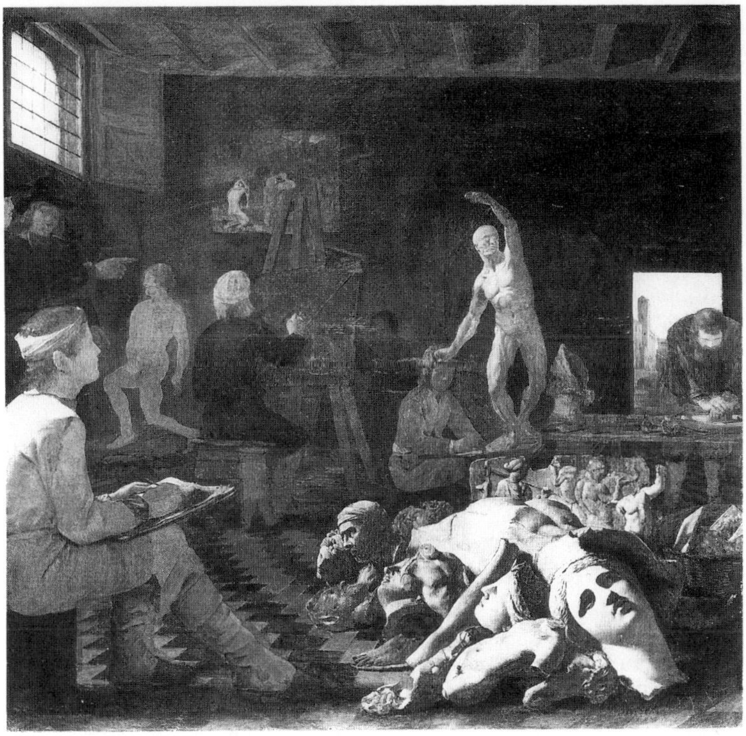

MICHIEL SWEERTS,
Innenansicht der *Accademia*

sene Akademie hat eine besondere Funktion, die im übrigen durch die Einrichtung verdeutlicht wird, die ihr um drei Jahre vorausgegangen war, die »Congregatio pro construendis instaurandisve et ornandis ecclesiis sacrisque aedibus« (Vereinigung zur Errichtung, Instandsetzung und Ausschmückung von Kirchen und heiligen Gebäuden).

Sieht man einmal von den Vorträgen und der Präsenz eines Vincenzo Borghini als Statthalter des Großherzogs ab, so lassen sich die beiden spätmanieristischen Modelle unmittelbar von den alten Lukas-Bruderschaften herleiten und werden zu nichts anderem als zu einer neuen Berufsvereinigung. Pevsner kann sogar darauf verweisen, daß gegen Mitte des 17. Jahrhunderts der Begriff ›accademia‹ in Italien beinahe synonym für Zunft, Bruderschaft oder Universität gebraucht wird. Den Auseinandersetzungen Paggis in Genua sind keine Versuche der ligurischen Maler vorausgegangen – und es werden auch keine folgen –, ihren Kollegen in Florenz oder Rom nachzueifern. Die Akademie von San Luca wird erst in Reaktion auf die Akademie in Paris gegründet und dann einen Charakter erhalten, der sie deutlich von einer Berufsgemeinschaft unterscheidet[217].

Im Klima der Gegenreformation überrascht es nicht, daß Vereinigungen wie Akademien, die gerade dazu geeignet wären, die schöpferische Bedeutung des Künstlers hervorzuheben, keine Fürsten finden, die sie mit besonderem Enthusiasmus fördern würden. Nur im Schatten des Fürsten wird der Künstler noch eine angemessene Freiheit und das ihm gebührende Ansehen genießen. Angesichts einer gesellschaftlich so schwierig einzuordnenden Gestalt wendet man sich lieber der Verherrlichung des großen, außergewöhnlichen Genies zu.

Ohne die Bezeichnungen ›Genie‹ oder ›angeborenes Talent‹ zu verwenden, hebt bereits Sperone Speroni hervor, daß Tizian – was die

FEDERICO ZUCCARI,
Kindheitserlebnisse des Taddeo Zuccari
Ausschnitt

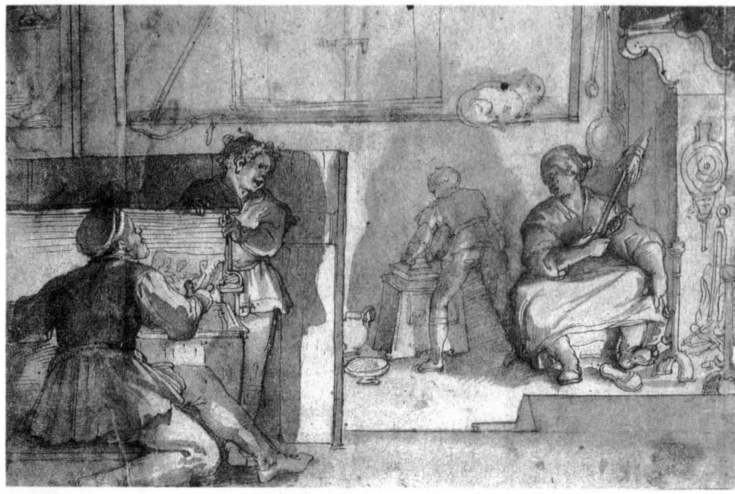

gängige Diskussion über Ähnlichkeit und Abbild angeht – eine absolute Ausnahmestellung einnimmt:

> ... Tizian, dessen Bilder den großen Herren lieber sind als jene, welche die Natur herzustellen pflegt, scheint daher seine Farben aus jenem wunderbaren Kraut zusammengesetzt zu haben, das Glaucus, nachdem er es probiert hatte, den Versen Ovids zufolge sofort in einen Meeresgott verwandelte...
>
> Sicher ist Tizian gegenwärtig ein Wunder seiner Kunst, woher es kommt, daß man in Gesprächen unter Malern ständig seinen Namen im Munde führt...[218]

Die Akademien, die sich in ganz Europa ausbreiten, gehen nicht von den italienischen Vorgängern aus, sondern von der Königlichen Akademie, die im Jahre 1648 in Paris gegründet wird, um dem Verlangen zu entsprechen, sowohl für die umfangreichen Festveranstaltungen als auch für die Präsenz der Künste im alltäglichen Leben, wie es der »adoucissement des moeurs« (Verfeinerung der Sitten) erfordert, hinreichend Künstler zur Verfügung zu haben. Und ihre Gründungen erfolgen nicht einmal in rascher Abfolge; die Normalisierung des ›Genies‹, die Resultate, die in guten Routinearbeiten der weniger begabten Schüler bestehen, die Beziehungen zur handwerklichen Produktion, der man die Modelle vorlegt (wobei diese Art der Überwachung die Teilhabe an den kulturellen Werten einschließt): dies alles läßt deutlich erkennen, daß die Kunstakademie eine typische Einrichtung des reformatorischen Absolutismus ist. Die Beobachtung des Sekretärs der Wiener Akademie, daß Ausländer einen schlechten Eindruck von einem Land bekämen, in dem das Genie den Normen einer Korporation unterstellt werde, geht erst auf das Jahr 1773 zurück[219].

Es ist ausgerechnet Federico Zuccari, der Verfechter einer ideellen Nobilität der Malerei, der uns an die wirklichen Verhältnisse in der Arbeitswelt des bildenden Künstlers erinnert. Die Zeichnungen zu dem Zyklus, der das Leben des Bruders Taddeo schildert, zeigen uns den jungen Mann, der bis tief in die Nacht in der Loggia di Psiche in der Farnesina zeichnet, der Hunger und Elend bei einem boshaften Meister leidet, der sich mit antiken Marmorstatuen abmüht: Entbehrung, Mühe und Arbeit kennzeichnen den Weg, um zu Adel und Würde in der Kunst zu gelangen[220].

Wo Malvisia den großen Erfolg der *Mariae Himmelfahrt mit den Aposteln* beschreibt, die Guido Reni für Genua gemalt hat, und sich die

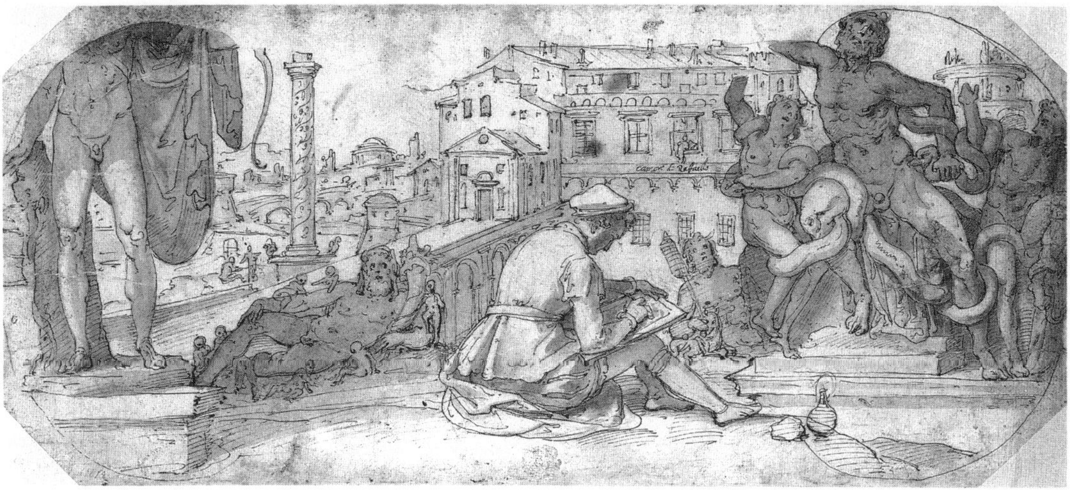

FEDERICO ZUCCARI,
Taddeo Zuccari studiert die Statuen des Belvedere

Kommentare und Reaktionen des Malers vorstellt, reflektiert er zugleich über den Gegensatz zwischen der Genialität des großen Künstlers und der Mühe bei dem unabdingbaren Studium, um zum Besten in der Kunst zu gelangen:

Er bedauerte nur, daß alles einer angeborenen Fähigkeit, einem besonderen Geschenk des Himmels zugeschrieben werde. Welch ein besonderer Charakter, sagte er, welch eine angeborene Fähigkeit! Mit hartnäckigem Fleiß und mit unaufhörlicher Mühe werden diese Gaben erworben, man findet sie nicht durch Glück, man erbt sie nicht im Schlaf. Welcher Charakter! Wird er jemals etwas anderes sein als eine Anlage, ein mühsames Bestreben, unter fortwährender Beobachtung und wiederholter Betrachtung zur Wahl des Schönsten und Besten zu gelangen? Jene vollkommenen Ideen, von denen sie wollen, daß sie sich mir in einem seligen Traum offenbart hätten, enthüllen sich nur dem, der sie entdeckt, der zu allem anderen die schönen Köpfe der antiken Statuen bei jedem Bild genau studiert, wie ich es acht Jahre lang getan habe, um mich mit ihrer wundervollen Harmonie zu versehen, welche allein diese Wunder bewirkt[221].

Wenn Vasari an die gute wirtschaftliche Situation Michelangelos erinnert, so bemerkt er dazu, daß dieser nicht etwa über Einkünfte oder durch Handel dazu gelangt wäre, sondern mit »seiner Mühe und seinem Fleiß«[222]. Die Unterscheidung zielt auf ein Ambiente, dessen Wertvorstellungen noch an die Welt des Geschäfts gebunden sind: Die Möglichkeit, daß die Kunst zu einer guten ökonomischen Stellung verhelfen kann, ist nur eines ihrer Merkmale – freilich eines, das am geeignetsten erscheint, profane Geister zu bewegen, Michelangelos Mühe und seinen Fleiß anzuerkennen. In der zweiten Hälfte des Cinquecento werden jedoch die Aspekte der künstlerischen Arbeit, die mit dieser »Mühe« verbunden sind, immer mehr die Anerkennung ihrer Nobilität erschweren. Dieselbe Unternehmerschicht, an die sich Vasari wendet, wenn er versucht, die Arbeit Michelangelos unter kommerziellen Gesichtspunkten zu betrachten (wogegen dieser sich von Jugend an gesträubt hatte, während seine Brüder sich der Wollentuch- und Seidenhändlerzunft anschlossen), steht nun vor einer Alternative, die – auch in Städten, in denen sich diese Schicht außerordentlich entwickelt hatte – das Ende ihrer führenden Rolle bedeutet. Die Kaufleute, die Bankiers und alle Unternehmer des städtischen Patriziats treten zur neuen Adelsschicht der Grundbesitzer über – oder finden sich mit dem

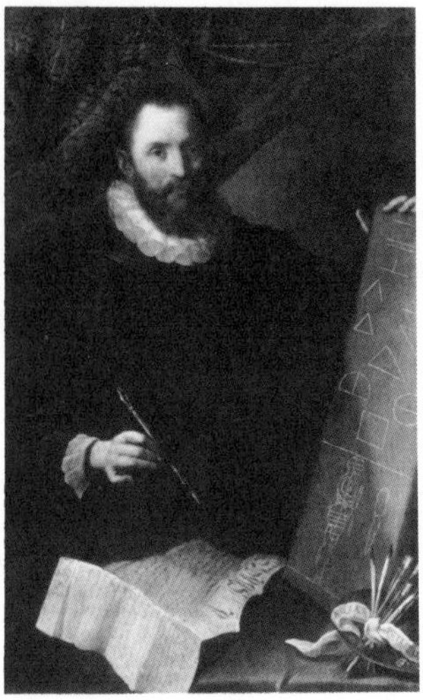

GIUSEPPE GHEZZI,
Portrait Federico Zuccaris als Gründer der Akademie von San Luca, um 1696
Ausschnitt

Verzicht auf ihre Zugehörigkeit zur herrschenden Klasse ab. Es ist bezeichnend, daß in zahlreichen Städten des Veneto in der Praxis (und gestützt durch verschiedene Statuten) den Mitgliedern der Zünfte zunehmend die Möglichkeit verwehrt wird, zu öffentlichen Ämtern aufzusteigen; in Verona genießen nicht einmal die Ärzte volle Bürgerrechte[223].

Mit seiner »Schrecklichkeit« und mit seiner Größe, die außerhalb jeglicher Diskussion stehen, ist Michelangelo trotz seiner Konfessionszugehörigkeit für die Gegenreformation eine unbequeme Gestalt: Seine religiösen Probleme sind auch die der katholischen Reform, und zudem bürgt seine übermächtige Persönlichkeit dafür, daß die Nackten im *Jüngsten Gericht* auch genauso zu verstehen seien, wie es der Kontext nahelegt. Und im übrigen ist die Bezeichnung »der Göttliche« sicher nicht die angemessenste für einen Künstler.

Das Scheitern des Regensburger Reichstages fällt mit der Enthüllung des *Jüngsten Gerichts* zusammen, das damit gerade in dem Moment zur wichtigsten Malerei der päpstlichen Kapelle geworden ist, da sich die unversöhnliche Linie gegenüber den Protestanten durchzusetzen beginnt: eine Politik, die zur direkten Kontrolle der von den Protestanten so heftig verachteten und häufig zerstörten Bilder führt, zur genauen Bestimmung dessen, was in einem Bild erlaubt und wie es zu gebrauchen sei. Das Sakralbild sollte eine wörtliche Illustration des Textes und keine Interpretation sein: »Als Michelangelo einen überaus wichtigen Artikel unseres Glaubens malen sollte, mußte er die Theologen nachahmen und nicht die Dichter, da die Theologie und die Poesie von gegensätzlicher Ausrichtung sind.« Die Einwände, die Gilio vorbringt, sind daher kaum zu zählen, angefangen bei der bartlosen Christus-Figur, die nicht auf dem Thron sitzt, bis zu den Auferstehenden, die nicht alle gleichzeitig mit ihrem Fleisch bekleidet sind.

Wer auf mystische und allegorische Weise die Worte des Evangeliums interpretieren wollte, könnte diese Eure Meinung hingehen lassen; zuerst jedoch muß man den wörtlichen Sinn erfassen, wenn man ihn angemessen wiedergeben kann, und dann erst die anderen Sinne, und den Buchstaben bewahren, soweit dies nur möglich ist[224].

Blunt bemerkt dazu:

Dies entspricht nicht nur der Einstellung Gilios gegenüber Michelangelo, sondern der seiner ganzen Generation gegenüber den Großen von vor dreißig Jahren. Caraffa wandte sich gegen die liberalen Reformer wie Cantorini und Pole, die versucht hatten, einen neuen Geist in die Kirche einzuführen, ohne sich um die Buchstaben des Dogmas zu kümmern; und die Anhänger des Tridentinischen Konzils wandten sich gegen Michelangelo, der eine neue vergeistigte Kunst entwickelt hatte und manchmal eine moralische Allegorie dem Buchstaben biblischer Genauigkeit vorzog. Angesichts der Bedrohung durch die Protestanten hätten sowohl Pole als auch Michelangelo als Waffen gegen die Kirche von Rom eingesetzt werden können, und daher durften sie nicht geduldet werden.

Daher ist die Frage nach der Unschicklichkeit der Nackten, die durch die Übermalungen des Daniele da Volterra gelöst wird, zweitrangig; etwas ganz anderes hingegen sind die Einwände, die eine völlige Zerstörung des Freskos nahelegten. Noch Federico Borromeo nimmt Michelangelo mühelos als Beispiel eines Künstlers, dem keinesfalls nachzueifern sei, der die Nützlichkeit der Anleitung durch den Theologen ignoriert habe, und zwar in einem Maße, daß er (»nescio quo ingenio«, ich weiß nicht, mit welchem Ingenium – in Wirklichkeit, indem er Dante folgte und mithin einen Dichter nachahmte) Charons Nachen über dem Altar der Kapelle angebracht habe. Derartige Genies scheinen nunmehr unnütz geworden zu sein: Der Künstler möge durchaus seine Rolle als Schöpfer von Kultur behalten, doch solle er die Führung derer akzeptieren, die jede kulturelle und ideologische Tätigkeit kontrollierten[225].

Im Laufe einer allgemeinen Debatte über die bildenden Künste wird das *Jüngste Gericht* schließlich akzeptiert werden: in einem Klima, das – mit der Wiederaufnahme des »glaubhaften Wunderbaren« – an die Situation Tassos erinnert; dies jedenfalls betont Comanini, wenn er die »Verleumdungen« Gilios und Dolces zurückweist und der Allegorie einen unbegrenzten Freiraum zuschreibt[226].

Auf seiten der profanen (aber sicherlich nicht »weltlichen«) Kunst ist der Spielraum nicht größer. Das Bild und die Skulptur sind im Zuge der Renaissance zu Prestigesymbolen geworden, nicht nur als Luxusgegenstände, sondern auch als Kulturgüter, und als solche gehören sie zu den charakteristischen Merkmalen der herrschenden Klasse, deren Nachfrage den Allegorien, Emblemen, Festprogrammen und mythologischen Szenen gilt; die kompositorischen Richtlinien entwickeln sich so, daß sie auch die armseligen Zeichnungen in Cesare Ripas *Iconologia*-Ausgabe von 1603 inspirieren. Die Altartafeln, die Sakralbilder auf Leinwand oder als Fresko stellen mit ihren Geschichten und ihrem heiligen Mysterium einen Bereich zwar kontrollierter, aber ungleich freierer Ausdruckskraft dar, und die Verpflichtungen bestehen – viel mehr als bei den immer neuen Erfindungen eines vornehmen Literaten – in der Anpassung an ikonographische und kompositionelle Vorbilder, deren lange Gewohnheit zumindest einen vertraulichen Umgang gestattet.

Die bedeutenden italienischen Maler des ausgehenden Cinquecento finden ihre besten Ausdrucksmöglichkeiten in der Altartafel: Muziano, Santi di Tito, Cesi, Ludovico Carracci. Doch vor allem ist es der weitaus ältere Federico Barocci, der eine malerische und affektive Vitalität entfaltet, die auch durch die Vorschriften der Gegenreformation nicht gebrochen wird. Er ist der Maler, der mit seiner *Heimsuchung* von Santa Maria in Vallicella den Heiligen Filippo Neri begeistert. Wenn man sich eine Vorstellung von der Malerei der Gegenreformation einzig und allein ihren düsteren Aspekten nach bilden wollte, so müßte es überraschen, wenn man liest, daß die Königin von Spanien die *Geburt Christi* – ein Geschenk, das ihr der Herzog von Urbino geschickt hatte – als ein Werk, das »muy alegre y devota« (sehr heiter und devot) sei, gnädig annimmt[227].

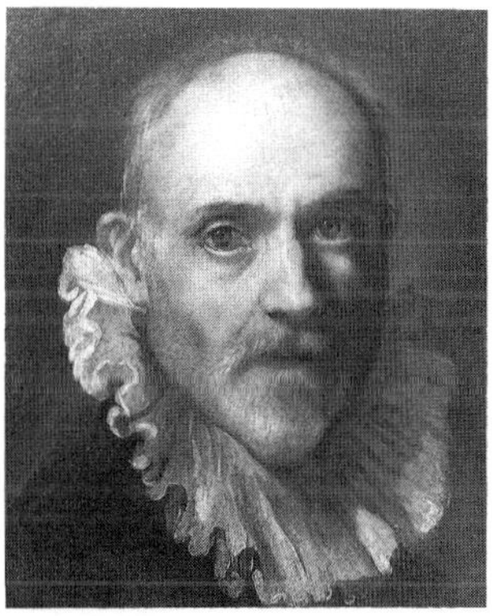

FEDERICO BAROCCI,
Selbstbildnis
Ausschnitt

Wahrscheinlich hilft dem Maler das zurückgezogene Leben in Urbino, weit entfernt von der prunkvoll bigotten und ideologisierten Devotion, welche der Sakralkunst mit der »zeitlosen Malerei« eines Scipione da Gaeta ihr Gepräge gibt (und mit jener noch schlechteren, die bar jeder Technik unterschiedslos Tafelbilder, Heiligenbildchen und Öldrucke hervorbringt)[228]. Die Beziehungen zum Herzog della Rovere entwickeln sich in einer vertrauten Atmosphäre wechselseitigen Respekts: Anders als Raffael und als die Zuccari ist Barocci ein großer Künstler, der in den Landen des Herzogs nicht nur geboren ist (»aus jener Stadt, die der Welt einen Raffael hervorgebracht hat«), sondern sich auch entschieden hat, dort zu leben. Seine Werke haben das Ansehen und den Status offizieller Geschenke, und der Herzog fungiert häufig als Vermittler von bedeutenden Auftraggebern, die eine Absage des Meisters befürchten. Bei Barocci sind die üblichen Aufschübe und Verzögerungen bei der Fertigstellung der Bilder tatsächlich durch den schlechten Gesundheitszustand des Künstlers bedingt, wenn dabei auch sicherlich übertrieben wird: Jene engelsgleichen Gesichtszüge, jene Farbabstimmungen und die höchst virtuosen Kompositionen seien alle aufgrund seiner Leiden an der »unheilbaren Krankheit« entstanden – wegen derer sieben Jahre vergehen müssen, bis er die *Vergebung von Assisi* vollenden wird[229].

Alle Erwartungen des gebildeten und frommen Betrachters vor einem Werk Baroccis (das unweigerlich den Gedanken einer *ut pictura poesis* suggeriert) werden mit großer Eloquenz in einem Brief vom 5. Oktober 1596 beschrieben, in dem Matteo Senarega die vollständige Zufriedenheit der Auftraggeber über die *Kreuzigung* im Dom von Genua zum Ausdruck bringt:

Einen einzigen Fehler hat die Tafel: daß menschliches Lob nicht hinreicht, das Göttliche an ihr zu erfassen. Sie lebt daher eingehüllt in Schweigen und Wunder. Doch der Allerheiligste Gekreuzigte, dem Anschein nach bereits tot, strahlt nichtsdestoweniger Leben und Paradies aus; weist noch auf das hin, was er wirklich gewesen ist, daß er gern und nach seinem eigenen Willen aus Liebe zu uns und für unser aller Heil den Tod erlitten hat. Die Sanftheit seiner jungfräulichen Mutter macht, daß ein und derselbe Blick verwundet und heilt, ergreift, zärtlich bewegt und tröstet, und es scheint, daß jener göttliche Geist, der durch die Wunden Christi dringt, darin aufgegangen sei, um zu erkennen, ob er sie eher durch den Tod des geliebten Sohnes betrüben oder über die Rettung des Menschengeschlechtes erfreuen lassen solle; während sie von so verschiedenen Affekten bewegt und voller Staunen und Mitleid zu ihrem neuen Sohn hinsinkt...

In San Sebastiano sieht man nun alle wahren Farben und Werte der Kunst ausgedrückt, wohin vielleicht niemals die Alten noch die Modernen gelangt sind. Und der ganze Reichtum an Kunst und Anmut läßt dem Neid keinen Raum zur Entfaltung, so sehr dieser sich auch bemühen mag...[230]

Doch auch eine gebildete Einschätzung und Anerkennung wie diese, für die der Wert und die Würde der Malerei über jeglichen Einwand erhaben sind, wird niemals zu dem grandiosen und mondänen Erfolg eines Rubens führen, der das Ambiente einzelner Höfe überschreitet und zu einem gesamteuropäischen Phänomen wird.

Die auch politische Bedeutung, die der Verherrlichung des großen Meisters aus Antwerpen zukommt, geht ebenfalls vom Triumph über die Revolte der ikonoklastischen Kleingeister aus; seine Kunst ist ein Symbol der Kultur und des Prestiges, das diesem Schreckbild entgegengehalten wird. Er ist der Maler der Habsburger, von Maria Medici und Karl I., der absolutistischen Herrscher, die im Streit mit Parlamenten und protestantischen Untertanen liegen. Jener »Beifall der Großen« habe ihn »immer mutiger« gemacht, sagt Baldinucci, als er von den großen Bildern des Flamen spricht. Und Bellori erinnert an

...Gewohnheiten und Begabungen dieses Meisters, der gewiß mehr denn jeder andere Moderne den Pinsel geadelt hat. Er war von würdevollem und klugem Verhalten und weise wie nur irgend jemand zu seiner Zeit, indem er sich seiner ihm angeborenen Gaben des Wohlwollens und der Vorsicht erfreute, welche letztere durch seinen Umgang mit den Großen an den Höfen geschärft ward: Keinen Maler hat es daher in unseren Tagen gegeben, der die Kunst mehr geziert und zu größerem Ruhme ausgeübt hätte.

Mit seiner Herkunft (als Sohn eines Advokaten), mit seinen humanistischen Studien bekräftigt er die Nobilität der Kunst, der er sich gewidmet hat. Sein Aussehen entspricht seinem Charakter.

Er war von großer Statur, wohlgestaltet und von schöner Gesichtsfarbe und Temperament, er war zugleich majestätisch und menschlich und edel in seinen Manieren und seiner Kleidung, indem er gewöhnlich eine Kette aus Gold um den Hals zu tragen pflegte und wie die anderen Ritter und Personen von Stand durch die Stadt ritt, und in all diesem Glanz führte Rubens in Flandern den höchst ehrenwerten Titel des Malers[231].

In Italien, wo durch keine unmittelbare Auseinandersetzung so konkret wie in den Niederlanden die Bedeutung der Malerei hervorgehoben worden war (man erinnere sich, daß Van Mander in dem *Libro dei pittori*, das 1604 erscheint, fortwährend die Bilderstürmer der Dummheit bezichtigt), kann die politische Gegenreformation eher die Figur des Künstlers, die aus den wechselhaften Geschicken der Renaissancekunst hervorgegangen war, als die Frage der konfessionellen Überwachung zur Diskussion stellen. Die geforderte Nobilität ist gewiß nicht jene des »cor gentile« (edles Herz) der Künstler des dolce stil nuovo, sondern immer deutlicher die der Geburt oder einer – soweit möglich – fingierten Abstammung:

Während derjenige vornehmer ist, der auf eine Abstammung von älteren Geschlechtern verweisen kann, so ist ebenfalls derjenige vornehmer, der nichts mit manueller Tätigkeit zu tun hat, weil er in einem Empyreum angeborener Ideen schwebt, wo der Geblütsadel selbst Zeichen einer Auswahl darstellt, die auf eine ideale, prästabilierte Ordnung zurückreicht …[232]

Monsignor Agucchi überträgt mit großer Klarheit dieses Problem auf die Analyse der bildenden Künste:

Die erhabenen Geister, die den Gedanken an die Idee des Schönen erhöhen, lassen sich von ihr allein entzücken und versenken sich in sie wie in etwas Göttliches. Dort, wo das Volk alles auf den Gesichtssinn bezieht, lobt es die nach der Natur gemalten Dinge, weil es daran gewöhnt ist, auf diese Weise die abgebildeten Dinge zu sehen[233].

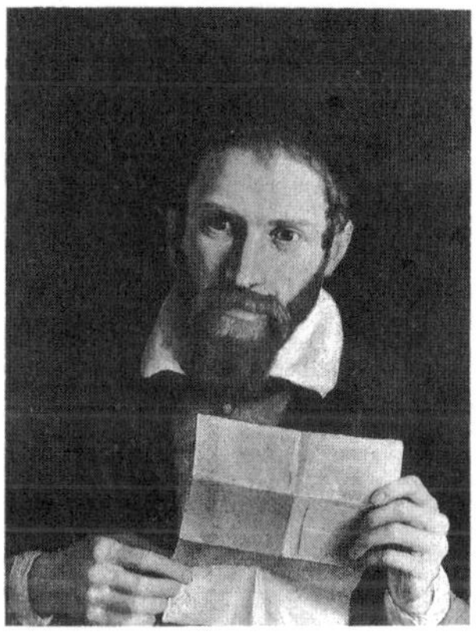

DOMENICHINO,
Bildnis des Monsignor Giovan Battista Agucchi, 1621–1623
Ausschnitt

Es ist dies eine endgültige Bilanz, die die ideologische Funktion des gebildeten Künstlers fixieren will, während sich andererseits die letzten Bemühungen der Manieristen erschöpfen: der vorsichtige Naturalismus jener Maler, die eine Reform des Stils und eine Wiedereinbeziehung der venezianischen Farbigkeit erprobt haben. Gerade die Versuche der Carracci, die noch zu sehr am Leben, an Sensualität und an Nebensächlichkeiten orientiert waren, sind nun nicht mehr ideal genug.

Wenn Bellori den Annibale Caracci als Muster eines stilistischen Gleichgewichts zwischen Manier und Naturalismus bezeichnen wird (wobei er allerdings an Poussin denkt), so wird dies seine eigene Sichtweise sein, die aus einem an Barockerfahrungen gesättigten Klassizismus hervorgeht. Die Antithese zu dem – bis zum Überdruß getadelten und verurteilten – Caravaggio wird für einen Agucchi im zweiten Dezennium des 17. Jahrhunderts der ansonsten niemals übermäßig beliebte Domenichino abgeben.

In diese Welt, die sich auf der Suche nach Adelsbriefen und fingierten Gleichgewichten befindet, paßt der weltliche Skandal eines Caravaggio, der dem Skandal eines Bruno und eines Campanella, eines Sarpi und eines Galilei verwandt ist: wie diese ein klares Indiz für die Krise der Gegenreformation.

Der Skandal Caravaggio

In den *Discorsi sul poema eroico* weist Torquato Tasso darauf hin, daß die Vorstellungen und Bilder der Dichter die Dinge so repräsentieren müßten, »wie sie gewesen sein sollten, wobei eher das Wahrscheinliche im allgemeinen als die Wahrheit des Besonderen zu berücksichtigen ist«: Die Bilder, die der Dichter entwirft, beziehen sich somit auf intelligible und nicht sinnlich wahrnehmbare Wesenheiten[234]. Es ist die Erhabenheit, die Universalität dieser intelligiblen Idee, die die Größe des Dichters und die Bedeutung seines Werkes zu erkennen und zu beurteilen erlaubt; und genau dasselbe gilt auch für den Maler.

Wie in einer kürzlich erschienenen Analyse über Federico Zuccari und dessen Haltung gegenüber den Gemälden von San Luigi dei Francesi (und seinen Vergleich zwischen Caravaggio und Giorgione, der zu so vielen Mißverständnissen Anlaß gegeben hat) deutlich hervorgehoben wird, war es genau dieser Vorwurf, den der anhand seiner »Idee« theoretisierende Manierist erheben konnte: Daß Caravaggio bei dem »natürlichen Disegno, dem eigentlichen und ursprünglichen, von der Natur hervorgebrachten und dann von der Kunst nachgeahmten Exempel stehengeblieben sei, ohne sich zu dem »künstlerischen Disegno, dem Muster menschlicher Kunst, zu erheben, wodurch wir verschiedene historische und poetische Erfindungen und Konzepte formen«[235].

Die Beziehung zwischen einer solchen Auswahl innerhalb der Mimesis und der sakralen Funktion der Malerei wird deutlich, wenn man den Zeichencharakter berücksichtigt, welcher nach Kardinal Paleotti in Anlehnung an Aristoteles den heiligen Bildern eigne: Deren Würde bestehe nicht in dem, was sie – für sich genommen – eigentlich seien, sondern in ihrem Status »als Zeichen von Dingen, weshalb sie ihre Bedingungen von dem herleiten, was sie repräsentieren«. Folglich wird man sich auch von diesem Standpunkt aus eher eine Darstellung wünschen, die das Gemalte durch eine besondere Sprache, eine »Manier«, einen Stil verschleiert und die zu einer Dechiffrierung ihrer Botschaft auffordert, und weniger eine Mimesis, die das gemalte Bild der optischen Erfahrung jener Realität angleicht, die uns umgibt[236].

Im Hinblick auf ein anderes Beispiel, das aus diesem Zusammenhang herausfällt – die Fresken Giottos in der Arena-Kapelle –, bemerkt Roberto Longhi den zur Abstraktion neigenden Gebrauch des Ultramarins bei den Himmeln, welcher die Geschichten nicht zu einer unmittelbaren Form von Mimesis, sondern zum »heiligen Eingedenken in Räumen« mache[237]. Ganz analog lassen sich die Effekte solcher individuellen sprachlichen Filter von Paleotti bis Bellori finden. Es ist dieser besondere Charakter des Bildes – sein Eingedenken (nicht seine Immanenz) –, der durch die naturalistische Malweise Caravaggios unwiederbringlich verlorengeht. Die heilige Geschichte, das Mysterium mit seinen Metaphern (die häufig das sakralisierende Element selbst sind), wird zu einem Tatbestand, dem man höchstens ein sophistisches Pathos – durch das Licht, das bei der Berufung des Matthäus zusammen mit Christus eintritt – verleihen kann; doch es gibt nichts, was den *Marientod* in eine *Transition* verwandeln könnte, es gibt keinen Grund, weshalb die *Madonna mit der Schlange* in irgendeiner Weise eine eidetische Form darstellen sollte, welche auf die unbefleckte Empfängnis anspielte. Der Angriff Caravaggios auf jene Aura – die Distanz, die Idylle, die Vollkommenheit der »Märchen« und mythologischen Sujets – erscheint dann, nachdem diese einmal auf die Ebene einer unmittelbaren Rezeption übertragen worden sind, noch erheblich brüsker in dem Schild mit der *Medusa*, im *Eros* Giustiniani, dem *Schlafenden Amor* in Florenz oder auch in dem ganz alltäglichen Liebreiz des *Narziß*.

Seine gesamte Malerei (und es sind seine Sakralbilder, derentwegen dies Besorgnis erregt) wird zu einem fortwährenden Skandal: ein ähnli-

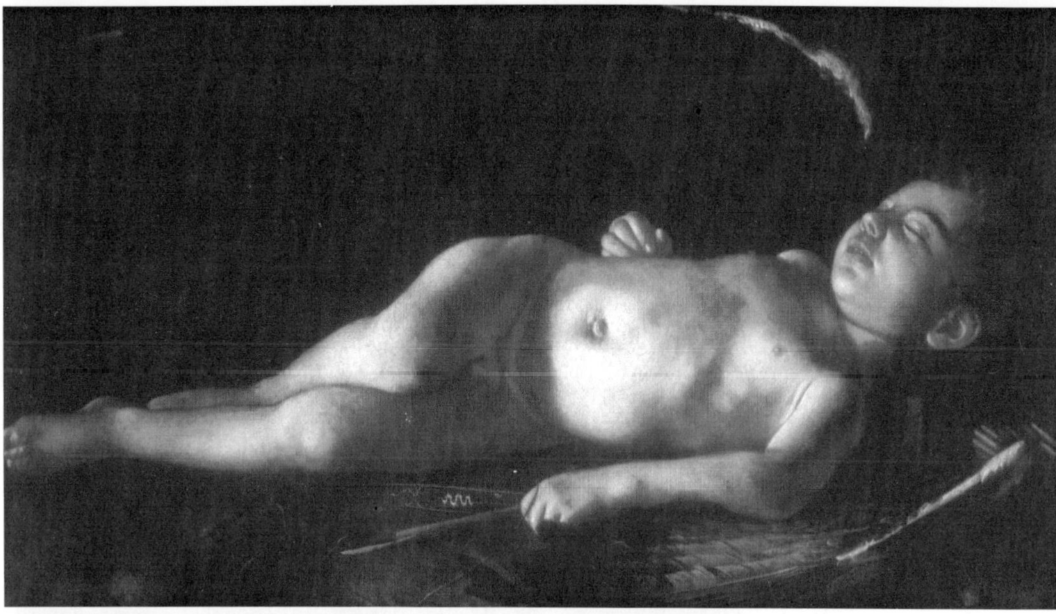

CARAVAGGIO,
Schlafender Amor

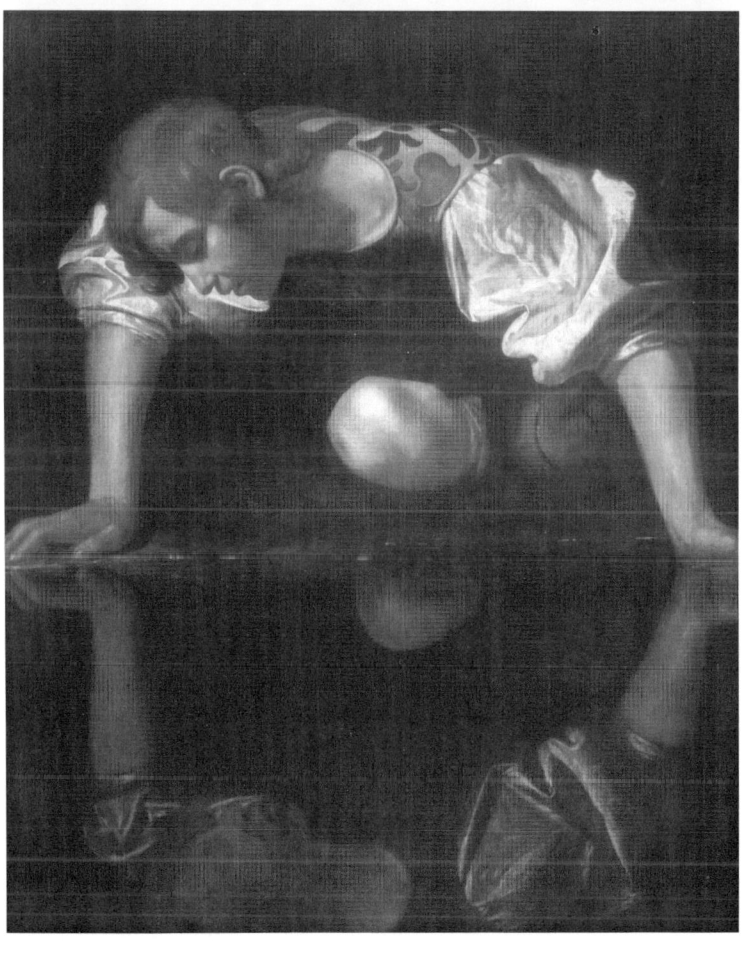

CARAVAGGIO,
Narziss

cher Skandal wie jener um die »bekannten Figùren«, derentwillen das Altarbild von Scipione Pulzone aus der Cappella degli Angeli im Gesú entfernt worden war[238]. Dabei ist es keineswegs so, daß es stilistische Übereinstimmungen gäbe oder auf dem Bild Personen von tadelnswertem Lebenswandel zu erkennen wären. Dies konnte zwar die Unstatthaftigkeit des Bildes noch vergrößern, doch scheint der entscheidende Punkt darin bestanden zu haben, daß hier Gesichter von individuellen, von wirklich lebenden Personen dargestellt wurden, die man in Rom hätte wiedererkennen können. Daher entbehrten sie der Würde, die sich aus dem Dargestellten hätte herleiten lassen sollen: Das Altarbild zeigte nicht mehr eine Gruppe von Engeln, sondern – in dem Augenblick, da sie das Publikum erkannt hatte – eine Gruppe von Jugendlichen, die in der Stadt des Papstes lebten.

Als Bellori die *Magdalena* Doria analysiert, vermerkt er, daß Caravaggio »ein Mädchen« gemalt habe, das »auf einem Stuhl sitzt, die Hände auf dem Schoß hat und im Begriff ist, sich die Haare zu trocknen; er hat sie in einem Zimmer gemalt und auf dem Boden ein Salbengefäß mit Geschmeide und Gemmen hinzugefügt; so stellt er sie als Magdalena dar«. Einzig und allein aufgrund dieser Details, die einer bestimmten Typologie, einem ikonographischen Schema entsprechen, ist in dem Bild – das sonst einfach ein Mädchen zeigte, das sich seine Haare trocknet – eine Heilige dargestellt. Zunächst nimmt man die unmittelbare, alltägliche Wirklichkeit der dargestellten Person wahr, und erst danach erkennt man die Fiktion des ikonographisch bekannten Sujets. Der Maler hat sich nicht über die Realität hinaus zu einer Abstraktion des Stils erhoben, sondern verweist mit dem ikonographischen Schema der Maria Magdalena auf eine Realität, die ein unmittelbarer Ausschnitt aus dem Leben ist.

Federico Zuccari konnte daher der *Berufung des Matthäus* in der Cappella Contarelli vorwerfen, daß sie der Darstellung eines historischen Faktums nicht angemessen sei, daß sie einen natürlichen Habitus entfalte, daß sie das Ereignis einer Chronik wiedergebe und von vorübergehender Bedeutung sei; das Bild habe daher nichts mit der Wahrheit des Evangeliums zu tun, aus der eine feste und unzweifelhafte Lehre abzuleiten sei, die nicht einer beliebigen Auslegungen dessen, was man gewöhnlich »sieht«, und mithin keiner freien Interpretation des Betrachters obliege[239].

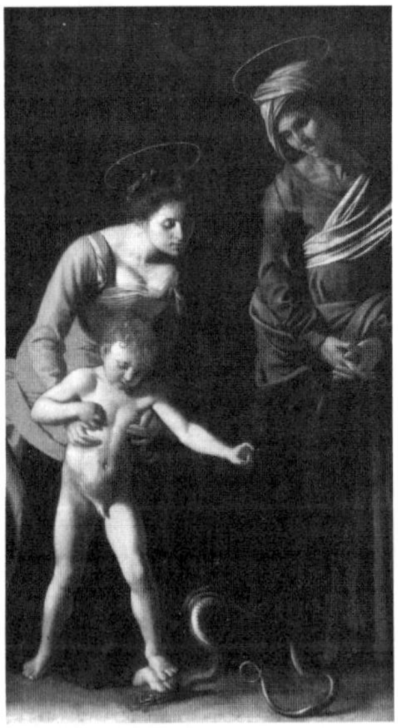
CARAVAGGIO,
Madonna der Parafrenieri oder
Madonna mit der Schlange
Ausschnitt

Es handelt sich um eine Realität, die sich jener »naturalistischen Gleichmacherei« annähert, die keine Abstufungen in der Nobilität eines Gegenstandes kennt und die diese Kunst nicht einmal »profan«, sondern einfach »weltlich« werden läßt; sie beteiligt sich nicht an der Auseinandersetzung um den sakralen Gebrauch von Bildern – sie ignoriert ihn einfach[240]. Caravaggio widmet sich der Kirchenmalerei, weil jede andere Gattung ihn unweigerlich in das Umfeld minder bedeutender Malerei geführt hätte: Sein Ehrgeiz ist auf die Altarbilder der bedeutendsten Kirchen in Rom gerichtet, auf Werke, die alle sehen, über die alle sprechen; dort, wo sich der Sitz und das Zentrum der katholischen Christenheit befinden.

Die Madonna mit der Schlange wird sofort vom Altar der Palafrenieri im Petersdom entfernt; der *Marientod* wird von den »guten Vätern« von Santa Maria della Scala aus der Kirche genommen. Es ist in der Tat fraglich, ob irgendeine weniger bedeutende Kirche in der Lage war, sich die Malerei Caravaggios bewußt zu eigen zu machen. Der Heilige Filippo Neri ist ein Bewunderer von Barocci; soweit es zulässig ist, kulturelle oder religiöse Bewegungen auf organische Weise mit bildnerischen Stilen zu verknüpfen, scheinen gewisse Nachfolger Baroccis – wie Ventura Salimbeni in den *Geschichten von San Giacinto* in Santo Spirito in Siena – sich in angemessener Form der Welt der Armen zuzuwenden, auf die sich auch die Mission der Oratorianer richtet[241].

Während Romano Alberti darauf besteht, daß der Künstler »theoretisch unterwiesen sein müsse, ohne davon Gebrauch zu machen«, beteiligt sich Caravaggio nicht einmal an der Diskussion über diesen Unterschied. Ein ordentlicher, tüchtiger Maler sei der, welcher »gut zu malen und die natürlichen Dinge gut nachzuahmen versteht«; und ein intelligenter und verständiger Zeuge wie Vincenzo Giustiniani vertritt die Meinung, daß es »ihm [Caravaggio] mit ebensoviel Mühe und Arbeit um ein gutes Bild mit Blumen wie um eines mit Figuren zu tun war«[242].

Caravaggio verhält sich so, als sei die Bedeutung (die »Nobilität«) der Malerei kein Ehrentitel, den die Künstler selbst fortlaufend zur Schau stellen müßten, sondern eine vorgegebene Sicherheit, die man ausspielen und aus der man eigene Freiräume gewinnen könne. Die Qualität des Bildes spiegelte demnach gewiß keine moralischen Prinzipien wider: ungeachtet der Hierarchie der Gattungen, die (parallel zur Hierarchisierung der Techniken) in eine Ordnung gebracht werden, erfordert das Blumenbild – das nicht einmal als »storia«, sondern mit größter Objektivität der Wahrnehmung als »figure« qualifiziert wird – ebenso viel Arbeit wie alles übrige. Was dabei verlorengeht, ist jede Art von Stil, der die Idee entsprechend einer verbindlichen Norm verschlüsselte und das Gemalte in einer fest konstituierten Sprache analysieren ließe; es ist unschwer zu erkennen, daß Auge und Pinsel Caravaggios nicht die geringsten Neigungen zu einem *ut pictura poesis* zeigen – sogar auf das Risiko hin, die intellektuelle Würde der Kunst in der neuen sozialen Ordnung aufs Spiel zu setzen. Im übrigen ist die »Handarbeit« etwas, das zwischen Praxis, technischem Können und handwerklicher Tätigkeit – und mit wieviel Mühe hatte sich die Malerei demgegenüber als autonom erwiesen! – angesiedelt ist: Das alles ist weit entfernt vom Vertrauen in den Zusammenhalt in einer Idee, welche die Nobilität des Künstlers diesem selbst und seinem Publikum versichern könnte.

Caravaggios Gefolgschaft

Eine herrschende neofeudale Klasse mit einem starken ideologischen Selbstbewußtsein und einem Interesse für das, was sakrale und profane »Bilder« kulturell bedeuten würden, hätte mit aller Strenge jedes Bild in der Art Caravaggios geächtet. Was aber geschieht, ist etwas ganz anderes: Diese Malerei gefällt wegen der Neuheit, wegen der bildnerischen Qualität (und nicht einer wohlgefälligen Abfassung wegen), sie wird von den wichtigsten Galerien in Rom und außerhalb Roms geschätzt und gesucht. Scipione Borghese erwirbt die aus dem Petersdom entfernte *Madonna mit der Schlange*, der Herzog von Mantua kauft den *Marientod*, der Marchese Giustiniani reiht in seine Bildersammlung die erste Fassung des *Hl. Matthäus* von San Luigi dei Francesi ein: Malereien, die – wenn sie auch nicht auf den Altären als »Bilder« bleiben dürfen – keine Inhalte aufweisen, die der konfessionellen Wahrheit entgegenstünden und somit entweder zerstört worden wären oder solche Überarbeitungen oder Veränderungen des Themas erforderlich gemacht hätten, wie das beispielsweise 1573 bei dem *Abendmahl* Veroneses nach der – sehr formalen – Auseinandersetzung zwischen dem Maler und der Inquisition in Venedig der Fall ist[243].

Die Lösung des Problems, wie der unwiederrufliche Erfolg der caravaggesken Malerei von dem »System« absorbiert werden könne, besteht darin, daß deren Produkte einer Gattung zugeordnet werden, in der die mindere Würde des Gegenstands mit der geringen Nobilität des Stils korrespondiert. Genau dies läßt sich bei den römischen Aufträgen zwischen 1620 und 1630 feststellen. So faßt Roberto Longhi zusammen:

> ... wenn wir die Aufträge von De Haen und Baburen für die Kapelle von San Pietro in Montorio (1618) und einige wenige andere, die Gherardo delle Notti und den jungen Vouet betreffen, abrechnen, so handelt es sich noch nicht um die Aufträge, die über die malerische Gestalt der Altäre in Rom in jenen Jahren entscheiden. Vielmehr sind es gerade jene »Maler für Privatleute«, auf die der Hinweis Lanzis besser paßt (»da sie viel für Privatleute gearbeitet haben, sind sie zum großen Teil unbekannt geblieben«): Maler von populären christlichen Dramen, die sich an den ersten Lösungsvorschlägen Caravaggios – wie der Berufung des Matthäus, dem Gang oder dem Mahl in Emmaus, dem Petrus in der Leibwache und ähnlichem – orientieren; häufiger sind die Sujets jedoch auch ganz profan: Lautenspieler, Wahrsagerinnen, rohe Spieler; oder auch vorgeschobene mythologische oder gewissermaßen biologische Themen wie die ›Zeitalter des Menschen‹ oder die ›Fünf Sinne‹. In diesen Genres machen sich in dieser Zeit der sehr junge Ribera und der Franzose Valentin einen Namen. Doch es sollte auch nicht vergessen werden, daß auf diesem Gebiet beinahe für alle der Mantuaner Manfredi ein Vorbild war, der sich wirklich von dem Wettbewerb um Bilder mit sakralen Themen fernhielt, der bereits profane Erfindungen ausschmückte und sie – wie Mancini sagt – »in sehr feiner Anmut und Geschlossenheit« gestaltete; das heißt, indem auch er seine Arbeit ein wenig anpaßte[244].

Es ist richtig, daß der Maler, der wohl mit größter Entschiedenheit für seine – für private Räumlichkeiten bestimmten – Konzert- und Wirtshausszenen Menschen von etwas schurkischem oder zumindest beunruhigendem Aussehen gewählt hat, nämlich Valentin, unter der Protektion des Kardinals Francesco Barberini Aufträge aller Art erhält, wie die große Leinwand (über drei Meter in der Höhe und fast zweieinhalb Meter breit) mit *Rom zwischen Tiber und Aniene* oder die Tafeln im Petersdom mit dem *Martyrium der Heiligen Processo und Martinian*. Doch diese Ausnahmen ändern nichts daran, daß der Naturalismus als eine minderwertige Malerei gilt; sie scheinen eher auf eine gewisse Unschlüssigkeit im Geschmack der Barberini hinzudeuten: kurz vor dem Triumph des Barock, des neuen Stils, zu dem sie sich einschränkungslos bekennen werden[245].

Die »naturalistische Gleichmacherei« Merisis hatte immer zu einer Darstellung derjenigen geführt, die – die Klassenunterschiede überspringend – sich innerhalb der Handlung einer Geschichte als den dargestellten Figuren »ähnlich« wiederzuerkennen vermochten, als »die Gleichen, die aus jenem Zustand allgemeiner Menschlichkeit hervortreten, wo eine gleichsam immanente Autorität von Gesten und Gefühlen auch in den äußersten Schritten bewahrt wird«, wie in der *Kreuzabnahme* von Santa Maria in Vallicella[246].

Die *Konzerte* von Valentin und alle die Themen der »manfrediana methodus« befinden sich bereits auf dem Weg zu den »Bamboccianti«, zu jenen Naturalisten, die keine Bilder für Altäre oder für Privaträume mehr anfertigen, sondern sich auf Genrebildchen beschränken und dabei in Kauf nehmen, fast ausschließlich das Leben der »Barone«

darzustellen. Ziemlich schnell beweist auch ein Maler wie Antiveduto Grammatica, der sich seiner manieristischen Herkunft noch erinnert, daß er begriffen hat, für wen und wofür die caravaggeske Malerei bestimmt ist: Im Kielwasser der Flamen des 16. Jahrhunderts macht er die *Wahrsagerin* der Pitti zu einer Lehrfabel – er gibt der Figur des Einfaltspinsels karikierende Züge und läßt eine Zigeunerin aus dem Bild den Betrachter anschauen, womit er ein altes Moment der Einbeziehung wiederaufnimmt, das überhaupt nicht zur caravaggesken Objektivität paßt[247].

Um den moralisch anstößigen Charakter der Malerei Caravaggios ins rechte Licht zu setzen, vermehren sich auch die Zuschreibungen: Im Jahre 1637 verzeichnet ein Inventar den *Zahnzieher* der Galerien in Florenz als ein Werk Caravaggios, während es sich doch unverkennbar um eine Imitation handelt, die – angeregt durch dasselbe Thema bei Rombouts im Prado – tatsächlich vorhandene und von dem Maler der »Schlechteren« erwartete Werke miteinander in Verbindung zu bringen sucht. Diese Erwartungen werden freilich von Bildern in der Art seiner Jugendwerke – wie etwa der beiden Versionen der *Wahrsagerin* oder der *Falschspieler* – enttäuscht[248].

Der beklagenswerten figürlichen Auswahl entspricht die unregelmäßige Lebensweise in den wenig vorbildhaften Biographien, wie sie Baglione beschreibt. In der Vorstellung eines braven Professors konnte Barroci nur für ein kurzes moralisches Portrait herhalten: »Er lebte in großer Bequemlichkeit, und seine Arbeiten wurden ihm zu ehrenhaften Preisen vergütet; er hielt auf die Zierde seiner Tugend ...«. Auch wenn es keine Möglichkeit gibt, in ihm den Charakter eines Künstler-Edelmanns wie Scipione da Gaeta auszumachen, so kann man doch über ihn sagen, daß er wie Ottavio Leoni »von allen geliebt wurde und in allen Ehren lebte«. Die Lebensbeschreibung des Cavalier d'Arpino beginnt (trotz seiner ungewöhnlichen Haltung: er verspürte wenig Lust, den Herrschenden zu dienen, und zog häufig Auftraggeber von minderem Stand vor) tatsächlich mit der Bemerkung, daß »von Zeit zu Zeit die Malerei irgendeinen edlen Geist hervorzubringen pflegt, der sie zu großem Ruhm und Ansehen bringt und ihre Unsterblichkeit erkennen läßt«.

Für weniger weltläufige Charaktere mag der Elogenstil über Cigoli als Beispiel dienen:

> Dieser Mann lebte ziemlich zurückgezogen und fand wenig Geschmack daran, sich mit anderen Virtuosen zu unterhalten, doch widmete er sich mit großem Ernst dem Studium der Architektur und der Perspektive, auf welche er viel Mühe und Fleiß anwandte (...) Sein Tod wurde sehr bedauert, insbesondere von seinen Landsleuten; doch er lebt mit seinem leuchtenden Namen im Ruhm der Nachwelt.

Was Caravaggio betrifft, so ist bei den Druckvorbereitungen der *Vite* von 1642 wahrscheinlich die Erinnerung an die Verhöhnungen und an den Prozeß von 1603 noch lebendig: »er gelangte zu großem Ansehen, und seine Köpfe wurden besser bezahlt als die Historien anderer; soviel bedeutet der populäre Ruf, der nicht mit den Augen urteilt, sondern mit den Ohren sieht«. Ganz sicherlich von altem Groll diktiert ist das Portrait Orazio Gentileschis, wobei sich Baglione unmittelbar auf die göttliche Gnade beruft, um zu verhindern, daß jener sich nach seinem Ableben nicht unter den Verdammten befände:

> Wenn Orazio Gentileschi von umgänglicherem Temperament gewesen wäre, hätte er es in seinen Fertigkeiten zu großem Verdienst bringen können, doch er gab zuviel vom Tierischen wie vom Menschlichen; und bei keinem Thema bedachte er, wie

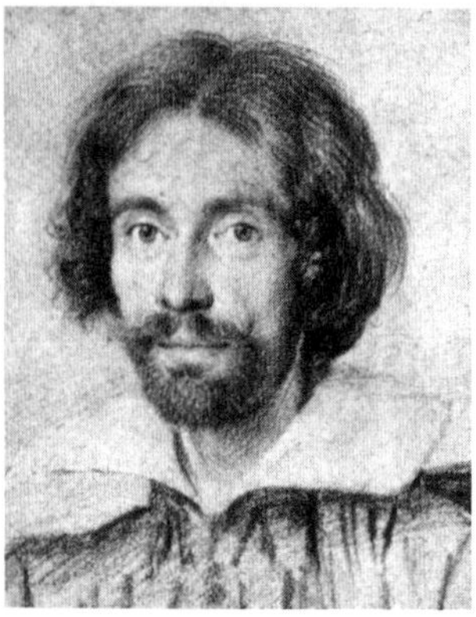

OTTAVIO LEONI,
Portrait des Carlo Saraceni

wichtig und ernsthaft es sei; er hatte seine eigene Meinung, und mit seiner satirischen Sprache beleidigte er jeden, und von der Güte Gottes werden wir die Verzeihung aller seiner Vergehen erhoffen müssen: wie angenehm ist es doch, wenn der Herr Tugend und Begabung schenkt und sich diese in der Gnade des Heils zeigen.

Der Stil Caravaggios brachte die jungen Maler um die Früchte ihrer Bemühungen:

Der Venezianer Carlo Saracino kam nach Rom zur Zeit des Pontifikats Clemens' VIII. mit einer gewissen Anlage zur Malerei. Er wandte sich Camillo Mariani zu, dem Vincentiner Bildhauer und Maler, und aus der Praxis, die er bei diesem Mann erhielt, schlug er in kurzer Zeit ziemlich guten Profit. Er kopierte und zeichnete die schönen Kunstwerke in Rom, und wäre er den guten Ratschlägen Camillos gefolgt, so wäre er ein besserer Maler geworden.

Es ergab sich aber, daß er der Manier Caravaggios nacheifern und von den Bemühungen ablassen wollte, die ihn zu einem ausgezeichneten Meister gemacht hätten; ganz so, wie es außer ihm noch Anderen geschehen ist. Und seine Manier war etwas schwächlich, wie seine Werke zeigen.

Daß er im Stile Caravaggios lebte, hatte ihn nicht nur von der Würde abgebracht, die er sich als Künstler schuldig war, sondern auch vom gesunden Menschenverstand:

So versuchte sich jener als Schönling und wollte immer nach französischer Art gekleidet sein, obwohl er niemals in Frankreich gewesen war und kein einziges Wort in dieser Sprache zu sagen wußte. Und da er sich dazu bekannte, Michelangelo da Caravaggio nachzuahmen, welcher immer einen schwarzen Pudel bei sich hatte, der Cornacchia (Krähe, Unglücksrabe, Schwätzer) genannt wurde und die schönsten Spiele machte, so hielt sich auch Carlo einen schwarzen Hund, den er wie den anderen Cornacchia nannte: eine lächerliche Seite seines Temperaments, die den ganzen Habitus seiner Tugend offenbarte.

Einen von Überheblichkeit und einem kleinlichen Ehrenkodex geprägten Lebenswandel ersieht man auch aus einer Antwort Gentileschis während des Prozesses von 1603: Er spricht nicht mit Baglione, »weil er auf dem Weg nach Rom erwartet hatte, daß ich meine Mütze vom Kopf nähme, und ich erwartete, daß er seine Mütze vom Kopf nähme, und sogar Caravaggio, obwohl er mein Freund ist, erwartet, daß ich ihn grüße«[249].

Die Verhaltensweisen Borgiannis bestätigen – ungeachtet der Lobreden auf seine Malerei – die von Ehrenkodex und Mißtrauen bestimmte Lebensart der ›Caravaggeschi‹:

Orazio Borgianni hatte Unstimmigkeiten mit verschiedenen Leuten. Michelangelo da Caravaggio redete in großen Worten Schlechtes über ihn; wäre er nicht geübt gewesen im Gebrauch der Waffen, hätte er sich leicht eine finstere Begegnung eingehandelt. Ein Arzt, der ihn wegen einer Malerei zurechtweisen wollte, wurde von ihm mit einem Stock übel zugerichtet. Einmal fuhr auf der Hauptstraße ein Doktor in einer Kutsche vorbei, und dessen Kommilitonen verspotteten (wie unter ihnen üblich) Borgianni; nach einigen Gebärden der Herablassung ward er genötigt, darauf zu antworten, und nachdem er sich in ein Geschäft zurückgezogen hatte, welches Farben verkaufte, nahm er eines der Farbgefäße und verspritzte all die schönen Flüssigkeiten, worauf die im Laden und die Anderen, welche der Kutsche folgten, in verschiedene Schmähungen gegen Borgianni ausbrachen; und er wiederum, indem er den Degen aus der Scheide zog, verteidigte sich und behandelte sie so übel, daß sie sich mit Not zurückzogen und sich wieder auf ihren Weg machten.

Laster und schicksalhafte Zeichen begleiten den Verrat der edlen Normen der Malerei durch Bartolomeo Manfredi:

Wenn Bartolomeo Manfredi aus Mantua die gute Farbgebung mit einem guten Disegno verbunden hätte, so hätte er wunderbare Dinge gearbeitet; und vielleicht wäre es so geschehen, wenn er am Leben geblieben wäre. Doch starb er in jugendlichem Alter, voll von allen Übeln bis zum letzten Augenblick seines Lebens, das sich so verbraucht hatte.

Der strenge Tadel, der Serodine trifft, ist so peinlich genau ausgeführt, daß er praktisch die Anerkennung des Malers und seiner Größe durch den ihm übelwollenden Biographen beweist:

Unter den Malern gibt es solche, die sich nicht dem Studium widmen und sich keine Grundlage im Disegno schaffen; zu diesen gehört ein junger Mann namens Giovanni Serodine aus Ascona in der Lombardei. Dieser wollte die Manier des Michelangelo Amerigi da Caravaggio nachahmen, das Abmalen der Natur, jedoch ohne Zeichnung und mit wenig Schmuck; jedenfalls sollte er einige Bilder malen, die ganz gut getroffen waren, und man findet in ihnen einige gute Stellen...

Serodine hätte einiges leisten können, aber er war einer derjenigen, welche die guten Ordnungen in der Kunst mißachten, und diese Talente täuschen und betrügen sich selbst und bleiben ihrer Unwissenheit verhaftet; und wenn sie eine Historie ausführen wollen, wissen sie nicht, von wo sie auszugehen haben, und so findet man weder Prinzip noch Ziel. Und so geschah es auch mit diesem Giovanni Serodine. Aber vielleicht hätte er Vernunft angenommen, wenn er vor dem Erreichen des reifen Alters einen Mentor gehabt hätte...

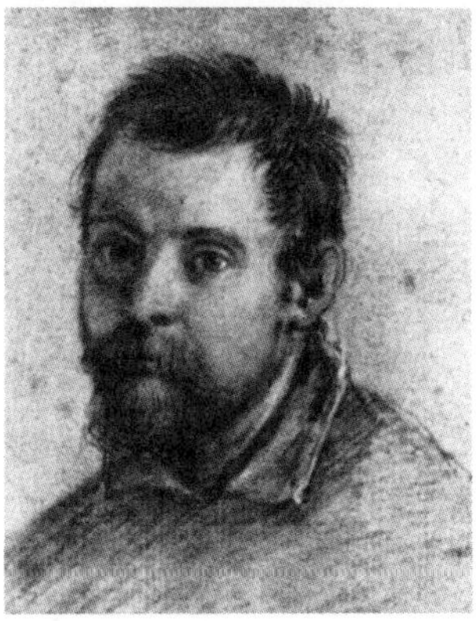

OTTAVIO LEONI,
Portrait des Annibale Carracci

Und schließlich zu Valentin de Boulogne:

Wenn sich Valentino mehr dem Disegno gewidmet hätte, würde er sehr viel besser gearbeitet haben; und wenn er zu seiner besseren Ehre gelebt hätte, würde er seine Zeit und seine Kräfte besser genutzt haben, aber durch Unmäßigkeit und Ausschweifung (sehr häufige und schändliche Irrtümer der Jugend) entgingen ihm in der Blüte seiner Arbeit die Früchte des Verdienstes und des Lebens.

Es war in der heißen Jahreszeit des Sommers, und Valentino war mit seinen Kumpanen zum Vergnügen an einen Ort gegangen, und er hatte sehr viel Tabak genommen (wie es seine Gewohnheit war) und trank dazu übermäßig Wein...

Wäre nicht das Mitleid und die Liebenswürdigkeit des Signor Cavaliere Cassiano del Pozzo gewesen, so wäre nichts dagewesen, um ihn zu beerdigen...

Die Aussage des französischen Malers bei dem Prozeß gegen Fabrizio Valguarnera legt nahe, daß er selbst (»Ich bin Maler und wohne in der Via Margutta seit vielen Jahren«) ein besonders ungeregeltes und ausschweifendes Leben führt, während er – was Themen und Auftraggeber anbetrifft – sich dem Diktat der ›Schlechteren‹ unterwirft:

Vor einigen Monaten traf ich mehrfach auf der Straße besagten Don Fabrizio (den ich vorher niemals kennengelernt hatte und von dem ich nicht weiß, wieso er mich als Maler kannte, es sei denn, daß es ihm vielleicht von jemand anderem zur Kenntnis gebracht worden wäre), und dieser sagte mir, er wolle, daß ich ihm ein großes Bild mit Leuten machte, wo eine Zigeunerin, Soldaten und andere Frauen, die Instrumente spielten, hinzukommen sollten; und da ich keine Lust hatte zu arbeiten, schob ich es auf, und so kam er schließlich in der darauffolgenden Fastenzeit eines Tages in mein Haus und bat mich von neuem, daß ich ihm dieses Bild anfertigte, und nachdem ich mich entschlossen hatte, es ihm zu machen, verlangte ich hundert Scudi...

Valentin interessieren natürlich nicht die fraglichen Schmuckstücke, und da er in Bargeld bezahlt wird (geläufige Testini und Julier), macht er sich keine weiteren Probleme, ob die Art und Weise, wie man ihn bezahlt, mehr oder minder vornehm sei, und erklärt einfach, daß er sich auf Juwelen und Diamanten nicht verstehe[250].

Die caravaggeske Malerei entwickelt sich einerseits zum Naturalismus hin, auf der anderen Seite in die Richtung der Helldunkel-Malerei:

Den Fakten der späteren naturalistischen Malerei zugewandt, würden wir beinahe erwarten, daß Caravaggio sofort auf die klare und objektive Malerei der Spanier oder der Niederländer zielte, auf Velázquez, Hals oder Vermeer. Die Wahrheit ist, daß jeder Maler am Ende nicht das gibt, was die Welt von ihm verlangt, wobei er innerhalb dieser Grenzen seine größere oder geringere Widerstandsfähigkeit zeigt. Gefordert war nun das Bild einer heiligen und pathetischen Begebenheit: Genau dies ist es, was Caravaggio auf den neuen Weg bringt.

Ein Weg, der ihn kurz vor der Entstehung der Bilder von San Luigi dei Francesi dazu veranlaßt, die Dunkeltöne zu »verstärken«[251]. Und während Maino, La Tour und Ter Brugghen eine Interpretation des caravaggesken Naturalismus liefern, die zu einer – um ihrer Objektivität willen – hellen Malerei führt, feiert der Tenebrismo im Bereich des Sakralen und des Pathetischen seine Erfolge, bei den Märtyrern, den Heiligen Hieronymi, den Grablegungen in Riberas Art, die einen anderen Weg zur Entfaltung des wichtigsten Teils der caravaggesken Botschaft öffnet.

Die Aufnahme Caravaggios

Beeinträchtigt durch zahlreiche Mißverständnisse, bleibt die Malerei Caravaggios doch weiterhin präsent und wirksam; entschlüsselt wird sie jedoch durch eine inoffizielle Geschichte, die ein Kunstkritiker mit einem Verständnis für Ideologien niemals akzeptiert hätte. Die Kontinuität, mit der die italienischen Schriftsteller seine Malerei verwerfen, während sie als Vorbilder Klassizisten und Barockmaler anführen, bestätigt nur, daß der Gegenstand ihrer Kritik weiterhin Bestand hat: daß die Malerei mit naturalistischer Ausrichtung nachgeahmt, gesammelt und gekauft wird, daß sie mithin gefällt. Noch 1754 beklagt Bottari, daß sie den »Herrschaften« zusage. Es ist daher aufschlußreich, daß die *Encyclopédie* die Verurteilung erwähnt und dann schnell zu der Feststellung übergeht, daß diese Malerei realen Erfolg gehabt habe; sodann versucht sie – mit mehr oder weniger Erfolg – eine Bilanz zu ziehen, in die auch das mildere Urteil der französischen Tradition gegen Caravaggio aufgenommen wird: Caravaggio habe nach der Realität gemalt, in einem dunklen Zimmer, und mit derselben Genauigkeit auch die Defekte seiner Modelle mitgezeichnet. Sein Disegno zeuge von schlechtem Geschmack, von Haltungen ohne Wahl und ohne Anmut; er male Figuren in fahlem Kolorit, mit finsteren Augen und schwarzen Haaren. Gleichwohl zeige er Relief, gesunden Menschenverstand bei den Farben, große Wahrheit, eine erschreckende Kraft und einen Pinsel »moëlleux« (sanft, zart, weich, fest, kraftvoll)[252].

Lanzi erweist sich dagegen als letztes Glied einer langen Kette von Liebhabern des Idealschönen, die sich die moralische und stilistische Verdammung Caravaggios zur Aufgabe gemacht haben. Im übrigen wird schon durch die Benennung der Sujets deutlich, daß Caravaggio, auf den Lanzi dabei anspielt, bereits durch jene Reihe von Zuschreibungen gekennzeichnet ist, die ihn als Maler der Schlechteren bestätigt. Die Themen seien »Trunkenheit, Zaubereien, Einkäufe von Essbarem« oder sogar »Schlägereien, Morde, nächtlicher Verrath ...«, Künste allenthalben, »denen er selbst nicht ganz fremd war, weshalb er auch ein mühseliges und geschichtlich schnödes Leben führte«[253].

Der Skandal Caravaggio ist nicht einmal heute beendet, da seine Werke anerkannt sind und er als der erste revolutionäre Künstler im eigentlichen Sinn des Wortes gilt, der erste überhaupt, der im Verlauf der europäischen Kunst auftritt. Das Unbehagen jedoch bleibt, und man kann die Offenheit eines Jaffé nur hochschätzen, wenn dieser in seiner Monographie über Rubens und Italien ganz nebenbei die Bemerkung fallenläßt, daß Caravaggio der größte Künstler in Rom nach Annibale Carracci war[254].

Etwas von diesem Unbehagen verbirgt sich wahrscheinlich auch in dem Verdacht, daß das Vertrauen, ein revolutionärer Diskurs in den bildenden Künsten sei zu einem radikalen Bruch fähig, einem überzogenen Idealismus huldige: Gerade daher sucht man bei Caravaggio irgendeine Form der Entfremdung, die ihn in den Schoß der herrschenden Ideologie seiner Zeit zurückbrächte und ihn nicht nur in einer dialektischen Auseinandersetzung mit jener zeigte[255]. Es ist unverkennbar, daß die Anregung, eine Parallele zwischen der revolutionären Bedeutung des caravaggesken Naturalismus und bildnerischen Erfahrungen zu ziehen, die sich um 1950 denselben Namen gaben, zu einigen Mißverständnissen führen konnte. Gleichwohl hat dies dazu beigetragen, daß sich das Caravaggio-Verständnis Longhis in die Wertvorstellungen der italienischen Linken einfügen konnte. Von daher kommen jene zunächst von katholisch-antimarxistischer Seite vorgebrachten Versuche, Friedländers Vorstellung, Caravaggio sei der *low church* der katholischen Reform verbunden gewesen, wieder aufzugreifen und ihn im Schoß und im Betsaal der Oratorianer oder im Gespräch mit den Jesuitenvätern auszumachen[256].

Ungeachtet der vielen Klarstellungen von Longhi kehren in immer neuen Versionen die alten, ursprünglichen Mißverständnisse wieder: angefangen bei Caravaggios Beziehung zur venezianischen Malerei bis zur Verwechslung mit dem Naturalismus der Kräuter- und Pflanzensammlung Jacopo Ligozzis. Hinzu kommt eine Erweiterung der ihm zugeschriebenen Werke, die infolge jener eingeengten Interpretation zuvor hatten unberücksichtigt bleiben müssen. In diesem Zusammenhang entstanden Aufsätze, die eher eine Verwerfung als eine wirkliche Überwindung von Longhis Einordnung oder eine Vertiefung des künstlerischen Verständnisses darstellten. Nach der Flut von Artikeln, die die Ausstellung in Cleveland von 1972 begleitete[257], scheinen jedenfalls der Einspruch von Ferdinando Bologna und einige Beobachtungen Cesare Brandis (völlig frei vom Verdacht der Orthodoxie in der Tradition Longhis) nützlich gewesen zu sein, um zu jener historisch-dialektischen Betrachtungsweise zurückzufinden, die vielleicht nicht neu, dafür aber realistisch ist[258].

Der Markt

Der Erfolg von »caravaggesken« Werken und die Verbreitung von Malern, die sich auf – gegenüber der »storia« – minderwertige Gattungen der Malerei spezialisieren und die dabei zu Ergebnissen gelangen, deren Qualität sie – was etwa für Claude in der Landschaftsmalerei gilt – auf eine Stufe mit den berühmtesten Figurenmalern stellt, sind gleichwohl an die Existenz eines Marktes gebunden, der den Geschmack des Publikums weniger zu lenken oder zu kontrollieren als zu befriedigen wünscht. Im Verlauf des Seicento zeichnet sich auch in den wichtigsten italienischen Städten die Möglichkeit ab, zu einer Herstellung von Kunstwerken überzugehen, die für keinen bestimmten Auftraggeber mehr gedacht sind.

Dem Markt, der es ermöglicht, daß ein Werk aus den Händen eines Künstlers in die eines Kunden übergeht, ohne daß sich diese persönlich kennten oder in einem brieflichen Kontakt miteinander stünden, und dem entsprechenden Netz von Vermittlern gelten implizit die Beobachtungen Vincenzo Giustinianis über den Stand der Malerei:

> ... die zum gegenwärtigen Zeitpunkt auf dem Gipfel ihrer Wertschätzung steht, die nicht allein an dem gewohnten Gebrauch, den man in Rom davon macht, zu ermessen ist, sondern auch daran, daß sie nach außerhalb, nach Spanien, Frankreich, Flandern und England und in andere Gegenden verschickt wird; wahrhaftig eine des Staunens und der Betrachtung würdige Tatsache sind aber die große Anzahl von ordentlichen Malern und die vielen Personen, die mit großer Familie ein offenes Haus halten und sogar noch Überfluß haben, und dies alles auf der Grundlage der Malkunst in ihren verschiedenen Stilarten und Erfindungen. Nicht allein in Rom, in Venedig und in anderen Teilen Italiens, sondern auch in Flandern und in Frankreich ist es in jüngerer Zeit zur Gewohnheit geworden, die Paläste vollständig mit Bildern auszuhängen, um den Gebrauch von kostbaren Paramenten zu variieren, die man in der Vergangenheit insbesondere in Spanien und während der Sommerzeit verwendet hat; und diese neue Sitte erbringt großen Vorteil für den Absatz der Werke der Maler, denen in der Zukunft noch größerer Nutzen als heute zukommen wird ...[259]

Der größere Teil der künstlerischen Aktivitäten in Italien gilt weiterhin der Altartafel und dem Freskenzyklus und somit Arbeiten, die stets an einen bestimmten Ort gebunden sind; aber bereits das für Privatgemächer bestimmte Tafelbild erweist sich als ein Gegenstand, der mühelos von einem Palast zum anderen und von einer Galerie in die andere gebracht werden und dabei auch den Sammler wechseln kann. Die lebhaftesten Zentren – nach Rom sind es Neapel und Genua – werden »mit verschiedenen Arten und Erfindungen« aus der neuen, von Händlern stimulierten Produktion versorgt. Venedig wird sich extensiv dem Handel mit seinen ruhmreichen Werken des Cinquecento widmen, die durch eine unübersehbare Fülle von Imitationen und Fälschungen ergänzt werden; und auch der vornehmste Bologneser Klassizismus verachtet neben den Fabeln, den großen Tafeln und Fresken keineswegs Figuren, Halbfiguren, Köpfe und Albaner Dörfer: Als Guido Reni nach dem Ungemach, das er bei der Bezahlung der Fresken in der Quirinalskapelle erlitten hatte, wieder in seine Heimat zurückkehrt, denkt er (Malvasia zufolge) daran, sich dem Kunsthandel zu widmen und sich der Schar des berühmten Mastri, der Manzini und Grati anzuschließen[260].

Am Ausgang des Mittelalters waren die Arbeiten, die ein Maler in seiner Werkstatt zurückbehielt, um sie bei irgendeiner Gelegenheit zu verkaufen oder sie Händlern anzuvertrauen, durchweg von minderer Qualität, wie etwa die zur häuslichen Devotion bestimmten Täfelchen, die sich Datini in Florenz machen ließ, um sie in Frankreich abzusetzen. Das Kapitular der venezianischen Maler von 1271 verzeichnet fast ausschließlich Normen für die Waffenmalerei; die Maler von Bildern werden neben den *sentarii, sellarii* und *pictores arcellarum* (Malern von Sesseln, Truhen und Schmuckkästchen) kaum erwähnt. Die in dem Statut aufgeführten Vorschriften zur Herstellung der verschiedenen Gegenstände scheinen von der Absicht bestimmt zu sein, die Qualität der durch die venezianischen Kaufleute verbreiteten Produkte zu sichern, und folglich überläßt man die Fresken und Altarbilder, welche für die Maler (»von Bildern«) die wichtigsten Aufträge darstellen, den Vereinbarungen, die von Mal zu Mal mit den Auftraggebern getroffen werden; es handelt sich dabei nicht um typische Handelsobjekte[261].

Auch der berühmte Gianbattista della Palla – der Republikaner, der nach der Belagerung von 1530 und der Rückkehr der Mediceer enthauptet wurde – ist kein eigentlicher Kunsthändler im modernen Sinne, sondern ein Vermittler, der, um zwischen der Republik der Antimediceer und dem König von Frankreich gute politische Beziehungen zu pflegen, diesem Werke von florentinischen Künstlern verkauft[262].

Die Entstehung und Entwicklung des Künstlers, der nicht mehr von einem Auftraggeber, sondern vom Markt abhängig ist, vollzieht sich nicht in Italien, sondern in den Niederlanden. Der Schilder Pand – der Bildermarkt im Innenhof der Börse – wird 1540 in Antwerpen eingerichtet[263]. In den Ländern, in denen die Reformation und mit ihr das Bekenntnis zum Ikonoklasmus triumphieren, gibt es keine Möglichkeit mehr, weiterhin für die Kirchen zu malen; auch wenn das Altarbild in den lutheranischen Ländern toleriert wird, findet man es gleichwohl nur noch äußerst selten. Den Malern verbleiben mithin nur Portraits und Bilder zur Ausschmückung von Privaträumen. Der große Triumph der calvinistischen Malerei des 17. Jahrhunderts in Holland ist tatsächlich der Existenz eines Marktes zu verdanken, der einen kontinuierlichen Absatz von Bildern ermöglicht, vor allem von kleinformatigen und zur Ausstattung von Privatwohnungen geeigneten Bildern. Im Jahre 1641 verwundert sich John Evelyn über die große Zahl von Bildern, die auf dem Markt von Rotterdam angeboten werden (»especially landscips and drolleries, as they call those clownish representations«): Der Grund für diesen Überfluß an Malereien und für ihren niedrigen Preis sei darin zu sehen, daß kein Land zur Investition von Kapitalien zur Verfügung stehe, weshalb selbst die Bauern in Bilder investieren würden; es sei »an ordinary thing to find a common farmer lay out two or 3000 pounds in this commodity, their houses are full of them, and they vend them at their kermas'es to very great gaines«[264].

In Italien gibt es sicherlich keine solche Schicht von Bauern mit Einkünften, die ihnen ähnliche Investitionen erlauben würden; doch es gibt Personen »von mittlerem und niederem Stand«, die ebenfalls Bilder kaufen. Mancini gibt ihnen Ratschläge, wie sie mit dem Maler über den Preis verhandeln sollen: Wenn man nicht mit der Großzügigkeit eines Fürsten entlohnen könne, solle man »ähnlich wie der Maler mit der Steigerung des Gewinns« kalkulieren. Es setzt sich darin die Ausrichtung jener alten merkantilen Tradition des Tre- und Quattrocento fort, welche von dem Virtuosentum verdrängt worden war. Sicherlich seien dies keine Kunden, die einem Atelier Ansehen verschafften; ohne repräsentative Umgebung und ohne Galerien würden sich solche Liebhaber behelfen müssen, indem sie zwischen heiligen Gegenständen – die für das Schlafzimmer bestimmt seien – und »fröhlichen und profanen«, mithin im Salotto anzubringenden Werken unterscheiden sollten[265]. Der Zusammenhang, innerhalb dessen Malvasia in der Lebensbeschreibung Guido Renis auf diese Personen anspielt, gibt unverkennbar zu verstehen, daß ein wahres Kunstwerk früher oder später den Weg in eine herrschaftliche Sammlung finden werde: die »weniger Wohlhabenden«, die »niedersten Handwerker« hätten den Ehrgeiz, gleich den »Reichsten und Vornehmsten« ein Werk von Guido zu besitzen, »vor allem da sie sahen, daß diese ihre Kühnheit stets mit exzessiven Gewinnen beim Wiederverkauf vergolten wurde«[266].

Die Dokumente des Prozesses Valguarnera geben uns ein ziemlich umfassendes Bild von der Welt der Vermittler, Zwischenträger, Kaufleute, Spekulanten, die um 1630 mit Kunstwerken, Galanterien und Schmuckgegenständen Handel treiben. Noch reichhaltiger ist das Panorama, das zur Jahrhundertmitte der Briefwechsel Leopoldos de' Medici eröffnet: Empfehlungen, Verhandlungen, Listen mit Sammlungen, die zum Verkauf stehen[267].

Die unteren Schichten können nicht den endgültigen Besitz eines Prestigesymbols anstreben, wie es ein Kunstwerk darstellt, das über den Rang eines Ausstattungsstücks im Rahmen eines bescheidenen Wohlstands hinausgeht; durch eine Erbschaft oder durch andere Zufälle gelangt bisweilen eine Skulptur oder ein Bild in die Hände von Angehörigen der Unterschichten, die sich nicht mit Kunstdingen befassen, und natürlich wird ein solches Werk früher oder später an die Galerie einer bedeutenden Persönlichkeit verkauft. Bekanntlich fanden sich in Lucca Bilder, die durch die napoleonischen Kriegszüge überallhin verstreut worden waren, bei einem Gerichtsdiener, dem Geschäftsführer eines Kaffeehauses oder dem Gutsverwalter der Burlamacchi, doch man wird daraus den Schluß ziehen müssen, daß diese Bilder als Investitionsobjekte angesehen wurden und zu nichts anderem bestimmt waren, als einem Sammler zu einem günstigen Preis verkauft zu werden. Schließlich findet man in den ersten Jahren des 19. Jahrhunderts den berühmten Direktor der Restaurierungswerkstatt der venetischen Republik, Pietro Edwards, damit beschäftigt, Bilder aus dem Nachlaß des Schlachters Faustini zu inventarisieren (darunter Zuschreibungen an Crivelli, Carpaccio, Giambellino, Catena, Giorgione und Palma il Vecchio, Werke von Luca Giordano, von verschiedenen Malern des 17. und 18. Jahrhunderts, unter diesen Giandomenico Tiepolo) – wobei es offenbleibt, ob das ein Indiz dafür ist, daß sich die große bildnerische Kultur Venedigs und der bewußte Kunstgenuß auch außerhalb der herrschenden Klasse durchgesetzt haben, oder ob es sich dabei nicht einfach um eine simple Investition handelte[268].

Die Beobachtungen Evelyns über den Bildermarkt in Rotterdam lassen ein Publikum bar jeder »Traditionen« erkennen, das eigenartigerweise über geringere Mittel verfügt als ein französischer oder ein durchschnittlicher italienischer Sammler. Wer Bilder nicht als Prestigeobjekt kauft, sondern damit seine Wohnung ausstatten will, nimmt die Bilder, die ihm am meisten gefallen, oder kauft – sofern er bei diesen Investitionen zugleich an einen möglichen Gewinn denkt – Bilder, die voraussichtlich dem allgemeinen Geschmack entsprechen werden. Er wird aber keinerlei Vorbehalte gegen eine Malerei haben, wie sie von den »Schlechteren« repräsentiert wird, und er wird sich gewiß kein Kopfzerbrechen über die ideologischen Konsequenzen des Naturalismus machen. Häufig wird er Innovationen keinen Vorschub leisten und Opfer alter Vorurteile bleiben, aber er wird keinen Einspruch gegenüber Neuerungen erheben, die ihm tatsächlich zusagen[269].

Von dem Augenblick an, da es sich um Maler handelt, die nicht von Auftraggebern, sondern von Händlern abhängig sind, findet sich in Holland das, was man nicht ohne Berechtigung als künstlerisches Proletariat bezeichnen könnte: Künstler, die an Originalen zu Niedrigpreisen sowie an Kopien arbeiten und somit Kunstwerke hervorbringen, die wegen der großen Konkurrenz häufig für sehr wenig Geld verkauft werden. Viele Maler wechseln oder ersetzen den Beruf durch andere Tätigkeiten, die durch keine kulturelle Tradition geadelt sind, die ihnen aber offenkundig bessere Lebensbedingungen ermöglichen. Und es ist dies nicht allein der Handel mit Bildern wie bei Rembrandt oder Vermeer:

Jan van Goyen war Immobilienmakler und Tulpenzüchter; Aert van der Neer besaß ein Wirtshaus in Amsterdam, Jan Steen ein Bierlokal in Delft; Jan van de Cappelle betrieb weiterhin die väterliche Färberei; Jacob Ruisdael war Barbier und Wundarzt und Joos van Craesbeek Bäcker; Philips Kaninek war Inhaber einer Binnenschifffahrtsgesellschaft, und Hobbema arbeitete als ›wijnroeier‹[270].

Gegenüber Pevsner, der seinen Verdruß darüber äußert, daß Hobbema das Volumen von Fässern ausrechnen mußte und dadurch von seiner Malerei abgehalten wurde, läßt sich unschwer einwenden – ohne dabei eines jener Themen zu berühren, welche in modernen Begriffen die Probleme Giambattista Paggis fortleben lassen –, daß es nicht zuletzt den anderen Einkommensquellen Vermeers zu verdanken ist, daß dieser für sich selbst mehr gemalt hat, als es ihm unter anderen Bedingungen möglich gewesen wäre.

Wer Rembrandt als einen Künstler beschreibt, der in ständiger Auseinandersetzung mit der bürgerlichen Gesellschaft des zeitgenössischen Hollands gelebt habe, läuft Gefahr, den heuchlerischen Geschmack des »Bürgers«, der sich vor den Bildern der Impressionisten entrüstet, auf das 17. Jahrhundert zu projizieren; er vergißt dabei, daß in jeder anderen Gesellschaft diese Malerei geradezu undenkbar gewesen wäre. Das popularisierte Verständnis der Lebensumstände der holländischen Maler des 17. Jahrhunderts eignet sich exemplarisch dazu, eine reichhaltige Anekdotensammlung von Mißverständnissen – die uns eine der Romantik verpflichtete und mit Idealismus durchtränkte Vorstellung vom Künstler nahelegt – auf ihren Wahrheitsgehalt zu überprüfen.

Künstler und Vermittler

Zu den verschiedenen Aufgaben, die sich die Akademie von San Luca in Rom um 1670 gestellt hat, gehört auch die,

> ...die Geldgier der Wiederverkäufer zu zügeln, welche, da sie keine Maler sind, sondern Angehörige anderer, sehr niederträchtiger und schändlicher Gewerbe, die ehrbare Kunst der Malerei mit häßlichen Machenschaften zu profanieren gewagt haben (...) Der Pontifex übertrieb darin seine Nachsicht, so daß die Schäden und die Schmach, welche diese vulgären Geister der hochedlen Kunst des Disegno zugefügt haben, zu einer ernsten und unerträglichen Sache geworden sind, indem jene zum öffentlichen Leidwesen Werke verkaufen, die zum Schmuck der heiligen Tempel, zur Verherrlichung der edlen Wohnstätten bestimmt sind, so daß jene nun in den Läden und auf den Straßen ausgestellt sind wie gemeine Waren; ganz zu schweigen von den überaus weltlichen Bildern, die sich gegen die Kunst und den guten Geschmack versündigen, oder von den heiligen Tafeln, auf denen Schurkengesichter gemalt sind[271].

Ganz allgemein versorgten die Maler, die ihr Glück in der päpstlichen Hauptstadt versuchten (wie auch Caravaggio, der sich an Valentin wandte, damit ihn dieser dem Kardinal Del Monte vorstellte), auch den gängigen Markt und die Läden – außer wenn durch unglückliche Umstände die Aufträge der ›Signori‹ dadurch gefährdet wurden: Die eigenen Werke in solchen Geschäften herumstehen und feilbieten zu lassen, war mit dem guten Ruf eines Künstlers unvereinbar, der auf eine gewisse Würde in der Kunst Anspruch erhob.

Für einen gerade in Rom ankommenden jungen Mann war es ratsam, sich unter den Schutz einer bedeutenden Persönlichkeit zu stellen und in deren Dienste zu treten. Ein Zeuge der Auseinandersetzung zwischen Pier Francesco Mola und dem Fürsten Pamphili beschreibt diese Situation:

> Ich weiß, daß, wenn jemand, von welcher Profession auch immer, von einer Fürstenfamilie und unter die Virtuosen eines Fürsten mit Zuweisung von Brot aufgenommen wird, er verpflichtet ist, bei jeder seiner Arbeiten den Fürsten oder die Fürstin zu bevorzugen; wenn sie ihm aber für seine Werke das bezahlen, was sie wert sind, so ist

er darum nicht verpflichtet, jenem Fürsten mit seiner Profession, mit seiner Ware und gegen Entlohnung zu dienen, aber wie ich gesagt habe, soll er jenen Fürsten jedem anderen vorziehen wegen des Ansehens seiner Profession, und dies weiß ich, weil dies die natürliche Vernunft lehrt und weil ich es auch unter den Malern der Ordnung der Profession wegen habe sagen hören...

In diesem Sinn etwa wird die monatliche Pension von 30 Scudi, die einem Mario de' Fiori von dem Kardinal Flavio Chigi ausgesetzt wird, oder auch die, welche der König von Frankreich an Poussin auszahlen läßt, interpretiert werden müssen[272].

Der dennoch lebhafte Markt versorgt sich ohne Schaden für die Nobilität der Kunst durch ein ganzes Netz von Vermittlern wie Ferrante Carlo, der zugleich Dichter, Anwalt sowie Sekretär von Kardinal Sfrondato und Scipione Borghese ist. Er ist durchaus bereit, sich von jedem Bild seiner Sammlung zu trennen, wenn er dafür eine »ehrbare Gegenleistung« bekäme; und diese Bedingung nicht nur eines Sammlers, sondern eines Kunsthändlers und Vermittlers erklärt den reichhaltigen Briefwechsel, den er mit verschiedenen Künstlern unterhält: Briefe, die zu den aufschlußreichsten Zeugnissen über den Lebensstil sowohl des Malers als auch des vornehmen Vermittlers gehören[273].

Ludovico Carracci bittet ihn, doch die »Tirade von Zeremonien und sehr vornehmen Titeln« zu unterlassen; dies seien Dinge, die ihm nicht ziemten und durch die er sich beinahe verspottet fühle. In einem Brief aus dem Jahre 1616 beklagt er sich über das lange Schweigen des Vermittlers und Gönners: »ich komme hiermit, Ihnen meine Reverenz zu erweisen und mich Ihnen als wahren und ständigen Freund in Erinnerung zu rufen...«; zum Karneval 1617 bittet er ihn um einige Verse, um sie einem jungen Mädchen zu widmen, das – im Kostüm der Fama – gekommen sei, ihn in seinem Zimmer zu feiern. Die Probleme, die im Rahmen solcher Vertraulichkeiten angesprochen werden, betreffen natürlich die Verfügbarkeit, Verzögerungen (das Ausbleiben von Blau am 15. Oktober 1617) und Prioritäten: Er werde ihm sofort, nachdem er den Bischof von Piacenza zufriedengestellt habe, zu Diensten stehen, »obwohl ich viele wichtige Arbeiten in Bologna habe, werde ich annehmen, daß ich sie nicht hätte, um Ihnen in derselben Weise dienlich zu sein, wie Sie mir mit der Tafel der Konvertiten angedeutet haben...«[274].

Die Komplimente sowie die vornehme Zurückhaltung Ludovicos gegenüber Titeln sind jedoch nicht vergleichbar mit den Finessen eines Briefes von Lavinia Fontana vom 7. Februar 1609:

Nachdem der Zeitraum von vier Monaten verstrichen ist, traf schließlich der Brief Eurer Exzellenz ein; jedoch wundert mich die Verspätung nicht, denn vielleicht hat jener den Regen und die schlammigen Straßen meiden wollen, um so sein Ziel zu erreichen, wie denn auch wirklich geschehen, nämlich schön und sauber, innen und außen ohne Flecken. Wie dem auch sei, er hat bei mir die liebenswürdigste Aufnahme gefunden, wie ihm zu bereiten in meinen Kräften stand, um mich den Verdiensten Eurer Hoheit würdig zu erweisen, denen ich vielleicht eine aufrichtigere Bewunderin bin als Eure Exzellenz den meinen, da ich mich den Euren gegenüber nur darin nicht vor Täuschungen sicher weiß, daß ich sie niemals vollständig kennenlernen werde, während Ihr, entweder von Eurer Freundlichkeit dazu bewogen, zu kühn über die meinen urteilt, oder aber, wie ich eher glauben möchte, Euch freiwillig diesem Irrtum anheimgebt, um mir gleichsam einen scharfen Sporn in die Seite zu geben...

Die Malerin ist zu dieser Zeit »für Auftraggeber, die mir keinen Aufschub gönnen werden«, tätig, doch das Bild für Ferrante Carlo ist ein »begehrenswertes Werk, das, da dasselbe einer Person von so unverfälschtem Urteil wie Eurer Exzellenz unter das Angesicht treten soll,

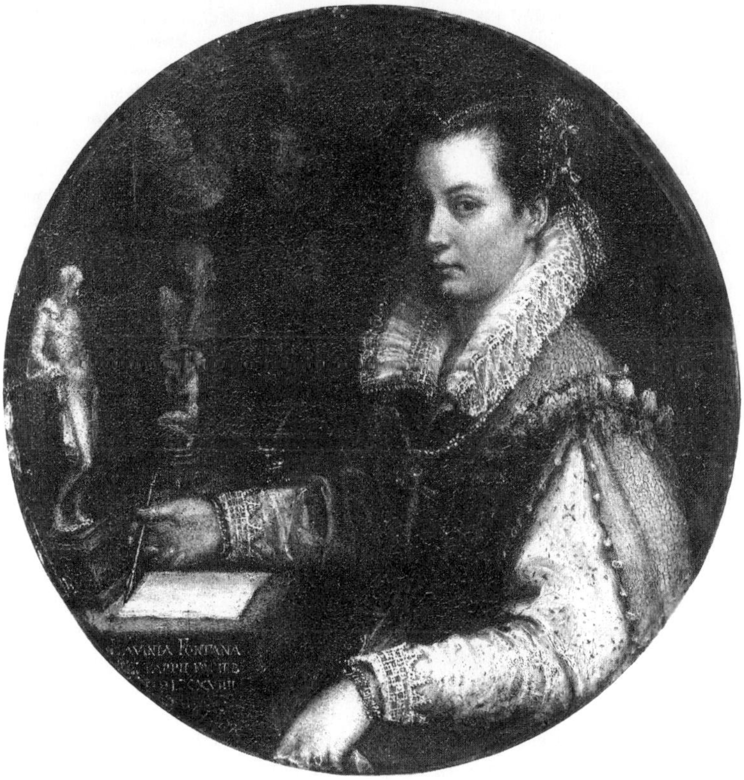

LAVINIA FONTANA,
Selbstbildnis, 1579

nur mit großer Mühe aus meinen unerfahrenen Händen hervorgehen wird«. Bei der Freundschaft und der Überschwenglichkeit, mit der sich Ferrante – seine ganze Eloquenz aufbietend – um die Künstler bemüht, sind diese Redewendungen durchaus üblich, wie etwa auch ein Brief von Alessandro Tiarini von 1619 zeigt[275].

Eben dieser Vermittler trägt auch zur Veränderung der Umgangsformen und Stile bei. Von 1634 an korrespondiert er mit Lanfranco, der nach Neapel gegangen ist, und 1639 bittet ihn der Maler um Hilfe, damit er von den Mönchen von San Martino bezahlt werde; 1641 berichtet er Ferrante von dem Tod Domenichinos, seiner »großen Erschöpfung am Ende«. Der interessanteste Fall, der über die Verhaltensnormen, die gesellschaftliche Stellung des Malers sowie über den Bruch in den Beziehungen zwischen ihm und dem Auftraggeber Aufschluß zu geben vermag, laßt sich zwischen August und Oktober 1637 verfolgen. Signor Ippolito Vitelleschi besucht Lanfranco in Neapel, findet in dessen Haus eine *Magdalena* (die der Maler mitgenommen hatte, um bei der Arbeit an der Kuppel von Gesú Nuovo sich eben dieser Figur zu bedienen); er kauft sie nach eigener Schätzung für 60 Dukaten. Nach den Versicherungen des Malers handelt es sich um eine eigenhändige Replik. Nunmehr jedoch, schreibt Lanfranco, habe Vitelleschi das Bild zurückgeschickt und »behauptet, daß es nichts wert sei«, da er sich wahrscheinlich die Meinung von böswilligen Malern und Herren in Rom, die es gesehen hätten, zu eigen gemacht habe. Der Maler würde das Geld gern zurückzahlen, um sein Desinteresse zu bekunden, aber er hat es inzwischen schon ausgegeben: Er appelliert an Carlo, doch einen Weg zu finden, wie er »mit Anstand« die Sache hinter sich bringen könne, wobei er vorschlägt, sich für ein neues Bild zu verpflichten:

... Hier gefiel es ihm, und anstandshalber müßte er es behalten, selbst wenn es eine Posse wäre, wie sie es genannt haben; er bat mich sogar mit großer Inständigkeit, und nur um Seiner Durchlaucht zu gefallen gab ich es ihm, und zu einem geringeren Preis, als ich es irgendeiner anderen Person verkauft hätte. Und zwar auch, weil es – um die Wahrheit zu sagen – kein Bild ist, um damit in der Akademie in Rom herumzulaufen und es als mein neuestes Werk auszugeben, da es schon ein älteres Werk ist, an dem ich kein vollständiges Gefallen fand; und wie gesagt, bestand ich darauf, es ihm nicht zu geben, und wenn ich es doch tat, so nur, um ihm gefällig zu sein und nicht ohne meine Besorgnis zu zeigen; daher müßte er es seiner Ehre wegen behalten oder verschenken:

wenn es nicht Signor Ippolito gewesen wäre, hätte er ihm das Geld nicht wiedergegeben[276].

Modelle der Auftragsvergabe

Pevsner zieht eine sehr eindeutige Bilanz der Situation des Künstlers nicht nur in Holland, sondern auch in Frankreich – dem Land, das wahrscheinlich die günstigsten Vergleichsmöglichkeiten bietet, um die charakteristischen Eigenarten der italienischen Verhältnisse zu verdeutlichen. In Frankreich gibt es nur wenige Auftraggeber – Adlige mit großen Einkünften aus Grundbesitz (oder neureiche Bürger, die deren Lebensstil imitieren) –, zu deren sozialen Verpflichtungen auch Ausgaben für Luxusobjekte gehören, die ihre Klassenzugehörigkeit repräsentieren. Vom Künstler verlangt man die rasche Ausführung großer dekorativer Arbeiten, die sowohl die ikonographische Neugierde (»ces allégories dont nous nous faisons un plaisir de trouver le sens et de critiquer l'absurdité«, diese Allegorien, deren Sinn zu finden und deren Unsinnigkeit zu kritisieren uns Vergnügen bereitet) als auch den Geschmack dieser Herrschaften zufriedenstellen sollen; man denke etwa an den Erfolg Romanellis mit den Fresken für den Kardinal Mazarin[277]. Es entsteht ein Verhältnis von Künstler und Auftraggeber, das Poussin bei seinem Aufenthalt in Paris zwischen 1640 und 1642 vollständig verwirrt. Am 20. September 1641 beklagt er sich bei Cassiano Dal Pozzo über das Arbeitstempo, das die französischen Kunstliebhaber von ihm erwarten würden, das vielleicht den Gepflogenheiten rasch arbeitender Dekorateure, nicht aber denen eines idealen Malers entspreche:

... ohne irgendeine Unterbrechung arbeite ich bald an der einen, bald an der anderen Sache. Ich ertrüge gern diese Mühen, wenn es nicht so wäre, daß jene Werke, die viel Zeit erforderten, eilig und in einem Zug erledigt werden müßten. Ich schwöre Eurer Exzellenz, daß, wenn ich längere Zeit in diesem Land bleiben müßte, ich notwendigerweise zu ebensolch einem Kunstverderber würde, wie es die anderen hier sind. Die Studien und aufmerksamen Betrachtungen von Altertümern oder anderen Gegenständen sind hierzulande in keiner Weise bekannt, und wer Neigung zum Studium und zur guten Ausarbeitung hat, muß sich gewiß sehr weit davon entfernt halten[278].

Zu den großen Dekorateuren, den Praktikern, denen eine ganze Schar von Helfershelfern zur Seite steht und die in der Lage sind, jene vornehmen und verschwenderischen Einfälle auszuführen, mit denen Lebrun Ludwig XIV. feiert, gibt es nur eine Alternative: eine Gebrauchskunst, die in einem unmittelbaren Verhältnis zum großen *audoucissement des moeurs* der herrschenden Klasse steht. Der Geschmack an Gegenständen, die sich mit ihrer Eleganz in das alltägliche Leben, in die *Cabinets* und Bibliotheken einfügen, entspricht einer Vorstellung vom Kunstwerk (wobei den »kleinen Künsten« ein weiter Raum zugestanden wird), die eher mit Bequemlichkeit, mit privatem Luxus zu tun hat als mit repräsentativen Funktionen, wie sie sich in der Statue, im großen Tafelbild, im Freskenzyklus – in den Gattungen, die noch die italienische Kunstszene bestimmen – manifestieren. Am 4. April 1642 bringt Poussin – wiederum in einem Brief an Cassiano Dal Pozzo – sein Unbehagen gegenüber dieser anderen Form der Auftragsvergabe in Frankreich zum Ausdruck:

Ich hätte große Freude, wenn ich mich dem Thema der *Hochzeit des Peleus*, das mir Eure Exzellenz vorgeschlagen hat, widmen dürfte, denn man wird wohl keinen anderen Gegenstand finden, der eher als dieser zu einer geistvollen Sache ausgeführt werden könnte; doch die Bereitwilligkeit, welche die Herrschaften hier in mir gefunden haben, ist Ursache dafür, daß ich weder Zeit habe, mich selbst zufriedenzustellen, noch einem Freund und Gönner dienstbar zu sein; denn unentwegt bin ich mit Bagatellen beschäftigt, was soviel heißt wie mit Zeichnungen von Frontispizen von Büchern oder Zeichnungen zu Ornamenten für Kabinette, Kamine, Büchereinbände und anderen Tand. So versprechen bisweilen jene Leute große Dinge, aber schöne Worte und schlechte Taten täuschen Weise wie Narren[279].

Der Künstler befindet sich hier in weitaus größerer Nähe zur Produktion von Luxusartikeln, als man sich dies jemals in Italien vorgestellt hätte. Nicht zufällig wird in Frankreich in der *Encyclopédie* auch die Malerei als eine solche Luxusgattung angesprochen, die in dem, der sie ausgiebig betrachte, Trugbilder der Leidenschaft hervorrufe. Die Distanz zu diesem Lebensstil wird von Montesquieu auf seiner Reise nach Florenz am 2. Januar 1729 vermerkt: Was ihn in der toskanischen Hauptstadt und an der guten Gesellschaft, in die er eingeführt wird, insbesondere verwundert, ist der Sinn für Wirtschaftlichkeit; es ist dies eine Lebensform, die Züge von merkantiler Strenge aufweist, die den Übertritt des Patriziats in den Adelsstand des Großherzogtums und die Umformung ihrer Einkünfte zu Renditen aus Grundbesitz überdauert hat: »sie haben große Mengen an Juwelen, denn in Florenz gibt es an all denjenigen Dingen keinen Mangel, die sich durch den Gebrauch nicht abnutzen, wie Juwelen, Geschirre, Bilder, Statuen«[280].

Völlig verschieden von dem Florentiner Modell (das hier nicht ausschließlich geographisch zu verstehen ist) erscheint der – kürzlich am Beispiel des neapolitanischen Adels untersuchte – Verhaltenskanon feudaler Tradition gegenüber solchen »Investitionen«: Prunk und aufwendiger Pomp, Ausgaben für Repräsentationsveranstaltungen, die, wenn auch nur von kurzer Dauer, so doch den eigenen gesellschaftlichen Status zur Schau stellen. Und indem man dies nach den Regeln des Ehrenkodex und im Sinne eines gegenseitigen Wettbewerbs betreibt, entsteht ein ununterbrochenes Turnier um die Imposanz der Residenzen, die reiche Ausstattung der Grabkapellen, den Glanz der Klöster, wohin sich dann die adligen Töchter begeben müssen[281].

Wie der Sonnenkönig in Frankreich, so ist es in Neapel der Vizekönig Pietro di Toledo, der seit der ersten Hälfte des Cinquecento den unzuverlässigen Adel des Königreichs dazu zwingt, die Straffreiheit der eigenen Lehen aufzugeben, um am Hof zu leben und die Hauptstadt zum neuen Wohnsitz zu wählen: als Teilnehmer am prunkvollen Theater eines verschwenderischen Lebens. Bis zu diesem Augenblick waren die Adligen des Königreichs, die ihren Ländereien und ihren eigenen Residenzen sehr zugetan waren, nur wenig empfänglich für die Prestigesymbole eines städtischen Lebens, für jene Gegenstände, die wir mit dem Ausdruck »Kunstwerke« bezeichnen. 1524 bemerkt Pietro Summonte, daß die Malerei im Königreich nicht besonders gewürdigt werde: »ich meine, dieses hat seine Ursache darin, daß unsere Könige sich nur den Angelegenheiten des Krieges, den Turnieren, den Pferdegeschirren und der Jagd gewidmet, nur diese Dinge geliebt und Künste nur in diesen Dingen gefördert haben«. Vasari schreibt, daß Polidoro da Caravaggio nach Messina (einer Kaufmannsstadt) gezogen sei, da er die neapolitanischen Edelleute »wenig interessiert an den hervorragenden und berühmten Dingen der Malerei« gefunden habe; sie »schenken ihre Aufmerksamkeit eher einem springenden Pferd als jemandem, der mit seinen Händen lebendig scheinende Gestalten malt«[282].

Und dann beschreibt er sich selbst als denjenigen, der – nach Giotto – als erster das Licht der guten bildenden Künste in die »so vornehme und große Stadt« getragen habe. Was der General der Olivetaner, Don Matteo d'Aversa, von ihm fordert (»fröhliches Kolorit«), kennzeichnet ein künstlerisch wenig gebildetes Publikum; es ist das gleiche Anliegen – der Reichtum bei den Vergoldungen –, das Armenini beispielsweise anführt, um die geringe Begeisterung für die Malerei zu veranschaulichen, die er in Mailand festgestellt hatte[283]. Qualitativ fehlt es sicher nicht an gut ausgeführten Kunstwerken im Neapel des 14. und 15. Jahrhunderts, und auch noch in der ersten Hälfte des Cinquecento finden sich bemerkenswerte Künstler wie Andrea da Salerno oder Pietro Sardo, der »Pseudo-Bramantino«. Ungeachtet der Importe und der Aufenthalte fremder Künstler fehlt es aber bis hin zu Pietro di Toledo (und man bedenke die Umwälzungen im Königreich Neapel) an Kontinuität und Regelmäßigkeit bei der Vergabe von anspruchsvolleren Aufträgen, ohne die ein kontinuierlicher Zusammenhang im Schaffen der bildenden Künste und in der Tradition ihrer Erfahrungen ausbleiben muß.

Die Ausrichtung der adligen Auftragsvergabe, die durch die Politik des Vizekönigs bestimmt und somit auf das städtische Leben konzentriert ist, orientiert sich an bereits überalterten Funktionen der Kunst: Es dominieren die prunkvollen Gräber und die Altarbilder in Marmor – eine Produktion, derentwegen Neapel – was die Skulptur des 16. Jahrhunderts angeht – eine der (quantitativ und qualitativ) reichsten Städte Italiens wird. Man folgt dabei den traditionellen Schemata des Triptychons, des Triumphbogens, die zwar dem modernen Geschmack entsprechend ausgestaltet werden, aber sich niemals von den Vorbildern des ganz frühen Cinquecento lösen. Das einzige Haus, für das Vasari profane Dekorationen anfertigt, ist das eines Florentiner Kaufmanns, Tommaso Cambi. Am Ort selbst gibt es keine gebildete Schicht, die zusammen mit dem Künstler gelehrte mythologische oder allegorische Themen ausgearbeitet hätte: Bildgegenstände also, die geeignet wären, die gesellschaftliche Stellung des Auftraggebers durch die Ausschmückung seiner familiären Wohnstätte auszudrücken. Maler wie der »Meister von Montecalvario«, Teodoro d'Errico und Girolamo Imparato arbeiten an Bildern von schwülstig-devotionalem Impetus (Seelen im Fegefeuer, Unbefleckte Empfängnis, Rosenkranzmadonnen); nirgendwo anders wäre Malerei auf einem derart hohen stilistischen Niveau der sinnbildlichen Bedeutung des Gemalten gegenüber so gefügig geblieben[284].

Die Funktionen der prunkvollen Zurschaustellung und Repräsentation, die diese Adelsschicht vom Künstler verlangt, werden also – anders als in Frankreich – nicht kontinuierlich vom Hof aus dirigiert: Die Vizekönige wechseln, und ihre Kunstpolitik geht dazu über, bei neapolitanischen Künstlern Werke in Auftrag zu geben, die dann für Spanien bestimmt sind, oder führt geradewegs dazu, daß man zu demselben Zweck vorhandene Kunstwerke aus den Kirchen raubt. Es gibt bevorzugte Künstler (bezeichnend dafür ist Ribera), doch es gibt nicht die Stellung des Hofmalers, es gibt keine geadelten Künstler, keine Gelegenheiten, die den »Adel« der Kunst zum Ausdruck brächten, die zur Konversation unter den Gebildeten beitragen und – dem französischen Beispiel entsprechend – die Gründung von Akademien nahelegen würden.

Was man dagegen verlangt, sind einerseits Prunk und dekorativer Reichtum, die imponieren und die gesellschaftliche Stellung des Auftraggebers hervorheben sollen, und andererseits eine schnelle Realisierung aller Vorhaben. Gerade die wechselhafte Geschichte der parthenopeischen Paläste gibt eine Vorstellung davon, wie eine fieberhafte Bautätigkeit und ein allgemeiner Wettbewerb bei der prächtigen Ausstattung der Bauwerke von einem Augenblick zum anderen ins Stocken geraten, wie durch unvorhergesehene Ereignisse die großartigsten Projekte plötzlich abgebrochen werden und unausgeführt bleiben. Künstler, die auf exemplarische Weise dieser Art von Aufträgen nachzukommen wissen, sind Cosimo Fanzago oder Luca Giordano. Ein Domenichino mit seinen Fresken in der Cappella del Tesoro der Kathedrale ist dagegen geradezu prädestiniert für jene Folge von Mißgeschicken, die sprichwörtlich werden sollten. Die Kommissäre der Bauhütte haben ihn an einen Vertrag gebunden, der – nicht nur formal – auf eine Monopolisierung seiner Tätigkeit hinausläuft; eine Ausnahmeregelung ist einzig und allein über den Vizekönig möglich, und auch dann nur unter solchen Schwierigkeiten, daß es der Maler vorzieht, nach Rom zu flüchten. Weder in Bologna noch in der päpstlichen Hauptstadt hätte sich ein Zampieri derart rigide (und auf archaische Weise) verpflichtet gesehen; am 23. Februar 1632 drückt er Cassiano Dal Pozzo gegenüber seine »allergrößte Verwirrung« aus, da er sich zwischen dem Wunsch, jenem zu Diensten zu stehen, und der Pflicht, die ihn daran hindere, hin- und hergerissen fühle: »indem ich meine Hände mit Eisenketten gebunden sehe, weiß ich nicht, wohin ich mich wenden soll. Diese Herren haben gewollt, daß ich mich verpflichte, solange die Arbeit dauere, nirgendwo anders auch nur einen Pinselstrich zu tun ...«[285].

Etliche fremde Künstler (von Caravaggio bis zu Lanfranco, Ribera und Domenichino) blieben zwar vorübergehend oder sogar auf Dauer; dennoch gibt die Beschreibung von Bernardo De Dominici eine Situation wieder, in der zwischen den einheimischen Malern der erbarmungsloseste Konkurrenzkampf herrscht und in der man sich Ausländern gegenüber wie eine regelrechte Gangsterbande verhält. Wenngleich übertrieben, dürfte das Bild, das De Dominici entwirft, nicht ganz der Plausibilität entbehren (wie so viele andere verfälschende Dokumente). Als er mit der üblichen Eleganz die Seiten resümiert, mit denen er auf die Größe des neapolitanischen Seicento aufmerksam macht, bemerkt Lanzi:

> ... So ist die Zeit, welche von Bellisario bis zum Giordano reicht, der erfreulichste Zeitpunkt dieser Geschichte, hinsichtlich tüchtiger Künstler und geschmackvoller Werke. Dennoch ist es auch die traurigste nicht bloß der Neapler Schule, sondern auch der Malerei, rücksichtlich der Ränke und Missetaten, die dabei vorkommen.

Belisario Corenzio, Ribera und in begrenztem Maße Battistello Caracciolo

> ... wären die drei Häupter der fortdauernden Verfolgungen, welche mehrere Jahre nacheinander nicht wenige auswärtige, zufällig dahin gekommene oder auch eingeladene Maler in Neapel erlitten. Bellisario hatte sich theils durch seinen Ruf, theils

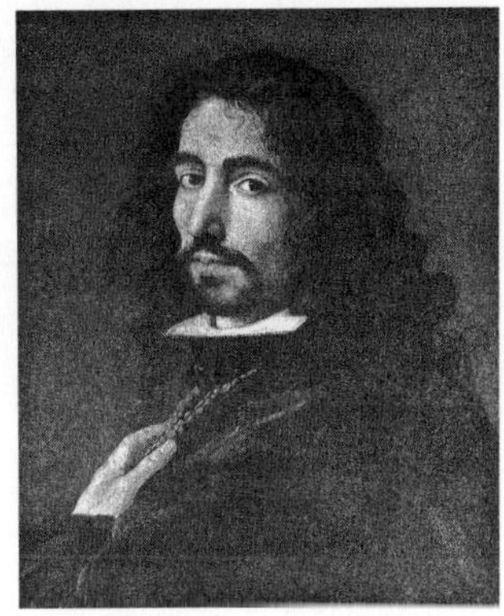

LUCA GIORDANO,
Selbstbildnis, um 1675
Ausschnitt

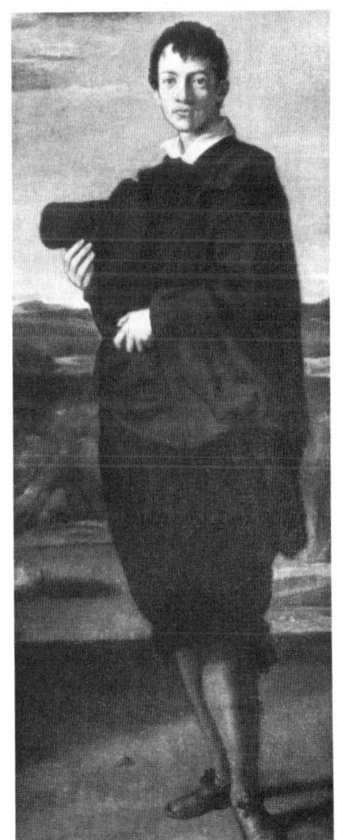

DOMENICHINO,
Selbstbildnis, 1631

durch Verstellung, theils auch gewaltsam eine Herrschaft, ja eine Tyrannei über die Neapler Maler verschafft. Einträgliche Bestellungen nahm er für sich; für die übrigen schlug er diesen oder jenen von ihm abhängigen Künstler vor, deren er viele und meistens sehr alltägliche hatte. Der Ritter Massimo, Santafede, und die übrigen geschicktern, wenn sie auch nicht von ihm abhingen, befaßten sich nicht damit, weil sie ihn als einen rachsüchtigen, betrügerischen, jeder Untat fähigen Mann fürchteten, der sogar aus Neid, Luigi Roderigo, dem geschicktesten und sittigsten seiner Schüler, Gift bereitete.

Annibale Carracci wird zu Unrecht beschuldigt, Künstler vom Rang eines Cesari oder Reni werden zur Flucht bewogen, um zu verhindern, daß sie die Ausschmückung der Cappella del Tesoro beginnen; man schüchtert Gessi ein, während Domenichino zur Beute des bösartigsten parthenopeischen Gesindels wird[286].

Mit dem 17. Jahrhundert gelangen jedoch endgültig Gemäldesammlungen und Freskendekorationen in die vornehmeren Häuser. Gasparo Roomer, ein äußerst wohlhabender Kaufmann aus Antwerpen, spielt zu der Zeit, da Ribera, Massimo Stanzione, Spinelli, Francesco Fracanzano und der wirkliche oder mutmaßliche Passante tätig sind, eine wichtige Rolle als Auftraggeber für private Tafelbilder wie auch als Kunsthändler. Die Modernität barocken Prunks trägt mit dazu bei, daß sich die Forderungen, die an die Künstler gerichtet werden, den in anderen Städten üblichen Verhaltensregeln zwischen Künstlern und ›Signori‹ entsprechend normalisiert haben; nach den Kunstführern (1692 gibt der Celanos eines der lebendigsten Portraits der Stadt, das sich in der gesamten Periegese überhaupt finden läßt) wird dies in der ersten – 1742 von Bernardo De Dominici veröffentlichten – Sammlung von Lebensbeschreibungen neapolitanischer Maler bestätigt.

Die Freiheit Poussins

Der Maler-Rebell, der auch wegen seiner Dreistigkeit und Überheblichkeit als ›carvavaggesk‹ gilt (wie Martino Longhi il Giovane, der »sich nicht scheut, Hand an Personen der Kurie zu legen, an Ordensgeistliche und Priester«), wird im Laufe des 17. Jahrhunderts zu einer anderen, weiterhin rebellischen, sich absondernden, nunmehr jedoch philosophischen Künstlerfigur werden. Als philosophische Lebensart (was zugleich als Euphemismus für geringe Orthodoxie zu verstehen ist) werden alle möglichen abweichenden Verhaltensweisen dargestellt; so etwa Passeri über die Sitten Angelo Carosellis:

... Er lebte immer mit sehr viel philosophischer Moral, die eher die des Diogenes als des moralischen Seneca war, und da er von jeglichem Luxus Abstand nahm, kleidete er sich quasi nach Art der Gymnosophen, so daß er desto mehr eine lächerliche Figur machte und nur geringe Reputation hatte. Diese Verachtung des Prunks nahm ihm jedoch nicht das Feuer der Liebesfreuden ...«.

Die abweichende Lebensform, die Rebellion, die keine gesellschaftliche Resonanz findet, kann sich auch in einer Hinwendung zur Magie, zum Okkultismus manifestieren, oder wenigstens in der Sympathie für malerische Themen, die darauf anspielen. Genau dies ist bei Salvator Rosa in Florenz der Fall, wo die Mode der Hexenbilder und der finsteren Sensualität bereits durch einen Coccapani oder Furini aufgekommen war, aus deren Umkreis Grechetto und – auf etwas verstecktere Weise – auch Pietro Testa oder Pier Francesco Mola ihre Bildgegenstände beziehen werden. Es ist zugleich ein Ambiente, in dem zur Mitte des Jahr-

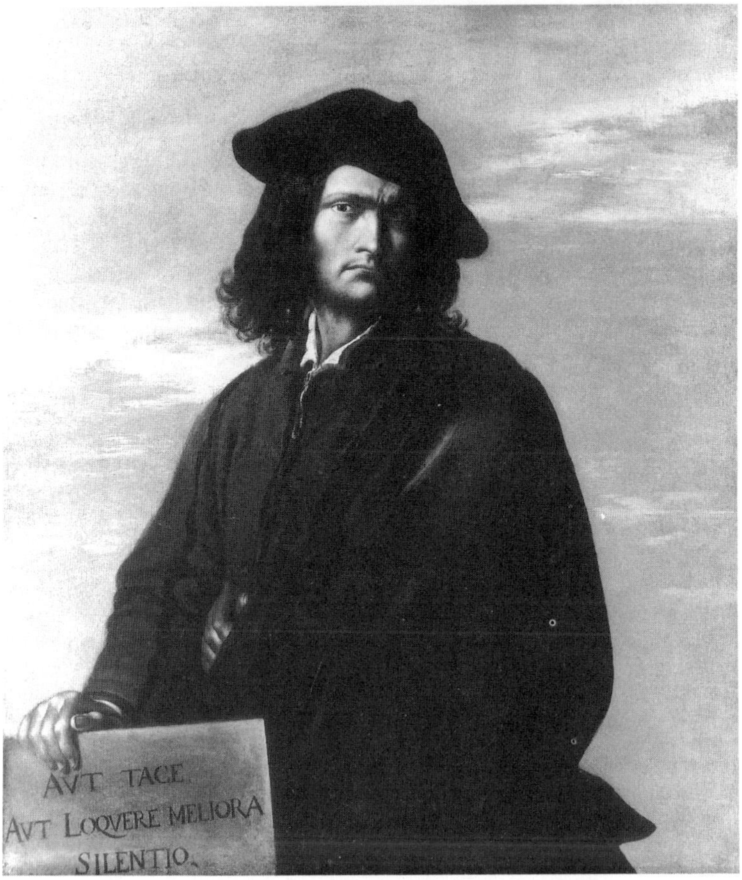

SALVATOR ROSA,
Selbstbildnis, um 1640

hunderts immer häufiger die Gestalt des einsamen Philosophen erscheint: der saturnische Künstler gewissermaßen in einem neuen Kleid, ein Denker, den man sich unschwer als Zyniker oder Stoiker vorstellen kann[287].

Als ein Novum des 17. Jahrhunderts bei jener weltlichen Moral, welche die Kirche als Alternative zur Strenge des Evangeliums zuzugestehen bereit gewesen war, erscheint die Öffnung zum Epikureismus, die sich mit Gassendi abzeichnet und dabei mit einer traditionsreichen und nicht minder strengen Oppositon bricht, die sich ebenfalls gegen jene Kirchenväter erhoben hatte[288]. Der Tradition nach war die weltliche Alternative zur strikt orthodoxen Moral immer der Stoizismus gewesen. Das Interesse der Jesuiten für Seneca zeigt, daß jene antike Überlieferung, die auch den gefälschten Briefwechsel zwischen Paulus und Seneca inspiriert hatte, im Seicento durchaus noch lebendig war. Fast immer sind es stoische Verhaltensweisen, derentwegen die Biographen einen Künstler als von philosophischem Temperament ansehen: wie etwa Borromini stoisch ist in seiner freiwilligen Antithese zur Lebensart Berninis, in seiner – zumindest scheinbaren – Einsamkeit und schließlich seinem Selbstmord[289].

In der Welt derer, die sich weigern, ihr Schicksal und ihre Glückseligkeit in der Zustimmung oder dem Beifall der Herrschenden zu suchen, bewegt sich auch Poussin: Bellori beschreibt eine stoische Lebensform, die er zwar niemals ausdrücklich bezeichnet, die aber alle deren

Charakteristika aufweist und die sich nicht mehr in einer haltlosen Rebellion ausdrückt, sondern in einer uneingeschränkten Überlegenheit über alle Glücks- oder Unglücksfälle der Welt, einer Überlegenheit gegenüber Fortuna. Nicht zufällig hat sich der große französische Maler dafür entschieden, in Rom zu leben, in Verbindung mit gebildeten Auftraggebern und Liebhabern von Antiquitäten, mit einem Publikum, das – von welcher Herkunft, von welcher Abstammung auch immer – sich der Aura anpaßt, die sich in der päpstlichen Hauptstadt um einen großen Maler bildet. Mit der Biographie Poussins schließt Bellori den 1672 veröffentlichten Teil seiner *Vite*. Seine Ordnung und Klarheit, sein vornehmes und freies Verhalten, seine Kultur lassen den französischen Meister zu einem Lebensmodell, lassen ihn wegen seiner Sitten und Gepflogenheiten zu einer exemplarischen Künstlerfigur werden:

Er führt ein sehr geregeltes Leben; denn es sind derer viele, die je nach ihrer Laune malen und so einige Zeit mit großer Leidenschaft fortfahren, dann aber dessen müde werden und für eine lange Zeit den Pinsel ruhen lassen; wo hingegen Nicolò gewohnt war, sich des Morgens frühzeitig zu erheben und eine bis zwei Stunden Übungen zu machen und bisweilen Spaziergänge zur Stadt hin zu unternehmen, fast immer jedoch auf den Monte della Trinità, welcher der Monte Pincio ist, nicht weit von seinem Hause entfernt, den man über einen kurzen entzückenden, von Bäumen und Quellen gesäumten Wege ersteigt und von wo aus sich eine überaus schöne Aussicht auf Rom und seine anmutigen Hügel eröffnet, die mit den Gebäuden zusammen Bühne und Theater bilden. Hier verweilte er mit seinen Freunden in sonderbaren und gelehrten Gesprächen; nach Hause zurückgekehrt, begann er sogleich und ohne Unterbrechung bis zum Mittag zu malen und, nachdem er den Körper gestärkt, malte er noch mehrere Stunden; und so arbeitete und erreichte er mehr durch fortwährende Übung als andere Maler durch Geschicklichkeit. Des Abends verließ er wiederum das Haus, und sein Weg führte ihn am Fuße desselben Berges entlang, über den Platz und inmitten der vielen Fremden, die dort umherzugehen pflegten. Immer war er dabei von seinen Vertrauten umgeben, die ihm dahin folgten, wo auch jene, welche seines Ruhmes wegen ihn zu sehen und sich ihm freundschaftlich zu nähern verlangten, ihn antrafen, und er, nach seiner Gewohnheit, jedweden gütig vorließ. Er lauschte gern den Reden der anderen, seine Reden aber waren äußerst würdevoll und wurden aufmerksam vernommen: er sprach gern und oft von der Kunst und dann mit solcher Klarheit, daß nicht nur die Maler, sondern auch andere gebildete Leute herbeikamen, um aus seinem Munde die schönsten Bestimmungen der Malerei zu erfahren, die er nicht als Unterweisung, sondern bei zufälligen Gelegenheiten vortrug. Da er viel gelesen und beobachtet hatte, gab es in seinem Vortrage nichts, auf das er nicht ausführlich eingegangen wäre, und seine Worte und Gedanken waren so wohlgesetzt und geordnet, daß sie nicht aus dem Stegreif dargebracht, sondern zuvor sorgfältig überlegt erschienen. Ursache davon aber waren nicht nur sein guter Genius und die vielfältige Lektüre, noch waren es allein Historien, Fabeln oder Gelehrsames, worin er überlegen, sondern auch andere freie Künste sowie die Philosophie. Zu diesem Zwecke war ihm die Erinnerung an die lateinische Sprache, wiewohl er sie nicht vollkommen beherrschte, dienlich; das Italienische aber sprach er so gut, als wäre er in Italien geboren. Er war von scharfsinnigem Verstande, wählerisch in seinen Vorlieben und besaß ein gutes Gedächtnis, welches die begehrenswertesten Gaben des Geistes sind.

Der kurzen Beschreibung von Passeri – ein »Mann von gutem Aussehen und recht ansehnlichen Proportionen«, in dessen Gesicht »eher Ernsthaftigkeit als Gefälligkeit« hervortrat, immer jedoch freundlich »in seinen Zügen« – entsprechen jene Umgangsformen, die der Vernunft und der Natur folgen: der Tugend, die zur Seelenruhe des Stoikers führt. In einem weitgefaßten Sinn ist es der Stoizismus Montaignes, Malherbes und Charrons, der die Philosophie Poussins ausmacht[290].

Auf seine Freiheit wie auf seine Umgänglichkeit bedacht, »floh er die Höfe und die Vertraulichkeit der Großen, aber wenn man sich traf, war er überhaupt nicht verlegen, und mit den Vorstellungen seiner Tugend erwies er sich ihrem Glück überlegen«. Auch das Portrait Belloris schließt mit Gedanken zur Freiheit und zur Überlegenheit gegenüber »Fortuna«:

Er hielt auf seine Ehre; seine Kleidung war nicht prächtig, aber würdevoll und ehrbar; auch scheute er sich nicht außer Haus, wenn es geschehn sollte, bei seinen Angelegenheiten selbst Hand anzulegen.

Als Poussin mit einer Laterne den Monsignor Massimo, mit dem er sich bis spät in die Nacht unterhalten hat, bis zu dessen Wagen begleitet und dieser ihn darum bemitleidet, daß er keine Diener habe, kann ihm der Maler gelassen entgegnen, daß er mehr noch Seine sehr verehrten Hochwürden bedaure, die ihrer so viele hätten[291].

Um den Preis seiner Bilder handelt er weder mit Massimo noch mit anderen »Freunden«: »wenn er sie vollendet hatte, schrieb er den Preis hinter die Leinwand, und ohne etwas abzuziehen, wurde ihm sofort das Geld nach Hause geschickt«. Aus alledem werden Lebensmaximen kenntlich, derentwegen man ihn ohne Schwierigkeiten als »peintre *sçavant*« (gelehrten Maler) bezeichnen kann und die zu der ambivalenten, dafür jedoch nicht minder bezeichnenden Qualifizierung eines *philosophe* führen werden. Anders als Rubens oder Bernini, die im politischen Leben eine bedeutende Rolle spielen, lebt Poussin nach dem geringen Erfolg seines *Martyrium des heiligen Erasmus* ohne große Aufträge für Altarbilder in Rom[292].

Da es an einer im engeren Sinn stoischen Ästhetik fehlt, sind es aristotelische Normen, die ihn bei der Wahl seiner historischen Themen leiten, die die Tugend ins rechte Licht rücken sollen:

In den Historien suchte er stets die Handlung, und er sagte, daß der Maler von sich aus den Gegenstand auswählen müsse, der zur Darstellung geeignet sei, und jene meiden, die nicht dazu taugten; und gewiß sind seine Werke auf diese Weise entstanden. Wenn er griechische und lateinische Historien las, so vermerkte er die Sujets, um sich dann bei Gelegenheit ihrer zu bedienen, und in diesem Zusammenhang hörten wir ihn oft diejenigen tadeln und verlachen, welche einen Vertrag über eine Historie mit sechs oder auch acht oder irgendeiner Anzahl von Personen abschlössen, während eine halbe Figur mehr oder weniger sie verdürbe.

Die der Natur nachgeahmten Formen sind – bereits nach Félibien – dem ›gelehrten Maler‹ nicht mehr das Ziel der Darstellung, sondern deren Sprache; das Bild ahmt kein Naturschauspiel nach, sondern die Organisation einer Betrachtung. Wie Sir Anthony Blunt hervorhebt, ist es gerade die Art seiner Lebensführung, die uns die Sicherheit gewährt, daß die Themen der großen Gemälde Poussins nach seiner Rückkehr nach Rom ihm nicht von anderen vorgeschrieben wurden. Unter den christlichen und biblischen Themen erscheinen keine Darstellungen von Martyrien, von neukanonisierten Heiligen oder jedenfalls nicht von solchen, die zeitlich auf die Epoche der Apostel folgten, und Poussin meidet damit gerade einige der Lieblingsthemen auf barocken Altarbildern. Er wählt dafür die *Verkündigung* oder die *Geburt Christi*, Bildgegenstande des Alten Testaments und mindestens zweimal das ungewöhnliche Thema der *Sakramente*: Manifestationen einer grundlegenden Wahrheit, die allen Religionen zugehörig ist, dem *sacramentum* wie den heidnischen *mysteria*. Es ist kein Zufall, daß darin die Zeitlosigkeit des antiken Kostüms und Ambientes wiedererscheint. Das Mißtrauen von Horace Walpole (»Old Romans don't make good

Christians«) ist zwar oberflächlich formuliert, aber nicht unbegründet[293].

Von all den Feierlichkeiten des Heiligen Jahres 1650 erwähnt Poussin in einem Brief an Chantelou – mit unverhüllter Ironie angesichts eines Spektakels, das so weit von der natürlichen, philosophischen Religion der *Sakramente* entfernt ist – nur ein wundertätiges Kruzifix, welches aus Florenz stamme:

Il ne se passe ici rien de nouveau plus remarcable que les miracles qui se font si fréquemment que c'est merveille. La procession de Florence y a apporté un crucifix de bois de co [...] à qui la barbe est venue et les cheveux lui croissent tous les jours de plus de quatre doigts. L'on dit que le pape le tondra l'un de ces jours en cérémonie.

(Von den Neuigkeiten, die sich hier ereignen, gibt es nichts Bemerkenswerteres als die Wunder, die sich so sehr häufen, daß es selbst ein Wunder ist. Die Prozession aus Florenz hat ein Kruzifix aus Holz hierhergebracht, dem nun der Bart gewachsen ist; die Haare werden täglich um mehr als vier Finger länger. Man sagt, daß sie der Papst an einem der nächsten Tage gottesdienstlich abschneiden werde)[294].

Carlo Maratta

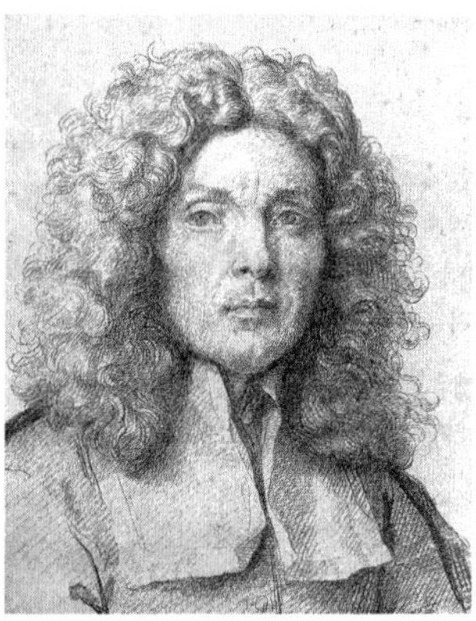

CARLO MARATTA, *Selbstbildnis*

Bellori gibt nirgends einen Hinweis auf den Stoizismus Poussins und schon gar nicht auf seinen religiös freidenkenden Charakter. Die Erinnerung an diese Eigenarten des Künstlers, welche die 1672 veröffentlichte Lebensbeschreibung gänzlich ignoriert, mußte jedenfalls noch gegenwärtig gewesen sein und konnte – auch für das, was darin beschrieben worden war – als Schlüssel zum Verständnis seines Werkes dienen. Während die zu Lebzeiten Belloris veröffentlichten *Vite* mit dem Portrait des französischen Malers schließen, gehen seine Manuskripte weiter bis zur Biographie Carlo Marattas.

Die Auswahl dieser Künstler, deren Lebensbeschreibungen zunächst unveröffentlicht bleiben, scheint von einer größeren Aufmerksamkeit und Wertschätzung des katholischen Gebrauchs von Bildern bestimmt zu sein. Es ist, als habe bei Bellori ein Prozeß des Umdenkens stattgefunden, als habe er im Hinblick auf den Rationalismus, dessen Tradition in dem ›gelehrten Maler‹ ihren Höhepunkt findet, seine Ansicht geändert. Mit Reni, Sacchi und Maratta kulminiert die neue Linie der Malerei in einem Meister, der auf grundlegende Weise mit Rom verbunden ist – nicht mit jenem idealen Ort, an dem man die klassische Antike kontinuierlich zu beschwören wünscht, sondern mit der Hauptstadt des Katholizismus.

Marattas Biographie ist in einem weit weniger idealen Stil verfaßt als die des französischen Meisters; indem Anekdoten und Unfälle erzählt und Diskussionen zwischen Künstlern und Kunstkennern wiedergegeben werden, nähert sie sich häufig einer traditionellen Lebensbeschreibung an. Es ist darum vielleicht auch nicht zufällig, daß sich der Autor niemals dazu entschlossen hat, sie zu veröffentlichen.

Der katholische Künstler, den Bellori dabei beschreibt, ist natürlich nicht derselbe, der den Normen des 1652 von dem Jesuiten Ottonelli und von Pietro da Cortona veröffentlichten *Trattato della pittura e scultura, uso et abuso loro composto da un teologo e da un pittore* (Traktat über die Malerei und Bildhauerei, deren Gebrauch und Mißbrauch, verfaßt von einem Theologen und einem Maler) entspräche; noch stimmt er mit jenen musterhaft frommen Künstlern überein, wie sie von Baldinucci genannt werden: einem Matteo Rosselli, der nach brillanten Anfängen ebenso bigott wird wie seine Malerei, oder Carlo Dolci, dessen Biographie von unfreiwillig komischen Episoden begleitet wird. Bellori hält sich nicht einmal damit auf, bestimmte Eigenarten des Privatlebens zu beschreiben, persönliche Gebetspraktiken etwa oder gar jene Heilungen, die bei Baldinucci stets durch wunderbaren Eingriff geschehen[295]. Als Bellori über ihn schreibt, lebt Maratta noch, und seine persönlichen Eigenarten sind unter den römischen Künstlern alles andere als unbekannt. Der Maler unterscheidet sich von anderen entschieden durch seinen großzügigen Lebensstil und durch die seiner Rolle angemessene Herrschaftlichkeit.

Ein Korrespondent von Antonio Ruffo (dem Sammler aus Messina, der drei Rembrandts zu seinem Besitz zählt) bemerkt 1670 ironisch über Maratta, daß dieser dazu überredet worden sei, »sich dazu herabzulassen, unser Geld zu nehmen (nur um uns einen Gefallen zu tun)«; im Jahre 1690 schreibt der junge Tommaso Redi an Anton Domenico Gabbiani in Florenz, daß Maratta »ein Haus hat, um jedweden Prinzen zu empfangen«; es sei unbedingt erforderlich, bei ihm »darauf zu achten, was man sagt, da er mit sehr viel Umsicht und Berechnung spricht und ganz versteckt seine beißenden Bemerkungen macht«, insbesondere über Luca Giordano[296].

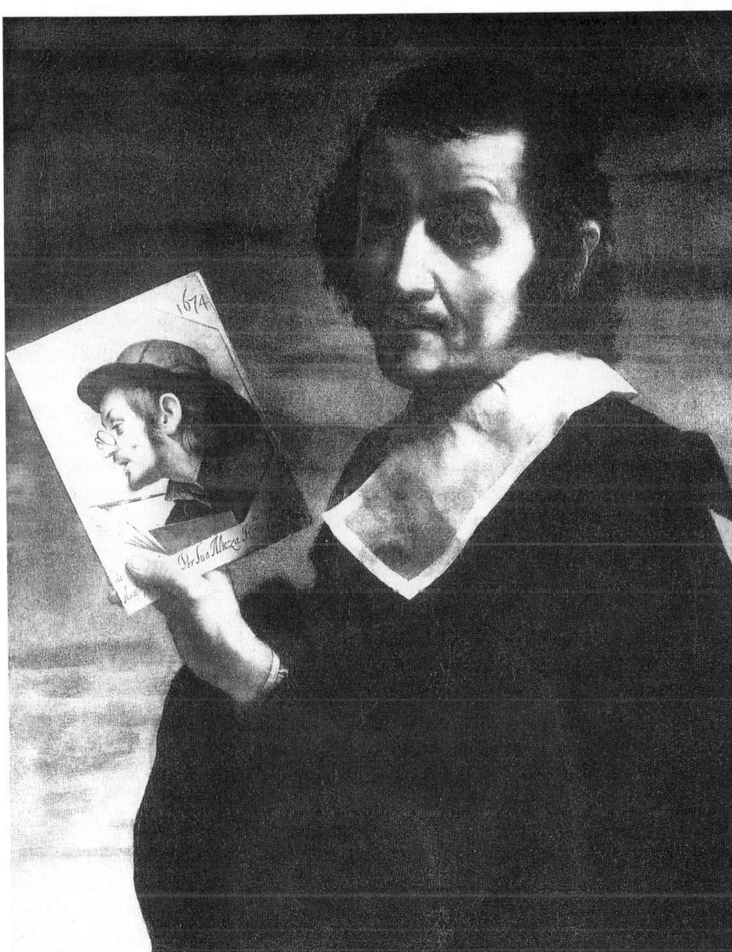

CARLO DOLCI,
Doppelselbstbildnis, 1674

Einige Charakteristika der Lebensbeschreibungen Belloris fordern zu einem direkten Vergleich mit einigen der größten Künstler der italienischen Tradition auf: Er überarbeitet die Werke von Schülern und Freunden, die Hilfe nötig haben, wie Reni bei Malvasia; doch es fehlen hier jene Personen, die dazu neigen, sein Vertrauen zu mißbrauchen. Wie Michelangelo bei Vasari, so hat sich auch Maratta gegenüber vielen großzügig verhalten, indem er – auch Personen von niederem Stand – seine Werke schenkte, aus denen er hätte Gewinn ziehen können, während er »bei Herren von Verdienst, bei Geistlichen und Freunden« mit Zeichnungen, Modellen für Stiche und Verzierungen freigebig gewesen ist, »indem er sich ohne Entlohnung verpflichtete, sofern diese nicht der Großzügigkeit der Personen selbst entsprang«. Die Werke Marattas werden mit königlichen Geschenken honoriert: von Ludwig XIV. (für die *Daphne*), von Cosimo III. von Toskana (für das *Selbstportrait* in den Uffizien), vom polnischen König.

Zu den Preisen seiner Werke, welche einige für übertrieben hielten, läßt sich sagen, daß Carlo, durch jene veranlaßt, welche mehr als einmal den Preis seiner Mühen verdoppelten, nach Guido die Malerei zu einer einträglichen Tätigkeit gemacht habe. Er nahm sich vor, Nutzen daraus zu ziehen, indem er den Weg zu solcherart Entlohnungen ebnete, insbesondere in Rom, wo ihm die Maler zu großem Dank verpflichtet sind, da sie dem Beispiel jener Vergütungen folgen konnten, wie sie zuvor nicht üblich gewesen waren[297].

Es ist dies – wie Bellori gleich darauf in einer Anekdote implizit verdeutlicht – gerade die Zeit, in der die schlechten Bezahlungen Annibale Carraccis und Domenichinos sprichwörtlich werden, während ausgerechnet zu den Zahlungen, die Caravaggio erhält, sich erstaunlicherweise nigends Hinweise finden lassen.

Die »Politik«, die Umsicht und Berechnung, die der junge Florentiner Maler in seinem Brief von 1690 erwähnt, verweisen auf eine Realität, die auch mit anderen Augen gesehen werden kann, aus der sich aber in der moralischen Vorstellungswelt Belloris zweifelsohne nicht mehr die Figur eines Genies in seiner Außergewöhnlichkeit erhebt, noch eines Philosophen wie Poussin, sondern eines Künstlers, der als Primus inter pares gelten kann: dessen überragende Größe sich gerade durch die Beziehung zu den anderen Meistern bestätigt, durch ein so organisches Verhältnis, wie man dies vielleicht seit der großen und ruhmreichen Epoche der Zünfte nicht mehr gesehen hatte.

Niemals habe Maratta Arbeiten übernommen, die anderen angeboten worden seien, »er bediente sich nie irgendwelcher Empfehlungen und erschien nie, wenn er nicht gerufen wurde, um nicht irgend jemandem einen Vorteil streitig zu machen«. In den Werken der anderen – sowohl der Alten als auch der Modernen – habe er immer die Vorzüge bemerkt, ohne die Fehler hervorzukehren.

Einem jeden fällt es leicht, Schlechtes zu sagen, und auch Pfuscher und zuweilen auch Kinder und Dummköpfe vermögen es, auf Fehler hinzuweisen; jedoch (...) besteht die Schwierigkeit darin, die Schönheit eines guten Werkes wahrhaft zu erkennen und sie genau zu bezeichnen und es mit Vernunft zu loben; und so geschieht es häufig, daß man das Schlechtere lobt und das Bessere tadelt.

Eben diese Frage wird von D'Alembert in der *Encyclopédie* wieder aufgenommen: Die Kritik an den Bildern der alten italienischen Schule sei unangemessen und anachronistisch und daher ungerecht. Vor großen Werken des Genies dürfe man sich nicht damit aufhalten, deren Fehler zu betonen, sondern man müsse – wie bei einem Dichter vom Range Shakespeares – ihre Schönheiten begreifen[298].

Offenbar ohne die im Settecento übliche Hinwendung zum »Sublimen« wendet der Maratta aus Belloris Lebensbeschreibung, wenn andere Meister ihn um seine Ansicht über ihre Werke bitten, »sehr viel Klugheit an, deren Fehler auf eine Weise einsichtig zu machen, daß jene sich darüber nicht betrübten, sondern Freude daran hatten, sich zu verbessern«. Den Geist gegenseitiger Feindschaft und Unterdrückung weiß er durch den Respekt auch weniger begabten Kollegen gegenüber zu bannen. Er weist zum Beispiel das Anerbieten eines Herrn zurück, der in einem Palast auf einem Grundstück seines Besitzes das Werk eines »braven Mannes«, über den er ungehalten war (vielleicht Camillo Pamphili, der die Fresken von Mola in Valmontone abschlagen ließ), durch Fresken von Maratta ersetzen wollte: »er ermahnte jene Persönlichkeit, jeglichen Unwillen fahren zu lassen und die Fehler nicht über die Vorzüge zu stellen, so daß ihm daraus größerer Ruhm entstünde«. Als er einmal die Zerstörung von mißlungenen Fresken in einer Galerie verhindert, läßt er wissen, daß

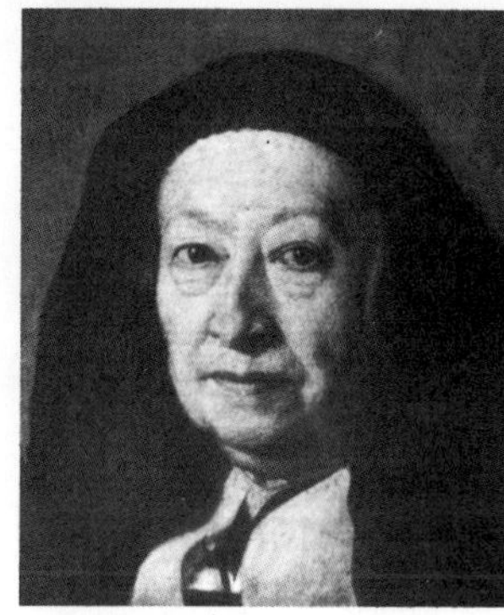

CARLO MARATTA,
Portait der Giovanna Garzoni,
um 1665–1670
Ausschnitt

...die Ausführung jenes Kunstwerkes außerordentlich mühselig gewesen sei und von größeren Kenntnissen und Fleiß als seinem Genie möglich; und wie es dem vormaligen Herrn beliebt habe, auf diese Weise malen zu lassen, und es diesem gefallen habe, so habe sich auch der Maler mit allen seinen Kräften und über seine sonstigen Arbeiten hinaus bemüht, um ihm zu dienen und ihn zufriedenzustellen und sich selbst Ehre zu machen; und diese Gründe wußte Carlo so wohl darzulegen, daß jene Persönlichkeit von ihrem Entschluß abgebracht ward[299].

Als Fürst unter seinen Kollegen fühlt sich Maratta auch als Erbe einer großen Tradition:

Immer folgte er seiner ersten Absicht, die schöne Natur auszuwählen und nachzuahmen, im Gefolge der besten Meister sowohl der antiken als auch der modernen Zeit, welche dabei auf direktem Wege und ohne Irrtümer, denen anheimzufallen ihre Lehren verhindern, vorangehen, und zu diesem Ziele verhalf ihm von seinem ersten Beginnen in Rom an nichts und niemand anderes so sehr wie die Führung Raffaels, und so pflegte er zu sagen, daß er sich bei den übrigen Malern damit begnüge, ihre Werke im Geiste nachzuzeichnen und ihre Idee zu erfassen, so weit es ihm möglich sei, und insbesondere von jenen Werken der berühmten Carracci, Correggio, Tizian und Guido Reni, deren Malereien und deren liebliche und vornehme Gesichtszüge und deren erlesene Weise der Drapierung er bewundere; während er bei Raffael über die Idee hinaus immer auch noch in anderen hervorragenden Teilen der Malerei einen Gegenstand des Nachdenkens finde; wobei er, jenem zunächst, Annibale schätze wegen der Nachahmung derselben schönen Natur[300].

Dieses Gefühl einer grundlegenden Verbundenheit mit der Gemeinschaft der vorangegangenen und der zeitgenössischen Künstler wird auch dadurch kenntlich, daß er daran Geschmack findet, Zeichnungen und Bilder alter und moderner Meister zu sammeln. Die wenigen von Bellori erwähnten Bilder seiner Sammlung lassen sich nicht immer identifizieren; doch wenn man den Katalog des Prado durchblättert, wo sich diese Bilder – nachdem sie die Erben des Malers 1722 an Philipp V. von Spanien verkauft hatten – befinden, trifft man auf Bilder von Annibale Carracci, von Castiglione, von dem innig geliebten Meister Andrea Sacchi, von Poussin, sogar sechs Dughet und – gerade auf der Schwelle zum modernen Stil – die *Madonna zwischen der Hl. Ursula und Maria Magdalena* von Giovanni Bellini[301].

Signor Carlo ist der Künstler, der die Universalität Roms am besten repräsentiert: mit einer Kunst, die er öffentlich haben will und die er in die Öffentlichkeit zu tragen versteht, mit Werken, die – als liturgische Gerätschaft – kein caravaggeskes Unbehagen ausdrücken, sondern ein vollkommenes Gleichgewicht zwischen Bestimmung, Stil und Inhalten.

Der Maler fügt sich in eine ununterbrochene und kollektive Arbeitstradition ein, die von Raffael zu Annibale und Sacchi führt und deren Früchte er nun mit seiner Kunst erntet.

Mit einer geradezu kindlichen Ehrfurcht bemüht sich Maratta um die Erhaltung jener früheren Werke; er leitet die Restaurierungen und sorgt für eine bessere Aufstellung. Als Innozenz XI. von ihm verlangt, er solle den Ausschnitt von Renis *Madonna* in der Quirinalskapelle übermalen, konnte nur er allein mit seinem unvergleichlichen Takt das richtige Mittel finden, dem Pontifex zu gehorchen, ohne sich an dem Werk eines so berühmten Meisters zu vergehen: Er malt den kleinen Schleier »mit Pastellfarben aus zu Harz vermischten Erden«, so daß, »wenn man ihn mit einem Schwamm entfernen will, die vorherige Farbe wieder zum Vorschein kommt«[302].

Auf diesem Hintergrund zeichnen sich nun Initiativen ab, die darauf zielen, die Erinnerung an die großen Meister zu bewahren und die Erhaltung und den allgemeinen und öffentlichen Nutzen ihrer Werke zu sichern. Rom tut sich dabei als jene Hauptstadt der bildenden Künste hervor, die uns später die *Encyclopédie* präsentiert, wenn der Chevalier de Jaucourt bemerkt, daß der Künstler, der Kuppeln und Kirchengewölbe bemale, dessen Werke mithin für öffentliche Stätten vorgesehen seien, deswegen auch bekannt werde, was trotz der Intrigen unter den jeweiligen Rivalen besser sei, als wenn der Maler ausschließlich Staffeleibilder für Privatgemächer anfertige. Die in Rom ausgestellten Bilder würden objektiver eingeschätzt als jene, die dem Urteil der Öffentlichkeit in London oder Paris anheimgestellt seien; die Römer hätten einen natürlichen Geschmack für diese Kunst, da ihnen hinreichend Gelegenheit gegeben sei, sich – den Gewohnheiten ihrer Muße folgend – ausgiebig daran sattzusehen; in Kirchen und Palästen sähen sie ohne Unterlaß Meisterwerke und hätten vielleicht auch eine besondere Sensibilität in ihren Organen dafür entwickelt[303]. Es wird Rom sein, wo David zwischen 1784 und 1785 seinen *Schwur der Horatier* malt und ausstellt. Und die Bilanz, die Lanzi im Jahre 1809 zieht, läßt noch in den Jahren von Pius VI. eine europäische Hauptstadt des neoklassizistischen Geschmacks erkennen:

Wohl kann man sagen, wenn die Malerei wieder aufkommt, so begann ihr Aufgang in Rom. Nie hat diese Stadt den Kunstsinn ganz verloren; auch in Zeiten des Verfalls hat es ihr weder an großen Kennern, noch an großen Künstlern gefehlt. Da sie die besten Quellen des Geschmacks in sovielen Griechischen Standbildern und Raffaelschen Werken hat, so urteilt sie leicht, wer sich davon entfernt, wer ihm naht. Diese Urteilskraft ist nur noch schärfer geworden, im gegenwärtigen Jahrhundert, wo man Vorurteile weniger achtet und die Vernunft mehr gebraucht. Hätte man nur diesen nützlichen Grundsatz nicht auch zuweilen mißbraucht! Zur Bildung des Geschmacks haben Winckelmanns und Mengsens Schriften beigetragen, die jetzt in Aller Hände sind, worin, wer auch nicht Alles billigt, doch wenigstens eine Kunst des Denkens findet, welche den Geist erschließt und Land zu entdecken befähigt. Nicht weniger haben auch die Gemälde in Herculaneum, in den Grotten des Titus, der Villa Adriana, und die der schönen Nolaner Gefäße, wie andere dem Publikum geschenkte gewirkt. Sie haben jedes Auge dem Altertum zugewendet. Hatten Mengs und Winckelmann wie erstaunt die Kunst der alten Bildhauerei bewundert und beschrieben, so konnte man die alte Malerei nach solchen Stichen besser als aus jedem Buche kennen, schätzen und zergliedern lernen. Indem nun so die Hilfsmittel sich gemehrt, die Bildung, die ehemals auf Wenige beschränkt war, sich in allen bürgerlichen Kreisen verbreitet hat, nimmt die Kunst, von Ehre und Interesse beseelt, einen neuen Schwung und Stimmung. Der Brauch, die Gemälde vor einem Volke auszustellen, welches den guten Gerechtigkeit widerfahren läßt, und die schlechten zuweilen durch Auszischen verscheucht; die den Verdienstvollen jedes Volkes gegebene Belohnungen, begleitet von gelehrten Aufsätzen und Feierlichkeiten auf dem

Capitol; der Glanz der heiligen Tempel, wie er der Hauptstadt der Christenheit ziemt, der sich mit den Künsten, und die Künste mit sich aufrecht erhält; die einträglichen Bestellungen in und außerhalb der Stadt, die Großmut Pius VI., des freisinnigen Beschützers der Kunst, und vieler Personen, die sie fördern; das stete Beispiel der Fürsten, welche an diesem Stapelort Hofmaler und Vorsteher von Akademien suchen: dies Alles erhält die Künstler und ihre Schulen in steter Bewegung und löblichem Wettstreit, und führt Schritt für Schritt die Kunst auf ihre wahren Grundsätze zurück, zur Nachahmung der Natur und zu den Mustern der guten Alten. Fast jede Gattung, nicht nur der Malerei, sondern der Künste, die unter ihr stehen, kann sich hier löblich rühmen, Miniaturmalerei, Mosaik, Tapetenweberei, Wachsmalerei[304].

Ansehen und Öffentlichkeit des Künstlers

Bedingt durch den öffentlichen Zweck der Malerei (im Zusammenhang mit dem katholischen Kultus) ist Italien – und insbesondere Rom – durch das gesamte Settecento hindurch eines der Zentren, in denen die Auseinandersetzung mit den bildenden Künsten am lebendigsten geführt wird und das oft auch Künstler als ihren Wohn- und Lebenssitz wählen, die ihre Aufträge aus weit entfernten Ländern erhalten. Die Altartafel kann freilich als eine nunmehr überwundene Gattung angesehen werden – zumindest für jenes Publikum von Liebhabern, die sich einer in Frankreich heranreifenden Tradition anschließen und kleinformatige Bilder zur Ausstattung ihrer Wohnungen bevorzugen, so daß auch ein Bild, das im Seicento für einen Innenraum geschaffen wurde, sich nun als ein etwas sperriger Gegenstand erweist. Dies ist der Hintergrund für die – eines Voltaire würdigen – Beobachtungen von La Font de Saint-Yenne aus dem Jahre 1747:

Les moines et la plûpart des sujets d'un souveraign ecclésiastique, dont la dévotion est presque toute extérieure, se piquent d'avoir des tableaux de piété pour décence et sans en être plus pieux. Les moines sur-tout, dont le crédit y est énorme, ont occupé les plus célébres pinceaux à peindre des Madones, à représenter leurs fondateurs, et les églises leurs patrons. C'est ce qui a produit cette fourmilière de tableaux ridicules et indécens, où l'on voit un moine en conversation familière avec l'enfant Jesus et la Vierge, et où celle-ci lui met entre les bras l'auteur de notre salut qui lui sourit ou le caresse. Ces monacales impertinences n'ont pas peu servi à avilir les tableaux de piété qui sont aujourd'hui presqu'entièrement tombés.

(Die Mönche und der größte Teil der Untertanen eines Kirchenfürsten, deren Frömmigkeit fast nur noch eine äußerliche Angelegenheit ist, bilden sich nicht wenig auf ihre Andachtsbilder ein, die sie der Schicklichkeit wegen besitzen und nicht etwa zur größeren Andacht. Die Mönche vor allem, deren Glauben zumindest daran ganz außerordentlich ist, haben die berühmtesten Pinsel beschäftigt, um sich Madonnen malen zu lassen und um ihre Stifter sowie die Namenspatrone der Kirchen darzustellen. Genau das ist es, was jenen Haufen von lächerlichen und unschicklichen Bildern hervorgebracht hat, auf denen man einen Mönch in familiärer Unterhaltung mit dem Jesuskind oder der heiligen Jungfrau sieht und wo jener den Vorsprung Ursache unseres Heils auf den Armen hält, während der Erlöser ihm zulächelt oder ihm die Wange streichelt. Diese mönchischen Unverschämtheiten haben nicht wenig dazu beigetragen, die Sakralbilder, die heute fast völlig außer Gebrauch gekommen sind, herabzuwürdigen und zu entwerten)[305].

Aus der Debatte des Settecento ergeben sich jedoch andere Modelle für eine öffentliche Malerei; gerade die Altartafeln werden die wertvollsten Objekte sein, die nach der napoleonischen Requisition das Musée Central des Arts bereichern. Sie werden sich den republikanischen – und bald darauf kaiserlichen – Malern als Vorbilder anbieten: einer

Kunst, die in gleicher Weise an öffentlichen, engagierten, propagandistischen Zwecken ausgerichtet ist. Aufschlußreich sind die Bemerkungen in einem von dem Maler und Deputierten Gabriel Bouquier geplanten Dekret aus dem Jahre 1794: Wenn jene Tafeln auch hinsichtlich des Gegenstands nicht als Vorbilder dienen könnten, so würden doch die Werke der großen italienischen Tradition diejenigen bleiben, welche den Stil, der die Bilder der Verteidiger der Freiheit auszeichnen müsse, inspirieren sollten[306].

Außerhalb des Zusammenhangs der französischen Revolution konnten derartige Vorschläge sicherlich nicht reifen; die Beispiele jedoch, die Bellori mit den Lebensbeschreibungen Poussins und Marattas liefert, entwerfen nichtsdestoweniger eine Vorstellung, in der die Würde des Künstlers und die Rolle, die er auszuüben habe, nicht als die eines *luxuriae minister*, sondern eines Schöpfers von Kultur zum Ausdruck kommen; und dies auch unabhängig von einem politischen Engagement, das sich – von der Revolution über die Kaiserzeit bis zur Restauration – häufig in Rhetorik auflöst oder der Jagd nach großen öffentlichen Aufträgen nützen soll.

Diese Würde und diese Unabhängigkeit werden sich im Verlauf des 18. Jahrhunderts durch die romantische Revolte entfalten können: durch eine kulturelle Bewegung, die keine genaue bildnerische Intention besitzt und die statt dessen mit ihren spezifischen Themen, mit ihren eigenen Lebensvorstellungen Künstler verschiedener Stilrichtungen miteinander verbindet. Man denke zum Beispiel an die romantische Geste des – im übrigen äußerst trockenen – Carstens, der 1796 erklärt, daß er nicht der Berliner Akademie, sondern der Menschheit gehöre[307].

Mit größerer Gleichmäßigkeit entwickelt sich das von Bellori entworfene Bild des Künstlers auf eine neoklassizistische Norm hin, in deren Rahmen einige Künstler – wie etwa Mengs – zudem ausdrücklich als Philosophen bezeichnet werden. In diesem Zusammenhang ist der Vorstoß von Monsignore Bottari aufschlußreich, der – in der Zeit um 1754 – gegenüber den letzten Beispielen der barocken Tradition eine reaktionäre Haltung einnimmt, jedoch nicht unter dem Vorzeichen des Neoklassizismus, sondern eines neuen Cinquecento; als Herausgeber Vasaris und Bewunderer Michelangelos stellt der toskanische (jedoch in Rom lebende) Schriftsteller der modernen Freizügigkeit das Pontifikat Leos X. und das Herzogtum Cosimos I. del' Medici entgegen.

Die Beziehung zwischen seinen *Dialoghi sopra le tre arti del disegno* (Dialoge über die drei Künste des Disegno), die 1754 anonym in Lucca erscheinen, und Themen, die bereits bei Bellori zur Diskussion stehen, wird schon durch die Auswahl der Dialogpartner nahegelegt: Es handelt sich um Carlo Maratta und um Bellori selbst. Abgesehen von der Verantwortung für die Erhaltung der einzelnen Werke, die die Gesamtheit des künstlerischen Erbes ausmachen, ist der Freiraum des Künstlers das Thema. Ziel der Diskussion ist es, diesen zu respektierenden Bereich, der nötig ist, damit der Künstler seiner Rolle als Schöpfer von Kultur gerecht werden kann, zu definieren. Der ideale Auftraggeber wäre der von Ridolfi erwähnte Benedetto Moro, der bei Palma il Giovane eine Altartafel zu den folgenden Bedingungen bestellt: daß der Maler »die Figuren auf seine Weise zusammenstelle, welche, wieviele und wo es ihm gefalle; daß er sich soviel Zeit nehme, wie ihm notwendig und angenehm erscheine, und daß er eine Vergütung erhalte, wie er sie selbst als ehrenvoll und angemessen befinden werde«[308]. Entfalten muß sich diese Rolle jedoch in deutlicher Distanz, in der entschiedenen

Abkehr von einem Naturalismus in Caravaggios Manier (für den das Publikum sich immer empfänglich gezeigt hat) oder von den Kapricen einer barocken Tradition – wie sie etwa an jenen Häusern zutage träten, die weder gotisch noch regelmäßig seien und die als Imitationen Borrominis ausgegeben würden, mit dem Resultat, daß sowohl bei sakralen wie profanen Bauten alle Besonderheiten der architektonischen Sprache verlorengingen. Wobei diese Zügellosigkeit in der Architektur um so beklagenswerter sei, als die Gebäude im Unterschied zu den Bildern und Statuen nicht in einer Privatsphäre verblieben, sondern ein Teil der Stadt seien.

Den alten Vorschriften und Anweisungen über Art und Weise, wie der Künstler sich guter Manieren und gewandter Umgangsformen bedienen müsse, um die Gunst der Auftraggeber zu gewinnen, stehen nunmehr Bottaris Einwände gegen die Anmaßungen dieser Herren gegenüber:

> ... wie sie uns Künstlern durch eine illustre Geburt und durch andere äußerliche Ehrenbekundungen um Längen voraus sind, so glauben sie auch, uns in ihrem Urteilsvermögen um ein gutes Stück zu übertreffen, wobei einige von ihnen dieses Urteilsvermögen wirklich besitzen (und in diesem Fall ist es für uns und unsere Kunst ein großes Glück), aber bisweilen haben sie es auch nicht, und das ist viel häufiger, und es ist der Tod.

Der Künstler müsse auch wissen, welche Vergütung angemessen sei, ohne sich dabei Skrupel über die Meinung derer zu machen, die sich nicht darauf verstünden, »da er weiß, wie das Publikum urteilen wird, die Gesamtheit der Künstler und schließlich die Nachwelt, die ohne Leidenschaft urteilt«. Diese Einstellung entspricht jener, die Bellori in seiner Biographie Poussin zuschreibt; und nicht zufällig wird diesen Ausführungen gegenüber der Einwand erhoben, daß der Künstler auf solchem Wege unweigerlich zum »Stoiker« werden müsse[309].

An der Schwelle des Jahrhunderts der Aufklärung

Aus der retrospektiven Sichtweise von Bottaris Dialogen – mit ihrem reichhaltigen Schatz an Beispielen, die den wichtigsten Biographien italienischer Künstler entnommen sind – erscheinen nicht nur die alten Aufstellungen von allegorischen Programmen (»Dinge, die weit davon entfernt sind, malerisch zu sein«)[310] oder auch jene Beziehungen, die einen neofeudalen Verhaltenskodex nachahmen, als unzulässige Einmischung in den Aktionsbereich des Künstlers, sondern auch die neue Vertraulichkeit zwischen Auftraggebern und Künstlern, die bereits gegen Ende des 17. Jahrhunderts einsetzt.

In der Größe des Sonnenkönigs sehen die Herrscher Europas eine Großartigkeit und Erhabenheit, die sich – unter dem Gesichtspunkt des Ehrenkodex – von der Dignität der politischen Gegenreformation unterscheiden. In den Künsten hat der neue Lebensstil seine Spuren in der Liebenswürdigkeit der Portraits Berninis und dem Adel derer von Algardi hinterlassen; die künstlerische Erfahrung eines ganzen Jahrhunderts hat inzwischen Landschaften, Portraits, Stilleben hervorgebracht, die neben den ehrwürdigsten Historien in den Galerien hängen – in denen im übrigen an den richtigen Stellen nicht einmal caravaggeske Bilder oder Bambocciaden fehlen.

Ein großer Sammler behandelt die Künstler mit der Zuvorkommenheit eines Kenners, der Genie und künstlerisches Verdienst zu schätzen weiß. Exemplarisch dafür steht der Briefwechsel zwischen dem Erbprinzen von Toscana, Ferdinando de' Medici, und seinem Vermittler und Maler in Venedig, Niccolò Cassana; oder auch Ferdinandos Dankesbillet für den Kupferstich *Selbstportrait mit der Familie*, der ihm 1708 von Giuseppe Maria Crespi zugeschickt worden war: »(das Bild) wird mir lieb und wert sein und mir Ihre Familie sehr viel näherbringen und bewirken, daß ich mich – wie immer die Verhältnisse sein mögen – derselben gegenüber parteilich zeigen werde, um Ihre und Ihrer Familie Vorteile zu befördern«[311].

Die praktischen Fragen – der Preis, die Verschickung, die Bezahlung, die Meinungsverschiedenheiten zwischen Maler und Sammler – finden auch Eingang in den gleichermaßen konventionellen wie exquisiten Stil, von dem Niccolò Maria Pallavicino in den Briefen an Domenico Piola eine Kostprobe gibt:

In dieser Woche ist zu meiner Freude das Bild der Magdalena, das Euer Hochwohlgeboren mir mit dem Kurier geschickt haben, eingetroffen; es ist mir bereits lieb und teuer geworden, da es gut gruppiert erscheint, mit Liebe vollendet ist, von guter Farbgebung und mit so graziösen Gesichtern und Bewegungen der Putti; und um Euch die Wahrheit zu sagen, nichts anderes hätte ich mir gewünscht (sofern dies nicht mein mangelndes Verständnis ist), als daß die Falten in dem Gewand der Heiligen weniger sorgfältig und dafür größer gezeichnet wären, um es nicht ganz so zerlumpt aussehen zu lassen. Und damit ich Euch meine schuldige Anerkennung für das besagte Bild aussprechen kann, werdet Ihr mich wissen lassen, was in Eurer Feinfühligkeit Euch scheinen mag, das ich Euch geben lassen sollte.

Von einem Bild, das ihm Piola in Genua malt (*Alexander und die Familie des Darius*), heißt es: »Ich sage Euch nichts weiter, da ich weiß, daß Ihr mit demselben bereits begonnen und daß es Euch sehr am Herzen liegt, daß es den Ruhm erbringe, der Eurem Range entspricht«. Am 2. Juni 1695 trifft das Bild in Rom ein: »es findet mein vollständiges Gefallen aufgrund der Valeurs, die Ihr auf alle seine Partien zu verteilen gewußt habt und die sich insbesondere in der Farbe und im Ausdruck der Gewänder zeigen«[312].

Bottari selbst fügt in seine Briefsammlung über die Künste des Disegno verschiedene Billets von Rosalba Carriera an Mariette bei, die vor dem Hintergrund einer Kunst (in diesem Fall bezeichnenderweise des Pastells und der Miniatur), welche nach französischer Sitte zu den Annehmlichkeiten des herrschaftlichen Lebens beiträgt, alle Raffinements eines Verhältnisses zwischen Künstler und vertrautem Kunstliebhaber erkennen lassen, die sich dessen bewußt sind, daß der vertraute Umgang mit bildenden Künstlern von Genie ein Zeichen von Esprit und Intelligenz ist, die einen wahrhaft vornehmen Menschen auszeichnen. Am 18. September 1722 schreibt die venezianische Malerin:

Oh, wie groß ist Ihre Güte, wie groß Ihre Freundlichkeit! Ich erkenne sie immer mehr aus dem Brief vom 22. Februar, den ich vor wenigen Tagen mit dem Merkur von Frankreich erhalten habe. Eher als ein Brief ist es eine Eloge, die mich desto mehr verpflichtet, je weniger ich sie verdiene. Sie stellen mich als von solcher Begabung vor, indem Sie in meinen sehr schwachen Werken Vorzüge erkennen, daß es einer vollständigen Kenntnis meiner selbst bedarf, um darüber nicht stolz zu werden. Wolle der Himmel, daß ich jene Ehre verdiene, die mir nur durch die Güte der Freunde und die Großzügigkeit der Meister der Akademie von Frankreich und Ihrer Nation zuerkannt worden ist[313].

Es ist die Zeit kurz vor einer neuen Wertschätzung der nützlichen Künste, der Handwerke, die von der *Encyclopédie* unterstützt wird: ein Moment, da jegliche Produktion, die dem Luxus der herrschenden

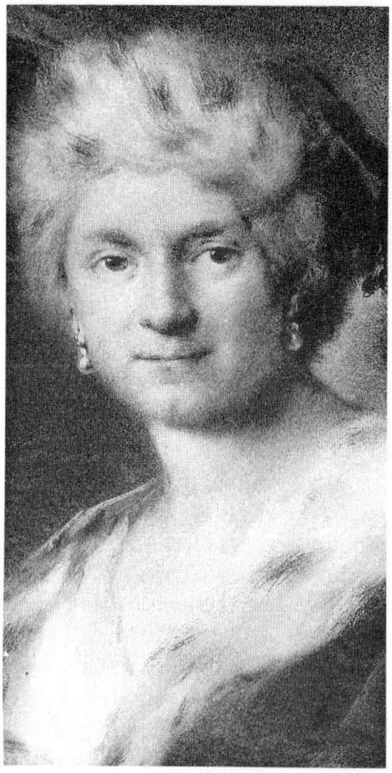

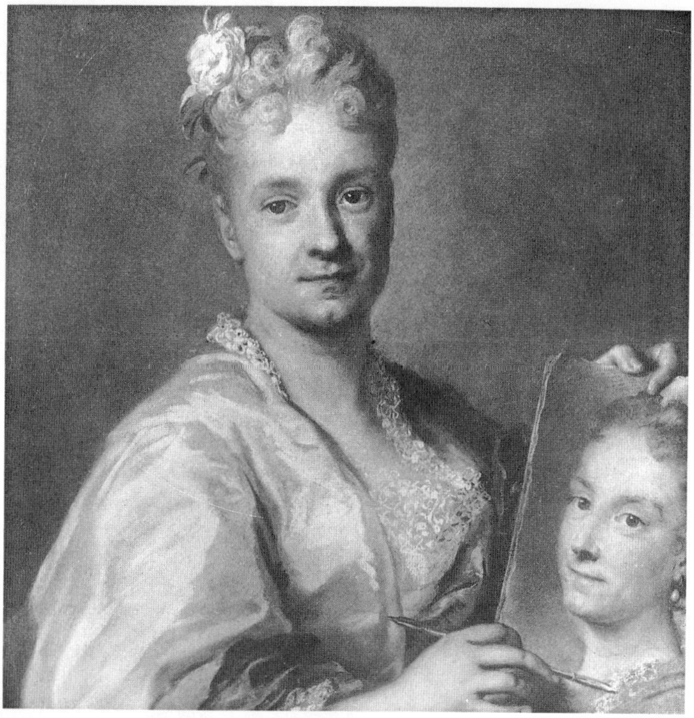

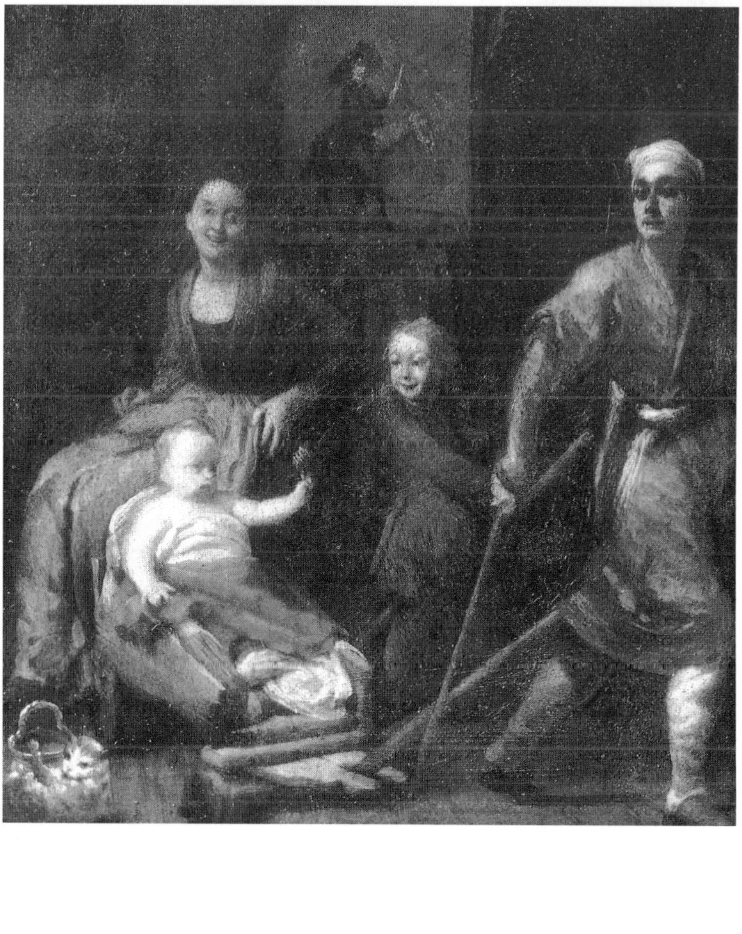

oben links:
ROSALBA CARRIERA,
Selbstbildnis, 1731
Ausschnitt

oben rechts:
ROSALBA CARRIERA,
Selbstbildnis, 1715
Ausschnitt

unten:
GIUSEPPE MARIA CRESPI,
Selbstbildnis mit Familie, 1708

Klasse dient, aufblüht, und die Vorherrschaft der großen Künste sich auf das Prestige all jener Techniken stützen kann, die zur Herstellung von Luxusgütern des Alltagslebens beitragen – sei es die Kunsttischlerei, sei es die wieder aufgewertete Goldschmiedekunst oder seien es auch die in ganz Europa triumphierenden Porzellanmanufakturen. Das Land, das dabei den Ton angibt, ist das Frankreich Ludwigs XIV. und Ludwigs XV., in dem der Künstler für die herrschende Klasse unverzichtbar ist und in dem eine unmittelbare Beziehung zwischen der Herstellung von Luxuswaren und den »großen« Künsten besteht, deren Techniken häufig auch als erste zu den führenden Künsten werden. Ein Bottari protestiert freilich dagegen, daß überall sakrales und profanes Machwerk entstehe, das »ohne Sinn und Verstand« gearbeitet sei, »... wie die Schnörkeleien von gewissen Holzschnitzern bei der Herstellung von Ornamenten für Spiegel oder Kutschwagen oder Tischbeinchen«[314].

In einem solchen Zusammenhang hat das, wofür Poussin Bellori als Modell dient, offenkundig keine Gültigkeit. Der Charakter des Genies selbst steht nicht mehr zur Diskussion; man bevorzugt den unmittelbaren Kontakt mit der ebenso liebenswürdigen wie kuriosen Persönlichkeit, und die Begabungen, die eine außergewöhnliche Persönlichkeit ausmachen, werden als das hingenommen, was Carlo Goldoni in seinem Vorwort zu den *Femmine puntigliose* (Die eigensinnigen Frauen) über den Adel sagt: eine »große Zierde, von allen und jedem begehrt, und ist doch nur durch Geburt zu erlangen«, und »alles Gold der Welt reicht nicht aus, das Blut zu ändern ...«.

Ohne zu leugnen, daß Genie oder Talent unverzichtbar seien für den, der sich den bildenden Künsten widme, neigt man dazu, andere Aspekte herauszustellen,die für die Heranbildung des großen Künstlers nicht weniger wichtig erscheinen. Die Anfänge Marattas, wie Bellori sie beschreibt, die Mißgeschicke und die kontinuierlichen Mühen ähneln dem, was Federico Zuccari in seinen – der Jugend des Bruders Taddeo gewidmeten Bildern – zeigte: Noch im Schlaf murmelt er, daß er zeichne. Was die Vollkommenheit in der Kunst ermöglicht, ist diese unablässige Übung – was auch der künstlerische Direktor am Hofe Cosimos III. in Florenz, Giambattista Foggini, beweist, der nach der Lebensbeschreibung Gaburris »beim Zeichnen verstarb«[315].

Eher als von Genie, das sich vielleicht niemals ohne ein persönliches Engagement entfalten würde, könnte man von Verdienst sprechen. Das Diplom, das Poussin 1641 von Ludwig XIII. ausgestellt wird, hebt charakteristischerweise das Talent hervor: Seine Majestät empfänden eine besondere Wertschätzung für den Maler wegen

> ... des hohen Grads der Vortrefflichkeit, zu dem er in der Kunst der Malerei gelangt ist; nicht nur aufgrund der langen Studien, denen er sich in allen zur Vollkommenheit notwendigen Wissenschaften unterzogen hat, sondern darüber hinaus der natürlichen Anlagen und Talente wegen, welche ihm Gott für die Künste mitgegeben hat ...

Der kurze Brief hingegen, mit dem der Sonnenkönig Bernini am 11. April 1665 nach Paris beruft, spielt mit dem »Verdienst« auf eine besondere Personalisierung der Aufgabe an, zu der der Künstler ausersehen worden ist:

> Signor Cavalier Bernini, ich empfinde solch eine besondere Wertschätzung Eurer Verdienste, daß ich großes Verlangen habe, eine so berühmte Persönlichkeit zu sehen und näher kennenzulernen; vorausgesetzt, daß dieser mein Gedanke mit dem Dienst unseres Heiligen Vaters und mit Eurer eigenen Bequemlichkeit vereinbar sei[316].

Daß alle Welt von Genie und angeborenen Begabungen spricht, wird in den Briefen Rosalba Carrieras gewissermaßen ausgeklammert: Sie hofft, daß es möglich sein werde, in ihren Werken das »Verdienst« zu erkennen, und wenn sie auf eine Gabe verweist, die wie der Geschmack eher angeboren als erworben scheinen könnte, so bezieht sie sich nicht auf sich selbst, sondern auf den Grafen Caylus, dem eine ihrer Miniaturen zugedacht worden ist.

Beim Lesen der ersten Zeilen des liebenswürdigsten Briefes Eurer Hochwohlgeboren sagte ich mir: der Vorteil liegt nicht auf seiten des Signor Mariette, es ist ganz und gar mein Vorteil, als seine Freundin zu gelten, und mir wird daher größere Ehre teilhaftig werden, ihm zu Diensten zu stehen. Doch indem ich in meiner Lektüre fortfahre und höre, daß es sich um eine Miniatur handele, sehe ich sogleich für jemanden, der wie ich gänzlich aus der Übung ist, eine nicht geringe Schwierigkeit, die sich noch dadurch erhöht, daß sie – wie ich höre – von einer Person mit gutem Geschmack verlangt werde, die sich darauf versteht, die ebenfalls zeichnet; und schon war ich entschlossen, Euch zu bitten, mich nicht eine Verpflichtung eingehen zu lassen, die meinem Ruf nur Nachteile erbringen könnte. Doch als ich so weit gelangte, den verehrten Namen des Grafen von Caylus zu erfahren, verharre ich in meiner Überraschung, ohne mich entschließen zu können, ihm in allem, was in meinen Kräften stehen wird, zu dienen. Aber wie werde ich nun etwas zustande bringen können bei dem Gedanken, daß es mit Augen von solchem Verstand und Urteilsvermögen gesehen werde, da ich es doch inzwischen aufgegeben habe, in jener Manier zu arbeiten? (...) Ich werde versuchen, etwas zu tun, um zu sehen, wie es mir gelingt; und wenn ich auch beinahe sicher bin, daß ich keine Nachsicht verdienen werde, so hoffe ich doch nicht weniger, daß mein guter Wille eine gewisse Anerkennung zu finden verdient.

Im übrigen ist der Geschmack selbst eine Begabung, die gewissen Regeln unterliegt und die auszubilden eine genaue Erziehung erfordert: An der Stelle, wo Lanzi unverkennbar auf eine Lehrzeit von neoklassischem Ansatz anspielt, verweist er auf den »ganz unverfälschten Geschmack« des Rates von Reiffenstein, jenes Antikenkenners, um den sich die berühmtesten Reisenden versammeln, die zur Zeit der Italienreise Goethes nach Rom kommen[317].

Die Wirkungen des »heiteren Sinns« und des »glücklichen Genies« Canalettos werden von Anton Maria Zanetti analysiert:

Canal verband in seinen Bildern Natur und malerische Freiheiten mit solcher Ökonomie, daß seine Werke jedem, der nur gesunden Menschenverstand hat, um darüber zu urteilen, als wahr erscheinen; und wer viel davon versteht, findet darüber hinaus große Kunst bei der Wahl der Ansichten, in der Verteilung der Figuren auf den Plätzen, bei der Handhabung von Licht und Schatten; weiterhin eine schöne Klarheit und eine beherzte Leichtigkeit der Farbe und des Pinsels: Wirkungen eines heiteren Sinns und eines glücklichen Genies[318].

In diesem Klima wird man ohne Schwierigkeiten annehmen dürfen, daß sich ein Künstler bei den wichtigeren Briefen hilfesuchend an literarische Freunde wandte; doch kann man um im 18. Jahrhundert ausschließen, daß ein bedeutender Maler erklären dürfte – wie es Gentileschi bei dem Prozeß von 1603 noch tat –, er könne zwar schreiben, »aber nicht sehr korrekt«[319]. Briefsammlungen zur Kunst des Disegno wie die, die zwischen 1757 und 1773 von Bottari herausgegeben wird, lassen die verschiedensten Abstufungen erkennen, von der liebenswürdigen und respektvoll vertraulichen Art Rosalba Carrieras bis zu einer einfachen und praktischen Stilart, in welcher Maler, die sich ihrer Rolle bewußt sind, in aller Offenheit an Auftraggeber von höherem sozialen Rang schreiben. Am 3. September 1692 schreibt Marcantonio Franceschini an Marcantonio Donzelli nach Bergamo wegen der Bilder für die Kirche Santa Maria Maggiore, um die man ihn gebeten hatte:

Daß jene Herren erschreckt worden sind von der Forderung, die an sie gestellt worden, wegen der Hälfte der Arbeit in Santa Maria Maggiore, und sie darauf sagen, daß Cignani für denselben Preis alles machen will, hat mir sehr leid getan, weil ich immer gewünscht habe, meine schwachen Arbeiten sehen zu lassen, wo andere gearbeitet haben, wie jetzt dort; aber ich versichere Eurer Durchlaucht, daß ich mich bei den Vereinbarungen, die mehrfach mit anderen getroffen worden, so eingerichtet und, damit ich nicht, was wahrscheinlich ist, mich selbst betrügen würde, mir vorgestellt habe, daß die Arbeit, die ich nicht gesehen, größer sein könnte, als sie in Wirklichkeit ist. Und wenn es wahr ist, daß Signor Cignani (wie ich es auch wohl glauben will) vor Jahren alles für zweitausend machen wollte, so ist es ebenfalls wahr, daß ich es heute nicht mehr für viertausend machen würde. Was mich betrifft, das habe ich anderen gegenüber schon zu verstehen gegeben und erkläre es nochmals, bin ich bereit, wenn jene Herren mich damit beehren wollen, mir die ganze Arbeit zu geben, mich mit dem zu begnügen, was sie mit Giordani vereinbart hatten; aber für die Hälfte wird es ihnen schwerfallen, mit mir zu einer Vereinbarung zu kommen, denn für eine solche Bagatelle, auch wenn sie mir dafür mehr als genug bezahlten, würde ich meine Heimat nicht verlassen, wo es mir, Gott sei Dank, nicht fehlt an Gelegenheiten und Bequemlichkeiten bar jeglicher Gefahr[320].

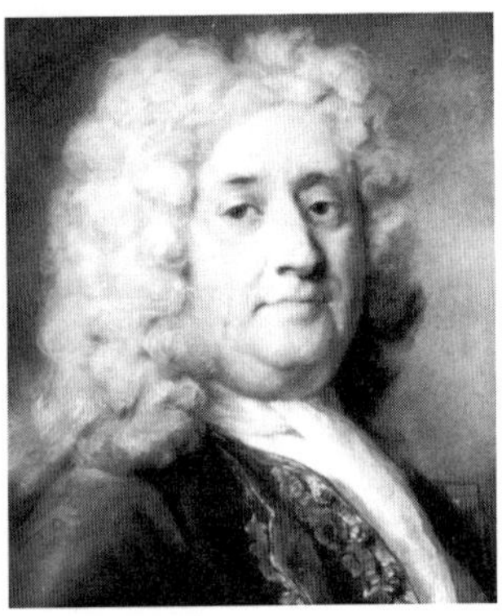

ROSALBA CARRIERA,
Portrait des Sebastiano Ricci

Obwohl er weit gereist war und weltläufige Umgangsformen besaß, schlägt Sebastiano Ricci in einem Brief vom 25. März 1730 an den Grafen Gian Giacomo Tassis – es geht um ein Altarbild in Sant'Alessandro in Bergamo – einen Ton an, der noch erheblich brüsker ist; vielleicht schrieb er absichtlich im Stil eines Handwerkers:

Nun stehe ich zu Ihren Diensten. Was ich also zu sagen habe, ist dies, daß ich, der Ehre wegen, die Sie mir mit Ihrem Auftrag für ein Altarbild mit den Seelen im Fegefeuer angetan haben, die Größe des besagten Altars genommen habe, und da es eine Sache ist, die sich auf die gereinigten Seelen beziehen soll, würde ich das Bild aufteilen, um in der Höhe die Jungfrau mit dem Jesuskind und einer angemessenen Engelsschar darzustellen; unten die im Feuer inständig flehenden Seelen; auf die eine Seite möchte ich den Hl. Gregor d. Gr. stellen, wie er Gott und die Jungfrau um die Befreiung besagter Seelen bittet, und an eine andere Stelle, sofern dies gewünscht wird, den Hl. Alexander, den Titularheiligen der Kirche. Sodann würde ich in den Zwischenräumen Engel erscheinen lassen, welche die Seelen in die himmlischen Gefilde tragen.

Dies etwa wäre meine Idee, aber ich sage dies, um mich darin korrigieren zu lassen. Innerhalb eines Jahres verpflichte ich mich, es Ihnen fertigzustellen; dies sofern es Gott gefällt. Was nun den niedrigsten Preis anbetrifft, den ich (der Vermittlung Eurer verehrten Hoheit wegen) machen kann, werde ich das Bild für nicht weniger als 550 Dukaten, in Worten fünfhundertundfünfzig Dukaten, machen. Ich habe alles genau überlegt, was daran gearbeitet werden und zur Darstellung kommen soll; wenn ich es mache, ist es nicht möglich, es zu einem geringeren Preis zu machen. Ich sage dies, um die Anzahl der Briefe nicht weiter zu erhöhen. Eure verehrte Hoheit möge sehen, ob die Bruderschaft auf diesen Vorschlag eingehen wird; wenn nicht, bin ich der ergebenste Diener des ruhmreichen Hauses Tassis, als der ich, da ich in allem Gehorsam zu unterzeichnen die glückliche Gelegenheit habe, für jetzt verbleibe[321].

Der Künstler der »Encyclopédie«

Die *Encyclopédie* wird in der Auseinandersetzung um die Figur des Künstlers, die auf so enge Weise mit der Geschichte der italienischen Kunst verflochten ist, ein entscheidendes Erbe antreten; sie wird viele der Argumente, die sich dort entwickelt und herauskristallisiert haben, der Kultur der europäischen Aufklärung vermitteln. Der Gegenstand selbst ist voller Widersprüche, wenn man nur bedenkt, wie die Figur des Künstlers aus einer Reihe ihn entfremdender Projektionen in dem Augenblick hervorgeht, da ihm, ohne daß er den angestammten Bereich des Handwerks hätte verlassen können, die Rolle eines Schöpfers von Kultur zugesprochen wird.

Die Definition der bildenden Künste wird in dem Werk der Enzyklopädisten von der Diskussion um den Luxus und von der Thematik des »ut pictura poesis« bestimmt: Die Malerei ist eine Luxusgattung, welche leidenschaftliche »Phantasmen« entstehen läßt. Wie die Dichtung ist sie eine angenehme, aber keine notwendige Sache; »si la vertu a entrepris d'ennoblir par-là, et de relever le mérite de la poésie et de la peinture, c'est un bienfait que ces deux arts tiennent d'elle, et qui dans le fond leur est absolument étranger« (wenn es die Tugend nun unternommen hat, sie dahingehend zu veredeln und die Vorzüge der Poesie und der Malerei zu enthüllen, so ist dies ein Dienst, den beide Künste von ihr empfangen und der ihnen im Grunde doch absolut fremd ist). Beide Künste sind Schwestern, die dasselbe Ziel mit verschiedenen Mitteln verfolgen; der Vorteil der Malerei besteht in der Fähigkeit, sich der Seele mittels der Sinne zu bemächtigen, was möglicherweise das sicherste Mittel ist, sie zu erobern. Wie Dubos in den *Reflexions critiques sur la poésie et sur la peinture* (Kritische Reflexionen über die Dichtung und die Malerei) zusammenfassend sagt, bedient sich die Malerei im Gegensatz zur Poesie keiner »künstlichen«, sondern »natürlicher« Zeichen[322].

Die Malerei ziehe Ungebildete und Kenner gleichermaßen an (sie erlaube niemandem, an einem hervorragenden Bild vorbeizugehen, ohne einen Augenblick lang stehen zu bleiben und das Vergnügen der Überraschung zu genießen); daher hätten die Herrschenden sich immer der Malerei und der Skulptur bedient, um die von ihnen gewünschten politischen und religiösen Gefühle zum Ausdruck zu bringen. Der öffentliche Gebrauch und Nutzen, zu dem sich die bildenden Künste anbieten, ist somit offensichtlich, und es sind genau diese Zwecke, welche die *Encyclopédie* anempfiehlt. Das Beispiel der Fresken und Altarbilder des zeitgenössischen Roms werden auf die Idealwelt einer griechischen Antike projiziert, in der die Werke der großen Meister tatsächlich nicht als Gegenstände angesehen werden, die zur Ausstattung von Privatgemächern bestimmt wären, sondern als ein öffentlicher Kunstschatz zur Freude und Erbauung aller Bürger. Die Leidenschaftlichkeit jener Künstler und ihre Anlage, ihr Talent zu entfalten und zu vervollkommnen, solle man daher nach dem Ehrgeiz der zeitgenössischen beurteilen, ihre Werke auszuschmücken und zu bereichern oder öffentliche Aufträge zu erhalten[323].

Gemäß einer normativen Lektüre der aristotelischen Untersuchung, ob die Malerei Gefühle erwecken könne, muß diese Kunst ›bewegen‹. Die alte Abstufung von Federico Zuccari zwischen natürlichem und künstlichem Disegno wird bei Félibien zu einer Unterscheidung zwischen einem guten Maler, der die Natur nachahme, die gewöhnlichen Geister zufriedenstelle und allen gefalle, und dem *peintre sçavant*, der bei den sublimsten Geistern Bewunderung finde, der die gewöhnlichsten Gegenstände mit der Erhabenheit seiner Gedanken zu adeln wisse. Wenn Dubos eben dieses Argument in einem eher konstatierenden als normativen Gestus entwickelt, scheint er dabei Gedanken auszuführen, die den Beobachtungen Jaucourts unmittelbar vorausgehen: Ein Bild könne allein wegen der Anmut des dargestellten Gegenstands gefallen, und unsere Bewunderung richte sich daher auf den Nachahmer, welcher die Natur gut abzukonterfeien gewußt habe; denn auch als eleganter Zeichner und mit der Natur rivalisierender Kolorist werde der Maler als ein großer Künstler gelten können, selbst wenn er sein Talent nicht darauf zu wenden verstünde, bewegende Themen darzustellen, um seine Bilder mit dem Leben und der Wahrscheinlichkeit zu erfüllen, die sich bei Raffael und Poussin empfinden ließen. Die Bilder der lombardischen Schule beispielsweise würden bewundert, obwohl sich die Maler vor allem darum bemüht hätten, den Augen mit schönen Farben zu schmeicheln[324].

Bei der Analyse der Malerei vor Raffael stellt der Chevalier de Jaucourt fest, daß diese Kunst um 1450 in Italien noch ungeschliffen sei: man habe skrupulös nach der Natur gezeichnet, ohne diese zu veredeln. Die Köpfe seien mit solcher Sorgfalt ausgeführt, daß man die Haare zählen könne, die Drapierungen seien brillant koloriert und mit Gold nachgebessert worden: Trotz ihrer sicheren Hand hätten diese Maler jedoch nicht das geringste Feuer gehabt, der Funken ihres Genies habe sich noch nicht entzünden können. So fehlten das ›sfumato‹, die Luftperspektive, die Eleganz der Umgebung, die schöne Art, den Faltenwurf zu legen; vor Raffael habe das Martyrium eines Heiligen nicht rühren können. Es sei dies der Weg der getreuen Naturnachahmung gewesen, die die Schönheit nicht zu erkennen und auszuwählen verstanden und somit die Natur nicht geadelt habe: eine Mimesis, welche die Natur so darstelle, wie sie sei, und nicht in ihrer Reinheit. Diese Beschränktheit wird in einem Zug der chinesischen Malerei, der deutschen und der alten flämischen Malerei zum Vorwurf gemacht: Der niedere und komische Stil der Holländer habe schließlich nicht nur ihre Genrebilder bestimmt, sondern auch die Themen ihrer Historien[325].

Der Übergang von dem Stil der Primitiven zu dem erhabenen der Florentiner und zu der Größe Raffaels sei nicht durch die Vermittlung von Akademien zustandegekommen, nicht durch eine akademische Routine, deren Unterricht darauf hinauslaufe, daß man seinen eigenen Meister nachahme, sondern von solchen Künstlern erreicht worden, die nur Schüler ihres eigenen Genies gewesen seien: »Venedig findet man ganz unvermittelt reich an hervorragenden Malern, ohne daß die Republik neue Akademien gegründet oder den Malern neue Preise oder größere Belohnungen ausgesetzt hätte.« Es seien daher die Ursachen dieser segensreichen Wirkungen zu untersuchen, die sich in ganz Italien verbreiteten, bis schließlich Correggio in seinem Dorf zu einem großen Maler von ganz besonderer Art habe werden können. Was Frankreich betreffe, so möge man das Aufblühen der klassischen Malerei des 17. Jahrhunderts keinesfalls der Gründung der Akademie zuschreiben; es verdanke sich vielmehr dem Genie der Nation, ihrem Reichtum, der Präsenz so vieler Meisterwerke in den Sammlungen des Königs und des Herzogs von Orléans[326].

Als Heros erscheint auch in diesem Zusammenhang wieder Poussin, der Raffael Frankreichs, der erste Maler seiner Zeit: »Un beau et heureux génie, joint au travail assidu le firent marcher à grands pas dans la route du sublime« (ein schönes und glückliches Genie, im Verein mit beharrlicher Arbeit, ließen ihn in großen Schritten auf dem Weg des Sublimen vorangehen); beseelt ganz allein von dem Wunsch, sich in seiner Kunst zu vervollkommnen, habe er arm, doch zufrieden gelebt. Er wird als »le peintre des gens d'esprit et de goût« (Maler der Leute von Geist und Geschmack) definiert, doch könnte man ihn auch »le peintre des savants« (Maler der Gelehrten) nennen.

Le jugement, la sagesse et en même temps la noblesse de ses compositions, l'expression, l'érudition, la convenance et la poésie de l'art brillent dans tous les sujets qu'il a traité. Ses inventions sont des plus ingénieuses; son stil est fort, grand, heroïque. Ses premiers tableaux sont bien coloriés; mais dans la suite il a paru craindre que la charme du coloris ne lui fît négliger le dessein et n'ôtoit à ses productions les finis

qu'il y vouloit mettre. On a dit qu'il inventoit encore quand il n'avoit plus les talents nécessaires à l'éxecution de ses inventions. Son génie avoit survé à la dexterité de sa main.
(Das Urteilsvermögen, die Weisheit und gleichzeitig der Adel seiner Kompositionen, der Ausdruck, die Gelehrsamkeit, die Angemessenheit und die Poesie scheinen durch alle Gegenstände hindurch, die er behandelt. Seine Erfindungen sind die sinnreichsten; sein Stil ist kräftig, groß, heroisch. Seine ersten Tafeln sind gut koloriert; doch in der Folge scheint er geglaubt zu haben, daß der Reiz der Farbe ihn dazu führe, die Zeichnung zu vernachlässigen, und seinen Arbeiten die Gestalt nehme, die er ihnen geben wollte. Man sagt, daß er noch erfand, als er bereits nicht mehr die hinreichende Kraft besaß, seine Erfindungen auszuführen. Sein Genie hatte die Fertigkeit seiner Hand überlebt.)[327]

Die Polemik gegen die Akademie, die eine Opposition gegen diese Art von Monopol darstellt, setzt auf die Unmöglichkeit, das Genie durch Institutionen zu normalisieren: »die Regeln und die Gesetze des Geschmacks«, bemerkt Saint-Lambert, »hemmen das Genie«. Menschen »von Geist«, die mit gutem Auge und gelehriger Hand ausgestattet seien, könnten große Meisterwerke kopieren und auch gute Maler werden; doch ohne Genie wären sie niemals große Künstler. Einer der Vorteile der Malerei sei es, daß sich kein besonderer Glücksfall ereignen müsse, um das wahre Genie hervortreten zu lassen: Fortuna, »diese Göttin der Welt kann nur selten die Hilfsmittel verweigern, die dazu notwendig sind, daß sich das Talent zu erkennen gebe. Alles wird zu Palette und Pinsel in der Hand eines Jungen, der mit dem Geist der Malerei begabt ist...«. Es müssen also keine Vorbedingungen wie jene gegeben sein, auf die Dubos anspielt, wenn er von dem Oberbefehl des Heeres spricht, den man nur dann ausüben könne, wenn man von adliger Herkunft sei, oder die er im Hinblick auf die Architektur nennt, die günstige Umstände zur Realisierung der Gebäude erfordere. Dubos' Definition des Genies als die Fähigkeit, Dinge gut und leicht auszuführen, welche andere nur schlecht und mit großer Mühe vollbrächten, kann sich auf Saint-Lambert stützen, der in der *Encyclopédie* unter dem Stichwort »Genie« folgendes ausführt:

In den Künsten, in den Wissenschaften und in der Politik scheint das Genie die Natur der Dinge zu verändern; sein Charakter versieht alles, was es berührt; sein Verstand und seine Urteilskraft, die sich über die Vergangenheit und die Gegenwart erheben, werden sich wagemutig auf die Zukunft richten: das Genie überragt sein Jahrhundert, das ihm nicht zu folgen vermag, es läßt den Geist weit hinter sich zurück, den es mit Vernunft kritisiert und der in seinem ordentlichen Fortgang niemals der Gleichförmigkeit der Natur entraten wird. Der Mensch, der das Genie definieren will, fühlt es eher, als daß er es kennte; es müßte selbst von sich sprechen...[328]

Das Genie ist unvorhersehbar, unberechenbar: es kann eine lange Inkubationszeit brauchen, bis es hervortritt, wie bei Domenichino; es kann – wie bei Pontormo in den Fresken von San Lorenzo – erlöschen; wie bei Poussin kann es die Hand dessen, den es führte, überleben[329]. Besonders markant sind die Beobachtungen zum Genie in der Bildhauerei; unter dem Stichwort *Sculpture* schreibt Etienne-Maurice Falconet:

Un sculpteur doit avoir l' imagination aussi forte qu'un peintre, je ne dis pas aussi abondante; il lui faut de plus une ténacité dans le génie qui le mette au-dessus du dégoût causé par le mécanisme, la fatigue et la lenteur de ses opérations. Le génie ne s'acquiert point, il se développe, s'étend et se fortifie par l'exercice.
(Ein Bildhauer muß eine Vorstellungskraft haben, die ebenso kraftvoll, wenn auch nicht so reich, wie die eines Malers sein muß; sein Genie bedarf dazu einer Beharrlichkeit, welche den Widerwillen, bedingt durch die mechanische Arbeit, die Mühe und die Langsamkeit seiner Arbeiten, überwindet. Das Genie verharrt niemals, es entwickelt sich, es erweitert und vergrößert sich durch die Übung.)

Sowohl die Malerei als auch die Skulptur hätten ihre Schwierigkeitsgrade; es sei ungerecht, die eine der anderen vorzuziehen. Daß es nicht weniger Genie erfordere, den *Attila* des Algardi im Petersdom in Marmor auszuführen, als denselben Gegenstand zu malen, wird in dem Artikel *Sculpture* ausdrücklich betont[330].

Was die soziale Stellung des Künstlers angeht (der sein wahres Talent enthüllen und auch mit bescheidener Herkunft sich entfalten könne), beschränkt sich der Chevalier de Jaucourt darauf, das Beispiel der außergewöhnlich schönen Tochter von Mignard anzuführen, die ihre zärtliche Liebe für den Vater öffentlich bekundete, indem sie ihm ein schönes Monument errichten ließ, ohne auf die dumme und barbarische Idee zu kommen, wieviele Damen in ihrer Stellung sich geschämt hätten, Tochter eines berühmten Künstlers zu sein.

In dem Artikel *École* konstatiert D'Alembert den Niedergang der Malerei, der nach Italien sich nun auch in Frankreich abzeichne. Gegen die Lebensweise der zeitgenössischen Künstler wird ganz entschieden Stellung bezogen: Der Geschmack der Maler könne vom Porzellan und von den Chinoiserien korrumpiert worden sein, zumal sich die Monumentalmalerei auf wenige kirchliche Aufträge beschränkt habe. Eine Dekadenz, die sich allerdings in der Bildhauerei nicht finden lasse:

Une seconde raison non moins réelle que la première et qui mérite beaucoup plus d'attention, parce qu'elle peut s'appliquer aux lettres comme aux arts, c'est la vie différente que menent les peintres et les sculpteurs. L'ouvrage de ceux-ci demandant plus de temps, plus de soins, plus d'assiduité, les forces à être moins répandus: ils sont donc moins sujets à se corrompre le goût par le commerce, les vues et les conseils d'une foule de prétendus connoisseurs, aussi ignorants que présomptueux. Ce seroit une question bien digne d'être proposée par une des nos academies, que d'examiner *si le commerce des gens du monde a fait plus de bien que de tort aux gens de lettre et aux artistes.*»

(Eine zweite und nicht minder konkrete Ursache als die erste, die zudem noch größere Aufmerksamkeit verdient, da sie sowohl für die Literatur wie für die bildenden Künste gilt, ist das unterschiedliche Leben, welches die Maler und die Bildhauer führen. Die Arbeit der letzteren erfordert mehr Zeit, größeren Eifer und größeren Fleiß und zwingt sie dazu, ihre Kräfte stärker zu konzentrieren: Sie sind somit weniger dem Verderbnis und Verfall des Geschmacks durch den Handel und die Ansichten und Ratschläge einer Vielzahl von vorgeblichen und ebenso ignoranten wie anmaßenden Kennern ausgesetzt. Es wäre diese Frage würdig, von einer unserer Akademien gestellt zu werden: zu untersuchen, *ob der Handel mit Leuten von Welt den Literaten und Künstlern eher zu- als abträglich gewesen.*)

Und D'Alembert führt das Beispiel eines großen Bildhauers an, der sich niemals Tragödien und ähnliche Spektakel ansehe, in der Furcht, daß die seltsame Manier, in der die dort auftretenden Götter und Helden bekleidet seien, die wahren, majestätischen und einfachen Ideen verderbe, die er sich davon gemacht habe. Wahrscheinlich könne der fortwährende Kontakt mit einer Schar falscher Kunstrichter ähnlich schädliche Auswirkungen auf die Künstler haben, die auf jene hörten. Die französische Malerei werde gänzlich verkommen, wenn einfache Liebhaber und Dilettanten den Anspruch erheben würden, darin tonangebend zu sein, und mit ihren Abhandlungen die Künstler zu mittelmäßigen Schöngeistern und schlechten Malern erzögen. Raffael habe weder über die Kunst noch andere derartige Abhandlungen geschrieben, er habe die Natur und die Antike studiert. Nur in schwachen Zeiten müßten die Künstler über ihre Kunst schreiben, wenn das Feuer der Imagination im Laufe der Zeit langsam zu erkalten beginne und es daher zweckmäßig sei, auf verschiedene Weise die eigenen Erfahrungen zusammenzutragen[331].

Dies also sind die Themen, die zunächst von Bellori ausgehen und über die Vermittlung von Dubos zu einem grundlegenden Bestandteil der französischen Kunstdiskussion werden, die von der ungestümen Insistenz des Genies und seiner Rechte inspiriert werden und die über die *Encyclopédie* in ganz Europa Verbreitung finden. Der Klassizismus und die Unabhängigkeit des Künstlers vom Auftraggeber haben zahlreiche Gemeinsamkeiten mit den Problemen, die Bottari 1754 darstellt und die sicherlich nicht auf den retrospektiven Charakter seiner Schriften zurückzuführen sind.

Und aus dieser – auf Bellori zurückgehenden – Tradition entsteht gegen Ende des Jahrhunderts die Rechtfertigung für eine Verknüpfung von klassischem Stil und bürgerlichem Engagement, die David einander vollkommen anzugleichen versteht; man denke an das Jahr 1794, als er in dem belagerten Frankreich den *Raub der Sabinerinnen* malt. Während innerhalb des europäischen Panoramas ein Goya oder Constable in anderen Welten leben, die mit den in der *Encyclopédie* aufgeworfenen Problemen nichts zu tun haben (und während Canova sich anschickt, seine Formvollkommenheit in den Dienst eines jeden beliebigen Herrschers zu stellen – darin ein Monti und sicher kein Foscolo der bildenden Kunst), lebt David in der französischen Revolution diese Thematik aus, entfaltet das Bild des Künstlers, wie es in Italien entstanden ist, indem er es auf ein bürgerlich-politisches Engagement bezieht: Und bestätigt und unterstreicht einige der Zweideutigkeiten und Mißverständnisse, die jene Tradition immer begleitet haben und die dieselben sind, die wohl auch heute noch der Klärung bedürfen, wann immer Künstler durch thematische oder stilistische Entscheidungen ihr politisches Engagement zum Ausdruck bringen wollen.

MASSIMO FERRETTI

Fälschungen und künstlerische Tradition

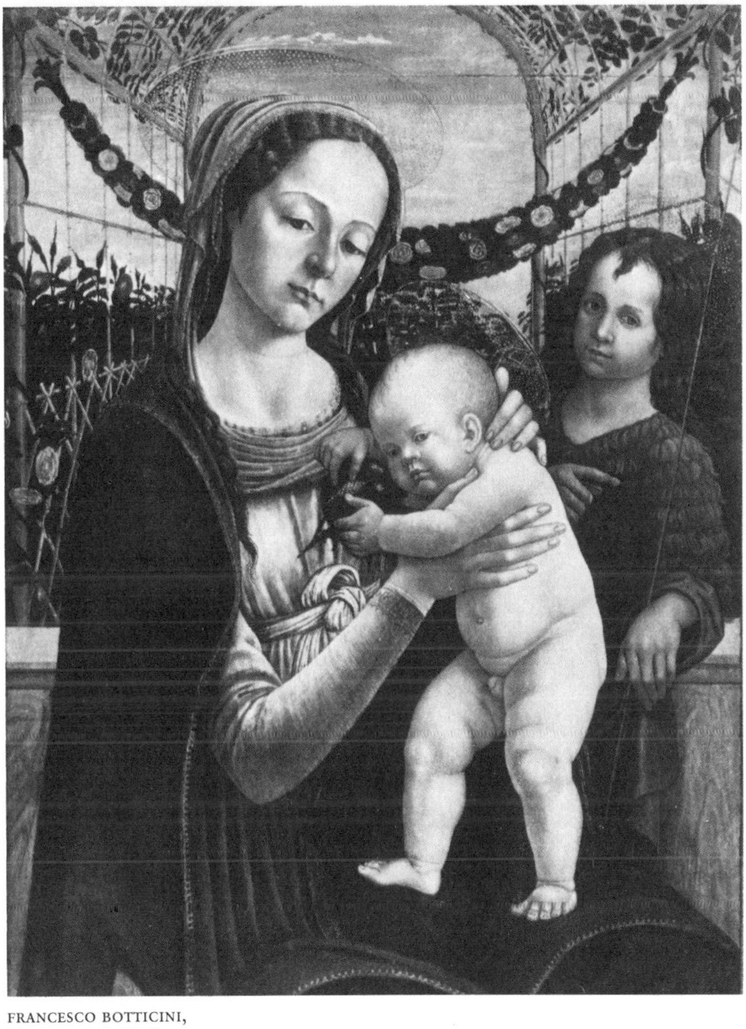

FRANCESCO BOTTICINI,
Madonna mit Kind

SIMONE DEI CROCIFISSI,
Madonna mit Kind,
um 1360

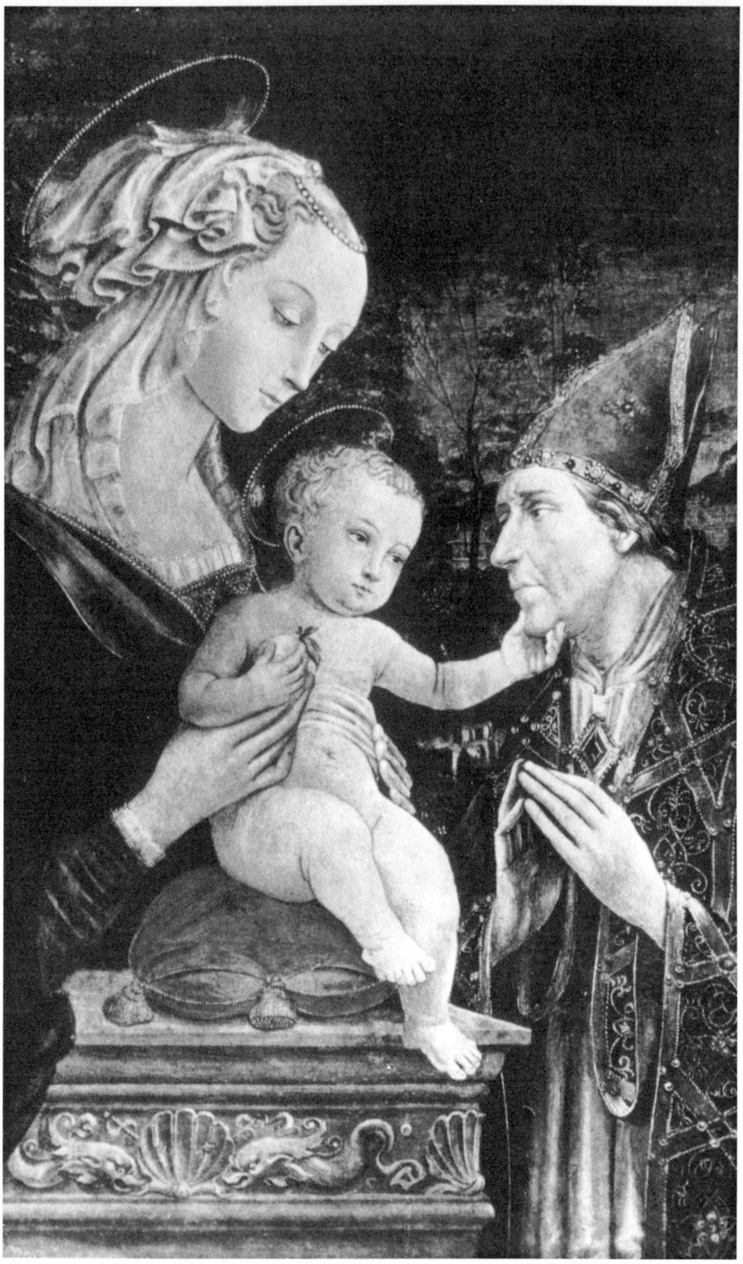

»Ich würde wetten, es gibt jemand, der bereit wäre zu behaupten, die Sixtinische Kapelle sei nicht von Michelangelo oder von Tizian oder von wem sonst. Und wäre sie zum Verkauf angeboten, ich wurde sie ihm mit Sicherheit abjagen.«
»Warum versuchst du nicht einfach mal etwas anderes, einen Mirò oder einen Modigliani?«
Er starrte mich an. »Aber man kann doch den Stil nicht wechseln wie das Hemd. Das hier ist Kunst!«
GAVIN LYALL, *Die Venus mit der Pistole*

»In der jahrhundertelangen Geschichte der Fälschungen [...] gibt es doch immer wieder schöne Beispiele, die in einer Geschichte des Geschmacks der Erwähnung wert wären.«
ROBERTO LONGHI, *Dubbj su una ›tegola‹...*

Vielleicht sind die beiden Auszüge aus einem Kriminalroman geeignet, ganz grob das Kräftefeld zu umreißen, in dem sich die materielle Kultur der Fälschungen bewegt: Das kritische Urteil, das Änderungen in der Wahrnehmungsweise lenkt (absichtlich oder nicht, unbewußt oder bewußt, im Moment der Ausführung oder später); ein schnell reagierender und einträglicher Markt für Produkte der bildenden Kunst; und ein ausgebildeter Kult der Ästhetik und vor allem der schöpferischen Person. Ohne eine feste Regel formulieren zu wollen, kann man doch vermuten, daß die Arbeit des Fälschers um so verbreiteter und leichter wird, je mehr diese Kräfte an Bedeutung und Wert gewinnen. Doch der vorangestellte Dialog gibt nur – in sehr direkter und in nicht einmal sonderlich ins Paradoxe übertriebener Form – den ganzen Wust an oberflächlichen Gemeinplätzen wieder, wie er der üblichen Art, mit dem Thema der Fälschungen umzugehen, eigen ist. Davon hebt sich die ehrliche Zielsetzung des Fälschers durchaus ab: als eine Variante des vulgär »romantischen« Stereotyps vom eigentlichen und mißverstandenen Künstler (der nur incognito geschätzt wird). Diese nicht seltenen Fälle (in letzter Zeit: der Gentleman Helmyr de Hory, der Engländer Tom Keating, der Italiener Peretti, der vom Museum in Cleveland erworbene Grünewald, die andauernden Streitigkeiten um De Chirico, die Frage der Martini) ziehen am Ende einen nicht unbeträchtlichen Teil der Aufmerksamkeit der Massenmedien für die Kunst auf sich. Es wäre voreilig oder Ausdruck eines intellektuellen Aristokratismus, diese Aufmerksamkeit nur einer kulturellen Oberflächlichkeit oder einem schlechten Journalismus zuschreiben zu wollen. Denn in Wirklichkeit werden hier die Kernpunkte einer Kunstbetrachtung sichtbar, die Kunst nach ökonomischen Maßstäben und nach solchen der Kontemplation bewertet. Wer ein wenig Übung darin besitzt, Schüler durch Museen zu führen, und folglich auch daran gewöhnt ist, sich gegen die immer wiederkehrenden Bemerkungen wie ein kriterienloses »Wunderbar!« oder ein ehrfürchtiges »Wieviel ist das wert?« zur Wehr zu setzen, der weiß, wie tief die Neigung zu dem verwurzelt ist, was dann später das krankhafte Interesse für Geschichten über Fälschungen hervorbringen wird.

Und doch binden die ständigen Berichte über falsche Rosai, falsche De Pisis, falsche Fontana etc. den widersprüchlichen Status der Kunst und des bildnerischen Produzenten in unserer Gesellschaft zu deutlich an die kulturelle Marginierung der Mehrheit und die ökonomischen Sorgen einer Minderheit. Würde man das Problem der Fälschung in der zeitgenössischen Malerei auf diese, nicht dem Journalismus verhaftete Weise angehen, würde es vielleicht definitiv in eine Art globaler Soziologie abgleiten.

In der Aufarbeitung einer höchst komplexen historischen Kasuistik hat sich die wissenschaftliche Fachliteratur[1] nicht immer vor den Risiken gehütet, die dadurch möglich wurden, daß ein Begriff von Fälschung, der sich erst unter späteren kulturellen und ökonomischen Verhältnissen herausgebildet hatte, unzulässigerweise auf die Geschichte zurückprojiziert wurde. Und bisweilen kam nichts anderes dabei heraus als eine Art Handbuch, mit dem man die Spreu vom Weizen trennen kann, nichts anderes als eine Fülle nützlicher Hinweise für den Sammler, den Museumsdirektor und – möglicherweise – den autodidaktischen Fälscher.

Die Einschränkung auf Italien und die zeitliche Beschränkung dessen, was auf diesen Seiten behandelt werden soll, erlauben es, dem Thema anders beizukommen. Nimmt man als gesichert, daß die Fälschung nicht in dem gefälschten Gegenstand besteht, sondern in den Ansichten der Kritik, die sie widerspiegelt, dann reicht zur Definition ihres Umfangs nicht allein der erklärte Vorsatz zur Produktion von Fälschungen[2]. Was aus diesem Vorsatz heraus geschaffen wurde, macht quantitativ nicht die Mehrzahl der Fälschungen aus; und zudem sind Fälschungen, die vollkommen unabhängig von Vorlagen angefertigt wurden, ausgesprochen selten. Solche Fälschungen – in gewisser Hinsicht sind sie die beweiskräftigsten – haben ein kurzes Leben, verschwindet ihre Fähigkeit zur Täuschung doch mit der Entwicklung des kulturellen Horizonts, der dem Fälscher wie den von ihm Betrogenen gemeinsam ist[3]. Die Fälschung wird dann zum letzten Beweis dafür, daß nicht einmal die historisch-künstlerischen Entwicklungen sprunghaft vonstatten gehen können[4].

Die diachronische Anlage ist jedoch vor allem deshalb unumgänglich, weil sie aus der Untersuchung der Fälschung ein zwar abweichendes, aber doch bedeutsames Beobachtungszentrum macht, von dem aus Kontinuitäten, Niveauunterschiede, Ausgrenzungsprozesse und Pharisäertum in der Kultur beurteilt werden können. Sie stellte also ein Instrument dar, mit dem die bildende Kultur Italiens sich selbst und ihre Geschichte betrachtete. Daß eine solche zeitliche Bestimmung notwendig ist, wird deutlich, wenn man zugleich bedenkt, daß das Gros des gefälschten Materials aus Objekten besteht, die im Lauf der Zeit anders klassifiziert wurden oder die in einer auch noch alten Technik wiederholt wurden. So wird sich zeigen, daß – unter falschem Gewande daherkommende – Kopien und serielle Objekte in jener Epoche eine unnatürliche Aura von »Authentizität« erlangen, von der Longhi vorschlug, sie für die Geschichte der Fälschung als im weiteren Sinne »romantisch«[5] zu bezeichnen: in jener Epoche also, die die ganz traditionelle akademische Bildung schon verabscheute und überhaupt alles, was irgendwie auf das Mechanische der Industrie anspielte, ablehnte. Objektiv gesehen muß das Studium der Gegenstände, die in der einen oder anderen Weise als Fälschungen gelten, jedoch von einer einfachen Tatsache ausgehen: Wenn Fälschungen überhaupt möglich sind, dann sind sie selbst nichts anderes als ein – vergessenes und komplexes – Beispiel für die Serialität und Kopierbarkeit, mit einem Wort: für die manuelle Reproduzierbarkeit künstlerischer Produkte[6].

»Aemulatio semper cum imitatione coniuncta sit« *

»... und vor allem muß man jene Fälschungen beurteilen, die im Rahmen von Bemühungen stattfinden, den äußeren Schein der alten Welt wiederherzustellen und zu rekonstruieren – ganz so, als wolle man damit die Zeit herausfordern.«
Carlo Dionisotti, in: »Rivista storica italiana«, LXXV, 1963

Ein Bericht über die Geschichte der künstlerischen Fälschung könnte seinen Anfang im Mittelalter nehmen. Es ist nicht schwer, historische Hinweise auf gefälschte Edelsteine zu finden: auf eben das, was sowohl Sammelobjekt, Objekt für Symbolbildung und religiösen Kult wie auch Objekt für Vermögensanlage sein konnte[7]. Anhand der Fälschung von Edelsteinen könnte man eine direkte Entwicklungslinie von den Renaissancen des Mittelalters bis zur humanistischen Sammelleidenschaft – etwa im Umfeld von Papst Paul II. – ziehen[8]. In diesem Zusammenhang ist es von Bedeutung, daß all das, was – mit einer wegweisenden weltlichen und an der Antike orientierten Ausrichtung – für den Hof Friedrichs II. hergestellt wurde oder für ihn bestimmt war, schließlich in der Sammlung von Lorenzo il Magnifico neben wirklich antiken Gegenständen landete. Eine ähnliche Haltung gegenüber der Welt der Antike, die von kaiserfreundlichen Kreisen sowie von Kommunen gefördert wurde, hatte in mehr als einer italienischen Stadt Spuren einer reichlich unbestimmten Klassik hinterlassen[9]. Möglicherweise sollte auch für das Italien des 13. und 14. Jahrhunderts die Fähigkeit, andere bildnerische Ausdrucksformen als die üblichen zu finden, nicht allein auf diese speziellen Bereiche der Produktion oder die klassische Ausrichtung begrenzt werden[10]. Trotzdem wären auch – um in der Zeit der Gotik zu verweilen – sammlerische Mißgeschicke wie dasjenige des Herzogs Berry kein hinreichender Grund, in der Fälschung ein entscheidendes Kettenglied für eine tiefgreifende thematische Charakterisierung der bildenden Kunst zu sehen[11].

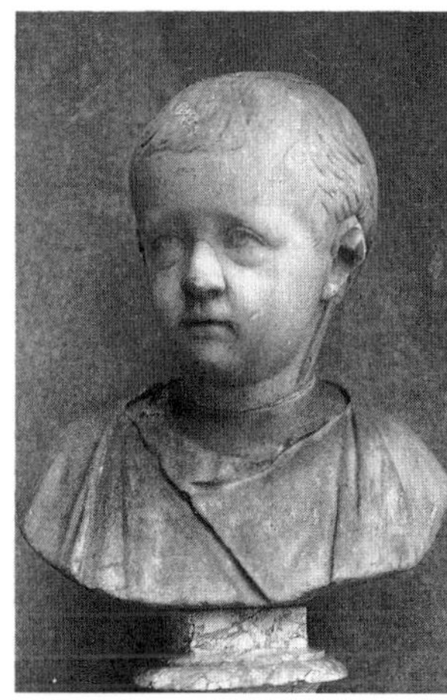

Bildhauer des 16. Jh.,
Büste eines Knaben
Marmor

Weithin bekannt im Mittelalter war die dokumentarische Fälschung[12]. Die Reliquien, die nach den Kreuzzügen in die westlichen Kirchen gelangten, können als eines der eindrucksvollsten Beispiele für die Aufhebung von Authentizität angesehen werden, das es jemals gegeben hat. Aber man sollte dabei schnellstens vom Sockel rationalistischer Empörung herabsteigen. Das »falsche« hagiographische Zeugnis stellt eher einen Ersatz dar: eine den Konventionen entsprechende und unbedingt notwendige Erfindung; die (wirkliche oder erfundene) Reliquie kann nur innerhalb des repräsentativ-evokativen Netzes der vollständigen Sammlung und der sammlerischen Tätigkeit verstanden werden. Eine (beweiskräftige und soweit als möglich kohärente) Geschichte der Fälschung kann nicht losgelöst werden von der Geschichte

* Der Wettstreit möge immer mit der Nachahmung verbunden sein.

des Sammelns und dessen Bedeutung für das Bewußtsein, die symbolische Vorstellungskraft und sein Bild von Kultur. Daher kann eine Geschichte der Fälschung ihren Ausgang nur von der Geburt des humanistischen Sammelns nehmen, das weniger durch eine unmittelbare Anbindung an gesellschaftliche Funktionen als durch komplexe Beziehungen zu den neuen kulturellen Systemen charakterisiert ist. Es stellt den Brennpunkt einer bewußten Selbstreflexion im Spiegel der Antike dar und hat eine ausschließlich weltliche Bedeutung. Gerade dieser ganz neue Charakterzug wird es erlauben, jene Prozesse symbolischer Substitution, die auch noch bei den neueren humanistischen Sammlungen bisweilen vorkommen, in ein anderes Licht zu rücken. Wenn wir vorhaben, die Geschichte der Fälschungen im Quattrocento beginnen zu lassen, bedeutet das nicht, daß diese alten Fälle von Fälschung denen vergleichbar wären, die wir heute aus einer nachromantischen Erfahrung heraus beurteilen[13]. Aber die Geschichte der Fälschungen muß auch ex negativo gelesen werden; so kann sie zur nützlichen Relativierung unseres kümmerlichen Interesses für andere bildende Kulturen beitragen.

Amüsiert schrieb Ambrogio Traversari an Niccoli, daß die »simpliciores fratres« von Santa Maria in Porto zu Ravenna ein schönes antikes Gefäß aus Porphyr bei sich aufbewahrten als wäre es eines jener wundersamen aus Kanaa[14]. Aber gegenüber den bildnerischen Zeugnissen aus der Antike verhielten sich die Humanisten in der Regel gerade nicht rationalistisch und philologisch. Nur wenige schauten mit demselben Mißtrauen wie Poggio Bracciolini auf jene »Graekalien«-Händler, die jede beliebige Statue einem Phidias oder Poliklet oder Praxiteles zuschrieben[15].Tatsache ist, daß jene Statuen nicht allein normativer Bezugspunkt für die Künstler wurden; vollkommen unabhängig von ihrem materiellen Zustand (und d. h. von ihrer vollen formalen und ikonographischen Lesbarkeit) hatten sie auch in Bruchstücken den Wert von *reliquiae* der Antiken, die geeignet waren, zur gebildeten Wiedererinnerung und Imagination beizutragen. Angesichts dieser Zeugnisse der Antike ging es darum, sich von dem volkstümlichen Aberglauben abzusetzen, in dem »stulti propter ingenii imbecillitatem a daemonibus facta dicunt« (die Törichten wegen der Schwäche ihres Geistes Dinge zu Gottheiten erheben)[16]. Aber es war gar nicht nötig, zu überprüfen, ob jene idealen Namen wirklich zutrafen[17]. Jene Bezugnahme auf Praxiteles oder Poliklet stützte sich auf einen geistigen Mechanismus der Evokation oder Identifikation, der demjenigen sehr ähnelt, aufgrund dessen zahlreiche Künstler des Quattrocento mit griechischen Namen in Erinnerung bewahrt oder nach griechischen Vorbildern zurechtmodelliert wurden[18].

Im Quattrocento scheint diese klassizistische und imaginäre Sammlertätigkeit mehr als in Florenz und Rom (noch war die heroische Epoche der Ausgrabungen nicht angebrochen) charakteristisch für die Gegenden, in denen die Dichte und kommerzielle Verfügbarkeit antiker Gegenstände am größten ist: Die Zone der größten Zirkulation klassischer (auch griechischer) Funde waren Venedig, sein Hinterland und sein kommerzielles Einflußgebiet entlang der adriatischen Küste. Mit der Zunahme an verfügbaren Gegenständen hatte auch noch innerhalb der spätmittelalterlichen Gesellschaft ein eher hedonistisches und kontemplatives als normatives und pragmatisches Bild der Antike an Gewicht gewonnen.

1506 konnte es Albrecht Dürer bei seinem zweiten Besuch in Venedig widerfahren, daß er von den Kollegen am Ort sagen hörte, seine Werke seien nicht »antik« genug[19]. Fünf Jahre zuvor legte der Kardinal Zen in seinem Testament seine Beisetzung bis ins kleinste vorher fest und verlangte, »daß sie so antik wie nur irgend möglich sei«[20]. Dieses Klima eines diffusen Klassizismus im Venedig des 15. Jahrhunderts, das von der Bildhauerwerkstatt Lombardo gefördert wurde, diese – zumindest scheinbar – phantasievolle und vorbehaltlose Treue gegenüber den griechischen wie römischen Vorbildern war durch die Konvergenz zweier kultureller Linien geprägt, deren Beginn nicht synchron verlief: eine schon alte Aufmerksamkeit des Sammlers für die Antike und eine klassizistische Projektion, frei von antigotischer Polemik und mit deutlich »zivilen« Zügen[21]. Daraus entstand ein Gemisch von absoluter formaler Treue und idealisierender Konvention, ein Modell von hoch entwickelter Rhetorik. In Venetien hatte die Aufmerksamkeit für die Klassik seit längerem einen zugleich mythischen und dokumentarischen Zug. Es war möglich, in den Sammlungen neben die Fragmente aus der Antike Kopien, Überarbeitungen und moderne Stücke zu stellen; diese mußten von Qualität und Geschmack sein, damit man Verbindungen herstellen, Vergleiche anstellen und die Stücke in irgendeiner Weise schätzen konnte. Zu Beginn des Cinquecento waren solche Sammlungen bereits Ausdruck einer bildenden Kultur, die sich ohne Schwierigkeiten außerhalb der umgrenzten Gruppe der Kunstproduzenten bewegte. Die »liberale« Aufmerksamkeit für die bildende Produktion und das Bedürfnis der Sammler, die besten Arbeiten zu kanonisieren, bereiten schon das Feld für eine »laienhafte« Ausübung der Kunst. Im Hause von Michele Contarini an der Misericordia bemerkte Marcantonio Michiel 1543 nicht nur Korniolen, antike Marmorstücke und wertvolle Gemälde:

> Besagter Contarini hat mehr Bilder als andere Leute Zicklein, dazu Zeichnungen von eigener Hand nach Blättern von Mantegna, Raphael und anderen, aber in der Art des Jacometto koloriert und zwar auf glückliche Weise[22].

Sähe man von solchen Beispielen des Interesses speziell an der bildenden Kunst ab, fiele es nicht leicht, zu erklären, wieso die beiden Nachlässe des Kardinals Grimani an die Republik so übervoll mit pseudoantiken Arbeiten sein konnten. Unter den 115 Büsten des Archäologischen Museums Venedig sind 22 pseudoantike, und 15 davon stammen aus der Sammlung Grimani[23]. Ganz gewiß haben wir es nicht erst der neueren Forschung zu verdanken, wenn wir in einigen dieser Werke die mimetischen Fähigkeiten eines Simone Bianco (Σίμων λευχός) erkennen können, jenes Bildhauers aus Florenz, der, wiederum im Gefolge Lombardos, aus Venedig nicht mehr wegzudenken war[24]. In dieser Atmosphäre eines allumfassenden und aktualisierten Klassizismus wird es ziemlich unpassend, mit absoluter Deutlichkeit zwischen dem unterscheiden zu wollen, was wirklich antik ist, und dem, was sich ihm mimetisch anzugleichen sucht. Der Fall des *Vitellius Grimani* ist hierfür emblematisch: Seine Physiognomie wurde erst durch einen Eingriff aus dem Cinquecento geprägt, vielleicht von Simone Bianco[25]. Man hat darauf hingewiesen, daß die Holzschnitte, die den großen phantastischen Roman der venezianischen Archäologie, die *Hypnerotomachia Poliphili,* illustrieren, eine antike Welt sichtbar machen, die der äußerst nahe kommt, die die Werkstatt von Antonio und Tullio Lombardo beherrschte, also eine ganz moderne Welt[26]. Aus dieser Archäologie, die so präzise ein vollkommen klares Ideal formaler Reinheit aktualisierte, konnten auch Objekte hervorgehen, die antiken zum Verwechseln ähnlich waren. »Die Marmorplatte mit dem Halbre-

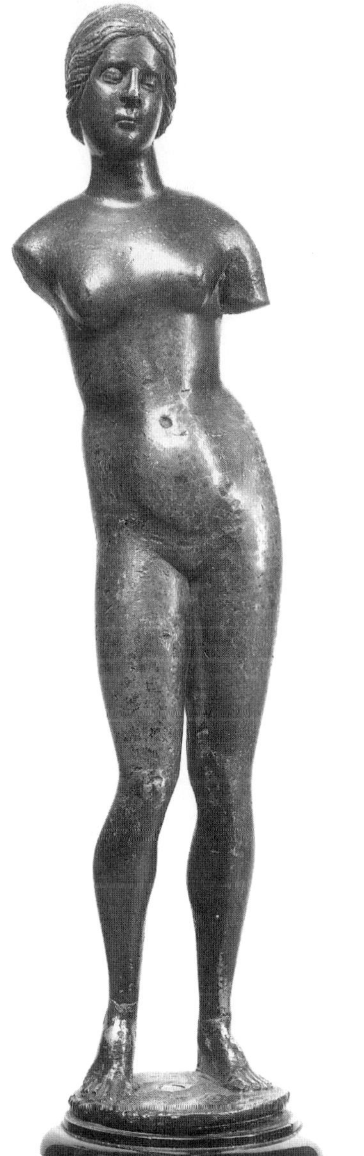

TULLIO LOMBARDO (?),
Eva (?)
Bronze

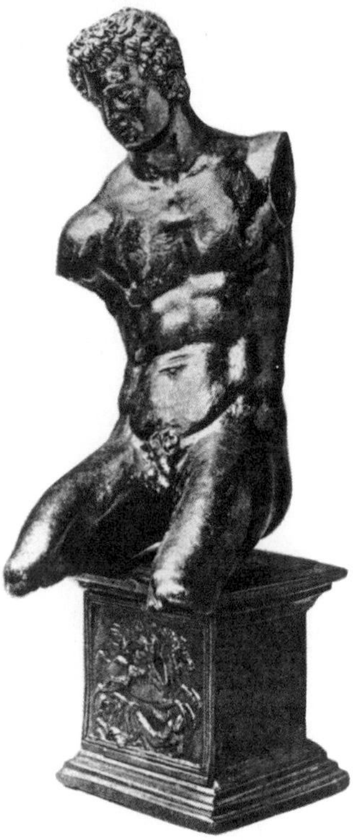

Venetischer Bildhauer des frühen 16. Jh., *Hermes*
Bronze

lief, das zwei stehende Centauren und einen schlafenden Satyr enthält«, welche Michiel im Hause Tomeo in Padua bemerkt und die 1586 mit der Hinterlassenschaft Grimanis an die Republik übergeht, wurde lange Zeit für antik gehalten[27]. In anderen Fällen wurde die formale Anlehnung an die antiken Vorbilder so weit getrieben, daß man auch den fragmentarischen Zustand nachbildete, in dem das klassische Material gewöhnlich aufgefunden wurde: so z. B. die kleine Bronzestatue einer nackten Frauengestalt, die Planiscig Tullio Lombardo zuschreibt und die ohne Arme gegossen wurde; oder ein *Hermes* (heute in New York, Pierpont Morgan Collection) ohne Arme und Unterschenkel[28]. Natürlich gibt es keinen Beweis für einen erklärten Vorsatz zu fälschen; doch das gebildete Vergnügen an derart extrem antikisierenden Anspielungen sollte noch elitärere Formen annehmen. Auf solcher Grundlage hatte man vorgeschlagen, die Fresken des Fondaco dei Tedeschi als eine Art fiktives Freilichtmuseum mit Bruchstücken aus der Antike zu verstehen[29]. Wo der Kollektionismus so weit geht, daß er sich selbst ins Bild setzt, und wo das Interesse an den antiken Statuen mit dem formalistischen Kult des Fragments verschmilzt, kann es keinen Gegensatz dokumentarischer oder philologischer Natur zur Moderne geben. Andrea Odoni bewahrte eine Tasse aus Porphyr von Pietro Maria de Pescia (»einem ganz großen Nachahmer der antiken Dinge«, erinnert Vasari) zusammen mit anderen Stücken aus der Antike auf, inmitten derer ihn das unvergessene Portrait Lorenzo Lottos verewigte[30].

Was die humanistischen Sammlungen prägte, war eine um Erkenntnis und Exemplifizierung bemühte Sichtweise. Schlosser, noch trunken vom wiedergewonnenen und sonnendurchfluteten Mythos Italiens, hob besonders gerne hervor, daß man in den italienischen Sammlungen des 15. und 16. Jahrhunderts bewußt von der Aufhäufung von Wertsachen und wundersamen Preziosen Abschied nahm, um der Sammlung eine präzise moralische und Erkenntnisstruktur zu geben. In dieser Hinsicht darf man auch die Bedeutung jener venezianischen Sammlungen aus den Anfängen des Cinquecento nicht unterbewerten, in denen sich ein Netz von Bedeutungen herstellte, die auf subtile Weise und unwiderruflich persönlich waren. Wenn sich dieses Netz zu einem regelrechten symbolischen Programm ausweitet (wie dies bei den Sammlungen der Fürsten der Fall ist), kann es die Strategie des Sammlers erfordern, daß die isolierten oder diskontinuierlichen Gegenstände durch passende Neuanschaffungen ergänzt werden, die bedeutungsvolle Verbindungen herstellen. Die Herstellung eines Stücks im antiken Stil, das wir als Fälschung beurteilen würden, diente oft der Integration: Es ergänzte das ikonographische oder formale Geflecht einer Sammlung.

Padua bot günstige Voraussetzungen zur Produktion von Objekten im antiken Stil, günstigere noch als Venedig. Das gesamte 15. Jahrhundert über hatte man eine Beziehung zur Welt der Antike unterhalten, deren Kern strikt weltliche und formalistische Werte in einem buchstäblichen und unmittelbar fühlbaren Sinne bildeten. Hier kommt es schon fast dazu, daß die Sammlungen der Künstler (die aus Gründen des Repertoires entstanden) mit denen der »liberalen« Herren verknüpft wurden. Gerade eine von den Quellen gefeierte Sammlung wie die von Francesco Squarcione, deren Rekonstruktion aus den spätgotischen Texten des Malers unmöglich zu bewerkstelligen ist, legt die Vermutung nahe, daß es hier nicht nur um instrumentelle Absichten ging. Die Texte geben indessen vorherrschend etwas wieder, was auch

gegenüber:
Paduaner Bildhauer des frühen 16. Jh., *Angerona*
Bronzefigur

eine »Patina« besitzt, eine Fragmentierung, auf die das visuelle Vermögen bereits eingestellt ist. Verglichen mit der mittelalterlichen Welt drückt dieser Kult für die Antike einen tiefen Bruch in den Inhalten bei gleichzeitiger Kontinuität in den Formen aus. Als man 1413 glaubte, in Santa Giustina die Gebeine von Titus Livius wiedergefunden zu haben, entstand daraus ein solcher Kult, daß ein empörter Mönch den Totenschädel zerstörte. Zu Beginn des 16. Jahrhunderts können zwei Krüge – Imitationen von Arbeiten aus der Magna Graecia und einst im Besitz von Marco Mantova Benavides – diesen langen Sedimentierungsprozeß einer buchstabengetreuen und zugleich doch vagierenden und beinah romanhaften Leidenschaft für die Antike belegen; auch die Art des Objekts, das aus dem Rahmen der hauptsächlich gesammelten Gegenstände und der pragmatischen Prioritäten des humanistischen Klassizismus etwas herausfällt, ist beispielhaft für eine Situation, wie es sie außerhalb Paduas in dieser Radikalität kein zweites Mal gab[31]. Schon die Situation Paduas läßt vermuten, daß jene Art der Produktion »all' antica«, die sich auf das Extrem der bewußten Fälschung zubewegte, eine Beziehung zu einer Sammeltätigkeit fand, die sich mehr auf den Handel mit den Objekten als auf direkte Aufträge stützte.

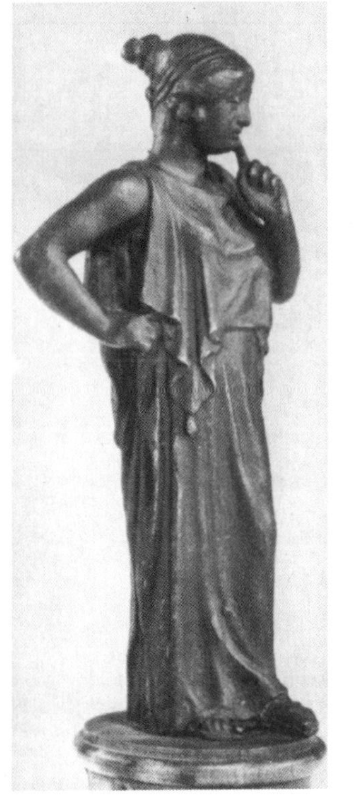

Wollte man schematisch die Klasse der Objekte bestimmen, die dazu angetan sind, ersetzt, integriert, gefälscht und sogar zum Gegenstand eines regelrechten kommerziellen Betruges zu werden, dann muß man sich die materiellen Bedingungen und Grenzen einer Sammlertätigkeit vor Augen halten, die fürs Arbeitszimmer, für ein »studiolo« oder den heimischen Schreibtisch bestimmt ist: Im allgemeinen handelt es sich um kleine Gegenstände, die sich ohne Schwierigkeiten zu bedeutsamen und ikonographisch prägnanten Serien zusammenfügen lassen, wie z. B. Medaillen, Geldmünzen, Edelsteine, kleine Bronzestatuen, Plaketten und kleine Stücke aus Marmor. In diesem Milieu bildet sich zuerst eine Nachfrage nach Reproduzierbarkeit und Serienanfertigung bestimmter und berühmter antiker Statuen. Die erste Bronzestatuette der Renaissance ist nicht zufällig eine Reproduktion en miniature des Reiterstandbildes von Marc Aurel. In Venetien werden die Bronzestatuetten in der Regel Nachbildungen sein[32]. Man versteht so, warum es nicht möglich ist, »eine klare Trennungslinie zwischen Kopien oder Imitationen der Antike und eigenständigen Schöpfungen« zu ziehen[33]. Die Reproduktion hat andererseits nicht die Bedeutung eines tauben Echos, einer mechanischen Erinnerung, die wir ihr heute zu geben geneigt sind: Noch ist ihre auratische Dimension intakt, für den Gegensatz zwischen Reproduktion und unserer Erfahrung des »Originals« gibt es noch keinen Raum. Jedenfalls ist es kein Zufall, daß die Orte der Produktion und Vermarktung von Bronzestatuetten und Plaketten im antiken Stil mit den Zentren der bildenden Kultur identisch sind, in denen der Bezug zu den Vorbildern hauptsächlich geprägt ist durch das Verlangen nach Zitaten, nach einer ganz eng angelehnten Reformulierung und nach Einrichtungen nach adligem Muster: Das Portal des Palazzo Stanga in Cremona (heute im Louvre) kopiert ebenso wie das von Sant' Abbondio und einige in der Certosa di Pavia ganze Repertoires von Plaketten jüngsten Produktionsdatums, die natürlich im Stil der Antike gehalten sind[34]. Zwischen einer antiken und einer antikisierenden Gemme sowie den entsprechenden Abdrücken konnte es keine radikalen Unterschiede in der Beurteilung geben. Vielleicht ist der Sinn der Reproduktion und Ableitung von antiken und (pseudoantiken) Objekten im späten 15. Jahrhundert niemals systematisch ermessen worden. Im Milieu Paduas hielt sich der im Mittelalter übliche Rück-

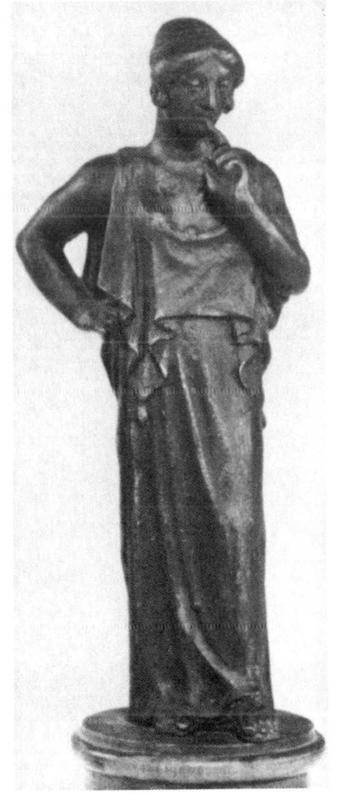

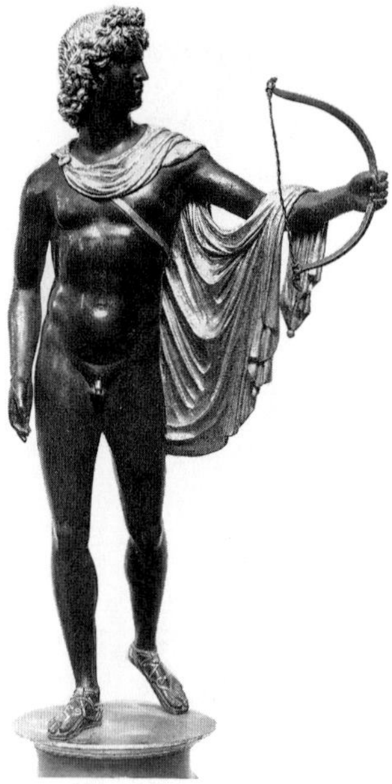

L'ANTICO, *Apollo* (1498–1500)
Kopie des *Apollo vom Belvedere*
Bronzefigur mit Vergoldungen

griff auf kanonische Beispiele als lebendige Praxis des Metiers, aber er galt jetzt nur noch dem klassischen Repertoire. Tendenziell aber fällt er mit einem neuen Bedürfnis zusammen, das symptomatisch für eine höfische Kultur ist: dem Bedürfnis, in den Objekten für Sammlungen eine Art kontemplativer Norm zu reproduzieren, die durch das Verhalten der Gebildeten garantiert wurde. Auch die Bronzestatuetten des (bezeichnenderweise l'Antico genannten) Mantuaners Jacopo Bonacolsi, die Kopien und Variationen antiker Vorbilder darstellten, sind – hinter den Originalen nicht zurückstehende – Verkleinerungen und gelehrte Vulgarisierungen in einem höfischen und modernen Klassizismus.

Von der Feinheit der Ausarbeitung und der Patina abgesehen, lief auch der serielle Charakter der norditalienischen Bronzestatuetten (wie z. B. bei *Pluto und der Drache* von Severo da Ravenna) eher auf eine Entwicklung der Anpassung und partiellen Erneuerung hinaus. Ganz offensichtlich näher an einer konstanten Form des Seriellen lagen die Abdrücke und Abgüsse in Gips oder anderem billigen Material. Von der Reproduktion eines Reliefs in Marmor konnten weitere Abgüsse hergestellt werden; diese konnten sich außerhalb der Werkstatt, in der das Urmodell entstanden war, und auch außerhalb der Ursprungsstadt verbreiten. Dies gilt für den Fall einer weit verbreiteten *Madonna mit Kind,* die man im allgemeinen für eine Arbeit von Antonio Rossellino hält und die sich bis nach Cremona, im Tessin ebenso wie im Apennin um Reggio-Emilia verbreitet hat[35]. Diese Art der Verknüpfung von Serialität, daraus folgender Reproduzierbarkeit und unterschiedlicher Entwicklung des geistigen Eigentums erklärt in der Geschichte der Fälschungen auch den unvermeidlichen Rückgriff von Marcantonio Raimondi. Seine Plagiate der beiden Serien Dürers, des *Marienlebens* (wo er sogar das Monogramm A. D. mißbrauchte) und der *Kleinen Passion,* gehören natürlich zu jener unendlichen Zahl mißbräuchlicher Wiederauflagen, die so typisch sind für die Geschichte des Buchdrucks im 16. Jahrhundert[36].

Würde man – wie es angemessen wäre – die Pseudoantike der Renaissance über ihren allgemeinen praktischen Zusammenhang hinaus wieder in den theoretischen und praktischen Kontext der »Imitation« stellen, dann könnte man abgestufte Parallelen zwischen den Zentren der bildenden Kunst und der literarischen Kunst einerseits und dem entsprechenden zeitlichen Verlauf andererseits feststellen. Um uns aber an die poetischste Tradition der Nachahmung der Antike zu halten, die auch am ehesten wirklich zu täuschen vermochte, nämlich die Venetiens am Ausgang des Quattro- und zu Beginn des Cinquecento, mag ein vorsichtiger Hinweis auf die Position Bembos zur Imitation hilfreich sein. Diese wurde 1513 in einer Polemik gegen Giovan Francesco Pico formuliert und reflektiert Positionen und soziale Bezugspunkte, wie sie bereits seit einiger Zeit herangereift waren[37]. In der streng literarischen und rhetorischen und nicht so sehr philosophischen und moralischen Ausrichtung, die Bembo dem Problem gibt, »(ist) die Imitation nicht mehr eine freie Entscheidung« – wie Battisti zusammenfassend formulierte –, »sondern eine Assimilation, ja sogar eine Identifikation mit dem Vorbild«[38]. Im Kern bestätigt die anonyme Biographie des Bembo tatsächlich, »daß er, wollte er etwas entwerfen, sich den Autor, den er imitieren wollte, vornahm, ihn las und einige Tage intensiv beobachtete, um, so glaube ich, wieder einen frischen Eindruck von seinem Stil zu erlangen«[39]. Imitation und Nachahmung des Vorbildes fallen also – jenseits banaler oder unbestimmter Wider-

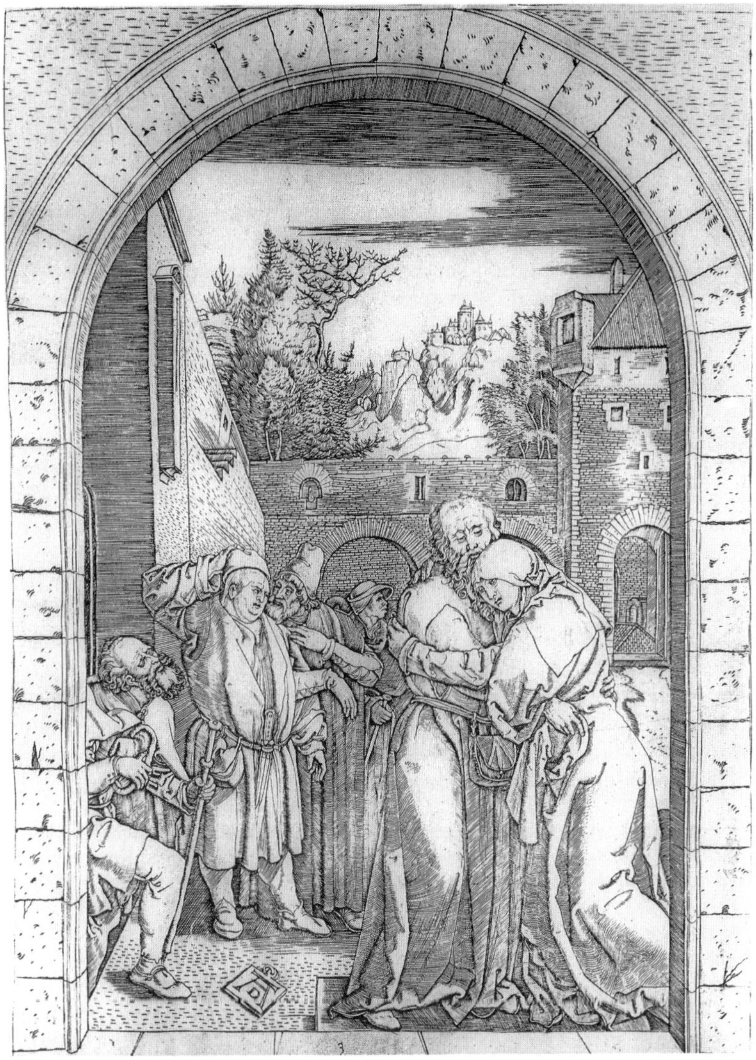

MARCANTONIO RAIMONDI,
Begegnung an der Goldenen Pforte
Kupferstich nach einem Holzschnitt von Albrecht Dürer

spiegelung – zusammen: »Sed aemulatio semper cum imitatione coniuncta sit: spes vero ipsa nostra non tam quidem imitationem, quam successum imitationis subsequi rectissime potest« (Wetteifer soll aber immer mit Nachahmung verbunden sein: unsere Hoffnung richtet sich jedoch nicht so sehr auf die Nachahmung als vielmehr auf deren Erfolg)[40]. Auch in dieser Hinsicht kann man mühelos die Verbindung zwischen den Ansprüchen des Bembo und der Praxis des höfischen Lebens erkennen, als dessen geistreicher Erneuerer er sich anbietet. Dehnt man diesen Kanon der Rhetorik und des Verhaltens auf den Bereich der bildenden Kunst aus – wie das eben von der höfischen Kultur verfochten wurde –, dann siedelt sich diese Einschätzung der *imitatio* genau im Abstand zwischen einem mechanischen, noch allzu pragmatischen Ursprung und der Ablehnung einer platonischen Intellektualisierung an. Und gerade auf diesem Hintergrund können sich die Begabungen des Künstlers, der »all'antica« arbeitet, und der höfische Stil des Gebildeten treffen, der jene Versuche der Nachahmung zu schätzen und sich selbst darin wiederzuerkennen weiß. Der Name Bembo legt mögliche Verbindungslinien zwischen dem Klassizismus in Venetien und dem in Rom, oder allgemeiner in Mittelitalien, nahe. Die ungenaue Praxis, den Gang der bildenden Kunst mit der Geschichte der Malerei in eins zu setzen, führt leicht dazu, sich Venedig und Venetien zu Beginn des Cinquecento als eine kulturell autonome Zone vorzustellen, die auf ganz eigene Weise zu beschreiben wäre. Die Namen von Valerio Belli, Vittore Gambello, genannt Il Camelio, und Pier Maria da Pescia weisen jedoch auf eine Art Zirkulation in der bildenden Kunst zwischen Venedig und Rom hin, die bei der Untersuchung des Problems der Nachahmung antiker Vorbilder nicht außer acht gelassen werden darf.

Eine andere Beziehung zwischen kulturellen Zentren wird an dem vielleicht berühmtesten Beispiel von Fälschung der Renaissance deutlich, einer Plastik des ganz jungen Michelangelo, dem *Schlafenden Cupido*[41]. Diese Imitation der Antike ist uns nicht erhalten geblieben (wenn doch, hätte sie mit großer Wahrscheinlichkeit keine sonderlichen Probleme der Zuschreibung geboten)[42], aber die Angelegenheit hat beispielhaften Wert – auch was die Entwicklung angeht, die sich in den Jahren zwischen der Zeit vollzog, in der der *Cupido* für antik erklärt wurde, und der Zeit, aus der die Zeugnisse darüber stammen. Angeregt durch eine Notiz von Giovio, die von Condivi mit Details ausgestaltet wurde, gibt Vasari 1568 einen reicher ausgestalteten Bericht, der ihm in der ersten Ausgabe seiner *Vite* ein nützliches Zeugnis dafür schien, welchen hohen Grad pragmatischer Erkenntnis der antiken Welt der zwanzigjährige Michelangelo bereits erreicht hatte. Der Bericht beginnt mit dem Jahr 1495. Höchstwahrscheinlich wollte Michelangelo sich an einem *Cupido* messen, den Ferdinand von Aragon Lorenzo il Magnifico als Geschenk gesandt hatte (und den Vasari in der Sammlung des Großherzogs beschrieben hat). Von Bologna

... kehrte [Michelangelo] nur zu gern nach Florenz zurück. Hier schuf er für Herrn Lorenzo di Pierfrancesco de' Medici die Marmorstatue eines heiligen Johannesknaben; dann meißelte er aus einem anderen Marmorblock einen schlafenden Cupido in Lebensgröße. Als er dies Werk vollendet hatte, machte Baldassare del Milanese Herrn Pierfrancesco auf dessen Schönheit aufmerksam. Und Pierfrancesco meinte Folgendes: ›Ich bin überzeugt, wenn du es in die Erde legst und es danach herrichtest, so würde man es für antik halten und du könntest in Rom mehr Geld dafür bekommen als hier.‹ Darum sagt man, Michelangelo hätte diesem Werk das Aussehen einer Antike gegeben. Das hat ihm keine Schwierigkeiten gemacht. Er konnte dies und vieles andere mehr noch. Andere erzählen, Milanese hätte es mit nach Rom genommen und es in einem seiner Weinberge in die Erde gelegt und es darauf dem Kardinal San Giorgio für zweihundert Dukaten verkauft. Andere berichten wieder, Milanese hätte das Werk einem Bekannten verkauft und ihn veranlaßt, an Pierfrancesco zu schreiben, er solle Michelangelo dreißig Skudi geben, er hätte für den Cupido nicht mehr bekommen. So würde er den Kardinal, Pierfrancesco und Michelangelo betrogen haben. Als aber San Giorgio nochmals vernahm, daß der Putto in Florenz gebildet worden war, ging er der Wahrheit nach. Der Vermittler Milaneses mußte das Geld herausgeben und den Cupido zurücknehmen. Später kam er dann in die Hände des Herzogs Valentino. Der schenkte ihn der Herzogin von Mantua, die ihn in jene Stadt mitnahm, wo er noch heute steht. Diese Angelegenheit gab dem Kardinal San Giorgio Anlaß zu manchem Tadel. Er erkannte nicht den wahren Wert des Werkes, der in seiner Vollkommenheit besteht. Denn moderne Arbeiten können genauso wertvoll sein wie die antiken Werte, wenn sie eben vortrefflich sind. Und es ist nur eine Eitelkeit bei jenen Männern, die sich mehr an den Namen, als an die Sache selbst halten. Aber allezeit hat es derlei Menschen gegeben, die mehr dem Schein als dem Sein nachgehen. Diese Geschichte hatte jedoch Michelangelos Ruf derartig verbreitet, daß man ihn schleunigst nach Rom und zum Kardinal San Giorgio kommen ließ ...[43]

Der Bericht Vasaris zeigt, daß in den Jahren, die er beschreibt, die geographischen Unterschiede in der Haltung der Gebildeten gegenüber der antiken Kunst schon sehr ausgebildet waren und als solche auch wahrgenommen wurden. In Rom haben Antiquitäten einen völlig anderen Wert für Sammlungen und im Handel als in Florenz; in Rom können die Umstände, unter denen die Objekte gefunden werden, ihre antike Echtheit untermauern. Die entgegengesetzte Haltung von Raffaele Riario, dem Kardinal von San Giorgio, wird von Vasari als Beispiel angeführt und auf der Grundlage eines Wissensstandes kritisiert, der eher den Jahren entspricht, in denen er es schrieb, als jenen, in denen der Betrug stattfand. Es kann auch sein, daß der Kardinal die Statue für zu teuer hielt, als daß sie nicht antik sein könnte. Auch Isabella d'Este, die von ihrem Schwager Anton Maria della Mirandola rechtzeitig auf den *Cupido* aufmerksam gemacht wurde, gab ihr Interesse daran möglicherweise aus einer Mischung dieser Gründe auf. Wenige Jahre später sollte die Statue jedoch in ihren Besitz gelangen. Wie sie sie in ihre Sammlung einordnet, ist kennzeichnend für die Absichten, die den Vergleich mit der Antike geleitet hatten, und es markiert vor allem den Beginn jenes kritischen Selbstbewußtseins, in dem, zur Zeit von Vasari, die Unterordnung unter das Urbild der Antike verschwindet. Kurz nach dem *Cupido* Michelangelos gelangte ein weiterer *Cupido* nach Mantua, der Praxiteles zugeschrieben wurde[44]. Die Anordnung ergibt sich aus einem Inventar des Jahres 1542[3]: »Der Putto, der schläft und eine Hand in die Höhe hält« von Michelangelo ist ganz in der Nähe des antiken Werks aufgestellt – der Vergleich wird also bewußt herausgefordert. Noch 1502 hatte Isabella geschrieben, daß »der Cupido als modernes Werk nichts Ebenbürtiges hat«[45].

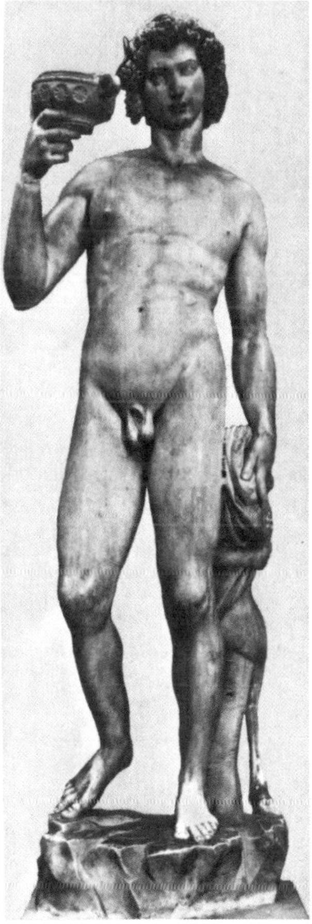

MICHELANGELO, *Bacchus*, 1496–1497

Während der *Cupido* in Florenz als eine verblüffende Bestätigung für die klassizistische und nachahmende Linie eines Bertoldo angesehen werden konnte, mußte er – geht man nach den Urteilen, die er auslöste – in Rom vor allem wegen seiner formalen Uneindeutigkeit für Aufsehen sorgen. »Manche halten ihn für alt, manche für modern«, schrieb Isabella d'Este. »Wie dem auch sei, er ist vollkommen«[46]. Außer dem *Cupido* lehnte Kardinal Riario auch das erste römische Werk Michelangelos, den *Bacchus* ab, der sofort von Jacopo Galli erworben wurde (und der sich heute im Museum des Bargello befindet). Dem Kardinal von San Giorgio war das Gefallen an der Pseudoantike alles andere als fremd, aber die Position eines Michelangelo war nicht ohne weiteres mit der eines Pontano oder eines Sannazzaro, die beide von Riario protegiert wurden, zu vereinbaren[47]. Auf keinen Fall jedoch ist es ein Zufall, daß der *Bacchus* in der Karriere des jungen Michelangelo oft als die programmatischste und intellektuell am meisten durchdachte Arbeit angesehen wird. Die moderne Kritik idealistischer Ausrichtung war natürlich dafür empfänglich, hier ein schlichtes Abrücken von der Antike zu erkennen[48]. Durch den *Bacchus* wird diese Entwicklung des antikisierenden Geschmacks in Rom nur noch einmal unterstrichen. Die Hand, die den Kelch hält, und der Kelch selbst sind bekanntlich das Ergebnis einer späteren Restaurierung; diese Arbeiten wurden möglicherweise in den frühen fünfziger Jahren durchgeführt, und zwar zwischen der Beschreibung von Aldrovandi (1550), die detailliert ist, sie aber nicht erwähnt, und jener von Condivi (1553), der die Hand beschreibt, ohne jedoch auf den Eingriff hinzuweisen[49]. Eine Zeichnung von Marten van Heemskerk (1532–35) zeigt den *Bacchus* im Antikengarten von Galli, wie er über der gewollten Unordnung antiker Fragmente thront, der rechte Arm ist vom Handgelenk an amputiert. Die merkwürdigen Aussagen der Quellen über die Beschädigung und die Wiederherstellung lassen keinen Raum für eine genaue Bewertung. Von Bedeutung ist jedoch die Feststellung, daß zumindest zu Zeiten von Heemskerk auch die Beschädigung eines modernen Werkes eine deutliche Angleichung an wirklich antike Stücke suggerieren konnte. Nicht zufällig ist der Hinweis Aldrovandis zum *Bacchus* – »Das ist ein modernes Werk« – für die Beschreibung von Bedeutung. Diese Fähigkeit des Betrachters, auch der Beschädigung einen Wert zuzuerkennen, und diese suggestive Kraft, gerade im Fragmentarischen eine Reliquie der antiken Welt zu erkennen, mit einem Wort, jener Geschmack, der verhinderte, daß der *Torso von Belvedere* wiederhergestellt wurde: all das verschwand gegen Mitte des Jahrhunderts. Ebenfalls nicht zufällig läßt die Darstellung des *Bacchus* in einem Stich von Cornelis de Bos den möglicherweise noch nicht wiederhergestellten erhobenen Arm vollständig verschwinden. Es änderten sich die Bedingungen für die Lektüre einer antiken Statue (und folglich auch die ihrer Nachahmung): Dies ist der Augenblick des Übergangs von den Antikengärten zu Galerien und außen ins Mauerwerk eingelassenen antiken Fragmenten; er bezeichnet den Entwicklungssprung von der unbekümmerten Vernachlässigung oder Verwendung der Fragmente zu einer Restaurierung, die die Elemente integriert und architektonisch zusammenfügt. Es ist Varchi, der sagt, daß »den ganzen Tag antike Statuen in Ordnung gebracht und wieder zusammengesetzt werden«[50]. Sei sie nun zögerlich, widersprüchlich oder auch unbekümmert, die Fälschung einer pseudoantiken Statue oder ihre bewußte Herrichtung zum Fragment werden von nun an unvermeidlich etwas Berechnetes sein, das unwiederbringlich einer nachfolgenden Schaffensperiode angehört.

Aber wie Vasari die Geschichte des *Cupido* berichtet und die vorurteilsbeladene Wahl des Kardinals kritisiert, das ist typisch für das entwickelte 16. Jahrhundert. Vasari (ein Lieblingsthema von Chabod) gehörte zu denen, die die veränderte Bedeutung, die die antiken Vorbilder in der modernen Erfahrung hatten, am klarsten herausarbeitete. Auch die Menschen *seiner* Zeit hatten eine absolute Norm erreicht. Dies wirft bisher nicht behandelte soziologische Fragen auf: Wenn man schon die Meisterschaft der Modernen nicht anerkennen kann, dann wird die Würde des Künstlers zumindest dadurch bestätigt, daß der Betrachter in Verwunderung und Staunen gerät. Die *Vite* durchzieht eine Haltung, die einen positiven Gegensatz zur veralteten Anbetung der Antike durch Kardinal Riario bildet. Und zwar ist es jene autobiographische Haltung, die Vasari veranlaßt, am Hof zu Mantua gegenüber Giulio Romano zu enthüllen, daß das Bild *Leo X. mit den Kardinälen Medici und Rossi* nicht das Original Raffaels, sondern die Kopie Andrea del Sartos sei[51]. Um auszudrücken, daß Andrea del Sarto Raffael kopiert habe, benutzt Vasari das Verb *nachmachen*. Das war ganz üblich, um die handwerkliche Abhängigkeit von einem natürlichen, aber auch einem künstlichen Vorbild zu bezeichnen. Man denke zum Beispiel daran, wie Vasari die *Vita del Bellano* eröffnet:

> So jemand mit Liebe und Studium etwas *nachzuahmen* strebt, da ist der Erfolg solchen Bemühens so groß, daß – wenn nur die Manier in einer unserer Künste von solchen Leuten gut nachgebildet wird, die an den Werken dieses Künstlers tiefes Gefallen finden – in den meisten Fällen die *Nachahmung* dem *Nachgeahmten* dermaßen gleichkommt, daß nur der mit einem mehr als guten Blick Begabte einen Unterschied wahrnehmen kann; und selten kommt es vor, daß ein liebevoller Schüler

nicht wenigstens zum großen Teil sich die Manier seines Meisters zu eigen macht. Bellano da Padova befleißigte sich mit solchem Eifer, den Stil und die Technik Donatellos in der Bildhauerei und namentlich bei Bronzen *nachzumachen,* daß er in seiner Heimatstadt der Erbe der Tüchtigkeit Donatellos aus Florenz geworden ist...[52]

Für Castiglione hat *nachmachen* – neben der traditionellen Bedeutung wie bei Cennini oder Leonardo – außerhalb des spezifisch künstlerischen Umfeldes auch noch den Beigeschmack von Überschreitung oder einer willkürlichen materiellen Produktion[53]. Kehrt man also auf diesem Wege zum neuen Geschmack der wiederherstellenden Restaurierung zurück, die auf die Systematisierung der Galerien und der absolutistischen Apparate angelegt war, dann ist der Brief aufschlußreich, der 1553 vom Bildhauer Ludovico Rani an Ercole II., den Herzog von Ferrara, gesandt wurde.

Ich glaube, eine wunderschöne Venus gefunden zu haben von Ausmaßen, die etwas größer als die natürlichen sind, aber ein ganz seltenes Ding, das nur etwas gestört wird durch einen Arm; diesen im antiken Stil *nachzumachen* wird ein leichtes Ding sein[54].

Es war in der Tat das nun erreichte Bewußtsein, dies Nachmachen und Imitieren sei legitimerweise mit der Antike vergleichbar, welches die Praxis der wiederherstellenden Restaurierung im Cinquecento leitete. Michelangelo lehnte es ab, dem *Herkules* der Farnese die wiedergefundenen originalen Beine anzufügen und die von Guglielmo Della Porta angefertigten zu ersetzen, denn so sollte »gezeigt werden, daß die Werke der modernen Bildhauerei dem Vergleich mit den Arbeiten der Alten standhielten«[55].

In einer Ausgabe der *Vita di Michelangelo* von Ascanio Condivi überliefert jemand, der direkten Umgang mit dem Künstler pflegte, den Abschnitt, der sich mit der Affaire um den *Cupido* befaßt, und hebt dabei das Bedauern Michelangelos hervor: »Und er sagte, daß er den Kardinal gebeten hatte, kein Wort davon zu erwähnen, und daß er einen Fehler beging, daß er davon sprach«[56]. Aus diesem Satz spricht so etwas wie ein schlechtes Gewissen des alternden Michelangelo; doch vor allem ist der Hinweis bezeichnend für den Abstand, mit dem der Künstler solchen Vergleich mit der Antike nun betrachtete: er sieht darin eine Art hoch ausgefeilte rhetorische Übung. Nachdem die Idee von der Überlegenheit der Antike einmal überwunden war, begann sich – wie auch Vasari hervorhebt – die an der Klassik orientierte Kultur an die integrative Restaurierung, an die Wiederherstellung ganzer Komplexe und an die Spezialisierung des Metiers (die »Imitatoren«) zu machen. Einige pseudoantike Büsten der Uffizien werden ihr Entstehen dem Verlangen nach Vervollständigung ikonographischer Serien verdanken; die Büste des Otos stellt die Reproduktion einer für Münzen typischen Ikonographie des Imperators dar[57]. Viele antike Stücke der Medici kommen aus dem inzwischen zum absoluten Zentrum des Interesses für die Klassik gewordenen Rom: mit den verblüffenden Ausgrabungen, den großen Sammlungen der Kurie und einem sehr großen Markt für Antiken.

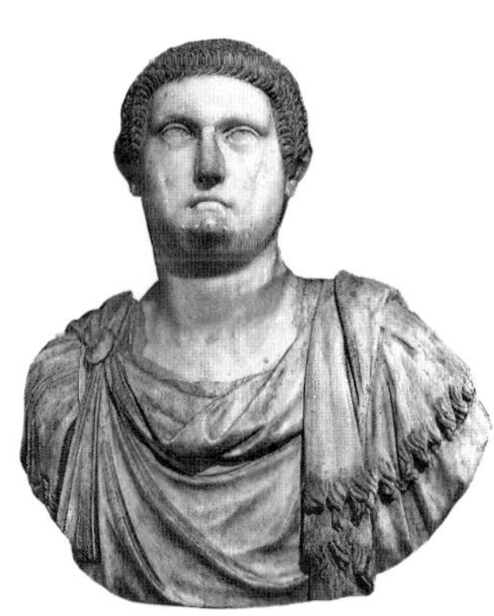

Büste des Otos
Marmor

Um deutlich zu machen, wie weit diese Entwicklung 1562 schon fortgeschritten war, genügt der Hinweis auf einen päpstlichen Erlaß Pius' IV. Die Bewahrung des klassischen Charakters von Rom traf auf neue und gewichtigere Hindernisse: es reichte nicht mehr hin, diejenigen zu verfolgen, die »ab eadem Urbem clam et aperte« (aus dieser Stadt heimlich und auch offen) antike Kunstgegenstände stahlen; denn inzwischen taten sich auch Künstler hervor, die fähig waren, nova quadam arte, et industria similia conficiendo, sculpendo, et fundendo adulterinis, ac fictitiis quibusdam lineamentis alterare et immutare, eaque ut antiqua vendere, ita ut nihil iam vere antiquam, sed omnia novo arteficio depravata reperiantur (mit einer gewissen neuen Kunst und Tätigkeit ähnliche Gegenstände zu verfertigen, in Stein zu hauen und zu gießen, und zwar in nachgemachten, aber gewissermaßen auch erfundenen Formen; und diese verkaufen sie als antik, obgleich in Wirklichkeit nichts daran antik, sondern alles mit einer neuen Kunstfertigkeit entstellt ist[58].

In Rom arbeitete auch Tommaso Della Porta, von dem Vasari eine äußerst lebendige Charakterisierung hinterlassen hat:

Er verstand sich vortrefflich auf die Marmorbildnerei und hat im besonderen Marmorbüsten aus dem Altertum nachgebildet, welche Arbeiten dann als antike verkauft worden sind. Auch Masken führte er so gut aus, daß ihm niemand darin gleichkam. Ich besitze eine von seiner Hand, die am Kamin meines Hauses zu Arezzo angebracht ist; jeder hält sie für ein antikes Werk [...]. Kein Nachahmer antiker Werke kam ihm gleich; deshalb schien er mir hier der Erinnerung würdig zu sein, um so mehr, da er in ein besseres Leben einging und durch seine Kunst ein rühmliches Andenken hinterließ[59].

Die Selbstgefälligkeit des Sammlers Vasari (in seinem Haus in Arezzo war auch er ein Edelmann) belegt jenen Zusammenhang von sozialen und gebildeten Verhaltensweisen, der sich, wie wir schon sahen, bereits bei den »falsifikatorischen« Imitationen zu Beginn des Jahrhunderts herstellte. Aber in diesem Fall scheint sich die Wertschätzung auf einen Künstler zu beziehen, dem es gelang, sich in einem ganz besonderen Milieu der bildnerischen Produktion hervorzutun.

Giovan Battista Della Porta und sein jüngerer Bruder Tommaso entwickelten die Verquickung von kultureller Orientierung und kommerzieller Ausnutzung weiter. Es mag sinnvoll sein, ihre Neigung zu einem klaren und strengen Klassizismus genauer zu beleuchten, der in den im wesentlichen aus einer Hand stammenden Statuen für die Casa Santa in Loreto zum Ausdruck kommt: Er bildet einen Teil jener antimanieristischen und doch formalistisch überladenen Strömung, die wir im komplexen Panorama der Bildhauerei in Rom zum Ausgang des 16. Jahrhunderts noch nicht erkennen. Dies liegt vielleicht daran, wie Weil-Garris meint, daß sehr unterschiedliche klassizistische Komponenten zu diesem Ideal beitrugen. Dieser Widerspruch löste sich jedoch auf, als – wie Baglione erinnert – aus diesen Aspekten der Poetik eine neue Gestalt des Künstlers hervorging, des Bildhauers nämlich, der in Antiken handelt.

Kavalier Gio. Battista arbeitete wenig, weil er an der Santa Casa von Loreto arbeitete; und viel Zeit verbrachte er, die alten Dinge zu verändern, und in diesem Geschäft, wo er sehr vorherrschte, pflegte man so gut zu verdienen, daß man auf die Mühe wenig achtete.

Auch darin gleicht Tommaso der Jüngere seinem Bruder:

... der Bruder des Kavalier Gio. Battista, ein Bildhauer ebenso, aber er führte wenige Arbeiten durch und widmete sich denselben Geschäften des Bruders, wodurch eine große Zahl alter Dinge aufgefunden wurde; und er bewies Fertigkeit darin, sie zu verändern[60].

So etwas wie eine Sammlung wiederhergestellter archäologischer Funde in einem kohärenten architektonischen Ensemble, das außergewöhnlichen Eindruck machen konnte (»zum Zwecke, daß an Antike nichts fehle«), schuf am Ende des Cinquecento Cesare Baronio, als er zum Kardinal ernannt wurde und die Titularkirche SS. Nereo e Achilleo erhielt. Er ließ in die Kirche Marmorstücke und Chorschranken transportieren, die man für frühchristlich-antik hielt und die in den Kirchen San Paolo und San Silvestro gesammelt worden waren; so schuf er eine Kirche, die wie eine frühchristliche aussah. Auf diesem Wege erhielten das antike Fragment oder der antike Kunstgegenstand eine dokumentarische Bedeutung und wurden zu Mitteln, eine Vergangenheit konkret zu denken, die sich von der klassischen unterscheidet. Während jedoch das antike Fragment der humanistischen Sammlung als säkularisierte Reliquie die benjaminsche Idee der »Erinnerung« nahelegen kann, bereitet Baronio nun einer neuen Sakralisierung des Fundstücks den Weg. Das Symbol ist Symbol aufgrund seiner natürlichen Evidenz als Dokument. Die symbolischen Absichten sind bedeutender als die materiellen Aspekte der Konservierung[61].

Virtuosen, Liebhaber, Kopisten und Händler

> *»Und welcher Maler stiehlt nicht in irgendeiner Form?«*
> CARLO CESARE MALVASIA, *Felsina pittrice*
>
> *»Und das ist die feinste Kunst derer, deren Beruf es ist, zu stehlen, daß es mit solcher Meisterschaft getan wird, daß der Dieb als der Meister und der Meister als der Dieb erscheint.«*
> DANIELLO BARTOLI,
> *De' simboli trasportati al morale*

Zwischen dem Ende des Jahres 1574 und den ersten Monaten des nachfolgenden Jahres bereitete sich Denijs (Dionisio) Calvaert, ein Maler aus Antwerpen, der seine Ausbildung jedoch in Bologna erfahren hatte, nach einem Aufenthalt in Rom zum Zweck der Zusammenarbeit mit Lorenzo Sabatini und des Studiums von Raffael zur Rückkehr in seine Wahlheimat vor. Vor seiner Abreise unternahm der »Card. d'Este, ein Liebhaber und Kenner dieser Profession« alles, um ihn kennenzulernen. Nach langem Zögern des jungen und schüchternen Künstlers gelang es ihm, ein Treffen zu arrangieren.

So geschah es also zur Zufriedenheit des Kardinals und mit ebensolchem Zögern des schüchternen Mannes von jenseits der Alpen, der in diesem Zusammenhange gebeten wurde, in seiner Gegenwart etwas zu zeichnen, damit der Stil und die Art zu arbeiten von ihm, der sehr gut zeichnete, vor aller Augen bekannt würden; da setzte er sich hin und fertigte mit solcher Herzensinbrunst und Leidenschaft des Gemütes eine halbe Madonna mit dem Kind im Arm, daß der Kardinal, welcher vertrauensvoll über ihn gebeugt war, ihm die Linke auf die Schulter legte und mit der Rechten die Seite hielt, denn es schien, er leide Todesschmerzen. Auf jeden Fall bewunderte jener Purpurträger die Tüchtigkeit des Calvarte sehr und je mehr er ihn kennenlernte desto mehr lobte er ihn und zeigte ihm mit großer Zufriedenheit seine köstliche Sammlung von Zeichnungen der bedeutendsten Meister aller Schulen; und Dionisio erkannte nicht nur alle Autoren; als man zu einem Akt aus dem Jüngsten Gericht und zwei Gestalten Raffaels aus der Schule in Athen gelangt war, da wies er sie darauf hin, daß dies keine Originale seien, sondern von ihm selbst angefertigt und aus eben jenen Arbeiten kopiert, wenn auch an einigen Stellen verändert, wie es ihm ein gewisser Pomponio, der die Arbeiten bei ihm bestellt hatte, aufgetragen hatte. Und genau der war es gewesen, der sie über dem Rauch an einigen Stellen verschlissen gemacht hatte und dann dem Kardinal als Originale verkaufte, wie man später feststellte. Als er sah, daß er überführt war, da gestand er alles und bat den Kardinal um Vergebung[62].

Das Feld der historischen und sammlerischen Aufmerksamkeit hat sich erweitert. Von nun an gibt es nicht mehr nur die Welt der Antike, in der Fälschungen – die sich im Lauf der Zeit unausweichlich differenzieren – vorkommen. Die Episode um Calvaert enthält bereits in Umrissen die Elemente, durch die die Nachahmung zum Indiz einer neuen bildenden Kultur und ihrer sozialen Einbettung wird. Ich zähle im Folgenden diese Elemente auf und folge dabei dem Verlauf der Geschichte. Kardinal Luigi d'Este[63] ist kein Sammler alten humanistischen Typs, sondern eher schon ein »Laie« mit der Bildung des Cinquecento, der sich nicht allein für den Besitz und den symbolischen Wert der Objekte interessiert, sondern auch für die verschiedenen persönlichen Varianten der Kunst (die »Manieren«). Calvaert (»Dionisio erkannte nicht nur alle Autoren«) ist zu recht, aber auch – als Künstler – zwangsläufig ein Kenner der »Manier« der anderen, angefangen bei den kanonischen: schöpferische Fähigkeiten und paradigmatische Erfahrungen fallen zusammen[64]. »Die Sammlung von Zeichnungen der bedeutendsten Meister aller Schulen« ist ausschließlich von der Aufmerksamkeit für die bildende Kunst gelenkt und so breit gestreut, daß sie nicht nur einen persönlichen Geschmack wiedergibt, sondern eine umfassende Kunstkenntnis, die durch die objektiven zeitlichen Gegebenheiten und die des kulturellen Umfeldes geprägt ist. Calvaerts Zeichnungen sind Kopien, »wenn auch an einigen Stellen verändert«: und schon stehen wir vor dem Problem, welche Beziehung zwischen der Kopie als einem Mittel zur Erkenntnis und der Kopie als einem Mittel zur Vergrößerung der Zahl der Exemplare besteht. Andererseits befinden wir uns an der Quelle jener pragmatischen Erfahrung der Kunst, die bereits erwähnt wurde. Schließlich spielt der Satz »Pomponio, der die Arbeiten bei ihm bestellt hatte«, unverkennbar (sieht man von der Technik des Ältermachens ab, die keineswegs neu ist) auf die Bildung eines Kunstmarktes an, der nicht mehr einfach nur Kunstgegenstände vermittelt, sondern seinerseits Auftraggeber, Investitionsanlage, kulturelle Hypothese und vor allem – mit diesem Fall – zu einer Art produktiver Fortführung wird (»die er dann über dem Rauch verschlissen machte«). In der Regel besteht diese Fortführung in der Restaurierung und den verschiedenen Formen der Anpassung an die Sammlertätigkeit.

Diese Umstände machen aus der Fälschung den kritischsten Fall einer besonderen Form der Verbindung von bildnerischer Praxis (der »höchsten«) und dem Licht, in das sie vor einem elitären sozialen und kulturellen Hintergrund gerät. Es handelt sich um jene Verbindung von künstlerischer Praxis und adligen Verhaltensweisen, zwischen »Professoren« und »Laien«, in der die konkreten Gelegenheiten die Maßstäbe des Urteils und überhaupt die Sprache des Kunst»kenners« heranreifen. Der ursprüngliche Primat der schöpferischen über die nicht professionelle Erfahrung nimmt, nach dem Höhepunkt des Barock und je mehr man sich den Zeiten von Luigi Lanzi nähert, ab. Zu Beginn des 17. Jahrhunderts sollte Giulio Mancini seine *Considerazioni sulla pittura* mit der Rechtfertigung einleiten, daß diese von einem »Laien« geschrieben seien[65]; in der *Familie des Antiquars* dagegen wird Goldoni die übergroße Sicherheit des Grafen Anselmo in Kunstdingen lächerlich machen[66]. Im 18. Jahrhundert hatte der Druck von »Übersetzungen« eine Häufigkeit und Qualität erreicht, daß auch der »Laie« zu einem vergleichenden Urteil in der Lage war[67]. Zu Beginn der zeitlichen und der disziplinären Spanne, die Mancini mit Lanzi verbindet, verweisen Episoden wie die mit Calvaert und dem Kardinal d'Este als Protagonisten auch darauf, daß das künstlerische Urteil hauptsächlich pragmatisch vorgeht. Wenn die Kenntnis der »Manieren« der Kunst eine Voraussetzung ist und sie durch eine eigene, charakteristische »Manier« unter Beweis gestellt werden kann, dann kann es keinen besseren Beweis für die absolute Fähigkeit – und zugleich die konkrete Kenntnis der kanonischen »Manieren« – geben als die Realisierung eines Werks in der Sprache eines anderen, großen Künstlers. Im Seicento geschieht es daher häufiger als später, daß der *pasticheur* oder der geschickte Kopist mit dem Maler zusammenfällt: Kunstsachverständig und hinreichend professionalisiert (wie z. B. Pietro Vecchia in Venedig); daß der Maler, Kunstkenner und *pasticheur* in einer Person auch noch den Restaurator abgibt (wiederum Vecchia, der beispielsweise am Altarbild von Castelfranco arbeitet); und daß der theoretisch weniger versierte, dafür aber um so urteilsfähigere literarische Kunstkritiker (wie der wichtigste »Kunstkritiker« des Jahrhunderts, Mario Boschini) Bilder aufspürt und Händler sowie anerkannter Sachverständiger ist.

Die überraschende Erfahrung des Bildes »à la manière de«, der *pastiche,* der täuschenden Kopie, bestätigt oder widerlegt die Fähigkeit des Kenners – und sie besiegelt in jedem Fall, daß es notwendig ist, über bildnerische Tatsachen spezifisch urteilen zu können. Angesichts dieser außergewöhnlichen Situation wäre es gewagt, solche Momente in der Kultur des Barock an unseren Begriff der Fälschung angleichen zu wollen. Aber auch die entgegengesetzte Haltung, die es sich im Verständnis ex post bequem macht, wäre allzu billig. Ist es wirklich möglich, keine Verbindung zu dem in den alten Zeugnissen herzustellen, was diese als Nachmachen charakterisierten? Reicht das Fehlen der zusätzlichen Kategorie »Vorsatz zur Fälschung« hin, um die Arbeiten Vecchias im Stil von Giorgione als Ausdruck des Wiederauflebens einer Kultur abzutun, die zwischen Unterordnung und Unbefangenheit gegenüber einem verpflichtenden Vorbild hin- und herschwankt? Eine Erklärung dieser Phänomene, die sich schnell mit der postulierten Einheit der einzelnen Poetiken zufrieden gibt, läuft Gefahr, von den Rändern einer konkreten Geschichte der Kunst (die also nicht die Umstände eines Stils zu *événements* erstarren läßt) all das auszuschließen, was doch in Wirklichkeit auf eine neue Komplexitat der ganzen bildnerischen Kultur verweist: auf jenes Moment der Integration zwischen einer bewußten schöpferischen und einer nicht minder »virtuosen« klassifikatorischen Tätigkeit, die einer der charakteristischsten Züge der Kunst des 17. und 18. Jahrhunderts ist. Lanzi stellt die Frage eben in dem Abschnitt, wo es ihm am meisten um eine Organisation dieser Erfahrungen zu tun ist, nämlich im Vorwort zur *Storia pittorica*: »Wer kann unterstellen, Giordano sei nur ein Maler, wenn er nicht weiß, daß er danach trachtet, sich bald in einen aus der Antike, bald in einen anderen zu verwandeln?«[68]. Dort löst sich die Erkenntnis der Absichten des Malers eher in einer klaren Taxinomie auf denn in Vorboten jener monographischen »Rekompositionen« einer späteren Kunstgeschichte.

Offensichtlich reicht es nicht, daß ein Luca Giordano in der Manier Dürers heute jedem, der die Monographie des neapolitanischen Malers durchblättert, vor allem als »ein« Luca Giordano vorkommt. Die Fähigkeit zu erkennen, in welchem Maße er absichtsvoll und betrügerisch in Richtung Fälschung geht, hängt von dem Erkenntnisakt ab, in dem man das Werk aus der Serie des Malers X (des gefälschten) mit dem des Malers Y (des Fälschers) in Verbindung bringt. Nun ist es klar,

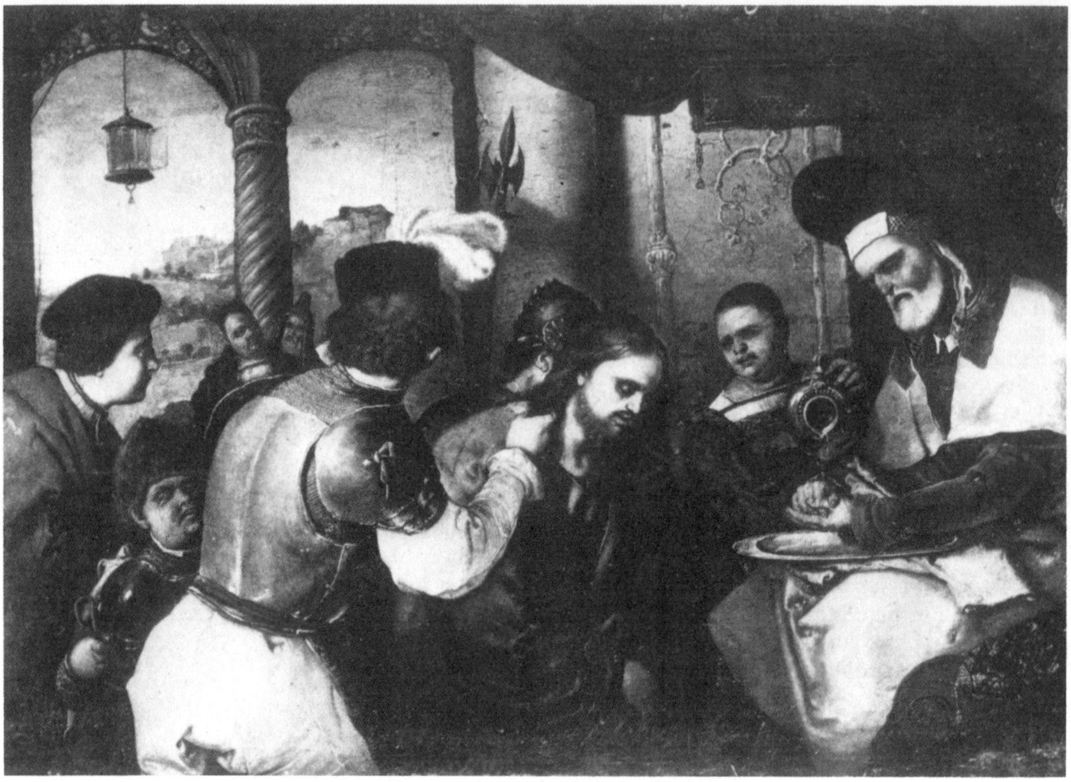

LUCA GIORDANO
Christus vor Pilatus

daß im Seicento weder die Serie der Dürerschen Werke noch die der Werke Giordanos so gegenwärtig waren wie für uns – so daß für uns ein Luca Giordano in der Manier Dürers Gefahr läuft, nur ein Luca Giordano zu sein. Doch es ist bezeichnend, daß ein Kenner wie Berenson – der große Erfahrung, aber keine spezifische Kenntnis des Seicento besaß – in Jahren des völligen Desinteresses an Giordano eine Arbeit dieser ganz besonderen Art in Beziehung zum Umfeld Ludovico Mazzolinos setzte – des Malers aus Ferrara also, der ein besonderes Interesse an den Erfahrungen nördlich der Alpen hatte[69].

Dagegen würde sich eine eng begrenzte kommerzielle Kasuistik der barocken Fälschung sehr bald in einer Aufzählung der kuriosen Zeugnisse über die Techniken des künstlerischen Alterns erschöpfen. Diese weiteten sich von den angeblichen Ausgrabungsgegenständen auf die Bilder und Zeichnungen der jüngsten Vergangenheit aus, als diese in den Mittelpunkt des sammlerischen Interesses rückte.

Das gelang zu Beginn des 17. Jahrhunderts Terenzio da Urbino. Baglione erzählt, daß

> ... er einer der Maler war, die ihre Bilder für alt ausgeben wollten. Er verschaffte sich alte Tafelbilder und Rahmen, die im alten Stil gearbeitet und vom Rauch geschwärzt und von Holzwürmern zersetzt waren, wenn es eine Figur war, auch wenn sie grob und schlecht ausgeführt war. Und darauf malte er und dann verrieb er die Farben so, daß es an einigen Stellen durchschien. Und nachdem er sie bemalt hatte, hängte er sie in den Rauch und mithilfe der Mischung gewisser Lacke mit Farben, die er darübermalte, gab er ihnen den Anschein, als wären sie hundert Jahre alt[70].

Der gesamte Bericht von Baglione enthüllt, daß Terenzio sich vor allem auf seine Fähigkeiten zur Manipulation und eine ziemlich ungewisse Erinnerung an die Modelle aus dem Cinquecento stützen mußte, auf

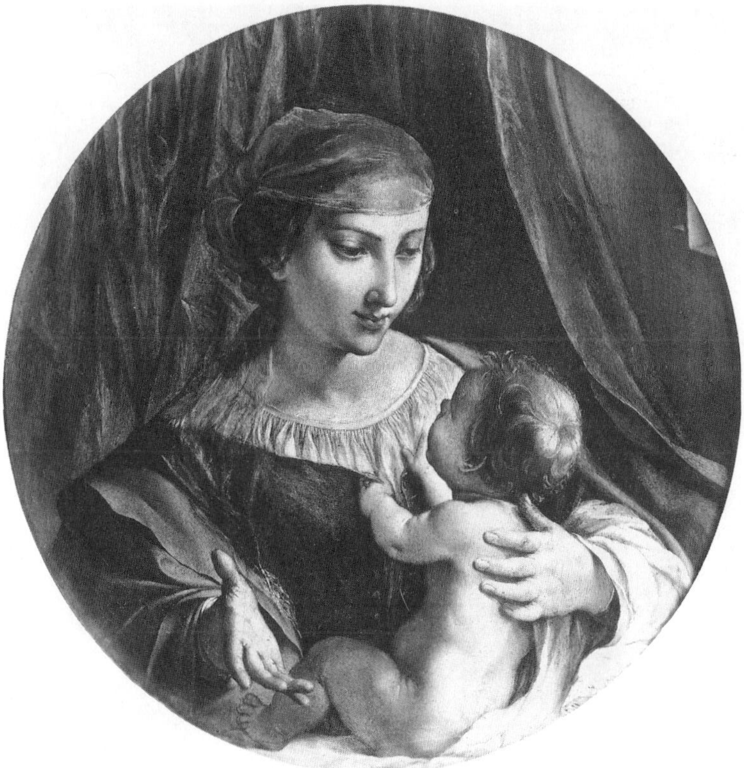

ANGELO CAROSELLI,
Madonna mit Kind

die er zurückgriff. Wären uns diese Manipulationen erhalten geblieben, so würden sie heute vermutlich auch Menschen mit einer durchschnittlichen bildnerischen Erfahrung bloß als seltsame Transkriptionen des Seicento aus früheren Zeiten erscheinen.

In vielerlei Hinsicht hat man dieses Gefühl auch angesichts des »Korpus«, der in unseren Zeiten das Bild von der Persönlichkeit des Römers Angelo Caroselli wiederhergestellt hat, eines Künstlers, dessen literarische Tradition ganz genau der des Händlers, Bearbeiters, Kopisten und Imitators entspricht. Es ist schwerlich zu glauben, daß dieser »Korpus« überhaupt nichts mit diesem traditionellen Bild gemein haben soll. Zur Unterstützung eines überraschend archaisierenden Werkes, das ihm sehr präzise von Briganti zuerkannt wurde[71], hilft eine Seite von Baldinucci (der von ihm als *professore* alten Stils gehört hatte):

Caroselli hatte bereits das fünfundzwanzigste Jahr erreicht, als ein gewisser Banzi, der mit Bildern hervorragender Meister handelte, ihn also in unsere Stadt Florenz geleitete; der kannte gut nicht nur dessen Fähigkeit, von eigener Hand zu malen, sondern auch seine Kenntnis der Manier der tüchtigen alten und neuen Männer, die er sich wegen seiner, wie wir hernach sagen werden, Übung, sie wunderbar nachzuahmen, erworben hatte. Dort fertigte er, als er einige Bilder von hohem Wert gesehen und erkannt hatte, einige Arbeiten von eigener Hand, die, so will es das Gerücht, in den Besitz des Großherzogs gelangten[72].

Der Umriß seiner Biographie durch den florentinischen Historiker weist »hernach« vielleicht Anzeichen einer weit fortgeschrittenen Barockkultur auf. Aber es besteht kein Zweifel, daß die eklektischen und qualitativen Sprünge, das wenig progressive Experimentieren und der wenig gefestigte Naturalismus von Caroselli eingebettet sind in die

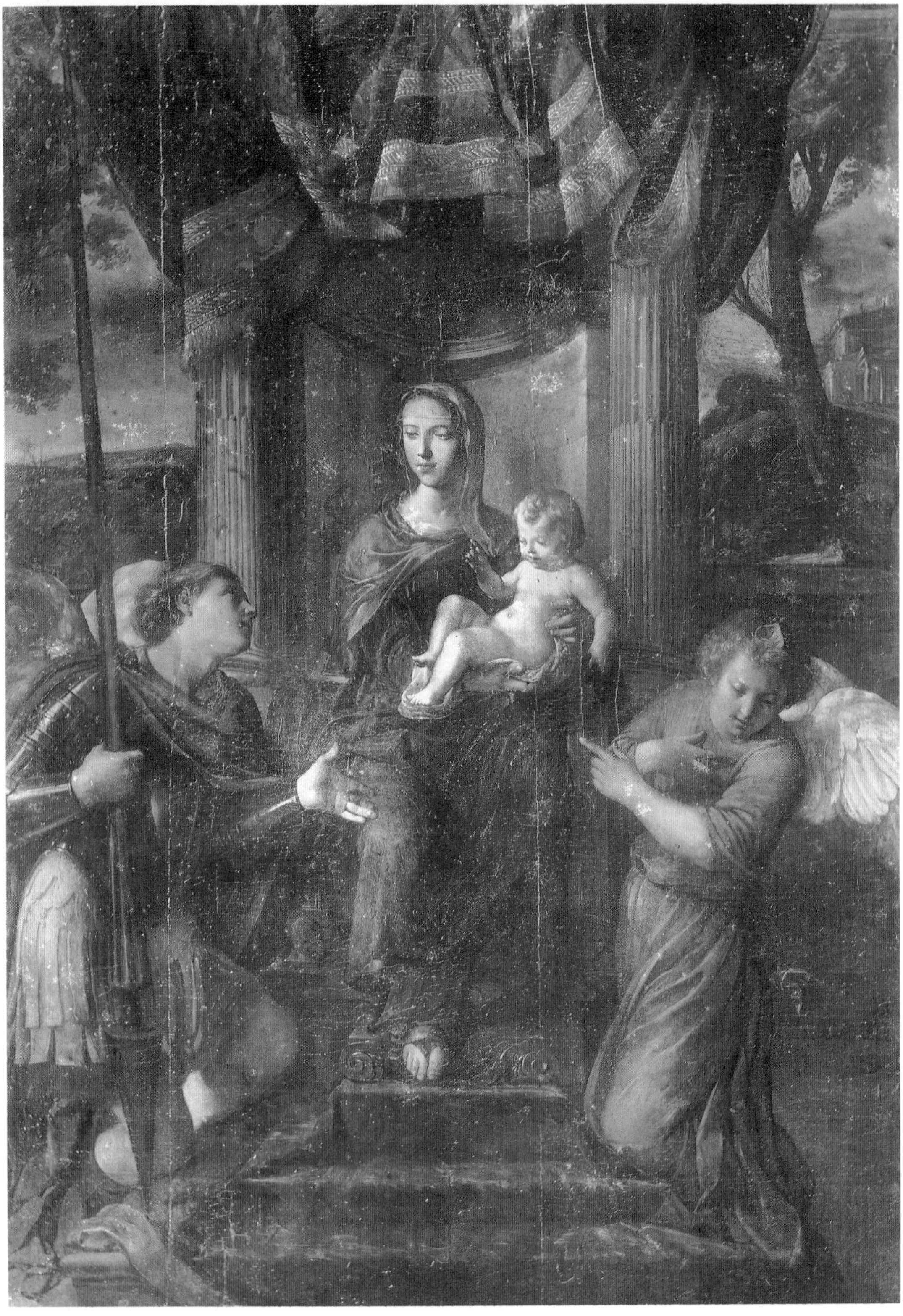

äußerst lebhaften merkantilen und sammlerischen Aktivitäten im Rom der ersten Hälfte des Seicento.

Vor Situationen dieser Art warnte Mancini, als er versuchte, ein System von Normen für die Zuerkennung zu entwickeln. Vor einem Bild muß man in der Lage sein, zu erkennen

... vor allem, ob es eine Kopie oder ein Original ist, denn bisweilen geschieht es, daß es so gut nachgeahmt wird, daß man es nur schwerlich erkennt; man muß hinzufügen, daß diejenigen, die es für alt verkaufen wollen, es in den Rauch von feuchtem Stroh hängen, was den Bildern eine gewisse Kruste verleiht, die derjenigen ähnelt, die im Lauf der Zeit sich bildet; und so scheinen sie alt, weil sie ihnen die flammenden und frischen Farben nehmen; zusätzlich nehmen sie alte Tafeln, um den Betrug zu vollenden, und arbeiten auf ihnen. Trotz alledem entdeckt derjenige, der Übung hat, diese Betrügereien[73].

Die typischen Anekdoten des 17. Jahrhunderts über Fälschungen handeln jedoch von Fällen, wo technische Fertigkeiten und Erkenntnisweisen, Kreativität und Bewußtsein, Ansehen der Vorbilder und Enthüllung neuer Kunstgriffe miteinander verschmelzen. Mehr noch als die tatsächliche Täuschung und der gelungene Handel mit den Fälschungen zählt der erzählerische *Topos,* das konstante biographische und kulturelle Modell, nach dem die zahllosen Episoden entlarvter Fälschungen berichtet werden. Die Fälschung wird zum unersetzlichen Instrument, um die Vorurteile des Kunstliebhabers zum Einsturz zu bringen und die Tüchtigkeit des jungen Künstlers bekannt zu machen. Die nicht erkannte Kopie oder das *pastiche,* das unter einem bedeutenden Namen in Umlauf gebracht wird, stellen den gelungenen Beweis für das Maß der stilistischen und qualitativen Annäherung an die großen Vorbilder dar. Die bereits zitierte Stelle von Mancini streicht im weiteren Bericht diesen nicht banalen oder äußerlich kommerziellen Fall heraus:

Weiter geschieht es oftmals, daß einige Maler die Manier angesehener und berühmter Meister so gelungen in der Malerei anwenden, daß sie auch die Klügsten täuschen; so bewirken sie, daß ihre Werke als solche von der Hand jenes berühmten Malers verkauft werden, und das zu einem anderen Ziel als zu verkaufen und in gewisser Weise zu betrügen, sondern aus dem Streben nach Ehre, um sich bekannt zu machen und Ansehen zu erwerben. So verfuhr Annibale Carracci zu Beginn als er nach Rom gelangte: Er malte auf eine neue Leinwand, die mit einem alten Rahmen verziert war, in der Manier von Fra Bastiano [del Piombo, M. F.] einen Christus, der von Schurken gequält und bei den Haaren gezogen wird, brachte ihn an der Wand an und ließ ihn von jemand ihm wenig wohl Gesonnenen anschauen; der lobte es und setzte hinzu, daß die Form jener Meister verloren gegangen sei. Da lächelte Annibale, der anwesend war, und sprach ›Hochwürden, gottseidank lebe ich und ich habe auch keinerlei Absicht zu sterben‹. Als er das Bild von der Wand nahm und sah, daß es in neuer Leinwand war, fügte er zu seiner Entschuldigung hinzu, daß er sich von jenem Rahmen habe täuschen lassen. Annibale erwiderte mit der ihm eigenen Schlagfertigkeit, daß die Malerei dazu gemacht werde, von vorne und nicht von hinten betrachtet zu werden, und daß er das Bild damit eingefaßt habe, um jenen Rahmen nicht fortzuwerfen; und sodann sagte er, daß ihm seine übliche Manier besser schiene als jene und er deshalb, um besser und in der Gegenwart zu wirken, er in Zukunft in seiner üblichen und natürlichen Art arbeiten würde[74].

Wenn im Fall von Annibale Carracci der Topos des Betrugs bei der Zuschreibung die Funktion hat, eine kulturelle Avantgardeposition zu enthüllen, so kann er in anderen Fällen die absolute Anpassung an die pragmatischen Werte der Kunst unterstreichen. In *Le finezze de' pennelli italiani* – einer Art von barockem Roman über die Anleitung zur

gegenüber:
ANGELO CAROSELLI,
Madonna mit Kind und den Erzengeln Gabriel und Raffael
Verschollen

LUCA GIORDANO,
Christus vor Pilatus

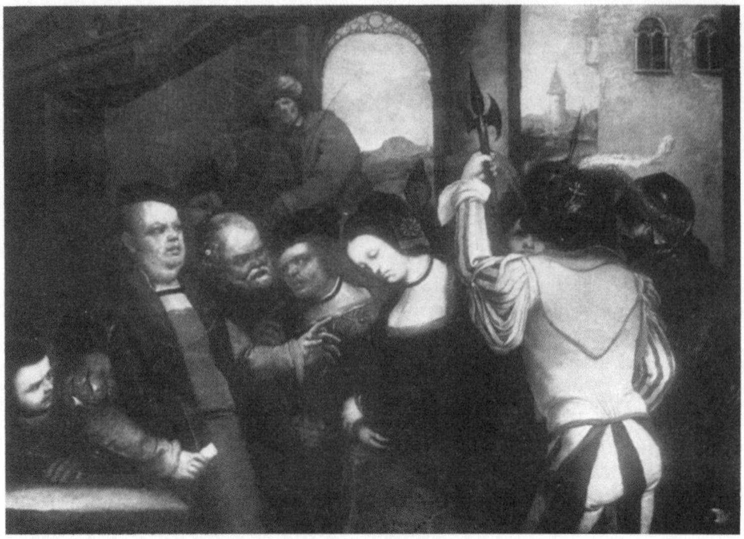

Malerei und die Topographie der italienischen Kunst – befinden sich der Maler Girupeno und der Genius Raffaels, der ihn begleitet, in der heute zerstörten Kirche Santa Maria Bianca in Parma

...und sehen in ihr sogleich zur rechten eine schwungvoll gestaltete Kapelle, die sie auf den ersten Blick für eine Arbeit des Correggio hielten, obwohl sie das in Wahrheit nicht war (wie ihnen ein Pater berichtete, der sie beobachtet hatte, als sie die Kapelle unverwandt betrachteten), sondern von Giuseppe di Riviera, genannt Lo Spagnoletto, in seiner Jugendzeit verfertigt, als er sich zu Parma befand, die Arbeiten eben des Correggio zu studieren; daher nahm es nicht wunder, wenn unsere Reisenden sich in diesem Mißverständnis getäuscht hatten, wo doch beinahe jeder sich darin täusche, wie der Pater ihnen sagte. Großen Gewinn, sagte der Genius, verstand der Spagnoletto aus der Tüchtigkeit dieses Autors zu ziehen[75].

Zu Beginn des 18. Jahrhunderts hingegen konnte es Giuseppe Maria Crespi geschehen, daß ihm ein Bild aus der Galerie des Granduca di Toscana, das er selbst gemalt hatte, als ein Tintoretto vorgestellt wurde[76]. Der Fall, der dem Großherzog persönlich in einem Brief des Malers aus Bologna berichtet wird, geht über den Topos der enthüllenden Fälschung hinaus; es ist nämlich wahrscheinlich, daß der Irrtum einen ausschließlich kommerziellen Hintergrund hat. Die Wissenschaft des Kenners, die Passion des Sammlers und der kommerzielle Vorteil begannen, ein feinmaschiges Netz historisch-künstlerischer Kenntnisse zu verändern. Sebastiano Resta war häufig damit beschäftigt, Werke von großen Namen, die ihm vorgelegt wurden, zurückzustufen (»Susanna, großes Gemälde mit Gestalten in natürlicher Größe, wird angegeben als von Tizian firmiert. Ich halte es für einen Luca Cambiagio«, usw.)[77].

Es ist vielleicht kein Zufall – wenngleich es uns heute überraschen kann – daß ausgerechnet Ribera (lo Spagnoletto) jene Fähigkeit zur täuschend ähnlichen Assimilation eines Stils zugeschrieben wird. Die überhaupt nicht kommerzielle, sondern nur virtuose Intention, die nur gelegentliche Demonstration seiner Fähigkeit zur Imitation und die vollständige Täuschung der Kenner geben bereits das Schema für die Art der Fälschung im Zeitalter des Barock ab, dessen unbestrittener Protagonist just ein Schüler Riberas sein wird: »jener äußerst fruchtbare, wechselvolle und blitzartige Genius in der Malerei, Luca Giordano«[78]. Seine stilistischen Nachahmungen gehen ein wenig in alle Richtungen: Raffael, die Venezianer des Cinquecento, Dürer, die zeitgenössischen Maler aus Bologna und Genua sowie die Spanier. Griseri hat sehr richtig erkannt, daß es sich hier um eine alles andere als randständige Aktivität handelt: Aus der Praxis einer Malerei »in der Manier von« ging »eine Art imaginäres Museum der wichtigsten und die italienische Malerei vorrangig betreffenden Fakten« hervor, und zwar in »einer weder doktrinären noch archäologischen, sondern evokativen Beziehung«. Weiter hat Griseri diese Proben des Malers, die meist auf die spanische Periode zurückgehen, als »gleichbedeutend mit Gesprächen und Diskussionen über die wertvolle Malerei unter ›gente di gusto y entedita‹ [Menschen von Geschmack und Verständnis] (Carducho)« angesehen[79]. Luca Giordano kopiert nicht, und er montiert auch keine Motive; sein Ziel ist kein kommerzielles, sondern die kundige Wiederspiegelung seiner Virtuosität, der Geschwindigkeit und der unerschöpflichen Begabung des Künstlers. Nicht ohne Grund werden seine beiden Kollegen und Antagonisten, Farelli und De Maria, die ersten Opfer seiner Täuschungen in der Malerei. Wie De Dominici berichtet, wurden sie vom Fürsten Sonnino gerufen, um ein Bild zu beurteilen, und sie schrieben es einträchtig Tintoretto zu. Luca Giordano jedoch »begann zu lachen, und nachdem er ein kleines Hölzchen vom Gestell hatte entfernen lassen, machte er sie darauf aufmerksam, daß da sein Namenszug bis ins Kleinste genau geschrieben stand; da blieben seine beiden Konkurrenten nicht wenig verwirrt zurück«[80]. Die Bilder des hervorragenden französischen *pasticheur* Bourdon oder die Pseudo-Poussin, auf die man im Katalog der Jugendwerke des Malers noch heute stoßen kann, sind im Vergleich dazu auf viel heimtückischere Weise Imitationen. Aber auch bei den *pastiches* von Luca Giordano kann man nicht mehr von raffinierten Anspielungen im Sinne der pseudoantiken Objekte der Renaissance sprechen. Die Person des Fälschers überragt inzwischen alles andere zu sehr: Es ist eine persönliche expressive Haltung, insbesondere eine »Manier«, die Gegenstand des Nachmachens wird. Das verlangten übrigens auch die Programme und Nachfragen der neuen Sammler.

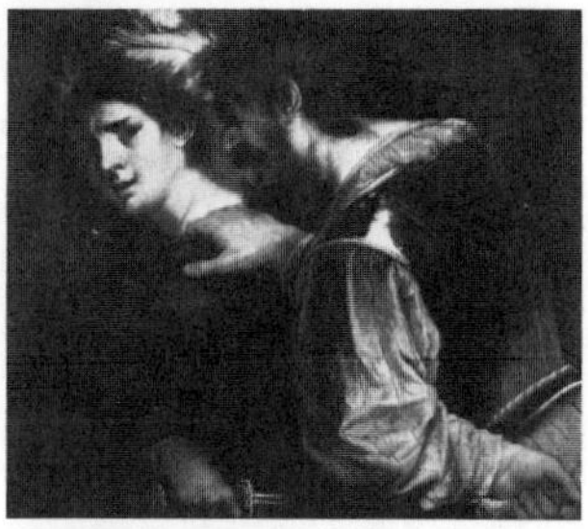

PIETRO MUTTONI, gen. DELLA VECCHIA, *Il bravo*
Ausschnitt

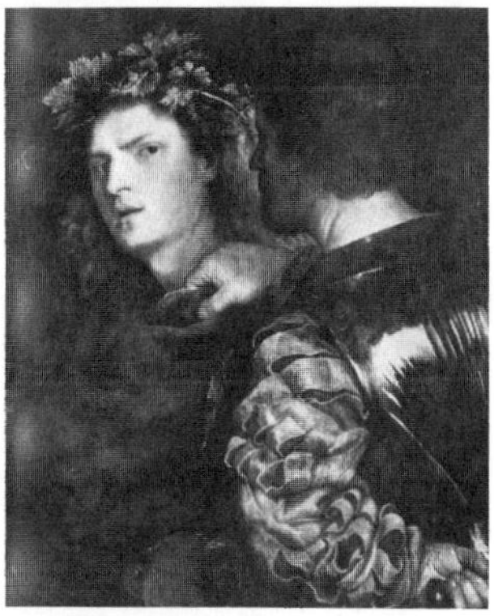

TIZIAN, *Il bravo*
Ausschnitt

Der Fall von Pietro Muttoni – wegen seiner Neigung, im Stil der Antike zu malen, Vecchia genannt – liegt schon auf den ersten Blick anders[81]. Er bliebe wenig verständlich, würde man ihn nicht mit dem zentralen Phänomen der barocken Kultur in Verbindung bringen, nämlich dem Mythos des großen Cinquecento in Venedig; zugleich ist er auch unlösbar verbunden mit dem Zentrum des Antiquitätenhandels, der systematischen Suche nach Bildern für fürstliche und nichtfürstliche Sammlungen und der manipulativen Restaurierungen, zu dem Venedig im 17. Jahrhundert geworden war. Es gelang Pietro Vecchia nicht deshalb, angesehene und kompetente Sammler wie Sandrart und Ridolfi zu täuschen, weil er ihnen kulturell überlegen war und eine verspätete und banale nostalgische Kontinuität mit dem Cinquecento pflegte (was Mißverständnisse provoziert hätte). Der Venezianer hatte vielmehr offene Augen für die moderne Kultur, für die naturalistische Wende und vor allem für jene Phänomene der Reduktion auf Episoden und pittoreske Themen, in denen sich ihre Wiederkehr vollzog. Verglichen mit der Gruppe um Padovanino, aus der er selbst hervorgegangen war, und verglichen mit der feierlichen Erstarrung der venezianischen Malerei, wie sie vor allem zwischen dem mittleren und späteren Tizian und Veronese kanonische Gestalt annahm, stellte seine Arbeit eine Erneuerung dar. Die Modernität, die Vecchia in der Tradition zu

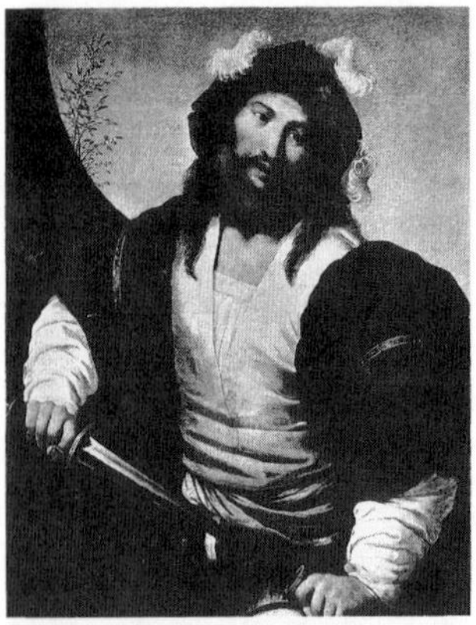

PIETRO MUTTONI,
gen. DELLA VECCHIA, *Krieger*
Ausschnitt

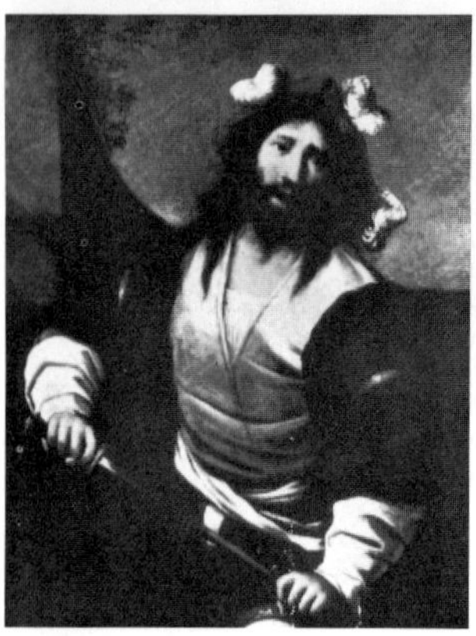

PIETRO MUTTONI,
Krieger, ehemals Rom, Sammlung Antonio Jandolo

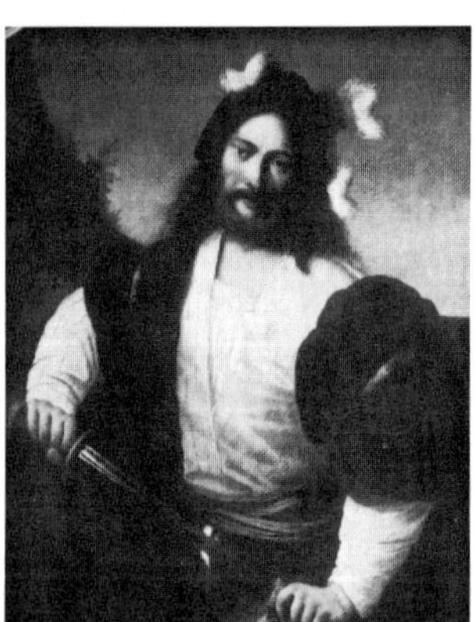

PIETRO MUTONI,
Krieger, mit späteren Erweiterungen der Leinwand
Genua, Palazzo Spinola

erreichen sucht, geht weiter, sie reicht bis zu Giorgione und dem jungen Tizian; ganz besonders aber geht sie auf die Tradition jener Städte zurück, denen es im Cinquecento gelungen war, von Venedig künstlerisch unabhängig zu werden: die Provinz Bergamo des Lotto oder Licinio ebenso wie das Brescia des Romanino.

In der *Breve instruzione*, die die *Ricche minere della pittura veneziana* beschließt, beendet Marco Boschini den Abschnitt über Giorgione mit einer Seite über Muttoni, die nur in Teilen unter dem Eindruck des literarischen Bildes vom Fälscher und dem Kunst-Affen steht:

Zum Ruhme von Giorgione und von Pietro Vecchia, einem lebenden venezianischen Maler, und zum Verständnis des Laien muß ich sagen, daß ich den Blick mit diesem Vecchia verbinde, denn sie werden Stücken von dieser Hand begegnen, die sich so sehr in die Formen Giorgiones verwandelt haben, daß es unklar bleibt, ob sie Teile von Giorgione oder Imitationen desselben sind; denn auch einige der größten Kenner haben sie für Früchte des letzteren und im übrigen für Arbeiten von Arbore gehalten. Und diese Imitationen sind keine Kopien, sondern Abstraktionen seines Verstandes, die wohl Züge Giorgiones nachahmen sollen[...] In der Casa Tebaldi in San Moisè kann man ein Brustbild eines Mannes mit Hut sehen, der im alten Stil in ein Gewand aus weißem Atlas gekleidet ist und die Hand auf einen Dolch legt; wer dies Bild sieht, der sagt in der Tat, daß dies ein Zwilling Giorgiones sein muß: denn aufgrund des stolzen Ausdrucks, der Gedankenschwere, der bizarren Kleidung und wegen noch anderem mehr kann man gar nichts anderes sagen[82].

Die wichtigste Aussage dieses Zeugnisses liegt in den Schlußformulierungen. Wir verbinden heute *stolzen Ausdruck* und *Gedankenschwere* nicht mit Giorgione, eher im Gegenteil. Und dies ist genau der Grund, warum die Werke von Vecchia heute niemanden mehr täuschen und weshalb sie zu ihrer Zeit mit Arbeiten Giorgiones verwechselt werden konnten: Das Bild von Giorgione hat sich radikal gewandelt. Die Art mythologischer Apotheose der venezianischen Malerei, die am Ende der *Carta del navegar pitoresco* steht, erhellt, wie man zu Zeiten Boschinis Giorgione verstand.

Ercole maestoso, grave e sodo
Professa aver grandissima ambicion
D'aver valor infuso al gran Zorzon,
Conforme al genio soo; giusto a so modo.

Chi vuol contra de lu formar stecado,
S'ha da meter in testa un elmo fin:
Ma che abbia però valor divin,
Ché el sarà bon per sto soldado.

(Der majestätische Herkules, voller Stolz und Macht,
bekennt frei heraus sein höchstes Ziel,
dem großen Giorgione eine Kraft gegeben zu haben,
die seinem Genius entspricht und zu seiner Art paßt.

Wer ihn in die Schranken fordern will,
muß sich mit einem feinen Helm wappnen:
und möge er auch Gott befohlen sein,
auf daß dieser jenem Soldaten helfe.)[83]

Dieses Bild von dem Maler erklärt den ein wenig großtuerischen Tonfall der Bilder von Pietro Vecchia besser und erklärt vor allem, wieso sie mit Giorgione verwechselt werden konnten. Es handelte sich tatsächlich, wie Longhi bemerkte, um einen »bizarren und schrittweisen ›Romantizismus‹ von zigeunerhaftem, soldateskem und pikareskem Zuschnitt«[84]. Aus dieser etwas träumerischen und schwülstigen Ader ging eine Galerie von antikisierenden und auf ihre Weise idealisierenden Portraits hervor, die nichts mit dem *State Portrait* des Cinquecento und vor allem nichts mit Tizian zu tun haben. Der Gegensatz bestand nicht darin, Giorgione auf seine Parteigänger in der Provinz zurückführen zu wollen oder gar auf Lotto: Aber das Festhalten an dieser Erinnerung führte immer wieder dazu, daß in den Bildern Federhüte und Kleidungsstücke ohne jede soziale Konnotation vorgeführt wurden – im Stile einer Komödie eben. Und doch drückt gerade diese Operation, das Portrait heraldisch unbestimmt zu machen und es zum Gegenstand des gewohnten Kunsthandels werden zu lassen, am unmittelbarsten die absolute Vorrangstellung der pittoresken Werte auf dem Kunstmarkt in Venedig aus. Auch die Portraits können jetzt aus ihrer Rolle der sozialen Identifikation und der engen Eingrenzung auf die Familie losgelöst werden, sie bilden ein vollwertiges Genre der Malerei.

Auch das sollte dazu beitragen, nicht der Versuchung zu erliegen, die merkantile Bedeutung der Bilder in der Manier von Giorgione zu unterschätzen. Es wäre willkürlich, bei Vecchia allein die Poetik einer Wiederkehr des Cinquecento herauszuisolieren, die in Bezug auf die Entwicklungen in der venezianischen Malerei des 17. Jahrhunderts zu bewerten wäre. An dieser Stelle wäre es ein Fehler, Muttoni einfach als einen Maler zu betrachten. Die Briefe von Boschini an den Kardinal Leopoldo de' Medici bestätigen in hohem Maße seine soziale Rolle nicht mehr nur als einfacher Maler, sondern auch als Sachverständiger, Vermittler und Restaurator. Vecchia, so sagt Boschini, »ist voll von Malerei, ein Ratgeber, denn wenn einer ein Bild von großem Wert erwirbt, so bringt er es zu ihm, ehe es sein Gemüt bewege, und bittet ihn, seine Meinung zu sagen«[85].

Vecchia paßt nicht einfach in den erzählerischen und kritischen Topos von der enthüllenden Fälschung. Das wird auf die direkteste Weise durch einen Brief bestätigt, den Boschini 1675 an Kardinal Leopoldo sandte:

> Die Gebote des Briefes Eurer Hoheit haben Herrn Pietro Vecchia und mich angehalten, das hierhergesandte Bild zu betrachten, welches bereits Eurer Hoheit vom Herrn Kavalier Fontana übergeben worden war und das dem Anscheine nach von der eigenen Hand des Giorgione gezeichnet ist; und wie Eure Hoheit es gebot, so begaben wir uns beide zum Hause des Herrn Guasconi, wo uns besagtes Bild gezeiget wurde; nach einem Blick darauf fragte der Vecchia mich zuerst, was es mir scheine, und ich erwiderte ihm sogleich, daß er besser wisse als ich, was besagtes Bild sei. Er aber wollte, daß ich ihm meine Meinung sage, ich aber lachte und antwortete, daß es unnütz sei, mich derartiges zu fragen, wo er doch wisse, daß er es gefertigt habe, worauf auch er lachte und gestand, daß es von seiner Hand sei, und er berichtete mir, daß er es auf Geheiß des verschiedenen Herrn Nicolò Renieri [Maler und Händler, sein Schwiegervater. M. F.] schon vor zweiunddreißig Jahren angefertigt habe. Um diesen Auftrag zu erfüllen, habe er sein ganzes Wissen angestrengt und ohne irgendein Hilfsmittel zu benützen noch Giorgione zu kopieren, sondern ganz allein durch Imitation jenes einzigartigen Autors; in dieser Manier hat besagter Vecchia wahrhaftig sehr viele Stücke angefertigt, die den Verstand erfordern, und er hat auch viele getäuscht, so versteht Eure Hoheit, wie sich in diesem Falle das Geschäft vollzieht. Und daher sehen wir nun, wie der Herr Kavaliere das Bild Eurer Hoheit übergeben hat, ohne daß wir es sähen, in der Hoffnung das Glück sei auf seiner Seite; kluger weise aber hat er das wahrhafte Mittel gefunden, besagten Zweifel zu zerstreuen. Eurer Hoheit wird immer mit aller Treue in allem, was sie in der Zuerkennung erwartet, von uns, seinen ergebenen und treuen Dienern, gedient werden[86].

Einen Fall, der von dem Vecchias nicht sehr weit ab liegt, sich aber auf individualistischere und noch bizzarer nostalgische Weise löst, denn er

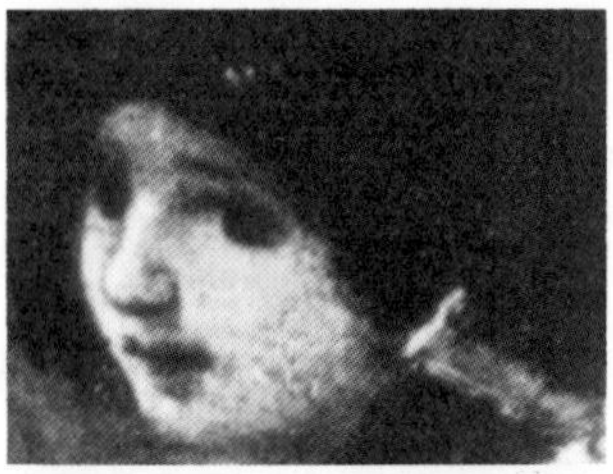

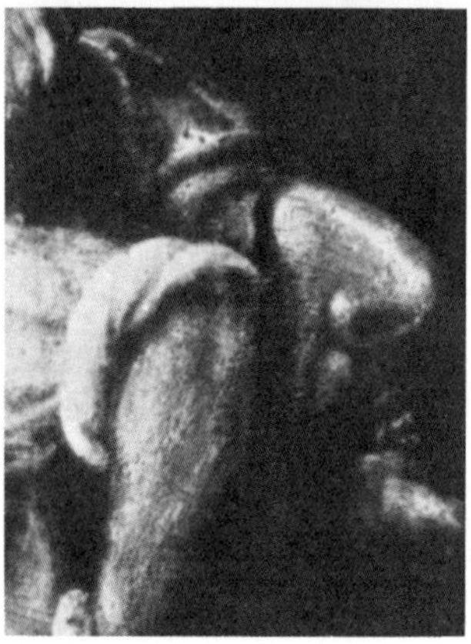

GIUSEPPE CALETTI,
David und Goliath
Ausschnitte
Verschollen

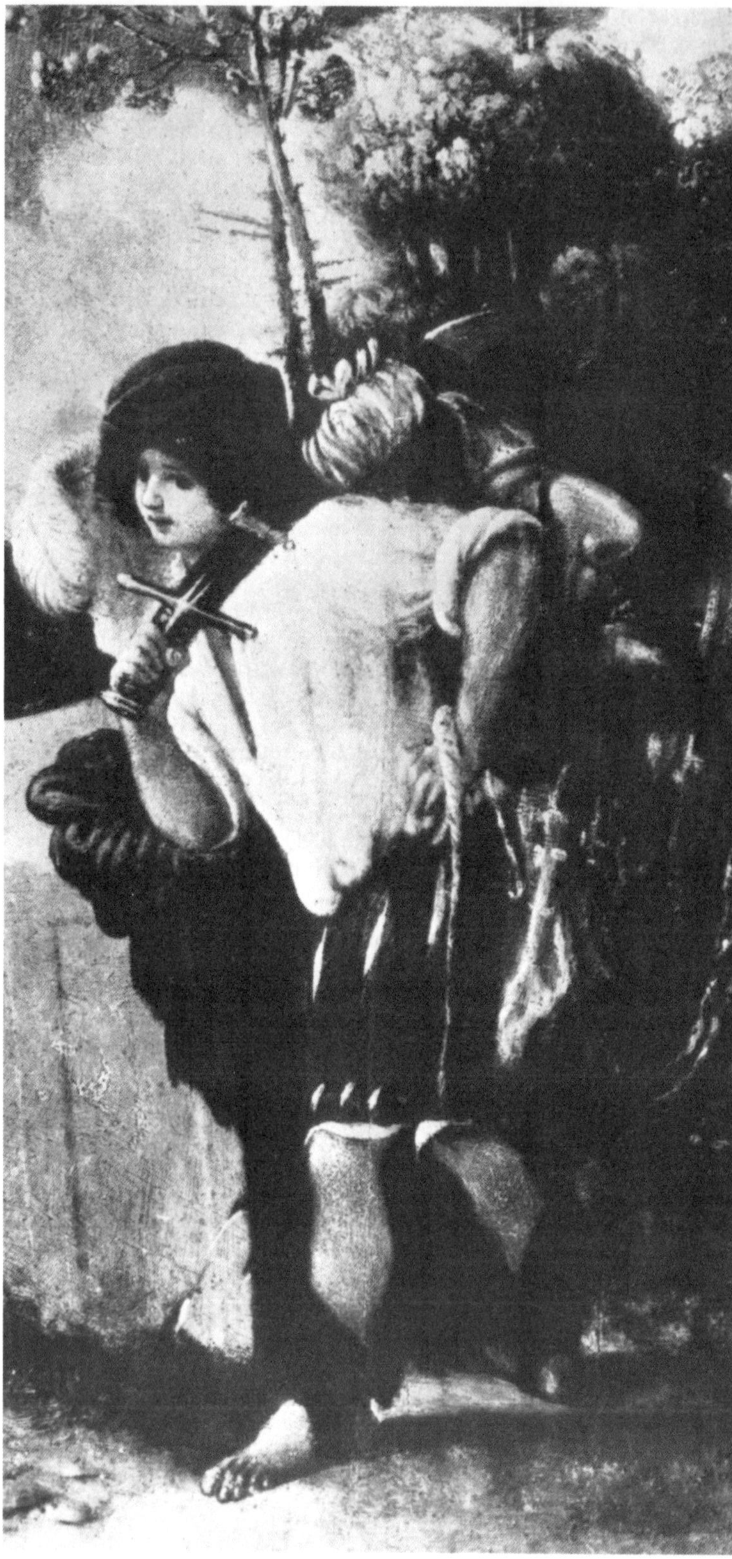

reagiert extrem auf eine nunmehr als provinziell definierte Situation, stellt Giuseppe Caletti in Ferrara dar, zu seiner Zeit als Il Cremonese bekannt[87]. Das Schema seiner Biographie, so wie es Baruffaldi festhielt, weicht nicht sonderlich von dem üblichen eines *pasticheur* ab (»Gott hatte ihm viel Talent mitgegeben«; »Mit Recht kann man sagen, daß dieser als Maler geboren wurde«)[88]. Wenn man im Stil des 16. Jahrhunderts malte und dabei vor allem an Dosso Dossi dachte, hatte das nichts Enthüllendes oder Polemisches mehr, sondern war nur noch so etwas wie ein ärgerlicher Beweis, den man erbringen mußte, um unter die Maler aufgenommen zu werden. Die Vergangenheit des Cinquecento prägte ihn nicht so sehr als formale Norm, denn vielmehr als Repertoire von Situationen und weit entfernten Gebräuchen. Es handelte sich darum, die Welt des Ariost im Ferrara der Päpste zu erträumen. Lanzi hat das gut erkannt: »Oft verrät auch die Extravaganz der Komposition den Autor. Wenn man in einem sehr tizianesken Trinkgelage eine Flinte oder ein modernes Spiel findet, dann ist das wie Wildschweine im Wasser oder Delphine im Wald zu malen«[89]. Der merkantile Wert von Calettis Nostalgie für den Cinquecento hatte sich bald erschöpft (abgesehen von Dosso: Giorgione, Tizian, der »mysteriöse Freund Dossos aus Friaul«). Baruffaldi berichtet:

Monsignor Abmon, ein Schotte und Schüler des großen Pietro da Cortona, [...] kaufte zu einem hohen Preis, was er vom Cremonesi über den besten Geschmack nur finden konnte; denn er war sicher, wie er sagte, daß er das, was er ausgab, auch wieder würde einnehmen, brächte er die Bilder nach Rom und verkaufte sie daselbst als Werke von Tizian; wenn auch nicht als echte, das wäre ein offener Betrug, sondern als die besten Arbeiten aus seiner Schule und von seinen bedeutendsten Schülern. Er meinte, daß er mehr würde verdienen mit diesen Bildern, als wenn er eigene Bilder verkaufte[90].

Hier handelt es sich bereits um eine programmatische Veränderung, wie sie durch den Markt bewirkt wird, der sich den breitgestreuten Polyzentrismus zunutze macht. Ein Handel mit inzwischen internationalen Ausmaßen kann Beispiele kultureller Isolierung und die ersten Anflüge provinzieller Nostalgie als zeitlich voneinander unterschiedene Zeugnisse präsentieren. Was in Ferrara als Trauer um den Cinquecento gilt, kann anderswo unmittelbar den Kanon des Cinquecento darstellen. Wieder kommentiert Lanzi sehr präzise: »In Ferrara, das voll von seinen Bildern ist, fällt es nicht leicht, diese Blätter zu verkaufen«[91].

In Venedig, diesem großen Kaufhaus für Kunst, reiften ohne Schwierigkeiten Maler heran, die in der Lage waren, die Zeitgenossen zu imitieren. Ein Schüler von Strozzi, Ermanno Stroiffi, wurde schließlich eine Art künstlerisches Double. Auch die Kenner, so erinnert Boschini, vermochten nicht immer zwischen den beiden zu unterscheiden. Noch heute kommt es vor, daß Strozzi auftauchen, die in Wirklichkeit von seinem sklavischen, aber weniger strahlenden Schüler gemalt wurden[92].

Daß ein solcher stilistischer Austausch möglich wurde, hat natürlich mit dem Markt zu tun. Die ersten Nachahmungen von Francesco Guardi werden von dessen Sohn Giacomo in einer Situation ausgeführt, in der geistige und materielle Beziehungen miteinander verflochten sind[93]. Das unglaublich treue und banale Festhalten an einem malerischen Muster verbindet sich mit der Notwendigkeit, einen Markt weiterhin mit einem Produkt zu versorgen, das nicht aus der Mode kommt. Die repetitive Gewohnheit setzt sich so sehr fort (Giacomo stirbt 1835) und die Historisierung des ursprünglichen Modells

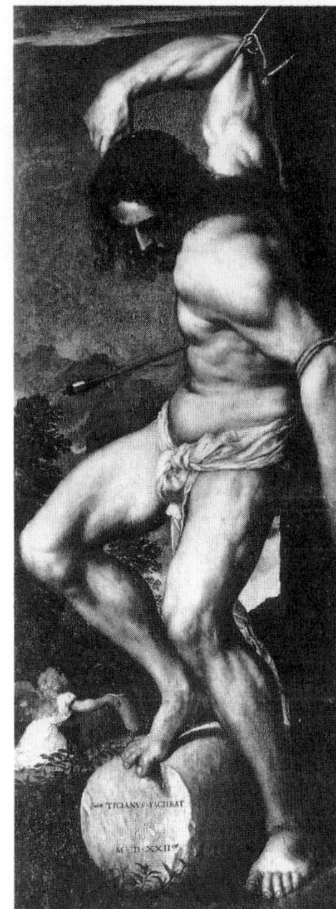

TIZIAN,
Der Hl. Sebastian
Ausschnitt aus dem Polyptychon Averoldi

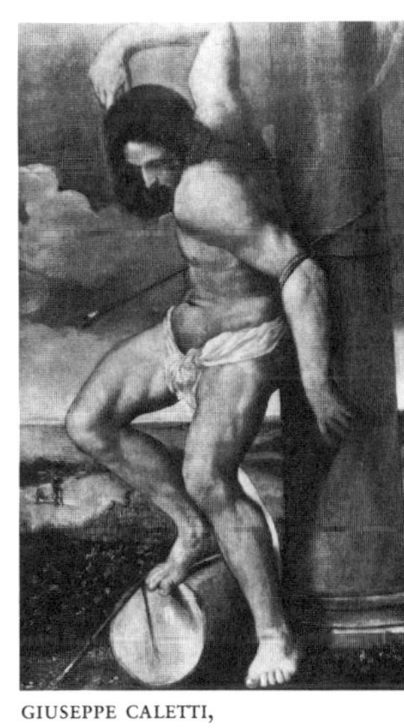

GIUSEPPE CALETTI,
Der Hl. Sebastian

GIACOMO GUARDI,
Santa Maria delle Grazie

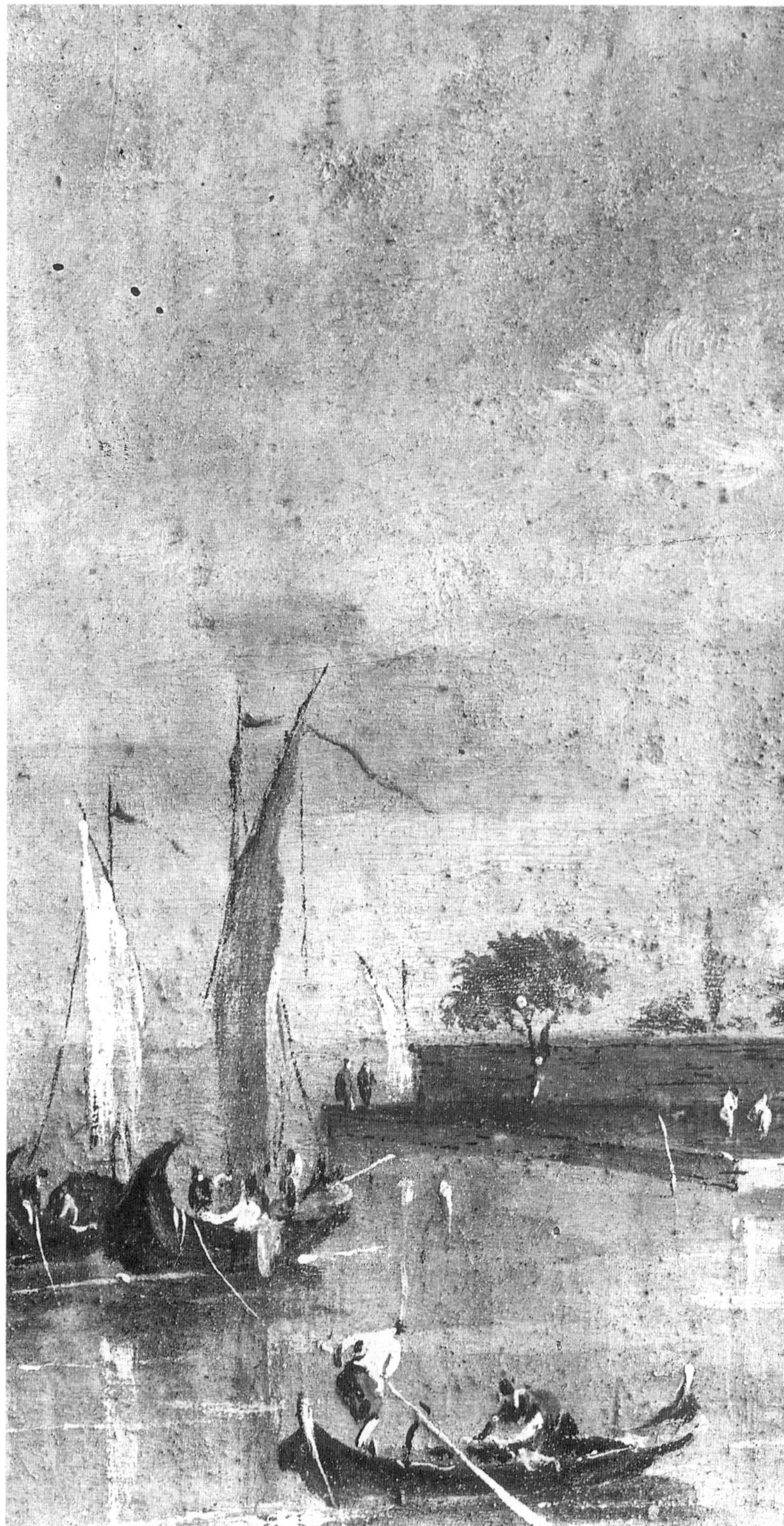

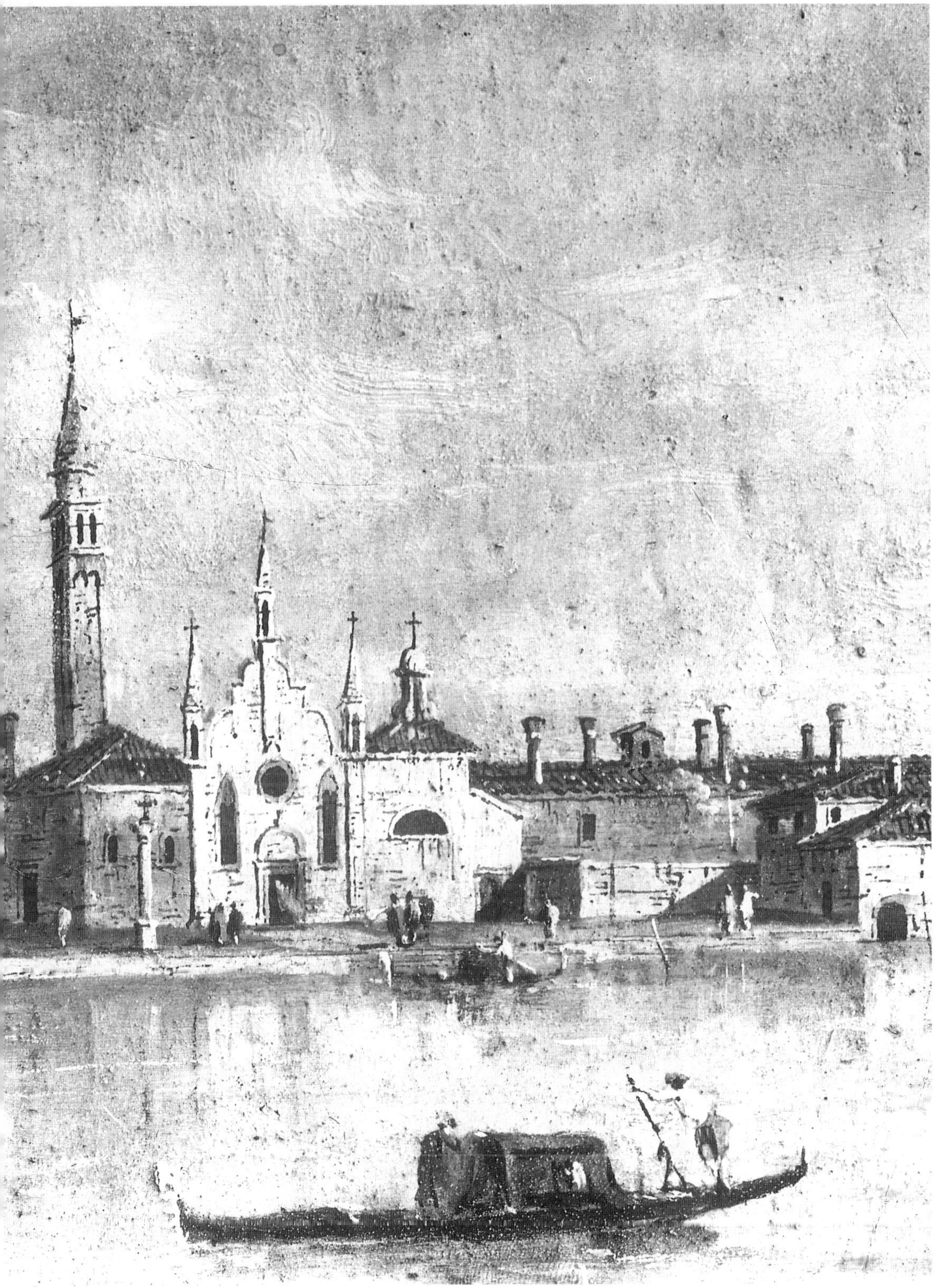

läßt so sehr auf sich warten, daß aus dieser Praxis fast unbemerkt der Übergang zur regelrechten Fälschung erfolgt: mit einer im wesentlichen kontinuierlichen Entwicklung durch das ganze 19. Jahrhundert hindurch[94].

Auch in Venedig war es hauptsächlich das Kopieren, was den Kunstmarkt mit Bildern belieferte, die unter älteren, feierlichen und einträglichen Namen gehandelt werden konnten. Der Ruf von Veronese ist zwischen dem 17. und 18. Jahrhundert in ganz Europa außerordentlich gefestigt: Neben Raffael, Correggio und Tizian ist er der beliebteste Maler. Der Herzog von Modena hatte für vier Bilder der Familie Cuccina ein Lehen und einen Adelstitel vergeben[95]. Kopien gab es reichlich. Der Ruhm jener besonders geglückten eines jungen Mannes aus Friaul, Sebastiano Bombelli, unterstreicht vielleicht ein ganz bestimmtes politisches Verlangen (das die einsehbare Weite des Veronese dem herrschenden Geschmack für das Dunkle entgegensetzte)[96]. Andere Kopien von Veronese konnten hingegen in ihrer Wirkung täuschen: Reduktionen und Transkriptionen voll malerischen Schwungs, die sich auf den modernen Geschmack eingestellt hatten, konnten eher für Originale durchgehen als unpersönliche und kalt ausgearbeitete Kopien aus den Malerwerkstätten mit ihrer malerischen Unmittelbarkeit. Dies ist bei den Kopien von Sebastiano Ricci der Fall, die alsbald als Originale des Veronese in englischen Sammlungen landeten. Eine weitere Kopie des Veronese durch Sebastiano Ricci, *Moses wird vor den Wassern gerettet* (Buckingham Palace), wurde Gegenstand eines konkreteren Betrugs: Der alte Besitzer, Konsul Smith, ein berühmter Kunsthändler und Sammler mit Wohnsitz in Venedig, ließ sie in der Presse als Arbeit Veroneses darstellen und als solche verkaufte er sie auch an George III.[97]. Kopien der berühmtesten Maler des Cinquecento wurden in Venedig auch von den bedeutendsten Malern angefertigt, von Antonio Guardi bis Tiepolo. Seit längerer Zeit zeigten die venezianischen Sammlungen bereits ein Interesse an den Kopien: Berechnet man den Prozentsatz der als Kopien erkannten Bilder in dem von Savini Branca veröffentlichten Inventaren, so kommt man nie auf weniger als 10, oft aber auf bis zu 20 Prozent[98].

In Venetien speisten neben Kopien und Restaurierungen auch Diebstähle den Markt für Bilder. Von dieser Verflechtung, die schon eine erste Verbindung mit der Fälschung herstellt, geben die Fährnisse des Malers (aber auch Theoretikers und Lehrers) Giovan Battista Volpato beispielhaft Zeugnis:

> ... 1674 wurde er von Hochwürden Gera, dem Bischof der Stadt, nach Feltre gerufen, einige Bilder im Dom anzufertigen.
>
> Bei dieser Gelegenheit schloß er Freundschaft mit dem Domherren Alvise Zeni, dem Kanzler des Bischofs und damaligen Bischof von S. Giacomo, unter dessen Kuratel das Viertel Ton steht. Als er erkannt hatte, daß am Hauptaltar sich ein äußerst seltenes Bild von Giacomo da Ponte befand, suchte er, es mit Hilfe des Domherren und Priesters zu erlangen. Er gab jenen Bauern zu verstehen, daß er einige Bruchstellen, die es aufwies, wiederherstelle und daß er es reinige; und damit sie beruhigt würden, benutzte der Domherr seine Autorität und nahm das Bild mit Gewalt vom Altar ab. Und mit ebensolcher List erhielt er auch die Tafel des Hauptaltars der Gemeinde Rasai, die auch von Giacomo gemalt war und gleichermaßen geschätzt wurde. Er bat beim Priester des Dorfes darum, sich eine Kopie davon zu fertigen, und versprach zur Belohnung auch ihm eine, wann er sie zurückbrächte. Auch wenn die Bauern sich weigerten, sie ihm zu überlassen, so erhielt er sie doch mit Hilfe des Bischofs, dessen Vertrauen er sich erschlichen hatte.
>
> Beide behielt er eine Weile lang, besonders die aus Rasai, die er fast ein Jahr in seinem Hause in Bassano verwahrte. Weil aber die Bauern ungeduldig auf ihre

Rückerstattung drangen, verfuhr er so, daß er beiden Kirchen anstelle der Originale zwei Kopien überließ, die so vollkommen waren, daß die Maler des Dorfes nicht den geringsten Verdacht hegten, zumal er die Kunstfertigkeit besessen hatte, der Leinwand auf der Rückseite eine Patina aus Öl zu geben, und behauptete, durch dieses Mittel würden sie sich gegen die Unbilden der Zeit erhalten. In Wirklichkeit hatte er das Ziel, auf diese Weise die Gerüche der neuen Farben auf den Leinwänden zu übertönen.

Einmal in Besitz der Bilder gekommen, behielt Volpato sie bis 1682, als er sie, da er ihm eine große Summe schuldig geblieben war, Gabriel Michieli als Unterpfand überließ: Aber da dieser Geld brauchte, verpfändete er sie am 30. Juli jenes Jahres an den Santo Monte di Pietà für 500 Dukaten, als Orazio Navarini Verwalter war.

In der Zwischenzeit begab es sich, daß Carlo Osti, ein Maler aus Treviso, der in Asolo wohnte und auch auf der Suche nach seltenen Bildern umherreiste, die beiden Bilder aus Ton und Rasai zu sehen bekam und sofort nicht allein erkannte, daß es Kopien waren, sondern auch, daß sie aus der Hand des Volpato stammten. Verwirrt und bestürzt gaben jene Bauern dem Osti und einem Kapellan eine Vollmacht, um zu versuchen, sie zurückzuerhalten; und es gelang ihnen in der Tat zu erfahren, daß sie an den Monte di Pietà verpfändet waren[99].

Aber sie erhielten sie niemals zurück. Volpati gestand seine Schuld ein und wurde beim Rat der Zehn angeklagt und verurteilt (»ob an Volpati schließlich die Strafe vollzogen wurde, daran können wir mit gutem Grund zweifeln«, hatte bereits Verci gemeint). Die beiden Bilder gelangten vom Monte di Pietà ins Haus des Verwalters Salvioni und wurden zwei Tage später gestohlen. Heute befinden sie sich in der Pinakothek in München[100]. »Jenen Bauern« blieben die beiden Kopien.

Die Ersetzung von Gemälden, die sich in Kirchen befanden, durch Kopien stellte im 17. und 18. Jahrhundert das vorrangige Mittel zur Veränderung der Verteilung der Kunst auf italienischem Boden dar. Diese Kopien – die die gleichen Maße wie das Original hatten und im allgemeinen ohne größere malerische Ingeniösität gestaltet waren – wurden meist von wohlmeinenden Herrschern als Ersatz für das Originalgemälde gestellt, das in die fürstlichen Bildergalerien überführt wurde. Nicht ohne Grund wird dieses Verfahren im Zeitalter der Restauration und später wieder üblich, um die aufklärerische Institution Museum durchzusetzen und zugleich den revolutionären Weg dahin zu meiden[101]. Vom vorgetäuschten Diebstahl (dem ersten!) der *Deposiziane Baglioni* aus San Francesco in Perugia – den Kardinal Borghese durch eine Kopie von guter Hand wettzumachen sucht[102] – bis hin zu den Correggio, Perugino und Andrea del Sarto, die durch Kopien an den originalen Orten ersetzt werden, stellte dies eine der grundlegendsten Veränderungen unserer Geschichte der Kunst im Umfeld der Klassik dar. Nach einer jahrhundertelangen Tradition des fürstlichen und später musealen Kunstgenusses laufen wir heute – unaufmerksam gegenüber jenen Kopien, die bisweilen an ihren ursprünglichen Orten verblieben – oft Gefahr, uns eine abstrakte Vorstellung des Klassizismus im 16. Jahrhundert zu machen, die weit entfernt von einer Realität ist, die einen Raffael in Pescia, einen Andrea del Sarto in Sarzana oder Settimello oder auch einen Correggio in seiner Heimat sah, in Reggio Emilia und in Albinea. Während das Gros der Werke, die in der liberalen Epoche ihrem ursprunglichen Umfeld entrissen wurden, spontan den Wunsch nach der Wiederherstellung ihres ursprünglichen Kontextes der Wahrnehmung hat aufkommen lassen, hat der weit zurückliegende autokratische Kunstkonsum am Ende oft dazu geführt, jene Werke von Raffael oder Correggio in ihrer sakralen Isolierung einzufrieren – woraus eine gewisse scholastische Referenz an das »goldene Zeitalter« ebenso folgte wie, als Gegensatz dazu, ein veralteter intellektualistischer Antiklassizismus.

Es ist bezeichnend, daß Volpato versuchte, in den Besitz von Originalen Giacomo Bassanos zu gelangen. Die Tatsache, daß man beinah schon intuitiv dazu neigt, eine romantische Empfindsamkeit mit dem Kult für das echte Werk in Verbindung zu bringen, darf jedoch – auch wenn das durchaus legitim sein kann – nicht zur Unterstellung führen, früher habe man sich dafür nicht interessiert. Beim Kunstgenuß der Sammler und des Adels zeichnet sich vielleicht ein mehr symbolischer als emotionaler oder merkantiler Wert des Originals ab, der im Gegensatz zum »populären« Charakter des serienmäßigen und für den Kult gedachten Bildes steht. Im Jahr 1673 beschreibt Carlo Maratta in einem Brief an Don Antonio Ruffo, einen Sammler aus Messina, den Stein, an dem sich allmählich die klassizistische Praxis der Wiederholung der »Erfindung« zu stoßen beginnt:

Das Bild, das man Ihnen schickt, ist einzig und Eminenz werden niemals eine Kopie davon erblicken, wenn es in Ihrem Hause verbleibt, und für die Bilder, von denen man mir zu sagen beliebt, sie seien ihm gleich, so nimmt das nicht wunder, denn es war der Stil der bedeutendsten Maler der Welt, mehr als ein Bild desselben Gedankens zu verfertigen, wenn sie erkannten, daß es geschätzt wurde...[103]

Von nun an wird auch, im Verhältnis zum Wert der Originalität, der Sinn der Fälschung genauer festgelegt. 1681 läßt Filippo Baldinucci dem Stichwort *Nachmachen* aus dem *Vocabolario toscano delle arti del disegno* nach der allgemeinen Bestimmung des Verbs (»imitieren, vortäuschen, sich wie ein anderer verhalten, zumeist in den Taten und in der Erzählweise«) eine Spezifizierung folgen: »Auch unsere Kunstwerke bemühen sich bisweilen um das getreuliche Kopieren«[104]. Noch ist die Definition nicht frei von einem gewissen konservativen toskanischen Zug: Das ist noch der Wert, den Cennini, Leonardo, Vasari und Cellini dem Begriff beigemessen haben. Das Stichwort *Nachmachen* im *Dizionario delle belle arti del Disegno* von Francesco Milizia aus dem Jahr 1797 läßt jedoch den Bedeutungswandel und die Entwicklung im 18. Jahrhundert erkennen:

NACHMACHEN. Imitieren, vortäuschen, sich wie ein anderer verhalten, sagt Baldinucci. Zu seiner Zeit galt dies bei den Kunstwerken dasselbe wie *getreulich kopieren*. Heute verhält es sich ganz anders. Welche Zahl von Fälschungen bei Bildern, Zeichnungen, Drucken, Gemmen, Medaillen, alten und neuen, überall[105]!

Die Gelehrsamkeit auf den Kopf gestellt

»...le fruit d'un peu de science et de loisir.«
VOLTAIRE,
Essai sur les moeurs et l'esprit des nations

Diese Einschätzung Francesco Milizias, die zwischen Bedauern und Spott schwankt, findet einen durch Konvention wenig beeinflußten Vorläufer in den *Proibizioni dell' estrazione delle statue di marmo, o metallo, pitture antiche e simili* (Verbote, Statuen aus Marmor oder Metall, alte Bilder oder ähnliches auszuführen), die vom präsidierenden Kardinal beim Heiligen Stuhl, Annibale Albani erlassen wurden. Neben Werken, die »straffrei verkauft und außerhalb Roms geschafft wurden«, gab es andere, die »zur Schädigung des öffentlichen Handels verändert und gefälscht und sodann von Zwischenhändlern und Maklern zu exorbitanten und schädlichen Preisen [...] unter Mißbrauch des Vertrauens [...] an Auswärtige verkauft wurden«. Nicht ohne Grund werden solche Besorgnisse anläßlich von »Gemmen, von Stichen, Medaillen aller Arten und ähnlichen Arbeiten in Bronze [laut], die zu den wertvollsten Dingen aus der Antike gehören«[106]. Eine entsprechende Besorgnis äußert auch der Rat der Regentschaft in der Toskana wenige Jahre später, als (inzwischen ist die Arbeit von Dempster *De Etruria Regali* wohlbekannt) er die Abordnung für Volterra bildet und deren Zuständigkeit festlegt:

> Vor allen Dingen wird es ihnen obliegen, darüber zu wachen, daß kein Mißbrauch getrieben wird mit der großen Wertschätzung, die in der Toskana und außerhalb die Studien der etruskischen Besonderheiten und Merkmale erlangt haben[107].

Die Klassen von Gegenständen, die gefälscht werden können, haben sich also beträchtlich vermehrt, gemessen an der bildnerischen Produktion, die im vorigen Abschnitt in Betracht gezogen wurde. Das hat mit den veränderten Zeitläuften zu tun: Vor allem ändert sich der kulturelle und methodische Horizont. Und entsprechend dem veränderten Zusammenhang der Disziplinen verändert sich auch die Natur des fälschenden Betrugs grundlegend.

Gegenüber dem Bild «à la manière de« als etwas Positivem, das zwar überraschend ist, aber ganz in den Kontext der virtuosen Fähigkeiten und in das soziale Netz des kulturell Anerkannten eingebettet bleibt, weist das Umfeld der Fälschung, wie wir ihr nun begegnen, eine viel komplexere und nicht mehr auf *eine* homogene bildnerische Erfahrung rückführbare Struktur auf. Gewiß steht dies – und nicht nur zeitlich – der Fälschung aus der »romantischen« Zeit näher. Wo ein über und über ausgeschmücktes Bildnis des Vecchia – habe es nun einen Schein von Giorgione oder nicht – allein stilistische Gründe für sich hat, so erscheinen in jener Anordnung des Kardinal Albani sehr viel weiter gesteckte Bedeutungen; es handelt sich um kontemplative und informative, um sammlerische Ideale und Praktiken und solche der Zuschreibung, die schließlich im vorrangigen und sehr viel weiter angelegten Wert des Dokumentarischen miteinander verschmelzen.

In den Sammlungen der Renaissance wurden antike und pseudoantike Gemmen ohne besonderen Arg nebeneinander gestellt, freilich in einer Anordnung, die Gesichtspunkten der Vollständigkeit und einer Kontinuität der moralischen Bedeutungen folgte. Nun aber konnte ihr Nebeneinander nur in eine Aporie münden, die nicht zu erkennen kein Ausweis von Qualifikation gewesen wäre. Tatsache ist, daß im 15. oder 16. Jahrhundert das historische Bewußtsein mit den literarischen Quellen zusammenfiel. Und jene Gemmen stellten dabei eine Art mehr oder weniger persönlicher Evokation, eine begleitende symbolische Identifikation dar. Nun aber konnten beispielsweise auch die Gemmen den Gegenstand einer weniger unmittelbaren und mehr komplexen und innovativen historischen Dechiffrierung bilden. Die Welt der Geschichte war nicht mehr ausschließlich jene griechisch-römisch-jüdische, wie sie durch die klassischen Sprachen überliefert wurde. Die italienische Zeit mußte vor allem aus nichtliterarischen Zeugnissen erschlossen werden. Der Wert dieser Zeugnisse konnte nicht nur symbolisch oder ausschließlich formaler Natur sein, wie das für die Sammler von Gemälden und Bildern der Fall war. Diese Gemmen waren im entwickelsten Sinn des Wortes zu Dokumenten geworden. Als ikonographische, chronologische materielle etc. Bedeutungsträger ballten sie sich an jenen immer komplizierteren und systematischeren, immer hypothetischeren und undeutlicheren Knotenpunkten, die die »Kunde vom Altertum« bildeten[108].

Diese vermochte es dennoch, die Fähigkeit zur Unterscheidung zwischen echtem und nachgemachtem Dokument hervorzubringen, allerdings auch – bei den Produzenten von Fälschungen – die philologische Einstellung, die skrupulöse Auswahl der Materialien und die Selbstkontrolle im Ausdruck, um pseudoantike Objekte plausibel zu gestalten. Die Fähigkeit Kenner zu täuschen, ist nicht mehr nur allein das Ergebnis einer stilistischen Ausbildung, die individuell erworben wird; sie wird nun vielmehr Gegenstand eines »altertumskundlichen« Vorgehens, und zwar in solchem Ausmaß, daß damit ein handfester Beweis für jene philologische Haltung geliefert wird. Die Sorge um die Fälschung wächst umgekehrt proportional zu den gelehrten Gewißheiten der »Kunde vom Altertum«.

Als der Bildhauer Cavaceppi gemeinsam mit Winckelmann Loreto besuchte, fand er, ihn interessierten nur die Edelsteine. »Sie verdienen wahrhaftig die Wertschätzung eines jeden Liebhabers; aber es tut not, darauf hinzuweisen, daß, wiewohl von hoher Kunstfertigkeit, nur wenige wahrhaft antik sind«[109]. Damit wollte Cavaceppi keine feierliche Verehrung für das Original zum Ausdruck bringen, wie sie so noch gar nicht existierte, und ebensowenig wollte er die modernen Edelsteinarbeiten abwerten. Die Blüte der Steinschneidekunst, die eine spontane Folge der Faszination durch die Antike war, war bis zum Ende des Neoklassizismus eine beachtliche Realität im Italien des 18. Jahrhunderts. Im eigentlichen Sinne stellten diese Arbeiten keine Fälschungen dar. Es waren vielmehr oft erst die Distributoren für die Sammeltätigkeit, die sich darum bemühten, all das, was im antiken Stil gefertigt worden war, in Antikes zu verwandeln. Es ist verständlich, daß das Interesse für diese Aktivitäten und die Klagen über sie in Rom, der Hauptstadt der Bildungsreisen, besonders lebhaft waren; dort mühte man sich schon um den Schutz antiker Kunstgegenstände, und der Handel mit ihnen mußte daher das Tageslicht meiden. Andererseits geschah es auch weniger leichtgläubigen Sammlern als dem Grafen Anselmo von Goldoni, daß sie getäuscht wurden. Von den sechzig Gemmen, deren Herkunft aus dem Besitz des englischen Konsuls in Venedig, Joseph Smith, heute mit Sicherheit festgestellt ist, scheinen nur zwei authentisch zu sein[110]; nach dem Tod des Fürsten Poniatowski wurde die Authentizität zahlreicher Gemmen aus seinem Besitz bezweifelt[111]. In einigen Fällen wurden Gemmen aus der Renaissance mit solchen aus der Antike verwechselt.

Die modische Vorliebe für das Altertum schuf im übrigen einen weiten Spielraum für die Phantasie des Gelehrten, für die Plausibilität von Hypothesen, die anderen in allen Einzelheiten gegenübergestellt wurden, sowie für erfindungsreiche Verallgemeinerungen, die nur allzusehr der Belege bedurften. Angesichts von Objekten, die von geringerer formaler Qualität waren, konnte auch jener organische Intuitionismus nicht weiterhelfen, wie er von den Liebhabern der modernen Malerei so sehr ausgebildet wurde. So widerfuhr es einem großen Beispiel der Gelehrsamkeit des 18. Jahrhunderts, einem Mitarbeiter von Gori, nämlich Giovanni Battista Passeri, daß seine Sammlung antiker Lampen, die in den drei Bänden der *Lucernae fictiles Musei Passerii* aus dem Jahr 1793 abgebildet sind, voll von Fälschungen ist, die – um bestimmte Hypothesen zu stützen – mit Absicht angefertigt wurden[112]. In anderen Fällen versuchte der Fälscher, eine dokumentarische Quelle für bedeutende Monumente wiederherzustellen: wie z. B. in den Mosaiken der Villa Albani, die das Modell für die Pfeiler in Raffaels Loggien darstellen sollten, während sie doch in Wirklichkeit von ihnen abgeleitet waren[113].

Den Grenzfall von Fälschungen, die von den Absichten des Kenners und den Leidenschaften des Sammlers gelenkt waren, stellt die Produktion einer ganzen Klasse von Modellen *ex nihilo* dar, denen teilweise oder gänzlich eine dokumentarische Absicherung fehlt. Es sind dies extreme Beispiele, die aber symptomatisch sind für die Irrungen, denen in ganz Europa die neue Erweiterung einer Gelehrsamkeit zur Disziplin unterlag, welche aus den traditionellen und ethnischen Grenzen der klassischen Welt der Antike herausgetreten war. Man kann hier an den Fall der sardischen Idole – Statuetten aus der Steinzeit, die aber erst im zweiten Viertel des 19. Jahrhunderts an Ort und Stelle angefertigt wurden – erinnern; in einer anderen Hinsicht (mit einer zusätzlichen Fälschung von Zeugnissen aus dem 15. Jahrhundert, um dieses kleine Gewerbe gegenüber den ersten Zweifeln abzusichern) bringt uns dies Beispiel aber schon in den Kontext der ökonomischen Struktur des Imperialismus und der modernen ethnographischen Fälschung[114].

Die häufigen Fälschungen von Inschriften, zu denen es im Laufe des 18. Jahrhunderts kam, sind ein guter Ausdruck der Beziehung zwischen kommunaler Heraldik, dokumentarischer Projektion gelehrter Hypothesen und der Fälschung als philologischer Übertreibung und Verhöhnung der Unkenntnis der anderen. All das könnte auch gar nichts mit den bildnerischen Kenntnissen zu tun haben, die wir hier verfolgen, aber man kann beides nicht voneinander getrennt sehen. So spielten bei den Leuchtern des *Museum Passerii* die Inschriften offensichtlich eine unabdingbare Rolle für die (pseudo)antike Bestimmung der Objekte.

Etwas ganz Ähnliches wie die Erfindung antiker Inschriften wurde durch die künstlerische Gelehrsamkeit auf kommunaler Ebene vorbereitet, die absolutes Vertrauen in ihre Begründungen hatte. An diesen Manipulationen werden sich später die Begabung des Kenners der Malerei sowie der Hochmut oder die Unparteilichkeit der Kommune messen lassen müssen. Apokryphe antike Unterschriften waren bei den ältesten Bildern aufgetaucht; aber nicht aus kommerziellen Gründen, sondern allein wegen des Prestiges. In Bologna hatte eine »philologische Prähistorie, die sich darum bemühte, um jeden Preis einen Vitale oder Franco als Zeitgenossen und Rivalen eines Giotto oder Duccio zu entdecken«, dafür gesorgt, Bilder, die alt aussahen, mit den Namen der alten Meister des Ortes und ungefähr stimmigen Daten zu versehen[115]. In einem Klima der Gegenreformation, in dem dem Ansehen des Künstlerberufes große Aufmerksamkeit entgegengebracht wurde, sollten die Namen der Patriarchen aus dem 13. und 14. Jahrhunderts, eine Art neumittelalterliche und heraldische Stärkung der Position der zeitgenössischen Künstler darstellen[116]. Unmittelbar den bildnerischen Qualitäten inhärent jedoch waren die dokumentarischen Belege, die man sich für die alten Bilder verschaffte (bei denen die Fähigkeit der »Professoren« und »Liebhaber« abnahm, die Zuschreibung zu kontrollieren), als sich ein erstes weltliches Interesse für diese abzuzeichnen begann. Häufig benutzte man den Namen Mantegnas, um das zu signieren, was jenseits der umbrisch-toskanischen Linie oder der Linie Veneto-Bellini in expressiver oder auch nur pathetischer Hinsicht hervorragte[117]. Ausschließlich kommerzielle Motive scheint die Signatur »Leonardo da Vinci« unter der *Heiligen Familie mit den Hll. Michael und Andreas* von Cima da Conegliano (Pinacoteca di Parma) gehabt zu haben, als es

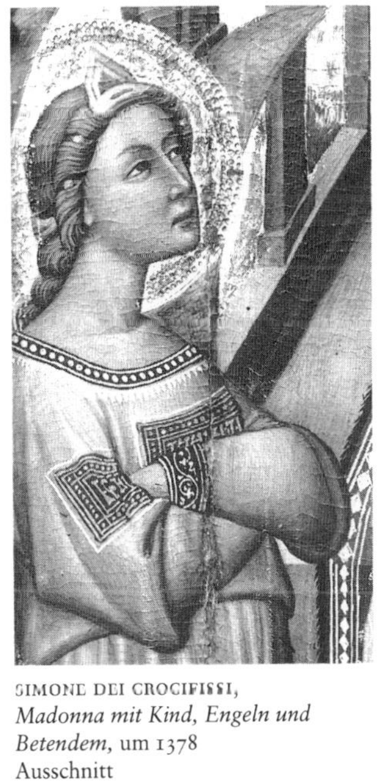

SIMONE DEI CROCIFISSI,
Madonna mit Kind, Engeln und Betendem, um 1378
Ausschnitt

1706 von der Parmenser Chiesa dell'Annunziata in die Hände der Familie Sanvitale überging. Die Inschrift »Gentilis Bellinus eques anno 1483« auf einer Madonna, die Ende des 18. Jahrhunderts auf dem venezianischen Markt auftaucht, bringt aus offenkundigen Kommerzgründen das außerordentliche Ansehen ins Spiel, das der Maler beim Großtürken genossen hatte; und fast möchte man meinen, der Fälscher habe darauf achtgegeben, die Wahrscheinlichkeit der implizit durch die Umstände gegebenen Chronologie nicht in Frage zu stellen[118].

So erklärt es sich, daß in einem Milieu wie dem Venedigs, wo Fälschungen entsprechend der Nachfrage eines großen Kunstmarktes und der neuen Leidenschaft für das Altertum im Umlauf waren, Apostolo Zeno (der in der Schule mehr wegen seiner Opern als wegen seiner Beziehungen zu Muratori und Maffei erwähnt wird) lehrte, wie man sich direkt an den Fälschungen übt. Die Kriterien der textuellen Analyse dehnten sich bis auf die materiellen Dokumente aus; und mit ihnen jene argwöhnische Vorsicht, die die Triebfeder jenes »pathologischen Deduktionismus« von Pater Jean Hardouin darstellt, der so weit ging, die Authentizität aller lateinischen Klassiker mit Ausnahme des Vergil der *Georgica,* des halben Horaz und Plinius' des Älteren zu bestreiten[119]. Die Haltung von Zeno zu Fälschungen ist hingegen intelligenter und wissenschaftlicher: sie stellen keine Schmach dar, die man aus der Ausstellung entfernen müßte, sondern sind Objekte, die man konkret untersuchen muß (»Man muß die Nachahmungen und Kopien bemerken und dabei herausfinden, in welcher Epoche sie verfertigt wurden sowie, wenn möglich, den Autor und nach welchen Originalen«, riet Cavalcaselle)[120].

Die archäologische Fälschung aus dem 18. Jahrhundert nahm sich offensichtlich nicht die Wiederherstellung einer individuellen expressiven Manier vor. Die stilistische Andeutung konnte auch ungenau und häufig von geringer Qualität sein. Wesentlich hingegen war die Fähigkeit, einen Ersatz für eine materielle Kultur zu schaffen, die sehr weit von der geläufigen Erfahrung entfernt war. Es handelte sich also darum, sehr wenig bekannte oder nur durch Gelehrte hypostasierte Techniken zu fälschen, komplexe Abläufe der Konservierung und der entsprechenden Restaurierungen wie auch der Ausgrabung und der Herkunft zu erfinden und schließlich mit Umsicht auch ungewohnte Ikonographien zu wagen. Die neuen Techniken der Konservierung (besonders das Loslösen von Wandmalereien) und die gesetzlichen Beschränkungen für den freien Export von Kunstwerken bildeten oft einen willkommenen und kommerziell einträglichen Vorwand für die Fälscher von Antiken.

Der stärkste Anstoß zur Fälschung von antiken Malereien kam vielleicht von den überraschenden Entdeckungen in Herculaneum. Giuseppe Guerra, ein aus Venedig gebürtiger Maler, Schüler von Solimena in Neapel, dann Restaurator, siedelte gegen 1750 nach Rom über und begann

... alte, aus Herculaneum fortgeschaffte Malereien [zu verkaufen]. Der König [von Neapel] gab Befehl, den Dieb zu suchen, der auch sogleich aufgefunden und festgesetzt wurde. Er gestand, die angeblichen Malereien seien seiner eigenen Hände Werk und er verkaufe sie als antike, um mehr zu verdienen.

Sodann wird Guerra wie van Meegeren auf die Probe gestellt:

Man verifizierte dies, indem man ihn im Gefängnis einige Imitationen von Bildern aus Herculaneum anfertigen ließ, die er ganz wunderbar nachmachte. Er bekannte, viele davon angefertigt zu haben, die die Engländer als antike erworben hatten, als welche, und als kostbare Seltenheit zudem, sie in England gezeigt werden. Er bekannte auch, in Rom solche verkauft zu haben, und daß sich viele davon im Museum des Collegio Romano befinden...[121]

Eben zwei davon wurden vor Jahren im Museo Nazionale Romano erkannt. Cagiano de Azevedo entdeckte, daß die beiden pseudoantiken Bilder in ihrer Technik dem entsprachen, was die Zeugnisse über die Arbeit Guerras an den Wandfragmenten berichten: Gemäß der herrschenden Meinung über die Malerei in der Antike, wie sie besonders von Caylus vertreten wird, waren sie in Wachs[122]. Winckelmann war kein Anhänger dieser Theorie, und er fiel auf den Betrug auch nicht herein. Auch bei der Ikonographie versuchte Guerra den Vorlieben der Gelehrten entgegenzukommen. So schrieb der Abt Barthélemy an Caylus:

...ihre Themen vergrößern nur mein Mißtrauen. Ich erkannte da Elemente nicht allein der griechischen und der römischen Geschichte, sondern auch Züge der persischen. Welche Beziehung aber gab es je zwischen den Bewohnern Herculaneums und denen von Persepolis? Der Autor dieses Betrugs sucht bei Herodot, Titus Livius und anderen Historikern nach außergewöhnlichen Fakten, während die Antiquare in Rom, die zu allererst betrogen werden, nach der Lösung des Rätsels suchen und zufrieden sind, wenn sie sie gefunden haben[123].

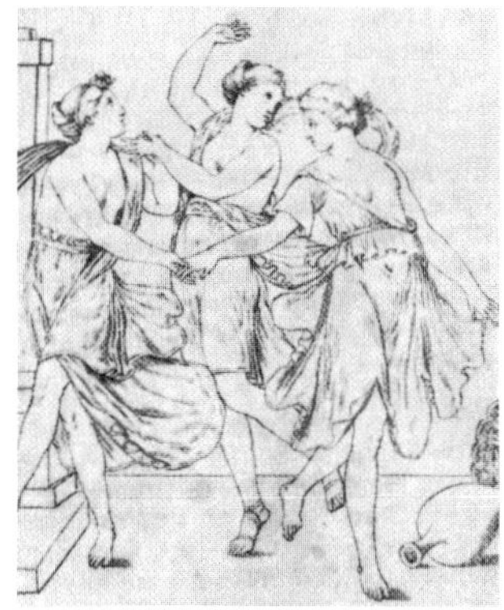

GIOVANNI BATTISTA CASANOVA, *Drei Tänzerinnen und ein Flötenspieler*
Ausschnitt, Stich nach einer vermutlich antiken Malerei

Gründe der Konkurrenz zwischen Gelehrten und der Erfahrung mit den antiken Techniken stehen am Ausgangspunkt zweier Fälschungs-Episoden, denen Winckelmann zum Opfer fiel. Das erste Mal betrog ihn Giovan Battista Casanova, der Bruder von Giacomo, der ihn dazu brachte, die erste Ausgabe der *Geschichte der Kunst des Altertums* mit zwei Malereien zu illustrieren, die keine klassischen waren. Winckelmann hatte sich nur über die seltsame Art und Weise, wie sie gefunden worden waren, berichten lassen; er fand keine Gelegenheit, sich genauer über ihre Auffindung zu informieren, und vor allem konnte er sie nicht direkt, sondern nur anhand der Zeichnungen von Casanova in Augenschein nehmen[124].

Unmittelbare Kenntnis hatte Winckelmann dagegen von dem Bild *Jupiter und Ganymed*, das ihm Mengs angefertigt hatte und das ebenfalls in der *Geschichte der Kunst des Altertums* voller Anteilnahme kommentiert wird[125]. Es fällt schwer zu sagen, welche Gründe Mengs dazu brachten, den Freund zu betrügen, und wie es zu jener Zeit um die Beziehung zwischen ihnen bestellt war. Die klassische Größe von Mengs war von Winckelmann bereits anerkannt worden; und zudem darf man nicht vergessen, daß der Maler das Geheimnis bis aufs Totenbett für sich behielt. D'Azara, sein Biograph, war vor allem von den materiellen Aspekten der Fälschung erstaunt:

Die Aufmerksamkeit, mit der er das antike Mauerwerk nachahmte, die Risse, die er vortäuschte, wie wenn der Aufputz beim Ablösen von der Mauer zerstört worden wäre, die abgekratzten Stellen, die vorgetäuschten Restaurierungen, um den Eindruck zu erwecken, das Stück sei wieder hergerichtet worden, und schließlich die Differenz zwischen dem Restaurator und dem Autor des Originals: All das beweist, daß die Kunst nicht weiter vorangetrieben werden kann, um einen Betrug glaubhaft zu machen[126].

Während diese Überlegungen Mengs eine herausragende philologische Fähigkeit in der künstlerischen Technik bescheinigen, versuchte Casanova, seinen Betrug als einen gelehrten Trick darzustellen:

Um seinen Hirngespinsten ein Ende zu setzen [denen von Winckelmann. M. F.] und ihn von seiner Unkenntnis zu überzeugen, gefiel ich mir darin, Kopien anzufertigen, die er und seine Freunde, alles Leute mit Lehrstuhl in Rom, für echte antike Stücke

ANTON RAPHAEL MENGS,
Jupiter und Ganymed, 1759–1760

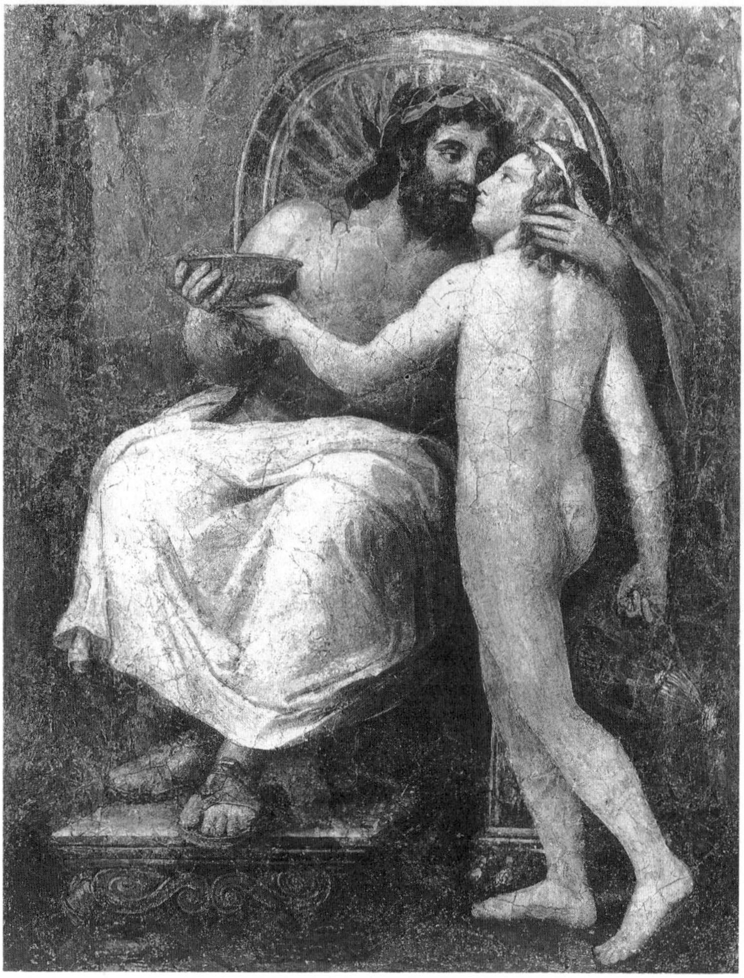

hielten. Sie wollten, mehr noch als zu meinem Vergnügen, meine Vorstellungen untermauern; und es wird mich niemand beschuldigen können, ›Fälschungen‹ verkauft zu haben. Das, was jeden Tag in Rom geschieht, und die Art und Weise, wie die Fremden betrogen werden, das alles belegt die Fertigkeit der Künstler und die Offenheit oder Ignoranz der Altertumsforscher[127].

In der Erinnerung Casanovas, die noch von der Idee geprägt ist, die praktische Erkenntnis der Kunst der Antike sei die überlegene, beeindruckt vor allem die Besorgnis, nicht mit einem Fälscher verwechselt zu werden. Es handelte sich nicht allein um verständliche Gründe des Respekts gegenüber der Person Winckelmanns, die Mengs dazu brachten, erst am Ende seines Lebens etwas von der gelungenen Täuschung mit seinem *Zeus und Ganymed* preiszugeben. Der Fälscher galt nicht mehr als Virtuose. Nicht ohne Grund erklärt Winckelmann, daß Casanova ein Gauner sei, und er untermauert die Anschuldigung – ob zu recht oder nicht – damit, daß er ihn als Wechselfälscher hinstellt[128]. Im übrigen ging es nicht nur um eine rein persönliche Angelegenheit: Winckelmann hatte häufig daran erinnert, daß Guerra ein »Betrüger« war[129]. Dieses Attribut war zur Bezeichnung von Fälschern gebräuchlich geworden. Als Cavaceppi in Verona das Museum Maffei besichtigte, verwunderte er sich sehr, daß »Dinge für antik erklärt wurden, die mit Sicherheit das Werk moderner Betrüger waren«[130]. Als Betrüger wurden inzwischen auch die Maler angesehen, die sich darin übten, in der Manier irgendeines berühmteren oder älteren Künstlers zu malen[131]. Und auch ansonsten erschien der Fälscher nicht mehr als eine Person mit irgendwelchen Verdiensten. Monsieur de la Condamine, Käufer von herculaneischen Malereien aus der Hand Guerras, urteilt über den Gauner so: »un peintre vénetien médiocre et assez mauvais dessinateur« (ein mittelmäßiger venezianischer Maler und ziemlich schlechter Zeichner)[132].

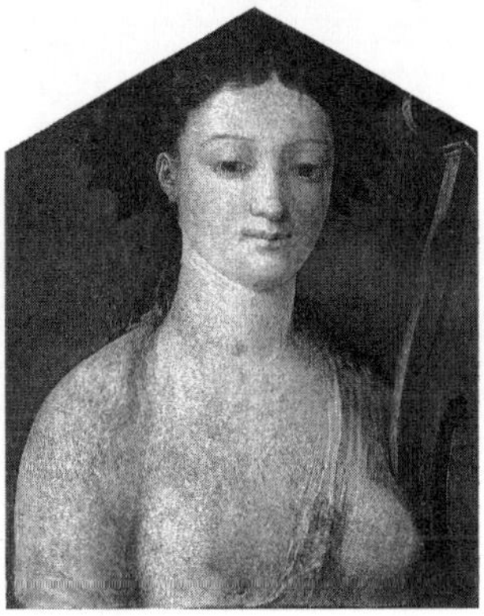

GIOVAN DOMENICO CAMPIGLIA (?), *Die Muse Polihymnia*

In den Umkreis der Fälschungen antiker Malerei gehören auch zwei Fälle von erheblicher Bedeutung, wenn auch nur wegen der Diskussionen, die sie auslösten. Von der *Muse Polymnia* aus Cortona auf Schiefer, die frühzeitig in den Besitz der Accademia Etrusca gelangte, ist erst seit einigen Jahrzehnten ihre Herkunft aus dem 18. Jahrhundert zweifelsfrei bewiesen[133]. Handelte es sich hier eher um einen akademischen als um einen kommerziellen Betrug, so blieb die *Kleopatra,* die technisch ähnlich angelegt, malerisch aber von deutlich geringerer Qualität war, auf den italienischen und englischen Märkten lange Zeit ohne Käufer. Selbst Foscolo sprach im ›London Magazine‹ ausführlich über sie. Auch wenn die Zweifel, die an ihrer antiken Herkunft geäußert wurden, nicht mehr leichthin beiseite geschoben werden konnten, so wurde die *Kleopatra* jedoch bedeutsam für die Geschichte der Technik der Malerei: War sie authentisch, so wäre sie ein Beleg für die antike Technik der Wachsmalerei; andernfalls stellte sie deren moderne Wiederaneignung dar[134].

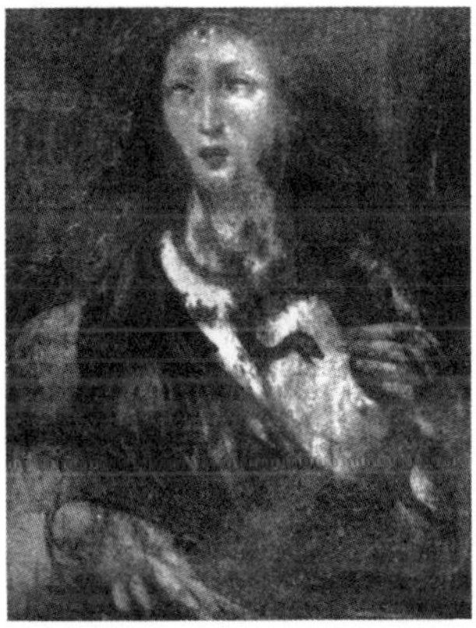

Klassizistischer Maler, *Kleopatra,* 1914

Es war ein wenig das Dilemma der Erforschung der Antike, daß sie sowohl den willkommenen Anlaß für Fälschungen als auch die erforderlichen Mittel zu ihrer Entlarvung lieferte. Die »Altertumskunde« hatte inzwischen eine ansehnliche Zahl illustrierter Bücher hervorgebracht. Den krönenden Abschluß für das Privat»museum« eines Gebildeten, das im Laufe von Jahren zusammengetragen worden war, bildete eine organische und zusammenfassende Publikation mit detailliertem Kommentar und Illustrationen. Diese Publikationen wie auch die üblichen ikonographischen Repertoires von Ripa und von Cartari boten den Fälschern ausreichend Muster und Vorbilder[135]. Die Ähnlichkeit mit diesen vertrauten Illustrationen stellte für die mittelmäßigen »Altertumskundler« eine Bestätigung der Ursprünglichkeit dar. Als der König von Neapel endlich die unverkäuflichen und heiß ersehnten *Antichità di Ercolano* in Umlauf brachte – und sie zum Gegenstand für die Galanterie der Einflußreichen und Mächtigen machte (ein passendes Pendant zu heutigen verlegerischen Initiativen der Bankinstitute) –, da beeilte Giuseppe Guerra sich, die Illustrationen für seine betrügerischen Adaptionen zu verwenden.

Die Umsetzungen der berühmten Gemälde in Drucke waren in der Regel von höchster Qualität und getreu. Jeder Liebhaber hätte auch ohne das Original mit einem Fadengitter mühelos Kopien der Malereien herstellen können. An diesen Drucken konnte auch der Fälscher sich erproben: also mehr ein Kenner im reflexiven und fast »liberalen« Sinne des Liebhabers denn in jenem praktischen des virtuosen Genies. Nunmehr konnte die Kenntnis im Verein mit der Verschlagenheit zunehmen.

Einige machten ihre Vorstudien und auch ihre eigenen Varianten anhand der in den Stichen Pasqualinis wiedergegebenen Bilder Guercinos oder auch durch direkte Veränderungen der Stiche Pesnes, Bartolozzis und Piranesis nach den Zeichnungen desselben Malers. Im Hause der Barbieri in Cento blieb keiner der zehn Bände mit Zeichnungen, die der Maler hinterlassen hatte. Die graphischen Arbeiten des letzten Nachfahren und Liquidators jener zeichnerischen Tradition, Carlo Gennaros, nehmen das graphische Siegel des berühmten Verwandten mit der Inkonsistenz eines Bauern wieder auf, der inzwischen außerhalb der Arcadia steht. In einer taucht der Schriftzug »Guerzino« auf, was nicht unbedingt das Ergebnis ungenauer Kenntnis sein muß[136]. Die Kontinuität von Familie und Umfeld darf nicht täuschen: Diese Manipulationen sind von präzisen optischen Vorlagen vorgeprägt, sie sind noch nicht einmal so viel wert wie die lästigen, serienmäßigen und ganz gewiß kommerziellen Reformulierungen aus dem Hause Guardi.

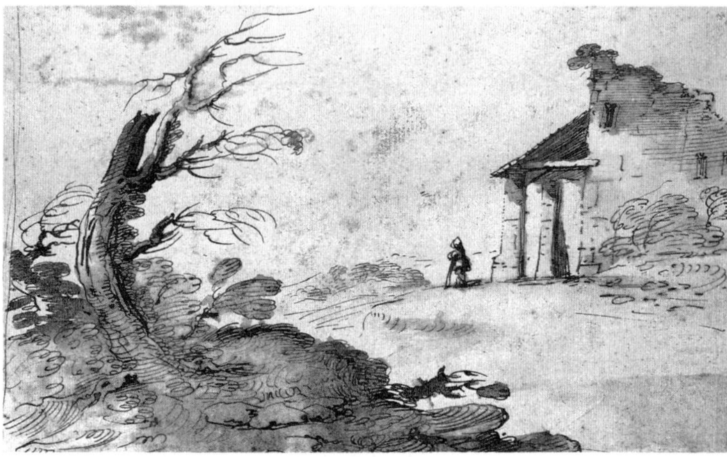

CARLO GENNARI,
Landschaft

Ein weiterer Bezugspunkt für die Fälscher von Antiken blieb besonders in der Bildhauerei nach wie vor die wiederherstellende Restaurierung. In den Sammlungen aus dem 17. Jahrhundert hatte die Restaurierung der Fragmente aus der Antike immer das Ziel gehabt, den Gegenstand der Ausgrabung in seiner Gestalt und der Kontinuität seines Ambientes wiederherzustellen. Die berühmtesten Restauratoren konnten nichts anderes als zugleich auch die bedeutendsten Bildhauer klassischer Ausrichtung sein. Aber von den zahlreichen Restaurierungen Alessandro Algardis sind heute nur sieben bekannt[137]. In Fällen wie *Herkules und Hydra* im Kapitolinischen Museum (von dem nur wenig mehr als der Torso des Helden antik ist) wird die Integration zur freien kompositorischen Interpretation, die sorgfältig darauf achtgibt, sich nicht denn kontextuellen Werten des Fragments entgegenzustellen. Andererseits insistierte Orfeo Borelli gerade auf der Fähigkeit der Gelehrten zur ikonographischen Dechiffrierung und der künstlerischen, den klassischen Stil zu begleiten, wenn er daran erinnern möchte, daß die Restaurierungen keine »Sache mittelmäßiger Technik [sind] (...), sondern eine so vielgestaltige und sublime Spekulation, daß sie den höchsten der Künste gleichkommt«[138]. Einige mehr als freie Restaurierungen von Boselli selbst jedoch zielen auf eine eher verblüffende Beweisführung dafür; so das »Durcheinander« im Palazzo Cardelli mit der Kombination von Fragmenten aus fünf oder sechs verschiedenen Fundorten[139]. Das paßt ganz genau zu den Arbeiten in der Malerei »à la manière de«, die dazu bestimmt sind, die Qualität der Kunst dadurch unter Beweis zu stellen, daß sie die adligen Kenner in Erstaunen versetzen.

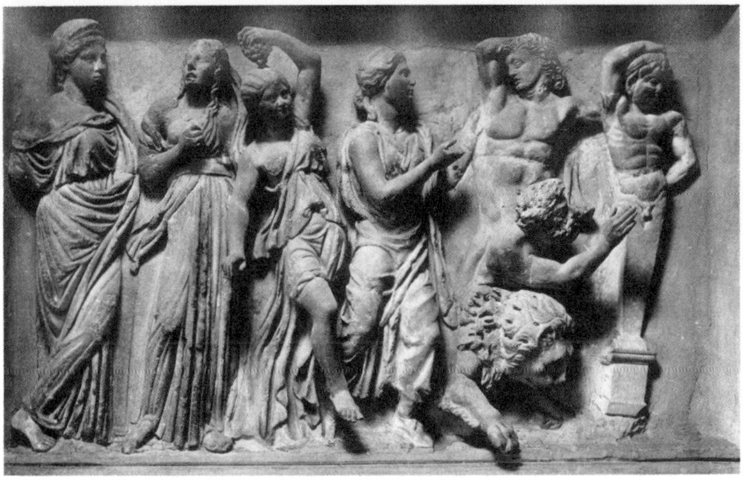

Bacchanal
Flachrelief aus verschiedenen antiken Fragmenten von ORFEO BOSELLI

Im 18. Jahrhundert verschwindet diese Art, Restaurierung zu verstehen und durchzuführen, zwar nicht als konkrete Erfahrung, aber sie wird anders bewertet – bis sie schließlich eine Bedeutung annimmt, die unserem Begriff von Fälschung genau entspricht. Nachdem sie nun in Mißkredit geraten war, bedeutete das mit Sicherheit noch nicht das Ende für jene lange währende Praxis der integrativen Restaurierung. Und am Ende blieb ihr als Metier keine andere Wahl, als sich in jene unterirdischen Kanäle zu begeben und sie auszubauen, in denen sich ein ständig wechselnder, immer ein wenig klandestiner und gelegentlich auch schon touristischer Markt entwickelte. Die alte Erfahrung der Integratoren und Kopisten trug im Laufe der Zeit zur neuen Erfahrung der Fälschung von Antiquitäten bei[140].

Von großer Bedeutung ist in diesem Zusammenhang, daß auch ein weithin berühmter Restaurator, der sehr wohl in der Lage war, Fragmente zu integrieren, nämlich Bartolomeo Cavaceppi, an fragmentarischen Statuen in einem Stil arbeitete, der nicht derjenige seiner spätbarocken Ausbildung sein konnte[141]. Auch wo die Absichten unverdächtig sind, fällt es nicht schwer, zu begreifen, daß der Restaurator antiker Stücke das Tor zum stilistischen Vorsatz und zur Intentionalität des modernen Fälschers in dem Moment aufgestoßen hat, da er Abstand nimmt von der Kontinuität des natürlichen Nacheiferns der Antike, das in der Renaissance prägend war. Andererseits waren die Vorsätze Cavaceppis von allerbester Art. Man muß nur daran erinnern, wie er in Loreto vor dem warnt, was nicht antik ist, oder daran, daß er die modernen Fälscher Betrüger nennt.

Besonders im Umfeld der Archäologie war es nicht die spezifische Erfahrung der Künstler, die die Reflexion über Kunst prägte. Verdacht erregten bei Cavaceppi die Liebhaber und »Altertumskundler« neuer Prägung, vor allem Winckelmann, der in der Vorbemerkung zu den Anmerkungen der *Geschichte der Kunst des Altertums* seine Lehrzeit als Kritiker so zusammenfaßte:

Die Untersuchung der Kunst aber blieb beständig meine vornehmste Beschäftigung, und diese mußte anfangen mit der Kenntnis, das Neue von dem Alten, und das Wahre von den Zusätzen zu unterscheiden [...] Hier muß ich bekennen, daß ich allererst vor wenig Jahren einen erhoben gearbeiteten *Apollo* in dem Palaste Giustiniani, welcher durchgehends für alt gehalten [...] wird, als eine neue Arbeit erkannt habe[142].

An diesem Punkt erwirbt der Bildhauer, der in der Lage ist, die Antike glaubwürdig zu imitieren, ein anderes Bewußtsein seiner Fähigkeiten. Schon das Ende des 18. Jahrhunderts nähert sich, mit vielen Skrupeln, der Gabelung zwischen einer Restaurierung touristisch-kommerzieller Art und jener ehrfurchtsvollen Haltung, die schließlich Canova dazu bringt, die Wiederherstellung der Marmorskulpturen Lord Elgins abzulehnen (»Es wäre für ihn, ja für jeden Menschen, ein Sakrileg gewesen, auch nur daran zu denken, sie mit dem Meißel zu bearbeiten«)[143]. Nachdem sich nun der – zumindest philologische – Begriff des Originals gefestigt hat, bildet die Fälschung seinen Gegenpol. Nirgends wird das deutlicher als wiederum im Kommentar von Francesco Milizia zum *Antinochos* im Kapitol: »Beine, Arme und Hände sind falsch, nämlich moderne Restaurierungen«[144].

Ein Land von Fälschern

»Der Bahnhof maskiert sich als Ritterburg, aber die Maske ist seine Wahrheit.«
Theodor W. Adorno, *Prismen*

Viel Zeit wird nicht verstreichen – und es genügt, das Umfeld der Archäologie zu verlassen[145] – bis das rationalistische Urteil Francesco Milizias über die Identität von Restaurierung und Fälschung seine Gültigkeit verliert, um einem positiven und faktischen Sinn Platz zu machen. Bereits die Verschiebung des Geschmacks hin zu weniger bekannten Aspekten Raffaels brachte eine grundlegende Erweiterung in den Eingriffen zur Erhaltung und Anpassung mit sich. Fast während des gesamten 19. Jahrhunderts blieben der Kunsthandel und die Fälschung eng verbunden mit jener (zähen, traditionell in die Geheimnisse des Metiers eingehüllten, aber doch durch die Fortschritte des 18. Jahrhunderts in der Chemie erhellten) Überlieferung der materialen Kultur, wie sie die Restaurierung darstellte. In einem Brief aus dem Jahr 1828, in dem es um den Restaurator Giuseppe Guizzardi geht, wird diese Verschiebung voller Aufmerksamkeit wahrgenommen und bewundert:

> Wünschtest Du, über diese Kunst des langen und breiten unterrichtet zu werden, dann solltest Du in Bologna Dich aufhalten und seine Werkstatt frequentieren, wie es soviele von jenseits der Alpen tun, und zwar ganz besonders die Engländer, Händler wie Liebhaber, die hier viele Stunden zubringen. Dann könntest Du Dinge sehen, die Dir vielleicht vollkommen neu wären, zum Beispiel, wie man aus einem weltlichen Bildentwurf einen kirchlichen macht und umgekehrt; die Zerlegung eines Bildes in viele Teile, um die Figuren neu zu kolorieren und so die Komposition vollständig zu verändern; die Herausnahme von Figuren aus einem Bild und ihre Einfügung in ein anderes, zu dem Zwecke, es reicher und interessanter zu gestalten; liegende Figuren je nach den Umständen auf die Füße zu stellen; die Übertragung von Bildern auf Leinwand auf Holz und umgekehrt; die Umgestaltung eines großen Bildes in drei oder vier, wobei Figuren, Landschaften etc. je nach den Sujets hinzugefügt werden, die dargestellt werden sollen: kurz, alles Operationen, die, so sie gut ausgeführt werden, auch dem schärfsten Blick entgehen. All dies wie auch die kleinen Risse, die bei alten Farben auftreten, die Holzwürmer in den Tafelbildern, die kleinen Schmutzflecken durch Fliegen etc., das kann man nicht beschreiben: das man muß es gesehen haben[146].

Und Burckhardt erinnert sich, in Bologna eine, inzwischen nicht mehr benutzte, »große Werkstatt zur Fertigung venezianischer Bilder« gesehen zu haben:

In Bologna existiert eine große Fabrik venezianischer Bilder, die der Vortragende selber noch in ihren Resten gesehen hat. Das Verfahren war in der Regel das, daß man sich irgendein unbedeutendes, aber echtes Bild von der Hand eines untergeordneten Malers verschaffte und dasselbe dann mit allerlei Mitteln so aufmunterte und aufputzte, bis es für einen Tizian ausgegeben werden konnte[147].

Auch wenn die Zeugnisse der Antike nun nicht mehr zerstört werden und die Beziehung zu einer irgendwie gearteten Form der »Restaurierung« abgerissen ist, stellt sich die Fälschung im 18. Jahrhundert (und bis hin zum Ersten Weltkrieg) doch vor allem als ein ideologischer und materialer Prozeß der Vernichtung und Ersetzung traditioneller Bestände der italienischen Kunst dar. Die Entwicklung dieser zweideutigen Mechanik kann man nicht allein aus den inneren Bedingungen Italiens heraus erklären. Vielmehr erforderte sie deren volle Eingliederung in das Wirtschaftssystem Europas und später der ganzen Welt sowie eine passive Verbindung zur modernen kulturellen Welt. Es handelt sich um ein Phänomen von unerhörten sozialen und anthropologischen Ausmaßen. Die bildnerische Tradition hörte auf, als ein freies und beinah unbemerktes Prinzip zu wirken, und wurde statt dessen zum entfremdeten Trost über die Gegenwart oder auch zum kommerziellen Überlebenszwang. Die stereotype Nivellierung vollzog sich in der Tat auch bewußt: als erforderliche ökonomische Antwort auf das Italienbild – oder das Bild einzelner Städte und Regionen –, wie es sich in der ausländischen Kultur festgesetzt hatte.

Je weiter man in die Epoche des Triumphes von Bourgeoisie und Imperialismus eintritt, um so mehr breitet sich die Fälschung quantitativ und qualitativ proportional zur Verbreitung der Methoden und Ausrichtungen des neuen Kollektionismus aus. Das Gleichgewicht zwischen den traditionellen Produktionsmethoden und der unbegrenzten Fähigkeit zur laufenden Veränderung des merkantilen Interesses wird aus dem vergangenen Jahrhundert *die* klassische Epoche der Fälschung machen. Alles wurde gefälscht. Nichts wurde aus Gründen des Geschmacks oder sammlerischer Typologie ausgenommen: Aus dem 17. Jahrhundert wurden z. B. Architektur und Malerei, nicht aber die Einrichtungen aufgegeben.

Vor allem in den industrialisierten Ländern mit einer gefestigten Bourgeoisie verlangte man nicht mehr nur nach Bildern oder Zeichnungen, die die Sammlungen des Adels geprägt hatten, oder nach antiken Skulpturen, die die Erinnerung an die große Bildungsreise wachhalten sollten, sondern auch nach Gegenständen für einen häuslichen und privaten Gebrauch, also nach – freilich äußerst prächtigen – Einrichtungsgegenständen. Dies geschah parallel zu jener musealen Entwicklung, die Italien nur in ganz geringem Maße nachvollzogen oder nur zu realisieren suchte – und die von der Zeichenakademie zum Museum führte, verstanden als ein gewaltiges Kaufhaus wiederholbarer Vorbilder oder auch, gegen Ende des Jahrhunderts, als finsteres Symbol einer virtuellen Vorherrschaft über andere Nationen[148]. Die Loslösung des Objekts aus seinem kulturellen Kontext, der durch die Verwandtschaft der Produktionskriterien wie auch durch das menschliche Ambiente geprägt sein kann, hatte sich inzwischen vollzogen.

Nun ist die Fälschung nicht mehr, wie im 18. Jahrhundert, die Widerlegung der Gelehrsamkeit, sondern, wenn schon, die Negation des guten Geschmacks. Sie entspricht dem verlogenen Bild des Antichrist, der gekommen ist, um alle in der Geschichte und der Kunst anerkannten Werte in Zweifel zu ziehen. Aber es sind nicht allein Einstellungen eines verspäteten und rückwärts gewandten Romantizismus, die die

Wertschätzung des »Originals« erklären. Die Kopie scheint immer weniger dokumentarischen, schöpferischen und konkret historischen Inhalt zu besitzen; auf jeden Fall stellt sie nicht mehr jenen instrumentellen und adäquaten Reflex einer starren schulbildenden Norm dar, wie ihr das die klassizistische und akademische Tradition zuerkannte[149]. Im Blick auf den Handel mit Antiquitäten ist von Bedeutung, daß sich dieses Bewußtsein zunächst beim Publikum außerhalb der künstlerischen »Institutionen« herausbildet – und nicht bei den Künstlern. In einer weit verbreiteten positivistischen Perspektive wird es sehr bald die Photographie sein, die die Stelle einer Objektivität einnimmt, welche als extremer Gegenpol zur unersetzlichen Einmaligkeit des »originalen« Werks aufgefaßt wird. Andererseits wird das zunehmend negative Bild der Industriekultur – von ideologisch unterschiedlichen und nicht immer fortschrittlichen Positionen aus – mehr und mehr den Mythos der Handarbeit bilden helfen, die einzigartig, vielgestaltig und auf alle Fälle unwiederholbar sei[150].

Unter dem Druck des prestigeträchtigen Mythos' vom »Original« betreibt die moderne Fälschung eine explosionsartige Verallgemeinerung von Praktiken und Verfahren, denen wir bereits verschiedentlich in der Vergangenheit begegnet waren: das Hinzufügen vollmundiger Unterschriften, die betrügerische »Maquillage«, die Veränderung des Sujets, angeregt von einer schlechten, aber deshalb nicht etwa unschuldigen Zuschreibungswissenschaft. Ein eindeutiger Beleg für diesen qualitativen Sprung ist – neben den Erinnerungen von Terenzio da Urbino (S. 252) – die ganz geschäftsmäßige Organisation der Werkstatt, die Burckhardt in Bologna besichtigte: Hier ging es um die systematische Umwandlung von etwas wenig Bedeutendem in etwas anderes mit Bedeutung für den Handel, für die kulturellen Konventionen und das Sozialprestige des Käufers. Wenn es sich um Bilder handelte, schien diese besondere Art des Eingriffs auch zu Zeiten einer vorwissenschaftlichen Restaurierung weithin illegitim und unkorrekt. Aber eine entsprechende Haltung gegenüber Wiederherstellung, Manipulation und radikaler Veränderung hätte niemanden empört, würde es sich um Möbel und Objekte gehandelt haben, die serienmäßig hergestellt werden oder geringeren kontemplativen Wert besitzen. Konkret und quantitativ ist die Geschichte der Fälschung im Industriezeitalter durch anonyme Objekte von minderer historisch-künstlerischer Bedeutung geprägt. Die Malerei jedoch kann uns diesen kapillaren Prozeß der Modifikation unschwer enthüllen.

Venedig springt sofort als Beispiel und emblematischer Ort ins Auge. Man kann sich lebhaft vorstellen, was aus jenem traditionellen Kunstmarkt im Verlauf des 18. Jahrhunderts wurde, in jenem Jahrhundert, das die Entwicklung eines neuen Bildes der Stadt und den ökonomischen Niedergang der Patrizierfamilien und den Verfall ihrer Kunstsammlungen erlebte: »[...] in dichten Scharen gehen reiche Ausländer von Palast zu Palast, welche sich in selbsternannte Antiquitätenkabinette, in Wirklichkeit aber: Basare der Fälschungen, verwandelt haben«[151]. Es waren nicht allein instrumentell symbolische Gründe, weswegen die Futuristen 1910 »das Venedig der Auswärtigen, den Marktplatz für Fälscher von Antiquitäten« verabscheuten und Marinetti im Durcheinander des Fenice zu den Venezianern sprach. »[...] Und ihr seid zu Hotelportiers, Fremdenführern, Kupplern, Antiquaren, Betrügern, Fabrikanten alter Bilder, Plagiatoren, Kopisten geworden«[152].

Zu fälschen – im übrigen ohnedies eine Tradition in Venedig – war seit der ersten Hälfte des 19. Jahrhunderts eine verbreitete und systematisch ausgeübte Praxis geworden. Ein etwas zählebiger »antiquarischer« Geschmack bei Sammlern wie Correr und ein äußerst aktiver Handel, der sich schnell und massiv der Sammlungen des Adels bemächtigte, begünstigten eine enge Beziehung vor Ort zwischen Produzenten und Verteilern von Fälschungen. Am Ende des Jahrhunderts gelang es einem Beobachter, der eine reaktionäre Einstellung gegenüber der bürgerlichen Ordnung hatte und damit eine recht typische Figur der Epoche König Umbertos I. war, ganz gut, die Auflösung der adligen Kultur der Stadt zu beschreiben, zu der es nach dem Zusammenbruch der Republik gekommen war. Handlungen und Personen sind uns noch gut im Gedächtnis.

Man könnte eine lange Liste von Namen aus der Gruppe derer zusammenstellen, die in den ersten Jahren des begonnenen Jahrhunderts den Beruf des Antiquars ausübten, und es wären nicht wenige darunter, die als Mystifikatoren eingestuft werden müßten. Sie lebten vor allem zu Lasten des armen Teodoro Correr, und es waren dies ein Martello, ein Venier, ein Dolfin und ein Giovanni della Rovere[153].

Es handelte sich um die Jahre, in denen Meneghetti die falschen Geldmünzen, die dann an Teodoro Correr verkauft wurden, den Helm von Vittor Pisani sowie den Hirtenbrief von Papst Cornaro produzierte[154]: Die Qualität dieser Objekte ist nicht bekannt, aber man wird den Eindruck nicht los, daß die Suggestivkraft des Namens ihrer ersten Besitzer dafür ausschlaggebend war, daß sie erfolgreich auf den Markt gebracht werden konnten. In eben diesen Jahren hatte ein anderer Händler, Sanquirico, drei- oder viermal den Degen von Enrico Dandolo und Objekte aus dem Besitz von Marin Faliero verkauft[155]. Auf diesem ganzen Markt herrscht bereits ein Klima der Geschäftigkeit, wie man es bisher nur von dem der Historienmalerei her kannte[156]. Und eben um die Objekte historisch zu belegen, gab es in der Sammlung von Girolamo Ascanio Molin eine ganze Fülle falscher Signaturen: Sie sollten eine noch ungenaue kritische Zuschreibung untermauern und werden heute in Einzelfällen widerlegt[157]. Daß in diesen Fällen nicht immer auf den kommerziellen Erfolg spekuliert wurde, ändert nicht viel: Die Antiquitätenhändler hätten in jedem Fall einer solchen Nachfrage der Sammler entsprechen müssen.

So war die Situation in Venedig. Es lohnt sich nun, noch einmal auf das Problem der verfälschenden Benennung alter Bilder einzugehen. Dabei gehört nicht viel dazu, zu begreifen, mit welcher Auszeichnung und Aura der Einmaligkeit und Authentizität jene zahlreichen Kopien und Derivate aus den Sammlungen des Adels jetzt auf den Markt gelangten, auf die im Kapitel über das 17. Jahrhundert als einem typischen Merkmal der venezianischen Sammeltätigkeit hingewiesen wurde (S. 261 f.). Nimmt man die allzu bekannten Arbeiten aus, dann mußten – ehe es der Photographie gelang, weiter angelegte und zeitgemäßere Mappen von Reproduktionen zu erstellen als dies mit Stichen möglich war – die Kopien am Ende unweigerlich als Originale erscheinen: mit dem Etikett des Meisters oder – in weniger vertretbaren Fällen – mit dem Hinweis »Schule von«. Ein hoher Anteil der »Fälschungen« entsprach einzig und allein dem Prozeß der dokumentarischen Umlenkung dessen, was in den beiden vorhergegangenen Jahrhunderten die Wiederholung zu Zwecken der Didaktik und der Erkenntnis dargestellt hatte. Verfolgt man die Diskussionen über die Fälschung, wie sie sich bis vor fünfzig Jahren abspielten, so überrascht es nicht, daß die Definition des Gegensatzpaares »falsch-authentisch« ihren Ausgang nimmt von der Beobachtung, daß nicht alles, was früher gemalt worden ist, auch wirklich ursprünglich ist – ursprünglich im Sinne von nicht abgeleitet, nicht reproduziert und nicht von einer ›vermittelnden‹ Hand des Schöpfers ausgeführt[158]. Dieses Phänomen lebt zudem weiter: Man muß nur an gewisse Ausstellungskataloge denken, und zwar nicht nur in der Provinz; oder auch an die Schrifttafeln, die in weniger bedeutenden Museen den besonderen Wert der Sammlung rühmen. Diese lokalen Bemühungen finden auch in den größeren Museen ihr Gegenstück: Und dort führt das – nicht selten von einem beträchtlichen Verfall der Museumskultur begleitet – dazu, daß die Magazine von Kopien überquellen.

In diesem Prozeß der Revision alten Kopistenmaterials zum Zwecke der Täuschung trafen die kommerziellen Absichten im vergangenen Jahrhundert eine ganze Weile lang auf keinen großen Widerstand der Wissenschaft. Der Wissenschaft der Zuschreibung haftete – wie der der »Altertumskunde« – zu sehr der Ruch des *Ancien régime,* von gebildeten Prälaten und politisch desinteressierten Adligen an[159]. Die geschichtlich-künstlerische Wissenschaft der bürgerlichen Epoche wird in Italien – zumindest bis hin zu Cavalcaselle und Morelli (die von gesamteuropäischer Bedeutung waren) – in ihrer Entstehungszeit die Philologie verachten oder sie nur sehr ungern praktizieren. Über die aristokratischen und nicht bürgerlichen Ursprünge der Kunst der Zuschreibung sowie über die außerordentliche kulturelle Verödung in der liberalen Epoche, die auch eine Folge dieser Zerstörung von Erfahrung war, sollten all jene nachdenken, die das Fehlen von Neutralität einer Disziplin mit so etwas wie einer Prädetermination in eins setzen und eine strikte Verbindung zwischen *connoisseurship* und heutigen privaten Zwecksetzungen für das künstlerische Erbe herstellen.

Doch zurück zur manipulativen Restaurierung, wie sie lange Zeit von der antiquarischen Welt kultiviert (und niemals vollständig aufgegeben) wurde; hier muß man die handwerkliche, wenn auch effektive Dimension des Berufs betonen. Als Secco Suardo seine *Idea del perfetto restauratore* umriß (»Er muß honest, bescheiden, umsichtig, aufrichtig und ein Liebhaber der Kunst, die er ausübt, nicht weniger sein als seiner eigenen Ehre«) und ganz entschieden behauptete, daß die Kunst der Fälscher »nichts mit der Restaurierung zu tun hat«, mußte er doch zugestehen, daß

> ... viele der geschicktesten Fälscher zur Gruppe der Restauratoren gehören, verhält es sich doch so, daß die Kenntnis der Techniken der Restaurierung außerordentlich die Kunst erleichtert, ein Werk von ihrer Hand zu maskieren[160].

Unschwer kann man in diesen Kontext handwerklicher Erfahrungen auch bestimmte Restaurierungen zwischen dem 19. und dem 20. Jahrhundert einordnen, die von Luigi Cavenaghi durchgeführt wurden: wie die freie Wiederherstellung der *Pietà Caccialupi* von Carlo Crivelli (Cambridge, Mass.), die Austarierung der jugendlichen *Madonna mit Engeln* von Foppa (Settignano, Sammlung Berenson) mit den zur Linken eingefügten Bäumen hinter dem *hortus conclusus* oder auch die einfache Wiederherstellung des Kinns bei dem fragmentarischen *Haupt einer Heiligen* von Cima (Mailand, Poldi Pezzoli). Berenson sprach von ihm (der »am wenigsten Besorgnis Erregende«, der »gebildetste und kompetenteste Restaurator Italiens«) genau an der Stelle, an der er die Grenzen einer rein technischen Fähigkeit der Zuschreibung aufweisen wollte. Aber in den Unsicherheiten von Cavenaghi (»Ich sah ihn zögern bei Bildern, von denen ich wußte, daß es Fälschungen waren. Andererseits konnte er Fälschungen argwöhnen, wo es gar keine gab«) äußert

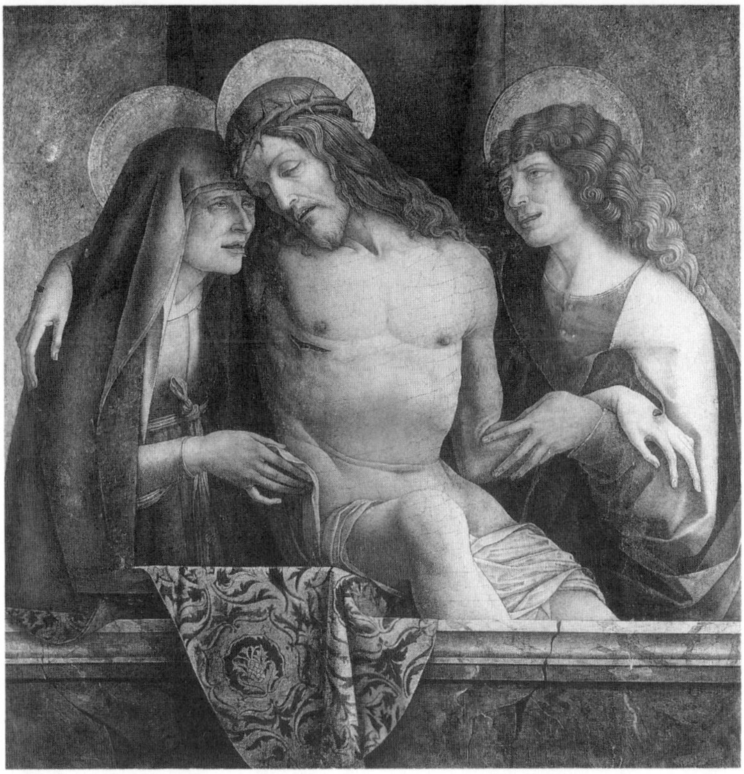

CARLO CRIVELLI, *Pietà Caccialupi*

sich das klare Bewußtsein der unabhängigen Fähigkeit eines alten, oder wieder neuen, Metiers[161].

Es gibt zahllose und sehr vielgestaltige Beispiele für diese manipulatorischen Eingriffe. Es fällt nicht immer leicht, etwas als Fälschung zu definieren oder auszumachen, wo es sich von einem bestimmten Typus der Restaurierung unterscheidet; so beispielsweise bei dem Portrait von Lionello d'Este: Von Kurz als unecht kommentiert, schien es Longhi ein schwerwiegender und besonders arglistiger Fall von Restaurierung[162]. Sicher ist in jedem Fall, daß dieser Typ von Eingriff durch Gründe bestimmt war, die eindeutig außerhalb der persönlichen Neigung des Restaurators lagen. Es reicht allein, daran zu erinnern, wie einer jener Fälscher und Restauratoren, der Senese Icilio Federico Joni, die korrekten Programme eines Secco Suardo abtat: »Das ist die Art der Restaurierung fürs Museum. Für die Liebhaber ist das eine ganz andere Sache«[163].

Zu dieser Sorte von Liebhabern gehörte – zur gleichen Zeit, in der auch Joni tätig war – der Baron Michele Lazzaroni. Das eben erwähnte Portrait Lionello d'Estes befand sich in seinem Besitz. Unter den Gemälden, die er der Accademia von San Luca hinterließ, befand sich eine *Mystische Vermählung der Hl. Katharina* in der Art des Matteo di Giovanni, die ganz offenkundig unecht ist: nicht so sehr wegen der stilistischen, gar nicht so mittelmäßigen Ausführung, sondern aufgrund des unglaublichen ikonographischen Fehlgriffs, die Heilige in den Hintergrund zu stellen und der Madonna vom Sohn den Ring anstecken zu lassen. Aber auch einige andere Bilder, die der römischen Akademie zugekommen sind (wie auch verschiedene andere, die einen anderen Weg nahmen), passen gut in diesen Kontext von Tätigkeiten

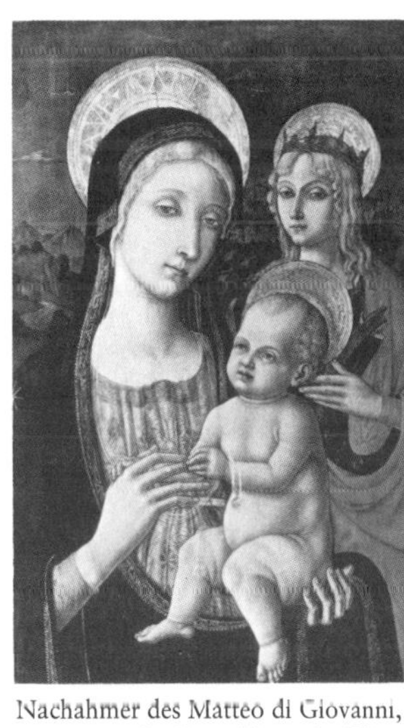

Nachahmer des Matteo di Giovanni, *Die mystische Vermählung der Hl. Katharina*
Ausschnitt

Nachahmer des Simone dei Crocifissi aus jüngster Zeit, *Madonna mit Kind* Ausschnitt

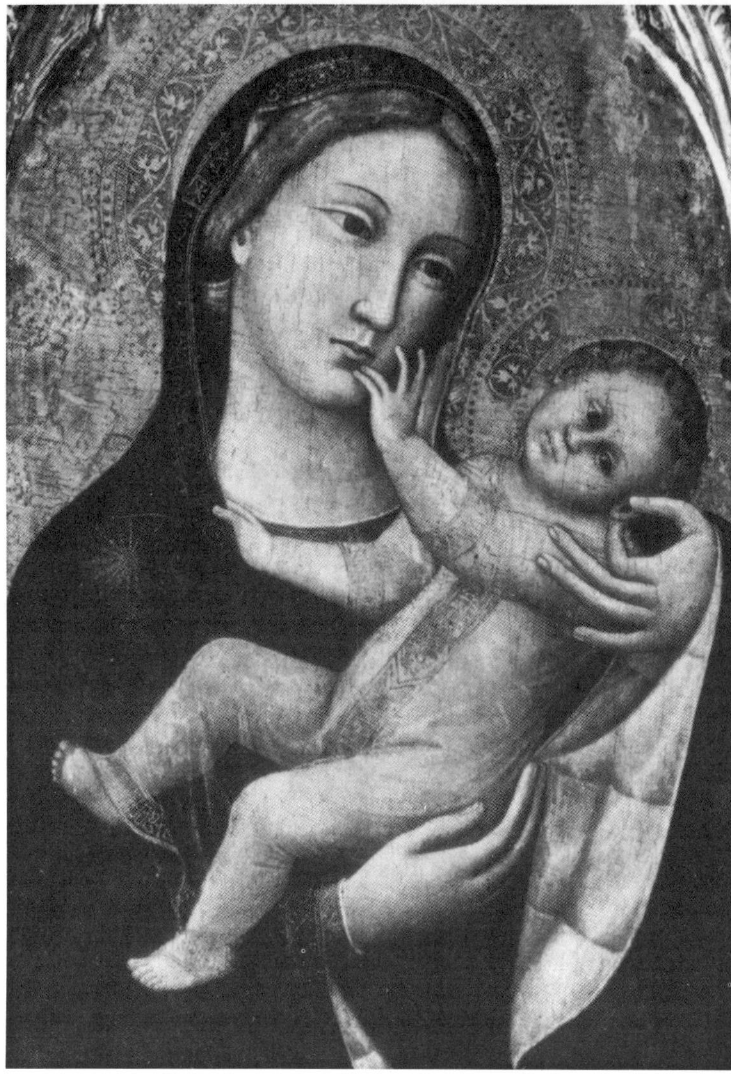

und Konzeption, wo die Fälschung und eine bestimmte Art der Restaurierung sich am Ende überlagern. Bei einer *Madonna mit Kind* von Francesco Botticini wollte man das Bild um einen Johannesknaben in passendem malerischen Stil bereichern; bei einer *Verkündigung* von Biagio d'Antonio hingegen trug der Restaurator Sorge, die Meinung der Kritik zu bestärken, die sie der Hand des Lorenzo di Credi zuschreiben wollte[164]. Zwischen den Absichten dieser Restauratoren, die das Geschäft der pragmatischen Zuschreibung betrieben, und den Absichten derer, die bereits in der Vergangenheit Signaturen[165] zur besseren Zuerkennung zugefügt hatten, bestehen methodisch ziemlich direkte Verbindungen. Ein ganz explizites, wenn auch ein wenig spätes Beispiel stellen die *Memorie* von Joni dar. Er hatte die Aufgabe, das Tafelbild eines in den italienischen Museen wenig vertretenen Malers zu restaurieren, und wurde nach Dresden gesandt; dort hätte er brauchbare Beispiele des betreffenden Malers vorfinden sollen, um seine Aufgabe besser erledigen zu können[166]. Ganz abgesehen von der wissenschaftlichen Korrektheit ist offensichtlich, daß auf diesem Wege die angemessene Behandlung eines bildnerischen Dokumentes einzig von der Richtigkeit der Ansichten der Kritik, die diese Operation steuerte, abhängt.

Hier handelte es sich noch um eine Operation von handwerklichem Charakter, deren Ausgang von der Güte der Vorbilder und der Verständlichkeit ihrer Machart abhing. Als Joni in Mailand den Altmeister der wiederherstellenden Restaurierung, Cavenaghi, getroffen und ihm im Moment der Verabschiedung gestanden hatte, daß neben der Restaurierung seine »Passion die Schöpfung originaler Werke war«, da erhielt er zur Antwort: »Das will ich meinen. Es ist viel leichter«[167]. Da er in einem weniger provinziellen Milieu als Joni aufgewachsen war, sah Cavenaghi die Produktion »im Stile von« als operativ und durch die Zuschreibung weniger eingeengt an, und folglich als weniger anspruchsvoll.

Diese traditionelle und handwerkliche Dimension verweist sogleich auf eine zweite, charakteristischere Fährte zur Beschreibung der Aktivitäten von Fälschern im letzten Jahrhundert, nämlich die, die sie vor allem in ihrer Entfernung von Formen industrieller Produktion darstellt, als ein völlig verschiedenes kulturelles Produkt, das kaum auf die freien Märkte der Länder gebracht wird, die in der materiellen Produktion weiter vorangeschritten sind. Diese weitgesteckte merkantile Verknüpfung erlaubt es, eine Linie in der Entwicklung der Ideologie der italienischen Fälschungen herauszuarbeiten. Allmählich wird dieser Abstand ein bewußt erfahrenes und genutztes Faktum, die Wiederholung von alten Vorbildern wird äußerlicher, mechanischer und vor allem intentional ausgerichtet auf ein Bild, das von Tourismus und Kommerz beeinflußt ist; in diesem Moment hört die Produktion »im Stile von« auf, ein charakteristischer und notwendiger Teil der bildnerischen Erfahrung Italiens zu sein, um ein verdächtiges Anzeichen für die Rolle zu werden, die ihr durch die größere Ausdehnung des ökonomischen und kulturellen Lebens aufgezwungen wird.

1884 schrieb Eudel: »Italien ist das gelobte Land der Fälscher«[168]. Für den Bereich der Bildhauerei hatte diese Feststellung, seit jenem Zeitpunkt, vor allem eine quantitative Bedeutung[169]. Die qualitativ schönsten Fälschungen, die aus einer eigenen Poetik heraus motiviert sind, entstanden eher in der Mitte des neunzehnten Jahrhunderts. Es ist unmöglich, die ausgleichende Rolle zwischen Tradition und »Realismus«, zwischen Kontinuität und modernen Erfordernissen zu vernachlässigen, wie sie die plastischen Vorbilder des »goldenen Quattrocento« spielten. Als Lorenzo Bartolini 1842 erklärte, seine »Lehren weiterhin auf jenem geraden Wege fortzuführen, den unsere ruhmreichen »Quattrocentisti' beschritten hatten«[170], da umriß er sehr genau ein Erfordernis, das nur kurze Zeit später eine unauflösliche und mißverständliche Verbindung zwischen den immer unbeweglicheren puristischen Einstellungen und eben dem Bild der Zuschreibung von historischen Beispielen herstellen wird.

Man denke nur daran, daß es – ohne bei der gebildeten Welt Anstoß zu erregen – möglich war, an der Grabstätte der Gräfin Zamoyska (Florenz, Santa Croce) ein Bild von Bartolini, *Madonna mit Kind*, anzubringen, das doch nichts anderes als die kaum veränderte Kopie eines Rundbildes von Antonio Rosselino ist. Schon hier beginnt das Problem[171]. Es war nicht schwer, sich vorzustellen, daß die eine oder andere Technik der künstlichen Alterung ausreichend sein würde, jene Fähigkeit zur stilistischen Assimilation, die mit der in der neoklassischen Epoche hochentwickelten Technik zur Marmorbearbeitung einhergeht, in einen Betrug zu verwandeln. Auch in der Kirche von Santa Croce thront auf dem Grab von Francesco Lombardi (»erfahrener Gold- und Feinschmied, alter Gegenstände der Schönen Künste ein weiser und unermüdlicher Sammler«) eine *Madonna mit Kind und Engeln,* ein Halbrelief im Stile des Quattrocento, das bis vor etwa vierzig Jahren tatsächlich dafür gehalten wurde. Das kann nicht überraschen. Es ist ein Zeichen dafür, wie sehr unsere Vorstellung von der Bildhauerei in der Hochrenaissance noch immer geprägt ist durch die im vergangenen Jahrhundert genauer entwickelten, statuarisch-monumentalen Vorstellungen. Als Jenö Lányi das moderne Verständnis von Donatello entwickelte, war er gezwungen, eben von der verfälschenden, in sich aber äußerst wirkungsvollen Überformung des 19. Jahrhunderts seinen Ausgang zu nehmen[172].

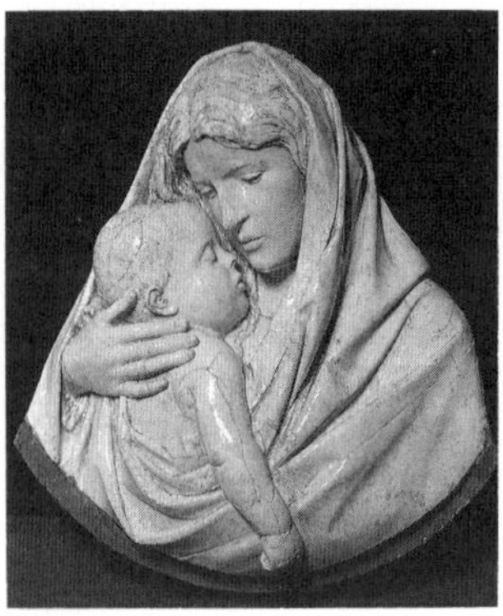

Bildhauer der 1. Hälfte des 19. Jh.,
Madonna mit Kind
Ausschnitt

Bestimmte Fälschungen stellen die höchsten und charakteristischsten Beispiele der italienischen Bildhauerei im 19. Jahrhundert dar. Und dabei handelt es sich nicht nur um die radikalisierten Arbeiten aus dem Umfeld des Purismus. Der inbrünstige Blick eines unbekannten Gestalters aus der romantischen Zeit vermochte, einen Gestus von ruhiger und unmittelbarer Vitalität in dem gebildeten Schema der *Madonna mit Kind* der Kress Collection (Washington, National Gallery) festzuhalten, der auf Michelozzo oder Luca Della Robbia zurückgeführt wurde[173]. Der allgemeine Gebrauch solcher Gesten würde, idealtypisch, zur Poetik der Bohème oder zu den weniger genau bestimmten Momenten unseres Verismus führen. Das Verblüffende ist aber, daß diese Terracottaarbeit bereits zwischen 1835 und 1840 erworben wurde. Es ist nur scheinbar absurd (wer wollte dem Leben in der italienischen Provinz im 19. Jahrhundert zu nahe treten?), wenn die Verpflichtung, auf die keuschen Formen des Quattrocento anzuspielen, freilich mit Abweichungen im Volumen, die noch den neoklassischen Gewohnheiten verpflichtet sind, sich in so etwas wie eine »beschützte« Äußerung von Gefühlen auflöst, die andernfalls in manieristischer, zurückgenommener oder unausgewogenerer Art sichtbar geworden wären.

Eben das ist in Teilen der Fall bei Giovanni Bastianini, einem der aufsehenerregendsten und gefeiertsten Protagonisten in der Skandalgeschichte der Fälschung[174]. Auf ihn paßt vollständig das inzwischen üblich gewordene Stereotyp des Fälschers: das des verkannten Genies, das arm, ausgebeutet und weit weg vom reichen Nutznießer seiner Arbeit tätig ist. Und all das hat zudem den Beigeschmack von Chauvinismus. Es besteht kein Zweifel, daß Bastianini in einer abstrakten Werteskala eine höhere Einstufung verdiente und Mino da Fiesole eine niedrigere. Konkret aber belegt der Fall von Bastianini im internationalen Maßstab, wie wirksam in poetischer und produktionstechnischer Hinsicht die Projektion der modernen italienischen Kultur auf das Quattrocento war. Von einem außergewöhnlichen, aber keineswegs unaufmerksamen oder oberflächlichen Beobachter, Pasquale Villari, stammt eine – gerade im internationalen Vergleich angemessene – Würdigung Bastianinis, in der er versucht, dessen Verdienste sozial zu erklären. In dem Hinweis auf den gerade verstorbenen Bildhauer war er 1869 wahrscheinlich auch darum bemüht, dem aus Paris zurückgeschwappten Skandal den Weg zu versperren.

In den letzten Monaten begann man, die Behauptung aufzustellen, unter ihren zahlreichen und bedeutenden Bildhauern habe die Toskana auch einen in dem jungen Bastianini besessen, der leider zu früh der Kunst hinweggerafft wurde. [...] Es

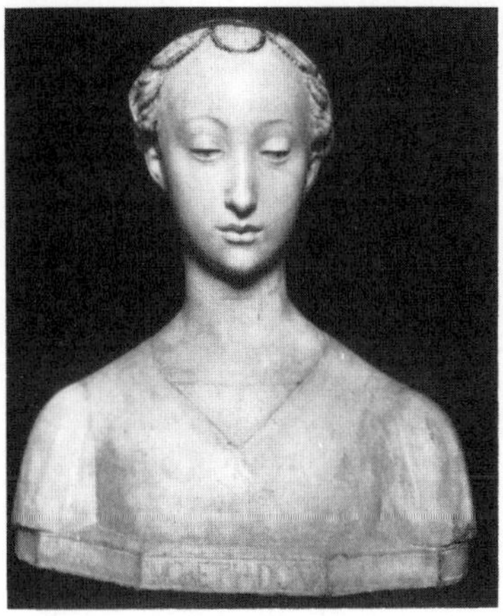

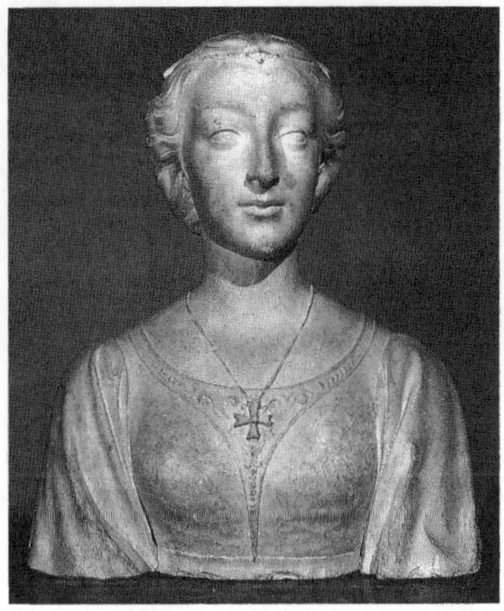

links:
GIOVANNI BASTIANINI,
Lucrezia Donati
Im Stil des Mino da Fiesole

rechts:
GIOVANNI BASTIANINI,
Aloysa Strozzi
Gipsmodell

ist eine einzigartige Tatsache, daß nahezu alle toskanischen Bildhauer denselben Ursprung hatten: Sie beginnen als kleine Steinmetze, Holz- oder Steinschnitzer, als Bearbeiter von Alabaster und werden dann, kraft des ihnen eigenen Genies, Künstler. Was wird dieses Volk wohl werden, wenn wir es verstehen, bei ihm die Kenntnis der Zeichnung und eine solide Kultur zu verbreiten, die der Kunst mehr von Nutzen ist, als man gemeinhin glaubt[175]?

Villari, dem es darum zu tun war, daß die italienische bildnerische Kultur sich aus der lokalen Beschränkung befreite, wie auch darum, daß die manufakturielle Tätigkeit auf größerer Ebene institutionell organisiert würde, mußte der berühmte Fälscher wie ein wahrer Künstler vorkommen, der zwangsläufig über eine allzu schüchterne und untergeordnete handwerkliche Praxis hinauswuchs.

Die Bildhauerei des Quattrocento hatte nicht nur einen Wert als formale Norm und als spezifische stilistische Erfahrung. Daß es diese Welt der Werkstätten, die vor den Zeiten eines despotischen Mäzenatentums lag und die dem Künstler die Aura des Handwerkers genommen hatte, nicht mehr gibt, wird betrauert, sie wird idealisiert und in verschiedenen Teilbereichen des künstlerischen Lebens im 19. Jahrhundert zu neuem Leben erweckt: Hinter dem romantischen Ursprung bei Wackenroder muß man nur von den programmatischen Biographien der Nazarener bis hin zu den vielfältigen industriekritischen Absichten der Präraffaeliten gehen. In der italienischen Provinz aber erfüllte diese Verherrlichung vor allem die Funktion, über die entfremdende Situation dessen hinwegzutrösten (und dies bisweilen voller Nationalstolz), der – vor allem als Historienmaler und Bildhauer – die realen Schwierigkeiten und Ängste, wie sie aus der sehr zufälligen Auftragslage entsprangen, in Einklang mit dem spätromantischen Bild des Künstlers als Schöpfer bringen sollte.

Symptomatisch ist es in dieser Hinsicht, daß wir von dem Bildhauer Fantacchiotti nur zwei Arbeiten aus den letzten zwanzig Lebensjahren kennen, während Pope-Hennessy ihn durchaus nicht unbegründet als Autor einiger pseudoquattrocentesker Skulpturen verdächtigen konnte[176]. Die Flucht in die Ausdrucksmöglichkeiten der Vergangenheit endete schließlich in der idealen, oder auch erzwungenen Entgrenzung der eigenen sozialen Identität. Auch aus diesen Gründen belegen die Arbeiten der Fälscher im 19. Jahrhundert einen der bemerkenswertesten und beständigsten Züge unserer bildnerischen Kultur.

Diesen Mythos der alten Werkstatt zeigen auch einige Fotos von der Werkstatt des Bildhauers Pietro Faitini, einem Restaurator und Fäl-

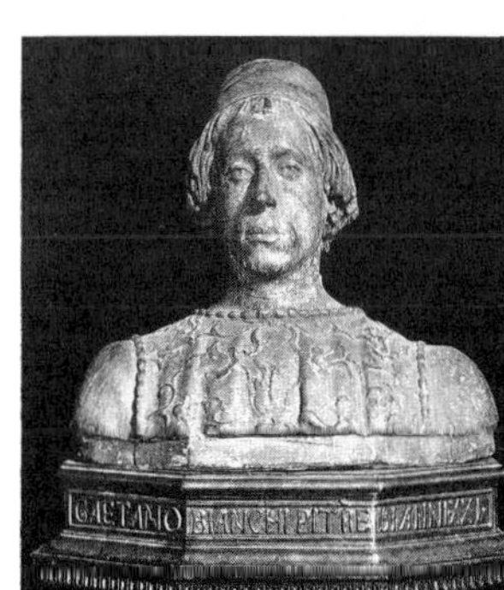

GIOVANNI BASTIANINI,
Gaetano Bianchi

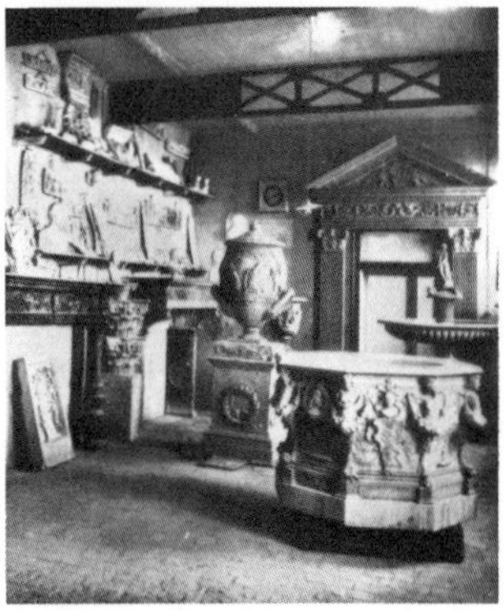

Die Werkstatt des Pietro Faitini in Brescia

scher. Ein altes Portal eines Palastes in Brescia, das sich heute im Victoria and Albert Museum befindet und das von ihm mit hervorragender Kenntnis der Skulptur der Lombardei zwischen Quattro- und Cinquecento nachgearbeitet wurde, hielt man bis vor wenigen Jahren für ganz und gar original[177]. Auf den Photographien von seiner Werkstatt (in gewisser Hinsicht sind sie das unmittelbarste Zeugnis für die gesamte Fälschertätigkeit im 19. Jahrhundert) macht die Vielfalt von Objekten, die der der Werkstattsammlungen von Bildhauern aus der Zeit des Humanismus gleicht, bald dem Überfluß und der Beliebigkeit eines Antiquitätenladens Platz.

Andererseits waren die Empfänger dieser ganz unterschiedlichen Objekte durchaus bereit, sich in die Historie einzufühlen. Eher als für die dünne Luft der Museen waren diese Objekte möglicherweise für die heraldische Ausgestaltung einer privaten Lebensweise bestimmt. Man muß gar nicht extreme Zeugnisse darüber bemühen; selbst in der Äußerung des Leiters des Museo Artistico-Industriale in Rom, Erculei, scheint schon aus wenigen Zeilen jener phantasiereich akkumulierende und glanzvoll alltägliche Begriff der historischen Zeit auf, der sich aus Typologie und Funktion der Produkte ergab:

> Um die Bedeutung zu verstehen, die die Behälter und Kisten für die Alten hatten, muß man zurückgehen zu den Gewohnheiten des Mittelalters und dem nomadischen Leben der Menschen zu jener Zeit. Fürsten, Barone und Händler weilten oft außerhalb ihres Feudalsitzes und des Wohnsitzes ihrer Vorfahren: die einen auf der Suche nach Zerstreuung bei Festen, Turnieren, Jagden und Kriegsunternehmungen, die anderen unter dem Druck des Handels und der Gier nach Gewinn[178].

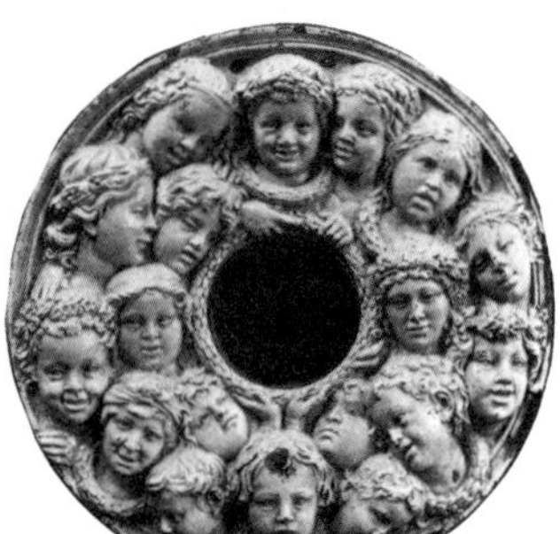

Nachahmer des Luca della Robbia, *Figdor-Spiegel*
Ausschnitt

So kann also ein extrem strenges Produkt wie der »Figdor-Spiegel« eine Rechtfertigung aus dem Stil der Vergangenheit erfahren (ergab er sich doch als Resultat von 18 Köpfen des Chors von Luca della Robbia), während seine tatsächlichen formalen Gründe viel weniger weit zurückliegen. Zumindest liegen sie nicht vor jener Herausbildung visueller Gewohnheiten – etwa dem Kranz von Köpfen – wie sie im 18. Jahrhundert für die Behältnisse von graphischen Geräten charakteristisch sind[179]. Aber die historisch wieder erweckte Identität des bürgerlichen mit dem neuadligen Salon besteht hauptsächlich aus weniger herausragenden Momenten.

Ein Foto aus den Anfängen des Jahrhunderts zeigt eine Gruppe von Handwerkern der Werkstatt Cantagalli in Florenz, die sich gerade an die malerische Feinarbeit von Majolika machen wollen[180]. Damit kommen wir auf einen bedeutenderen Aspekt des Fälschungsgeschehens; und dies obwohl das Bild (das ein wenig das paternalistische Verhalten gegenüber den tüchtigen Beschäftigten demonstriert sowie die für das *fin de siècle* typische Sorge, Effizienz und Seriosität der Firma unter Beweis zu stellen) nur das Indiz für einen detaillierten Handel mit hochwertigen Vasen liefert, dessen Adressaten möglicherweise Ausländer und begüterte Einheimische sind. Aus der Manufaktur von Ulisse Cantagalli gingen zahlreiche sehr schöne Imitationen alter Majoliken hervor, die einen großen Aufwand erforderten, wie z. B. Tabernakel im Stil der Della Robbia. Dennoch gehört nicht die ganze Produktion in den Bereich der – im weiten Sinne verstandenen – Fälschung. Auch die Rundbilder – um auf einen weniger kommerzialisierten Teil der Produktion zurückzukommen –, die 1845 von der Manufaktur Doccia hergestellt wurden, um die bereits vorhandenen an Brunelleschis Fassade am Palazzo Innocenti zu vervollständigen, gehören nicht hierher[181]. Die Tätigkeit dieser Manufakturen verweist vielmehr ein weiteres Mal auf die materialen Grundlagen der seriellen Fälschung von Objekten. Auch wenn man von den ganz eindeutigen Fällen wie Vasen, gegossenen Objekten und Möbeln absieht, besteht doch der überwiegende Teil der Fälschungen des 19. Jahrhunderts in nichts anderem als der Wiederaufnahme der Serienproduktion traditionalistischen Typs. Auch bei den vielen Skulpturen aus Gips oder Terracotta im »Stile des Quattrocento« handelt es sich beim Großteil nicht um originale Arbeiten oder Varianten, sondern es sind Neuauflagen einer Produktion, die – aus Gründen des Kults oder der bildnerischen Beständigkeit – bis weit ins Cinquecento hinein Bestand gehabt hatte[182].

Freilich ist klar, daß all jene Arbeiten in Stuck, Terracotta usw. nicht nur spontan oder aus Gründen der Tradition wieder aufgenommen wurden. Der Schrein »im schönen und reichen Stile des Seicento« von Giovanni Dupré, einem jungen Holzschnitzerlehrling aus der Werkstatt von Pacetti stellt in der Erinnerung des Bildhauers eine Art Rache an der Art der Nachfrage und der Einengung der künstlerischen Tätigkeit durch den Markt dar:

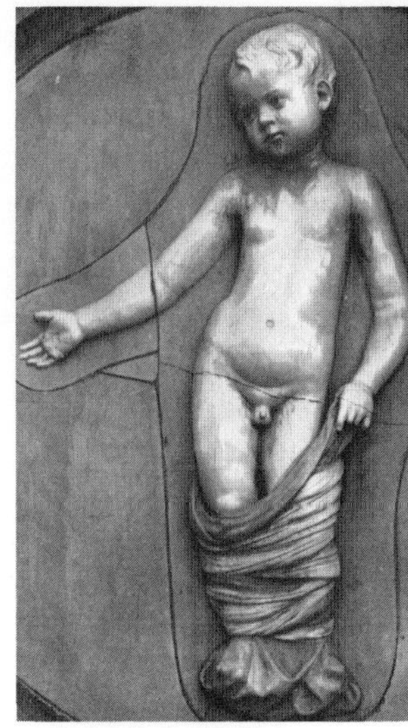

Werkstatt Ginori, Putto
Kopie nach Andrea della Robbia, 1845

> Kisten, Rahmen und Schreine wurden angesehen und genommen, sofern sie alt waren; von modernen Arbeiten, auch wenn sie von unbestrittenem Wert waren, wollten sie nichts wissen, oder sie zahlten sie ganz schlecht [183].

Dieses Geschäft mit ›Antikem‹ wurde schließlich zu einem, das ideologisch immer mehr in Gegensatz zur industriellen Produktion trat, ökonomisch aber ihr Komplement wurde. Die industrielle Produktionsweise sicherte dies Geschäft und verhalf ihm zu einer gewissen Entwicklung, zu einer Erneuerung im Umgang mit Material und Erfindungsgabe, aber gleichzeitig ließ sie es förmlich erstarren. Dieses Schema hatte seine Gültigkeit zumindest bis zur Entwicklung eines inneren Marktes, bis zur entscheidenden Erschütterung durch den Modernismus zu Beginn dieses Jahrhunderts. Dann wird die Produktion »im Stil von...« neuerlich an den sozialen Rand und in Richtung der Grauzonen zwischen Bourgeoisie und Kleinbürgertum gedrängt werden. Das werden die Voraussetzungen für die Möbeltischler von Cascina sein.

Es war aber auch möglich, im Rahmen des alten Metiers typische Produktionsweisen des modernen Industrialismus zu verwenden und zu tarnen. Viele Fälschungen haben hier ihren Ursprung. Von den Abgüssen antiker Marmorarbeiten oder solcher des 15. Jahrhunderts erhielt man Vorlagen, um Skulpturen in Bronze zu gießen, die leicht als Repliken oder Nebenprodukte aus den Werkstätten durchgehen konnten: Und dabei war eine Kritik durchaus hilfreich, die dem Zusammenhang von Gestaltung und Material wenig Aufmerksamkeit schenkte[184]. Die Galvanoplastik vereinfachte die serienmäßige Herstellung metallener Objekte noch mehr. Vor allem aber war es die photographische Reproduktion, die sich schon bald bei den Kunstphotographen nationaler und lokaler Bedeutung durchsetzte, welche den Kunsthandwerkern einen Umgang mit den antiken Vorbildern nahelegte, der auch bis zu einer ganz und gar bewußten und ungenierten Kombination der einzelnen Elemente gehen konnte[185]. Für die Tätigkeit der Fälscher bildet die photographische Reproduktion von Kunst eine einschneidende Wendemarke.

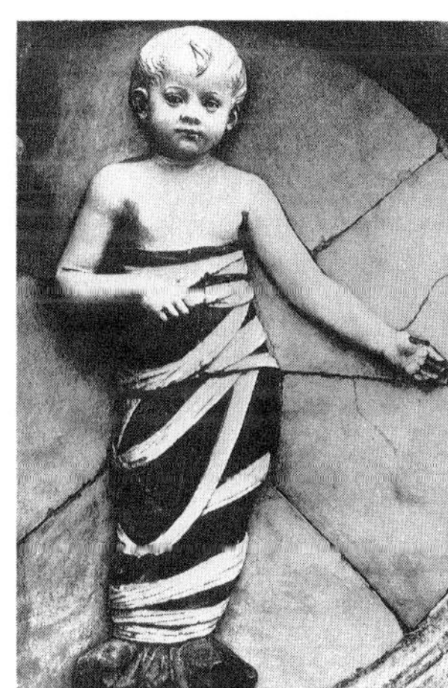

ANDREA DELLA ROBBIA,
Putto

Die Photographie weist in zwei neue Richtungen der Fälschung: Sie gibt nicht nur für die Reproduktion von Kunst ein Modell ab, sondern wird auch – in nicht weniger radikaler Weise – formbildend für neue

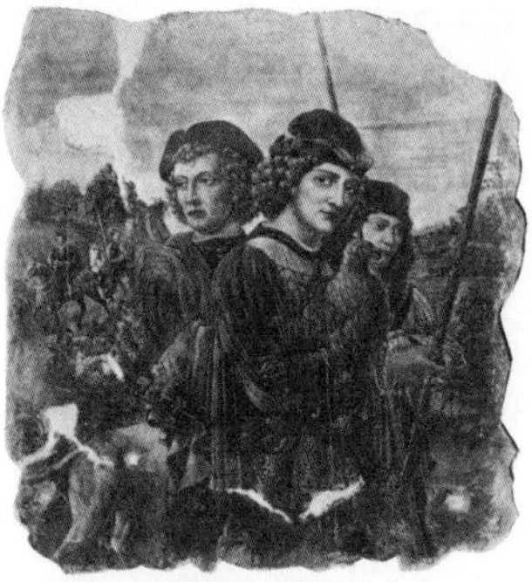

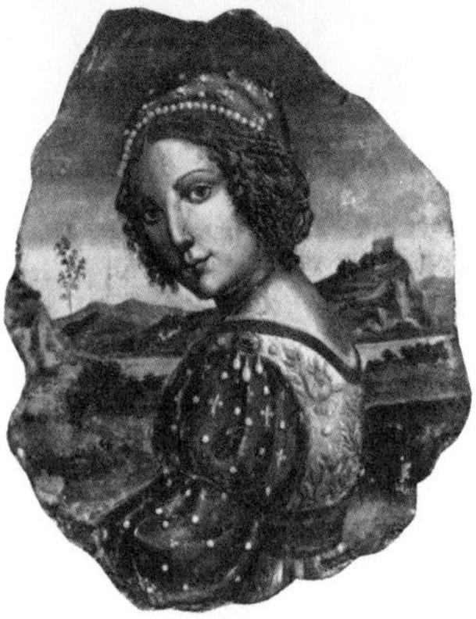

oben:
»Il falsario in calcinaccio«,
Jäger, um 1920

unten:
»Il falsario in calcinaccio«,
Weibliche Halbfigur

und schon sehr bald sich durchsetzende Vorstellungen, die auch die Produzenten und Käufer gefälschter Werke prägten. So verriet das besondere Interesse, die Schwarzweißabstufungen von Bildern festzuhalten. z. B. die Absicht, den ersten zeichnerischen Entwurf eines Werkes nachzubilden, das damals Leonardo zugerechnet wurde: Dabei kam etwas heraus, was natürlich mehr Ähnlichkeit mit einer photographischen Reproduktion des Bildes hatte[186].

Wenn es einen Bereich gab, in dem die Photographie von Anfang an massiv genutzt wurde (ohne daß sie deswegen angesichts einer elitäreren bildnerischen Tradition verworfen worden wäre), dann war das die Portraitkunst. Es ist also kein Zufall, daß die italienischen Fälscher von Gemälden des Quattrocento schließlich zahllose, speziell weibliche Portraits lieferten: ein Genre, daß in den Anfängen der Renaissance nur außergewöhnlich gewesen sein konnte[187]. Ein diffus an Burckhardt erinnerndes, individualistisches Gespür für jene Epoche sowie eine Art heroische Projektion der Welt des Bürgertums auf sie erklären, warum all diese Fälschungen gegen Ende des 19. Jahrhunderts so bedeutsam waren. Ein bedeutender Kunsthistoriker der dreißiger Jahre, der mit Thomas Mann verschwägert war, merkt an: »Die Bourgeoisie des 19. Jahrhunderts in ihrem Herbst, die sich einer Art profanen Mystizismus' hingab, wurde fast magnetisch von jenem Frühling der Anfänge einer reifen und raffinierten bürgerlichen Kultur angezogen, wie ihn die bürgerliche Kultur der zweiten Hälfte des Quattrocento in Florenz in gewisser Weise tatsächlich vorstellte«[188]. »Es handelte sich um ein teilweise nostalgisches und teilweise demonstratives Schema, dessen Zweck darin bestand, die Gewißheit zu liefern, daß das *Ancien Régime* vor langer Zeit eine Epoche unbekümmerter Sorglosigkeit gewesen war»; und die klare Abhängigkeit der Wahrnehmung von einem photographischen, chronistischen und individualisierenden Bild des sozialen Lebens (immer verstanden als der »Comicstrip eines psychologischen Romans«) prägte jenen Fälscher vom Beginn des 19. Jahrhunderts den Zeri als »falsario in calcinaccio« bezeichnet hat. Die bisher nicht gekannte Möglichkeit, große narrative Zyklen – etwa den von Ghirlandaio in Santa Maria Novella – lesen zu können, wie sie durch die photographischen Streifzüge der Alinari und Brogi eröffnet wurde, erlaubte auch jene »pseudofolkloristische [Transkription] in ›Milieu‹«[189].

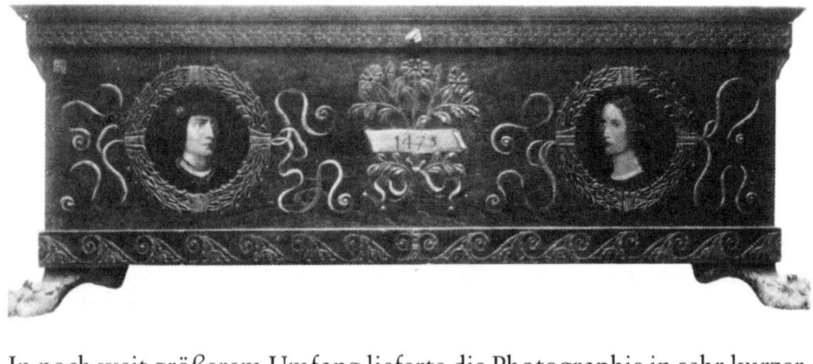

Hochzeitstruhe, datiert 1475, dekoriert im Stil Botticellis vom »Falsario in calcinaccio« um 1920

In noch weit größerem Umfang lieferte die Photographie in sehr kurzer Zeit ein Instrumentarium, das dort Verwendung finden konnte, wo man die Verfahren der alten Werkstätten imitieren wollte. Gegenüber der thematischen und kompositorischen Verwendung, die der Fälscher auch von den früheren Drucken von Kupferstichen oder Lithographien machen konnte, erleichterte die Photographie die »malerische« Lektüre der zahlreichen Künstler aus der Zeit der Anfänge, die durch die traditionellen Reproduktionsmöglichkeiten nur wenig Verbreitung gefunden hatten und nach denen die internationale Nachfrage der Sammler beständig stieg. Die Kataloge von Anderson und Alinari lieferten die Vorbilder für fälschende Kopien und *Pastichen* eines neuen Typs[190]: Nicht in virtuoser Manier in einem Zug gemalt, wie in der Zeit des Barock, sondern analytisch zusammengesetzt, um den Bezug auf in gewisser Hinsicht nachprüfbare Autoren, Schulen und Zusammenhänge plausibel zu machen. Schon kurz nach der Photographie, die den Weg für das Kommende bahnte, tauchten solche Variationen früher Gemälde auf dem Markt auf und hatten beträchtlichen kommerziellen Erfolg. Die bekannte *Madonna mit Kind* aus der Sammlung Ruhemann, die das Ergebnis einer Vermischung des Stils von Bartolo di Fredi mit einem Bild von Lippo Vanni in der Galleria Nazionale d'Umbria darstellt, entstand möglicherweise unmittelbar nach der ersten Photographie des Bildes aus Perugia[191]. Die verschiedenen Bilder aus der Fälscherwerkstatt, der die *Madonna mit dem Ohr* von Simone dei Crocifissi zur Verfügung stand, hielten sich direkt an das Vorbild des Originals (das erst 1932 wieder auf dem Kunstmarkt auftauchte). Die Sorgfalt aber, mit der die expressive Thematik und der schroffe Stil des Malers aus Bologna abgemildert wurden, spricht Bände über die Jahre, in denen man die Malerei des Trecento fast ausschließlich mit der aus Florenz und Siena in eins setzte. Deshalb wurde seine Signatur nicht hineingefälscht. In einem Fall zog man ihr die von Gelasio vor, ein

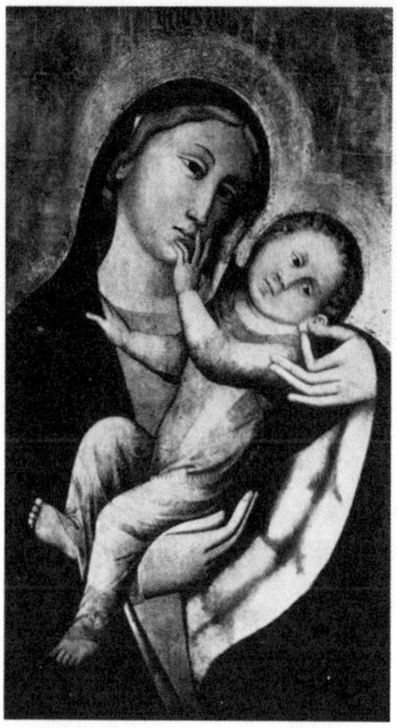

Nachahmer des Simone dei Crocifissi aus jüngster Zeit,
Madonna mit Kind
Ausschnitt

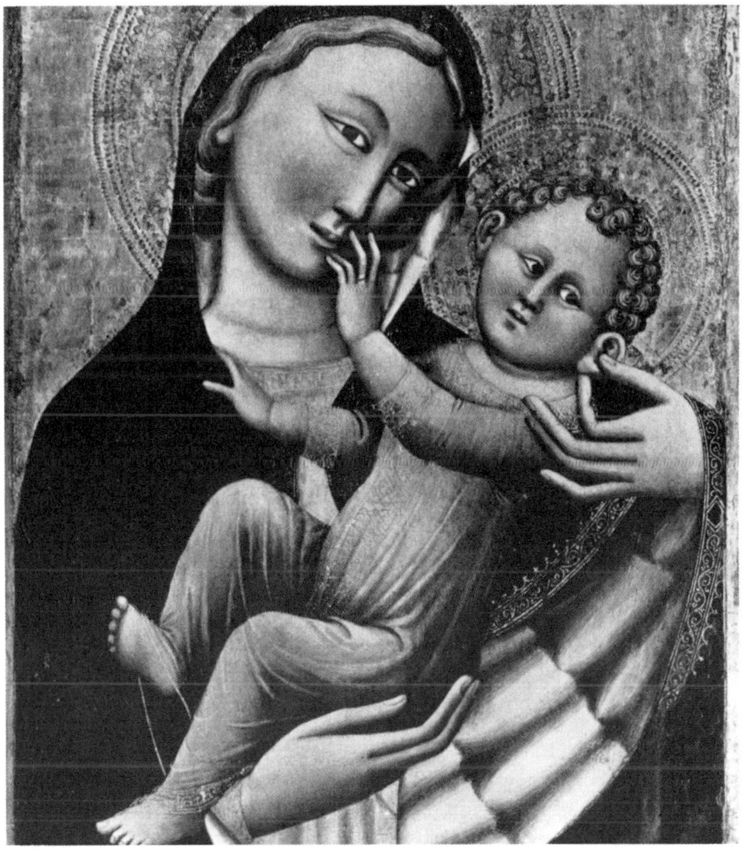

SIMONE DEI CROCIFISSI,
Madonna mit Ohr, um 1360
Ausschnitt

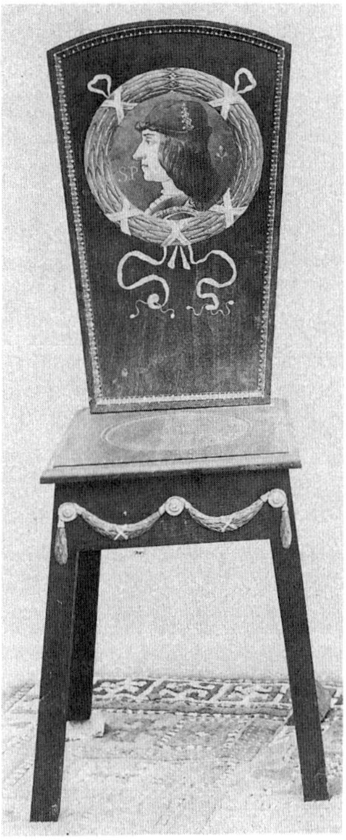

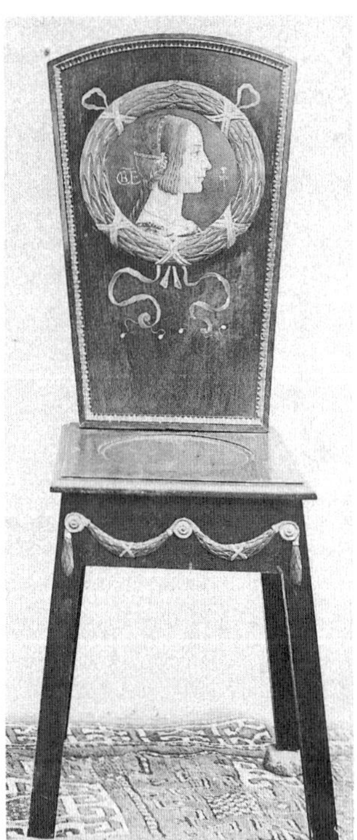

Hochzeitsstühle (datiert 1475), dekoriert im »Stil Botticellis vom Falsario in calcinaccio«, um 1920

Name, der mit der flüchtigen aber dennoch prestigeträchtigeren Erinnerung Vasaris an Galassio verbunden ist[192].

Wie jedes andere geschichtliche Phänomen, so erträgt auch die Fälschung Generalisierungen nur schlecht. Ich weiß daher nicht, ob es die Mühe lohnt, jene kritische Einordnung besonders hervorzuheben, die die Herstellung und Verbreitung solch komplexer Produkte erlaubte: eine Praxis der Einordnung, die so weit ging, daß etwa Anré Chastel bei einem ganz mittelmäßigen *Martyrium des Hl. Sebastian* (Paris, Musée des Arts Décoratifs) vorgeschlagen hat, auf die Theorien der Assoziationspsychologie aus der Zeit des Positivismus und – in diesem besonderen Fall – auf die analytische Methode Morellis zurückzugreifen[193]. Sehen wir von einer abweichenden Bewertung der heuristischen Kriterien Morellis ab, über die (und über sie hinaus) eine heftige Diskussion entbrannt ist, so hatten jene durcheinandergewürfelten stilistischen Puzzles, aus welchen die Fälschungen vom Ende des vergangenen Jahrhunderts oft bestanden, das Glück, auf eine Kritik zu stoßen, die dies nur mit Verspätung bemerkte. Im Grunde genommen scheint jede Fälschung ohnedies nur im Moment der Aufdeckung widersprüchlich (wie es ja auch immer – bei aller Verschiedenheit der Umstände – zutrifft: »niemand kann über seinen historischen Schatten springen«[194]). Jene Verschachtelung von Themen und Stilelementen entsprach ja einer historiographischen Erfahrung, die erst uns Heutigen zusammengewürfelt und kriterienlos erscheinen kann. Das dringende Bedürfnis zur überdeutlichen Charakterisierung und die vielen Hinweise auf die angebliche Entstehungszeit waren eine Folge der ideologischen Natur der Fälschungen: Sie waren eine Flucht in die Vergangenheit, ein Gewißheiten liefernder Kodex, die Wiedererfindung einer idealen Epoche. Diesem Typ der Fälschung eröffnen die Ausgrenzung der Provinz und der Zusammenbruch der kommunalen Kultur im 19. Jahrhundert vielleicht eine weitergesteckte und allgemeinere Lebensphilosophie. Die Bemerkung Longhis ist höchst treffend: »Die Provinz war immer ein ruhiger Zufluchtsort für die Fälscher«[195].

Es herrschte ein Klima der Unbeweglichkeit, das jedoch von der Erinnerung an ferne historische Zeiten überlagert wurde, und jener Gelehrsamkeit, die im Italien des 18. Jahrhunderts im Schatten eines jeden Kirchturms ihre Blüte hatte, war hohl und banal geworden; in dieser Situation gab es auch historisch-künstlerische Fälschungen, die keinerlei kommerzielle Absichten, sondern allein dokumentarische hatten.

Vielleicht war dies auch der Ansporn für jenen Francesco Siepi aus Ancona, der »sich darin gefiel, gegen die Mitte des 19. Jahrhunderts [...] vollkommen banale Schnitzarbeiten in Knochen zu verfertigen, und darauf hoffte, sie als Dinge aus dem 15. Jahrhundert unter die Leute bringen zu können«[196]. Sicher anders lag der Fall von Giuseppe Marino Urbani de Gheltof, dem Direktor des Museums für Glasbläsereien aus Murano, der dachte, die venezianische Kunst und Kultur zu bereichern, indem er von ihm frei erfundene Dokumente publizieren ließ[197]. Dahinter stand wohl nicht allein eine Form extremen wissenschaftlichen Ehrgeizes (sein Leben endete tragisch: im Irrenhaus von Pistoia) und auch nicht der alte Geist des gelehrten Streichs. So absurd es ist, hinter diesem Unternehmen stand die positivistische Begeisterung für das nackte und rohe Dokument, das für sich schon ausreichend ist, um eine weit zurückliegende Geschichte wieder neu zu beleben. Es handelt sich um einen fehlgeleiteten Strang jener Historiographie, die sich der Beschreibung »privater Lebensumstände« oder, typischer noch, des städtischen Lebens zuwendet. Doch die Vorstellungskraft war so ungezügelt, daß sie alle Heuristik verhinderte. Daß ein Bild von Tommaso da Modena oder eine Handschrift des *Milione* von Marco Polo sich im Besitze von Marin Faliero befanden, machte die Ausgestaltung dieses Umfeldes jener großartigen Epoche noch prächtiger und suggestiver. Daß seit dem Quattrocento in Venedig Porzellan hergestellt wurde, belegte, neben der Faszination durch den fernen Osten, den hohen zivilisatorischen Stand der betrauerten Republik. Und diese Größe gestattete es, ein anderes Bild von der Industriekultur zu erträumen: So behauptete ein nur allzu praktischer Briefeschreiber, schon am Ende des Cinquecento habe es eine von der Frau des Dogen, Morosina Morosini, eingerichtete Spitzenklöpplerwerkstatt gegeben, »in der gut und gerne 130 Arbeiterinnen unter der Aufsicht der Maestra Gardin beschäftigt waren«.

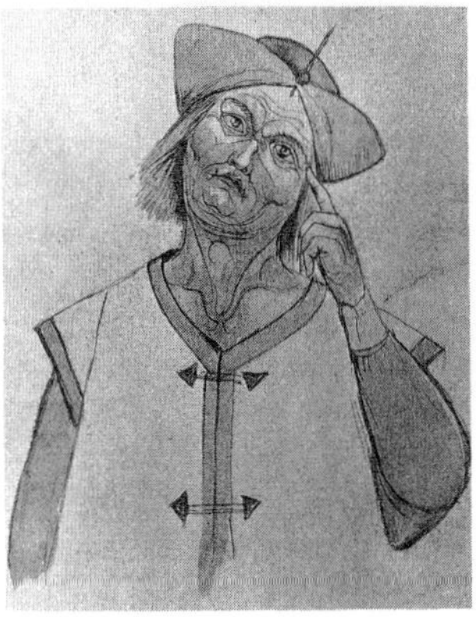

Der Spielmann Antonio,
aus der gefälschten veronesischen Chronik des Notars Battistella

In Verona verfaßte möglicherweise der bescheidene Direktor der Accademia, Pietro Nanin, eine Chronik des Trecento, die vollständig Altichiero und anderen erfundenen Malern gewidmet ist. Ein bedeutender Kunsthistoriker erwarb sie 1885 in der Casa Monga und veröffentlichte sie viele Jahre später, wobei er nichts unversucht ließ, um den dokumentarischen Wert des Textes und seiner Illustrationen zu retten[198]. Ein ebenso unbekannter Notar Battistella berichtet hier von der Gründung der Veroneser Malerzunft durch Altichiero und weitere elf künstlerische Weggefährten. Der Geist dieser angeblichen Künstlerzunft aus dem Mittelalter spiegelt nur einen vulgären, frustrierten und wirklichkeitsentrückten »Romantizismus« wider; es paßt gut dazu, daß die einfachen Dekorationsmaler aus der Zunft ausgeschlossen gewesen sein sollen. Der Ton des Berichts ist der eines Sittengemäldes mit Gauklern, Pilgerfahrten zum Heiligen Grab, abenteuerlichen Reisen nach Konstantinopel und einem Portrait von Catarina Visconti en miniature. Mastino Della Scala wird mit diesen ganz und gar unglaubwürdigen Versen gefeiert:

Feste pro feste doniamo a Mastino
Si viva, giuliva una gioia di cor.
Cantiamo, beviamo, sia colma di vino,
si pigli la tazza, che dona vigor.

(Feste um Feste weihen wir Mastino
Man lebt, erlebt heitere Herzensfreude
Laßt uns singen und trinken, der Wein möge in Strömen fließen
Ergreifen wir den Becher, der Stärke gebe.)

Dieses extreme Bedürfnis, ein historisches Umfeld zu beschwören und an ein weit zurückliegendes lokales Prestige anzuknüpfen, macht es möglich, bestimmte architektonische Restaurierungen, die nach dem Einigungsprozeß Italiens stattfanden, genauer einzuordnen. Der kulturelle Hintergrund ist nicht mehr der ganz private der leidenschaftlichen Fälscher von Dokumenten; Selbstbetrug und vorsätzliche Fälschung stehen jetzt vielmehr im Vordergrund. Es handelt sich um die Restaurierung von »Monumenten«, von herausragenden und das städtische Bild prägenden Bauwerken und von all dem, was am Ende mit dem Bild der Stadt von sich selbst zusammenfiel. Und schließlich wurden sogar Restaurierungen und eklektizistische Planungen zu bedeutenden Ereignissen. Wieder einmal entsteht ein Gleichgewicht zwischen programmatischen Orientierungen auf europäischer Ebene und unterschiedlichen, ganz und gar provinziellen Fluchtbewegungen in die Vergangenheit. Die Zeit des Mittelalters, das Zeitalter der Kommunen oder das der Signorie hatten auch dem laizistischen Bewußtsein etwas Positives mitzuteilen, das in der zur Zeit der Hochrenaissance einsetzenden Knechtschaft die eigentliche Ursache für die Schwierigkeiten nach der Einigung Italiens sah.

Die Vorstellung von einer mystischen und tätigen, mit der Kontinuität des städtischen Stils verschmolzenen Vergangenheit, die der Schriftsteller und Architekt Alfonso Rubbiani (ein Katholik und Gegner des Risorgimento, der 1870 in Rom, und zwar bei den Papsttreuen, gekämpft hatte), prägte, konnte erst gegen Ende des Jahrhunderts wieder schwinden, als jene intensive und ausschließlich weltliche Leidenschaft nachließ und sich eine neue Zusammensetzung der herrschenden Klasse Italiens herausbildete[199]. Viollet-le-Duc oder, weniger denn je, Ruskin, Eklektizismus und Revival: All das reicht nicht hin, um solche Restaurierungen wirklich zu rechtfertigen. Dekorative Themen oder komplexere syntaktische Definitionen werden nun von einem Gebäude auf das andere übertragen – in dem Bemühen, Vergangenes wieder lebendig zu machen; so wird aus der Restaurierung eine entschiedene und ausgeklügelte historische Charakterisierung des Gebäudes und aus dem restaurierten Gebäude ein wichtiges Instrument, um der gesamten Stadt ihr charakteristisches Gepräge zu geben; dabei nimmt man freilich die reale Struktur der Stadt und die Dokumente (die allenfalls für zusätzliche Anregungen benutzt werden) letztlich nicht zur Kenntnis. Kurz, jenes Programm der allgemeinen Rehistorisierung gehört noch voll und ganz ins kulturelle Erscheinungsbild der italienischen Provinz, dem zwangsläufigen Hintergrund für viele eindeutige Fälschungen. Eher noch als an Viollet-le-Duc (der von Restauratoren ebenso oft zitiert wie mißverstanden wird) muß man an Rubbianis Jugendschrift *Tentativi di neo-guelfismo* erinnern. Dort urteilt der Autor, daß

> ... die aktuelle politische Ordnung nichts anderes als die Vorherrschaft eines Systems ist und von daher zur Kategorie der künstlichen Produkte gehört. Das heißt, sie hat alle Eigenschaften des Vergänglichen [...] Was in dieser ganzen Angelegenheit überleben kann und überleben wird, das ist der christliche Begriff des freien und unabhängigen Vaterlandes. Und das Vaterland ist der Ort, an dem man geboren wird: etwas, das sich nicht ändert, das gestern bestand, das heute besteht und das auch morgen noch bestehen wird: also kein Kunstprodukt, kein Territorium mit unsicheren oder durch Kriege, Verhandlungen und Abkommen veränderbaren Grenzen. Insbesondere die Kommune ist das Vaterland.

Und das ist der politische Zielpunkt:

> Man kann das ein Votum für die Dezentralisierung der Verwaltung nennen und das ist es auch: aber im Namen der Traditionen Bolognas, von Ideen, die nicht den ökonomischen Fabeln der modernen Statistiker entstammen, sondern der Geschichte Bolognas[200].

Obwohl eine Gestalt wie die von Rubbiani nur im Kontext einer – nicht nur persönlichen – Entwicklung verstanden werden kann, stellt diese programmatische Rekonstruktion des »Gebäudes der Traditionen«, das im städtischen Leben als die symbolische Präsenz der historischen Substrate Bolognas erlebt wird, die wahre Grundlage seiner nachfolgenden Eingriffe als Restaurator dar. Und im übrigen überflügelt er die Archäologie der Monumente und Viollet-le-Duc schon bald.

> Hätte San Francesco allein für die Archäologie eine Bedeutung, so könnte ohne weiteres das Konzept, einzig und allein die kleinen Spuren der antiken Dekoration zu restaurieren, den Vorrang erhalten. Aber die Bestimmung einer Kirche gehört einer Ordnung an, deren Ideen höher stehen, und sie steht dem Kirchenvolk fortwährend

zur Verfügung; so kann dies zu recht ablehnen, eine Ruine als Zeugnis für ein immer lebendiges Empfinden zu unterhalten, es kann verlangen, daß der Tempel geschmückt sei und dem immanenten und hohen Ziel gerecht wird, der Religiosität der vielen zu helfen, indem er sie in einer Atmosphäre voller Harmonie der Linien, der Farben und der Klänge umfängt, um bei jedem einzelnen die Kontinuität des äußeren Lebens zu unterbrechen und ihm Ruhe oder Zufriedenheit oder Gefühl oder hehre Gedanken einzugeben[201].

San Francesco verwies aber auch auf »jene Zeit des großen Triumphes der Guelfen, der dem Ende des 13. Jahrhunderts den Stempel aufdrückte«; die Apsis der Kirche, die freigeräumt und durch die Grabstätten der Gesetzesgelehrten zum Monument gemacht worden war, bot sich als eine symbolische Fusion von Weltlichem und Religiösem an. Die Eingriffe Rubbianis erstreckten sich auch auf weltliche Bauwerke. Und so nahm das Bild eines Bologna im Stile von Carducci, dunkel und voller Türme, aus grauem Stein und düster zinnoberrotem Ziegel Gestalt an.

Auch auf den Gerüsten der Maurer, wo man bisweilen nach den Geheimnissen der Monumente sucht und wo die alten Steine, wenn man sie mit dem Meißel bearbeitet, herauskommen und etwas sagen, da kehren einem die Verse des Dichters in die Erinnerung und auf die Lippen zurück. Denn er erfühlte wie kein anderer den klassischen oder mittelalterlichen Geist des strahlenden und düstren Bologna und faßte ihn in Worte ...[202]

So ausdrücklich und entschieden nimmt Rubbiani erst in einer sehr späten und für ihn schwierigen Phase auf Carducci Bezug. Den Versen des Dichters ist jedoch auch der Wunsch, auf sehr gewagte Weise an das Mittelalter anzuknüpfen, zu entnehmen: der Wunsch, die Fassade von San Petronio zu vervollständigen. Es ist ein »wehmütiger Wunschtraum«, der »im Geist Bolognas nicht stirbt«, ja

der sogar zu neuem Leben erwachen wird und nicht umsonst, wenn in Kürze der Schauer von Pessimismus vergangen sein wird, der unser Bewußtsein von Provinz verschob, als der mächtige, kalte und undurchsichtige Meteor Materialismus über uns hinwegzog; jetzt nun löst er sich auf, und die Wissenschaft und die Philosophie arbeiten gemeinsam, wieder die Sonne, die wärmende Sonne des Geistes über die Weite und Tiefe des menschlichen Geistes und der menschlichen Erfahrung scheinen zu lassen[203]!

Die wiederhergerichteten Monumente, das gesamte urbane Netz, an dem zu arbeiten sich das Komitee für ein künstlerisches und historisches Bologna vorgenommen hatte, konnten diesen spiritualistischen Erleuchtungen Auftrieb geben – wenn es (in Übereinstimmung mit dem erwähnten Begriff von Vaterland) zutrifft, daß »die Restaurierung weniger für die Generation gemacht wird, die sie durchführt, als vielmehr für die nachfolgenden Generationen«[204].

Es ist kurios und symptomatisch zugleich, daß ein Kritiker, der ansonsten Rubbiani gegenüber methodologisch kritisch eingestellt ist, ihm bei der auf viel subtilere Weise schädlichen Entstellung oder Nachempfindung der urbanen Szene Zugeständnisse macht, wenn er an ihn erinnert.

Von einem touristischen Gesichtspunkt aus können wir anerkennen, daß das Aussehen der Stadt gewonnen hat durch die Restaurierungen, bei denen der gemeine Putz abgeschlagen und das rote Mauerwerk mit den reichgestalteten Dekorationen sichtbar gemacht wurde[205].

Eben: Man muß nur das Gewand des einsichtigen Superintendenten abstreifen und in das des Touristen, der keine Ahnung hat und beein-

links:
Casa Gioannetti
in der Strada Maggiore, Bologna,
vor der Restaurierung von 1907
durch Alfonso Rubbiani
und Guido Zucchini

rechts:
Casa Gioannetti
nach der Restaurierung von 1907

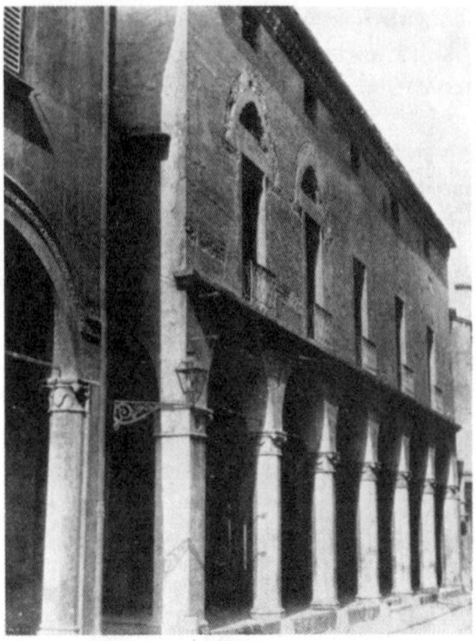

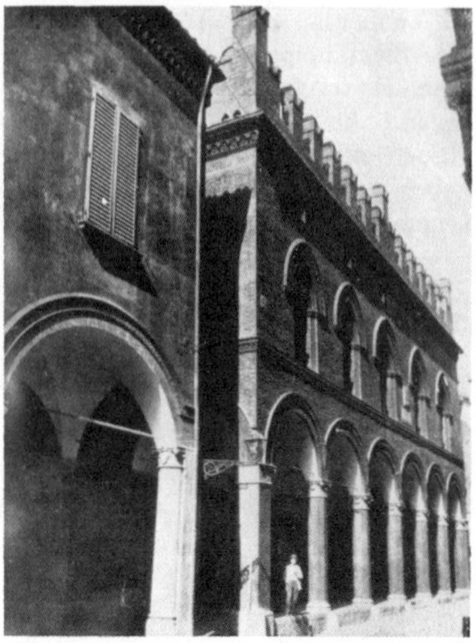

flußbar ist, oder das des wenig kenntnisreichen Bürgers schlüpfen. Und genau das passiert den Touristen, die vor der Fassade von Santa Maria del Fiore glauben, das alte Baudenkmal zu photographieren, oder auch jenen Florentinern, die das Gefühl haben, in der Stadt der Künste zu leben, nur weil sie in einem der Stadtviertel aus dem späten 19. Jahrhundert wohnen, die die urbane Atmosphäre der Zeit von Ghirlandaio imitieren. Eine wirklich interdisziplinäre Untersuchung unserer historischen Städte, der Knotenpunkte des aufkommenden Tourismus liegen, müßte das Bewußtsein vom Abstand zwischen der tatsächlichen Form und der symbolischen Wahrnehmung des städtischen Ambientes einbegreifen. Möglicherweise würde sich daraus ergeben, daß es vor allem viele architektonische Eingriffe aus der Zeit des Eklektizismus waren, die, auch wenn das im allgemeinen gar nicht in ihrer Absicht lag, die Gewißheit schufen, in einer Stadt der Kunst und der Geschichte zu leben. Im übrigen wurde die Verbindung zwischen den Erfordernissen der eklektischen Projekte und den unterschiedlichen regionalen Realitäten sehr wohl wahrgenommen:

In jeder der Provinzen Italiens dient die Tradition, wenn zu nichts anderem, dann dazu, auszusondern. In Rom zum Beispiel sind alle nichtklassischen Stile bei Künstlern und Publikum schlecht gelitten. In der Toskana, wo der Geschmack delikat und konzentriert scheint, wird die toskanische Renaissance bevorzugt. Das größte Durcheinander der Sprachen findet man in Norditalien: im Veneto, das doch so reich an wunderbaren Schönheiten ist, in der fetten Lombardei und im fleißigen Piemont [...] Man hat gut reden, wenn man von der italienischen Renaissance spricht, wo es doch ebensoviele Arten der Renaissance wie Regionen in Italien gibt[206].

Beispiele wie das Rubbianis können leicht von der materialen Kultur der Fälschung und ihrer dialektischen Beziehung zur Industriegesellschaft ablenken. Sie sind ganz unzweideutig symbolisch und selbstreflexiv. Sie können sich nur auf ein Ambiente und auf eine Zeit beziehen, die bereits mit einer neuen Form der ökonomischen und sozialen Entwicklung in Berührung gekommen sind.

Hingegen ist es durchaus von Nutzen, noch einmal auf die Fälschung als einem Moment unterentwickelter Ökonomien und Kulturen zurückzukommen, die jedoch weiter entwickelten Ökonomien und Kulturen zugeordnet sind. Eben weil sie nicht verbirgt, daß sie mit Gemeinplätzen arbeitet und ganz vorläufig ist, ist die Einschätzung Eudels typisch:

Italien ist ein Kaufhaus gefälschter Antiquitäten. Es ist eine so reiche Mine, daß es Europa niemals gelingen wird, sie auszuschöpfen: so wie die Töchter von Danaos auch bei allem Fleiß nie in der Lage sein werden, ihre Fässer zu füllen.

Dieser große orientalische Basar nährt beständig das Interesse und er wird niemals leer. Zu anderen Zeiten kam das letzte Kunstwerk von hier. Aber das macht nichts. Ein glühender Glaube beseelt immerfort die russischen und englischen Besucher, die durch die Geschäfte in Rom, Florenz und Venedig streifen.

Mit ihrer Nachfrage haben die Ausländer die Produktion eben der Objekte gefördert, die sie suchen. Kommen sie aus den Museen, die voll von Raritäten sind, so können sie nicht von der Idee Abstand nehmen, sie könnten ebensoviele Raritäten auf ihren Wegen finden.

Und so hat man, um sie zufriedenzustellen, den kleinen Jungen beigebracht, barfüßig den Kutschen der Fremden nachzurennen und sie ›Fürst‹ zu rufen, um ihnen Objekte anzubieten, die angeblich bei den letzten Ausgrabungen gefunden wurden. Bei Neapel, in der Gegend von Solfatara, üben ganze Familien ausschließlich diese Tätigkeit aus. Der Vater stellt den Rohling her, die Mutter altert ihn und die Tochter verkauft ihn mit der Unschuld ihrer Jugend[207].

Nicht zufällig bezieht sich dieses schematische Gemälde Italiens auf das doppelt randständige Gebiet von Neapel: Der entwickelte Tourismus des triumphierenden Bürgertums, der im Süden schon bis nach Ägypten vorgedrungen war, hatte Neapel längst erreicht. Dem sozialen Dünkel aber fügt Eudel noch eine sehr symptomatische nationalistische Abgrenzung hinzu: sowohl gegenüber Italien wie auch gegenüber den russischen und englischen Besuchern.

Das Bild von Italien als einer Mine voller Fälschungen wird im übrigen wenig später vom internationalen Snobismus erneut aufgegriffen werden. Es wird zum Spiegelbild der Karikatur vom reichen, aber völlig ungebildeten Amerikaner. Am Ende einer langen Erzählung von Paul Bourget, die sich um einen Fall von Fälschung dreht und bezeichnenderweise in Mailand angesiedelt ist (»Warum Mailand? [...] was für Kunstschätze und um wieviel weniger verschlissen! Die Touristen reisen durch. Station machen sie in Mailand fast nie«), erkennt der Pariser Maler Manfrey in einem alten Gemälde eine eigene Arbeit, die als alt hergerichtet worden war. Nachdem er vergeblich versucht hat, irgend jemand von der wahren Natur des Meisterwerks zu überzeugen, beschließt er voller Trauer:

Am Ende dieser Geschichte frage ich mich, ob in Italien nicht eine ungeheure künstlerische *Camorra* am Werke ist, deren Mitglieder darin geübt sind, die Echtheit der 2000 gefälschten Objekte zu bestätigen, die jedes Jahr die Grenzen der Halbinsel passieren[208].

Auf der anderen Seite entsprach dem Stereotyp von Italien als einem Kaufhaus gefälschter Antiquitäten eine andere Art von Nationalismus, die etwas provinzieller und subalterner war: das Stereotyp vom reichen Ausländer, der nur allzu leicht ein Opfer italienischer Pfiffigkeit wird. Der Mythos vom »falschen Fünfziger«, den man dem Ausländer angedreht hat, trug nicht wenig bei zu dem immer nationalistischeren Bild, das den italienischen Antiquitätenwerkstätten ein kümmerliches Gefühl von Revanche und patriotischem Geist gab.

Daß es die ausländischen Touristen waren, die die Opfer dieser betrügerischen Produktion werden würden, mußte jedem klar sein, der die Situation ohne heimliches Wohlgefallen betrachtete[209]. Aber in den niederträchtigen und schmählichen Polemiken von Barellini gegen das (wenigstens virtuell) aus der Zeit vor der Einigung erhalten gebliebene Gesetz zum Schutz des künstlerischen Erbes und seinen Plädoyers für den ungehemmten Zugriff darauf, erfahren all diese kommerziellen und technischen Tricks und Manipulationen eine positive Wendung: Sie sollen einem freien, unbeschränkten Handel den Weg bereiten, dessen Zielorte nur außerhalb der Grenzen Italiens liegen konnten[210]. Man hat in der Häufigkeit von falschen Zuschreibungen und Fälschungen die Bestätigung dafür sehen wollen, daß die in den nationalen Museen zusammengestellten Objekte eigentlich zu viele seien: Den Rest von weniger wichtigen, zu vernachlässigenden oder zweifelhaften Dingen (am Ende aber auch die *Madonna Conestabile* von Raffael) konnte man ruhig den Ausländern überlassen. Die Fälschungen wie auch die Werke, deren Zuschreibung strittig war, dienten zur Untermauerung für das Argument, die Öffentlichkeit solle sich da völlig heraushalten. Ein anderer Gegner der Schutzgesetze schrieb:

Italien ist voll von umstrittenen und falsch zugeschriebenen Bildern, und würde an diesen Mangel bestehen, so würde das unerschöpfliche Genie der Italiener sich mit neuen versorgen. Mögen also die Ausländer ruhig kommen, die einzigen noch, auf die Italien zählen kann, auf daß sie uns von diesem in höchstem Grade schädlichen Überfluß befreien und uns dafür einen ahnsehnlichen Batzen Geldes dalassen[211]!

Die Ergebnisse einer solchen Politik wurden schnell deutlich. In der bereits erwähnten Konferenz aus dem Jahr 1882 schloß Burckhardt mit der Feststellung: »So ist denn der gegenwärtige fieberhafte Markt ein großes Unglück für die Kunst«[212]. Die Einleitung von Allan Marquands Studie *Della Robbias in America* aus dem Jahr 1912 gibt schon ein beredtes Zeugnis von dieser ungeheuren Entwurzelung:

Als Cavalucci und Molnier 1884 einen Katalog der Della Robbia publizierten, befand sich nur eins der 481 erwähnten Stücke in Amerika. 1902 erschien das Buch von Miss Cruttwell über Luca und Andrea Della Robbia: Die Liste war auf fast 1100 Stücke angewachsen; nur 10 befanden sich in diesem Land. Im Augenblick weiß man, daß Amerika siebzig Werke der Della Robbia besitzt[213].

Diese Zahlen, die sich auf echte und zudem sehr bedeutende Objekte beziehen, machen klar, mit welch kommerziellem Elan man auf der anderen Seite des Ozeans agierte. Im Jahre 1903 erinnerte eine Petition der florentinischen Antiquare gegen die neuen Schutzgesetze daran, daß »nicht alles«, was ihren Handel ausmachte, »ein Produkt der Kunst aus der Vergangenheit ist«, und bemühte einmal mehr das Bild vom »Ausländer, der für diese Arbeiten«, die nachgebessert, angepaßt und aufgemöbelt wurden, »in klingender Münze zahlt«. Nach ihrer Berechnung waren allein in Florenz mehr als tausend hochqualifizierte Handwerker von dieser Arbeit »der Rekonstruktion und Restaurierung« abhängig[214].

Je schwächer eine handwerklich geprägte Ökonomie auch in Italien wurde, um so mehr reduzierten sich die Fälschungen und täuschenden Restaurierungen auf Fälle, bei denen es ausdrücklich um Täuschung und Kommerz ging. Ein entwickeltes Kunstbewußtsein förderte die – nun weniger blinde – Leidenschaft für die Anfänge; Restaurierungen, die Ersatz schufen, wurden jetzt meist mit Argwohn betrachtet. Diesem internationalen Handel sollte der Weltkrieg große Schwierigkeiten bereiten.

Die *Memorie di un pittore di quadri antiche* von Joni, die zu Beginn der dreißiger Jahre veröffentlicht und sofort ins Englische übersetzt wurden, beschreiben einen Zeitraum, der von den letzten Jahrzehnten des 19. Jahrhunderts seinen Ausgang nimmt (Joni wurde 1866 geboren); sie sind Beleg und zugleich Produkt jener sozialen und kulturellen Krise[215]. Dieser Handwerker, der aus der Werkstatt eines Vergolders hervorgegangen ist, war schlau genug, den snobistischen Wind zu spüren, der durch die Antiquitätenläden zog, und den vielgestaltigen Interessen jenes reichen Publikums genüge zu tun; von sich selbst hatte er eine außerordentlich hohe Meinung. Von Sor Angelo hochgeschätzt und mit Berenson und Mason Perkin vertraut, war er am Ende so etwas wie der verdächtige Schatten, der über allen Goldgruben zwischen Siena und Florenz lag. Der Fälscher steht im Rampenlicht; man kennt seinen Strich, und täuschen tut er niemanden mehr: Es bleibt die Befriedigung, mit eigenem Namen die Arbeiten zu unterzeichnen, und die Möglichkeit, Memoiren zu schreiben. Auch darin folgt Joni einem berühmten literarischen Vorbild, dem er ganz provinziell ergeben bleibt und das er banalisiert. Er wird arm und als Außenseiter geboren, ist immer sein eigener Herr und schon als Kind verfertigt er eine Zeichnung des Hundes Patisci: Es ist die gleiche Geschichte wie die des Hirtenjungen Giotto, nur der Name des Tieres klingt zu sehr nach Fucini. Wo hingegen das Eigenlob Jonis überwiegt und seine Erfolge (als Liebhaber, im Sport, im gesellschaftlichen Leben) vorgestellt werden, da kommt das Bild eines armen und provinziellen Siena zum Vorschein, in dem die Fleischer lieber Antiquitäten verkauften, und eines Montepulciano, in dem es genügte, aus Siena zu kommen und einen weißen Hut nach der letzten Mode zu tragen, um Prügel zu bekommen. Diese Vorstellung von Provinz, die damals schon überlebt war und auf die Joni in einem populären Vitalismus im Stil Pratolinis anspielt, paßt vollkommen zu jener Welt der Touristen, die an der Schwelle der Werkstatt in Empfang genommen werden. Aus dieser Welt ging Joni hervor, wobei er Fähigkeiten und Schläue nutzte, wie sie anderen nicht gegeben waren, und eine Verbindung »zu jenen Sammlern von frühen Sienesen herstellte, die sich von Vincigliata, Lastra bis nach Signa eingenistet hatten«[216]. Nicht bewußt war ihm jedoch, daß diese Konjunktur begrenzt war und daß sie sich verändern würde. Und schließlich überschritt er die Grenzen der Höflichkeit, als er einen Somberem-Berenson als den Anführer all derer beschimpfte, die nach Italien gekommen seien, um sich zu bereichern[217]. Diese schon damals verlorene und beweinte Provinz diente dazu, einem stärker empfundenen und arroganten Nationalismus Leben zu verleihen. Und so macht dieser Parvenu, der erzählt, wie er Umgang mit Sozialisten und Anarchisten pflegte, am Ende schließlich dem »Faschismus, der so gut daran getan hat, unsere nationale Würde wieder zu erheben«, seine Referenz. Der Erwerb eines Automobils reicht hin, um aus Joni den Protagonisten einer Episode zu machen, die eine prophetische Vorahnung jenes absolut lächerlichen Heldengesangs auf den nationalen Provinzialismus darstellt, der in den sechziger Jahren mit Gassmans *Sorpasso* Triumphe feiern wird.

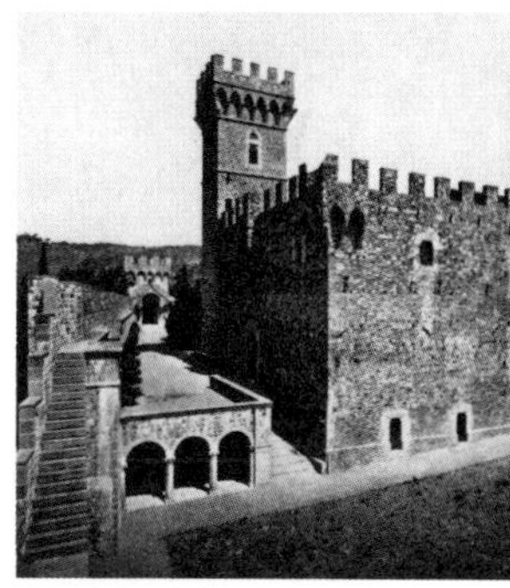

Das Kastell von Vincigliata
Florenz, 1855–1865
Wiederaufgebaut von
Giuseppe Fancelli

Trotz alledem handelt es sich aber nicht um einen außerordentlich guten Fälscher. Die mit Sicherheit ihm zuordenbare Produktion ist außerordentlich repetitiv und am kommerziellen Erfolg orientiert[218]. Seine zahlreichen und nahezu identischen Triptychen – angefangen bei jenem der Literatur über Fälschungen wohlbekannten im Courtauld Institute in London[219] – wiederholen im Rahmen einer Tischlerarbeit, die inzwischen außer Mode ist, eine höchst unwahrscheinliche künstlerische *Koine* des späten 15. Jahrhunderts, deren beharrliches Zentrum Giovanni di Matteo ist. Die Serienmäßigkeit bestimmter ikonographischer Schemata ist fast ungebrochen, aber die dunklen Schattenringe um die Augen einiger Madonnen und anderer Heiliger zeigen, welche Aufmerksamkeit er der Sieneserin Nella schenkte, nach der man auf S. 219 seiner Memoiren schmachten darf. Auch seine besseren Arbei-

ICILIO FEDERICO JONI,
Madonna mit Kind und Heiligen

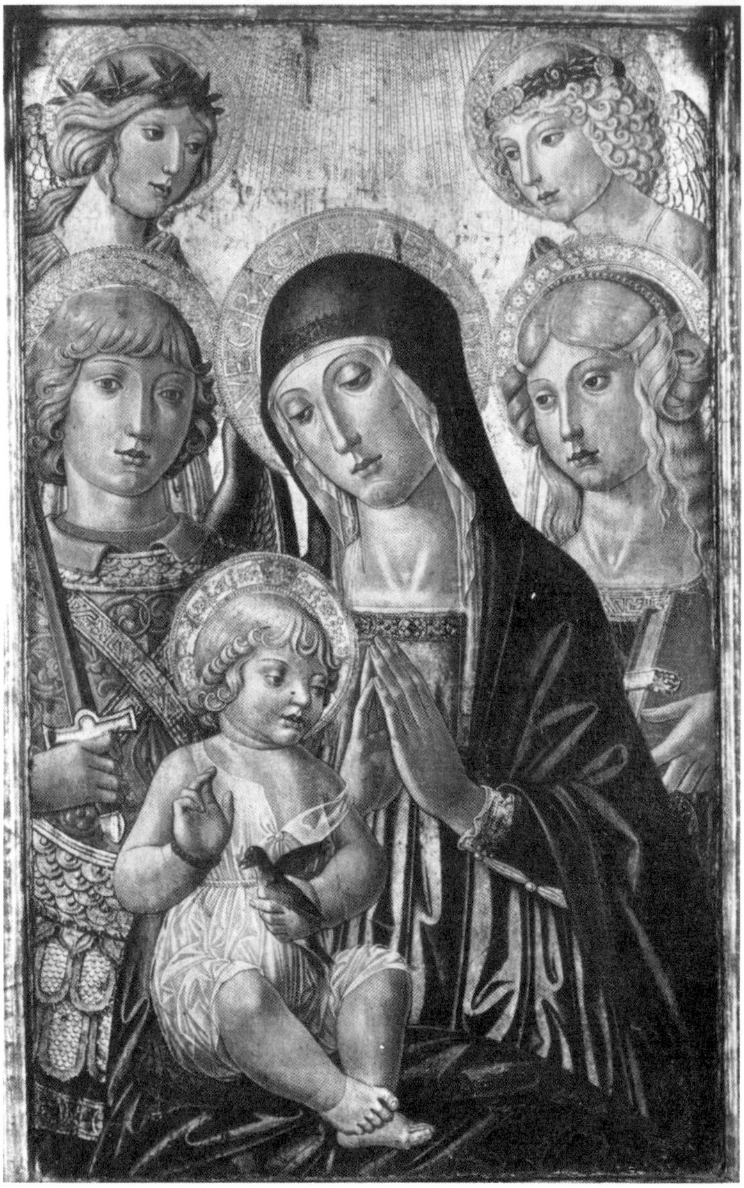

ten, wie der nach Baltimore in die Walters Art Gallery gelangte kleine Altar, beruhen auf einem rigiden Schema, das auch bei anderen Anlässen immer wieder angewandt wird (beispielsweise in dem Bild, das 1929 unter dem Namen Matteo di Giovanni bei der Versteigerung Max Bondi in der Galerie Lurati auftauchte). Angesichts dieser Mischung aus erfinderischer Trägheit und individualisierender Raffinesse wäre es in der Tat der Mühe wert, als natürlichen Ansatz der Kritik eine bestimmte Form von vulgarisiertem Morellismus zuzulassen, angezogen von dem etwas snobistischen und oberflächlichen Staunen über die analytische Identität des Stils.

Für die Geschichte der Fälschung in Italien liegt die Bedeutung von Joni wohl eher in seinem Buch: Es zeigt, wie eine Handfertigkeit, die noch spontan durch das Metier vermittelt war, dazu gebracht wurde, sich nach künstlerischeren Produktionserfordernissen zu richten (es begann mit dem Remake einer Photographie des Colleoni-Denkmals auf einem antiken Säulenschaft)[220], so wie er sie zu handhaben verstand und wie sie schließlich von der Wirklichkeit überholt wurden. Als er an einige *Pastiches* aus seiner Jugendzeit dachte, konnte er, aus Erfahrung klug geworden, nicht umhin, zuzugestehen: »Für die damalige Zeit gingen sie gut«[221].

Das waren noch die Zeiten, wo es zum kommerziellen Erfolg einer Fälschung hinreichte, dem Käufer das Bild an der Wand im Haus einer alten Adelsfamilie zu zeigen[222]. Ohne irgendjemandem zu nahe treten zu wollen, ist es in diesem Zusammenhang durchaus von Nutzen, daran zu erinnern, daß vor noch gar nicht so langer Zeit Sammlungen von Adligen, wie die der Serristori in Florenz (bei der es einerseits zu billigem Triumphgeschrei und andererseits zu empörten Protesten bei den Reaktionären kam, als ihr Verkauf zu recht untersagt wurde), in bestimmter Weise dieses Moment im künstlerischen Erbe unseres Landes verkörperten. Und nur wenn sie wieder in diesen Zusammenhang mit gebildetem und weltlichem Leben gebracht werden, können sie uns eine authentische Mitteilung von sich selbst geben. Ich würde damit beginnen, nicht zu unterschlagen, daß der erwähnte Roman von Bourget Madame Contessa Serristori gewidmet ist.

Als das Buch von Joni herauskam, hatte es bereits den Skandal um Alceo Dossena gegeben, der klassische, gotische und Renaissanceskulpturen verschiedenster Schulen gefälscht hatte[223]. Viel Biographisches hat er mit Joni gemein: arm, aus der Provinz, Autodidakt, ausgebeutet und betrogen. Bei Dossena aber überwiegt gegenüber dem Ansehen des alten Berufs der Mythos vom schöpferischen Genie. Gegenüber der Fälschergeneration eines Joni, der auf seine Weise noch immer an das Museum oder die Reproduktionen von Kunstwerken gebunden blieb, verstand es Dossena, zu einer freieren und ungezwungeneren Erfindungsgabe zurückzufinden. Wenn er etruskische Skulpturen fälschte, war er der Aufmerksamkeit von Kennern der individuellen Stile und stärker geordneter und dichterer formaler Merkmale weniger ausgesetzt. Wenn er aber eine *Verkündigung*, die vage an Simone Martini erinnert und eine rein malerische Ikonographie hat, bildhauerisch wie ein Alchemist umsetzen will, dann beweist er, daß er eine banal idealistische Haltung der Kritik teilt und auch anwendet; die gefiel sich in ihrem Hang, aus den bildhauerischen Besonderheiten der Gotik und der linearen Komposition der Malerei aus jener Epoche abstrakte Synthesen zu bilden.

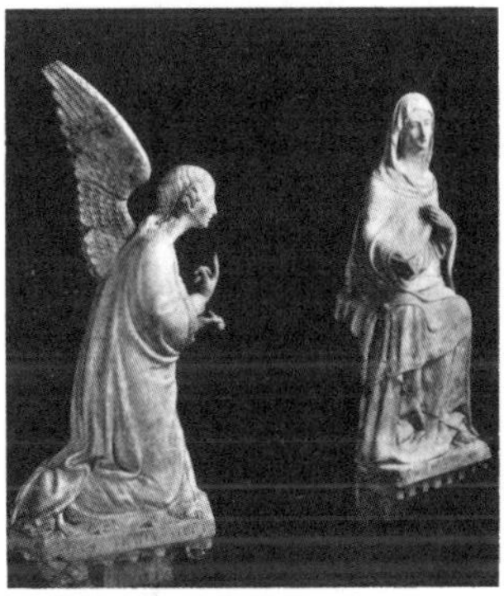

ALCEO DOSSENA, *Verkündigung*

In den ersten Jahren der Nachkriegszeit hatte die Produktion von Fälschungen archäologischen Materials eine Praxis weitergeführt, die sich seit Winckelmann das ganze 19. Jahrhundert hindurch entwickelt hatte und üblich geworden war[224]. Eine systematische Untersuchung über die Familie Castellani – Goldschmiede und Imitatoren, Sammler und Händler – könnte möglicherweise den roten Faden abgeben, anhand dessen sich zahlreiche Fälle von römischen Fälschungen des vergangenen Jahrhunderts entschlüsseln ließen. In Rom entstanden Fälschungen von hoher Qualität – etwa der Thron von Boston[225].

Ein Archäologe wie Carlo Albizzati, ein lebhafter und mutiger Polemiker, war ein aufmerksamer Beobachter der werkstattmäßigen Aspekte von Fälschung. Zusammen mit den späteren Beiträgen von Pico Cellini bilden seine zahlreichen Veröffentlichungen zu diesem Thema das Gegenstück zum Werk von Dossena und jenem »Gildo«, einem äußerst geschickten Bildhauer, dessen Stele 1945 im Palazzo Venezia ausgestellt wurde. Albizzati (dem der Zusammenhang von Fälschung und Industriekultur nicht entgangen war[226]), zeichnete ein Bild der Fälscher aus der ersten Nachkriegszeit, das sowohl in den sozialen Strukturen als auch den Techniken noch traditionell war, obwohl es sich um den Bereich der Archäologie handelte:

In Rom gibt es zahlreiche Werkstätten von Bildhauern, in denen Marmorarbeiten fertiggestellt werden. In der ›toten Saison‹ arbeiten sie für Händler von Kunstreproduktionen und ›Antiquitäten‹. Ein Antiquar liefert den Gipsabdruck, den er von einem Kollegen aus Paris erhalten hat, ein Arbeiter richtet ihn, nach Anweisungen des Auftraggebers, so gut als möglich her. Ist das Stück dann fertiggestellt, muß man es [...] präparieren[227].

Die Techniken der Alterung haben sich nicht geändert; die Skulptur »kann geradenwegs in den Laden wandern, um auf den ... Engländer zu warten«. Aber nicht so sehr der Käufer erregt den Spott des Archäologen als der gelehrte Professor, der dessen Echtheit bescheinigt:

...wenn einem Italiener eines dieser Mißgeschicke widerfährt, ist in neun von zehn Fällen sofort ein ausländischer Kollege, mit Vorliebe ein deutscher, zur Stelle, der wirklich väterlich beflissen ohne weitere Umstände eine Garantiebescheinigung ausstellt[228].

Das war eine Art Rache an der überaus ernsthaften deutschen Kultur. Dieser Typus von Nationalismus paßte jedoch nicht mehr so recht ins politische Klima des Landes. Die Aufdeckung einer Fälschung machte lächerlich und unterlief rhetorisches Pathos; so z. B. 1942, als Albizzati aufdeckte, daß es sich bei den Bildern von Centuripe, die Mussolini großzügig geschenkt worden waren, um Fälschungen handelte[229]. Erst 1948 sollte es dem Archäologen gelingen, die ganze Geschichte der Öffentlichkeit zugänglich zu machen. Es sind denkwürdige Seiten über die symbolische Rolle der Fälschung klassischer Prägung in den tragischen Jahren des Imperiums:

Die Bilder von magischer Faszinationskraft waren dem Duce präsentiert worden: Können sie sich den Finsteren vor einer solchen Leidenschaft vorstellen? Ein olympisches Zeichen der Zustimmung, eine kurze Frage an den unterwürfigen Senator Fedele, der dort in Ermangelung eines besser qualifizierten Studioso weilte, um den hohen Wert zu vermitteln. Man rät, das Museum von Neapel zu bereichern und den auf der Welt einzigen Reichtum der Malereien von Herkulaneum und Pompeji zu vervollständigen. Kamen jene Rundbilder nicht aus ›dem frommen Schoß der Erde‹, um die ›hochmütige und sture Ignoranz‹ gewisser Leute im Angesicht der griechischen Malerei zu belegen? In Neapel wird dies deutlicher als anderswo. Der Protagonist heißt Bottai: persönlich nimmt er die Übergabe vor. Das war eine wunderbare, bewegende Versammlung: zwei Exzellenzen, ein Minister und ein italienischer Akademiker, Gelehrte unterschiedlichen Kalibers aus der Stadt und ad hoc Eingeladene, ein wirkliches Pontifikalamt. Welch wunderbare Untersuchung von Ausdrucksweisen hätte ich bei jenem exzeptionellen Treffen machen können: denkt nur einmal an den Umzug des Königs in seinen neuen Kleidern, die nur die wirklichen Kenner wahrnehmen können. In der Betrachtung unschätzbarer Kostbarkeiten versunkene Gesichter, bedeutungsschwanger und des feierlichen historischen Momentes wohl bewußt. Oh, warum ist kein Film gedreht worden, den Nachgeborenen diesen hehren Augenblick zu überliefern?

Den Rest kennt ihr: ein verwerfliches Subjekt zerstörte das ganze schöne Fest. Als ich Exzellenz Maiuri fragte, auf wessen Seite das Unrecht wäre, da hätte ihn um's Haar der Schlag getroffen. Fragt man eine Exzellenz so etwas? Und ließ, ohne mir auch nur ein Wort davon mitzuteilen, einen empörten Brief in einer Zeitschrift publizieren. Mehr oder weniger drohte er mir, mich ins Gefängnis stecken zu lassen, und kündigte an, daß ich nur allzu bald vor Gericht würde erscheinen müssen. Im Oktober '46, als ich aus einem anderen Grund an den Minister Gonella schreiben

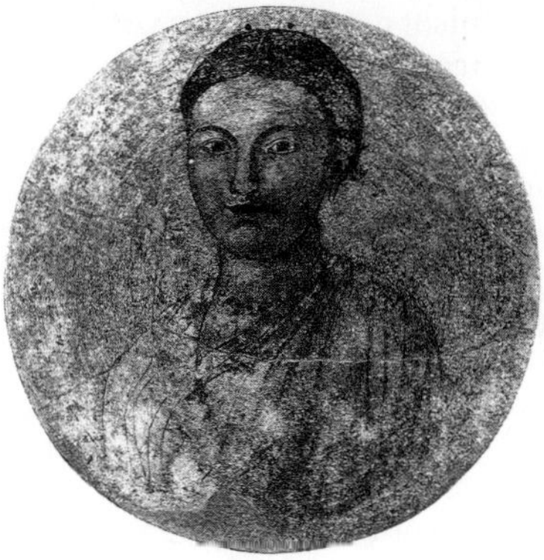 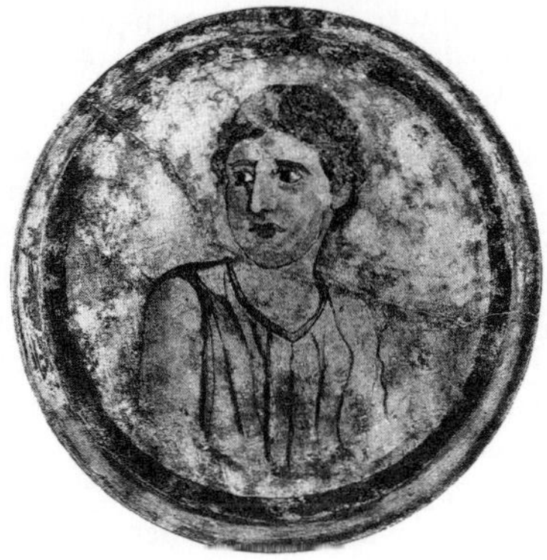

links:
Fälscher des 20. Jh.,
Caríessa

rechts:
Fälscher des 20. Jh.,
Melanthó

mußte, nutzte ich Briefmarke und Umschlag, um einen weiteren Brief beizulegen, in dem ich darum bat, der Minister möge, gemäß der üblichen Praxis die Kontroverse durch eine von ihm ernannte Kommission entscheiden lassen. Zur Antwort wurde mir nur zuteil, daß die ›Medaillons aus Centuripe‹ im Augenblick beim Istituto di restauro lägen. Denn, so müßt ihr wissen, sie waren den ganzen Krieg über ausgelagert, genau fünf Jahre, und hatten Schimmel angesetzt, welcher, wie mir dann gesagt wurde, die himmlischen Schönheiten vernichtet hatte[230].

Die gesittete und schwülstige Kehrseite vom Thema des betrogenen Ausländers lieferte Ugo Ojetti: Sie gibt sehr präzise jenen künstlichen und repressiven Antiprovinzialismus wieder, der in Italien zur faschistischen Zeit in Szene gesetzt wurde. Die Fälschung ist nicht mehr durch jene Kontinuität des Metiers motiviert, die Albizzati nicht entgangen war (»Ich stehe in der Schuld von bescheidenen Arbeitern, die mich lehrten, ›wie man arbeitet‹«[231]). Für Ojetti zieht sie einen nationalen Geist in den Schmutz, der allein in einer monumentalistischen Optik richtig gewürdigt und verehrt werden kann:

... der Zynismus, ausgerechnet das Italien zu beschmutzen, das etwas viel Reineres, beinahe Göttliches besitzt (wo hat die göttliche Schöpfung je ein schöneres Antlitz gezeichnet als in der Kunst unseres Landes?), gleicht einer fortgesetzten und hartnäkkigen Gotteslästerung, die mich so sehr beleidigt, daß ich darüber nicht lachen kann. Um es kurz zu sagen, an dem Geschick des Herrn Alceo Dossena, sich zu verkleiden, könnte ich mich nur dann ein wenig delektieren, wenn er kein Italiener wäre. Aber bedauerlicherweise ist er einer[232].

Vom Kunstdiebstahl zu den Châlets der Poebene

Die Fälschung der antiken italienischen Kunst gerät zu dem Zeitpunkt in eine Krise, da einerseits eine neue Generation von Kennern heranwächst (Toesca und später Longhi und Offner), die über breiter angelegte Methoden und Instrumente der Verifizierung verfügt, und andererseits jede Kontinuität in der Tradition handwerklicher Erfahrung verschwunden ist. Das Metier des Fälschers wird nun noch steinmetzhafter und professioneller als früher sein. Das heißt nicht, daß es keine sensationellen Fälle mehr gibt: Aber jene typologisch vielfältigere und so weit verbreitete »antike« Produktion erlebt ihren Niedergang.

Wenn deren Aufgabe darin bestanden hatte, die materiale Veränderung des Bildes zu betreiben, das man der bildnerischen Tradition Italiens zu geben gedachte, dann besteht kein Zweifel, daß der wahrhafte

Erbe des spät»romantischen« Fälschers nicht der *pasticheur* von Rosai oder der fingierte Grabräuber unserer Tage ist, sondern der Kunstdieb.

Wie die Enteignung der Tradition, die die Fälscher von einst vollzogen, nicht mit den sensationellen Fällen in eins gesetzt werden kann, sondern in einer weniger bedeutenden, verbreiteteren und kontinuierlichen Geschäftigkeit bestand, so muß man, was den Kunstdiebstahl anlangt, nicht gleich zu den sehr bedeutenden Fällen der Caravaggio, Masaccio, Piero Della Francesca und Raffael greifen[233]. Die wirkliche Enteignung einer überlieferten und sedimentierten Kultur aus ihrem konkreten Umfeld vollzieht sich vielmehr in der unaufhörlichen Zerstreuung der weniger bedeutenden Arbeiten: Angefangen bei der Ausstattung der Kirchen, den Kerzenhaltern, die Tag für Tag verschwinden und vorwiegend bei den monatlichen Antiquariatsmessen in den »Kunststädten« wieder auftauchen. Es gäbe viel zu sagen zu diesen Beispielen, die das Verhältnis von »Kultur und Ökonomie« erhellen und die nicht zufällig auf der touristischen Randständigkeit und dem monumentalen Dünkel unserer historischen Provinz beharren. Vielleicht stellen sie die schmerzlichste und widersprüchlichste Niederlage jener lokalen politischen Initiativen dar, deren spontanes und rechtzeitiges Eingreifen für den Schutz des künstlerischen Erbes so oft von entscheidender Bedeutung war. Zurück zum Kunstdiebstahl: Man muß auch jenen schlechten Journalismus erwähnen, der immer nur *die* Fälschung des Jahrhunderts präsentieren will und folgerichtig nur von sensationellen Diebstählen spricht, nicht aber von dem Phänomen in seinem Gesamtzusammenhang. Der Kerzenhalter – der verbreitetste und beständigste kirchliche Gegenstand unsres künstlerischen Erbes, wie sich aus quantitativen Untersuchungen ergeben hat[234] – ist das wichtigste, geradezu emblematische Objekt des Kunstdiebstahls: kapillares Zeichen einer destruktiven, ausbeuterischen und folglich verfälschenden Haltung gegenüber den kollektiven kulturellen Werten.

Einmal mehr gibt es in der Geschichte der Fälschung keinen Bruch zwischen privaten Interessen und Eingriffen, die weiterreichende Wirkungen haben – wobei letzten Endes das Gravitationszentrum bei ersteren liegt. So findet heute ein verlogenes städtisches Ambiente, das sich hervorheben möchte und einem elitären und symbolischen Bild von Stadt angepaßt wurde, seine Fortsetzung in der vollkommen zügellosen Verschandelung der historisch gewachsenen Kultur des Territoriums sowie in der Zerstörung der materiellen und typologischen Überlieferung zugunsten von Modellen, die aus Architekturzeitschriften oder der Gedankenwelt eines kulturell verkommenen Tourismus zusammengeklaubt wurden. Da gibt es die mexikanischen Häuser in der gehobenen Stadtrandsiedlung, den – irgendwie – tunesischen Baustil entlang der tyrrhenischen Küste, die unglückseligen Schrägdächer in alpinem Stil, die nach Savena oder Reno verpflanzt wurden. Das gilt – auch wenn es hier etwas verantwortungsvoller zugeht – ebenso für bestimmte prätentiöse Herrichtungen ländlicher Bauten zum Ferienhaus. Jene ersteren Fälle stellen die verbreitetere Form der Verschandelung dar; hier bedürfte es sehr viel genauerer soziokultureller Definitionen und terminologischer Überprüfungen. Als Aneignung von etwas Vergangenem durch die Bourgeoisie stellt die zweite Form eine direkte Fälschung dar, die noch mit einer Symbolik des Besitzes verbunden ist: gestern die grazilen Formen aus den Anfängen des Humanismus, heute ein verlorengegangenes und den Massen verwehrtes Arkadien.

Ausgesprochen triste ist es auch, an jene nachgemachten alten Straßenlaternen zu erinnern, die – ebenfalls im Zeichen der Rückkehr zu einer tröstlichen Vergangenheit – an der Piazza Maggiore in Bologna angebracht worden sind: als wolle man den jugendlichen Marginalisierten, die sich hier treffen, die Atmosphäre der Stadt, »wie sie einst war« und wie wir sie von vergilbten Photographien kennen, liefern – die Atmosphäre einer friedlichen, nüchternen, tüchtigen und züchtigen Stadt. Und zur gleichen Zeit erfüllt, ebenfalls in Bologna, Le Corbusiers Pavillon des »Esprit Nouveau« die Funktion der Kopie als Kultbildnis, als erregende Annäherung an den Archetyp: Mit der Moderne kann man also auch in theatralischer Form abrechnen, indem man ersatzweise einem Schlüsselmoment konkrete Gestalt gibt – und damit nichts anderes tut als jene, die früher eine Kapelle auf einem Heiligen Berg errichten ließen.

Nun haben die Topoi ihre Gültigkeit verloren, die Gegensätze, die Bestimmungen erst möglich machten, sind vergessen und die Überbleibsel des Metiers verschwunden: In dieser Situation sollen die Fälschungen heute zu einer unsinnig elitären und diskontinuierlichen Deutung des ganzen Phänomens beitragen[235]. Und andernfalls würde sich – wie ich bereits zu Anfang sagte – dieses spezifische Thema auf alle ideologischen und praktischen Aspekte des Problems von Kunst und Künstler ausweiten. Als Anspielung darauf möge der ausweichende Skeptizismus von Ambroise Vollard genügen:

Während der Barbier seine Gerätschaften weglegte, stand Rodin auf, um eine Besucherin zu begrüßen. Diese zeigte ihm eine kleine Bronzestatue.

»Was für eine schöne Arbeit?«, bemerkte der Bildhauer.

Und er nahm eine identische Statue und verglich beide miteinander.

»Sie sind beide vollkommen. Und doch«, so fügte er nachdenklich hinzu, »ist eine falsch. Welche von den beiden?«

Und Rodin erklärte uns:

»Eine Arbeit ist mit Sicherheit meine, wenn ich die Anweisung gegeben habe, sie gießen zu lassen; und sie ist falsch, wenn sie ohne mein Einverständnis gegossen wurde. Nun liegen in diesem Fall die Dinge so, daß ich nur einen Abguß autorisiert hatte, aber sie haben zwei gegossen! [...] Welcher ist der falsche? Und welcher der echte?«

Nachdenklich zupfte Rodin sich am Bart[236].

BRUNO TOSCANO

Geschichte der Kunst und Formen des religiösen Lebens

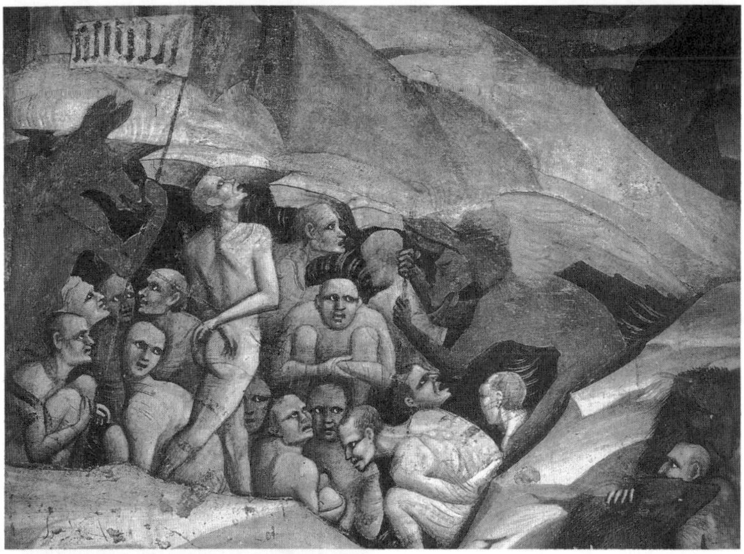

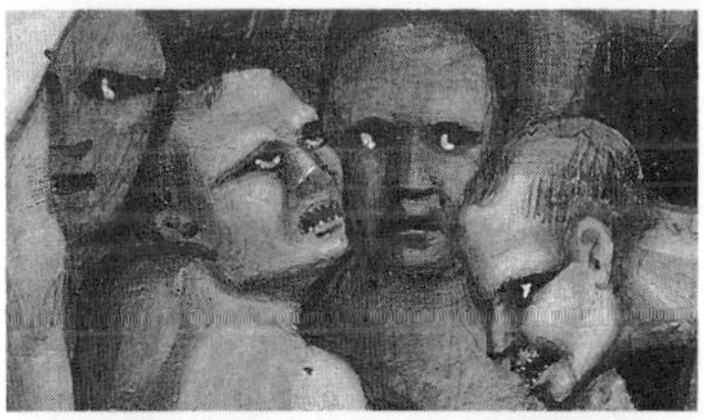

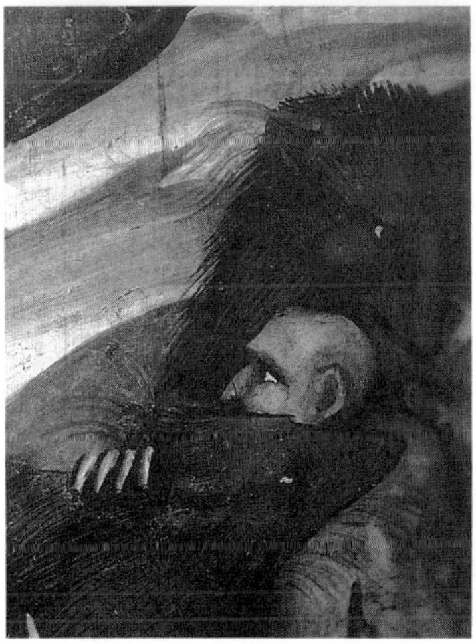

GIOVANNI DA MODENA,
Die Hölle, um 1410–1415
Ausschnitte
Bologna, San Petronio

GIOVANNI BATTISTA CRESPI,
gen. IL CERANO,
Madonna von San Celso mit den Hll. Franziskus und Borromäus,
um 1610

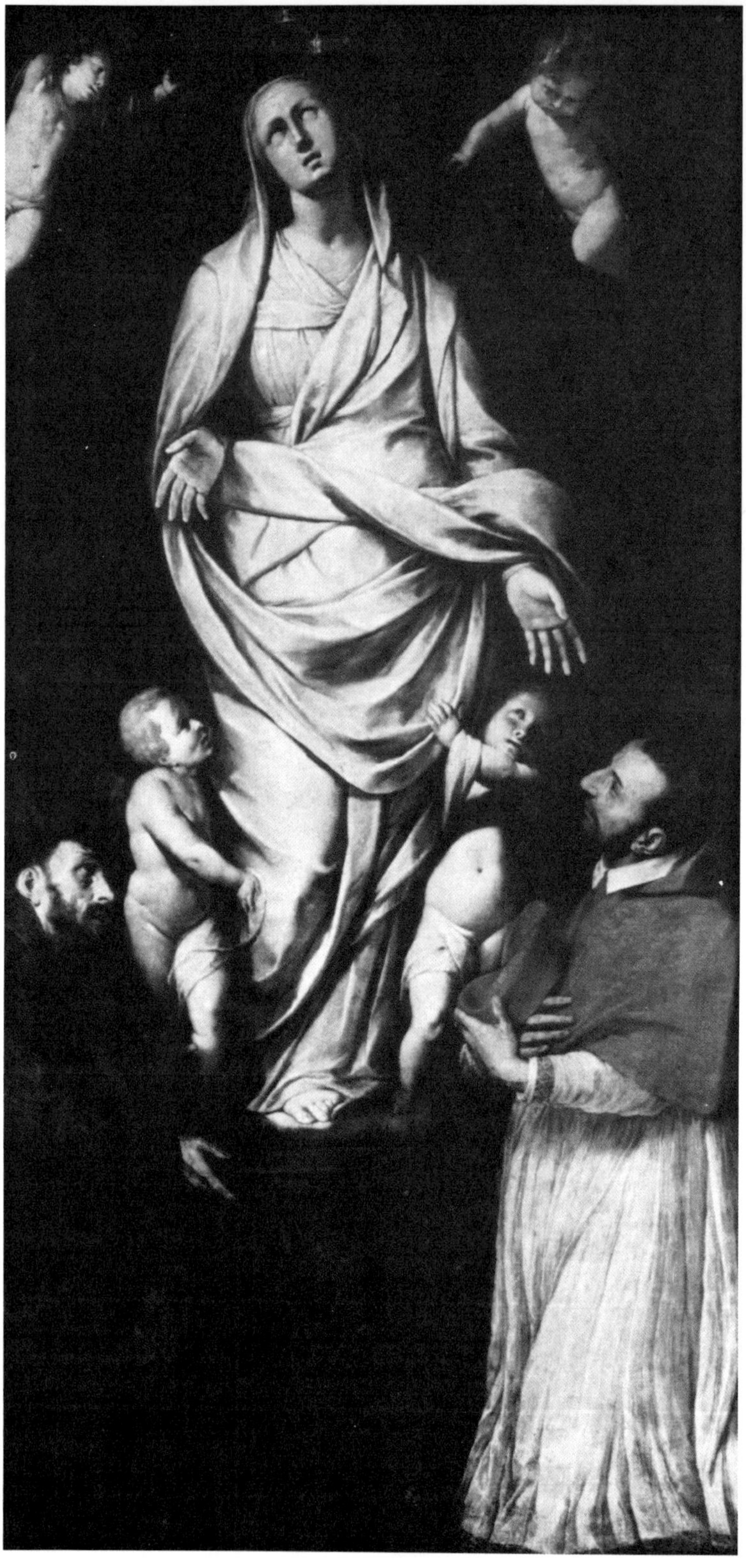

Die Dimension der christlichen Kunst

In der Geschichte eines Landes wie Italien hat der Ausdruck *religiöses Leben* nach Ablauf des bald zweiten christlichen Jahrtausends einen so breiten Raum eingenommen und so viele Bedeutungen gehabt, daß von vorneherein jeder Versuch schematisch und generalisierend ausfallen muß, ihn als einen der beiden Begriffe in einem bipolaren Schema aufzufassen – wie das der Titel dieses Textes nahezulegen scheint, der zudem auch noch seine Entwicklung mit voller Absicht einschränkt.

Ohne Übertreibung kann man behaupten, daß die künstlerische Aktivität auf der Halbinsel in zahlreichen ihrer Hauptlinien den Ausrichtungen eines religiösen Projektes folgt. Und vollkommen richtig ist es, wenn ein wichtiger Zweig der Kunstgeschichte den Namen christliche Archäologie trägt, wo doch die Zeugnisse der ersten Jahrhunderte der neuen Ära weitgehend mit den Gebäuden und Gegenständen des christlichen Kultes identisch sind. Und dies gilt, wenn auch nicht allumfassend, für das gesamte Mittelalter.

Die mittelalterlichen Eingriffe in die Bausubstanz, die Stadt- und Territorialordnung Roms oder zumindest das, was die nachdrücklichsten Spuren in der Geschichte der künstlerischen und der benachbarten Aktivitäten hinterlassen hat, all das widerspiegelt mehr oder weniger direkt Initiativen aus der religiösen Sphäre, wenn wir diesen Ausdruck im allgemeineren Verständnis verwenden. Unter den architektonischen, den bildhauerischen Dokumenten, denen der Malerei oder der sogenannten kleineren, minderen Künste aus jenen Jahrhunderten überwiegen bei weitem die aus Kirchen und Grabstätten. Nur selten gehören die bedeutenden Zeugnisse, auf die wir stoßen, nicht zu einer der neuen Arten heiliger Bauten: der Basilika, der Kirche, der Grabkirche für Märtyrer mit der *confessio,* der Taufkirche, der Kapelle – oder zu den Gegenständen, die unmittelbar mit diesen Gebäuden zu tun haben. Im übrigen ist es dank der Kontinuität von Monumentalbau zu Monumentalbau, die oftmals auch eine Kontinuität des Kultes bezeichnet, gar nicht selten, daß man in sie eingegliedert Reste der Strukturen und Dekorationen der vorhergehenden Gebäude findet. Wenn wir die Betrachtung auf die Stadt und das Territorium ausweiten, kommen wir zu keinen anderen Schlußfolgerungen. Man begreift die Dynamik des mittelalterlichen städtischen Gewebes und der territorialen Ordnung nur, wenn man aufmerksam die Machtentfaltung der Bischöfe, der Kapitel, der Klösterorden und – schon am Ende ihrer Entwicklung angelangt – der Bettelorden studiert. Die Stadt innerhalb der Mauern, vor allem die Stadt mit Bischofssitz in Mittel- und Norditalien, ist zum Gutteil das Resultat von Anpassungen, Spannungen und Brüchen, die dem römischen Baugewebe besonders in den letzten Jahrhunderten des Mittelalters durch die Aktivitäten jener Einrichtungen zugefügt werden

– mit oder ohne das Einverständnis der lokalen Machtgruppen. Die Durchdringung der Täler im Landesinnern, der Hochebenen und Bergregionen des Apennin, wo sich vorchristliche Religionen und Kulte hartnäckiger hielten, mit Prozessen der Transformation und Evolution des Territoriums schuf auch die Voraussetzungen, daß sich ein immer dichteres Netz religiöser Bauwerke und Ansiedlungen bilden konnte, in deren Umfeld die künstlerische Aktivität einen starken Impuls erhielt. Die »christliche Okkupation des Bodens«[1] entwickelte sich mit der Verbreitung des Eremitentums in Höhlen, Lauren oder den ersten zenöbitischen Klöstern; und sie verstärkte sich immer mehr mit dem Vordringen der Klöster und der Entwicklung der Diözesanorganisationen zu einem Netz von Abteien, Pfarreien und abhängigen Kirchen, das sehr häufig das bis heute durchgehend gültige Modell für die Besiedelung des Territoriums abgibt.

Damit soll die große Leistung der weltlichen Mächte bei der Transformation der Stadt und des Territoriums im Mittelalter nicht als zweitrangig abgewertet werden: Monarchen, Herzöge, bedeutende Funktionsträger, die weltliche Aristokratie, städtische und ländliche Gemeinden und schließlich auch freie Gemeinden fördern und steuern diese Dynamik nicht weniger entschieden. Ich will nur hervorheben, wie viele Wege der religiöse Impuls fand, sich auszudrücken: Es ist daher nicht falsch, ihn als nahezu omnipräsent anzusehen.

Unaufhörlich und überall werden Arbeiten zur Dekoration der Sakralbauten durchgeführt; dabei werden Handwerker beschäftigt, die einen breiten Fächer technischer Verfahren beherrschen und anwenden: für Skulpturen, insbesondere solche, die für die Fassaden bestimmt sind und oft ganze Zyklen einer komplexen Ikonographie darstellen; für Fresken, die im 14. und 15. Jahrhundert am häufigsten und verbreitetsten sind, vor allem in einigen Regionen (wie der Toskana) – Fresken, die nicht nur im Innern angebracht wurden, wenngleich diese, aus naheliegenden Gründen, fast als einzige erhalten geblieben sind; für Mosaikarbeiten an den Wänden und auf dem Fußboden, für Glasmalereien und vielfältige Holzbearbeitungen für die Türen und Chorgestühle sowie für Schmiedearbeiten; für Kirchengerät, ausgeschmückt mit Marmor, Goldschmiedearbeiten, Glas, Keramik, Elfenbein, Tuchen und Leder; für liturgische Manuskripte, bei denen die *rotuli* am besten die Absicht belegen, mit Hilfe von Miniaturen die Inhalte der Heiligen Schrift zu überliefern.

Dieses grandiose Gebäude einer christlichen Kunst wird durch eine wirksame Verbreitung und Popularisierung des Themenmaterials der Heiligen Schrift vorbereitet, die in den letzten Jahrhunderten des Mittelalters noch intensiviert werden. Verbreitet werden aber auch die Legenden und Leidensgeschichten von Märtyrern und Heiligen, Meditationen über das Leben Christi, Traktate *De virtutibus et vitiis*, Bestiarien und sogar profane mittelalterliche Zyklen. Die lebendige Mythographie der *Legende aurea* oder der erzählerische Ton der *Legenda maior* des Hl. Bonaventura scheinen bereits – wie jenseits der Alpen das *Speculum Humanae Salvationis* – vorbestimmt für eine Übersetzung in Bilder.

Der zunehmende Einfluß des Papsttums mit Beginn der Neuzeit, der wachsende Einfluß der römischen Kirche und ihrer lokalen Untergliederungen, die Ausdehnung und die Intensivierung des Wirkens der Bettelorden und später der neuen Orden, die im Zusammenhang mit der Katholischen Reform und Gegenreformation entstanden sind, vervollständigen und verändern das heilige Gesamtgebäude und verleihen

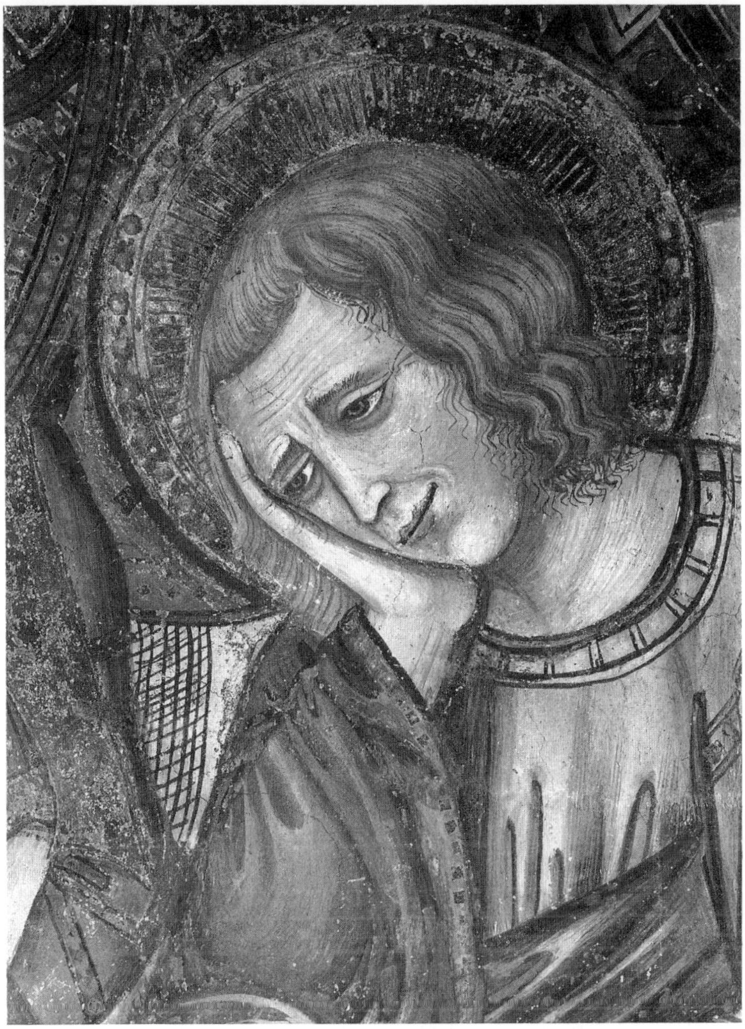

Erster Meister von Santa Chiara in Montefalco, *Kreuzigung*
Ausschnitt

ihm die Charakteristika, die für uns heute ihre komplexe Physiognomie bilden.

Natürlich erweist sich in der beinahe zweitausendjährigen Geschichte, in der sich diese Physiognomie herausgebildet hat, der religiöse Impuls als ganz und gar nicht einheitlich; vielmehr ist er in Bewegungen und Interessen verschiedener – sozialer, politischer, ökonomischer und kultureller – Natur verstrickt. Im Verlauf dieser großen Tradition zeigt sich, daß das Gebiet der religiösen Aktion praktisch keine Grenzen hat. Über die »Theologie«, die Illustration der Evangelien und des Lebens der Heiligen hinaus ist die Heiligendarstellung ein lebendiger Spiegel für das Ambiente, die Herausbildung der verschiedenen Sozialkörper, die kulturellen Merkmale und die psychologischen Kerngehalte der verschiedenen Situationen. Man denke allein an das ungeheure ikonographische Erbe zum Leben der Heiligen, das sich in den Miniaturen der Handschriften, den Freskenzyklen und den beweglichen Altarretabeln findet. Zusammen mit den literarischen Texten bildet es das Grundmaterial für die hagiographische Forschung, aber der Wert des einen wie des anderen besteht nicht allein hierin: Sehr viel mehr Bedeutungen lassen sich zum Beispiel durch das Studium des Ursprungs der Legenden oder durch die Feststellung gewinnen, daß bestimmte Motive und Themen immer wiederkehren. »S'il y a tant de pendus, volontaires et involontaires, tant de voleurs d'enfants, dans la littérature, c'est qu'il devait y en avoir dans la vie, ou dans les esprits«, so wurde geschrieben[2]; und diese nur scheinbar banale Feststellung kann man getrost von den geschriebenen auf die bildlich dargestellten Texte ausdehnen.

Zum Parallelismus von Kunst und religiösen Idealen

Die Untersuchung der großen kulturellen Veränderungen hat sich bekanntermaßen oft mit der Untersuchung der Veränderungen im religiösen Trachten überkreuzt, so daß beide am Ende fast in eins gesetzt werden. Sich mit dem Problem des Übergangs von einer Epoche zur nächsten auseinanderzusetzen, ist eine der am weitesten verbreiteten Vorgehensweisen der Geschichtsschreibung zwischen der Mitte des vergangenen und der Mitte dieses Jahrhunderts gewesen. Das Lieblingsthema, der Übergang vom Mittelalter zur Renaissance, hat Gelehrten verschiedenster Richtungen, von H. Thode zu K. Burdach, von H. Baron zu A. Chastel, die Gelegenheit geboten, um mit verschiedenen Begründungen das Thema der religiösen Ideale als wesentlichen Faktor beim Übergang zur Renaissance auszumachen[3]. Das gestochen scharfe Relief der Kultur der Renaissance bei Burckhardt, bei dem die Hauptbetonung auf den bürgerlichen, ästhetischen und philologischen Komponenten lag, erwies sich, wenngleich in sich perfekt, doch mehr und mehr als ein nur beschränktes Bild, das durch das Hervorheben neuer, aber nicht alternativer Inhalte eine deutlich andere Richtung erhalten konnte. Betrachten wir beispielsweise einen typisch religiösen Faktor, den Einfluß der Botschaft des Heiligen Franziskus. Auch wenn sie einer neuerlichen Überprüfung unterworfen und von rhetorischen Elementen und Ausschließlichkeitsansprüchen bereinigt wurde, so wurde doch die sublime Öffnung des franziskanischen »Humanismus«, der in der Lage war, Religion und Natur in Einklang zu bringen, weiterhin ganz emphatisch als Ankündigung eines neuen Zeitalters verstanden. Man hat nun aber zu recht festgestellt, daß schon im frühen Humanismus des 14. Jahrhunderts das Armutsideal an Kraft verliert und erst in Phasen der Krisen und Katastrophen wieder auftaucht, zumindest jedoch am Rande sowohl der kirchlichen wie der gesellschaftlichen Institutionen verbleibt. Ich möchte aber betonen: Von Grund auf neue Wege, das franziskanische Gefühl und Ideal zu leben, bleiben – und besonders deutlich ist dies in den Jahrhunderten zwischen Mittelalter und Renaissance – das grundlegende Material zum Verständnis der komplexen historischen Dynamik, einschließlich all der Aspekte, die sich auf die Entstehung und die Veränderungen der künstlerischen Formen beziehen[4].

Das darf jedoch nicht dazu verleiten, mechanisch nach Parallelen zwischen den Neigungen im künstlerischen Ausdruck von einzelnen Künstlern, Künstlergruppen oder ganzen Schulen und Bereichen der franziskanischen Ideologie zu suchen, die sich herausbilden, nachdem durch päpstliche Eingriffe die Härte der Armutsregel abgeschwächt worden war. Was man über die künstlerischen Ideale der *Conventuali*

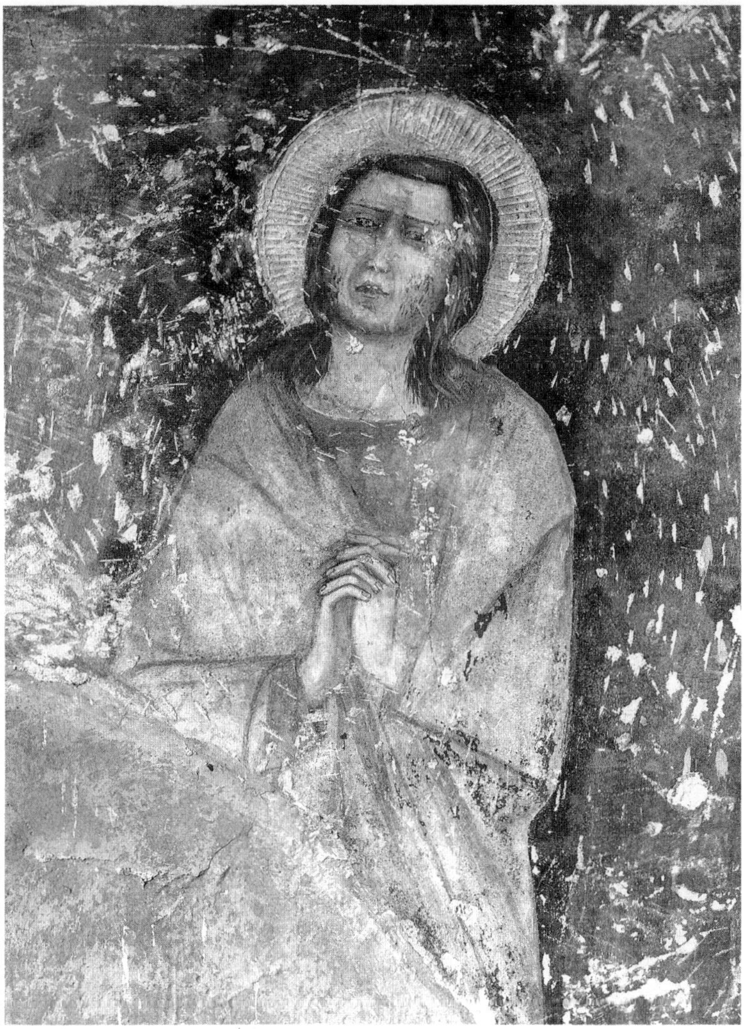

Meister der Einsiedelei von Campello,
Kreuzigung, um 1330
Ausschnitt

und der *Spirituali* oder anderer, radikaler abweichender Bewegungen weiß, kann nur ungefähre Anhaltspunkte über Erbauer und Ausgestalter ihrer Kirchen und Konvente liefern; gleiches gilt später für die *Regolare Osservanza*[5]. Angesichts der unglaublichen Vielfalt im künstlerischen Ausdruck der Heiligendarstellungen in ihren Bauten vor allem im nördlichen und mittleren Italien des 14. und 15. Jahrhunderts – sie reicht von einem gemäßigten und ekstatischen Pietismus bis hin zu einer vehementen religiösen Leidenschaft – scheint dem Versuch kein Erfolg beschieden, den religiösen Idealen dieser oder jener franziskanischen Richtung eine Art stilistischer Mitverantwortung zuzuschreiben[6]. Und ebenso reicht es nicht hin, festzustellen, daß einer der wichtigsten unbekannten Künstler Umbriens aus der ersten Hälfte des 12. Jahrhunderts vorwiegend für die Augustiner gearbeitet hatte, um zu entscheiden, ob die Zugehörigkeit jener Auftraggeber irgend etwas mit dem ihn kennzeichnenden expressiven Stil zu tun hat – jene bald weinerliche, bald groteske Überzeichnung, die sich so deutlich unterscheidet vom höchst kontrollierten Pathos des »Maestro del Romitorio di Campello« (ein Zufluchtsort der *Spirituali*?) oder der Zartheit ohne jeden Überschwang, wie sie die Meister franziskanischer Herkunft um Puccio Capanna auszeichnet[7].

Man kann heute eine Art linguistische Landkarte der Malerei des 14. Jahrhunderts zeichnen; sie wäre voller Abweichungen – entsprechend der Vielzahl kleiner Ortschaften, die innerhalb bekannterer Gebiete wie Orvieto, Assisi, Perugia, Spoleto, Gubbio, Fabriano, Arezzo, Florenz, Siena, Pistoia, Pisa, Lucca usw. liegen, von Gebieten also, die zwar bekannter, aber im Verhältnis zu den geschmeidigeren lokalen Zusammenhängen mit ihren spezifischen Akzenten zu abgeschlossen sind. Die Entdeckung dieser Vielfalt – ein Prozeß, der noch längst nicht abgeschlossen ist – verdanken wir einer gründlichen und einfühlsamen Forschung. Die stichhaltigen Begründungen für stilistische Herkunft und Vaterschaft, die komplexe Verschränkung von Schulen und Werkstätten kann die historische Forschung um Daten aus der religiösen Gesellschaft erweitern; sie werden um so hilfreicher sein, einen angemessenen Rahmen für das veränderliche Bild des künstlerischen Ausdrucks zu liefern, je mehr sie es erlauben, generalisierende Klassifikationen und abstrakte Parallelismen zu überwinden, je mehr sie Situationen von sozusagen kleinem und mittlerem Format erhellen und dabei wenigstens einige Linien des religiösen, politischen, sozialen und kulturellen Zusammenhangs sichtbar machen, der sich oft in einem – nicht selten engen – »Feld« von Mentalitäten und Verhaltensweisen herausbildet. Die Untersuchung der Verbindungspunkte muß sich also mit Überlegungen messen, die – wenn auch in anderer Weise – ebenfalls komplex, reich an Artikulationsformen und scheinbaren oder tatsächlichen Widersprüchen sind. Der erste Schritt kann nur im Mißtrauen gegenüber jenen Resultaten bestehen, die allein deshalb vollkommen stimmig sind, weil sie nicht über die Ebene des Allgemeinen hinausgehen. Das beginnt bei den binären Synthesen vom Typ Cimabue-Jacopone, Giotto-Hl. Franziskus und so weiter oder bei ebenso schematischen und unsinnigen Gegenüberstellungen, etwa wenn dasselbe Zweigestirn Giotto-Hl. Franziskus als Gegensatzpaar verstanden wird [8].

Ein Beispiel für ein System von Beeinflussungen

Bleiben wir noch kurz beim Thema der Beziehungen zwischen besonders einflußreichen religiösen Orden und den stilistischen Tendenzen in einem gegebenen Zeitabschnitt. Will man sich ein ausreichend differenziertes Bild von der Art und Weise wie auch von den Konsequenzen äußerer Einflüsse auf den Ausdruckswillen der Künstler machen, dann muß man vor allem berücksichtigen, daß die durchschlagende Wirkung der Handlungen oftmals davon abhängt, ob die religiöse Sphäre, aus der die Impulse kommen, gleichermaßen auch soziale, ökonomische und kulturelle Botschaften »aussendet«. Folglich wird man nur dann zu einer abgewogenen Einschätzung des Phänomens gelangen, wenn man untersucht, wie spezifisch eine so komplexe Einflußnahme in einem umgrenzten Feld stattfindet und welche Position der Künstler im sozialen Kontext einnimmt. Und schließlich muß man die kulturelle Physiognomie untersuchen, von der dann eine Neigung zum Konsens oder zur Passivität oder zum Widerspruch abhängt.

Anhand eines geeigneten Beispiels können wir versuchen, einige Grundzüge einer solchen Forschung etwas genauer herauszuarbeiten.

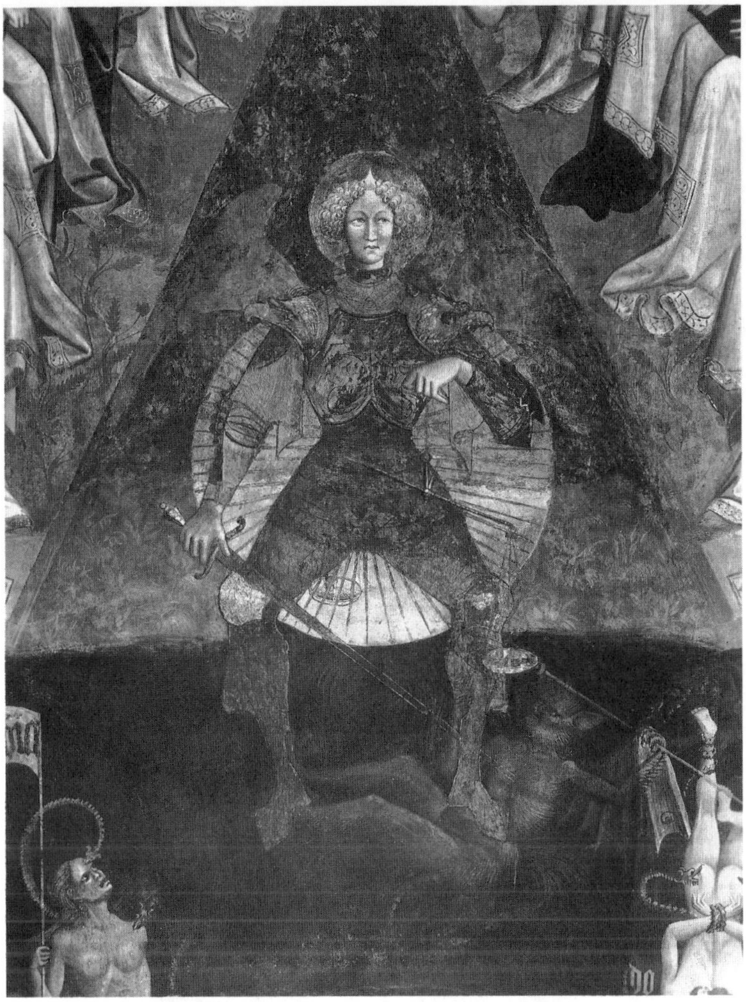

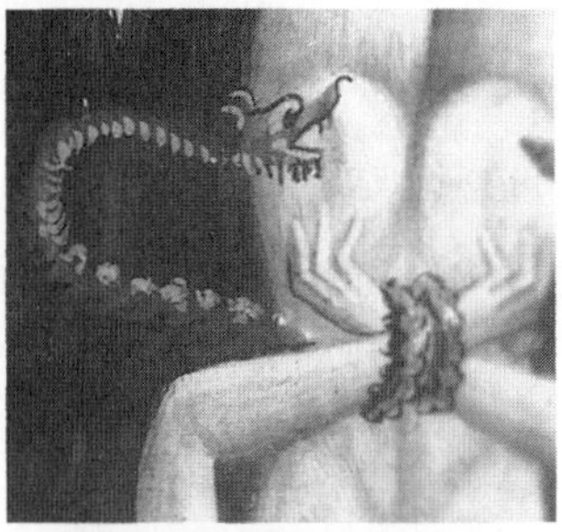

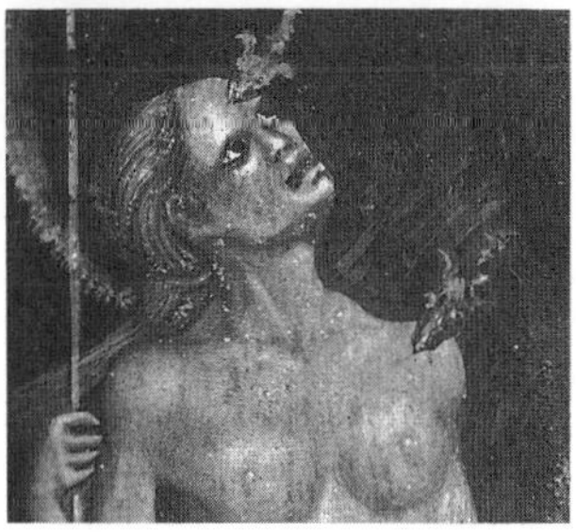

GIOVANNI DA MODENA,
Das Jüngste Gericht, um 1410–1415
Ausschnitte

In mehrerlei Hinsicht ist man verblüfft über das ziemlich häufige Auftauchen expressiver Charakteristika in der religiösen Malerei der Spätgotik, die so ausgeprägt sind, daß man sie ohne Schwierigkeit klassifizieren kann; das gilt für große und weniger große Zentren verschiedener geographischer Zonen. Die kühne Schöpfung unrealistischer Räume, die immer wiederkehrenden graphischen Akzentuierungen und die Tendenz, auf der Klaviatur einer »impressiven« Physiognomie und Anekdotenhaftigkeit zu spielen, zielen auf eine stark emotionale Wiedergabe der biblischen und hagiographischen Erzählungen, deren belehrender und exemplarischer Wert vorzugsweise in zugleich dunklen und feurigen Tönen ausgedrückt ist. Diese »Strömung« der Sakralmalerei läßt sich fast vollständig auf die erste Hälfte des 15. Jahrhunderts und das Gebiet zwischen der Emilia, den Marken und Umbrien begrenzen. Ihre führenden Vertreter sind Jacopo di Paolo und Giovanni da Modena, die Weitgereisten Antonio Alberti und Bartolomeo di Tommaso sowie die bis heute namenlosen Meister der Rocca di Vignola und der Sagra di Carpi[9]. Die spätgotische Malerei, die eine »höfische Kunst« par excellence ist und dazu neigt, die heilige Thematik in ein weltliches Schauspiel zu verwandeln, zeigt in ihren Werken

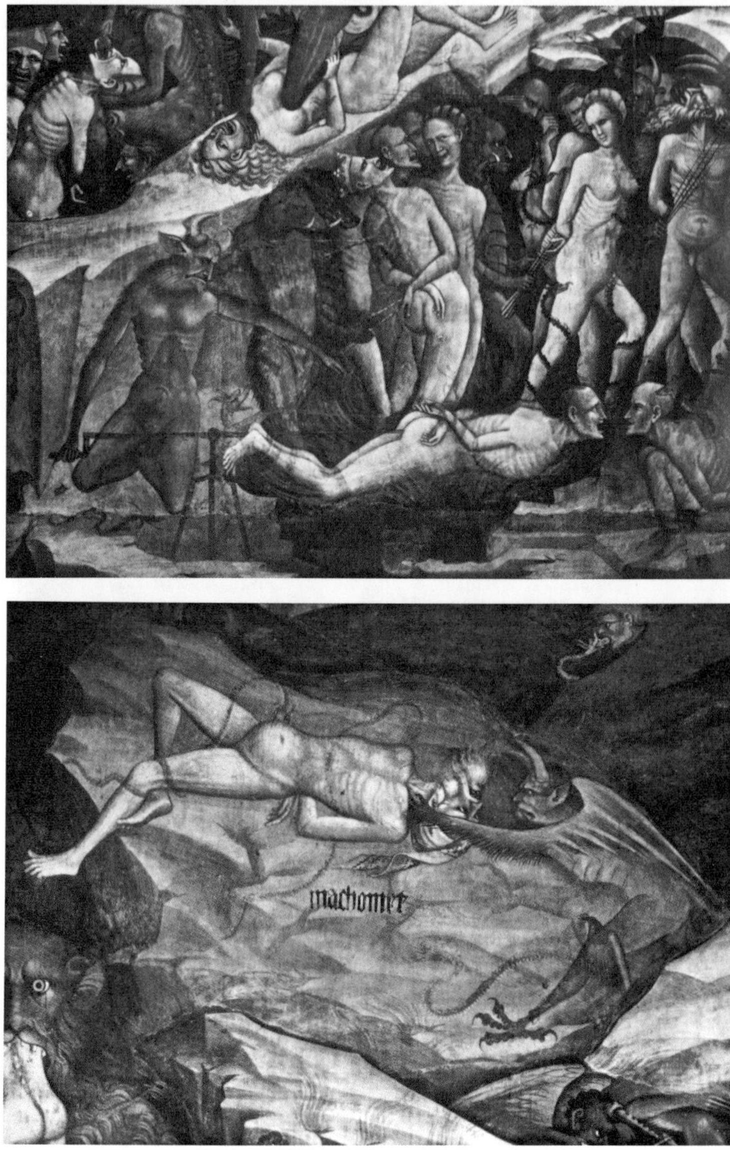

GIOVANNI DA MODENA,
Die Hölle, um 1410–1415
Ausschnitte

noch einen anderen Zug: Sie ist nicht schillernd und einfach nur lyrische Unterhaltung, sondern »engagiert« in dem Versuch, die eschatologischen Mahnungen, die Aufforderungen zu Buße und Erlösung und die Taten Christi, der Dämonen und der Heiligen in Gestalten voller Menschlichkeit und Dramatik zu übersetzen. Diese intensive Anteilnahme erinnert lebhaft an Momente vehementer, auch religiöser Ausdruckskraft, wie sie in derselben Region ein Jahrhundert zuvor auftauchten[10].

Die Versuchung, hinter der deutlichen Intensivierung spezifischer Inhalte sakraler Thematik in Modena wie in Bologna, in Camerino wie in Terni das Vorhandensein innerer Impulse der jeweiligen religiösen Milieus zu vermuten, ist groß und gerechtfertigt. Aber die Informationen, die wir über einen der Exponenten dieser Kultur und über die soziale und religiöse Welt besitzen, mit der er in Berührung kommt,

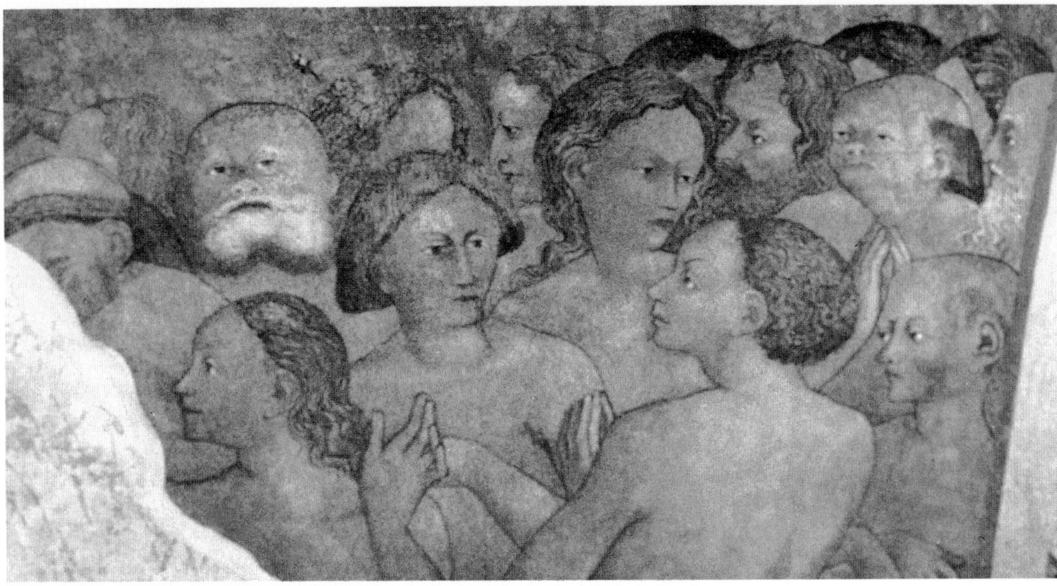

ANTONIO ALBERTI,
Das Jüngste Gericht, um 1422–1423
Ausschnitt
Montone, San Francesco

scheinen uns wieder einmal in Richtung einer Untersuchung eng umgrenzter Phänomene zu stoßen. Obwohl es sich um eine Kultur handelt, die scharfsinnig als »so voller Trauer über den Verlust der antiken Fabeln« definiert wurde, »daß sie ihnen in üppigen Darstellungszyklen zu neuem Leben verhilft, und doch auch offen ist für den dramatischen Sinn eines neuen, härteren und von Interessen, Gewohnheiten und Klassen umkämpften Lebens«, scheint hier der Begriff »Milieu« doch eher spezifische Situationen engumgrenzter Gebiete zum Bezugspunkt zu haben als allumfassende ideologische und kulturelle »Systeme«.

Im Fall von Bartolomeo di Tommaso, dessen Werk sowohl eine unverwechselbare expressive Färbung wie eine ständige psychische Spannung besitzt, wird es also das Ziel sein, das soziale und kulturelle Umfeld zu bestimmen, in dem seine Sprache Zustimmung, und mehr noch: regelrecht Ansporn, erhielt[11].

Inzwischen wissen wir, daß der Vater Bartolomeos, Tommaso Pucciarelli, in Foligno den Beruf des Schusters ausübte. Die »Lederstraße«, entlang derer sich eine der blühendsten industriellen und kommerziellen Aktivitäten des 15. Jahrhunderts entfaltete, führte nicht durch Foligno, wohl aber durch die nahegelegenen Marken. Die länger dauernden Aufenthalte des Malers in noch jungem Alter in den Marken und seine Beziehung zu Olivuccio di Ciccarello, der – wie es scheint – sein erster Lehrmeister war, scheinen nach den uns bekannten Dokumenten in engem Zusammenhang mit der Arbeit des Vaters gestanden zu haben, der zwischen Ancona und Foligno viel mit Leder, Alaun und Baumwollwatte zu tun hatte. 1425, etwa fünfzehnjährig, wird Bartolomeo in Ancona Zeuge einer Reihe von Ereignissen, die die *sutores* (Schuster) betreffen, in einem Fall gemeinsam mit Olivuccio und einem seiner Schüler vor seinem Laden: Um sich eine Vorstellung von der ganz und gar handwerklichen Lehrzeit eines Malers aus der Provinz zu machen, selbst wenn er zu Werken im Vatikan und auf dem Kapitol bestimmt sein sollte, gibt es nichts Besseres als dieser Gesellschaft aus Malern, Lehrlingen und Meistern der *arte calzolariorum* beizuwohnen. Auf so etwas wie ein kulturelles Einverständnis zwischen Vater und Sohn könnte man schließen, wenn man ein Datum berücksichtigt, das

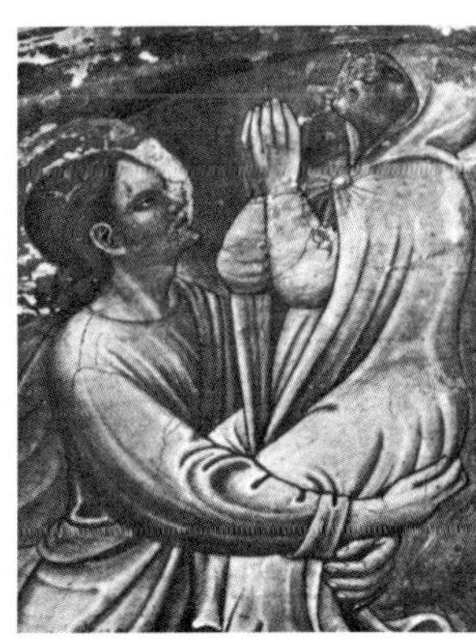

Meister von Vignola,
Mariae Himmelfahrt, um 1435
Ausschnitt
Terni, San Francesco

gegenüber:
BARTOLOMEO DI TOMMASO,
Das Jüngste Gericht, um 1450
Terni, San Francesco

erst kürzlich bekannt wurde und das die früheste Ausbildung des Malers betrifft: die Datierung des Triptychons der Kirche S. Salvatore in Foligno auf die Zeit vor dem Dezember 1432, was mit jener der *Madonna im Schnee* von Sassetta zusammenfällt. Berücksichtigt man, daß der Zusammenhang zwischen den beiden Kunstwerken außer Frage steht, muß die Begegnung Bartolomeos mit der Sieneser Kunst das Jahr zuvor stattgefunden haben, als das Bild Sassettas möglicherweise bereits zu besichtigen war. Und da es sicher scheint, daß Bartolomeo in diesen Jahren noch vom Vater unterhalten wurde, kann man folgern, daß der Maler sich die väterlichen Geschäftsreisen für seine Weiterbildung zunutze machte. Tommaso wird auch in die Hauptstadt des Leders und der Pelze, nach Pisa, gegangen sein; ihm standen dafür zwei Wege offen: von Arezzo oder von Siena aus.

Das ist, was wir über den ursprünglichen Status des Malers und die Möglichkeiten zur Weiterbildung wissen, die dieser ihm bieten konnte. Aber was können wir noch aus dem besonderen sozialen, religiösen und kulturellen Kontext herauslesen, auf den sich die einzigartigen Ausdrucksformen Bartolomeos beziehen?

In seiner Arbeit über die Beziehungen zwischen Malern und humanistischen Zirkeln bemerkte Baxandall über Pisanello, daß dessen Werk »bisweilen die Eigenart hat, typischen Kommentaren der Humanisten Nahrung zu liefern: Mongolen und Vögel für die Vielfalt, ganze Serails für das ornamentale Repertoire, virtuose Perspektiven für die *ars,* Schlangen und Galgen für das [aristotelische] Prinzip der unterhaltsamen Vision [gemeiner Objekte]«[12].

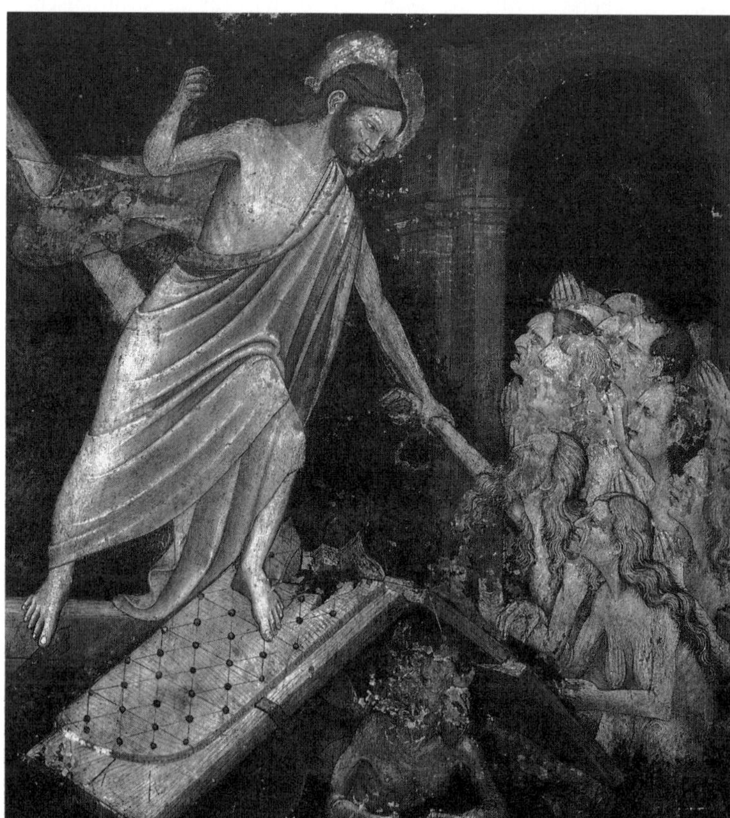

Meister von Vignola,
Christus in der Vorhölle, um 1435
Ausschnitt
Vignola, Cappella della Rocca

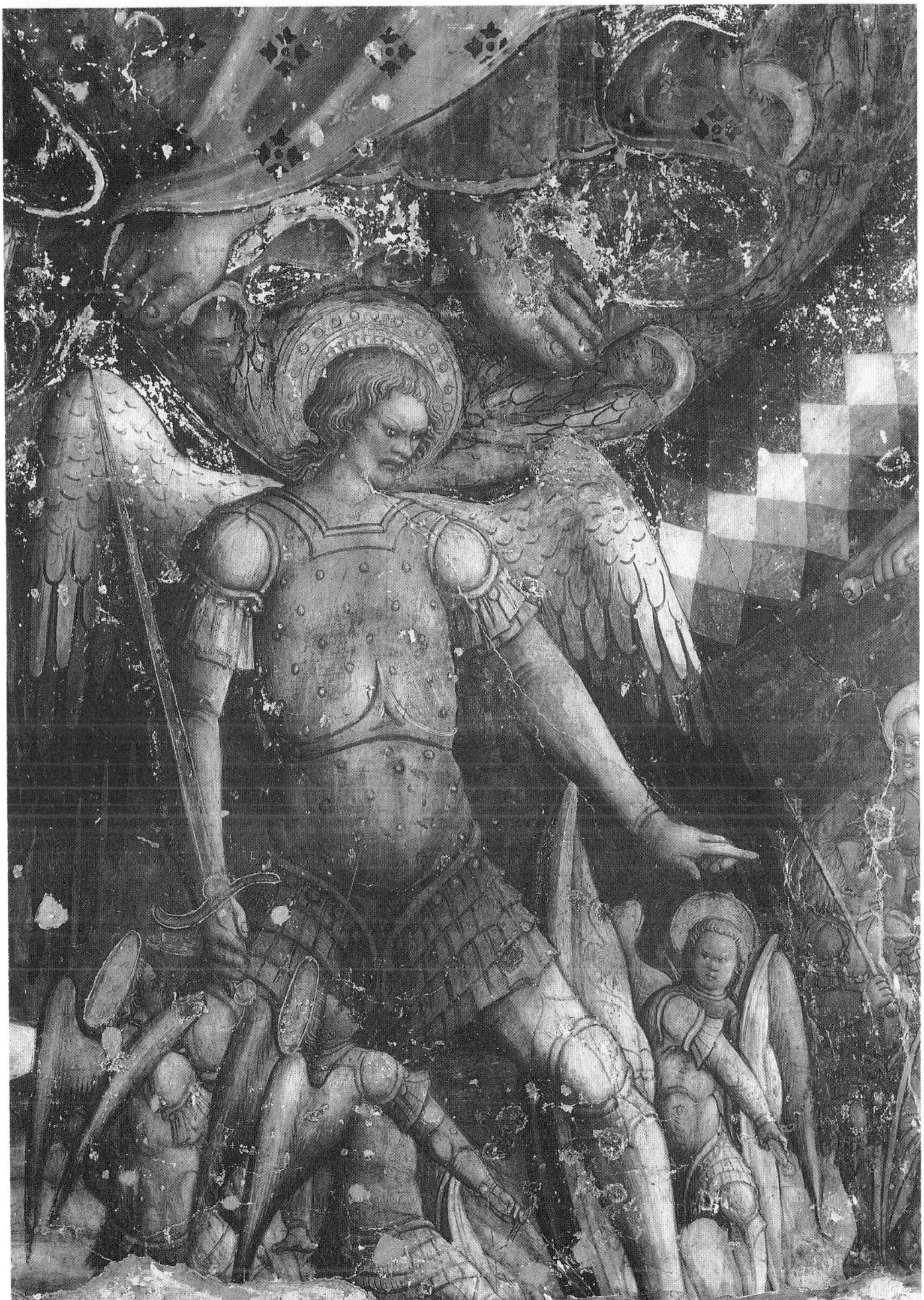

Man sieht, daß Bartolomeo keinen Guarino und Facio hatte, an die er sich wenden konnte; aber der »hieroglyphenartige Symbolismus«[13], in den er seine Obsession des Göttlichen übersetzt, und die finsteren Sinnbilder, die er mit schwer verständlichen Verschlüsselungen und übertriebenen Effekten anfüllt, werden doch einen Adressaten gehabt haben, dessen Bedürfnisse es zu befriedigen galt und dem er »Nahrung zu liefern« hatte.

Bei der Vorbereitung der Ausgestaltung von S. Giuliano in Fano wurde – so geht aus den Dokumenten von 1434 hervor – vereinbart, daß Bartolomeo das Gros der Arbeiten nur dann durchführen sollte, wenn die Proben dem Bischof, dem franziskanischen Prediger von S. Francesco, dem Auftraggeber und zwei Experten gefielen. Fünf Juroren also, von denen vier vollkommen üblich sind. Ungewöhnlich ist aber – und das hebt auch das Dokument hervor *(venerabile patre magistro Johanne de Montebodio lectore s. Francisci de Fano)* – die Teilnahme des franziskanischen Predigers. Es besteht kein Zweifel, daß sein Urteil am schwersten wog. Man erinnert sich vielleicht zu wenig daran, daß die erste Hälfte des 15. Jahrhunderts nicht nur von Humanisten bevölkert wurde, sondern auch von einer »ruhmreichen Reihe franziskanischer Prediger der Osservanza«; unter ihnen befanden sich Persönlichkeiten wie Bernardino da Siena, Giovanni da Capistrano und Giacomo della Marca. Man muß kaum darauf hinweisen, daß – durch die doppelte Ausrichtung ihrer Tätigkeit: auf die lokalen Machtzentren und, durch die Predigten, auf das Volk – ihr Einfluß auf das Alltagsleben sehr viel stärker war als der der Laienprediger und der Gelehrten. Zu jener Zeit ist die Regolare Osservanza Vorreiterin einer breit angelegten und tiefreichenden Bewegung, die darauf abzielte, die öffentlichen Aktivitäten nicht weniger als die private Sphäre zu beeinflussen; von Mittelitalien aus verbreitet sie sich nach diesseits und jenseits der Alpen und hat möglicherweise ihre spektakulärste Form in den Predigten von Giacomo della Marca erreicht, der auf den Plätzen halb Europas allgegenwärtig ist, um den Kommunen Satzungen zuzuweisen, Vereinbarungen aufzuzwingen, Bußen und Strafen zu erteilen und Häretiker und Juden zu bekämpfen[14].

Bartolomeos Tätigkeit ist in den zwanzig Jahren, in denen sie stattfand und dokumentiert ist, voll von Begegnungen mit Franziskanern. Von jenem Mönch, der die Fresken von Fano »kontrollierte«, war bereits die Rede. Franziskaner waren auch die Auftraggeber von Cesena, von Cascia und von Terni, wo sich die Abhängigkeiten, die Monaldo Paradisi an die Osservanza banden, als besonders eng erwiesen. Aber auch das Fresko von Santa Caterina in Foligno stellt ein Franziskanerthema dar, und gleiches gilt für das Triptychon von Camerino. Genau betrachtet, bemerkt man, daß in diesen wichtigen Etappen wie auch in weiteren der künstlerischen Geschichte Bartolomeos der Rahmen der – oftmals so quälenden und finsteren – Ereignisse, in dem auch die Arbeit des Malers ihren Platz fand, von der Präsenz Giacomo della Marcas überschattet wird. In den Jahren um 1425, als sich Bartolomeo in Ancona aufhält, weilt auch der Mönch dort wie in anderen Städten der Marken, wo er energisch Auseinandersetzungen führt, die Arbeitsweise der Kommunen kontrolliert und das Volk gegen die Fraticellen aufhetzt, deren Zitadelle in Maiolati 1428 zerstört wird. Als der Maler das erste Mal in die Heimat zurückkehrt (etwa 1432), predigt der Mönch in Ungarn, Dalmatien und Bosnien. Als Bartolomeo jedoch wieder in Ancona lebt, taucht auch jener wieder in den Marken auf (1441). Nach Bartolomeos definitiver Rückkehr nach Foligno sto-

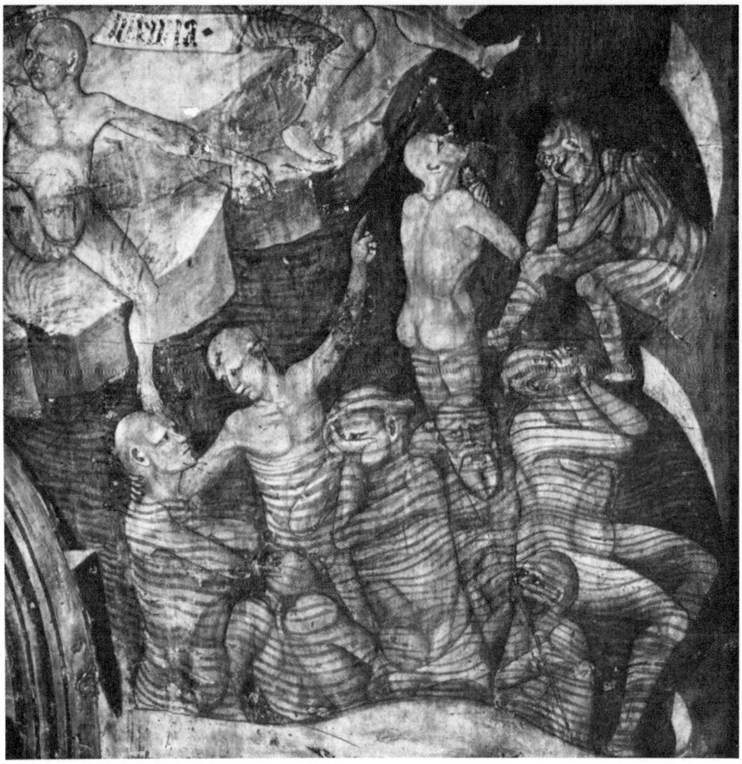

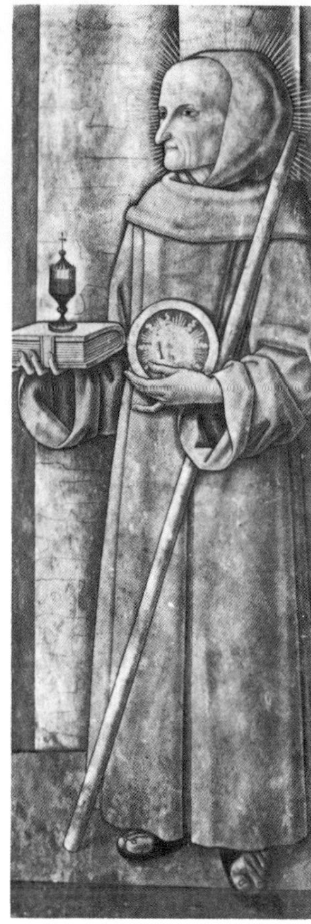

ßen wir auch dort auf den Mönch, wie er Einfluß auf die Entscheidungen der Gemeinde nimmt und sich für die *Santissima Unione* stark macht, an deren Versammlungen neben den Vorstehern der verschiedenen Familien auch der Maler teilnimmt[15]. Es wäre zudem aufschlußreich, der Persönlichkeit jenes Monaldo Paradisi nachzuforschen, der als Hauptvertreter seiner Familie der Auftraggeber für die Kapelle San Francesco in Terni sein muß, deren weithin bekannte Fresken von Bartolomeo stammen. Die lokalen Quellen belegen, daß Paradisi ein hartnäckiger Verfechter der Statuten ist, wie sie von Giacomo della Marca vorgeschlagen werden; schon 1444 – möglicherweise war bereits das Projekt für die Ausgestaltung der Kapelle angelaufen – predigte dieser in Terni[16]. Es gibt also kaum einen Schritt seines Weges, der Bartolomeo nicht in die schwer lastende und hektische Präsenz des Franziskaners geführt hätte. Dies geht so weit, daß man nicht ausschließen kann, daß der deutlich hervorgehobene Name Jesu auf dem Sims des Triptychons von Camerino in einer Beziehung zum Lieblingsthema der Predigten des Mönches steht. Auch könnte es sein, daß der franziskanische Heilige, der hinter dem Geländer einer Kanzel im Fresko von 1449 in Foligno gestikuliert, nicht, wie man gemeinhin meint, den Heiligen Antonius von Padua darstellt, sondern den hitzigen Mönch, der gerade vier Jahre zuvor auf dem Marktplatz von Foligno gepredigt hatte.

Von den Reden eines San Bernardino, die man als »ein Zusammentreffen der großen spekulativen Tradition der Franziskaner mit den wesentlichen Motiven der neuen humanistischen Kultur«[17] bezeichnet hat, scheinen die Predigten Giacomo della Marcas weit entfernt. Es steht uns nicht an, den Abstand zum »neuen Zeitalter« festzustellen;

links:
BARTOLOMEO DI TOMMASO,
Die Hölle, um 1450
Ausschnitt

rechts:
PIETRO ALEMANNO,
Der Hl. Jakob de Marchia
Ausschnitt

wir können nur vermuten, daß all das, was man hier an archaischem und didaktischem Symbolismus und Eschatologismus von der Art eines Joachim von Fiore verspürt, in einem kulturellen Zusammenhang, dem auch die Kunst Bartolomeo di Tommasos zugehört, gesehen werden muß – einem Zusammenhang, dem die Renaissance gänzlich fremd bleibt. Vielleicht hoffte der Maler, sein Werk würde als ebenso »entflammt und durchdringend« wie die Predigten des Franziskanerpaters bei den Juroren und, wem es sonst zugedacht war, aufgenommen[18].

Wir hätten hier nicht eine (vielleicht zu detaillierte) Darstellung dieses Themas unternommen, stellte es nicht bis heute einen jener seltenen Fälle dar, in denen günstige Umstände Umfeld und Natur der Beziehung zwischen einem Künstler und den Formen des religiösen Lebens, mit dem er in Kontakt steht, ausreichend erhellen. In diesem Fall besitzen wir eine hinreichende Kenntnis des erhalten gebliebenen Werks des Malers sowie des Umfelds, in dem es geschaffen wurde, zudem eine reiche Sammlung von Dokumenten darüber und insbesondere von Zeugnissen, die unmittelbar mit seiner sozialen Herkunft, seinen Reisen und den Auftraggebern sowie mit deren sozialem und religiösem Hintergrund zu tun haben; dies alles vermag – wenn auch keine Sicherheiten – so doch Anhaltspunkte von einigem Wert für die Untersuchung vergleichbarer Situationen geben. In Wirklichkeit stellen die Äußerungen religiösen Gefühls im Mittelitalien jener Jahrzehnte zwischen 1420 und 1460 ein Phänomen für sich dar; es hat spezifische Charakteristika, die in den letzten Jahren immer häufiger Gegenstand von Studien geworden sind[19]. Bei diesen Bemühungen scheint der Einfluß der Franziskaner der Osservanza ein Übergewicht zu besitzen: Ihre Tätigkeit durchdringt die Totalität der individuellen und der sozialen Existenzweisen, nämlich »sowohl die Hauptprobleme des allgemeinen Lebens der Kirche, des Staates, der Stadt als auch die Kleinstprobleme des Haushalts, des Kleingewerbes und der persönlichen Beziehungen«[20]. Daß solche Aktionen Einfluß ausüben können, hängt vor allem von den Predigten an das Volk ab, die in dieser Zeit fast vollständig in der Hand der Osservanza sind. Sie stellt in dieser Zeit eine außerordentliche Form der Machtausübung dar und setzt ein bedeutendes Massenphänomen ins Werk, das zugleich religiös und weltlich ist und Auftraggeber und Künstler tief beeinflußt, zumal wenn diese in Franziskanerkirchen arbeiteten und belegbare Beziehungen zu den populärsten franziskanischen Predigern unterhielten. Den Künstlern unter dem Gottesvolk – denen ihre Aufgabe bewußt war: »Dem niederen Volk, das nicht lesen kann, Zeugnis abzulegen von den wunderbaren Dingen, die dank der Gnade und in der Gnade des Heiligen Glaubens vollbracht wurden«[21], und die also ebenfalls zu einer *muta praedicatio* (stummen Predigt) beitrugen – hatte der Prediger nicht nur die theologische Doktrin und die moralischen Vorschriften zu liefern, sondern auch eine reiche Palette an expressiven Schattierungen, die Erbauung, Schrecken, Lachen und Weinen hervorrufen konnten. Bei einigen der bedeutendsten Prediger jener Zeit, wie z. B. Giacomo della Marca, stimmen die Inhalte ihrer Reden vollkommen mit der Mentalität, den Interessen und den Kontrasten überein, wie sie für jene Jahre charakteristisch sind; und diese Inhalte werden in Techniken und Schattierungen ausgedrückt, die in ihrer Anlehnung an die alten *Artes concionandi* (Künste der Rede) und die typischen Schemata der Scholastik[22] noch ganz klar mittelalterlich sind. Und genauso bedient sich bei einigen zeitgenössischen Malern, wie z. B. Bartolomeo di Tommaso, der Wille zu einer überladenden Expressivität und einer herausragenden Form wiederum des linearen spätgotischen Repertoires, das sich scheinbar in den vierziger und fünfziger Jahren erschöpft hatte und das nun noch einmal zugespitzt und emphatisch akzentuiert wird.

So stellen sich uns eine Epoche und ein Milieu dar, die starke Eigenheiten bei den Formen der Verbreitung von Idealen des religiösen Lebens und in der Fähigkeit aufweisen, künstlerische Phantasie und Gestaltung gänzlich zu durchdringen. Diese intensive Beziehung hat nicht dieselbe Aufmerksamkeit erhalten, die das Gespann Savonarola-Botticelli oder auch Savonarola-Fra Bartolomeo berühmt gemacht hat; und zu ihrem Beweis kann man keine literarischen Zeugnisse vorbringen wie im Fall von Francesco Panigarola und Ambrogio Figino. Dennoch scheinen die Umstände, unter denen sich jene Beziehung entwikkeln und sichtbare Konsequenzen zeitigen konnte, mindestens ebenso konkret zu sein wie die, die für die Malerei des 14. Jahrhunderts die »Affinität« nicht allein zwischen Jacopo Passavanti und Andrea Orcagna oder zwischen Simone Fidati und Taddeo Gaddi, sondern auch zwischen Domenico Cavalca und Giotto erhärten sollen.

Schließen wir das hier vorgetragene Beispiel ab. Das interessanteste Resultat, das man ihm abgewinnen kann, besteht nicht nur darin, daß man hier klarer als in anderen Fällen sehen kann, welchen Sog das Instrument der religiösen Propaganda – in diesem Fall eine bestimmte Art der Predigt – auf die Gesellschaft ausübte, der der Künstler angehörte; und man kann auch nicht – das wäre die extremste Konsequenz – eine Art Tableau von Konkordanzen zwischen Schemata der frommen Redekunst Giacomo della Marcas und stilistischen Mitteln Bartolomeo di Tommasos entwerfen. Die Untersuchung der Umstände zeigt jedoch, daß es in diesem Fall jenes Zusammentreffens von Ereignissen gab, bei dem die Personen und Gruppen, für die das Kunstwerk bestimmt ist, den Künstler mit der vollen Wucht ihrer Erwartungen konfrontieren; und so kommt es zu so etwas wie »einer Begegnung auf halbem Wege«, die voller Erwartungen und Besorgnis ist, den Punkt zu treffen, an dem die künstlerischen Impulse mit den religiösen, ethischen, politischen, sozialen und kulturellen zusammenfließen[23].

Die Fachleute des Heiligen in Aktion

Man muß aber bezweifeln, daß das Kraftfeld, in dem sich der Künstler bewegt, immer so einbindend ist. Die Vorsicht A. Hausers bei der Herstellung einer Beziehung zwischen Pontormos Rückzug zu den Kartäusern von Galluzzo und der künstlerischen »Krise« in den Fresken der Kartause scheinen vollkommen berechtigt[24]. Bedenkt man die Persönlichkeit Pontormos und berücksichtigt man z. B., daß jene Anfangsjahre des dritten Jahrzehnts im 16. Jahrhundert nahezu überall Jahre der Wende sind, dann muß man sich fragen, wie das als wichtiger Beweggrund gewertet werden kann, was – solange man keine zeitliche und räumliche Spezifizierung liefert – ein einheitliches religiöses Klima scheint, es sei denn man stützte sich ein weiteres Mal ausschließlich auf die Betrachtungen nach der Pest. Und ebenso enthüllt sich das »Klima der Gegenreformation«, sofern man es unbestimmt läßt, bei der Erforschung des vorgerückten Jahrhunderts als unzureichender Beweggrund, um daraus Konsequenzen für stilistische Entwicklungen abzuleiten[25].

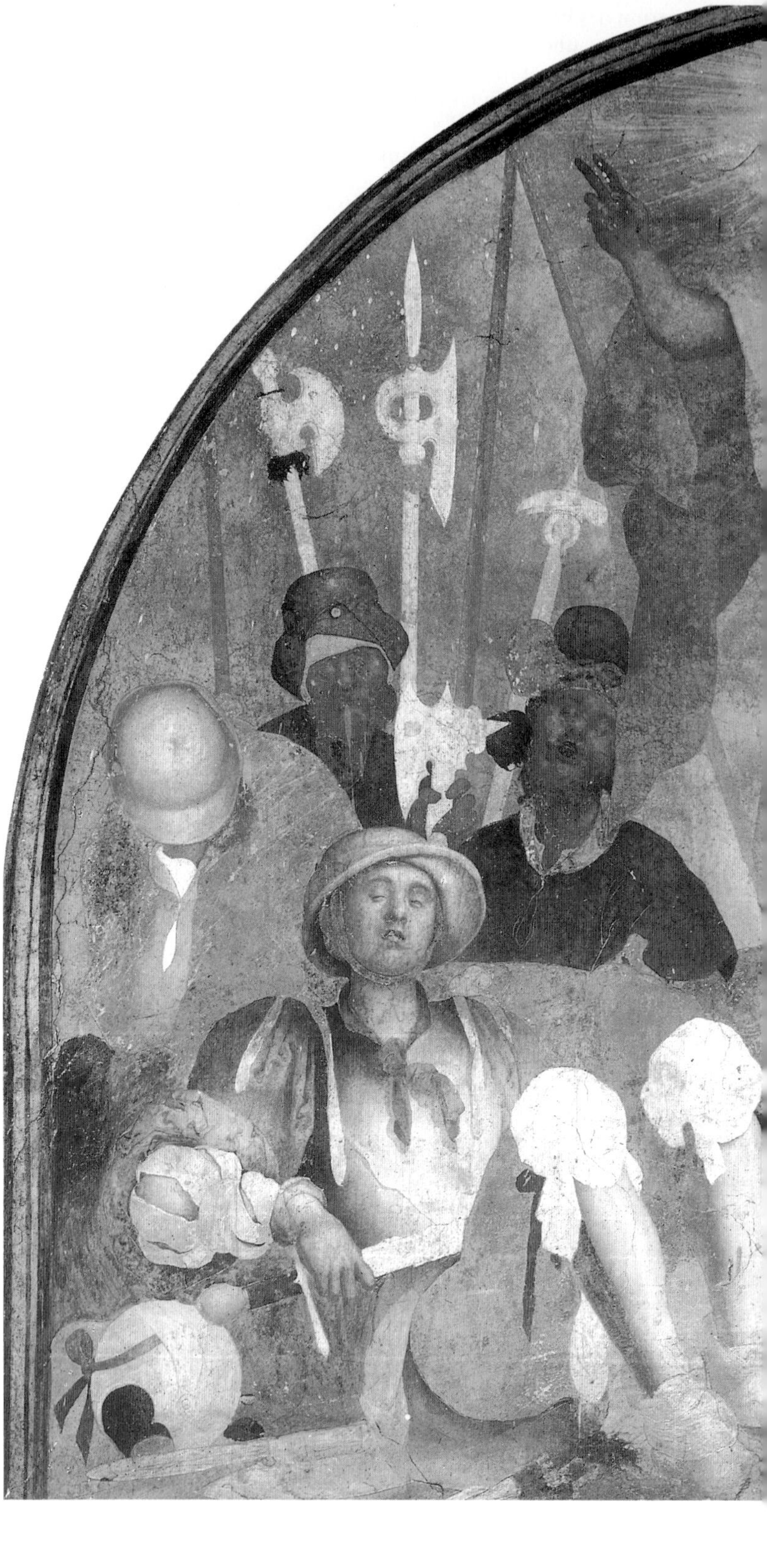

PONTORMO,
Auferstehung Christi, um 1523–1525

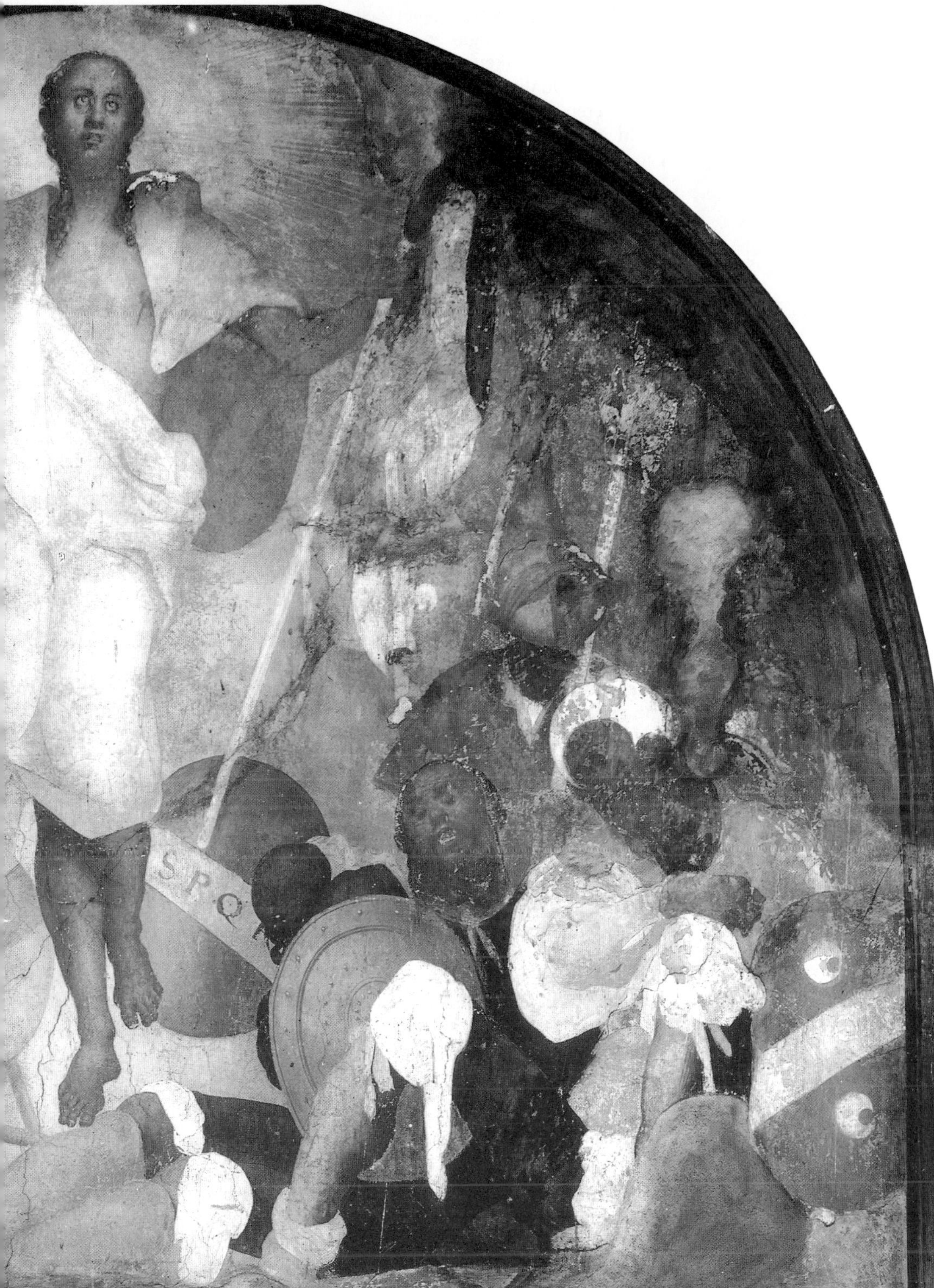
S P Q

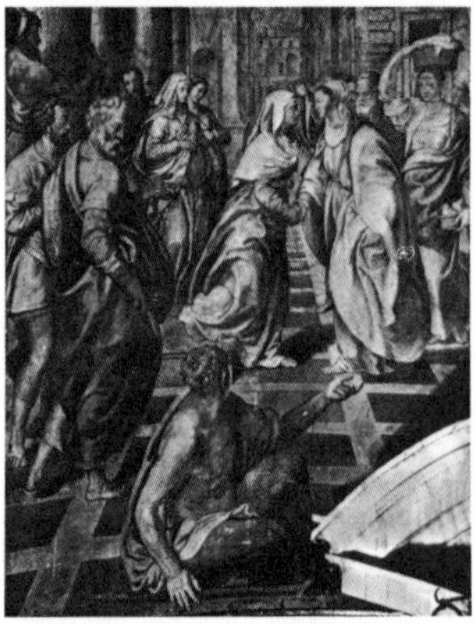

GIROLAMO SICIOLANTE, gen. SERMONETA,
Heimsuchung, um 1549
Ausschnitt

Hält man sich an die in jener Zeit ständig größer werdende Schar von Theoretikern der religiösen Kunst – und unter ihnen sind höchst angesehene Persönlichkeiten –, die sich bemühen, den Künstlern Wort für Wort die »Qualitäten, wie sie den Christen gezeigt werden müssen«[26], vorzubeten, gerät man leicht in Versuchung, ihnen ein größeres Gewicht zuzugestehen, als sie unter anderen Verhältnissen tatsächlich gehabt haben. Trotzdem bleiben Zweifel. So bleibt z. B. die Schwierigkeit bestehen, eine stilistische Entsprechung für jene »neue und schöne Sache« zu finden, die Gilio[27] nicht allein im Gegensatz zu Michelangelo, sondern auch zu Sebastiano del Piombo und zu Siciolante fordert: In Wirklichkeit handelt es sich um eine reine Abstraktion (aber hat die Formel des »gemischten Malers« eine größere Konsistenz?), die mit sterilen Zuordnungen eintönig pathetischen Zuschnitts ausgeschmückt wird und von der absolut nicht plausibel gemacht werden kann, daß sie irgendwelchen Einfluß auf den Korpus der lebendigen Kunstwerke ausgeübt habe. Ja, es ist bezeichnend, daß Lomazzo – und von Kunst verstand er erheblich mehr als der Monsignore aus Fabriano – sich in dem am stärksten gegenreformatorischen Abschnitt seines *Trattato* darauf beschränkt, ikonographische Rezeptanleitungen zu geben, aber fast nie expressive Lösungsvorschläge macht[28]. Im allgemeinen erheben sich aber angesichts dieser in der zweiten Hälfte des 16. Jahrhunderts (von Gilio über Molano, Carlo Borromeo und Paleotti zu Comanini) häufiger werdenden Literatur einige Fragen, die mehr oder weniger unmittelbar im Zusammenhang mit den Dekreten des Konzils von Trient, den Unterlagen von Konzilen der Provinzen usw. stehen. Diese Fragen betreffen unmittelbar das hier behandelte Thema – das sich jedoch nicht in der Analyse der Traktate über sakrale Kunst erschöpft[29]. Hier soll nur auf die Bedeutung eines Problems hingewiesen werden, das sehr wohl dem Thema inhärent ist: Inwieweit kann man die Anweisungen gegen Mißbräuche, die Gebote und die Anleitungen so betrachten, als schlössen sie notwendig eine Poetik ein oder umrissen eine Konzeption von Stil und ein erkennbares Geschmacksfeld? Und – wenn man dies einmal für gesichert hält – wie weitgehend kann man ihnen die Kraft zuschreiben, nicht nur die Darstellungen des Religiösen auf den Respekt gegenüber den Dogmen, der historischen Wahrheit und der Moral zu verpflichten, sondern auch tiefgehend die formale Gestaltung durch die Künstler zu beeinflussen? Wenn er sich ein Christusbild wünscht, wo dieser »niedergeschlagen, blutig, vollgespien, geschoren, verunstaltet, blutunterlaufen und häßlich ist, so daß er keinerlei menschliche Gestalt mehr habe«[30], schlägt Gilio möglicherweise kein konkret wiedererkennbares Bild vor und propagiert auch kein neomittelalterliches Manifest; des weiteren bleibt die Hypothese zu klären, der Hl. Karl sei in seinen *Instructiones* zum »Umriß einer eigenen architektonischen Poetik« gelangt[31]. Es scheint nicht so, als könnten diese und andere Schriften, soweit sie von den Künstlern aufgenommen wurden, umstandslos als Impulse, Beeinflussungen und konkrete Anstöße ihrer Gestaltungskraft angesehen werden[32].

In einer gründlichen Darstellung der theoretischen Literatur der Gegenreformation, die sich mit der bildenden Kunst befaßt, hat einer der aufmerksamsten Erforscher des religiösen Lebens im 16. Jahrhundert, P. Prodi, auch einige erst kürzlich erschienene Beiträge von Kunsthistorikern zum Thema untersucht. Im Hinblick auf das Dekret des tridentinischen Konzils zu den religiösen Darstellungen aus dem Jahr 1563 bezieht Prodi eine Position, die klar von der abweicht, die F. Zeri

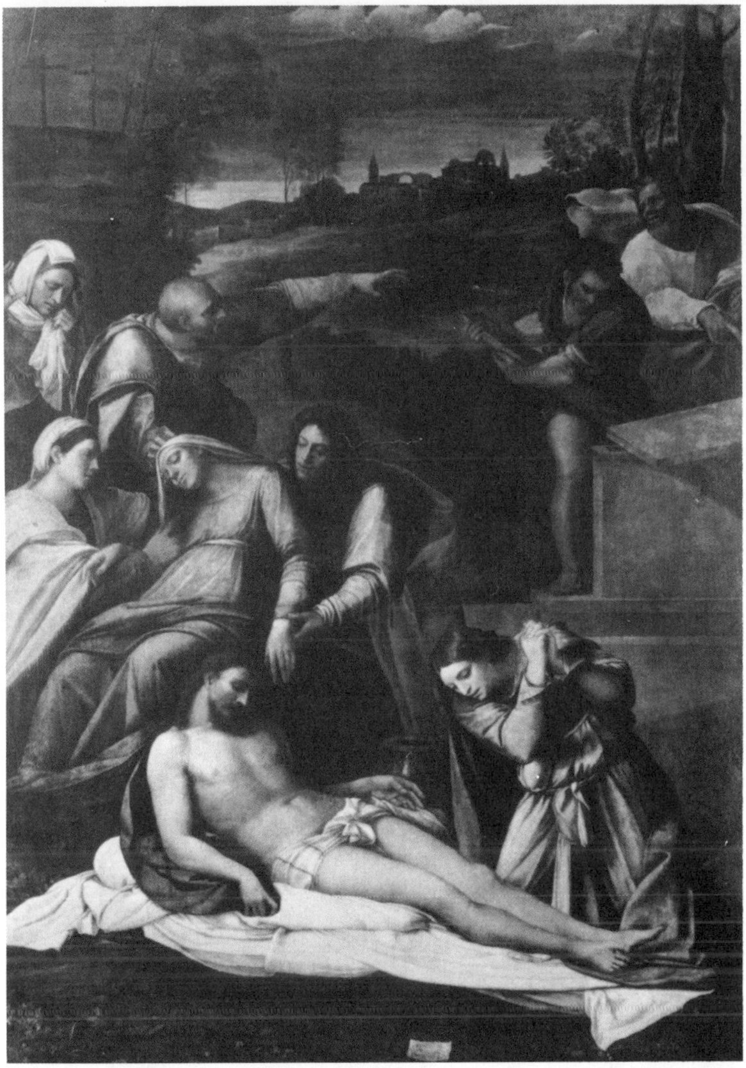

SEBASTIANO DEL PIOMBO,
Beweinung Christi, 1516
Ausschnitt

in seinem bekannten Aufsatz über Pulzone vertreten hat: Er bestreitet, daß das Dekret – »unpräzise und ohne die direkte Griffigkeit, die man ihm üblicherweise zuerkennt« – als Ausgangspunkt eines langandauernden Prozesses der Unterdrückung künstlerischer Freiheit angesehen werden kann, die schließlich ihren Höhepunkt in den anonymen Ölgemälden der modernen »religiösen Kunst« gefunden habe[33]. Ebenso interessant ist der Skeptizismus – der bereits in einem Text von Schlosser aufscheint – gegenüber der tatsächlichen Wirkung eines Textes wie dem von Gilio, der weit davon entfernt ist, »ein neues Kapitel in der Geschichte der Kunstkritik« darzustellen; besser begreift man ihn als unerhebliche Episode in einer ganzen Geschichte von Traktaten[34]. Zum Schluß gäbe Zeris Buch eine monolithische Definition der Kunst der Gegenreformation – einer Kunst, die in Wahrheit ein komplexes historisches Phänomen sei. Als vorbildlich müßten die Studien zu diesem Thema angesehen werden, »die ein grundlegendes Interesse daran an den Tag legen, innerhalb der italienischen Kirche die spirituellen, theologischen, kulturellen und disziplinarischen Strömungen zu erfas-

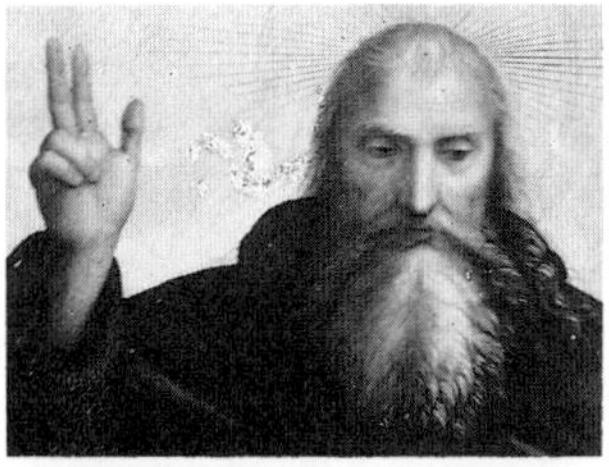

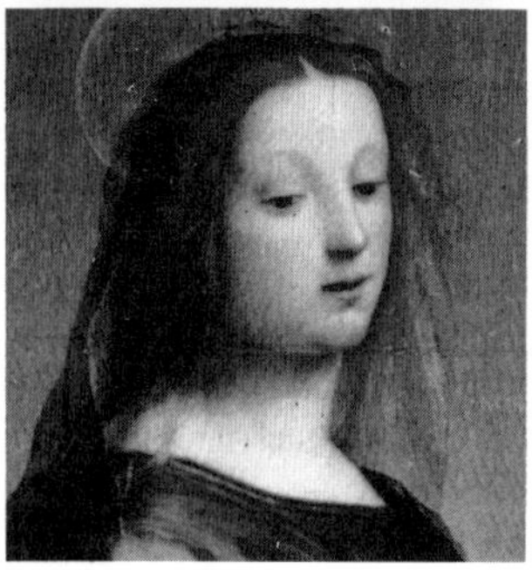

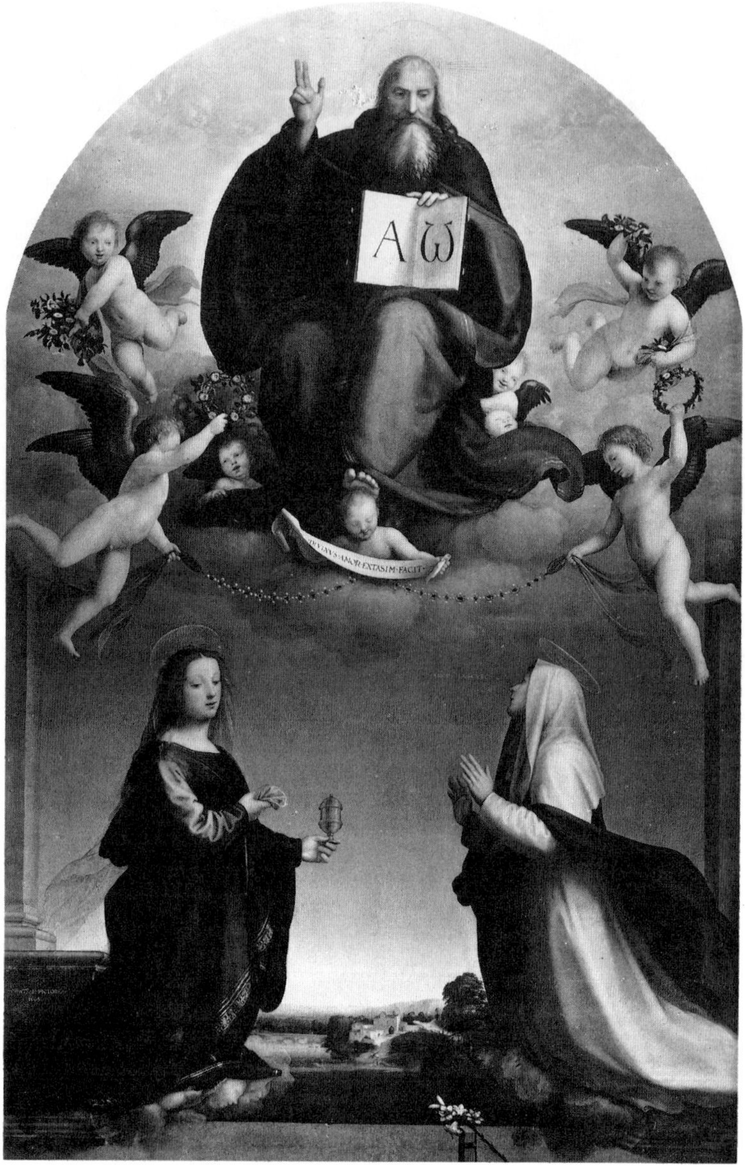

FRA BARTOLOMEO DELLA PORTA, *Maria Magdalena dei Pazzi und die Hl. Katharina von Siena vor Gottvater,* 1509

sen, die sich in den Regionen und Diözesen Italiens außerordentlich differenziert äußerten«[35]. Auf die Zweckmäßigkeit solch differenzierter Studien werden wir weiter unten zurückkommen. An dieser Stelle muß allerdings zunächst gesagt werden, daß die Differenzen zwischen den beiden Gelehrten, die von verschiedenen Gesichtspunkten ausgehen, bei dem uns interessierenden Problem, welchen Einfluß nämlich die Normen und Gebote auf die Kunst seit der Gegenreformation ausübten, nicht immer unüberwindlich scheinen. Zeri erkennt an, daß »ein fortschreitendes Nachgeben der malerischen Formen in der religiösen Malerei gegenüber den Anforderungen, wie sie vom Sujet gestellt werden, und ein Ausbruch eben des Sujets aus dem Zwang, nur ein Vorwand für fromme Zwecke zu sein, sich bereits sehr frühzeitig im 16. Jahrhundert bemerkbar machen«; und er belegt dies mit der Behauptung, daß »die Vorsätze eines Fra Bartolomeo oder die eines Mariotto Albertinelli um fast 50 Jahre vorwegnehmen, was gemeinhin der Gegenreformation zugerechnet wird«. Daher ist es möglich, wichtige Aspekte der religiösen Malerei Italiens unabhängig von Prozessen der Reglementierung und Theoretisierung der sakralen Kunst zu sehen[36].

Ganz offensichtlich herrschten im Umfeld von Fra Bartolomeo, Mariotto und Sebastiano del Piombo komplexe Verhältnisse, die nicht auf das Eifern von Kirchenmännern und Liturgikern reduziert werden können. Aber sehen wir uns diese und noch andere Persönlichkeiten von gleichem Rang an – aber diesmal nicht, wie sie dabei sind, allgemeine Anordnungen zu erteilen, sondern wie sie Ansichten und Zweifel darüber austauschen, wie Mariä Himmelfahrt in einem großen Altarbild dargestellt werden solle, das man in San Silvestro auf dem Quirinal aufzustellen gedachte. Auf Wunsch der auftraggebenden Bandini – einer von ihnen ist ein Prälat – beraten sich Silvio Antoniano, der damals noch Kardinal war, und Gabriele Paleotti, der sich auch eines Gutachtens von Sigonio bedient; eben dieser hatte ihm bei der Redaktion des *Discorso intorno alle imagini sacre e profane* zur Seite gestanden, der im Jahr zuvor veröffentlicht worden war. Der Briefwechsel, der von P. Prodi bekannt gemacht wurde, findet im April 1583 statt, das heißt – so muß man vermuten – kurz nach Beginn der Ausführung von Scipione Pulzones großem Altarbild auf Schiefer (1585), einem Werk, das als eines der typischsten für die sakrale Malerei der »Gegenreformation«[37] gilt.

Keine der thematischen Komponenten des Sujets entgeht der Aufmerksamkeit der Gelehrten: die Himmelfahrt der Heiligen Jungfrau in »Körper und Seele«, der »Beistand der Engel« – bis hierher gibt es keine Unsicherheiten. Problematischer jedoch: die Nähe zwischen Himmelfahrt und dem Zusammentreffen der Apostel am Grab, was bekanntermaßen zeitlich auseinanderliegt; die Art der Grabstätte (im Zentrum, in einem zeitlosen Sarkophag, oder »an der Seite, inmitten eines Gesteinsmassivs«?); wie alt ist die Jungfrau? Siebzig oder dreiunddreißig Jahre? Wie groß ist die Zahl der Apostel, da einige ja bereits gestorben waren?

Wie man sieht, fehlt es nicht an Diskussionsstoff; am schwierigsten aber war es, die synoptische Darstellung von Himmelfahrt und Aposteln hinzunehmen. In diesem Punkte scheint Antoniano anfänglich zu einer Radikallösung zu neigen, aber er erkennt sogleich, daß »ohne die Apostel das Bild zu nackt werden würde«, und am Ende stimmt er der Darstellung zu. Dabei vertraut er darauf, daß die Wirkung des Gemäldes die richtige Interpretation nahelegen werde, daß es sich um zwei verschiedene Zeiten handelt (»und es kommt der Malerei zu, zu sagen, daß das Grab leer aufgefunden wurde, weil die Madonna in den Himmel aufgenommen ward«). Die Apostel sollten jedoch keinerlei Anzeichen geben, als schauten sie die gen Himmel fahrende Madonna an, wo doch die Heilige Schrift nichts darüber sagt, daß die Jungfrau sichtbar gewesen sei. Sigonio seinerseits – und es scheint, als sei Paleotti einverstanden gewesen – geht noch weiter: Sein Vorschlag sieht vor, daß einige Apostel auf die Grabstätte schauen, und andere in Richtung der Jungfrau, die durch die Gnade des Heiligen Geistes sichtbar geworden sein könnte.

Antoniano wird den beiden Bandini das Ergebnis der Konsultation mitgeteilt haben, und alles spricht dafür, daß diese Pulzone davon in Kenntnis gesetzt haben. Aber ist die Vermutung zulässig, daß solche

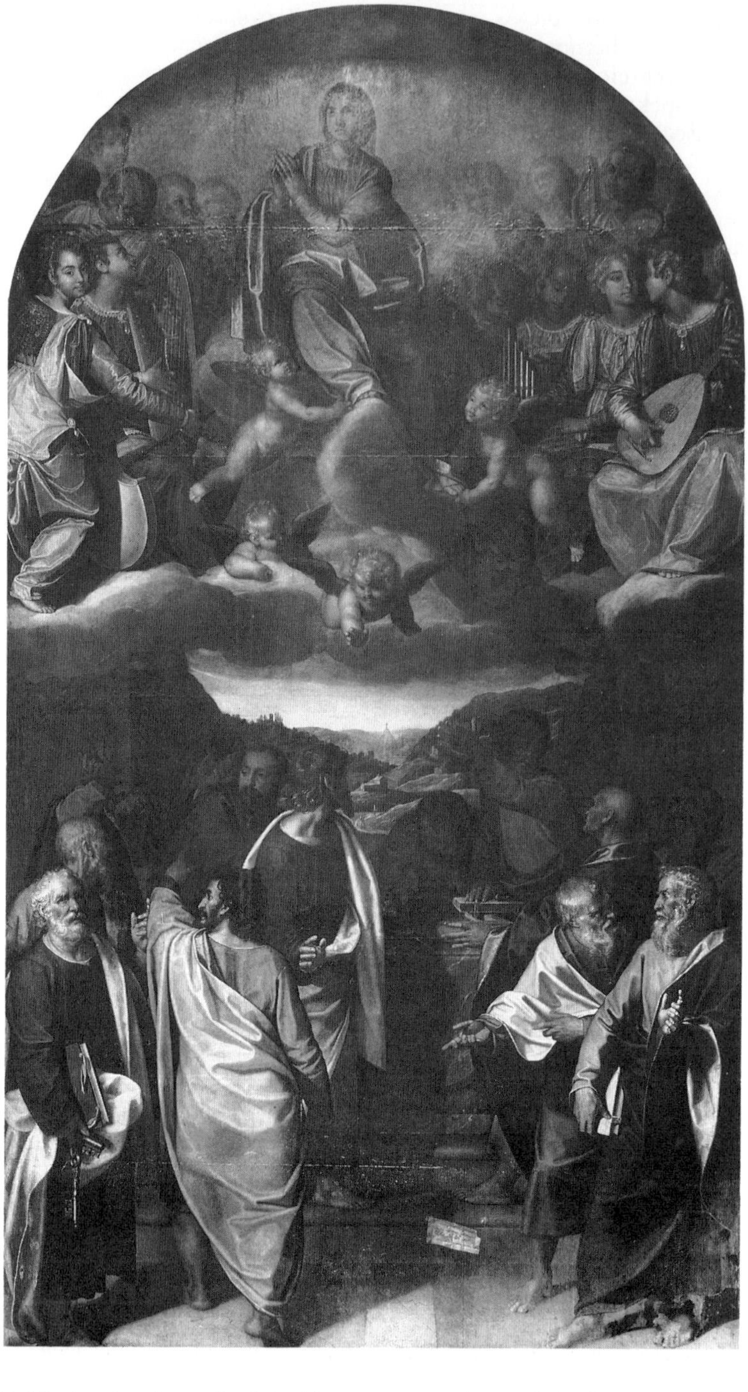

SCIPIONE PULZONE,
Mariae Himmelfahrt, 1585

Präliminarien irgendwelche Konsequenzen hatten? In ihnen ist nicht nur kein Anflug von Strenge und erst recht nichts an Vorschriften zu entdecken, es fällt darüber hinaus vor allem auf, wie flexibel und austauschbar die Vorschläge sind: Fast alles scheint möglich. Im Kern wird den Bandini, die sich an »die historische Wahrheit und die exakte Darstellung des Mysteriums halten wollen«[38], die Antwort zuteil, daß nichts anderes übrig bleibt, als der Tradition zu folgen, oder, wie wir sahen, dem Geschmack des Malers zu trauen, wenn die Schriften dazu nichts hergeben. Auf dem großen Altarbild Pulzones erkennt man die Jungfrau mit relativ jugendlichen Zügen im Zentrum und die zwölf Apostel. Und in der Tat lassen sie nicht erkennen, daß sie die wundersame Himmelfahrt gesehen haben; sie halten vielmehr – fast als würden sie die Gutachter imitieren – bedeutungsschwanger Rat vor dem leeren Sarg. Es bleibt aber zweifelhaft, ob man ihr Verhalten, was übrigens nicht frei von Mehrdeutigkeit ist, den vagen Hinweisen zuschreiben soll, von denen oben die Rede war; dies um so mehr, als bei einer anderen feierlichen *Himmelfahrt Mariae,* die in eben jenen Jahren von Ludovico Caracci gemalt wurde, ausgerechnet im Bologna des Kardinal Paleotti die Apostel, die klar in der Überzahl sind, den Blick nach oben richten und volle Zufriedenheit über den Anblick erkennen lassen[39].

Daß wir über Dokumente verfügen, die die einem so repräsentativen Bild vorangegangene Diskussion belegen, und wir damit die Möglichkeit zur Interpretation haben, kommt nicht allzu oft vor. Wenn wir uns so lange dabei aufgehalten haben, so hatte das nicht das Ziel, ganz allgemein die Macht von kirchlichem Einfluß und kirchlicher Kontrolle gegenüber den Künstlern herunterzuspielen – eine Macht, die möglicherweise gerade unter Gregor XIII. eher mit weniger Strenge ausgeübt wurde[40]. Dennoch scheint es so, als könne man aus dieser Episode den Schluß ziehen, daß man ohne gründliche Überprüfung den wichtigen Gelehrten und Theoretikern der religiösen Kunst in der Gegenreformation keinesfalls unterstellen kann, das künstlerische Streben einseitig und unnachsichtig geprägt zu haben[41].

Die gleiche Vorsicht empfiehlt sich, wenn man den Fall untersucht, in dem der Papst selbst der Auftraggeber des Werkes ist und an dessen Konzeption beteiligt war. Ein besonders gut belegtes Beispiel ist der Auftrag von Clemens VIII. an Federico Barocci für die *Einsetzung der Eucharistie* in der Kapelle Aldobrandini der Kirche Santa Maria sopra Minerva zu Rom. Die Briefe des Herzogs von Urbino, der den Kontakt mit dem Künstler herstellt, und vor allem die äußerst minutiösen Briefe seiner Agenten in Rom erlauben es, die ersten Phasen der Projektierung des bedeutenden Altarbildes in den Jahren 1603–04 ganz genau zu verfolgen; und sie klären die Rolle von Clemens VIII. bei der Realisierung[42].

Der Papst ist sich darüber im klaren, daß das von ihm gewünschte Sujet einen anderen Raum als den eher schmalen und hohen des Altars erfordert. In diesem Punkt ist er nicht nur bereit, sich dem Urteil des Künstlers anzuschließen, er gesteht ihm sogar zu, zwischen diesem und einem ganz anderen Sujet, der Madonna mit Jesus und den Heiligen Clemens und Hippolyt, seinen Schutzheiligen, zu wählen. Der Herzog teilt seinem Agenten mit, daß Barocci »das Abendmahl gewählt hat, weil dies der erste Wunsch Ihrer Heiligkeit war, und weil er weiter wohl auch erkannte, daß nichts würde gewonnen werden, sofern es die Enge des Ortes beträfe, nähme man die andere Geschichte, die vorgeschlagen wurde«[43]. Dies sind Formulierungen, aus denen – wenn man den Sätzen, die aus diplomatischer Rücksichtnahme fast vertauscht sind, ihren richtigen Wert beimißt – hervorgeht, daß die Gründe für die Entscheidung künstlerischer Natur sind. Im späteren Verlauf prüft der Papst die beiden von Barocci eingesandten Entwürfe eingehend und wählt einen aus, der vermutlich einem heute in englischem Privatbesitz befindlichen entspricht[44]. Er schlägt jedoch zwei Änderungen vor und,

»um seine Absicht besser zu erläutern«, übergibt er dem Agenten aus Urbino eine Skizze, die er »von einem jungen Mann hat fertigen lassen«. Mit Hilfe dieser Skizze, die Barocci niemals zu Gesicht bekam, »um ihm nicht noch mehr Ärgernis zu bringen als er ohnedies schon damit hatte«, beschreibt Clemens präzise seine beiden Modifikationen, »wenngleich es schien [so berichtet der Agent], er tue und sage dies ungern«: Er möchte die Hand Christi weiter von der Brust entfernt sehen, so daß sie klarer den Akt der Kommunion ausdrückt, und zudem möchte er, daß einige »Lüster« hinzugefügt werden, die zum Ausdruck bringen sollen, daß das Abendmahl des Nachts stattgefunden hat[45]. Über die Reaktion Baroccis wissen wir, daß er sich beim Herzog beklagte, weil die nächtliche Darstellung neuerliche Schwierigkeiten brachte und folglich die Ausführung verzögerte. Obwohl der Maler für seine Langsamkeit bekannt war, war das dennoch nicht der Grund dafür, daß Clemens das fertiggestellte Bild niemals zu Gesicht bekam.

Auch in diesem Fall kann man sich die Frage stellen, ob der einflußreiche Auftraggeber durch sein hartnäckiges Interesse in der Vorbereitungsphase des Bildes und durch die geäußerten Wünsche die expressiven Absichten des Künstlers beeinflußt habe. Möglicherweise liegt eine implizite Antwort in dem wunderschönen Text, den Bellori der *Einsetzung der Eucharistie* widmet. Besonders sticht die Bewunderung für »das Innere der Abendmahlsdarstellung in dem trüben, nächtlichen Licht aus der Ferne« sowie – ganz generell – für die wunderbaren malerischen Effekte hervor, die Barocci dadurch erzielte, daß er absichtsvoll einen Kerzenstummel, eine Fackel und einen Leuchter in dem Bild verteilte[46].

Die Religiosität des Künstlers, die A. Emiliani zu recht betont hat, steht natürlich außer Frage[47]. Gerade aus diesem Grund ist es wichtig, zu unterscheiden zwischen einer Religiosität, die nicht allein für die religiösen Ideale einer Zeit empfänglich ist, sondern auch persönlich gelebt wird, und einer von außen gesetzten oder aufgezwungenen Frömmigkeit. Aber man muß noch einmal daran erinnern, daß es eine dritte Möglichkeit gibt, auf die wir anhand eines Beispiels aus den vierziger und fünfziger Jahren des 15. Jahrhunderts schon hingewiesen haben: Nämlich das Zusammentreffen von so kohärenten Umständen, daß diese nicht als ein von außen kommender, gewaltsamer Zugriff auf das Gewissen des Künstlers angesehen werden können, sondern vielmehr eine Grundkomponente seiner Persönlichkeit sind. Zum intensiv erlebten religiösen Antrieb kommen also noch der ethisch-soziale und – über die Predigt – ein Impuls hinzu, der viel wirkungsvoller als ein dogmatisches Gebot oder eine ikonographische Vorschrift auch als ein verführerisches Modell des malerischen Ausdrucks angesehen werden kann.

Geschichte der religiösen Kunst, Kunstgeschichte, Geschichte

Die Untersuchung der religiösen Motive wird keineswegs unwichtiger, wenn – und dies ist in der zweiten Hälfte des 15. Jahrhunderts der Fall – die Entwicklung des christlichen Ideals nicht nur einen neuen religiösen Aufschwung bewirkt, sondern Züge einer wirklichen »Abänderung« annimmt, die, unausgesprochen oder ausgesprochen, die gegebene Doktrin und das kompakte und bisher gültige Bild des Christentums erschüttert. Dies ist der Moment, in dem die Verbreitung neuplatonischer Ideen und ein wiedergewonnenes Interesse für die alten Religionen, und besonders für den Hermetismus, die Suche nach »einem allen Religionen gemeinsamen Denken« motivieren und die Verbreitung der Idee einer »ewigen Offenbarung, die so alt wie die Menschheit, aber in langsamem und doch sicherem Fortschritt« sei, befördern[48].

Vor dem Hintergrund dieser Offenbarung, die unaufhörlich den Lauf der Menschheit begleitet und erleuchtet hat, wird der christliche Heros die moderne und »vollkommene« Verkörperung religiöser Ideale, die die Menschheit in verschiedenen Formen und fernen Epochen bereits pflegte. Daraus leiteten sich wenigstens zwei bedeutende Konsequenzen ab, die die Kunst des reifen 15. Jahrhunderts charakterisieren: Einerseits begünstigte die Übereinstimmung von Altem und Neuem, von heidnischer Mythologie und Hagiographie, von Weisheit der Alten und christlicher Offenbarung das Entstehen einer gebildeteren und intellektuell komplexeren religiösen Kunst, die theologisch wie philosophisch in der Lage war, einen weiten Bogen von der Vergangenheit zur Gegenwart zu schlagen. Andererseits verringerte sich anscheinend der Abstand zur Welt der Antike, und die neue Aufmerksamkeit für die Hauptaspekte ihrer Kultur – einschließlich der darin innewohnenden religiösen Ideale – humanisierten und aktualisierten deren Antlitz. In einem wichtigen Abschnitt seiner Studie über Botticellis Mythen hat E. H. Gombrich das Auftauchen einer durch starken intellektuellen Eifer erneuerten und durch weitreichende Zielsetzungen bereicherten profanen Kunst in einen engen Zusammenhang mit jener zweiten Konsequenz gestellt; er betont:

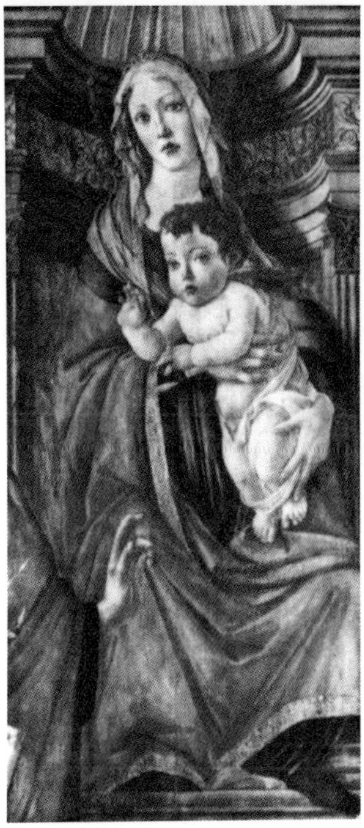
SANDRO BOTTICELLI,
Thronende Madonna mit Heiligen,
um 1488
Ausschnitt

> Die Tatsache allein, daß solche erhebenden und edlen Gedanken außerhalb des Bereichs religiöser Ikonographie ins Bildhafte übersetzt werden konnten, ist ein Symptom von allergrößter Bedeutung. Der nichtreligiösen Kunst erschlossen sich mit einem Male die höchsten Strebungen des menschlichen Geistes. Was wir vor uns haben, ist nicht die Geburt einer weltlichen Kunst – die blühte und existierte während des ganzen Mittelalters –, sondern die Erschließung jener emotionalen Sphären, die bisher allein dem Dienste der Religion vorbehalten gewesen waren, für diese Kunst[49].

Man kann nur noch einmal betonen, daß die Ursachen, die dazu beitrugen, der profanen Kunst ein neues Gesicht zu geben, auch einen Einfluß auf die Sensibilität ausübten, mit der religiöse Themen angegangen wurden. Das, was Gombrich die »Umformung der antiken Symbole in der Retorte der neuplatonischen Gedankenwelt«[50] nennt, erfaßt die religiöse und die nichtreligiöse Kunst so tief, daß davon auch Michelangelos Konzeption des Heiligen nicht unberührt bleibt.

Wir möchten uns wünschen, daß diese Thematik, auch wenn sie nur kurz angedeutet wird, die vielleicht unüberwindliche Schwierigkeit deutlich macht, der wir uns bei dem Versuch gegenübersehen, eine so breit gefächerte und so komplexe Materie schlichtweg auf die Begriffe der Interaktion zwischen religiösem Leben und künstlerischer Aktivität zu reduzieren. Es ist wohl klar geworden, daß es um sehr viel mehr geht: »Religiöses Ideal«, »religiöses Gefühl«, »religiöses Leben« und ähnliche Wendungen besitzen – über ihre direkte Bedeutung hinaus – einen solchen Reichtum an Implikationen, daß man mit ihnen die wichtigsten Züge der individuellen Erfahrung und des gesellschaftlichen Lebens verstehen kann. Wenn die Dynamik der kulturellen Impulse und die der religiösen Ideale sich in ihrem Fortgang dauernd überschneiden, wenn die religiöse Organisation und die Ordnung der

Gesellschaft sich wechselseitig so beeinflussen, daß sie zu gemeinsamen Strukturen und Verhaltensweisen gelangen, wenn religiöses Denken und ökonomisches Denken sich als eng verbunden erweisen und wenn schließlich die individuelle und die kollektive Psyche so oft eins werden mit der Welt der religiösen Imagination, dann stellt der Vergleich zwischen religiösem Leben und künstlerischer Aktivität die beste Bestätigung für die Behauptung dar, daß auch die Kunstgeschichte »une histoire à part entière« sei; ihr Interessensgebiet besteht – und das gilt auch für die eigentliche Geschichte – in dem, »was dem Menschen zugehört und daher vom Menschen abhängt, dem Menschen dient, den Menschen ausdrückt, in Präsenz, Aktivität, dem Geschmack und den verschiedenen Arten des Menschseins«[51].

In einer solchen Konzeption kann man der Kunstgeschichte denselben Auftrag wie der Geschichtswissenschaft zuordnen: Sie soll die Isolierung zwischen den Disziplinen durchbrechen und sich die Resultate und Methoden von Disziplinen wie der Geographie, der Ökonomie, der Soziologie und der Psychologie zu eigen machen[52]. Wenn sich die Kunstgeschichte der Geschichte des religiösen Lebens annimmt, dann stellt dies eine treffliche Gelegenheit zu einer solchen Grenzüberschreitung dar: Sie kann in einem Licht, wie es nicht klarer sein könnte, die »Strukturen« und »Konjunkturen« entdecken, denen sich solche Historiker mit größerem Interesse zuwenden, die nicht nur den Handlungen einzelner Personen eine entscheidende Bedeutung zumessen wollen, sondern versuchen, der bloßen Mechanik der Ereignisse durch komplexe Motivationen Leben einzuflößen. Nur schwerlich wird man ein Gebiet finden, das sich besser als die Religionsgeschichte für eine Interpretation eignet, die sich gründet auf die Dialektik von langen Zeitabläufen und Konjunkturen, d. h. den kurzen Zeitabläufen, die oft in Gegensatz zu jenen langen Wellen treten. Es sei – um ein Beispiel zu geben – gerne noch einmal an die eremitischen und klösterlichen »Sezessionen« erinnert sowie an den immer wiederkehrenden, mehr oder weniger unbeständigen Widerstand, der im Namen der »Spiritualität«, des »Gehorsams« usw. gegen die im wesentlichen statischen Momente von Weltlichkeit im Handeln der Kirche und der religiösen Orden geleistet wurde.

Es scheint, als gäbe es keinen anderen Weg für den Kunsthistoriker. Wenn er das akzeptiert, dann soll er die Logik des Spezialistentums zurückweisen und anerkennen, daß sein Amt in Wirklichkeit das des Historikers ist. Wächst in ihm ein Interesse für die Beziehungen zwischen den Ereignissen auf dem Gebiet der Kunst und dem des religiösen Lebens? Dann möge er wissen, daß er, kaum hat er diesen Schritt vollzogen, bereits in Sichtweite des gesamten Bildes menschlichen Seins und dessen gesellschaftlicher Organisation gelangt ist.

Formuliert man das Ziel auf diese Weise, dann erscheint es so hoch, daß derjenige, der daraus die weitreichendsten Konsequenzen zieht, verständlicherweise zurückschreckt und sich – nachdem er sein Augenmerk auf die Kunstwerke einer bestimmten Epoche gerichtet hat – verpflichtet fühlt, den Blick auf alle damit zusammenhängenden historischen Abläufe zu richten. Man muß sich aber fragen, ob es jemals einen solchen »Allesfresser« unter den Kunsthistorikern gegeben hat, und weiter, ob die überzeugendsten Beispiele aus der Kunstgeschichte der letzten zehn Jahre, die sich an eine extensive und interdisziplinäre Methodologie hielten, zu ihren besten Ergebnissen tatsächlich dadurch kamen, daß sie dieses Modell bis in die extremsten Konsequenzen befolgten. Man kann in der Tat feststellen, daß die wertvollsten Ergebnisse dann erreicht wurden, wenn zur Untersuchung von künstlerischen Ausdrucksformen oder beim Versuch, Transformationsprozesse von Stilen zu erklären, eine klare Entscheidung getroffen wurde: Entweder orientierte man die Untersuchung auf bestimmte Faktoren der Beeinflussung – die sozialen und ökonomischen Zusammenhänge, die Institutionen, das religiöse Leben, die kulturellen Impulse, die Mentalitäten –, die je nach Fall für die ausschlaggebendsten gehalten wurden, aber dies *nicht immer und in jedem Fall*; oder man grenzte strikt das Beobachtungsfeld auf einen ganz bestimmten Kontext ein, der in seinen spezifischen Komponenten und einem eng begrenzten zeitlichen Umfang betrachtet wurde.

Die Beispiele, die von F. Antal angeführt werden, um die positiven Resultate zu belegen, die durch die Zusammenarbeit von Kunstgeschichte und anderen historischen Wissenschaften zustandekamen, bestätigen diese Charakteristika[53]. Bezeichnenderweise findet man hier Gelehrte von ganz unterschiedlicher Ausrichtung erwähnt wie R. Krautheimer, M. Schapiro, M. Meiss, E. H. Gombrich, A. Blunt, F. Saxl, E. Wind; die verbindenden Faktoren zwischen den behandelten Beiträgen sind jeweils das Leben, die religiösen Institutionen und das religiöse Denken, die sozialen und politischen Bedingungen, die literarischen und philosophischen Konzeptionen, die Mentalitäten und der Geschmack. Wir könnten die Reihe um berühmte Studien erweitern wie *Abt Suger von St. Denis* von E. Panofsky, *Giotto and the Orators* von M. Baxandall und das Buch von F. Antal über Hogarth; ihnen ist die Fähigkeit gemeinsam, generalisierende Schemata der Verbindung zu vermeiden und bei der Betrachtung von Beziehungen zwischen verschiedenen Sphären sehr umsichtig vorzugehen. Zu recht hat man darauf hingewiesen, daß sich diese Qualitäten nicht immer in sehr breit angelegten Unternehmungen finden, die darauf zielen, genaue Symmetrien und immer wiederkehrende Korrespondenzen zwischen künstlerischen Formen und Gesellschaftsverfassung aufzuzeigen[54].

Behandelt man die Beziehungen zwischen der Geschichte der Kunst und religiösem Leben, muß man die positiven und die negativen Aspekte in Rechnung stellen, die sich aus diesen Erfahrungen ergeben. Sich in den schützenden Schatten zweiteiliger Titel wie »Religiöses Leben und Gesellschaft«, »Religiöses Leben und kollektive Psychologie« oder auch »Künstlerische Aktivität und religiöses Leben« zu flüchten, hilft nicht viel weiter. Da ist die Luft noch zu dünn. Es ist unmittelbar eine Spezifizierung erforderlich, die klar stellt, wo?, wann?, unter welchen besonderen Umständen? Es ist wahrscheinlich, daß die Antwort um so beachtlicher ausfallen wird, je mehr das Untersuchungsgebiet – gut motiviert – begrenzt wird, je mehr der betrachtete Zeitabschnitt – begründet – definiert wird und je besser die Besonderheiten des untersuchten Umfeldes herausgearbeitet werden.

Ganz offensichtlich kann diese gewollte Reduktion des Forschungsfeldes nicht bedeuten, daß man gegenüber den langen Zeitabläufen und den geographischen Großräumen gleichgültig wird. Sie verlangt vielmehr im Gegenteil eine sorgsame Verbindung mit eben diesen Problemen, die man keinesfalls als mehr oder minder willkürliche Ausdrucksformen eines vorgeblichen Zeitgeistes auffassen darf, der entweder als eine ganz und gar ideale Kategorie oder als schematischer gemeinsamer Nenner der Kultur oder der Gesellschaft aufgefaßt wird. Das würde, wie D. Cantimori bemerkt, dazu führen, »daß die Erkenntnis der Typologie mit der des Stils zusammenfällt«[55]. Diese Bemerkung paßt genauso gut auf alle generalisierten Definitionen des »Geistes einer

Epoche« wie z. B. Renaissance, Manierismus usw., wenn man sie als Passepartout benutzen will. Für unser Thema gibt der Barock eines der bezeichnendsten Beispiele ab. Bekanntlich hat man die – nicht gerade leicht zu definierende – stilistische Einheit des Barock dadurch herzustellen versucht, daß man ihn mit einer zentralen Phase in der Geschichte des Katholizismus in Verbindung brachte, die ebenfalls nur mit Mühe zu definieren ist, nämlich mit der Gegenreformation.

Der künstlerische Ablauf *Barock* und der geschichtliche Ablauf *Gegenreformation,* die beide in ihren stilistischen Konnotationen, in ihren konzeptionellen Inhalten und in ihrer chronologischen Ausdehnung deutlich differenziert sind, sind lange Zeit in Zusammenhang gesehen worden. Das gilt zumindest seit dem berühmten Essay von W. Weisbach (1921) und für die nachfolgenden Arbeiten von N. Pevsner, K. M. Swoboda, V. L. Tapié und P. Francastel. Verweilen wir einen Augenblick bei den generellen Problemen, die derart angelegte Untersuchungen aufwerfen. Zunächst ist klar, daß das ganze System vorgeschlagener und vertretbarer Abhängigkeiten und Beziehungen viel von seiner Plausibilität verliert, wenn sich auch nur bei einer der beiden Abläufe ein begrifflich nicht genau umschriebenes Feld zeigt[56]. Auch wenn man nicht auf den Schwierigkeiten insistiert, die noch immer bei der Eingrenzung künstlerischer Phänomene im Zusammenhang mit dem »Barock« bestehen, muß man jedoch in Rechnung stellen, wie ablehnend die Religionshistoriker der Verwendung des Begriffs »Gegenreformation« gegenüberstehen, dem es ihrer Ansicht nach an Präzision und Klarheit mangelt – und der doch häufig von den Kunsthistorikern verwandt wird. Wenn die Gegenreformation »immer noch als monolithischer Block konzipiert wird, der nahezu ausschließlich durch den siegreichen Kampf gegen den Protestantismus gekennzeichnet ist, ohne daß man differenziert, und so in diesem ganzen Korpus verschiedene Fermente und Strömungen des geistigen Lebens oder zeitliche und geographische Differenzen sichtbar macht«[57], dann wird es immer unwahrscheinlicher, die Beziehungen zwischen formalen Prozessen der religiösen Kunst und den Veränderungen des religiösen Denkens und Lebens zu erfassen. Es sei denn, man wolle sich mit einer Metageschichte oder, wenn man so will, einem geschickten rhetorischen Geflecht von Wirkungen, Ursachen und Entsprechungen begnügen, das man vor den Risiken der »Irreduzibilität« schützen möchte, die immer dann auftauchen, wenn in Teilabschnitten der Analyse fragmentarische und widersprüchliche Phänomene des Geschichtsverlaufs sichtbar werden[58]. Auf diese Phänomene stößt man immer vor allem dann, wenn man den notwendigen Schritt von der Kirchengeschichte zur Geschichte der Religion macht, die natürlich für die vielfältigen Aspekte der menschlichen und der sozialen Ordnung offen ist.

Besonderheiten, die in der avanciertesten Geschichtsschreibung der letzten fünfzig Jahre immer wiederkehren, sind: die Ablehnung der Periodisierungen als ganz und gar künstliche Einheiten, die Weigerung, definitorische Synthesen für ganze Epochen zu entwerfen, die Aufwertung der weniger schematisierbaren Elemente der historischen Ordnung, weil diese oft an implizite, konfuse oder widersprüchliche Zielsetzungen oder Tendenzen sozialer Gruppen oder Schichten gebunden sind. In einem alten Text, der das vielfältige und zusammengesetzte Bild der Reformation in Frankreich erhellt, unterstrich L. Febvre besonders eindringlich die Notwendigkeit, hinter dem Schutzschild generalisierender Formeln »jenen großen Strom verschiedener Zielsetzungen und Interessen [hervorzuholen], die nur selten präzis zum Ausdruck gebracht werden können, die aber nichtsdestoweniger die menschlichen Handlungen und Werke lenken«[59]. Es ist zu wünschen, daß auch bei der Gegenreformation »jenem großen Strom« immer die gebührende Aufmerksamkeit zuteil wird.

Nach den zahlreichen Versuchen, von denen einige bis heute ihren Wert bewahrt haben, Verbindungen und Entsprechungen zwischen künstlerischem Ausdruck und Impulsen aus der katholischen Welt der zweiten Hälfte des 16. Jahrhunderts zu präzisieren, erscheint uns der folgende Hinweis von D. Cantimori wie ein luzider Aufruf zur Vernunft; in einer unvollendeten Studie – es handelt sich um seine letzte Arbeit – schreibt er zur Verwendung des Begriffs »Gegenreformation«:

> Der Begriff »Renaissance«, der Begriff »Barock« und vergleichbare Begriffe bestehen aus reinen und willkürlichen Abstraktionen: Sie beziehen sich auf generalisierende Konzeptionen von Geschichte und Welt oder sind von ihnen abgeleitet und entsprechen nicht der Realität bewußter und partikularer Handlungen oder dem Phänomen der langen Dauer. Daher taugen sie nicht zur Interpretation, zum Studium und zum historischen Verständnis von Ereignisreihen; sie taugen nicht zur exakten Bestimmung zeitlich mehr oder minder umfassender Perioden und auch nicht dazu, reale Situationen – ganz gleich ob sie allgemeiner oder besonderer, individueller oder biographischer Art sind – zu begreifen[60].

Eine weitere, ebenso negative Konsequenz:

> Die Verwendung dieser ungeeigneten Instrumente hindert oft daran, die für die Forschung fruchtbarsten und hilfreichsten Wege zu wählen, nämlich die der Sammlung und Systematisierung dokumentierbarer und geprüfter Fakten und einer präzisen Schlußfolgerung[61].

Und weiter

> handelt es sich um ex post entwickelte Klassifikationsschemata, um Idealisierungen und Abstraktionen, die auf der Grundlage eines allgemeinen polemisch-philosophischen Denkens entwickelt wurden. Das Fortdauern solcher Schemata wie der unterschiedliche Gebrauch von unterschiedlichen Standpunkten aus und das träge Hinnehmen derselben kann nicht (oder sollte zumindest nicht) die Aufmerksamkeit der Historiker von den Fakten ablenken, welche gesichert sind, weil sie aus einer vielgestaltigen und breit angelegten, aber präzisen (wenn auch nicht vollständigen) Dokumentation herrühren; und es kann oder sollte sie nicht zu Diskussionen über Periodisierungen und generalisierte Konzeptionen führen, statt die Dokumentation selbst zu bereichern und zu vergrößern[62].

Grundsätzlich ist es nötig, aus dem konzeptionellen Gebiet, das gemeinhin vom Begriff »Gegenreformation« besetzt wird, unabhängig von internen Differenzierungen all die Phänomene auszugrenzen, die unter dem Titel ›Katholische Reform‹ zusammengefaßt werden könnten. H. Jedin hat diese Unterscheidung außerordentlich klar formuliert: »Katholische Reform ist jene Selbstreflexion, die die Kirche über das Ideal von katholischem Leben in Gang setzt, das durch innere Erneuerung erreicht werden kann; Gegenreformation ist die Selbstbehauptung der Kirche im Kampf gegen den Protestantismus«[63].

Diese Unterscheidung impliziert, daß jedes der beiden Ereignisse eine reiche Palette von Varianten umfaßt, so z. B. in bezug auf die Beziehungen zwischen Hierarchie und religiösem Netz, in bezug auf die Charakteristika der einzelnen Gesellschaften, in bezug auf die psychologischen Verhaltensweisen und die Differenzierung dieser und anderer Elemente im Laufe der Zeit, die bei der Erforschung der Beziehungen zwangsläufig eine subtilere Erforschung verlangen: Man könnte sagen, sie muß unermüdlich sein bei der fortwährenden Anstrengung der genaueren Ausarbeitung. Hat man einmal die Unterscheidung zwischen Katholischer Reform und Gegenreformation eingeführt, kann der Kunsthistoriker, der an einer nicht beziehungslosen Lektüre der stilistischen Veränderungen interessiert ist, nicht umhin, solche Ergebnisse der historischen Forschung zur Kenntnis zu nehmen, die es gestatten, in den Phänomenen die Elemente von Einheit und Vielgestaltigkeit zu entdekken. Gewiß besteht die Aufgabe nicht darin, passiv zu registrieren, sondern darin, zu verifizieren und zu integrieren; und man muß dabei beachten, daß die Dynamik der künstlerischen Ausdrucksweisen den Wünschen nach allzu konstanten oder präzisen Übereinstimmungen auch nicht gehorchen kann.

Im übrigen ist es just das Verlangen nach Unterscheidung und Spezifizierung – wie es sich immer dringlicher aus der historischen Forschung der letzten Jahrzehnte ergab –, das es auch für die Kunstgeschichte rechtfertigt, Instrumente zu entwickeln, die auch zur Erfassung von Mehrdeutigkeiten, Gegensätzen und Vielgestaltigkeit taugen. Wir müssen – um im Bereich des 16. Jahrhunderts zu bleiben – Phänomene herausarbeiten, die unterschiedlicher Natur sind oder mehrdeutig übereinstimmen, sowie auch solche, die zu unzulässigen Sprüngen in historische Zuordnung führen: Der Erfolg des Reformideals der Kirche bereits unter Julius II. und Leo X. im 5. Laterankonzil, der natürlich eine Bestätigung war – wenn auch eine mit neuen Implikationen; die Herausbildung der beiden Pole Katholische Reform und Protestantische Reform nach Luther – letztere mit neuen Zielen und Akzenten –, zwischen denen eine ganze Reihe nuancierter Positionen bestehen, auch in der Frage, ob ein Konzil einberufen werden soll oder nicht; die aus der Tridentinischen Versammlung hervorgegangenen Tendenzen, im Konzil das entscheidende Moment zu sehen, um Boden für die Ideale der Erneuerung und der Reform zu gewinnen, oder es im wesentlichen als das effizienteste Instrument zu betrachten, den Protestantismus vollständig abzuwehren und dem Katholizismus wieder zum Sieg zu verhelfen; die mehrdeutige Phase nach dem Konzil, in der – allerdings nur für kurze Zeit – die Reformtendenz vorherrscht, nachdem man mit dem wachsenden Erfolg der harten und repressiven Strömungen seit den achtziger Jahren das Kapitel der Gegenreformation als eröffnet betrachten kann; und schließlich die Krise der Gegenreformation, die ungefähr mit dem Amtsantritt von Papst Urban VIII. zusammenfällt und die man in dem Sinne verstehen muß, daß die eigentlich religiösen Motive an Bedeutung verloren und die eher politischen die Oberhand bekamen[64]. Gewiß, die Diskussion über die Chronologie dieser Phänomene ist bis heute ebenso offen wie die Frage, ob und wieweit einige von ihnen dem Umfeld der Katholischen Reform und der Gegenreformation zugerechnet werden können[65]. Aber das ändert nichts daran, daß die Kunstgeschichte beim Versuch, Gemeinsamkeiten und Übereinstimmungen zwischen Religionsgeschichte und den Veränderungen der Stile zu entdecken, es mit einem komplexen Gewebe von Charakteristika und Ereignissen zu tun hat, und nicht mit – höchst unwahrscheinlichen – homogenen Definitionen[66].

Die Kunst, die Kirche, die Gruppen

Auch auf die Gefahr hin, unausgewogen zu argumentieren, weil wir dem 16. und 17. Jahrhundert einen sehr großen Raum geben, müssen wir versuchen, Beobachtungsmaterial aus diesen beiden Jahrhunderten zu gewinnen. Es ist ja bekannt, daß sie in größerem Maße als andere Perioden signifikante Beispiele für das hier behandelte Thema liefern.

Ein so kontrastreicher Komplex wie der, den uns die Historiker des religiösen Lebens für die Zeit der Katholischen Reform und der Gegenreformation ausmalen[67], fördert natürlich den Wunsch – der in den letzten Jahrzehnten mehr als einmal geäußert wurde – nach einer vorrangig unter geographischem Gesichtspunkt differenzierten Untersuchung des religiösen Lebens. Dies gilt noch mehr für den Italien betreffenden Teil der Forschung, denn in Italien fehlt der Bezugspunkt, den in manchen Fällen das Vorhandensein einer homogenen politischen Struktur darstellen kann. Die bisherigen Resultate vor allem französischer und italienischer Arbeiten belegen übereinstimmend die Wichtigkeit detaillierter Forschungen über einzelne Diözesen, in denen man nahezu in jedem Fall mehr oder weniger deutlich Einzelaspekte erkennen kann, deren Bewertung unerläßlich ist, will man die Beziehung zwischen religiöser Aktivität und den anderen Ausdrucksformen des sozialen und kulturellen Lebens klären.

Forscher wie G. Alberigo hielten es bei der Untersuchung der Religionsgeschichte des 16. Jahrhunderts angesichts »kleinster« Realitäten und der Entdeckung von neuen Untergliederungen für unbedingt notwendig, von einer Forschung generellen Zuschnitts über die »Gegenreformation« zu einer detaillierten Untersuchung beispielsweise der konkreten Methoden überzugehen, wie die Dekrete des Tridentinischen Konzils in den italienischen Diözesen angewandt wurden. Es ist überhaupt nicht einzusehen, wieso sich nicht auch die Kunsthistoriker bei der Erforschung von Verbindungen, Korrespondenzen und Reflexen mit kulturellen Einheiten von der Größe einer Diözese oder Pfarrgemeinde befassen, wenn doch alles den Schluß nahelegt, diese Einheit habe in bestimmten Fällen eine Rolle gespielt[68]. Für den Kunsthistoriker, der sich mit dem nüchternen Realismus in den Heiligenmalereien Morettos bereits in den dreißiger Jahren befaßt[69] und das Problem, vorsichtig ausgedrückt, nicht vollkommen abtrennt von der Untersuchung des besonderen religiösen Kolorits der Personen und Gruppen, aus deren Nachfrage und Erwartungen der Maler seine Legitimation bezieht, für diesen Kunsthistoriker also stellt es einen unverzichtbaren Schritt seiner Forschungen dar, das besondere religiöse Klima im Brescia der ersten Hälfte des 16. Jahrhunderts in Augenschein zu nehmen[70]. Die Strömungen von Andacht und Frömmigkeit, lokale Ausdrucksformen von Spiritualität und kirchlichem Leben, die das religiöse Klima von Brescia charakterisieren, machen diese lombardische Diözese zu einem Gebiet großer Bedeutung in der Religionsgeschichte bereits vor dem Konzil. Das Ergebnis einer solchen Untersuchung wird zumindest wahrscheinlich – nicht eine mechanische Gleichsetzung vom Typ: religiöses Klima in Brescia gleich Realismus des Moretto sein. Aber es wird erhellen, wie sich eine Nuance im Ausdruck des religiösen Gemäldes herausgebildet hat (die im übrigen überdauern sollte), die man in jenen Jahren andernorts in Italien nicht findet; ganz zu schweigen natürlich von Venedig, zu dessen Staatsverband die Diözese Brescia gehörte. Die Möglichkeit, daß sich auch innerhalb einer Pfarrgemeinde eine besondere Geschmacksrichtung herausbilden könnte, die sich mit einer gewissen Kontinuität und Kohärenz in der Arbeit von Künstlern verwandter Ausrichtung ausdrückte, wurde z. B. für das Rom im frühen 17. Jahrhundert in Betracht gezogen. Hier verfolgten – wie A. Ottani Cavina bemerkt – die Kirchen Santa Maria della Scala und San Lorenzo in Lucina, beide in Kontakt mit den Karmelitern, eine ganz

links:
ALESSANDRO BUONVICINO, gen. MORETTO, *Gastmahl in Bethanien bei Simon, dem Aussätzigen,* um 1550 Ausschnitt

rechts:
CARLO SARACENI, *Bußprozession des Hl. Karl Borromäus mit dem Nagelreliquiar des Hl. Chlodoald,* um 1619 Ausschnitt

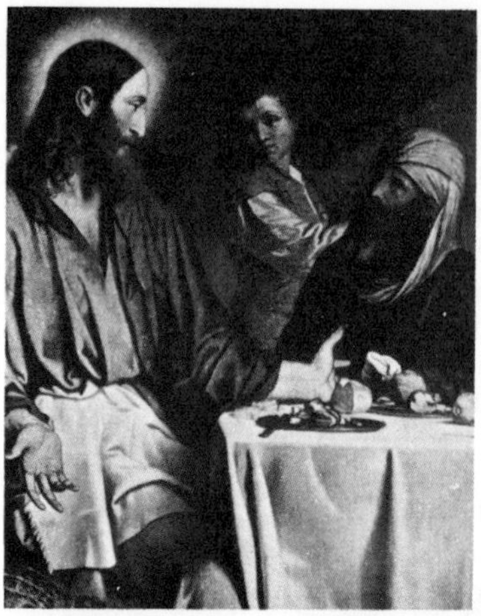

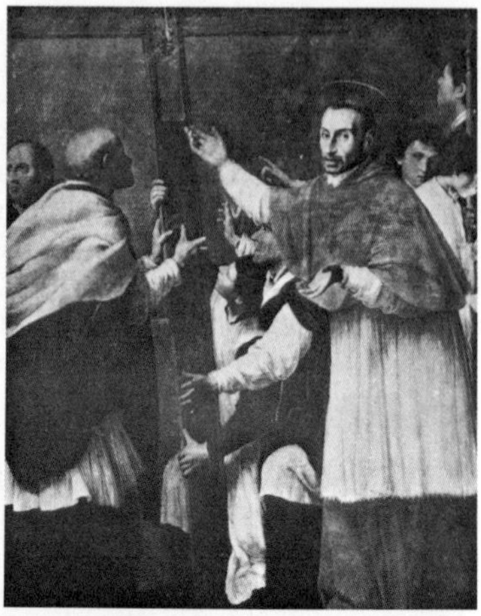

SIMON VOUET, *Die Versuchung des Hl. Franziskus,* 1624

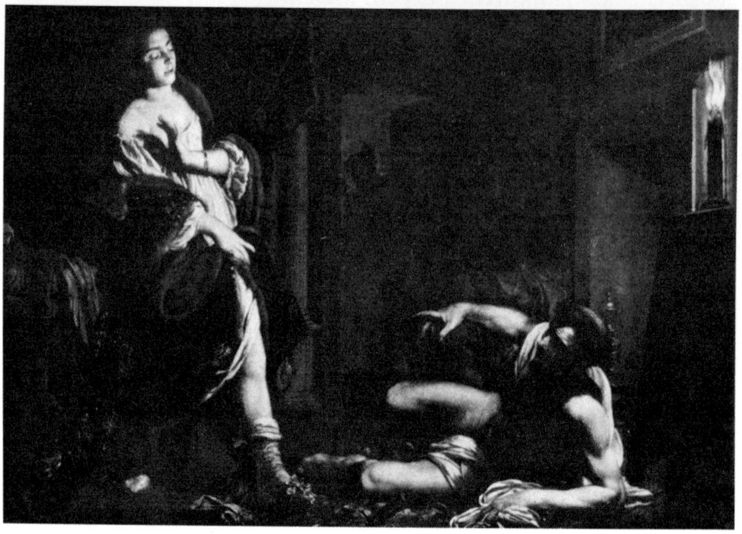

ähnliche Politik, als sie Malern aus dem Umfeld Caravaggios Aufträge erteilten[71].

Die Gefahren künstlicher Festlegung von Stadien und unbeweisbaren Parallelen werden um so eher vermieden, je mehr man über brauchbare Elemente zur spezifischen Erkenntnis einzelner Situationen verfügt. Wir können auch hier den Methoden folgen, die von den Spezialisten der Religionsgeschichte – und daher natürlich auch denen der Sozialgeschichte – vorgeschlagen werden, die zu recht darauf insistieren, noch nicht ausreichend erforschte Gebiete mit immer analytischeren Methoden anzugehen[72]. Die Aufmerksamkeit, die zumindest einigen von ihnen durch etliche Kunsthistoriker zuteil wird, die nicht ewig im Himmel der »großen Kategorien« verweilen wollen und an Lösungen auf der Grundlage einer unterstellten autonomen Dynamik von Formen und Stilen zweifeln, ist vollständig berechtigt. Wenn man sich mit der Erforschung eines oder mehrerer Künstler befaßt, die vor allem für die Kirchengebäude einer Diözese arbeiten, ist es ohne Zweifel von Vorteil, über möglichst viele Informationen zur sozialen Herkunft, zu den materiellen Bedingungen und der kulturellen Identität von Bischöfen, Klerus und Laien (angefangen bei den aktiven Laienbruderschaf-

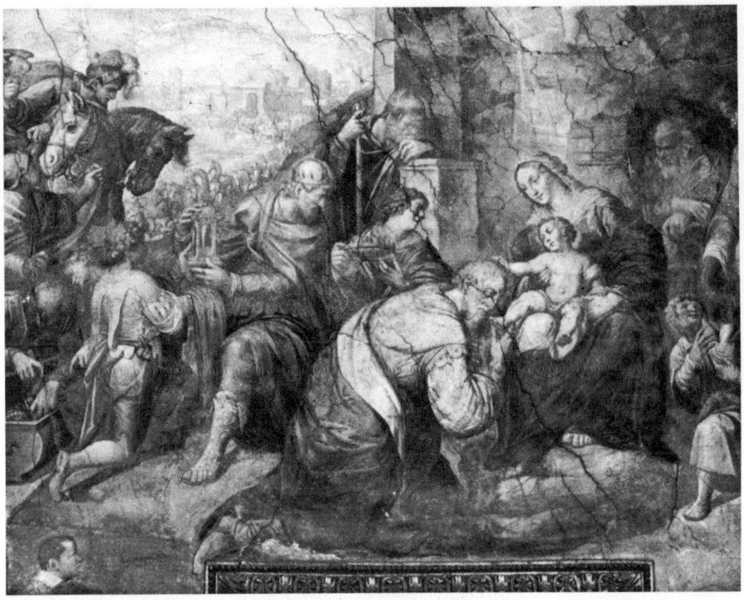

GUGLIELMO CACCIA, gen. MONCALVO, *Anbetung der Könige*, 1609–1613
Mailand, Sant'Alessandro

ten) zu verfügen. Um nur ein Beispiel zu nennen: Das Studium der Beziehung Künstler–Auftraggeber (wobei letzterer auch ein Kollektiv sein kann) muß vage und unbestimmt bleiben, wenn man es nicht vertieft durch eine Untersuchung der Beziehung zwischen dem kulturellen Niveau eines Mitglieds der Hierarchie oder einer sozialen Gruppe und dem religiösen Empfinden; und es bleibt auch vage und unbestimmt, wenn man der kulturellen Entwicklung des Klerus nicht genügend Aufmerksamkeit widmet – etwa der Tatsache, daß in der zweiten Hälfte des 16. Jahrhunderts die Verbreitung von Idealen der Reform, von neuen Praktiken der Andacht und der Frömmigkeit sowie das Entstehen von Kollegien und Kongregationen in den Bildungsprozeß des Diözesanklerus neue Elemente einführen[73].

Ebenso scheint es nötig, den realen Einfluß der neuen Orden und Kongregationen zu untersuchen, die im 16. Jahrhundert entstanden und bereits im Vorgriff die Katholische Reform ausdrücken – von den Kapuzinern über die Regularisten, unter denen die Jesuiten herausragen, von den Priestern der Oratorianerkongregation bis zu den reformierten Karmeliterinnen der heiligen Teresa und den Ursulinen: Es geht darum, jenseits brillanter, aber oftmals mißverständlicher allgemeiner Definitionen (der »Stil der Jesuiten«, der »Stil der Philippiner« usw., die ebenso nichtssagend sind wie der Begriff »Kunst der Benediktiner«) die religiösen, sozialen und kulturellen Komponenten, die für jeden Ort und für jeden Orden spezifisch sein könnten, zu erfassen[74].

M. Rosci hat an einen interessanten Fall erinnert: an die Kirche Sant'Alessandro der Barnabitermönche in Mailand; hier hängt das Schicksal, das gegen Ende des zweiten Jahrzehntes des 17. Jahrhunderts, der »akademischen und ›sanft‹ mystizierenden Manier« des Moncalvo widerfuhr, anscheinend eng mit den kulturell-religiosen Neigungen jener Kirche zusammen, die ein charakteristisches Zentrum der weltlichen und kirchlichen Familienmacht Giovan Ambrogio Mazentas, des Ordensgenerals und zudem Architekten, sowie seiner Brüder geworden war[75]. Es handelt sich also nicht um eine Beziehung, die man auf der dürren Ebene der Ideologien und allgemeinen Programme

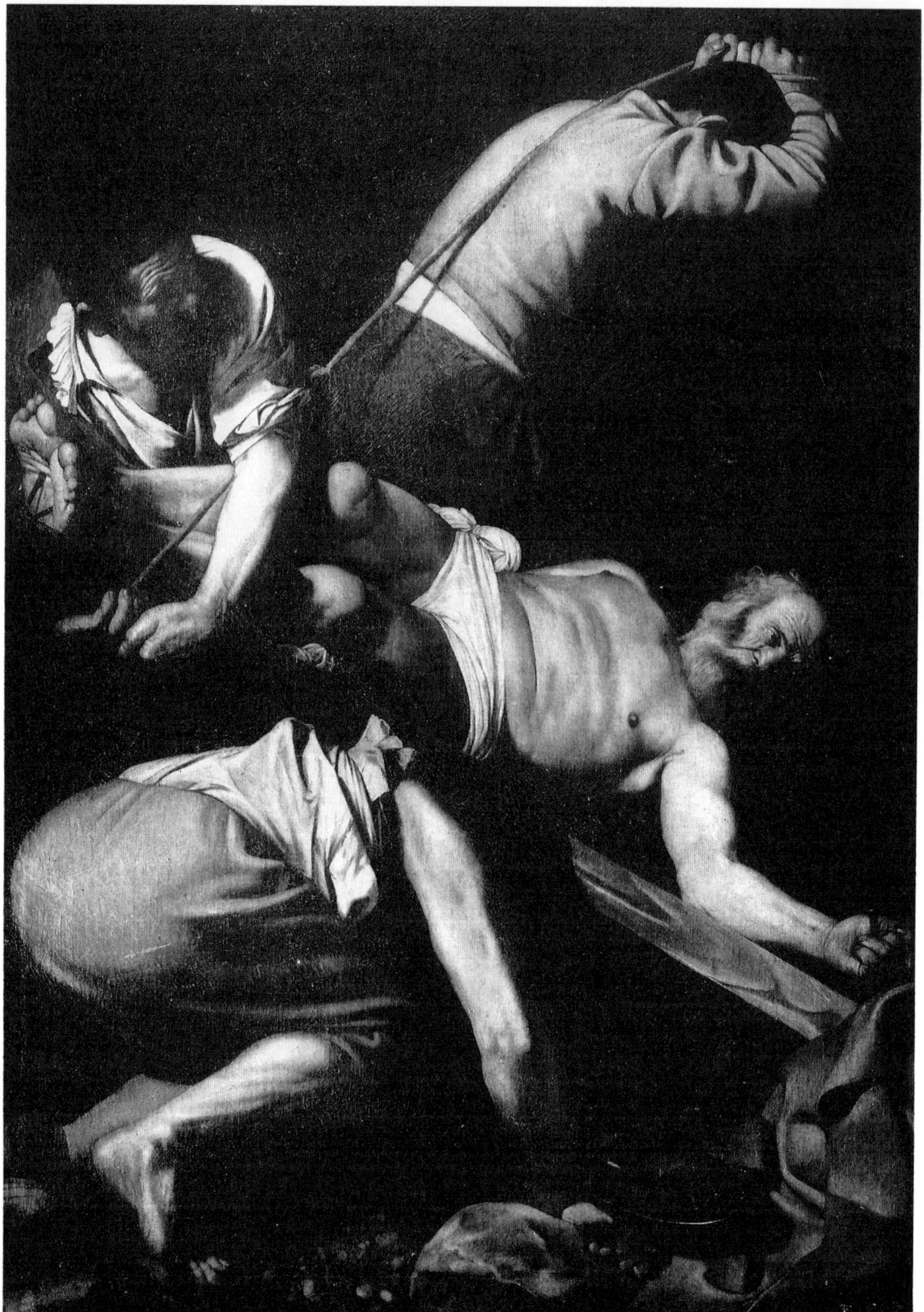

erfassen kann: Wir sehen uns einem umgrenzten und homogenen Milieu mit einer größeren Neigung, partikulare religiöse Anstöße zu geben, gegenüber; seine kulturellen Inhalte scheinen sehr viel besser erfaßbar als die, die man schematisch – nach der Art »Ära Carlos« oder »Ära Federicos« – bezeichnet. In diesem Sinne scheint es, um noch eine andere »Gruppe« mit ihren Implikationen zu zitieren, vollkommen gerechtfertigt, wenn L. Berti die Verbindung zwischen Santi di Tito und der Laienkongregation des Hl. Thomas von Aquin, der der Maler zugehört, aufmerksam untersucht[76]. Zu diesem Fall – wie auch dem Sant'Alessandros in Mailand – wünscht man sich spezifische Untersuchungen, die den Nachweis führen, ob und wie das besondere religiöse Milieu der Bruderschaft, das von den Dominikanern San Marcos beeinflußt wurde und mit typischen Florentiner Aspekten der Katholischen Reform zusammenhing, einen fruchtbaren Boden für das Entstehen der ausgewogen naturalistischen religiösen Malerei von Santi di Tito bildete.

Mit Fug und Recht kann man jedoch vermuten, daß es eine Art Hemmschwelle bei der Definition und Präzisierung des Einflusses gibt, der von den alten und den neuen Orden sowie von allgemeinen Äußerungsformen der Gegenreformation ausgeübt wurde. Berücksichtigt man das nicht, ist es leicht möglich, daß man zu zweifelhaften Resultaten kommt, so zum Beispiel, wenn Caravaggio eine »Religiösität, von der man nicht genau weiß, ob sie reformatorisch, gegenreformatorisch, oratorianisch [...] oder augustinianisch ist«, zugeschrieben wird. C. Brandi – von dem das Zitat stammt – verbirgt sein Erstaunen nicht[77]; und genauso ist die Forderung nach konkreter Überprüfung legitim, wenn man liest, an den Ursprüngen von Caravaggios »Realismus« stoße man auf die religiöse Ethik des Hl. Karl Borromäus oder Federico Borromeo müsse für Caravaggio – wie für den stilleren Figino – als »Quelle der Doktrin« angesehen werden[78]. Es wäre sehr wichtig, daß solchen Studien zu diesen oder zu anderen Fragestellungen die Belege und Spezifizierungen folgen, die – jenseits von Vermutungen über Einflüsse und Verbindungen – das Gebiet und die tatsächlichen Ebenen von Begegnungen und möglichen Berührungspunkten so konkret wie möglich umreißen. Dazu könnten Anregungen wie die von W. Friedländer über die *Low Church* hilfreich sein, auch wenn man darüber hinausgehen muß[79]. Und allgemeiner: Die Studien E. Panofskys befassen sich mit Themen, die es ständig nötig machen, im Kontext künstlerischer Aktivität auch die Einflüsse zu berücksichtigen, die vom philosophischen und religiösen Denken der Zeit herrühren – so gewinnt man zumindest eine Ahnung davon, wie komplex, wie differenziert und voller Kontraste das Gebiet ist, mit dem es die Untersuchung zu tun hat[80].

Komplex war – zumindest oft – sicher auch das, worauf sich die großen und kleinen Zentren der Malerei im 17. Jahrhundert bezogen: So komplex, daß – um zu den Beispielen aus der Lombardei zurückzukehren – es von Nutzen ist, an die Verblüffung R. Longhis zu erinnern, wenn er die Schwierigkeit betont, »zu verstehen, warum man sich jetzt, nach der zweiten Pest (der zur Zeit Kardinal Federicos), erneut den Schönheiten der Lombardei hingab, ohne daß man sich Pietro da Cortona oder anderen großen Europäern hätte anvertrauen müssen, die niemals Bilder nach Mailand schickten – wo doch in den ersten Jahrzehnten ein grabesfinsterer Ton in der Malerei geherrscht hatte, der ein stark verspäteter Nachhall der Pest aus dem Jahre 1577 (jener aus den grauenvollen Erinnerungen des Hl. Karl) zu sein schien«[81].

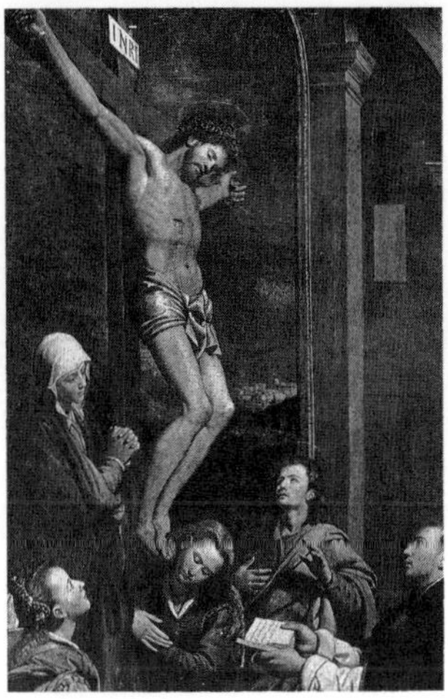

SANTI DI TITO,
Vision des Hl. Thomas von Aquin, 1593
Ausschnitt

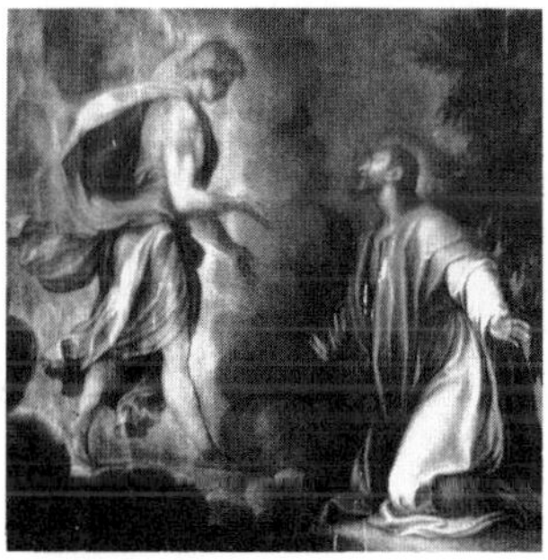

AMBROGIO FIGINO,
Gebet Christi am Ölberg, um 1590–1597
Ausschnitt

gegenüber:
MICHELANGELO DA CARAVAGGIO,
Die Kreuzigung Petri, 1600–1601

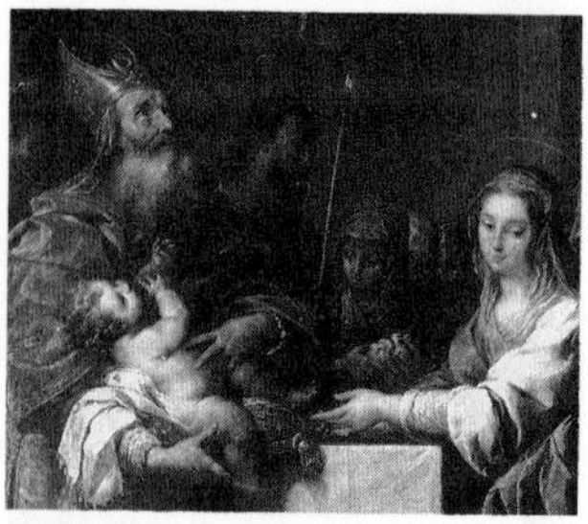
CARLO FRANCESCO NUVOLONE, *Die Beschneidung*, 1645 Ausschnitt

Longhi bemerkt nicht nur ein störendes Element (die Malerei von Carlo Francesco Nuvolone mit ihrer Anmut) im festgefügten Stil der lombardischen Malerei in der ersten Hälfte des 17. Jahrhunderts, sondern auch die fehlende Koinzidenz zwischen Ereignissen und Tendenzen im künstlerischen Ausdruck. Nun wird niemand die Tragweite von zentralen Ereignissen wie den beiden schrecklichen Epidemien in Abrede stellen – denn das hieße, den gesamten historischen Zusammenhang zu leugnen – oder die herausragende Rolle der beiden Borromeo bestreiten – denn das hieße, auch das direkte Umfeld der künstlerischen Aktivitäten zu leugnen. Vor allem dann, wenn man davon ausgehen kann, daß eine »langandauernde Beziehung«[82] zwischen Künstlern und kirchlichen Würdenträgern belegt ist, wie dies in der zweiten Hälfte des 17. Jahrhunderts zwischen Federico Borromeo und seinen Mitarbeitern einerseits und Cerano und Giulio Cesare Procaccini andererseits der Fall war, gewinnen die Hypothesen, daß die Künstler sich gegenseitig beeinflußt haben, an Glaubwürdigkeit: und zwar so sehr, daß es auch die mal mehr, mal weniger auffälligen Veränderungen im stilistischen Ausdruck erfaßt – ganz so, als wären auch sie ganz von der religiösen, kulturellen und psychologischen Suggestivkraft durchdrungen, deren ganzes Gewicht die Künstler verspüren. In anderem Zusammenhang hat F. Zeri die enorme Wirkungskraft einer Persönlichkeit wie der des Kardinals Alessandro Farnese ins rechte Licht gerückt und den Sinn seiner Beziehung zu Vignola und den anderen von ihm beschäftigten Künstlern treffend definiert[83]. Ganz gewiß kann man andere Beispiele aus der Reihe dieser Kontakte zwischen Künstlern und ihren kirchlichen oder weltlichen Auftraggebern anführen, bei denen die Beziehungen – und folglich der Aspekt des Gebens und Nehmens – eine totalisierende Form annehmen. Einer der weniger bekannten Fälle ist vielleicht der von Francesco Maria II. Della Rovere, der von Federico Zuccari eine Kreuzigung malen lassen wollte und sich dabei nicht nur darauf beschränkte, die Maße, die Zahl der Personen, den Charakter der Landschaft oder noch ein wenig mehr als die ikonographische Lösung (»kurz vor dem Tod, aber noch nicht tot«) vorzuschlagen, sondern sich auch mit dem Problem der Farbgebung befaßt; er bezweifelt, ob die Verwendung von Ultramarinblau angebracht sei, »denn beim Fleisch wird es nicht verwendet und bei der Landschaft ist es wenig nützlich«[84]. Kehren wir aber endlich zum Zitat Longhis über Nuvolone zurück. Es scheint uns nahezulegen, daß die Aufmerksamkeit für Ereignisse und Persönlichkeiten, von denen man meint, sie könnten die Richtung der Kunst und den Tonfall der Künstler beeinflussen, nicht allein aus sich selbst heraus ein besseres Verständnis garantiert. Denn dazu wäre es darüber hinaus nötig, sehr genau die – auf vielen Ebenen wirksamen – Umstände zu untersuchen, in denen Ereignisse, Persönlichkeiten und Künstler ihren Platz finden.

Man muß hinzufügen, daß das Feld dieser Forschungen nicht ausgeschöpft wird durch das Interesse für die großen Persönlichkeiten der Mystiker, der Bischöfe, der Prediger und der Theologen sowie deren Beitrag zur Schaffung eines neuen Klimas der Expressivität. Dieses Interesse muß weiter gefaßt sein: Es geht um den Versuch, im religiösen und sozialen Leben der Pfarreien und, ganz allgemein, der einzelnen Gemeinschaften oder deren Untergruppen die im alltäglichen Leben verbreitetsten Merkmale zu erfassen, die sich z. B. auf die durchschnittliche Kultur der Gläubigen beziehen, auf den Kult für die Lokalheiligen, auf besondere Frömmigkeitsriten sowie darauf, wie diese durch die Verbreitung von Texten, gedruckten Bildern und durch die alltägliche Predigt von hagiographischen, liturgischen und Andachtsmotiven durchdrungen wurden. Die Aktivität der Prediger – deren Bedeutung in bestimmten historischen Epochen wir unterstrichen haben – verdiente besondere Aufmerksamkeit. Mit Sicherheit nämlich haben die Themen Religion und Moral, die in der gewöhnlichen Predigt immer wieder auftauchen, und die den Predigern vertrauten rhetorischen Elemente unter dem Christenvolk, in deren Mitte sich auch die Auftraggeber und die Künstler bewegten, eine prägende Rolle gespielt und eine durchschlagende psychologische Wirkung erzielt. Sie konnten sogar – elementare oder komplexe – stilistische *exempla* liefern[85].

Bei jedem dieser Themen können die untersuchten Aspekte durch Beobachtungen erhellt werden, die sich auf die Lage der Pfarrei (oder jeder beliebigen anderen Gemeinschaft) beziehen: Befand sie sich in der Stadt oder auf dem Land, in der Ebene oder den Tälern, die in dichte Kommunikationsnetze eingebunden waren, oder in mehr oder weniger randständigen Berggegenden, die bisweilen jedoch zu kaum vorhersehbaren Verbindungen neigten. Eine jüngst veröffentlichte Untersuchung, die auf einer analytischen Auswertung eines Territoriums be-

MARIOTTO DI CRISTOFANO,
Triptychon, um 1420
früher Preci, Santa Maria

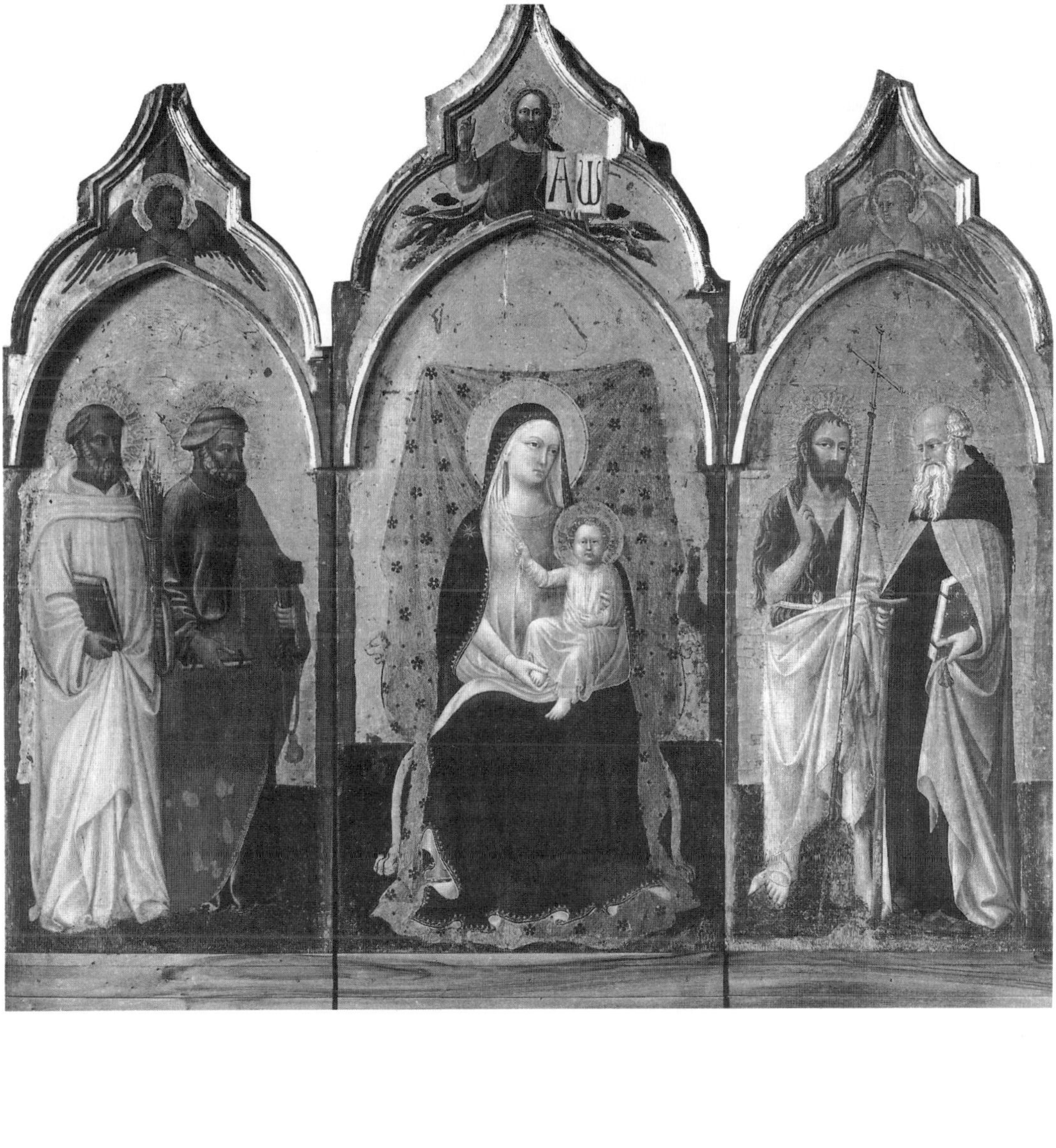

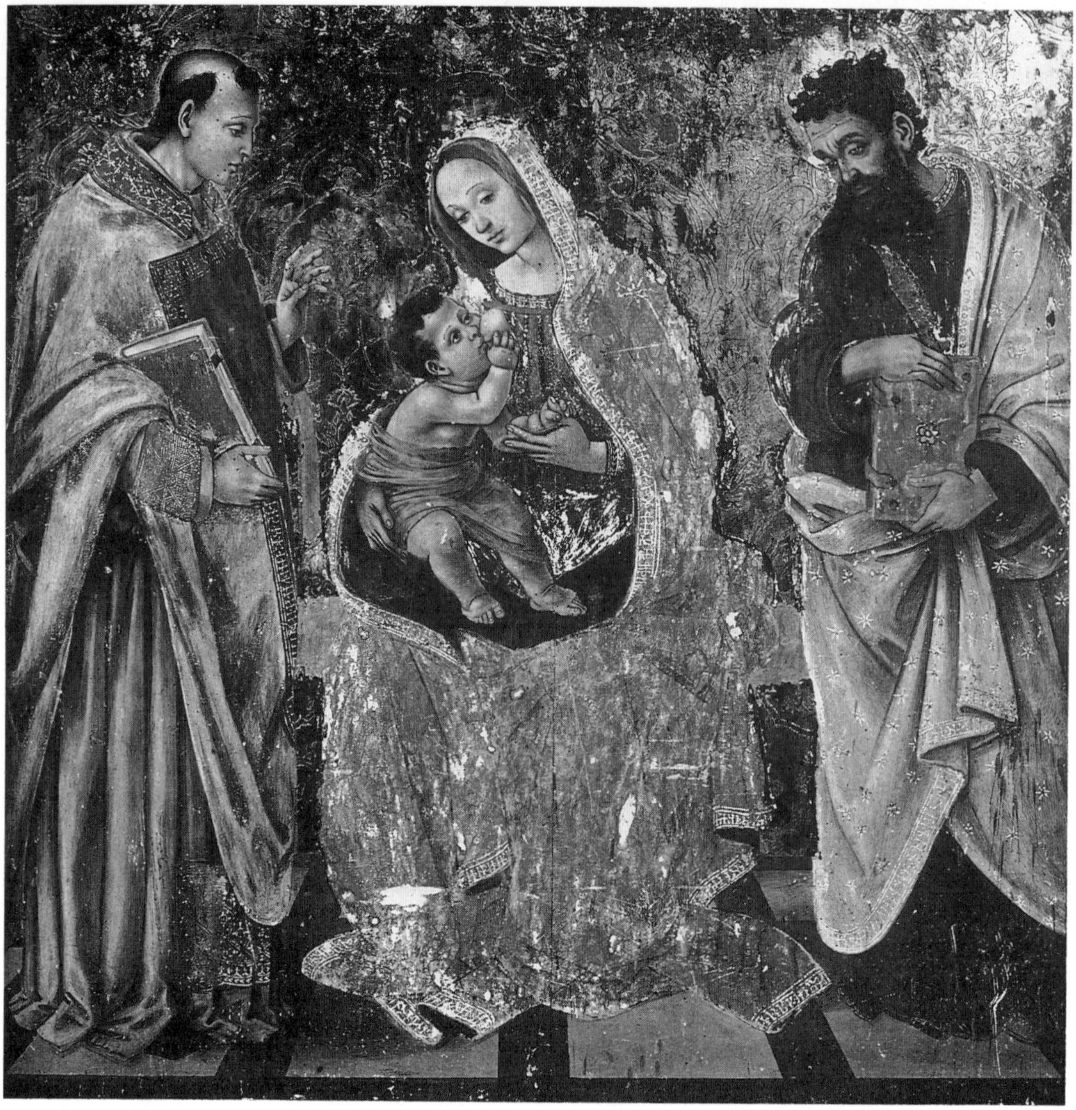

FILIPPO LIPPI und Werkstatt,
Madonna mit Kind zwischen den Hll. Montanus und Bartholomäus,
um 1485
Todiano (Preci), San Bartolomeo

ruht, hat gezeigt, daß das Phänomen des zweiten Berufs, wie es in den Zonen des Apennin mit streng saisonaler Ökonomie vorkommt, die Voraussetzungen für die Bildung regelrechter Inseln fremder Kultur geschaffen hat. Diese lassen sich nicht mit geographischer Nachbarschaft erklären und sind oft imstande, Jahrhunderte zu überdauern. Die Hirten und Zöllner aus Norcia rufen florentinische Heilige an, in ihren Kirchen finden Gerätschaften aus Florenz Verwendung und ihre Altäre beherbergen Bilder derselben unerwarteten Herkunft[86].

Es wäre falsch, etwas der Kunstgeschichte Fremdes in dem Wunsch zu sehen, mehr über diese und andere Gruppen zu erfahren, die es unter gewiß nicht leichten ökonomischen Bedingungen vermochten, saisonale Emigration, religiöses Gefühl und gemeinschaftliche Aufträge an Künstler in Einklang zu bringen. Aber um das zu leisten, müßte man über ihre Bildung, ihre Psychologie, ihre Religiosität und ihre Gebräuche die Zeugnisse besitzen, die doch so oft fehlen – etwas Vergleichba-

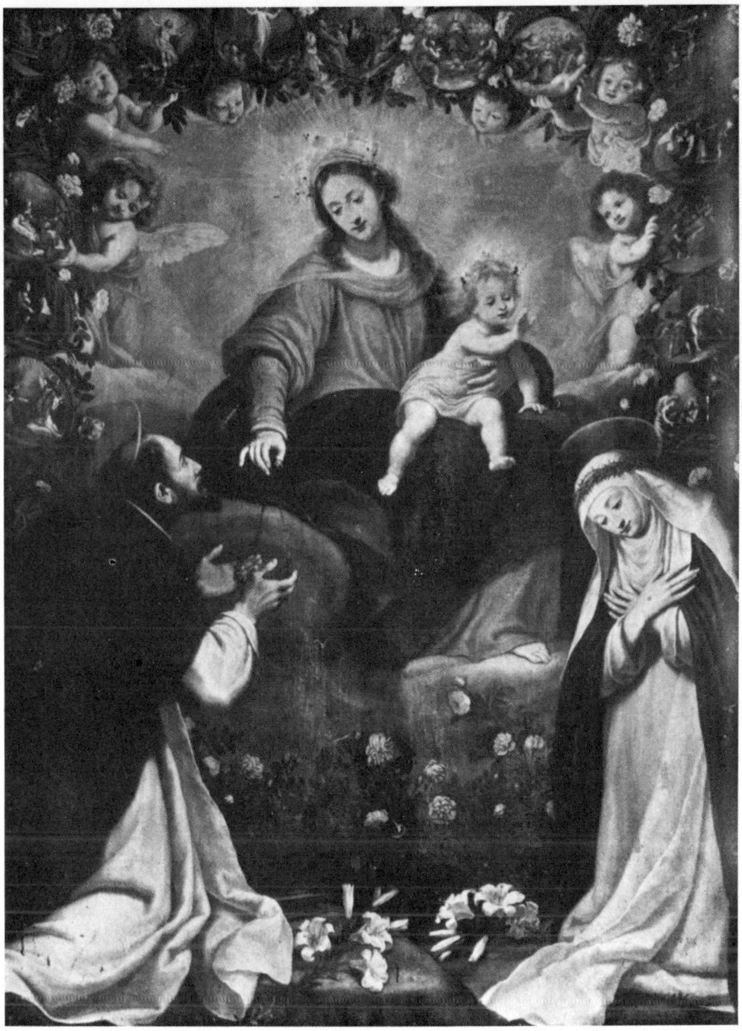

MATTEO ROSSELLI,
Rosenkranzmadonna, 1641
Abeto (Preci), San Martino

res wie die Aufzeichnungen von Jacques Fournier für Montaillou oder, in uns näher liegenden Zeiten, wie das Tagebuch des Pfarrers von Rumegies, Zeugnisse, die über die menschlichen Zusammenhänge gewiß viel mehr aussagen als die offiziellen Dokumente[87]. Das Nebeneinander – im gleichen oder in benachbarten Orten – von Kunstwerken, die sich ganz in die lokalen Traditionen einpassen, und anderen, die fremde Formen einführen, die – selbst in kleinsten Gebieten – enge Nachbarschaft von expressiv archaisierenden Bildern und anderen, die eine »progressive« Tendenz aufweisen, und schließlich die unterschiedliche Gewichtung des religiösen Gefühls: All das müßte auch in Beziehung zu sozialen und kulturellen Charakteristika untersucht werden, deren Wandelbarkeit man oft auch schon in kleinem Maßstab wahrnehmen kann.

Den Vorgehensweisen der *connoisseurship* ganz und gar nicht äußerlich, ja eher komplementär dazu, wäre mit Sicherheit eine methodologisch ähnliche Forschung wie die, die kürzlich – zum Teil ist sie noch im Gange – in exemplarischen Gebieten Frankreichs durchgeführt wurde: Auf ikonographischer Basis wurden die Altare in der Provence

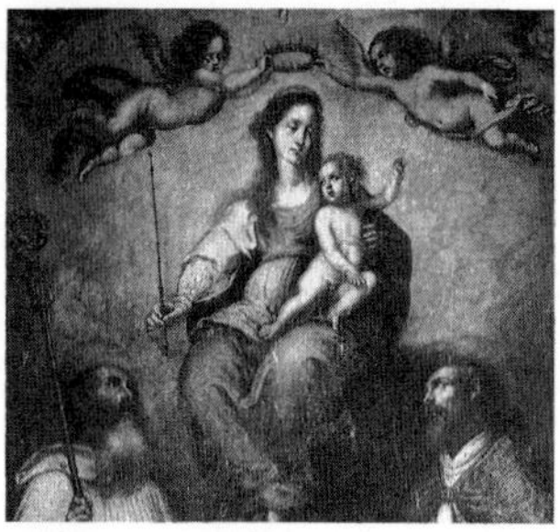

JACOPO CONFORTINI,
Madonna mit Kind und den Hll. Aegidius und Nikolaus von Bari, 1640
Ausschnitt
Poggio di Croce (Preci), Sant'Egidio

aus dem 15. und 16. Jahrhundert, die die Seelen im Fegefeuer darstellen, systematisch untersucht; oder auf einer im weiteren Sinne religionsgeschichtlichen Basis wurden die erhaltenen Altarbilder in den Diözesen der Bretagne, Aquitaniens, dem Départment Seine-et-Marne sowie des Roussillon in einer breit angelegten Forschung untersucht[88]. Im zweiten Fall weitet sich die Erhebung auf die demographische Konsistenz der Ansiedlungen aus, in der das Kirchengebäude, das das Altarbild beherbergt, errichtet wurde; sie bestimmt den sozialen und religiösen Status des Gebäudes, die Zeit der Erbauung und die Bedeutung seiner Lage in Beziehung zum Verkehrsnetz und der geographischen Situation; sie prüft die Ikonographie des Altarbildes, die Materialien des Altars und des Gebäudes im Verhältnis zu dem, was an Material zur Verfügung stand, und im Verhältnis zur lokalen Arbeitsweise; sie bestimmt die stilistischen Charakteristika und stellt Untersuchungen an über die Auftraggeber und den Einfluß, den das Leben der Bruderschaften, die Abwicklung von Missionen, die bischöflichen Visitationen usw. auf die Realisierung des untersuchten Kunstwerks gehabt haben könnten.

»Connoisseurship« und Soziologie der religiösen Kunst

Vielleicht ist es überflüssig, hartnäckig die Wichtigkeit dieser Forschungen zu unterstreichen (und ebenso, betrübt zu vermerken, wie selten eine solche zu vermelden ist) – es sei denn, um zu präzisieren, daß die koordinierte Untersuchung der Bereiche »künstlerische Aktivität« und »religiöses Leben« in den Methoden und Thematiken, wie sie bis hierher betrachtet wurden, nicht dazu neigen darf, eine Art Umwandlung der Kunstgeschichte in eine Soziologie der religiösen Kunst zu betreiben. Das wäre genauso falsch wie die Haltung derer, die nicht einräumen wollen, daß Ereignisse, Machtkonstellationen und soziale Gruppierungen, die zum religiösen Leben gehören, nicht nur auf das individuelle und soziale Schicksal der Künstler Einfluß ausüben, sondern auch auf die Wahl und Gestaltung von Ausdrucksweisen sowie überindividuelle Prozesse der Umwandlung von Stilen: Externe Impulse auf das Universum der Künstler und eine vielschichtige Umwelt üben ohne Zweifel Druck auf den einzelnen Künstler aus – der dann aber aus sich heraus handelt. Trotzdem darf man sich nicht der Illusion hingeben, man könne bisherige Einstellungen einfach dadurch überwinden, daß man über den Rock des Kunsthistorikers den des »Soziologen der religiösen Kunst« streift. Für den Kunsthistoriker bleibt das vorrangige Forschungsgebiet das Kunstwerk, seine Strukturen und seine spezifische Sprache. Der Kunsthistoriker sieht sich zahlreichen Appellen aus der Disziplinenwelt des philosophischen und des religiösen Denkens, aus der der literarischen Kultur, der Psychologie und der Sozialwissenschaften ausgesetzt. Aber er darf die immer stärker und zu recht verspürte Notwendigkeit einer Kooperation zwischen den Disziplinen nicht zum Anlaß nehmen, beim Studium des Kunstwerks die Sujets und die Themen zu bevorzugen, von denen zu vermuten ist, daß sie – wie auch immer die historische Konjunktur und die Persönlichkeit des Künstlers beschaffen sein mögen – stets mit axiomatischer Präzision eine gegebene intellektuelle und soziale Landschaft widerspiegeln.

Vielleicht hat man aus einer Art »übertriebener Abwehr« gegen formalistische Methodologien (oder was man dafür hielt) gemeint, man könne nun nicht nur die Gebiete aus den Augen verlieren, die H. Wölfflin und A. Riegl entdeckten, sondern auch diejenigen, die man offensichtlich als daran angrenzende ansah und die von B. Berenson und auch von R. Longhi entdeckt worden waren. Und doch gibt es anscheinend keinen vernünftigen Grund für die Annahme, daß eine *faktische* Mitarbeit der Kunstgeschichte im Plenum der historischen Wissenschaften dazu führen muß, daß sie jene Methodologien übernimmt, die eine Alternative zu den Methoden wären, welche der Lektüre und der Charakterisierung der Formen angemessene Aufmerksamkeit schenken, vergessene Kunstwerke, Persönlichkeiten, Kreise und Schulen ans Licht holen und das Instrument der Zuschreibung verfeinern[89]. Auch wenn es bisher noch niemandem gelungen ist, eine »Theorie der Unverträglichkeit« zwischen dieser oder jener Methode zu formulieren, so kann man nicht leugnen, daß sich stillschweigend eine Art *conventio ad excludendum* herausgebildet hat. Es scheint daher nur schwer vorstellbar, daß sich ein Forscher aus der Warburgschule zugleich auch als ein gewissenhafter *connoisseur* entpuppen könnte.

Bereits 1949 bemerkte F. Antal zu recht, daß die enge Bindung zu den historischen Disziplinen, wie sie von der Wiener Schule und Aby Warburg verwirklicht wurde, sehr viel dazu beigetragen hatte, »den Weg für eine gründlichere, reichere und weniger nebulöse Forschung der Kunstgeschichte freizumachen«[90]. Dreißig Jahre später bleibt uns bloß hinzuzufügen, daß es mehr denn je erforderlich ist, den Zusammenhang mit dem ganzen, beinahe endlosen Netz der künstlerischen Ausdrucksformen nicht zu beschneiden, ein Netz, das durch die Forschung zwangsläufig noch um neue signifikante Einheiten erweitert wird, die das Bild einer Persönlichkeit, eines Kreises oder einer Schule, das abgeschlossen schien, wieder verändern und in Fluß bringen. Nur so kann die Eingliederung des künstlerischen Faktums in den komplexen historischen, politischen und sozialen Zusammenhang zu dem uns gesteckten Ziel, zu soliden und klaren Ergebnissen führen. Der Zusammenhang, den wir herzustellen trachten, könnte allerdings auch nebulöser werden, dann nämlich, wenn die fast ausschließliche Konzentration des Interesses auf kulturelle, religiöse, psychologische u. ä. Daten, die aus einem Sujet oder einer Thematik herausgezogen werden, uns dazu verleitet, in bestem Glauben unbeweisbare, unwahrscheinliche oder unglaubwürdige Kombinationen von Zeichen und – je nachdem – psychologischen Substraten, intellektuellen Leidenschaften, religiösem Klima und politischen Implikationen herzustellen. Die Risiken nehmen zu, wenn nur wenige oder – schlimmer noch – gar keine direkten und glaubwürdigen Quellen verfugbar sind, die sich auf die Mentalität der Künstler, ihre intellektuelle Ausbildung und ihre Lektüre, ihren Sinn für das Heilige und ihre Beurteilung des öffentlichen Lebens beziehen. Aber auch dann, wenn entsprechende Dokumente zur Verfügung stehen, kann die solide Kenntnis des stilistischen Zusammenhangs der Epoche und des Gebiets, die untersucht werden, einer möglichst großen Zahl von Beispielen und der oftmals noch offenen Möglichkeiten der Unterscheidung und Zuschreibung ein unentbehrliches Instrument werden, um zu einer hinreichend subtilen Bewertung des tatsachlichen Einflusses »von außen« auf die stilistischen Bewegungen zu gelangen. Wir schrieben: kann. Das Ziel ist tatsächlich hoch gesteckt und der Weg dorthin ist unsicher – denn immer wieder sind Um- und Abwege möglich. So bleibt es typisch, daß auch ein wirklicher Kenner der italienischen Malerei des 14. Jahrhunderts wie M. Meiss bei dem Ver-

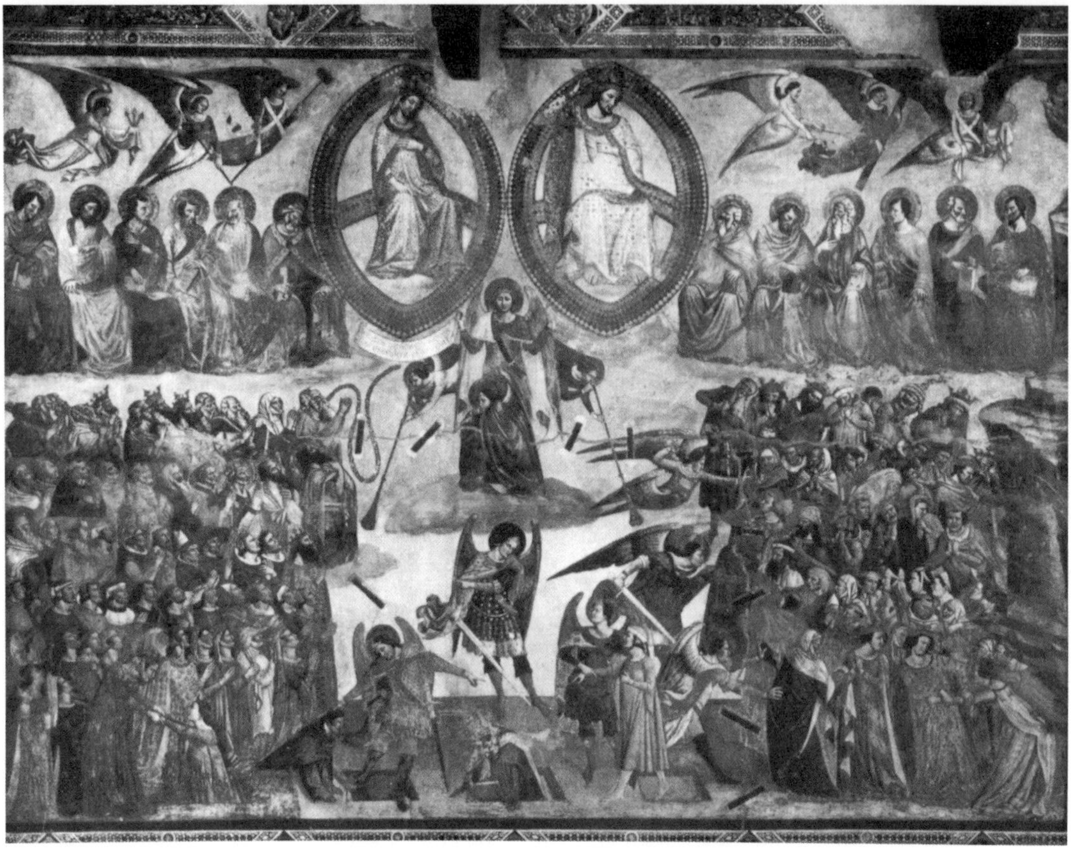

BUFFALMACCO,
Das Jüngste Gericht, um 1336
Pisa, Camposanto

such, in der Malerei aus der zweiten Hälfte eben jenes Jahrhunderts in Florenz und Siena Themen und Eigenschaften zu entdecken, die ihm sozusagen als Konsequenz des tragischen Ereignisses von 1348 scheinen, sich an einer wichtigen Stelle seiner Beweisführung auf ein Werk beruft, von dem nicht viel später klar wurde, daß es mit seinem Thema überhaupt nichts zu tun hatte[91]. Meiss beschrieb das *Jüngste Gericht* des Camposanto aus Pisa, das er wie andere Gelehrte für ein Werk Francesco Trainis aus der Zeit um 1350 hielt, als eine düstere Darstellung des unerbittlichen Zorn Gottes: Diese Beschreibung steht im krassen Gegensatz zu der von R. Longhi, der das *Jüngste Gericht* einem bologneser Maler um 1360 zuschrieb und die groteske Ausgestaltung der Szene hervorhob – als wäre das schreckliche Geschehen nicht gar so ernst genommen worden[92]. Es geht aber nicht allein darum, zu entscheiden, welche der beiden Lektüren angemessener ist. Meiss zufolge verrät das *Jüngste Gericht* ikonographische Neuerungen und einen expressiven Ton, wie man sie erst in der zweiten Hälfte des 13. Jahrhunderts antrifft. Genauer: Im Gegensatz zu dem, was man in Giottos Fresko in Padua und den Giottos Vorbild zeitlich am nächsten stehenden Beispielen sehen kann, wendet sich der Christus aus Pisa allein den Verdammten zu; von seinem erschreckenden Akt der Verurteilung hängen die Haltungen der anderen Hauptfiguren, der Heiligen Jungfrau, der Apostel, der Erzengel ab, die entweder Mitleid, Furcht oder unerbittlichen Schrecken ausstrahlen. Nach Meiss findet sich ein triftiger Grund für diese ungewöhnliche Behandlung des *Jüngsten Gerichts*

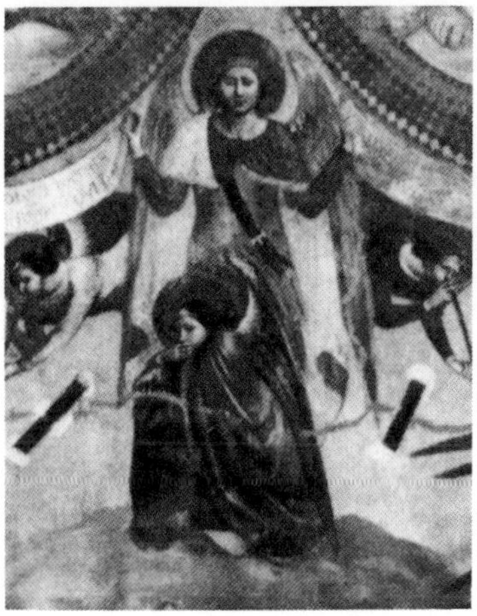 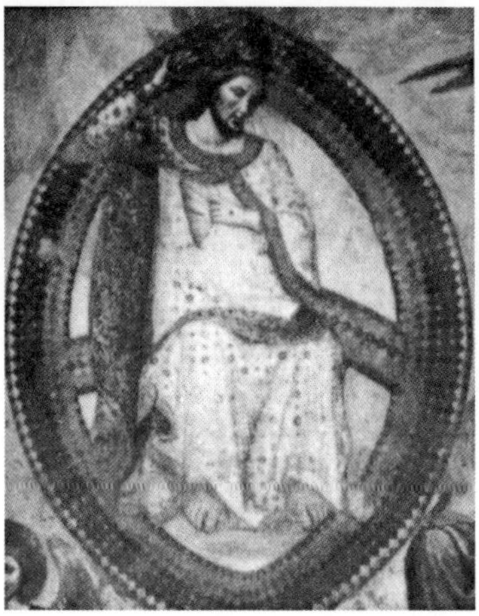

Das Jüngste Gericht
Ausschnitte

in dem Faktum, daß die Ausführung unmittelbar nach der Pest von 1348 stattfand. Damals hallten die Kirchen heftiger wider von den Mahnungen der Prediger und den Ankündigungen neuer, unmittelbar bevorstehender Katastrophen, und der »schwarze Tod« wurde vor aller Augen als eine Äußerung von Gottes Zorn und als Vorbote des jüngsten Gerichts beschrieben. Dank der Rekonstruktion der Gestalt und des Lebens von Buonamico Buffalmacco durch L. Bellosi sind wir heute zu der Auffassung gelangt, daß das *Jüngste Gericht* in Pisa und die anderen Fresken derselben Gruppe von Buffalmacco gegen 1336 ausgeführt wurden; wir sind also gezwungen, anzuerkennen, wie brüchig die von Meiss in einem doch so faszinierenden Buch vorgebrachten Thesen sind[93].

Mit diesem Beispiel wollten wir nur zeigen, wie leicht man bei Versuchen Schiffbruch erleiden kann, bestimmte thematische und expressive Veränderungen mit Konjunktionen zu verbinden, von denen angenommen wird, daß sie von besonderen Ausdrucksformen einer sozialen oder religiösen Psychologie beherrscht werden. Dies gilt, wenn der historische Zusammenhang nicht ganz skrupulös erforscht wurde, aber auch, wie im vorliegenden Fall, wenn nicht zumindest zwei Vorbedingungen beachtet werden: Wenn man den Einfluß vorgefaßter Thesen nicht abschüttelt und daher nicht die »objektive« Expressivität des bildlichen Textes erfaßt; und wenn jene grundlegende philologische Arbeit nicht getan wurde, die in der Überprüfung der Zuschreibung, der Chronologie und der Einordnung des Kunstwerkes in einen bestimmten Zusammenhang der künstlerischen Aktivität besteht. War Meiss' Lektüre des Freskos zu »forciert«? War die Lektüre Longhis gerechtfertigter? Sei es nun tragisch oder grotesk, das *Jüngste Gericht* von Pisa kann jedenfalls nicht mehr in den Zusammenhang der Ängste von 1348 gestellt werden. Dann bleibt nun vielleicht die Frage, ob wir jemals eine »Erklärung« für die expressive Tonlage des Freskos finden werden, die sich von Bellosis These, es handele sich um eine von Giotto abweichende malerische Strömung, unterscheidet: »Eine expressive und gotische Strömung hat in den ersten Jahrzehnten des Jahrhunderts ihr Strahlungszentrum in Florenz«[94], und Buffalmacco ist einer ihrer charakteristischen Vertreter.

Anmerkungen

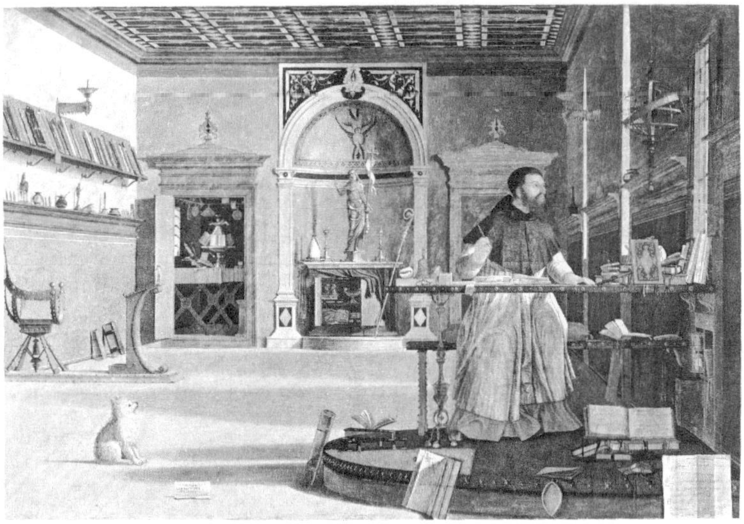

VITTORE CARPACCIO,
Der Hl. Augustinus in seiner Studierstube, 1502–1507

ENRICO CASTELNUOVO und CARLO GINZBURG
Zentrum und Peripherie

1. Vgl. Y. LACOSTE, *Géographie du sous-développement,* und besonders *Avertissement critique et autocritique de la troisième édition,* Paris 1976.
2. Die jüngste, positive Zunahme der Untersuchungen über das Land, wie sie die von der Soprintendenza von Bologna angeregten Kampagnen zur Erhebung der Kulturgüter des emilianischen Apennin, die Erhebung im pistoiesischen Apennin durch die Soprintendenza von Florenz, die von einer Forschungsgruppe der Facoltà di Magistero in Rom besorgten Forschungen über die Malerei des 17. und 18. Jhr. in Umbrien und zahlreiche Ausstellungen wie z. B. *Arte in Calabria* (Cosenza 1976), *Arte a Gaeta* (Gaeta 1976), *Opere d'arte a Vercelli e nella sua provincia* (Vercelli 1976), *Valle di Susa. Arte e storia dall'XI al XVIII secolo* (Turin 1977) bezeugen, könnte genauere Untersuchungen über die Beziehungen zwischen Zentrum und Peripherie erlauben. Eine Reflexion und Diskussion über die Methoden, die Grenzen und Möglichkeiten der Kunstgeographie hat in Italien lange Zeit hindurch gefehlt. Siehe hierzu: K. GERSTENBERG, *Ideen zu einer Kunstgeographie Europas,* Leipzig 1922; D. FREY, *Die Entwicklung nationaler Stile in der mittelalterlichen Kunst des Abendlandes,* in: ›Deutsche Vierteljahrschrift für Literaturwissenschaft und Geistesgeschichte‹, XVI, 1938, S. 1–74; P. FRANKL, *Das System der Kunstwissenschaft,* Brünn-Leipzig 1938, S. 893–939; H. LEHMANN, *Zur Problematik der Abgrenzung von Kunstlandschaften dargestellt am Beispiel der Poebene,* in: ›Erdkunde‹, XV, 1961, S. 249–64; R. HAUSHERR, *Überlegungen zum Stand der Kunstgeographie,* in: ›Rheinische Vierteljahrsblätter‹, XXX, 1965, S. 351–72; D. FREY, *Geschichte und Probleme der Kultur- und Kunstgeographie,* in: ›Archaeologia Geographica‹, IV, 1965, S. 90–105; die Beiträge von R. HAUSHERR, G. VON DER OSTEN, P. PIEPER und anderen, in: *Der Mittelrhein als Kunstlandschaft,* in: ›Kunst in Hessen und am Mittelrhein‹, 1969, Beiheft 9, S. 38 ff.; R. HAUSHERR, *Kunstgeographie – Aufgaben, Grenzen, Möglichkeiten,* in: ›Rheinische Vierteljahrsblätter‹, XXXIV, 1970, S. 158–71 und den Ausstellungskatalog *Kunst um 1400 am Mittelrhein,* Frankfurt 1975, in welchem die Probleme der Kunstgeographie in bezug auf die sozialen und politischen Situationen gesehen und nicht in einer mythischen, einheitlichen *Kulturlandschaft* verwischt werden.
3. K. CLARK, *Provincialism,* »The English Association Presidential Address«, London 1962, S. 3.
4. Großen Erfolg hat das Paar Zentrum/Peripherie in den Sozialwissenschaften, wo es sowohl von solchen, die wie E. Schihl (*Center and Periphery. Essays in Macrosociology,* Chicago 1975) einer Art von Topographie des Konsenses den Vorzug gegeben haben, als auch von solchen, die den Akzent hingegen auf die Konfliktsituation gesetzt haben (eine Übersicht siehe in: N. MCKENZIE, *Centre and Periphery: The Marriage of Two Minds,* in: ›Acta Sociologica‹, XX, I, 1977, S. 55 ff.), analysiert worden ist. Andrerseits hat D. CHIROT in einer neueren Studie über eine Randgesellschaft, die Walachei, (*Social Change in a Peripherical Society. The Creation of a Balkan Economy,* New York 1976) die Frage aufgeworfen, ob das Modell, das auf einer Folge ökonomischer Phasen beruht, die gewöhnlich Randgesellschaften zugeschrieben werden, wirklich anwendbar ist. In diesem Sinn ließe sich das Problem auch für die Kunstgeschichte stellen.
5. L. LANZI, *Storia pittorica della Italia dal risorgimento delle belle arti fin presso al fine del XVIII secolo,* hg. von M. CAPUCCI, 3 Bde., Florenz 1968–74, I, 5–7 (wenn nicht anders angegeben, beziehen sich die Lanzizitate von nun an immer auf diese Ausgabe, die folgendermaßen gekennzeichnet wird: Lanzi, Band- und Seitenzahl).
6. Ders., *La storia pittorica della Italia inferiore o sia delle scuole fiorentina senese romana napolitana compendiata e ridotta a metodo ...,* Florenz 1792, S. 9 u. 37.
7. Auf diese in Bassano erschienene Ausgabe stützt sich die zitierte kritische Ausgabe M. Capuccis.
8. Vgl. G. P. BELLORI, *Le vite de' pittori, scultori e architetti moderni,* hg. von E. BOREA, Turin 1976, S. 330.
9. Vgl. G. MANCINI, *Considerazioni sulla pittura,* hg. von A. MARUCCHI, Rom 1956, S. 108 ff.
10. Vgl. G. G. BOTTARI und S. TICOZZI, *Raccolta di Lettere sulla Scultura, Pittura ed Architettura,* VI, Mailand 1822, S. 65; *Leben des Benvenuto Cellini florentinischen Goldschmieds und Bildhauers, von ihm selbst geschrieben,* übersetzt von J. W. v. Goethe, mit einem Nachwort von H. Keller, Frankfurt/M. 1981, S. 445–46.
11. Lanzi, I, 20.
12. Vgl. U. SEGRÈ, *Luigi Lanzi e le sue opere,* Assisi 1904, S. 179; Lanzi III, 469.
13. Lanzi, I, 455.
14. Ebd., 259.
15. Ebd., 260.
16. Ebd.
17. Ebd., 261.
18. Ebd., III, 235.
19. Ebd., II, 185–86.
20. Ebd., I, 43.
21. Ebd., II, 185.
22. Ebd., 94.
23. Ebd., 105–6.
24. Ebd., I, 403. Und siehe auch die Bemerkungen über Piacenza, in denen erklärt wird, daß das Fehlen lokaler Schulen für eine zweitrangige Stadt positiv sei (II, 254).
25. Ebd., 4.
26. Ebd., 431–32.
27. Ebd., 7.
28. Diese Ausgabe fehlt in der von M. Massi besorgten kommentierten Bibliographie im Anhang zu A. FERGUSON, *Saggio sulla storia della società civile,* hg. von P. SALVUCCI, Florenz 1973, die (S. 337) französische, deutsche und schwedische Übersetzungen verzeichnet, aber keine italienische.
29. Lanzi, I, 283–84.
30. Vgl. A. FERGUSON, *Versuch über die Geschichte der bürgerlichen Gesellschaft,* hg. und eingeleitet von Z. Batscha und H. Medick, übers. von H. Medick, Frankfurt/M. 1986, S. 425 ff.
31. Vgl. LANZI, *La storia pittorica della Italia inferiore,* op. cit., S. 179.
32. Ders., I, 245.
33. J. WINCKELMANN, *Storia delle arti del disegno presso gli antichi,* Rom 1783, II, S. 164 Anm.; Winckelmannzitat nach der deutschen Ausgabe *Geschichte der Kunst des Altertums,* Dresden 1764, S. 130.
34. FERGUSON, *Versuch über die Geschichte,* op cit., S. 321.
35. LANZI, I, 15. Über den Begriff der »bürgerlichen Gesellschaft« siehe den Artikel von M. RIEDEL, *Gesellschaft, bürgerliche,* in: *Geschichtliche Grundbegriffe,* hg. von O. BRUNNER und R. KOSELLECK, II, Stuttgart 1975, S. 719–800.
36. Lanzi, II, 224.
37. Lanzi, I, 140 und Anm. 2. Siehe auch S. SETTIS, *Qui multas facies pingit cito (Iuven. IX, 146),* in: ›Atene e Roma‹, N. F., XV, 1970, S. 117–21.
38. Lanzi, II, 47–48.
39. Ebd., 70, 89–90, 107, 121–22, 168 und 200.
40. Vgl. C. DIONISOTTI, *Culture regionali e letteratura nazionale in Italia,* in: *Lettere italiane,* XXII, 1970, S. 142.
41. Vgl. G. PREVITALI, *Teodoro d'Errico e la »questione meridionale«,* in: ›Prospettiva‹, Oktober 1975, Nr. 3, S. 17–34; ders., Rezension zu L. G. KALBY, *Classicismo e maniera nell' Officina meridionale,* ebd., Januar 1976, Nr. 4, S. 51–54; G. PREVITALI, *Il Vasari e l'Italia meridionale,* in: *Il Vasari storiografo e artista. Atti del Congresso nel IV centenario della morte (Arezzo-Firenze, 2–8 settembre 1974),* Florenz 1976, S. 691–99; Ders., *La pittura del Cinquecento a Napoli e nel vicereame,* Turin 1978.
42. Vgl. E. SERENI, *Agricoltura e mondo rurale,* in: *Storia d'Italia Einaudi,* I, *I caratteri originali,* Turin 1972, S. 176–77.
43. Zum Folgenden vgl. E. GABBA, *Urba-*

nizzazione e rinnovamento urbanistici nell' Italia centro-meridionale del I secolo a. C., in: *Studi classici e orientali,* XXI, 1972, S. 73–112; Ders., *Considerazioni politiche ed economiche sullo sviluppo urbano in Italia nei secoli II e I a. C.*, in: *Hellenismus in Mittelitalien,* hg. von P. ZANKER, Abh. d. Ak. d. Wiss. in Göttingen, II, Göttingen 1976, S. 315–26; C. VIOLANTE, *Primo contributo a una storia delle istituzioni ecclesiastiche nell'Italia centrosettentrionale durante il Medioevo: province, diocesi, sedi vescovili,* in: *Miscellanea Historiae ecclesiasticae,* V (Colloque de Varsovie... sur la cartographie etc.), Louvain 1974, S. 169–204.

44. Vgl. G. TIBILETTI, *La romanizzazione della valle padana,* in: *Arte e civiltà romana nell'Italia settentrionale dalla Repubblica alla Tetrarchia,* Bologna 1964, I, S. 27–36.

45. Vgl. L. SALVATORELLI, *Spiriti e figure del Risorgimento,* Florenz 1961, S. 3–35; und siehe bereits ders., *L'unità della storia d'Italia,* in: ›Pan‹, I, 1933–34, S. 357–72.

46. Der Ausdruck stammt von E. Sestan (siehe Anm. 48).

47. Siehe hierzu die veröffentlichten Bände der *Rationes decimarum.*

48. Vgl. E. SESTAN, *La città comunale italiana dei secoli XI–XIII nelle sue note caratteristiche rispetto al movimento comunale europeo,* in: *XIe Congrès International des Sciences Historiques,* Rapports, III, Stockholm 1960, S. 75–95, besonders S. 85.

49. Siehe z. B., was in Lausanne am Ende des 12. Jahrhunderts passiert, als der Kanonikus Henricus »Albus«, der als Bauaufseher im Namen des Kapitels handelt, die vom Bischof Roger von Vicopisano gerufenen Meister entläßt: vgl. M. GRANDJEAN, *La cathédrale de Lausanne,* Lausanne 1977, S. 45 ff.

50. Öfter aber von Handwerkern, die mit dem eigenen Publikum in engstem Kontakt stehen. Vgl. S. OTTONELLI, *L'artigianato ligneo nelle Valli Occitane Piemontesi,* in: ›Quaderni storici‹, 1976, Nr. 31, S. 280 ff.

51. *Opere d'arte a Vercelli,* op. cit., S. 5.

52. G. VASARI, *Leben der ausgezeichnetsten Maler, Bildhauer und Baumeister,* deutsche Ausgabe von L. Schorn und E. Förster, neu hg. u. eingl. von J. KLIEMANN, Worms 1983, II, 2., 383 ff. (alle weiteren Zitate aus Vasaris *Lebensbeschreibungen* beziehen sich auf diese Ausgabe, die folgendermaßen gekennzeichnet wird: Vasari, Band- und Seitenzahl).

53. »Die Stadt Pisa schenkte mich dem Castel di Castro, eignete mich der jungfräulichen Mutter zu und brachte mich an diese heilige Stätte«: D. SCANO, *Storia dell'arte in Sardegna dall'XI al XIV secolo,* Cagliari-Sassari 1907, S. 292 f.

54. C. BRANDI, *La Regia Pinacoteca di Siena,* Rom 1933, S. 135 f. Zum Altarbild der Carminekirche vgl. ders., *Ricomposizione e restauro della pala del Carmine di Pietro Lorenzetti,* in: ›Bollettino d'Arte‹, XXXIII, 1948, S. 68 ff. Ein interessanter Fall von schnell obsolet gewordenen und daher in die Peripherie verbannten Werken ist der der »Armillae« der Krönung Friedrich Barbarossas (heute im Louvre und in Nürnberg), die der Kaiser dem Großfürsten Andrej Bogoljubskij in Vladimir sandte: vgl. A. BÜHLER, *Zur Geschichte der deutschen Reichskleinodien,* in: ›Das Münster‹, Nr. 27, 1974, S. 408–9.

55. Vasari, II, 2., 152.

56. Ebd., IV, 40.

57. Ebd., 105.

58. Ebd., V, 20.

59. Ebd., 36.

60. Ebd., III, 1., 241.

61. Ebd., IV, 391.

62. Ebd., 387.

63. Ebd., 402.

64. Ebd., III, 2., 80.

65. Ebd., IV, 393.

66. Ebd., III, 2., 144.

67. Ebd., IV, 26.

68. Ebd., V, 170.

69. Ebd., IV, 345.

70. Ebd., IV, 4.

71. Ebd., VI, 20.

72. Ebd., IV, 444.

73. Ebd., III, 2., 147. Aber siehe F. ZERI, *La sortita anticlassica di Cola dell'Amatrice,* in: *Diari di Lavoro,* Bergamo 1971, S. 74 ff.

74. Ebd., 131 f.

75. Ebd., 135 f.

76. Ebd., IV, 105 f.

77. Ebd., II, 1., 243.

78. Ebd., III, 2., 112.

79. Ebd., 145 f.

80. Ebd., 79.

81. Ebd., 80.

82. Ebd., II, 1., 279 f.

83. Ebd., II, 2., 154.

84. Ebd., V, 434 f.

85. Ebd., III, 1., XII–XVI.

86. Vgl. B. TOSCANO, *La fortuna della pittura umbra e il silenzio sui Primitivi,* in: ›Paragone‹, XVII, März 1966, Nr. 193, S. 3 ff. Ohne eine erschöpfende Bibliographie (die recht umfangreich wäre) der neueren Arbeiten über die umbrische Malerei des 14. Jahrhunderts angeben zu wollen, ist es vielleicht angebracht, daran zu erinnern, daß es in der Folge des erweiterten Blickwinkels, unter dem R. Longhi das Problem der umbrischen Kultur der bildlichen Darstellung jener Zeit im florentiner Kurs 1953–54 in Angriff genommen hat (vgl. *La pittura umbra della prima metà del Trecento attraverso le dispense redatte da Mina Gregori del corso di Roberto Longhi nell' anno 1953–54,* in: ›Paragone‹, XXIV, Juli-September 1973, Nr. 281–83, S. 3 ff.), in den letzten Jahren immer häufiger Beiträge erschienen, insbesondere von M. Boskovits, P. P. Donati, G. Previtali, U. Scarpellini, B. Toscano, C. Volpe, F. Zeri, dank derer die Situation in ihrer großen Komplexität abgeschätzt werden kann.

87. G. B. CAVALCASELLE und J. A. CROWE, *Storia della Pittura in Italia,* X, Florenz 1908, S. 83 ff., Anm. 3 und S. 117, Anm. 1.

88. B. TOSCANO, *Bartolomeo di Tommaso e Nicola da Siena,* in: ›Commentari‹, XV, N. S., 1964, S. 37–51; siehe auch G. CHELAZZI DINI, *Lorenzo Vecchietta, Priamo della Quercia, Nicola da Siena,* in: *Jacopo della Quercia tra Gotico e Rinascimento,* Florenz 1976, S. 203 ff. Über die Herausbildung eines Systems von stilistischen Formeln bei manchen provenzalischen Meistern, über deren Erstarrung und die nachfolgende Abriegelung gegenüber neuen Aktualisierungen siehe die Bemerkungen F. Zeris über einen umbrischen Maler des 15. Jahrhunderts, den »Meister von Eggi«, in: *Tre Argomenti Umbri,* in: ›Bollettino d'Arte‹, XLVIII, 1963, S. 40–45.

89. A. MORINI, *Cascia. Chiesa delle Capanne in Collegiacone,* in: ›Rassegna d'Arte‹, IX, 1909, S. 173–74; G. SORDINI, *Gli Sparapane da Norcia. Nuovi dipinti e nuovi documenti,* in: ›Bollettino d'Arte‹, IV, 1910, S. 17–28; A. MORINI und P. PIRRI, *Una sconosciuta dinastia di artisti umbri,* in: ›Arte e Storia‹, 1911 und 1912; P. PIRRI, *Di una tradizione pittorica in Norcia,* ebd., 1914, S. 321–29; C. VERANI, *Gli affreschi quattrocinquecenteschi nella chiesa di Santa Maria Apparente a Capanne di Colle Giacone presso Cascia,* in: ›L'Arte‹, LXII, 1963, S. 41–58 und 289–92.

90. A. MORETTO, *Indagine aperta sugli affreschi del Canavese,* Saluzzo 1973, S. 9 ff.

91. A. LANGE, *Notizie sulla vita di Giacomo da Ivrea,* in: ›Bollettino della Società piemontese di archeologia e di belle arti‹, XXII, 1968, S. 98–102.

92. Vgl. A. RAINERI, *Antichi affreschi nel Monregalese,* Cuneo 1965; G. ROMANO, *Documenti figurativi per la storia delle campagne nei secoli XI–XVI,* in: ›Quaderni storici‹, 1976, Nr. 31, S. 134 f. Über die vielen spätgotischen Zyklen mehr oder weniger popularisierenden Charakters, die oft von Land- oder Berggemeinden, Bruderschaften, kleinem und mittlerem Klerus in Auftrag gegeben, im westlichen Alpengebiet lokalisiert sind und weitgehend von wandernden Innungen ausgeführt werden, die sich eine lange Zeit hindurch immer derselben Schemata bedienen, siehe: M. ROQUES, *Les peintures murales du Sud-Est de la France,* Paris 1961; E. BREZZI, *Precisazioni sull' opera di Giovanni Canavesio. Revisioni critiche,* in: ›Bollettino della Società piemontese di archeologia e di belle arti‹, XVIII, 1964, S. 35 ff.; A. GRISERI, *Jacquerio e il realismo gotico in Piemonte,* Turin 1965, passim; C. GARDET, *De la peinture du Moyen Âge en Savoie,* II, Annecy 1966; Z. BIROLLI, *Il formarsi di un dialetto pittorico nella regione ligurepiemontese,* in: ›Bollettino della

Società piemontese di archeologia e di belle arti‹, XX, 1966, S. 115 ff.; E. Rossetti-Brezzi, *Momenti della pittura piemontese,* ebd., XXV–XXVI, 1972, S. 35 ff.; G. Romano und A. F. Parisi, Katalog der *Mostra del Gotico nel Piemonte centro-occidentale,* Turin-Pinerolo 1972; G. Romano, Stichwort *Giovanni Canavesio,* in: *Dizionario Biografico degli Italiani,* XVII, Rom 1974, S. 728 ff.; *Valle di Susa,* op. cit.

93. Cavalcaselle-Crowe, *Storia della pittura in Italia,* op. cit., X, S. 112 ff.; L. Mortari, *Opere d'Arte in Sabina dall' XI al XVII secolo,* Rom 1957.

94. A. Rizzi, *Un pittore rinascimentale in Lucania, Simone da Firenze,* in: ›Napoli Nobilissima‹, IX, 1970, S. 11 ff.; ders., *Altre opere lucane di Simone da Firenze,* in: ›Antichità viva‹, XV, 1976, Nr. 1, S. 11 ff.

95. I. Faldi, *Pittori viterbesi di cinque secoli,*Rom 1970, S. 19.

96. V. Casale, G. Falcidia, F. Pansecchi und B. Toscano, *Ricerche in Umbria,* I, Treviso 1976.

97. Ebd., S. 44.

98. J. Burckhardt, *Der Cicerone,* Neudruck der Urausgabe, Stuttgart 1978, S. 738.

99. B. Berenson, *The Central Italian Painters of the Renaissance,* New York-London 1909, S. V; vgl. Toscano, *La fortuna della pittura umbra,* op. cit., S. 26, Anm. 7.

100. R. Longhi, *Tracciato Orvietano,* in: ›Paragone‹, XIII, 1962, Nr. 149, S. 4.

101. Vasari, II, 2., 283 f.

102. Vasaris Ausführungen über Galasso fehlen in der dt. Ausgabe von Schorn/Förster, die der zweiten, revidierten Vasariausgabe folgt. Die Textstelle ist daher zitiert nach: Vasari, *Die Lebensbeschreibungen der berühmtesten Architekten, Bildhauer und Maler.* Deutsch hg. v. A. Gottschewski und G. Gronau, 7 Bde., Straßburg 1904–27, V, *Die oberitalienischen Maler,* S. 275.

103. Vasari, III, 2., 283 f.

104. Vgl. P. Junod, *Transparence et Opacité,* Lausanne 1976, insbesondere S. 50–52 und 306–7.

105. Vasari, IV, 250. Über das Problem Pontormo-Dürer, wie es Vasari formuliert, vgl. W. Friedländer, *The Anticlassical Style,* in: *Mannerism and Anti-Mannerism in Italian Painting,* New York 1957[2], S. 3 und 25; K. Hermann-Fiore, *Sui rapporti fra l'opera artistica del Vasari e del Dürer,* in: *Il Vasari storiografo e artista,* op. cit., S. 701–15.

106. R. Longhi, *Officina ferrarese,* in: *Opere complete di Roberto Longhi,* V, Florenz 1956, S. 151.

107. Vasari, IV, 247.

108. J. Bony, *The Resistance to Chartres in Early Thirteenth-Century Architecture,* in: ›The Journal of the British Archeological Association‹, XX–XXI, 1957–58, S. 35–52.

109. Vgl. T. S. Kuhn,*Die Struktur wissenschaftlicher Revolutionen,* Frankfurt/M. 1973, 1976[2].

110. Vasari, III, 2., 94.

111. Vgl. P. P. Donati, *Per la pittura pistoiese del Trecento,* I, in: ›Paragone‹, XXV, 1974, Nr. 295, S. 5.

112. L. Bellosi, *Buffalmacco e il Trionfo della Morte,* Turin 1974, S. 73. Zur Beleuchtung dieses Milieus giottesker Fronde vgl. C. Volpe, *Frammenti di Lippo di Benivieni,* in: ›Paragone‹, XXIII, 1972, Nr. 267, S. 3–13, und *Ristudiando il Maestro di Figline,* ebd., XXIV, 1973, Nr. 277, S. 3–23.

113. L. Grodecki, *Architektur der Gotik,* Stuttgart 1976, S. 154 ff.

114. Bellosi, *Buffalmacco,* op. cit.

115. Donati, *Per la pittura pistoiese del Trecento,* I, op. cit.; II, in: ›Paragone‹, XXVII, 1976, Nr. 321, S. 3–15.

116. Dionisotti, *Culture regionali,* op. cit., S. 137.

117. Vgl. L. Bellosi, *Moda e cronologia. B) Per la pittura del primo Trecento,* in: ›Prospettiva‹, Oktober 1977, Nr. 11, S. 14 f.

118. Vgl. H. Kreuter-Eggemann, *Das Skizzenbuch des »Jaques Daliwe«,* München 1964, inbesondere S. 27, 44 und 65.

119. E. Müntz, dem die Wiederauffindung des Namens Matteo Giovannettis in den vatikanischen Archiven zu verdanken ist, schrieb über die Dekoration der Kapelle San Marziale im Papstpalast: »Es ist unmöglich, sich unter dem Gesichtspunkt der Harmonie des Rhythmus und der dekorativen Regeln ein irritierenderes, plumperes Ganzes vorzustellen.« Über den lang anhaltenden Vorbehalt gegenüber dem avignonschen Werk Giovannettis vgl. E. Castelnuovo, *Un pittore italiano alla corte di Avignone,* Turin 1961, S. 54 f. und 139 f.

120. Über die internationalen, in Avignon tätigen *équipes* vgl. ebd. und passim; E. Kane, *A document for the fresco technique of Matteo Giovannetti in Avignon,* in: ›Studies. An Irish Quarterly Review‹, Winter 1975.

121. Vgl. die Bemerkungen R. Longhis über die Fresken Andrea Delitios (*Primizie di Lorenzo da Viterbo,* in: ›Vita Artistica‹, 1926), in denen er »jene alte Verwechslung« anprangert, »aufgrund derer ein ›Internationalist‹ auf dieselbe Stufe mit einem, der zur ›Renaissance‹ gehört, gestellt werden konnte oder, was gedanklich einen erschwerenden Umstand darstellt, mit evolutionistischem Vorurteil für fähig, ja sogar für begierig gehalten wurde, sich den Formen der Renaissance zuzuwenden. In Wahrheit genügte sich die vergnügte ›Komposition der Welt‹ der ›Internationalen‹ selbst, sie war eine bildliche und daher in sich durchaus vollständige geistige Anschauung und unfähig, ich sage abgeneigt, die Synthese anzustreben, die tiefe naturalistische Analogie der sogenannten Renaissance. Andrea Delitio hätte noch weitere fünfzig Jahre leben können, ohne daß ihm seine künstlerische Welt hätte trügerisch erscheinen müssen, ohne daß in ihm, kurz gesagt, der Wunsch hätte geweckt werden können, sich in Lorenzo da Viterbo zu verwandeln« (jetzt in: *Opere complete di Roberto Longhi,* op cit. II: *Saggi e ricerche,* Florenz 1967, I, S. 61).

122. Werke Defendentes oder seiner Werkstatt wurden auch nördlich der Alpen bestellt: Einige finden sich in der Kathedrale von Embrun, in der Abteikirche von Hautecombe oder in der Kathedrale von Saint Claude im Jura (zu diesem letzten Fall siehe A. Chastel und A. M. Lecoq, *Le Rétable de Pierre de la Baume à Saint Claude,* in: ›Monuments et Mémoires‹, Fondation Eugène Piot, LXI, 1977, S. 165–204).

123. M. Perotti, *Il Giudizio michelangiolesco di Madonna dei Boschi di Boves,* in: ›Cuneo provincia grande‹, August 1964, Nr. 2.

124. Vgl. A. Boschetto, *La Collezione Roberto Longhi,* Florenz 1971, Abb. 31.

125. Wie man besonders bei manchen Predellen der Kirche San Giovanni in Avigliana sehen kann. Vgl. L. Mallé, *Fucina piemontese: Sodoma giovane, Gaudenzio, Defendente Ferrari, Gerolamo Giovenone,* in: ›Bollettino della Società piemontese di archeologia e di belle arti‹, N. S., VIII–XI, 1954–57, S. 63–64.

126. F. Cortesi Bosco, in: *I Pittori Bergamaschi,* I: *Il Cinquecento,* Bergamo 1975, S. 49 und 56; dies., *La letteratura religiosa devozionale e l'iconografia di alcuni dipinti di L. Lotto,* in: ›Bergomum‹, LXX, 1976, Nr. 1–2, S. 3 ff.

127. L. Dolce, *Aretino oder Dialog über Malerei,* nach d. Ausgabe v. 1557 aus d. Ital. übers. v. C. Cerri, Wien 1871, S. 66 f.

128. L. Lanzi, II,53–54.

129. B. Berenson wird darüber schreiben (*Lorenzo Lotto,* London 1901, dt. Übers. Köln 1957, S. 133), dabei an Manet und Degas erinnern und sie als »vermutlich das ›modernste‹ Bild, das je von einem alten italienischen Meister gemalt wurde«, bezeichnen.

130. Ebd., S. 135 ff.; G. Fabiani, *Un mancato allievo di L. Lotto, Simone de Magistris,* in: ›Arte cristiana‹, XLIII, 1955, S. 159 f.; P. Zampetti, *I pittori di Caldirola,* in: *Atti del Congresso C.N.R. di Storia dell'Arte,* Rom 1978.

131. Vgl. den einleitenden Aufsatz von A. Emiliani im Katalog der *Mostra di Federico Barocci,* Bologna 1975, insbes. S. XXIX f.

132. Bellori, *Le vite,* op. cit., S. 32.

133. R. Longhi, *Viatico per cinque secoli di pittura veneziana,* Florenz 1946, S. 18.

134. Ein einsichtiges Porträt des Typus des Provinzmalers im 16. und 17. Jahrhundert findet man in einem Aufsatz von B. Toscano, *Andrea Polinori o la provincia perplessa,* in: ›Arte antica e moderna‹, 1961,

Nr. 13–16, S. 300 ff. Über die Probleme der kulturellen Selektion, wie sie sich einem Provinzmaler darstellen, der mit einem bedeutenden Kunstzentrum in Berührung kommt, siehe die auf eine frühere Zeit bezogene, von F. Zeri durchgeführte Untersuchung über das Altarbild mit der Heiligen Familie, Heiligen und Engeln des Conservatorio di Santa Maria degli Angiolini in Florenz, in: *Eccentrici fiorentini – II,* in: ›Bollettino d'Arte‹, XLVII, S. IV, 1962, S. 318. Weitere Beobachtungen zu ähnlichen Problemen der Akkulturation zu Beginn des 16. Jahrhunderts siehe in: Ders., *Una congiunzione tra Firenze e Francia. Il Maestro dei cassoni Campana,* in: *Diari di lavoro 2,* Turin 1976, S. 75 ff.

135. G. Bottari und S. Ticozzi, *Raccolta di lettere sulla pittura, scultura ed architettura . . .,* VII, Mailand 1822, S. 66.

136. Ebd., S. 94 f.

137. Ebd., S. 77.

138. A. Momigliano, *Ancient History and the Antiquarian,* in: ›Journal of the Warburg and Courtauld Institutes‹, XIII, 1950, S. 285 ff.

139. In England ist das Ende des 18. Jahrhunderts der Zeitpunkt des ökonomischen und kulturellen *take-off* der Provinz. Vgl. F. D. Klingender, *Kunst und industrielle Revolution,* Frankfurt/M. 1976; T. Fawcett, *The Rise of the English Provincial Art,* Oxford 1974.

140. M. Schapiro, *The Religious Meaning of the Ruthwell Cross,* in: ›The Art Bulletin‹, XXVI, 1944, S. 232–45; ders., *From Mozarabic to Romanesque in Silos,* ebd., XXI, 1939, S. 312–74, jetzt in: M. Schapiro, *Selected Papers. Romanesque Art,* New York 1977, S. 28 ff.

141. A. Frizzi, *Memorie per la Storia di Ferrara,* V, Ferrara 1809, S. 64; vgl. auch E. Riccomini, *Il Seicento ferrarese,* Mailand 1969, S. 10.

142. C. Gould, *Trophy of Conquest. The Musée Napoléon and the Creation of the Louvre,* London 1965.

143. D. Roxan und K. Wanstall, *The Jackdaw of Linz. The Story of Hitler's Art Thefts,* London 1964.

144. E. Müntz, *Les annexions de collections d'art ou de bibliothèques et leur rôle dans les relations internationales,* in: ›Revue d'Histoire Diplomatique‹, VIII, 1894, S. 481–97; IX, 1895, S. 375–93; X, 1896, S. 481–508; W. Treue, *Kunstraub. Über die Schicksale von Kunstwerken in Krieg, Revolution und Frieden,* Düsseldorf 1957; H. Trevor-Roper, *The Plunder of the Arts in the Seventeenth Century,* London 1970.

145. Lanzi, III, 169.

146. Frizzi, *Memorie per la Storia di Ferrara,* op. cit., V, S. 64.

147. G. Baruffaldi, *Vite de' pittori e scultori ferraresi,* II, Ferrara 1846, S. 27.

148. A. Emiliani, *Gian Francesco Guerrieri da Fossombrone,* Urbino 1958, S. 42.

149. E. Carli, *Dipinti senesi del Contado e della Maremma,* Mailand 1955, S. 84 ff.

150. W. M. Bowsky, *The Finance of the Commune of Siena 1287–1355,* Oxford 1970, S. 25 ff.

151. G. V. Castelnovi, *Giovanni Barbagelata,* in: ›Bollettino d'Arte‹, XXXVI, 1951, S. 211–24; F. Alizeri, *Notizie dei professori del disegno in Liguria dalle origini al secolo XVI,* II, Genua 1870, S. 189 ff.

152. C. Maltese, *Arte in Sardegna dal V al XVIII secolo,* Rom 1962.

153. F. Zeri, *Perché Giovanni da Gaeta e non Giovanni Sagitano,* in: ›Paragone‹, XI, 1960, Nr. 129, S. 53.

154. Dionisotti, *Culture regionali,* op. cit., S. 139.

155. G. Moracchini, *Trésors oubliés des églises de Corse,* Paris 1959, S. 22 und 114 f.

156. R. Longhi, *Frammento Siciliano,* in: ›Paragone‹, IV, 1953, Nr. 47, S. 3 ff.; F. Bologna, *Il soffitto della Sala Magna allo Steri di Palermo e la cultura feudale siciliana nell' autunno del Medioevo,* Palermo 1975.

157. M. D'Elia, Katalog der *Mostra d'Arte in Puglia dal tardo Antico al Rococò,* Bari 1964.

158. F. Bologna, Vorwort zum Katalog *Arte in Calabria, ritrovamenti, restauri, recuperi,* Cosenza 1976, S. 6 f.

159. F. Abate, *La pittura in Campania prima di Colantonio,* in: *Storia di Napoli,* IV, I, Neapel 1974.

160. F. Alizeri, *Notizie,* op. cit., S. 210.

161. G. Romano, *Casalesi del Cinquecento. L'avvento del manierismo in una città padana,* Turin 1970.

162. Vgl. die Bemerkungen von Emiliani, *Gian Francesco Guerrieri da Fossombrone,* op. cit., und in der Einleitung zum Katalog der *Mostra di Federico Barocci,* op. cit.

163. G. Marchini, *Un incontro imprevedibile: il Fogolino ad Ascoli Piceno,* in: ›Antichità viva‹, V, 1966, S. 3 ff.

164. Casale-Falcidia-Pansecchi-Toscano, *Ricerche in Umbria,* op. cit., S. 34.

165. F. Bologna, *I pittori alla corte angioina di Napoli,* Rom 1969, S. 173, 349; Ders., Vorwort zu *Arte in Calabria,* op. cit., S. 7.

166. A. Antonaci, *Gli affreschi di Galatina,* Mailand 1966.

167. A. Fabbi, *Artisti fiorentini sul territorio di Norcia,* in: ›Rivista d'Arte‹, XXXIV, 1959, S. 109–22; ders., *Preci e la Valle Castoriana,* Spoleto 1963.

168. R. Cessi, *Venezia, le Puglie e l'Adriatico,* in: ›Archivio Storico delle Puglie‹, VIII, 1966, Hefte 1–4, S. 53–59; M. S. Calò, *La pittura del Cinquecento e del primo Seicento in terra di Bari,* Bari 1969.

169. P. Giannizzi, *Una pala dipinta da Lorenzo Lotto per la cattedrale di Giovinazzo,* in: ›Arte e Storia‹, XIII, 1894, S. 91.

170. Vgl. S. Marinelli, in: *La pittura a Verona tra Sei e Settecento,* Ausstellungskatalog, Verona 1978, S. 35.

171. N. Pevsner u. a., *Historismus und bildende Kunst,* München 1965, S. 89.

172. E. Rufini, *Ricerche sull'Attività del Vanvitelli nelle Marche,* in: ›Atti dell'XI Congresso di Storia dell'Architettura. Marche, 6–13 settembre 1959‹, Rom 1965, S. 466 f.

173. Brief Davids an Wicar vom 14. Juni 1789. Wiedergegeben in O. und G. Wildenstein, *Documents complémentaires au catalogue de l'oeuvre de Louis David,* Paris 1973, S. 27 f.

174. B. Moore, *Soziale Ursprünge von Diktatur und Demokratie. Die Rolle der Grundbesitzer und Bauern bei der Entstehung der modernen Welt,* Frankfurt/M. 1969, 1974.

175. M. Schapiro, *Nature of Abstract Art,* in: ›Marxist Quarterly‹ (New York), I, Nr. 1, Januar-März 1937.

176. L. Carroll, *Alice im Wunderland* und *Alice hinter den Spiegeln,* übers. u. hg. v. Ch. Enzensberger, Frankfurt/M. 1963, S. 152.

ALESSANDRO CONTI
Die Entwicklung des Künstlers

1. H. Damisch, *Artista,* in: *Enciclopedia Einaudi,*I, Turin 1977, S. 957–81; J. Gimpel, *Contre l'art et les artistes,* Paris 1968; *Picasso, voce recitante* lautet die Überschrift des bekannten Aufsatzes von Francesco Arcangeli (›Paragone‹, 1953, Nr. 47, jetzt in: *Dal Romanticismo all'Informale,* Turin 1977, S. 191–220).

2. Zu Proudhon (*Du principe de l'art et de sa destination sociale,* 1865) vgl. Gimpel, *Contre l'art,* op. cit., S. 7; Boccionis »geniale Kämpfe« tauchen in einem Brief auf, den ihm Roberto Longhi am 30. April 1913 schickt (›Archivi del Futurismo‹, I, Rom 1958, S. 261).

3. E. und J. Goncourt, *Pittori francesi del XVIII secolo,* Mailand 1956, S. 184 und 415, Anm. 46.

4. R. und M. Wittkower, *Born under Saturn,* London 1963, S. 12; H. de Laborde, *La Renaissance des Arts à la cour de France,* Paris 1850, I, S. 38–39.

5. E. Kaufmann, *Architecture in the Age of Reason,* Cambridge 1955, S. 127.

6. J. S. Ackerman, *The History of Design and the Design of History,* in: ›Psicon‹, 1975, Nr. 2–3, S. 139.

7. R. Longhi, *Ricordo dei manieristi,* in: »L'Approdo«, Januar-März 1953, S. 55–59.

8. F. Lippmann, Internationale chalko-

graphische Gesellschaft 1895, *Die sieben Planeten,* Berlin 1895 (Reproduktion der Reihe florentinischer Stiche um 1460 und anderer Planetenreihen des »Hausbuchmeisters«, von Hans Sebald Beham und Gabriele Giolito); WITTKOWER, *Born under Saturn,* op. cit., S. 104.

9. D. HAY, *Profilo storico del Rinascimento,* Florenz 1966, S. 13; den Satz unterstreicht auch das Vorwort von Eugenio Garin. Ohne näher auf die Renaissance-Debatte einzugehen, scheint es angebracht, auf die Klarstellung von R. PECCHIOLI hinzuweisen, *»Umanesimo civile« e interpretazione »civile« dell'umanesimo,* in: ›Studi storici‹, 1972, Nr. 1, S. 3–33. Gewöhnlich sind die Studien, die sich mit der allgemeinen Zuordnung des Problems befassen, weniger aufmerksam auf die bildnerischen Elemente bzw. auf die Studien, die sich hiermit beschäftigen: man denke an die vorrangige Bedeutung einer Definition der Epoche und die Verbreitung ihres Mythos von Bernard Berenson in *Italian Painters of the Renaissance.* Schlimmer noch, wenn sich das Interesse ausschließlich auf die Panofsky-Studien beschränkt, die sich besser zu einer interdisziplinären Lektüre eignen: Der verzerrende Effekt zeigt sich in der Anthologie von M. CILIBERTO, *Il Rinascimento, storia di un dibattito,* Florenz 1975, die als einzigen kunstkritischen Aufsatz einen Abschnitt aus *Die Renaissancen der europäischen Kunst* enthält.

10. P. O. KRISTELLER, *The Modern System of Arts* (1951, dt. Übers., *Das System der modernen Künste,* in: *Humanismus und Renaissance,* München 1976, Bd. 2, S. 177); J. VON SCHLOSSER, *Giusto's Fresken,* Wien 1896.

11. G. BOCCACCIO, *Genealogia deorum XII 70;* zitiert bei E. PANOFSKY, *The Early History of Man in a Cicle of Paintings by Piero di Cosimo,* in: ›Journal of the Warburg Institute‹, 1937, S. 12–30, dann in: *Studies in Iconology,* New York 1939. Was die Verbreitung der lukrezischen Gedanken in der Renaissance angeht, wird auf ihn verwiesen; was den kulturellen Zusammenhang betrifft, aus dem die Gemäldefolge von Piero da Cosimo hervorgeht, sei daran einnert, daß das Konzil zu Florenz von 1517–18 ausdrücklich die Lektüre des lukrezischen Lehrgedichtes in den Schulen verbietet, »weil es danach trachtet, allen Menschen die Sterblichkeit der Seele zu zeigen« (G. D. MANSI, *Sacrorum Conciliorum nova et amplissima collectio,* Paris-Leipzig 1902, Bd. XXXV, c. 270; D. CANTIMORI, *Eretici italiani del Cinquecento,* Florenz 1967, S. 10).

12. C. LONGO, *Operae,* in: *Enciclopedia giuridica italiana,* XII, 2, Mailand 1915, S. 436–38.

13. V. GORDON CHILDE, *L'uomo crea se stesso,* Turin 1952, S. 308–12.

14. E. GARIN, *La disputa delle arti nel Quattrocento,* Florenz 1947, S. XIII–XIV; zu dem Patent von Federico da Montefeltro vgl. G. GAYE, *Carteggio inedito d'artisti del secoli XIV, XV e XVI,* Florenz 1839–40, I, S. 214–15.

15. ARISTOTELES, *Politica* 1337b, übers. von A. Brucioli, Venedig 1547; vgl. B. FARRINGTON, *The Florence of Leonardo and the Athens of Pericles,* in: *Atti del Convegno di Studi vinciani,* Florenz 1953, S. 224–25. Übersetzung und Kommentar zu diesem Passus von Bernardo Segni (*Trattato dei governi,* Florenz 1549) spiegeln, im Vergleich zur Übersetzung Bruciolis, auf bezeichnende Weise die sich zuspitzende Debatte um die Nobilität der Künste im 16. Jahrhundert (parallel zur Krise des frühen Humanismus und der allgemeinen traditionellen Werte): Die »niedere Arbeit« der venezianischen Übersetzung heißt »niedere Arbeit der Handwerker«, die Rechte und die Medizin gehören nur insofern zu den freien Künsten, als sie ohne Gewinn und auch nur bis zu einem bestimmten Punkt ausgeübt werden.

16. PLUTARCH, *Parallelbiographien,* Perikles IX, Marcellus X–XI; dt. *Große Griechen und Römer,* München/Zürich 1954, Bd. 2 u. 3; J. S. ACKERMAN, *»Ars sine scientia nihil est« Gothic Theory of Architecture at the Cathedral of Milan,* in: ›The Art Bulletin‹, 1949, S. 84–111.

17. *De diversis quaestionibus octaginta tres,* »de pulchritudine simulacrorum«, in MIGNE, *Patrologia latina XL* (zit. bei G. Simoncini, *Architetti e architettura nella cultura del Rinascimento,* Bologna 1967, S. 25).

18. R. BIANCHI BANDINELLI, *Roma. L'arte romana nel centro del potere,* Mailand 1969, S. 43–44; SENECA, *Epistolae morales,* Brief 115, Paragraph 8; Brief 88, Paragraphen 21–23.

19. PLINIUS der Ältere, *Naturalis historia XXXV 77;* G. B. ADRIANI, in: G. VASARI, *Vite* (1568), I, Florenz 1966, p. 189. Zu allen Motiven der antiken Tradition, die zum Bild des Künstlers zwischen dem Ende des Mittelalters und der Renaissance beigetragen haben, vgl. E. KRIS und O. KURZ, *Die Legende vom Künstler,* Wien 1934; einen Überblick der sozialen Stellung des Künstlers in der Antike gibt B. SCHWEITZER (*Der bildende Künstler und der Begriff des Künstlerischen in der Antike,* in: ›Neue Heidelberger Jahrbücher‹, 1925, S. 28ff.) und R. BIANCHI BANDINELLI, (*L'artista nell' antichità classica,* in: *Archeologia e cultura,* Mailand 1961, S. 45–65).

20. ARISTOTELES, *Politik* 1337b; *Poetik* 1450a und b; *Nikomachische Ethik* 1180b.

21. *De officiis* I 42. Zur zeitlichen Grenze der Renaissance vgl. J. MAECK, *Il Rinascimento italiano,* Rom 1972, außerdem HAY, *Profilo Storico,* op. cit.

22. SALATIELE, *Ars notariae,* hg. von G. ORLANDELLI, Mailand 1961, I, S. 162: »Der Schreiber verdingt nämlich seine Dienste für einen gewissen Lohn und daher spricht man hier nicht von Preis, weil ein Preis nur beim Kaufvertrag festgesetzt wird ...«.

23. G. ORLANDELLI, *Il libro a Bologna dal 1300 al 1330,* Bologna 1959, S. 17–19, 22–23 und 29–30.

24. G. BARNI, *Contratti di lavoro e diritto romano a Genova nel secolo decimosecondo,* in: *Atti del Convegno internazionale di diritto romano* (Verona 1948), Mailand 1953, S. 490, Anm. 70: Gesetze des Astolfo, welche darlegen, daß ein langes Dienstverhältnis in der Landwirtschaft als ein Zustand der Knechtschaft gedeutet werden könne; 1230 verbietet man in Parma, denjenigen als freien Mann einzuschreiben, der über zwanzig Jahre auf dem Land gearbeitet habe. Seneca (*De beneficiis* III 82, S. 490) bemerkt, daß »der Sklave ein ständiger Tagelöhner sei«. In einem unmittelbaren Zusammenhang mit den Verträgen, die uns hier interessieren, äußert sich Rolandino de' Passeggeri zu der Frage, »ob jemand seine eigene Arbeitsleistung verdingen könne«: »man sieht, daß man es nicht kann, weil man in Wirklichkeit ein Sklave würde und dies der Freiheit widrig und verderblich wäre; dennoch magst du einwenden, daß die Arbeitsleistung für immer oder auch zeitweise verdingt werden könne; denn wie auch jemand seine Arbeitsleistung auf Dauer verdinge, so wird er frei durch die Leistung oder indem er zum Ersatz jemand anderen stellt, der für ihn die Arbeit erbringt ...« (*Summa artis notoriae,* Lugduni 1559, S. 382).

25. D. S. CHAMBERS, *Patrons and Artists in the Italian Renaissance,* London, 1970; M. BAXANDALL, *Painting and Experience in the Fifteenth Century Italy,* (1972, dt. Übers. *Die Wirklichkeit der Bilder,* Frankfurt/M. 1977, S. 12–24); H. GLASSER, *Artists' Contracts of the Early Renaissance,* New York-London 1977. Auch hierin finden sich Verweise auf einen Text, den man nur mit größter Vorsicht verwenden kann: H. LERNER-LEHMKUL, *Zur Struktur und Geschichte des Florentinischen Kunstmarktes im 15. Jahrhundert,* Wattenscheid 1936.

26. G. MILANESI, *Documenti per la storia dell'arte senese,* Siena 1854–1856, I, S. 145–49.

27. Zu einer ersten Zuordnung der wandernden Künstler in der romanischen Periode vgl. M. SCHAPIRO, *On the Aesthetic Attitude in Romanesque Art,* in: *Art and Thought,* Festschrift für A. K. Coomaraswamy, London 1947, S. 147; die Vielzahl der Zentren, auf die Giottos Tätigkeit verteilt war, ist zu Beginn des Quattrocento noch so auffällig gewesen, daß Filippo Villani (in M. BAXANDALL, *Giotto and the*

Orators, Oxford 1971, S. 147) dies als eine humanistische Sehnsucht des Künstlers nach Ruhm interpretierte. Gegenüber den zahlreichen Versuchen, im Duecento und Trecento in jedem Städtchen lokale Schulen auszumachen, vgl. die Beobachtungen zum Verhältnis von möglichen lokalen Werkstätten und Künstlern aus anderen Zentren in A. CONTI, *Appunti pistoiesi,* in: ›Annali della Scuola Normale Superiore di Pisa‹, 1971, S. 109–24.

28. F. FILIPPINI und G. ZUCCHINI, *Miniatori e pittori a Bologna.* Documenti dei secoli XIII e XIV, Florenz 1947, S. 71.

29. P. O. KRISTELLER, *Andrea Mantegna,* Berlin-Leipzig 1902, S. 516–17; L. PUPPI, *Il trittico di Andrea Mantegna per la basilica di San Zeno,* Verona 1972, S. 68; BAXANDALL, *Die Wirklichkeit der Bilder,* op. cit., S. 22. Der Passus von GIULIO PAOLO (*Libri quinque sententiarum* II, 18. I) ist aufgeführt bei BARNI, *Contratti di lavoro,* op. cit., S. 490.

30. *Commentari* II 22.

31. op. cit. I 1–2.

32. Neuer Vertrag für die erste Tür des Baptisteriums von 1407, in: R. KRAUTHEIMER, *Lorenzo Ghiberti,* Princeton 1970, II, S. 369. Was die Materialbeschaffung angeht, erinnere man sich, daß die Bronze für die Matthäus-Statue in Or San Michele, die er für die Wechslerzunft zwischen 1419 und 1423 schuf, in Venedig von Lorenzo di Bicci de' Medici gekauft worden war: A. DOREN, *Das Aktenbuch für Ghibertis Matthäus Statue,* Berlin 1906, S. 15; GLASSER, *Artists' Contracts,* op. cit., S. 101.

33. F. ANTAL, *Florentine Painting and its Social Background,* London 1947, S. 376–80; KRAUTHEIMER, *Lorenzo Ghiberti,* op. cit., ; G. Poggi, *Il duomo di Firenze,* Berlin 1909, S. 178–81.

34. G. MILANESI, *Le lettere di Michelangelo Buonarroti,* Florenz 1875, S. 620–23.

35. KRAUTHEIMER, *Lorenzo Ghiberti,* op. cit.

36. MILANESI, *Documenti,* op. cit., I, S. 166–68; die zitierten Quellen im Appendix des Vertragstextes beweisen, daß die Tafel in der Werkstatt des Malers gemalt worden war, von wo aus sie in einer feierlichen Prozession in die Kathedrale überführt wurde.

37. G. PREVITALI, *Giotto e la sua bottega,* Mailand 1967, S. 128. Einen offiziellen Beweis für die Verpflichtung des Nachfolgers, die Arbeit des Meisters zu vollenden, falls dieser verhindert ist, gibt Jacopo da Cione 1368: er verpflichtet sich, einen San Matteo (ein Auftrag der Wechsler-Zunft für den Bruder Andrea Orcagna, der kurz darauf verstarb; das Bild befindet sich heute in den Uffizien) zu vollenden; vgl. R. OFFNER, *Corpus of Florentine Painting,* Abtlg. IV, Bd. I, New York 1962, S. 23–24; GLASSER, *Artists' Contracts,* op. cit., S. 197.

38. Der Passus der Chronik von Sigismondo Tizio ist aufgeführt bei G. DELLA VALLE, *Lettere senesi,* II, Rom 1785, S. 68. Der überraschende Vorschlag von J. H. Stubblebine ist erschienen in: ›The Art Bulletin‹, 1973, S. 185–204 (vgl. hierzu meine Beobachtungen in: ›Annali della Scuola Normale Superiore di Pisa‹, 1973, S. 1322–23). Die Engel, auf die ich in dem Text anspiele, sind der vierte von rechts, der Engel, der diesem in der unteren Reihe am nächsten ist (neben Johannes dem Täufer) und der zweite Engel von links.

39. Zu den sienesischen Malern vgl. GAYE, *Carteggio inedito d'artisti,* op. cit., II, S. 1–30; MILANESI,*Documenti,* op. cit., I, S. 1–27. Luciano Bellosi (›Mitteilungen des kunsthistorischen Instituts in Florenz‹, 1973, S. 179–94) hat Matteo di Pacino als den »Meister der Rinuccini-Kapelle« identifiziert.

40. SCHAPIRO, *On the Aesthetic Attitude,* op. cit., S. 148; KRISTELLER, *Das System der modernen Künste,* op. cit., S. 174; der Brief Paolo Giovios an Cosimo I. vom 12. November 1551 wurde veröffentlicht in G. G. BOTTARI, *Raccolta di lettere sulla pittura, scultura ed architettura* (1757–73), hg. von S. Ticozzi, Mailand 1822, V, S. 82–84.

41. FILIPPINI-ZUCCHINI, *Miniatori e pittori,* op. cit., S. 140.

42. Ebd., S. 231.

43. MILANESI, *Documenti,* op. cit., I, S. 159.

44. C. J. FFOULKES und R. MAIOCCHI, *Vincenzo Foppa,* London-New York 1909, S. 304.

45. U. GNOLI, *Raffaelo e l'Incoronazione di Monteluce,* in: ›Bollettino d'Arte‹, 1917, S. 133–54; GLASSER, *Artists' Contracts,* op. cit., S. 66–68.

46. L. B. ALBERTI, *De pictura,* Paragraph 49 (dt. Übers. *Leon Battista Albertis Kleinere Kunsttheoretische Schriften,* Wien 1877), S. 138/39; »... da es mehr Bewunderung und Lob dem Künstler einbringt, den Glanz des Goldes durch Farben nachzuahmen.« »Dies sage ich, obgleich ich es durchaus nicht tadeln würde, wenn die andere handwerkliche Ausschmückung einer Malerei, als da sind, gemeisselte Säulen, Basen, Capitäle, Fries, von reinstem und gediegenem Golde wäre.« Der Vertrag für die *Anbetung der Könige* von Leonardo ist veröffentlicht bei G. MILANESI (*Documenti inediti riguardanti la vita e le opere di Leonardo da Vinci,* in: ›Archivio Storico Italiano‹, Bd. XVI, 1872, S. 219–30) und in: L. BELTRAMI, *Documenti e memorie riguardandi la vita e le opere di Leonardo da Vinci,* Mailand 1919, S. 7–8.

47. Auf den Passus des ms A (c. 105 r) von Leonardo verweist G. ROMANO, in: *Il maestro della pala sforzesca,* Florenz 1978, S. 11; zu Foppas genuesischer Imitation der Tafeln vgl. FFOULKES-MAIOCCHI, *Vincenzo Foppa,* op. cit., S. 316–17.

48. G. BISCARO, *La commissione della Vergine delle rocce,* in: ›Archivio Storico Lombardo‹, 1910, S. 123–61; BELTRAMI, *Documenti e memorie,* op. cit., S. 12–18; GLASSER, *Artists' Contracts,* op. cit., S. 208–80. Es sollte hervorgehoben werden, daß die Forderung für die Tafelmalerei – eine Jungfrau mit Sohn (nicht mit Kind) und zwei Propheten – auf den Wunsch nach einer ähnlichen Ikonographie hindeuten könnte, wie sie bei jener Tafel, nach welcher der »Luccheser Meister der Unbefleckten Empfängnis« benannt ist, oder bei dem Altarbild Francias in San Frediano in Lucca zu finden ist.

49. G. COLOMBO, *Vita ed opere di Gaudenzio Ferrara,* Turin 1881, S. 310–11.

50. S. BORGHESI und L. BANCHI, *Nuovi documenti per la storia dell'arte senese,* Siena 1898, S. 10–11; GLASSER, *Artists' Contracts,* op. cit., S. 83 (Pietro Lorenzetti); BORGHESI-BANCHI, *Nuovi documenti,* op. cit., S. 119–20 und C. GILBERT, *Peintres et menuisiers au début de la Renaissance,* in: ›Revue de l'art‹, 1977, Nr. 37, S. 12 (Sassetta); R. W. KENNEDY, *Alesso Baldovinetti,* New Haven 1938, S. 240; G. MILANESI, *Scritti vari sulla storia dell'arte toscana,* Siena 1873, S. 299–302; R. LONGHI, *Piero della Francesca,* Florenz 1963, S. 103; E. BATTISTI, *Piero della Francesca,* Mailand 1972, II, S. 226.

51. FFOULKES-MAIOCCHI, *Vincenzo Foppa,* op. cit., S. 306–8. Eine Erklärung für den Wunsch, sich diese gesuchten luxuriae ministri für Werke, die dem eigenen Prestige dienen, zur Verfügung zu halten, scheint mir – noch im Trecento – ein Brief von Gian Galeazzo Visconti zu liefern, der (zwischen 1365 und 1369) Guido Gonzaga bittet, ihm alle Maler aus Mantua zu schicken, da die Maler, die bei ihm seien, nicht ausreichten, das Schloß von Pavia auszumalen (vgl. P. TOESCA, *La pittura e la miniatura nella Lombardia,* Turin 1966, S. 126, Anm. 2). Man hätte hier das Zeugnis einer herrschaftlichen Art, direkt über Künstler zu verfügen und dabei von jeglicher Dynamik des Marktes, die mit den Handwerkszünften zusammenhinge, befreit zu sein.

52. MILANESI, *Documenti,* op. cit., III, S. 22; ders., *Le lettere,* op. cit., S. 613–614 und 616; GLASSER, *Artists' Contracts,* op. cit., S. 77.

53. KRAUTHEIMER, *Lorenzo Ghiberti,* op. cit., S. 369 (Vertrag von 1407 für die erste Tür); L. DE ANGELIS und A. CONTI, *Un libro antico della sagrestia di Sant'Ambrogio,* in: ›Annali della Scuola Normale Superiore di Pisa‹, 1976, S. 97–109.

54. KENNEDY, *Alesso Baldovinetti,* op. cit., S. 236 und 239; GAYE, *Carteggio inedito d'artisti,* op. cit., II, S. 43–46.

55. BORGHESI-BANCHI, *Nuovi documenti,* op. cit., S. 390–91.

56. U. PROCACCI, *L'affresco dell'oratorio del Bigallo ed il suo maestro,* in: ›Mitteilungen des Kunsthistorischen Institutes in Florenz‹, 1973, S. 320; DE ANGELIS-CONTI, *Un libro antico,* op. cit.

57. FILIPPINI-ZUCCHINI, *Miniatori e pittori,* op. cit., S. 233; G. MILANESI, in: VASARI, *Vite,* IV, Florenz 1879, S. 466, Anm. 2; C. GUASTI, *I quadri della galleria comunale di Prato,* Florenz 1888, S. 111–12; A. SCHARF, *Filippino Lippi,* Wien 1935, S. 88; GNOLI, *Raffaelo,* op. cit., S. 147; V. GOLZIO, *Raffaelo nei documenti,* Rom 1936, S. 11; GLASSER, *Artists' Contracts,* op. cit., S. 73–77.

58. Wien, Albertina, 17575, vgl. K. OBERHUBER, *Raphaels Zeichnungen,* IX, Berlin 1972, Nr. 426.

59. VASARI, *Vite* (1568) op. cit., II, S. 731.

60. G. B. CAVALCASELLE und J. A. CROWE, *Tiziano, la sua vita e i suoi tempi,* Florenz 1877–78, II, S. 370.

61. C. C. MALVASIA, *Felsina Pittrice* (1678), Bologna 1841, II, S. 15.

62. L. LOTTO, *Il »libro si spese diverse« con aggiunte di lettere e d'altri documenti,* hg. von P. ZAMPETTI, Venedig-Rom 1969, S. 298–300; M. A. MICHIEL, *Notizia d'opere di disegno,* Bassano 1800, S. 23–24; Bologna 1884, S. 66; in P. BAROCCHI, *Scritti d'arte del Cinquecento,* III, Mailand-Neapel 1977, S. 2875.

63. G. B. PASSERI, *Il libro delle vite de' pittori, scultori et architetti,* hg. von J. HESS, Leipzig-Wien 1934, S. 55; G. P. BELLORI, *Le vite de' pittori, scultori e architetti moderni* (1672), hg. von E. BOREA, Turin 1976, S. 453; F. HASKELL, *Mecenati e pittori,* Florenz 1966, S. 35, 40, 36–37 und 327.

64. GAYO, *Carteggio inedito d'artisti,* op. cit., II, S. 55–60.

65. Zum Grab Julius II., vgl. C. DE TOLNAY, *Michelangelo,* IV, Princeton 1954; die wechselhafte Geschichte läßt sich zurückverfolgen anhand der Hinweise von P. Barocchi, in: G. VASARI, *La Vita di Michelangelo nelle redazioni del 1550 e del 1568,* Mailand-Neapel 1962, V, S. 280–84; der Brief des Herzogs von Urbino von 1542 findet sich bei GAYE, *Carteggio inedito d'artisti,* op. cit., II, S. 289–90.

66. GOLZIO, *Raffaelo,* op. cit., S. 76–77 und 95–97; WITTKOWER, *Born under Saturn,* op. cit., S. 36–37.

67. BOTTARI-TICOZZI, *Raccolta di lettere,* op. cit., I, S. 347.

68. J. H. BECK, *Jacopo della Quercia e il portale di San Petronio a Bologna,* Bologna 1970.

69. G. MILANESI, *Nuovi documenti per la storia dell'arte toscana,* Florenz 1901, S. 91 und 97–98; LONGHI, *Piero della Francesca,* op. cit., S. 98 und 159–60; BATTISTI, *Piero della Francesa,* op. cit. II, S. 220 und 222; GLASSER, *Artists' Contracts,* op. cit., S. 279–88.

70. MILANESI, *Nuovi documenti,* op. cit., S. 6–8; ders., *Documenti,* op. cit., S. 159.'

71. M. BACCI, in: ›Paragone‹, 1969, Nr. 231, S. 32–33; P. ZAMPETTI, *Giovanni Boccati,* Mailand 1971, S. 190.

72. POGGI, *Il Duomo di Firenze,* op. cit., S. 23, Anm. 135.

73. NERI DI BICCI, *Le riordanze* (Ges. Ausg. hg. von B. Santi), Pisa 1976, S. 13 und 293–94; H. GLASSER, *The Litigation Concerning Luca della Robbia's Federighi Tomb,* in: ›Mitteilungen des Kunsthistorischen Institutes in Florenz‹, 1969, S. 29 bis 30; ders., *Artists' Contracts,* op. cit., S. 194.

74. KRAUTHEIMER, *Lorenzo Ghiberti,* op. cit., S. 395; DOREN, *Das Aktenbuch,* op. cit.

75. FFOULKES-MAIOCCHI, *Vincenzo Foppa,* op. cit., S. 310; GLASSER, *Artists' Contracts,* op. cit., S. 224.

76. DE ANGELIS-CONTI, *Un libro antico,* op. cit., S. 103.

77. A. MARQUAND, *Luca della Robbia,* Princeton 1914, S. 75; GLASSER, *Artists' Contracts,* op. cit., S. 84; C. GILBERT, *The Archbishop on the Painters of Florence,* 1450, in: ›The Art Bulletin‹, 1959, S. 75–87; GLASSER, *Artists' Contracts,* op. cit., S. 198–99. Bekanntlich waren die Figuren der Auftraggeber durch eine Umarbeitung im Stil Ghirlandaios verdeckt (vgl. A. CONTI, *Storia del restauro,* Mailand 1973, S. 43–44 und 211); die von Glasser wiedergefundenen Dokumente machen jedoch wahrscheinlich, daß sie anläßlich des Streits von 1496 übermalt worden waren und nicht, um im Zuge des sehr wechselhaften Schicksals der Stadt Rimini dem politischen Ansehen der Malatesta zu schaden.

78. G. MILANESI, *Della statua equestre di Erasmo da Narni,* in: ›Archivio Storico Italiano‹, 1855; I, S. 45–61; E. STEIGMANN, *Die Sixtinische Kapelle,* I, München 1901, S. 634; F. CANUTI, *Il Perugino,* Siena 1931, II, S. 124–25.

79. KENNEDY, *Alesso Baldovinetti,* op. cit., S. 247; GLASSER, *Artists' Contracts,* op. cit., S. 205–06; Gaye, *Carteggio inedito d'artisti,* op. cit., S. 137–38.

80. B. CASTIGLIONE, *Il cortegiano,* in: *Opere di B. Castiglione, G. della Casa, B. Cellini,* Mailand-Neapel 1960, S. 81 bis 82. Bereits Vittorino da Feltre nimmt die Malerei in die Disziplinen seiner Schule auf (als Miniatur-Zeichnung; vgl. BAXANDALL, *Giotto,* op. cit., S. 127–29). Hinsichtlich der malerischen Praxis des Quattrocento gibt es dann – über die mögliche Identifizierung des großen »Meisters des Königs Renato« – den Hinweis auf einen tatsächlich königlichen Dilettanten (O. PÄCHT, *René d'Anjou et les Van Eyck,* in: ›Cahiers de l'association internationale des études françaises‹, 1956, S. 41–76; P. QUARRÉ, *Le roi René,* in: ›La revue du Louvre‹, 1964, S. 67–74). Insgesamt sind aber wohl die Ergebnisse, die ROBERTO CIARDI (*Le regole del disegno di Alessandro Allori e la nascita del dilettantismo pittorico,* in: ›Storia dell'arte‹, 1971, S. 267–84) über künstlerische Dilettanten vor dem Ende des Cinquecento formuliert, zu überprüfen.

81. CAVALCASELLE-CROWE, *Tiziano,* op. cit., I, S. 192; C. RIDOLFI, *Le maraviglie dell'arte,* Venedig 1648, S. 147 und 229.

82. ANTAL, *Florentine Painting,* op. cit., S. 282; WITTKOWER, *Born under Saturn,* op. cit., S. 23.

83. BATTISTI, *Piero della Francesca,* op. cit., II, S. 225; A. SCHMARSOW, *Melozzo da Forlì,* Berlin-Stuttgart 1886, S. 359–60.

84. I. TAURISANO, *Il capitolo di Santa Maria Novella in Firenze,* in: ›Il Rosario‹, III, 1916, S. 217–30; F. TIRABOSCHI, *Biblioteca modenese,* VI, Modena 1786, S. 267–68; L. PUNGILEONI, *Memorie storiche di Antonio Allegri detto il Correggio,* I, Parma 1817, S. 184–85.

85. S. ORLANDI, *Beato Angelico,* Florenz 1964, S. 187–88.

86. G. ROSSI, *Sul profilo della »locatio operarum« nel mondo del lavoro dei comuni italiani,* Mailand 1958, S. 57 und 120–21, Anm. 17 und 206; *Ordinamenta salariorum anno MCCCXXIV,* in: F. BONAINI, *Statuti inediti della città di Pisa,* II, Florenz 1870, S. 1223–26; *Statuta populi et communis Florentiae... anno salutis MCCCCXV,* Freiburg 1778–83, II, S. 211–12.

87. MILANESI, *Nuovi documenti,* op. cit., S. 6–8.

88. R. ROMANO, *Una tipologia economica,* in: *Storia d'Italia Einaudi,* I, Turin 1972, S. 263.

89. G. BOTTARI, *Dialoghi sopra le tre arti del disegno,* Lucca 1754, S. 178.

90. *Statuta,* op. cit., II, S. 189 und 212.

91. GAYE, *Carteggio inedito d'artisti,* op. cit., II, S. 55; VASARI, *Die Lebensbeschreibungen,* op. cit., III 1, 163; *Vite* (1568), op. cit., II, S. 10 u. 61.

92. QUINTILIAN, *Institutio oratoria* XII 7; ULPIANUS, *Fragment* L I; LONGUS, *Operae,* op. cit., S. 438–39.

93. L. FEBVRE und H.-J. MARTIN, *La nascita del libro,* Bari 1977, S. 200; allgemein, vgl. J. HOYOUX, *Les moyens d'existence d'Erasme,* in: ›Bibliothèque d'humanisme et Renaissance‹, V, 1944, S. 7–59.

94. VASARI, Die *Lebensbeschreibungen,* op. cit., III 1 S. 163; *Vite* (1568), op. cit., II S. 57.

95. CAVALCASELLE-CROWE, *Tiziano,* op. cit., I, S. 286 und 397.

96. GAYE, *Carteggio inedito d'artisti,* op. cit., III, S. 442–43; BOTTARI-TICOZZI, *Raccolta di lettere,* op. cit., VII, S. 24.

97. M. CAMPBELL, *Medici Patronage and the Baroque,* in: ›The Art Bulletin‹, 1966, S. 137; vgl. auch die unveröffentlichten Erläuterungen des Registers 502 (S. 104 und 201) im Bestand des staatlichen Archivs von Florenz. Zu weiteren Beispielen von »Geschenken«, womit die Künstler im Seicento vergütet wurden, vgl. HASKELL, *Mecenati e pittori,* op. cit., S. 40–41.

98. GUERCINOS *Libro dei conti* ist veröf-

fentlicht bei Malvasia, *Felsina Pittrice,* op. cit., II, S. 307–347 (siehe insbesondere die Anmerkungen von 1636, 1642, 1651 und 1654); zu Franceschini vgl. Wittkower, *Born under Saturn,* op. cit., S. 23; zur Bezahlung Valguarneras in Brillianten vgl. J. Costello, *The twelve Pictures »ordered by Velazquez« and the Trial of Valguarnera,* in: ›Journal of the Warburg and Courtauld Institutes‹, 1950, S. 274–80.

99. Bottari-Ticozzi, *Raccolta di lettere,* op. cit., VI, S. 179.

100. F. Baldinucci, *Notizie dei professori del disegno da Cimabue in qua* (1681 ff.), Florenz 1845–47, III, S. 145.

101. *Purgatorio* XI 91–102; »Oh eitler Ruhm der Leistung bei den Menschen/wie kurz das Grün am höchsten Gipfel währt/wenn nicht ein Stillstand dumpfer Zeiten kommt/So dachte bei den Malern Cimabue/das Feld zu halten, jetzt gilt nur noch Giotto/und in den Schatten trat des andern Ruhm./Ein Guido hat dem andern weggenommen/den Dichterpreis des Sprachstils und vielleicht/ist schon geboren, der sie beide schlägt./Der Lärm der Welt ist wie des Windes Hauch/der bald von da und bald von dort uns bläst/und seinen Namen mit der Richtung ändert.« (dt. Übers. K. Vossler, München 1969); Vgl. R. Longhi, *Apertura sui trecentisti umbri,* in: ›Paragone‹, 1966, Nr. 191, S. 3–5; in: *Opere complete,* VII, Florenz 1974, S. 147–48.

102. *L'ottimo commento della Divina Commedia,* II, Pisa 1828, S. 186; Benvenuto da Imola, *Comentum super Dantis Aldigherii Comoediam,* hg. von G. F. Lacaita, Florenz 1887, III, S. 308–309. Die Interpretation im Sinne Benvenuto da Imolas, die eine hohe Wertschätzung der Malerei bei Dante ausschließt, liegt auch bei Ciardi zugrunde (*Le regole del disegno,* op. cit., S. 269, Anm. 10). Der Sinn, den man gewöhnlich der Dante-Passage beilegt, wird aber auch durch E. H. Kantorowicz, bestätigt *The Sovereignity of the Artist,* in: *De artibus opuscola quadraginta. Essays in honour of Erwin Panofsky,* New York 1961, S. 227.

103. *Opera,* Basileae 1571, Epistel 119, S. 646–47; man beachte auch die ähnlichen Argumente in Epistel 119.

104. *Il cortegiano,* op. cit.

105. *Orlando furioso* XXXIII 2: »...e quel ch'al par sculpe e colora/Michel più che mortal Angel divino.« Vgl. P. Barocchi, *Fortuna dell'Ariosto nella trattatistica figurativa,* in: *Critica e storia letteraria. Studi offerti a Mario Fubini,* Padua 1970, S. 390–91; ders., in: Vasari, *La Vita di Michelangelo,* op. cit., II, S. 21–24; R. de Maio, *Michelangelo e la Controriforma,* Bari 1978, S. 446–51.

106. *Theologia platonica* XIII 3, in: *Opera,* Basileae 1576, S. 298; vgl. A. Chastel, *Marsile Ficin et l'art,* Genf-Lille 1954, S. 60.

107. Überblick der sienesischen Maler von 1355, in: Gaye, *Carteggio inedito d'artisti,* op. cit., II, S. 1; in: Milanesi, *Documenti* op. cit., I, S. 1; G. Paleotti, *Discorso intorno alle immagini sacre e profane* (1582), in: P. Barocchi, *Trattati d'arte del Cinquecento,* II, Bari 1961, S. 142–143 (vgl. S. Basilius, *Homiliae* I 9; Johannes von Damaskus, *De ortodoxia fide* IV 17; Gregorius Magnus, *Epistulae* IX 9).

108. P. Barocchi, *Pittura, scultura, poesia, musica,* in: *Scritti d'arte del Cinquecento,* I, Mailand-Neapel 1971, S. 223–34; R. W. Lee, *Ut pictura poesis,* in: ›The Art Bulletin‹, 1940, S. 197 ff. und New York 1967; F. Villani, in: Baxandall, *Giotto,* op. cit., S. 147; Louis de Jaucourt, *Peinture,* in: *Encyclopédie;* N. Merker, *L'illuminismo tedesco,* Bari 1968, S. 224–45 (zit. bei F. Bologna, *Dalle arti minori all' industrial design,* Bari 1972, S. 89).

109. Dante, *Paradiso* I 28 ff.; Kantorowicz, *The Sovereignity,* op. cit., S. 227; F. Patrizi, *Della poetica, la deca disputata,* Ferrara 1568, S. 63; Kristeller, *Das System der modernen Künste,* op. cit., S. 174.

110. R. Longhi, *Proposte per una critica d'arte,* in: ›Paragone‹, 1950, Nr. 1, S. 3–19; *Omaggio a Benedetto Croce,* ebda., 1952, Nr. 35, S. 3–9.

111. In diesem Sinn ist die italienische Übersetzung des Aufsatzes von Lee von 1974 zu verstehen.

112. *De perspectiva pingendi,* hg. von G. Niccolo Fasola, Florenz 1942, S. 63.

113. G. Luporini, *La mente di Leonardo,* Florenz 1953, S. 145.

114. Codice Urbinate latino 1270, c. 28 v; in: Leonardo da Vinci, *Das Buch von der Malerei* (1882), Osnabrück 1970, S. 16.

115. Gaye, *Carteggio inedito d'artisti,* op. cit., I, S. 214–15.

116. Filippini-Zucchini, *Miniatori e pittori,* op. cit., S. 55.

117. Luporini, *La mente di Leonardo,* op. cit., S. 50.

118. Ackerman, *»Ars sine scientia nihil est«,* op. cit., S. 105–6.

119. N. Pevsner, *The Term ›Architect‹ in the Middle Ages,* in: ›Speculum‹, 1942, S. 557; F. Bologna, *Pittori alla corte angioina,* Rom 1969, S. 185–86.

120. L. Fumi, *Il duomo di Orvieto e i suoi restauri,* Rom 1891, S. 21.

121. Beck, *Jacopo della Quercia,* op. cit., S. 103.

122. Brunelleschi sah sich, auch als er die Kuppel konstruierte, nicht dazu veranlaßt, die Summe für die Immatrikulation in die Zunft der Zimmerer- und Maurermeister zu bezahlen, so daß ihn die Vertreter dieser Zunft 1434 einsperren ließen und Wiedergutmachung forderten (vgl. *Filippo Brunelleschi: l'uomo e l'artista,* Ausstellungskatalog Florenz 1977, Nr. 51–53).

123. Zur Präsenz Brunelleschis im bürgerlichen Leben von Florenz vgl. *Filippo Brunelleschi,* op. cit., Nr. 78 und 79; der Vertrag von Prato ist veröffentlicht in C. Guasti, *Il pergamo di Donatello nel duomo di Prato,* Florenz 1887, S. 15–195 (vgl. Glassner, *Artists' Contracts,* op. cit., S. 25). Zur Bedeutung der Bürgerrechte: Farrington, *The Florence of Leonardo,* op. cit., zu den Zünften siehe: R. Ciasca, *L'arte dei medici e speziali,* Florenz 1927, S. 131 und 137 ff; Antal, *Florentine Painting,* op. cit., S. 283–84; Maeck, *Il Rinascimento,* op. cit., S. 94–95.

124. Die Angaben über städtische Aufgaben der sienesischen Maler finden sich in den biographischen Abrissen van Marles (*The Development of Italian Schools of Painting,* II, 's Gravenhage 1924); zu den bolognesischen Malern vgl. Filippini-Zucchini, *Miniatori e pittori,* op. cit.; zu Antonio di Vita vgl. den biographischen Abriß von L. Gai, in: ›Bulletino storico pistoiese‹, 1970, S. 92–94.

125. *De la pirotechnica,* Venedig 1540, c. 134.

126. *De incertitudine et vanitate scientiarum,* Antwerpen 1530; zu Paulus vgl. Römerbrief I 22.

127. Schapiro, *On the Aesthetic Attitude,* op. cit.; F. Bologna, *Operis gratia non fervor devotionis,* in: ›Paragone‹, 1961, Nr. 137, S. 3–18; ders., *La pittura delle origini,* Rom 1962, S. 10–18.

128. Baxandall, *Giotto,* op. cit., S. 147 und 43.

129. Ebd., S. 63; F. Sacchetti, *Il trecentonovelle,* Novelle CXXXVI; G. Boccaccio, *Decameron* VI 5 (vgl. den Kommentar der einzelnen Ausgaben hg. von V. Branca); R. Ciasca, *Statuti dell'arte dei medici e speziali,* Florenz 1922, S. 192.

130. F. Sansovino, *Venetia città nobilissima et singolare* (1555), Venedig 1581, c. 124; Beck, *Jacopo della Querica,* op. cit., S. 105; bereits Summonte bestätigt die legendäre Schlichtheit Donatellos (vgl. F. Nicolini, *Arte napoletana del Rinascimento,* Neapel 1925, S. 166: »ein derber und sehr einfacher Mann in allen Dingen mit Ausnahme der Bildhauerei«); die Dokumente scheinen dies zu bestätigen, vgl. U. Procacci, *L'uso dei documenti negli studi di storia dell'arte,* in: *Donatello e il suo tempo.* Atti del Convegno (1966), Florenz 1968, S. 25–30.

131. Ffoulkes-Maiocchi, *Vincenzo Foppa,* op. cit., S. 105.

132. F. Villani, in: Baxandall, *Giotto,* op. cit., S. 295.

133. Baxandall, *Giotto* op. cit., S. 81 bis 84; G. Manetti, in: E. Garin, *Filosofi italiani del Quattrocento,* Florenz 1942, S. 41–42 und 238–43.

134. Chastel, *Marsile Ficin,* op. cit.; Ficino, *Theologia platonica,* op. cit., S. 229 (Buch X, Kap. 5), S. 295–297 (Buch XIII, Kap. 3).

135. G. A. Gilio, *Due Dialoghi* (1564), in: Barocchi, *Trattati d'arte,* op. cit., II, S. 11 (Die Passage erwähnt Ciardi, *Le regole del disegno,* op. cit., S. 270): »Nur

deswegen war die Malerei in den Händen der Armen und Unwissenden verkommen, weil, so glaube ich, sich ein Adliger schämte, diese Kunst zum Erwerb auszuüben.« Vgl. L. DOLCE, *Dialogo della pittura intitolato l'Aretino,* in: BAROCCHI, *Trattati d'arte,* op. cit., I, S. 448 und Anm.; V. VIVIANI, *Vita di Galileo Galilei,* in: *Le opere di Galileo Galilei,* Florenz 1890–1909, XIX, S. 601, 627 und 635; E. PANOFSKY, *Galileo as a Critic of the Arts,* 's Gravenhage 1954, S. 5.

136. E. PANOFSKY, *Artist, Scientist, Genius: notes on the »Renaissance-Dämmerung«,* in: *The Renaissance. Six Essays,* New York 1953, Aufl. 1962, S. 175; GAYE, *Carteggio inedito d'artisti,* op. cit., II, S. 266 und 274. Zur Haltung von Sodoma vgl. auch P. GIOVIO, *Raphaelis urbinatis vita,* in: BAROCCHI, *Scritti d'arte,* op. cit., I, S. 17.

137. GAYE, *Carteggio inedito d'artisti,* op. cit., II, S. 71–73; zu den Beziehungen zwischen Isabella d'Este und Giovanni Bellini vgl. W. BRAGHIROLLI, *Carteggio di Isabella d'Este intorno a un quadro di Giambellino,* in: ›Archivio Veneto‹, 1877, I, S. 371–83; zu dem kleinen Studio vgl. *Le Studiolo d'Isabella d'Este,* Ausstellungskatalog, Paris 1975.

138. C. GILBERT, *On Subject and not-Subject in Italian Renaissance Pictures,* in: ›The Art Bulletin‹, 1957, S. 202–16; F. GIBBONS und L. PUPPI, *Dipinti inediti o poco noti di Dosso e Battista Dossi,* in: ›Arte antica e moderna‹, 1966, S. 312; zur Bestimmung der »Tempesta« (an dem sich zahlreiche ikonologische Lesarten versucht haben, denen sich das Gemälde aber immer zu entziehen scheint) vgl. MICHIEL, *Notizia* (1800) op. cit., S. 80; ebd., (1884), S. 218. Auch gegenüber der Interpretation von S. SETTIS, (*La »Tempesta« interpretata,* Turin 1978, dt. Übers., *Giorgiones Gewitter,* Berlin 1982) muß man wohl den Unterschied präzisieren müssen zwischen einem Sujet und der mehr oder weniger verschwommenen ikonographischen Durchschrift eines Sujets, um einen ungewöhnlichen Bildgegenstand und eine einfache Anleitung zur Komposition deutlich auseinanderzuhalten.

139. VASARI, *Vite,* op. cit., II, S. 815; dt. *Lebensbeschreibungen,* VI, 55; ders., (1550), II, S. 845; BAROCCHI, *Finito e non finito nella critica vasariana,* in: »Arte antica e moderna«, 1958, S. 221–35; R. LONGHI, *Un nuovo Parmigianino,* in: ›Paragone‹, 1957, Nr. 99, S. 33–34.

140. Ders., *Una favola del Dosso,* in: »Vita artistica«, 1927, S. 92–93; in: *Opere Complete,* II, Florenz 1967, S. 157–61; ders., *L'inizio dell'abbozzo autonomo,* in: ›Paragone‹, 1966, Nr. 195, S. 25–29; BOTTARI-TICOZZI, *Raccolta di lettere,* op. cit., VI, S. 155.

141. Ebd., II, S. 17–18.

142. MALVASIA, *Felsina Pittrice,* op. cit., II, S. 42; V. RUFFO, *La galleria Ruffo nel secolo XVII in Messina,* in: ›Bollettino d'arte‹, 1916, S. 180; HASKELL, *Mecenati e pittori,* op. cit., S. 53.

143. GOLZIO, *Raffaello,* op. cit., S. 74.

144. LUPORINI, *La mente di Leonardo,* op. cit., S. 135–36.

145. *Omaggio a Benedetto Croce,* op. cit., S. 3–4; vgl. auch *Proposte,* op. cit., S. 5, mit deutlicher Anspielung auf L. VENTURI, *Storia della critica d'arte.*

146. E. PANOFSKY und F. SAXL, *Dürers Melencolia I* (Studien der Bibliothek Warburg), Leipzig-Berlin 1923; E. PANOFSKY, *The Life and Art of Albrecht Dürer,* Princeton 1943 (dt. Übers., *Das Leben und Werk Albrecht Dürers,* München 1977).

147. Problemata 953 a; M. FICINO, *Libro de vita triplici* I 5–6, in: PANOFSKY-SAXL, *Dürers Melencolia* I, op. cit., S. 104–7.

148. M. PALMIERI, *Della vita civile,* Mailand 1825, S. 242–43 und 245.

149. PANOFSKY, *Leben und Werk,* op. cit., ENRICUS DE GAUDANO, *Quodlibeta,* Paris 1518, c. 34; PANOFSKY-SAXL, *Dürers Melencolia* I, op. cit., S. 31.

150. *De occulta philosophia,* Buch I, Kap. LX; vgl. PANOFSKY, *Leben und Werk,* op. cit.

151. Brief von Paolucci vom 17. Dezember 1519 (in: GOLZIO, *Raffaello,* op. cit., S. 97): »Die Menschen von solcher Vollkommenheit verspüren alle die Melancholie.«

152. Vorlesungsreihe von 1934–35, in: *Opere complete,* VI: *Lavori in Valpadana,* Florenz 1973, S. 16–17; zur Frage der Polychromie in der mittelalterlichen Kunst vgl. P. TOESCA unter dem Stichwort in *Enciclopedia italiana,* XXVII, 1935.

153. Typisch ist die Anordnung der Figuren in den mit Miniaturen ausgeschmückten Handschriften des sogenannten »Maestro daddesco« (deren Gestaltung auf die Zeit vor Daddi verweist), der bereits gegen 1315 tätig war: zu seiner Chronologie vgl. C. BERTELLI, *Un corale della Badia a Settimo,* in: ›Paragone‹, 1970, Nr. 249, S. 14–30.

154. MILANESI, *Nuovi documenti,* op. cit., S. 134; GLASSER, *Artists' Contracts,* op. cit., S. 27.

155. F. BOLOGNA, *Dalle arti minori,* op. cit., Kap. I; L. B. ALBERTI, *Über die Malerei,* Buch II, Kap. XXVI; *Über das Bildwerk,* Par. II.; A. PARRONCHI, *Sul »della statue« albertiano,* in: ›Paragone‹, 1959, Nr. 117, S. 13.

156. M. B HALL, *The Operation of Vasari's Workshop and the Designs for S. Maria Novella and S. Croce,* in: ›The Burlington Magazine‹, 1973, S. 204–9.

157. GAYE, *Carteggio inedito d'artisti,* op. cit., II, S. 455–56; MILANESI, *Le lettere,* op. cit., II, S. 620–23.

158. Die Texte der Disputa finden sich nach der Herausgabe der *Due lezioni* von BENEDETTO VARCHI (Florenz 1549) bei BOTTARI-TICOZZI (*Raccolta di lettere,* op. cit., I, S. 9–10 und 17–59); sie wurden neu aufgelegt von BAROCCHI, *Trattati d'arte,* op. cit., I, S. 1–82; in: *Scritti d'arte,* op. cit., I, S. 493–543.

159. Vgl. P. ROSSI, *I filosofi e le macchine,* Mailand 1962, Kap. I.

160. VASARI, *Vite* (1568), op. cit., II, S. 413–14 und 600; B. CELLINI, *Della architettura,* in: *I Trattati* (hg. von G. Milanesi), Florenz 1857, S. 223.

161. MILANESI, *Le lettere,* op. cit., S. 554; J. S. ACKERMAN, *The Architecture of Michelangelo,* London 1961, S. 2; BAROCCHI, *Scritti d'arte,* op. cit., III, S. 3087–88.

162. Dies überlegt Vasari selbst zu Beginn der Vita von Baccio d'Agnolo: »Gewiß aber kann die Baukunst nur von solchen vollkommen ausgeübt werden, welche eine sehr richtige Einsicht und gute Zeichnung, in Malerei, Bildnerei oder Schnitzarbeit Vieles getan, und dadurch Veranlassung gefunden haben, die einzelnen Glieder der Gebäude, Säulen, Simse und Postamente und alle ihre Verhältnisse zu messen, welche allein zur Verschönerung der Gestalten und zu keinem andern Zwecke dienen. In solcher Weise werden Zimmerleute, die fortgesetzt derlei Dinge ausführen, mit der Zeit Baumeister« (*Vite,* op. cit., II, S. 279 f.; *Lebensbeschreibungen,* op. cit., III, 2, S. 267.

163. J. S. ACKERMAN, *Architectural Practice in the Italian Renaissance,* in: ›Journal of the Society of architectural Historians‹, XIII, 1954, S. 4.

164. F. BALDINUCCI, *Notizie,* op. cit., Florenz 1845–47, IV, S. 605.

165. Beispiele von Algardi in: M. HEIMBÜRGER RAVALLI, *Alessandro Algardi,* Rom 1973, S. 47–49 und 165, Anm. 65.

166. J. VON SCHLOSSER, *Die Kunstliteratur,* Wien 1924, S. 396; A. BLUNT, *Artistic Theory in Italy* (1940, dt. Übers., *Kunsttheorie in Italien,* München 1984, S. 39); vgl. die Schilderung dieses Ereignisses bei R. SOPRANI und C. G. RATTI, *Vite de' pittori, scultori ed architetti genovesi,* Genua 1768, S. 124–26 und 136 (in BAROCCHI, *Scritti d'arte,* op. cit., I, S. 214–19).

167. N. PEVSNER, *Academies of Past and Present,* Cambridge 1940, S. 55–56.

168. G. LORENZI, *Monumenti per servire alla storia del Palazzo Ducale di Venezia,* Venedig 1868, S. 92, Anm. 192 (vgl. auch S. 85, 89 und 91 zur Vergütung von Gentile und Giovanni Bellini 1474); das Wesen der Maklergebühren erklären CAVALCASELLE-CROWE, *Tiziano,* op. cit., I, S. 66–67.

169. Ebd., S. 249; II, S. 110–11; TIZIANO, *Le lettere,* Belluno 1977.

170. VASARI, *Vite* (1568), op. cit., II, S. 814; ähnlich ehrenvoll ist die kaiserliche Rente von Erasmus von Rotterdam (HOYOUX, *Les moyens d'existence d'Erasme,* op. cit., S. 27–29).

171. CAVALCASELLE-CROWE, *Tiziano,* op. cit., insbesondere II, S. 32, 285, 352 und 368; *Tiziano e la corte di Spagna nei docu-*

menti dell'archivio generale di Simancas, Madrid 1975, S. 67.
172. Ebd., I, S. 343–44 (vgl. L. Dolce, in: Barocchi, *Trattati d'arte,* op. cit., I, S. 159).
173. Vasari, *Vite* (1568), op. cit., II, S. 817; *Die Lebensbeschreibungen,* op. cit., Bd. VI, S. 61 ff.
174. Cavalcaselle-Crowe, Tiziano, op. cit., I, S. 151 (1. April 1518, an Alfonso d'Este); II, S. 279 (2. April 1561), S. 277 (22. April 1560), S. 360 (27. Oktober 1567); *Tiziano e la corte di Spagna,* op. cit., Tiziano, *Lettere,* op. cit.
175. Nicht zufällig unterstreicht ein bürgerlich engagierter Historiker der lateinischen Literatur wie Concetto Marchesi die beiden Definitionen von Seneca; zu dem Unabhängigkeitsbewußtsein von Michelangelo vgl. R. de Maio, *Michelangelo,* op. cit.
176. A. Condivi, *La vita di Michelangelo Buonarroti,* I und II; G. Spini, *Politicità di Michelangelo,* in: *Atti del Convegno di studi michelangioleschi* (Florenz-Rom 1964), Rom 1966, S. 113–15 und 164.
177. A. Chastel, *Vasari et la légende médicéenne,* in: *Studi vasariani,* Florenz 1952, S. 159–67; ders., *Art et humanisme à Florence au temps de Laurent le Magnifique,* Paris 1959, S. 13–27.
178. Condivi, *La vita di Michelangelo,* op. cit., XLVII; Vasari, *Vite* (1568), op. cit., II, S. 744; Spini, *Politicità,* op. cit., S. 163; zur Wirksamkeit der päpstlichen Protektion vgl. Barocchi, in: Vasari, *La Vita di Michelangelo,* op. cit., Anm. 541.
179. Vasari, *Vite* (1568), op. cit., II, S. 751 und 785; Spini, *Politicità,* op. cit., S. 167–70; Barocchi, in: Vasari, *La Vita di Michelangelo,* op. cit., Anm. 768; R. von Albertini, *Firenze dalla repubblica al principato,* Turin 1970, S. 143–44.
180. Vasari, *Vite,* (1568), op. cit., II, S. 760; Gaye, *Carteggio inedito d'artisti,* op. cit., III. S. 22; vgl. Barocchi, in: Vasari, *La vita di Michelangelo,* op. cit., Anm. 658 und 675; zur Verwendung der Dokumente vgl. S. Bertelli, *Ribelli, libertini e ortodossi nella storiografia barocca,* Florenz 1973, S. 37–91. Man achte auf die Art und Weise, wie Vasari im Brief auf den Seiten 758–59 die Persönlichkeit Michelangelos seinen Vorstellungen eines quasi höfischen Künstlers angleicht: Die Zusammenstellung der Briefe vom April 1554 und vom 22. August 1551 läßt einen Brief, dessen Ton traurige politische Umstände und eine leiderfüllte Lebensanschauung bestimmt hatten, nun offenherziger und freundlicher klingen (Barocchi, in: Vasari, *La vita di Michelangelo,* op. cit., 1962, Anm. 654).
181. Condivi, *La vita di Michelangelo,* op. cit., LVII; Vasari, *Vite* (1568), op. cit., II, S. 773 und 792 f; R. und M. Wittkower, *The Divine Michelangelo. The Florentine Academy's Homage on his Death in 1564,* London 1964; De Maio, *Michelangelo,* op. cit., S. 451–53; zum Zyklus des siebzehnten Jahrhunderts im Haus Buonarroti vgl. A. V. Vliegenthart, *La Galleria Buonarroti,* Florenz 1976.
182. Condivi, *La vita di Michelangelo,* op. cit., XXIV; Vasari, *Vite* (1568), op. cit., II, S. 745, 759 und 770 (vgl. Barocchi, in: Vasari, *La vita di Michelangelo,* op. cit., Nr. 684); Gaye, *Carteggio inedito d'artisti,* op. cit., III, S. 29–31.
183. Vasari, *Vite,* (1568), op. cit., II, S. 742, *Die Lebensbeschreibungen,* Bd. V, S. 426 f.
184. Ebd., *Vite,* S. 751 und 777–78 (vgl. Barocchi, in: Vasari, *La vita di Michelangelo,* op. cit., Anm. 613, 723 und 726); Gaye, *Carteggio inedito d'artisti,* op. cit., III, S. 127–28. Zur Bezahlung durch die päpstliche Datarie vgl. De Maio, *Michelangelo,* op. cit., S. 356–60. Ein Verzeichnis der Güter Michelangelos in Florenz im Jahr 1534 findet sich bei Gaye, II, S. 253–54; eine kurze Bilanz seiner Stellung bei N. Pevsner, *Academies,* op. cit., S. 32. Condivi erwähnt einige Preise, die insofern bedeutsam sind, als sie sicherlich auf eine persönliche Erinnerung an Michelangelo zurückgehen und seinen tatsächlichen Verdienst angeben können, der aus den Quellendokumenten nicht immer ersichtlich wird: 30 Dukaten für den *Engel* und den *Heiligen Petronius* für das Grabmal in der Kirche San Domenico in Bologna, 200 für den *David* (an dem er 18 Monate arbeitete), 70 für den *Tondo Doni,* 3000 Dukaten für die Sixtinische Kapelle, die Auslagen Michelangelos samt eines Betrages für die Farben zwischen 20 und 25 Dukaten.
185. Procacci, *L'uso dei documenti,* op. cit.
186. Vasari, *Vite* (1568), op. cit., II, S. 763, S. 758 f., S. 761 (vgl. Barocchi, in: Vasari, *La vita di Michelangelo,* op. cit., Anm. 66) und S. 778; De Maio, *Michelangelo* op. cit., S. 430–32.
187. D. Cantimori, *Riforma cattolica* (1946), in: ›Storici e storia‹, Turin 1971, S. 545; Blunt, *Kunsttheorie,* op. cit. S. 50.
188. Brief vom 10. Oktober 1563, in: Barocchi, in: Vasari, *La Vita di Michelangelo,* op. cit., S. 1832; Vasari, *Die Lebensbeschreibungen,* Bd. V, S. 419 f.; *Vite* (1568), op. cit., II, S. 775; zum boshaften Charakter Michelangelos vgl. auch P. Giovio, *Michaelis Angeli vita,* in: Barocchi, *Scritti d'arte,* op. cit., I, S. 12. Eine breite Übersicht der Zeugnisse über den melancholischen Künstler in: Barocchi, op. cit., und in: Vasari, *La vita di Michelangelo,* op. cit., Anm. 703.
189. L. B. Alberti, *Über die Malerei,* op. cit., S. 144.
190. Vasari, *Die Lebensbeschreibungen,* op. cit., Bd. V, S. 144 f; *Vite* (1568), op. cit., II, S. 634 f.
191. B. Bandinelli, *Memoriale,* in: Barocchi *Scritti d'arte,* op. cit., II, S. 1386 und 1374; Vasari, *Die Lebensbeschreibungen,* op. cit., IV, S. 181.
192. Ebd., VI, S. 194.
193. A. Caro, in: Bottari-Ticozzi, *Raccolta di lettere,* op. cit., III, S. 201; Vasari, *Die Lebensbeschreibungen,* op. cit., IV, S. 86.
194. Ebd., IV, S. 149.
195. Man beachte dennoch den Eindruck, den die Akademie auf G. B. Paggi macht (in: Bottari-Ticozzi, *Raccolta di lettere,* op. cit., VI, S. 64; in: Barocchi, *Scritti d'arte,* op. cit., I, S. 194–95).
196. Vasari, *Vite* (1568), op. cit., II, S. 448 und 450; vgl. Heikamp, in: Vasari, *Vite,* Mailand 1964, VI, S. 77, Anm. 1 und S. 82, Anm. 1.
197. L. Berti, *Il principe e lo studiolo,* Florenz 1967, S. 238, Anm. 36; W. Fock, *Der Goldschmied Jacques Bilivelt aus Delft,* in: ›Jahrbuch der Kunsthistorischen Sammlungen in Wien‹, 1974, S. 89–172.
198. Brief von M. Nigetti, in: D. Moreni, *Delle tre suntuose cappelle medicee,* Florenz 1813. Bezeichnend ist Filippo Baldinuccis Beurteilung der Kapelle in einem Brief von 1681, in: Baldinucci, *Notizie,* op. cit., VI, S. 45.
199. Ebd., IV, S. 234–35.
200. Ebd., S. 174.
201. Vasari, *Die Lebensbeschreibungen,* IV, S. 384, *Vite* (1568), op. cit., II, S. 583 und 546.
202. P. Barocchi, *Vasari pittore,* Mailand 1964, S. 50–51; D. Heikamp, *À Florence la maison de Vasari,* in ›L'œil‹, 1966, Nr. 137, S. 2–9 und 47; A. M. Maetzke, *Restauri nella casa del Vasari,* Arezzo 1977.
203. Vasari, *Vite* (1568), op. cit., II, S. 31, 78 und 335–36; C. d'Arco, *Istoria della vita e delle opere di Giulio Pippi Romano,* Mantua 1842, S. 111–14; F. Hartt, *Giulio Romano,* New Haven 1958, S. 236–40; zur Lebenshaltung Giulio Romanos vgl. S. Shearman, *Titian's Portrait of Giulio Romano,* in: ›The Burlington Magazine‹, 1965, S. 172–77.
204. Vgl. G. Lorenzetti, *Venezia e il suo estuario,* Venedig 1926, S. 399 und 340.
205. Vasari, *Vite* (1568), op. cit., II, S. 841–42; U. Nebbia, *La casa degli Omenoni in Milano,* Mailand 1963; D. Heikamp, *Federico Zuccari a Firenze* (II), in: ›Paragone‹, 1967, Nr. 207, S. 3–34.
206. W. Körte, *Der Palazzo Zuccari in Rom,* Leipzig 1935; zum Haus der Serodine zu Ascona vgl. A. Crivelli, *Giovanni Serodine,* in: ›Pro arte‹, Nr. 6, Oktober 1942, S. 13.
207. Baldinucci, *Notizie,* op. cit., III, S. 694.
208. B. Giovanelli, *Vita di Alessandro Vittoria,* Trient 1858, S. 127–139.
209. Golzio, *Raffaello,* op. cit., S. 66.
210. Gaye, *Carteggio inedito d'artisti,* op. cit., III, S. 15; M. Berengo, *Nobili e mercanti nella Lucca del Cinquecento,* Turin 1965, S. 233.

211. Zur Ernennung zum Ritter im Seicento vgl. Haskell, *Mecenati e pittori,* op. cit., S. 48.
212. Vasari, *Die Lebensbeschreibungen,* op. cit., II, S. 176, *Vite* (1568), op. cit., II, S. 176.
213. D. Heikamp, *Poesie in vituperio del Bandinelli,* in: ›Paragone‹, 1964, Nr. 175, S. 60.
214. B. Bandinelli, *Memoriale,* in: Barocchi, *Scritti d'arte,* op. cit., II, S. 1371–75, 1381.
215. Rossi, *I filosofi,* op. cit., S. 17–18.
216. Bottari-Ticozzi, *Raccolta di lettere,* op. cit., VI, S. 72–73; Barocchi, *Scritti d'arte,* op. cit., S. 200.
217. Pevsner, *Academies,* op. cit., S. 70–71; im Sinne eines Ambiente, in dem die Künstler nach dem Modell zeichnen, verwendet Passeri den Begriff »Akademie«, Passeri, *Il libro delle vite,* op. cit., S. 326.
218. S. Speroni, *Dialoghi,* Venedig 1596, S. 24–25; Cavalcaselle-Crowe, *Tiziano,* op. cit., II, S. 40, zitieren nach einer früheren Ausgabe.
219. Pevsner, *Academies,* op. cit., S. 167.
220. D. Heikamp, *Vicende di Federico Zuccari,* in: ›Rivista d'arte‹, 1957, S. 200–15.
221. Malvasia, *Felsina Pittrice,* op. cit., II, S. 22.
222. Vasari, *Vite* (1568), op. cit., II, S. 778.
223. V. I. Rutenburg, *Arti e corporazioni,* in: *Storia d'Italia Einaudi,* V, Turin 1973, S. 639.
224. Blunt, *Kunsttheorie,* op. cit., S. 78; G. A. Gilio, *Due dialoghi, in:* Barocchi, *Trattati d'arte,* op. cit., II, S. 3–115; Barocchi, *Scritti d'arte,* op. cit., S. 226–29.
225. Blunt, *Kunsttheorie,* op. cit., S. 55; F. Borromeo, *Di pictura sacra,* Mediolani, 1625, Buch I, Kap. V–VI; zu einer breiteren Sammlung von Zeugnissen der Diskussion um das *Urteil* vgl. R. de Maio, *Michelangelo,* op. cit., insbesondere Kap. I und II.
226. Barocchi, *Scritti d'arte,* op. cit., S. 233; G. Comanini, *Il Figino,* Mantua 1591.
227. F. Arcangeli, *Pittura ed espressione nell'arte bolognese-emiliana,* Ausstellungskatalog, Bologna 1970, S. 40–41; A. Emiliani, *Mostra di Federico Barocci,* Katalog, Bologna 1975, S. 149 und 192; Blunt, *Kunsttheorie,* op. cit., S. 78.
228. F. Zeri, *Pittura e Controriforma,* Turin 1957, S. 100f.
229. G. Baglione, *Vite de' pittori, scultori e architetti,* Rom 1642, S. 113; Emiliani, *Mostra,* op. cit., Einführung und Nr. 75.
230. Bottari-Ticozzi, *Raccolta di lettere,* op. cit., III, S. 382; Emiliani, *Mostra,* op. cit., Nr. 224.
231. Baldinucci, *Notizie,* op. cit., III, S. 695; Bellori, *Le vite,* op. cit., S. 263 und 266.
232. Bologna, *Dalle arti minori,* op. cit., S. 81.
233. Zitiert nach F. Bologna, *Il Caravaggio nella cultura e nella società del suo tempo* (*Caravaggio e i caravaggeschi,* Kolloquium der Accademia Nazionale dei Lincei), Rom 1974, S. 187.
234. T. Tasso, *Discorsi sul poema eroico,* II, Venedig 1587, c. 10; nach E. Garin, *L'umanesimo italiano,* Bari 1964, S. 190, Anm. 19; und nach G. della Volpe, *Poetica del Cinquecento,* in: *Opere,* V, Rom 1973, S. 109, der auf R. Tuve verweist, *Elizabethan and Metaphysical Imagery,* Chicago 1947.
235. F. Zuccari, *L'idea,* Buch II, Turin 1607, in: *Scritti d'arte di Federico Zuccari,* hg. von D. Heikamp, Florenz 1961, S. 225; L. Spezzaferro, *Una testimonianza per gli inizi del caravaggismo,* in: ›Storia dell' arte‹, 1975, Nr. 23, S. 57. Der Hinweis auf diese Analyse soll der Verwechslung zwischen jenem »Naturalismus«, den die Quellen im Hinblick auf die venezianische Malerei nennen, und dem caravaggesken »Naturalismus« vorbeugen, wie sie auch kürzlich wieder vorgekommen ist (vgl. M. Gregori, in: ›Paragone‹, 1972, Nr. 263, S. 28f.).
236. G. Paleotti, *Discorso intorno alle immagini sacre e profane* (1582), in: Barocchi, *Trattati d'arte* op. cit., II, S. 199–200; zu dem antithetischen Verhältnis zwischen dem bolognesischen Kardinal und Caravaggios Darstellungsweise vgl. Bologna, *Il Caravaggio,* op. cit., S. 153–57.
237. *Giotto spazioso,* in: ›Paragone‹, 1952, Nr. 31, S. 18–24, in: *Opere complete,* VII, Florenz 1974, S. 59–64.
238. Baglione, *Vite de' pittori,* op. cit., S. 54; R. Longhi, *Caravaggio,* Rom 1968, S. 13; Zeri, *Pittura,* op. cit., S. 84.
239. Bellori, *Le vite,* op. cit., S. 215; Longhi, *Caravaggio,* op. cit., S. 17; Bologna, *Il Caravaggio,* op. cit., S. 155–167; Spezzaferro, *Una testimonianza,* op. cit., S. 57–58. Passeri (*Il libro delle vite,* op. cit., S. 72) stellt bei Van Laer – dem am meisten getadelten Nachfolger des caravaggesken Naturalismus – fest, daß »seine Bilder wie ein offenes Fenster erschienen, durch welches man seine Ergebnisse unverändert ohne jede Abweichung betrachtet hätte«. Zu einer gnoseologischen Zuordnung dieser Auffassung der Mimesis die Beobachtungen von Ezio Raimondi im ersten Kapitel von *Il romanzo senza idillio* (Turin 1974), sowie die Beobachtungen zur perspektivischen Renaissance von W. M. Ivins (*On the Rationalization of Sight,* New York 1938 und 1973).
240. Longhi, *Caravaggio,* op. cit., S. 17 und 37; Bologna, *Caravaggio,* op. cit., S. 181.
241. L. Spezzaferro, *La pala dei Palafrenieri,* in: *Caravaggio e i caravaggeschi,* op. cit., S. 125–37.
242. R. Alberti, *Trattato della nobiltà della pittura,* in: Barocchi, *Trattati d'arte,* op. cit., III, S. 207; auf die Passage verweist Bologna, *Dalle arti minori,* op. cit., S. 54; V. Giustiniani, in: Bottari-Ticozzi, *Raccolta di lettere,* op. cit., VI, S. 127 (vgl. Bologna, *Il Caravaggio,* op. cit., S. 177–78).
243. Spezzaferro, *Una testimonianza,* op. cit., S. 58; zu Veronese vgl. S. Fogolari, *Il processo d'inquisizione a Paolo Veronese,* in: ›Archivio Veneto‹, 1935, S. 352–86; Blunt, *Artistic Theory,* op. cit., S. 79f. P. H. Fehl, *Veronese and the Inquisition,* in: ›Gazette des Beaux-Arts‹, LVIII, 1961, S. 325–54.
244. R. Longhi, *Giovanni Serodine,* Florenz 1950, S. 16; vgl. L. Lanzi, *Storia pittorica della Italia,* Bassano 1809, II, S. 165 (dt. Übers., *Geschichte der Malerei in Italien vom Wiederaufleben der Kunst bis Ende des achtzehnten Jahrhunderts von Ludwig Lanzi,* aus dem Italienischen übersetzt und mit Anmerkungen von J. G. Quandt, hg. von Adolph Wagner, Leipzig 1930, Bd. I, S. 545ff.).
245. Haskell, *Mecenati e pittori,* op. cit., S. 87; *I caravaggeschi francesi,* Ausstellungskatalog, Rom 1974, S. 123.
246. Longhi, *Caravaggio,* op. cit., S. 37.
247. Zu dem Gemälde vgl. die abweichende Zuschreibung von E. Borea, *Caravaggio e caravaggeschi nelle Gallerie di Firenze,* Ausstellungskatalog, Florenz 1970, Nr. 25.
248. Ebd., Nr. 6; überraschend der jüngste Versuch, hierin ein Original Caravaggios zu erkennen: M. Gregori, *Significato delle mostre caravaggesche dal 1951 ad oggi,* in: *Novità sul Caravaggio,* Mailand 1975, S. 42–43.
249. Baglione, *Vite de' pittori,* op. cit., S. 134, 54, 321, 367, 154, 137, 360, 145 und 147; zum Prozeßprotokoll von 1603 vgl. A. Bertolotti, *Artisti lombardi a Roma,* II, Mailand 1881, S. 62–63; S. Samek Ludovici, *Vita del Caravaggio dalle testimonianze del suo tempo,* Mailand 1956, S. 159.
250. Baglione, *Vite de' pittori,* op. cit., S. 142, 159, 311 und 337; Costello, *The twelve Pictures,* op. cit., S. 178.
251. Longhi, *Caravaggio,* op. cit., S. 20.
252. Bottari, *Dialoghi,* op. cit., S. 202; L. de Jaucourt, Stichwort *École,* in: *Encyclopédie.*
253. Lanzi, *Geschichte der Malerei,* op. cit., Bd. I, S. 452.
254. M. Jaffe, *Rubens and Italy,* London 1977, S. 57.
255. Vgl. den strittigen Aufsatz von M. Calvesi, *Caravaggio o la ricerca della salvazione,* in: ›Storia dell'arte‹, 1971, S. 93–141.
256. W. Friedländer, *Caravaggio Studies,* Princeton 1955, S. 175–76; A. Ottani Cavina, *Il tema sacro nel Caravaggio a nella cerchia caravaggesca,* in: ›Parago-

ne‹, 1974, Nr. 293, S. 27–57; vgl. Bologna, *Il Caravaggio,* op. cit., S. 175–76.
257. Nach der arglosen Zuschreibung G. Zandris (*Un probabile dipinto murale del Caravaggio per il Cardinal del Monte,* in: »Storia dell'arte«, 1969, Nr. 3, S. 338–343) und den Neuzuschreibungen zum Werke Caravaggios, die Gregori vorschlägt und die zumindest in der Wiedergabe erhebliche Zweifel lassen (1975, op. cit.: man wird bemerken, daß der *Malteserritter* der Pitti nicht die gleiche Person ist, die man traditionell im Portrait des Louvre als den großen Meister Vignacourt identifiziert), finden sich die unzulässigsten Erweiterungen bei M. Marini (*Io Michelangelo da Caravaggio,* Rom 1974): Werke, die als Arbeiten Caravaggios bereits ausgeschlossen wurden, wie der *Paul V.* des Hauses Borghese, werden wieder eingegliedert, Gemälde, die Caravaggios Darstellungsgebiet betreffen, aber nicht im mindesten auf seine Eigenheiten hinweisen (*Junge Frau im Hemd*), Kopien, die mit Originalen verwechselt wurden (eine immer wieder neue Version der verlorenen *Büßenden Magdalena*), qualitativ gute Gemälde, die aber den Schülern Caravaggios zugeschrieben werden müssen (*Hl. Hieronymus* von Worcester), Gemälde der neapolitanischen und messinesischen Schule (*Christus heilt die Kranken, Christus und die Ehebrecherin*) eine Kopie des »*Gastone di Foix*« von Savoldo, die man vielleicht im lombardischen Bereich des Cinquecento ansiedeln kann. Parallel zu diesen großzügigen Zuschreibungen und als Beispiel eines »Connoisseurs«, der sich gegenüber den neuen Vorschlägen vollständig von einer analytischen historischen oder kulturellen Eingliederung entfernt, beachte man M. Gregori, *Caravaggio dopo Cleveland,* in: ›Paragone‹, 1972, Nr. 263, S. 23–49.
258. C. Brandi, *L'»episteme« caravaggesca,* in: *Caravaggio,* op. cit., S. 9–17; Bologna, *Il Caravaggio,* op. cit., S. 149–87.
259. Brief an Dirk Ameyden, in: Bottari-Ticozzi, *Raccolta di lettere,* op. cit., IV, S. 128–29.
260. Malvasia, *Felsina Pittrice,* op. cit., II, S. 16; zu Rom vgl. Haskell, *Mecenati e pittori* op. cit., S. 42–43.
261. Antal, *Florentine Painting,* op. cit., S. 282, Anm. 51; G. Monticolo, *I Capitolari delle arti veneziane,* II, Rom 1905, S. 389, Anm. 2.
262. Zu Gianbattista della Palla vgl. F. Gilbert, in: ›Journal of the Courtauld Institute‹, 1937, Anm. 8, S. 116; M.-G. de la Coste-Messeliére, *Battista della Palla conspirateur, marchand, homme de cours,* in: ›L'Oeil‹, 1965, Nr. 129, S. 18–24. Die Umstände, unter denen während der Belagerung Michelangelos *Herkules* von den Strozzi verschickt wurde, unterstreichen den diplomatischen Charakter seiner Sendungen florentinischer Kunstwerke an den Hof von Franz I. (Spini, *Politicità di Michelangelo,* op. cit., S. 158–59). Nicht um eine wirkliche kaufmännische Tätigkeit zu zeigen, sondern um die künstlerische Verarmung einer entschieden antimediceischen Persönlichkeit zu unterstreichen, verbreitet sich Vasari über den »Plunder jeglicher Art«, den »Bildern zu jedem Anlaß«, die jener täglich »einsammelte und fortschickte« (Vasari, *Vite,* op. cit., II, S. 397).
263. E. Castelnuovo, *L'Europa all' aprirsi del Cinquecento,* Mailand 1966; im Hinblick auf diesen der italienischen Situation wesentlich fremden Zusammenhang wird sich die Evolution der bildnerischen Produktion überprüfen lassen, von der Maurice Dobb in den *Studies in the Development of Capitalism* spricht.
264. J. Evelyn, *Diary,* II, Oxford 1955, S. 39; vgl. J. Huizinga, *Holländische Kultur des 17. Jahrhunderts,* Jena 1933, S. 23.
265. G. Mancini, *Considerazioni sulla pittura,* Rom 1956, S. 139; Haskell, *Mecenati e pittori,* op. cit., S. 210–11.
266. Malvasia, *Felsina Pittrice,* op. cit., II, S. 23.
267. Costello, *The twelve Pictures,* op. cit.; zu den Zwischenhändlern vgl. auch den Ruffo-Briefwechsel, herausgegeben von V. Ruffo, in: »Bollettino d'arte«, 1916; unter den verschiedenen veröffentlichten Auszügen aus dem Briefwechsel des Kardinals Leopold eignen sich zur Bestimmung der Funktionen des Vermittlers vor allem die von Paolo Barocchi im Anhang zum anastatischen Nachdruck von Baldinucci-Ranalli (VI, Florenz 1975).
268. M. Ferretti, *Idee sul restauro e politica di tutela nel ducato di Lucca,* in: *La cultura romantica e l'Antologia. Atti del Convegno* (Florenz 1976); Venedig, Seminario Patriarcale, ms 788, n. 13 (von 1807 oder 17).
269. Haskell, *Mecenati e pittori,* op. cit., S. 212–13.
270. Wittkower, *Born under Saturn,* op. cit., S. 21; vgl. auch Pevsner, *Academies,* op. cit., S. 133 und 135; Huizinga, *Die holländische Kultur,* op. cit., S. 20–21.
271. M. Missirini, *Memorie per servire alla storia della romana accademia di San Luca,* Rom 1823, S. 126; Haskell, *Mecenati e pittori,* op. cit., S. 196–97.
272. Erklärung von Alessandro Vassalli, in: L. Montalto, *Gli affreschi del Palazzo Pamphili in Valmontone,* in: ›Commentari‹, 1955, S. 295; in: Haskell, *Mecenati e pittori,* op. cit., S. 30, Anm. 2; vgl. auch S. 32, Anm. 3; Bellori, *Le vite,* op. cit., S. 446.
273. Haskell, *Mecenati e pittori,* op. cit., S. 199–200.
274. Bottari-Ticozzi, *Raccolta di lettere,* op. cit., I, S. 278, 283–84 und 272.
275. Ebd., S. 293–94.
276. Ebd., S. 311, 313, 318–20 und 302–06.
277. Pevsner, *Academies,* op. cit., S. 132–34; L. de Jaucourt, Stichwort *Peinture,* in: *Encyclopédie;* Haskell, *Mecenati e pittori,* op. cit., S. 285–291; Schapiro, *On the Aesthetic Attitude,* op. cit., S. 131.
278. Bottari-Ticozzi, *Raccolta di lettere,* op. cit., I, S. 394; *Correspondance de Nicolas Poussin,* in: ›Archives de l'art français‹, 1911, S. 96–97.
279. Bottari-Ticozzi, *Raccolta di lettere,* op. cit., I, S. 394; *Correspondance,* op. cit., S. 127–28.
280. Montesquieu, *Voyage en Italie,* in: *Oeuvres complets,* Bd. II, Paris 1950–55, S. 1089.
281. G. Labrot, *L'aristocratie à Naples, investissement, violence, depredation (1503–1734),* Mitteilung vom 27. April 1977 zur Studienwoche *Investimenti e civiltà urbana,* Prato, Istituto Francesco Datini.
282. P. Summonte, Brief an M. A. Michiel vom 20. März 1524; in: F. Nicolini, *Arte napoletana del Rinascimento,* Neapel 1925, S. 159; Vasari, *Vite* (1568), op. cit., II, S. 202; G. Previtali, *La pittura del Cinquecento a Napoli e nel Vicereame,* Turin 1978, S. 6–7.
283. C. Frey, *Vasaris literarischer Nachlaß,* München 1923, S. 159; *Il libro delle ricordanze di Giorgio Vasari,* hg. von A. del Vita, Arezzo 1938, S. 49; G. Previtali, *Storia di Napoli,* V, Neapel 1972, S. 848–49; Previtali, *La Pittura del Cinquecento,* op. cit., S. 40–44. Zu Armenini (*De' veri precetti della pittura,* Ravenna 1587, Buch III, c. XV) vgl. Barocchi, *Scritti d'arte,* op. cit., II, S. 1502–504.
284. Previtali, *Storia di Napoli,* op. cit., und *La pittura del Cinquecento,* op. cit.
285. Bottari-Ticozzi, *Raccolta di lettere,* op. cit., S. 357; zur Flucht Domenichinos nach Neapel vgl. Passeri, *Il libro delle vite,* op. cit., S. 61–62; Bellori, *Le vite,* op. cit., S. 352–54; Malvasia, *Felsina Pittrice,* op. cit., II, S. 237–38.
286. B. de Dominici, *Vite de' pittori, scultori et architetti napoletani,* Neapel 1742–43, II, S. 296–297 und 300–1; Lanzi, *Geschichte,* op. cit., Bd. I, S. 577, Bd. I, S. 581.
287. Passeri, *Il libro delle vite,* op. cit., S. 229 und 189–91; Haskell, *Mecenati e pittori,* op. cit., S. 229–231; L. Salerno, *Il dissenso nella pittura,* in: ›Storia dell'arte‹, 1970, S. 34–65.
288. A. Tenenti, *La polemica sulla religione di Epicuro nella prima metà del Seicento,* in: ›Studi storici‹, 1959–60, S. 227–43; P. Innocenti, *Epicuro,* Florenz 1975, S. 80–92.
289. Wittkower, *Francesco Borromini: personalità e destino,* in: *Studi sul Borromini. Atti del Convegno* (1967), Rom 1970, S. 44–47.
290. Bellori, *Le vite,* op. cit., S. 459–51 (man kann sehen, daß sich Bellori nicht mit der Beschreibung der Krankheit aufhält, von der Poussin dank der Hilfe von Dughet

genas, oder der Krankheit, an der er starb, wie dies PASSERI tut: *Il libro delle vite,* op. cit., S. 331 und 324–25); M. ALPATOV, *Poussin Problems,* in: ›The Art Bulletin‹, 1935, S. 22–23; A. BLUNT, *Nicolas Poussin,* New York 1967, S. 160–79.
291. BELLORI, *Le vite,* op. cit., S. 455–56.
292. Ebd., BLUNT, *Nicolas Poussin,* op. cit., S. 160 und 171.
293. BELLORI, *Le vite,* op. cit., S. 453; BLUNT, *Nicolas Poussin,* op. cit., S. 219–220, 167, 179 und 187–88; J. THUILLIER, *La notion d'imitation dans la pensée artistique du XVIIe siècle,* in: *Critique et création littéraires en Françe au XVIIe siècle,* Schriften des Kolloquiums, Paris 1974, S. 362 und 367–68 (hierin vgl. FELIBIEN, *Entretiens,* Gespräch IX).
294. BLUNT, *Nicolas Poussin,* op. cit., S. 178; *Correspondance,* op. cit., S. 414.
295. G. D. OTTONELLI und P. BERRETTINI, *Trattato della pittura et scultura, uso et abuso loro,* Florenz 1652; BALDINUCCI, *Decennale* I und V; typisches Beispiel einer wundersamen Heilung bei BAROCCHI, in: BALDINUCCI, *Notizie,* op. cit., III, S. 398–99.
296. RUFFO, *La galleria Ruffo,* op. cit., S. 290; HASKELL, *Mecenati e pittori,* op. cit., S. 47; BOTTARI-TICOZZI, *Raccolta di lettere,* op. cit., II, S. 85.
297. BELLORI, *Le vite,* op. cit., S. 632–33, 641 und 637; vgl. MALVASIA, *Felsina Pittrice,* op. cit., II, S. 51; HASKELL, *Mecenati e pittori,* op. cit., S. 45.
298. BELLORI, *Le vite,* op. cit., S. 633; »O.« (d. h. D'Alembert), Stichwort *École,* in: *Encyclopédie.*
299. BELLORI, *Le vite,* op. cit., S. 634 und 638.
300. Ebd., S. 625.
301. Ebd., S. 635–37; zum Verzeichnis der Gemälde der Sammlung Carlo Maratta vgl. neben dem Katalog des Prado von 1972: *Pintura italiana del siglo XVII,* Ausstellungskatalog, Madrid 1970.
302. BELLORI, *Le vite,* op. cit., S. 616; zur Restaurierung, die Carlo Maratta fortgesetzt hat, vgl. A. CONTI, *Storia del restauro,* Mailand 1973, S. 111–17 und 227–28.
303. Stichwort *Peintre.* Zu den negativen Aspekten vgl. die Seiten bei ZERI, *Pittura,* op. cit., S. 97–102.
304. LANZI, *Geschichte,* op. cit., Bd. I, S. 545.
305. *L'ombre du grand Colbert, le Louvre et la ville de Paris, dialogue,* La Haye 1747, Aufl. 1752, S. 218.
306. G. BOUQUIER, *Rapport et projet de decret relatif à la restauration des tableaux et autres monuments des arts formant la collection du Museum National,* Paris, a. II (1794).
307. WITTKOWER, *Born under Saturn,* op. cit., S. 52.
308. BOTTARI, *Dialoghi,* op. cit., S. 263; vgl. RIDOLFI, *Maraviglie,* op. cit., II, S. 195.
309. BOTTARI, *Dialoghi,* op. cit., S. 202, 68, 7 und 160.
310. Ebd., S. 258.
311. G. FOGOLARI, *Lettere pittoriche del Gran Principe Ferdinando di Toscana a Niccolò Cassana,* in: ›Rivista del R. Istituto di Archeologia e Storia dell'Arte‹, 1937, S. 14 ff.; BOTTARI-TICOZZI, *Raccolta di lettere,* op. cit., III, S. 447.
312. Ebd., VI, S. 153, 156 und 159.
313. Ebd., IV, S. 171.
314. BOLOGNA, *Dalle arti minori,* op. cit., Kap. III; BOTTARI, *Dialoghi,* op. cit., S. 128–29.
315. BELLORI, *Le vite,* op. cit., S. 576; F. M. N. GABBURRI, in: K. LANKHEIT, *Florentiner Barockplastik,* München 1967, S. 226. Zum bequemen Leben, welches dem Fortschreiten in der Kunst hinderlich sei, vgl. BELLORI, *Le vite,* op. cit., S. 182.
316. Ebd., S. 441; BOTTARI-TICOZZI, *Raccolta di lettere,* op. cit., V, S. 94.
317. Brief von Rosalba Carriera vom 4. April 1727, in BOTTARI-TICOZZI, *Raccolta di lettere,* op. cit., IV, S. 175; LANZI, *Geschichte,* op. cit.; J. W. v. GOETHE, *Italienische Reise,* 24. November 1788.
318. *Della pittura veneziana,* Venedig 1792, S. 597–98.
319. BERTOLOTTI, *Artisti lombardi,* op. cit., S. 57; SAMEK LUDOVICI, *Vita del Caravaggio,* op. cit., S. 153.
320. BOTTARI-TICOZZI, *Raccolta di lettere,* op. cit., III, S. 370.
321. Ebd., S. 375–77.
322. J.-B. DUBOS, *Réflexions critiques sur la poésie et sur la peinture* (1719), Paris 1740, I, S. 386–87; L. DE JAUCOURT, *Peinture,* in: *Enciclopédie;* eine Einführung in den Streit um den Luxus gibt die Anthologie von C. BORGHERO, *La polemica sul lusso nel Settecento francese,* Turin 1974.
323. Stichwort *Peinture* und *Peintre.*
324. DUBOS, *Réflexions critiques,* op. cit., I, S. 68–69.
325. DE JAUCOURT, Stichworte *Peinture* und *École.* Zur Entwicklung dieser Themen beachte man auch die Bemerkungen über die *Heilige Cäcilie* von Raffael, die Malvasia Francesco Albani zuschreibt (*Felsina Pittrice,* op. cit., S. 163–64).
326. Stichwort *Peinture.*
327. Stichwort *École.*
328. Stichworte *Peintre* und *Peinture;* vgl. DUBOS, *Réflexions critiques,* op. cit., II, S. 6–7, 21–24 und 35–37; Stichwort *Génie* (insbesondere zu den Stichworten *Genie* und *Geschmack* vgl. die Anthologie von P. CASINI, *Enciclopedia,* Bari 1968; zu anderen Stichworten siehe auch die Sammlung hg. von A. PONS, *Enciclopedia 1751–1772,* Mailand 1966).
329. Stichwort *École.*
330. Stichworte *Sculpteur* und *Sculpture*: man beachte, daß Falconet den Terminus »Künstler« im geläufigen Sinne verwendet, im Unterschied zu Jaucourt und den Redakteuren, die sich nach den Unterscheidungen richten, die unter dem Stichwort *Artiste* vorgeschlagen werden.
331. Stichwort *École.*

MASSIMO FERRETTI
Fälschung und künstlerische Tradition

1. Unter den Arbeiten über den Gesamtkomplex ragt in seiner Wissenschaftlichkeit das Buch von O. KURZ, *Falsi e falsari* hervor (Original: O. KURZ, *Fakes. A handbook for collectors and students,* New York 1948. Im folgenden wird immer von der italienischen Ausgabe ausgegangen. A. d. Ü.), Venedig 1961, versehen mit einer Vorbemerkung von C. L. RAGGHIANTI (Neudruck mit Korrekturen und Ergänzungen als *I falsi artistici,* in: ›Critica d'arte‹, VIII, 1961, Nr. 43, S. 1–27). Informativ (auch in bibliographischer Hinsicht) sind jüngst erschienene Enzyklopädien zum Thema: C. BRANDI, L. VLAD BORRELLI u. G. URBANI, *Falsificazione,* in: *Enciclopedia Universale dell'Arte,* V, Venedig, Rom 1958, Sp. 313–330; D. MUSTILLI, *Falsificazione,* in: *Enciclopedia dell'Arte Classica,* III, Rom 1960, S. 376–98; A. PAOLUCCI, *Falsi e Copie e riproduzioni,* in: *Enciclopedia Feltrinelli Fischer, Arte/2,* Mailand 1971, S. 171–84 und S. 123–25. Eine einigermaßen zufriedenstellende spezifische Bibliographie findet sich im Anhang zum Katalog der Ausstellung *Fakes and Forgeries,* Minneapolis, keine Seitenzahlen. Zwei nachfolgend angegebene Ausstellungen sind Indizien für ein neues aufgeschlossenes Interesse am Thema. Eine fand in Paris 1973–74 statt (siehe weiter unten, Anm. 6), die andere in Essen 1976–77. Zu den Beiträgen von generalisiertem Zuschnitt gehört auch der rein wissenschaftliche Essay von S. J. FLEMING, *Authenticy in Art: the Scientific Detection of Forgery,* New York 1976 (rezensiert von R. Appignanesi in: ›The Burlington Magazine‹, CXVIII, 1976, Nr. 883, S. 714 f.). Nützliche Informationen enthält, auch wenn es aus entgegengesetzter Richtung kommt: H. L. JAFFÉ, J. STORM VAN LEEUWEN und L. H. VAN DER TWEEL, *Authentication in the Visual Arts. A Multidisciplinary Symposium* (Amsterdam, 12. März 1977), Amsterdam 1979. Über das generelle theoretische Problem entwickelt sich die Diskussion auch unter den Theoretikern der Ästhetik: A. LESSING, *What is Wrong with a Forgery?,* in: ›The Journal of Aesthetics and Art Criticism‹, XXIII, 1965, Nr. 3, S. 462 ff.; N. GOODMAN, *Languages of Art,* Indianapolis 1968;

J. J. E. GRACIA, *Falsification y valor artistico,* in: ›Revista de Ideas Estéticas‹, XXIX, 1971, Nr. 116, S. 326 ff.; M. SAGOFF, *The Aesthetic Status of Forgeries,* in: ›The Journal of Aesthetics and Art Criticism‹, XXXV, 1976, Nr. 4, S. 169–80; H. STEELE, *Fakes and Forgeries,* in: ›The British Journal of Aesthetics‹, XVII, 1977, Nr. 3, S. 354 ff.; D. F. STALKER, *Goodman on Authenticy,* ebd., XVIII, 1978, Nr. 3, S. 195 ff.; D. DUTTON, *Artistic Crimes: the Problem of Forgery in the Arts,* in: ›The British Journal of Aesthetics‹, XIX, 1979, Nr. 2, S. 302–14.

2. Mit außerordentlicher Klarheit wird das Stichwort *Falsificazione* der *Enciclopedia Universale dell'Arte* eingeleitet, das aufgenommen wurde in: C. BRANDI, *Teoria del restauro,* 2. Auflage, Turin 1977, S. 65: »Man unterliegt einem Mißverständnis, wenn man glaubt, man könne die Fälschung unter einem pragmatischen Gesichtspunkt als die Geschichte der Methoden zur Herstellung gefälschter Objekte betrachten, anstatt davon auszugehen, was und wie als falsch beurteilt wurde.«

3. Auf ihre Weise inzwischen klassisch geworden sind die Betrachtungen von M. FRIEDLÄNDER, *Der Kunstkenner,* Berlin 1919. Es ist im übrigen offenkundig, daß nicht nur die Fälschung von Kunst einer bestimmten Marktnachfrage entspricht. Man möge, beispielsweise, an den Menschen von Piltdown in der Paleoethnologie denken, wie er von A. LEROI-GOURHAN, *Hand und Wort. Die Evolution von Technik, Sprache und Kunst,* Frankfurt/Main 1984, dargestellt wird.

4. In diesem Sinne hat G. Romano daran erinnert, daß kulturelle Serien nicht innerhalb eines kulturellen Diskurses gefälscht werden können, der eine erhebliche Anstrengung darstellt, außerhalb des Umfelds der Spezialisten das konkrete Handlungsfeld der historisch-künstlerischen Erkenntnis zu erhellen. Vgl. AA.VV., *Il patrimonio storico-artistico* (›Capire l'Italia‹, Nr. 3), Mailand 1979, S. 37.

5. R. LONGHI, *Dubbj su una »tegola« (o su un »mattone« alla Mostra del Signorelli),* in: ›Paragone‹, IV, 1953, Nr. 45, S. 62.

6. Die Ausstellung im Louvre vom Winter 1973–74 war passenderweise *Copies, Répliques, Pastiches* gewidmet (leider gibt es darüber nur ein »petit journal«). Sie gab den Anstoß zu einer monographischen Nummer der ›Revue de l'art‹, 1973, Nr. 21, die durch eine historische Charakterisierung verschiedener Autoren eingeleitet wurde (COPIES, RÉPLIQUES, FAUX, S. 5–31), der den am meisten problematisierten Orientierungspunkt in der gesamten Frage vorstellt.

7. J. BALTRUSAITIS, *Das phantastische Mittelalter,* Frankfurt/M., Berlin, Wien 1985, S. 44; N. DACOS, *La fortuna delle gemme medicee nel Rinascimento,* in: N. DACOS, A. GIULIANO und U. PANNUTI, *Il tesoro di Lorenzo il Magnifico,* I; *Le gemme,* Ausstellungskatalog (Florenz 1972), Florenz 1973, S. 140.

8. Ebd., S. 141; insbesondere über Papst Barbo: R. WEISS, *Un umanista veneziano: Papa Paolo II.,* Rom, Venedig 1958; zum Gesamtkomplex der antiken Gemmen vom Mittelalter bis in die Renaissance, auch mit zahlreichen bibliographischen Hinweisen, siehe: P. CASTELLI, *La virtú delle gemme,* in: *L'oreficeria nella Firenze del Quattrocento,* Ausstellungskatalog, Florenz 1977, S. 309 bis 320.

9. H. WENTZEL, *Italienische Siegelstempel und Siegel all'antico im 13. und 14. Jahrhundert,* in: ›Mitteilungen des Kunsthistorischen Instituts in Florenz‹, VI, 1955, Nr. 2, S. 73–83.

10. Für Italien ist mir nichts bekannt, was der Bilanz von M. HARRISON CAVINESS, *»De convenientia et cohaerentia antiqui et novi operis«: Medieval conservation, restoration, pastiche and forgery,* in: *Intuition und Kunstwissenschaft (Festschrift für H. Swarzenski),* Berlin 1973, S. 205–211, gleichkäme.

11. JULIUS VON SCHLOSSER, *Die Kunst- und Wunderkammern der Spätrenaissance. Ein Beitrag zur Geschichte des Sammlerwesens,* Leipzig 1908, S. 39 f., 2. Auflage Braunschweig 1978.

12. An einige davon, und nicht nur mittelalterliche, erinnert F. LANZONI, *Genesi, svolgimento e tramonto delle leggende storiche,* Rom 1925, S. 166–84. Über den gefeiertsten Fälscher des Quattrocento, den Dominikaner Giovanni Nanni (oder Annio da Viterbo), siehe R. WEISS, *An Unknown Epigraphic Tract by Annio of Viterbo,* in: *Italian Studies presented to E. R. Vincent,* Cambridge 1962, S. 101–20; sowie A. MOMIGLIANO in: *Terzo contributo alla storia degli studi classici e del mondo antico,* Rom 1966, II, S. 769–76. Vgl. außerdem C. VASOLI, *Postel e il »mito dell'Etruria«,* in: *La cultura delle corti,* Bologna 1980. Dies Buch enthält auch eine hilfreiche bibliographische Zusammenfassung (S. 216, Anm. 9). Mit Annio verbindet sich eine Fälschung der Dokumentation, die uns in ihren bildnerischen Auswirkungen unmittelbarer angeht, nämlich die antikisierende Manipulation eines Komplexes aus romanischer Zeit mit einem Epigraph, der die uralten Ursprünge Viterbos bestätigen sollte (vgl. I. FALDI, *Museo Civico di Viterbo, Dipinti e sculture dal Medioevo al XVIII secolo,* Viterbo 1955, S. 60 f.).

13. Die wesentlichen bibliographischen Bezugspunkte für den Gesamtkomplex der Fälschung in der Renaissance bilden: L. COURAJOD, *L'imitation et la contrefaçon des objets d'art antiques aux XVe et XVIe siècles,* Paris 1889; das Kapitel »Die Antike, ihre Nachahmer, ihre Fälscher« in: L. PLANISCIG, *Venezianische Bildhauer der Renaissance,* Wien 1921, S. 313 ff.; der Abschnitt mit dem Titel *Principe de l'imitation* in: ›Revue de l'art‹, Nr. 21, S. 13–17, wiederaufgenommen in: A. CHASTEL, *Fables, formes, figures,* Paris 1978, II, S. 59–69.

14. E. MÜNTZ, *Precursori e propugnatori del Rinascimento,* Florenz 1902, S. 86 (es handelt sich hier um die vom Autor selbst stark veränderte Fassung der französischen Originalausgabe: *Les précurseur de la renaissance,* Paris-London 1882. A. d. Ü.).

15. Ebd., S. 95.

16. Zit. von S. BERTELLI, *Ribelli, libertini e ortodossi nella storiografia barocca,* Florenz 1973, S. 71.

17. A. CHASTEL, *»Di mano dell'antico Prassitele«,* in: *Éventail de l'histoire vivante (hommage a Lucien Febvre),* Paris 1953, II, S. 265 ff.; wiederaufgenommen in: ders., *Fables...,* op. cit., II, S. 9–16. Vgl. auch R. BIANCHI BANDINELLI, *Pseudo-Alessandro, Pseudo-Pyrgotèles* (1950), in: *Archeologia e cultura* (1961), 2. Auflage, Rom 1977, S. 250.

18. PLANISCIG, op. cit., S. 346.

19. Brief an Pirkheimer vom 7. Februar 1506, zitiert in: E. H. GOMBRICH, *Die Kunst der Renaissance I. Norm und Form,* Stuttgart 1985, S. 158. Der Zusammenhang wird hergestellt durch: E. PANOFSKY, *Albrecht Dürer,* Princeton 1948 (deutsch: *Das Leben und die Kunst Albrecht Dürers,* München 1977).

20. Zit. bei J. POPE-HENNESSY, *La scultura italiana. Il Quattrocento,* Mailand 1964, S. 357.

21. Neben der fundamentalen Darstellung Planiscigs op. cit., siehe auch den bibliographischen Überblick von L. POLACCO, *Venezia e l'arte antica,* in: ›Atti dell'Istituto veneto di scienze, lettere ed arti, classe di scienze morali‹, CXXXI, 1972–73, S. 597–616.

22. [M. MICHIEL], *Notizia d'opere di disegno,* herausgegeben von T. FRIMMEL, Wien 1888, S. 114. In den Ausgaben von Morelli und Frizzoni liest man Jacomo statt Jacometto.

23. G. TRAVERSARI, *Museo archeologico di Venezia. I ritratti,* Rom 1968, S. 101–10. Aus einer gemeinsamen Rubrizierung antiker und pseudoantiker Materialien können die explizitesten Beispiele für die Beziehung zur Antike in Zeiten hervorgehen, die nach der in diesem Abschnitt betrachteten liegen. Paola Barocchi verdanke ich den Hinweis auf die erhebliche Anzahl pseudoantiker oder zumindest unklarer Objekte, die von G. CAPECCHI, L. LEPORE und V. SALADINO, *La Villa di Poggio Imperiale* (›Collezioni fiorentine di antichità‹, I), registriert wurde: Es handelt sich um 54 von 88 katalogisierten Stücken.

24. P. MELLER, *Marmi e bronzi di Simone Bianco,* in: ›Mitteilungen des kunsthistori-

schen Institutes in Florenz‹, XXI, 1977, Nr. 2, S. 199 ff.; darauf folgte: U. SCHLEGEL, *Simone Bianco und die venezianische Malerei,* a. a. O., XXIII, 1979, Nr. 1–2, S. 186 ff.

25. Diese Hypothese wird von MELLER nahegelegt. Vgl. ders., op. cit., S. 208 f., Anm. 21 (auf den neuesten Stand gebrachte bibliographische Hinweise zu Vitellio).

26. G. POZZI u. L. A. CIAPPONI, *La cultura figurativa di Francesco Colonna e l'arte veneta,* in: ›Lettere italiane‹, XIV, 1962, Nr. 2, S. 151 ff., insbes. S. 155.

27. [MICHIEL], op. cit., S. 16.

28. PLANISCIG, op. cit., S. 254 u. 335. Die *Eva* (?) aus Wien aus der erzherzöglichen Sammlung von Ambras erregte bereits die Aufmerksamkeit von Courajod, op. cit., S. 96 und von Schlosser, op. cit.

29. E. TIETZE CONRAT, *Giorgione and the »pezzi di figure«,* in: *Il mondo antico nel Rinascimento,* Atti del V. Convegno internazionale di studi sul Rinascimento (Florenz, 2.–6. September 1956), Florenz 1958, S. 245 ff.

30. [MICHIEL], op. cit., S. 157; G. VASARI, *Die Lebensbeschreibungen der berühmtesten Architekten, Bildhauer und Maler,* Straßburg 1927, Bd. 7.2, S. 36.

31. B. CANDIDA, *I calchi rinascimentali nella Collezione Mantova Benavides nel museo del Liviano di Padova,* Padua 1959, S. 76 (er referiert die Ansicht Fioccos, daß die Vasen von Gualtiero dell'Alzere stammen); L. POLACCO, *Il Museo di Marco Mantova Benavides e la sua formazione,* in: *Arte in Europa (Scritti di storia dell'arte in onore di O. Arslan),* Mailand 1966, S. 673, Anm. 31; C. SEMENZATO in: *Dopo Mantegna,* (Ausstellungskatalog (Padua 1976), Mailand 1976, S. 141. Über die Sammeltätigkeit und das kulturelle Umfeld von Marco Mantova Benavides, vgl. I. FAVARETTO, *Andrea Mantova Benavides. Inventario delle antichità di casa Mantova Benavides 1695,* in: ›Bollettino del Museo Civico di Padova‹, LXI, 1972, Nr. 1–2, S. 35–164. Es wurde sogar der Gedanke geäußert, es habe ein direkter Zusammenhang zwischen Imitationen und Pseudoklassik einerseits und regelrechter Geldfälschung andererseits bestanden. Vgl.: L. OLIVATO, *»Sententiato a morir hozi de marti...«. Nota su Bartolomeo Sforza, miniatore e falsario padovano del Rinascimento,* ebd. XLII, 1973, S. 7–28.

32. L. PLANISCIG, *Piccoli bronzi italiani del Rinascimento,* Mailand 1930, S. 12.

33. U. MIDDELDORF, *Su alcuni bronzetti all'antica del Quattrocento,* in: *Il mondo antico nel Rinascimento,* op. cit., S. 173.

34. Kürzlich erschien ein Beitrag zu diesen Fragen, der sich auf eine Stadt der Poebene bezieht: F. ROSSI, *Maffeo Olivieri e la bronzistica bresciana del 500,* in: ›Arte Lombarda‹, Neue Folge, 1977, Nr. 47–48, S. 115–34; speziell zu den absichtsvollen Fälschungen vgl. S. 125 ff.

35. Für einen Überblick über den Serienerfolg dieses Prototyps, vgl. L. BELLOSI, *Il museo dello Spedale degli Innocenti,* Florenz 1977, S. 226 f. (der auf den für Rossellini typischen schmachtenden Charakter aufmerksam macht). Die im Text angeführten Beispiele werden abgebildet und diskutiert von: A. PUERARI, *Museo civico di Cremona. Raccolte artistiche,* Cremona 1976, S. 42 f.; G. BONSANTI in: *Restauri fra Modena e Reggio,* Ausstellungskatalog, Modena 1978, S. 84 f.; B. ANDERES, *Guida d'arte della Svizzera italiana,* Lugano, Bern 1980, S. 80 u. 84 (ein Fall, in dem die Madonna für den Mittelteil eines Triptychons diente). Nunmehr ist ein erhellender Beitrag von U. Middeldorf erschienen: *Some Florentine Painted Madonna Reliefs,* in: *Collaboration in Italian Renaissance Art,* herausgegeben von W. S. SHEARD u. J. T. PAOLETTI, New Haven, London 1978, S. 77 ff. Dort wird dieser Typ *Madonna mit Kind* (»vielleicht der populärste des ganzen Jahrhunderts«) zurückgeführt auf eine der erstaunlichsten ökonomischen und kulturellen Fragen der Werkstätten des Quattrocento.

36. Andererseits scheint das Sammeln von Drucken, das sich bereits im Cinquecento durchgesetzt hatte, Repliken mit klarer Täuschungsabsicht, und zwar zu Lasten von Raimondi, ausgelöst zu haben, die eine ganz bestimmte und sehr verführerische Erwartungshaltung der Empfänger zufriedenstellen sollten. Vgl. H. ZERNER, *À propos de faux Marcantonio. Notes sur les amateurs d'estampes a la Renaissance,* in: ›Bibliothèque d'Humanisme et Renaissance‹, XXV, 1961, S. 477–81.

37. E. BATTISTI, *Il concetto d'imitazione nel Cinquecento italiano,* in: ›Commentari‹, VII, 1956, Nr. 2 und Nr. 4, S. 86–104 resp. S. 249–62; wiederveröffentlicht in: *Rinascimento e Barocco,* Turin 1960, S. 157–215; F. ULIVI, *L'imitazione nella poetica del Rinascimento,* Mailand 1959, S. 26–61; für einen zeitlichen Überblick und eine rasche Einsicht in die Problematik des Pico, siehe die Einleitung von C. DIONISOTTI zu P. BEMBO, *Prosa e rime,* 2. Auflage, Turin 1966, S. 36–39.

38. E. BATTISTI, op. cit., S. 186.

39. Ebd., S. 191.

40. Zit. nach ULIVI, *L'imitazione...,* op. cit., S. 46.

41. Eine reichhaltige Sammlung von Zeugnissen über den *Cupido* und sein Schicksal in den verschiedenen Sammlungen bringt P. BAROCCHI im Kommentar zu G. VASARI, *La vita di Michelangelo,* Mailand, Neapel 1962, II, S. 144–56. Die wichtigsten Punkte der langen Diskussion zu diesem Thema werden in den neueren Beiträgen dazu wiedergegeben: W. R. VALENTINER, *Il Cupido dormiente di Michelangelo,* in: ›Commentari‹, VII, 1956, Nr. 4, S. 236–48; P. F. NORTON, *The lost »Sleeping Cupid« of Michelangelo,* in: ›The Art Bulletin‹, XXXIX, 1957, Nr. 4, S. 251–57; A. PARRONCHI, *Sul probabile tipo del »Cupido dormiente«,* in: ›Arte antica e moderna‹, VII, 1964, Nr. 27, S. 281–94, und ferner in: *Opere giovanili di Michelangelo,* Florenz 1968, S. 113–29 (und nachfolgende Anmerkung). Ein erstaunlicher Versuch, vollkommen außerhalb jedes begründeten historischen Parameters, die nachahmerischen Absichten und Fähigkeiten Michelangelos auch auf die Welt der Gotik auszudehnen, und zwar insbesondere auf Nicola Pisano, wurde von A. LUCHS unternommen: *Michelangelo's Bologna Angel: »Counterfeiting« the Tuscan Duecento,* in: ›The Burlington Magazine‹, CXX, 1978, Nr. 901, S. 222 ff.

42. Dabei müssen natürlich die Versuche – bis hin zum letzten von A. PARRONCHI, *Il Cupido dormiente di Michelangelo,* Florenz 1971, später in: *Opere giovanili di Michelangelo, II: Il paragone con l'antico,* Florenz 1975, S. 81–126 –, die Arbeit wiederzuerkennen, ausgeschlossen werden.

43. VASARI, op. cit., VII. 2. Halbband, S. 298 ff.

44. 1506 wurde er erworben. Darüber und über das Schicksal des *Cupido* von Mantua: C. M. BROWN, *»Lo insaciabile desidero nostro de cose antique«: new documents on Isabella d'Este's Collection of Antiquities,* in: *Cultural Aspects of the Italian Renaissance (Essays in honour of Paul Oskar Kristeller),* Manchester 1976, S. 324–53.

45. Zit. von A. VENTURI, *Il »Cupido« di Michelangelo,* in: ›Archivio Storico dell' Arte‹, I, 1888, S. 5.

46. Zit. von BAROCCHI, op. cit., S. 152.

47. E. WIND, *Heidnische Mysterien in der Renaissance,* Frankfurt/M. 1981, S. 205.

48. C. L. RAGGHIANTI, *Notizie e letture,* in: ›Critica d'arte‹, V, 1940, Nr. 22, S. VI f.; später in: *Miscellanea minore di critica d'arte,* Bari 1946, S. 154 (»beinah eine Art hochkultivierter Fälschung«); A. BERTINI, *Michelangelo fino alla Sistina,* Turin 1942, S. 31 f. (»deckt [...] vorrangig den Charakter eines Übungsstückes auf«). Zu weiter zurückliegenden Urteilen vgl. E. WIND, op. cit., S. 205. Eine Motivation für den Klassizismus des *Bacchus* im Verhältnis zu Tullio Lombardo und seinem Venedigaufenthalt in der Jugend ist jüngst wiederaufgenommen und entwickelt worden von: C. H. SMYTH, *Venice and the Emergence of the High Renaissance in Florence: Observations and Questions,* in: *Florence and Venice: Comparisons and Relations, I. Il Quattrocento,* Florenz 1979, S. 210–15.

49. Zum *Bacchus* vgl.: C. DE TOLNAY, *The Youth of Michelangelo,* Princeton 1969, S. 142 ff.; E. WIND, op. cit., S. 205–19; P. BAROCCHI, op. cit., II, S. 161–67; J. POPE-HENNESSY, *La scultura italiana. Il Cinquecento e il Barocco,* Mailand 1963, II, S. 311 f. (dort wird die nicht sehr friedliche Angelegenheit der Schenkung und Beauf-

tragung durch den Kardinal Riario gut zusammengefaßt). Die aktuelle Wiederherstellung der rechten Hand (deren Bruchstellen man in der Photographie 26359–62 von Brogi gut erkennen kann) und des Krugs entsprechen nicht notwendigerweise denen von ca. 1550. Zu diesem Zweck wäre es von Nutzen, chronologisch geordnet die gesamte Serie der Kopien und alten Augenzeugenberichte über den *Bacchus* durchzugehen. Soweit mir bekannt, hat man niemals die Figur dazugezählt, die im Hintergrund und spiegelverkehrt zur Statue in der *Cava dei diamanti,* von Maso da San Friano für das Schreibzimmer von Francesco I. gemalt, auftaucht. Die Ableitung (die einzig substantielle Variante betrifft den linken Arm, der im Unterarm hinter den Rücken gelegt ist; das ist eine typische Form der Anpassung) wird durch die vorbereitende Zeichnung noch klarer, die ihrerseits zum Gemälde spiegelverkehrt ist, und somit dem *Bacchus* entspricht (dies hat A. CECCHI bekanntgemacht: *An unpublished drawing by Maso da San Friano for the »Cava dei Diamanti« in the Studiolo in the Palazzo Vecchio,* in: ›The Burlington Magazine‹, CXXI, 1979, Nr. 912, S. 173 f.). Diese Verbindung kann sowohl dazu dienen, das Gemälde in die letzte Lebensphase von Maso zu legen (er starb am 5. Oktober 1571), als auch, den Zeitpunkt, zu dem die Statue nach Florenz kam, besser zu umschreiben. Seit Gotti wird etwa 1571–72 als Zeitpunkt genannt. Auch wenn die Zeichnung vor dem Kauf des *Bacchus* durch die Medici liegen sollte, so sollte hervorgehoben werden, daß bei Maso da San Friano (wie in der kleinen Wiener Bronzereplik, die von Tolnay wiedergegeben wird) die Hand, die den Kelch hält, mit dem Unterarm einen stark akzentuierten Winkel bildet, wie er in der späteren kleinen Bronzekopie von Pietro da Barga nicht mehr erscheint. Das könnte einen Hinweis darauf darstellen, daß der gegenwärtige Stand seiner Restaurierung auf einen Zeitpunkt zurückgeht, der kurz nach dem Transfer nach Florenz liegt.

50. B. VARCHI, *Lezione della maggioranza delle arti* (1547), in: *Trattati d'arte del Cinquecento fra Manierismo e Controriforma,* herausgegeben von P. BAROCCHI, Bari 1960, I, S. 49 f.

51. »Nachdem er das vernommen hatte, ließ er Giulio das Bild umdrehen, als er das Zeichen [von Andrea del Sarto] gesehen hatte, zog er die Schulter hoch und sprach: Ich schätzte es nicht geringer als wenn es von der Hand des Raffael wäre, ja sogar noch höher, denn es ist ein übernatürlich Ding, daß ein hervorragender Mann so gut die Manier eines anderen nachahmt, und es ihm so sehr gleich tut« (op. cit., S. 39).

52. G. VASARI, op. cit., V, S. 245.

53. B. CASTIGLIONE, *Il libro del cortegiano con una scelta delle Opere minori,* herausgegeben von B. MAIER, Turin 1964 (2.), S. 176 (»die Imitation der natürlichen Farben beim Nachmachen von Fleisch«), S. 266 (»zum Lachen bringen durch Nachmachen oder Imitation«), S. 409 (»nachgemachte Schlüssel«), S. 489 (»obwohl bisweilen von Nutzen wäre, würde man sie [die Gesetze] nachmachen«).

54. Zit. bei A. VENTURI, *La R. Galleria estense in Modena,* Modena 1882, S. 71, Anm. 1. Zur Entwicklung der Restaurierung und der Ausstellungskriterien in den Antikensammlungen des Cinquecento, vgl.: G. A. MANSUELLI, *Restauri di sculture antiche nelle collezioni medicee,* in: *Il mondo antico nel Rinascimento,* op. cit., S. 179–86.

55. G. BAGLIONE, *Le vite de' pittori, scultori ed architetti* (1642), herausgegeben von V. MARIANI, Rom 1935, S. 151. Siehe auch: S. HOWARD, *Pulling Herakles' Leg: Della Porta, Algardi, and Others,* in: *Festschrift U. Middeldorf,* Berlin 1968, S. 402–8. Auch diese Aspekte in der Geschichte der Restaurierung müßten genauer in bezug auf jene neue Atmosphäre bestimmt werden, wie sie aus den Studios der Antiquare um 1550 und später hervorgeht; daran erinnert C. Dionisotti in einer Rezension zu E. MANDOWSKY u. C. MITCHELL, *Pirro Ligorio's Roman Antiquies,* die in: ›Rivista storica italiana‹, LXXV, 1963, Nr. 4 erschien. Vgl. a. a. O., S. 890–901, insbes. S. 898 ff.

56. U. PROCACCI, *Postille contemporanee in un esemplare della vita di Michelangelo del Condivi,* in: *Atti del convegno di studi michelangioleschi* (Florenz, Rom 1964), Rom 1966, S. 286.

57. G. A. MANSUELLI, *Galleria degli Uffizi. Le sculture,* II, Rom 1961, Nr. 179.

58. Zit. bei C. FEA, *Relazione di un viaggio ad Ostia e alla villa di Plinio detta Laurentino,* Rom 1802, S. 99.

59. VASARI, op. cit., VII 2. Halbband, S. 246.

60. BAGLIONE, *Le vite...,* op. cit., S. 74 und S. 152. Eine explizite dokumentarische Bestätigung dieses historiographischen Bildes bildet die Publikation von H. GRAEVEN, *La raccolta di antichità di Giovanni Battista della Porta,* in: ›Mittheilungen des Kaiserlich Deutschen Archaeologischen Instituts, Römische Abtheilung‹, VIII, 1893, S. 236–45. Zu Giovanni Battista und Tommaso Della Porta vgl.: K. WEIL-GARRIS, *The Santa Casa in Loreto. Problems in Cinquecento Sculpture* (Phil. Diss., Harvard University 1965), New York, London 1977, S. 94 ff. und S. 338 ff.

61. R. KRAUTHEIMER, *A Christian Triumph in 1597,* in: *Essays in the History of Art presented to Rudolf Wittkower,* London 1967, S. 174–78; BERTELLI, *Ribelli...,* op. cit., S. 68 f.

62. C. C. MALVASIA, *Felsina pittrice* (1678), herausgegeben von G. P. ZANOTTI, Bologna 1841, I, S. 197.

63. Da sich die Episode in der Zeit zwischen 1574 und 1575 ereignete, kann es sich nicht um den Kardinal Alessandro d'Este handeln, wie A. VENTURI meinte (*La Galleria estense...,* op. cit., S. 160 f.), denn dieser leidenschaftliche Sammler wurde erst 1599 zum Kardinal ernannt. Da der Kardinal Ippolito II. gestorben war, kann es sich bei dem Kardinal aus dem Hause d'Este nur um Luigi gehandelt haben.

64. 1593 zum Beispiel schrieb ein so bedeutender Sammler wie der Veroneser Mario Bevilacqua an Vincenzo Gonzaga und erinnerte an »den Maler M. Orlando Flacco, der es ausgezeichnet verstand, den Unterschied zwischen den Manieren der wichtigsten Maler zu beurteilen, die es in Italien gegeben hat, und von dem ich die Kenntnisse erhielt, die ich heute besitze« (A. LUZIO, *La Galleria dei Gonzaga venduta all'Inghilterra nel 1627–28,* Mailand 1913, S. 107). Das erinnert an die Worte von Pietro Mazi da Milano – mit denen man sich genauer befassen müßte –, als er 1457 aufgerufen wurde, die tatsächlich von Andrea Mantegna realisierten Teile in der Cappella Ovetari zu bestimmen: »[...] bene cognoscit picturas manu dicti magistri Andree, non tamen vidit ipse testis illas depingere, sed tamen ex longa pratica, quam habet in ea arte pingendi cognoscit, quod dicte picture sunt manu dicti magistri Andree, et quia *inter pictores semper cognoscitur manu cuius sit aliqua pictura,* maxime quando est manu alicuis solemnis magistri« (E. RIGONI, *Nuovi documenti sul Mantegna,* in: ›Atti dell' stituto veneto di lettere, scienze ed arti‹, LXXXVIII, 1927–28, S. 185, Neudruck in: *L'Arte rinascimentale in Padova. Studi e documenti,* Padua 1970, S. 22).

65. G. MANCINI, *Considerazioni sulla pittura* (1619–21), herausgegeben von A. MARUCCHI u. L. SALERNO, Rom 1956, I, S. 5–11.

66. *Tutte le Opere di Carlo Goldoni,* herausgegeben von G. ORTOLANI, II, Mailand 1936, S. 197. *La famiglia dell'antiquario* wurde im Karneval 1750 uraufgeführt.

67. Natürlich reduziert sich die Beziehung »Laie« – »Professor« hinsichtlich des künstlerischen Urteils nicht auf ein lineares Entwicklungsschema. Auch wenn man eine kurze Zusammenfassung der Frage wagen könnte, so wäre es riskant, dies allein auf überlieferten programmatischen Äußerungen der künstlerischen Literatur zu gründen und die faktischen Umstände, die Mittel und die im spezifischen kulturellen Zirkel tätigen Kräfte zu vernachlässigen: Dabei käme eine vorprogrammierte Definition heraus. In diesem Sinne würde ich die Bemerkung von L. GRASSI nicht generalisieren, die er zu einer Seite von G. P. Zanotti machte: »Im Italien der Mitte des Settecento war das Vorurteil der unabdingbaren allseitigen Kennerschaft [...] noch zur Gänze wirksam« (»*Giudizio e attribuzione« in Giampiero Zanotti,* in: ›Paragone‹,

VII, 1956, Nr. 79, S. 79). Die Weitschweifigkeit des Zanotti haftet seiner konservativen kritischen Einstellung an und ist im übrigen typisch für die Situation von Bologna im Sei- und Settecento (Vgl. R. ROLI, in: ›Atti e memorie dell'Accademia Clementina di Bologna‹, XII, 1977, S. IX–XVI). Andererseits wird nicht viel später in Bologna der *Saggio sulla pittura* von ALGAROTTI publiziert, wo sich das Problem des künstlerischen Urteils in gesellschaftlichen Begriffen stellt, und in jedem Fall unter Vernachlässigung der notwendigen Identität von praktischer Erfahrung und Urteilsfähigkeit (»als müsse man es verstehen, eine Hand wie der Pesarese zu malen, um zu erkennen, daß ein anderer sie entstellt hat«).

68. L. LANZI, *Storia pittorica della Italia* (Ausgabe von letzter Hand, Bassano 1809), neu herausgegeben von M. CAPUCCI, I, Florenz 1968, S. 13.

69. Ich beziehe mich auf das Bild *Christus vor Pilatus* (Philadelphia, Coll. J. E. Johnson) und auf B. BERENSON, *Catalogue of a Collection of Paintings and some objects of Art,* Philadelphia 1913, I, S. 158.

70. BAGLIONE, *Le vite,* op. cit., S. 157 f. Als Hinweis auf die stilistische Achtsamkeit des Malers betrachte man das Gemälde in San Silvestro in Capite, an das Baglione erinnert: vgl. J. S. GAYNOR u. I. TOESCA, *S. Silvestro in Capite* (›Le chiese di Roma illustrate‹, Nr. 73), Rom 1963, S. 106 f.

71. CAROSELLI wird von A. Ottani die *Thronende Madonna zwischen den Erzengeln Gabriel und Raphael* zugeschrieben in: *Su Angelo Caroselli, pittore romano,* in: ›Arte antica e moderna‹, VIII, 1965, Nr. 31–32, S. 289–97. Die Kenntnis davon geht auf ein Foto zurück (Fotoarchiv der Soprintendenza per i Beni Artistici e Storici di Firenze, 11548), das es in den Uffizien ansiedelt. Das Gemälde, das bereits Ottani nicht mehr hat finden können, ist auch der Bestandsaufnahme von E. BOREA entgangen: *Caravaggio e i caravaggeschi nelle gallerie di Firenze,* Ausstellungskatalog, Florenz 1970, S. 81. Zu Caroselli vgl. auch das Stichwort im *Dizionario biografico degli italiani,* XX, Rom 1977, S. 548–50 (von: A. Ottani Cavina).

72. F. BALDINUCCI, *Notizie dei professori del Disegno* (V, 1702), herausgegeben von F. RANALLI, III, Florenz, 1846, S. 742.

73. MANCINI, *Considerazioni...,* op. cit., I, S. 134. Spricht man von Kopien des Seicento, die auf verschiedene Weise für Objekte des vorherigen Jahrhunderts gehalten wurden, so verdienen zwei von Giovanni da Udine signierte und datierte Stilleben mit Blumen, Orangen und Zitronen erwähnt zu werden. Die kontrastreiche Hervorhebung im naturalistischen Stil und die selbständige Formalisierung eines Repertoires, das sich aus der Tradition der Grotesken speist, haben R. CAUSA dazu gebracht (*Un avvio per Giacomo Recco,* in: ›Arte antica e moderna‹, IV, 1961, Nr. 13–16, S. 346 und S. 352, Anm. 11), in ihnen »intelligente *pastiches* des 17. Jahrhunderts« und, eher noch als Kopien, Objekte aus der »Gruppe um Porpora oder Giuseppe Ruppolo« zu sehen. Auch bei N. DACOS, *Le logge di Raffaello,* Rom 1977, S. 4 f. und S. 121, Anm. 11, werden sie als *pastiches* diskutiert. Da ich die Bilder persönlich nicht kenne, ziehe ich es vor, keine persönlichen Wertungen abzugeben, zumal ich gewarnt bin durch die Meinung Federico Zeris, der sie im Kern für Arbeiten von Giovanni da Udine hält.

74. MANCINI, *Considerazioni...,* op. cit., I, S. 135 und II, S. 62 (für die Gleichsetzung mit dem Bild in der Pinacoteca Nazionale, Bologna), D. POSNER, *Annibale Carracci,* London 1971, II, S. 38 f. Es ist kein Zufall, daß Annibale Carracci sich Sebastiano del Piombo zum Gegenstand der Nachahmung und des »Überbietens« nahm, besonders im Hinblick auf die devote Stellung des Malers, wie F. ZERI, *Pittura e controriforma* (1957), 2. Auflage Turin 1970, S. 35, dargelegt hat.

75. L. SCARAMUCCIA, *Le finezze de' pennelli italiani* (1674), anastatischer Nachdruck, herausgegeben von G. GIUBBINI, Pavia 1965, S. 174. Zu Ribera in Parma: M. CORDARO, *Sull'attività del Ribera giovane a Parma,* in: ›Storia dell'arte‹, 1980, Nr. 38–40 *(Studi in onore di Cesare Brandi),* S. 322 ff.

76. Zit. nach F. HASKELL, *Mecenati e pittori,* Florenz 1966, S. 590 f. (*Patrons and Painters; a study in the relations between Italian Art and Society in the Age of the Baroque,* London, New York 1963, ²1980).

77. Zit. nach G. BOTTARI u. S. TICOZZI, *Raccolta di lettere sulla pittura, scultura ed architettura,* II, Mailand 1822, S. 100.

78. F. ALGAROTTI, *Saggio sopra la pittura* (1762), in: *Saggi,* herausgegeben von G. DA POZZO, Bari 1963, S. 136.

79. A. GRISERI, *Luca Giordano »alla maniera di...«,* in: ›Arte antica e moderna‹, IV, 1961, Nr. 13–16, S. 417–38, insbes. S. 422 f. Zum Typus des virtuosen Künstlers und der Bedeutung der Fälschung für denselben vgl. E. KRIS u. O. KURZ, *Die Legende vom Künstler* (1934), Frankfurt/M. 1980, S. 123–131, bes. S. 129.

80. B. DE DOMINICI, *Vita del Cavaliere Luca Giordano, Pittore Napoletano,* Anhang zu: G. P. BELLORI, *Le vite de' pittori scultori e architetti moderni,* 2. Auflage, Rom 1728, S. 380. Der Name De Maria erinnert an die emblematische Bedeutung, die F. BOLOGNA in einem Abschnitt der *Storia dell'arte italiana* (I, S. 181 ff. und speziell S. 189) aus seiner konfliktreichen Beziehung zu Giordano herauszulesen vermochte und die heute wieder aufgegriffen werden müßte, um zu einer allgemeineren Grundlegung der *pastiche* im Barock zu gelangen.

81. Für eine Aufstellung und eine Bibliographie auf dem letzten Stand siehe: C. DONZELLI u. G. M. PILO, *I pittori del Seicento veneto,* Florenz 1967, S. 409–15. Zum Sammlerwesen und Kunstmarkt in Venedig zur Zeit der Aktivität des Malers beachte man den Aufsatz von J. FLETCHER, *Marco Boschini and Paolo del Sera. Collectors and connoisseurs of Venice,* in: ›Apollo‹, CX, 1979, Nr. 213, S. 416–24.

82. Zusatz zur zweiten Auflage von 1674 der *Ricche minere;* die *Breve istruzione* ist wiederveröffentlicht worden in: M. BOSCHINI, *La carta del navegar pitoresco* (1660), krit. Neuausgabe von A. PALLUCCHINI, Venedig, Rom 1966, S. 710.

83. Ebd., S. 657, Verse 27–30 und S. 658, Verse 21–24. Das Gewicht dieser Einschätzung von Giorgione wird im Verhältnis zu P. Vecchia deutlich gemacht von: N. IVANOFF, *Giorgione nel Seicento,* in: *Venezia e l'Europa,* Atti del XVIII. Congresso internazionale di storia dell'arte (Venedig, 12.–18. September 1955), Venedig 1956, S. 223–26. Einen Hinweis gibt die Schlußfolgerung von T. PIGNATTI, *Giorgione,* Venedig 1969, S. 32, nach der Boschini »am Ende Giorgione durch die Brille seines Fälschers sieht«. Durch diese Brille sah aber auch F. BALDINUCCI, *Lettere al marchese Vincenzo Capponi* (1681), Neuausgabe im *Appendice* (besorgt von P. Barocchi) des anastatischen Neudrucks der *Notizie,* VI, Florenz 1975, S. 479 (»Giorgione, der erste Wiederentdecker der ›ottima maniera veneta‹ malte in der Regel majestätische und bedeutungsvolle Dinge, schmückte seine Figuren mit sonderbaren Hüten und Federn, antik geschnittenen Kleidern und wundersamen Waffen«). Das Verständnis von Giorgione im Seicento, wie es sich aus den Sammlungen ergibt, wurde von K. GARAS untersucht: *Giorgione au XVIIe siècle,* in: ›Bulletin du Musée Hongrois des Beaux-Arts‹, 1964, Nr. 25, S. 51–80; 1965, Nr. 27, S. 33–58; 1966, Nr. 28, S. 69–93.

84. R. LONGHI, Glosse zu L. FRÖHLICH-BUM, *Su Pietro Vecchia,* in: ›Paragone‹, III, 1952, Nr. 31, S. 38.

85. BOSCHINI, *La carta del navegar...,* op. cit., S. 541, Verse 15–18.

86. L. u. U. PROCACCI, *Notizie su alcuni pittori veneti tratte dalla corrispondenza al Cardinale Leopoldo De' Medici,* in: ›Saggi e memorie di storia dell'arte‹, IV, 1965, S. 107.

87. Die moderne Bibliographie über Caletti wird erwähnt von: E. RICCOMINI, *Il Seicento ferrarese,* Mailand 1969, S. 19 f. und unter dem Stichwort (von G. BARGELLESI) im *Dizionario biografico degli italiani,* XVI, Rom 1973, S. 683 ff.; vgl. auch C. SAVONUZZI, *Il Caletti, di nuovo,* in: ›Musei ferraresi‹, 1972, Nr. 2, S. 31–36.

88. G. BARUFFALDI, *Vite de pittori e scultori ferraresi* (1697–1722), Ferrara 1846, II, S. 109.

89. L. LANZI, *Storia pittorica...*, op. cit., III, 1974, S. 174.

90. BARUFFALDI, op. cit., S. 211 f. Zu einem Vorschlag, den schottischen Maler Abdom zu identifizieren vgl.: E. RICCOMINI, *Il Seicento...*, op. cit., S. 42.

91. LANZI, *Storia pittorica...*, op. cit.

92. L. MORTARI, *Bernardo Strozzi*, Rom 1966, S. 73; DONZELLI-PILO, *I pittori del Seicento veneto...*, op. cit., S. 380 f.

93. M. MURARO, *Asterischi guardeschi*, in: *Problemi guardeschi* (Atti del Convegno di studi, Venedig, 13.–14. September 1964), Venedig 1967, S. 164–68; A. MORASSI, *I Guardi. L'opera completa di Antonio e Francesco Guardi*, Venedig 1973, S. 286–92; A. DORIGATO, *L'altra Venezia di Giacomo Guardi*, Ausstellungskatalog, Venedig 1977.

94. Ebd., S. 293–96.

95. VENTURI, *La R. Galleria Estense...*, op. cit., S. 235 f. und S. 252 ff.

96. R. PALLUCCHINI, Einleitung zu: A. RIZZI, *Mostra del Bombelli e del Carneo*, Katalog, Udine 1964, S. XXXIII–XXXIV.

97. F. J. B. WATSON, *Sebastiano Ricci as Pasticheur*, in: ›The Burlington Magazine‹, XC, 1948, Nr. 547, S. 290. Zusammenzunehmen mit: J. DANIELS, *L'opera completa di Sebastiano Ricci* (›Classici dell'Arte Rizzoli‹, 89), Mailand 1976, Anm. 342, 343, 409.

98. S. SAVINI BRANCA, *Il collezionismo veneziano nel' 600*, Padova 1965. Es ist offensichtlich, daß man zur Ausweitung des Diskurses über die Kopien – verstanden als didaktisches wie sammlerisches Moment – die einzelnen Abschnitte in der Entwicklung der lokalen Tradition der Malerei aus der Nähe verfolgen müßte. So z. B. in Bologna, wo »innerhalb einer weit angelegten und methodischen Tradition der Imitation« sich die Blockierung einer strukturellen bildnerischen und spontanen akademischen Tradition durch Malvasia (und später dann durch Zanotti und Crespi) verfestigte. In einem Ambiente, wo der »gelehrte Kurs« mehr zählt als der überwältigende Erfolg, bilden die Kopien eher noch eine sichere Struktur der thematischen Anknüpfungspunkte und respektvollen Innovationen als den üblichen Anlaß für erstaunliche Mißverständnisse. Zu diesem Thema verdient A. EMILIANI, *Felsina sempre pittrice*, in: ›Palatina‹, III, 1959, Nr. 10, S. 35–45, einen gesonderten Hinweis.

99. G. B. VERCI, *Notizie intorno alla vita e alle opere de' Pittori Scultori e Intagliatori della città di Bassano*, Venedig 1775, S. 251 ff.

100. E. ARSLAN, *I Bassano*, Mailand 1960, S. 303 und 364 (München, 917, *Madonna mit Kind und die Hll. Martin und Antonius der Große*, früher in Rasai), S. 317 (München, 5217, *Madonna mit Kind und die Hll. Jakobus und Johannes der Täufer*, früher in Ton).

101. E. CASTELNUOVO und C. GINZBURG haben – in dieser Ausgabe, S. I/23 ff., anhand der Kopien, die die anderswohin transferierten Originale ersetzten, einen Versuch der symbolischen Dominanz belegt. Der von ihnen untersuchte Fall, Ferrara, könnte auch für die Phase im 19. Jahrhundert herangezogen werden, in der Bilder durch Kopien ersetzt wurden mit dem Ziel, die Originale in Museen unterzubringen: Eine breit angelegte Kampagne von Kopien, die anfänglich Candi und Boari anvertraut waren, wurde im Zusammenhang mit der eingerichteten Pinakothek durchgeführt (1836). 1856 faßte man in Venedig den Plan, die in den Kirchen ausgestellten Bilder durch dieses Vorgehen zu schützen (vgl.: *Leggi, bandi e provvedimenti per la tutela dei beni artistici e culturali negli antichi stati italiani, 1571–1860*, herausgegeben von A. EMILIANI, Bologna 1978, S. 213 ff.). Im Gegensatz dazu ist bezeichnend, wie es juristisch und praktisch außer Kraft gesetzt wird durch die wesentlich explizitere Bezugnahme auf das »revolutionäre« Museum als privilegiertem Ort der Aufbewahrung, wie das CAVALCASELLE 1863 vorschlägt (*Sulla conservazione dei monumenti e oggetti di belle arti*, 2. Auflage, Florenz 1870, S. 9).

102. P. DELLA PERGOLA, *Galleria Borghese. I Dipinti*, II, Rom 1959, S. 196–213 (hier handelt es sich um eine für das gesamte Thema emblematische Dokumentation).

103. Vgl. bei V. RUFFO, *La Galleria Ruffo nel secolo XVII in Messina, con lettere di pittori e altri documenti inediti*, in: ›Bollettino d'arte‹, X, 1916, Nr. 9–10, S. 301 f.

104. F. BALDINUCCI, *Vocabolario toscano dell'arte del disegno*, Florenz 1681, S. 39.

105. F. MILIZIA, *Dizionario delle belle arti del Disegno* (1747), in: *Opere*, Bologna 1827, III, S. 304.

106. *Leggi, bandi...*, op. cit., S. 92 (ferner im Edikt des Kardinal Valenti von 1750, a. a. O., S. 107).

107. A. a. O., S. 46. In diesem Zusammenhang sei daran erinnert, daß »die Etruskologie ein Jahrhundert lang (...) eine echte Krankheit der italienischen Kultur war« (A. MOMIGLIANO, *Gli studi classici di Scipione Maffei*, in: ›Giornale storico della letteratura italiana‹, 1956, S. 363–83, wiederaufgenommen in: *Secondo contributo alla storia degli studi classici*, Rom 1960, S. 259). Vgl. darüber hinaus: M. CRISTOFANI, *La cultura toscana del Settecento alla scoperta degli Etruschi*, in: ›Annuario dell' Accademia Etrusca di Cortona‹, N. F., X, 1978, S. 15–30.

108. A. MOMIGLIANO, *Ancient History and the Antiquarian*, in: ›Journal of the Warburg and Courtauld Institutes‹, XIII, 1950, S. 285–315, wiederaufgenommen in: *Contributo alla storia degli studi classici*, Rom 1955, S. 67–106.

109. B. CAVACEPPI, *Viaggio in Germania*, Einleitung zu *Raccolta d'antiche statue...*, II, Rom 1769, wiedergegeben in: J. J. WINCKELMANN, *Lettere italiane*, Mailand 1961, S. 407.

110. F. VIVIAN, *Il console Smith mercante e collezionista*, Venedig 1971, S. 89 ff., insbes. S. 90.

111. A BUSIRI VICI, *I Poniatowski a Roma*, Florenz 1972, S. 313. Für eine Einführung in die Problematik der Nachahmung und Fälschung von gravierten Gemmen in der Epoche des Neoklassizismus siehe: H. WENTZEL, *Glittica*, in: *Enciclopedia Universale dell'Arte*, VI, Rom 1958, S. 297; oder – als exemplarische Analyse eines Falles – R. BIANCHI BANDINELLI, *Pseudo-Alessandro, pseudo-Pyrgotèles*, in: *Archeologia e cultura...*, op. cit., S. 249–63. Deutlicher als gemeinhin üblich wird das Thema innerhalb der sehr differenzierten und schwierigen Ordnung der Kopien und Abdrucke angesiedelt; vgl. C. GASPARRI, *Gemme antiche in età neoclassica, Egmagmata, Gazofiliaci, Dactyliothecae*, in: ›Prospettiva‹, 1977, Nr. 8, S. 25–35 (S. 30 ff. über die Sammlung Poniatowski).

112. KURZ, *Falsi e falsari...*, op. cit., S. 254 f. (mit weiteren Hinweisen).

113. DACOS, *Le logge...*, op. cit., S. 9 f.

114. E. PAIS, *La Sardegna prima del dominio romano*, in: ›Atti della R. Accademia dei Lincei, classe di scienze morali, storiche e filologiche‹, 3. Serie, VII, 1881, S. 259–378 (bes. 366 ff.); KURZ, op. cit., S. 338 ff.

115. R. LONGHI, *Momenti della pittura bolognese*, in: ›L'Archiginnasio‹, XXX, 1935, Nr. 1–3, wiederveröffentlicht in: *Lavori in Valpadana*, Florenz 1973, S. 190.

116. G. PREVITALI, *La fortuna dei primitivi*, Turin 1964, S. 43 ff. und S. 53 ff.

117. KURZ, *Falsi e falsari...*, op. cit., S. 31 ff.; PREVITALI, *La fortuna...*, op. cit., S. 156 ff. und S. XII (synopt. Aufstellung).

118. U. RUGGERI in: (Versch. Autoren), *L'Accademia dei Concordi di Rovigo*, Vicenza 1972, S. 40 f. (mit der Zuschreibung an N. Rondinelli).

119. MOMIGLIANO, *Contributo...*, op. cit., S. 89; G. GIARRIZZO, *Edward Gibbon e la cultura europea del Settecento*, Neapel 1954, S. 59 f.

120. G. B. CAVALCASELLE, *Sulla conservazione dei monumenti...*, op. cit., S. 16. Im übrigen wird auch in diesem Zusammenhang an die besten Momente unserer historisch-künstlerischen Tradition erinnert: In der leopoldinischen Neuordnung der Galerie von Florenz, die von Bencivenni Pelli gemeinsam mit Lanzi durchgeführt wurde, behielt man im Gabinetto delle Monete ganz bewußt auch die zweifelhaften oder unreinen Stücke.

121. Um die ganze Angelegenheit kurz zusammenzufassen, halte ich mich an: G. N. D'AZARA, *Memorie concernenti la vita e le opere di Antonio Raffaello Mengs*, in: *Opere di A. R. Mengs*, I, Bassano 1783, S. LXXXXIV; für eine ausführlichere Darstellung siehe: G. CONSOLI FIEGO, *False*

pitture di Ercolano, in: ›Napoli Nobilissima‹, N. F., II, 1921, Nr. 6, S. 84–88; dazu das – anonyme – Stichwort in: THIEME-BECKER, XV, 1922, S. 239 f. sowie die folgende Anmerkung. Soweit es den Hintergrund der neuen Ausgrabungen in Kampanien anlangt, so beschränke ich mich damit, auf F. BOLOGNA hinzuweisen: *Le scoperte di Ercolano e Pompei nella cultura artistica del XVIII secolo,* in: ›La parola del passato‹, 1979, Nr. 188–189, S. 377–404.

122. M. CAGIANO DE AZEVEDO, *Falsi settecenteschi di pitture antiche,* in: ›Bollettino dell'Istituto Centrale del Restauro‹, I, 1950, Nr. 1, S. 41 ff. Zur Frage der Wachsmalerei vgl. nunmehr: M. SIMONETTI u. M. SARTI, *Considerazioni sulle tecniche della pittura. L'uso della cera negli artisti parmensi del '700,* Parma 1979, insbes. S. 19 f.

123. J.-J. BARTHÉLMY, *Voyage en Italie* (1801), 2. Auflage, Paris 1802, S. 94.

124. Vgl. zu Casanova neben dem direkten Zeugnis in den Memoiren seines Bruders und dem Vorwort der Wiener Herausgeber zu: J. J. WINCKELMANN, *Storia delle arti del disegno presso gli antichi,* herausgegeben von C. FEA, I, Rom 1783, S. LIII (der Text Winckelmanns findet sich in: *Sämtliche Werke,* Donaueschingen 1825–35 [fotomechanischer Nachdruck, Osnabrück 1965], Bd. 7, S. 1–265 als: *Vorläufige Abhandlungen zu den Denkmalen der Kunst des Altertums,* A. d. Ü.), C. H. HEILMANN, *Casanova, Giovanni Battista,* in: *Dizionario biografico degli italiani,* XXI, Rom 1978, S. 167–70.

125. Die Aufmerksamkeit für diese Episode in neuerer Zeit geht auf die Identifizierung des *Zeus und Ganymed* durch A. M. MORGHEN TRONTI zurück: *Un falso antico opera di Raffaelo Mengs,* in: ›Commentari‹, I, 1950, Nr. 2, S. 109 ff.; es folgte die Entdeckung von G. B. FURIOZZI, *Una relazione inedita di Giovanni Winckelmann,* in: ›Paragone‹, XXI, 1970, S. 243, S. 67–78. Später wurde die gesamte Frage von T. PELZEL behandelt: *Winckelmann, Mengs, and Casanova: A Reappraisal of a Famous Eighteenth-Century Forgery,* in: ›The Art Bulletin‹, LIV, 1972, Nr. 3, S. 301–15, der das Fresko Casanova zuschreibt (diese Meinung wird von Heilmann, a. a. O., geteilt); für Mengs spricht sich aus: S. ROETTGEN, *Storia di un falso: il Ganimede di Mengs,* in: ›Arte illustrata‹, VI, 1973, Nr. 54, S. 256–70 (mit einem Anhang zu Zeugnissen und Debatten zum Thema).

126. D'AZARA, op. cit., S. LXXXVI.

127. Zit. bei ROETTGEN, op. cit., S. 268, Anm. 14.

128. Ebd., S. 269, Anm. 21.

129. WINCKELMANN, *Lettere italiane ...,* op. cit., S. 324 f. (deutsch: *Sämtliche Werke,* Bd. 10, 11 u. 12, op. cit., nach Index).

130. CAVACEPPI, *Viaggio ...,* op. cit., S. 408.

131. P. GUARIENTI, *Premessa al lettore,* in: P. A. Orlandi, *Abecedario pittorico,* Venedig 1743, S. 3.

132. Nach BARTHÉLMY, *Voyage en Italie,* op. cit., S. 104.

133. C. ALBIZZATI, *La »Musa« di Cortona,* in: ›La Critica d'arte‹, II, 1937, Nr. 7, S. 22 ff. (mit einer Anmerkung von R. Bianchi Bandinelli); das wird bestritten von: E. ALETTI, *La Polimnia di Cortona,* in: ›Annuario dell'Accademia Etrusca di Cortona‹, II, 1953, S. 49–62. Die Einordnung als Objekt des 18. Jahrhunderts ist kürzlich noch präzisiert worden durch den Hinweis auf einen in Rom tätigen und in den Dingen der Klassik äußerst erfahrenen Maler, den Luccheser Giovan Domenico Campiglia: vgl. I. FALDI, *Gli inizi del neo-classicismo in pittura nella prima metà del Settecento,* in: *Nuove idee e nuova arte nel '700 italiano* (Kongreß in der Accademia Nazionale dei Lincei, Rom, 19–23. Mai 1975), Rom 1977, S. 504–07. Zu Campiglia siehe das Stichwort von S. PROSPERI VALENTI in: *Dizionario biografico degli italiani,* XVII, Rom 1974, S. 539 ff. Außerdem sei hingewiesen auf: M. CAGIANO DE AZEVEDO, *La »Polimnia« di Cortona e Marcello Venuti,* in: ›Storia dell'arte‹, 1980, Nr. 38–40 *(Studi in onore di Cesare Brandi),* S. 389 ff.

134. C. RIDOLFI, *Lettera al professor Petrini contenente l'esame chimico di un antico dipinto all'encausto,* in: ›Antologia‹, VII, 20. August 1822, S. 297–302 (anastatischer Neudruck des künstlerischen Teils der ›Antologia‹, Florenz 1975, S. 523–28); E. LEVI, *L'articolo sull' »Incausto« di Ugo Foscolo,* in: ›La Bibliofilia‹, XV, 1914, S. 68–90 (wo auch der Artikel von Foscolo übersetzt und neu veröffentlicht ist).
Auch im Zusammenhang von Fälschungen, die dazu dienen, bestimmte Aspekte antiker künstlerischer Technologien mit den für die neoklassische Epoche typischen Absichten der materiellen Wiederanknüpfung zu verbinden, würden die Mosaiken einen großen Bereich von spezifischem Interesse ausmachen. Siehe unter den neueren Einlassungen zum Thema: C. BÖRKER, *Zum Blumenkorb-Mosaik im Vatikan,* in: ›Archäologischer Anzeiger‹, 1978, Nr. 3, S. 442–48, der sich mit dem genannten Mosaik (Museo Gregoriano Profano) befaßt.

135. L. FRANZONI, *Bronzetti pseudo-antichi di officine venete,* in: ›Atti dell'Istituto veneto di scienze, lettere ed arti‹, CXXIV, 1965–66, S. 46.

136. J. A. CALVI, *Notizie della vita e delle opere del cavaliere Giovan Francesco Barbieri,* Bologna 1808, S. 41: »... wohl ist es wahr, daß sich fand und findet, der es verstand, sie [die Zeichnungen] nachzuahmen mit dem Ziel, die Liebhaber zu täuschen; dennoch wird sich der aufmerksame Kenner, der mit Bedacht die Grazie, den Stolz und die Ideen des Antlitz und die Schattierung der Originale beobachtet, nicht so leicht täuschen lassen durch die geschickte Imitation desjenigen, welcher sie nachzumachen trachtete«. Zu den gefälschten Zeichnungen Guercinos, die z. T. auch aus Drucken abgeleitet wurden, und zur Rekonstruktion der Person Carlo Gennaris siehe: D. MAHON, *Il Guercino, disegni,* Ausstellungskatalog, Bologna 1968, S. 16 f. und S. 182 ff.; außerdem: ders., *An Eighteenth-century Faker of Guercino's Drawings,* in: ›Apollo‹, CIX, April 1979, Nr. 206, S. 316. Die Skizze der Pinacoteca di Bologna mit dem Schriftzug »Paese del Guerzino« wird von G. GAETA BERTELÀ dem Carlo Gennari zugerechnet: *Artisti italiani dal XVI al XIX secolo. Mostra di 200 disegni dalla raccolta della Pinacoteca Nazionale di Bologna Gabinetto dei Disegni e delle Stampe,* Katalog, Bologna 1976, S. 42, Anm. 100.

137. M. HEIMBÜRGER RAVALLI, *Alessandro Algardi scultore,* Rom 1973, S. 25–30 und S. 53–62; zu *Herakles und Hydra* siehe auch: M. CAGIANO DE AZEVEDO, *Il gusto del restauro nelle opere d'arte antica,* Rom 1948, S. 30, und: S. HOWARD, *Pulling Herakles ...,* op. cit. Zum Gesamtkomplex der Restaurierung antiker Statuen im Seicento siehe: I. FALDI, *Il mito della classicità e il restauro delle sculture antiche,* in: *Barocco fra Italia e Polonia,* herausgegeben von J. SLASKY, Warschau 1977, S. 57–69.

138. O. BOSELLI, *Osservazioni della scoltura antica* (1657?), herausgegeben von P. DENT WEIL, Florenz 1978, ms. Corsini, folio 171 v, und S. 41–43 der Anmerkungen.

139. DE AZEVEDO, *Il gusto ...,* op. cit., S. 28 f.: »Er wollte nichts weiter, als gefällige ›Späße‹ schaffen.«

140. Unter den verschiedenen Beiträgen desjenigen Gelehrten, der sich mit diesem Thema am meisten befaßt hat, siehe: S. HOWARD, *The antiquarian market in Rome and the rise of neo-classicism: a basis for Canova's new classics,* in: ›Studies on Voltaire and the Eighteenth-Century‹, 1976, Nr. 153 (*Transactions of the Fourth International Congress on the Enlightenment,* III), S. 1057–68.

141. Ders., *Bartolomeo Cavaceppi and the Origins of neo-classic sculpture,* in: ›The Art Quarterly‹, XXXXIII, 1970, Nr. 2, S. 120–33.

142. J. J. WINCKELMANN, *Sämtliche Werke,* op. cit., Bd. 2, S. 39.

143. Zu der ganzen Angelegenheit und Canovas Rolle siehe die äußerst informative Studie: M. PAVAN, *Antonio Canova e la discussione sugli »Elgin Marbles«,* in: ›Rivista dell'Istituto Nazionale di Archeologia e Storia dell'Arte‹, XXI–XXII, 1974–75, S. 219–344 (die ersten Seiten befassen sich auch mit der römischen Restaurierungspraxis aus dem späten 18. Jahrhundert). Die Ansicht Canovas aus dem dort angegebenen Zitat (S. 225 f.) des *Memorandum* von LORD ELGIN.

144. F. MILIZIA, *Dell'arte di vedere nelle*

belle arti secondo i principi di Sulzer e Mengs (1781), in: *Opere Complete,* I, Bologna 1826, S. 184.

145. Vgl. zu diesem Gebiet im 19. Jahrhundert und, was die Möglichkeiten der Fälschungen anlangt, zumindest: BIANCHI BANDINELLI, *Archeologia e cultura...*, op. cit., S. 126 f.

146. F. LECHI, *I quadri delle collezioni Lechi in Brescia,* Florenz 1967, S. 108 f. Der Brief ist von Pietro Guizzardi, dem Bruder Giuseppes, an Teodoro Lechi gerichtet. Die Zeugnisse von Secco Suardo »über den Nestor der italienischen Restauratoren« sind ebd., S. 110, aufgeführt.

147. J. BURCKHARDT, *Über die Echtheit alter Bilder* (Vortrag vom 21. 2. 1882), in: *Vorträge,* Bd. 14 der Gesamtausgabe, Stuttgart, Berlin, Leipzig 1928–34, S. 260 f.

148. »Das große königliche und öffentliche Museum mit einer repräsentativen Auswahl von Kunstwerken und der bürgerliche Salon mit seinen Bildern und Nippesfiguren sind also zwei Pole, zwischen denen der Geschmack des einzelnen sich bewegen kann, um seine ästhetische Sensibilität zu üben und zu verfeinern. Im einen wie im anderen Fall sind die Statue und das antike Bild aus ihrem ursprünglichen Zusammenhang gerissen, der Bedeutungskoordinaten um sie zog, und werden dem Besucher nur wegen ihres ästhetischen Wertes wieder dargeboten« (SALVATORE SETTIS, *Giorgiones ›Gewitter‹. Auftraggeber und verborgenes Sujet eines Bildes in der Renaissance,* Berlin 1983, S. 10). Zur Verbindung zwischen Museum und Industriekultur in Italien (die vom Beobachtungspunkt der Kunstfälschung aus auch ein beachtliches Risiko an Einebnung und unangemessener Homogenität enthält) vgl.: A. BUZZONI, *Musei dell'Ottocento,* in: Verschiedene Autoren, *I musei* (›Capire l'Italia‹, Nr. 4), Mailand 1980, S. 155–96.

149. »Wer *Künstler* ist im ganzen hohen Sinn des Wortes verachtet es, die Trampelpfade anderer zu beschreiten, und er folgt mit aller Macht einem unwiderstehlichen Verlangen, das eigene Empfinden zufriedenzustellen; und die von ihm geschaffenen Werke sind die freimütigste und ursprünglichste individuelle Äußerung – mag er es auch schlecht machen, das ändert gar nichts, es wird ursprünglich auch in seinen Fehlern sein. Besser ein häßliches Original als eine schöne Kopie – ein vulgäres, aber sehr beredtes Sprichwort« (*Tito,* in: *Giornale artistico,* II, 21. Juli 1874, Nr. 5, S. 40; vgl. die anastatische Neuauflage herausgegeben von F. TEMPESTI, Florenz 1976).

150. T. VEBLEN, *Theorie der feinen Leute,* München 1981, S. 123 ff., wo er über die Handarbeit spricht.

151. C. A. LEVI, *Le collezioni veneziane d'arte antica e d'antichità dal secolo XIV ai nostri giorni;* Venedig 1900, S. CXLVI.

152. *Archivi del futurismo,* herausgegeben von M. DRUDI GAMBILLO u. T. FIORI, Rom 1958, I, S. 19 (Manifest *Contro Venezia passista,* 27. April 1910), S. 22 *(Discorso futurista ai Veneziani).*

153. *Le collezioni veneziane...*, op. cit., S. CXXIII.

154. Ebd., S. CXIX–CXX; über Meneghetti vgl. auch: PREVITALI, *La fortuna dei primitivi...*, op. cit., S. 162.

155. LEVI, *Le collezioni veneziane...*, op. cit., S. CXXIX.

156. Über Venedig in der Historienmalerei: E. HÜTTINGER, *Immagini e interpretazioni della Venezia dell' 800,* in: ›Paragone‹, XXIII, 1972, Nr. 271, S. 34 ff.; *Romanticismo storico,* Ausstellungskatalog, Florenz 1974, S. 361 ff.

157. PREVITALI, *La fortuna dei primitivi...*, op. cit., S. 242.

158. Z. B. BURCKHARDT, *Über die Echtheit alter Bilder,* op. cit., und: R. DE LA SIZERANNE, *Qu'èst-ce qu'un »faux«,* in: ›Revue des Deux-Mondes‹, 15. Juni 1930, Nr. 57, S. 865–79.

159. Über die Involution und den sozialen Sinn der »antiquaria« siehe: R. BIANCHI BANDINELLI, *Introduzione all'archeologia,* Rom, Bari 1976, S. 7.

160. G. SECCO SUARDO, *Il restauratore dei dipinti,* 3. Auflage, Mailand 1918, S. 49 (aus dem ersten Teil des Buches, der bereits 1866 veröffentlicht wurde).

161. B. BERENSON, *Estetica, etica e storia nelle arti della rappresentazione visiva,* Florenz 1948, S. 341. Allgemeiner: G. ROSSO DEL BRENNA, *Cavenaghi, Luigi,* in: *Dizionario biografico degli italiani,* XXIII, Rom 1979, S. 81 f.

162. KURZ, *Falsi e falsari...*, op. cit., S. 42 u. Abb. 15; R. LONGHI, *Officina ferrarese* (1934), Florenz 1956, S. 15 (»Wer hier manipuliert hat [...], dem ist seine Absicht, den Stil des Jacopo nachzuahmen, ganz und gar nicht gelungen, ja, [...] er ist vom Wege abgekommen«).

163. I. F. JONI, *Le memorie di un pittore di quadri antichi,* Sancasciano Val di Pesa [1932], S. 260.

164. Zu den Bildern der Accademia San Luca vgl.: I. FALDI, *La Galleria: Dipinti di figura dal Rinascimento al Neoclassicismo,* in: Versch. Autoren, *Accademia nazionale di San Luca,* Rom 1974, S. 81 u. Abb. 1–3. Die *Mystische Vermählung der Hl. Katharina* erscheint auch unter den Werken von Matteo di Giovanni bei B. BERENSON, *Italian Pictures of the Renaissance, Central Italian and North Italian Schools,* London 1968, S. 260. Andere Bilder, die sich im Besitz Lazzaroni befanden und die bisweilen einen seltsamen Eindruck hinterlassen, werden in den Bänden von VAN MARLE wiedergegeben (vor allem: XVI, S. 435: die höchst unwahrscheinliche, antik gekleidete und girlandengeschmückte Dame), aber auch in der *Geschichte...* von VENTURI (wo eine *Sibylle* hervorsticht, IX, 2, S. 421, die dem Correggio zugeschrieben wird, welche dem Restaurator eine Reise zu Dokumentationszwecken nach Dresden hätte einbringen sollen: vgl. Anm. 166). Für andere Gemälde aus dem Besitz Lazzaroni vgl.: F. HEINEMANN, *Giovanni Bellini e i Belliniani,* Venedig 1962, S. 8 u. S. 203 (siehe zudem den Index).

165. Um ein Beispiel zu geben: Man kann die Signaturen anzweifeln, die den *Hl. Hieronymus* und – mit noch größerer Inkongruenz – die *Grablegung* als authentische Leombruno ausgeben (heute beide in römischem Privatbesitz). Im vergangenen Jahrhundert gingen sie gemeinsam mit einem weiteren von dem Künstler aus Mantua (und seinem kulturellen Umfeld) signierten Bild durch die Werkstatt des Restaurators Belluti. Die Sache erweckte bereits bei D'Arco Verdacht; nicht bei C. PERINA, in: *Mantova. Le arti,* II, Mantua 1961, S. 394 f. und Abb. 330 und 331. Ein Briefwechsel zwischen dem Restaurator Fumagalli und niemand geringerem als dem Grafen Giovanni Secco Suardo über einen Schriftzug, der einem Gemälde zugefügt werden sollte, wird von A. CONTI bekanntgemacht: *Una miniatura ed altre considerazioni sul Pisanello,* in: ›Itinerari. Contributi alla storia dell'arte in memoria di Maria Luisa Ferrari‹, I, 1979, S. 74.

166. JONI, *Le memorie...*, op. cit., S. 261.

167. A. a. O., S. 218.

168. P. EUDEL, *Le truquage,* Paris 1884, S. 320.

169. J. POPE-HENNESSY, *The Forging of Italian Renaissance Sculpture,* in: ›Apollo‹, XCIX, April 1974, S. 242–67, stellt das Thema in einem weiten Rahmen vor.

170. Zit. bei P. BAROCCHI, *Testimonianze e polemiche figurative in Italia. L'Ottocento dal Belle ideale al Preraffaellismo,* Messina, Florenz 1972, S. 162.

171. Es wurde unter der Aufsicht von Bartolini durchgeführt (M. TINTI, *Lorenzo Bartolini,* Rom 1936, II, S. 64 f.).

172. J. LÁNYI, *Problemi della critica donatelliana,* in: ›La critica d'arte‹, IV, 1939, Nr. 19, S. 9–23.

173. U. MIDDELDORF, *Sculpture from the Samuel H. Kress Collection. European Schools XIV–XIX century,* London 1976, S. 81. Die Gruppe wird mit Vorbehalt einem Künstler aus Florenz Mitte des 19. Jahrhunderts zugeschrieben. Ich frage mich dagegen, ob eine bessere Kenntnis der letzten Phase von Giovan Battista Ballanti Graziani und des Purismus im Faentiner Ambiente nicht die Ursprünge dieser *Madonna* klären könnte.

174. O. KURZ, *Bastianini, Giovanni,* in: *Dizionario biografico degli italiani,* VII, Rom 1965, S. 169 f.; B. SANI, *Le vrai e le faux dans l'œuvre de Bastianini,* in: ›Revue de l'art‹, 1973, Nr. 21, S. 102–7; POPE-HENNESSY, *The Forging...*, op. cit., S. 250 f. und S. 258 f. Diese Arbeiten erlauben auch einen Überblick über die ausgedehnte Literatur zu Bastianini.

175. P. Villari, *Esposizione Universale del 1867. La pittura moderna in Italia ed in Francia,* Florenz 1869, S. 46.
176. Pope-Hennessy, *The Forging...,* op. cit., S. 245.
177. A. Peroni, *Su alcuni falsi della scultura bresciana del Rinascimento,* in: ›Arte Lombarda‹, X, 1965, Nr. 1, S. 111–18.
178. R. Erculei, *Catalogo delle opere antiche d'intaglio e intarsio in legno esposte nel 1885 a Roma,* Rom 1885, S. 127.
179. Siehe die hervorragend auf den neuesten Stand gebrachte Zusammenstellung von Pope-Hennessy, *Luca della Robbia,* Oxford 1980, S. 265 f. Während Lányi auf einer Konferenz von 1940, wo er behauptete, es handle sich um eine Fälschung, den unzweideutigen Ursprung dieses Produktes im 19. Jahrhundert anerkannte, das übrigens auch noch jüngst als Arbeit Luca della Robbias angesehen wurde, zieht Pope-Hennessy die Funktion als Spiegelrahmen in Zweifel und neigt zu einer Datierung zwischen Ende des Seicento und Anfang des Settecento.
180. G. Conti, *Mostra della maiolica toscana. Le riproduzioni ottocentesche,* Monte San Savino 1974, keine Seitenzahlen.
181. A. Marquand, *Andrea della Robbia,* London 1922, I, S. 12; Bellosi, *Il museo dello Spedale...,* op. cit., Abb. XV–XVII.
182. Pope-Hennessy, *The Forging...,* op. cit., S. 243 f.; C. L. Ragghianti, *Scultura a Budapest,* in: ›Critica d'arte‹, XXII, 1976, Nr. 147, S. 67–71.
183. G. Dupré, *Pensieri sull'arte e ricordi autobiografici* (1879), Bari 1962, S. 81 f. Von Bedeutung ist jedoch, daß bei der Erinnerung daran eine moralistische Haltung überwiegt: »[...] eine Arbeit, die die Antike nachahmt (und bis hierher gibt es nichts Übles) und sie als antik unter die Leute bringt; und hier liegt der Fehler«; »damals lachte ich darüber und hatte meinen Spaß daran, aber heute tut es mir leid«. Die Erzählung läßt noch einmal die Vorbereitungsphase für das Material des Stücks Revue passieren (»das war ein richtiger Trick«) und mündet schließlich in den üblichen Topos des unerwarteten Bekenntnisses des wahren Autors (»Verzeihen Sie, Gräfin, aber diese Arbeit stammt von mir«).
184. Zu den von Originalen abgeleiteten Bronzestatuetten siehe zwei Beiträge eines Gelehrten, der für das Problem der Fälschung besonders sensibel ist: F. Negri Arnoldi, *Un marmo antico di Desiderio all'origine di un falso Antonio Rossellino,* in: ›Paragone‹, XVIII, 1967, Nr. 209, S. 23–26, und: *Da Algardi a Bernini: La copia di un busto di Puget,* in: ›Commentari‹, XXIII, 1972, Nr. 3, S. 288 f.
185. An dieser Stelle sei der Hinweis auf *Gli Alinari fotografi a Firenze. 1852–1920,* Ausstellungskatalog, Florenz 1977, gestattet.
186. Vgl. O. Kurz, *Forgeries of marginal Drawings in the style of Leonardo da Vinci,* in: ›Raccolta vinciana‹, XVIII, 1960, S. 27–44 (bes. S. 31), anastatischer Neudruck in: ders., *The Decorative Arts of Europe and the Islamic East. Selected Studies,* London 1977. Die Zufügung im 19. Jahrhundert von Zeichnungen im Stile Leonardos zu einem authentischen Manuskript der mathematischen Arbeiten von Giovanni Marliani stellt ein sehr explizites und konkretes Zeugnis für die philologische Vorstellung dar, die man zu dieser Zeit von Leonardo hatte.
187. Zur Fälschung von Portraits aus der Renaissance siehe: O. Kurz, *Falsi e falsari...,* op. cit., S. 39 ff., was z. B. durch Joni, *Le memorie...,* op. cit., S. 151 und S. 156 gestützt werden könnte. Das immer wiederkehrende Thema des Frauenportraits – wofür Veblen gerne tieferliegende Begründungen geben möchte – fand eine historisch-literarische Parallele in Forschungen wie in jener bereits verspäteten: P. Misciatelli, *La donna senese nel Rinascimento,* in: *Studi Senesi,* Siena 1931, S. 5–86, die fatalerweise durch das falsche *Portrait einer Edelfrau* eröffnet wird. In diesem thematischen Zusammenhang beschränke ich mich darauf, an zwei bezeichnende Zeugnisse in der Literatur über die Fälschung zu erinnern (beide benutzen die Bände von Van Marle): R. Longhi, *Piero della Francesca,* 3. Auflage, Florenz 1963, S. VII–VIII; F. Zeri, *Il falsario in calcinaccio,* in: *Diari di Lavoro (Quaderni di Emblema I),* Bergamo 1971, S. 91, Anm. 3.
188. Lányi, *Problemi...,* op. cit., S. 9.
189. Zeri, *Il falsario...,* op. cit., S. 81–91. Die Zitate beziehen sich der Reihe nach auf die Seiten 83, 87, 88; auf den Seiten 86, 89, 90 wird an die Beziehungen zwischen Photographie und modernem Portrait erinnert. Es handelt sich um einen selbstgenügsamen Fälscher, den Erfinder eines kompakten thematischen und stilistischen Repertoires, allerdings ohne Anspielung auf genau bekannte Umstände. Die Priorität, die in seiner Rekonstruktion C. L. Ragghianti, *Ricerche e attribuzioni* für sich beansprucht, in: ›Critica d'arte‹, XXIII, 1977, Nr. 151–53, S. 23, verdient eine Verifikation, ebd., X, 1963, Nr. 59–60, S. 61.
190. Zwei Kopien, die nicht mehr nach Originalen der Galerien, sondern aufgrund von malerischen Erweiterungen, die sich nur in der Photographie isolieren ließen, oder zumindest nach deren Verbreitung gefertigt wurden, werden wiedergegeben bei C. Buttafava, *Visioni di città nelle opere d'arte,* Mailand 1963, Abb. 17 (der *Heimsuchung* von Taddeo Gaddi in der Cappella Baroncelli), und bei: C. L. Ragghianti, *Brunelleschi, un uomo un universo,* Florenz 1977, S. 376, Abb. 497 (von der Predella des Altars der Linaioli von Fra Angelico).
191. H. Tietze, *Genuine and False,* London 1948, S. 38 f. Zum Vorbild von Lippo Vanni, F. Santi, *Galleria Nazionale dell' Umbria. Dipinti, sculture e oggetti di età romanica e gotica,* Rom 1969, S. 97 ff. nimmt als erste ein Bild von Alinari zur Kenntnis: Im Katalog der Firma von 1887 kommt es noch nicht vor, aber es erscheint bereits im Katalog von 1898.
192. Die *Madonna mit Kind,* die als Vorlage diente, tauchte bei der Auktion Ventura in Florenz auf und wurde dann als Reproduktion wiedergegeben von: M. Salmi, *Per la storia della pittura a Pistoia e Pisa,* in: ›Rivista d'arte‹, XIII, 1931, S. 475 f. Auch für das Tafelbild des Museums Bardini, wenn es innerhalb der ganzen Serie der Kopien betrachtet wird (die zumindest in dieser Art und Weise für das Trecento unmöglich ist), wird die Möglichkeit hinfällig, hier nur einen unglücklichen Fall von Beschädigungen und Restaurierungen zu sehen: Aber gerade dies ist die Ansicht, auf die sich (so teilt mir Frau Dr. Scalia von der Leitung der Kommunalen Museen Florenz mit) bei einer ersten Überprüfung einige kompetente Restauratoren geeinigt haben. Wohl stimmt es, daß der Rahmen der Schreinerarbeit des Simone dei Crocifissi entspricht, aber eben die zum Vorbild genutzte *Madonna* mit seiner Signatur hätte ganz präzis die Richtung für das moderne Kunsthandwerk abgeben können. Die sorgfältig gemalten Heiligenscheine des florentinischen Tafelbildes entsprechen nicht dem reichen Repertoire bildnerischer Zeugnisse des Malers aus Bologna; und in ihnen kann man keinen der ihm eigenen Punzen erkennen.
193. A. Chastel, *A propos d'un faux »primitif«: les Liens de la Figure e du Décor,* in: *Kunsthistorische Forschungen Otto Pächt,* Salzburg 1972, S. 199–204; nunmehr in: ders., *Fables...,* op. cit., 1978, II, S. 51–58.
194. E. Wind, *Kunst und Anarchie* (1963), Frankfurt/M. 1979, S. 77.
195. R. Longhi, *Conclusioni su una tegola,* in: ›Paragone‹, V, 1954, Nr. 55, S. 56.
196. C. Ricci, *Il Tempio Malatestiano,* Rom 1924, S. 407, Anm. 52.
197. Über die Tätigkeit des Urbani de Gheltof liegt ein ausführlicher Bericht vor von: G. B. Cervellini, *Per una revisione quasi necessaria,* in: ›Annuario del R. Istituto tecnico Riccati di Treviso‹, 1934–35 u. 1935–36, S. 87–98, mit einer Bibliographie seiner Schriften. Vgl. auch O. Kurz, *Falsi e falsari...,* op. cit., S. 117 f.
198. J. P. Richter, *Altichiero,* Leipzig 1935, der sofort widerlegt wurde von G. B. Cervellini, *La cronaca su Altichiero recentemente pubblicata è falsa,* in: ›Atti del R. Istituto veneto di scienze, lettere ed arti‹, XCV, 1935–36, S. 47–60; siehe zu diesem Fall auch: R. Longhi, *Il carteggio Morelli-Richter,* in: ›Paragone‹, XII, 1961, Nr. 137, S. 53 f.

199. O. Mazzei, *Alfonso Rubbiani, la maschera e il volto della città. Bologna 1879–1913,* Bologna 1979. Dieses Buch enthält eine Reihe nützlichen Materials und ist hilfreich für eine bibliographische Synthese (vielleicht mit einigen Lücken); eine kritische und systematische Bilanz zu Rubbiani steht aber noch aus.
200. Loses Blatt aus dem Jahr 1876, neugedruckt in: A. Rubbiani, *Scritti vari, editi e inediti,* Bologna 1925, S. 1–3.
201. Ders., *Primitiva dipintura murale nella chiesa di San Francesco in Bologna,* Bologna 1895, S. 11 f.
202. Ders., *Di Bologna riabbellita,* Bologna 1913, S. 9.
203. Ebd., S. 29 f.
204. A. Rubbiani, *La facciata dello Spirito Santo in Val d'Aposa,* Bologna 1894, S. 11.
205. A. Barbacci, *Rubbiani restauratore di monumenti,* in: ›Strenna storica bolognese‹, XIII, 1963, S. 38.
206. C. Boito, *I principi del disegno e gli stili dell'ornamento* (1882), herausgegeben von A. Melani, Mailand 1917, S. 122.
207. Eudel, *Le truquage...,* op. cit., S. 167 f. Der Hinweis auf die russischen und englischen Reisenden wurde in den nachfolgenden Ausgaben gestrichen. Die Szene hat ihre Vorläufer bei den Reisenden des 18. Jahrhunderts. Man sehe z. B. gerade zu Pozzuoli die Erinnerungen von: C. de Brosses, *Viaggio in Italia. Lettere familiari,* Bari 1973, S. 267 (die Reise geht auf das Jahr 1739–40 zurück).
208. P. Bourget, *La dame qui a perdu son peintre* (Erstveröffentlichung in einer Zeitschrift im Jahre 1907), Paris 1910, S. 131 ff. In Wirklichkeit werden in der Novelle vor allem die Entwicklungen der analytischen Methode Morellis lächerlich gemacht (aber nicht einmal der Schatten des verstorbenen Senators wird verborgen gehalten: S. 23 und S. 83). Das gefälschte Gemälde dient paradoxerweise als Scharnier zur Rekonstruktion eines anonymen »Amico di Solario«, die der unternehmungslustige Kenner Gourmansel auf brillante Weise durchgeführt hat; mit seiner lückenhaften Schrift erlaubt er sogar, den Schleier des Anonymen in der Person von Cristoforo Saronio zu lüften. Der antiwissenschaftliche ästhetische Sensibilismus, der also der neuen Kunstgeschichte gegenübergestellt wird, müßte der Erzählung eigentlich mehr als nur eine beiläufige Erwähnung eintragen. Mimita Lamberti hat mich auf diese Spur gebracht, als sie mich auf die umfängliche und bemerkenswerte Rezension von L. Venturi in: ›Roma‹ (Rassegna illustrata dell'Esposizione del 1911), II, 1911, Nr. 4, S. 7 f., aufmerksam machte.
209. Secco Suardo, *Il restauratore...,* op. cit., S. 49. Das Stereotyp des ungebildeten und leichtgläubigen Ausländers, der zwangsläufig Opfer italienischer Cleverness wird, erreicht vielleicht seinen Gipfelpunkt in der Zeit nach dem Zweiten Weltkrieg in jener römischen Werkstatt in der Via del Babuino, an die Pietro Consagra erinnert (*Vita mia,* Mailand 1980, S. 41 f.). Für die amerikanischen Soldaten wurden einfache fotomechanische Nachdrucke aufgearbeitet und gealtert.
210. F. Barellini, *Un'ultima parola sull' editto Pacca,* Rom 1901, S. 61–63.
211. C. Colnabrini, *Per la libertà delle Belle Arti in Italia,* Bologna 1897, S. 66.
212. Burckhardt, *Über die Echtheit...,* op. cit., S. 270.
213. A. Marquand, *Della Robbias in America,* Princeton 1912, ohne Seitenzahlen.
214. O. Kurz, *Falsi e...,* op. cit., S. 174.
215. Joni, *Le memorie...,* op. cit., übersetzt ins Englische unter dem Titel *Affairs of a Painter,* London 1936.
216. Ich habe hier das fulminante Bild von R. Longhi übernommen: *Ricordo di Angelo Cecconi,* in: ›Paragone‹, II, 1951, Nr. 15, S. 64.
217. Zu den Beziehungen zwischen Joni und Berenson siehe S. Sprigge, *La vita di Berenson* (1960), Mailand, Neapel 1963, S. 214 ff.; B. Berenson, *Tramonto e crepuscolo. Ultimi diari 1947–1958* (1963), Mailand 1966, S. 296; N. Mariano, Geleitwort zu: F. Russoli, *La raccolta Berenson,* Mailand 1962. Hinsichtlich Berenson verdient einen Hinweis: S. Pantazzi, *The Donna Laura Minghetti Leonardo. An international Mystification,* in: ›English Miscellany‹, XVI, 1965, S. 321–48.
218. Außer man sei der Ansicht, er habe sich in den vielen Illustrationen, die seine *Memorie* begleiten, absichtlich nicht als solcher zu erkennen geben wollen. Zu Joni als Fälscher siehe: H. W. Van Os, *Op het spoor dan een vervalser,* in: ›Spiegel Historiael‹, VI, 1971, S. 81–87; M. Frinta, *The Quest of a Restorer's Shop of Beguiling Invention: Restoration and Forgeries in Italian Painting,* in: ›The Art Bulletin‹, LX, 1978, Nr. 1, S. 7–23; P. Cellini, ›*Ne sutor ultra crepidam*‹, in: ›Paragone‹, VI, 1955, Nr. 65, S. 47; Zeri, *Il falsario...,* op. cit., S. 91 f.; G. Palumbo, *Collezione Federico Mason Perkins,* Assisi 1973, S. 8 (Mason Perkins ist die nicht ausdrücklich in den Memoiren erwähnte, aber reichlich mit Verachtung bedachte Person auf S. 235). Eine Kopie im Stile Neroccios mit Signatur und Datum von Joni wurde beim Verkauf Serristori, Florenz 1977 (Katalog S. 55, Nr. 60) ausgestellt.
219. Kurz, *Falsi e...,* op. cit., S. 38 f.; F. Arnau (i. e. Heinrich Schmitt), *Kunst der Fälscher, Fälscher der Kunst. 3000 Jahre Betrug mit Antiquitäten,* Düsseldorf 1959, Abb. 1 u. 2.
220. Joni, *Le memorie...,* op. cit., S. 54.
221. A. a. O., S. 135, und ähnlich: S. 108.
222. A. a. O., S. 134, 152, 227; weiter: A. B. Saarinen, *I grandi collezionisti americani* (1958), Turin 1977, S. 139. Ähnliche Umstände geben den Anstoß zu einem weiteren höchst interessanten erzählerischen Zeugnis über Probleme der Fälschung, die verschiedenen Stereotypen des Marktes für Antiquitäten und das kulturelle Bild von Florenz sowie die internationale Kunstszene zu Beginn des Jahrhunderts: der Roman eines florentinischen Malers mit großer Erfahrung im französischen und angelsächsischen Umfeld: R. Nobili, *A Modern Antique (A Florentine Story),* Edinburgh, London 1908. Seine Kenntnis verdanke ich Alessandro Conti.
223. W. Lusetti, *Alceo Dossena scultore,* Rom 1955; mit einem sehr wichtigen photographischen Anhang. Weitere Reproduktionen finden sich bei: R. Leccisi, *Nel XX. anniversario della morte di Alceo Dossena.* Rom 1957. Unter den zahlreichen Veröffentlichungen zu diesem Thema muß vor allem der Beitrag des erfahrensten Experten in dieser Frage (und überhaupt der gesamten materialen Kultur der Fälschung) berücksichtigt werden: P. Cellini, *Storia di una statua fittile,* in: ›Paragone‹, VII, 1956, Nr. 81, S. 54–58. Vgl. auch: Pope-Hennessy, *The Forging...,* op. cit., S. 255; ders., *Luca...,* op. cit., S. 273.
224. Ein Beispiel, das daran erinnert, wie sich in der Zwischenzeit die traditionellen klassizistischen Vorlieben im Laufe des vorigen Jahrhunderts ausgeweitet hatten: J. Nelson Carder, *The Louvre Good Shepherd Christ: a Forgery,* in ›Gesta‹, XVIII, 1979, Nr. 1, S. 121–26.
225. Kurz, *Falsi...,* op. cit., S. 167, 172 f., 227, 276; C. Montani, *Augusto Castellani orafo romano,* in: ›Capitolium‹, IV, 1928, Nr. 4, S. 209–22; C. Pietrangeli, *La collezione Castellani,* in: ›Bollettino dei musei comunali di Roma‹, IX, 1962, Nr. 1–4, S. 36 ff. (die beste Zusammenfassung); die Stichworte von G. Bordenache Battaglia, M. G. Gajo und G. Monsagrati zu den verschiedenen Familienmitgliedern in: *Dizionario biografico degli italiani,* XXI, Rom 1978, S. 590–605. Zum Thron von Boston siehe: Cellini, *»Ne sutor...,* op. cit., S. 44 ff.; M. Guarducci, *La cosidetta fibula prenestina. Antiquari, eruditi e falsari nella Roma dell'Ottocento* (›Atti dell'Accademia nazionale dei Lincei‹, Serie VIII, XXIV, 4), Rom 1980.
226. Stichwort *Falsificazione* in: *Enciclopedia Italiana,* XIV, Rom 1932, S. 256 f. Auf die weiteren Stellungnahmen von Carlo Albizzati zum Thema Fälschung wurde mit den Zitaten der Stichworte aus der *Enciclopedia dell'Arte Classica* und der *Enciclopedia Universale dell'Arte* verwiesen; zur Persönlichkeit des Kritikers und seinen wissenschaftlichen Neigungen siehe den Nachruf von A. Stenico, in: ›Bollettino d'arte‹, 1950, S. 314 f.; ders., Stichwort *Albizzati* in: *Dizionario biografico degli italiani,* II, Rom 1960, S. 17 f.; ders., *Un archeologo lombardo: Carlo Albizzati*

(1888–1950), in: ›Arte Lombarda‹, VIII, 1963, Nr. 1, S. 30–33.
227. C. ALBIZZATI, *Come si fabbrica una scoltura antica,* in: ›Primato artistico italiano‹, III, Nr. 12, S. 22.
228. A. a. O., S. 24.
229. C. ALBIZZATI, ταυτὶ τοιαυτὶ, in: ›Athenaeum‹, N. F. XX, 1942, S. 62–65.
230. Ders., *Varia de Centuripis,* a. a. O., N. F., XXVI, 1948, Nr. 3–4, S. 248 f. Auf diese Angelegenheit weist auch A. MOMIGLIANO hin: *Commemorazione del socio Plinio Fraccaro,* in: ›Rendiconti dell'Accademia dei Lincei, classe di scienze morali...‹, 8. Serie, XV, 1960, Nr. 7–12, später in: *Terzo contributo alla storia degli studi classici e del mondo antico,* Rom 1966, S. 834.
231. ALBIZZATI, *Come si fabbrica...,* op. cit., S. 24.
232. U OJETTI, *Donatello uguale Dossena?,* in: *Bello e Brutto,* Mailand 1930, S. 219.
233. Der Beginn der systematischen Betrachtung des Kunstdiebstahls geht zurück auf: A. EMILIANI, *Dal museo al territorio,* Bologna 1974, S. 235–56 sowie *Nozione di bene culturale, nozione di territorio e idea di cultura,* in: C. DE SETA (Hrsg.), *Quale storia dell'arte?,* Neapel 1977, S. 183. Zu diesem Fragenkomplex soll auch an die nicht grundlos alarmierten Stellungnahmen von R. LONGHI erinnert werden: *Per un prontuario delle ruberie d'arte in Italia,* in: ›Paragone‹, XVI, 1965, Nr. 183, S. 3–5 (es sei außerdem erinnert an: ›Bollettino per le opere d'arte rubate‹, welches vom Kommando der Carabinieri herausgegeben wird, ab 1972); ähnlich: B. TOSCANO, *Una tipologia del furto d'arte in Umbria (studio di un campione: ottobre '70 -estate '71),* in: ›Spoletium‹, XIII, 1971, Nr. 15, S. 3–10; G. ROMANO u. a., *Guida breve al patrimonio artistico delle province piemontesi,* Turin 1979 und folgende.
234. A. BACCILIERI u. J. BENTINI, *Il patrimonio culturale della provincia di Bologna, I: Gli edifici di culto delle Diocesi di Bologna e Imola,* Bologna 1973, S. 44–45, Tab. 1.
235. Für eine nicht-journalistische Betrachtung des Problems: A MARBOTTINI, *Falsificazioni e disconoscimenti nell'arte contemporanea,* in: *Dove va l'arte* (›Ulisse‹, XXVI, XII, 1973, Nr. 76), S. 156–69. Die Person De Chiricos findet unter dem nicht nebengeordneten Gesichtspunkt der Fälschbarkeit eine kritische Würdigung in den jüngst erschienenen Studien: R. BARILLI, *De Chirico e il recupero del museo,* in: *Ira presenza e assenza,* Mailand 1974, S. 268–303; sowie P. FOSSATI, *La pittura a programma. De Chirico metafisico,* Venedig, Padua 1973 (etwas widerborstig, aber doch anschaulich zur zentralen Frage des »Metiers«). Dem fälschbaren Maler kommt die Rolle dessen zu, der nicht auf einen modernen ästhetischen Kodex festzulegen ist, wenn er mit dem Kodex *(juris)* zur Hand betrachtet wird von: C. L. RAGGHIANTI, *Il caso De Chirico,* in: ›Critica d'arte‹, N. F., XLIV, 1979, Nr. 163–65, S. 3–54 (mit ausgezeichneten Illustrationen).
236. A. VOLLARD, *Quadri in vetrina,* Turin 1959, S. 206 (zuerst veröffentlicht in autorisierter Übersetzung des französischen Manuskripts unter dem Titel: A. VOLLARD, *Recollections of a picture dealer,* Boston, London 1936. A. d. Ü.).

BRUNO TOSCANO
Geschichte der Kunst und Formen des religiösen Lebens

1. Der Ausdruck ist von Jean Hubert.
2. (Wenn es so viele freiwillig oder unfreiwillig Erhängte, so viele Kindesräuber in der Literatur gibt, dann heißt das, daß sie auch in der Wirklichkeit oder in den Köpfen existierten), J. LECLERC in: ›Studi medievali‹, 1968, Nr. 3, S. 239 (es handelt sich um eine Rezension von B. De Graffier, *Études critiques d'agiographie et d'iconologie,* Brussel 1967). Der Rezensent unterstreicht angesichts der ungeheuren Materialfülle der gelehrten Untersuchungen die Notwendigkeit einer pychologischen und soziologischen Interpretation der hagiographischen Literatur. Vgl. auch J. LECLERC, *Modern psychology and the interpretation of medieval texts,* in: ›Speculum‹, XLVIII, 1973, S. 476 ff. Für das Erbe der darstellenden Hagiographie möchte man dieselbe Anregung geben, vor allem nach der Veröffentlichung der beiden Monumentalbände: G. KANTAL, *Iconography of the Saints in Tuscan Painting,* Florenz 1952; *Iconography of the Saints in Central and South Italian Schools of Painting,* Florenz 1965 (zu denen sich inzwischen ein dritter, Norditalien gewidmeter Band gesellt hat).
3. Vgl. zur Position von Thode und Burdach, A. CHASTEL, *Art et religion dans la Renaissance italienne. Essai sur la méthode,* in: ›Bibliotheque d'Umanisme et Renaissance‹, VII, 1945, insbesondere S. 19–25; vgl. auch Anm. 4.
4. Zum Einfluß der franziskanischen Ideen auf das intellektuelle Leben des 15. Jahrhunderts und das wechselhafte Glück des Armutsideals ist noch heute die Arbeit von H. BARON, *Franciscan poverty and civic wealth as factors in the rise of humanistic thought,* in: ›Speculum‹, XIII, 1938, lesenswert.
5. Bezeichnend ist, wie vorsichtig Meiss sich zu den Fraticellen äußert: »We can discern their influence upon painting, no less important because it is indirect and in a sense even negative« (Wir können ihren Einfluß auf die Malerei erkennen, der nicht deshalb geringer ist, weil er indirekt und, in einem gewissen Sinne, in negativen Termini ausgeübt wird). Vgl. M. MEISS, *Painting in Florence and Siena after the Black Death* (1951), New York 1973, S. 82. Besonders in den beiden letzten Jahrzehnten häufen sich die Versuche, die Aspekte der franziskanischen Bewegung, ihrer Persönlichkeiten und ihrer künstlerischen Tendenzen mit Hilfe interferierender Serien zu untersuchen. Vgl. dazu die nachfolgende Anmerkung.
Es lohnt sich, an ein Beispiel aus jüngster Zeit zu erinnern, das die Schwierigkeiten verdeutlicht, die sich aus einem Vorgehen ergeben, bei dem den Bildern die Ideale dieser oder jener religiösen Bewegung gegenübergestellt werden. Der Hypothese, den Hl. Franziskus als Alter-Christus darzustellen, wäre den Spiritualen teuer, den Konventualen dagegen *pericolosum et stultum* (gefährlich und hochmütig) gewesen, steht das gesicherte Faktum entgegen, daß ausgerechnet der Kustos des Sacro Convento in Assisi ein Siegel – und dabei handelt es sich um das älteste im Zusammenhang dieser Ikonographie bekannte Beispiel – verwendete, in dem Franziskus als zweiter Christus dargestellt wurde. Vgl.: H. W. VAN OS, *St. Francis of Assisi as a second Christ in early Italian painting,* in: ›Simiolus‹, 1975, Nr. 7, S. 11; siehe auch die Betrachtungen von S. Gieben zu dem Vortrag von E. PÁSZTOR, *L'immagine di Cristo negli Spirituali,* auf dem 3. Kongreß der Società internazionale di studi francescani, Assisi 1975 (*Chi erano gli spirituali,* Kongreßakten, Assisi 1976, S. 30 und S. 116–18).
6. Siehe hingegen als einen Versuch, diese Thematik in die Umwälzungen gegen Ende des 13. Jahrhunderts einzubeziehen: E. BATTISTI, *Cimabue,* Mailand 1963; dagegen die Position von C. VOLPE in einer Rezension der genannten Monographie (in: ›Paragone‹, 1964, Nr. 173, S. 70).
7. Der sogenannte »Meister der Hl. Klara«, d. h. einer der Maler, die in der Kreuzkapelle im Kloster der Augustinerinnen von Santa Chiara zu Montefalco tätig waren; dort fertigt er Fresken und Tafelbilder; auch in der Kirche S. Agostino an selbigem Ort war er tätig. Die Entwicklung eines Themas nach der Methode von Millard Meiss – Kunst, Religion, Gesellschaft – würde in diesem Fall durch das Dazwischentreten eines weltlichen Auftraggebers kompliziert, der ganz offenkundig in Beziehung zum Augustinerorden steht: der Franzose Jean d'Amiel, Kanzler des Herzogtums, zu Füßen des Kreuzes in der Kapelle von Santa Chiara abgebildet. Um stilistisch gesehen völlig unterschiedliche, wenngleich mit dem Meister der Beata Chiara gleichzeitige

Beispiele der umbrischen Malerei des Trecento vorzustellen, habe ich zwei bisher unveröffentlichte Beispiele ausgewählt: Teile von Fresken in der Kirche des ehemaligen Franziskaner-Konvents von Sant' Antonio, des heutigen Romitorio oder Eremo francescano bei Pissignano (Campello sul Clitunno) und eine der Kapellen der Einsiedelei von Sant'Onofrio bei La Costa (Spoleto).

8. Es war einer der verbreitetsten Gemeinplätze der Kritik – und nicht nur der Literatur über Kunst – aus den Anfängen dieses Jahrhunderts mit mehr oder weniger dekadenter Ausrichtung, daß sie auf solche Gegensatzpaare zielte, ehe sie dann schüchtern versuchte, die Disziplinen zu übergreifen. So entstand das Bild eines Giotto, der wegen der *Canzone sopra la povertà* die Seele des Franziskanertums *(l'âme de la légende)* tötete, das Bild einer Familie Della Robbia, *pénétrée de l'esprit franciscain* (hatte nicht Ozanam darauf hingewiesen, daß Luca ein Manuskript von Jacopone gehört hatte?), eines Ambrogio Lorenzetti – oder noch mehr Sassetta –, durchweht wie wenige vom Hauch der *Fioretti*... All dies, und noch viel mehr, findet sich im Buch von L. GILLET, *Histoire artistique des ordres mendiants. Étude sur l'art religieux en Europa du XIIIe au XVIIe siècles,* Paris 1912. Auf seine Weise stellt das Buch auch heute noch eine anziehende und bedeutungsvolle Lektüre dar.

9. Die jüngsten Arbeiten über diese Künstler sind von C. L. RAGGHIANTI, *Il maestro di Sant'Apollinaire,* in: ›Critica d'Arte‹, XXXIX, 1974, Nr. 133, S. 35–50 und Nr. 135, S. 35–50; und von S. PADOVANI, *Pittori della corte estense nel primo Quattrocento,* in: ›Paragone‹, 1975, Nr. 299, S. 25–53. Beide geben ausführlichst Überblick über zuvor erschienene Arbeiten. Soweit es Antonio Alberti und Giovanni da Modena anlangt, so ist die Arbeit von R. LONGHI, *Officina ferrarese (1934),* Florenz 1956, S. 10–14, bis auf den heutigen Tag erhellend. Die Fresken von Alberti in Montone sind bei F. SANTI, *Gli affreschi nell'abside di San Francesco a Montone,* in: ›Bollettino d'Arte‹, 1967, II., publiziert worden. Hinsichtlich Bartolomeo di Tommaso ist aus unsrer Sicht der wichtigste Beitrag jener von F. ZERI, *Bartolomeo di Tommaso da Foligno,* in: ›Bollettino d'Arte‹, XLVI, 1961, S. 41–64. Die jüngsten Forschungen, die reiches neues Material bieten, sind archivarischer Natur: Vgl. M. SENSI, *Documenti su Bartolomeo di Tommaso da Foligno,* in: ›Paragone‹, 1977, Nr. 325, S. 103–155, wo man auch eine Bibliographie der bisher erschienenen Untersuchungen findet.

10. Vgl. R. LONGHI, *La mostra del Trecento bolognese,* in: ›Paragone‹, 1950, Nr. 1, S. 17–19. Zur Zeit der allerersten gotischen Baustellen von San Petronio »setzten Jacopo di Paolo und seine Freunde voller Romantik ihre Signatur unter Madonnen in der Maestà, Kruzifixe und gigantische Heilige, Schutzpatrone der Reisenden und Vertreiber von Unheil«. Vgl. auch ebd., was die Wiederaufnahme von Motiven Vitales bei Giovanni da Modena anlangt. Das im Text folgende Zitat: ebd., S. 19.

11. Hier folge ich in der Argumentation, mit einigen Abweichungen, ein Stück weit einem bereits veröffentlichten Text: Vgl., B. TOSCANO, *A proposito di Bartolomeo di Tommaso,* in: ›Paragone‹, 1977, Nr. 325, S. 81–85. Interessant für das Milieu der Schuster im Umbrien des 15. Jahrhunderts (zu denen der Vater von Bartolomeo gehörte; siehe dazu weiter unten) ist die Arbeit von R. PIEROTTI, *Aspetti del mercato e della produzione a Perugia fra la fine del secolo XIV e la prima metà del XV. La bottega di cuoiame di Niccolò di Martino di Pietro,* in: ›Bollettino di storia per l'Umbria‹, 1975, Nr. 1, S. 79–185; 1976, Nr. 1, S. 1–131.

12. M. BAXANDALL, *Giotto and the Orators, Humanist observers of painting in Italy and the discovery of pictoral composition, 1350–1450,* Oxford 1971, S. 96: »... whether he was aware of it or not, Pisanello's work sometimes has the character of contriving a series of cues for standard humanist responses – Mongols and birds for variety, whole manageries for decorative itemizing, flashy foreshortenings for *ars,* snakes and gibbets for the principle of pleasurable recognition.«

13. Der Ausdruck stammt von F. Zeri.

14. Untersuchungen über den Einfluß der Prediger der Osservanza auf die Gesellschaft des 15. Jahrhunderts wurden jüngst publiziert von A. GHINATO *(I Monti di pietà in Umbria nell'età moderna,* in: *Atti del VII Convegno di studi umbri (Gubbio 1969),* Perugia 1972, S. 475–517; *La predicazione francescana nella vita religiosa e sociale del Quattrocento,* in: ›Picenum Seraphicum‹, X, 1973, S. 24–98) und M. SENSI *(Predicazione itinerante a Foligno nel secolo XV,* ebd., S. 139–95). Detaillierter ist das Wirken Giacomo della Marcas, das auf den gesamten Umfang des menschlichen Lebens im Öffentlichen und im Privaten, auf die Institutionen und auf die Gruppen und Individuen gerichtet zu sein scheint, beschrieben worden von: M. FALOCI PULIGNANI, *Per la storia di San Giacomo della Marca,* in: ›Miscellanea francescana‹, IV, 1889, S. 65–78; G. CASELLI, *Studi su San Giacomo della Marca,* Ascoli Piceno 1926; A. GHINATO, *Apostolato religioso e sociale di San Giacomo della Marca a Terni,* in: ›Archivum Franciscanum Historicum‹, 1956, Nr. 49, S. 106–142 und 352–390; D. LASIĆ, *De vita et operibus San Jacobi de Marchia,* Falconara M. 1974. Vgl. auch die Beiträge von G. Pagnani in ›Picenum Seraphicum‹ über den Franziskaner, der die Grenzen zwischen den Burgen der Marken und den Picenums festlegt (VIII, 1971, S. 178–187; X, 1973, S. 219–226), der die Dörfer in den Bergen Maceratas befriedet (VI, 1969, S. 72–90), der die Föderation zwischen Ascoli und Fermo betreibt (VII, 1970, S. 209–11) und der die übrigen Gemeinden Picenums aussöhnt (VIII, 1971, S. 178–187). In einer weiteren Nummer derselben Zeitschrift (IX, 1972) wurden die Unterlagen des vierten Studienkongresses (Loreto, 25. April 1972) veröffentlicht, der dem Thema *I Monti di Pietà e le attività sociali dei Francescani nel Quattrocento* gewidmet ist; vgl. insbesondere A. GHINATO, *I Monti di Pietà istituzione francescana,* ebd., S. 7–62 – auch für die weiteren Bibliographien.

15. B. TOSCANO, *Bartolomeo di Tommaso e Nicola da Siena,* in: ›Commentari‹, XV, 1964, S. 37–51.

16. Zu Paradisi und seiner administrativen Aktivität im Einverständnis mit Giacomo della Marca vgl. F. ANGELONI, *Storia di Terni* (1641), Pisa 1878, S. 213, 220, 230 f.; L. SILVESTRI, *Collezione di memorie storiche... della città di Terni dal 1387 al 1816,* herausgegeben von E. CIOCCA, Terni 1977, 2. Aufl., S. 82, 105, 106, 123, 135; A. GHINATO, *Apostolato religioso e sociale...,* op. cit., S. 142 und 387; ders., *Primi tentativi per la fondazione di un Monte di Pietà a Terni (1464–1472),* in: ›Archivum Franciscanum Historicum‹, L, 1957, bes. S. 385 f. und 409 f.; C. PIETRANGELI, in: ›Strenna dei romanisti‹, 1973, S. 340.

17. E. GARIN, *Il francescanesimo e le origini del Rinascimento,* in: *Filosofia e cultura in Umbria tra Medioevo e Rinascimento. Atti del IV Convegno di studi umbri (Gubbio 1966),* Perugia 1966, S. 123.

18. In der Predigt *De sancto Bernardino* (vgl. D. PACETTI, *Le prediche autografe di San Giacomo della Marca con un saggio delle medesime,* in: ›Archivum Franciscanum Historicum‹, XXXV, 1942, S. 296–327 und XXXVI, 1943, S. 75–97) sagt Giacomo über San Bernardino, seinen verehrten Meister: »verba sancti viri sunt inflammata et penetrativa« (Die Worte des heiligen Mannes sind entflammt und durchdringend). Im Text habe ich diese Aussage auch auf S. Giacomo angewandt, denn der Gedanke scheint mir nicht willkürlich, weil er S. Bernardino die Eigenschaften zuschrieb, nach denen er selbst strebte.

19. Neben der selbstverständlich umfänglichen Literatur belegen dies die immer häufiger werdenden Kongresse zu diesem und damit verbundenen Themen, wie den Spirituali, den Bruderschaften, den Clareni, Gestalten und Taten der Osservanza, der franziskanischen Predigt im 15. Jahrhundert, der eschatologischen Erwartung, San Giacomo in den Marken usw.

20. GHINATO, *La predicazione francescana...,* op. cit., S. 83. Eines der einzigartig-

sten bildnerischen Dokumente für den Einfluß, den die Osservanten durch die Predigt und konkrete Initiativen wie die Monti di Pietà auf das soziale Geflecht im 15. Jahrhundert ausgeübt haben, findet sich in einem Holzschnitt, der die *Tabula della salute* von Marco da Montegallo illustriert (Florenz 1494). Gesellschaftliches Handeln und Theologie leben in dem Schema, das sein Zentrum im Mons Pietatis hat, friedlich nebeneinander, und das irdische Schicksal des Christen und die Errettung der Seele erscheinen hier aufs engste miteinander verbunden. Die Darstellung scheint ihren Ausgang von der Geste zu nehmen, mit der sich der franziskanische Prediger von der Kanzel aus an alle Angehörigen von Gottes Volk richtet, das in seinen verschiedenen sozialen Komponenten abgebildet wird.

21. »... wir sind Künder der Gnade Gottes usw...«: aus dem Brevier der senesischen Maler aus dem Jahr MCCCLV, vgl. G. Milanesi, *Documenti per la storia dell'arte senese,* Siena 1854, I, S. 1 ff.

22. Ghinato, *La predicazione francescana...,* op. cit., S. 84; R. Lioi, *Tecnica e contenuto dei sermoni di San Giacomo della Marca,* in: ›Picenum Seraphicum‹, X, 1973, bes. S. 105 f. und 109 f. Dem häufigen Gebrauch mittelalterlicher Redetechniken entspricht das Interesse – auch wenn es weniger dokumentiert ist – für die alten *quaestiones* wie der *De Sanquine Christi,* »was ihnen später viel Kummer bereiten sollte« (Lioi). Zur literarischen und philosophischen Bildung von San Giacomo siehe den Aufsatz von Lioi *(San Giacomo della Marca studioso di Dante,* in: ›Studi francescani‹, 1964, Nr. 61) und die Ausführungen von G. Pagnani, D. Lasić und R. Lioi auf dem Kongreß, der sich mit *La libreria di San Giacomo della Marca* befaßte (veröffentlicht in: ›Picenum Seraphicum‹, VIII, 1971). Von seinem Gefallen an den bildenden Künsten weiß man bloß, daß er eine mit Miniaturen bebilderte Bibel in seinem Besitz als *pulcherrima* (äußerst schön) bezeichnete (heute in Neapel, Biblioteca Nazionale, ms VI A 5). Die Miniaturen vom Ende des 14. oder Beginn des 15. Jahrhunderts werden zum Teil für mittelitalienischen Ursprungs mit Einflüssen aus Bologna, zum Teil für Bologneser gehalten, vgl. *Mostra storica nazionale della miniatura (Roma 1953),* Florenz 1953, von G. Muzzioli redigierter Katalog, Nr. 193.

23. Es war Meiss, der immer wieder den »Affinitäten« von Mystikern, Predigern und Malern nachging und dabei glaubte, im florentinischen Umfeld besondere Knotenpunkte der Beeinflussung entdeckt zu haben (zu den im Text zitierten Beispielen siehe Meiss, *Painting...,* op. cit., S. 26 und 84) und ebensolche für das Sieneser Umfeld: »We feel their [von der Hl. Katharina, Giovanni delle Celle, Colombini, Passavanti] influence in the spiritual intensity of contemporary painting, in its reversion, not without ambivalence and conflict, from the natural and the human to the unnatural and the divine. The mistical rapture of Colombini and Catherine is more evident in the painting of Siena; in Florentine art there is more of Passavanti's grim penance, of his insistence upon the curative power of good works and participation in the rites of the Church« (S. 89 f.) (Wir fühlen ihren Einfluß in der spirituellen Intensität der zeitgenössischen Malerei, in der von Ambivalenzen und Widersprüchen nicht freien Abkehr vom Natürlichen und Menschlichen hin zum Übernatürlichen und Göttlichen. Die mystische Extase von Colombini und der Hl. Katharina wird in der sienesischen Malerei augenfälliger; die florentinische Kunst unterscheidet sich hauptsächlich durch die strenge Bußfertigkeit eines Passavanti, durch sein Beharren auf der erbaulichen Kraft der frommen Taten und der Teilnahme an den kirchlichen Riten).

Einige etwas detailliertere Bemerkungen sollen helfen, den ganz anderen Charakter unseres Unterfangens zu verdeutlichen. In der Predigt *De sancto Bernardino* (veröffentlicht von D. Pacetti; vgl. Anm. 10) umreißt Giacomo della Marca das Idealbild eines Predigers, wie es zu seiner Zeit höchst erstrebt war, dessen hauptsächliche Begabung, eine unwiderstehliche allegorische Kraft, nicht kraft einer feinen Argumentation auf die Erleuchtung einiger weniger zielt, sondern eine kollektive Sorge um die Erlösung und ein Pathos erzeugt, das das ganze Gottesvolk entflammt. Das Instrument dieser mitreißenden Evangelisation, die voll ist von feierlichen Anreden und Beschimpfungen, ist eine Sprache, die nicht eigentlich komponiert ist, sondern eine Zwittergestalt darstellt, in der sich heruntergekommene literarische Anspielungen mit offen plebejischen Formulierungen mischen, in der Momente einer ekstatischen Exaltation mit lebendigen Darstellungen zusammengehen und in der schwülstige Abschnitte häufig mit offenen Veränderungen der Sprachstruktur geschmückt werden. Bezeichnend ist die Zitierung Isidors: »Doctrina sine iuvante gratia, quamvis infundatur auribus, tamen ad cor numquam descendi« (Ohne die Hilfe der Gnade dringt die Doktrin nicht bis in die Herzen, auch wenn sie noch so sehr den Verstand durchdrungen hat). Einige Beispiele: »... iste annunctiator Evangelii pacis, qui descendit ab altitudine divine contemplationis per humilitatem deorsum ad scopandum immunditias, peccata popolorum (...)« (... dieser Künder des evangelischen Friedens, der aus Bescheidenheit von den Höhen des göttlichen Wohlgefallens durch Demut herabsteigt, um all den Schmutz und die Sünden der Leute beiseite zu kehren...) *(De sancto Bernardino).* »Virgines deflorantur, uxores et vidue violantur, horrenda homicidia, puerorum crudeles neces, dire carcerationes, tormenta crudelissima. Quidam soffocantur, quidam comburuntur, alii fame pereunt, alii in stercore prociuntur. Aliis preciduntur membra, manus, lingua, et aliquando ipsimet eadem coguntur conmedere; alii precipitantur a turribus, alii in fluminibus et puteis, alii dantur canibus, alii relinquuntur lupis, alii assantur vivi. O divina ensis quid facis? Quid dormis? Quid taces? Non respicis ad tanta crudelia mala quod isti qui habitant in loro horroris et vaste solitudinis perpetrant et conmictunt? La spada de quasú non taglia in frecta/né tardo, mai al parer de colui/che desiando o temendo l'aspecta« (Die Mädchen werden entjungfert, die Ehefrauen und Witwen werden vergewaltigt, grauenvolle Morde werden begangen, gräßliche Massaker an Kindern, abscheuliche Einkerkerungen und grausamste Foltern. Einige werden erdrosselt, einige verbrannt, andere sterben Hungers, das Volk wird in den Schmutz geworfen. Noch anderen schneidet man die Gliedmaßen ab, die Hände, die Zunge und zuweilen zwingt man sie gar, diese zu essen. Andere werden in Verliese, in Flüsse und in Brunnen geworfen; manche gar wirft man den Hunden zum Fraß, gibt sie schutzlos den Wölfen anheim oder verbrennt sie bei lebendigem Leibe. Oh, Du, Schwert Gottes, was tust Du? Warum schläfst Du? Warum schweigst Du? Siehst Du nicht die Unzahl der Grausamkeiten, die die Bewohner dieses schrecklichen und trostlosen Ortes verüben? Das Schwert des Herrn trifft weder voreilig noch zu spät, und nie dann, wenn man es – hoffend oder fürchtend – erwartet.) *(De partialitate,* vgl. Lioi, *San Giacomo della Marca...,* op. cit., S. 3–46, der angesichts der pittoresk verformten Zitate Dantes, von der »Anpassung, der Ersetzung und dem Fehlen der Worte mit der Folge einer Veränderung des Sinns, des Reims und des Rhythmus'« spricht). Dasselbe Formengemisch, das von einer mächtigen und »impressiven« Redetechnik in Gang gesetzt wird, findet sich auch in Entwürfen, die gar nichts mit der Predigt zu tun haben, wie dem Brief von San Giacomo an San Giovanni da Capestrano, der von N. Dal-Gal veröffentlicht wurde, in: ›Archivum Franciscanum Historicum‹, I, 1908, S. 94–97 (Das Datum ist aber 1455 und nicht 1449, wie Caselli und Pacetti bewiesen haben. Vgl., R. Lioi, in: ›Picenum Seraphicum‹, VI, 1969, S. 114). Der bedrängend emotionale Eindruck beruht auf dem parataktischen Fortgang wie z. B. im nachfolgenden Abschnitt: »O insania, et caeca invidia, et obstinata malitia membrorum Satanae, quae numquam desinit a via veritatis bonos pervertere, et in viam perditionis impellere, et vitam reproborum laudare, et magnificare, ut veniat super eos omnis sanguis, qui effusus est super terram a sanguine Abel iusti, usque ad sanguinem Zachariae filii Barachiae, ut Deus misericors et iustus non misereatur eis usque in sempiternum!« (O Wahnsinn und blinder Neid, verstockte Bosheit der Gefolgsleute Satans, der unermüdlich die Guten vom Weg der Wahrheit abzubringen sucht, um sie auf den des Verderbens zu führen, und das Leben der Ruchlosen lobt und preist, möge auf sie alles Blut zurückfallen, das auf der Erde vergossen wurde seit den Zeiten des gerechten Abel bis zu Zacharias, dem Sohn Barachias, auf daß der barmherzige Gott sie nicht verschone in alle Ewigkeit!). Diese Bemerkungen (die Beispiele könnten leicht vermehrt werden) zielen nicht darauf, und das wurde ja bereits im Text gesagt, genaue Entsprechungen zwischen solchen Formen der religiösen Redekunst mit Formen der Malerei derselben Zeit zu belegen; sie verstehen sich vielmehr als eine Aufforderung, die ausgesuchten, extrem expressiven Effekte einer bestimmten Malerei um die Mitte des Jahrhunderts, die nicht losgelöst sind von einem komplexen Beziehungsgeflecht, das sich in einigen Fällen besonders stringent zeigt, unter dem Blickwinkel einer charakteristischen Veränderung des Repertoires der Spätgotik zu betrachten.

24. A. Hauser, *Der Manierismus. Die Krise der Renaissance und der Ursprung der modernen Kunst,* München 1964, S. 183 f.

25. Vgl. die treffenden Bemerkungen von F. Zeri, *Pittura e Controriforma. L'arte senza tempo di Scipione da Gaeta,* Turin 1957, S. 26 f.
Auch in der klassischen Studie von Male, die der Kunst aus dem Zeitalter der Gegenreformation gewidmet ist (*L'art religieux de la fin du XVIe siècle, du XVIIe siècle et du XVIIIe siècle. Étude sur l'iconographie après le Concile de Trente* [1932], Paris 1951), wird im allgemeinen, in vollkommener Übereinstimmung mit seiner vorwiegend thematischen und ikonographischen Zielsetzung – und das gilt übrigens auch für die anderen Arbeiten des Autors über die mittelalterliche Kunst –, ein sicheres Gleichgewicht gewahrt in der Darstellung der Beziehung zwischen religiösem Substrat und künstlerischer Aktivität.

26. G. A. Gilio, *Dialogo ... degli abusi de' pittori ecc.,* in: *Trattati d'arte del Cinquecento tra manierismo e controriforma,* hg. von P. Barocchi, II, Bari 1961, S. 41.

27. Gilio, *Dialogo...,* op. cit., S. 42.

28. G. P. Lomazzo, *Trattato dell'arte della pittura, scoltura et architettura,* insbesondere Buch VI, Kap. XXIII und Buch VII, Kap. II–V sowie XXV; vgl. *Scritti sulle arti,* hg. von R. P. Ciardi, II, Florenz 1974.

29. Zu einer kritischen Gesamtsicht insbesondere der Traktate aus dem 16. Jahrhundert, wenn auch von anderen Gesichtspunkten aus, vgl. unter den neueren Arbeiten die sorgfältigen Anmerkungen von P. Barocchi zu ihrer Edition der *Trattati dell'arte del Cinquecento...,* op. cit., 3 Bde., Bari 1960–1962; P. Prodi, *Ricerche sulla teorica delle arti figurative nella Riforma cattolica,* in: ›Archivio italiano per la storia della pietà‹, IV, 1962, S. 123–188, mit einem Dokumentenanhang; G. Scavizzi, *La teologia cattolica e le immagini durante il XVI secolo,* in: ›Storia dell'arte‹, 1974, Nr. 21, S. 171–212. Da der Aufsatz von Prodi Überlegungen enthält, die über das Interesse für die Traktate hinausreichen, werden wir in den folgenden Seiten noch darauf zurückkommen.

30. Gilio, op. cit., S. 40.

31. Barocchi, *Trattati d'arte del Cinquecento,* op. cit., Bd. III, S. 387. Das Problem, wie die *Instructiones* die Mailänder Architektur beeinflußt haben, ist vielfach von anderen Wissenschaftlern behandelt worden; und es ist bezeichnend, daß die Bewertungen alles andere als übereinstimmend sind. Vgl., V. L. Gatti Perer, *Le istruzioni di San Carlo e l'ispirazione classica nell'architettura religiosa del Seicento in Lombardia,* in: *Il mito del Classicismo nel Seicento,* Messina-Florenz 1964; L. Grassi, *Le province del Barocco e del Rococò,* Mailand 1966; M. Tafuri, *L'architettura del Manierismo nel Cinquecento europeo,* Rom 1966; A. Scotti, *Architettura e riforma cattolica nella Milano di Carlo Borromeo,* in: ›L'Arte‹, 1972, Nr. 18–20. In jüngster Zeit ist M. L. Gatti Perer *(Cultura e socialità dell'altare barocco nell'antica Diocesi di Milano,* in: ›Arte lombarda‹, 1975, S. 11–66) auf dieses Thema mit einer Analyse der *Istruzioni* zurückgekommen, die deren starke formale Suggestivkraft unterstreicht, welche bisweilen so groß war, daß sie »den Beginn einer Straße darstellte, an der wir Borromini und Guarini als aufmerksame Leser der *Istruzioni* wiederfinden« (S. 16). An anderer Stelle (S. 18) unterstreicht die Wissenschaftlerin jedoch die nahezu unbegrenzte »operative Freiheit«, die die carlianischen Normen den ausführenden Künstlern ließen.

32. Zu recht definiert Barocchi in *Trattati...,* op. cit., Bd. II, S. 528, Gilio als »außerhalb der stilistischen Streitfragen stehend«. Zu den früher geäußerten und nicht immer übereinstimmenden Meinungen von Dejob, Weisbach, Schlosser, Lee, Grassi und Zeri zum realen Einfluß des Schriftstellers aus Fabriano auf die Künstler vgl. ebd., bes. S. 524 ff. Nachfolgend hat Prodi in: *Ricerche...,* op. cit., S. 130, die Bedeutung von Gilios Werk sehr stark heruntergespielt; er schätzt es als ein »sehr bescheidenes Traktätchen« ein, ohne »adäquate theoretische Rechtfertigungen«, das »nur geringe Verbreitung fand«. Im Gegensatz dazu hatte Zeri an mehreren Punkten die Konsequenzen von Gilios Formeln bei den bedeutendsten Kunstwerken der Zeit unterstrichen: bei der Architektur des Gesù (*Pittura...,* op. cit., S. 40: »Die Chiesa del Gesù bezeichnet die vollkommen bewußte Realisierung der ›regolata mescolanza‹ [geregelte Vermischung], die Gilio für die Malerei verlangt«; vgl. jedoch zum Studium anderer kultureller und religiöser Quellen der Architektur des Gesù die Beiträge von R. Wittkower und J. S. Ackerman, *Baroque Art: The Jesuit Contribution,* Kongreßakten, New York 1972, resp. S. 1 bis 14 und S. 15–28); bei den Bildern von Valeriano und Pulzone für die Cappella della Madonna della Strada in Gesù (S. 67: »Sie stellen das anspruchsvollste, reichhaltigste und bewußteste Beispiel für jene ›regolata mescolanza‹ dar, die Gilio als Gegenmittel zur Krise der religiösen Kunst für die Malerei verlangt«); und schließlich in der *Einkleidung des Hl. Giacinto* von Federico Zuccari in Santa Sabina (S. 46. dort »sind die Empfehlungen der ›regolata mescolanza‹ mit seltener Meisterschaft realisiert worden«). Aus der Lektüre anderer Abschnitte des dichten Essays von Zeri gewinnt man jedoch den Eindruck, daß die beiden Positionen schließlich doch nicht so gegensätzlich sind: »Gilios Kritik an den Malern ist nur praktisch und an Zweckmäßigkeit ausgerichtet; man findet in ihr keinerlei Interesse an der Formensprache, an der ›Idee‹« (S. 25); oder: »(Gilio) beurteilt das Werk nach seinem Grad an Andacht, also nach einem Kriterium, das die Ebene der Qualität und der stilistischen Zwangsläufigkeiten vollkommen außer acht läßt« (S. 26). Wie kann man also von einem so weitreichenden Einfluß auf die Künstler sprechen? Eine sehr subtile Erklärung kann man in einem anderen Passus bei Zeri finden, der sich mit den Auswirkungen der tridentinischen Dekrete auf die Bilder befaßt: »Wenngleich die dort ausgegebenen Direktiven extrem allgemein gefaßt sind, kann man trotz aller Unbestimmtheit und Ungenauigkeit doch mit Händen greifen, daß allein schon die Existenz des Problems, das diese Direktiven auslöste – das Problem der Kunst im Verhältnis zum Glauben –, den Anstoß zu einem Prozeß der Selbsterforschung, der Selbstkritik, der Berechnung und der normativen Kristallisierung gibt (...)« (S. 24). Auch Schriften wie die von Gilio konnten zweifelsohne solche Prozesse auslösen, selbst wenn es ihnen an poetischen Empfehlungen mangelt, oder besser, an stilistischen Ratschlägen, die für den Künstler als solche auch erkennbar wären. Der Christus *aux outrages* von Gilio ist ein vages archaisches Stereotyp aus der »christlichen Kunst«, das sich bis Angelico bemerkbar macht, das aber auch in den Devotionalienbildern verbreitet ist (wie jenem auf Pergament aus dem Schatz von Assisi). Die »Neomediävistik«, die sich in gewissen Bereichen des Cinquecento zeigt und die von Zeri treffend charakterisiert wird (S. 42 ff.), stellt eine wichtige, facettenreiche kulturelle Komponente dar, die mit einem weiten Fächer an Konsequenzen auch bis in die Welt der künstlerischen Formen durchdringt, wo sie – sehr viel mehr

als in den wortreichen Formulierungen Gilios – als kulturelle Komponente erkennbar ist. Wenn wir bei der *Einkleidung des Hl. Giacinto* »klar [den] Geschmack des Quattrocento« empfinden (Ich zitiere wiederum Zeri, a. a. O., S. 46) und uns dieses Werk von Federico Zuccari wie »eine Brücke zwischen Ghirlandaio und Sassoferrato« erscheint, so ist das nicht unbedingt auf Gilio zurückzuführen. Der Grad seiner Kenntnis der »präraffaelitischen« Maler muß sehr gering gewesen sein: Im *Dialogo,* op. cit., taucht der Gemeinplatz vom Kreis der Maler mit »heiligmäßigem Leben«, nämlich Cavallini, Angelico, Fra Bartolomeo, Dürer etc. nicht einmal auf. Zuccari, der so empfänglich für viele andere Meinungen ist, versteht ganz gut, sich den Rükken freizuhalten – sogar von den Mauern Assisis.

33. Prodi, *Ricerche...,* op. cit., S. 130.

34. Ebd.; vgl. aber: Zeri, *Pittura...,* op. cit., S. 23 f. und s. o., Anm. 32.

35. Prodi, *Ricerche...,* op. cit., S. 133. Dieses Erfordernis, das sich an einem berechtigten Relativismus orientiert, scheint sich völlig von den Versuchen E. Battistis zu unterscheiden (Vgl. *Il concetto di imitazione nel Cinquecento italiano,* in: *Rinascimento e Barocco,* Turin 1960, S. 214), die immer noch auf einer »blockweisen« Gegenüberstellung beruhen, d. h. der Hypothese »einer entgegengesetzten Konzeption der religiösen Kunst: historistisch und populär im Norden aufgrund der protestantischen Einflüsse; gebildet und allegorisch im Süden als Folge des Intellektualismus der Renaissance«.

36. Zeri, *Pittura...,* op. cit., S. 27 f.

37. Vgl. zu diesem Briefwechsel: Prodi, *Ricerche...,* op. cit., Anhang I; zum Altarbild von Pulzone vgl.: Zeri, *Pittura...,* op. cit., S. 22 und S. 71. In dem Briefwechsel wird der Maler nicht erwähnt; vielleicht war sein Name bei der Kommission noch nicht in Betracht gezogen worden.

38. Anhang op. cit., S. 191.

39. Das im Besitz des North Carolina Museum of Art, Raleigh (USA) befindliche Altarbild wird in die Zeit zwischen 1585–88 datiert; vgl. F. Arcangeli, *Sugli inizi dei Caracci,* in: ›Paragone‹, 1956, Nr. 79, S. 43 f. (über die frühe Kopie in der Pinakothek zu Bologna) und ders., *Natura ed espressione nell'arte bolognese-emiliana,* Ausstellungskatalog, Bologna 1970, S. 194 ff. Die ikonographische Erforschung des Bildes verdanken wir M. Pinnell *(Lodovico Caracci's Assumption of the Virgin,* in: ›North Carolina Museum of Art Bulletin‹, I, 1957–58, Nr. 4–5, S. 1–7), die mit Hilfe von Paleotti als Quelle der bedeutungsvollsten Details der *Legenda Aurea* Molano und Pierio Valeriano ausgemacht hat. Aus der Entschlüsselung bei Pinnell gewinnt man den Eindruck, das Altarbild sei eine gebildete Übung in frommer Gelehrsamkeit, und man vergißt die Züge leidenschaftlicher und populärer visionärer Deklamation, die von F. Arcangeli und C. Gnudi in der religiösen Dichtung Ludovicos so genau erfaßt wurden (vgl. F. Arcangeli, *Sugli inizi...,* op. cit., S. 36 ff., und C. Gnudi, Einleitung zum Katalog *Mostra dei Caracci,* Bologna, 1956, S. 29 ff.) und die sich auch bei dem Bild in Raleigh in hohem Maße finden. Weiterhin bleibt zu klären, wie der Anstoß, die Szene mit nicht immer leicht auflösbaren Anspielungen und Symbolen zu füllen (das jüdische und das römische Grab, die Position des Hl. Paulus und des Hl. Petrus, das Buch, der Zweig von der »Palme aus dem Paradies«, der Obelisk), in Übereinstimmung zu bringen ist mit der Forderung Paleottis in einem wichtigen Kapitel des *Discorso,* das den Titel *Delle pitture oscure e difficili da intendersi* trägt (Buch II, Kap. XXXIII, in: *Trattati d'arte del Cinquecento...,* op. cit., Vol. II, S. 408 ff. Dort wird u. a. gesagt: »[...] es geschieht alle Tage, daß man an den verschiedensten Orten und am allermeisten in den Kirchen so obskure und uneindeutige Bilder sieht, daß sie, die doch den Verstand erleuchten und zugleich den Glauben entfachen und das Herz erfassen sollten, wegen ihrer Dunkelheit den Geist so sehr verwirren, daß sie ihn auf tausend Einzelheiten ablenken und ihm auferlegen, bei sich zu erörtern, wen jene Gestalt vorstellen soll – nicht ohne Verlust für die Andacht. Daher verliert sich das Wenige an guten Gedanken, das man in die Kirche mitgebracht hatte, und viele Male nimmt man eine Sache für etwas anderes; und dies so sehr, daß man, anstatt belehrt zu werden, verwirrt und getäuscht wird.« Noch viele weitere Stellen insistieren auf der Forderung nach Klarheit zum Zwecke der »universellen« Belehrung, die der Autor der Malerei zuschreibt (vgl. die Anmerkung von P. Barocchi, S. 678).Derselbe Ludovico, dem vor allem darum zu tun ist, Religiosität als menschliche Anteilnahme auszudrücken, scheint keinen großen Nutzen aus dem Zwang zu ziehen, klare Entsprechungen und symbolische Verweise zu schaffen. Man vergegenwärtige sich, daß das Bild gleichen Typs – aber aus späterer Zeit (1601) – in der Kirche Corpus Domini in Bologna, wo einige Elemente der *Himmelfahrt Mariae* aus Raleigh wiederauftauchen, die Gruppe der Apostel ganz anders darstellt. Was aber denjenigen noch mehr zu denken geben müßte, die in der Ikonographie von Ludovicos Altarbild den Einfluß Paleottis zu entdecken meinen, ist das vollkommene Fehlen symbolischer Elemente in der *Himmelfahrt Mariae* von San Silvestro al Quirinale, für die, wie wir sahen, die Beratertätigkeit des Kirchenmannes aus Bologna dokumentiert ist. Will man nicht den Schluß ziehen, daß das, was für Bologna galt, für Rom nicht galt, würden wir erneut in Schwierigkeiten kommen, nämlich den Maßgaben von Theoretikern und Gelehrten der religiösen Kunst einen Grad an Wirkung beizumessen, den sie wahrscheinlich niemals besaßen.

Paleottis Einfluß auf den Bologneser Kreis gewinnt als Problem Konsistenz und Glaubwürdigkeit durch die bedeutende Persönlichkeit des Autors des *Discorso* nicht allein in seiner Eigenschaft als Mann der Kirche, sondern auch als ein Mann umfassender kultureller Bildung, dessen Kontakte zum Umfeld bologneser Künstler von Agostino Caracci bis hin zu den letzten Vertretern des lokalen Manierismus belegt sind: vgl. dazu: Prodi, *Ricerche...,* op. cit., besonders S. 142 ff. und S. 154, sowie für ein umfassendes Portrait vom selben Autor: *Il cardinale Gabriele Paleotti (1522–1597),* 2 Bde., Rom 1959 und 1967. Hatte A. Foratti (*I Caracci nella teoria e nell'arte,* Città di Castello 1913) das Problem bereits wahrgenommen, so umging es R. Longhi (*Momenti della pittura bolognese,* in: ›L'Archiginnasio‹, XXX, 1935, Nr. 1–3, S. 124 ff., wiederveröffentlicht in: *Da Cimabue a Morandi,* Mailand 1973, S. 210), der Ludovico als die am stärksten von Religiosität durchdrungene Persönlichkeit ansah – und zwar in einer Dynamik der Formung und Entwicklung der Sprache der Malerei in Richtung auf das »Natürliche«, wie es für die Lombardei kennzeichnend war. Die Behauptung, die Weiterentwicklung der Malerei in jene Richtung habe in der mehr am Menschen ausgerichteten Erneuerung der religiösen Sensibilität vorwiegend im Gebiet der Diözesen Norditaliens eine Stütze gefunden – in Fortführung der Ziele der katholischen Reform, wie Prodi präzisiert, und nicht bereits im Kontext gegenreformatorischer Zielsetzungen, was aber der allgegenwärtige Begriff in den kunstgeschichtlichen Studien jener Jahre ist–, diese Behauptung findet sich in einem bekannten Aufsatz von Aldo Graziani (*Bartolomeo Cesi,* in: ›La critica d'arte‹, 1939, S. 54–95) und, noch expliziter und anders formuliert, bei C. Gnudi im Katalog zur Ausstellung der Caracci (vgl. op. cit., S. 29 ff.). Bei letzteren handelt es sich um Beiträge, an denen Prodi ansetzt (*Ricerche...,* op. cit., S. 171 ff.) und deren zentrale Punkte er mit treffenden Beobachtungen zur Persönlichkeit Paleottis und zum religiösen Milieu in Bologna untermauert.

Aus diesen Beiträgen und besonders aus der abgewogenen Formulierung von Arcangeli (»[...] Ludovico war ausreichend gebildet, um die Veröffentlichung der ersten beiden Bücher des *Discorso intorno alle imagini sacre e profane* ohne Schaden aufzunehmen, ja sogar aus dieser Lektüre oder dem Klima, das der Prälat verbreitete, offene und ehrliche Anregung zu entnehmen«) kann man, so scheint es, die Aufforderung entnehmen, das Problem nicht unter der Fragestellung anzugehen, wie eine religiöse Persönlichkeit Einfluß auf einen

Künstler ausgeübt hat, sondern vom grundsätzlichen Ziel her, zu untersuchen, wie sich in bestimmten Kreisen, zu deren autonomen und exemplarischen Interpreten sich sowohl der Exponent der Kirche wie auch der Künstler machten, neue Anregungen und Zielsetzungen – im Religiösen, Sozialen und Kulturellen – äußerten. 1924 beschloß PANOFSKY das Kapitel über den Manierismus in *Idea. Ein Beitrag zur Begriffsgeschichte der älteren Kunsttheorie,* Leipzig, Berlin 1924 (Neuauflage: Berlin 1960) folgendermaßen: »Mit der Natur entzweit, flüchtet der menschliche Geist sich zu Gott, in einem zugleich triumphalen und hilfsbedürftigen Gefühl, das in den traurig-stolzen Gesichtern und Gesten manieristischer Bildnisse sich widerspiegelt und für das auch die Gegenreformation nur ein Ausdruck unter vielen ist« (S. 56). Der Zeitpunkt des Entwurfs klärt, in welchem Maße sich Absolutes in dem Abschnitt findet. Zu diesen Oszillationen des »menschlichen Geistes« die spezifischen Attribute und äußeren Umstände zu gesellen, ist eine in weiten Teilen noch nicht bewältigte Aufgabe.

40. Ein Hinweis auf die Problematik, den Päpsten der nachtridentinischen Zeit einheitliche Grundzüge geben zu wollen, findet sich bei PRODI, *Ricerche…,* op. cit., S. 131, Anm. 2.

41. Um von einer Unterscheidung auszugehen, auf der Gombrich bestanden hat (E. H. GOMBRICH, *Zur Kunst der Renaissance II. Symbolische Bilder,* Stuttgart 1986, S. 11 ff. das Kapitel über Ziele und Grenzen der Ikonologie), muß man unterstreichen, daß auch die Gutachten und Vorschriften dieser Gelehrten und Theoretiker zur Kategorie der »sprachlichen Beschreibungen« gehören. Stellt man in Rechnung, daß Gombrich sich auf literarische Texte bezog, die den Künstlern gegeben wurden, damit sie diese in Bilder übersetzten, so hat die Bemerkung mit unserem Problem sehr wohl insofern zu tun, als eine sprachliche Beschreibung niemals in gleicher Weise detailliert sein kann wie eine bildliche Darstellung. Daher wird jeder Text der Imagination des Künstlers die größte Freiheit lassen.

42. Vgl. zu diesem Briefwechsel: G. GRONAU, *Documenti artistici urbinati,* Florenz 1936, S. 176–186.

43. Brief des Herzogs Francesco Maria II. aus Urbino, 27. August 1603 an Giacomo Sorbolongo. Vgl. G. GRONAU, *Documenti,* op. cit., S. 179 f.

44. Vgl. A. EMILIANI, *Mostra di Federico Barocci,* Katalog, Bologna 1975, S. 221–225. Auf die ausführliche Erfassung der Darstellung der Minerva wird im übrigen für alle weiteren Fragen verwiesen. Was die Einwände betrifft, die der Papst gegen die Zeichnung erhob, die »den Dämon [zeigt], der Judas ins Ohr flüstert« (so Bellori), bezeichnet Emiliani diesen Vorschlag von Barocci als Ergebnis »einer kulturell um einige Jahrzehnte älteren Ansicht, der in Rom möglicherweise kein großer Erfolg mehr würde beschieden sein« (S. 224): eine Interpretation, die den Abstand zwischen dem Kreis um Clemens VIII. und nunmehr weit zurückliegenden Zielsetzungen der Gegenreformation unterstreicht. An dieser Stelle mag daran erinnert sein, daß gerade vom Kreis um den Papst Aldobrandini, wie PRODI (*Ricerche…,* op. cit., S. 184) anmerkt, einige Jahre zuvor offener Widerstand gegen die repressiven Tendenzen des alten Kardinals Paleotti – der sich gegenüber den Zeiten des *Discorso* sehr verändert hatte – ausging. Was die Zeichnung Baroccis mit dem »Dämon« angeht, die Clemens VIII. verwarf, so muß man beachten, daß der Text Belloris zu dieser Episode und die von Gronau veröffentlichten Briefe nicht übereinstimmen.

45. Briefe von Malatesta Malatesti an Francesco Maria II. aus Rom, und zwar vom 22. November 1603 und vom 21. Februar 1604. Vgl. GRONAU, *Documenti,* op. cit., S. 181 und S. 183.

46. G. P. BELLORI, *Le vite de' pittori, scultori e architetti moderni,* Rom 1672, Neuauflage, herausgegeben von E. BOREA, Turin 1976, S. 197.

47. Einführender Aufsatz zum Ausstellungskatalog *Mostra di Federico Barocci,* op. cit., bes. S. XLVI ff.

48. E. GARIN, *Medioevo e Rinascimento* (1954), Rom, Bari 1973, S. 274.

49. E. H. GOMBRICH, *Die Kunst…,* op. cit., S. 80.

50. Ebd.

51. L. FEBVRE, in ›Revue de Metaphysique et de Morale‹, 1949. Zu den weiteren, im Text zitierten Verbindungen: R. TOWNEY, *Religion and Rise of Capitalism,* New York o. J. (Erstveröffentlichung 1926).

52. L. FEBVRE, op. cit.; zum selben Themenkomplex: F. BRAUDEL, *Geschichte und Sozialwissenschaften. Die longue durèe,* in: M. BLOCH, F. BRAUDEL, L. FEBVRE u. a., *Schrift und Materie der Geschichte. Vorschläge zur systematischen Aneignung historischer Prozesse,* Frankfurt/M. 1977.

53. F. ANTAL, *Remarks on the Method of Art History,* in: ›The Burlington Magazine‹, 1949.

54. CHASTEL, *Art et religion…,* op. cit., S. 28 ff.; E. H. GOMBRICH, *Sozialgeschichte der Kunst,* in: ders., *Meditationen über ein Steckenpferd,* Wien 1973, S. 154 ff.; siehe zu dieser Rezension den sehr dichten Kommentar von E. CASTELNUOVO, *Per una storia sociale dell'arte I,* in: ›Paragone‹, 1976, Nr. 313, S. 17 ff., jetzt in: CASTELNUOVO, *Arte, industria, rivoluzioni,* Turin 1985, S. 3–31.

55. D. CANTIMORI, *Il dibattito sul barocco,* in: *Storici e storia,* Turin 1971, S. 620. Zur Forderung, daß die »grundlegenden Faktoren« nicht zu generalisierenden Schemata verkommen dürfen, was besonders in den Texten von Historikern wie J. Vicens Vives, T. C. Cochran, F. Braudel etc. hervorgehoben wird, vgl. den ausführlichen und genauen Überblick von G. BARRACLOUGH, *History,* in: *Tendences principales de la recherche dans les sciences sociales et humaines. Seconde partie: Science de l'art, Science juridique, Philosophie,* herausgegeben von der UNESCO, Paris – 's Gravenhage 1977.

56. CANTIMORI, *Il dibattito sul barocco,* op. cit., zu dem Kongreß, der 1960 von der Accademia Nazionale dei Lincei abgehalten wurde (*Manierismo, Barocco, Rococò: concetti e termini;* in dessen Kongreßakten [Rom 1962] sind – zu dem hier behandelten Problem – wichtige Beiträge von E. Raimondi, G. Getto, R. Wittkower und von Cantimori selbst enthalten), aber auch für Beobachtungen zu früheren Beiträgen.

57. PRODI, *Ricerche…,* op. cit., S. 125. Von besonderem Interesse sind die Beobachtungen CANTIMORIS in: *Galileo e la crisi della Controriforma,* in: *Storici e…,* op. cit., S. 657 ff.

58. Zu dieser Art von Methodenproblemen siehe: L. FEBVRE, *Les origines de la Réforme française et les problèmes générales des causes de la Réforme,* in: ›Revue historique‹, CLXI, 1929, S. 1 f.; vgl., D. CANTIMORI, *Il dibattito…,* op. cit., S. 619.

59. Ebd.

60. Vgl. D. CANTIMORI, *Galileo…,* op. cit., S. 658.

61. Ebd., S. 658 f.

62. Ebd., S. 659.

63. H. JEDIN, *Katholische Reformation oder Gegenreformation? Versuch einer Begriffserklärung mit Reflexionen über das Konzil von Trient,* Luzern 1946 (siehe auch, leichter zugänglich: ders., *Katholische Reform und Gegenreformation,* in: *Handbuch der Kirchengeschichte* [Hrsg. H. JEDIN], Freiburg 1967, Bd. IV, 2. Teil. A. d. Ü.). In der Diskussion der Probleme, die mit der Beziehung zwischen Reform, Gegenreformation, Manierismus und Barock zusammenhängen, wie Hauser sie in seinem Buch (*Der Manierismus…,* op. cit.) führt, hätte die Berücksichtigung der historischen Kategorie »Katholische Reform«, deren Fehlen man spürt, der These des Autors genützt; diese These steht im Gegensatz sowohl zu der von Pevsner (der Manierismus hat seine Wurzeln in der Gegenreformation) wie auch zu der von Weisbach (daß der manieristischen Kunst »ihrem Wesen nach das Stigma des Areligiösen anhaftet«, nach HAUSER, op. cit., S. 73). Zur Überprüfung, vgl. HAUSER, op. cit., S. 72: »Der Versuch, diesen Stil von der Gegenreformation abzuleiten […] ist vollkommen unbegreiflich und an und für sich bedenklich […] bei Autoren, die dem Manierismus seinen tatsächlichen historischen Umfang zuerkennen, d. h. ihn von der Zeit um Raffaels Tod datieren und ihn nichtsdestoweniger von der Gegenreformation her-

leiten zu können glauben.« Und auch: »Man darf annehmen, daß die gleiche geistige Erregung, der gleiche fieberhafte Krisenzustand, die in Deutschland zur Reformation führten, im Süden in Philosophie, Wissenschaft, Kunst und Literatur, ohne den direkten Einfluß Luthers, mit der Reformation gewissermaßen übereinstimmende Erscheinungen hervorbrachten« op. cit., S. 73). Es ist im übrigen bezeichnend, daß sich Hauser weigert, diese »Erregung« mit der »Antizipation gegenreformatorischer Ideen« gleichzusetzen. In der Tat hatte Jedin einige spezifische Charakterzüge davon auf religiöser Ebene erfaßt, die sich ganz deutlich von dem unterscheiden, was später die Gegenreformation sein wird. Im hier zitierten Text von Hauser wird die Möglichkeit von Parallelen zwischen Manierismus und Zügen der Gegenreformation mit einer Zurückhaltung und Vorsicht erörtert, die in der *Sozialgeschichte der Kunst und Literatur,* München 1967, vom selben Autor, nur selten zu finden sind. Die Definition von »Katholischer Reform«, wie sie Jedin vornimmt, hat sich für G. WEISE, *Il Manierismo. Bilancio critico del problema stilistico e culturale,* Florenz 1971 (Kap. XVIII, S. 203–213) und für VON EINEM ebd., S. 207, als fruchtbar erwiesen.

64. Die Bedeutung dieser Unterscheidungen wird besonders einsichtig in Untersuchungen wie der von G. ALBERIGO, *Studi e problemi relativi all'applicazione del Concilio di Trento in Italia (1945–1958),* in: ›Rivista storica italiana‹, LXX, 1958, Nr. 11, bes. S. 285 und 297 (mit Hinweisen auf vorhergehende Untersuchungen), sowie der von D. CANTIMORI, *Galileo...,* op. cit., S. 662 f.

65. ALBERIGO, *Studi e problemi...,* op. cit., S. 285.

66. Aus diesen Gründen zögern wir, uns die von G. WEISE a. a. O. vorgeschlagene Lösung zu eigen zu machen (*Il Manierismo...,* op. cit., S. 212), nach der der wahre Ausdruck der künstlerischen Ideale der Gegenreformation in der realistischen Strömung von Federico Zuccari und Santi di Tito auszumachen sei.

67. Vgl. CANTIMORI, *Galileo...,* op. cit., S. 628 f.

68. Zu diesen »Kulturen« einzelner Diözesen, vgl.: ALBERIGO, *Studi e problemi...,* op. cit.

69. Der Abschnitt, den R. LONGHI in: *I pittori della realtà in Lombardia,* Ausstellungskatalog, Mailand 1953, S. 171, Moretto widmet, ist lesenswert: In Bildern wie *Das Gastmahl im Hause des Simon* (Brescia, Santa Maria Calchera) sah Longhi »ein gewisses realistisches Bemühen, das – zur Hochzeit des Klassizismus im Cinquecento und bei einem religiösen Thema – der Malerei in der Lombardei eigen war: ein Bemühen, das nach dem tridentinischen Konzil sehr bald unlösbar werden sollte und den bergamasker Schüler Moroni dazu trieb, sich in die einzige ›Realität‹ zu flüchten, die zu jener Zeit erforschbar war, das ›Portrait‹«.

70. Zu Brescia vor und nach dem Konzil siehe die Bemerkungen von ALBERIGO, *Studi e problemi...,* op. cit., S. 264, sowie die an dieser Stelle erwähnten Monographien.

71. A. OTTANI CAVINA, *Il tema sacro nel Caravaggio e nella cerchia caravaggesca. Indicazioni per il Basetti,* in: ›Paragone‹, 1974, Nr. 293, S. 31 und 46, Anm. 5.

72. Diese Forderung ergibt sich z. B. aus den Studien von G. LE BRAS. Vgl. z. B. *Un programme: la géographie religieuse,* in: ›Annales d'histoire sociale 1945, Hommages à Marc Bloch‹, S. 87–112 und *Études de sociologie religieuse,* Paris 1955–56, 2 Bde. Für einen auf den Stand gebrachten Überblick über die sozioreligiösen Forschungen in dieser Richtung, siehe J. DELUMEAU, *Le catholicisme entre Luther et Voltaire,* Paris 1971 (die Studie beschränkt sich auf die Zeit vom 16. bis zum 18., ist aber reich an scharfsinnigen Beobachtungen). Auch jüngere italienische Untersuchungen zu genau umgrenzten Themen zeigen, von welchem Nutzen auch für den Kunsthistoriker eine geographisch differenzierte Untersuchung über das religiöse Leben und seine Ausdrucksformen sein kann. Vgl. z. B. die Aufsätze von F. CHABOD, die mit zahlreichen Dokumenten in dem Band *Lo stato e la vita religiosa a Milano nell'epoca di Carlo V,* Turin 1971, zusammengefaßt sind (bes. das Kapitel über *Le condizioni del clero);* M. ROSA, *Religione e società nel Mezzogiorno fra Cinque e Seicento,* Bari 1976 (besonders das Kapitel *Pietà mariana e devozione del Rosario nell'Italia del Cinque e Seicento).*

73. Vgl. dazu ALBERIGO, *Studi e problemi...,* op. cit., S. 289 f. Aufmerksam muß die Möglichkeit in Betracht gezogen werden, daß der Künstler die soziokulturellen Charakteristika der Auftraggeber und der Adressaten berücksichtigt, und daß man, wenn dies der Fall ist, eine mehr oder weniger erhebliche Abweichung nicht so sehr der Qualität als vielmehr in der ikonographischen Grundanlage und sogar der expressiven Tonlage beobachten kann. Aus den möglichen Beispielen wähle ich einige aus dem Material des 17. Jahrhunderts aus, die ich erst kürzlich direkt in Augenschein nehmen konnte. Giacinto Brandi »verhält sich« verschieden, je nach dem, ob er eine Arbeit für einen Auftraggeber aus der Provinz in einer kleinen Gemeinde im Apennin anfertigt oder ob er den Altar einer römischen Kirche ausschmückt: Man gewinnt den Eindruck, er steuere seine Neigung zu pathetischer Charakteristik je nach Situation. Sogar ein Maler aus der Provinz wie G. Antonio Scaramaccia scheint auf verschiedenen Klaviaturen zu spielen, wenn er dasselbe Sujet, das einmal einer ländlichen Pfarrei und das andere Mal dem einflußreichsten Konvent seiner Heimat zugedacht ist, ganz unterschiedlich gestaltet.

74. Unter allen »religiösen Stilen« ist der »Stil der Jesuiten« der am meisten diskutierte. C. GALASSI PALUZZI, *Storia segreta dello stile dei Gesuiti,* Rom 1951, hat in einer ausführlichen und lebhaften Darstellung die früheren Positionen zu diesem Thema von K. Holl bis Voss, von Frey bis Wölfflin, von Dvorâk bis Male, von Braun bis Weisbach und bis Croce untersucht. Das Urteil des Autors stimmt im wesentlichen mit dem Dvorâks überein, der natürlich jede Möglichkeit bestritt, die Kunst der Gegenreformation oder das Barock (zudem noch ganz allgemein aufgefaßt) mit dem »Stil der Jesuiten« in eins zu setzen; er gestand ihnen wohl eine überragende Rolle der Initiative und Lenkung, nicht aber der »Regulierung« der künstlerischen Aktivitäten der Kirche zu (vgl. insbes. S. 123 f. und S. 157 ff.). Nach der Monographie von Galassi ist das Thema unter verschiedenen Gesichtspunkten u. a. von P. Pitti, P. Moisy, F. de Dainville, J. Vallery-Radot und auf einem Kongreß der Fordham University in New York behandelt worden. Der Kongreß trug den Titel *Baroque Art: The Jesuit Contribution,* die Kongreßakten wurden von R. Wittkower und J. B. Jaffe herausgegeben (siehe Anm. 32). Im Beitrag von H. HIBBARD, *»Ut Pictorae Sermones«: The First Painted Decorations of the Gesù* (S. 29 ff.), werden starke Zweifel erhoben, ob es möglich sei, zumindest bis zum Ende des 16. Jahrhunderts nicht nur einen Stil, sondern auch nur einen Geschmack der Jesuiten auszumachen; die Untersuchung der Künstler, die im Gesù tätig waren, bestätigt, daß eine »stilistic unity was an ideal foreign to the Jesuits of the 1580s and '90s«. Nach Hibbard beschränkte sich die Compagnia darauf, die malerische Ausgestaltung innerhalb eines generellen ikonographischen Programms zu organisieren. Im Beitrag von R. WITTKOWER (*Problems of the Theme,* S. 1–14) wird ein spezifisches Gepräge der Compagnia nur im »simplistic style« der Kirchen Tristanos zuerkannt. Man kann, auch für die Frühzeit der Compagnia, von keinem kohärenten Geschmack sprechen, und noch viel weniger kann man konsistente Elemente von Kontinuität herausarbeiten. Die berühmte Innenansicht der Gesù zu Rom, die Andrea Sacchi 1639 ausführte, hat uns das ursprüngliche Aussehen der Kirche überliefert mit der *Beschneidung* von Muziano auf dem Hauptaltar, den Kirchenlehrern von G. De Vecchi in den Zwickeln und dem Gewölbe des Altarraums, die – wie auch das Gewölbe des Schiffs – in tonaco gemalt waren, d. h. ohne jene Mosaiken blieben, mit denen Kardinal Farnese sie ausschmükken wollte; dieses Aussehen werden, wie bekannt, die Eingriffe aus der zweiten Hälfte des Jahrhunderts grundlegend umgestalten.

Das Thema kann eine Reihe von Fragen aufwerfen, die sich dann stellen, wenn man die Beziehungen zwischen Architektur und Liturgie berücksichtigt, d. h. die religiösen Implikationen eines kirchlichen Bauwerks und die Bedingungen, die sie an die formale Ausarbeitung stellen können. Exemplarisch und wegweisend für diese Art Fragestellungen ist der Aufsatz von R. Krautheimer, *Introduction to an Iconography of Medieval Architecture,* in: ›Journal of the Warburg and Courtauld Institutes‹, IV, 1940–41. Das Interesse an diesem Thema beschränkt sich nicht auf das Mittelalter; aber die Sakralarchitektur der Neuzeit verlangt noch weitere Unterscheidungen. So ist es beispielsweise zulässig, in den Bauten Valerianos oder in denen Tristanos die Auswirkungen einer besonderen Auffassung von Religion, auch hinsichtlich des Kultes und der Liturgie, zu erkennen, d. h. die »besondere Weise« der Compagnia (Vgl. P. Pirri, *Giovanni Tristano e i primordi dell'architettura gesuitica,* Rom 1955, S. 160 ff.). Und es trifft ohne weiteres zu, daß Aspekte des Kultes, wie sie für das 17. Jahrhundert typisch sind, so die Ausschmückung der Geräte und Gebäude beim Gesù und bei San Lorenzo in Damaso anläßlich der Quarant'ore, den illusionistischen Barock der Deckenmalerei im Palazzo Barberini, des Gesù oder der Kanzel in Sankt Peter antizipierten (vgl. M. S. Weil, *The Devotion of the Forty Hours and Roman Baroque Illusions,* in: ›Journal of the Warburg and Courtauld Institutes‹, 1974, Nr. 37, S. 218–248; u. a. wird dort in oben erwähntem Sinne eine Zeichnung Pietro da Cortonas von 1633 untersucht). Aber es wäre in diesen Fällen unangebracht, von einem Einfluß der Liturgie auf die Kunst zu sprechen, handelt es sich doch, sehr viel schlichter, um den Einfluß architektonischer Schöpfungen, auch wenn sie unter den Vorzeichen des Provisoriums entstanden, auf »stabile« Schöpfungen.

75. M. Rosci, *Storie del popolo lombardo. Realtà di San Carlo e metafora aristocratica di Federico Borromeo,* in: *Il Seicento lombardo,* einführende Aufsätze zum Ausstellungskatalog, ohne Datum, S. 54; A. Griseri, *Un poeta della Controriforma in Piemonte,* in: ›Paragone‹, 1964, Nr. 173, S. 25 hatte bereits daran erinnert, daß 1619 »Borsieri Caccia gerühmt hatte wegen seines Malens, ›das von den Gläubigen aufs höchste gerühmt wurde und eine Grazie besaß, die ohne Schwierigkeiten in ihr Gemüt vordrang‹«, und er bemerkte, daß jener »in Mailand zwischen Sant'Alessandro (1609–1613) und San Vittore al Corpo, also nicht allein in Piemont, einen wichtigen ›katholischen Gegenspieler‹ der erzählenden Malerei aus der Toskana darstellte«.

76. L. Berti, *Il principe dello Studiolo. Francesco I dei Medici e la fine del Rinascimento fiorentino,* Florenz 1967, S. 179 und S. 284; vgl. auch die beiden Werke für dieses Oratorium von Cavalori und von Santi di Tito: Das eine stellt *Die ersten Mitglieder der Kongregation* dar (1568, ebd., Abb. 170), das andere die *Die Vision des Hl. Thomas* (etwa 1569, ebd., Abb. 177); exemplarisch formulieren sie zwei sehr verschiedene Lösungen für das »fromme« Bild, obwohl sie doch beide aus demselben sozialen und religiösen Milieu kommen, dem der adligen »contemplanti« des Hl. Thomas. Berti erkennt nun, daß die »Reform der Malerei« von der Art Santi di Titos keineswegs nur von frommen Motivationen geprägt war und daß »über die Komponente der ›demütigen Andacht der neuen Zeiten‹ hinaus in Florenz auch andere Faktoren eine Rolle spielten«, stilistische und kulturelle, wie sie in jenen Jahren verstanden wurden. Das ist noch einmal eine Aufforderung, nicht – auch dann nicht, wenn bestimmte Impulse noch so verführerisch sind – einseitig den Weg der Korrelationen und Parallelismen zu beschreiten. Über diese Aspekte des religiösen Lebens in Florenz und über die »Reform« der Malerei, vgl. auch: M. Gregori, *Note storiche sulla Lombardia tra Cinque e Seicento,* in: *Il Seicento lombardo ...,* op. cit., S. 28.

77. C. Brandi, *L'»episteme« caravaggesca,* in: *Colloquio sul tema: Caravaggio e i caravaggeschi (1973),* Accademia Nazionale dei Lincei, CCCLXXI, 1974, Nr. 205, S. 11. Auch wenn der Beitrag Brandis seinen Ausgangspunkt von einer Untersuchung von M. Calvesi (*Caravaggio o la ricerca della salvazione,* in: ›Storia dell'arte‹, 1971, Nr. 9–10, S. 93–141), nimmt, so kann man den Skeptizismus, der ihn durchzieht, ganz allgemein ausweiten auf die immer neuen Ansätze, die Sprache Caravaggios und die Tendenzen der religiösen Orden in eine Beziehung zueinander zu bringen: mit den Oratorianern, wie es P. Francastel, W. Friedländer und R. E. Spear vorschlugen; oder mit den Augustinern, dies die Hypothese von M. Calvesi und – mit größerer Zurückhaltung – von A. Ottani Cavina. Daß es Verbindungen zwischen Caravaggio und dem Kreis um das Oratorium di San Filippo Neri gab, war bereits von G. Cozzi mit soliden Gründen in Zweifel gezogen worden (*Intorno al cardinale Ottavio Paravicino, a monsignor Paolo Gualdo e a Michelangelo da Caravaggio,* in: ›Rivista storica italiana‹, 1961, Nr. 78, S. 53 ff.), die dann von F. Bologna gestützt wurden (*Il Caravaggio nella cultura e nella società del suo tempo,* in: *Colloquio sul tema ...,* op. cit., S. 158 f. und S. 175 f.). Nach den sehr präzisen Anmerkungen von Bologna scheint auch die Hypothese von der Affinität des Naturalismus von Caravaggio zur Mystik des Sankt Ignazio sehr brüchig (S. 164 f.).

78. Besonders mit Hilfe einer detaillierten ikonologischen Untersuchung hat M. Calvesi, *Caravaggio o la ricerca ...,* op. cit., zu zeigen vermocht, daß »der Pauperismus und Populismus von Caravaggio, wie positiv er anderswo, und speziell bei den Oratorianern, auch aufgenommen werden konnte, in Sonderheit ein Zug der Entsprechung seines Verständnis' von Religion mit Borromeo ist« (S. 134). Die Beziehungen zwischen Caravaggio und Borromeo dehnten sich von der ethisch-religiösen Sphäre, folgt man Calvesi, auf die kulturelle aus, und zwar so sehr, daß dies eine Art von Konkordanztafeln zwischen Stücken aus der *De pictura sacra* und Bildern Caravaggios erlaubt (s. 130 ff.); das beruht auf der Überzeugung, daß »Federico Borromeo mit seiner theologischen und antiken Gelehrsamkeit und mit ihm der Caravaggio des Frühwerks höchstwahrscheinlich interessiert daran waren, die feinsinnige kulturelle Überlieferung zwischen Orphismus, Gnosis und Patristik zu erforschen, denn beide wurden dazu sowohl von den Resten einer humanistischen Kultur der Renaissance als auch von dem asketischen Bedürfnis angeregt, sie nach rückwärts zu überschreiten« (S. 131).

79. W. Friedländer, *Caravaggio studies,* Princeton 1955, Kap. 6.

80. In der Arbeit von E. Panofsky, *Gothic Architecture and Scolasticism,* Latrobe (PA) 1951, behält das Bemühen, den Einfluß durch das Denken des Hl. Thomas auf die gotischen Architekten in einen so komplexen Zusammenhang zu projizieren, seine ganze Bedeutung, daß es sie schließlich zu einer *habit-forming-force* aufwertet. Panofskys These wird durch seine klare Aufführung einer Reihe von Beweisen ebenso untermauert wie durch die Präzisierung einer spezifischen Konjunktion von Ereignissen, Kräfteverhältnissen und Wegen der Übertragung der scholastischen Kultur; unter diesen ragt nicht so sehr der Weg der liturgischen und ikonographischen Programme hervor – und noch viel weniger die direkte Kenntnis der Texte durch die Künstler –, als die Schule, das Anhören der Predigten und *disputationes de quolibet* und schließlich die Tatsache, daß sich in der Stadt soziale und professionelle Strukturen durchsetzten, die nicht bürokratisiert, sondern offen für Begegnungen zwischen den Klassen und Berufen waren.

81. R. Longhi, *Due esempi di Carlo Francesco Nuvolone,* in: ›Paragone‹, 1965, Nr. 185, S. 45. Rosci, *Storia del popolo lombardo ...,* op. cit., S. 49, hat die Haltung Longhis zu den sozio-religiösen Implikationen für die Kunstgeschichte und spezieller für die Geschichte der lombardischen Malerei im Cinquecento und Seicento treffend eingeschätzt: Diese Haltung ist bedingt »durch das berechtigte Mißtrauen gegenüber jeder Form von abstraktem Nominalismus der ›Kulturgeschichte‹ (Deutsch im Original, d. Ü.) und noch viel mehr gegenüber der mechanistischen und pietistischen Wechselbeziehung zwischen dem unbestimmten Wortlaut der gegen-

reformatorischen Diktate und der Konkretheit linguistischer und kultureller Phänomene«.

82. Rosci, *Storia del popolo Lombardo*, op. cit., S. 56. In diesem Sinne ist die *Madonna di S. Celso mit den Hll. Karl Borromäus und Franziskus* von Cerano wesentlich emblematischer; es handelt sich um ein Altarbild, in dem die Kunst des Malers ins zweite Glied zurückzutreten scheint gegenüber der ›objektiven‹ Reproduktion der übermächtigen Statue von Annibale Fontana, dem Bildhauer »von San Carlo«. Diese Reproduktion war offenkundig mit dem Auftraggeber vereinbart, der zwar unbekannt ist, mit Sicherheit aber aus dem engsten Kreis um Federico kommt. Das Bild feiert also den Hl. Karl auch im Bild der angebeteten Jungfrau, zu deren Füßen er, ein »moderner Heiliger«, gemeinsam mit einem großen »alten« Heiligen kniet. Aber der Geschmack Federicos scheint sowohl in seiner Mailänder als in seiner römischen Zeit so weit gesteckt, daß er einer eindeutigen Definition entgleitet: Federico Zuccari, Nebbia, Barocci, Moncalvo, Daniele Crespi und Giulio Cesere Procaccini, Cerano, Jan Brueghel und die Gruppe um Caravaggio... Zur *Madonna di S. Celso* vgl. auch *Mostra del Cerano*, Katalog, (hg. von M. Rosci, Novara 1964, S. 63 f. – Expressive Ausrichtungen, die sich auf ein intimes Einverständnis zwischen Auftraggeber und Künstler zurückführen lassen, kann man in den Bildern von Giulio und Antonio Campi für Carlo Borromeo erkennen, ganz besonders bei den frommen Bildern, die für seine Kapelle bestimmt waren. Vgl. dazu die ausgewogene Einschätzung von G. Bora, *La cultura figurativa a Milano, 1535–1565*, in: *Omaggi a Tiziano.. La cultura artistica milanese nell'età di Carlo V*, Mailand 1977.

83. Zeri, *Pittura...*, op. cit., S. 38 ff.

84. Vgl. den Briefwechsel (1593) zwischen Francesco Maria und Grazioso Graziosi, seinem Botschafter, den Gronau, *Documenti...*, op. cit., S. 225 ff., publiziert hat.

85. Über die weiter oben (siehe Anm. 72) zitierten Arbeiten hinaus sind weitere Studien zu berücksichtigen. Z. B. A. Vecchi, *Il culto delle immagini nelle stampe popolari*, Florenz 1968; hinsichtlich der generellen Probleme, die hier behandelt werden, zeigt die Studie eine sehr fruchtbare Richtung für zukünftige Untersuchungen über die bildnerischen Traditionen einzelner Gesellschaften und Gemeinden an. Das gilt insbesondere für: die Unterscheidung zwischen Kultbildern und Devotionalien, den Erfolg des Votivbildes zulasten der selbstgewidmeten Statue und der Votivgaben, das Konzept der Tradition der Andacht, die Verbindung zwischen dem Bild des Heiligen als Wundertäter in Aktion und der Bitte um Gehör, die unterschiedliche Intensität des Interesses für Marien- und Heiligenzyklen, verglichen mit dem für die Eucharistie, das Kreuz und das Bild Gottes. Es heißt, daß im 18. Jahrhundert »die Liturgie in gewisser Weise auf die populären Devotionen eingehen muß, bei ihnen Hilfe suchen muß, sich immer mehr auf das Terrain der Heiligenverehrung begeben muß. Die Messen schließen mit Triduen, Novenen und Anrufungen von Heiligen; die feierlichen Messen werden oftmals zu solchen erst durch die Anleihe bei irgendwelchen lokalen Devotionskulten« (S. 22); angesichts dieser Tatsachen frage ich mich, ob nicht all dies Licht bringen könnte in die Wiederkehr (und zwar schon seit Ende des 17. Jahrhunderts und nicht nur in weniger bedeutenden Zentren) einer Malerei mit einer, in mehr oder weniger kursorischer Form, beschreibenden und erzählenden Tendenz, die das hagiographische Material näherbringt – wie man das ja in einigen Arbeiten von Giuseppe und Pierleone Ghezzi, von Giuseppe Passeri und, später im 18. Jahrhundert, bei Malern wie Sebastiano Ceccarini, Placido Costanzi und, in seinem »puristischen« und religiösen Aspekt, auch bei Marco Benefial sehen kann.

»Aber was hat die Geschichte des Kultus damit zu tun? Soll er doch Kerzen anzünden, wann er will. Wir reden von Ikonographie und von Kunst«, so wetterte Adolfo Venturi gegen den strengen Kritiker seines Buches *La Madonna. Svolgimento artistico delle rappresentazioni della Vergine*. B. Croce griff in die Polemik ein und resümierte den bisherigen Stand (in: ›Napoli Nobilissima‹, VIII, 1899, S. 161–63 und IX, 1900, S. 13 f., später in: *Problemi di estetica e contributi alla storia dell'estetica italiana*, Bari 1910, S. 265–72); er schrieb – und heute kann man dem nicht mehr zustimmen –, daß »die literarischen und künstlerischen Werke entweder in Monographien einzelner Werke, einzelner Autoren oder einzelner Epochen, oder auch im Zusammenhang der allgemeinen Literatur- und Kunstgeschichte studiert werden. Andere Querschnitte oder Sichtweisen, die möglich sind, folgen nicht mehr den Interessen einer Kunstgeschichte«. Aber er fügte hinzu, daß »wenn sie uns, wie im vorliegenden Fall [*La Madonna*... von Venturi], an die Religionsgeschichte erinnern, man diese bewußt und mit den geeigneten Instrumenten anwenden muß und nicht daherkommen und die Geschichte des Kultus als vollständig außenstehend erklären kann« (S. 269), Die Präzisierung bleibt gültig, wenn (um beim Thema zu bleiben) der Historiker in der jüngsten Arbeit der langen Reihe von Büchern über den Marienkult nach dem Erscheinen jenes von Venturi (M. Warner, *Alone of all Her Sex. The Myth and the Cult of the Virgin Mary*, London 1976) »mit geeigneten Mitteln« formulierte Beobachtungen findet, die jene Gefühle aufhellen können, welche, um auf Croces Worte zurückzukommen, der Künstler in das Bild der Jungfrau projiziert: »Eine gewisse religiöse Rührung (von Künstler zu Künstler immer verschieden, je nach Zeit und Milieu), [...]; ein erotisches Frauenideal; ein moralisches Mütterlichkeitsideal; eine in der Phantasie vorgenommene historische Rekonstruktion dessen, was in ihrer Realität eine Frau aus Galilea, Gattin eines armen Handwerkers aus Nazareth, im 8. Jahrhundert nach der Gründung Roms war« (S. 267).

Zu der psychologischen Wirkung der Prediger ist das Zeugnis beeindruckend, das sich auf den Hl. Bernhard bezieht und von R. Livi veröffentlicht wurde: *San Bernardino e le sue prediche secondo un ascoltatore pratese del 1424*, in: ›Bullettino senese di storia patria‹, XX, 1916, S. 458–69. Sandro, Sohn des Marco, Sohn des Sandro dei Marcovaldi, »ein ungebildeter Händler«, der mitten in der Menge vierzig Tage lang auf der Piazza di San Francesco in Prato dem Hl. Bernhard zuhört, schreibt unter anderem an seinen Bruder, daß ihm der Prediger wie »[...] der Geist eines Propheten und ein starker Hauptmann, bewaffnet mit all seinen Waffen [vorkommt]. Und er scheint ein Sankt Paulus wegen seiner Doktrin und seiner Lehren, denn niemals vernahm man in unserem Leben einen Mann mit ähnlicher Beredsamkeit, den Glauben Christi zu lehren, sich vor der Sünde zu hüten und dem bösen Tun [...]«. Was den Einfluß religiöser Rhetorik auf die Künstler angeht – einen konkreten Fall haben wir bereits in Augenschein genommen (S. 100) –, so ist offenkundig, daß das Thema von der alten Behauptung her angegangen werden müßte, nämlich des gemeinsamen Ziels der religiösen Malerei und der Predigt zugunsten derer, »qui litteras nesciunt« (Gregor der Große; vgl. zu diesem und ähnlichen alten Zeugnissen L. Gougaud, *Muta Praedicatio*, in: ›Revue Bénédictine‹, XLII, 1930, Nr. 2, S. 168 ff.). In der modernen theoretischen Literatur über die religiöse Kunst (siehe Gilio, Ammannati, Paleotti usw.) ist die Gleichsetzung so eng, daß viele Normen und Vorschriften für die Kunst eine regelrechte Kopie der Vorschriften für den religiösen Redner darstellen, angefangen bei der Verurteilung jener Redetechnik voller Kunstfertigkeit, die allein die Virtuosität des Predigers unter Beweis stellen soll. M. Baxandall, *Die Wirklichkeit der Bilder. Malerei und Erfahrung im Italien des 15. Jahrhunderts*, Frankfurt/M. 1977, S. 73 ff. hat einen weiteren Aspekt der Beeinflussung der Malerei durch die Predigt unterstrichen, den der Gesten nämlich, bei dem z. B. die Haltung der Heiligen mit erhobenen Händen in der *Krönung der Jungfrau* von Beato Angelico in San Marco zu einer alten mimischen Vorschrift in Beziehung gesetzt wird (»Und wenn du von himmlischen oder göttlichen Dingen sprichst, schaue hoch und weise mit dem Finger zum Himmel«, Baxandall, op. cit., S. 82). Noch nicht in Angriff genommen wurde, soweit mir bekannt ist, die Untersuchung, welche ikonographischen Elemente der Predigt, speziell in ihren spektakulärsten und oftmals Schrecken auslösenden Momenten, entlehnt wurden. Für gewöhnlich wird nicht bemerkt, daß das bekannte Fresko Giottos, *Der Hl. Franziskus und das gekrönte Skelett*, im rechten Querschiff der Unterkirche von San Francesco in Assisi in Wirklichkeit einen eindrucksvollen »inszenierten« Höhepunkt der Predigten der Bettelorden darstellt. Ein wenig bekanntes Fresko in einer Kirche im Apennin der Marken (San Martino in Castel Sant'Angelo bei Visso; vgl. A. Fabbri, *Visso e le sue valli*, Spoleto 1965, S. 143 f.) mit dem gekreuzigten Christus, der umgeben ist von dutzenden und aberdutzenden von Gerätschaften der verschiedenen Berufe, ist ein regelrechtes Manifest zur Propaganda eines der häufigsten Themen in den populären Predigten des Quattrocento. Tatsächlich kehrt dieses Motiv in zeitgenössischen Fresken anderer Regionen wieder. Wenig überzeugend ist der Versuch eines Bezugs zwischen dem Fresko in Assisi und einem Wandgemälde in Qizil in Zentralasien, das ein Gespräch zwischen dem Mönch und einem (nicht gekrönten) Schädel darstellt, den J. Baltrusaitis (in: *Le Moyen Age fantastique. Antiquités et exotismes dans l'art gotique,* Paris 1955) unternimmt. In jedem Fall steht sie nicht im Widerspruch zur Hypothese einer Beziehung auf einen Predigttopos.

86. *Pittura del Seicento e del Settecento. Ricerche in Umbria,* I, durchgeführt von V. Casale, G. Falcidia, F. Pansecchi, B. Toscano, Treviso 1976, S. 21 und S. 34.

87. E. Leroy Ladurie, *Montaillou. Ein Dorf vor dem Inquisitor,* Frankfurt/M., Wien, Berlin 1980; H. Platelle, *Journal d'un curé de campagne au XVIIe siècle,* Paris 1965 (vgl. Delumeau, *Le catholicisme...,* op. cit., S. 183).

88. G. und M. Vovelle, *La mort et l'au-delà en Provence, d'après les autels des âmes du Purgatoire, XVe et XVIe siècles,* in: ›Annales ESC‹, November-Dezember 1969; zur zweiten Untersuchung, die vom Centre de Recherches sur la Civilisation de l'Europe moderne unter Leitung V.-L. Tapiés durchgeführt wurde, siehe Delumeau, *Le catholicisme,* op. cit., S. 190 f. Unter den seltenen italienischen Initiativen, bei denen in einer territorialen Untersuchung der Interaktion zwischen künstlerischen, sozialen und religiösen Themen besondere Aufmerksamkeit geschenkt wurde, müssen die Ausstellungen und zugehörigen Dossiers (ediert von G. Romano, G. Gentile u. a.) über die Valle di Susa, Arona und Canale erwähnt werden. Vgl., *Valle di Susa. Arte e storia dall'XI al XVIII secolo,* Turin 1977; *Arona sacra. L'epoca dei Borromeo,* Arona 1977; *Vita religiosa a Canale. Documenti e testimonianze,* Canale o. D. (1978).

89. Vgl. die ausgewogene Anfangsseite bei Antal, *Remarks...,* op. cit., S. 204.

90. Ebd., S. 208.

91. *Painting in Florence...,* op. cit., S. 76 f. Meiss ist auf dieses Thema noch einmal zu sprechen gekommen und hat einige Veränderungen auch in der Chronologie vorgenommen. Vgl. Meiss, *Notable Disturbances in the Classification of Tuscan Trecento Paintings,* in: ›Burlington Magazine‹, April 1971, S. 178–87.

92. R. Longhi, *La mostra del Trecento bolognese,* in: ›Paragone‹, Nr. 5, S. 12 f. und S. 32 ff.

93. L. Bellosi, *Buffalmacco e il Trionfo della Morte,* Turin 1974, insbes. S. 38 ff.

94. Ebd., S. 98; siehe auch S. 73 ff.

Kunstgeschichte kommt gewöhnlich als chronologisch erzählte Geschichte daher und verschüttet damit viele interessante Aspekte künstlerischen Schaffens und seiner Wirkungen. Nicht so diese Geschichte der italienischen Kunst, das Gemeinschaftswerk führender italienischer Kunstwissenschaftler, die die Kunstbetrachtung aus dem musealen Gefängnis befreiten. Entsprechend groß war das Aufsehen, als das Werk zwischen 1979 und 1983 in Italien erschien, und ebenso, als 1987 die deutschsprachige Ausgabe in zwei Bänden vorgelegt wurde. Die Autoren verlassen das überlieferte Schema, Fakten und Werke in chronologischer Reihenfolge aufzuzählen; ihre Aufmerksamkeit richtet sich vielmehr auf die Grundlagen, Absichten und Wirkungen, auf die Bedingungen, unter denen italienische Kunst entstand. In profunden und brillant geschriebenen Studien spüren die Autoren den Themenkomplexen nach.

Band 1

Band 2

Italienische Kunst

Eine neue Sicht auf ihre Geschichte
Mit 663 Schwarzweißabbildungen

Von Luciano Bellosi, Enrico Castelnuovo,
Alessandro Conti, Massimo Ferretti,
Carlo Ginzburg, Giovanni Previtali,
Giovanni Romano, Salvatore Settis,
Bruno Toscano, Federico Zeri

Vorwort von Willibald Sauerländer

Band 2

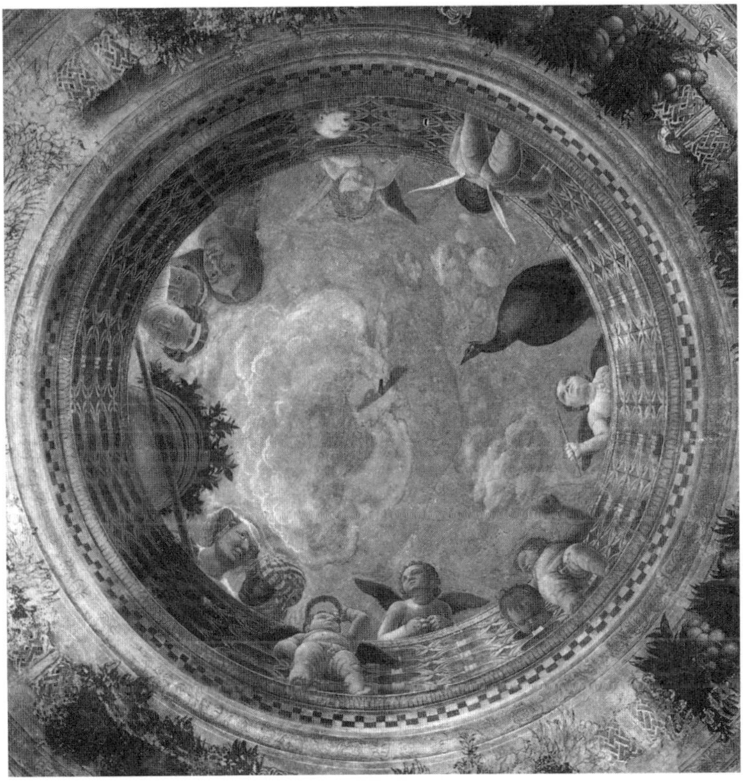

Deutscher
Taschenbuch
Verlag

vorhergehende Seite:

ANDREA MANTEGNA,
Camera degli Sposi, um 1475
Ausschnitt
Mantua, Palazzo Ducale

Aus dem Italienischen von Maja Pflug (Settis), Susanne Craemer (Previtali und Romano) und Ulrich Hausmann (Bellosi, Castelnuovo und Zeri).

Ungekürzte Ausgabe
Oktober 1991
Deutscher Taschenbuch Verlag GmbH & Co. KG, München

Titel der italienischen Originalausgabe:
Storia dell'arte italiana, herausgegeben von
Giovanni Previtali und Federico Zeri

ISBN 3-8031-3537-0
Umschlaggestaltung: Celestino Piatti
Umschlagabbildung: »Simonetta Vespucci« (um 1500) von Piero di Cosimo
Gesamtherstellung: Druckerei Wagner GmbH, Nördlingen
Printed in Germany · ISBN 3-423-59018-1

INHALT

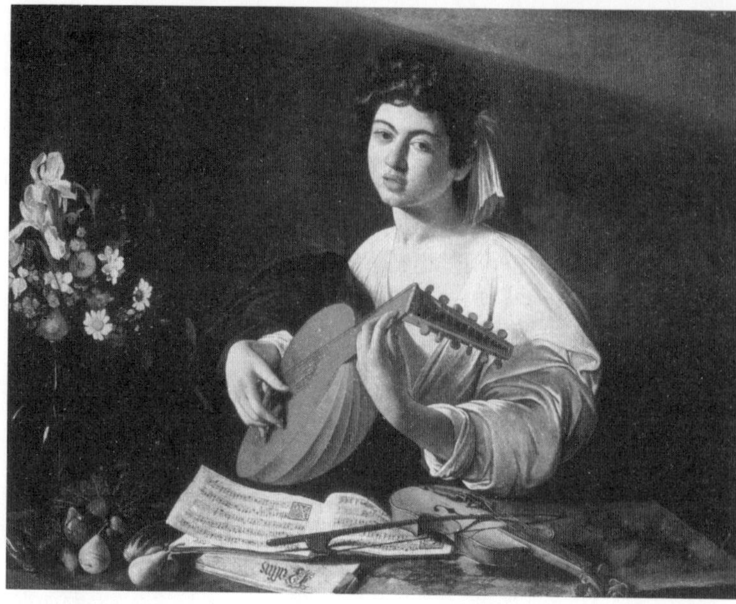

MICHELANGELO MERISI, gen.
CARAVAGGIO,
Lautenspieler, um 1594

SALVATORE SETTIS

Ikonographie der italienischen Kunst, 1100–1500: eine Linie

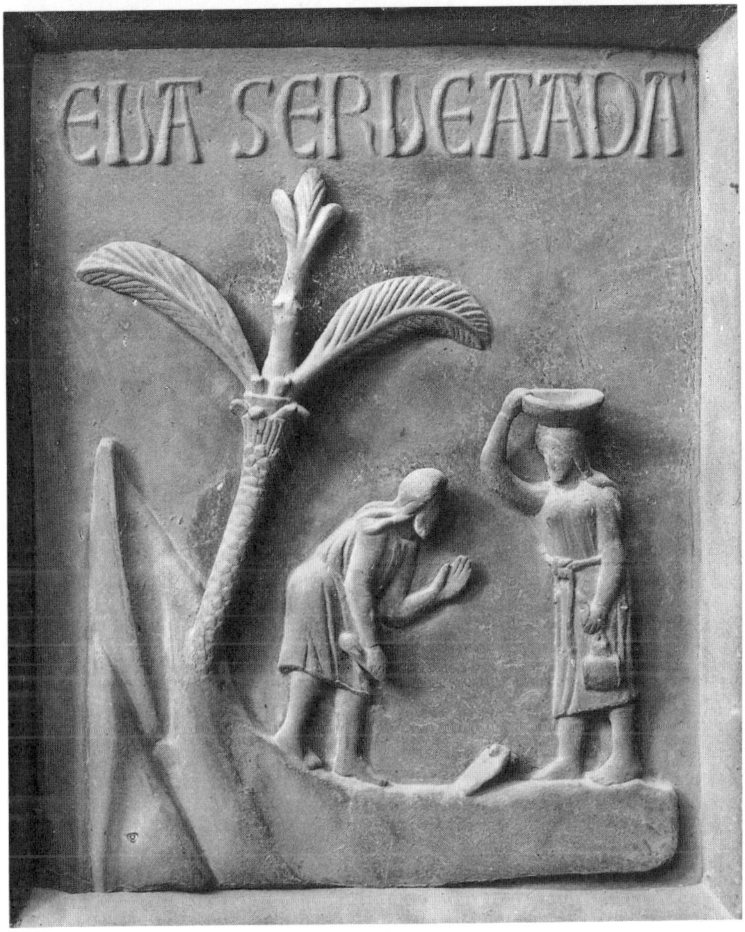

BONANNO PISANO,
Eva dient Adam
Bildfeld der Bronzetür des Doms
in Monreale

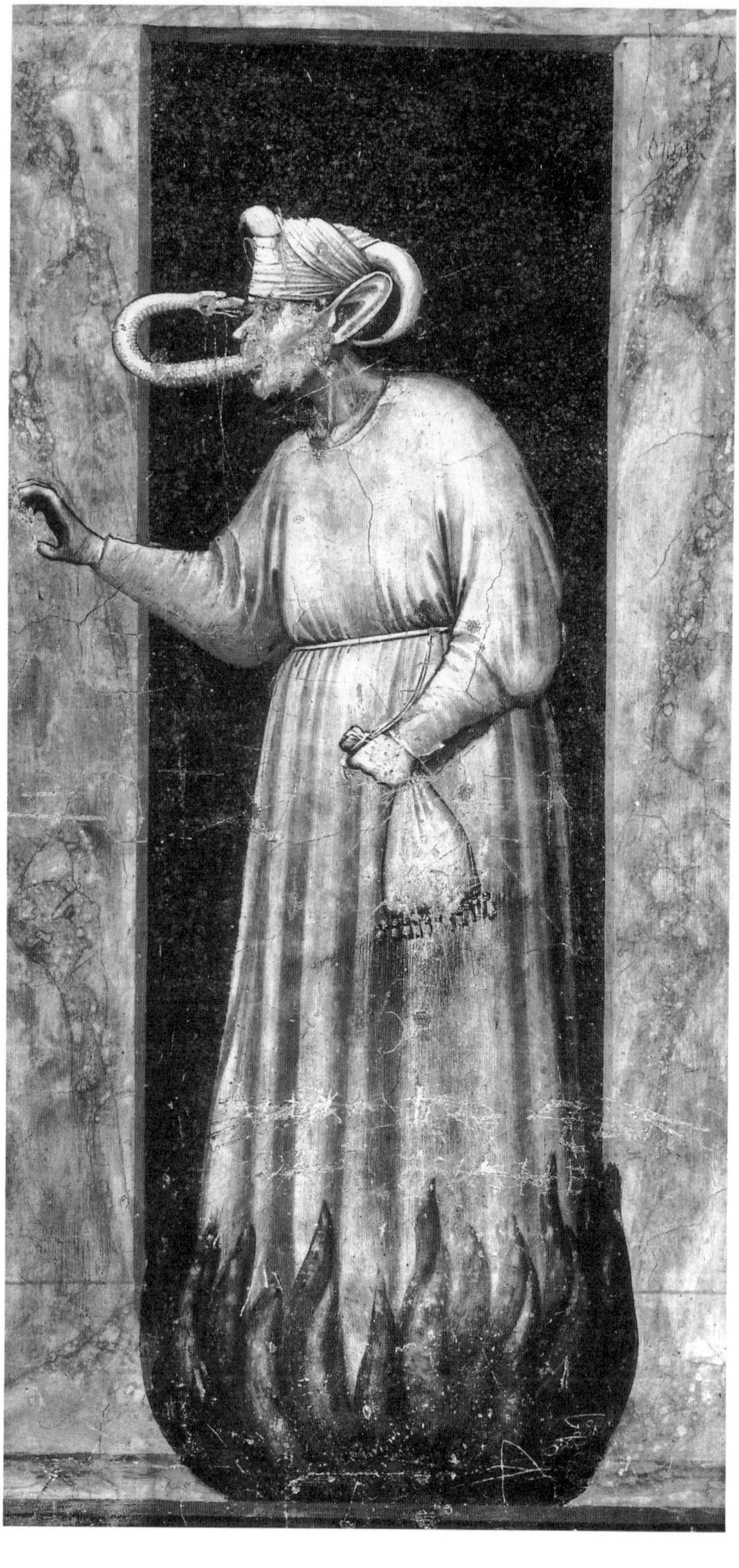

GIOTTO,
Der Neid, um 1303–1305
Ausschnitt aus dem *Jüngsten Gericht*
Padua, Arena-Kapelle

»poni in iscritto il nome d'Iddio in un locho e ponivi la sua figura a riscontro, il vedrai quale fia più riverta.«

»Schreib den Namen Gottes an eine Stelle und setze dem seine Gestalt gegenüber: du wirst sehen, welches von beiden mehr Ehrerbietung enthält.«

LEONARDO[1]

»Pictura loquitur« *

Vom Anfang des 8. bis Mitte des 9. Jahrhunderts wurde das Gebiet des Oströmischen Reiches wiederholt von heftigem Fieber geschüttelt. Wie ein Zeitgenosse erzählt, waren ganze Städte und viel Volk in ständigem Aufruhr, auf der einen Seite oder auf der anderen: Es ging um die Frage der Bilder[2], und der Kampf der Ikonoklasten, der Bilderstürmer, mit ihren Gegnern betraf, die Grenzen des rein theologischen Disputs durchbrechend, die Erfahrung aller und nahm zuweilen die Färbung entschiedenster Intoleranz und grausamer, Tätlichkeiten nicht ausschließender Verfolgung an.

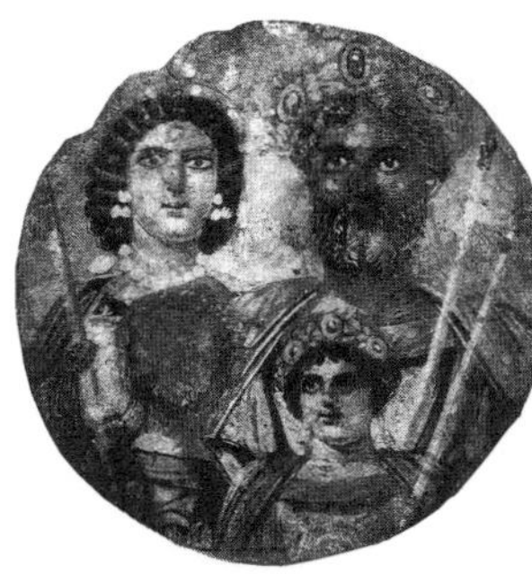

Altägyptischer Maler,
Septimius Severus mit seiner Familie
um 199–205

Seit jeher – und bis in unsere Tage – werden die Bilder der Feinde zerstört, die besiegt sind oder gegen die man gerade kämpft: Wie oft war nicht die *damnatio memoriae* (Verdammung der Erinnerung) über die ehemals ruhmreichen Statuen der römischen Kaiser verhängt worden? Und der Niedergang des Heidentums hatte, aus Unachtsamkeit oder mit Absicht, die Statuen der entmachteten Götter zum sicheren Tod verurteilt[3]. In der byzantinischen Welt aber sind es zum ersten – und vielleicht einzigen – Mal die Bilder der siegreichen Religion, die zerstört werden: Gottesfürchtige Herrscher, Patriarchen und Bischöfe, die mit nicht nur ritueller Ehrfurcht die heiligen Namen Christus und Maria aussprechen, ergrimmen gegen deren figürliche Darstellungen, die sie in den Kirchen von den Wänden reißen. So erlangt, mit einer Lebhaftigkeit und einer Leidenschaft, die uns die überlieferten Texte nur teilweise vermitteln können, eine Sensibilität Gestalt und Bewußtsein, die ihr Augenmerk besonders scharf auf die Welt der gemalten und bildhauerisch dargestellten Figuren richtet: Denn sie zu zerstören, sie mit den Blüten der Rhetorik und den Waffen der Theologen zu bekämpfen, bedeutete gewiß, sie als *lebende* Feinde zu behandeln[4].

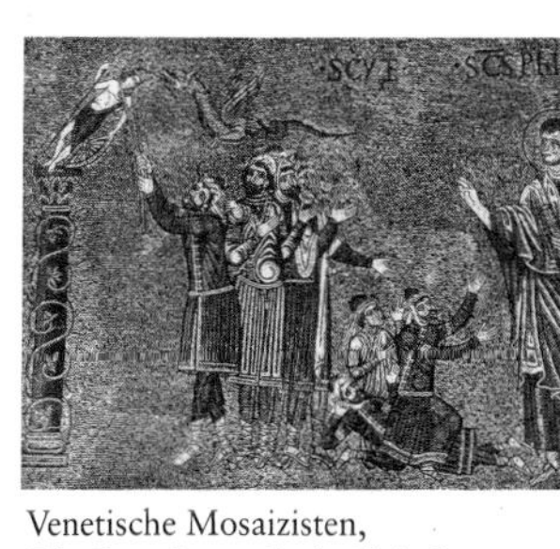

Venetische Mosaizisten,
Die Zerstörung der heidnischen Götzenbilder, um 1320
Ausschnitt

Den Mönchen, die sich weiter vor den mit heiligen Bildern bedeckten Wänden versammeln wollten, warfen die neuen Theologen lautstark Götzendienst vor: Die den Ikonen erwiesene Anbetung werde, da diese materielle Gegenstände seien, von ihrem einzig wahren Ziel, nämlich Gott, abgelenkt; die Bilder zu vervielfachen, um sie anzubeten, bedeute soviel wie die Götter zu vervielfachen, also zurückzufallen in die Fehler und das Elend der Ungläubigen. Mit diesem Thema ist, wie in einem

* Das Gemälde spricht

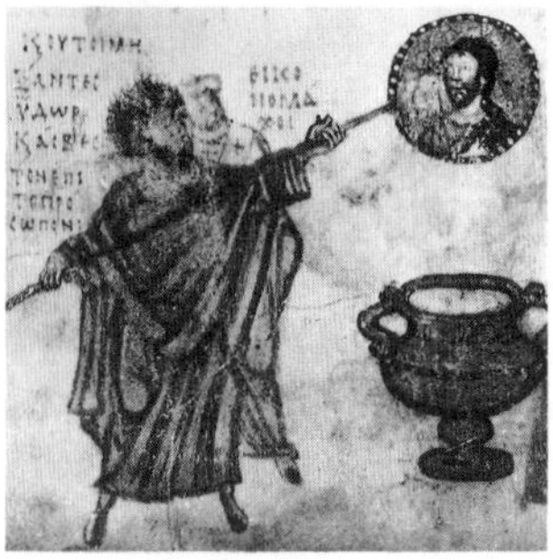

Byzantinischer Miniaturist, *Ein Ikonoklast zerstört ein Abbild Christi*, 2. Hälfte 9. Jh.

Knäuel von Widersprüchen, ein weiteres verflochten: Die Bilder, wird eingewendet, so kunstvoll sie auch gemalt sein mögen, würden immer unzulänglich sein, um Gott und die Heiligen darzustellen. Aber gerade das Beharren auf dieser Unzulänglichkeit, die mit dem radikalen Verbot von Bildern bei *Exodus* 20.4 und mit Zitaten aus der Bibel und den Schriften der Kirchenväter belegt wird, offenbart durch die schier obsessive Wiederholung die Furcht, daß die Ikonen wegen der Qualität der Zeichnung und der strahlenden Farben die ganze Aufmerksamkeit der Gläubigen für sich beanspruchen könnten: Durch ihre Schönheit, die sie echten, lebendigen Wesen *zu* ähnlich mache, erheischten sie eine Bewunderung und Verehrung, die allein Gott zustehe.

Der Topos der Ähnlichkeit mit dem Wirklichen, des der Statue vom Künstler eingeflößten Lebens, der die gesamte klassische Welt durchzogen hatte, ist bei den Byzantinern noch überaus lebendig: Und sie wiederholen ihn – scheinbar ohne Bewußtsein, daß von der antiken Kunst zu der ihren ein stilistischer Sprung stattgefunden hat – bei der Darstellung des Zeuxis wie bei den Ikonen. Mit allen Kunstgriffen einer erstarrten Rhetorik variiert, wird dieser Topos bei den Gebildeten überliefert wie durch eine ihm eigene Trägheit: Doch in der volkstümlichen Kultur wird er natürlich übersetzt in eine Unmenge von Legenden über sich bewegende Statuen[5], die mit den Überlieferungen über die Automaten verfließen, welche der ganze Stolz des kaiserlichen Hofes sind; und andererseits versehen sie die Statuen schließlich, wenn sie ihnen die Zauberkraft zuschreiben, die träge Materie zu bewegen, mit dämonischen Präsenzen, hinter denen sich noch die besiegten Gottheiten des Olymp regen. Diese Auffassung, und nicht die staunende Bewunderung eines »Barbaren«, steht hinter der Erklärung des Kreuzritters Robert de Clari, der bei seinem Besuch des Hippodroms von Konstantinopel im Jahre 1204 in all den Bronzestatuen, die es noch bevölkern, ebensoviele Automaten sieht, *deren Mechanismus defekt ist*[6]. Eine Art von einfachem Euhemerismus hat die Dämonen in Maschinen verwandelt.

Die »Ursachen« des Ikonoklasmus, die in schöner Einfachheit zusammengetragen wurden, sind – im Unterschied zu ihren »Wirkungen« – gewiß religiös, politisch, sozial, ökonomisch und militärisch; und – warum nicht? – arabischen oder jüdischen »Einflüssen« zu verdanken. Doch die gesamte Bewegung artikuliert sich, im ständigen Disput, der mit Kämpfen und Brüchen ihr wechselhaftes Geschick bezeichnet, rund um diesen unheilbaren Gegensatz zwischen einer kulturellen – letzten Endes griechisch-römischen – Tradition, die das Bild so »lebendig« wie möglich wollte, und der Furcht, daß die Ikonen vor den Augen der Gläubigen Beweglichkeit und Atem erlangen könnten und damit – ein Werk des Teufels – einen Platz einnähmen zwischen dem Volk und Gott, zwischen dem Volk und dem Herrscher.

Als unangemessene Nachbildungen einer zu lebendigen jenseitigen Wirklichkeit oder vielmehr selbst zu lebendig, mußten die heiligen Bilder zerstört werden. Aber die so oft analysierte Beziehung zwischen dem unsichtbaren Prototypen (Gott und die Heiligen) und den greifbaren Ikonen verhüllt nur notdürftig den Kern des Problems: Die von der Hand des Malers gemalten und von ihm mit aller Schönheit und allem Schmuck begabten Figuren *beziehen bei der Anbetung die Sinne mit ein* – das Gebet wird so zum fleischlichen Akt. Mit geradezu »pädagogischer« Intuition hatte der heilige Kyrillos (4. Jahrhundert) geschrieben, daß die Bilder, wie die Gleichnisse, den Vorteil haben, die Kraft ihrer Bedeutung »den Augen zum Ansehen, den Händen zum Berühren«

darzubieten. Doch die Anbeter der Ikonen forderten das Recht, »sie anzubeten, sie zu küssen, sie zu lieben«: Formeln dieser Art kommen, dutzendmal und mit einer Art gerührter sinnlicher Emphase wiederholt, in den Erklärungen der Väter des II. Konzils von Nikäa (787) vor; ein zeitgenössischer westlicher Beobachter sprach also zu Recht von *amplectibilis adoratio* (umarmender Anbetung)[7]. Und so begreift man die merkwürdige Strafe, die im Jahre 766 den Mönchen auferlegt wurde, welche unbeirrbar die Bilder anbeteten und verteidigten: Man ließ sie, eine Frau an der Hand haltend, im Hippodrom aufmarschieren[8]. Derjenige, der sich diesen Zug ausgedacht hat, hatte dabei zweifellos einen Passus aus dem Brief des Heiligen Paulus an die Galater (5.19) im Sinn: »opera carnis, quae sunt fornicatio, immunditia, impudicitia, luxuria, *idolorum servitus*« (die Werke des Fleisches, welche sind: Unzucht, Unkeuschheit, Ausschweifung, Götzendienst). Die Bilder anbeten bedeutet, den Sinnen nachzugeben; deshalb kann die geheiligte Keuschheit des Mönches, schon entweiht, verspottet werden, indem man sie zur Berührung mit dem Fleisch einer Frau zwingt.

Die Antworten der Anhänger der Bilderverehrung waren nicht weniger reich an Argumenten und Zitaten. Auf einer jahrhundertealten Tradition aufbauend, bestanden sie auf der Legitimität der den Bildern dargebrachten Anbetung, da diese von den Bildern zum Prototyp, d. h. zu Gott übergeht. Dieses Hauptargument wird dutzende von Malen neu formuliert und von den Ikonoklasten immer wieder zurückgewiesen: Doch indem es die Frage unter dem Gesichtspunkt des Verhältnisses von *Prototyp* und *Abbild* (= Ikone) stellt, lenkt es die Aufmerksamkeit in unvermeidlicher Weise auf den Vermittler zwischen diesen beiden, auf den Künstler, der irgendwie den Prototyp abbilden muß. Dieser Punkt ist so heikel, daß es schwierig ist, explizite Formulierungen darüber zu finden; aber er ließ sich nicht umgehen. Die Antworten, die hierzu versucht wurden, bewegen sich in zwei nur scheinbar verschiedene Richtungen: Die erste (deren Wurzeln sicher vor der Zeit des Ikonoklasmus liegen) ist der Versuch, durch die Konstruktion fiktiver Traditionen achiropiter Ikonen (ἀχειροποιητοι) aufzuspüren, Ikonen also, die nicht von Menschenhand gemalt sind, sondern in denen sich das göttliche Bild in wunderbarer Weise der Materie aufgedrückt hat[9]. So ist der menschliche Vermittler ausgeschaltet: Und ist die Unbekannte der Fehlbarkeit des Künstlers beseitigt, so *muß* die Ikone dem Prototypen gleichen.

Die zweite Antwort findet sich, in aller Klarheit formuliert, in den Akten des II. Konzils von Nikäa, das für immer die Anbetung der Bilder wiederherstellte: »Non est imaginum structura pictorum inventio, sed ecclesiae catholicae probata legislatio et traditio [...] consilium et traditio ista non est pictoris (eius enim sola ars est), verum ordinatio et dispositio patrum sanctorum« (Das Erfinden von Anlage und Aufbau der Bilder ist nicht Sache der Maler, sondern der Tradition und bewährten Gesetzgebung der katholischen Kirche. Diese Regeln und Überlieferungen... sind nicht Sache der Maler [deren Sache ist allein die Kunst]; die wahre Ordnung und die richtige Disposition der Bildgegenstände sind Sache der Kirchenväter)[10]. Dem Maler steht die *sola ars* zu, der Kirche – der Traditionen wegen, die auf die Heiligen Väter zurückgehen – die *structura* der Ikonen, d. h. ihre *ordinatio et dispositio,* ihre Ikonographie. Das Problem der Ähnlichkeit mit einem übersinnlichen Vorbild wird gelöst, indem man es nach rückwärts verschiebt und hinter dem unanfechtbaren Siegel der Autorität der Kirche als dem Hüter der Tradition und als der gültigen Hierarchie verbirgt[11].

Keine dieser Antworten und keine der Metaphern, auf die sie sich zuweilen stützen, könnte man ohne die lebendige Präsenz der klassischen Kultur erklären. Hinter der Formel »vom Prototypen zum Abbild« steht in erster Linie die Erfahrung der klösterlichen *scriptoria* (Schreibwerkstatt) und das Problem, der Vorlage treu zu bleiben, die kopiert werden soll, gewiß aber auch, auf einer im eigentlicheren Sinne ikonographischen Ebene, das Bewußtsein einer Praxis, die *nobilia opera* (Adel der Werke) der Meister zu kopieren, von der Statuen und Texte immer wieder Zeugnis ablegten und ablegen.

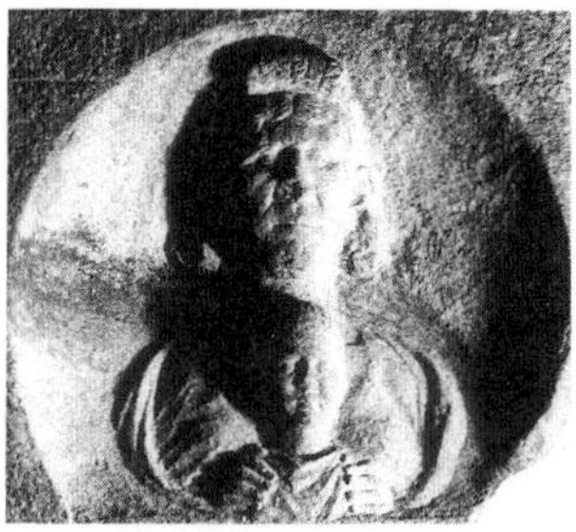

Aquileische Werkstatt, *Mutter mit Kind,* Grabstelle, 1. Hälfte 3. Jh. n. Chr.

Andererseits spiegelt die so rigide Unterscheidung zwischen Maler (dem nur die *ars,* d. h. die Technik zukommt) und kirchlichem Auftraggeber (dem die gesamte ikonographische *inventio* zukommt, welche allerdings ganz in der Tradition liegt), nicht nur eine gängige Gewohnheit wider, sondern setzt das *wirkliche* Vorhandensein einer ikonographischen Tradition voraus, die sich ausdrücklich nach der letzten kaiserlich-römischen Kunst ausgerichtet und deren Vorgaben den neuen christlichen Themen angepaßt hat[12].

Die Kraft der Bilder liegt in dem, was sie suggerieren können, ohne es zu sagen; mit den Worten von Erasmus: »Oft sehen wir in den Bildern viel mehr als das, was wir den geschriebenen Dingen entnehmen können.«[13] Und deshalb konnte, angesichts einer Kunst, die für die kaiserliche Propaganda funktionale Formeln und Stile radikal umgearbeitet hatte[14], nur eine offen feindselige Haltung dazu führen, *in* die Ikonographien hineinzusehen, indem man sie »auseinandernahm« und sich nach dem *Warum* fragte: Deshalb finden wir das vollständigste Repertoire an Themen und Schemata der antiken kaiserlichen Ikonographie in der Rede des heiligen Gregorius von Nazianz gegen Julianus den Abtrünnigen. »Die Kaiser lieben nicht nur die Wirklichkeit der Unternehmungen, auf die sie stolz sind, sondern auch deren Darstellung; so wollen sie mehr und in vollkommenerer Weise verehrt werden.«[15]

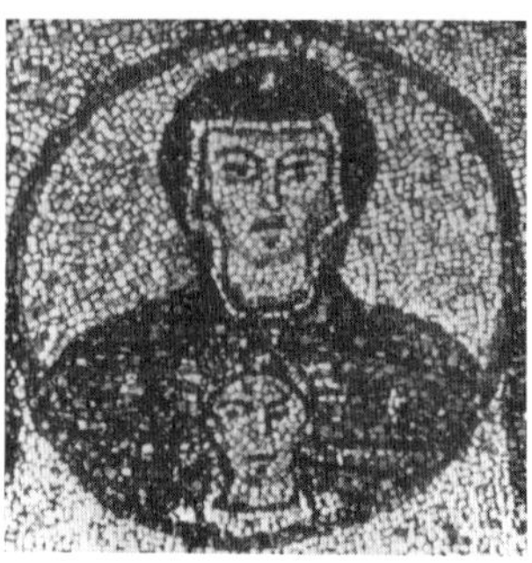

Römischer Mosaizist (?), *Madonna mit Kind,* um 820 Rom, Santa Prassede

Der Gegensatz zwischen Heiden und Christen und das Problem des Kults der Kaiserbilder hatte also den propagandistischen Charakter der kaiserlichen Kunst zum Bewußtsein gebracht, indem er hinter den Figuren (Schemata und Themen) das stark hierarchisierte gesellschaftliche Gefüge kenntlich machte, das durch sie vermittelt werden sollte. Aber das neue christliche Reich hatte schon mit Konstantin jede Feindseligkeit gegen den Herrscherkult im Keime erstickt: »Den Aposteln gleich« und Verteidiger des Glaubens, konnte der Kaiser weiterhin, durch seine Bilder, öffentliche, rituelle Bezeugungen der Loyalität und Ergebenheit entgegennehmen. Es ist von großer Bedeutung, daß der Ikonoklasmus sich *nur* gegen die sakralen Bilder wandte, während weiterhin kaiserliche Portraits und profane Themen wie Zirkus- und Jagdszenen gemalt wurden, die sicher um die Figur des Herrschers herum organisiert waren[16]. Die Folgerung, daß die ikonoklastischen Kaiser die sakralen Bilder bekämpften, um *ihrer eigenen* Propaganda durch Abbildungen ein exklusiveres Gewicht zu verleihen, mag nur zu offensichtlich erscheinen, ist aber gewiß zumindest unzulänglich. Andererseits benutzten die Verteidiger der Bilder die Verehrung der kaiserlichen Bilder als Argument zu ihren Gunsten: Denn auch in diesem Fall gelangt die der trägen Materie bezeugte Ehrung »in Wirklichkeit« zur lebendigen Person des Herrschers[17]. Die *Absicht* des Untertanen oder des Gläubigen ist also der einzige zentrale Punkt: Wenn er vor dem Bild seines Herrschers niederkniet, kann ein Händler aus Byzanz sich vorstellen, er vollziehe, mit nicht geringerer Hochachtung, im unzugänglichen Palast die vom Hofzeremoniell geheiligten Gesten; das Bild

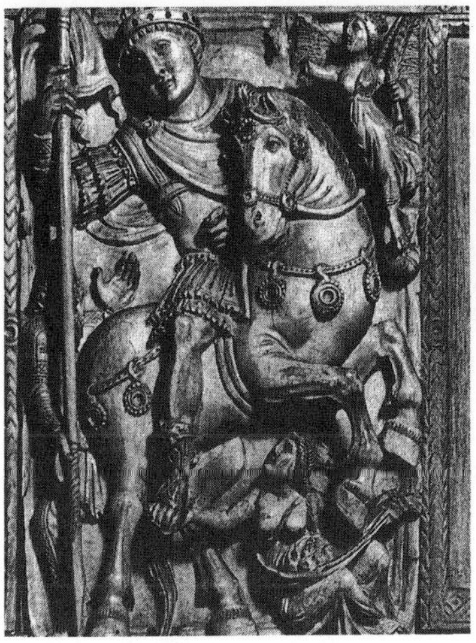

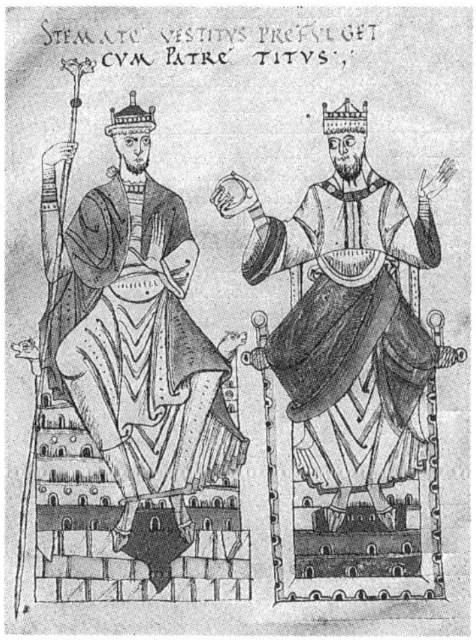

links:
Elfenbeinschnitzerei aus Konstantinopel,
Kaiser Justinianus I. (?) als Herrscher des Erdkreises
Barberini-Diptychon, Ende 5. Jh.

rechts:
Toulouser Miniaturist,
Vespasian überreicht Titus den Reichsapfel, Ende 11. Jh.

eines Heiligen, der Jungfrau Maria oder Christus zu umarmen, bedeutet dann jedoch, Anspruch darauf zu erheben, mit den Sinnen und dem Fleisch in den Bereich des Göttlichen einzudringen.

Keineswegs ist so etwas wie ein ungehobelter Cäsarismus Ursache für den Kampf gegen die *heiligen* Bilder: Sondern vielmehr eine überaus feine Aufmerksamkeit für die Antwort der Sinne des Betrachters auf das Bild, auf dieses Produkt der menschlichen *techne* – eine Aufmerksamkeit, der die Theologen Argumente und Sprache verleihen werden. Aber die Ungleichheit, mit der Themen der kaiserlichen Kunst behandelt werden, zeigt deutlich, daß gerade hier zum ersten Mal eine vollständige Scheidung zwischen *sakraler Kunst* und *profaner Kunst* ausgesprochen wird. Das alte Streben nach Ähnlichkeit mit dem Wirklichen, das – Traditionen ungehindert fortsetzend, die schon den heidnischen Herrschern eigen waren – in dem einen Fall dem Künstler zum Verdienst gereichen kann, kann im anderen Fall blasphemisch sein, zum Götzendienst werden. Die Unterscheidung zwischen Sakralem und Profanem hebt das Verhältnis zu den antiken Vorlagen aus den Angeln: Und die Zweifel über die Orthodoxie binden nicht nur die Aktivität des Malers, sondern ganz besonders die Sinne des Betrachters.

Die dramatische Alternative zwischen einer *adoratio* (Anbetung), die ganz *amplectibilis* (umfassend) ist, und der strengen Ablehnung jeder sinnlich wahrnehmbaren Vermittlung zwischen dem Menschen und Gott konnte natürlich vermieden werden. Daß dem Heiligen Lukas eine Tätigkeit als Maler zugeschrieben wurde, liegt auf dieser Linie: Wie hätte sich der inspirierte Verfasser eines Evangeliums beim Malen der Jungfrau Maria vom Wirklichen entfernen können? Als man, am Beispiel der doppelgesichtigen Figur des heiligen Lukas, *Text* und *Bild* in eine parallele Beziehung brachte, nahm man ein antikes Thema wieder auf, das in der Entwicklung der westlichen Kultur sicher eines der am häufigsten wiederkehrenden ist: *ut pictura poësis.* Ab der Renaissance an die Probleme einer Kunst herangehend, die allmählich ihren Status sicherte, bezog sich die Horazsche Ähnlichkeit (*Ars poetica,* V. 361) schließlich nur noch auf die Grade und Formen der Imitation der Natur, wobei sie zwischen Malerei und Poesie eine hier auf die Verwandtschaft, da hingegen auf die Grenze verweisende Linie zog und zuweilen den Charakter eines Disputes über die Überlegenheit einer der beiden Künste über die andere annahm[18].

Als aber die Kirche gezwungen war, sich selbst über den Gebrauch der Bilder Rechenschaft zu geben und sich dabei mit der heidnischen Religion zu konfrontieren, *mußte* der Vergleich von Bild und geschriebenem Wort gänzlich auf der Ebene der *Bedeutung* vorgenommen werden. Der *locus classicus* ist ein Brief des heiligen Gregor des Großen, den er im Oktober des Jahres 600 an Bischof Serenus von Marseille schrieb: Mit der ganzen Autorität eines Papstes wird hier das Prinzip vertreten, daß »praecipue gentibus pro lectione pictura est« (die Malerei ist vornehmlich den Leuten zur Belehrung), denn

was für die Lesenden die Schrift ist, das ist für die Augen der Ungebildeten das Bild, denn auf ihm sehen sogar die Ungebildeten, was sie nachahmen müssen, auf ihm lesen die des Lesens Unkundigen; und die Bilder sind nicht in den Kirchen angebracht worden, um angebetet zu werden, sondern einzig und allein, um die Ungebildeten zu unterweisen[19].

Dieser Gesichtspunkt wurde natürlich im Osten von den Befürwortern der Bilder, insbesondere vom heiligen Johannes von Damaskus, aufgegriffen[20]. Doch der heilige Gregor der Große entwickelte seine Bilderlehre aus der jahrhundertealten und noch lebendigen Tradition der römischen Welt: In der Lebensbeschreibung eines Kaisers aus dem 3. Jahrhundert, Maximinus des Thrakers, hatte die *Historia Augusta* berichtet, daß er, nach siegreicher Beendigung des germanischen Feldzuges, »befahl, die Unternehmungen jenes Krieges sollten auf einige Tafeln gemalt werden, die vor der Kurie aufgehängt wurden, *ut facta eius pictura loqueretur*« (damit die Malerei von seinen Taten sprechen möge). *Pictura loquitur:* Und nach dem Tod des Kaisers befiehlt der Senat tatsächlich, die Tafeln sollen von der Wand abgehängt und verbrannt werden[21]. Noch einmal ist die Zerstörung eines Bildes der offensichtliche Beweis für seinen Wert als unmittelbare, *sprechende* visuelle Botschaft. Deswegen hatten die Redner in den römischen Tribunalen gelernt, ab und zu zu schweigen und mit eigens dafür gemalten Bildern die Affekte des Richters zu bewegen. Sie hielten dafür, »daß ein stummes Bildnis mehr als eine Rede zu ihren Gunsten sprechen könne *(locuturam)*«, wie Quintilian schreibt[22].

Artikulierter und reicher als die Epistel des heiligen Gregor des Großen ist eine Formulierung des II. Konzils von Nikäa: Man unterscheidet darin zweierlei Gebrauch der Bilder, *ad salutationem* (zur Begrüßung) und *ad memoriam* (zur Erinnerung); beide, wird hinzugefügt, sind gleich notwendig[23]. In beiden Fällen bilden die Sinne die Brücke zwischen Betrachter und Bild, sie ermöglichen es, in dem Gemälde das *exemplum* zu erkennen, dem man folgen muß: Als solle jemandem geantwortet werden, der im Kult der Bilder ein der Ausschweifung verwandtes *opus carnis* (Werk der Fleisches) gesehen hatte, handelt es sich bei den zitierten Beispielen um die Geschichte des keuschen Joseph und der Enthaltsamkeit der Susanna; drittens um den heiligen Johannes den Täufer, der in Kamelhäute gekleidet Waldhonig ißt und mit dem Finger auf Christus weist, welcher für die Sünden der Welt leidet. Betrachtet er diese gemalten Geschichten, kann der Gläubige daraus nur Ermahnungen zur Enthaltsamkeit und Buße ablesen; und alle Heiligen zeigen, wie der Täufer, mit ihrem Finger auf das höchste Vorbild, Christus.

Eine tiefe Krise hat – was ja nicht selten ist – jede der streitenden Parteien gezwungen, die eigenen Argumente bewußter und expliziter zu formulieren. Indem in den Kontroversen der Ikonoklasten mit Unerbittlichkeit und Strenge Heiliges gegen Profanes gesetzt wurde, Sichtbares gegen Unsichtbares, Heidnisches gegen Christliches, haben sie einen endgültigen Bruch zwischen Orient und Okzident erklärt. Der Gegensatz von *memoria* und *salutatio* als alternative Funktionen (oder Konsumtionen) des Bildes kodifiziert zugleich mit außerordentlicher Klarheit die beiden Pole jeder möglichen emotionalen Antwort des Betrachters angesichts der Ikone, denn er beschreibt sie in hochritualisierten Formen. Dieser Gegensatz ist seinerseits auf einem anderen begründet, dem Gegensatz zwischen *darstellendem* Bild (dem die *salutatio* zukommt) und *erzählendem* Bild (dem die *memoria* zukommt), und bezieht letztendlich zwei verschiedene Dimensionen der *Zeit des Betrachters* mit ein, die *punktuell* ist, was die *zu grüßende* Ikone betrifft, während sie sich vor einem Bild, in dem die Erinnerung an Ereignisse, an Texte aus der Heiligen Schrift, zurückzuholen (zu lesen) ist, ausdehnen und – wenn das Auge über das Gemälde schweift – einen *linearen Weg* zurücklegen muß.

*»Secundum typicam figuram«**

Die Geographie des Heiligen kennt keine Landschaft und lehnt die Geschichte ab. Das Geflecht von Bergen und Tälern und Flüssen, der Paß und die Brücke, das Schiff, das übers Meer fährt, erscheinen ihr vor allem als Punkte, die sich entlang der Linie einer Reiseroute zur Wallfahrtsstätte miteinander verbinden. Die Städte, die Burgen können Bezugspunkte, Stationen sein: Aber eine Karte, die die exakten Bodenerhebungen zeigt, ist nicht nur »technisch« unmöglich, sondern auch gar nicht wünschenswert. Welche Bedeutung hat es schon, wie breit der Fluß ist? Man kann ja kaum die Tage zählen, die man gehen muß.

Auf einem so zielgerichteten Weg wie dem nach Rom oder Santiago de Compostela wirkt es, als würden die Knotenpunkte der Reiseroute nicht von der Organisation der Straßen und der Wartezeiten, sondern vorrangig von einer individuellen Spannung des Reisenden zusammengehalten, der sich hauptsächlich auf eine privilegierte Begegnung mit dem Heiligen zubewegt, in der er sein Heil sucht. Verherrlicht durch die kollektive Wallfahrt, die den Festtagen und dann der Abbitte und dem Sündenerlaß entspricht, hat dieser Weg, auch wenn er allein zurückgelegt wird, stets eine eigene irgendwie chorale Dimension: Den Weg der anderen (der anderen vorher und der anderen nachher) nachzugehen bedeutet, das eigene Schicksal, die eigene Hoffnung mit der aller zu vermischen. Ebenso nötigten in den großen heiligen Städten (in Rom genauso wie in Jerusalem) die Führer die Pilger, jene zwanzig Orte zu besichtigen, an denen Erscheinungen und Wunder stattgefunden hatten: Als kennten sie das gesamte Gefüge der Stadt mit all ihrem Leben, ihren Leidenschaften und Schmerzen nicht, um eine künstliche, weitmaschige Topographie zu erfinden, fast ein Netz, das sich über die wirkliche Stadt legt, in ihr hier und dort einen Knoten, einen Ort bezeichnet: mit den Scheuklappen des Heiligen.

Und dennoch birgt diese Geographie des Heiligen, die die echte Geographie zu zerstören und ihr zu widersprechen scheint, eine eigene Wahrheit: Denn *peregrinus* ist nicht nur der, der sich »fuori dalla patria sua« (Dante), also außerhalb seiner Heimat bewegt, sondern jeder Christ ist per definitionem ein Fremder in der Welt, aufgrund des Schicksals, das durch Gottes Worte an Abraham schon symbolisch

* Nach einer typischen Gestalt

angekündigt wurde: »egredere de terra tua [...] et veni in terram, quam monstrabo tibi« (Ziehe hinweg aus deinem Vaterland und gehe in das Land, das ich dir zeigen werde) (*Genesis* 12.1). Deshalb ist bei dieser hartnäckigen Suche nach dem Heil der Ort, an dem der Pilger dem Heiligen begegnet, seiner Natur nach undefinierbar; unbedeutend ist seine *wirkliche* Geschichte. Wichtig ist, daß die Tradition glaubwürdig seine Sakralität bekundet, etwas wie eine *intensivere* Präsenz des Göttlichen[24], die sich dann immer – ohne daß man sie je überprüfen müßte – auf Geschichten von Stiftungen, auf Episoden aus der Biographie Christi oder eines Heiligen stützt.

Der Glaube an die Allgegenwart eines Gottes, der sich außerhalb von Raum und Zeit befindet, vereinigt sich so, paradoxerweise, mit der Suche nach einem privilegierten Kontakt mit ihm an dem *Ort* einer heiligen *Begebenheit.* Wenig Bedeutung hat es, daß die Wahl des Ortes und/oder der Begebenheit mehr oder weniger willkürlich erfolgen kann: Die Funktion des Wallfahrtsortes ist gänzlich durch die alleinige Tatsache erklärt, daß die Pilger dort zusammenströmen. So trägt diese Verdichtung des Heiligen an einigen privilegierten Punkten entscheidend dazu bei, der Frömmigkeit kollektive Dimensionen und »Techniken« zu verleihen; und wenn die Masse der Pilger einen bestimmten Ort zu einem heiligen macht, so gründet sich auf individueller Ebene der Glaube an die Wirksamkeit der eigenen Begegnung mit dem Göttlichen zum Teil gerade auf den Weg, den man zurückgelegt hat, um zu ihm zu gelangen: auf die darauf verwendete Zeit, die Mühe, die Emotionen. Monte Mario, Ankunftspunkt der Pilger, die vom Norden kommen, wird so zum Mons Gaudii, dem Berg der Freude; und die Freude dessen, der die Heilige Stadt erreicht hat, nimmt symbolisch die ewige Wonne dessen vorweg, der, nicht mehr *peregrinus,* ins himmlische Jerusalem eingehen wird.

Wie die Pilgerschaft im Gegensatz zum Leben im Heimatland steht, steht der Feiertag im Gegensatz zur Arbeitszeit: Und die kleine Wallfahrt, die man vollbringt, wenn man die Kirche der Stadt oder des Dorfes betritt, bedeutet nicht nur eine Pause, sondern das Eintreten in eine »anders« gedachte und charakterisierte Dimension. Denn wird auch die turmgekrönte Stadt, aus der sich die Kathedrale erhebt und sich mit dem Palast des Signore oder der Kommune mißt, oft als Abbild der Gottesstadt gesehen, so ist doch der Kontrast zwischen weltlichen Werken und praktizierter Frömmigkeit häufiger und lebendiger.

Als Ort, der der kollektiven Ausübung der Andacht bestimmt ist, ist die Kirche – wegen der in ihr geborgenen Reliquien, ihrer kleinen großen Schätze und der architektonischen Form – nicht nur der Schauplatz von Zeremonien und Riten: Sie muß auch ein Bild von der Zeit Gottes bieten, die einen Gegensatz zur Zeit des Menschen in seinem alltäglichen Leben bildet und sich zugleich in sie einfügt. So ist die *salutatio,* die der Gläubige den Reliquien und den Bildern darbringt – wie bei einer *punktuellen* Begegnung, die auch durch den bloßen Klang der Glocke hervorgerufen werden kann –, nur ein Aspekt seines Verhältnisses zur Kirche; und diese präsentiert sich hauptsächlich als eine *Gedächtnisstätte.*

Indem er an das Prinzip, daß der höchstentwickelte unserer Sinne das Sehen sei, als eine Entdeckung des Griechen Simonides erinnert, zeigt Cicero, wie tief die Überzeugung verwurzelt ist, daß die Bilder mehr über das Gedächtnis vermögen als die Worte; und deshalb, fügt er hinzu, bleibt uns jede mit den Ohren gehörte Rede leichter in der Seele haften, wenn sie sie auch durch die Augen erreicht. Auf diese einfache Beobachtung gründet sich das ganze antike Wissen über das Gedächtnis und die Mnemotechniken, die daraus entstanden sind[25]. Der Autor der *Rhetorica ad Herennium* beharrt auf der Notwendigkeit, »dem Gedächtnis durch emotionale Anstöße zu helfen« (Yates), indem man das, was erinnert werden soll, fest durch beeindruckende und ungewöhnliche Bilder verankert; denn, so behauptet er, unfühlbar entgeht unserem Gedächtnis, was mehr unserem alltäglichen Leben gleicht; um so fester dagegen bleibt eingeprägt, was »egregie turpe, inhonestum, inusitatum, magnum, incredibile, ridiculum« (außerordentlich häßlich, unsittlich, ungewöhnlich, groß, unglaublich, lächerlich) ist (3.22). Die gesamte »Kunst des Gedächtnisses« der Antike ist auf die Erziehung eines künstlichen Gedächtnisses gerichtet, das die zu erinnernden Dinge in erster Linie in bestimmten *signa* (Zeichen, Merkmal) verankert (so nennt sie Quintilian, der insbesondere *imagines vel simulacra* [Bilder oder Abbilder] vorschlägt) und die *signa* in zweiter Linie an *Gedächtnisstätten* anbringt *quae vel finguntur vel sumuntur* (die entweder erfunden werden oder real vorhanden sind), d. h. man entnimmt sie der Wirklichkeit oder man stellt sie sich vor; in beiden Fällen behält man sie im Sinn (*Institutio oratoria* XI, 2, 19.21). Diese an wirklichen oder fiktiven Orten angebrachten Bilder sind in der Vorstellung existierende »Karteien«, die das festhalten, was wir erinnern sollen.

Dennoch ähneln die Statuen und Wandelgänge, die man sich nach Aufforderung der antiken Abhandlungen über Mnemotechnik fest ins Gedächtnis einprägen sollte, ein wenig zu sehr den Statuen und marmornen Wandelgängen, unter denen ihre Schüler und Leser sich bewegen mußten. Wenn sich die älteste Gedächtniskunst, die Simonides von Keos zu Anfang des 5. Jahrhunderts vielleicht als erster zu kodifizieren versuchte, im Gefüge der urbanen Monumente verankert hat, so deshalb, weil diese in immer bewußterer Weise dazu bestimmt waren, Statuen, Gemälde und Reliefs aufzunehmen, die – wegen ihres Standortes und der Wechselbeziehungen – den Passanten zwingen mußten, sich an die mythischen oder historischen Ereignisse seiner Stadt, und später des Reiches und der Kaiserfamilie, zu erinnern.

Die *Rhetorica ad Herennium* – die für ein Werk Ciceros gehalten wird und eng mit der authentischen Abhandlung *De Inventione* verbunden ist – liegt den mittelalterlichen Spekulationen über die Gedächtniskunst zugrunde, wie Frau Yates bestens demonstriert hat. Der heilige Albertus Magnus und der heilige Thomas von Aquin, die die beiden größten Autoren der mittelalterlichen *ars memorativa* sind, stützen sich auf diesen Text und machen die Verschiebung des Schwerpunktes des künstlichen Gedächtnisses von der Rhetorik auf die Ethik ganz deutlich. Das Gedächtnis ist Teil der Tugend der Vorsicht; und will man vor allem »die Dinge, die Heil oder Verdammnis betreffen, Glaubensartikel, Wege, die durch Tugend zum Himmel oder durch Laster zur Hölle führten«, behalten, so muß man es vorrangig an »feierlichen und seltenen« Orten schulen. Und dann, gewiß, »könnte die beste Art von Gebäude, in dem man Gedächtnisstätten einrichten kann, eine Kirche sein« (Yates). Noch einmal plaziert das künstliche Gedächtnis seine Archive in schon vorhandenen Gebäuden, die auch schon einem zumindest teilweise analogen Zweck zugedacht sind. Ein Faden – den Frances A. Yates aus der Vergessenheit hervorgeholt hat – verbindet die *ars memorativa* von Albertus Magnus und Thomas mit den Mnemotechniken des heidnischen Altertums; ein weiterer Faden verbindet die figürliche Ausschmückung antiker Gebäude mit der figürlichen Ausschmückung der mittelalterlichen Kirchen. Und die beiden Fäden sind eng miteinander verwoben und von zwei gemeinsamen, einander ergänzenden Prinzipien zusammengehalten: Daß das Sehen der beherrschende Sinn ist, und daß man, um besser zu erinnern (oder erinnern zu lassen), *Figuren* erfinden muß (oder malen, meißeln, schnitzen lassen muß), die die Erinnerung festigen, steuern, erzwingen.

Straußeneier, Meteoriten, Hörner des Einhorns, Greifenklauen, Stoßzähne des Mammut, ausgestopfte Krokodile hingen und hängen manchmal noch, dem Staunen dargeboten, in den mittelalterlichen Kirchen[26], die damit fast »Vorläufer« eines »Naturkundemuseums« darstellen. Hier können die Gläubigen also die merkwürdigen und seltenen Dinge finden, die ihre Behausungen nicht zu bieten haben, die auf ferne Fabeltiere verweisen – und daraus, wenn keine Lehren, so

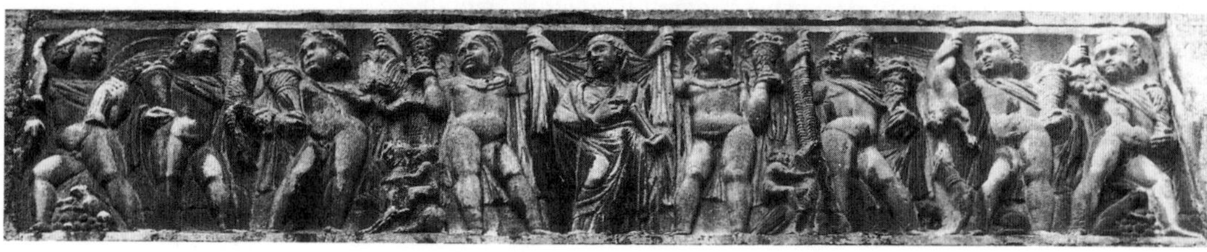

Römischer Sarkophag des 3. Jh. n. Chr., eingearbeitet in eine mittelalterliche Kirchenfassade Genua, San Matteo

zumindest Verwunderung ziehen. Wenn es möglich ist, werden in oder um die Kirche antike Skulpturen gestellt oder sogar hineingemauert: Sarkophage, Kapitelle, Architrave, römische Köpfe und Büsten werden so zu Bestandteilen der Mauern, mischen sich unter die mittelalterlichen Skulpturen[27]. Die Kirche wird also als Sammelstätte des menschlichen Wissens verstanden, die in ihrem begrenzten Raum die Vielfalt und den Reichtum der Welt »draußen« reproduziert; die Naturgeschichte und die profane Geschichte werden ins Bild der sakralen Geschichte mit aufgenommen. Und die *vana curiositas* (eitle Neugier) für die Natur, die der heilige Augustinus bedauert hatte, kann nutzbar gemacht werden, wenn die Kenntnisse und die »Fakten« auf eine im eigentlichen Sinne ethische Ebene gehoben werden: Wie die Tiere des *Physiologus* und der zahlreichen *Bestiarii,* die daraus hervorgegangen sind, so werden auch die in den Kirchen ausgestellten Seltsamkeiten zum Ausgangspunkt für eine moralische Interpretation.
Warum Straußeneier? Weil, so antwortet Guillaume Durand im *Rationale* (um 1295),

der Strauß gedankenlos ist, seine Eier liegenläßt und vergißt, sie auszubrüten, bis der Anblick eines Sterns ihn daran erinnert, und dann kehrt er zurück und brütet die Eier mit dem Blick aus. So ist der Mensch, der, von Gott erleuchtet, seine Sünden bereut, zu ihm zurückkehrt und von seinem Blick gewärmt wird; wie Lukas erzählt, daß der Blick Christi genügte, um Petrus bereuen zu lassen, daß er ihn verraten hatte: und er weinte bitterlich (22.61-62)[28].

Die *mirabilia* werden zu *exempla;* und der Blick des Gläubigen auf das in der Kirche hängende Straußenei kann ihn zur Reue, zum Heil hinführen.

Um zum sichtbaren Rahmen für eine Weltauffassung zu werden, die alles auf das – individuelle und kollektive – Problem des Heils zurückführt, muß die Kirche sich vor allem von jedem anderen Gebäude durch ihre Form und Stellung im urbanen Gefüge unterscheiden; und zweitens muß sie mit Bildern ausgeschmückt sein »in ornamentis ecclesiae et memoria rerum gestarum« (zum Schmuck der Kirche und zur Erinnerung an die Geschichte)[29]. Damit diese *litterae laicorum* (Schriften für Laien) gemäß der Lehre des heiligen Gregor des Großen wirksam ihr Publikum erreichen können, ist es notwendig, daß sie getreu die Lehre der Kirche widerspiegeln und daß die Maler sich an sie halten, indem sie die schon bestehenden Schemata wiederholen. Deshalb wird das Werk des Malers nur ein »secundum typicam figuram desuper oleum fundere« (Bemalen der Leinwand gemäß der typischen Gestalt) sein[30].

Die außergewöhnliche Einförmigkeit der religiösen Ikonographie beruht nicht darauf, daß genau zwingende Normen (wie etwa die zur Fixierung der Riten) erlassen worden wären und auch nicht auf »offiziellen« Kodifizierungen. Und dennoch ist die Ikonographie nicht nur eine *a posteriori* durch die große Menge überlieferter Bilder zustandegekommene Wissenschaft, bei der die Attribute und Formeln der Themen und Ereignisse in eine Ordnung gebracht werden, so wie man die Epitheta eines Flusses und die Taten eines Helden in einem Werk Homers finden kann, wenn man die Sprache des Dichters in Wörter zerlegt.

Die ständige Abhängigkeit der Maler und Bildhauer von kirchlichen oder der Kontrolle von Angehörigen des Klerus unterliegenden Auftraggebern, die die belehrende Absicht der *ornamenta ecclesiae* sichern, erklärt, wieso auch innerhalb einer sehr großen Vielfalt von Themen und Schemata, unter denen gewählt werden kann, die Bilder von Christus und den Heiligen immer eine Haltung *secundum typicam figuram* aufweisen. Nicht nur die Künstler kümmern sich darum, diese *typi* in Umlauf zu bringen, indem sie von anderen oder aus Alben mit Vorlagen lernen, sondern auch die Auftraggeber, die die Geschichte den *Laien,* den Ungebildeten verständlich dargestellt wissen wollen.

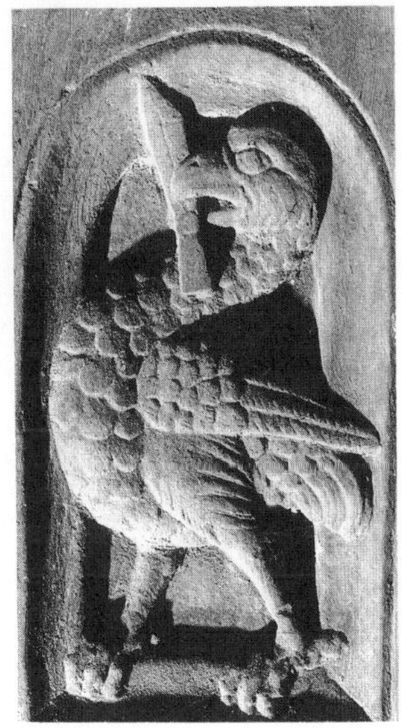

NICOLÒ,
Strauß mit dem Eisen im Schnabel,
um 1314
Teil des Portals
Ferrara, Dom

»Litterae laicorum« *

»Zuweilen weisen ein Portal, eine Fassade, eine ganze Kirche eine dem Kult absolut fremde oder sogar kirchenfeindliche symbolische Bedeutung auf [...]. Im Mittelalter hat der in den Stein geschriebene Gedanke, das architektonische Buch, ein Privileg, das man aus der Nähe mit unserer Pressefreiheit vergleichen kann: Es ist die ›Architekturfreiheit‹« (Victor Hugo, 1832)[31].

Diese Art, die mittelalterlichen Skulpturen zu betrachten, ist entscheidend gewesen für die schrittweise Rückkehr zum Studium des dekorativen Schatzes der Kathedralen, das sich im 19. Jahrhundert entwickelt: Und dennoch ist sie ganz falsch. Die Vorhalle des Doms von Cremona, in der die Skulpturen des Architravs von der bewegungslosen Figur seines Bischofs Sicardus[32] beherrscht werden, scheint in einem Bild voll stummer Autoriät den Einfluß des Bischofs auf die Ausschmückung *seiner* Kathedrale zusammenzufassen.

Sicardus (ca. 1155–1215), Bischof von Cremona von 1185 bis zu seinem Tod, ist einer der wenigen, der in seinen Schriften ein zuverlässiges Zeugnis seines Interesses an Bildern hinterlassen hat: Denn ein wichtiger Teil seines liturgischen Traktats, des *Mitralis,* ist der Ausschmückung der Kirchen gewidmet, und verstärkte Aufmerksamkeit gilt den Skulpturen[33]. Sie, so erklärt er uns, werden nicht nur als

* Die Schrift der Laien

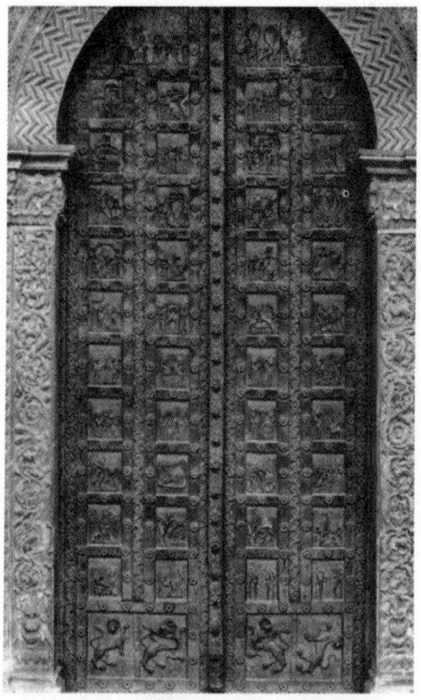

BONANNO PISANO,
Bronzetor, 1186
Monreale, Dom

ornatus ecclesiarum (Schmuck der Kirchen) gemacht, sondern auch, weil sie *litterae laicorum* sind, und dies insofern sie dazu dienen, an die vergangenen Dinge zu erinnern (die Geschichten und die Visionen) und Hinweise auf die gegenwärtigen (Tugenden und Laster) und die zukünftigen (Strafen und Belohnungen) liefern« (*Patrologia Latina* CCXIII 40A-B).

Hier scheinen in ganz großen Zügen die dekorativen Systeme jedes Sakralbaus zusammengefaßt zu sein: biblische Geschichten, *visiones* (wie der Baum Jesse oder die Apokalypse), Tugenden und Laster, die Hölle und das Paradies. Doch warum – hier und oft auch anderswo – soviel Beharren auf der Erinnerung? Besorgt um das geistige Wohl ihres Volkes, scheint die Kirche zu befürchten, daß die Gläubigen die großen Wahrheiten des Glaubens vergessen könnten. Sie spürt vielleicht die Trennung zwischen den Rhythmen des Alltags, seiner Grundprobleme – Arbeit, Ernährung, Krankheit – und seiner Ausrichtung auf das ewige Leben. Zwischen einer Dimension, die nebensächlich erscheint, aber die einzige ist, die jeden Tag fleischlich erfahren wird, und einem Jenseits, das den Menschen bedingt, ohne sich ihm zu zeigen, herrscht der gleiche Abstand wie zwischen den ärmlichen Häusern aller und den großen Kathedralen aus Stein; und es ist ein Abstand, den nur eine beständige Erinnerung an das Heilige – wie es sich enthüllt hat in Vergangenheit und Zukunft – überbrücken kann. Da sie die Sinne ansprechen, sind Bilder dafür dienlicher als Worte.

Schon wenn er sich der Kirche nähert, muß der Gläubige sofort den Sprung zwischen der Welt und dem heiligen Raum erfassen: Nicht nur die Architektur, sondern auch die bildhauerische Ausschmückung der Fassade und vor allem der Eingangstür werden in diesem Sinne zu ihm sprechen. Sicardus von Cremona (c. 21 B) erklärt ohne Umschweife, daß die Kirchentüre Christus *ist*, wobei er sich auf einen Passus des Johannesevangeliums stützt: »Ego sum ostium. Per me si quis introierit salvabitur« (Ich bin die Tür. Wenn jemand durch mich hineingeht, wird er gerettet werden) (10.9); deshalb ist die Kirchentüre zugleich *porta cœli* (Himmelstür)[34]. Der Architrav, das Tympanon und manchmal eine umfassendere Vorhalle sind oft rund um diese Grundidee organisiert; seltener sind auch die Türflügel in denselben Diskurs einbezogen.

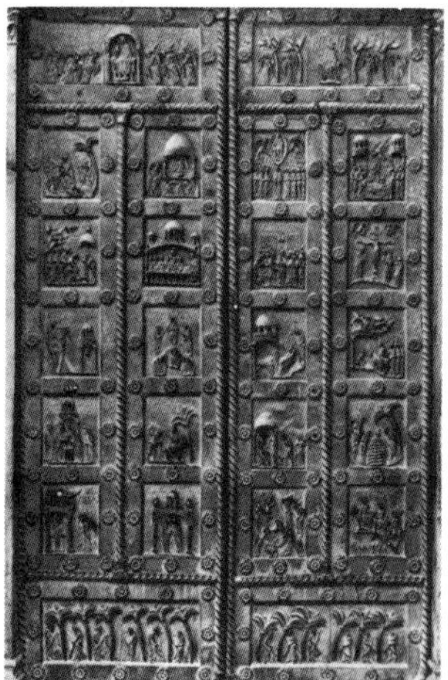

BONANNO PISANO
Bronzetor, nach 1186
Pisa, Dom

Zwei Bronzetüren von Bonanno Pisano – die von Monreale, datiert 1186, und die von Pisa, vermutlich später entstanden – entfalten ein eng verwandtes ikonographisches Programm, das doch ganz verschieden umgesetzt ist[35] (vgl. die Schemata 1 und 2). Die Leserichtung ist in beiden Fällen dieselbe, und zwar bei geschlossener Tür: Von der ersten Tafel unten links geht sie, wie bei einer geschriebenen Zeile, die vier Tafeln der ersten Reihe entlang, und dann wieder von links nach rechts in allen folgenden Reihen bis zur letzten. Aber die Tür von Monreale ist viel größer und hat einem weit umfassenderen Zyklus Raum gegeben: Die unteren fünf Reihen sind dort dem Alten Testament gewidmet, die oberen fünf dem Neuen Testament, während in Pisa die Tafeln, in nur fünf Reihen angeordnet, ganz den Geschichten aus dem Leben Jesu gewidmet sind. Dennoch ist der Notwendigkeit, einen Gesamtüberblick über die Heilsgeschichte, in deren Mittelpunkt das Leben Jesu steht, zu geben, Genüge getan: In Monreale sind von den zwanzig Tafeln des Alten Testaments sieben der Geschichte von Adam und Eva gewidmet, und weitere sechs Prophetenpaaren; in Pisa nehmen zwölf Propheten in einem Palmenparadies das untere Band der Türe ein und erinnern mit ihrer bloßen Gegenwart an die ganze spannungsvolle

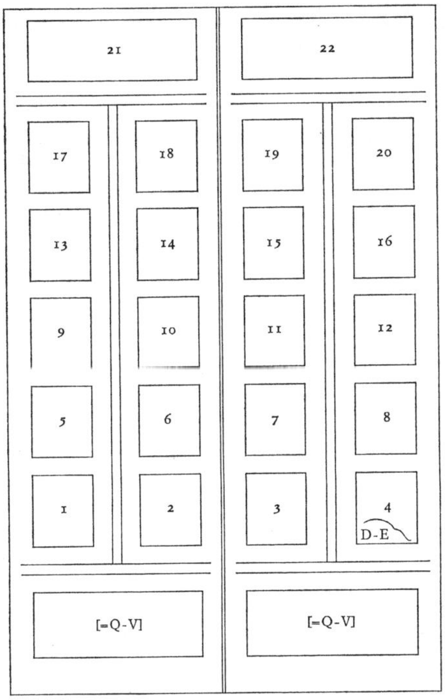

Pisa, Dom, Porta di San Ranieri

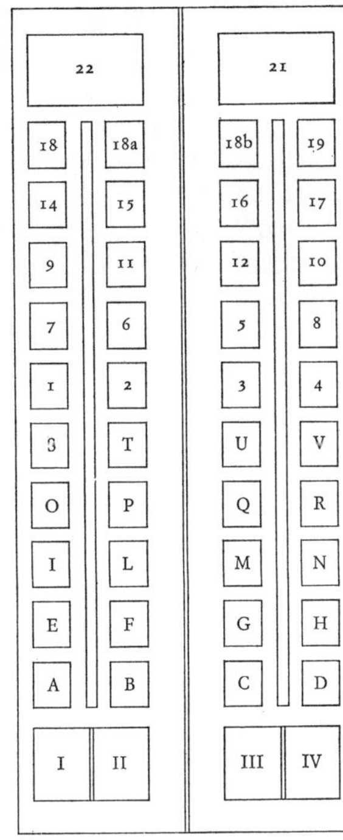

Monreale, Domportal

Schemata 1 und 2
Die Türen des Bonanno Pisano

Die Themen der Dekoration:

I–IV	Tiere
A	Erschaffung Adams
B	Erschaffung Evas
C	Adam und Eva im Paradies
D	Der Sündenfall
E	Vertreibung aus dem Paradies
F	Die Unterwerfung der Frau unter den Mann
G	Die Mutterschaft Evas
H	Kain und Abel
I	Der Brudermord
L	Die Arche Noah
M	Noah pflanzt den Weinberg
N	Abraham und die drei Engel
O	Das Opfer Isaaks
P	Abraham, Isaak, Jakob
Q–V	Zwölf Propheten
1	Verkündigung
2	Heimsuchung Mariae
3	Christi Geburt
4	Die Heiligen Drei Könige
5	Darstellung im Tempel
6	Flucht nach Ägypten
7	Bethlehemitischer Kindermord
8	Taufe
9	Versuchung
10	Verklärung Christi
11	Auferweckung des Lazarus
12	Einzug in Jerusalem
13	Fußwaschung
14	Abendmahl
15	Der Judaskuß
16	Kreuzigung
17	Abstieg in die Unterwelt
18	Auferstehung
18a	*Noli me tangere*
18b	Emmaus
19	Himmelfahrt
20	Marientod
21	Christus in der Glorie
22	Maria in der Glorie

Ausrichtung des Alten Bundes auf das kommen des Messias; und der Sündenfall wird von einer Sequenz bewegter kleiner Figuren ins Gedächtnis gerufen, die – ohne einen erzählerischen Zusammenhang – unter einem Hügel beherbergt sind, über den die Heiligen Drei Könige zu Pferd hinwegreiten. Oben auf den beiden Türen – wenn auch in umgekehrter Position – sind die Themen, die die beiden Programme beschließen, identisch: Christus und Maria im Glorienschein des Paradieses.

Die beiden Reihen von Geschichten aus dem Evangelium unterscheiden sich vor allem durch die Umstellung zweier Szenen. In Monreale kommt die *Darstellung im Tempel* nach dem Paar *Bethlehemitischer Kindermord – Flucht nach Ägypten:* Aber der Kindermord und die Flucht stehen nur bei Matthäus, die Darbringung nur bei Lukas; also war die Reihenfolge der Begebenheiten »frei« und konnte demselben Künstler von verschiedenen Auftraggebern anders vorgeschlagen worden sein. Schwieriger ist es zu erklären, warum in Monreale die *Verklärung Christi* nach dem *Einzug in Jerusalem* kommt, während die Synoptiker darin übereinstimmen, ihn voranzustellen (die *Auferweckung des Lazarus,* die nur bei Johannes steht, kann »freier« eingefügt werden): Wahrscheinlich ist die Tafel am falschen Platz montiert worden.

Einem verschiedenen Aufbau des Diskurses entsprechen hingegen die Unterschiede in den letzten beiden Registern. In Pisa reicht das *Abendmahl* in die *Fußwaschung* hinein, und vor allem ist der *Himmelfahrt Christi* der *Marientod* zur Seite gestellt, in strengerer Übereinstimmung mit den abschließenden Bändern der Türflügel, auf denen die Glorie Christi mit der Glorie der Muttergottes zusammengeht. In Monreale fehlen diese beiden Szenen (Nr. 13 und 20 in den Schemata 1

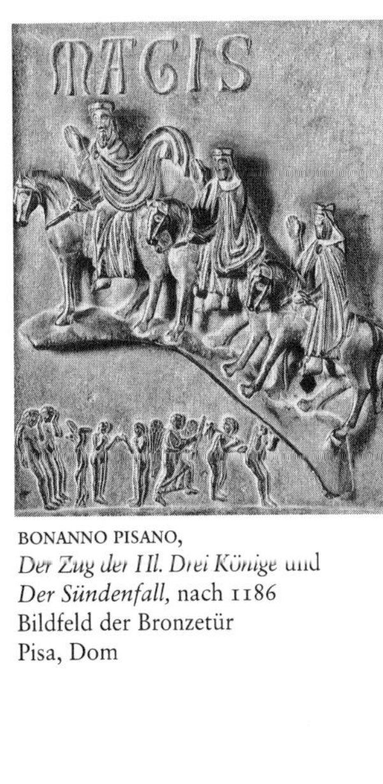

BONANNO PISANO,
Der Zug der Hl. Drei Könige und Der Sündenfall, nach 1186
Bildfeld der Bronzetür
Pisa, Dom

und 2); das *Noli me tangere* und die *Begegnung von Emmaus* (Nr. 18 a–18 b), die ihren Platz einnehmen, zwischen den *Frauen am Grab* und der *Himmelfahrt* eingefügt, bereichern die Erzählung der Begebenheiten nach der *Auferstehung* mit einem ausgeprägter »christozentrischen« Charakter, der nicht Wahl eines Bonanno-Theologen sein kann, sondern einem Hinweis des Auftraggebers entsprechen muß. Ebenso können in einem Gebet oder einem Andachtsbuch manche Begebenheiten aus dem Evangelium anderen vorgezogen und der Aufmerksamkeit der Gläubigen besonders empfohlen werden.

Diese Unterschiede im Programm sind um so bedeutsamer, je größer bei den beiden Portalen gemeinsamen Szenen die Übereinstimmungen des ikonographischen Schemas sind: Denn der Auftraggeber gibt immer die darzustellenden Themen sowie ihre wechselseitigen Beziehungen in einem Programm an; während die Wahl der Schemata – wenn dabei keine Bedeutungsverschiebungen stattfinden, die irgend von theologischer Relevanz sind – eher dem Künstler überlassen wird.

Wir können das gedrängte Zitat des *Sündenfalls* auf dem Portal in Pisa nicht mit der breiteren Erzählung von Monreale vergleichen: Doch allein mit der Auswahl der kleinen Pisaner Szenen wird durch den Gegensatz deutlicher, daß sich in Monreale die Aufmerksamkeit auf die *Arbeit der Stammeseltern* konzentriert; in der Tat ist es der Engel persönlich, der, in der Rechten das flammende Schwert schwingend, Adam und Eva, in *tunicae pelliceae* (Fellbekleidung) wie in der *Genesis* (3.21) vorgesehen, die Hacke reicht. Aber in der folgenden Szene haben die Stammeseltern diese primitive Kleidung abgelegt und tragen schon normale, in der Taille gegürtete Gewänder: »Eva serve a Ada(m)«, indem sie ihm das Essen bringt, während er auf dem Feld arbeitet – so verkündet die Schrift in Volgare; und als »Eva ienui(t) Cain Abel« und einen der beiden Söhne stillt, hält Adam den anderen auf dem Arm. So wird die biblische Erzählung, im übrigen der byzantinischen Tradition folgend, um Einzelheiten wie »aus dem täglichen Leben« bereichert: Wenn aber die Frau, die dem Mann das Essen auf's Feld bringt, eine gewohnte Erfahrung der Bauern war (und ist), so wiederholt die Geburt von Kain und Abel mit wenigen Abweichungen das ikonographische Schema einer *Geburt Christi*, bietet sich als deren »Bild« an, als Antiphrase. *Ave*, der Gruß des Engels, ist nur der Name Evas, andersherum gelesen: Und Maria sühnt, indem sie den Erlöser gebiert, Evas Schuld und besiegt die Schlange: »per feminam peccatum oritur, per feminam eradicatur« (Durch die Frau entsteht die Sünde, durch die Frau wird sie getilgt) (Hl. Augustinus)[36].

Die Szene der *Verkündigung* ist auf beiden Portalen mit identischer Ikonographie dargestellt, und doch ist sie in Pisa dramatischer gestaltet: durch einen schärferen Faltenwurf, durch die Gesichter, die Gesten, die angespannter wirken; selbst durch die Architektur, die vom Hintergrund zum Baldachin wird und hervorspringt wie das gewundene Bäumchen, das teilweise in die Schrift hineinreicht. Dieselbe Tendenz wird noch deutlicher beim *Bethlehemitischen Kindermord*, der in Pisa in dem zum Schlag erhobenen Arm des Henkers, in den verstümmelten Kinderkörpern und selbst in der unbefangeneren Haltung von Herodes, der ein Bein über das andere geschlagen hat, an Lebendigkeit gewinnt. Doch wenigstens einmal benutzt Bonanno in Monreale ein dramatischeres Schema: Beim *Abendmahl*, wo nicht nur der heilige Johannes an die Christusfigur gelehnt ist, sondern, sich fast auf den Tisch werfend, auch Judas sich herüberneigt, als sei er im Begriff, seinen Verrat einzugestehen. So zeigt die Tendenz zu dramatischeren

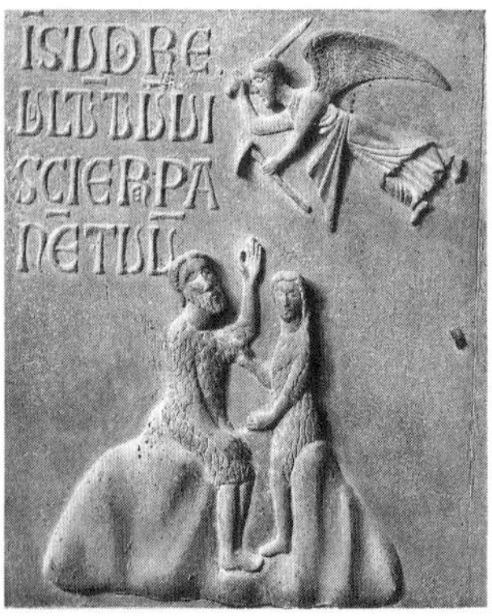

BONANNO PISANO,
Der Erzengel übergibt Adam und Eva Hacke und Stock mit der Anweisung zur Arbeit, 1186
Bildfeld der Bronzetür
Monreale, Dom

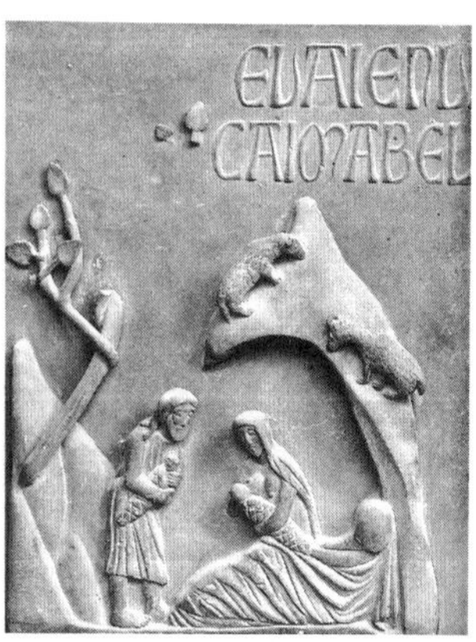

BONANNO PISANO,
Adam und Eva mit Kain und Abel, 1186
Bildfeld der Bronzetür
Monreale, Dom

Formen – die allein weder Kriterium für eine Priorität des einen Portals über das andere, noch Indiz für eine Weiterentwicklung im Schaffen Bonannos sein kann –, gerade weil sie ab und zu auftaucht, etwas wie einen gewissen Freiraum des Künstlers an, der, aufgefordert, dieselbe Erzählung zu wiederholen, dennoch den Moment daraus auswählen und die Betonung auf die eine oder andere Figur legen kann.

Aber eine so reiche Verzierung des Portals ist ein überaus seltenes Privileg. Sehr viel häufiger bezeichnet eine einfache Holztüre den Eingang zur Kirche; und überall rundherum, auf der Fassade – aber natürlich nicht nur dort – befinden sich, und drängen sich manchmal geradezu, Tiere und Ungeheuer aller Art. Es wäre gewiß vergeblich, für jedes davon eine genaue Bedeutung zu suchen und eine verborgene Grammatik der Symbole daraus aufbauen zu wollen; ebenso sinnlos ist der Anspruch, das große Bestiarium der Kathedralen en bloc als reine Dekoration abzutun. Wie immer wird man die Einführung eines Themas oder Motivs (die gewöhnlich bewußter und an Bedeutung reicher ist) von der nachfolgenden Tradition unterscheiden müssen, welche nur wiederholend sein kann.

Ein Architrav der Pieve di San Giovanni in Campiglia Marittima stellt ein klassisches Thema dar, »Meleager, der das Wildschwein jagt«, ist aber nicht – wie man geglaubt hat – ein antiker Sarkophag, sondern eine mittelalterliche »Kopie«[37]. Hier bringt die Imitation der Antike vor allem den ornamentalen Wert des Reliefs zur Geltung: Wenn wir es aber in eine Reihe stellen mit den anderen, zahlreichen Wildschweinjagden, die mittelalterliche Kirchen zieren, werden wir sie vielleicht nicht mehr als »Schnappschüsse« der wirklich stattgefundenen Jagden und ebensowenig – wenn der Jäger Meleager ist – als Erinnerungen an einen antiken Mythos erklären können. Die Einführung der Wildschweinjagd in das ornamentale Repertoire der Kirchen ist vermutlich vielmehr dem Psalm 80.14 »exterminavit vineam aper de silva« (das Wildschwein zerstörte den Weinstock) zu verdanken. Das Wildschwein, das in den Weinberg des Herrn einbricht, ist der Teufel; der Jäger, der es erlegt, demnach also Christus oder ein Gläubiger, gemäß der Anrufung des Psalters: »respice de caelo, et vide, et visita vineam istam, quam plantavit dextera tua« (Blicke vom Himmel herab und schaue und sieh nach dem Weinstock hier, den deine Rechte gepflanzt hat). Der Erbauer der Pfarrei von Campiglia *kann* versucht haben, mit der Jagd des Meleager in eleganterer und umfassenderer Weise dieselbe Idee auszudrücken.

Der gewaltsame Kampf zwischen Menschen und Tieren kehrt in den Kirchen außerordentlich häufig wieder: Und der Kampf mit dem Löwen nimmt wahrscheinlich den ersten Platz ein. Auch hier wirkt es – wegen der antiken Vorlagen und der sehr vielen Variationen des Themas – auf den ersten Blick rein dekorativ: Aber in einem frühen und berühmten Beispiel auf der Fassade des Doms von Pisa sichert eine Inschrift die direkte und ganz bewußte Beziehung mit dem Psalm 22.22: *Salva me de ore leonis et a cornibus unicornium humilitatem meam* (Rette mich aus dem Rachen des Löwen und vor dem Horn des Einhorns meine Niedrigkeit). Wie der Mensch vom Löwen verfolgt wird oder ein zahmes Tier (z. B. der Hirsch) von wilden Bestien gejagt oder getötet wird, wie der Weinberg vom Wildschwein verwüstet wird, so ergeht es dem Gläubigen in der Welt: Belagert von den eigenen Leidenschaften und den Versuchungen des Teufels, kann er nur in der Kirche Zuflucht finden; und die materielle Kirche ist »Bild« der geistigen Kirche. Dies scheint die Grundidee zu sein, der Hunderte von Tieren entsprungen

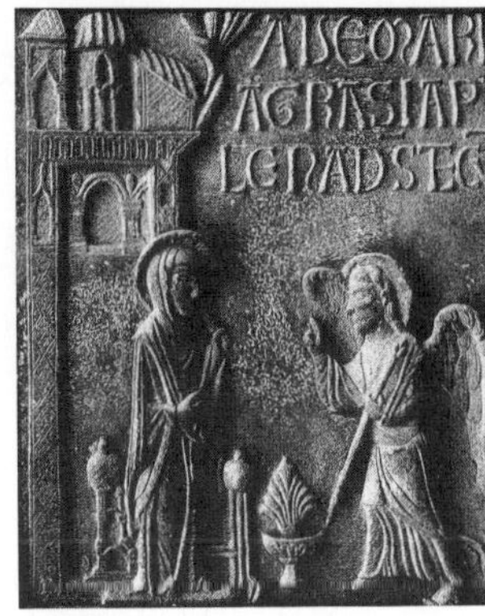

BONANNO PISANO,
Verkündigung, nach 1186
Bildfeld der Bronzetür
Monreale, Dom

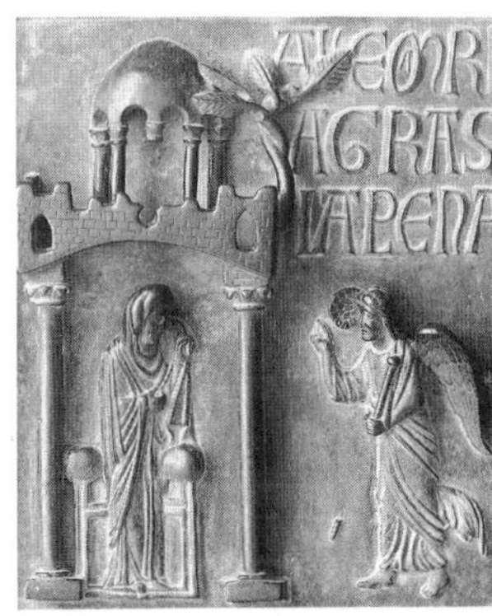

BONNANO PISANO,
Verkündigung, nach 1186
Bildfeld der Bronzetür
Pisa, Dom

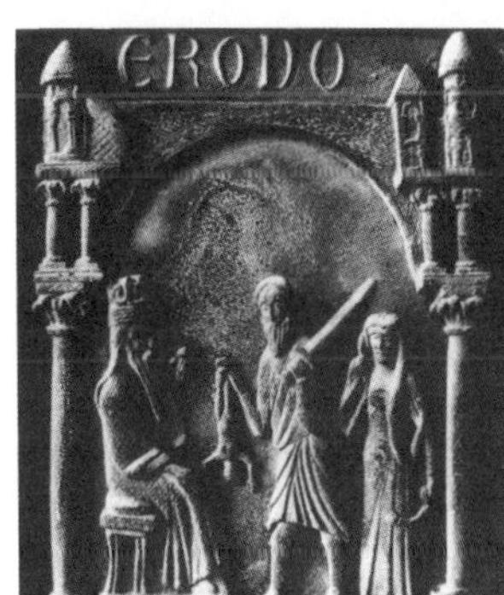

BONANNO PISANO,
Der Bethlehemitische Kindermord, 1186
Bildfeld der Bronzetür
Monreale, Dom

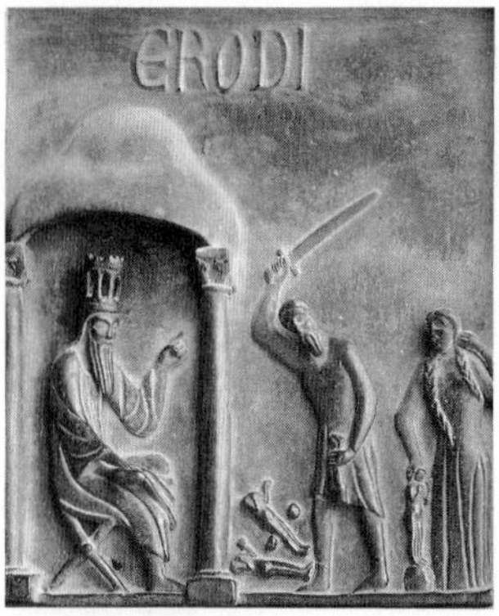

BONANNO PISANO,
Der Bethlehemitische Kindermord,
1186
Bildfeld der Bronzetür
Pisa, Dom

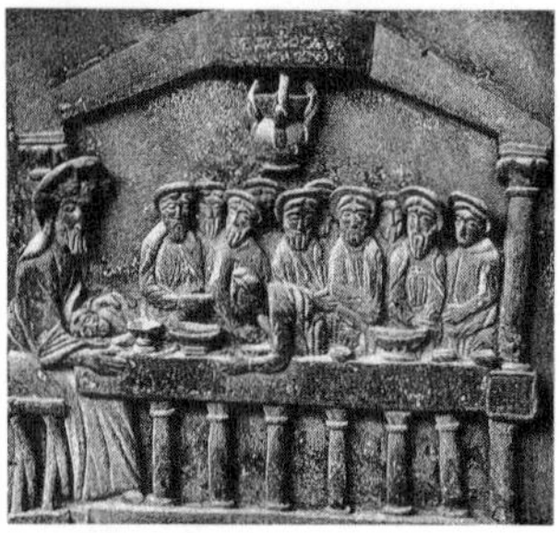

BONANNO PISANO,
Abendmahl, 1186
Bildfeld der Bronzetür
Monreale, Dom

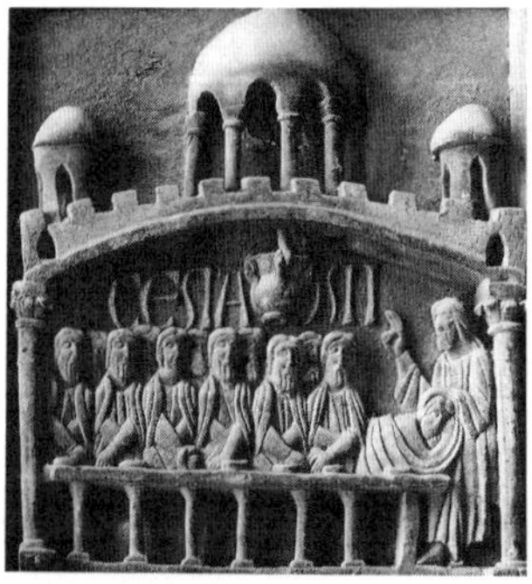

BONANNO PISANO,
Abendmahl, nach 1186
Bildfeld der Bronzetür
Pisa, Dom

sind, an Portalen und Kapitellen emporkletternd, sich auf den Fußböden ausstreckend in einer Vielfalt, die gewiß zum natürlichen dekorativen Überschwang wird und in dem Sich-Winden und Sich-Verflechten von wilden Tieren und Haustieren, von Jägern und Verfolgten, von Sirenen und Einhörnern das anmaßende Einbrechen einer dämonischen Welt, die sich *fühlbar* machen will, in den Raum der Kirche bezeichnet.

Viel mehr als die – sakralen oder profanen – von Menschen gespielten Szenen entziehen sich diese Knäuel von Tieren und Ungeheuern, wenn auch innerhalb einer generellen Bedeutung, häufig genauen Erklärungen. Die beiden Löwen der Kanzel von Barga drücken diese Schwierigkeit und die nicht seltene Ambiguität der Bedeutung gut aus: Der rechte steht über einem Menschen, der ihm einen Dolch in den Leib stößt und von dem wir uns vorstellen können, daß er den Herrn mit den Worten des Psalters anruft; der linke kämpft mit einem Drachen, dem Symbol des Dämons, und könnte also eine »positive« Kraft darstellen. Es ist zwecklos, in den Texten nach allgültigen Erklärungen zu suchen, da wir allein schon bei Sicardus beide Interpretationen *zusammen* finden können: Der Löwe ist Christus, der Löwe ist der Teufel[38]. Es ist vielmehr die *Funktion* dieser Löwen, die Säulen einer Kanzel zu tragen, die beiden eine gleich dämonische Bedeutung zu geben scheint – im Anklang an Psalm 91.13: *Super aspidem et basiliscum ambulabis: et conculcabis leonem et draconem* (Über Natter und Basilisk wirst du schreiten: und den Löwen und den Drachen zertreten). Die Geschichten von Christus und die Symbole der Evangelisten auf der Kanzel und der Priester, der sie besteigen wird, »unterjochen« die beiden Löwen-Dämonen; und der Kampf eines von ihnen mit dem Drachen kann die Unordnung und die Spaltung der Kräfte des Bösen anzeigen. Nur der Kontext, in den Tiere und Ungeheuer eingebettet sind, kann also (wenn auch gewiß nicht immer) den richtigen Schlüssel zur Lektüre liefern. An der zur gleichen Zeit entstandenen Kanzel von Volterra wird die Bedeutung dieser säulentragenden wilden Tiere ausdrücklicher: Eines von ihnen, das in seiner monströsen Gestalt eines Stiers mit menschlichem Gesicht den antiken Flußgott Acheloos ins Gedächtnis zurückruft, muß mit seinem verzerrten und gehörnten »gorgonischen« Antlitz an das vertraute Bild des Teufels erinnern.

»Ingrediens templum, refer ad sublimia vultum« (Wenn du den Tempel betrittst, wende dein Gesicht dem Erhabenen zu), ermahnt die Inschrift eines französischen Portals[39], und macht somit einmal in Worten klar, was jedes andere Portal mit seinen Skulpturen ausdrückt. Und in dem Augenblick, in dem er in die Kirche eintritt, wird der Gläubige oft von Figuren empfangen, die ihm, auf unterschiedliche Weise zusammengefügt, ein Bild des *adventus* (Ankunft) Christi bieten, der also zugleich den Eintritt in die Kirche und den Beginn des liturgischen Jahres bezeichnet. Die Theologen unterschieden zwischen einem *adventus in humilitate* (Ankunft in Niedrigkeit), der durch die *Verkündigung* oder die Geburt Christi wiedergegeben werden konnte, und einem *adventus in maiestate* (Ankunft in Erhabenheit), dem je nachdem die *Auferstehung,* die *Himmelfahrt,* die *Apokalyptische Vision* und das *Jüngste Gericht* entsprechen; ihrer zu gedenken oder auf sie zu hoffen, im Ritus der Messe wie auch in der Ausschmückung der Kirche, sollte im Gläubigen den *adventus in mente* (Ankunft im Geist) auslösen[40].

In der Vorhalle des Doms von Ferrara, die in zwei Abschnitten zwischen 1135 und dem Anfang des 14. Jahrhunderts ausgeführt wurde, überlagern und mischen sich zwei verschiedene thematische

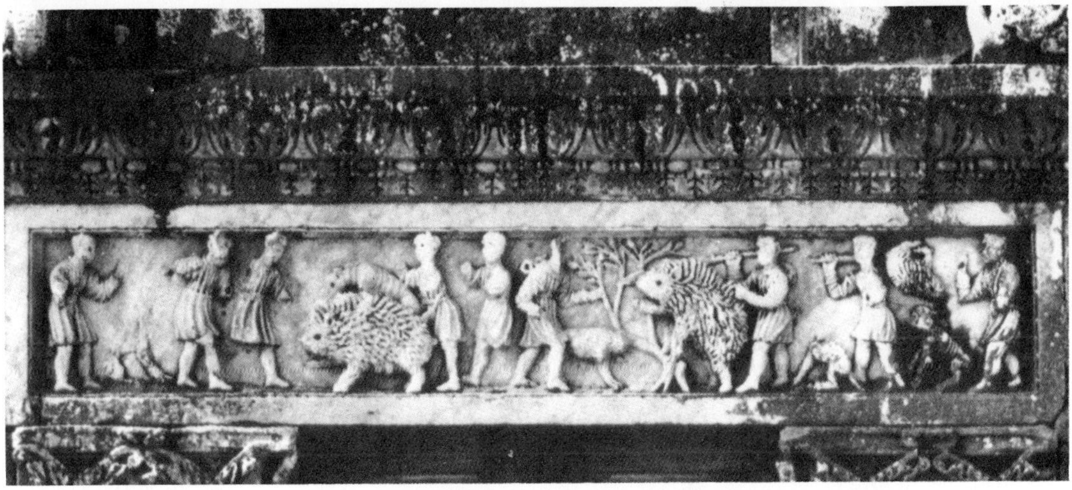

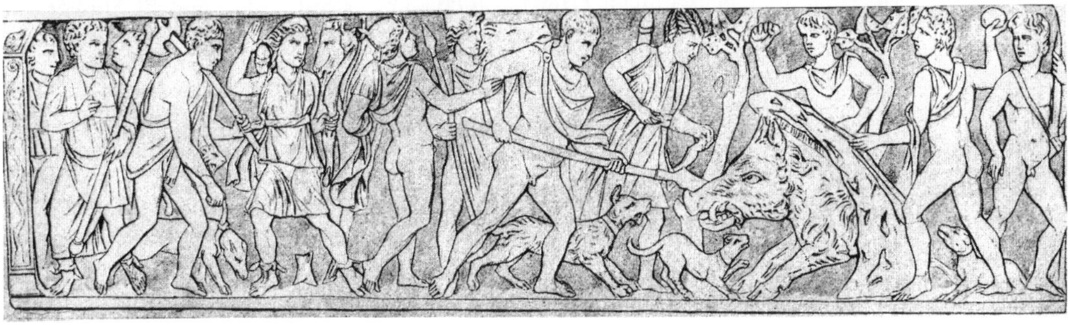

Serien; und wie bei der Kanzel von Barga gesellen sich den Löwen Telamone zur Seite, um das Gewicht zu tragen. Die Lünette ist vom Schutzheiligen der Kathedrale, dem heiligen Georg, ausgefüllt, der nach einer Ikonographie, die keinen Untergang kennt, dargestellt ist, wie er den Drachen durchbohrt: Der Kampf des Menschen gegen den Dämon, in eine Dimension ritterlicher Eleganz übertragen, wird so von einem Protagonisten vorgeführt, bei dem der Sieg nicht ausbleiben kann; und die Niederlage des Bösen ist garantiert. Auf dem Architrav beherbergen acht kleine Bögen, die die Front eines antiken Sarkophags nachzuahmen scheinen, einige Begebenheiten aus dem Leben Christi, die gewiß nicht zufällig ebensovielen Augenblicken entsprechen, in denen seine Göttlichkeit enthüllt wird. Die *Heimsuchung Mariae* – bei der die heilige Elisabeth, voll des Heiligen Geistes, die göttliche Präsenz in Marias Schoß erkennt: *Lukas* 1.41-45 –; die *Anbetung der Hirten* und dann der *Heiligen Drei Könige* – denen die Göttlichkeit des Neugeborenen von einem Engel und dem Stern nahegelegt worden ist: *Lukas* 2.9 und *Matthäus* 2.2 –; die *Darstellung im Tempel* – als der alte Simeon den Messias erkennt und das *Nunc dimittis* betet: *Lukas* 2.25-35 –; die *Flucht nach Ägypten* – von Gott gewollt, damit sich die Weissagung Hoseas erfülle: »Ex Aegypto vocavi filium meum (Aus Ägypten rief ich meinen Sohn)« (*Matthäus* 2.15–16) –; und schließlich die *Taufe* – als der Geist auf Jesus herabkommt und ihn zu Gottes Sohn erklärt (*Matthäus* 3.16–17). Es fehlt in dieser Reihe die *Verkündigung*, die am Anfang stehen müßte: Sie ist statt dessen mit besonderer Betonung dargestellt, indem man Maria rechts und Gabriel links im Gewände des Portals

oben:
Toskanischer Bildhauer (?),
Wildschweinjagd
Architrav im Pieve di
San Giovanni,
Campiglia Marittima

unten:
Die Jagd des Meleager
Zeichnung nach einem römischen
Sarkophag des 3. Jh. n. Chr.

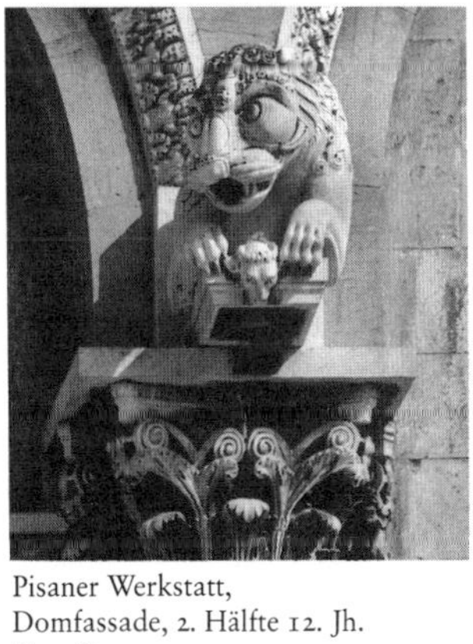

Pisaner Werkstatt,
Domfassade, 2. Hälfte 12. Jh.
Pisa, Dom

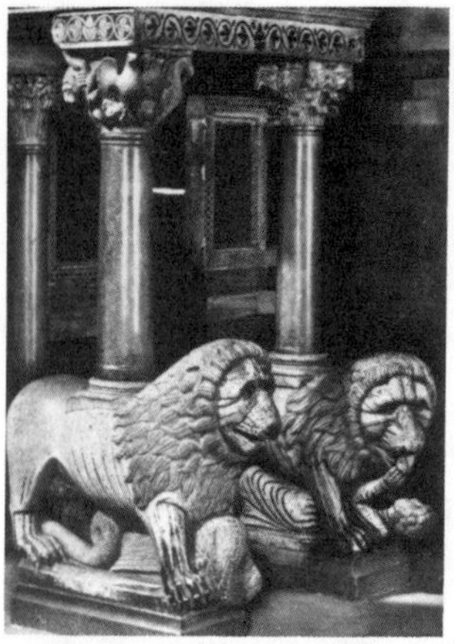

Luccheser Bildhauer (?),
Die Löwen von Barga
Ausschnitt aus der Kanzel von San Cristofano, 2. Hälfte 12. Jh., Barga (Lucca)

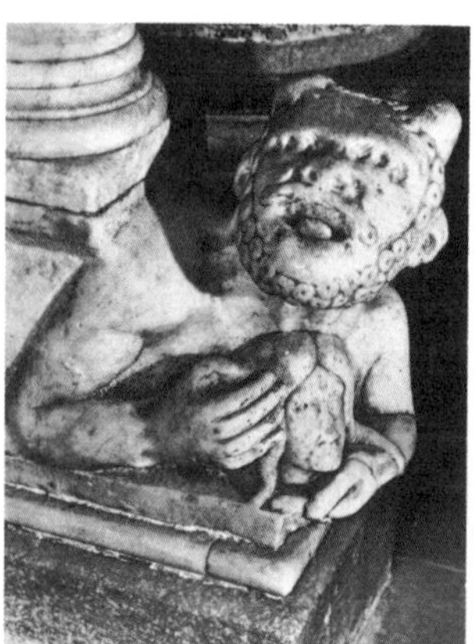

Pisaner Bildhauer,
Säulentragender Stier mit menschlichem Kopf
Teil der Kanzel, 2. Hälfte des 12. Jh.
Volterra, Dom

plaziert hat, gleich neben den Kapitellen, die den Architrav stützen; und auf den Schriftrollen, die von ihren Händen herabhängen, liest man die Worte des Evangeliums: »Ave Maria«; »Ecce ancilla domini« (gegrüßt seist du, Maria; siehe [ich bin] die Magd des Herrn).

Vier weitere feierliche Figuren, zwei auf jeder Seite, halten Schriftrollen: Es sind die Propheten Jeremias, Daniel, Jesaia und Ezechiel, und sie verkünden das Kommen des Erlösers. Doch die Worte, die die wie Sprechblasen wirkenden Schriftrollen ihre regungslosen Münder aussprechen lassen, sind nicht der Bibel entnommen. Das einzige wörtliche Zitat ist der Satz Jesaias (7.14), oft wiederholt als deutlichste der Weissagungen: »Ecce virgo concipiet, et pariet filium, et vocabitur nomen eius Emmanuel« (Siehe, die Jungfrau ist schwanger und gebiert einen Sohn und gibt ihm den Namen Immanuel). Durch das Zitat des Evangelisten Matthäus (1.23) noch bedeutender geworden, ist dieser Satz unverändert auch auf das Portal von Ferrara gelangt. Auf der Schriftrolle Daniels dagegen geht den Worten des Propheten seltsamerweise eine Frage voraus: »Dic sancte Daniel de Christo quid nosti« (Sage nun Hl. Daniel, was du von Christus weißt); und die Antwort ist: »Cum venerit sanctus sanctorum cessabit unctio« (Wenn der Heilige der Heiligen kommen wird, wird die Salbung aufhören). Dieses »Frage-und-Antwort-Spiel«, das sich offensichtlich nicht in der Bibel findet, kann keine Zweifel lassen: Die Propheten von Ferrara führen vom Stein aus ein geistliches Drama auf. Und der Text, den Daniel feierlich in seiner Schriftrolle entfaltet, ist wortwörtlich aus einer fälschlicherweise dem Heiligen Augustinus zugeschriebenen Predigt abgeschrieben, die im Mittelalter oft in »dramatisierter« Form als sechste Lesung des Weihnachtsoffiziums aufgeführt wurde[41]: Es ist wie ein Aufzug von Propheten, die, vom Offizianten einer nach dem anderen befragt, gegen die hartnäckige Ungläubigkeit der Juden ihr Zeugnis über das Kommen des Erlösers ablegen. In derselben Predigt finden wir die Worte Jesaias, wie in der Bibel und in Ferrara, und die Daniels, die recht frei adaptiert sind nach *Daniel* 9.24; wir müssen also erwarten, daß die Schriftrolle des Jeremias, durch eine alte »Restaurierung« verstümmelt, nach dem einzig lesbaren Wort *Ecce* einen Text aufwies, der dem pseudoaugustinischen entsprach und wie dieser nicht Jeremias, sondern Baruch (3.36) entnommen war: »Hic est (*oder* Ecce) Deus noster, et non aestimabitur alius absque illo (*oder* adversus eum)« (Dies ist [Siehe] unser Gott, und keiner wird so verehrt werden wie er [im Vergleich zu ihm]).

Der vierte Prophet aus Ferrara, Ezechiel, ist in der Predigt *In Natali Domini* nicht enthalten, erscheint aber in späteren Umarbeitungen desselben Textes[42]; die Worte, die er spricht: »Vidi portam in domo Domini clausam« (Ich sah die Tür im Haus des Herrn geschlossen), nach Ezechiel (44.1–2) adaptiert, spielen (durch eine exegetische Tradition, die schon beginnt beim Kommentar des Heiligen Hieronymus *ad loc.: Patrologia Latina* XXV 428) auf das Tor des Paradieses an, das den Propheten und den Gerechten des Alten Testaments verschlossen war, bevor das irdische Erlebnis des Gottessohnes sie dem Menschen durch sein vergossenes Blut wieder öffnete. So stellt sich das Zeugnis Ezechiels beinahe den anderen, die alle zur Erlösung hin »geöffnet« sind, entgegen, indem es an die Bedingung des Alten Bundes, das allen verschlossene Haus des Vaters erinnert. Aber die *porta in domo Domini* ist zugleich die Tür des Doms (= *Domus*), des Gotteshauses: daher dem Paradies gleichgestellt; wie jeder Gläubige, der durch jene endlich geöffnete Tür eintritt, muß er aus dem Mund der Propheten erfahren, daß sein Schicksal sich nur durch das Leiden Christi zum

Glücklichen wenden kann. Die Tür der Kirche ist also *porta cœli,* Tür zum Himmel.

Dieses ikonographische Programm findet seinen Abschluß auf den Archivolten, wo ein *Agnus Dei* (Lamm Gottes) lagert, von dem Heiligen Johannes dem Täufer (rechts) und dem Evangelisten Johannes (links) flankiert: In der Tat ist es der Evangelist, der die Szene erzählt, in der der Täufer den Christus grüßt: »Ecce Agnus Dei« (*Johannes* 1.29). Die *Offenbarung* ist das Thema des Portals von Ferrara: Die »geschichtliche« Leserichtung geht von dem Gewände (Propheten, Verkündigung) über den Architrav (Heimsuchung Mariae → Taufe) zu den Archivolten (die beiden Johannes und das *Agnus Dei*). Die *porta in domo Domini* kann sich nun auftun, weil der Sohn Gottes zum Lamm geworden ist: Und der heilige Georg, der mit dem Drachen-Dämon kämpft, kann – wie jeder Christ – auf die unendlichen Früchte der Fleischwerdung zählen.

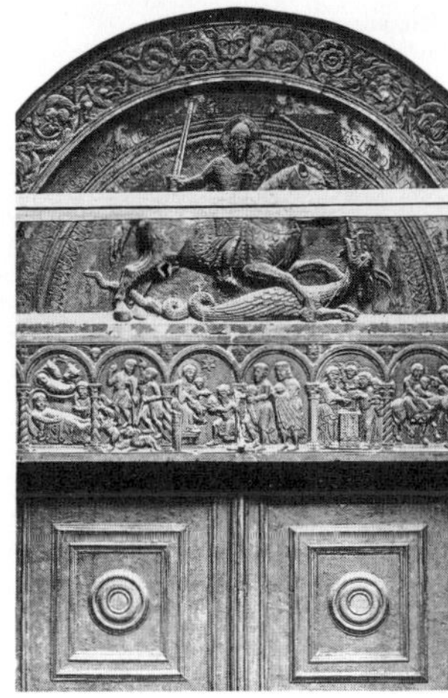

NICOLÒ und Gehilfen, Portal, um 1135
Ausschnitt, Ferrara, Dom

Die Lehre und das Leiden Christi fehlen auf dem Portal von Ferrara ganz; und als es, fast zwei Jahrhunderte später, mit einer hohen Ädikula zum Giebel erhöht wurde, wählte man als Thema für die Ausschmückung mit Statuen einen weiteren *adventus* Christi, das *Jüngste Gericht.* Rund um Christus in der Mandorla[43], dem Engel mit den Passionssymbolen und – wie bei einer Kreuzigung – Maria und Johannes zur Seite stehen, drängen sich auf den Schrägen des Giebelfeldes Apostel und Engel, mit Schriftrollen, um ihn zum *Rex tremendae maiestatis* (König der furchteinflößenden Erhabenheit) zu krönen. In den Zwickeln der Spitzbögen stehen vier Tote aus ihren abgedeckten Gräbern auf. Im durchgehenden Fries scheiden in der Mitte drei Engel (zwei blasen auf Trompeten zum Jüngsten Gericht; der dritte, der heilige Michael, wiegt die Seelen auf der Waage und entscheidet über ihr Geschick) die Verdammten (links von dem Christus-Richter) von den Erwählten. In den Lünetten daneben ist rechts von Christus das Paradies zu sehen, wo Abraham feierlich in seinem Schoß die Seelen der Seligen aufnimmt (*Lukas* 16.2); links ist eine unflätige Hölle dargestellt. So ist rund um die Kirchentür gleichsam eine ganze steinerne Predigt angeordnet: Und die beiden Pole – die Hoffnung auf das Heil und das unerbittliche Gericht – zeitlich und stilistisch geteilt, können sich überlagern, ohne sich zu widersprechen, und sich sogar zu einem einzigen Diskurs zusammenfügen[44].

Ein *Jüngstes Gericht* ziert auch die innere Fassade der Kirche Sant' Angelo in Formis (unweit von Capua), anschließend an einen sehr breit angelegten Freskenzyklus (verschieden datiert zwischen Ende des 9. Jahrhunderts und dem Anfang des 13. Jahrhunderts), der die Wände der drei Kirchenschiffe und der Apsiden bedeckt. Hier dehnt sich das Bild des thronenden Christus im Zentrum in zwei der fünf Register aus, in die die Komposition unterteilt ist. Die trompetenblasenden Engel sind im obersten Register dargestellt, aber auch hier – wie in Ferrara – unmittelbar über der *Auferstehung der Toten,* die mit Mühe vier geriefelten Sarkophagen entsteigen: Denn beim Klang dieser Trompeten *mortui resurgent incorrupti* (Die Toten werden unverwest auferstehen) (1. *Korintherbrief* 15.52). Die Engel im zweiten Register und die im dritten sitzenden Apostel bilden den Hof rund um den Richter; und seine Urteile sind auf die Schriftrollen der drei Engel geschrieben, die sich gleich über der Eingangstüre befinden: rechts von Christus, »Venite benedicti patris mei, percipite regnum« (Kommt, Gesegnete meines Vaters, und nehmt das Reich), und links, »Ite maledicti in ignem aeternum« (Geht, ihr Verfluchten, ins ewige Feuer) (es sind, leicht

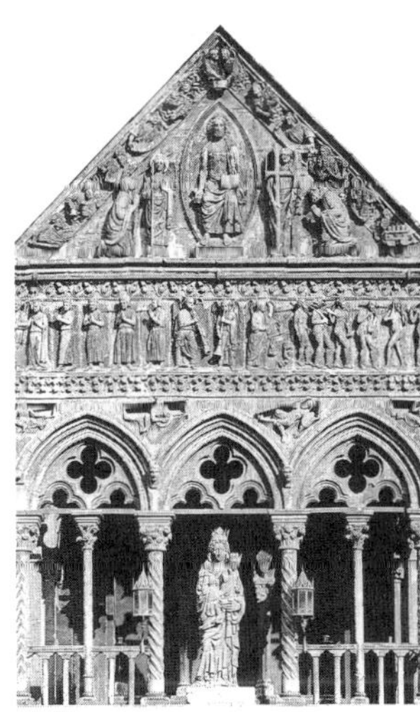

Werkstatt aus der Po-Ebene, *Ädikula*
Ferrara, Dom

Schemata 3 und 4
Das Jüngste Gericht

1 Christus-Richter
2 Apostel
3 Engel
4 Trompetenblasende Engel
5 Richtende Engel
6 Verdammte
7 Auserwählte
8 Hölle
9 Paradies
10 Auferstehung der Toten
11 Engel mit den Zeichen der Passion
12–13 Maria und Johannes

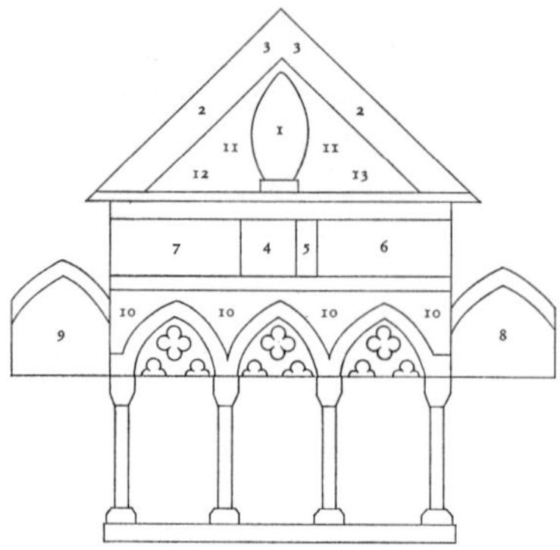
Ferrara, Dom

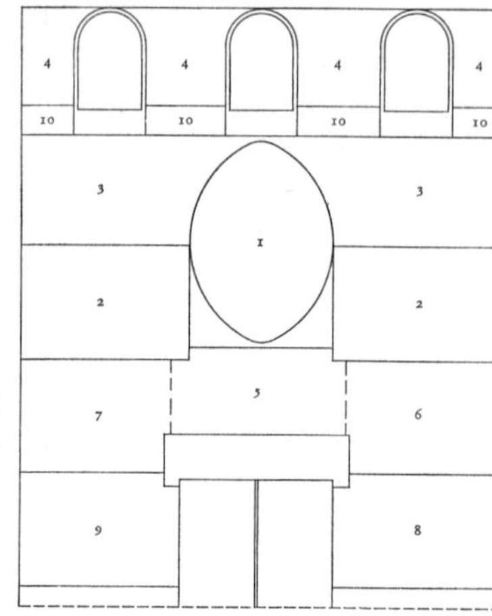
Sant'Angelo in Formis

abgewandelt, Zitate »nach dem Gedächtnis« aus *Matthäus* 25, 34.41); in der Mitte die längste Aufschrift, deren einzig lesbare Worte (»tempus amplius non erit«, es wird keine größere Zeit geben), der *Apokalypse* (10.6) entnommen sind. Zu beiden Seiten beherbergt das vierte Register die Auserwählten (rechts von Christus, rechts vom Eintretenden) und die Verdammten (links); den beiden Gruppen entsprechen im letzten Register jeweils das Paradies und die Hölle[45].

Zwischen dem *Jüngsten Gericht* in der Kirche Sant'Angelo und dem in Ferrara liegen mindestens eineinhalb Jahrhunderte, aber auch ein Unterschied im Medium (Freskomalerei, Steinskulpturen) und eine tiefgreifende Verschiedenheit im Stil und in der kulturellen Tradition (vgl. die Schemata 3 und 4). Der gotische Giebel in Ferrara wetteifert mit den zeitgenössischen französischen Beispielen, und tatsächlich ist er auch französischen Meistern zugeschrieben worden; die Fresken in Sant'Angelo folgen offensichtlich byzantinischem Muster. Noch augenfälliger wird daher die substantielle Gleichheit der beiden ikonographischen Programme, die sich doch so verschiedenen Trägern wie einem durchbrochenen und bewegten Giebel einer Vorhalle und der glatten Innenfassade einer Kirche anpassen mußten. Der Vergleich der beiden Diagramme zeigt, daß die Anordnung dieselbe ist: Die Engel und die Apostel zu beiden Seiten Christi (in Ferrara auf den Schrägen des Giebels), die Gerichteten unter Ihm; Paradies und Hölle, in Sant' Angelo noch weiter unten plaziert, sind in Ferrara in zwei seitlichen Lünetten untergebracht. Die »aktiven« Engel, die Trompete spielen und »richten«, sind in Ferrara unter der Mandorla versammelt (und die Aufgabe, Verdammte von Erwählten zu trennen, ist allein dem heiligen Michael mit der Waage anvertraut), während in Sant'Angelo die vier Trompetenbläser den Platz zwischen den Fenstern ausfüllen, und an die Stelle des heiligen Michael sind drei Engel mit entfalteten Schriftrollen getreten, die mehr als die verurteilten Seelen die Gläubigen ermahnen sollen, welche durch die Tür darunter gehen. Diese Verteilung der Engel hat zu dem bedeutendsten Unterschied geführt: Die *Auferstehung des Fleisches*, die ja in der Nähe der Posaunenengel sein muß, befindet sich in Ferrara unten, in Sant'Angelo oben.

Wie die drei Schriftrollen haltenden Engel dem Seelenwäger Michael von Ferrara *entsprechen*, so *entspricht* der Paradies-Palmengarten von

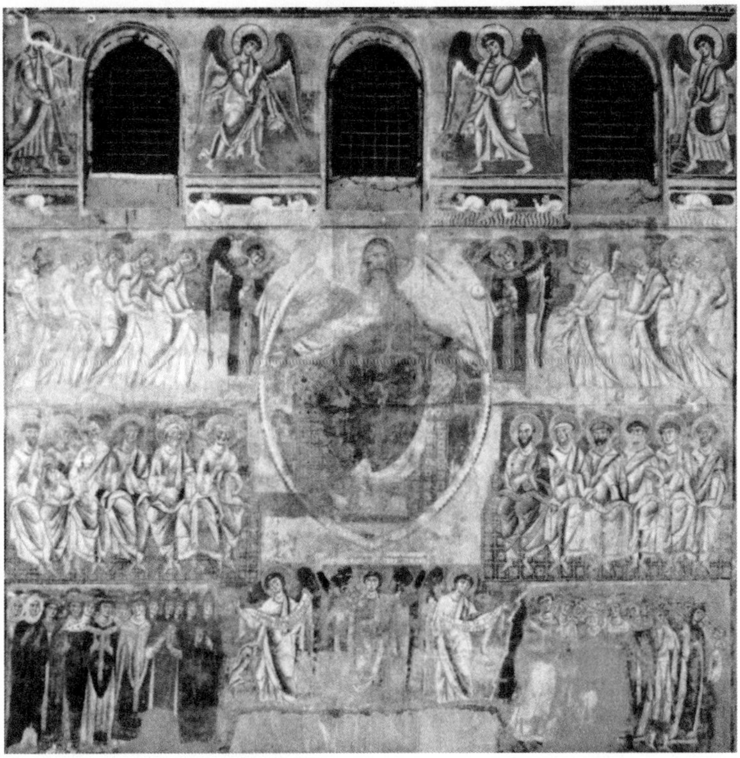

Kampanische Werkstatt,
Das Jüngste Gericht, Ende 11. Jh. (?)
Capua, Basilika

Sant'Angelo Abrahams Schoß: Wechselnde *Signifikanten* eines selben *Signifikats*. Jenseits der Unterschiede in Stil und Chronologie drückt sich derselbe Diskurs auf zwei verschiedene Weisen aus: Nur die Engel und die Figuren von Maria und Johannes an den Seiten des Erlösers von Ferrara führen, mit der Erinnerung an die Passion Belohnungen und Strafen legitimierend, ein substantiell anderes Thema ein, das das byzantinische Schema der *Deesis* (der Heilige Johannes und die Muttergottes, die bei dem Christus-Richter Fürbitte einlegen) mit der ganz »westlichen« Gegenwart der Engel mit den Zeichen der Passion verbindet[46].

Der *adventus in majestate* des Christus kann also ohne Bedeutungssprünge *innen* oder *außen* die Eingangstüre der Kirche umfangen: wenn er – *ad sublimia* (zum Erhabenen) – aufschaut, wird die Lehre, die der Gläubige daraus zieht, dieselbe sein. In Sant'Angelo wie in Ferrara ist das *Jüngste Gericht* natürlich mit einem Programm verbunden, das *auch* das Heil in Erinnerung ruft: in Ferrara die Erleuchtung und der *adventus in humilitate* (das Lamm Gottes), in Sant'Angelo eine überaus reiche Entfaltung von gemalten Figuren, die von den Wänden der alten Benediktinerkirche das Alte und das Neue Testament erzählen und ins Gedächtnis rufen.

»Denn es muß alles erfüllet werden, was von mir geschrieben ist im Gesetz Mosis, in den Propheten und in den Psalmen«: Diese Worte Christi, die am Ende des Lukasevangeliums (24.44) stehen, bilden die Grundlage aller *typologischen* Systeme des Mittelalters. Das Alte Testament sollte als Vorwegnahme des Neuen, das Neue Testament als eine Erfüllung des Alten Bundes gelesen werden: »cum in vetere novus lateat, et in novo vetus pateat« (so wie im Alten Neues liegt und im

Neuen Altes offenbar wird) (Augustinus)[47]. Daher wurden die Bücher des Alten Testaments – auch wenn sie nicht explizit prophetischen Inhalts sind – als ein großes Reservoir von *Typen* oder Vorwegnahmen der Begebenheiten des Evangeliums betrachtet. Der Lebenslauf Christi, zum Mittelpunkt jeder menschlichen Begebenheit geworden, legt sich über die alte geheiligte Geschichte des jüdischen Volkes und verwandelt deren Ereignisse in *Bilder* des Lebens Jesu, bringt sie also ganz in die einzige »historische« Dimension, die als gültig anerkannt ist: die Heilsgeschichte (reduziert sie aber auch zugleich darauf). Indem er die drei Tage im Grabe mit den drei Tagen vergleicht, die Jonas im Bauch des Wals zugebracht hatte (*Matthäus* 12.40), schien Christus selbst diesen Gebrauch des Alten Testaments zu sanktionieren. Daher kann Sicardus, die Propheten mit den Aposteln vergleichend, sagen: »illi viderunt in nocte, vos in die; illi in figura, vos in veritate« (jene sahen sie in der Nacht, ihr am Tag; jene im Abbild, ihr in der Wirklichkeit) (c. 193 C). David, der Goliath mit dem Schwert tötet, ist ein Bild für Christus, der den Teufel mit dem Kreuz besiegt (cc. 313 C und 319 A); Eva, die aus der Rippe Adams geboren wird, ein Bild für die Kirche, die aus der Seite Christi geboren wird (cc. 325 C und 327 B). Deshalb sind an der Tür von Bonanno in Pisa die Propheten, wie zur Garantie und Überwachung der geistlichen Erzählung, wie die Apostel zwölf an der Zahl.

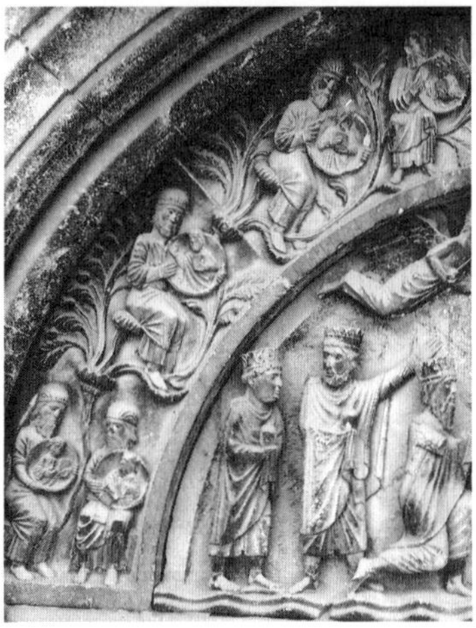

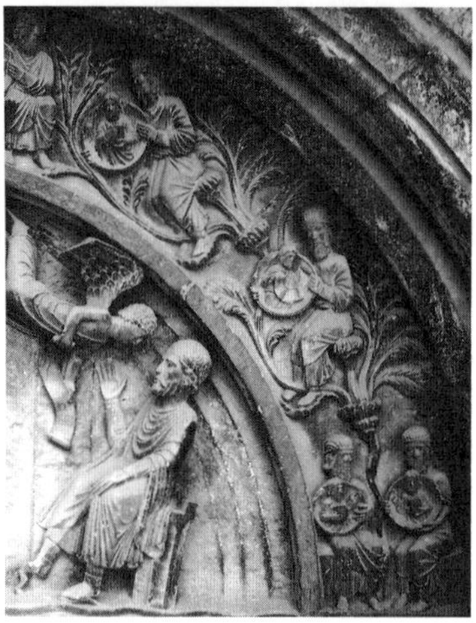

BENEDETTO ANTELAMI, *Apostel tragen Schilde mit Prophetenbüsten*, 1196–1200
Teile des Tympanons des *Portals der Jungfrau Maria*, Parma, Baptisterium

Oft treten Apostel und Propheten in zwei parallelen Reihen auf; zuweilen beginnen sie untereinander eine Unterhaltung, die sich in den Schriftrollen entspinnt, in denen wie in Sprechblasen verschiedentlich Verse aus dem Alten und dem Neuen Testament und Artikel aus dem *Credo* zusammengestellt sind. Am Hauptportal des Baptisteriums von Parma hat Antelami dieses Thema wiederholt und mit seltener Eleganz gestaltet: Die zwölf Apostel halten Medaillons mit den Büsten von zwölf Propheten, beinahe *imagines clipeatae* (bebilderte Rundschilder), als hätte sie eine jahrhundertelange Verehrung, von Generation zu Generation, den Gefährten Jesu in die Hände gelegt; denn der Brauch, Rundschilder mit den Portraits von Philosophen und Poeten (und später von Patriarchen und »geistlichen« Schriftstellern) aufzureihen, war von antiken Bibliotheken auf die christlichen Kirchen, zum Beispiel auf die römische Basilika Santa Croce in Gerusalemme[48] übergegangen. Und wenn also ein Apostel den Rundschild mit der Büste eines

Propheten hält, wird gleichzeitig die Linie, die sie verbindet – und die zu Christus, ihrem gemeinsamen Ziel, führt –, und der historische Abstand, der sie trennt, betont; fast sind sie Leser einer Bibliothek, diese Apostel von Parma, die nicht die Schriften der Propheten aus den Schränken geholt, sondern ihre Portraits von den Wänden abgenommen haben.

Seit der Fleischwerdung des Wortes beginnt für die Menschheit der Neue Bund, und das Kommen des Messias scheidet nicht nur die Geschichte der Menschen, sondern trennt, ein Zeichen von Widerspruch, für immer die Christus-Gläubigen von den Juden. Zwischen den Büchern des Alten und denen des Neuen Testaments errichtet der unüberbrückbare Gegensatz zwischen Juden und Christen gewissermaßen eine Barriere: Und jedes dekorative Programm, das eines wie das andere umfassen will, präsentiert sie nie als eine *historische* Abfolge von Ereignissen, sondern stellt sie parallel oder gegeneinander. Es war vor allem die tägliche Praxis der Liturgie, die dieses Verflechten von Taten und Sprüchen, in der gemeinsamen Dimension der Heilsgeschichte, nahelegte. Der Verweis auf die Erbsünde, *felix culpa,* wird deshalb – sofern sie das Herabkommen Jesus unter die Menschen ausgelöst hat – fast zu einer Vorwegnahme des Kommens des Messias: Und Adam zieht rechtmäßig, an der Spitze der Propheten, bei der Geburt Christi mit ein[49]. In seiner Schuld ist in nuce schon die Erlösung inbegriffen; und Christus ist *novus Adam:* Die Tafel von Bonanno Pisano, auf der den Heiligen drei Königen die Erbsünde beigegeben ist, liegt also in einer Linie mit der liturgischen Erfahrung.

In Sant'Angelo in Formis nehmen die Geschichten des Alten Testaments, nur teilweise erhalten, die Seitenschiffe ein, beginnen an der rechten Nebenapsis und enden bei der linken; das Mittelschiff beherbergt dagegen auf den von Säulen getragenen Wänden das *Leben Jesu* in sechzig Feldern, die von der *Verkündigung* bis zur *Himmelfahrt* reichen und bei der Apsis beginnen und enden (vgl. die Schemata 5, 6 und 7). So muß der Besucher, der die Freskenfolge »der Reihe nach« lesen will, mindestens fünf Mal die ganze Länge der Kirche abschreiten, wobei er sich zwischen dem *Thronenden Christus* der Apsis und dem *Jüngsten Gericht* an der Innenseite der Fassade hin und her bewegt. Gerade aus einem Rundgang wie diesem geht ganz klar der »Grad«-Unterschied zwischen dem Alten und dem Neuen Testament hervor, dem die größere Bedeutung des Mittelschiffs gegenüber den Seitenschiffen entspricht; zugleich entrollen die Propheten und die Sibyllen, die in den Zwickeln der Bögen aufgereiht sind, Schriftrollen, die in allen Einzelheiten vom Leben und Tod des Messias künden: z. B., zu beiden Seiten der *Kreuzigung,* verkündet Salomon: »morte turpissima condempnem eum« (zu schändlichstem Tode hat man ihn verurteilt) (*Weisheit* II 20), und Hosea: »ero mors tua o mors, morsus tuus ero« (ich werde dein Tod sein, oh Tod, dein Gift werde ich sein) (*Hosea* XIII 14).

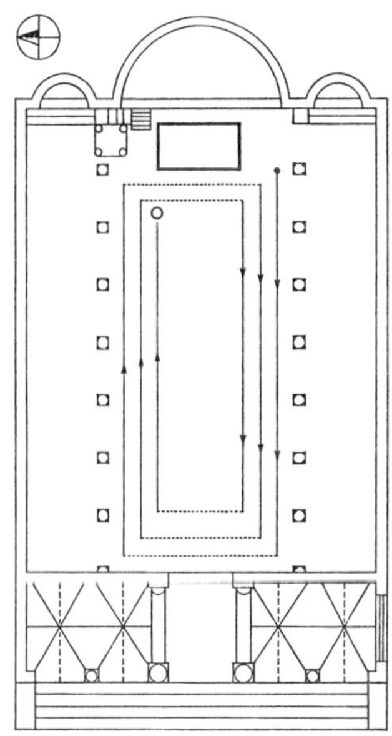

Schema 5
Sant'Angelo in Formis
Rundgang zur Lektüre der Fresken des Neuen Testaments

Die prächtigen Mosaiken im Dom von Monreale scheiden in anderer Weise das Alte vom Neuen Testament, indem sie dem ersten das Mittelschiff widmen, dem zweiten das Querschiff; die Seitenschiffe beherbergen in chronologischer Reihenfolge »mindere« Begebenheiten aus dem Leben Jesu, die sich mit der vorhergehenden überlagert, die Kapellen des Chors Geschichten von Petrus und Paulus, die parallel angebracht sind (vgl. Schema 8). Die Innenfassade hat kein unabhängiges Thema, sondern führt die Erzählungen des Mittelschiffs fort und eint sie[50]. Indem er – hier wie anderswo – den »systematischen« Besucher zu einem komplizierten Rundgang zwingt, scheint derjenige,

Schemata 6 und 7. Sant'Angelo in Formis
Themen der Dekoration des Mittelschiffs

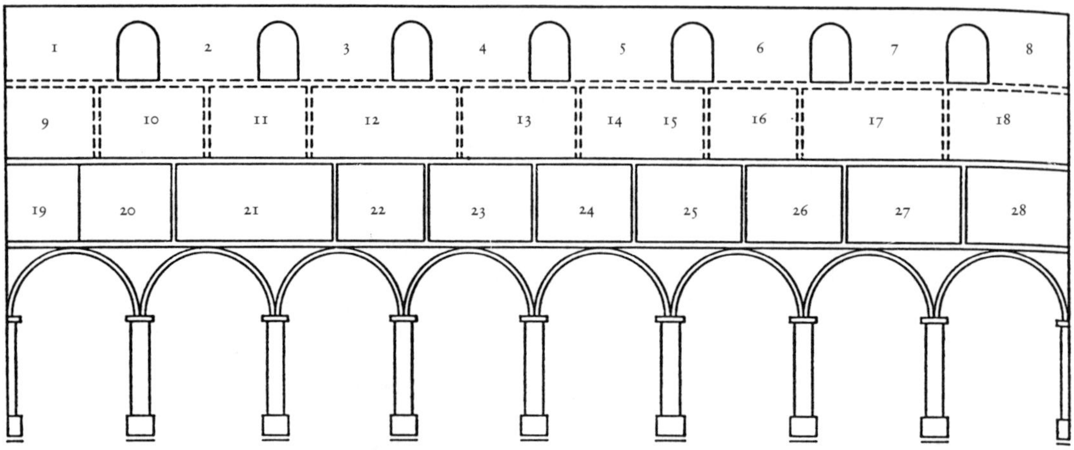

1 Verkündigung
2 Heimsuchung Mariae
3 Geburt Christi
4 Ankündigung an die Hirten
5 Anbetung der Heiligen Drei Könige
6 Darstellung im Tempel
7 Traum des heiligen Joseph?
8 Flucht nach Ägypten

9 Berufung der Apostel
10 Hochzeit zu Kanaan
11 Der Aussätzige
12 Die Beruhigung des Sturms
13 Der Lahme
14 Das blutflüssige Weib
15 Die Tochter des Jairus
16 Die beiden Blinden
17 Die Speisung der Fünftausend
18 Die Kanaaniterin

19 Zachäus
20 Die Samariterin
21 Die Ehebrecherin
22 Der blind Geborene
23 Lazarus
24 Die Mutter von Johannes und Jakobus
25 Abendessen im Hause des Simon
26 Einzug in Jerusalem
27 Abendmahl
28 Fußwaschung

der das ikonographische Programm von Monreale entworfen hat, auch ein subtileres und gelegentlich binäres Bezugssystem »durch Nähe« vorgesehen zu haben: Es kann z. B. kein Zufall sein, daß der Szene der *Arche Noah, der nach der Sintflut die Tiere entsteigen,* im kleinen Seitenschiff *Rettung Petri aus den Fluten*, entspricht: Die Arche und das Schiffchen sind beide »Bilder« für die Kirche.

Es gibt nicht viele Programme, die in ihrer Ausführlichkeit dem von Monreale oder Sant'Angelo vergleichbar sind: Sehr viel öfter hatten der Bischof oder der Abt, die einen Zyklus mit biblischen Geschichten in Auftrag gaben, sehr viel weniger Platz und sehr viel weniger Geld zur Verfügung. Daher wurde die *Auswahl* der darzustellenden Szenen wichtig, ja sogar entscheidend: Und wenn auch im so ausführlichen Zyklus von Monreale das Alte Testament mit Jakobus abgeschlossen wird, mußten zuweilen noch viel breitere Teile drastisch aus dem Programm gestrichen werden. Diese Auswahl wird *immer* durch die Notwendigkeit bedingt, die Betonung hauptsächlich auf das Leben Jesu zu legen, wobei die Darstellung so angeordnet wird, daß sich nach der Bedeutung ein oder mehrere *Rundgänge* ergeben. Weder was die Auswahl, noch was den Ablauf angeht, kann man allgemeingültige »Regeln« erkennen: Die Freiheit, einen Diskurs in Bildern aufzubauen,

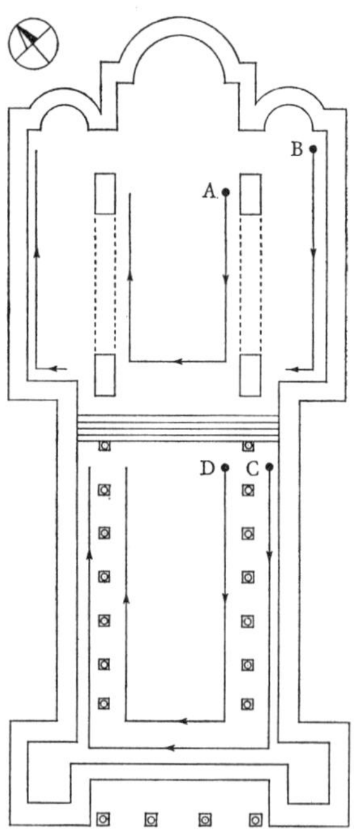

Schema 8
Monreale, Dom
Rundgang zum Lesen der Wandmosaiken. A, B, C: Neues Testament. D: Altes Testament

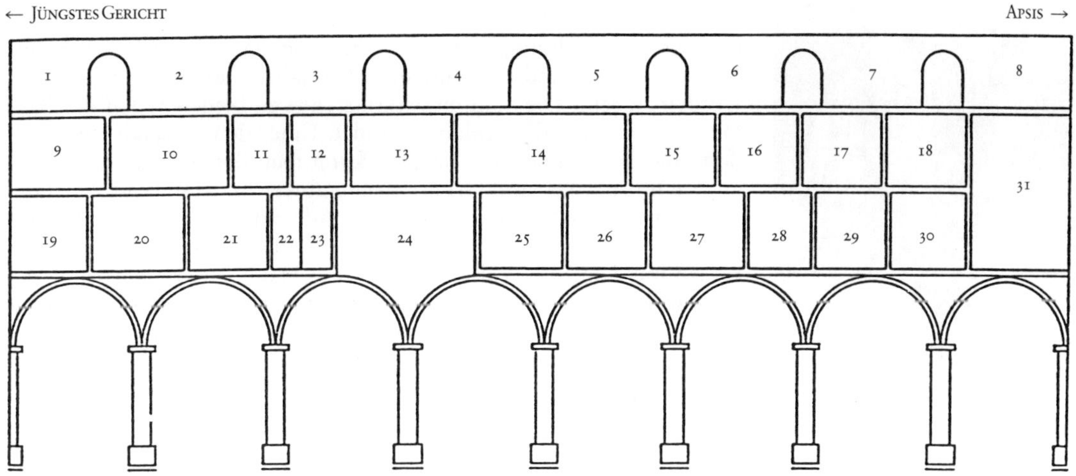

Nordwand

1 Bethlehemitischer Kindermord (a)
2 Bethlehemitischer Kindermord (b)
3 Jesus unter den Schriftgelehrten
4 Predigt des Täufers
5 Taufe
6 Versuchungen (a)
7 Versuchungen (b)
8 Versuchungen (c)

9 Verklärung Christi
10 Der Zinsgroschen
11 Die Witwe
12 Der undankbare Knecht
13 Der barmherzige Samariter (a)
14 Der barmherzige Samariter (b)
15 Der barmherzige Samariter (c)
16 Der reiche Mann (a)
17 Der reiche Mann (b)
18 Der Besessene

19 Jesus im Gethsemane
20 Der Judaskuß
21 Verspottung Christi
22 Pilatus
23 Kreuztragung
24 Kreuzigung
25 Grablegung
26 Abstieg in den Limbus
27 Auferstehung
28 Emmaus
29 Erscheinung auf dem See
30 Der Zweifel des Heiligen Thomas
31 Christi Himmelfahrt

ist nicht geringer als die, die ein Theologe oder ein Prediger hatte, mit vollen Händen aus dem unerschöpflichen Brunnen der Bibel zu schöpfen. Daher bietet die Zusammenstellung heiliger Geschichten auf den Kirchenwänden ein nicht weniger buntes, nicht weniger interessantes Handlungsgeflecht als es die Seiten der *Patrologia Latina* bieten können, die voller Zitate stecken. Die *typologische* Annäherung, die Ähnlichkeit *durch Nähe,* die Bezugnahme auf den *liturgischen Kalender* sind die Hauptkriterien (aber vermutlich nicht die einzigen), nach denen eine solche Auswahl getroffen worden zu sein scheint.

Nur selten, können wir vermuten, wird die Angabe des Auftraggebers über die Auswahl und die wechselweise Anordnung der Themen hinausgegangen sein, um ausdrücklich auch die Art, wie sie auszuführen seien, d. h. das ikonographische Programm, festzulegen. Ein ungeschriebener Pakt verband den Bischof, den Künstler und die Gläubigen: Daß diese Bilder leicht verständlich sein sollten. Deshalb brauchte man nicht auf der Notwendigkeit zu beharren, daß gewöhnlich dargestellte Szenen nach den gewohnten Schemata ausgeführt würden; während die Möglichkeit, sie mehr oder weniger zu variieren (in einer Schwankung der Formen, die in einer Weise beschrieben werden kann, oder auch nicht, welche die Stiländerungen mit einschließt), stets überaus groß war und nur einige wesentliche Züge unverändert zu lassen waren. Um welche Züge es sich dabei handelt, ist mit Worten schwer genau zu sagen: Genauso wie es auch schwierig ist zu sagen, welche

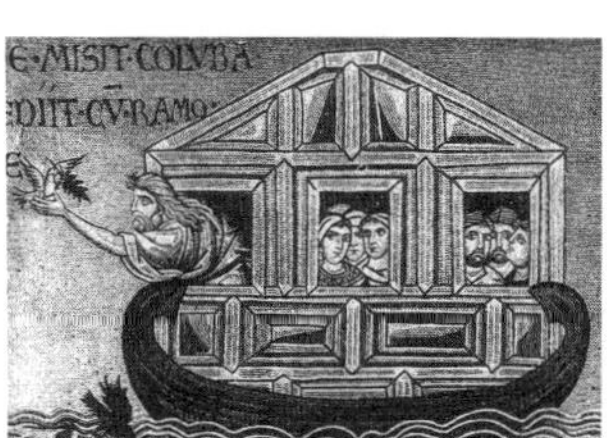

Süditalienische Mosaizisten (?) byzantinischer Tradition, *Arche Noah,* 12.–13. Jh. Monreale, Dom

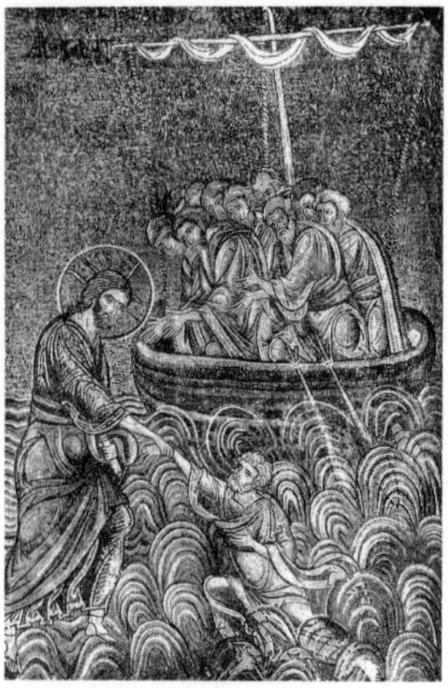

Süditalienische Mosaizisten (?) byzantinischer Tradition, *Rettung Petri aus den Fluten,* 12.–13. Jh. Monreale, Dom

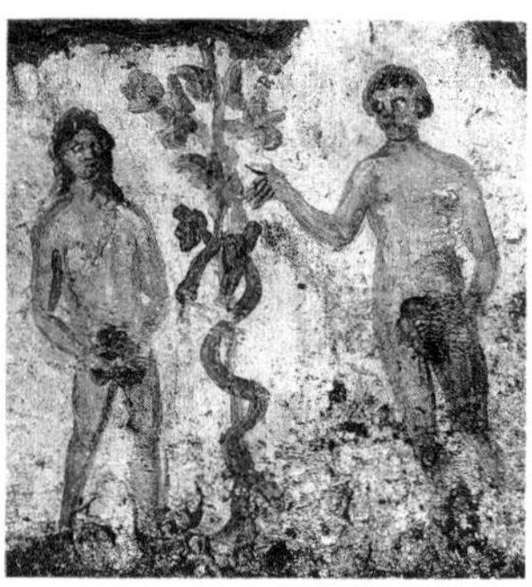

Römischer Maler, *Der Sündenfall,* 4. Jh. n. Chr. Rom, Katakombe der Hll. Marcellinus und Petrus von Rom

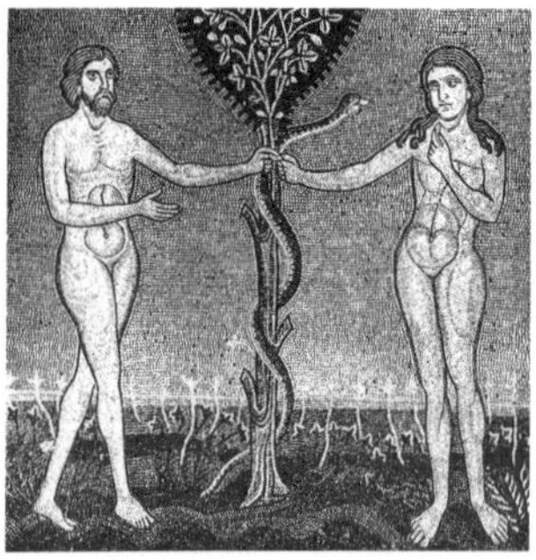

Süditalienische Mosaizisten (?) byzantinischer Tradition, *Der Sündenfall,* 12.–13. Jh. Monreale, Dom

Züge in einem Gesicht gleich bleiben, wenn es lacht oder weint, oder wenn dieselbe Person als Kind und als Erwachsener dargestellt ist[51].

Für den *Sündenfall,* gewiß eine der am häufigsten dargestellten Szenen, scheint das ikonographische Schema schon in der frühchristlichen Kunst festgelegt und dann unaufhörlich jahrhundertelang wiederholt worden zu sein: Die Stammeseltern stehen zu beiden Seiten des Baumes, um den sich die Schlange windet. Unter den tausenden von Bildern, die dieses Thema darstellen, kann man dennoch das eine oder andere finden, das vom Grundschema abweicht. Z. B. zeigt Antelami auf einem Kapitell des Doms in Parma Adam und Eva, elegant in lange Tuniken mit Ärmeln gekleidet und auf einer Bank beim Baum der Erkenntnis sitzend: Während Eva, eine Hand ans Ohr legend, der Stimme der Schlange lauscht, hält sich Adam abseits, eine Blume in der Hand, wie ein Herr in seinem Garten. Aber bei der folgenden Szene ist die Sünde vollbracht: Und vom Baum sind gleich vier Äpfel gepflückt worden (einen hält die Schlange im Maul, je einen halten Eva und Adam in der Hand und einen vierten reicht Eva Adam hin)[52].

Die reichen Gewänder von Adam und Eva lassen an einen direkten Einfluß des geistlichen Theaters denken; bei den halbliturgischen Aufführungen, die bei der Kirche stattfanden – aus der »Gott« in priesterlichen Ornaten ein- und ausging –, wurden Adam und Eva natürlich nicht nackt dargestellt, nicht einmal vor dem Sündenfall, sondern reich gekleidet (Adam *tunica rubea* [rotes Gewand], Eva *tunica rubea et pallio serico albo* [rotes Gewand und weißer Überwurf aus Seide]): Dieser Adam von Parma verdient es, von Eva, wie in einem dieser Texte, *Adam, bel sire* (Adam, schöner Herr) genannt zu werden[53]. Doch trotz eines Falles wie diesem – der selten, wenn auch nicht isoliert ist –, bleibt die Darstellung des *Sündenfalls* in der christlichen Ikonographie Jahrhundert um Jahrhundert im wesentlichen unveränderlich und kann als Beispiel für ein »feststehendes« Schema gelten.

Andere Geschichten weisen in gewissem Maße »austauschbare« Situationen auf: die *Hochzeit zu Kanaa,* das *Gastmahl im Hause Simons,* das *Abendmahl,* die *Begegnung von Emmaus* – lauter Szenen, die sich rund um einen Eßtisch abspielen – legen ein *gemeinsames* gestisches Repertoire nahe, das mühelos von einer Szene auf die andere übertragen werden kann. Die *Auferstehung* ist ein besonderer Fall: Die traditionelle Ikonographie hält sich, so kann man sagen, bis ganz zum Ende des 14. Jahrhunderts, streng an das Evangelium und zeigt nicht den Augenblick, in dem Jesus aus dem Grab hervortritt, sondern die Szene, in der die frommen Frauen, die sich mit Salböl dort hinbegeben hatten, es leer und von einem Engel bewacht vorfinden; das Leichentuch liegt verlassen da. In der *Auferweckung des Lazarus* dagegen zeigt eine ebenso verbreitete Tradition den durch ein Wunder geheilten Freund von Jesus, wie er, noch in seine Binden gewickelt, aus seinem Grab heraussteigt; die Auferstehung der Toten, wie sie im *Jüngsten Gericht* dargestellt ist, läßt die Toten plötzlich, nackt, aus ihren aufgedeckten Särgen steigen. Die Verschiedenheit dieser Schemata ist völlig gerechtfertigt, denn jedes von ihnen entspricht einer anderen Szene: Und doch hat die Gemeinsamkeit des Grundthemas (die Auferstehung) und die Gewohnheit, die Auferstehung Christi auf die seiner Gläubigen zu projizieren, schließlich die verschiedenen Schemata verunreinigt: Anders kann man die radikale Änderung in der Ikonographie der Auferstehung (vgl. S. 98f.) nicht erklären.

Ein Kapitell im Museo Civico in Modena zeigt zwei eng miteinander zusammenhängende Szenen: Die Marien begeben sich zum Kauf von

Salben, mit denen sie den Leib Christi salben werden, wie der heilige Markus es will (16.1), und die Marien am Grab. Die ikonographische Abhängigkeit von französischen Vorbildern wie dem Fries von Beaucaire ist sehr eng; die Hervorhebung der Szene des Salbenkaufs bei diesen beiden Skulpturen hängt bestimmt mit dem geistlichen Theater zusammen: Das Gespräch der Marien mit dem Verkäufer, der um den Preis feilscht, war zu einer Art kleiner »komischer« Einlage in der Ostergeschichte geworden[54]. Aber der Bildhauer aus Modena hat den Engel verschwinden lassen und Magdalena dargestellt, wie sie voller Dramatik über dem leeren Grab zusammenbricht, aus dem ein Zipfel des Leichentuchs hervorschaut. So stellen die beiden Seiten desselben Kapitells die beiden Gesichter des geistlichen Dramas dar, »Komödie« und »Tragödie«; und der Vergleich mit dem gesicherten französischen Vorbild betont, trotz der radikalen ikonographischen Erneuerung im Weinen der Magdalena, ein Vorgehen durch *Wiederholung* der überlieferten Schemata, *innerhalb derer* dennoch gelegentliche oder graduelle Veränderungen aufgenommen werden können.

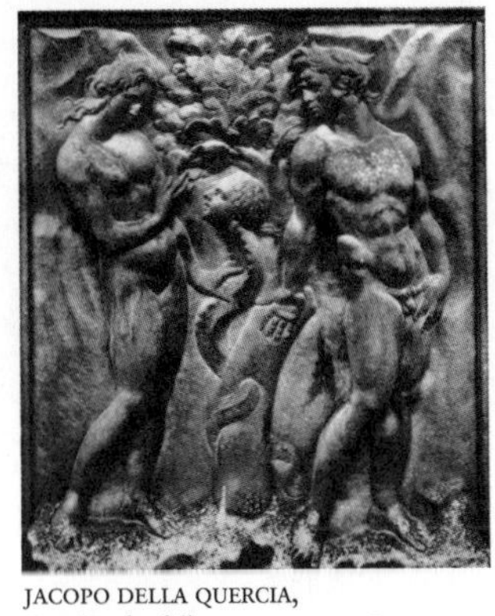

JACOPO DELLA QUERCIA,
Der Sündenfall, um 1435–1438
Ausschnitt aus dem Hauptportal,
Bologna, San Petronio

Nur selten (z. B. im Kreuzgang von Sant'Orso in Aosta) ist eine Reihe von Kapitellen so angeordnet und bearbeitet, daß sie ein vollständiges ikonographisches Programm bilden; häufiger haben ein einzelnes Kapitell oder eine kleine Gruppe den Charakter des Zitats einer der Bibel entnommenen Geschichte: »capitella [...] sunt *verba* sacrae Scripturae« (Kapitelle sind Worte aus der heiligen Schrift), interpretiert Sicardus (c. 22 C). Aber auch einem raschen »Zitat« einer einzelnen Begebenheit aus dem Evangelium konnte man etwas mehr entnehmen als die Erinnerung an das Ereignis: Eine Predigt des heiligen Bernhard bezeichnet die Frauen, die die Duftwasser kaufen, als Vorbild für die christliche Seele, die sich mit geistigen Düften beleben muß, wenn sie spürt, daß der Glaube in ihr abgestorben ist[55]. Auch wenn es sich nicht in einem vollständigen Programm entfaltet, kann die Heilige Schrift – in einer Predigt, in einem Kapitell – den Christen ein *exemplum* bieten.

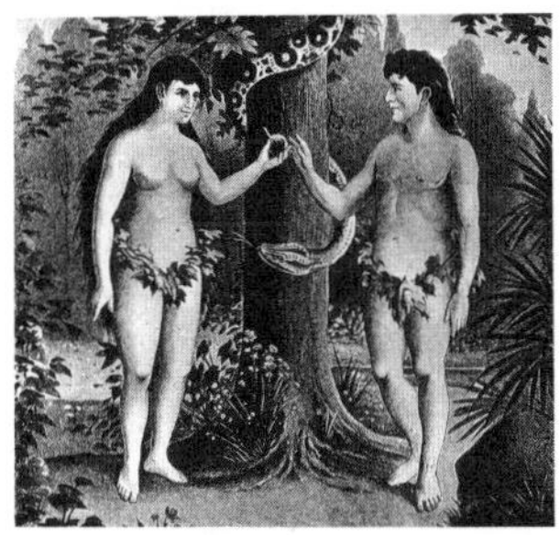

Öldruck des 19. Jh.,
Der Sündenfall

Auch der Fußboden, auf den der Gläubige treten mußte, wenn er in der Kirche umherging, war oft mit Figuren geschmückt. Der Abt Desiderius von Montecassino, sehr besorgt um die Schönheit und Würde seiner Abteikirche (11. Jahrhundert), »non trova en Ytalie homes de cet art, manda [...] pour homes grex et sarassins, pour aorner le pavement de l'églize de marmoire entaillié et diverses paintures; laquelle nous clamons opere de mosy« (in Italien fand er niemand, der diese Kunst beherrscht hätte; so ließ er Griechen und Sarazenen kommen, die den Boden der Kirche mit eingelegtem Marmor und verschiedenen Malereien schmücken sollten; dies nennen wir Mosaikenarbeiten)[56].

Ein Mosaikfußboden, den der Benediktinerabt für so unverzichtbar hielt, bezeichnete den Weg von der Türe (und von der Außenwelt) zum Altar, war jedoch zugleich der demütigste Teil der Kirche: Schon eine Bestimmung der Digesten (danach mindestens bis zum heiligen Karl Borromäus wiederholt) verbot strengstens, das Bild Christi auf dem Fußboden gemalt oder in Stein gehauen darzustellen. Der Psalm 119.25, *Adhaesit pavimento anima mea* (Meine Seele klebt am Boden) legte eine unmittelbare symbolische Äquivalenz von Fußboden und *humilitas* nahe; doch diese »Demut« konnte in nicht nur moralischem Sinn verstanden werden. Im Gegensatz zum Adel von Fresken und Skulpturen, die von den Taten Jesu berichteten, muß das Fußbodenmosaik – in dem nur Begebenheiten aus dem Alten Testament, wenn überhaupt, Platz finden können – Motive zu Hilfe nehmen, die man als *praeambula fidei* (Glaubenssatz) oder als *praeparatio evangelica* (evan-

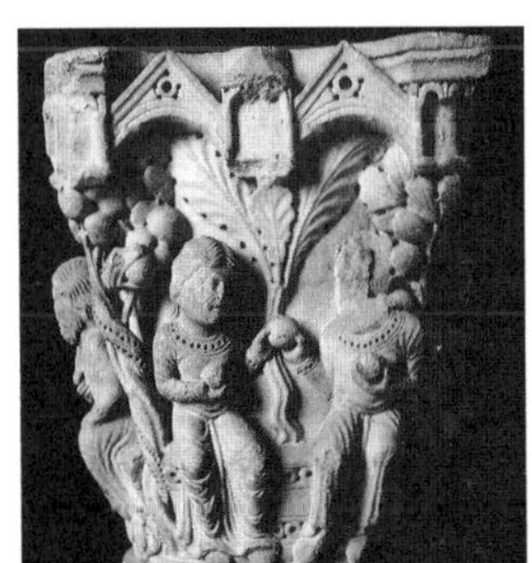

BENEDETTO ANTELAMI,
Adam und Eva im Garten Eden,
um 1178

Kampanische Werkstatt, *Auferstehung Christi* und

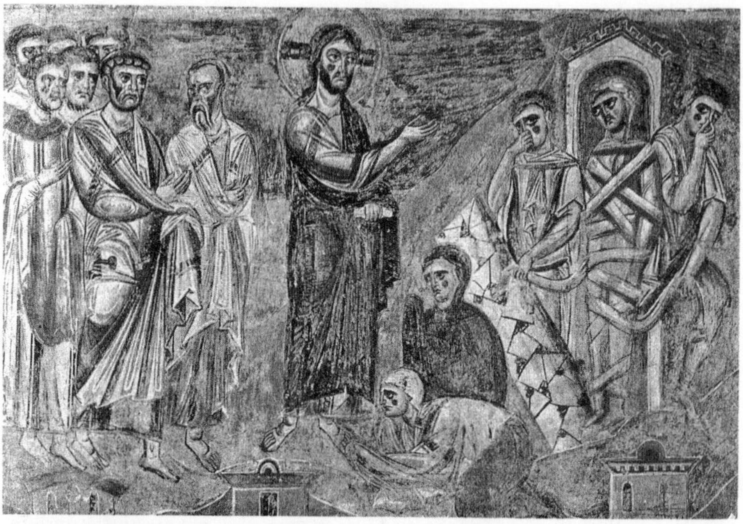

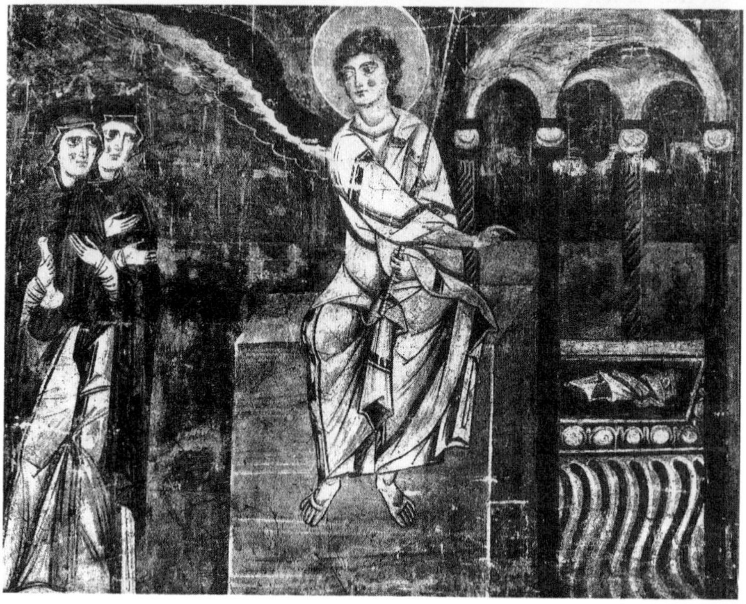

Auferweckung des Lazarus, Ende 11. Jh. (?) Sant'Angelo in Formis (Capua), Basilika

gelische Einführung) charakterisieren kann[57]. Der obligatorische Ausschluß jeder offenen Darstellung von Begebenheiten aus dem Evangelium zwingt, den »erhabenen Stil« verbietend, den Mosaikfußboden, seinen Diskurs in einem »demütigen Stil« zu entwickeln; gleichzeitig aber ermutigt er dazu, anderswo nach Material für seine Gestaltung zu suchen und es freier zusammenzustellen.

Als einziger unter den vielen in Italien fast ganz erhalten, ist es bei dem Mosaikfußboden des Doms von Otranto, zwischen 1163 und 1165 von einem Priester namens Pantaleone gelegt, noch möglich, den Handlungsfaden eines Stück für Stück und wie in einer Art von *volgare* ausgedrückten Programms zu erkennen.

Ein großer Baum reicht von der Türe bis zum Presbyterium und dient im ganzen Mittelschiff als Führer: Doch erst am Ende des Rundgangs wird der Gläubige, an seinen Seiten Adam und Eva und zwischen bei-

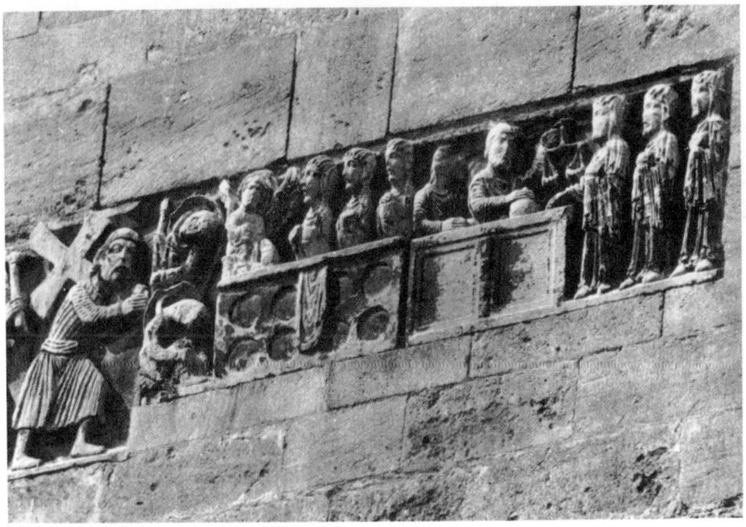

Provenzalischer Bildhauer,
Der Salbenkauf der Frauen und *Die drei Frauen am Grabe,* um 1150
Beaucaire, Pfarrkirche

den die Schlange erkennend, die Gewißheit erlangen, daß es sich um den Baum der Erkenntnis handelt. Mit seinen großen Ästen, die sich von unten seitwärts ausstrecken, um den gesamten Fußboden zu umfangen, gibt also der Baum des Paradieses den Rahmen ab für den Diskurs von Pantaleone und dessen Bischof Jonathan, den vier Inschriften als Auftraggeber des Mosaiks ausweisen. Aber die aufeinanderfolgenden Elemente des Diskurses müssen eines nach dem anderen entdeckt werden in dem großen ornamentalen Gewebe, das wie ein Teppich Blüten und Blätter verzerrt wie Farben von Spielkarten und rundum eine stets sehr farbenprächtige Fauna ausstreut, manchmal durchsetzt mit Ungeheuern, Straußen, Fischen, Drachen, Greifen, Kentauren mit einem, zwei, drei Köpfen. Alexander der Große, der auf einem von zwei Greifen getragenen Thron den Himmel zu erreichen sucht, ist ein erstes *exemplum,* der profanen »Geschichte« entnommen, das das Thema des menschlichen Hochmuts einführt; es wird dann sogleich auf der anderen Seite des Baums von dem Turm zu Babylon wiederaufgenommen, der die gleiche Argumentation in den Bereich der Bibel überträgt.

Der Bau der Arche und die Sintflut, die gleich darauf folgen und einen ganzen Streifen des Mosaiks einnehmen, weisen direkter auf die göttliche Präsenz hin, verdeutlicht in der Hand Gottes, die sich zu einem riesigen Moses wendet: Mit der Sintflut und der Arche zeigen sie zu gleicher Zeit, wie zwei Seiten derselben Medaille, die Gewißheit der Strafe und die Hoffnung auf Errettung.

In drei Viererreihen frei zwischen den Ästen des Baumes hängend, scheinen die Medaillons der Monate, mit einem nur bäuerlichen und astrologischen Kalender, einen im übrigen religiösen Diskurs zu durchbrechen. Es handelt sich jedoch nicht nur um Unterbrechung, und auch nicht um eine grundlose Interpolation von Tierkreiszeichen und pflügenden, säenden, weinlesenden Bauern: »pavimentum, quod pedibus calcatur, vulgus est, cuius laboribus ecclesia sustentatur« (der Boden, der mit Füßen getreten wird, ist das Volk, dessen Arbeit die Kirche ernährt und erhält) (Sicardus, *Mitralis* 20 A). Die Arbeiten des *vulgus,* die rund um die Erde einen wiederkehrenden Kreislauf bilden – nicht weniger ewig als der, den die Gestirne beschreiben –, sind also die geringe, alltägliche Zeit des Menschen, die die Kirche absorbiert und zu der ihren macht. Indem man sie im Rahmen eines mit moralischen

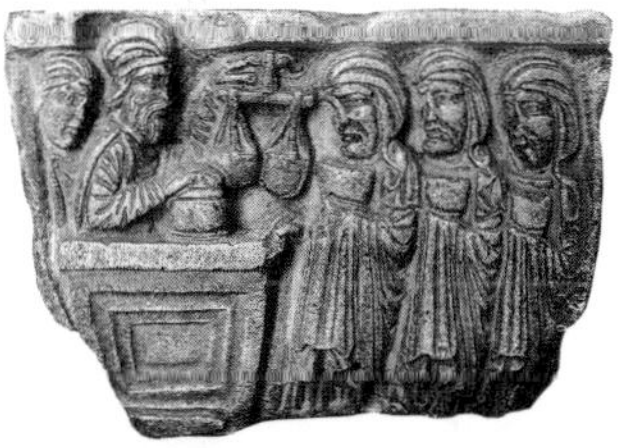

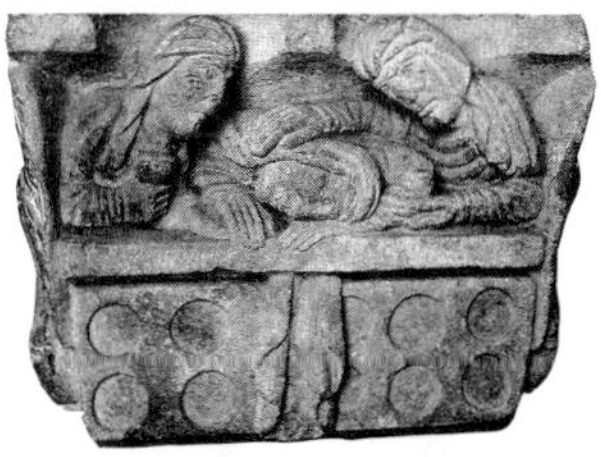

Bildhauer aus der Po-Ebene (?),
Der Salbenkauf der Frauen und *Die drei Frauen am Grabe,* um 1160–1170
Teile eines Kapitells

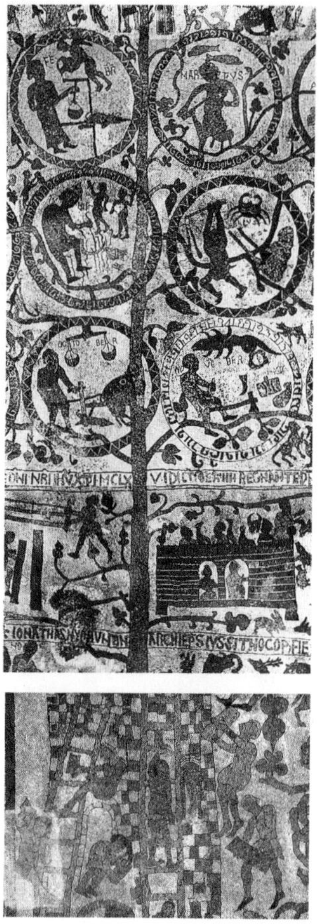

PANTALEONE,
Fußbodenmosaik, 1163–1165
Ausschnitte
Otranto, Dom, Mittelschiff

exempla durchsetzten Gebets zusammendrängt, wird die Zeit des Menschen – ohne die Vermittlung des liturgischen Kalenders – als Zeit Gottes dargeboten und dargestellt.

Dem Baum, der zur Spitze hin schmaler wird, zur Seite befinden sich, nach den Monaten, links weitere Bäume aus dem Garten Eden; und rechts, im Gegensatz dazu ohne Ordnung verstreut, die Figuren von König Artus, auf einem Ziegenbock (?) reitend und dann von der Katze von Lausanne niedergeworfen, von Kain und Abel, die Gott ihre Opfer darbieten und sich dann in der dramatischen Szene des ersten Brudermords gegenüberstehen. So wird eine beinahe zeitgenössische »Geschichte« auch hier der biblischen Erzählung gegenübergestellt; denn man *kann* die *exempla* ebensogut aus dem sakralen wie aus dem profanen Brunnen fischen. Um den Diskurs noch dichter zu machen, sind die Figürchen von Adam und Eva (die, vom Engel verjagt, aus dem Garten Eden auf eine Welt zugehen, welche den Tod Abels und König Artus' mit einschließt), gleich über der des rechten Schächers angebracht, der vor der geschlossenen Tür – als erste unter den erlösten Seelen – darauf wartet, ins Himmelreich einzutreten. Schuld und Strafe werden gezeigt, spiegeln sich aber sogleich in der Hoffnung auf Erlösung, in einer diskursiven Linie, die im Rund der Apsis gipfelt, in der die Figuren von Samson, der den Löwen besiegt, und Jonas, der nach drei Tagen aus dem Bauch des Walfischs herauskommt, dominieren: *figurae*, der eine und der andere, von Christus, der den Tod überwindet, die Hölle durchbricht und aufersteht[58].

Indem er so in einer von Schuld beherrschten Welt zwischen den allgegenwärtigen belaubten Zweigen des Baumes seinen Pfad vorzeichnet, erzählt Pantaleone nicht die Bibel nach: Er *wählt* einige Begebenheiten daraus *aus*, ohne jede Rücksicht auf die von der Heiligen Schrift vorgegebene Reihenfolge der Ereignisse, und präsentiert sie mit einer *exemplarischen* Kraft, die durch die Gegenüberstellung profaner Sujets (Alexander, Artus) noch größer wird. Alle bedeutenderen Themen (einzige Ausnahme bildet der Turmbau zu Babel) sind von Inschriften begleitet und entsprechend bezeichnet (*Alexander rex, Rex Arturus, Noe, Abel, Cayn, Eva, Adam, Sanson, Ionas propheta,* die Monatsnamen...): Eine Anleitung, gewiß, zur Lektüre des Mosaiks, aber für wen? Nicht nur für das ungebildete Volk, das das Bibellatein in den Mosaiksteinchen nicht hätte entziffern können (oder, in einem Mosaik in Brindisi aus der gleichen Zeit, das Französisch der *chansons de geste*)[59]; auch nicht nur für die Geistlichen, die Noah und Alexander auch hätten erkennen können, ohne ihre Namen zu lesen. Auf der Grenze zunehmenden Nicht-Lesen-Könnens, die die verschiedenen Schichten der Bevölkerung voneinander trennt, ziehen diese Inschriften, da sie nur manche der zahlreichen Figuren des Mosaiks umgeben, eine Art *verbalen Lichthof* um sie, um – für die Geistlichen, für das Volk – ihre größere Bedeutungsdichte aufzuzeigen: Die Inschriften sind fast »Wegweiser«, um dem Diskurs folgen zu können.

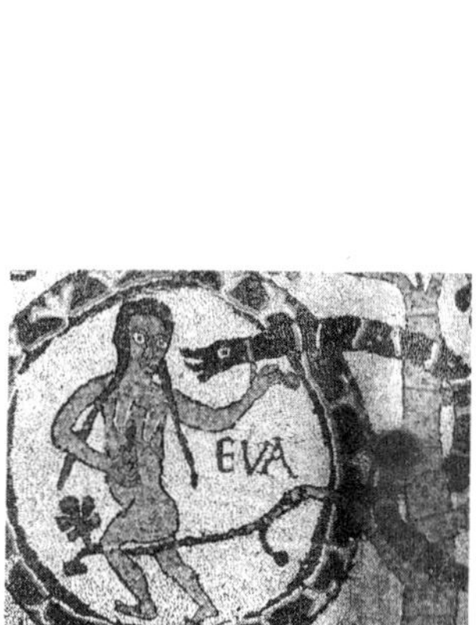

PANTALEONE,
Der Sündenfall, um 1163–1165
Ausschnitt aus dem Fußbodenmosaik,
Otranto, Dom

Malerei und Schrift sind also die beiden Pole ein und derselben Botschaft, die sich – nachdem sie vom kirchlichen Auftraggeber für alle gemeinsam bestimmt war – nur scheinbar aufspaltet in Botschaft für die Gebildeten und Botschaft für die Ungebildeten; in Wirklichkeit kann sie ihren ganzen Raum nur dann ausfüllen, wenn die Buchstaben *auch* zum Volk und die Bilder *auch* zum Geistlichen sprechen, »pôles entre lesquels circule une électricité de sens« (Pole, zwischen denen eine Elektrizität der Sinne zirkuliert) (Butor)[60]. Die Schriftrollen der *Exultet*, in der Osterliturgie gebraucht, ziehen sehr eloquent diese

Linie, die zugleich Grenze und Übergang bezeichnet: Dazu bestimmt, vom Offizianten über einem hohen Lesepult gehalten und nach und nach im Lauf der Lesung entrollt zu werden, sind diese Rollen reich mit Figuren geschmückt, *die im Verhältnis zur Schrift gegenläufig angebracht sind;* damit der Priester lese und das Volk inzwischen die Bilder betrachte[61].

Also nicht nur *litterae laicorum,* die in den Kirchen gemalten Geschichten, die durch das Auge zum Gedächtnis des Gläubigen dringen, Unterweisung und Ermahnung: Sondern sie sprechen zugleich die Sinne der Gebildeteren an, beleben mit Farben und Gesichtern die bloßen Worte der Heiligen Schrift; während die Inschriften, die sie begleiten, da sie diejenigen, die nicht lesen können, auf die größere Gelehrsamkeit der Geistlichen verweisen, beständig wiederholen, daß es, um jene so reich ausgebreiteten, so lebendigen Bilder ganz zu lesen (zu verstehen), stets der Vermittlung durch die kirchliche Kultur bedarf. Von der Auftraggeberschaft bis zur »authentischen« Interpretation schließt sich der Kreis rund um das Bild. Das »Monopol« der Kirche – in ihrer Gesamtheit verstanden – ist absolut.

*»Ut populus ad ecclesiam trahatur«**

Von dem Moment an, in dem der Gläubige die Schwelle der Kirche überschritten hat, bietet sich ihm die Apsis – der Rahmen um den Hochaltar, den Mittelpunkt des Ritus – als Zielpunkt eines Weges dar, der rund um die Erinnerung an die wie in eine liturgische Dimension übersetzte und eingetauchte Heilsgeschichte angeordnet ist. Der *Thronende Christus,* einmal in der byzantinischen Form des *Pantokrator,* dann wieder apokalyptische Erscheinung oder Vollstrecker des *Jüngsten Gerichts,* ist also für die Apsis ein geeignetes Sujet.

An dem Mosaik in der Apsis des Doms von Pisa haben etwas weniger als ein Jahr lang achtzehn Künstler (und weitere sechs Gehilfen) in zwei

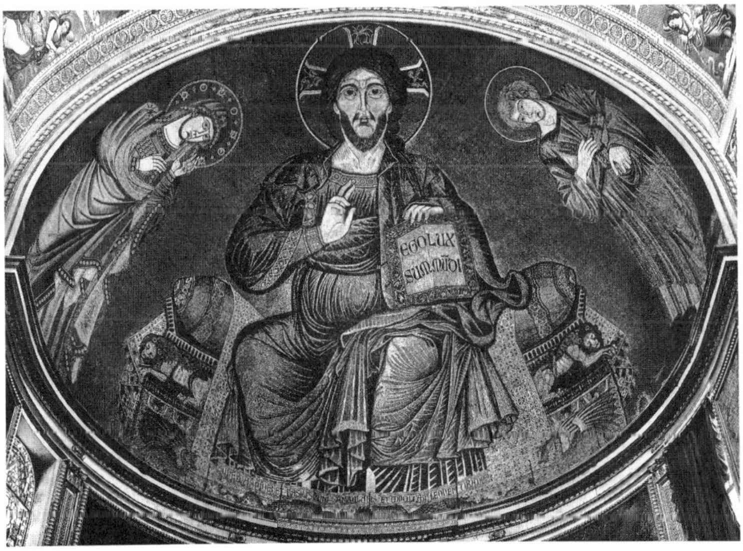

FRANCESCO, CIMABUE und Mitarbeiter, *Der thronende Christus zwischen Maria und dem Evangelisten Johannes,* 1301–1303
Apsismosaik, Pisa, Dom

* Auf daß das Volk in die Kirche gelockt werde.

Schema 9

Arbeitstage am Apsismosaik des Doms von Pisa (4. April 1302–20. Januar 1303)

Francesco *magister et pictor* und seine Gehilfen

Cimabue *magister et pictor* und seine Gehilfen

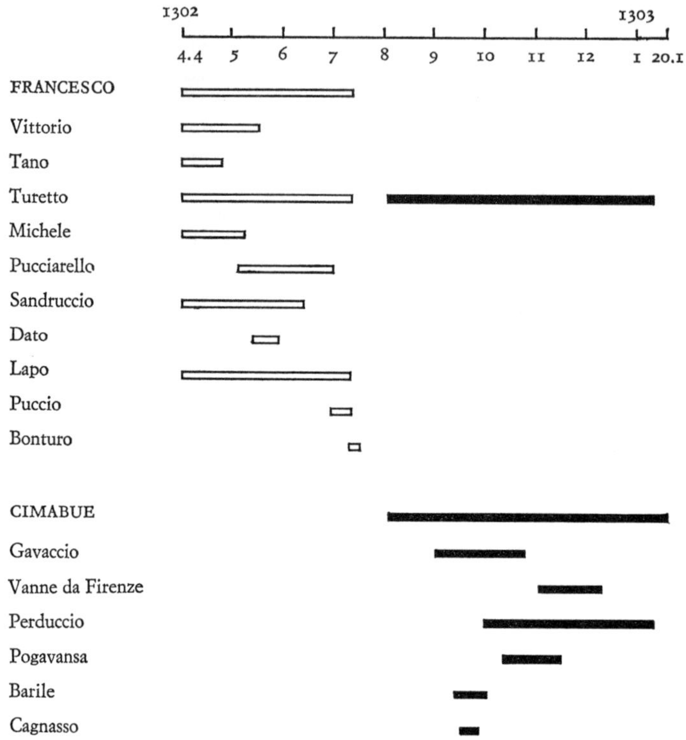

Abschnitten unter der Führung zwei verschiedener Baumeister[62] gearbeitet; also sichert nicht einmal die ständige Anwesenheit eines *magister* Kontinuität und Einheitlichkeit der Bedeutung bei der wichtigsten Dekoration der Kathedrale; keinen einzigen Tag lang arbeiten Francesco und Cimabue zusammen, und Turetto ist der einzige *pictor* der ersten Gruppe, den Cimabue auch in die zweite aufnimmt (vgl. Schema 9). Darüber hinaus scheint eine der Figuren (die Madonna) sehr viel später, im Jahre 1321, und von einem anderen Meister fertiggestellt worden zu sein. Aus den kargen Rechnungsbüchern, in denen Namen, Löhne und Daten verzeichnet sind, geht nicht hervor, wer die Gesamtzeichnung des Mosaiks entworfen hat (vermutlich der erste der beiden *magistri,* Francesco): aber die Kontinuität der Arbeiten und der Bedeutungszusammenhang zwischen den Figuren werden von den Auftraggebern garantiert, »Uguiccio Grunei et Jacobus Murcij positi et constituti a Communi et pro Communi pisano super fieri faciendo *Maiestatem* super altare maioris ecclesie pisane civitatis« (Uguiccio Grunei und Jacobus Murcij, vorgeschlagen und auserwählt von der und für die Gemeinde Pisas zur Anfertigung einer *Majestas* über dem Altar der größten Kirche der Bürgerschaft Pisa).

Bei dieser Pisaner *Maestà,* die die späteren, stets vom Klerus überwachten Restaurierungen zu einem womöglich noch »kollektiveren«

und für das Bild der Kathedrale und seine Liturgie funktionalen Werk machen, zertritt Christus, der in königlich segnender Haltung auf einem sehr breiten, von geflügelten Drachen und Löwen getragenen Thron erscheint, mit bloßen Füßen eine Giftschlange und einen Basilisken. Direkt darüber glättet sich der Saum des in weiten Falten drapierten Gewandes, damit man die Inschrift lesen kann, die, Bildlegende und Stickerei, darauf angebracht ist (»super aspidem et basiliscum ambulabis, et conculcabis leonem et draconem«, über Schlange und Basilisk wirst du gehen und Löwen und Drachen niedertreten): Nicht nur die Worte also, sondern das ganze Bild Christi und seines Throns übertragen den Psalm 91.13 in die vergoldete Glorie der Apsis.

Doch ist die Theophanie, der wir hier beiwohnen, nicht die der glühenden Visionen Jesaias und Ezechiels oder der Apokalypse; Christus erscheint hier nicht in der Mandorla, umgeben vom Tetramorph, von den Evangelisten oder von Engeln als himmlische Heerscharen. Das Buch, das er mit seiner Linken den Gläubigen aufgeschlagen vor Augen hält, weist in riesigen Lettern den Anfang eines Verses aus dem Johannesevangelium auf: »Ego sum lux mu(n)di« (8.12)[63], und daher ist es, in Abwandlung des normalen Schemas der *Deesis,* das neben dem *Chistus in Maestà* Höllenstrafen, die Madonna und Johannes den Täufer vorsieht, hier der Evangelist Johannes, der neben dem göttlichen Thron steht. Wie bei einer *Kreuzigung* begleiten an den Seiten die Mutter und der Lieblingsjünger einen Christus, der nicht Richter, sondern König und *lux mundi* (Licht der Welt) ist; und sein himmlischer Triumph verschmilzt mit der Erinnerung an die Passion. Die Neuheit des Schemas erklärt eine gewisse Unbeholfenheit in der Gestik: Maria hält die Hände so, als begleite sie eine Rede[64]; Johannes drückt mit beiden Händen das geschlossene Buch seines Evangeliums an sich. Die Absonderung der Figuren und ihre gesammelte, distanzierte Haltung, Mitspieler einer Szene, die nicht in der Heiligen Schrift und auch nicht in der ikonographischen Tradition vorkommt, macht die auffällige Uneinigkeit der Kunsthistoriker begreiflich, die in dem heiligen Johannes (der einzigen durchdachten Figur, weil sie ganz von Cimabue stammt) einmal »ein höchstes Meisterwerk« (Battisti), ein andermal eine Figur »gänzlich ohne jedes Interesse« (Nicholson) erblicken.

Daß sich Maria und Johannes von an den Seiten des Kreuzes weinenden Figuren in Gefährten der Glorie Christi verwandeln konnten, ist nicht eine bedeutungslose Neuigkeit der Montage: Es ist gerade das Paradox des Kreuzes, zugleich Zeichen für die grausamste und schmachvollste Qual und das edelste Ereignis der Menschheitsgeschichte zu sein. Deshalb ist das *lignum Crucis* (Holz des Kreuzes) ein Zeichen des Triumphes, Wende jedes irdischen Geschehnisses, Grundlage des Glaubens und der Liturgie. Und neben dem im vergoldeten Himmel der Apsis thronenden Christus legt die Madonna mit ihrer Geste Fürbitte ein; Johannes legt mit dem Buch, das er geschrieben hat, Zeugnis ab und schweigt.

Sogar im Strudel der ikonoklastischen Auseinandersetzungen hat das Kreuz – Höhepunkt nicht nur des Leidenswegs, sondern auch des Altars – sowohl auf der streng liturgischen Ebene wie auch als Besiegelung der göttlichen Investitur des *basileus* seinen vollen Wert beibehalten. Paradoxerweise stimmen die *Libri carolini* in diesem Punkt, ohne es zu bemerken, mit den Ansichten derjenigen überein, die Zielscheibe ihrer Polemik sind[65]. *Crucis mysterium, Crucis vexillum* (Mysterien des Kreuzes, Kreuzesfahne): Nicht die Bilder, sondern dieses Zeichen, das Fleischwerdung, Leiden und Erlösung verkörpert und in Erinnerung ruft, schlägt die Dämonen in die Flucht und bricht das Tor der Hölle auf. Die Werthierarchien der heidnischen Gesellschaft herausfordernd, hatte das Kreuz schon in den ersten Jahrhunderten den Wert und die Dichte eines Symbols erlangt; Anerkennung, Glaubensbekenntnis, »magischer« Schutz vor dem Teufel und dem Bösen. Der Gekreuzigte aber hatte auf sich warten lassen, bis er zum bloßen Zeichen des Kreuzes hinzukam: Der völlige Mangel an Prototypen in der römischen Kunst machte es noch schwieriger, den gewagten Schritt zur Darstellung einer Szene zu tun, die im Gottesdienst oder bei der biblischen Erzählung durch Worte beschworen werden konnte, aber noch nicht die geeignete Sprache fand, sich in Bilder umzusetzen, ohne die Fülle ihrer Bedeutung einzubüßen. Deshalb konnte die Kreuzigung durch Symbole dargestellt werden, nur mit dem Zeichen des Kreuzes oder, besser, auf die Passion anspielend mit der Darstellung des Lammes.

Vielleicht regt gerade ein theologischer Disput die endgültige Aufnahme des Gekreuzigten ins Repertoire der christlichen Kunst an. Die Monophysiten bestritten die menschliche Natur Christi; eine Lehre, die den Namen Doketismus annahm, verbreitete die Auffassung, daß der Sohn Gottes nur scheinbar (δοκέω) die menschliche Natur angenommen habe, aber als natura *putativa:* und sein Leiden und sein Tod seien also nicht im lebendigen Körper eines Menschen erlebt worden. Das Konzil *in Trullo* (692) lehnt die Darstellung des Lammes als »Schatten« oder »Emblem« Jesu ab und beschließt,

> damit die Vollkommenheit allen Blicken auch durch die Gemälde kundgetan werde, Christus, unseren Gott, in Menschenform darzustellen [...], damit die ganze Erhabenheit des Wortes durch seine Demut betrachtet wird. *Es ist der Maler, der uns an der Hand nehmen* und uns hinführen muß zum Gedächtnis an den in Fleisch und Blut lebendigen Jesus, der für unsere Errettung gestorben ist und mit dem Leiden die Erlösung der Welt erringt[66].

Es ist der Vorabend der ikonoklastischen Welle: Dieser Appell an die beschwörende Kraft der Bilder und an die Rolle des Malers scheint die Besorgnis der Theologen hinlänglich zu rechtfertigen. Im Jahre 726 wird bei einem Aufruhr der Gekreuzigte umgestürzt, der am Eingang zum Kaiserpalast aufgestellt worden war; in Nikäa wird in der Dormitio-Kirche die Figur der Jungfrau im Apsismosaik zerstört und durch ein monumentales Kreuz ersetzt[67]. Das Kreuz als Symbol wird verteidigt und verbreitet; der Gekreuzigte, der mit dem Leib Jesu Leiden und Schmerzen des Fleisches erzählt, wird abgelehnt.

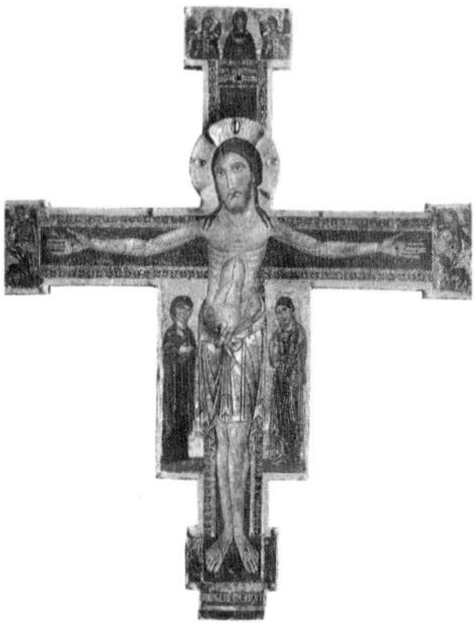
BERLINGHIERO BERLINGHIERI, *Kruzifix*, um 1220–1230

Das bemalte Kreuz ist gewiß eine der außergewöhnlichsten Formen, den Gekreuzigten darzustellen, und es ist eine absolute Besonderheit Italiens[68]. Das älteste bekannte und datierte Beispiel stammt aus dem Jahre 1138, aber die Ursprünge des Typus müssen noch älter sein. Diese häufig sehr großen Kreuze waren dazu bestimmt (besonders in der tosko-umbrischen Gegend, mit speziellem Schwerpunkt in Pisa und Lucca), am Balken der Apsis oder häufiger an der Ikonostase aufgehängt zu werden, die noch bis zum 14. Jahrhundert im allgemeinen den Zugang zum Chor in den italienischen Kirchen verschloß. »*Crux triumphalis in plerisque locis in medio ecclesiae ponitur* (Das Kreuz des Triumphes ist meistens in der Mitte der Kirche aufgestellt), damit die Gläubigen ihm Ehrfurcht erweisen können, *arbor salutifera* und *signum victoriae* (Baum des Heils; Zeichen des Sieges): Denn Christus hat seinen Körper gedemütigt [...], wenn wir das Kreuz betrachten, werden wir nie die Liebe Gottes zu uns vergessen können; und wir werden dem Gekreuzigten nacheifern«[69]. Ein von dem Luccheser Berlinghiero Berlinghieri signiertes Kreuz, das nicht viel später als 1220–30 entstanden ist, zeigt Christus vornehm hoch aufgerichtet am Marterholz, mit einem reichverzierten grünen Lendenschurz gegürtet. Von den vier Nägeln tropfen symmetrische Blutflämmchen: Aber der edelsteinbesetzte Heiligenschein, der sein Gesicht einrahmt, zeigt ihn eher *triumphans* als *patiens;* und die Seite ist noch nicht durchbohrt worden. Der schon in der Mitte des 12. Jahrhunderts beginnende Übergang von der älteren Formel – Christus lebend am Kreuz, erhobenen Hauptes, mit offenen Augen – zu der anderen des toten Christus, mit gesenktem Kopf, geschlossenen Augen, den Leib gekrümmt in einer letzten Zuckung des Todeskampfes, findet beim italienischen bemalten Kreuz fast hundert Jahre später statt. Dieser Unterschied allein zeigt hinlänglich die zentrale Bedeutung der bemalten Kreuze in der Einrichtung der Kirchen und für die allgemeine Frömmigkeit: Schwieriger ist es, bedeutsame ikonographische Neuerungen bei den Bildern einzuführen, die stärkeren und tief verwurzelten Erwartungen der Gläubigen entsprechen müssen.

Unter dem mageren Leib des Gekreuzigten wächst ein ganzer Besatz feinstverzierter Borten; und Christus ist nicht an jenen Nägeln aufgehängt: Er breitet vielmehr triumphierend die Arme aus und empfängt sie. Aber das Tafelbild gibt nicht nur die Marterwerkzeuge wieder, überführt sie auch nicht nur, durch goldne und blaue Tönung, in eine triumphale und himmlische Dimension. An den Enden und an den Seiten befinden sich in geometrischen Ausweitungen: das Gesims, mit der *Himmelfahrt* (bei der nun oben die Christusbüste fehlt); die äußeren Enden des Querbalkens, mit den Symbolen der Evangelisten; die *Verleugnung Petri* an den Seiten des Suppedaneums; rechts und links vom Gekreuzigten schließlich stehen auf einer abstrakten grünen Wiese weinend Maria und Johannes.

Die Pisaner haben eine besondere Neigung dafür gezeigt, den Platz auf dem bemalten Kreuz zu erweitern und es mit Szenen zu bevölkern: Das *Kreuz* Nr. 15 des Museo di San Matteo drängt an den beiden Seiten des Christus und an den vier Enden des Tafelbildes zehn Begebenheiten aus der Heiligen Schrift zusammen, vom *Abendmahl* bis *Pfingsten.* Die strengen Augen starr auf die Gläubigen gerichtet, ohne ein Zeichen des Schmerzes erkennen zu lassen, ist dieser Christus *triumphans* also auch *docens:* Vom Holz seiner Marter herab erzählt er in feiner, didaktischer Schönschrift seine Leidensgeschichte und verkündet seine Herrlichkeit.

Es war vielleicht Giunta Pisano, der auf den bemalten Kreuzen den toten Christus eingeführt hat (ein Exemplar aus dem Jahre 1236 ist bekannt, aber verlorengegangen). Ein auf einem Stab angebrachtes Kreuz, das ihm zugeschrieben wird, zeigt den Übergang zwischen den beiden Typen: Auf der Vorderseite ist Jesus lebendig und aufgerichtet, auf der Rückseite hat er den Kopf geneigt und die Augen im unbeweglichen Tod geschlossen; die ikonographische Neuerung hat auf der weniger wichtigen Seite stattgefunden. Aber vor allem hat Giunta den Typus des bemalten Kreuzes selbst radikal verändert. In dem reifen Kreuz in der Kirche San Domenico in Bologna hat sich die geometrisch aufgebaute »Pisaner« Form erhalten, ja ist sogar im Gewebe des Ornats, in den Ziernagelköpfen, mit denen in schöner Ordnung die Umrandungsborte des Tafelbilds befestigt ist, noch strenger geworden; aber die Figuren rundum sind fast alle verschwunden. Auf dem Sims – das vielleicht nach oben von einem Halbkreis mit einer verkürzt dargestellten *Himmelfahrt* vervollständigt wurde – erstreckt sich über drei

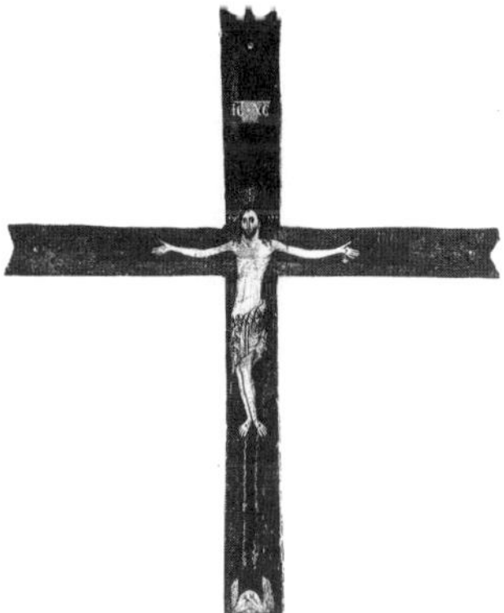

GIUNTA PISANO (?), *Prozessionskreuz,* 1. Hälfte 13. Jh.

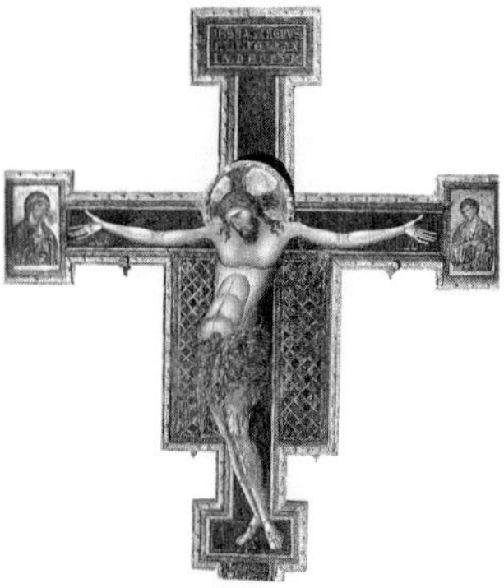

GIUNTA PISANO,
Kruzifix, um 1250
Bologna, San Domenico

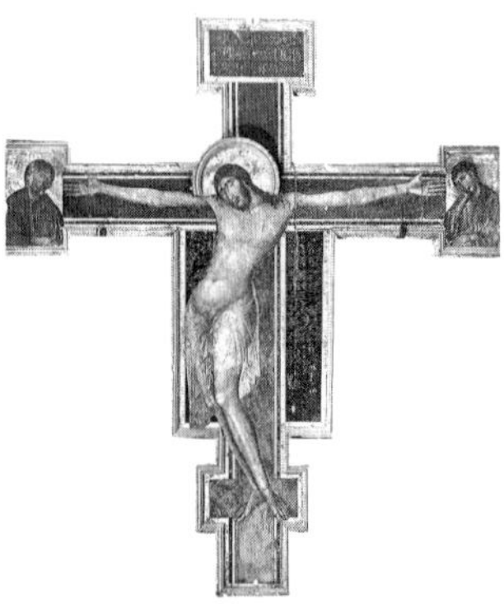

CIMABUE,
Kruzifix, um 1280
Florenz, Santa Croce

Zeilen der verspottende *titulus* (Inschrift); die Holztafeln am Ende des Querbalkens zeigen die Halbfiguren der leidenden Maria und des Evangelisten Johannes, in »syrischer« Geste dargestellt, wie er das rote, edelsteinbesetzte Buch des Evangeliums, das er schreiben wird, in Händen hält[70]. Diese Haltung, die bei einer Kreuzigung seine Funktion als Zeuge und Erzähler des heiligen Ereignisses vorwegnimmt, findet man von Cimabue in die Apsis der Pisaner Kathedrale übertragen: hier jedoch nicht als Prolepsis, sondern als Besiegelung.

Indem er die Figuren der Trauernden ausdrücklich auf konventionelle, anspielungshafte Erinnerungen einer umfassenderen Kreuzigung reduzierte, hat Giunta Pisano den Gekreuzigten dramatisch abgesondert; gekrümmt hat er seinen angespannten, durchbohrten Körper dargestellt, in den der Tod eine ganze Anatomie des Leidens eingegraben hat. Die Gläubigen »bei der Hand nehmend« läd Giunta sie nicht ein, auf minutiösen Täfelchen die Stationen des Kreuzwegs nachzugehen; er konfrontiert sie mit den sichtbaren Zeichen des Todeskampfes und dadurch mit der Menschlichkeit Christi. Nicht ohne ein geschärftes Selbstbewußtsein hat der Pinsel des Malers auf dem Suppedaneum die in Verse gesetzte, »klangvolle« (Brandi) Unterschrift angebracht: »cuius *docta* manus me pinxit Iuncta pisanus« (die gelehrte Hand des Pisaners Giunta hat mich gemalt)[71]. *Docta manus* mag die von Nicola Pisano bei der Signatur der Kanzel des Baptisteriums sein; *doctus* hatte sich ein halbes Jahrhundert zuvor ein anderer Pisaner Bildhauer, Biduino, genannt, als er den Architrav in San Casciano bei Pisa signierte.

Wenn dies, was wahrscheinlich erscheint, *doctrina antiquitatis* ist, hätte Cimabue mehr Recht gehabt als Giunta, sie am Fuß eines Kruzifixes zu erklären. Das Kreuz von Santa Croce in Florenz ist offensichtlich Giuntas Vorlage nachgebildet, die nunmehr als Maßstab »klassischer« Vollkommenheit gilt; aber mit Farben und Schatten bringt er Bewegung in den Körper des Erlösers, obgleich er seine konventionell-obligatorische Stellung beibehält. Und der Lendenschurz ist luftig, durchsichtig geworden: Damit er so wenig wie möglich einen Körper verdecke, der so sehr an Wirklichkeit gewonnen hat, die klare Zeichnung Giuntas mit innerer Plastizität und lebendiger Muskelspannung erfüllend. Der Rippenbogen und die sechs Unterteilungen des Bauches haben, als sei mit einem Schwamm darübergefahren worden, die Strenge einer künstlichen Geometrie verloren, um dahinter (hinter der konventionellen Darstellung) eine bewegtere und »wirkliche« Anatomie zu enthüllen: Noch stärker kann also der Gläubige, vom Maler geführt, den Schmerz und den Tod Christi nacherleben. Auch das Blut fließt nicht mehr in gewundenen Rinnsalen: Von den Nägeln tropft es schnurgerade herunter, es hat das Gesetz der Schwerkraft entdeckt.

Bei dieser ersten Linie des wachsenden »Realismus« sind die Empfindungen des Gläubigen ein sicherer, beständiger Bezugspunkt. Guillaume Durand, Franzose, der aber von seinem Studium in Bologna bis zu seinem Tod (1296) in Italien gelebt hat, macht diese Absicht einen Moment lang deutlich in einem Passus des *Rationale Divinorum Officiorum,* einem liturgischen Traktat mit überaus weiter Verbreitung, dessen Bedeutung, auch auf im eigentlichen Sinne ikonographischer Ebene, noch adäquat erforscht werden muß.

Warum sammelt man in den Kirchen Kuriositäten und Schätze (z. B. Straußeneier) und stellt sie den Gläubigen zur Schau? Durand antwortet (I 3.43): »ut populus ad ecclesiam trahatur, et magis afficiatur« (damit das Volk in die Kirche gelockt und in höherem Maße berührt werde). *Afficio* ist »beeindrucken«, aber auch »rühren, (emotional) beteiligen«; die Worte Durands können auch auf andere *ornamenta ecclesiae* angewandt werden: Wenn man beispielsweise in den Kirchen Paradies und Hölle darstellt, soll damit in den Gläubigen die Freude auf zukünftige Belohnungen *(delectatio praemiorum)* und Angst vor den Strafen (*formido poenarum:* I 3.21) geweckt werden.

Der andere Punkt, mit dem sich jedes Bild auseinandersetzen muß, ist die anerkannte Kraft einer Tradition, die gerade das Wiederholen der Figuren maßgebend, ja zwingend macht. Die Erwartungen des »Publikums« bewegen sich also auf zwei nur scheinbar divergierenden Ebenen: Einerseits muß sich ein Kultbild, gerade weil es Gegenstand einer Verehrung ist, die ihren Wert zum großen Teil dadurch erhält, daß sie in eine traditionelle Linie einmündet, den Bildern desselben Typs anpassen, die ihm vorausgegangen sind; andererseits kann jede Neuerung, die emotionale Anstöße aulöst, neues Interesse an einer Figur oder einem Thema erwecken, das reine Wiederholung fast verwischen und zum toten Buchstaben machen könnte. So kann der Maler, wenn er sich in immer neuem Gleichgewicht zwischen Tradition und Erfindung bewegt, das Auge des Gläubigen dazu veranlassen, auf einem »neuen« Bild *länger zu verweilen;* dennoch wird er schrittweise und stets *innerhalb* des überlieferten Typs erneuern. Das *Kreuz* Nr. 15 in Pisa zeigt, noch zu Anfang des 13. Jahrhunderts, Christus lebendig und triumphierend, mit offenen Augen: Und doch war schon seit einem halben Jahrhundert der Typ des *Christus patiens* mit geneigtem Kopf und geschlossenen Augen gängig. Erst nach 1236 erklimmt dieser ikonographische Typus die bemalten Kreuze, aber schon bei diesem *Kreuz* Nr. 15 zeigt die unter den kleinen Szenen an den Seiten des Christus gemalte *Kreuzigung* die neue Ikonographie. Im Vergleich zu der riesigen Figur, die das Tafelbild beherrscht, in Größe und Wichtigkeit »abgestiegen«, kann ein Seitenbild die »Neuheit« leichter *vorher* aufnehmen. Zwischen dem großen und dem kleinen Gekreuzigten, die die Pisaner auf demselben Tafelbild in der Kirche San Sepolcro sehen konnten, besteht nicht so sehr der Widerspruch von zwei »gegensätzlichen« Ikonographien, als vielmehr der (hierarchische, nicht chronologische) Abstand von Mittelpunkt und Rand, *salutatio* und *memoria.* Die religiösen Bilder, denen die *salutatio* gebührt, erneuern sich langsamer als die erzählenden Bilder, die sich an die *memoria* wenden.

Die typologischen und ikonographischen Veränderungen an den bemalten Kreuzen kann man auch nur mit dem allmählichen Überwiegen des »neuen« Typus rechtfertigen; aber vielleicht kann eine genauere Erklärung dafür gefunden werden. In der *Legenda maior sancti Francisci* macht der heilige Bonaventura wertvolle Mitteilungen über die Gebetstechnik, die der heilige Franziskus mit seinen ersten Gefährten erprobte, da sie keine Kirchenbücher hatten, um daraus die nach den kanonischen Stunden geordneten Gebete zu entnehmen. Aber *anstelle der Bücher* lehrt der heilige Franziskus sie, *das liber Crucis Christi* zu benutzen, *mentaliter potius quam vocaliter* (mehr mit dem Geist als mit der Stimme) zu beten, vor dem Gekreuzigten, den sie dabei unverwandt betrachten sollen, *continuatis aspectibus* (durch fortwährende Betrachtung)[72].

Das Gebet ist eine Meditation über das Leiden Christi, bei der *das Bild* des Gekreuzigten *vermittelt:* Indem man den Blick über das Wort stellt, wird die Zeit der Betrachtung des Bildes durch die emotionale Antwort bemessen und entspricht bzw. bewirkt die Dauer des Gebets. Der heilige Franziskus hat so die Frömmigkeit aller auf die Menschlichkeit Christi und insbesondere auf das Kreuz gelenkt[73]; ohne direkt diesen oder jenen Gekreuzigten zu bestimmen, hat er jedermann gezwungen, seine Haltung gegenüber einem neuen ikonographischen Typus zu verändern, der aufgrund der langen, durch die neue Andachtstechnik angeregten Betrachtung überdacht sein wollte. Thomas von Celano nennt den heiligen Franziskus *novus evangelista,* wegen der Wichtigkeit und der *Neuheit* seiner Botschaft: Und in der Tat erhält er in der Ikonographie sogleich ungewöhnliche Attribute, das Buch (wie ein Evangelist) und, als erster unter den Heiligen, das Kruzifix[74]. Seine Übereinstimmung mit Christus wird durch die Stigmata besiegelt, die ihn zusammen mit seinem unerreichbaren Vorbild ans Kreuz nagelten, *Christo iam cruci confixus* (Christus, soeben ans Kreuz geheftet)[75]: Es genügt nicht, daß die Seele gekreuzigt ist, auch das Fleisch muß, sichtbar, gekreuzigt sein.

Man begreift so die »Variante«, die etwa ab 1260 das Suppedaneum der bemalten Kreuze einnimmt, wobei sie sich allerdings nur in Umbrien und in der Toskana verbreitet: Zu Füßen Christi niedergebeugt, meditiert ein winziger Heiliger Franziskus über die Leiden Christi und weist die Gläubigen mit seinen verwundeten Händen darauf hin[76]. Jede historische Barriere durchbrechend betritt der Heilige aus Assisi den Raum des Kreuzes, »lebt zusammen« mit den Trauernden Maria und Johannes; er zieht also den Gekreuzigten zu seiner eigenen lebendigen Erfahrung und der Erfahrung aller heran, er macht ihn zum Zeitgenossen.

Dennoch war der Heilige Franziskus nicht der Erste, der diesen so überaus privilegierten Platz eingenommen hat: Sein Freund und Nachfolger, Bruder Elias, der Erbauer der Basilika von Assisi, war ihm vorausgegangen. Auf dem verlorengegangenen, im Jahre 1236 von Giunta Pisano für die Unterkirche in Assisi gemalten und signierten Kreuz war ein *Christus patiens,* einer der allerersten, wenn nicht überhaupt der erste der Serie, auf dem Suppedaneum vom Bild des knienden und betenden Bruder Elias und von der Schrift »Frater Helias fieri fecit. Iesu Christe pie miserere precantis Helie. Iuncta Pisanus me pinxit A. D. MCCXXXVI« (Bruder Elias ließ [mich] anfertigen. Jesus Christus, erbarme dich des betenden Elias. Giunta Pisano hat mich gemalt im Jahre des Herrn 1236) begleitet. Der mächtige General des Franziskanerordens stellte also sich selbst in den Vordergrund, als Auftraggeber und Gläubiger, zu Füßen des Kreuzes, in der Gebärde, die danach die des Heiligen Franziskus wird: So zeigt ihn ein Druck aus dem 17. Jahrhundert, und gibt uns damit zumindest die Haltung dieses verlorengegangenen Bildes wieder[77], mit einer »ikonographischen Treue«, die die »armenische« Kopfbedeckung zu beweisen scheint: Salimbene de Adam bezeugt, daß Bruder Elias sie zu tragen pflegte[78]. Wir wissen nicht, welche Reaktionen diese Einmischung eines Lebenden auf dem Kreuz bei seinen Zeitgenossen auslöste: Gewiß hat bei den Beschuldigungen, die Bruder Elias stürzten und zu seiner Absetzung, Verbannung und Exkommunizierung führten, die *Fleischlichkeit* eine sehr große Rolle gespielt, das luxuriöse Leben, ein übertriebenes Gefühl für seinen Selbstwert und die Würde, die er innehatte[79]. Bis zum Tod des heiligen Franziskus fast einziger Hüter des Geheimnisses der Stigmata, gibt er *zusammen* den Tod des Heiligen und das außerordentliche göttliche Siegel bekannt: Zu Füßen des Gekreuzigten will Elias also das gesamte Erbe von Franziskus sammeln. Wahrscheinlich wurde das Suppedaneum des Kreuzes mit seinem »Portrait« (?) und der Inschrift deshalb überdeckt: Wie in der neuen, vom heiligen Bonaventura verfaßten *Vita,* in der Elias nie erwähnt wird, ist der alte Gefährte des

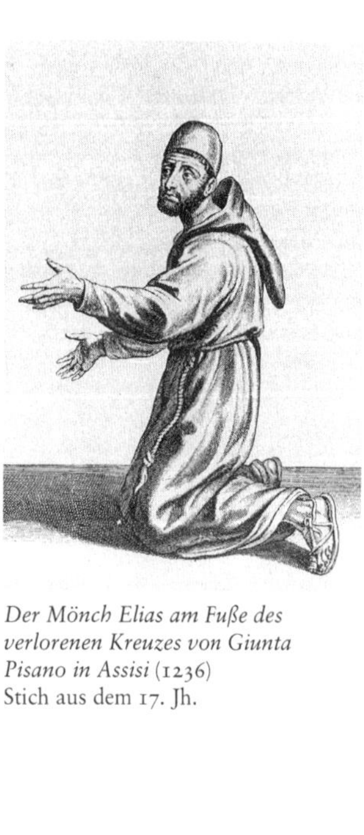

Der Mönch Elias am Fuße des verlorenen Kreuzes von Giunta Pisano in Assisi (1236)
Stich aus dem 17. Jh.

heiligen Franziskus, der für ihn »wie eine Mutter« gewesen war (Thomas von Celano), von *damnatio memoriae* betroffen worden. Erst im Jahre 1624, als das Kreuz herunterfiel und dabei zerbrach, kamen das Antlitz von Bruder Elias und die Schrift wieder ans Licht[80]. Ein Wunsch nach Legitimation und Ruhm, der auch uns vor allem weltlich zu sein scheint, hat das historische Bild zerbrochen; zu Füßen des Kreuzes kommt Elias vor Franziskus.

»Tempus veritatis« *

Kopieren ist nicht selbstverständlich. Nur in seltensten Epochen der Menschheitsgeschichte haben sich die Künstler den Werken der Vergangenheit zugewandt mit der *Absicht,* sie zu reproduzieren, hinter der Vorlage »verschwindend« und die eigene *ars* auf die Geschicklichkeit, sie mit größtmöglicher Treue wiederzugeben, reduzierend. Im griechisch-römischen Altertum haben Werkstätten von Kopisten zum ersten Mal in der westlichen Geschichte auf breiter Ebene gearbeitet: und zwar, weil sich durch allgemeinen Konsens und durch das schrittweise Entstehen einer ersten künstlerischen Historiographie das Bild einer *klassischen* Kunst durchgesetzt hatte, die eine unübertreffliche Vollkommenheit erreicht hatte; die also kopiert werden mußte. Den Nachfragen einer Kundschaft entsprechend, die aus der Nähe einen Widerhall der unsterblichen Werke von Polyklet und Apelles genießen wollte, wurden Bildhauer und Maler zu Kopisten; aber das »Ende des Altertums« verwarf, mit der Achtung vor Originalen, auch die Praxis des Kopierens.

Im Mittelalter ist eine Kopie, die die Vorlage, weil klassisch, wiedergeben will, undenkbar. Das Verhältnis zwischen dem *Gekreuzigten* von Cimabue und dem von Giunta ist gewiß nicht eines zwischen Kopie und Original: Trotz der typologischen und ikonographischen Ähnlichkeiten können wir sicher sein, daß Cimabue wußte, er werde ein ganz neues Werk schaffen; und er hatte natürlich recht. Er mußte (wie alle) mit seiner Kunst »innerhalb« eines geheiligten Typus arbeiten, der nunmehr der von Giunta war und den man nur ganz allmählich verändern konnte – und nicht eine *Vorlage* kopieren. Und wenn dann im Jahre 1396 P. P. Vergerio schreibt, daß die Maler seiner Zeit *solius Ioti exemplaria sequuntur* (nur Giottos Beispielen folgten)[81], weist er auf eine stilistische und ikonographische Abhängigkeit vom Meister, auf die Bewunderung und das Studium seiner Werke hin, *nicht* auf die Verbreitung von *Kopien* im eigentlichen Sinne (d. h. die mit dem ausdrücklichen Willen, als solche erkannt zu werden, gemalt wurden).

Dennoch gibt es mittelalterliche »Kopien«; aber sie sind nicht von der Bewunderung für den Stil eines Künstlers inspiriert, sondern von der Verehrung für dieses oder jenes heilige Bild. Wenn einem Kultbild von der Volksfrömmigkeit und vom Ruhm her die Erinnerung und der Glaube an wundertätige Eingriffe nachgesagt werden, ist es nicht so sehr der Heilige jenes Namens, der damit belehnt wird, im Gebet, in der Hoffnung, im Kultus – sondern das greifbare Bild, das die Wunder »getan« hat, noch weitere Wunder tun kann, durch *fühlbare* Vermittlung, und so, als sammelte es persönliche Wünsche, Stimmen, Blicke der Gläubigen: Das gebieterische Bedürfnis nach dem Geheiligten muß

* Zeit der Wahrheit

sich doch immer noch in der Materie verankern. Die Verehrung (und die Bilder) der Madonnen von Lourdes, von Pompei und von Syrakus sind jüngste, lebendige Beispiele, die jeweils eine eigene, *unterschiedliche* Geschichte haben, obwohl alle wissen, daß die Madonna, im Himmel, nur eine einzige ist. Indem er sich mit einem *Ort* des Kultes und mit Geschichten/Legenden über Gründung, Barmherzigkeit und Wunder verbindet, nimmt ein Heiliger charakteristische Formen an (kann sie zumindest annehmen), die sich unlöslich mit *jenem* Bild von ihm verbinden – einem Bild, das im übrigen die Heiligkeit des Ortes, seine »Funktionalität« als privilegierter Schauplatz des göttlichen Eingriffs, des Wunders verbürgt. Der Kult der Reliquien verschiebt sich auf die sakralen Bildnisse, die in der Tat Reliquien *hervorbringen:* sie bluten und weinen Tränen.

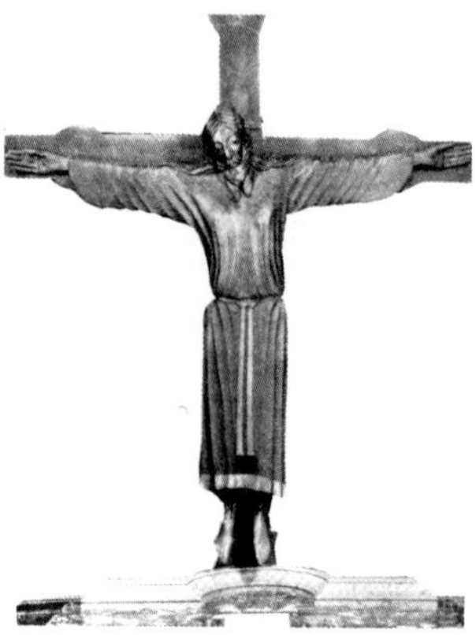

Volto Santo,
Holzkruzifix, 12. Jh. (?)
Lucca, Dom

Der *Volto Santo* in Lucca[82] ist ein Kruzifix, das einen großen Teil seines unglaublichen Ruhmes im Mittelalter der Legende verdankt, derzufolge es jener Nikodemus, der mit Joseph von Arimathia Christus ins Grab niederlegte, eigenhändig angefertigt habe. Also kein ohne Zutun einer Menschenhand entstandenes Bild, und auch nicht dem Pinsel des Evangelisten Lukas zu verdanken: aber doch kaum weniger als das. Es ist gewiß nicht der einzige mit dem syrischen *colobium* bekleidete Gekreuzigte, der im Westen bekannt wurde; aber man kann sagen, daß die Eigentümlichkeit der Luccheser Statue – als nach und nach dieser ikonographische Typus immer seltener wurde – den Ruhm um sie noch verdichtete, sie »einzigartiger« und wiedererkennbar machte. Trotz seiner Berühmtheit in ganz Europa beeinflußte der *Volto Santo* die Entwicklung des Gekreuzigten nicht einmal in der Gegend direkt um Lucca. Umgekehrt mußte der Wunsch der Pilger, *Kopien jenes* wundertätigen Bildnisses zu besitzen, befriedigt werden; und er konnte nicht mit einem »normalen« Kruzifix (wie die von Giunta Pisano oder in Lucca, die der Berlinghieri) befriedigt werden, sondern eben nur mit – selbstverständlich mehr oder weniger treuen, aber für solche gehaltenen – *Reproduktionen* des *Kreuzes* von Lucca. Von diesen *Kopien,* die schon am Anfang des 12. Jahrhunderts auftauchten, gab es viele Hunderte in ganz Europa; ohne *je* den gängigen Typus des Gekreuzigten zu ersetzen oder zu beeinflussen, stellten sie so etwas wie eine »parallele Strömung« dar. Nur ihnen war der Name *Volto Santo* oder *Volto Santo di Lucca* vorbehalten, der nie für ein »normales« Kruzifix verwendet wird. Der Name, der Ort, der ikonographische Typus bilden einen Block: Sie garantieren auch der Kopie einen Abglanz der geheiligten *Aura,* die dem Original allerseits zugesprochen wird[83]. Originalgetreuer – eher »Kopien«, die wir nun anhand von Photographien vergleichen können – sind natürlich die näher am Original entstandenen (beispielsweise die in der kleinen Kirche San Rocco an der Piazza dei Cavalieri in Pisa); weniger zwingend wird die Vorlage, je mehr die Möglichkeit der Überprüfung abnimmt (weil die Entfernungen zunehmen). Raum und Zeit können sogar das Bild bzw. die Kopie ihrer Bedeutung entkleiden und dabei doch die »magische« Kraft, Wunder zu tun, bewahren. Schon Ende des 14. Jahrhunderts rief eine Kopie des *Volto Santo* in Flandern Verehrung und Wunder hervor; doch wußte keiner mehr, wen es darstellte. Das lange, mit Ärmeln versehene Gewand machte es unmöglich, einen gekreuzigten Christus darin zu erkennen, für den überall der Lendenschurz gebräuchlich war, und ließ mehr an eine Frau denken; aber der Bart mußte erklärt werden. Daraufhin entstand die Legende einer Heiligen, der, als sie sich gegen den Willen des Vaters, welcher sie einem König von Sizilien versprochen hat, um jeden Preis ihre Jungfräulichkeit bewahren will, von Gott gewährt wird, daß ein dichter Bart ihr Gesicht bedeckt und sie nicht mehr begehrenswert macht; der aufgebrachte Vater aber läßt sie kreuzigen. Diese *Virgo fortis* nimmt in den diversen Ländern Europas nicht weniger als um die zwanzig *verschiedene* Namen an (von Sankt Wilgefortis und Kümmernis in Deutschland bis Sainte-Débarras in Frankreich) und geht 1583 in das *Martyrologium Romanum* ein, wo sie dann, eine überaus weitverbreitete Verehrung durch das Volk in ganz Europa (nicht aber in Italien) genießend, bis zum letzten Jahrhundert verblieb[84]. Seiner Bedeutung entleert, hat das Bildnis eine neue »populäre« und »falsche« Bedeutung gezeitigt, die mit der »wahren« und »gelehrten« (die z.B. in Italien erhalten bleibt) zusammen existiert. Diese Doppelentwicklung kann beschrieben werden, indem man bei Linguisten das Wort *Allotrop* ausborgt (z.B. lateinisch *bestia* → italienisch bestia [Tier], biscia [Natter]): Die phonetischen Veränderungen sind den ikonographischen vergleichbar (z.B. die »weiblicheren« Einzelheiten des Kleides der Sankt Wilgefortis).

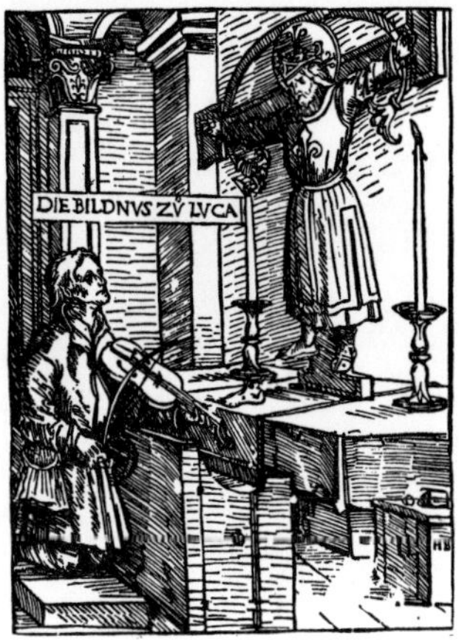

HANS BURGKMAIR,
Volto Santo in Lucca, um 1507
Holzschnitt

Ebenso wie die Geschichte eines Textes, besteht die der Bilder *auch* aus »mechanischen« Wiederholungen. Ein Kommentar des Heiligen Augustinus zu einem Bibelabschnitt kann (mit oder ohne Fehler; mit oder ohne Quellenangabe) abgeschrieben oder als Ausgangspunkt für eine weitere Interpretation genommen werden: In beiden Fällen enthält er die Aufforderung, direkt die Bibelstelle nachzulesen. Die Kommentare, die Erzählungen, die liturgischen und dramatischen Bearbeitungen lagern sich so auf dem heiligen Text ab und schlagen eine immer längere Brücke, die zu überqueren ist, um zu ihm zu gelangen; aber nur selten wird dabei der radikale Vorschlag auftauchen, Jahrhunderte überspringend der Bibel direkt wiederzubegegnen. Die Bilder, die die Kirche schmücken, entstehen eines aus dem anderen; fortschreibend, oder mit mehr oder weniger Wissen sich wandelnd. Mit überaus scharfsichtiger Sensibilität wurde, zwischen dem 12. und dem Beginn des darauffolgenden Jahrhunderts, die Frage nach der Funktion der sakralen Kunst direkt gestellt, wurde die Notwendigkeit, ihre Vorbilder zu erneuern, ausdrücklich bestätigt.

In einer für die Kontroverse zwischen Zisterziensern und Cluniazensern grundlegenden Schrift, der an Guillaume de Saint-Thierry (1125) gerichteten *Apologia,* betont der Heilige Bernhard von Clairvaux zum ersten Mal die Notwendigkeit einer klaren Unterscheidung zwischen den Dekorationsprogrammen für Kathedralen und solchen für Klosterkirchen[85]. Die Bischöfe müssen die *sapientes* und die *insipientes* berücksichtigen, die Mönche nicht. *Insipiens* (töricht, unverständig) ist das ungebildete Volk, zu rein geistigem Leben unfähig; die *devotio carnalis populi* (die leibliche Hingabe des Volkes) muß deshalb *excitata* (angeregt) werden, wie es die Bischöfe weise tun, *corporalibus ornamentis* (durch körperliche Darstellung). Die Mönche, die das Volk verlassen haben, die Welt der Sinne fliehend (alle fünf sind hier aufgezählt, angefangen – natürlich – beim Gesicht), dürften solche Dinge nicht nötig haben. Und dennoch, wieviele *curiosae depictiones* (vorwitzige Darstellungen) auch in den Kirchen der Mönche! Was tun dort unflätige Affen, wilde Löwen, monströse Kentauren, Halbmenschen, gefleckte Tiger...? *Ridicula monstruositas* (lächerliche Unnatürlichkeiten), die jedoch in gewisser Weise *deformis formositas ac formosa deformitas* (verunstaltete Schönheit und wohlgestaltete Abscheulichkeit ist): eine so große Vielfalt an Tieren und Ungeheuern, daß *auch* die Mönche Lust bekommen, den ganzen Tag die gemalten und gemeißelten Figuren eine nach der anderen zu betrachten: *ut magis legere libeat in marmoribus quam in codicibus* (so daß er lieber in Marmor lesen möchte als in den Kodizes); und man vernachlässigt die Bibel und das göttliche Gesetz! Aber warum all das? Es ist die Habgier *(avaritia)*, die *idolorum servitus* (Götzendienst) wird, die die Kirche mit *curiosae* Darstellungen bevölkert, um das Interesse der Gläubigen zu wecken und Schenkungen und Spenden anzuregen.

In dieser denkwürdigen Schmähschrift sind die Mönche von Cluny bevorzugte Zielscheibe des Heiligen Bernhard, obgleich seine Verurteilung der riesigen »naturgeschichtlichen« Enzyklopädie in den romanischen Kirchen tendenziell tiefgreifender ist.

> Er konnte nicht übersehen, zu welch tiefer religiöser Meditation andere Kirchenmänner seiner Zeit gerade durch die Bilder, die er anklagte, angeregt wurden; [...] aber er hatte bemerkt, daß die geistliche Interpretation dieser Symbole, unter dem Druck einer in rascher Expansion begriffenen profanen Kultur, Gefahr lief, verdunkelt und entwürdigt zu werden...;

diese »eruption of the sensual world« konnte den Betrachter *zur* Welt *hin* führen, statt *aus* ihr *heraus*[86]. Besonders den Mönchen, versteht sich, wirft der Heilige Bernhard – im Gefolge des Heiligen Augustinus – die *vana curiositas* für die *curiosae depictiones* vor: die unvermeidlich den Blick *(aspectus)* der Gläubigen auf sich ziehen, jedoch die gefühlsmäßige Teilnahme *(affectus)* an den Gebeten verhindern. In der aristokratischen Isolation darf der Mönch, ganz *spiritualis*, beim Gebet nicht die Vermittlung der Sinne nötig haben; von den beiden Seiten der *devotio*, *aspectus* und *affectus*, darf der Mönch nur die zweite pflegen, das Volk beide. Bei den einfachen Gläubigen, *simplices, insipientes*, kommt man zum *affectus* durch den *aspectus*.

Bei dem Generalkapitel im Jahre 1134 beschlossen die Zisterzienser, die reichgeschmückten Miniaturen aus ihren Handschriften zu verbannen; aber das Verbot wurde sehr bald mißachtet[87]. Dennoch belegen die Worte des Heiligen Bernhard eloquent den Standpunkt eines Mannes, der außergewöhnlich sensibel ist für die Probleme der Kirche seiner Zeit, und zeigen im vorhinein eine tiefe Krise im Verhältnis zwischen dem Universum der Bilder und dem System von Forderungen (der Kirche) und Erwartungen (der Gläubigen) an. Der gesamte Rahmen geht in die Brüche: Man muß neue Modelle schaffen. Generell wird die Richtung schließlich nicht die von Bernhard gewiesene sein.

Vielleicht dachte Sicardus, Bischof von Cremona, wirklich an die *insipientes* seines Volkes, als er vorschlug, wie man die Vorstellungskraft der Gläubigen beeindrucken könne:

> Warum sind die Skulpturen im Hochrelief und scheinen fast aus den Wänden hervorzutreten? Weil die Exempel, die sie erzählen, den Gläubigen derart präsent und vertraut werden, daß sie *in natürlicher Weise* in sie eindringen und sie dazu anhalten, jede Art tugendhafter Handlungen zu vollbringen[88].

Die – im Vergleich zur Malerei – beherrschende Rolle der Bildhauerei zu Anfang des dreizehnten Jahrhunderts in Italien wurde mehrmals erkannt – und bestätigt; mit den Worten von E. H. Gombrich, »man kann folgern, daß am Anfang die Bildhauerei den neuen Anforderungen [d. h. der ›dramatischen Beschwörung‹ der Ereignisse] eher gerecht wurde als die Malerei«[89]. Der Abschnitt aus dem *Mitralis* von Sicardus zeigt, und zudem bei einem Bischof, das volle Bewußtsein des »realistischeren« Charakters der Bildhauerei, der sich aus dem Vorhandensein der dritten Dimension ergibt.

Ein Vergleich zwischen dem Heiligen Bernhard (ca. 1091–1153) und dem Heiligen Franziskus (1182–1226) kann am besten die Richtung weisen, in die sich die italienische Kunst bewegen wird. Beide verfechten und pochen auf die *innere Dimension* des Gebets; beide setzen das geschriebene Wort (das Gebetbuch) gegen das gemalte und gemeißelte Bild. Aber für den Heiligen Bernhard muß der innere *affectus* von den Büchern, nicht von den Skulpturen, *codicibus, non marmoribus,* ausgelöst werden, für den Heiligen Franziskus muß das Gebet, *mentalis potius quam vocalis* (mehr eine Sache des Geistes, als der Stimme), durch die unablässige »Lektüre« des *liber Crucis* hervorgerufen werden. Beide wenden sich an ihre Gefährten im Ordensleben; aber die Mönche Bernhards sind vom Volk getrennt, die Brüder des Franziskus wollen sich unter das Volk mischen. Bernhard schreibt einem Abt und spricht für die Mönche der ganzen Christenheit; wenn er an eine Erneuerung der sakralen Kunst denkt, stellt er sich die Klöster wie Vorposten einer strengeren Spiritualität vor. Franziskus spricht für alle, benutzt die Volkssprache, predigt dem Volk in dessen Sprache: Um das Geheimnis von Christi Geburt greifbar zu machen, legt er in der Krippe von Greccio das Kind (vielleicht, aber es ist nicht sicher, ein Kind aus Fleisch und Blut) zwischen einem *echten* Ochsen und einem *echten* Esel nieder. Zeuge und Stimulus seiner Zeit, verachtet er nicht die fleischlichen Notwendigkeiten des Volkes: Durch sie, durch das Bedürfnis nach *corporalia ornamenta* möchte er eine noch glühendere Frömmigkeit hervorrufen; indem er das »Gewicht« des Gebets vom Buch auf das Bild legt, stürzt er das Vorrecht der Gebildeten, bringt die *insipientes* Christus näher.

Das wird die Linie sein, die den Sieg davonträgt. In der *Summa Theologica* kommt der Heilige Thomas von Aquin zur raschen Abhandlung der Bilder in den Kirchen und zeigt drei Gründe zu ihrer Rechtfertigung auf: »1) ad instructionem rudium; 2) ut incarnationis mysterium et sanctorum exempla magis in *memoria* nostra maneant; 3) *ad excitandum devotionis affectum*« (1. zur Belehrung der Ungebildeten, 2. damit das Mysterium der Inkarnation und die Beispiele der Heiligen in unserer Erinnerung bleiben, 3. zur Erregung frommer Gefühle)[90]. Die ersten beiden Punkte nehmen häufig wiederkehrende Themen wieder auf: den didaktischen Charakter der Bilder, *libri laicorum,* ihre Funktion, die heiligen Begebenheiten *allen* (nicht nur den Ungebildeten) ins Gedächtnis zu rufen; aber der Appell an den *affectus* war vielleicht nie zuvor, und auf gleiche Stufe, in einer doktrinalen Ausführung neben die beiden anderen gestellt worden. Der große Dominikaner besiegelt und heiligt mit seiner nüchternen Aufzählung der Gründe für die Bilder eine Veränderung, die der Heilige Franziskus beschleunigt und allen zum Bewußtsein gebracht hatte.

In *Rationale divinorum officiorum* ist Guillaume Durand noch deutlicher: »pictura [...] plus videtur movere animum quam scriptura« (man sieht, daß das Bild die Seele mehr bewegt als die Schrift); und in der Tat, fügt er hinzu, erweisen wir, wenn wir in die Kirche gehen, den Büchern nicht so viel *reverentia* wie hingegen den Bildern und Gemälden (I 3.4). Indem er wenig später zwei Verse aus der *Ars poetica* von Horaz (vv 9–10) zitiert: »pictoribus atque poetis Quidlibet audenti semper fuit aequa potestas« (doch war ja Malern wie Dichtern immer schon das denkbar Kühnste verstattet), nimmt Durand bewußt das alte Thema, *ut pictura poësis,* wieder auf und verflicht es mit einem anderen, der Freiheit des Malers: Die Geschichte des Alten und die des Neuen Testaments, sagt er, sind *pro voluntate pictorum* (nach der

Willkür der Maler) (I 3.22) gemalt. Durch eine bedeutsame Textverschiebung steht, in manchen Handschriften des *Rationale, addendi* statt *audendi* (hinzufügen; hören): Und die Freiheit von Malern und Dichtern wird somit eingeschränkt auf die Befugnis, einer im übrigen unbeweglichen Sprache das, was sie wollen, »hinzuzufügen«. Aber schon in der Vorrede zu seinem Buch hatte Durand, und nicht nur für die Maler, den Weg aufgezeigt, der einzuschlagen war: »Es ist wirklich nicht einzusehen, warum in den kirchlichen Dingen und Ämtern alles *figuraliter* (figürlich) gemacht werden soll: *tum quia figurae recesserunt, et est tempus hodie veritatis«* (nachdem die figürlichen Darstellungen zurückgegangen sind, ist es heute Zeit für die Wahrheit). Vorbei ist die Zeit der Figuren und Symbole, die Wahrheit muß deren Platz einnehmen; sie kann direkt erzählt und dargestellt werden. Das geschriebene Wort und das gemalte Bild sind – denn die Lehre von Horaz gilt weiterhin – in gleicher Weise zu dieser neuen Wahrheit aufgerufen; aber die Malerei rührt und zieht mehr an als die Schrift. Erzählen, erinnern: Doch müssen die Bilder vor allem Gefühle wachrufen, den Betrachter in die Geschichte verwickeln.

Nicht in Greccio hat der Esel zum ersten Mal die Bühne des geistlichen Dramas betreten. Schon im Frankreich des 12. Jahrhunderts war die *Prozession der Propheten,* eine halbliturgische dramatische Handlung, durch die Einführung eines *lebendigen* Esels als Reittier des Propheten Balaam belebt worden. Der Erfolg dieser Neuheit kann schon allein durch die Tatsache belegt werden, daß die gesamte Darbietung bald den Namen *Procession de l'âne* annahm, obwohl der Esel nur wenige Minuten lang erschien[91]. Der Einbruch des Alltäglichen ins Sakrale und ins Gemälde, dem die Anstöße der franziskanischen Predigten überall zum Triumph verhalfen, brachte eine radikale Wende in den Modi und den Formeln der sakralen Ikonographie mit sich. Der Goldgrund, auf den die byzantinische Tradition nie verzichten können wird, mußte dabei unterliegen und verbannt werden: Denn die Taten Jesu und der Heiligen kann man auf der Erde darstellen, wo sie stattgefunden haben; und will man auf einem Bild den Himmel zeigen, wird das abstrakte goldene Blatt – das Licht ist, *figuraliter* – den Platz abtreten an das atmosphärische Blau, an die Wolken. Immer weniger der Reglosigkeit – die wir noch einmal hieratisch nennen würden – der Ikonen ähnlich, werden die Figuren der Protagonisten der Heilsgeschichte anfangen, sich zu bewegen wie Männer und Frauen; sie werden Fleischlichkeit, Leidenschaften gewinnen. Das neue Problem, dem man nun ständig begegnen muß, wird also darin bestehen, wie man den neuen Erfordernissen dieses *tempus veritatis* gerecht werden kann, ohne von dem »erhabenen« Stil in den »niederen« Stil zu verfallen. Der Eintritt des Alltäglichen – des Esels – muß durch eine neue stilistische Würde aufgefangen werden; die Tendenz, immer mehr und mit immer »minutiöseren« Einzelheiten zu erzählen, geht Hand in Hand mit der anderen, die gemalten Figuren aus der Sklaverei der Kontur zu befreien, indem man sie plastischer und »lebendiger« macht, sie – wie die Skulpturen bei Sicardus – »aus der Wand heraustreten« läßt. Diese doppelte Entwicklung wird immer mit dem Namen Giotto verbunden bleiben.

Das Leben des Heiligen Franziskus selbst, sofort als exemplarisch anerkannt, empfahl, ja befahl Erinnerung. Auf dem Dossale des Lucchesers Bonaventura Berlinghieri in Pescia (San Francesco) ist die strenge Figur des Heiligen Franziskus, der sein Buch als *novus evangelista* hält und an den Händen die Wundmale zeigt, wie auf der Seitentafel

gegenüber:
BONAVENTURA BERLINGHIERI,
Der Hl. Franziskus und *Szenen aus seinem Leben,* 1235
Pescia, San Francesco

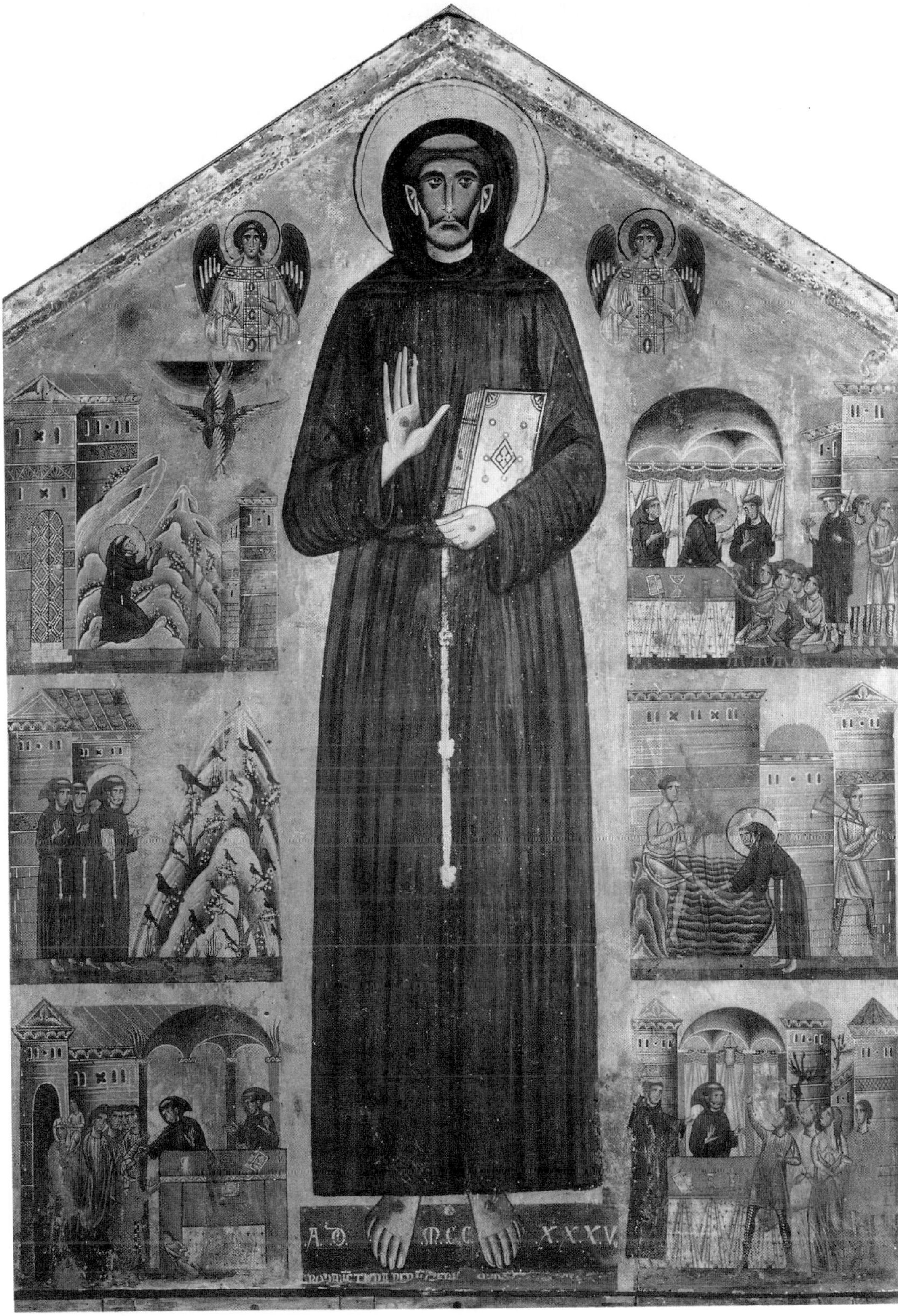
A.D.
M.C.C.
X.X.X.V.

eines bemalten Kreuzes, von sechs Szenen flankiert (links die *Wundmale,* die *Predigt an die Vögel,* die *Heilung eines Kindes;* rechts die *Wunderbare Heilung der Krüppel, der Lahmen, der Besessenen),* über denen seitlich vom Heiligenschein zwei Engel dargestellt sind. Die Form der Holztafel, die oben spitz zuläuft wie ein Giebel, ist ganz neu; die seitlichen Szenen scheinen von den römischen Votivreliefs (z. B. den Mithrasdarstellungen) die Gewohnheit zu übernehmen, dem Kultbild kurze biographische Momente beizugeben; auf späteren Exemplaren vervielfachen sich die Seitenvignetten: Auf dem Tafelbild von Santa Croce in Florenz sind es zwanzig[92]. Die neue Einfachheit der Franziskanerkirchen – die auf der Linie des Heiligen Bernhard liegt – verbot die reichen und eindrucksvollen Apsisdekorationen durch Mosaiken oder Fresken und neigte dazu, die Form des Dossale zu privilegieren, das mit dem Altar in indirekter, aber »mobiler« Beziehung stand: Es konnte verstellt oder bei Prozessionen mitgeführt werden. Das allmähliche Verschwinden der Ikonostase ist so von einer außerordentlichen Entwicklung der Altartafeln begleitet, mit einem breiten Spektrum von Typen und Formen[93].

Eine Art sakraler Aktualität hat, mit größtmöglicher Ehre, in die Malerei Eingang gefunden. An die Seite des feierlichen Bildes des Heiligen, das von weitem Ehrerbietung und *salutatio* fordert, sind die Vignetten mit Episoden aus *seinem* Leben getreten, die aus der Nähe betrachtet werden wollen, und wie die *Fioretti* des Hl. Franziskus mit Einfachheit und minutiöser Genauigkeit seine Taten und Aussprüche ins *Gedächtnis* zurückrufen: Und die Begegnung mit dem flammenden Cherub wird dabei auf eine Stufe gestellt mit der Begegnung mit den Vögeln. In allen Szenen drücken die Personen stumm, weil die Malerei stumm ist, Gefühle und Passionen durch Gesten aus; die innere Erregung der vom Dämon Besessenen, das Streben des Heiligen nach den Wundmalen, das Staunen seiner Gefährten, die den Wundern beiwohnen, bewegen die Silhouetten vor einem Hintergrund abstrakter Häuser und abstrakter Berge. Aber der Beschauer bleibt vor dem Bild nicht stumm: Die Formeln jener Gestensprache kann er in Emotionen, in Worte umsetzen.

Die Konstitutionen, die aus dem im Jahre 1260 in Narbonne unter dem Vorsitz des Heiligen Bonaventura abgehaltenen Generalkapitel des Franziskanerordens hervorgegangen sind, nehmen den Bildern gegenüber eine »rigoristische« Haltung ein, in der die Positionen des Heiligen Bernhard nachklingen: Sie verurteilen *curiositas* (Ungebührlichkeit) und *superfluitas* (Überschwang) der Gemälde und Skulpturen, verbieten (aber mit bedeutsamen Ausnahmen) die bemalten Glasfenster und die *tabulae sumptuosae seu curiosae* (verschwenderischen oder ungebührlichen Tafelbilder) auf dem Altar und anderswo[94]. Um der Armutsregel nicht zuwiderzuhandeln, gewiß; aber das andere Thema ist die *curiositas,* die nicht ermutigt werden darf: Wie es der Heilige Bernhard schon gesagt hatte: Es kann kein Zweifel daran bestehen, daß der neue Ordensgeneral, der Heilige Bonaventura, und die anderen in Narbonne zusammengekommenen Franziskaner die Absicht hatten, die Dekoration ihrer Kirchen mit bildlichen Darstellungen drastisch einzuschränken – auch gegenüber der von Bruder Elias erprobten Überfülle; ebenso unzweifelhaft ist, daß diese Regeln nicht eingehalten wurden, am allerwenigsten in Italien. Aber in den gleichen, fast »ikonophobischen« Normen sind Hinweise enthalten, die eine irgendwie entgegengesetzte Tendenz enthüllen: Die gemalten Glasfenster werden *generell* verboten, es wird aber vorgeschlagen, auf dem

Hauptfenster (hinter dem Hauptaltar) den Gekreuzigten *oder* die Heilige Jungfrau, den Heiligen Franziskus und den Heiligen Antonius darzustellen. Das Bild der Madonna ist alternativ zu dem des Gekreuzigten geworden; die beiden Heiligen des Ordens erhalten, neben den beiden Hauptthemen, einen fast gleichrangigen Platz[95]. Die neue Verehrung für die Muttergottes, die sicher auf den Heiligen Franziskus zurückgeht, mischt sich so mit einer Art franziskanischem »Patriotismus«.

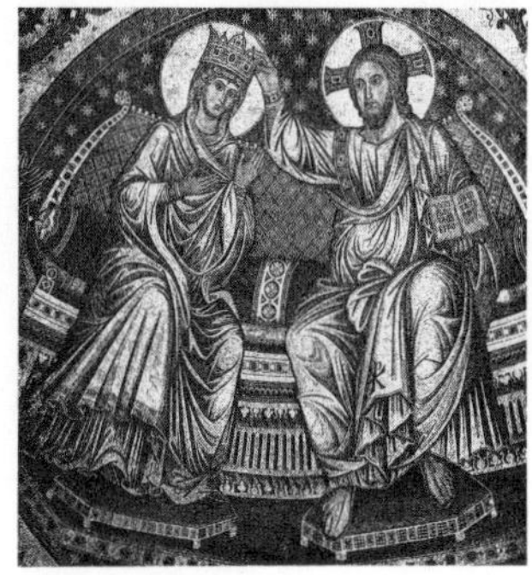

JACOPO TORRITI,
Krönung der Heiligen Jungfrau,
um 1295
Ausschnitt aus dem Apsismosaik,
Rom, Santa Maria Maggiore

Das Apsismosaik von Santa Maria Maggiore, das Jacopo Torriti im Auftrag des Franziskanerpapstes Nikolaus IV. (1288–92) ausführte, ist dem Tod *(Dormizione)* und der *Krönung der Heiligen Jungfrau* gewidmet. Schon in der byzantinischen Tradition hatte der *Pantokrator* bevorzugt in der Kuppel Platz genommen und die Apsis mariologischen Themen überlassen; dennoch scheint das Mosaik von Nikolaus IV. direkt durch den neuen Platz inspiriert zu sein, den die Madonna seit dem Heiligen Franziskus in der Verehrung und im Kult eingenommen hat: Der Heilige Franziskus und der Heilige Antonius an den Seiten des Doppelthrons besiegeln den ganz franziskanischen Charakter dieses Bildes. Mit gleichem »Patriotismus« hat derselbe Papst die Figuren der beiden Heiligen seines Ordens in die Mosaiken des Lateran eingeschoben[96]. Aus den »ärmlichen« Tafelbildern der Dossale ist der Heilige Franziskus in die Herrlichkeit der Apsis eingegangen; die Stadt des Papstes verewigt »repräsentativere« Formen und Dekorationen.

In der Entwicklung der Altartafeln, bei denen die Madonna im Mittelpunkt steht, bezeichnet die *Maestà,* von 1308 bis 1311 von Duccio für den Dom von Siena gemalt, wegen der Ausmaße und der Vollkommenheit des Werkes den Höhepunkt[97]. Die Jungfrau, die riesig in der Mitte thront und umgeben wird von einer in drei Reihen angeordneten Schar von Engeln und Heiligen, hält nicht nur das Kind im Schoß, um es den Gläubigen zu zeigen: Sie ist so etwas wie der Hauptanziehungs- und Bezugspunkt der gesamten Heilsgeschichte geworden. Wie als Kommentar zu der Mutterschaftsszene erzählt die Predella auf kleinen Täfelchen, von Propheten unterbrochen, die Kindheit Christi: Die Rückseite des Altarbildes aber fährt in der Erzählung fort bis Emmaus, wobei hier allerdings die Szene der Kreuzigung –

DUCCIO DI BUONINSEGNA,
Maestà, 1308–1311
Vorderseite

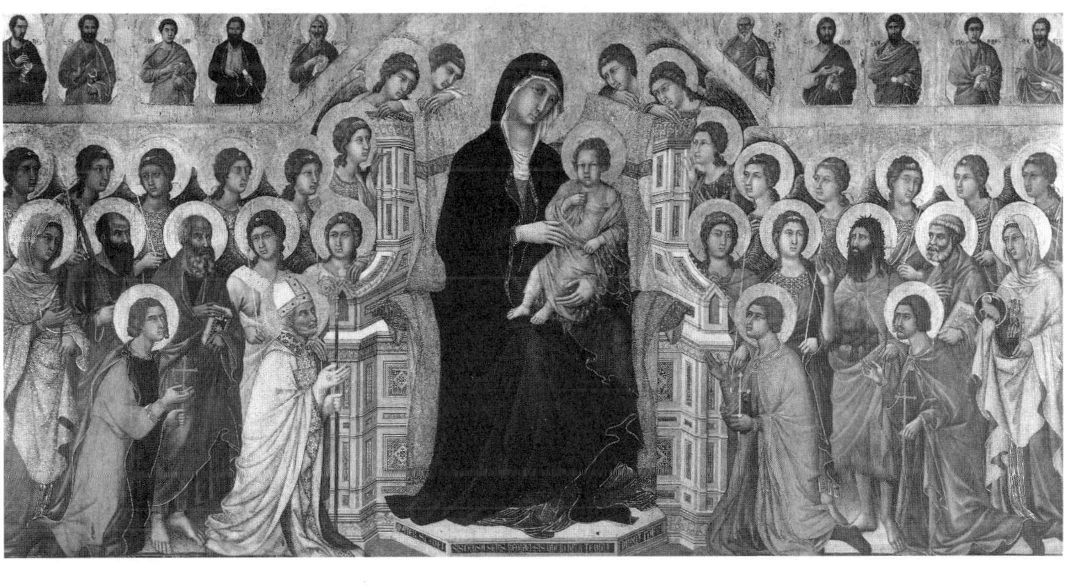

DUCCIO DI BUONINSEGNA,
Maestà
Rückseite

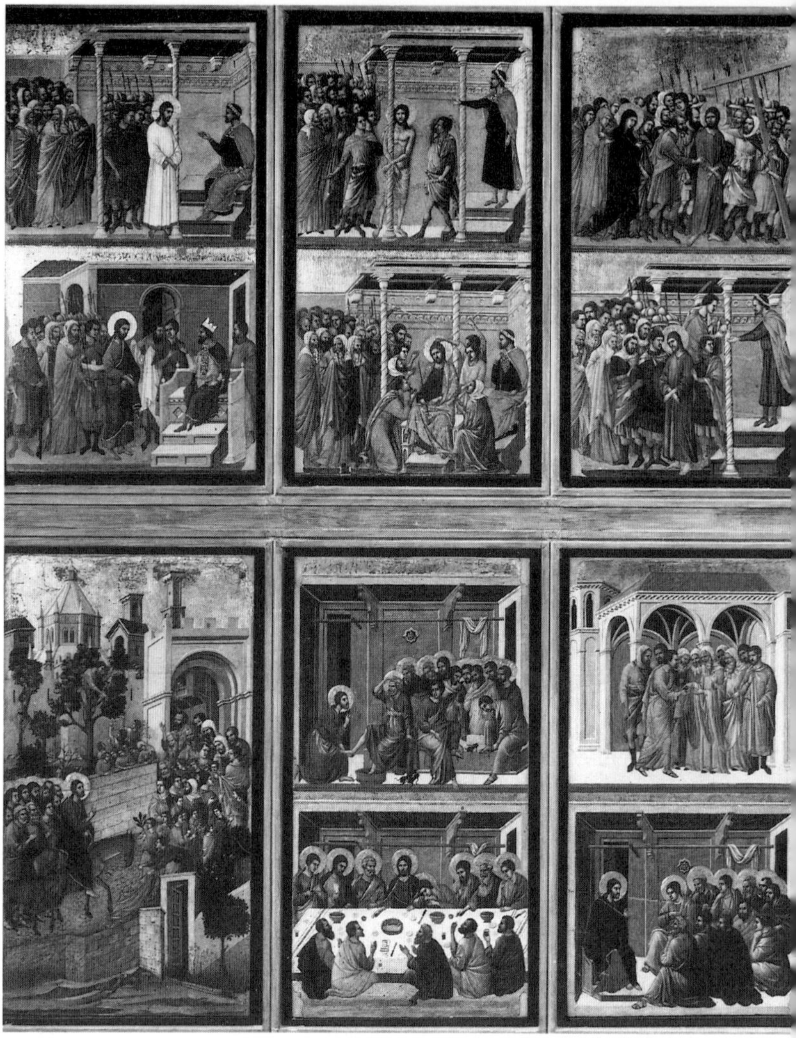

größer und in der Mitte plaziert – besonders hervorgehoben wird. Auf diese Weise ist durch die Art, wie der Kindheitszyklus die Mutterschaft »kommentiert«, das öffentliche Leben von Jesus durch die Passion gekrönt: Doch diesem Thema ist die weniger wichtige Seite gewidmet. Das vor allem repräsentative Bild (vorne) und die vor allem erzählerische Bildserie (hinten) drehen sich gegenseitig den Rücken zu; die Predella dient als Scharnier und bedingt daher die Reihenfolge der Erzählung (von unten nach oben) auf der Rückseite[98].

Eine solche Umkehrung wäre ohne die neue Betonung des Marienkultes nicht möglich gewesen; sie ist aber auch nicht nur damit zu erklären. Schon seit 1260, nach Montaperti, war Siena die erste Stadt Europas, die sich mit öffentlichem Dokument unter den Schutz der Madonna stellte; und die von Duccios Pinsel stammende Inschrift lautet *mater sancta Dei sis causa Senis requiei – Sis Ducio vita te quia pinxit ita* (Heilige Mutter Gottes, du bist der Grund für den Schutz Sienas – weil du das Leben bist, hat dich Duccio so gemalt). Der Maler erscheint in erster Person, die Mutter Gottes um *Leben* bittend, *weil* er

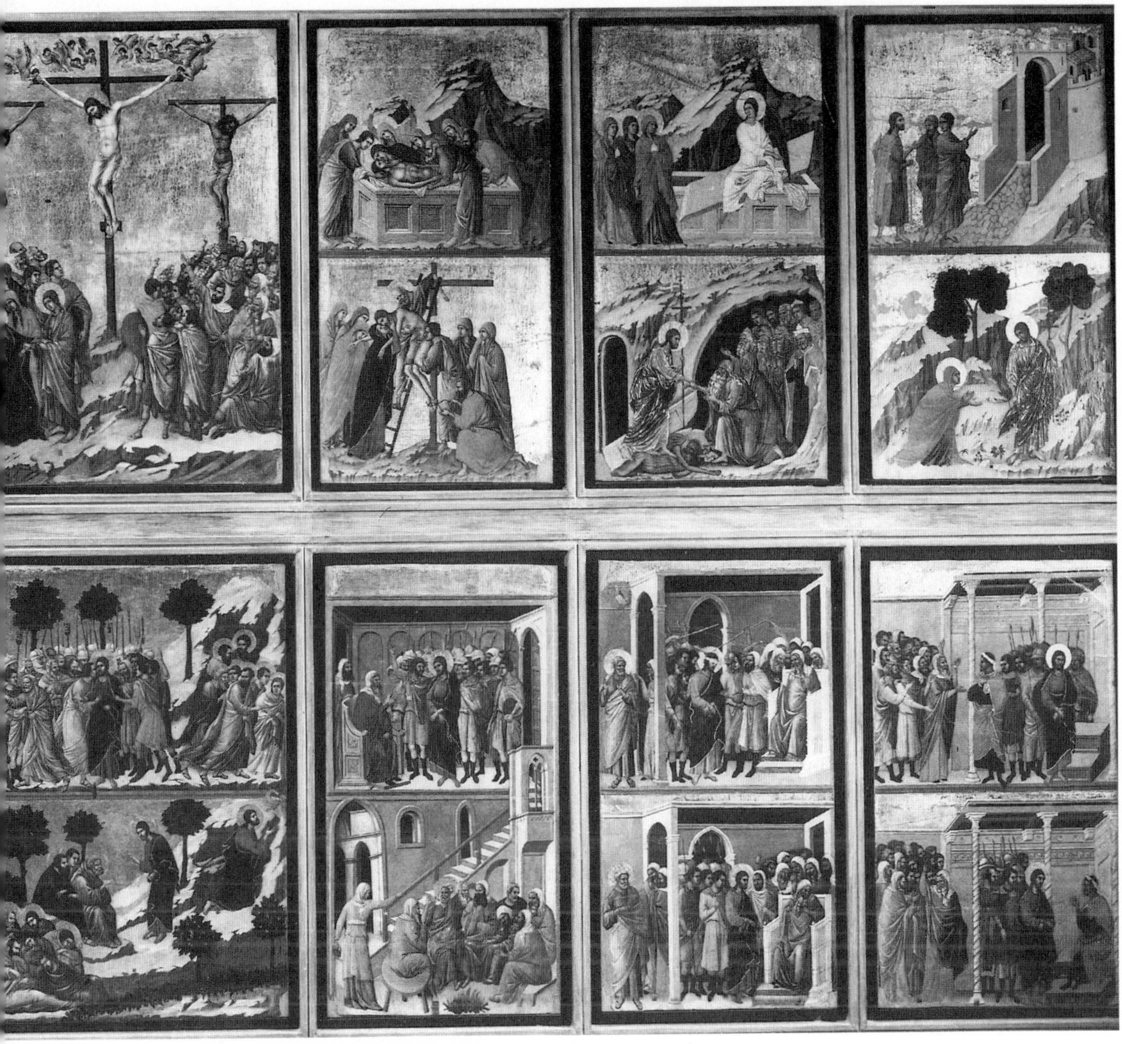

sie auf diese Weise *(ita)* zu malen verstanden hatte; aber noch mehr liegt die Betonung auf der Stadt. Wenn selbst der Name *Maestà* vom Erlöser auf die Madonna übergehen kann, so das um der *politischen* Bedeutung willen, die ihre Figur nunmehr *neben* der religiösen angenommen hat. Daher ist die Wahl der Heiligen, die sie umgeben, von einem ausdrücklich und ausschließlich Sieneser Gesichtspunkt her getroffen: Von ebensovielen Schriften namentlich aufgeführt, knien die vier Schutzheiligen von Siena (Ansano, Savino, Crescenzio und Vittore), die damit sogar gegenüber den Paaren Peter-Paul, Täufer-Evangelist, Katherina von Alexandrien-Agnes auf eine höhere Stufe gestellt werden.

Der profane Impuls hat das Bild der Glorie über das Bild der Frömmigkeit gestellt; die »heilige Aktualität« (die sich auf das Sujet und auf die Ikonographie auswirkt) hat der *politischen* Aktualität Platz gemacht (die die Ausmaße und den Standort des Bildes, seine Widmung, seinen prophylaktischen Wert bestimmt).

Die *Maestà* von Simone Martini (1315) zeigt, vier Jahre später, ein in ausdrücklicher politisch-zeremoniellen Termini umformuliertes Bild.

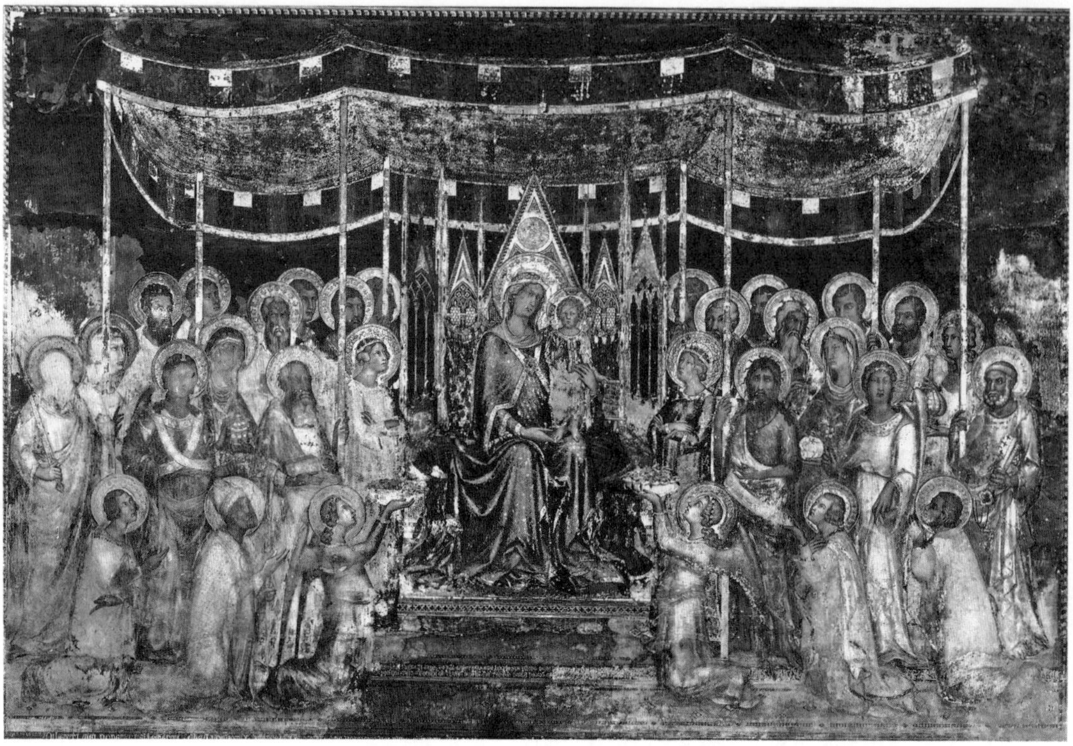

SIMONE MARTINI,
Maestà, 1315
Siena, Palazzo Pubblico

Nach dem Beispiel von Duccio verlangte das Sujet nach einem sehr großen Raum, nach einer zentralen Position: Der Übergang des Themas vom Tafelbild zum Fresko kann *auch* so erklärt werden. Aber diese neue *Maestà* wurde nicht für eine Kirche gemalt, sondern für den Palazzo del Comune, das Rathaus, in dem eine gemalte Tafel, zu sehr an ihre gewohnte Funktion (als Kultbild), zu sehr an ihren gewohnten Ort (die Kirche) gebunden, keinen Platz finden konnte. Unverhohlener ruft also die *Civitas Virginis* ihre Patronin in den Ratssaal ihres Palazzo Pubblico, wobei sie sie mit den gleichen Heiligen umgibt, die sie im Dom begleiten, unter einem sehr breiten Baldachin, der von acht Heiligen gehalten wird. Zwischen Engeln und Aposteln zeigt die Madonna, in Gewänder gehüllt, die aus der Garderobe des angiovinischen Hofes zu stammen scheinen, auf einem breiten Podest von einem gotischen Thron aus ein Jesuskind, das auf ihren Knien steht, wie es in der französischen Kunst schon seit Ende des vorherigen Jahrhunderts üblich war. Aus der *regina cœli,* die sie noch im Dom war – von Duccios Goldgrund her ihren Segen über die Stadt ausgießend – hat sie sich in eine irdische Herrscherin verwandelt, *nimmt* an der Ratsversammlung der Kommune *teil*[99]. Der Wechsel des *Ortes* verschiebt, viel mehr als *ikonographische* Veränderungen, die Bedeutung dieser *Maestà* auf eine offen profane Ebene.

Das sakrale Bild ist zugänglicher geworden für die vielfältigen Anforderungen, die an es gestellt werden; und während es unter die Menschen herabsteigt, übernimmt es ihre Kleidung, ihre Probleme. Vor dem Tafelbild von Pescia tritt der Betrachter näher und zählt die Vögel, die auf dem Hügel, auf den Bäumen sitzen; und in den Wunden des Heiligen Franziskus wird der Schmerz Jesu beweint. Die *Madonna in Maestà* im Palazzo Pubblico von Siena zeigt ihn von oben, in einer weltlichen Glorie – in der, die die Seneser gegen Florenz und Pisa und Lucca beschützt hat und beschützen soll; das Bild als Präsenz hat Vorrang vor dem Bild als Erzählung, bietet sich aber einer *salutatio* dar, die weitgehend profan und vor allem voll kommunaler Hingabe ist.

Der Frater aus San Gimignano, der vor 1335 die *Meditationes Vitae Christi* schrieb, bewegte sich auf einer ganz anderen Ebene. Indem er die vom Heiligen Franziskus vorgeschlagenen devotionalen Techniken entwickelt, will er den Leser zu der Szene des Evangeliums hinführen; deshalb erzählt er lang und breit, mit kleinsten Einzelheiten, das Leben Jesu, »sait une foule de choses que Marc et que Mathieu ignorent« (weiß eine Menge Dinge, die Markus und Matthäus nicht wußten)[100]. Fälschlich dem Heiligen Bonaventura zugeschrieben und deshalb besonders in den von den franziskanischen Predigten beeinflußten Kreisen mit größerer Autorität ausgestattet, wird dieses Buch zum »fünften Evangelium, das letzte der Apokryphen [...], ein Kompendium der mittelalterlichen Spiritualität, ein Handbuch christlicher Ikonographie, eine der Hauptquellen der Mysterien«[101]. Ein »Buch über Malerei«, das sich nicht als solches ausweist, aber aus den Bildern Details und Hinweise zieht, indem es von einer Szene zwei oder mehr Varianten wiedergibt und dem Leser, sei er nun Maler oder Auftraggeber, neue Kombinationen vorschlägt, mehr als nur das Evangelium lehrt und aufzeigt. Beschreibt (malt) man die Kreuzigung? Man muß damit beginnen, Christus ans Kreuz zu nageln. *Diligenter attende* (achte sorgfältig darauf): eine Leiter hinten, die andere vorn, und die *malefici* (die Bösewichter) – was selbstverständlich ein zugleich ethischer und physiognomischer Hinweis ist –, die mit Hammern und Nägeln hinaufsteigen. *Conspice nunc bene singula* (beachte nun gut im einzelnen): Jesus, der hinaufsteigt, nimmt sein Schicksal an, hängt durch das Gewicht des Körpers an den Nägeln, blutet und leidet und stirbt; gleich daneben die Mutter, die sieht und weint (S. 112 f.). *Conspice, vide* (werde gewahr, sehe): Der Betrachter wird aufgefordert, in die Szene hineinzutreten, den Schmerz von Christus und Maria zu teilen, indem er ihn durch den Blick in sich einläßt; aber er kann diesen Weg nur beschreiten, wenn er an der Hand in ein irdisches, »alltägliches« Werden der Heilsgeschichte geführt wird, wo es legitim ist, sich im einzelnen zu fragen (und zu beantworten), welche Speise die Engel Jesus in die Wüste brachten, und welche Hand zuerst angenagelt wurde, und das Geräusch der Nägel und die körperliche Qual zu hören. Mit noch größerer emotionaler Spannung entwickelt ein anderer Franziskaner, Jacopone da Todi, aus wenigen Worten des heiligen Johannes (19.25: »Stabat [...] iuxta crucem mater ejus« [bei dem Kreuz stand seine Mutter]) seinen ganzen Gesang:

> Stabat Mater dolorosa
> iuxta crucem lacrimosa [...]
> quae moerebat et dolebat
> et tremebat dum *videbat*
> nati poenas incliti.
> (Es stand die schmerzensreiche Mutter
> mit Tränen am Kreuz
> sie trauerte und litt
> und zitterte, während sie
> die Sühne des Nachgeborenen sah)

Vor allem aber:

quis est homo qui non fleret
Matrem Christi si *videret*
in tanto supplicio?
(Welcher Mensch würde nicht weinen,
wenn er die Mutter Christi
in so großer Demut sähe)

Die Kreuzigung wird durch den Schmerz der Mutter Christi, die den Sohn entsetzlich leiden *sieht,* wiedererlebt; und wer würde nicht leiden, wenn er sie *sieht?*

Die Madonna bietet sich als Vermittler einer tiefen emotionalen Anteilnahme an, die tendenziell zur Identifikation wird: um dann, vom Sehen ausgehend, alle Sinne des Volkes *carnalis* zu erfassen. Die Kreuzigung mit Christus kraft geistiger Entflammung ist Vorrecht der heroischen Tugend und des Heiligen Franziskus, und verlangt dennoch die *sichtbare* Erscheinung des Gekreuzigten oder des Cherubs und das fühlbare Zeichen der Wundmale. Eine Stufe später ist es demjenigen, der mit innerer evokatorischer Kraft darüber nachdenkt, möglich, die Szenen der Passion mit den Augen des Geistes zu »sehen«, um sie nachzuerleben; leichter (häufiger) ist es für den, der in den Evangelien liest; um so mehr, wenn seine Vorstellungskraft durch einen Text wie die *Meditationes,* mit all den Einzelheiten, die er aufzählt, unterstützt wird, um so mehr, wenn das Sehen der Augen das Sehen im Geiste direkt »unterstützt« oder anregt. Das Ziel ist das gleiche, ein Verschmelzen mit der heiligen Szene mit Christus; es ändert sich – mit der Alchemie von »Fleischlichkeit« und »Spiritualität« – die *Methode.*

Die *exempla* häufen sich. Hat der Autor der *Meditationes Vitae Christi* das Fünfte Evangelium geschrieben, oder hat es der Heilige Franziskus mit seinem Leben geschrieben? Jedenfalls kann jeder Heilige, wenn nicht *novus evangelista,* so doch zum Vorbild werden. Ab dem 13. Jahrhundert werden häufiger nicht nur die Bilder der Heiligen, sondern insbesondere ihre *Geschichten* dargestellt. Die *Legenda Aurea* des Jakobus von Voragine (Varazze), Dominikaner und Bischof von Genua von 1292 bis zu seinem Tod, ist für die Leben der Heiligen das, was die *Meditationes* für das Leben Christi sind, vielleicht sogar noch etwas mehr; in ihr sind aus dem riesigen von den Hagiographen gelieferten Materialberg Lebensbeschreibungen, Geschichten, Episoden, getane und gesagte Wunder gesammelt und geordnet. Sie kennt die Bilder, entnimmt ihnen Informationen und Einzelheiten und bringt sie jenen nahe, die neue Bilder malen sollen. Während er der Kohorte der Heiligen folgt, bewegt sich der Leser vom fernen heidnischen Altertum in seine eigene Zeit hinein, von den abgelegensten Gegenden in die Stadt, in der er lebt; er sieht, wie in einem Spiegel, Könige und Päpste, Mönche und Ritter, Holzfäller, Einsiedler vorüberziehen. Durch diese *Vite* »hat das Mittelalter einen Blick erhascht auf die Geschichte und die Geographie [...], ein unbestimmtes, fließendes Universum, verzerrt wie auf den alten Karten, aber doch immerhin ein Abbild der Realität«[102]. Die Ikonographie verläuft parallel zu dieser neuen Welle des Interesses an der Hagiographie; und die Vulgarisierungen des lateinischen Originals tragen noch mehr dazu bei, daß das Werk des Dominikanerbischofs bei den Malern und Auftraggebern von Hand zu Hand geht. Das Volk verstand das Latein der Riten nicht mehr; und der *Cantico di frate Sole* hatte, ohne sich an dem liturgischen »Genre«

auszurichten, das Bedürfnis belegt, in der Volkssprache Gedanken und Überlegungen mitzuteilen, die einem Gebet doch ähnlich waren. Auch die Ikonographie *muß* nunmehr einen *sermo quotidianus* (alltägliche Predigt) zu Hilfe nehmen oder erfinden: *Tempus veritatis* (Zeit der Wahrheit) bedeutet auch dieses.

Die Heiligen vervielfachen sich. Ihre *Geschichten* (in aufeinanderfolgenden Szenen) oder einzelne Bilder machen die Unterscheidung bzw. den Gegensatz zwischen *memoria* und *salutatio* wieder aktuell. Besonders ab dem 14. Jahrhundert nimmt die Sorge, eins vom anderen zu unterscheiden, wieder Gestalt an und setzt sich in ein neues Vokabular von Attributen um, die darauf abzielen, die Heiligen, auf die sie sich beziehen, untereinander zu *differenzieren.* »Bien des objets dans les tableaux anciens étaient des mots« (Viele Gegenstände auf den alten Gemälden waren Worte)[103]: das Lamm, agnello, läßt die heilige Agnes erkennen, indem es auf ihren Namen anspielt; das Pilgergewand den Heiligen Jakobus, indem es auf die Pilgerreise nach Compostela anspielt; der Rost den Heiligen Lorenz, denn er ist das Werkzeug seines Martyriums[104]. Im letzten Fall – der gewiß der häufigste ist – enthält das Attribut *in nuce* die Erzählung einer Tatsache (das Martyrium), *kondensiert* sie, ohne sie ganz auszubreiten; es erinnert an sie, ohne sie zu erzählen, ist »Hieroglyphe«. So wird der tendenziell willkürlichere Charakter dieser neuen Zeichensprache sichtbar. Das Schwert könnte ein ausgezeichnetes Attribut für den Heiligen Petrus sein, denn alle erinnern sich an das Ereignis auf dem Ölberg, an das abgeschlagene Ohr von Malchus und an die Worte Jesu (*Johannes* 18.11); aber dem Heiligen Petrus hat der allgemeine Brauch, und ein im eigentlichen Sinne römischer Anstoß, die symbolischen Schlüssel des Primats in die Hand gedrückt, und das Schwert wird *niemals* für ihn verwendet, sondern für den Heiligen Paulus, an dessen Enthauptung es erinnert. Da die Heiligen Petrus und Paulus im liturgischen Kalender vereint sind und oft zusammen dargestellt werden, erkennen und unterscheiden wir sie noch heute vor allem durch diese Attribute voneinander.

Durch nachfolgende Spezifizierungen wird das Vokabular der Bilder immer reicher und artikulierter: Die einzelnen Heiligenfiguren finden sich von Attributen (Hinweis-Wörtern) bestimmt, die Erzählungen durch ein immer beweglicheres Gestenrepertoire aufgefrischt; die Beziehungen zwischen Person und Person, zwischen Mittelpunkt und Rand, zwischen Vordergrund und Hintergrund werden auf unterschiedliche Weise erprobt. Je mehr sich die Ikonographie von der Formel zum Experiment hinneigt, um so mehr wird sie – bei Malern, Auftraggebern und Publikum – Fragen aufwerfen über die Bedeutung als Funktion ihres Werts, der darin besteht, eine Botschaft zu übermitteln. Allmählich wird das Bewußtsein wachsen, daß eine Veränderung in der Ikonographie eine Verschiebung der Bedeutung mit sich bringt (oder bringen kann). Aber am Ursprung dieser Entwicklung steht der Wunsch, die heiligen Geschichten, wie Sicardus wollte, den Gläubigen *naturaliter insitae* (natürlich eingebettet) nahezubringen, indem man sie *egredi de parietibus* (von den Wänden herabkommend) macht.

Die Bildhauerei, das ist offensichtlich, macht den Anfang. Die Kanzel, die die Pisaner in ihrem Baptisterium errichtet haben wollten, wurde im Jahre 1260 (dem Jahr von Montaperti) von der *docta manus* des Nicola Pisano fertiggestellt, der – so Vasari – »als bester Bildhauer seiner Zeit galt«, denn »er verwandte so viel Studium und Fleiß darauf, die alte Manier nachzuahmen«, wobei er sie von den Sarkophagen abschaute, die er in Pisa sehen konnte. *Doctus* also, weil kluger und geschickter Nachahmer der Antiken; wie fast hundert Jahre zuvor in Pisa Biduino *doctus* gewesen war, als er in antiker Manier einen Sarkophag für den Architrav in San Casciano entwarf und dabei sogar einen ganzen römischen Sarkophag, geriefelt und mit Löwen versehen, kopierte. Aber Nicola ist, mehr noch als Pisanus, *de Apulia,* wie die Dokumente aufzeigen[105]; und die Argumentation von Bertaux (1904) über seine Abhängigkeit von Vorbildern, die im Apulien Friedrichs II. entwickelt worden waren, behält, trotz der endlosen Diskussionen der Kunsthistoriker, ihre volle Gültigkeit[106].

Nach dem Beispiel der römischen Marmorarbeiten waren in der Kunst am Hofe Friedrichs Feierlichkeit der Gewänder und Lorbeerkranz gefragt, sowie die verlorengegangene *ars,* in die Gesichter, mit Haarlocken und wallenden Bärten, Adel und Lebenskraft einzumeißeln. Pier delle Vigne, oder wer es auch immer sei, möchte die »klassische« Büste von Capua einer Gemeinsamkeit in Zielen und Ruhm mit den Römern der Antike überantworten; aber er löst sie aus der eigenen Zeit und legt sie sozusagen in zeremoniellem Klassizismus auf Eis.

Das Pisa, das Nicola de Apulia rief und aufnahm, hatte seit über hundert Jahren begonnen, die römische Antike wieder mit einzubeziehen, spiegelte sie aber dabei in einer stolz kommunalen Dimension[107]. Der große Krater, der sich schon damals auf den Domstufen befunden haben muß, war nicht nur eine Trophäe oder eine Zimelie, sondern »das Talent des Kaisers Cäsar«, der es nach Pisa gab, weil dort »über das Meer alle Tribute und Abgaben eintrafen, die die Könige und alle Nationen und Völker der Zeit [...] dem Römischen Reiche zollten« (G. Villani); wobei sie selbstverständlich zuerst in Pisa gewogen wurden. Pisa – ein neues Rom – sammelt nicht nutzlose Antiquitäten; es sucht in den römischen Marmorskulpturen die eigene Vergangenheit, um Gegenwart und Zukunft zu rechtfertigen. Die Sarkophage, die Nicola rund um die Kathedrale sah, waren dort *ausgestellt* als Manifest einer entfalteten *romanitas pisana;* den Personen, die darin begraben waren (Beatrice, Markgräfin von Toskana, Papst Gregor VIII. ...), verliehen sie, durch ihre Seltenheit und antike Herkunft, ein Siegel irdischer Glorie. Angehäuft, um in feierlichem, dramatischem Ton die leblosen Fabeln der Antiken zu erzählen, boten die von den Römern in Marmor gehauenen Figuren ein Repertoire an Schemata und Gesten, das die Sprache der Kunst, in Bildern zu erzählen, mit einem Schlag bereichern *konnte.* Schon Vasari wußte sehr wohl, daß Nicola Pisano *deshalb* seine Kunst erneuert hatte.

An der Kanzel des Baptisteriums nimmt das Relief mit der *Darstellung Christi im Tempel* ein selbstverständliches, gewohntes Thema wieder auf, erneuert es aber zutiefst von innen heraus. Die Gebäude im Hintergrund bilden nur einen Rahmen, einen Baldachin: Denn das Interesse des Bildhauers ist ganz den menschlichen Figuren zugewandt; und der Altar, traditioneller Mittelpunkt der Szene, ist zu einer schmalen kleinen Säule geworden. Die vier Hauptfiguren aus dem Text des Heiligen Lukas (2.22–38) sind nicht mehr allein: Bei dem heiligen Joseph, der die Tauben trägt, und Maria, Simeon und Anna befindet sich eine richtige kleine Menschenmenge, die dem geistlichen Drama zusieht – was die Anerkennung Jesu als Messias bedeutet. Anna hält noch die Rolle, die sie als Prophetin kennzeichnet, aber ihr Gesicht, abgezehrt vom Alter und der langen Buße, die der Anblick des Messias aufwiegen soll, ist dramatisch zum Himmel gewandt; dieses und das andere Gesicht einer Alten, das hinter dem Heiligen Joseph hervorschaut, sind beide von der Amme der Phädra auf dem römischen

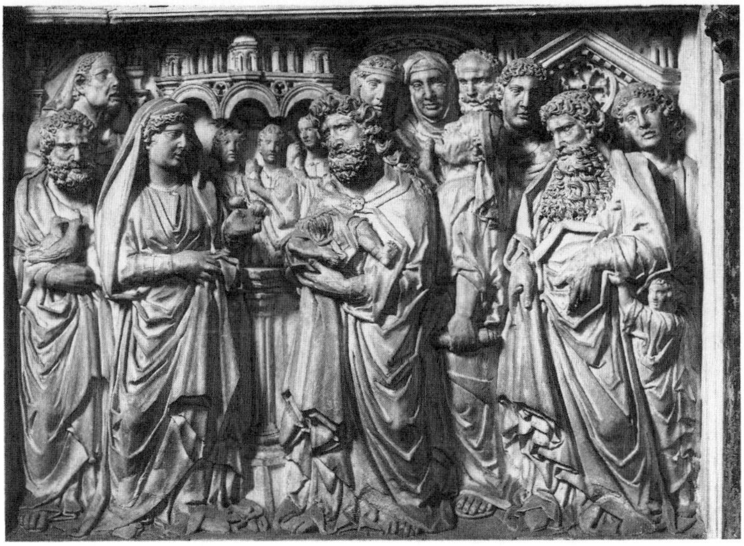

NICOLA PISANO,
Darstellung Christi im Tempel, 1260
Teil der Kanzel, Pisa, Baptisterium

Sarkophag der Gräfin Beatrice abgeleitet. Auch Simeon, der das Kind trägt, ist wie verdoppelt durch die überaus feierliche Gestalt eines Alten, der von einem Jungen gestützt von rechts das Relief betritt und dem »Talent der Pisaner« entnommen ist: Denn die Liturgie der Reinigung und der Pseudo-Matthäus erklärten, »senex puerum portabat, puer autem senem regebat« (der Greis trug den Knaben, doch der Knabe lenkte den Greis). Nicola Pisano entlehnt bei den antiken Skulpturen keine »Zitate«; seine Hand ist *docta,* weil er es versteht, auch auf den antiken Marmorreliefs nach neuen Formeln, Gesten und Schemata zu *suchen,* die direkter den übereinstimmenden Erfordernissen einer Darstellung entsprechen, die durch das Relief »aus der Wand heraustreten« und den Betrachter tief beeindrucken soll, indem sie ihm in den Personen der heiligen Szene Leidenschaften und emotionale Spannungen zeigt, mit denen er sich identifizieren kann. Bei dem weiten und wohlgeordneten Faltenwurf der Gewänder, bei den kenntnisreich auf dem Hals geneigten Köpfen, bei den bewegten und wie gekrümmt vortretenden Körpern kann kein Kritiker mehr herausdestillieren, was »gotisch« und was »antik« ist; denn Nicola hat von den Römern kein klassisches Vorbild gewollt, sondern ein Vokabular der Wahrheit. Und er hat es gefunden, weil er danach suchte.

Auf dem Relief der *Kreuzigung* wird die Formel – noch voll in Kraft –, derzufolge Maria und Johannes zu beiden Seiten des Kreuzes standen, aufgegeben: Die Trauernden stehen *alle* rechts vom Heiland, links – verdammt wie in einem Jüngsten Gericht – *alle* Juden und Ungläubigen; oben rechts hält ein Engel Christus die Kirche entgegen, links verjagt ein anderer Engel die Synagoge. Dem noch in den letzten Zuckungen des eingetretenen Todes angespannten Christus zugewandt, bilden die Trauernden eine ganze Hierarchie des Pathos: Die drei Frauen im Mittelgrund, die mit verzerrtem Gesicht nach oben blicken; der Heilige Johannes mit schmerzentstelltem Antlitz, das seine Gesichtszüge erstarren läßt, die Arme an den Leib gepreßt; Maria, die – von den frommen Frauen gestützt – ohnmächtig wird. Dieses Thema ist den Apokryphen entnommen und wird durch den Gebrauch der Maler und durch die *Meditationes vitae Christi* bald kanonisch und universell verbreitet; aber die auf dem Pisaner Relief wird vermutlich die drama-

NICOLA PISANO,
Kreuzigung, 1260
Teil der Kanzel, Pisa, Baptisterium

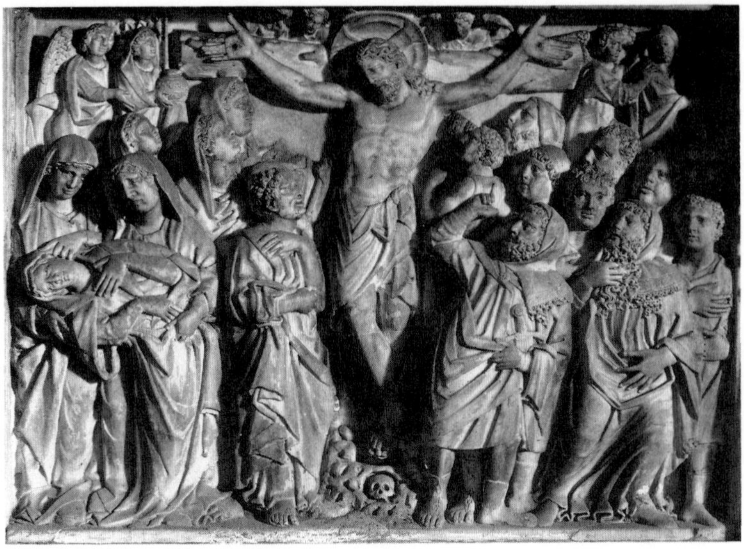

tischste Ohnmacht Marias in der italienischen Kunst bleiben; auch auf der nachfolgenden Kanzel von Siena bricht Maria in den Armen der frommen Frauen zusammen, zwar in »naturalistischer« Weise, aber mit minderer Gewalt der Wirkung. *Stabat Mater,* heißt es im Evangelium: Aber sich jenen Schmerz vorzustellen, sich damit zu identifizieren, mit denen Marias die eigenen Tränen zu weinen, bedeutete, das ernste, erahnte Leiden des Evangeliumstextes in eine ganz menschliche, fleischliche Dimension zu überführen, in der die Mütter den Anblick des Schmerzes, des Todes der Kinder nicht ertragen. Die Tendenz zur emotionalen Identifikation löst gewissermaßen eine Erhöhung der Spannung aus: der *Klimax* des Textes von Iacopone (dolorosa/lacrimosa/moerebat/dolebat/tremebat/supplicio) entspricht auf dem Relief von Nicola Pisano die *Hyperbel* beim Körper Marias, der im rechten Winkel geneigt ist: »Man sagt nicht nur manchmal das Wahre, sondern man geht über das Wahre hinaus« (Boccaccio, *Decameron,* I 6.23).

Noch »wahrer« ist der Körper des Gekreuzigten. Der Umgang mit den Antiken hatte genügt, um einem Körper Kraft und Plastizität der Knochen und des Fleisches zu verleihen, der nicht mehr, wie für Giunta, in byzantinischer Vergeistigung gestreckt und angespannt war. Dadurch, daß die Körperproportionen verändert und ein Bein über das andere gelegt wurde – denn nun durchbohrt nur ein Nagel die beiden Füße–, hat dieser sterbende Jesus an Gewicht gewonnen, also an Wahrheit; aber noch immer bildet die rechte Hüfte eine Kurve, in byzantinischer Manier. An derselben Kanzel hat Nicola Pisano den nächsten Schritt vollzogen: am Rande – wie nicht selten – »wagemutiger« oder erfindungsreicher als im Mittelpunkt. Die Tafel bzw. der Deckel des Evangeliars, das der Engel-*Fides* in der Linken hochhält, zeigt eine Kurzfassung der Kreuzigung, nur mit Longinus (mit der Lanze) und Stephaton (mit dem Schwamm) rechts und links von einem Christus, der fast vom Kreuz herabstürzt wegen des großen Gewichts des nicht mehr vom Leben aufrecht gehaltenen Körpers. Die Arme sind gestreckt, der Kopf fällt ganz auf die Brust herunter, die Knie, von der »byzantinischen Kurve« befreit, scheinen wirklich *egredi de pariete*[108].

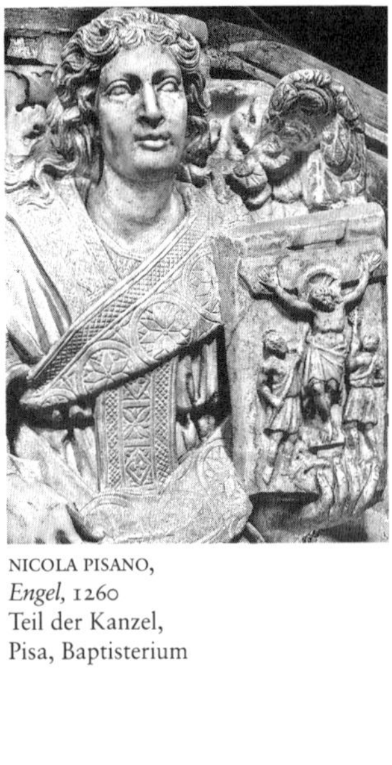

NICOLA PISANO,
Engel, 1260
Teil der Kanzel,
Pisa, Baptisterium

»Von der Schrift zur Darstellung [...] mit Hilfe der gegenständlichen Körperlichkeit der Schwesterkunst« – der Bildhauerei – übergehend, hat Giotto die letzte Etappe in der Entwicklung des bemalten Holzkreuzes in Italien bezeichnet[109]. Das *Kruzifix* in Santa Maria Novella übernimmt die Form Giuntas, ist aber im Suppedaneum bereits breiter, das trapezförmig das Bergland eines Golgatha als Behältnis von Adams Schädel beherbergt. Der Körper Jesu ist, auch in der Malerei, schwer geworden wie der jedes Toten, und leblos hängen die blutigen Hände herab, die noch Cimabue mit offenen Handflächen gezeigt hatte, nicht im Tode, sondern in der Formel erstarrt. Von der Kreuzes-Stütze hebt sich der Gekreuzigte ab, versucht, die Knie vorzustrecken, wie er es als Skulptur tun würde; und sich mehr anatomische »Wahrheit« gestattend, hat er radikal die Proportionen verändert: Der Kopf paßt nicht sieben Mal in den Körper (wie bei Cimabue), sondern sechs Mal.

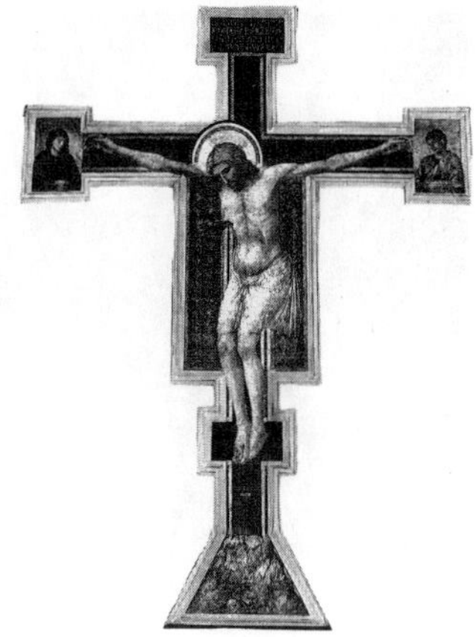

GIOTTO,
Kruzifix, um 1290
Florenz, Santa Maria Novella

Auf der *Kreuzigung* in der Arena-Kapelle stützt die Hieroglyphe für Golgatha, nun in der geometrischen Form eines Zylinders, einen noch lebloser und durch den Tod schmächtiger gewordenen Christus; noch wirrer fallen ihm die Haare ins Gesicht; die Beine sind noch mehr auseinandergerückt und treten *auch* dadurch skulpturartiger hervor. Überall rundum zeichnet sich auf den Gesichtern der Umstehenden ein überaus gespannter Kontrast zwischen der Gleichgültigkeit der Soldaten, die sich die Kleider teilen (während der Zenturio, der zum Heiligen werden wird – vom Heiligenschein vorbestimmt –, vergeblich mit dem Finger auf Christus weist), und der heftigen Erregung der Trauernden ab. Maria wird ohnmächtig, nun auch vom Heiligen Johannes gestützt, und ist daher wie zum zweiten Mittelpunkt der Komposition geworden; Magdalena, deren sehr lange Haare ihr offen über die Schultern fallen, hat die Gruppe der frommen Frauen verlassen, um das Kreuz zu umfangen. Die symbolischen Darstellungen der Kirche und der Synagoge sind verschwunden: Diese *meditatio passionis Christi* vermittelt den dramatischen Gegensatz von Sündern-Henkern und Gläubigen-Trauernden; der Zenturio, der mit dem Finger auf das Kreuz weist, und vor allem Magdalena, die die Füße Christi umfangen hält, zeigen eloquent, daß der Sünder erlöst werden kann. Der Weg der emotionalen Identifikation ist zweigleisig geworden: Identifikation mit dem Schmerz der Madonna, Mutter ohne Sünde, unerreichbares Vorbild; und mit dem Mitleiden, fleischlicher und erreichbarer, der erlösten Sünderin Magdalena.

Giotto ist also »der souveränste Meister in der Malerei, den man zu seiner Zeit fand, und der, der jede *Figur* und *Handlung* am *natürlichsten* darstellte« (G. Villani). Wenn er den Wortschatz der Malerei und den der Bildhauerei, die Lektion von Nicola Pisano und die Autorität der Antiken befragt und verschmilzt, übersetzt Giotto seine Figuren nicht aus dem Griechischen in die Volkssprache, sondern er erschafft *sein* Volgare und verbreitet es, kraft seiner Begabung und Organisationsfähigkeit, rückhaltlos als die neue Sprache, die die Malerei sprechen wird. Eine Figur natürlich darzustellen bedeutet, ihr Gewicht, Volumen zu verleihen; sogar in den Kontrast zwischen der Kleidung der Trauernden und der der Soldaten eine ethische Spannung zu legen, die im leeren Gewand Jesu, das zur Teilung bestimmt ist, gipfeln muß: Indem er die feierliche, lebendige Präsenz von Menschen als Geometrien der Volumen zeichnet. Die Handlungen natürlich darstellen: Das ist die Ohnmacht der Madonna, Magdalena, die zum Kreuz hinstürzt, der erregte Streit, den die Soldaten um das heilige Gewand führen. Die Finger des Christus am Kreuz haben sich verkrampft, über die Nägel gekrümmt – sind »echter« als auf dem Kreuz in Santa Maria Novella –; die Hände der anderen Personen sind verborgen, wenn sie keine be-

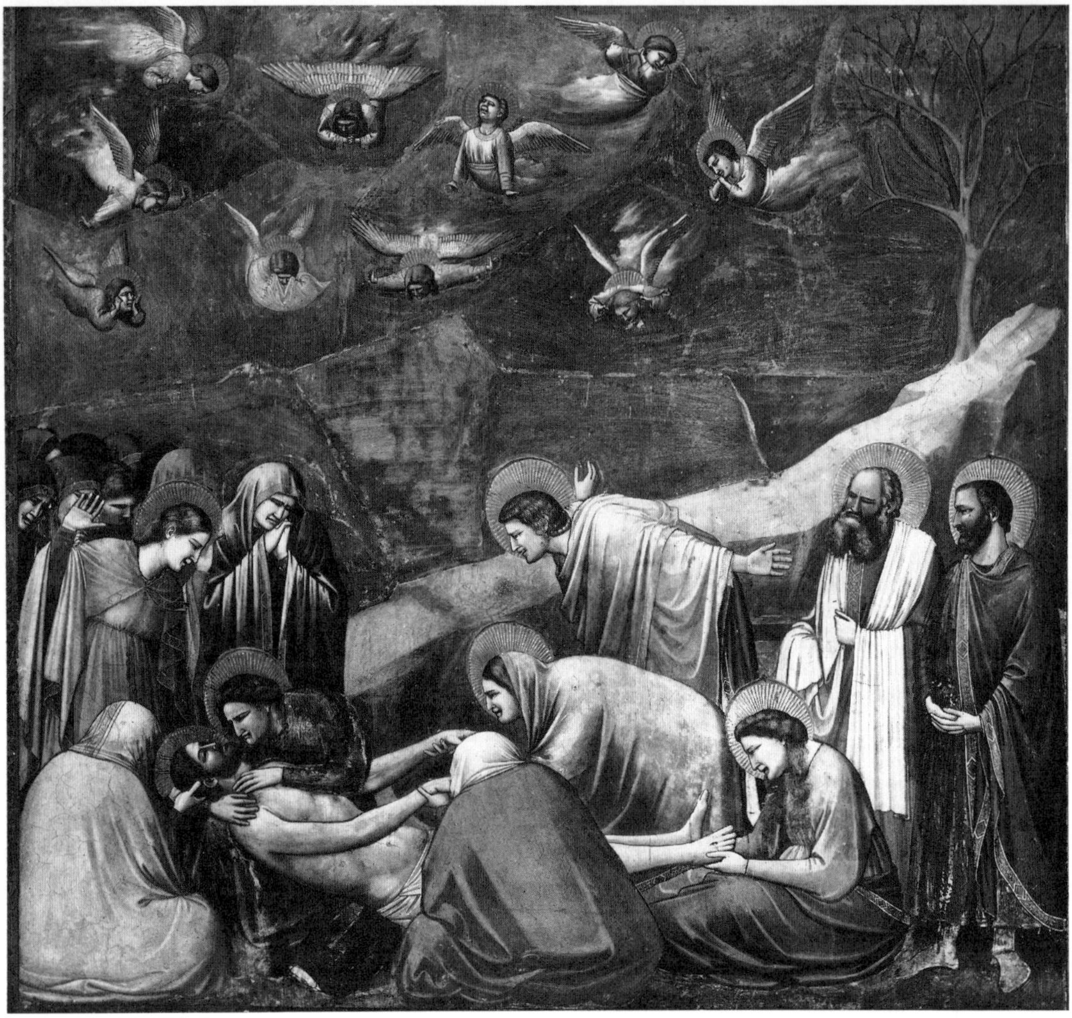

GIOTTO,
Beweinung Christi,
um 1303–1305
Ausschnitt, Padua, Arena-Kapelle

deutsamen Gesten vollführen. Leblos fallen die Hände der Madonna herab, sich kreuzend erregen sich im Streit um Gewand und Messer die der Soldaten. Die Gestensprache macht die Handlungen »natürlich«, erzählt und stellt dar.

Neue Formeln werden dem Schmerz abverlangt. Die *Grablegung* in der Arena-Kapelle weist rund um den Leib Jesu ein vielfältiges, vollkommenes Repertoire von Gesten auf, von Trostlosigkeit bis zur Verzweiflung[110], das von der Menge der Trauernden auf die Engel im Himmel übergeht. Mit dem Rücken zum Betrachter bieten sich zwei Frauen in weitem Mantel ihm als direktere visuelle Hilfe an, um in das Gemälde »einzutreten«, um, wie die frommen Frauen, den Leib Christi zu berühren. Ein abstrakter Gebirgszug, wie auf einer Ikone, von einem vertrockneten Baum gekrönt, hebt die Geste der Hauptperson des Feldes hervor, die Geste des Heiligen Johannes, mit heftig nach hinten gestreckten Armen, den Mund halb geöffnet wie in einem Schrei. Die Geste ist dem großen Wortschatz an *Pathosformeln*[111] entlehnt, der im klassischen Altertum erarbeitet und in den Sarkophagen mit dem Mythos des Meleager vulgarisiert worden war. Schon Nicola Pisano hatte

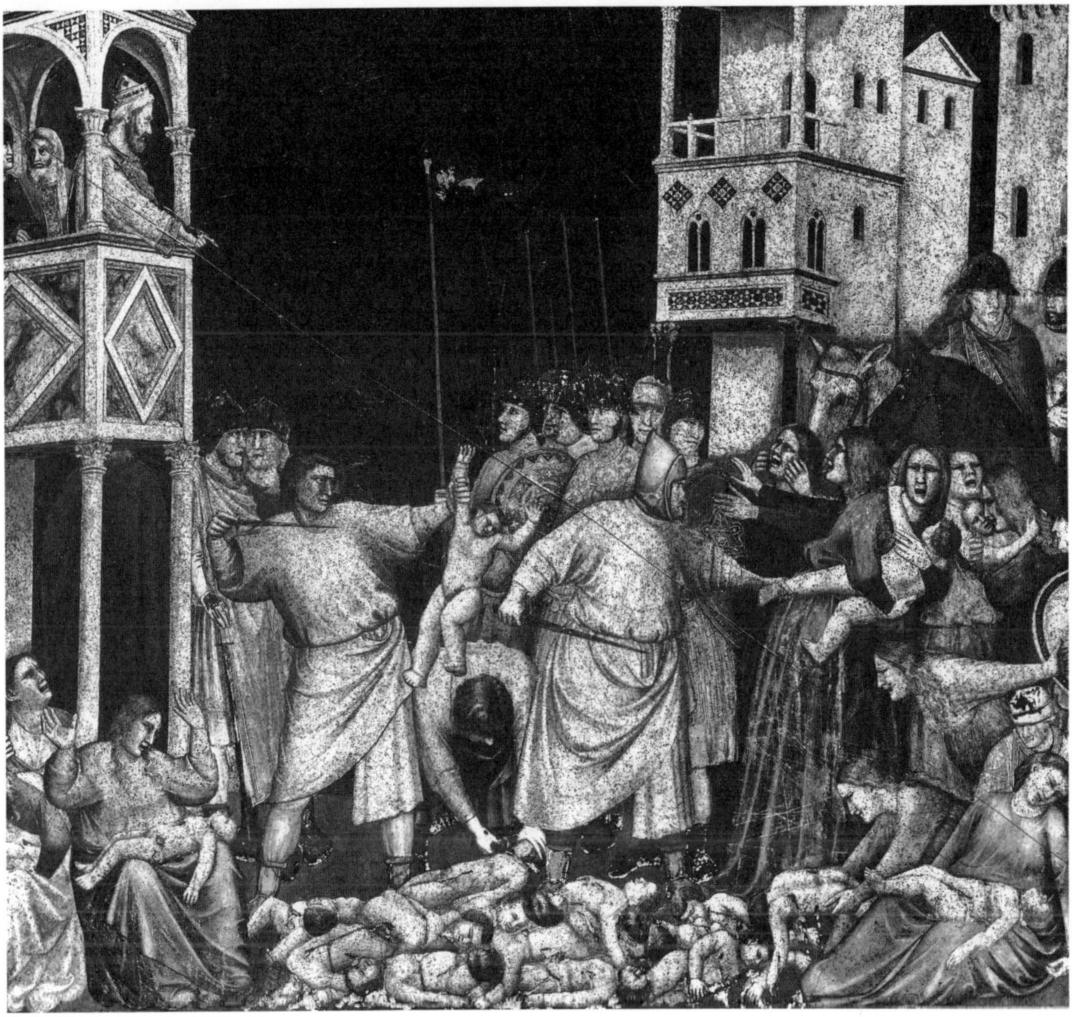

GIOTTO (?) und seine Schule,
Der Bethlehemitische Kindermord,
um 1303–1305
Assisi, San Francesco, Unterkirche

ihn bei der Kanzel in Siena verwendet; Giotto und die Seinen nehmen ihn bei der *Kreuzigung* und beim *Bethlehemitischen Kindermord* in der Unterkirche von Assisi wieder auf.

Klar kann Filippo Villani also die absolute Vortrefflichkeit Giottos gegenüber den »antiken« Malern rechtfertigen (1381-82), gerade weil die Figuren, die er malte, »mit solcher Genauigkeit Taten und Gesten zu vollführen scheinen, daß sie genauso wirken, als seien sie gerade dabei, zu sprechen, zu weinen, sich zu freuen usw., fast als seien sie mit Leben und Atem begabt; und deshalb *liniamentis naturae conveniunt«* (mit den Umrißlinien der Natur übereinstimmen). Die natürliche Wahrheit reduziert der Maler also, wie es der Pinsel will, auf *liniamenta,* ohne ihr freilich das Wort zu entziehen;

nicht ohne Wohlgefallen des Betrachters, der, zum Lob der Geisteskraft und der Hand des Malers, ihn also nicht geringer schätzen darf als die Meister der freien Künste; im Gegenteil, diese können die Grundprinzipien ihrer Disziplinen aus den Büchern lernen, während die Maler, nur mit tiefem Geist und zähem Gedächtnis bewaffnet, ihre Normen aus der Kunst selbst beziehen, je nach ihrem Fühlen[112].

Den *praecepta scripturis demandata* (schriftlich niedergelegten Vorschriften) der freien Künste stehen also, weil nicht dem Geschriebenen anvertraut, die nicht-geschriebenen Normen der Maler gegenüber, *quae in arte sentiant* (die sie der Kunst entnehmen). Ohne je in den Kanon der freien Künste einzugehen, hat die Malerei eine Würde erreicht, die sie der Dichtung ebenbürtig macht. In Anlehnung an ein Zitat von Horaz, *ut pictura poësis,* kann sie nunmehr zu Thema und Maßstab einer breiten Debatte werden[113].

Und natürlich war schon das Hervorheben des Fehlens geschriebener Normen für die Maler, wie Villani es tat, ein Hinweis auf eine Leere, der dazu drängte, sie auszufüllen. Im *De pictura* von Leon Battista Alberti (1435-36) ist die *Navicella* von Giotto (die sich in Sankt Peter im Vatikan befand) als Vorbild für jeden Maler bezeichnet, der im Gesicht und im Körper, durch die Bewegung und die Gesten der Figuren die verschiedenen menschlichen Leidenschaften ausdrücken will. Auch kommt Giotto hier nicht deshalb vor, weil die Wahl zufällig, grundlos auf ihn als nur »exzellenten« Maler gefallen ist; wenn Alberti ihn als Vorbild aufzeigt, geschieht es, weil er in seiner Kunst – mit Klugheit, mit Bedacht – ungeschriebene Normen sieht, *praecepta scripturis non demandata,* die dennoch fähig sind, die Bilder nicht nur zu beseelen, sondern auch nach wechselseitigen Beziehungen zu *organisieren.* Für Alberti (der also Giotto im Sinn hat) ist das hervorragendste Werk eines Malers keine einzelne Figur, so groß sie auch sei (*colossus*), sondern die *historiae*: Die sich zusammensetzen aus vielen *corpora* – den einzelnen Figuren –, die wiederum von *membra* (Gliedern) gebildet werden, von denen ein jedes aus *superficies* (Oberflächen) besteht. *Die* Kunst der *compositio* einer gemalten *historia* ist also identisch mit der, welche in den Rhetorikschulen für eine gute Prosa gelehrt wurde[114]:

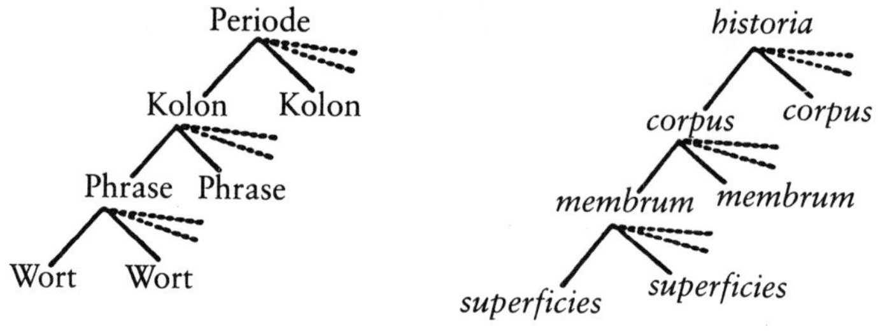

Indem er diese Normen mit einer Eleganz und einer Klarheit fixierte, die eine Abhandlung von Giotto niemals hätte haben können, erklärte Alberti, als zerreiße er einen Schleier vor der Werkstatt des Malers, das *Zustandekommen,* den *Aufbau* seiner *historiae* als Summe von Körpern, die durch Gesten, durch verschiedenen Ausdruck bewegt sind, nach dem (erklärten) Grundsatz der *variatio* und den (nicht erklärten) Grundsätzen der Koordination und der Subordination: Denn in der Malerei, fügt er hinzu, »et corporum et colorum varietas amoena est« (ist die Vielfalt der Körper wie der Farben anmutig).

Die Entsprechung von *membrum* und *Phrase* zeigt hinlänglich, bis zu welchem Grad die verschiedene Gestik der Figuren für die Komposition und Verständlichkeit der *historia* von Wichtigkeit ist: Denn die Anwendung eines rhetorischen Modells selbst impliziert, daß der Zweck des gemalten Bildes die Überzeugung des Publikums ist. Die Arbeit des Malers erscheint uns also wie die »Montage«, in Funktion der zu erzählenden *historia,* von einzelnen *corpora* (jedoch nicht zu viele, wird hinzugefügt; nicht mehr als neun oder zehn für jede Szene!) mit verschiedenes ausdrückenden und auf verschiedenen Ebenen (*superficies*) angeordneten Gliedern. Und der so enge Vergleich mit den von den Rhetoren kodifizierten Normen stellt die Malerei, im eigentlichen Sinne, als eine Sprache dar.

Aber die *copia et varietas rerum* (Menge und Vielfalt der Dinge), die Alberti dem Maler empfiehlt, verlangte also ein weiteres Repertoire an Figuren, an Gesten, die geschickter miteinander verknüpft sind: Und die Wortlehre der Antiken, die die kalten Marmorskulpturen allein nie vermittelt hätten, wird also durch diese neuen Anforderungen wieder heraufbeschworen. Das völlige Fehlen antiker Gemälde erklärt hinlänglich, warum die Bildhauer als erste in der klassischen Kunst nach den neuen Formeln gesucht haben, die die Betrachter überzeugen, da sie in ihnen »wahrhaftigere« Emotionen wecken. Die Malerei *kommt danach,* den gleichen Erfordernissen gehorchend; da sie einen schon gegangenen Weg einschlägt, holt sie die verlorene Zeit rasch auf; und da sie die gleichen Modelle übernimmt wie die Bildhauerei – bei der Gesten und Hervorhebung (im Relief) eins sind –, billigt sie sie en bloc. Will man also »jede Figur und Handlung *natürlich* darstellen«, müssen die Figuren auch in der Malerei *prominentes et de pariete egredientes* (herausragend und aus der Wand hervortretend) wirken, um den Gläubigen *naturaliter insitae* (auf natürliche Weise eingepflanzt) zu erscheinen: Der Maler wird also der Geste durch die Hervorhebung Wirksamkeit verleihen, der Hervorhebung durch die Geste. Die Imitation des Antiken und die Naturtreue vermischen sich; und der Maler, der seine *historiae* so kenntnisreich aufbaut, tut dies also wirklich, nach den Worten Albertis, »ut oculos docti atque indocti spectatoris *diutius* quadam cum *voluptate* et animi *motu* detineat« (damit er die Augen des gebildeten und auch ungebildeten Betrachters für längere Zeit gewissermaßen mit Begierde und Bewegung der Seele festhalte). Für den Gebildeten und den Ungebildeten – die der von den Bildern ausgelöste emotionale Anstoß nunmehr vereinen kann – muß die Zeit der Betrachtung zunehmen; weil die Bilder, mit ihrem Reichtum, ihrer Vielfalt, ihrer Bedeutsamkeit, Wahrheit schenken – und also Genuß schenken, Emotionen schenken.

*»Non tener pur ad un loco la mente«**

Wenige Jahre waren vergangen, seit Filippo Villani endgültig behauptete, daß es für die Maler keine *praecepta scripturis demandata* gebe, und schon schrieb Cennino Cennini, selbst Maler, sein *Libro dell'arte,* »per confortar tutti quelli ch'all'arte vogliono venire, di quello ch'a *lui* fu insegnato...« (um alle diejenigen, die zur Kunst kommen wollen, mit dem zu ermutigen, was man *ihn* gelehrt hat...); und natürlich führte auch er auf Giotto nicht nur seine persönliche Ausbildung (durch Agnolo und Taddeo Gaddi) zurück, sondern vor allem habe Giotto »rimutato l'arte del dipingere di grecho in latino, e ridotto al moderno« (die Kunst des Malens vom Griechischen ins Lateinische zurückverwandelt und sie modern gemacht)[115]. Zum ersten Mal wird das Wort »modern«, das schon in der Sprache der Theologie und der Andacht dem Wort »antik« entgegengesetzt worden

* Halte den Geist nicht nur auf einen Ort gerichtet.

war, auf die zeitgenössische Kunst angewendet, als ausdrücklicher Gegensatz zu der »von vorher«; und da »griechisch« so viel heißt wie »byzantinisch«, bedeutet »rimutare« (d. h. zurück-übersetzen), die Malerei ins Lateinische »zurückverwandeln«, sie zurückzuführen zum Adel und zur Lebendigkeit der *klassischen* Kunst. Das »Moderne« ist also die antike, wiedergefundene und *vollkommene* Sprache: Deshalb ist Giottos Kunst für Cennino »vollendet«[116]; so gut er kann – mit sprachlichen Mitteln, die dürftig werden, wenn sie den Werkstattjargon verlassen – behauptet Cennino, daß die Malerei mit Giotto *wiedergeboren* worden sei. Deshalb »con ragione merita metterla assedere in secondo grado alla scienza, e choronarla di poexia« (verdient sie es zu Recht, daß sie an zweite Stelle nach der Wissenschaft gesetzt und mit Poesie gekrönt wird).

Dennoch werden wir auf den Seiten jenes *Libro dell'arte* nicht die ungeschriebenen Normen des Malens suchen, die Alberti, aus dem Maler einen Rhetor machend, *compositio* nennen wird. Cennini hat Rezepte und streng technische Hinweise für das Herstellen von Farben, das Präparieren von Holztafeln und das Zeichnen mit der Feder aufgeschrieben und zusammengestellt; keiner – Filippo Villani hatte also Recht – hätte daran gedacht, der Schrift dagegen anzuvertrauen, wie die Figuren anzuordnen sind, damit die *historia* eine *Wirkung* habe.

Aus einem Abschnitt von Dantes *Purgatorio* wissen wir zumindest, wie eine Sequenz von *historiae* gelesen werden konnte. Im ersten Höllenkreis (der Hoffärtigen) angelangt, wird Dante von den Reliefs (»intagli«) angezogen, die überall rundum in den Felshang eingemeißelt sind: Und es handelt sich, wie eine lange Beschreibung minutiös aufzeigt (x, vv 28 ff.) um die Verkündigung Gabriels an Maria, David und die Bundeslade, Trajans Gnade. Um jede *historia* zu »lesen«, nähert sich Dante zu allererst (»e fe' mi presso, / acciò che fosse a li occhi miei disposta« [und ich näherte mich, damit sie mir vor Augen stünde]) und betrachtet sie aufmerksam. Die Lebendigkeit der Kunst (auf die mit dem Topos der Ähnlichkeit mit dem Wirklichen hingewiesen wird: »la natura lí avrebbe scorno« [die Natur würde davor Schmach erleiden], x 33) zwingt den Dichter-Betrachter nicht nur, die »Taten« der dargestellten Figuren anzusehen, sondern sich ihr Gespräch vorzustellen. Der Engel

> dinanzi a noi pareva sí verace,
> quivi intagliato *in un atto* soave,
> che non pareva immagine che tace.
> Giurato si saria ch'el dicesse »Ave!«;
> *perché* iv'era imaginata quella
> ch'ad aprir l'alto amor volse la chiave;
>
> e avea *in atto impressa* esta favella
> »Ecce ancilla Dei« ... (vv. 37-44)

> (vor uns erschien so wahrheitsgetreu,
> hier eingeschnitten *in einer* lieblichen *Tat,*
> daß er nicht wie ein Bild erschien, das schweigt.
> Geschworen hätte man, daß er sagte »Ave!«;
> *weil* hier jene abgebildet war,
> die den Schlüssel drehte, um die hohe Liebe zu öffnen;
>
> und hatte *in die Tat eingedrückt* diese Rede
> »Ecce ancilla Dei« ...)

»Natürlich«, kraft des Eindrucks auf den Pilger im Purgatorium, entrollen sich aus den Mündern von Gabriel und Maria zwei geheiligte Sprechblasen, die – natürlich – dem Evangelium entnommen sind: Denn das Bild läßt, wenn es nicht spricht, das Gedächtnis dessen sprechen, der es ansieht. Es ist die *Tat,* die Anordnung der Figuren und die Gestik, die die »Rede« nahelegt (»in atto impressa«, in die Tat eingedrückt, eben: Der ikonographische Typus schließt die Bedeutung ein; wenn wir einen »Verkündigungsengel« erkennen, wissen wir auch genau, was er »sagt«). Nicht nur das: Die Figuren »sprechen« insofern, als zwischen ihnen ein Beziehungssystem besteht; Gabriel sagt »Ave«, *weil* er sich vor der Madonna befindet (v. 41). Der Gesichtssinn kommt mit dem Gehör in Konflikt, das sich weigert, jene Worte zu hören (so weiter vorn, v. 60), während sie doch im Gedächtnis widerhallen.

Doch um die geordneten *historiae* zu »lesen«, braucht man Methode oder einen Führer. Zu lange hält sich Dante über dieser *Verkündigung* auf; und Vergil, ein guter Meister, lenkt ihn weiter: »Non tener pur ad un loco la mente« (halte den Geist nicht nur auf einen Ort gerichtet) (v. 46). Gehorsam wendet Dante den Blick den anderen »intagli« mit den Geschichten von David und Trajan zu; doch Vergils Aufforderung war nicht, wie andere Male, sich zu beeilen, sondern gerade aufmerksam zu betrachten, der Reihe nach »den Geist gerichtet« auf die Bilder, die rundum angeordneten *historiae:* nicht bloß auf eine einzige. Erst wenn er sie gesondert alle drei betrachtet hat, wird Dante ihre wahre Bedeutung, das Band, das sie verknüpft, verstehen können: Es sind »l'imagini di tante umilitadi« (v. 98), *exempla* der Demut zum Gebrauch der Hoffärtigen, der Büßer. Den Blick, und den Geist, von einem zum anderen »intaglio«, von einem zum anderen »Einschnitt« wandern zu lassen, ist notwendig, um hinter den einzelnen Geschichten den Gesamtsinn eines »ikonographischen Programms« zu lesen, dessen »Schöpfer« Gott selbst ist. Aber es ist Dante, der sie sich ausgedacht und beschrieben hat, und sich selbst hat er als naiven, unerfahrenen Betrachter hingestellt, um Vergil – wie es viele »Meister« in den Kirchen gemacht haben werden – die Rolle dessen zu überlassen, der die Figuren zu betrachten lehrt. Indem er sich die Rolle des Betrachters wählt, beschreibt er gleichzeitig die Wirkung jener *exempla* auf die büßenden Seelen: Indem er eine Reinigung von der Sünde durch die Meditation über die Bilder vorschlägt, bestätigt er ihre tiefe didaktische Wirksamkeit, wobei er sie an die »Wahrhaftigkeit« des Stils und an die Fähigkeit zur Lektüre knüpft – daß man es nämlich verstehen muß, den Geist von einer auf die andere *historia* zu wenden, um die Verbindungen zu erfassen; schließlich, um den tiefen Eindruck der Bilder auf den Betrachter zu schildern, dessen Geist gezwungen ist, sich an die Worte zu erinnern, die die Figuren auszusprechen scheinen, appelliert er an die Sinne. Die Körperlichkeit der gemeißelten Figuren, die Stimme, die ihnen fast entströmt, fesseln also Sinne und Aufmerksamkeit nicht nur des *carnalis populus,* sondern auch der des Körpers entkleideten Seelen.

Die *historiae* anzuordnen, bedeutet also nicht nur, sie auszuwählen und sie nach der Bedeutung in Serien aneinanderzureihen, sondern auch ihre *Wirkung* zu bedenken, indem man wechselweise Beziehungen herstellt (vgl. die Schemata 10, 11 und 12). Die überaus sorgfältigen Geometrien Giottos in der Arena-Kapelle (ca. 1303–1305) sind viel mehr als bloß »ein Exempel«. Die Diskrepanz zwischen der Südwand (mit fünf Fensteröffnungen) und der Nordwand, die keine Fenster besitzt, wird durch die Erfindung eines geschickten dekorativen

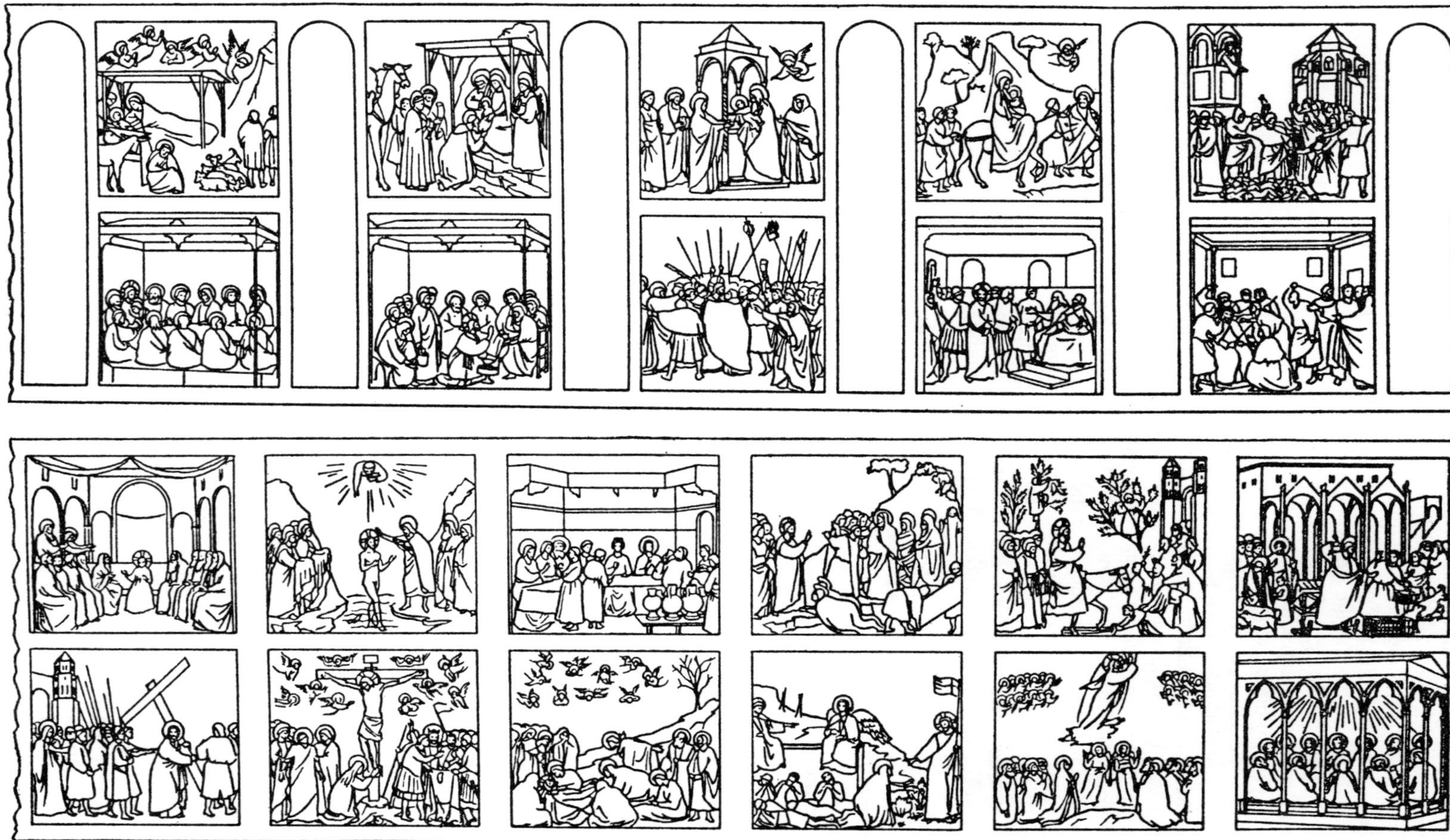

Schema 10 und 11
Padua, Arena-Kapelle
Die Sequenz mit Geschichten aus dem Leben Jesu auf der Süd- und der Nordwand

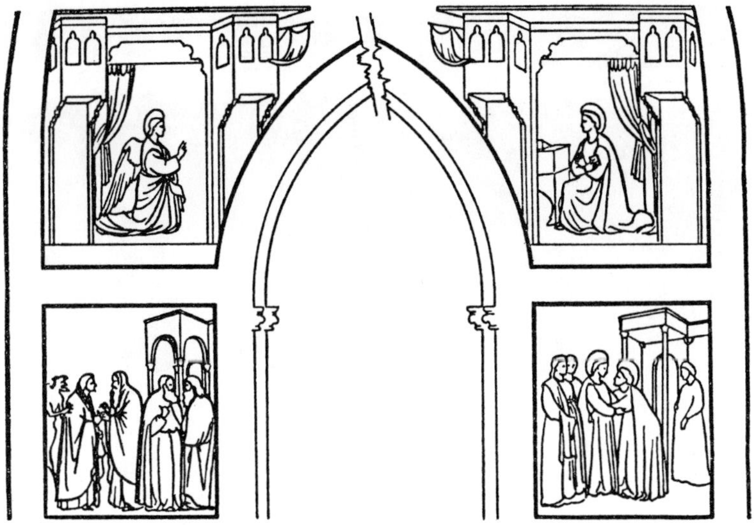

Schema 12
Padua, Arena-Kapelle.
Die Sequenz mit Geschichten aus dem Leben Jesu im Bogen der Ikonostase

Systems gelöst, das gerade von den Fenstern als gegebene Maßeinheit ausgeht und ein Fenster zwei Feldern entsprechen läßt, wodurch Maße und Anzahl der Szenen auf den beiden Prinzipalregistern bestimmt werden. Wo die Fenster fehlen, sind die Felder durch lange, von Register zu Register verschiedene Streifen voneinander getrennt, die sich zur Mitte hin zu Vierpässen öffnen, in deren Kreisbögen kleine Szenen gemalt sind; und beim unteren Register kommen auf jedes Feld zwei davon, die verschiedene Marmorarten nachahmen, vor allem aber das Prinzip der Flächenaufteilung *in Quadrate* verdeutlichen, das die Unterordnung der Teile unter das Ganze impliziert. Weder die Rahmenumrandungen jedes Feldes (von Rauten durchbrochen), noch die Streifen mit ihren ausgemalten Vierblättern isolieren die *historiae* voneinander; indem sie den verfügbaren Raum nach strengen Prinzipien organisieren, zeigen sie vielmehr unmißverständlich die sorgfältige Genauigkeit bei der Aufteilung der (figürlich und nicht figürlich gestalteten) Teile in ein *als solches* signifikantes Programm. Und während es noch Brauch ist, die Gemäldezyklen mit gemalten *tituli*, in Versen oder auch nicht, zu versehen, um die Sujets zu erklären[117], vertraut Giotto der konstruierten Aufteilung der Wände eine tendenziell analoge didaktische Funktion an: Denn er benutzt sie dazu, nicht die einzelnen Themen, sondern die Verbindung aufzuzeigen, die sie eint.

In den Feldern befinden sich die Architekturdarstellungen[118]: Vom Dach, das die *Geburt Christi* überdeckt und die Ankunft der Weisen empfängt, über die antikisierenden Bögen und Säulen des Tempels, aus dem Jesus die Händler verjagt, bis zu den offenen Säulenhallen, unter denen die *Hochzeit von Kanaa* und das *Letzte Abendmahl* stattfinden, die *Fußwaschung* und *Pfingsten*. Wo architektonische Bauten fehlen, ist die Szene durch bergige Kulissen begrenzt, die zu beiden Seiten (wie bei der *Taufe)* oder anderswo angebracht sind; nur beim *Judaskuß*, der *Kreuzigung* und der *Himmelfahrt* stehen die Personen so dicht gedrängt, daß sie jede Charakterisierung der Umgebung verhindern. Diese »Bühnenbilder« sind nicht reine Umrahmung der Figuren; indem sie den Raum der Handlung umschreiben, gründen sie die Erzählung auf eine Einheit und Kohärenz von Zeit und Ort, die, gemeinsam, die Koordinaten des Gedächtnisses bestimmen. Wenn die Architektur nur einen Teil des Feldes ausfüllt, ist sie so angeordnet, daß sie den Unter-

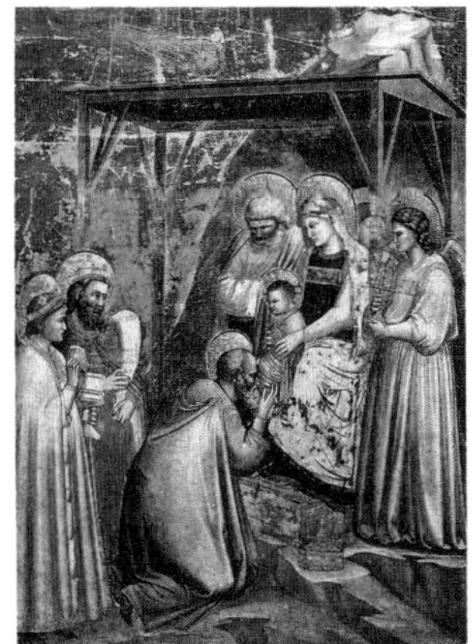

GIOTTO,
Anbetung der Könige, um 1303–1305
Ausschnitt, Padua, Arena-Kapelle

GIOTTO,
Fußwaschung, um 1303–1305
Padua, Arena-Kapelle

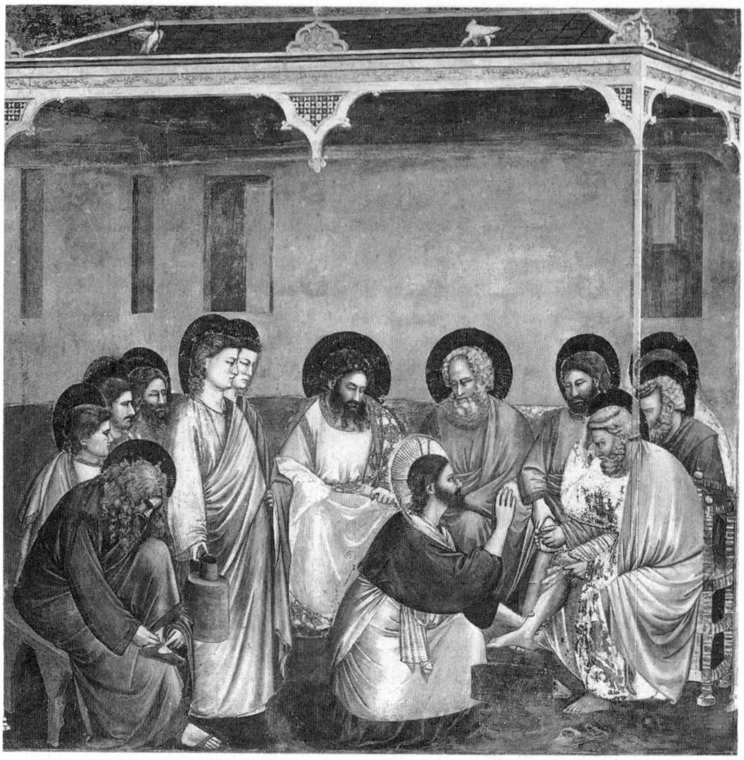

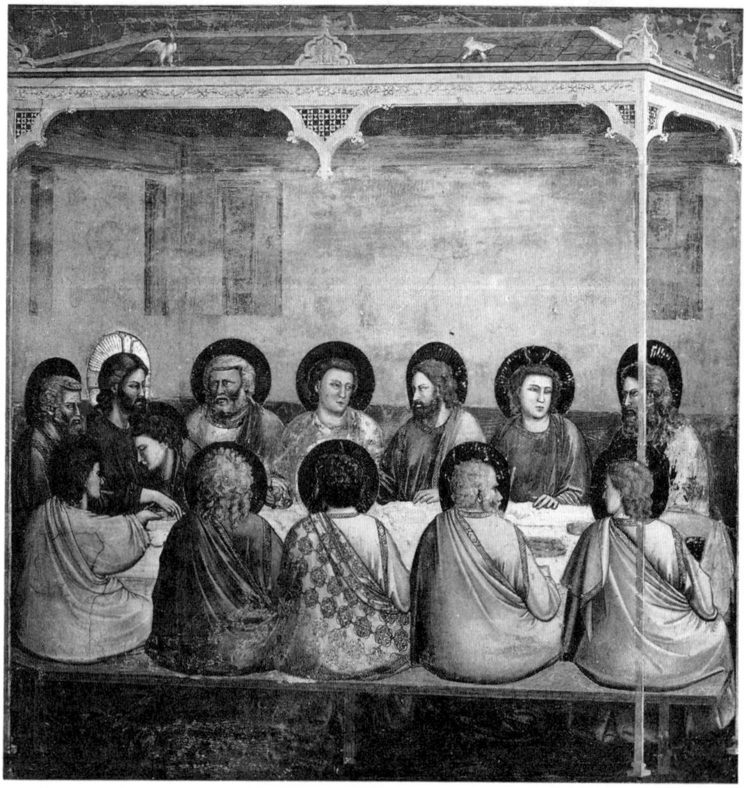

GIOTTO,
Abendmahl, um 1303–1305
Padua, Arena-Kapelle

schied zwischen den Hauptpersonen der Szene und den Zuschauern deutlich macht (wie bei der *Geburt Christi*); wenn sie das ganze Feld einnimmt, ist sie streng funktional für die Verteilung der Figuren (wie bei *Jesus unter den Gelehrten*).

Die historische Abfolge der Ereignisse bestimmt den Weg des Betrachters. Das Leben Christi ist in zwei Register aufgeteilt, das erste geht von der *Geburt Christi* bis zur *Vertreibung der Händler aus dem Tempel,* das zweite vom *Abendmahl* bis *Pfingsten:* Und so hat die Passionsgeschichte (zweites Register) ebenso viel Gewicht wie die ganze übrige Biographie Jesu. Durch die Aufteilung der in den Evangelien erzählten Begebenheit in zwei »Kapitel« und deren Anordnung auf zwei getrennten Registern ergibt sich in der strengen, geometrischen Unterteilung vertikal jedes Mal eine Zusammenstellung von einer Episode der Lebensgeschichte vor der Passion mit einer Episode der Passionsgeschichte. Diese Paare werden nicht nur durch die »Notwendigkeit« der Umrahmungen zusammengehalten, sondern vor allem durch einmal thematische, einmal visuelle, dann wieder durch thematische und visuelle Verbindungen zugleich[119]. Zum Beispiel: Auf der Nordwand sind die vier ersten Felder (zwei oben und zwei unten) horizontal durch die Wiederholung der gleichen Architektur (zweimal das Dach, zweimal die Säulenhalle des Abendmahls) verbunden, durch die der enge Zusammenhang der Szenen, die Einheit des Ortes verdeutlicht wird. Darüber hinaus aber befindet sich Christus sowohl bei der Geburt als auch beim Abendmahl am linken Rand des Feldes; einmal neigt sich zärtlich die Madonna zu ihm hin, einmal der Heilige Johannes. Die Wiederholung der zärtlichen Geste am Anfang des Lebens und am Anfang der Passion unterstreicht, gerade durch den Kontrast zwischen den zwei Lebensaltern Christi, sein Schicksal – von Anfang an – als Erlöser durch Schmerz und Tod: Die visuelle Verbindung stellt also auch eine thematische Verbindung her. In den Feldern des folgenden Paares sind die Szenen beidesmal rund um einen Kniefall gruppiert: Oben kniet der erste der Weisen, fromm seine Gaben darbringend, nieder, um das in Windeln gewickelte Kind zu küssen; unten bückt sich ein erwachsener Jesus, um Petrus und den Aposteln die Füße zu waschen. Die Kontinuität der beiden »Geschichten« mit den beiden vorhergehenden (horizontal gesehen), die durch die sich wiederholenden Architekturdarstellungen aufgezeigt wird, unterstreicht deren inneren Kontrast (vertikal gesehen); und damit wird die Fußwaschung gepriesen und betont hervorgehoben: Bis zu diesem Punkt demütigt sich derjenige, den die Könige der Erde erkannt und angebetet haben, als er noch in Windeln gewickelt war.

Hier, wie überall, liegt die Betonung also auf der Szene des unteren Registers (das gleichzeitig das besser zu sehende ist): Denn das ganze Leben Christi strebt auf die Passion zu, die vorherigen Begebenheiten werden, durch Analogie oder Kontrast, als *Präfiguration* dargestellt und rund um die Erlöserrolle des göttlichen Protagonisten organisiert. Der Rundgang des Besuchers, von dem angenommen wird, er müsse die Szenen in ihrer chronologischen Ordnung betrachten und dabei die Kapelle auf- und abgehen, ist also nicht des Malers einzige Sorge: In dem Wissen, daß das Auge, wenn es nahe herankommt, unvermeidlich von dem Feld, das es gerade ansieht, auf die umliegenden abschweift, hat Giotto zusätzliche Bezüge in vertikalem Sinn hergestellt. Das Bezugsschema ist noch einmal die »Typologie«, die rund um die Heilsgeschichte das Alte Testament mit dem Neuen in Einklang brachte, aber die neuen Übereinstimmungen sind alle *im* Leben des Messias zu finden; die Cappella Peruzzi bietet dann noch eine weitere Übereinstimmung, im Leben der beiden Heiligen Johannes, dem Täufer und dem Evangelisten[120].

Beim letzten Felderpaar auf der Nordwand befindet sich der *Bethlehemitische Kindermord* über einem gegeißelten und verspotteten Christus: Der Unschuldige, den Herodes' Soldaten nicht gefunden haben, beginnt hier nun auch sein Blut zu vergießen. Die überaus dichte Szene des Kindermords wird von der zentralen Figur des erbarmungslosen Henkers dominiert, der aus den aufgehäuften Leibern der schon getöteten Kinder aufzutauchen scheint und dabei ist, mit seinem Schwert ein weiteres Kind zu durchbohren, das die Mutter vergebens an sich gepreßt hält. Oben schaut – von einem Balkon, der wie die eckige Kanzel einer Kathedrale wirkt – ein gekrönter Herodes herab, mit ausgestreckter Hand das Blutbad befehlend; die große Gruppe der weinenden Mütter auf der anderen Seite steht vor einem achteckigen Gebäude, in dem sich die Typologie der Baptisterien wiederholt: Die Wassertaufe wird somit der Blutstaufe gleichgesetzt. »Kulissen« für die tragische Szene, setzen die beiden Architekturdarstellungen zugleich die irdische Macht eines Königs gegen die rettende Kraft des Martyriums und der Gnade; rund um sie drängen sich zwei Gruppen, die sich schließlich in der Mitte überlagern: Hinter dem »wichtigsten« Henker steht ein weiterer, der ein Kind am Arm hält und es tötet; aber das Wesentliche der Szene im Hintergrund ist verborgen, und die Wirkung bleibt »halb«. Bei der Wiederholung der Szene in Assisi, haben Giotto (?) und seine Schüler die zwei Gruppen »zur Seite gleiten lassen«, so daß man von den beiden Soldaten »denjenigen, der das Kind am Arm in die Luft hält, zuvor halb verborgen, nun voll und ganz sehen kann. Außerdem haben die beiden Figuren die Kleidung (die charakteristische Kapuze)

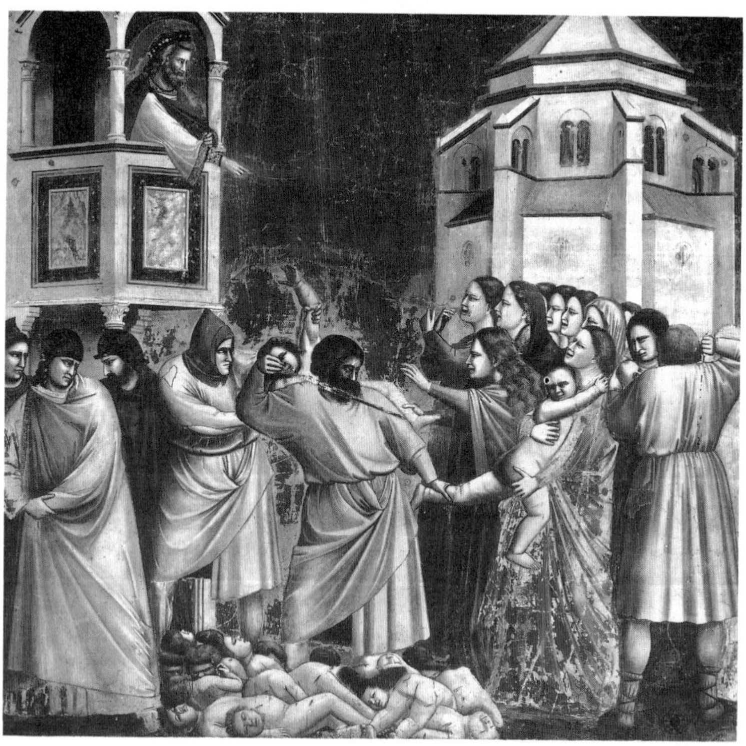

GIOTTO,
Der Bethlehemitische Kindermord,
um 1303–1305
Padua, Arena-Kapelle

und die Art, das Schwert zu halten, vertauscht«[121]. Die Freskenmaler von Assisi umgeben Herodes auf dem Balkon mit Würdenträgern, setzen ihm, anstelle eines »Baptisteriums«, eine Sammlung schmaler Turm-Häuser entgegen, fügen reglos verharrende Bewaffnete zu Fuß und zu Pferd hinzu; in den beiden Ecken mehren sich die einer *Pietà* gleichenden Mütter, von denen eine die Geste des Heiligen Johannes bei der *Grablegung* in Padua wiederholt, die Geste äußerster Verzweiflung, die die römischen Sarkophage gelehrt hatten.

Den Gebrauch, den Giotto und/oder seine Nachfolger in Assisi von dem Feld der Arena-Kapelle, das sie sich zum Vorbild nahmen, gemacht haben, enthüllt dessen Aufbau mit übereinandergelagerten Kulissen, die von den Architekturdarstellungen ausgehend berechnet wurden. So wird deutlich, daß die räumliche Tiefe, suggeriert durch eine ausgewogene Anordnung von Volumen, *gelesen* wurde und in all ihren potentiellen Möglichkeiten entfaltet werden konnte. Zu diesem Aufbau, der durch Volumen nicht nur ein Abheben vom Hintergrund, sondern eine Überlagerung von Ebenen suggeriert, paßt der weidliche Gebrauch, den Giotto in Padua und anderswo von Rückenfiguren macht[122]. Das kleine Tafelbild mit der Darstellung von *Pfingsten*, heute in London, übernimmt von der paduanischen Erfahrung die offene Säulenhalle, unter der die Apostel die Flämmchen des Geistes empfangen; doch eine Balustrade mit Marmorintarsien, durch eine niedrige, genagelte Tür versperrt, isoliert und umschließt die Protagonisten der heiligen Szene: Und geschlossen sind auch die drei kleinen Fenster an der dahinterliegenden Wand. Die Architektur begrenzt, mit einem offensichtlichen Spiel von Einschließen und Ausschließen, die Ebenen, auf denen die Personen *im* Gemälde präsent sind: *Draußen* stehen drei Zuschauer, zwei symmetrisch der Mitte zugeneigt, wie sie einander

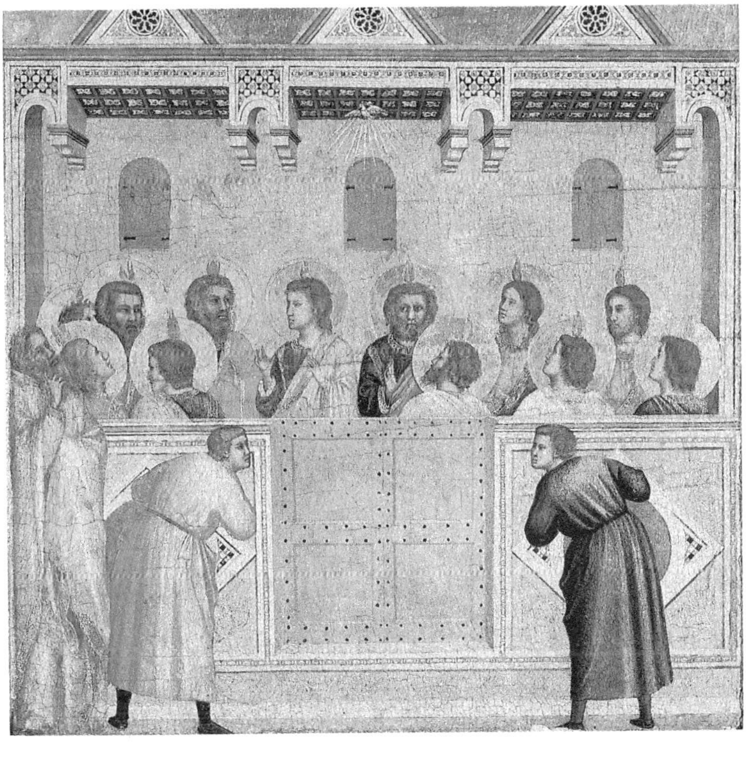

GIOTTO,
Pfingsten, um 1310–1315
Ausschnitt

ansehen und mit den Köpfen den Rand der Balustrade berühren; der dritte, mit feierlich drapiertem Gewand, sieht zu, das Gesicht den heiligenscheinumgebenen Gesichtern der Apostel angenähert, und überlagert sich mit dem Pfeiler, der sie einrahmt. Der ikonographischen Tradition gehorchend[123], sind hier auszugsweise die *gentes* (Leute) dargestellt, die (*Apostel* 2.7-13) sich verwundern, als sie die Apostel plötzlich in allen Sprachen reden hören. Aber die beiden Figuren rechts und links von der verschlossenen Türe, die dem Betrachter den Rücken zuwenden, zwingen ihn nicht nur, das Gebäude, in dem der heilige Geist herabkommt, noch mehr in den Hintergrund zu »rücken«; gerade wegen ihrer Anonymität, die durch die symmetrische Anordnung noch verstärkt wird (dieselbe »Schablone« scheint für ihrer beider Gesichter verwendet worden zu sein), gleichen die beiden »Ungläubigen«, die die Ausgießung des Geistes *vom Innern* des Bildes aus beobachten, in gewisser Weise dem Gläubigen, der das Tafelbild auf einem Altar betrachtet. *Von außen* wohnen sie dem geheiligten Ereignis bei: Aber ihr gemessenes Staunen ist nur die erste Stufe zu einer tieferen Anteilnahme und einem tieferen Verständnis; der feierliche, stumme Zeuge, der die Rechte aus einem äußerst vornehmen Mantel zieht, um sie in der Geste der Meditation ans Kinn zu führen, vermittelt, außer der Verwunderung, die Reflexion über Pfingsten. Die *Rückenfigur* tritt, gerade weil sie vom Innern des Bildes aus den dargestellten Ereignissen beiwohnt, gewissermaßen aus dem Gemälde »heraus« oder lädt den Betrachter zum Eintreten ein; sie bildet eine Brücke zwischen den heiligen Protagonisten und der namenlosen Vielzahl von Gläubigen.

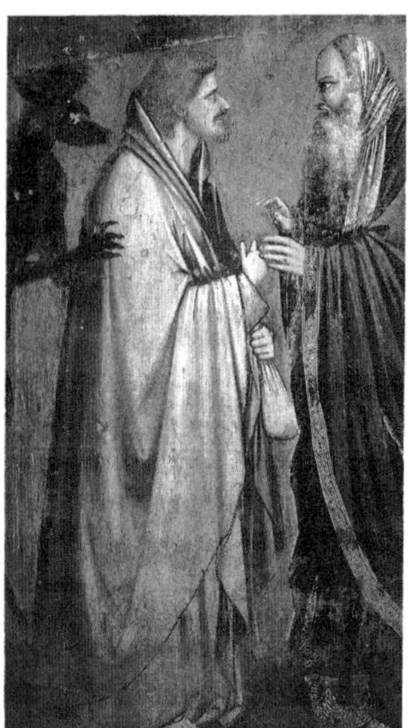

GIOTTO,
Judas erhält den Verräterlohn,
um 1303–1305
Ausschnitt
Padua, Arena-Kapelle

Das *Jüngste Gericht,* das die Stirnwand in der Arena-Kapelle einnimmt, weist in einem neuen Umbruch dieselben Grundelemente auf wie die analogen Programme in Sant'Angelo in Formis und Ferrara, wobei im übrigen ein Modell wiederholt wird, das schon im karolingischen Zyklus von Müstair (Graubünden) im wesentlichen vollendet erscheint[124]. Erst im untersten (dem sichtbarsten) Register wird das Programm komplizierter und bevölkert sich mit neuen Gestalten: Die Hölle vereint und variiert Strafen und Verdammte, allen voran zeigt sie einen erhängten Judas; neben dem von Engeln gestützten Kreuz zeigt und übergibt Enrico Scrovegni kniend der Madonna die Kapelle, die er ihr hat widmen wollen. Gegenüber, im Bogen der Ikonostase, unterhalb einer in zwei Felder unterteilten *Verkündigung,* befinden sich, in die graphische Gliederung der Seitenregister eingebunden, die *Heimsuchung Mariae* und – mit einzigartiger ikonographischer Hervorhebung, die anderswo keine Parallelen hat – die Szene, in der Judas von den Priestern dafür gedungen wird, Christus zu verraten (der imaginäre Dialog steht bei Matthäus 26.15: »Quid vultis mihi dare, et ego vobis eum tradam? At illi constituerunt ei triginta argenteos« [Was wollt Ihr mir geben, daß ich ihn Euch verrate? Und sie überreichten ihm dreißig Silberlinge]). Dieser Judas, *mercator pessimus* (schlechtester Kaufmann), der den Meister aus Geldgier verkauft, ist also genau gegenüber der Szene angebracht, in der Judas sich aus Reue aufhängt; und der Teufel, der bei den Zyklen der Seitenwände *nie* vorkommt (es fehlen auch die *Versuchungen Jesu*), erscheint *nur* neben Judas, der den Beutel Geld in der Hand hält: »intravit autem Satanas in Iudam« (es fuhr aber der Satan in Judas) (*Lukas* 22.3). Inmitten der Teufel, die die Hölle bevölkern, halten manche Verdammte ebenfalls prall gefüllte Beutel: Kurz, die Habgier (und ihre Bestrafung) nimmt im ikonographischen Programm der Kapelle einen privilegierten Platz ein.

Auch in Dantes *Hölle* trennen sich die Wucherer nicht von ihren Beuteln, die vielmehr mit dem Wappen eines jeden versehen sind: Unter anderem die »blaue, fette Sau« auf weißem Grund, Kennzeichen Rinaldo Scrovegnis, berühmter Wucherer (*Hölle*, XVII, vv. 64-75), Vater von Enrico. Die reichgeschmückte Kapelle, die Enrico Scrovegni der Madonna darbietet, kann man also *auch* als Sühne für den in seiner Familie weidlich ausgeübten Wucher deuten[125]: Beweggrund für die Widmung und für einige Figuren, versteht sich, *nicht* Schlüssel zum Verständnis des gesamten ikonographischen Programms. So wie er sich, in den Dimensionen nicht eines Verdammten sondern eines Engels, und in frommer Haltung, an der überaus zentralen Stelle über der Eingangstüre präsentiert, nimmt Enrico Scrovegni Abstand von der Habgier und vom Wucher, Familienlastern, gegen die er sich öffentlich gefeit zeigen will; obgleich mit jenem Geld ja die Kapelle (und Giotto) bezahlt wurde. Aber die Geste der Frömmigkeit wird tatsächlich zu ikonographischer Selbstverherrlichung: Der Auftraggeber verletzt nicht nur den theologischen Rahmen, indem er sich selbst mitten in ein *Jüngstes Gericht* plaziert; sondern indem er sich zur Rechten des Göttlichen Richters malen läßt und sich zum Gegenpol der mit Höllenqualen bestraften Geizhälse macht, drückt er viel mehr aus als die Hoffnung auf sein eigenes, individuelles Seelenheil.

Auch konnte diese stolze Epiphanie des Auftraggebers nicht unbemerkt bleiben: Schon am 9. Januar 1305 protestieren die Mönche des nahgelegenen Augustinerklosters heftig gegen die Stiftung Enrico Scrovegnis und seine Gemälde, die, wie sie sagen, Anlaß sind zu »grave scandalum, damnum, preiudicium et iniuria« (schwerwiegender Skandal, Verdammung, Verurteilung, Vorurteil, Ungerechtigkeit). In der Tat wollte der Auftraggeber, die Grenzen der vom Bischof erhaltenen Konzessionen übertretend, eine Kapelle in eine echte Kirche verwandeln, indem er sie dem Publikum öffnete, »et alia multa quae ibi facta sunt potius ad pompam, et ad vanam gloriam et quaestum quam ad Dei laudem, gloriam et honorem« (und vieles andere, was hier eher zu Protz und eitler Ruhmsucht und Erwerb als zu Lobpreis, Ruhm und Ehre Gottes gemacht ist)[126]. *Quaestus* steht eigentlich für »Profit, Verdienst«: Indem er eine private Kapelle zur öffentlichen Schaustellung frommer Freigebigkeit macht, verwandelte Enrico Scrovegni eine Gabe an die Madonna in ein Propagandainstrument für sich selbst und seine Familie; und das kommt noch hinzu zu seiner umsichtigen Politik der ehelichen Bündnisse und kirchlichen Freundschaften, mit der er den Carraresern ein Primat streitig macht, das sich zur Signoria wandeln will.

Eine vollständige Lektüre der Kapelle, die Giotto ausmalte, müßte also auf mehreren Ebenen durchgeführt werden, ohne daß eine davon schließlich so weit die anderen überwöge, daß sie allein die Erklärung darstellte. Die handelnden Personen auf der Paduaner Szene sind der *nobilis et potens Miles D. Henricus Scrovignus Magnificus civis Paduae* (der edle und mächtige Miles D. Henricus Scrovignus Magnificus, Bürger von Padua) – den der Zeitgenosse Giovanni Da Nono freilich als scheinheiligen Betrüger bezeichnet[127] –, die Bischöfe Ottobono dei Raggi (bis zum 31. März 1302) und dann Pagano Della Torre, die Augustinermönche des in der Nähe der Arena gelegenen Klosters und ein von auswärts herbeigerufener Maler, Giotto. Publikum ist die Stadt. Scrovegni hat von Manfredo Dalesmanini ein großes Areal gekauft (der Vertrag vom 3. Februar 1300 ist erhalten), und baut die Gebäude, die sich schon darauf befinden, zu einem prachtvollen Palast um: Als Wohnung für die Familie, gewiß, aber auch zur Zurschaustellung seines Reichtums, als Erklärung und bedeutsame Fassade eines sozialen Status und seiner politischen Möglichkeiten und Bestrebungen. Daran anbauen will er »unam parvam ecclesiam in modum quasi cujusdam oratorii, pro se, oxore, matre et familia tantum« (eine kleine Kirche, gewissermaßen als Oratorium für sich, seine Gattin, seine Mutter und die ganze Familie). Die Mönche des nahen Augustinerklosters widersetzen sich dem Plan nicht, beruhigt durch den ganz privaten Charakter des *oratorium,* wo es, so versichert die Konzession des Bischofs, keinen *concursus populi* (Volksauflauf) geben wird. Die Architektur der Kapelle ist bescheiden, wie es die Abmachung und die Vorsicht gebieten; aber zur Ausschmückung des Inneren holt man zwei sehr sorgfältig ausgewählte Künstler von auswärts: Giovanni Pisano und Giotto. Hinten in der Apsis, so ist es zumindest vorgesehen, in einer Linie mit der Eingangstüre und dem Hauptaltar, das Grabmal des Stifters und Auftraggebers. Im Gefolge eines selbstverständlichen und gängigen Marienkults wird die Kapelle der Madonna della Carità und/oder der Annunziata gewidmet; der erste Name spielt gewiß, durch den Kontrast, auf den vom Vater ausgeübten Wucher an: »pro eripienda patris anima a poenis purgationis et illius expianda peccata« (um die Seele des Vaters dem Fegefeuer zu entreißen und dessen Sünde zu entsühnen)[128]. Enrico Scrovegni scheint tatsächlich zwischen 1297 und 1300 das Wuchern eingestellt zu haben[129], und das Seelenheil des Vaters muß ihm mindestens so sehr am Herzen liegen wie sein eigenes öffentliches Ansehen als reicher »cavaliere«: Deshalb muß die Kapelle nicht nur ein Ex voto, sondern ein Manifest sein.

Da die Innenausschmückung, im Gegensatz zu dem einfachen Äußeren, sehr reich sein *muß,* sollen Fresken die Wände bedecken; das ausgewählte Thema, ein christologischer Zyklus, begleitet von einem mariologischen Zyklus, ist an und für sich selbstverständlich; weniger selbstverständlich ist das ikonographische Programm, bei dem jede Szene ausgewählt und in ein komplexes Geflecht wechselseitiger Bezüge eingefügt ist, dessen Bedeutung, auf einer im eigentlichen Sinne theologischen Ebene, nur derjenige verstehen wird, der auch entsprechende Parallelstellen oder Hinweise darauf (nicht: »die Quelle«) in den Texten z. B. eines zeitgenössischen Predigers nachweisen kann. Die Gunst oder die Dienste eines Kirchenmannes müssen in dieser Phase die Entscheidungen des Künstlers bei der Auswahl begleitet (nicht notwendigerweise und gewiß nicht nur: »geleitet«) haben. In diesem großen Netz, das sich von einem Feld zum anderen über die Wände knüpft, ist es bestimmt der Auftraggeber, der will, daß familiäre und persönliche Bezüge eingefügt werden: Die beiden Judasfiguren, die sich gegenüberstehen und das Laster anprangern, das Enrico aufgegeben hat; und das Bild des Auftraggebers, das sich gegenüber dem seinem Grabmal zugedachten Ort befindet und diesem neuen Scrovegni neue Würde und Prestige verleiht. Als die Fresken fertiggestellt sind und sich als glanzvoll erweisen, wird das *oratorium,* die Abmachung mit dem Bischof mißachtend, dem Publikum geöffnet, und sogleich präsentiert es sich nicht als privater Andachtsort, sondern als Palastkapelle; und der *concursus populi* wird gefördert, mit Glockengeläut (denn die Kapelle hat auch einen Glockenturm). Die Augustiner protestieren, aber vergeblich: Schon liegt eine Bulle von Benedikt XI. bereit, einem Trevisaner Papst, der Enrico Scrovegni *familiarius noster* nennt, welche denjenigen Indulgenz erteilt, die die Kapelle besuchen[130]; und während die Augustiner sich vergeblich bemühen, sie schließen zu lassen, bekommt

Scrovegni vom Obersten Rat Venedigs (16. März 1305) Stoffe und Teppiche aus der Markuskirche (sie ist die Kapelle des Dogenpalastes) geliehen, um die Weihezeremonie noch feierlicher und reicher zu gestalten. Frömmigkeit und Glaube an die Madonna und die Passion Christi, Sühne familiärer Schuld und persönlicher Schuld, Betonung der Freigebigkeit, Zurschaustellung eines konstruierten öffentlichen Bildes verflechten sich nicht rund um die, sondern *in* den Fresken von Giotto.

Wenn (was nicht sicher ist) die Zuschreibung eines Liedes gegen die Armut an Giotto[131] begründet wäre, könnten wir mit den Worten des Malers selbst den positiven Wert des Reichtums unterstreichen, wenn nur die Habgier vermieden wird, und eine harte Verurteilung der Armut bei ihm abschreiben, die ein jeder lobt, während er doch nur »studiert und macht, wie er von ihr loskommen könne«, mit einer »Scheinheiligkeit«, die »die Welt verdirbt«. Ob sie nun von Giotto stammen oder nicht, diese Verse zeugen von einer offen merkantilen Moral, die Giotto sehr wohl geteilt haben kann: Und nicht nur, weil er sich oft selbst als Wucherer betätigte[132], sondern besonders wegen des Gebrauchs, den er von seiner eigenen Kunst zu machen verstand, indem er sie für die Organisation einer Werkstatt verwendete, die durch ein Team sorgfältig ausgewählter Mitarbeiter die »Marke« Giotto sehr viel weiter verbreiten konnte, als es einem einzelnen Mann möglich gewesen wäre[133]. Aber eine Werkstatt gründen (das ist: Verteilung und Organisation der Arbeit) heißt natürlich auch, eine Schule begründen (das ist: Verbreitung von Kompositionsmustern und stilistischen Normen); und die Schule schützt den unmittelbaren Ruhm eines Malers und mehrt ihn, indem sie ihn zum unumstrittenen *Meister* macht.

Aber der Maler von Enrico Scrovegni ist derselbe wie der Maler von Assisi. Der Auftraggeber hat für sich eine Rolle beansprucht, die seit jeher den Bischöfen, Äbten und Herrschern vorbehalten war. Der Einbruch der handeltreibenden Bourgeoisie in die Szene der frommen Andacht ist vollzogen; und trotz eines streng orthodoxen ikonographischen Programms und der Sanktion durch eine päpstliche Bulle verursacht der Sprung von der privaten Auftraggeberschaft (nicht eines Gemäldes, sondern einer ganzen Kirche!) zur Bestimmung für die Öffentlichkeit noch immer *grave scandalum*. Der Maler von Padua ist der Maler von Assisi. War der Heilige Franziskus nicht ein Kaufmann? In der Biographie des »Poverello« spiegelt sich, als leuchtendes Beispiel, das Verhältnis zwischen dem Anwachsen der handeltreibenden Schicht und dem Erfolg der Bettelorden: einander entgegengesetzt, aber komplementär wie die beiden Seiten derselben Münze. Der Aufstieg der Kaufleute hat das Bild der *ordines* durcheinandergebracht, das sich, zuerst einfache Aufteilung (und Beschreibung) der Gesellschaft, nach und nach sakralisierte und die Züge eines göttlichen Plans annahm, in dem die Unterscheidung zwischen den verschiedenen *ordines* genauso wichtig wäre – was sie aus menschlicher Sicht ja auch war – wie die Definition der hierarchischen Verhältnisse, die sie in ein kompaktes System einbanden. Deshalb wird auch der Edelmann »ordiniert«. Der Kaufmann nicht: »Frei von den Bindungen persönlicher Abhängigkeit und von den ›Dienstbarkeiten‹ des Lehens, manipuliert er das Geld ohne zu arbeiten; [...] verwirrt den Konformismus einer für die neue Marktwirtschaft unempfindlichen Moral und schließt sich nie einem *ordo* an«[134]. In der Antithese von Armut und Reichtum bleibt das zentrale Problem stets dasselbe: Und daher tritt in der Hierarchie der Sünden nunmehr der Hochmut der Habgier seinen Platz ab[135]. In der Serie didaktischer Bilder mit Gegenüberstellungen von Lastern und

Tugenden, die den Sockel der Arena-Kapelle zieren, ist *Avaritia* (Geiz, Habgier) jedoch nicht enthalten, und den Gegensatz zu *Karitas* bildet statt dessen *Invidia* (Neid), die so zum ersten Mal in einen gemalten Zyklus von Lastern und Tugenden Eingang findet. Aber die Ikonographie dieses Lasters, das die darüberstehende Inschrift doch explizit als *Invidia* bezeichnet, setzt sich aus Attributen zusammen, die fast alle bei der Ikonographie der *Avaritia* entlehnt sind (wie der Beutel in der Hand, die langen Ohren, die Ochsenhörner ...)[136]. Aus dem Zyklus ist also mehr der Name als das Laster verschwunden, und in der Figur der *Invidia* verdichtet sich – mit einem wichtigen Wandel der Bedeutung – auch die des Habgierigen: In der Kapelle des Sohnes eines Wucherers, der sich zu einem freigebigen Stifter gegenüber der Jungfrau Maria und der Stadt gemacht hat, legt das Hinübergleiten von *Avaritia* zu *Invidia* nahe, diese Figur eher als »Neid auf den Reichtum« zu charakterisieren. Und somit sind auch die Personifizierungen des Sockels, die schon die bloße Ausführung in *Grisaille* (im krassen Unterschied zu der lebhaften Farbe der darüberliegenden Evangeliumsszenen, die alle *erzählt* sind) in eine abstraktere und statischere, didaktische Dimension versetzt, dennoch durch direkte Verweise mit jenen verbunden: Dem erhängten Judas entspricht, ebenfalls erhängt, *Desperatio* (Verzweiflung). In der Figur der *Invidia*, im verzweifelten Schicksal von Judas wird nicht die Anhäufung von Reichtümern verurteilt, sondern die schädliche Gier, die nie satt wird: geradeso wie in dem Lied »von Giotto«. Daß der überaus reiche Enrico Scrovegni, kein Wucherer mehr, freigebig, ohne Geiz und ohne Neid, von seinem Reichtum gespendet hat, das beweist seine Kapelle noch heute.

Wenn in ein *Jüngstes Gericht, ante litteram* gerettet, ein Kaufmann Eingang finden kann, bricht also die Aktualität in die Malerei ein; man verwischt die Grenzen des Heiligen und des Profanen und setzt sich über sie hinweg. In die Gemälde, die nun »aus der Wand hervorzutreten« scheinen, kommen die Lebenden leichter hinein. Franco Sacchetti, nicht nur Novellenschreiber (1332-1400), wirft das Problem der *Dipinture de' Beati* in einem Brief an den Peruginer Jacopo del Conte auf[137], und protestiert darin gegen die Vielzahl dieser »neugebackenen Heiligen«, die natürlich »den Glauben an die alten verlieren ließen«. Und ein jeder erfindet sich einen Heiligen: »Die Prediger haben Villana seliggesprochen, die meine Nachbarin war und eine junge Florentinerin war; doch ging sie gekleidet wie die anderen, und schon wird sie gefeiert«. Verlorengegangen ist, würden wir sagen, die »Aura« der Heiligkeit. Der Glaube geht dahin, das Interesse dominiert: Schon verehrt man als Seligen Urban V., den keiner je seliggesprochen hat; und doch gibt es im Baptisterium von Florenz bereits ein Bild, das ihn darstellt: Das muß also jemand »für von ihm erhaltene Gnade« malen lassen haben. Urban V. ist der Papst, von dem Petrarca (*Senilia* XIII 13) schrieb, »um den Menschen zu gefallen, mißfiel er Christus, Petrus und allen Guten«. Um ihn scharten sich, als er nach Rom zurückkehrte, die Hoffnungen derer, die den Sitz des Papsttums nach Italien zurückholen wollten; und die Enttäuschungen aller, als er sich von Rom aufs Neue nach Avignon aufmachte. Mit den wechselnden Phasen seiner Art, den »Menschen zu gefallen«, verbindet sich sein wechselnder Ruf. Die Heiligkeit wird temporalisiert; und Sacchetti hatte Recht, den Urban V. dargebrachten Kult zu beklagen[138]: Der französische Papst wird erst von Pius IX., im Jahre 1870, seliggesprochen. Gegen diese Anbetung durch das Volk, die die »alte« religiöse Praxis verfälscht, indem sie die Aktualität auf die Altäre hebt, protestiert Sacchetti; aber auch die herkömmliche Verehrung des *Volto santo* erscheint ihm abergläubisch und unvernünftig: »Wenn er mit Bildern [d. h. Ex voto] behängt ist, ist es, glaube ich, wegen des schrecklichen Aussehens«; und »wer kann sagen, daß es das Bild Unseres Herrn ist?« Jesus hatte gewiß nicht, wie der Gekreuzigte von Lucca, »verdrehte oder erschreckte Augen«. Welchen Weg soll die Anbetung also einschlagen?

In der *Regola del governo di cura familiare,* die der selige Giovanni Dominici um das Jahr 1400 auf Wunsch von Bartolomea Obizi, der Frau Antonio Albertis (Cousin von Leon Battista) schrieb, besteht die »erste kleine Regel«, um »die Kindlein an Gott zu nähren« darin,

> von heiligen Knäblein oder jungmädchenhaften Jungfrauen *Gemälde im Haus* zu haben, an denen dein Kind, noch in den Windeln, sich ergötzt, *als Gleicher vom Gleichen hingerissen,* mit Taten und Zeichen, die der Kindheit lieb sind. Und was ich von Gemälden sage, sage ich auch von Skulpturen. Wohl paßt die Jungfrau Maria mit dem Knäblein auf dem Arm, und dem Vöglein oder dem Granatapfel in der Hand. Eine gute Figur ist auch Jesus, der an der Brust trinkt, Jesus, der in der Mutter Schoß schläft; Jesus steht artig vor ihr, Jesus schneidet Stoff zu und sie, die Mutter, näht diese Teile zusammen. So *spiegle es sich* im heiligen Täufer, in Kamelhaar gekleidet, Knäblein, das die Wüste betritt, mit den Vögeln scherzt, an honigsüßen Blättern saugt, auf der Erde schläft. Es schadete nicht, wenn es Jesus und den Täufer, Jesus und den Evangelisten als kleine Kinder vereint gemalt sähe; auch den Kindermord von Bethlehem, damit es Angst bekäme vor Waffen und Bewaffneten[139].

Die Bilder vervielfachen sich. Die »kleinen Regeln« dieser schmalen Abhandlung über Ikonographie für Kinder können wir auf die Erfahrung der Erwachsenen projizieren. Ein Andachtsbildchen genügt nicht, aber man kann »aus vielen Gemälden fast einen Tempel zu Hause machen«. Indem sie sich die sakrale Ikonographie aneignen, um sie in die häuslichen vier Wände zu überführen, umgehen die privaten Auftraggeber jeden kirchlichen Filter zwischen sich und dem Maler. Aber die Normen, die der selige Dominici ausdrücklicher für die Kinder aufzählt, die können wir also auf die Häuser, die Räume aller anwenden: Und wir werden finden, daß nicht nur das Themenrepertoire der Kirchen, sondern besonders die allgemeine Haltung übernommen wurde. *Ad excitandum devotionis affectum* (um die Leidenschaft der frommen Hingabe zu erregen) muß der Gläubige (der Erwachsene und seine Kinder) *sich spiegeln* in den Gemälden, die er betrachtet, »als Gleicher vom Gleichen hingerissen«, und daraus Verhaltenskoordinaten ableiten. Damit aber das Bild dem Betrachter »gleiche«, müssen die Figuren mit »Taten und Zeichen« (d. h. Gesten und Attributen) ausgestattet sein, die ihm »lieb« sind, die ergötzen, die den Eindruck von »Gleichheit« verstärken. Das *exemplum* ist zum *Spiegel* geworden: Da sie sich auf den Appell an die Sinne gründet, hat die Beschwörung der Ereignisse und Empfindungen durch die Bilder ihre Grundlage in der *emotionalen Identifikation* des Betrachters gefunden; und – für diese funktional – muß der Maler die Figuren auf dem Bild ihre »Taten und Zeichen« zusammenzufügen wissen.

*»Come pintor che con essemplo pinga«**

Welche Rolle hat also der Meister in einer Kunst ohne schriftlich dargelegte *praecepta* (Vorschriften)? Auch hier besteht die einfachste Art, diese Frage zu beantworten, darin, sie in gewissem Sinne umzudre-

* Wie ein Maler, der nach Vorbild malt

hen, sie aus der Sicht des Schülers neu zu formulieren: Was (und von wem) muß ein Maler lernen? Cenninis *Libro* und andere, diesem ähnliche Bücher erteilten eine Vielzahl technischer Unterweisungen, die gewiß zu jeder Lehrzeit dazugehören mußten. Doch die Ausbildung des Malers darauf zu reduzieren wäre genauso, als wollte man beim Beschreiben einer mittelalterlichen Schule nur darauf beharren, wie die Feder gespitzt, in die Tinte eingetaucht und auf dem Papier oder auf dem Pergament geführt wurde. Wenn wir einen Augenblick diese in vieler Hinsicht unangebrachte Parallele aufrechterhalten, so hat die Arbeit des Malers gewiß einen ungleich viel größeren »technischen« (im vorstehend gebrauchten Sinne) Anteil als die des Schriftstellers; und dennoch hört sie gewiß nicht dabei auf. Nicht nur Farbzubereitungen lernt der neue Maler; sondern auch (und natürlich gleichzeitig) »wie man« diese oder jene Figur, diese oder jene Szene »macht«, damit sie üblichen und gängigen Marktanforderungen entsprechen. »Der Künstler braucht genauso wie der Schriftsteller ein Vokabular, bevor er sich daranmachen kann, die Wirklichkeit zu kopieren«[140]. Will ein Dichter einen Sonnenuntergang oder einen Krieger beschreiben, findet er es zuweilen leichter (oder wirksamer), eine schon von anderen verwendete Formel ganz zu übernehmen (oder zu adaptieren), wobei er nicht »die Wörter« ausleiht, sondern eben die Abfolge oder das Versmaß, in denen sie angeordnet sind; zuweilen übersetzt der Maler in seine Malerei (in seinen Stil) die ikonographischen Formeln, die schon andere verwendet haben; immer noch braucht er »Wörter«, d. h. kleinste ikonographische Einheiten, mit denen er Typen, Schemata, Formeln wiederholen oder zusammenstellen kann. Die Gewohnheit, mehr oder minder weitgehende kompositorische Formeln von einem Muster zu übernehmen (eine Gewohnheit, die es natürlich auch heute noch gibt) konnte relativ unbemerkt bleiben, solange jedes Bild eng an einen Ort gebunden und der Vergleich zwischen dem einen und dem anderen praktisch unmöglich war, außer man brachte die Geduld auf, eines von beiden in einen Skizzenblock abzuzeichnen. Der gewöhnliche Besucher tat das nie; und der Künstler, der seinerseits vermutlich herumkam *und* zeichnete, tat es mit Absicht, um dann diese Zeichnungen bei seiner Arbeit in der Werkstatt zu verwenden.

Die Wiederholung einer begrenzten Zahl ikonographischer Typen mit wenigen Varianten (z. B. die *Madonna mit dem Kind,* die *Kreuzigung,* das *Jüngste Gericht*) ist eine gewohnte Erfahrung des zerstreutesten Besuchers von Kirchen und Museen. Die *ikonographische Tradition,* die diese Kontinuität erklärt, garantiert gleichzeitig die Kontinuität der Bedeutungen, die eng mit jedem ikonographischen Typus (oder Schema) verbunden sind: So wie wir bei der Sprache zu Recht sicher sein können, daß ein Wort im 13. Jahrhundert und im 18. Jahrhundert (und heute) dasselbe bedeutet, einfach weil es ständig gebraucht und verstanden worden ist. Das gleiche kann man von einem Gemälde sagen, das nicht nur eine Gesamtheit von Bildern darstellt, sondern vielmehr durch die Bilder ein gesellschaftliches Verhältnis zwischen Menschen vermittelt, das sich in eine Botschaft umsetzen will. Dennoch, das Wort gehört *allen,* die Malerei *nicht;* das Wort wird vor allem gesprochen, und deshalb ist die Schrift (und noch mehr war sie es) ein Filter sozialer Ausschließung und Selektion, der in gewissem Maße vom Klang wie von der Bedeutung der geschriebenen Wörter *unterschieden* ist; während die gemalten Figuren nicht nur filtern, sondern die Sprache *sind. Ut pictura poësis,* nicht *ut pictura verbum:* Und da die Wirklichkeit, die sowohl das Wort als auch die Figur sich wiederzugeben bemühen, die gleiche ist, verdichten sich in der Figur die beiden Dimensionen (die geschriebene und die gesprochene), die die verbale Sprache zu unterscheiden erlaubt. Daher haben die kulturellen und gesellschaftlichen Eliten immer eine viel vollständigere Herrschaft über die Kommunikation durch Bilder als über die durch Wörter besessen; umgekehrt besitzt ein Kommunikationssystem durch Bilder einen sehr viel größeren Raum, in dem es verstanden wird, als jede Sprache, die aus Wörtern besteht, und dies sowohl wegen ihres weniger vermittelten Verhältnisses zur sinnlich wahrnehmbaren Wirklichkeit (z. B. gegenüber einer *wirklichen* Frau ein Bild einer Frau oder die verschiedenen Wörter, um »Frau« zu sagen), als auch weil die relativ niedrige Zahl von Bilderproduzenten (Künstlern und Auftraggebern) die Herausbildung einheimischer Varianten bremst (ein abgeschlossenes Tal »produziert« tendenziell einen Dialekt, holt sich aber tendenziell Maler und Bildhauer von auswärts). Das Paradox der ikonographischen Sprache ist, daß sie, ausgehend von einer relativ sehr geringen Zahl von Adressenten, ein relativ sehr zahlreiches Publikum erreicht.

Die Kunst der Malerei zu erlernen bedeutet also auch, ihre Sprache zu erlernen, denn jede Forderung des Auftraggebers muß durch jene Sprache übersetzt und artikuliert werden. Und auch, die zu malenden »Geschichten« zu lernen; denn schon Vitruv verlangt von den Architekten: »man muß immer den Grund erklären können, weshalb man bestimmte Figuren dargestellt hat, wenn jemand danach fragt« (*De architectura* 11.5). Man muß lernen, die Handlung jener Geschichten durch Bilder (Typen und Schemata) darzustellen, die – wie die Wörter – nicht im Augenblick erfunden sind, sondern den Ablagerungen des Gedächtnisses oder einem Skizzenbuch mit Mustern entnommen sind (und nur, insoweit sie einer Sprache angehören, begriffen werden können). Man muß lernen, die Figuren auszuwählen und zusammenzustellen, die das Skizzenbuch oder das Gedächtnis aufgrund von Wechselbeziehungen nahelegt, indem man sie, dem Faden der zu erzählenden Geschichte entsprechend, auf das Maß der zu bemalenden Wand »zuschneidet«, sie nach geheiligten Schemata unterteilt oder versucht, neue Schemata einzuführen.

Die ikonographische Tradition ähnelt also (doch Ähnlichkeiten hervorzuheben ohne die Unterschiede zu benennen, ist ein irreführendes Unterfangen) der handschriftlichen Tradition; und zwar nicht so sehr bei einem klassischen und unberührbaren Text wie Homer, wo der sorgfältigste Kopist der beste ist – der nichts hinzufügt oder wegläßt; sondern bei »volkstümlichen« Texten wie dem *Roman d'Alexandre* oder dem *Physiologus*, oder auch gewissen Lebensbeschreibungen von Heiligen, die die gelehrtesten und/oder phantasievollsten Kopisten nicht abschreiben konnten, ohne sie mit neuen Geschichten anzureichern, ohne die Anordnung der Teile zu ändern, ohne ihnen eine eigene neue Patina zu verleihen. Und daher wird die kritische Ausgabe eine unerreichbare Aufgabe, die Apparate schwellen an; und die Philologen sind gezwungen, die Handschriftentradition nicht in »Zweige«, sondern in sehr viele verschiedene Rezensionen zu unterteilen; aber mit so viel »redaktioneller« Freiheit, beim Abschreiben zu verändern, *ist* jede Handschrift tendenziell (oder potentiell) eine Rezension. Plagiat? Gewiß nicht. Erst 1791, und natürlich in Paris, hat man begonnen, bei literarischen Werken von Urheberrecht zu sprechen; aber noch heute heiligt der Gebrauch einen grundlegenden Unterschied zwischen einem literarischen Werk und einem Gemälde: Man kann bei einem Roman nicht *die Handlung* kopieren (auch wenn man andere *Wörter* benutzt, um sie zu erzählen), ohne das Urheberrecht zu verletzen, bei einem Bild ist es legitim, das allgemeine Aussehen (die Anordnung, die Wechselwirkungen der Figuren) zu reproduzieren, sofern man nicht den Stil kopiert. Picasso kann Van Gogh kopieren, wenn sein Bild nur als Picasso erkennbar bleibt; wenn es dagegen ganz und nur das Aussehen eines Van Gogh hätte, wäre es eine Fälschung.

In der ikonographischen Tradition bedeutet die Wiederholung eines Typus oder eines Schemas also nicht *Kopie* (die des *Volto santo* sind als Devotionalien gefertigte Kopien); sie formt vielmehr jene Bildersprache, von der die Künstler weder Lexika noch geschriebene Regeln finden konnten; sie ist vielmehr – werden wir also mit Filippo Villani sagen – ihrer *tenax memoria* (gutes Gedächtnis) anvertraut, einem Gedächtnis, das von ihrem Publikum geteilt werden muß: Zu wem könnten die gemalten Figuren denn sonst sprechen? Dem Künstler, dem Auftraggeber und dem Publikum gemeinsam, ist das System von Beziehungen zwischen Bildern und Bedeutungen also ein *Kodex,* der am Anfang von allen verstanden werden muß. Nur auf der Grundlage einer von der Erinnerung gestützten Handlung, nur vor einem Hintergrund von Bildern, die durch den Gebrauch geheiligte Typen und Schemata wiederholen, ist es (z.B. für Giotto) möglich, freier und spielerisch Erfindungen einzubringen, die Gesten und Kompositionen neu artikulieren, wobei sie die gleiche Sprache sprechen, sie aber beweglicher und reicher machen; sie erneuern, aber von innen heraus.

Wenn wir bei der Textkritik Kriterien und Methoden entlehnen, können wir »Traditionslinien« erkennen, Ableitungen und Varianten unterscheiden. Von dem Gemäldezyklus (heute nur noch in Kopien aus dem siebzehnten Jahrhundert erhalten), der im Portikus von Alt St. Peter in Rom das Leben der Apostel Petrus und Paulus erzählte, stammt eine ganze Folge von Ikonographien ab: Denn schon Ruhm und Autorität des Ortes, an dem er sich befand, zeigte ihn den anderen Malern als Vorbild auf. Im Feld mit der *Kreuzigung des Heiligen Petrus* zeigt das vatikanische Gemälde das umgekehrte Kreuz mit dem Heiligen in der Mitte, zwischen zwei Gruppen von Figuren, die jeweils um ein Monument des kaiserlichen Roms geschart sind: Rechts eine Art Obelisk, bei dem es sich um den sogenannten *Terebinthum* handeln muß, und drei Figuren mit Heiligenschein, von denen sich eine auf einen Schild stützt; links eine Art Pyramide, vermutlich die *Meta Romuli,* hinter der zwei Zuschauer hervorsehen, während ein anderes Grüppchen davor steht. Auf einem Fresko in San Piero a Grado bei Pisa und in einer italienischen Handschrift, die sich heute in Hamburg befindet, finden wir die gleiche Szene, mit merklichen Varianten (besonders auf der Seite der Handschrift, wo sie mit anderen gemischt ist): Aber wir können das gesicherte römische Muster vor allem daran erkennen, daß, wie auf diesem, die beiden Figürchen wiederkehren, die hinter der Meta Romuli hervorschauen[141]. Die Gemeinsamkeit einer *lectio difficilior* (schwierigeren Lektüre) weist auf den möglichen Archetypus hin und spürt eine traditionelle Linie auf.

Um sich gut zu erinnern, genügte dem Maler nicht allein das Gedächtnis, und sei es auch noch so gut. Unter den praktischen Ratschlägen, die Cennino Cennini demjenigen erteilt, der die Kunst lernen möchte, ist die Empfehlung, sich »in Kirchen oder Kapellen« zu begeben und Sorge zu tragen, »eine Tasche aus zusammengeklebten Blättern oder auch aus leichtem Holz« dabeizuhaben, [...] geeignet, deine Zeichnungen aufzubewahren und auch, um das Blatt daraufzulegen, auf dem du zeichnest«. Er gehe besser »stets allein, oder in Gesellschaft, die dasselbe tut wie du und dich nicht stört«, d. h. mit anderen Malern; wähle sorgfältig die Geschichte oder Figur, die er kopieren will, scheue keine Mühe, wenn nötig auszuradieren und neu zu beginnen, bis »deine Figur mit dem Muster übereinstimmt« (Kap. XXIX–XXX). Cennino formuliert hier keine *eigene* Regel, sondern beschreibt einfach eine universelle Praxis; die Lehrzeit des Malers umfaßt die Vorbereitung und Sammlung eines Repertoires von Vorlagen, der älteren Kunst entnommen: »Albumblätter«, die zugleich Stilübungen und »lexikalisches« Archiv ikonographischer Formeln und Typen sind; »Figuren« und »Geschichten«. Einzeln oder in Büchern gesammelt, mußten diese Zeichnungen zur Ausstattung jedes Malers gehören, wobei sie natürlich, wenn nötig, von Hand zu Hand gingen: Dabei blieben sie jedoch stets Gebrauchsgegenstände, keine Kunstgegenstände, rein professionelle Notizblöcke. Deshalb sind, vor dem fünfzehnten Jahrhundert, so wenige Exemplare davon erhalten[142].

Da sie aus einer Zeit stammen, in der jede andere Methode der Bildreproduktion unbekannt war, bilden diese Zeichnungen für uns eine Art roten Faden in der mittelalterlichen Tradition[143]. Natürlich wurden nur sehr selten ganze Gemäldezyklen kopiert: Eine Ausnahme ist die Pergamentrolle, auf die in der ersten Hälfte des dreizehnten Jahrhunderts die Deckengemälde von Sant'Eusebio in Vercelli, die mindestens hundert Jahre älter waren, sorgfältig übertragen wurden; denn, wie zwei Distichonpaare am Anfang und am Ende erklären, die *longa vetustas* (großes Alter) hat sie ruiniert, die Zeichnungen der Rolle werden als Vorlage dienen, um sie zu restaurieren *(ut renovet novitas)*[144].

Etwas häufiger mußte, nach den Hinweisen von Cennini, die Zeichnung einer ganzen »Geschichte« sein: Um sich eine Komposition anzueignen, die man für exemplarisch hielt oder die man sich ausdrücklich zum Vorbild nehmen wollte. Ein solcher Fall ist die im Louvre befindliche Zeichnung, die, und zwar mit beachtlicher Treue, die von Taddeo Gaddi gemalte *Darstellung im Tempel* aus der Baroncelli-Kapelle in Santa Croce wiedergibt: Keine »vorbereitende Zeichnung« des Malers selbst, sondern, gerade wegen ihrer minutiösen Sorgfalt, ohne Korrekturen oder Abweichungen, Kopie eines Malers, den wir uns gut bei der Arbeit vor dem Fresko vorstellen können, wie er das Blatt auf seine »Tasche aus Holz« gelegt hat. Der Wunsch, die schwierige architektonische Perspektive zu erlernen und nachzumachen, die für die damalige Zeit »a maximum of obliquity and complication« (ein Maximum an Unregelmäßigkeit und Komplexität)[145] erreicht, genügt, um die akkurate Sorgfalt des Kopisten zu rechtfertigen; die Anordnung und Staffelung der Figuren sowie ihre proportionalen Verhältnisse beruhen nämlich auf der Architektur, die also die Ikonographie bestimmt und zugleich die *Neuheit* ist, die Gaddis Fresko zu einer Herausforderung und zu einem Vorbild macht. Diese Zeichnung kann deshalb sehr wohl der Vermittler sein zwischen der *Darstellung* Gaddis und derjenigen, die sich ebenfalls in Santa Croce in der Rinuccini-Kapelle befindet: Im Vergleich zu dem Vorbild (das wenige Meter entfernt nachzumachen man sich offenbar keineswegs scheute) muß sich die neue Fassung einem vertikaleren Format anpassen, streckt daher die Architektur, macht sie gotischer und füllt sie vor allem mit mehr Figuren, wobei der Maler ihre symmetrische Anordnung durch die Komposition seitlicher Gruppen weidlich kompliziert. In derselben Kirche zugange, hat der Maler der Rinuccini-Kapelle vermutlich zuerst *wortwörtlich* bei Taddeo Gaddi die Szene kopiert, die er darstellen sollte, und sie dann in

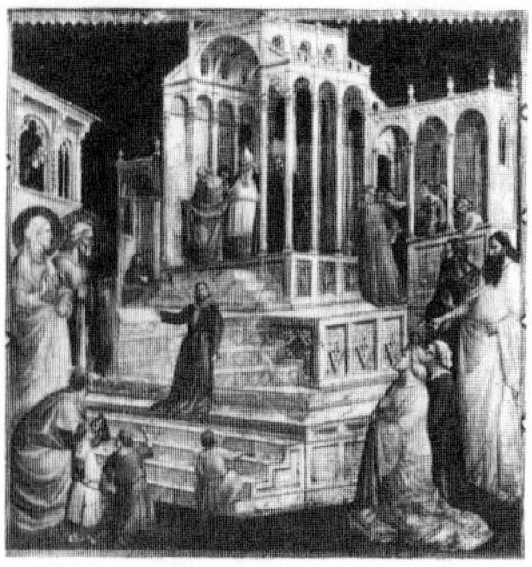

TADDEO GADDI,
Darstellung im Tempel, 1332–1338
Florenz, Santa Croce

seinem Fresko *mit* ikonographischen *Varianten* und natürlich in seinem eigenen Stil reproduziert.

Aber in den Skizzenbüchern der Maler

fehlen meistens Kompositionen ganzer Szenen. Der Künstler kopierte nicht vollständige Szenen, sondern eine Figur oder eine Personengruppe; und dies kann man jedesmal feststellen, wenn es uns möglich ist, bis auf sein Vorbild zurückzugehen. [...] So bewohnen die Figuren der Skizzenbücher eine Art Niemandsland zwischen dem einen Kunstwerk und dem anderen; der Künstler will über eine gewisse Anzahl an Einheiten verfügen, die er, je nachdem, wie es das Werk, das er gerade in Arbeit hat, verlangt, zu einer Kombination zusammenstellen kann, in einem Kombinationsprozeß, der sich an der Wand oder am Tisch vollziehen kann. So bildet die Figur (oder ein Teil von ihr: Büsten, Beine, Arme, Gesten [...]) eine Entität, die wir als kleinste, vom mittelalterlichen Künstler verwendete künstlerische Einheit bezeichnen können[146].

Ein Blatt des umstrittenen Skizzenbuches in den Uffizien (ca. 1400)[147] z. B. zeigt bunt durcheinander nicht weniger als zwölf verschiedene Zeichnungen, und zwar ohne notwendige Bezüge zueinander: Von einer vollständigen *Auferstehung* bis zu einem einsamen Bauern mit dem Spaten auf der Schulter, von der Heiligen Katherina von Alexandrien bis zu einem gegeißelten Christus, der ohne seine Folterer und ohne die Säule geblieben ist. »Registriert« allerdings, und »gebrauchsfertig« (um auf einer Mauer oder einem Bild in eine vollständige *Geißelung* eingefügt zu werden). In diesem »Reiseskizzenbuch« hat ein Künstler – um sie später wieder zu verwenden – Schemata und Themen notiert, die ihm auf seinem Weg begegneten.

»Essemplo« (Vorbild, Beispiel) ist also die Zeichnung, die der Maler, Kirchen und Kapellen aufsuchend, den Fresken an den Wänden, den Gemälden abgewinnt, um es dann aus seiner »Tasche« in sein Reservoire an Ideen und Mustern fließen zu lassen. Am Ende des *Purgatoriums* (XXXII. Gesang) erzählt Dante, daß er nicht dem Gesang der vierundzwanzig Ältesten unter dem »kahlen Baum« des irdischen Paradieses hat lauschen können, weil ihn seine Süße übermannte; auch kann er – fügt er hinzu – nicht erzählen, wie er eingeschlafen ist: wer könnte das schon?

S'io potessi *ritrar* come assonnaro
li occhi spietati [di Argo] udendo di Siringa,
li occhi a cui pur vegghiar costò sí caro,

come pintor che con essemplo pinga
disegnerei com'io m'addormentai;
ma qual vuol sia, che l'assonnar ben *finga.* (v. 64–69)

(Wenn ich *abbilden* könnte, wie Schlaf sie überkam
die erbarmungslosen Augen [von Argus], als Syrinx' Lied erklang,
die Augen, die das Wachen doch so teuer kam,

wie ein Maler, der nach Vorbild malt,
zeichnete ich, wie ich einschlief;
doch wer kann schon das Einschlafen recht beschreiben.)

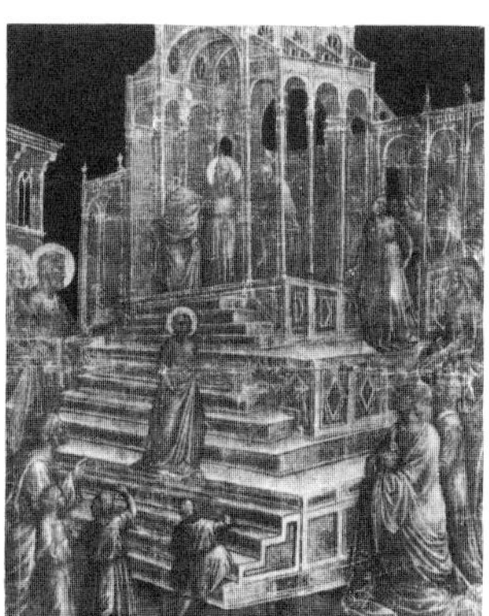

Florentiner Maler,
Darstellung im Tempel
Kopie nach dem Fresko von GADDI, Mitte des 14. Jh.

Da das Göttliche *melius scitur nesciendo* (besser unwissend gewußt wird), kann der Dichter seine (eben: unsagbare) Erfahrung nur erzählen, indem er wiederholt auf den rhetorischen Kunstgriff der Aposiopese (oder *reticentia* [Schweigen]) zurückgreift. Könnte er »zeichnen«, wie er eingeschlafen ist, wäre es besser, als es mit Worten zu erzählen: Doch auch wenn er Maler wäre, bräuchte er, was er nicht hat, ein passendes »essemplo«. Um Dantes Traum zu malen, ist ein Vorbild

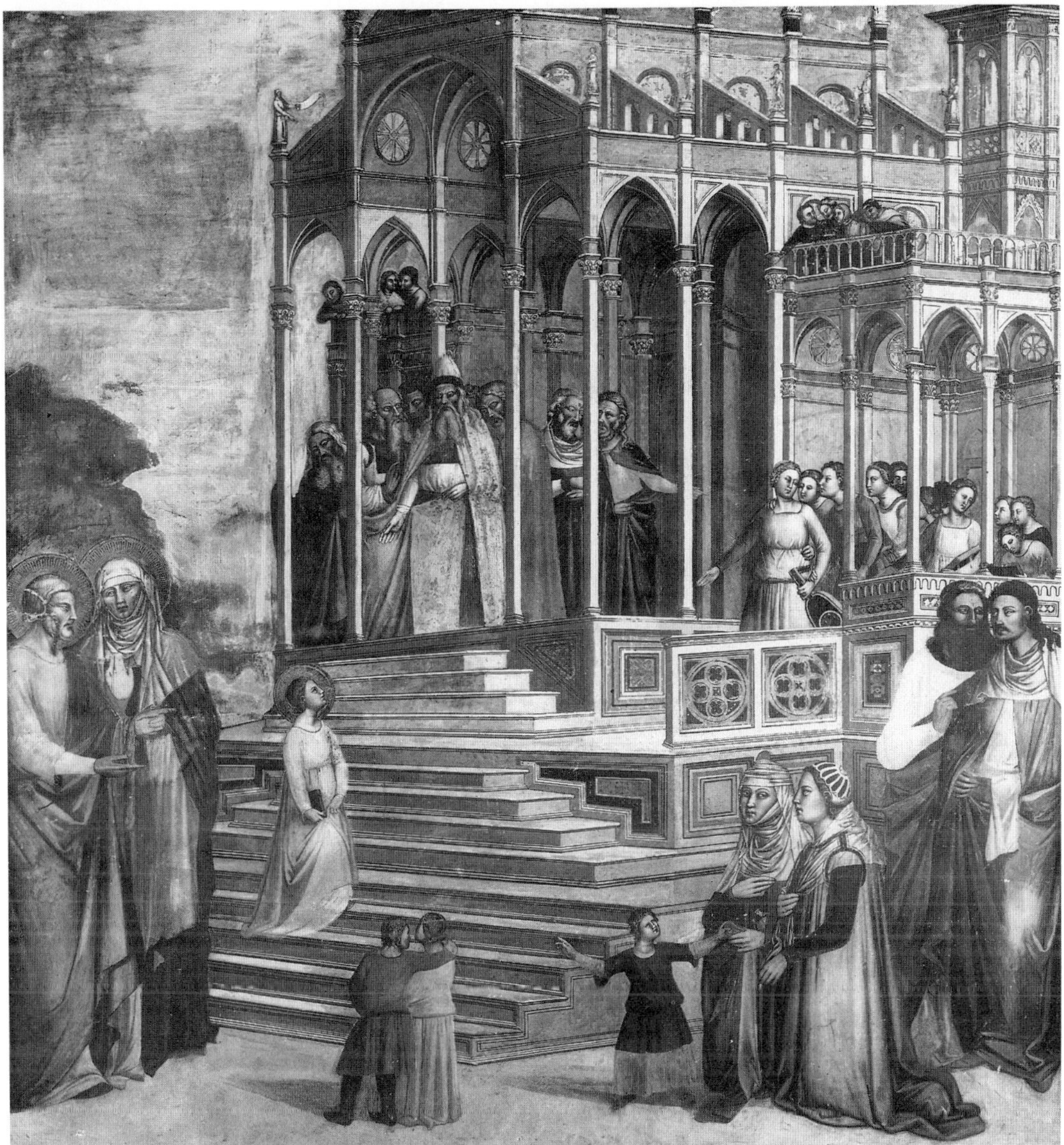

Florentiner Maler,
Darstellung Christi im Tempel,
um 1360–1370
Florenz, Santa Croce

nötig, ein Gemälde mit dem Schlaf des Argus; und das Fehlen eines »essemplo« begrenzt den Raum des Malers. Mehr noch: Bei mythologischen Themen, bei der klassischen Kunst holt man sich nunmehr »essempli«, wenn die eigene Sprache für wundersame Ereignisse, für außerordentliche Leidenschaften nicht mehr ausreicht.

Natürlich wissen wir nicht, wann die umherziehenden Künstler, »in Anbetracht der Güte jener Werke und da sie ihnen sehr gefielen«[148], begannen, *auch* Zeichnungen antiker Skulpturen in ihre Skizzenblöcke aufzunehmen. Schon Nicola Pisano muß es getan haben, wenn er die Sarkophage von Pisa als »essemplo« benutzt hat; aber das älteste erhaltene Exemplar ist der berühmte Skizzenblock der Ambrosiana, der vielleicht aus der Werkstatt Gentiles da Fabriano an die Werkstatt Pisanellos weitergegeben worden ist: Zeichnungen nach den Sarkophagen wechseln, auf denselben Blättern, mit Engeln, Madonnen, Aposteln, Kopien nach Giotto, Altichiero, Donatello[149]. Aus dem Reservoir der Antike schöpft der Künstler ebenso wie aus den Gemälden der Meister Materialien für seinen Vorrat an »essempli«.

In denselben Jahren studiert Donatello die Sarkophage nicht bloß, sondern diskutiert mit Freunden und Kollegen darüber und »wirbt« begeistert für sie. Laut Vasari geschah es, daß er um das Jahr 1407 »durch Cortona kommend in die Pfarrei eintrat und einen wundervollen antiken Steinsarg sah«, von solcher »Vollkommenheit und Güte der Meisterschaft«, daß er, als er kurz darauf Brunelleschi davon erzählte, in diesem

einen so brennenden Wunsch entfachte, ihn zu sehen, daß er, so wie er war, in Mantel und Kapuze und Holzschuhen, aufbrach und sich nach Cortona führen ließ vom Wunsch und der Liebe, die er für die Kunst hegte. Und als er den Steinsarg gesehen und er ihm gefallen hatte, zeichnete er ihn mit der Feder ab[150].

Echo und Stütze der langatmigen Erzählung Vasaris bilden die trockenen Worte aus zwei Briefen eines Gehilfen von Donatello, Nanni di Miniato, an Matteo Strozzi, datiert 1428 und 1430:

Ich teile Euch mit, daß es zwei kleine Grabmäler zwischen Pisa und Lucca gibt, daß eines in San Frediano in der Nähe von Lucca ist, darauf ist die Geschichte von Bacchus, das andere ist oben in S. Giuliano in einer Kirche, die heißt Vichopelagho [...] und darauf sind Geister [...]. Von Donato habe ich gehört, es seien gewinnbringende Dinge [...]. Donato hat sie als gute Dinge gelobt[151].

Man sucht die antiken Vorbilder, mit brennendem Wunsch; Sarkophage, die uns als farblose Serienwerke erscheinen können, wie der von Cortona, wecken frische Begeisterung: Weil die Bewegung der Figuren, ihre Nacktheit, die ausladende und »hyperbolische« Gestik, die eine Welt urgewaltiger Spannungen und Leidenschaften widerzuspiegeln scheint, diese verstümmelten Reliefs von lebendigen »Geistern« beseelt erscheinen lassen.

Und so bildet sich, durch die Summe von »essempli«, die alle in Kirchen und Kapellen sowie später auch von antiken Sarkophagen abzeichnen und die die größten Künstler mehren und erneuern, der Wortschatz der Malerei heraus. Wir können nicht erwarten, ihn je in einem starren Kodex schriftlich fixiert zu finden, der die Formeln für jede Geschichte, die Geschichten für jede Formel aufzählt. Es hat in der westlichen Kunst nie ein »Buch der Malerei« gegeben wie das vom Berg Athos[152]: Denn über der erstarrten Sprache, die die »Vorbilder« von Fresken und Gemälden herab sprachen, wehte immer das heftige Streben nach der Wahrheit der Natur, vermittelt durch die bewegtere, »freiere« Haltung der antiken Skulpturen.

Wie geht nun aber der Maler das Thema an, das ein Auftraggeber ihm gestellt hat? Das Anwachsen der merkantilen Schicht erhöht in unvorstellbarer Weise die Nachfrage nach Bildern, die gewöhnlich immer wieder wenige »zentrale« Themen wie die Madonna mit dem Kind oder die Verkündigung darstellen. Daß sich die Nachfrage nach Bildern gleicher Art vervielfacht, löst natürlich einen »Wettbewerb« unter den Künstlern aus, der zugleich einer *absichtlich* von ihnen bewirkten Staffelung auf verschiedenen Lohnniveaus entspricht. Aber der Wettbewerb unter den Künstlern gestaltet sich als eine hartnäckige Suche nach – nur sehr abstrakt in stilistische und ikonographische zu unterteilende – Erfindungen, die die gängigen Formeln verändern sollen, indem sie sie zu größerer *Wahrheit* bringen. Diese Suche geht in drei Richtungen: *a*) Variationen *innerhalb* eines Typus, durch Hinzufügung oder Weglassung von Attributen, von Randfiguren...; durch Auseinandernehmen und neues Zusammensetzen des Umbruchs (verschiedene Anordnung der gleichen Figuren; durch Erhöhung oder Verminderung des emotionalen Gehalts...; *b*) Schaffung neuer *Typen,* die durch Ersetzen äquivalenter Schemata für das gleiche Sujet taugen sollen; *c*)Einführung oder Wiedereinführung ganz neuer oder ungewohnter oder seltener *Themen,* die durch Anpassen gängiger Formeln erzählt werden oder die Erfindung neuer Formeln anregen. Die, auch teilweise, Korrektur einer Formel kann zu Beginn ein Schritt auf die »Wahrheit« zu sein; in der Tat schafft sie – wenn sie verwendet und wiederholt wird – eine neue Formel. Die ständig wachsende Nachfrage führt so zu einer breiten Differenzierung der religiösen Ikonographie.

Zu dem Thema, das ein Auftraggeber ihm gestellt hat, muß der Maler (in der »Tasche«, in der Werkstatt) mehr als eine Lösung bereithalten, damit eine Wahl getroffen werden kann. Deshalb sind in dem Skizzenbuch in den Uffizien sechs *verschiedene* Madonnen mit Kind notiert, und außerdem drei Verkündigungsmadonnen und drei Verkündigungsengel (nur einmal bilden zwei aneinanderstoßende Blätter eine vollständige Verkündigung). Deshalb drängen sich auf einem Blatt im Louvre, das Tommaso da Modena zugeschrieben wurde, zusammen mit anderen Figuren gleich drei *verschiedene* Verkündigungen: Bei der ersten beugt Gabriel leicht das Knie, hebt den rechten Arm und wendet den Kopf nach oben einer sitzenden Madonna zu, die in einer Geste der Annahme und Demut, die wirklich kanonisch sein muß, denn alle drei Varianten wiederholen sie unverändert, die Arme über der Brust kreuzt. Doch bei der zweiten steht der Engel, Maria kniet vor einem Lesepult, auf dem ein geöffnetes Buch liegt; bei der dritten knien beide, der Engel hält in der Linken eine zerbrechliche heraldische Lilie, und aus dem Betpult der Madonna sind ein Thron mit Baldachin und ein durchbrochenes Lesepult hervorgewachsen; selbstverständlich perspektivisch dargestellt[153].

Einer Predigt eines glühenden Predigers aus dem fünfzehnten Jahrhundert, Fra Roberto Caracciolo da Lecce, können wir eine Art »Musterkollektion« der emotionalen Reaktionen Marias bei der Verkündung der Fleischwerdung entnehmen: »conturbatio, cogitatio, interrogatio, humiliatio, meritatio« (Aufregung, Überlegung, Nachfragen, Unterwerfung, Verdienst); für jede kann man leicht eine Entsprechung in der zeitgenössischen Malerei finden[154]. Und aus Predigten, Novellen, Briefen, Poemen könnten wir, auf dieser Linie, ein ganzes, implizites »Buch der Malerei« herausdestillieren – ein Buch, das die nicht in speziellen Handbüchern der Schrift anvertrauten *praecepta* zusammenfaßte, die es dem Zeugnis von Kirchenmännern und Laien entnimmt. Und es wäre ein nützliches Repertoire, aber umso künstlicher, je mehr man es auf eine fiktive Einheitlichkeit festlegen wollte. Gewiß lagert sich durch die Erfahrung der Bilder und die Gespräche darüber ein »ikonographisches Bewußtsein« ab, das sich zuweilen in eine aufgefächerte Klassifikation übersetzt – ohne jedoch je »System« zu werden. So bewegt sich die Ikonographie, samt ihren Neuerungen, im Gleichgewicht zwischen der absoluten Einheitlichkeit (am Anfang) der allgemeinen Ausrichtung und der Pluralität der Varianten *innerhalb* dieses Rahmens, was dazu drängen kann, Neues zu erfinden: Aber die Grenze, die nicht überschritten werden darf, ist die der Orthodoxie und der Schicklichkeit, die die Tradition selbst festsetzt und vorzeichnet.

Kurz nach 1340 begannen Ambrogio Lorenzetti und seine Gehilfen auf Weisung eines Auftraggebers, den wir nicht mehr mit Sicherheit

rechts und gegenüber:
AMBROGIO LORENZETTI,
Verkündigung, um 1340
Vorskizze und Fresko,
Montesiepi, San Galgano

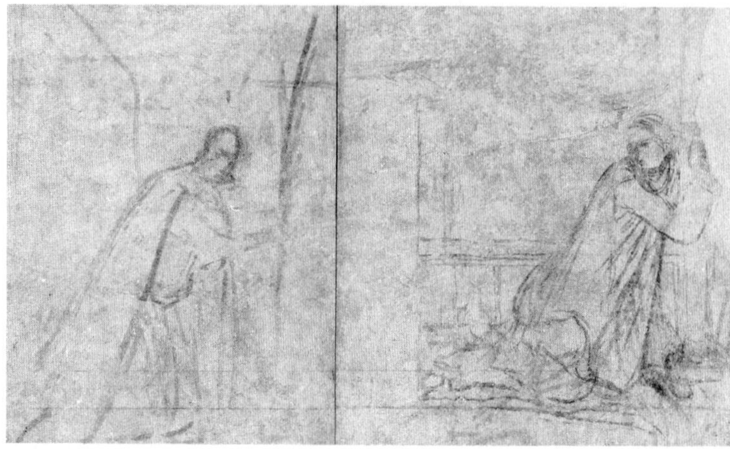

identifizieren können, im Oratorium von San Galgano in Montesiepi einen kleinen Freskenzyklus zu malen, der rechts und links von dem Fensterchen über dem Altar eine *Verkündigung* enthielt[155]. Dank einer sorgfältigen Abnahme und Restaurierung, können wir dieses Gemälde in vier aufeinanderfolgenden Stadien lesen: Das erste ist die Sinopie, die in großzügigen, kräftigen Zügen die Figur des knienden Gabriel zeigt, der der Madonna einen Palmzweig entgegenhält, während eine andere, aufrechte Figur auf der Schwelle einer dahinter liegenden Türe stehenbleibt. Auf der anderen Seite kauert Maria, überwältigt von der Ankündigung, in durcheinandergeratenen Kleidern auf dem Boden und klammert sich an eine Säule, dem Engel kaum ihr angespanntes und verängstigtes Gesicht zuwendend. Durch Überlagerung des Evangeliumstextes mit einer im Heiligen Land lebendigen Legende (E. Borsook hat die Erzählung eines toskanischen Pilgers, Fra Niccolò da Poggibonsi, aus den Jahren 1346–50 zitieren können), ist hier, zum ersten und einzigen Mal in der italienischen Kunst, die Bestürzung dargestellt, die die Jungfrau beim Anblick Gabriels überkam; den Pilgern, die ins Heilige Land zogen, zeigte man »die Säule, die die heilige Maria aus Furcht umfing, als der Engel es ihr verkündigte«. Diese »Furcht« entgeht der Klassifikation von Fra Roberto da Lecce; und im übrigen kennt die zeitgenössische Sieneser Malerei höchstens die *conturbatio* der Jungfrau (wovon es berühmte Beispiele gibt): In Montesiepi hat also ein Experiment stattgefunden.

Als die Freskofarben auf diese herrliche Rötelzeichnung aufgetragen wurden, wurde die Komposition in ihren großen Linien respektiert; nur die ungewöhnliche Figur des Zuschauers hinter dem Engel wurde übermalt und die Türe geschlossen dargestellt (II. Stadium). Dennoch wurde nicht viel später die verängstigte Maria sorgfältig beseitigt und (vielleicht von Pietro Lorenzetti) durch das kanonische Bild der Madonna ersetzt, die demütig ihr Schicksal als Mutter des Wortes annimmt, die Hände über der Brust kreuzend mit einem nunmehr höchstens noch selbstvergessenen Gesichtsausdruck (III. Stadium). Später wurde hinter dem Verkündigungsengel – a secco – die Figur des knienden Auftraggebers, sehr wahrscheinlich ein Kirchenmann, hinzugefügt (IV. Stadium).

Dieses Fresko erzählt also seine gesamte Geschichte, von der Kühnheit des Malers, der die Figur Marias aus der Aura der *humilitas* in eine irdische, menschliche Bestürzung überführt, bis hin zum »normalisierenden« Eingriff eines Auftraggebers, der die Figur der Verkündigungs-

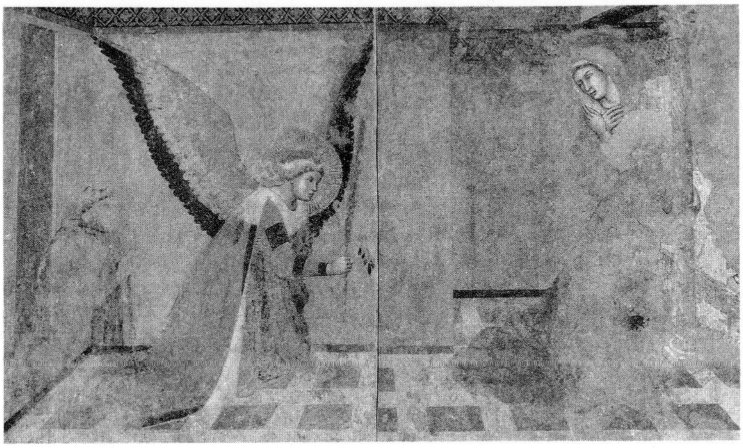

madonna zur vollen Orthodoxie zurückführen wollte. Und nicht, daß Ambrogio Lorenzetti heterodox gewesen wäre: Seine Erfindung stützt sich fest auf eine in den gottesfürchtigen Erzählungen der aus Palästina zurückgekehrten Pilger verwurzelte Legende, die aber im streng ikonographischen Wortschatz beispiellos ist. Von den drei im Vergleich zur Sinopie erfolgten Veränderungen können wir die letzte gewiß dem Auftraggeber zur Last legen – vielleicht besser einem *zweiten* Auftraggeber, falls wir uns den ersten nicht so unvorsichtig vorstellen wollen, daß er dem Maler nicht von Anfang an seinen Wunsch mitgeteilt hat, hinter dem Engel sein eigenes Bild als Gläubiger sehen zu wollen. Dem ersten Auftraggeber wird das Verschwinden des Zuschauers auf der Schwelle zuzuschreiben sein, das man beim Übergang von der Sinopie zum Fresko konstatiert; während klar ist, daß in dieser Phase die »verängstigte Maria« vom Auftraggeber akzeptiert worden war und ja auch auf das Fresko gemalt wurde. Daher kann man diese Veränderung, die die radikalste ist, mit großer Wahrscheinlichkeit dem Übergang von einem ersten zu einem zweiten Auftraggeber zuschreiben; es ist natürlich, dabei an einen Abtwechsel im Zisterzienserkloster von San Galgano zu denken.

Es handelt sich bei Ambrogio Lorenzetti hier also um eine ikonographische Erfindung, die nie zur Formel wurde (und uns deshalb weiterhin außerordentlich, wunderbar einzigartig erscheint): Aber genau deswegen ist sie höchstes Zeugnis einer Suche nach neuen ikonographischen Schemata, die durch Auswirkung auf die schon übliche Sprache diese bereichern oder zutiefst verändern *kann*. Im Wortschatz der christlichen Ikonographie ist die Ohnmacht Marias am Fuß des Kreuzes akzeptiert (wenn auch etwas zurückgenommener im Vergleich zur von Nicola Pisano erprobten Hyperbel); ihre Furcht vor dem Verkündigungsengel nicht. Die Formel hat gegen das Experiment gewonnen: Denn das Zurückschrecken der Jungfrau, das die *turbatio,* von der der Evangelist Lukas spricht (1.29; vgl. 1.30: »ne timeas, Maria«), forciert und bis zur Hyperbel steigert, hätte einer ganzen, auf die Vollkommenheit der Grazie in der Person der Mutter des fleischgewordenen Wortes gerichteten Mariologie widersprochen[156]. Eine Handschrift der *Meditationes Vitae Christi* (in Volgare) aus dem vierzehnten Jahrhundert zeigt in zwei aufeinanderfolgenden Miniaturen die Verstörung der Madonna und ihre Annahme; die *vor* der Ausführung für den Miniaturenmaler geschriebenen Anweisungen liefern die Bedeutung der beiden Ikonographien: Bei der ersten die unvermutete Ankunft des »Engels,

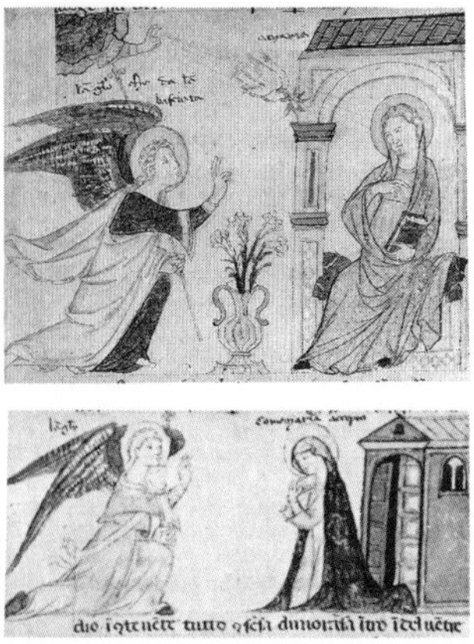

Toskanischer Miniaturist,
Verkündigung (Erscheinung des Erzengels Gabriel); Disputatio zwischen Maria und dem Engel,
um 1350
Ausschnitte

der die Botschaft bringt«, bei der zweiten »wie Maria annimmt«, mit über der Brust gekreuzten Händen[157].

Das Gebot der Schicklichkeit (im Sinn eines maßvollen Ausdrucks der Leidenschaften) kann also darauf einwirken, daß die Schwelle dieser gemalten Hyperbeln herabgesetzt wird. In der Abhandlung über Malerei beschreibt Leonardo später

> einen Engel, der bei seiner Verkündigung wirkte, als wollte er Unsere Liebe Frau aus ihrem Zimmer jagen, mit Bewegungen, die soviel Schmähung ausdrückten, wie man sie dem gemeinsten Feind zeigen könnte, und Unsere Liebe Frau wirkte, als wolle sie sich, ganz verzweifelt, aus einem Fenster hinunterstürzen[158].

Aber die Mäßigung, die Leonardo den Malern empfiehlt, wird nicht von allen geteilt; das Beispiel, das er so lebhaft in Erinnerung hat und mißbilligt, ist ein Gemälde aus seiner Zeit, das genauso gut eine *Verkündigung* sein könnte wie die gegen Ende des fünfzehnten Jahrhunderts von dem Mailänder Carlo Braccesco gemalte (heute im Louvre befindliche), auf der der Engel schräg von oben auf eine ganz vergoldete Madonna mit schwarzem Mantel herabschießt, die gerade eben von ihrem Betpult aufgesprungen ist und sich an die Säule klammert, wobei sie einen leicht zeremoniellen Schrecken voll ausgeklügelter Eleganz zur Schau stellt[159]. Fünfzig Jahre später scheint Vasari, in der ersten Ausgabe der *Lebensbeschreibungen* (1550), Leonardos Urteil umzudrehen: Wenn er »besonders« eine *Verkündigung* von Giotto in der Badia Fiorentina lobt, so gerade deshalb, »weil er in ihr lebhaft die Furcht und das Erschrecken ausdrückte, die Gabriel bei seinem Gruß in der Jungfrau Maria auslöste, welche aussieht, als wolle sie ganz voll von übergroßer Furcht davonlaufen«[160]. Die ärmlichen Reste dieser Szene, jüngst erst abgenommen und restauriert[161], legen nahe, daß Vasari, als er die Haltung der Figuren beschrieb, deren »Ausdruckskraft« stark übertrieben haben muß: Im Gegensatz zu Leonardo ist die Lebhaftigkeit der Bewegung, die den Eindruck vermittelt, Maria stehe im Begriff, davonzulaufen, für Vasari ein großes künstlerisches Verdienst. Mit der Suche nach neuen Formeln entspinnt sich also nach und nach eine Debatte unter den Malern (und ihren Auftraggebern) darüber, was zulässig ist und was nicht; über die Individuation der »den geistigen Vorfällen angemessenen Bewegungen« (Leonardo)[162]; kurz, über die Bildung – und die Grenzen – der Sprache der Malerei, vom Gestus der einzelnen Figuren bis zur *compositio* des Gesamtbildes.

Die ikonographische (und stilistische) Veränderung gründet sich also auf die Interaktion zwischen Experiment und Formel: Die neuen Typen und Schemata fügen sich in einen schon vorhandenen Wortschatz ein, der notwendigerweise weiter besteht und die Kontinuität der Tradition sichert; die Einführung einer gewissen Anzahl neuer Typen und Schemata wird teilweise ausgeglichen durch ein stufenweises Aufgeben einer gewissen Anzahl von Formeln, die so aus der gängigen Sprache »ausscheiden«. Die Einfügung neuer Typen und Schemata kann jedes Mal, wenn sie versucht wird, gelingen oder auch nicht; deshalb können wir deutlich unterscheiden zwischen den Experimenten, die »zurückgewiesen« wurden (wie der Schreck der Madonna bei der Verkündigung), und jenen, die dagegen in den üblichen Wortschatz eingegliedert wurden (wie die Ohnmacht der *Mater dolorosa*). Der große Baum der Ikonographie hat seine vertrockneten Äste – und dies nicht (oder nicht immer) wegen Mangel an »künstlerischer« Kraft.

Noch dramatischer und beharrlicher hatte die große deutsche Mystik den Schmerz der Jungfrau beim Tod des Sohnes betont: Denn vor

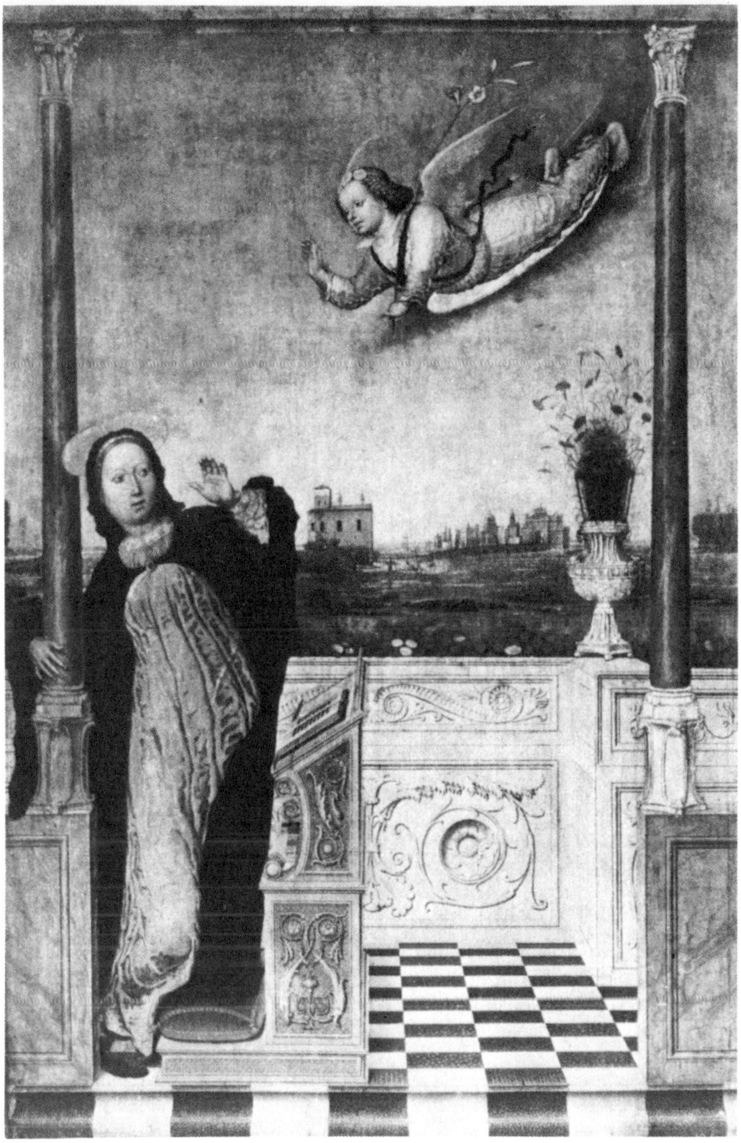

CARLO BRACCESCO,
Verkündigung, um 1490

allem in Maria – Frau, Mutter – spiegeln sich die Leidenschaften aller; und durch die Augen läßt ihre *conturbatio,* ihre *lamentatio* das Herz der Gläubigen vor innerster Gemütsbewegung erzittern und führt zu einer Reflexion – die fromme Übung, Gebet wird – über die Fleischwerdung des Wortes und seine Passion. Schon kurz nach Beginn des fünfzehnten Jahrhunderts vollzieht sich mit raschen Schritten eine Entwicklung, die aus den Szenen von der *Kreuzabnahme* die *Trauer Marias um den verstorbenen Sohn* herauslöst und dann den leblosen Körper Jesu auf die Knie der Mutter legt, wobei jene Gruppe von intensiver, schmerzlicher Dramatik entsteht, die später den italienischen Namen *Pietà* annehmen sollte. Nördlich der Alpen werden die ältesten Skulpturen der *Pietà* geschaffen und verbreitet, bei denen der leblose Körper Christi, auf Marias Schoß ausgestreckt, seine Wunden herzeigt, die tiefer sind als am Kreuz. Hinter diesem neuen ikonographischen Schema sehen wir im Gegenlicht das verbreitetste Bild der christlichen Kunst, die Madonna mit dem Kind, durchschimmern: Daher enthält die *Pietà* (doch wir sollten sie mit ihrem deutschen Namen *Vesperbild* nennen: denn im *Brevier* entspricht die Vesperstunde der Kreuzabnahme) eine – implizite, unvermeidliche – Parallele zwischen Kindheit und Passion; sie nähert und verschmilzt das Thema der Mutterschaft und das des Todes; in den Schmerz, in den Schoß der Mutter gräbt und stellt sie, Rahmen und Muster, den wirksamsten Spiegel, um das Leiden Christi nachzuerleben und nachzuahmen.

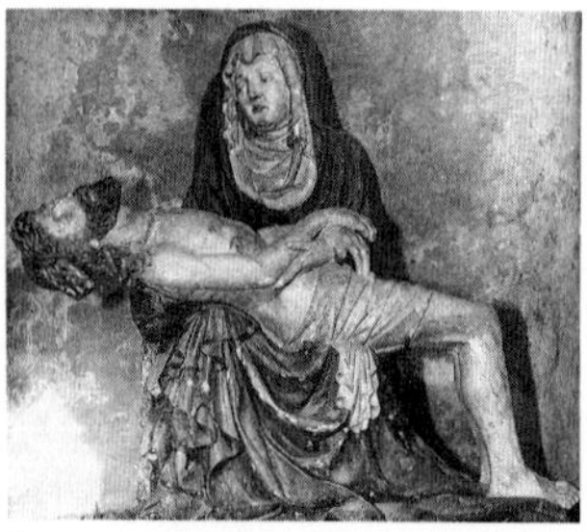

Ägidius aus Wiener Neustadt, *Vesperbild*, 1429
Padua, Santa Sofia

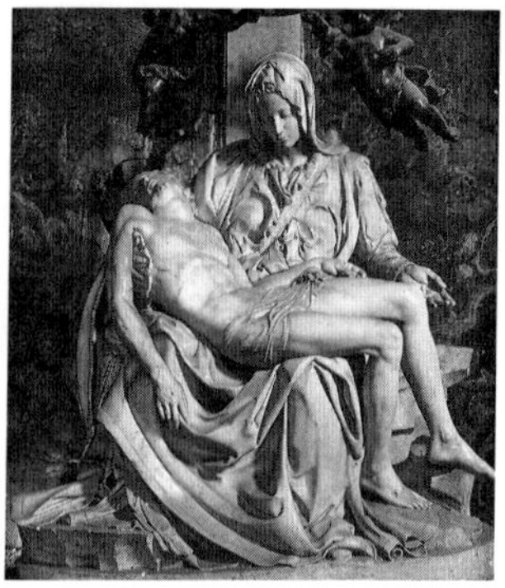

MICHELANGELO, *Pietà*, um 1499
Rom, Sankt Peter

Die italienischen Bildhauer verstanden es nicht, adäquate Lösungen für dieses Thema zu finden: Und doch verlangte die neue Frömmigkeit schon danach, sich rascher ausbreitend als die entsprechende Ikonographie. Deshalb verbreiten sich in den Jahren zwischen 1370–80 und der Hälfte des darauffolgenden Jahrhunderts zu Dutzenden *Pietà*-Darstellungen deutscher Bildhauer in Italien; und in denselben Kirchen mischen sie unter die neue Neigung zur wiedergefundenen Klassik – die auch Gleichgewicht der einzelnen Teile ist – ihre unmittelbare, »antiklassische« Expressivität[163]. Die Bettelorden (und vor allem die Dominikaner) scheinen bei der Verbreitung dieser Skulpturen in Italien die wichtigste Rolle gespielt zu haben: Und hier wird das Thema dann allmählich absorbiert und von den lokalen Künstlern aufgegriffen, und die Entwicklung folgt einer Linie, deren Richtung durch den bloßen Hinweis auf die *Pietà* des jungen Michelangelo ganz deutlich aufgezeigt wird. Der Körper Jesu ist nicht mehr ausgemergelt und angespannt, fast ein von seinem Kreuz abgenommener Gekreuzigter aus Holz, der so, wie er war, der Madonna auf den Schoß gelegt wurde; den *rigor mortis* verlierend, sinkt er sanft, träge und nackt zurück und, beweglicher und weicher geworden, paßt er besser zu der in reichen Faltenwurf gehüllten Figur der Mutter. Der kraftvolle, »primitive« Expressionismus der deutschen Vorbilder ist aufgesogen worden in einer Formel, die das Pathos dem Gleichgewicht der Teile unterordnet, ohne es jedoch zu entleeren oder im Ton zu senken. So hat ein Sujet, das im Evangelium und im offiziellen Kult der Kirche fehlt, seinen Platz im ikonographischen System gefunden; seine italienische Version entspricht einer Entwicklung, die von weniger zu mehr »Ausgewogenheit«, von weniger zu mehr »Natürlichkeit« geführt hat.

In gewisser Weise entgegengesetzte Züge weist, im Laufe des 13. und 14. Jahrhunderts, der Übergang von einer Formel zur anderen in der Ikonographie der Auferstehung auf. Das älteste Schema, wörtlich aus dem Text der Evangelien abgeleitet, stellte dieses Thema nur indirekt dar, indem es das leere Grab zum Zeitpunkt des Besuches der frommen Frauen zeigte, und auf ihm sitzend den Engel, der zu den Marien sprach: »Fürchtet euch nicht, er ist auferstanden«; oft kamen die vor Entsetzen starren Soldaten hinzu (*Matthäus* 28.1–6). Insbesondere zwischen dem dreizehnten und dem vierzehnten Jahrhundert macht diese Ikonographie schrittweise der neuen Platz, in der übermächtig die Figur des Auferstandenen selbst dominiert, der nun, einen Fuß auf den Rand gestützt und ein Kreuzbanner schwingend, aus dem Grab auftaucht (wie auf dem Fresko von Piero della Francesca in Borgo San Sepolcro) und später statt dessen immer öfter schwerelos über dem offenen Grab schwebend sich in die Luft erhebt. Sowohl die eine wie die andere Neuerung ist aus Prozessen der ikonographischen *contaminatio* (Verschmelzung) mit analogen Szenen entstanden. Die direkte Darstellung der Auferstehung Jesu, natürlich für eine Kunst, die die heiligen Ereignisse »präsent machen« wollte, wurde durch andere im ikonogra-

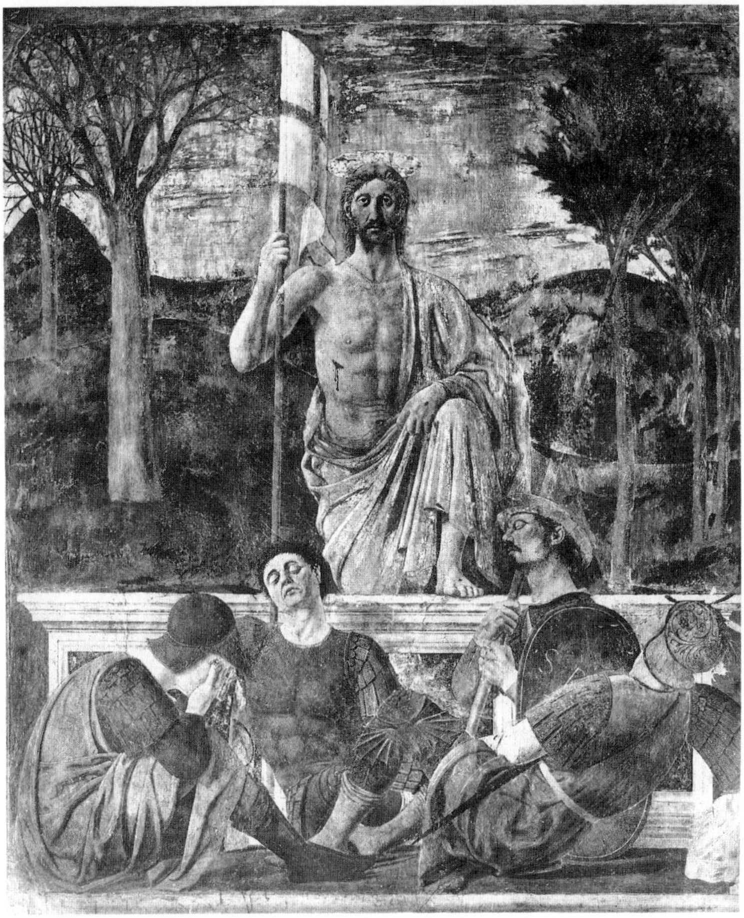

PIERO DELLA FRANCESCA,
Auferstehung Christi, um 1450–1460

phischen Repertoire vorhandene Themen nahegelegt – die Auferstehung des Lazarus und vor allem die der Toten in den Zyklen über das *Jüngste Gericht;* dies um so mehr, als das Geschick des Lazarus, die Macht Christi über Leben und Tod bezeugend, eine Präfiguration seines eigenen Schicksals ist; und die Auferstehung Christi wird dann als letzte und volle Garantie für die schließliche Auferstehung *aller* gesehen. In der Ikonographie scheint im Gegenteil Christus dem Bild von der Auferstehung aller seine eigene entnommen zu haben.

In einer ähnlichen Entwicklung (und ausgehend von Szenen wie den oben beschriebenen) führt die *contaminatio* mit den anderen Wundern, der Verklärung und der Himmelfahrt (und es handelt sich dabei um eine speziell italienische Ikonographie), den Auferstandenen in die Luft und stellt, mit drei Übertretungen des Gesetzes der Schwerkraft, drei Augenblicke, in denen sich seine göttliche Natur mit eklatantester Evidenz offenbart hat, in eine dichte Reihe. Eine florentinische Miniatur aus dem vierzehnten Jahrhundert zeigt die doppelte Ikonographie: Unter dem schwebenden Christus öffnet sich das leere Grab, auf dem ein weißer Engel sitzt, der zu den staunenden Marien spricht. Zu Füßen des Sarkophags drei schlafende Soldaten: Wie häufig, hat sich der heilige Schrecken der durch das bloße Erscheinen des Engels durcheinandergebrachten Soldaten (nach der Erzählung des Heiligen Matthäus) in eine Art gutmütige Siesta verwandelt; im achtzehnten Jahrhundert

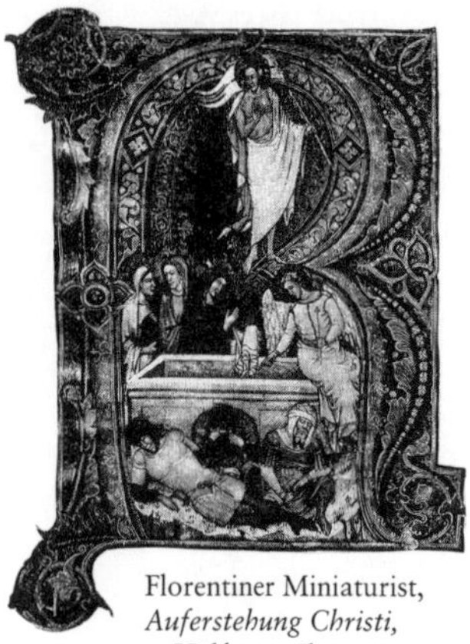

Florentiner Miniaturist, *Auferstehung Christi,* 2. Hälfte 14. Jh. Ausschnitt

wird dann Juan de Ayala gegen dieses Bild protestieren, das – wie er sagt – eine Beleidigung für die Disziplin des römischen Heeres ist[164]. Doch auf der florentinischen Miniatur scheint niemand (nicht einmal der Engel, nicht einmal die Marien) zu gewahren, daß Jesus genau über ihnen schwebt: Die beiden ikonographischen Schemata – das alte und das neue – sind nebeneinandergestellt, nicht verschmolzen worden, und jede hat ihre Gesten bewahrt; das alte Schema, *ohne* den auferstandenen Jesus, besteht noch, aber um den Preis, sich mit dem neuen zu verunreinigen: Es steht also im Begriff, für immer aufgegeben zu werden. Indem sie den Auferstandenen sichtbar nicht nur *aus* dem Grab *heraus,* sondern *über* das Grab bringt, zeigt die italienische Tradition eine Entwicklung vom »Natürlicheren« zum weniger Natürlichen an, zieht die »Wirkung« der Wahrheitstreue vor. Die Szene der Pietà ist ganz in einer Dimension angespannter, alltäglicher Menschlichkeit aufgegangen; die Auferstehung wird in eine nur göttliche Aura hinaufgehoben, in der Einzigartigkeit und Schrecklichkeit des Wunders dominieren: Eine Vision, die die Evangelien nicht beschreiben, deutet mit triumphierender Feierlichkeit auf die Macht dessen, der die Tore des Todes und der Hölle überwinden kann. Das Menschliche und das Göttliche lösen sich, entfernen sich voneinander: Der Sprung von der Erfahrung des Alltäglichen (z. B. Tod und Schmerz) zur Hoffnung auf das Göttliche vergrößert tendenziell den Abstand zwischen den beiden Polen, aus denen die doppelte Natur Christi einen einzigen hatte machen wollen.

Aus dem großen Fundus einer abgeschlossenen Antike, die man nun nicht so sehr zu neuem Leben erwecken, sondern in einem schönen Wettstreit um Effekte *fortführen* wollte, stammten nicht nur dramatische Gesten und fließende Faltenwürfe, sondern auch die – begeisternde – Idee von der *Vollkommenheit* der Kunst. So ist jeder Versuch, Zeus darzustellen, ein für allemal überholt von der großen Statue, die Phidias im Tempel von Olympia errichtet hatte: Nach einer so *vollkommenen* Darstellung kann das Bild des Gottes wiederholt oder variiert, *nicht* verbessert werden. Am Ende des ersten Jahrhunderts n. Chr. drückt Dion Chrysostomos diesen Gedanken ganz deutlich aus, indem er Phidias selbst in einer in Olympia gehaltenen Rede die tiefen Gründe für sein Werk in den Mund legt (*warum* der Zeus *so* gemacht wurde); und natürlich *muß* er den Topos bestreiten, demzufolge Phidias sich von Homer hatte inspirieren lassen; er hat ihn vielmehr dargestellt, »wie es einem vernunftbegabten Sterblichen durch einen Akt der Intelligenz möglich ist, ein göttliches und nicht in materielle Grenzen zwingbares Wesen darzustellen [...], indem er versucht hat, auf die menschliche Gestalt alle göttlichen Qualitäten zu vereinen, die die Menschen ihr zuschreiben«[165]. Das *Thema* sucht seine *vollkommene* Form; bei Phidias hat Zeus sie gefunden.

Das Problem der Anpassung an die himmlischen Prototypen, das in den Kontroversen der ikonoklastischen Ära ausführlich diskutiert wurde, läuft danach immer »unter« der Entwicklung der christlichen Kunst mit und übersetzt sich, auf minimalster Ebene, in ein Orthodoxieurteil über die Bilder, bei dem es um die größere oder geringere Anpassung an die Heilige Schrift und an die Lehre der Kirche geht. Aber gerade deshalb pflanzt sich in der christlichen Ikonographie ganz das potentielle Streben jedes Themas nach seiner vollkommenen Form fort, nach der Form, die besser als jede andere die »Geschichte« erzählt und/oder die theologische Bedeutung eines Bildes zum Ausdruck bringt. Die Skizzenbücher der Künstler mit Formeln und Schemata der

Antiken anzufüllen bedeutete zwar, schlagartig ihr dürftiges lexikalisches Gepäck zu bereichern; aber das drängte dazu, jene Formeln innerhalb der christlichen Themen zu komprimieren, die Spielregeln aus den Angeln hebend und bei jedem Sujet die Auseinandersetzung mit einem breiter aufgefächerten Angebot an potentiellen Ikonographien aufzwingend. Einer größeren *Nachfrage* nach heiligen Bildern entspricht ein breiteres *Angebot* an ikonographischen Formeln. Die Vervielfachung der figurativen Topoi, die sich in den Skizzenbüchern, im Gedächtnis der Maler anhäufen, führt zu einer weiten Differenzierung der religiösen Ikonographie. Der Raum für Experimente wächst; und ständig wird auch der Anstoß dringlicher, profane Themen (wie die antiken Mythen selbst) so aufzugreifen, daß sie bei den Sarkophagen nicht mehr nur die Geste, sondern das Sujet entlehnen. Aber dieselben Topoi zirkulieren vom christlichen Thema bis zum mythischen, bilden also ein nicht mehr nur auf die christliche Kunst zugeschnittenes Vokabular, sondern eines, das tendenziell jeder menschlichen Erfahrung oder jedem Diskurs offensteht und angepaßt werden kann.

Das Thema sucht seine vollkommene Form: Für Leonardo hat die *Verkündigung* sie in der *humiliatio* Mariae gefunden, und somit natürlich in den *Verkündigungen* von Leonardo. Aber das Streben nach der vollkommenen Form ist tendenziell selbstmörderisch: Denn jenseits der Vollkommenheit gibt es keine Entwicklung. In dem überaus eleganten Schlußwort zum II. Kongreß der Kunstgeschichte (New York 1961)[166] hat Sir Kenneth Clark seine Interpretationslinie dargelegt: »die Erfindung eines denkwürdigen Bildes, vereint mit einer zufriedenstellenden Formenkombination, ist ein nicht gewöhnliches, fast wunderbares Ereignis«, das ein »Motiv« kondensiert und fixiert, d. h. es ist ein »Punkt der Fusion von Form und Sujet, der ein häufig auftretendes Thema oder Modell einschließt und zumeist auch die Kenntnis, daß dieses gängige Thema eine Idee ausdrückt«. Wenn aber dieser vollkommene Fusionspunkt erreicht ist, bleibt die Entwicklung stehen; das »Motiv« interessiert die kreativen Künstler nicht mehr, und folglich stirbt auch das Sujet als solches. Mit der *Madonna del granduca* z. B. hat Raffael die höchstmögliche Vollkommenheit des Themas der »Madonna mit Kind« ausgeschöpft und damit »für immer die Tür zu diesem Sujet verschlossen«. Der Terminus »Motiv«, den Clark einführt, umfaßt drei Ebenen der Lektüre: Bei der *Madonna* von Raffael das primäre Sujet (eine Frau mit Kind), das sekundäre Sujet (die Madonna mit dem Kind), das formale Gleichgewicht der Figuren; doch wenn diese drei Elemente in Wirklichkeit untrennbar sind, so deshalb, weil »seit das Bild sich im Geiste des Malers geformt hat, sie *durch irgendein altes gängiges Modell* geeint und kontrolliert wurden, dem es gelungen ist, eine Idee vollkommen auszudrücken« (S. 192). Der wunderbaren Krasis der Elemente entspricht also die Vollkommenheit des »Motivs« im Verhältnis zur »Idee«; und dieser wiederum der unumgängliche Tod des Themas. Für K. Clark wie auch für W. Pater »strebt« die bildende Kunst »nach dem Zustand der Musik«, der als ein Zustand tendenziell unbestimmter Beziehung zwischen Form und Sinn aufgefaßt wird; im großen symphonischen Gewebe der abendländischen Kunst gilt »Motiv« daher, Clark sagt es ausdrücklich, soviel wie ein Wagnersches Leitmotiv; während das »alte, häufig wiederkehrende Modell«, oder die »Idee«, der das Motiv sich anzupassen sucht, um seine vollkommene Form zu erreichen, nichts anderes ist als ein Archetypus im erklärtermaßen Jungschen Sinne (S. 204 f.), der voll die platonische Neigung zu einer Welt übersinnlicher Ideen ererbt hat.

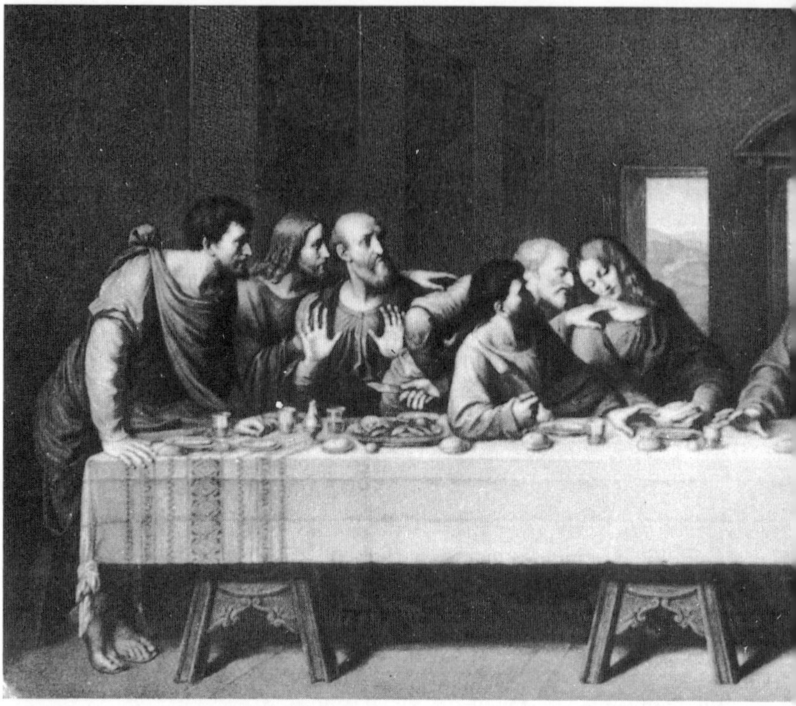

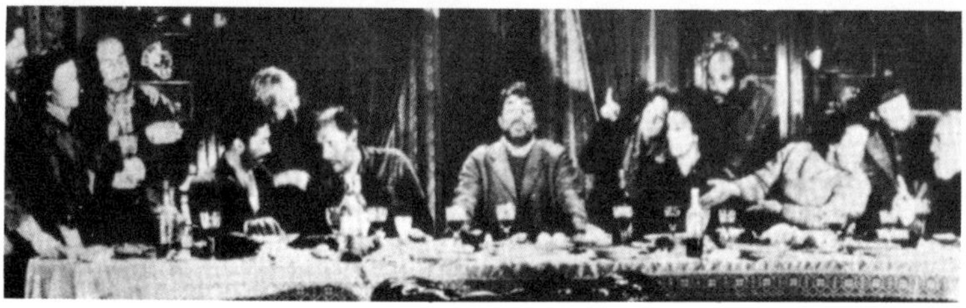

Szene aus dem Film *Viridiana* von Luis Buñuel, 1961

Nicht beim Auftauchen angeborener Archetypen blühen die Ikonographien; nicht, weil es sich schließlich jenem Archetypus angepaßt hat, verfällt ein Thema und stirbt. Es ist das historische Gedächtnis (seiner Natur nach wandelbar), das wie ein Filter funktioniert und zuweilen eine besonders elaborierte ikonographische Formel aufzeigt und sie (provisorisch) als »vollkommen« klassifiziert. Denn von den Antiken haben wir gelernt, daß die Kunst einen Höhepunkt erreicht und verfällt: Die Idee der Vollkommenheit selbst ist ein Topos. Rund um sie könnten wir nicht nur die inspirierten Überlegungen K. Clarks, sondern eine reiche Ausbeute an Texten und Reflexionen von Künstlern und Kritikern sowie »gängige Meinungen« aller sammeln; denn es stimmt, daß in unserem historischen Gedächtnis, strahlend und ewig, »vollkommene« Ikonographien lagern. Es gibt nur einen *Diskuswerfer,* den von Miron; viele haben das *Abendmahl* gemalt, aber keiner wie Leonardo. Nicht, daß nach Leonardo das Thema stirbt; aber jeder, der an das *Abendmahl* denkt, denkt zuallererst und vor allem an dieses Bild, an das vollkommene Kind nicht einer Welt von Archetypen, sondern eines historischen Gedächtnisses, das beeinflußt ist durch den Ruhm Leonardos, durch die Diskussionen, durch die Anekdoten über das Werk, durch die schwierigen Erhaltungsprobleme, durch die Vielzahl an Kopien, Imitationen, Reproduktionen, die sein Abendmahl

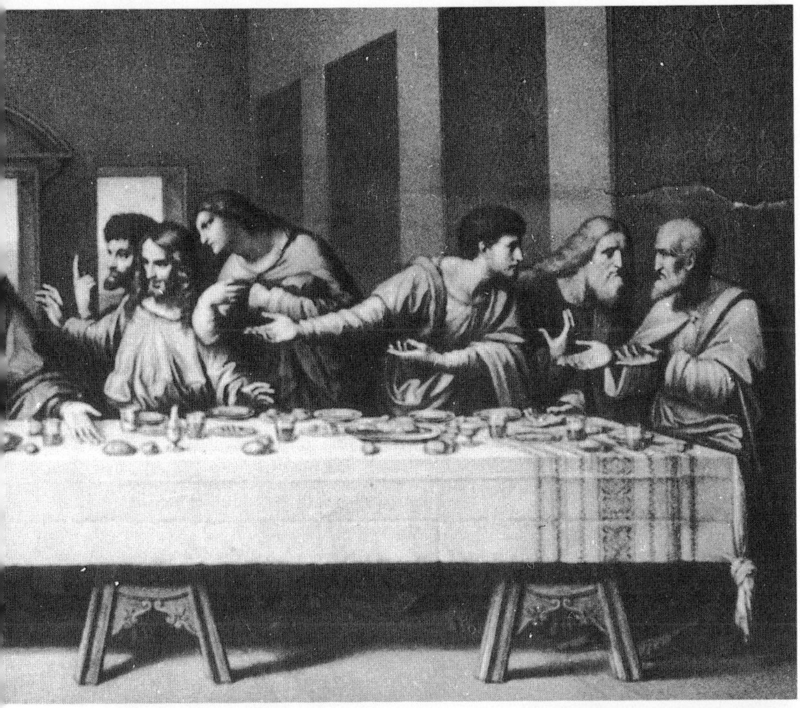

LEONARDO,
Abendmahl, 1495–1498
Ausschnitt
Mailand, Santa Maria delle Grazie

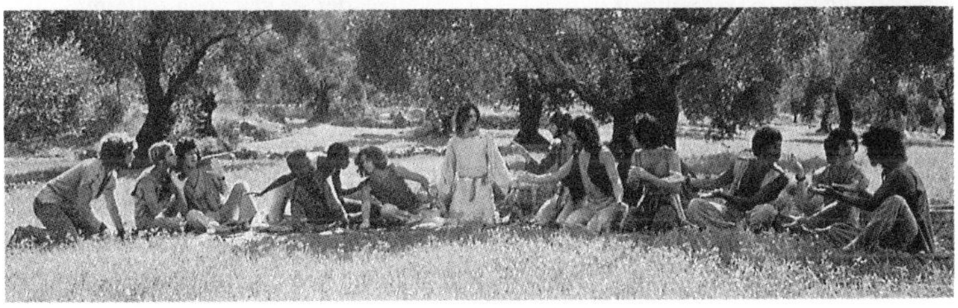

Szene aus dem Film *Jesus Christ Superstar* von Norman Jewison, 1973

einzigartig, unwiederholbar, ewiges *Modell* werden lassen. Deshalb hat Buñuel, als er im Gastmahl der Bettler in *Viridiana* (1961) das Abendmahl parodieren wollte, seine Personen angeordnet wie bei Leonardo (und damit absehbare und törichte Beschuldigungen, er habe ein Sakrileg begangen, ausgelöst); das gleiche hat einige Jahre darauf Robert Altman in *Mash* getan, wo sich die Kommilitonen bei einem höhnischen Abendessen rund um einen falschen Selbstmörder scharen; und erst später ist das ikonographische Schema, im Kino, zu seinem Thema, Christus und den Aposteln, »zurückgekehrt«, in *Jesus Christ Superstar* von Norman Jewison. In allen drei Filmen nehmen die Personen allmählich an einem bestimmten Punkt die Gesten an, die Leonardo geheiligt und »endgültig« gemacht hat (d. h. daß sie in unserem Gedächtnis, durch das Gemälde in Mailand, das Abendmahl als »wirkliche« Szene identifizieren); dann halten sie einen Augenblick inne, um dem Publikum zu ermöglichen, den Verweis auf Leonardos Modell zu erkennen: Der Gebrauch eines ikonographischen Bezuges, der die Funktion hat, eine präzise Bedeutung zu vermitteln, zwingt das Kino dazu, einen Augenblick lang auf seinen größten Vorteil der Malerei gegenüber zu verzichten, nämlich auf die Bewegung.

Dieser Fall von ikonographischer Tradition, die von der Malerei auf das Kino übergeht, lehrt vieles: Erstens, daß das ikonographische

Schema – wie auch immer elaboriert – zur zwingenden Norm werden kann; zweitens, daß die Gesten, nicht die Gewänder, das Schema »ausmachen«; drittens, daß die Parodie als solche (soweit möglich, soweit erkennbar) sicher ein Schema herausfindet und aufzeigt, von dem man annimmt, daß es allen bekannt sei (es bestimmt es sozusagen explizit zum Schema). Vulgärer sitzt Jesus Christ Superstar mit seinen Jüngern auf einer Wiese, die Gesten Leonardos (nachdem der Tisch beseitigt ist) wiederholend; die Ikonographie jenes Abendmahls ist Norm, ist Evangelium geworden: Seine Gesten genau gleich zu wiederholen bedeutet, das Publikum zu versichern, daß dies *wirklich* das Abendmahl ist, das »echte«.

Aufgrund einer Tradition, die nicht tot ist, nimmt der Wortschatz der Malerei (im Gegensatz zur verbalen, gesprochenen oder geschriebenen, Kommunikation) für sich in Anspruch, »universell« zu sein; und da – wie in der Sprache der Taubstummen – durch Gesten erzählt werden muß, strebt sie nach einer »Vollkommenheit«, die bedeutet: von jeder »Geschichte« die wirksamste Form bieten. Den Auftraggebern der *Tür* von Ghiberti (später *Paradiestür* genannt), die ihm die Erfindung des ikonographischen Programms, d.h. die *Auswahl* von zwanzig Geschichten aus dem alten Testament, anvertraut hatten, schrieb Leonardi Bruni, daß die »Geschichten«

> hauptsächlich zwei Dinge haben wollen: Zum einen, daß sie *illuster* seien, zum anderen, daß sie *bedeutsam* seien. Illuster nenne ich jene, die das Auge wohl mit Vielfalt der Zeichnung ergötzen können, bedeutsam nenne ich jene, die eine der *Erinnerung* werte Wichtigkeit haben [...] Derjenige, der sie zeichnen soll, muß über jede historia wohl unterrichtet sein, so daß er die *Personen* und die *nötigen Haltungen* gut anordnen kann [...]. Aber ich möchte wohl bei ihm sein, damit er jede Bedeutung aufnimmt, die in der Geschichte *wichtig* ist (1424)[167].

Es ist also die »Geschichte« selbst, die sowohl die Komposition als auch die »nötigen« Gesten mit sich bringt bzw. aufzwingt, wenn sie »illuster und bedeutsam« sein und sich in die programmatische Erfindung mit »jeder Bedeutung, die wichtig ist«, einfügen will. Der Raum, in den das Bild fallen *muß*, wird also von zwei entgegengesetzten Polen bestimmt: den Sinnen und der Erinnerung.

Innerhalb des von den Auftraggebern bezeichneten Raums (das Alte Testament) begrenzt Bruni klar seinen eigenen Raum und den des Künstlers: Für sich reserviert er die Auswahl der Tempi und die »Unterrichtung« des Künstlers über »jede Bedeutung« einer jeden Geschichte, während es Ghiberti zukommt, jene Bedeutung in Figuren mit entsprechenden Haltungen umzusetzen. Wer die Erfindung ausführt, muß biblisch und theologisch gerüstet sein; der Künstler muß seinen Wortschatz an Gesten mitbringen. Und Bruni, der bei Ghiberti sein will, um die Bedeutung nahezulegen und zu kontrollieren, liegt auf einer Linie mit Ceraunia, der Frau von Namazio, des Bischofs von Clermont (5. Jahrhundert), die – das erzählt Gregor von Tours – in der von ihrem Mann gebauten Kirche saß, »legens historias antiquas actionis, pictoribus indicans, quae in parietibus fingere deberent« (die alten Geschichten lesend, den Malern sagend, was sie auf den Wänden darstellen sollten)[168].

Doch wenn niemand Giotto das Verdienst absprach, daß er begonnen hatte, die Kunst wieder zur Natur zurückzuführen, so gerade darum, weil er sich nicht mit dem von seinen Meistern erlernten Wortschatz begnügt hatte. Friedrich II., begierig, die Ursprünge der Sprache kennenzulernen, hatte – so erzählt Salimbene de Adam –

Kinder von stummen Ammen auf einer verlassenen Insel aufziehen lassen; Leonardo behauptet, daß Giotto, »in einsamen Bergen geboren, begann, auf die Steine die Haltungen der Ziegen zu zeichnen, deren Hüter er war«. Und also wird die direkte Beobachtung der Wahrheit der Natur die neue große Herausforderung für die Künstler, die ihnen die magischen Pforten auftun *muß,* hinter denen die Konventionen in der Kunst bisher die unendliche Vielfalt der Welt verborgen haben. Deshalb müssen in der von Cennini empfohlenen »Tasche« andere Zeichnungen Platz finden; die Regel Leonardos lautet, man solle

oft beim Spazierengehen begierig sein, die Orte und die Haltungen der Menschen beim Sprechen, beim Streiten, oder Lachen oder Raufen zu sehen und zu betrachten, welche Haltungen sie selbst einnehmen und was die Umstehenden tun, Teilnehmer oder Zuschauer dieser Dinge; und sie mit kurzen Zeichen in dieser Form

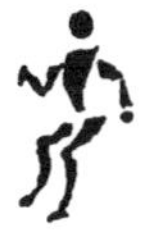

in deinem kleinen Büchlein festhalten, das du immer mit dir führen mußt; [...] und das sind nicht Sachen zum Auslöschen, sie sollen vielmehr mit großem Fleiß aufbewahrt werden, weil die Formen und Haltungen der Dinge so unendlich viele sind, daß *das Gedächtnis nicht imstande ist, sie zu behalten;* also wirst du diese behalten als deine Helfer und *Meister*[169].

So hatte Giotto, Maler ohne Meister, sich (laut Leonardo) naiv »die Haltungen der Ziegen«, eine Natur ohne Kultur, zum Vorbild genommen; den Filter der bestehenden ikonographischen Sprache von sich weisend, muß der Maler (Leonardo) nun nur *dal vivo* (nach dem Leben) »die Haltungen« der Menschen abschauen.

GIOVANNI PREVITALI

Die Periodisierung der italienischen Kunstgeschichte

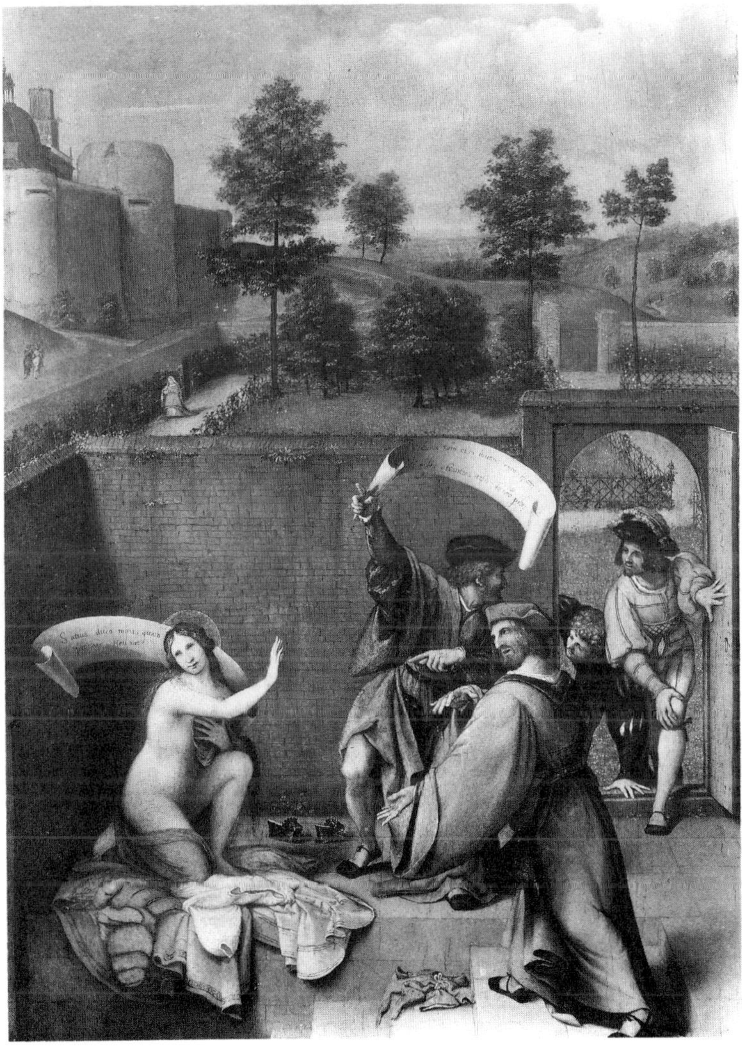

LORENZO LOTTO,
Susanna und die Alten, 1517

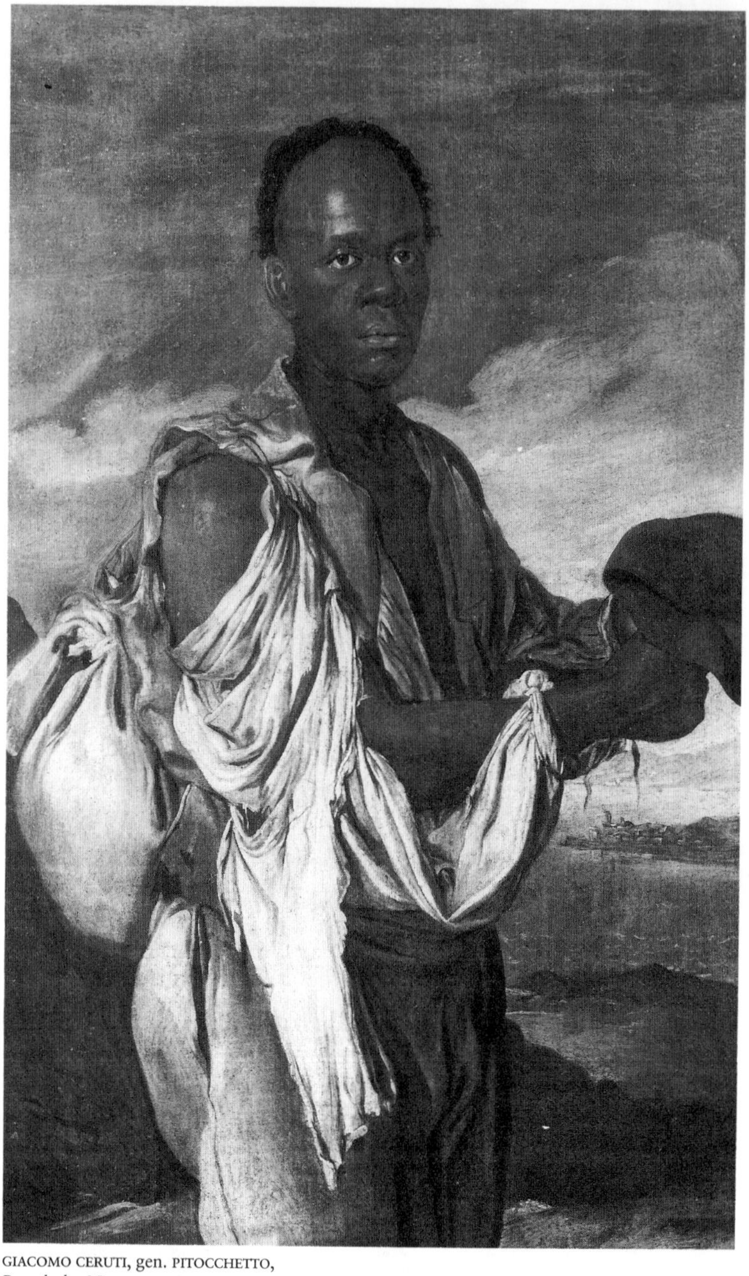

GIACOMO CERUTI, gen. PITOCCHETTO,
Bettelnder Neger, 1730

Die Periodisierung

Die erste Entscheidung, vor der der Historiker steht, wenn er das eigentliche Thema seiner Untersuchung wählt, ist die über Ausgangspunkt und Ziel der Darstellung sowie die der weiteren Untergliederung. Genauer gesagt: Verschiedene Periodisierungen implizieren verschiedene Definitionen des Untersuchungsgegenstands.

Im Fall unseres Themas: Offenkundig schließt der historische Gegenstand, den die beiden Worte »italienische Kunst« bezeichnen, unterschiedliche Periodisierungen ein, je nach der Bedeutung, die man dem Adjektiv oder dem Substantiv zuschreiben will. Versteht man unter »Kunst« eine zeitlose Kategorie des menschlichen Geistes, so läuft die Frage nach Anfang oder Ende einer spezifischen künstlerischen Produktion mit nationalen Merkmalen Gefahr, illegitim und gewissermaßen als Angriff auf die Universalität der Kunst zu erscheinen. Entsprechend deckt sich die Frage nach dem Anfang einer »italienischen Kunst« – sofern man unter »italienisch« all das versteht, was in einem geographischen Gebiet mit dem Namen Italien geschehen ist – offenkundig mit der nach der ersten Äußerung auf diesem Territorium, die »künstlerisch« genannt werden kann. Und vorausgesetzt, daß heute im Land »Italien« eine künstlerische Produktion existiert, wäre der Zielpunkt in beiden Fällen die Gegenwart. Seitdem es auf diesem nationalen Territorium Menschen gibt und solange es sie geben wird, gab es und wird es immer eine italienische Kunst geben.

Dies ist scheinbar die einfachste Lösung; deswegen wird sie häufig – auch von antiidealistischer Seite – übernommen; denn sie nährt die Illusion, man stütze sich auf physische, objektive Daten (die Geschichte der italienischen Kunst ist die Geschichte einer gewissen Anzahl von Gegenständen innerhalb bestimmter Grenzen). Tatsächlich wirft sie in ihrer scheinbaren Objektivität jedoch mehr Fragen auf als sie zu lösen vermag. Sie funktioniert nur unter der Bedingung, daß die Begriffe »italienisch« wie »Kunst« leere Hüllen bleiben und man sich darauf beschränkt, die Diskussion auf ein anderes Gebiet, das der Geographie zu verlagern. Statt sich beispielsweise zu fragen, was denn eine besondere künstlerische »italienische« Produktion charakterisiere und in den verschiedenen Zeiten unverwechselbar mache, nimmt man hier nur zur Kenntnis, welches die Grenzen eines Gebietes seien, das geographisch (oder politisch) als Italien zu definieren ist. Die problematischen Fälle löst man mit Kapiteln über die italienische Kunst außerhalb Italiens (ohne jedoch die Frage umgehen zu können, was diese Kunst »italienisch« mache) oder mit Abschnitten über »fremde« Kunst in Italien. In Wahrheit kann man sich der Entscheidung jedoch nicht entziehen.

Jeder Inhalt, der dem Ausdruck »italienische Kunst« zugeschrieben wird, impliziert eine bestimmte Periodisierung und umgekehrt. Ein verallgemeinernder Historismus mag glauben, dem Problem auszuweichen zu können, indem er ad infinitum auf die Ursprünge verweist; doch die Geschichte ist Geschichte von Objekten, von Ensembles, die durch die Beschreibung ihrer Strukturen bestimmbar sind. Nur die historische Beschreibung des spezifischen Gepräges der italienischen Kunst kann deren Definition und zugleich den Schlüssel zur Frage ihres Ursprungs liefern: ihres Ursprungs und natürlich auch ihrer Kontinuität. Und tatsächlich sahen diejenigen, die – von Dante Alighieri bis Giovanni Villani, von Lorenzo Ghiberti bis Giorgio Vasari – über das nachdachten, was man später als italienische Kunst ansehen sollte, sich durchaus nicht genötigt, zu den Ursprüngen der Kunst hinabzusteigen; sie gingen nur bis zu einem ganz bestimmten Punkt in der Geschichte unseres Landes zurück: bis zu jener Epoche, da Guido Guinizelli und Guido Cavalcanti, Cimabue, Oderisi, Giotto und Franco Bolognese, Nicola Pisano und Arnolfo lebten. Nimmt man zwei auseinanderliegende Punkte dieser Entwicklung (z.B. Giotto und Botticelli, oder Pontormo und Pietro da Cortona, Palladio und Juvarra), so könnte man natürlich leicht die ironische und rhetorische Frage stellen, welchen Sinn es hätte, sie alle gleichermaßen als »Italiener« zu bezeichnen. Und kaum schwieriger wäre die philologische Spielerei, Synchronie und Diachronie gegenüberzustellen, um so herauszufinden, daß in allen künstlerischen Ausdrucksformen Ähnlichkeiten zu analogen »ausländischen« Formen existieren, denen sie als zeitgenössische weit näher stehen als den späteren »italienischen«. Auch Roberto Longhi hat (hin und wieder) gerne darauf hingewiesen, wie »deutsch« Aspertini und wie »italienisch« Hans Holbein sei[1]. Aber nur ein Blinder könnte leugnen, daß es kulturelle Kontinuitäten gibt, die territorial begrenzt sind, die miteinander in Verbindung stehen und die zu dauerhaftem Bewußtsein, bestimmten Verhaltensweisen, technischen Traditionen, Gemeinsamkeiten und Unterschieden beitragen.

Es ist nicht die Aufgabe des Historikers, bleibende und unveränderliche Wesensmerkmale zu bestimmen, sondern miteinander verknüpfte und erkennbare Kontinuitäten auszumachen. Mit anderen Worten: Die Erkenntnis, daß die italienische Kunst sich in der Zeit gewandelt hat, kann nicht bedeuten, ihre Existenz überhaupt abzustreiten. Gewiß können auch historische Gegenstände ebenso vergehen wie sie entstanden sind. Eine Kontinuität kann – gewöhnlich infolge einer Katastrophe – schwächer werden. Am Ende dieser Untersuchung werden wir sehen, daß die Fortdauer einer italienischen Kunstgeschichte durch ein auf seine Weise katastrophales Ereignis gefährdet wurde, als nämlich nach dem Krieg von 1915–18 ein internationaler Markt der Avantgardekunst entstand. Es schiene alles in allem vernünftig, wenigstens diese Ausgangshypothese zu übernehmen, daß es in der Vergangenheit auf einem Gebiet, das sich nur teilweise mit der heutigen italienischen Republik deckt, verschiedene »italienische Künste« oder »Formen italienischer Kunst« gegeben habe, deren Grad von Homogenität und Kontinuität natürlich näher zu bestimmen wäre. Aber ebenso vernünftig scheint es, jedenfalls vorläufig nicht auszuschließen, daß diese verschiedenen Kunstformen in einer Reihe von Übergängen miteinander verbunden seien. In der Sprache der Periodisierung bedeutet dies, sich nicht auf das Problem der Ursprünge (oder des möglichen Endes) zu beschränken, sondern die Untersuchung auf die innere – zeitliche wie räumliche – Gliederung des gewählten Gegenstands zu erweitern. Natürlich handelt es sich dabei nicht darum, bei den Ursprüngen zu beginnen. Außerdem haben selbst die Beobachter des künstlerischen

Lebens in Italien, die seit Jahrhunderten festgestellt hatten, daß die künstlerische Produktion gewisser Volksgruppen der Halbinsel sich von der transalpinen unterschied (wie von der anderer Küsten des Mittelmeers) hin und wieder auch gezeigt, daß es in Qualität und Art dieser Produktion bemerkenswerte Veränderungen gegeben hat.

Zurück zu unseren Beispielen: Bereits Villani unterschied zu Beginn des Quattrocento drei verschiedene Phasen in der florentinischen Malerei des vorangegangenen Jahrhunderts; und berühmt ist auch die Gliederung der Kunstgeschichte, die Mitte des 16. Jahrhunderts Vasari vorschlug: in »drei Teile, die wir auch Zeitalter nennen können«; und schließlich entwarf am Ende des 18. Jahrhunderts – in einem Augenblick klarster Selbsterkenntnis unserer nationalen Identität – Luigi Lanzi in seiner *Storia pittorica dell'Italia* eine vollständige Geographie der Malerschulen, die auch wiederum nicht alle zu gleicher Zeit entstanden und untergegangen seien und die sich ihrerseits wieder in Epochen gliederten[2]. Die Hervorhebung der bemerkenswerten Einschnitte und Abweichungen, die, wie Lanzi sagte, Epoche gemacht hätten, hinderte ihn nicht daran, die Werke als italienische (bzw. als florentinische oder venezianische) zu betrachten, gleichgültig ob sie auf dem Höhe- oder Tiefpunkt der beobachteten Veränderung entstanden waren. Und sie hinderte ihn auch nicht daran, die wechselseitigen Einflüsse der Schulen aufeinander, ihren Austausch und ihre Kontinuitäten zu berücksichtigen, die in ihrer jeweiligen und in sich verschiedenen Geschichte »italienische« Kunstgeschichte ausmachten.

Wird die Frage derart in inhaltlichen Termini gestellt (oder in formalen, was im Falle der bildenden Künste auf das gleiche hinausläuft), so ergibt sich eine erste Konsequenz von selbst: Die innere Untergliederung der historischen Darstellung kann in keiner Weise mechanische Unterteilungsraster übernehmen (Jahrhunderte, Jahrzehnte, Generationen u. ä.), die bestenfalls zufällig objektiv feststellbaren Veränderungen entsprechen und dank ihrer verfälschenden Objektivität zu der Bequemlichkeit verleiten, völlig bedeutungslose Zäsuren hervorzuheben, statt andere bezeichnende Zäsuren zu bestimmen. Denn so würde man, um eine mögliche Verzerrung zu vermeiden, eine sichere hinnehmen. Der Blick auf die Geschichte durch das mathematische Raster der Jahrhunderte ist dem Blick auf eine Landschaft durch ein gewelltes Glas vergleichbar. Vielleicht ändert sich dadurch das Ganze nicht sehr, aber man kann sicher sein, daß jedes einzelne Detail verzerrt ist.

Geschichte der »italienischen« Kunst oder der Kunst »in Italien«?

Damit haben wir aber einen anderen möglichen Einwand noch nicht beantwortet: Wenn die Hauptaufgabe sich darauf reduzieren ließe, die Kontinuitäten innerhalb verschiedener Formen der Kunst auf nationalem Gebiet festzustellen, wäre es dann nicht richtiger oder würde zumindest weniger den Verdacht von Nationalismus erwecken, nicht von italienischer Kunst, sondern einfach von Kunst »in Italien« zu reden? Diese Frage hat sich nicht nur den Kunsthistorikern gestellt (Giuliano Procacci hat seine brilliante Analyse »Geschichte der Italiener« überschrieben; es wird darin jedenfalls deutlich, daß man, solange es noch keinen italienischen Staat gab, zwar nicht von Italien sprechen kann, daß man andererseits aber nicht gleich von »italischen Stämmen« sprechen muß – sondern durchaus von »Italienern«.); und sie ist in diesem Sinn auch von einem der weniger gelungenen Werke gelöst worden, die während des Booms der Kunsteditionen erschienen sind[3]. Mir scheint, daß die genannte Lösung – mit Ausnahme einer zusätzlichen formalen Modifikation – im wesentlichen wieder zu der Hypothese zurückführt, von der wir ausgegangen waren (»italienisch« sei alle in Italien hergestellte Kunst von den Anfängen bis heute). Wie diese ist sie zu abstrakt und nicht frei von Positivismus und Idealismus.

Eine solche Formulierung löst sich für den, der den historischen Gegenstand zusammenhängend und in seiner systematischen Autonomie erfassen will, so daß er in sich und seiner Entwicklung untersuchbar wird, schon beim ersten Hinsehen in Luft auf. Man bedenke nur, daß »Kunst in Italien« auch die paleolithischen Felsenmalereien des Colle di Tenda, die griechischen Metopen von Selinunt, die Trajanssäule und den Konstantinsbogen, die byzantinischen Mosaiken von Ravenna und die arabische Kunst Siziliens umfaßt. Diese Kunstprodukte finden eine systematische Einheit nur in anderen Ensembles und sind mit weitläufigen Gebieten außerhalb der Halbinsel verbunden, wo sie überdies verbreiteter sind, wo sie ihren Ursprung haben und wo sich ihre jeweiligen kulturellen Zentren befinden. Zudem handelt es sich hierbei um wechselvolle Ereignisse, die man – wenn auch etliche Meisterwerke daraus hervorgegangen sind – nicht leicht in einen einheitlichen Kontext einfügen könnte, in denen man nur schwer den einen oder anderen, sicher gewundenen Weg ausmachen könnte, der in einem bestimmten Moment schließlich in das mündet, was sich »italienische Kunst« nennen mag. Um Mißverständnissen vorzubeugen – es ist wohl kaum nötig, hinzuzufügen, daß hier nicht von Qualität, sondern von Fortdauer und Kontinuität die Rede ist. Viele starke Kunstformen, die qualitativ den überdauernden keineswegs unterlegen waren, sind aus verschiedenen Gründen untergegangen. Es wäre nicht richtig, sie zu den Vorläufern jener Werke zu erklären, die über andere Wege und durch glückliche Umstände heute noch lebendig sind. Die Metopen von Selinunt, die Mosaiken von Ravenna, die romanische Kunst der Poebene stellen herausragende Episoden der Menschheitsgeschichte dar, aber sie gehören nicht der Geschichte der italienischen Kunst des 7. Jahrhunderts v. Chr., des 7. Jahrhunderts n. Chr. oder des 13. Jahrhunderts an, sondern der italienischen Dekadenz des 19. Jahrhunderts, als sie wiederentdeckt und ins Nationalbewußtsein integriert wurden.

Die »italienische« Kunst in der Realität und im Bewußtsein der Italiener

Der Ausdruck »Nationalbewußtsein« erweckt im gegenwärtigen Kontext der italienischen Kultur immer Verdacht; wer ihn verwendet, ist idealistischer oder sogar faschistischer Tendenzen überführt. Dennoch hat es aber etwas diesem Ausdruck Entsprechendes gegeben, und man kann hier zu Recht fragen, ob das Problem des Bewußtseins, welches die Menschen in der Vergangenheit von der Besonderheit der italienischen Kunst hatten, nicht von einiger Bedeutung sein müsse. Es ist richtig, daß die idealistische italienische Kultur das Bewußtsein von dieser Besonderheit mit ihrer realen Existenz gleichsetzte, als sie deren Ursprung im Umfeld einer italienischen Literatur des Volgare und im Aufkeimen der Kunstkritik (Dante, Villani, Cennini)[4] ausmachte. Prinzipiell muß es jedoch auch für möglich angesehen werden, daß die Italiener – auch im Bereich der bildenden Künste – sich für etwas halten mochten, was sie in Wirklichkeit nie waren, daß sich auch die Nichtitaliener (wohl durch den Einfluß jener) getäuscht haben könnten und daß mithin das eingebildete Selbstbewußtsein sich alles in allem nur als Selbsttäuschung entpuppen könnte. Sicherlich haben die Italiener (und die Nichtitaliener) ihre eigene Geschichte »mystifiziert«. Aber rechtfertigt eine solche Beobachtung den Schluß, daß diese Geschichte schlechterdings keine eigenen Charakteristika aufweisen und als solche nicht bestehen könne? Ist – samt der Schönheit von sieben Jahrhunderten – die blühende Entfaltung dieses falschen Bewußtseins nicht vielmehr selbst schon ein erstes »charakteristisches« geschichtliches Faktum, das man ernsthaft in Betracht ziehen muß?

Um einen Anfang zu machen: Wann und wie entsteht ein solches »falsches Bewußtsein« und wodurch zeichnet es sich im wesentlichen aus? Zunächst durch die Vorstellung, daß die Italiener – und vor allem die Toskaner und Florentiner – am Ende des 13. Jahrhunderts die Protagonisten einer Erneuerung waren, die zu einer irreversiblen Trennung von den »großen Zeitaltern« des Mittelalters geführt hat; in zweiter Linie durch die Überzeugung, daß die Italiener als die »natürlichen« Nachfolger der Antike auf irgendeine Weise für diese Rolle prädestiniert waren. Obwohl beide Aspekte in der gesamten kritischen Tradition zu finden sind, hält man sie aufgrund ihres unterschiedlichen Grads der Ideologisierung für voneinander getrennt (auch deshalb, weil das erste Argument sich auf eine historische Tatsache bezieht, während das zweite ein anthropologisches Konzept impliziert)[5].

Nach der Wiederaufnahme des klassischen Modells durch die Humanisten führte die erste Annahme konsequenterweise zur Definition eines »Zeitalters der Mitte«. Doch nachdem sich das »moderne« Bewußtsein der Florentiner und somit das von immer mehr »Italienern« des 14. und 15. Jahrhunderts eingeprägt hatte, verlor diese Vorstellung (vor allem nach der gegenreformatorischen Wende) immer mehr an Kontur. Als sich im Laufe des 17. Jahrhunderts dann die Debatte um Antike und Moderne zuspitzte (wobei die Bedeutung von »modern« in etwa dem heutigen »zeitgenössisch« entspricht), verschob sich natürlich das Ende des »mittelalterlichen« Zwischenspiels und schloß nun auch das 14. und 15. Jahrhundert in das Dunkel der Barbarei ein. In dieser Situation konnte sich die ernsthafte, aber begrenzte Bemühung auch der italienischen Aufklärung, innerhalb dieses dunklen Zwischenraums Unterschiede auszumachen, dem allgemeinen Bewußtsein weit weniger einprägen als die darauffolgende Welle im Zeitalter der Restauration, die diese intellektuellen und gelehrten Feinheiten im Fluß einer allgemeinen »Kontinuität« untergehen ließ. So kam es, daß eine Gruppe von Historikern, Gelehrten und katholischen Propagandisten (Séroux d'Agincourt, Artaud de Montor, Paillot de Montabert, Montalembert, Overbeck, Jean François Rio, und in Italien in der Nachfolge von Filippo Buonarroti: Laderchi, Minardi, Marchese, Facciolati, Sergi, Selvatico) sich beeilte, Brücken über das Mittelalter hinweg zu schlagen (das nun als »Bewahrer« der »reinsten« antiken Traditionen galt). Ohne die Frage der Kontinuität zu lösen, wurde die antike (auch die klassische, vor allem aber die frühchristliche) Welt mit der modernen Welt der monarchistischen und katholischen Restauration verknüpft. Der breite und andauernde Erfolg dieser historiographischen Strömung bis in die Gegenwart hinein ist bekannt; sie versucht, die »katastrophische« Bedeutung der Ereignisse zu betonen, die mit dem

Untergang des römischen Reiches, dem Einfall der Barbaren und der langen langobardischen, fränkischen und byzantinischen Herrschaft verknüpft sind, um desto deutlicher die leuchtende und segensreiche Rolle des christlichen Rom herausstellen zu können, das als Erbe und Fortführer des kaiserlichen Rom die kulturelle Vereinigung der westlichen Welt darstellen soll. Und im übrigen wurde seit der Zeit der Gegenreformation jedes Zeichen, jedes Zeugnis der Kontinuität von der Spätantike bis zur Moderne geschützt, restauriert und verehrt. Meist ohne Gespür für den Unterschied zwischen substantieller Kontinuität und formaler Kontinuität der Institutionen sollten jeweils Papsttum, Mönchsorden und Handwerkerzünfte belegen, daß die Florentiner – die sich Ende des 13. und Anfang des 14. Jahrhunderts (im Einklang mit den Sehnsüchten von Vater Dante) der gemachten Fortschritte erfreuten – in Wirklichkeit gar nicht wußten, was sie da sagten, und daß außerdem die humanistische Hinwendung zu positiven Modellen der Klassik eine noch größere Täuschung gewesen sei. Die zweite Annahme – die des klassischen Erbes – gewinnt im Laufe der Geschichte unseres Landes immer mehr (rhetorische) Bedeutung und verdrängt von einem bestimmten Moment an die erste Annahme, während sie in immer deutlicheren Widerspruch zur Realität tritt (von den »Prähumanisten« der zweiten Hälfte des Trecento und den Humanisten des Quattrocento und Cinquecento zu den Antiquaren des Seicento bis hin zu den Archäologen und Professoren des vereinten Italiens und darüber hinaus). Angesichts der in jeder Hinsicht gewaltigen Aufwertung, die das Mittelalter im Laufe des 19. Jahrhunderts jenseits der Alpen – vor allem in Deutschland, aber auch in Frankreich und England – erfuhr, wollte nun die nationalistische, aber subalterne Kultur der Italiener in irgendeiner Weise an der Aufteilung der neuen Territorien der Geschichtsschreibung beteiligt sein. So verzichtete man auf die schwierige Verteidigung der Besonderheit der italienischen Kultur, die nun genau darin zu bestehen schien, daß sie aus den Jahrhunderten hervorgegangen war, die vormals barbarisch, nun aber ein so reichhaltiger primärer Stoff der Geschichtsschreibung waren.

Der schwache Kompromiß zwischen Klassikern und Romantikern, der unsere Kultur in der ersten Hälfte des 19. Jahrhunderts kennzeichnet (man erinnere sich nur an Manzonis Ablehnung des »historiographischen Vorschlags« von Sismondi[6]), rührt klassische, frühchristliche und mittelalterliche Kunst zu einem Konglomerat aus klassischer, frühchristlicher und mittelalterlicher Kunst zusammen, die alle gleichermaßen Fähigkeiten und Tugenden des Geschlechts repräsentieren. Der Wettkampf der Nationalismen in der ersten Hälfte des 20. Jahrhunderts wird diese Tendenz noch verstärken, denn nun soll jeder Gelehrte des Königreichs Italien seine patriotische Aufgabe darin sehen, die nationale Kunst um einige Jahre oder Meter – in welche Richtung spielt keine Rolle — auszudehnen. Auch von den besten Historikern wird nun die Geschichte der künstlerischen Produktion als gradliniger Prozeß gesehen, der alles umfaßt, was sich auf seinem Weg findet: »[...] das Buch will nicht zu Rate gezogen, sondern gelesen sein, und dem Unkundigen mag es zeigen, wie sich Italien immer weiter erhoben hat, und wie dieser Aufstieg Italiens Bestimmung ist« – heißt es im Vorwort eines der besseren Erzeugnisse dieser Geschichtsschreibung[7].

Hier wird es schwieriger, aber gleichwohl notwendig, innerhalb unseres eigenen gegenwärtigen Empfindens (oder Bewußtseins) nüchtern zu unterscheiden, was sich aus einer sozusagen legitimen Kontinuität herleiten läßt, und was umgekehrt Ergebnis einer allmählichen

Angleichung an ein sich herausbildendes »nationales Einheitsbewußtsein« ist.

Mittelalterliche Kunst und italienische Kunst

Für einen Kunsthistoriker – zumal einen italienischen – ist an diesem Punkt die Konfrontation mit den Meinungen der anderen unerläßlich. Wir sehen dann nämlich, daß die moderne Geschichtsschreibung (nicht allein der Kunst und auch nicht nur die italienische) in Wirklichkeit – und sei es über Polemiken und mit gelegentlichen Rückschritten – immer stärker zu der Erkenntnis tendiert, daß der Zeitraum, den man weiterhin Mittelalter nennt, alles andere als topographisch oder chronologisch einheitlich ist. Interessant für unsere besondere Blickrichtung (auf die fehlende Kontinuität zwischen antiker und mittelalterlicher Kunst auf italienischem Gebiet einerseits und italienischer Kunst andererseits) ist erstens, daß niemand mehr den qualitativen Sprung in Frage stellt, der sich erst auf struktureller und dann auf kultureller Ebene im Übergang von der Spätantike zum frühen Mittelalter vollzieht (für Italien ist besonders die katastrophale Bedeutung der byzantinischen Eroberungskriege im 6. Jahrhundert relevant). Zweitens: Eine positive Tendenzwende wird allgemein erst vier Jahrhunderte später (mit dem Jahr Tausend) gesehen. Drittens: Man akzeptiert – zwar mitunter mit zusammengebissenen Zähnen – die grundlegende Originalität und Irreduzibilität der klassischen oder byzantinischen Kunstwerke des romanischen Westens (Romanik und Gotik). Viertens: Kunsthistoriker und die Historiker anderer Aspekte des mittelalterlichen Lebens erkennen gewöhnlich an, daß Italien auf der Höhe des Apennin durch eine klar erkennbare Grenze geteilt ist (die mit einer immer noch deutlichen linguistischen Grenze zusammenfällt), sieht man von verständlichen Überschneidungen in der Grenzzone, mancher Enklave und von mehr oder weniger offenkundigen Fällen des Austauschs ab: So daß zwischen dem 8. und 13. Jahrhundert fast ganz Norditalien an dem Geschehen im »romanischen« Gebiet teilhat, während Venedig, Aquileia, das Exarchat Ravenna und ganz Süditalien (mit Ausnahme von Sizilien während der arabischen Herrschaft) unter orientalischem und byzantinischem Einfluß stehen.

Dies sind sehr schematisch die Hauptpunkte, auf die sich die immer noch geltende (von Vasari und Dante stammende) traditionelle These stützt, nach welcher – mit Rücksicht auf alle genannten Ereignisse – Nicola, Arnolfo und Giotto (und in der Literatur parallel dazu Guittone, Cavalcanti und Dante) in der Toskana eine mannigfaltige und originelle Synthese bilden, die verschiedene Momente der Tradition (antike, frühchristliche und romanisch-gotische) aufnimmt und Elemente des romanischen und byzantinischen Kulturbereichs zusammenführt: Und dies sei – plusminus ein Jahrzehnt – also der Anfang der »italienischen« Kunstgeschichte. Auch heute noch liegt diese These dem wohl angesehensten nichtitalienischen Handbuch der Kunstgeschichte zugrunde, das Nikolaus Pevsner in der Pelican-History herausgegeben hat. Als eigenständig wird die italienische Kunst hierin erst mit dem Band *Art und Architecture in Italy: 1250–1400* (J. White) bis hin zu R. Wittkowers *Art und Architecture in Italy: 1600–1750* behandelt.

Dem Bewußtsein des »modernen Italieners« entstammt nun noch ein zweites – weniger grobes – »ideologisches« Element, das sich auf subtile Weise festgesetzt hat und das man bestimmen und konturieren

links:
GIOTTO,
Hl. Johannes, um 1290
Tafel des Kruzifixes, Florenz,
S. Maria Novella

rechts:
Werkstatt des Nicola Pisano
(FRA GUGLIELMO ?),
Madonna, um 1290

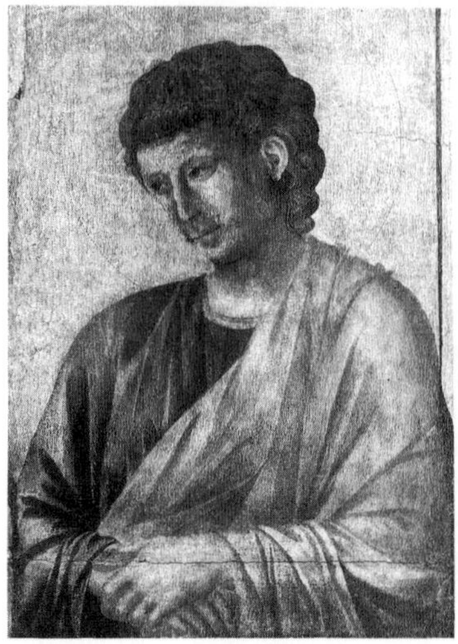

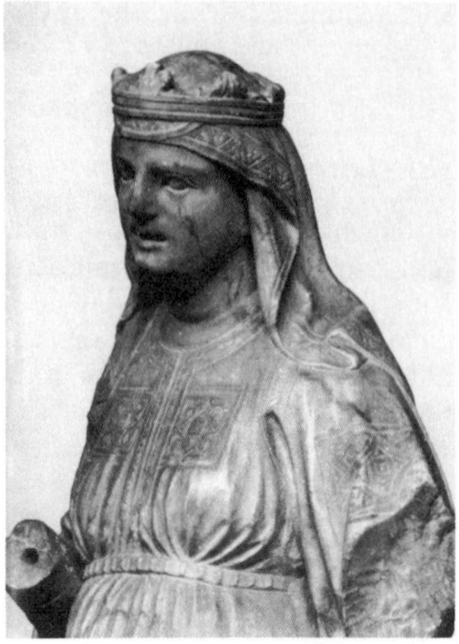

muß, um die objektive Rekonstruktion der Ereignisse nicht unbewußt zu verzerren.

Der Prozeß, der seit dem späten 18. Jahrhundert innerhalb der führenden Schichten Italiens zur Herausbildung eines einheitlichen Bewußtseins und so zur Gründung eines geeinten Staates geführt hat, hat zwar einerseits – durch den Zusammenschluß der territorialen Einheiten – erstmals zur Blüte wirklich nationaler (oder nationalistischer) Gedankenströmungen geführt. Doch während auf diese Weise der Rückstand, zu dem es während der langen Krise des 17. und 18. Jahrhunderts gekommen war, aufgeholt wurde, sind andererseits die Italiener »europäischer«, d. h. in bestimmter Weise weniger »italienisch« geworden. Nicht die Ursachen und Etappen dieser jüngsten Geschichte – und sei es auch nur in großen Zügen – interessieren uns hier, sondern allein die Art und Weise, wie in ihr der Norden, die Poebene – also die herrschenden Klassen Italiens (die sich als »direkte Erben« des blühenden, noch nicht italienisierten 13. Jahrhunderts empfanden) – ein überragendes ökonomisches Gewicht und eine ideologische und politische Vormachtstellung erlangte.

Als das Piemont, die Lombardei und die Emilia an die Spitze des Landes (und zwar des ganzen Landes) traten, konnte dies im kollektiven Bewußtsein nicht ohne tiefe Spuren bleiben, und zwar auch was den begrenzten Bereich der eigenen künstlerischen Vergangenheit betraf. Wer im Schatten der Kathedralen und der romanischen Rathäuser aufgewachsen war, dem mußte die Vorstellung in der Tat schwerfallen, daß sie einer »anderen« Geschichte angehören sollten – und dies selbst dann, wenn er mit ihnen nicht als Bestandteilen einer kulturellen Tradition verbunden war, sondern an ihnen Gefallen fand wie an der Natur, den Elementen, den Bergen, Seen und der Landschaft. Daß diese Gewohnheit dann bis in die jüngste Zeit in eine Kritik einmündete, die die übergeschichtliche (oder vorgeschichtliche) Besonderheit der Poebene preist, kann man als »provinziell« oder verspätet werten, ist aber symptomatisch für ein Mißverständnis, das in der Tiefe eines realen, historischen Prozesses wurzelt[8].

Nach dieser aktuelleren »revisionistischen« Tendenz traditioneller Periodisierung steht nicht länger das universale und einigende Rom im Zentrum, sondern nun ist es die Poebene, die an den Ereignissen der westlichen Kultur auf gleicher Stufe oder bereits dominierend teilhat (oder, was auf das Gleiche hinausläuft, »zu Unrecht« nicht dominiert). Indem man zwar eine Zäsur zwischen antiker und moderner Welt annimmt und damit den Unterschied zwischen nationalistischem und katholischem »Romanismus« markiert, kann sich die modernste Komponente der Kultur des vereinten Italiens an der mythischen Zäsur des Jahres Tausend bestätigen, um so die romanische Poebene in ein moderneres und aktuelleres »Risorgimento« aufzunehmen (im 18. Jahrhundert schrieb der Jesuit Saverio Bettinelli über das »Wiederaufleben Italiens in Studium, Kunst und Sitten nach dem Jahre Tausend«[9]). Zur Bekräftigung dieser These ist es natürlich hilfreich, zu entdecken, daß die Geschichte um das Jahr Tausend erste Anzeichen einer Wiederbelebung der Landwirtschaft aufweist. So hätte die Rückdatierung des Ursprungs der italienischen Kunstgeschichte nicht nur den Vorteil, die Poebene nicht vom Glanz der Vorrenaissance auszuschließen, sondern böte darüber hinaus auch den nicht unwichtigen Vorzug, kunstgeschichtliche Phänomene mit den Ereignissen des bürgerlichen, politischen und vor allem ökonomischen Lebens in Einklang zu bringen.

Historische und kunsthistorische Periodisierung

Bevor wir weitergehen, zwingt uns diese letzte Beobachtung, einen Augenblick über einen methodologischen Aspekt nachzudenken, dessen Klärung unserer Betrachtung nützlich sein wird.

Seit dem brillanten Sieg der großen Formalisten zu Anfang des 20. Jahrhunderts (Berenson und Sirén, Roger Fry und Clive Bell, Focillon und Longhi) über die Scharen traditioneller Gelehrter und Ästhetiker, ist es üblich geworden, kunsthistorische Periodisierungen ausschließlich immanent und aufgrund stilistischer Merkmale zu bestimmen (die in gewisser Verzerrung als Äquivalente sprachlicher Gegebenheiten betrachtet wurden); in seinen *Kunstgeschichtlichen Grundbegriffen* (1915) schrieb Heinrich Wölfflin: »Natürlich bringt die Kunst im Lauf der Zeiten sehr verschiedene Inhalte zur Darstellung, aber das allein bedingt nicht ihre wechselnde Erscheinung: die Sprache selbst nach Grammatik und Syntax ändert sich. Nicht nur, daß sie an verschiedenen Orten verschieden gesprochen wird [...] sondern sie hat überhaupt ihre eigene Entwicklung, und die stärkste individuelle Begabung hat ihr zu bestimmten Zeiten immer nur eine bestimmte nicht allzuweit über die allgemeine Möglichkeit hinausgehende Ausdrucksform abgewinnen können.«[10] Noch in den jüngsten theoretischen Abhandlungen zu diesem Thema gilt es als sicher, daß Zäsuren stilistischen Wendepunkten entsprechen und daß Epochen und historische Stile in der Tendenz zusammengehen müssen[11]. Die ikonologische Auseinandersetzung eines Panofsky und Meiss und die soziologische Diskussion eines Antal und Hauser sind hingegen folgenlos geblieben; man sollte jedoch zumindest die Verdienste jener Forscher anerkennen, die Antworten auf eine Frage zu geben versuchten, die sich dem historischen Denken zwingend stellt und an deren Schwelle die Formalisten es vorzogen einzuhalten: auf das Problem, daß die verschiedenen historischen Ereignisreihen untereinander wie auch mit der allgemeinen Entwicklung der menschlichen Gesellschaft sehr eng verknüpft sind.

Der Leser wird im Laufe der Untersuchung feststellen können, daß die Frage nach der Periodisierung der italienischen Kunst, die von der

Beschreibung der künstlerischen Produktion ausgeht, oft Wertungen, Beschreibungsmuster und Urteilskriterien anführt, die sich nicht nur auf die sogenannten bildenden Künste und auch nicht nur auf die Kunst in ihrer weitesten Bedeutung beziehen.

Begriffe wie Tradition, Kontinuität, Veränderung, Kluft, Bruch, Differenzierung, Dynamik, Stagnation usw., die wir verwendet haben, sind allgemeine geschichtswissenschaftliche Begriffe, ob sie sich nun mit Kunst oder politischer, institutioneller oder ökonomischer Geschichte befassen. Wir sind in der Tat der Überzeugung, daß man sich an diesen Typus von Begriffen halten muß, wenn man mit den anderen Disziplinen ein gemeinsames Diskussionsfeld umgrenzen und die möglichen Verknüpfungen zwischen der Entwicklung der Kunst und anderen historischen Ereignissen vergegenwärtigen will – ohne deswegen gleich zu denken, man könne auf jene Dimension künstlerischer Produktivität, die man sich gewöhnlich unter dem Begriff des ›Stils‹ vorstellt, verzichten[12].

Wenn die stilistischen Begriffe tatsächlich mehrdeutig und polifunktional sind und sich nicht ohne weiteres als allgemeinere Zeichen sozialer Dynamik interpretieren lassen (der Stil als solcher drückt – wie der junge Gombrich in einer zu Recht berühmten Rezension bemerkte – nichts Bestimmtes aus[13]), so sind sie dennoch als hermeneutisches Instrumentarium künstlerischer Phänomene gültig und ermöglichen es auf spezifischem Niveau, die tatsächlichen Verbindungen verschiedener Erzeugnisse im topographischen (hinsichtlich des Austauschs) und chronologischen Sinn (hinsichtlich der Wiederaufnahmen und Ableitungen) festzustellen.

Mit anderen Worten: von der Besonderheit der Kunstwerke und künstlerischen Formen bewußt zu dem vorzudringen, was sie mit allen anderen Arbeitsprodukten verbindet und vergleichbar macht (so daß man vor allem gemeinsame Bezugspunkte der Periodisierung findet), heißt nicht, im zweiten Schritt die spezifische Ebene der sogenannten Bildlichkeit zu übersehen; in ihr läßt sich vielmehr sehr wohl der Widerhall der allgemeinen sozial-historischen Dynamik aufspüren. Der methodologisch berechtigte, zeitweilige Verzicht auf eine Unterscheidung darf nicht dazu führen, die Unterscheidung selbst zu verwischen, die Ebenen zu verflachen und die auf struktureller Ebene festgestellten Zäsuren mechanisch auf alle anderen Ebenen zu übertragen.

Wenn wir nun die Ursprünge der italienischen Kunst betrachten, so interessiert uns also nicht in erster Linie, ob und wann auf italienischem Gebiet ein »klassizistischer« (oder ein »gotischer«, »vorperspektivischer« oder welcher Stil auch immer) Stil entstanden sei, um – sobald dieser neue Stil und der Begriff der italienischen Kunst gleichgesetzt sind – den Bruch mit dem Mittelalter dort zu finden, wo dieser Stil das erste Mal aufgetreten ist, und sodann andere historische Phänomene (Literatur, Musik, Philosophie, Agrar-, Wirtschafts-, und politische Geschichte) daraufhin zu untersuchen, ob sie an diesem Wendepunkt entsprechende Anzeichen aufweisen. Was uns hier interessiert, ist elementarer und betrifft weniger die Beschaffenheit und Bedeutung des besonderen »stilistischen« Wandels, als einfach seine Existenz und die Tatsache, daß er nicht isoliert steht, sondern von einer ganzen Phänomenologie von Veränderungen begleitet ist, die alle – in oft unterschiedlicher Weise – eine neue soziale Dynamik anzeigen. So ist nicht nur der Klassizismus von Nicola Pisano und Arnolfo für die Entwicklung der italienischen Gesellschaft in den letzten dreißig Jahren des 13. Jahrhunderts signifikant, sondern auch Cimabues Neo-Hellenismus und der des »Maestro di San Martino«, der französisch beeinflußte gotische Stil von Giovanni Pisano oder Giottos Dreidimensionalität, und sogar die beispiellose Produktionsausweitung zweitrangiger Werkstätten wie z. B. die der Berlinghieri-Werkstatt in Lucca oder der florentinischen Werkstatt des »Maestro della Maddalena«. In kunsthistorischer Hinsicht stellt schon die Steigerung einer Produktion, die auf vielfältige Weise die byzantinische Kunst nachahmt, ein Zeichen jener Wachstumskrise dar, die sich ein oder zwei Generationen vor der Kunst jener kanonischen »Väter der italienischen Kunst« bemerkbar macht – also der künstlerischen Arbeit von Margarito, Coppo di Marcovaldo, des »Maestro della santa Chiara«, Giunta Pisano usw.: Und dabei ist es, in dieser Phase, nicht nötig, ein gemeinsames Charakteristikum all dieser Phänomene zu suchen – außer dem vielleicht, daß sie, verglichen mit der Vergangenheit, eben alle in bestimmter Weise »neu« sind. Wenn sie auf dieser Ebene bleiben, können – wie wir – auch Literaturhistoriker und Sprachforscher zu der Beobachtung gelangen, daß »nach einer einzigartig langen Phase des Anbruchs sich im Laufe des 14. Jahrhunderts plötzlich eine entscheidende Krise von extremer Gewalt ereignete[14], ohne deswegen zwischen literarischer und bildlicher Produktion besonders enge Verbindungen annehmen zu müssen. Wenn wir uns darauf beschränken, in Architektur und Skulptur, Fresken und Goldschmiedekunst Produkte zu sehen und sie in hauptsächlich ökonomischen Begriffen zu »bewerten«, können wir uns den Wirtschaftshistorikern anschließen und die Kunstgeschichte Mittelitaliens mit dem symbolischen Datum der Prägung des Goldflorins durch die Florentiner Gemeinde (1252) beginnen lassen, und können (auf der Suche nach einer Tendenzwende nach der Krise des frühen Mittelalters) die Kunstgeschichte Norditaliens etwas früher beginnen lassen, so daß sie die großen Bildhauer des vorangegangenen Jahrhunderts, Wiligelmus und Antelami, einschließt. Die Kluft zwischen dem wirtschaftlichen Aufschwung (der gewöhnlich um das Jahr Tausend angesetzt wird) und der künstlerischen Innovation kann auf der Ebene der quantitativen Zunahme und des gesteigerten Grads der Erneuerung sehr reduziert, wenn auch nicht völlig aufgehoben werden. Für den Vergleich mit anderen historischen Phänomenen sind also rein dynamische und quantitative Begriffe, die für alle Richtungen der Gesellschaftsentwicklung aussagekräftig sind, unerläßlich. So kann man das kräftige Wiederaufleben sowohl der Literatur in romanischer Sprache wie der in Latein oder Volgare, so kann man die Verbreitung sowohl des Prähumanismus der *dictatores* wie des Aristotelismus der Medici als Phänomene gleichen Ursprungs lesen[15]. Aber legitimiert ein solcher Begriff, der die verschiedenen historischen Phänomene unter einem Aspekt vereint (in diesem Fall ist es der »Aufschwung« des Jahres Tausend), eine für alle Phänomene gültige Zäsur? Wenn man eine Antwort auf die Frage sucht, wo am besten der Anfangspunkt der italienischen Kunstgeschichte anzusetzen sei, muß man sich auf ein spezifisches »linguistisches« Niveau begeben. Das Wiedererstarken einer Dynamik von Produktion und Konsum auf italienischem Gebiet, die auch Kunstgegenstände erfaßt und die klare Parallelen zur ökonomischen Dynamik aufweist, mit ihr vergleichbar ist, ja mehr noch: in sie integriert werden kann, ist eine Sache; eine andere sind die kumulativen Wirkungen dieser Dynamik auf qualitativer Ebene, die zur Ablösung einer jahrhundertealten Darstellungstradition und zu neuen Lösungen führten, welche – auf spezifischem linguistischen Niveau – mit den Vorhergehenden nicht mehr vergleichbar sind. Eine Sache ist der

Import von Kunstgegenständen oder die Herstellung von Objekten, die den importierten ähneln; eine andere die Produktion von Originalen. Und eine Sache ist es schließlich, in Kunstwerken – die ja Produkte menschlicher Arbeit sind – deswegen »Waren wie alle anderen« zu sehen, und zwar in dem Sinn, daß sie – wie alle anderen auch – den Marktgesetzen gehorchen; eine andere hingegen der Glaube, Kunstwerke seien Waren, die allen anderen gleich sind.

Der Beginn der italienischen Kunstgeschichte: das frühe Trecento

Kehren wir zum Ausgangspunkt unserer Überlegungen zurück, also zur Frage der romanischen Kunst der Poebene am Anfang der italienischen Kunstgeschichte. Wir können nun Folgendes sagen:

Im Laufe des 13. und 14. Jahrhunderts stehen sich auf italienischem Gebiet zwei Welten, zwei künstlerische Konzeptionen gegenüber, die zwar teilweise gemeinsame Wurzeln haben, tatsächlich aber einen scharfen Gegensatz bilden: die romanische Kunst des Westens und die Kunst der orientalischen und byzantinischen Tradition. Die Poebene nimmt im gesamten mittleren und westlichen Bereich (der ungefähr dem Piemont, der Lombardei und der Emilia entspricht) stets an der Entwicklung der romanischen Welt teil. Natürlich ist die Region gegen Venedig und die Romagna hin Grenzland zum byzantinischen Gebiet: Doch sie nimmt nicht als Vermittler an der Entwicklung teil, sondern steht unter dem deutlichen Einfluß Frankreichs und Deutschlands.

Die italienische Kunst entsteht indes in einem anderen Grenzgebiet, in der Toskana, und zwar genau im Augenblick der Synthese von klassisch-byzantinischer Kontinuität und barbarisch-gotischer Innovation. Die rationalistische florentinische Lösung (die zugleich neo-klassisch und gotisch ist und ihre Synthese in Giottos Dreidimensionalität und Räumlichkeit findet) ist die Formel, die eine neue, in gewisser Weise bereits »italienische« Tradition eröffnet.

Um im eigentlichen Sinn von italienischer Kunst reden zu können, muß man also auf Giottos Lösungen und die der Künstler seiner Generation warten – genauso wie auf Dantes Literatur und die seiner Zeitgenossen, will man von einer italienischen literarischen Sprache reden, ohne deshalb die Vitalität der romanischen Dialekte Norditaliens in Frage zu stellen. Die ursprüngliche Synthese verschiedener Traditionen kennzeichnet in diesen Jahren – in einer anderen Kunstart – die Entstehung der »gotischen« Architektur Mittelitaliens oder, auf einem anderen Gebiet, die Entstehung der musikalischen »ars nova«: »Wie der neue Stil Dantes auch nach seiner musikalischen Seite hin der provenzalischen Ausgangsstufe als etwas grundsätzlich Neues und Selbständiges gegenübertritt, grundverschieden vom deutschen Minnesang, so auch die toskanischen Dome von Siena, Orvieto, Florenz. Wie jener sind sie Mittelalter, echtestes, nicht modern zu deutendes Mittelalter, ›gotisch‹ aber nur in einem ganz anderen, fast gegensätzlich zu nehmenden Sinne, so weit von französischem Geiste, als es der italienische immer gewesen und geblieben ist«[16] – so schrieb ein großer Historiker, der aufgrund seiner Zweisprachigkeit zu diesem Vergleich in der Lage war.

So liegt der revolutionäre Moment höchster Vitalität, Ausdehnung und Beweglichkeit – wie uns die Kulturgeschichte und besonders die

Geschichte der Kunst, die mit der ökonomischen hier übereinstimmen, zeigen – zwischen 1290 und 1320. Während dieser dreißig Jahre, die nicht nur für die Kunstgeschichte Italiens ein glücklicher Zeitraum waren, spielten einige Gebiete Mittelitaliens, Florenz an erster Stelle, absolut wie im Vergleich mit der gesamten westlichen Welt eine avantgardistische Rolle. Und so bedeutet es nicht viel, wenn die konservative Strömung der Geschichtsschreibung, von der weiter oben die Rede war, sich auf günstigem Boden für ihre letzten Beweise zur Verteidigung des römischen Primats glaubt. Denn nun handelt es sich nicht mehr um die Jahre des frühen Mittelalters, da der Mangel verfügbarer Daten in einem bestimmten Sinn kühne historiographische Brückenschläge erleichterte (zu deren Stützung es zuweilen genügen konnte, die Daten eines einzigen Werks zu verschieben)[17]; nun fehlen die historischen, die wirtschafts- und kunsthistorischen Daten nicht mehr, die alle in unwiderlegbarer Weise Florenz als das Zentrum der Innovationen zeigen, als die große wirtschaftliche Metropole, als Hauptstadt der Banken und Manufakturen, während sich das Papsttum in Rom darauf beschränkte, die Erzeugnisse der toskanischen Stadt zum Nutzen seiner politisch-religiösen Zwecke einzusetzen. Zuerst wurde Cimabue, dann Arnolfo und Giotto von den Päpsten gerufen, weil die örtlichen Künstler allein den Ansprüchen nicht mehr genügten. Jacopo Torriti, Cavallini, Conxolus, Giovanni di Cosma zeigen nicht etwa, daß die italienische Kunst aus der römischen mittelalterlichen Tradition wiedergeboren wird, sondern interessanterweise, daß Rom von der neuen Formensprache der Florentiner erobert wurde[18].

Ausmaß und Qualität des Phänomens, das den Wirtschaftshistorikern in großen Zügen längst bekannt ist (es ist hier aber kaum der Ort, demographische Belege und Daten der handwerklichen Produktion, der Bankgeschäfte und der Bautätigkeit anzuführen), werden von den Kunsthistorikern erst allmählich wahrgenommen. Die konservativen Kunsthistoriker hängen immer noch dem Mythos von der Vollkommenheit der Renaissance an, und die »Fortschrittlichen« gehen vom wirtschaftlichen Aufschwung aus, der – nachdem die Quellen der »Primitiven« erschöpft sind – das Forschungsinteresse auf spätere Jahrhunderte lenkt, die mehr von der freien Warenzirkulation geprägt sind (17. bis 19. Jahrhundert)[19]. Zwar hat schon Roberto Longhi (obwohl er sich vor allem mit dem 17. Jahrhundert befaßte) das Trecento gerne als »das große Jahrhundert der italienischen Kunst« definiert, doch erst die Untersuchungen der letzten Zeit heben dies im Detail hervor und enthüllen gleichzeitig das außerordentlich starke Mißverhältnis zwischen den Anfängen des Jahrhunderts und der ganzen folgenden Periode.

Die positivistische Geschichtsschreibung, unbewußtes Opfer einer mechanistischen Zeitauffassung, hatte versucht, die erhaltenen Werke einheitlich auf den ganzen verfügbaren Zeitraum zu verteilen. Sie ging dabei von der nirgendwo formulierten oder bewiesenen Annahme aus, daß die künstlerische Produktion ganz natürlich zu gleichförmiger Verteilung neige. Doch die neuere systematische und analytische Geschichtsforschung, die umfassendere Gebiete der künstlerischen Tätigkeit des Trecento untersucht, zeigt die Haltlosigkeit einer solchen chronologischen Systematisierung und dokumentiert vielmehr in topographischer und chronologischer Hinsicht eine ungleichmäßige Verteilung. Um mit einem rein quantitativen Aspekt zu beginnen: Die verminderte Produktion einiger bedeutsamer Zentren (Genua, Pisa, Rom) und das Verschwinden anderer (Rimini) im Laufe des Jahrhunderts ist zwar längst bemerkt worden, doch erst jetzt, da die Autonomie auch kleinerer Zentren wie Lucca, Arezzo und Pistoia, Volterra, Orvieto, Assisi, Spoleto, Gubbio und Aquila zu Beginn jener Epoche gesehen wird, können wir verstehen, welche Verarmung die Konzentration der Produktion auf die zukünftigen Hauptstädte (Florenz, Siena, Perugia) in den folgenden Jahren bedeutet hat. So gewinnen wir allmählich Einblick in den Übergang von einer Phase überaus reicher, verstreuter und abwechslungsreicher Produktion zu einer Phase, die durch eine gedrängtere und konzentriertere Produktion gekennzeichnet ist[20].

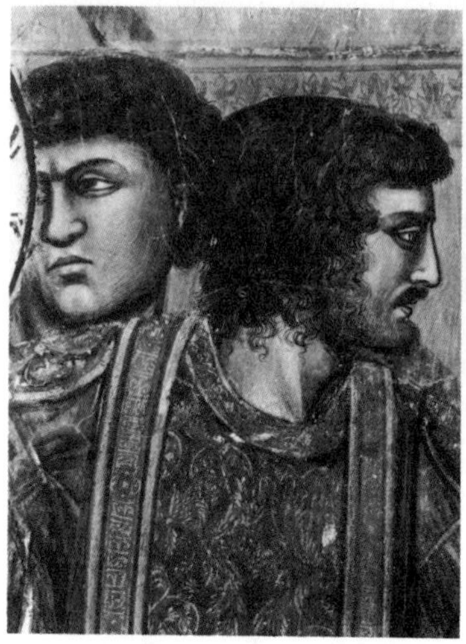

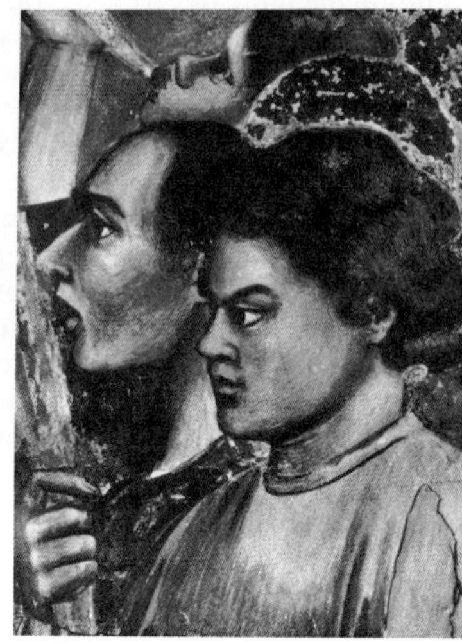

links:
GIOTTO,
Christus vor Kaiphas, 1304–1305
Ausschnitt
Padua, Arena-Kapelle

rechts:
GIOTTO,
Gefangennahme Christi, 1304–1305
Ausschnitt
Padua, Arena-Kapelle

Doch zur spezifischen, qualitativen Ebene: Es ist eine Tatsache, daß die Mehrzahl der künstlerischen »Hauptwerke« des Trecento erheblich rückdatiert wird (wir erinnern an die Freskenzyklen von Giotto, Simone Martini, Pietro Lorenzetti in der Basilika von Assisi, an das Fresko von Buffalmacco im Camposanto von Pisa, an das von »Barna« in San Gimignano.) Das gleiche Schicksal scheint ganze Werkgruppen zu treffen und damit eine Reihe von Persönlichkeiten ersten Ranges wie den Florentiner »Maestro del Codice di San Giorgio« und den »Maestro daddesco« oder die Bolognesen »Dalmasio« und »Pseudo-Jacopino«; ähnliches war zuvor bereits dem »Maestro di Figline« widerfahren, der um fünfzig Jahre rückdatiert und damit stilistisch nicht mehr dem Umfeld Orcagnas, sondern Giottos zugeschrieben wurde. Man sieht, daß die Mehrzahl der berühmtesten stilistischen »Erfindungen« des 14. Jahrhunderts (vor allem im Bereich der Kunst) auf die Jahrhundertwende oder die unmittelbar darauffolgenden Jahre zurückdatiert werden.

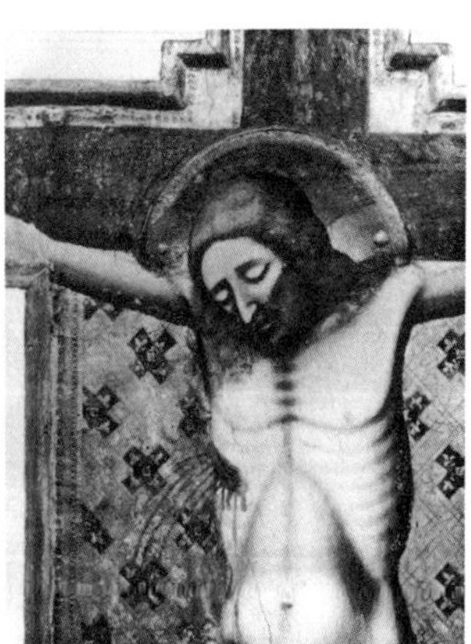

PSEUDO-JACOPINO,
Kruzifix, um 1330
Ausschnitt
Bologna, San Giovanni in Monte

Dies bestätigt – wenn man so will – auch die jüngste Anerkennung dieser frühen Datierungen, die bis vor einiger Zeit noch überraschend, wenn nicht gar wegen der »unglaublichen« Modernität der stilistischen Merkmale inakzeptabel erschienen waren. Wir können an das Portrait von Bruno Beccuti in Santa Maria Maggiore in Florenz erinnern, das aufgrund seines starken Realismus als ein Werk des 15. Jahrhunderts angesehen wurde, mit aller Wahrscheinlichkeit jedoch auf die Jahre zwischen 1317 und 1323 zurückgeht und von Tino di Camaino stammt[21]; oder auch an das Grab des Hl. Simon von Marco Romano in Venedig, das um 1317 errichtet wurde, wegen seines reifen gotischen Naturalismus früher der Zeit von Matteo Raverti zugeordnet wurde,

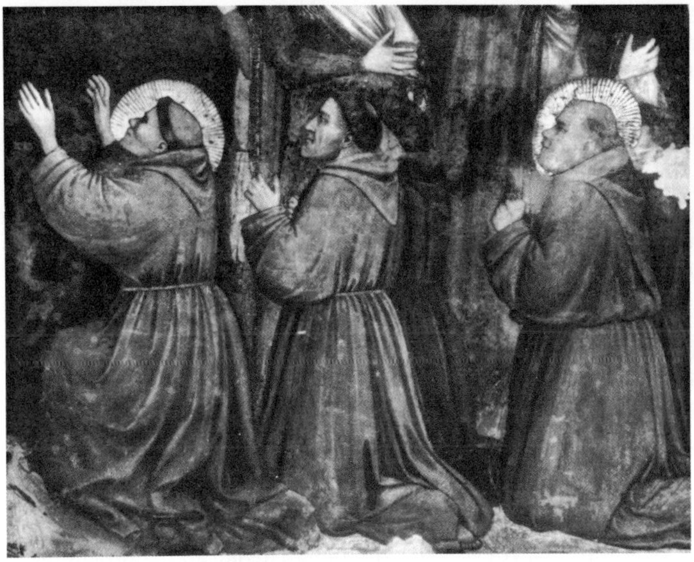

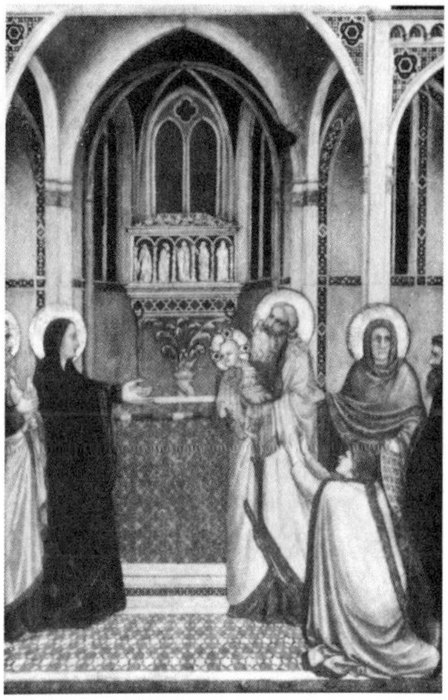

tatsächlich aber hervorragend zu anderen Werken paßt, die ebenfalls starken Anklang an das Quattrocento haben, aber zu Beginn des Trecento entstanden sind, wie z. B. das berühmte Standbild »Ranieri del Porrina« im Dom von Casole d'Elsa. Daß es der Kritik schwerfällt, die Plastizität des »Maestro di Figline« (die gewissermaßen schon an Piero della Francesca, Giovanni di Francesco und den »Maestro di Pratovecchio« anklingt) dem Duecento und Trecento zuzuordnen, haben wir bereits erwähnt. Dies alles sind Vorwegnahmen von Entwicklungen (wie die Perspektive und Giottos perspektivische Verkürzungen), die hier ihren Ursprung haben und deren wirkliche Bedeutung näher zu betrachten sein wird.

links:
GIOTTO und Gehilfen,
Heilige Franziskaner, um 1315
Ausschnitt aus der *Kreuzigung,*
Assisi, S. Francesco, Unterkirche

rechts:
GIOTTO-Schule,
Darstellung Christi im Tempel,
um 1313–1315
Ausschnitt
Assisi, S. Franceso, Unterkirche

Der Beginn der italienischen Kunstgeschichte: die unterbrochene Entwicklung

Unter Kunsthistorikern ist – wegen der Unklarheit über die beiden Ebenen der Analyse – eine optische Verzerrung üblich: Gerade auf der »qualitativen« Ebene wird die Bedeutung eines Künstlers um so höher eingeschätzt, je länger der Stil, den sein Werk begründete, andauerte (in solchen Fällen spricht man von »großer Anhängerschaft«, von einem »mehrere Jahrzehnte bestimmenden Experiment« und ähnlichem; umgekehrt von »fehlgeschlagenem Versuch«, »ohne Folgen« usw.), während der Künstler, streng genommen, nach seinem Tod keine Verantwortung für die Folgezeit trägt. Tatsächlich zeigt die lange Fortdauer eines Stils – weit davon entfernt, das Verdienst des Begründers zu mehren – nur den schwachen Willen der folgenden Generation beziehungsweise deren Unvermögen zur Erneuerung: Sie ist daher wahrscheinlich eher Symptom einer geschwächten sozialen Dynamik, Symptom von Stagnation und Niedergang als Zeichen der postumen Macht einer großen Persönlichkeit. Solange die Gesellschaft dynamisch ist, bleibt die Kultur lebendig und erneuert sich ständig; und unter solchen Verhältnissen verändern sich auch die Künstler und nehmen nacheinander verschiedene »Stile« an: wie man für die hier behandelten Jahre

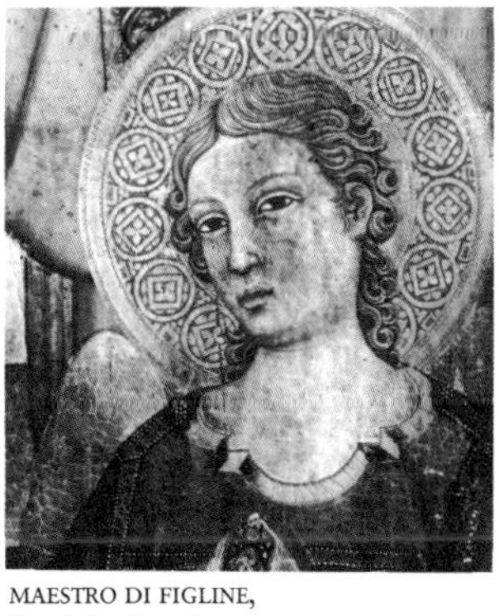

MAESTRO DI FIGLINE,
Kopf des Engels, um 1320
Ausschnitt aus der *Maestà*

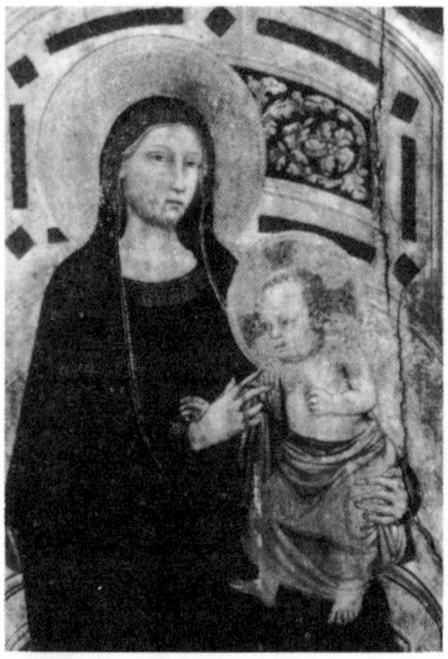

MAESTRO DI FIGLINE,
Maestà, um 1320
Ausschnitt

bei Nicola Pisano und Giotto und in späteren Epochen bei Bellini und Tizian oder Caravaggio beobachten kann. Wenn nach dem Tode des Meisters die wirtschaftlich-soziale Dynamik in Bewegung bleibt, wird dieser – so groß er gewesen sein mag – »überwunden« (das zeigt die Folge Bellini – Giorgione – Tizian); und so bedeutet umgekehrt die lange Vorherrschaft eines Stils mit einiger Wahrscheinlichkeit Stagnation. Das läßt sich an Giottos Stil, der bis zur Schwelle des Quattrocento in Florenz dominierte, und etwas später in Venedig an dem anhaltenden tizianischen Stil oder in Bologna am Idealismus Renis sehen, der fast das ganze 17. Jahrhundert bestimmte.

In dieser Perspektive sind die »Vorwegnahmen« der Kunst des frühen Trecento möglicherweise nur Symptome einer »unterbrochenen Entwicklung«, so daß man in Florenz erst im Quattrocento erfolgreich wiederaufgenommen hätte, was ein Jahrhundert zuvor unvollendet geblieben war.

Man muß zunächst einmal die absolute Originalität der neuen Darstellungsformen in Florenz und in der Toskana während des Duecento und Trecento sehen und sich die außergewöhnliche Kraft und Geschwindigkeit der ersten mitreißenden Expansion der neuen künstlerischen Konzeptionen vor Augen halten: man denke an Arnolfo in Rom, Florenz und Orvieto; an Giovanni Pisano in Pisa, Genua, Pistoia, Perugia und Siena; an Giotto in Assisi, Rom, Rimini, Padua, Neapel, Bologna und Mailand; und dann an ihre ersten sienesischen Nachfolger Memmo di Filippuccio in Pisa und San Gimignano, an Tino di Camaino in Pisa, Florenz, Siena und Neapel; an Pietro und Ambrogio Lorenzetti und Simone Martini in Siena, Assisi, Orvieto und Neapel; und auch an Pietro Cavallini in Rom und Neapel, an Buffalmacco in Pisa, Arezzo und Bologna, die Künstler aus Umbrien, Rimini sowie die übrigen Norditaliener, an die Bolognesen und Lombarden: Mit dem Schwung der neuen künstlerischen Sprache erobern sie in nur dreißig Jahren fast die gesamte Halbinsel, sieht man vom Piemont, einigen Teilen der Lombardei, der Stadt Venedig und dem äußersten Süditalien ab. Doch man muß auch hinzufügen, daß sich diese Eroberung recht bald als unvollständig erwies – nicht, weil sie die »natürlichen Grenzen« Italiens nicht erreicht hätte, sondern im Hinblick auf Stärke und Geschlossenheit. Der Prozeß der Umwandlung war mühsam, oft kehrte man zu älteren Stilformen zurück. Selbst in Florenz und Siena, den größten Zentren der neuen künstlerischen Doktrin, kann man bei vielen Künstlern das Wiederaufleben der Kunst des Duecento bemerken. Vor allem der Irrationalismus, der phantastische Impressionismus, der fragmentarische Naturalismus der französischen Gotik bleiben in Italien und selbst in Florenz noch lange eine Alternative zur strengen Konstruktion der Körper und des Raums, zur rationalen, logischen Darstellungsweise der Großen der heroischen Generation.

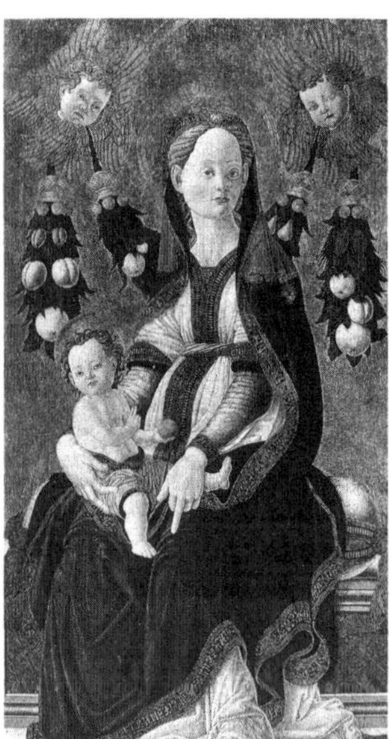

GIOVANNI DI FRANCESCO,
Madonna mit Kind, um 1455
Mittelbild eines Triptychons

1348: Die Krise der Jahrhundertmitte

Möglicherweise lassen gerade diese Symptome auch auf der Ebene künstlerischer Produktion die warnenden Vorzeichen der heftigen Krise der Jahrhundertmitte erkennen, die in der Schwarzen Pest von 1348 ihre Spitze und makabre Krönung erlebte und sich – zunächst deutlich als Krise der Produktivität und dann als politische und finanzielle Krise – schon seit den dreißiger Jahren angedeutet hatte[22].

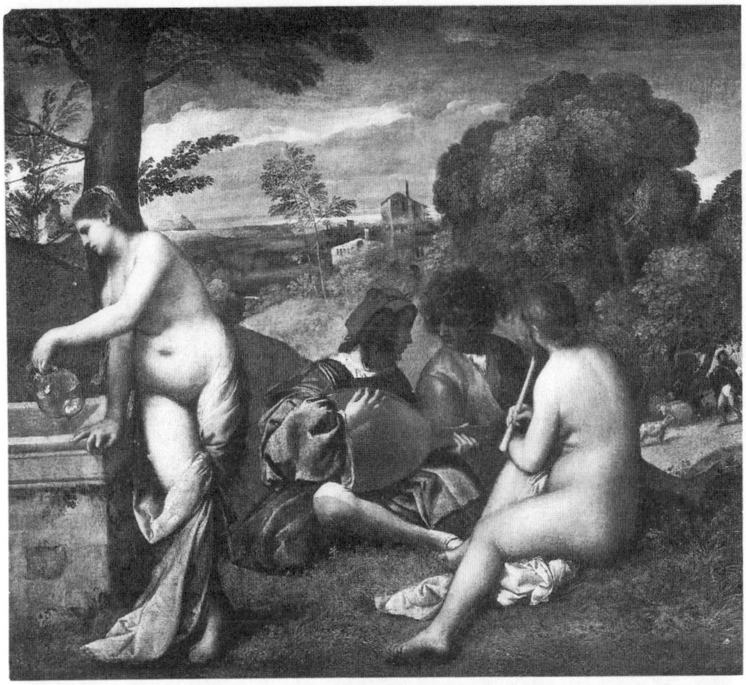

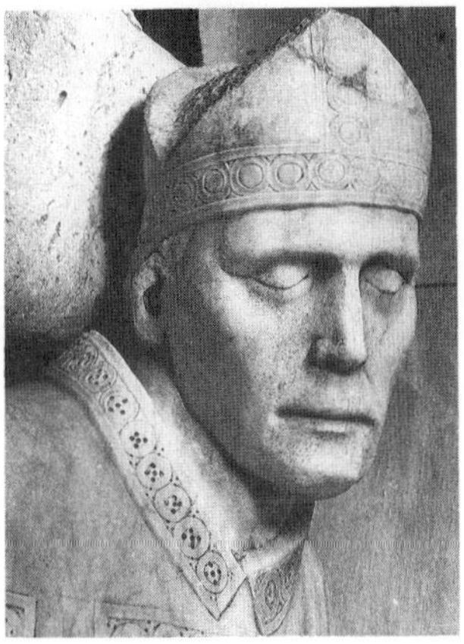

TINO DI CAMAINO,
Kardinal Petronius, 1317–1318
Siena, Dom

TIZIAN,
Ländliches Konzert, um 1511–1512

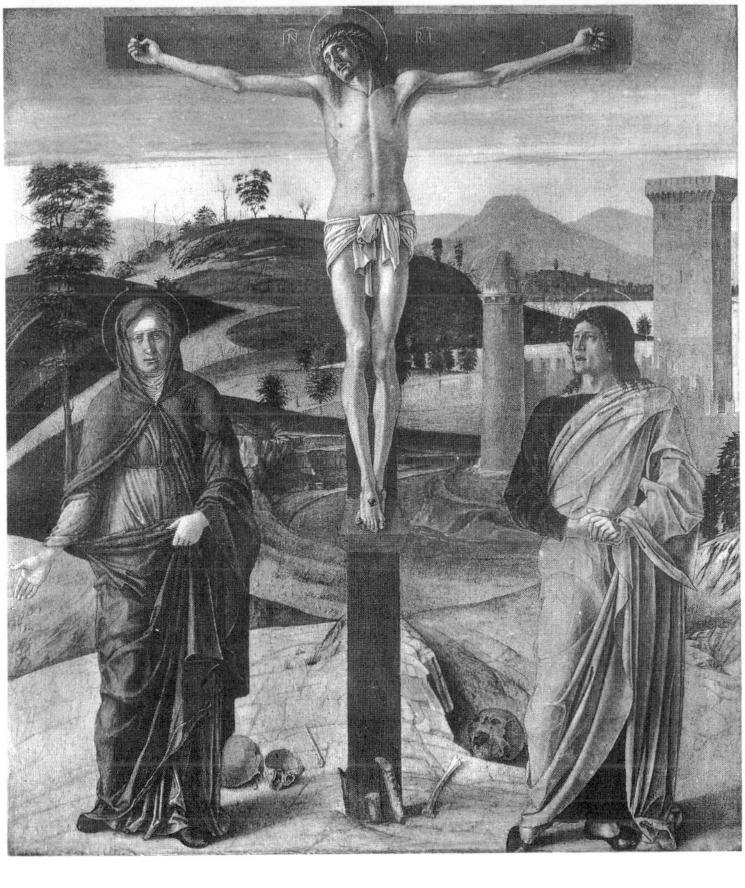

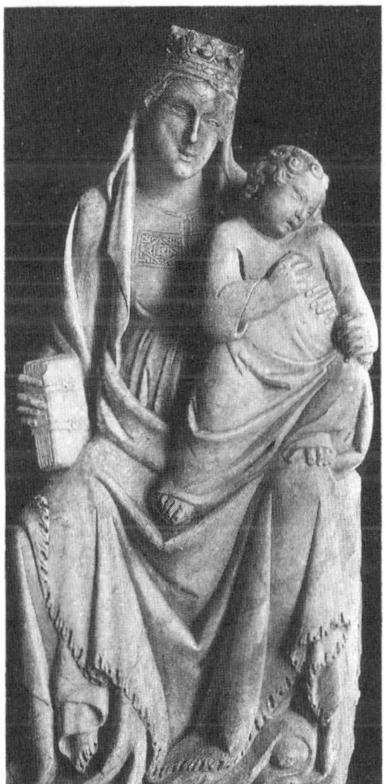

TINO DI CAMAINO,
Madonna mit Kind, 1321–1323
Vom Grabmal des Bischofs Orso

GIOVANNI BELLINI,
Kreuzigung, um 1470

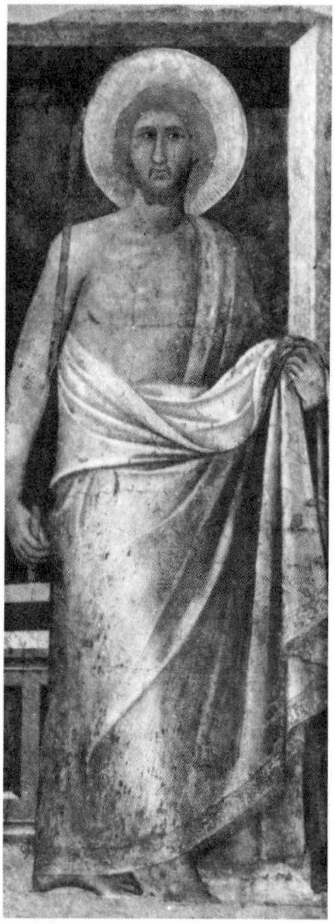

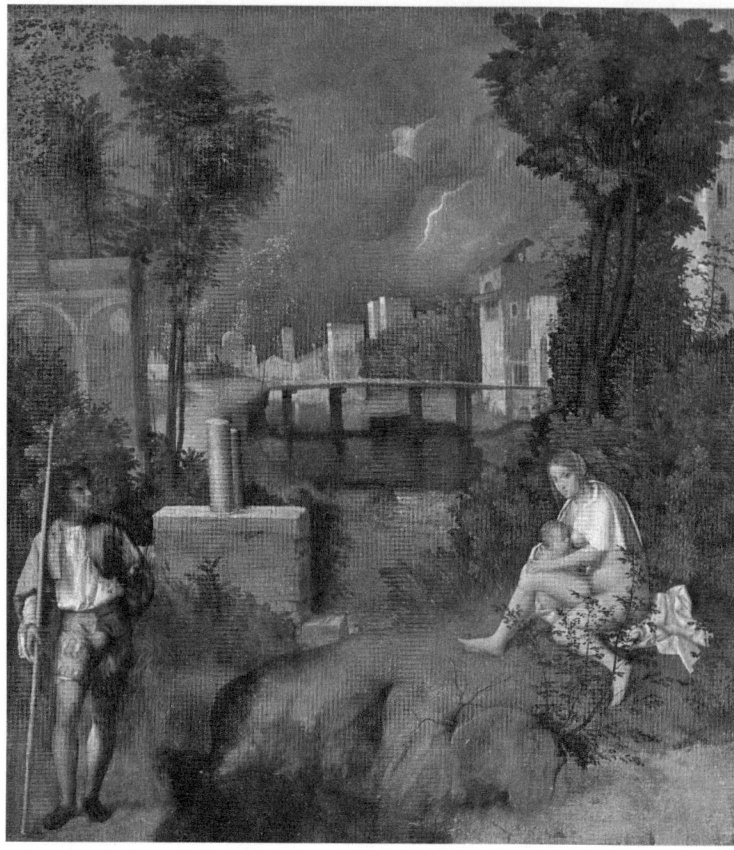

oben:
PIETRO LORENZETTI,
Auferstehung Christi, um 1330

rechts:
GIORGIONE,
Das Gewitter, um 1505

Kann das Jahr 1348 auch für die Kunstgeschichte als Periodisierungsmarke gelten, und wenn ja, in welchem Sinne? Das Problem der Beziehung zwischen allgemein geschichtlicher und kunsthistorischer Periodisierung, das sich bei der Frage der Ursprünge gestellt hatte, hat nun in gewissem Sinn ein umgekehrtes Vorzeichen. Dort schien dem qualitativen Sprung der künstlerischen Tradition, der in der Toskana am Ende des Duecento erkennbar ist, zumindest teilweise die Tendenz einiger Wirtschaftshistoriker zu widersprechen, bis zum Jahre Tausend und damit zu den ersten Anzeichen einer Wiederbelebung der Landwirtschaft zurückzugehen. Hier dagegen ist die katastrophale Zäsur auf struktureller Ebene nicht unmittelbar im künstlerischen Bereich zu erkennen; es gibt vielmehr eine grundlegende Kontinuität des Diskurses das ganze Jahrhundert über. Selbst die Versuche herausragender Historiker der florentinischen Kunst (von Antal über Meiss bis Boskovits), die Stilveränderungen um die Jahrhundertmitte positiv zu beschreiben, können nicht ganz überzeugen, da sie in ihrem Ansatz offensichtlich von dem beeinflußt sind, was man eben (aus nicht spezifischen Quellen) über die florentinische Gesellschaft zur Zeit des Schwarzen Todes weiß[23]. Die hauptsächliche Veränderung der künstlerischen Produktion in der Toskana, die wir um die Mitte des Jahrhunderts feststellen können, besteht in Wirklichkeit genau darin – und dies ist kein Paradox –, daß sie sich recht wenig verändert; oder, um genauer zu sein, in der auffallenden Abnahme des Grads der Veränderung. Die Kultur, die ohne Unterbrechung für ganz Italien oder ganz Europa Hauptinitiator der Innovationen gewesen war, scheint sich in

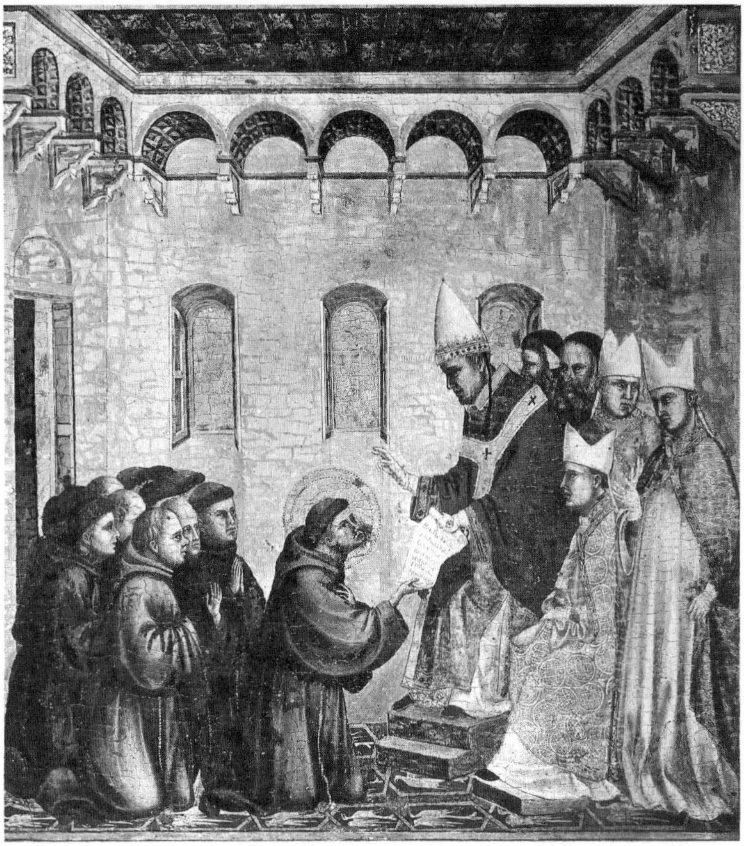

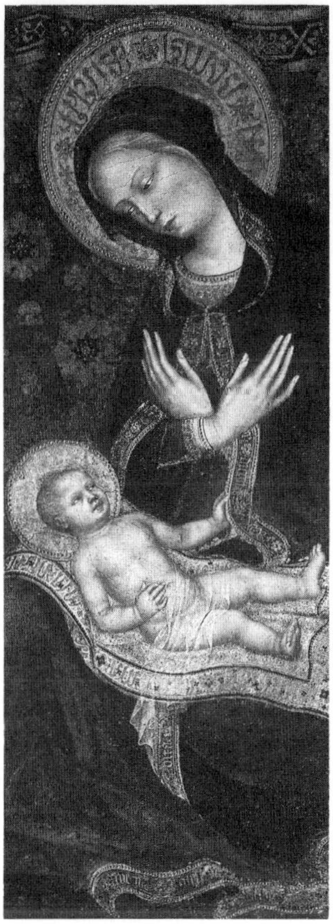

links:
GIOTTO-Schule (?),
Die Bestätigung der franziskanischen Regel durch Innozenz III., um 1300
Ausschnitt aus einem von GIOTTO signierten Tafelbild

rechts:
GENTILE DA FABRIANO,
Madonna dell'Umiltà, um 1415
Ausschnitt

sich selbst und in die Betrachtung ihrer eigenen, ruhmreichen letzten Tradition zu versenken. Die kaum vergangenen fünfzig Jahre beginnen die mythologischen Farben des Goldenen Zeitalters anzunehmen. Typisch für den Wunsch, eine Tradition zu erhalten, sind die Modifikationen, die man auf stilistischer Ebene hervorheben kann: Versteifung des bildlichen Ausdrucks, Mechanisierung des Ausführungsprozesses, ikonographische Wiederholungen oder Wiederholung erstarrter bildlicher Topoi, fast unveränderte Wiederaufnahme der Werke der Goldenen Epoche. In Florenz ist dies in den Werkstätten von Taddeo Gaddi und Orcagna der Fall, wie auch in den Werkstätten von Andrea Bonaiuti und Niccolò Gerini, in Siena bei Segna di Bonaventura, »Bartolomeo Bulgarini«, Andrea Vanni, Giacomo di Mino del Pellicciaio und Bartolo di Fredi.

Im übrigen scheint mir die Gegenüberstellung der allgemeinen Dynamik sozialer Fakten (anstelle der reinen Überprüfung der künstlerischen Formen), die das Jahr 1348 als chronologischen Knotenpunkt suggeriert, Irrtümer zu erklären wie beispielsweise die Datierung des *Triumph des Todes* des Camposanto in Pisa auf die Mitte des Jahrhunderts (wegen des »Pest«-Themas), während doch überzeugend dargelegt wurde, daß das Werk den dreißiger Jahren zugehört[24], oder auch die Interpretation eines verbreiteten neuen Sujets wie der »Madonna dell'Umiltà«[25] im Sinne neumittelalterlicher Mystik: als könne das Herabsteigen vom Thron auf die Erde, auf eine kleine Blumenwiese oder auf ein Kissen nicht vielmehr eine »freundliche« Annäherung der Muttergottes an die Menschen bedeuten, nicht in theologischem und

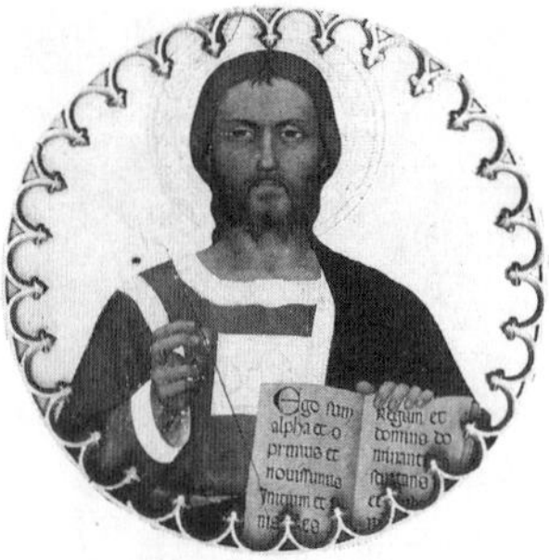

GIOVANNI DA MILANO,
Christus Pantokrator, um 1365
Aus der Cappella Rinuccini,
Florenz, Santa Croce

neomystischem, sondern vielmehr in weltlichem und profanem, wenn auch sicherlich nicht »volkstümlichem« Sinne. Auf diese Weise fügt sich das Motiv nämlich als letzte logische Entwicklung vollkommen in die Strömung des profanen Realismus ein, den Giotto begründet hatte und der in diesem Fall vor allem von Simone Martini fortgeführt wurde; eine Strömung, die sich – wie wir gleich sehen werden – sehr wohl auch jenseits des Grats der »Schwarzen Pest« entfalten konnte, und zwar weniger wegen des vorzeitigen akademischen Rückzugs der oben erwähnten Künstler, als wegen des entscheidenden Beitrags, den ein Künstler von außerhalb, Giovanni da Milano, in Florenz leistete. Er beeinflußte Maler wie Puccio di Simone und Giottino, den Neffen Giottos; und so hat vor allem er dazu beigetragen, daß die neue, zu Beginn des Jahrhunderts entstandene Richtung lebendig blieb[26].

Es ist hierbei nicht unwichtig, daß der Ursprung der Innovation außerhalb liegt, daß die Erneuerung lombardischer Herkunft ist. In Übereinstimmung mit der Zäsur der Mitte des Jahrhunderts (die so vor allem auch für die Kunstgeschichte eine Wende bedeutet) markiert dies nämlich eine Verschiebung: Das Gebiet der Poebene, das in weniger als einem halben Jahrhundert, aber mit Begeisterung, die toskanische Kunst aufgenommen hatte (ein Literaturwissenschaftler, Dionisotti, weist darauf hin, daß die Angleichung der Poebene an die Toskana im Bereich der Bildsprache der linguistischen Angleichung vorangegangen ist[27]), übernimmt nun die Rolle des Protagonisten. Man sollte daher statt des Niedergangs der Produktion in Florenz und seiner sozialen Krisen vielmehr vor Augen haben, daß »die Poebene von der allgemeinen Krise des Jahrhunderts nicht betroffen war, die seit dem ersten Jahrzehnt des 14. Jahrhunderts die europäischen Länder ergriffen hatte«, sondern daß sie sogar eine einzigartige Fähigkeit zeigte, »der langen Krise des 14. Jahrhunderts zu widerstehen und ihre außergewöhnliche demographische und ökonomische Expansion bis zum Ende des Quattrocento auszudehnen«[28]. Demnach werden unsere Kenntnisse über die sozialen und ökonomischen Verhältnisse (abgesehen von der Schwarzen Pest) der verschiedenen Teile der Halbinsel durch die Selbstkritik der italienischen Geschichtsschreibung bestärkt, die seit der Schrift Toescas von 1912[29], vor allem aber während der letzten dreißig Jahre, den Standpunkt Vasaris – der die Toskana als Zentrum nimmt – integriert, neu dimensioniert und korrigiert hat (worin ihr die um einiges traditionalistischere Geschichtsschreibung deutscher und vor allem englischer Sprache nicht gefolgt ist). Zudem bestärkt diese Feststellung unsere Überzeugung, daß die »Italianisierung« der Poebene zwischen dem 14. und 16. Jahrhundert im absoluten Sinne das hauptsächliche Ereignis der Geschichte der italienischen Kunst darstellt, der die Künstler des Nordens von diesem Moment an ganz zugehören. Die naturalistisch-expressionistische Vergangenheit blüht zwar im Untergrund noch einige Male wieder auf, ist jedoch von nun an stets in die neuen linguistischen Strukturen eingefügt. Die großen Protagonisten der »lombardischen« Kultur, die weiterhin ihren künstlerischen Dialekt sprechen, werden sich dieser neuen Integration nicht verweigern; gerade Künstler wie Giovanni da Milano und Tommaso da Modena oder wie Foppa und Bramantino, Correggio und Parmigianino, Lorenzo Lotto und Savoldo bis hin zu Annibale Carracci (um für den Moment nicht von den Venezianern zu sprechen) tragen auf je verschiedene Weise (auch wenn manche hier lieber *ein* Fleisch und Blut sähen) zu den einheitlichen und dennoch immer unterschiedlichen Geschicken der italienischen Kunstgeschichte bei.

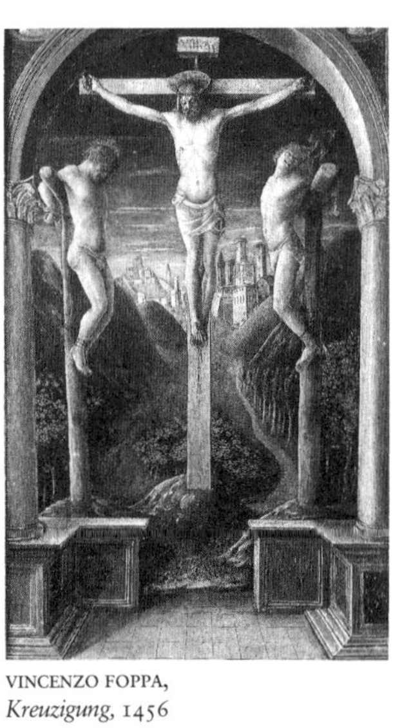

VINCENZO FOPPA,
Kreuzigung, 1456

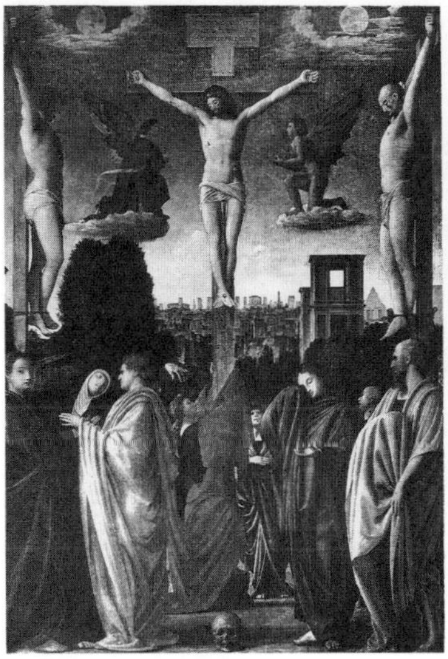

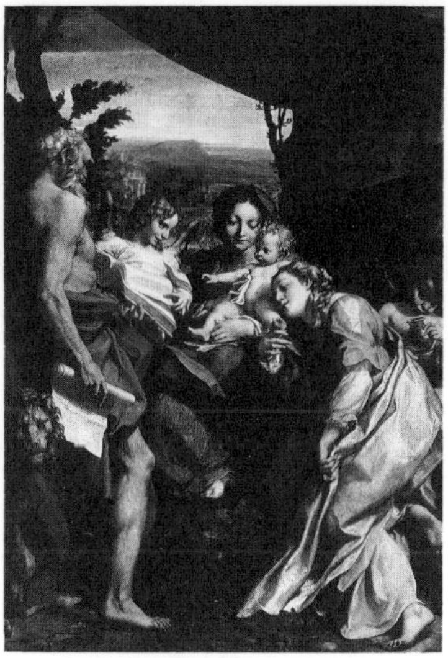

links:
BARTOLOMEO SUARDI, gen.
BRAMANTINO,
Kreuzigung, um 1515

rechts:
CORREGGIO,
Madonna mit Kind, dem Hl. Hieronymus und der Hl. Katharina (»Der Tag«), 1523–1528

So unterscheiden sich also die Entwicklungsdiagramme der künstlerischen Produktion in Mittel- und Norditalien: dem jähen Anstieg folgt in Mittelitalien nach den dreißiger Jahren eine verlangsamte Entwicklung, die nach 1348 sofort zum Stillstand kommt (es ist merkwürdig, daß man heute noch behaupten kann, während der »schrecklichen Epidemie« habe kein »berühmter Architekt, Maler oder Bildhauer das Leben verloren«[30], was voraussetzt – sofern man nicht hofft, gerichtsmedizinische Urkunden wiederzufinden –, daß man von diesen »Berühmtheiten« Andrea da Pontedera, Pietro und Ambrogio Lorenzetti, Bernardo Daddi, Maso di Banco, Francesco Traini ausschließt, Künstler also, deren überlieferte Werke, wie die vieler anderer, nur bis 1348 dokumentiert sind. Diese Entwicklung ist von einer zunächst langsamen, aber dann seit den siebziger Jahren immer stärker akzentuierten Wiederbelebung gekennzeichnet. Demgegenüber zeigt die zweite Entwicklungskurve einen kraftvollen und kontinuierlichen Anstieg, der ohne bemerkenswerte Erschütterungen die Entwicklung des Duecento jenseits des Grats der stilistischen Erneuerungen fortsetzt. In den letzten dreißig Jahren des Jahrhunderts werden diese beiden Linien zusammenfließen, und es wird für einen langen Moment den Anschein haben, als beginne die neue Variante der modernen Sprache, der sogenannte

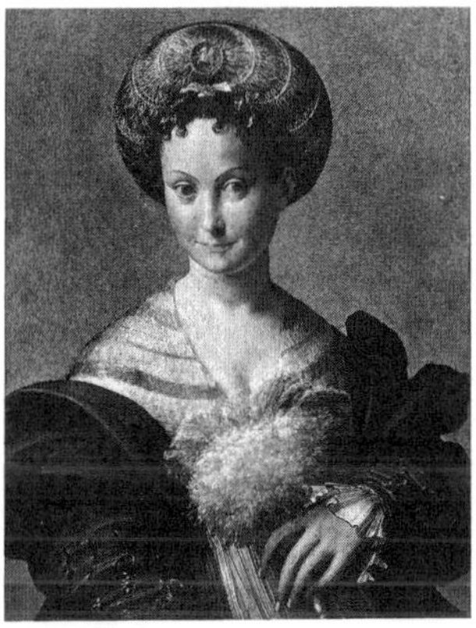

PARMIGIANINO,
Bildnis einer jungen Frau (Türkische Sklavin), um 1530
Ausschnitt

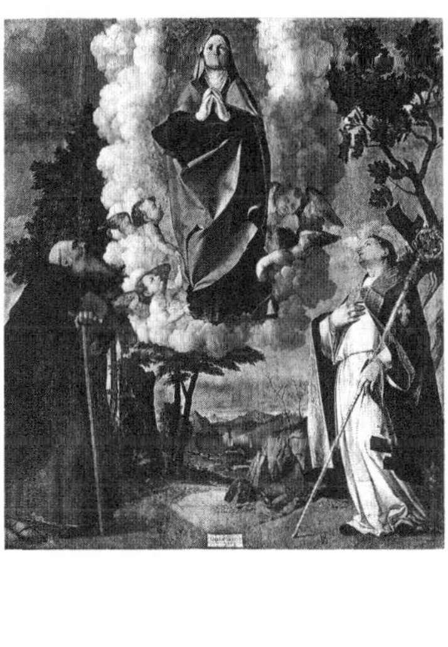

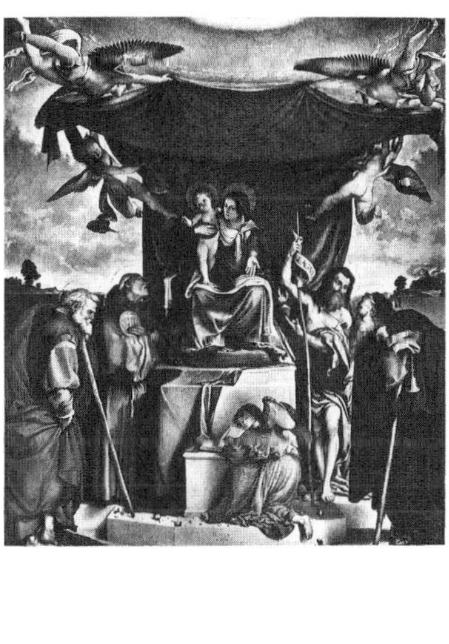

links:
LORENZO LOTTO,
Die Himmelfahrt Mariae und die Hll. Antonius Abbas und Ludwig, 1506
Ausschnitt

rechts:
LORENZO LOTTO,
Madonna mit Kind, umgeben von den Hll. Joseph, Bernhard, Johannes d. T. und Antonius Abbas, 1521
Ausschnitt, Bergamo, San Bernadino

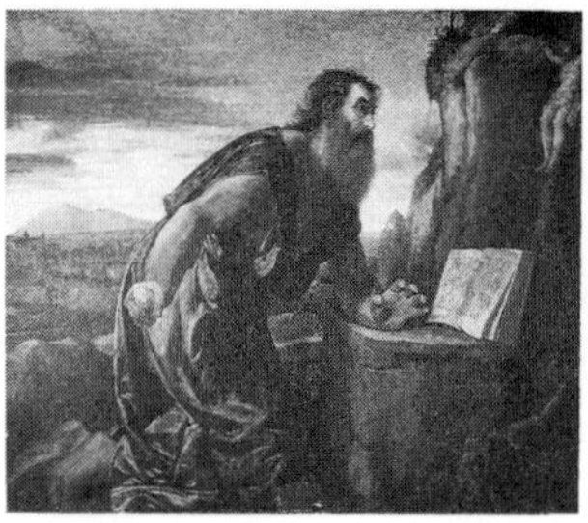

GIROLAMO SAVOLDO,
San Girolamo, um 1530

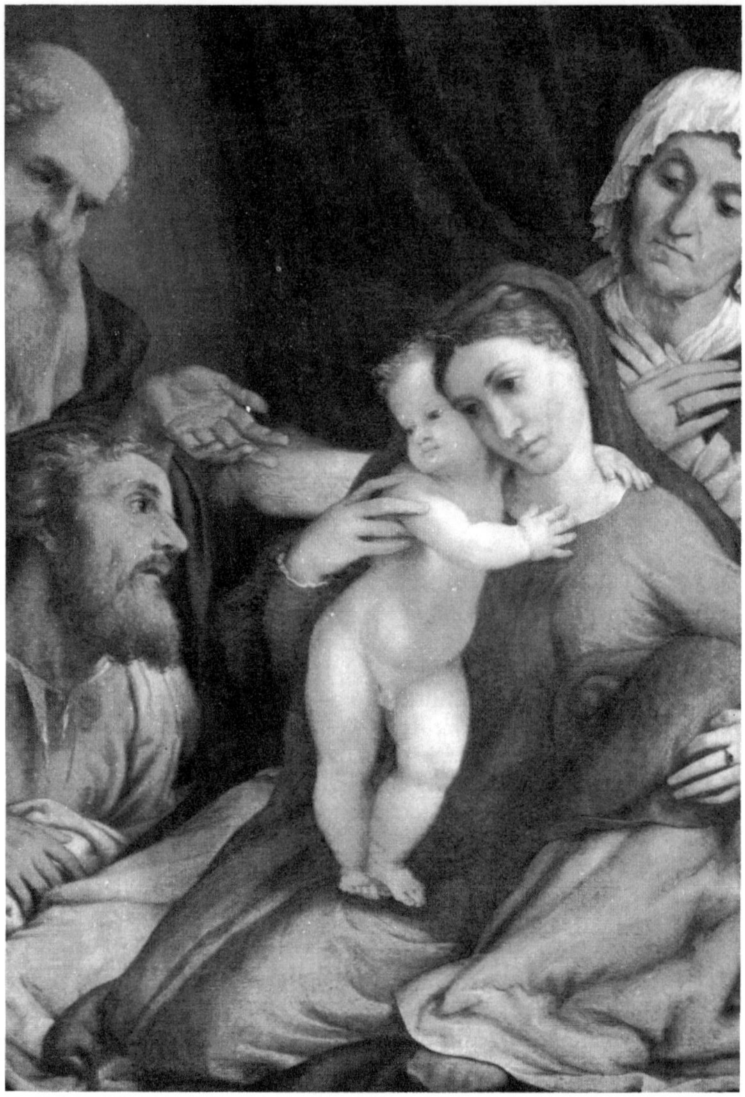

LORENZO LOTTO,
Die Heilige Familie
Ausschnitt

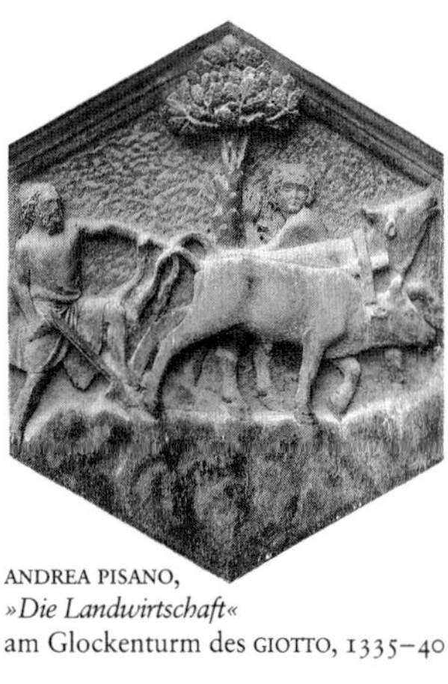

ANDREA PISANO,
»Die Landwirtschaft«
am Glockenturm des GIOTTO, 1335–40

»höfische Stil« oder die »internationale Gotik«, welche die Poebene entscheidend geprägt hat, ganz Europa und damit auch die Toskana zu erobern (die Arbeiten Starninas in Florenz, die erste Periode von Ghiberti, Lorenzo Monaco, Gentile da Fabriano, Masolino).

Innerhalb dieser beiden Diagrammkurven, die im wesentlichen parallel zu den entsprechenden Entwicklungslinien des ökonomischen Bereichs verlaufen, stellen sich die erkennbaren »Ausnahmen« eben genau als solche dar und verlangen daher zu ihrem Verständnis besondere Erklärungen.

In Norditalien ist vor allem der abgelegene Fall Venedigs bemerkenswert, das bereits während des Duecento – in dem es sich ganz dem Orient zuwandte – eine überaus mächtige Position erlangt hatte: Als die Welle der toskanischen Innovationen Norditalien erreicht, nimmt es eine konservative Position ein und hat Mühe, sich von der byzantinischen Kultur abzulösen, in der es seit mehr als einem Jahrhundert nicht mehr die Neben-, sondern die Hauptrolle übernommen hat. Und die

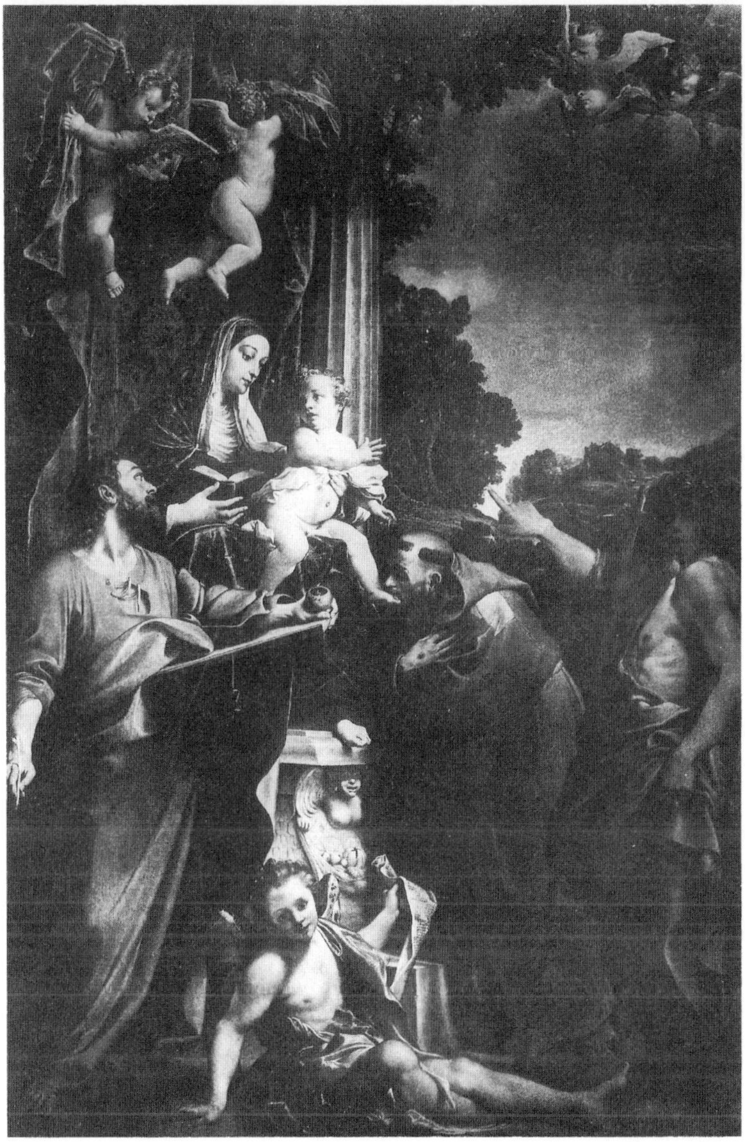

ANNIBALE CARRACCI,
Madonna mit Kind und den Hll. Matthäus, Franziskus und Johannes d. T., 1588

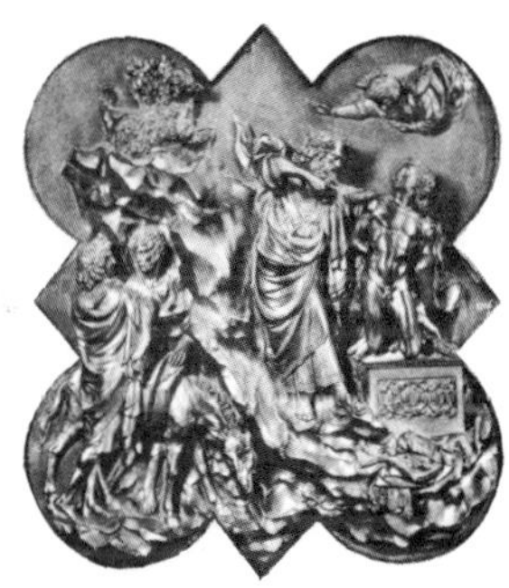

LORENZO GHIBERTI,
Opferung Isaaks, 1401

Tatsache, daß die nächste Rivalin auf dem Festland, die überaus blühende Stadt Padua, seit der Arena-Kapelle Protagonistin des Neuen geworden war, wird nicht dazu beigetragen haben, den neuen Stil sympathischer zu machen. Zwischen Giottos und dem gotischen Stil, den beiden Varianten der neuen Sprache, scheint sich Venedig vorsichtig der zweiten Lösung anzunähern, die es über die emilianische Version langsam aufnimmt (Paolo Veneziano, Lorenzo Veneziano).

Dennoch verläuft der Prozeß offenbar ziemlich gradlinig und kann sich im Laufe des Jahrhunderts kontinuierlich festigen, bis er schließlich einen Verlauf beschreibt, der sich – abgesehen von der anfänglichen Trägheit – nicht sehr von dem anderer norditalienischer Städte unterscheidet, an deren Seite Venedig am Ende des Jahrhunderts mit eigener Stimme in den großen Choral der »internationalen Gotik« einstimmt (Niccolò di Pietro, Jacobello del Fiore)[31].

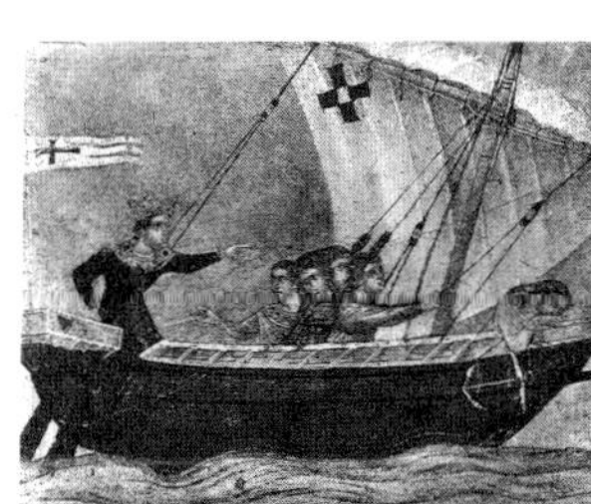

PAOLO VENEZIANO,
Die Schiffahrt der Hl. Ursula, um 1320

In Mittelitalien, wo auch die größeren Zentren von der jüngsten Krise betroffen sind (nicht nur Florenz und Siena, sondern auch Pisa, Perugia und Rom), stellt Orvieto die bemerkenswerteste Ausnahme dar: Ohne Schaden scheint es die Jahrhundertmitte zu überwinden und seine Malerschule gewinnt gerade seit den sechziger Jahren die expansive Kraft, die ihr bislang gefehlt hatte (Ugolino di Prete Ilario, Piero di Puccio, Cola Petruccioli). Wahrscheinlich ist die Erklärung hierfür in der Entscheidung des Kardinals Albornoz zu suchen, eines päpstlichen Legats, der mit der »Rückeroberung« des Kirchenstaates beauftragt war und der hier den eigenen Hof stärken wollte, indem er ihm vorübergehend (1354–1367) eine politische Bedeutung und demzufolge auch ein ökonomisches und kulturelles Gewicht verlieh, das Orvieto nie gekannt hatte. In diesem Sinn läßt sich Orvieto sogar als das erste Beispiel eines Phänomens anführen, das in der italienischen Kunstgeschichte einige Male wiederkehrt: In einer Situation allgemeinen Rückgangs heben sich die Zentren, die eine relative Blüte bewahren können, positiv ab, ziehen Künstler an und werden sogar, je nach dem Ausmaß des Phänomens, vorbildlich und kulturell führend.

Harte Zeiten und Investitionen in die Kultur

Mit unseren bisherigen Beobachtungen können wir nun auch aus kunsthistorischer Perspektive in dem berühmten Disput um die Periodisierung der »Renaissance« Stellung beziehen, der vor allem die Untersuchungen der letzten zwanzig Jahre bewegt hat[32]. Im Gegensatz zu einer weit verbreiteten Auffassung behaupten wir, daß die von bestimmten Wirtschaftshistorikern vorgeschlagene Rückdatierung des Zeitpunkts, der zugleich den heftigsten Aufstieg und den deutlichsten Bruch mit der Vergangenheit markiert – vom Beginn des Quattrocento auf das Ende des Duecento –, unseren gegenwärtigen Kenntnissen über die Bedingungen künstlerischer Produktion im Mittelitalien jener Zeit nicht widerspricht. Natürlich muß man sich dabei immer die grundlegend verschiedenen Erscheinungsweisen der beiden historischen Reihen vor Augen halten: also die Bedeutung kurzer oder mittlerer Zeiträume (etwa die Dauer einer menschlichen Generation) für die Kunst und die Bedeutung längerer Zeiträume (vor allem wegen ihrer wichtigsten produktiven Basis: der Landwirtschaft) für die Ökonomie. Diese Differenz überträgt sich in die unterschiedliche Datierung des Anfangs oder der Wende einer Tendenz; das bedeutet aber keineswegs, die grundsätzliche Gemeinsamkeit der Phänomene zu übersehen oder sich auf das letzte Mittel des Determinismus zu berufen, auf die »leere Theorie der kulturellen Verzögerungen«[33].

Nun bleibt zu überlegen, welche Bedeutung man der sogenannten »Frührenaissance« gibt, d. h. also der Phase stilistischer Erneuerung, die ihren Ursprung in den ersten dreißig Jahren des Quattrocento in Florenz hat und sich dann in ganz Italien verbreitet, wobei sie in gewissem Sinne die Linie der vorangegangenen toskanischen Welle des frühen Trecento wiederholt und bestätigt.

Wenn unser Ansatz richtig ist, können wir, indem wir in der gleichen Richtung argumentieren, eine Antwort auf das »Paradox von Lopez« finden, das wir nach dem Wirtschaftshistoriker nennen wollen, der den Widerspruch zwischen den beiden verschiedenen historiographischen

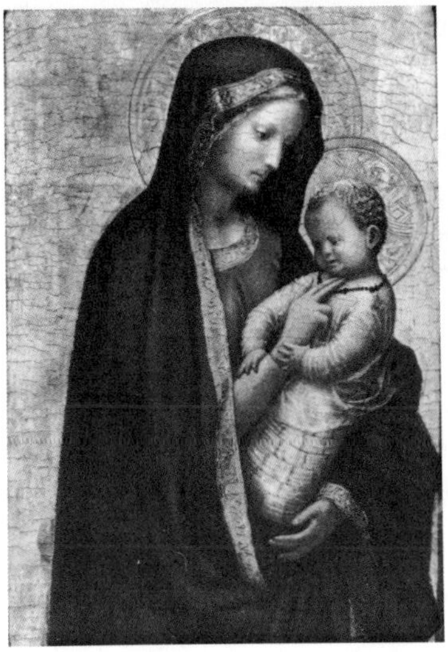

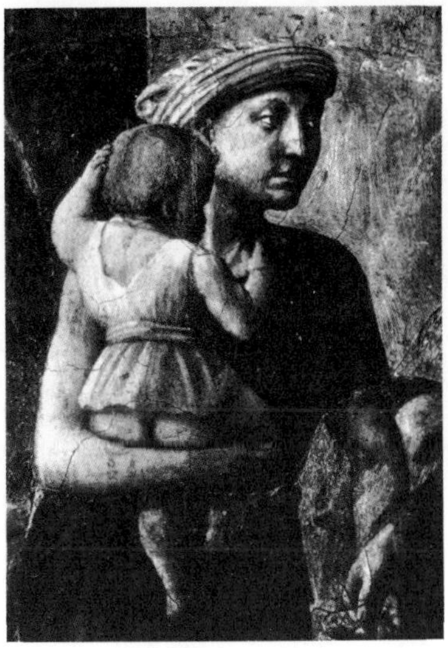

links:
MASACCIO,
Madonna del Solletico, um 1425
Ausschnitt
Florenz, Palazzo Vecchio

rechts:
MASACCIO,
Die Güterverteilung, 1427
Ausschnitt
Florenz, Chiesa del Carmine,
Cappella Brancacci

Traditionen (Kultur- und Wirtschaftsgeschichte) für die Renaissance verdeutlicht hat.

Die Argumentation von Lopez ist bekannt und läßt sich so zusammenfassen: Der Periode größter wirtschaftlicher Expansion (die »kommerzielle Revolution« des Mittelalters) entspricht eine große Periode künstlerischer Blüte (Romanik und Gotik), während die Renaissance, als bedeutsamste Entwicklung der künstlerischen Kultur des Westens, mit einer Periode wirtschaftlicher Depression zusammenfällt. Wir müssen daher annehmen, daß erstens die beiden Reihen sich auch während längerer Zeiträume nicht notwendig parallel entwickeln und daß zweitens das Verhältnis von Wirtschaft und Kultur unterschiedliche und widersprüchliche Formen annehmen kann bis zu dem extremen Fall einer expansiven Kultur innerhalb einer stagnierenden Gesellschaft oder gar einer rezessiven Krise. Um die Übermacht der künstlerischen Produktion der Renaissance (im Quattrocento und Cinquecento) zu erklären, behauptet Lopez nun, daß in dieser Periode eine ärmere Gesellschaft verhältnismäßig mehr in die Kultur und Kunst investiert habe.

Ohne auf die hauptsächlichen Einwände von wirtschaftshistorischer Seite (Cipolla, Romano) gegen die Theorie der Depression der Renaissance näher eingehen zu wollen, scheint uns die Argumentation von Lopez teilweise fehlerhaft, weil sie von Vorurteilen ausgeht, die wir – gerade weil sie dem ihm weniger vertrauten Bereich der Kunstgeschichtsschreibung entstammen – herausstellen wollen[34]. Da ist zunächst die (auf Vasaris Apologetik zurückgehende) Annahme eines gradlinigen künstlerischen Fortschritts, der in einer Stufenfolge von Giotto zu Masaccio und Michelangelo führt; ein Fortschritt, worin jede Stufe qualitativ absolut über der vorangegangenen steht. Diese Vorstellung kam natürlich Vasaris Vorhaben, die Überlegenheit der zeitgenössischen künstlerischen Produktion (woran er unmittelbar interessiert war) allen vorangegangenen Epochen gegenüber zu beweisen, sehr entgegen.

Sie basiert jedoch des weiteren vor allem auf einem naturalistischen Vorurteil, wonach – wie wir bereits gezeigt haben – die Stile (die hier als Gattungen aufgefaßt werden) um so höher eingeschätzt werden, je länger sie andauern. So daß auch in diesem Fall der relative Stillstand (die lange Fortdauer des »Manierismus« in Skulptur und Malerei und vor allem des »klassischen« Stils in der Architektur) als positives Zeichen der Vitalität angesehen wurde, statt – wie es richtig wäre – als Zeichen mangelnder Erneuerung der Produktion, also des Niedergangs.

Sobald man daher den Anspruch aufgibt, die künstlerischen Ergebnisse einer Epoche aus der Perspektive der Nachwelt statt in der ihnen eigenen zu beurteilen, und auch die »ökonomische« Bedeutung der künstlerischen Daten richtig zu lesen gelernt hat, läßt sich nichts Grundsätzliches mehr dagegen einwenden, die künstlerische Produktion des, sagen wir, Cinquecento als gänzlich unterlegen (nehmen wir einen Moment an, daß sie es sei) im Verhältnis zum Duecento und Trecento zu betrachten, oder auch umgekehrt. Das heißt, es ist methodologisch nicht richtig, a priori auszuschließen, daß der (relativen) ökonomischen Depression des Quattrocento und Cinquecento eine parallele (relative) künstlerische »Depression« entspricht, aus der unter anderen gerade Künstler wie Masaccio und Giovanni Bellini, Michelangelo und Tizian hervorgegangen sind. Man muß sich deswegen nicht ein System kultureller Investitionen ausdenken, welches das Verhältnis der beiden Ebenen »auf den Kopf stellt«, als entspräche einer »weniger« entwickelten Wirtschaft, gewissermaßen zum Ausgleich (oder Trost) eine »weiter« entwickelte Kunst.

Auf den ersten Blick scheint auch uns noch das ausgewogene Urteil von Luzzatto zutreffend, daß, »falls man im Hinblick auf das italienische Quattrocento von Dekadenz im Sinne des Verlusts der Monopolstellung und der minderen Expansions- und Eroberungskraft sprechen kann, man im Irrtum ist, wenn der Begriff Dekadenz im absoluten Sinn verwendet wird, also im Sinne einer wirklichen Verminderung des Umfangs und Werts der Produktion und ihrer Veränderungen«[35]. Erst kürzlich ist dieser Satz von Ruggiero Romano bekräftigt worden, der zu Recht auf das geringe Gewicht der avantgardistischen Bereiche (Manufaktur, internationaler Markt) – auf die sich die Historiker vorzugsweise beziehen – innerhalb der gesamtwirtschaftlichen Situation dieser Zeit hinweist; obwohl man – was uns direkt betrifft – auch daran erinnern sollte, daß die künstlerische Produktion, zumindest sofern sie sich als Kunst des Genusses und des Luxus darstellt, gerade mit diesen avantgardistischen Bereichen sehr eng verknüpft erscheint.

Wenn wir nun vom methodologischen Diskurs (dem eine paradoxe Ebene durchaus nützlich sein kann) zur inhaltlichen Diskussion übergehen wollen, müssen wir einfach einsehen, daß unsere gegenwärtigen Kenntnisse keine zuverlässigen Antworten erlauben, wie uns die letzten Hinweise auf die derzeitige wirtschaftshistorische Diskussion gezeigt haben. Es fehlen vor allem Analysen der wirtschaftlichen Bedeutung von künstlerischer Produktion. Auch die verfügbaren quantitativen Daten (Zahl der ausgeführten Arbeiten, ihre Kosten und die Kosten der nicht ausgeführten Arbeiten wie sie aus den Verträgen ersichtlich sind, Ausmaße der Gebäude, Ausdehnung der Städte) werden bis heute in sehr impressionistischer Weise rezipiert – ohne jede ernsthafte wissenschaftliche Aufarbeitung. So ist die Behauptung, daß im Laufe des Quattrocento absolut und prozentual mehr in Kunstwerke investiert worden sei als während des Trecento, ebenso problematisch wie der Beweis des Gegenteils. Außer Zweifel steht nur die Tatsache, daß in vielen, wenn nicht allen Fällen unterschiedlich investiert wurde.

Das sehen wir zumindest an der geographisch unterschiedlichen Errichtung der größeren Kirchen (Mailänder Dom, Certosa di Pavia;

das Hauptanliegen in Florenz ist die Fertigstellung des im Duecento begonnenen Doms), und das sehen wir an der verlangsamten Bauentwicklung vieler Ortschaften (Volterra, San Gimignano, Orvieto, Spoleto, Gubbio usw.), die nicht umsonst bis heute ein im wesentlichen »mittelalterliches« Aussehen haben, oder besser gesagt, an das Trecento erinnern, während andere Städte (Florenz, Siena, Venedig, Ferrara) eine eindrucksvolle Erneuerung des Wohnungsbaus (vor allem der führenden Schichten) aufweisen. In einem anderen Bereich hat man oft die Bedeutung des »Sammelwesens« betont, das sich gegen Ende des Jahrhunderts in der verbreiteten Mode der gravierten Medaillen und allgemein in der privaten Kleinodiensammlung zeigt. Doch ob der Palazzo Strozzi tatsächlich mehr gekostet hat als der Palazzo Vecchio, ob der Palazzo Medici eine größere Finanzmacht erfordert hat als die Häuser der Peruzzi oder ob Lorenzo de' Medici und seinesgleichen in Medaillen und Schmuck mehr oder weniger investiert haben als – sei es direkt oder über religiöse Orden – die florentinischen und bolognesischen Kaufleute des frühen Trecento in Miniaturen und religiöse Goldschmiedekunst – dies läßt sich wohl kaum entscheiden. Ich glaube, wir müssen uns hier auf die entgegengesetzte Argumentation beschränken: Unterschiedliche geographische Aufteilung und unterschiedliche Merkmale (z. B. die oft erwähnte stärkere »Weltlichkeit«) der künstlerischen Produktion des Quattrocento machen eine unterschiedliche Verteilung der Investitionen auf diesem Gebiet erforderlich, und um diese Mechanismen festzustellen, wären ganze Untersuchungsserien notwendig. Ob dann die Investitionsmenge nicht absolut, sondern proportional größer gewesen sei, ist eine speziell wirtschaftshistorische Fragestellung, die eine globale und vergleichende Analyse aller Bereiche der Wirtschaft und ihrer wechselseitigen Beziehungen impliziert und deren Ergebnis, fürchte ich, noch in weiter Ferne liegt. Aber selbst wenn ein gründliches Studium der öffentlichen und privaten Bilanzen jener Zeit erschöpfende Ergebnisse geliefert hätte, bliebe es fraglich, ob sie in jedem Fall die theoretische Bedeutung erlangen können, die Lopez ihnen anscheinend zusprechen will. Lopez scheut sich im übrigen nicht, neben ökonomischen Daten auch »überstrukturelle« Argumente anzuführen. Wenn er beispielsweise auf den geschlossenen und wesentlich aristokratischen Charakter der Renaissancegesellschaft insistiert, unterstreicht er den mangelnden Optimismus der herrschenden Ideologie und sucht darin eine indirekte Bestätigung seiner »depressiven« These:

Die Haltung der Renaissance ist so vielfältig und unterschiedlich, daß sie sich scheinbar jeder Definition entzieht. Und gerade weil sie ebenso reich und mannigfaltig war wie die zeitgenössische Welt, erscheint uns die Renaissance so modern. Ein moderner Aspekt jedoch fehlte ihr. Die meisten ihrer Repräsentanten zeigten nur geringes Interesse am Fortschritt der ganzen Menschheit, sie vertrauten ihm kaum. Und tatsächlich scheint diese Vorstellung mit der ökonomischen Expansion verschwistert zu sein. Das religiöse Ideal des Fortschreitens der Menschheit von der Stadt des Menschen zur Stadt Gottes überlebt praktisch nicht das Ende der kommerziellen Revolution und das Scheitern der sozialen Revolten im 14. Jahrhundert. In der späteren Periode neigten auch die Frömmsten dazu, die Ungläubigen und die Häretiker für immer von der Stadt Gottes auszuschließen, oft sogar alle Menschen bis auf eine Handvoll katholischer Asketen oder militanter, zum Heil prädestinierter Protestanten. Die weltliche Vorstellung, daß die Menschheit über die Ausbreitung von Kultur und Wissen fortschreitet, war vor dem späten 16. Jahrhundert, als endlich die wirtschaftliche Stagnation aufzubrechen begann, nur wenig ausgeprägt. Bis dahin war zwei Jahrhunderte lang, während der Kernzeit der Renaissance, irgendeine Hoffnung auf Fortschritt im allgemeinen nicht den Massen des Volkes, sondern einzelnen Mitgliedern einer kleinen Elite vorbehalten, nicht den unerlösbaren Barbaren, sondern den besten Repräsentanten der auserwählten Völker[36].

Man verstehe das nicht als Skepsis gegenüber der Fähigkeit der »Intellektuellen« (der Schriftsteller und, seit dieser Epoche, auch bestimmter Künstler), die Erwartungen und Gefühle einer ganzen Gesellschaft auszudrücken (sondern eher als notwendige Vorsicht gegenüber monolithischen Vorstellungen – auch was die Gesellschaft der Vergangenheit angeht): Es ist mein Eindruck, daß – wären zu jener Zeit die Investitionen in die Kultur in absoluten oder auch nur in relativen Zahlen größer gewesen als in der Vergangenheit – auch die in den Schriften und Kunstwerken beförderten Ideologien deutlichere Spuren eines »fortschrittlichen« Optimismus erkennen lassen würden.

Der Wiederaufschwung der Spätgotik

Letzten Endes besagt dies alles, daß die von den Wirtschaftshistorikern (Sapori, Lopez, Miskimin) vorgeschlagene Gliederung des historischen Prozesses mit den genannten Einschränkungen auf die Ebene der Kunstgeschichte übertragen werden kann, und zwar besser, als diese selbst zu glauben wagten. Tatsächlich geht auch hier – wie in der Periode der zweiten Hälfte des Duecento, die in die Erneuerungsphase des Trecento mündete – dem qualitativen Sprung auf der spezifischen Ebene des Stils etwa dreißig Jahre lang (1380–1410) ein allgemeiner Aufschwung der Innovationsdynamik voraus.

Wenn wir nämlich den Produktionsstillstand einiger Zentren um die Mitte des Trecento und den Produktionsrückgang einiger anderer Zentren wie auch den Konservatismus der florentinischen Kunst zwischen 1348 und 1370 als Zeichen des Niedergangs lesen wollen, müssen wir umgekehrt die Ereignisse der folgenden dreißig Jahre in der Toskana als Zeichen relativen Aufschwungs deuten.

Persönlichkeiten von bemerkenswertem Talent bringen die neue künstlerische Blüte der verhältnismäßig kleineren Zentren zum Ausdruck: In Arezzo ist es Spinello, der mit seiner frischen Darstellungsweise und seiner Tätigkeit in verschiedenen Städten (Pisa, Florenz, Siena) den neuen Typus des »internationalen« Künstlers vorwegzunehmen scheint; Orvieto wiederum entsendet Piero di Puccio (nach Pisa, Cetona, Perugia) und Cola Petruccioli (nach Perugia); Volterra hat seinen Francesco Neri, Lucca Giuliano di Simone und Puccinelli; in Pistoia ist es Giovanni di Bartolomeo und sogar Montepulciano hat seinen Pietro di Domenico[37]. Der »Export« von Talenten und Kunstwerken aus den kleineren in die größeren Zentren setzt einen größeren Spielraum, fremden Künstlern Arbeit zu geben, voraus – was die Tätigkeit nicht-italienischer Künstler in der Toskana (Giovanni Tedesco und der Portugiese Alvaro Pirez) zu bestätigen scheint.

Die Wiederaufnahme umfangreicher öffentlicher Projekte in den größeren Städten – von Or San Michele über die Loggia dei Lanzi bis zu den Türen des Baptisteriums und bis zum Kuppelbau in Florenz, und von der Loggia di Piazza bis zur Fonte Gaia in Siena – scheint ebenfalls einen größeren finanziellen Spielraum für Kunstwerke anzuzeigen. Andererseits macht sich auch auf der Ebene »volkstümlicher« Produktion ein quantitativer und qualitativer Produktionsanstieg geringerer Künstler bemerkbar, die oft anonym blieben, zu denen aber auch

Künstler von gewisser Persönlichkeit zählen (Cenni di Francesco, Lorenzo di Bicci, Michele da Firenze, Giovanni di Marco).

Wie in der Kunstproduktion des Duecento, die die byzantinische Kunst imitierte, drückt sich die Erneuerung offenbar auch hier vor allem in der Neubelebung traditioneller Stilrichtungen aus. Es sind vor allem die alten Künstler, die als erste von dem neuen Investitionsfluß profitieren. Mit Engagement, doch unter traditionellem Regelkanon arbeiten Alberto Arnoldi an der Loggia del Bigallo in Florenz, Giovanni Fetti an Or San Michele und Jacopo di Piero Guidi sowie Giovanni d'Ambrogio an der Loggia dei Lanzi[38]; das gleiche gilt für die Mitarbeiter an der Loggia di Piazza in Siena, für Bartolomeo di Tommé und Mariano d'Agnolo Romanelli, die gedanklich auf Nicola Pisano zurückgehen[39]. Um von der Skulptur zur Malerei überzugehen: auch hier gibt es keine wesentlichen Veränderungen. In Florenz verstanden sich Nardo di Cione, Agnolo Gaddi und Niccolò di Pietro Gerini, wenn auch auf besondere Weise, als Schüler Giottos; und Taddeo di Bartolo, Gregorio di Cecco und Benedetto di Bindo aus Siena kann man – zumindest was ihre Absicht anbelangt – als Schüler Simone Martinis betrachten.

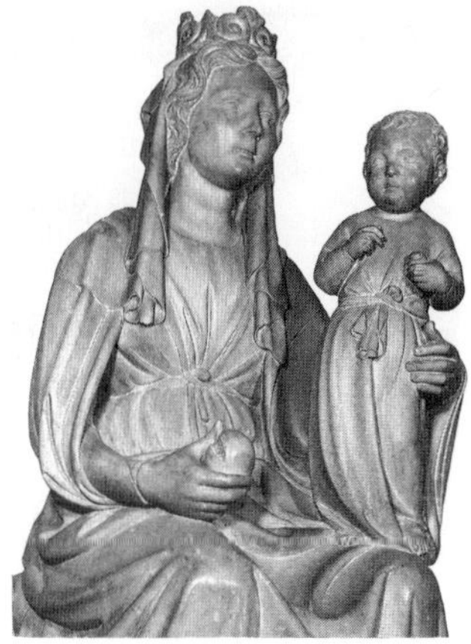

JACOPO DELLA QUERCIA, *Madonna mit Kind,* um 1406

In der jüngeren Generation gibt es aber immer häufiger Künstler, die über die Stadtgrenzen hinausschauen (in Siena sind es Martino di Bartolomeo, Lorenzo Monaco und Domenico di Niccolò, aber auch Jacopo della Quercia, Gherardo Starnina, Lorenzo Ghiberti). Bei einigen von ihnen kann man sogar von regelrechten kulturellen »Fortbildungsreisen« sprechen, was an und für sich für die florentinische und toskanische Verzögerung der vergangenen dreißig Jahre bezeichnend ist.

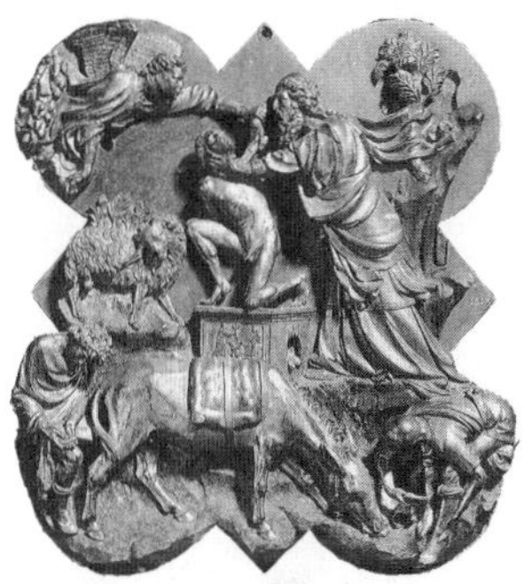

FILIPPO DI SER BRUNELLESCO, *Opferung Isaaks,* 1401

Erst an diesem Punkt überträgt sich die wirtschaftliche Wiederbelebung auch in stilistisch autochtone, im eigentlichen Sinne originelle Innovationen. Das ist der Moment einer neuen Tendenzwende, und Florenz, das künstlerische Ideen importiert hatte, wird wieder zum kulturellen Exporteur (mit Filippo Brunelleschi, Nanni di Banco, Masaccio, Donatello, Michelozzo, Luca della Robbia). Dabei handelt es sich wieder um ein ausschließlich florentinisches Phänomen, das wie zu Beginn des Trecento nun wieder die Ereignisse in Florenz und der Toskana mindestens vierzig Jahre lang radikal von der norditalienischen Entwicklung unterscheidet; denn hier hält die Blütezeit der Internationalen Gotik an, so in der Lombardei (von Michelino da Besozzo und Jacopino da Tradate bis zu den Zavattari), in Venetien (von Jacobello del Fiore bis zu Giambono, Jacopo Bellini und Antonio Vivarini) oder in der Emilia (von Giovanni da Modena bis zu Michele di Matteo), aber auch in den Marken (die Sanseverino), in Umbrien, wo der höfische und lombardisch verfeinerte Stil von Bartolomeo di Tommaso zum Ausdruck heftiger, neumittelalterlicher Religiosität verzerrt wird, und auch in Süditalien[40].

Die florentinische »Frührenaissance«

Der öffentliche Wettbewerb um die Türen des florentiner Baptisteriums im Jahre 1401, an dem sich eine Schar angesehener Künstler beteiligte (zu denen man später, um den Kreis zu erweitern, auch Donatello gezählt hat), scheint, mit dem Jahrhundert, eine neue Epoche zu eröffnen. Doch die Kunstauffassung, die sich in Ghibertis preisge-

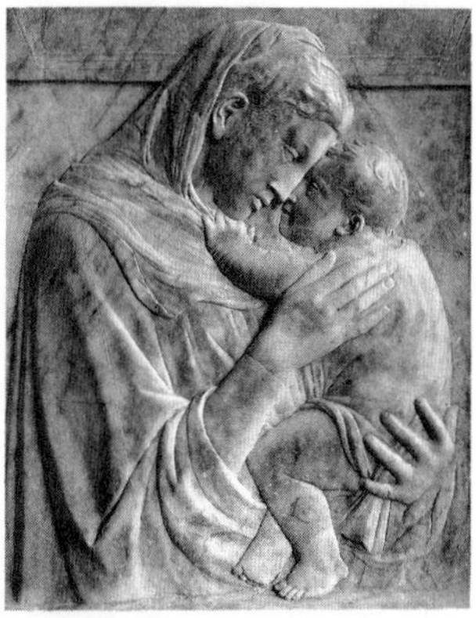

DONATELLO,
Madonna mit Kind, um 1422

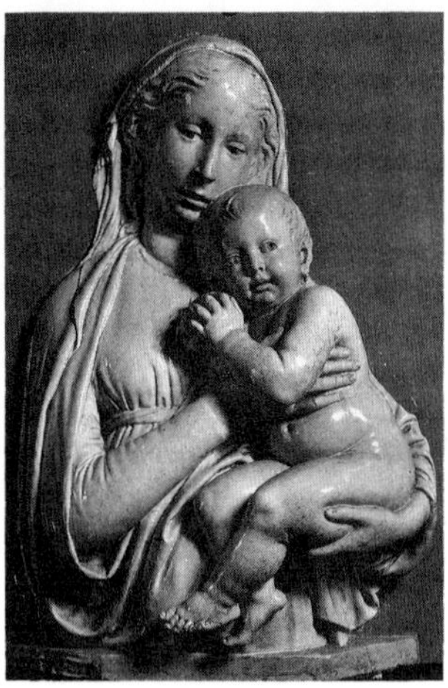

LUCA DELLA ROBBIA,
Madonna mit Kind, um 1440

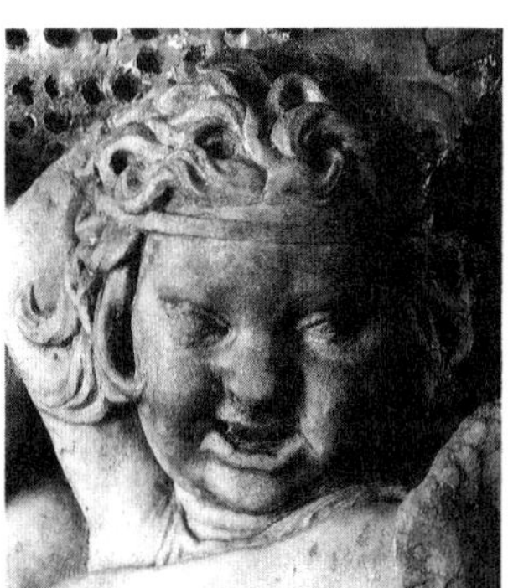

DONATELLO,
Puttenkopf, 1433–1439
Ausschnitt von der Sängertribüne des Doms in Florenz

kröntem Entwurf widerspiegelt, und der stilistische Ansatz, den wahrscheinlich andere bekannte Künstler wie Jacopo della Quercia, Francesco di Valdambrino, Niccolò Lamberti hierbei vertreten haben, steht noch in unmittelbarem Zusammenhang mit der beschriebenen Wiederbelebung der traditionellen oder der neueren, »internationalen« gotischen Strömungen. Die einzige Ausnahme stellt der Entwurf von Filippo di Ser Brunelleschi dar. Die drastische, radikale Neuerung seines Reliefs – verglichen mit dem des Gewinners und der ganzen zeitgenössischen bildhauerischen Produktion – ist, glaube ich, noch nicht richtig wahrgenommen worden. Nicht nur, weil sein Relief »klassische« Elemente enthält. Die Antikenverehrung beschränkt sich zu diesem Zeitpunkt nicht auf Filippo; klassische Zitate findet man in diesen Jahren auch bei anderen, »traditionelleren« Künstlern, von Giovanni d'Ambrogio bis eben zu Ghiberti, die im übrigen dem klassischen Geschmack eher entsprachen als Filippo. Die wirkliche tiefe Differenz besteht darin, daß Ghibertis Relief im Sinne der Schrift von links nach rechts zu lesen ist, während das Relief seines Konkurrenten zentral in die Tiefe führt und einheitlich gesehen werden muß. Filippos Darstellung widersprach der Methode der Schrift (und damit der Erwartungshaltung seiner gelehrten Zeitgenossen wie auch unserer heutigen, »normalen«) – er blockierte eine Denkgewohnheit und machte eine neue Betrachtungsweise erforderlich: den Blick in die Tiefe. Wie schon bei Giotto ist das Relief von Filippo eine einheitliche, räumliche Kassette, die eine dramatische Aktion darstellt und bereits perspektivisch ist. Während des allgemeinen Siegeszugs der »Internationalen Gotik« war diese Idee zu außergewöhnlich, um akzeptiert zu werden; sie setzte sich tatsächlich nur langsam über das Werk der Schüler durch, die Filippo erzog und unterrichtete. Ohne Zweifel ist dies aber der »linguistische« Wendepunkt, der kein Zurück mehr erlaubte.

Hiernach stellte sich die florentinische »Renaissance« als das – kulturelle – Ergebnis eines leichten Aufschwungs nach einer Phase des Rückgangs dar und wäre auf der spezifischen Ebene der bildenden Künste mit der Entdeckung der Perspektive gleichzusetzen.

Gegen die erste Behauptung könnte man einwenden – auch um den Zweifel an unserer These vom wesentlich parallelen Verlauf der wirtschafts- und kunstgeschichtlichen Diagramme zu bestärken –, daß der bescheidene und partielle Aufschwung am Ende des Trecento eine recht schwache Grundlage für eine künstlerische Revolution wie die der Renaissance zu bilden scheint. Wir wissen z. B., daß die Stadtbevölkerung nach dem Ende der Schwarzen Pest zwar wieder zunimmt, aber nicht mehr die alten Zahlen erreicht und nach 1420 sogar wieder langsam abnimmt; wir wissen, daß der unglückselige Krieg von Lucca Anfang der dreißiger Jahre auch politisch den Moment der Zerstörung des inneren Gleichgewichts der führenden florentinischen Schicht bedeutete[41]; und wir werden sehen, daß der Machtantritt von Cosimo de' Medici (1434) auch für die bildenden Künste einen Rückschritt bedeutet hat. Um auf diesen Einwand zu antworten, muß man vor allem einen methodischen Aspekt von größter Bedeutung hervorheben: die irreduzible Differenz zwischen den längeren wirtschaftsgeschichtlichen und demographischen Zeiträumen und den kürzeren kulturgeschichtlichen Perioden, die höchstens eine Generation lang im Gedächtnis der Leute bleiben. Während die Grundströmungen der sozialen und ökonomischen Entwicklung von den meisten nicht wahrgenommen werden, macht sich die ›Konjunktur‹ überall psychologisch bemerkbar, was sich auf die kulturelle Produktion im negativen und positiven Sinn potenzierend auswirkt. Die Tatsache, daß uns heute die prekäre Situation des florentinischen Aufschwungs zwischen 1370 und 1430 offenkundig ist, heißt nicht, daß sie auch den Zeitgenossen so erschienen wäre. Für die Künstler wird nur die konjunkturelle Lage spürbare Realität gewesen sein, und zum ersten Mal seit Menschengedenken war es eine Realität, für die man sich begeistern konnte, die konkret eine Rückkehr zum Goldenen Zeitalter des frühen Trecento zu versprechen schien, als die Stadt fast 100000 Einwohner zählte und Giotto sich bemühte, Mauern zu errichten, die das Doppelte hätten umfassen können. Baron hat im Bereich der politischen Literatur die psychologische Bedeutung des siegreichen florentinischen Widerstands gegen die expansionistische Politik von Gian Galeazzo Visconti zwischen 1390 und 1402 treffend herausgestellt; man sollte auch nicht vergessen, daß die Eroberung Pisas kurz darauf (1406) einen jahrhundertealten Wunsch der Florentiner erfüllt hat.

Unserer zweiten Behauptung – die Entdeckung der Perspektive als entscheidendem Kriterium der neuen (und italienischen) Renaissancekunst – steht bekanntlich eine sehr eklektische Tradition der Geschichtsschreibung entgegen, die diesem Kriterium andere zur Seite zu stellen pflegt: Klassizismus, Weltlichkeit, Realismus (individuelles Portrait, Anatomie...). Die Weltlichkeit können wir sofort außer acht lassen, da sie für die florentinische Kunst jener Jahre nicht charakteristisch ist (schließlich haben die Skulpturen von Filippo di Ser Brunelleschi und die Gemälde von Masaccio alle ein religiöses Sujet und die erste Skulptur von Donatello, die ein »antikes« Thema darstellt, datiert nicht vor dem Ende der dreißiger Jahre[42]; bleiben also Klassizismus und Realismus. Es wäre absurd, diese Richtungen zu leugnen, doch muß man die spezifischen Charakteristika des Klassizismus und Realismus der Renaissance von den ebenfalls mächtigen Strömungen gleichen Namens in der antiken und mittelalterlichen Kunst unterscheiden. Der bedeutendste Wissenschaftler im Bereich der klassischen Tradition, Erwin Panofsky, glaubte den eigentlichen und wirklichen Charakter der Renaissance (im Unterschied zu den mittelalterlichen »Renaissancen«) in der Wiedervereinigung klassischer Form mit klassischem Inhalt zeigen zu können, d. h. in der Überwindung der Kluft zwischen literarischen und bildlichen Strömungen der klassischen Tradition[43]; doch in den Jahren, die uns hier interessieren, gibt es einen solchen Prozeß wegen des erwähnten völligen Mangels klassischer Sujets noch nicht. Dennoch gibt es einen – stilistischen und nicht inhaltlichen – Klassizismus, der in der visuellen Metapher der Propheten »als« antike Philosophen oder der Engelchen »als« Eroten[44] am deutlichsten vordringt (Nanno di Banco, Donatello, Michelozzo). Es handelt sich um einen Klassizismus, der nicht erinnernd, sondern vor allem »realistisch« ist (siehe Masaccio und Donatello). Kommen wir also zum Realismus. Zweifellos unterscheidet sich dieser »Realismus« der Renaissance von allen vorangegangenen Realismen, obwohl er bestimmte naturalistische Elemente der antiken Kunst wieder aufnimmt (vor allem die republikanischen oder antonianischen Portraits, kaiserliche Sarkophage; wobei aber der augusteische Klassizismus ausgelassen wird). Die Kritik hat diesen Realismus immer einhellig erkannt und seinetwegen eine Unterscheidung geprägt, die berühmt wurde: zwischen dem analytischen Realismus oder dem Realismus der Oberfläche und dem synthetischen oder strukturellen Realismus. Was also macht diesen Realismus der florentinischen Frührenaissance im Vergleich zum Realismus des Nordens (z. B. eines Sluter) zu einem Realismus der

Struktur? Was anderes als die Tatsache, daß er perspektivisch gedacht ist? Auch die Anatomie, die Suche also nach einer festen geometrischen Struktur unter den verschiedenen Erscheinungen des Fleisches, der Stoffe, der Haare, was bedeutet dies in jener Phase (Leonardo ist noch fern) anderes als die Suche nach einer solideren Grundlage für die (verkürzte) perspektivische Darstellung der menschlichen Gestalt?

So ist die Perspektive das einzige Kennzeichen der neuen florentinischen Kunst, das alle anderen Merkmale – indem es sie einem kohärenten Darstellungssystem zu- und unterordnet – einschließen kann und sich zugleich von allen traditionellen Systemen unterscheidet (mit Ausnahme – wenigstens teilweise – der Bildsprache Giottos). Daher geht von nun an während des ganzen Jahrhunderts der Konsolidierungsprozeß der italienischen Kunst mit der Verbreitung der perspektivischen Betrachtung einher.

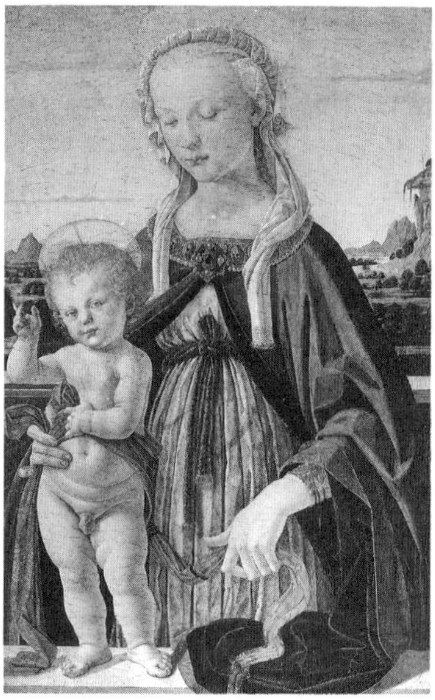

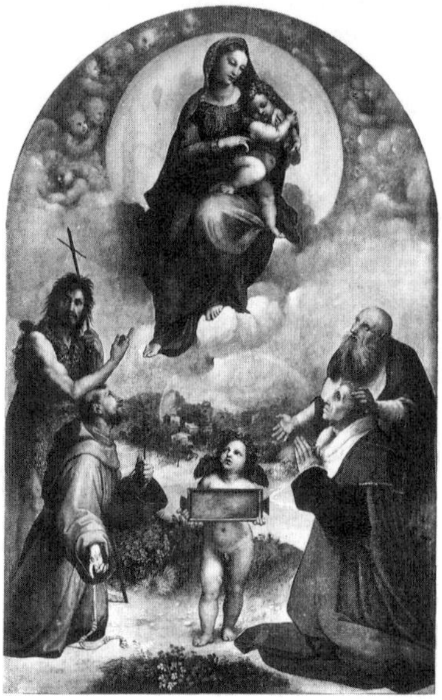

links:
PIETRO PERUGINO (?),
Madonna mit Kind, um 1470

rechts:
RAFFAEL,
Madonna di Foligno, um 1511–1512

Aufgrund der Entdeckung der Perspektive absorbiert somit die neue moderne Sprache, die eine italienische Sprache und Giottos Sprache ist, die antiken, klassischen, griechisch-römischen und frühchristlichen Formen – und nicht umgekehrt. Die einheitliche Grundlage der Perspektive verhindert in den bildenden Künsten jene Spaltung, die in der Literatur die Vulgärsprache vom humanistischen Latein trennt. Deshalb fällt der Konsolidierungsprozeß der italienischen künstlerischen Sprache von nun an während des ganzen Jahrhunderts nicht mit der Verbreitung des naturalistischen Stils und klassischer Sujets, sondern mit der Verbreitung der perspektivischen Betrachtung zusammen. Vor allem auf dieser »via umbra« – die Roberto Longhi (bereits 1914 zum ersten Mal[45]) erkannt hat – folgen den Wegen Piero della Francescas: Bonfigli und Caporali (dann Perugino, Bramante und Raffael) in Umbrien; Cossa, Tura und Marco Zoppo (dann Ercole de' Roberti, Costa und Francia) in Ferrara und Bologna; Giovanni Bellini, Carpaccio, Cima da Conegliano und Bastiani (dann Giorgione und Tizian) in Venedig. Aber auch in Mittelitalien (Antoniazzo Romano) und in Süditalien (Antonello da Messina) und in der Lombardei (Foppa, Butinone, Bramantino, Zenale, Luini).

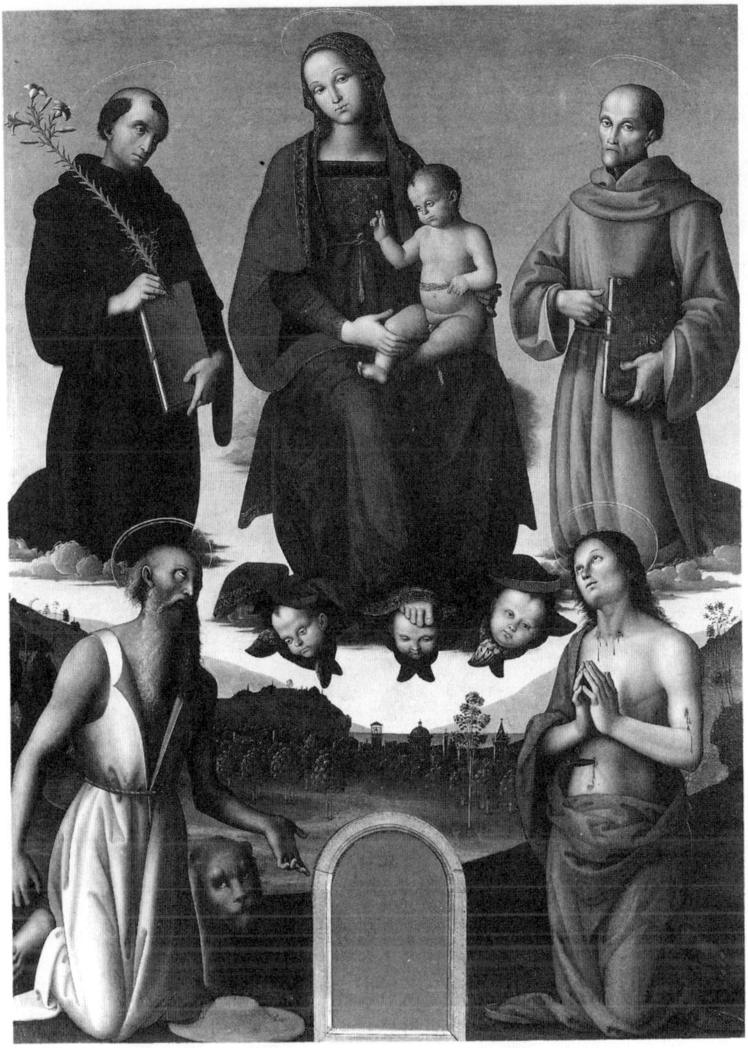

PIETRO PERUGINO,
Madonna mit Kind und den Hll. Augustinus, Bernhard, Hieronymus und Sebastian, 1500

Renaissance der Antike?

Was besagt, aus ähnlicher Sicht, dann noch der traditionelle Begriff der Re-naissance, der Wiedergeburt; was wird zu Beginn des Quattrocento eigentlich wiedergeboren? Die traditionelle Antwort, die ein Meister unserer Forschung vor nicht allzu langer Zeit bekräftigt hat, ist bekannt: »Trotz der ›neogotischen‹ und ›antiklassischen‹ Ströme – die man nicht nur als mögliche Quelle des Manierismus ansehen sollte, sondern auch als tatsächliches und notwendiges Vorspiel zur ›klassischen‹ Hochrenaissance – ist und bleibt das italienische 15. Jahrhundert ein ›rinascimento dell'antichità‹«[46]. Keineswegs soll hier die beispiellose Anstrengung geleugnet werden, mit der man sich während des ganzen Jahrhunderts – sozusagen vom Nullpunkt an – die klassische Tradition aneignete; aber dies ist vor allem spätere Geschichte und schließt eine tiefere Verbindung zwischen Florenz und einigen Zentren Norditaliens (Padua, Mantua, Venedig) nicht aus. Zu Beginn des Prozesses war die Wiedergeburt bei den Florentinern, an die man gemeinhin denkt, nicht die ziemlich unwahrscheinliche Wiedergeburt einer

folgende Doppelseite:
GIOVANNI BELLINI,
Allegoria Sacra,
um 1485

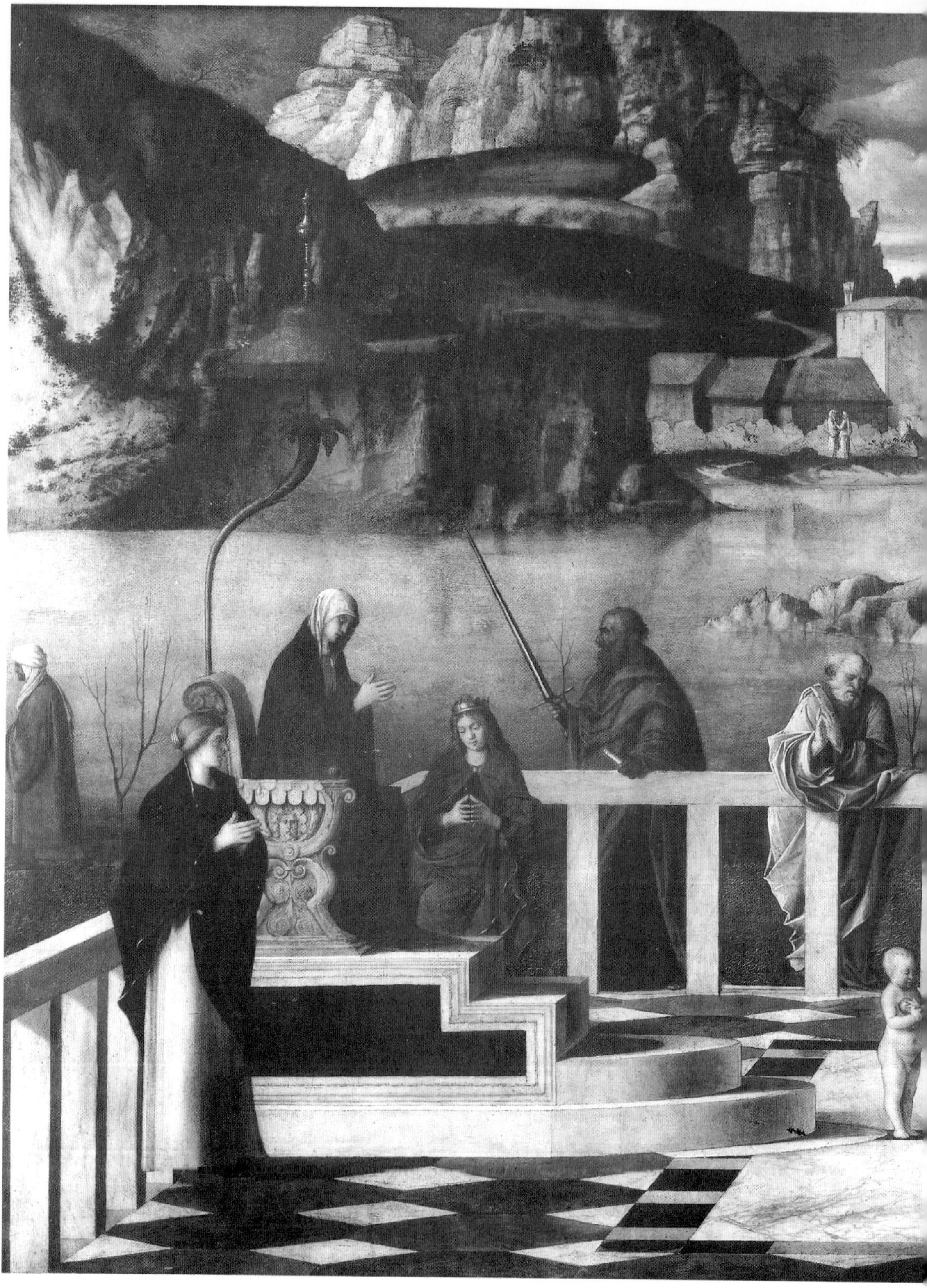

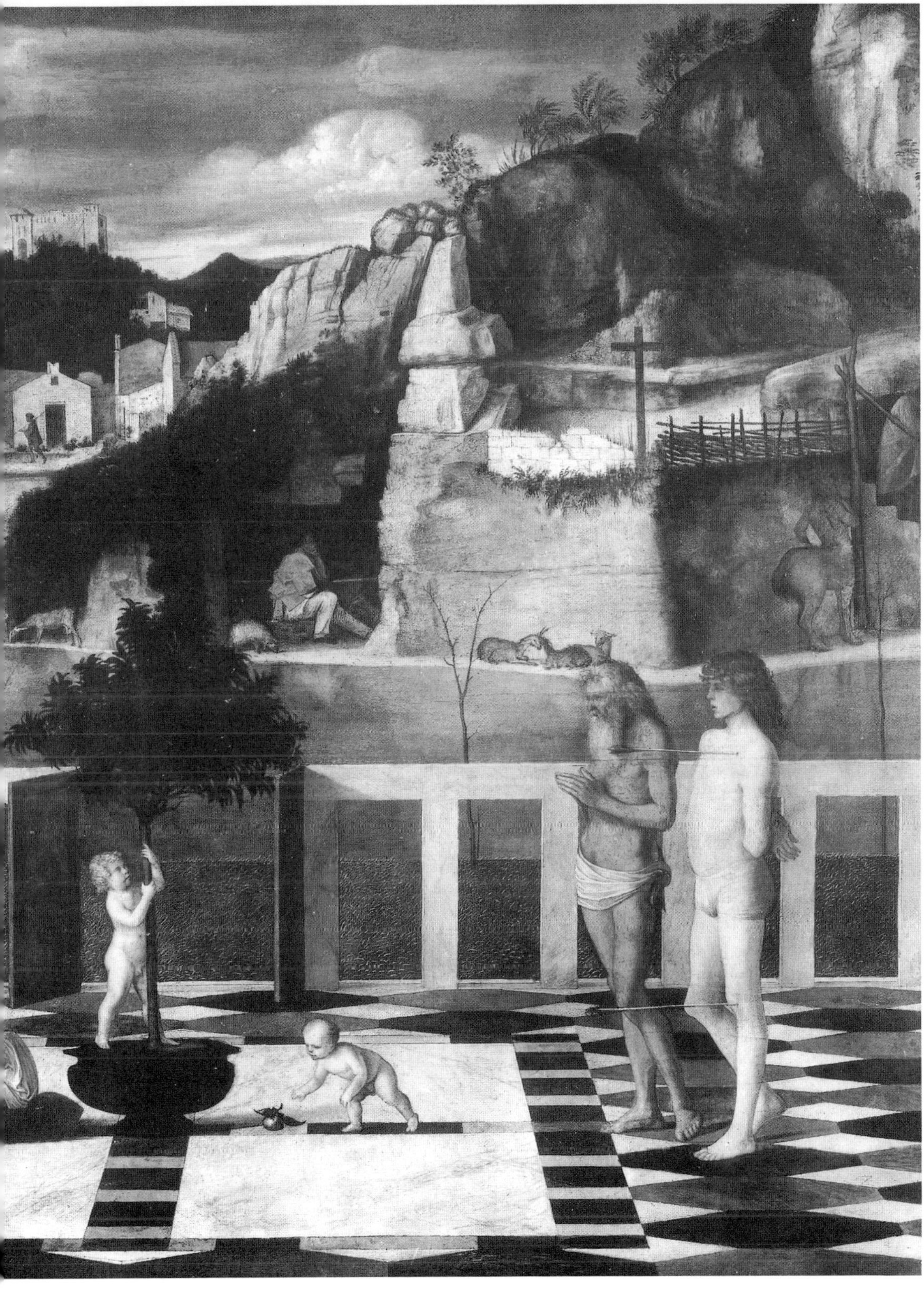

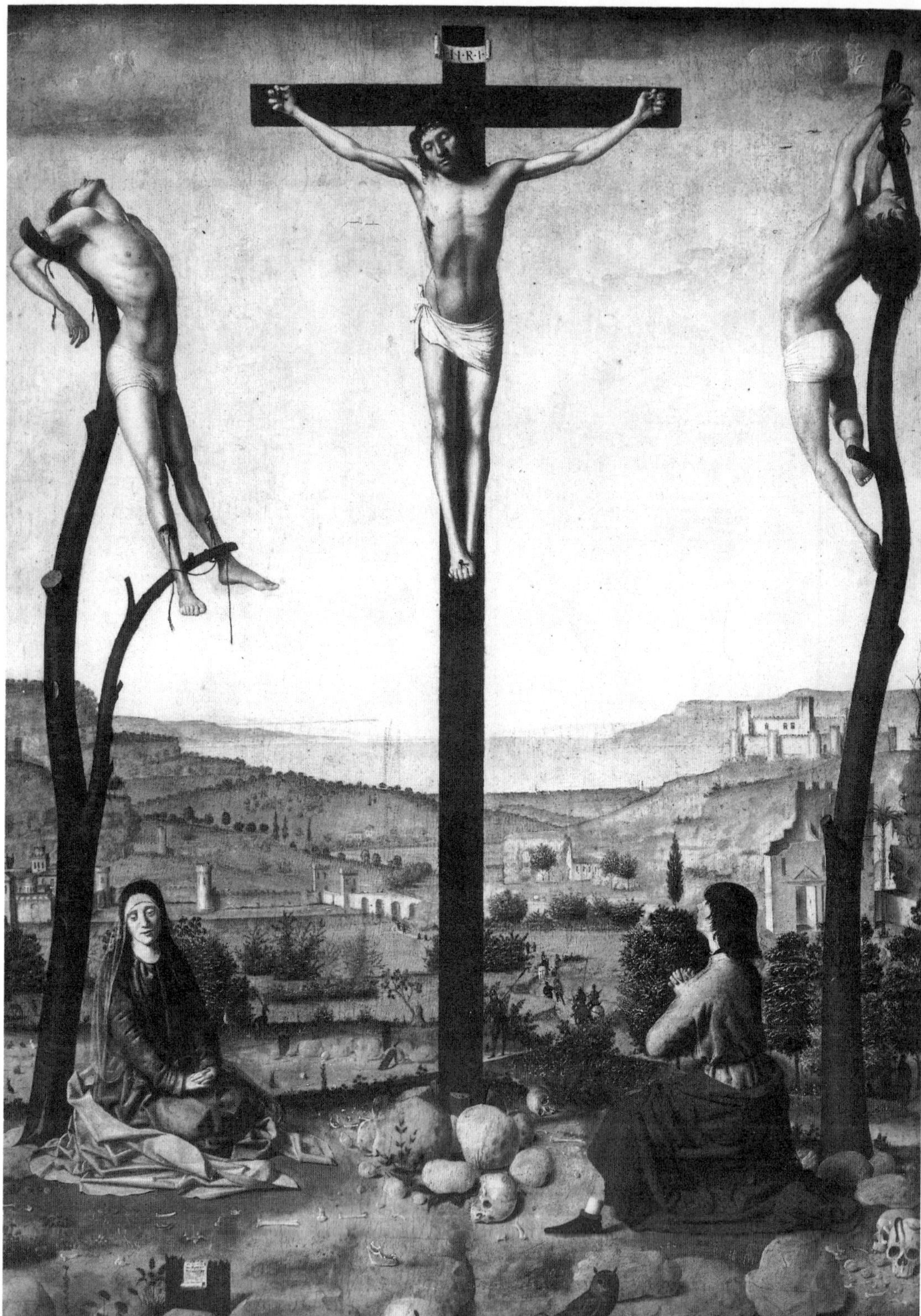

fünfzehnhundert Jahre zurückliegenden römischen Republik, sondern die einer viel näheren, unmittelbar bekannten, nicht älter als hundertjährigen florentinischen Republik; der Stadt eben, die in einem Augenblick außerordentlicher Machtentfaltung den Palazzo Vecchio, den Bargello und die Stadtmauern errichtet und den großen unübertroffenen Künstlern Dante, Giotto und Andrea da Pontedera Leben und Arbeit gegeben hatte.

gegenüber:
ANTONELLO DA MESSINA, *Kreuzigung*, 1475

In diesen Jahren der Jahrhundertwende sind die Wiederaufnahmen und regelrechten Kopien von Giotto und Andrea Pisano nicht weniger zahlreich als die der antiken Vorbilder[47] und es ist, wie mir scheint, kein Zufall, daß man immer darüber debattiert hat, ob die Domkuppel eher »antik« oder »arnolfinisch« sei. In Florenz war man sich dieser spezifischen modernen Tradition immer sehr bewußt, angefangen bei Filippo Villani und Cino Rinuccini bis zu Matteo Palmieri, der noch in den dreißiger Jahren von der Malerei »vor Giotto« als einer »toten« spricht, einer »Meisterin lächerlicher Figuren, die durch ihn befreit, von seinen Schülern beibehalten und an andere weitergegeben« worden sei; und Skulptur und Architektur seien »vor uns sehr lange Zeit Meister wundersamer Dummheiten« gewesen, seien aber »in unserem Zeitalter« »befreit, zum Licht gebracht« und »vervollkommnet« worden[48]; wobei vor allem zu betonen ist, daß »unser Zeitalter« gerade im Bereich der bildenden Künste mit Giotto beginnt.

Sofern die frühe florentinische Renaissance tatsächlich Re-naissance, bewußte Wiederholung, Revival war, muß man auf die eingangs gestellte Frage antworten, daß sie vor allem Renaissance der ursprünglichen florentinischen (und italienischen) Kunst sein wollte und war[49]. Und dann können wir in einem anderen, metaphorischen Sinn an dem alten Satz festhalten, daß sie – auf dieser rationalen Grundlage – ein neuer Anfang zu sein schien und teilweise auch war.

Die neofeudale Wende: Cosimo und Piero de' Medici

Wie grundlegend sich die Produktion jener gegen Ende des Trecento geborenen Künstlergeneration – Filippo Brunelleschi, Donatello, Michelozzo, Luca della Robbia, Masaccio (aber auch Ghiberti und Masolino, die nicht zu den »Renaissancekünstlern« zählen) – von der Produktion der folgenden Generation (Filippo Lippi, Bernardo Rossellino, Domenico di Michelino, Benozzo Gozzoli, Andrea del Castagno) in Originalität und innovatorischer Kraft unterscheidet, wurde durch George Kublers brillante Typologie der Künstlerleben unmittelbar deutlich und ist gewissermaßen schon ein Gemeinplatz geworden. Gerade Brunelleschi, Masaccio und Donatello werden hier als Beispiele der Kategorie der »Vorläufer« angeführt, deren »innovatorische Begabung höchstens einmal alle paar Jahrhunderte einen geeigneten Einstieg findet, um neue Wissensbereiche durch ihre Leistungen zu erschließen«. »Diese Künstler präfigurieren in einem Werk von wenigen Jahren die Reihen, die sonst mehrere Künstlergenerationen in einem langsamen und mühsamen Prozeß herausbilden«; und gerade in der berühmten, meisterhaften Unterscheidung der Arbeiten von Masolino und Masaccio in der Sant'Anna in den Uffizien, sah sich Roberto Longhi zu einer ähnlichen Theorie gezwungen: »... wie es immer zu Anfang des schöpferischen Prozesses geschieht: Masaccio scheint zei-

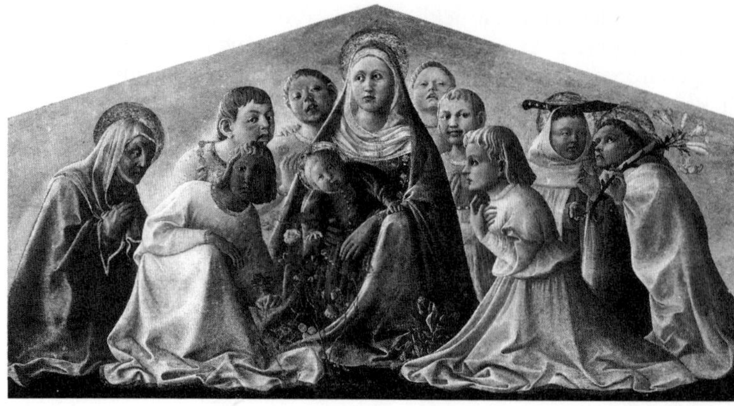

FILIPPO LIPPI,
Madonna dell'Umiltà, um 1432

chenhaft alle möglichen Ableitungen seines formalen Gedankens zu geben, den ein anderer in der Folge spezifizieren wird...«[50].

Wie diese Art von Beobachtungen für die Lektüre der sozialen Dynamik zu übersetzen ist, haben wir bereits dargelegt: verminderter Grad der Innovation, geringe Bereitschaft der Öffentlichkeit, das Neue aufzunehmen, relativer Stillstand. Ohne Zweifel also Genialität bei Brunelleschi, Donatello, Masaccio, aber vor allem auch Vorsicht bei ihren Kollegen, Schülern und Auftraggebern.

Seit den dreißiger Jahren wiederholt sich somit in Florenz die Geschichte des vorangegangenen Jahrhunderts: wir sehen, wie sich im Rückfluß einer Erneuerungswelle eine im Grunde konservative Kultur einrichtet, in die die wichtigen Neuerungen wie zur Zeit von Giovanni da Milano wieder von außerhalb eindringen (Domenico Veneziano, Piero della Francesca) und nur von wenigen verstanden werden (Maestro di Pratovecchio, Baldovinetti). Der Unterschied liegt allenfalls darin, daß der Erneuerungsprozeß im Verhältnis zum Trecento viel schwächer ist. Während die Laufbahn der Großen des Trecento schließlich einen gewaltigen Aufstieg darstellt, und ihr Problem eher darin zu liegen schien, neue organisatorische und stilistische Möglichkeiten zu erfinden, um der großen Nachfrage gerecht zu werden, gewinnt man bei Leben und Werk der großen Florentiner der Frührenaissance den Eindruck, daß die Gesellschaft die Künstler, die sie hervorgebracht hat, nicht mehr fördern und ernähren kann. Die Bauten von Filippo Brunelleschi schreiten langsam voran und bleiben wegen mangelnder Mittel unvollendet; Cosimo zieht den Palastentwurf von Michelozzo vor, weil er weniger prunkend ist[51]; Masaccio lebt im Elend; um leben zu können, muß Donatello die Produktion halb volkstümlicher Werke zu niedrigem Preis sehr ausweiten (Terrakotta, Stuck, Papiermaschè) und schließlich (1443) zu den reicheren Märkten Norditaliens übersiedeln. Auch darf man nicht vergessen, daß die traditionellen Erzeugnisse der älteren Künstler (Giovanni di Marco, Bicci di Lorenzo, Mariotto di Nardo, Rossello di Jacopo) noch lange nach dem Tod von Masaccio (1428?) in Florenz großen Anklang fanden und daß die ausgesprochen konservativen Künstler wie Mariotto di Cristofano, Paolo Schiavo, Andrea di Giusto, Francesco di Antonio, Pier Francesco Fiorentino und Neri di Bicci im Laufe des Jahrhunderts zumindest bei den weniger anspruchsvollen Auftraggebern immer erfolgreicher wurden. Und auch das künstlerische und menschliche Geschick der großen Überlebenden der ersten Generation kann man, wie mir scheint, in ähnlicher Weise deuten. Man denke nur an Donatellos dramatischen

Kampf, an seine mühevollen Experimente oder – im extremen Gegensatz dazu – an den gemessenen, neumittelalterlichen, bewußt »reaktionären« Ausdruck in bestimmten späten Werken von Fra Giovanni da Fiesole. Die Tatsache, daß Benozzo Gozzoli 1459 die Fresken für Piero de' Medici in deutlicher Anlehnung an das Modell von Gentile da Fabriano aus dem Jahre 1423 gestaltet hat, »stimmt« – wie Gombrich richtig gesehen hat – »sehr gut mit dem überein, was wir über den Geschmack der reichen Florentiner nach der Mitte des 15. Jahrhunderts wissen«. Die Generation, der Piero angehörte, »suchte Anschluß an den aristokratischen Lebensstil, den sie von ihren burgundischen und französischen Geschäftsfreunden kannte...«. Eine Wende also zum Neofeudalen, die den Werten des »bürgerlichen« Rationalismus, die die großen Protagonisten der »heroischen« Generation vermittelt hatten, freiwillig den Rücken zu kehren scheint. Und dies stimmt auch vollkommen mit dem Schluß überein, den Antal in seiner berühmten Studie auch schon hinsichtlich der unmittelbar voraufgehenden Periode formuliert hat:

> Im allgemeinen war die spätere Albizzi-Periode etwa von 1430–40 durch eine Intensivierung der aristokratisierenden Spätgotik gekennzeichnet, also durch eine formale Fortsetzung und Akzentuierung des Stils von Lorenzo Monaco und Gentile zwischen 1410 und 1430; [...] So entwickelte sich nun stärker als bei Lorenzo Monaco ein sehr deutlicher Einfluß der internationalen Gotik, der vor allem französisch-burgundischer Prägung ist. Diese Akzentuierung war natürlich nur möglich, weil diese besondere aristokratisierende Strömung viel vom detaillierten Realismus der höfischen französischen Kunst und der Kunst Gentiles übernahm und im Grunde nur wenig von den naturalistischen Leistungen der großbürgerlichen Kunst[52].

Man sollte hinzufügen, daß sich zu diesem späten Zeitpunkt in den spätgotischen Stilformen nicht nur aristokratische, sondern auf dem entgegengesetzten – »armen« Pol auch popularisierende Tendenzen ausdrückten.

Auch wenn der Aufschwung der internationalen Gotik, der Antal und Gombrich beeindruckt hat, sicherlich das evidenteste Anzeichen für die unterbrochene Entwicklung der Frührenaissance ist, müssen wir doch kurz einen anderen Aspekt bedenken: Genau zu diesem und keinem anderen Zeitpunkt nimmt nämlich die neue plastische und perspektivische Kunst, die Filippo und seine Schüler begründet hatten, bei den jüngeren Anhängern wie Lippi und Andrea del Castagno einige typisch »humanistische« Merkmale an (klassische, esoterische, neuplatonische Themen, »protomanieristische« Stilmerkmale). Nicht zufällig antizipiert die berühmte frühe Lünette von Filippo Lippi, in der man gewöhnlich den starken Einfluß von Masaccio gesehen hat, in der Spannung zwischen intendiertem Realismus und Abstraktion der Ergebnisse bereits auch den »Irrealismus« des wohl gespreiztesten Manieristen: Jacopo da Pontormo.

In der zweiten Jahrhunderthälfte gibt es in Florenz zahlreiche Hinweise darauf, daß die Schicht der Künstler an Unterbeschäftigung gelitten hat. Um Donatello zu beschäftigen, den großen Überlebenden der heroischen Generation, der als verlorener Sohn in die Heimat zurückgekehrt war, wurde eine Art staatlicher Auftrag notwendig: die Kanzeln von San Lorenzo[53]. Man hat außerdem festgestellt, daß in dieser Zeit die Zahl der überlieferten Zeichnungen enorm zunimmt, und zwar

> nicht nur weil sich bereits die ersten Fälle von Sammelleidenschaft ankündigen, sondern aufgrund einer tatsächlichen graphischen Überproduktion [...]. Der größte Teil dieser enormen Ansammlung von Zeichnungen stammt von den Florentinern –

PONTORMO,
Die Heimsuchung, um 1528
Carmignano, Pieve

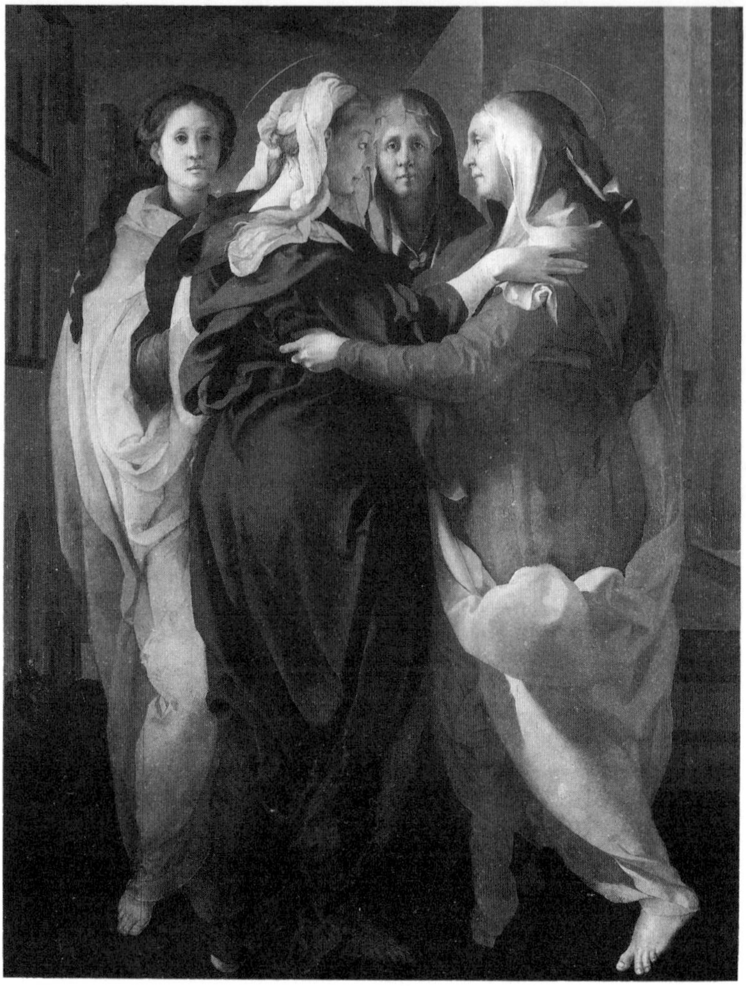

aufgrund einer deutlichen formalen Wahl zugunsten der Zeichnung [...] einer Wahl, die die neuplatonischen Ideen des Kreises um Ficino, die der Idee vor der Realität den Vorrang geben, unterstützt haben müssen[54].

Auch diese Überproduktion könnte durch den relativen Rückgang der großen öffentlichen Aufträge erklärt werden; berücksichtigt man dann noch das verstärkte Gewicht des privaten Auftragswesens der Intellektuellen, so hat man hier die beiden Faktoren, die den vorbereitenden Prozeß von Übung, Studium und Propaganda (deren Instrument die Zeichnungen darstellen) langsamer, komplexer und artikulierter werden ließen.

Wie problematisch es ist, die Künstler, über die Alberti 1436 urteilte, daß sie »keinem der Alten, wie berühmt er auch in diesen Künsten gewesen sein mag, nachzusetzen« seien[55], in den gleichen Diskurs und damit in die gleiche Periodisierung einzureihen wie die ausgefeilte, aristokratische und dekadente »Kultur der Krise« im Florenz der zweiten Jahrhunderthälfte, beweist der neuerliche Vorschlag, die italienische Renaissance mit dem Jahr 1453 beginnen zu lassen, »als Konstantinopel unter die Türken fällt, oder 1454, als dieser schreckliche Vorfall die italienischen Staaten zu einem schwierigen Bündnis treibt«[56]; worin also die eigentliche Idee der Renaissance an eine rein defensive Reaktion und einen Zeitpunkt geknüpft wird, da die Stagnationskrise sich bereits weitgehend manifestiert hatte, sei es auf politischer Ebene durch Cosimos Machtübernahme, sei es auf künstlerischer Ebene durch den Bruder des Landesvaters, Piero »den Gichtkranken«, der, wie wir gesehen haben, zumindest seit den vierziger Jahren die neofeudale und »reaktionäre« Wende begünstigt hatte. In dieser Zeit verschlimmern sich auch die sozialen Verhältnisse; um in die herrschenden Klassen oder immerhin in die oberen Schichten der Gesellschaft vorzudringen (wie marginal und vorläufig auch immer), sind die Künstler gezwungen, die Theorie vom Adel der Kunst zu entwickeln, die nichts anderes ist als der ideologische Ausdruck der Umwandlung des Künstlers vom Handarbeiter zum »Intellektuellen«.

Und vielleicht findet sich hier die solideste Grundlage für die Definition eines »Humanismus« im Bereich der bildenden Künste – eher zumindest als in der »Wiedervereinigung klassischer Form mit klassischem Inhalt« (die dann nur noch eine unvermeidliche Folge der Annäherung der Künstler an die Literaten ist). In diesem Sinne ist es außerordentlich bezeichnend, daß sich unter den Vorkämpfern dieses »Intellektualisierungsprozesses« zahlreiche (zuweilen uneheliche) Söhne aus dem Mittelstand befinden (Filippo Brunelleschi, Ghiberti – bis hin zu Leonardo und Michelangelo), deren künstlerische Tätigkeit – so genial sie war – für sie schließlich einen sozialen Rückschritt bedeutete. Daß diese Auseinandersetzung nicht zur »Überwindung des alten Gegensatzes zwischen freien und angewandten Künsten«, sondern vielmehr zur Loslösung der »bildenden Künste« vom Bereich des Handwerklichen führte, ist inzwischen klargestellt worden[57]; unter diesem Aspekt erscheint mir die reiche Literatur zur Verteidigung des Adels der Zeichenkunst in ihrer dreihundertjährigen Entfaltung als auffällige indirekte Bestätigung und als Ausdruck eines tiefreichenden sozialen Neuordnungsprozesses[58].

Der Augenblick des Gleichgewichts: Piero della Francesca

Aus der Sicht unserer Fragestellung, der Periodisierung, müssen wir noch einmal festhalten: Während die Krise der positiven Entwicklung, die expansive Phase, auf stilistischer Ebene einen deutlichen Einbruch verzeichnet, der sich mit einer Innovation, einem qualitativen Sprung bemerkbar macht und dessen Anfang klar erkennbar ist, manifestiert sich die Stagnation oder gar rezessive Krise in mehrdeutiger Weise und ist chronologisch schwieriger zu fassen. Dies erklärt der dynamische Schwung, der, obgleich er geringer wird, weiterhin – aufgrund der Trägheit gewissermaßen – die bestehenden Tendenzen erhält, unabhängig davon, wann sie entstanden sind; somit sind auch die »innovativen« Tendenzen auf das einfache, reine Überleben gerichtet und werden ihrerseits – wenn auch in anderer Weise – »konservativ«. Die Alternativen verlieren an Schärfe, ein Streben nach Gleichgewicht, Ordnung, Synthese breitet sich aus. In der Kunst des Quattrocento in Mittelitalien ist Piero della Francesca der geniale Repräsentant dieses Bestrebens[59]. Es ist zum Beispiel auffällig, daß Piero – mit den modernsten Mitteln der Perspektive Brunelleschis – gegenüber dem entweihenden Realismus eines Donatello oder Masaccio in gewisser Weise die entgegengesetzte sakrale Richtung vorantreibt. Der feierliche Ernst der Menschenzüge in den Fresken von Arezzo, die Unbeweglichkeit, zu der die Perspektive die Körper in der klaren Luft drängt, der Eindruck quasi physischer Intensität, den Piero zu vermitteln weiß, so daß jedes Element und jede Geste von einer alles beherrschenden Regel abhängen – dies unterscheidet sich bereits zutiefst von der weltlichen Angriffslust, mit der sich die Menschen in Masaccios Fresken von Santa Maria del Carmine (die Piero freilich aufmerksam studiert hat) der florentinischen Straßen bemächtigen. Neben den Fresken von Arezzo betrachte man ein zeitgleiches (oder unmittelbar darauffolgendes) Werk: die *Auferstehung,* die Piero für seinen Heimatort Borgo San Sepolcro, an der Grenze zwischen der Toskana und Umbrien, malte.

Das in jeder Einzelheit außerordentlich neuartige Werk nimmt jedoch bewußt eine ganze Reihe traditioneller Merkmale auf (was, nebenbei bemerkt, einige dazu verleitet hat, wie üblich Byzanz vorzubringen): die Komposition ist dem Tafelbild aus dem Trecento entlehnt, das den großen Altar im Dom von Borgo San Sepolcro schmückt; die Symbolik, die auf den Übergang von Winter zu Frühling (links die kahle, rechts die grünende Landschaft) wie auf den Wechsel von Nacht zu Tag Bezug nimmt (die Schlafenden unten, das Licht des Morgengrauens am Himmel), ist die uralte Symbolik aller bäuerlichen Kulturen. Außerdem ist die Perspektive selbst so verwendet, daß sie die sakrale Größe der Gestalt des auferstandenen Christus hervorhebt: Der Horizont ist tatsächlich relativ tief gehalten (in der Höhe des Sargrandes), und die Mittelachse trifft genau mit der Figur Jesu zusammen, der wie ein Pilaster die anderen Kompositionselemente trägt.

Um die besondere Stellung von Piero della Francesca innerhalb der Tradition zu erklären, scheint es mir neben der angedeuteten Beschreibung in einer letzten Analyse notwendig, vom Bereich des künstlerischen Aufbaus zu den ökonomischen Strukturen überzugehen. Also zu sehen, wie hinter Masaccio das kommerzielle Florenz der Manufakturen steht, das zu Beginn des Jahrhunderts erneut expandiert, wohingegen Pieros Hintergrund das bäuerliche und patriarchalische Umbrien ist.

Inwiefern diese Gegenüberstellung der grundlegenden ökonomischen Struktur der verschiedenen Regionen Italiens berechtigt ist, wird logischerweise um so deutlicher, je mehr man von der Betrachtung des individuellen Stils eines einzelnen Künstlers zur allgemeinen Betrachtung der Ausdrucksweisen, die ganzen Künstlergruppen gemeinsam sind, übergeht. Um nur auf die Nachfolge von Piero hinzuweisen: Es ist leicht zu erkennen, daß die fortschrittlichsten Züge seines Stils weder von seinen »ländlichen« Schülern in Umbrien und den Marken noch von den aristokratischen Ferraresen, sondern von Antonello weiterentwickelt wurden (»in Sizilien [...] hatte [...] nur Messina [...] ein wirkliches Bürgertum«[60]) – und vor allem von jenen Venezianern, die das Glück hatten, im reichsten Handels- und Bankenzentrum Italiens zu leben.

Dennoch sollte man bei der Kunst von Piero della Francesca nicht vergessen, daß sie sich ohne deutlichen Zusammenhang mit städtischen Traditionen entwickelt. Mit seiner regen Tätigkeit vor allem an den kleineren Höfen Mittel- und Norditaliens wie Rimini, Urbino und Ferrara und seiner Fähigkeit, mit Hilfe der Perspektive die Plastizität der Florentiner mit der Farbtradition der norditalienischen Spätgotik zu verbinden (die er vor allem über Domenico Veneziano kennengelernt hatte), bot Piero den gebildeten Menschen der verschiedenen Regionen Italiens eine umfassende Lösung des Problems der Bildsprache. So konnte er – in der Folge von Albertis Theoretisierungen – auch in den Augen der Humanisten den neuen Typus des intellektuellen Künstlers verkörpern. In diesem Sinn stellt er den einzigen wirklichen Vorläufer der klassischen und italienischen Kunst schlechthin, der sogenannten »Hochrenaissance« von Bramante und Raffael, dar.

Die Renaissance außerhalb von Florenz

Von diesem grob skizzierten Geschick der Heimat des neuen Stils – dem Florenz Filippo Brunelleschis – unterscheidet sich die Entwicklung in den anderen Teilen der Halbinsel: In den übrigen Regionen Mittel- und Süditaliens kann man von einem eher homogenen Entwicklungsprozeß sprechen, wobei die allmähliche Verbreitung der Neuerungen der Renaissance und ihrer Angleichung an die traditionellen Gegebenheiten eine ganze außergewöhnliche Phänomenologie genialer »reaktionärer« Bearbeitungen jener Kultur hervorbringt, die man offenbar angesichts der Erwartungen und Anforderungen des verschiedenen lokalen Publikums als zu modern empfunden hatte (man denke nur an das Siena von Giovanni di Paolo, Sassetta, Vecchietta und Neroccio[61]; an das Camerino von Boccati und Girolamo di Giovanni[62], an das Perugia von Bonfigli und Caporali, an das Rom von Antoniazzo[63] und das Neapel des »Maestro di San Severino«[64]). In Norditalien findet man vergleichbare Phänomene; sie stellen insgesamt eine Wiedereroberung des ganzen reichen Terrains dar, auf dem die internationale Gotik erblüht war (man denke nur an Galasso, Bono, Francesco Pelosio und Cosimo Tura in Ferrara; die Degli Erri, Cristoforo da Lendinara und Bartolomeo Bonascia in Modena; an Francesco dai Libri und Benaglio in Verona und schließlich an die Bembo in Cremona[65]. Außerdem werden hier die Voraussetzungen der Renaissance, die neuesten Forschungen zur Beherrschung und rationalen Erfassung der Natur weiterentwickelt. Wenn Norditalien in der zweiten Jahrhunderthälfte wieder die Hauptrolle in der italienischen Kunstentwicklung übernehmen kann, so ist das aus unserer Sicht ein sicheres Zeichen dafür, daß die reichen landwirtschaftlichen Zentren der Poebene, deren Manufaktur- und Handelswesen mit der Landwirtschaft verflochten war, einer differenzierten künstlerischen Produktion auf hohem Niveau wieder eine solide Unterstützung boten. Die relative Bedeutungszunahme von Norditalien und Mittel- und Süditalien in den vierzig Jahren nach dem Frieden von Lodi (1454) gilt im übrigen nicht nur für die bildenden Künste; Peter Burke kommt in der vor einigen Jahren veröffentlichten kleinen Statistik über die Zusammensetzung der Renaissance-Elite zu dem Schluß, daß nach zwei im wesentlichen florentinischen Generationen unter den 85 Mitgliedern der zwischen 1460 und 1475 geborenen kreativen Elite nur 21 Toskaner sind. Und dies schreibt einer, der die toskanische ›Kreativität‹ in eher vorbehaltloser Weise privilegiert[66].

Im Unterschied zur Entwicklung in der zweiten Hälfte des Trecento – als vor allem die Städte der Lombardei und der Emilia (Mailand, Modena, Bologna) den Gegenzug des Nordens anführten und der hauptsächliche Beitrag im Veneto aus den Städten des Hinterlands kam (vor allem aus Verona und Padua) – fällt nun in der Neuinszenierung des Quattrocento die unbestrittene Hauptrolle der Stadt Venedig zu: und zwar in einer vollständigen Wendung, deren Bedeutung für die italienische Kunstgeschichte gar nicht hoch genug anzusetzen ist.

Die Lagunenstadt Venedig, Grenze zu Meer und Orient, die wir kurz im Laufe des Trecento und Quattrocento durch politische Umwälzungen kennengelernt haben, die bedeutsamer als die Stadt selbst waren (im Westen die Errichtung der Signorien des Hinterlands: die Carraresi in Padua, die Scaliger in Verona, die Visconti in Mailand – im Osten der Vormarsch der Türken), ist bekanntlich mit der Eroberung des Festlands beschäftigt; 1402 wird Bassano, 1404 Vicenza und im folgenden Jahr wird Padua und Verona annektiert; 1441 folgt mit dem Frieden von Cremona das Gebiet von Peschiera, Brescia, Bergamo und ein Teil Cremonas... Die große Epoche der venezianischen Kunst beginnt jedoch, als die Periode der Eroberungen nach dem Frieden von Lodi (1454) und der Ersetzung des Dogen Francesco Foscari (1457) beendet ist.

Tatsächlich können wir den qualitativen Sprung der venezianischen künstlerischen Produktion, mit Giovanni Bellini als Hauptvertreter, nicht vor den sechziger Jahren ansetzen[67]. Bis dahin ist man tatsächlich über ein Filtrieren und Wiedereingliedern der florentinischen Neuerungen nicht hinausgegangen, sei es in der Werkstatt der Bellini oder in der gegnerischen Werkstatt der Vivarini; was insgesamt mit den Bemühungen in den anderen Teilen Norditaliens vergleichbar ist (z. B. Pisanello in Mantua und Verona)[68]. Das gleiche gilt für die Skulptur, die erst in den siebziger Jahren bei Antonio Rizzo und Pietro Lombardo[69] die spätgotischen Formen verliert; und in der Architektur muß man ebenfalls bis zu Mauro Codussis San Michele in Isola (1469) warten[70].

Welche kulturellen Erfahrungen Giovanni Bellini die Augen geöffnet haben und ihn zum größten Interpreten der neuen perspektivischen Kunst werden ließen, ist bekannt: Donatellos Tätigkeit in Padua (1443–53) und Venedig (1453–56) und die Kenntnis der Werke von Piero della Francesca. Wir erwähnen diese bekannte Episode der italienischen Kunstgeschichte aber nur wegen der unterschiedlichen und gewissermaßen entgegengesetzten Ergebnisse, die sich trotz gleicher Erfahrungen auf der einen Seite bei Andrea Mantegna finden (obwohl er als erster sehr früh schon die florentinischen Neuerungen kennengelernt hatte), der perfekt ins humanistische Gewand paßt, und auf der anderen Seite eben bei Giovanni Bellini, der etwas anderes und mehr war[71].

In Werken wie der *Pietà,* die sich heute in der Brera befindet, oder im Polyptychon von San Vincenco Ferreri ist bereits eine Revolution der Malkunst vollendet; nicht Zeichnung und Verkürzungen, sondern Perspektive, Licht und Farbe sind hier die Medien einer neuen Betrachtung des Menschen in der Natur oder, genauer, des Menschen in der Landschaft. Das sakrale Thema zu vermenschlichen ist etwas ganz anderes, als es in antike Gewänder zu kleiden: Die Heiligen, die Madonna und Christus selbst sind keine Heroen und Heroinen, sondern Männer und Frauen; die Perspektive und die Verkürzungen stellen nicht die intellektuellen Fähigkeiten zur Schau, sie sind kein Erkennungszeichen für Eingeweihte, sondern Mittel, das Ereignis offenbarer und wahrer darzustellen, das Mensch und Natur vereint.

Ein neues Kapitel der italienischen Kunstgeschichte beginnt hier, worin sich Venedig zur regionalen Hauptstadt erhebt und in der Lage ist, Florenz die nationale Vorrangstellung streitig zu machen. Den Umwandlungsprozeß führt mit sicherer Autorität vierzig Jahre lang Giovanni Bellini an (bis er über den Kopf des »Humanisten« Giorgione hinweg die Hand direkt dem jungen Tizian reicht); sei es, daß er in seiner Werkstatt eine Schar junger Gesellen heranbildet (die er autorisiert, in seinem Namen zu signieren: Niccolò Rondinelli, Lattanzio da Rimini, Marco Bello, Rocco Marconi, Bartolomeo Veneto, Francesco

Bissolo)[72], oder sei es, daß er sich zum unbedingten Maßstab für jeden Künstler aus Venedig oder dem Hinterland macht, der sich modern nennen wollte (man braucht in Venedig nur die Namen von Vittore Carpaccio, Cima da Conegliano, Lazzaro Bastiani, Marco Basaiti, Benedetto Diana zu nennen, in Vicenza Giovanni Buonconsiglio und Bartolomeo Montagna, in Verona Michele da Verona und Francesco Morone)[73]. Genau in diesem von Giovanni Bellini dominierten Venedig vollzieht sich gegen 1475 auch die endgültige »Italianisierung« des größten südlichen Malers, des Halbflamen Antonello da Messina[74]. Der Platz, den das (ländliche) Panorama (jenseits der Stadtmauern) innerhalb des sakralen Bildes einnimmt und der neue Erfolg des Portraits, das nicht mehr heraldisch, numismatisch, lobpreisend ist, sondern in Dreiviertelansicht real, wenn auch nicht veristisch, individuell, aber nicht psychologistisch ist – dies sind die deutlichsten Zeichen der »italienischen« Wende der venezianischen Kunst. Auf die Parallelität dieser Wende zum neuen kontinentalen und landwirtschaftlichen Interesse der führenden venezianischen Schicht ist bereits hingewiesen worden; deutlich ist auch, daß die neue Modellfunktion, die der Herrscherin unter den immerhin bedeutsamen Städten des Gebiets zufällt, eine direkte Folge ihrer neuen politischen Führungsrolle ist; ein deutliches Indiz auch ihres relativen und in diesen Jahren vielleicht absoluten Reichtums.

Venedig und Florenz

Während die Entwicklungslinien der Städte des Hinterlands und der Stadt Venedig im Vergleich zur venezianischen Situation im Trecento nun zugunsten Venedigs auseinandergehen, zeichnen sich in der synchronen Gegenüberstellung des anderen hauptsächlichen kulturellen Zentrums – das Florenz von Lorenzo il Magnifico – trotz der gemeinsamen »Modernität« Unterschiede ab, die teilweise als irreduzibel aufgefaßt wurden.

Was ihre gemeinsamen Merkmale betrifft, so muß man vor allem in beiden geographischen Gebieten die wesentlichen Fortschritte der »humanistischen« Entwicklung sehen: die Intellektualisierung des Künstlers, die Rationalisierung, die Säkularisierung (in gewissem Maße die Profanisierung) und die Privatisierung des künstlerischen Produkts. Erst kürzlich wurde auf die quantitativen Grenzen dieses Prozesses aufmerksam gemacht: Die Produktion bleibe für lange Zeit noch überwiegend innerhalb einer religiösen Thematik und Zielsetzung[75]. Darüber darf man jedoch nicht den qualitativen Sprung vergessen, der in der Umkehrung des Verhältnisses beider Bereiche zueinander besteht. Während man im Mittelalter selbst eine profane Thematik, sofern es notwendig war, sie darzustellen, in sakrale Stoffe kleidete, geschieht nun das Gegenteil. Der private Bereich übernimmt die Führung auch über den Bereich öffentlicher und religiöser Ausrichtung. Die neu gewonnene Autonomie der Gegenstände, des Portraits, des architektonischen und landschaftlichen Hintergrunds spiegelt sich in den gleichen Altarbildern. Die Heiligen werden als Herren oder reiche Kaufleute dargestellt, die Propheten als antike Philosophen. Zwar ist die ausdrückliche Darstellung von Liebesszenen oder des täglichen Lebens relativ selten; doch die Theophanie wird zur Familienzusammenkunft, zur »Sacra Conversazione«, und in der Eleganz, der physischen Gegen-

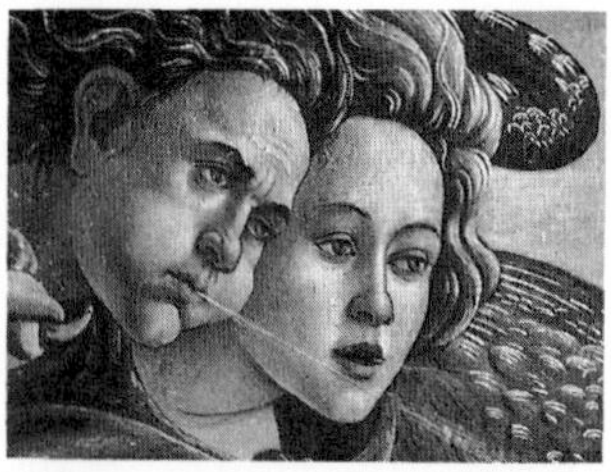

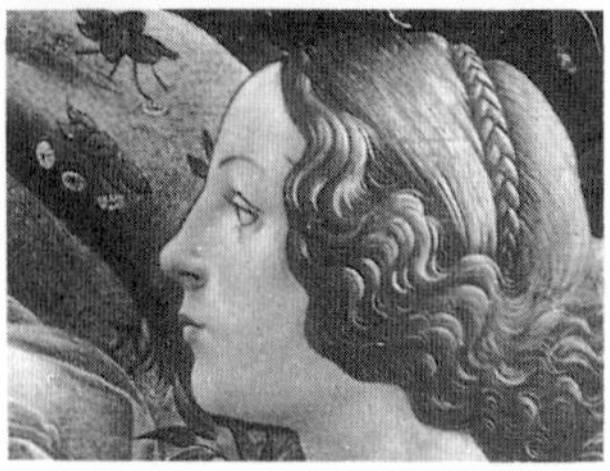

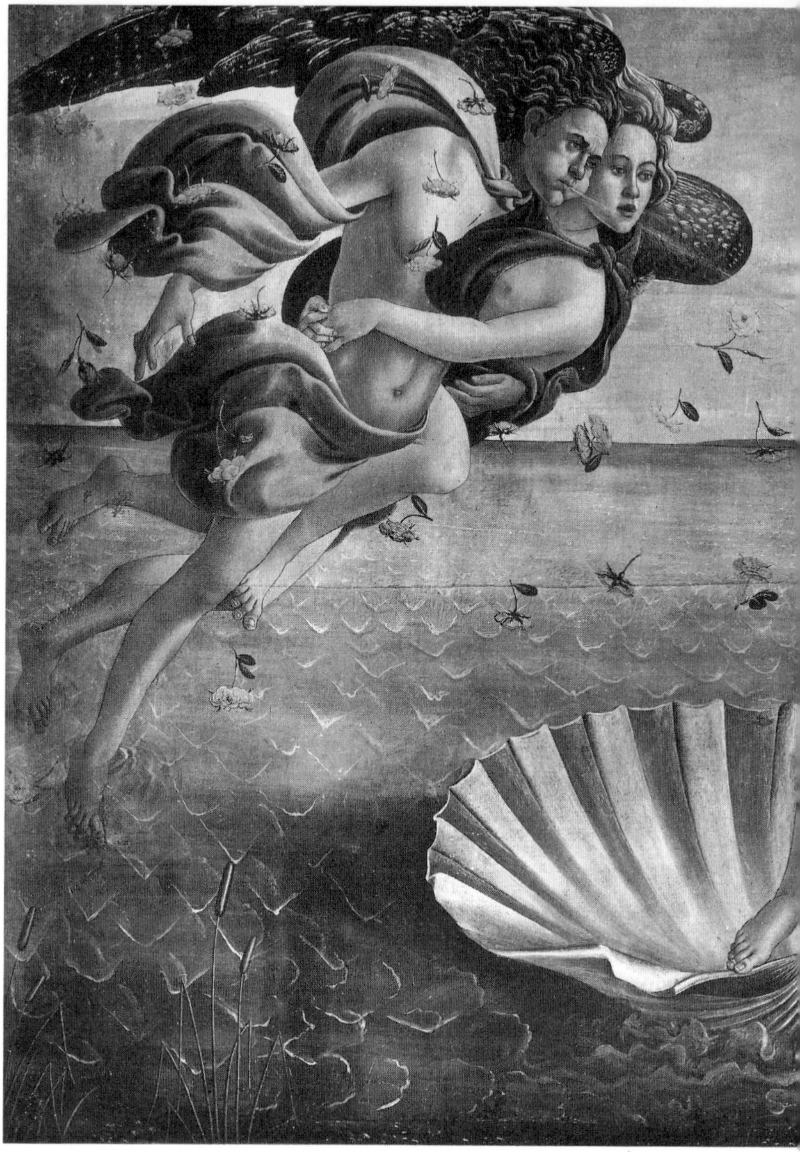

wart zahlreicher junger Heiliger – sogar im Engel der Verkündigung und seiner zurückhaltenden Gefährtin – erkennt man deutlich erotische Anspielungen.

Statt dessen auf den Unterschieden zu bestehen, die den ausgefeilten »Humanismus« der Florentiner von dem einfacheren und weniger angespannten der Venezianer trennen, ist dennoch nicht schwierig. In Florenz wird die Treibhauskultur am Hof des Lorenzo Magnifico und in der Werkstatt Verrocchios (Botticelli, Perugino, Leonardo, Lorenzo di Credi[76]) verfeinert, als deren Symbol ein profanes Gemälde mit antikem Sujet wie *Die Geburt der Venus* gelten mag, die einem wenig glaubwürdigen Meer entsteigt und so alles in allem wenig »antik« ist. In Venedig sind selbst die »Innenraum«-Szenen sehr religiös; doch eine Madonna mit Kind von Giovanni Bellini oder Cima da Conegliano hat mehr Griechisches und mehr Natur als das gesamte

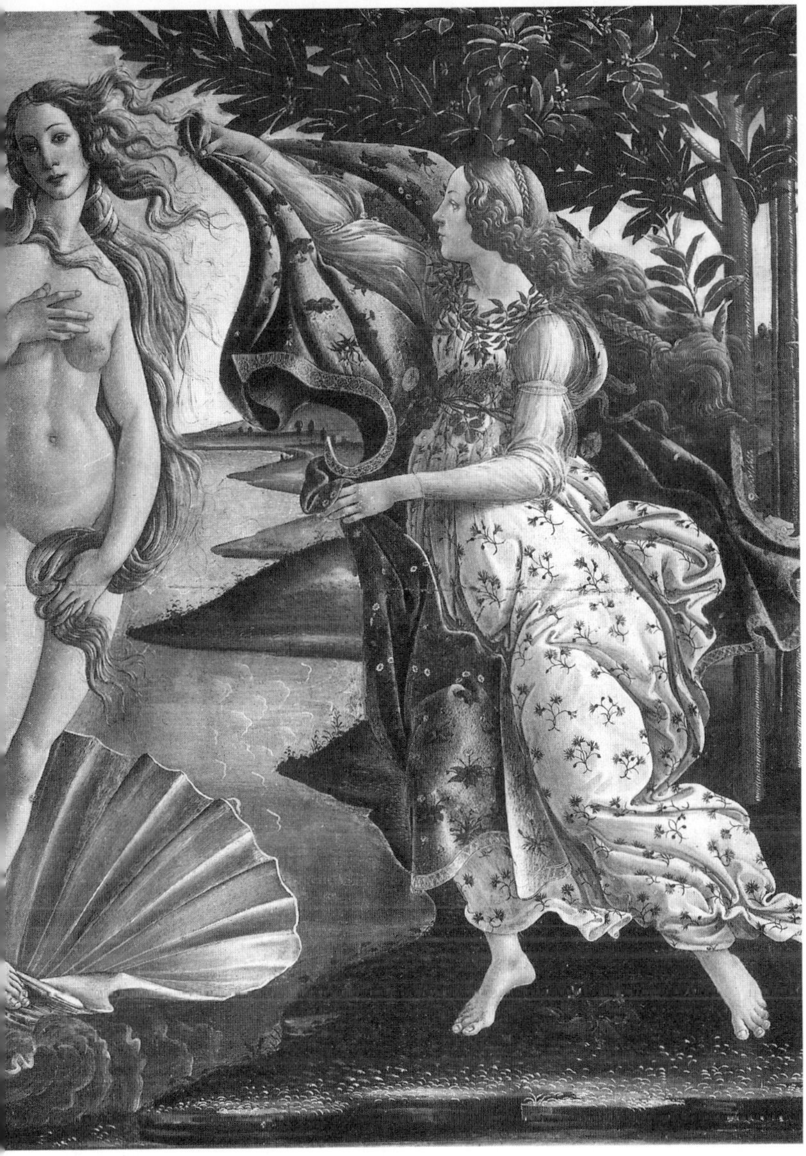

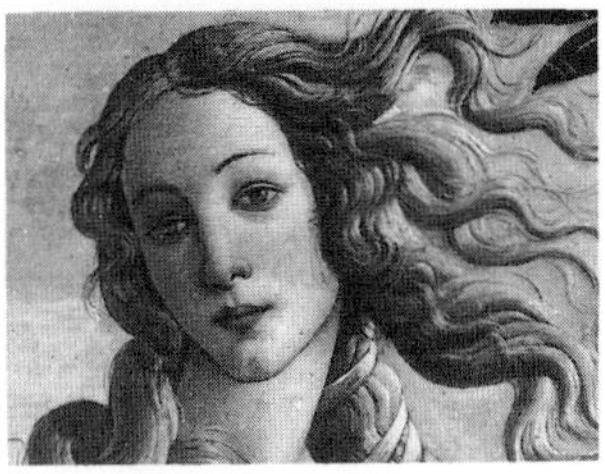

SANDRO BOTTICELLI,
Die Geburt der Venus, um 1485

Werk Ghirlandaios oder Botticellis. Und der traditionelle Gegensatz zwischen der abstrakten, intellektuellen florentinischen Zeichenkunst und der (sinnlichen?) Farbe der Venezianer wird auch auf sozialer Ebene nicht bedeutungslos gewesen sein. Die beiden Ausformungen des Humanismus scheinen die unterschiedliche soziale Unterstützung widerzuspiegeln, die sich ihrerseits von dem unterschiedlichen Maß herleitet, in dem die beiden führenden Schichten ihre Position gefestigt haben. Die prekäre Stellung der florentinischen Oberschicht führt im übrigen – noch bevor das Jahrhundert zu Ende geht – die Erfahrung der Elendsrepublik Savonarolas (1494–98)[77] vor Augen; und die Stabilität der venezianischen Oberschicht zeigt sich zehn Jahre später in der Weise, wie sie die Krise von Agnadello (1509–17) überwindet[78].

Renaissance der Poebene und »antizipierter Klassizismus«

Zum Bild der »humanistischen« Vereinheitlichung der italienischen Formensprache gehört – zumindest was die Produktion für die herrschenden Klassen betrifft – im letzten Viertel des Quattrocento auch das weite Gebiet der Poebene, und zwar selbst noch der Teil, der nicht unter venezianische Herrschaft fällt. Sicherlich haben die Venezianer auch hier eine gewisse Rolle gespielt, zumindest in gewissem Sinn bei der stilistischen »Bekehrung« von Vincenzo Foppa und Ambrogio da Fossano; doch darf man hierbei nicht den Beitrag anderer modernisierender Strömungen vergessen, sei es aus den nördlichen, bereits vorher »italianisierten« Zentren wie dem Ferrara von Tura, Cossa, Ercole de' Roberti, dem Padua von Squarcione, Donatello und Bellano, dem Mantua von Mantegna, Riccio und Antico, oder sei es direkt aus Mittelitalien. Stärker als in der lichterfüllten, flächigen Version von Piero della Francesca bis Giovanni Bellini wurde die Perspektive in der ostentativen, obsessiven und sehr virtuosen Version von Mantegna (Girolamo da Cremona) und vor allem von Bramante realisiert. Bildhauer wie Mantegazza und Amadeo, Maler wie Butinone, Zenale und sogar der große Bramantino nähern sich der neuen toskanischen und humanistischen Formsprache über jenen raffinierten Weg, der den Werten »bürgerlicher« Rationalität, die sein Fundament bilden, im Moment, da er sie aufnimmt, scheinbar widersprechen will[79].

Die beiden Entwicklungslinien der künstlerischen Produktionsformen in Mittel- und Norditalien, die, wie wir gesehen haben, trotz eines prägenden künstlerischen Austauschs und der Umkehrung ihrer Rollen verschiedenen Wegen folgen, nähern sich schließlich besonders gegen Ende des Jahrhunderts einander an – bis in der Phase des sogenannten »antizipierten Klassizismus« und dann mit dem Klassizismus Raffaels zum ersten Mal ein stilistischer Ausdruck auf wirklich nationalem Niveau gefunden wird.

In der Einleitung zum dritten Teil seiner *Lebensbeschreibungen* spricht Vasari von dem Phänomen, das die moderne Kritik heute mit einem Ausdruck Longhis als ›antizipierten Klassizismus‹ bezeichnet; dessen entscheidende Merkmale erkannte Vasari in »jener übereinstimmenden Zartheit der Farben, durch welche Francia Bolognese [Francesco Francia] und Pietro Perugino ihre Werke zu schmücken begannen; die Völker strömten herbei, diese neue lebendige Schönheit zu sehen«[80]. Hier sieht man, wie der Historiker aus Arezzo zum ersten Mal einen Künstler des Nordens und einen mittelitalienischen (nicht toskanischen) Neuerer nebeneinanderstellt, wobei er dem ersten den Vorrang zu geben scheint. Tatsächlich ist schwer zu sagen, ob in dieser sehr erfolgreichen Verbindung nicht die nördlichen Elemente (das Flämische, Ferraresische und Venezianische: Hans Memling, Lorenzo Costa, Vittore Carpaccio) über die mittelitalienischen Elemente dominierten, die Perugino ausgehend vom Stil Piero della Francescas über den Stil der florentinischen Werkstatt Verrocchios vertreten hat. Jedenfalls schien diese didaktische, elementare Form des Klassizismus geeignet, etwa zwanzig Jahre lang sowohl die Anhänger der »fortschrittlichen« Kunst wie auch das Publikum, das der Symmetrie des Polyptychons und der Sorgfalt der Flamen nachhing, sowohl die Humanisten wie die Gottesfürchtigen zufriedenzustellen. Es ist die Formel des Kompromisses überhaupt, falls es eine solche je gegeben hat – und dennoch neuartig. Zu einem bestimmten Zeitpunkt um die Jahrhundertwende umfaßt dieser Kompromiß große Künstler und kleine Handwerker diesseits und jenseits des Apennins, vor allem aber in Umbrien (Spagna, Pier Matteo d'Amelia, Tiberio d'Assisi, Matteo Balducci), in Latium (Antonio da Viterbo, genannt Pastura, Bernardino Pinturicchio), in der Toskana (Leonardo da Vinci, Lorenzo di Credi, Mariotto Albertinelli, Fra Bartolomeo), in der Emilia-Romagna (Gian Battista Bertucci), in Venedig (Carpaccio, Giorgione, Tullio Lombardo), in Ferrara (Lorenzo Costa, Garofalo), in Cremona (Boccaccio Boccaccino), in Lodi (Albertino Piazza), während eine ähnliche Lösung in Mailand (jedoch auf sehr lokaler naturalistischer Grundlage) mit Ambrogio da Fossano, genannt Borgognone, erfolgreich wird[81].

1492

Die Blüte dieses besonderen Entwicklungsmoments der italienischen künstlerischen Sprache fällt fast auf das Jahr mit der Zäsur zusammen, die man traditionell zumindest auf institutioneller Ebene als die Wegscheide von »neuzeitlicher« und »mittelalterlicher« Geschichte begreift: mit 1492 also, dem Jahr der Entdeckung Amerikas und dem Todesjahr von Lorenzo il Magnifico, oder mit 1494, als die Heere Karls des VIII. in Italien einzogen (was Lopez noch zu den Anfängen der »Renaissanceblüte« zählen will)[82]. Diese Koinzidenz ist freilich leichter festzustellen als zu erklären.

In der Tat wird diese Zäsur einhellig angenommen; es werden ihr jedoch verschiedene, wenn nicht gegensätzliche Bedeutungen zugeschrieben. Für Historiker der politischen Geschichte markiert sie (angefangen bei Guicciardini) den Beginn einer katastrophalen Entwicklung, für die Kunsthistoriker hingegen den Beginn der höchsten Renaissanceblüte: Seit Vasari sah man hier den Ausgangspunkt der »dritten Manier, die wir die moderne nennen wollen«, die zwanzig Jahre später im »Goldenen Zeitalter« gipfelt (»so konnte sich das glückliche Zeitalter Leos X. für die kultivierten und kunstgewandten Adligen nennen«, 1513–21)[83].

Selbst wenn man in Vasaris Darlegung die offensichtliche Apologetik (des Höfischen, weil Leo X. ein Medici war; und der Zunft, im Namen der Überlegenheit der Künstler der »dritten Periode«) berücksichtigt, bleibt das Problem bestehen. Wir stehen objektiv vor dem größten Auseinanderklaffen der politischen und kulturellen Ereignisreihen, das es bislang in der italienischen Geschichte gab. De Sanctis formulierte das Problem moralistisch, als er schrieb, daß »Karl VIII. Italien mit einem Federstrich eroberte. Das Volk, welches er vorfand, nannte ihn einen Barbaren; in der vollen Entfaltung seiner geistigen Kräfte und in der Blüte der Kultur, war es von leerer Seele und müdem Wesen«[84]. Dennoch hat er das Problem alles in allem auch realistisch beschrieben, als er, das Quattrocento betreffend, den kontinuierlichen Entstehungsprozeß einer wirklichen und eigenen italienischen Sprache betonte: »eine künstliche und rein literarische Schöpfung«, die damit zusammenhing, daß »das Bürgertum (wir würden sagen: die neue Aristokratie) eine eigene Sprache wollte«. Der Moment des größten Auseinanderklaffens, vor dem wir also stehen, ist der Reifemoment eines hundertjährigen Prozesses, den man in Florenz mit der »humanistischen« und zugleich »neofeudalen« Reaktion in den dreißiger Jahren des Quattrocento beginnen lassen kann. Dem Kunsthistoriker, der das »klassische Bild« der »klassischen Kunst der Renaissance« geschildert hat – Heinrich Wölfflin, Schüler Burckhardts –, wurde vorgeworfen, daß er »das Quattrocento, das ganze Quattrocento als notwendigen Vorläufer des Cinquecento« bestimmt habe[85]. Auch wenn die folgende Kritik den herausragenden Zusammenhang von Piero della Francesca – Giovanni Bellini – Bramante – Raffael richtig erkannt hat und ein leichtes Spiel hatte, den positivistischen Evolutionismus des Schweizer Gelehrten zu kritisieren (»die künstlerische Entwicklung ist von der einer Pflanze nicht unterschieden«), so ist doch die grundsätzliche Kontinuität des Prozesses in seiner Gesamtheit nicht ernsthaft bestritten worden. Seit der Entdeckung der Perspektive kann keine der Zäsuren auf stilistischer Ebene, die wir mit einem gewissen Zögern beschrieben haben, die Bedeutung eines tiefen Bruchs, einer Tendenzwende beanspruchen. Es handelt sich immer um neue Moden, neue Verfeinerungen, Vertiefungen, Erweiterungen, um Ausfuhr und Entwicklung von Ideen, die alle seit über einem Jahrhundert zirkulieren.

Also Kontinuität, doch sicher nicht Stagnation: Das Tempo der stilistischen Innovationen wird vor allem in Norditalien in der zweiten Hälfte des Jahrhunderts sehr viel höher und, wie wir gesehen haben, deckt sich die mutmaßliche Zäsur von 1492–94 nicht wirklich mit einer verlangsamten Entwicklung. So bestätigen die Beobachtungen der Kunsthistoriker die Auffassung derer, die auch im Bereich der politischen Geschichtsschreibung heute die Bedeutung dieses Bruchs merklich einschränken und ihn nur als erstes, wenn auch auffälliges und verräterisches Zeichen der Brüchigkeit des politischen Systems der italienischen Staaten verstehen. Die Kennzeichen der künstlerischen Produktion – zumindest derjenigen, die sich an die führenden Gruppen dieser Staaten wandte – widersprechen diesem System auch nicht. Die Leichtigkeit, mit der sich diese Kultur in ihren verschiedenen Formen bereits im Laufe des Quattrocento von einer Stadt auf die andere, von einem Hof auf den nächsten übertragen hat – bis zur letzten glanzvollen Umsiedlung ihrer Varianten aus Urbino nach Rom, die Julius II. Della Rovere (1504–13) veranlaßt hatte –, zeigt deutlich, daß sie keine tiefen Wurzeln besaß.

Selbst die Zerstörung des politischen Gleichgewichts und die kriegerischen Auseinandersetzungen in den unmittelbar folgenden Jahren scheinen keine spürbare Verlangsamung der künstlerischen Produktion bewirkt zu haben – zumindest nicht in den wichtigsten Zentren. Mailand geht von der Generation Foppas zur Generation von Bramantino und Boltraffio, von Cesare da Sesto und Luini über; in Venedig folgen auf Carpaccio Giorgione und Tizian; nach Botticelli und Filippino folgen in Florenz Fra Bartolomeo, Albertinelli und Franciabigio; und in Rom folgt auf Pinturicchio Raffael. So macht sich schließlich gerade zur Jahrhundertwende jene beschleunigte Bewegung bemerkbar, die in der Entstehung der »maniera moderna« gipfelt und die italienischen Künstler wie zu Beginn des Quattrocento mindestens zwanzig Jahre lang radikal in Neuerer und Traditionalisten scheidet. Es wiederholt sich ein Phänomen, das für jähe Umschwünge typisch ist: eine scharfe Umstellung des Produktionstypus, die sich in einen Bruch der Stilentwicklung jener Künstler überträgt, die aus Generationsgründen den Umschwung erleben. Für die Kunstkenner hat dies die Schwierigkeit zur Folge, die beiden Stümpfe zu verbinden – von den »modernen« Werken zur Produktion vor dem Umschwung zurückzugehen. Man denke an das erste venezianische Gemälde von Luini, an die »perspektivischen« Anfänge von Lorenzo Lotto und Palma il Vecchio, an die »mantegnesken« Anfänge von Correggio und die »filippinischen« von Rustici. Zwar sind die Gemälde des jungen Michelangelo in

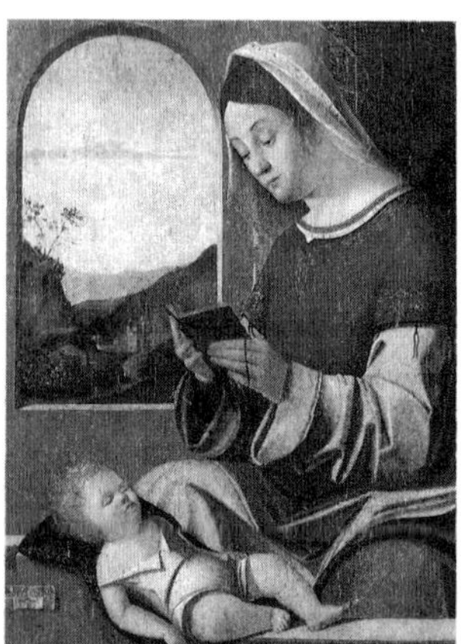

JACOPO PALMA IL VECCHIO, *Madonna mit Kind*, um 1500–1505

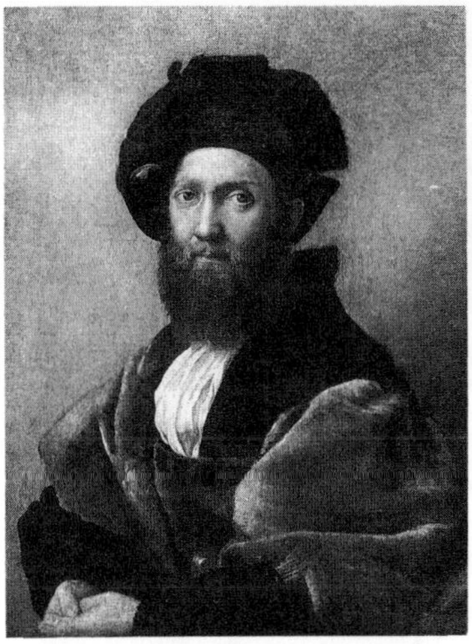

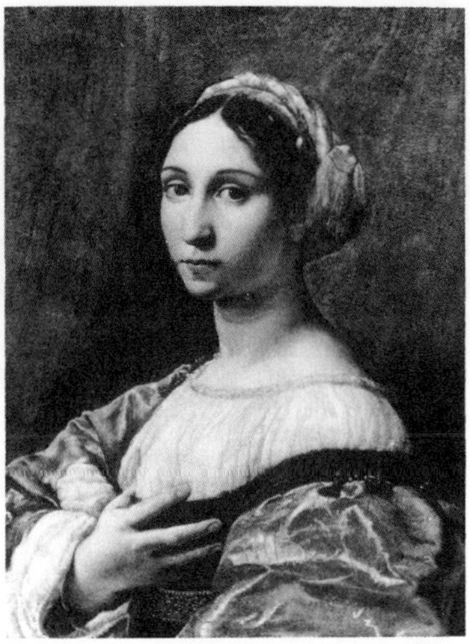

links:
RAFFAEL,
Baldassar Castiglione, um 1515

rechts:
RAFFAEL,
Bildnis einer jungen Frau, um 1515

der Manier Ghirlandaios nicht mehr auffindbar, aber die ersten dokumentierten Skulpturen (die stilistisch »ferraresischen« Statuetten für die Arca von San Domenico in Bologna) und dann den *David* des Jahres 1504 sowie vor allem den *Tondo Doni* (etwa 1506) trennt ein Abgrund. Bei Bramante kann man eine lombardische und eine römische Phase unterscheiden; und am deutlichsten ist das bekannte Beispiel Raffaels, der vom Stil Peruginos über den Michelangelos zu einem sozusagen »tizianischen« Stil übergeht[86].

Im Rom Julius' II. (1504–13) scheint sich nun in einigen wesentlichen Zügen die Situation des Florenz Filippo Brunelleschis zu wiederholen: Politische Umstände und eine Reihe außergewöhnlicher Initiativen, die ein gewisses euphorisches Klima erzeugen – in einer Stadt, die ihre eigene Bedeutung künstlich überhöht sieht. Julius II. Della Rovere »träumt nicht nur von der Gründung einer nationalen, autoritären Monarchie unter Führung des Papstes, sondern nimmt sich eine ›renovatio imperii‹ vor, in welcher der Papst zugleich Kaiser sei, so wie Augustus, Tiberius oder Trajan Kaiser und pontifices maximi waren. Julius II. wird der neue Julius Cäsar sein ...«[87]. Es ist der Moment, da das Papsttum selbst, verbündet mit der Hochfinanz, den »weltlichen Rationalismus« des Bürgertums übernimmt[88]. Angesichts der traumatischen Erfahrung, daß fremde Heere die Halbinsel durchstreifen, macht er sich zum Träger eines Aufschwungs des Nationalbewußtseins (»fort mit den Barbaren«). Die »Latinität« der Humanisten widerspricht hierbei keineswegs dem Anspruch einer noch jungen Tradition des Volgare, und Bramante konnte gleichzeitig die Gebäude des kaiserlichen Rom betrachten und sich – wie uns Gaspare Visconti wissen läßt – »als innigen Anhänger Dantes« begreifen.

Die Umgebung des päpstlichen Hofs und die Aktivitäten in der Stadt Rom (zwischen 1492 und 1525 verdoppeln sich die Einnahmen des Staates[89]) bilden die ökonomisch-soziale Stütze der Kunst der »Hochrenaissance«. Raffael und seine Werkstatt[90] sind zu dieser Zeit in der italienischen Kunst tonangebend; sie sind das Zentrum für Künstler aus allen Landesteilen, für lokale Künstler (Giulio Romano), für Künstler aus dem Norden (Giovanni da Udine, Polidoro da Caravaggio, den Bolognesen Marcantonio), für toskanische Künstler (die Florentiner Giovan Francesco Penni, Lorenzetto, Perin del Vaga sowie Vincenzo Tamagni aus San Gimignano) und sogar für ausländische Künstler

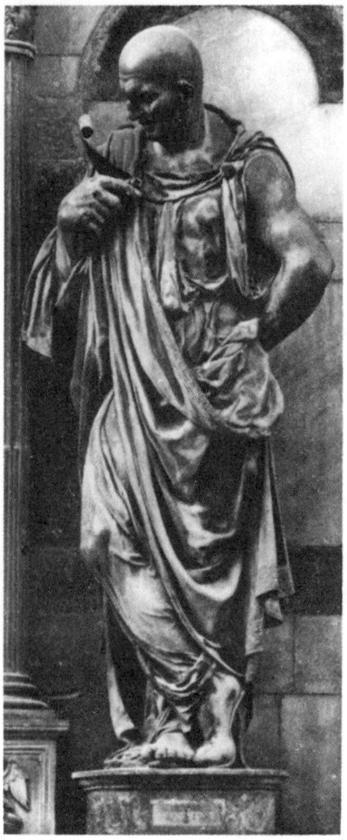

GIOVAN FRANCESCO RUSTICI,
Der Levit, aus der *Predigt des Täufers,*
1506–1509
Florenz, Baptisterium, Nordportal

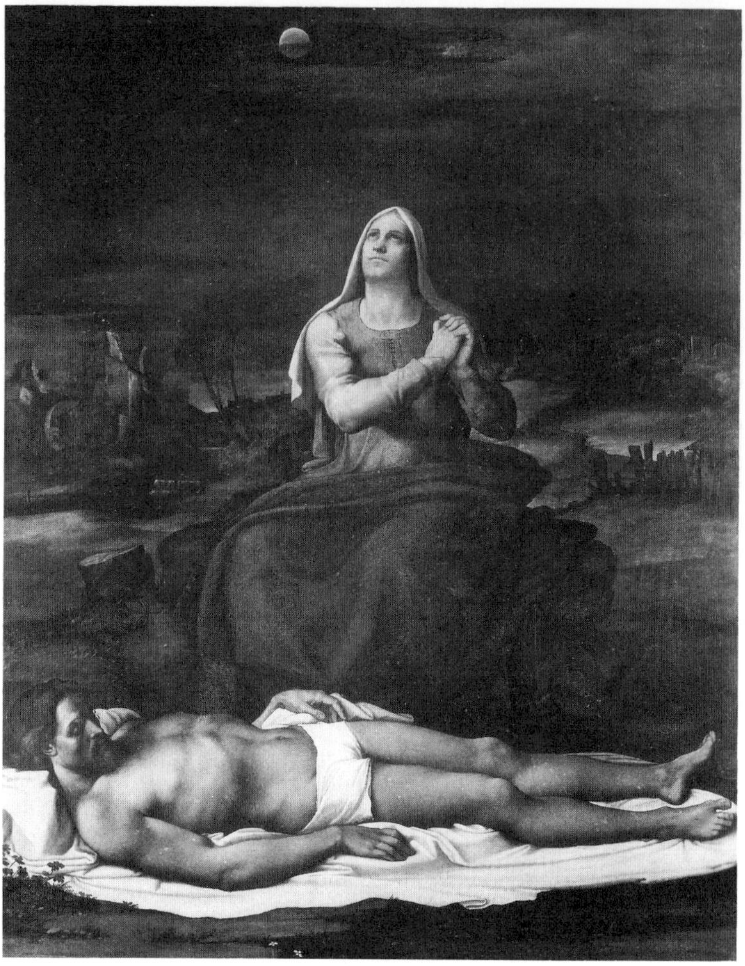

SEBASTIANO DEL PIOMBO,
Pietà, um 1517

(Berruguete, Machuca, Marcillat). Über den Kopf des Bildhauers Michelangelo hinweg nehmen sie sogar wieder die venezianische Tradition auf (Tizian, Dosso und auch Sebastiano del Piombo). Das Ende dieses geistigen Abenteuers ist bekannt: 1520 stirbt Raffael vorzeitig, und nach der Plünderung Roms im Jahre 1527 verteilen sich die Künstler und tragen so zur Verbreitung der »maniera moderna« in ganz Italien und Europa bei (nachdem nun das »nationalistische« Pulver entschärft und zur vielgestalten Koiné geworden war). Polidoro geht nach Neapel und Messina, Machuca und Berruguete nach Spanien, Rosso Fiorentino, Rustici und Cellini nach Frankreich, usw.

1527

1527 – das Todesjahr Machiavellis, das Jahr der Plünderung Roms und des Wiederausbruchs der Pest – »wurde in den alten Handbüchern als der Todesstoß der italienischen Renaissance durch die Protestanten jenseits der Alpen betrachtet«; dies, sagt Lopez, »ist vielleicht zuviel gesagt, aber«, fährt er fort, »auch wir können dieses Datum 1527 als das Ende der Reife und als Anfang des Alterns annehmen«[91]. In Wirklichkeit kann man die zwanziger Jahre insgesamt, auch nach den Maßstäben der Epoche, als katastrophal betrachten: 1525 die Schlacht bei Pavia, 1526 die Belagerung von Mailand, 1527 die Plünderung Roms, 1528 die Belagerung von Neapel, 1529 die von Florenz. Die Pest haben wir erwähnt: »im dritten Jahrzehnt des Cinquecento verdichtet sich in Italien [...] der ›Teufelskreis‹ von mageren Ernten, Hungersnöten und Seuchen«[92]. 1528 und 1529 waren in Venedig die Jahre des »großen Hungers«; »nie zuvor hat die Christenheit ein ähnliches Schauspiel von Verwüstung und Zerfall gesehen«, schreiben die englischen Gesandten auf der Durchreise durch die Lombardei[93]. Doch hat bekanntlich ein Sozialhistoriker, der aus dem einen oder anderen Grund die »Härte der Zeiten« vor Augen führen möchte, nie Schwierigkeiten, eine mehr oder weniger dichte Folge von Kriegen, Pestilenzen oder Hungersnöten aufzuzählen, und wir wissen auch, daß diese Schrecken nicht immer zu einer Unterbrechung, Verlangsamung oder wenigstens eine Wesensänderung der künstlerischen Produktion geführt haben. Ist dies auch bei der Zäsur von 1527–30 der Fall oder liegen die Dinge hier anders? Was können wir aus den historisch-künstlerischen Reihen ersehen?

In diesen Jahren wird bekanntlich das sogenannte »klassische Moment« der Renaissance in Florenz, Rom und – wenngleich langsamer – auch in Venedig geringer, während sich zumindest auf einer bestimmten Ebene der sogenannte »Manierismus« als gemeinsame Sprache verbreitet und durchsetzt.

Ein Stil, dessen »epigonaler« Charakter – welcher Ausdruck der Dekadenz oder, mit einem moderneren Wort, der Krise sei – immer schon erkannt und schließlich ein Gemeinplatz wurde.

Noch vor kurzem hat Peter Burke angesichts der absichtlich vorgelagerten Triglyphen im Palazzo del Te von Giulio Romano festgestellt:

> Ein solcher bewußter Regelverstoß, wie er in den zwanziger und dreißiger Jahren des 16. Jahrhunderts nicht ungewöhnlich ist, rechnet mit Betrachtern, die so gebildet sind, daß sie die Regeln kennen, entsprechende visuelle Erwartungen hegen und einen Schock erleben, wenn diese Erwartungen enttäuscht werden; mit Betrachtern, die diese Schockempfindung aber genießen, vielleicht weil sie der Regeln durch lange Vertrautheit mit ihnen überdrüssig geworden sind. Die manieristische Architektur ist eine Architektur der Anspielungen. In der Literatur beruht der Anti-Petrarkismus Aretinos und Bernis ebenfalls auf Anspielungen. Um Vergnügen an ihren Parodien zu finden, muß der Leser über eine gewisse Vertrautheit mit Petrarca und seinen Nachahmern aus dem 15. Jahrhundert verfügen, eine Vertrautheit, die, wenn nicht Geringschätzung, so doch zumindest Langeweile hervorbringt[94].

Es handelt sich also um einen Streit der Regeln untereinander, einen Streit, der diese Regeln verletzt, sie aber voraussetzt und im Verletzen bestätigt, ohne auch nur davon zu träumen, sie durch andere zu ersetzen: »und in der Regel«, wie der unübertreffliche Vasari, nur scheinbar ein Wortspiel verwendend, schrieb, »wäre eine Freizügigkeit, ohne Regel zu sein, durch die Regel geordnet«[95]. Auch Roberto Longhi betrachtet – wiewohl er sich weigert, »künstlerische Horoskope, wie sie heute Mode sind, über die verschiedenen Ereignisse und Unglücksfälle der Zeit zu stellen« – schließlich den Manierismus als Zeichen der »verzweifelten Vitalität einer Krise«[96]. Ohne hier die mühsame Frage nach den Ursprüngen, der Funktion und der Bedeutung des »Manierismus« angehen zu wollen – der bekanntlich viel Tinte fließen ließ und noch immer läßt[97] – halten wir uns an wenige sichere Fakten, die für unsere These relevant sein können.

Vor allem entsteht der sogenannte manieristische Stil gleichzeitig mit der »maniera moderna« oder besser gesagt, er gehört (als innere Variante und nur teilweise als Alternative) zu ihr; seinen Vater und unbestrittenen Hauptvertreter hat er im Michelangelo der *Schlacht von Cascina,* des *Tondo Doni* und der Sixtinischen Kapelle (1508–12)[98]. 1475 geboren, ist Michelangelo tatsächlich in der ganzen Gruppe der »Modernen« der Älteste; Bernardino Luini, Gaudenzio Ferrari (um 1480–85 geboren), Pordenone (um 1483 geboren), Jacopo Sansovino (1486), Andrea del Sarto (1486), Berruguete (um 1486), Beccafumi (um 1486), etwas jünger als Raffael (1483) – sind jedoch Altersgenossen von Tizian (um 1487) und älter als Correggio (1489). Außerdem überwiegen die manieristischen Tendenzen erst seit dem zweiten Jahrzehnt (in Florenz bleibt der »klassische« Stil, solange Fra Bartolomeo lebt, der ein Jahr jünger als Michelangelo ist, erfolgreicher), und sie werden von einer Künstlergruppe getragen, die in den neunziger Jahren geboren ist: Giulio Romano (1492), Baccio Bandinelli (1493), Pontormo (1494), Rosso Fiorentino (1495), und wenig später Polidoro da Caravaggio (um 1500), Perin del Vaga (1500), Benvenuto Cellini (1501), Camillo Boccaccino (1501), Giulio Campi (1502), Bronzino (1503), Parmigianino (1503), Primaticcio (1504)[99].

Im Verhältnis zu der älteren Generation hat diese letzte, wenn man es so ausdrücken kann, einen Vorteil: Diese Künstler sind während ihrer ganzen Laufbahn nicht zu radikalen »Produktionsveränderungen« gezwungen. Nachdem sich Giulio Romano über die späteren Werke Raffaels hinaus stilistisch entwickelt hat, behält er diesen Stil mit graduellen, aber nicht einschneidenden Modifikationen sein ganzes Leben lang bei, und sogar noch nach seinem Tod (1546) wirkt dieser Stil in den Händen von Rinaldo Mantovani fort. Pontormo ist bereits in den *Josefsgeschichten* um 1518 stilistisch ausgereift; über die Mitte des Jahrhunderts hinaus wird sein Stil, nur ein wenig erstarrter, von dem getreuen Bronzino fortgeführt (der seinerseits in Alessandro Allori – gestorben 1607! – seine Fortsetzung finden wird). Rosso ist im Tafelbild in den Uffizien (für das er 1518 den Auftrag erhielt) bereits vollständig als der Maler von Fontainebleau (1532–37) erkennbar. Die Abfolge der Generationen macht die Kontinuität der verschiedenen stilistischen Reihen, die man im Zeichen der Manier verfolgen kann, noch auffälliger. Beginnen wir mit Norditalien, wo der Stil Correggios fast bis in die siebziger Jahre hinein im Werk von Mazzola-Bedoli[100], Parmigianino, Primaticcio und Gandini del Grano fortwirkt. Fast bis zur gleichen Zeit dauert, vermittelt durch Callisto Piazza, der Stil Romaninos an. Tizian dominiert unverändert die ganze venezianische Malerei (bis zu der kostensparenden Serienproduktion in Tintorettos Werkstatt, der 1594 starb). Die Dynastie Pontormo-Bronzino-Allori in Mittelitalien haben wir erwähnt; parallel zu ihr könnten wir die Linie Perin del Vaga-Francesco Salviati hinzufügen (die zumindest bis 1563 führt). Beccafumi (und sein Schüler Michelangelo Anselmi in Parma) entwickelt bis zu seinem Tod (also um die Jahrhundertmitte) eine Manier, die im Triptychon der *Dreifaltigkeit* von 1513 noch im Entstehen, ein Jahr später im Tafelbild *Die heilige Katharina empfängt die Stigmata*[101] aber bereits voll ausgereift ist. Mit Daniele da Volterra (gest. 1566) und Marcello Venusti (gest. 1579) reicht Michelangelos Vorherrschaft in Rom bis in die zweite Jahrhunderthälfte (1547 stirbt Sebastiano del Piombo; dessen reformierten Stil setzt Girolamo Siciolante bis 1580 fort). In Süditalien (im Gebiet Gaeta-Neapel-Salerno) verspürt Andrea Sabatini keinen Drang mehr nach Veränderung, nachdem er seine stilistische Entwicklung über die raffaelitischen Loggien gegen 1518 abgeschlossen hat; und auch noch nach seinem Tod (1530)

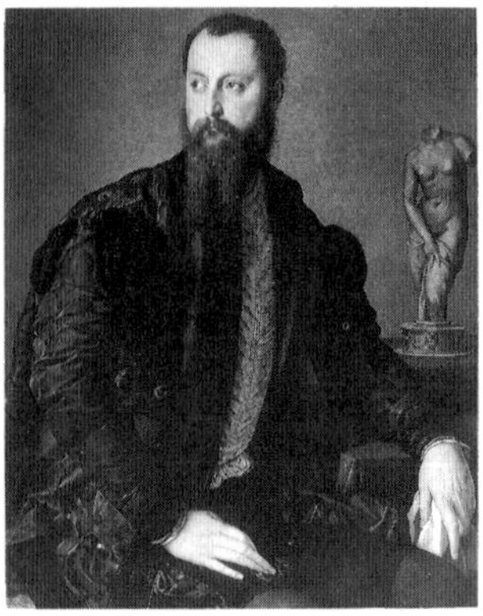

ANGIOLO BRONZINO,
Bildnis eines Edelmannes, um 1540

werden weiterhin ähnliche Produkte (vor allem von Giovan Filippo Criscuolo) fast bis in die siebziger Jahre erfolgreich hergestellt. In Kalabrien und Sizilien folgen verschiedene Künstlergenerationen (von Marco Cardisco und Pietro Negroni bis zu Mariano und Antonello Riccio, von Silvestro Buono bis zu Deodato Guinaccia) den Spuren Polidoros (der 1546 in Messina starb)[102].

Man könnte diese Beispiele noch weiter ergänzen, doch scheinen sie uns auch so hinreichend zu bezeugen, daß der Grad stilistischer Veränderung, der im zweiten Jahrzehnt des Cinquecento noch sehr hoch war, in der Folge geringer wird.

So läßt sich schließlich über die zwanziger und dreißiger Jahre des Cinquecento das gleiche sagen wie über die vierziger und fünfziger Jahre des Trecento: Die Veränderung besteht darin, daß sich nicht viel verändert; und dieses Symptom können wir im gleichen Sinne interpretieren: als Beweis einer sehr tiefen strukturellen Krise, die, wenn nicht Rückschritt, so doch Stagnation bedeutet. Dies ist die wirkliche Bedeutung der Konsolidierung des Manierismus seit den dreißiger Jahren, in der die deutsche Kritik die Phase des »reifen Manierismus« sieht[103]. Es widerspricht nicht unserer Interpretation des historischen Prozesses, daß sich gerade in diesen Jahren auch im Bereich der bildenden Künste die geistige Sorge der religiösen Reformatoren ausdrückt (die Werke von Michelangelo und Sebastiano del Piombo in Rom, von Silvestro Buono in Neapel usw.). Die Verringerung des Veränderungsgrads bedeutet offensichtlich nicht Entwicklungsstillstand. Die Wirtschaftshistoriker sprechen von »Konjunkturrückgang« gerade in den Jahren 1529–39 und erst gegen 1575 von »neuem Aufschwung«[104].

1563

Natürlich kann man das religiöse, soziale und politische Hauptereignis des Jahrhunderts – die Reformation – nicht außer acht lassen, wenn man den nächsten chronologischen Knotenpunkt im Cinquecento bestimmen will. Doch die unterschiedlichen Zeitpunkte, die man vorgeschlagen hat, zeigen, daß wir einem ständigen, graduellen Transformationsprozeß gegenüberstehen, bei dem weitere präzise Einschnittpunkte schwer anzugeben sind, gerade weil sich der hauptsächliche Bruch bereits vollzogen hat. Als der »Manierismus« noch nicht erfunden war (und man statt dessen von »Spätrenaissance« sprach[105]) ließ man den Beschluß des Konzils von Trient über die Bilder (3. Dezember 1563), den Tod Michelangelos (14. Juli 1564) und die Veröffentlichung der *Dialoge* Gilios (1564) geradewegs mit dem Übergang von Renaissance zum Barock zusammenfallen[106]. Heute schlägt man die Jahre 1541–42 als Wende vor, als auf das Scheitern des Regensburger Religionsgesprächs die Gründung des Heiligen Offiziums folgte und die letzten Hoffnungen auf religiöse Wiedervereinigung in Deutschland und Italien geschwunden waren[107]. Eine andere Einteilung nimmt als Wendemarke das Jahr 1559, in dem Italien durch das Abkommen von Cateau-Cambrésis unter spanische Kontrolle gerät und der Index der von Paul IV. verbotenen Bücher zu einem der wirksamsten Mittel religiöser Kontrolle wird[108]. Dieses Datum scheint die Argumente der politischen und religiösen Geschichte mit denen der Wirtschaftsgeschichte zu verbinden, auch wenn Fernand Braudel einen leichten Konjunkturanstieg zwischen 1539–59 sieht, auf den bis 1575 ein allgemeiner Rückgang folgt, während Carlo Cipolla den »zweiten Sommer der italienischen Wirtschaft« auf 1550 hatte zurückgehen lassen[109].

Das außergewöhnliche Zeugnis der *Lebensbeschreibungen* von Giorgio Vasari beschreibt in den beiden Ausgaben von 1550 und 1568 die historisch-künstlerische Situation vor und nach dieser Zäsur von 1559 (Beginn der Friedensperiode und zugleich – nach Braudel – der ungünstigen Konjunktur).

Die Ereignisse der ersten Jahrhunderthälfte, die wir hier in großen Zügen wiedergegeben haben, fanden in Vasaris erster Ausgabe die klassische historiographische Systematisierung, der man heute immer noch weitgehend folgt. In ihr wird bekanntlich die widersprüchliche Komplexität der toskanischen und italienischen Kunstgeschichte mit einer Gewaltsamkeit, die für uns heute offenkundig ist, in einen gradlinigen Prozeß umgestaltet, der in Michelangelos und Vasaris eigenem Werk gipfelt. Die Künstler werden entsprechend ihrem Beitrag zu einem einzigen Vervollkommnungsprozeß der Mittel zur Darstellung der Natur vorgestellt und der Reihe nach gewürdigt. Die Richtung dieser Geschichtsschreibung, die die ganze italienische Kunstentwicklung von Cimabue zu Michelangelo nach dem Kriterium eines kontinuierlichen realistischen Dranges beschrieben hat, widerspricht aber unserer heutigen Kenntnis des zunehmenden »Refeudalisierungsprozesses« der italienischen Gesellschaft. In die Ausgabe von 1568 hat Vasari dann Änderungen eingefügt, die deutlich zeigen, daß der Wendepunkt, der endgültige Rückzug von den Positionen der Renaissance-Elite, und die sich durchsetzende Gegenreformation auf der Ebene der künstlerischen Produktion erst nach 1550 in ihrer Konsequenz bewußt und vollständig wahrgenommen wurden. Gleichzeitig kündigen diese Änderungen aber auch die ersten Erfolge einer neuen, sehr beachtlichen Künstlergeneration an, die gerade in den Jahren der Krise zwischen 1524–29 geboren sind: Alessandro Vittoria, Paolo Veronese, Antonio Campi, Bartolomeo Passerotti, Pellegrino Tibaldi und Giambologna sowie Sofonisba Anguissola, Girolamo Muziano, Federico Barocci und Taddeo Zuccari[110] (nicht zu sprechen von denen, die Vasari nicht erwähnt: in erster Linie der große Portraitist aus dem bergamaskischen Mittelstand – Giovan Battista Moroni).

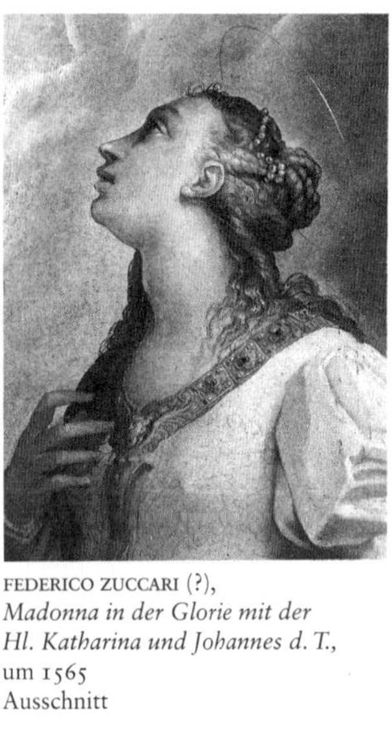

FEDERICO ZUCCARI (?),
Madonna in der Glorie mit der Hl. Katharina und Johannes d. T.,
um 1565
Ausschnitt

Wenn auch ohne aufsehenerregenden Einschnitt, stellt die Tätigkeit dieser Künstler in Wirklichkeit einen Innovationsprozeß dar, der, anfangs begrenzt, sich seit den siebziger Jahren dann sehr deutlich durchsetzt. Die »weiche und anmutige Manier« der Zuccari, die schillernden Lichteffekte bei Federico Barocci sind neue stilistische Ströme, die im letzten Viertel des Jahrhunderts die traditionellen Formen der »maniera moderna«, denen sie erst gefolgt waren, schließlich verdrängen. Wie um die Mitte der beiden vorangegangenen Jahrhunderte verschiebt sich auch nun wieder, unter einem anderen Aspekt, das Zentrum von Mittelitalien nach Norditalien. Unter den herausragenden, oben genannten Künstlern überwiegen die Norditaliener. Florenz selbst bietet, wie üblich, ein Zeichen dieser Rollenverkehrung: die »Avantgarde« bildet hier in der zweiten Hälfte des Jahrhunderts eine Künstlergruppe, die sich unter der Leitung von Santi di Tito »alla veneta« orientiert. Gegen Ende des Jahrhunderts, seit den achtziger Jahren, scheint sich sogar eine noch radikalere Tendenzwende abzuzeichnen, wonach nun Italien eine künstlerische Strömung aufnimmt und verbreitet, die ihren Ursprung jenseits der Alpen hat, und nicht umgekehrt (der neoparmaische Manierismus von Goltzius, Spranger, Cornelis van Haarlem)[111].

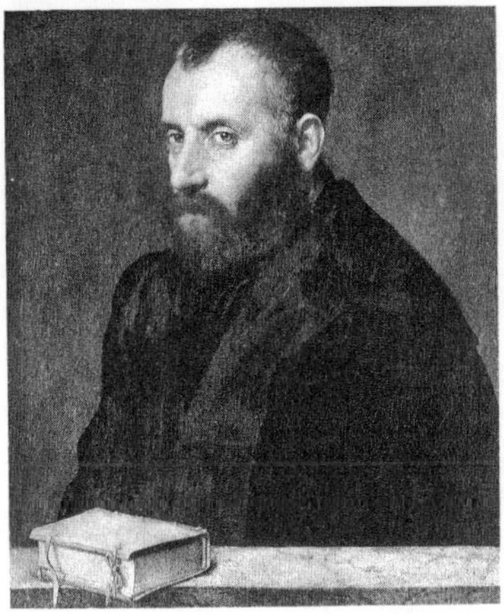

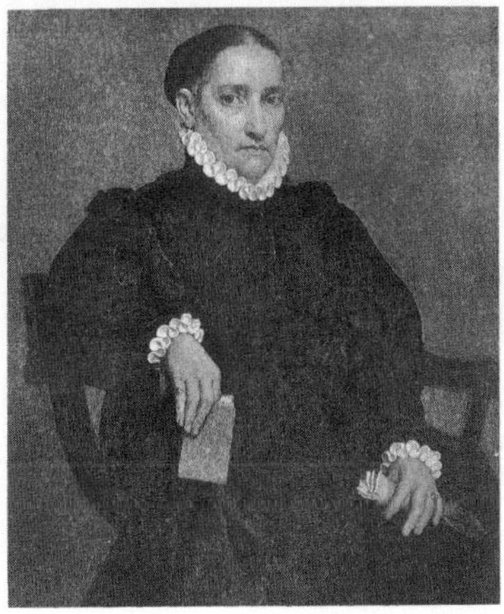

links:
GIOVAN BATTISTA MORONI,
Bildnis eines Gelehrten, um 1545

rechts:
GIOVAN BATTISTA MORONI,
Bildnis einer vornehmen Dame in Schwarz, um 1565

Man muß in der Tat die ganze reiche künstlerische Produktion des Cinquecento nach Vasari aufmerksam betrachten, wenn man die großen Linien der Wirtschaftsgeschichte und das traditionelle Bild der Kulturgeschichte, die auf den ersten Blick wieder in unverständlichem Widerspruch zueinander stehen mögen, in das richtige Verhältnis setzen will. Der Widerspruch ist – wenn auch mit verkehrtem Vorzeichen – mit der Divergenz vergleichbar, die wir bei der Blüte der »Frührenaissance« beachten mußten. Für die Wirtschaftshistoriker wird in der Tat »das Bild zwischen 1550 und 1620 wieder rosig. Die allgemeine Tendenz ist wieder expansiv. Es ist der zweite Sommer der italienischen Wirtschaft: Die Bevölkerung, die Produktion, die Investitionen, die Preise und Gehälter steigen tendenziell«[112]; »sicher ist [..] daß sich während des ganzen Jahrhunderts [..] (und in besonders intensiver und forcierter Form zwischen 1560 und 1590) die großen italienischen Städte (in jeder Hinsicht) auf dem höchsten Niveau des europäischen Handels zu halten wußten, vor allem was den Bereich der Luxusgüter und den Handel mit dem angesehensten aller Güter, dem Geld, betrifft. Aus dieser Situation konnten auch die kleineren Zentren, die sich natürlich um die Gravitationszentren der großen Städte herum bewegten, ihren Nutzen ziehen ...«[113]. Der Bereich der Luxusgüter (wozu die Kunst bereits wieder gehört) entwickelt sich; es kommt zu einem Bauboom: »Überall, wo das Phänomen auftritt, bemerkt man ein großes Baufieber, nicht nur für große Gebäude (Kirchen, Paläste, Schlösser, Villen), sondern allgemein für den Wohnungsbau: in Rom, Venedig, Neapel und Mailand«[114]. Ein »sehr optimistisches« Bild (wenn auch mit dem Hinweis zu versehen – der uns hier nicht unmittelbar interessiert –, daß es an Anpassungen fehlte, was dann zum nächsten Zusammenbruch geführt hat): Ein Bild, das sich schlecht verträgt mit der traditionellen Auffassung von der zweiten Hälfte des Cinquecento als einem »Zeitalter der Gegenreformation«, in dem »ein unaufhaltbarer Niedergang die ganze italienische Gesellschaft« durchdrang, als einem Zeitalter bürgerlicher, moralischer und künstlerischer Dekadenz, das die Verfasser der alten Handbücher (die den »Übergang« in wenigen Zeilen abhandelten) dazu verleitete, direkt von der raffaelitischen Periode zu der des Annibale Carracci überzugehen – ihn betrachtete man nach dem Vorbild Belloris als den Künstler, der die »gefallene und gleichsam ausgelöschte Kunst« wieder neu erhoben habe[115].

Wenn man die Erneuerung der künstlerischen Produktion in der zweiten Hälfte des Jahrhunderts angemessen beurteilt, gewinnt die historische Entwicklung, in größeren Zeiträumen betrachtet, wieder stärkere Kohärenz: In einer Phase wirtschaftlicher (demographischer, landwirtschaftlicher, manufakturieller und künstlerischer) Expansion gestaltet sie sich als das Nebeneinander (was nicht mehr allzu erstaunlich sein sollte) von Erneuerungsprozeß, Produktionsumstellung und politischer Umkehr. Die Ursprünge dieses Prozesses liegen weit zurück im Quattrocento, seine Spitze wird aber erst in der zweiten Hälfte des Cinquecento erreicht, als gleichzeitig mehr Mittel zur Verfügung standen und die Selbstabgrenzung der herrschenden Klassen endgültig wurde (wobei ihnen nur zu offensichtlich die weite Verbreitung der Theorie des Geblütsadels behilflich war)[116]. Die Stellung der Künstler angesichts dieser Situation, die ihnen im gleichen Moment, da sie einer Politik verpflichtet werden, die ihnen auf lange Sicht nur schaden kann, unverhoffte Möglichkeiten eröffnet, ist ambivalent. Geschmack und Interesse der Klasse der Hersteller und der Klasse der Adressaten des Produkts gehen tendenziell auseinander. Was der Familie gefällt, gefällt dem Auftraggeber nicht mehr, und umgekehrt wird das modische Erzeugnis, wenn es nicht entsprechend modifiziert ist, nicht ohne weiteres von den weniger gehobenen, aber nicht unbedeutenderen Auftraggebern aus dem Mittelstand akzeptiert. Die Künstler (selbst die bedeutenderen) neigen dazu, das Produkt nach seiner Bestimmung zu differenzieren: Wir haben einen »höfischen« Vasari (im Palazzo Vecchio), einen »häuslichen« (in seinen Häusern in Florenz und Arezzo) und einen »frommen« Vasari (im Kruzifix für den Kardinal Seripando); einen »allegorischen« Zuccari (in der Kuppel für den Florentiner Dom) und einen »realistischen« (in den Naturzeichnungen aus Vallombrosa)[117] usw. Die Skala der praktikablen Lösungen ist zwar nicht unbegrenzt, doch breit genug, und die natürliche Ambiguität des Mediums der Darstellung (verglichen mit den verwandten Künsten, die sich des Wortes bedienen) erhöht die Freiheit der Wahl. Veroneses Erwiderungen[118] auf die Fragen der venezianischen Inquisition sind nur das bekannteste Beispiel der einfallsreichen Spitzfindigkeiten, mit denen der Künstler die Grenzen seiner Autonomie, wenn er wollte, verteidigen konnte.

Wie sich die Bewegung der Gegenreformation in dieses Auseinanderklaffen von wirtschaftlicher Expansion und Refeudalisierung einfügte – indem sie sich der Künste als wirksamem Überzeugungsmittel bediente –, ist daher nicht zu unterschätzen. Dies ist unabhängig von den Absichten – worüber, hoffe ich, unterschiedliche Auffassungen gestattet sind – und heißt nicht, aus jedem polnischen Kanonikus, der Reliquien sammelt, ein Zeichen des »fortschrittlichen« religiösen und bürgerlichen Engagements machen zu wollen[119]; bemerkenswert ist jedoch die einfach Tatsache, daß gewaltige Kapitalmassen und das Interesse von sozialen Schichten, die weit über die aristokratisch-feudalen Eliten hinausreichten, in die Kunst kanalisiert wurden. In quantitativer Hinsicht läßt sich wahrscheinlich die Restaurierung, Neugestaltung, Wiedereinführung der öffentlichen Kunstschätze unter religiösem Zeichen – zwischen 1560 und 1600 etwa – mit keiner anderen Periode unserer Geschichte vergleichen (es sei denn, man geht bis zur Goldenen Epoche zwischen 1270 und 1320 zurück, als in ganz Italien die Kirchen der Bettelorden errichtet wurden).

Es gibt in dieser Periode auf der ganzen Halbinsel so gut wie keine Kirche, die, wenn nicht komplett neu, so wenigstens radikal umgestaltet wurde. Keine Bruderschaft, die nicht baute, restaurierte oder das eigene Oratorium mit neuen Fresken bemalte. Auch wenn die Künstler dieser grandiosen ideologischen Wiedereroberungsbewegung ihre Arbeit zu Verfügung stellten, gelang es ihnen doch, andere Haltungen auszudrücken. Dies zeigt die Tatsache, daß zu typischen Verfechtern der Gegenreformation von Mal zu Mal (und immer mit irgendeinem guten Grund) so verschiedene Künstler wurden wie Scipione Pulzone, Bartolomeo Cesi, Domenico Passignano, Jacopo Ligozzi und Guglielmo Caccia, genannt Moncalvo, Marco Pino, Giovanni de' Vecchi, Guiseppe Valeriani und Domenikos Theotokopulos, genannt El Greco[120].

Caravaggio und der Naturalismus

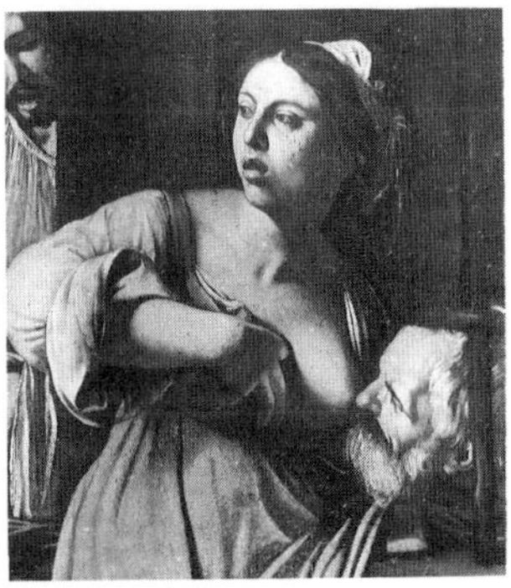

CARAVAGGIO,
Die Sieben Werke der Barmherzigkeit, 1606
Ausschnitt
Neapel, Chiesa del Monte della Misericordia

Wie am Ende des Duecento und Trecento geht die quantitative Expansion an einem bestimmten Punkt wieder in einen qualitativen Sprung über, der auch auf stilistischer Ebene bemerkbar ist und das Todeszeichen des Manierismus wurde. Zuvor jedoch schien auch diesmal die wiederkehrende Vitalität alle verschiedenen Aspekte der künstlerischen Produktion gleichzeitig zu bewegen. Die gleiche expansive Kraft, die im richtigen Augenblick die stilistische neue (Annibale Carracci) oder revolutionäre (Caravaggio) Produktion tragen wird, gewährt indes den Alten eine zweite Jugend: Der »barocceske« Ausdruck findet begeisterte Anhänger in Siena (Francesco Vanni, Ventura Salimbeni[121]), in Neapel (Girolamo Imperato, Giovan Vincenzo Forlí[122]) und wird in Rom selbst von jungen Künstlern übernommen, die später zum Naturalismus Caravaggios übertreten (Orazio Gentileschi, Giovanni Baglione). Die »weiche und anmutige« Manier von Correggio und Zuccari wird von großen Talenten wie dem Sienesen Alessandro Casolani, dem Bolognesen Bartolomeo Cesi und dem Piemontesen Guglielmo Caccia, genannt Moncalvo, in erstaunlicher Weise weiterentwickelt. Die toskanisch-venetische »Reform« stellt neben die alten Verfechter (Santi di Tito und Empoli) ihr neues Gefolge (Cigoli, Passignano) und treibt ihre Vorposten bis Neapel und darüber hinaus (Giovanni Balducci, Fabrizio Santafede). Und sogar der waghalsige Manierismus aus Parma erfährt – wie wir gesehen haben –, vermittelt durch Bartolomeo Spranger, ein unerwartetes und glänzendes Revival (Francesco Curia). Doch im Unterschied zu früheren Fällen findet nun das Zentrum der Erneuerungen, das bereits zur Zeit der Medici-Päpste von den Ufern des Arno zu denen des Tiber überzusiedeln schien, seinen definitiven Sitz in der Stadt der Päpste. Parallel dazu scheinen im Norden Mailand und die Poebene die Vorrangstellung Venedigs zu bedrohen. Nicht zufällig sind die Lombardei und die Poebene (wie definitiv bewiesen wurde[123]) das Hinterland der Künstler, deren Namen zu recht den qualitativen Sprung des Cinquecento resümieren: Annibale Carracci und Michelangelo da Caravaggio.

Die Krise des Seicento

Die Wirtschaftshistoriker nennen den Zeitraum zwischen etwa 1620 und 1730 eine »allgemeine Krise« oder »Rezession« der europäischen Wirtschaft; Italien wird übereinstimmend als das bedeutendste Opfer dieser Krise betrachtet.

links:
ORAZIO GENTILESCHI,
Jesus und die Samariterin,
um 1610

rechts:
DOMENICO ZAMPIERI, gen.
DOMENICHINO,
Almosen der Hl. Cäcilie,
1611–1614, Ausschnitt

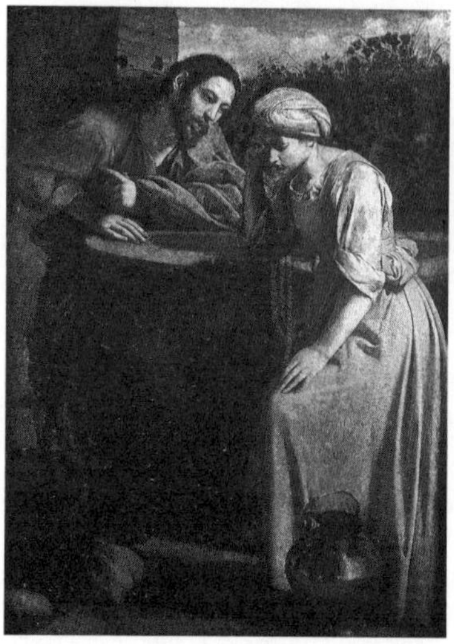

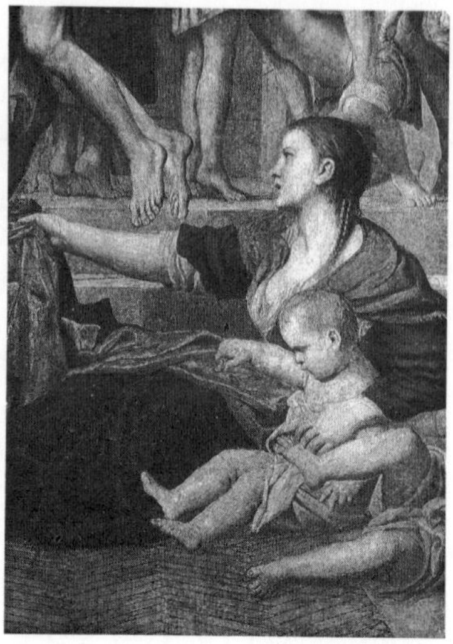

Noch zu Beginn des Seicento war Italien, oder besser gesagt Mittel- und Norditalien, eines der ökonomisch am weitesten entwickelten Gebiete Westeuropas mit für diese Zeit außergewöhnlich hohem Lebensstandard. Gegen Ende desselben Jahrhunderts, also etwa um 1680, war Italien ein rückständiges und unterentwickeltes Land geworden[124].

Typisch ist das Beispiel Italiens, das sich von dem europäischen Land mit der höchsten Industrialisierung und der größten städtischen Entwicklung in ein typisches Gebiet landwirtschaftlicher Unterentwicklung verwandelte[125].

Die letzten Jahre des 16. Jahrhunderts und die Anfänge des 17. Jahrhunderts sind noch eine Periode der Glut und der Vitalität der italienischen Wirtschaft, besonders in den Städten. Doch es handelt sich um die letzte Phase einer Euphorie, die sehr bald von einer Rezession abgelöst wurde, welche Italien schließlich innerhalb Europas in eine Randstellung drängte[126].

Guido Quazza gab einer Sammlung von Aufsätzen den Titel *Decadenza italiana nella storia europea* (Italienischer Niedergang in der europäischen Geschichte)[127]. Bekanntlich ist jedoch das Wort ›Niedergang‹ unter den Kunsthistorikern gegen Ende des letzten und Anfang dieses Jahrhunderts aus der Mode gekommen (»Wiederaufwertung der »barbarischen Kunst«, des Manierismus, des Barock) und im Laufe der Zeit geradezu »tabu« geworden. Zum Ausgleich erfreut sich das Wort »Krise« (in neuer positiver Färbung) eines großen Erfolgs, und zwar so sehr, daß man heutzutage schwerlich einen einzigen historischen Moment oder einen einzigen Künstler finden wird, über den nicht mit kaum verhohlener Befriedigung gesagt würde, daß er einen Augenblick der Krise darstellte, sich in einer Krise befände und dergleichen. Obwohl tatsächlich nicht ersichtlich ist, wohin eine »tiefe«, »ausgedehnte« Krise »ohne positives Ende« führen soll, wenn nicht auf die eine oder andere Weise zu dem, was man einmal unter dem Begriff des »Niedergangs« verstanden hat.

Wenn man von der heute üblichen Auffassung der Kunst des Seicento ausgeht, scheint man zunächst wieder vor einem jener auffälligen Widersprüche zwischen ökonomisch-sozialen und kulturellen Tatsachen zu stehen (zur Freude zahlreicher idealistischer Historiker), zu deren Lösung jüngst der erfinderische Ausweg der »Investitionen in die Kultur« ausgedacht wurde.

Bekanntlich hat seit dem Ende des letzten Jahrhunderts eine gewaltige Forschungsströmung mehr oder weniger alle Aspekte der künstle-

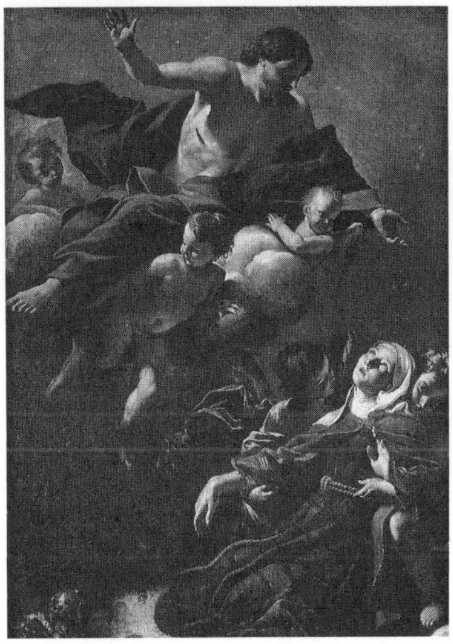

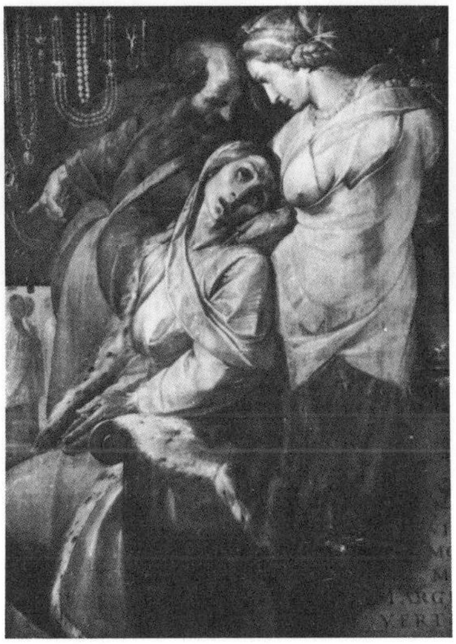

links:
GIOVANNI LANFRANCO,
Verzückung der Hl. Margarete von Cortona, 1621
Auschnitt

rechts:
GIOVAN BATTISTA CRESPI, gen. CERANO,
Der Hl. Karl heilt Margherita Vertua, 1609–1610
Ausschnitt
Mailand, Dom

rischen Produktion des Seicento – vom Naturalismus zum Barock, von der Bühnenmalerei zu den kleineren Künsten – von den Anschuldigungen der Aufklärung befreit und ihnen Größe und Gültigkeit wiedergegeben.

Der naturalistischen Revolution Caravaggios wird – meist in höchst verherrlichendem Ton – die Reform des Carracci zur Seite gestellt, und zwar mit der ganzen Schar der großen und beinahe großen Emilianer: Guido Reni, Domenichino, Lanfranco, Guercino, Albani, Algardi usw. Die venezianische Malerei (die immer groß gewesen ist bis zu Tintoretto und Palma il Giovane) »erneuert« sich dennoch durch den Einfluß der drei Einwanderer (Liss, Fetti, Strozzi). Die Lombarden setzten mit Procaccini, Morazzone und Cerano die starke naturalistische Tradition fort, und der Zwang, im Dienste der religiösen Apologetik und der Propaganda der Borromeo zu stehen, hat ihnen, wie man sagt, nur gut getan. Neben ihrer beherzten »Reform« noch vor den Bolognesen wären dann die Florentiner in der Lage gewesen, die Tradition der Zeichnung mit den naturalistischen Neuerungen in seltener Ausgewogenheit zu verbinden. Neapel, das mit offenen Armen die Neuerungen des flüchtigen Caravaggio aufnimmt, nähme gewissen Auffassungen zufolge geradezu eine europäische Avantgardestellung ein (die es dann während des ganzen Jahrhunderts bis zu Solimena und... Giambattista Vico behielte). Und das ist noch nicht alles: Denn gegen 1630 haben wir den Ausbruch des neuen großen europäischen Stils, des Barock, der Bernini und Borromini in Rom umfaßt, Baldassare Longhena in Venedig, Cosimo Fanzago in Neapel und, nur ein wenig verspätet, Guarini und Juvarra im Piemont. Ein rosiges Bild, eine (generalisierte) »Wiederentdeckung«, in der man jedoch früher oder später Unterscheidungen einführen sollte. Eine Sache war, wie mir scheint, die Wiederaufwertung der ersten großen Generation des Seicento: der antimanieristischen meditativen Haltung von Annibale Carracci und seinen Schülern (Domenichino, Guido Reni), des energischen naturalistischen (antihumanistischen) Ansatzes von Caravaggio und seinen unmittelbaren Anhängern in Italien (Gentileschi, Saraceni, Borgianni, Serodine) und im Ausland (Elsheimer, Ter Brugghen, Honthorst, Valentin) wie auch die Wiederaufwertung der unmittelbar folgenden Stilrichtung, der nahezu alle Großen der »barocken« Generation angehören (Mochi,

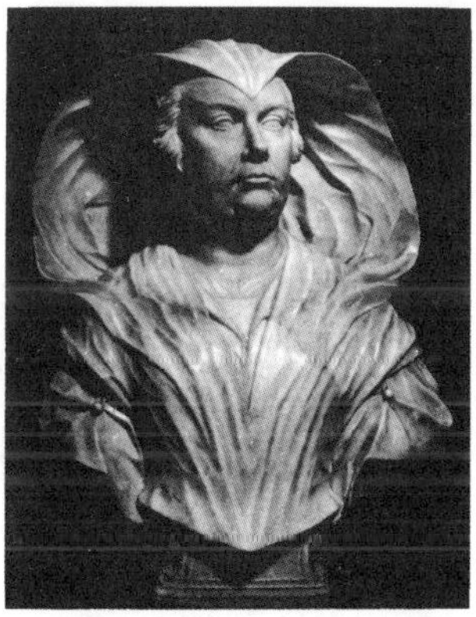

ALESSANDRO ALGARDI,
Donna Olimpia Pamphili Maidalchini, 1646

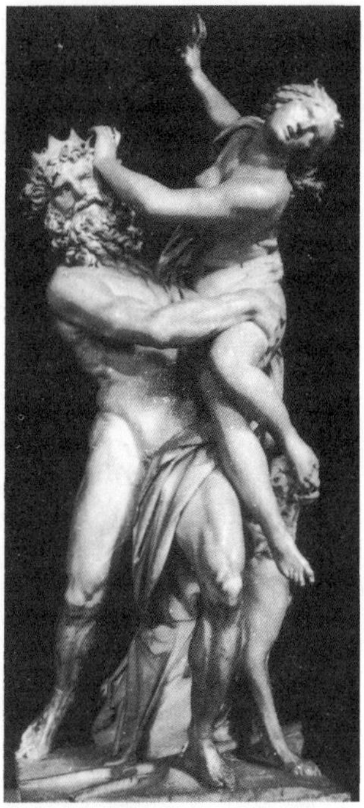

GIAN LORENZO BERNINI,
Der Raub der Proserpina, 1621–1622

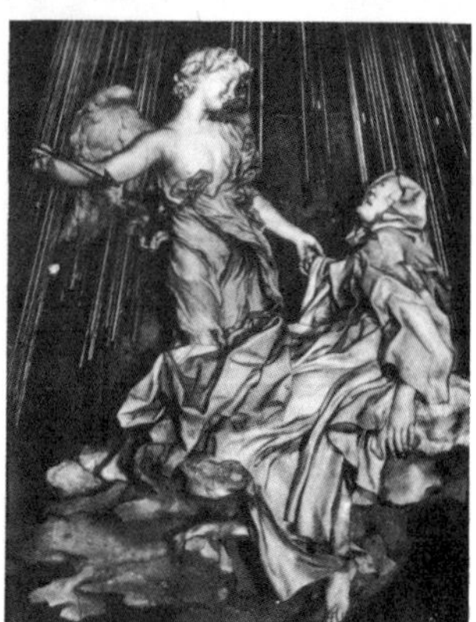

GIAN LORENZO BERNINI,
Verzückung der Hl. Therese, 1645–1652

Lanfranco, Fetti, Guercino, Bernini[128]). Etwas anderes ist es jedoch, wenn man das gleiche Urteil auf nahezu jeden Aspekt der folgenden Produktion ausdehnt, was aus verschiedenen Gründen, kommerzielle nicht ausgeschlossen, heute versucht wird.

Gewiß rücken die Studien über das Seicento eine ganze Reihe bedeutender Künstlergestalten ins Licht, deren Werk beweist, daß Italien weiterhin auf diesem Gebiet produziert hat. Nicht nur das: sondern auch, daß die Italiener in der Krisensituation weiterhin beobachtet und gelitten haben, nachdachten und sich auseinandergesetzt haben. Die künstlerischen Ergebnisse dieser Beobachtungen, Kämpfe und Reflexionen, die überdies in sich völlig stimmig sind, stellen offenkundig eine einzigartige Quelle für eine detaillierte Kenntnis der vielfältigen Aspekte dar, in denen sich der hundertjährige Niedergang tatsächlich ausgedrückt hat. Das schließt aber offenbar nicht aus, daß es sich um einen »Niedergang« gehandelt hat. Mit den nötigen Unterscheidungen, gewiß: Erstens, daß die Produktion der Kunstwerke von Qualität beeindruckend blieb (in einigen Fällen handelt es sich vielleicht, wie für die Niederlande nachgewiesen wurde, um wirkliche Überproduktion). Zweitens, daß der Bereich der Luxusgüter (die für die privilegierten Klassen und den Export vorgesehen waren) innerhalb des allgemeinen wirtschaftlichen Niedergangs weniger von der Rezession verspürt haben wird. Drittens, daß die nicht nur soziale, sondern auch geographisch ungleichmäßige Verteilung der Krisenlasten eine Zeitlang einige Gebiete relativ unversehrt ließt, in denen es, wenn auch begrenzt, zu einer regelrechten Euphorie kam.

Auch wenn die Krise des Seicento in Dimension und Qualität mit den vorangegangenen Ereignissen nicht vergleichbar ist, läßt sich auch auf das »barocke« Italien wieder das gleiche Argument anwenden: Rezessive Krise, Schwungverlust und Verringerung der Erneuerungskraft müssen nicht unbedingt zu sofortigem Niedergang der durchschnittlichen Qualität und noch weniger zu Produktionsstillstand führen.

Doch auch wenn dies alles bedacht und vorausgesetzt ist, kann man, wie mir scheint, innerhalb dieser eindrucksvollen künstlerischen Produktion die Zeichen des italienischen »Niedergangs« lesen. Dazu gehört mit Sicherheit als erstes die weitere Konzentration der Produktion auf einige »Hauptstädte« (Mailand, Venedig, Bologna, Florenz, Genua, Rom, Neapel, Messina, Palermo) wie auch die beschleunigte Provinzialisierung der kleineren städtischen Zentren (während noch im Cinquecento Mantua, Cremona, Modena, Parma, Ferrara, Verona, Ravenna, Siena, Aquila, Gaeta eine gewisse Bedeutung hatten). Das zweite Anzeichen ist der Verlust der Expansionskraft und der Führungsrolle der italienischen Kunst innerhalb Europas.

Die provinzielle Abgeschlossenheit der lokalen Kulturen, die Selbstdefinition ihrer künstlerischen »Schulen« beweist sehr deutlich den ersten Punkt. Es ist bezeichnend, daß Lanzi den Verlust an Schwung genau in dem Moment feststellen muß, als die Schulen ihre Konzeptionen festlegen und erste administrative Vorkehrungen treffen (Werbungsschriften, Akademien), um ihre Fortdauer zu sichern[129]. Während Lanzi zwar meint, der florentinischen, römischen, neapolitanischen, venezianischen, cremonesischen, mailändischen, bolognesischen und genuesischen Schule eine neue (vierte oder fünfte) Periode beifügen zu müssen, scheint ihm das für die Schulen aus Siena, Mantua, Modena, Parma und Ferrara nicht erforderlich; hier begnügt er sich mit dem Hinweis auf die Gründung der Akademien, welche die gefallene Kunst hätten neu beleben sollen.

Was den zweiten Aspekt betrifft, so muß man nur bedenken, daß das Cinquecento im europäischen Maßstab noch ein »italienisches« Jahrhundert war, und daß die besten der ausländischen (auch der flämischen) Künstler die große »maniera moderna« (der Lombarden, Venezianer, Toskaner und Römer) vollständig aufgenommen hatten; dies trifft nun für das Seicento nicht mehr zu. Der letzte Stil italienischer Herkunft, der ganz Europa erobert, ist Caravaggios Naturalismus (ihm sind Elsheimer und Rembrandt, Ter Brugghen, Honthorst, Vermeer, La Tour, Le Nain, Velasquez und Ribera direkt oder indirekt verpflichtet[130]). Doch dieser Stil wird in Italien, und das ist symptomatisch, nur mühsam und meist mißverständlich aufgenommen.

Die folgende Ausbreitung des (römischen, genuesischen, neapolitanischen) Barock trifft bekanntlich auf erhebliche Schwierigkeiten gerade in den Ländern, die nun die Richtung angeben (Frankreich, England), und entwickelt sich so in gewisser Weise zum »konservativen« Stil der »Randgebiete« (Spanien, Mittel- und Süditalien, Österreich und Deutschland). Und im übrigen ist es durchaus nicht legitim, seine Erfindung (nach Rubens) Italien zuzuschreiben.

Darüber hinaus deutet sich im Laufe des Seicento in Italien eine Tendenzwende an: Die einheimischen Künstler und Sammler verfolgen nun mit Interesse die Neuigkeiten jenseits der Alpen. Stefano Della Bella und Castiglione studieren Rembrandts Radierungen; die adligen Genuesen lassen sich von Rubens und Van Dyck portraitieren; der Sammler Antonio Ruffo aus Messina kauft Bilder von Rembrandt; und Cosimo III. stellt eine Sammlung niederländischer Maler zusammen. Die Darstellungen »alla Rembrandt« sind sehr verbreitet; der Niederländer Van Laer erfindet ein Genre, die »Bambocciade«, die – Humanisten und Akademikern zum Trotz – glänzenden Erfolg hat. Albani setzt sich mit einer neuen Methode durch, dem Miniaturbild auf Kupfer, das eine Genre-Szene klassischen Inhalts darstellt, ein typischer Kompromiß mit der nördlichen Tradition. Somit entgleitet der modernste, in die Zukunft weisende Marktbereich – das Innenraumbild – den Händen der Italiener, die nun in den Genrebildern (Portraits, Stilleben, Bambocciaden, Landschaften) ohne großen Erfolg zur Nachahmung ausländischer Produkte gezwungen sind.

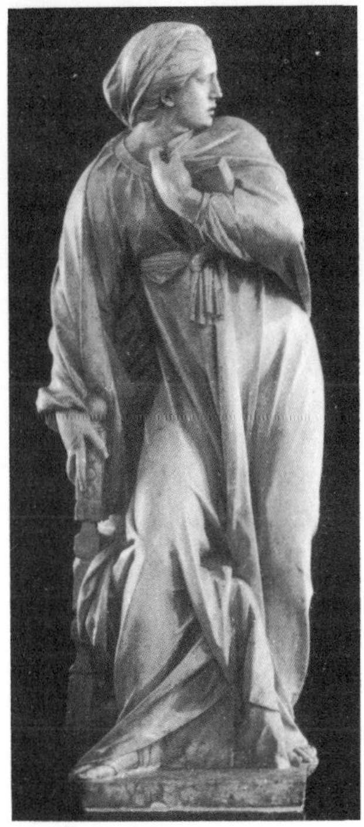

FRANCESCO MOCHI,
Maria bei der Verkündigung, 1608

»Sechzehnhundertdreißig oder der Barock«?

Aber – wird man sagen – auf diese Weise betrachtet man genau den Zeitraum, der mit der großen »Barockblüte« zusammenfällt, als Periode des Niedergangs. Giulano Briganti läßt bekanntlich in einem zu recht berühmten Aufsatz, dem unser Kapitel die Überschrift entnommen hat, diese Blüte 1630 beginnen. Bei seinem Vorschlag hatte Briganti vor allem die Malerei von Pietro da Cortona[131] im Sinn; aber auch in der Architektur scheinen die Dinge recht ähnlich zu liegen. Anthony Blunt schrieb, daß »sich der Barock mit einem Schlag in den zwanziger und dreißiger Jahren des Seicento durchsetzte und bereits im Laufe der sechziger Jahre beinahe alle seine Quellen versiegt waren«[132].

Wenn wir jedoch auch in diesem Fall das schon bewährte Kriterium der Interpretation anlegen, uns nicht von der naturalistischen Metaphorik des Aufkeimens, Blühens, des kraftvollen Sich-Ausbreitens und Überlebens des barocken Stils verführen lassen, sondern die Dynamik der Tatsachen und ihre wahrscheinliche Bedeutung nüchtern betrach-

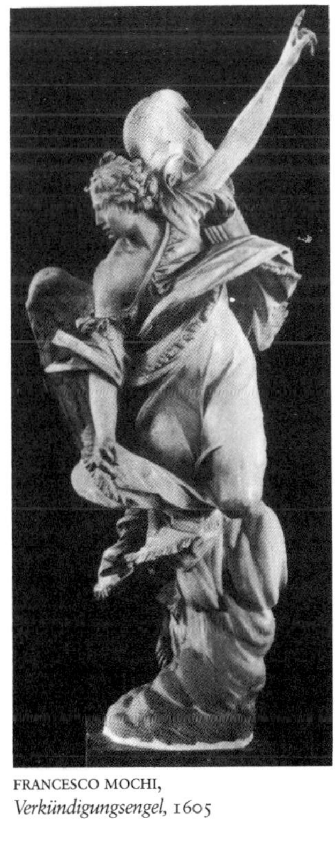

FRANCESCO MOCHI,
Verkündigungsengel, 1605

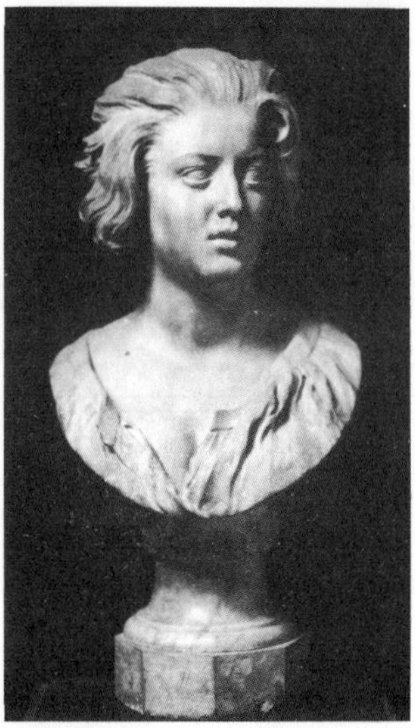

GIAN LORENZO BERNINI,
Costanza Buonarelli, um 1635

ten, müssen wir, glaube ich, folgendes daraus schließen: Während die italienische (beziehungsweise die römische) Gesellschaft in den zwanziger und dreißiger Jahren noch zu innovativen Lösungen fähig war (so daß auch neue Stile veraltet erschienen, etwa der Stil Carraccis oder der Caravaggios), mußte diese Fähigkeit durch die »Konservierung« (= »kraftvolle Expansion und Fortdauer«) des letzten Moments der expansiven Phase des Barock also in den folgenden Jahren geringer werden.

Der Barock ist also nicht, wie man einmal geglaubt hat, die Kunst des Niedergangs, Ausdruck der Verderbtheit der italienischen Gesellschaft, sondern seine Entstehung ist vielmehr die letzte Bekundung ihrer expansiven Kräfte noch auf der Schwungwelle des späten Cinquecento (die in Rom – was sich psychologisch deutlich auswirkte – einige Jahrzehnte länger anhielt), und seine lange Fortdauer muß man als Zeichen der folgenden Stagnationskrise werten.

Diese Interpretation des Phänomens »Barock« erfordert jedoch eine genauere Untersuchung des »terminus a quo«. Wie deutet man den von Briganti vorgeschlagenen Zeitpunkt 1630, und wie den Zeitraum von 1620–30, den Blunt empfiehlt? Als Ausgangspunkt oder Moment der vollen Entfaltung?

Mir scheint bereits bedeutsam, daß gerade der Historiker der Architektur – also der Tätigkeit, die eine bessere Koordination der Kräfte, eine stärkere Konzentration der Investitionen verlangt und daher, verglichen mit den anderen Künsten, langsamer und weniger empfindlich für die aktuellen Tendenzen ist[133] – den Beginn des Barock um zehn Jahre zurückverlegen will.

Wenn wir uns auf das Gebiet der Malerei und Skulptur begeben, so sind bereits am Ende des zweiten Jahrzehnts Tendenzen klar erkennbar, die nicht, wie gesagt wurde, präbarock, sondern schon im eigentlichen Sinn barock sind. Wir wollen die Voraussetzungen dieses Stils im Cinquecento außer acht lassen (Cigolis *Martyrium des Hl. Stefan* von 1597 oder die Fresken Annibale Carraccis im Palazzo Farnese von 1594–1604) und wollen auch nicht zu sehr darauf insistieren (obwohl es legitim wäre), daß diese Voraussetzungen von Peter Paul Rubens (der sich zwischen 1600 und 1607 in Italien aufhielt) spätestens seit 1605[134] in vollständig barockem Sinne entfaltet werden. Es genügt, auf die italienischen (und vor allem römischen) Daten hinzuweisen: Borgianni, der Schöpfer der ungestümen und wundersamen *Franziskus-Madonna* von Sezze (1608), starb 1616; weiter denke man an die Gemälde des gleichen Genres von Lanfranco, die *Verkündigung* in San Carlo ai Catinari, an die *Ekstase der Hl. Margarete* im Palazzo Pitti, die in das zweite Jahrzehnt datiert werden, oder an die *Verkündigung* in Orvieto von Mochi, die aus den Jahren 1603–05 stammt; an seine farnesischen Reiterstandbilder in Piacenza (vielleicht die »barockesten« Figuren des ganzen Seicento) aus den Jahren 1612–25; an Bernini, der den *Neptun* (Victoria und Albert Museum) und den *Raub der Proserpina* ganz zu Anfang der zwanziger Jahre schuf, an die *Aurora* von Guercino aus dem Jahre 1621 und an Fetti, der 1624 starb, sowie daran, daß Van Dyck von 1621–27 in Italien gearbeitet hat usw.[135]. Eine beeindruckende Reihe von Fakten, die es, wie mir scheint, gestattet, den Augenblick der innovativen Entdeckung, den qualitativen Sprung zumindest auf den Anfang des zweiten Jahrzehnts, wenn nicht auf die Mitte des ersten rückzudatieren.

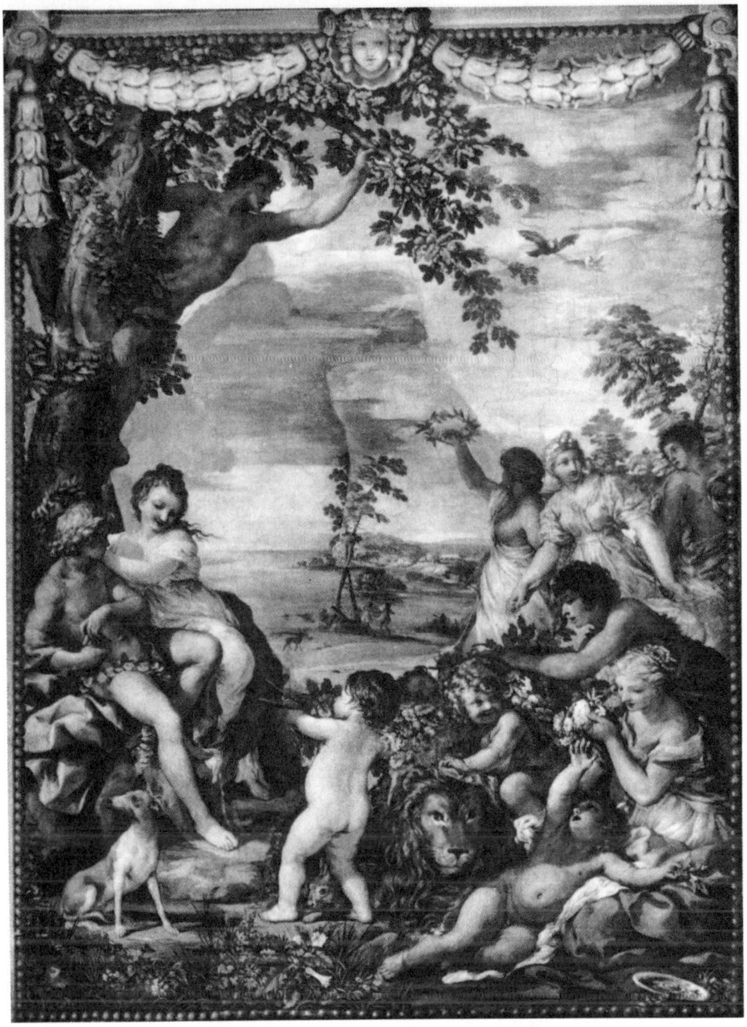

PIETRO DA CORTONA,
Das Goldene Zeitalter, 1637
Florenz, Palazzo Pitti

Die Krise des Seicento: Rom und Norditalien

Nachdem der Schwung der ersten Generation des Seicento erschöpft war, also der Schüler Caravaggios und Carraccis und der etwas jüngeren gegen Ende des Jahrhunderts geborenen Künstler (Bernini, Borromini, Pietro da Cortona), begann eine Periode relativer Stockung – was man, wie immer, indirekt aus den Schwierigkeiten der »Kunstkenner« ersehen kann. Während kein Student der Kunstgeschichte Werke von 1270 und 1320 oder 1470 und 1520 oder auch Werke von 1570 und 1620 miteinander verwechseln würde, überkommen oft auch geschulte Kenner legitime Zweifel an der Datierung der Werke zwischen 1630 und 1680, und ich glaube nicht nur deshalb, weil es sich, wie man zu sagen pflegt, um eine »weniger erforschte« Periode handelt.

Die Tendenz zur Stagnation zeigt sich an zwei Phänomenen, die trotz der oft erheblichen lokalen Unterschiede in der mittleren Phase ziemlich verbreitet sind: die bereits erwähnte zähe Fortdauer der Stile, die sich schon durchgesetzt haben, und der sehr retrospektive, nostalgische

GIOVAN BATTISTA SALVI,
gen. SASSOFERRATO,
Die Heilige Familie, um 1650

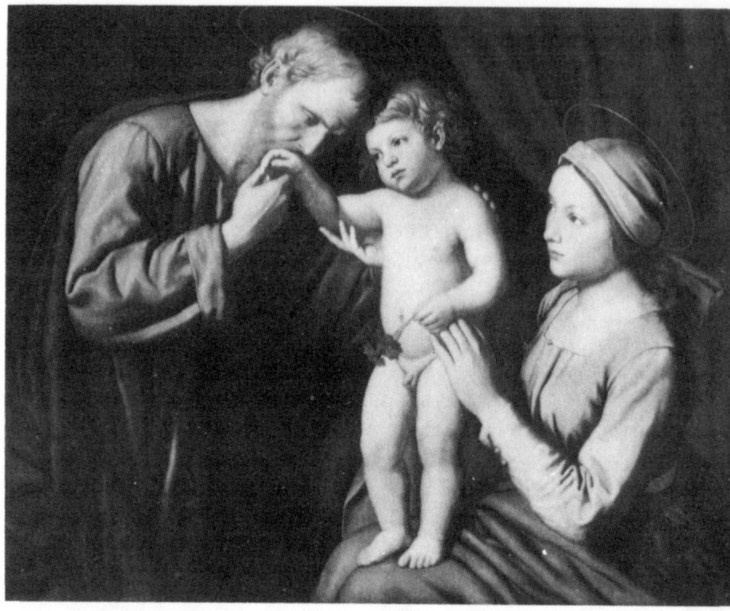

oder, wenn man will, »reaktionäre« Charakter der »neuen« Stile seit den dreißiger Jahren.

Was den ersten Punkt betrifft, so haben wir zumindest in Rom gesehen, was unter dem sogenannten »Triumph des Barock« zu verstehen ist; man bedenke nur, daß der Stil Berninis, der bereits am Ende der zwanziger Jahre vollständig ausgebildet ist (Baldachin von Sankt Peter: 1624–33) bis zu den achtziger Jahren ohne bemerkenswerte Entwicklung vorherrschend bleibt, und zwar auch über das Werk von Schülern, die trotz ihrer Begabung höchstens kleine Varianten für nötig erachten: unter ihnen Ercole Ferrata (1610–86), Antonio Raggi (1624–86), Domenico Guidi (1625–1701), Melchiorre Cafà (1635–67); das gleiche trifft auf Pietro da Cortona zu, der bereits im *Trionfo* im Palazzo Barberini (1633–39) stilistisch vollständig entwickelt ist und diese Richtung bis zu seinem Tode erfolgreich beibehält (1669). Auch dieser Stil wird mit allenfalls kleinen Veränderungen von bemerkenswert begabten Künstlern übernommen: Guidubaldo Abbatini (1605?–56), Salvi Castelucci (1608–72), Lazzaro Baldi (1623–1703), Francesco Allegrini (1624–1679), Guglielmo Cortese (1627–79) und Ciro Ferri (1628?–89)[136]. Auf diese hartnäckige Vorliebe des Publikums und der Auftraggeber für die Stile, die sich bereits durchgesetzt haben, deutet im übrigen auch die überraschende Ausdauer einiger energischer Alter, die noch im Cinquecento geboren sind und die Situation bis zum Ende des Jahrhunderts fest in der Hand halten: Bernini stirbt zweiundachtzigjährig in Rom, Longhena vierundachtzigjährig in Venedig, Fanzago stirbt siebenundachtzigjährig in Neapel und Silvani stirbt in Florenz im Alter von sechsundneunzig Jahren.

Den zweiten Punkt, den der retrospektiven »Erfindung«, spricht Wittkower im Hinblick auf Rom als eine »Umkehrung der Werte« zwischen 1640 und 1650 an, eine »Rückkehr zu einem schroffen und antikisierenden bolognesischen Stil«, einem »radikalen Archaismus«; und er verweist hierzu auf das Werk von Giovan Battista Salvi, genannt Sassoferrato (1609–85), Gian Domenico Cerrini (1609–81), Giacinto Gimignani (1611–81), Francesco Romanelli (1610?–62)[137]; ihnen würde ich noch Francesco Cozza (1605–82) zugesellen und ohne falsche Scham auch den anerkannten Hauptvertreter dieser retrospektiven Tendenz, Charles Nicolas Poussin (1594–1665), das unerschütterliche Sprachrohr der humanistischen »Antiquare« und ihrer Enttäuschung angesichts der Entwicklung, die sich unter ihren Augen abspielt.

Wenn wir vom Rom der Päpste, dem großen Entstehungs- und Entwicklungszentrum dieses Stils auf die anderen regionalen Hauptstädte blicken, so zeigt sich das Phänomen noch deutlicher. Zu Anfang des Jahrhunderts ist Venedig noch eine künstlerische Metropole von bestimmter Bedeutung, in der auch Künstler von außerhalb leben (die dann die besten werden): Künstler, die die römische Kultur vermitteln (Carlo Saraceni 1579–1620; Johann Liss 1595?–1629?), Vertreter der toskanischen, von Rubens beeinflußten Kunst (Domenico Fetti, 1589–1623), der mailändisch-genuesischen Kunst (Bernardo Strozzi, 1581–1644) und dann sogar – unverhoffte Wiederkehr – der reformierten toskanischen Kunst (Sebastiano Mazzoni, 1611–78). Doch die lokalen Künstler bringen eine entschieden konservative Kultur zum Ausdruck: Jacopo Palma il Giovane (1544–1628), Sante Peranda (1566–1638) und Francesco Maffei (1600?–1660) setzen Tintorettos Geschicklichkeit fort; und Padovaninos (1588–1648) antimanieristische Betrachtung, die in gewisser Weise mit Annibale Carraccis römischem Stil vergleichbar ist, nimmt interessanterweise bereits antikisierende Züge auf, an die seine Schüler Pietro della Vecchia (1603–78), Giulio Carpioni (1611–74), Francesco Ruschi (1610?–1661) und Pietro Liberi (1614–87)[138] anknüpfen, während gleichzeitig in Rom neovenezianische Tendenzen verbreitet sind (Sacchi, Testa, Mola, Poussin usw.). Was für diese Malergruppe die kanonischen Vorbilder Giorgione und Tizian waren, muß Palladio für die venezianischen Architekten gewesen sein: Das einzige außergewöhnliche »Barock«-Beispiel, das gewöhnlich erwähnt wird, ist Baldassare Longhenas (1598–1682) Santa Maria della Salute (1631–87).

Noch deutlicher ist der Verlust an Schwung der bolognesischen Schule, die auf der römischen Szene mit Annibale, Guido, Domenichino und Algardi den Ton angegeben hatte. Die zwischen 1570 und 1580 geborene Generation mit Mastelletta (1575–1655), Alessandro Tiarini (1577–1668), Giacomo Cavedoni (1577–1660) und Lorenzo Garbieri (1580–1654) ist immer noch imstande, eine reiche und vielfältige Kultur auszudrücken; doch nach Renis Rückkehr aus Rom (1612) zeigt sich, wie erschöpft dieses künstlerische Umfeld ist: Sein später Stil wird selbst von den jüngsten Künstlern Francesco Gessi (1588–1649), Giovanni Andrea Sirani (1610–70) und Simone Cantarini (1612–48) übernommen und »während der dreißiger Jahre zum unerbittlichen Gesetz«. Selbst Guercinos klassizistische Wendung, obwohl sie, wie wir gesehen haben, mit römischen Tendenzen übereinstimmt, weist in keine andere Richtung; so wenig wie der anhaltende Erfolg der mythologischen Miniaturportraits von Albani (der 1660 starb). Die interessantesten Versuche innerhalb dieses Rahmens sind die Arbeiten von Cantarini; obgleich er sich nicht allzuweit von Renis Regelkanon entfernt, versucht er naturalistische Annäherungen in einem transparenten, an Gentileschi erinnernden Licht, die zu diesem Zeitpunkt einen deutlich nostalgischen und antikisierenden Ton haben, ähnlich den zeitgenössischen Arbeiten in Rom von Francesco Cozza, von Cerrini und von Sassoferrato[139].

In Mailand wird die »manzonianische« Pest von 1630 allgemein als das »Ende der ersten und größten mailändischen malerischen Phase des

Seicento« aufgefaßt[140]. Wie in Bologna steht auch hier auf der einen Seite die Generation der zwischen 1570 und 1580 geborenen Künstler – Morazzone (1573–1626), Giulio Cesare Procaccini (1574–1625) und Cerano (1575–1632) –, deren bizarrer Stil zwischen Calvaert, Spranger und dem Cavalier d'Arpino eine starke Variante mit original lombardischer Note in die internationale Blüte des extremen Haarlemer und Prager Manierismus fügt. Auch Caravaggios Naturalismus findet hier einen rauhen, aber intelligenten Nachfolger in Tanzio da Varallo (1575?–1635). Diese Generation läßt sich mit der folgenden nicht vergleichen; allein Daniele Crespis (1598?–1630) gegenreformatorischer Naturalismus kann sich noch auf höherem Niveau halten[141], und die hervorstechende Persönlichkeit, die den Grat der dreißiger Jahre erfolgreich überwindet, ist Francesco del Cairo (1607–65), der seit langem zu Recht als einer der großen Maler der Verderbtheit und Dekadenz bezeichnet wird[142].

So weisen die künstlerischen Hauptzentren Norditaliens seit dem Anfang des Jahrhunderts das Bild eines fortschreitenden Innovationsverlusts auf, in den dreißiger Jahren stagniert die Entwicklung dann vollständig; und in den kleineren Zentren wird die Lage sicher nicht besser gewesen sein.

Wäre es plumper Determinismus, an diesem Punkt daran zu erinnern, daß »die nördlichen Regionen, die unmittelbar in den Dreißigjährigen Krieg verwickelt und von der Seuche des Jahres 1630 betroffen waren, in der ersten Hälfte des Jahrhunderts über ein Fünftel der Bevölkerung verloren?«[143]

Die Krise des Seicento: die »Ausnahme« Genua

Von diesem Panorama des künstlerischen Niedergangs in der ersten Hälfte des Seicento in Norditalien haben wir bis zu diesem Moment die Stadt Genua, die in gewisser Weise einen Fall für sich darstellt, ausgenommen: aus objektiven Gründen, wie wir gleich sehen werden, aber vor allem aus Gründen der historiographischen Interpretation. Genua wurde nämlich als exemplarischer Fall – und positiver Gegenbeweis – der wirtschaftlichen Schäden angeführt, die die Politik der »Kulturinvestitionen« der führenden Schicht Italiens verursacht hat. So stellt Lopez die rhetorische Frage: »Wie werden wir uns das künstlerische Dunkel jener Geschäftsmetropole Genua erklären können?« Und Hobsbawm hat feststellen müssen,

> daß die Historiker, welche dem künstlerischen Phänomen gleichgültig gegenüberstehen, Genua oft als die einzige der größeren Stadtrepubliken betrachteten, die auf künstlerischem Gebiet nie etwas Bemerkenswertes hervorgebracht, hingegen ihren Handel und ihre Finanzen besser erhalten hat als die anderen[144].

Vor allem wird man die Bedeutung der Formeln »künstlerisches Dunkel« und »nie etwas Bemerkenswertes hervorgebracht« untersuchen müssen. Denn natürlich wird niemand leugnen, daß die Genuesen auf das Werk sehr beachtlicher Meister verweisen können: seit dem Ende des Duecento (Manfredino da Pistoia, »Maestro di Santa Maria di Castello«) und im Laufe des Trecento (Grab der Margarete von Luxemburg von Giovanni Pisano, Bartolomeo da Camogli und Taddeo di Bartolo), aber vor allem dann im Quattrocento (Donato de' Bardi, Vincenzo Foppa, Carlo Braccesco, Domenico Gagini) und im

Cinquecento (Giulio Romano, Perin del Vaga, Giovannangelo Montorsoli, Galeazzo Alessi). Wenn man darauf hinaus will, daß die lokale im Verhältnis zur »fremden« Produktion von durchschnittlich minderer Qualität sei, so muß man dagegenhalten, daß nach diesem Kriterium auch Rom zu den »künstlerisch dunklen« Städten zählen würde, da hier das Mißverhältnis von schwacher lokaler Strömung, auf die Bellori mit lokalpatriotischem Stolz verweist (Cavallini, Paolo Romano, Giulio Romano, Andrea Sacchi[145]), und der Gesamtheit der künstlerischen Produktion sicher noch deutlicher ist. Auch ist nicht erkennbar, wie diese Unterscheidung zwischen einheimischer Produktion, fremder Produktion und importierten Produkten für das Problem der Kulturinvestitionen bedeutsam sei; denn die Kunstwerke – ob nun importiert oder an Ort und Stelle, von Bürgern oder von Einwanderern hergestellt – sind ja vorhanden und müssen daher mit entsprechenden Investitionen verbunden sein: Mit Investitionen, die, von den Ergebnissen her zu urteilen, noch am Ende des Cinquecento und – im Unterschied zum übrigen Italien – sogar während des ganzen Seicento so hoch gewesen sein müssen, daß sie neben den Aktivitäten anderer berühmter Einwanderer die Blüte einer der lebendigsten und originellsten lokalen Schulen des Seicento fördern konnten.

Man braucht sich, was den ersten Punkt betrifft, nur daran zu erinnern, daß zahlreiche Künstler in Genua tätig waren: die Sienesen Pietro Sorri (1556–1622), Francesco Vanni (1563–1619) und Ventura Salimbani (1567–1613); aus Lucca Benedetto Brandimarte (bezeugt 1588–92); aus Pisa Aurelio Lomi (1566–1622); aus Bologna-Mailand Giulio Cesare Procaccini (1570–1625, in Genua 1618); außerdem die Flamen Peter Paul Rubens (1577–1640, in Genua 1607), Cornelis de Wael (1592–1667, der hier die starke flämische Kolonie anführte), Anton Van Dyck (1599–1641, in Genua 1621–22 und 1626–27) sowie der Spanier Velasquez (1599–1660, in Genua 1629).

Was den zweiten Punkt betrifft, so bedenke man, daß Genua während der ganzen ersten Hälfte des Seicento, neben der ausgehenden Tätigkeit einiger herausragender Meister der in den sechziger Jahren des Cinquecento geborenen Generation, (Lazzaro Tavarone, 1556? –1641; Bernardo Castello, 1557–1629; Giovan Battista Paggi, 1554–1627) auch noch die Blüte einer Künstlergruppe kennt, deren Geburtsdaten im Unterschied zu bolognesischen und mailändischen Künstlern (deren wichtigste Repräsentanten fast alle in den siebziger Jahren geboren sind) sich in einem nahezu gleichförmigen Rhythmus zwischen 1580 und 1610 verteilen: Bernardo Strozzi (1581–1644), Andrea Ansaldo (1584–1638), Domenico Fiasella (1589–1669), Luciano Borzone (1590–1645), Giovanni Andrea De'Ferrari (1598?–1669), Gioacchino Assereto (1600–1649), Orazio De'Ferrari (1606–57) und Giovanni Benedetto Castiglione (1610?–1665). Insgesamt beschreibt dies eine gewisse Verzögerung der Blütezeit, aber auch eine parallele Verschiebung des Krisenmoments. Die Krise scheint im übrigen weniger merklich gewesen zu sein, obwohl es auch in Genua – wie in Rom, Venedig und Bologna – einen Künstler gibt, der in der Mitte der dreißiger Jahre den Augenblick der »antikisierenden Innovation« markiert: Pellegro Pida (1617–40). Nach dem Tiefpunkt der Depression scheint sich in gewissem Maß nach römisch-barockem Vorbild, doch auch in spezifischer Originalität, eine außergewöhnliche Wiederbelebung abzuzeichnen, die bis zur Schwelle des 18. Jahrhunderts anhält; sie wird von Künstlern getragen, deren Geburtsdaten wiederum in bemerkenswerter Gleichförmigkeit zwischen den zwanziger und vierziger Jahren verteilt sind:

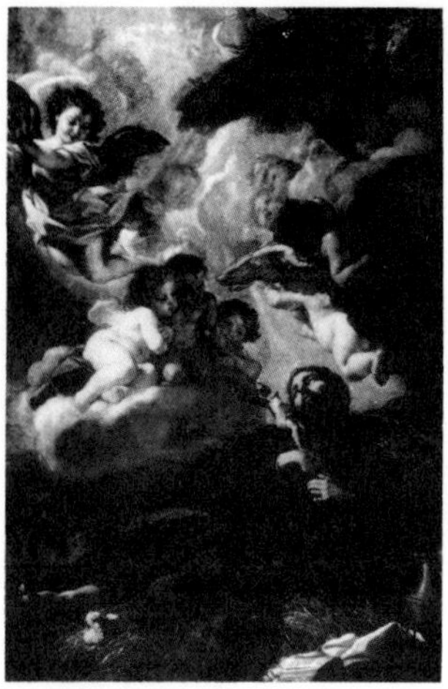

GIOVAN BATTISTA GAULLI, gen. BACICCIA,
Tod des Hl. Franz Xaver, 1676
Ausschnitt
Rom, Sant'Andrea al Quirinale

Pierre Puget (1622–94, in Genua zwischen 1661 und 1667), Silvestro Chiesa (1623–57), Valerio Castello (1624–59), Domenico Piola (1627–1703), Filippo Parodi (1630–1702), Bartolomeo Biscaino (1632–1657), Giovan Battista Gaulli (1639–1709) und Gregorio De' Ferrari (1647–1726). Insgesamt (trotz der Verluste durch die Pest: Orazio De'Ferrari, Silvestro Chiesa, Bartolomeo Biscaino) also, gemessen an der allgemeinen Situation, ein einzigartig positives Bild, das dem des Cinquecento sicher nicht nachsteht (zumindest was die einheimische Produktion betrifft)[146].

Genua stellt also in dem angedeuteten Sinne (eine Insel des Reichtums, weil an Investitionen in die Kunst gespart wurde) keineswegs eine Ausnahme dar; im Gegenteil: Genua bestätigt genau das bestens, was wir über den – während der allgemeinen Krise des Seicento – anhaltenden Wohlstand seiner führenden Klasse und über den auch in diesem spezifischen Fall vorhandenen Parallelismus zwischen ökonomischer Prosperität und künstlerischer Produktion wissen. Deren Kennzeichen (ausgeprägter Internationalismus, Öffnung des lokalen Marktes für ausländische Künstler) kamen dem Interesse einer Oligarchie entgegen, die ihren außergewöhnlichen Reichtum dank ihrer geschickten Verbindungen mit der internationalen Finanzwelt erhalten konnte[147].

Die Krise des Seicento: Florenz, Neapel und Süditalien

Der kanonische Fall konservativer Kultur in Mittelitalien ist Florenz. Und zwar nicht so sehr, weil diese Stadt nicht in der Lage gewesen wäre – im Zuge des zweiten Sommers des Cinquecento – eine Künstlergeneration hervorzubringen, die qualitativ mit der anderer regionaler Hauptstädte vergleichbar wäre – Christofano Allori (1577–1621), Pietro Tacca (1577–1621), Matteo Rosselli (1578–1650), Gherardo Silvani (1579–1675) und Giovanni da San Giovanni (1590–1636) sind durchaus professionelle Künstler –, sondern wegen der Art und Weise, wie sich diese Künstler auf die Kultur der älteren Generation berufen und sie mit kleinen und marginalen Veränderungen auf die folgende übertragen. Silvani folgt der Architektur von Buontalenti (1536–1608), Pietro Tacca der Skulptur von Giambologna (1529–1608), Christofano Allori und Matteo Rosselli setzen die moderaten malerischen Effekte nach venezianischem Muster von Cigoli (1559–1613) fort und so weiter. Und auch hier nimmt seit den dreißiger Jahren das Neue einen ausgeprägt retrospektiven Charakter an, sei es, daß Lorenzo Lippi (1606–65) den glatten, ehernen Naturalismus von Santi di Tito Titi (1536–1603) wiederaufnimmt, sei es, daß das »l'enfant prodigue« Carlino Dolci (1616–86) sich das fromme Ziel setzt, Caravaggios modernen Naturalismus in flämische Sorgfalt zu übertragen, wobei er eindrucksvolle Effekte einer wächsernen, leichenhaften, beinahe surrealistischen Klarheit erzielt. Eine allgemein anhebende reumütige Gefühlsseligkeit vereint das Werk der jungen, zu Beginn des neuen Jahrhunderts geborenen Künstler Francesco Furini (1604–49), Felice Riposo (1605–1669?), Cecco Bravo (1607–61), Orazio Fidani (1610?–1668?), die den Gebeten und erbärmlichen Sünden einer gebildeten, schlafenden, skeptischen und bigotten Provinz, die aber im Grunde immer von der eigenen unübertreffbaren Vollkommenheit überzeugt ist, bildliche Gestalt geben. Das Florenz des Seicento stinkt nach Alkoven und Beichtstuhl, nach Schimmel und Totenzimmer – und seine Künstler

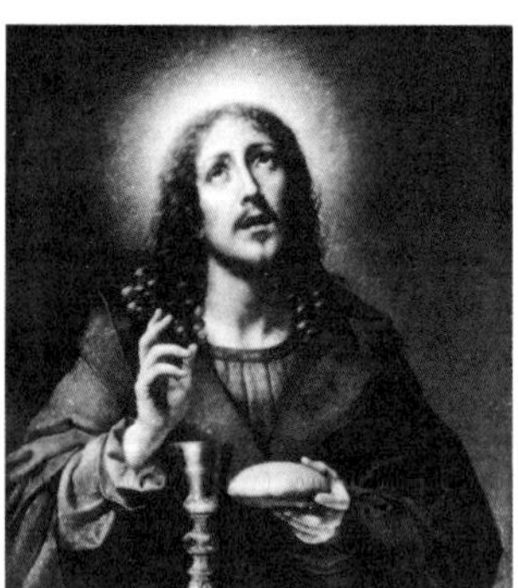

CARLO DOLCI,
Der segnende Christus, um 1665

lassen das spüren; und deswegen sind sie sicherlich groß. Doch müßte man die Gesellschaft, die sich künstlerisch so ausdrückt, nicht als dekadent bezeichnen? In dieser Atmosphäre können die wirklichen Neuerungen nur von außerhalb kommen, und die besten Söhne der Stadt haben auch tatsächlich über die Stadtgrenzen hinaus geschaut; unter den Künstlern vor allem Stefano Della Bella (1610–64), der Kupferstecher, der sich – wie der Genuese Castiglione – auch das Studium von Rembrandts Radierungen zunutze machte[148].

Wir haben gesehen, wie Rom besser als andere Städte die Depressionskrise durchstanden hat und in der ersten Periode sogar eine größere Bedeutung gewann. Erst in den sechziger Jahren wird der Niedergang der päpstlichen Hauptstadt für jeden offenkundig.

Ein recht ähnlicher Fall ist Neapel, wo die große Blüte der letzten 25 Jahre des Cinquecento – wenn auch in immer langsamerem Rhythmus – bis in das folgende Jahrhundert, bis zum Aufstand von Masaniello (1647–48) und sogar bis zur Pest von 1656 zu reichen scheint.

Doch auch in Neapel sind die Zeichen der Stagnation auf stilistischer Ebene deutlich erkennbar. Die letzte große und entschiedene Neuerung, durch Caravaggios Tätigkeit in Neapel (1606–07, 1609–1610) maßgeblich beeinflußt, stammt von Battistello Caracciolo (1570?–1637) und Jusepe Ribera (1591–1652); ihr kann man den neapolitanischen Neomanierismus von Stanzioni (1586–1656) und Spinelli (?–1647?) zur Seite stellen, der mit den Formeln vergleichbar ist, die man in diesen Jahren auch bei lombardischen (Procaccini, Morazzone, Cerano), genuesischen (Strozzi, Ansaldo, Assereto) und, mit einer gewissen Verzögerung, auch bei florentinischen Künstlern findet (Furini, Pignoni, Cecco Bravo). In den Jahren nach 1620 entstehen, gemessen an diesen Voraussetzungen, nicht nur keine Neuerungen, sondern es macht sich eine überraschende Überlebensfähigkeit der Stilrichtungen des Cinquecento bemerkbar: Fabrizio Santafede (1560?–1634), Bernardino Azzolino (1572?–1645) und sogar Belisario Corenzio (1560–1648) erzielen, ohne ihren Stil zu verändern, weiterhin bemerkenswerte Erfolge. Die Jüngeren – Andrea Vaccaro (1604–70), Pacecco de Rosa (1607–56), Francesco Guarino (1611–54) und sogar Bernardo Cavallino (1616–56) – setzen mit minimalen Veränderungen die von Stanzione begründete Stilrichtung fort oder auch die von Ribera begründete (Francesco Fracanzano, 1612–57)[149].

Man könnte leicht zeigen, daß auch andere süditalienische Hafenzentren in der ersten Hälfte des Seicento weiterhin Kunstwerke von gutem Niveau hervorbringen. Die Maler Alonso Rodriguez (1578–1648), Domenico Marolí (1612?–1676) und Giovan Battista Quagliata (1603–73) aus Messina, der Syrakusaner Mario Minniti (1577–1640) und Pietro Novelli (1603–74) aus Palermo sowie Andrea Carreca (?–1677) aus Trapani waren z. B. sehr wohl imstande, von den neapolitanischen, römischen oder flämischen Neuerungen, die Caravaggio (1609–10) oder Van Dyck (1624)[150] auf die Insel brachten, zu lernen. Doch wenn wir uns zu lange mit der Aufzählung der vielen edlen Episoden aufhalten, von denen die Geschichte der italienischen Kunst in diesen Jahren noch durchwoben ist, laufen wir Gefahr, die allgemeinen Konturen des Phänomens und die grundlegende Tatsache aus den Augen zu verlieren, daß die zweite Hälfte des Jahrhunderts weder in Norditalien noch in Süditalien auch nur entfernt mit der ersten Hälfte vergleichbar ist, auch wenn der Tiefpunkt und die folgende Wiederbelebung im 18. Jahrhundert in Rom und im Süden etwas später zu kommen scheinen.

1748: Fortdauer des Spätbarock und »Wiederbelebung« im 18. Jahrhundert

Nach der Depression des 17. Jahrhunderts hat sich die Stellung Italiens innerhalb Europas grundlegend geändert, so daß sich nun auch das Problem der Periodisierung der italienischen Kunstgeschichte anders stellt. Italien wird nun vom zentralen Bezugspunkt der europäischen Wirtschaft und Politik zu einer abhängigen und peripheren Region; so daß auch die Wiederbelebung, die – mit einer neuen Schwerpunktverlagerung gegenüber dem Seicento – zunächst Norditalien und dann Mittel- und Süditalien erfaßt, sich nun im Schlepptau des allgemeinen starken Aufschwungs der europäischen Wirtschaftsentwicklung vollzieht. Vormals Mittelpunkt des Geschehens, von dem aus sich die Neuerungen verbreitet hatten, sinkt Italien im Laufe des 18. Jahrhunderts allmählich auf eine zweitrangige und schließlich untergeordnete Position ab[151].

Die wichtigste Folge auf kultureller Ebene war der neue Widerspruch, der sich zum ersten Mal in dramatischer Weise zwischen italienischem Wesen und Modernität auftat und der von nun an das ständige Erbe der nationalen Geschichte sein sollte. Das bedeutet für das Problem der Periodisierung: Die neuen fremden Elemente, die in anderen Ländern entstanden waren und über die sich einige fortschrittliche Gruppen verständigten, traten nun in einen scharfen Gegensatz zu der objektiven inneren Situation, die für die Mehrheit der Bevölkerung bestimmend blieb und der sich letztlich selbst die künstlerischen Avantgarden nicht entziehen konnten.

Ein Beispiel dieser Art des neuen Widerspruchs, mit dem sich die Kunstgeschichtsschreibung seither auseinandersetzen mußte, ist der schon klassische und oft zitierte Band von Rudolf Wittkower in der von Nikolaus Pevsner herausgegebenen Reihe. Wittkower läßt die Darstellung »etwa 1750« enden; eine Grenze, die mit den Verträgen von Aachen zusammenfällt und bekanntlich allgemein als der Beginn des zweiten, moderneren 18. Jahrhunderts angesehen wird, das auch in Italien zu einem allgemeinen Aufschwung führt und in einigen Republiken (Lombardei, Parma, Toskana, Neapel) den Beginn der Reformbewegung unter dem Einfluß der Aufklärung markiert.

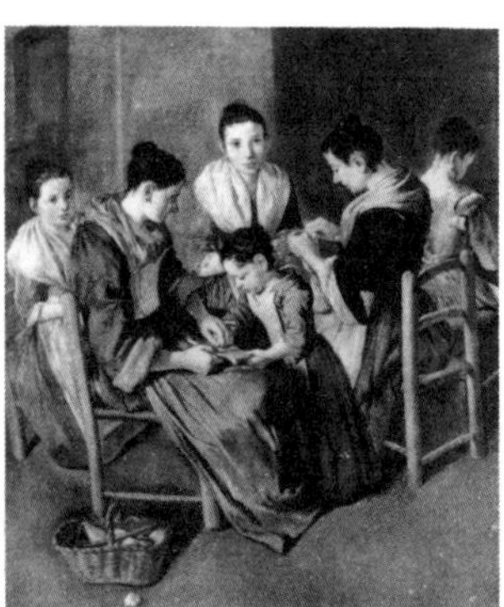

GIACOMO CERUTI, gen. PITOCCHETTO, *Frauen bei der Arbeit,* um 1725 Ausschnitt

Mit dieser Entscheidung schließt man also die Darstellung der italienischen Kunstgeschichte in dem Moment ab, da sie am Ende einer langen Stagnationsperiode sich ernsthaft mit ihrer eigenen beginnenden Rückständigkeit auseinandersetzen muß. Eine Entscheidung, die die Kunstgeschichte des 18. Jahrhunderts in Italien, in konservativer Sichtweise, als die Fortdauer und zunehmende Ermattung der Tradition des 17. Jahrhunderts ansieht, und die wir Italiener als zutiefst falsch empfinden müssen, vor allem wegen jener Künstler (Ceruti, Pietro Longhi, Bellotto usw.), die trotz allem modern waren. Es ist dennoch eine Entscheidung, die nicht nur kohärent, sondern auch geschichtlich berechtigt erscheint[152].

Man kann tatsächlich nicht leugnen, daß man es hier mit einem Auseinanderklaffen der wirtschaftlich-sozialen und der künstlerischen Entwicklungslinien zu tun hat, das sich anders als in bisherigen ähnlichen Fällen nicht mehr ohne weiteres auf eine optische Verzerrung dieser oder jener historiographischen Tradition zurückführen läßt.

Während die Künstler in den ersten dreißig Jahren des Jahrhunderts, als das Land noch nicht oder nur sehr teilweise von der Aufschwungsbewegung ergriffen war, weiterhin bemerkenswerte innovative Fähig-

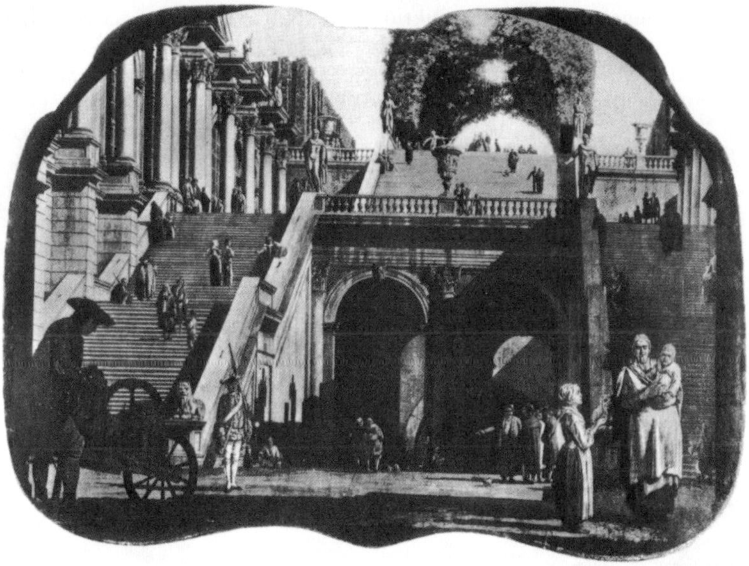

BERNARDO BELLOTTO, gen. CANALETTO,
Veduta immaginaria, um 1762–1766

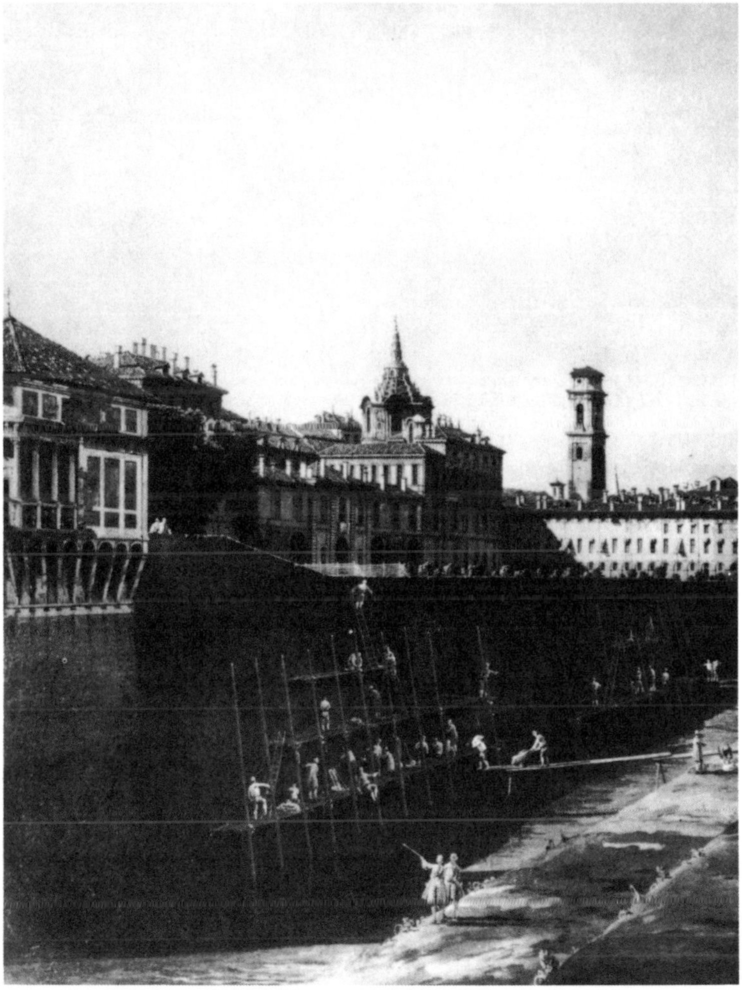

BERNARDO BELLOTTO, gen. CANALETTO,
Ansicht von Turin
Ausschnitt

keiten zeigen und die Produktion offenbar expandiert, scheint dem Aufschwung in der zweiten Hälfte des Jahrhunderts kein paralleler, quantitativer und qualitativer Anstieg der künstlerischen Tätigkeit mehr zu entsprechen.

Wenn De Troy, André Van Loo, François Lemoyne noch etwas von Pellegrini und Ricci lernen konnten oder Quentin de La Tour von Rosalba Carriera, Hubert Robert von Pannini und sogar Greuze noch von Cignaroli lernen mochte, so ist – und das stimmt mit den Äußerungen der zeitgenössischen Kritiker der Lagunenstadt überein – mehr als offenkundig, daß die Brüder Guardi niemandem mehr etwas beibringen konnten. Und das gilt nicht nur für Venedig (obwohl dies sicherlich das deutlichste Beispiel ist), sondern mit unwesentlichen Abweichungen auch für die anderen städtischen Zentren – Genua, Bologna, Florenz und Neapel –, in denen die Generation der nach 1750 geborenen Künstler dem Vergleich mit den Vorgängern nicht standhalten kann.

SEBASTIANO RICCI, *Vermählung des Bacchus und der Ariadne*, um 1710

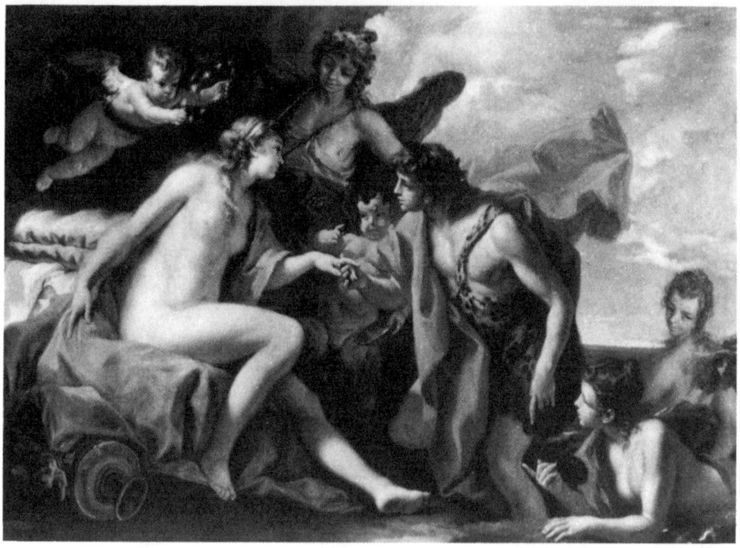

Ich glaube, es ist nicht nur ein Problem des Geschmacks, des Ruhmes oder der historiographischen Rückständigkeit, wenn alle oder fast alle berühmten Namen, mit denen sich die italienische Kunst des 18. Jahrhunderts verbindet (von Solimena zu Amigoni und Sebastiano Ricci, von Crespi aus Bologna über Pellegrini, Rosalba Carriera, Raguzzini und Fuga bis zu Vanvitelli, Carlevaris, Tiepolo und Canaletto), Künstler betreffen, die noch im vergangenen Jahrhundert geboren sind[153]! Obwohl man die neoklassische und »romantische« Kunst in Italien wiederaufgewertet hat und man neben Appiani und Sabatelli, Felice Giani, Camuccini, Canova, Ceracchi, Valadier, Poccianti, Bartolini und Jappelli noch weitere Namen aufzählen kann, ändert sich – wenn man vom Geschmack absieht – der Gesamteindruck nicht[154]. Also eine wirkliche Divergenz zwischen dem Verlauf der Wirtschafts- und Sozialgeschichte und dem der Kunstgeschichte, die sich nur erklären läßt, wenn man die erwähnte neue Stellung Italiens innerhalb Europas berücksichtigt; sich also vergegenwärtigt, daß der Prozeß der Wiederbelebung vor allem England und Frankreich betrifft – und Italien nur am Rande, vor allem im Norden, der dabei sozusagen aufgesogen wird. Dies erklärt, daß Italien trotz des ökonomischen und politischen Aufschwungs, trotz der Reformen und allem übrigen (was an und für sich

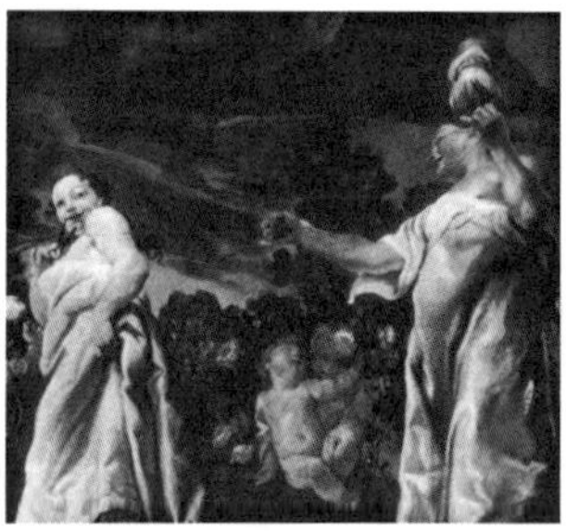

GIUSEPPE MARIA CRESPI, gen. SPAGNOLO
Die drei Parzen, 1691
Ausschnitt
Bologna, Palazzo Pepoli Campogrande

einen Tatsachenkomplex von unzweifelhafter Bedeutsamkeit darstellt) am Ende dieser Entwicklung auf dem europäischen Markt (auch auf dem Kunstmarkt) weniger zählt als zu Beginn, und daß seine Künstler (die in den ersten dreißig Jahren noch bewunderte Vorbilder waren) sich in den neunziger Jahren plötzlich an der Entwicklung jenseits der Alpen orientieren müssen.

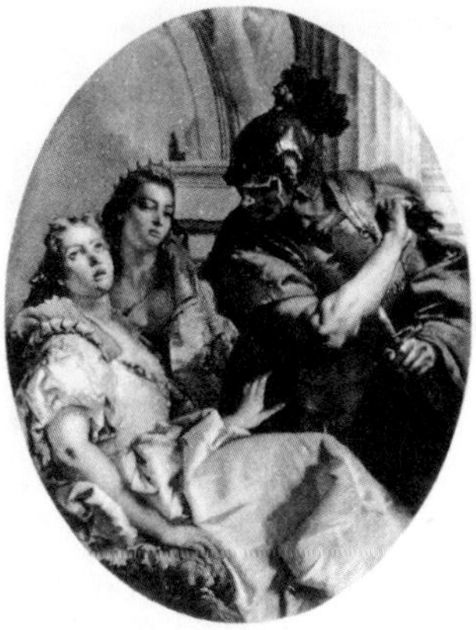

GIAMBATTISTA TIEPOLO, *Timokleia und der thrakische Kommandant,* um 1753

Italien und Europa: die Kunsttheorie

Als ein indirektes, aber sicheres Anzeichen der veränderten Situation, wurde die Umkehrung der Verhältnisse in der theoretischen Reflexion über die Künste gesehen: »Im 18. Jahrhundert«, so Wittkower,

> kehrte sich zum ersten Mal das Verhältnis zwischen Italien und den anderen Nationen um, englische und französische Abhandlungen erschienen in italienischer Übersetzung [...], nicht nur die römische, auch die italienische Vorherrschaft war beendet. Frankreich und, im Laufe des Jahrhunderts, auch England, übernahmen die führende Rolle.

Eine Tatsache, die der deutsche Wissenschaftler jedoch im Widerspruch zum wirklichen Stand der künstlerischen Produktion sieht: »Um so erstaunlicher, daß die italienische Kunst so viele Fremde anzog wie nie zuvor [...]. Und genauso erstaunlich, daß die italienischen Künstler nie zuvor einen ähnlichen internationalen Erfolg hatten.«[155] Doch der Historiker darf beim Erstaunen nicht stehenbleiben; der Verwunderung folgt eine Erklärung, die den scheinbaren Widerspruch als einen tatsächlichen Zusammenhang betrachtet. Dies erkläre, warum die italienischen »Praktiker«, die »Virtuosen«, die auf theoretischer Ebene nicht ausdrücken konnten, was sie taten, eine derart breite Zustimmung gefunden hätten.

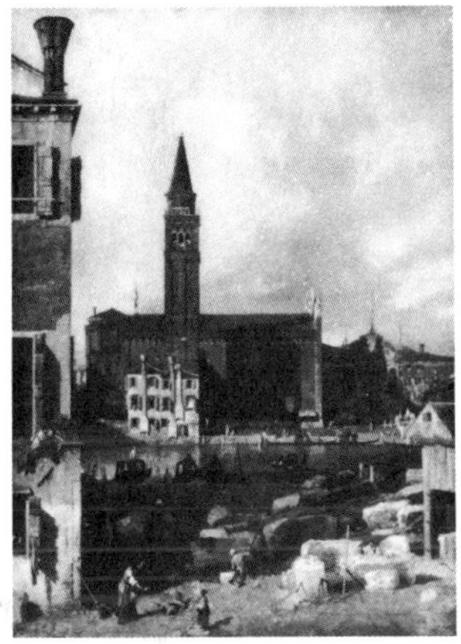

ANTONIO CANAL, gen. CANALETTO, *Ansicht der Kirche Santa Maria della Carità, vom Campo San Vidal,* um 1730 Ausschnitt

Es ist klar, daß hierauf nur eine detaillierte und sorgfältige Geschichte der Kunst des 18. Jahrhunderts vollständig antworten kann, die chronologisch (zwischen erster und zweiter Hälfte des Jahrhunderts), räumlich (zwischen Gebieten, die sich schnell entwickeln, wie England und Frankreich, und anderen, die, wie Italien, relative Randgebiete sind, also Spanien, Deutschland und die slawischen Länder), und begrenzt auch qualitativ (welcher Typ italienischer Kunst und für welches Publikum) unterscheidet. Man kann jedoch vorläufig schon einen allgemeingültigen Umstand hervorheben: Der ausgeprägte Internationalismus der künstlerischen Produktion des 18. Jahrhunderts, den sich die italienischen Künstler zunutze machen, weist unzweifelhaft auf einen ausländischen Kundenkreis, der für sie eine unverzichtbare ökonomische Unterstützung darstellt und grundsätzlich unabhängig von der Unterstützung am Ursprungsort ist.

So hat man also im 18. Jahrhundert eine regelrechte Gehirndrainage vor sich, die unseren Kenntnissen über den zunehmenden Abstand zwischen den italienischen und europäischen wirtschaftlichen Bedingungen nicht widerspricht, sondern vielmehr deren typischer Ausdruck ist: ein Phänomen, das zwar, wie die Europäer des 20. Jahrhunderts aus unmittelbarer Erfahrung wissen, die Eigenliebe und die ökonomischen Bestrebungen der direkt Interessierten unmittelbar befriedigt, seine negativen Folgen aber in der Spanne von ein oder zwei Generationen deutlich spüren läßt. Es ist daher nicht erstaunlich, daß die italienischen Künstler im Laufe des 18. Jahrhunderts oftmals ihr Bestes geben, wenn sie sich in fremde Zusammenhänge einfügen (Giaquinto und

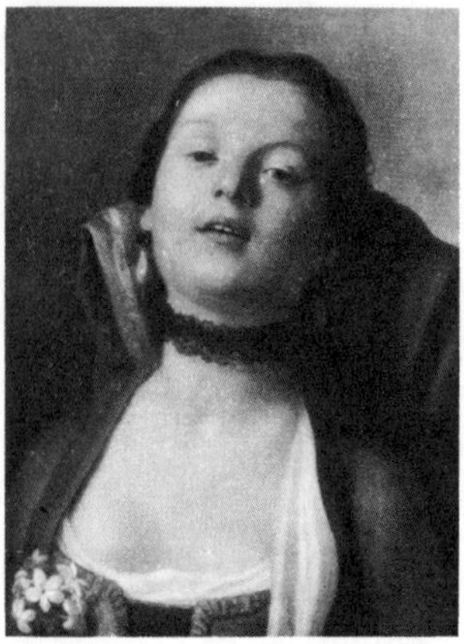

PIETRO ROTARI,
Bildnis einer jungen Frau,
um 1756–1762

Tiepolo in Madrid, Gregorio Guglielmo auf Schönbrunn, Pietro Rotari und die Architekten Rinaldi und Quarenghi in Rußland usw.) oder wenn sie für ausländische Auftraggeber arbeiten (Batonis Serie »englischer« Portraits oder die Werke venezianischer Maler für den Konsul Smith sind nur zwei der bekanntesten Beispiele)[156]. Und es ist auch nicht verwunderlich, daß die Geschichte der europäischen Kunst sich von nun an in Richtungen entwickelt, die weitgehend, wenn nicht völlig unabhängig von den Vorgängen auf der Halbinsel sind. Vom heutigen Standpunkt können wir es sogar als notwendige Bedingung ansehen, daß diesen letzten brillanten Generationen spätbarocker Virtuosen das klare Bewußtsein von der Schwere der Krise, in der sie lebten, gefehlt hat. Es ist bezeichnend, daß unter all jenen schreibenden Künstlern, für die das 18. Jahrhundert zu Recht berühmt ist (von Falconet zu Liotard, von Hogarth zu Reynolds, von Jean Francois Blondel zu Ledoux) keiner ist, der in Italien geboren wurde, und daß der einzige Künstler, der die italienische Tradition mit europäischem Geist wieder aufzugreifen verstand, ein romanisierter Sachse ist: Anton Raffael Mengs.

Italienische Künstler und »niederländische« Tradition

Während sich nach und nach der Abstand von Italien zu Europa vergrößert, wird es für den Künstler der Halbinsel immer schwieriger, Italianität und Modernität in Einklang zu bringen; sein Verhältnis zur lokalen Tradition wird problematischer. Um so notwendiger wird es für ihn, sich mit den geistigen Mitteln zu versehen, die notwendig sind, um herausfinden zu können, was für ein »moderner« Diskurs noch zu verwenden sei. Auch wenn das Problem im 18. Jahrhundert noch nicht so drängend im Mittelpunkt steht wie in den folgenden Jahrhunderten, ist es doch schon vorhanden und kann helfen, die vielen gut ausgebildeten Handwerker von den wenigen wirklichen »Intellektuellen« zu unterscheiden. Denn im Zeitalter der internationalen Aufklärung, wie bereits im Zeitalter des internationalen Humanismus, wird vom Künstler erwartet, daß er ein »Intellektueller« sei.

Verglichen mit der Alternative, die sich bereits am Ende des Cinquecento zwischen humanistischer Tradition und neuem Naturalismus gestellt hatte, stellt sich nun im 18. Jahrhundert das Problem nicht radikal anders. Was sich aber ändert, ist das relative spezifische Gewicht der beiden Traditionen. Während, was die Kunst angeht, Italien und die Niederlande in der Mitte des 17. Jahrhunderts nahezu gleiches Ansehen genossen, gibt es keinen Zweifel, daß die formalen Lösungen, die sich in den bürgerlichen Niederlanden bereits im 17. Jahrhundert durchgesetzt hatten, im Laufe des folgenden Jahrhunderts schließlich nahezu jeden Aspekt der neuen europäischen Kunst prägen.

Als das auffälligste Symptom dieser Entwicklung betrachtet man seit langem das neue Ansehen und Gewicht der vormals minderen und untergeordneten künstlerischen Genres, vor allem in den beiden führenden, in der Folge dann aber auch in anderen Ländern: Stilleben, Genreszene, »conservation piece«, Landschaft und vor allem das Portrait. In den Händen einer unglaublichen Fülle von talentierten Künstlern – darunter einige berühmte und sehr berühmte (Fra Galgario, Rosalba Carriera, Quentin de La Tour, Pompeo Batoni, Perronneau, Reynolds, Gainsborough, Houdon, Goya, David) und andere, weniger bekannte (Ghezzi, Aved, Liotard, Alessandro Longhi, Roslin, Duplessis, Zoffany, Wright of Derby, Vincent, Vigeé-Lebrun, Chinard usw.) – verbreitet sich das Portrait in ganz Europa und wird zur bestimmenden Kunstform in der Kunstgeschichte des 18. Jahrhunderts.

Auch in Italien schließen sich die dynamischeren Regionen schneller den europäischen Verhältnissen an; die lebendigsten Zentren sind jene, die vor allem für Tourismus und Export produzieren (Venedig, Rom, Florenz, Neapel), und die wirklich moderneren Künstler, die mithalten können und einen originellen Beitrag zur europäischen Entwicklung leisten, tun sich weniger im traditionellen Bereich der höfischen Produktion hervor (wenn sich auch hierauf immer noch die Unterstützung von Kirche, Regierungen und Akademien konzentriert), sondern vorzugsweise in Randbereichen, die nicht gefördert werden und in denen sich der Einfluß des Marktes freier entfaltet: im Portrait, der Vedute, der Genremalerei.

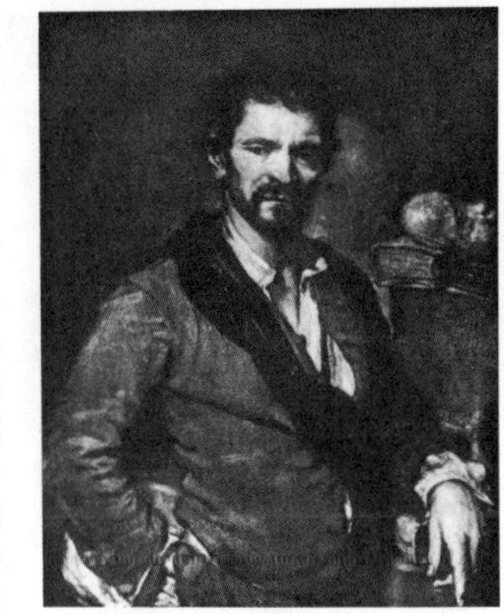
VITTORE GHISLANDI, gen. FRA GALGARIO, *Francesco Maria Bruntino*, 1737

Aber selbst auf dem privilegierten Feld der »Historienmalerei« muß sich die idealistische italienische Tradition – obwohl sie scheinbar die ausländischen Künstler für sich gewinnt – in Wirklichkeit vor dem großen Antagonisten beugen; man denke nur daran, wie Greuze Gebärde, Bewegung und Handlung, die an Domenichino erinnern, in das bürgerliche Interieur, in »Innenraum«-Bilder, in die niederländische Thematik versetzt, oder auch daran, wie genial David – nun schon am Ende der Entwicklung – die »Historie« von Carraccio und Poussin aktualisiert, indem er über die nördlichen Interpretationen der italienischen Kunst (Claude Lorrain, Philippe de Champaigne) zum Ursprung der modernen naturalistischen Tradition zurückgeht (Caravaggio, Valentin), schließlich aber zu Ergebnissen gelangt, die mit der römischen oder italienischen Erfahrung wenig oder nichts mehr zu tun haben. So paradox es in französischen Ohren klingen mag, die Werke von David (und dann noch stärker die Werke von Ingres) erscheinen in italienischen Augen – aufgrund ihrer »Werte«, ihrer Thematik und ihrer analytischen Klarheit – ungeheuer »nördlich« oder, wenn man so will, niederländisch.

Wenn man den Weg zu dieser Aufnahme der naturalistischen Tradition des 17. Jahrhunderts als die Grundlage der modernen bürgerlichen Entwicklung beschreibt, stellt sich die Frage, ob, wenn nicht direkt die italienische Kunst, so doch einige Norditaliener hier frühzeitig richtungsweisend waren.

Das betrifft vor allem Fra Galgario, dessen unerbittliche Portraitkunst die große norditalienische Farbtradition (Tizian, Moroni) im Licht der niederländischen Tradition (Rembrandt) zu überdenken scheint; und kurz darauf, ebenfalls in der lombardischen Ebene, Ceruti, dessen Portraits »gewöhnlicher und unglücklicher Menschen – ohne jeden Kommentar, aber so groß wie die Wahrheit«[157] (die Armut als Kehrseite der landwirtschaftlichen Rationalisierung der Poebene!) man nicht dadurch entschärfen kann, daß man sie auf jene Stiche über »Künste und Berufe« im 17. Jahrhundert zurückführt, als der ernste Naturalismus von Michael Sweerts und der Franzosen Le Nain (wie auch – durch Giovenale Boetto – dessen piemontesische Parallele) auflebte. Das gleiche gilt für Canaletto, der die italienische Tradition der Bühnenmalerei freimütig mit der der nördlichen Vedute (Berckheyde, Van Wittel, Carlevaris) verbindet, und mehr noch für Bellotto, den von der ganzen italienischen Kunst nur Viviano Codazzi, der Quadraturmaler der Bambocciaden und »Portraitist« der römischen

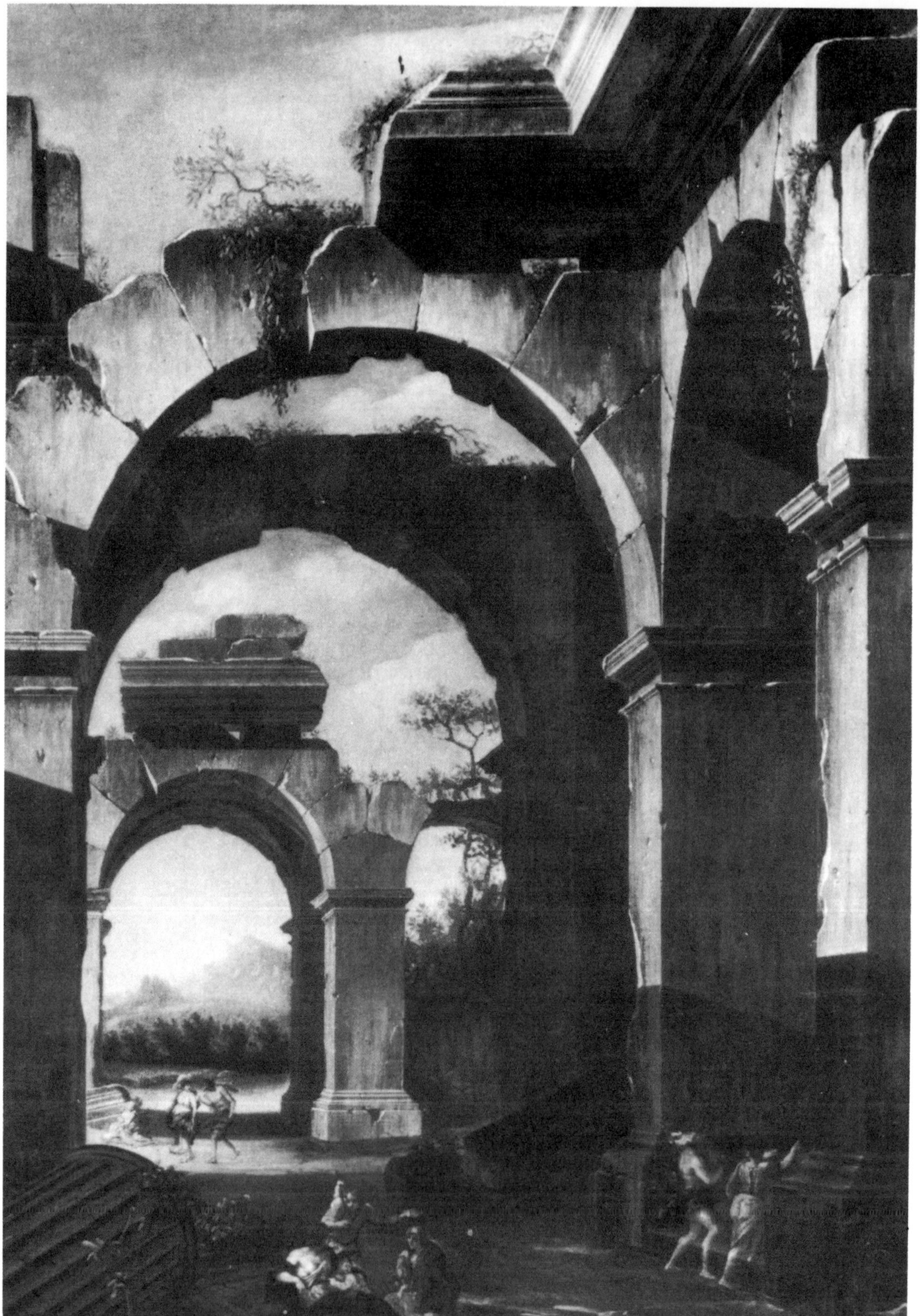

und neapolitanischen Ruinen, zu interessieren scheint, während er später mit vollen Händen aus der niederländischen Kunst Philips Konincks, Van der Heydens und Berckheydes schöpft. Sogar die ironischen Interieurs von Pietro Longhi verdanken mehr den niederländischen Vorgängern als irgendeinem Aspekt der italienischen Tradition, und Pietro Rotari gestaltet seine gedrechselten Figuren in halber Größe nicht nur nach dem übernommenen, antikisierenden Klassizismus von Domenichino und Sassoferrato, sondern ebenso nach der niederländischen »vermeerschen« optischen Wahrheit des Genfers Jean-Etienne Liotard. Und der »Römer« Anton Raffael Mengs ist zumindest in seinen wunderbaren Portraits ein moderner und europäischer Maler, gerade weil er den italienischen Vorlagen in der klaren Transparenz der niederländischen Tradition neue Gestalt gibt[158].

Müssen wir daraus schließen, daß die modernsten italienischen Maler zum ersten Mal in der Geschichte des Landes auch die am wenigsten typisch »italienischen« sind? Gerne würden wir auf sie beziehen, was über andere Intellektuelle geschrieben wurde: »In dem Maße, in dem sie Europäer waren, wurden sie auch wirklich Italiener in dem Sinn, daß sie sich der Rückständigkeit Italiens und der Notwendigkeit, verlorenen Boden wiedergutzumachen, bewußt wurden.«[159]

gegenüber:
VIVIANO CODAZZI,
Römische Ruinen, um 1655

1789

Nach allem, was bisher gesagt wurde, kann das Ende dieses Prozesses offenkundig nicht ohne Blick auf Europa, oder genauer, auf Frankreich bestimmt werden.

Trotz der berechtigten und erwarteten Einwände, die dagegen erhoben wurden, das Datum der französischen Revolution, 1789, als Periodisierungsmarke der Kunstgeschichte zu übernehmen, bleibt insgesamt das Zusammentreffen des Ausbruchs der großen Revolution und der stilistischen Wende, die sich Neoklassizismus nennt, beeindruckend (der Name vermeidet, was unerläßlich ist, eine Verwechslung mit den Ablegern des klassizistischen 17. Jahrhunderts). Zumindest schlägt aber niemand mehr ein Datum vor den siebziger Jahren vor (1774, das Todesjahr von Ludwig XV., ist die gewählte Grenze), als sich im Werk von Ledoux der neue Architekturstil durchsetzt; oder man nimmt die frühen achtziger Jahre, in denen David seine wirkliche Berufung entdeckt[160], als Wendepunkt. Mit dem Problem des stilistischen »Sprungs«, der qualitativen Innovation nach einem allgemeinen Wiederbelebungsschub der Produktion, haben wir uns schon auseinandersetzen müssen; nur betrifft es diesmal leider nicht mehr Italien: Hierher gelangt der neue Stil einige Jahre später von außerhalb und nur mit einem bescheidenen Vorsprung vor der Ankunft der napoleonischen Truppen (1795–96, 1800), um dann, je nach der örtlichen Situation, mehr oder weniger intelligent adaptiert zu werden.

Doch wäre selbst dies kein schlimmes Kapitel der italienischen Kunstgeschichte. Wir werden nun wieder den Mechanismen von Übersetzung, Unverständnis und idealer Rückverlegung begegnen, also den Mechanismen, mit denen zu ihrer Zeit die perspektivischen Neuerungen in den Marken, in Umbrien und Latium aufgenommen wurden, und nicht jener überzeugten und aktiven Zustimmung, die man damals in Venedig gezeigt hatte.

Daher scheint es verständlich, daß die von außen kommende, neoklassizistische Innovation für die Periodisierung der italienischen

links:
ANDREA APPIANI,
Bildnis des Ugo Foscolo, um 1802
Ausschnitt

rechts:
GIOVANNI CARNOVALI, gen. IL PICCIO,
Selbstbildnis, 1835

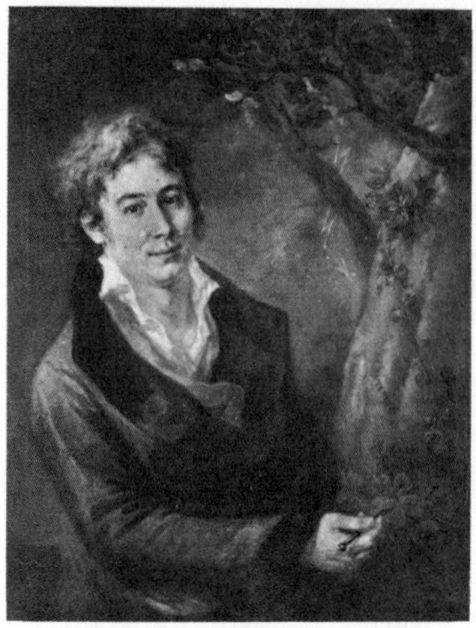

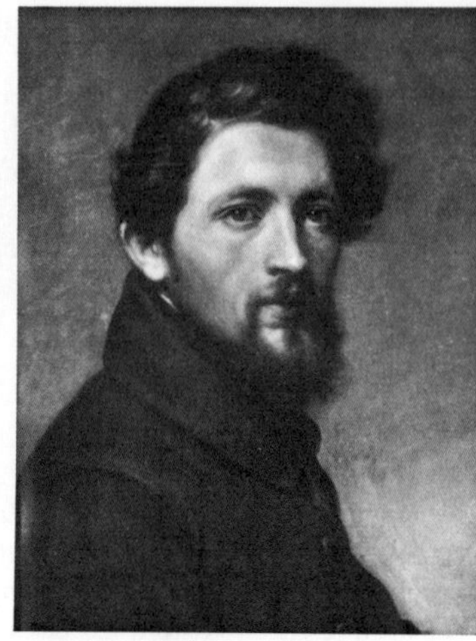

Kunst weniger bedeutsam ist als das innere Moment der Restaurationskrise, des abflachenden Aufschwungs des 18. Jahrhunderts.

Während tatsächlich die gewaltsame Eingliederung der Halbinsel in die französische Einflußzone die europäische Integration, die bereits im Gange war, nur beschleunigt hat, trugen die erneute Vereinheitlichung, die auf die vorangegangene Zersplitterung des Landes folgte, der schwindende Einfluß der aufklärerischen Intellektuellenelite, der Niedergang des grundlegenden Wirtschaftssektors, der Landwirtschaft, und die eng verflochtene, protektionistische Politik der einzelnen Staaten dazu bei, das Land von Europa zu isolieren und im eigenen Provinzialismus gefangen zu halten. Im Zeitalter des Neoklassizismus bleiben die italienischen Staaten, auch wenn sie nicht mehr die führenden Persönlichkeiten der europäischen Kunstkultur hervorbringen, mit dieser doch noch weithin im Einklang, sei es in der Skulptur (Ceracchi, Canova, Bartolini), der Malerei (Appiani, Giani, Guiseppe Velasquez, Camuccini) oder in der Architektur (Valadier, Poccianti, Jappelli). In der folgenden Periode ist dies offenbar nicht mehr der Fall, abgesehen von einigen Ausnahmen, die ausschließlich das lombardisch-piemontesische Gebiet betreffen, das nun schon im Begriff ist, »nicht nur der wirtschaftlich am weitesten entwickelte Kern der Halbinsel, sondern auch das entscheidende Zentrum und der Motor der nationalen Bewegung im Risorgimento[161] zu werden (ich denke an den Ingenieur Antonelli, den Landschaftsmaler und Portraitisten Piccio und den Kupferstecher Gonin).

1815

Aufgrund dieser zwingenden Vergleiche (mit England, Frankreich, Deutschland) kommt es in Italien seit dem zweiten Jahrzehnt des 19. Jahrhunderts zu einem Zustand der Trennung zwischen dem Geist des Landes, der in der Aktualität der internationalen zeitgenössischen Probleme lebt, und seinem Körper, der durch die fehlende politische Einheit und durch ökonomische Rückständigkeit behindert ist [...] ein agrarisches Land, in dem die sozialen Verhältnisse der patriarchalischen Einheit feudaler Aristokratie näher sind als dem demokratischen Individualismus [...], muß sich ideologisch mit allen Aspekten der industriellen Zivilisation zu einem Zeitpunkt auseinandersetzen, da es die notwendige Voraussetzung der Entwicklung, die politische Vereinheitlichung eines nationalen Marktes, noch nicht erreicht hat[162].

Unter diesen Umständen ist es nicht verwunderlich, daß auch der »Geist« und jener kleine Teil davon, den die Künstler repräsentieren, nun Zeichen merklicher Verwirrung trägt. Tatsächlich wird alles schwieriger, sowohl das Verhältnis zum Neuen, das in fremden und weit entfernten kulturellen und sozialen Zusammenhängen entstanden ist, als auch das Verhältnis zur Tradition. Man setzt zum bewußten und entschlossenen Bildungssturm auf das Ausland, vor allem auf Paris an, aber *was* man denn in Paris betrachten und imitieren soll, ob Courbet oder Rosa Bonheur, ob Manet oder Bonnat, das wissen nur wenige; man beruft sich auf eine »nationale« Tradition, aber worin sie zu finden sei, ob im Mittelalter der Literaten, in der Zeichnung des Quattrocento oder der Historienmalerei des 17. Jahrhunderts, ist noch ganz offen. Die wenigen positiven Beispiele, über die man verfügt, zeigen jedenfalls, daß die beiden Probleme zusammenhängen; nur wer die moderne Linie der fremden Kunst erkennt, ist in der Lage, innerhalb der nationalen Tradition eine große Ahnenreihe fortzusetzen; oder umgekehrt, nur wer eine starke Verbindung zur lokalen Tradition behält, kann auf dieser soliden Grundlage den Vergleich mit der ausländischen Kunst aufnehmen, ohne den Verlust der kulturellen Identität zu riskieren.

In dieser Zeit der dumpfesten Abgeschlossenheit kann wohl der ebenfalls lombardische Giovan Battista Carnovali, genannt Piccio (1804–74)[163] als herausragendes Beispiel gelten. In zäher und stiller Suche inmitten der lauten Auseinandersetzungen der »Romantik« wandte er sich, ausgehend von dem gewissenhaften Unterricht Guiseppe Diottis (1779–1846), Appiani zu und hierüber dann der nuancierten Malerei Francesco del Cairos und der Nuvolone im späten 17. Jahrhundert; weiter zurück noch beschäftigte er sich mit seinem Landsmann Moroni und dessen »bürgerlicher« Interpretation von Tizians Portraitkunst sowie mit der Helldunkelmalerei von Luini, um schließlich neblige und trübe Landschaften zu malen, die eines Gainsborough würdig sind, sowie innige Portraits mit einem weichen und freien Impasto, die einem weniger »napoleonischen« Gros und beinahe einem Delacroix standhalten können. Unabhängig und auf eigene Kosten machte er sich daran, auch innerhalb der dominierenden französischen Kultur eine Parallele zur innigen, wenn man so will »präromantischen« Malerei wiederzufinden: Eine geistige Leistung, die (ebenso legitim) sich nicht sehr von der unterscheidet, die den viel jüngeren und zivilisierteren Auguste Renoir in den siebziger Jahren zur Wiederentdekkung von Perronneau, Saint-Aubin und Fragonard drängen wird.

Italien und Frankreich: Trennung und Wiederannäherung. 1870

Da es nicht möglich und methodologisch aus den erwähnten strukturellen Gründen nicht gerechtfertigt ist, das Problem der Periodisierung der italienischen Kunst im 19. Jahrhundert völlig isoliert anzugehen, wie es viele gerne täten – als handele es sich um eine »anthropologisch« andere Kultur, und nicht um einen Ausdruck europäischer Kultur, der nun so homogen ist wie nie zuvor –, werden die Verbindungen zum Zentrum (oder den Zentren) der Erneuerungen, die Geschwindigkeit der Kommunikation und vor allem die in Jahren meßbaren relativen Abweichungen zu wertvollen Daten, die einer genaueren Betrachtung wert sind. Tatsächlich kann man zu Recht vermuten, daß längere Verzögerungen den Phasen stärkerer Isolierung der italienischen Gesellschaft entsprechen, während kleinere Unterbrechungen mit einer stärkeren europäischen Integration einhergehen.

Offensichtlich müßte man die einzelnen Produktionen und die verschiedenen geographischen Regionen einander gegenüberstellen. Ich bin sicher, daß eine »vergleichende Geschichtsschreibung«, die Italien mit den anderen Randgebieten der wichtigsten Entwicklungszone vergleicht (welche im Unterschied zum vorangegangenen Jahrhundert nun auch Deutschland umfaßt) – also von Spanien im Westen über Ungarn, Polen bis zu Rußland im Osten – einige, vor allem mittel- und süditalienische künstlerische Phänomene ins rechte Licht rücken könnte.

Roberto Longhi hat dies bereits auf einigen berühmten Seiten über »Impressionismus und Geschmack der Italiener« für die fortgeschrittensten Gruppen der avantgardistischen Bewegung und für das damals bei weitem lebendigste Zentrum, das Paris des Realismus und der Impressionisten, untersucht. Für uns ist hierbei vor allem interessant, daß Longhi für die fünfziger Jahre, also die Zeit der Parisreisen von Domenico Morelli (1826–91, Saverio Altamura (1826–97) und Serafino De' Tivoli (1826–92) eine »kulturelle Verzögerung von etwa 25 Jahren«[164] feststellt, die er auch noch 1870, als Adriano Cecioni (1836–1886) von der ganzen »realistischen« Bewegung nur Courbet aufnimmt, mit den »üblichen zwanzig Jahren« bemißt, die er dann aber plötzlich im Laufe des nächsten Jahrzehnts reduziert sieht (die Reise von Zandomeneghi nach Paris im Jahre 1874, der Impressionistenkongreß von Diego Martelli 1879)[165].

Die gleiche Tendenz zeigt sich, wenn man statt der »Macchiaioli« und der mittel- und süditalienischen Region das lombardisch-piemontesische Gebiet betrachtet, auch wenn der Grad der Verzögerung hier geringer ist: In den fünfziger Jahren orientiert sich der Neuerer Fontanesi (1818–82) auf seiner Parisreise an Corot (1796–1875), Theodore Rousseau (1812–1867) und Daubigny (1817–78), an jenen Künstlern also, die als die »Generation von 1830« bekannt sind[166], und die Werke französischer Maler aus den zwanziger Jahren, die nicht zur eigentli-

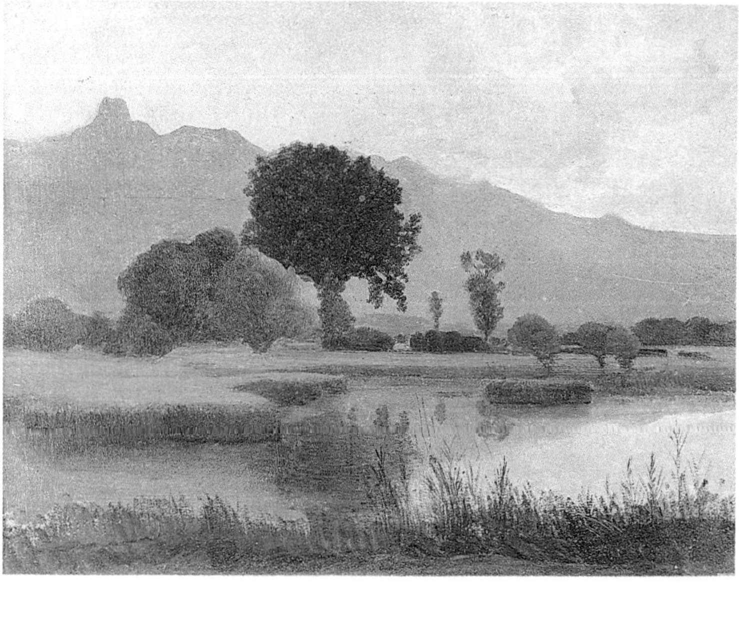

ANTONIO FONTANESI,
Kleiner Teich, um 1855

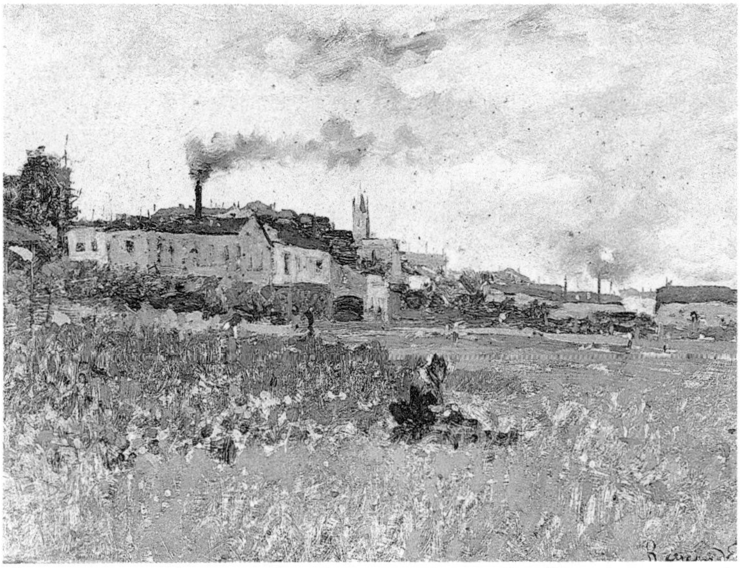

ENRICO REYCEND,
In der Umgebung von Turin, 1885

chen extremen Avantgarde gehörten, wie von Drolling (1752–1817), Horace Vernet (1789–1863) und Paul Delaroche (1797–1856), bleiben um die Jahrhundertmitte die unübertroffenen Vorbilder der »Meister der Brera«: Hayez (1791–1882), Inganni (1807–80), Cornienti (1816–60), Girolamo Induno (1825–90) usw.[167]. Auch hier verringert sich der Abstand nach 1870 merklich (aus dem Jahre 1873 stammt die *Billardpartie* von Filippo Carcano und im gleichen Jahr stellt in Turin zum ersten Mal Enrico Reycend aus), um sich dann zwischen 1880 und 1890 fast ganz aufzulösen, als »noch vor dem europäischen Futurismus der italienische Pointillismus entstand«[168]. Es ist bezeichnend, daß gerade eine im wesentlichen lombardisch-piemontesische Bewegung wie der Pointillismus Italien wieder mit Europa verbindet und gleichzeitig die erlangte Vorherrschaft den führenden norditalienischen Gruppen zusichert.

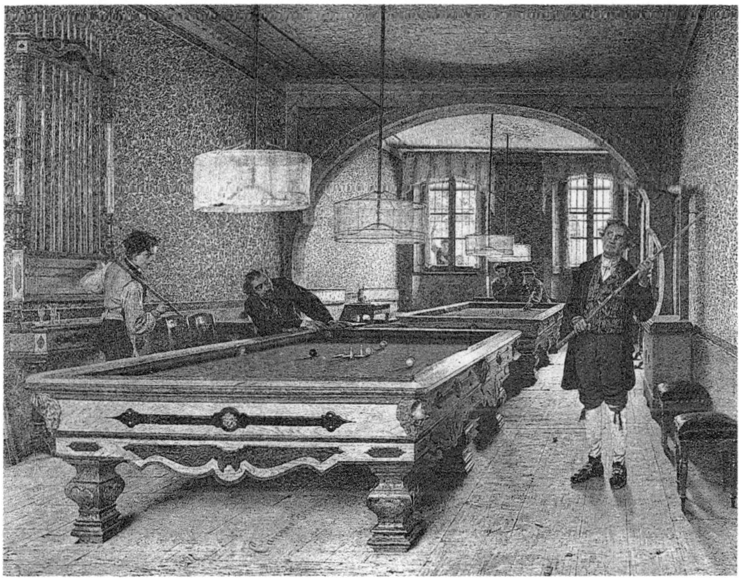

FILIPPO CARCANO,
Billardpartie, 1873

1895–1918: der Sprung in die »Moderne«

Inwieweit können die ruhmreichen Daten des Risorgimento, von der Landung der Tausend (1860) bis zur Erklärung Roms zur Hauptstadt (1870) auch für die Geschichte der künstlerischen Produktion gültige Periodisierungsmarken darstellen?

Man kann erwarten, daß derart sensationelle Ereignisse nicht ohne Wirkung auf die Kunstproduktion waren, auch wenn die ersten unmittelbar feststellbaren Auswirkungen vor allem negativ erscheinen mögen: Vom Verschwinden der alten politischen Hauptstädte, wodurch (nach Lucca, Venedig, Genua) eine andere Gruppe traditioneller Kulturzentren (Parma, Neapel, Palermo, Florenz) auf provinzielles Niveau herabsinkt, über gewaltige öffentliche Aufträge, die vor allem die akademischeren Kunstströmungen fördern, bis zu den städtebaulichen Eingriffen in der provisorischen Hauptstadt Florenz (1865–70) und in der endgültigen Hauptstadt[169]. Auf die positiven Auswirkungen – also die gründlichere und direktere Integration der Neuerungen, die von jenseits der Alpen kommen – muß man noch einige Jahre warten. Nach den schwachen Signalen der siebziger Jahre erscheinen auf stilistischer Ebene erste stichhaltige Anzeichen der Modernisierung im darauffolgenden Jahrzehnt, als sich der Pointillismus auf der ersten Triennale der Brera durchsetzt (1891: *Zwei Mütter* von Segantini, *Mutterliebe* von Previsti, *Morgengrauen* von Morbelli), und der Japonismus auch nach Italien gelangt. Zu Beginn des neuen Jahrhunderts zeigt dann die Ausstellung der Dekorativen Künste in Turin (1902), daß zumindest der beste Teil der italienischen Architektur und bildenden Kunst mit den europäischen Strömungen vom englischen Jugendstil bis zur österreichischen Sezession im Einklang steht[170].

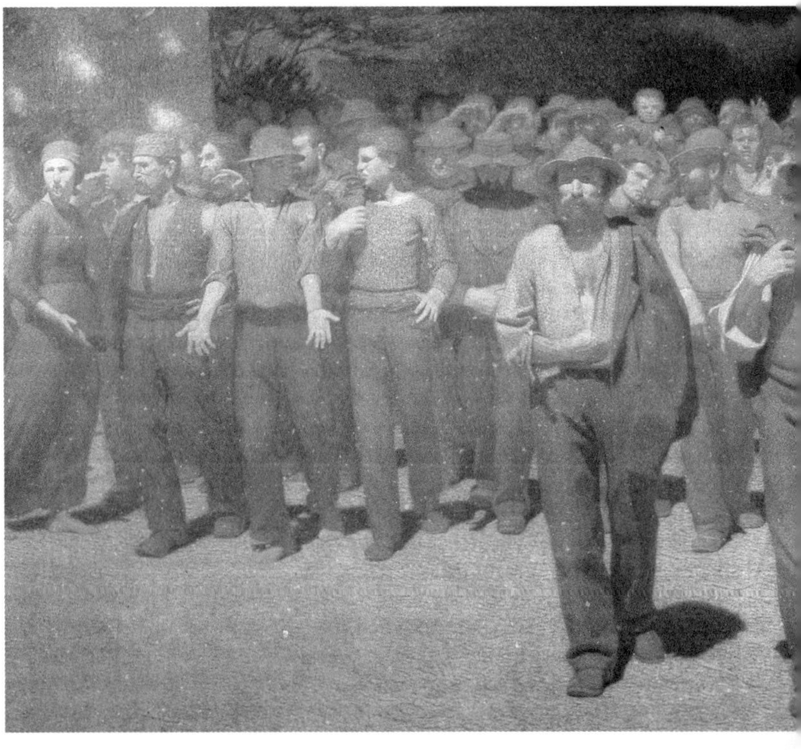

GIUSEPPE PELLIZZA DA VOLPEDO,
Der vierte Stand, 1898–1901

Wenn man die stilistische Dynamik betrachtet, scheinen sich wieder einmal die Phänomene der Kunst den – weniger bekannten – wirtschaftshistorischen Ereignissen viel natürlicher und müheloser zuordnen zu lassen, als den Tatsachen der politisch-institutionellen Geschichte. Tatsächlich unterscheiden die Wirtschaftshistoriker von 1861 bis 1894 eine (sozusagen »autonome«) Periode mühsamer Versuche, der politischen Einigung eine wirtschaftliche folgen zu lassen, und erkennen erst in den folgenden Jahren (mit dem großen Industrialisierungssprung) einen plötzlichen Transformationsprozeß der wirtschaftlichen Struktur des Landes.

Das Auseinanderklaffen der Konjunktur (Produktionskrise der Landwirtschaft und gleichzeitig industrieller Aufschwung) macht auch verständlich, warum es für die südlichen Städte den definitiven Untergang bedeutete, als sie den Status politischer Hauptstädte verloren, während einigen nördlichen Städten (Genua, Turin, Mailand), auf dem Wege zu industriellen Zentren, eine Art zweiter Jugend möglich war[171].

Der vierte Stand von Guiseppe Pellizza aus Volpedo, gemalt zwischen 1896 und 1901, scheint in jeder, auch in künstlerischer Hinsicht geeignet, diese Phase der nationalen Entwicklung zu symbolisieren, da der vordringende Sozialismus das deutlichste Zeichen ist, daß Italien auf dem Wege ist, der modernen Welt anzugehören[172]. Erst nachdem also die politische Einigung verarbeitet ist und sich – mit der Schaffung eines einheitlichen nationalen Marktes – ökonomisch auswirken konnte, dringt Italien vollständig in eine moderne, d. h. kapitalistische Logik ein, nach der sich dann auch die Art der Verbreitung der Information und des künstlerischen Produktes und schließlich die allgemeine Dynamik tiefreichend verändert. Der soziale Zusammenhalt innerhalb der einzelnen Zentren nimmt zugunsten einer auf einen

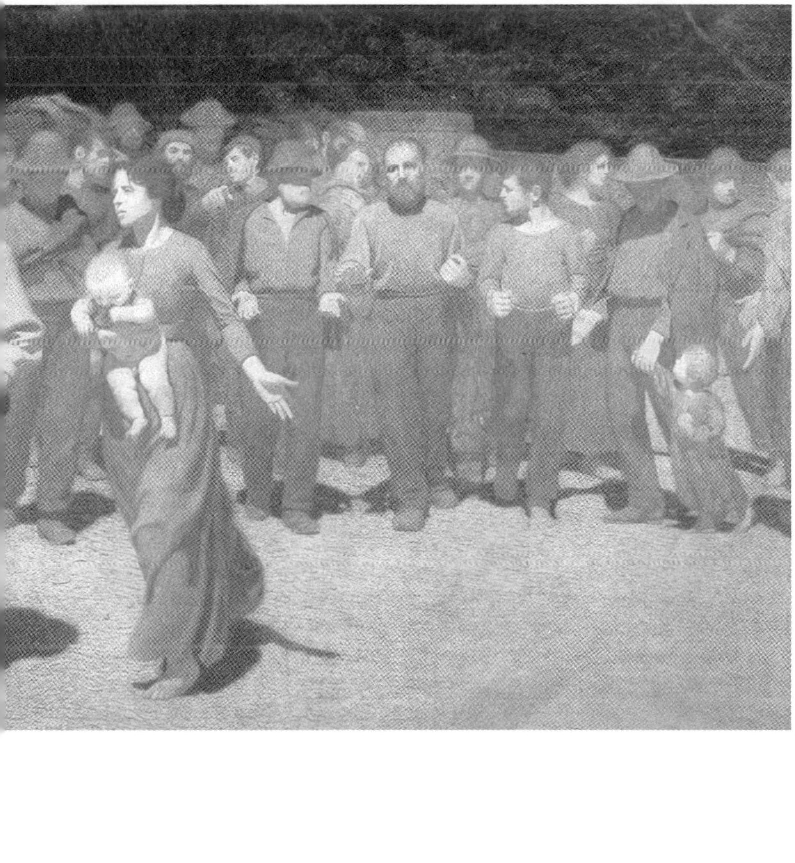

links:
CARLO CARRÀ,
Die Galleria in Mailand, 1912

rechts:
GIORGIO MORANDI,
Stilleben, 1916

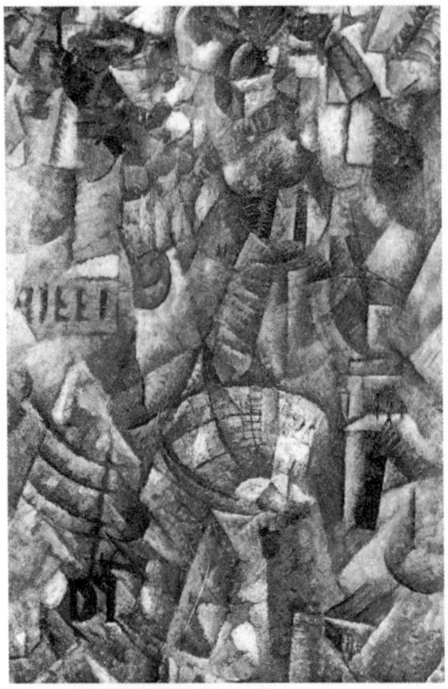

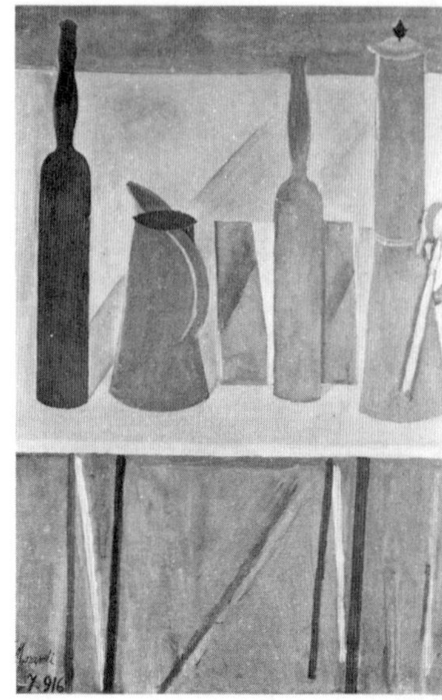

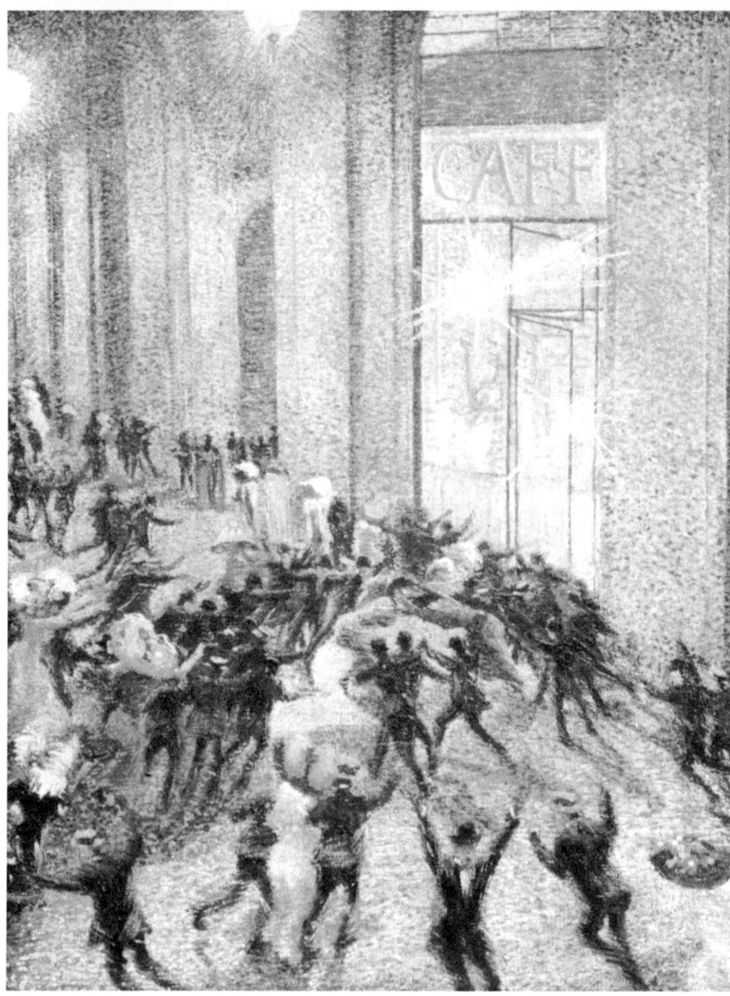

UMBERTO BOCCIONI,
Aufruhr in der Galleria in Mailand,
1910

weiteren Horizont bezogenen Verbindung zwischen kleinen Gruppen ab. Die gegenseitige Isolierung der Klassen nimmt zu und der Markt differenziert sich nicht mehr lokal, sondern immer deutlicher nach horizontalen Schichtungen. Es entsteht die Dialektik der Avantgarden; die Geschichtsschreibung ist gezwungen, den Begriff der »Schule« durch den der »Bewegung« zu ersetzen.

Die wirren Jahre, die der wirtschaftlichen Stagnation von 1907–08 bis zum Ausbruch des Krieges von 1914–18 folgen, sind für die italienische Kunst noch intensive Jahre: Im Sprung in die Moderne entstehen hier die Voraussetzungen aller folgenden Entwicklungen. Der Futurismus in der Malerei hat ein offizielles Entstehungsdatum, das Jahr 1910 des *Manifests der futuristischen Maler* (das Umberto Boccioni, Carlo Carrà, Luigi Russolo, Giacomo Balla und Gino Severini unterzeichnen); doch auf rein bildlicher Ebene entsteht erst einige Jahre später eine kohärente neue Bildsprache, die freilich einer lokalen Variante des französischen Kubismus sehr ähnelt. Die lokale Eigenart liegt hier in der programmatischen Absicht – ganz im Sinne des »Industriedreiecks« –, die neue Dynamik der modernen Gesellschaft auszudrücken. Und im übrigen kreiert der Levantiner Giorgio De Chirico in Paris zur gleichen Zeit den modernen Ausdruck des anderen, »veralteten«, mythologischen und unzeitgemäßen Gesichtes unseres Landes.

Der mühsame Versuch der Kritik, die geographischen Orte der Innovation zu bestimmen und die Diskussionen um den Vorsprung von ein paar Jahren, wenn nicht sogar manchmal von Monaten (zwischen »prä«-kubistischen, futuristischen, metaphysischen, dadaistischen oder surrealistischen Werken) bestätigen die grundlegende Neuerung, die uns hier interessiert: Die künstlerischen Avantgarden Italiens stehen in engster Verbindung mit denen des Auslands. Es gibt bekanntlich extreme Beispiele völliger Eingliederung, die bis zur Emigration reichen (Cappiello, Severini, Modigliani, Magnelli); aber auch bei allen anderen Künstlern (von Soffici bis zu Sironi, von Casorati bis zu Arturo Martini, von Morandi bis zu De Pisis usw.) gibt es eine stetige Aufmerksamkeit für das Ausland, ständige Kontakte und Verbindungen, die es nun undenkbar machen, eine Geschichte der italienischen Kunst zu schreiben, die nicht zugleich – und sei es verkürzt – europäische und nach 1946 entschieden weltweite Geschichte wäre[173].

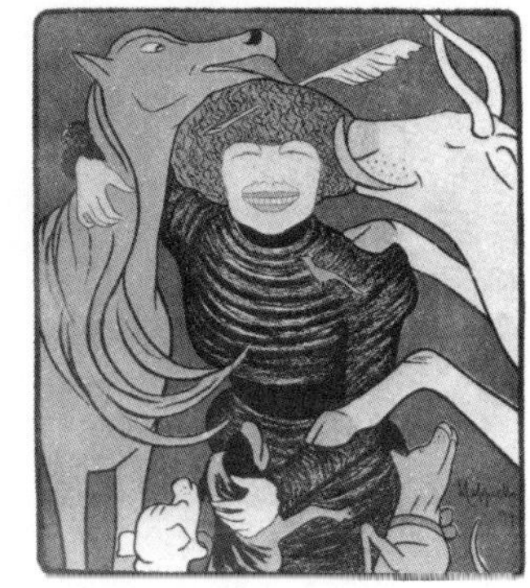

LEONETTO CAPPIELLO,
Séverine Va mieux!
aus »Le Rire«, 8. April 1899

LUCIANO BELLOSI

Die Darstellung des Raums

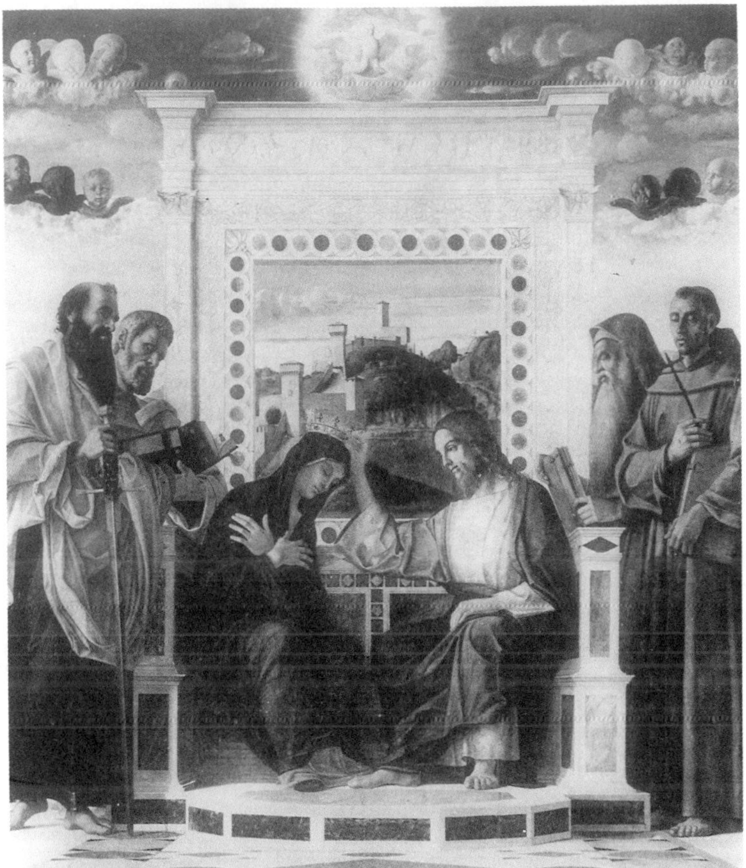

GIOVANNI BELLINI,
Krönung Mariae,
um 1470

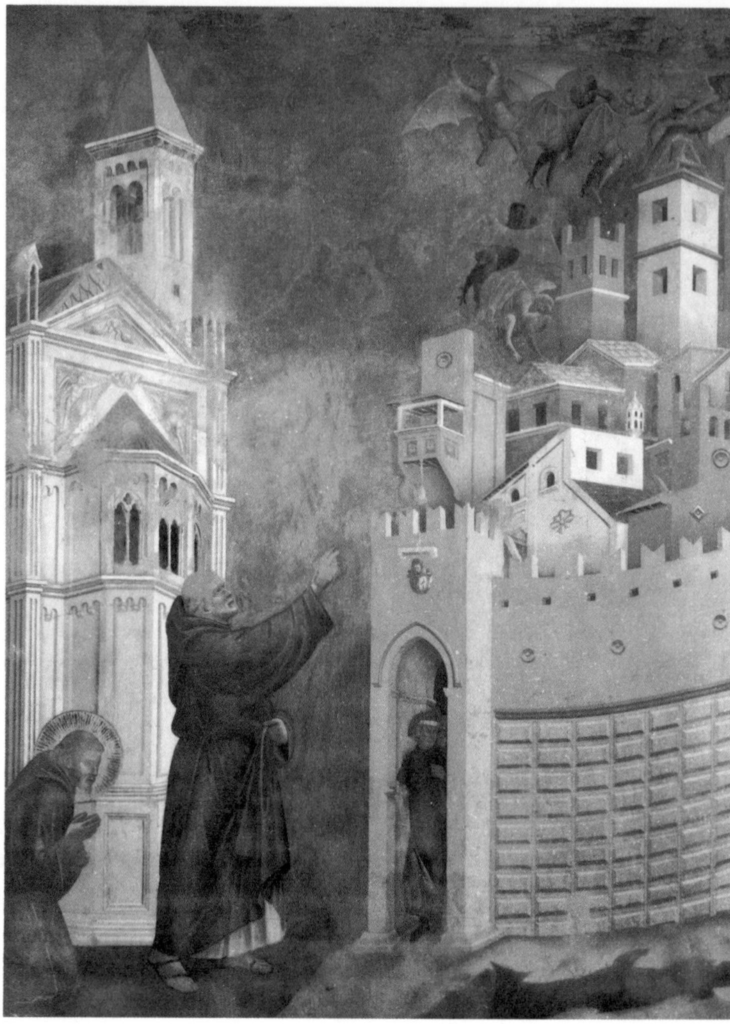

GIOTTO,
Vertreibung der Dämonen aus Arezzo
Szene aus dem
Leben des Hl. Franziskus,
Assisi, Unterkirche

Die gängige Meinung sieht in der Tendenz, sich in »räumlichen« Termini[1] auszudrücken, eine der charakteristischen und fundamentalen Komponenten (wenn nicht gar *die* fundamentale) der bildenden Kunst Italiens, vor allem in der Malerei. Die Tatsache, daß es sich um einen Gemeinplatz handelt, bedeutet nicht, daß man dieser Meinung keinen Glauben schenken sollte; um so nötiger freilich sind präzise Unterscheidungen.

Zunächst zu berücksichtigen ist die komplizierte geopolitische Situation Italiens vom Mittelalter bis zum Risorgimento (1860), die so unterschiedliche Situationen hervorbringt, daß die Bezeichnung »italienisch« häufig ganz und gar willkürlich ist. Es gibt Augenblicke, in denen Neapel eher ein Zentrum Spaniens oder Flanderns denn eines Italiens scheint. Und im Gegenzug entwickeln sich im Cinquecento so deutliche Differenzierungen zwischen Venedig und Mittelitalien, daß diese beiden Kulturen außerordentlich weit auseinander zu liegen scheinen.

Andererseits kann man von einem Interesse für den Raum in der bildenden Kunst Italiens erst vom Ende des Duecento an sprechen. Und die Geschichte dieses Interesses verläuft recht ungleichmäßig: eine besondere Aufmerksamkeit in den ersten Jahrzehnten des Trecento und ein deutliches Nachlassen zwischen der zweiten Hälfte des Trecento und dem Beginn des Quattrocento, ein sehr starker Wiederaufschwung im dritten Jahrzehnt des Quattrocento, der aber auf Florenz und die Toskana begrenzt bleibt; gegen Mitte des Jahrhunderts ein neuerlicher Höhepunkt, dessen Einflußbereich größer ist, gefolgt von einer beachtlichen Verbreitung, aber auch von einem Abklingen der anfänglichen Spannung, und ein letzter großer Höhepunkt mit den ersten »Stanze« von Raffael im Vatikan; und dann ein entschiedener Rückschritt mit Michelangelo und den Manieristen bis hin zur Umwandlung ins bloße Genre, in eine Spezialität, eine mindere Kunst.

Zwischen den letzten Jahrzehnten des Duecento und den ersten des Trecento stellt die Zunahme der räumlichen Darstellung in illusionistischem Sinn nur den aufsehenerregendsten Aspekt einer entscheidenden Veränderung dar, die die gesamte Geschichte der europäischen Malerei betrifft. Sie bedeutet, daß die Welt der optischen Wahrnehmung eine solche Bedeutung erlangt hat, daß sich dem Künstler die Aufgabe stellt, wie er sie illusionistisch darstellen kann.

Die bildnerische Revolution am Ende des Duecento

Die charakteristischsten und augenfälligsten Merkmale der *Franziskuslegende* in der Oberkirche von Assisi sind in der Tat der Rahmen, der bemalt ist, als wäre er ein Bestandteil der Architektur der Kirche,

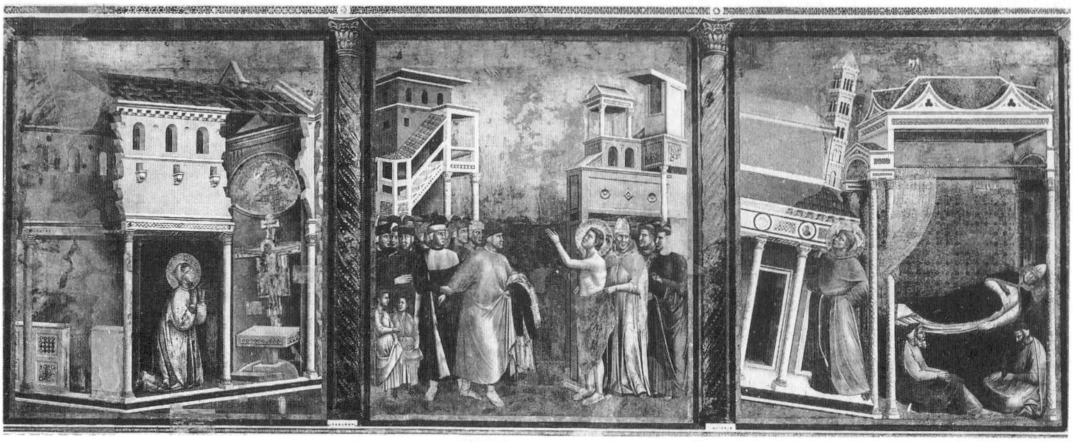

GIOTTO und Werkstatt,
Drei Szenen aus dem Leben des Heiligen Franziskus, um 1290–1292
Assisi, San Francesco, Oberkirche

der Raum, der sich dahinter öffnet, und die Fülle der Gegenstände. Aber man erkennt hier neben dem allem zugleich eine organische Abfolge von Beobachtungen der sichtbaren Welt, die die Konzeption des mittelalterlichen »Realismus« auf den Kopf stellen. Die Wirklichkeit ist wieder das, was man mit den eigenen Augen und den eigenen Sinnen erfaßt, und nicht die der »Universalien«, deren bloß unvollkommene Verkörperung die Welt des Sichtbaren wäre[2]. So werden die menschlichen Formen nicht mehr nach jenen vorgefertigten Formeln dargestellt, die bislang gültig gewesen waren: die schnabelförmige Nase, der Sattel zwischen den Augen, die gabelförmigen Hände, der dreifach gewölbte Bauch usw. Jetzt werden sie charakteristisch ausgestaltet und individualisiert – und zwar so sehr, daß sie zu ersten Versuchen von physiognomischen Portraits werden[3]. Die bildliche Darstellung erlangt jene Natürlichkeit, die man — nach dem monströsen und visionären Aufschrei von Moissac und Tolosa – das erste Mal bei den Skulpturen von Chartres und Reims hatte aufblitzen sehen. So wird in Assisi der differenzierte Ausdruck von Gefühlen und das Lächeln wiederentdeckt, das die Gesichter der Skulpturen in Frankreich und Deutschland bereits seit der Mitte des Duecento aufhellte. Und die Mimik in ihren Gesten bringt nach Jahrhunderten gefaßter Starre die Lebhaftigkeit der bildnerisch dargestellten Geschichten zum »Sprechen«. Die freie und natürliche Bewegung von Figuren überwindet die mittelalterliche Abneigung gegen das Profil, die Ursache für eine regelrechte Verarmung der Fähigkeiten zur Wahrnehmung und zum Ausdruck in der Malerei gewesen war. In diesem Sinne ist die Gegenüberstellung der vollkommen durchgestalteten Profile auf den Fresken Giottos in Padua mit den älteren der *Franziskuslegende* in Assisi, die noch viel mehr mit Andeutungen arbeiten, sehr lehrreich.

Die Architekturen und Häuser, die den Hintergrund abgeben, sind nicht mehr jenes zugespitzte Mauerwerk, jene für die Malerei der vorhergehenden Jahrhunderte rituellen orientalischen Kuppelbauten; man kann vielmehr erstmals moderne Strukturen erkennen, die dem entsprechen, was uns aus der zweiten Hälfte des Duecento in Italien erhalten geblieben ist, wobei eine besondere Aufmerksamkeit den geometrischen Ausschmückungen gilt. Und bei den Landschaften sieht man erstmals Pflanzen, Sträucher und Gräser auftauchen, die botanisch differenziert werden, auch wenn bei der Darstellung die Blätter überproportional groß ausfallen. Die Berge und Hügel erlangen jene fühlbare Konsistenz von Objekten, die sich sehr schön erklärt aus der

Praxis der Werkstätten, welche der berühmte Passus von Cennini uns überliefert: »Willst du die Hügel in rechter Manier darstellen, und so, daß sie wie in der Natur scheinen, dann nimm die großen Steine weg, damit sie Fels seien und nicht poliert; und mal sie ganz nach der Natur...«[4].

Erstmals in der Geschichte der italienischen Malerei finden wir in den Bildern nicht nur die Zeitgenossen in den historisch richtigen Kleidern wiedergegeben, sondern auch die Personen aus den alten Heiligengeschichten; die Gegenstände des Gebrauchs, das Kirchengerät und sogar die Skulpturen und die gemalten Bilder mit ihren Rahmen auf der Ikonostase oder den Altären tauchen auf, wenn das Innere einer Kirche dargestellt wird. Und zum ersten Mal nach der Antike sieht man jetzt die Schattenrisse, welche schon in der *Franziskuslegende* in der Oberkirche von Assisi angedeutet waren und die nun im *Passionszyklus* von Pietro Lorenzetti im linken Querschiff der Unterkirche eine ganz außergewöhnliche Verwendung finden, welche aus dem gesamten Trecento herausragt[5].

Vergleichen wir ein Fresko des Duecento mit einem des Trecento, dann kann uns nicht entgehen, welch tiefgreifender Unterschied in der Funktion des künstlerischen Produktes besteht. Im ersten Fall stehen wir vor einer Art an die Wand gemaltem Teppich oder einem großen illuminierten Blatt, wobei die bildnerische Darstellung graphisch gelöst ist und der zweidimensionalen Natur der Oberfläche Rechnung trägt, auf der sie realisiert wurde. Folgerichtig wird auch der Fries, der den Rahmen abgibt, aus Bändern und großen, sehr auffälligen Blättern in leuchtenden Farben gefertigt. Das Fresko im Trecento wird dagegen im Bewußtsein von der Natur der dargestellten Dinge, ihrem körperlichen Aspekt und dem sie umgebenden Raum gemalt. Es stellt sich also das Problem, wie eine dreidimensionale Realität auf eine Fläche übertragen werden kann. Jetzt wird auch der Fries ein architektonischer Rahmen, so als wäre er ein Teil der realen Architektur der Kirche; er erweckt den Eindruck einer Öffnung in der Wand, hinter der die dargestellte »Geschichte« erscheint.

Wenn das Fresko, um es mit Panofsky zu sagen, »sich gleichsam in ein ›Fenster‹ verwandelt hat, durch das wir in den Raum hindurchzublicken glauben sollen«[6], so ändert auch das Altarbild seine Physiognomie und nimmt seinerseits eine architektonische Struktur an, die des Polyptychons, die oftmals an Kühnheit und Komplexität sogar eine gotische Fassade in den Schatten stellt. Dem Rahmen kommt eine architektonische Funktion zu, und die Heiligen, die hier dargestellt werden, bewegen sich in einer sehr viel unbestimmteren Räumlichkeit als bei den Fresken; wenn überhaupt, dann ist es der Thron des Mittelteils – normalerweise eine Madonna mit Kind –, der das Maximum der dreidimensionalen Illusion bildet. Mit dem zunehmenden Willen, die Dinge in ihrem Volumen und in ihrem Raum darzustellen, wird der alte Stuhl aus Goldgeflecht oder gedrechseltem Holz, der bis hin zu Duccio und Cimabue gebräuchlich war, zu einem marmornen Thron, dessen gegenständliche Konsistenz sehr viel augenfälliger ist. In der Glasmalerei dagegen geizt der Künstler des Trecento ziemlich mit räumlichen und körperlichen Anspielungen und untersucht sehr kohärent die Natur als transparentes und immaterielles Lichtfeld. Und gerade dieses Beispiel verdeutlicht uns, daß das wesentliche Problem der neuen Darstellungsweise vor allem in einer globalen Neureflexion über die Natur des bildnerischen Produktes und über den Sinn besteht, der der Darstellung gegeben werden soll. In der Malerei, und vor allem beim Fresko,

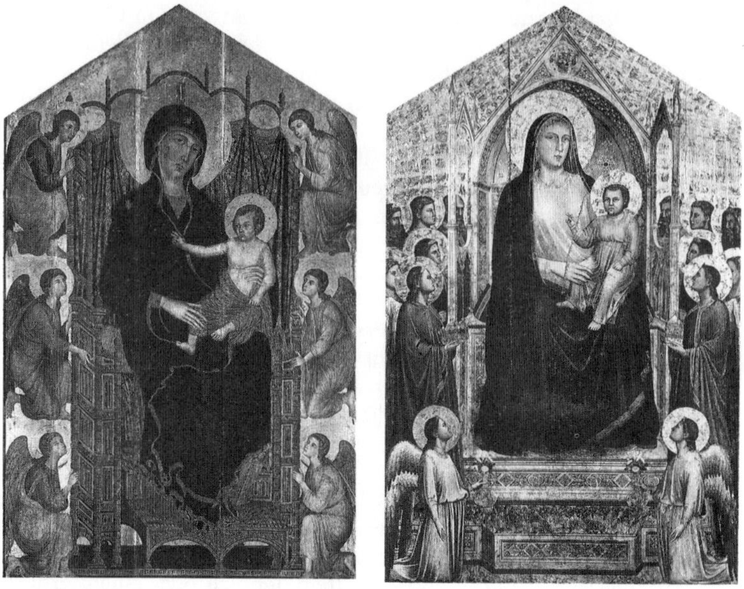

links:
DUCCIO DI BUONINSEGNA,
Madonna Rucellai, 1285

rechts:
GIOTTO,
Madonna di Ognisanti,
um 1300–1303

wird sie eine Antwort finden in Neubearbeitung dessen, was dargestellt werden kann, in Termini von Volumen und Raum.

Giotto oder Cavallini?

Diese neue Konzeption der Malerei wurde mit mehr als einem Künstler in Beziehung gebracht: Giotto, Cavallini, Duccio di Buoninsegna usw. Eine systematische Analyse jedoch verweist auf Giotto als die Schlüsselfigur dieser neuen Richtung. Aufgrund von gemalten Geschichten in der *Maestà* im Dom von Siena wurde neben ihm häufig der Name von Duccio ins Spiel gebracht[7]. Vergegenwärtigt man sich aber, wie weit der Sieneser Maler in seinen Anfängen von diesen Problemen entfernt war, als er – in der *Madonna Rucellai* aus dem Jahr 1285 – die Engel an den Seiten des Throns völlig irrational im Nichts knien läßt, und wenn man sich weiter vergegenwärtigt, daß die *Maestà* zwischen 1308 und 1311 gemalt wurde, als nicht nur die Fresken von Assisi bereits existierten, sondern auch die der Arena-Kapelle, dann erkennt man unschwer die zeitliche Abfolge und daß gewisse räumliche Seiten der szenischen Bilder auf der *Maestà* eine Aneignung von neuen Ideen darstellen, die bereits eine vollkommen entwickelte Formulierung erfahren hatten.

Was Cavallini anlangt, so hat die unerwartete Wiederentdeckung seiner Fresken in Santa Cecilia in Trastevere in Rom zu Beginn dieses Jahrhunderts[8] aus ihm eine Art Deus ex machina gemacht, denjenigen, der die ersten Schritte in die neue Richtung machte und sie Giotto lehrte. Aber diese Interpretation des Cavallini, die auf einer Reihe von alles andere als sicheren Fakten gründet, hat wirklich Züge einer Legende. Ungewiß ist, ob er sich hinter »Petrus dictus Cavallinus de Cerronibus« verbirgt, der ohne die Bezeichnung Maler[9] in einem römischen Dokument aus dem Jahr 1273 als Zeuge genannt wird; ungewiß ist auch der Entstehungszeitpunkt der Mosaiken in der Apsis von Santa Maria in Trastevere, die aufgrund der Intrepretation einer Transskription, die ein merkwürdiges und ziemlich unverständliches Datum an-

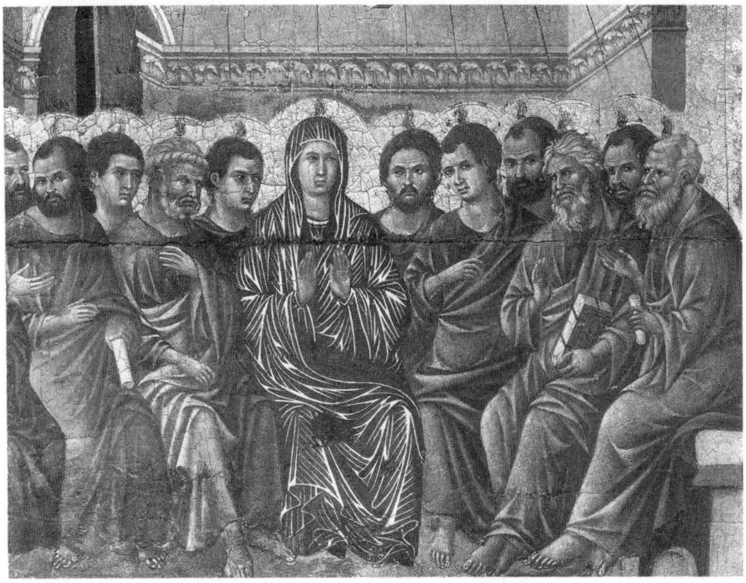

DUCCIO DI BUONINSEGNA,
Pfingsten, 1308–1311
Ausschnitt aus der *Maestà*

gab, immer auf 1291 datiert werden[10]; und noch viel ungesicherter ist das Datum der Fresken in Santa Cecila in Trastevere, für die das Jahr 1293 angenommen wurde, allein weil das Tabernakel von Arnolfo für dieselbe Kirche dieses Datum trägt[11]. Wie man Cavallinis unzweifelhafte Nähe zu Giotto erklären soll, wenn nicht durch eine Abhängigkeit von ihm, ist nicht klar. Zieht man weiter in Betracht, daß die *Franziskuslegende* in der Oberkirche von Assisi auf ein früheres Datum anzusetzen ist als man üblicherweise annimmt, nämlich auf den Beginn der neunziger Jahre[12], dann deutet alles darauf hin, daß die Innovationen ausschließlich von Giotto ausgehen.

Im übrigen zeigt eine aufmerksame Untersuchung der Malerei zwischen dem Ende des Duecento und den ersten Jahrzehnten des Trecento, daß der Höhepunkt an Kohärenz und organischem Zusammenhang der einzelnen Elemente der neuen Sichtweise in der *Franziskuslegende* in der Arena-Kapelle und den anderen Arbeiten Giottos und seiner Werkstatt zu finden ist, wohingegen mit zunehmender räumlicher und zeitlicher Entfernung von diesen Kulminationspunkten diese Kohärenz abnimmt.

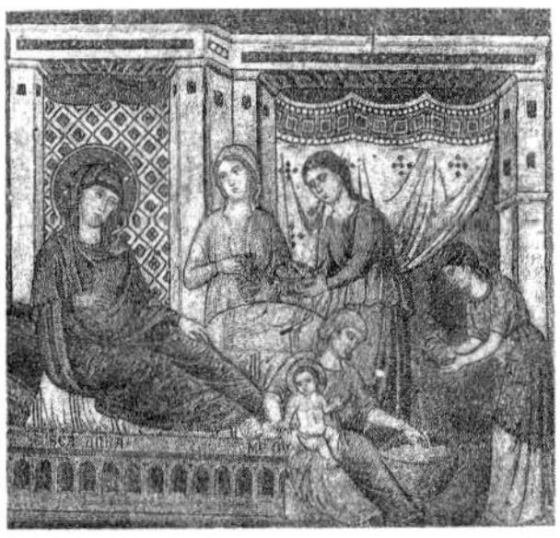

PIETRO CAVALLINI,
Geburt Mariae, um 1290–1300
Rom, Santa Maria in Trastevere

Der Fall Duccio ist sehr bezeichnend. Daß der große Maler aus Siena sich angesichts der neuen »räumlichen« Malerei nicht vollständig wohl fühlte, oder besser, daß sie ihn nicht wirklich von Grund auf interessierte, das deuten verschiedene Abschnitte der Bilder auf der *Maestà* an. Man beobachte beispielsweise, welche Inkongruenzen er in einer Szene wie *Pfingsten* noch hinnimmt (nachdem Giotto bereits – daran haben wir schon erinnert – die Fresken der Arena-Kapelle fertiggestellt hatte); er läßt dort das Gesims mit einem Blattmotiv nach oben in die spitzbogige Tür verlaufen, ganz im Gegensatz zu dem, was er an der rechten, in der Flucht gesehenen Wand realisiert hatte, wo dasselbe Gesims nach unten verläuft, und auch im Gegensatz zur linken Dachkonsole, die sich fast mit der Tür schneidet und sichtbar in die entgegengesetzte Richtung fluchtet.

Etwas ähnliches ereignet sich auch in Florenz, und es handelt sich ausgerechnet um den Künstler, der zuweilen – und völlig zu Unrecht! – als der Hauptautor der *Franziskuslegende* in Assisi angesehen wurde:

GIOTTO-Schule,
Christus unter den Schriftgelehrten,
um 1309 (?)
Assisi, San Francesco, Unterkirche

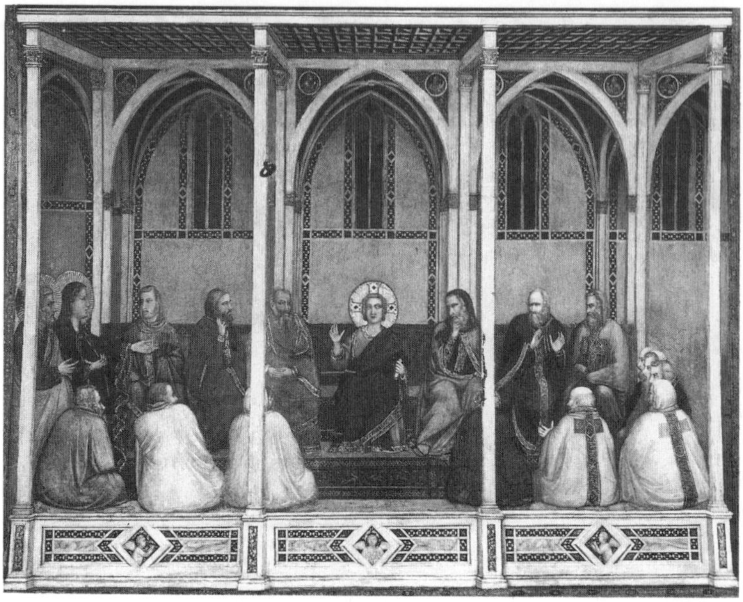

der sogenannte Maestro della Santa Cecilia[13]. Daß dieser jedoch nichts weiter ist als ein, nicht immer konsequenter, Gefolgsmann jener Ideen, darauf verweist sein Dossale in den Uffizien, das nach 1304 ausgeführt wurde[14]. Man vergleiche das *Hochzeitsmahl der Hll. Cäcilie und Valerian* mit dem Fresko *Tod des Herrn von Celano* aus Assisi, und man gewinnt sofort den Eindruck, daß bei letzterem die festlich hergerichtete Tafel in einer sehr deutlichen Flucht liegt und daß auf den Tellern wirklich Speisen sein könnten, während beim Maestro della Santa Cecilia die Teller »absolut frontal gesehen werden [...] und man annehmen muß, die gebratenen Hähnchen seien ordentlich darauf festgenagelt, denn sonst würden sie herunterfallen«[15].

Ein Maler, der möglicherweise als Mitarbeiter am Zyklus in Assisi beteiligt war, der sogenannte Maestro della Santa Chiara[16], verwendet das Motiv der spiralförmigen Säulen, die die Szenen seiner Fresken in der Kirche von Santa Chiara in Assisi voneinander trennen, aber er stellt sie sich als eine Art feine marmorne Spiralen voller kleiner Skulpturen vor. Wie geistreich diese Interpretation des Motivs auch sein mag (die möglicherweise bestimmten Motiven der umbrischen Bildhauerei aus den Anfängen des Trecento nachgebildet ist, wie z. B. dem Grab Benedikts XI. in San Domenico in Perugia), so ist doch völlig gewiß, daß diese Säulen nicht nur keinen Architrav hätten tragen können, sondern vielleicht noch nicht einmal das eigene Gewicht.

Als ein weiteres Beispiel kann das Polyptychon in Boston von Giuliano da Rimini gelten, das auf das Jahr 1308 datiert wird. Wenn man sich spiralförmige Säulen aus Marmor in vollkommener Kohärenz auf einer Wand vorstellen kann, da sie ja Element einer Illusionsarchitektur sein sollen, sieht man nicht recht ein, welche Funktion sie in einem Tafelbild haben sollen: Es ist das, was man königlicher als der König sein wollen nennt (in diesem Fall giottesker als Giotto).

Auch Rusuti ist bei der Ausführung des *Schneewunders* an der Fassade von Santa Maria Maggiore in Rom in eine solche Ungereimtheit verfallen[17], als er die Stützen einfügte, um die Szenen voneinander zu trennen: Er hat sie angebracht, obwohl die ganze Anlage eine solche

Situation alles andere als begünstigte. Die Stützen geraten direkt über die beiden seitlichen Rosen und werden von ihnen unerbittlich abgeteilt, was die Wahrscheinlichkeit der architektonischen Illusion des gesamten Ensembles stark beeinträchtigt.

Auch im Werk von Cavallini trifft man auf offensichtliche Inkongruenzen, betrachtet man sie unter diesem Blickwinkel. Bei der *Mariengeburt* zum Beipiel sind die beiden nebeneinanderliegenden Räume im Hintergrund inkongruent konzipiert, denn jeder der beiden Räume fluchtet ganz offensichtlich auf sein eigenes Zentrum, wie man an den Kassetten der beiden Decken deutlich erkennen kann. Etwas ähnliches geschieht in der *Franziskuslegende* niemals und noch nicht einmal bei Giottos Fresken mit den *Szenen aus dem Alten und Neuen Testament* (ausgehend vom *Isaakzyklus* in der Oberkirche von Assisi).

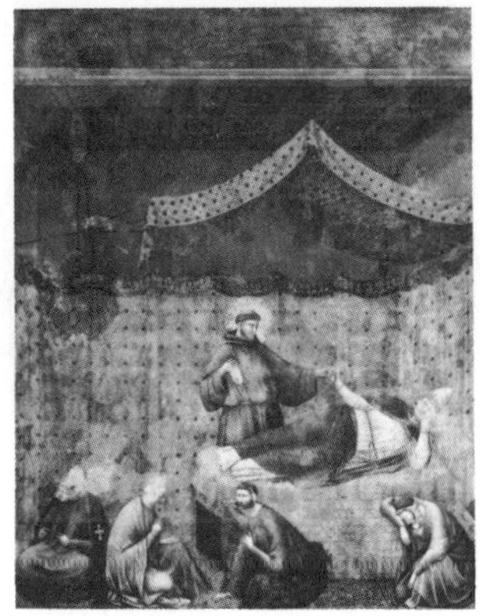

GIOTTO-Umkreis,
Der Hl. Franziskus erscheint dem Bischof Guido von Assisi im Traum,
1297-1299
Assisi, San Francesco, Oberkirche

Gerade für diese Fresken wurde oft der Name Cavallini genannt[18], als man noch meinte, er stünde im Mittelpunkt eines dichten Netzes organischer malerischer Zeugnisse, die – über die Dekoration der Oberkirche in Assisi hinaus – die umbrische Malerei (von Perugia bis Cesi) betraf, die Malerei Riminis und die florentinische Malerei (Maestro di Santa Cecilia), von der Malerei Roms und Kampaniens ganz zu schweigen[19]. In der Konsequenz wurde die Rolle Giottos heruntergespielt, und man ließ seine Produktion mit den Fresken der Arena-Kapelle (1303–5) beginnen, als der Künstler um die vierzig Jahre alt war. In Wirklichkeit sind die Informationen über Cavallini auf die Achse Rom–Neapel begrenzt, während Giottos Tätigkeit im Jahr 1313 sich bereits auf Florenz, Assisi, Rom, Rimini und Padua erstreckt hatte[20]. Abgesehen von jeder weiteren Erwägung ist offensichtlich, daß zu diesem »internationalen« Künstler die Rolle eines Protagonisten der neuen Konzeption der Malerei wesentlich besser paßt, die sich fast auf einen Schlag in Italien – und später dann in Europa – in jener Bedeutung durchsetzt, die man seit einiger Zeit mit dem Wort Assisi umschreibt; also mit dem Akzent auf einem gegenständlichen Aspekt der Dinge, der weniger organisch ist als in der Arena-Kapelle. Und in dieser Hinsicht kann man zitieren: die *Geschichte der Hll. Liberata und Faustina* aus dem Museo Civico in Como, die Fresken der Apsis von Sant'Abbondio, ebenfalls in Como, die Fresken von San Zan Degolà in Venedig[21], die wunderbaren Darstellungen von Sant'Antonio in Polesine, die außerordentliche Blüte der Malerei Riminis in den ersten Jahrzehnten des Trecento, die Spätphase Duccios, den Maestro della Santa Cecilia, die letzten Szenen des Mosaiks im Baptisterium von Florenz, Memmo di Filippuccio, den »Maestro di San Torpè«, Marino und die Sala dei Notai in Perugia[22], die Fresken des Querschiffs von Santa Chiara in Assisi, den »Maestro di Cesi«, die Spätphase von Torriti[23], Rusuti, Cavallini, die Fresken von Subiaco und von Santa Maria in Vescovio, die Ikone in San Domenico in Neapel, die Fresken der Capella Minutola im Dom von Neapel[24] usw.

Die Rolle von Cimabue

Aus Cimabue hat die auf bloße Anschauung beschränkte Sichtweise eine Art Vorläufer der Ideen Giottos von Raum und Volumen gemacht[25]. Aber seine rein flächige Malerei wirft dasselbe Problem auf wie die Duccios. Von seiner älteren, rauhen, abstrakten und auf irrationale Weise expressiven Malerei geht er zu einer gedämpften und trans-

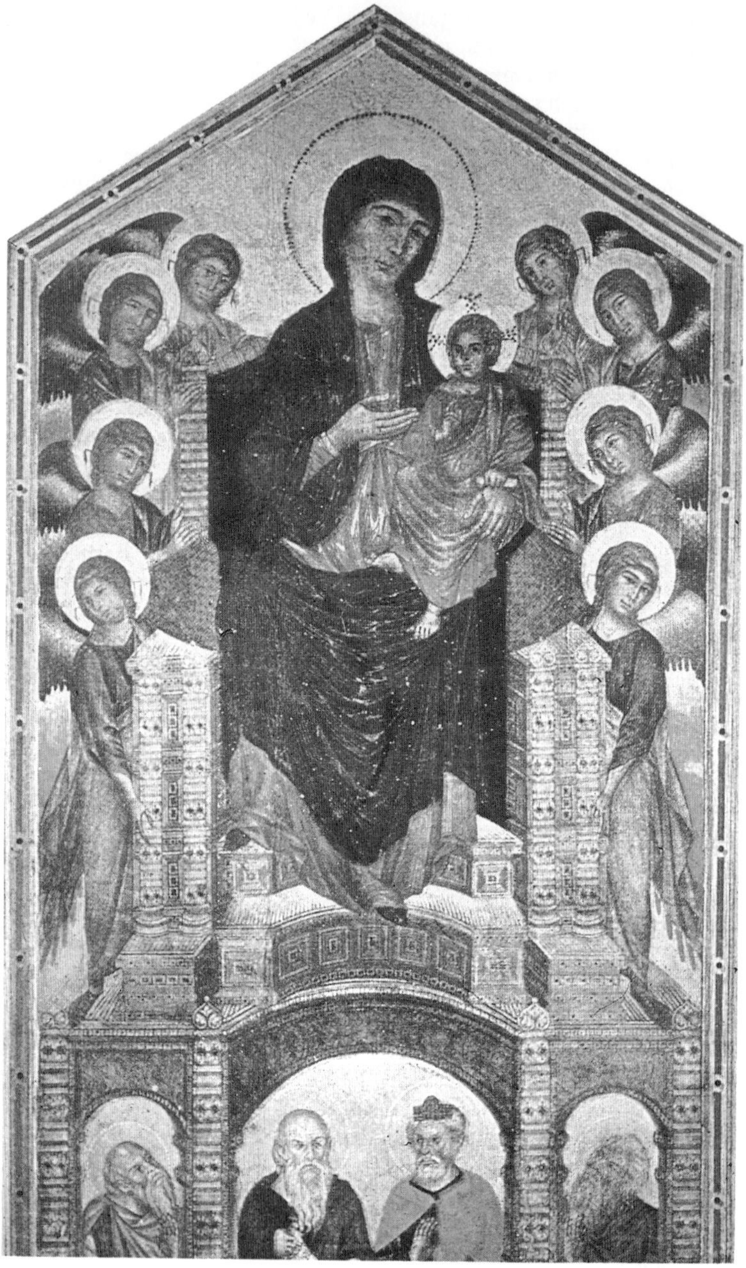

CIMABUE,
Madonna aus Santa Trinità,
um 1290–1295 (?)

parent gewordenen, einer komplexen und extrem raffinierten Malerei über, an die sich »räumliche« Beobachtungen anknüpfen, die jedoch einigermaßen mißverständlich und irrational bleiben, wie z. B. beim Thron der *Madonna aus Santa Trinità* in den Uffizien. Man betrachte den fingierten konsolartigen Architrav um die Fresken in der Apsis der Oberkirche zu Assisi: Immer wieder wurde die Ähnlichkeit mit dem hervorgehoben, was Giotto später im Kirchenschiff ausführte. Und doch muß man sich fragen, ob es sich nicht bereits um eine von Giotto inspirierte Lösung handelt. Man beachte andere Abschnitte der Fresken von Assisi, z. B. die nebeneinanderliegenden Szenen *Marientod* und

Dormitio. Sie sind sehr »räumlich« angelegt und in einem architektonisch durch einen Kleeblattbogen, wie er in der damaligen gotischen Architektur üblich war (auch wenn er durch die starke Abflachung eher orientalisch als gotisch wirkt), klar und deutlich abgegrenzten Raum angebracht; die Sterbeszene spielt sich jenseits dieses, aber diesseits eines zweiten, parallelen Zwillingsbogens ab, der den architektonischen Raum zum Hintergrund hin begrenzt und als eine Art offener Bogengang vorgestellt wird. Dies wird verdeutlicht durch den Heiligenschein der Figur oben rechts, die nicht vollständig unter das Gesims paßt und von ihm abgeschnitten und unterbrochen wird. Diese außergewöhnliche, eindeutig »giotteske« Erfassung des Raums gerät in der angrenzenden Szene vollkommen in Vergessenheit. Dort sind es die Heiligenscheine, welche den dreistufigen Bogen unterbrechen und so den vorherigen Eindruck einer räumlichen Aussparung, in der die Szene Platz hat, zerstören. Eine Inkongruenz dieser Art findet sich auch im Architrav. Ganz abgesehen von der rein graphischen Darstellung der Konsolen, die ihn tragen, muß auch seine Anlage beachtet werden, die vom Zentrum wegführt – und nicht zu ihm hin, wie es die wirkliche Ansicht erfordert, an die sich Giotto oberhalb der *Franziskuslegende* im Kirchenschiff hielt. Da auch die gemalten Konsolen im Gewölbebogen des Schiffs (und damit schon in der Zone Giottos: der Gewölbe der *Kirchenlehrer*) nach demselben System ausgeführt sind, muß man vielleicht dennoch annehmen, daß sie in einer Anfangsphase von Giotto selbst angewandt (und erfunden) wurden. Es verdient Beachtung, daß man in Rom dieses System bis in die Anfänge des Trecento weiterverfolgt; die augenfälligsten Beispiele sind die Fresken in San Saba, die Reste der Dekoration einer Kapelle von Santa Maria d'Aracoeli in der Manier des Cavallini, die Fresken von Subiaco usw.

Die Folgen der »Raum«experimente

Die wesentlich rationaleren und systematischeren Experimente bei der Darstellung des Raums durch Giotto erfahren eine ständige Weiterentwicklung, angefangen bei der Arena-Kapelle. Hier ist das Gerüst, das den Rahmen für die Szenen abgibt, sicherlich nicht so auffällig wie in Assisi. Aber ganz genauso wie in Assisi besteht das Prinzip darin, so zu tun, als sei es ein Bestandteil der realen Architektur der Kirche, in die Giotto zwei Stücke eines rein architektonischen Illusionismus einfügt, die berühmten »Chornischen«[26]. Sie täuschen an den beiden seitlichen Wänden des Triumphbogens eine spitzbogige Gewölbeöffnung vor, hinter der man den oberen Teil eines Raums erkennt, der nach oben hin durch einen Kreuzbogen begrenzt wird; dieser ist überzeugend mit dem kleinen gotischen Fenster auf der nach hinten abschließenden Wand in eine Flucht gebracht. Es handelt sich um die Erfindung eines Raums ohne Gestalten, die vor dem Genter Altar von van Eyck nicht ihresgleichen hat: Dort trennen auf der Außenseite der Flügel den verkündenden Engel und die Jungfrau, der die Verkündung zuteil wird, zwei Tafeln, die als Stilleben eines Raums definiert werden könnten. Die Erfindung Giottos ist um so bedeutender, als das Blau des Himmels, zu dem hin sich das kleine Fenster öffnet, nicht das übliche Blau für den Hintergrund der benachbarten Fresken ist, sondern ein sehr viel hellerer und lichterer Himmel von graublauer Tönung, also ein atmosphärischer[27] Himmel, der für das gesamte Trecento eine Ausnahme bleiben wird.

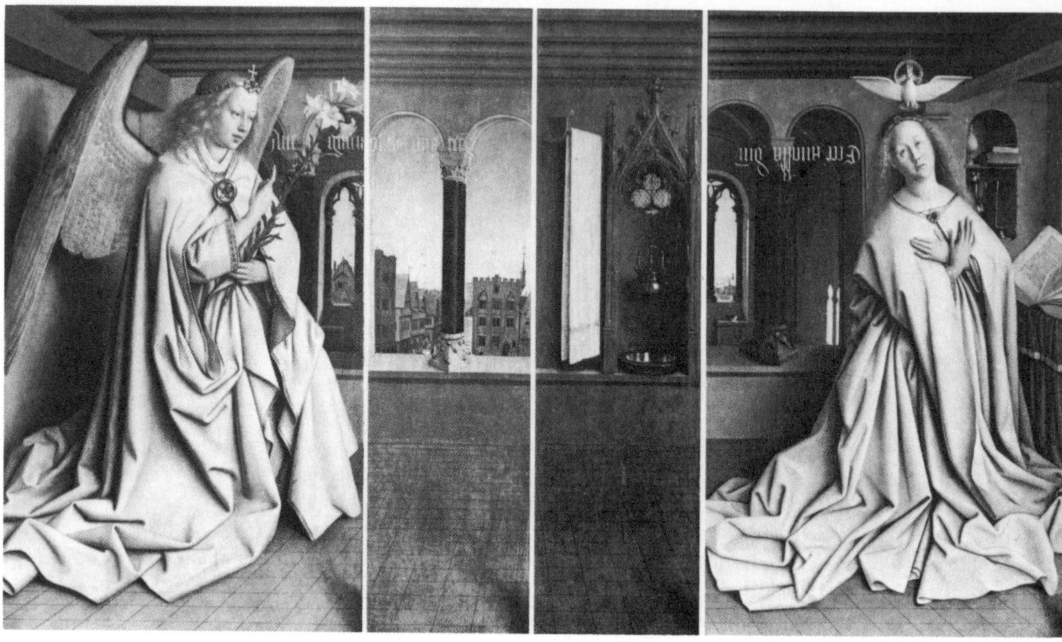

JAN VAN EYCK,
Verkündigung, Genter Altar, 1432

Die beiden Chornischen, die wie in einer freudschen Fehlleistung von denen unterschlagen werden, die die Möglichkeit von Bezugspunkten zwischen den Fresken der Arena-Kapelle und Assisi nicht zugestehen wollen[28], stellen ein nicht mehr erreichtes Ziel in den Raumexperimenten Giottos dar und stehen auf demselben Niveau der Erfindungsgabe wie die augenfälligere architektonische Darstellung der *Franziskuslegende* in Assisi. Die organische Beziehung zwischen Figur und Architektur, die bei den Fresken in Padua allgemein gefeiert wird, ist das Ergebnis eines wunderbaren Gleichgewichts zwischen der beiläufigen Notwendigkeit, sich an sehr viel kleinere Oberflächen als in Assisi anpassen zu müssen, und Giottos Fähigkeit zur Anpassung, zur Rationalität und zur Klarheit. Die Fresken aber, in denen man vielleicht »die überzeugendste und geschickteste Räumlichkeit des gesamten Trecento«[29] sehen kann, stellen einige Bilder aus der *Kindheitsgeschichte Christi* im Querschiff der Unterkirche in Assisi dar, die, so meint man neuerdings wieder, auf Giotto und seine Werkstatt zurückgehen[30]. Insbesondere die *Darstellung Christi im Tempel* und *Der zwölfjährige Jesus im Tempel,* die nach den Prinzipien einer stark zentralisierten Perspektive aufgebaut sind, hätten auch dem perspektivischen Denken der Blütezeit des Quattrocento aufgrund des vollkommen glaubwürdigen Eindrucks gefallen.

Nach diesen unzweifelhaft sehr frühen Experimenten, die mit allerhöchster Wahrscheinlichkeit in die ersten Jahrzehnte des Trecento fallen, entwickelt sich Giottos Tätigkeit von der Cappella dei Peruzzi bis hin zur Cappella Bardi in Santa Croce in Florenz mit beachtlichen Differenzierungen in einer Richtung, die allein in Siena in den frühen Arbeiten von Simone Martini und in den Werken der Gebrüder Lorenzetti und in Florenz in den Arbeiten der direkten Schüler Giottos wie Maso di Banco und Taddeo Gaddi ein Gegenstück findet.

Das Interesse für Giotto und seine Probleme der »Räumlichkeit« ist beim jungen Simone Martini evident. Die Altartafel des *Hl. Ludwig von Toulouse,* die an die Tafel mit der *Stigmatisierung des Hl. Franziskus* im

Louvre erinnert (ein Werk, das von Giotto signiert ist), wird von fünf Szenen gebildet, die nach einem strengen zentralperspektivischen Aufbau organisch angeordnet sind. Die *Maestà* dieses großen Sieneser Künstlers im Palazzo Pubblico unterscheidet sich tiefgreifend von einem Bild gleichen Themas des Duccio di Buoninsegna für den Dom von Siena auch aufgrund der Anordnung der Schar von Heiligen nach den Kriterien Giottos (man beachte etwa die Gruppen von Engeln und Heiligen bei der *Madonna* der Uffizien), nämlich der Anordnung in die Tiefe und nicht parallel zur Fläche. Die *Martinsvita* in der Unterkirche zu Assisi[31] hat, auch wenn ihr nicht sehr große Flächen zur Verfügung stehen, immer die von Giotto aufgeworfenen Probleme des Raums vor Augen. Beim *Begräbnis des Hl. Martin* ist der architektonische Raum, der durch zwei Bögen eröffnet wird, dem der *Darstellung Christi im Tempel* im rechten Querschiff daneben durchaus zu vergleichen. Dagegen zeigen die Widmungsszene der Kapelle mit den beiden Figuren in dem Raum, der durch das marmorne Tabernakel begrenzt wird, oder auch einige Heilige in der Randzone, welche Aufmerksamkeit Simone in dieser Periode einer präzisen illusionistischen Definition des Raums beimaß. Später, als Raffinesse und aristokratische Erlesenheit zum Ideal werden, verliert die Tradition Giottos ganz deutlich an Bedeutung. Die anfängliche Solidität verliert sich, und die Suche nach immer feineren Kalligraphien gewinnt die Oberhand: Auf eine Erforschung der Körperlichkeit folgt eine Tendenz zur Bereicherung der Dekoration von Flächen. Aber dieser Weg in Richtung auf eine immer erlesenere, sublimere und verfeinerte Malerei vollzieht sich nicht ohne die Vertiefung eines bestimmten Interesses an der Natur, das Simone Martini dazu brachte, möglicherweise die ersten autonomen Portraits nach der Antike zu schaffen. In diesem Zusammenhang können wir auf das unmittelbare Zeugnis Petrarcas zurückgreifen: Von dem großen Schriftsteller, der in Avignon weilte, während dort auch Simone Martini tätig war, wissen wir, daß Simone ein Portrait von Laura und eines von Kardinal Orsini anfertigte[32].

Möglicherweise ist es dieser Aspekt der Kunst von Simone Martini, an den die einzigartige malerische Erfahrung eines Matteo Giovannetti anknüpft, des Nachfolgers des Malers am päpstlichen Hof, der eine Fähigkeit zur gegenständlichen Darstellung der Dinge in einer Malerei, die fast das Auge täuscht, mit einem außergewöhnlichen Geschick als Portraitist verbindet[33]. Diese beiden Aspekte blieben in der Malerei des Trecento niemals unversöhnlich, und auch bei Giotto selbst fanden wir sie beide. Dennoch, es ist die starke gotische Ausprägung ihrer Kunst, die die Aktivität von Simone Martini und Matteo Giovannetti in Avignon zu einer der wichtigsten Episoden beim Übergang von der italienischen Malerei zu der Mitteleuropas macht.

Wenn die Werke des reifen Simone Martini einen Höhepunkt der Gotik im Italien des Trecento darstellen, so stehen die Brüder Lorenzetti, ebenfalls in Siena, für eine Strömung, die sich eindeutiger für die Räumlichkeit Giottos interessierte: Pietro auf systematische Weise, Ambrogio sprunghafter, aber mit einigen der bedeutendsten Resultate des gesamten Trecento.

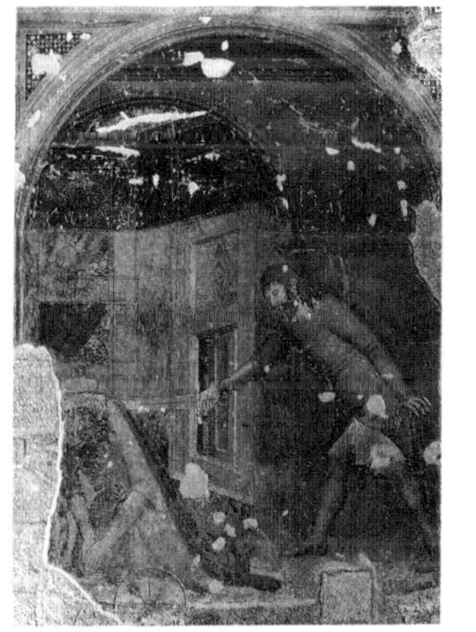

MATTEO GIOVANNETTI,
Die Enthauptung Johannes d. T.,
um 1346–1348
Avignon, Papstpalast,
Kapelle des Hl. Johannes

In den Fresken mit den *Passionsszenen* und anderen Szenen im linken Querschiff der Unterkirche in Assisi[34] hat Pietro Lorenzetti ein beachtliches Wissen um den Raum und einige Erkenntnisse der Natur vereint, auf die – als vollkommen neu und exzeptionell – bereits hingewiesen wurde. Der blaue Untergrund der *Gefangennahme Christi* stellt eine Anspielung auf einen wirklichen Nachthimmel dar (während in der

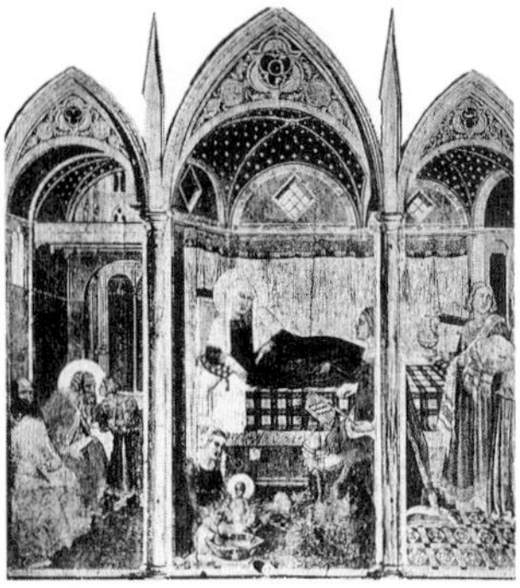

PIETRO LORENZETTI,
Geburt Mariae, 1342

gesamten italienischen Malerei bis Masaccio der Himmel nur ein abstrakter und symbolischer Grund ist, blau in den Fresken und golden in den Tafelbildern): mit den Sternen, die hier in unterschiedlichen Gruppierungen angeordnet sind, so daß man einige Sternzeichen und sogar Sternschnuppen ausmachen kann[35]. Die in einer Randszene des *Letzten Abendmahls* angebrachten Schatten und auch jene auffälligen Schatten, die von einer als trompe l'œil gemalten Bank geworfen werden – so als werde sie von einer realen Lichtquelle beleuchtet, die aus einer Öffnung kommt, welche noch heute als Zugang zum Querschiff dient–, stellen die ersten Beispiele dieses Genres in der Zeit nach der Antike dar; und fast über das gesamte Trecento hinweg werden sie unerreicht bleiben[36]. Einige Szenen am Sockel des Altars der Karmeliter, den Pietro 1329 malte, sind von einer perspektivischen Qualität, daß sie mit Giotto verglichen werden können und sogar den Gedanken an eine mögliche Beziehung zum Jugendwerk von Maso di Banco nahelegen[37]. Das Triptychon von 1342 im Museo dell'Opera del Duomo in Siena, das *Mariae Geburt* darstellt, ist von einer so subtilen Kalkulation der Beziehung zwischen Architektur des Rahmens und architektonischem Raum der Szene, daß man behaupten könnte, es stelle den Vorläufer für die Triptychen des großen flämischen Malers aus dem Quattrocento dar, den »Meister von Flémalle«[38].

Vielfach hat man bei Ambrogio Lorenzetti seine herausragende Einpassung in die urbane und landschaftliche Umgebung von Siena hervorgehoben; man kann daher mit Fug und Recht von seinem Fresko *Die Auswirkungen der Guten Regierung auf Stadt und Land* in der Sala della Pace im Palazzo Pubblico in Siena behaupten, daß »kein anderes bildnerisches Dokument, das den stabilen Charakter der Landschaft um die wohlregierte Stadt beschreibt, ein solches Vertrauen verdient, wie dieses Fresko«[39]. In der Tat ist sein Umgang mit den Problemen der

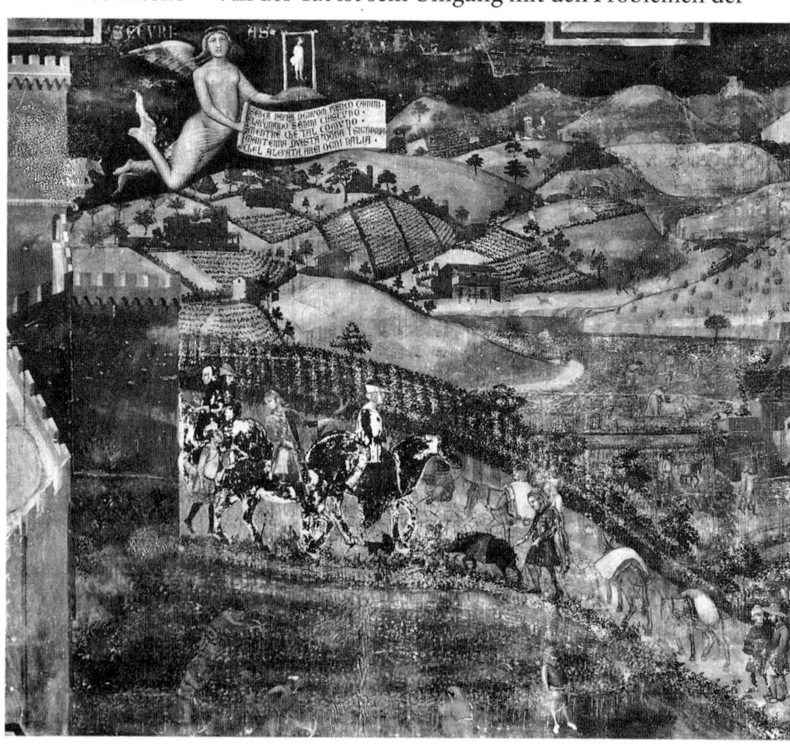

AMBROGIO LORENZETTI,
Die Auswirkung der Guten Regierung auf Stadt und Land, 1338–1340
Ausschnitt
Siena, Palazzo Pubblico

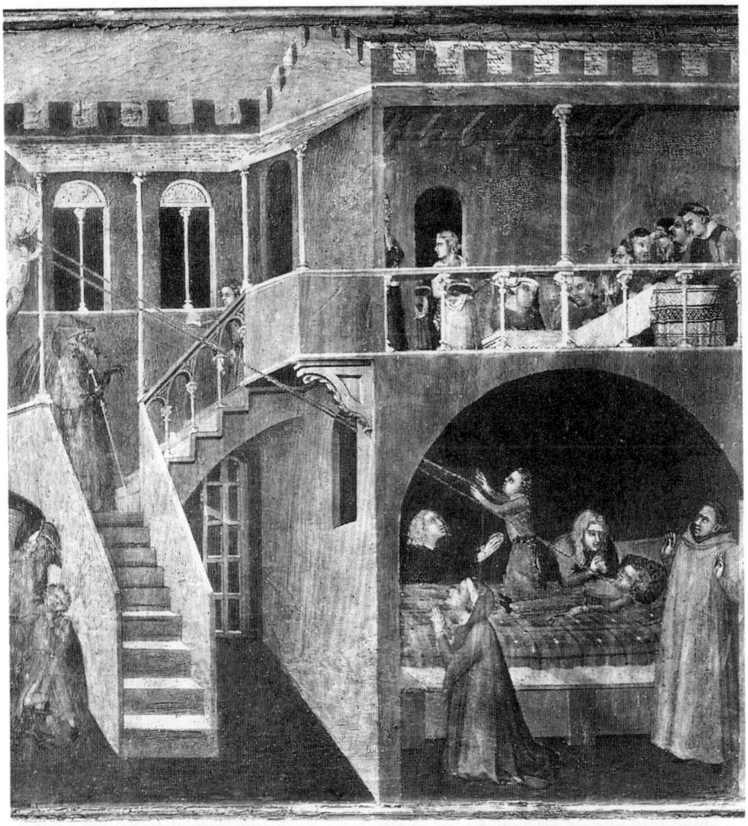

AMBROGIO LORENZETTI,
Das Wunder des Hl. Nikolaus,
um 1332

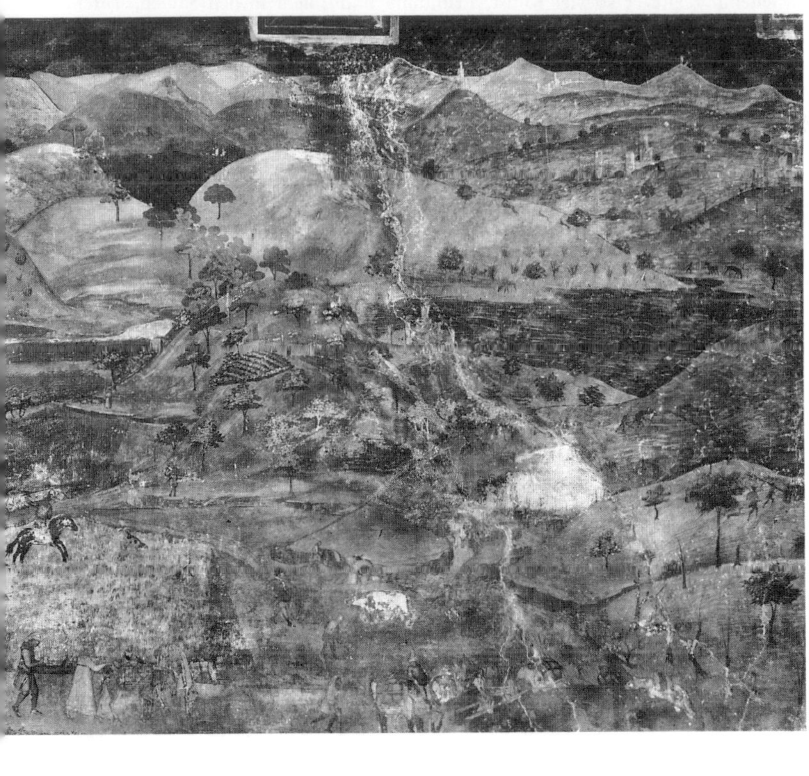

Räumlichkeit in seinen reifen Werken von einer so enormen Reichweite und Originalität, daß sie den Zuschnitt, den Giotto dieser Problematik gab, bei weitem übersteigen. Auch in anderen Werken, wie z. B. einigen der *Szenen aus dem Leben des Hl. Nikolaus* (heute in den Uffizien), ist die perspektivische Aufgliederung auch dann, wenn das räumliche Feld sehr begrenzt bleibt, von einer Kühnheit, wie sie bis weit ins Quattrocento nicht ihresgleichen hat: Ich denke vor allem an das Bild des *Wunders des Hl. Nikolaus* mit dem Kind, das vom Dämon erwürgt wird; sehr schön gegliedert wird hier ein großer Raum in einem Wohnhaus beschrieben, in dem man eine Tafel mit Tischgästen sieht, die sich, von unten gesehen, in den Raum hinein erstreckt und den Eindruck einer solchen Wahrheitstreue macht, daß man an das *Wunder des vergifteten Brots* aus dem *Benediktszyklus* im Chiostro degli Aranci der Badia von Florenz denkt, das ein ganzes Jahrhundert jünger ist.

Die Lorenzetti, und besonders Ambrogio, gehören bereits in den Bereich der Nachfolge von Giottos Experimenten. Wenn wir uns fragen, in welcher Weise die perspektivische Sicht von Giotto Anklang fand und mit welcher Originalität sie erfahren und über die Schranken Giottos hinausgetrieben wurde, dann werden wir zugeben müssen, daß sie nach dem frühen Erfolg in Assisi und den nachfolgenden Experimenten in Padua außerhalb der Toskana eine geringere Resonanz hatten. Das betrifft neben den Lorenzetti die Versuche von Maso di Banco und Taddeo Gaddi – ohne außer acht zu lassen, was ein Fresko wie die *Heilung der Besessenen,* die Stefano im Kreuzgang Santo Spirito in Florenz malte, dargestellt haben könnte; es ist nicht erhalten, wird aber von Vasari hervorgehoben, denn der Maler zeichnete

> [..] ein Gebäude in vollkommener Pespektive, er wandte sie mit trefflicher Sicherheit an, die damals noch wenig bekannt war; mit großer Klugheit auf neue Weise arbeitend, zeigte er so viel Kunst, Erfindung und Talent in den Säulen, Türen, Fenstern und Rahmen und machte dies so anders als die anderen Meister, daß mir scheint, ihm sei zuerst ein Licht aufgegangen von der vollendeten Art der Modernen[40].

Maso die Banco und Taddeo Gaddi unterscheiden sich in ihrem Interesse für den Raum erheblich. Ersterer neigt dazu, eine Menge von Elementen zu vereinfachen, um Räume mit großem perspektivischen Eindruck zu schaffen, innerhalb derer sich dann feierlich und voller Bedeutung die »Geschichte« abspielt. Die vereinfachten Oberflächen der architektonischen Wände und der Figuren sind voll von einem fast metallischen Glanz, der von der Farbgrundierung und den Ornamen-

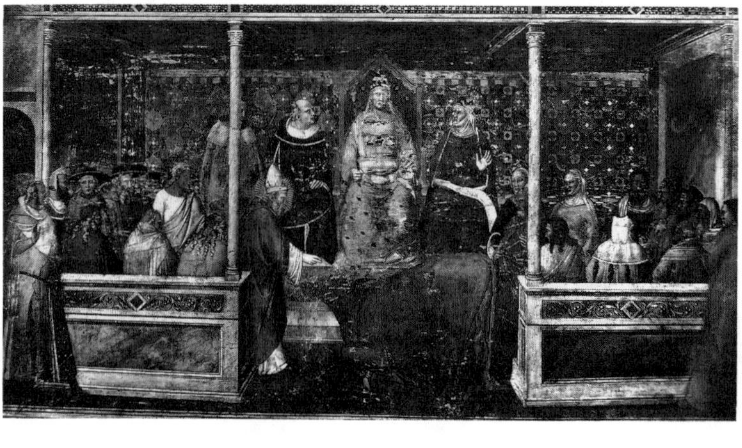

MASO DI BANCO, *Die Wunder des Hl. Silvester,* um 1341
Florenz, Santa Croce, Cappella Bardi di Vernio

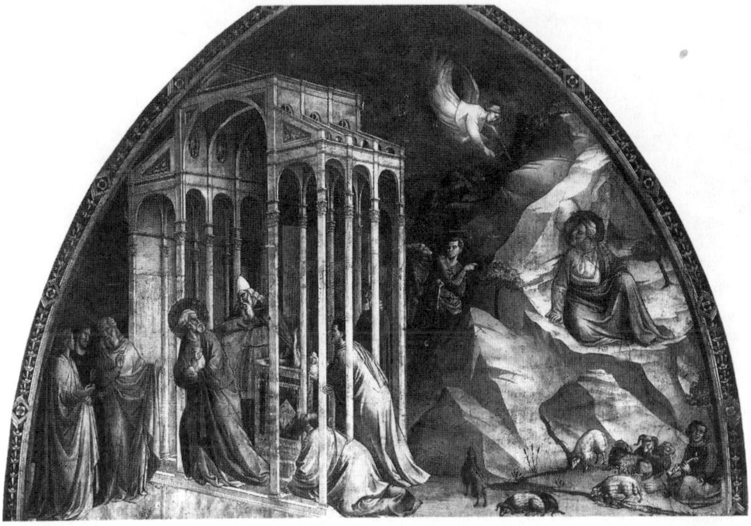

TADDEO GADDI,
Die Zurückweisung des Joachim,
um 1330–1340
Florenz, Santa Croce, Cappella Baroncelli

ten herrührt. Die Vereinfachung der Poetik Giottos durch Maso di Banco hat, wie bemerkt wurde[41], einen beachtlichen Einfluß auf Taddeo Gaddi ausgeübt. Dennoch werden seine gelungensten räumlichen Experimente von jenen scharfsichtigen und komplexen architektonischen Beschreibungen gebildet, jenen »Theoremen perspektivisch und in schräger Sicht gestalteter Kulissen«[42], die die augenfällige Inszenierung der Fresken in der Cappella Baroncelli in Santa Croce in Florenz abgeben, auf denen die Geschichte der Jungfrau dargestellt wird. Der großformatigste Fall ist die Darstellung des Tempels, der gleich zweimal auftaucht: bei der *Zurückweisung des Joachim* und bei *Mariae Tempelgang*. Das erste Mal wird er in größerem Maßstab abgebildet, denn er befindet sich unmittelbar im Vordergrund, und die Untersicht ist stärker akzentuiert, weil er sich im obersten Abschnitt befindet. Das zweite Mal befindet sich der Tempel ganz unten und wird auf die oberste Ebene eines auffälligen Sockels mit drei Absätzen abgerückt, die durch senkrechte Treppen miteinander verbunden sind[43]. Das perspektivische Virtuosentum dieser in Diagonalen gemalten Architektur sollte epochale Wirkungen haben, und die nachfolgenden Darstellungen von *Mariae Tempelgang* orientierten sich lange Zeit vorwiegend an ihm. »Thaddaeus insuper aedificia tanta arte depinxit, ut alter Dynocrates vel Vitruvius, qui Architecturae artem scripserit, videatur« (Taddeo malte zudem mit solcher Kunstfertigkeit Gebäude, daß er als ein neuer Dinokrates oder Vitruv, welcher über die Kunst der Architektur schrieb, angesehen wird): Wegen dieser perspektivischen Entdeckungen bewunderte Villani[44] Gaddi auch noch am Ende des Trecento, als seine Interpretation der Perspektive Giottos auch – und vor allem – außerhalb Italiens geschätzt wurde.

In der Krise der florentinischen Kultur ab der Mitte des Trecento erfahren die Vereinfachungen von Maso eine Reduktion, die am Ende die bildnerische Artikulationsfähigkeit tatsächlich verarmt. Die weit angelegten Zonen der Grundierung und Dekoration werden plan, und die Ansichten der Raumausschnitte reduzieren sich bisweilen auf einen nach vorne geklappten Fußboden, der normalerweise von einem Teppich bedeckt wird, dessen Zeichnung ausschließlich in der Vertikalen angelegt ist. Und als ein Andrea da Firenze im Cappellone degli Spagnuoli oder ein Agnolo Gaddi im Chor von Santa Croce hinter einem

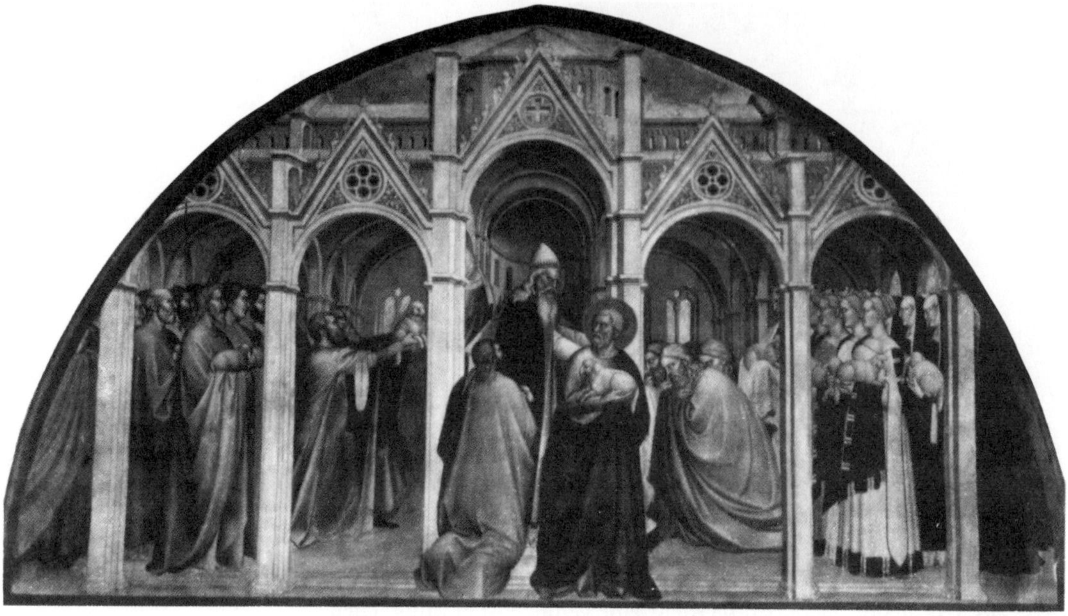

GIOVANNI DA MILANO,
Die Zurückweisung des Joachim,
um 1365
Florenz, Santa Croce,
Cappella Rinunccini

Hügel Personen in denselben Proportionen wie die im Vordergrund hervortreten lassen, treiben sie die erzählerisch-zeichnerische Konzeption des bildnerischen Sehens, die dem Trecento eigen ist und die bis van Eyck dauern wird, zu den extremsten Konsequenzen und zugleich in einen Irrationalismus, der für die Maler der ersten Hälfte des Trecento unmöglich gewesen wäre. Eine gewisse Kohärenz und Rechtfertigung findet er allein im expressiven und phantastischen Klima am Ende der internationalen Gotik, von der Zeichnung des Lorenzo Monaco mit der *Reise der Hl. drei Könige* im Kupferstichkabinett in Berlin bis zum Retabel der Heiligen Barbara von »Meister Francke« im Museum Kansallis in Helsinki.

War die Situation in Florenz in der zweiten Hälfte des Jahrhunderts – wie in anderen Zentren Italiens – ein notwendiger Durchgang zum abstrakten und aufsteigenden Raum des frühen Ghiberti[45] und von Lorenzo Monaco, so wurde die Diskussion über den Raum vom Norden fortgeführt, zunächst mit Giovanni da Milano, einem in Florenz tätigen lombardischen Maler, dann mit Giusto de' Menabuoi, einem in der Lombardei und später im Veneto tätigen Florentiner, und schließlich mit dem Wiederanknüpfen an Giotto bei Altichiero in Padua und Verona.

Die großartigste und konsequenteste Arbeit über den Raum in Florenz aus der zweiten Hälfte des Trecento ist die *Zurückweisung des Joachim,* ein Fresko von Giovanni da Milano in der Cappella Rinuccini in Santa Croce, über das Dokumente aus dem Jahr 1365 existieren: Sie belegen, wie in einem Künstler des Trecento ohne Schwierigkeiten die Organisation des Raums und die naturalistische Neigung zusammengehen können. Beeindruckend an diesem Fresko ist die absolute Symmetrie der Menschengruppen und der architektonischen Staffelung in die Tiefe, die durch die zahlreichen Schiffe einer Kirche unterteilt werden, welche in der offenen Aufsicht gesehen wird. Auf diese Weise erhält die Zeremonie einen zutiefst rituellen, fast einen Initiationscharakter (wie wenn Joachim verjagt würde, weil er der Sekte nicht angehört). Zugleich beschneidet der Künstler in seinem wachen Naturalis-

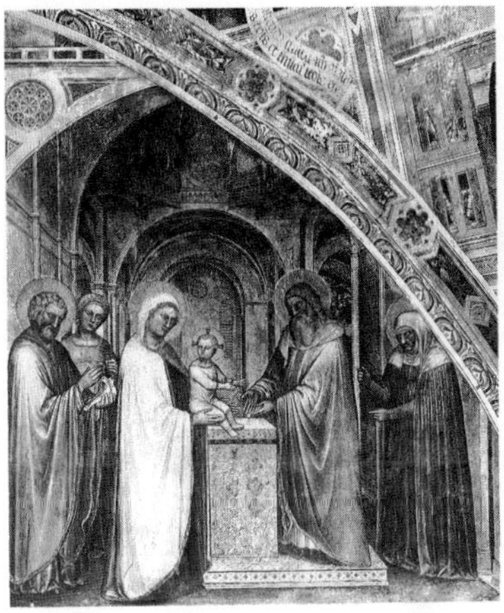 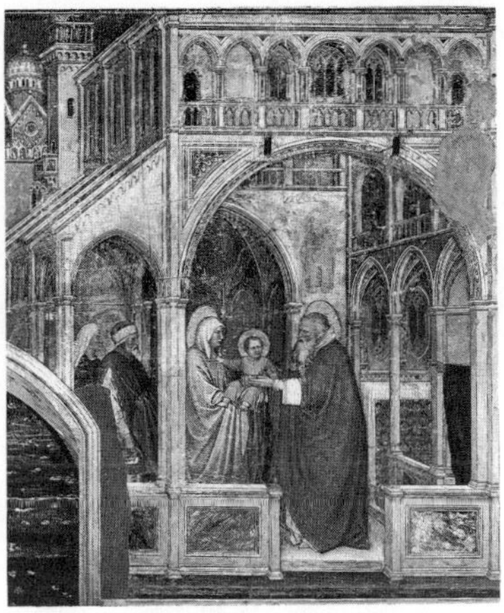

links:
GIUSTO DE' MENABUOI,
Darstellung Christi im Tempel,
um 1376 (?)
Padua, Baptisterium

rechts:
ALTICHIERO,
Darstellung Christi im Tempel,
um 1384 (?)
Padua, Oratorium von San Giorgio

mus die Architekturen und die Figuren am Rand völlig unbekümmert, als wolle er darauf anspielen, daß der Rahmen eine rein willkürliche Grenze ist, jenseits derer die Realität weitergeht.

Aber seine bildnerische Verwurzelung in Giotto ist so stark, daß sie auch seine weitere Entwicklung in der Lombardei bestimmt. So z. B. die außergewöhnlichen Illustrationen des *Guiron le courtois* in der Bibliotèque Nationale in Paris, die Ausdruck eines weltlichen und hochdifferenzierten Naturalismus sind, aber zugleich die Gesetze der räumlichen Struktur berücksichtigen. Im Gebiet von Padua ordnet sich der Naturalismus von Tommaso da Modena, der so weit entwickelt ist, daß er als Vorläufer von van Eyck angesehen werden kann, hingegen in eine weit weniger strukturierte Räumlichkeit von offenkundig Bologneser Herkunft ein.

Daß Giusto de' Menabuoi sich in Padua niedergelassen hat, trägt dazu bei, daß sich hier eine Zone ganz klar naturalistischer Ausprägung herausbildet, die aber innerhalb der Regeln von Giottos Räumlichkeit bleibt. In Padua und Verona ist auch Altichiero tätig, dessen großartige Fresken sich zu einem vielgestaltigen und weitgefaßten weltlichen Szenarium öffnen, das aber durch eine rationale Organisation beherrscht wird, in der Giottos Raum eine beachtliche Rolle zufällt. Altichiero nimmt sogar den perspektivisch verkürzten Heiligenschein von Giotto wieder auf, der bei den Fresken in der Arena-Kapelle in Padua und der Unterkirche von Assisi Verwendung fand und dann wieder aufgegeben wurde.

Der Weg der »Räumlichkeit« des italienischen Trecento in Europa

Der Aspekt, den wir an der italienischen Malerei des Trecento hervorgehoben haben, ist eben der, der auch die europäischen Künstler am meisten beeindruckt hat. Zuerst kannten sie vor allem nur dessen Avignoner Spielart. Es wird behauptet, auch Giotto sei in Avignon gewesen, aber die Künstler, die hier tatsächlich tätig waren – der »Maestro del Codice di San Giorgio«, Simone Martini und Matteo Giovannetti – entwickelten eine entschieden gotische Version der italienischen Perspektive, die jedoch gerade deshalb eine breite Zustimmung fand. Die Organisation des Raums, das Volumen von Körpern

GEBRÜDER LIMBOURG,
Die Kreuztragung Christi,
aus den *»Très Riches Heures«* des
Duc de Berry, um 1415–1416

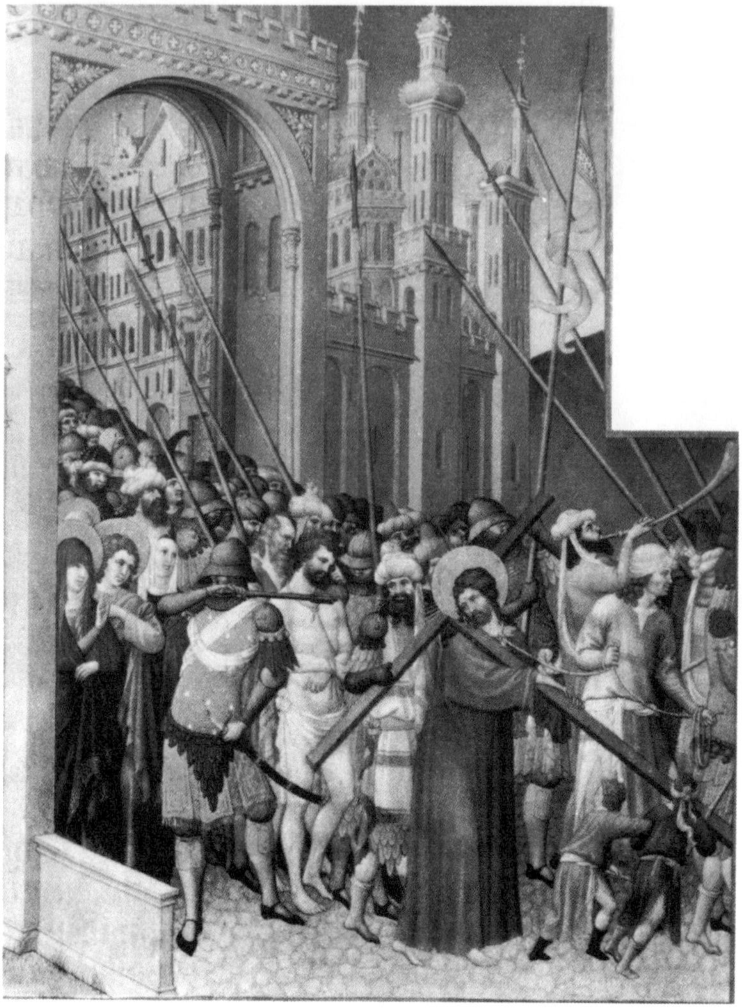

und Objekten und die naturalistische Beschreibung der Einzelheiten der Oberfläche waren jenseits der Alpen bis in die zweite Hälfte des Trecento hinein unbekannt, nimmt man den Fall von Jean Pucelle aus, der bereits in der ersten Hälfte des Jahrhunderts ein frühes Interesse für die italienische Malerei an den Tag legt. Aber vor allem mit den Malern aus der Zeit Johanns des Guten und Karls V., des Weisen, erlangt die italienische Malerei einen uneingeschränkten Ruf. Die Experimente mit dem unabhängigen Portrait, die Simone Martini in Avignon unternahm, hatten bemerkenswerte Folgen. Bekanntermaßen ist das erste uns erhaltene Portrait dieses Typs das Bildnis Johanns des Guten im Louvre. Gemeinsam aber mit den offensichtlicheren Anleihen bei Simone Martini und den ihm am nächsten stehenden Sieneser Künstlern beginnt eine Konzeption des Raums Bestandteil der Malerei, und speziell der französisch-flämischen Miniaturenmalerei, zu werden, die ohne die Kenntnis anderer italienischer Arbeiten in der Art des *Tempelgangs Mariae* von Taddeo Gaddi unerklärlich wäre. Nicht ohne Grund wird gerade diese Arbeit von den Brüdern Limbourg in den *Très Riches Heures du Duc de Berry* paraphrasiert, die heute im Musée de Condé in Chantilly aufbewahrt werden.

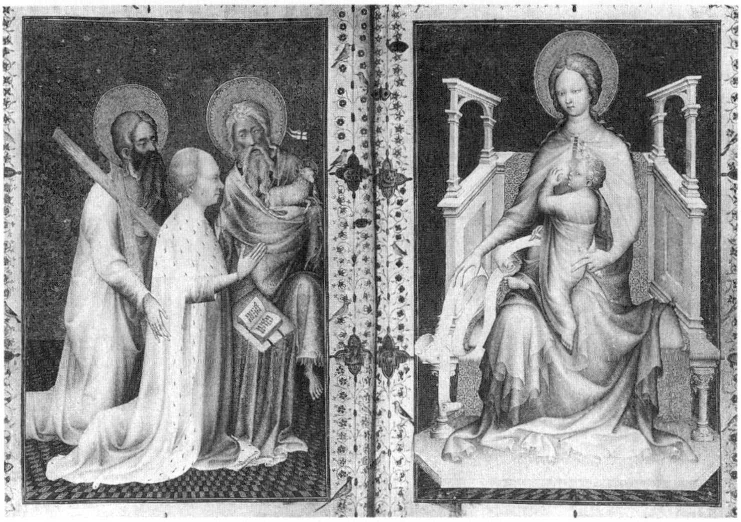

Französische Buchmalerei,
Jean de Berry vor der Jungfrau Maria, »Heures de Bruxelles«, Ende 14. Jh.

Während man in der italienischen Malerei eine Abschwächung des Interesses für die Räumlichkeit der bildnerischen Welt erkennen kann (die für die zweite Hälfte des Trecento zitierten Fälle sind recht außergewöhnlich und für die ersten beiden Jahrzehnte des Quattrocento sind sie es ganz und gar), nimmt im französisch-flämischen Einflußgebiet dieses Interesse gleichzeitig mit dem für die literarischen Arbeiten der großen italienischen Frühhumanisten Petrarca und Boccaccio zu. In den Miniaturen der Gebetbücher für den französischen König und später für den Herzog von Berry und die ersten Herzöge von Burgund tauchen zuerst bildliche Darstellungen komplexer Architekturen in Schrägansicht (wie bei Taddeo Gaddi), Fußböden mit einem dichten, nach hinten abgestuften Schachbrettmuster (wie bei Matteo Giovannetti) und später dann die ersten Versuche der Darstellung von Atmosphäre und Landschaft auf – sie sind beim Boucicant-Meister intensiver als bei den Brüdern Limbourg, falls es richtig ist, daß die Blätter *Oktober* und *Dezember* im berühmten Kalender, der die *Très Riches Heures du Duc de Berry* eröffnet, nicht von ihnen stammen[46]. Das entwickelte italienische Erbe wird so den großen flämischen Neuerern, allen voran Jan van Eyck, übertragen, in deren Werken man häufig Spuren einer Beziehung zur italienischen Malerei des Trecento gefunden hat, ganz besonders zu einigen großartigen Beispielen, die allem Anschein nach präzise Vorläufer waren – wie die *Darstellung im Tempel* von Ambrogio Lorenzetti für die *Madonna in der Kirche* von Jan van Eyck, die *Mariengeburt* von Pietro Lorenzetti für die *Verkündigung* des Genter Altars oder die Triptychen des Flémalle-Meisters und die Fresken von Pietro Lorenzetti in Assisi für zahlreiche Einzelheiten der flämischen Malerei, insbesondere aber für die Entstehung des Stillebens[47]. Man kann auch den Fall des reinen Raums ohne Personen bei den beiden »Chornischen« Giottos in der Arena-Kapelle als Vorbilder für zwei Tafeln ohne Figuren nennen, die einen Teil der *Verkündigung* des Genter Altars bilden, oder auch die fiktiven Marmorreliefs der *Tugenden* und der *Laster*, ebenfalls in der Arena-Kapelle, als Vorbilder für die vielen gemalten fiktiven Skulpturen in der flämischen Malerei seit der *Anbetung des Lamms* von Gent. Als eine weitere Episode in der europäischen Malerei, die den Einfluß des italienischen Trecento bezeugt, kann man auch die *Reise der Könige* des Meisters des

Bartholomäusaltars (in Privatbesitz) nennen[48]: Noch in der zweiten Hälfte des Quattrocento kann man hier eine Gebirgslandschaft sehen, die wie vergrößerte Steine aussieht und sogleich die Erinnerung an den berühmten Abschnitt bei Cennini wachruft.

Die künstlerischen Neuerungen von van Eyck erobern Europa sehr schnell und auch das Italien im Quattrocento macht häufig den Eindruck, von der flämischen Malerei belagert und in weiten Teilen bestimmt zu sein. Die gesamte tyrrhenische Küste von Ligurien über Kampanien bis nach Sizilien drückt sich eher spanisch-flämisch als italienisch aus, und selbst Norditalien scheint zur Zeit von Zanetto Bugatto willens, sich von diesen Neuerungen erobern zu lassen. Die Maler, die der Neapolitaner Bartolomeo Facio gegen 1460 als die berühmtesten seiner Epoche erwähnt, sind Gentile da Fabriano, Pisanello, Jan van Eyck und Rogier van der Weyden[49]. In der Tat haben es die neuen bildnerischen Ideale, die in Florenz in die Tat umgesetzt wurden, schwer, sich durchzusetzen, und sie sind nicht von gleichem Erfolg gekrönt wie die flämische Malerei, ehe sich nicht diese Tendenz – dank des Wirkens von Gestalten wie Donatello und Piero della Francesca – umkehrt, was seinen Ausdruck in der Konversion eines Antonello da Messina findet.

Die »Perspektive« des Quattrocento: eine Regel für die Darstellung des Raums und die vollständige Wiedergewinnung der irdischen Wirklichkeit

Die neue künstlerische Sehweise, die von Piero della Francesca und Donatello verbreitet wurde, war das, was in Florenz zwischen dem zweiten und dritten Jahrzehnt des Quattrocento ausgearbeitet worden war – und zwar in sehr viel klarerem Gegensatz zur umgebenden bildnerischen Kultur als dies bei Jan van Eyck der Fall war, der in vielen Aspekten auf die internationale Gotik und die Malerei des Trecento Bezug nahm. Die Bezugspunkte für die florentinischen Neuerer sind, wenn überhaupt, die klassische Antike und Giotto. Man kehrt zur Fragestellung Giottos zurück, wie eine dreidimensionale Realität auf eine Fläche gebracht werden kann, und findet eine nicht empirische, sondern nunmehr vollkommen wissenschaftliche Lösung mit der Entdeckung der mathematischen Regeln zur Konstruktion der Perspektive[50]. Wohl verdankt sich dies dem Genie Filippo Brunelleschis, es fällt aber schwer zu sagen, was der Antrieb dazu bei einem Künstler gewesen sein mochte, der noch im Wettbewerb von 1401 für eine der Türen des Baptisteriums als Goldschmied mit einem Relief begonnen hatte, wo beim Altar in der *Opferung Isaaks* die senkrechten Flächen noch in die Tiefe divergierten, statt zu konvergieren. Seine Genialität entwickelt sich offensichtlich graduell, freilich mit einer außergewöhnlichen geistigen Aufgeschlossenheit. Sein Relief für den Wettbewerb und sein Kruzifix von Santa Maria Novella sind schwerlich innerhalb gemeinsamer stilistischer Koordinaten klassifizierbar; und sie scheinen nicht einmal besonders »all'antica«, denn deutlich überwiegt die Suche nach Authentizität und die Übereinstimmung des Gegenstandes mit der dargestellten Geschichte. Dieser Neigung, sich mehr auf die Wahrheit der Natur oder zumindest auf die objektiven Tatsachen zu verlassen, muß man auch das Verlangen nach einer direkten Erfahrung des Realen zurechnen. Das können wir an der Art erkennen, wie Brunelleschi auf einer mit Silber belegten Tafel, die vielleicht als Spiegel Verwendung finden sollte, Stadtansichten entwirft[51]. Vielleicht kam es zu dieser eminent städtischen Entdeckung der Perspektive und ihrer Gesetze vor allem angesichts des Blicks auf die Straße. Auch heute noch charakterisieren Florenz die Straßen mehr als die Plätze. Als Kulisse reihen sich Häuser verschiedener Höhe aneinander, deren Fenster, Simse und Dächer folglich auf ganz verschiedenen Ebenen liegen. Aber gerade dieser Unterschied macht eine Konstante noch evidenter: Alle diese Linien scheinen sich in die Tiefe auf einen Punkt hin fortzusetzen. Vielleicht ist es eine Unterstellung a posteriori, wenn man in der Erfahrung der städtischen Straßenansicht einen der Schlüssel zur Erarbeitung der Gesetze der Perspektive durch Brunelleschi sieht, aber einige der Perspektiven Masaccios in der Cappella Brancacci oder Domenico Venezianos an der Predella des Altars von Santa Lucia dei Magnoli lassen sie plausibel erscheinen. Daneben darf man die Anstöße durch humanistische Quellen und folglich die Lektüre der Antike sowie die Erfahrung durch die Vermessung von klassischen Architekturen nicht vergessen, wozu nach damaliger Überzeugung auch das Baptisterium von Florenz gehörte.

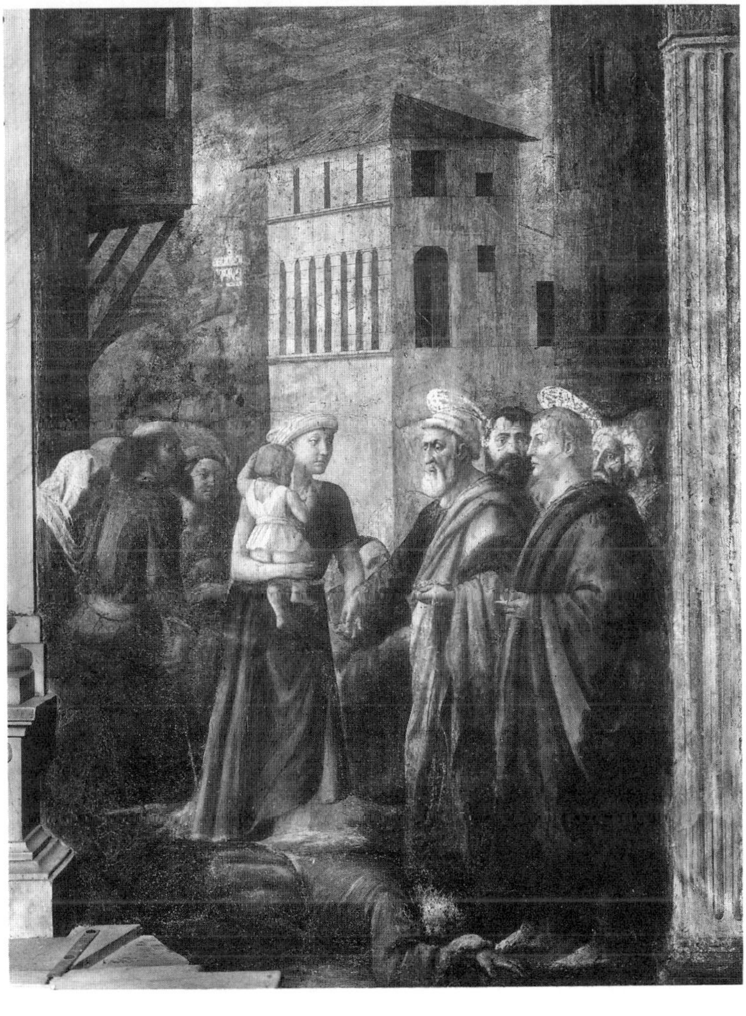

MASACCIO,
Almosen des Hl. Petrus, 1425–1428
Florenz, Chiesa del Carmine,
Cappella Brancacci

DOMENICO VENEZIANO,
Wunder des Hl. Zenobius, um 1445
Ausschnitt aus der Predella aus
Santa Lucia dei Magnoli

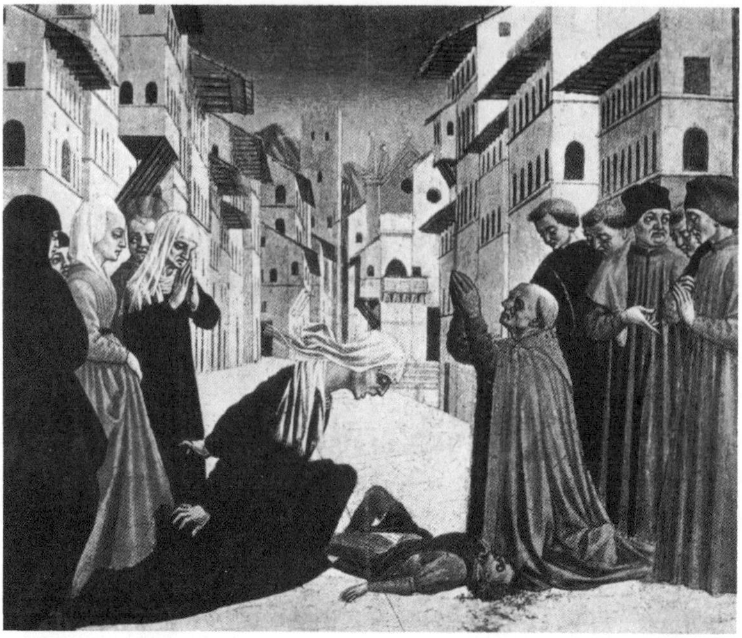

Brunelleschi hatte eine perspektivische Ansicht des Baptisteriums in Florenz gemalt, von der uns Antonio Manetti[52] bezeugt, sie mit eigenen Augen gesehen zu haben; ebenso hat er eine Ansicht der Piazza della Signoria gemalt. Wenn diese beiden Tafelbilder das einzige waren, was in der zweiten Hälfte des Quattrocento von den Experimenten Brunelleschis mit der Perspektive blieb, so ändert das nichts daran, daß er möglicherweise schon weit früher mit ihnen begonnnen hatte, woran auch der junge Donatello beteiligt war. Daß beide auf dem Gebiet der Bildhauerei zusammenarbeiteten, wird durch eine an beide geleistete Zahlung aus dem Jahr 1415 belegt; es handelt sich um das mit vergoldetem Blei verkleidete Marmormodell einer Skulptur, die auf den Pfeilern der Apsis des Domes in Florenz angebracht werden sollte[53]. Wahrscheinlich verdankt sich auch das Wiedererstehen einer antiken Technik wie der Skulptur in Terracotta, die im Mittelalter verschwunden war, denselben Experimenten; denn kurze Zeit zuvor, 1411, hatte Donatello für dieselben Pfeiler eine große Terracottafigur gefertigt[54]. Tatsache ist, daß das Relief, das Donatello um 1416 als Predella für den *Hl. Georg* für eine der Nischen von Orsanmichele ausführte, in direktem Zusammenhang mit den Forschungen Brunelleschis über die Per-

DONATELLO,
Der Kampf des Hl. Georg mit dem Drachen, um 1416

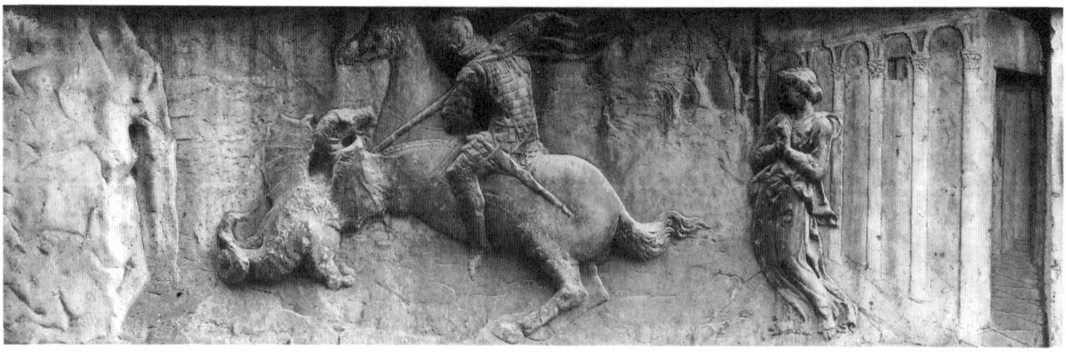

spektive steht und vielleicht sogar eine bestimmte Phase davon dokumentiert. Stark zentralisiert mit der Felshöhle des Drachens als unregelmäßiger Kulisse zur Linken und einem Bauwerk mit Laubengang und einem Bodenbelag mit quadratischen Fliesen zur Rechten, dessen Flucht ihr Zentrum auf dem Rücken des Reiters hat, kann man es als erste wissenschaftliche Konstruktion der Perspektive nach der Antike bezeichnen. Der Einwurf, die Fluchtlinien würden nicht vollkommen exakt auf ihr Zentrum konvergieren, kann nur von Kunstgeschichtlern aus dem Atomzeitalter kommen. Nicht einmal die Reliefs des Altars für den Hl. Antonius in Padua sind in dieser Hinsicht vollkommen zufriedenstellend, und doch stellen sie einen der Knotenpunkte für die Verbreitung der perspektivischen Sichtweise in Italien dar. Andererseits genügt es, das Relief von Orsanmichele mit der zeitgenössischen florentinischen Produktion sowohl auf dem Gebiet der Bildhauerei als auch der Malerei zu vergleichen, um sich über die absolute Neuheit klar zu werden, die es für die Darstellung des Raumes bedeutet. In diesem Sinn muß man berücksichtigen, daß sich die Konzeption des Reliefs an der Predella von Orsanmichele in einem solchen Maße verändert hat, daß sie fast zur planen Fläche geworden ist. Diese Technik, die als »stiacciato« (Flachrelief) bekannt ist, wurde vielleicht von den Randzonen in Ghibertis Reliefs für das Nordportal des Baptisteriums[55] angeregt; Donatello verwendet sie für die Anforderungen des perspektivischen Aufbaus, der zu seiner Realisierung einer planen Oberfläche bedurfte. So gelingt es Donatello, den Eindruck einer viel größeren Weite als tatsächlich vorhanden zu erwecken[56]: einer Weite, in der auch die bewaldeten Hügel in der Ferne und der wolkenverhangene Himmel Platz finden. Dies ist ein weiterer Bezugspunkt zwischen Donatellos Relief und den perspektivischen Experimenten von Brunelleschi. In der Tat sagt Manetti, daß in dem kleinen Tafelbild mit der Ansicht des Baptisteriums »[...] der Himmel soweit gezeigt werden sollte, daß das Mauerwerk des Bildes in die Luft überging. Er war durch bruniertes Silber dargestellt, auf daß sich darinnen die Luft und der natürliche Himmel spiegelten und ebenso die Wolken, die man in jenem Silber vom Winde getrieben erkennt, wie es der Fall ist, wenn er tüchtig bläst«[57].

Während des gesamten Trecento hatte jedes räumliche Experiment als symbolische Grenze den goldenen Untergrund bei den Tafelgemälden und das entsprechende Blau bei den Fresken gehabt. Auch die strikteste Konstruktion von Räumen hatte sich immer an dieser unüberschreitbaren transzendentalen Grenze gebrochen (einzige, außerordentlich bezeichnende Ausnahme ist der Himmel jenseits der Fenster von Giottos fingierten »Chornischen« in Padua). Mit der Perspektive wird der natürliche und weltliche Raum in seiner Totalität erobert, also ohne jede transzendentale Grenze; und das erneute Auftauchen des Himmels und der Atmosphäre stellt eines der charakteristischen Zeichen dafür dar. Die Tatsache, daß das in der Malerei erstmals in der Predella der *Anbetung der Könige* von Gentile da Fabriano im Jahr 1423 auftaucht und nicht im Hauptteil der Altartafel, steht ebenfalls in einer gewissen Beziehung zu dem Relief *Der Hl. Georg tötet den Drachen* von Donatello, das ebenfalls einmal eine Predella war. Es ist wahrscheinlich, daß das keine Folge der naturalistischen Intentionen spätgotischer Art des Malers aus Fabriano war, sondern eine Folge der Kontakte mit dem florentinischen Umfeld, in dem diese Experimente bereits stattgefunden hatten. Tatsächlich hatte Gentile da Fabriano im Polyptychon von Valle Romita (jetzt in der Brera) oder in der Predella mit der *Steinigung des Hl. Stephan* (Gemäldegalerie in Wien) Gold als Untergrund für seine Szenen verwendet. In Florenz und in der Toskana hat die Predella im dritten Jahrzehnt des Quattrocento dagegen systematisch den azurblauen Untergrund des atmosphärischen Himmels; dies gilt auch für nicht erstrangige Künstler wie Giovanni Toscani (siehe die von ihm stammende Tafel in der Galleria dell'Accademia in Florenz mit der *Stigmatisierung des Hl. Franziskus* und ein *Wunder des Hl. Nikolaus,* die einen Teil der Predella eines Polyptychons bilden, das mit fast völliger Gewißheit aus den Jahren 1424–25 stammt)[58]. Masaccio, der 1401 geboren wurde, kann seine Tätigkeit etwa 1420 begonnen haben; die Tafeln der Predella seines Polyptychons für Santa Maria del Carmine in Pisa von 1426, das sich heute in Teilen in Berlin befindet, haben sämtlich einen Wolkenhimmel.

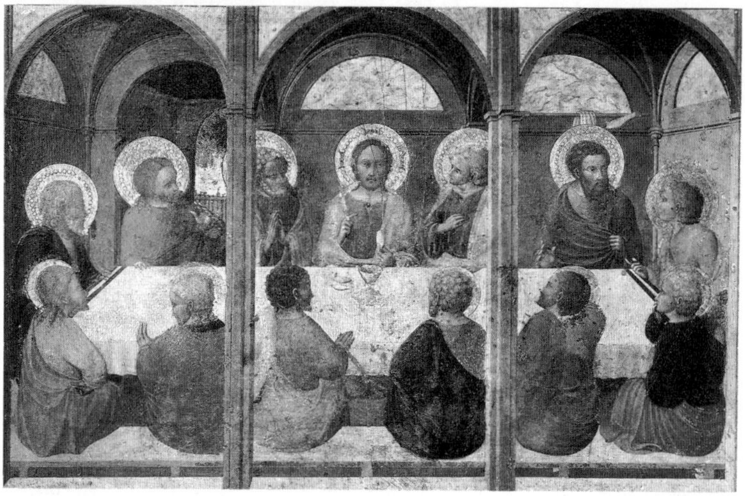

SASSETTA,
Abendmahl, 1423–1426

Zu diesem Zeitpunkt hatte die neue perspektivische Sichtweise bereits, wenn auch vorerst sicher nur geringfügig, die Mauern der Stadt Florenz überschritten. Zwischen 1423 und 1426 tritt Sassetta erstmals in Siena mit dem Polyptychon der Arte della Lana auf; in der Predella wickeln sich die »Geschichten« in natürlichen, mit dem atmosphärischen Himmel grundierten und genauestens perspektivisch gestalteten Räumen ab.

Die Fresken von Masaccio in der Cappella Brancacci in Santa Maria del Carmine haben alle einen atmosphärischen Himmel – auch die, die in Gemeinschaftsarbeit mit Masolino ausgeführt wurden. Ihre rigorose perspektivische Konstruktion erreicht den Höhepunkt mit den beiden Bildern *Petrus heilt durch seinen Schatten* und *Petrus gibt Almosen,* die sich beide zu Seiten des Altars im unteren Bereich befinden. Diese denkwürdigen Szenen, die in vielleicht sogar wiedererkennbaren florentinischen Straßen angesiedelt sind, werden vereint durch den gemeinsamen Fluchtpunkt in der Mitte der Wand, außerhalb der bemalten Flächen[59].

Die entschieden rigoroseste und systematischste Perspektivkonstruktion Masaccios ist das Fresko der *Dreifaltigkeit* in Santa Maria Novella. Hier wird eine extrem weltliche und natürliche Interpretation für ein so transzendentes Thema gegeben, dessen ikonographische Vorläufer die zahlreichen spätgotischen Versionen des sogenannten *Tronum Gratiae* bilden. Das Engagement für die Perspektive und die antikisierende Kultur in den architektonischen Darstellungen dieses

Freskos verleihen ihm einen intellektualistischeren Aspekt, als man das nach den anderen Arbeiten des Malers erwarten würde; und in diesem Sinne verdient die von mehreren Seiten vorgebrachte Hypothese einer Mitarbeit Brunelleschis Beachtung[60]. Das Werk stellt, soviel ist sicher, eine Art Manifest der kommenden perspektivischen Malerei dar; und es war wahrscheinlich der Bezugspunkt für Leon Battista Alberti und seinen Traktat *Bella Pittura* von 1436, der ausgerechnet Brunelleschi gewidmet ist. Die *Dreifaltigkeit* von Santa Maria Novella ist in all ihren Teilen vollkommen rational und so aufgebaut, daß die Horizontlinie auf der Blickebene des Beobachters liegt, d. h. in Entsprechung zur Ebene des fiktiven Altars, so daß der Raum, in dem die Figuren Platz finden, in Untersicht gesehen ist. Der räumliche Illusionismus kommt so vollkommen zum Ausdruck, daß Vasaris Enthusiasmus gerechtfertigt ist (man habe den Eindruck, »daß es die Mauern zu durchdringen scheint«)[61]. Der Eindruck auf die Zeitgenossen, die bestenfalls an Bilder wie die von Lorenzo Monaco gewöhnt waren, muß überwältigend gewesen sein; und beinahe entweihend mußte der irdische Charakter der heiligen Figuren erscheinen, die alle denselben Raum bewohnen und mit demselben Körper und denselben Dimensionen dargestellt werden wie die beiden unschwer erkennbaren Auftraggeber.

Die künstlerische Vision des Masaccio richtet sich vollkommen organisch auf eine ganz und gar irdische Menschheit. Die physische »Häßlichkeit« der Gesichter, die erbarmungslos von den nicht zu übersehenden Schatten unter den Augen und tiefen Falten gezeichnet und von der Notwendigkeit, sie durch die Darstellung der Augen in der Flucht dreidimensional darzustellen, deformiert sind, kehrt sich um in einen heroischen Stolz mit bedeutungsvollen Gesten, dem intensiven und konzentrierten Blick, der Schicksalhaftigkeit der Haltungen und dem feierlichen Fall der Gewänder. Im Vergleich zu einer so strengen und bedingungslosen Sichtweise hat die nachfolgende Generation eine gelöstere, heiterere und stärker kolorierte Konzeption der Malerei entwickelt, die sich paradigmatisch im Altarbild von Santa Lucia dei Magnoli von Domenico Veneziano verdichtet, das sich heute in den Uffizien befindet.

Zwischen 1430 und 1440, während außerhalb von Florenz Masolino mit schwierigen und unwahrscheinlichen Perspektiven die Erinnerung an seine Zusammenarbeit mit Masaccio wachhält, ergibt sich auch im Florentiner Umkreis nach dem Tod des großen Neuerers ein merklicher Stillstand. Viele Maler verhalten sich weiterhin so, als hätte Masaccio überhaupt nicht existiert; andere wieder sind von ihm stark beeindruckt, ohne daß sich allerdings ihre »Bestürzung«[62] in eine kohärente Sprache übersetzen würde. Es sind die Bemalungen von Truhen, in denen am sichtbarsten seine Anregungen aufgenommen werden. Und einer der Produktivsten in dieser Richtung war vielleicht sein Bruder, Giovanni di ser Giovanni, genannt Lo Scheggia, den man mit der anonymen Gruppe identifizieren kann, die als »Maestro del Cassone Adimari« bekannt ist[63]. Auf jeden Fall ist es erwiesen, daß der Raum als Bild von Straßen und Plätzen der Stadt – womit Masaccio in der Cappella Brancacci der Carmine-Kirche begonnen hatte – in dieser künstlerischen Sparte die direktesten Reflexe findet, und die Ansicht vieler alter Orte der Stadt Florenz aus dem Quattrocento verdanken wir vor allem der Truhenbemalung.

Die intelligenteste Bezugnahme auf Masaccio stammt – und zwar zu einem sehr frühen Zeitpunkt – von Fra Angelico. Vielleicht gibt es in der Geschichte der abendländischen Kunst keinen zweiten Fall, in dem

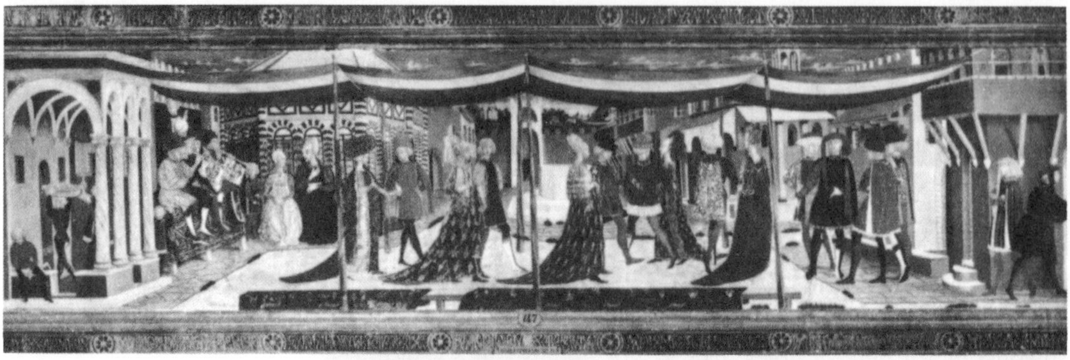

GIOVANNI SCHEGGIA,
Hochzeitstruhe der Adimari, um 1450

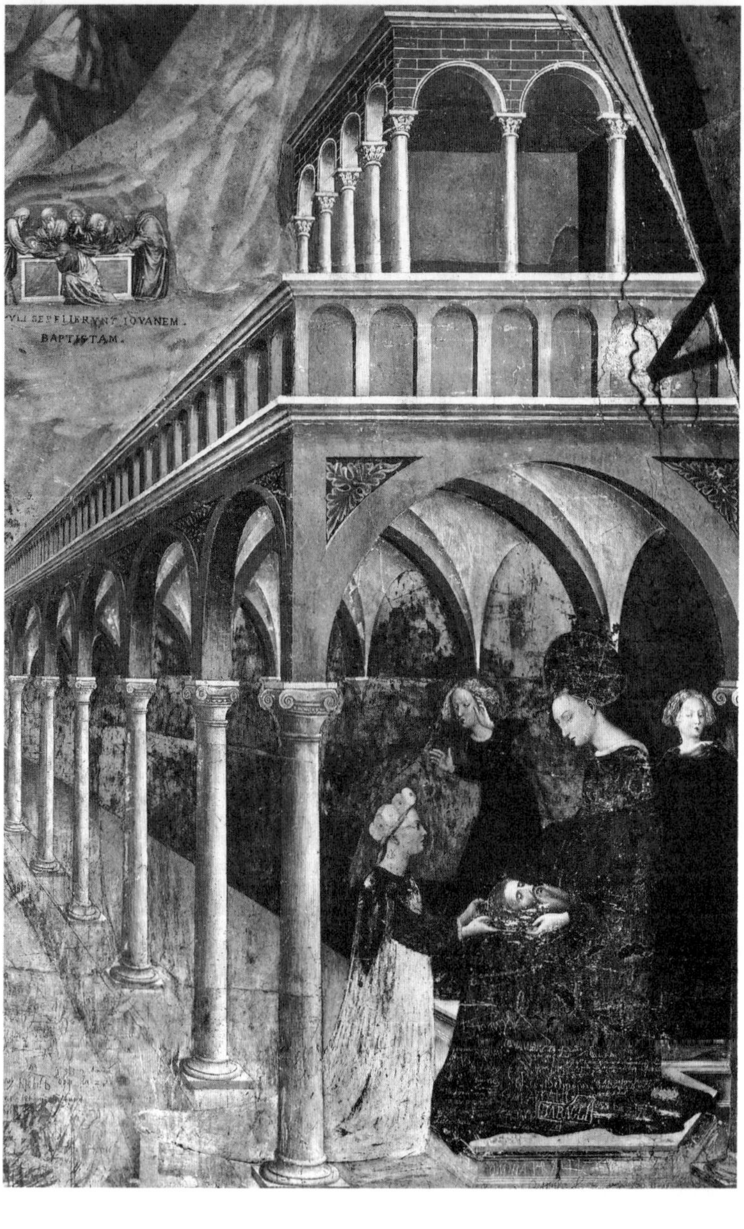

MASOLINO,
Gastmahl des Herodes, um 1435
Ausschnitt
Castiglione Olona, Baptisterium

aus den Werken so deutlich die religiöse Haltung ihres Schöpfers hervortritt – und doch ist es ausgerechnet dieser erste Künstler, der eine »fromme« Kunst schafft und der folglich als Gegensatz die weltliche Ausrichtung der Kunst Masaccios noch unterstreicht, der zugleich als erster den Dialog mit dem großen Neuerer aufnimmt: »Wenige Bilder nur zeigen im gleichen Ausmaß [wie die *Namensgebung Johannes des Täufers* im Museum von San Marco] die geniale Intuition des subtilsten perspektivischen Moments bei Masaccio, wie man sie im Geburtsteller in Berlin lesen kann.«[64] Und was soll man von der *Verkündigung* in Cortona, den *Szenen aus der Franziskuslegende* in den Staatlichen Museen in Berlin oder der *Krönung Mariae* im Louvre sagen? In diesem letzten Gemälde ist die »Geschichte« in einem Ambiente angesiedelt, das sicherlich ein Saal im Paradies sein soll, das sich aber nicht sehr von irgendeinem Kirchenraum dieser Welt unterscheidet; auf dem Boden, der nach den Grundsätzen eines eindrucksvollen perspektivischen Illusionismus konstruiert ist, knien die Heiligen nieder und geben so auf wunderbare Weise das Maß für die Räumlichkeit. Man muß zugestehen, daß im Verhältnis dazu der spätere Altar der Linaioli (1433) einen gewissen Rückschritt bezeichnet.

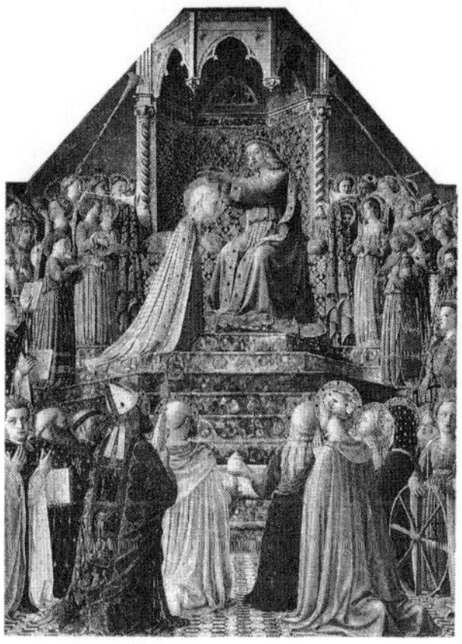

FRA ANGELICO,
Krönung Mariae, um 1430
Ausschnitt

In eben diesem Jahrzehnt bringt nicht einmal das erste Auftreten von Filippo Lippi einen positiven Beitrag: Rings um seine *Madonna* von Tarquinia aus dem Jahr 1437 ist beinah wieder ein steil aufsteigender Raum.

Einmal mehr beziehen sich die, die an der Rekonstruktion der Perspektive das größte Interesse haben, auf Filippo Brunelleschi. In seinem Namen publiziert Alberti 1436 den Traktat *Della Pittura,* in dem es scheint, als sei die sichtbare Welt nichts anderes als ein Ensemble im Raum angeordneter Teilmengen: »Wenn wir etwas sehen, dann sagen wir, es handelt sich um eine Sache, welche einen Raum einnimmt«[65]. Ebenfalls im Stil Brunelleschis ist die Sagrestia Vecchia von San Lorenzo, in der Donatello zum ersten Male in der Geschichte der modernen Kunst beim Stucktondo mit der *Himmelfahrt des Evangelisten Johannes* die Untersicht erprobt. Und Antonio Manetti, der Brunelleschi sehr nahe steht, führt die ersten perspektivischen Intarsien in der Sakristei des Domes von Florenz aus[66], und zwar höchstwahrscheinlich unter den Augen von Brunelleschi selbst.

Dann kommt 1439 Domenico Veneziano mit Piero della Francesca als seinem jungen Gehilfen nach Florenz, um einen Freskenzyklus in der Kirche Sant'Egidio auszuführen. Die Zerstörung dieser Fresken[67] hat uns möglicherweise des höchsten Zeugnisses der Malerei der auf Masaccio folgenden Generation beraubt. Diese Vermutung wird nahegelegt durch das Altarbild von Domenico Veneziano für Santa Lucia de' Magnoli, das sich heute in den Uffizien befindet. Hier finden – wie in einem wunderbaren Schauspiel und eingetaucht in ein ganz klares und frühlingshaftes Licht – die Räume, die Volumina, das Licht und die Farben eine unnachahmliche Behandlung. Die Perspektive scheint hier ein exzellenter Kunstgriff geworden zu sein, der eine erstaunliche Präzision in der Verzahnung von Räumen und Volumen erlaubt: Man beachte, wie die Füße der Heiligen auf dem perspektivisch verkürzten Fußboden das Maß für den Raum abgeben, der von den vier Heiligen eingenommen wird, oder wie das Volumen des Oberkörpers der Hl. Katharina durch die Drehung des freiliegenden Halses definiert wird, der mit der Präzision eines Zeigers v-förmig in den Mittelpunkt fällt. Nachdem sich die Polemik Masaccios gegenüber der Kunst seiner Zeit nun abgeschwächt hat, halten die kostbaren Farben, die rhythmi-

links:
DONATELLO,
Die Himmelfahrt des Evangelisten Johannes, um 1435
Ausschnitt
Florenz, San Lorenzo, Alte Sakristei

rechts:
DOMENICO VENEZIANO,
Altarbild aus Santa Lucia de' Magnoli, um 1440–1450

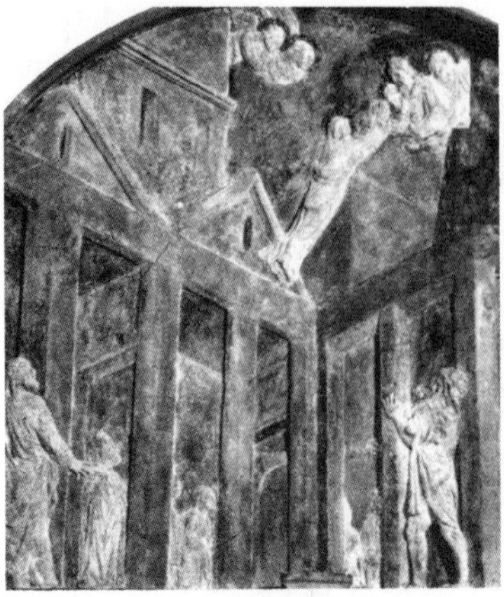

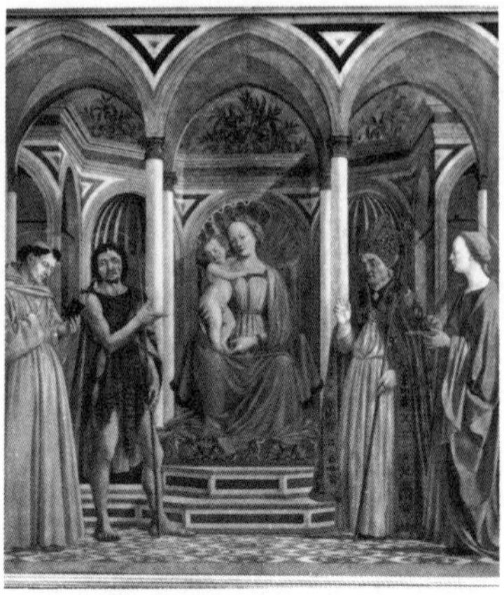

sche Kadenz und sogar der Spitzbogen erneut Einzug in die Malerei. Die ungetrübte Helligkeit, die auch die Schatten vollkommen durchscheinend macht und den Farbgrundierungen den Glanz von Edelsteinen verleiht, stellt einen Effekt dar, der bereits seit einiger Zeit erprobt worden sein muß, denn schon 1432 zeigte der Sieneser Domenico di Bartolo einen Reflex davon in seinem Meisterwerk *Madonna dell' Umiltà* in der Pinakothek von Siena. Und Vecchietto wird, ebenfalls in Siena und auf der gleichen Ebene, diesen Weg mit ihm weitergehen.

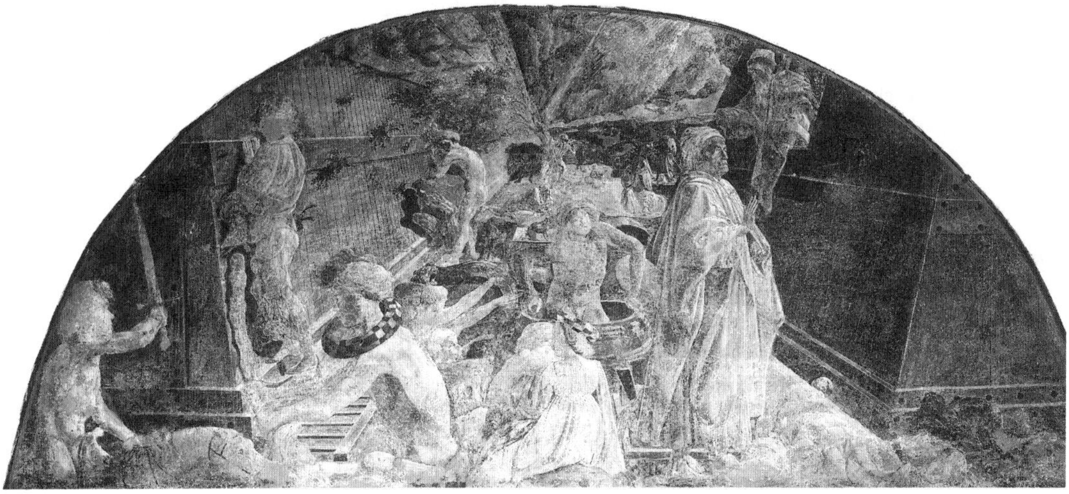

PAOLO UCCELLO,
Die Sintflut, um 1450
Florenz, Kreuzgang von Santa Maria Novella

Es ist außergewöhnlich, daß in Florenz ein Maler wie Paolo Uccello, der bisweilen Domenico Veneziano so nahe steht und intensiv perspektivisch experimentierte, sich sogar noch mit den drei großen Tafelbildern der *Schlacht von San Romano* in einer Atmosphäre bewegt, die noch etwas von der gotischen Düsternis eines Gentile da Fabriano hat; seine Studien zur »sanften Perspektive« führen oft ins Bizarre. Die *Sintflut* im grünen Kreuzgang von Santa Maria Novella, fast völlig ohne Wasser dargestellt, ist die Rekonstruktion einer Straße der Stadt, der zwei Archen Noahs in Pyramidenform – wie die des Ghiberti auf der Paradiestür des Baptisteriums – beigefügt sind, wobei die eine von vorne, die andere von der Seite gesehen ist, so daß sie zwei aufeinanderfolgende Episoden derselben »Geschichte« bezeichnen: die eine während der Sintflut, als die Arche hermetisch geschlossen ist, und die andere gegen Ende der Sintflut, wenn sich Noah in einer Öffnung der Arche zeigt, um die Taube fliegen zu lassen. Und was soll man zur *Schlacht von San Romano* sagen, wo die abgebrochenen Lanzen sich auf dem Boden so verteilt haben, daß sie dieselben perspektivischen Anhaltspunkte liefern wie ein gekachelter Bodenbelag?

Von Andrea del Castagno, der seine Figuren zu konzipieren scheint, als seien es Skulpturen aus Bronze oder Stein, gibt es den denkwürdigen perspektivischen Raum des *Abendmahls* aus dem Refektorium von Santa Apollonia in Florenz. Auch für ihn erlangt der perspektivische Raum eine spektakuläre Bedeutung wie bei Domenico Veneziano und später bei Piero della Francesca.

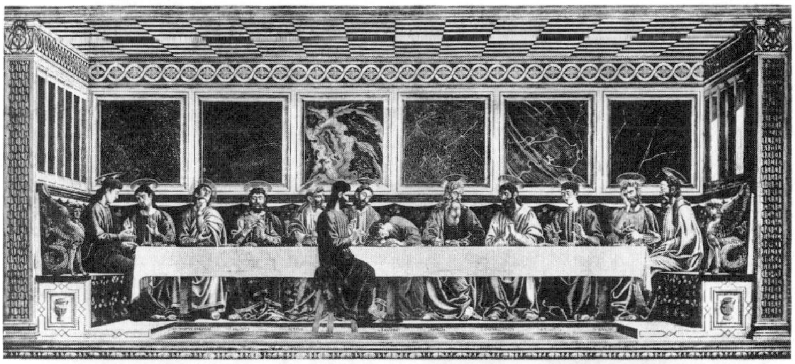

ANDREA DEL CASTAGNO,
Abendmahl, um 1450

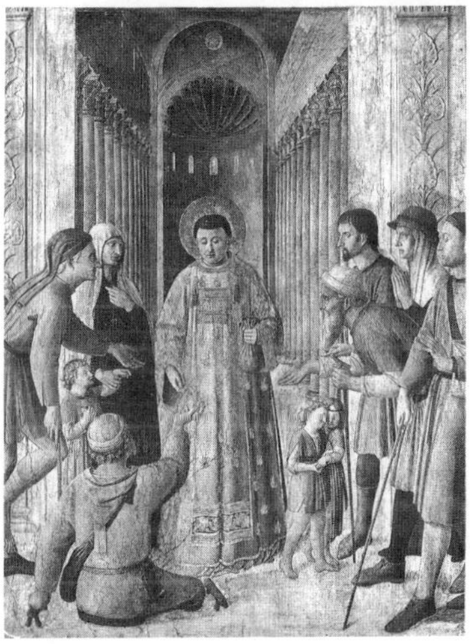

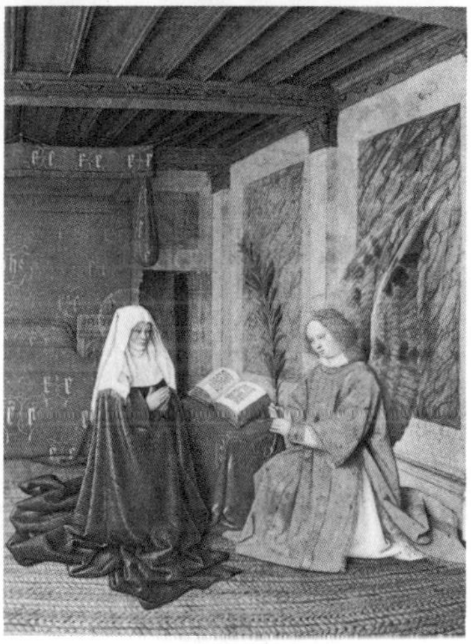

links:
FRA ANGELICO,
Der Hl. Laurentius verteilt Almosen,
um 1448–1450
Ausschnitt
Vatikan, Cappella Niccolina

rechts:
JEAN FOUQUET,
Verkündigung, Stundenbuch des
Etienne Chevalier, um 1450

Parallel zu den Aktivitäten von Domenico Veneziano in Florenz erneuert sich die Malerei Fra Angelicos, getragen von einer kristallnen Transparenz und einem gewachsenen humanistischen Engagement. Das Bild für den Hauptaltar der renovierten Kirche San Marco, die 1443 geweiht wurde, muß für die perspektivische Malerei der Renaissance (als man es noch in einem ganz anderen Zustand als dem katastrophalen von heute betrachten konnte) und vielleicht sogar für Piero della Francesca einen Bezugspunkt dargestellt haben. Vom außerordentlichen Fresko *Madonna mit Kind und Heiligen* im Korridor des Dormitoriums von San Marco über das Polyptychon in Perugia bis hin zu den späten Fresken der Cappella Niccolina im Vatikan wird das Bemühen, die Dinge sichtbar zu machen, so subtil, daß man fast annehmen kann, die flämische Malerei sei schon so früh bekannt gewesen – mit Resultaten, die auf verblüffende Weise denen eines Jean Fouquet, des großen französischen Malers und Miniaturisten, ähneln, der Italien mit Sicherheit vor 1447 bereist hat[68].

Die Verbreitung der perspektivischen Sichtweise

Die Erfahrung der Perspektive in Florenz wird auf einem nicht bloß technischen Niveau, sondern auch theoretisch durchdacht, von Piero della Francesca zusammengefaßt. Der Enthusiasmus über die Entdek-

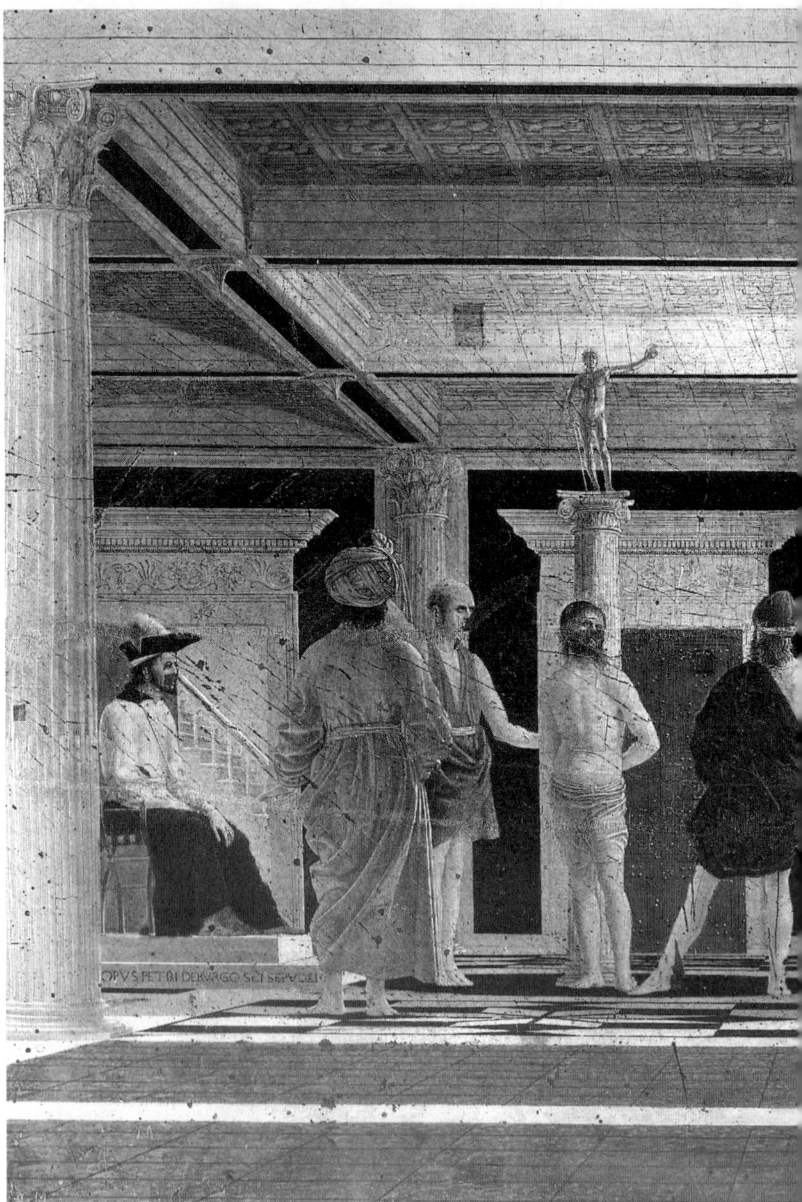

PIERO DELLA FRANCESCA,
Geißelung Christi, um 1450
Urbino, Palazzo Ducale

kung der Perspektive ist noch so groß, daß er sogar die Malerei überhaupt mit der Perspektive in eins setzt: »Die Malerei ist nichts anderes als die Demonstration von Flächen und Körpern, welche verkleinert oder vergrößert werden, je nachdem wie die wirklichen vom Auge wahrgenommenen Dinge unter verschiedenen Winkeln sich darstellen.«[69] Seine *Geißelung Christi* aus Urbino ist vielleicht das repräsentativste perspektivische Konstrukt, das die Malerei des Quattrocento hervorgebracht hat. Hier erscheint die Gliederung des Raums ziemlich komplex, aber ohne jede Forcierung oder Künstlichkeit. Und im übrigen würde die unglaublich lichte Transparenz schon ganz allein jedweden Exhibitionismus einer perspektivischen Doktrin aufwiegen. Und

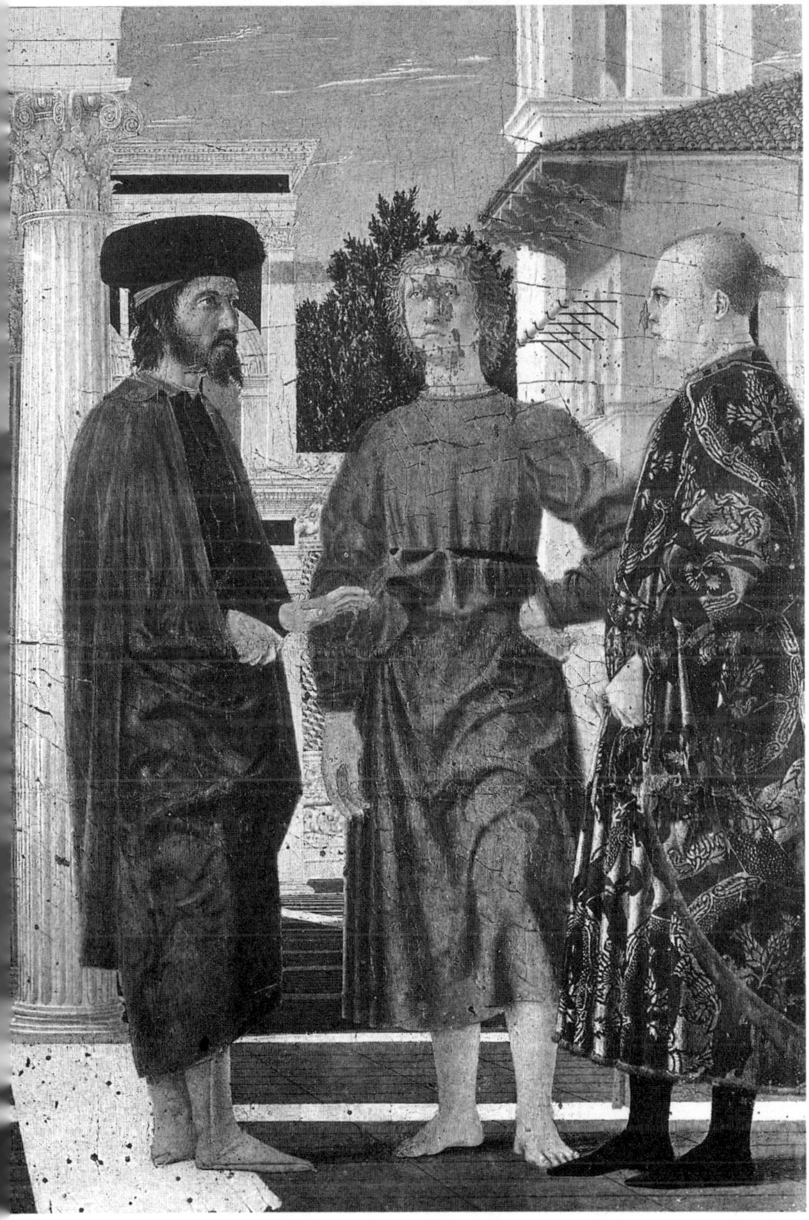

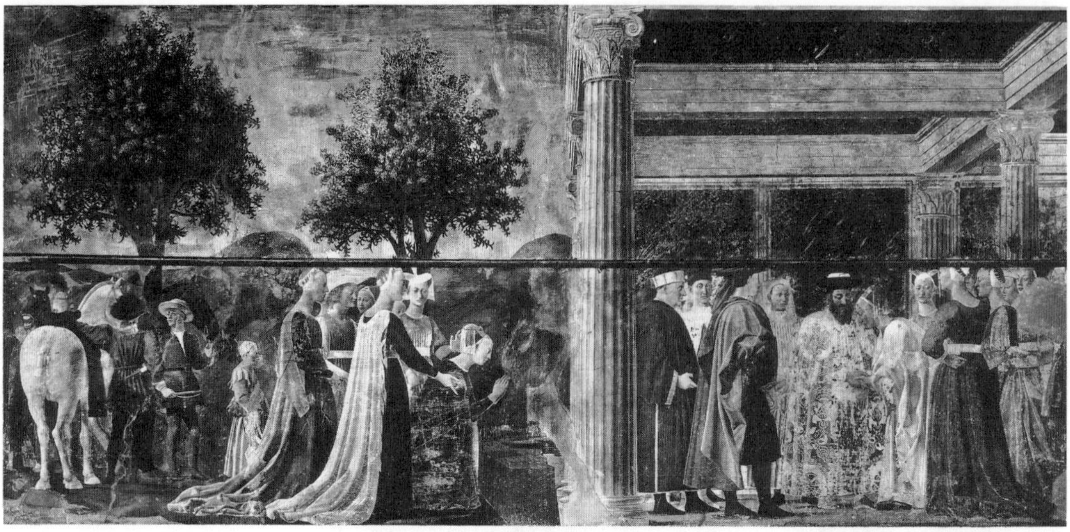

PIERO DELLA FRANCESCA,
Salomon und die Königin von Saba,
um 1455
Arezzo, San Francesco

ebenso läuft die Feierlichkeit der Personen nie Gefahr, unmenschlich zu werden, denn sie wird in warmen und zugleich kostbaren Farben dargestellt. Für uns heute sind die komplexeste und engagierteste Äußerung der Kunst Piero della Francescas die Fresken im Chor der Kirche San Francesco in Arezzo, die in den fünfziger Jahren ausgeführt wurden; für ein endgültiges Urteil müßte man freilich seine Arbeiten aus Rom und Ferrara kennen oder noch andere, von denen wir gar nichts wissen. Tatsache bleibt, daß der weitgesteckte Wirkungskreis von Piero della Francesca, der in der Toskana, im Herzogtum Urbino und in Rom tätig war, dazu führt, daß die Perspektive in der bildnerischen Darstellung über die Mauern von Florenz hinaus wirksam und italienisch wird.

Für die Verbreitung der perspektivischen Sichtweise war seine Tätigkeit ebenso wichtig wie der Aufenthalt Donatellos in Padua. Die Bronzereliefs zum *Leben des Hl. Antonius* für den Altar des Heiligen sind die engagiertesten perspektivischen Konstruktionen, die Donatello uns hinterlassen hat. Dieses Engagement überträgt sich sogar in eine förmlich besessene Spannung, die die bildende Kunst – und vor allem die Malerei – Venetiens, der Lombardei und Emiliens in den Jahrzehnten unmittelbar nach der Jahrhundertmitte charakterisiert. Während sogar Künstler einer spätgotischen Tradition wie Pisanello, Antonio Vivarini oder Jacopo Bellini sich mit perspektivischen Übungen befassen und sie mit Zitaten aus der Antike schmücken, malt Andrea Mantegna in der Cappella Ovetari der Eremitani-Kirche in Padua die ersten Fresken Norditaliens, die organisch nach den Regeln der Perspektive aufgebaut sind. Wie die Fresken der Abschlußwand der Cappella Brancacci haben auch die der Cappella Ovetari einen Fluchtpunkt, der außerhalb der einzelnen Szenen liegt, und erwecken die Illusion einer vollkommen natürlichen und wahren Räumlichkeit. Die bildnerische Darstellungsweise von Mantegna, die voller gebildeter und archäologischer Bezüge ist, welche von Donatello bis zur Antike reichen, findet im Altarbild von San Zeno in Verona einen Weg, die Struktur des Polyptychons mit den Seitenflügeln, deren Tradition in Venetien aus der Gotik noch überlebt hatte, zu verbinden, und zwar durch eine Konstruktion nach Art der Renaissance, in der die Elemente des Rahmens zur Fassade einer offenen architektonischen Struktur werden, die in illusionisti-

gegenüber:
ANDREA MANTEGNA,
Der Hl. Jakob tauft Hermogenes,
1448–1450

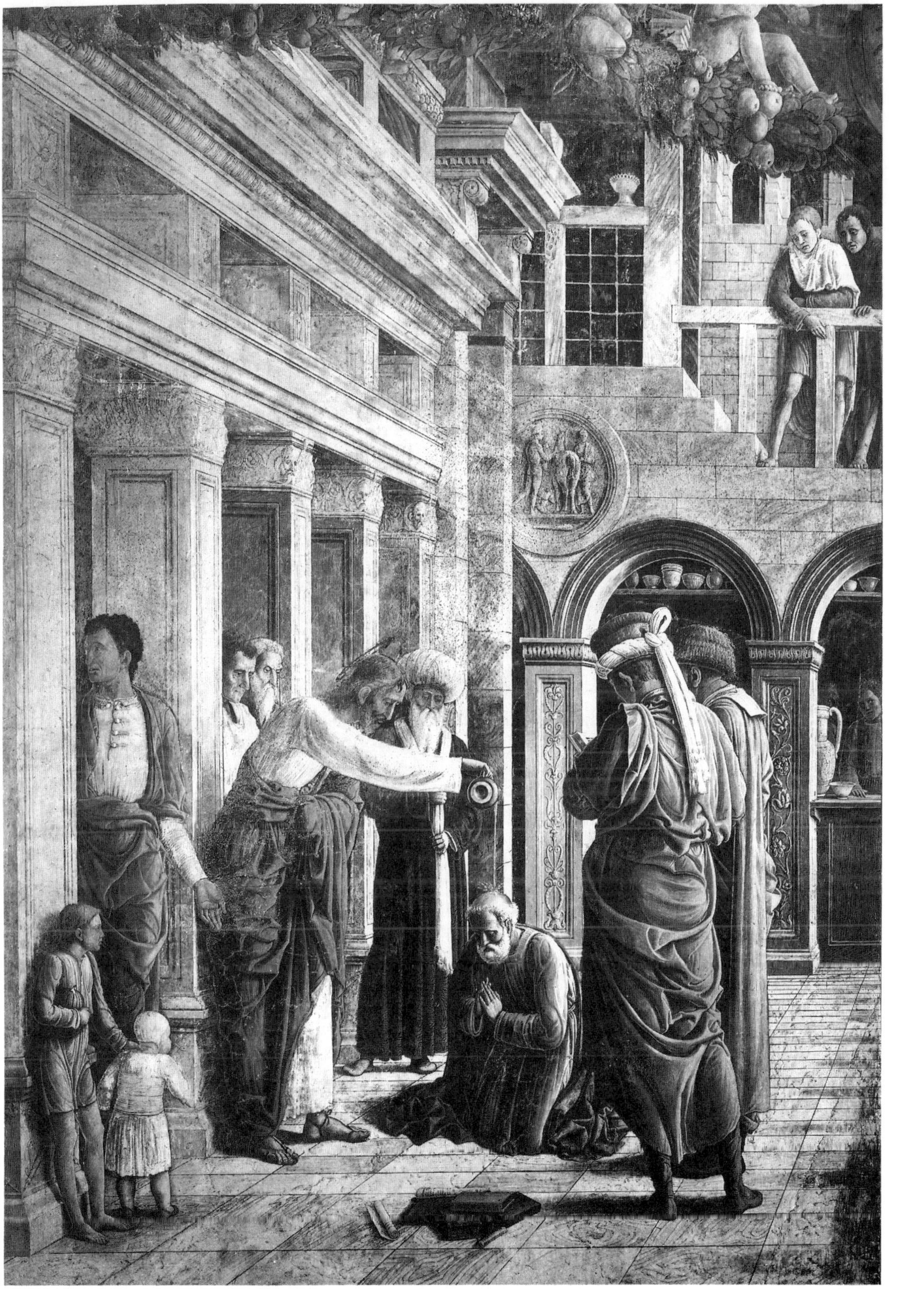

ANTONELLO DA MESSINA,
Der Hl. Hieronymus im Gehäuse,
um 1470

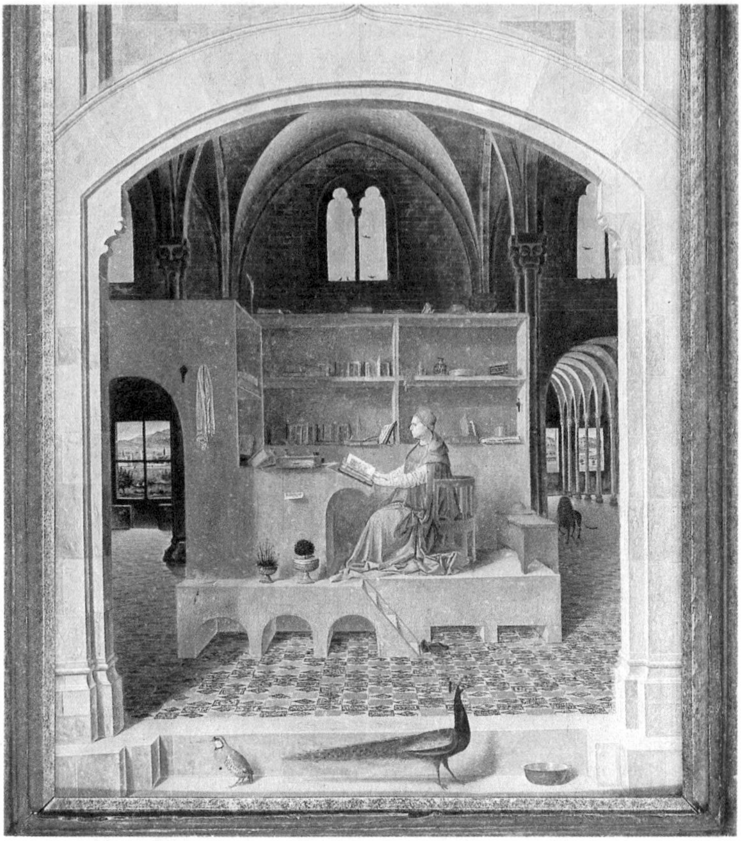

scher Manier auf die Tafel gemalt und von den Figuren der Protagonisten bevölkert wird. Dies ist eine Idee, die möglicherweise mit Donatellos Altar für den Hl. Antonius entstand und die Verbreitung in Norditalien finden wird, von den Altarbildern Giovanni Bellinis bis zu architektonischen Polyptychen der Lombardei aus dem Ende des Quattrocento.

Es muß daran erinnert werden, daß um die Mitte des Jahrhunderts und zuweilen auch darüber hinaus ein großer Teil Italiens noch immer den Entwicklungen der internationalen Gotik verhaftet bleibt, wie etwa die fabulierende Lombardei der Zavattari und des Bonifacio Bembo, oder von der flämischen Kultur erobert wird, wie etwa das Ligurien des großen Donato de' Bardi[70], die Marken des Antonio da Fabriano oder das Süditalien des Colantonio und des jungen Antonello da Messina. Aber gerade die künstlerische Laufbahn Antonellos ist bezeichnend für die veränderte Richtung der italienischen Malerei unter dem Eindruck der Erneuerung durch die Perspektive, wie sie von Donatello und Piero della Francesca verbreitet wurde. In der Tat beginnt der bedeutende Maler aus Messina mit Werken wie der *Kreuzigung* von Sibiu, wo die Natur mit den Augen eines Jan van Eyck erforscht wird; setzt seine Arbeit fort mit Werken wie dem *Hl. Hieronymus im Gehäuse* in der National Gallery in London, wo der Halbschatten aus den flämischen Gemälden sich in die noch gotischen Strukturen der Architektur einnistet, die aber schon in eine perspektivische Sprache der Malerei übersetzt ist; und malt schließlich mit dem *Hl. Sebastian* in Dresden aus dem Jahr 1476 eines der paradigmati-

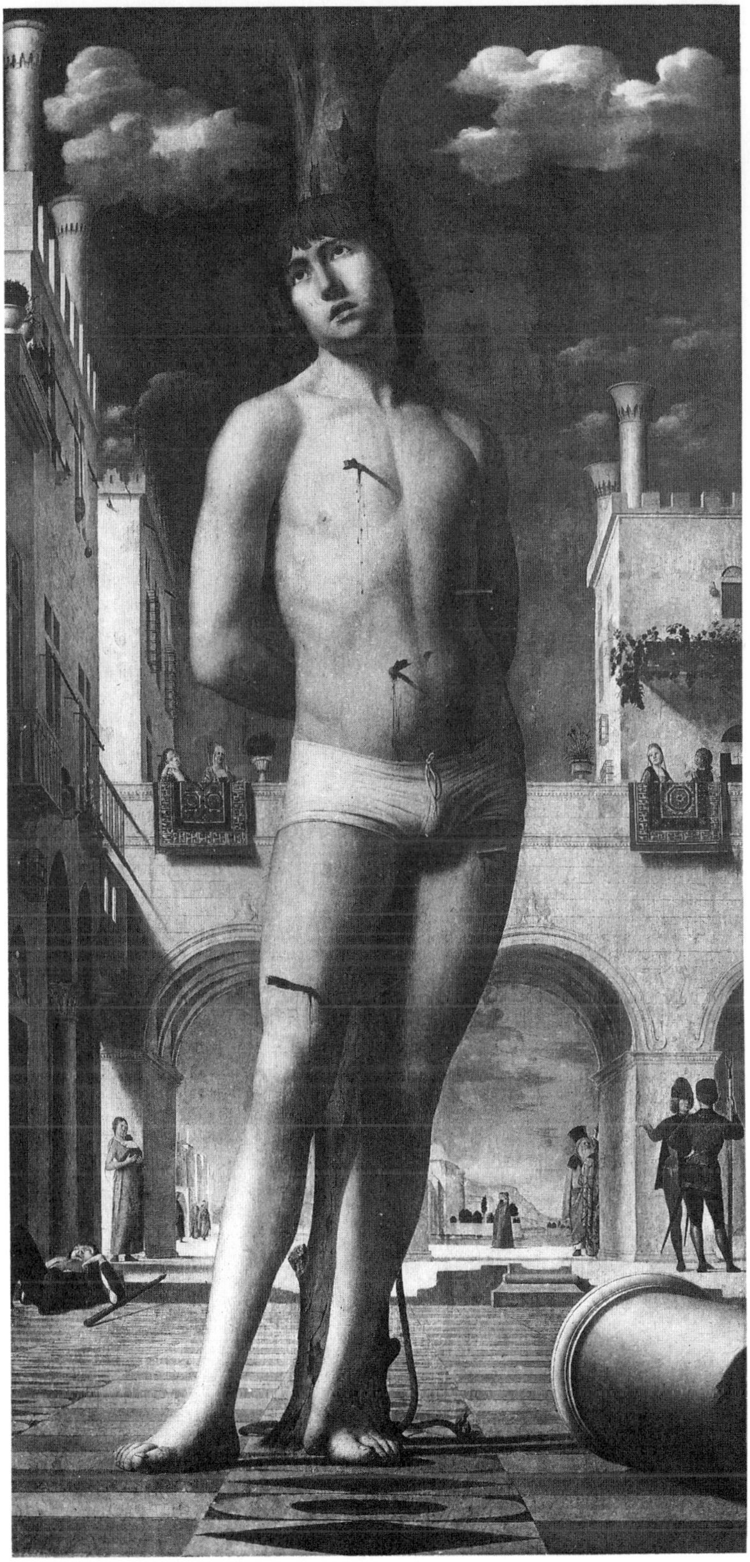

ANTONELLO DA MESSINA,
Der Hl. Sebastian, um 1476

PIETRO PERUGINO,
Legende des Hl. Bernhard, 1473

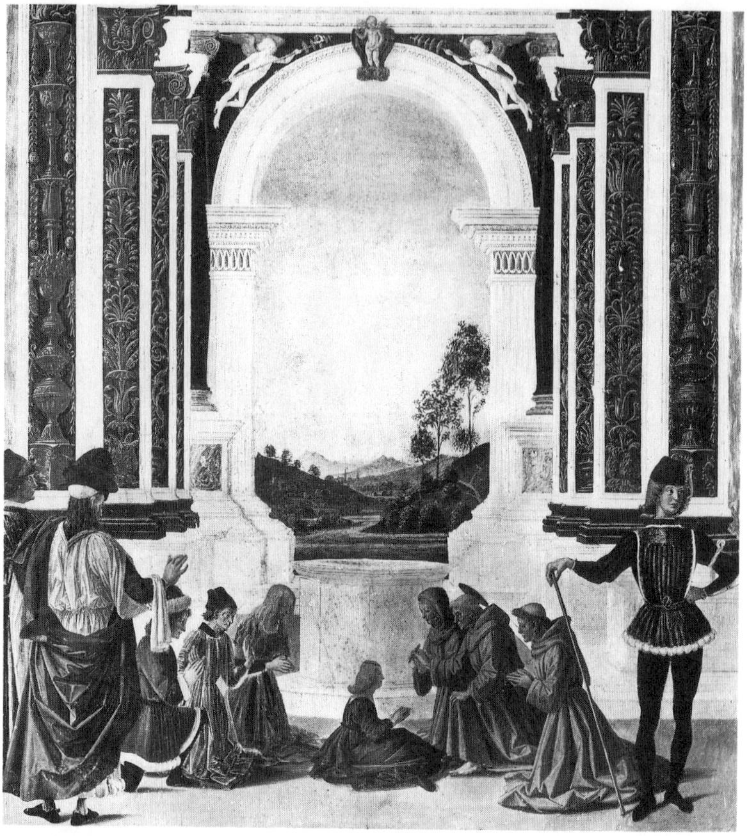

schen Werke für die italienische Konzeption der Perspektive. Hier feiert sich – wie in der *Heiligen Dreifaltigkeit* von Masaccio, im Altarbild von Santa Lucia dei Magnoli oder der *Geißelung Christi* von Urbino – der Mensch selbst: Seine körperliche Realität und die Welt, in der er lebt, werden in die unveränderliche Rationalität der geometrischen Formen übertragen.

Dennoch muß man einräumen, daß die perspektivische Sichtweise mit ihrer zunehmenden Verbreitung tendenziell jene Spannung verliert, wie sie noch für die großen Künstler der Perspektive charakteristisch war, die bis kurz nach der Mitte des Jahrhunderts tätig waren. Sie ist nicht mehr eine Art, die Malerei zu begreifen, sondern wird der Tendenz nach zu einem wissenschaftlichen Begriff, der, wenn er auch den Künstler auf eine höhere Ebene hebt als ein Jahrhundert zuvor, schlicht zu einem Bestandteil seiner Kenntnisse wird. Mit Sicherheit verhält es sich so im Florenz der zweiten Hälfte des Quattrocento, wo sogar ein antiperspektivisches Bewußtsein heranreift, das Leonardo und Michelangelo verkörpern. Sicher werden auch weiterhin Arbeiten angefertigt, in denen das Wissen der ausführenden Künstler um die Perspektive evident ist. Der herausragendste Fall sind die kleinen Tafelbilder des *Hl. Bernhard*, die Perugino und seine Mitarbeiter in enger Zusammenarbeit mit der Werkstatt des Verrocchio ausführten. Aber sogar hier hat man den Verdacht eines rein literarischen und gesuchten Exhibitionismus, der diesen Typ perspektivischer Ausarbeitungen mit ganz und gar antiperspektivischen Werken wie dem *Frühling* von Botticelli auf eine Ebene stellt. Eine Ausnahme bilden Gemälde wie der *Hl. Rochus* des Museums von Arezzo, der im Jahr 1479 von Bartolomeo della Gatta ausgeführt wurde, diesem großen Maler, der seine Ausbildung in der Werkstatt des Verrocchio, vor allem aber im Gebiet um Arezzo erfuhr, einem Gebiet also, in der die Erinnerungen an Piero della Francesca noch frisch waren. Der Hl. Rochus ist eine menschliche Gestalt, die im Raum einer Stadtansicht steht, nämlich auf dem Platz in Siena, an dem das Oratorium der Misericordia-Bruderschaft liegt, des Auftraggebers des Gemäldes. Dennoch verleihen die freie Anlage und die untergründige, diffuse Beunruhigung, die von der mageren Gestalt des Heiligen ausgeht, dem Gemälde im Vergleich zu den Arbeiten aus der ersten Hälfte des Quattrocento einen entschieden modernen Charakter.

In der zweiten Hälfte des Quattrocento stellt mehr oder weniger die gesamte italienische Kunst unter Beweis, daß sie sich die perspektivische Sicht zueigen gemacht hat. In Siena belegen dies die Spätwerke von Vecchietta oder auch die Gemälde von Francesco di Giorgio, der sich sehr bald vor allem als Architekt betätigen wird. In Umbrien schaffen die Besuche Domenico Venezianos, Fra Angelicos und Piero della Francescas ein höchst dichtes kulturelles Klima, dessen denkwürdiges Ergebnis die Fresken des Bonfigli in der Kapelle des Palazzo dei Priori in Perugia darstellen. Camerino bildet in den Marken ein bedeutendes Zentrum der bildnerischen Kultur, eine Kreuzung zwischen der florentinischen Kultur und der von Padua, wo Giovanni Boccati und Girolamo di Giovanni tätig sind. In Rom und in Latium sind Antoniazzo Romano und Lorenzo da Viterbo die großen Vertreter der Renaissance. Was den Süden angeht, haben wir bereits von Antonello gesprochen, aber es wäre nicht gerecht, sich nur auf ihn zu beschränken: Gemälde wie das des unbekannten »Maestro di san Giovanni da Capestrano«, der in Rom, den Abruzzen und Kampanien tätig war, gehören zu den bedeutendsten Zeugnissen der perspektivischen Sichtweise[71]. In der Romagna wächst einer der berühmtesten Maler der Perspektive, Melozzo da Forlí, heran. Urbino scheint in den siebziger Jahren die Avantgarde der perspektivischen Spekulationen in Italien zu werden. In der Emilia übertragen die Ledinari das denkwürdige Beispiel Piero della Francescas auf die Intarsienarbeit, ebenfalls auf Piero beziehen sich in Modena die Brüder Degli Erri. Von den gefeierten Künstlern aus Ferrara ist es vor allem Francesco del Cossa – man sehe sich seine *Verkündigung* in Dresden an –, der die Ansätze Piero della Francescas, die Beziehung von Raum und Licht zu gestalten, vertieft hat. Und auch die Lombardei hat in Foppa, wenn schon nicht einen regelrechten Künstler der Perspektive, so doch einen großen Erneuerer der bildenden Kunst der Lombardei im Sinne der Renaissance[72].

Im Veneto ist es nach den aufsehenerregenden Anfängen des Mantegna Giovanni Bellini, der die Erfahrung von Donatello und Piero della Francesca zusammenfaßt und in Kontakt mit der Kunst des Antonello da Messina kommt, der um 1475 einige Jahre in Venedig weilte. Auch wenn ihn hauptsächlich der farbliche Aspekt an der Malerei Pieros interessierte, so gehören doch einige der Werke Giovanni Bellinis, des Vaters der Farbmalerei Venetiens, die vor ihm nicht existierte, zu den ganz großen Beispielen der Perspektivenmalerei in Italien, wie z. B. das Altarbild von Pesaro oder die *Sacra allegoria* aus den Uffizien. Aber man hat den Eindruck, daß die perspektivischen Bemühungen im Fortgang der Zeit nur einer unter vielen Modi werden, die natürliche und menschliche Welt darzustellen, die in seine Werke warm und großherzig einfließt.

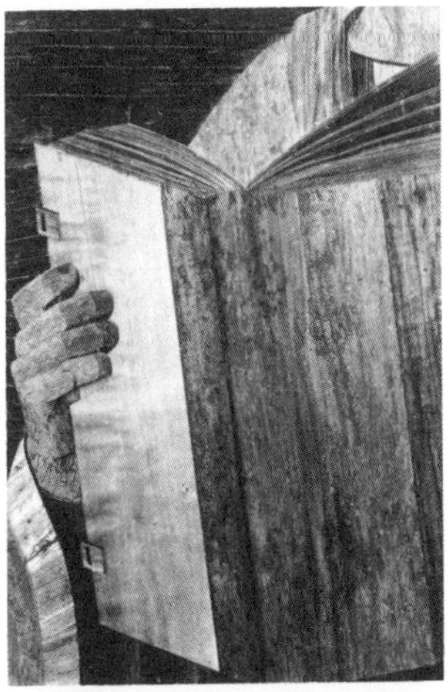

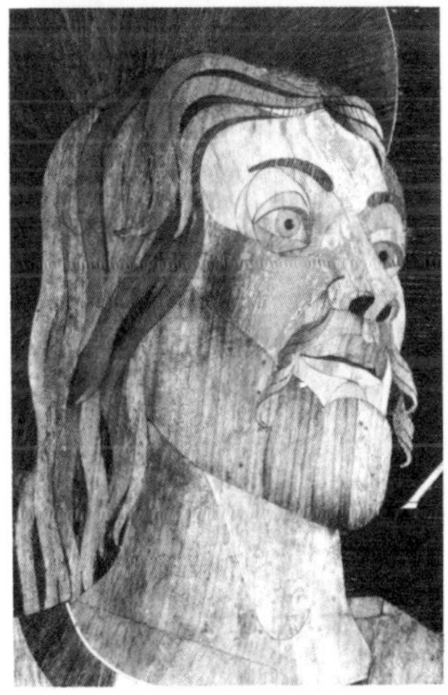

CRISTOFORO DA LENDINARA,
Einlegearbeit
Ausschnitte
Modena, Kathedrale

MELOZZO DA FORLÍ,
Die Einweihung der Biblioteca Vaticana,
um 1477

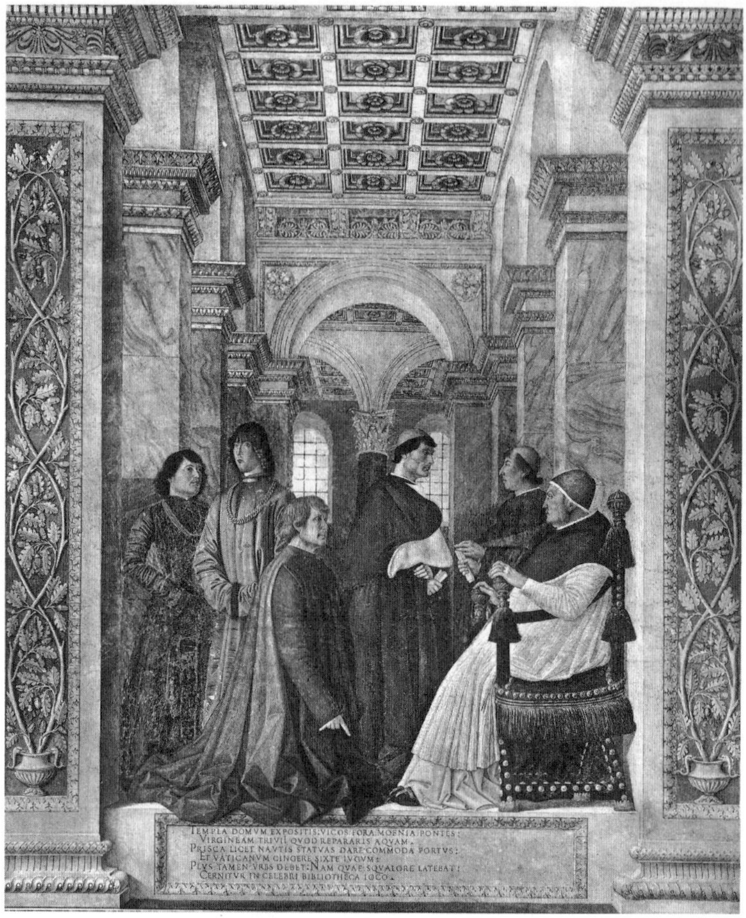

Wer hingegen in Venedig die Perspektive zum grundlegenden Aspekt seiner malerischen Sichtweise macht und an einer für das späte Quattrocento zu extremistischen Passion scheitert, ist Vittore Carpaccio. In seinen Spätwerken, die entstanden, als inzwischen Tizian und Giorgione ganz andere künstlerische Ideale zum Ausdruck brachten, scheint seine Sichtweise zu radikal, um noch die Kraft zu finden, sich zu erneuern, wie das beim alten Bellini der Fall war. Aber die vor dem Ende des Jahrhunderts ausgeführten Werke, die ersten Leinwandgemälde der Ursula-Legende zum Beispiel, belegen eine beeindruckende perspektivische Sichtweise. Die Figuren sind in den Räumen wie regelmäßige feste Körper auf einem Schachbrett verteilt, es werden unglaubliche, aber genau zu ermessende Entfernungen hergestellt. Die architektonische Gestaltung übermittelt uns auf spektakuläre Weise die Stadtansichten Venedigs am Ende des 15. Jahrhunderts.

In den siebziger Jahren dieses großen Jahrhunderts ist, wie schon erwähnt, Urbino das Zentrum Italiens, in dem die fortgeschrittensten perspektivischen Experimente stattfinden. Der Hof von Federico da Montefeltro stellt einen der Bezugspunkte für die Tätigkeit Piero della Francescas dar. Dort entstanden die wunderschönen *Barberini-Tafeln.* An Urbino hat sich mit großer Sicherheit vom nahen Forlí aus Melozzo orientiert, dieser bedeutende Maler der Perspektive, der später in Rom tätig war. Hier unterrichtete Luca Pacioli, Theoretiker der Perspektive und Schüler Piero della Francescas. Hier entstanden die berühmten Ansichten in reiner Perspektive, die heute unter den Museen in Baltimore, Berlin und Urbino aufgeteilt sind. Pedro Berruguete, der gekommen war, um mit Joos van Gent zusammenzuarbeiten, wird, von der italienischen Perspektive ergriffen (die er später nach Spanien bringen wird), hier verweilen. Als die eindrücklichsten Resultate seiner Tätigkeit in Urbino sind das *Doppelbildnis des Federico und Guidobaldo* im Palazzo Ducale, die *Conferenza* von Windsor Castle und die *Allegorien der freien Künste* anzusehen, die zwischen dem Berliner Museum und der National Gallery in London aufgeteilt sind; in ihrem Gleichklang zwischen flämischer Kultur und italienischer Perspektive finden sie einzig im *Hl. Hieronymus im Gehäuse* von Antonello eine Parallele.

In Urbino bildete sich in den siebziger Jahren auch der junge Bramante aus, der zuerst als Maler und dann als Architekt in Erscheinung trat. Sein Aufenthalt in Urbino ist durch die *Geißelung* belegt, ein Gemälde auf Leinwand für das Oratorio dei Disciplinati von San Francesco in Perugia[73]. Nach der Übersiedlung nach Mailand bereitet er die Zeichnung für den berühmten Stich von 1481 vor, der mit *Bramantus fecit in Mediolano* signiert ist, aber von Prevedari ausgeführt wurde. Und vor allem diese komplizierte bildnerische Darstellung gibt uns einen Eindruck vom perspektivischen Engagement Bramantes. Wir sind hier weit entfernt von der ruhigen und selbstsicheren Überzeugung eines Piero della Francesca, die Perspektive sei eine völlig legitime Art und Weise, die Malerei zu begreifen und sogar die Welt zu sehen: Hier tritt sie als ein großartiges Kunstwerk auf, wie eine literarische Übung – eine Auffassung, die sich fortsetzen sollte in jener surrealen Welt der Perspektive, die von dem großen lombardischen Schüler Bramantes, Bartolomeo Suardi, genannt Bramantino, ins Werk gesetzt wurde. An der Grenze zur »Entfremdung« durch den Manierismus bekommt seine luzide Geometrisierung der Welt einen halluzinatorischen Ton. Auf jeden Fall muß man die ganze Woge schwärmerischer Begeisterung für die Perspektive, die gegen das Ende des Quattrocento

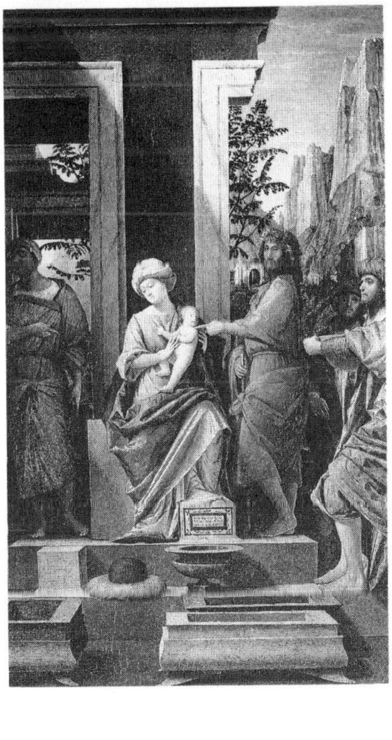

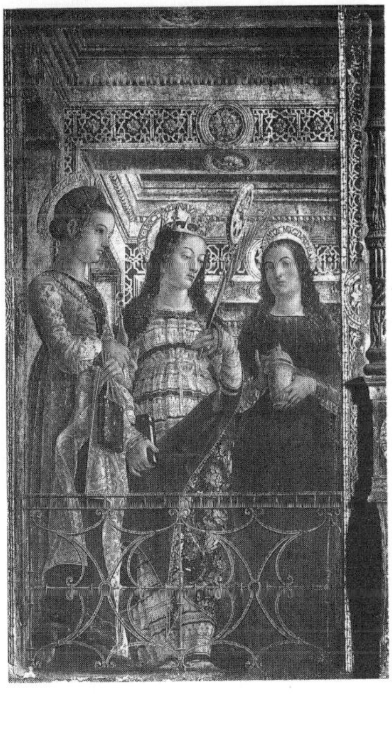

links:
BRAMANTINO,
Anbetung der Könige, um 1500
Ausschnitt

rechts:
BERNARDINO ZENALE,
Drei Heilige, nach 1485
Ausschnitt aus einem Polyptychon

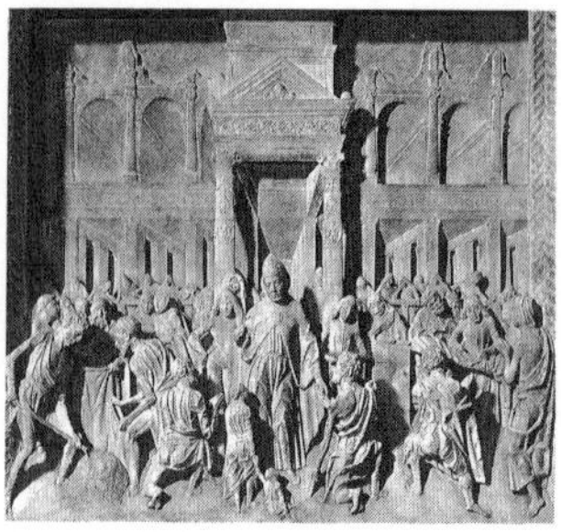

GIOVANNI ANTONIO AMADEO,
Der Hl. Himerius verteilt Almosen,
1481–1484
Cremona, Dom

das nördliche Italien, von der Lombardei bis ins Hinterland Venedigs, erfaßt und die von der Einteilung des Polyptychons von Butinone und Zenale in Treviglio bis zu den Jugendwerken von Pellegrino da San Daniele reicht, mit Bramante in Zusammenhang bringen. Sie reicht sogar bis in den Bereich der Bildhauerei, wie die Spätphase des Amedeo belegt: Besonders beachte man das Relief *Der Hl. Himerius verteilt Almosen* am Dom von Cremona (1481–84), das in seiner perspektivischen Anlage so außergewöhnlich ist, daß es sofort den Gedanken an das fiktive Relief unter der *Argo* von Bramantino im Castello Sforzesco in Mailand nahelegt.

Als letztes großes Resultat der perspektivischen Spekulationen von Urbino kann man möglicherweise die Dekorationen von Raffael in der Stanza della Segnatura im Vatikan betrachten, die zwischen 1508 und 1511 ausgeführt wurden, wobei Raffael vielleicht sogar mit Bramante in Kontakt stand, dessen Portrait hier wenigstens zweimal auftaucht. Mit Sicherheit ist die *Schule von Athen* der große Schwanengesang der italienischen Konzeption der Perspektive, die hier, wenn auch in großer zeitlicher und geistiger Distanz zu den geometrisierenden Implikationen, die sie für Piero della Francesca hatte, doch in einem bewundernswürdigen Gleichgewicht mit den neuen Anforderungen des Cinquecento an die bildnerische Freiheit überlebt, die jede Form von Vorschrift nur schlecht ertragen konnte.

Mittlerweile verbreitete sich die perspektivische Konzeption in Europa. In Frankreich sind es nach Jean Fouquet die provenzalischen Maler mit dem wunderbaren »Meister der Geschichten des Heiligen Sebastian«, der möglicherweise mit Josse Lieferinxe identisch ist[74], die

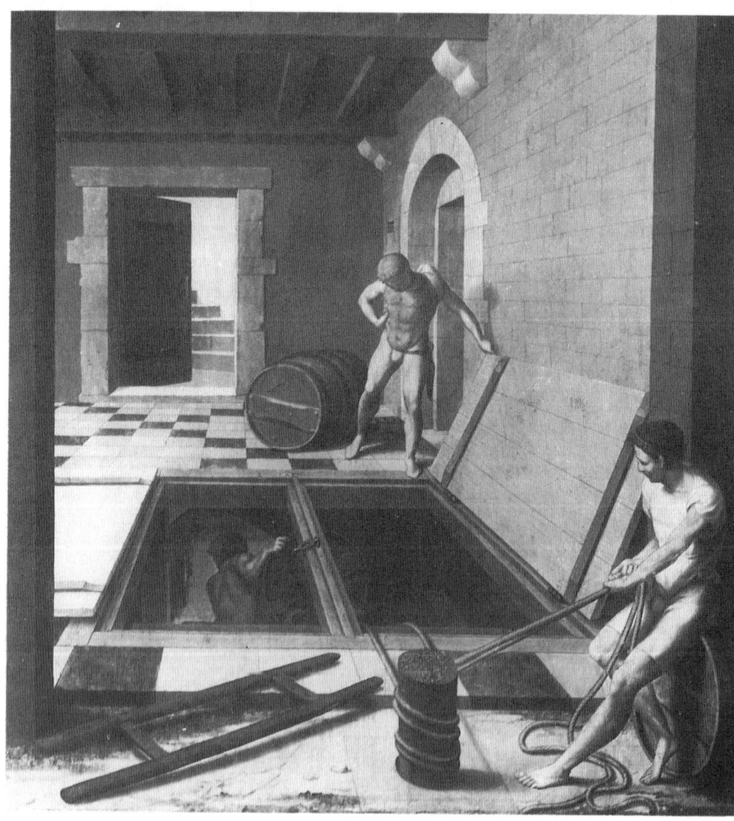

PSEUDO-FÉLIX CHRÉTIEN (?),
Kellerszene, 1537

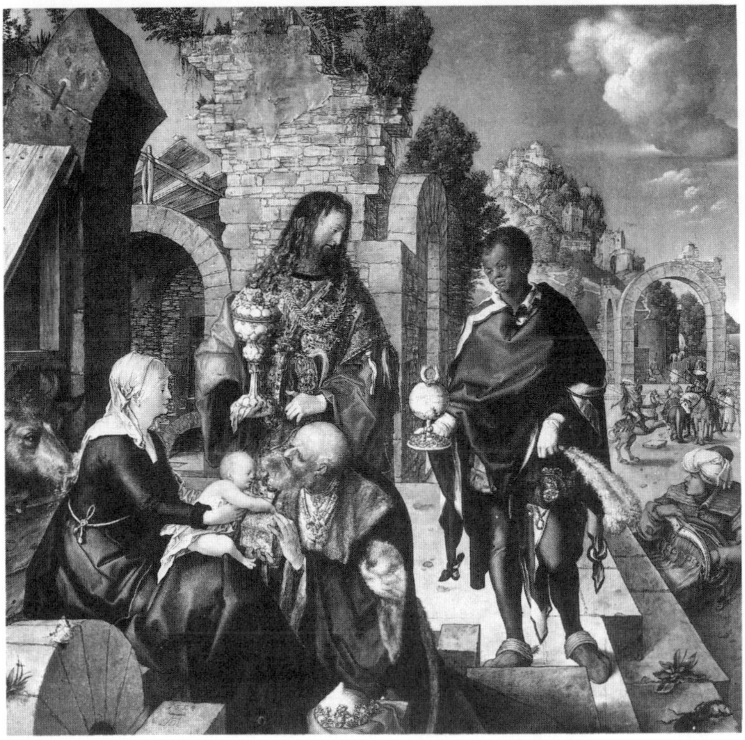

ALBRECHT DÜRER,
Anbetung der Könige, 1504

sie am intensivsten weitertreiben. Auf theoretischer Ebene ist es Jean Pélerin, der Viator, der einen Traktat über die Perspektive schrieb, welcher 1505 in Toul publiziert wird; dieser, so scheint es, bildete den Ausgangspunkt für eine Reihe von Experimenten mit fast metaphysischem Effekt in der Malerei – wie die *Kellerszene* des Pseudo-Félix Chrétien (1537), die im Städelschen Kunstinstitut in Frankfurt aufbewahrt wird[75]. In Deutschland befaßt sich Albrecht Dürer – neben der Anwendung der italienischen Prinzipien der Perspektive in seinen Gemalden – auch auf theoretischer Ebene mit dem Problem[76]. In Spanien folgen auf den bereits erwähnten Pedro Berruguete andere wie Juan de Borgoña. In Tirol ist es vor allem Michael Pacher, der frühzeitig die Perspektivkonzeption aus Italien einführt mit denkwürdigen Bildern wie den Tafeln des *Kirchenväteraltars* (zwischen 1480 und 1483), der jetzt in der Alten Pinakothek in München aufbewahrt wird.

Der Niedergang des Interesses für die Perspektive im Cinquecento

Aber ausgerechnet in dem Moment, in dem die italienische Perspektive jenseits der Alpen ihre größte Verbreitung erreicht, erscheint sie in ihrem Heimatland überholt. Vor allem aus dem Bedürfnis heraus entstanden, sich an die weltliche und irdische Realität anzupassen, wird sie nun aufgegeben, weil sie, vor allem durch Michelangelo, unter dem reduktionistischen Blickwinkel einer bloßen Nebensache gesehen wird. Michelangelos Welt steht außerhalb der Dimensionen von Zeit und Raum; bei ihm findet Zugang allein eine Schar von Übermenschen, wobei er nicht nur die Kleider verbannt, die allzu leicht mit der Vergänglichkeit der Zeit in Zusammenhang gebracht werden könnten, sondern auch die Landschaft und sogar die architektonischen Hintergründe. Während Raffael die Stanza della Segnatura ausmalt, dekoriert Michelangelo das Gewölbe der Sixtinischen Kapelle und gibt dabei das traditionelle Maß für die bildnerische Darstellung im Fresko, nämlich die Gestalten in natürlicher Größe, ganz ostentativ auf. In jedem Abschnitt der kolossalen Dekoration hat die menschliche Gestalt ein anderes Maß. Er sagte, »man müsse den Zirkel in den Augen und nicht in den Händen haben«[77]. In der Anwendung aber streifte er die Provokation, so zum Beispiel als er im *Jüngsten Gericht* im Vordergrund Figuren von kleineren Dimensionen anordnete als die weiter im Hintergrund befindlichen. Welch ein Unterschied zum perspektivischen Rationalismus des Quattrocento!

Bisweilen erfahren die alten Prinzipien der Perspektive Transformationen, die zu Übertreibungen führen, so z. B. wenn Salviati oder Cerano im Vordergrund Figuren anordnen, die im Verhältnis zu denen im Hintergrund übertrieben groß sind – fast so, als wäre der perspektivische Raum durch den Konvexspiegel gesehen, der das *Selbstbildnis* des Parmigianino in Wien verzerrt.

Ganz offensichtlich gerät die Wissenschaft von der Perspektive, die eine so wichtige Rolle für die soziale Emanzipation der Künstler im Quattrocento gespielt hatte, nicht in Vergessenheit. Sie löst sogar theoretische Diskussionen aus. Und wenn sich die Gelegenheit oder Notwendigkeit dazu bietet, dann wird sie in vollkommener Meisterschaft und mit großer Selbstverständlichkeit eingesetzt. Künstler wie Tizian, Correggio oder selbst Michelangelo (die Sixtinische Kapelle), wissen sie mit großer Vollkommenheit anzuwenden. Werke wie *die Taufe Konstantins* in der Sala di Costantino im Vatikan, die *Geburt Mariae* von Sebastiano del Piombo in Santa Maria del Popolo in Rom, der *Tanz der Salomé* und die *Enthauptung Johannes des Täufers* von Pirro Ligorio im Oratorium von San Giovanni Decollato in Rom, der *Brief des Uria* von Franciabigio in der Gemäldegalerie in Dresden, viele Tafeln des Studiolo Francescos I. in Florenz oder auch viele Fresken von Poccetti in den Kreuzgängen der florentinischen Konvente zeigen,

FRANCIABIGIO,
Der Brief des Uria, 1523

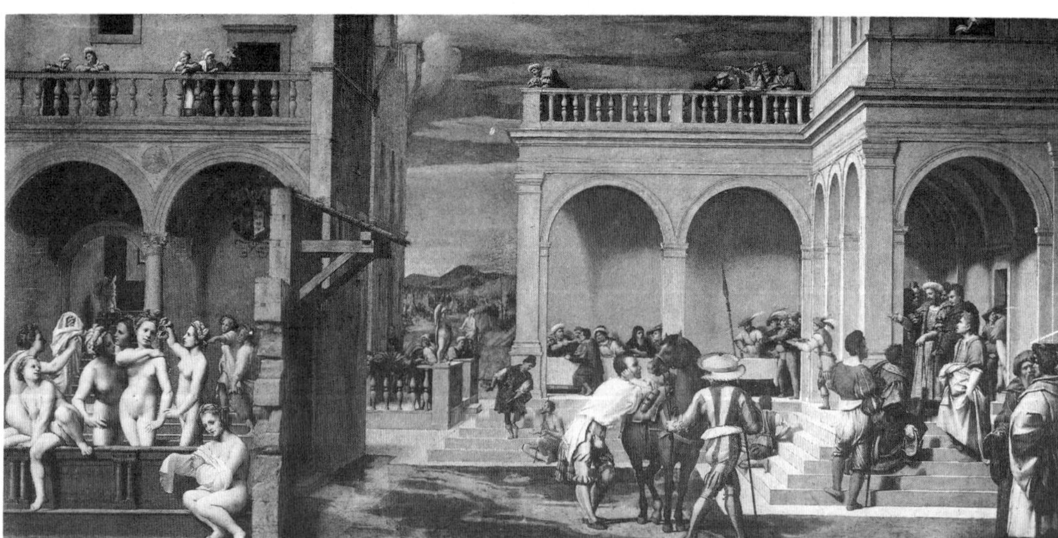

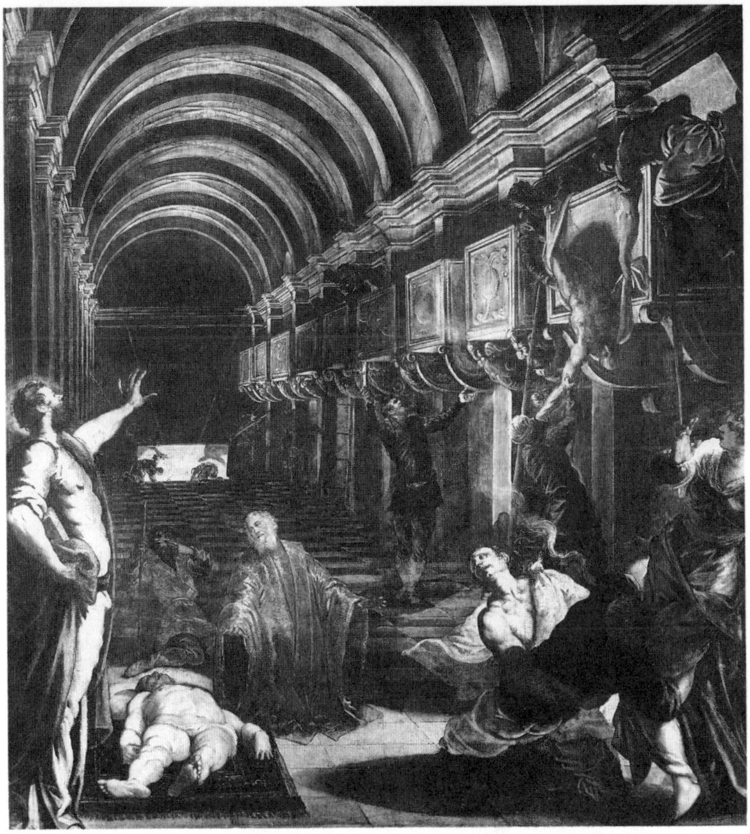

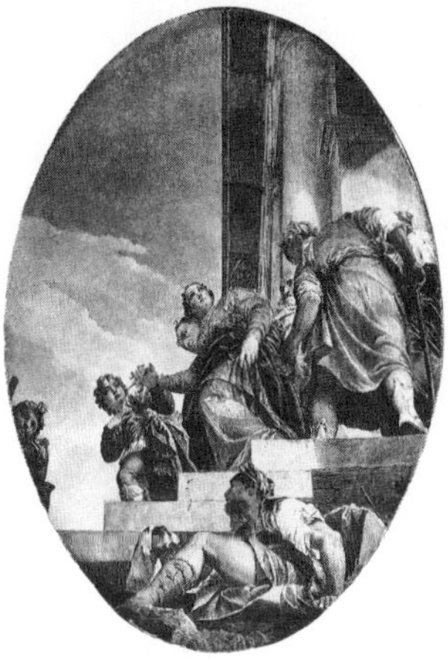

PAOLO VERONESE,
Esther vor Assuerus, 1555–1556
Venedig, San Sebastiano

TINTORETTO,
Auffindung des Leichnams des Hl. Markus, 1562
Ausschnitt

wie vollkommen ihre Autoren dieses Feld beherrschen. Doch die bereits in der zweiten Hälfte des Quattrocento vorhandene Tendenz, die Regeln der Perspektive einfach als einen Bestandteil der Kenntnisse des Künstlers zu betrachten, wird nun zur Realität. In einem Jahrhundert, in dem vor allem die Ideale der »Schnelligkeit«, des »Furor« und der »Furchtlosigkeit« Ansehen genießen, sind die perspektivischen bildnerischen Arbeiten vollends in der Minderheit und nehmen häufig einen außergewöhnlichen, metaphysischen und fast beunruhigenden Charakter an. Man betrachte nur die in diesem Sinne faszinierenden Gemälde wie die *Darstellung im Tempel* von Baldassare Peruzzi in Santa Maria della Pace zu Rom, die *Auffindung der Reliquie des Hl. Markus* von Tintoretto in der Brera, das *Martyrium der Hl. Katharina* von Bugiardini in Santa Maria Novella zu Florenz oder den *Sieg des Kreuzes* von Tommaso Laureti in der Sala di Costantino im Vatikan.

Am ernsthaftesten wird im 16. Jahrhundert die Perspektive von Paolo Veronese verwendet. Was bei den künstlerischen Arbeiten seiner Zeitgenossen eine Ausnahme bleibt, wird bei ihm zu einem immerwährenden Bezugspunkt. Es gibt fast keine Arbeit des großen Künstlers, die vollständig von diesen Prinzipien absähe. Die Perspektive des Quattrocento kommt so in den Genuß einer entschiedenen Neubewertung, sei es auch mit rein artifiziellen Ergebnissen, voll von illusorischem Glanz und Reichtum, wie sie für die Malerei des Veronese charakteristisch sind. Vor allem bedient er sich zweier Entwicklungslinien, die sich mit der Perspektive im Quattrocento entwickelt hatten: der Untersicht und der »Quadratura«.

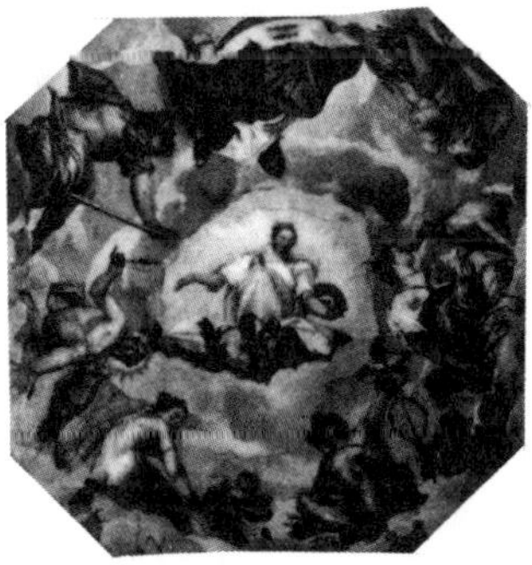

PAOLO VERONESE,
Deckenfresko in der Sala dell'Olimpo, 1561
Maser, Villa Barbaro

Einige Anmerkungen zum weiteren Gang der räumlichen Darstellung

In Norditalien hatte die untersichtige Bildanlage einen besonderen Erfolg. Möglicherweise wurde sie von Donatello eingeführt, der sie bereits in der *Himmelfahrt des Evangelisten Johannes* in der Sagrestia Vecchia von San Lorenzo zu Florenz erprobt hatte; später wurde sie von Mantegna mit Erfolg vor allem bei der berühmten Bemalung der Kuppel in der *Camera degli Sposi* im Palazzo Ducale von Mantua angewandt. Correggio nahm die Prinzipien mit einer Freiheit auf, die ganz klar über die Erfordernisse der Perspektive hinausging, die zu ihrer Entstehung geführt hatten. Nachdem er sich in Mantua niedergelassen hatte, verwandte auch Giulio Romano diese Technik ausgiebig bei der Dekoration des Palazzo del Te; das gleiche taten auch zwei ausschließlich manieristische, jedoch aus Norditalien stammende Maler, Pellegrino Tibaldi und Primaticcio. In Venedig gab Paolo Veronese ihr wieder die ursprüngliche perspektivische Bedeutung, indem er sie vor allem zur Dekorierung von Decken anwandte.

Die »Quadratura«, d. h. die Dekoration durch fiktive Architekturen, von der Veronese hauptsächlich bei der Villa di Maser mit Ergebnissen Gebrauch machte, die das Auge regelrecht täuschen, stellt eine Spezialisierung der Perspektive dar. Zum ersten Male hatte sie Peruzzi in der Sala delle Colonne in der Farnesina angewandt, das Zentrum ihrer Entwicklung aber war von der zweiten Hälfte des Cinquecento bis zum Settecento Bologna[78]. Aus Bologna kommen Tommaso Laureti und Ottaviano Marchesino, die später in Rom mit großem Erfolg aufgenommen werden, und in ihrem Fahrwasser sind Giovanni und Cherubino Alberti und andere bis hin zu Agostino Tassi tätig. In Bologna ausgebildet wurden auch andere große Maler, die die Quadratura ausgiebig nutzten, wie Pellegrino Tibaldi, Annibale Carracci und, freilich schon klar in einem barocken Zusammenhang, Giovanni Lanfranco. In Bologna wird die Tradition der Quadratura von Girolamo Curti, genannt il Dentone, auf Colonna und Mitelli überliefert (die auch außerhalb Italiens arbeiten); sie setzt sich an der Schwelle des Settecento mit den Gebrüdern Haffner fort, bis sie den Gipfelpunkt ihrer internationalen Bekanntheit mit den Galli da Bibbiena und ihren spektakulären Theaterszenen erreicht.

Ein Versuch, die Technik der Quadratura mit der großen barocken Dekoration in Einklang zu bringen und sie also aus der spezialistischen Enge herauszubringen, wurde von Andrea Pozzo unternommen, und zwar sowohl mit seinen Arbeiten als reiner »Quadraturist« (die fingierten Kuppeln von Sant'Ignazio in Rom oder in der Badia zu Arezzo, die nicht einfach eine *tour de force* der Perspektive darstellen, sondern auch eine äußerst lebhafte Sensibilität für die Wirklichkeit des Lichts belegen), als auch mit Dekorationen wie jener in der Kirche von Sant' Ignazio zu Rom, wo fiktive Architekturen und Figuren vollkommen integriert werden, oder auch durch seine theoretische Arbeit (den Traktat *De perspectiva Pictorum et Architectorum,* Rom 1693). Trotz dieses Versuchs jedoch gelingt es der Quadratura nicht, aus der Beschränktheit der reinen Spezialität, des Genres, herauszukommen.

In dieser Richtung erleidet die Perspektive ein Schicksal, das dem des anderen spezialisierten Sektors, in den sie Eingang fand, nicht unähnlich ist: der Vedute. Die Geschichte dieses Genres ist erst kürzlich in einem wunderschönen Buch, auf das wir hier verweisen[79], skizziert worden. Von den Möglichkeiten, sich dem Realen anzunähern, wie sie

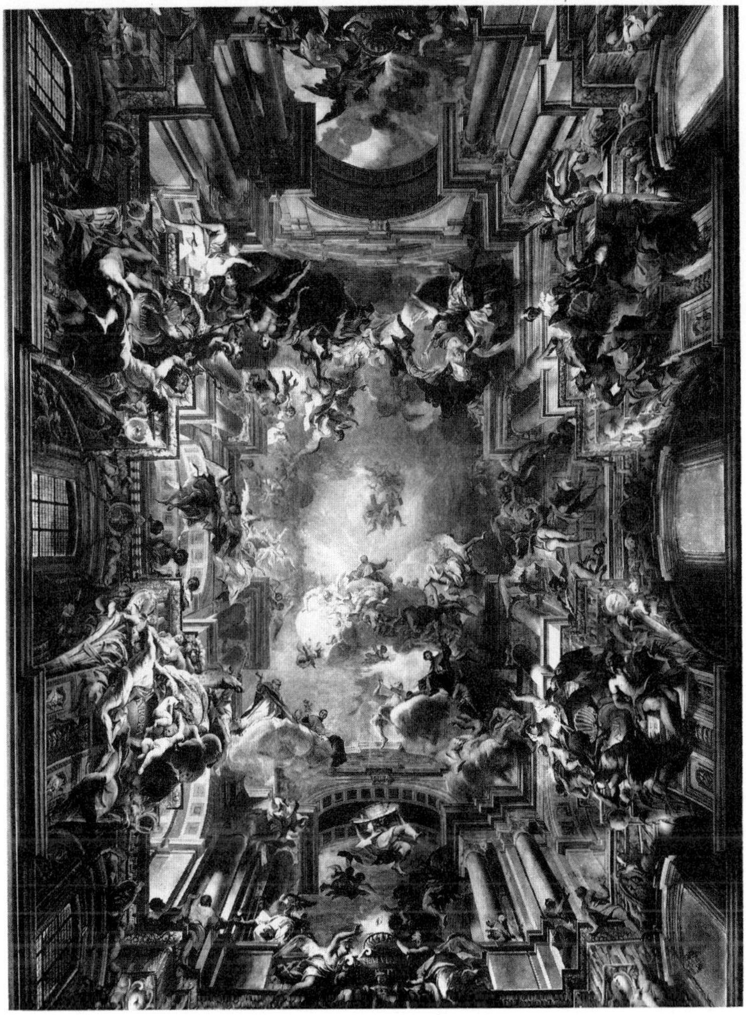

ANDREA POZZO,
Der Ruhm des Hl. Ignatius,
1691–1694
Rom, Sant'Ignazio

in der Perspektive des Quattrocento liegen, legt die Vedute ein fernes Zeugnis ab, vor allem dann, wenn man bedenkt, daß ihr zuliebe im Moment der Bestätigung des aufgeklärten Rationalismus Canaletto seine Karriere als Bühnenbildner aufgibt. Es ist bekannt, welche Zeugnisse an Genauigkeit uns die Vedutenmaler dieser Zeit, von Pannini bis Belotto, über das Aussehen der europäischen Städte hinterlassen haben. Die Verwendung eines Instruments wie der Camera obscura, um zu diesen Resultaten zu gelangen, beweist den Willen, die Wirklichkeit widerzuspiegeln – eben den Willen, der die Basis war für die Entdekkung der Gesetze der Perspektive zu Beginn des Quattrocento.

Mit dem Manierismus des 16. Jahrhunderts, mit dem Aufkommen der Quadratura und der Vedute engt sich die Geschichte der räumlichen Darstellung entschieden ein. Die Neuerungen, die den originellsten Beitrag Italiens zur Geschichte der Kunst im Abendland bildeten, bleiben die »Räumlichkeit« des Trecento und die Perspektive des Quattrocento, mit denen wir uns hier also zu Recht ausführlicher befaßten.

ENRICO CASTELNUOVO

Kunst der Städte, Kunst der Höfe zwischen dem 12. und 14. Jahrhundert

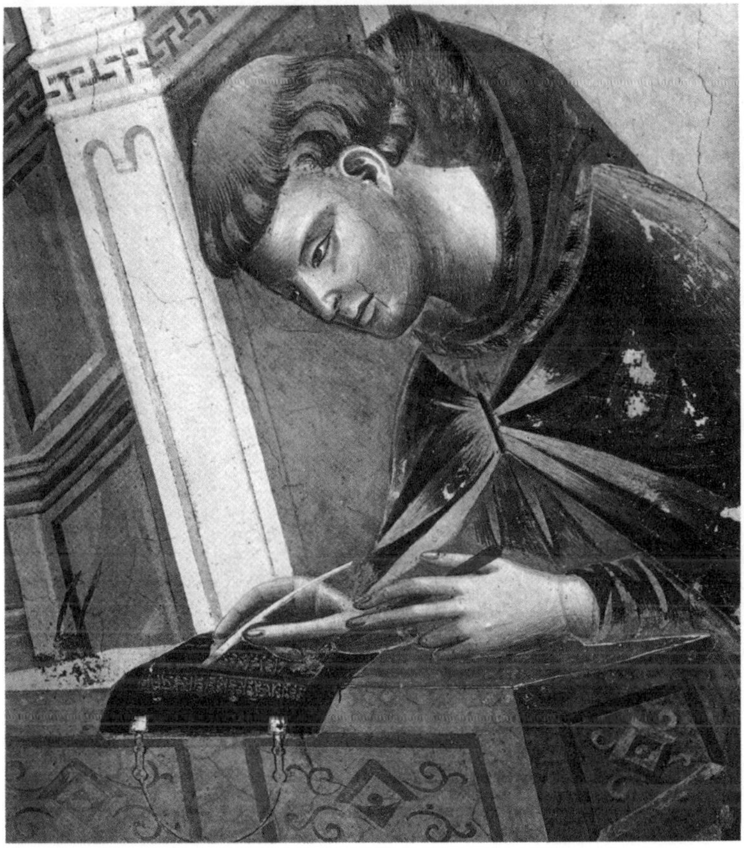

GIOTTO,
Der Schreiber des Hl. Gregorius,
um 1304–1306
Ausschnitt aus der
Volta dei dottori della Chiesa
Assisi, San Francesco, Oberkirche

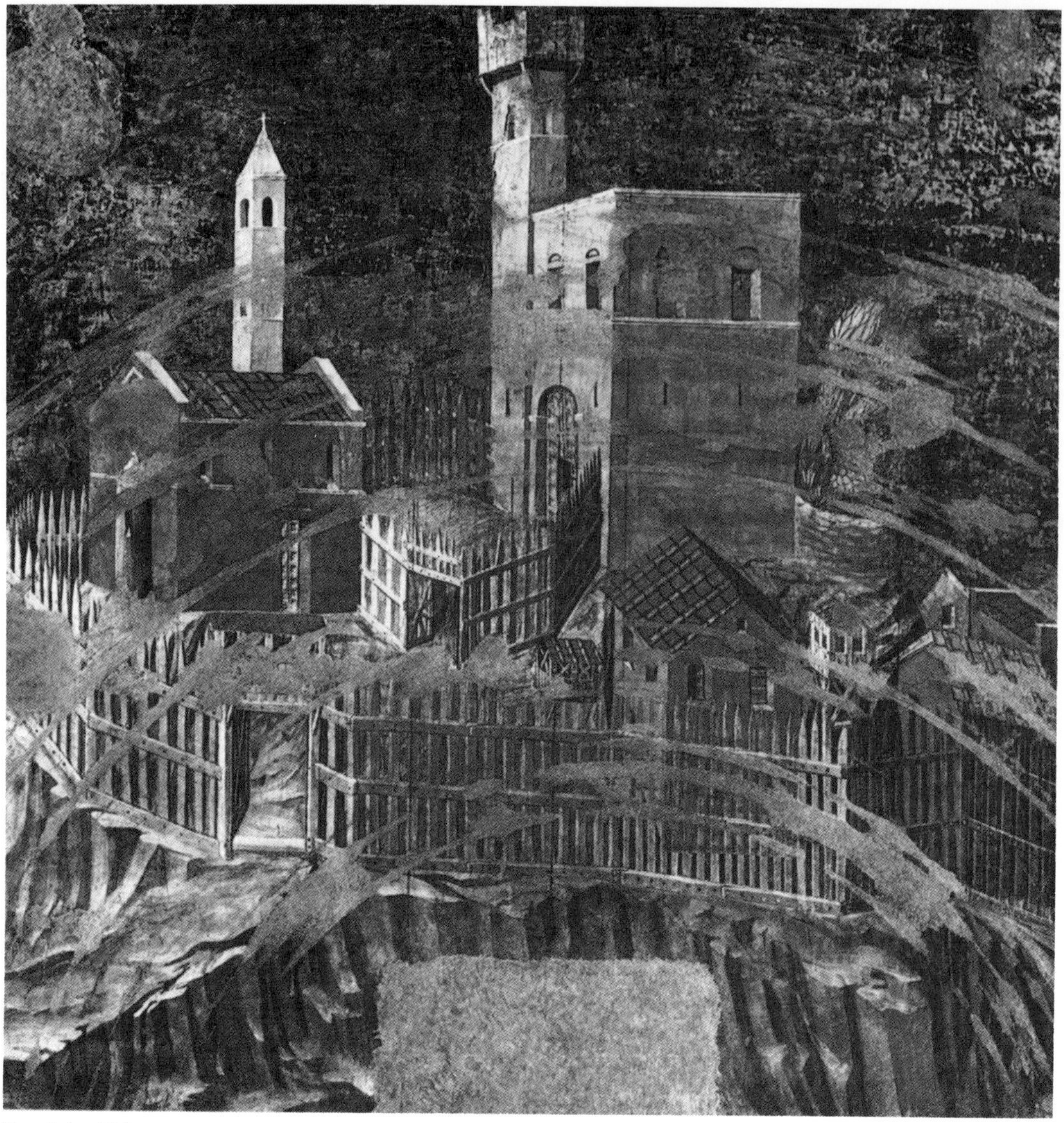

Sienesischer Maler
(DUCCIO DI BUONINSEGNA ?),
Das Kastell des Giuncarico, um 1314
Ausschnitt
Siena, Palazzo Pubblico

»*Opus francigenum*«*

Zu Beginn des 13. und schon in den letzten Jahrzehnten des 12. Jahrhunderts veränderten neue Ereignisse die künstlerische Landkarte Italiens.

Das Bewußtsein, daß sich in diesem Zeitraum etwas sehr Bedeutendes ereignet hat, ist bei Giorgio Vasari gegenwärtig, der – nicht ohne einige Widersprüche – hier die erste Epoche seiner *Lebensbeschreibungen* beginnen läßt. Freilich stimmt auch, daß er, wie er ausführt, die Namen der Künstler in der davorliegenden Zeit verschweigt, weil sie ihm nicht bekannt sind. Zu jenem Zeitpunkt setzt er mit dem berühmten Jahr 1250 einen Schnitt an:

> Jedoch reinigte sich der Kunstsinn der heranwachsenden Generation vielerorts auch unter dem Einfluß der feinen Luft Toskanas so sehr, daß im Jahre 1250 der Himmel sich erbarmte über alle die schönen Talente, die das toskanische Land täglich neu hervorbrachte, und sie zur ursprünglichen Kunst zurückführte[1].

Es ist bekannt, daß Vasari die mittelalterliche Kunst nicht sonderlich hoch achtete, aber dennoch einige Baudenkmäler aus jener Zeit aufgrund ihrer hauptsächlich klassizistischen Züge schätzte, wie z.B. Sant'Jacopo in Florenz (die Brunelleschi Anregungen lieferte), San Miniato al Monte, die Kathedrale von Pisa, die von Lucca und einige wenige andere Bauten. Nun entwickelt sich aber ausgerechnet zu dem Zeitpunkt, zu dem er den Beginn einer neuen Ära ansetzt und das Ende der in seinen Augen ungelenken und monströsen Sitten in Bildhauerei und Malerei zu erkennen glaubt, jenes Genre der »von den Goten erfundenen Architektur«[2], das die Zielscheibe seiner heftigsten Polemiken abgeben wird:

> [...] dies Unheil von Tabernakeln, welche eins über dem anderen stehen und die voll sind von Pyramiden, Spitzen und Blättern, von Risaliten, Brüchen, kleinen Konsolen und Rankenwerk, [was] oftmals, wenn sie immer übereinander gefügt sind, dazu führt, daß das Ende eines Portals bei ihnen das Dach berührte[3].

Wir wissen, daß seine Verurteilung der neuen Architektur nicht ganz einheitlich und frei von Widersprüchen war; so lobte er beispielsweise den Entwurf von Orsanmichele: »[...] wie man in Florenz bei zwei Bogenfüllungen sehen kann, die die beiden Haupttüren zum Oratorium von Orsanmichele abgeben, welche wahrhaft bewundrungswürdige, mit großem Fleiß gearbeitete Dinge sind«[4], einen Gipfelpunkt jener »deutschen« Manier[5], die er anderswo so heftig verurteilt hatte. Und schließlich entwarf er selbst nach eben jener Art die er ausführlich getadelt hatte, eine Umrahmung, die in seinem Buch eine Cimabue zugeschriebene Zeichnung einfassen sollte[6]. Es bleibt allerdings die

* Das Werk der Franken

Tatsache bestehen, daß Vasari innerhalb einer gegebenen Periode die Produkte einer bestimmten Technik kritisierte und die einer anderen Technik lobte, diejenigen nämlich, die »[...] jenen, welche zuvor unter großen Entbehrungen Kunst erarbeiteten, Hoffnung gaben, daß bald jemand auftreten würde, der ihnen mit größrer Leichtigkeit zur Seite stand«[7].

Vasaris Urteile über die Kunst in Italien während des Duecento vermitteln uns, wie unterschiedlich er die Situation und Entwicklung der einzelnen Techniken sah; dies ist um so bedeutungsvoller, als das einer realen, stark differenzierten Situation entsprach. Andererseits lag seinen Urteilen über die Produkte der mittelalterlichen Kunst eine entscheidende Option zugrunde. Vasaris Sichtweise hatte sich in der Tat zu einer Zeit geformt und herausgebildet, da die italienische Kunst die Hegemonie über ganz Europa ausübte; das führte zu einem stark ausgeprägten Überlegenheitsgefühl, das sich auch auf die Vergangenheit erstreckte, und zu einer gewissen Mißachtung anderer künstlerischer Ausdrucksweisen, die der italienischen Tradition gegenüber für fremd erachtet wurden. Diese Haltung, für die die *Lebensbeschreibung* des Pontormo ein bekanntes Beispiel ist, wird in die Vergangenheit projiziert, so daß Vasari sich einen Italozentrismus oder genauer noch: eine Zentralität der Toskana bereits für die Zeit vorstellt, als seine *Lebensbeschreibungen* beginnen, d.h. ab der Mitte des Duecento. Alles, was Bestandteil der sich herausbildenden Tradition sein zu können scheint, wird angenommen, alles andere wird abgelehnt.

Das 13. Jahrhundert erlebt in ganz Europa die Herausbildung einer neuen Bauweise, die sich schließlich unangefochten durchsetzt; wir nennen sie gotisch, ein Zeitgenosse bezeichnete sie als »opus francigenum«[8]. Damals wurde kein Begriff wie der des »Stils«[9] benutzt, den wir heute üblicherweise bei jeder Gelegenheit verwenden, sondern häufig treffen wir beim Studium von zeitgenössischen Inventaren auf den Terminus »opus«, dem ein Adjektiv zur Spezifizierung des Ortes beigegeben wird: lemovicense, anglicanum, romanum, theutonicum, veneticum, cyprense. So wurden die Produkte einer bestimmten originären Technik nach den Herkunftsorten oder denen, wo sie besonders ausgeübt wurden, bezeichnet. So stand der Name Limoges – opus lemovicense – vorzugsweise im Zusammenhang mit Emaillearbeiten, später steht der von Arras – opus atrebatense – im Zusammenhang mit der Herstellung von Teppichen, die wir heute noch »arazzi« nennen, und der von Lucca ist mit kostbaren Stoffen verbunden, die hier als »diasprum lucanum« produziert werden. Dieses Instrumentarium zur Klassifikation, das auch zur Bezeichnung besonderer Schrifttypen Verwendung fand (die »litera bononiensis« beispielsweise), wurde besonders für die Stickerei benutzt, die – ein Zeichen für die Bedeutung und das hohe Prestige dieser Produkte – je nach Material und Techniken in zahlreiche Typen unterteilt war. Besonders häufig taucht dabei in den Inventarien der Begriff »opus anglicanum« für die wunderbaren englischen Stickereien auf, deren Produkte in Europa sehr weit verbreitet waren und die besonders in den letzten Jahrzehnten des Duecento einen außerordentlichen Beitrag dazu leisteten, die Kenntnis von der gotischen Zeichnung weit zu streuen und zu popularisieren. Eine besonders wertvolle Cappa »in opus anglicanum« wurde im Juli 1288 von Nikolaus IV. der Kathedrale von Ascoli-Piceno, seiner Heimatstadt, geschickt; andere gehörten dem Dominikaner Benedikt XI., der von 1303–1304 Papst war (und eines dieser Stücke ist wahrscheinlich das Pluviale aus San Domenico in Bologna, das sich heute in den dortigen

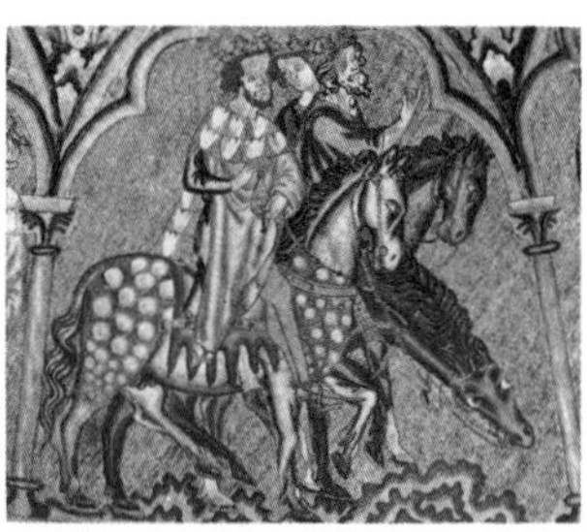

Englische Stickerei,
Der Zug der Hl. Drei Könige,
Ende 13. Jh.
Ausschnitt aus einem Pluviale

Städtischen Museen befindet)[10], ein weiteres befindet sich in Anagni, eines in den Vatikanischen Museen und wieder ein anderes in Pienza. Die Vielgestaltigkeit und der Reichtum solcher Meßgewänder, die sich außerhalb Englands befanden, belegt ihre außergewöhnliche Verbreitung; die Daten liegen sämtlich in den letzten Jahrzehnten des Duecento.

Während also der Terminus »opus anglicanum« in den Verzeichnissen einen bestimmten Typ von in England gefertigter Stickerei bezeichnete, der teilhatte an der stilistischen Entwicklung der englischen Malerei beim Übergang von der Art eines Mathew Paris zu der der »sedilia« von Westminster oder dem prächtigen Altar dieser Kirche und dabei Beziehungen zu Werken von verschiedener Entstehungszeit und aus unterschiedlichen Zusammenhängen aufwies, wird der Begriff »opus francigenum« von einem deutschen Chronisten, Burkhard von Hall, dazu benutzt, um von einem Bauwerk zu sprechen. Er verwendet ihn anläßlich der Neukonstruktion des Chors der Kirche von Wimpfen im Tal in Baden, die 1269 begonnen und geleitet wurde von einem »peritissimus in architectoria arte latomus qui tunc noviter de villa parisiensi et partibus venerat Francie« (einem in der Kunst der Architektur sehr erfahrenen Steinmetz, der damals neu aus der Stadt Paris und aus anderen Teilen Frankreichs gekommen war). Es ist wahrscheinlich, daß Burkhard mit diesem Begriff auf gewisse Besonderheiten der Technik und Ausführung anspielen wollte, die der Pariser Architekt ihm erklärt und gezeigt haben kann; und vielleicht wollte er damit auf bestimmte typische Elemente, vielleicht gar bestimmte »trucs d'atelier« hinweisen, die in der Bauweise auszumachen waren, wie z. B. die Art und Weise, die Steine zurechtzuschneiden, und das brachte ihn dazu, das Werk als »opus francigenum« zu bezeichnen – während ihn die Präsenz gewisser technischer Daten, einer bestimmten Art der Verarbeitung z. B. bei den Stützen und Fenstern desselben Bauwerks von englischer Manier sprechen läßt. Aber auch wenn es ungerecht und ahistorisch wäre, »opus francigenum« mit »gotischem Stil« zu übersetzen, so muß doch das Bewußtsein stark entwickelt gewesen sein, daß eine bestimmte Bauweise einen Ursprung hatte und daß dieser Frankreich zuzuerkennen war, genauer noch, der Gegend um Paris, der Île-de-France.

Und dennoch, auch wenn man eine Bauweise von einer anderen, ein älteres von einem jüngeren Bauwerk und, umgekehrt, eine »romanische« von einer lokalen Manier[11] unterschied, und wenn man jene Art und Weise »francigenum« nannte, die später und an anderer Stelle »deutsch« und in der Folge »gotisch« genannt werden wird, so bedeutet das doch nicht, daß man eine Art Basiseinheit gekannt hätte, die die Produkte der verschiedenen Techniken auf einen gemeinsamen Nenner gebracht hätte. Das ist ein Klassifikationsmodus, der sich später entwickeln wird, bis er schließlich mit Riegl und Wölfflin eine regelrechte Kategorie wird, die wir unter der Hand verwenden, auch wenn wir ihre Ausformulierung für nicht zureichend halten; und das bewirkt, daß man als eine Selbstverständlichkeit hinnimmt, es habe eine »gotische« Architektur, Bildhauerei und Malerei gegeben. In der Realität zeigt sich, daß die Dinge viel komplizierter liegen, und alle Versuche, sie auf eine Einheit zu reduzieren, erweisen ihre Unfähigkeit, bestimmte Situationen zutreffend zu charakterisieren. Nicht nur, daß es zeitliche Disparitäten und Unterschiede geben kann und auch gibt, soweit es den Weg der verschiedenen Techniken in einer bestimmten Epoche – z. B. im Hinblick auf die Zeiten der Innovation – anlangt. Es war auch nicht nur so, daß sich die einzelnen Techniken an ganz unterschiedlichen Vorbildern orientierten. Es ist vielmehr auch dann, wenn anscheinend alles ganz synchron abläuft, recht schwierig und ein künstliches Unterfangen, kleinste gemeinsame Nenner auszumachen oder zu erfinden, die in den Produkten der verschiedenen Techniken gleichermaßen vorhanden und besonders in formaler Hinsicht erkennbar wären. Definiert man die gotische Architektur auf Grundlage der Verteilung der Last, des Gebrauchs von Kreuzrippengewölben, von Spitzbögen, Strebepfeilern und -bögen, auf der Grundlage der Aushöhlung der Wände und der Konzentration des Gewichts auf bestimmte Elemente, dann wird es sich als ganz und gar unmöglich erweisen, diese Kriterien auf eine Skulptur oder ein Gemälde anzuwenden, auch wenn eine Tendenz zur Verlängerung der Figuren den Vergleich mit dem Vertikalismus der gotischen Architektur nahelegen kann. Man kann sehr viel diffizilere Instrumente benutzen, wie dies z. B. Panofsky in *Gothic Architecture and Scolastizism*[12] getan hat. Darin sah er eine Grundlage für die verschiedenen Anwendungsweisen in der gemeinsamen Manier, die Formen zu organisieren, die sowohl die philosophische Argumentationsstruktur wie auch die Art kennzeichnet, nach denen der Architekt oder der Bildhauer sein Material strukturiert und die einzelnen Elemente verteilt. Wir könnten beispielsweise sagen, daß die »Wurzel Jesse« von Benedetto Antelami in der Laibung eines Portals des Baptisteriums zu Parma in ihrer Komposition anders geordnet und strukturiert ist als der gemeißelte Trieb rings um das von Wiligelmus geschaffene Portal des Doms von Modena aus dem Jahrhundert zuvor: Die Skulptur von Antelami hat teil an dem neuen Ordnungsverständnis, das die scholastische Philosophie und die künstlerische Produktion der Gotik prägt. Und doch nehmen die Schwierigkeiten, auf die wir stoßen, wenn wir jedes Werk auf diese gemeinsame Wurzel reduzieren wollen, weiterhin zu. Daher versuchen wir, eine empirische Lösung zu finden, aber auch die stellt uns wenig zufrieden. Diese Situation beklagte und beschrieb Louis Grodecki:

> Alles spielt sich so ab, als hätten die Fragen der allgemeinen stilistischen Definitionen für uns nach den großen Anstrengungen der Kunsthistoriker im ersten Drittel dieses Jahrhunderts in dieser Richtung jede Anziehungskraft verloren. Ist die gotische Bildhauerei etwa nicht die, die sich parallel zur Entwicklung der Architektur der Île-de-France von der Mitte des 12. Jahrhunderts bis zur Renaissance des Quattro- oder Cinquecento herausbildete? [...] Sollte uns diese zeitliche Bestimmung nicht ausreichen[13]?

Und es war Grodecki, der sich jüngst das Problem stellte, wie die romanische Bildhauerei im Unterschied zur gotischen – etwa in ihrem Umgang mit dem Raum – zu definieren wäre, oder der nach den Ursprüngen der »gotischen« Malerei fragte[14]. Nun ergibt sich ein vereinheitlichender Charakter dessen, was wir den gotischen Stil nennen, aus der Methode des Projektierens, aus dem Entwurf. In einer Zeit, in der die Architekten und die Baumeister der Baustellen für die Kathedralen anhand von Entwurfszeichnungen den Bildhauern und Glasmalern Lösungen vorschlugen[15] und wo ein Bildhauer, ein Goldschmied oder ein Maler zum Bauleiter berufen werden konnte (Giovanni Pisano, Giotto, Tino di Camaino, Andrea Pisano, Lando di Pietro etc.), muß das Problem der Ausarbeitung eines gemeinsamen Repertoires an Formen unter dem Blickwinkel gesehen werden, der sich aus dieser ganz besonderen Situation ergibt.

Andererseits ist es von wesentlicher Bedeutung, daß man den Versuch unternimmt, dem Bewußtsein der Damaligen von dem bestehenden Unterschied zwischen zwei Arten, zu bauen, bildhauerisch zu arbeiten und zu malen, gerecht zu werden, und daß man dieses Problem innerhalb des Streits »antiqui/moderni« liest, der sich im 12. Jahrhundert abzuzeichnen beginnt und der im 13. Jahrhundert mehr oder weniger überall ausbricht[16]. Zu diesem Zwecke wird es von Nutzen sein, nach der Bedeutung zu fragen, die den beiden Begriffen von Künstlern gegeben werden konnten, die sich als »prestantior in arte modernis« (überlegen in der modernen Kunst) bezeichneten, wie der Bildhauer Guglielmo, der 1162 die Kanzel der Kathedrale zu Pisa schuf, oder jener »doctor Solsternus hac summus in arte modernus« (jener gelehrte Solsternus, in der Kunst vollkommen modern), der 1207 das Mosaik mit der Deesis an der Fassade des Doms von Spoleto entwarf. In diesem Zusammenhang wird es ebenfalls von Nutzen sein, die Einführung der modernen Gebetshaltung in Betracht zu ziehen, die kürzlich von G. Ladner[17] untersucht wurde, denn all das sind Elemente, die das Bewußtsein eines Bruchs offenbaren, der sich abzuzeichnen begann; sie müssen erforscht und in Beziehung zueinander gesetzt werden, ehe man im allgemeinen das Problem der stilistischen Veränderung und des Bewußtseins angehen kann, das im Italien des 12. und 13. Jahrhunderts die Zeitgenossen davon hatten.

Dennoch wird es angemessen sein, den Begriff »gotisch« auch in seiner konventionellen Bedeutung zu verwenden, auch wenn auf diese Weise Phänomene zusammengebracht werden, die verschieden sind und bei denen die Zeitgenossen vielleicht absolut keine Verwandtschaft empfanden. Denn »gotisch« ist der Begriff, den die Kunsthistoriker nicht allein für ein bestimmtes architektonisches System benutzen, sondern auch für eine bestimmte Weise, die Formen zu definieren und zu strukturieren, für einen bestimmten Typus der Drapierung, für eine Manier, die Linienführung zu behandeln, Antlitze, Gesten und Figuren darzustellen und für einen bestimmten Naturalismus, der sich in der Schöpfung neuer Lösungen äußert, die reicher an Informationen darüber sind, wie ein Blatt, ein Zweig, ein Tier auszusehen hat, als die radikalen, bisweilen visionären Stilisierungen der vorhergehenden Epoche. Diesen Begriff zu akzeptieren bedeutet nicht, daß die Klassifikationsprobleme gelöst wären; sie bleiben weiterhin offen, wie die Schaffung neuer Stile belegt, deren jüngstes Beispiel der Versuch bildet, jene künstlerische Tendenz mit einem stark klassizistischen Akzent als »Stil 1200« zu taufen, die sich in bestimmten Gebieten Nordeuropas zwischen dem Ende des 12. und den Anfängen des 13. Jahrhunderts äußerte[18]. Daß man es nötig hatte, ein neues Klassifikationsinstrument einzuführen, zeigt ganz klar, daß jene zuvor verwendeten zu einem gegebenen Moment untauglich schienen, bestimmte Phänomene zu charakterisieren, die nicht mehr rückführbar schienen auf die traditionellen Definitionen von romanisch und gotisch und es bestätigt den vorübergehenden, an bestimmte kulturelle Situationen gebundenen Charakter des Systems von Stilen.

Das wird dann ganz offenkundig, wenn man beobachtet, daß es häufig die Tendenz gibt, »gotisch« und »byzantinisch« einander gegenüberzustellen, um ein bestimmtes Bild von der Entwicklung der Kunst in Italien zu entwerfen – wobei man Gefahr läuft, eine ganze Reihe von Situationen mißzuverstehen. Den Ursprung solcher Verbiegungen stellt jener großartige Text *Giudizio sul Duecento* von Roberto Longhi[19] dar, auch wenn gerade er es erlaubt hat, die toskanische Malerei dieser Epoche mit neuen Augen zu sehen, und auch wenn er es war, der durch den Vorschlag neuer Selektionsraster und neuer Interpretationsweisen eine Landschaft erhellte, von der manch einer dachte, hier sei alles grau in grau. Mit großer Überzeugungskraft hat er gewisse Brüche klargestellt und dabei die Schäden deutlich gemacht, die sich aus einem vollkommen unproblematisierten Bild von einer evolutionären Kontinuität ergeben konnten – so waren z. B. nach dieser Auffassung die toskanischen Maler vor Giotto, die sogenannten »prä-giottesken« Maler, offiziell Teil der Erneuerung durch Giotto. Longhis Text machte es also möglich, die Landkarte der italienischen Kunstgeschichte neu zu entwerfen. Trotz alledem wird es jedoch gut sein, ihn so viele Jahre nach seiner Veröffentlichung nicht immer noch als einzigen Zugang zur Lektüre anzusehen, sondern jede Möglichkeit zu nutzen, auch in dieser Sache klarer zu sehen.

Die gotischen Elemente kamen auf durchaus verschiedene Weise nach Italien; bisweilen waren sie zutiefst mit byzantinischen verflochten, wie im Fall der fragmentarischen Wandgemälde in der Unterkirche in Assisi, die dem »Maestro di San Francesco« zugeschrieben werden, oder wie auch anderswo – in Rom, in Bologna, im Süden im Umfeld des Hofes der Staufer –: Und all das erfordert eine neuerliche Lektüre aus globalem Blickwinkel. Wenn wir uns oft Phänomenen gegenübersehen, die aufgesetzt scheinen, dann kommt das von der Art und Weise wie – total, teilweise oder sporadisch – ein neues bildnerisches Formenrepertoire abgelehnt wurde. Bestimmte Fakten werden wir besser verstehen, wenn wir sie als Versuche zur Transformation eines Systems interpretieren, die mit den verfügbaren Mitteln durchgeführt wurden. Ernst Gombrich hat daran erinnert, daß jemand, der eine neue Sprache lernt, sich zunächst einmal des phonetischen Sprachschatzes bedient, über den er verfügt, um die Laute zu reproduzieren, die in der eigenen Sprache nicht, sehr wohl aber in der zu erlernenden existieren. Nach diesem Schema können wir den sogenannten deutschen »Zackenstil« des 13. Jahrhunderts, den Zickzack-Stil der Drapierungen, die brüsk abbrechen, als eine Form der Anpassung oder besser der Antwort auf die französische Gotik interpretieren, die unter Verwendung des Repertoires erfolgte, das die sächsischen Künstler anzuwenden gewohnt waren[20]. Bestimmte Episoden der italienischen Malerei im Duecento haben, ohne allerdings die Kohärenz des »Zackenstils« zu erreichen, analoge Gründe, nämlich die der Anpassung und teilweisen Aufnahme der Modelle der französischen Gotik, wobei das verfügbare formale Repertoire verwendet wird. Und ganz genauso können wir in bestimmten Miniaturbildern aus Siena wie dem *Tractatus de creatione mundi* der Biblioteca Comunale di Siena, in bestimmten Abschnitten des »Maestro di San Martino« und in bestimmten Farbtönungen der Mosaizisten in Rom, wo das Rot und Blau der französischen Gotik hervorsticht, ein Echo der französischen Miniaturmalerei erkennen[21].

In Wirklichkeit handelt es sich nicht so sehr darum, auf Gegensätze zu zielen, als vielmehr darum, immer der Motivationen gewärtig zu sein, die die Künstler, Auftraggeber und Klienten dazu brachten, nordische und andererseits byzantinische Elemente aufzunehmen[22]. Zahlreich waren die Gründe, nach Osten zu schauen, und hinter ihnen stand eine lange Geschichte und eine noch längere Tradition. In Venedig und im Sizilien der Normannen war die Kunst an Konstantinopel ausgerichtet, und das Einwirken der byzantinischen Ikonenmalerei trug entscheidend zur Entwicklung der italienischen Tafelbildmalerei im Duecento bei[23]. Es war üblich, daß von Italien aus Aufträge an die byzantinischen Ateliers ergingen, ob es sich nun um Bronzetüren handelte, die seit dem Jahr 1060 die Pantaleoni und andere Magnaten

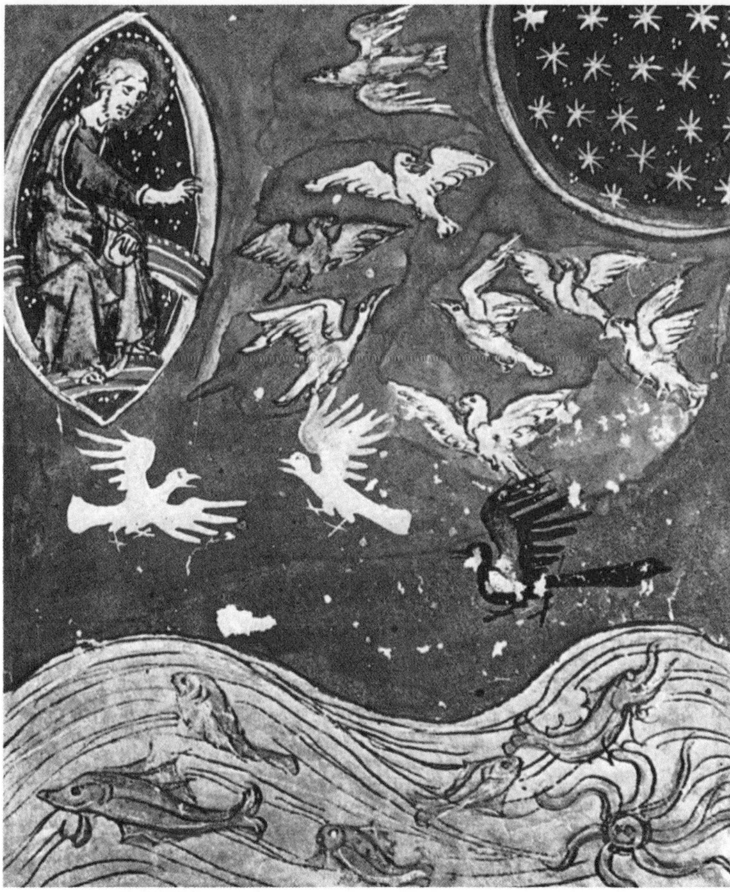

Sienesischer Miniaturist, *Die Erschaffung der Fische und der Vögel,* um 1290

Süditaliens bestellt hatten, oder den Goldaltar von San Marco, dessen lange Geschichte bereits am Ende des 11. Jahrhunderts beginnt, oder um eine Ikone, wie die, die Friedrich Barbarossa der Kathedrale von Spoleto schenkte, oder auch einfach um Handschriften. Später kam es dann zur Plünderung Konstantinopels (1204), in deren Folge wiederum eine gewisse Zahl byzantinischer Arbeiten in den Westen kam (wenn auch in geringerem Umfang, als man gemeinhin annimmt). Und wenn wir uns dann klar werden, daß nur vier Jahre zwischen der Plünderung Konstantinopels und der Einweihung des Zisterzienserklosters von Fossanova im südlichen Latium liegen, in dem die Einflüsse Burgunds offenkundig sind, dann wird uns bewußt, daß beide Strömungen, die byzantinische und die nordisch-gotische, zu Beginn des Duecento an Einfluß gewinnen.

Die erste »gotische« Technik, die sich nach Italien ausbreitete, war die Architektur, auch wenn sie auf einen hartnäckigeren Widerstand traf als anderswo. In Wahrheit war Norditalien bereits sehr früh Ort von Versuchen gewesen, in deren Zentrum ein typisches Konstruktionselement der gotischen Architektur gestanden hatte: der Kreuzbogen mit Verstärkungsrippen. Arthur Kingsley Porter, der bedeutende Kunsthistoriker des Mittelalters, der die Wege der Architektur und Bildhauerei Europas nach dem Jahr 1000 erforscht hat, sah in der Lombardei vom Atrium von San Nazzaro Sesia bis zu Sant'Ambrogio in Mailand, von der Kathedrale zu Novara bis hin zur Kirche von

Casalvolone sogar einen der Brennpunkte der neuen architektonischen Lösungen[24]. Die sehr frühen Daten, die Kingsley Porter nennt, wurden von anderen Gelehrten korrigiert, und heute neigt man zu der Ansicht, daß die frühesten lombardischen Rippengewölbe nicht vor dem Jahr 1080 liegen. Gesichert aber ist, daß sich in Piemont, in der Lombardei und in der Emilia etwas ereignete, das in gewisser Hinsicht parallel läuft zu dem, was in England und in der Normandie stattfand, ohne daß es allerdings die Anstöße und Konsequenzen zur Folge gehabt hätte, die sich im Norden durchsetzten. Das Gewölberippe in der Lombardei stellte in Wirklichkeit nicht ein dynamisches Element innerhalb eines neuen baulichen Konstruktionsprinzips dar, sondern eher ein Organ der Verstärkung, etwas, das – wie einmal formuliert wurde – den Stoß der Kreuzgewölbe schamhaft überdecken und das Aussehen des Mauerwerks gleichmäßiger gestalten sollte. Das ganze subtile Spiel der Verweisungen zwischen Rippen und tragenden Strukturen – und das war es, was bewirkte, daß der komplexe Entwurf der Pfeiler der neuen Weise entsprach, die Last der Gewölbebögen in bestimmten Punkten abzustützen –, das im Norden prägend wurde, gab es in Italien nicht; hier dominiert weiterhin eine statische Architektur, bei der die Funktion der Mauer intakt bleibt. Man muß sich fragen, welche Elemente eine Rolle spielten bei dieser aufmerksamen Beibehaltung der konstruktiven Funktion der Mauer und ob nicht bei der italienischen Mauerhaftigkeit die Tradition der Dekoration und Malerei eine Rolle spielte. Auf jeden Fall macht die komplizierte Geschichte der Zweifel, der Konflikte und Anpassungen, deren Bühne – wie Richard Krautheimer gezeigt hat[25] – eben die Gewölbe der Kirchen Mailands aus dem 12. Jahrhundert abgaben, eines deutlich: Den ersten Erfahrungen sollte keine leuchtende Zukunft beschieden sein. Das frühe Rippengewölbe in der Lombardei war also kein produktives Element eines neuen Stils, und auch die zweitrangigen Elemente des dekorativen Repertoires der Gotik, die in die Architektur Norditaliens Eingang fanden, die Profile, die strahlförmigen Fensterrosen und die spitzbogigen Fensterprofile bilden isolierte Elemente, die in ihrer Gesamtheit kein System, keinen Stil zu formen vermochten[26]. Die ersten authentisch gotischen Kirchen des Duecento, die in ihrer architektonischen Struktur und nicht nur in ihrer Dekoration kohärent waren, blieben isolierte Einzelfälle: Das Baptisterium von Parma ist nahezu ein Unikum mit seiner nervösen und auffälligen Struktur, die Benedetto Antelami als in Nordfrankreich vorherrschende erfahren haben muß; Sant'Andrea di Vercelli, die ab 1219 zügig errichtet worden war dank der beachtlichen Hinterlassenschaft des Kardinals Guala Bicchieri, der sich mit den im Auftrag des Papstes durchgeführten Missionen nach England ein Vermögen erwirtschaftet hatte, hat keine weitere Zukunft. Und nicht nur französische, sondern auch englische Elemente finden sich hier auf die Struktur der Emilia aufgepflanzt, und dieser Fall ist besonders deshalb von Bedeutung, weil er in der Person des Auftraggebers die Gründe für die positive Aufnahme der neuen Formen offenlegt. Und mit Sicherheit spielten die Herkunft, die Bildung, die Reisen und Erfahrungen, die Vorlieben und Erwartungen der Auftraggeber eine gewichtige Rolle in diesen Angelegenheiten. Da gibt es familiäre Beziehungen, die die normannischen Monarchen, die D'Hauteville, mit dem Land ihrer Herkunft aufrechterhielten, oder politisch-religiöse Beziehungen wie die zwischen Roger II. und Suger von St. Denis. Da gibt es den ununterbrochenen Strom der Pilger, die zur Zeit der Kreuzzüge ins Heilige Land wollen, und es gibt die Zuweisung von kirchlichen Privilegien an die Kleriker aus England und Frankreich. Und schließlich gibt es die Frage der Kongregationen, der neuen oder der reformierten Orden, die ihren Ursprung im Land der Capetinger hatten: Die Cluniazenser, die Augustiner-Chorherren, die Zisterzienser[27]; sie, und später auch die Franziskaner und Dominikaner, sehen in der Übernahme der neuen architektonischen Lösungen eine Möglichkeit, die eigenen Gebäude als modern auszuweisen. Dennoch bleibt auch die Tatsache bestehen, daß ein stark zentralisierter Orden französischen Ursprungs wie die Zisterzienser in seinen Bauten in Italien einer konservativen Anpassung an das Umfeld nicht entging, die allenfalls zu einer Art abgeschwächter burgundischer Romanik führte.

Um die Geschichte der Aufnahme und Entwicklung der architektonischen Formen der Gotik in Italien nachzuzeichnen, muß man sich vieler Tatsachen bewußt sein. An erster Stelle des Faktums, daß sehr frühzeitig verschiedene, seien es französische, seien es englische, Elemente der Gotik nach Italien gelangen und hier nicht immer kohärent angewendet werden, zumindest nicht kohärent der konstruktiven Logik der gotischen Bauwerke, wie sie sich im Norden entwickelt hatte. Dann wird man sehen müssen, wie diese Elemente modifiziert werden, um sie an die lokalen Traditionen anzupassen und mit diesen in Übereinstimmung zu bringen (als ein allgemeingültiges Beispiel sehe man den höchst interessanten und sehr frühzeitigen Fall des Doms von Piacenza[28]), und schließlich beachte man, daß zahlreiche Beispiele – etwa die sehr frühen Kreuzrippengewölbe der Kathedrale von Cefalú oder die unterschiedlichen Lösungen bei Sant'Andrea di Vercelli – folgenlos geblieben sind. Niemals hat Italien eine Kirche besessen, die der »leuchtenden« Gotik der Abtei von Westminster, der Kathedralen von Köln oder León zugehört[29].

Ein so hartnäckiger und andauernder Widerstand muß Gründe gehabt haben, die über das Gewicht und die Beharrlichkeit der traditionellen Formen hinausreichen. Da müssen andere Elemente mit ins Spiel gekommen sein, wie die politischen und kulturellen Horizonte, die Systeme von Werten und Hierarchien. In den schnell wachsenden urbanen Gesellschaften von Nord- und Mittelitalien, die sich bereits in einer frühen Phase der Differenzierung befanden, gab es sicher ein Bewußtsein von der eigenen Rolle, der eigenen Bedeutung und Einzigartigkeit (die gewichtigen Eingriffe der neuen sozialen Gruppen in der Geschichte des Baus der Kathedrale zu Modena steht als ein Beispiel dafür), und es gab ein bewußtes Streben, sich mit Rom als Beispiel, Vorfahr und Modell zu messen. In diesem Sinne ist der Fall der antiken Sarkophage in der Kathedrale zu Pisa mehr als bedeutungsvoll – wie es im übrigen auch das allgemeine Phänomen der Wiederverwendung antiker Sarkophage und die Berufung dutzender Städte auf ihre antiken und mythischen Ursprünge ist.

Für einen bedeutenden Teil des Landes waren die Beziehungen mit Byzanz noch immer von außergewöhnlicher Aktualität: Bari hört 1071, als es in die Hände der Normannen fällt, auf, die Hauptstadt einer Provinz des oströmischen Reichs zu sein; und eben in diesem Jahr verlieren die Byzantiner aufgrund der Niederlage von Manzikart Kappadozien an die Seltschucken. Die Tatsache, daß das Reich der Byzantiner in Apulien ebensolange Bestand hatte wie in Kappadozien, ist einer genaueren Untersuchung wert.

Es gibt also viele Tatsachen, die diesen Widerstand erklären, der vielfältig motiviert ist. Aber in der einen oder in der anderen Weise wußte sich die neue Kunst auch in einem Land durchzusetzen, das in gewisser Hinsicht an der Spitze des ökonomischen und sozialen Fortschritts in Europa stand. Und bestimmte Probleme der naturalistischen Darstellungsweise, die sich die Künstler aus dem Norden stellten, fanden denn auch hier ihre Lösung.

Die Bauweise der Gotik setzte sich am Ende auch hier durch, allerdings weniger kohärent und prinzipientreu als anderswo[30]. Die neue Kirche San Francesco in Assisi, zu der Gregor IX. 1228 den Grundstein legte und die, als die baulichen Arbeiten bereits seit einiger Zeit abgeschlossen waren, 1253 von Innozenz IV. geweiht wurde, ist nach den westlichen Vorbildern einer zweigeschossigen Kirche errichtet (von den bischöflichen Kapellen bis hin zur zeitgenössischen Sainte-Chappelle in Paris). Die Oberkirche im besonderen weist markant nordische Lösungen in der Architektur auf: In ihrem Grund- und Aufriß wurde sie mit der Kathedrale von Angers, mit Notre-Dame in Dijon und mit der Kathedrale von Auxerre verglichen. Ihr ganz klar gotisches, wenn auch recht provinzielles Aussehen gehört möglicherweise nicht zum ursprünglichen Entwurf, muß aber vorangetrieben worden sein, als der Engländer Haymo von Faversham (1240–44) der General des Ordens war.

Die Zeichen des Widerstandes gegen das Modell der Île-de-France, das Modell des luftigen Käfigs, gestützt von schlanken Strebepfeilern, auf denen hohe und steil aufragende Bögen ruhen, sind in Assisi unübersehbar. Hier sind die Strebebögen recht niedrig und die äußeren Strebepfeiler massig und rund. Im Innern sind die horizontalen Elemente von hervorragender Bedeutung wie z. B. der Mauervorsprung, der unterhalb der Fenster längs der Mauern verläuft; und hinter den zusammengesetzten Stützen eröffnet sich eine Aussparung: Sie mäßigt den aufsteigenden Schwung der vertikalen Glieder und unterstreicht das Volumen und die Massivität des Mauerwerks[31]. Weit entfernt vom Schein einer Zweidimensionalität, eines Schirms ohne Tiefe, stellen sich die Wände als ein auffälliger Organismus dar, dessen Aushöhlung nicht durch die Verdünnung und Aussparung der Mauerstruktur erreicht wird, sondern durch die illusionistischen Fresken.

Die Kirche von Assisi wollte gleichzeitig Kirche eines Heiligtums und die Kirche eines Konvents sein: eine Krypta, die dazu bestimmt war, den Sarg mit dem Leichnam des Heiligen Franziskus zu beherbergen (der in Porziuncola gestorben war, aber an diesem symbolträchtigen Ort beerdigt war: dem Paradiesberg vor den Toren eben der Stadt, aus der der Heilige gezogen war), und päpstliche Kapelle (daher die zweigeschossige Planung), was die privilegierten Beziehungen zwischen Papsttum und dem neuen Orden unterstreichen sollte[32]. Deutlich gotische Merkmale zeigt auch der päpstliche Palast zu Viterbo, errichtet zwischen 1255 und 1266, der zu großen Teilen unter einem französischen Papst gebaut wurde, unter Jacques Pantaléon, der den Namen Urban IV. angenommen hatte (1261–64).

Die Basilika von Assisi stellt insofern einen der Knotenpunkte der italienischen Gotik dar, als hier viele in verschiedenen Techniken entwickelte Erfahrungen zusammenkommen: Malerei, Glasmalerei und Architektur. An erster Stelle die Glasmalereien, eine Technik, in der die Gotik den höchsten Ausdruck ihrer schöpferischen Fähigkeiten gefunden hat. Die Weite der Fenster, die durch die neuartige Verteilung der Lasten der architektonischen Strukturen ermöglicht wurde, verwandelte die kompakte Masse des Mauerwerks in eine durchscheinende und vielfarbige Projektionsfläche und ließ sie so Bildern eines himmlischen Jerusalem an Wänden aus Edelstein oder dem leuchtend hellen

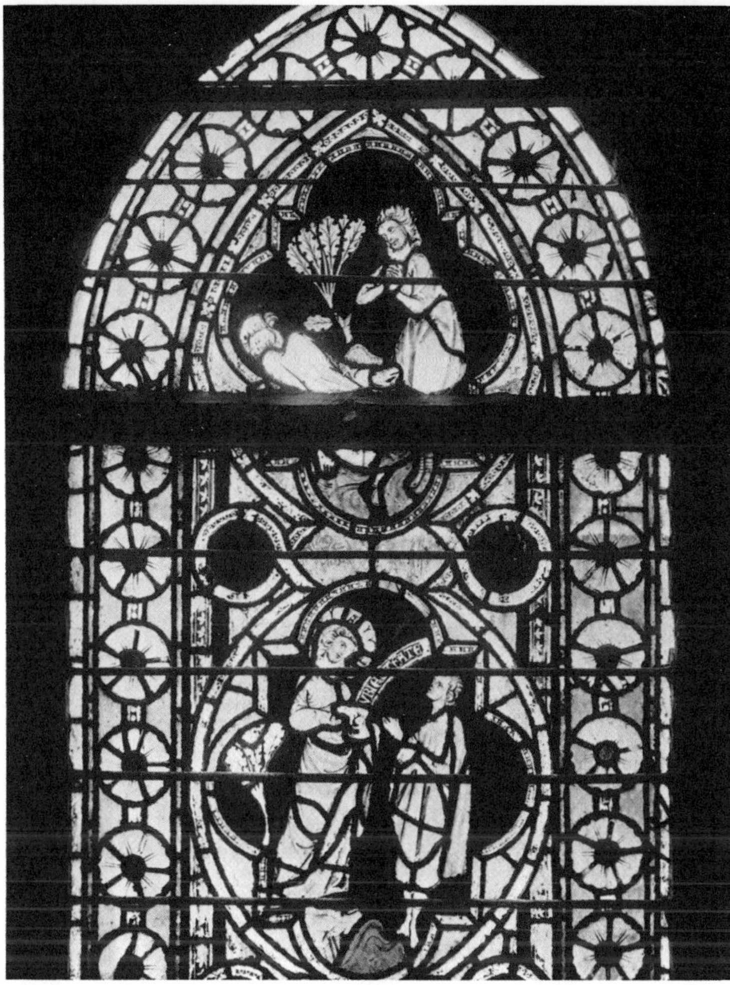

Meister nördlich der Alpen,
Lamech beklagt den Tod Kains
und
Gott tadelt Kain
um 1270–1280 (?)
Glasfenster des südl. Querschiffes mit Szenen der Genesis
Assisi, San Francesco, Oberkirche

Tempel des Graal ähneln. Wie große durchscheinende Matten, hart und glänzend, reihen die Fenster des Duecento vor dem dekorierten Hintergrund das ganze Kaleidoskop der Verknüpfungen ihrer Szenen auf, die in verschieden kombinierte Medaillons unterteilt werden, die ihrerseits nach dem Vorbild der kompositorischen Gestaltung von Stoffen und Teppichen gefertigt sind. Bei diesen Arbeiten trägt ein Ensemble vieler Elemente zum endgültigen Resultat bei: die verschiedenfarbigen Glasstücke, das sie verbindende und zusammenhaltende Blei, die monochrome Malerei, die über die Glasflächen verteilt ist und Licht und Schatten anzeigt, die Gesichtszüge, die Linienführungen, die Faltenwürfe und schließlich die Eisenstangen, die durch ihre – schlichte oder komplexe – Form die Einteilung der Szenen begleiten. Das bemalte Glas hat tatsächlich Ähnlichkeit mit dem Mosaik, mit der Emaillearbeit und der Malerei – und sie weist auch ganz eigene Züge auf, wie den, daß es das Sonnenlicht hindurchscheinen läßt und daher zu jeder Tages- und Jahreszeit Tönung und Farbspektrum ändert.

Nun waren die allerersten dekorativen Elemente der Oberkirche in Assisi die bemalten Fenster: vor allem jene der Apsis, die von deutschen Meistern ausgeführt wurden, dann die des Quer- und die des Hauptschiffes, denen französische und italienische Meister Gestalt gaben[33].

Ostwand des nördlichen Querschiffes der Oberkirche von San Francesco in Assisi

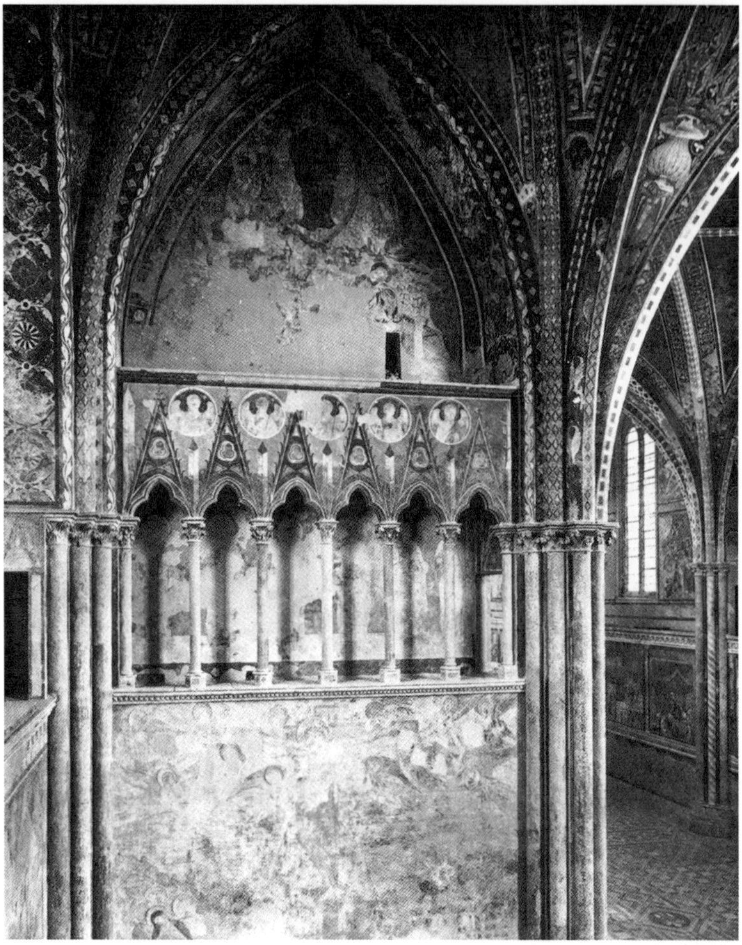

Es gab also monumentale Zeugnisse der Malerei des neuen Stils zu sehen, und sie boten sich sogar als Modelle an, als man die Dekoration der Wände und Gewölbezwickel der Oberkirche begann.

Die ersten Maler, die im nördlichen Querschiff arbeiteten, waren mit Sicherheit Nordeuropäer, vielleicht – wie vorgeschlagen wurde – Engländer[34]; aber es wird Cimabue sein, der das gewaltige Unternehmen der Dekoration leitet und koordiniert, das sich zum Großteil – mit Unterbrechungen und neuen Anläufen – im neunten Jahrzehnt des Duecento abspielt. Neben Cimabue und anderen, bisher noch anonym gebliebenen Künstlern wie dem »Maestro della Cattura« arbeiteten hier auch Duccio di Buoninsegna, mit Torriti auch Meister aus Rom und schließlich der »Meister des Isaak« – d. h. mit hoher Wahrscheinlichkeit der junge Giotto[35]. Eben Giotto leitete die Ausführung des Zyklus der *Franziskuslegende* und brachte diese Arbeit im Laufe des letzten Jahrzehnts des Jahrhunderts zu Ende[36]. Diese Abfolgen und Gleichzeitigkeiten können uns verwundern, insbesondere die Gleichzeitigkeit zwischen der Tätigkeit Cimabues und der von nordeuropäischen Werkstätten; aber es ist ja bereits darauf hingewiesen worden, daß von den Zeitgenossen der Konflikt nordisch-byzantinisch nicht als ein zugespitzter Gegensatz empfunden wurde. Und besonders durch das Beispiel von Assisi – wo die Maler, wie immer deutlicher wird, zunehmend in Rom ausgewählt wurden – wird uns klar, daß gerade Rom und die Kurie ein wichtiger Kanal für die Durchsetzung und den Erfolg der Gotik in Italien waren. Nach den jeweiligen Siegeln können wir die Präferenzen der Kardinäle verfolgen, die oft von jenseits der Alpen stammten[37]. Es gelingt uns, seit die so wenig lesbaren Fresken der Sancta Sanctorum im Lateran Gegenstand einer tiefschürfenden Untersuchung gewesen sind[38], nun besser, die päpstlichen Aufträge einzuschätzen. Und all dies hilft uns zu verstehen, daß die Architektur der Oberkirche und des päpstlichen Palastes zu Viterbo, die Glasmalereien, die Gemälde der équipe von jenseits der Alpen in Assisi und gewisse Einzelheiten der Fresken in der Sancta Sanctorum engstens miteinander verbunden sind; sie überschneiden sich in den römischen Arbeiten von Arnolfo und der Ausbildung des großen Guccio di Mannaia, dem Schöpfer des Kelchs von Nikolaus IV. in Assisi, dessen transluzide Emails andeuten, welche Gestalt um 1290 die gotische Alternative in Italien annahm.

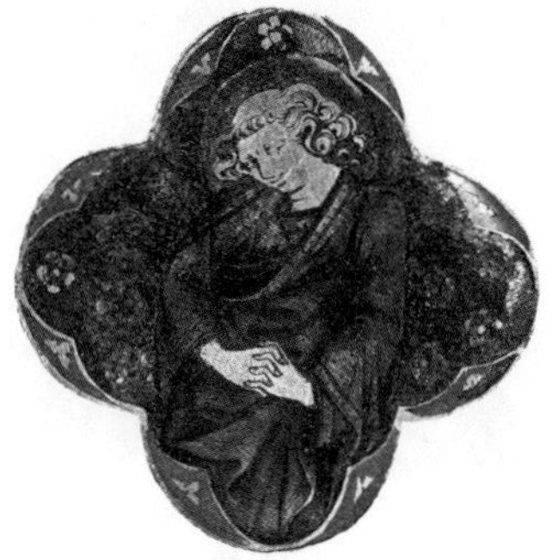

GUCCIO DI MANNAIA,
Der Evangelist Johannes
Teil des Fußes des Kelches
Nikolaus IV.

Ein weiteres Zentrum, das die neue Ausdrucksweise weiterentwikkelte und verbreitete, bildete der Hof der letzten Staufer, Friedrichs II. und Manfreds, auf die dann eine französische Dynastie folgte, die die Künstler des nördlichen Europa nach Neapel rief. Sie waren dann die Schöpfer der außerordentlichen Büste von San Gennaro im Domschatz von Neapel. Ebenfalls auf die Kultur der Anjou müssen Themen und Formen der Malerei zurückgeführt werden, die vom Mezzogiorno über Umbrien und die Toskana bis nach Piemont reichen. Und während sich in den Schätzen der am meisten bewunderten Kathedralen und Basiliken von Assisi bis Bologna, von Padua bis Ascoli Piceno die Produkte von jenseits der Alpen häufen, finden wir in den Dokumenten aus den Archiven Sienas immer häufiger den Hinweis auf Bildhauer und Steinmetze, die »de ultramontanis partibus« kommen und die als »francisine« oder mit anderen Worten bezeichnet werden, welche ihre nordische Herkunft anzeigen[39].

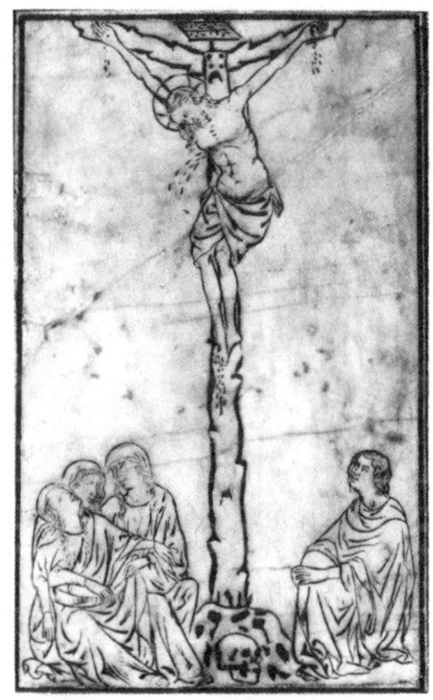

GUCCIO DI MANNAIA (?),
Kreuzigung, um 1310–1315
Reliefierte und bemalte Marmorplatte

Am Ende einer allmählichen Durchdringung, die über ein Jahrhundert gedauert hatte und von der noch viele Kanäle und Schaltstationen einer besseren Durchleuchtung bedürfen – es genügt an den emblematischen Fall von Genua zu denken, wo die bevorzugte Beziehung zu Byzanz die Rezeption einer sehr frühen Gotik[40] trotz zähen Widerstandes nicht ausgeschlossen hat –, am Ende also dieser Durchdringung akzeptiert ganz Italien aus unterschiedlichen Motiven und sehr selektiv in der Vielgestaltigkeit seiner künstlerischen Landschaft einige wesentliche Elemente des »opus francigenum« und arbeitet sie aus.

»Das, was ist, darstellen, wie es ist«

Eine bedeutende Rolle bei der Einführung von Künstlergruppen, von Vorbildern (und Problemen) des Nordens in Italien spielte der Hof Friedrichs II., dessen Sitz vorwiegend in Süditalien lag. Der Kaiser schrieb den symbolischen Investitionen eine große Bedeutung zu und verfolgte mittels der Kunstpolitik eine Strategie der Herrschaft. Durch die von ihm in Auftrag gegebenen Werke wollte er ein bestimmtes Bild von sich, von seinem Auftrag, von seiner Sicht der Welt und dem Projekt seiner Regierung zur Darstellung bringen. Der stark feudale Charakter des Mezzogiorno erklärt, wieso hier die königlich-kaiserlichen Initiativen sogar von ausschlaggebender Wichtigkeit gewesen

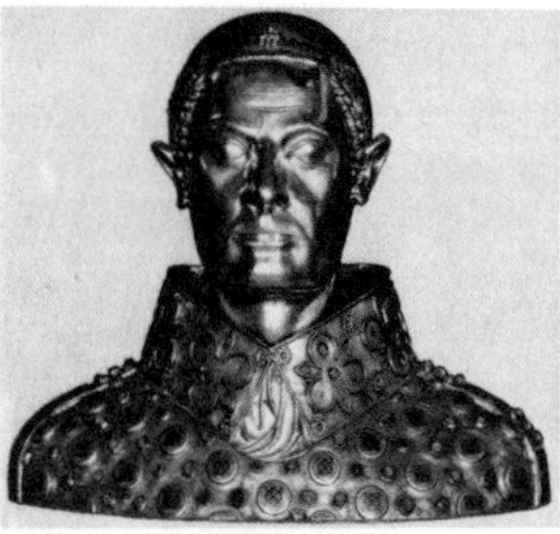

MAITRE ETIENNE GODEFROYD, GUILLAUME DE VERDELAU und MILET D'AUXERRE,
Reliquiarbüste des Hl. Januarius, Silber
Neapel, Dom, Cappella del Tesoro

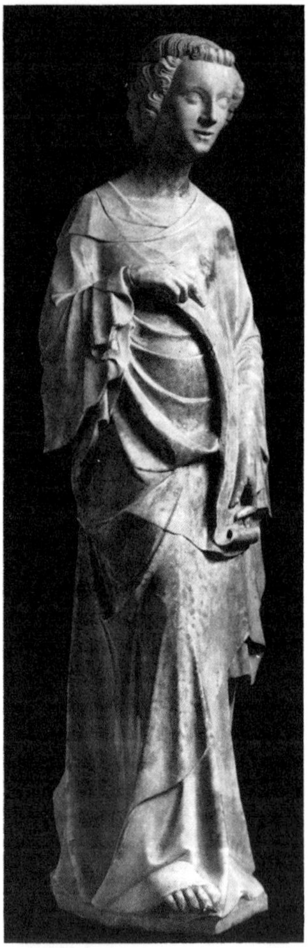

Französischer Bildhauer (?),
Verkündigungsengel, um 1320–1325
(Teil einer Verkündigung)

waren: Dies war ein beispielhafter Fall dafür, wie die Intentionen und Erwartungen eines Auftraggebers dazu führten, eine künstlerische Tendenz anzustacheln und zu lenken.

Friedrich war ein außergewöhnlicher Bauherr von Kirchen (unter den Herrschern des 13. Jahrhunderts kommt ihm in dieser Hinsicht nur Ludwig der Heilige gleich), so daß seine Aktivität in diesem Felde die Besorgnis der Päpste erweckte, die auf dem Konzil zu Lyon seine maßlose Aktivität beim Bau von Kirchen, Klöstern und Sakralbauten beklagten[41]. Er war Städtebegründer und plante viele Burgen, wobei er sich bei seiner Bautätigkeit häufig auf den Zisterzienserorden stützte[42]. Er förderte die Bildung von Bildhauergruppen, unterstützte in jeder Weise die Wiedergeburt klassischer Formen, die Wiederentdeckung und Verwendung der antiken Vorbilder und umgab sich mit einem kosmopolitischen Hofstaat sowie einer Gruppe höchst unterschiedlicher Intellektueller. Als Nachfahre der Stauferkaiser und der normannischen Könige war sein Verhalten in mancherlei Hinsicht besonders durch letztere und ihre reiche künstlerische Auftragspolitik beeinflußt. Die Könige von Sizilien hatten auf der Insel Kirchen errichtet, die mit prachtvollen Mosaiken dekoriert waren, und Pfalzkapellen, deren ikonographische Programme die Macht und die Autorität des Monarchen unterstrichen, der von Gott als Herrscher gekrönt worden war und von Christus und seinen beiden heiligen Schutzpatronen der römischen Kirche, Petrus und Paulus, begleitet wurde: Kurz, sie hatten die bildenden Künste als ein Instrument der Macht genutzt. Unter der islamischen Herrschaft waren in Sizilien andererseits besonders entwickelte und raffinierte Wohnformen entstanden und die Normannenkönige hatten diese Tradition fortgesetzt. Die Ritter, die auf der Insel bei ihrer beschwerlichen Reise ins Land der Kreuzfahrten haltmachten, wurden in Erstaunen versetzt: Anstelle der schlichten Gebräuche im Norden, wo die großen Säle nicht anheimelnder waren als große Zelte oder riesige Getreidespeicher, trafen sie hier auf Paläste von außergewöhnlichem Reichtum und schönster Dekoration. Friedrich II. spürte die Bedeutung dieser Erbschaft und dieser Gewohnheiten, und dennoch handelte es sich für ihn nicht wie bei den Normannenkönigen darum, dem Prunk der Sassanidenkönige, der Kalifen oder der byzantinischen Imperatoren in der Pracht der Paläste, der Kirchen und der großen Mosaikenzyklen nachzueifern. Friedrich II. suchte einen weiter zurückliegenden, einen mythischeren Vergleich: nicht das byzantinische Imperium – das im übrigen nach der Plünderung Konstantinopels und dem Oktroi einer westlichen Dynastie nicht mehr zu enthusiastischer Nachahmung anregte –, sondern das antike Römerreich, Grundmuster und Vorbild der Reiche, die später aufeinander gefolgt waren.

Aus diesem Grunde förderte er eine antikisierende Wiederaufnahme der monumentalen Skulptur, deren Werke Formen und Züge annahmen, die denen der antiken Vorbilder unglaublich nahekamen. Das Problem der Wiedergeburt der Antike war zu Zeiten Friedrichs gewiß nicht neu, und es hatte bereits eine reiche Geschichte voller bedeutender Episoden hinter sich[43]; und dennoch sind es die bildhauerischen Werke aus der Zeit Friedrichs II., die die größte Unsicherheit über ihren wahren Ursprung ausgelöst haben: Hier stehen wir in einigen Fällen authentischen Kopien und kohärenten archäologischen Operationen gegenüber[44].

Hinter dieser Entscheidung stand ein politisches Programm – die Restauration des Imperiums, die sich in der Schaffung der »Augustali« manifestierte. Das waren seit Jahrhunderten die ersten Goldmünzen, die im Abendland geprägt wurden (bis dahin kamen die einzigen Goldmünzen im Umlauf aus Byzanz oder dem islamischen Reich), sie stellten das Profil des lorbeergekränzten Imperators dar. Dieses Programm drückt sich auch in Friedrichs II. Projekt des Brückentors in Capua (1234–39) aus (Riccardo di San Germano schreibt: »ipse manu propria consignavit« [mit seiner eigenen Hand hat er es entworfen])[45]: als imaginäre Rekonstruktion eines antiken Stadttors, gleichzeitig aber auch eines Triumphbogens, der in weiten Teilen mit stark antikisierenden Skulpturen ausgeschmückt ist, deren ikonographische Anlage ein bezeichnendes weltliches Programm zur Feier des Kaisers bildet. Oder auch die Bearbeitung von Gemmen und Kameen mit antiken oder christlichen Sujets, die mit solcher Meisterschaft ausgeführt wurde, daß sich noch häufiger als bei den Skulpturen das Problem stellt: antik oder neo-antik?

Der Fall der Gemmen aus der Zeit Friedrichs II. ist einzigartig und bezeichnend. Die Anziehungskraft, die die geschnittenen Edelsteine aus der Antike auf das Mittelalter ausübten – eine Anziehungskraft, die sich bei zahlreichen Anlässen äußerte –, der magische Wert, der ihnen aufgrund des Materials und der Darstellungen zugeschrieben wurde, und die Bewunderung, die sie hervorriefen, hatten dazu geführt, daß die antiken Gemmen in großem Umfang bei den Goldschmiedearbeiten für sakrale Zwecke, für Kreuze und Reliquienstatuen, wiederverwendet wurden. Diese Gemmen lieferten die Vorbilder für die Edelsteinschleifereien in Süditalien. Im übrigen war das kein isoliertes Phänomen: Wundervolle Kameen wurden auch in Nordfrankreich geschnitten[46]. Bis vor wenigen Jahren wurden viele dieser Arbeiten für antik gehalten, und das war unter anderem ein Grund für ein ganz falsches Verständnis der Beziehung zur Antike, die sich in einigen Zentren Europas im Laufe des 13. Jahrhunderts herausgebildet hatte[47].

Diese wohlwollende Einstellung gegenüber der Antike und ihren Formen hatte nicht nur politische Ursprünge. Es handelte sich auch um den Willen, wirkungsvolle Instrumente zur Darstellung bestimmter Inhalte zu finden. Das Interesse des Kaisers für die Wissenschaften und die Natur ist wohlbekannt, und dies führte schließlich dazu, sich das Problem neuer Lösungen, neuer Schemata und neuer Formen zu stellen, um eine Wirklichkeit darzustellen, die in neuer Weise und mit einer neuartigen Zugangsweise untersucht wurde. Der Rückgriff auf einen klassizistischen Stil sollte eine neue Richtung angeben, indem er die ganzen visionären Stilisierungen der Romanik beiseiteräumte. Die gotischen Elemente, die in der Architektur und der plastischen Gestaltung zu erkennen sind, stehen daher nicht im Kontrast zu den am stärksten antikisierenden Momenten. In beiden Fällen handelt es sich darum, die bildnerische Sprache so zu erneuern, daß sie besser an eine unterschiedliche Aufgabe angepaßt wird. Andererseits existierte eine Beziehung zwischen dem Typ der Darstellung und dem ausgewählten Stil, und derjenige, der der klassischen Antike näherstand, war offensichtlich besser geeignet für die imperialen Darstellungen und, allgemeiner noch, für Bilder mit stark politischer Bedeutung.

Das Zusammentreffen des Interesses an der Naturerkenntnis wie ihrer Notwendigkeit einerseits und dem politischen Willen, ein genau umschriebenes, anspruchsvolles imperiales Programm zu realisieren, das in den Bildern nicht nur eine eigene Form der Vulgarisierung, sondern auch der Legitimierung findet, andererseits, brachte Friedrich II. dazu, das eigene Bildnis sehr oft zu verwenden. Eine bestimmte Anzahl seiner Darstellungen ist uns erhalten geblieben; sie reichen von

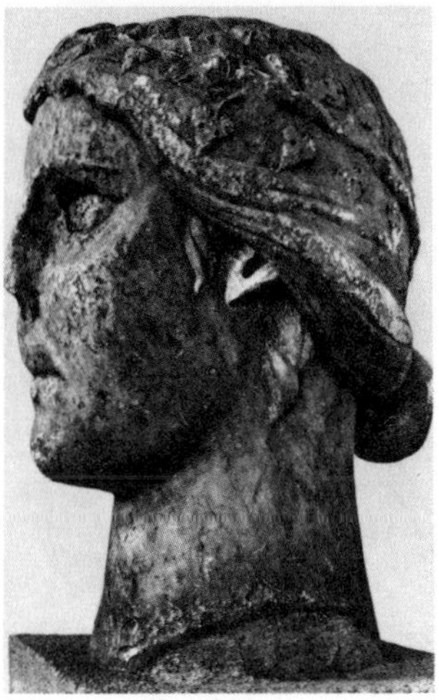

Süditalienischer Bildhauer, *Justitia Imperialis,* um 1240
Teil der Dekoration des Triumphbogens Friedrichs II. in Capua

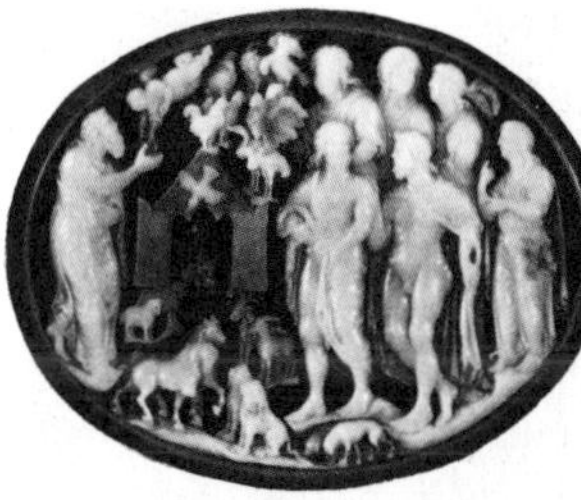

Süditalienischer Meister, *Kamee mit der Arche Noah,* Mitte 13. Jh.

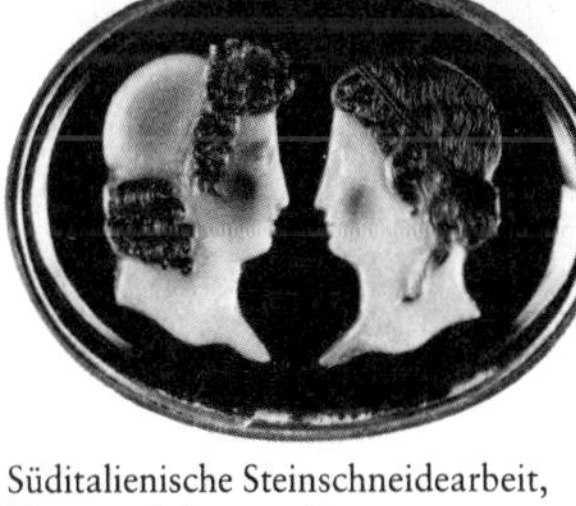

Süditalienische Steinschneidearbeit, *Kamee mit jungem Paar,* um 1250–1260

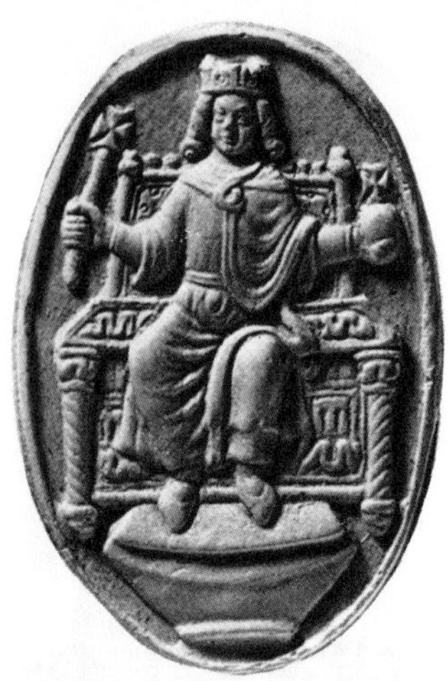

Gipsabdruck einer Kamee Friedrichs II., süditalienische Steinschneidearbeit, um 1220–1225

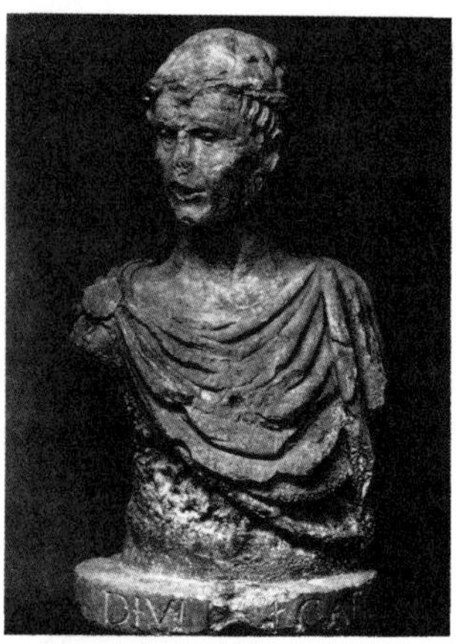

Süditalienischer Bildhauer, *Kaiserbüste*, um 1230 Fragment

der Kamee der Kathedrale zu Prag über die »Augustali«, die Darstellungen der Siegel, das Abbild zum Gedächtnis der Schriftrolle des *Exultet* in der Kathedrale zu Palermo bis hin zur Statue, die aus dem Tor von Capua stammt und die bei einem Zwischenfall revolutionärer Bilderstürmerei gewaltsam beschädigt wurde – ihr Kopf ist uns nur dank eines Abgusses aus dem 18. Jahrhundert erhalten geblieben. Diese Statue muß oberhalb des Torbogens angebracht gewesen sein, und es ist bezeichnend, was uns darüber der Kapellan des Andreas von Ungarn berichtet, der sich im Gefolge von Karl von Anjou zu Zeiten Manfreds in Benevent befand: »Ibique suam ymaginem in eternam et immortalem memoriam sculpi fecit« (und hier ließ er sein Abbild zum ewigen unsterblichen Andenken meißeln)[48]. Er ließ sich auch an der Kanzel der Kathedrale von Bitonto aus Stein hauen, in königlicher Haltung sitzend und in Begleitung seines Hofstaates[49]. Wir meinen, daß auch bestimmte Skulpturen wie die Büste von Barletta, die vielleicht das Fragment einer umfangreicheren Komposition darstellt, und der weltberühmte »Bamberger Reiter«, der den Hl. Georg vor dem diesem Heiligen gewidmeten Ostchor des Bamberger Doms darstellt und den der mit dem Kaiser eng verbundene Bischof Eckbart (gest. 1237) in Auftrag gegeben hatte, Bildnisse Friedrichs II. sind. Zumindest in diesem Fall können wir von einem »Kryptoportrait« sprechen, das heißt einem Bild, das eine bestimmte Figur aus der Vergangenheit mit den Zügen einer gegenwärtigen darstellt[50].

Die Figur Friedrichs II. scheint also von großer Bedeutung für die Entstehung der Portraitkunst zu sein, eines Genres, das für Jahrhunderte verschwunden war oder zumindest in Quantität und Bedeutung eine starke Veränderung erfahren hatte. Dieses Verschwinden war Ausdruck einer allgemeineren Einstellung gegenüber dem Individuum, die auch zum Untergang einer literarischen Gattung führte, die in gewisser Weise mit dem Portrait verwandt ist, der Biographie; sie erscheint erst im 12. Jahrhundert wieder mit den »Vidas« der provenzalischen Troubadoure, also vor dem bildnerischen Portrait. Jetzt bezeichnet die politische Verwendung des eigenen Bildes durch den Kaiser[51] (was 50 Jahre später von Bonifaz VIII. wieder aufgenommen wird) im Verbund mit den naturwissenschaftlichen Interessen und dem Willen, »ea que sunt sicut sunt« (»das, was ist, so wie es ist«, nach einem Ausdruck Friedrichs in seinem Traktat über die Jagd) dargestellt zu sehen, eine Veränderung in der Einstellung zum Individuum von allergrößter Bedeutung: Es ist ein entscheidender Schritt für das Entstehen des modernen Portraits[52]. Von hier leiten sich die von Arnolfo angefertigte Statue Karls von Anjou ab, die Bildnisse von Bonifaz VIII. oder auch die außerordentlichen Totenbilder Heinrichs VII., von Messer Porrina und des Bischofs Orso, kurz die ganze Galerie bildhauerischer Portraits aus den letzten Jahrzehnten des Duecento und den Anfängen des Trecento.

Der Kaiser ließ eine bedeutende Zahl von Burgen in Apulien und Sizilien bauen (und überwachte persönlich die Durchführung, wie die Briefe belegen, die Tommaso da Gaeta an ihn sandte): in Foggia, Lucera, Castel del Monte, Lagopesole, Castel Maniace in Syrakus usw. Einige, wie die in Foggia, waren seine Lieblingssitze, andere Jagdschlösser, Zentren der Kontrolle oder Garnisonsorte. Mit ihm gelangten die Grundrisse, Projekte und Aufrisse der gotischen Architektur und der antiken architektonischen Tradition in den Süden Italiens, wo sich eine charakteristische Verbindung zwischen den gotischen Formen des Nordens, den archaisierendsten und konservativsten Formen des

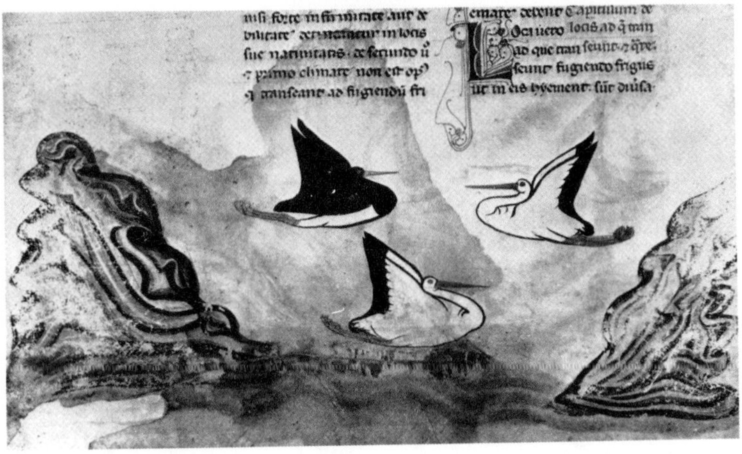

Meister des De arte venandi cum avibus, *Die Vogelwanderung,* 1258 Ausschnitt

germanischen Reichs und den klassischen Formen ergab. Eine Verbindung, die später Nicola Pisano – »de Apulia« – die Möglichkeit gab, eine Vorherrschaft über die Toskana und vor allem ihre beiden ghibellinischen Städte, Siena und Pisa, auszuüben.

Das Interesse für die Natur, die technischen und parawissenschaftlichen Neigungen, die der Kaiser, wie uns die Chronisten und besonders Fra Salimbene und Riccobaldo da Ferrara bezeugen, auf außergewöhnliche und grausame Weise unter Beweis stellte, drückt sich in der berühmten, oft vervielfältigten und illustrierten Schrift *De arte venandi cum avibus,* einem Handbuch der Falknerei, aus. Hier ist nicht der Ort, näher darauf einzugehen, was die Jagd im Mittelalter unter sozialen und sogar existentiellen Aspekten bedeutete[53]. Die Erfahrung der Natur, ihre Darstellung, die Neugier für die Formen und das Verhalten der Tiere gehen durch den Filter der Jagd, und der Text Friedrichs II. fand eine ausgezeichnete Illustrierung durch Künstler, die am Hofe seines Sohnes Manfred arbeiteten. Hier wurden die Miniaturen des berühmten Exemplars von *De arte venandi* ... angefertigt, das sich heute in der Vatikanischen Bibliothek befindet, oder auch der Text von Pietro da Eboli über die Bäder von Pozzuoli (Bürgerbibliothek, Bern) sowie eine ganze Reihe von Bibeln, deren berühmteste sich im Vatikan befindet. Hier arbeitete ein Kopist, Johensis, dessen Namen wir in verschiedenen illustrierten Kodizes zwischen etwa 1250 und 1260 finden[54]. Möglicherweise arbeitete auch einer der größten und einzigartigsten Meister des Duecento hier im Süden, der Illustrator der Konradinsbibel[55] (circa

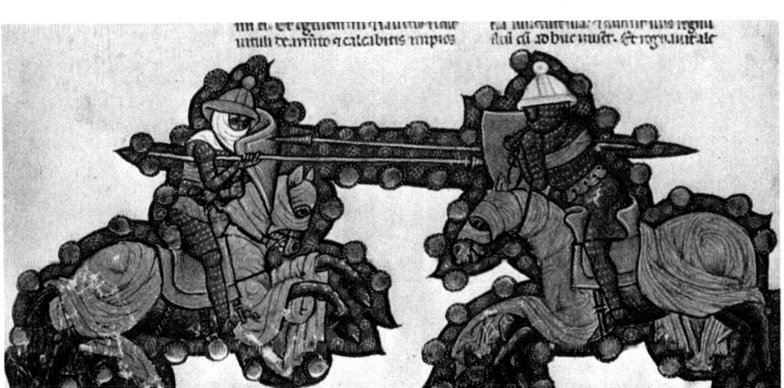

Meister der Konradinsbibel, *Gefecht,* 1266–1268

JACOPO TORRITI,
Die Schöpfung
Ausschnitt
Assisi, San Francesco, Oberkirche

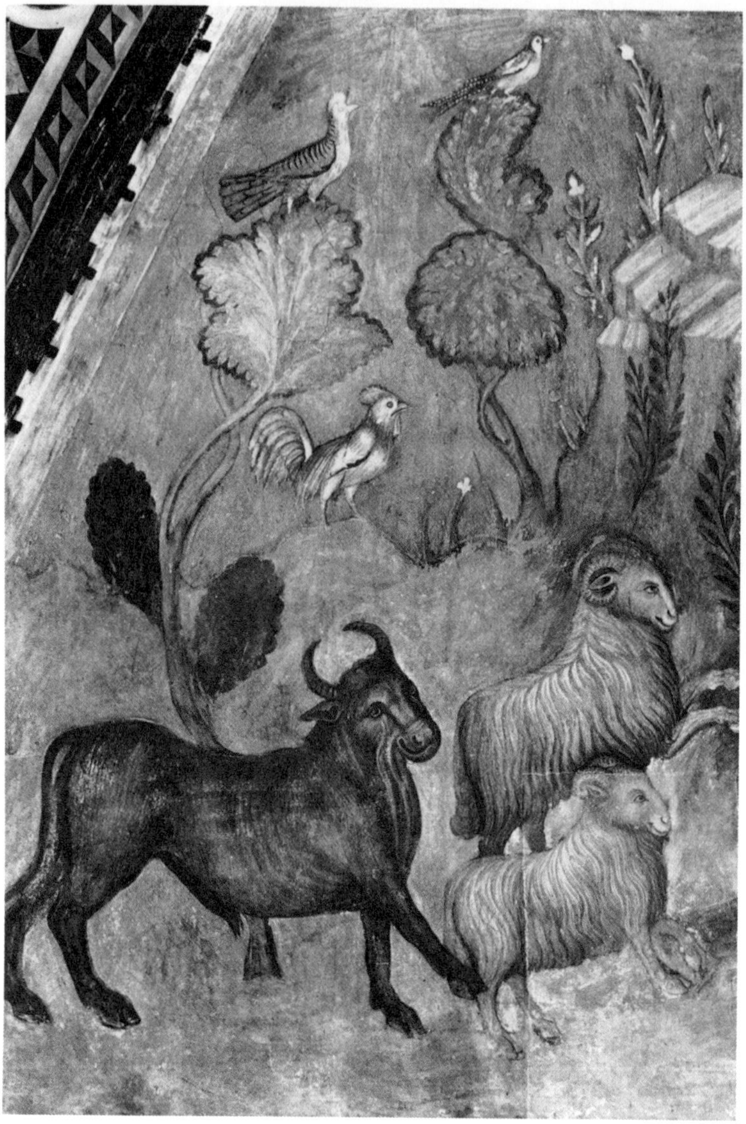

1265–70) aus der Walters Art Gallery in Boston, in der jene Verknüpfungen und Beziehungen zwischen Antike und Gotik, die die Bildhauerei prägten, im Zusammengehen von gotischen und byzantinischen Darstellungsweisen eine Parallele fanden.

Die naturalistischen Motive blieben in der Miniaturmalerei aus der Zeit der letzten Staufer nicht in die Seiten der Bücher eingeschlossen. Im Gegenteil, diese Seiten stellten vielmehr einen bedeutsamen Ausgangspunkt für die Entwicklung gotischer Darstellungsweisen und der profanen Ikonographie der italienischen Malerei von den Abbruzzen bis zur Toskana dar[56]. Das Entstehen des Portraits, die Verbreitung einer weltlichen »imagérie« hatten ihren Schmelztiegel und ihre Rückendeckung im ghibellinischen Süden, wo versucht worden war, ein neues Bild des Menschen und der Natur zu erkunden oder auszuarbeiten, dessen unmittelbare Folgen auf dem Gebiet der Bildhauerei zu spüren sein werden.

»... geformt aus Steinen, und zwar von Meisterhand«

Im 11. Gesang des *Purgatoriums* nennt Dante zwei Miniaturisten und zwei Maler, und stellt sie vergleichend gegenüber: Oderisi da Gubbio und Franco Bolognese sowie Cimabue und Giotto. Man hat viel darüber geschrieben, was es zu bedeuten habe, daß diese Namen von Künstlern, von Ausübenden einer mechanischen Fertigkeit also, mit denen von Literaten, Gefolgsleuten der freien Künste also, verglichen werden; weiter hat man über das Problem nachgedacht, welches Bewußtsein Dante von einer stilistischen Differenzierung und folglich auch vom Mechanismus der Überwindung hatte, und schließlich über die moralisierende Intention, die dem Diskurs zugrunde liegt. Mit dieser Stelle hat man die italienische Literatur über Kunst beginnen lassen, die also mit der Malerei eröffnet würde. Es mangelt auch nicht an weiteren Stellen, an denen die Malerei vorkommt; man denke nur an das »so malt ich wie der Maler nach Modell« des 32. Gesangs des *Purgatoriums* (S. 350). (Alle folgenden Seitenangaben beziehen sich auf die Ausgabe der *Divina Commedia* in der Übertragung von K. Vossler, München 1969. D. Ü.) Und dennoch, alle Kunstwerke, die zwischen dem 9. und 12. Gesang erwähnt werden, wo ihnen eine besonders wichtige Rolle zukommt, sind Werke der Bildhauerei.

Es wird an die Materialien des Bildhauers erinnert (9. Gesang, S. 236):

> Der erste Treppenstein, zu dem wir kamen,
> ein weißer Marmor, war so glatt und rein,
> daß er mich spiegelte, so wie ich aussah.
> Der zweite, mehr als dunkelrot gefärbt,
> ein rauhes brandzerfressenes Gestein,
> der Länge und der Breite nach zersprungen.
> Der dritte, massig auf den anderen lastend,
> erschien mir als ein flammender Porphyr,
> wie frisches Blut, das aus der Ader springt.
> Auf diesem Stein ruhten die beiden Füße
> des Engels, der darüber auf der Schwelle,
> der diamantenen, des Tores saß.

Weißer glatter Marmor also, »rauhes brandzerfressenes« Gestein, flammender Porphyr und eine edle Materie, die aussieht wie ein Edelstein. Dann:

> als ich erkannte, daß ringsum die Wand,
> noch abgeschrägt, bevor sie senkrecht stieg,
> aus reinem Marmor war und ausgeschmückt
> mit Bildwerk... (10. Gesang, S. 239)

kommen die Werke an die Reihe: die *Verkündigung* durch den Engel

> er stand in Stein geschnitten so wahrhaftig
> vor uns und mit so lieblicher Gebärde,
> daß er nicht aussah wie ein stumm Gebilde; (10. Gesang, S. 239);

und weiter:

> ein zweites Bildwerk in der Felsenwand.
> Ich trat näher hinzu, vorüber an Vergil,
> damit ichs näher vor Augen hätte.
> Da war, demselben Marmor eingeschnitten,
> die Bundeslade mit dem Ochsenkarren (10. Gesang, S. 239).

Von der Betrachtung dieser Szene geht Dante über zu einer anderen:

da ich ein anderes Szenenbild bemerkte,
das hinter Mikal weiß herüberstrahlte.
Da stellte sich im Bild die Großtat dar
des römischen Prinzipates, dessen Tugend
zum Wundersieg erhöht' Gregors Gebet (10. Gesang, S. 240).

Es handelt sich um die *Justitia von Trajan,* ein farbiges Basrelief; dort

... sieht man ein groß Gedränge
von Reitern und die goldenen Adlerzeichen
zu Häupten ihm, im Winde sich bewegend. (10. Gesang, S. 240).

Schließlich gelangt Dante zu den Beispielen gestraften Hochmuts, die in den Boden eingegraben sind (12. Gesang des Purgatoriums, S. 250), die übertreffen, was in der Malerei geschaffen ward:

Wo war im Malen oder Zeichnen je
ein Meister der die Tönung oder den Umriß
so gab wie hier, ein Staunen für den Kenner?

Sogar die Begriffe für die Vergleiche sind dem Repertoire der Bildhauerei entnommen: Bald handelt es sich um Atlas, bald um Telamon, in deren »formosa deformitas« (wohlgestaltete Unförmigkeit) man das Anzeichen des alten romanischen Stils zu erkennen meint gegenüber jenem neuen – lieblichen und klassischen – des Engels der *Verkündigung*[57]:

Um einen Vorbau, um ein Dach zu stützen,
sieht man als Kragstein manchmal ein gekrümmtes
Figürchen mit den Knien an der Brust,
das durch den bloßen Anschein im Beschauer
wahrhaftige Beklemmung weckt ... (10. Gesang, S. 242),

bald handelt es sich um gotische Grabtafeln (12. Gesang, S. 248):

Wie zur Erinnerung an die Verstorbenen
auf ihrer Gräber Tafeln aufgezeichnet
zu sehen ist, wie sie einst im Leben waren
(weshalb man oft am Grabe um sie trauert,
vom Angedenken wiederum erfaßt,
dem sich kein frommes Gemüt entziehen kann).

Auch in den *Rime,* und diesmal ganz passend, handelt es sich doch um Reime auf behauenen Stein, ist ihm das Bild des Künstlers par excellence, welcher bei Jacopo da Lentini wie schon bei den provenzalischen Troubadouren der Maler war (»... ich malte ein schönes Bild, euch gleich«), eher das des Bildhauers: »... die nicht lebendig, nein, geformt aus Steine, und zwar von Meisterhand im Steine«.

Dante blickt also auf die Bildhauerei, auf Nicola Pisano, denn auf ihn verweist das Bild vom Engel, auch wenn er nicht genannt wird und Dante den klassischen Terminus des Wettstreits mit Poliklet vorzieht[58], und er blickt auch auf das neue malerische Relief, das ganz aus feinen Übergängen und abgeschwächten Effekten bestand, wie es von den Sienesen vorgeschlagen wurde.

Dieses Interesse Dantes für die Bildhauerei sowie die Vorrangstellung dieser Technik, die sich aus den Beispielen ergibt, wurden häufig in Beziehung gesetzt zur außerordentlichen Bedeutung und Neuheit der plastischen Produktion in der Toskana zur Mitte des Duecento dank

Nicola und Giovanni Pisano. In Wirklichkeit war die italienische Bildhauerei zumindest seit dem 12. Jahrhundert ohne irgendwelche Phasen der Unterbrechung von herausragender Bedeutung. Und die Signaturen der Bildhauer, die Inschriften, die von Skulpturen sprechen, können außergewöhnliche Zeugnisse für einen Ruhm liefern, der im Laufe der Zeit nicht geringer wird. Lassen wir beiseite, daß die erste Signatur eines mittelalterlichen Künstlers wahrscheinlich die von Magister Ursus auf der Tafel von Ferentillo (8. Jahrhundert) war, und weiter lassen wir – um nicht in das schwierige Thema der Beziehung zwischen Goldschmieden und Bildhauern im europäischen Mittelalter eintreten zu müssen – das außerordentliche Selbstbewußtsein beiseite, das im 9. Jahrhundert der »aurifaber« Wolvinus an den Tag legt, als er sich am Goldaltar von Sant'Ambrogio darstellen läßt, während der Heilige ihn krönt. Es bleibt die Tatsache, daß am Dom von Modena zu Beginn des 12. Jahrhunderts Skulpturen und Bildhauer auf zwei verschiedenen Tafeln genannt werden: Eine ist die mit dem Lob auf den Architekten Lanfranco, die in der Apsis angebracht ist und deren erster Satz bereits in den Marmorarbeiten den Grund für den Glanz der Kirche sieht (»marmoribus sculptis domus haec micat undique pulchris«, dieses Haus glänzt von allen Seiten durch schöne Marmorskulpturen); die andere Tafel ist an der Fassade angebracht und enthält das berühmte Lob auf Wiligelmus, das in kleinerer Schrift gehalten ist und lautet: »Quanto tu sia degno di onore tra gli scultori lo dichiara ora la tua scultura, o Wiligelmo« (Was du unter den Bildhauern giltst, das sagt von nun an dein Werk, o Wiligelmus).

Wir könnten fortfahren mit dem Zitieren von Lobinschriften von Bildhauern »prestantior arte modernis« (Guglielmo an der Kanzel, die sich heute in Cagliari befindet), »Daedalus Alter« (Anselmo in Mailand), »Magister bonus« (Gruamonte in Pistoia) oder »opifex magnus« (der Marmorbildner Paolo in Ferentino). »Artifex gnarus«, gebildeter Künstler, nennt sich Niccolò, der das Publikum auffordert, die von ihm komponierten Verse und Bilder zu lesen (»Legite versus quos descripsit Nicolaus«) und seinen Erfolg bis in eine ferne Zukunft hinein verlängert (»hic concurrentes laudent per saecula gentes«) [die zusammenströmende Menge wird ihn über Jahrhunderte loben]; und das reicht bis hin zu den römischen Marmorbildnern, die sich zu »magistri doctissimi« erklären[59]. Auch in Frankreich wimmelt es zu dieser Zeit von Signaturen, selten jedoch (wie im Fall von Gilabertus, »vir non incertus« [Mann, der nicht schwankt], in Toulouse) ist die Signatur von einem Lob begleitet. Was dann jedoch hervorstechend und besonders enthüllend ist, ist die Tatsache, daß die Signaturen der Bildhauer in Frankreich zur Zeit der Baustellen für die großen gotischen Kathedralen wieder verschwinden; dies geht einher mit dem Aufkommen und der zunehmenden Verbreitung der Signaturen von Architekten, einer Tatsache, die die strenge Organisation der Baustelle und die absolute Vorherrschaft des Architekten dabei anzeigt – eines authentischen »Baumeister-Bildhauers« [deutsch. im Original][60]. In Italien verschwindet die Signatur des Bildhauers im Laufe des Duecento nicht, ja ausgehend von den noch traditionellen Beispielen eines Nicola (Hoc opus insigne sculpsit Nicola Pisanus, laudetur digne tam bene docta manus« [dieses ausgezeichnete Werk schuf Nicola Pisanus, er wird als würdig gelobt wegen seiner so gelehrten Hand]) gelangt man zu jenen außerordentlichen Beispielen von Selbstbewußtsein und Durchsetzungswillen, die in den eindeutig autobiographischen und geradezu eifersüchtigen Signaturen von Giovanni Pisano zum Ausdruck kommen.

Die Signaturen von Giovanni Pisano – von jener am Brunnen zu Perugia bis zu der an der Kanzel von Pistoia, wo er sich wider jede Erwartung und Gewohnheit für besser erklärt als der Vater (das Gegenteil dessen, was Tino di Camaino beim Grabmal des Bischofs Orso machen wird[61]) – besitzen einen besonderen Charakterzug, der sie heraushebt; mit seinen letzten Signaturen, denen an der Kanzel der Kathedrale zu Pisa, tauchen die hauptsächlichen Probleme und Neuigkeiten auf. In der ersten streicht er heraus, daß die künstlerische Kreativität eine Gottesgabe sei (»Laudo deum verum per quem sunt optima rerum / Qui dedit has puras hominem formare figuras« [Ich preise den wahren Gott, durch den die Dinge aufs beste bestellt sind und der es dem Menschen gab, solch reine Figuren zu formen]), eine Gabe, an der er in außergewöhnlichem Maße teilhat (»Christe miserere cui talia dona fuere« [Christus erbarmt sich dessen, dem er solche Gaben schenkt]) und die er in verschiedenen Techniken wie der Skulptur aus Stein, der aus Holz und Goldschmiedearbeiten (»sculpens in petra, ligno, areo splendida«) unter Beweis gestellt hat; er ist unfähig häßliche Arbeiten zu fertigen, auch wenn er das gewollt hätte (»Tetra sculpere necessit, vel turpia, si voluisset«). In der zweiten ist auch eine Art persönliche Apologie enthalten, die überraschend und einzigartig enthüllend ist. Niemals hatte ein mittelalterlicher Künstler einen ähnlichen Text verfaßt, niemals hatte er ihn veröffentlicht und ihn dabei unauslöschlich an einem Monument von solcher Bedeutung angebracht. Der Beginn spielt auf die Arbeit, ihre Bedeutung als Kosmogonie und auf den Autor an: »Circuit hic amnes mundi partesque Johannes« (Hier hat Giovanni die Flüsse und die Teile der Welt niedergeschrieben...). Die Kirchenväter sahen in den Flüssen des Paradieses die Figuren der Apostel, mit den vier Weltteilen identifizierten sie die Tugend. Damit spielt Giovanni auf die Statuen an, die die Kanzel und das himmlische Jerusalem tragen, das von der Kanzel dargestellt wird. Das Werk und sein Autor sind untrennbar miteinander verbunden, und der apologetische biographische Akzent mit der Erinnerung an die Anstrengungen und an die gemachten Erfahrungen (»plurima temptando gratis discenda, parendo queque labore gravi«) überwiegt, ganz besonders da, wo es um die Beschuldigungen und Verleumdungen geht und darum, wie wenig er sich geschützt hatte (»non bene cavi«). Zum Schluß unterstreicht er seine vollkommene Überlegenheit und fordert die Verleumder heraus: »Se probat indignum reprobans diademate dignum / Sit hunc quem reprobat se reprobando probat« (Es beweist, unwürdig zu sein, wer denjenigen kritisiert, der eine Krone verdient, und wer das verwirft, zeigt, daß er selbst verwerflich ist). Das Unverständnis, die Spannungen und die Brüche zwischen Giovanni und seinen Auftraggebern sind uns bekannt, und das fluchtartige Verlassen der Baustelle in Siena belegt dies. Und ausgerechnet Giovanni Pisano ist der erste Künstler, der auf dramatische Weise das Bewußtsein zum Ausdruck brachte, das er von sich selbst hatte, und der ein Licht auf die Kontraste warf, in die er verwickelt werden konnte und von denen er wußte, sie als Sieger durchstehen zu können: Und dieser Künstler war Bildhauer. All dies bedeutet nicht nur, daß hier eine bestimmte neue Verhaltensweise und das Bewußtsein von schöpferischer Fähigkeit im Entstehen sind, sondern auch, daß das Publikum und die Auftraggeber diese Formen anarchischer und eigenbezogener Selbstdarstellung akzeptierten.

Diese Entwicklung findet ihren Höhepunkt in der polemischen Behauptung, die von Giovanni für die Zeitgenossen und die Nachgeborenen in Stein gehauen wurde; sie bestätigt die privilegierte Sonderstellung der Bildhauerei, ihre Rolle als Leit-Kunst und als Pilot-Technik. Hier war der Übergang zum neuen Stil weniger traumatisch verlaufen als anderswo. In mancher Hinsicht sollte eine bestimmte romanische Bildhauerei der Emilia aufgrund ihrer Vorliebe für klassische Elemente einen Weg finden, ohne Brüche in die Gotik einzumünden, und das gerade deswegen, weil ihr bestimmte visionäre Akzente und Merkmale fehlten und sie eine entstellende Stilisierung der Formen ablehnte. Unter den Kapitellen von Wiligelmus für die Fassade der Kathedrale von Modena finden wir das Motiv, welches die Engländer »green head« nennen, ein menschlicher Kopf kombiniert mit Pflanzenmotiven, bei dem Blätter und Zweige Haare und Bart bilden. Ein Motiv dieser Art – das einen klassischen Ursprung hat, zum Beispiel beim römischen Kapitell mit Maske und Pflanzenmotiven, das im Dom von Modena als Weihwasserbecken Verwendung findet und das in karolingischer Zeit für die Kathedra von Sankt Peter wieder aufgenommen wird – hat in der gotischen Bildhauerei des Due- und Trecento einen gewaltigen Erfolg und findet sich auch auf einer Seite des berühmten Buches von Villard de Honnecourt. Das läßt sich unschwer mit dem Interesse der gotischen Bildhauer für die Pflanzenmotive erklären, die sie über Kapitelle, Traufleisten und die verschiedenen architektonischen Gliederungselemente verstreuten. An die Stelle der romanischen Teratologie tritt die gotische Botanik. Wiligelmus konnte in gewissen Elementen des Portals, der Kapitelle und der Konsolen in Modena eine Vorahnung der Gotik geben, weil er sich zu einem Naturalismus entschlossen hatte, der durch die Beispiele der klassischen Antike bestätigt oder zu neuem Leben erweckt wurde. Niccolò ging mit seinen Proto-Säulenstatuen in Ferrara und in Verona noch weiter in dieser Richtung. Später wird im Werk von Benedetto Antelami die Veränderung einiger Regeln sichtbar: Und bei der Kleidung, der Anordnung der Gruppen und Personen sowie bei der Definition des Schönheitsideals gibt er einige Regeln sogar auf. Von einem bestimmten Moment an, in jedem Fall aber seit den *Monatsarbeiten* von Parma, ist Benedetto Antelami der erste gotische Bildhauer Italiens, und in seiner Richtung werden die neuen Einflüsse der gotischen Bildhauerei aus Frankreich vom Bildhauer der *Monatsarbeiten* der Basilica San Marco zu Venedig oder vom Meister der *Monatsarbeiten* zu Ferrara ohne ersichtliche Kontraste verarbeitet – dies um so mehr, als es das Sujet war, das einen starken Anstoß zu naturalistischen – und das bedeutet: gotischen – Lösungen gab[62].

In vielen Zentren Norditaliens (darunter Genua, wo sich in der Kathedrale San Lorenzo Elemente der gotischen Bildhauerei in Frankreich – insbesondere aus den Querschiffen in Chartres – wiederfinden) zeichnet sich die Öffnung für die neuen Formen im Verlauf der ersten Jahrzehnte des Duecento deutlicher ab; zum Teil verdankt sich dies der klassischen Verwurzelung der Bildhauerei in der Emilia, einer Tradition, die von Wiligelmus begründet wurde. In der Toskana entwickeln sich die Dinge anders; hier gaben Guglielmo und die Kanzel, die sich heute in Cagliari befindet, ursprünglich aber in Pisa war, das Vorbild ab, das Schule machte. Das äußert sich zunächst in der großen Aufmerksamkeit für die Bildhauerei der Provence, später entwickelt sich dann – durch die Arbeiten des Bronzegießers Bonnano sowie all jener Meister, die beim Baptisterium tätig waren – eine bevorzugte Beziehung zu Byzanz. In die Toskana kommen die gotischen Elemente durch Meister aus der Schule von Antelami und dann – zu einem Zeitpunkt übrigens, der früher zu liegen scheint als man das bisher angenommen hatte – durch die Ankunft eines apulischen Künstlers, der aus dem Süden und den Werkstätten des Stauferhofes kommt und der als Nicola Pisano signieren wird.

Er muß vor dem Tod Friedrichs II. in die Toskana gelangt sein, wie die Tierköpfe in der Fontana dei Canali in Piombino von 1248 zu belegen scheinen, die ihm in überzeugender Weise zugeschrieben wurden[63]. Diese Tatsache ist von Bedeutung, denn sie belegt, daß die Verbreitung der Kultur Friedrichs II. unabhängig von der Schließung seiner Baustellen vonstatten ging. Es handelte sich nicht so sehr um eine Diaspora der Künstler – wie es in Rom der Fall gewesen war, nachdem sich die Kurie in Avignon niedergelassen hatte (Cavallini ging nach Neapel, Rosuti nach Frankreich usw.) –, sondern um eine Ausstrahlung, die auf eine kulturelle Vorherrschaft und eine Befestigung politischer Beziehungen zielte. Die Errichtung des Kastells von Prato ist ein weiteres Beispiel für diese Strategie.

Es ist möglich, daß der erste mittelitalienische Aufenthalt von Nicola in Siena stattfand. Dies legt die Tatsache nahe, daß er sich so früh in Piombino aufhält und seine Spur in den Köpfen und Tiergestalten so unverkennbar ist, die als Konsolen des Triforiums und der Kuppel der Kathedrale von Siena fungieren. Die Verwendung behauener Köpfe als Stützen und als Konsolen war in der gotischen Kunst besonders verbreitet, auch wenn bereits Wiligelmus bei den äußeren Konsolen des Doms von Modena eindrucksvolle Beispiele dafür geschaffen hatte. In der französischen und englischen Bildhauerei der ersten Hälfte des 13. Jahrhunderts stoßen wir auf eine so breite Auffächerung dieses Motivs, daß man von den Kathedralen von Salisbury und Lincoln hat sagen können, daß »die Gewohnheit, an jedem nur erdenklichen Platz eines Gebäudes Skulpturen von Köpfen anzubringen, typisch englisch ist«[64]. Die Köpfe von Siena versetzen uns mit ihrer typologischen Vielfalt (sie stellen unterschiedlich charakterisierte Gesichter je nach der Rassenzugehörigkeit dar, ein Motiv, das sich in der Bildhauerei unter Friedrich wiederfindet) und mit ihrer Neugier für die Naturtatsachen, die sie unter Beweis stellen, in ein ganz präzise umschriebenes Ambiente – das des Hofes von Friedrich II., worauf auch der nordische Aspekt einiger Gestalten verweist[65]. Nach dieser Entdeckung scheint die lokale Tradition der Wahrheit sehr nahe zu kommen, wonach Nicola der erste Meister der Kathedrale von Siena gewesen sei[66].

Nach dem Wechsel nach Pisa leitet Nicola die Baustelle des Baptisteriums und führte die Kanzel im Inneren des Bauwerks aus. Sie stellt ein außerordentliches Monument dar, ein glanzvolles emblematisches Bild der himmlischen Stadt[67], in dem die Erfahrungen der Kanzeln in der Toskana und in Süditalien zusammenfließen und überwunden werden, in dem die planerische Tradition der Gotik und die des Klassizismus unter Friedrich zu einer Synthese verschmelzen und in dem die Neigung der pisanischen Führungsschicht zur Antike[68] mit dem Archäologismus aus dem Umfeld des Kaisers versöhnt wird. Der klassische Hang Nicolas geht bei der Kanzel des Baptisteriums weit über zahlreiche andere Beispiele von Wiederbelebung der klassischen Antike hinaus. Das reiche Repertoire antiker Vorbilder, das er in Pisa studieren konnte, wird ausgewählt und in einen neuen Zusammenhang gestellt[69]. Die polychrome Tradition des Südens wird erfolgreich dazu benutzt, die architektonische Struktur durch die Verwendung verschiedener Materialien von den behauenen Tafeln zu unterscheiden, während es vielleicht Anregungen aus dem Norden sind, die ihn dazu bringen, die

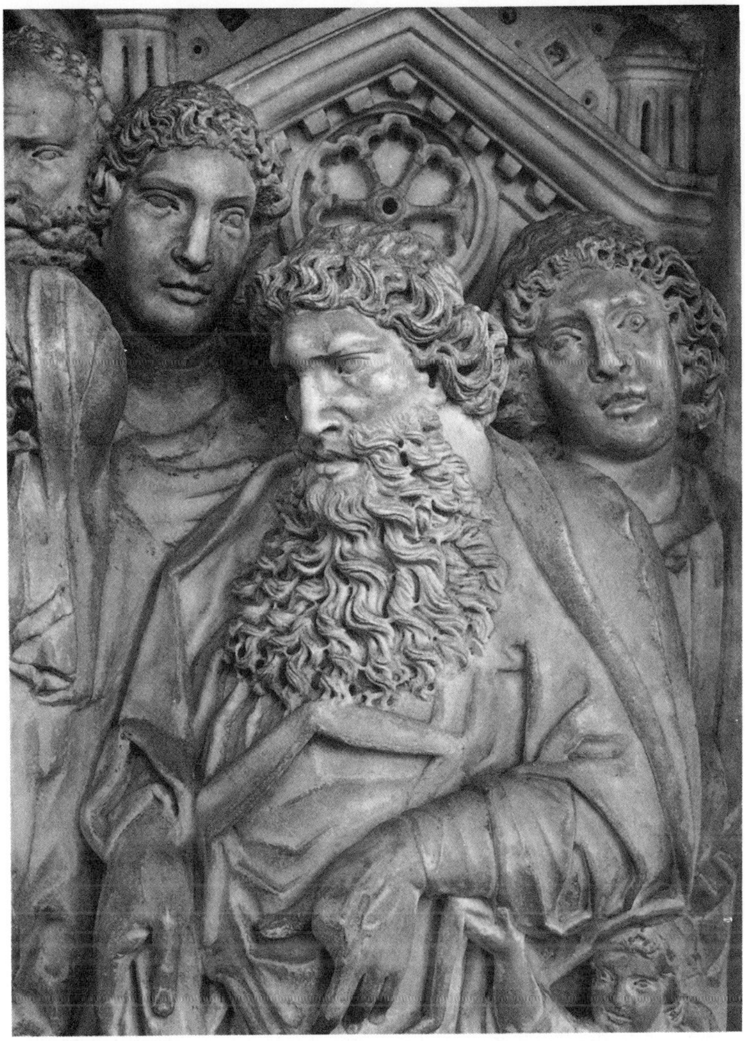

NICOLA PISANO,
Darstellung Christi im Tempel,
um 1260
Ausschnitt
Pisa, Baptisterium

Reliefs vor einem Hintergrund aus gleichzeitig in Auftrag gegebenen Glasmalereien und nicht vor Goldmosaik, wie im Süden üblich, abzuheben[70]. In den beiden letzten Reliefs entwickelt sich der Stil Nicolas zu einer größeren Sensibilität für das Gotische hin; und bei der Kanzel in Siena nimmt diese noch zu. Hier arbeiteten sein Sohn Giovanni und Arnolfo di Cambio sowie die weniger genau faßbaren Schüler Lapo und Donato mit ihm zusammen. Von Nicola leitet sich, wie bei Giotto in der Malerei, eine ganze Generation von Künstlern und, über diese hinaus, die gesamte neue Skulptur Italiens ab.

Arnolfo di Cambio wird in Rom arbeiten und Giovanni Pisano wird die Baustelle in Pisa und mit ihr die absolut vorherrschende Position in Pisa übernehmen, aber die Situation entwickelt sich nicht harmonisch. Arnolfo und Giovanni verfolgen unterschiedliche Wege: Giovanni setzt das durch, was Panofsky die gotische Konterrevolution genannt hat, eine expressive, dramatische Skulptur voller Pathos und Gegensätze, die sich der klassischen Ausgewogenheit und Harmonie entgegenstellt. Wenn man die Kunst Giovanni Pisanos mit einer gotischen Konterrevolution in Verbindung bringt, läuft man Gefahr, ein tendenziöses Bild der toskanischen Bildhauerei im Duecento zu entwerfen und die Kunst Nicolas als Vorläufer einer »klassischen Revolution« zu interpretieren, die Vorbote der Renaissance wäre. Das bedeutete, die Geschichte der italienischen Bildhauerei im nachhinein neu zu deuten – anstatt im Rahmen der zeitgenössischen Situation in Europa – und eine unwahrscheinliche Kontinuität zu unterstellen, die es erlauben würde, direkt von Nicola ins Quattrocento zu springen – hätte es da nicht die Unterbrechung und die Krise durch die Konterrevolution Giovannis gegeben, der die dramatische Unruhe der gotischen Bildhauerei auf die Toskana projizierte. Es geht jedoch vielmehr darum, Nicola innerhalb jener klassizistischen Strömung der europäischen Bildhauerei einzuordnen, die sich in Reims wie in Auxerre[71] mit Macht durchsetzt; darauf folgt dann – überall, wenn auch mehr oder weniger ausgeprägt – eine expressive und pathetische Phase, deren Höhepunkt die Laubengänge in Deutschland sind.

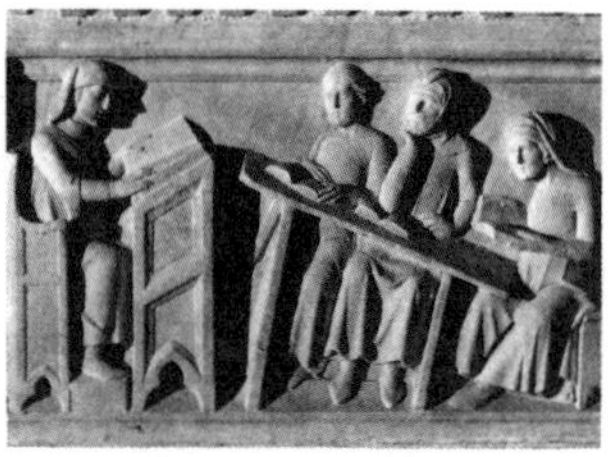

AGOSTINO DI GIOVANNI, *Grabmal des Cino de' Sinibaldi,* 1337–1339 Pistoia, Dom

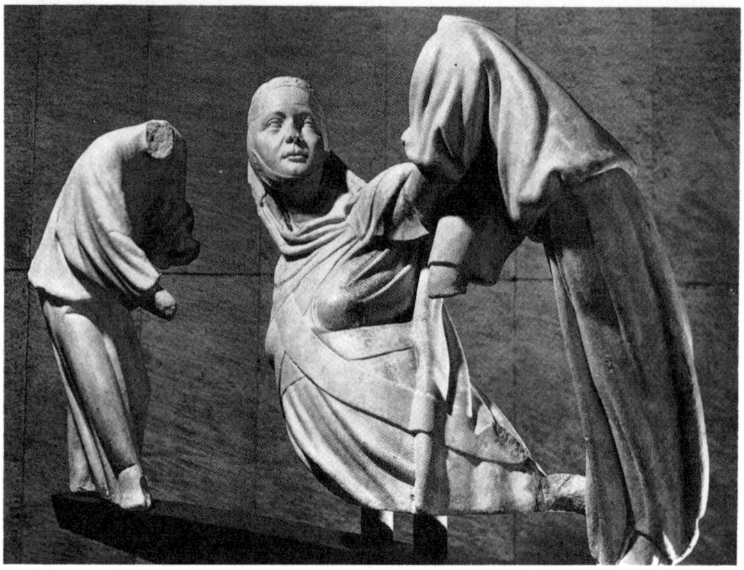

Grabmal-Fragmente der Regentin Margaretha von Brabant, um 1312

Gegen Ende des Duecento ist Giovanni Pisano der persönlichste und genialste europäische Bildhauer. Als er die Fassade der Kathedrale von Siena ausführt – eine Aufgabe, die er aufgrund von Konflikten mit den Auftraggebern abrupt unterbricht –, verschiebt er die Beziehung zwischen Bildhauerei und Architektur stark zugunsten ersterer. Er ist kein Architekt und Bildhauer wie die Bauleiter der großen französischen Kathedralen, für ihn steht der bildhauerische Aspekt im Vordergrund und überwiegt die anderen[72]. Er bringt die Rolle der Bildhauerei als Leittechnik zum Höhepunkt, die die Bildhauerei in Italien mit Benedetto Antelami und Nicola Pisano, den großen Bildhauern und Bauleitern, erstmals kennengelernt hatte.

Inzwischen entwickelt sich in Siena seit dem Ende des Duecento eine spezifische bildhauerische Kultur, die ihre Vorbilder nicht so sehr in den Arbeiten Giovannis als in der Malerei Giottos sucht[73]. So entsteht ein neuer Typ von Relief, der mehr auf eine malerische Wirkung der Abtönung als auf eine plastische Dramatik zielt.

Zu Beginn des Trecento stellt sich die Situation verzwickt dar: Auf der einen Seite Giovanni und die Gefolgsleute aus seinem engeren Umkreis, auf der anderen größere Gruppen, die der Tradition von

Nicola treu blieben und für die von Giovanni nicht besonders empfänglich waren. Schließlich die Sieneser Bildhauerei, deren Protagonisten nicht einheitlich agieren, die aber eine klare Vorliebe für einen bestimmten Typ von Relief zeigen. Die Grenzen verlaufen aber nicht so starr: Für bestimmte Typen von Skulpturen konnte ein bestimmtes Vorbild vorwiegen, für andere Typen andere Vorbilder. So erscheint Tino di Camaino in der isolierten Statuette *Madonna mit dem Kind* in Turin (ca. 1313) zutiefst von Giovanni Pisano beeinflußt, während er beim Altar von San Ranieri (1306) für eine Kapelle des Doms, heute im Camposanto zu Pisa, Interesse für das malerische Relief bewiesen hatte[74].

Ein außerordentlicher Erfindungsreichtum schlug sich im Bereich der Portraitkunst nieder, in der die Bildhauer weiter als die Maler zu sein scheinen, was die psychologische und physiognomische Gestaltung angeht, auch wenn sie nicht bis zu einem autonomen Portrait

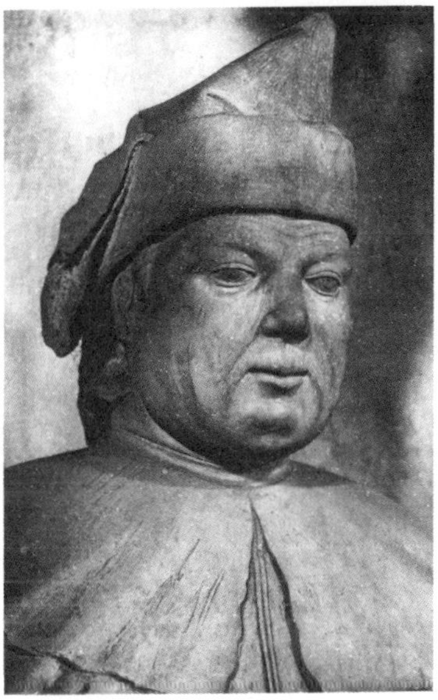

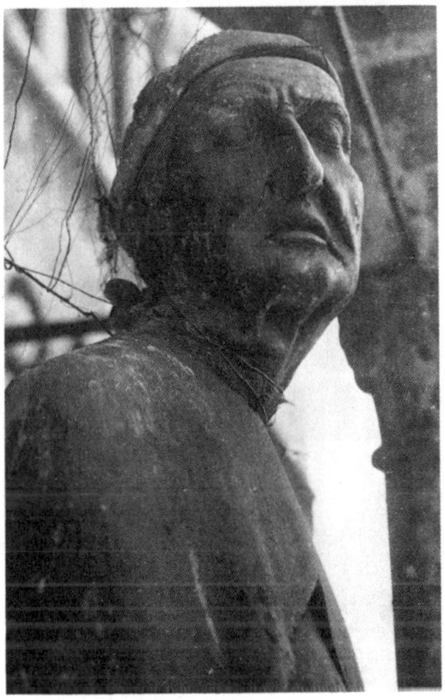

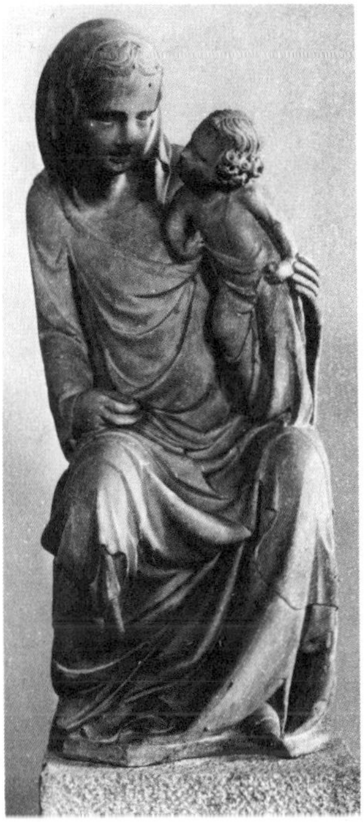

links:
GANO DI FAZIO (?),
Grabmal des Messer Porrina,
um 1310–1315
Ausschnitt

mitte:
GANO DI FAZIO (?),
Der Hl. Homobonus
Ausschnitt, Cremona, Dom

rechts:
GORO DI GREGORIO,
Madonna degli storpi

vorstoßen, das sich von der feierlichen Darstellung auf Gräbern loslösen würde. Die Portraits von Messer Porrina in Casole d'Elsa (vor 1313), von Kaiser Heinrich VII. in Pisa (1313–1315), von Kardinal Petroni in Siena (1315–1317) und des Bischofs Orso in Florenz (1320–1321) bilden eine sehr homogene Gruppe. Das Portrait hatte in der Bildhauerei mit den unter Friedrich II. entstandenen Portraits, mit dem *Karl von Anjou* von Arnolfo, dem Grabmal der Königin Isabella von Aragon, der Frau Philipps des Kühnen (gest. 1271), in der Kathedrale von Cosenza und den Darstellungen der Grabmale in Orvieto, Viterbo (besonders der wunderbare Clemens IV. in San Francesco, der 1274 von Pietro di Odorisio gefertigt wurde), Perugia und Rom bereits eine konsistente Geschichte hinter sich[75].

Jetzt werden die Portraits komplexer, die Personen gewinnen durch eine subtile Charakterisierung, die die Typisierung überwindet, Profil. Möglich wurde das vielleicht durch den Versuch, Techniken zu verwenden, die denen der Malerei entsprechen. Die Bildhauer, und ganz besonders die aus Siena, schauen auf die Maler, und bei Grabdarstellungen schaffen sie, was den Malern bis dahin noch nicht gelungen war. In diesem Moment – im zweiten Jahrzehnt des Trecento – war der

Dialog zwischen den beiden Techniken bereits weithin in Gang gekommen: Giotto hatte die Skulpturen von Arnolfo, aber auch die von Nicola studiert, Pietro Lorenzetti wird die Arbeiten von Giovanni Pisano studieren und die Sieneser Bildhauer orientieren sich an der Malerei Giottos.

Weihrauchgefäße wie Bauwerke und Bauwerke wie Weihrauchgefäße: keusche Kunst und Mikrotechniken

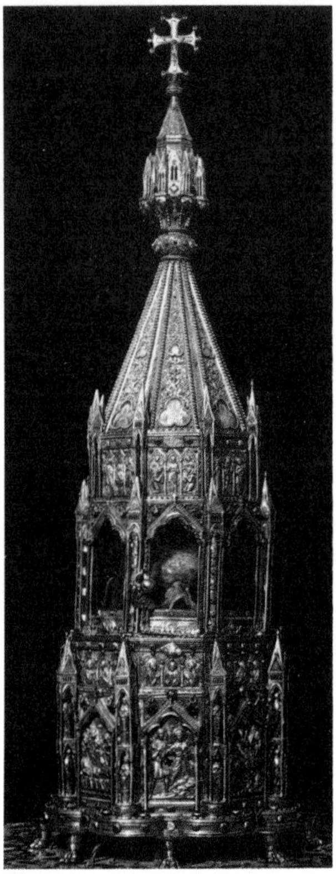

Sienesischer Goldschmied, Kopfreliquiar des Hl. Galganus Kupfer und Silber, Ende 13. Jh.

Die Goldschmiede bearbeiten das Gold in jener Form und Gestalt von Tabernakeln und Gefäßen für den Weihrauch; und in jener Form und Gestalt haben sie die Bauwerke gemacht, weil sie ihnen schön vorkamen; und sie verdienen auch beim Gold mehr Lorbeer als ihnen zukommt beim Bauen. Und diesen Brauch haben sie, wie ich schon sagte, von jenseits der Alpen erhalten, von Deutschen und von Franzosen[76].

Dieser berühmte Passus von Filarete wirft zwei Probleme von großer Bedeutung auf: die Verknüpfung von Mikrotechniken mit Monumentalkunst (die Tabernakel und Weihrauchgefäße in Form von Gebäuden) und die Bedeutung von transalpinen Vorbildern für die Goldschmiedekunst. Reliquiare und Monstranzen finden ihre Vorbilder weniger im Feld der monumentalen Architektur; sie verwenden vielmehr eher das breite Repertoire der architektonischen Entwürfe und der gotischen Theorie der Planung, um kühnere und phantasiereichere Mikrobeispiele imaginärer Architekturen in Umlauf zu bringen als sie je real gebaut wurden[77]. Andererseits konnten den italienischen Goldschmieden auch die Stücke transalpiner Goldschmiedekunst zum Vorbild dienen, die in den großen Kirchenschätzen so weit verbreitet waren. Im Verzeichnis des Schatzes von Bonifaz VIII. aus dem Jahr 1295 wird ein vergoldetes Tabernakel aus Silber erwähnt mit einer Darstellung der Jungfrau im Innern, die gekrönt wird von einem Giebel aus Bogen und Fialen (»... et desuper ad arcus, ad universa campanilia ad flores«), sowie ein goldener Reliquienschrein in Form einer Kirche mit fünf Glockentürmen[78]. Nun konnte das dekorative Repertoire dieser prachtvollen Miniaturarchitekturen auch in Werken mit traditionellerer Struktur Verwendung finden. So z. B. bei dem Kopfreliquiar des Hl. Galganus im Museo dell'Opera des Doms zu Siena[79], ein Zentralbau in Form eines Turms oder besser eine sich fortschreitend nach oben hin verjüngende Laterne. Die polygonale Struktur des Mikrobauwerks wird durch ein typisch gotisches Element unterstrichen: die mit Türmchen gezierten Strebepfeiler, die an den Ecken angebracht sind, die Abfolge der Szenen in jedem Abschnitt unterstreichen und die in Wirklichkeit von Engeln bewohnte Baldachine mit Spitzen, Tympani und Arkaden sind. Neben den Baldachinen spielen viele Elemente auf die französische Gotik an, und zwar besonders die Paare von Heiligen unter den Zwillingsbögen im mittleren Abschnitt, die an die bemalten Fenster mit Personendarstellungen in der Höhe der gotischen Kirchen erinnern.

Am Ende des Duecento werden in Siena die sakralen Künste und ihre Techniken besonders intensiv betrieben, und die französischen Elemente können hier Verbreitung finden und neu gestaltet werden, ohne daß das zwangsläufig durch die Zählebigkeit und die Regeln der Tradition eingeschränkt würde, die sich dagegen in der Malerei besonders stark bemerkbar machten.

Zu den modernsten Stücken, die hier geschaffen werden, gehören die Siegel, Gegenstände von außerordentlichem Prestige, die aufgrund der ganz engen Verbindung mit dem Auftraggeber, der mit ihnen jeden seiner Akte und jedes Dokument markierte, fast als magische verstanden werden. Das macht begreiflich, warum die besten Künstler dafür ausgewählt wurden: In Paris zum Beispiel beauftragte die Bruderschaft vom Pilgerhospiz St. Jacques Jean Pucelle, den berühmtesten Pariser Miniaturisten, damit, das eigene Siegel zu entwerfen[80].

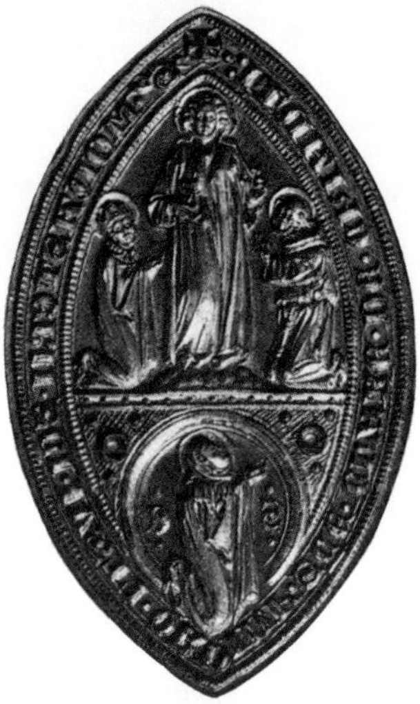

Sienesischer Goldschmied, Siegelmatrize für das Klarissenkloster von San Giusto in Chianti
Bronze, vergoldet, Ende 13. Jh.

Bereits vor langer Zeit hat Fritz Saxl die herausragende Bedeutung dieser Objekte für die Geschichte der mittelalterlichen Bildhauerei unterstrichen[81]: Bedeutend sind sie wegen ihrer hohen Qualität und weil es möglich ist, sie anhand ihrer Auftraggeber zu datieren. Aber erst seit kurzem sind Studien und Untersuchungen zu ihnen häufiger geworden[82].

In der Hierarchie der mittelalterlichen Objekte nehmen die Siegel einen ganz vorderen Platz ein. Um das zu verstehen, muß man nur daran erinnern, daß Simone Martini das große Siegel der Kommune von Siena in seinem Fresko mit der *Maestà* im Palazzo Pubblico in Siena darstellte, um den bürgerlichen Wert seiner Arbeit zu unterstreichen. Guccio di Mannaia hatte es 1298 geschaffen, eine der bedeutendsten Gestalten der Sieneser Kunst zwischen Due- und Trecento und von einer solchen künstlerischen und innovativen Kraft, daß er eine Alternative zu Giotto hätte werden können.

Er signierte den Kelch, den Papst Nikolaus IV. dem Kirchenschatz der Basilika von Assisi vermachte und der also auf die Zeit zwischen 1288 und 1292 datiert werden kann[83]. Bei dieser Arbeit stoßen wir erstmals auf die glanzvollen Beispiele der neuen Technik in transluziden Emails, die auf ziseliertem Silber angebracht wird, das so aufgearbeitet ist, daß es durch die transparente, bunte Paste des Emails hindurch sichtbar bleibt; so gelangt man, wie Vasari schreibt, zu einer »Art der Malerei, die sich mit der Skulptur vermischt«[84]. Da frühere Beispiele nicht bekannt sind, ist es möglich, daß Guccio di Mannaia der Erfinder dieser Manier war, die mit ihrer Fähigkeit, die farbigen Effekte des Emailschmelzes mit den linearen und plastischen Effekten der Gravur und des Reliefs zu verbinden, einen außerordentlichen Erfolg haben sollte. Ganz sicher ist, daß Guccio di Mannaia die gotischen Darstellungsweisen der zweiten Hälfte des Duecento perfekt zu kennen scheint und auch zu handhaben weiß, die auf eine immer akzentuiertere Expressivität zielen: Sie verzerren die Locken des Haarschopfes und des Bartes, sie zwingen den Körpern eine wellenförmige Neigung auf, während die Schatten darauf zielen, die Gewänder zu unterstreichen, und die Falten immer tiefer werden; all das sind Merkmale, die z. B. in den Illustrationen des Pariser Miniaturisten Maître Honoré auftauchen, der für König Philipp den Schönen arbeitete. Beim Email des Kelches von Guccio di Mannaia in Assisi zeigen die Haartracht, die Gesichter, die langen, knotigen Finger, die tiefen Falten der Gewänder bei den Kleidern der dargestellten Personen, daß er Geist und Form der gotischen Malerei, die sich in Europa ausbreitete, verstanden hat, deren gemeinsamer Nenner Expressivität und Dramatik waren. In dieser Hinsicht weist der Stil von Guccio di Mannaia höchst interessante Ähnlichkeiten und Überschneidungen mit dem großen vierblättrigen Fenster im linken (südlichen) Flügel des Querschiffs der Oberkirche in Assisi auf. Dies ist ein sehr bedeutsamer Umstand, denn einerseits beweist er die Einflußnahme dieser transalpinen Glasmalereien auf die italienische Kunst, andererseits legt er die Vermutung nahe, daß es bei den Franziskanern eine große Bereitschaft gab, bestimmte pathetische und dramatische Aspekte der gotischen Malerei zu übernehmen, die die Frucht einer intensiven optischen Sensibilität waren.

Es gelingt dem Stil von Guccio nicht, sich als Alternative zu Giotto durchzusetzen, aber er übt dennoch einen außerordentlichen Einfluß auf die jüngere Generation von Sieneser Goldschmieden aus, auf Tondino, Guerrino und Andrea Riguardi[85], und er wird eine stilistische Komponente von Simone Martini und Pietro Lorenzetti. Es könnte sogar sein, daß der expressive gotische Stil von Guccio di Mannaia für die erfolgreiche Verbreitung der sienesischen Kunst entscheidend war, denn wenn diese in Europa eine so gewaltige Verbreitung erfährt, dann war das gerade deshalb möglich, weil sie der expressiven Gotik nördlicher Herkunft so ähnlich war. Unter anderem dank dieser so früh angeeigneten Fähigkeit kann die Sieneser Malerei die neuen Schemata der dreidimensionalen Darstellung einführen und durchsetzen, die so die Zustimmung und enthusiastische Wertschätzung bei Publikum und Auftraggebern im Norden finden können.

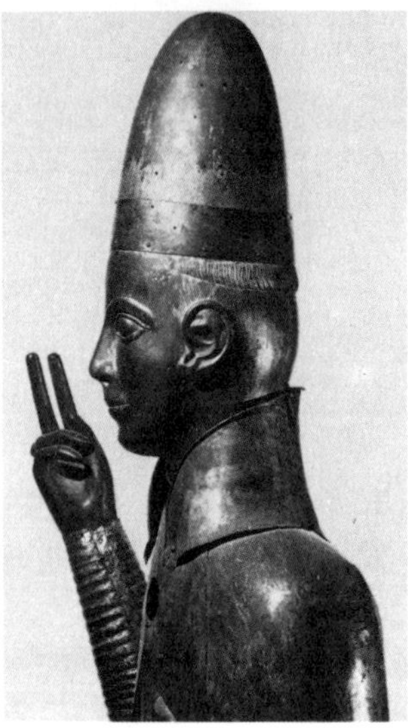

MANNO BANDINI,
Bonifaz VIII., nach 1301
getriebenes Kupfer, vergoldet

Zur Zeit von Guccio beginnt die Expansion Sienas. 1301 schuf ein Sieneser Kupferstecher, Manno Bandini, in Bologna das herrschaftliche und rätselhafte Bild von Bonifaz VIII.; und ebenfalls für Bonifaz VIII., für den Kardinal Gentile da Montefiore und dann – der Kurie in die Provence folgend – für Clemens V., den ersten Papst in Avignon, arbeitet ein Sieneser Goldschmied, Tauro[86].

Das transluzide Email erwirbt großes Ansehen und hat einen gewaltigen Erfolg: In dieser kostbaren und besonders attraktiven Technik sind einige der wichtigsten Arbeiten in der Geschichte der Sieneser Kunst des Trecento ausgeführt worden, wie der wunderbare Zyklus mit dem *Leben des Hl. Galganus* des Reliquiars von Frosini oder wie das berühmte Reliquiar des *Santissimo Corporale* aus der Kathedrale zu Orvieto, die phantasmagorische Fassade einer gotischen Kirche en miniature, die allein durch die Emailschmelze von Ugolino di Vieri belebt wird. Diese Malerei, aus einem ausgewählten Material gefertigt, hart und bunt wie die Gemmen, bringt das auf Silberplatten gravierte Relief zum Verschwinden, um ein einheitliches Bild von ungewisser Dichte, wundersam und fesselnd zugleich, herzustellen. In den Miniaturbauten der Goldschmiede kommt sie in Prestige und Funktion den Glasmalereien gleich, ja sie ist sogar noch preziöser und raffinierter.

Die französischen Einflüsse, die zu Guccio di Mannaia gedrungen waren, gelangten auch über andere Kanäle nach Siena. Es ist beispielsweise gesichert, daß der Illustrator eines Traktats über die Erschaffung der Welt (der in Siena in der Biblioteca degli Intronati aufbewahrt wird) vom Ende des 13. Jahrhunderts[87] nicht die Miniaturen des Maître Honoré mit ihrem markanten gotischen Expressionismus gesehen hatte, sondern eher illustrierte Texte der Zeit Ludwigs des Heiligen. Von ihnen übernahm er bestimmte Einteilungen, bestimmte Gleichgewichte und bestimmte – auch farbige – Relationen in einen Kontext, der, soweit es die räumliche Darstellung der Landschaft betrifft, an die alttestamentarischen Geschichten in Assisi und an den jungen Duccio erinnert. Es ist möglich, daß die französischen Handschriften, die nach Siena gelangt waren, nicht nur als Vorbilder für Illustrationen genutzt wurden, bedenkt man, daß 1299 der verantwortliche Ausführende beim Bau des Palazzo Pubblico ein Miniaturist mit Namen Meister Giovanni ist[88].

Der Erfolg und die Verbreitung der Sieneser Arbeiten in den luxuriösen Künsten ergibt sich auch aus einer Lektüre ex negativo, d. h. einer

Bestandsaufnahme und Lokalisierung der Widerstände, die sich gegenüber dem Sieneser Stil (oder besser den Sieneser Stilen) äußerten. Als Beispiel für den Widerstand gegen die Sieneser Formeln – oder zumindest dafür, daß sie nicht akzeptiert wurden – könnten wir den vergoldeten Bronzefries mit emailliertem Grund, Gravuren und Niellierungen des Goldschmieds Andrea Pucci aus dem Jahr 1313 nehmen, der heute im Bargello aufbewahrt wird. Hier findet sich nichts von den Lehren Guccios, sondern viel eher ein Versuch, linear die strengere Sprache Giottos zu übertragen. Wenn wir bedenken, daß Ugolino di Nerio wenige Jahre später in den wichtigsten Kirchen von Florenz freie Hand haben wird und daß seine Arbeiten an den Hauptaltären von Santa Croce und an Santa Maria Novella angebracht werden, dann wird uns deutlich, wie komplex die Situation war und welche widersprüchlichen Aspekte uns noch zu untersuchen bleiben. Die Vielgestaltigkeit der Situation in Siena darf nicht die außerordentliche Komplexität und den Reichtum des gesamten italienischen Panoramas auf diesem Gebiet verdecken: Von der Toskana – mit Florenz, Pisa, Pistoia, Lucca, das das Monopol auf kostbare Stoffe hatte[89] – über Bologna mit der Produktion illustrierter Bücher[90], Venedig mit seinen Glasbläsern, Goldschmieden, Meistern in der Filigranarbeit[91] und seiner Stickerei, Rom, Süditalien[92] bis hin nach Sizilien[93]. Das ist eine ganze Welt voller Ideen und Produktivität, immer bereit, neue Ideen, Anregungen und Vorbilder von der Maaskunst und Goldschmiedearbeit bis zur französischen Stickerei, von Zypern bis nach Byzanz anzunehmen und weiterzuentwickeln. Mehr auf diesem Gebiet als auf dem der Monumentaltechniken kann man verfolgen, wie sich die dichtesten Punkte der Überschneidung und die heftigsten Einflüsse miteinander verflechten.

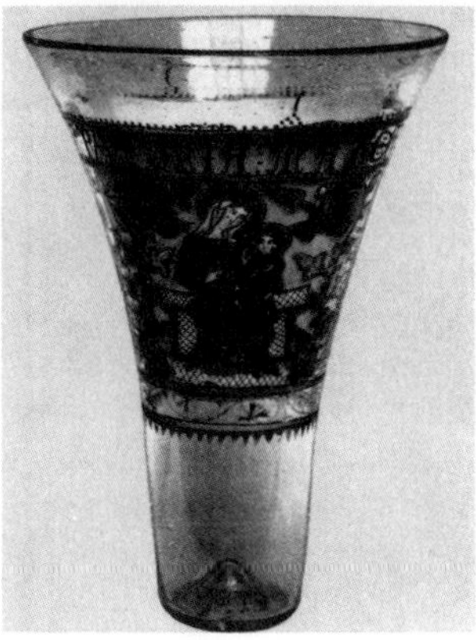

Venezianischer Meister,
Emailliertes Trinkglas
Anfang 14. Jh.

»Die Augen der Unwissenden kitzeln« oder: »Der Einsicht der Verständigen genügen«? Die Malerei zu Beginn des Trecento

Unter dem Dach der Kathedrale von Modena, verborgen durch die Gewölbe aus dem 15. Jahrhundert, hat man kürzlich Fragmente von Wandmalereien entdeckt, die die architektonischen Motive der Außenwand, die Bogenführung und die Profile weiterführen, welche das Werk von Meistern aus Campione sind. Die unbestimmt nordischen Elemente der Architektur werden in eine andere Technik übertragen und machen diese Malereien zu sehr frühen Zeugnissen – wir befinden uns etwa in der Mitte des 13. Jahrhunderts – für das Eindringen gotischer Formen in die italienische Malerei. Wenn dies zu einem sehr frühen Zeitpunkt auf dem nur selten untersuchten Gebiet der dekorativen Malerei geschieht, das eng mit der Architektur verbunden ist, so kann man gleiches für die Tafelbilder und die großen Zyklen von Wandmalereien nicht sagen. Im allgemeinen stimmen die Zeiten der Malerei in Italien mit denen der Architektur oder Bildhauerei nicht überein. »Was hätte wohl Coppo di Marcovaldo am Hofe Ludwigs des Heiligen für eine seiner Madonnen erhalten?«, fragte sich Andrew Martindale, um mit einem Beispiel das Problem zu verdeutlichen[94]. Er wollte damit sagen, daß die Wege und Zeitfolgen der toskanischen Malerei um die Mitte des Jahrhunderts ganz anders waren als in Nordeuropa. Es drangen zwar einzelne gotische Elemente in die Malerei ein, aber das waren nur marginale Ereignisse und bestimmte Ver-

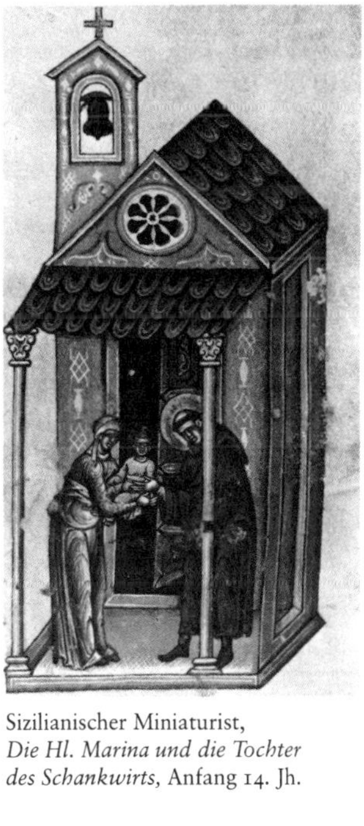

Sizilianischer Miniaturist,
Die Hl. Marina und die Tochter des Schankwirts, Anfang 14. Jh.

zweigungen. In der *Franziskuslegende* im Schiff der Unterkirche zu Assisi, die nur fragmentarisch erhalten geblieben ist, finden sich Parallelen zu den Wandmalereien von Petit-Quevilly und zu anderen nordeuropäischen Arbeiten; sie können auf eine Ebene gestellt werden mit den Palmenzweigen, die aus der Dekoration einer griechischen Vase zu stammen scheinen, die sich aber auf dem Tafelbild von Buonaventura Berlinghieri in Pescia finden[95]. Es handelt sich um vereinzelte Zitate, die keinerlei Einfluß auf die Struktur der Arbeit haben.

In der zweiten Hälfte des Duecento dringen die neuen Darstellungsweisen vor und werden – was ja besonders zählt – günstig aufgenommen. Das zieht außerordentliche Konsequenzen nach sich, denn es führt zu einer Fusion der verschiedensten Elemente, von gotischen Anregungen mit einer erneuerten Fähigkeit zur räumlichen Darstellung, die anhand spätantiker Beispiele studiert und erprobt wurde, und es führt zur Umkehrung von zwei Traditionssträngen, die für viele Probleme eine Antwort liefert. Innerhalb kurzer Zeit, im letzten Viertel des Duecento, entsteht zwischen Rom und Assisi eine Malerei, die die europäische Szene beherrschen wird.

Die entscheidenden Ereignisse vollzogen sich in wenigen Jahren im Umfeld der römischen Basiliken, denen Nikolaus III. (Orsini) ihre glanzvolle Dekoration wiedergeben wollte, und im Umfeld der neuen Kirche zu Assisi, dem Tempel des großen religiösen Ordens, in dem verschiedene Tendenzen und Anstöße zusammenflossen und über den Rom auch durch die Symbole und Bilder[96] eine direkte Kontrolle bewahren wollte.

In den letzten Jahrzehnten des Duecento waren Assisi und Rom Orte von Konflikten und Gegensätzen, die sich auch auf das künstlerische Gebiet erstreckten. In Assisi gab es den lange währenden Streit zwischen den Konventualen und den Spiritualen, zwischen Pomp und Armut, der in gewisser Hinsicht die alte Polemik des vergangenen Jahrhunderts zwischen Benediktinern und Zisterziensern weiterführte und der die Unterbrechungen und Neuanfänge der Dekoration der Oberkirche verursachte; außerdem gab es die Interventionen der Kurie, den ständigen Wechsel der Ordensgeneräle und der protegierenden Kardinäle sowie in Rom die Machtansprüche der großen Familien und den Widerstand gegen die französische Hegemonie. In den nachfolgenden Jahren kündigt sich mit Gregor X. (Visconti) ein Widerstand gegen die Macht der Anjou an, der dann mit Nikolaus III. (Orsini) manifest wird. Die Vorherrschaft der Orsini wird durch eine politische Kontrolle über die Stadt (die »constitutio« für die Wahl der Senatoren), Bauvorhaben und großangelegte künstlerische Unternehmungen durchgesetzt. Die großen römischen Familien konzentrierten ihre Eingriffe auf bestimmte Basiliken, die traditionell von ihren Aufträgen bedacht wurden: Die Orsini begünstigten St. Peter und St. Paul, die Colonna San Giovanni in Laterano und Santa Maria Maggiore. So ließ sich Papst Orsini einen Palast bei der vatikanischen Basilika errichten[97], und Nikolaus IV., der den Colonna verbunden war, errichtete seinen Palast in der Nähe von Santa Maria Maggiore, der Kirche, auf die sich die künstlerischen Investitionen seiner Amtszeit konzentrierten[98]. Fakten, die anscheinend weit auseinander liegen, aber von extremer Bedeutung sind, müssen in die Betrachtung eingehen, um die römische Situation zu beleuchten: der belegte Aufenthalt von Cimabue (1272), die Dekoration der Sancta Sanctorum (1278–80), die antikisierenden Fresken, die Nikolaus III. für den Vatikanspalast in Auftrag gegeben hatte, der Aufenthalt Arnolfos und des jungen Giotto, die

Vorliebe von Nikolaus IV. für die gotische Kunst und ihre Erzeugnisse – vom Kelch von der Hand Guccio di Mannaias, einem Geschenk für den Kirchenschatz von Assisi, bis hin zu den Ausstattungen in »opus anglicanum«, für deren Zusendung er Edward I. von England dankt, und dem naturalistischen Hauch, der die Mosaiken von Torriti in Santa Maria Maggiore, seine Malereien in Assisi und die Fresken in der Abbazia delle Tre Fontane durchweht[99]. Das alles sind Elemente, die in der einen oder anderen Weise an jener hochkomplexen und glänzenden, aber sehr kurzen künstlerischen Blüte teilhaben, die der »Sommer des Hl. Martin« in Rom in den letzten Jahrzehnten des Duecento in Rom bildete[100].

Der Wetteifer in den künstlerischen Aufträgen, der ausgelöst wurde durch den Konflikt um die Herrschaft über Stadt und Kirche und der Künstlern verschiedenster Herkunft eine Gelegenheit bot, nach Rom zu kommen, die groß angelegten Restaurierungsarbeiten an frühchristlichen Basiliken und die Anwesenheit zahlreicher Prälaten und Kardinäle aus Nordeuropa, die sich einer andersartig entwickelten und gespeisten künstlerischen Tradition gegenübersehen als der ihnen bekannten und die ihr ständig neue und unterschiedliche Elemente zuführen[101] – das alles führt dazu, daß Rom zu einem Ort der Experimente wird. Es war Rom, das einen beständigen Einfluß und eine permanente Kontrolle über die ikonographischen Programme der Basilika San Francesco in Assisi ausübte, es war Rom, von wo aus Gruppen von Malern nach Umbrien zogen. Das bedeutet gewiß nicht den Ausschluß von Florenz, denn es waren ja auch florentinische Künstler in Rom, allen voran Cimabue und Arnolfo und später Giotto[102]. Es bedeutet nur, daß zumindest geographisch Rom der Ort ist, an dem wichtige Erfahrungen gemacht werden, der Ort, an dem die Begegnung zwischen der Räumlichkeit der antiken Malerei und der Dynamik und Expressivität der gotischen Zeichnung möglich war. Rom und Assisi sind die Zentren für die Entwicklung der neuen Malerei, die durch ihre Fähigkeit zur räumlichen Darstellung die Instrumente bereitstellt, die es erlauben werden, dem bildnerischen Diskurs eine neue Gestalt zu verleihen und eine natürliche Darstellung nicht nur in den einzelnen Elementen zu suchen, sondern auch in der Gliederung des Ganzen und der Systematisierung der Beziehungen zwischen den einzelnen Bildern. Ein fundamentales Problem der gotischen Malerei und Bildhauerei war eben die Darstellung des Raums gewesen[103], und viele naturalistische Versuche waren in dieser Sackgasse gelandet. Im übrigen hatte in der abendländischen romanischen Malerei eine unüberwindliche Abneigung gegen die illusionistische Darstellung des Raums in den heiligen Szenen bestanden; das wird in zahlreichen Zyklen der Wandmalerei aus dem 11. und 12. Jahrhundert deutlich, wenn man die Räumlichkeit der Ränder und Einfassungen, wo Mäander, Gefäße und Tiere dargestellt werden, mit der unabänderlichen Zweidimensionalität der Szenen vergleicht. Die kulturellen Veränderungen, die sich im Laufe des Duecento vollzogen, hatten schließlich diesen Widerstand beiseitegeräumt und damit das Entstehen einer neuen bildnerischen Darstellungsweise ermöglicht. Und genau an dieser Stelle wird das Bedürfnis nach einer Erneuerung und der Einführung von Darstellungsweisen spürbar, die das Problem der Dreidimensionalität angehen und lösen. Hier nun stellt sich das Problem Giotto. Unzweifelhaft war er es, der die neuen Lösungen am weitesten entwickelte, war er es, der kohärent ein Paradigma ausarbeitete, das sich durchsetzen sollte. Es bleibt aber eine ganze Reihe verzwickter Fragen, die sich zum sogenannten ›Problem

Giotto‹ verschlingen: War es von allem Anfang an Giotto, der dem Problem der räumlichen Darstellung neue Lösungen gab? Welche Rolle spielte Cavallini, dessen frühere Schaffensperiode – als er zwischen 1277 und 1290 in San Paolo fuori le Mura malt – für uns im Dunkeln bleibt[104]?

Was auch immer die ungelösten und häufig auch jetzt noch nicht lösbaren Fragen sein mögen, es ist vollkommen klar, daß Giotto für die Zeitgenossen der Urheber der großen Veränderung war. Man müßte sich noch einmal fragen: für welche Zeitgenossen? Tatsächlich entsteht und entwickelt sich der Mythos Giotto in Florenz, während die Verlegung der Kurie für die Kultur und das intellektuelle Leben in Rom einen schweren Schlag bedeutete, so daß wir es diesem Umstand zuschreiben könnten, daß jede Wertschätzung und Anerkennung der römischen Künstler fehlt, die deshalb vergessen worden sind, weil auch die Erinnerung mit der Krise der Stadt untergegangen ist. Zu Beginn des Trecento war Giotto, nach einer bedeutsamen Tätigkeit in Assisi (und in Rom), in jedem Fall der aufgehende Stern am Himmel der Kunst Italiens.

Was in Assisi geschah, fand stets ein sehr breites Echo. Das galt z. B. für Cimabue, dessen Einfluß sich sogleich bemerkbar machte: In Perugia (vom Polyptychon Vigoroso da Sienas aus dem Jahr 1282 bis hin zu den Miniaturen der Meßbücher von Deruta und von Salerno), in der Toskana (die Fresken von Corso di Buono in Montelupo aus dem Jahr 1284), in Bologna, in Genua. Dasselbe ist bei Giotto der Fall, dem in der Oberkirche die Fresken gebühren, die dem Namen »Meister des Isaak« zugeordnet werden, wie auch, soweit es die Planung, aber auch gravierende direkte Eingriffe angeht, die *Franziskuslegende.* Und es ist wahrscheinlich, daß das Mosaik von Rosuti mit den vier Szenen an der Fassade von Santa Maria Maggiore, das sehr wahrscheinlich von vor 1297 datiert, dem Jahr des Niedergangs der Colonna, einen Widerschein früher Lösungen im Stile Giottos enthält – und nicht, wie vorgebracht wurde, ein Modell dafür ist[105].

Der Erfolg Giottos, der durch das Echo dessen verstärkt wurde, was in Assisi in der großen Kirche des neuen Ordens vollbracht wurde, wird von den Aufträgen unterstrichen, die er fast in einer Art Wettbewerb aus den verschiedenen Zentren Italiens erhielt: aus Rom vom Kardinal Stefaneschi, aus Padua von den Franziskanern und dem steinreichen Bankier des Papstes, Enrico Scrovegni, aus Rimini von den Franziskanern, aus Florenz von den bedeutendsten Bankiersfamilien, den Bardi, den Peruzzi, aus Mailand von den Visconti, aus Neapel von König Karl von Anjou und schließlich erneut aus Florenz von der Gemeinde, die ihm die Aufgabe überträgt, den großen städtischen Arbeiten vorzustehen, vom Dom bis hin zur Stadtmauer. Seine Arbeiten werden in Pisa verlangt (die Tafelbilder mit der *Stigmatisation des Hl. Franziskus,* die sich heute im Louvre befinden)[106], in Bologna und Avignon. Die Art und Weise, wie sein Name und seine Arbeiten in zeitgenössischen Dokumenten und Zeugnissen angezeigt werden, ist selbst ein Indiz seines außergewöhnlichen Ruhms: Ein Testament von 1312 erinnert an das Kruzifix in Santa Maria Novella, das der würdige Giotto di Bondone[107] gemalt hat; die *Invidia* auf dem Sockel der Cappella degli Scrovegni wird 1313 von Francesco di Barberino zitiert; während Giotto in Neapel arbeitet, findet man ihn als Familienangehörigen des Königs[108], als »protopictor« und »protomagister« genannt; und anläßlich seiner Berufung nach Florenz drei Jahre vor seinem Tode wird feierlich erklärt, daß kein Tüchtigerer als der florentinische Meister Giotto gefunden werden kann, so daß, nachdem er sich in der Stadt niedergelassen hat, seine Wissenschaft und seine Lehren vielen von Nutzen sein werden und der Stadt Florenz viel Schönheit dadurch zuteil wird[109]. Später erinnert ein Passus des Nekrologs der Wohltäter von Sankt Peter, in dem vom Kardinal Stefaneschi die Rede ist, an die »tabulam depictam de manu Jocti« (von der Hand Giottos gemalte Tafel), die der Kardinal für den Hauptaltar der Kirche gestiftet hatte, und an das Mosaik der *Navicella* »eiusdem singularissimi pictoris« (desselben außergewöhnlichen Malers)[110].

In der Zwischenzeit hatten sich – nach dem berühmten und von seinen Kommentatoren hin- und hergewendeten Zitat bei Dante – die Literaten seiner Figur bemächtigt und in gewisser Weise aus ihm einen der ihren gemacht: einen Künstler, der einer Elite angehört und der von einer Elite verstanden wird. Bocaccio behauptet in einer Novelle des *Decamerone,* die Giotto zum Protagonisten hat:

> Mit Recht kann man ihn als einen der ersten Sterne des florentinischen Ruhmes bezeichnen; denn er ist es gewesen, der die Kunst, die jahrhundertelang unter den Irrtümern derer wie begraben lag, die durch ihr Malen mehr die Augen der Unwissenden kitzeln, als der Einsicht der Verständigen zu genügen bestrebt waren, wieder zu neuem Lichte erhoben hat[111].

Petrarca hinterläßt in seinem Testament von 1370 der Herrschaft von Padua eine Tafel von Giotto und drückt sich dabei ähnlich aus, wenn er bemerkt, daß ihre Schönheit von den Ignoranten nicht verstanden wurde, die Meister aber in Erstaunen versetzte: »cuius pulchritudinem ignorantes non intelligunt, magistri autem stupent«[112].

Dies ist der wichtigste Moment im Prozeß der Legitimierung des Künstlers und seiner Aktivität, der im Trecento von den Florentiner Intellektuellen in Gang gebracht wurde und der schließlich den bildenden Künsten einen frühen Zugang zum kulturellen System von Florenz verschaffte. Diese Unterscheidung zwischen Gebildeten und Ignoranten, die im Umgang mit dem Publikum Anwendung fand und folglich in die Rezeption eingreift, dient – wie eine andere berühmte Entgegensetzung, nämlich die von »Alten« und »Modernen«, die im Lauf der Zeit unterschiedliche Bedeutungen annimmt, oder die von »beschreiben« und »erzählen« – als Instrument der Bewertung und der Klassifikation[113]. Nach den langen Bemühungen, sich selbst zu legitimieren, die Künstler dadurch ausdrückten, daß sie in den Signaturen den gebildeten und gelehrten, den nicht mechanischen, sondern intellektuellen Charakter ihres Tuns herausstrichen, nähern sich die bildenden Künste mit Hilfe dieser Unterscheidung den intellektuellen Künsten an. Vitruv, der im Mittelalter auf verschiedene Weise gelesen und geschätzt wurde, wollte, daß der Architekt als »doctus«[114] geachtet würde, und dies war der Weg, den viele Künstler verfolgten. Im Laufe des Duecento insistierten sie besonders auf diesem Begriff, fast als wollten sie akademische Anerkennung einfordern; das brachte die römischen Marmorbildhauer Lorenzo und Jacopo dazu, sich in Civita Castellana als »doctissimi« zu erklären, der Steinmetz Giovanni signierte an der Kanzel von Alba Fucens als »doctissimus in arte«, und schließlich führt es so weit, daß dem spoletiner Solsternus, einem Mosaikkünstler, der Titel »doctor« verliehen wird, oder dem Architekten von Ludwig dem Heiligen, Pierre de Montreuil, der eines »doctor lathomorum« (Doktor der Steinschneidekunst), wohingegen an der Kanzel des Baptisteriums zu Pisa Nicola Pisano nach Anerkennung heischt für die »tam bene docta manus« (derart wohlgelehrte Hand)[115]. Allein die Erwähnung der Intellektuellen, d. h. derer, die per definitio-

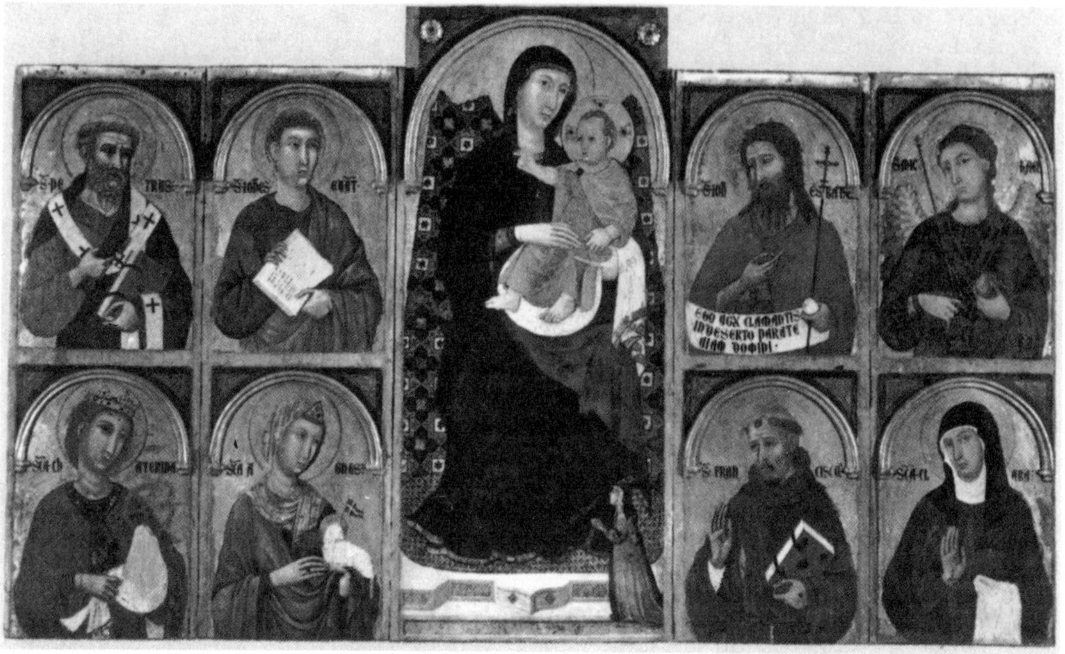

MEMMO DI FILIPPUCCIO,
Madonna mit Kind zwischen acht Heiligen

nem intellektuelle Künste ausübten, konnte jedoch auch einen legitimierenden Wert haben. Diese Konvergenz oder sogar Allianz zwischen Intellektuellen und Künstlern wird ein großes Gewicht bekommen und zu einer sehr frühen Öffnung sowie komplexeren und modernen Strukturierung der Künste in Florenz führen. Mit Giotto wird für die Malerei jener Abstand zu anderen Techniken hinfällig, der sie in Italien prägte. Es wird von nun an möglich, daß ein Maler Leiter einer großen Baustelle ist, denn nun ist er in der Lage, die Instrumente des Entwurfs und die erforderlichen graphischen Techniken zu beherrschen.

Wenn Giotto so rasch zur Legende wird, dann verdankt sich das dem Umstand, daß seine stilistische Entwicklung einen ganz ungewöhnlichen Rhythmus hat, daß er außergewöhnliche innovative Fähigkeiten besitzt, und die neuen und modernen Züge seines Schaffens wegen ihrer Einzigartigkeit die Vorstellungskraft der Zeitgenossen beeindrucken. Sein Weg ist so reich an Volten und er durchläuft ihn mit einem solchen Tempo, daß die Schüler ihm nicht folgen können. So haben wir Maler im Stile Giottos, die ihren Ausgang von verschiedenen Punkten von Giottos Weg nehmen und deren Darstellungsweisen immer die Zeichen ihres Ausgangspunktes bewahren: Maler, die hauptsächlich durch die Fresken der Oberkirche in Assisi beeinflußt werden, an deren Ausführung sie mitgewirkt hatten, wie Memmo di Filippuccio oder der »Maestro di Santa Cecilia«, und andere, die ihren Ausgang von den Fresken in Padua nehmen, von den Arbeiten in Rimini, von der neuerlichen Tätigkeit in Assisi, von den fortgeschrittensten Arbeiten in Florenz, von den verbliebenen Beispielen seiner Aufenthalte in Mailand oder Neapel. Allein der monumentale Giotto der Cappella Peruzzi hat anscheinend, aus Gründen, die noch zu untersuchen wären, keine unmittelbaren Spuren hinterlassen, ehe seine Vorschläge von Masaccio wieder aufgegriffen wurden[116].

Der Umstand, daß er weitgereist war und Arbeiten hinterlassen hatte, die in Rom, Assisi, Padua, Rimini, Florenz, Mailand, Neapel,

Pisa und Bologna schnell zu Vorbildern geworden waren, sicherte seiner Sprache und seinem Repertoire an Formeln und Schemata eine Bekanntheit und Verbreitung ohnegleichen. Die Liste seiner Werke und deren innere Chronologie werfen noch viele Probleme auf, und die Ansichten dazu sind meilenweit voneinander entfernt. Es handelt sich um ganz grundlegende Probleme wie die Urheberschaft der *Franziskuslegende* in Assisi oder die Datierung des Polyptychons, das Kardinal Stefaneschi Sankt Peter schenkte. Die Bedeutung seines Werkes ist aber völlig unbestritten. Und wenn man eine Chronologie der Verbreitung seiner Darstellungsweisen und seiner Innovationen entwirft, dann begreift man, wie schnell, wie früh und wie unterschiedlich seine Rezeption verlief.

Giotto führt in vielen Gebieten Neuerungen ein, und seine Werke setzen abrupt eine große Zahl von Schemata, Formeln und Konventionen außer Kraft. Mit ihm greift ein Bewußtsein von Modernität Platz, das die frühere Malerei als alt und überholt erscheinen läßt. Als in Siena Duccio beweist, daß er einige von Giottos Neuerungen übernommen hat, werden seine früheren Bilder – die hoch geschätzt sind – neu bearbeitet, man gestaltet ihr Antlitz neu, um sie der neuen Sensibilität anzupassen, die sehr rasch als veraltet wahrnimmt, was noch wenige Jahre zuvor geachtet wurde[117]. Leider ist es uns nicht möglich, die Bedeutung der Alternativen zu Giottos Stil, die damals entwickelt wurden, einzuschätzen; so fehlt uns zum Beispiel das Polyptychon Cimabues in Pisa aus dem Jahr 1302. Aber die schnelle Aufnahme zahlreicher Elemente Giottos durch Duccio oder auch das geringe Echo auf den gotischen Expressionismus von Guccio di Mannaia, der erst anerkannt wird, nachdem die Vorstellungen von Raum und Volumen verändert sind, führen uns zu der Überzeugung, daß das Paradigma Giottos schon bald dominierte, zumindest in seinen allgemeinen Grundsätzen. Und so formte sich in kurzer Zeit eine gemeinsame Basis, eine Art zwingender Kanon für jedwede Malerei in Italien, von Sizilien bis nach Piemont, der Lombardei und Venetien. Und auch dort, wo zunächst Arbeiten nach den Vorbildern der gotischen Malerei des Nordens angefertigt wurden (z. B. im westlichen Piemont oder in Bozen), oder dort, wo die Erinnerungen an Byzanz stärker waren, sieht man die Notwendigkeit ein, zumindest in bestimmter Hinsicht Giottos Innovationen zu berücksichtigen, deren Durchsetzung schließlich zu einem Wendepunkt in der Geschichte der italienischen Malerei wurde. Das führte jedoch zu keiner Verflachung in der Vielgestaltigkeit des malerischen Panoramas; im Gegenteil, das Trecento war vielleicht das an Neuigkeiten, Variationen und Überraschungen reichste Jahrhundert – eine Tatsache, die wir erst seit kurzem zur Kenntnis genommen haben. Lange Zeit stellten fast ausschließlich die beiden Pole Florenz und Siena das Panorama der italienischen Malerei im Trecento dar, und dies, obwohl Pietro Toesca bereits 1911 den großen Reichtum der lombardischen Malerei und die Einzigartigkeit ihrer herausragenden Protagonisten aufgewiesen hatte. Vor allem dank der Studien und Einsichten Roberto Longhis sehen wir heute eine sehr viel komplexere und strukturiertere künstlerische Landschaft – in der, neben der Toskana, mit eigenen Charakteristika, mit Künstlern von großer Qualität und Originalität und mit oftmals anders ausgerichteten Zentren, die Emilia und die Lombardei, Umbrien und die Marken, Venetien und Ligurien, Neapel, Venedig und Sizilien auftauchen. Ja es gelingt uns auch, neben den beiden Hauptzentren auch die Physiognomie der anderen, lange Zeit in Vergessenheit geratenen Zentren der Toskana

GIOTTO,
Schmuckfries
Ausschnitt
Florenz, Santa Croce, Cappella Bardi

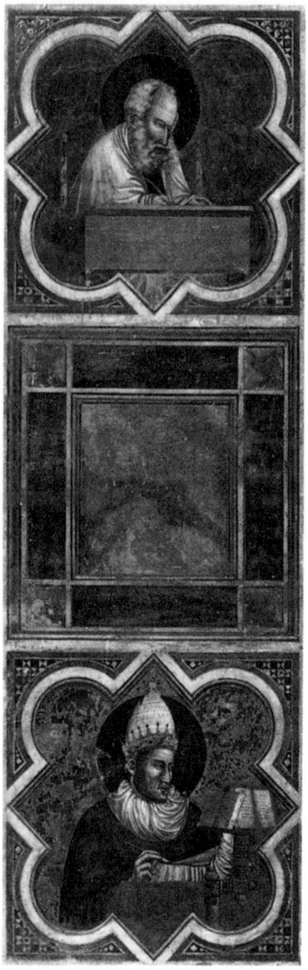

GIOTTO,
Evangelisten und Kirchenväter,
um 1304–1306
Ausschnitt eines Altarflügels mit Einlegearbeiten
Padua, Arena-Kapelle

wie Pisa, Pistoia, Lucca und Arezzo nachzuzeichnen. Ein solcher Polyzentrismus und eine solche Vielgestaltigkeit von Tendenzen, Vorlieben und Charakteristika beweist die große kulturelle und ökonomische Vitalität der einzelnen italienischen Zentren im Trecento – eine Situation, die sich nie mehr wiederholen wird.

Dieser Reichtum der italienischen Malerei im Trecento ist jedoch gleichermaßen auch das Ergebnis einer Bereicherung der Funktionen der Malerei und des außergewöhnlichen Erfolges bestimmter Techniken wie des Fresko, das Ende des Duecento wiederentdeckt wurde, sowie der Erneuerung und Veränderung des Altarbildes mit der Entwicklung des Polyptychons. Der Fall Sienas ist hierfür besonders bezeichnend.

Siena ist nicht der Ort der Erneuerung, aber sie wird hier, wenn auch mit manchem Widerstand, sehr frühzeitig angenommen; das ist von großer Bedeutung, denn Siena nahm einen ganz besonderen Platz auf der Landkarte der künstlerischen Produktion ein. Am Ende des Duecento waren die Schöpfungen seiner Goldschmiede und die Emailarbeiten aus Siena in ganz Europa geschätzt und begehrt, Sienas Maler arbeiteten – und sie tun dies auch noch im Trecento – in der gesamten Toskana und in Umbrien, dann in der Provence; durch die Tätigkeit vor Ort oder auch durch die Entsendung von Arbeiten gelingt es ihnen, eine fraglose Hegemonie über viele Zentren auszuüben. Selbst Florenz öffnet seine Tore der Sieneser Malerei. Bereits 1285 hatte Duccio die großartige *Madonna Rucellai* für die Dominikanerkirche Santa Maria Novella gemalt; später werden bei Ugolino di Nerio die Polyptychen für die Hauptaltäre dieser Kirche und von Santa Croce, der Franziskanerkirche, für die Giotto soviel gemalt hatte[118], in Auftrag gegeben. Ambrogio Lorenzetti wird sich in Florenz niederlassen und einen Altar für San Niccolò Oltrarno malen. Und all dies geschieht, während sich Siena zugleich – bei aller Offenheit, mit der es die verschiedensten Einflüsse aufnimmt und weiterführt – gegen auswärtige Künstler durch Zunftzwang abschließt: Diese müssen eine Sondersteuer zahlen und sich noch weiteren Beschränkungen unterwerfen, um hier ihr Metier ausüben zu können.

Um die Gründe für diese außergewöhnliche Expansion herauszufinden, ist es sinnvoll, in verschiedene Richtungen Ausschau zu halten; dies gilt besonders für den engen Austausch von Lösungen, Schemata und Personen, wie er sich zwischen den Werkstätten der Goldschmiede, Emailleurs, Miniaturisten, Architekten, Maler und Bildhauer vollzog. Die einen hatten sich an den Formen und Schemata der gotischen Zeichnung geübt und sie originell weiterentwickelt, die anderen hatten die neuen Formen der dreidimensionalen Darstellung begriffen und verwendet. Die Maler achteten auf das, was die Goldschmiede taten, die Bildhauer bewiesen mit dem neuen malerischen Relief, daß sie die Malerei mit besonderer Aufmerksamkeit beobachteten[119]. Dieser Austausch führte zur Herausbildung einer künstlerischen Sprache, die in viele Richtungen offen war und es verstand, Giottos Neuerungen auf dem Gebiet der räumlichen Darstellung mit der Eleganz, der Dynamik der Linie und der Expressivität der gotischen Tradition zu verbinden. So vermehrten sich die Möglichkeiten beträchtlich, jene Faktoren der Rezeption günstig zu beeinflussen, die die Grundlage für Annahme oder Ablehnung bilden, mit anderen Worten, sie vergrößerten die Fähigkeit der Sieneser Kunst zur Expansion.

Es ist klar, daß wir die Ausstrahlungskraft der Sieneser Kunst nicht auf die Verbreitung einer technischen Innovation reduzieren dürfen.

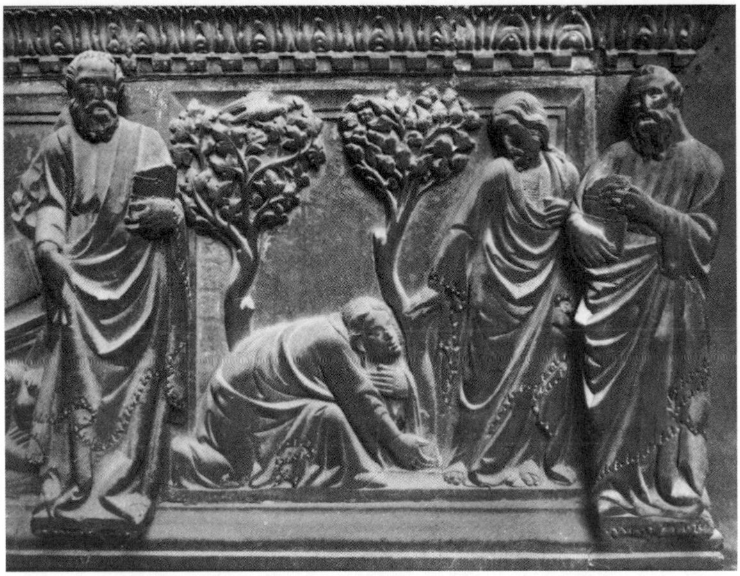

TINO DI CAMAINO,
Noli me tangere
Vom Wandgrab des Bischofs Gaston Torre
Florenz, Santa Croce

Wenn wir uns einige Fakten vergegenwärtigen – z. B. daß Meo da Siena 1319 Bürger von Perugia wird, daß Pietro Lorenzetti im Auftrag des Bischofs Tarlati 1320 ein Polyptychon für den Hauptaltar der Pfarrkirche von Arezzo malt und daß zur gleichen Zeit Simone Martini ein großartiges Polyptychon in der Dominikanerkirche in Pisa anbringt – dann erhalten wir ein beeindruckendes Bild von der Ausbreitung der Sieneser Kunst. Dennoch bleibt die Frage, ob diese Fakten eine globale Interpretation erlauben. Können wir von der Sieneser Kunst als von einem kohärenten und homogenen Phänomen sprechen? In Wirklichkeit ist die Situation sehr differenziert, so daß wir einerseits auf den Erfolg archaisierender Modelle, etwa bei Meo da Siena, treffen können oder auf den moderner und zukunftsträchtiger Lösungen. Dies zeigt, daß Siena ein Zentrum künstlerischer Produktion geworden war, dessen Werkstätten in der Lage waren, den unterschiedlichsten Nachfragen zu genügen, ein Zentrum, das fähig war, eine weitgesteckte Palette von hochwertigen Produkten zu liefern, ein Zentrum, das eine solche Fähigkeit zur Expansion besaß, daß es sich in ganz unterschiedlichen – etwa Florenz und Avignon – oder in politisch weit auseinanderliegenden Städten – etwa guelfischen wie Perugia und Orvieto oder ghibellinischen wie Pisa oder Arezzo – durchsetzen konnte[120].

Die Sieneser Künstler nehmen Vorschläge und Erfindungen, die aus Florenz kommen, selektiv auf und behalten einige davon bei, die sie in hervorragender Weise weiterentwickeln. Dank Giottos Innovationen, die im Dienst des Interesses für die Welt, Mensch und Natur stehen – ein Interesse, das zumindest bis auf das Umfeld des Hofes von Friedrich II. zurückreicht –, wird die Malerei in Siena zu einem Instrument der Erkenntnis, zu einem Instrument, die Realität zu erfassen. Es ist bezeichnend, daß man von den Künstlern, z. B. von Simone Martini, verlangt, sie sollten sich zuerst an Ort und Stelle begeben, ehe sie eine eroberte Burg oder einen Siena zugefallenen Landstrich darstellen[121]: Das heißt, man will sie auf charakteristische Weise, also wiedererkennbar dargestellt sehen. Nach der sensationellen Entdeckung des neuen Freskos an einer Wand des Palazzo Pubblico, das möglicherweise das Kastell Giuncarico darstellt[122], stellt sich die Frage, welches Aussehen

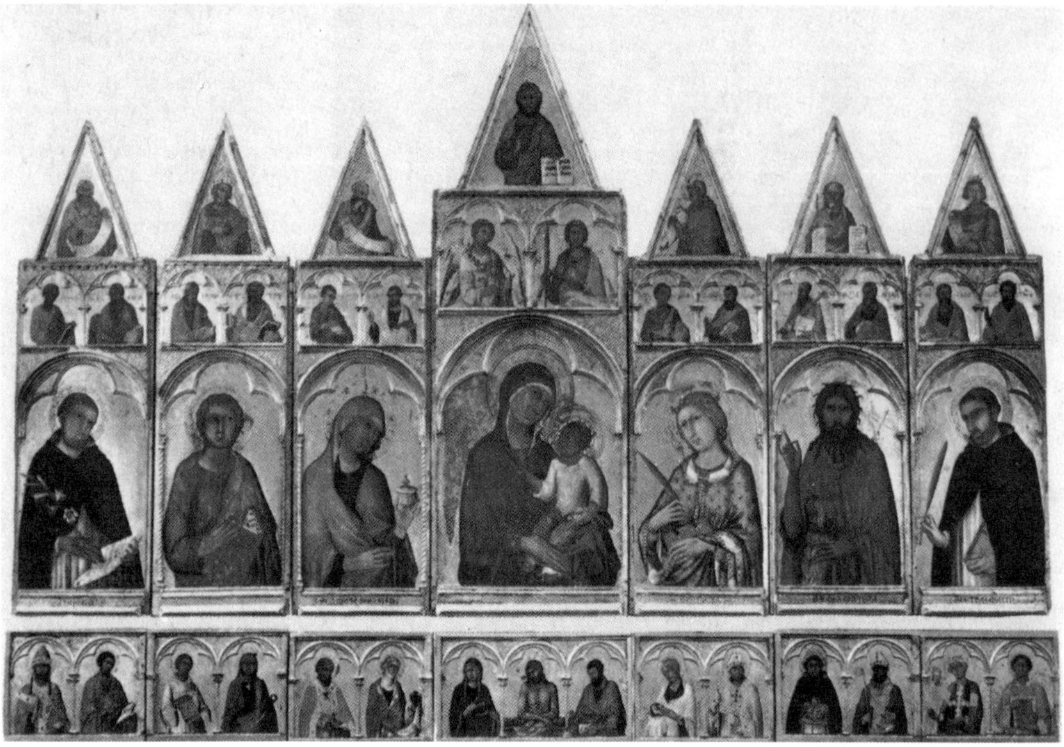

SIMONE MARTINI,
Polyptychon der Hl. Katharina, 1319

der große Saal hatte, als man darin verschiedene Darstellungen von Schlössern sehen konnte. Und es wäre weiter zu fragen, ob Paul de Limbourg hier nicht Anregungen fand für die Darstellung der Schlösser des Herzogs von Berry in den *Irés Riches Heures*.

Um bei den kognitiven Funktionen der Malerei zu bleiben: Siena soll auch das entwickelt haben, was man eine »meteorologische Malerei« nennen könnte. Ghiberti hatte davon gesprochen und an den Sturm erinnert, der in Ambrogio Lorenzettis Fresko in San Francesco zu Siena über die Zuschauer herniedergeht:

> ... es bricht ein dunkles Unwetter mit viel Hagelschlag, Blitzen, Donner und Getöse los: es scheint, so man es gemalt sieht, als daß der Himmel und die Erde einstürze, es scheint, als wollten sich alle angsterfüllt schützen. Man sieht die Männer und Frauen die Gewänder über den Kopf schlagen und die Bewaffneten, wie sie die Fahnen über den Kopf ziehen, und es scheint wahrhaftig, als tanze der Hagel getrieben von wundersamem Wind auf den Flaggen. Es sind Bäume zu sehen, die bis zur Erde sich neigen und die brechen ... Für eine gemalte Geschichte scheint es mir ein wunderbares Ding[123].

Als man das Fresko noch vollständig verloren glaubte, meinte man, die Beschreibung von Ghiberti sei ein rhetorisches Kunstwerk, das die Topoi der künstlerischen Lektüre aus der Antike verwende; nun, da man Fragmente davon wiedergefunden hat[124], begreift man den Enthusiasmus besser, mit dem Ghiberti, Vasari und all die anderen es beschrieben hatten: Man erkennt noch, daß »der Hagel getrieben von wundersamem Wind auf den Flaggen tanzt«, und wir können vermuten, daß hier zum ersten Mal die beharrlich blauen Himmel der mittelalterlichen Malerei von Wolken verdunkelt und bedeckt werden. Auch wenn es stimmt, daß Ambrogio die berühmten *tours de force* der Antiken[125] nachzuahmen versucht hat, so bleibt das Faktum, daß sich

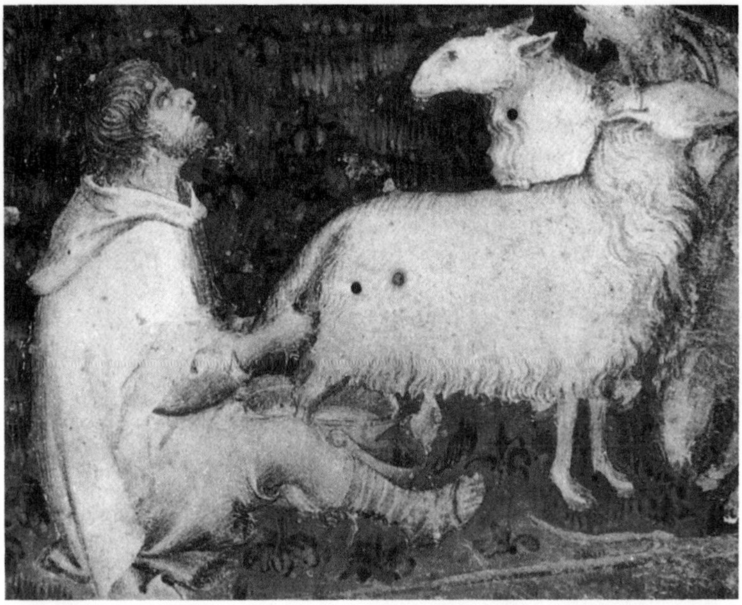

SIMONE MARTINI,
Melkender Hirte
Ausschnitt aus dem Titelblatt des *Virgilio* von Petrarca

eine solche Darstellung – da es außer literarischen keine anderen Beispiele gab – auf die Beobachtung und auf die Ausarbeitung neuer Schemata und neuer Lösungen gründen mußte.

Die Wände des Palazzo Pubblico, der franziskanischen und dominikanischen Kirchen und der der Servi di Maria werden von Bildern bedeckt; und Siena, wo Fragmente von Wandmalereien aus dem Duecento äußerst selten sind, wird zu einer Hauptstadt des Fresko, das hier seinen ersten triumphalen Auftritt genau zu der Zeit hat, in der sich Giottos Innovationen durchsetzen. Große Freskenmaler sind Simone, Lippo Memmi, der sogenannte »Barna« (wahrscheinlich Donato Martini), die beiden Lorenzetti und Lippo Vanni, während sich Duccio und seine Gefolgsleute nur selten in dieser Technik versuchen und statt dessen hauptsächlich auf Tafeln arbeiten[126]. Das Fresko verwandelt die Kapellen, Chöre, die Kirchenschiffe, die Säle und die Außenmauern der kommunalen Gebäude. Dank der neuen Möglichkeiten für Malerei eröffnet es illusionistische Räume und breitet auf den Wänden glanzvolle Verkleidungen aus fiktivem Marmor aus, die durch Einrahmungen mit farbigen Kosmatenarbeiten unterteilt werden, und entwirft feine spiralförmige Säulen[127]. Die weltliche und laizistische Malerei, die im Duecento allmählich aufgekommen war, verschränkt sich untrennbar mit religiösen Themen, die ihrerseits auch die Tugend der »Regierung der Neun« preisen.

Auf einem geschnitzten und von einem Goldschmied ziselierten gotischen Thron unter einem Baldachin mit dem immer wiederkehrenden Wappen des Volkes und der Stadt sitzt die Jungfrau im Fresko von Simone Martini in der Sala del Mappamondo, spricht mit ihrem Hofstaat und den Untertanen, die sich ihr gegenüber unter ihrem Schutz versammeln, und ermahnt sie. Auf der gegenüberliegenden Wand waren die Schlösser und Orte dargestellt, die Siena erworben hatte, und außerdem der Capitano di Guerra, Guidoriccio, zu Pferde wie Eldorado di Tresseno – gleich der Reiterdarstellung eines Siegels. Im benachbarten Saal sind es Gerechtigkeit, Sicherheit und die gute Regierung, die dem Leben der Stadt, einem neuen Jerusalem, und des Landes

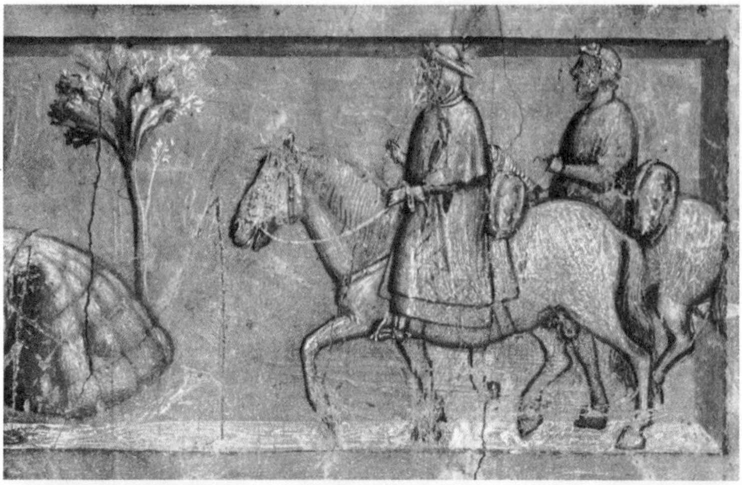

GIOTTO,
Ritter auf der Reise
Ausschnitt aus der Darstellung
der *Justitia,* um 1304–1306
Padua, Arena-Kapelle

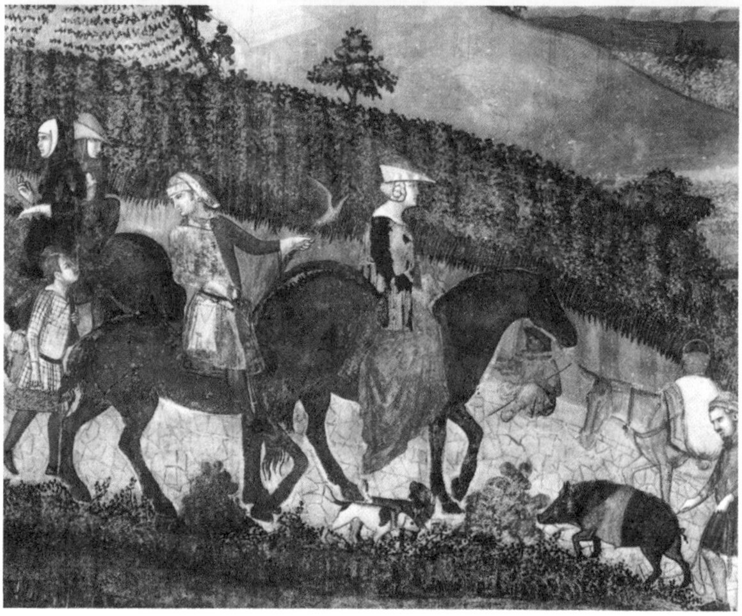

AMBROGIO LORENZETTI,
Die Auswirkungen der Guten Regierung auf Stadt und Land, 1337–1339
Ausschnitt
Siena, Palazzo Pubblico

vorstehen, in dem sich – geprägt vom Ablauf der Jahreszeiten – die verschiedenen mechanischen Tätigkeiten abspielen: Und es handelt sich um genau dieselben, die fast zur gleichen Zeit von Giotto im Basrelief des Campanile gefeiert werden[128].

Politische Motive drängen zu einer Verwendung der Malerei, die sich mit ihren neuen Darstellungsweisen und folglich mit ihren neuen Möglichkeiten geradezu anbietet, um an Siege, eroberte Städte und – in Allegorien – an die Herrschaft der Stadt zu erinnern. Wieder einmal geht Florenz mit den heute verlorenen Fresken voran, die im Palazzo del Podestà und im Palazzo Vecchio die Siege über die Weißen feierten; diese wurden auch durch die Abbildung von Schlössern und Städten in dem verlorengegangenen Fresko Giottos im Bargello in Erinnerung gerufen[129]. Im Abstand von wenigen Jahren folgt die Stadt Siena, die diese Art der Malerei am konsequentesten und mit den modernsten Ergebnissen weiterentwickelt.

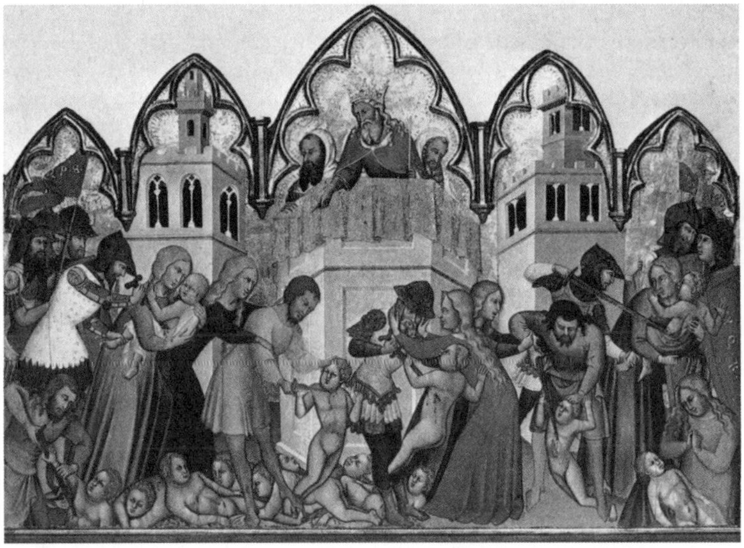

BARTOLO DI FREDI,
Polyptychon des *Bethlehemitischen Kindermordes*

Neben dem Fresko gibt es die Tafelmalerei. Im Lauf des Trecento nimmt der Werdegang des Polyptychons Form an und entwickelt sich sehr rasch; die Polyptychen werden zu komplexen Konstruktionen, zu authentischen Orten der Integration von Techniken und Darstellungsweisen, in denen das Ikonographische und das Narrative verschmelzen. Das Polyptychon besteht aus mehreren bemalten Tafeln und nimmt monumentale Gestalt an, in den Formen der Schreinerarbeit erinnert es an die Schemata der gotischen Zeichnung und es zeigt Spitzen und plastisch gestaltete Feigenblätter zur Krönung der Pilaster. Mit den spitzbogigen Rahmen, die die einzelnen Bilder umschließen, und mit den hohen, teilweise bemalten Pilastern, die sie trennen und unterstreichen, wird das Polyptychon eine regelrechte architektonische Struktur, die oft auf dem Altartisch und auf dem Boden von hölzernen Pfeilern gesichert wird[130]. Zahl und Art der Elemente verändern sich expansiv bis schließlich komplexe ikonographische Programme entstehen, die sich in bestimmten Fällen auch auf der Rückseite weiterentwickeln, wenn das Polyptychon beidseitig bemalt ist, wie bei der *Maestà* von Duccio und der heute nur noch sehr fragmentarischen Replik in Massa Marittima, beim *Stefaneschi-Polyptychon* Giottos, bei dem von Santa Reparata in Florenz usw.[131]. Hier nun stellt sich das Problem eines doppelten Publikums, das der Gläubigen und das der Geistlichen und Ministranten, und nur letzteren war die Betrachtung der Bilder auf der Rückseite erlaubt. Die Schöpfung der Predella[132], die vom verlorengegangenen Altar Cimabues aus dem Jahr 1302 in Pisa bezeugt ist und die in der *Maestà* von Duccio stark betont wird, sichert dem Polyptychon durch die Erhöhung eine bessere Sichtbarkeit, sie erlaubt, die Zahl der Bilder zu vergrößern und zugleich den Typus zu variieren, während sie gleichzeitig das Problem des doppelten Publikums neuerlich stellt: Diejenigen, die das Werk und die kleinen Bilder aus der Nähe betrachten können, und diejenigen, die aus der Entfernung allein die größeren Bilder erkennen können.

Die Erhöhung des Polyptychons kann variieren, es kann eine Predella geben mit einzelnen Personen oder noch häufiger mit narrativen Szenen, mit einem Mittelteil, der von einem größer gestalteten Bild beherrscht wird – die Jungfrau mit Kind, ein Heiliger, aber auch eine narrative Szene[133] –, zu dessen Seiten die Bilder der Heiligen angeordnet werden, mit einem oberen Abschnitt, oft mit den Bildern von Propheten, die mit den Inschriften ihrer Schriftrollen auf die Fleischwerdung Gottes und die Kreuzigung verweisen, und sogar mit einem vierten Abschnitt, der durch die Spitzen mit den Engelsfiguren gebildet wird.

Es fällt recht schwer, sich heute eine Vorstellung vom ursprünglichen Aussehen dieser außergewöhnlichen Kompositionen zu machen. Auch wenn alle Tafeln erhalten sind, die sie ursprünglich bildeten, so sind sie doch meist auf verschiedene Orte verstreut und die verzierten Pilaster, die Streben und die ganzen anderen Elemente der plastisch gestalteten und geschmückten Schreinerarbeit sind verlorengegangen. Ursprünglich war das große Polyptychon des Trecento ein herausgehobener Anziehungspunkt, es wurde auf dem Hauptaltar oder in den wichtigsten Kapellen angebracht. Dann wird es allmählich vernachlässigt, beiseitegeschoben und sogar in seine Einzelteile zerlegt und zerstört. Bei seiner Neuordnung der Seitenaltäre in Santa Croce entfernt Vasari eine ganze Anzahl und beschleunigt damit ihr Verschwinden[134]. Später, im Verlauf des achtzehnten Jahrhunderts, beginnt sich ein Interesse für die »Anfänge« zu regen, viele Geistliche und viele kirchliche Einrichtungen versuchen, ihre alten Polyptychen loszuwerden und verkaufen sie an Sammler oder Kunsthändler, die nichts Eiligeres zu tun haben, als sie in ihre Einzelteile zu zerlegen. Zu diesem Zeitpunkt sind ihr einheitlicher Sinn, die Idee oder die Praxis der Integration verschiedener Techniken, die bei der Geburt des Polyptychon Pate gestanden hatte, verlorengegangen. Man kümmert sich ausschließlich um die einzelnen malerischen Bestandteile, man isoliert sie und löst sie aus ihrer Umgebung heraus. Auf diese Weise sind die einzelnen Tafeln mehr oder weniger losgelöst in unsere Museen und Sammlungen gelangt – Treibgut eines großen Schiffbruchs.

Italien außerhalb Italiens

Das Äußere einer großen gotischen Kirche im Norden – der Kathedrale von Bourges beispielsweise – weist sehr eigene Züge auf: Angelehnt an den oberen Teil der Wände des schlanken Schiffs ragen steile Bögen ins Leere und stützen sich auf hohe vertikale Fialen; sie haben die Funktion von Strebepfeilern und schaffen rings um den Baukörper eine durchlässige Struktur, eine Art feinen Käfig, ein Spinnennetz, das die Baumasse nach außen zu projizieren scheint. Ein ähnliches Bild kann jenes Italien außerhalb Italiens wachrufen, das von Künstlern repräsentiert wird, die im Verlauf des Trecento Schemata, Forschungen und Lösungen der italienischen Kunst in verschiedene Zentren Europas brachten. Gleich ob das nun durch Reisen der Künstler oder die Entsendung von Kunstwerken geschehen ist oder auch durch die Zirkulation von Büchern mit den Vorbildern, es bleibt die Tatsache, daß sich um den Korpus der italienischen Kunst und – insbesondere, ja sogar fast ausschließlich – um die Malerei ein ganzes Netz von Verbindungen, Beziehungen und Überschneidungen herausgebildet hat, das einige ihrer fundamentalen Merkmale in Europa verbreitete.

Künstler aus Rom, aus der Toskana, aus Umbrien, Venetien und der Lombardei reisten und arbeiteten jenseits der Alpen, wie sich gleichzeitig auch Künstler aus verschiedenen Teilen Europas in Rom, Assisi,

Siena und Florenz aufhielten. Tüchtige und wichtige Persönlichkeiten entdeckten im Verlaufe ihrer Reisen die Qualität der künstlerischen Produktion Mittelitaliens oder auch der transalpinen, sie erkannten ihre besonderen Charakteristika, bewunderten die Neuigkeiten und wurden von diesen Erfahrungen dazu angeregt, in ihren Ländern Kunstwerke in Auftrag zu geben, die in der einen oder anderen Weise an die Themen, Techniken und Darstellungsweisen anknüpften, die sie auf ihren Reisen so schätzen gelernt hatten. So wurde Kardinal Guala Bicchieri nach seinen Englandaufenthalten in Vercelli zum Promotor eines der ersten großen gotischen Bauwerke südlich der Alpen, während der Abt von Westminster, Ware, 1260 nach zweijährigem Romaufenthalt nach England zurückgekehrt, seinem Land Materialien und Künstler zuführte, die ihm erlaubten, in seiner Abtei jene prunkvollen und wunderbar verzierten Arbeiten anzubringen, die er in Rom gesehen hatte. Damals war Heinrich III. König von England, und dessen Name und der des Abtes stehen neben dem des römischen Künstlers, Odericus, in der langen Inschrift, die entlang des Mosaikfußbodens (fertiggestellt 1268) im Presbyterium von Westminster verläuft: eines prachtvollen Fußbodens, in dem aus Rom mitgebrachter Porphyr und Serpentin neben einheimischem Marmor aus Purbeck verarbeitet ist, um in einem prächtigen, bunten Bild das Universum darzustellen. Pietro, »cives romanus«, plant für dieselbe Abtei das Grabmal von Edward dem Bekenner, das wahrscheinlich 1279 fertiggestellt wurde, und vielleicht auch das von Heinrich III., das 1291 beendet wurde und in dem der König in der gotischen Manier William Torels liegend dargestellt ist – fast als solle eine Aufgabenteilung demonstriert werden, die auf den unterschiedlichen Fähigkeiten beruhte, die den Künstlern zuerkannt wurden: Die Intarsienarbeit und den Marmorentwurf den Römern, die Skulptur den Engländern. Lösungen und Schemata des dekorativen Repertoires aus Rom – spiralförmige Säulen, ineinander verflochtene Kreise, Tympani und die lebhafte Farbigkeit der Beläge und Mosaiken – dringen so nach England vor und beeinflussen den dortigen Geschmack. Ein italienischer Widerhall ist auch bei der Verwendung von bemalten Gläsern zu spüren, jenen nicht unähnlich, die für die Kanzel von Fra Guglielmo für San Giovanni Fouricivitas in Pistoia Verwendung fanden, oder bei den Imitationen antiker Kameen für den Altar der Abtei von Westminster[135]. 1295 werden die »lucanischen Gewänder« – die berühmten Jaspégarngewänder aus Lucca – im Inventar des Kirchenschatzes von Saint Paul in London genannt.

Dies alles sind Indizien für einen engen Austauschprozeß, der auch in umgekehrter Richtung verläuft – ein Beispiel ist der Beitrag transalpiner Meister in Assisi. Er ist jedoch nicht von größerer Bedeutung als das Vordringen der konstruktiven und dekorativen Darstellungsweisen der norditalienischen Romanik ein Jahrhundert zuvor, die bei so vielen nordischen Bauwerken von Basel bis Chur und Regensburg, von Königslutter bis Lund ihre Spuren hinterlassen hatte. Es waren nicht so sehr die Zeichnungen der Cosmaten, die Gläser, die Stoffe aus Lucca und die Skulpturen[136], es war vielmehr die – Ende des 13. Jahrhunderts in Italien entwickelte – neue Art und Weise, wie die Malerei aufgefaßt wurde und wie der Raum auf einer Fläche dargestellt wurde, die schließlich in ganz Europa bedeutsame Folgen hatte. Die Schwierigkeiten der räumlichen Darstellung wurden, wie bereits erwähnt, in Nordeuropa sowohl im Bereich der Bildhauerei wie auch in dem der Malerei stark empfunden. Dort hatte man mit den Darstellungsweisen und -schemata, die es bei den Figuren ermöglicht und erlaubt hatten, ein lebhaftes naturalistisches Interesse zum Ausdruck zu bringen, diese Schwierigkeiten angegangen, ohne jedoch zu einer kohärenten, globalen und als Modell verallgemeinerbaren – und nicht nur fragmentarischen – Lösung zu gelangen. Hier lagen die Gründe für die langsame, aber allgemeine Zustimmung, die der in Italien erprobten Malerei widerfuhr, welche die Künstler auf ihren Reisen in der einen oder anderen Weise kennenlernten. 1298 entsendet Philipp der Schöne seinen Maler, Etienne d'Auxerre, nach Rom. Ungefähr zur selben Zeit (1296 und 1297) taucht im Steuerverzeichnis von Paris ein »Duch de Siene« auf[137], und man hat vermutet, es handle sich hier um den großen Duccio di Buoninsegna[138]. Dies scheint nicht ausreichend abgesichert, denn von der in den Dokumenten erwähnten Person kennen wir den Beruf nicht (mit hoher Wahrscheinlichkeit war es ein Bankier, wie das Epitheton »Lombart« anzuzeigen scheint, das ihm 1297 beigefügt wird); die Tatsache, daß er in der »rue aus praescheuurs« in der Nähe der Kirche Saint-Eustache lebte, in einem Viertel also, das von Künstlern bewohnt wurde, und daß die Daten in eine Zeit fallen, für die in den Sieneser Dokumenten Hinweise auf Duccio fehlen (zwischen 1296 und 1302), reicht nicht aus, um sich aus den unendlich vielen Möglichkeiten ausgerechnet für die unwahrscheinlichste zu entscheiden. Im übrigen ist 1336 ein Duccio aus Siena, der nicht mit Duccio di Buoninsegna zu verwechseln ist (dieser war 1318 bereits gestorben), in Avignon tätig. Mit größerer Genauigkeit enthüllen uns die Dokumente (gestaffelt zwischen 1304 und 1322), daß bekannte römische Künstler wie Filippo Rosuti – in Begleitung seines Sohnes Giovanni und von Nicola De Marsi – nach Frankreich gehen, um für den König zu arbeiten. Gemeinsam arbeiten sie am Palast von Poitiers, Nicola wird dann später auch für Saint-Denis tätig sein[139]. Konkrete Zeugnisse von der Tätigkeit italienischer Meister liegen uns für Südfrankreich bei der Kathedrale von Béziers vor; in zwei Kapellen, der des Heiligen Geistes und der des Heiligen Stefan, sind Freskenzyklen erhalten, die von Künstlern ausgeführt wurden, die höchstwahrscheinlich von Bérenger Frédol gerufen worden waren, dem Bischof der Stadt zwischen 1294 und 1305 und späteren Kardinal, der sich lange und häufig in Rom aufgehalten hatte[140]. Jüngst sind nicht unbedeutende Reste von Malereien in der Kathedrale von Narbonne entdeckt worden, die möglicherweise von römischen Meistern stammen[141]. Es ist schwer zu sagen, ob es sich um dieselbe équipe handelte, die für Philipp den Schönen arbeitete, aber außerhalb jeder Diskussion steht die Tatsache, daß der Abzug der Kurie aus Rom zu einer weit verstreuten Diaspora der Künstler führte, die für Bonifaz VIII. tätig gewesen waren. Der erste Papst in Avignon – der sich freilich fast nie in Avignon aufhielt –, Clemens V., hatte einen toskanischen Goldschmied in seinen Diensten, Tauro da Siena, der bereits für Bonifaz VIII. gearbeitet hatte. Und Künstler aus der Toskana kamen bereits weit vor dem Jahr 1336, dem Jahr, in dem vermutlich Simone Martini ankam und zahlreiche Maler aus Siena im Bereich des Päpstlichen Palastes zu arbeiten begannen. Vor kurzem wurde die Vermutung geäußert – und vieles spricht dafür –, daß sich unter den ersten, die schon um 1320 hierher gelangten, jener große Anonymus von möglicherweise florentiner Herkunft befand, der aufs engste mit der Person des Kardinals Stefaneschi verbunden ist: der Meister des Georgskodex[142]; und die Anwesenheit eines Paolo da Siena in Avignon ist für das Jahr 1320 belegt. Seit den zwanziger Jahren des Trecento wird der italienische Einfluß allgemeiner und die Pole der Ausstrahlung zeichnen sich genauer ab; läßt man Avignon beiseite,

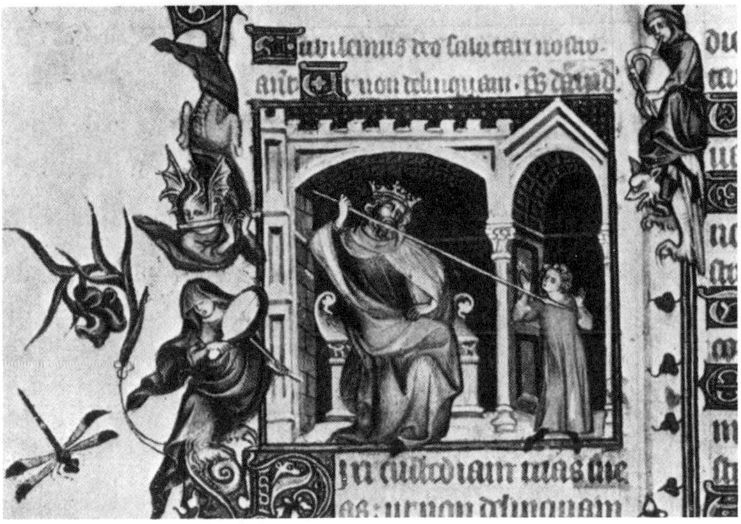

JEAN PUCELLE,
Saul richtet die Lanze auf David,
zwischen 1323 und 1326
Aus dem Brevier von Belleville

dessen Physiognomie für dieses Jahrzehnt noch der Klärung bedarf, dann kann man sie in Paris, Straßburg und im österreichischen Gebiet ausmachen. Die beherrschende Gestalt in Paris und ganz allgemein auf europäischer Ebene, der intelligenteste und originellste Interpret der neuen Malerei, ist Jean Pucelle, der mit Sicherheit vor 1325 in die Toskana kam und der es versteht, die gerade erst entwickelte räumliche Darstellungsweise zu beherrschen. Besonders verwendet er sie im *Brevier von Belville* (ausgeführt zwischen 1323 und 1326 für Jeanne de Belville, die Frau eines normannischen Edelmanns), in den *Heures de Jeanne d'Evreux,* deren Dekoration der französische König Karl IV. bei Pucelle zwischen 1325 und 1328 in Auftrag gab, und bei der *Bibel von Robert de Bylling* (so benannt nach dem Namen des Schreibers), die 1327 fertiggestellt wurde. Dort taucht unter den Mitarbeitern von Pucelle Jaquet Macy auf, der 1323 ein Buch für Papst Johannes XXII. illustriert hatte. Fast als wolle er seine Kenntnis Italiens dokumentieren, versucht sich Pucelle in dem Exemplar der *Miracles de Notre-Dame de Gautier de Coincy,* das möglicherweise für die Königin Jeanne von Burgund, die Braut Philipps VI. von Valois, illustriert wurde, in der Darstellung von Schlössern und Bauwerken unverkennbar toskanischen Ursprungs[143]. Man kann also von einer aufmerksamen und fortdauernden Aufnahme der italianisierenden Malerei am französischen Hofe von Philipp dem Schönen bis hin zu Philipp IV. sprechen, und das Beispiel von Pucelle wurde auch in den Monumentaltechniken wie bei der Glasmalerei befolgt. Leider sind die Glasmalereien des 14. Jahrhunderts in Paris vollständig zerstört worden: Dennoch können wir ihre Entwicklung aus den Reflexen erahnen, die sich hauptsächlich in der Normandie fanden. In einem Fenster von Saint-Ouen in Rouen (ausgeführt vor 1339) z. B. sehen wir eine Darstellung des Hl. Hieronymus in seiner Stube mit einem komplexen dreidimensionalen Pult, das in Darstellungsweise und Ikonographie seiner Zeit weit voraus ist und Stück für Stück die Elemente einer Seite der *Miracles de Notre-Dame* von Jean Pucelle übernimmt: Dies zeigt ein weiteres Mal die außerordentliche Bedeutung von Pucelle als Verbreiter der italienischen Darstellungsweise[144]. Der Name Jean Pucelle findet auch noch in den Inventarien aus den Anfängen des Quattrocento Erwähnung, aber mehr noch bezeugt die Dauerhaftigkeit seines Ruhms die Tatsache, daß sein Repertoire über dreißig Jahre nach seinem Tode im *Brevier von Karl V.* getreulich wiederaufgenommen wird. Und sehr viel verdankt sich seiner erfindungsreichen Neudeutung der italienischen Elemente, wenn sich in Frankreich in der zweiten Hälfte des Trecento eine Malerei entwickelt, die in der Lage ist, die italienischen Lösungen der räumlichen Darstellung und die naturalistischen Neigungen des Nordens in eine Beschreibung der Realität zu integrieren. Ihr großer Protagonist ist Jean de Bondol, der Maler *attitré* von Karl V., über den wir für die Zeit zwischen 1368 und 1381 Informationen haben; er ist der Urheber des Widmungsbildes für die *Bibel von Jean de Vaudetar* (1371) und der Entwürfe für die Teppiche der *Apokalypse* von Angers.

Spezifischen Wünschen der Monarchen, die möglicherweise darauf zielten, dem Geschmack des französischen Hofes nachzueifern und ihn möglichst zu überholen, verdanken sich auch weitere berühmte Episoden der Verbreitung der italienischen Darstellungsweisen im Gebiet des nördlichen Alpenrands. Ein besonders aufsehenerregendes Beispiel sind die Glasmalereien der elf großen zwischen 1323 und 1330 (Datum der Weihe) ausgeführten Fenster des Chors in der Kirche des Doppelklosters von Königsfelden, eine große Konstruktion zur Buße und zur Erinnerung, die in der Nähe der Aarefurt bei Brugg (im Kanton Aargau in der Schweiz) an der Stelle entstand, wo 1308 Albert I. von Habsburg, der deutsche König, von seinem Neffen erschlagen worden war. Die Arbeiten dazu wurden direkt von der Königin Agnes von Ungarn überwacht. Die Fenster mit Szenen aus dem Leben Jesu, Figuren und Legenden von Heiligen (je zwei sind dem Hl. Franziskus und der Hl. Klara gewidmet) sind reich an dreidimensional gestalteten architektonischen Elementen, und zwar insbesondere vorspringenden Konsolen, die einen Kontrast zu ihrem Volumen bilden, das durch die graphische Gestaltung der Personen stark hervorgehoben wird[145]. Die Lektion der italienischen Malerei wurde vor allem anderen in ihren am unmittelbarsten beeindruckenden und illusionistischsten Aspekten und in ihren am einfachsten wiederholbaren und als Vorbild verwendbaren Elementen verstanden. Ebenfalls aus Königsfelden stammt ein kostbares Antependium, das mit der Darstellung der Passion bestickt ist (heute im Historischen Museum zu Bern). Es war Albert II. von Österreich, der es der für die Habsburger heilige Kirche geschenkt hatte, und das Inventar von Agnes von Ungarn aus dem Jahr 1357 erlaubt, es ganz genau wiederzuerkennen[146]. Möglicherweise ist der Künstler, der dieses Antependium entworfen hat, neben dem großen anonymen Maler einzuordnen, der um 1330 die vier Tafelbilder gemalt hat, die die äußeren Abschnitte des Altars von Klosterneuburg bilden, bei dem die Emailarbeiten von Nikolaus von Verdun wiederverwendet wurden, die ursprünglich die Kanzel der Kirche zierten, welche durch einen Brand schwer beschädigt worden war. Auftraggeber der Tafelbilder und der Restaurierung der Emails war Probst Stefan von Syrendorf gewesen, und die Abtei hatte von ihrer Gründung an in engen Beziehungen mit der Dynastie gestanden, die Österreich beherrschte, zuerst den Babenberg und später den Habsburgern. Die Bilder sind voll von Zitaten Giottos, z. B. des *Noli me tangere* der Arena-Kapelle in Padua[147]. Im übrigen arbeiteten italienische Miniaturisten in Österreich etwa zwischen 1320 und 1325 in der Abtei Sankt Florian und konnten so bereits sehr frühzeitig die lokale Produktion beeinflussen[148]. Eine andere Spur des Einflusses der italienischen Vorbilder auf Österreich ist das Antependium, das der Sticker Seidlin (Sigfried) aus Pettau (heute Ptuj in Jugoslawien) im Auftrag Friedrichs III. von Leibnitz ausführte,

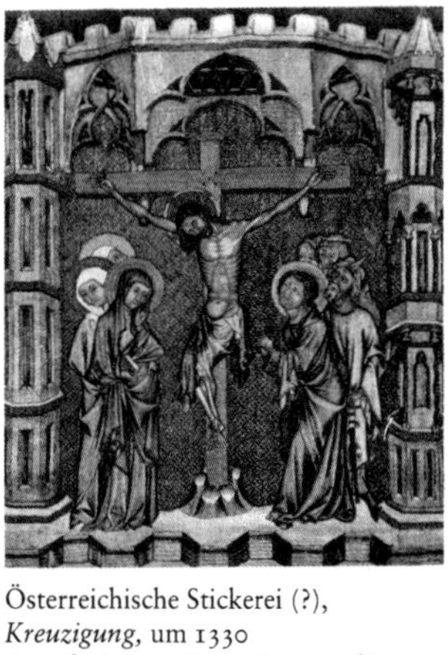

Österreichische Stickerei (?),
Kreuzigung, um 1330
Ausschnitt aus einem Antependium

des Erzbischofs von Salzburg zwischen 1315 und 1338. Der komplexe Entwurf der Arbeit (heute in Wien im Österreichischen Museum für angewandte Kunst), die übereinander angeordnete Vierpasse und – in den von ihnen umschriebenen Räumen – zwanzig Christusgeschichten miteinander abwechseln läßt, zeigt ganz klar die Anwendung italienischer Lösungen der Raumdarstellung innerhalb einer gotischen Einteilung. Die lange Inschrift mit den Namen der Auftraggeber und des Künstlers ist ein Indiz für die Wichtigkeit, die man ihr zuschrieb, aber sie enthält das Datum der Ausführung nicht, die wahrscheinlich in die Jahre zwischen 1330–35 fällt[149]. Die Herzöge von Österreich, der Probst von Klosterneuburg – eine Abtei, die aufgrund ihrer Geschichte und ihrer geographischen Lage in besonderer Weise dem herzöglichen Sitz in Wien verbunden war – und ein mächtiger Erzbischof in Salzburg bildeten also die Kräfte, die den Einbruch des italienischen Geschmacks in Österreich begünstigten, wie er sich in zahlreichen Darstellungsformen und Techniken äußert und der auch nicht so randständig ist, wie das Erwin Panofsky, fast wie aus einem Wunsch nach Symmetrie heraus, in der magistralen Einleitung zu seinem Buch *Early Netherlandish Painting* gesagt hatte[150].

Ein anderer Brennpunkt des italienischen Einflusses ist Straßburg. Im Münster bezeugen hier die Glasmalereien mit den Werken der Barmherzigkeit unter dem südlichen Turm wie auch die späteren in der Katharinenkapelle, die ab 1331 unter Bischof Berchtold von Buchegg errichtet und 1349 geweiht wurde[151], im Übermaß die italienischen Einflüsse, deren Ursprünge immer wieder untersucht worden sind. Es ist auch bewiesen worden, daß viele Elemente der Glasmalereien in Königsfelden von Straßburg herrühren[152], ein Umstand, der die Stadt noch bedeutender erscheinen läßt. Man hat in diesem Zusammenhang von einem möglichen Einfluß Jean Pucelles gesprochen, der dem auf die Glasmalereien in der Normandie entspricht. Mit allergrößter Wahrscheinlichkeit aber handelt es sich nicht um eine Abhängigkeit, sondern um ein paralleles Phänomen, das sich im entscheidenden Jahrzehnt zwischen 1320 und 1330 entwickelt (1320 war in Straßburg eine Replik von Giottos *Navicella* ausgeführt worden)[153], dem Jahrzehnt also, das die erste Verbreitung der neuen Malerei auf europäischer Ebene erlebt. Später wird die Berufung des Straßburger Malers Nicholas Würmser durch Karl IV. nach Prag ein klarer Beleg für die internationale Orientierung und die Modernität des künstlerischen Klimas der Stadt sein. Freilich bleiben, was die zweiseitigen Beziehungen zwischen Straßburg und Italien angehen, noch Fragen offen. Es ist häufig vermutet worden, daß der Bogengang von Straßburg Giovanni Pisano beeinflußt habe, und es ist sicher, daß die Bauweise des Oberrheins, insbesondere das Straßburger Münster und der Turm des Freiburger Münsters, einen breiten Einfluß auf die Toskana hat, für die der Aufenthalt deutscher Steinschneider und Steinmetze belegt ist[154].

Man könnte viele Beispiele aus dem Alpenrandgebiet anführen, von den Fresken in der Kapelle des Schlosses von Chillon oder in der Kirche von Moudon, im Waadtland, das damals von Savoyen abhing[155], bis hin zu den fragmentarisch erhaltenen Wandmalereien mit stark dreidimensionalen Akzenten bei den architektonischen Motiven im Dom von Augsburg. Die englischen Beispiele sind weniger zahlreich, auch wenn sie nicht völlig fehlen, wie eine Wandmalerei in Westminster, die glanzvolle *Kreuzigung* im *Gorleston Psalter* und andere nicht so bedeutende Beispiele belegen[156]. Sehr zahlreich dagegen sind die Beispiele auf der iberischen Halbinsel, wo sich die neue Malerei auf verschiedenen

Madonna mit Kind, um 1350
Ausschnitt eines reliefierten
Triptychons für John Grandisson,
Bischof von Exeter

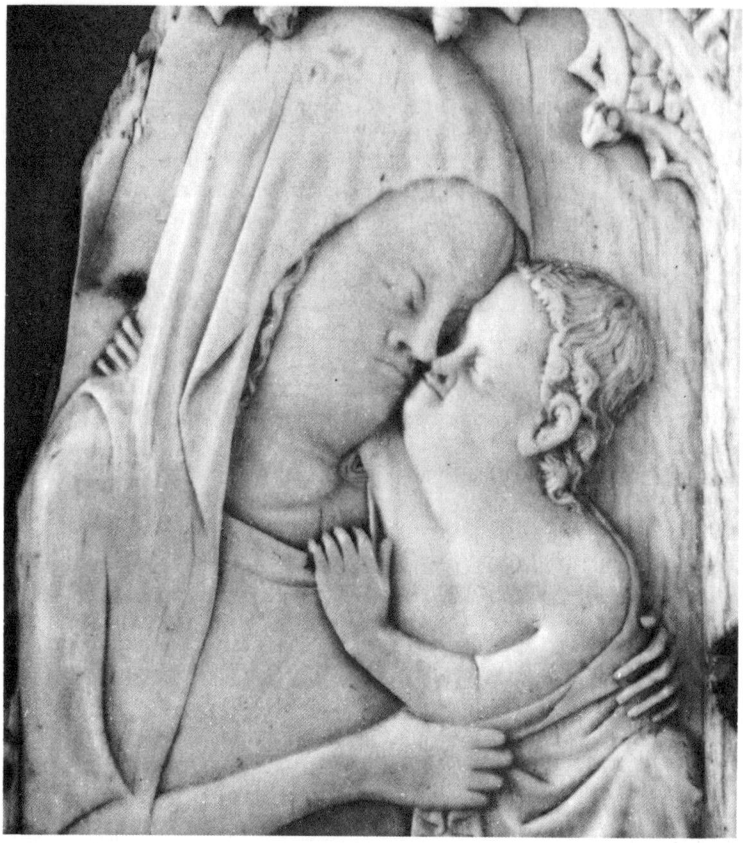

Wegen und in verschiedenen Techniken verbreitet. Um sich Klarheit zu verschaffen über Wege und charakteristische Episoden, muß man noch einmal über die Probleme der Kultur des Mittelmeers und über die Zirkulation von Künstlern, Arbeiten und Schemata innerhalb dieses Raums nachdenken[157]. Avignon, Neapel, Barcelona und in geringerem Umfang Pisa und Genua bildeten die großen Pole und Knotenpunkte der Entwicklung und Verbreitung dieser Kultur. Aber möglicherweise ist Avignon der charakteristischste Fall und zugleich das augenfälligste Beispiel für die Verbreitung der italienischen Kunst im Trecento.

Daß sich die Päpste in der provenzalischen Stadt niederließen und sehr häufig auf italienische Künstler zurückgriffen, um die neue Residenz auszuschmücken und ihr in gewisser Hinsicht eine Legitimation gegenüber dem aufgegebenen Sitz mit seinen Kunstschätzen zu verleihen, das sind die Gründe für diese herausragende Stellung von Avignon[158]. Die Anwesenheit der Kardinäle und unter ihnen, zumindest zu Beginn, einer großen Anzahl von Italienern – wie Jacopo Stefaneschi und Napoleone Orsini –, für die es nichts Neues war, Aufträge zu erteilen, sicherte den Künstlern viele Aufträge. Um die Züge einer europäischen Kapitale zu erlangen, zu der die Stadt geworden war, erforderte es beachtliche künstlerische Investitionen im Bau, aber auch bei der Dekoration der neuen Gebäude. Die Kirchen und Kapellen der Stadt und ihrer Umgebung werden zahlreicher und füllen sich mit Kunstwerken, vor allem aus der Malerei. Ein verbreiteter Geschmack an der Malerei wird auch durch die Testamente der Bürger von Avignon bezeugt, wie z. B. jener Jacqueline Houbeque, die am 15. März

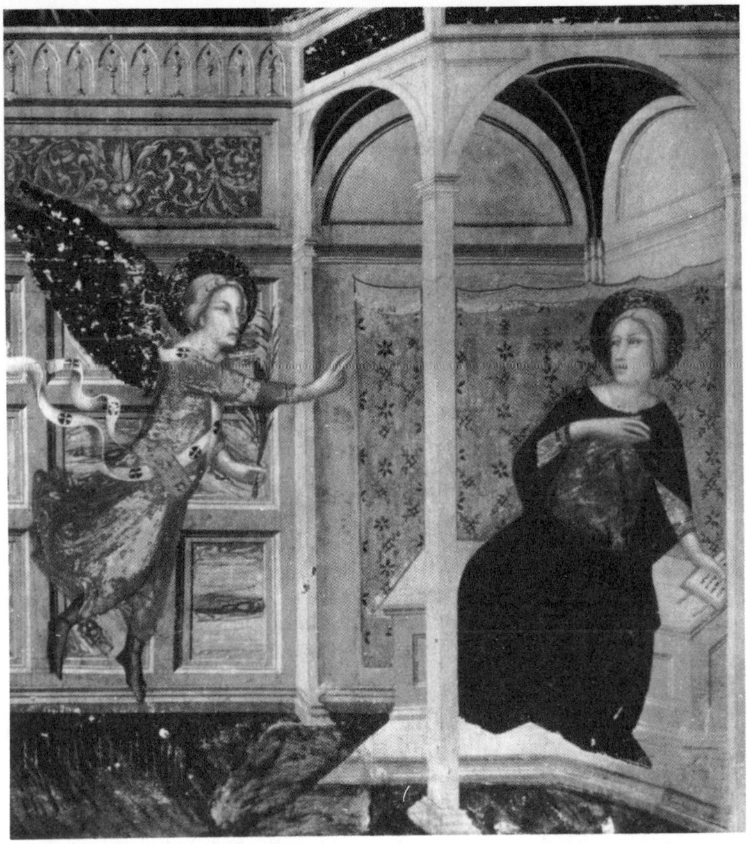

FERRER BASSA,
Verkündigung, 1346
Pedralbes, Kloster,
Cappella di San Michele

1348 eine Summe Geldes für ein »retaulum pictum in quo volo esse historia Sancti Petri« (ein gemaltes Retabel, von dem ich will, daß es die Geschichte des Heiligen Petrus darstelle) hinterläßt, oder auch durch die Briefe des Prateser Kaufmanns Francesco Datini[159].

Der Aufstieg Avignons zu einem wichtigen europäischen Kunstzentrum und die Verbreitung der Sieneser Malerei in der Hauptstadt der Päpste bewirkt einen qualitativen wie quantitativen Sprung in der Verbreitung der toskanischen Kunst. Bereits seit 1320, verstärkt aber seit 1335, lassen sich Künstler aus Siena in Avignon nieder. Wir wissen nicht, wie sie rekrutiert wurden, und es ist uns sogar unbekannt – auch wenn es Gründe gibt, an Kardinal Stefaneschi zu denken –, wer Simone Martini nach Avignon gerufen hat; und noch viel weniger wissen wir, wie Filippo da Siena, Duccio, Pietro, Paolo da Siena, Michele Mignani, Pietro di Lippo und Giovanni di Duccio, von denen die Dokumente sprechen, hierher gelangt sind. Bestimmte Namen (Duccio und Giovanni di Duccio, Filippo da Siena und Pietro di Lippo) lassen an regelrechte Künstlerdynastien denken und erinnern an die Existenz einer zweiten Generation emigrierter Maler. Im übrigen wissen wir nicht, ob sich die Maler, von denen es nach den Zeugnissen aus dem 17. Jahrhundert signierte Arbeiten in Avignon gab, damit begnügten, Tafeln zu schicken, oder ob sie sich selbst in der Stadt der Päpste aufhielten[160]. Eines ist sicher: Die Ankunft Simone Martinis und seines Familienclans (der Bruder Donato, sehr wahrscheinlich auch der Schwager Lippo Memmi und dessen Bruder Tederico) hatte sehr bedeutsame Konsequenzen. Von einem bestimmten Zeitpunkt an – wir meinen um 1336[161], als die großen Dekorationsarbeiten des neuen Papstpalastes begannen – schlug die Malerei Avignons eine besondere Richtung ein. Das verdankt sich der Tätigkeit dieser Maler, die dem gotischen Geschmack gegenüber sehr aufgeschlossen waren und deren Suche nach einer höfischen Eleganz der Kurie besonders willkommen gewesen sein muß; das Zusammentreffen dieser Künstler mit Arbeiten aus dem Norden und mit neuen Auftraggebern führte zu sehr interessanten Ergebnissen, und wir können die Frage aufwerfen, welche Möglichkeiten sich in Avignon boten, bestimmte Ansätze der Sieneser Malerei weiterzuentwickeln und ihnen zum Durchbruch zu verhelfen[162], zum Beispiel in der Portraitkunst. Seit Zeiten schon erprobten die florentinischen – allen voran Giotto – und die Sieneser Maler die Möglichkeiten eines neuen, physiognomisch geprägten Portraits, aber weder das individuelle Portrait, noch das für den Stifter auf Tafelbildern oder das feierliche Bildnis wie der Guidoriccio und auch nicht das Erinnerungsportrait auf Grabmalen, sondern das einfache private Portrait entsteht in Avignon; und das ist ein Genre, das eine große Zukunft vor sich hat. Petrarca schreibt, daß Simone hier (die Arbeiten sind verlorengegangen) das Portrait von Laura und das des Kardinals Napoleone Orsini malte. Warum hier und warum nicht in Siena? Welche Regeln gab es, die in Siena eingehalten werden mußten, die man aber in Avignon verletzen konnte?

Avignon war eine Stadt ohne große und kontinuierliche künstlerische Tradition, und folglich hatten es die Künstler mit einer anderen Realität als der in Siena oder in Florenz zu tun. Die Präsenz einer heterogenen Gruppe von Auftraggebern und eines ebenso heterogenen Publikums mit ästhetischen Gewohnheiten und Erwartungen, die sich von denen unterschieden, die man in der Toskana erwarten konnte, und das Fehlen allgemein anerkannter Regeln und Gewohnheiten veränderte das Verhalten der Künstler und auch ihre Antworten auf die neuen und ungewohnten Nachfragen.

Dieser Möglichkeiten sich zu bedienen, verstand Matteo Giovannetti – aus Viterbo kommend, aber in Siena lebend –, ein Maler von Päpsten und über mehr als zwanzig Jahre ein wirkliches künstlerisches Faktotum in der Stadt, der so weit ging, eine Art synkretistischer Sprache zu entwickeln und durchzusetzen, die wohl den künstlerischen Erfahrungen Simones Rechnung trug, aber auch der anderer Künstler, etwa der Lorenzetti; eine Sprache, die es verstand, neben komplexen Ansätzen der räumlichen Darstellung auch gewisse Aspekte der expressiven und linearen Gotik weiterzuentwickeln, und die eine sonderbare, ungezwungene und humorvolle Haltung, die bis zur Karikatur reichte und die ein freies und experimentierendes Verhalten an den Tag legte.

Was in Avignon geschah, fand ein Echo in den anderen Hauptstädten: Auf der einen Seite bildete sich ein regelrechtes »Museum zu Avignon« und auf der anderen Seite entstanden hier Avignoneser, oder besser: Sieno-avignoneser, Arbeiten, die an außerordentlich stark besuchten Orten angebracht wurden, wie der Sainte-Chapelle in Paris[163]. Was die Bedeutung von Avignon als Museum anlangt – also die beispielhafte Funktion, die die hier sichtbaren Arbeiten hatten, denen ein besonderes Prestige zugeschrieben wurde –, so reicht es, daran zu erinnern, daß der Bischof von Prag, Johannes von Drazic, seinen eigenen Palast nach dem Vorbild der Gästehäuser der Kardinäle errichten ließ, die er in Avignon gesehen hatte, daß 1406 König Martin von Aragon dem Bischof von Lerida schrieb und ihn um eine Kopie der Fresken aus der Kapelle des Heiligen Michael im Päpstlichen Palast bat; er wollte sie als Vorbild für die Dekoration der Kapelle seines Palastes verwenden, und wahrscheinlich haben die Könige von Neapel dasselbe gemacht. Zitate der Fresken von Avignon hat man auch in dem Berliner Musterbuch des »Jacques Daliwe«, beim Altar in Tiefenbronn von Lucas Moser sowie bei den Gemälden Enguerrand Quartons wiedererkannt[164]. Wenn auf der anderen Seite der außerordentliche »Maestro degli Angeli Ribelli« in Avignon gearbeitet hat, dann könnten wir in der Stadt in der Provence mit Sicherheit eine Quelle für die Brüder Limburg ausmachen[165]; und ganz unbestreitbar ist der Anstoß, den bestimmte komplexe räumliche Darstellungen in Avignon auf die außerordentliche Entwicklung der französischen Malerei zur Zeit Karls v. hatten, und zwar ganz besonders auf den großen Jean de Bondol[166].

Selbstverständlich können wir die künstlerische Physiognomie von Avignon nicht einzig und allein auf der Grundlage der aus Siena kommenden Erfahrungen umreißen. Unter den Namen der vielen, die hier arbeiteten, finden wir auch Maler aus Viterbo, aus Lucca, aus Arezzo und aus Asti, es gab Florentiner und selbstverständlich auch Maler aus Südfrankreich. Aber die bestimmenden Charakterzüge sind vorwiegend Sieneser Herkunft, so daß die Behauptung aufgestellt werden konnte, im Schmelztiegel von Avignon habe die Sieneser Malerei den ihr eigenen Stil für den Export gefunden. Und von Avignon als Ausgangspunkt zeichnen sich jene Dreiecksbeziehungen Siena-Avignon-Prag, Avignon-Neapel-Prag[167], Siena-Avignon-Spanien oder auch Siena-Avignon-Paris ab, die eine große Bedeutung für die europäische Malerei des Trecento haben werden. Hier liegen die Ursprünge jenes janusköpfigen Stils, der naturalistisch und fabulierend, raffiniert aristokratisch und voller Expressivität, nostalgisch und modern ist und der Untergang und zugleich Morgendämmerung bezeichnete; in Europa verbreitete er sich schnell wie eine Epidemie zwischen dem Ende des Tre- und dem Beginn des Quattrocento und vereinte so verschiedene bildnerische Sprachen, so daß er der internationale Stil par excellence genannt werden kann. Viele Jahrzehnte vor seinem Durchbruch auf europäischer Ebene entstand er eben hier: in Avignon.

GIOVANNI ROMANO

Auf dem Weg zur ›modernen Manier‹: von Mantegna zu Raffael

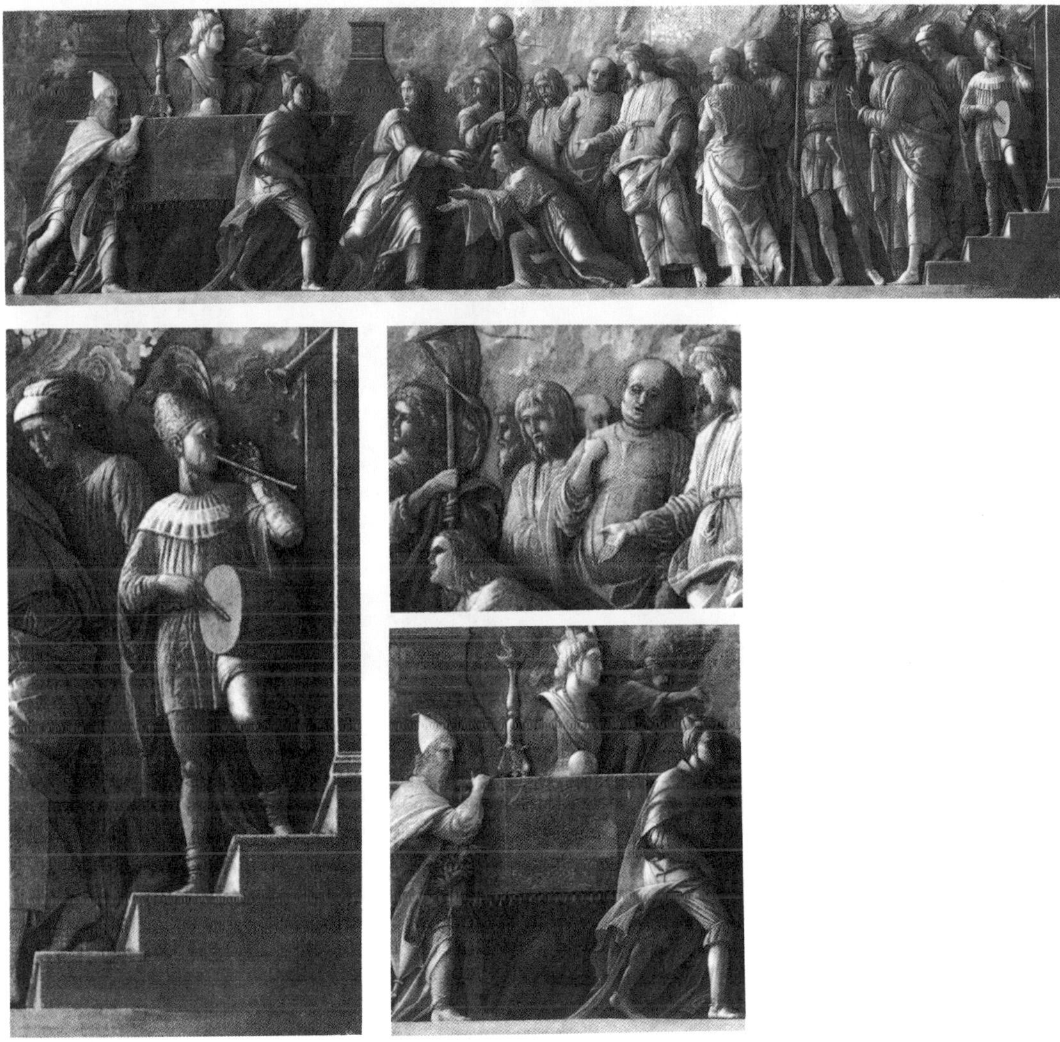

ANDREA MANTEGNA,
Triumph Scipios, 1500
und Ausschnitte

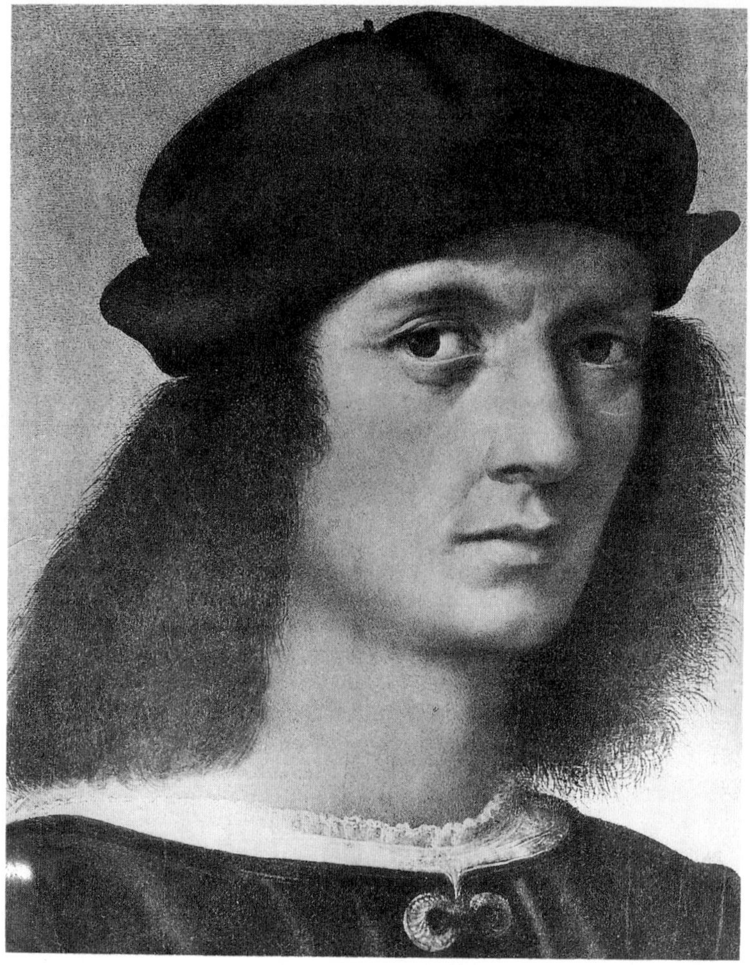

RAFFAEL,
Portrait des Angelo Doni, 1506

Danksagung

Was die Ausarbeitung und Veröffentlichung dieser Seiten und der dazugehörenden Abbildungen angeht, stehe ich bei zahlreichen Freunden in einer Schuld, die ich gerne anerkenne: bei Sandro Ballarin, Betty Bazzani, Sylvie Beguin, Luciano Bellosi, Andrea Buzzoni, Sandro Conti, Marta Cuoghi Costantini, Angela und Gianvittorio Dillon, Michela di Macco, Massimo Ferretti, Paolo Fossati, Mazzino Fossi, Michel Laclotte, Enrica Melossi, Enzo Mengaldo, Christina Mundici, Francesco Negri Arnoldi, Sandra Pinto, Erich Schleier, Dandi Silvestri, Marco Tanzi und Bruno Toscano. Schon allein die große Zahl der Verweise auf die gedruckten Beiträge von Carlo Dionisotti beweist, welche Bedeutung dieser Autor für meine Untersuchung hatte: Auch diese Schuld gestehe ich gerne öffentlich ein – in der Hoffnung, mich ihrer nicht unwürdig erwiesen zu haben. Privat stehe ich in der Schuld von Serena: Ihr ist diese Untersuchung gewidmet.

Der Mythos von Mantegna

Nach dem feierlichen Patent Federico da Montefeltros in Anerkennung der Verdienste von Luciano Laurana (10. Juni 1468) hat wohl keine öffentliche Gunstbezeugung gegenüber einem Künstler des Quattrocento mehr solche pathetischen Höhen erreicht wie die Schenkung Francesco Gonzagas an Andrea Mantegna vom 4. Februar 1492[1]: Sie wird mit den weitschweifigen Reflexionen des Markgrafen von Mantua eröffnet, der darüber nachsinnt, was das Lob der Nachwelt und vor allem den Ruhm gewährleisten könne, »quae videtur esse quoddam immortalitatis genus« (der gewissermaßen als eine Art der Unsterblichkeit erscheint), um sich dann über die berühmtesten Beispiele von Künstlern zu verbreiten, deren Wirken den Namen der fürstlichen Mäzene berühmt machte:

Hieronis namque Syracusarum regis phamam illustravit non mediocriter Archimedis summi architecti familiaritas. Inter praeclara Alexandri edicta illud maxime celebratur quo ab alio quam ab Appelle pingi, ab alio quam a Lysippo fingi se vetuit. Magno etiam decori fuit et gloriae Augusto quod Vitruvium Veronensem architectum suum tanta liberalitate persequutus sit...

(Denn die Freundschaft mit Archimedes, dem größten Architekten, hat in hohem Grade den Ruhm des syrakusischen Königs Hieron erstrahlen lassen. Unter den berühmten Verfügungen Alexanders wird jene am meisten gerühmt, die es verbietet, daß er von einem anderen als Apelles gemalt und einem anderen als Lysipp abgebildet werde. Auch hat es Augustus große Ehre und Ruhm gebracht, daß er seinem veronesischen Architekten Vitruv mit solcher Freigebigkeit gefolgt ist...)

Der Herzog fragt sich daher, in welcher Weise der Künstler zu entlohnen sei, der durch seinen Genius den Hof der Gonzaga erstrahlen läßt, »Andream Mantiniam consumatissime virtutis virum, ex omnibus sine controversia qui picturam profitentur, quadam ingenii diversitate excellentem« (Andrea Mantegna, ein Mann von umfassender Tugend, der unter allen, die sich mit der Malerei beschäftigen, unumstritten ist, ragt durch eine gewisse Mannigfaltigkeit der Begabung hervor), und ihm kommt die Erinnerung der größten Werke in den Sinn, die der Maler im Palast von Mantua hinterlassen hat: die Altartafel der Kapelle, die Camera degli Sposi, die Gemälde mit dem *Triumph des Cäsar* – »prope vivis et spirantibus adhuc figuris [...] adeo ut nec repraesentari, sed fieri res videatur« (in den beinahe lebendigen und atmenden Figuren scheint das Geschehen nicht dargestellt zu sein, sondern selbst zu entstehen); hinzu kommt der Ruhm der Kapelle, die Mantegna für Innozenz VIII. in Rom ausgemalt hat, so daß Francesco Gonzaga schließlich daran zweifelt, die Verdienste mit einem angemessenen Entgelt jemals belohnen zu können[2]. Unmittelbar nach diesem Zeugnis verläßt das Dokument die Höhen der Rhetorik und steigt zu dem praktischen Geschäft eines Immobiliengeschenks herab: »unam pe-

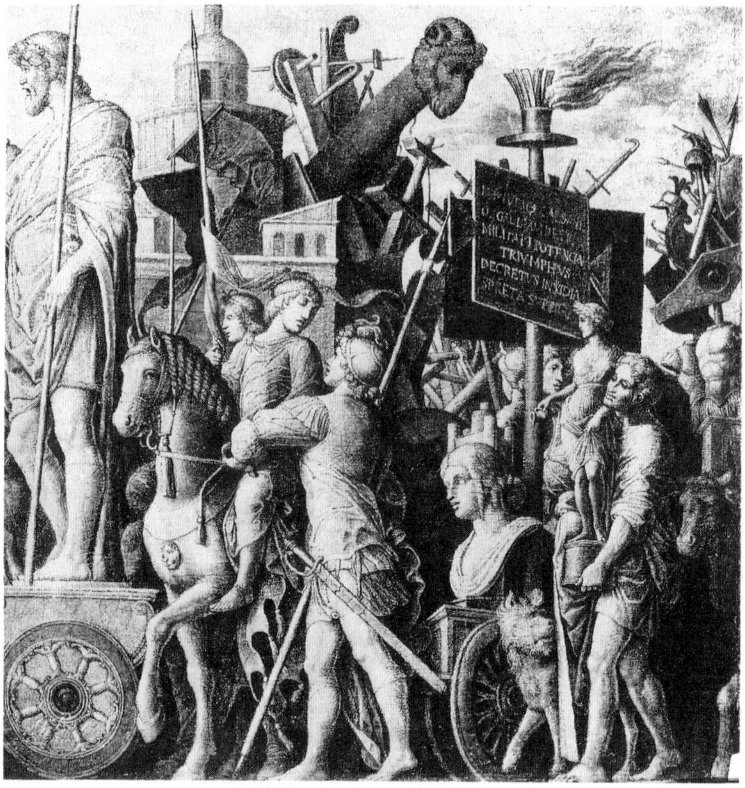

Kopie nach einer Vorzeichnung von ANDREA MANTEGNA aus dem Zyklus *Der Triumph Cäsars* Tafel II: *Götterstatue und Belagerungsmaschinen*, 1495–1505

tiam terrae boschivae bubulcharum ducentarum sitam in territorio Scorzaroli in nemore venationis quae vulgariter dicitur: El bosco de la captia...« (ein Waldstück von zweihundert Ackern in der Scorzaroligegend gelegen, ein Jagdgebiet, das volkstümlich heißt: der Wald der Jagd).

Ich glaube nicht, daß Francesco Gonzaga persönlich diese feierliche Hommage an das künstlerische Genie geschrieben hat, doch interessiert hier weniger die Frage nach dem tatsächlichen Autor des Textes, als vielmehr die offenkundig systematische Werbung für den Namen von Mantegna, die das Dokument abschließt. Es ist denkbar, daß der Künstler selbst der geheime Dirigent war, doch sicher ist, daß seine eindrucksvolle Besteigung des Parnaß des Quattrocento dazu diente, den Hof von Mantua, der von altem Adel, ökonomisch jedoch nicht sehr blühend war, über das allgemeine Niveau zu heben. Das kulturpolitische Modell, das Lorenzo il Magnifico für Florenz ausgearbeitet hatte, fand in Mantua unmittelbare Anwendung, und wir können dies zumindest bis zu dem Brief Luca Fancellis an Federico Gonzaga, den Vater Francescos, über eine architektonische Zeichnung Mantegnas zurückverfolgen, die für eine Werbestrategie des Hauses zu nutzen sei: »Wenn, wie es oft geschieht, Botschafter und Herren kommen, denen man, um sie zu ehren, herrliche Werke zu zeigen sucht, so werde ich nun diese wunderbare Zeichnung vorzeigen können...«[3]. Wir befinden uns im Jahre 1472, Mantegna ist vierzig Jahre alt und arbeitet wahrscheinlich schon an der *Camera degli Sposi*, in der die Besonderheit seines Stils und seine Identifizierung mit der eindrucksvollen Geschichte der Gonzaga endgültig zum Ausdruck kommen. In den folgen-

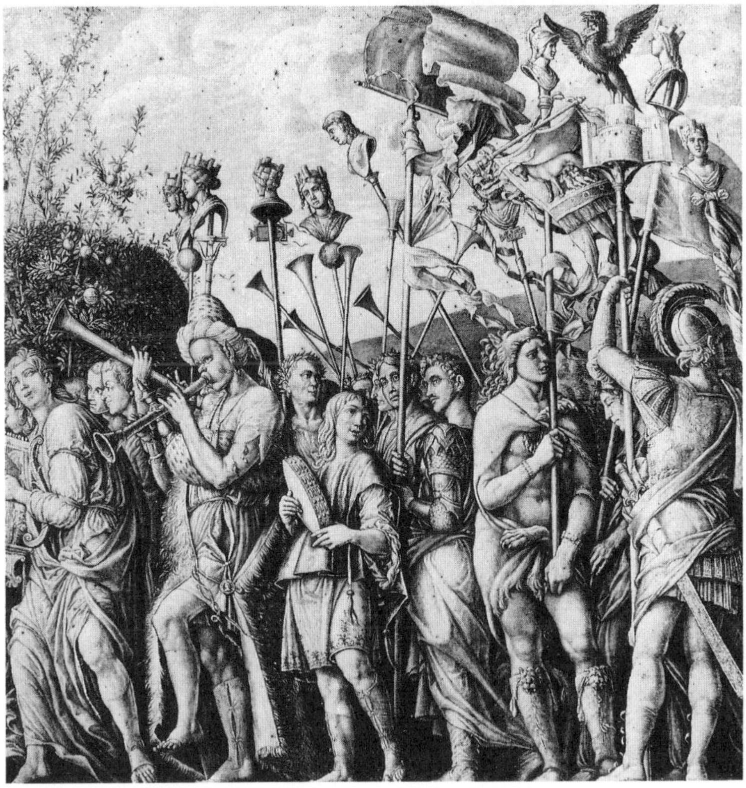

Aus *Der Triumph Cäsars*
Tafel VIII:
Musikanten und Insignienträger

den Jahren werden sogar die notariellen Urkunden den geradezu übermenschlichen Vorzügen des Malers Ehrerbietung bezeigen müssen: »... egregio viro Andrea Mantinia pictorum omnium famosissimo [...] viri ingenio et gratia praestantissimi [...] pictorum omnium re et fama facili princeps« (4. November 1484) (... dem hervorragenden Andrea Mantegna, dem berühmtesten unter allen Malern, durch Geist und Anmut des vortrefflichen Mannes der Erste unter allen Malern der Sache und dem Ruhm nach); »... pictorum aetatis nostrae principe« (31. August 1486) (... dem ersten Maler unserer Zeit)[4].

Die Auswirkungen werden bald auch außerhalb Mantuas spürbar, und die früheste Erwähnung findet sich in Kapitel XI von Sannazaros *Arcadia*, wo Ergast »ein schönes Ahorngefäß« als Preis unter den Kämpfern aussetzt, »worauf von der Hand Mantegnas aus Padua, des vor allen anderen klugen und erfinderischen Künstlers, viele Dinge gemalt waren«. Die eingehende Beschreibung, die dann folgt, scheint eher auf ein gemeißeltes oder ziselliertes Gefäß (wie die *Gonzaga-Vase* in der Este-Galerie in Modena) zu passen, aber natürlich konnte Sannazaro ein technisch so verfeinertes Werk nicht unter den Schäfern Arkadiens ansiedeln. Nach der Erwähnung von Sannazaro, die Mantegna am Hof von Neapel bekannt machte[5] und ihm Erfolg brachte, wird er wesentlich ausführlicher in der *Cronaca* von Giovanni Santi kurz vor 1494 – und somit unmittelbar nach dem Dekret von Francesco Gonzaga – aufgeführt. Die Gestalt des gonzagischen Malers scheint hier allen italienischen Malern der Zeit überlegen zu sein: »Andrea führt die Flagge« und Leonardo, Botticelli, Perugino, Signorelli, Ghirlandaio und sogar Filippino Lippi (also die neue, zwischen 1450 und 1460

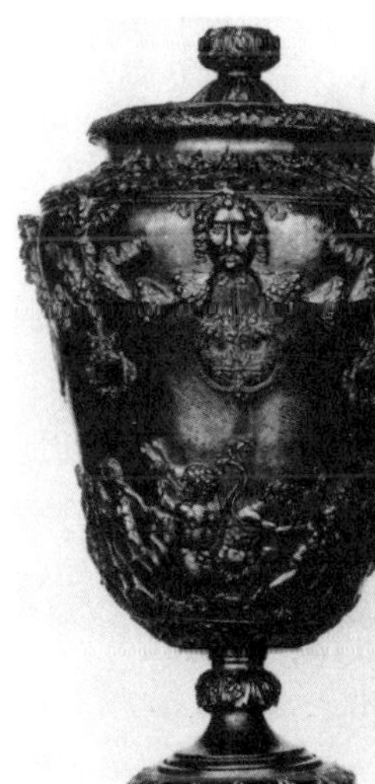

L'ANTICO,
Vase der Gonzaga, 1496 (?)

Aus *Der Triumph Cäsars*
Tafel IX:
Julius Cäsar auf dem Triumphwagen

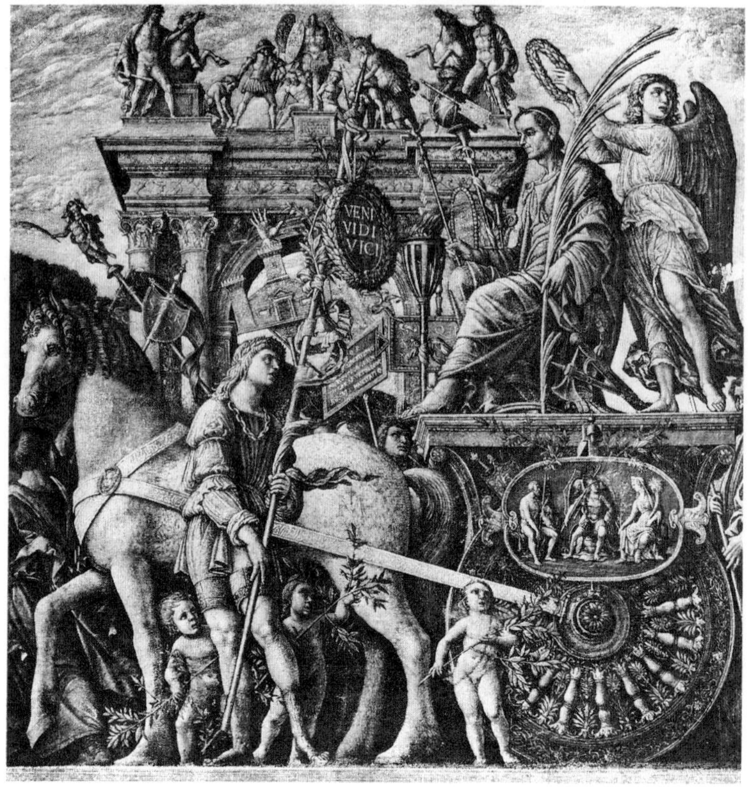

geborene Generation) würden folgen; »... unter allen Vertretern dieser Kunst / beherrscht er den vollendeten und klaren Körper / mehr als jeder andere Mann in Italien oder außerhalb«[6]. In dieser für uns heute fragwürdigen Rangordnung waren ohne Zweifel der antikisierende Geschmack von Santi und die Überzeugung maßgebend, daß die tragenden Säulen der Malerei immer noch die Zeichnung und die Erfindung seien, wozu Mantegna in besonderer Weise befähigt war: »... du wirst sehen, daß er erstens / die große Zeichnung als wahre Grundlage / der Malerei nimmt und daß zweitens / ein leuchtendes Ornament der Erfindung hinzukommt ...« Der überregionale Erfolg Mantegnas war offenbar an das System der fürstlichen Höfe und eine sehr kenntnisreiche Sammelleidenschaft gebunden, da sein römischer Aufenthalt in den Jahren 1488-89 anscheinend recht wenig bedeutsam war. Der Maler selbst zeigt wenig Begeisterung, und im übrigen scheint es – trotz der obligaten Anerkennungen – nicht, als sei seine Anwesenheit am Ort sehr folgenreich gewesen.

Aufgrund einer Reihe glücklicher historischer Zufälle nimmt Mantegna eine emblematische Position unter den Protagonisten des Übergangs vom Quattrocento zum Cinquecento ein: Er ist das erste Beispiel eines Hofkünstlers, der von einem Fürsten bezahlt wird und seine Aufträge mit einer Kontinuität erhält, die mehrere Generationen der Gonzaga umfaßt (Mantegna ist nacheinander Maler von Federico, Ludovico und Francesco Gonzaga). Vergleichbares findet sich aus einsichtigen Gründen weder in Florenz (von 1494 bis 1512 zumindest existiert nichts, was man als Hof bezeichnen könnte) noch in Rom, wo die Aufeinanderfolge so außerordentlich unterschiedlicher Päpste wie

Alexander VI., Julius II. und Leo X. keinen kontinuierlichen Rahmen bieten kann, in dem die Unwägbarkeiten auf ein Minimum beschränkt wären. Venedig stellt hier, wie Florenz, einen Fall für sich dar, und die anderen italienischen Höfe (Mailand, Bologna, Urbino, Neapel, um nur die größten zu nennen) erleiden um die Jahrhundertwende einen so endgültigen (Bologna) oder so tiefgreifenden Zusammenbruch, daß die empfindliche und nuancenreiche kulturelle Entwicklung unterbrochen wird. Ferrara, das sowohl die französischen Invasionen als auch die maßlosen Ambitionen Cesare Borgias und des Papstes erfolgreich überdauert, gewinnt keine repräsentative Bedeutung, da es bis 1505 in der Hand eines fast mythischen und sicherlich sehr veralteten Monarchen bleibt: Ercole d'Este ist Altersgenosse von Mantegna, und bis in die jüngste Zeit überlegt man, ob er ein spätgeborener Sohn Niccolòs III. (der noch im Trecento geboren ist) und, nach Lionello und Borso, der letzte Bruder gewesen sei, der einen Thron bestieg, der nicht für ihn bestimmt war. In Mantua hingegen spielt Isabella d'Este, Ercoles intelligente und eigensinnige Tochter, mit großem Geschick – zumindest bis zum ersten Jahrzehnt des Cinquecento – eine kulturelle Partie, in der sie als Schirmherrin jeder bedeutsamen Neuheit unmittelbar reagiert, sobald ihr Ohr die Kunde von Neuerungen erreicht, die ihrer unstillbaren Aufmerksamkeit entgangen waren. Das erstaunlicherweise erhaltene Gonzaga-Archiv und insbesondere die Korrespondenz von Isabella d'Este ermöglichen eine fast tägliche Überprüfung der Ereignisse und gestatten uns, das Heranreifen eines neuen kritischen Bewußtseins von künstlerischen Produkten zu verfolgen; zwar handelt es sich um eine Errungenschaft der Literaten, doch kann sie (wie man im Falle Giovanni Santis gesehen hat) mit etwas Mühe auch bis in den handwerklichen Bereich der Künstler reichen und von dort in das weniger einsehbare Gebiet der notariellen Bürokratie vordringen.

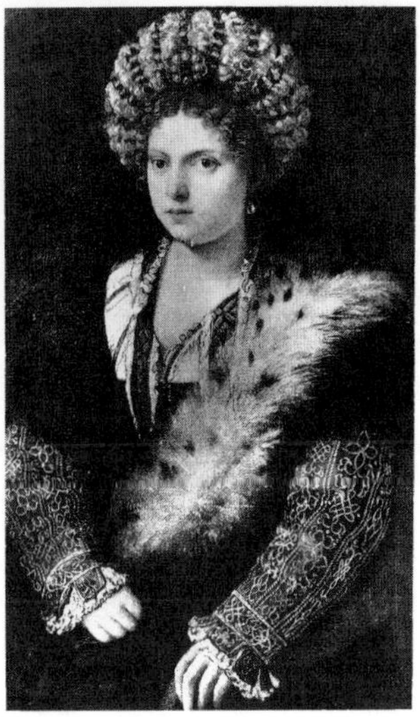

TIZIAN,
Isabella d'Este, 1534

Unter diesen an sich optimalen Bedingungen gewinnt der Lebensweg Mantegnas seine besondere humanistische Prägung, also die stark weltliche und archäologische Tendenz mit einer für diese Jahre ungewöhnlichen Loslösung vom Bereich der sehr traditionellen religiösen Produktion. Noch heute gründet die Fortdauer des Mantegna-Mythos vor allem auf seinen profanen Werken, und im übrigen fügt auch die Altartafel von San Zeno in Verona auf den Spuren Donatellos ein konventionelles ikonographisches Repertoire in die formalen und ornamentalen Entwürfe einer in erster Linie antikisierenden Phantasie. Eine solche Lösung eröffnet Mantegna ein Wirkungsfeld, das lange Zeit den an die religiöse Produktion gebundenen Künstlern untersagt war, die sich nach den stilistischen Gewohnheiten und dem frommen Erwartungsniveau eines Publikums in unmittelbarer Nähe richten mußten. Indem er sich an eine intellektuelle Elite wendet, die von einem gemeinsamen literarischen Repertoire zehrt, überwindet der humanistische Maler die traditionellen Grenzen seiner Heimat und schlägt Brücken auch zu fernen Avantgarden, die den regionalen Schulen, den Zünften und dem ungebildeteren Publikum weniger verhaftet waren. Nicht die Zeichnung, sondern die unerschöpfliche Erfindung (also das literarische Repertoire) sichert Mantegnas Erfolg, und zwar in dem Augenblick, da jenes spezifische Phänomen »höfischer Kultur«, das die Literaturhistoriker zwischen dem Humanismus des Quattrocento und der Hochrenaissance angesiedelt haben, heranreift und schnell wieder verschwindet[7]. Die ihnen bereits geläufige Bezeichnung kann problemlos auch auf den Bereich der bildenden Kunst übertragen werden, freilich mit den nötigen Anpassungen, die in erster Linie die unterschiedlichen Bedingungen der bildlichen Produktion und ihrer religiösen Überzeugungskraft berücksichtigen müssen.

Mantegna unter den ›Antiquaren‹

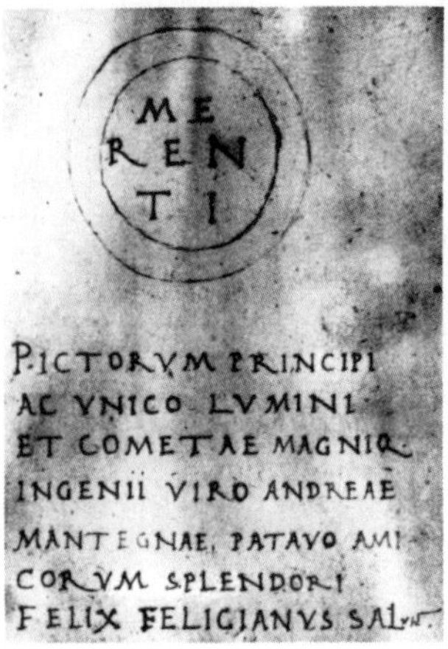
ME
REN
TI
PICTORVM PRINCIPI
AC VNICO LVMINI
ET COMETAE MAGNIQ
INGENII VIRO ANDREAE
MANTEGNAE PATAVO AMI
CORVM SPLENDORI
FELIX FELICIANVS SAL.

FELICE FELICIANO,
Dedikationsblatt mit Widmung an Mantegna, 1464

Wenn man den Weg Mantegnas zurückverfolgt, stößt man auf die Widmung, die eine bedeutsame epigraphische Sammlung aus den Jahren 1463 und 1464 von Felice Feliciano eröffnet und als Kopie in der Biblioteca Capitolare in Verona (Cod. 269) und in der Biblioteca Marciana in Venedig (Cod. Lat. x, 196.3766) erhalten ist:

Merenti. Pictorum principi ac unico lumini et cometae magnique ingenii viro Andreae Mantegnae Patavo amicorum splendori Felix Felicianus salutem. Felicis Feliciani Veronesis epigrammaton ex vetustissimis per ipsum fideliter lapidibus excriptorum ad splendidissimum virum Andream Mantegnam Patavum pictorem incomparabilem liber incipit.

(Dem, der es wohl verdient. Dem ersten der Maler; einzigartigem Licht und Stern großen Genies, Andrea Mantegna aus Padua, dem Schmuck der Freunde, sendet Felix Felicianus einen Gruß. Hier beginnt das Buch der Epigramme von Felix Felicianus aus Verona, das von ihm selbst von sehr alten Steinen getreulich für den hervorragenden Mann Andrea Mantegna aus Padua, den unvergleichlichen Maler, übertragen wurde[8].)

Das affektierte Pathos deutet auf ein enges Verhältnis zwischen Feliciano und unserem Maler hin, auf Gleichaltrige mit gemeinsamen Interessen und gegenseitiger Verfügbarkeit; man kennt darüber hinaus auch ein Sonett von Feliciano an Mantegna, »den Landsmann des hochverehrten Kardinals von Mantua, mit der Bitte, daß er für ihn eine Zusammenkunft mit dem besagten Monsignore gemäß der gemeinsamen Verabredung erwirken möge«. Das Sonett stammt aus dem Jahre 1460, als noch keiner der beiden Freunde älter als dreißig Jahre war, auch wenn Mantegna bereits auf den Erfolg seiner Meisterwerke in Padua und Verona stolz sein konnte: ein Erfolg, der durch die jüngste Aufnahme am Hof der Gonzaga gekrönt worden war. Die lange und ruhmreiche Laufbahn Mantegnas hat oft übersehen lassen, daß der Maler der Gonzaga während der fünfziger Jahre des Quattrocento zur Reife gelangt war und sich behauptet hatte, und daß daher seine berühmtesten mantuanischen Arbeiten – die *Trionfi* für Francesco Gonzaga und die Gemälde für das Studiolo der Isabella d'Este – Werke einer Persönlichkeit sind, die mit ihrer bildnerischen und archäologischen Kenntnis nunmehr auf fast wundersame Weise in einer Zeit fortwirkte, die sich tiefreichend gewandelt hatte. In Mantua, im Herzen eines zentralistischen und einmütigen Hofes, dem der unmittelbare Ansporn einer Universität fehlte, war das Phänomen der zeitlichen Verschiebung weniger erkennbar; doch in Rom erwies sie sich als schwerwiegend (und Mantegna scheint unmittelbar darunter gelitten zu haben)[9]. Man bedenke, daß die Kapelle für Innozenz VIII. im Vatikan genau gleichzeitig mit der Carafa-Kapelle von Filippino Lippi in Santa Maria sopra Minerva entsteht, und die Herausgabe der *Castigationes plinianae* von Ermolao Barbaro schon wenige Jahre vorher erfolgt war. In dem farbenfreudigen römischen Kreuzweg wurden die Mutigsten durch eine neue stilistische Disziplin (oder Undisziplin) und eine Philologie, die ohne Leichtfertigkeit oder Doppelsinn, jedoch überaus wißbegierig war, intellektuellen Abenteuern entgegengeführt, die Mantegna nicht gekannt und noch weniger gewünscht hätte.

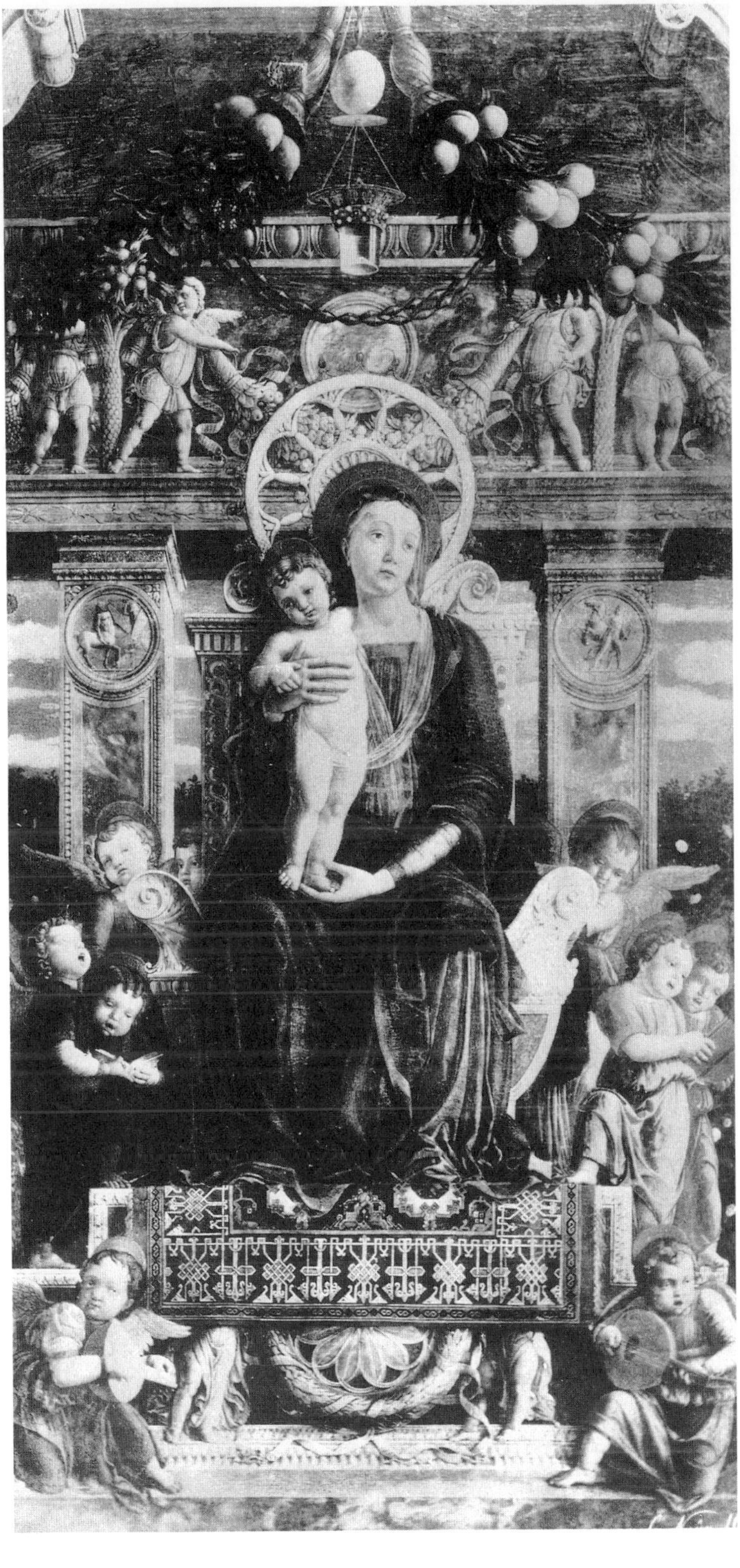

ANDREA MANTEGNA,
Madonna mit Kind und Engeln, 1459
Verona, San Zeno

links:
ANDREA MANTEGNA,
Mars und Venus auf dem Parnaß, 1497
Ausschnitt

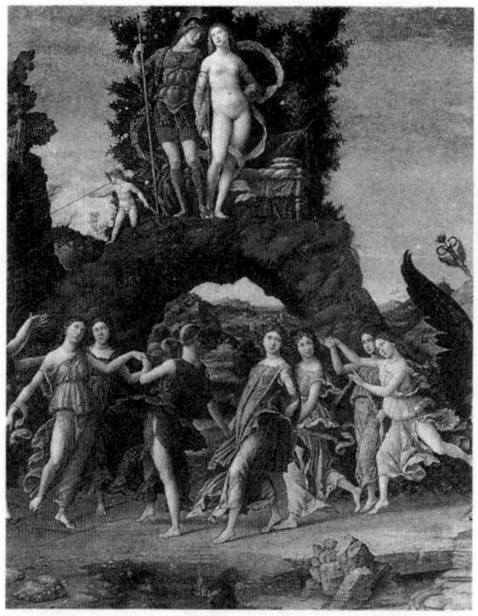

rechts:
ANDREA MANTEGNA,
Vertreibung der Laster aus dem Garten der Tugend, 1502
Ausschnitt

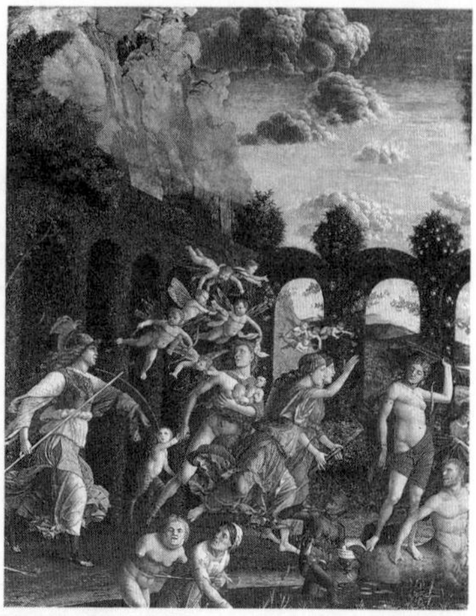

Die Antikenkenntnis unseres Malers gründete nicht auf ernsthafter Philologie, sondern auf weitläufiger, nicht immer gesicherter Lektüre und einer unbefangenen Epigraphik, für die die Sammlungen Felicianos und seines größten Mäzens Giovanni Marcanova beispielhaft sind. Es handelt sich um eine Inschriftenkunde, die sich mit Kopien und Ableitungen zufriedengibt, anstatt sich direkt auf Reliefs zu beziehen, die eher beschwörend als ernsthaft kritisch ist und mitunter – aufgrund eines extremen Vertrauens in das eigene ›antiquarische‹ Repertoire – vorsätzlich Falsches aufnimmt, da sie eine mögliche Gleichwertigkeit von antik hergerichteter Gegenwart und klassischer Vergangenheit unterstellt (in den Sammlungen Felicianos gibt es keine unterscheidende Hierarchie von antiken Inschriften und Neuschöpfungen im alten Stil). Mantegna war sich dieses Traums mit offenen Augen bewußt und gerade mit Feliciano und Giovanni Marcanova ist er die Hauptfigur einer berühmten antikisierenden Inszenierung in den letzten Septembertagen des Jahres 1464: Die drei Freunde, denen sich ein vierter weniger bekannter – Samuele da Tradate – zugesellt, unternehmen am 23. September einen Bootsausflug entlang den Ufern des Gardasees auf den Spuren römischer Antike und vor allem römischer Inschriften. Felicianos Erzählung ist sehr oft zitiert worden, und es lohnt daher nur, jene Passagen wiederzugeben, die die vorsätzliche Travestie dieses Abenteuers offenbaren. Der Ausflug geschieht »sub imperio faceti viri Samuellis de Tridate. Consulibus viris primariis Andrea Mantegna Patavino et Joannes Antenoreo. Procurante Felice Felicianus« (unter der Leitung des geistreichen Mannes Samuele da Tradate. Erste Konsuln sind die Männer Andrea Mantegna aus Padua und Johannes Antenor. Prokurator ist Felice Felicianus). Nachdem sie sich in ihre römischen Rollen hineingedacht haben (Samuele da Tradate bekränzt sich als »Imperator« mit Efeu, Myrte und anderem Laubwerk), erkunden die Freunde die Ufer des Sees und bewundern die Gedenksteine der antoninischen Kaiser, auf die das Glück sie stoßen läßt; selbst das Boot ist ausgestattet mit »tapetibus et omnigenere ornamentorum [...] lauris et aliis frondibus nobilibus« (Stoffen und allerlei Zierat, Lorbeer und anderem edlen Laubwerk), während Gesang unsere Freunde bei heiterer Laune hält: »semper ipso imperatore Samuelle citarizante et jubilante« (und jederzeit musiziert und jauchzet der Imperator Samuele). Der Ausflug endet mit einem Dankgebet an die Jungfrau Maria und Christus, der, wiederum um die Gleichstellung von Gegenwart und Vergangenheit zu betonen, »summo tonanti« (der höchste Gott) genannt wird[10].

Bekanntlich stammt dieses heitere Zeugnis der Haltung von Mantegna, Feliciano und Marcanova gegenüber der Antike aus dem herrlichen trevisanischen Kodex (Biblioteca Capitolare, Cod. I, 138), der fast ausschließlich dazu bestimmt war, Ciriaco d'Ancona zu rühmen, also einen Gründungsvater der Archäologie des Quattrocento, der ein unübertroffenes Beispiel begeisterten Festhaltens an der klassischen Vergangenheit, insbesondere der griechischen Welt, ist. Der Kodex entsteht kurz nach dem Ausflug an den Gardasee und ist dem Auftrag eben jenes Samuele da Tradate und der Kalligraphie von Felice Feliciano zu verdanken, wobei Ciriaco zum Zeitpunkt der Niederschrift schon fast zehn Jahre tot und in nicht gerade jugendlichem Alter gestorben war.

Auf eine ähnliche Wiederbelebung der Antike geht auch der schillernde Kodex aus Modena von Marcanova zurück, der 1465 einen sehr reichen Korpus klassischer Inschriften zusammenstellt, die dann in eine Reihe antiker, kaum zerstörter, sehr lebendiger und von Menschen und Zeit scheinbar unberührter Zeichnungen eingefügt wurden[11]. So stellten sich Mantegna, seine Freunde und Auftraggeber die antike Welt gerne noch nahe und gangbar vor:

Wenn uns die Bruchstücke und Ruinen und die Späne des heiligen Altertums in staunende Bewunderung versetzen und in solche Lust, es zu schauen, wie dann erst seine vollkommene Gestalt[12]?

Die gleiche Begeisterung und den gleichen Schmerz wird auch Isabella d'Este ausdrücken, die die Mitte ihres Lebens überschritten hat, ohne Rom zu kennen:

Könnte ich E. H. sagen: Ich habe Rom gesehen; ich gestehe Ihnen, es zerstört und vernichtet gesehen zu haben. Aber Genua, Florenz und Mailand habe ich siegreich gesehen, und sie sind heute nicht minder bewundernswert. Ich will nicht leugnen, daß ich den größten Wunsch habe, Rom zu sehen, nicht um den Hof und das andersartige Volk zu sehen, da ich mehr als ich gesehen habe nicht sehen könnte, sondern um das Altertum und die berühmten Ruinen Roms zu sehen und darüber nachzusinnen, wie es gewesen sein muß, als ein siegreicher Imperator Einzug hielt[13].

Eine erhabene und bedrängende Vergangenheit beschäftigt die Phantasie der ›Antiquare‹ und Liebhaber des Altertums und macht nicht nur Verzeichnisse epigraphischer Inschriften oder literarischer Zitate erforderlich, sondern eigene Sammlungen von Zeichnungen, die die Bilder der sagenhaftesten Figuren zeigen, die je die klassische Welt bevölkert haben und die ausführlich in den Skulpturen dokumentiert sind, die aus dem überaus fruchtbaren Boden von Rom, Breschia, Verona, Padua und auch des Nahen Orients zu Tage treten, dem die Venezianer nach einer alten Gewohnheit gerne antike Werke entnahmen. Offenkundig ist Mantegna diese traditionelle künstlerische Praxis nicht fremd, und 1476 finden wir ihn in eine Suche nach graphischem Material besonderer Art verwickelt. »Seit einigen Monaten«, schreibt Angelo Tovaglia aus Florenz an Ludovico Gonzaga,

suche und habe ich mit großem Fleiß und Eifer nach einem Buch mit der Zeichnung gewisser antiker Skulpturen suchen lassen, von denen der Großteil Zentauren-, Faunen- und Satyrschlachten, wie auch Männer und Frauen zu Fuß und zu Pferde und ähnliche andere Dinge darstellt. Am meisten wünsche ich mir solche von Zentauren, denn von den anderen hat man hier schon Kenntnis: Während der Suche wurde mir von vielen gesagt, daß sich dieses Buch in Eurer Gewalt und in den Händen der Euren befinde, wofür ich sehr dankbar und worüber ich ohne Zweifel sehr erfreut bin [...] Und da ich weiß, daß solche Dinge lieb und teuer sind und man die Originale nicht gern verschickt, wäre ich sehr zufrieden, würde man sie Petro Philippo oder anderen übergeben, um sie mir zu kopieren ...[14]

Seltsamerweise ist der Band der Zeichnungen in Mantua nicht auffindbar, und Mantegna, danach befragt, antwortet etwas vage, ihn einem anderen Maler ausgeliehen zu haben; so zumindest berichtet es Ludovico Gonzaga Tovaglia, vielleicht um einen kostbaren Schatz zu hüten den er durch übermäßiges Kopieren nicht entwertet wissen wollte. Wie dem auch sei – die Zentauren werden mit einiger Verspätung in Florenz eintreffen und in der *Verleumdung des Apelles* von Botticelli für Antonio Segni (Florenz, Uffizien) triumphieren. Genaugenommen gehört auch Botticellis *Verleumdung des Apelles* in die Kategorie der Altertumsbeschwörungen, denn sie ist ein Versuch, ein antikes Meisterwerk von Apelles, das von Luciano di Samosata detailliert beschrieben ist, wiederaufleben zu lassen.

Leider verfügen wir nicht über den graphischen Bestand der Werkstatt Mantegnas, doch können wir ihn uns leicht vorstellen aufgrund einer Gruppe von Zeichnungen der Ambrosiana vor 1466, die zweifellos von einem Künstler stammen, der auf irgendeine Weise in Mantegnas Schuld stand. Auch der Skizzenband *Die Schule des Mantegna* in Berlin ist möglicherweise nichts anderes als die schöne Kopie einer ungeordneten Folge von Aufzeichnungen aus der Antike, die Mantegnas Handschrift sehr nahe sind[15]. Der Autor scheint Bernardo Parentino nicht fern zu stehen, der mehr als einmal beweist, daß sich sein Lebensweg mit dem des ein wenig älteren Mantegna gekreuzt hat. Uns interessiert nun hierbei die sonderbare Verwicklung, die Parentinos Arbeit in Santa Giustina in Padua und den *Triumph des Cäsar*, heute in Hampton Court, verbindet, was nicht ohne Folgen für die geheimnisvolle Chronologie dieses gonzagischen Meisterwerks ist. Den Anfang bildet eine schöne Zeichnung Mantegnas in der Albertina, die unmittelbar von einem trajanischen Relief des Konstantinbogens in Rom abgeleitet ist. Zwar behält die Zeichnung die Verstümmelung des rechten Arms des Imperators bei, doch modifiziert und vervollständigt sie das Thema des antiken Reliefs in einigen Punkten; insbesondere betont sie die Dramatik und jähe Bewegung der Szene, indem sie die Verzerrung der Gesichter forciert und das Haar des Helden im Wind auflöst. Auch dieser kleine Kunstgriff soll ein antikes Zeugnis, das in der Skulptur zu unbeweglich erscheint, neu beleben. Mantegnas Zeichnung oder eine andere parallele Ableitung war Parentino bekannt; er verwendete die Anlage für ein fragmentarisches, bemaltes Relief im Kreuzgang in Padua (die Szene der Einkleidung Benedikts), das nach der Abnahme des Freskos durch die Sammlung Malaspina in die Pinakothek von Pavia gelangte. Das paduanische Fresko und die Wiener Zeichnung unterscheidet jedoch eine fundamentale Variante, die um so bedeutsamer ist, als sie archäologisch nicht dokumentiert ist: Der Schildträger zur Linken trägt in der Zeichnung eine Rüstung, während er auf dem Fresko nackt ist, sieht man von dem sonderbaren Mäntelchen aus Löwenpelz ab; aufgrund dieses Details kann nicht mehr die Wiener Zeichnung als Vorlage gelten, sondern das achte Bild des *Triumph des Cäsar* in Hampton Court, das wegen der seltsamen halbnackten Gestalt des Schildträgers erst kürzlich einige archäologische Fragen hat aufkommen lassen. Da das Fresko von Parentino mit Sicherheit vor 1498 datiert, halten wir einen kleinen Hinweis auf die Datierung *ante quem* des Gemäldes von Mantegna in der Hand. Und weil die Wiener Zeichnung von Mantegna in Rom ausgeführt worden sein muß und also nicht vor 1488-89 nach Mantua gelangte, könnten wir mit fast

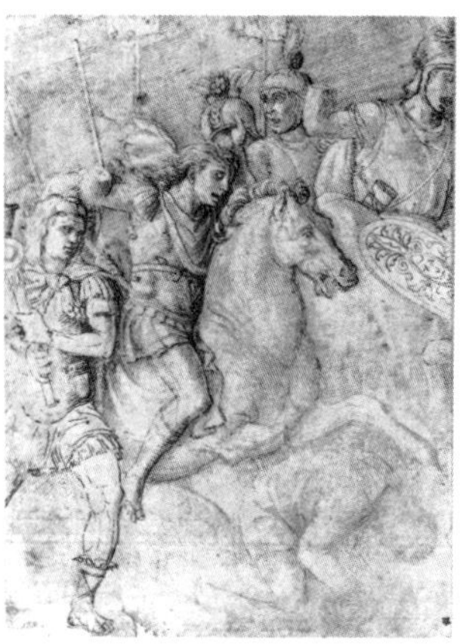

ANDREA MANTEGNA,
Zeichnung eines Ausschnitts des Konstantinbogens, 1488–1489

absoluter Sicherheit das verwirrende Datum von 1482 fallenlassen, welches die Fresken von Santa Giustina im Vertrauen auf den *Elucidario* von Gerolamo da Potenza nahelegen[16].

1496 drängt Isabella d'Este lebhaft darauf, Parentino als einen der Mitarbeiter ihres Studiolo zu gewinnen, das unter der persönlichen Leitung der Markgräfin und ihres Hofmalers gerade eingerichtet wird. Abgesehen von dem wahrscheinlichen Kontakt zu Mantegna in den vorangegangenen Jahren mußte Isabella genaue Kunde von der Arbeit Parentinos in Padua haben und zwar durch ihren Mittelsmann Simone da Pavia, der inzwischen Abt von St. Benedikt in Polirone, aber bis zum vorangegangenen Jahr noch Abt von Santa Giustina und wahrscheinlich Auftraggeber der Fresken gewesen war[17]. Simone selbst wird Isabella den Inhalt dieser seltsamen paduanischen Gemälde beschrieben haben, die dem Geist und Ohr der Markgräfin außerordentlich verlockend klingen mußten:

Viele Ovidsche Verwandlungen, poetische Fabeln, Geschichten von Valerius Maximus, Vergil, Horaz und anderen Lateinern wie auch Griechen, also Homer, Hesiod und anderen [...] Paläste, Türme, wenig zerstörte antike Dinge, Amphitheater, Pyramiden, Obelisken mit ägyptischen Buchstaben, einige unversehrt, andere von der Zeit angenagt, [...] Bilder von alten Grabmälern mit Vasen und Inschriften, von denen einige vollständig erhalten andere unvollständig sind, außerdem Embleme, Hieroglyphen, ägyptische Buchstaben, weiter Bruchstücke von Historienbildern, Fabeln, poetische Erfindungen, waldige Plätze, Altertümer aus Rom [...] verschiedene Triumphzüge und Opfer und römische Altertümer [...] diverse Trophäen, Symbole, hieroglyphische Figuren, Fabeln und poetische Erdichtungen, geistvolle Sinnsprüche und Motti...

Auch diese begeisterte Beschreibung verdanken wir dem *Elucidario* von Gerolamo da Potenza, dessen Stil und Terminologie im Jahre 1609 der sonderbaren Schreibweise der *Hypnerotomachia Poliphili*, die 1499 von Aldo Manuzio gedruckt wurde, erstaunlich ähnlich ist. Um sich davon zu überzeugen, genügt es, die zitierte Passage der Sammlung architektonischer Begriffe gegenüberzustellen, die dem Leser in der Einleitung des *Poliphilus* vorgestellt werden:

Wenn du in Kürze verstehen willst, was dieses Werk enthält, so wisse, daß Poliphilo erzählt, daß er im Traum wunderbare Dinge gesehen habe [...] antike Dinge, die der Erinnerung würdig sind. Und das alles habe er gesehen, sagt er, Punkt für Punkt, und er beschreibt es mit eigenen Worten [...] Pyramiden, Obelisken, die größten Ruinen der Gebäude, unterschiedliche Säulen, ihr Maß, die Kapitelle, die Sockel, die Apystilen, also gerades und gebogenes Gebälk, Zophoren, also Friese, Gebälke mit ihren Verzierungen [...] ein großes Tor mit den Maßen und Verzierungen [...] ein vortreffliches Bad [...] den Palast der Königin [...] Drei Gärten [...] ein Peristyl aus Bachstein [...] Ein wunderschöner beschrifteter Kunsttempel, [...] ein zerstörter Tempel...

Es hat nichts Befremdliches mehr in dem Moment, da Gerolamo da Potenza zugibt, ein Leser des *Poliphilus* zu sein (es scheint in diesen Jahren, als hätte auch Marino ihn mit Interesse gelesen), doch ist es wichtig, die unwiderstehliche Suggestion zu bemerken, die Parentinos große ›antiquarische‹ Empore für die Brüder von Santa Giustina über ein Jahrhundert nach der Fertigstellung der Fresken immer noch ausübte, und zu sehen, daß das Buch von Francesco Colonna durchaus als Führer für die Bilder des Klosters dienen könnte[18].

Es geht hier nicht darum, zu wiederholen, was bereits ausführlich über das Verhältnis zwischen der figurativen und literarischen Bildung des ›antiquarischen‹ Francesco Colonna und den parallelen Erfahrungen Felicianos und Mantegnas gesagt und gezeigt wurde, die mit ihm

ANDREA MANTEGNA,
Madonna della Vittoria,
1496

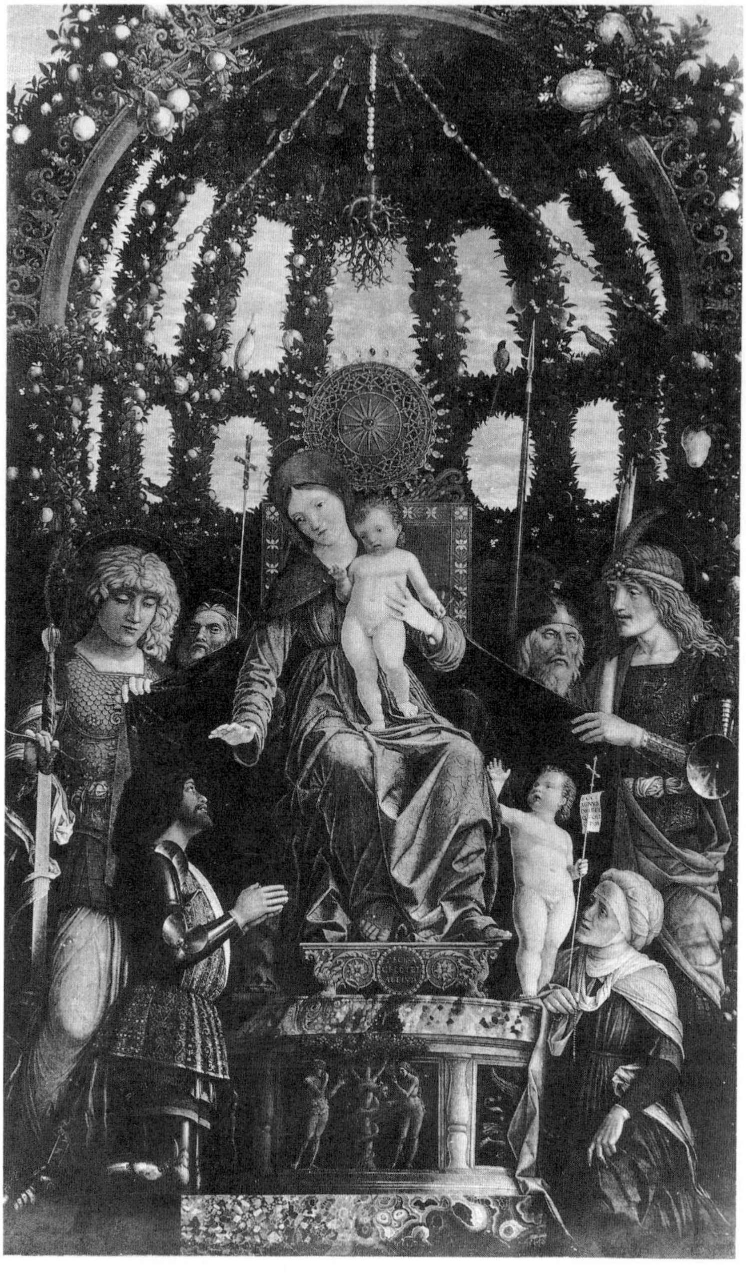

genau gleichaltrig sind. Vielmehr lohnte es festzustellen, daß die hieroglyphische Sprache des Poliphilus, sein überschwenglicher Ideenreichtum, um Gegenstände mit »eigenen Worten« abzubilden, wie auch die metaphorisch-suggestive Grille, die Gebärden mit obsessiven Beschreibungen im Zeitlupentempo zu Stein werden zu lassen oder die unwahrscheinlichsten Objekte mit einer dämonischen und beunruhigenden Vitalität zu beseelen, einiges mit dem metaphorisch beschreibenden Verfahren der Kritik gemeinsam haben und aufgrund des gleichartigen erfinderischen Kerns und der sentimentalen Haltung auch in Mantegnas Werk wirksam sind. Die Welt Mantegnas ist überladen mit »sehr kriegerischem Gestein« und angesichts des strengen Innenraums auf dem Hochaltar von San Zeno wird niemand »die vollkommene, ehrgeizige und schmuckvolle Schönheit [...] und die anhaltende Symmetrie dieses Bauwerks« leugnen können. Das Kapitell, das die Säule krönt, an die der Hl. Sebastian (in Wien) gefesselt ist, wird zu jenen »eximii de excogitatio et de aspera celatura« (Besonderheiten der Erfindung und der strengen Ziselierkunst) gerechnet, während das Amulett, welches bei der *Madonna della Vittoria* im Louvre mitten aus der Luft herabhängt, ganz auffällig »ein frecher, sehr zinnoberroter Korallenzweig ist«; und schließlich – treffender noch – ist nicht zu übersehen, daß die Figuren des *Triumph des Cäsar* sich »nicht laufend, sondern mit der Gemessenheit eines Triumphzuges« fortbewegen[19]. Wir werden dieses Spiel der Äquivalenzen nicht fortsetzen; ich glaube daß diese wenigen Beispiele hinreichend zeigen, daß die »üppige [...] bildliche Rede« des Poliphilus dem Erfindungsreichtum Mantegnas entspricht und daß beide auf die phantastische Erinnerung eines klassischen Universums zielen, das mit undurchdringlichen, mühsamen Symbolen und geheimnisvollen, jedoch sehr schmuckvollen Schriftzeichen gespickt ist, und, von gefährlich verführerischen Nischen durchzogen, beinahe ein »altum labyrintum in quo nescitur ingressus et egressus« (erhabenes Labyrinth, worin man Eingang und Ausgang nicht kennt) ist[20].

Der Triumph des Cäsar

Gegen Ende August 1486 unterbricht Ercole d'Este, als Gast am Hof von Mantua, einen Ausflug zum Mincio, um den »Triumph des Cäsar zu sehen, welchen Mantegna malt: der ihm sehr gefällt«[21]. Es ist anzunehmen, daß der *Triumph* gerade erst begonnen wurde, und wahrscheinlich sieht der Herzog von Ferrara eher den Karton als die endgültige Fertigstellung auf der Leinwand, die sich heute in Hampton Court befindet; jedenfalls wurde es für Mantegna wieder ein Erfolg, vielleicht der größte und dauerhafteste seiner Laufbahn, so daß er sogar, ohne Glanz einzubüßen, in das gestrenge Buch Vasaris aufgenommen wurde. Die Arbeit schritt langsam voran, wie es die Gewohnheit des Meisters war, und wurde während der Monate seines Aufenthaltes in Rom unterbrochen. Von Rom aus sorgt sich Mantegna in einem Brief vom 31. Januar 1489 um die sorgfältige Erhaltung dieser Serie (»... damit sie keinen Schaden nehmen, denn in Wahrheit, ich scheue mich nicht, sie gemacht zu haben und hoffe, auch noch andere zu machen...«); Francesco Gonzaga versichert ihm sofort, »daß man gute Bedingungen geschaffen hat, sie aufzubewahren«. Darüber hinaus versucht der Markgraf in seinem Antwortbrief, Mantegna zur Rückkehr zu bewegen,

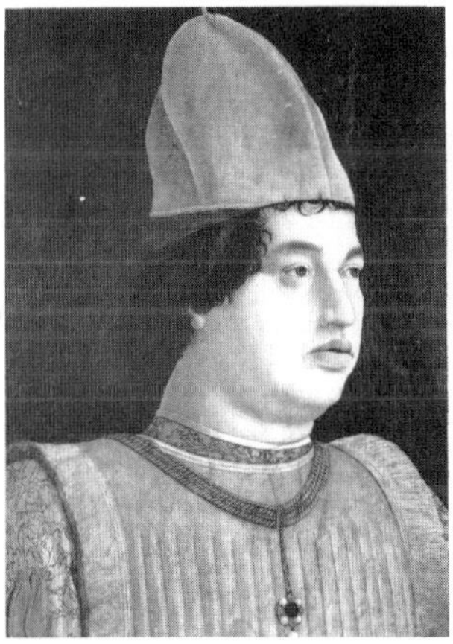

GENTILE BELLINI,
Portrait des Gianfrancesco Gonzaga, Herzog von Mantua

> da Ihr hier noch unsere Werke zu vollenden habt und besonders die Triumphe, die, wie Ihr sagt, ein würdiges Werk sind und die wir gerne vollendet sehen möchten ... wenn jene Gemälde auch das Werk Eurer Hände und Eures Geistes sind, so sehen wir doch nichtsdestoweniger auch für uns einen Ruhm darin, sie im Hause zu haben, was auch ein Denkmal Eurer Treu und Tüchtigkeit sein wird...

Der Ruhm dieses Auftrags (»unsere Werke«) wird Francesco Gonzaga sein ganzes Leben lang begleiten, und kein vornehmer Besucher in Mantua wird sich der Ausstellung des *Triumphs* von Mantegna entziehen können: 1492 wird dem venezianischen Abgesandten der Anblick der »bemalten Camera, der kleinen Kapelle und der Dinge des Herrn Andrea Mantegna, des Triumphs und anderer vornehmer Dinge« zuteil, während 1494 Giovanni de' Medici, der spätere Papst Leo X., vor der »Camera und dem Triumph« innehält. Die politische Verwendung der Serie erreicht ihren Höhepunkt im Karneval des Jahres 1501, als sechs Bilder des *Triumph des Cäsar* auf der prunkvollen Vorrichtung ausgestellt werden, die man für eine Theateraufführung errichtet hatte. Merkwürdigerweise ist der Brief von Sigismondo Cantelmo, der das Ereignis beschreibt, an denselben Herzog von Ferrara adressiert, der fünfzehn Jahre zuvor die ersten Entwürfe der Serie gesehen hatte. Wohlwissend, wie sehr der Hof der Este am Prunk und dem besonderen ›antiquarischen‹ Charakter des Festes interessiert sein konnte, läßt sich Cantelmo in zahlreichen Einzelheiten aus, die zur Beschreibung erforderlich seien:

Die Vorrichtung [...] prächtig und würdig, einem zeitweiligen Theater der Alten und Modernen gleichgestellt zu werden [...] Die viereckige Form war ein wenig in die Länge gezogen, die beiden gegenüberliegenden Seiten hatten jede acht Bögen mit korrespondierenden Säulen, die auf das Verhältnis von Höhe und Breite der besagten Bögen abgestimmt waren; die mit den feinsten Farben prachtvoll bemalten und mit Blattwerk geschmückten Basen und Kapitelle boten dem Geist ein ewiges und antikes Bauwerk voller Ergötzen. Im Innern der Anlage gab es goldene Tücher und allerlei Laubwerk für die Aufführungen; eine Seite war mit den sechs Bildern des Triumph des Cäsar von der Hand des einzigartigen Mantegna geschmückt [...] Im Winkel einer großen und einer kleinen Seite sah man sehr hohe Säulen mit kreisförmiger Basis, welche die vier Hauptwinde stützten; zwischen ihnen war eine Grotte, wenn auch in sehr naturalistischer Kunst gemacht; darüber war ein von verschiedenen Lichtern funkelnder Himmel, in der Art sehr heller Sterne mit einem kunstvollen Rad der Sternzeichen, in dessen Umlauf mal die Sonne, mal der Mond in den eigenen Häusern spazierte; darinnen war das Rad der Fortuna mit seinen Zeiten, ich herrsche, ich herrschte, ich werde herrschen; in der Mitte residierte die goldene Göttin mit einem Delphinszepter; um die Szene herum am unteren Frontispiz waren Petrarcas Triumphe ebenfalls von Mantegna gemalt...

Wenige andere Dokumente zeigen so deutlich das fast unentwirrbare Ineinander von mittelalterlicher Tradition, rekonstruierender Archäologie und Zurschaustellung des Prunks, das die Höfe des italienischen Nordens am Ende des Quattrocento kennzeichnet; nur die Beschreibung des Paradiesfestes am Hof der Sforza läßt sich vielleicht damit vergleichen, doch fehlt im Jahre 1490 noch die unverkennbare poliphilische Färbung, die mit der Wortwahl und der Syntax des Cantelmo-Briefes schließlich auf das Fest selber übergeht: Man sollte daran erinnern, daß der Poliphilus erst ein gutes Jahr zuvor veröffentlicht worden war[22]. Auch die Gegenüberstellung des *Triumph des Cäsar* und der *Trionfi* Petrarcas zeigt deutlich die ambivalente Geschmacksrichtung am Hof von Mantua, die zwischen archäologischer Rekonstruktion, antiker Maskerade und moralischer Pantomime unter dem Deckmantel eines erfolgreichen Petrarca-Textes schwingt[23]. Doch werden im Juli desselben Jahres Bembo und Manuzio die *Rime* in neuer philologischer und editorischer Form herausgeben, womit sie die Heraufkunft eines neuen Petrarcabildes und eines neuen Lesertyps ankündigen, der vielleicht nicht mit den *Trionfi*, jedoch mit der *Hypnerotomachia* völlig unvereinbar ist.

Möglicherweise deutet die Tatsache, daß nur sechs Gemälde zum Karneval von 1501 vorlagen, darauf hin, daß es die einzigen waren, die zu diesem Zeitpunkt endgültig abgeliefert worden waren, doch ist es theoretisch ebenso plausibel, daß man aus der Serie, die sich heute in Hampton Court befindet und die neun Teile hat, sechs auswählte; der

Serie schließt sich eine Zeichnung in Wien, die nicht eigenhändig signiert, jedoch vertrauenswürdig ist, mit dem Zug der Senatoren als zehntes Bild an (das Bild scheint nie vollendet worden zu sein). Wie auch immer, zwischen 1486 und 1501 liegen genau fünfzehn Jahre Arbeit, deren Spuren im Werk nicht eindeutig aufzufinden sind. Abgesehen von begrenzten inneren Abweichungen, mit denen sich kürzlich Martindale befaßt hat, scheint die Bildfolge sehr homogen und weist chronologisch in die Nähe der *Madonna della Vittoria* im Louvre und der Altartafel für Santa Maria in Organo in Verona, die sich heute im Castello in Mailand befindet[24]. Es scheint jedoch, als sei die Serie vor dem Fest von 1501, das gewissermaßen eine feierliche offizielle Vorführung war, nur Parentino, auf den bereits hingewiesen wurde, bekannt gewesen. Bereits 1502 erwähnt Pomponius Gauricus die Kopien, die Giulio Campagnola von Mantegnas *Triumph* anfertigte, und ein Jahr später veröffentlicht der Kupferstecher Jacob von Straßburg eine Reihe von Stichen zum Triumph des Cäsar, die zumindest teilweise Motive des *Triumphs* übernommen haben. 1504 bittet Benedetto Bordon um das Vorrecht, ein Bild des »Triumph des Cäsar« veröffentlichen zu dürfen, während man im Laufe des ersten Jahrzehnts Kopien des *Triumphs* von Mantegna für das Schloß Gaillon macht[25]. 1508 schließlich stellt Tizian seinen *Triumph des Glaubens* der Öffentlichkeit vor, der den langsamen und gleichmäßigen Rhythmus der mantuanischen Vorlage in eine dramatischere Gangart, eine weniger regelmäßig entwickelte Syntax und eine andere emotionale Leidenschaftlichkeit übersetzt. Im Laufe der Jahre scheint sich das Interesse am *Triumph des Cäsar* – mit den bewegten Zeilen von Benivole da Pietola und der obligaten Erwähnung bei Equicola – wieder auf die Stadt Mantua zu beschränken, während gleichzeitig der Zyklus mit einem Zusatz vollendet wird, der die Bedeutung des Ganzen verändert: Das große Gemälde von Costa in der Prager Nationalgalerie zeigt in der Tat keine Episode des *Triumph des Cäsar*, sondern eines der jüngsten Ruhmesbilder des Federico II. Gonzaga.

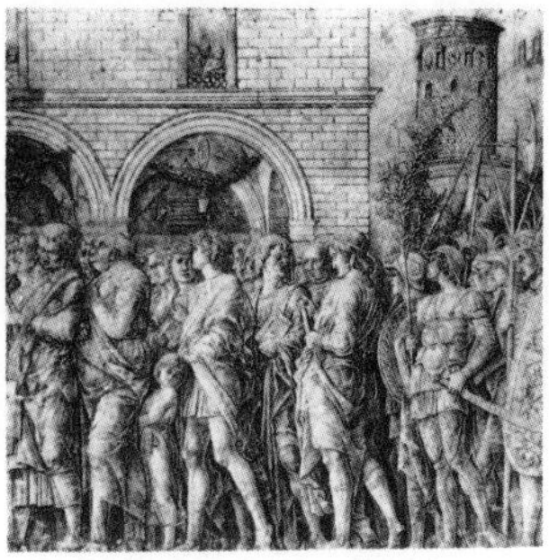

Kopie nach einer Vorzeichnung
von ANDREA MANTEGNA aus dem Zyklus
Der Triumph des Cäsars
Tafel X:
Die Senatoren folgen dem Triumphzug

Erst durch Vasaris Lobrede auf den *Triumph* als einem beispielhaften Repertoire korrekter archäologischer Gestaltung stellt sich dessen überregionaler Erfolg ein:

> Hier sieht man in schönster Ordnung den herrlich verzierten Wagen, den Verspotter des Trimphators, Verwandte, Weihrauch, Wohlgerüche und Opfer, Priester und zum Opfer bekränzte Stiere, Gefangene, von den Soldaten erbeutete Schätze, den geordneten Heereszug, Elephanten, eroberte Feldzeichen, Kunstwerke und Victorien, und auf verschiedenen Wagen nachgebildete Städte und Festungen; unzählige Trophäen auf Spießen und Stangen, und auch mancherlei Schutzwaffen für Haupt und Rumpf, Geräthe, Zierrathen und unendliche Gefäße...[26]

Von den möglichen Lesarten des Werkes von Mantegna wählt Vasari diejenige, die am stärksten von der ›antiquarischen‹ Leidenschaft des Autors und den Quellen vorgegeben ist, die zur Vorbereitung der Arbeit notwendig waren: Neben Appian, Plutarch, Flavius Josephus und dem aktuelleren *De re militaria* von Valturius und der *Roma triumphans* von Flavio Biondo schließlich auch – aus der Feder des Freundes Giovanni Marcanova – »librum nostrum quem de dignitatibus romanorum, triumpho et rebus bellicis composuimus« (unser Buch, das wir aus den Verdiensten der Römer, aus Triumph und kriegerischen Taten zusammengestellt haben)[27].

Hingegen war Vasari weniger fähig, die andere Seite des *Triumphs* von Mantegna zu erkennen: Das Grandiose des ›tableau vivant‹, das mit den großen Einzugsparaden der vornehmen Repräsentanten der Herrscherfamilien vergleichbar ist; zur Trauung war auch Isabella d'Este auf einem Wagen, den Ercole de' Roberti ausgestattet hatte, triumphierend in Mantua eingezogen[28]. Die dichte familiäre Verflechtung, die Ferrara, Mantua und Bologna miteinander verbindet, legt schließlich das Bild eines Mantegna nahe, der sich, zur Reife gelangt, der glühenden Poesie des Begründers der ferraresischen Schule gegenübersieht, und zwar nicht unbedingt nur über die Dekoration eines Wagens. Es ist freilich nicht möglich, dieses Aufeinandertreffen zu beweisen, da Mantegna inzwischen stilistisch mehr als sicher ist; doch ist zweifellos der so feierlich »ewige und ruhmreiche« *Triumph des Cäsar*, um zum Spiel des Poliphilus zurückzukehren, kaum merklich von einem leichten psychologischen Riß durchzogen, von einem Schatten zehrender Melancholie überlagert, worauf einige überraschende Brüche im Rhythmus hindeuten, die ein Nachlassen der Sicherheit Mantegnas und seines Glaubens an eine tetragonale, unerschütterliche Welt vermuten lassen: Deutlichstes Beispiel hierfür scheint mir das unvermutete Zurückweichen des Waffenträgers mit den Trophäen im rechten Bildteil zu sein. Ich würde in diesem Fall einen möglichen Einfluß von de' Robertis negativem Siegeszug, den wir in der Predella von Bologna für San Giovanni in Monte sehen, nicht ausschließen.

Die Details voller frischer Natürlichkeit im Vordergrund, der Reichtum der neoantiken Ornamente und einige ungeschickte Gebärden oder unerwartete psychologische Reaktionen machen somit den *Triumph des Cäsar* aktuell und legen auf diesem Weg eine andere bildliche Bezugsquelle nahe, die diesmal nicht mehr zeitgenössisch ist. Es handelt sich offenbar um den *Jüdischen Krieg* auf den Wänden des Großen Saals im Palast der Scaliger in Verona, womit Altichiero »Geist, Urteil und Erfindungsgabe [...] bewies, da er alle Dinge beachtet hatte, die man in einem bedeutsamen Feldzug beachtet«, während Jacopo Avanzi »zwei sehr schöne Triumphe [...] mit solcher Kunstfertigkeit und guter Manier [...] malte, daß Gerolamo Campagnola sagt, Mantegna habe es als sehr seltenes Werk gelobt«[29]. Das Zeugnis von Vasari und Campagnola wird im Licht des Erfolgs dieses Zyklus, den der *Fioretto de le antiche cronache di Verona* von Francesco Corna vermerkt, verständlich; der große Saal wird hierin beschrieben als »vollständig mit großen Figuren bemalt / nach den Geschichten von Titus Vespasianus / und ist so reich an Gold und Malerei / mit so natürlichen Figuren / daß Italien etwas derartiges nicht mehr besitzt...«. Die kostbaren Bruchstücke, die uns hiervon erhalten bleiben, sind zu wenige, um sich Mantegnas Begeisterung vorstellen zu können, doch läßt sich ihnen heute eine Zeichnung des *Triumph des Titus und des Vespasian* aus dem Quattrocento hinzufügen, die auf ihre Weise sehr mantegnesk ist. Die Anordnung der größeren Gebäude entspricht der Wiener Zeichnung mit den Senatoren, wir erkennen auch die gleichen Schaulustigen an den Fenstern wieder, während der »templum Jovis« das Colosseum im Hintergrund von Mantegnas Gemälde mit den Vasenträgern und Trompetern (Nr. IV) inspiriert zu haben scheint. Der borstige Hund und die unfolgsamen Kinder finden sich im Bild der Gefangenen (Nr. VII) wieder, doch wie wird Mantegna die Arglosigkeit getroffen haben, mit der hier dargestellt wurde, was für ihn unausdrückbar blieb: An dem Triumphzug nehmen zahlreiche Personen in moderner Kleidung teil (modern offenbar für Altichiero und Avanzi), wodurch die Distanz zu dem grandiosen Spektakel im Handumdrehen verringert oder vielmehr beseitigt wird.

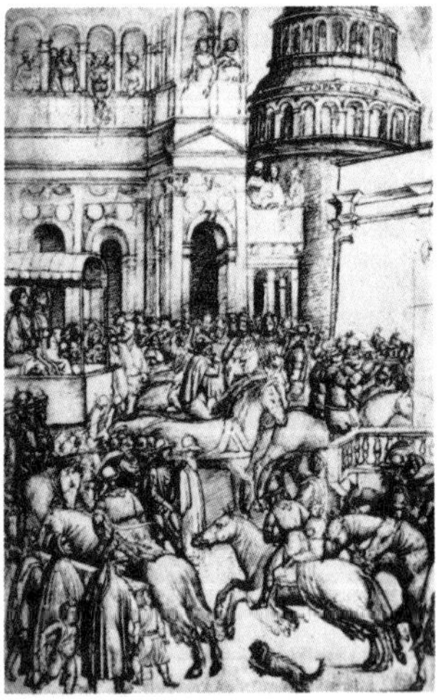

Zeichnung nach JACOPO AVANZI, *Triumph des Titus und des Vespasian*, um 1470
Ausschnitt

Ein solch entwaffnendes Zugeständnis war im Ausgang des Quattrocento nicht mehr denkbar, doch eröffneten sich dem von der Antike inspirierten Geist eines Malers – nicht nur als Thema philologischer Untersuchung – einige Kompromißmöglichkeiten, die sich mit eigenartiger Transparenz in der Episode aus dem Leben von Cornelius Scipio, heute in der National Gallery in London, andeutungsweise erkennen lassen[30]. Das Verständnis dieses monochromen Spätwerks von Mantegna, das nicht signiert ist und oft für qualitativ unbedeutend gehalten wurde, wird durch die reichhaltigen Informationen, die wir darüber besitzen, erleichtert. Den Auftrag zu diesem Gemälde erhielt Mantegna von Francesco Cornaro über dessen Bruder, den Kardinal Marco Cornaro. Der Brief vom 15. März 1505, worin der Kardinal Francesco Gonzaga bittet, sich an dessen Hofmaler wenden zu dürfen, ist mit »Marcus Cardinalis Cornelius« unterzeichnet, was darauf hindeutet, daß eine leichte Assonanz des venezianischen Familiennamens die antike Maskerade angeregt hat, die der ikonographischen Wahl des Cornelius Scipio zugrundeliegt. Das ikonographische Motiv geht insbesondere auf Appian zurück, der Mantegna bereits wegen anderer Verse sehr am Herzen lag, doch konnte ein dem Scipio Africanus gewidmeter Fries unmöglich ohne die Berücksichtigung anderer historischer Quellen (Livius, Polibius) beziehungsweise ohne die Berücksichtigung des Erfolgs entworfen werden, der diesen tugendreichen Edelmann in den lateinischen Werken Petrarcas begleitet (*Africa* und *De viris illustribus*). Man beachte aber, daß die wirkliche Hauptfigur des Bildes die Vestalin Claudia Quinta ist, die ihre eigene Unschuld gegenüber der Arglist der Verleumder bewies, indem sie mit dem Trugbild der Göttin Kybele das Schiff aus den Untiefen des Tibers allein mit der Kraft ihrer Hände befreite (bekannter ist das ikonographische Motiv in der bezaubernden Version von Garofalo, heute in der Pinacoteca Nazionale in Rom, und als antikes Bild in der Sammlung Canonici in Ferrara). Als weibliches *exemplum virtutis* nimmt das Ereignis in Ovids *Fasti* großen Raum ein, von wo aus es in Petrarcas *Trionfi* und in *De claris mulieribus* von Boccaccio Eingang findet: ein klassischer Stammbaum und gleichzeitig ein Roman, wie man ihn sich für Mantegna und seine Auftraggeber nicht besser wünschen könnte.

Eine kluge Regie der Figuren der Szene unterstreicht weiter die Verbindung zwischen der Vergangenheit der Cornelii und der Gegenwart der Corner: Es scheint logisch, in dem jungen Mann mit der Kopfbinde in der Mitte Scipio Africanus im Dialog mit den Kollegen des Konsuls Licinus Crassus zu erkennen, während die Person gegenüber der jungen Knienden als Cornelius Nasica, Vetter des Scipio Africanus, anzusehen wäre, den der Senat geschickt hatte, um die Göttin zu empfangen. Die beiden Grabmäler in Form einer abgeschnittenen Pyramide in der linken Hälfte des Frieses tragen zwei Inschriften, die sie als die Gräber von Gnaeus Cornelius Scipio, Vater des Nasica, und von Publius Cornelius Scipio dem Älteren, Vater des Africanus, kenntlich machen. Die Aktualität ist jedoch zwei Personen unmittelbar hinter Africanus vorbehalten, deren Züge auf markante Weise personalisiert sind: Der Gedanke liegt nahe, daß sie wichtige Mitglieder der Familie Corner ins Gedächtnis rufen, und zwar nicht unbedingt die beiden Brüder Marco und Francesco, die zu jenem Zeitpunkt noch nicht dreißig Jahre alt sind. Nach einer einfachen Logik der Entsprechungen müßte es sich um Personen der voraufgehenden Generation handeln, parallel zu den evozierten Namen der Grabinschriften: In erster Linie Zorzi Corner, der Vater von Marco und Francesco, das

Haupt der Familie und Bruder der Caterina Corner, der Königin von Zypern, auf die der ganze Komplex des ›Camerino‹ des Hauses Corner anhand von Beispielen weiblicher Tugend anzuspielen scheint.

Der Name von Caterina Corner dient an diesem Punkt als Anregung zu einer Überprüfung der relativen Chronologie des Gemäldes, welches – was die absolute Chronologie betrifft – im August 1506 vor dem Tod Mantegnas zu Ende geführt und dem rechtmäßigen Besitzer im Januar 1507 übergeben wurde. Ich glaube, es ist notwendig, in erster Linie daran zu erinnern, daß 1506 genau das Jahr ist, welches auf der Rückseite von Giorgiones *Laura* in Wien am Anfang einer berühmten Eintragung verzeichnet ist, die dann fortfährt: »Vom 1. Juni an wurde dies von der Hand des Meister Zorzi von Chastel fr. [...] gemacht, dem Kollegen des Meister Chaena auf Antrag des Herrn Giacomo.« Einige Monate später erhob sich auf dem Altar der »deutschen Nation« im linken Schiff der Kirche von San Bartolomeo in Venedig das *Rosenkranzfest*, das Albrecht Dürer im »Zeitraum von fünf Monaten« zu Ende geführt hatte, also in genau demselben Zeitraum, in dem Mantegna sorgfältig das Fries für das Haus Corner vollendet hatte. Wir wissen dies mit Sicherheit aus einem Briefwechsel zwischen Pietro Bembo und Isabella d'Este vom Januar 1506, in dem sowohl von einem Gemälde Mantegnas für die Corner als auch von einem Gemälde Giovanni Bellinis für die Markgräfin von Mantua die Rede ist. Auch Bellini kann dazu beitragen, Mantegnas Position gegenüber dem Prozeß der Erneuerung der bildlichen Tradition zu Beginn des Cinquecento zu relativieren. 1506 hatte er die Altartafel von San Zaccaria in Venedig beendet, und wurde zwischen 1506 und 1507 von Dürer als der beste venezianische Maler sowie von Marin Sanudo als »der herausragendste Maler Italiens« bezeichnet. So sollte gerade er das ›Camerino‹-Projekt der Corner nach dem Tod seines Schwagers Mantegna mit der *Enthaltsamkeit Scipios*, heute in der National Gallery in Washington, fortführen, woraus eine unzweifelhafte Hommage an Mantegna (besonders an seinen *Triumph des Cäsar*) entstand – freilich mit einer neuen Weichheit der Zeichnung, die Mantegna nie entwickelt oder selbst ausgeführt hatte. Über diese neue, nicht nur malerische Empfindsamkeit war unterdessen ein literarisches Handbuch erschienen, die *Asolani* von Bembo (März 1505), die am Hof der Caterina Corner angesiedelt waren. Auf diesen Seiten entsteht kein Bild dessen, was wir über den Hof der Gonzaga wissen, sondern andere Interessen, andere Gesprächsthemen und – indirekt – andere künstlerische Geschmacksrichtungen werden sichtbar[31]. Die Protagonisten sind junge, jeder antikisierenden Verkleidung gegenüber unduldsame Venezianer – was vielleicht auch aus der *Arcadia* leicht herauszulesen ist –, die über ihre eigenen emotionalen Erfahrungen sprechen. Eine persönliche Wahrheit, die Mantegna und seinem unerschütterlichen archäologischen Traum – wenn er je Gelegenheit gehabt hätte, die *Asolani* zu durchblättern – auf skandalöse Weise unpassend erschienen wäre.

Das Studiolo der Isabella d'Este: Mantegna, Bellini, Perugino

Die zahlreichen neuen Informationen, die Egon Verheyen, Silvie Béguin, Phyllis Williams Lehmann und Clifford M. Brown über das Studiolo der Isabella zusammengetragen haben, erlauben es heute, diese sinnbildhafte Initiative der höfischen Kultur ohne allzu großes Zögern zwischen dem Ausgang des Quattrocento und den ersten Jahren des folgenden Jahrhunderts anzusiedeln[32]. Ein systematisches Verzeichnis der in Frage stehenden umfangreichen Korrespondenz steht bislang noch aus, doch wenn man allein das Material durchsieht, das durch die Pionierarbeit von Alessandro Luzio und Rodolfo Renier bekannt wurde, kann man die beharrliche und eigensinnige kulturelle Erneuerungsarbeit verstehen, die Isabella d'Este unternahm, um die ikonographischen Motive und die Malerei der von der literarischen Elite dieser Zeit angeführten Avantgarde anzugleichen. Als Kunstinteressierte und bekannte Protagonistin dieser Avantgarde war sie von einem bedingungslosen Engagement, wie sie auch vollkommen dem höfischen Stil und den höfischen Prinzipien verhaftet blieb, und zwar so sehr, daß sie übersah, daß diese große Blüte schon bald zu schwinden begann; sie findet sich schließlich von der neuen Welle intellektueller Moden (und der neuen ideologischen Vereinheitlichung) an den Rand gedrängt, und sieht ihren Stern unter den boshaften Polemiken und verleumderischen Horoskopen Aretinos sinken.

Aufzeichnungen über ein Studiolo im Schloß für die sehr junge Gemahlin des Francesco Gonzaga existieren bereits seit November 1491, etwas mehr als anderthalb Jahre nach der Trauung, doch scheint sich die anfängliche Ausstattung auf die Impresen des Hauses Gonzaga zu beschränken, die der Maler Luca Liombeni ausführte[33]. Wenige Monate später, am 4. März 1492 versichert Giacomo Calandra Isabella, daß Mantegna zu der Ausgestaltung des Studiolo beitragen werde, und im Juli 1497 schließlich wird das erste Gemälde an den Wänden angebracht (es handelt sich mit aller Wahrscheinlichkeit um den sogenannten *Parnaß*). Zu diesem Zeitpunkt scheint Isabella, um das Unternehmen zu vervollständigen, bereits Kontakt zu anderen Malern aufgenommen zu haben, und zwar zu Giovanni Bellini (Brief von Alberto da Bologna vom 26. November 1496) und zu Perugino (Brief von Lorenzo da Pavia vom 3. April 1497). Es kann sich nicht um eine zufällige Auswahl handeln, auch wenn Isabella kaum älter als zwanzig Jahre ist; ihre lebhafte Intelligenz und ihre breiten Kenntnisse, die die Archive immer wieder bezeugen, schließen improvisierte Entscheidungen aus; es ist Aufgabe der historischen Forschung, die Motive dieser Orientierung, dieser klugen Auftragsstrategie sukzessive zu rekonstruieren.

Mit der Familie der Bellini stehen die Gonzaga spätestens seit 1493 in Verbindung, und auch wenn es in diesen Jahren nicht allzu deutlich wird, so sind doch Gentile, Giovanni und Niccolò Bellini mit Mantegna verschwägert[34]. Selbstverständlich war Isabella über die öffentlichen Werke von Giovanni Bellini in Venedig durch die Familie Cornaro und ihre venezianischen Berichterstatter wohlunterrichtet und kannte daher dessen offiziellen Erfolg bei der Wiederaufnahme der Arbeiten in der Sala del Maggior Consiglio und der Scuola Grande di San Marco (1492); mit absoluter Sicherheit hatte sie dann auch Kenntnis von seinen privaten Werken, die ihrem Sammlergeschmack eher entsprachen. In einem Schreiben an die Freundin Cecilia Gallerani in Mailand vom 26. April 1498 zeigt Isabella, daß ihr »gewisse schöne Portraits von der Hand von Zoanne Bellino« zur Ansicht vorlagen, die sie einer Arbeit des Portraitisten Leonardo da Vinci gegenüberzustellen wünschte: Schwer zu sagen, ob sie sich eine tiefverwurzelte Vorliebe bestätigen wollte, oder ob sie vermutete, daß ein neuer Stern der Portraitkunst am Horizont aufsteige, über den sie rechtzeitig Auskünfte einholen wollte. Jedenfalls wird die Freundin antworten, daß sich – was Leonardos Können angehe – »kein Gleicher findet«[35]. Ohne ein literarisches Lob genügten jedoch Isabella derartig beschriebene Qualitäten nicht – was im Falle Bellinis zu einem schwierigen Problem wird. Tatsächlich läßt sich das Sonett *O immagine mia' celeste e pura* von Pietro Bembo nicht heranziehen, da es aus den allerersten Jahren des Cinquecento stammt; doch waren der Markgräfin möglicherweise die poetischen Lobreden auf den Maler zu Ohren gekommen, die Niccolò Liburnio 1502 mit einigen anderen Schriften unter dem verführerischen Titel *Opere gentili et amorose*[36] zusammenstellen sollte. Die Vermutung stützt sich auf die Tatsache, daß Liburnio gerade Isabella seine zweite literarische Sammlung widmen wird (die *Selvette* von 1513, die im Bücherverzeichnis der Markgräfin vermerkt sind).

Bei Mantegna muß man sich – nach der eingangs erwähnten Schenkung eines Hauses von Francesco Gonzaga und der *Cronaca* von Giovanni Santi – nicht weiter aufhalten, doch sollte man über die Wahl von Perugino nachdenken; auch in seinem Fall kann das Verzeichnis der *Cronaca* aus Urbino behilflich sein, da es aller Wahrscheinlichkeit nach Isabella als Führer diente[37]. Von den beiden Altersgenossen Leonardo und Perugino ist nur letzterer »ein göttlicher Maler«, was eine Rangordnung bestätigt, die für das große Publikum zumindest bis zu den Kartons der *Hl. Anna Selbdritt* und der *Schlacht von Anghiari* Geltung hat. Die anderen Florentiner dieser Zeit (Ghirlandaio, Filippino Lippi und Botticelli) werden, abgesehen von dem jugendlichen Alter des jüngeren Lippi, ohne besondere Auszeichnung durchgegangen, und erst bei Luca Signorelli kehrt man zu qualifizierenden Attributen zurück (»Luca mit dem Geist und Talent des Pilgers«), und zwar, wie ich glaube, nicht nur weil es das Versmaß der etwas redseligen Dichtung verlangte. Im Gedächtnis von Santi wirkte vielleicht noch der eindrucksvolle Auftrag eines Freskos in der Sixtinischen Kapelle nach, der an Signorelli gegangen war, doch auf den gestrengen Geist der Isabella d'Este wird dies weniger Wirkung gehabt haben. Daß die allgemeine Stimmung im übrigen Perugino und nicht den Maler aus Cortona favorisierte, zeigt sich, als Signorelli zu seiner bedeutsamsten Arbeit gerufen wird: Zu den Fresken im Dom von Orvieto (San Brizio-Kapelle), die bekanntlich zuerst Perugino angeboten wurden, der sich jedoch für unabkömmlich erklärte. Auch aus Venedig kamen – obwohl die Stadt für Maler anderer Regionen keine sehr gastliche Stätte war – ausgezeichnete Empfehlungen für den umbrischen Meister. Die Dokumente, die Canuti gesammelt und Ballarin nochmals überprüft hat, bestätigen seinen Aufenthalt in der Stadt im Sommer 1494 und Herbst 1495 wegen einer sehr bedeutsamen Arbeit in der bereits bei Bellini erwähnten Sala del Maggior Consiglio im Dogenpalast[38]. Ich glaube, es gibt kein erstrebenswerteres Zeichen der Hochachtung für einen Maler des Quattrocento, der in einem Italien aufgewachsen war, das noch dicht um die kleinen Höfe, um seine Handelsstädte, um die großen religiösen Wallfahrtsorte und die Universitäten kreiste. Es ist das deutliche Zeichen dafür, daß sich – außerhalb der Umklammerungen durch die Zünfte – auch die bildliche Kultur der Zirkulation der Neuheiten, der Moden, der formalen Motive und der intellektuellen Sitten anpaßt, welche die höfischen Literaten in ständigem und stürmischem Wechsel an den Höfen und wohl auch in den vielversprechenden Verlagen durchsetzen. In diesem Zusammenhang ist Peruginos Vorrangstellung sowohl in seinen nördlichsten Wirkungsstätten (Pavia, Cremona, Bologna und offenkundig Venedig) als auch im Süden (selbstverständlich

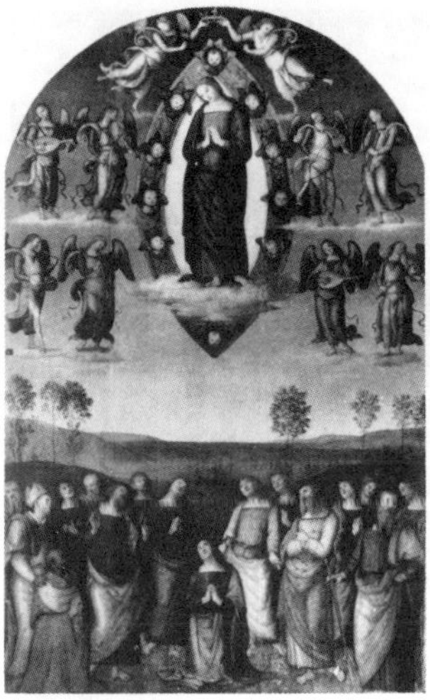

PIETRO PERUGINO,
Mariae Himmelfahrt,
1506

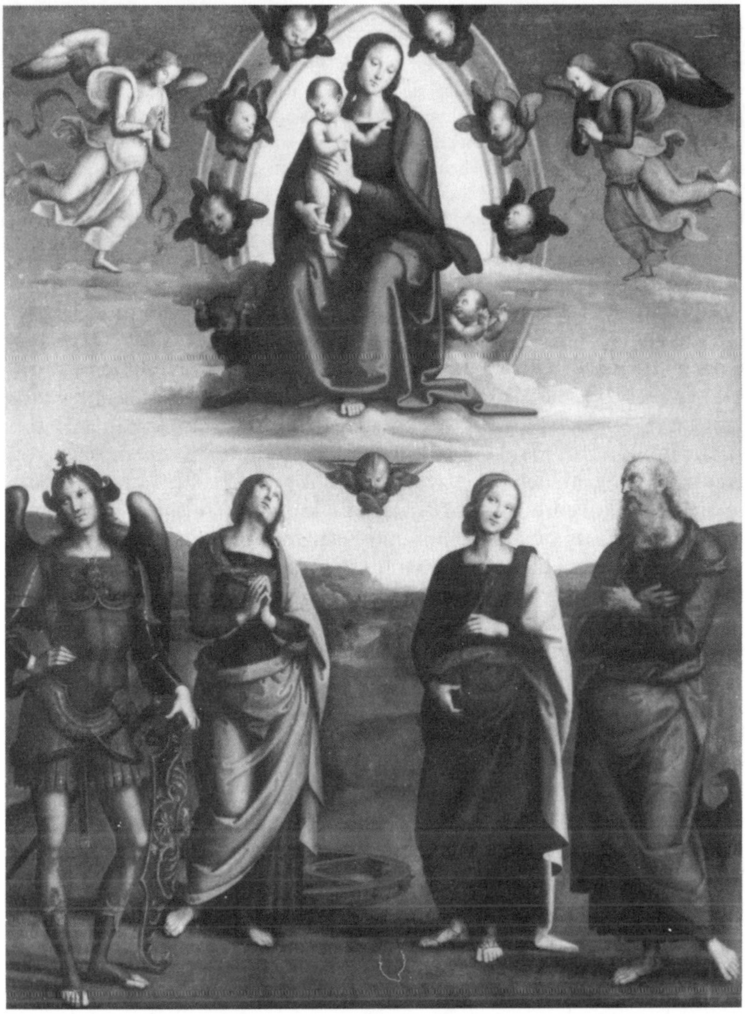

PIETRO PERUGINO,
Madonna mit Kind und Heiligen,
1495–1500

das Altarbild, das Oliviero Caraffa um die Mitte des ersten Jahrzehnts des Cinquecento für den Dom in Neapel bestellte) zu verstehen, und wir haben das Glück, dieses Phänomen sozusagen im direkten Zugriff anhand der zeitgenössischen Quellen verfolgen zu können.

Das vielleicht kurioseste Dokument sind die Distichen, die der Notar Pier Domenico Stati als Kommentar zu dem Vertrag für den Hochaltar der Kirche Santa Maria Nova in Fano schrieb (21. April 1488) – beinahe ein überschwenglicher Päan, der gewissen mittelalterlichen Inschriften, die großen Architekten und Bildhauern gewidmet waren, ähnlich ist: »Pictor in Italia tota qui primus haberis / Petreque qui primus pictor in orbe manes / [...] Optimus et primus pictor iam Petrus in orbe ...« (Maler, der du für den Ersten in ganz Italien gehalten wirst / Petrus, der du der erste Maler der Welt bleibst [...] Petrus, schon bester und erster Maler der Welt)[39]. Weniger kurios, weil weniger absolut, doch sicherlich bedeutsamer in ihren Abstufungen ist die bekannte Auskunft für Ludovico il Moro, welches die besten Maler in Florenz für bestimmte Arbeiten in der Certosa di Pavia seien:

Sandro Botticelli, ein ausgezeichneter Maler sowohl auf der Holztafel, als auch an der Wand. Seine Sachen haben ein männliches Air und sind mit der besten Methode

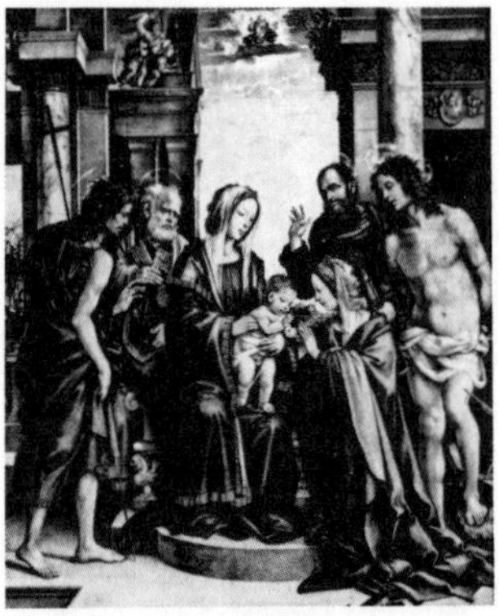

FILIPPINO LIPPI,
Die mystische Vermählung der Hl. Katharina, 1501
Ausschnitt, Bologna, San Domenico

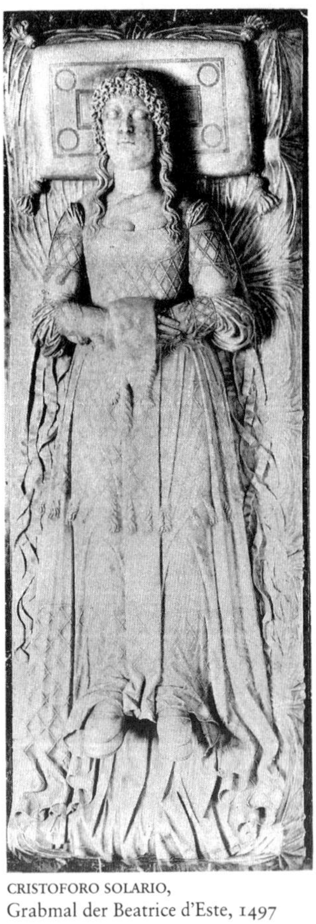

CRISTOFORO SOLARIO,
Grabmal der Beatrice d'Este, 1497

und vollkommener Proportion gemacht. Filippino, der Sohn des sehr guten Malers Fra Filippo Lippi: Ein Schüler des oben erwähnten Botticelli und der Sohn des hervorragendsten Meisters seiner Zeit. Seine Sachen haben ein lieblicheres Air als die des Botticelli; ich glaube nicht, daß sie genauso kunstvoll sind. Perugino, ein außergewöhnlicher Meister und vor allem an Wänden. Seine Sachen haben ein engelhaftes Air und sind sehr lieblich. Domenico Ghirlandaio, ein guter Meister auf der Holztafel und mehr noch an Wänden. Seine Sachen haben ein gutes Air; er ist ein erfahrener Mann und jemand, der viel Arbeit bewältigen kann. Alle diese Meister haben sich bereits in der Kapelle von Papst Sixtus IV. bewährt, mit Ausnahme von Filippino. Später haben sie alle auch im Spedaletto von Lorenzo il Magnifico gearbeitet, und es ist sehr die Frage, wem von ihnen die Palme gebührt[40].

In Wirklichkeit wurde Perugino die Palme nur von Filippino Lippi streitig gemacht, und tatsächlich wurden beide für die Certosa di Pavia eingesetzt. Außerhalb von Florenz war Peruginos Vorrang jedoch unbestritten, trotz der Brückenköpfe von Filippino in Genua und Bologna. Wir folgern dies aus den Lobreden von Maturanzio auf das Altarbild von San Pietro in Perugia (1495-99) und aus einem Brief von Agostino Chigi an den Vater wegen eines Altarbildes für Sant' Agostino in Siena (7. November 1500)[41]. Deshalb konnte sich Isabella in vollem Recht fühlen, als sie auf Bellini und Perugino – die abgeneigt waren – wegen eines Gemäldes von ihnen für ihr Studiolo insistierte: Sie waren mit Mantegna die Anerkannten auf dem Gipfel der künstlerischen Rangordnung des Quattrocento. Nach dem überregionalen Erfolg Giottos erscheint mir das Studiolo als das erste Beispiel eines figurativen Diskurses mit nationalem Wirkungskreis in einem politisch noch zersplitterten Italien, das aber zufrieden war, es zu sein. Mit der sprachlichen Zersplitterung konnte man sich jedoch nicht leicht abfinden, und unter den Literaten gärte bereits eine lebhafte Debatte über eine einheitliche sprachliche Ordnung – zumindest der an den Höfen gesprochenen Sprache (und diese Debatte drang auch zu den Künstlern vor).

Aus unserer Sicht überrascht die mangelnde Popularität Leonardos: Ihn belastete die kulturelle Randstellung des mailändischen Hofes vor allem nach dem Tod der Beatrice d'Este sowie sein nicht literarisches, sondern wissenschaftlich-technisches Engagement; zudem war nur eine geringe Zahl von Werken unter seinem Namen im Umlauf[42]. Sogar das *Abendmahl* für Santa Maria delle Grazie in Mailand wird bei den Zeitgenossen nicht ohne weiteres als erstes Meisterwerk der ›modernen Manier‹ – mit sicherem Vorsprung vor Raffael und Michelangelo – wahrgenommen, während seine wenigen Portraits um so eifersüchtiger bewacht werden. So war es möglich, daß Leonardo im *Speculum lapidum* von Camillo Lunardi, das 1502 mit Widmung an Cesare Borgia in Venedig erschien, unter den besten Malern der Zeit nicht erwähnt wurde, obwohl gerade er mit Borgia in Verbindung stand und im Begriff war, sich in seine Dienste zu begeben (freilich als Militärarchitekt). Bevorzugt werden hingegen die Maler, die Isabella ausgewählt hat, und zwar immer noch mit einer gewissen Vorliebe für Mantegna:

Penicillo quoque qui praestantior Ioanne Bellino Veneto ac Petro Perusino qui adeo hominum imagines, animalium quoque ac rerum omnium pingunt, ut solo spiritu carere videantur? Inter antiquos celeberrimus fuit Zeusis [...] Fuere et Protogenes et Apelles [...] Non minori et admiratione Italia nostra virum celeberrimum habet, qui ob eius excellentiam inaurati militis ordine annumeratus est, Andream Patavinum cognominatum Mantegnam qui omnes regulas ac pingendi rationes posteris aperuit, et non solum penicillo omnes excedit, verum etiam arrepto calamo seu carbone extinto in ictu oculi hominum aetatum ac diversorum animalium veras imagines ac effigies diversarumque nationum habitus, mores ac gesta figurat, ut quasi se movere videantur. Hunc non solum modernis, sed antiquis praeferendum esse censeo.

(Mit dem Pinsel zeichnen sich Giovanni Bellini aus Venedig und Pietro Perugino aus, die bislang Bilder von Menschen, und auch von Tieren und allen Dingen malen, wohl damit man sehe, daß sie keine Seele haben? Bei den Alten war Zeuxis sehr berühmt [...] und auch Protogenes und Apelles [...] Nicht geringer und weniger bewundert ist in unserem Italien ein sehr berühmter Mann, der wegen seiner Vortrefflichkeit zu der goldenen Kriegsschar hinzugerechnet wird, Andrea aus Padua mit dem Beinamen Mantegna, der alle Regeln der Malerei den Späteren erschlossen hat, und der nicht nur mit dem Pinsel alle übertrifft, sondern wahrhaftige Bilder der Menschenalter und verschiedener Tiere sowie die Gestalt unterschiedlicher Völker mit der schnell ergriffenen Feder oder sonst mit trockener Kohle trifft; er stellt Charaktere und Gebärden dar, daß es scheint, als bewegten sie sich. Diesem gebührt, meine ich, nicht nur bei den Modernen sondern auch bei den Alten der Vorrang)[43].

Im gleichen Jahr 1502 nimmt Isabella d'Este über Francesco Malatesta den Kontakt zu Perugino wieder auf und verzichtet auf das Bild von Bellini, mit dem sie lange Zeit gerechnet hatte; man könnte sagen, daß die beiden Fakten voneinander abhängig seien, denn sowohl der Brief an Francesco Malatesta als auch der an Michele Vianello wegen Bellini ist auf den 15. September datiert. Nur wenige Tage zuvor war das zweite Gemälde von Mantegna (ich vermute *Der Sieg der Tugend über die Laster)* im Studiolo angebracht worden, was sich aus der Tatsache ergibt, daß der erforderliche Firnis erst am 31. Juli aus Venedig eingetroffen war. Mantegna wird noch an einem dritten Gemälde mit dem Königreich Comos (zumindest an seinem Entwurf) arbeiten, doch fürchtet Isabella, nicht mehr allzusehr auf diesen genau und sorgfältig arbeitenden Siebzigjährigen zählen zu können, obschon er mit dem *Sieg der Tugend* eines seiner größten Meisterwerke geschaffen hatte. Allein das wunderschöne lebendige Gesicht des Zentauren, das von einem klaren Algenkranz umrahmt ist, oder der Flug der Amorettengruppe in ungewollt raffaelesker Kontur oder die stürzenden Berge, die morastige Vegetation würden schon hinreichend davon überzeugen, daß Mantegna immer noch den anspruchsvollsten Vergleich aufnehmen konnte. Wir haben das herausragende Ergebnis des Corner-Frieses bereits gesehen, doch nicht weniger fein und empfindsam scheint mir die Hand, die mit besessener Sorgfalt den Fransenschal herauswand, der den *Hl. Sebastian* der Ca'd'Oro gürtet[44]. Das Gemälde hat nie großen Erfolg gehabt, was der Tatsache Rechnung tragen würde, daß die Fertigstellung des Gesichtes nicht eigenhändig ist. Das Mürbewerden des in schneidenden Falten wie von Eis erstarrten Stoffs scheint Mantegnas metaphorische Erwiderung auf die sentimentale Weichheit Peruginos zu sein: Eine glänzende Antwort innerhalb des Stilproblems, auf die sich jedoch nunmehr wenige einlassen. Der Zwiespalt war zu tief geworden und begann bereits den allegorischen und moralischen Inhalt des Studiolo zu bedrohen.

Das Studiolo der Isabella d'Este: Probleme der Ikonographie

[A] Unsere poetische Erfindung, die ich sehr von Euch gemalt zu sehen wünsche, ist ein Kampf der Keuschheit gegen die Sinnlichkeit, also Pallas und Diana kämpfen mutig gegen Venus und Amor. Und es will scheinen, als habe Pallas Amor fast besiegt, sie hat ihm den goldenen Pfeil zerbrochen und den silbernen Bogen vor die Füße geworfen; mit der einen Hand hält sie ihn durch den Schleier, den der Blinde vor die Augen führt, mit der anderen erhebt sie den Speer, so steht sie bereit, ihn zu verwunden. Und Diana, im Widerstreit mit Venus, muß sich ebenbürtig im Sieg erweisen; und nur in dem Teil, der nicht zum Körper gehört, wie

Stirnbinde und Kranz, oder einem kleinen Schleier, den sie trüge, würde Venus von ihren Pfeilen getroffen; und Diana zerstört Venus das Gewand vor ihrem Angesicht, doch gibt es sonst keine Schläge zwischen ihnen. Nach diesen vier Gottheiten müßten die keuschen Gefolgsnymphen von Pallas und Diana in verschiedenen Gesten und Gebärden, wie es euch am besten gefällt, mit einem wollüstigen Schwarm von Faunen, Satyrn und tausend verschiedenen Amoretten kämpfen. Und diese Amorknaben müßten im Verhältnis zu dem ersten viel kleiner sein – ihr Bogen dürfte nicht aus Silber sein, noch ihre Pfeile aus Gold, sondern aus kräftigem Material wie Holz oder Eisen oder anderem, wie es euch beliebt.

[B] Wegen des höheren Ausdrucks und Schmucks des Bildes mag an der Seite von Pallas der ihr zugehörige Olivenbaum stehen, wo man ein wenig abseits den Schild mit dem Medusenhaupt und die Eule zwischen den Zweigen sieht, da sie das eigentliche Vöglein der Pallas ist; auf der Seite der Venus müßte man Myrte zeigen, den Baum, der mit ihr eng verbunden ist.

[C] Doch wegen des größeren Liebreizes müßte man die Ferne andeuten, einen Fluß oder ein Meer, wo man Faune, Satyrn und andere Amorknaben Amor zu Hilfe herbeilaufen sähe, und den Fluß überquerend, und im Flug und auf weißen Schwänen reitend kämen sie herbei zu dem Liebesstreit. Und über dem Bett des besagten Flusses oder Meeres trüge Jupiter mit anderen Göttern, als Feind der Keuschheit, verkleidet als Stier die schöne Europa fort, und Merkur würde, wie der Adler über die Beute kreist, um eine Nymphe der Pallas mit Namen Glaucera fliegen, welche im Arm ein kleines Gefäß hält, worin die Heiligtümer der besagten Göttin sind; und der einäugige Zyklop Polyphem würde hinter Galatea herlaufen und Phoebus und Daphne wären bereits in Lorbeer verwandelt, und Pluto, nachdem er die Proserpina geraubt hat, brächte sie in sein höllisches Reich, und Neptun würde eine Nymphe ergreifen, und all dies in einem Rahmen...

[D] Aber wenn euch vielleicht dieser Figurenkreis zu umfangreich für ein Bild erscheint, liegt es an Euch, ihn zu verkleinern, wie es Euch beliebt, wenn nur das tragende Fundament aus jenen Ersten Pallas, Diana, Venus und Amor bleibt. Ich werde mich sehr glücklich schätzen, sollte nichts Störendes dazwischen kommen; Ihr seid frei etwas wegzulassen, aber fügt nichts anderes hinzu.

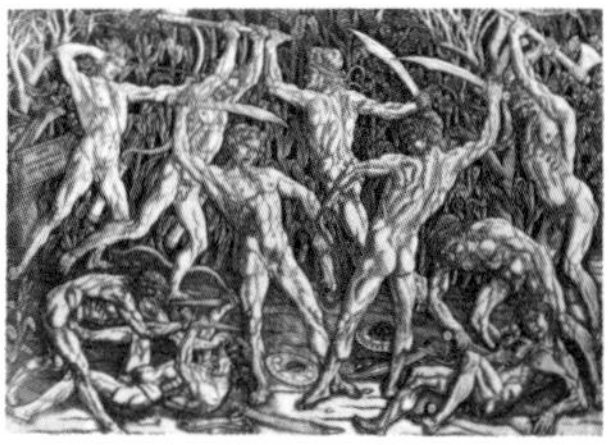

ANTONIO DEL POLLAIUOLO, *Die Schlacht der nackten Männer*, 1460–1470

So lautet die Anweisung von Isabella d'Este, die sie dem Vertrag mit Perugino vom 19. September 1503 beilegt und die ein Gemälde betrifft, das ihr erst 1505 übergeben wird; der Anweisung war auch eine Zeichnung mit allen Einzelheiten beigefügt, die aber unglücklicherweise nicht mehr aufgefunden wurde[45]. Wegen der größeren Deutlichkeit ist der Text hier mit einer kleinen Hervorhebung der Abschnitte wiedergegeben, die kenntlich machen, was zur »poetischen Erfindung« in ihrem »tragenden Fundament« (A und C) gehört, was nur als Mittel zum »höheren Ausdruck und Schmuck« (B) verstanden wird und was in den fakultativen Bereich des »Liebreizes« (C und D) gehört. Auch zum Verständnis der anderen Gemälde des Studiolo müssen wir uns auf diese Lektion der Ikonographie beziehen und sehen, inwieweit sie diesem einfachen Schema folgen. Beim *Kampf der Keuschheit gegen die Sinnlichkeit* (den Perugino unbefangen der *Schlacht der nackten Männer* von Pollaiolo nachgebildet hat), ist dies offenkundig der Fall, wie auch beim sogenannten *Reich der Musen* von Costa, das ihm gegen Ende des Jahres 1504 aufgetragen und das dann zwei Jahre später übergeben wird. Beide Gemälde verdanken ihre ikonographische Anregung Paride da Ceresara. Doch bei den beiden Gemälden von Mantegna geht die Rechnung nicht mehr so leicht auf: »Erfindung«, »Ausdruck« (also Attribute, die das Sujet besser unterscheiden) sind hier in unauflösbarer Weise miteinander verwoben, und es fehlt die zweite Ebene der volkstümlichen Gefälligkeit. In einer Situation des Übergangs wird das zweite Gemälde von Costa, das dem Gott Komus gewidmet ist, angebracht; mit großer Wahrscheinlichkeit stammt es aus dem Jahre 1511. Es sei hier nur erwähnt, daß bereits Mantegna über das Thema des Gottes Komus gearbeitet hatte, als er ein drittes, dann

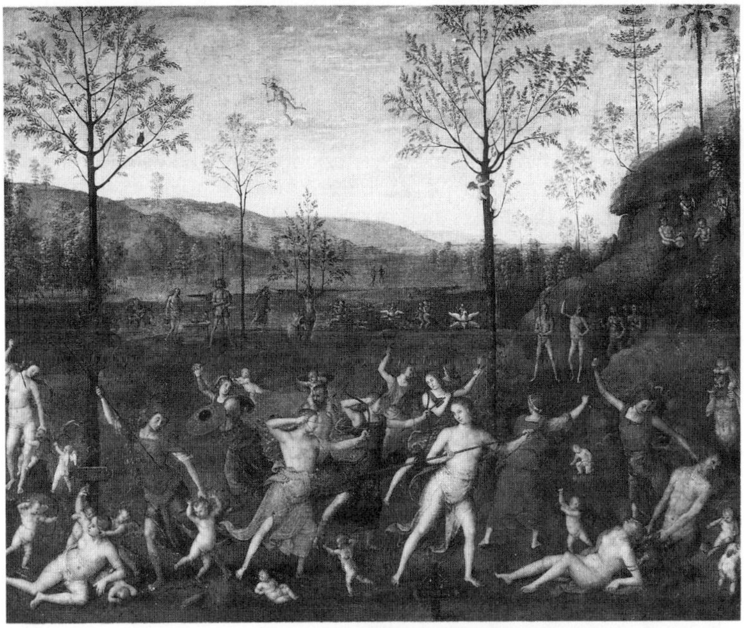

PIETRO PERUGINO,
Kampf der Keuschheit gegen die Sinnlichkeit, 1505

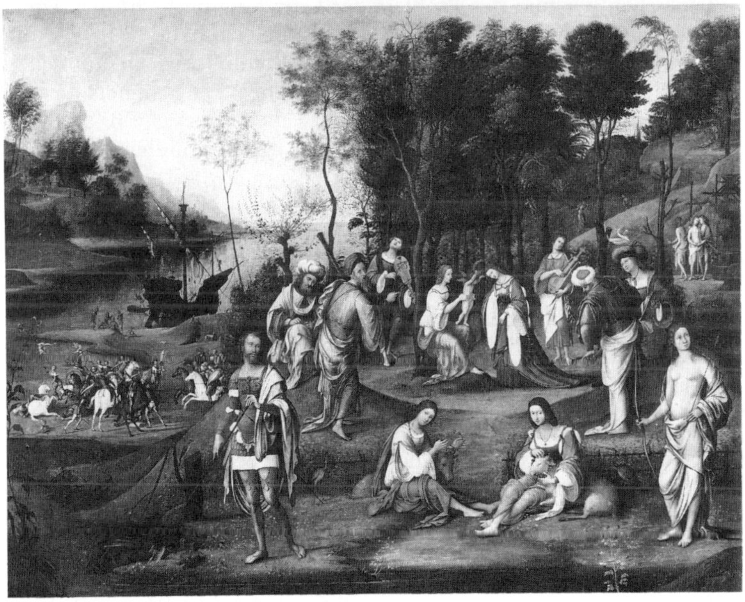

LORENZO COSTA,
Isabella d'Este im Reich Amors, 1506

aber nicht ausgeführtes Gemälde für das Studiolo vorbereitete, so daß wahrscheinlich der Bildvordergrund bei Costa durch diese Zeichnung inspiriert ist, während er sich aber die dichte Landschaft zur Linken und Arions Aufstieg aus dem Meer mit den anderen Figuren, die auf den Wellen reiten, vorbehielt[46].

Wir wissen nicht, wer die ikonographische Anregung zu Mantegnas Arbeiten für das Studiolo (einschließlich Komus) gab, und es ist sehr wahrscheinlich, daß Mantegna bei der »poetischen Erfindung« der Isabella d'Este, die auf die gesamte Bedeutung der Ausstattung zielt, seinen eigenen Weg gegangen sei. Mir scheint, daß sich sein Brief vom 13. Mai 1506 an Isabella nicht anders lesen läßt: »Ich habe nun soweit, die Geschichte des Komus für Eure Exzellenz festgelegt, die nun folgen wird, wenn die Phantasie mir hilft.« Unterstützt wird dies durch Bellinis – echte oder falsche – Bestürzung, als eines seiner Gemälde neben denjenigen seines Schwagers aufgehängt werden sollte. Mochte Bellini etwas unlauter sein – Lorenzo da Pavia, erfahren in der Welt der Künstler und zwar nicht nur der venezianischen (zu seinen Freunden gehörten auch Perugino und Leonardo), war es nicht. Seine Briefe loben einhellig Mantegnas hervorragende Begabung im Bereich der Erfindung: »Wohl ist es wahr, daß man in der Erfindung nicht hinter den vortrefflichen Mantegna zurückgehen kann ...« (6. Juli 1504); »in der Erfindung erreicht keiner Andrea, der wahrhaftig hier der Erste und Vortrefflichste ist, während Giovanni Bellini in der Farbe ausgezeichnet ist ...« (16. Juli 1504); »ich für mein Teil hoffe nicht, je einen schöneren Zeichner und Erfinder zu sehen«, schreibt er, nachdem er die Nachricht von Mantegnas Tod erhalten hatte. In Erwiderung läßt sich Isabella zu einem nicht sehr gefühlvollen und ein wenig verleumderischen Kommentar hinreißen, da sie sich inzwischen bewußt ist, daß Mantegnas bildliche und kulturelle Welt der Vergangenheit angehört: »Wir sind sicher, daß der Tod Meister Andrea Mantegnas Euch Schmerz bereitet hat, denn mit ihm ist eine gute Leuchte Euresgleichen dahingeschieden« (beide Briefe sind auf den 16. Oktober 1506 datiert)[47].

Versuchen wir nun das Problem der Erfindung im Licht der zeitgenössischen Quellen zu überprüfen, zum Beispiel anhand der *De sculptura* von Pomponius Gauricus. Unter den zahlreichen, gesammelten Banalitäten des zwanzigjährigen aufdringlichen Schriftstellers aus paduanischem Ambiente lesen wir hier, daß die literarische Bildung für den Künstler absolut verpflichtend sei und daß der Bildhauer

antiquarium quoque, qui sciat, cur verbigratia Mars apud Romanos duplex, Gradivus et Quirinus, alter in Campo olim extra, alter in foro intra urbem colebatur, cur et Venus apud Lacedemonios armata, apud Archadas nigra, apud Cyprios barbata virili sceptro, muliebrique ornatu, ecc. ecc.

(auch ein Kenner des Altertums [sein müsse], der weiß, warum zum Beispiel Mars bei den Römern zweifach als Gradivus und Quirinus verehrt wurde, der eine einstmals auf dem Marsfeld, der andere auf dem Forum in der Stadt, warum Venus bei den Spartanern bewaffnet, bei den Arkadern schwarz, bei den Zyprern bärtig mit männlichem Zepter doch in weiblichem Schmuck ist usw.)[48].

Tatsächlich hatte sich Mantegna Kenntnisse erworben, indem er die »antiquarischen« Freunde besuchte, oder gar den Poliphilus des »antiquarischen« Francesco Colonna las, indem er Inschriften übernahm, Zeichenhandbücher sammelte, indem er von seinen Gefährten des Ausflugs an den Gardasee antike Objekte sammelte, die im Laufe seiner nicht weniger »antiquarischen« Tätigkeit als Maler zu neuem Leben kamen: Am Kopf der aus dem Garten der Tugend vertriebenen Venus lassen sich leicht die Züge seiner »lieben Faustina aus antikem Marmor« erkennen (Brief an Isabella vom 13. Januar 1506)[49].

Ein weiterer Nachweis für den, der noch nicht überzeugt sein sollte, ist ein berühmter zweiteiliger Stich, der aus Mantegnas Werkstatt hervorging und von einer seiner herrlichen Zeichnungen im British Museum vorbereitet wird; ich meine die *Allegorie der Tugend* (Hind. V 22), deren Stammbaum in einer Reihe präziser Untersuchungen zurückverfolgt wurde: Ausgehend von einigen Versen des wenig bekannten Pacuvius über die Figur der blinden und entstellten, auf einer Kugel sitzenden Ignoranzia bis zur *Tabula Cebetis,* einem Dialog griechischen Ursprungs, den unsere Renaissance wegen der übrigen Figuren sehr

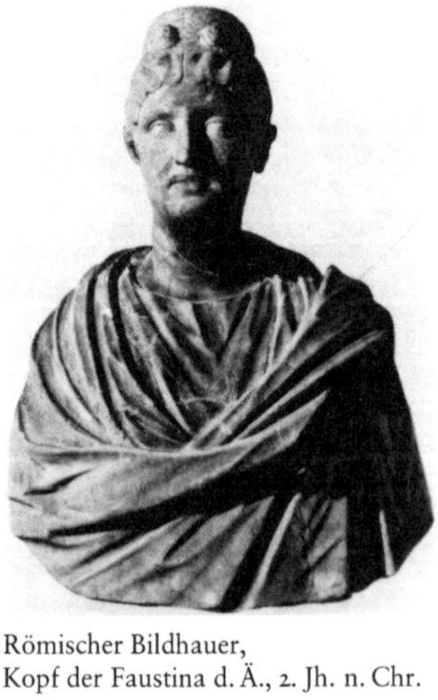
Römischer Bildhauer,
Kopf der Faustina d. Ä., 2. Jh. n. Chr.

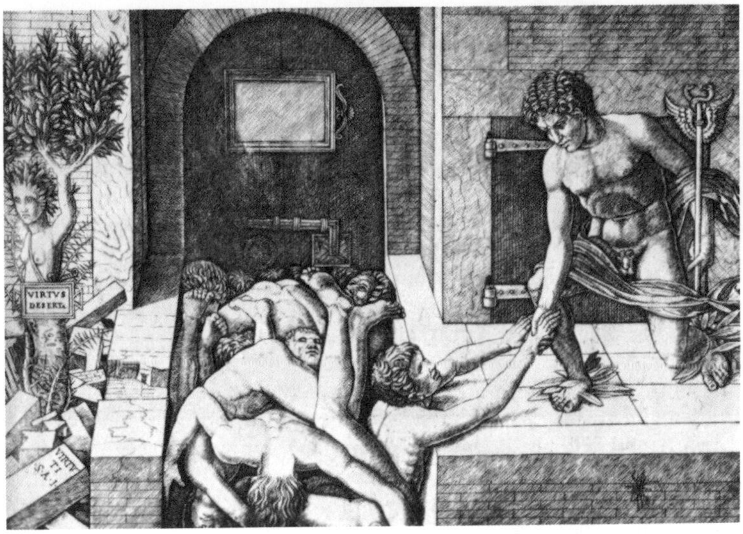

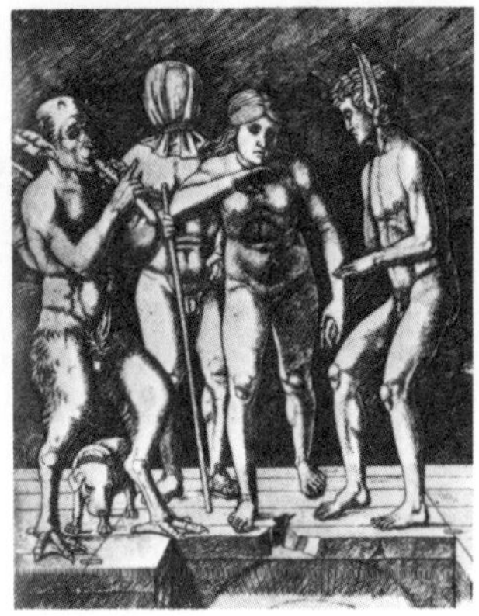

links:
Mitarbeiter des MANTEGNA,
Virtus Deserta, 1495–1500

oben:
ANDREA MANTEGNA,
Virtus Combusta, um 1490
Ausschnitt

geliebt hat (einen Nachweis stellt das bekannte Bild vom Leombruno in der Pinakothek der Brera dar, das die *Tabula* mit der *Verleumdung des Apelles* verknüpft)[50]. Man hat jedoch bisher den Stich nicht in Zusammenhang mit einem Manuskript der Nationalbibliothek in Rom gesehen, welches die *Cebetis Tabulae interpretatio desultoria* von Giovanni Battista Pio mit einer Widmung an Isabella d'Este enthält, eine Arbeit, die Pio wahrscheinlich in Mantua vor dem Aufenthalt am Hof von Ludovici il Moro (1497) und am Hof der Bentivoglio in Bologna (1500) geschrieben hatte. Pios editorische Tätigkeit in Mailand ist bekannt (zuerst Varro, Nonius, Festus, Apicius, Fulgentius, Sidonius und schließlich Plautus), und sie ist in der ungewöhnlichen Auswahl marginaler oder archaischer Bereiche der Antike so charakteristisch, daß wir verstehen, was Ercole Strozzi meinte, als er ihn 1496 Isabella d'Este als möglichen Privatlehrer vorstellte: »Sie werden in einem Monat mehr erlesene Vokabeln von ihm lernen, als in dreien bei einem anderen«. Wir werden dieser Persönlichkeit in Rom, als ihr Stern im Sinken ist, noch einmal begegnen; jetzt – zwischen Ferrara, Mantua und Mailand – dient seine Vorliebe für seltene Texte und abgelegene Gebiete des Lateinischen, seine in »erlesene Vokabeln« vernarrte Philologie dazu, ein Licht auf die »erlesenen« Themen Mantegnas zu werfen[51].

Leider steht die Untersuchung der literarischen Quellen der Werke des mantuanischen Meisters noch am Anfang, doch hoffen wir, daß bald ein Forscher zumindest den Knoten löst, der die beiden Stiche mit dem *Kampf der Seezentauren (Battaglia degli dei marini)* und mit dem Passus der *Naturalis historia* von Plinius über ein Werk von Skopa mit Bergmolchen und Nereiden und schließlich der Ausschmückung des »grandiosen Tors« des Tempels verknüpft, den Poliphilus im Traum erkundet:

Ein Gedränge von Ungeheuern mit Pflanzenhaar im Wasserschein und Halbmenschen in den leichten Wellen; und Frauen mit wehenden Fischschwänzen, einige von ihnen nackt, die auf dem Rücken der Ungeheuer in gegenseitiger Umarmung saßen; einige Ungeheuer spielten Flöte, andere phantastische Instrumente, einige wurden – in fremdartigen Zweispännern sitzend – von den unermüdlichen Delphinen gezogen, die mit der frostigen Blüte der Teichrose gekrönt waren, andere waren mit ihren eigenen Blättern bedeckt, einige trugen verschiedenartige reichhaltige Fruchtschalen, und gefüllte Gefäße, andere schlugen sich gegenseitig mit Acorus-Bündeln und

Waldwurzelsträuchern, sie waren von Bürzeldorn umschlossen, auf der anderen Seite kämpften die Reiter auf den Flußpferden und andere verhaßte Bestien unter chilonischem Schutz; und hier gab man sich der Sinnlichkeit und dort verschiedenen Spielen und Vergnügungen hin[52].

Die jüngsten Untersuchungen über das Studiolo haben sich mit besonderem Vergnügen mit der verwickelten Ikonographie Mantegnas beschäftigt und die erstaunliche Mischung aus mittelalterlichen Texten (*Mitologiae* von Fulgentius, *Psychomachia* von Prudentius, *Genealogia Deorum* von Boccaccio und die *Trionfi* von Petrarca) und klassischen, nicht immer unmittelbar bekannten Texten deutlich werden lassen: von Ovids *Fasti* über die umfangreiche *Dionysiaca* des Nonnos zu den *Eikones* von Philostrat, die von Demetrio Mosco ins Lateinische und von Mario Equicola ins Italienische übertragen wurden (in der Widmung des Pariser Kodex urteilt Equicola darüber »würdig Deiner goldenen Grotta«). Es bleibt wenig hinzuzufügen, insbesondere zum *Parnaß*, den Williams Lehmann so minutiös entziffert hat – es sei denn man ändert den Blickwinkel und versucht, die Verbreitung dieser Ikonographien auch außerhalb des Studiolo in den Dingen des täglichen Gebrauchs zu entdecken, die sich diesen Ikonographien ebenso angleichen wie die wirklichen Devisen und Embleme in den Gemächern der Este/Gonzaga: die verzierten Dokumente, der Herd, das ›Silentium‹, der Kerzenhalter, der XXVII usw.

Eine Anspielung auf den *Parnaß* kann unspezifisch und kaum mehr als ein Gemeinplatz sein, doch das Insistieren auf dem Motiv ist so stark, daß es Teil eines eleganten Systems von Anspielungen zu sein scheint. Isabella – erst kurz verheiratet, doch bereits als großzügige Schutzherrin der Literaten bekannt – wird von Francesco Roello aus Rimini »die Gebildetste am Berg Parnaß und an der Quelle des Pegasus, ganz den Musen ergeben« (gewissermaßen das »tragende Fundament« des erst entstehenden Parnaß) genannt. Als jedoch Mantegnas herrliche Allegorie an den Wänden des Studiolo plaziert ist, sendet ihr Galeotto Del Carretto aus Casale Monferrato poetische Kompositionen, obgleich er weiß, daß sie »die ganze Akademie des Parnaß in dieser verehrungswürdigen Stadt Mantua habe« (15. April 1498). Treffender noch schreibt aus Verona Bernardo Bembo, Vater von Pietro Bembo, in einem Brief an Francesco Gonzaga vom 2. September 1502:

...von Eurem Vertrauten und unserem Veronesen Marco Cantore [also der berühmte Marchetto Cara] habe ich die Verse über Venus und ihren Sohn erhalten. An denen ich großes Gefallen habe, da sie kostbar sind und sehr dem Gegenstand entsprechen. Aber mehr noch würde mir eine Darstellung von Venus und Mars nach Eurem Bild gefallen.

Vielleicht handelt es sich nur um ein Gesellschaftsspiel, doch ist nicht auszuschließen, daß Bernardo Bembo gerade auf Mantegnas Gemälde anspielte; dies scheinen mir, die – freilich einige Jahre später geschriebenen – Zeilen von Battista Fiera zu bestätigen, in denen vorausgesetzt wird, daß die Venus des *Parnaß* Isabella d'Este sei. Den Höhepunkt erreichte das höfische Thema des Parnaß in Calmetas *Amoroso peregrinaggio*, den wir aus einem Brief von Calmeta selbst an Isabella d'Este und aus der Widmung der *Collettanee* kennen, die anläßlich des Todes von Serafino Aquilano an Elisabetta Gonzaga, die Herzogin von Urbino und Schwägerin Isabellas, gerichtet ist (1504):

...dieses Kompendium vermischter oder gesammelter Fragmente sei Dir bestimmt und gewidmet« [schreibt Giovanni Filoteo Achillini] damit Du mit Deiner göttlichen Emilia Deinen geliebten Berg Parnaß besteigen wirst; (dessen Anmut Dein und auch mein beredter Poet im ersten Buch seiner Verliebten Pilgerfahrt, die noch nicht ans Licht gelangt ist, sehr reizend beschreibt) usw.

Der ständige Austausch innerhalb der italienischen Höfe, der ein typischer und tragender Zug der kulturellen Verbreitung dieser Jahre ist, erlaubt auch folgendes Zitat indirekt auf den mantuanischen Parnaß zu beziehen, hinter dessen reinem Frühlingsglanz in Francesco Gonzagas Beschreibung (Brief vom 21. Februar 1507) eine bewegte eheliche Eifersuchtsszene ironisch durchschimmert: Isabella, die ihr eigenes Edelfräulein Isabetta Tosabezzi eines Techtelmechtels mit ihrem Gatten verdächtigt, schneidet ihr wütend die Haare ab und, sie schlagend, ruft sie aus: »Geh' doch, sei die Nymphe des Herrn[53]!« Seitdem Mars und Venus, die Musen, die Nymphen, Merkur, Apoll und die niederen Gottheiten, die den Mythenforschern am Herzen liegen, vom Olymp herabgestiegen sind, spuken sie an den italienischen Höfen umher als unauslöschlicher Bestandteil dieses Lebens und dieser sonderbaren Hinwendung zur klassischen Antike. Man muß nur daran erinnern, daß zum Karneval des Jahres 1507 zwei Gesandte der Venus am Hof von Urbino eintrafen und – sobald sie in der Sprache ihres Planeten sprachen – vermittels eines Dolmetschers die übermäßige Kälte der Elisabetta Gonzaga und der Emilia Pia gegenüber der Göttin, die sie gesandt hatte, anklagten.

Die jüngsten ikonographischen Untersuchungen auf den Spuren Panofskys, die er selbst freilich weniger verbittert durchführt, haben oft die Förmlichkeit oder gar die Nichtigkeit dieser anspielungsreichen Ausschmückungen verkannt und sich darauf versteift, eine bestimmte Kultur der italienischen Renaissance mit einem philosophischen (okkulten oder scholastischen) Ballast zu überfrachten, den es im Geist der Protagonisten dieser Jahre nicht gegeben hat, vielleicht nicht einmal bei Ficino, zumindest nicht so stark, wie heute oft angenommen wird. Glücklicherweise verstand Ernst Gombrich uns dazu anzuleiten, *Botticellis Mythologien* mit Sensibilität und Maß zu lesen, und auf der Grundlage dieses fundamentalen Aufsatzes sollte man auch Mantegnas Mythologien betrachten: Ein komplexes Geflecht von Bedeutungen und Symbolen, wovon jedes einzelne im Zusammenhang der kulturellen Realität oder vielmehr innerhalb des Lektürerepertoires des Künstlers und seiner Berater zu sehen ist, das zuweilen hoffnungslos zerfahren und banal zusammengestellt ist. Als wäre das nicht schon genug, kommt noch hinzu, daß die Bedeutungen oft von den vorgesehenen Bahnen abweichen können und sich Anforderungen anpassen, die nunmehr nebensächlich und nicht diejenigen der Mythenforscher oder der ersten Schöpfer der Götternamen sind, so daß sie störende Erscheinungen in die ikonographische Lektüre bringen, die nicht unserer Unwissenheit sondern der unbefangenen Exegese einiger unserer humanistischen Kommentatoren (vor allem jener des späten Quattrocento) zuzurechnen sind[54]. Der ikonologische Wahn, der das Buch seiner Träume in Ripa findet (und wir sind dem wesentlich beklemmenderen Alpdruck anderer Repertorien noch fern), ist die Krankheit der vom kulturellen Dirigismus erstickten Höfe späterer Jahre, einem Dirigismus, der nicht nur religiös und politisch, sondern umfassend psychologisch und moralisch ist. Auf einmal entstanden nun die Handbücher zur Verhinderung von Verstößen gegen den Geschmack, die Etikette, die Religion, das Benehmen oder dergleichen, welche einer integralistischen Strategie folgen, die man in den Jahren der Isabella d'Este noch nicht kennt. Es mag überraschen – bei näherer Überlegung aber nicht allzusehr –, daß jene Höfe des späten Manierismus über die Modelle des späten Quattrocento und eine Gesellschaft hinwegsahen, die noch reich an persönlichen Abenteuern und voll natürlicher, zuweilen sogar von Blut und Geld unabhängiger Unglücksfälle war, und sich statt dessen auf die Erfahrung der spätgotischen Höfe bezogen und die – mitunter sogar sozialen – Öffnungen des Humanismus ignorierten. Hierin gründet zum Teil das historische Mißgeschick der Jahre des Übergangs vom Quattrocento zum Cinquecento: Es sind Jahre offenkundiger politischer Krise, doch keine leeren Jahre, und sie tragen den Keim zu wichtigen zukünftigen Erneuerungen. Der religiöse Bereich, der zumindest in der bildenden Kultur nichts Neues hervorbringt, ordnet sich – falls er überhaupt eine flüchtige Erwähnung verdient – der höfischen Initiative unter und paßt sich ihr an. Man kann nicht sagen, daß die *Madonna della Vittoria* im Louvre und das Altarbild der Santa Maria in Organo, heute in Mailand, im Ausgang des Jahrhunderts mit dem *Triumph* und dem Studiolo auf einer Stufe stünden. Das persönliche Können Mantegnas steht außer Frage, doch muß man sehen, daß nur die beiden weltlichen Werke zu Symbolformen der höfischen Blüte Italiens aufsteigen können, während dies bei den beiden geistlichen Gemälden nicht der Fall ist. Das gilt für Mantegna und das übrige Italien von dem Moment an, da nicht einmal mehr das Florenz Savonarolas eine plausible Alternative vorschlagen kann; ich weiß nicht, was konkret möglich war, und der reformierte Bildersturm könnte als eine verzweifelte Antwort erscheinen, wäre er nicht von einem massiven Ausbruch propagandistischer Graphik auf höchstem Niveau begleitet gewesen.

Jenseits der antiken Fabeln verbirgt das Studiolo der Isabella einen privaten ikonologischen Wegweiser, um einen doppeldeutigen Modebegriff zu verwenden, der sich nur zu erkennen gibt, wenn man die wesentlichen und unmittelbar erscheinenden Kernstücke dieser gedrängten Ikonographien aufeinanderfolgen läßt. Die Vereinigung von Mars und Venus erzeugt unter dem Zeichen des himmlischen Amor (oder des Anteros) die Harmonie der Welt, deren musikalischer Rhythmus durch den Tanz der Musen, die Musik Apollos, den Gesang und somit durch die Melodie der Poesie offenbart wird. »Otia si tollas periere Cupidinis arcus« (Wenn du die Muße vertreibst, versagen die Pfeile Cupidos) liest man am Fuß der kriegerischen Minverva, die das lasterhafte Gefolge der irdischen Venus aus dem Reich der Tugend verjagt, während Gerechtigkeit, Stärke und Mäßigung am Himmel erscheinen und von der einsamen Tugend zur äußersten Linken herbeigerufen werden: »Agite, pellite sedibus nostris / foeda haec viciorum monstra / virtutum coelitus ad nos redeuntium / divae comites« (Handelt, vertreibt die häßlichen Ungeheuer hier von unseren Plätzen, daß der Himmel der Tugenden zu uns zurückkehre, ihr himmlischen Gefährtinnen). Zur Rechten vertraut die Mutter der Tugend, in schwere Mauerblöcke eingeschlossen, ihren Hilferuf einer dünnen Schriftrolle an: »Et mihi virtutum matri succurite divi« (Und mir, der Mutter der Tugenden, helft ihr Götter). Eine genauere Bestimmung der Bedeutung dieser ungestümen Ausweisung wird daran erinnern, daß »Otia si tollas...« ein Auszug aus Ovids *Remedia amoris* ist. Der Vertrag für das Gemälde von Perugino spricht von »quoddam opus Laciviae et Pudicitiae« (einem gewissen Werk der Sinnlichkeit und der Keuschheit), und durch Isabellas schriftliche Anweisung wird deutlich, daß es sich wieder um eine Niederlage des irdischen Amor handelt. Doppelsinniger ist die Bedeutung des ersten Gemäldes von Lorenzo Costa, mit dem sich die Ikonographen weniger und mit großen Schwierigkeiten befaßt haben. Paride da Ceresara, Isabellas Berater, schlägt dort tatsächlich eine ganz und gar nicht »antike Fabel oder Geschichte« vor, wenn er die Protagonistin im Zentrum nach der Mode von 1506 gekleidet sein läßt. Bei schematischer Lektüre ließe sich denken, daß Venus und Amor, offensichtlich die himmlische Venus und Amor-Anteros, den Sieg über die Laster und in erster Linie über die irdische Liebe durch eine junge Frau erringen, die niemand anderes als Isabella selber in der Haltung der vollendeten »donna di palazzo« sein kann, wie Castiglione gesagt hätte. Offenkundig wachen über dieses musikalische Reich Diana, die Göttin der angerufenen Keuschheit, und Kadmos, ein geringerer Gott, der jedoch das glückliche Schicksal hat, die Harmonie zu heiraten (zumindest nach dem Klatsch der *Dionysiaca* des Nonnos). Das zweite Gemälde von Costa zeigt uns wieder ein Reich von Musikern, das Komus, der Gott der Feste, leitet; er sitzt bei der gleichen himmlischen Venus, während die irdische auf der Erde niederkauert, und beinahe in Gefahr ist, von Apoll getreten zu werden. Im Hintergrund tragen Janus und Merkur die gleiche Handlung wie Minerva im Garten der Tugend aus. Somit ist das Band, das die ganze Serie verknüpft, ein Lob des himmlischen Amor und seiner Siege in fünf Kapiteln mit einer abschließenden Auszeichnung seiner Adeptin, die ins Reich des Anteros aufgenommen und wie zu einem antiken Triumph gekrönt wird.

Man muß nicht allzuweit nach der Grundlage dieser Darstellung suchen, die ein wenig aus dem Takt einer sehr lebhaften Debatte der italienischen Höfe um das Thema der Liebe geraten ist. Aus dem Takt, da sie im Augenblick der Fertigstellung bereits von der ersten Auflage der *Asolani* von Bembo überholt ist; dennoch ist sie ein einzigartiges Beispiel – und dies ist der Stolz von Isabella d'Este und Mantegna –, da sie in bislang unbekannter Schärfe den Vergleich zwischen Literatur und Kunst zieht, wobei letzterer deutlich der Vorzug gilt. Isabella schrieb niemals professionell; lebendig bleibt sie für uns in ihrer scharfen politischen Intelligenz, ihrer Neigung zu freundschaftlichen Gefühlen, in der plötzlichen Reizbarkeit der »donna di palazzo«, ihrer unstillbaren Neugierde und ihren psychologischen Verdrängungen, wie wir sie aus den wunderschönen Briefen, die uns erhalten sind, kennen; doch die enge Zusammenarbeit mit Mantegna gab ihren höfisch-platonischen Überzeugungen auch in den Bildern ein Ausdrucksventil, denen sie mehr Überzeugungskraft und Gefühlsausdruck zutraute. Isabellas literarische Bezugsquellen sind äußerst ernste Abhandlungen über die Liebe, von den *Antieroticorum libri* von Pietro Edo oder Cavretto (Treviso 1492) bis zum *Anteros* von Battista Fregoso (Mailand 1496), die chronologisch und geschmacklich den Anfängen des Studiolo in auffälliger Weise entsprechen. Später werden die Unterhaltungen am Hof mit Jacopo Calandra (dessen Vater der Markgräfin 1492 Mantegnas Mitarbeit zusicherte) hinzukommen; von ihm ist in den Quellen eine nicht erhaltene Abhandlung über die Liebe mit dem Titel *Aura* erwähnt[55].

Zusammenfassend erscheint es mir als sicher, daß Isabella und Costa nach den aktualisierenden Freiheiten der *Krönung der Isabella* (die 1506, ein Jahr nach der Auflage der *Asolani* und einige Monate nach dem ersten direkten Treffen zwischen Isabella und Pietro Bembo übergeben wird) mit dem Bild des Reichs von Komus zu Mantegnas gelehrten Vorlagen zurückkehren[56]. Aufgrund dieser Entscheidung für das Traditionelle können wir ein Wiederaufleben der alten Debatte über

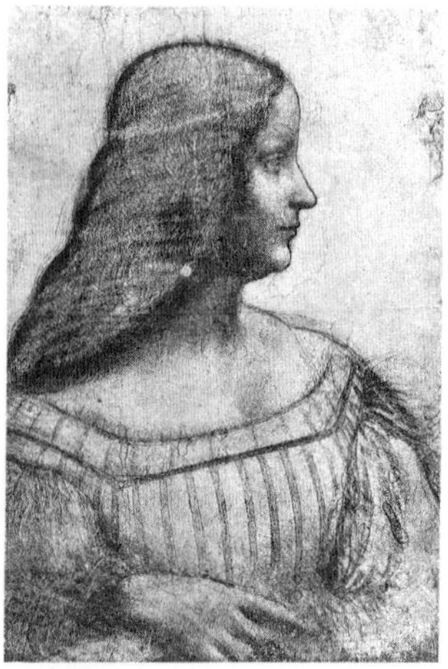

LEONARDO,
Karton für das Bildnis der Isabella d'Este, 1499–1500

Amor-Anteros vermuten, die womöglich durch die Anwesenheit von Mario Equicola angeregt wurde, der 1508, nach langer Erfahrung an italienischen Höfen (von Neapel bis Ferrara), in Isabellas Dienste trat. Equicola nimmt unmittelbar danach die Arbeit an seiner Abhandlung, seinem *Libro de natura de Amore,* wieder auf, das erst sehr viel später (1525) mit einer Widmung an Isabella veröffentlicht wird. Ein Buch, das sich in die Nähe der *Asolani* begibt, wenn es zu Beginn zu klären verspricht, »wie zahlreich und wie beschaffen Gefühle, Wirkungen, Gründe und Anlässe seien, die deshalb [der Liebe wegen natürlich] unserer Seele widerfahren«, sich davon jedoch entfernt, wenn es untersucht, »welches die falsche und welches die wahre Wonne und Glückseligkeit nach dem Sinn und Zeugnis der antiken Beweisstücke sei..«. Tatsächlich fehlt es in der Abhandlung nicht an »antiken Beweisstükken«, alle Seiten quellen von gewählten Zitaten über, ganz abgesehen davon, daß der erste Teil eine sorgfältige Durchsicht der gesamten klassischen, mittelalterlichen und zeitgenössischen Bibliographien darstellt. Zahlreiche Seiten sind auch den Stilnovisten, den Provenzalen und Petrarcas *Trionfi* gewidmet: ein Dichtungsrepertorium, auf das sich indirekt die Motti berufen hatten, die den Boden des Studiolo bedeckten (»vrai amour ne se change«, »bona fé non est mutabile«), bis hin zu dem »prenez sur moi votre example amoureux«, das auf einer der Intarsien der Brüder Mola, heute in der Scalcheria-Grotte, geschrieben steht. Man hat festgestellt, daß es sich um den Vers einer Canzone von Giovanni Ockeghem handelt, die Petrucci im Februar 1504 in Venedig veröffentlichte, doch sollte man erwähnen, daß der Fortgang der Verse dem Moralismus des Studiolo beizupflichten scheint:

Commencement d'amours est savoureux
Et le moyen plain de peine et tristesse
Et la fin est d'avoir plaisant maistresse
Mais au saillir sont les pas dangereux.

(Am Anfang ist die Liebe köstlich
Und voller Schmerz und Trauer in der Mitte
Das Ende ist, eine gefällige Geliebte zu haben
Doch gefährliche Schritte führen dahin)[57]

Für Isabella wie für Equicola bedeutete diese Lektion:

poetische Erdichtungen [...], damit wir wie in der theologischen Spekulation Rätsel, Figuren, Parabeln, Sprichwörter und Ähnlichkeiten sehen, so daß die unerfahrene Menge angelockt und aufgeweckt werde, und das Volk heimlich zur Erkenntnis gebracht werde; die Alten wußten, daß eine neue Weise der Unterhaltung notwendig war, also Fabeln, welche für den hohen und dunklen Geist verständlich sind[58].

Eine Erziehung, die auf den Fabeln der Antike aufbaut, die ihnen alle Hingabe schenkt, so sehr, daß vielleicht der bereits erwähnte Dolmetscher der Gesandten der Venus, die in Urbino eingetroffen waren, um Elisabetta Gonzaga Montefeltro zu huldigen, auf Isabella anspielt:

...doch Tugend, Geist und der Empfang
könnten der Welt zum Wohl gereichen
wäre nicht der grausame und böse Gedanke
der Euch gegen Amor die Brust vereist
und andere so schmerzlich martert
und Euch der höchsten Lust beraubt
Euch mit den anderen, denen Euer Vorbild schadet.

Zu den anderen, die wenig zu herzlicher Liebe neigten, wurde in der Tat auch Isabella d'Este gezählt, und unter ihrer Maske werden die Gesandten der Venus darüber gelächelt haben: Pietro Bembo, Verfasser der *Asolani*, und Ottavio Fregio, dem Castiglione in der Widmung des *Cortegiano* an Da Sylva höchstes Lob zuteil werden läßt[59].

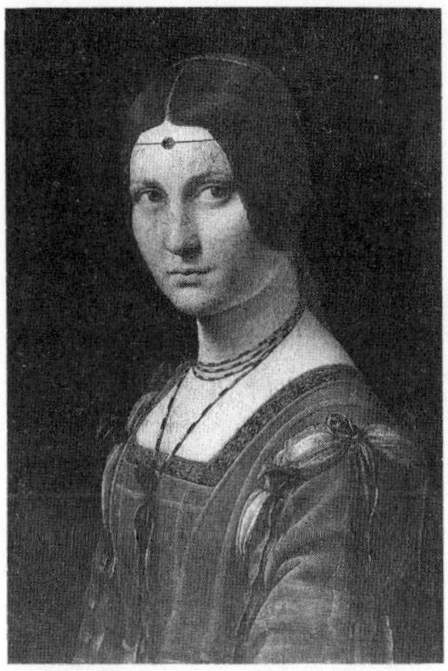

LEONARDO,
Belle ferronière, 1495–1500
(Portrait der Beatrice d'Este?)

Leonardo in Mantua

Nach dem Sturz von Ludovico il Moro hält sich Leonardo auf der Flucht von Mailand in Mantua auf, um ein Portrait von Isabella d'Este zu zeichnen, auf das unmittelbar darauf Lorenzo da Pavia hinweist: »Leonardo da Vinci ist in Venedig, der mir ein Portrait Eurer Exzellenz gezeigt hat, das Eurem Wesen sehr entspricht. Es ist so gut gemacht, daß es nicht besser sein könnte« (Brief vom 13. März 1500)[60]. Gewöhnlich identifiziert man dieses Portrait mit einem Karton des Louvre, der durchstochen und von Staubbeuteln verrieben ist, also für ein (nicht erhaltenes oder niemals vollendetes)[61] Gemälde diente. Es ist anzunehmen, daß Leonardo eine Zeichnung nach der Natur in Mantua zurückgelassen hatte und nach Venedig eine Kopie für die Arbeit in der Werkstatt mitgenommen hatte (oder umgekehrt); in Florenz schließlich hat er dann vermutlich in Ruhe den Karton des Louvre in Naturgröße gezeichnet. Wegen seines ruinösen Zustands und weil das Profil eine deutliche Ableitung der heraldischen Vorlage der Medaille von Gian Cristoforo Romano von 1498 ist, war dem Portrait bei der Kritik niemals besonderer Erfolg beschieden. Doch diesen Mißerfolg hat es nicht verdient. Natürlich drängt sich ein Vergleich mit der *Mona Lisa* auf, die aber – um die Wahrheit zu sagen – nicht mit gleicher Autorität den Vordergrund beherrscht, noch so leicht und kraftvoll den großen Schulterbogen in so subtil verringerter Dreiviertelsicht und beinahe aufsteigender Bewegung hält. Sicherlich hält das Gesicht dem Vergleich mit dem *Portrait eines Musikers* der Ambrosiana oder der *Belle ferronière* des Louvre nicht stand, doch wenn man die Bedingungen der Entstehung kennt (Isabella liebte es nicht, Modell zu sitzen), muß man zugeben, daß Leonardo in der neuen Erfindung des Portraits schon die granze Grandiosität des reifen Stils des Abendmahls in Santa Maria delle Grazie offenbart. In Venedig mußte Lorenzo Gusnasco aus Pavia staunen, als er Leonardos Zeichnung mit den Portraits von Bellini verglich, die zwar glänzend und großartig, doch im Vergleich von geringerer Bedeutung waren. Ein anderer – ich meine damit natürlich Giorgione – wird sich diesen neuen Schnitt in halber Größe und auch die trockene Zeichnung des Profils zunutze machen: Man betrachte insbesondere den *Gerolamo Marcello* (in Wien), der im Dialog mit einer unverwechselbar leonardesken Figur steht[62].

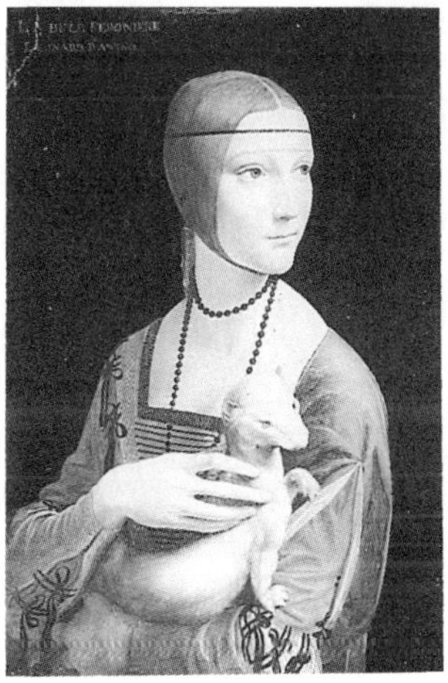

LEONARDO,
Portrait der Cecilia Gallerani, um 1490

Das Pariser Portrait dient als persönliche Überprüfung der Beurteilung, die Cecilia Gallerani Isabella über die führende Bedeutung von Leonardos Kunst geschrieben hatte; doch von der Person, die die junge Geliebte von Moro damals als *Dame mit dem Hermelin* (heute in Krakau) gemalt hatte, ist Leonardo nunmehr gegen Ende 1499 und Anfang 1500 recht verschieden. Angesichts der Bedeutung, die das Portrait berühmter Personen für ein entwickeltes Sammlertum hatte – die Portraits wurden gegenseitig ausgetauscht und verglichen –, war die Überprüfung nicht ganz unwichtig. Auch hier steht Isabella d'Este wieder im Zentrum eines Systems, das unter anderem Gesichtspunkt

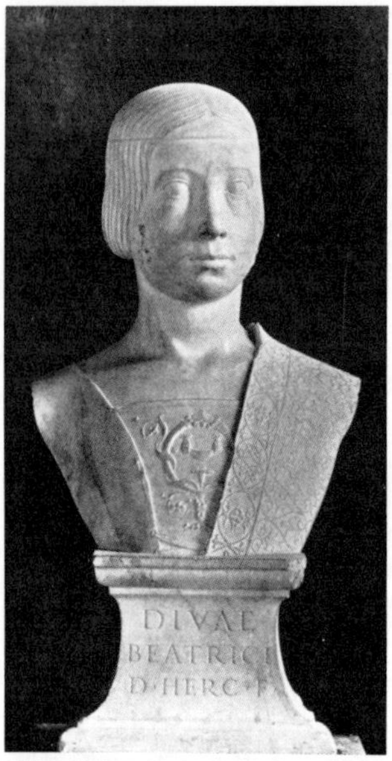

GIAN CRISTOFORO ROMANO,
Portrait der Beatrice d'Este, 1490–1495
Marmor

einen ständigen Informationsaustausch unter den italienischen Höfen um die Jahrhundertwende betreibt[63].

Etwa ein Jahr nach ihrer Hochzeit schreibt Isabella an die Schwester Beatrice, die Frau von Ludovico il Moro, daß sie ihr für einige Tage ihren Bildhauer Gian Cristoforo Romano überlassen möge, der »Eure Exzellenz in Marmor portraitierte« (das Portrait der jungen Beatrice im Louvre ist ein Meisterwerk sorgfältigster Ausführung). Das schriftliche Gesuch stammt vom 22. Juni 1491 und ist begleitet von einem weiteren Gesuch an Giorgio Brognola in Venedig (11. Juli) wegen des Erwerbs von hervorragendem Marmor für ein Portrait. Die Reise von Gian Christoforo wird wegen vorangegangener Verpflichtungen um einige Monate verschoben und kommt erst gegen Ende des Jahres zustande – und wir wissen leider nicht, mit welchem Ergebnis für das Portrait der Markgräfin von Mantua. Im Januar 1493 sitzt Isabella bei Mantegna Modell und verspricht, das Portrait Isabella del Balzo, der Gräfin von Acerra, zu schicken; von Neapel aus erwidert die Gräfin im voraus das Geschenk, und Isabella d'Este dankt ihr am 3. April 1493, indem sie mit einigem Vorbehalt die Ähnlichkeit des erhaltenen Portraits kommentiert; doch da sie »weiß, in welcher Schwierigkeit sich die Maler befinden, die das natürliche Gesicht vollkommen nachahmen«, ist es ihr dennoch lieb. Inzwischen hatte Mantegna das versprochene Gemälde fertiggestellt – mit einem gänzlich unbefriedigenden Ergebnis: »Es ist derartig schlecht gemacht, daß es überhaupt keine Ähnlichkeit mit Uns hat; wir haben nach einem Auswärtigen geschickt, der den Ruf hat, gut nach der Natur zu zeichnen«. Der »Auswärtige« ist Giovanni Santi, Maler am Hof von Urbino, der sich sofort nach Mantua begibt und mit Aufträgen für Familienportraits überhäuft wird. Er kommt jedoch nicht mehr dazu, viele Aufträge auszuführen, da er in Mantua erkrankt und Anfang Herbst des Jahres 1494 stirbt; zumindest beendet er aber das Portrait der Markgräfin, die es schließlich der neapolitanischen Freundin schickt und einen Brief vom 13. Januar 1494 hinzufügt:

> über Simone da Canossa, den Kammerdiener des hochverehrten Herzogs von Kalabrien, sende ich Euch die Portraittafel von der Hand des Zohan de Sancte, des Malers der hochverehrten Herzogin von Urbino, der, wie man sagt, sehr gut nach der Natur zeichnet, auch wenn mir dies, nachdem was man sagt, ähnlicher sein könnte...

Zu einem Zeitpunkt, der der Fertigstellung von Santis *Cronaca* so nahe liegt, mag es überraschen, daß ausgerechnet der vor allen anderen gefeierte Mantegna die Schmach erleidet, daß ihm Santi vorgezogen wird, doch läßt sich das Verhältnis zwischen den beiden nicht so oberflächlich vereinfachen. In erster Linie müßte man zu einer präziseren Vorstellung von dem Rang gelangen, den ein naturgetreues Portrait auf der Skala künstlerischer Werte am Ende des Quattrocento einnimmt. Wahrscheinlich keinen allzu hohen Rang, nach dem großzügigen Austausch solcher Erzeugnisse von Hof zu Hof und nach dem ungewöhnlichen Pastiche zu urteilen, das Leonardo als getreues Bild der Isabella d'Este anfertigt. Auch die unglaubliche Zahl von Kopien, Repliken und verschiedenartigen Ableitungen scheint darauf hinzudeuten, daß das wiedererkennbare Portrait in den Augen der höfischen Gesellschaft kein besonderes künstlerisches Ansehen genoß; es hatte eher eine dokumentarische Funktion, war verlockendes Denkmal: Ein Ersatz, um das Gedächtnis und die hieran geknüpften Gefühle anzuregen, weiter nichts. Jener Maler aus Urbino wäre nie ein überragender Meister der »Erfindung« gewesen; er war bescheiden, aber sorgfältig und kannte auf seine Weise sowohl die flämische Schärfe als auch die

Weichheit Peruginos; nur auf Portraits verstand er sich besser als der »hervorragende« Mantegna, der die Personen eher heroisch als naturgetreu darstellte. Wenn wir dann noch hinzufügen, daß Isabella im gleichen Jahr 1494 Ercole de' Roberti mit dem Portrait des Vaters beauftragte, so sehen wir, daß die Situation der höfischen Portraitkunst in diesem Jahr, zumindest in Mantua, nicht gerade eindeutig, sondern vielmehr äußerst offen und variabel ist.

Ein ähnliches Bild ergibt sich aus den bekannten Dokumenten des Jahres 1498, in denen allerdings die Lombardei eine Vorrangstellung einnimmt. In dem Brief vom 26. April 1498, den Isabella d'Este an Cecilia Gallerani schreibt, lesen wird:

> Nachdem wir heute bestimmte schöne Portraits von der Hand des Zoanne Bellini gesehen haben, kamen wir auf die Werke Leonardos zu sprechen, die wir zum Vergleich dieser Bilder, die wir hier haben, gerne sehen möchten...

Die Freundin aus Bergamo schickte mit großem Bedenken ihr Portrait, das sie fast noch als Kind darstellt, und wir überhören Isabellas Urteil über die beiden größten italienischen Maler dieser Zeit (1498 war Michelangelo auf dem Weg zu einem vielversprechenden Bildhauer und Raffael noch in zarter Jugend). Ich habe aber den Verdacht, daß der Vergleich nur ein Vorwand oder jedenfalls nicht sehr viel mehr gewesen sei von dem Moment an, da Isabella zwischen Frühling und Sommer mit Gian Cristoforo Romano die Medaille fertigstellt, die sofort auf großen Beifall stößt. Diese Nachricht sollte jedoch nicht vorzeitig zwischen Mantua und Mailand kursieren, ganz nach Isabellas Gewohnheit, »niemals eine Sache zu machen, die schon andere gemacht haben«. Derselbe Gian Cristoforo Romano mochte bereits der Markgräfin von Leonardos neuer Portraitkunst berichtet haben, die nicht nur ähnlich sei, sondern ganz der »geistigen Bewegung« entspreche. Das Portrait der Freundin aus Bergamo war eine wenig glückliche Wahl, da es sich nicht um ein neues Portrait handelte, und es überrascht, daß man nicht die *Belle ferronière* des Louvre von Mailand nach Mantua geschickt hatte, ein Portrait, das die Gesichtszüge der Beatrice d'Este wiedergibt. Jedenfalls nahm sich das Medaillenportrait – ganz dem ›antiquarischen‹ Geschmack entsprechend – römische Münzen zur Vorlage; nur in dem zarten Gewirr der Haare, die im Nacken zurückgehalten sind, findet man einen Hinweis auf Leonardo.

Im August 1498 zirkulierte die Medaille unter den Freunden (Tebaldeo in Ferrara besaß eine Kopie), doch war inzwischen ein anderer einfühlsamer Portraitist am Hof aufgetreten: Boltraffio, den Isabella von Aragon vorgestellt hatte, die unglückliche Witwe von Gian Galeazzo Sforza, dem entmachteten Neffen von Ludovico il Moro. Boltraffios Aufgabe bestand darin, ein Portrait von Ferrante von Aragon, dem Bruder der Isabella von Aragon, das im Besitz der mantuanischen Fürsten war, zu kopieren. Diese Kopie ist uns nicht bekannt, doch kennen wir Boltraffios Portraitkunst gut genug, um uns vorzustellen, wie sehr man über seine psychologische Feinfühligkeit und farbliche Verführungskraft – auch im Vergleich zu den Vorlagen von Giovanni Santi, die sich am Hof befanden – gestaunt haben wird[64]. Sehr befremdlich ist daher die Entscheidung der Markgräfin, das eigene Portrait Giovanni Francesco Maineri, einem »sehr zaghaften Menschen« aufzutragen, um es dann Isabella von Aragon zu schicken, die beharrlich danach gefragt hatte (wir befinden uns am Ende des Jahres 1498). Isabella d'Este ist offenbar nicht imstande, sich für die psychologischen Portraits nach der Art Leonardos zu entscheiden und vertraut die eigenen Gesichtszüge weiterhin den sorgfältigen traditionalistischen Malern an. So können wir vielleicht besser verstehen, warum Isabella – als Leonardo ein Jahr später in Mantua weilte – sich lieber nicht dem heiklen Dialog mit offenen Karten aussetzen wollte, den ein Portrait in der ›modernen Manier‹, Auge in Auge, bedeutete, und die Zeichnung ihres Profils lieber nach der Medaille von Gian Cristoforo Romano vornehmen ließ, ohne Leonardo das Geheimnis ihrer »geistigen Bewegung« anzuvertrauen.

Ein solcher Widerstand konnte jedoch nicht von langer Dauer sein, zumal gerade Leonardos unstete Reisen durch Italien und die Verstreutheit seiner mailändischen Schüler, die zu eng mit dem Hof von Moro verflochten waren, schließlich den Ruhm des neuen und beunruhigenden Genius der Malerei verbreiteten. Es wäre an diesem Punkt wichtig, zu wissen, wann genau das Sonett von Niccolò da Correggio über ein weibliches Portrait von Leonardo entstanden ist, und um welches der nicht sehr zahlreichen Portraits, die Leonardo in Norditalien geschaffen hat, es sich handelte[65]. Man kann jene Dichtung nicht mit Sicherheit in Zusammenhang mit Isabellas Portrait bringen, doch wenn die Verse in den Zeitraum von 1500 und März 1501 fielen, wüßten wir, wer der Ratgeber war, der Isabellas plötzlichen Meinungsumschwung gegenüber Leonardo in dem berühmten Brief an Pietro da Nuvola vom 27. März 1501 bewirkt hat: Eben Niccolò da Correggio. Eine weitere Informationsquelle dürfte Gerolamo Casio gewesen sein, auch er Dichter und Goldschmied, der Boltraffio den Auftrag zu dem bekannten Altarbild gab, das sich heute im Louvre befindet und aus Bologna stammt. Es ist vielleicht nie deutlich genug gesagt worden, daß die Madonna der Familie Casio im Jahre 1500 trotz der ein wenig ungeschickten Komposition zu den frühesten Beispielen des modernen Altarbilds in Italien gehört. Der einzige Konkurrent, den Boltraffio fürchten muß, ist Piero di Cosimo, der bereits 1493 auf den Altar der Innocenti-Kirche in Florenz die kristallklare Tafel für die Del Pugliese gestellt hatte (zu jener Zeit ein fast unglaubliches Werk). Im Jahre 1500 ist Fra Bartolomeo noch in Gefahr, über den ehrgeizigen Schritt des *Jüngsten Gerichts* für das Kloster von San Marco zu stolpern, und Raffael ist damit beschäftigt, den nicht mehr allzu lebhaften Reiz zweier abgöttisch verehrter Meister auszuschöpfen: Perugino und Pinturicchio. Sogar Bellinis *Taufe Christi* in Santa Corona in Vicenza (um 1502) erscheint weniger stolz und großzügig gelöst als die Madonna Casio[66].

Lesen wir also den Brief vom 27. März 1501, der an Bruder Pietro da Nuvola geschickt wurde, um von Leonardo zu erfahren,

> ob er den Auftrag übernehme, für unser Studio ein Bild zu machen, wobei wir, wenn es ihm zusagte, die Idee und die Zeit in sein Ermessen legen würden, wenn er aber unwillig sein sollte, mögen Sie ihn unbedingt veranlassen, ein anmutiges Bild der frommen und süßen Madonna, so wie es ihrem Wesen entspricht, zu machen. Daneben bitten Sie ihn, daß er eine weitere Skizze unseres Portraits schicken möge [die Skizze die in Mantua geblieben war, hatte Francesco Gonzaga ohne viel Aufhebens verschenkt].

Isabella scheint zu bereuen, daß sie das Portrait wenig beachtet hatte, das nun so wichtig und nur von Leonardo selbst ersetzbar ist; sie bereut es so sehr, daß sie sich zu großen Zugeständnissen hinsichtlich der möglichen Ikonographie eines Gemäldes für das Studiolo bereit erklärt (der analoge Brief an Bellini stammt vom 28. Juni 1508, und vor Leonardo hatte Isabella nur dem berühmten Steinschneider Francesco d'Anichino eine ähnliche Freiheit mit einer Einschränkung zugestanden: »Daß es aber etwas sei, das die Antike darstellt«[67]. Doch Isabellas wirklicher Wunsch scheint – mehr als das Gemälde für das Studiolo – »ein anmutiges Bild der frommen und süßen Madonna, wie es ihrem Wesen entspricht«, zu sein. Was sie damit meinte, wird aus einem späteren Brief (24. Mai 1504) an Leonardo ersichtlich, in dem sie schließlich auf das Portrait verzichtet:

... wir bitten Euch um der Treuepflicht uns gegenüber willen, daß Ihr unser Portrait in eine andere Gestalt verwandeln möget, die noch willkommener sein wird, also einen Christus-Knaben von etwa zwölf Jahren, eine Darstellung jenes Alters, das er hatte, als er im Tempel disputierte, und das mit jener Süße und Zartheit des Air gemacht ist, welche Eure besondere Kunst auszeichnet[68].

Es ist recht zweifelhaft, ob Leonardo persönlich dieses Gemälde für Isabella ausgeführt hat; jedenfalls glaube ich nicht, daß es sich mit dem *Salvator mundi* decken könnte, der durch eine Zeichnung von Windsor und einen Stich von Hollar überliefert ist[69]. Um sich das Bild vorzustellen, müßte man sich, glaube ich, zweier extremer Bezugspunkte bedienen, die jedoch ikonographisch eher dazugehörig sind als der *Salvator mundi:* Ich meine den wenig bekannten *Christus als Jüngling* des Lazaro Galdiano-Museums in Madrid, ein lombardisches Werk, das von einer Idee Leonardos im letzten Jahrzehnt des Jahrhunderts abgeleitet ist, und den *Christus als Jüngling* von Correggio, heute in Washington, »des Alters, das er hatte, als er im Tempel disputierte, und der mit jener Süße und Zartheit des Air gemacht ist«; offensichtlich leitete Correggio das Werk von einer Vorlage Leonardos ab, die um 1504 entstand, in welche Zeit auch der Brief Isabellas fällt[70].

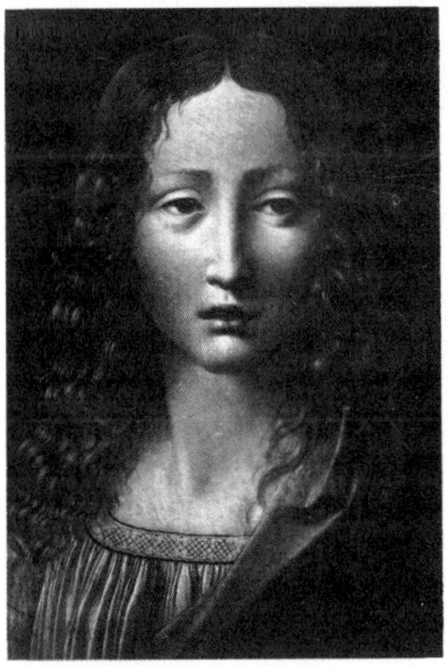

PSEUDO-BOLTRAFFIO,
Junger Christus, 1490–1500

Es ist kaum vorstellbar, daß die Markgräfin eine Leserin von Leonardos Manuskripten gewesen sei, doch ihr Hinweis auf die besondere »Süße und Zartheit des Air« in Leonardos Werken ist zu treffend, als daß er nicht aus unmittelbaren Gesprächen und aktuellen Informationen herrühren würde. Es ist nicht unerheblich, daß sich eine analoge Behauptung bei einem Briefpartner Isabellas, Sabba Castiglione, findet, der jedoch wohl in ihrer Schuld stand: »Leonardo da Vinci, ein Mensch von höchster Begabung und sehr herausragend und berühmt in der Malerei, ein Schüler Verrocchios, wie man an der Süße des Air erkennt.« Später spricht Bernardino Arluno von Leonardo als »pictorem mollissimum, cuius in hunc diem picturae vivunt« (sehr weichem Maler, dessen Bilder bis zu diesem Tag leben), und Jean Lemaire erinnert in Mailand an »Léonard, der wundervolle Grazie hat«. Die Erwähnung von Lemaire stammt aus dem Jahre 1509 und im gleichen Jahr erscheint in Venedig die *De divina proportione* von Luca Pacioli, der Leonardos Abendmahl diesen psychologisch bedeutsameren Hinweis vorbehält:

Wo es scheint, daß die Apostel, der eine zum anderen mit Handlungen und Gesten, der andere zum einen mit lebhafter und betrübter Verehrung sprächen, so würdig hat es unser Leonardo mit seiner anmutigen Hand geordnet[71].

Es ist bekannt, daß die Schrift von Pacioli auf das Jahr 1497 zurückgeht und daß Pacioli selbst Leonardo auf seiner Flucht von Mailand begleitete: Auch dies zeigt, wie der Ruhm des Meisters sich im Unglück schneller verbreiten konnte als in den Jahren, da er am Hof von Ludovico il Moro in großer Abgeschlossenheit mit Aufgaben betraut war, die nicht in erster Linie die eines Malers waren.

Süß und zart im Air, »mollissimum« (was ein Attribut der Kritik Ciceros ist), mit »wundervoller Grazie« begabt, und von »anmutiger

Hand« war Leonardo im Laufe der neunziger Jahre in Mailand geworden, worauf man bereits im *Kodex A* des Institut de France bedeutsame Hinweise entdecken kann:

Am meisten zu loben ist die Figur, die mit der richtigen Gebärde die Leidenschaft ihrer Seele ausdrückt [...] Die Gliedmaßen samt dem Körper sollen sich zu dem, was du die Figur gerade ausführen lassen willst, mit Leichtigkeit und Grazie anschicken. Willst du eine Figur machen, die Lieblichkeit zeigt, so mache ihr feine und schlank gestreckte Gliedmaßen ohne Ausprägung allzu vieler Muskeln, die wenigen, die du sie dem Zweck entsprechend zeigen läßt, seien weich, d.h. wenig merklich, mit Schatten von geringer Deutlichkeit, und die Gliedmaßen, sonderlich die Arme, machst du locker bewegt [...] Von Stellungen des Körpers und der Arme gibt es unendlich viele, deshalb werde ich mich darüber nicht verbreiten, Regeln dafür zu geben, und will nur gesagt haben, daß auch sie leicht und anmutig bewegt sein sollen [...] und in verschiedenartigen Wendungen zusammenkommen, damit sie nicht wie Stücke Holz aussehen[72].

Durch das glückliche Wiederauftauchen des *Kodex Madrid II*, dessen Anmerkungen zur Malerei die Jahre 1503–05 abdecken, sind wir in der Lage, die Entwicklung der ursprünglich in Mailand entwickelten Themen zu verfolgen, und einige sehr bedeutsame Beobachtungen genau zu datieren, die für die Entwicklung der figurativen Kultur in Florenz und für den allgemeinen Fortschritt der modernen Manier sehr wichtig sind (bislang waren sie nur über die Transskriptionen von Melzi für den *Trattato della pittura* bekannt, der im Cod. Vat. Urb. Lat. 1270 überliefert ist). Der Kern betrifft die Erfahrung der Farben und des Lichtes, doch gibt es auch einige Abschnitte über die Eigenart der Glieder und des Gesichtes:

Füge niemals den Figuren und den anderen Gestalten in den Historien zu viele Ornamente hinzu, die die Form und die Haltung dieser Figuren und das Wesen der erwähnten anderen Gestalten behindern.

Dies scheint eine Kritik an dem archäologischen Beiwerk bei Filippino Lippi und Perugino zu sein, die in Florenz hoch im Kurs stehen, als Leonardo von Mailand dorthin zurückkehrt.

...laß die Glieder schwellen und füge ihnen Muskeln in Bewegung hinzu; die Ermüdung soll angemessen und mit ruhenden leichten Muskeln dargestellt werden, bei den Jungen wirst du nicht Muskeln oder Körperkraft, sondern süße Fleischesfülle mit leichten Beugungen und Abrundungen der Glieder suchen.

Angesichts von Michelangelos *David* wirken die beiden vorangegangenen Betrachtungen vielleicht etwas polemisch, und sie müssen im Zusammenhang mit den Skulpturen von Rustici für das Florentiner Baptisterium gesehen werden, an denen Leonardo, wie es scheint, mitgewirkt hat.

Die Mienen der Gesichter seien variiert nach dem Zustand der Person, in Anstrengung, in Ruhe, im Zorn, im Weinen, Lachen, Schreien, in Furcht und derlei mehr. Und überdem sollen auch die Gliedmaßen der Person samt der ganzen Stellung der Erregung des Gesichts entsprechen.

Aus heutiger Sicht ist dieser Satz unter dem Einfluß der Vorbereitungen für den Karton der *Schlacht von Anghiari* zu verstehen; und schließlich:

Wolle an diesen Figuren nicht alle Muskeln deutlich machen, denn wennschon dieselben an ihrem Platz vorhanden sind, so werden sie doch nicht sehr deutlich sichtbar, wenn die Gliedmaßen, an denen sie sich befinden, nicht in großer Kraftspannung oder Arbeit sind. Und die Gliedmaßen, die unbeschäftigt bleiben, seien ohne Hervorhebung der Muskulatur. Thust du nicht so, so wirst du statt einer Figur eher einen Sack voll Nüsse nachgeahmt haben[73].

Die Parallelität dieses Textes zu dem oben zitierten des *Kodex A* zeigt die Kontinuität von Leonardos Überlegungen zu einer besonderen Anmut der Haltung, die sicherlich in Florenz mit der überdeutlichen Muskeldarstellung bei Michelangelo im *Tondo Doni* und der *Schlacht von Cascino* aufeinandergestoßen ist, woher der ironische Vergleich mit dem Sack Nüsse zu rühren scheint.

Für die Portraits und das aufkommende Problem des physiognomischen Ausdrucks ist insbesondere der Hinweis auf den Gesichtsausdruck entsprechend der »Situation« interessant: Leonardo hatte das Thema auf einer alten und unsicheren ficinianischen Spur nach Mailand gebracht, und stellt nun sein überraschendes Wiederaufleben fest, das von großen editorischen Unternehmungen begleitet ist[74]. Der direkteste Anhaltspunkt für Florenz ist das Kapitel *De physiognomia* der *De sculptura* von Pomponius Gauricus, das im Dezember 1504 veröffentlicht wird, doch muß man berücksichtigen, daß diese florentinische Erscheinung etwas zufällig wirkt. Die Widmung von Marcantonio Placido an den sehr jungen Lorenzo Strozzi, den Sohn Filippos des Reichen, stimmt in etwas undeutlicher Form mit der Widmung von Gauricus an den alten Ercole d'Este, den Herzog von Ferrara, überein; im übrigen ist der Text völlig auf Norditalien, Venetien und die Emilia abgestimmt, und auch die Lobrede auf die vier wohlausgewählten florentinischen Bildhauer (Benedetto da Maiano, Michelangelo, Andrea Sansovino und Rustici) scheint ein Nachtrag im letzten Moment zu sein, um Wohlwollen zu erlangen[75]. Anders stehen die Dinge, wenn wir statt dessen die kleine Abhandlung von Gauricus und besonders das Kapitel über die Physiognomie der *Quaestio de subiecto physionomiae et chiromantiae* von Allessandro Achillini gegenüberstellen, die 1503 in Bologna veröffentlicht wird als Vorbemerkung zur *Chiromantiae et Physionomiae Anastasis* von Bartolomeo Della Rocca, die ein Jahr später – also genau gleichzeitig mit Gauricus – erscheint. Die Behauptung von Gauricus, daß das Kapitel über die Physiognomie der *De sculptura* vorangegangen sei, scheint hierbei sehr zweifelhaft, da der sehr junge Pomponius, der Bruder des Astronomen Luca Gaurico, im bolognesischen Ambiente der Bentivoglio verkehrte – wie auch Achillini und Della Rocca. Uns interessiert der Streit um den zeitlichen Vorrang nicht sehr; für das Florenz von Filippino Lippi und Piero di Cosimo, das nun das Florenz von Leonardo, Rustici und Fra Bartolomeo war, wurde die Möglichkeit bedeutsam, eine wissenschaftliche Debatte kennenzulernen, die an den norditalienischen Universitäten sehr erfolgreich war, und zwar die »... physionomia et chyromantia speculativae scientiae [...] et non practicae« (Physiognomik und Farblehre der spekulativen und nicht der praktischen Wissenschaft). Die Debatte berührte schließlich im Norden auch die heikle Frage der Seele – zu einem Zeitpunkt, da Leonardo aber nunmehr andere Gedanken und Sorgen hatte: Falls er je begierig war, eine aristotelische Anthologie zu lesen, die in Pavia unter dem suggestiven Titel *Infinita naturae secreta* erschienen war, so wird er im Jahre 1515 bei der Entdeckung gelächelt haben, daß gerade am Anfang ein Thema hoch im Kurs stand, das ihm am Herzen lag und das er in die psychologische Intensität seiner wenigen Portraits übersetzt hatte.

Quoniam et animae sequuntur corpora et ipsae secundum seipsas non impassibiles a motibus corporibus (hoc autem manifestum fit valde in ebrietatibus et aegritudinibus), multum namque animae mutatae videntur a passionibus corporis et e contrario.

(Da ja die Seele den Körper begleitet und dieser ihrem Wesen nach die Körperbewegungen nicht gleichgültig sind [was ja im Rausch und im Schmerz sehr deutlich wird], scheint sich die Seele durch die körperlichen Affekte sehr zu verändern und umgekehrt.)[76]

1515 war Leonardos Erfolg sehr getrübt; im Rom Leos X. gaben Raffael und Michelangelo als Historienmaler, als Bildhauer und als Architekten den Ton an; doch im Bereich des Portraits blieb Leonardos neues Modell mit der leichten Anordnung im Raum und der Intensität und Tiefe des psychologischen Ausdrucks maßgebend. Der Ursprung dieser Entdeckung lag lange Jahre zurück, als Leonardo noch in Mailand lebte; und es war eine so aufregende Entdeckung für ihn gewesen, daß er sogar daran gedacht hatte, künftige Betrachter mit einem Motto darauf aufmerksam zu machen, das auf eine Hülle des Portraits geschrieben werden sollte: »Non iscoprire se libertà t'è cara, che 'l volto mio è carcere d'amore« (Wenn dir die Freiheit lieb ist, decke nicht auf, daß mein Gesicht der Kerker der Liebe ist)[77].

Der Hinweis auf die Liebe führt uns zu Isabella d'Este zurück, zumal der doppelte Elfsilbler aus dem Jahre 1493 stammt, als Isabella ihr Studiolo plante und es Anteros widmete: also einer Liebe, die nicht gefangenhält, sondern befreit, die nicht die Seele durch irrationale sehnsüchtige Verwirrungen ängstigt, sondern sie glücklich in die höchsten Himmelssphären geleiten will. Diese geistige und bedingungslose Liebe ist nunmehr, als Isabella ihren Brief an Leonardo schreibt, eine fast vergangene Mode. Es war noch kein Jahr vergangen, als unter den Wortführern der Liebe der Skandal der *Asolani* (März 1505, Ausgabe bei Aldo Manuzio in Venedig) platzte: eine Abhandlung über die Liebe, in der gerade die archäologischen Mythen, die moralischen Fabeln oder andere Verdrängungssysteme fehlen – eine Abhandlung, die allein der Gefühlsphänomenologie sowie psychologischen Beispielen gewidmet und die beinahe ein Bekenntnis war.

Ein Musiker und Maler am Hofe Isabellas: Lorenzo Costa

Verehrter Paride de Ceresara M. Paris, wir wissen nicht, wer von der Langsamkeit der Maler mehr Verdruß hat, entweder wir, die wir unsere Kammer nicht beendet sehen, oder Ihr, die Ihr jeden Tag neue Erfindungen zu machen habt, welche dann aufgrund der Grillen dieser Maler weder sehr bald, noch vollständig feststehen, wie wir es wünschten, und deshalb haben wir beschlossen, neue Maler auszuprobieren, um die Arbeit in unseren Tagen noch abzuschließen. Als der Pronotator Bentivoglio hier weilte, bot er sich an, ein Bild in Bologna von einem exzellenten Meister malen zu lassen, der es bald machen würde, so daß uns wohl gedient wäre. Wir bitten Euch, laßt Euch die Mühe nicht leid werden, eine neue Erfindung zu komponieren, die Euch selbst zufriedenstellt, wovon auch unsere Zufriedenheit abhängt. Sobald Ihr sie gezeichnet habt, schickt sie sofort her, Ihr könntet nichts Willkommeneres tun...

Ein weiterer Brief von Isabella d'Este zu dem Studiolo und weitere Klagen über die langsam voranschreitende Arbeit und die Launenhaftigkeit der ausgewählten Künstler; er datiert vom 10. November 1504, als Perugino sich die größte Verzögerung zu Schulden kommen läßt, doch in einem kurz darauf folgenden Brief an Anton Galeazzo Bentivoglio vom 27. November erwähnt Isabella auch Giovanni Bellini, von dem sie sich an der Nase herumgeführt fühlt[78]. Der bolognesische »Pronotator«, auf den sie anspielt, ist eben jener Anton Galeazzo, der zweite männliche Nachkomme von Giovanni II. Bentivoglio, der Gebildetste der zahlreichen Nachkommenschaft von Ginevra Sforza und auch der betontermaßen Frommste: Ihm, der die langen Pilgerfahrten ins Heilige Land und nach Santiago de Compostela liebte, ist die *De felicitate christiana* von Giovanni Garzoni gewidmet, aber auf ihn berufen sich auch die Widmungen der ersten Auflage der *Stanze* von Poliziano (die 1494 in Bologna erschienen) und der postumen Sammlung der Werke von Codro (die der junge Beroaldo im März 1502, ebenfalls in Bologna, herausgegeben hatte)[79]. Wir erkennen ihn als Sechzehnjährigen, doch bereits im Pilgergewand, auf der bekannten Tafel der Bentivoglio, die Costa für San Giacomo gemalt hat, und etwa zehn Jahre später, 1499, taucht er in Reiterkleidung auf der Tafel von Francia für die Misericordia-Kirche, heute in der Pinacoteca Nazionale in Bologna, wieder auf. Der Tradition nach soll auf dieser Tafel der Schäfer zur Rechten die Züge von Gerolamo Casio, einem weiteren Briefpartner von Isabella aus Bologna, haben, doch ist diese Identifizierung unwahrscheinlich. Der junge Mann mit der Krone aus Eichenblatt (und nicht aus Lorbeer wie es Casio gewünscht hätte) hat vielmehr die Züge von Alessandro Bentivoglio, wie er uns aus dem *Bentivoglio-Konzert* bekannt ist, bei dem die Identifizierung sicher zu sein scheint[80]. Unter den zehn Sängern des Bentivoglio-Chors ist der Mann im Vordergrund auf der linken Seite der Maler des Bildes selbst, Lorenzo Costa, dessen Kappe seinen Namen trägt. Chronologisch dürften wir

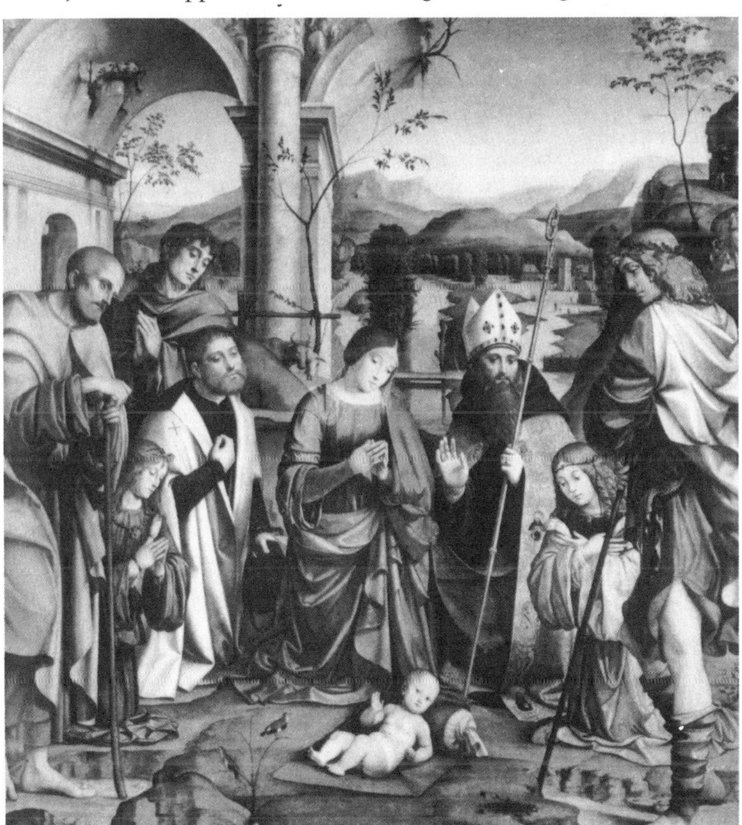

FRANCESCO FRANCIA,
Anbetung des Kindes, 1499

nicht allzu weit von dem erwähnten Briefkontakt zwischen Bologna und Mantua wegen eines neuen Gemäldes für das Studiolo entfernt sein, das natürlich die *Krönung der Isabella* ist. Es ist wichtig, Costas musikalische Begabung zu betonen, da sie in gewisser Weise die Wahl des Malers und das gewünschte ikonographische Thema bestimmt haben mochte, und schließlich auch, weil er zu der Schar der Künstler gehört, die im Lautenspiel und Gesang erfahren waren, was für die figurative Kultur Italiens zwischen dem Ende des Quattrocento und Anfang des Cinquecento charakteristisch ist. Um nur diejenigen zu nennen, die Isabella am besten bekannt waren, treffen mit Costa drei Hauptvertreter zusammen: Leonardo, Giorgione und Gian Cristoforo Romano. Über Lorenzo Costa mochte Isabella zum Zeitpunkt der bolognesischen Briefe über seine musikalische Begabung hinaus nicht viel gewußt haben, abgesehen offensichtlich von den Empfehlungen Anton Galeazzo Bentivoglios. Wenn ich nicht irre, waren von ihm noch keine Drucke erschienen – im Unterschied zu seinem Kollegen Francesco Francia (der allerdings in erster Linie als Goldschmied und Kupferstecher Erfolg hatte); möglicherweise war die Lobschrift von Giovanni Filoteo Achillini im *Viridarium* bereits geschrieben, doch wurde sie erst 1513 veröffentlicht[81].

Im Vertrauen auf die bolognesischen Freunde und zufrieden mit dem Gemälde ihrer persönlichen Krönung wird Isabella sofort nach dem Sturz der Bentivoglio durch Julius II. (in den ersten Novembertagen des Jahres 1506) Costa in Mantua empfangen; Mantegna war kurz zuvor gestorben und Costa wurde automatisch der neue Hofmaler. Hier beginnt für ihn eine erfolgreiche Serie von Aufträgen und Anerkennungen, die er in Bologna schwerlich erreicht hätte; dies beweist indirekt der entgegengesetzte Fall von Amico Aspertini, der sich zur gleichen Zeit am Hof aufhält und der sein Meisterwerk in jener Art einer bolognesischen Sixtinischen Kapelle mit dem Oratorium von S. Cecilia bei San Giacomo geschaffen hat[82].

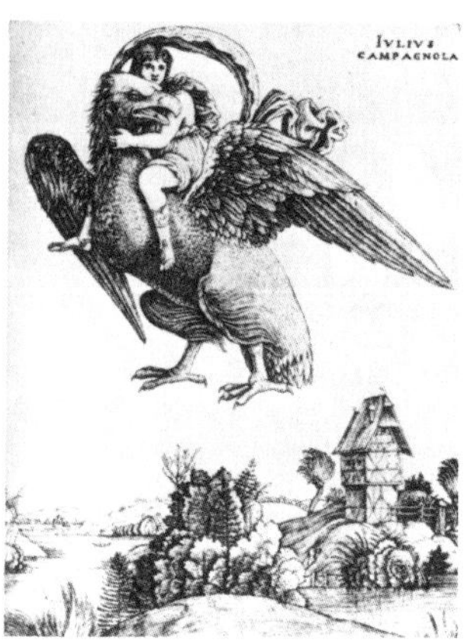

GIULIO CAMPAGNOLA,
Ganymed
Kupferstich, Anfang 16. Jh.

Costa wird ohne Schwierigkeiten in Mantua aufgenommen, und es ist glaubhaft, daß er dort, nach dem langsamen Ausscheiden des alten Mantegna, die Rolle eines modernen Malers übernommen hat. Das Gemälde für das Studiolo war in Mantua eine große Neuheit: In leuchtenden und gefälligen Farben und rhythmischen Entsprechungen arrangiert, die das »Schweigen« und die zarte gefühlvolle Stimmung von Sannazzaros *Arcadia* (des größten literarischen Erfolgs jener Jahre) nachzuempfinden scheinen. Man kann sogar vermuten, daß Costa genaue Berichte über einen noch jungen venezianischen Meister mit Namen Giorgione zu Ohren gekommen waren, dessen Ruhm tagtäglich größer wurde. Wie er im Jahre 1506 malte, ist uns durch die *Laura* in Wien bekannt, doch wichtiger ist vielleicht, daß er zwischen 1506 und 1507 so berühmt geworden war, daß der Rat der Zehn sich entschloß, ihm ein Gemälde für den Audienzsaal aufzutragen (das entsprechende Dokument vom 14. August ist das erste uns überlieferte notarielle Aktenstück, das Giorgione betrifft). Vielleicht hatte Costa nicht die Möglichkeit, seine letzten Werke direkt kennenzulernen – dies ist vielleicht eher auszuschließen –; doch gab es jemanden, der als Mittelsmann fungieren konnte, nachdem er frühzeitig zwischen den Höfen von Mantua und Ferrara hin und her gereist war, bevor er sich endgültig in Venedig niederließ: Ich meine Giulio Campagnola[83].

Costas Weg am Hof der Isabella auch nur kurz zu folgen, bedeutete einen emblematischen höfischen Weg zu gehen, der noch viel deutlicher ist als derjenige Giorgiones, Leonardos oder des jungen Raffael. Die religiöse Produktion sinkt zugunsten einer Reihe von rein höfischen Aufträgen sofort fast auf Null; ebenso unmittelbar zeigt sich die Verflechtung mit den zeitgenössischen literarischen Ereignissen, also mit den ersten Anfängen der Kunstkritik in Italien. Am 28. Juni 1508 bittet Isabella um die Verse von Gian Giacomo Calandra: »... weil wir zu dem letzten Bild, das Costa von uns gemacht hat, ein schönes Distichon zu seinem Lobe fügen wollen«[84]. Dieses Portrait wurde als Zierde des ganzen Hofes betrachtet, und man führte es triumphierend Francesco Maria Della Rovere vor, dem künftigen Erben des Herzogtums von Urbino, der zum Besuch seiner Verlobten Eleonora Gonzaga erschienen war (August 1508); er mochte es im Geist mit dem eigenen Portrait und dem der Elisabetta Gonzaga (heute in den Uffizien) oder mit anderen wohlbekannten Portraits wie dem der Emilia Pia (heute in Baltimore) oder der Eleonora Gonzaga selbst vergleichen, das 1505 zur Verlobung ausgeführt worden war (heute in Boston)[85]. Sicherlich konnte der Hof von Urbino wegen der eigenen Portraits auf den Sohn von Giovanni Santi rechnen, doch nachdem der Wettkampf mit der Gegenüberstellung von Giovanni Santi und Mantegna schon einmal eröffnet war, mußte er nun nicht unbedingt wieder mit der Niederlage des mantuanischen Konkurrenten enden: Daß Raffael bereits die Portraits von Angelo Doni und Maddalena Strozzi (heute im Palazzo Pitti) gemalt hatte, konnte Mantua und womöglich auch Urbino entgangen sein, da dieses florentinische Paar nicht der höfischen Gesellschaft angehörte. Noch größeren Erfolg hatte das Portrait in Ferrara im Monat November: Isabella hatte es den Verwandten gegenüber so gelobt, daß sie gezwungen war, es tatsächlich vorzuführen, und sie schickte einen Boten nach Mantua mit dem Auftrag, es ihr zu bringen. Ich halte es nicht für vorschnell, dieses Portrait in der jungen Frau mit dem Hündchen auf dem Arm, heute in der Sammlung der englischen Königin im Buckingham Palast, wiederzuerkennen; unter anderem paßt das vorhandene Treuesymbol gut zu einer der Devisen des Studiolo: »bona fé non est mutabile« (rechte Treu ist unvergänglich). Doch sollte man auch zugestehen, daß dieses Portrait für uns recht enttäuschend ist. Die Gesichtszüge der Isabella sind, abgesehen von den rundlichen Wangen, die sie mit ihrer Schwester Beatrice gemein hatte, kaum erkennbar; die Augen, der Mund, die Nase sind unspezifisch regelmäßig, und die gesamte Darstellung eignet sich, glaube ich, nicht zu einer persönlichen, sondern zu einer symbolischen Identifizierung: als Allegorie der Treue. Auch unter diesem Aspekt wird die Verknüpfung mit dem dokumentierten Portrait einsichtig, da es wahrscheinlich dasjenige ist, das Francesco Gonzaga als Gefangener der Venezianer zusammen mit dem Portrait der Tochter Eleonora aus Mantua schikken ließ. Somit sollte nicht die getreue Darstellung der physischen Züge in dem Gemälde überzeugen, sondern vielmehr der offene Zugang zu den psychologischen Zügen dieser gedankenvollen und ein wenig melancholischen Augen (alle Texte über die Physiognomie bestehen in diesen Jahren auf den Augen als dem Fenster der Seele). Dies war es, was Mantegna in seinen heroischen Portraits immer vernachlässigt hatte, eine Erfahrung, der sich Isabella in der wesentlich tieferen Intensität Leonardo da Vincis nicht aussetzen wollte. Costa stand für die Darstellung einer gemessenen und allgemeinen Gefühlsbewegung: Auf der Schwelle zu der großen Entdeckung der Gefühlsphänomenologie, welche Musik und Poesie an den italienischen Höfen zu entwickeln begannen. Daß er mehr konnte, wissen wir durch das Portrait des Giovanni Battista Fiera, heute in London[86].

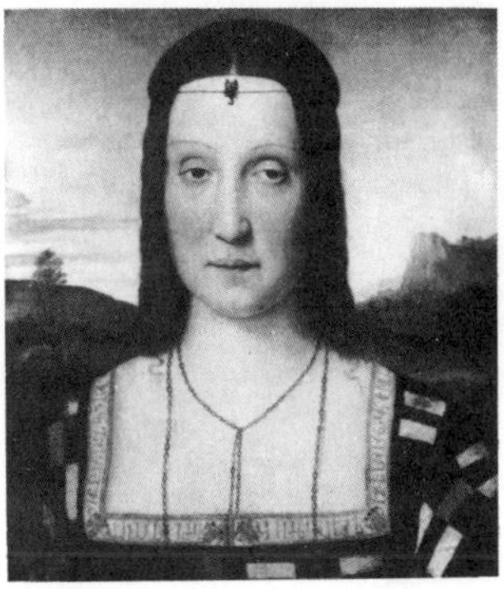

RAFFAEL,
Portrait der Elisabetta Gonzaga Montefeltro, 1504–1505
Ausschnitt

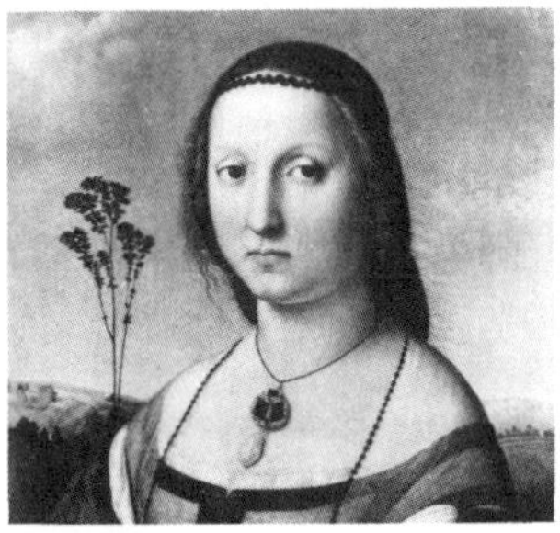

RAFFAEL,
Portrait der Maddalena Doni, 1506
Ausschnitt

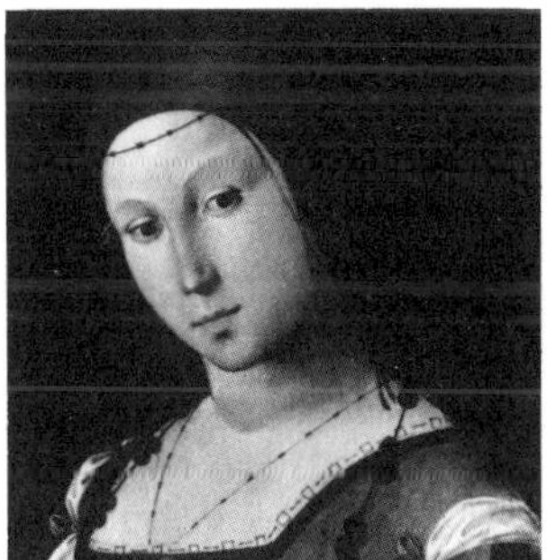

LORENZO COSTA,
Portrait der Isabella d'Este als Allegorie der Treue, 1505–1510
Ausschnitt

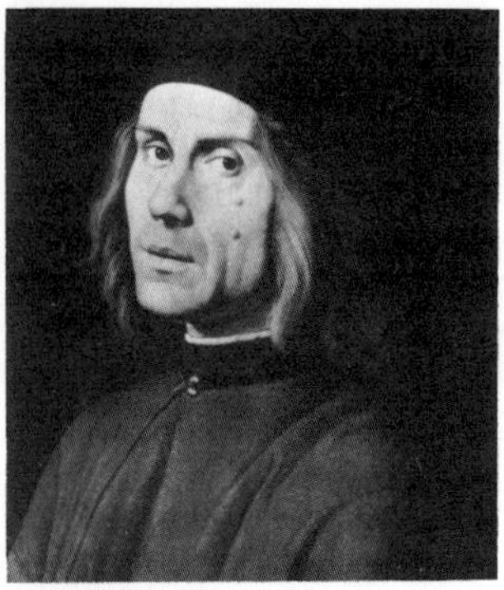

LORENZO COSTA,
Portrait des Giovanni Battista Fiera,
1505–1510

Die Anerkennung des Psychologischen in der Malerei, der Musik und der Poesie war den Gonzaga, insbesondere dem Markgrafen Francesco, vertraut, seit Teofilo Collenuccio – um gewisse Verzögerungen bei den Arbeiten in Marmirolo zu rechtfertigen – ihm erklärt hatte, daß »der Maler, der Musiker und der Dichter von Natur aus der langen und höchsten Reinigung des Geistes bedürfen, da sie meistens etwas sonderbar sind«[87]. Francesco Gonzaga stellte sich darauf ein und unterhielt immer eine herzliche Freundschaft mit Costa, den er sogar in den Briefen der Gefangenschaft erwähnt und dem er bereitwillig verzeiht, auch als dessen Launen diplomatische Zwischenfälle hervorriefen: »Wir haben unserem Maler Costa aufgetragen, daß er ein Portrait von Loyso anfertige«, schreibt der Markgraf an den Archidiakon von Gabbioneta am 16. März 1514, »aber auch er hat, wie die meisten überragenden Menschen, seine Grillen. Wir haben verstanden, daß er sich nicht sehr darum kümmert, und man wird abwarten müssen, daß ihn eines Tages der plötzliche Wille überkommt, und dann, glauben wir, wird er es vollendet machen.« Es war nicht der Zeitpunkt, darauf zu beharren, und der Markgraf gab den Auftrag der Portraits der Kinder, die nach Rom geschickt werden sollten, in die Hände von Bonsignori, der am Hof die Tradition Mantegnas in nobler Weise fortführte. Der Erfolg am päpstlichen Hof war gleichermaßen positiv und Raffaele Riario (in Rom bekannter als Kardinal von San Giorgio und als anspruchsvoller Auftraggeber von Kunstwerken) ließ sie von Raffael kopieren[88].

Bonsignori und Costa treten uns als Paar in der Widmung der *Sylvae* von Giovanni Battista Fiera entgegen, der als albertinischer Momus die Großzügigkeit Francesco Gonzagas gegenüber den Malern seines Hofes lobt. Fiera ergreift die Gelegenheit, um Stilmerkmale und Vorlieben der beiden führenden Maler am Hof von Mantua zu unterscheiden – ein nicht geringer Fortschritt in der Geschichte der italienischen Kunstkritik vor 1515 (dem Jahr der Herausgabe der *Sylvae*):

> Si molles fucos et blandimenta requiras
> et tibi quaeratur deliciosa Venus,
> en Costa tibi molliculum Charitesque ministras,
> en Venerem, en comites, delicias Veneris.
> Seria si mavis et subnascentia rerum
> semina resque suam quae referant animam,
> non pinges – dices – quae Bossignorius audet:
> ille polit – dices – mollius, iste creat.
>
> (Suchst du Putz und zarte Schmeichelei
> und sehnst dich nach der süßen Venus
> dann schenkt dir Costa die zarten Grazien und ihre Dienerinnen
> und Venus und die Gefährtinnen, die Wonnen der Liebe.
> Bevorzugst du ernste und tiefgründende Dinge
> und solche die die Seele berühren
> dann malst du nicht – sagst du – wie Bossignorius tut
> jener verziert – sagst du – dieser kreiert.)[89]

Die Gunst der Stunde war auf Costas Seite, da er ein »Mensch [ist], der nicht nur in der Malerei hervorragt, sondern liebenswert ist und ein Ehrenmann des Hofes«, so daß er sogar aufgefordert wurde, mit einem Maler des Königs von Frankreich (1517 könnte dies Leonardo gewesen sein) »wegen einer nackten Figur, vielleicht auch einer Art Venus« zu wetteifern, die wahrscheinlich die Venus in Budapest ist (doch wird die späte Chronologie von Costas Werk noch weitgehend überprüft, und wir werden jetzt nicht Partei ergreifen). Als Francesco Gonzaga die Venus, die der sehr christliche König erbeten hatte, absendet, läßt er sich in einem Brief vom 30. November 1518 zu Anspielungen hinreißen, die Isabella – behütet von ihrer Kultur und ihrer künstlerischen Moral – niemals gebilligt hätte:

Durch diesen Diener von Federico, meinem Sohn, übersende ich Eurer Majestät ein Bild, das ich von meinem Maler habe anfertigen lassen, weil ich verstanden hatte, daß ein Bild dieser Art gewünscht würde. Ich weiß wohl, daß das besagte Bild vor einen großen und guten Richter körperlicher Schönheit – vor allem der weiblichen – tritt, und ich übersende es daher um so lieber[90].

Noch zu seinen Lebzeiten erschöpft sich allmählich Costas Erfolg als zart empfindsamer Maler, worauf uns ein erster Hinweis in Paolo Giovios Skizze zu einer Lebensbeschreibung Raffaels überliefert ist; Giovio, der noch in einem Brief an Equicola von 1522 Costa sogar mit Apelles verglichen hatte, schreibt:

Costa suaves hominum effigies, decentes compositosque gestus blandis coloribus pingit, ita ut vestitae armataeque imagines a nemine iucundius exprimi posse iudicentur; verum periti censores non velata magis quam nuda, graviore artis periculo, ab eo desiderant, quod facile praestare non potest, quum certiores disciplinas ad picturae usum remissioribus studiis contentus conferre nequiverit.

(Costa malt liebliche Bilder der Menschen, anmutige und zierliche Gebärden in schmeichelnden Farben, so daß die bekleideten und gerüsteten Figuren wohl von keinem anziehender gestaltet werden könnten; es verlangen aber erfahrene Kritiker nicht so sehr eine bekleidete Figur von ihm als – erhabenes Wagnis der Kunst – eine nackte Figur, was er nicht leicht gewähren kann, da er, zufrieden mit leichteren Studien, nicht in der Lage sein wird, gewisse Disziplinen in der Malerei anzuwenden.)[91]

Natürlich spricht Giovio aus Rom und für Rom: für eine Stadt, in der der archäologische Klassizismus der Schule Raffaels im Begriff war, einen übernationalen Stil zu begründen, der die letzten Vertreter der höfischen Stilgemeinschaft ins Abseits drängen würde (man beachte zu jener Zeit darüber hinaus das wesentlich schärfere Urteil über den gleichfalls noch lebenden Perugino); doch nicht nur die Menschen und ihr lokaler Ruhm sollten zu Fall kommen. Mit den ersten Vorstößen des Manierismus, der mit der Kühnheit Michelangelos die nackte Gestalt der Antike darstellt (»erhabenes Wagnis der Kunst«) und die »gewissen Disziplinen der Malerei« (rein formale Disziplinen) beherrschte, sank die höfische Illusion eines einheitlichen Konzertes, das zugleich durch die Entwürfe der bildenden Kunst bereichert würde, dahin. Seit dem Streit über die Nachahmung zwischen Pietro Bembo und Pico gab es kein Zurück mehr, und die norditalienischen Höfe – die auf der Seite der Verlierer standen – mußten die Konsequenzen tragen. Eine Kostprobe ist die Ankunft von Giulio Romano in Mantua.

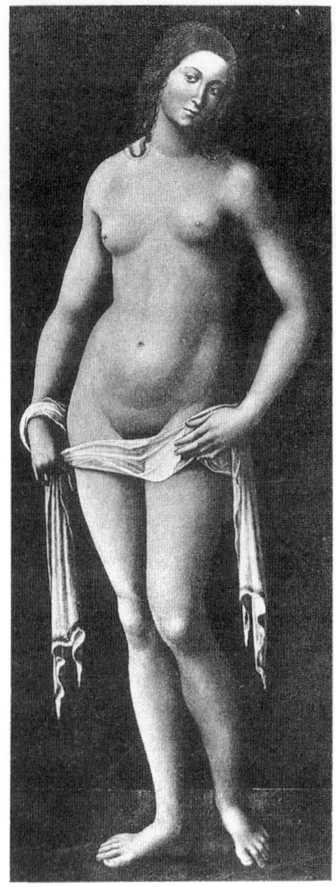

LORENZO COSTA,
Venus
1515 (?)

Ein Bildhauer, Musiker und Dichter am Hofe Isabellas: Gian Cristoforo Romano

Die *Collettanee Grece Latine e Vulgari per diversi Auctori Moderni nella Morte de l'ardente Seraphino Aquilano* (Bologna 1504) bilden den besten Katalog der höfischen Gesellschaft im Jahr 1500 (in dem Aquilano starb), und es ist nicht unerheblich, wenn auch nicht außergewöhnlich, daß sich darunter ein Sonett von Gian Cristoforo Romano findet. Unter den Trauernden sind mindestens noch zwei weitere Künstler-Literaten (die in verschiedenem Maß den einen oder den anderen Beruf bevorzugten): Gerolamo Casio und ein »bolognesischer Maler Ercole«, also Ercole Banci, der zu einem so späten Zeitpunkt noch nicht bekannt war[92]. Das Sonett von Gian Cristoforo ist nicht besonders verführerisch, doch wird es wie die mailändischen Sonette von Bramante, die den gleichen Stamm haben, als ein Sonett von höherem Niveau nicht übersehen. Der Hinweis auf Bramante ist insofern treffend, als unser Bildhauer in der Kulturgeschichte des späten Quattrocento gerade neben Bramante und Leonardo in Mailand auftaucht, und seine Tätigkeit als genauer Marmor- und Medaillenziseleur von daher mit seiner literarischen und musikalischen Tätigkeit in Einklang zu stehen scheint: 1491, als Isabella ihn um ein Portrait bittet, ist er »zusammen mit den anderen Sängern mal hier, mal dort beschäftigt«, und später, im Jahre 1496, bereitet er die Bühnenbilder für Akrisios, den Vater der Protagonistin, für die Aufführung der *Danae* von Baldassare Taccone vor, die im Mailänder Haus von Giovanni Francesco Sanseverino inszeniert und von Leonardo ausgestattet wurde[93]. Gian Cristoforo Romanos Anerkennung bei der Kritik ist heute eher bescheiden, und zwar aufgrund der äußerst beiläufigen Erwähnung bei Vasari, die vielleicht schlimmer als ein ausdrücklicher Verriß war; doch ist die Rolle, die ihm zu seiner Zeit zuerkannt wurde, eine ganz andere. Man sollte an diesem Punkt vielleicht deutlich sagen, daß – sieht man von der Florentiner Situation ab – Vasari eine wenig verläßliche Quelle für die Rekonstruktion jenes kurzen Moments der höfischen Kultur ist, der zwischen den Großen des Quattrocento, »die Großes in diesen Künsten leisteten«, und dem Triumph der modernen Manier von Raffael und Michelangelo liegt. Die Situation wird dadurch weiter erschwert, daß Florenz gerade in jenen entscheidenden Jahren, die uns hier interessieren, keinen wirklichen eigenen Hof hatte, also am Rande der charakteristischen, wenn auch nicht unbedingt qualitativ bedeutendsten Entwicklungen im Übergang vom Quattrocento zum Cinquecento bleibt. Dieser Mangel, der Phänomene zuläßt, die anderswo undenkbar wären (von der Linie Piero di Cosimo – Fra Bartolomeo – Andrea del Sarto bis zur Konfrontation von Leonardo und Michelangelo in der Sala del Gran Consiglio), wird auch im Moment der Rückkehr der Medici nicht behoben: Die immer noch mögliche, wenn auch späte höfische Erfahrung wird unmittelbar gefährdet, als Giovanni de' Medici Papst Leo X. wird (und der florentinische Hof in den Vatikanpalast übersiedelt). Die einzige wirkliche Wiederkehr der in Rom ausgearbeiteten modernen Manier stellten Michelangelos Grabmale für S. Lorenzo dar – was jedoch eher einen Widerspruch als eine ausgewogene Entwicklung darstellt, ähnlich der Krise von Andrea del Sarto und den verzweifelten Schwierigkeiten Pontormos. Rosso Fiorentino wird sich durch eine Reise nach Rom retten; er folgt damit einem Weg, den schon der Sienese Beccafumi gegangen war, doch wird er im Unterschied zu Beccafumi nicht mehr auf Dauer in die Heimatstadt zurückkehren können.

Die Überlegungen zu Vasari und Florenz haben uns weit vom Thema entfernt, doch waren sie notwendig, um die wenigen Vasari-Zitate und die ständige Umgehung von Florenz in der Beschreibung der künstlerischen Wege zu rechtfertigen – sieht man einmal von Leonardo ab (der eine verständliche Ausnahme darstellt als ein Künstler, der in einer Tradition geboren und aufgewachsen war, die sich zutiefst von der höfischen unterscheidet, und der sich anpassen, doch niemals – auch in den letzten Jahren nicht – verleugnen konnte). Eine gesonderte Betrachtung würde Siena verdienen, insbesondere der Palast von Pandolfo Petrucci, wovon nur wenige, aber sehr bedeutsame Bruchstücke erhalten sind; es wäre eine wenig florenzfreundliche Betrachtung, wenn auch sehr vorteilhaft für jenen umbrisch-römischen Raum, der bis zu dem Monopol, das Raffael und Michelangelo in der Kurie besaßen, eine dichtere kulturelle Einheit bildet als man glaubt. Doch kehren wir zu unserem Bildhauer und seinem Schicksal während der ersten Jahrzehnte des Cinquecento zurück.

Man kann mit dem 1. Juni 1506 beginnen, an dem Cesare Trivulzio von Rom aus Pomponio Trivulzio die Entdeckung des *Laokoon* mitteilt:

Diese Statue, die, wie Plinius sagt, mit den Söhnen ganz aus einem Stück sei: Giovannangelo Romano und Michel Christofano Fiorentino, die die ersten Bildhauer Roms sind, leugnen, daß sie aus einem Marmorstück sei und weisen auf etwa vier Verbindungsstellen hin, die jedoch so versteckt verfugt sind und so gut verbunden und übergipst, daß sie nicht leicht zu erkennen sind, es sei denn von solchen, die in dieser Kunst größte Erfahrung haben[94].

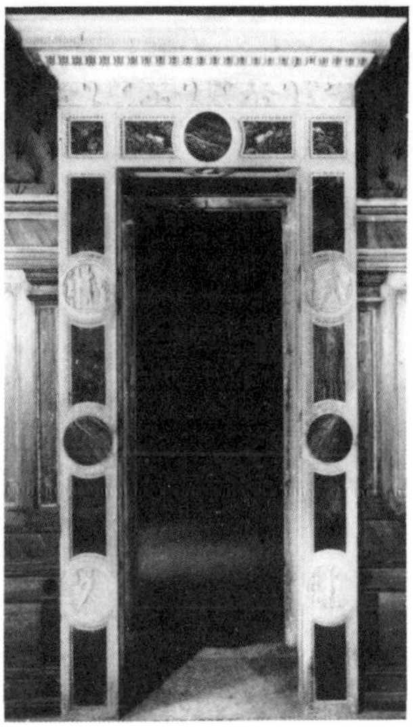
GIAN CRISTOFORO ROMANO,
Tür zum Studiolo der Isabella d'Este,
1505

Man braucht nur die Namen der beiden »ersten Bildhauer Roms« zu verkreuzen, um Gian Cristoforo Romano, den Julius II. mit einigen seiner Ruhmesmedaillen betraut hatte, und Michelangelo Buonarroti zu erkennen, der zu jener Zeit mit der Gestaltung des Grabmals für Julius II. beschäftigt war[95]. Die Namenskoppelung verleiht Gian Cristoforo das größere Ansehen, und noch günstiger fällt einige Jahre später – wegen der plastischen Ausgestaltung der Santa Casa di Loreto – die Gegenüberstellung mit Bramante aus. 1506 hatte der feine dekorative Klassizismus von Gian Cristoforo Romano bereits seinen Gipfel in der Tür von Isabellas Studiolo (die kurz vor der Abreise nach Rom entstand) und in der sehr schönen Zentraltafel des Trecchi-Denkmals in Cremona (1502 begonnen) erreicht. Solche Arbeiten galten in der Stadt des Papstes noch als bedeutendste Erzeugnisse einer Bildhauerei, die in der lokalen Tradition vornehmlich zu dekorativen Zwecken genutzt wurde; konsistente Spuren dieses Geschmacks findet man in den ersten Blöcken, die Michelangelo für das Grabmal Julius' II. angefertigt hatte, und in den Grabmälern der Sforza und Basso, die Andrea Sansovino in Santa Maria del Populo geschaffen hat (die Grabmäler tragen jeweils das Datum 1505 und 1507, womit wahrscheinlich der Beginn der Arbeiten bezeichnet ist).

Der Erfolg von Gian Cristoforo Romano als reifer Mann und Bildhauer beschränkt sich nicht auf Rom; am 5. November 1508 lobt Pietro Bembo ihn aus Urbino vor Isabella d'Este wegen »seiner Tugend, und der vielen sehr angenehmen Seiten, die er hat«, womit die Kunst und das Höfische gleichermaßen berücksichtigt sind[96]. Tatsächlich konnte diese Anerkennung bei einem Menschen nicht ausbleiben, der es verdiente, unter die Dialogpartner des *Cortegiano* von Baldassar Castiglione zu treten, und zwar nicht nur als Stimme, die die Skulptur gegen die Malerei verteidigt, sondern als Mitglied jener Gesellschaft, die die persönlichen Tugenden immer noch sehr hochhielt[97]. Auch seine literarische Begabung öffnete ihm sonst verschlossene Tore; abgesehen von dem Sonett für den feurigen Serafino, ist sie bei Equicola in der Einleitung der *De natura de Amore* bezeugt, die in der Turiner Nationalbibliothek als Manuskript erhalten ist: Nach den Worten von Equicola wird Gian Cristoforo, »ein herausragender Bildhauer und sehr tu-

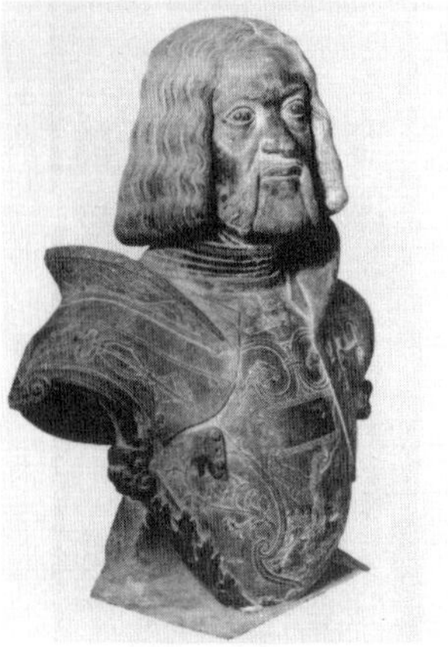

GIAN CRISTOFORO ROMANO,
Francesco Gonzaga
Portraitbüste, um 1500

gendreicher Höfling«, an der Übertragung einer Abhandlung ins Volgare mitarbeiten, die – wie man inzwischen weiß – keine Übersetzung aus dem Lateinischen, sondern allenfalls eine aktuellere Transkription war und wahrscheinlich durch die voranschreitende Debatte über die Sprache angeregt wurde[98]. Mit dem Zeugnis von Equicola sind wir erst im Jahre 1509, aber noch nach seinem Tod wird der Bildhauer als »Gian Cristoforo Romano« erwähnt, »der neben den anderen Tugenden, und besonders der Musik, zu seiner Zeit ein hervorragender und berühmter Bildhauer war, sehr fein und sorgfältig« – im Grunde der Dritte in der Rangfolge der Großen nach Donatello und Michelangelo (dem *Ricordo cerca gli ornamenti della casa* von Sabba, Castiglione zufolge). Auf diesem Weg und über ein Epitaph von Casio wird Gian Cristoforo in die Schriften von Cesariano und Michiel vordringen, der das Trecchi-Grabmal in Cremona wegen der »Zartheit des Laubwerks« und wegen eines Kristallpokals erwähnt, der »nicht vollendet, doch recht sorgfältig gearbeitet« sei und der aus der Sammlung von Francesco Zio in die Sammlung von Andrea Odoni übergegangen ist (die nur die anspruchsvollsten Werke aufnahm). Der Lombarde Paolo Giovio wird dagegen Gian Cristoforo Romano nicht in sein Buch aufnehmen (statt dessen bevorzugt er den Mailänder Solari), und das Schicksal des Bildhauers wird 1568 mit jenen wenigen und ungenauen Worten Vasaris besiegelt: »Ein Schüler Paolo's [Paolo Romanos] war der Römer Giancristoforo, ein berühmter Bildhauer, von dem sich einige Bildhauerarbeiten in Santa Maria Trastevere und an anderen Orten finden.« (Die Ausgabe von 1550 war noch sparsamer verfahren[99].)

Die römische Spur von Gian Cristoforo Romano ist zweifellos – was monumentale Werke betrifft – spärlich, doch ist es nicht uninteressant, ihm während seines Aufenthaltes in der überfüllten, von Julius II. zu regem Leben angespornten Stadt zu folgen, zumal sich Isabellas Bildhauer sofort in den lebhaften Betrieb der Antikensammelleidenschaft einfügt. Sein erster Brief aus Rom an die Markgräfin (1. Dezember 1505) zeigt einen begeisterten Einblick in das neue Panorama der Stadt:

> ... ich erwartete dann, die Altertümer wiederzusehen, die ich nach meiner Abreise als so schön empfand, daß ich überrascht bin; hier vergnügen sich viele Leute damit, etwas Auserlesenes zu erwerben, was sehr viel Mühe kostet, wenn man es nicht als erster sieht und bezahlt, da es, wie zu erwarten, im Preis sehr hoch steigt; ich muß mir eine Bronzetafel anschauen, die ganz in Damaszener Silber mit antiken Figuren gearbeitet ist, und die, wie mir gesagt wurde, sehr schön sei; wenn es etwas für E. E. sein sollte, schließe ich den Vertrag, denn es ist ein Schmuckwerk für jeden Ort, das kein zweiter besitzt; und so werde ich aufmerksam bleiben und habe bereits einige verständigt, die Dinge ausgraben, und andere, die etwas ausgraben wollen, was mir vor allen anderen gezeigt werden soll; ich werde es nicht an Sorgfalt fehlen lassen, und wenn E. E. zu diesem Karneval nach Rom kommen, versichere ich Euch, daß Ihr mit schönen Dingen beschenkt werdet [...] Auch sage ich E. E., daß der Cupido, den Messer Lodovico Brugnolo für E. E. erworben hat, ausgezeichnet und einzigartig ist und gewiß als seltene Sache gelten kann, die jeden Preis wert ist, und ich schwöre bei dem Gott, der mir heilig ist, daß sie niemals Rom verlassen würde, wenn sie im Namen eines anderen als E. E. erstanden worden wäre. Denn zu anderen Zeiten, als ich Kind war, hatte ich die Kraft und die Vernunft, ähnliche Dinge dem verstorbenen Kardinal von Ragona und Lorenzo de Medici vorzuenthalten, weil es mich schmerzte und bekümmerte, wenn Rom solche einzigartigen Dinge verliert, denn es gibt nur wenig derartiges ...[100]

Der *Cupido*, den Brugnolo für Isabella erworben hatte, stammte aus der Sammlung von Alessandro Bonatti und war – da er als Original von Praxiteles galt – seit 1498 beharrlich von der Markgräfin umworben worden, deren finanzielle Mittel allerdings immer etwas knapp waren. Im Februar 1506 gelangte er nach Mantua und Isabella bestellte einen weiteren Bildhauer ihres Kreises, Pietro Jacopo l'Antico, zu den erforderlichen Restaurierungsarbeiten[101].

Ein nicht weniger rauhes Schicksal traf den zweiten *Cupido*, den Isabella in ihre Sammlung zum Schmuck der ›Grotta‹ unmittelbar neben dem Studiolo aufnahm; diesmal war er jedoch von moderner Hand geschaffen. Bereits im Sommer 1506 wurde Isabella der Marmor angekündigt als »Putto, das heißt Cupido, der liegend und auf seine Hand gestützt schläft, unversehrt und etwa IIII Spannen groß ist er, überaus schön; man mag ihn als antike oder als moderne Figur schätzen; jedenfalls wird er geschätzt, und er ist vollendet...« (Brief von Anton Maria della Mirandola vom 27. Juni 1496). Doch Isabella hatte ihn nicht erwerben wollen, da er nachgewiesenermaßen modern war, das Werk eines jungen Mannes, der erst kurz zuvor nach Rom gekommen war. Nach weiterem Besitzwechsel landete der *Cupido* schließlich im herzoglichen Palast von Urbino, wo ihn Valentino beim Sturz der Montefeltro entwendete. Nachdem sich Isabella vergewissert hatte, daß der beraubte Schwager nicht gekränkt war, verhandelte sie mit Valentino über den Erwerb der Skulptur für die eigene Sammlung und nahm sie im Juni 1502 in Empfang. Die inzwischen vergangenen Jahre hatten dem vorher kaum bekannten Künstler des Jahres 1496 wohl einen etwas besseren Ruf verschafft. Es handelte sich um Michelangelo Buonarroti, der inzwischen in Rom durch die höchst anspruchsvolle *Pietà* bekannt geworden war (ein Auftrag von Jean Villier de la Grolaie, dem Kardinal von Santa Sabina), die »in der Kirche von Santa Petronilla, der Kapelle des Königs von Frankreich neben der Sakristei von St. Peter« aufgestellt wurde (so das Zeugnis von Condivi). Die außergewöhnliche Feinheit und Transparenz der *Pietà* Michelangelos, die für uns heute den florentinischen Arbeiten von Fra Bartolomeo entspricht, wurde zu jener Zeit als ein Zugeständnis an den verfeinerten Geschmack der norditalienischen, von Leonardo beeinflußten Bildhauer mißverstanden (wenn auch nicht allzusehr), und es ging das Gerücht, daß das Werk Solari zu verdanken sei, der Gian Cristoforo Romano bei Ludovico il Moro nachgefolgt war[102].

Ich denke nicht, daß Isabellas Beharrlichkeit bei der Anschaffung der Cupido-Statuen, die sie in ihren persönlichsten Gemächern aufstellen wollte, sehr erstaunlich ist; solche Statuen entsprachen dem ikonographischen Thema, das die Gesamtheit dieses Ambiente beherrschte – und besonders bedeutsam war der Schlaf des *Cupido* von Michelangelo. Die schlafende Liebe ist nicht nur gefahrlos für den, der den Wunden ihrer Pfeile ausgesetzt ist, sondern die Bedeutung des schlafenden Cupido geht in subtilerer Weise mit dem zweiten Gemälde von Mantegna einher, das gerade im Jahre 1502 im Studiolo angeschafft worden war. Diese Verknüpfung stützt sich auf eine Bemerkung Isabellas zu einer Medaille, die sie ihrem Sohn am 28. Oktober 1512 schenkt: »Ein Amor, der in heiterem Eschenblatt ruht, in das – nach dem Spruch der Philosophen – weder Schlangen noch Laster dringen können [...] mit einem Motto, welches sagt: ALLES RUHT«[103]. Ein Motto, das Isabella als das ihre betrachten konnte, wenn sie sich in der ›Grotta‹ oder dem Studiolo einschloß, umgeben von Gemälden, die ihre moralischen und philosophischen Überzeugungen widerspiegelten, umgeben von dem vielfältigen Repertoire ihrer Sammlung antiker und moderner Werke: Der *Faustina* von Mantegna, dem *Spinario* und *Herkules und Antäus*, die für sie nach der Antike angefertigt worden waren, den beiden *Cupido*, von denen die Rede war, den »antiken [...] Öllampen«, die die Markgräfin von Cotrone aus Neapel schickte, den kostbaren Intaglios, Geschenke der Brüder Chigi aus Rom, einem Marmorkopf, der von Rhodos nach Venedig gelangt war und Isabella durch Gian Francesco Valier geschickt wurde[104]. Neben den Kunstwerken, deren Liste hier nur angedeutet ist, umfaßte die Sammlung natürlich alle Kuriositäten einer *Wunderkammer* (im Original deutsch, A. d. Ü.), wie es in jenen Jahren für eine Sammlerin natürlich war, die keine professionellen archäologischen Studien betrieb und vor allem zu Beginn ihrer Sammlung noch sehr jung war. Wir müssen daher ebenso den Smaragd, »der im Grabmal der Tulliola gefunden wurde«, wie »einen jener Steine, der in einer Nacht die Quellen entstehen läßt«, als mögliche Ausrüstung des Schreibtischs erwähnen, auf dem Isabella ihre persönlichsten Briefe verfaßte – ähnlich der schönen Muschel, die man auf dem Schreibtisch des Hl. Augustinus in dem bezaubernden Gemälde von Carpaccio in der Scuola di San Giorgio in Venedig sehen kann, das etwa um 1502 entsteht: Über die innere Qualität hinaus fasziniert das Bild auch als Portrait eines Sammlers, der unserer Markgräfin nicht ganz unähnlich ist[105].

Gian Cristoforo Romano stand Isabella nicht nur als Berichterstatter und Berater nahe, sondern er besaß auch eine ähnliche Kunstsammlung, die zu seinem Tode (31. März 1512 in Loreto) 34 Bronzemedaillen umfaßte sowie 87 Silbermedaillen, Kameen, Juwelen, womöglich antike Skulpturen, die Pallas, Mars, Kleopatra darstellen, einen leierspielenden Putto und natürlich einen *Cupido*. Doch der bedeutsamste Hinweis auf Gian Cristoforos Zugehörigkeit zu einer Welt, die 1512 nunmehr ihrem Ende zuzugehen beginnt, ist das Buch, welches der Bildhauer seinem Notar als Erben hinterließ: ein höfisches Lehrbuch natürlich, die *Asolani* von Pietro Bembo[106].

Von den moralischen Fabeln zur Wirklichkeit der Gefühle

Die *Asolani* im »Pergamentdruck« – also in einer Luxusausgabe – sind auch unter den Büchern der Isabella d'Este erwähnt und erscheinen außerdem im Bücherverzeichnis des Ehegatten, das dem der Isabella nicht entspricht, sondern andere Schwerpunkte hat: Voller literarischer Aktualitäten ist die Bibliothek von Isabella, während die von Francesco Gonzaga differenzierter und praktischer ist[107]. Es könnte reizvoll sein, über sein Lektüreverzeichnis die Gestalt des kriegerischen Markgrafen zu rekonstruieren, der sowohl Traumbücher als auch fromme Schriften sammelt, wobei er eine unverkennbare Vorliebe für illustrierte Texte zeigt, die man in Isabellas Bibliothek nicht findet. Die wenigen Überschneidungen sind bezeichnend, und neben den *Asolani* ragen vor allem die Schriften Equicolas und die *Arcadia* von Sannazzaro heraus: das Grundgerüst eines guten Höflings zu Beginn des Cinquecento, der sich nicht rechtzeitig weiter orientiert hat oder es nicht wollte. Es fehlt der *Cortegiano* von Castiglione (1528 in Venedig veröffentlicht), und wenn dies bei dem 1519 verstorbenen Markgrafen einleuchtet, so bedarf es bei Isabella einer Erklärung, vorausgesetzt, daß es sich nicht um einen zufälligen Mangel handelt.

Eigenartig ist zum Beispiel auch, daß Isabella ein Manuskript der *Arcadia*, aber keine der vielen vorhandenen Ausgaben besaß, und wenn jener Kodex mit dem Manuskript v, 53 der Turiner Nationalbibliothek zu identifizieren ist, so handelte es sich um eine unvollständige Redaktion, die in der Poebene bis zu der quasi offiziellen Ausgabe von Summonte (Neapel, März 1504) verbreitet war[108]. Es ist also nicht auszuschließen, daß Isabella frühzeitig, noch vor jenem Raubdruck vom Juni 1502 in Venedig und noch bevor Jacopo d'Altri im Namen der Markgräfin Sannazzaro im fernen französischen Exil (Februar 1503) um die Verse bat, Kenntnis davon hatte. Das Verhältnis zwischen dem neapolitanischen Literaten und der Markgräfin von Mantua ist nicht sehr klar, und selbst der einzige direkte Brief, den Isabella an Sannazzaro schreibt (30. März 1507), zeigt eine oberflächliche Herzlichkeit. Später dann, 1515, bezeugt ihr Diebstahl zum Schaden des Dichters (der Diebstahl der Verse natürlich) allenfalls das Unvermögen der Markgräfin, von dem neapolitanischen Schriftsteller das zu erhalten, was sie begehrte. Wir wissen nicht, wie unsere Heldin die *Arcadia* beurteilte, auch wenn es äußerst wahrscheinlich ist, daß sie das Buch mit brennendem Interesse gelesen hat; über andere Wege wissen wir, daß das Buch am Hof sofort enorm erfolgreich war; es kam im übrigen, nach Jahren weniger erfolgreicher ähnlicher Versuche, genau zum richtigen Moment. Anzeichen des Interesses tauchen im November 1504 in der Korrespondenz zwischen Calmeta und Isabella auf, die sich mit »Vorschriften und Beobachtungen zur Abfassung von Versen im Volgare« befaßt[109]. Im Brief vom 5. November 1504 kündigt Calmeta sein neues ehrgeiziges Werk an, »das ich, ohne griechische Wörter zu suchen, die Verliebte Irrfahrt nenne«, wobei der kleine polemische Hieb nicht allein dem Poliphilus gelten mußte. Ein Liebesthema klang in den Ohren Isabellas, die immer noch verzweifelt um die Fertigstellung des Studiolo bemüht war (die Kontakte mit Costa beginnen genau 1504) sehr aktuell, doch war der Inhalt dieses *Peregrinaggio* von den Erfindungen Mantegnas und Paride da Ceresaras recht verschieden; das Werk war geplant

> In drei Büchern, der größte Teil Prosa, worin jedoch alle verschiedenen Reime gemischt sind, die man im reifen Stil finden kann, und viele Stile, die – Horaz nacheifernd – neu entwickelt werden [...] die modernen Dichter wollen, daß das Terzett den Kern der Canzone bilde, und daß dort, gemäß den lateinischen Elegien, wehmütige Gefühle und Liebesklagen ausgedrückt werden [...] Die Ausdrucksfigur muß gemessen sein, eher jedoch rein und zärtlich als voller Feuer und Schnörkelei.

Ein empfindsamer Roman in Prosa und Versen also, wie die *Arcadia*, kein mythologisches oder moralisches Werk wie das Studiolo (oder seine literarischen Vorlagen). Isabellas Erwiderung (25. November) ist ein betrübter Dank dafür, daß sie »die Bedeutsamkeit der Kapitel, Episoden und Elegien, sonst aber nicht viel mehr verstanden« habe.

Mit solch sicherem Führer konnte Isabella die gesamte *Arcadia* von Sannazzaro als literarisches Werk in Angriff nehmen, doch ist nicht gesagt, daß sie bemerkte, wie sehr dieses Werk jugendlicher Empfindsamkeit zu einem großen Teil ihrer weniger ausgefeilten philosophischen Bildung und vor allem dem Studiolo widersprach. Nicht eines der zahlreichen erwähnten Kunstwerke in Sannazzaros Roman birgt eine moralische Botschaft oder auch nur eine versteckte Anspielung auf die möglichen Metaphernfiguren der neoplatonischen Theorie: weder die auf die Pforten des Pales-Tempels gemalten theokritischen Idyllen (Kap. III), noch die Verzierung der Elpino-Vase, ein etwas laszives Motiv (Kap. IV), noch die Bilder des Grabmals der Massilla (Kap. X), und noch weniger das »schöne Ahorngefäß, auf welches von der Hand Mantegnas aus Padua, des vor allen anderen klugen und erfinderischen

Künstlers, zahlreiche Dinge gemalt waren« (Kap. XI). Zahlreich waren sie sicher, doch war keines mit dem vergleichbar, was Mantegna in Mantua in den wenigen ihm noch verbleibenden Jahren ausführte. Jener beliebte Roman sprach ganz andere Themen an, die Isabella fast alle fremd waren: den außerordentlichen Zauber der Naturgeheimnisse und der Magie (Kap. IX, X, XII), ein neues empfindsames Gespür für die Landschaften, die »die Natur geschaffen hat«, das in der Nachtszene in Kapitel XII gipfelt, und schließlich die genaue Analyse der »stolzen Melancholie«, der »Traurigkeit des unheilbaren Gemüts«, des »Herzklopfens«, das die Liebe und die Sehnsucht mit sich bringen (Kap. VII). Ihr, die sich keine sentimentalen Schwächen erlaubte, auch nicht in den privatesten Briefen, mußte dies alles indiskret, wenn nicht peinlich erscheinen. Allenfalls wird sie sich in den musikalischen Szenen wiedergefunden haben, in den süßen, jedoch durch musikalische Strenge entschärften Ergüssen jener arkadischen Sänger.

Enttäuschender noch wird für sie die Lektüre der *Asolani* gewesen sein, falls sie nach einer Bestätigung des eigenen antierotischen Studiolo gesucht hat. Hier handelte es sich nicht mehr um eine literarische Dichtung unbestimmter Form, sondern um eine Abhandlung über die Liebe, in der bereits im Kapitel IX des ersten Buches sich einer der Protagonisten (Perottino) mit folgender Unbefangenheit äußert:

> Amor, tapfere Frauen, ist nicht Sohn der Venus, wie man in den Geschichten der Dichter liest, die trotzdem in dieser Lüge untereinander uneins sind und ihn zum Sohn verschiedener Göttinnen machen, als könnte einer verschiedene Mütter haben; noch hat ihn Mars, Merkur, Vulkan oder ein anderer Gott erzeugt, sondern die übermäßige Sinnlichkeit und der eitle Müßiggang der Menschen;

und so weiter, ohne einer anderen himmlischen Liebe Raum zu lassen. Las man bis Kapitel XVIII weiter, so konnte man auf ein schönes Beispiel ikonographischer Interpretation des Cupido stoßen, die – absolut aktuell und deutlich psychologisch gefärbt – sich in keiner Weise auf die antiken Fabeln beruft. In Kapitel XXII des zweiten Buches wird dann jene Metapher, die Perottino so geschickt entfremdet hatte, von Gismondo, dem glücklichen Liebenden, übel zugerichtet:

> Und dann wird Perottino sagen, daß die Liebenden blind sind: Blind ist der, der die sichtbaren Dinge nicht sieht, und ich weiß nicht, was ihm einfällt, nicht, weil er prophezeit, daß man nicht sehen kann, was es nicht gibt, sondern indem er malt, was nicht sein kann: Ein nackter Knabe mit Flügeln, mit Flamme, mit Pfeilen wird wie eine neue Chimäre dargestellt, nicht anders als schaute man durch eines jener Fenster, die anderen gewöhnlich die Wunder zeigen[110].

Die zauberhafte Welt der antiken Fabeln »mit schönem Sinn« brach unter den Angriffen einer neuen Liebeswissenschaft zusammen, die sich in erster Linie den »Unstimmigkeiten, den Widersprüchen, den Irrtümern, die Amor in den Köpfen der Liebesdiener reichlich und wirr zusammenwürfelt«, widmete (I XII); ihr Thema sind die Wonnen der glücklich Verliebten und das verwickelte Problem eines Anstandsbuchs der Liebe, auf das sich die neue Generation der leicht zu begeisternden Frauen spezialisiert hatte, während Isabella ihr dreißigstes Jahr vollendete; Frauen, die imstande sind, »jedes verwickelte Problem zu lösen und zu beurteilen« (II II) und über die es an einer anderen Stelle der *Asolani* heißt, daß sie »von Natur aus mehr den Angriffen der Liebe ausgesetzt seien« (I XXX), so daß sie sich zu feurig in das Spiel der Geschlechterbeziehungen wagten. Bei Isabella, die stets ein Ruf von unnahbarer Tugendhaftigkeit und der Klatsch über die Kälte gegenüber ihrem Gatten begleitete, der die französische Krankheit hatte, war dies sicher nicht der Fall. Dennoch wird sich Isabella an gewissen Stellen des Bandes von der Gemütsbewegung überzeugt haben lassen; und auch sie wird von der modernen Fabel der Königin der Glückseligen Inseln geträumt haben, in der sie sich vielleicht wiederfand (III XVIII), oder die subtilen Wonnen des verliebten Gesangs genossen haben (II XXV und XXVI) oder sie wird ihr Streben nach unübertreffbarer natürlicher Eleganz, der jede Prahlerei fehlt, in der weiblichen Figur des Kapitels XXIII im zweiten Buch wiedererkannt haben:

Milden Zephyrn ging die anmutige Königin entgegen, zuweilen verliebte Zeilen an den Geliebten schreibend, manchmal betrat sie den Garten, mit den Nägeln die mit Tauperlen benetzten Rosen von den Zweigen zu pflücken, ein zufällig künftiges Geschenk für den, der sie erblickt; manchmal im Reigen tanzend bewegt sich zum Takt der Instrumente die reine und aufrechte und würdevolle Gestalt, mal in sanften Bahnen sich großer Ehrfurcht würdig zeigend, dann wieder füllt in liebenswerten Drehungen oder ruhender Verneigung die Anmutige den ganzen Kreis mit Liebreiz und trifft in den schnellen Übergängen – beinahe eine untergehende Sonne – die Augen der Betrachter.

So war Isabella vielleicht 1502 bei der Hochzeit des Bruders Alfonso erschienen, als sie alle anwesenden Damen »an Schönheit und schönem Anblick und Anmut und allem übrigen« übertraf (der Begriff der Anmut geht bereits in die Abhandlungen über die Kunst ein)[111]; die Braut selbst blieb jedoch in den Augen aller im Schatten – und es handelte sich immerhin um niemand anderes als die schöne Lucrezia Borgia.

Der Umgang mit den Literaten der Avantgarde und ihre aktuelle Lektüre enthüllten Isabella eine Wirklichkeit, die Mantegnas »Erfindungen« und die wenig zeitnahen Literaten (bis auf Equicola) ihr hinter humanistischem Prunk verborgen hatten, indem sie ihr den Schein der wundersamen Verlockung einer feierlichen und edleren klassischen Welt vorhielten. So stand sie schließlich der Unangemessenheit der Malerei Mantegnas – nicht nur im Hinblick auf seine »Inschriftenkunde« – gegenüber, und zwar angesichts bewegender privater Erfahrungen und einer neuen und wachsamen Empfindsamkeit, die sich mit den Liebesdichtern und Musikern seit Jahren an ihrem Hof eingeschlichen hatte. Das Gemälde von Costa mit einem modernen Motiv scheint mit seinen Literaten und Sängern, die die Markgräfin im Reich der Liebe krönen, ikonographisch auf diese glühende Entdeckung zu antworten; doch besteht die wirkliche Antwort in der besonderen Zartheit der Zeichnung, den ausgedehnten Bögen und langsam schließenden Rhythmen, dem reinen und samtigen Schmelz der Farben, der Ruhe der Landschaft, die anders als Mantegnas *Garten der Tugend* möglicherweise dem Eröffnungsszenario der *Arcadia* entspricht, wo man »die hohen und weiten Bäume in den grausigen Bergen« bevorzugt, »die die Natur erschaffen hat, und nicht die kultivierten, von erfahrener Hand gezüchteten Pflanzen der Ziergärten«[112].

Die Begegnung zwischen Pietro Bembo und Isabella kommt schließlich, nachdem sie oft verschoben wurde, im Juni 1505 – als Costa noch an seinem Gemälde arbeitet – zustande, und über die Musik und die Poesie schließt man schnell Freundschaft. Dem ersten Brief Bembos an Isabella (aus Venedig, 1. Juli 1505) sind beigefügt:

...zehn Sonette und zwei Strambotte, die ein wenig von der Regel abweichen [...], ich wünsche mir aber, daß eines meiner Gedichte von E. E. rezitiert und gesungen werde, in Erinnerung an den süßen und zarten Gesang E. E. an jenem glücklichen Abend [...] Und mehr bedarf es nicht, denn es gefällt den Zuhörern und wird noch mehr wegen des schönen und anmutigen Stils und der reinen und süßen Stimme E. E. geschätzt[113].

Wir sind heute nicht mehr in der Lage, die beigefügten Kompositionen Bembos zu identifizieren, doch wissen wir, daß Bembo selbst in späteren Jahren seine musikalische Produktion, die nach dem leichten Geschmack der Mode verfaßt war, kritisiert hat. Sicherlich bleibt in der offiziell publizierten Produktion nicht einmal eine Spur der Strambotte übrig (und es ist nicht der einzige Eingriff, den Bembo – inzwischen Kardinal – an seinen jugendlichen Gefühlen vornahm). Doch interessiert das poetische Werk Bembos hier weniger als die erstaunliche Tatsache, daß die Liebes- und weit ausholende Gefühlserfahrung, die von den Toren des Studiolo ausgeschlossen war, mit der literarischen Produktion und dem direkten Vortrag des Solo-Gesangs durch die Fenster der ›Grotta‹ wieder hineinkam[114].

Aus diesem Grund bleibt Baldassare Castiglione, ein großer Musikkenner, die zuverlässigste Quelle, und von ihm wissen wir, wie Marchetto Cara sang, der beliebteste Musiker (sowohl bei Isabella als auch bei Francesco) am Hof der Gonzaga. Auf einer berühmten Seite des *Cortegiano* geht der Vergleich zwischen Bidone d'Asti, dem Sänger Leos X., und Marchetto offenbar unentschieden aus, doch so wird es den Lesern jener Zeit nicht erschienen sein: Man sollte daran erinnern, daß Marchetto Cara die Seite jener ersten Abfassung ausfüllt, während Bidone d'Asti erst später hinzukommt und Alexander Agricola übertrumpft[115]. Marchetto Cara also singt »mit weicheren Harmonien, so daß er auf stillem Wege und voller wehmütiger Lieblichkeit die Seelen rührt und durchdringt, ihnen sanft ein angenehmes Leidgefühl einflößend« (I XXXVII). An diesem gemessen gefühlvollen Vorbild wird sich Isabellas Gesangkunst orientiert haben, die noch zehn Jahre nach dem Brief von Bembo Trissino bezaubern wird.

Auch die bildliche Kultur wird von der Gefühlswelle an den italienischen Höfen seit den Jahren unmittelbar vor 1480 eingeholt, die kurz darauf anschwillt und sich mit der ganzen verführerischen Sentimentalität auflädt, die dem lebhaften Interesse für die Liebesdichtung und der heftigen psychologischen Sehnsucht der neuen Generationen nach Arkadien zugrundeliegt. Die Künstler, und in erster Linie die Maler, mußten sich dem anpassen, was schließlich zu einen nunmehr kanonisierten Bilderrepertoire (sowohl in den mythologischen als auch in den Altarbildern) führte: Eine einschneidende Erfahrung, die die Künstler selber aber bereits mit der sentimentalen Ikonographie von Gerson und einem Großteil der spätgotischen sentimentalen Religiosität vorweggenommen hatten und die der nüchterne latinisierende und archäologische Humanismus dann unterdrückt hatte. Es war ein schwieriger und allmählicher Prozeß, der heute nur aufgrund weniger Indizien erkennbar wird, da eine Geschichte der Fortdauer der »internationalen« Tradition im Herzen des Quattrocento und ihrer sentimentalen Umsetzung fehlt und die Bilder jeglicher aktuellen Färbung beraubt sind. Die formale List Peruginos, der der erste Protagonist dieser Krise ist, besteht darin, die gebieterische Würde der florentinischen Vorlagen, die er sich in Verrocchios Werkstatt angeeignet hatte, zeitweilig aufzugeben, um vor einem vagen archäologischen Hintergrund, der zeitlich und geographisch immer recht unbestimmt blieb, die spätgotisch gewundenen Ärmelkrausen, die honigsüße, ein wenig kindische Religiosität um 1400, die schleppenden Rhythmen in leichtem und singendem Reim all jener aus der Mode gekommenen Mäntel, Überröcke, Tuniken und Wamse wiederauszugraben, und durch mögliche humanistische Äquivalente zu ersetzen. Der Prozeß der Anpassung dauert weniger als eine Generation und beschleunigt seinen Rhythmus erheblich in den neunziger Jahren, so daß am Ende des Quattrocento jede Opposition aussichtslos ist. Aus der alten Generation ist vielleicht Andrea Mantegna, der sich dieser Entwicklung widersetzt, ein Grenzfall; neben ihm, wenn auch zaghafter, steht nur Foppa, der die fehlende Anpassung mit seiner Randstellung am mailändischen Hof bezahlt (er verfügte im übrigen, als es darauf ankam, nicht über die unerschöpfliche »Erfindung« seines mantuanischen Kollegen). Größeres Standvermögen besaß Giovanni Bellini, der auch eine bessere Kenntnis der tieferen und heilsamen Aspekte dieser Umwälzung von Kultur und Sitten hatte, obwohl sie ihn bereits in fortgeschrittenem Alter erfaßte. Im Schutz seiner tiefen aristotelischen Überzeugung verstand er das drängende Auftauchen der Gefühle als ein letztes Feld seiner Analyse der natürlichen Phänomene, und er schuf die bedeutendsten und auf großartige Weise ausgeglichenen Meisterwerke im Ausgang des Jahrhunderts. Unruhiger und in verzweifelter Erbitterung wird Leonardo alle Kräfte für die rationale Erklärung der Gefühlsbewegungen und die graphische Darstellung dieser aufregenden Erfahrung einsetzen: anhand der Anatomie, der Physiognomie und der Übertragung in technische Gesetze. Die neu entdeckten Welten entzogen sich gewissermaßen den natürlichen Sinnen und bedrohten deren wohlgeordnete empirische Konstruktion. Das Portrait kam nicht mehr mit der rein physiognomischen Anatomie aus; es verlangte nunmehr auch das flüchtige Zeichen eines direkten Verhältnisses zwischen Portraitist und Portrait, eines Dialoges, der mit keinem Repertoire »erlesener Vokabeln« wiederzugeben wäre. Die Landschaft konnte sich nicht auf ein topographisches und meteorologisches Motiv beschränken, denn der Seelenzustand des Betrachters, wäre er auch ein arkadischer Schäfer, soll nun auf diese natürliche Realität projiziert werden. Die bildende Kunst verlangte von denen, die sie schufen, die wunderbare immaterielle Metapher der Musik, einen Zusammenklang, der in Zeichen oder Worte schwer zu übersetzen war, eine psychologische Tiefe, die die Grenzen des nicht eingestehbaren, nur sich selbst vorbehaltenen Zweifels überschritt.

Wenn Leonardo von Giorgione gewußt hätte – und das ist keineswegs ausgeschlossen –, wäre er noch überzeugter gewesen, daß »die Malerei der Poesie überlegen« sein könnte (sicherlich war sie der sentimentalen Poesie dieser Jahre überlegen); doch wieder einmal wird er, »weil ihre Arbeiter ihre Sache nicht vortragen«, die Malerei beklagen, »die lange Zeit ohne Fürsprecher gewesen ist«[116]. Leonardos Klage ist auch die unsere: Keine Quelle gibt von Künstlerseite ein direktes Zeugnis dieser entscheidenden Spaltung. In Leonardos Karten zu schauen, bedeutet vielmehr, eine Persönlichkeit zu entdecken, die sich vor dieser Wunde schützt, die mit den wehrlosen Argumenten eines Mannes »ohne Literatur« versucht, sie zu beschwören. Wie lang auch die Liste der musikalischen und literarischen Künstler sein mag – und ich glaube, der Grund für diese Vorlieben ist nun einsichtig–, so hat uns dennoch keiner eine Spur von persönlicher Reaktion hinterlassen. Das ist bezeichnend für ihr immer noch niedriges soziales Ansehen gegenüber dem Adel der Geschichte, und ein recht ähnliches Schicksal trifft im übrigen in jenen Jahren auch die professionellen Musiker, die erst seit wenigen Jahren mit dem Notendruck über eine Musikedition verfügen[117]. Dagegen erwähnte man gerne, daß »man Petrarca, als er den Tod seines Bruders vernommen hatte, singen hörte«, und daß auch Poliziano im Sterben sang und sich auf der Laute begleitete; selbst der Tod von Ercole d'Este, Isabellas Vater, ging in die Geschichte als ein

Sterben ein, das von den Tönen der Hofmusiker begleitet war (Brief von Agostino Silla an die Markgräfin, 24. Januar 1505)[118].

Die Untersuchung bleibt aber unabgeschlossen, und es ist nicht gesagt, daß spätere Forschungen uns nicht über die Enttäuschung hinwegtrösten können, zumal man zumindest die Möglichkeit ahnt, sich dem delikaten und exklusiven Verhältnis zu nähern, das sich zwischen Auftraggebern und Künstlern nun in einer bestimmten sozialen Umgebung durchsetzte (eine ganz andere, wenn auch nicht entgegengesetzte, Erörterung wäre bei den öffentlichen Aufträgen für religiöse Arbeiten erforderlich). Der Name von Giorgione wurde nicht umsonst erwähnt, denn wir wissen, daß sein Ruhm bis Mantua gelangte und die Neugierde und den Sammeleifer von Isabella d'Este anregte[119]. Kaum war der große venezianische Meister tot, versuchte die Markgräfin von den Erben »ein sehr schönes und einzigartiges Gemälde von einer Nacht« zu erwerben (Brief an Taddeo Albano vom 25. Oktober 1510). Der Erwerb erweist sich als unmöglich, da es zwei Gemälde mit nächtlichen Darstellungen gibt: »Wie man mir bestätigt hat, ist weder die eine noch die andere um irgendeinen Preis zu kaufen, denn sie haben sie machen lassen, um sie unter sich zu genießen« (Taddeo Albano an Isabella, 8. November 1510). Wir kennen diese Freude aus dem bewegenden Testament von Gabriele Vendramin, einem weiteren Giorgione-Sammler, das am 3. Januar 1548 aufgesetzt wurde (man beachte aber, daß Vendramin 1484, nur zehn Jahre nach Isabella, geboren ist). Das Testament ist inzwischen sehr bekannt, doch ist es wohl gerechtfertigt, die Worte des Mannes zu wiederholen, der auch noch angesichts des Todes um seine Sammlung besorgt bleibt, als sei sie die höchste irdische Erfahrung:

> Ich will nicht verschweigen, daß alle diese Dinge sowohl wegen ihrer Vortrefflichkeit und Seltenheit als auch wegen der Mühe vieler Jahre, die ich hatte, um sie zu erwerben, und vor allem, weil sie es waren, die mir während der vielen geistigen und körperlichen Mühen, die ich bei den Familiengeschäften erlitten habe, ein wenig Ruhe und Seelenfrieden gegeben haben, daß sie mir deshalb so lieb und wert sind, daß ich gezwungen bin, diejenigen, auf die die obengenannten Dinge kommen werden, zu bitten und zu ermahnen, die angebrachte Sorgfalt walten zu lassen, damit sie nicht verderben ...[120]

Gegenüber dem von Gesang und Musik begleiteten Abschied vom Leben ist dies ein Abschied, der durch einen letzten verliebten Blick auf die eigene Sammlung gemildert wird: zwei Gemälde von Giorgione, zwei Portraits von Giovanni Bellini, viele moderne Zeichnungen, darunter zwei von Raffael, andere wiederum aus einer nunmehr abgeschlossenen spätgotischen Periode (Jacopo Bellini und Michelino da Besozzo) und schließlich viele Bilder »westlicher Meister«[121]. Gabriele Vendramin ist in einem Alter, da er sich auf der venezianischen Bühne gezeigt und seinen Part bereits gespielt hat. In Venedig und vor allem Rom ist man zu dieser Zeit schon von anderen Dingen überzeugt. Es ist zu wünschen, daß ihm in den vier Jahren, die das Testament von seinem Tod (17. März 1552) trennen, niemals Michelangelos aufreizendes Urteil über die flämische Malerei zu Ohren kam, das uns durch den *Tratado* von Francisco de Hollanda, ebenfalls aus dem Jahre 1548, überliefert ist. Das Testament und dieser heftige Verriß sind nur scheinbar zeitgenössisch, denn Gabriele Vendramin gemahnt in den Jahren des triumphierenden archäologischen und weltlichen Manierismus an eine tiefere, freiere Sensibilität, während Michelangelo in bedrohlicher Weise die Inanspruchnahme dieser offenen und ungeschützten Empfindsamkeit durch die Gegenreformation vorwegnimmt.

Der Tod Andrea Mantegnas in einem für jene Zeit anbetungswürdigen Alter setzt seinem Ruhm kein Ende, vielmehr dauert dieser beharrlich in den poetischen Dichtungen derer fort, mit denen er zu Lebzeiten befreundet gewesen war und die ihn auch nach dem Aufstieg Giulio Romanos als Symbolfigur der mantuanischen Bildkultur betrachteten. In den Schriften, die während seiner letzten Jahre oder unmittelbar nach seinem Tod entstehen, läßt sich allenfalls der Versuch erkennen, das Bild des Malers der Tonlage der neuen, psychologischen und sentimentalen Manier anzupassen. Mir scheint, daß sich die Beschreibung von Falcone Sinibaldi, die durch ein Bild Mantegnas, das Atalante und Hippomenes darstellt, angeregt wurde, nicht anders verstehen läßt:

Spirantes genuit pictor Mantinea [...] praebuit et cursum pictor [...] alter anhelat adhuc, altera anhelat adhuc [...] ille puellae optata attonitus respicit ora suae.

(Lebende Menschen hat der Maler Mantegna geschaffen und den Wettlauf hat der Maler gezeigt, er keucht noch, sie keucht noch, entzückt schaut jener zurück auf das begehrte Antlitz der Geliebten.)

Nicht einmal in der Darstellung der *Occasio* im Palazzo Ducale hat Mantegna eine so bebende und psychologisch geprägte Erfindung verwirklicht; der schmelzende Gefühlsausdruck, das leise Zusammenschrecken entzieht sich seiner unerschütterlichen und extremen Physiognomik; sicherlich deutet gerade in den letzten Jahren die häufige Wiederholung überreizter Grimassen darauf hin, daß das Problem der Mitteilbarkeit der Gefühle Mantegna unvorbereitet getroffen hat. Auch die Zeilen von Giovanni Battista Fiera *Ad Marium fratrem* versetzen etwas in Staunen, wenn sie ein Gebäude der Gonzaga loben als

... tectum augustum pariis insigne columnis conspicuumque nitens docta speciosus arte Mantyniae Cous merito cui surgat honore pictor Aristidesque animi formator anheli

(erhabenes Dach, das gleiche Säulen zieren stattlich und schön durch die gelehrte Kunst Mantegnas, der sich durch ehrenvolles Verdienst als Maler und, ein Aristides, als Bildner der bebenden Seele hervortut.)

Beide mantuanischen Texte sind, wie auch die Lobreden von Casio im *Libro de Fasti*, nicht ganz frei von akademischer Wiederholung, und man sollte sie vielleicht zusammen mit weniger höfischen Zeugnissen lesen, die sich nicht in erster Linie an das Literatenpublikum richteten[122]. Es ist zum Beispiel sonderbar, daß der brillante und witzige Fra Mariano Felti in einem Schreiben aus Florenz an Francesco Gonzaga (29. Januar 1513) unter den Gemmen der Sammlung des Markgrafen die »triumphatio Petrarcorum picturas Andreas Mantegnis gloria mantuanis« (Triumphbilder Petrarcas von Andrea Mantegna zum Ruhme Mantuas) erwähnt[123]. Da es sicher ist, daß Mantegna auch eine Triumph-Reihe nach Petrarca malte, muß man, zu einer Zeit, da der literarische Erfolg Petrarcas universell wird, die bevorzugte Erwähnung gegenüber dem *Triumph des Cäsar* hervorheben. 1514 gesteht ein Brief von Michiel an den Maler und Goldschmied Guido Celere ein, daß Mantegna mit Michelangelo vergleichbar sei, mit dem kleinen Verdacht jedoch, daß die Palme dem Florentiner gebühre, und auch Folengo wird ihn mit Buonarroti und Raffael vergleichen[124]. Es sind immer etwas allgemeine Lobreden, die sich auch in den besten und wichtigsten Texten von Castiglione und Ariost wiederholen.

Die Liste der »höchst Vortrefflichen« im Kapitel XXXVII des ersten Buches des *Cortegiano* ist in gewisser Weise verdächtig – gleichgültig, ob man von dem Zeitpunkt des literarischen Rahmens (1507) oder von dem späteren Datum der tatsächlichen Redaktion des Dialogs (um 1516) ausgeht oder das noch spätere Erscheinungsdatum (1528) zugrundelegt. Der Name Mantegnas bleibt neben denen von Leonardo, Raffael, Michelangelo und Giorgione, die alle deutlich jünger sind, immer ein Mißklang: 1507, kurz nach seinem Tod, war er sicherlich dem Ruhm Peruginos und Bellinis unterlegen; 1516 und mehr noch 1528 (fast 100 Jahre nach seiner Geburt) war allen, und in erster Linie Castiglione, der sich mehr als jeder andere Literat in Fragen der modernen Kunst auskannte, klar, daß Mantegnas Stern untergegangen war. Seine Aufnahme in diesen Parnaß gründet auf politischen Überlegungen wie der offiziellen Versöhnung von Castiglione mit dem Hof von Mantua nach dem Tod von Francesco Gonzaga und auf Castigliones eigener mantuanischer Herkunft[125]. In der Oktave des *Furioso*, (XXXIII 2), die auf 1532 datiert werden kann, ist Mantegnas Name neben Leonardo, Bellini, den beiden Dossi, Michelangelo, Sebastiano del Piombo und Tizian noch durch die guten Beziehungen mit dem Hof von Mantua und den nördlichen Regionalismus zu erklären, doch sollten diese Verpflichtungen nicht dauerhaft sein[126]. Bereits bei Giovio, der Padua auch wohlgesinnt ist, verschwindet Mantegnas Name zugunsten des von Costa, und bei Vasari tauchen schließlich die unleugbaren Grenzen auf, die Andrea Mantegna unter die Künstler des zweiten und nicht des dritten Teils der *Vite* einordnen: »... denn obwohl er im Wurf der Gewänder ein wenig hart und kleinlich war, und seine Manier etwas Trockenes hatte, ist doch jeder Gegenstand mit viel Fleiß und Kunst vollendet«[127]. Nach dem Erfolgsverlust kann offenkundig nur ein Lombarde ihm wieder eine »symbolische« Bedeutung zuteil werden lassen, und dies ist selbstverständlich Lomazzo.

Neben dieser Hauptlinie des Künstlerruhms existiert noch ein anderer, fast ungeahnter Weg, der den Namen des mantuanischen Meisters außerhalb Italiens verbreitet; er stützt sich auf ein Lob, das Michelangelo von Francisco de Hollanda übernommen hatte: Bei der Aufzählung der besten Gemälde, die man zu seiner Zeit in Italien bewundern konnte, erwähnt Michelangelo tatsächlich, daß »der Palast des Herzogs von Mantua, wo Andrea den Triumph des Julius Cäsar schuf, sehr edel ist; aber edler noch sind die Pferdegemälde von Giulio, dem Schüler Raffaels«. Die rein weltliche und moderne Anthologie dieser Schriften ist sicherlich Francisco und nicht Michelangelo zu verdanken, doch ist diese Erwähnung von Mantua nicht ohne Bedeutung, da sie möglicherweise Juan de Arfe und dessen außergewöhnliches Verzeichnis großer italienischer Meister beeinflußt hat: »Polayolo, Bacho, y Raphael / Manteña, Donatelo, y Michael«[128]. In diesem florentinischen Kreis ist Mantegna indes kaum mehr als ein entschwindender Mythos (wir befinden uns im Jahre 1585), ein historisch wenig konkreter Name für jeden, der nicht innerhalb der italienischen Kunstgeschichte lebte: Es wird sich 1575 bereits mehr als ein Leser des *Pentimento amoroso* von Cieco d'Adria gefragt haben, wer »Andrea Mantegna, der edle Schäfer«, war, der Schöpfer »eines schönen Trinkgefäßes aus Buchenholz, das nie benutzt wurde«[129].

Die schwindende Kontur der Gestalt Mantegnas geht mit dem sinkenden Einfluß von Isabella d'Este als Richterin der künstlerischen und literarischen Kultur einher. In Wirklichkeit verschwindet unter den Schlägen der Niederlagen von Agnadello (1509) und Ravenna (1512) etwas ganz anderes vom Horizont der italienischen Geschichte, doch wir beschränken uns hier darauf, die tödlichen Erschütterungen des Gleichgewichts der italienischen Höfe im allmählichen, doch unaufhörlichen Autoritätsverlust der Isabella d'Este und in ihrer schwindenden Bedeutung angesichts des Aufkommens der römischen Manier zu untersuchen, die plötzlich eine italienische und europäische Strömung sowohl in bildlicher als auch literarischer Hinsicht wurde. Es sind scheinbar die Jahre des größten persönlichen Ruhmes; und die bewiesene Fähigkeit, die Regierung der Markgrafenschaft während der venezianischen Gefangenschaft des Ehegatten (1509-10) zu übernehmen, bringt ihr neben privaten Schmähungen – die nur noch von den noch heftigeren Beleidigungen Julius' II. übertroffen werden – die Hochachtung des Kaisers und des Königs von Frankreich ein. Auf der Bühne der italienischen Politik hatte es bisher keine solch subtile Verteidigungstaktik gegeben wie diese, die mit kulturellem Ansehen, persönlicher Ausstrahlung, wenig prunkvollen, aber immer zweckmäßigen Geschenken sowie verwickelten Spielen von Heuchelei und falscher Naivität operiert.

Die elegante Taktik ihrer politischen Eingebungen war von alter Schule und scheint aus einem Handbuch zu stammen, das zu Zeiten von Lorenzo il Magnifico geschrieben wurde, und nicht in einem Italien, das jenseits der Alpen die französischen und dann die kaiserlichen Truppen herannahen sah, die Streitigkeiten schlichten sollten, welche über die kleinen Grenzen der alten italienischen Staaten hinausreichten. Isabella war nie ein weiblicher »principe«; sie bleibt »donna di palazzo«, ganz entsprechend dem bezaubernden Portrait, das Castiglione im dritten Buch des *Cortegiano* entworfen hat. Die neuen politischen Verpflichtungen – zunächst wegen des gefangenen Gatten, dann wegen der von Julius II. bedrohten ferraresischen Familie und schließlich wegen der unsicheren Rückkehr des Neffen auf den mailändischen Thron – lenkten zu oft die Aufmerksamkeit der Markgräfin ab und verwickeln sie für Italien in eine Reihe persönlicher Kontakte, die in ihren Augen die Politik der Truppen ersetzen sollten, die sowohl ihr als auch ihrem Gatten immer gefehlt hatten, wie es auch an unerschöpflichen Geldquellen gefehlt hat. Die Notizen zu ihren literarischen und bildlichen Interessen werden seltener, brechen aber nicht vollständig ab; es ist jedoch schwierig, sie in eine eindeutige Linie zu bringen, da die Fäden des Spiels nunmehr allein in den Händen der römischen Elite liegen, der Isabella im Grunde fremd gegenübersteht.

Noch 1511 erreichen sie aus Rom die poetischen Kompositionen zum Tod des Hündchens Aura, eine letzte frivole und würdelose Episode der kulturellen Solidarität der Höfe; doch schon im folgenden Jahr kommt es zu einer Reihe peinlicher Skandale, in die sie als nicht länger gefeierte Schutzherrin der Literaten verwickelt ist und die einen quälenden Abstieg von den höchsten Stufen des Parnaß einleiten. Es ist nicht auszuschließen, daß ihr die erstaunliche Schmähschrift mit dem Titel *Epistola eloquentissimi oratoris ac poetae clarissimi D. Marii Aequicolae in sex linguis*, die im November 1512 erschienen war, unter die Augen gekommen ist, zumal drei ihr sehr nahestehende Personen davon betroffen waren: in erster Linie Equicola selbst, dann Giacomo Calandra und schließlich Giovanni Battista Pio, von dem Isabella am Ende des Quattrocento so viele »erlesene Vokabeln« gelernt hatte. Unter diesem schulmeisterlichen Repertoire richtete die römische *Epistola* ihr Gemetzel an und zielte sowohl auf das apuleische Latein als auf das Volgare in der Art Boccaccios oder des Poliphilus. Die sprachlichen Mythen, für die sich Isabella d'Este persönlich oder über ihre

Sekretäre eingesetzt hatte, wurden von einem anonymen Witzbold verhöhnt, der sie imitierte und gleichzeitig zu gekünstelten und zusammenhanglosen Übungen einfältiger Literatur verunstaltete. Es ist nicht der einzige Angriff, den man in Rom gegen die offiziellen Vertreter der von Isabella geteilten und geförderten Kultur führte, er steht neben dem *Dialogus in lingua mariopionea* (1512-13), dem groben Angriff von Tebaldeo gegen Equicola, der in doppeldeutiger Weise Isabella selbst einschließt, und neben dem Dialog *Osci et Volsci* von Accursio, der gegen Giovanni Battista Pio gerichtet ist[130]. Diese ganze kampfeslustige Aufwallung wird zwischen 1512 und 1513 von dem Streit über die Nachahmung zwischen Bembo und Giovan Francesco Pico übertroffen und – mit Rücksicht auf die Themen, die uns hier in nächster Nähe interessiert haben – von der Schrift *De Venere et Cupidine expellendis*, ebenfalls von dem jüngeren Pico (Dezember 1513), der bekanntlich in der Auseinandersetzung mit Bembo der Unterlegene war[131].

Gombrich hat bereits dieses Lehrgedicht dem Bild der Minerva in Isabellas Studiolo gegenübergestellt, doch lohnt es, eine weitere Beobachtung hinzuzufügen, um das veränderte Verhältnis der römischen Intellektuellen zu den »antiken Fabeln« näher zu bestimmen und zu sehen, daß ein neoplatonischer Traditionalist wie Pico (dessen Haltung auch Isabella selbst teilte) zu jenem Zeitpunkt schließlich unangemessen pathetisch erscheinen mußte. Die Widmung des Lehrgedichts an Lilio Gregorio Giraldi beschreibt den Belvedere-Garten im Vatikan, wie er sich während der Blütezeit des Pontifikats Julius' II. darstellte: mit einer stolzen Versammlung antiker Statuen, die neu entdeckt waren und die sicherlich ohne die Absicht aufgestellt worden waren, einen »schönen« moralischen oder philosophischen Sinn mitzuteilen. Die Statuen wurden aufgrund ihrer Schönheit und ihres historischen Ruhms gesammelt; ihnen gegenüber konnte sich gleichsam eine Art weltlicher Verehrung entwickeln. Diese Gefahr erbitterte Pico, doch ist es genau der Grund, warum wir heute in dieser Inszenierung ein Zeugnis der ersten philologischen Archäologie und unseres historischen Museumswesens erkennen. Kein heiliger oder geheimer Nimbus umhüllt diese Meisterwerke der klassischen Antike, und ihre Anziehungskraft war von jener Art, die Giovan Francesco Pico – der eine Abhandlung *De amore divino* plante – nicht billigen konnte; es war jene Anziehungskraft, die Aretino am 6. Oktober 1527 Federico Gonzaga versprechen wird, als er eine Venus ankündigt, »die so naturgetreu und lebendig ist, daß sie den Geist eines jeden Beschauers mit Begierde erfüllt«[132].

Nicht allein die geschriebene und vor allem gesprochene Sprache, die an den italienischen Höfen ein Erkennungszeichen darstellte, wurde von den ciceronianischen Humanisten so heftig attackiert; die antiken Fabeln selbt wurden angezweifelt, als man von der Lektüre der spätklassischen Texte abriet, durch deren phantastische Geschichten die moralischen Metaphern bis zur Schwelle des Cinquecento vorgedrungen waren. Von Pico kommentiert und unter der Schirmherrschaft der Bentivoglio war 1500 Fulgentius in Bologna erschienen, doch zählte Beroaldo in gleichen Jahr, ebenfalls in Bologna, Fulgentius im Kommentar zu Apuleius

inter proletarios minutosque scriptores [...] Non probo eruditionem, perinde atque parum conducibilem, parumque apud eruditos plausibilem [...] quaedam non tam vera sed festiva. Laudo scriptoris ingenium, qui pro virili parte contendit velamenta fabularum relevare et arcano mysteriorum poeticorum reserare.

(zu den unbedeutenden und gemeinen Schriftstellern. Ich billige Gelehrsamkeit nicht, wenn sie noch dazu zu wenig zweckdienlich und zu wenig beifallswürdig bei den Gelehrten und sozusagen weniger wahrhaftig als witzig ist. Ich lobe das Talent des Schriftstellers, der nach Kräften sich bemüht, die Schleier der Fabeln zu lüften und die geheimen Mysterien der Dichter zu offenbaren.)

Das karge Lob wurde innerhalb des bolognesischen Ambiente, das die Intellektuellen des Hofes zu einer Ordnung des friedlichen Zusammenlebens anhielt, erwartet, doch in Rom war 1513, auf der Höhe der *De sermone latino* des Kardinals Adriano da Corneto, die Zensur von Sidonius, Fulgentius und Martianus Capella unwiderruflich und richtete sich deutlich gegen Bologna, wo man weiterhin schwelgte: »ut qui haec legerint, malorum auctorum imitatione omissa, perfectos illos latini candoris parentes agnoscant, studeant, aemulentur« (damit jene, die dies lesen, die Nachahmung schlechter Dichter aufgeben und jene vollendeten Quellen lateinischer Klarheit anerkennen, lernen und nachahmen)[133]. Natürlich wurde auch Apuleius verdammt, den Isabella gerade in der Übersetzung von Boiardo als etwas zwiespältigen Text gelesen hatte, »quem nostri temporis magis curiosi quam eruditi sequi et aemulari student« (dem mehr die Neugierigen als die Gelehrten unserer Zeit zu folgen und nachzueifern suchen)[134].

Zu diesem Zeitpunkt beschränkt sich der Cicero-Streit nicht auf den rigorosen Vorschlag eines makellosen Lateins (»... elaboremus veluti apes lectissimis floribus insidere«, wie fleißige Bienen wollen wir nach den erlesensten Blumen streben), sondern rückt über die Grenzen der Sprache hinaus in den Bereich der Gelehrsamkeit vor, die er zu reiner Neugierde degradiert, falls sie sich nicht nach den goldenen Texten richtete. In Rom – und wir werden sehen, wie dies auf Mantua zurückschlägt – tut sich eine unversöhnliche Gegnerschaft zwischen Ciceronianern (sowie der philologischen Archäologie von Raffael und seinen qualifizierteren Mitarbeitern Fra Giocondo, Andrea Fulvio und einigen anderen) und dem verworrenen Ziel der unersättlichen Mythenforscher auf (unter denen auch ein Mitarbeiter Raffaels, Fabio da Ravenna, zu finden ist)[135]. Deren Phantasie, die den Ikonologen heute so kostbar ist, wird die traumbildartige Kehrseite der archäologischen, historisch sehr engagierten Forschung bilden, die für kurze Zeit ein offenes Feld persönlicher Erkundungen ist, aber schon bald von den überentwickelten Repertoires einer äußerst systematischen Ikonographie erstickt wird.

Ein frühes mantuanisches Zeugnis der Ratlosigkeit über die verworrenen Fabeln, die die abenteuerlichsten und waghalsigsten Gelehrten zusammengestellt hatten, ist der schöne Dialog *De Iusticia pingenda* von Battista Fiera, auf den wir bereits gestoßen waren (der Dialog erscheint in der Sammlung der *Hymni divini*, die Fiera selbst 1515 aus Mantua Leo X. widmet)[136]. Etwa um 1465 geboren, mußten Battista Fiera die Auseinandersetzungen in Rom unter dem neuen Medici-Papst fremd bleiben, doch er akzeptierte die Aufforderung zu größerer Ernsthaftigkeit bei der Handhabung der antiken Quellen und der literarischen Bildung. Seine Ausbildung, die noch im Rom von Pomponio Leto stattfand, widersprach diesem Anspruch nicht und hielt ihn von den hemmungslosen Apuleianern und Fabeldichtern fern. Fiera war allenfalls bereit, die wichtigsten klassischen Mythen mit den Wahrheiten der christlichen Religion in Einklang zu bringen, wozu er sich auf die unverdächtigen Texte Vergils stützte. Da er außerhalb der scharfen Auseinandersetzungen und der radikalen philologischen Streitigkeiten stand, gewinnt der Dialog größere symptomatische Bedeutung, und zwar als Zeugnis der Ratlosigkeit desjenigen, der lange Jahre an die verborgene Wahrheit der Mythen geglaubt hatte: Von Mantegna nämlich, der im Dialog dem unbarmherzigen Momus gegenübersteht, dem unersättlichen und spitzfindigen Sohn der Nacht, dessen Name auch in der Widmung der oben erwähnten *Epistola in sex linguis* auftaucht.

Offenbar spielt der Dialog *De Iusticia pingenda* in Rom zu der Zeit, als Mantegna an der Kapelle von Innozenz VIII. im Vatikan arbeitete, doch kann die Abfassung selbst nicht vor dem Tod des Meisters erfolgt sein (der eine derartige radikale Darstellung von einem Freund nicht akzeptiert haben würde); vielleicht wurde der Dialog einige Jahre nach dem Tod des Malers geschrieben, als sein Bild auch in Mantua schon etwas weniger strahlend war. Im Kern handelt die Debatte in pessimistischer Weise von der Ungerechtigkeit der Welt und dem Tod als dem endgültigen Zeichen der Gleichheit und somit der höheren Gerechtigkeit, doch beschäftigt sich die Eröffnung des Dialogs lebhaft mit der Verwirrung der Ikonographen: »Profecto nisi isti philosophi insaniant, immo prope divini sint (quod mundus praedicat), non mirer unquam satis unde tam diversa sentiant.« (Wahrlich, wenn nicht diese Philosophen irren, die ja beinahe göttlich sind – wie die Welt sagt–, kann man nicht genug staunen, wenn sie so Verschiedenes erkennen.) Es ist das erste Argument von Mantegna, der darüber verzweifelt ist, daß die Philosophen sich nicht einig sind, welches die notwendigen Attribute eines allegorischen Bildes der Gerechtigkeit seien. Alle Meinungen gehen auseinander und widersprechen sich, während sie den Künstler in ungangbare Labyrinthe (»involucra«) verwickeln. Momus verbessert: »Ne dixeris involucra – deliria immo. Delirant enim omnes, Epicuro eccepto...« (Nicht Labyrinthe, sondern Täuschungen. Denn alle täuschen sich, außer Epikur...). Es folgt Mantegnas rührende Erzählung seines Mißgeschicks, das vom übermäßigen beruflichen Ernst und den Bildungsgewohnheiten herrührt: »cum pictor tamen is sim, qui de lineis etiam ultimis praecipuam diligentiam curem, et de Iusticia ipsa varia semper audiverim, hinc philosophos consulendos censui.« (Weil ich dennoch ein solcher Maler bin und auch die schwierigsten Entwürfe mit sorgfältigem Fleiß ausführe und über die Gerechtigkeit soviel gehört hatte, dachte ich, daß man hierin die Philosophen befragen müsse.) Schließlich führt die eifrige Untersuchung des Malers zu unheilvollen und widersprüchlichen Ergebnissen; die Gerechtigkeit ist nacheinander »monoculam [...] sedentem [...] unimanum [...] stantem [...] undecunque oculatam [...] auriculatam« (einäugig, sitzend, einhändig, stehend, allenthalben sehend, hörend), wozu noch zahlreiche miteinander unverträgliche Attribute kommen. Schließlich bleibt die negative Hypothese von Battista Mantovano, der von der Unmöglichkeit eines menschlichen Bildes der Gerechtigkeit überzeugt ist. Momus stimmt dem christlichen Philosophen zu, jedoch nicht wegen seiner moralischen Begründungen, sondern wegen der phantastischen Irreden der anderen: »quomodo enim et unioculam et multioculam pariter pinxeris? Quomodo et unimanum tantum et metientem tamen et librantem simul et pariter ense minantem?« (Wie willst du denn eine zugleich Einäugige und Vieläugige malen? Wie eine Einhändige, die zugleich urteilend und befreiend ist und mit dem Schwerte droht?) Nachdem es unmöglich ist, die Gerechtigkeit der Philosophen zu malen, verzichtet Mantegna offenkundig gezwungenermaßen auch auf die abstrakte Gerechtigkeit der Theologen, von der er eine feierliche und groteske scholastische Definition rezitiert: »audita saepius theologi verba [...] non a me adhuc intellecta.« (Die Definitionen der Theologen, die ich häufiger hörte, sind mir bis jetzt nicht einsichtig.) Fieras Auftritt auf der Bühne bringt die Debatte von der Ebene der großen Definitionen auf die der täglichen Entscheidungen der Moralphilosophie, und schnell gelangt man zu der Feststellung, daß »morte aequamur omnes; imi summi, tam sancta severa Iusticia« (der Tod alle trifft; nach den Göttern und der heiligen strengen Gerechtigkeit). Aus dieser harten Wahrheit steigt eine neue Ikonographie empor, die sich nicht auf die klassischen Fabeln oder die Definitionen der Scholastik beruft, sondern auf die tragische Erfahrung eines jeden Einzelnen: »Verum mi Mantynia, iam mihi pictor ultra non haberis, sed philosophus maximus, sed theologus summus, nisi fortassis olim pro Iusticia Mortem pinxeris.« (Wahrlich, mein Mantegna, du wärest kein Maler mehr, sondern größter Philosoph und höchster Theologe, wenn du nicht eines Tages statt der Gerechtigkeit den Tod abgebildet haben würdest[137].)

1515 ist Isabella etwa vierzig Jahre alt, und der Zeitpunkt, den sie sich selbst als Beginn des Alters gesetzt hatte, ist überschritten (Brief an Ludovico Brognolo vom 7. November 1502)[138]. Doch sie bleibt »lebhaft und heiter«, wie man sie auch noch in Pesaro während ihrer zweiten Reise nach Rom erleben wird (1525); vor allem bleibt sie eine »Frau mit eigenem Willen«, zum Kummer ihres Ehegatten, der es schließlich bereut, »eine solche Frau zu haben, die immer nach ihrem Kopf und Willen handelt«[139]. Ihr Verhältnis zueinander wird schließlich noch schwieriger, und Isabella, von der politischen Führung Mantuas abgedrängt, sichert sich ihren Handlungsfreiraum durch eine Reihe von Reisen, die sie schließlich nach Rom führen. Bislang kannte sie die Stadt nur über den Sohn, den Julius II. gefangenhielt und den sie im eigenen Auftrag bewacht hatte (Isabella hält sich mit einer kurzen Zwischenstation in Neapel vom Oktober 1514 bis März 1515 dort auf). Es war eine günstige Gelegenheit, die ›moderne Manier‹ (am Beispiel der noch frischen Malerei der Sixtinischen Kapelle oder der noch nicht vollendeten Stanzen) kennenzulernen, doch die Aufmerksamkeit der Markgräfin scheint sich nicht auf die neueren Dinge zu richten: »Wir verbringen unsere Zeit damit, täglich die Altertümer zu sehen, die jeden Tag bewundernswerter erscheinen«, schreibt Isabella am 10. November 1514 an Capilupi, während sich eine derartige Begeisterung über die zeitgenössischen Werke in der Korrespondenz nicht findet. In Wirklichkeit genießt Isabella in Rom vor allem ihren Triumph als »donna di palazzo«, und selbst in Venedig, wo sie nicht allzu geschätzt ist, muß Marin Sanudo zugestehen, daß »sie aus diesem Land ein Fest gemacht hatte«, während man in Mantua die »edle Haltung und die Weise [...], jeden nach seiner Art zu loben«, oder »die edle Art und die rechten Zeremonien« rühmte. Isabella führt siegreich ihre elegante gesellschaftliche Bildung in unbefangener Natürlichkeit vor, und verkörpert in den Augen aller »eine gewisse Art von Lässigkeit [...], die die Kunst verbirgt und bezeigt, daß das, was man tut oder sagt, anscheinend mühelos und fast ohne Nachdenken zustandegekommen ist« (*Cortegiano [Der Hofmann]* I XXVI). Man trifft sie eher in St. Peter, wo sie »das Hl. Antlitz und die Lanza verehrt«, als in den Gemächern des Vatikan oder in der Sixtinischen Kapelle, und man kann sich vorstellen, daß sie sich angesichts der künstlerischen Neuheiten jener Jahre wie ihr Bruder Alfonso d'Este verhalten hätte:

Es bereitete ihm großes Vergnügen, alle Gemächer von Papst Alexander zu sehen, die sehr schön sind [...] er wünschte sehr, die Decke der großen Kapelle zu sehen, die Michelangelo malt [...]; er blieb dort oben mit Michiel Angello und konnte sich an jenen Figuren nicht satt sehen [...]; man wollte ihn zum päpstlichen Gemach führen und zu denen, die Raffael malt, doch wollte er nicht gehen[140].

Heute überrascht es, daß der Herzog von Ferrara 1512 die Gemächer der Borgia (die Pinturicchio fünfzehn Jahre zuvor in recht traditioneller Manier ausgestattet hatte) »sehr schön« finden konnte, sodann unbefangen mit dem ungeheuerlichen Michelangelo über das Gewölbe der Sixtinischen Kapelle plauderte und schließlich die Gelegenheit verstreichen ließ, als einer der ersten Raffaels neue Ausgestaltung der Gemächer Julius' II. zu bewundern; ebenso erstaunlich ist, daß sich bei Isabella keine Spur eines Interesses für jene Meisterwerke findet, die doch die italienische Bildtradition von Grund auf durcheinanderbringen und jede Verbindung zur Vergangenheit kappen, während sie mit unerhörter Kühnheit die formalen, stilistischen und persönlichen Grundlagen dieser bildlichen Arbeit gegen die traditionellen ikonographischen Inhalte und den Materialaufwand in Gold, Azur und Ultramarin durchsetzen. Man mag überrascht sein, doch sollte man das Staunen nicht übertreiben: Der alte Geschmack und jene Tradition leisteten noch Widerstand, wie die bildliche Ausstattung des Chorraums in Santa Maria del Popolo in Rom beweist. Raffael und Michelangelo blieben einfach zwei Künstler im päpstlichen Dienst, deren intellektuelles Ansehen auch bei denen nicht allzu anerkannt war, die – mit Raffael mehr als mit Michelangelo – das Wohlwollen von Papst Leo X. teilen werden. Man braucht nur die Einleitung zum dritten Buch der *Prose della volgar lingua* von Pietro Bembo zu lesen, um zu entdecken, daß zumindest 1516 Malerei, Skulptur und Architektur »viel geringere Künste« sind, verglichen mit dem »Schreiben, das eine so anmutige und feine Tätigkeit ist, daß keine Kunst ohne dies schön und vollendet sein kann«. Der gesellschaftliche und intellektuelle Aufstieg des Künstlers hatte seinen kritischen Punkt noch nicht überwunden, und Isabella d'Este und ihr Bruder fühlten sich nicht verpflichtet, sich anders als ihr Onkel Borso zu verhalten als das Verhältnis zu Francesco del Cossa schwierig wurde. Auch der Zynismus, den Isabella beim Kauf der *Faustina* aus Mantegnas Besitz an den Tag legte, lehrt einiges über die noch begrenzte gesellschaftliche Achtung, die sich die Künstler bislang erworben hatten. Für Isabella ist der legendäre Raffael in Rom nichts weiter als »Raphaelle de Zoanne de Sancto aus Urbino«, ein »guter Meister«, den sie bei anderer Gelegenheit als erfolgreichen Portraitisten kennengelernt hatte; noch war er nicht der große Archäologe und erfahrene vitruvianische Baumeister, als der er später in der Gesellschaft der römischen Intellektuellen galt.

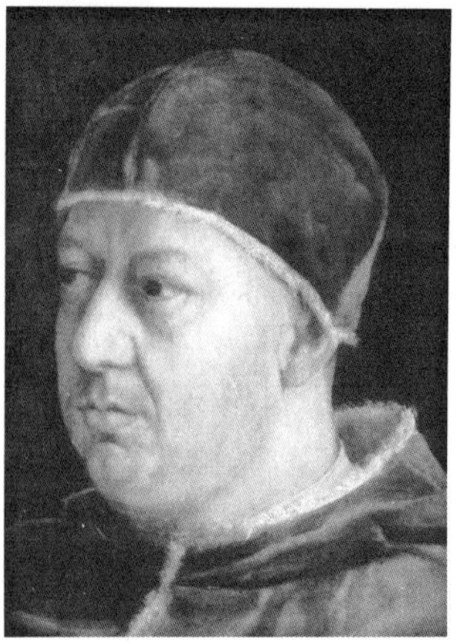

RAFFAEL,
Papst Leo X., 1517–1518
Ausschnitt

»Als ›Frau mit eigenem Willen‹ kehrt Isabella nach Mantua zurück, berauscht von dem glänzenden Empfang, den die kirchliche Aristokratie ihr bereitet hatte, und berauscht von den klassischen Altertümern, die sie bis dahin in diesem Umfang nicht gekannt hatte; doch kehrt sie in der Überzeugung zurück, daß ihr Studiolo sein wenn auch kleines Ansehen nicht verloren habe, da es doch keine Kunstwerke beherbergte, die in ihrer ganzen Erhabenheit überholt wären, sondern eine präzise Abhandlung *De amore divino* – wie die, die Gian Francesco Pico 1516 beendete[141]. Den Transport der Gemälde und der Einrichtung des Studiolo vom Castello zur Corte Vecchia empfindet sie nicht als Einschnitt, obwohl sie von einer entsprechenden Unternehmung ihres Bruders Alfonso mit Hilfe von Bellini, Tizian und Dosso weiß (auch hier »antike Fabeln« nach Philostratos, den Demetrio Mosco übersetzt hatte, die aber nicht unbedingt einen »schönen Sinn« haben)[142]. Interessant ist, daß sich Isabella für die notwendige Einrichtung und die fehlenden Teile weiterhin der Meister bedient, die der nördlichen Tradition des frühen Jahrhunderts verpflichtet sind[143]. Die Auslegung der neuen Gemächer wird Tullio Lombardo anvertraut, einem Bildhauer, der alles unternommen hatte, um seine Produktion den neuen gefälligen Entwürfen der modernen Malerei anzugleichen, indem er auch die ergebenste Hommage an die klassischen Vorlagen mit einem feinen psychologischen Zauber beseelte. So fühlte er sich durch die Arbeiten von Gian Cristoforo Romano und die künstlerische Entwicklung von Antico ermutigt, der sich in den späten Büsten des ›Seminario‹ von Mantua mit feiner Empfindsamkeit der venetisch-lombardischen psychologischen Portraitkunst anzunähern scheint. Die neue Bildausstattung, und vor allem die Decke der sogenannten Scalcheria werden jedoch Leombruno anvertraut, dem Adoptivsohn desjenigen, der Anfang der neunziger Jahre die erste Ausstattung des Studiolo geleitet hatte. Die heitere Decke des großen Saals ist voller römischer Zitate, die wohl nach Leombrunos Aufenthalt in Rom 1521 entstanden (d. h. ein Jahr vor der Ausmalung der Decke selbst); merkwürdig ist jedoch, daß es sich um unzusammenhängende Zitate handelt, die – falls sie überhaupt für eine zu Beginn des Cinquecento ausgeführte Arbeit plausibel sind – den Borgia-Gemächern näher stehen als der Villa Madama in Rom. Auch der ikonographische Inhalt erscheint recht zusammenhanglos: vielleicht, weil derjenige, der die Anregung zu der Arbeit gegeben hatte – höchstwahrscheinlich Equicola –, nun wenig Vertrauen in die antiken Fabeln hatte, die in Rom so elend verspottet wurden[144]. Gänzlich neu erscheinen die Lünetten mit Jagdmotiven, doch um die Geschwindigkeit der kulturellen Erneuerung um die Stadt von Isabella d'Este herum – auch unabhängig von Giulio Romano – zu ermessen, braucht man nur daran zu erinnern, daß ähnliche Lünetten von Parmigianino in Fontanellato bereits vor 1524 existieren.

Isabella d'Este nimmt von der Bildkultur ihrer Zeit mit zwei Allegorien von Correggio, heute im Louvre, Abschied, die zur Ergänzung des Studiolo gemalt wurden: Dem *Triumph der Tugend* mit Venus und Minerva und der *Allegorie des Lasters*, in der die Tugend gerade nicht triumphieren durfte[145]. Correggio, der mehr als Leombruno aus der Nähe überwacht wird, fertigt zwei Gemälde an, die ikonographisch vollkommen mit den übrigen Gemälden des Studiolo in Einklang stehen; doch mit diesen beiden Bildern verbannte die moderne Manier – als zarte Anmut der Zeichnung, als ausgewogene Gewandtheit der Gesten und samtige Farbgebung – die Gemälde von Mantegna, Perugino und Lorenzo da Costa überstürzt in die Vergangenheit. Dennoch ist es denkbar, daß sich hinter der Entscheidung für Correggio wieder einmal Überlegungen verbergen, die sich auf ein vergangenes Zeitalter stützen. Gewiß, es existiert ein Brief, in dem Veronica Gambara lobend über Correggio schreibt (3. September 1528), doch glaube ich nicht, daß sie damit Isabella einen Unbekannten schilderte. Der Weg von Antonio Allegri nimmt zwischen Mantegna und Costa in Mantua seinen Anfang und wird sich in einem bestimmten Augenblick, der noch zu untersuchen ist, mit der Laufbahn Leombrunos kreuzen[146]. Darüber hinaus sollte man erwähnen, daß nach dem ersten wichtigen Auftrag Correggios, dem Altar für San Francesco in seiner Geburts-

CORREGGIO,
Qualen des Lasters, 1528–1530

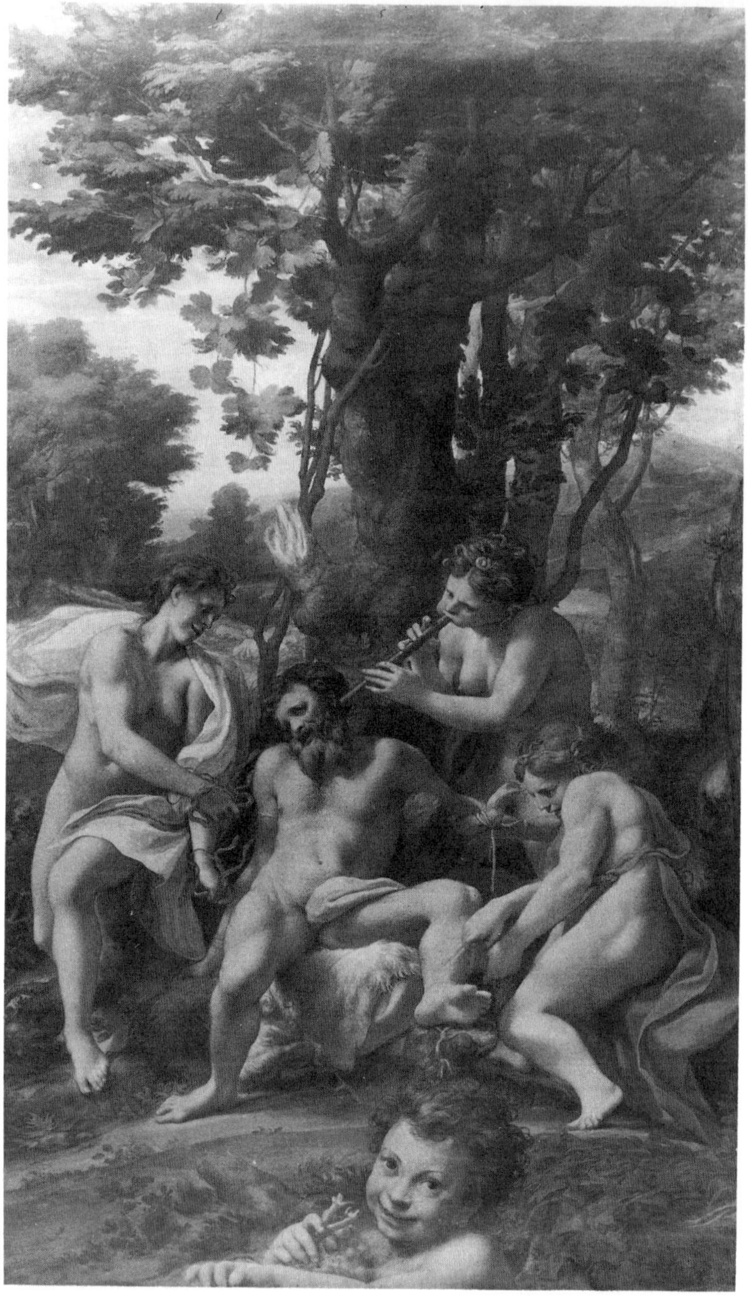

stadt, die Orgelflügel für die Basilika von San Benedetto Po, wenige Kilometer von Mantua, folgen. Die Dokumente über die Beziehung zwischen Correggio und der mantuanischen Umgebung im zweiten Jahrzehnt des Jahrhunderts können vermuten lassen, daß Isabella von dem Zimmer von San Paolo in Parma, das für die Äbtissin Giovanna de Piacenza gegen Ende des zweiten Jahrzehnts ausgestattet wurde, gewußt hat[147]. Wenn sie davon Kenntnis hatte, wird die faszinierende Sammlung von Erfindungen und Fabeln die Markgräfin der Mitarbeit Correggios am Studiolo versichert haben. Es mochte ihr wenig ausmachen, daß der Maler ebenso bereit war, für Federico Gonzaga die Liebesaffären Jupiters, also eines »Feindes der Keuschheit«, zu malen. Der Bruch mit dem ausschweifenden Sohn, der am Hofe von Julius II. aufgewachsen war, war inzwischen für sie und den ganzen Hof vollzogen, und im übrigen dachte sie immer noch, daß der belehrende Inhalt eines Gemäldes gewichtiger als die Ausführung und die private Gestalt des Künstlers daher zweitrangig sei. Beharrlich weigerte sie sich zu erkennen, daß sich die Zeit, die politische Lage und die künstlerischen Mythen geändert und ihr die unbestrittene Führungsrolle, die sie in früheren Jahren besaß, entrissen hatten. Jahr für Jahr starben um sie herum die Freundinnen und Mitstreiterinnen jener glücklichen Zeit: Elisabetta Gonzaga im Jahre 1526, Emilia Pia 1528; gerade ihr Tod mußte sie treffen und gleichzeitig davon überzeugen, noch immer im Recht zu sein. Gewiß mochte die Vorstellung einer »Madama Emiglia [...], die kein Sakrament der Kirche erhalten hatte«, unmoralisch erscheinen – gerade für jemanden, der sich von den verwirrenden religiösen Umwälzungen jener Zeit hatte fernhalten wollen; doch Isabella konnte der Gedanke nicht unberührt lassen, daß die Freundin aus Urbino noch im Sterben »eine Stelle aus dem *Cortegiano* mit dem Grafen Ludovico erörtert« hatte[148]. Im Mai 1528 war der *Cortegiano*, der den heiteren Hof von Urbino zu Anfang März des Jahres 1507 »wie ein Portrait der Malerei« beschrieb, gerade eben erschienen. Uns mag es jedoch genügen, die Widmung an Miguel da Sylva zu lesen, um zu verstehen, wie jener leuchtende Frühling, jener Hof, jene Kultur und jene höfische Utopie mit ihren bewunderungswürdigsten Protagonisten unwiderruflich untergegangen waren.

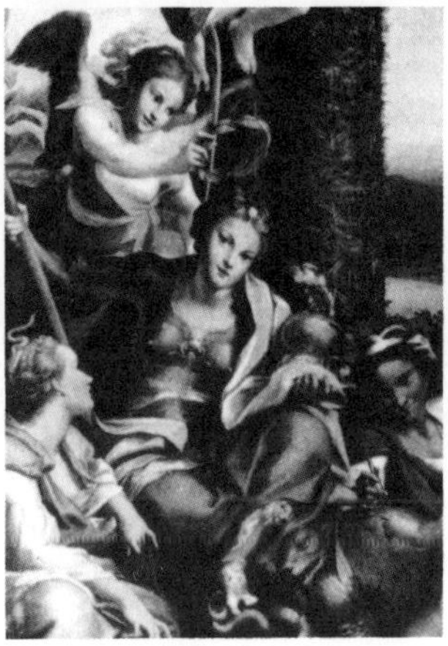

CORREGGIO,
Triumph der Tugend, 1528–1530
Ausschnitt

FEDERICO ZERI

Renaissance und Pseudo-Renaissance

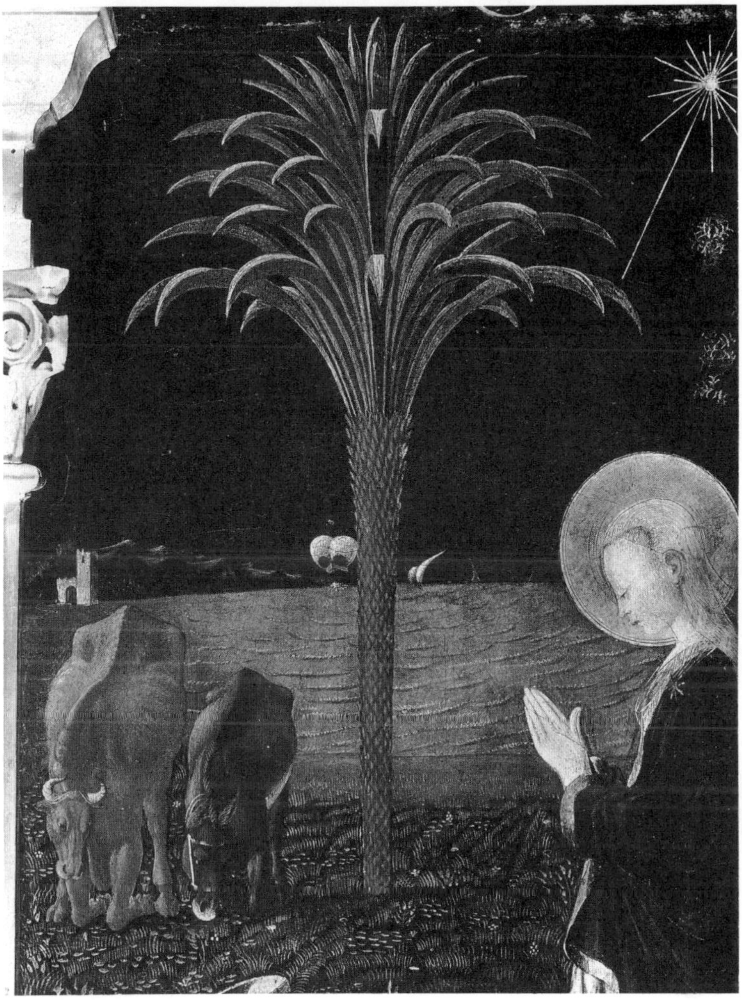

PAOLO UCCELLO,
Geburt Christi
Ausschnitt

ANTONIO VIVARINI,
Der Hl. Petrus von Verona vertreibt den Teufel in der Gestalt der Maria

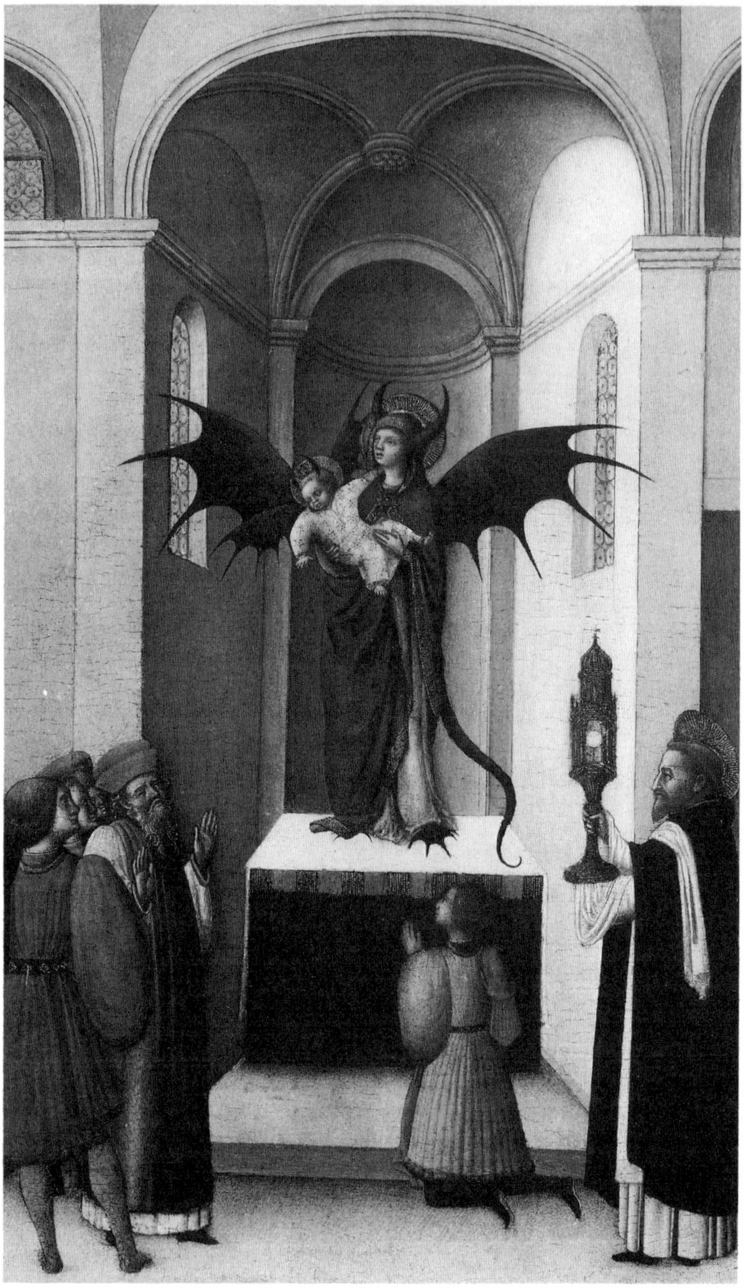

Bekanntlich ist unter den Begriffen, die in die Terminologie der Geschichtswissenschaft Eingang finden und die nach allgemeiner Übereinkunft dazu dienen, den zeitlichen Ablauf einzuteilen, der Begriff Renaissance der einzige, dessen Erfindung mehr oder weniger direkt auf die Epoche zurückgeht, die bezeichnet werden soll. Es waren in der Tat die Humanisten und Schriftgelehrten Italiens im Quattrocento, die von *rinascita* sprachen, d. h. vom Wiedererstehen von Normen und kulturellen Formen der antiken Welt in Griechenland und in Rom; sie waren es, die einen entschiedenen Bruch zwischen der eigenen Weltsicht (sowie den darin implizit enthaltenen kulturellen Werten) und der Weltsicht einer lang andauernden vergangenen Epoche gefunden haben, die den Invasionen der Barbaren und dem Ende der Antike gefolgt war. Dieses Ende hat man als einen klaren und eindeutigen Schnitt beschreiben wollen, und nicht als eine sehr komplexe Transformation der ökonomischen und sozialen Realitäten, der religiösen Basis und schließlich jenes Ensembles aus Mentalitäten und unendlich vielen damit verbundenen Ausdrucksformen, das man Kultur nennt. In Wirklichkeit war das unterstellte *Ende* der Antike eine sehr lange und vielgestaltige Entwicklung, die sehr unterschiedliche Formen und Aspekte hatte, je nachdem, welches Schicksal die verschiedenen Teile jener großen kulturellen und politischen Einheit erlitten, die rings um das Mittelmeer durch das Römische Reich geschaffen worden war. Dies ging so weit, daß in einigen Gebieten des Ostreiches (vor allem in der Umgebung Konstantinopels und in Griechenland, die beide nicht durch das islamische Reich erobert worden waren) nach der schweren Krise des 7. und des 8. Jahrhunderts die Tradition der Antike, wenn auch mit einem griechischen und christlichen Einschlag und in unbestreitbar verknöcherter Form, wieder lebendig wurde. Sie unterschied sich nicht sehr von der Lebensform des Imperiums zu jener Zeit, als es, noch eine Einheit, von Konstantin und seinen Nachfolgern aus einem – seit den Zeiten von Augustus – autoritären in einen durch und durch totalitären und zentralisierten Staat verwandelt wurde. Wie dem auch sei, der Begriff *Renaissance* ist – dank seiner offensichtlichen Vorzüge und Brauchbarkeit für die empirische Forschung und trotz seiner Mängel – in die Geschichtsschreibung eingegangen. Und das, obgleich er, wie alles durch Übereinkunft Geschaffene, das Risiko in sich birgt, die Realität zu vereinfachen, die immer aus unendlich vielen Aspekten besteht, welche sich bisweilen widersprechen und häufig vom Raster des geschichtswissenschaftlichen Vokabulars nicht erfaßt werden. Immer besteht die Gefahr, das historische Vokabular mit einem Eigenleben auszustatten und ihm – reaktiv – das gegenüberzustellen, was sich auf synchroner Ebene ereignete und Realität war, aber keinen Eingang in unsere geistigen Schemata gefunden hat. Ihr muß man begegnen, indem man sich die zahllosen territorialen Aufsplitterungen, die unendlich vielen Kulturtraditionen, die Vielfalt der religiösen Erfahrungen, die Unterschiedlichkeit der ökonomischen Situationen, die künstlerischen Reste der Vergangenheit und das, was die Siedlungen der Barbaren Neues brachten, vergegenwärtigt – also alles das, was für Westeuropa charakteristisch war, als sich nach Ablauf eines Jahrtausends die Basis der Ökonomie vom Land in die Stadt verlagerte. Man kann in der Tat die Behauptung aufstellen, die Renaissance sei das Ergebnis der wiedererstehenden städtischen Ökonomie – ein Prozeß, der sich in den einzelnen Zonen auf ganz verschiedene Weise und in ganz unterschiedlichen Zeiträumen vollzog, wobei aus den Tausenden von sich selbst versorgenden ländlichen Mikroorganismen, in die der monolithische Block des Spätreiches zerfallen war, zahlreiche voneinander isolierte Kerngebiete hervorgingen.

Angesichts einer vereinfachenden und rigiden Sichtweise einer solch vielgestaltigen Realität muß man daran erinnern, daß die Gegenüberstellung von *Renaissance* und *Anti-Renaissance* falsch und inakzeptabel ist; hat man diese Gefahr umschifft, stößt man auf die nächste, problematischere Klippe: auf das Problem, innerhalb welcher Grenzen man die Epoche der Renaissance festlegen soll und welchen Ort und welche Bedeutung in ihr die Zuschreibung *rinascimentale* (zur Renaissance gehörig) für die Kunst besitzt. Dank des Scharfsinns von Erwin Panofsky, der die Reichweite und Bedeutung des Begriffs geklärt hat, umfaßt das Thema nicht mehr die verschiedenen *Renaissancen,* die, schwach und konsequenzenlos, seit Karl dem Großen eher aus einem willkürlich politisch-propagandistischen Interesse denn aus einem spontanen und lebendigen kulturellen Impuls heraus entstanden und aufeinander folgten. Ihnen fehlte die Kontinuität der Entwicklung und des Ausdrucks, wie sie für die authentische Renaissance charakteristisch ist, deren Beginn eng mit der Tätigkeit der Humanisten zusammenhängt und der auf die erste Hälfte des 14. Jahrhunderts datiert werden kann – wenn nicht gar (soweit es Italien anlangt) auf die Zeit Friedrichs II., d. h. noch vor das Jahr 1250. Aber an dieser Stelle ist die Diskussion von Daten unerheblich. Wichtig ist es aber, klarzustellen, daß die Periodisierungen der Geschichtsschreibung mit der kunstgeschichtlichen Terminologie unmöglich in Übereinstimmung gebracht werden können, wenn man nicht künstlerische Erzeugnisse ganz unterschiedlicher Herkunft auf ein und dieselbe Ebene stellen will. Versteht man unter Renaissance die Wiederaufnahme der antiken Thematik (was in der Kunst alles in allem gleichbedeutend ist mit der Hinwendung zur Darstellung der physischen und nicht so sehr der metaphysischen Realität), dann folgt daraus, daß unter diesem allgemeinen Etikett so unterschiedliche Künstler wie Jan van Eyck und Pol de Limbourg, Andrea Bonaiuti und Antonello da Messina, Ambrogio Lorenzetti und Nuño Gonzalves (um nur ein paar Beispiele aus einer schier grenzenlosen Vielfalt zu zitieren) auf einen einzigen gemeinsamen Nenner gebracht werden müßten – gesetzt den Fall, man akzeptiert, daß historiographische Konvention und Kunstgeschichte übereinstimmen. Man muß also klären, ob es so etwas wie einen *Stil der Renaissance* gibt, und wenn ja, welche Merkmale und Grenzen er in seinem geschichtlichen Verlauf hat. Man kann diese Frage positiv beantworten. Ohne die Problemstellung auf ganz Europa auszuweiten (was nicht wenige Schwierigkeiten und Komplikationen mit sich brächte), kann man durchaus die Behauptung aufstellen, daß in Italien ein eindeutiger und unverwechselbarer Stil der Renaissance im Florenz der ersten Jahrzehnte des 14. Jahrhunderts entstand. Er entstand, als die Erkundung des Raums (also die dreidimensionale Darstellung), die sich bereits bei Giotto und seinen Anhängern (besonders Taddeo Gaddi und Maso di Banco) findet, durch Filippo Brunelleschi vom intuitiven und persönlichen Experiment zur systematischen wissenschaftlichen Anstrengung wird. Eine wesentliche Folge dieser Erforschung des bildlich dargestellten Raumes ist die Untersuchung des menschlichen Körpers in seiner inneren Struktur, der Ausdrucksmöglichkeiten für Gefühle und innere Bewegung, sofern sie Reflexe eines wirklichen Gemütszustandes darstellen und nicht von modischen Normen oder sozialen Gewohnheiten diktiert werden. Eine weitere Folge ist das Fehlen von aufgeblähten Ornamenten, von Kalligraphismen und schmückenden Chiffren; die Ausschmückung, soweit vorhanden, ist untergeordnet und auf das Wesentliche beschränkt. Es ist offensichtlich, daß ein Stil, der diese Eigenschaften hat, nicht mit der Renaissance als historischer Epoche übereinstimmt; ganz im Gegenteil, er war zeitlich sehr begrenzt und entwickelte sich, während gleichzeitig immer wieder Darstellungsweisen und formale Stilelemente aufgegriffen wurden, die im Gegensatz zum Renaissancestil standen und ihn häufig in seinem Wesen und seiner eigentlichen Bedeutung entstellten. Will man Klarheit gewinnen, welches die offenkundigsten Aspekte dieses Stils waren, dann tut man gut daran, ihn anhand einer Auswahl von Bildern zu erläutern, auch um zu klären, welches die Unterscheidungsmerkmale sind, die diese Bilder von anderen unterscheiden, welche Ausdruck nicht einer *Anti-Renaissance,* sondern einer *Pseudo-Renaissance* oder – um einen, im übrigen sehr treffenden Ausdruck von Roberto Longhi zu verwenden – einer *Schatten-Renaissance* sind.

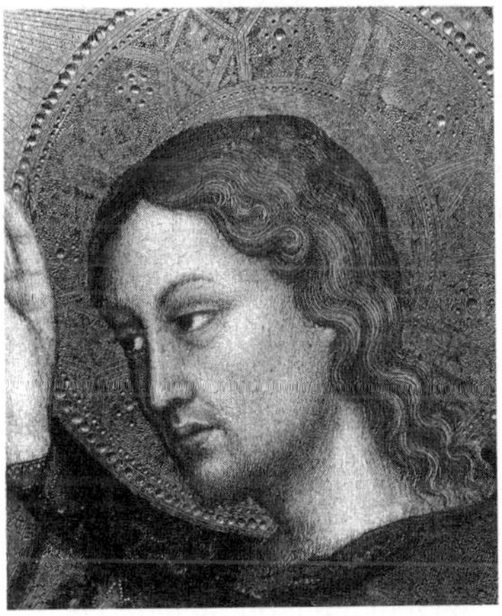

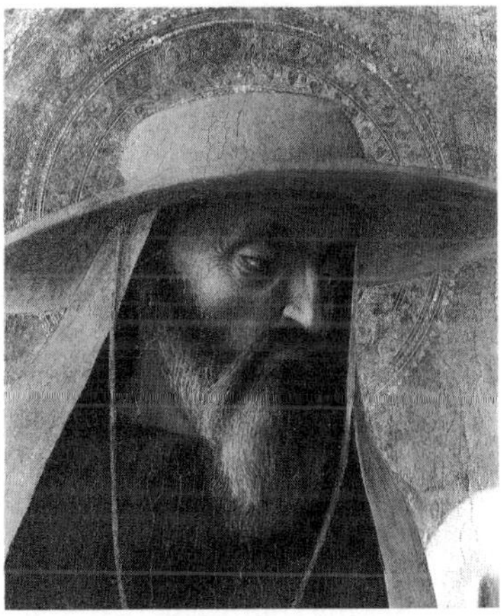

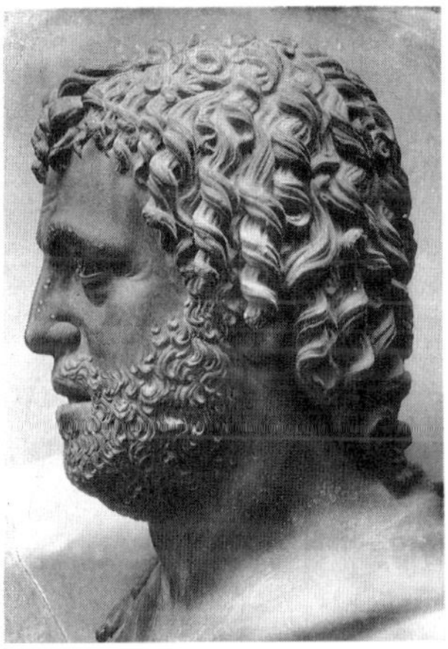

links:
GENTILE DA FABRIANO,
Krönung Mariae
Ausschnitt

mitte:
MASACCIO,
Der Hl. Hieronymus
Ausschnitt

rechts:
NANNI DI BANCO,
Die vier gekrönten Heiligen
Ausschnitt

Stellt man ein Detail des Hauptes Christi der *Krönung Mariae* von Gentile da Fabriano, einen Ausschnitt aus den *Hll. Hieronymus und Johannes der Täufer* von Masaccio und einen Kopf aus den *Vier gekrönten Heiligen* von Nanni di Banco nebeneinander, so bringt das deutlich zwei verschiedene Arten, die objektive Realität wahrzunehmen (und zu beschreiben) und zwei verschiedene geistige Systeme zum Vorschein, aus denen sich auch zwei deutlich unterschiedene – und keineswegs nur bildnerische – Kulturen herleiten. Und dies, obwohl die Entstehungsdaten der drei Kunstwerke nicht mehr als fünfzehn Jahre auseinanderliegen. Die Marmorskulptur Nanni di Bancos geht auf das Jahr 1413 zurück, das Bild von Gentile ist höchstwahrscheinlich um 1420 entstanden, während die Tempera von Masaccio einen Teil eines von ihm gemeinsam mit Masolino und anderen angefertigten Polyptychons für die Basilika Santa Maria Maggiore in Rom aus dem Jahr

1428 darstellt. Bei Gentile wird die Struktur des Hauptes Christi erst auf den zweiten Blick durch eine Beschreibung der Oberfläche deutlich, in der alle Elemente (die genauestens beobachtet sind) auf derselben analytischen Ebene liegen, ohne daß eine hierarchische Über- oder Unterordnung bestünde. Es stimmt wohl, daß die Schattierung zur plastischen Hervorhebung beiträgt, aber die Helligkeit hat eher eine unbestimmte als eine präzise Quelle. Und der Gesichtsausdruck des Erlösers entspricht einer unbestimmten und wohlwollenden Höflichkeit sozialer Umgangsformen, die eher durch äußerliche Beziehungen denn aus einem inneren Reflex auf die Unterordnung des Körpers unter den Geist, also auf ein authentisches moralisches Gesetz, motiviert sind. Im übrigen macht es die Reproduktion unmöglich, den technischen Aspekt solcher Unterschiedlichkeit zu klären. Was bei Gentile das Resultat einer sehr komplexen und gewandten Beherrschung des Metiers ist (der feine Federstrich beim Aufsetzen der Farben, die Ausarbeitungen der Metallprägungen und vor allem die Verwendung der Lasuren und Transparentlacke auf Gold), findet bei Masaccio in einer ebenso kundigen Verwendung technischer Mittel seine Entsprechung. Hier aber dient sie allein dazu, die plastische Form zu definieren, die von wohlüberlegter Ökonomie ist und sich auf das Wesentliche beschränkt. Dazu trägt auch das Gold im Hintergrund bei, das (in seiner Verwendung nach althergebrachter Tradition) die Hervorhebung des Körpervolumens akzentuiert, auf dem das gebrochene, aber von einer einzigen, klar definierten Quelle ausgehende Licht mit seinen Schattierungen die äußere Oberfläche einer Struktur beschreibt, deren innerer Aufbau dem Maler in seinen Verbindungen und Reflexen wohl bekannt ist. Jener Spur von *Extrovertiertheit,* die man im psychologischen Ausdruck der Gestalt Gentiles bemerkt, entspricht bei Masaccio eine Wendung zum *Introvertierten.* Sie entsteht aus der Kraft einer in sich selbst abgeschlossenen und eine feierliche Askese hervorhebenden moralischen Norm, welche nahezu inkommunikabel ist und bei anderen großen Künstlern der Renaissance (als Stilepoche verstanden) Höhepunkte fast heroischer Sublimität erreicht (etwa bei Donatello oder Nanni di Banco). Nackt und ohne Schmuck sind diese Figuren (die keinen täuschenden Schein, keine Zier und keine Zugeständnisse an vorübergehende Moden kennen); sie haben ein körperliches Gewicht und ruhen daher fest auf dem Boden. Und jedes Mal, wenn die Thematik im Vorder- oder im Hintergrund Gebäude verlangte, werden diese strikt auf das Wesentliche beschränkt dargestellt: Mit den Fresken der Capella Brancacci in der Carmine-Kirche zu Florenz ist Masaccio der erste, der die städtische Landschaft – auch in ihren ödesten und deprimierendsten Aspekten – darstellt.

Daß diese Renaissance auf dem Gebiet der Malerei und der Bildhauerei mit dem Studium der klassischen Antike (und zwar anhand ihrer Überbleibsel, die damals weitaus zahlreicher waren als heute) zu tun hat, ist in einigen Fällen sicher, in anderen (wie bei Masaccio) wahrscheinlich. Wie dem auch sei, aus einer der Hauptregeln der (literarischen und bildnerischen) Erzählung in der Antike geht das Prinzip der *conclusio* hervor, derzufolge es bei der Beschreibung eines Ereignisses einen Anfang, eine Entwicklung und einen Schluß geben müsse. Soweit es die Gestalt des Menschen anlangt, die von innen heraus konstruiert wird, ist das Studium des Skeletts und der Anatomie Resultat eines neuen Blicks auf die zahlreichen, in Italien das ganze 15. Jahrhundert über andauernden Funde von Marmorarbeiten aus der Zeit des römischen Imperiums. Es ist ein neuer Blick, denn Zitate antiker Marmorstatuen finden sich auch bei vielen Künstlern des frühen Trecento; doch hier führte er nicht zur Definition wissenschaftlicher Normen und allgemeinen Regeln sowie zu einer Praxis, die von mathematischer Strenge geprägt ist. Mehr noch, die tiefe Moralität, die in ihrem reformerischen Elan beinahe die Selbstverleugnung streift, muß auf die – erstmalige oder neuerliche – Lektüre der Texte der Stoiker und derer, die den Stoizismus in Rom verbreiteten, sowie der Evangelien zurückgeführt werden (einer Lektüre der Evangelien, die direkt und nicht mehr durch den exegetischen Apparat der nachkonstantinischen Zeit vermittelt war). Es scheint offensichtlich, daß mit der *stilistischen Renaissance* eine Rationalisierung von Anstößen und Thematiken einsetzt, die es bereits seit einigen Jahrhunderten gab – und zwar seit den Zeiten, mit denen man üblicherweise die Renaissance als historische Epoche beginnen läßt. Das wird im eigentlichen Kernbereich der Renaissance sehr deutlich: bei der Erforschung der Dreidimensionalität und der Festlegung wissenschaftlicher Normen der Optik (wie man damals die Perspektive nannte). Unter dem Eindruck der Wandmalereien und Marmorintarsienarbeiten aus römischer Zeit (grundlegend in dieser Hinsicht das *opus sectile* der Basilica di Giunio Basso auf dem Esquilin, die später in die Kirche Sant'Andrea di Catabarbara umgewandelt wurde) hatte die Erforschung der Perspektive, die auf die Entwicklung der dritten Dimension in der Malerei zielte, bei den römischen Künstlern seit dem 13. Jahrhundert einen Wiederaufschwung erlebt besonders bei Gesimsen, abfallenden Bögen und anderen dekorativen Elementen. Vor allem aber bei Giotto und seinen ersten Schülern (Taddeo Gaddi, Maso di Banco, Puccio Capanna) führt dieses Bemühen zu Resultaten, die in ihrer frühen Meisterschaft überraschen. Bei Giotto streift die Dreidimensionalität in einigen Abschnitten seines Schaffens die wissenschaftliche Norm: Man muß nur an die beiden Räume mit Käfigen im Fresko des Chorbogens der Arena-Kapelle in Padua denken. Und ebenfalls in Padua findet man eine weitere Arbeit Giottos, die in ihrer Qualität in einer Reihe steht mit den Wandmalereien des ersten Jahrhunderts in Pompeji, Herkulaneum und anderen vom Vesuv verschütteten Orten – vor allem in den Dekorationen des sogenannten *Vierten Stils*. Prüft man dort die perspektivischen Ausschnitte mit Hilfe präziser Diagramme, dann scheint die Aufgliederung in die Tiefe präzisen wissenschaftlichen Normen zu folgen, die offensichtlich die Kenntnis des Fluchtpunktes voraussetzen; dies gilt aber nur für die oberen Teile der Abbildungen; deren Rest dagegen folgt einem annähernden Verfahren und bleibt der Intuition sowie einem allgemeinen Gefühl für den Gesamtzusammenhang überlassen.

Auf ein ganz ähnliches Phänomen stößt man bei den architektonischen Hintergrunddarstellungen einiger Szenen in der Arena-Kapelle. In der zweiten Hälfte des 14. Jahrhunderts nähern sich in Norditalien (und vor allem in Padua und Verona, mit Altichieri und seinen Anhängern) die Bauwerke im Hintergrund in ihrem oberen Teil sehr oft exakten und entwickelten Regeln der Perspektive an. Vor dem Jahr 1348 verraten in der Toskana die Arbeiten der Schüler Giottos in Florenz und Siena das fortwährende Bemühen, die dritte Dimension auf einer zweidimensionalen Oberfläche darzustellen: Bei Taddeo Gaddi, Maso di Banco sowie Pietro und Ambrogio Lorenzetti gehen die Bemühungen in dieser Richtung, die sich auf experimentelle Wege einläßt, und führen zu einer ganzen Palette von sehr unterschiedlichen Versuchen, wie z. B. zur Staffelung der Fluchtpunkte auf einer vertikalen Achse, d. h. im »Fischgrätmuster«, wie man bei Ambrogio sehen

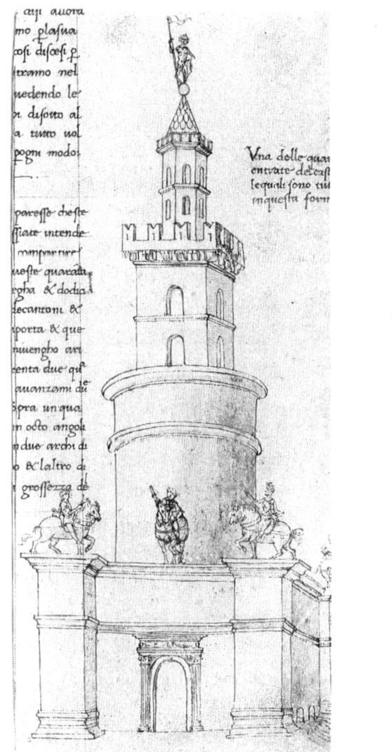

FILARETE,
Eingang zu einer Adelsburg
Aus dem *Traktat zur Architektur*
1460–1465

kann. Aber auch anderswo im Mittelitalien der ersten Hälfte des 14. Jahrhunderts (z. B. in den Marken) stößt man auf Beispiele eines wirklichen räumlichen Illusionismus, der zuweilen zwar noch nicht in den szenischen Freskodarstellungen zum Zuge kommt, wohl aber in den architektonischen Darstellungen, von denen die hagiographischen Bilder an den Seitenwänden umrahmt werden und in denen das Bemühen sichtbar wird, gemalte Ausleger und Gesimse dem Auge des Betrachters anzupassen, indem man die Neigung und sogar den Grad des Lichteinfalls verändert. Es steht jedoch fest, daß es Filippo Brunelleschi war, der die wissenschaftlichen Prinzipien der Perspektive in der Malerei erfunden hat – und zwar in seinen seltenen, uns leider nicht erhaltenen und nur in den Quellen beschriebenen Gemälden. Die wissenschaftliche Perspektive, die durchdacht und auf universelle Normen gegründet wird, bildet das Fundament für den authentischen Renaissancestil; sie entsteht also aus der Rationalisierung und Kodifizierung von Ansätzen und Tendenzen, die in Italien bereits seit dem Beginn der Renaissance als historischer und kultureller Epoche im Umlauf waren. Und in eben diesen Jahren kommen auch die anatomischen Forschungen (die die Grundlage für Donatellos Bronze- und Marmorskulpturen bilden) sowie die Erforschung von Fauna und Flora auf; immer geht es dabei um die innere Struktur einer objektiven Realität.

FILIPPO BRUNELLESCHI,
Fassade der Pazzi-Kapelle
Florenz, Santa Croce

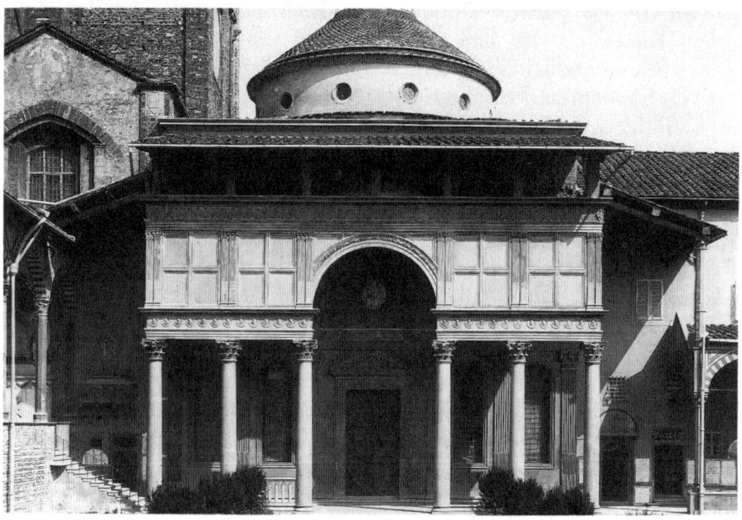

Wiederum ist es Brunelleschi, diesmal als Architekt, der mit außergewöhnlicher Intelligenz eine ganze Reihe von Lösungen für den »rationalisierten Raum« findet; der Raum wird bewußt in die ihn definierenden Elemente gegliedert, und das Licht (das in genau kalkulierter Stärke ins Innere der Gebäude gelangt) trägt zur Klarheit bei, mit der der Betrachter auf einen Blick die geistige Norm erkennt, die den Aufbau prägte. Zweifellos wurde Brunelleschi stark durch das Studium der Architektur des antiken Rom angeregt; doch (abgesehen davon, daß seine Bauten niemals kalte Imitationsversuche oder romantische Poeme auf das Thema eines erträumten, aber unerreichbaren Goldenen Zeitalters sind) das Studium dieser Quellen, die Brunelleschi vor Augen hatte, ist sehr schwierig, wenn nicht gar unmöglich. Denn viele Bauten des kaiserzeitlichen Rom (besonders die Mausoleen entlang der Konsularstraßen in Stadtnähe) sind, vom 15. Jahrhundert an, allmählich verschwunden, und die Stuck- und Marmorverkleidungen, mit denen sie zu der Zeit, als Brunelleschi sie sah, noch bedeckt waren, sind heute weitgehend zerstört und bis auf das Gerüst aus Ziegeln erodiert. Das muß jedoch nicht daran hindern, das Kernstück der Architektur Brunelleschis in der logischen Verkettung der verschiedenen Punkte zu sehen, die so miteinander verbunden werden, daß, nimmt man auch nur einen Punkt weg, das Ensemble unweigerlich gestört und zunichte gemacht wird. Wollte man darstellen, welches die Folgen einer solch eisernen Rationalität, dieses Archetyps der wirklichen architektonischen Renaissance sind, stößt man auf gravierende Probleme, die sich aus dem Abstand zwischen Projekt und Bauausführung ergeben; letztere erstreckte sich (weil die Arbeit nur langsam voranging und mit finanziellen Problemen zu kämpfen war) oft über große Zeiträume und wurde jüngeren Architekten anvertraut, d. h. sie wurde Veränderungen und Revisionen unterzogen. Das ist beispielsweise auch das Haupthindernis für eine angemessene Kenntnis eines weiteren »Gründungsvaters« der architektonischen Renaissance, Leon Battista Albertis; sehr oft war er der Schöpfer von Gebäuden, deren Realisierung in den Händen anderer lag oder zumindest von anderen durchgeführt wurde, ohne daß er durch persönliches Eingreifen hätte verhindern können, daß seine Vorstellungen durch gänzlich andere verwässert wurden. Das bekannteste (und auch augenfälligste) Beispiel dafür ist der Tempio Malatestiano in Rimini, wo Sigismondo Pandolfo Malatesta die schon vorhandene Kirche S. Francesco im »modernen« Stil restaurieren wollte. Sie sollte ein Monument für ihn selbst und für Isotta degli Atti und – versehen mit komplizierten astrologisch-symbolischen Dekorationen – ein Mausoleum zum Gedenken an die gesamte Herrscherdynastie werden, als deren Repräsentant Sigismondo sich verstand. Ein wenig aufgrund des architektonischen Eingriffs von Matteo de' Pasti und auch aufgrund der Dekoration, die Agostino di Duccio oblag, wurde das renovierte Gebäude schließlich eines der reichsten und wichtigsten Gebäude jener *Pseudo-Renaissance,* die die Geschichtsschreibung, weil sie stilistische Fragen mit historischer Terminologie verwechselt, immer noch für ein Meisterwerk der Renaissance hält. Wendet man sich aber den seltenen architektonischen Zeichnungen des 15. Jahrhunderts zu, findet man Beispiele einer ganz ähnlichen geistigen und kulturellen Haltung, die sich hier – da niemand anderes eingegriffen hat – in Reinform ausdrückt. Der *Trattato di Architettura* von Antonio Averulino, genannt Filarete, ist ein bedeutsames Beispiel dafür. Die verschiedenen Zeichnungen, die den Text begleiten, stellen eine schier unerschöpfliche Sammlung von Projekten dar – ersonnen von einem Geist, der in der Kultur des Sentiments (und in diesem spezifischen Fall höfischer und galanter Art) verwurzelt ist, die hier jedoch Renaissancezüge annimmt, die von Brunelleschi und Alberti sowie aus dem intensiven Studium der Klassischen Antike herrühren. Bei Filarete handelt es sich – wie bei allen Schöpfungen, denen eine irrationale, nur scheinbar logische Position zugrunde liegt – um Strukturen, die keiner inneren Logik folgen. Beim *Hauptturm* der erträumten idealen Stadt könnte die Zahl der Stockwerke vergrößert oder verkleinert werden, ohne daß dies das Ensemble verändern würde. An anderer Stelle offenbart Filarete, daß er die Bauten des antiken Rom zwar gesehen, aber nicht verstanden hat. Der *Eingang zu einer Adelsburg* folgt einer Struktur, die – mit dem Mittelzylinder über einem Parallelepiped als Basis – vage und ungenau an das Mausoleum von Hadrian (Engelsburg, A. d. Ü.) erinnert. Aber das bildet nur den Ausgangspunkt für einen hybriden und irrationalen vertikalen Überbau,

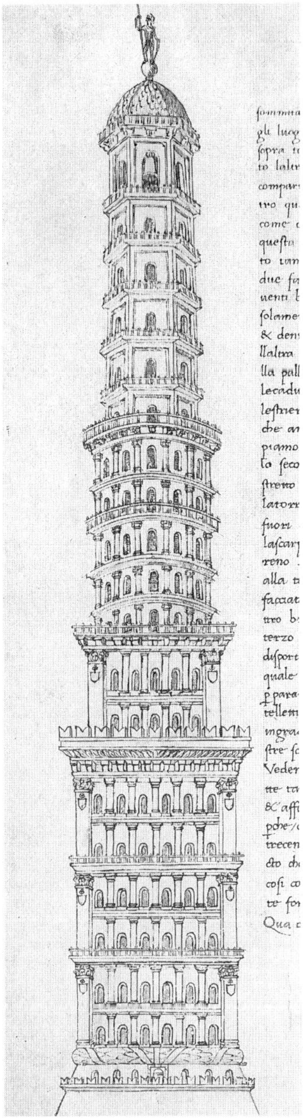

FILARETE,
Hauptturm einer Adelsburg
Zeichnung

FILARETE,
Kreuzigung Petri
Ausschnitt
Rom, St. Peter

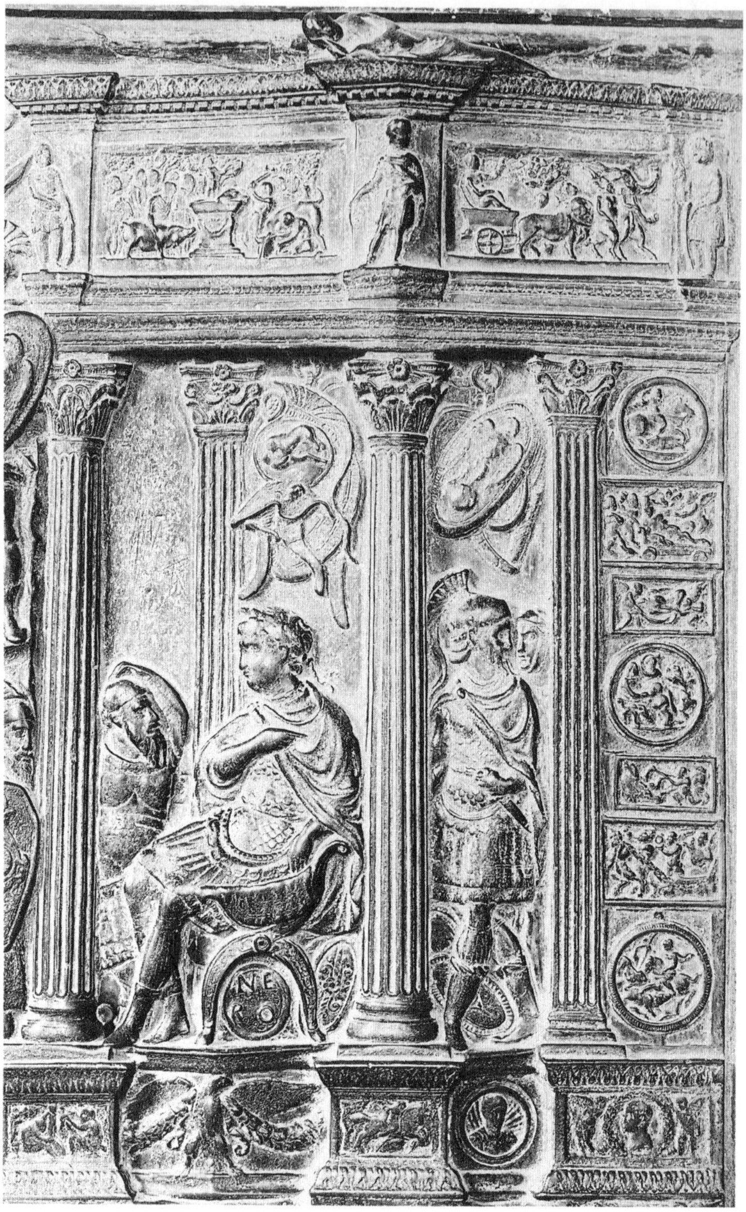

der – vorsichtig ausgedrückt – aus unzusammenhängenden Elementen besteht. Der zinnenbewehrte Turm, der auf einem kreisförmigen Zylinder ruht, erklärt sich daraus, daß das Mausoleum in eine Festung, die heutige Engelsburg, verwandelt worden war – und als solche hatte Filarete sie studiert. Aber die an die klassische Antike erinnernden Züge des unteren Teils (die sich in der völlig unmotivierten Anbringung einer Reihe von Reiterstatuen an den Ecken erschöpfen) bilden einen außergewöhnlichen Kontrast zur Spitze der bizarren Konstruktion, die dem Glockenturm der Hofkirche in Mailand, San Gottardo, ähnelt.

In diesen Zeichnungen fehlt jede präzise innere Logik. Und das ist eines der grundlegenden Merkmale der *Pseudo-Renaissance,* die eher sentimentalen als rationalen Beweggründen, einem Impuls der Abschweifung, den man heute literarisch nennen würde, und nicht einem funktionalen Antrieb folgt und die zwar (wie im Falle der archäologischen Anspielungen, von denen das Werk Filaretes voll ist) von rationalen Modellen ausgeht, diese dann aber verfälscht und ohne präzises Ziel anwendet. Und es ist ebenfalls Filarete, der mit dem Bronzeportal der Peterskirche im Vatikan ein praktisches Beispiel für diese Haltung liefert. Bei der *Kreuzigung Petri* (die vollkommen mit den anderen Szenen und sogar mit den Friesen, die die beiden Türflügel abtrennen und begrenzen, harmoniert) ist – dank eines genauen Studiums von Baukunst, Skulptur, Gewändern und Uniformen – das antike Rom präsent. In seinen Erläuterungen zu Münzen, Hochreliefs, Dekorationen mit Pflanzen und Sarkophagen ist Filarete (nicht anders als ein Jahrhundert später Pirro Ligorio) durchaus genau. Aber in der gegenständlichen Darstellung dieses Bildungsschatzes fehlt ihm jedes synthetische Vermögen – mit dem Resultat, daß alle Einzelheiten ohne jeden Sinn für Prioritäten nebeneinandergestellt werden. Es handelt sich, mit anderen Worten, um dieselbe Methode der beliebigen Anhäufung und Zurschaustellung von Kostbarkeiten und Raritäten, die auch den *Wunderkammern* zugrunde lag, die damals in ganz Europa verbreitet waren. Diese unterschieden sich jedoch in ihrer Anlage von den Sammlungen etwa eines Lorenzo de' Medici, die wenig später entstanden und bei denen klare Auswahlkriterien angewandt wurden. In Florenz mußte eine solche Tendenz (zumindest den gebildetsten Kreisen) ungewöhnlich und vulgär erscheinen, auch wenn es besonders im Bereich der Goldschmiedekunst nicht an Beispielen für das Überdauern jener, an die höfische Kultur des 14. Jahrhunderts gebundenen, Tradition mangelt. Doch die magnetische Anziehungskraft eines Donatello, die Experimente eines Brunelleschi und der Versuch, die Formen nach einer neuen Rationalität zu entwickeln, machen sich auch bei bedeutenden Persönlichkeiten bemerkbar, die aufgrund von Erziehung oder Neigung ansonsten der bildnerischen Tradition der Vorrenaissance verhaftet blieben. So scheint bei Lorenzo Ghiberti, der für die Ausbildung vieler florentinischer Bildhauer und Maler der nachfolgenden Generation von größter Bedeutung war, eine Kompromißlösung auf. Offenkundig versucht er, den Raum nach einer präzisen wissenschaftlichen Norm und den menschlichen Körper (besonders bei Köpfen und Büsten) nach den universellen Lehren der Anatomie zu gestalten. Aber es gelingt ihm nicht, sich von einer angeborenen Vorliebe für Lösungen zu befreien, die sich dem Takt und dem Rhythmus anvertrauen, die durch die Ausschmückung mit Draperien vorgegeben werden: Typisch in diesem Sinne sind die beiden Bronzereliefs, die Ghiberti zwischen 1420 (vermutliches Datum) und 1427 für die Taufkapelle von Siena ausführte. Bei ihnen bleibt die Umrißlinie das tragende Element, also das zeichnerische Moment, das wenig später – ebenfalls in Florenz – den Ausgangspunkt für eine lange Tradition von Malern und Bildhauern bilden sollte, durch die die plastisch-perspektivische Synthese Donatellos, Brunelleschis und Masaccios aufgelöst und nahezu rückgängig gemacht wurde. Sehr oft verbreiteten aus Florenz gebürtige (oder dort ausgebildete) Künstler in anderen Zentren Italiens diese Lösung, die auf Zeichnung, Umriß und Rhythmus baut. Um nur ein Beispiel zu nennen: Der sensible Agostino di Duccio (dessen Ausbildung im Dunkeln und ein Problem bleibt) war in Perugia und in Rimini tätig und arbeitete dort an einigen Werken mit, die zu den vollendetsten und vielgestaltigsten Beispielen der *Pseudo-Renaissance* zählen. Weiter ist zu beachten, daß nicht einmal die direkte Kenntnis von Texten der

DONATELLO,
Das Festmahl des Herodes

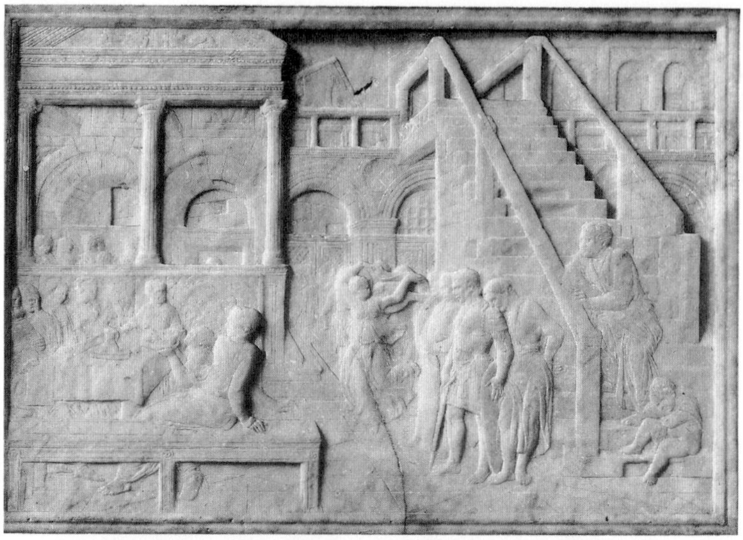

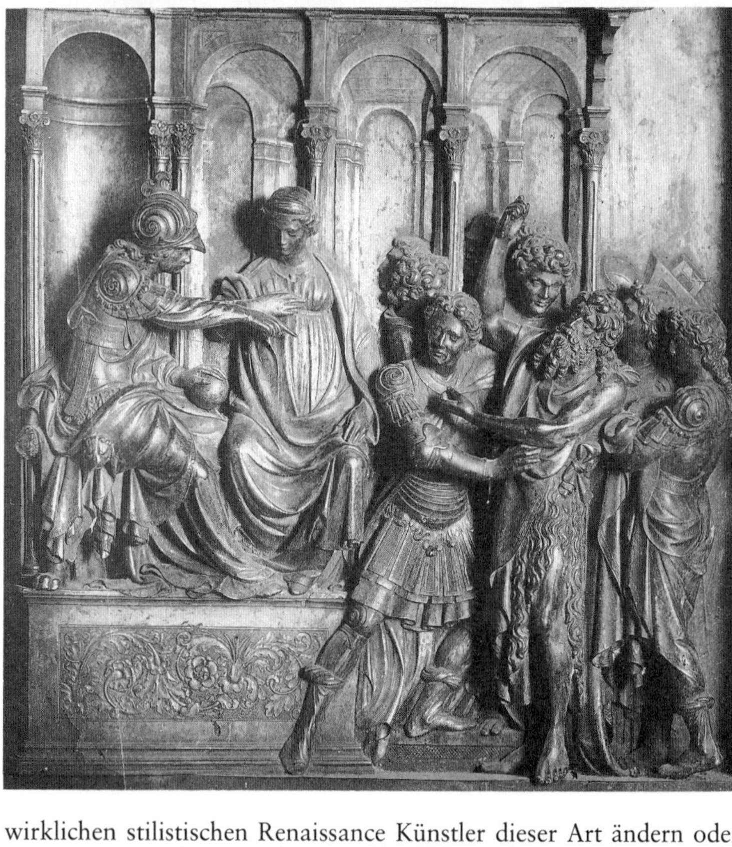

LORENZO GHIBERTI,
Johannes der Täufer vor Herodes
Ausschnitt
Siena, Baptisterium

wirklichen stilistischen Renaissance Künstler dieser Art ändern oder von ihrem Weg abbringen konnte. Gewiß hatte Agostino di Duccio die Werke Piero della Francescas gesehen, wie das auch für einen Künstler florentinischer Bildung wie Filippo Lippi und den Meister der Barberinischen Tafelbilder gilt (wobei es keine Rolle spielt, ob man diesen nun als Giovanni Angelo di Antonio oder, weniger wahrscheinlich, Fra Carnevale identifiziert), der ebenfalls Werke von Piero gesehen hatte

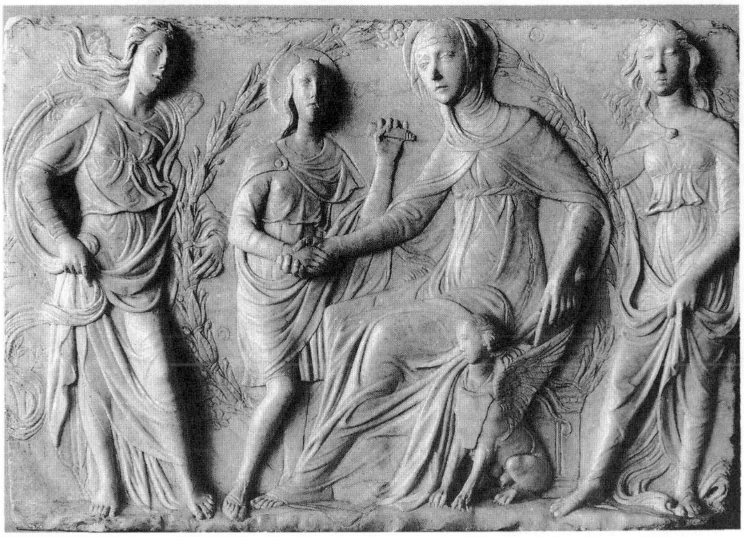

AGOSTINO DI DUCCIO
Christi Abschied von der Mutter

und ihn sogar zitierte, ohne daß das jedoch irgendeinen Einfluß auf seinen Stil gehabt hätte. In einem reifen Werk wie den Barberini-Tafeln, die sich heute in Boston befinden, ist das Windspiel direkt Pieros Fresko im Tempio Malatestiano *Sigismondo Pandolfo Malatesta vor dem Hl. Sigismund* entnommen. Aber es handelt sich um ein Zitat aus dem Repertoire der Gestaltungsmöglichkeiten, das die malerische Struktur auch nicht um einen Millimeter verändert: ein zeichnerisches, in seiner länglichen Verformung der Körper der Bettler fast romantisches Muster, bei dem die Perspektive nur beiläufig, beinahe losgelöst, eine Rolle spielt. Es genügt, ein Bild dieser Art dem *Festmahl des Herodes* von Donatello gegenüberzustellen, um die nicht nur formale, sondern auch moralische Kluft zu ermessen, die diese beiden gegeneinander abgeschotteten bildnerischen Welten trennt.

Die kulturelle Substanz des Meisters der Barberini-Tafeln leitet sich im wesentlichen von Filippo Lippi her. Tatsächlich war es dieser Maler, der jene Dichotomie eröffnete, von der die florentinische Kunst des 15. Jahrhunderts geprägt ist. In einem seiner Jugendwerke, der *Bestätigung des Karmeliter-Ordens* von 1432 im Karmeliterkonvent von Florenz, stellt er sich in die direkte Nachfolge Masaccios, von dem er die Kraft der plastischen Gestaltung übernimmt, die mit einem genau kalkulierten Helldunkel arbeitet (auch wenn es im psychologischen Eindruck und der räumlichen Gestaltung ein wenig übertrieben ist). Aber schon bald baut Lippi seine Bilder auf Umrißzeichnungen auf, wobei er jedoch auf halber Strecke zwischen plastischer Gestaltung und rhythmischer Kadenz stehenbleibt. Den letzten Schritt auf diesem Weg tut der berühmteste Schüler Lippis, Alessandro Filipepi, genannt Botticelli, der bedeutendste Zeichner seiner Zeit, bei dem der Umrißlinie im Zusammenspiel mit dem Rhythmus entscheidende Bedeutung zukommt. Dieser Schritt vollzieht sich in Übereinstimmung mit den Sujets der Gemälde: Tatsächlich ist Botticelli ein getreuer Gestalter von allegorischen, literarischen und zuweilen obskuren Themen (so z. B. in seinem Meisterwerk *Frühling*), wie sie von der florentinischen Führungselite, den Medici, geschätzt wurden – und seiner Neigung zur neuplatonischen Philosophie, zur Allegorie und zum Anknüpfen an neuheidnischen Themen entsprachen. All dies sind Aspekte, die sich

Meister der Barberini-Tafeln,
Mariae Tempelgang
Ausschnitt

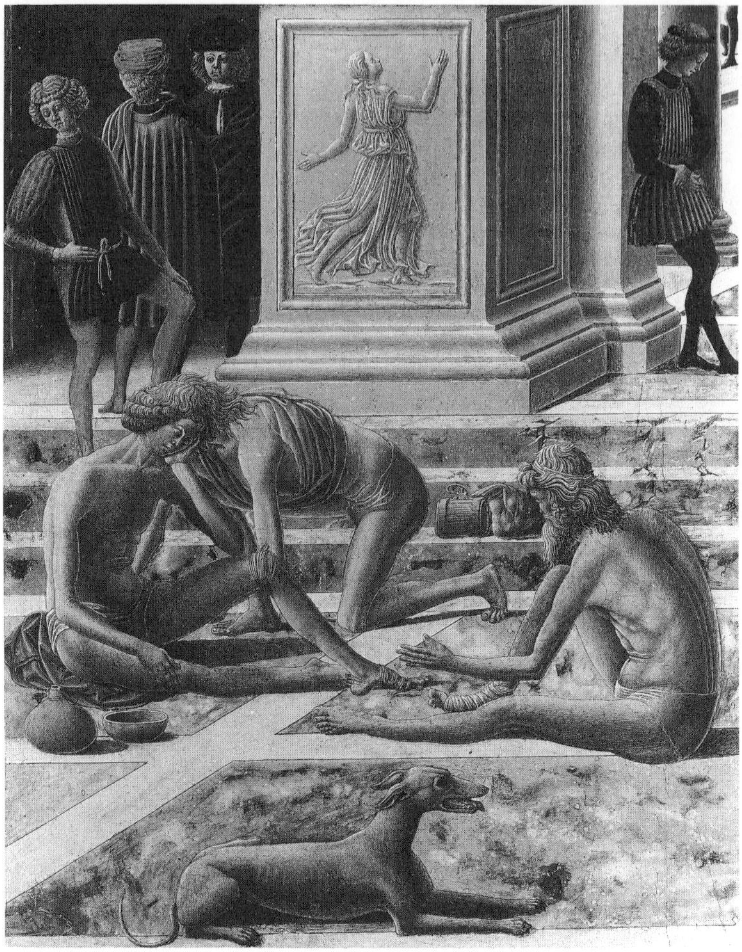

deutlich von der fast brutalen Direktheit unterscheiden, mit der sich Donatello und Masaccio an alle Florentiner ohne Unterschied der Herkunft oder Bildung gewandt hatten. Es mag sein, daß die Definition *Pseudo-Renaissance* für die Kunst Botticellis inakzeptabel scheint. Aber es gibt einen weiteren, vielleicht noch erstaunlicheren Fall, für den die Bezeichnung Renaissance kaum zutrifft (wenn man sie als Stil und nicht als Epoche versteht), nämlich den Paolo Uccellos. Er wird – zumindest in der herrschenden Sichtweise – als einer der Begründer des neuen Stils angesehen. Man vergißt in der Tat, daß sein Ruhm auf Werken gründet, die – wie z. B. die drei Bilder mit der *Schlacht von San Romano* (Uffizien, Louvre und National Gallery in London) – nicht vor 1450 geschaffen wurden, als der im Jahr 1397 geborene Maler bereits über fünfzig Jahre alt war. Auch andere Werke von seiner Hand, denen er die Einordnung als Maler der Renaissance verdankt (wie die *Sintflut* im Kreuzgang von Santa Maria Novella), entstanden ganz in der Nähe des Jahres 1450. Nun verhält es sich so, daß ein großer Teil der philosophischen Forschung sich beharrlich weigerte und immer noch weigert, Paolo die Urheberschaft einer großen Gruppe von Bildern, Gemälden und Fresken zuzuerkennen, die gemeinhin unter den Zuschreibungen Meister der Predella von Quarata, Meister von Prato und Meister von Karlsruhe laufen. Das sind alles hypothetische Konstruktionen, und seit langem wurde vorgeschlagen, für sie die wirkliche Gestalt des Paolo Uccello einzusetzen. Ja, man muß sogar hinzufügen, daß nur dann, wenn man diese Zuordnung einräumt, eine Wertung seiner späteren Arbeiten möglich wird. Es sind dies Werke von einer unübertrefflichen Wucht, ganz obsessiv in der Ausarbeitung eines einzigen Aspekts unter vielen möglichen, auf die sich die komplexe Formel der authentischen Begründer der wirklichen Renaissance stützte. Die sanfte Perspektive des Paolo Uccello bildet den Vorwand für eine Erforschung, die Selbstzweck bleibt und grundverschieden von jenem vollkommen homogenen Körper ist, dessen räumliche Klarheit, dessen Plastizität und psychologische Wahrhaftigkeit bei Masaccio oder bei Donatello zu Selbstdeutung des Menschen beitragen und ihm helfen, sich von metaphysischen Mythen und sozialen Konventionen zu befreien. Wird sie dagegen, losgelöst und allein auf sich selbst beschränkt, zur mathematischen Aufgabe, dann bringt die Erforschung der Perspektive abstrakte und irreale, ja sogar entmenschte Bilder hervor. Bei der *Geburt Christi* in Karlsruhe ragt die Palme mit ihren perfekt abgestuften, glasklar umrissenen, aber unbeweglichen und kalten Blättern empor, als wären diese aus Blech gestanzt. Ebenso erinnern Ochs und Esel, kunstvoll in der Tiefe angeordnet, und sogar die Segel des Schiffs am Horizont an die Starre und Leblosigkeit von Automaten. Weiter ist an diesem Bild hervorzuheben, daß die Jungfrau neben diesen höchst mathematischen Konstrukten mit einem starren, wie ausgeschnittenen Profil (und mit einer irrealen Linienführung) dargestellt wird: Genau wie in vielen Abschnitten der *Nächtlichen Jagd* in Oxford und den drei Bildern der *Schlacht von San Romano* wechseln die Protagonisten ungerührt die Funktion: Erst stellen sie perspektivische Achsen dar (die wohlbedacht angeordnet werden, um den Eindruck der räumlichen Tiefe zu erwecken) und werden dann zu einer Intarsienarbeit oder einem polychromen Mosaik mit Physiognomien im Profil, die durch einen deutlichen und charakteristischen Strich abgegrenzt werden. In einigen Fällen (in denen der Einfluß Donatellos wahrscheinlich ist) beschreibt Paolo das menschliche Antlitz *modern,* d. h. er hält sich an die Normen, wie sie von Filippo, Donato und Tommaso beispielhaft entwickelt wurden, ohne jedoch deren Wesen zu erfassen. In diesem Sinne typisch sind (neben einigen Zügen der *Sintflut* im Kreuzgang von Santa Maria Novella) die vier sogenannten *Propheten* (oder wahrscheinlicher: *Evangelisten*), die in vier vollendet beschriebenen kreisrunden Oculi in den vier Ecken der großen Uhr im Innern der Domfassade zu sehen sind. Hier werden die Intentionen des Malers, die den Eindruck gewisser Vorbilder Donatellos mit heroischem Einschlag erwecken wollen, kurioserweise durch die perspektivische Konstruktion durchkreuzt; diese wird nach unterschiedlichen Kriterien (und ohne eine Kenntnis der gemeinsamen Struktur von Schädel und Gesichtsmuskeln) ins Werk gesetzt und verleiht dem ganzen Bild einen einzigartigen Bruch zwischen den Ebenen, die voneinander losgelöst bleiben. Dabei erinnern sie an römische Skulpturen aus dem vierten Jahrhundert in der nachkonstantinischen Zeit (als die Kenntnis der Einheit von Anatomie und plastischer Gestaltung allmählich verlorenging), die zwei Ebenen enthalten: eine frontale und eine im Profil. Die *Pseudo-Renaissance* bei Paolo Uccello ist aber kein isoliertes Phänomen. Er deutet die Perspektive mit derselben Einseitigkeit, mit der andere Anhänger der Begründer der Renaissance das reiche und unauflösliche formale Netzwerk ihrer Vorbilder verkannten und nur einen einzigen Aspekt heraushoben: Arcangelo di Cola die Schattie-

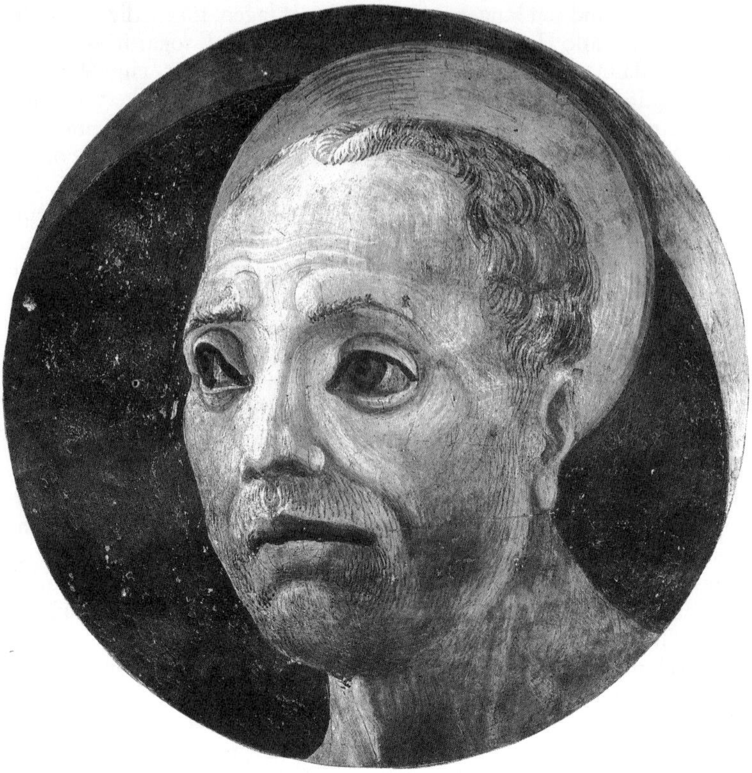

PAOLO UCCELLO
Kopf eines Propheten (?)
Florenz, Dom

rung, Paolo Schiavo die Monumentalität, Francesco di Antonio die moralische Unerschütterlichkeit, um nur einige wenige zu nennen. Im übrigen handelt es sich um geistige Einstellungen, wie sie von jeder großen Künstlerpersönlichkeit und von jeder wirklichen Erneuerungsbewegung hervorgebracht werden. Die Einseitigkeit, mit der die erste und authentische Renaissance in Florenz interpretiert wird, unterscheidet sich nicht sehr von dem, was bei der Ankunft Leonardos in Mailand geschah, oder dem, was die unmittelbaren Nachfolger Raffaels taten, oder schließlich den zahlreichen Episoden, aus denen die – stets einlinige und einseitige – Fortführung und Verbreitung von Caravaggios Schule besteht. Nun ist damit nicht die Bedeutung der authentischen Renaissance in Florenz verlorengegangen. In einer außergewöhnlichen Gestaltungsvielfalt (und bei gleichzeitiger kultureller und formaler Bereicherung) setzt sie sich fort in Fra Angelico, in der Bildhauerei Luca della Robbias, in Andrea del Castagnos Wiederanknüpfen an Donatello, in Domenico Veneziano (eine weitere Persönlichkeit, die im Dunkeln bleibt) und in Piero della Francesca. Bei der Definition der Perspektive spielt nun die durch das Licht modulierte Farbe eine Rolle; es bleibt aber noch offen, welchen Einfluß die Kenntnis der flämischen Malerei, speziell Jan van Eycks und Petrus Christus', hierbei hatte. In diesem Punkte sind die Lücken und Verluste (vor allem auf dem Gebiet der Malerei) zu groß und zu bedeutend, die unsere Erkenntnis dessen behindern, was in Florenz zwischen 1430 und 1450 geschah. Nach der Jahrhundertmitte bewirkt zweierlei einen Wiederaufschwung der Renaissance unter neuen Vorzeichen. Erstens die – erfolgreichen – Versuche von Filippo Lippi und seinen Schülern, die zeichnerische Lösung zu rationalisieren; dieses Bemühen löst bei Piero und Antonio Pollaiuolo (auch aufgrund ihrer hervorragenden Kenntnis der menschlichen Anatomie) die Linienführung aus den Grenzen eines kalligraphischen Formalismus und treibt sie in einer funktionalen oder dynamischen Entwicklung bis in ungeahnte Höhen.

Den zweiten Aspekt repräsentieren die Erzeugnisse der Werkstatt eines Malers, der zugleich auch Bildhauer war: Andrea del Verrocchio. Aus seiner Werkstatt gingen einige derer hervor, die die authentische Renaissance am erfolgreichsten fortführten (und bisweilen freilich auch verflachten). In der bildhauerischen Arbeit Verrocchios ist immer das Bemühen zu spüren, die plastische Gestalt durch eine unaufhörliche Modulation der Schattierung der Oberflächen, die mit wissenschaftlich genauem Studium der objektiven Realität herausgearbeitet werden, in die Umgebung einzugliedern. Häufig erfüllen sich die authentischen Absichten eines Künstlers in untergeordneten Aspekten seiner Werke: den Rahmen bei den Malern (wenn sie von ihnen selbst entworfen werden), den Sockeln bei den Bildhauern, Profilen und Gebälk bei den Architekten. Bei Verrocchio, dessen Katalog von Werken, die ihm mit Sicherheit zugeschrieben werden können, sehr begrenzt ist, steckt eine dekorative Arbeit wie das Grabmal für Piero und Giovanni de' Medici voller Anspielungen. Die Löwentatzen, die den Sarkophag aus Porphyr stützen, die Voluten aus Akanthus (römischer Herkunft), die seine Ecken abschließen, und sogar die Kordeln längs der Ränder und des Gitters am Boden sind mit wirklich wissenschaftlicher Genauigkeit ausgeführt, und sie werden durch die unablässige Abstufung des Spiels von Hell und Dunkel belebt, das überall als belebende Seele wirkt. Es ist an dieser Stelle nicht möglich, die Beziehungen Verrocchios zu anderen florentinischen Bildhauern, zu Antonio und Bernardo Rosselino oder zu Desiderio da Settignano, zu skizzieren. Doch gibt Leonardo da Vinci, der in seiner Werkstatt (aus der, wie berichtet wird, viele hervorgingen, die im religiösen Leben Agnostiker und in sexueller Hinsicht Libertins waren) ausgebildet wurde, einen Fingerzeig, wie groß Verocchios Rolle bei der Entwicklung des Rationalismus der Renaissance gewesen ist. Auch für den Leonardo der florentinischen Epoche ist ein zweitrangiges Bild kennzeichnend: Im Hintergrund des *Portraits der Ginevra de' Benci* stellt das Emblem aus heraldischen und allegorischen Motiven ein wahres Meisterwerk an poetischer Genauigkeit und absoluter botanischer und perspektivischer Korrektheit dar. Der Ginster- und der Lorbeerzweig sowie das Palmenblatt sind erstaunlich rational gestaltet. Die Tragweite des Impulses, mit dem die Palme ausgeführt wurde, wird vollends deutlich, wenn man die Struktur der Palme mit derjenigen Paolo Uccellos in der *Natività* in Karlsruhe vergleicht. Verrocchio muß ebenfalls die Ausbildung von Pietro Perugino zuerkannt werden. Von diesem, der die Raumerkenntnis Piero della Francescas übernommen hatte, sollte die personifizierte *summa* des Humanismus und der Renaissance, Raffael Sanzio, ihren Ausgang nehmen.

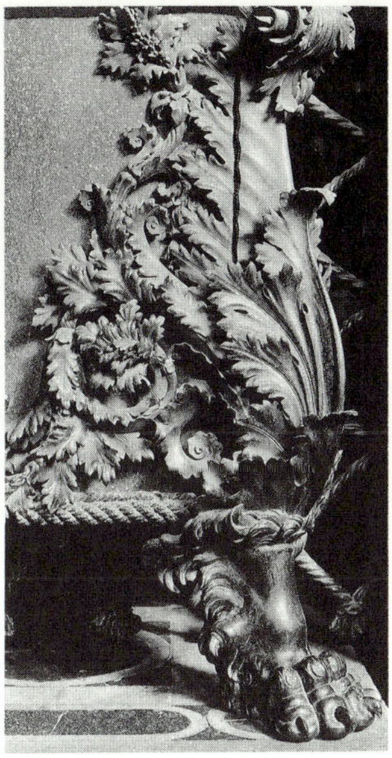

VERROCCHIO,
Grabmahl des *Piero* und *Giovanni de' Medici*
Ausschnitt
Florenz, San Lorenzo, Alte Sakristei

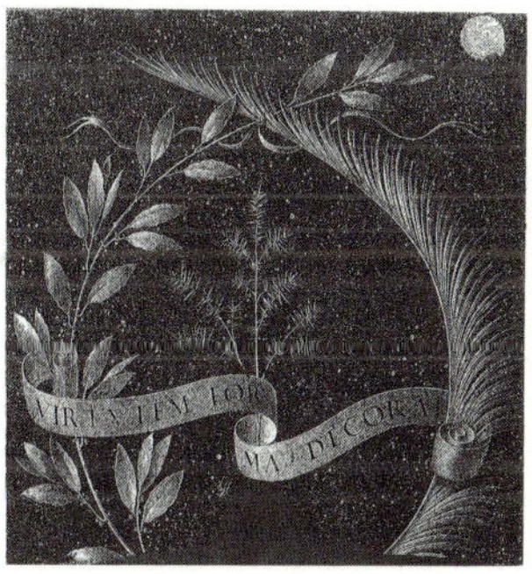

LEONARDO,
Emblem auf der Rückseite des Portraits des *Ginevra de' Benci*
Ausschnitt

Ebenfalls bei Verrocchio wurde ein weiterer großer Künstler (der zu Unrecht oft als schlichter Popularisierer betrachtet wird) ausgebildet: Domenico Ghirlandaio. In der Dichotomie von wahrer und falscher Renaissance nimmt er einen hervorragenden Platz unter den Protagonisten der Rationalität ein. Nicht zufällig begann hier der Weg Michelangelos. Und schließlich muß man in Ghirlandaios Werk (einem echten Ausgangspunkt für die Hochrenaissance) eine der grundlegenden Komponenten sehen, die Cosimo Rosselli geprägt haben (eine Komponente, die sehr wirksam war, freilich auch häufig übersehen wurde). Bei

gegenüber:
SASSETTA,
Madonna vom Schnee
Ausschnitt

Cosimo handelt es sich um einen zweitrangigen Maler; doch aus seinem Umfeld ging Piero di Cosimo hervor, ein weiterer, sehr wichtiger Protagonist jener Traditionslinie, die bis in die Anfänge des Cinquecento den Geist der Begründer am Leben hielt, ihn durch lebendige, zutiefst lyrische Akzente erneuerte und auf diese Weise vor akademischer Erstarrung bewahrte, wie sie in Florenz um 1450 gang und gäbe war. Des weiteren muß man daran erinnern, daß in der Republik, die 1530 endete, nach dem Niedergang der eisernen Herrschaft der Medici Ridolfo, der Sohn Domenico Ghirlandaios, der authentisch *demokratische* Maler war (oft auf die scharfsinnige Wiederaufnahme von Thematiken ausgerichtet, die bis zu Masaccio zurückreichen).

Wiewohl die Untersuchungen über die Kunst im Siena des 15. Jahrhunderts bis jetzt noch nicht abgeschlossen sind, kann man dennoch die Behauptung aufstellen, daß sich die Kunst jener Epoche in Siena (von einigen Ausnahmen bei der Bildhauerei abgesehen) in jenem kulturellen Bereich abspielte, den wir *Pseudo-Renaissance* genannt haben. In der Phase des ökonomischen und politischen Niedergangs seit den Zeiten der Epidemie im Jahre 1348 (von der sich die Stadt nie wieder erholte) blieb die Stadt in ihren Exponenten der bildenden Kunst dem alten Ruhm verhaftet. Wiederaufbereitungen von Bildern, die Ambrogio Lorenzetti geschaffen hatte, findet man bei einem der großen Künstler des hiesigen Quattrocento: bei Pietro di Giovanni Ambrosi. Ein anderer Protagonist, Giovanni di Paolo, übertreibt die oberflächliche Sensibilität, mit der er das Repertoire des traditionellen *Speculum Naturae* vorzugsweise in der durch den Aufenthalt von Gentile da Fabriano importierten Version übernimmt. Das Quattrocento in Siena ist ein Zaubergarten von Gefühlen, Verzückung und Schauder; eine Abfolge irrationaler Motive, die faszinieren, aber weit entfernt sind von der Vernunft der Renaissance, und bisweilen (wie bei Neroccio di Bartolomeo, Francesco di Giorgio Martini und Matteo di Giovanni) einen in der italienischen Malerei auf dem Gebiet der Empfindung, der Gefühle und Affekte nie erreichten Höhepunkt darstellen. Die *Madonna di Percena* von Matteo, die *Pala di Rapolano* von Neroccio (heute in der National Gallery in Washington) sowie die steinigen und leuchtend roten Bilder von Benvenuto di Giovanni bilden (auf sehr persönliche und unterschiedliche Weise) Höhepunkte jener Art von bildlicher Mitteilung, die sich eher auf Intuition und Instinkt als auf Norm und Vernunft verläßt. Nicht daß den Sienesern die wahre Renaissance der Florentiner unbekannt gewesen wäre; sie kannten sie von Beginn an: Der bedeutendste Sieneser Künstler des Quattrocento, Stefano di Giovanni, genannt Sassetta, hatte die Werke Masaccios zumindest durch die Fresken in der Cappella Brancacci in der Carmine-Kirche kennengelernt; ihnen hat er in einem Fragment eines 1443 fertiggestellten großen Kreuzes ein präzises Zitat entnommen (Siena, Sammlung Chigi-Saracini). Aber es handelt sich um nicht mehr als ein einfaches Zitat, denn die Struktur der künstlerischen Darstellung Sassettas bleibt Mustern verhaftet, die denen Masaccios entgegengesetzt sind. Beim wichtigsten Werk des Künstlers, der *Madonna vom Schnee*, gemalt zwischen 1430 und 1432 für den Dom von Siena (Florenz, Palazzo Pitti, Donazione Contini Bonacossi), wird das Problem der dritten Dimension mit einer Hartnäckigkeit und Vielfalt angegangen, wie sie eines Paolo Uccello würdig wären. Die gesamte Handlung des Bildes ist zu diesem Zwecke voller Kunstgriffe bei den Gesten und der Position der Figuren, unter denen die des Heiligen Paulus oben rechts

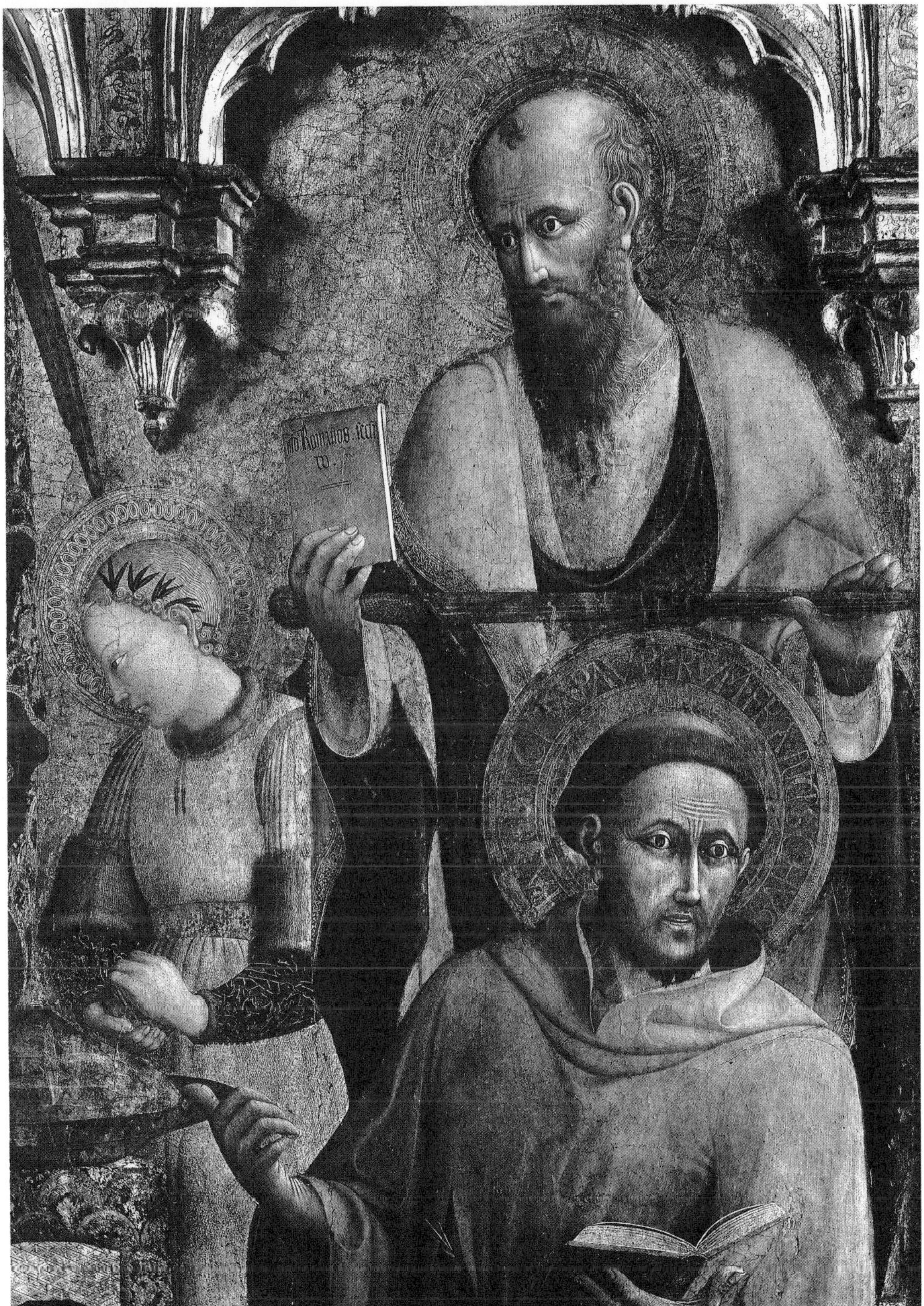

bezeichnend ist. Das monumentale Bild stellt den Moment dar, in dem Paulus den Römern die Epistel zeigt, und er ist mit dem Schwert als ikonographischem Attribut versehen; beide sind groß herausgestrichen und akzentuieren zugleich die Vorstellung von räumlicher Tiefe. Dieser Ausschnitt stellt eine regelrechte bildnerische *tour de force* dar, denn das Schwert ist horizontal angeordnet, eine einmalige Darstellungsweise in der Ikonographie des *Apostels der Völker;* das Schwert wird von der linken Hand gehalten und mit dem rechten Handgelenk abgestützt und bildet so die idealtypische Basislinie eines Parallelogramms, das auch durch die Epistel bestimmt ist, die rechtwinklig zum Schwert steht, sowie durch Oberkörper und Arme des Heiligen. Unterhalb ist auch der Heilige Franziskus in Gesten dargestellt, die darauf abzielen, den dreidimensionalen Aspekt zu betonen, wie auch beim Abschnitt des aufgeschlagenen Buches, der das Maß für Vordergrund und Hintergrund abgibt. Bei dem anderen großen Maler dieser Generation, Pietro di Giovanni Ambrosi, kommt es zu ähnlichen Resultaten, aber nicht so sehr in den kleineren Gemälden, in denen Kenntnis und Studium der rationalen Kunst aus Florenz ab und an zu einer Definition des Raumes führen, die zwar nicht wissenschaftlich ist, jedoch dem Kern des Problems gerecht wird. Bei den größeren Gemälden und der Gestaltung des menschlichen Körpers zeigt sich jedoch ganz klar, daß Ambrosi intuitiv vorgeht, z. B. beim Fragment des Museums von Esztergom, das vielleicht Überrest einer großartigen *Maestà* ist. Die ungeheure Faszinationskraft dieses Bildes kommt eben daher, daß ihm jegliche innere Struktur und jedwede reale und eindeutige Beziehung zwischen Augen, Lidbogen, Nase, Mund und Wangen fehlen. Der Raum ist weit davon entfernt, entlang einer Achse oder um ein Zentrum polarisiert zu werden, vielmehr besteht er aus Elementen, denen – außer fast symbolischen Anspielungen – jede Beziehung untereinander fehlt. Bezüge zu den Leitideen Sassettas oder Ambrosis gibt es auch bei der nachfolgenden Generation sienesischer Maler, so z. B. bei Matteo di Giovanni, der, ohne allerdings den Sensibilismus aufzugeben, bei den verschiedenen Fassungen seines *Bethlehemitischen Kindermordes* (Siena, Sant' Agostino und Santa Maria dei Servi; Neapel, Galleria Nazionale) ein erneutes Interesse für Florenz (er studiert jetzt Antonio und Piero del Pollaiuolo) oder die Rationalität an den Tag legt.

Als Hauptstadt der Pseudo-Renaissance in der Toskana (es ist kein Zufall, daß man hier dank Domenico Beccafumi ohne jede Kontinuität direkt zum Manierismus übergeht) weist Siena auch ein einzigartiges, für die rigiden kunstgeschichtlichen Klassifikationen sehr problematisches Phänomen auf: Daß nämlich die Künstler gleichzeitig rational und irrational, wissenschaftlich und intuitionistisch, der rationalen Perspektive mächtig und ihrer Postulate unkundig sind. Dies trifft für zwei Persönlichkeiten zu, die sich sowohl der Bildhauerei als auch der Malerei zuwandten, für Lorenzo di Pietro, genannt Vecchietta, und Francesco di Giorgio Martini. Bei dem Maler Vecchietta bleiben Raum und Anatomie der Intuition überlassen, und die Figuren werden als gefügige konstruiert, sie ordnen sich jedem momentanen Kompromiß unter. Ganz anders der Bildhauer Vecchietta, besonders in seinen kraftvollen Bronzearbeiten, in denen die räumliche und anatomische Gestaltung wahrhaft subtil und sehr gewandt ist. Ähnliches findet sich in den Arbeiten von Francesco di Giorgio, bei dessen Gemälden Raum und Anatomie im Extrem sogar der Vorwand für regelrechte Abschweifungen paradoxer Art werden; so z. B. beim Lesepult in der *Verkündigung* aus der Pinakothek von Siena, das wie in einem Zerrspiegel gestreckt

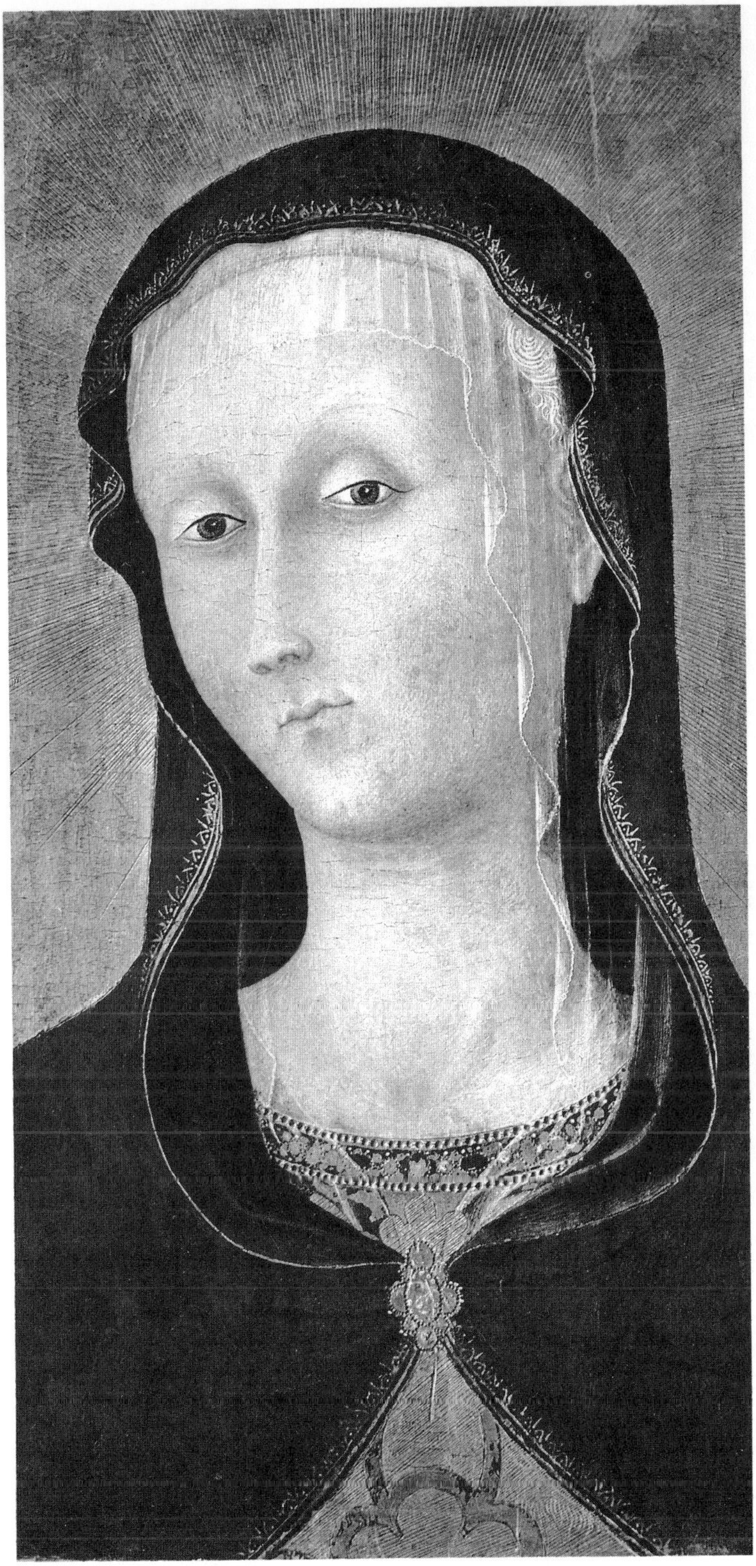

PIETRO DI GIOVANNI AMBROSI,
Madonna
Fragment

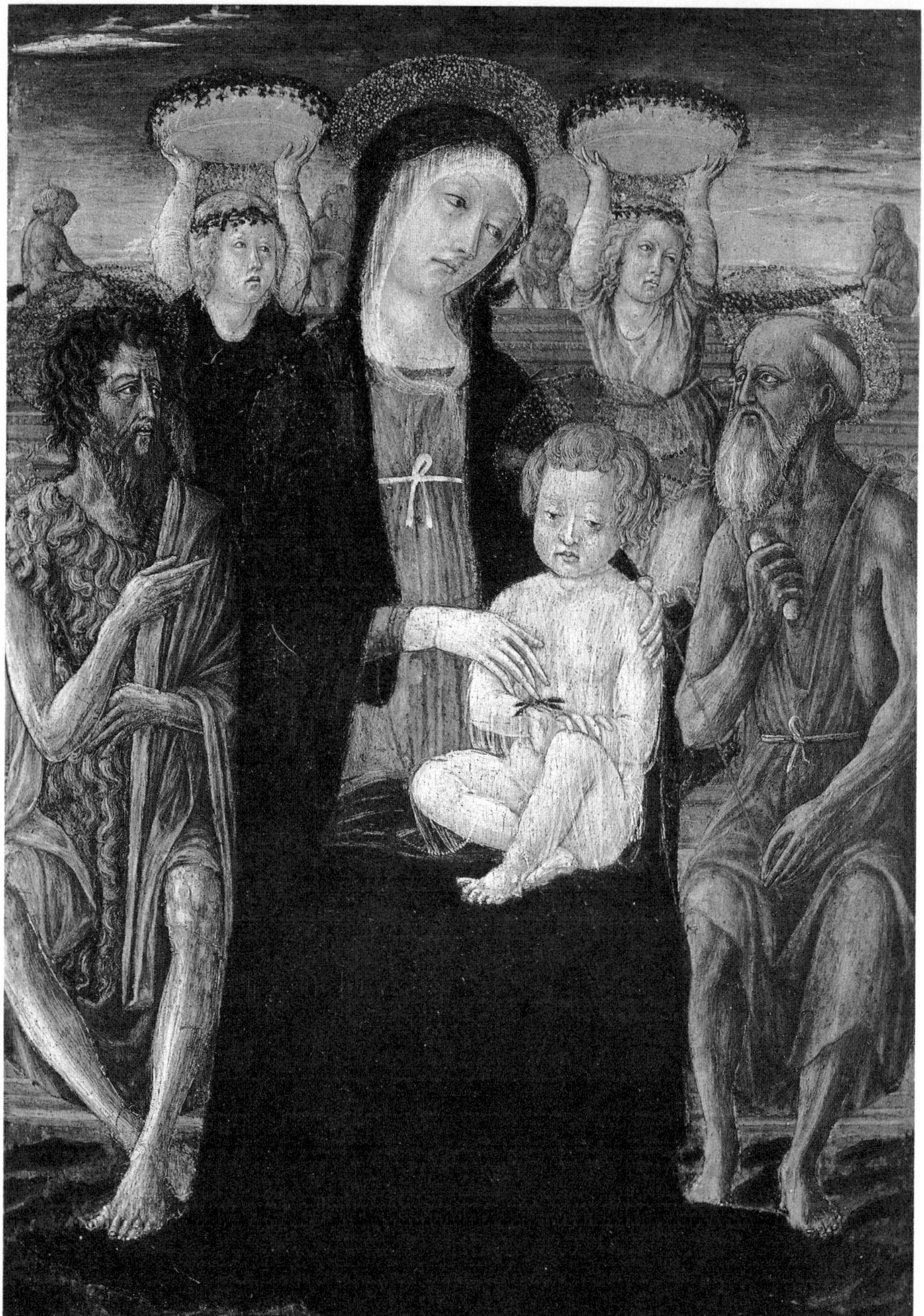

und verformt ist. Der Bildhauer Francesco di Giorgio ist dagegen von ganz anderem Kaliber: Bei ihm kommt die Rationalität der Renaissance sowohl in räumlicher Sicht wie auch bei der Beschreibung des menschlichen Körpers mit einer Konsequenz zum Ausdruck, in der man den Architekten Francesco di Giorgio erkennt, der nach derselben Norm arbeitet. Diese Zweideutigkeit der Sieneser bleibt eine sehr problematische Angelegenheit. Vielleicht steckt die Antwort auf das Problem, das sie aufwerfen, in der Tatsache, daß es in Siena Prototypen Donatellos gab und folglich die Bildhauer am Ort die Möglichkeit hatten, sie zu studieren und ihre strukturellen Prinzipien, die wissenschaftliche Praxis sowie ihre tiefere Bedeutung zu begreifen und sich anzueignen. Wie dem auch sei, es handelt sich um eine Frage, die zahlreiche Gewißheiten der kunsthistorischen Forschung fraglich werden läßt, wie auch das Studium der authentischen Renaissance große Schatten des Zweifels auf die Gültigkeit gewisser Interpretationsschemata marxistischer Herkunft wirft: Zum Beispiel in bezug auf Auftraggeber und Künstler und vor allem auf die Frage, welche Bedeutung die soziale Herkunft der Auftraggeber für die von ihnen bestellten Arbeiten hatte. Daß man die formale Rationalität der florentinischen Renaissance mit der Entstehung und dem Siegeszug der Klasse bürgerlicher Kaufleute in Beziehung bringen muß, ist ganz unbestritten. Die Definition universell gültiger Normen für Raum und Perspektive, die Erforschung der Knotenpunkte, die die verschiedenen Teile des menschlichen Körpers verbinden und dessen Proportionen bestimmen, und schließlich vor allem das Problem, die Beziehungen zwischen Individuum und Umgebung ganz genau zu bestimmen: Das alles sind Fragestellungen, die nur zu eben dem Zeitpunkt aufkommen können, da die ökonomische Kasuistik rational angegangen wird, oder, kurz gesagt, da die Ökonomie, die auf den Ausgaben beruht, durch die auf den Einkünften beruhende ersetzt wird. Aber es wäre ganz ungerechtfertigt und stünde auch im Widerspruch zur Evidenz der Fakten, wenn man hiervon ausgehend einen rigiden Determinismus in den Beziehungen zwischen Auftraggebern und Künstlern und der Verbindung zwischen Stil (welcher Art auch immer) und den Konsumenten und Auftraggebern der Kunstwerke unterstellen würde. In Wirklichkeit unterschieden letztere nicht sehr zwischen einem vernunftorientierten formalen und einem intuitiven Zugang, zwischen *authentischer* und *Schatten-Renaissance,* zwischen Wissenschaft und Intuition. Sie wandten sich einfach an den, der zu jenem Zeitpunkt verfügbar war. Sigismondo Pandolfo Malatesta beschäftigte bei der Erneuerung der Kirche von San Francesco in Rimini und ihrem Umbau in den Tempio Malatestiano – einem für damalige Verhältnisse gigantischen Unternehmen – völlig unterschiedslos Piero della Francesca und Agostino di Duccio. Für die malerische Ausgestaltung hatte er 1454 bei Filippo Lippi ein Tafelbild mit der Darstellung des *Hl. Hieronymus* in Auftrag gegeben, das mit allergrößter Wahrscheinlichkeit für die diesem Heiligen geweihte Kapelle in dem Tempel gedacht war.

Auch Federico da Montefeltro, Auftraggeber zweier so herausragender Vertreter des Renaissancerationalismus wie Luciano Laura in der Architektur und Piero della Francesca in der Malerei, zögerte nicht, sich (auch für größere Ambienti als seine Wohnung) eines Giovanni Boccatis' oder des Meisters der Barberini-Tafeln zu bedienen, zweier Maler also, die um Welten vom Rationalismus der Renaissance entfernt waren. Fälle dieser Art sind die Regel, und das archivarische Studium der bürgerlichen Klasse in Florenz würde zahlreiche weitere

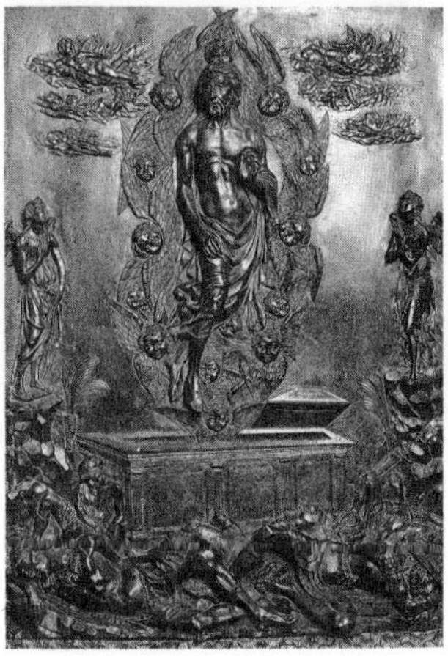

LORENZO DI PIETRO, gen. VECCHIETTA, *Auferstehung Christi*

gegenüber:
LORENZO DI PIETRO, gen. VECCHIETTA, *Madonna mit Kind und zwei Heiligen*

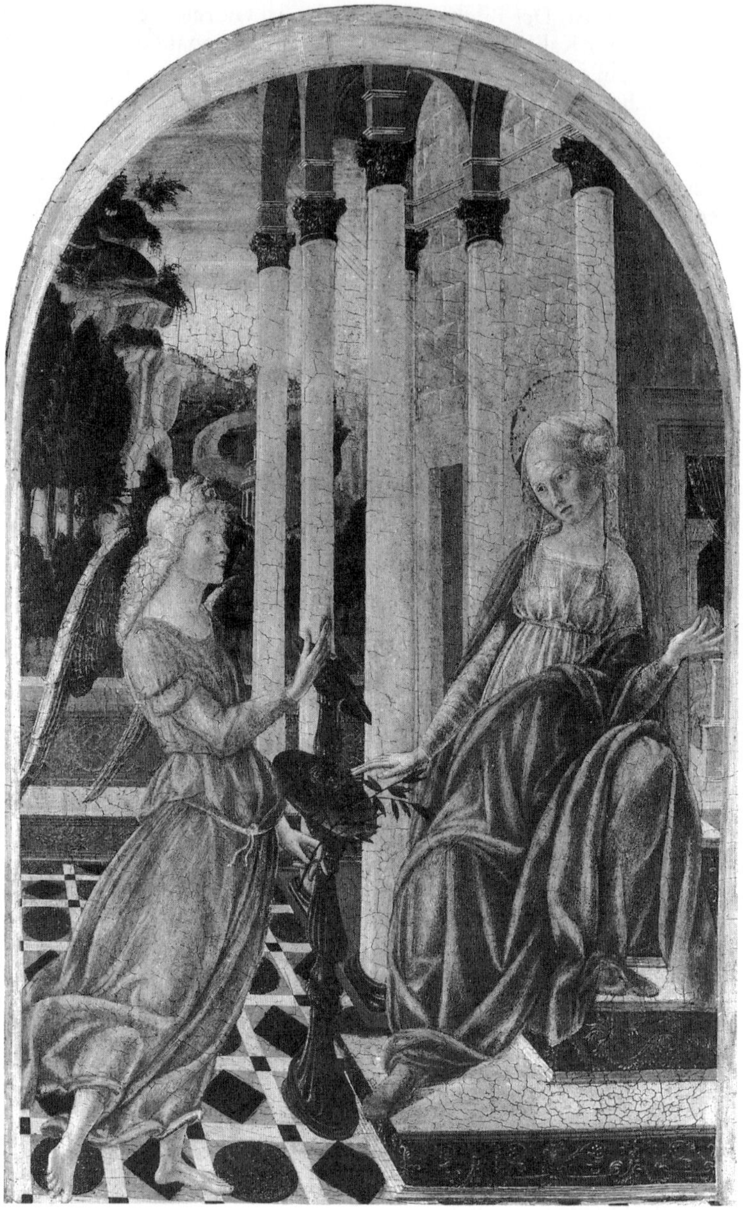

FRANCESCO DI GIORGIO MARTINI, *Verkündigung*

Beispiele zutage fördern. Man kann allenfalls die Behauptung aufstellen, daß sich die bildnerische Kultur der florentinischen Renaissance nur mühsam (und das auch sehr ungleichförmig) in den weniger bedeutenden, von den lokalen Signorien beherrschten Zentren durchsetzte, in denen die Kultur noch in den Hof und die Macht der Eliten eingebunden war und zwischen Herren und Volk die Zwischenschichten fehlten, die neue kulturelle Interessen einbrachten und durch die die traditionellen Zentren der Macht ausgehöhlt und ersetzt wurden. In den Zentren Umbriens und der Marken haben ähnlich gelagerte Umstände zu einer außergewöhnlichen Vielgestaltigkeit bildnerischer Lösungen geführt, von denen man keine als zur Renaissance gehörig bezeichnen kann, es sei denn in einem nur chronologischen Sinne. In Perugia tauchten

Domenico Veneziano und später Piero della Francesca wie Sternschnuppen auf – ohne irgendwelche Folgen; die Künstler am Ort lesen sie wie Modeerscheinungen und oberflächliche Typologien, denn ihre Einstellung hatte sich durch die Präsenz eines einzigartigen Meisterwerks der neuen Rationalität wie des Polyptychons von Fra Angelico (1437 für die dortige Kirche San Domenico ausgeführt) um keinen Millimeter verändert. Außergewöhnlicher sind dagegen die Entwicklungen des 15. Jahrhunderts in einem anderen Zentrum Umbriens, in Foligno, wo man aus zweiter oder dritter Hand Kenntnis des bildnerischen Rationalismus hatte. Der *genius loci,* der die bildnerischen Ausdrucksformen bestimmt, ist Bartolomeo di Tommaso, ein Maler von sehr vielfältiger kultureller Bildung, dessen Horizont von der Kenntnis des frühen Quattrocento in der Emilia über die der lokalen Tradition bis – in seiner Reifezeit – zur Kenntnis des doppelten Polyptychons des Sienesen Sassetta in der Kirche von San Francesco in Borgo San Sepolcro reicht; auch den einen oder anderen kurzen Aufenthalt in Florenz kann man nicht ausschließen. Unter den vielen Klassifizierungen, die auf seine Fresken in der Kirche von San Francesco in Terni (nicht viel später als 1450) zutreffen, hat die der Renaissance in gar keiner Weise irgendetwas zu suchen. Es fällt schwer, in der gesamten Malerei des Jahrhunderts noch einen weiteren Fall von solch obsessiver phantastischer Widerspenstigkeit und irrealer graphischer Prägnanz zu finden. In den verschiedenen Feldern, die die Wände der Cappella Paradisi bedecken, fehlen Andeutungen und Hinweise auf die plastische Masse, die Schattierung und die Anatomie nicht. Aber alles ist zu einem phantastischen Magma verschmolzen, das über jedes Maß hinaus ausweitet, verlängert, vergrößert und sich nur in einigen Abschnitten der rhythmischen Kadenz und der kalligraphischen Genauigkeit gefügig zeigt. Man kann den Verdacht hegen, daß eine solche irreale Aufwallung, innerhalb derer die formalen Themen (die in Wirklichkeit ziemlich weit weg liegen und reichlich undeutlich sind) der authentischen Renaissance aufgelöst werden, davon abhängt, daß diese dem Maler nur auf mittelbarem Wege bekannt sind, nämlich durch Sassetta, der seinerseits jene Themen nicht systematisch bearbeitete. Bartolomeo di Tommaso ist außerdem einer der Maler, die von Nikolaus V. bestellt wurden, die päpstlichen Wohnungen im Vatikan zu dekorieren, von dem Papst also, der Auftraggeber von Fra Angelico für dasselbe Gebäude war: Und das ist ein weiterer Beweis dafür, daß es keine Verbindung zwischen Auftraggebern und Stilen, zwischen sozialem Stand und bildnerischer Sprache gab. Es geschieht dann in einer Stadt wie Foligno, dem Zentrum eines vorwiegend landwirtschaftlichen Gebiets ohne große Handels- oder Bankunternehmungen, daß die stilistischen Typen, wie sie auf der Ebene der politischen Macht oder der gebildeten Schicht zum Ausdruck gebracht werden, ohne jede Vermittlung oder Zwischenschritte auf das Land übertragen werden; es ist, wenn auch durch verschiedene Zufügungen modifiziert (die vom Florentiner Benozzo Gozzoli bis zu deutschen Stichen reichen), die Gestaltung Bartolomeos, die – reduziert und ausgedünnt – bei Matteo da Gualdo aufscheint. Bei diesem – wenn man will, einem entfernten ländlichen Vorfahren Modiglianis (ländlich monoton und eher grotesk als pathetisch) – werden die anatomischen Strukturen, die allein zeichnerisch realisiert sind, solchen Brüchen und Verzerrungen unterzogen, daß sich die Bilder auf so etwas wie anspielungsreiche Stenogramme reduzieren. Eine ähnliche Haltung findet sich auch im Gebiet der Marken, z. B. bei Ludovico Urbani da Sanseverino. In anderen Zentren der Marken gibt

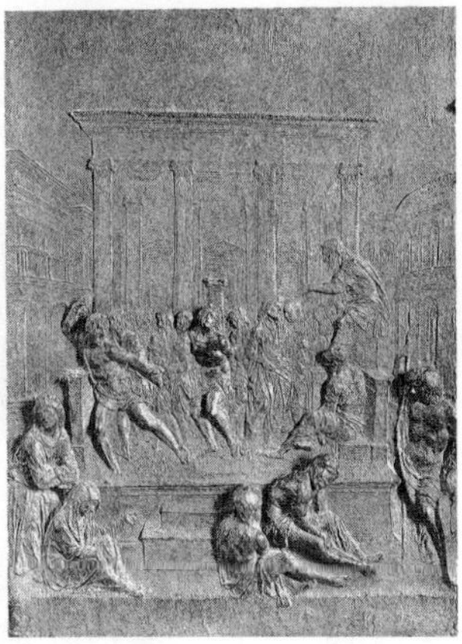

FRANCESCO DI GIORGIO MARTINI,
Geißelung Christi

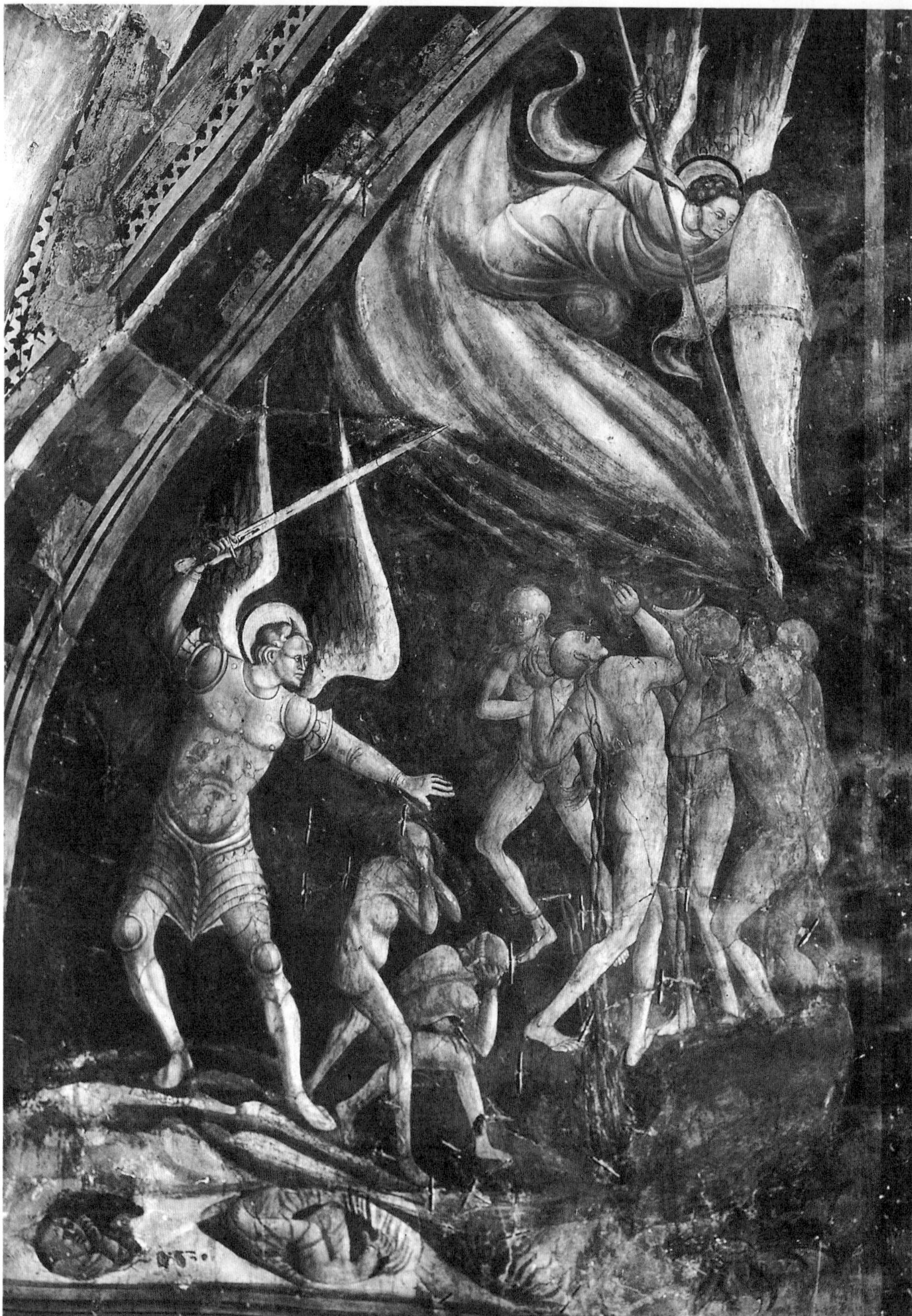

es bildnerische Werke, die der authentischen Renaissance angehören, ohne daß dies irgendwelche Folgen gezeitigt hätte; so z. B. in Camerino, dem Sitz einer Gruppe von Malern, die – teilweise auch von der paduanischen Manier beeinflußt – von rationaler Perspektive, wissenschaftlicher Anatomie und den Normen einer stoischen oder evangelischen Ethik überhaupt nicht beeinflußt sind. In einem solchen kulturellen und geistigen Klima (das in einem riesigen Gebiet vorherrscht, das von Atri bis Terni, von Fabriano bis Cesena reicht) überrascht es nicht, wenn ungewohnte archaische bildnerische Ausdrucksformen einen ebenso verspäteten wie unerwarteten Erfolg, einen regelrechten Wiederaufschwung erlebten. In diesem Sinne stellt ein Tafelbild von Francesco di Gentile aus Fabriano den symptomatischsten Fall dar; mit großer Wahrscheinlichkeit stammt es aus dem letzten Jahrzehnt des Jahrhunderts (wie es die oben angebrachten und von Carlo Crivelli abgeleiteten symbolischen Früchte und Pflanzen anzeigen). An einer einzigen Stelle, dem Baum voller roter Engelchen, nimmt der Maler von seiner sonst üblichen Praxis Abstand, das *moderne* bildnerische Repertoire (das er nur auf indirektem Wege kennen konnte) gedanken- und kraftlos zu interpretieren, und knüpft an Gentile da Fabriano an, und in dem Abschnitt zur Rechten mit Affen und Hirschen, die nach der Art höfischer Zoographie eines Notizbuches aus dem späten Trecento beschrieben werden, vielleicht auch an Pisanello. Das alles ist als Wachsmalerei realisiert, zart, formbar und inkonsistent, so daß die Gegensätze zwischen den roten Lacken und den Goldtönen hervorstechen. Um aber nach Foligno zurückzukehren: Die Norm Bartolomeo di Tommasos oder besser das Fehlen einer authentischen bildnerischen Norm wird vom führenden lokalen Künstler der nachfolgenden Generation spezifiziert. Niccolò di Liberatore, genannt L'Alunno, schulte sich anhand der Bilder, die (besonders in Montefalcone) von Benozzo Gozzoli, einem intelligenten Popularisierer des Repertoires von Fra Angelico, in Umbrien geschaffen worden waren. Und bei ihm verwandelt sich das Amalgam aus – wenn man so will – florentinischem Realismus und Expressionismus aus Foligno in Geschraubtheit. Die Gestalten Niccolòs erregen sich und schreien voll unkontrollierter Gefühlsaufwallungen, wie die Komparsen in Heiligendarstellungen; oft sind sie von einer geradezu hautnahen Präzision und mit Techniken ausgeführt, die die der Fälscher und Imitatoren des 19. und 20. Jahrhunderts vorwegnehmen. Trotz seiner außergewöhnlichen Intelligenz bleibt L'Alunno ein Künstler, der *rezitiert* und nicht direkt teilnimmt an dem, was er erzählt oder glauben machen möchte: Er verbleibt also in jener Vorhölle, in jenem *make it believe,* das der Renaissance im eigentlichen Sinne, die immer von der direkten Teilnahme des Künstlers an der erlebten und erlittenen bildnerischen Welt geprägt wird, ganz fremd ist. In Rom, das sich nach 1450 durch kulturelle Vielfalt auszeichnet und wo durch die Zuwanderung unterschiedlichster Künstler ganz entgegengesetzte Stile Platz greifen, bringt die authentische Renaissance in Antoniazzo einen Protagonisten hervor: einen großen, edlen Maler, dessen Bedeutung jedoch leider durch die Flut von Aufträgen verringert wird, deretwegen er auf eine Unzahl von Gehilfen und Schülern zurückgreifen mußte, die die hohe Qualität des authentisch von ihm stammenden Werkes mindern.

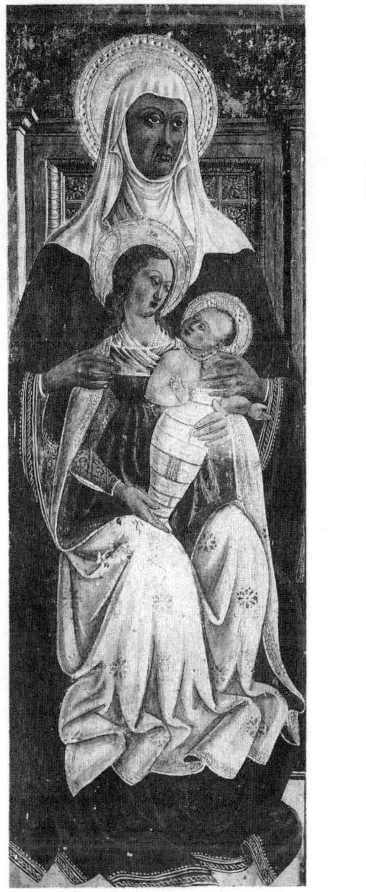

MATTEO DA GUALDO,
Anna Selbdritt
Scirca, Santa Maria Assunta

Unter den äußerst zahlreichen Beispielen, die – jedes auf seine Weise – in der zweiten Hälfte des Quattrocento die Verbreitung und auch die (zwar genialische) Verkennung dessen beweisen, was die Florentiner in den ersten drei Jahrzehnten gelehrt hatten, gebührt einem ebenso klei-

gegenüber:
BARTOLOMEO DI TOMMASO,
Jüngstes Gericht
Ausschnitt mit Verdammten
Terni, San Francesco

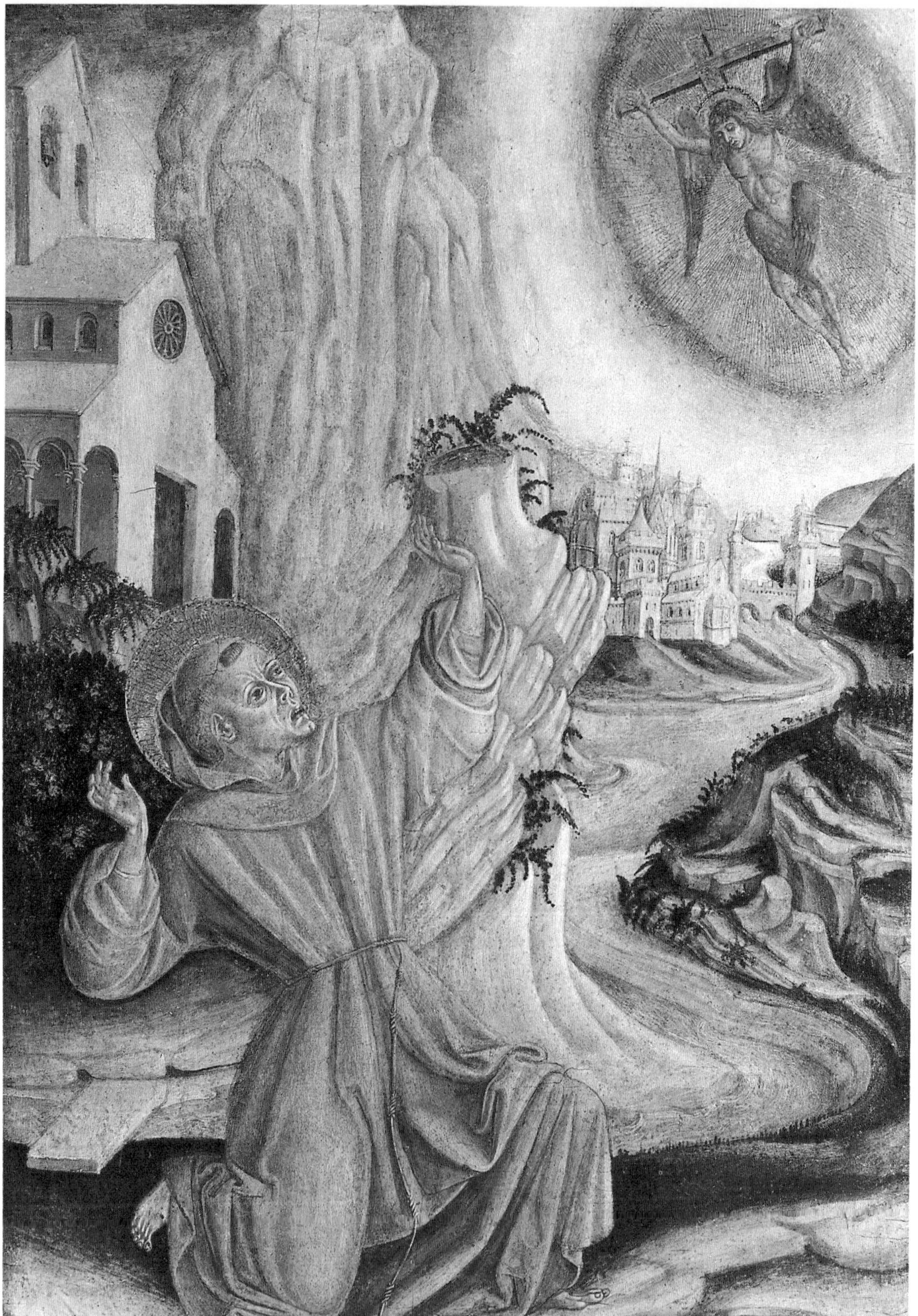

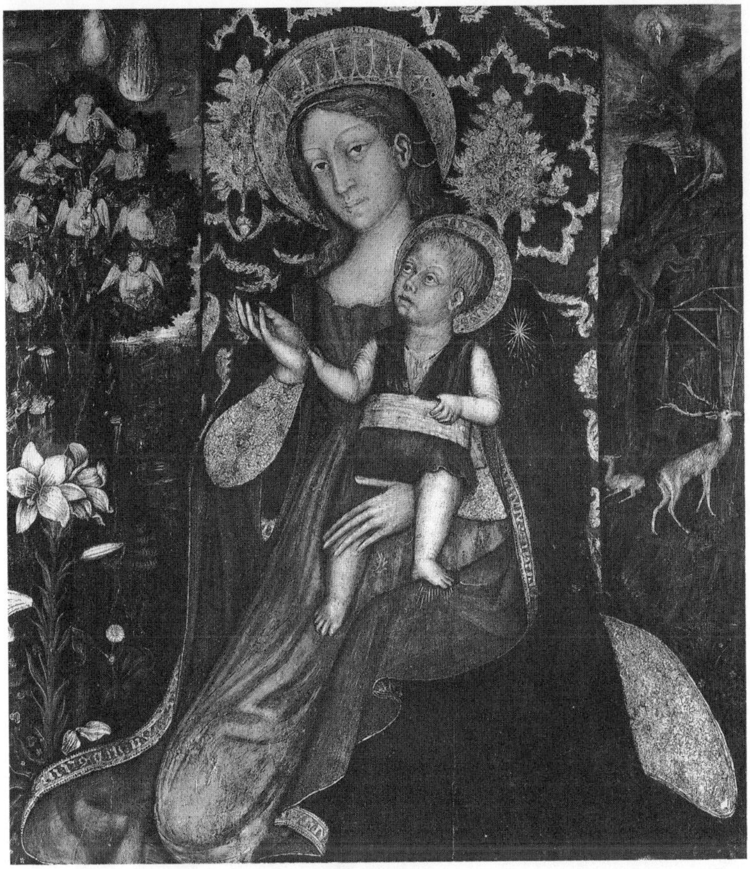

FRANCESCO DI GENTILE DA FABRIANO,
Madonna dell'Umiltà

nen wie provinziellen Maler, der in vielen der kleinen Zentren des Gebietes des Marken und Umbriens tätig war, ein besonderer Platz: Bernardino di Mariotto da Perugia. Untersucht man seinen kulturellen Horizont, dann zeigt sich, daß er sehr weit gesteckt ist und von den Perugini bis zu den Sanseverinati, von Luca Signorelli bis zu Carlo Crivelli reicht. Dieses ganze Repertoire von Hinweisen, Themen und Anregungen wird auf eine überaus zugespitzte Weise umgesetzt, die dazu dient, sentimentale und pathetische Motive sowie solche der Trauer authentisch erscheinen zu lassen; sie werden von zerbrechlichen Persönlichkeiten voll übertriebener Eleganz, wie es für die Kultur der Provinz charakteristisch ist, rezitiert. Die Übereinstimmung zwischen der Zeichnung, die den Erfordernissen der emotionalen und leidenschaftlichen (wenngleich auch in delikater Weise affektiven) Tonlage angepaßt wird, und dem bildnerischen Register, das (nach einem sehr begrenzten Ausdrucksschatz) streng schematisch bleibt, führt dazu, daß Bernardino um vier Jahrhunderte die Hauptaspekte des *comic-strip*, der *cartoons* von Walt Disney und der heutigen Massenproduktion von Bildern vorwegnimmt.

Was wir heute lombardische Kunst des Quattrocento nennen, ist in Wirklichkeit der bildnerische Ausdruck vieler unterschiedlicher Kulturzentren: von Cremona, Pavia, Lodi, einiger Voralpentäler und vor allem von Mailand. Unsere Kenntnis und die philologische Systematisierung dieses Gebiets ist sehr lückenhaft. Gesichert ist jedoch, daß sich

gegenüber:
LUDOVICO URBANI,
Die Stigmatisation des Hl. Franziskus

NICCOLÒ DI LIBERATORE,
Der Evangelist Johannes
Ausschnitt
Foligno, Dom

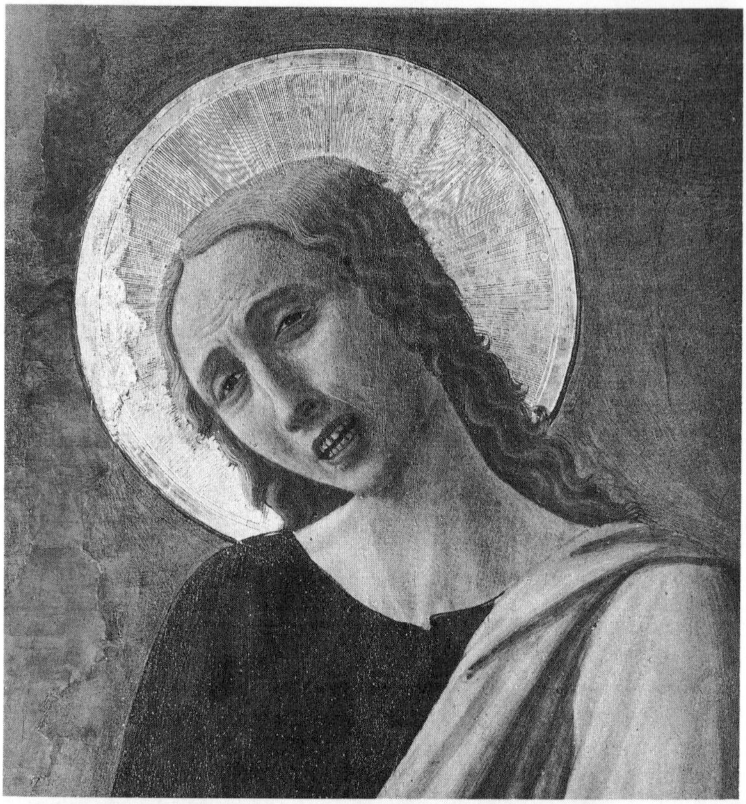

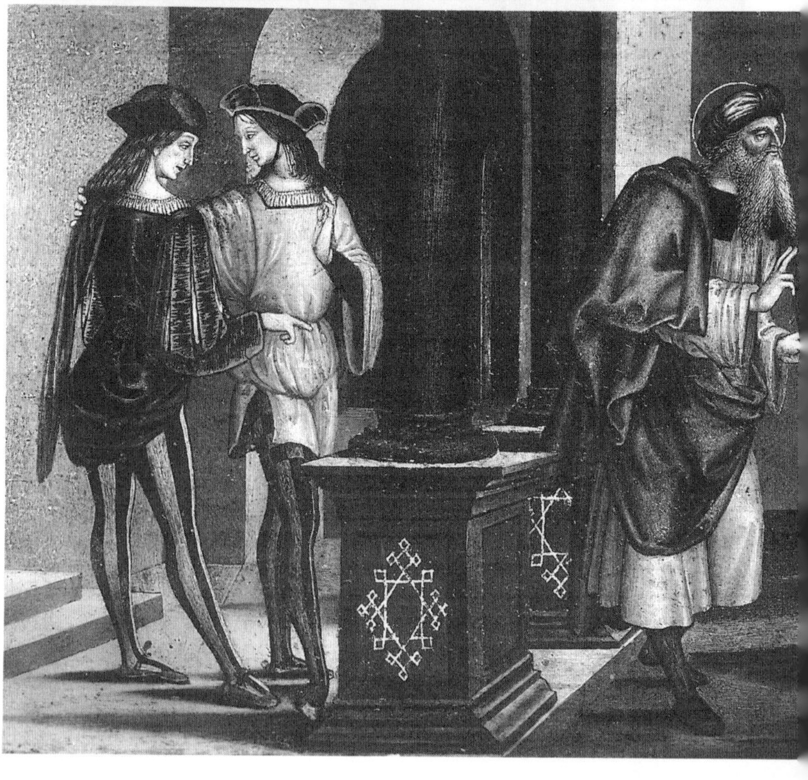

die wichtigsten Ereignisse in der Hauptstadt des Herzogtums Lombardei, in Mailand abspielten, auch wenn der Erfinder der Formel, die die lombardische Malerei von der Mitte des Jahrhunderts an charakterisiert (und die ihre Essenz ausmacht) einem Maler gebührt, der aus Pavia stammt und in Genua tätig war: Donato de' Bardi. Nach einer Frühphase, die den Ausdrucksweisen des späten Trecento verpflichtet blieb, wurde seine Malerei hauptsächlich durch die Kenntnis der flämischen Maler verändert. Inzwischen ist es zum Gemeinplatz geworden, daß das Licht, das beobachtet und rational beschrieben wird, für die Flamen der ersten Generation das ist, was für die Florentiner die Perspektive war. Donato de' Bardi zeigt, daß er sich an Jan van Eyck orientiert hat, auch wenn einige seiner wenigen Bilder zeigen, daß er noch andere flämische Meister des Quattrocento kannte. Die *Madonna* des Museums Poldi-Pezzoli, die ohne jeden Zweifel von ihm stammt, ist praktisch eine italienische Interpretation einer Formel im Stile Rogier van der Weydens; hier wird die Form durch die Einwirkung des Lichts definiert, eine Lösungsmöglichkeit, die von Vincenzo Foppa weitergeführt wird. Noch wäre es voreilig, Art und Zeitpunkt der Beziehung zwischen Donato und Foppa genau zu bestimmen. Aber es steht außer Frage, daß letzterer zuvor ein nichtlombardisches Umfeld kennengelernt hatte, höchstwahrscheinlich Padua, denn er bringt die feierliche humanistische Norm Andrea Mantegnas mit der Beziehung Licht-Form von Donato in Einklang. Später gehörte Foppa zu den intelligentesten Beobachtern Donato Bramantes (der in den späten siebziger Jahren in die Lombardei gekommen war); und er war es, der dem lombardischen Zweig den eisernen Rationalismus eines Piero della Francesca einpflanzte, den Bramante an dem Ort seiner Geburt und Ausbildung, Urbino, übernommen hatte.

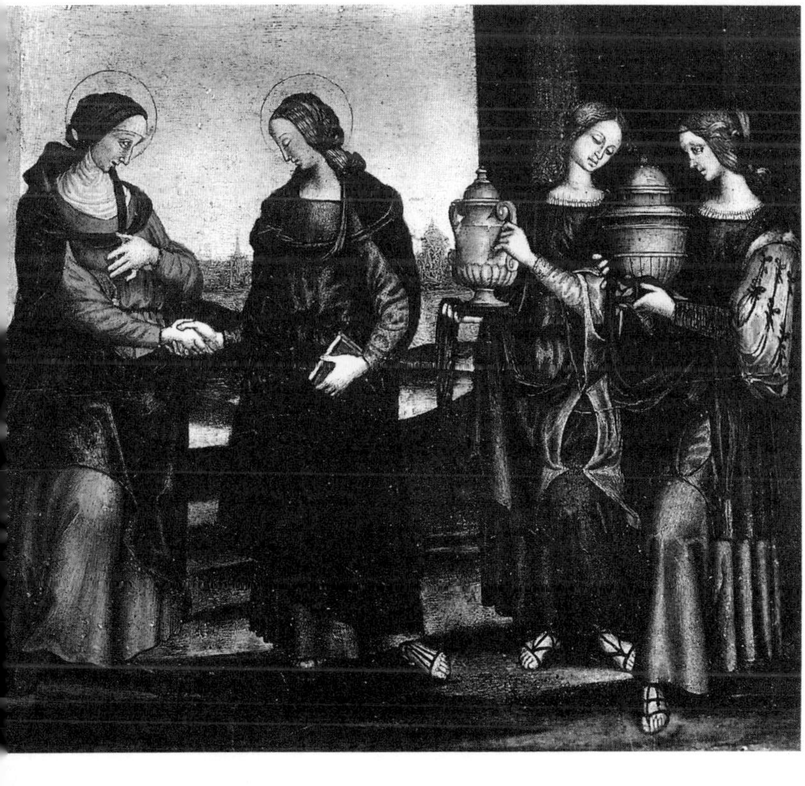

BERNARDINO DI MARIOTTO,
Heimsuchung und Vermählung Mariae
Ausschnitt

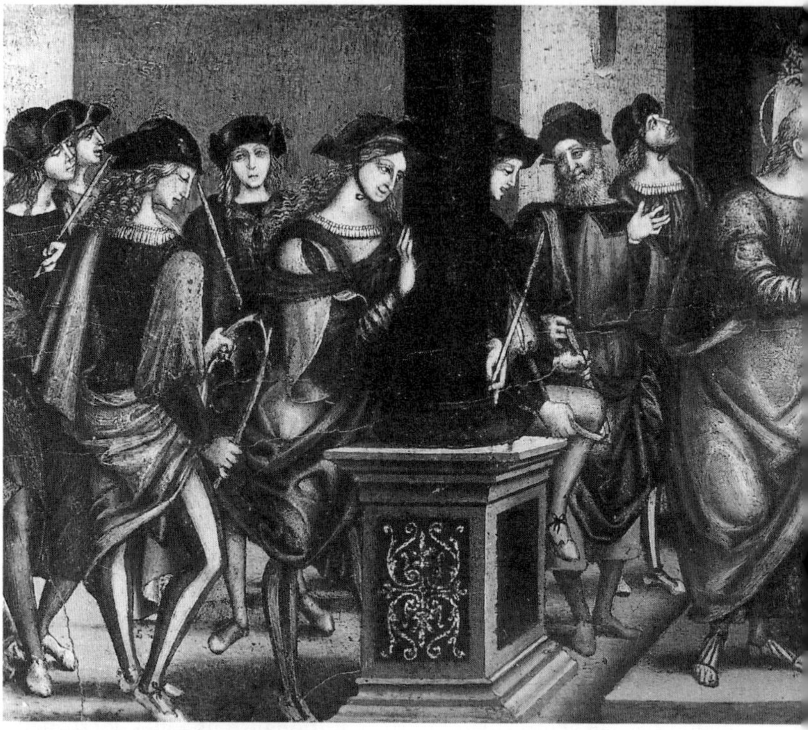

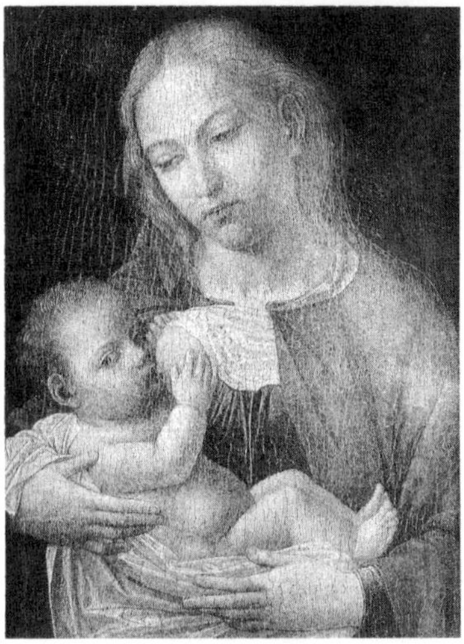

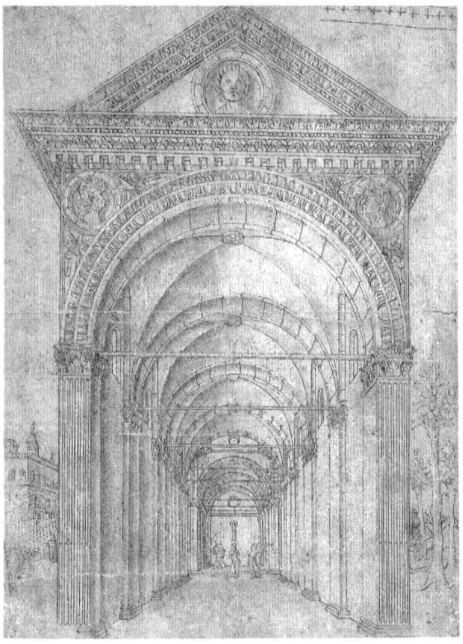

links:
DONATO DE' BARDI,
Madonna mit Kind

rechts:
Lombardische Schule,
Architekturdarstellung mit
Geißelungsszene

Mit Vincenzo Foppa objektiviert sich also ein neuer Zweig der Renaissancevernunft, dem durch die Maler aus Brescia und durch Caravaggio eine entscheidende Rolle für die italienische und die europäische Malerei zukommen wird. Neu insofern, als hier Licht und Form nicht mehr durch die Scheidewand Zeichnung oder Plastizität getrennt sind, als das Licht vielmehr von der Form absorbiert wird und sie wie eine Glut ausdrückt. Nicht sicher ist, ob in Mailand ein rationaler Zugang zum Problem des Raums und der Dreidimensionalität ohne Entsprechung bleibt. Das Werk von Bernardino Butinone ist von einer markanten Helligkeit getragen, die von außen auf Formen trifft, welche ebenfalls individuell und wissenschaftlich ungenau aufgebaut sind. Es kann

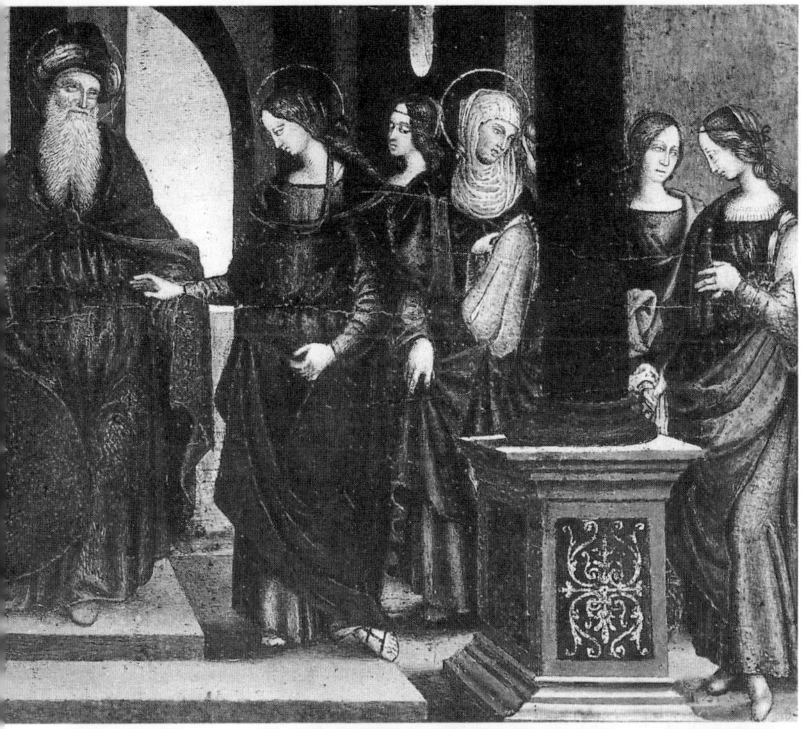

BERNARDINO DI MARIOTTO,
Heimsuchung und Vermählung Mariae
Ausschnitt

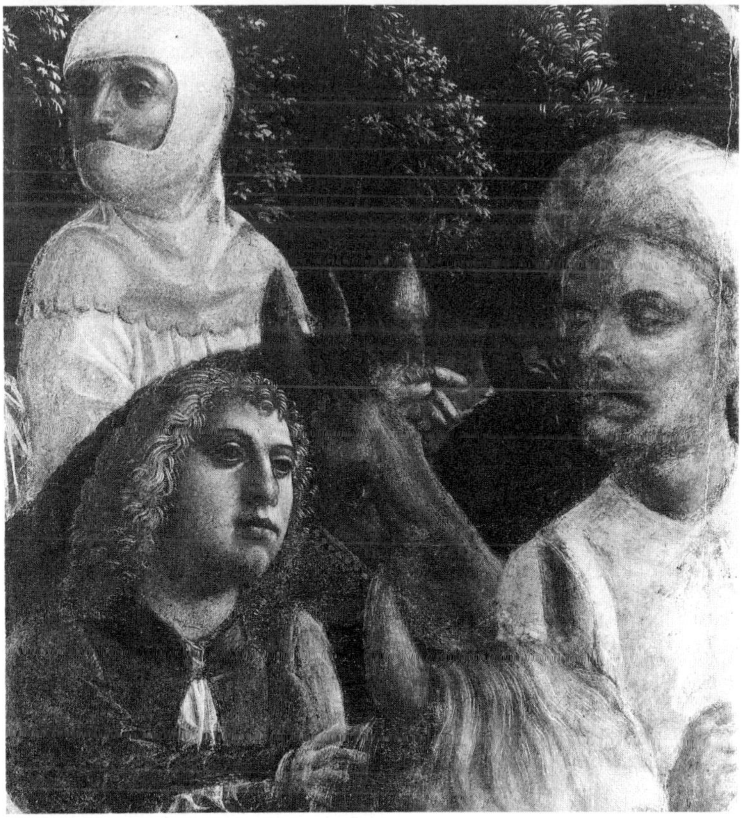

VINCENZO FOPPA,
Anbetung der Könige
Ausschnitt

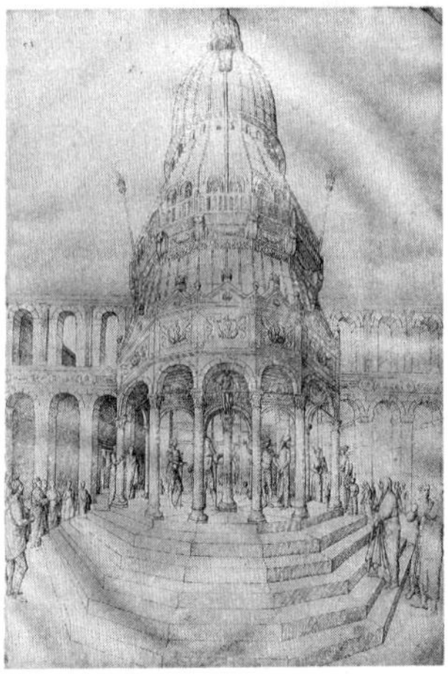

JACOPO BELLINI,
Tempel

aber als sicher gelten, daß die Perspektive in Mailand mit großem Engagement und voller Zielstrebigkeit kultiviert wurde. Stellt man eine Zeichnung aus dem Fogg Art Museum (die bisweilen hypothetisch Foppa zugeschrieben wird und in der die Szene der *Geißelung Christi* ganz in den Hintergrund gerückt ist) neben ein Blatt von Jacopo Bellini (der venezianische Maler und Begründer der berühmten Dynastie starb 1470), so sieht man sehr schön die Kluft, welche den authentischen Rationalismus der Renaissance von einem fabulierenden und kapriziösen, ausschließlich ästhetisierenden und nur oberflächlichen Zugang zu eben diesem Rationalismus trennt. Es war Leonardo da Vinci, der Bedeutung und Möglichkeiten des lombardischen Lichts erkannte. Leonardo war 1482–83 nach Mailand gekommen und in den Dienst des Herzogs Ludovico getreten. Die Malereien, die er fertigstellen konnte (und die uns ohne Zerstörungen erhalten geblieben sind), sind wahre Wunderwerke eines Gleichgewichts zwischen florentinischer und lombardischer Form, zwischen Zeichnung, Masse und Licht, zwischen optischer und stilistischer Wahrheit. Die *Belle ferronière* (Louvre) und die *Dame mit dem Hermelin* (Krakau) stellen – mehr noch als die beiden Fassungen der *Felsgrottenmadonna* (Louvre und National Gallery London) – die Spitze des Rationalismus der Renaissance vor den reifen Werken eines Raffael oder der Decke der Sixtinischen Kapelle dar, die jedoch beide nicht durch eine kulturell gleichermaßen vielgestaltige und reiche Formel zusammengehalten werden, wie dies bei Leonardo in seiner Mailänder Zeit der Fall ist. Für die Maler am Ort, die sich von dieser Formel angezogen fühlten, waren die Auswirkungen katastrophal. Es gibt kaum andere Beispiele für einen derartigen Prozeß der Vereinseitigung und armseligen Fragmentierung, wie der, der den Vorbildern von der Hand Leonardos durch Ambrogio de' Predis, Bernardino de' Conti, Marco d'Oggiano, Francesco Napolitano und andere widerfuhr, die allesamt Musterbeispiele dafür sind, wie Prototypen von bewußter und durchgängiger Disziplin ins Regellose verzerrt werden. Der Tendenz, Leonardo intuitiv und den Eingebungen des Augenblicks folgend zu interpretieren, entgingen nur diejenigen Maler, die der authentischen Helligkeit eines Foppa verhaftet blieben und sie durchaus originell weiterführten: der große Boltraffio, Bernardino Zenale und – auf seine Weise – Bernardino Luini. Vollkommen unberührt von Leonardos Tätigkeit blieben dagegen Foppa selbst (gest. zwischen 1515 und 1516), Bergognone und vor allem einer der wichtigsten Repräsentanten der echten Renaissance, Bartolomeo Suardi, genannt Bramantino. Der Architekt und Maler hat, so scheint es, den Aufenthalt Leonardos nicht einmal wahrgenommen. Er wandte sich Bramante zu, machte sich dessen architektonische und perspektivische Wissenschaft zu eigen und wandelte sie in einer Art und Weise ab, die von einzigartiger Originalität ist und fast außerhalb der Zeit zu stehen scheint. Die wahre Renaissance der Lombardei endet mit den rätselhaften Visionen des Bramantino von Personen, die wie lebende Architekturen interpretiert werden, während im Hintergrund die realen Architekturen (die häufig denen des reifen lokalen Cinquecento um Jahrzehnte vorgreifen) eine geradezu metaphysische Anziehungskraft ausüben.

Die charakteristische Dichotomie der italienischen Kunst im Quattrocento (der Kontrast zwischen vernunftorientiertem und phantastischem Stil, zwischen wissenschaftlicher und intuitiver Perspektive, zwischen Renaissance und Pseudo-Renaissance) war dank des einzigarti-

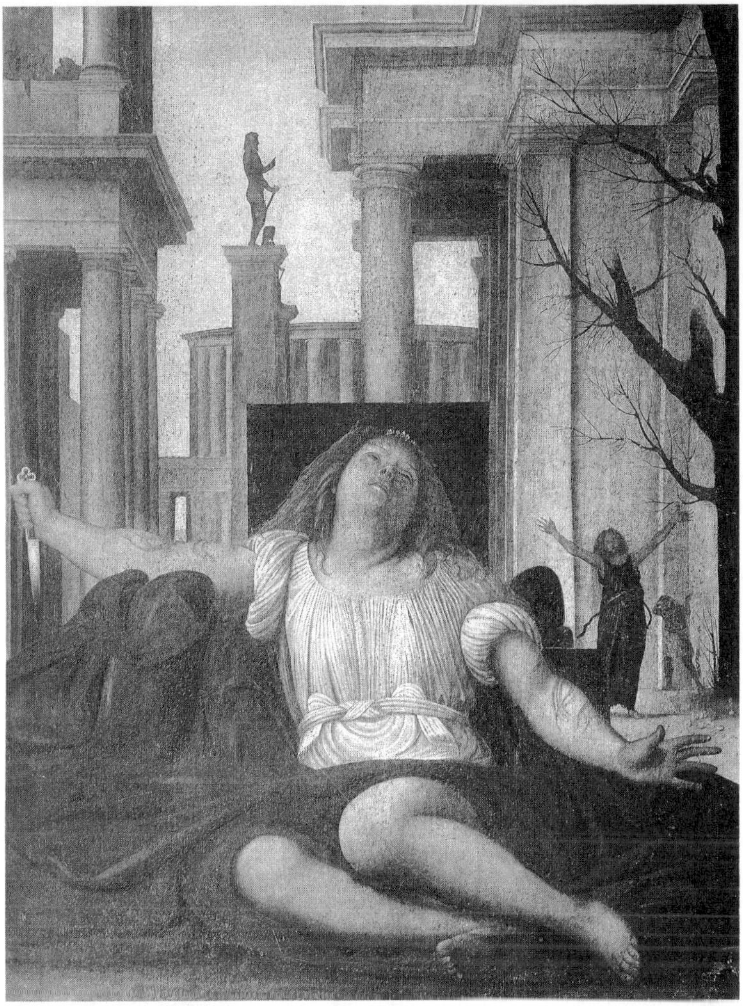

BRAMANTINO, *Lukretia*

gen Zusammentreffens von auswärtigen, vor allem aus Florenz kommenden, und einheimischen Künstlern in Padua besonders scharf ausgeprägt. Padua war der auserkorene Sitz Cosimo de' Medicis und Palla Strozzis während ihres Exils (das erste von 1433–34 und das zweite von 1434 bis zum Tode im Jahr 1462); diese Entscheidung bezeugt das starke Band zwischen der Stadt im Veneto und dem kulturellen und wirtschaftlichen Zentrum der Toskana. Aus Florenz kamen Donatello (der ab 1443 für zehn Jahre hierher übersiedelte und auch sein Meisterwerk, den Altar des Santo, hier hinterließ) und zuvor bereits Filippo Lippi (1434) sowie Paolo Uccello (möglicherweise 1445) nach Padua. Der Stil der Renaissance war also in Padua durch Donatello in seiner authentischsten und vollständigsten Form bekannt; außerdem als zeichnerische Lösung (die sich bei Filippo Lippi zum Zeitpunkt seiner Anwesenheit gerade herausbildete); und bei Paolo Uccello in der phantastischen und einseitigen Interpretation der Perspektive als dem einzig Ausschlaggebenden. Zudem war in Padua (einem blühenden Zentrum humanistischer Studien) der Kult der römischen Antike immer lebendig gewesen, und dies auch in Opposition zur Kultur Venedigs, die auf Konstantinopel ausgerichtet war und deren Vorherrschaft nur unwillig

ANDREA MANTEGNA,
Der tote Christus gestützt von zwei Engeln

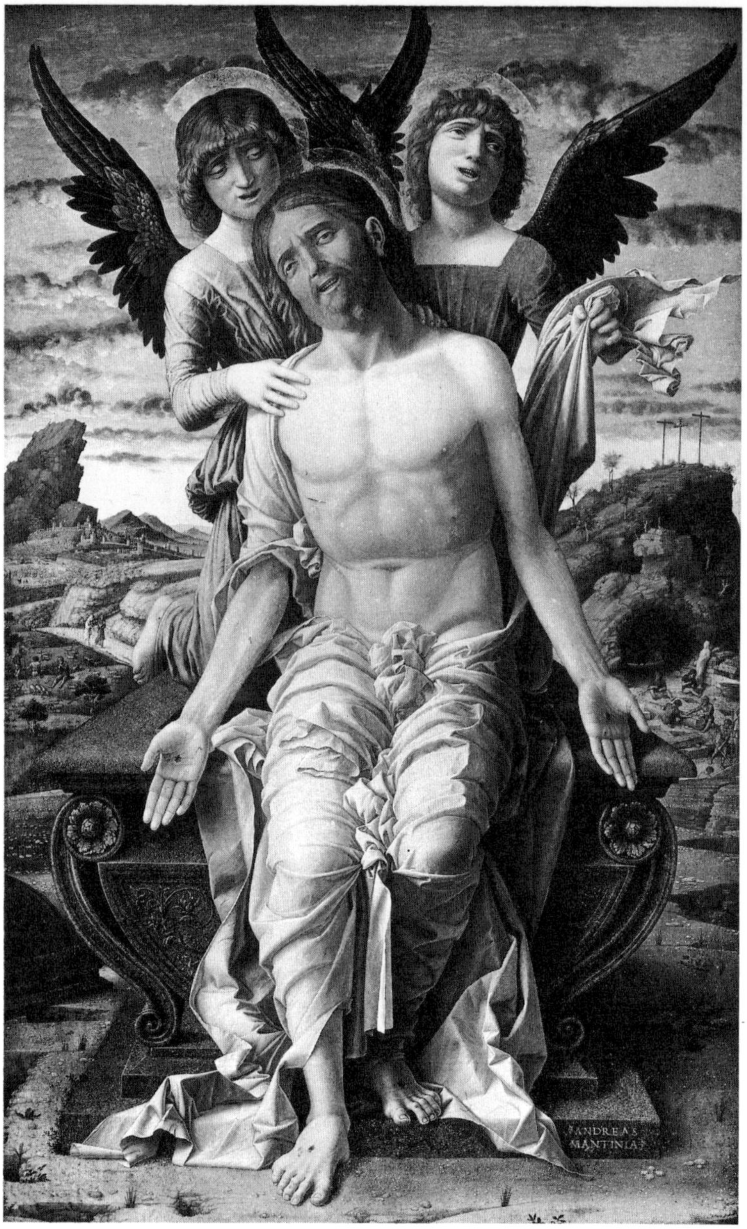

hingenommen wurde. Durch Palla Strozzi wurde die regelrechte Verehrung der klassische Antike um den hellenistischen Aspekt bereichert. Unter diesen Vorzeichen entstehen in Padua zwei diametral entgegengesetzte bildnerische Richtungen, deren Höhepunkte das Werk von Andrea Mantegna und jene stilistische Vielfalt bilden, die man vom Namen Francesco Squarciones her auch »Squarcionismus« nennt. Mit Mantegna tritt die Welt, nach der sich die Humanisten – gestützt auf die Texte, die den Untergang des 7. und 8. Jahrhunderts überlebt hatten – sehnten, in erster Person in die Malerei ein; und sie enthält alle wichtigen Aspekte und Schemata der authentischen Renaissance. Ein bewunderungswürdiges Beispiel dafür stellt die *Engelpietà* des Mu-

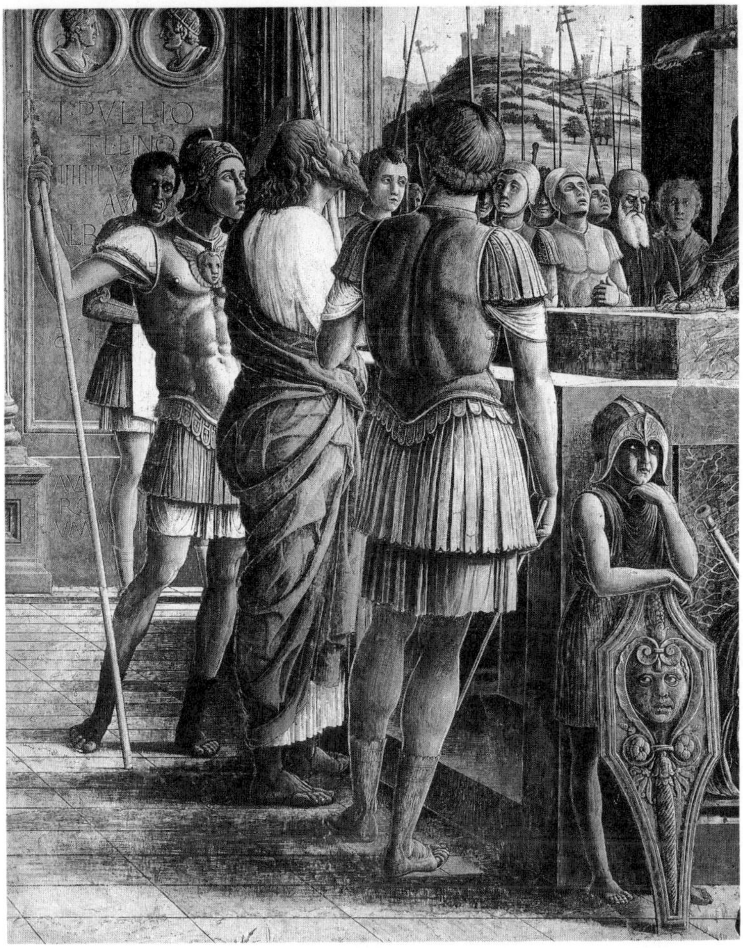

ANDREA MANTEGNA,
Der Heilige Jakobus vor Herodes
Ausschnitt

seums von Kopenhagen dar, ein Werk aus der Blütezeit des Künstlers: Auf einem römischen Marmorsarkophag sitzend, breitet der Erlöser, der mit außerordentlicher Kenntnis der Anatomie und der Perspektive dargestellt ist, mit der gleichen Geste wie der *Herkules* des Seneca die Arme aus: In der Tat, in diesem Gemälde hat die Identität von Christus und Herkules bildliche Gestalt angenommen – ein christlicher Jupiter ist dargestellt.

Wie immer bei der authentischen Renaissance darf man auch hier den technischen Aspekt nicht unterschätzen: Die klare und sorgfältige malerische Ausführung des Mantegna steht, was die genaue und detaillierte Beschreibung angeht, in den Gestalten wie bei der Landschaft und dem Sonnenuntergang, der vollkommen mit dem Drama des Erlösers harmoniert, den flämischen Zeitgenossen in nichts nach. Bereits in seiner Jugend hatte Mantegna ein beispielloses Engagement beim Studium der klassischen Antike bewiesen. In den verlorengegangenen Fresken der Cappella Ovetari in der Kirche der Eremitani in Padua (zwischen 1448 und 1457 ausgeführt) ist die Kenntnis der antiken Fundstücke erstaunlich. Der Maler besitzt genaue Kenntnisse von Waffen, Bekleidung und Bauwerken, und die Inschriften verwendet er so, daß die Widmung gerechtfertigt scheint, die ihm Felice Feliciano 1463 bei der Sammlung antiker Inschriften – heute in der Biblioteca Capito-

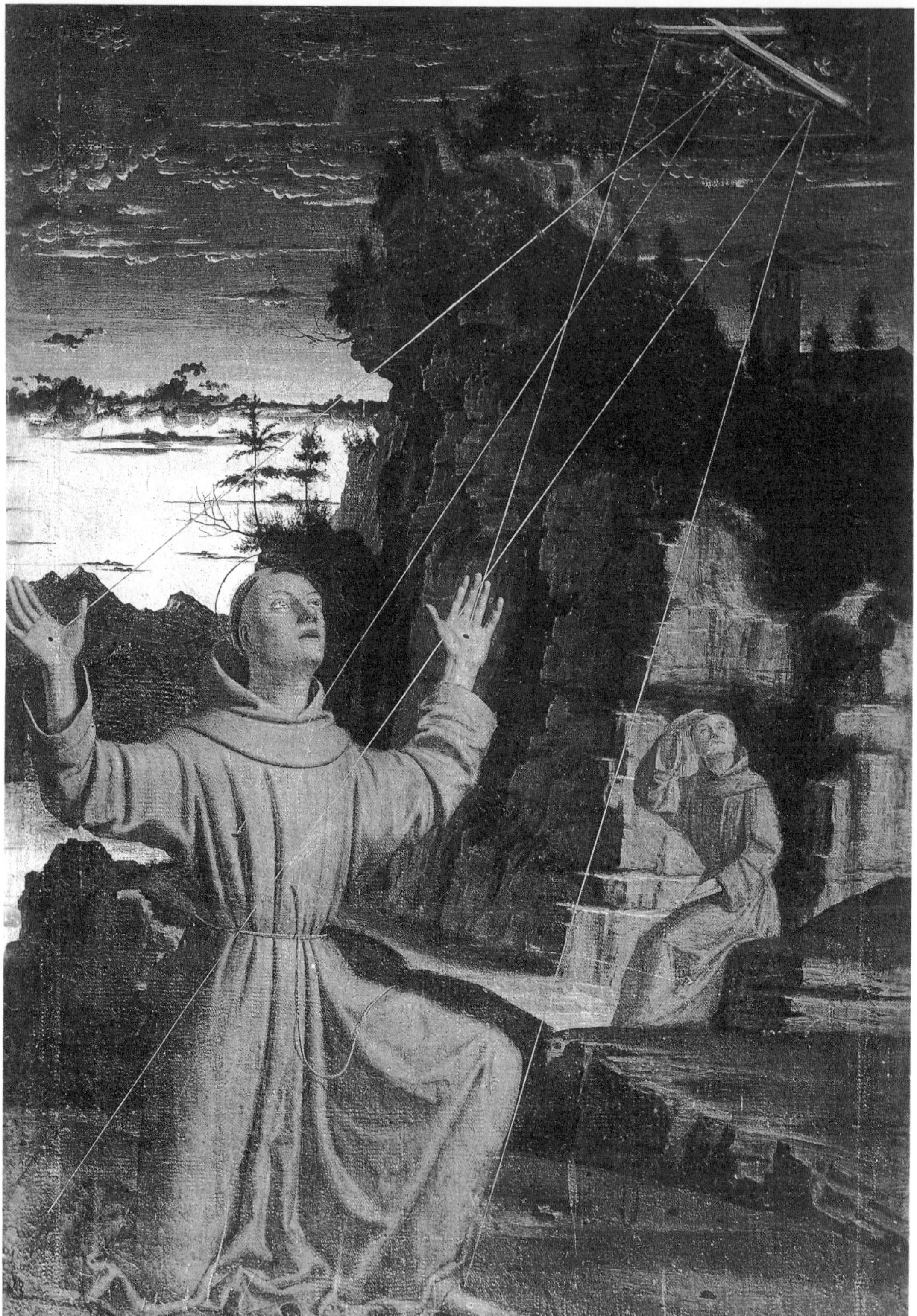

lare in Verona – zudachte. Von höchster Rationalität und von einer lebendigen Liebe zum Klassizismus, d. h. einem authentischen Klassizismus und nicht von Gelehrsamkeit geprägt, löste Mantegnas Stil ein großes Echo aus. Allerdings nicht in Padua, sondern anderswo: Dies vor allem ist der Schlüssel zum Verständnis der Tatsache, daß die veronesischen Maler (angesichts des Altars von S. Zeno, der 1459 der Öffentlichkeit zugänglich gemacht wird) von den Formen der *Schattenrenaissance* zu einer absoluten Rationalität übergehen, die sehr weit gesteckt ist und die einige der größten Meisterwerke der eigentlichen Renaissance hervorbringt.

Die Werke von Francesco Morone und von Gerolamo dai Libri (zwei heutzutage stark unterschätzte Künstler) sind oft von einem wundervollen Gleichgewicht, bei dem die intime Vernunft, mit der die gegenständliche Welt erfaßt wird, eine bewegende lyrische Poesie nicht ausschließt, die sich von elegischen Tonlagen bis zu universalen, fast kosmischen Höhen erhebt. Von Bildern dieser Art zur anderen Strömung in Padua, dem »Squarcionismus«, überzugehen, kommt der Überquerung eines Abgrundes zwischen zwei total verschiedenen und miteinander inkommunikablen Welten gleich. Es fällt schwer, die reale Persönlichkeit des Squarcione zu umreißen, und es bleibt ungewiß, ob man in ihm einen wirklichen Künstler oder eher eine Art Impressario sehen muß, der sich – oft wenig skrupellos – seiner Schüler bediente, sie ausbeutete und sich ihre Arbeiten zum eigenen Vorteil aneignete. Ebenso ungewiß ist die Kohärenz seiner stilistischen Entwicklung, die in seinen erhaltengebliebenen Tafelbildern, dem Polyptychon De Lazzara (Museum von Padua) und der signierten *Madonna* in der Gemäldegalerie in Berlin-Dahlem, uneinheitlich erscheint. Bei dieser orientiert er sich offenkundig und ganz ohne Vermittlung am Vorbild Donatellos, vor allem an einer Plakette des großen Bildhauers. Das Ergebnis ist eine Übersetzung, die sich im wesentlichen der Umrißlinie anvertraut und die alles in allem nicht weit von dem entfernt ist, was bei Filippo Lippi vor 1445 aufscheint. Aber der einzigartigste Aspekt bei Squarcione betrifft seine Schüler, unter denen man einerseits seinen Adoptivsohn Andrea Mantegna findet, das Musterbeispiel des unbeugsamsten Rationalismus einer authentischen Renaissance, und andererseits eine Reihe von Persönlichkeiten, die sich der Phantasie, der persönlichen Handschrift und einem vielfältigen zeichnerischen und gestalterischen Expressionismus anvertrauen. Die Dichotomie zwischen *Renaissance im Wesen* und *Renaissance an der Oberfläche* wird also unter den Schülern Squarciones zur Realität, und zwar in einer Art und Weise, die als entscheidenden Anstoß die individuelle *forma mentis* und nicht die Bildung, die Erziehung oder die soziale Herkunft nahelegt. Im Vergleich zur strengen antikisierenden Norm Andrea Mantegnas und zur höchsten, imperialen Würde seiner Personen scheint die bildnerische Welt des Marco Zoppo aus Bologna (der zwischen 1452 und 1455 bei Squarcione arbeitete) einer anderen Epoche, einer anderen Kultur anzugehören. Seine Formen entwickeln sich in einer unaufhörlichen wellenförmigen Abfolge von Brüchen und neuen Anknüpfungen; dank der beinahe durchsichtigen und irreal glänzenden farblichen Oberfläche erinnern seine Gemälde an getriebenes und geschmiedetes Metall mit Heiligenfiguren, die sich mit ihren verquälten Umrißlinien aufrecht halten. Sie lassen bei der Darstellung von Pflanzen – wenn es sie einmal (in der Federzeichnung) gibt – diese ausgetrocknet und verdorrt aufragen, krumm wie kranke Venen. Bei einem anderen Maler, dessen Ausbildung wohl bei Squarcione erfolgte, dem Ferrareser

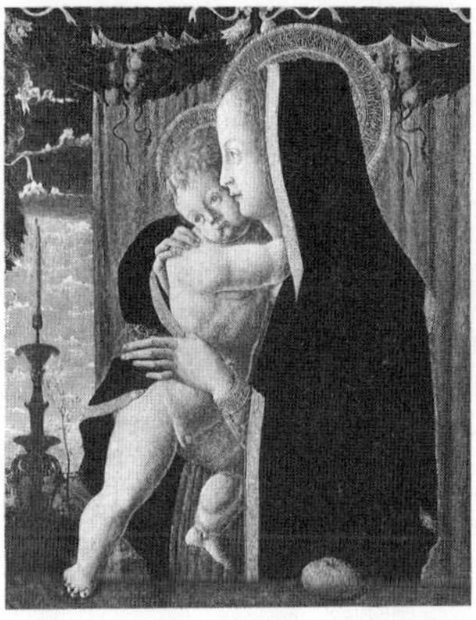

FRANCESCO SQUARCIONE,
Madonna mit Kind

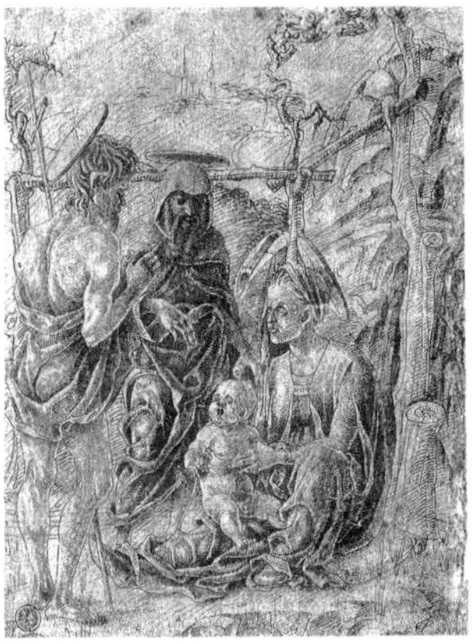

MARCO ZOPPO,
Madonna mit Kind und zwei Heiligen

gegenüber:
FRANCESCO MORONE,
Die Stigmatisation des Hl. Franziskus

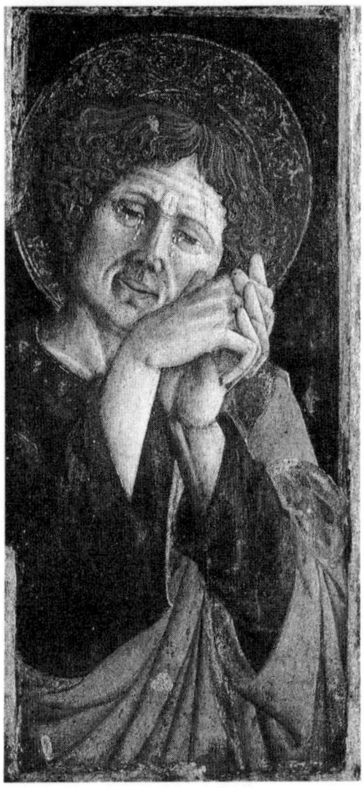
GIOVANNI FRANCESCO DA RIMINI,
Der Evangelist Johannes
Teil eines Kreuzes

Cosmé Tura, führt ein ähnlicher, ständig gegenwärtiger quälender Antrieb bis zu dem Punkt, an dem er regelrecht zum Siegel wird, das, widerspenstig und bissig, die Mythen der Heraldik und der Ritterzeit in Erinnerung ruft, die dem herzoglichen Hof von Ferrara lieb und teuer waren, an dem Tura der bevorzugte Künstler war. Die figurative Kunst von Ferrara (wo auch Piero della Francesca tätig war) sollte dann mit Francesco del Cossa und vor allem mit Ercole de' Roberti sowie mit einer außergewöhnlichen Vielfalt von Beiträgen von außen, darunter auch der von Andrea Mantegna, zur echten Renaissance übergehen (wobei sie einzigartige und sehr typische Charakterzüge bewahrte). Ein weiterer Maler, der von Squarcione ausgebildet wurde (bei dem er sich nachweislich zwischen 1441 und 1444 aufhielt), ist Giovanni Francesco da Rimini. Bei ihm findet sich nichts von dem Irrealismus anderer Schüler Squarciones; und ausschlaggebend bleibt das Studium der in Padua verbliebenen Werke Filippo Lippis, das in der Folge angereichert wurde durch die Kenntnis der Tafelbilder und Fresken von Benozzo Gozzoli in Umbrien, einer Region, in der Giovanni Francesco lange Zeit tätig war. Seine Personen sind stark charakterisiert und in der Anlage starr und steif wie bemalte Holzskulpturen; sie stellen einen paduanischen Ausläufer von Umbrien und den Marken dar – oder, wenn man so will, die sehr vergängliche und ganz oberflächliche Verbindung von ländlicher Kultur mit den Formen der Hochkultur.

Aus Platzgründen ist es an dieser Stelle unmöglich, im einzelnen die Aspekte zu beschreiben, die die Pseudo-Renaissance in den verschiedenen Regionen der Halbinsel annahm, die vielen lokalen Kombinationen, die Formeln, die von Gewohnheiten, kulturellen Neuerungen und wirtschaftlichen und politischen Gegebenheiten abhingen. Ein authentischer Rationalismus fehlt in Ligurien nach 1450 sowie in Piemont und im überwiegenden Teil des Königreiches Neapel. Zuweilen stößt der Irrealismus zu Ausdrucksformen von außerordentlicher Kraft und einem sehr hohen Niveau vor, wie in dem auf das Jahr 1472 datierten Tafelbild des Domes von Viterbo, das – wie neuerlich wieder bekräftigt wurde – von Gerolamo da Cremona stammt: einem Maler von Miniaturen und Gemälden mit ziemlich komplizierter Handlung, der den Anschein erweckt, Andrea Mantegnas Manier in die verklärten und phantastischen Werte zurückzuverwandeln, die jenen eines Marco Zoppo oder der Ferrareser nicht unähnlich sind. Bei der Untersuchung der »erfundenen Renaissance« aber gebührt ein besonderes Kapitel einem Kulturgebiet, das bisher nie als solches angesehen, geschweige denn in seiner Entwicklung studiert worden wäre. Es handelt sich um den Raum, den man »adriatisch« nennen könnte, und der deutlich vom Veneto und den Marken zu unterscheiden ist. Seine geographischen Grenzen beginnen im Norden bei der Insel Arbe und reichen im Süden bis zu den Isole Trémiti, während die Zentren seiner Blüte im Osten Zara, Sebenico, Traú und andere Ortschaften der dalmatinischen Küste sind; im Westen reicht das Gebiet bis Ancona. Sicher ist, daß der erste Ursprung dieser kulturellen Variante in Padua lag, und ebenso gewiß ist, daß an ihrer Herausbildung (zumindest in gewissem Umfang) Squarcione teilhatte. Aber wie dem auch sei, Donatellos Altar in Padua ist die grundlegende Werkvorlage für den *adriatischen* Stil: An seiner Ausführung arbeitete als einer der Protagonisten der Bildhauer Niccolò di Giovanni, genannt Niccolò Fiorentino, mit. Andere Künstler, die daran teilhatten (wie die Bildhauer Giorgio da Sebenico und der Albaner Andrea Alessi) waren in den letzten Jahrzehnten kein Gegenstand genauer philologischer Forschungen. Bekannter dagegen sind die

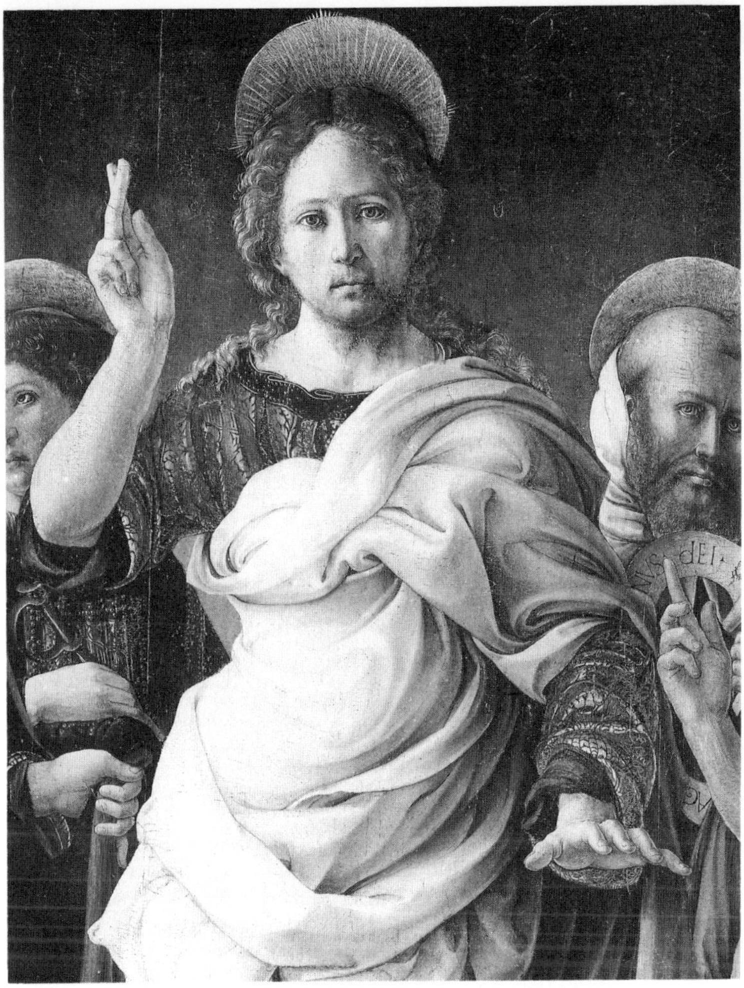

GEROLAMO DA CREMONA,
Christus und vier Heilige
Ausschnitt, Viterbo, Dom

Persönlichkeiten des dalmatinischen Malers Giorgio Chiulinovich, genannt Schiavone, der Schwiegersohn von Giorgio da Sebenico, und vor allem die des Venezianers Carlo Crivelli, der 1465 in Zara weilte. Neben ihm wird die Formel des »adriatischen« Stils von dem Anconer Nicola di Antonio repräsentiert, während Giovanni da Traú gewisse Aspekte davon in Mittelitalien, besonders in Rom verbreitete, nachdem er 1481 in Ungarn in den Diensten von König Matthias I. Corvinus gearbeitet hatte.

Es ist ungewiß, ob die bedeutungsvollsten Resultate dieser Stilrichtung auf dem Feld der Bildhauerei oder dem der Malerei liegen; das Studium dessen, was davon in Dalmatien existiert (wie das großartige Ensemble der Cappella Orsini im Dom von Traú), wird durch das Fehlen adäquater photographischer Dokumentationen behindert, während andere Werke (wie die von Alessi auf den Isole Trémiti) noch einer sorgfältigen Erforschung harren. Auch bleiben die Blütezeiten dieser außerordentlichen Produktion ungewiß, aber die intensivsten Momente scheinen in die Zeit zwischen 1460 (das ist das Jahr, in dem Giorgio da Sebenico das Portal für Sant'Agostino in Ancona ausführte) und 1475 zu fallen, als Giorgio starb. Bei Carlo Crivelli, der nach der Rückkehr von Dalmatien nach Italien Meisterwerke wie das Polypty-

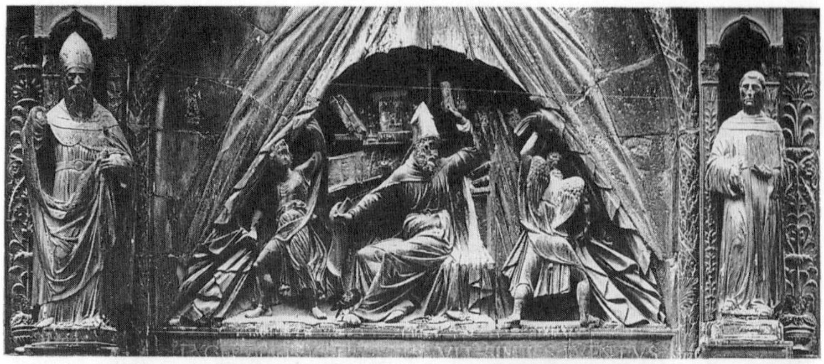

GIORGIO DA SEBENICO,
Portal
Ausschnitt
Ancona, Sant'Agostino

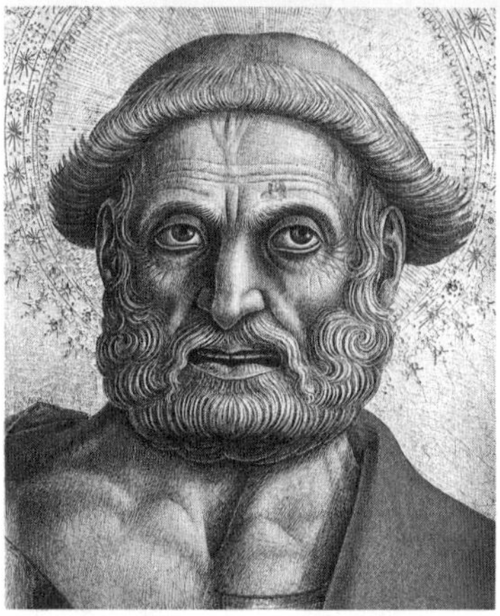

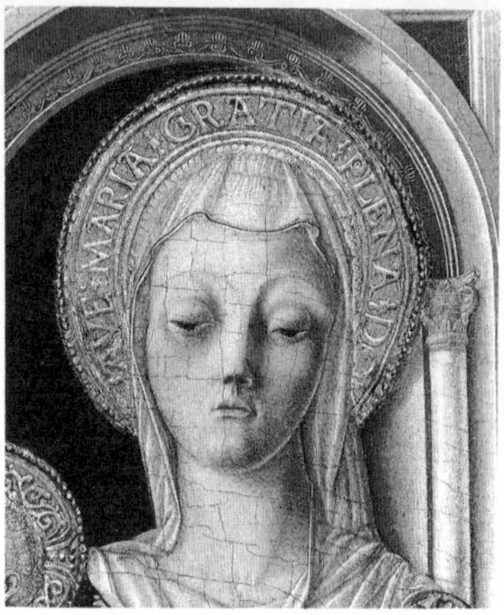

links:
CARLO CRIVELLI,
Der Heilige Petrus
Ausschnitt
Montefiore dell'Aso,
Santa Lucia

rechts:
NICOLA DI ANTONIO,
Madonna mit Kind
Ausschnitt

chon von Massa Fermana (1468) oder das heute verlorengegangene in Porto San Giorgio schuf, kann man die Umkehr zu weniger intensiven und konzentrierten Darstellungen erkennen, beginnend bei dem Polyptychon aus dem Jahr 1472, das früher dem Kardinal in Fesch gehörte und heute aufgeteilt ist. Es ist in seiner Aggressivität bereits abgemildert, vergleicht man es mit dem anderen großen Komplex, den sich heute Montefiore dell'Aso, das Museum von Brüssel und die National Gallery in London teilen; hier erreicht der zeichnerische und phantastische Ingrimm allerhöchste Gipfel. Auch bei Nicola di Antonio erreicht die Parabel den Gipfel im Jahr 1472 mit dem Altar, der sich heute in Pittsburgh befindet und aus San Francesco delle Scale in Ancona stammt. Nicola steht in der Mitte zwischen Chiulinovich (der zwischen 1456 und möglicherweise 1459 bei Squarcione arbeitete) und Bartolomeo di Tommaso aus Foligno; seine Gemälde stellen den extravagantesten und außergewöhnlichsten Aspekt des zugespitzten und aristokratischen Donatellismus dieser Kultur des *adriatischen* Raums dar: eine auflodernde Flamme, die erlischt, ohne eine Spur zu hinterlassen.

In Venedig spricht man auch bei Jacopo Bellini und den Vivarini von Renaissance. In Wirklichkeit bleiben die optischen und die geistigen Strukturen von Jacopo immer die von jemand, dessen kulturelle Ausbildung an der Seite von Gentile da Fabriano erfolgte, auch wenn er sich bemühte, die rationale Perspektive zu beherrschen, die (worauf viele seiner Zeichnungen hinweisen) aus ihrem ethischen und naturalistischen Kontext gelöst zu ihm gelangte und sich in einen Vorwand für Verzierungen ohne Gesetzmäßigkeit verwandelte. Die fabulierende Perspektive (die Jacopo Bellini bisweilen als einen venezianischen

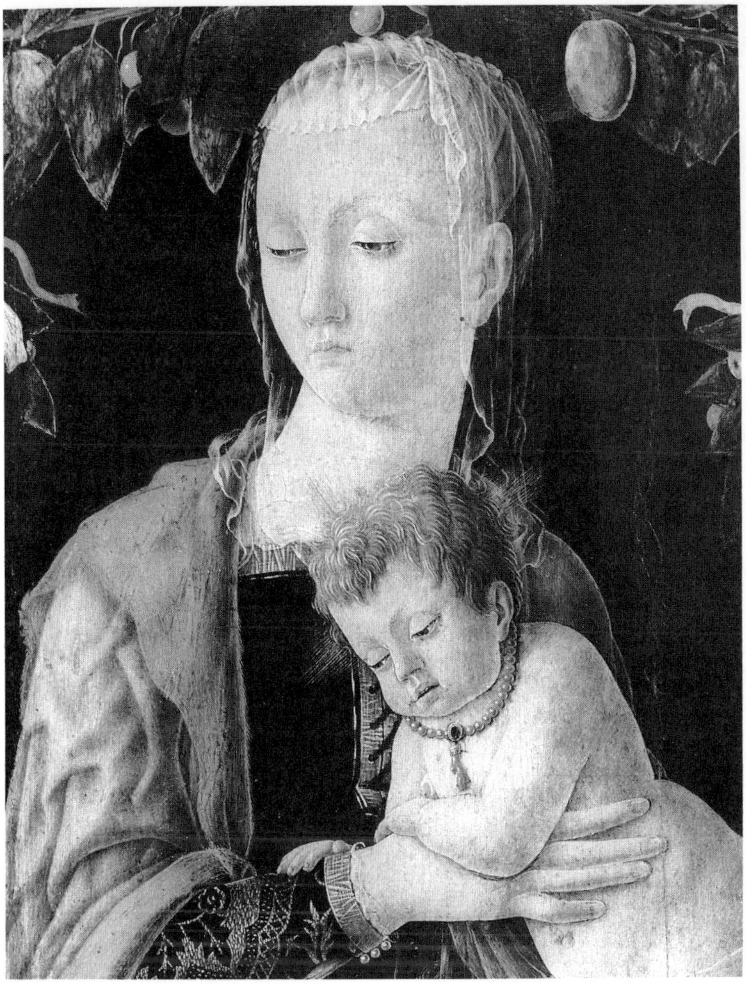

GIORGIO SCHIAVONE,
Madonna mit Kind und Engeln
Ausschnitt

Paolo Uccello erscheinen läßt) entwickelt sich in vollkommener Harmonie mit den archäologisch-humanistischen Studien, weshalb sich bei ihm – trotz des aufmerksamen Studiums der Inschriften – Grenzsteine und römische Altäre in interessante Raritäten verwandeln; und genauso betritt die Antike in den (ungeschlachten, aber die Erinnerung evozierenden) Zeichnungen von Ciriaco d'Ancona das Gebiet der *Merkwürdigkeiten*. Auch der erste der drei Vivarini gehört zu den Künstlern, für die die Renaissance das Gravitationszentrum bildete und die doch nie einen Zugang zu den Kernproblemen des Rationalismus fanden. Ob sie nun von ihm oder seinem Schwager Giovanni d'Alemagna stammen, die vier *Geschichten der Hl. Apollonia* (Bergamo, Bassano und Washington) spielen sich in einem Szenarium verzierter Architekturen ab, die eher denen von Filarete, Matteo de' Pasti oder Jacopo Bellini gleichen als denen von Filippo Brunelleschi oder Leon Battista Alberti. Die bildnerische Welt von Antonio Alberti jedoch entwickelt sich, so würde man in der Sprache des Kinos sagen, in Zeitlupe, die Komparsen sind nur zu ganz wenigen Bewegungen in sehr einfachen Abfolgen fähig, fast als wären sie gelähmt. Wenn es die Erzählung erlaubt, dann gewinnt das Wunderbare, das Erstaunliche die Oberhand, wie in der wunderschönen *Geschichte des Hl. Petrus*

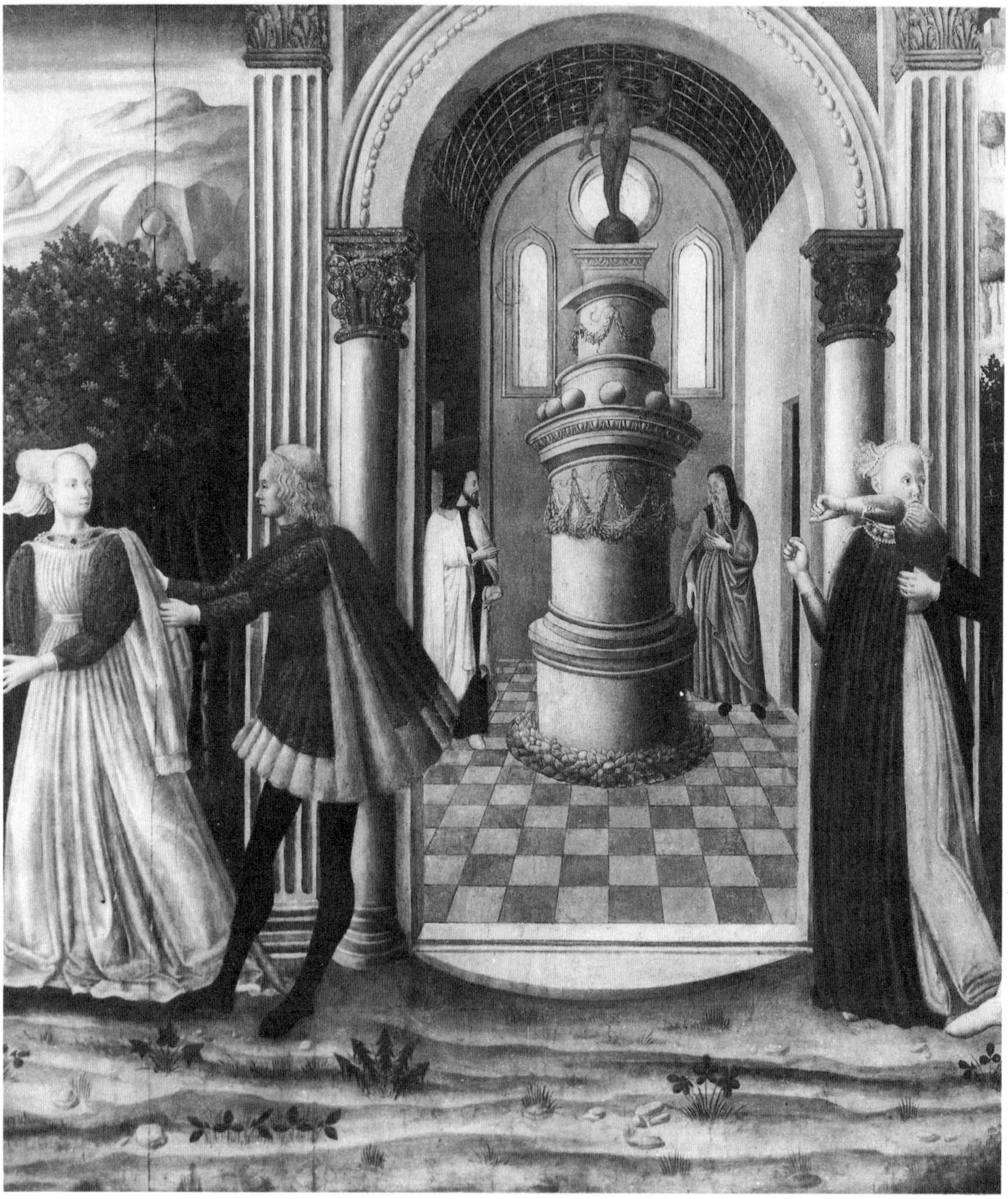

Meister der Geschichten Helenas,
Der Raub der Helena
Ausschnitt

von Verona, die zur Kollektion Lafontaine in Paris gehörte. Ein unbedeutender Maler, der sich neben Antonio entwickelte (und der – trotz seiner begrenzten geistigen und expressiven Fähigkeiten – häufig lebhafter und gelöster war), trägt mit einer gewissen Offenheit dazu bei, die Intentionen und Präferenzen des Umfeldes der Vivarini in dieser Phase, um 1450, herauszuarbeiten. Er schuf verschiedene Tafelbilder, deren wichtigste – mit der *Geschichte der Helena* – sich in der Walters Art Gallery in Baltimore befinden. Das Bild mit dem *Raub der Helena* zeigt einen Venustempel. Sein Altar (der auf einem Modell beruht, das bestimmten Zeichnungen Jacopo Bellinis entnommen zu sein scheint)

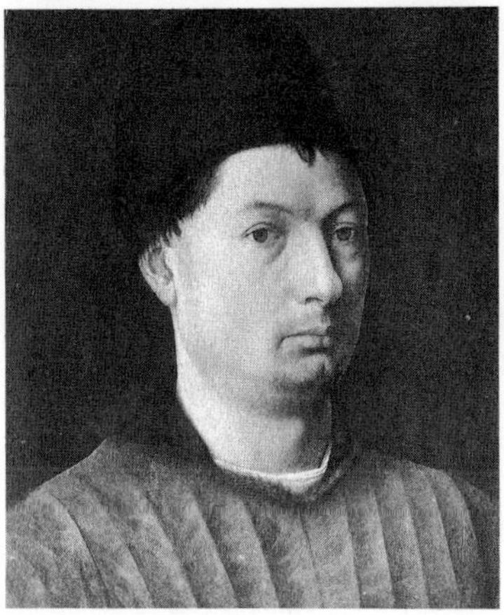

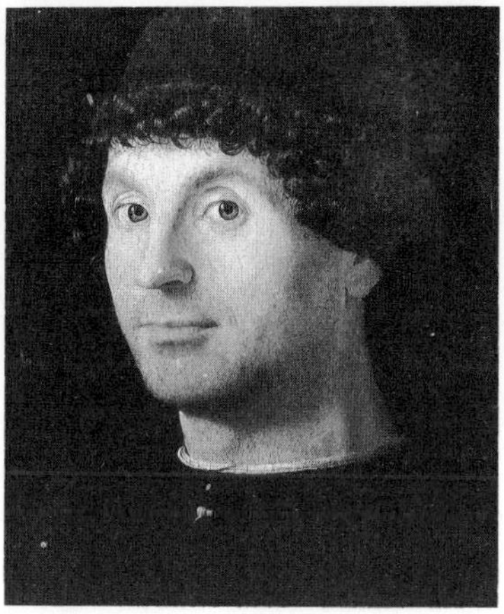

links:
PETRUS CHRISTUS (zugeschr.),
Portrait eines Mannes

rechts:
ANTONELLO DA MESSINA,
Portrait eines Mannes

steht im Innern eines merkwürdigen Gebäudes, dessen Fassade sich in einem Bogen auf pseudokorinthischen Säulen öffnet und von zwei klassischen Lisenen eingefaßt wird; die Wand im Hintergrund ist der einer Kirche oder Kapelle des frühen Quattrocento nicht unähnlich. Es besteht keinerlei Beziehung zwischen dem zylindrischen Altar und dem in der perspektivischen Flucht akkurat beschriebenen Bodenbelag; die Figuren sind trotz lebhafter Gesten (so z. B. die Dame zur Rechten mit angewinkeltem Arm und hervorstehendem Ellenbogen) Komparsen ohne eine innere Struktur, d. h. Elemente eines Dekors, das in Kleidung und Aufputz akkurat beschrieben wird. Wir übergehen den mittleren Vivarini, Bartolomeo (der einer untergeordneten Spielart des »Squarcionismus« zugehört, wie dies auch für die Gruppe von Murano gilt); man muß aber die außerordentliche Vielfalt hervorheben, mit der die *Schattenrenaissance* sich im Veneto, im Friaul, in Istrien und in Dalmatien entwickelte – und zwar dank einer großen Zahl von (zum Teil hochdifferenzierten, sehr oft reichlich armen und eintönigen) Strukturmodellen, die alle eine spezifische Form der Verbindung von bildnerischer Kultur, politischen Bedingungen und wirtschaftlichen Gegebenheiten darstellen. Niemals spürt man in diesen Episoden (die man mit dem Begriff Lokalkolorit umschreiben kann) einen besonderen geistigen Impuls, welcher einen großen Sprung möglich gemacht hätte, der von der Phantasie zur Vernunft, vom Fragment zur Einheit, oder, wenn man so will, vom Traum zum Selbstbewußtsein führt. In Venedig vollzog sich dieser Sprung mit Giovanni Bellini. Es ist wahrscheinlich, aber nicht sicher, daß es Piero della Francesca war, der ihm die Perspektive nahebrachte. Sicher dagegen ist, daß Bellini (nach einem Beginn, der – wie beim *Hl. Hieronymus* von Birmingham – der Renaissance fremd bleibt) die wesentlichen Elemente der Kunst Donatellos und Andrea Mantegnas übernahm. Und mit der Ankunft Antonello da Messinas in Venedig im Jahr 1475 wurde es schließlich möglich, die Gesetzmäßigkeiten einer Gleichung zwischen Perspektive, anatomischer Struktur und Licht zu entwickeln, aufgrund derer die Malerei Venedigs eine entscheidende Rolle im Kontext der visuellen Wahrnehmung in Italien und in ganz Europa einnahm. Die entscheidende Frage bei Antonello ist sein Verhältnis zur flämischen Malerei. Ort und Zeitpunkte dieses Zusammentreffens gehören noch zum Komplex der ungelösten Probleme, obwohl es heute als sehr wahrscheinlich angesehen wird, daß der Maler aus Messina die Gemälde aus dem Norden Europas bei zwei verschiedenen Anlässen hat sehen können, wobei das

links:
JACOMETTO,
Portrait eines Prälaten

rechts:
GIORGIONE,
Portrait eines Mannes

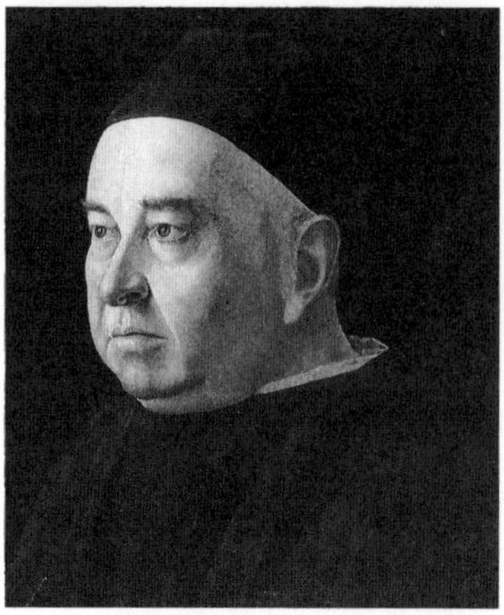

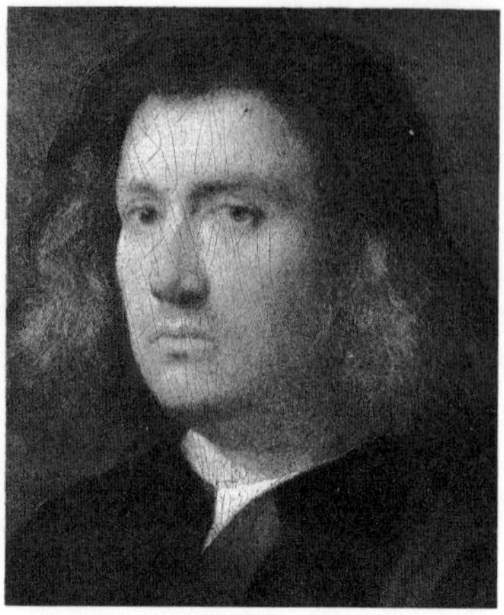

zweite Mal die Tafelbilder von Petrus Christus betraf. Und im Verhältnis zu letzterem sind die Ähnlichkeiten so groß, daß sie (zumindest in gewissen Fällen, wie bei dem früher in Holford, heute in Los Angeles im County Museum befindlichen Tafelbild) die Entscheidung für Christus oder Antonello, für Flandern oder Italien sehr schwer machen. Es war Antonello, einer der großen Vertreter des bildnerischen Rationalismus im 15. Jahrhundert, der den Horizont der venezianischen Malerei erweiterte: Bei seinem wichtigsten Schüler in Venedig, Jacometto, bilden die Spezifik der Physiognomie, die Beziehung zwischen Form und Licht und die Erforschung der inneren Struktur des dargestellten Sujets allesamt Elemente, die in nordischem Sinn auf den Schöpfer der Malerei in Flandern, auf Jan van Eyck, anspielen. Von Giovanni Bellini, dem Gefolgsmann Antonellos (oder wenn man will, auch Piero della Francescas), nimmt im letzten Jahrzehnt des Jahrhunderts das einzigartige Phänomen Giorgione seinen Ausgang. Er gehört zu den einzigartigsten Malern, auch weil er es verstand, rational beschriebene Formen mit Themen zu versöhnen, die einem Humanismus entnommen waren, der sich dem Okkulten, Mysteriösen und apokryph Logischen zuwandte. Der optische Rationalismus in der Malerei aber war an einen solchen Punkt technischen und handwerklichen Reichtums gelangt, daß er es sich erlauben konnte, kulturelle und mentale Anstöße jedweder Art aufzunehmen, ohne deswegen von seiner Bahn abzukommen.

Ich würde mir wünschen, daß aus dieser knappen und zwangsläufig verkürzten Darstellung der schwierige Weg deutlich wurde, den der Rationalismus der Renaissance durchlaufen mußte; und vielleicht ist auch deutlich geworden, wie das Feld war, in dem er – unter Ablenkungen und Verzerrungen – inmitten eines geistigen und kulturellen Umfelds verlief und zur Blüte kam, das nur wenig geneigt war, seinen wahren Sinn zu begreifen. Ich hätte herausstreichen können, daß *Schatten-* oder *Pseudo-Renaissance* auch als die Aufpflanzung von Renaissance-Aspekten auf einen gotischen Stamm verstanden werden könnte. In einem gewissen Sinn trifft das zu. Aber es trifft ebenso zu, daß das Adjektiv *gotisch* allzu viel oder eben allzu wenig sagt. Einen Wert hat es nur, wenn die *internationale Gotik* gemeint ist, d. h. als Bezeichnung für jenen kosmopolitischen Stil, der im westlichen Europa vom Ende des 14. bis in die ersten Jahrzehnte des 15. Jahrhunderts vorherrschte (seine Dauer variiert von Ort zu Ort und von Region zu Region). Ohne Bedeutung bleibt die Bezeichnung *gotisch* in den bildenden Künsten vor der Renaissance (und auch dies ist eine sehr vage und allgemeine Bezeichnung).

In Wirklichkeit ist das sogenannte Gotische eine unbestimmte Etikette, die einer Unzahl künstlerischer Ausdrucksweisen, kultureller Situationen und bildnerischer Traditionen angeheftet wird, die allesamt die Zersplitterung widerspiegeln, die sich inzwischen an der Schwelle vom Zeitalter der Moderne auf dem Gebiet des Weströmischen Reiches (und in den Regionen Mittel- und Nordeuropas, die durch die Bekehrung zum Christentum akkulturalisiert worden waren) herausgebildet hatte. Es sind alles Ausdrucksweisen, die auf einer phantastischen Interpretation der objektiven Gegebenheiten und auf ihrer Darstellung im figurativen Bereich gründen. Ihr Verlauf ist unvorhersehbar und gewunden. Im Gegensatz dazu verfolgt die Linie des künstlerischen Rationalismus der Renaissance auch in ihren Epigonen einen kohärenten Weg. Die Florentiner stehen mit Piero della Francesca und Raffael am Ursprung des Klassizismus, der (trotz zeitweiliger Verfinsterungen) noch immer nicht am Ende ist; von den Lombarden hat mit der Schule von Brescia und mit Caravaggio der Realismus seinen Ausgang genommen; und mit den Venezianern, mit Tizian begann die Malerei, in deren Mittelpunkt Materie und Farbe stehen, ihren Weg – einen Weg, der zu Goya, den Impressionisten und der Auflösung der geschlossenen Form führte. Die Episoden der Pseudo-Renaissance blieben – auch wenn sie vielgestaltig und zahlreich waren – doch Sternschnuppen, blieben (außer in einigen Fällen, in denen sie zu eher geistigen denn formalen Vorläufern des Manierismus wurden) ohne Folgen.

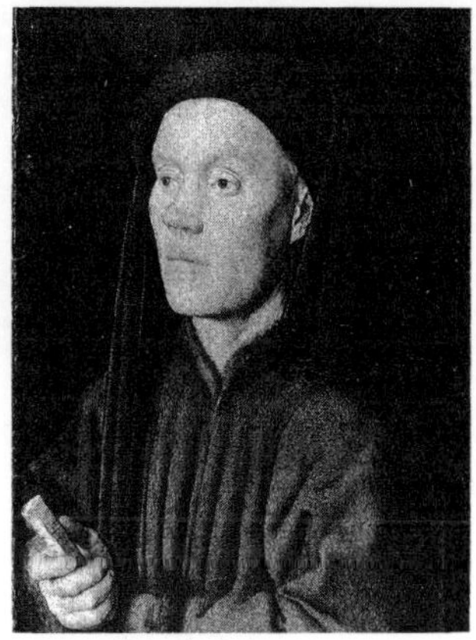

JAN VAN EYCK,
Portrait eines Mannes

Anmerkungen

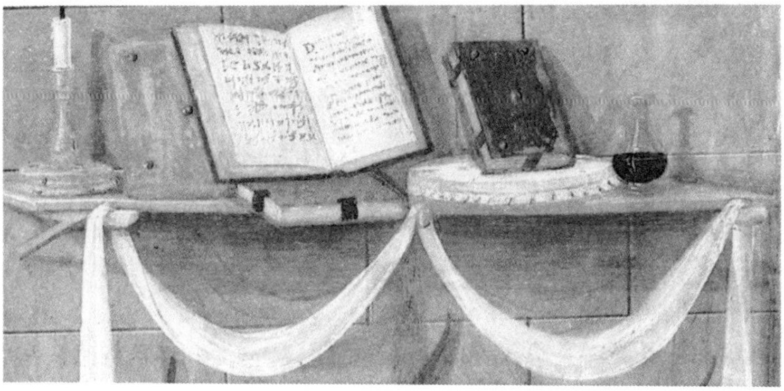

PINTURICCHIO,
Portrait eines Artisten
Ausschnitt

SALVATORE SETTIS

Ikonographie der italienischen Kunst, 1100–1500: eine Linie

1. Leonardo da Vinci, *Das Buch von der Malerei,* hrsg. von H. Ludwig, I, Wien 1882, S. 32, Abs. 19.
2. Vgl. die Worte des Patriarchen von Konstantinopel Germanus I. (Anfang des VIII. Jahrhunderts), in: Migne, *Patrologia Graeca* XCVIII 164 ff.
3. Vgl. T. Buddensieg, *Gregory the Great, Destroyer of Pagan Idols,* in: ›Journal of the Warburg and Courtauld Institutes‹, XXVIII, 1965, S. 44 ff.
4. *Iconoclasm. Papers given at the Ninth Spring Symposium of Byzantine Studies* (University of Birmingham, 1975), hrsg. von A. Bryer und J. Herrin, Birmingham 1977. Vgl. P. Miquel, in: *Dictionnaire de Spiritualité,* VII (1971), Sp. 1503 ff.
5. C. Mango, *Antique Statuary and Byzantine Beholder,* in: ›Dumbarton Oaks Papers‹, XVII, 1963, S. 55 ff.
6. A. Esch, *Spolien,* in: ›Archiv für Kulturgeschichte‹, LI, 1969, S. 33 f.
7. *Libri Carolini (Monumenta Germaniae Historica,* Legum sectio III: *Concilia,* Bd. II, Anhang, hrsg. von H. Bastgen, Hannover-Leipzig 1924), S. 140, Zeile 34.
8. Mango, in: *Iconoclasm,* op. cit., S. 4, zitiert die Begebenheit ohne Interpretation.
9. E. Kitzinger, *The Cult of Images before Iconoclasm,* in: ›Dumbarton Oaks Papers‹, VIII, 1954, S. 83–150, insbesondere S. 112 ff.
10. Ich entnehme den Text der lateinischen Version in: Mansi, *Concilia,* XIII, S. 672.
11. Zur »westlichen« Haltung angesichts der Bilderfrage insbesondere S. Gero, *The Libri Carolini and the Image Controversy,* in: ›Greek Orthodox Theological Review‹, XVIII, 1973, S. 7–34.
12. A. Grabar, *Christian Iconography. A Study of its Origins,* Princeton 1968.
13. Erasmus, *Epistolae,* hrsg. von P. S. Allen, I, Oxford 1906, S. 1391.
14. R. Brilliant, *Gesture and Rank in Roman Art,* New Haven (Conn.) 1963.
15. Migne, *Patrologia Graeca* XXXV 605 C.
16. L. W. Barnard, *The Graeco-Roman and Oriental Background of the Iconoclastic Controversy,* Leiden 1974, S. 68.
17. Z. B. beim II. Konzil von Nikäa: Mansi, *Concilia,* XII, S. 1068; XIII, S. 57 f.
18. R. W. Lee, *Ut Pictura Poësis,* New York 1967.
19. Vgl. J. Kollwitz, *Bild und Bildertheologie im Mittelalter,* in: *Das Gottesbild im Abendland,* Ed. G. Howe, Berlin 1957, S. 109–38, insbesondere S. 109.
20. Migne, *Patrologia Graeca* XCIV 1284C.
21. Scriptores Historiae Augustae, *Maximini duo,* XII, 10–11. Im gleichen Sinne Zeugnis ablegen kann ein Brief von Lucius Verus, des Bruders von Mark Aurel, an den Präfekten Fronto (Fronto, *Epistolae,* II 3A 436).
22. *Institutio Oratoria* VI 1.32.
23. Mansi, *Concilia,* XIII, S. 720–22.
24. G. Schreiber, *Die Sakrallandschaft des Abendlandes,* Düsseldorf 1937; D. De Gaiffier, *Pélégrinages et culte des Saints,* in *Études critiques d'hagiographie et d'iconologie,* Brüssel 1967, S. 31 ff.
25. Zum Folgenden vgl. F. A. Yates, *The Art of Memory,* London 1972.
26. J. Sauer, *Symbolik des Kirchengebäudes und seiner Ausstattung in der Auffassung des Mittelalters,* 2. Ausg., Freiburg im Breisgau 1924, S. 209 ff. Krokodile in den Kirchen heute: in Santa Maria delle Grazie (Mantua), in Ardesio (Bergamo), in Oiron (Deux-Sèvres).
27. A. Esch, *Spolien. Zur Wiederverwendung antiker Baustücke und Skulpturen im mittelalterlichen Italien,* in: ›Archiv für Kulturgeschichte‹, LI, 1969, S. 1–64.
28. *Rationale divinorum officiorum* I 3.42–43. Ich zitiere nach der venezianischen Edition aus dem Jahre 1581, S. 12*v*.
29. *Libri Carolini,* op. cit., S. 3.
30. Ebd., S. 29.
31. É. Mâle, *L'art religieux du XIIIe siècle en France,* 9. Ed. Paris 1958, hat Hinweise auf den großen Einfluß dieses Passus auf die französische Kultur und insbesondere auf Violett-le-Duc gegeben.
32. A. Puerari, *Il Duomo di Cremona,* Mailand 1971, S. 102.
33. Migne, *Patrologia Latina* CCXIII. Vgl. P. G. Ficker, *Der Mitralis des Sicardus nach seiner Bedeutung für die Ikonographie des Mittelalters,* Leipzig 1889.
34. Vgl. die von F. X. Kraus, *Geschichte der christlichen Kunst* II, 1, Freiburg im Breisgau 1897, S. 366 zitierten Texte.
35. A. Boeckler, *Die Bronzetüren des Bonannus von Pisa und des Barisanus von Trani,* Berlin 1953.
36. *Serm.* CXX 1 (Migne, *Patrologia Latina* XXXVII 1984). Hierzu materialreich: E. Guldan, *Eva und Maria. Eine Antithese als Bildmotiv,* Graz-Köln 1966.
37. P. Bacci, *La Pieve di S. Giovanni a Campiglia Marittina,* in: ›L'Arte‹, VII, 1910, p. 7 estr.: »la fronte marmorea di un sarcofago pagano adoprata per epistilio«.
38. Ficker, *Der Mitralis,* op. cit., S. 59 ff.
39. É. Mâle, *L'art religieux du XIIe siècle en France, op. cit.,* 2. Ed. Paris 1924, S. 378.
40. Vgl. Ficker, *Der Mitralis,* op. cit., S. 45.
41. M. Sepet, *Les prophètes du Christ. Étude sur les origines du théâtre au Moyen-Âge,* in: ›Bibiliothèque de l'École des Chartes‹, XXVIII, 1867, S. 1 ff. (vier Folgen nacheinander). Das Verdienst, mit dieser Predigt die Schriftrollen der Propheten von Ferrara, Cremona und anderer italienischer Kirchen erklärt zu haben, gebührt ganz J. Durand, *Monuments figurés du Moyen-Âge exécutés d'après des textes liturgiques,* in: ›Bulletin Monumental‹, LIV, 1888, S. 521 ff.
42. Sepet, *Les prophètes du Christ,* op. cit., in: ›Bibliothèque de l'École des Chartes‹, XXXVIII, 1877, S. 410.
43. O. Brendel, *Origin and Meaning of the Mandorla,* in: ›Gazette des Beaux-Arts‹, VI s., XXV, 1944, S. 5–24.
44. Vgl. auch nachstehend, S. 80.
45. O. Morisani, *Gli affreschi di Sant' Angelo in Formis,* Neapel 1962, A. Moppert-Schmidt, *Die Fresken von Sant'Angelo in Formis,* Zürich 1967. Zur Chronologie vgl. die Diskussion von W. Paeseler, in: *Actes du XXIIe Congrès International d'Histoire de l'Art,* Budapest 1972, S. 259 ff.
46. Mâle, *L'art religieux du XIIe siècle,* op. cit. S. 408.
47. *Quaestio in Exodum* 73.
48. G. Matthiae, *Gli affreschi medievali di Santa Croce in Gerusalemme,* Rom 1968, S. 3; vgl. A. Grabar, *L'imago clipeata chrétienne,* in: *L'Art de la fin de l'antiquité et du Moyen-Âge,* I, Paris 1968, S. 607 ff.; S. Settis, in: ›Athenaeum‹, L, 1972, S. 237 ff.; und H. Lavagne, in: *Présence de Virgile,* Paris 1978, S. 142–46.
49. Sepet, *Les prophètes du Christ,* op. cit., in: »Bibliothèque de l'École des Chartes«, XXXIX, 1868, S. 108 et *passim.*
50. E. Kitzinger, *I mosaici di Monreale,* Palermo 1960.
51. E. H. Gombrich, *Maske und Gesicht. Die Wahrnehmung physiognomischer Ähnlichkeit im Leben und in der Kunst,* in: ders., *Bild und Auge. Neue Studien zur Psychologie der bildlichen Darstellung,* Stuttgart 1984, S. 105–134.
52. G. De Francovich, *Benedetto Antelami architetto e scultore e l'arte del suo tempo,* Mailand 1952, S. 151 ff.
53. Vgl. J. M. Steadman, *Adam's Tunica Rubea. Vestiary Symbolism in the Anglo-Norman Adam,* in: ›Modern Language Notes‹, LXII, 1957, S. 497–99; L. R. Muir, *Liturgy and Drama in the Anglo-Norman Adam,* Oxford 1973, bes. S. 34 ff. und 47 ff.
54. Mâle, *L'art religieux du XIIe siècle,* op. cit., S. 135 ff.; De Francovich, *Benedetto Antelami,* op. cit., S. 67.
55. Migne, *Patrologia Latina* CLXXXIII 284D; vgl. De Francovich, *Benedetto Antelami,* op. cit.
56. Amato, *Storia dei Normanni,* Rom 1935, III, 52.
57. Sauer, *Symbolik des Kirchengebäudes,* op. cit., S. 299. Zum Verbot in den Digesten, É. Müntz, *Études iconographi-*

ques et archéologiques sur le Moyen-Âge, Paris 1887, S. 47.

58. C. Settis-Frugoni, *Per una lettura del mosaico pavimentale della cattedrale di Otranto,* in: ›Bullettino dell'Istituto Storico Italiano per il Medio Evo‹, LXXX, 1968, S. 213–56; ebd., LXXXII, 1979, S. 243–70, und in: *Storiografia e storia. Studi in onore di E. Dupré Theseider,* Rom 1974, II, S. 651–59; W. Haug, *Das Mosaik von Otranto,* Wiesbaden 1977.

59. R. Lejeune und J. Stiennon, *La légende de Roland dans L'art du Moyen-Âge,* Brüssel 1966, Bd. I, S. 97–102.

60. M. Butor, *Les mots dans la peinture,* Genf 1969.

61. M. Avery, *The Exultet Rolls of South Italy,* Princeton 1936; G. Cavallo, *Rotuli di Exultet dell'Italia meridionale,* Bari 1973.

62. G. Trenta, *I musaici del Duomo di Pisa e i loro autori,* Florenz 1896.

63. Vgl. C. Capizzi, *Pantocrator (Saggio d'esegesi letterario-iconografica),* Rom 1964, insbesondere S. 191 ff. Vgl. die Rezension zu diesem Buch von K. Wessel, in: ›Byzantinische Zeitschrift‹, LVIII, 1965, S. 141–47.

64. Z. B. E. Sandberg-Vavalà, *La Croce dipinta italiana,* Verona 1929, S. 144, Abb. 105 und S. 544, Abb. 366; vgl. allgemein R. Berger, *Die Darstellung des thronenden Christus in der romanischen Kunst,* Reutlingen 1926, S. 126–59.

65. Gero, *The Libri Carolini,* op. cit., S. 16 ff.

66. P. Thoby, *Le Crucifix des origines au Concile de Trente,* Paris 1959, S. 18 ff.

67. P. A. Underwood, *The Evidence of Restoration in the Sanctuary Mosaics of the Church of the Dormition in Nicaea,* in: ›Dumbarton Oaks Papers‹, XIII, 1959, S. 135–43.

68. Grundlegend das Werk von Sandberg-Vavalà, *La Croce dipinta,* op. cit.

69. G. Durand, *Rationale Divinorum Officiorum,* I, 1, § 41; ich zitiere nach der venezianischen Ausgabe aus dem Jahre 1581, S. 6 f.

70. Zu dieser Ikonographie: Sandberg-Vavalà, *La Croce dipinta,* op. cit., S. 135.

71. C. Brandi, *Il Crocifisso di Giunta Pisano in San Domenico a Bologna,* in: ›L'Arte‹, XXXIX, 1936, S. 71–91.

72. IV 3 (1923, S. 33). Vgl. das thematische Register in T. Desbonnets und D. Vorreux, *St-François d'Assise,* Paris 1968, S. 1508 und 1531, unter *Croix.*

73. É. Dellaruelle, *La piété populaire au Moyen-Âge,* Turin 1975, S. 229 ff.; vgl. S. 27 ff. über das Kruzifix in der Volksfrömmigkeit bis zum 11. Jahrhundert.

74. Ebd., S. 269.

75. San Bonaventura, *Legenda maior,* op. cit., XIV, 1, S. 118.

76. Sandberg-Vavalà, *La Croce dipinta,* op. cit., S. 823 ff.; siehe das analytische Schema auf S. 880 f., letzte Spalte.

77. Die Figur ist entnommen bei L. De Chérancé, *Saint François d'Assise,* Paris 1885, S. 152.

78. B. Kleinschmidt, *Die Basilika S. Francesco in Assisi,* Berlin 1925, Bd. I, S. 14 f., Anmerkung.

79. R. B. Brooke, *Early Franciscan Government. Elias to Bonaventure,* Cambridge (Mass.) 1959; G. Barone, *Frate Elia,* in: ›Bullettino dell'Istituto Storico Italiano per il Medio Evo‹, LXXXV, 1974–75 (tatsächlich 1978), S. 89–144.

80. L. Wadding, *Annales Ordinis Minorum,* II, Rom 1723, S. 397.

81. Vgl. M. Baxandall, *Giotto and the Orators,* Oxford 1971, S. 43.

82. Vgl. insbesondere zum Folgenden G. Schnürer und J. M. Ritz, *St. Kümmernis und Volto Santo,* Düsseldorf 1934.

83. Der Terminus »Aura« ist entnommen von W. Benjamin, *Das Kunstwerk im Zeitalter seiner technischen Reproduzierbarkeit,* Frankfurt/M. 1963.

84. Der sehr ausführlichen von Schnürer und Ritz gesammelten Dokumentation müssen noch die späteren Beiträge hinzugefügt werden; bis 1969 wurden sie zusammengefaßt von R. van Doren, in: *Bibliotheca Sanctorum,* XII (1969), cc. 1094–99, unter Vilgefortis.

85. *Apol.* Kap. XII (Ed. J. Leclercq und H. Rochiis, Rom 1963, im III. Band der *Opere* des Hl. Bernhard; engl. Übers. mit Kommentar von M. Casey und Vorwort von J. Leclercq, Spencer [Mass.] 1979). Vgl. P. Michel, *Formosa deformitas. Bewältigungsformen des Häßlichen in mittelalterlicher Literatur,* Bonn 1976, besonders S. 156 ff.; M. Schapiro, *Romanesque Art,* New York 1977, S. 6 ff. Von Bernhard leitet sich mit Sicherheit ein anonymer Text analogen Inhalts ab (13. Jahrhundert), der jedoch auch versucht, nahezulegen, mit welchen Themen eine Kirche ausgeschmückt werden sollte: vgl. L. Delisle, *Mélanges de paléographie et de bibliographie,* Paris 1880, S. 205–7. Vgl. außerdem Sauer, *Symbolik,* op. cit., S. 280, zum Gegensatz von *curiositas* und *devotio* in einem ähnlichen, aber sehr viel späteren Zusammenhang (Rumpler, Abt von Formbach, Anfang des 16. Jahrhunderts).

86. F. Klingender, *Animals in Art and Thought to the End of the Middle Ages,* London 1971, S. 334 f.

87. A.-M. Armand, *St-Bernard et le renouveau de l'iconographie au XIIe siècle,* Paris 1944, S. 25.

88. *Mitralis,* Kap. XII, in: Migne, *Patrologia Latina* CCXIII 44B. Zum Verständnis des Textes erscheint mir die Korrektur von *ipsarum* in *ipsorum* am Ende des Zitats notwendig.

89. *Means and Ends. Reflections on the History of the Fresco Painting,* London 1976, S. 34.

90. Sauer, *Symbolik,* op. cit., S. 279.

91. Sepet, *Les prophètes du Christ,* op. cit., S. 211 ff.

92. G. Kaftal, *Iconography of the Saints in Tuscan Painting,* Florenz 1952, S. 385 ff. Zur Umrahmung biographischer Szenen und ihrer Geschichte: B. Schweitzer, in: ›Jahrbuch des deutschen archäologischen Instituts‹, XLVI, 1931, S. 228–46; vgl. E. B. Garrison, *Italian Romanesque Panel Painting. An Illustrated Index,* Florenz 1949, insbesondere S. 149 und 153.

93. H. Hager, *Die Anfänge des italienischen Altarbildes,* München 1962.

94. H. Thode, *Franz von Assisi und die Anfänge der Kunst der Renaissance in Italien,* Wien 1934, S. 585.

95. Hager, *Die Anfänge,* op. cit., S. 163.

96. Hager, *Die Anfänge,* op. cit., S. 18 f.

97. *Ebd.,* insbesondere S. 146 ff.

98. Vgl. A. Preiser, *Die Entstehung und die Entwicklung der Predella in der Italienischen Malerei,* Hildesheim-New York 1973, insbesondere S. 72 ff.

99. R. Jaques, *Die Ikonographie der Madonna in trono in der Malerei des Dugento,* in: ›Mitteilungen des kunsthistorischen Instituts in Florenz‹, V, 1937–40, insbesondere S. 45 ff.

100. L. Gillet, *Histoire artistique des ordres mendiants,* Paris 1912, S. 120. Notizen zum Autor und zum Stand der Forschung, in: M. J. Stallings, *Meditaciones de passione Christi,* Washington (D. C.) 1965; hieraus, mit Seitenangabe, die nachfolgenden Zitate.

101. Vgl. I. Ragusa und R. B. Green, *Meditations on the Life of Christ,* Princeton 1961, S. XXII (in diesem Band sind die kostbaren Illustrationen des Ms. Paris. ital. 115 veröffentlicht, das die Übersetzung der *Meditationes* in Volgare enthält, wovon allerdings leider nur eine englische Übersetzung gegeben wird).

102. Mâle, *L'art religieux du XIIIe siècle,* op. cit., 6. Ed. Paris 1925, S. 276.

103. Butor, *Les mots dans la peinture,* op. cit., S. 51.

104. Zu diesem dreifachen Ursprung der Attribute vgl. besonders: H. Delehaye, *Cinq leçons sur la méthode hagiographique,* Brüssel 1934, S. 130.

105. J. Poeschke, *Die Sieneser Domkanzel des Nicola Pisanus,* Berlin-New York 1973, insbesondere S. 67–72.

106. *L'art dans l'Italie méridionale,* Paris 1904, Bd. II, S. 787 ff; vgl. F. Bologna, *I pittori alle corte angioina di Napoli, 1266–1414,* Rom 1969, S. 34 ff.

107. Zum Folgenden: M. Seidel, *Studien zur Antikenrezeption Nicola Pisanos,* in: ›Mitteilungen des kunsthistorischen Instituts in Florenz«, XIX, 1975, S. 307–92.

108. Vgl. M. Lisner, *Holzkruzifixe in Florenz und in der Toskana,* München 1970, S. 16 f.

109. G. Previtali, *Giotto e la sua bottega,* 2. Ed. Mailand 1974, S. 65.

110. M. Barasch, *Gestures of Despair in*

Medieval and Early Renaissance Art, New York 1976, S. 69 ff.

111. Von *Pathosformeln* hat als erster Aby Warburg gesprochen: vgl. zu allen E. H. GOMBRICH, *Aby Warburg. Eine intellektuelle Biographie,* Frankfurt/M. 1981.

112. M. BAXANDALL, *Giotto and the Orators. Humanist Observers of Painting in Italy and the Discovery of pictorial Composition, 1350–1450,* Oxford 1971, S. 146 f. (Text) und 70 f. (Übersetzung und Kommentar).

113. R. W. LEE, *Ut Pictura Poësis,* op. cit.

114. Grundlegend BAXANDALL, *Giotto,* op. cit., insbesonsere S. 130 ff.

115. Ed. D. V. Thompson jr., New Haven 1932, S. 2.

116. E. PANOFSKY, *Die Renaissancen der europäischen Kunst,* Frankfurt/M. 1979, liefert einen ausgezeichneten Bezugs- und Interpretationsrahmen (zu »modern«, S. 32 ff.). Aber zur Einführung und zum Gebrauch des Terminus »modern« erscheint mir vielmehr der Verweis auf den theologischen Rahmen unerläßlich: vgl. E. GÖSSMANN, *Antiqui und Moderni im Mittelalter,* Paderborn 1974; hier genüge der Hinweis auf Geert Groote und die *devotio moderna.*

117. J. VON SCHLOSSER, *La letteratura artistica,* 3. Aufl., Florenz 1977, S. 35–40.

118. W. EULER, *Die Architekturdarstellung in der Arena-Kapelle,* Bern 1967.

119. M. ALPATOV, *The Parallelism of Giotto's Paduan Frescoes,* in: ›Art Bulletin‹, XXIX, 1947, S. 149–54. Vgl. auch M. VON NAGY, *Die Wandbilder der Scrovegni-Kapelle zu Padua: Giottos Verhältnis zu seinen Quellen,* Basel 1962; J. H. STUBBLEBINE, *Giotto. The Arena Chapel Frescoes,* London 1969; zu den vierblättigen Medaillons: A. BERTINI, in: *Giotto e il suo tempo,* Rom 1971, S. 143–147; zu den Rahmen: R. MIOLI TOULMIN, *ebd.,* S. 177–89, und vgl. PROSDOCIMI, *ebd.,* S. 135–42. Außerdem B. COLE, *Giotto and Florentine Painting, 1280–1375,* New York 1976, S. 63–95.

120. F. BOLOGNA, *Novità su Giotto,* Turin 1969, insbesondere S. 51 ff.

121. PREVITALI, *Giotto,* op. cit., S. 99.

122. M. KOCH, *Die Rückenfigur im Bild. Von der Antike bis zu Giotto,* Recklinghausen 1965.

123. S. SEELIGER, *Pfingsten. Die Ausgießung des Heiligen Geistes am fünfzigsten Tage nach Ostern,* Düsseldorf 1959, insbesondere S. 12 und Tafel IV.

124. B. BRENK, *Tradition und Neuerung in der christlichen Kunst des ersten Jahrtausends. Studien zur Geschichte des Weltgerichtsbildes,* Wien 1966, S. 118 und 136 ff.

125. Vgl. besonders U. SCHLEGEL, *On the Picture Program of the Arena Chapel;* in: STUBBLEBINE, *Giotto,* op. cit., S. 182–202.

126. O. RONCHI, *Un documento inedito del 9 gennaio 1305 intorno alla Capella degli Scrovegni,* in: ›Atti e Memorie dell' Accademia Patavina‹, N. F. LII, 2, 1936, S. 205–11.

127. J. K. HYDE, *Padua in the Age of Dante,* New York 1966, S. 101 f., enthält Informationen über Tätigkeit und politische Ambitionen von Enrico Scrovegni.

128. SCARDEONE, *De antiquitate urbis Patavii,* Basileae 1560, S. 322.

129. HYDE, *Padua,* op. cit., S. 188 f.; über seinen Aufstieg in den Rang eines Ritters: S. 101.

130. C. GRANDJEAN, *Le Registre de Benoît XI,* Paris 1905, Nr. 435; vgl. Nr. 126.

131. PREVITALI, *Giotto,* op. cit., S. 144 f. (dort auch der Text des Liedes).

132. F. ANTAL, *Die florentinische Malerei und ihr sozialer Hintergrund,* Darmstadt 1960.

133. PREVITALI, *Giotto,* op. cit., insbesondere S. 73.

134. M.-D. CHENU, *La Théologie au douzième siècle,* 2. Ed. Paris 1966, S. 241.

135. L. K. LITTLE, *Pride goes before Avarice: Social Change and the Vices in Latin Christendom,* in: ›American Historical Review‹, LXXVI, 1971, S. 16–49; zur Ikonographie: die Bemerkungen von C. SETTIS FRUGONI, *Historia Alexandri elevati per griphos ad aerem. Origine, iconografia e fortuna di un tema,* Rom 1973, S. 332 ff.; und noch einmal: L. K. LITTLE, *Religious Poverty and the Profit Economy in Medieval Europe,* London 1978.

136. S. PFEIFFENBERGER, *The Iconology of Giotto's Virtues and Vices at Padua,* Diss., Bryn Mawr (Pa.), 1966, insbesondere Kap. V, S. 45 ff.

137. In F. SACCHETTI, *Opere,* Bd. II, Bari 1938, S. 99 ff. Vgl. KAFTAL, *Iconography of the Saints in Tuscan Painting,* op. cit., S. XXX f.

138. Vgl. N. DEL RE und C. MOCCHEGGIANI CARPANO, *Stichwort Urbano V,* in: *Bibliotheca Sanctorum,* XII, Rom 1969, cc. 844–47. Es existieren auch einige Darstellungen von Urban V. als Seliger aus dem 14. und dem darauffolgenden Jahrhundert: vgl. auch KAFTAL, *Iconography,* op. cit., cc. 993 f.; ders., *Iconography of the Saints in Central and South Italian Schools of Painting,* Florenz 1965, c. 1108; ders., *Iconography of the Saints in the Painting of North East Italy,* Florenz 1978, cc. 1005–1009.

139. Florenz 1860, S. 131.

140. E. H. GOMBRICH, *Kunst und Illusion,* Stuttgart-Zürich 1978, S. 127.

141. J. T. WOLLESEN, *Die Fresken von San Piero a Grado bei Pisa,* Bad Oeynhausen 1977, insbesondere S. 60 ff.

142. R. W. SCHELLER, *A Survey of Medieval Model Books,* Haarlem 1963.

143. J. SCHLOSSER, *Zur Kenntnis der künstlerischen Überlieferung des späten Mittelalters,* in: ›Jahrbuch der kunsthistorischen Sammlungen in Wien‹, XXIII, 1903, S. 279–338.

144. C. CIPOLLA, *La pergamena rappresentante le antiche pitture della basilica di Sant'Eusebio in Vercelli,* in: ›Miscellanea di storia italiana della Deputazione di Storia Patria per la Lombardia‹, Serie III, VI, Turin 1899.

145. PANOFSKY, *Die Renaissancen der europäischen Kunst,* op. cit., S. 145; vgl. auch S. 163 (zum späteren Verhältnis mit den Limbourg).

146. SCHELLER, *A Survey,* op. cit., S. 14 f.

147. U. JENNI, *Das Skizzenbuch der internationalen Gotik in den Uffizien. Der Übergang vom Musterbuch zum Skizzenbuch,* Wien 1976, insbesondere S. 28 ff. und S. 41 f.

148. G. VASARI, *Le Vite,* Bd. II: *Vita di Nicola Pisano,* hrsg. von P. BAROCCHI, Florenz 1967, S. 60.

149. B. DEGENHART und A. SCHMITT, *Gentile da Fabriano in Rom und die Anfänge des Antikenstudiums,* in: ›Münchner Jahrbuch der bildenden Kunst‹, III, 1960, S. 59–151.

150. Le Vite, op. cit., III, Florenz 1971, S. 151. Zu dem Sarkophag: A. MINTO, in: ›Rivista d'arte‹, XXVI, 1950, S. 1 ff.

151. Das Zitat verbindet Abschnitte aus den beiden Briefen, ohne natürlich den Sinn zu verändern. Die Briefe wurden veröffentlicht von C. VON FABRICZY, in: ›Jahrbuch der preußischen Kunstsammlungen‹, XXVII, 1906, S. 74 ff. Vermutlich blieben die Sarkophage, wo sie waren; nur bei dem dionysischen wurde eine Identifizierung versucht (vgl. F. MATZ, *Die Dionysischen Sarkophage,* II, Berlin 1968, Nr. 90).

152. Vgl. P. HETHERINGTON, *The »Painter's Manual« of Dionysius of Fourna,* London 1974.

153. JENNI, *Das Skizzenbuch,* op. cit., Abb. 113.

154. M. BAXANDALL, *Die Wirklichkeit der Bilder,* Frankfurt/M. 1977, S. 64 ff.

155. E. BORSOOK, *Gli affreschi di Montesiepi,* Florenz 1969, insbesondere S. 27 bis 32; M. MEISS, *Frescoes from Florence,* London 1969, S. 60–65. Zur Ikonographie der Verkündigung: zuletzt D. DENNY, *The Annunciation from the Right from Early Christian Times to the Sixteenth Century,* New York-London 1977, samt vorheriger Bibliographie.

156. M. E. GÖSSMANN, *Die Verkündigung an Maria im dogmatischen Verständnis des Mittelalters,* München 1957: hier die Texte über die Angst Marias bei der Verkündigung, besonders Origines (S. 13), Nikolaus von Lyra (14. Jahrhundert, S. 241), die *Meditationes Vitae Christi* (S. 223); vgl. außerdem S. 243 und 253.

157. I. RAGUSA und R. B. GREEN, *Meditations on the Life of Christ. An illustrated Manuscript of the Fourteenth Century,* Princeton 1961, S. 17 f.

158. *Das Buch von der Malerei,* hrsg. von H. LUDWIG, Wien 1882, I, S. 112 f., Par. 58. Vgl. C. PEDRETTI, *Leonardo da Vinci*

on Painting. A Lost Book (Libro A), Berkeley-Los Angeles 1964, S. 115.
159. *Arte lombarda dai Visconti agli Sforza*, Mailand 1958, S. 120 und Farbtafel.
160. Ed. P. Barocchi, II, S. 98. Der Text der zweiten Ausgabe ist nur unerheblich verändert.
161. U. PROCACCI, in: *Omaggio a Giotto*, Florenz 1967, S. 12–14. Es ist nicht sicher, ob das Fresko wirklich von Giotto stammt; doch ändert dies nichts an der Einschätzung, die man von Vasaris Text geben kann.
162. *Das Buch von der Malerei*, op. cit., I, S. 34, Par. 20.
163. G. W. KÖRTE, *Deutsche Vesperbilder in Italien*, in: ›Kunstgeschichtliches Jahrbuch der Bibliotheca Hertziana‹, I, 1937, S. 1–138.
164. L. RÉAU, *Iconographie de l'art chrétien*, II, 2, Paris 1957, S. 548. Zu den Ikonographien der Auferstehung: vgl. vor allem die umfassende Studie von H. SCHRADE, *Die Auferstehung Christi*, Berlin 1932.
165. S. FERRI, *Il discorso di Fidia in Dione Crisostomo*, in: *Opuscula*, Florenz 1962, S. 165–91, insbesondere S. 169.
166. *Motives*, in: *Studies in Western Art. Acts of the XX International Congress of the History of Art*, IV, Princeton 1963, S. 189–205.
167. R. KRAUTHEIMER, *Lorenzo Ghiberti*, II, 2. Ed. Princeton (N. J.) 1970, S. 372, Doc. 52.
168. *Historia Francorum* II 17.
169. *Das Buch von der Malerei*, op. cit., I, S. 210 f., Par. 173.

GIOVANNI PREVITALI
Die Periodisierung der italienischen Kunstgeschichte

1. R. LONGHI, *Arte italiana e arte tedesca*, in: ›Romanità e Germanesimo‹, Florenz 1941, S. 209–39.
2. F. VILLANI, *De origine civitatis Florentiae et eiusdem famosis civibus* (c. 1400), in: K. FREY, *Il libro di A. Billi*, Berlin 1892, S. 73–75; G. VASARI, *Die Lebensbeschreibungen der ausgezeichnetsten Maler, Bildhauer und Architekten der Renaissance*, Stuttgart und Tübingen 1843; L. LANZI, *Storia pittorica della Italia. Dal risorgimento delle Belle Arti fin presso al fine del XVIII Secolo*, Bassano 1795–96.
3. G. PROCACCI, Geschichte Italiens und der Italiener. München 1983; C. L. RAGGHIANTI u. a. *L'arte in Italia*, Rom 1969.
4. J. VON SCHLOSSER, Die Kunstliteratur, Wien 1924; L. VENTURI, *Storia della critica d'arte*, Florenz 1948.
5. Vgl. G. C. ARGAN, Stichwort *Arte*, in: *Enciclopedia del Novecento*, Bd. I, Rom 1976, S. 255–80 (268–70).
6. G. BOLLATI, *L'italiano*, in: *Storia d'Italia Einaudi*, Bd. I, Turin 1972, S. 991.
7. A. DELLA SETA, *Italia antica, dalla caverna preistorica al palazzo imperiale*, Bergamo 1921, Vorwort zur zweiten Auflage 1928.
8. F. ARGANGELI, *Natura ed espressione nell'arte emiliana*, Ausstellungskatalog, Bologna 1970.
9. S. BETTINELLI, *Risorgimento d'Italia, negli studi, nelle arti, e ne' costumi dopo il Mille*, Bassano 1786.
10. W. WÖLFFLIN, *Kunstgeschichtliche Grundbegriffe*, München 1915, S. 237.
11. H. W. JANSON, *Criteria of Periodization in the History of European Art*, in: ›New Literary History: A Journal of Theory and Interpretation‹, veröffentlicht von der University of Virginia, Bd. I, 1970, Nr. 2, S. 115–22; vgl. auch *Sixteen Studies*, New York 1971, S. 331–36.
12. GEORGE KUBLER, *Die Form der Zeit. Anmerkungen zur Geschichte der Dinge*, Frankfurt/M. 1982.
13. E. GOMBRICH, *Wertprobleme und mittelalterliche Kunst*, in: ›Kritische Berichte zur Kunstgeschichtlichen Literatur‹, VI, 1937, S. 3–4; vgl. G. PREVITALI, *Ernst H. Gombrich, conservatore viennese*, in: ›Paragone‹, Juli 1968, Nr. 41, S. 22–40 (28–29); A. HAUSER, *Sozialgeschichte der Kunst und Literatur*, München 1951; E. Gombrich, Rezension der englischen Übersetzung in: ›The Art Bulletin‹, März 1953. In den späteren Schriften von HAUSER – *Philosophie der Kunstgeschichte*, München 1958, *Der Manierismus. Die Krise der Renaissance und der Ursprung der modernen Kunst*, München 1964, und *Soziologie der Kunst*, München 1974 – werden viele der grundsätzlichen Beobachtungen Gombrichs jedoch indirekt, aber sehr zufriedenstellend beantwortet.
14. C. DIONISOTTI, *Geografia e storia della letteratura italiana*, Turin 1967, S. 77.
15. P. O. KRISTELLER, *Renaissance Thought, The Classic, Scholastic and Humanistic Strains. A revised and enlarged edition of »The Classics and Renaissance Thought«* (1955), New York 1961; ders., *Renaissance Thought, II: Papers on Humanism and the Arts*, New York 1965.
16. J. VON SCHLOSSER, *Die Kunst des Mittelalters*, Berlin 1923, S. 64.
17. So wurde das Tafelbild in Santa Maria in Trastevere auf das 8. Jahrhundert datiert (C. BERTELLI, *La Madonna di Santa Maria in Trastevere*, Rom 1961); die Datierung von C. Brandi auf das 6. Jahrhundert wird heute von M. Andaloro bestätigt: M. ANDALORO, *La datazione della tavola di Santa Maria in Trastevere*, in: ›Rivista dell'istituto Nazionale di Archeologia e Storia dell'Arte‹, N. F., XIX–XX, 1972–73, Rom 1975, S. 139–215.
18. F. ZERI, *Un frammento su tavola die Pietro Cavallini*, in: *Diari di lavoro 2*, Turin 1976, S. 6; Zeri, der die innovatorische Rolle der florentinischen Kultur auch im Hinblick auf Rom betont, spricht von der »äußerst traurigen Periode des Kulturdiebstahls«.
19. R. DAVIDSOHN, *Geschichte von Florenz*, Berlin 1896–1927; F. ANTAL, *Florentine Painting and its Social Background. The Bourgeois Republic before Cosimo de' Medici's Advent to Power: XIV and Early XV Centuries*, London 1947; H. A. MISKIMIN, *The Economy of Early Renaissance Europe, 1300–1460*, Englewood Cliffs (N. J.) 1969.
20. Die einzelnen Forschungsbeiträge können hier nicht aufgeführt werden; sie finden sich größtenteils zitiert in: L. BELLOSI, *Moda e cronologia, I: Gli affreschi della Basilica inferiore die Assisi*, und *II: Per la pittura di primo Trecento*, in: ›Prospettiva‹, Juli 1977, Nr. 10, S. 21–33 und Oktober 1977, Nr. 11, S. 12–26.
21. G. PREVITALI, *Un'arca del 1272 ed il sepolcro di Bruno Beccuti in S. Maria Maggiore di Firenze, opera di Tino di Camaino*, in: *Studi di Storia dell'Arte in onore di Valerio Mariani*, Neapel 1972, S. 81–89.
22. E. FIUMI, *Fioritura e decadenza dell'economia fiorentina*, in: ›Archivio Storico Italiano‹, CXV, 1957, ebd. IV, S. 385–439 und CXVII, 1959, ebd., IV, S. 427–502; R. ROMANO, *La storia economica. Dal secolo XIV al Settecento*, in: *Storia d'Italia Einaudi*, Bd. II, 2, S. 1813–1931. Eine symbolische Festlegung »ad annum« ist überflüssig. Es gab »wissenschaftliche« Voraussagen der Pest, und einige besonders sensible Künstler weisen bereits vor 1348 evidente Anzeichen der »Krise« auf (A. Lorenzetti).
23. ANTAL, *Florentine Painting*, op. cit.; M. MEISS, *Painting in Florence and Siena after the Black Death. The Arts, Religion and Society in the Mid-Fourteenth Century*, Princeton 1951, 2te Aufl. 1964; M. BOSKOVITS, *Pittura fiorentina alla vigilia del Rinascimento, 1370–1400*, Florenz 1975.
24. L. BELLOSI, *Buffalmacco e il Trionfo della Morte*, Turin 1974.
25. MEISS, *Painting*, op. cit., Kap. VI.
26. R. LONGHI, *Fatti di Masolino e di Masaccio*, in: ›La critica d'arte‹, XXV–XXVI, Juli–Dezember 1940, S. 180–81 (auch in: *Opere complete*, VIII, 1, Florenz 1975, S. 46–47).
27. DIONISOTTI, *Geografia*, op. cit., S. 91–92.
28. R. ZANGHERI, *I rapporti storici tra progresso agricolo e sviluppo economico in Italia*, in: *Agrarian Change and Economic Development*, hg. von E. L. JONES u. S. J. WOOLF, 1969.
29. P. TOESCA, *La pittura e la miniatura nella Lombardia. Dai più antichi monumenti alla metà del Quattrocento*, 1912, hg. von E. CASTELNUOVO, Turin 1966.

30. P. Renucci, *La cultura,* in: *Storia d' Italia Einaudi,* Bd. II, 2, Turin 1974, S. 1143.

31. R. Pallucchini, *La pittura veneziana del Trecento,* Venedig-Rom 1964; W. Wolters, *La scultura veneziana gotica (1300–1460),* Venedig 1976; man kann also, wie mir scheint, nicht behaupten, daß Venedig bis zum »späten Trecento ein kulturelles Anhängsel des oströmischen Reichs« gewesen sei, wie dies noch vor kurzem behauptet wurde von F. Zeri, *La percezione visiva dell'Italia e degli italiani nella storia della pittura,* in: *Storia d'Italia Einaudi,* Bd. VI, Turin, 1976, S. 65.

32. W. K. Ferguson, *The Renaissance in Historical Thought,* Cambridge (Mass.) 1948; D. Cantimori, *La periodizzazione dell'età del Rinascimento* (1955), in: *Studi di Storia,* Turin 1959, S. 340–65; ders., *Il problema rinascimentale proposto da Armando Sapori* (1957), ebd., S. 366–98; C. Angeleri, *Interpreti dell'Umanesimo e del Rinascimento,* Mailand 1965.

33. R. S. Lopez, *Hard Times and Investment in Culture,* in: *The Renaissance: Six Essays,* New York 1953, 2te Aufl. 1962, S. 42.

34. R. S. Lopez u. H. A. Miskimin, *The Economic Depression of the Renaissance,* in: ›The Economic History Review‹, XIV, 1962, Nr. 3; C. M. Cipolla, R. S. Lopez u. H. A. Miskimin, *Economic Depression of the Renaissance?* ebd., XVI, 1964, Nr. 3; R. Romano, *Tra due crisi: l'Italia del Rinascimento,* Turin 1971.

35. G. Luzzatto, *Breve storia economica d'Italia. Dalla caduta dell' Impero romano al principio del Cinquecento,* Turin 1958, S. 273.

36. Lopez, *Hard Times,* op. cit., S. 47.

37. R. Longhi, *Tracciato orvietano,* in: ›Paragone‹, Mai 1962, Nr. 149, S. 2–14; L. Bellosi, *Da Spinello Aretino a Lorenzo Monaco,* ebd., September 1965, Nr. 187, S. 18–43; G. Previtali, *Affreschi di Cola Petruccioli,* ebd., März 1966, Nr. 193, S. 33–43; Boskovits, *Pittura fiorentina,* op. cit.

38. G. Kreytenberg, *Giovanni Fetti und die Porta dei Canonici des Florentiner Domes,* in: ›Mitteilungen des Kunsthistorischen Institutes in Florenz‹, XX, 1976, Nr. 2, S. 127–58; ders., *Die trecenteske Dekoration der Stirnwand im Oratio del Bigallo,* ebd., XX, 1976, Nr. 3, S. 397–403; ders., *Zwei Marienstatuen über der Porta dei Cornacchini des Florentiner Domes,* in: ›Pantheon‹, XXXIV, 1976, Nr. 3, S. 183–90; ders., *Tre cicli di Apostoli nell'antica facciata del Duomo fiorentino,* in: ›Antichità viva‹, 1977, Nr. 1, nicht paginiert; ders., *Alberto Arnoldi e i rilievi della Loggia del Bigallo a Firenze,* in: ›Prospettiva‹, Oktober 1977, Nr. 11, S. 27–33.

39. AA.VV., *Jacopo della Quercia nell'arte del suo tempo,* Ausstellungskatalog, Siena 1975; *Jacopo della Quercia fra Gotico e Rinascimento,* Atti del convegno di studi, hg. von G. Ghelazzi Dini, Siena 1977.

40. Toesca, *La pittura e la miniatura,* op. cit.; B. Toscano, *Bartolomeo di Tommaso e Nicola da Siena,* in: ›Commentari‹, XV, 1964, Nr. 1–2, S. 37–51; L. Castelfranchi Vegas, *Il gotico internazionale in Italia,* Rom 1966.

41. H. Baron, *The Crisis of the Early Italian Renaissance; Civic Humanism and Republican Liberty in an Age of Classicism and Tyranny,* 1955, 2te Aufl. Princeton 1966.

42. Die sogenannte Atys-Amorette im Bargello in Florenz; siehe H. W. Janson, *The Sculpture of Donatello,* Princeton 1957, 2te Aufl. 1963, S. 143–47.

43. E. Panofsky, *Die Renaissancen der europäischen Kunst,* Frankfurt/M. 1979.

44. J. Pope-Hennessy, *Italian Renaissance Sculpture,* London 1958; ders., *Essays on Italian Sculpture,* London - New York 1968, S. 22–64; ders., *The Madonna Reliefs of Donatello,* in: ›Apollo‹, März 1976, S. 172–91.

45. R. Longhi, *Piero dei Franceschi e lo sviluppo della pittura veneziana,* in: ›L'Arte‹, XVII, 1914, S. 198–221 (auch in: *Scritti giovanili 1912–1922,* Florenz 1961, S. 61–106).

46. Panofsky, *Die europäischen Renaissancen,* op. cit., S. 210.

47. M. Boskovits, *»Giotto born again«, Beiträge zu den Quellen Masaccios,* in: ›Zeitschrift für Kunstgeschichte‹, 1966, S. 51–66 (Abb. 1–4, Anm. 1–6); G. Previtali, *Giotto e la sua bottega,* Mailand 1967, 2te Aufl. 1974, S. 383.

48. Matteo Palmieri, *Della vita civile* (1439), hg. von F. Battaglia, Bologna 1944, S. 36.

49. Hierfür spricht auch, daß Masaccio bei seiner *Madonna del solletico* für Kardinal Casini, die sich heute im Palazzo Vecchio befindet, sogar in der Technik die Tradition des Duecento und Trecento wiederaufnimmt. Siehe R. Longhi, *Recupero di un Masaccio,* in: ›Paragone‹, Mai 1950, Nr. 5, S. 3–5 (auch in: *Opere complete,* VIII, 1, Florenz 1975, S. 71–73).

50. Kubler, *Die Form der Zeit,* S. 147 u. 148; R. Longhi, *Fatti di Masolino e di Masaccio,* in: ›La critica d'Arte‹, Juli–Dezember 1940, S. 153–54 (auch in: *Opere complete,* op. cit., VIII, 1, S. 13–14).

51. E. H. Gombrich, *Die Medici als Kunstmäzene,* in: *Die Kunst der Renaissance, I. Norm und Form,* Stuttgart 1985, S. 59.

52. ebd., S. 70; Antal, *Florentine Painting,* op. cit., S. 333.

53. Vespasiano da Bisticci, *Vite di uomini illustri del secolo XV* (ca. 1485), Mailand 1951, S. 418: »...weil die Bildhauerkunst damals wenig gebraucht wurde, gab Cosimo Donatello, damit er Arbeit hätte, die Bronzekanzeln für San Lorenzo...«; vgl. G. Previtali, *Una data per il problema dei pulpiti di San Lorenzo,* in: ›Paragone‹, Januar 1961, Nr. 133, S. 48–56.

54. G. Romano, *Disegno,* in: *Enciclopedia Feltrinelli Fischer,* Artre 2, I, 1971, S. 143–44.

55. Leon Battista Alberti, *Della Pittura* (1436), (dt. Übers.: *Kleinere kunsttheoretische Schriften,* Wien 1877, S. 46).

56. R. S. Lopez, *The Three Ages of the Italian Renaissance,* Charlottesville 1970, S. 7; M. P. Gilmore, *The World of Humanism (1453–1517),* New York 1952, 2te Aufl. 1962.

57. C. Luporini, *La mente di Leonardo,* Florenz 1953; Paolo Rossi, *I filosofi e le macchine (1400–1700),* Mailand 1962, S. 37.

58. F. Bologna, *Dalle arti minori all'industrial design. Storia di una ideologia,* Bari 1972.

59. R. Longhi, *Piero della Francesca,* Mailand 1927, 3te Aufl., Florenz 1962.

60. Luzzatto, *Breve storia,* op. cit., S. 313.

61. J. Pope-Hennessy, *Sienese Quattrocento Painting,* London 1947; A. Graziani, *Il Maestro dell'Osservanza,* in: ›Proporzioni‹, Nr. 2, Florenz 1948, S. 75–88; C. Brandi, *Quattrocentisti senesi,* Mailand 1949; E. Sandberg Vavalà, *Sienese Studies,* Florenz 1952, S. 226–350; E. Carli, *Sassetta e il Maestro dell'Osservanza,* Mailand 1957; ders., *I pittori senesi,* Siena 1971.

62. M. Bacci, *Il punto su Giovanni Boccati,* in: ›Paragone‹, Mai 1969, Nr. 231, S. 15–33, und Juli 1969, Nr. 233, S. 3–21; A. Paolucci, *Per Girolamo di Giovanni da Camerino,* ebd., Januar 1970, Nr. 239, S. 23–41; P. Zampetti, *Giovanni Boccati,* Mailand 1971.

63. R. Longhi, *In favore di Antoniazzo Romano,* in: ›Vita artistica‹, 1927, S. 226–33; F. Negri Arnoldi, *Madonne giovanili di Antoniazzo Romano,* in: ›Commentari‹, XV, 1964, Nr. 3–4, S. 202–212; ders., *Maturità di Antoniazzo,* ebd., XVI, 1965, Nr. 3–4, S. 225–44.

64. F. Bologna, *Il polittico di San Severino Apostolo del Norico,* in: ›Paragone‹, Januar 1955, Nr. 61, S. 3–17; F. Zeri, *Altri due pannelli del polittico di San Severino,* ebd., S. 18–21.

65. B. Berenson, *Italian Pictures of the Renaissance. A List of the principal Artists and their Works, Central Italian and North Italian Schools,* London 1968; R. Longhi, *Officina ferrarese 1934 seguita dagli Ampliamenti 1940 e dai Nuovi Ampliamenti 1940–55,* Florenz 1956; ders., *Una cornice per Bonifacio Bembo,* in: ›Paragone‹; März 1957, Nr. 87 (auch in: *Opere complete,* VI, Florenz 1973, S. 251–60).

66. P. Burke, *Die Renaissance in Italien. Sozialgeschichte einer Kultur zwischen Tradition und Erfindung,* Berlin 1984, S. 276.

67. C. Gamba, *Giovanni Bellini,* Mailand 1937; R. Longhi, *Viatico per cinque secoli di pittura veneziana,* Florenz 1946, S. 12 bis 13, 56; R. Pallucchini, *Giovanni Bellini,* Ausstellungskatalog, Venedig 1949.

68. L. Magagnato, *Da Altichiero a Pisanello,* Ausstellungskatalog, Verona 1958; O. Paecht, *The Limbourgs and Pisanello,* in: ›Gazette des Beaux-Arts‹, LXII, 1963, S. 109–22; G. Paccagnini, *Pisanello alla corte dei Gonzaga,* Ausstellungskatalog, Mantua 1972.

69. Wolters, *La scultura veneziana,* op. cit.; Pope-Hennessy, *La scultura italiana,* op. cit.

70. L. H. Heydenreich, *The Quattrocento,* in: *Architecture in Italy 1400–1600,* Harmondsworth 1974, S. 3–146 (83–95).

71. G. Fiocco, *L'arte di Andrea Mantegna,* Bologna 1926, 2te Aufl. Venedig 1959; R. Longhi, *Lettera pittorica a Giuseppe Fiocco,* in: ›Vita artistica‹, 1926, S. 127–39, 147–49 (auch in: *Opere complete,* II, Florenz 1967, S. 77–98); E. Camesasca, *Mantegna,* Mailand 1964.

72. F. Gibbons, *Practices in Giovanni Bellini's Workshop,* in: ›Pantheon‹, 1965, Nr. 3, S. 146–55.

73. B. Berenson, *Italian Pictures,* op. cit., *Venetian School,* London 1957; Longhi, *Viatico,* op. cit., S. 13–17; L. Puppi u. Mitarbeiter, *Maestri della pittura veronese,* Verona 1974, S. 91–200.

74. M. Rostworowski, *Trois tableaux d'Antonello da Messina,* in: ›Koninklijk Museum voor Schone Kunsten, Jaarboeck‹, 1964, S. 53–88; N. J. Little, *A Note on the Date of the London »St. Jerome in his Study« by Antonello da Messina,* in: ›Arte Veneta, XXX, 1976, S. 154–157.

75. Burke, *Die Renaissance in Italien,* op. cit., S. 285.

76. F. Zeri, *Il Maestro dell'Annunciazione Gardner,* in: ›Bollettino d'arte del Ministero della Pubblica Istruzione‹, April–Juni 1953, S. 125–249; A. Chastel, *Art et humanisme à Florence au temps de Laurent le Magnifique. Études sur la Renaissance et l'Humanisme platonicien,* Paris 1959; ders., *Renaissance méridionale,* Paris 1965.

77. D. Weinstein, *Savonarola and Florence. Prophecy and Patriotism in the Renaissance,* Princeton 1970.

78. A. Ventura, *Nobiltà e popolo nella società veneta del '400 e '500,* Bari 1964.

79. W. Suida, *Bramante pittore e il Bramantino,* Mailand 1953; R. Longhi und Mitarbeiter, *Arte lombarda dai Visconti agli Sforza,* Ausstellungskatalog, Mailand 1958, S. XXX–XXXVII, 89–159; L. Bellosi, *Una »Flagellazione« del Bramante a Perugia,* in: ›Prospettiva‹, April 1977, Nr. 9, S. 61–88.

80. Vasari, *Lebensbeschreibungen,* op. cit., Vorrede des dritten Teils; R. Longhi, *Viatico per cinque secoli di pittura veneziana,* Florenz 1946, S. 19–21.

81. Berenson, *Central Italian and North Italian,* op. cit.; A. Puerari, *Boccaccino,* Mailand 1957; E. Carli, *Il Pintoricchio,* Mailand 1960; S. Zamboni, *Pittori di Ercole I d'Este, Giovan Francesco Maineri, Lazzaro Grimaldi, Domenico Panetti, Michele Coltellini,* Ferrara 1975.

82. Lopez, *The Three Ages,* op. cit., S. 7 u. 33.

83. F. Guicciardini, *Storia d'Italia,* Florenz 1561, Kap. IX, hg. von S. Seidel Menchi, Turin 1971, Bd. I, S. 74–79; Vasari, *Lebensbeschreibungen,* op. cit.

84. F. de Sanctis, *Storia della letteratura italiana,* Neapel 1870, Kap. XII, hg. von N. Gallo, Turin 1958, S. 451.

85. S. Bottari, Einleitung zu H. Wölfflin, *Die klassische Kunst. Eine Einführung in die italienische Renaissance,* München 1899 (It. Übers. *L'arte classica,* Introduzione al Rinascimento italiano, Florenz 1941, 2te Aufl. Florenz 1953, S. XVI).

86. Luini: A. Ottino della Chiesa, *Bernardino Luini,* Novara 1956, S. 128–30. Lotto: B. Berenson, *Lotto,* italienische Übersetzung der 3., unveröffentl. Aufl., Mailand 1955, S. 15–39; F. Zeri, *Il capitolo bramantesco di Giovanni Buonconsiglio,* in: *Diari di lavoro 2,* Turin 1976, S. 58–70; V. Sgarbi, *Pier Maria Pennacchi e Lorenzo Lotto,* in ›Prospettiva‹, Juli 1977, Nr. 10, S. 39–50. Palma il Vecchio: G. Mariacher, *Palma il Vecchio,* Mailand 1968, S. 14–15, 94 (Mariacher bezweifelt die Authentizität der Signatur). Correggio: A. E. Popham, *Correggio's Drawings,* London 1957; R. Longhi, *Le fasi del Correggio giovine e l'esigenza del suo viaggio romano,* in: ›Paragone‹, Mai 1958, Nr. 101, S. 34–53 (auch in: *Cinquecento classico e Cinquecento manieristico 1951–1970,* Florenz 1976, S. 61–78). Rustici: M. G. Ciardi Duprè, *Giovan Francesco Rustici,* in: ›Paragone‹, Januar 1963, Nr. 157, S. 29–50; J. Pope-Hennessy, *Some newly acquired Italian Sculptures,* in: ›Victoria and Albert Museum Yearbook‹, 1974, Nr. 4, S. 11–47 (21–37). Michelangelo: R. Longhi, *Due proposte per Michelangelo giovine,* in: ›Paragone‹, Mai 1958, Nr. 101, S. 59–64 (auch in: *Cinquecento classico,* op. cit., S. 5–9); M. Lisner, *Il Crocifisso di Michelangelo in Santo Spirito a Firenze,* München 1964; A. Parronchi, *Opere giovanili di Michelangelo,* Florenz 1968 (diese Schriften zeigen vor allem die Schwierigkeit, von dem uns bekannten Michelangelo zu seinen Frühwerken zurückzugehen). Raffael: R. Longhi, *Percorso di Raffaello giovine,* in: ›Paragone‹, Mai 1955, Nr. 65, S. 8–23 (auch in: *Cinquecento classico,* op. cit., S. 11–23).

87. A. Bruschi, *Bramante,* 2te Aufl., Bari 1973, S. 156–57.

88. F. Antal, *Raphael between Classicism and Mannerism. Four Lectures on 16th and 17th Century Painting in central Italy* (1934–35).

89. F. Braudel, *L'Italia fuori d'Italia. Due secoli e tre Italie,* in: *Storia d'Italia Einaudi,* Bd. II, 2, Turin 1974, S. 2134.

90. N. Dacos, *Le Logge di Raffaello. Maestro e bottega di fronte all' antico,* Rom 1977.

91. Lopez, *The Three Ages,* op. cit., S. 7 u. 54.

92. B. Geremek, *Il pauperismo nell'età preindustriale (secoli XIV–XVIII),* in: *Storia d'Italia Einaudi,* Bd. V, 1, Turin 1973, S. 685–86.

93. *Storia dell'economia italiana. Saggi di storia economica,* hg. von C. M. Cipolla, Bd. I, Turin 1959, S. 17.

94. Burke, *Die Renaissance in Italien,* op. cit., S. 285.

95. Vasari, *Lebensbeschreibungen,* op. cit., Vorrede des dritten Teils.

96. R. Longhi, *Ricordo dei manieristi,* in: ›L'Approdo‹, II, Januar–März 1953, Nr. 1, S. 55–59 (auch in: *Opere complete,* VIII, 2, Florenz 1976, S. 85–87).

97. G. Weise, *Il manierismo, bilancio critico del problema stilistico e culturale,* Florenz 1971; T. Klaniczay, *La crise de la Renaissance et le maniérisme,* Budapest 1970; E. Nyholm, *Arte e teoria del Manierismo, I: Ars Naturans,* Odense 1977.

98. G. Briganti, *Il manierismo e Pellegrino Tibaldi,* Rom 1955; ders., *La maniera italiana,* Rom-Dresden 1961; S. J. Freedberg, *Painting of the High Renaissance in Rome and Florence,* Cambridge (Mass.) 1961; ders., *Painting in Italy 1500 to 1600,* Harmondsworth 1971; J. Pope-Hennessy, *Italian High Renaissance and Baroque Sculpture,* London 1963; J. S. Ackerman, *The Architecture of Michelangelo,* London 1961, 3te Aufl. 1966.

99. Siehe die Bibliographie bei Freedberg, *Painting in Italy,* op. cit.; außerdem zu Michelangelo: P. dal Poggetto, *I disegni murali di Michelangiolo scoperti sotto la Sagrestia Nuova,* in: ›Prospettiva‹, April 1976, Nr. 5, S. 11–45; ders., *Nuovo contributo michelangiolesco. I: Disegni murali architettonici nell'abside della Sagrestia Nuova,* ebd., Juli 1976, Nr. 6, S. 30–45; ders., *Nuovo contributo michelangiolesco. II: Disegni murali di figura nell'abside della Sagrestia Nuova,* ebd., Januar 1977, Nr. 8, S. 18–24. Zu Raffael: K. Oberhuber, *Raphaels Zeichnungen, Abteilung IX. Entwürfe zu Werken Raphaels und seiner Schule im Vatikan 1511–1512 bis 1520,* Berlin 1972; Dacos, *Le Logge,* opt. cit. Zu Tizian: R. Pallucchini, *Tiziano,* Florenz 1969; H. E. Wethey, *The Painting of Tizian, The Religious Paintings,* London 1969; ders., *The Painting of Tizian, The Portraits,* London 1971. Zu Pontormo: J. Cox Rearick, *The Drawings of Pontormo,* Cambridge (Mass.) 1964. Zu Polidoro: A. Marabottini, *Polidoro da Caravaggio,* Rom 1969; G. Chelazzi Dini u. M. G. Ciardi Duprè, *Polidoro Caldara da Caravaggio,* in: *I pittori bergamas-*

chi dal XIII al XIX secolo, Bd. II, Bergamo 1976, S. 257–375.
100. E. Borea, *Stichwort Bedoli, Girolamo, detto il Mazzola,* in: *Dizionario Biografico degli Italiani,* Bd. VII, Rom 1965, S. 523–26.
101. D. Sanminiatelli, *Domenico Beccafumi,* Mailand 1967, Abb. 1 u. 7.
102. G. Previtali, *La pittura del Cinquecento a Napoli e nel vicereame,* Turin 1978.
103. N. Pevsner, *Die italienische Malerei vom Ende der Renaissance bis zum ausgehenden Rokoko,* Wildpark-Potsdam 1924, S. 40; Weise, *Il manierismo,* op. cit., S. 199.
104. Braudel, *L'Italia,* op. cit., S. 2136.
105. H. Voss, *Die Malerei der Spätrenaissance in Rom und Florenz,* Berlin 1920.
106. E. Mâle, *L'art religieux après le Concile de Trente, étude sur l'iconografie de la fin du XVIe siècle, du XVIIe, du XVIIIe siècle, Italie, France, Espagne, Flandres,* Paris 1932.
107. G. Procacci, *Geschichte Italiens und der Italiener,* op. cit., S. 125 f.
108. Lopez, *The Three Ages,* op. cit., S. 7 u. 70.
109. Braudel, *L'Italia,* op. cit., S. 2136; *Storia dell'economia,* op. cit., S. 17.
110. Siehe die Bibliographie bei Freedberg, *Painting in Italy,* op. cit., außerdem: zu Barocci: A. Emiliani, *Mostra di Federico Barocci,* Katalog, Bologna 1975; E. Borea, *La mostra di Federico Barocci,* in: ›Prospettiva‹, Januar 1976, Nr. 4, S. 55–61. Zu Taddeo Zuccari: J. A. Gere, *Taddeo Zuccari, his Development studied in his Drawings,* London 1969.
111. Z. B. Raffaelino Motta da Reggio in Caprarola (I. Faldi, *Gli affreschi del Palazzo Farnese di Caprarola,* Mailand 1962) oder auch Francesco Curia in Neapel (Previtali, *La pittura del Cinquecento,* op. cit., S. 106–9).
112. Cipolla, *Storia dell' economia,* op. cit., S. 17–18.
113. Romano, *Storia dell'economia,* op. cit., S. 1897.
114. ebd., S. 1892.
115. F. Zeri, *Pittura e controriforma. L' »arte senza tempo« di Scipione da Gaeta,* Turin 1957; G. P. Bellori, *Le vite de' pittori, scultori e architetti moderni,* 1672, hg. von E. Borea, Turin 1976, S. 32.
116. Procacci, *Geschichte Italiens,* op. cit., S. 133; M. Berengo, *Nobili e mercanti nella Lucca del Cinquecento,* Turin 1965, S. 252–57; Ventura, *Nobilità e popolo,* op. cit., S. 275–330; Bologna, *Dalle arti minori,* op. cit.
117. D. Heikamp, *Federico Zuccari a Firenze (1575–1579),* in: ›Paragone‹, März 1967, Nr. 205, S. 44–68, und Mai 1967, Nr. 207, S. 3–34; ders., *A Florence la maison de Vasari,* in: ›L'Œil‹, 1966, Nr. 137, S. 2; L. Berti, *La casa del Vasari in Arezzo,* Florenz 1955; G. Previtali, *La pittura napoletana dalla venuta del Vasari (1544) a quella di Teodoro Fiammingo (1574),* in: *Storia di Napoli,* Bd. V, Neapel 1972, S. 847–50; A. M. Giusti, *Restauri nella casa del Vasari,* in: ›Prospettiva‹, April 1977, Nr. 9, S. 78–79.
118. P. Caliari, *Paolo Veronese, sua vita e sue opere,* Rom 1888, S. 102–5.
119. C. Bertelli, *Di un cardinale dell'Impero e di un canonico in Santa Maria in Trastevere,* in: ›Paragone‹, Mai 1977, Nr. 327, S. 94–97 u. 107.
120. Zeri, *Pittura,* op. cit.; A. Graziani, *Bartolomeo Cesi,* in: ›La critica d'arte‹, April–Dezember 1939, S. 54–95; M. Bacci, *Jacopo Ligozzi e la sua posizione nella pittura fiorentina,* in ›Proporzioni‹, IV, 1963, S. 46–84; A. Griseri, *Un poeta della controriforma in Piemonte,* in: ›Paragone‹, Mai 1964, Nr. 173, S. 17–28; A. Truffa u. G. Romano, *Guglielmo Caccia detto il Moncalvo nel quarto centenario della nascita 1568–1625,* Asti 1968; E. Borea, *Grazia e furia in Marco Pino,* in: ›Paragone‹, Juli 1962, Nr. 151, S. 24–52, P. Pirri, *Giuseppe Valeriano, S. I. architetto e pittore 1542–1596,* Rom 1970.
121. P. A. Riedl, *Disegni dei barocceschi senesi (Francesco Vanni e Ventura Salimbeni),* Ausstellungskatalog, Florenz 1976; vgl. die Rezension von A. Bagnoli u. D. Capresi Gambelli, in: ›Prospettiva‹, April 1977, Nr. 9, S. 82–86.
122. Previtali, *La pittura del Cinquecento,* op. cit., S. 111–19.
123. R. Longhi, Momenti della pittura bolognese, in: ›L'Archiginnasio‹, XXX, 1935, Nr. 1–3 (auch in: *Opere complete,* Bd. VI, Florenz 1973, S. 198–201); ders., *Quesiti caravaggeschi, II: I precedenti,* in: ›Pinacotheca‹, März–Juni 1929, Nr. 5–6, S. 258–320 (auch in: *Opere complete,* Bd. IV, Florenz 1968, S. 93–143). Eine aktuelle Übersicht der Diskussion über die beiden Künstler findet sich in der Ausgabe von Bellori, *Le Vite,* op. cit., S. 31–45, 211–36.
124. C. Cipolla, *The Decline of Italy: the Case of a Fully Matured Economy,* in: ›The Economic History Review‹, Folge II, Bd. V, 1952, S. 178–87.
125. E. J. Hobsbawm, *The General Crisis in the European Economy in the 17th Century,* in: ›Past and Present‹, 1954, Nr. 5 u. 6.
126. A. Bellettini, *La popolazione italiana dall'inizio dell'era volgare ai giorni nostri. Valutazioni e tendenze,* in: *Storia d'Italia Einaudi,* Bd. V, 1, Turin 1973, S. 489–532 (512).
127. G. Quazza, *La decadenza italiana nella storia europea. Saggi sul Sei-Settecento,* Turin 1971, Vgl. Procacci, *Geschichte Italiens,* op. cit. S. 171–175.
128. Es ist nicht möglich, auch nur die hauptsächlichsten Texte dieser gewaltigen Forschungsbewegung hier aufzuführen; wir weisen daher auf die neueren Bibliographien von R. Wittkower hin, *Art and Architecture in Italy: 1600 to 1750,* Harmondsworth 1958, 2te Aufl. 1965, sowie von E. Borea in: G. P. Bellori, *Le vite de' pittori, scultori e architetti moderni,* kommentierte Ausgabe mit kritischen Anmerkungen, Turin 1976, S. XCI–CXXII.
129. Lanzi, *Storia pittorica,* op. cit., *passim.*
130. E. Borea, *La diffusione del naturalismo in Europa,* in: ›I maestri del colore‹, 265 (1968), nicht paginiert.
131. G. Briganti, *Milleseicentotrenta, ossia il barocco,* in: ›Paragone‹, Januar 1951, Nr. 13, S. 8–17; ders., *Pietro da Cortona o della pittura barocca,* Florenz 1962.
132. A. Blunt, *Some Uses and Misuses of the Terms Baroque and Rococo as applied to Architecture,* London 1973.
133. Natürlich schwindet diese Differenz, wenn man statt der architektonischen Ausführung den Entwurf betrachtet; das heißt aber nicht, daß »die architektonische Veränderung den entsprechenden relativen Veränderungen im Denken und in der sozialen Struktur einer Epoche vorausgeht«. (E. Kaufmann, *Architecture in the Age of Reason. Baroque and Postbaroque in England, Italy, and France,* Cambridge [Mass.] 1955).
134. G. Chelazzi Dini, *Aggiunte e precisazioni al Cigoli e alla sua cerchia,* in: ›Paragone‹, November 1963, Nr. 167, S. 51bis 65; D. Posner, *Annibale Carracci. A Study in the Reform of Italian Painting in Bologna. Visible Reality in Art after the Council of Trent,* 's-Gravenhage 1974; M. Jaffé, *Rubens and Italy,* Oxford 1977.
135. R. Wittkower, *Gian Lorenzo Bernini. The Sculptor of the Roman Baroque,* London 1955; ders., *Art and Architecture in Italy,* op. cit.
136. Siehe die Bibliographie bei Wittkower, *Art and Architecture,* op. cit., außerdem: A. Griseri, *Due dipinti di Lazzaro Baldi a Granada,* in: ›Paragone‹, September 1962, Nr. 153, S. 37–39; V. Casale, G. Falcidia, F. Pansecchi u. B. Toscano, *Pittura del Seicento e del Settecento. Ricerche in Umbria,* I, Treviso 1976; G. di Domenico Cortese, *Francesco Allegrini pittore di battaglie,* in: ›Quaderni dell'Istituto di storia dell'arte, Facoltà di Lettere, Messina‹, 1975, Nr. 1, S. 31–37; C. Zappia, *Il volto ufficiale di Francesco Allegrini,* ebd., 1976, Nr. 2, S. 37–47; F. Zeri, *Francesco Allegrini: gli affreschi del Sant'Uffizio,* in: ›Antologia di Belle Arti‹, September 1977, Nr. 3, S. 266–70.
137. Wittkower, *Art and Architecture,* op. cit., S. 213–278. Außerdem: F. Macé de Lepinay, *Archaisme et purisme au XVIIe siècle: les tabelaux de Sassoferrato a S. Pietro de Pérouse,* in: ›Revue de l'Art‹, 1976, Nr. 31, S. 38–56; E. Borea, *Gian Domenico Cerrini. Opere e documenti,* in: ›Prospettiva‹, Januar 1978, Nr. 12, S. 4–24.

138. Zur Bibliographie bei WITTKOWER, *Art and Architecture,* op. cit., siehe auch A. SUTHERLAND HARRIS, *Andrea Sacchi. Complete edition of the paintings with a critical catalogue,* Oxford 1977.
139. WITTKOWER, *Art and Architecture,* op. cit., S. 232–35; zur Malerei in Bologna von der zweiten Hälfte des 17. Jahrhunderts bis zum 19. Jahrhundert gibt es nun den Band von R. ROLI, *Pittura bolognese 1650–1800, dal Cignani ai Gandolfi,* Bologna 1977.
140. WITTKOWER, *Art and Architecture,* op. cit., S. 63.
141. Zur ebd. zitierten Bibliografie siehe nun auch AA. VV., *Il Seicento lombardo,* Ausstellungskatalog, Mailand 1973; G. PIZZIGONI, *Inediti di Tanzio da Varallo,* in: ›Prospettiva‹, Oktober 1977, Nr. 11, S. 58–62.
142. G. TESTORI, *Su Francesco del Cairo,* in: ›Paragone‹, März 1952, Nr. 27, S. 24–43; eine Interpretation, die dann sehr häufig mit unwesentlichen Abweichungen bei anderen, unpassenden Themen vorgebracht wurde, die hier jedoch den Kern trifft.
143. BELLETTINI, *La popolazione,* op. cit., S. 513.
144. LOPEZ, *Hard Times,* op. cit., S. 30; HOBSBAWM, *General Crisis,* op. cit.
145. BELLORI, *Vita di Andrea Sacchi,* in: *Le Vite,* op. cit., S. 535–36.
146. Dies geht auch aus der jüngsten Übersicht über die genuesische Malerei hervor: AA. VV., *La pittura a Genova e in Liguria dagli inizi al cinquecento,* Genua 1970, und *La pittura a Genova e in Liguria dal Seicento al primo Novecento,* Genua 1971.
147. Wie WITTKOWER richtig feststellt, *Art and Architecture,* op. cit., S. 63–65; vgl. auch QUAZZA, *La decadenza,* op. cit., S. 203–15, der sich jedoch vor allem auf die folgende Periode bezieht.
148. Die aktuellste Übersicht über die florentinische Malerei des Seicento findet sich bei E. BOREA, *La Quadreria di Don Lorenzo de' Medici,* Ausstellungskatalog, Poggio a Caiano 1977. Unter den älteren Schriften siehe zumindest F. SRICCHIA, *Lorenzo Lippi nello svolgimento della pittura fiorentina della prima metà del Seicento,* in: ›Proporzioni‹, IV, 1963, S. 242–63, und M. GREGORI, *70 pitture e sculture del '600 e '700 fiorentino,* Ausstellungskatalog, Florenz 1965. Unfreiwillig erhellend auch die Schrift von C. DEL BRAVO, *Carlo Dolci devoto del naturale,* in: ›Paragone‹, Juli 1963, Nr. 163, S. 32–41.
149. Die jüngste Untersuchung der gesamten neapolitanischen Malerei des Seicento stammt von R. CAISA, in: *Storia di Napoli,* Bd. V, 2, Neapel 1972, S. 915–1055; zur Architektur siehe die Untersuchungen von A. BLUNT, *Neapolitan Baroque and Rococo Architecture,* London 1975. Außerdem: A. SPINOSA, *Cosimo Fanzago, lombardo a Napoli,* in: ›Prospettiva‹, Oktober 1976, Nr. 7, S. 10–26; AA. VV., *Mostra didattica di Carlo Sellitto primo caravaggesco napoletano,* Neapel 1977; V. PACELLI, *New Documents Concerning Caravaggio in Naples,* in: ›The Burlington Magazine‹, Dezember 1977, S. 819–29.
150. Der Forschungsstand zu Süditalien (mit Ausnahme, bis zu einem bestimmten Grad, der Stadt Neapel) und zu Sizilien im Seicento ist sehr zurückgeblieben; in dem oft zitierten und ansonsten sehr aktuellen Verzeichnis von Wittkower sucht man vergeblich eine angemessene Erörterung oder auch nur eine flüchtige Erwähnung der genannten Künstler. Siehe die jüngste Übersicht von E. Natoli im Kommentar zu A. MONGITORE, *Memoirie dei pittori, scultori, architetti, artefici in cera siciliani,* Palermo 1977, außerdem: F. NEGRI ARNOLDI, *I »Cinque sensi« di Caccamo e l'attività siciliana di Giovanni van Houbracken,* in: ›Bollettino d'arte del Ministero della Pubblica Istruzione‹, April–September 1968, Nr. 2–3, S. 138–44; ders., *Alonzo Rodriguez: un caravaggesco contestato,* in: ›Prospettiva‹, April 1977, Nr. 9, S. 17–37.
151. BELLETTINI, *La popolazione,* op. cit., S. 515–16.
152. WITTKOWER, *Art and Architecture,* op. cit. A. CARACCIOLO, *La storia economica,* in: *Storia d'Italia Einaudi,* III, Turin 1973, S. 511–693 (insbesondere S. 516 und 532).
153. Zur Bibliographie bei WITTKOWER, *Art and Architecture,* op. cit., siehe außerdem: G. TESTORI, *Fra Galgario,* Turin 1970; M. A. PAVONE, *Paolo De Majo. Pittura e devozione a Napoli nel secolo dei »lumi«,* Neapel 1977; AA. VV., *Luigi Vanvitelli,* Neapel 1973; P. CARRERAS, *Studi su Luigi Vanvitelli,* Florenz 1977; AA. VV., *Piranèse et les français* 1740–1790, Ausstellungskatalog, Rom 1976.
154. Die Aufwertung der Kunst des Neoklassizismus auch in Italien hält bekanntlich an; ich beschränke mich daher auf einige wesentliche Hinweise: H. HONOUR, *Neo-classicism,* Harmondsworth 1968; AA. VV., *The Age of Neo-classicism,* Ausstellungskatalog, London 1972; G. HUBERT, *La sculpture dans l'Italie napoléonienne,* Paris 1964; AA. VV., *1770–1860, Pittura neoclassica e romantica in Liguria,* Ausstellungskatalog, Genua 1975; AA. VV., Mostra dei Maestri di Brera (1776–1859), Mailand 1975; AA. VV., *Pelagio Palagi artista e collezionista,* Ausstellungskatalog, Bologna 1976; AA. VV., *Pasquale Poccianti architetto, 1774–1858. Studi e ricerche nel secondo centenario della nascita,* Florenz 1974; AA. VV., *Lorenzo Bartolini. Mostra delle attività di tutela,* Prato 1978.
155. WITTKOWER, *Art and Architecture,* op. cit., S. 315.
156. F. HASKELL, *Patrons and Painters. A Study in the Relations between Italian Art and Society in the Age of the Baroque,* London 1963, 2. Aufl. 1980, S. 169–202 und 276–316; F. VIVIAN, *Il console Smith mercante e collezionista,* Vicenza 1971.
157. R. LONGHI, *Dal Moroni al Ceruti,* in: *I pittori della realtà in Lombardia,* Ausstellungskatalog, Mailand 1953, S. XVII.
158. Zur Bedeutung der niederländischen Tradition in der Geschichte der Malerei des 18. und 19. Jahrhunderts in Europa siehe L. MALVANO, *Naturalismo e realismo,* in: *Enciclopedia Feltrinelli Fischer, Arte 2,* II, Mailand 1971, S. 353–441; A. G. H. BACHRACH, *»Shock of Recognition«. The landscape of English Romanticism and the Dutch Seventeenth-century School,* Ausstellungskatalog, 's-Gravenhage-London 1971; P. TEN DOESSCHATE CHU, *French Realism and the Dutch Masters. The Influence of Dutch Seventeenth-Century Painting on the Development of French Painting between 1830 and 1870,* Utrecht 1974.
159. PROCACCI, *Geschichte Italiens,* op. cit., S. 198.
160. Siehe z. B. G. C. ARGAN, *L'arte moderna 1770–1970,* Florenz 1970, und P. ROSENBERG und Mitarbeiter, *De David à Delacroix. La peinture française de 1774 à 1830,* Ausstellungskatalog, Paris 1974.
161. A. CARACCIOLO, *La storia economica,* in: *Storia d'Italia Einaudi,* Bd. III, op. cit., S. 511–693 (582).
162. G. BOLLATI, *L'italiano,* ebd., Bd. I, op. cit., S. 951–1022 (1000).
163. C. MALTESE, *Storia dell'arte in Italia 1785–1943,* Turin 1960; M. VALSECCHI, *F. Rossi und B. Lorenzelli, Il Piccio e artisti bergamaschi del suo tempo,* Ausstellungskatalog, Bergamo 1974.
164. R. LONGHI, Vorwort, mit einer Gegenüberstellung von Impressionismus und Geschmack der Italiener, in: J. REWALD, *Storia dell' impressionismo,* Florenz 1949, S. VII–XXIX (XI).
165. LONGHI, Vorwort, op. cit., S. XII–XVIII. Siehe auch D. DURBÉ und Mitarbeiter, *I macchiaioli,* Ausstellungskatalog, Florenz 1976.
166. A. GRISERI, *Il paesaggio nella pittura piemontese dell'Ottocento,* Mailand 1967, S. 12.
167. AA. VV., *Mostra dei maestri di Brera (1776–1859),* Katalog, Mailand 1975.
168. R. LONGHI, *Ricordo di Enrico Reycend,* in: ›Paragone‹, März 1952, Nr. 27, S. 43–55; ders., *Avvertenze per il lettore,* in: *Scritti giovanili. 1912–1922.* Bd. I, Florenz 1961, S. IX. Für Reycend, wie allgemein für die Turiner Malerei dieser Jahre, ist vielleicht der Vergleich mit der Situation in einer großen und kultivierten Provinzhauptstadt wie Lyon treffender als der mit Paris.
169. MALTESE, *Storia,* op. cit., S. 216–77; G. FALCIDIA und B. TOSCANO, *Aspetti dell'arte dell'Ottocento,* in: F. NEGRI ARNOLDI, *Storia dell'arte,* Bd. III, Mailand 1968, S. 417–522.

170. I. Cremona, *Il tempo dell ›Art Nouveau. Modern‹ style Sezession Jugendstil Arts and Crafts Floreale Liberty,* Florenz 1964, S. 161–179; G. u. R. Fanelli, *Il tessuto moderno. Disegno, moda, architettura, 1890–1940,* Florenz 1976, S. 126–29.

171. G. Luzzatto, *L'economia italiana dal 1861 al 1914,* Bd. I: *1861–1894,* Mailand 1963; A. Gerschenkron, *Continuity in History and other Essays,* Cambridge (Mass.) 1968.

172. G. Pellizza Da Volpedo, *Il Quarto stato,* hg. von A. Scotti, Vorwort von M. Rosci, Mailand 1976.

173. Dieser Logik folgen die jüngsten Erörterungen dieses Themas: von dem weiten Panorama in 14 Bänden, hg. von F. Russoli und Mitarbeitern, *L'arte moderna,* Mailand 1967, bis zu dem bekannten Band von Argan, *L'arte moderna 1770–1970,* op. cit.. Argan schließt offenbar nicht aus, daß sich in dieser Perspektive viele Aspekte der »lokalen« Kultur vertiefen lassen; siehe u. a.: P. Fossati, *L'immagine sospesa. Pittura e scultura astratte in Italia (1934–40),* Turin 1971; C. De Seta, *La cultura architettonica in Italia fra le due guerre,* Bari 1972, 2te Aufl. 1978; F. Tempesti, *Arte dell'Italia fascista,* Mailand 1976.

LUCIANO BELLOSI
Die Darstellung des Raumes

1. Hier wird der von R. Longhi verwandte Begriff benutzt (*Giotto spazioso,* in: ›Paragone‹, 1952, Nr. 31, S. 18 ff.), um den Aspekt der bildenden Kunst zu bezeichnen, der sich auf die Darstellung des Raums bezieht, ein Aspekt, der offensichtlich nicht mit dem Begriff Perspektive übereinstimmt. Zur Darstellung des Raums und besonders zur Perspektive gibt es eine sehr umfangreiche Literatur. Daher wird an dieser Stelle verwiesen auf: D. Gioseffi, *Prospettiva* (Stichwort), in: *Enciclopedia universale dell'arte,* XI, Venedig-Rom 1963, S. 116–59. Darüber hinaus: M. Boskovits, *Prospettiva* (Stichwort), in *Enciclopedia Feltrinelli-Fischer, Arte/2,* Mailand 1971, S. 479–501. Auf jeden Fall grundlegend zu diesem Thema sind: E. Panofsky, *Die Perspektive als symbolische Form,* erstmals 1927, neu in: *Aufsätze zu Grundfragen der Kunstwissenschaft,* 2. erw. Auflage, Berlin 1974, S. 99 ff. (Vgl. auch die Rezension dazu [zur ital. Übersetzung von 1961, d. Ü.]): G. Previtali, *»La prospettiva come forma simbolica« di E. Panofsky,* in: ›Paragone‹, 1961, Nr. 141, S. 52–58]; D. Gioseffi, *Perspectiva artificialis,* Triest 1957; J. White, *The Birth and Rebirth of Pictorial Space,* London 1957; S. Y. Edgerton, *The Renaissance Rediscovery of Linear Perspective,* New York 1975. Zu Spezialproblemen siehe die Aufsatzsammlung: A. Parronchi, *Studi su la dolce prospettiva,* Mailand 1964.

2. Man beachte, was bereits Panofsky (in: *Die Renaissancen der europäischen Kunst,* Frankfurt/M. 1979, S. 127) hinsichtlich der Wiederentdeckung des Raums in der italienischen Malerei bemerkte: Er vergleicht die Eroberungen von Giotto und Duccio mit denen der Nominalisten, »die – Duccios und Giottos Werk vergleichbar zur selben Zeit, obwohl auf einem anderen Gebiet, an anderem Ort und in anderer kultureller Umgebung – die Grundlagen hochmittelalterlichen Denkens erschütterten, indem sie ›wirkliche‹ Existenz nur den äußeren, uns durch sinnliche Wahrnehmung unmittelbar bekannten Dingen und den inneren, uns durch seelische Erfahrung unmittelbar bekannten Zuständen oder Handlungen zuerkannten. Man glaubt nicht mehr, daß der Maler ›nach dem idealen Bild in seiner Seele‹ arbeitet, wie es Aristoteles behauptet und Thomas von Aquin und Meister Eckhart verfochten hatten, sondern nach dem optischen Bild in seinem Auge«.

3. Über das Portrait und seine Wiederentdeckung im Verhältnis zur Erneuerung durch Giotto siehe: E. Castelnuovo, *Il significato del ritratto pittorico nella società,* in: *Storia d'Italia Einaudi,* Bd. V, Turin 1973, S. 1033 ff.

4. C. Cennini, *Il libro dell' arte, o trattato della pittura,* hrsg. von F. Tempesti, Mailand 1975, S. 83.

5. Vgl. M. Meiss, *The Great Age of Fresco,* New York 1970, S. 10; B. Maginnis, *Cast Shadow in the Passion Cycle of San Francesco, Assisi: A Note,* in: ›Gazette des Beaux-Arts‹, Januar 1971, S. 63–64.

6. Panofsky, *Die Perspektive als symbolische Form,* op.cit., S. 99 f.

7. So Panofsky in beiden zitierten Arbeiten.

8. F. Hermanin, *Gli affreschi di Pietro Cavallini a Santa Cecilia in Trastevere,* in: ›Le Gallerie nazionali italiane‹, V, Rom 1902; ders., *Il maestro romano di Giotto,* in: ›Almanacco di Roma‹, 1924.

9. G. Ferri, *Un documento su Pietro Cavallini,* in: ›Nozze Hermanin-Hausmann‹, Perugia 1904, S. 59–62.

10. J.-H. Barbet de Jouy (*Les mosaïques chrétiens de Rome,* Paris 1857, S. 122) las hierin ein nicht mehr existentes Datum: MCCLCI; dieses wurde interpretiert als MCCXCI von G. B. Rossi, *Mosaici delle chiese di Roma anteriori al secolo XV,* Rom 1872. Auch G. Matthiae (*Pietro Cavallini,* Rom 1972, S. 84) muß zugestehen, daß es sich um eine hypothetische Interpretation handelt. D. Gioseffi (*Giotto architetto,* Mailand 1973, S. 109 f.) interpretiert es als 1296.

11. Hermanin, *Gli affreschi di Pietro Cavallini . . .,* op.cit., S. 35 f., schlug dieses Datum noch recht hypothetisch vor. Später wurde es als gesichert angesehen, ohne daß neue Fakten ans Licht gekommen wären.

12. Ich bin im Gefolge einer Untersuchung zu diesen Schlußfolgerungen gelangt, deren Ergebnisse ich vorweg auf einigen Konferenzen zwischen 1976 und 1977 sowie in einem kurzen Aufsatz bekannt gemacht habe (*La Sala dei Notai, Marino da Perugia e un ante quem per il »problema di Assisi«,* in: ›Per Maria Cionini Visani. Scritti di amici‹, Turin 1977, S. 22–25). An dieser Stelle beschränke ich mich darauf, einige Hinweise in dieser Richtung zu geben: 1) die außergewöhnliche Dialektik des Bildes des Hl. Franziskus mit und ohne Bart; 2) die Mode und die Kleidung; 3) der Terminus *ante quem,* der von den Fresken in der Sala dei Notai im Palazzo dei Priori in Perugia geliefert wird und der auf 1296–97 datiert werden kann; 4) die Konzentration des Interesses auf die Basilica von Assisi durch Papst Nikolaus IV. (1288–92).

13. A. Smart, *The St. Cecilia Master and his School at Assisi,* in: ›The Burlington Magazine‹, September 1960, S. 405–13; Oktober 1960, S. 431–37. Smart hat seine Ansichten später in dem Band *The Assisi Problem and the Art of Giotto,* Oxford 1971, erheblich modifiziert.

14. Vgl. L. Bellosi, *Moda e cronologia, B: Per la pittura di primo Trecento,* in: ›Prospettiva‹, 1977, II., S. 15–16.

15. G. Previtali, *Giotto e la sua bottega,* Mailand 1967, S. 55.

16. Über diesen höchst interessanten, von R. Longhi sehr geschätzten anonymen Maler (*Alcuni anonimi trecentisti,* in: ›Paragone‹, 1963, Nr. 167), von dem er vorgeschlagen hat, ihn als Buffalmacco zu identifizieren, siehe: P. Scarpellini, *Di alcuni pittori giotteschi nella città e nel territorio di Assisi,* in: »Giotto e i giotteschi in Assisi«, Rom 1969, S. 225 ff.; M. Boskovits, *Un pittore »espressionista« del Trecento umbro,* in: »Atti del convegno di studi umbri«, Gubbio 1968, S. 115 ff.; L. Bellosi, *Buffalmacco e il Trionfo della Morte,* Turin 1974, S. 101 f.

17. Für das Mosaik von Rusuti an der Fassade von Santa Maria Maggiore dürfte der Zeitraum der Ausführung in die Jahre zwischen 1292 und 1297 fallen. F. Bologna (*I pittori della corte angioina di Napoli,* Rom 1969, S. 133 f.) schlägt ein sehr viel späteres Datum für die Geschichten vor; vgl. aber dagegen: J. Gardner, *Pope Nicholas IV and the Decoration of Santa Maria Maggiore,* in: ›Zeitschrift für Kunstgeschichte‹, 1973, S. 1–50.

18. Vgl. vor allem R. Van Marle, *The Development of the Italian Schools of Painting,* I, Den Haag 1923, S. 521 ff.

19. Ebd.; ders., *La scuola del Cavallini a Rimini,* in: ›Bollettino d'arte‹, 1921, S. 248–61; A. Busuioceanu, *Pietro Caval-*

lini e la pittura romana del Duecento e del Trecento, in: ›Ephemeris Dacoromana‹, III, 1925, S. 377 ff.; R. OFFNER, *Corpus of Florentine Painting,* Teil III, Bd. I, New York 1931, S. XIX–XXVII.

20. Für Assisi, Rimini und Padua haben wir das Zeugnis des Riccobaldo Ferrarese (siehe L. A. MURATORI, *Rerum Italicarum Scriptores,* Bd. IX), das auf das Jahr 1312–13 zurückgeht (siehe C. GNUDI, *Il passo di Riccobaldo Ferrarese e il problema della sua autenticità,* in: *Studies Dedicated to W. E. Suida,* New York 1959, S. 26–30).

21. FIOCCO (in: ›Arte Veneta‹, V, 1951, S. 7–14) hat diese Fresken als byzantinische Arbeit aus dem 11. Jahrhundert publiziert. Sie sind von M. Muraro, der sie in das siebte Jahrzehnt des 13. Jahrhunderts datiert, erneut ins Zentrum der Aufmerksamkeit gerückt worden bei der Ausstellung *Venezia e Bisanzio* (Nr. 60–62 des Katalogs, Venedig 1974). Aber auch diese Datierung scheint als zu hoch gegriffen. Die deutlich erkennbare Präsenz von soliden und »gegenständlichen«, bildlich dargestellten Architekturen von der Art wie in Assisi war für jene Jahre unvorstellbar, während sie zu Beginn des Trecento erheblich besser zu erklären wären.

22. Siehe: BELLOSI, *La Sala dei Notai...,* op. cit.

23. Mir scheint, daß die wunderschönen Gemälde, die mit dem Namen des »Maestro di San Saba« verbunden werden (E. B. GARRISON, *Italian Romanesque Panel Painting,* Florenz 1949, S. 29 u. 117), nichts anderes sind als Arbeiten von Torriti in fortgeschrittener Schaffensphase. Die Fresken von San Saba mit den fortlaufenden, auffälligen Dekorationen im Stile von Illusionsarchitekturen und der nunmehr architektonische Thron der *Madonna mit Kind* können nur in eine spätere Zeit fallen als das Mosaik der Apsis von Santa Maria Maggiore, welches das Datum 1295 trug.

24. Für San Domenico siehe: BOLOGNA, *I pittori...,* op. cit., S. 59. Für die Cappella Minutolo im Dom von Neapel, ebd., S. 79 ff.; E. BOREA, *I ritrovati affreschi medievali della Cappella Minutolo nel Duomo di Napoli,* in: ›Bolletino d'arte‹, 1962, S. 11 ff. Meiner Ansicht nach erstreckt sich die Kenntnis des »Maestro della Cappella Minutolo« der Fresken von Assisi auch auf die von Giotto. Tatsächlich reicht die Kenntnis der Beispiele von Cimabue oder Romano nicht, bestimmte Dekorationen in Illusionsarchitektur zu erklären, denn die lösten das Motiv in rein graphischer Weise.

25. In diesem Sinne interpretiert ihn auch: E. BATTISTI, *Cimabue,* Mailand 1963.

26. Zu dieser Einfügung siehe vor allem: R. LONGHI, *Giotto spazioso,* in: ›Paragone‹, 1952, Nr. 31, S. 18 ff.

27. Ebd.

28. Beispielsweise erwähnt sie OFFNER in seinem berühmten Essay *Giotto – non Giotto,* in: ›The Burlington Magazine‹, 1939, I, S. 259–68; II, S. 96–113), nie.

29. D. GIOSEFFI, *Perspectiva artificialis,* Triest 1957, S. 73.

30. Siehe PREVITALI, *Giotto e la sua bottega,* op. cit., S. 94–104; M. GOSEBRUCH, *Gli affreschi di Giotto nel braccio destro del transetto e nelle Vele...,* in: »Giotto e i giotteschi in Assisi«, Rom 1969, S. 129–98.

31. Zur Chronologie der Fresken von Simone Martini in Assisi, die stark umstritten ist, siehe: L. BELLOSI, *Moda e cronologia, A: Gli affreschi della Basilica inferiore di Assisi,* in: ›Prospettiva‹, 1977, Nr. 10, S. 21–31. Aufgrund der Mode ist es möglich, eine Datierung vor 1321 vorzunehmen.

32. Siehe J. BRINK, *Francesco Petrarca and the Problem of Chronology in the late Painting of Simone Martini,* in: ›Paragone‹, 1957, Nr. 331, S. 3 ff.

33. Siehe E. CASTELNUOVO, *Un pittore italiano alla corte di Avignone,* Turin 1962; ders., *Il significato del ritratto pittorico nella società, in: Storia d'Italia Einaudi,* Bd. V, Turin 1973, S. 1033 ff.

34. Die Chronologie dieser Fresken ist stark umstritten; aber die modischen Elemente deuten auf ein Datum vor 1320 (siehe BELLOSI, *Moda e cronologia...,* op. cit.).

35. Siehe C. VOLPE, *Proposte per il problema di Pietro Lorenzetti,* in: ›Paragone‹, 1951, Nr. 23, S. 13–26.

36. Siehe Anm. 4) dieses Textes.

37. C. VOLPE, *Nuove proposte sui Lorenzetti,* in: ›Arte antica e moderna‹, 1960, S. 263—77.

38. PANOFSKY, *Die Renaissancen...,* op. cit., S. 147 f.

39. G. ROMANO, *Documenti figurativi per la storia delle campagne nei secoli XI–XVI,* in: ›Quaderni storici‹, 1976, Nr. 31, S. 154.

40. G. VASARI, *Die Lebensbeschreibungen der berühmtesten Architekten, Bildhauer und Maler,* Straßburg 1904–1927 (7 Bde.), Bd. 1.2, S. 15.

41. R. LONGHI, *Qualità e industria in Taddeo Gaddi,* in: ›Paragone‹, 1959, Nr. 109, S. 31–40; 1959, Nr. 111, S. 3–12.

42. Ebd. 1959, Nr. 109, S. 33.

43. Man beachte zu diesem Punkt die Anmerkungen von A. PARRONCHI, *Le »misure dell'occhio« secondo il Ghiberti,* in: ›Paragone‹, 1961, Nr. 133, S. 38.

44. F. VILLANI, *Liber de civitatis Florentiae famosis civibus,* hrsg. von G. C. GALETTI, Florenz 1847, S. 36.

45. Obwohl es schwer ist, präzise Berührungspunkte zwischen der Kunst Lorenzo Monacos oder Ghibertis und den bildnerischen Ausdrucksweisen der Orcagna zu bestimmen, muß man zugestehen, daß ihre Konzeption des Raums als etwas, das den Hintergrund für die Figuren abgibt (anstatt ihr Aufenthaltsort und ihre Stütze zu sein, wie bei Giotto), die Basis für jene beiden florentinischen Künstler zu Beginn des Quattrocento bildet. Ohne diesen Vorläufer wäre der geschwungene Fels, der zu Ghibertis Komposition des Reliefs mit dem *Isaakopfer* beiträgt, nicht möglich gewesen.

46. Die naturalistischsten Aspekte des Kalenders rühren allerdings von einem nachträglichen Eingriff her, den man auf die Mitte des Quattrocento datieren kann, als die Brüder Limbourg bereits seit einiger Zeit gestorben waren (Siehe BELLOSI, *I Limbourg precursori di Van Eyck? Nuove osservazioni sui »Mesi« di Chantilly,* in: ›Prospettiva‹, 1975, I, S. 24–34.

47. Siehe hierzu: PANOFSKY, *Die Renaissancen...,* op. cit., S. 145 ff.

48. Siehe den Katalog der Ausstellung *Late Gothic Art from Cologne,* The National Gallery, London 1977, Nr. 32, S. 94 f.

49. Siehe O. MORISANI, *Letteratura artistica a Napoli tra il '400 ed il '600,* Neapel 1958, S. 9–24.

50. Es ist nicht die Absicht dieses Textes, die theoretische Problematik der Perspektive zu erörtern, sondern allein, einen kurzen Abriß der Folgen dieser Entdeckung im Feld der bildenden Künste zu geben. Wer das Problem vertiefen möchte, siehe: D. GIOSEFFI, *Prospettiva* (Stichwort), op. cit. Die Erfindung der Perspektive wird Brunelleschi von seinem Zeitgenossen und Biographen MANETTI (*Vita di Filippo Brunelleschi,* hrsg. von D. DE ROBERTIS u. G. TANTURLI, Mailand 1976) zugeschrieben, und alles weist darauf hin, daß diese These zutreffend ist. ALBERTI schreibt sich in seinem Traktat *Della Pittura* von 1436 nicht die Erfindung der Perspektive zugute, sondern beschreibt nur eine »ausgezeichnete Weise«, sie praktisch anzuwenden.

51. Zu diesem Punkt: D. GIOSEFFI, *Perspectiva Artificialis,* Triest 1957, S. 74 ff.

52. »[...] und ich hielt es in der Hand und habe es mehrmals mehrere Male in der Hand gehalten, Zeugnis davon ablegen zu können« (MANETTI, *Vita di Filippo Brunelleschi...,* op. cit., S. 59).

53. G. POGGI, *Il Duomo di Firenze,* Berlin 1909, S. 77, Dok. 423.

54. Ebd., S. 76, Dok. 414 und 415.

55. Man sehe sich z. B. die Gewänder der Engel im Hintergrund der *Taufe Christi* oder in der *Versuchung* am Nordportal des Baptisteriums von Florenz an.

56. J. POPE-HENNESSY, *Italian Renaissance Sculpture,* London 1958, S. 16.

57. MANETTI, *Vita di Filippo Brunelleschi,* opt. cit., S. 58.

58. Siehe L. BELLOSI, *Il Maestro della Crocifissione Griggs: Giovanni Toscani,* in: ›Paragone‹, 1966, Nr. 193, S. 44–58.

59. Siehe A. PARRONCHI, *Masaccio,* Florenz 1966, S. 28 f.

60. Siehe vor allem: P. SANPAOLESI, *Brunelleschi,* Mailand 1962, S. 49 f.

61. VASARI, *Die Lebensbeschreibungen...,* op. cit., Bd. 2, S. 9.

62. R. Longhi, *Fatti di Masolino e di Masaccio,* in: ›La critica d' arte‹, 1940, S. 172.
63. Die diesbezügliche Argumentation in einem Vortrag beim Deutschen Institut für Kunstgeschichte in Florenz aus dem Jahr 1969 war mir noch nicht zugänglich, so daß an dieser Stelle auf ein Stichwort aus dem Katalog *Mostra d'arte sacra della Diocesi di San Miniato,* 1969, S. 56 f., Nr. 42 verwiesen sei.
64. Longhi, *Fatti...*, op. cit., S. 175.
65. L. B. Alberti, *Della Pittura,* hrsg. von L. Mallé, Florenz 1950, S. 81.
66. Eine breit angelegte und reichlich dokumentierte Untersuchung über die Intarsien der Meßsakristei des Doms von Florenz stellt die Arbeit von M. Haines dar: *The Intarsias of the North Sacresty of the Cathedral of Florence,* Phil. Diss., Cortauld Institute, University of London, 1975.
67. Die Fresken von Sant'Egidio wurden möglicherweise bei den Wiederherstellungsarbeiten der Kirche gegen Ende des 16. Jahrhunderts zerstört; einige Fragmente wurden 1938 von der Sopraintendenza von Florenz wiederentdeckt. Vgl. M. Salmi, *Contributi fiorentini all storia dell'arte: Ricerche intorno a un perduto ciclo pittorico del Rinascimento,* in: ›Atti e memorie dell'Accademia Fiorentina di Scienze Morali »La Colombaria«‹, N. F., Nr. 1, 1947, S. 422–33.
68. Siehe C. Sterling, *La peinture française. Les primitifs,* Paris 1938, S. 74 ff.
69. Piero della Francesca, *Il trattato »De prospectiva pingendi«,* hrsg. von G. Nicco Fasola, Florenz 1942, S. 128 f.
70. Dieser außergewöhnliche Maler, der aufgrund seines signierten Meisterwerks, der *Kreuzigung* von Savona, bekannt ist, hat eine künstlerische Physiognomie von großer Bedeutung wiedererlangt, nachdem F. Zeri (*Quaderni di Emblema,* Bergamo 1973, S. 35 ff.; *Diari di lavoro 2,* Turin 1976, S. 47 ff.) seine frühen Arbeiten mit der kleinen Gruppe von Gemälden identifizierte, die unter dem Namen von Donato Bragadin liefen.
71. Siehe F. Bologna, *Il Maestro di San Giovanni da Capestrano,* in: ›Proporzioni‹, III, 1950, S. 86–98.
72. Man weiß, daß Foppa einen *Trattato di prospettiva* geschrieben hat. Man beachte jedoch zu seiner Beherrschung der Perspektive der Renaissance die Problematisierungen von R. Longhi, *Aspetti dell'antica arte lombarda,* Vorwort zum Ausstellungskatalog *Arte lombarda dai Visconti agli Sforza,* Mailand 1958.
73. Siehe L. Bellosi, *Una »Flagellazione« del Bramante a Perugia,* in: ›Prospettiva‹, 1977, Nr. 9, S. 61–68.
74. Siehe M. Laclotte, *L'école d'Avignon,* Paris 1960, S. 110–19.
75. Siehe A. Châtelet u. J. Thuillier, *La pittura francese da Fouquet a Poussin,* Lausanne 1965, S. 114 f.
76. Siehe E. Panofsky, *Das Leben und die Kunst Albrecht Dürers,* München ^{4}1977.
77. Vasari, *Die Lebensbeschreibungen...*, op. cit., Bd.72, S. 450.
78. Siehe R. Wittkower, *Art and Architecture in Italy, 1600 to 1750,* 1958, S. 11, 36 f., 220, 224, 311 f., 325 und 327. Ein weitschweifiger Essay zu der Frage ist: F. Negri Arnoldi, *Prospettici e quadraturisti,* in: *Enciclopedia universale dell'arte,* XI, Venedig-Rom 1963, Sp. 99 ff.
79. G. Briganti, *Gaspar van Wittel e l' origine della veduta settecentesca,* Rom 1976.

ENRICO CASTELNUOVO

Kunst der Städte, Kunst der Höfe zwischen dem 12. und 14. Jahrhundert

1. Giorgio Vasari, *Die Lebensbeschreibungen der berühmtesten Architekten, Bildhauer und Maler,* 7 Bde., Straßburg 1904–1927, Bd. 1.1, S. 38.
2. Dieses Zitat findet sich weder in der von mir ansonsten zugrunde gelegten Ausgabe von Gronau und Gottschewski noch in der Cotta'schen von 1832–49, denn in beiden fehlt der entsprechende Teil des Vorworts: *Introduzione di Giorgio Vasari, pittore aretino, alle tre arti del disegno; cioè Architettura, scultura e pittura,* S. 95–188 der Ausgabe von 1846, Le Monnier, Florenz (A.d.Ü.) op. cit., S. 122.
3. Vasari, *Le Vite,* a.a.O.
4. Ebd., S. 112.
5. Vasari, *Die Lebensbeschreibungen,* op. cit., S. 26.
6. Vgl. E. Panofsky, *Das erste Blatt aus dem ›Libro‹ Giorgio Vasaris. Eine Studie über die Beurteilung der Gotik in der italienischen Renaissance. Mit einem Excurs über zwei Fassadenprojekte Domenico Beccafumis,* in: ders., *Sinn und Deutung in der bildenden Kunst,* Köln 1975, S. 192 ff.
7. Vasari, *Le Vite,* op. cit., S. 300.
8. P. Frankl, *The Gotic,* Princeton 1960, S. 55 ff.; H. Klotz, *Der Ostbau der Stiftskirche zu Wimpfen im Tal. Zum Frühwerk des Erwin von Steinbach,* München 1967, S. 17; W. Sauerländer, *Intentio vera nostra est manifestare... ea que sunt sicut sunt. Bildtradition und Wirklichkeitserfahrung im Spannungsfeld der staufischen Kunst,* in: V. A., *Stauferzeit,* Karlsruhe 1975, S. 119 ff.
9. Vgl. M. Schapiro, *Style,* in: *Anthropology today,* herausgegeben von A. L. Kroeber, Chicago 1953.
10. F. Bignozzi Montefusco, *Il piviale di San Domenica,* Bologna 1979.
11. Schapiro, *Sull'attegiamento estetico nell'arte romanica,* in: *Arte romanica,* Turin 1982, S. 24 ff.
12. E. Panofsky, *Gothic Architecture and Scholastizism,* Latrobe 1951, Zu Panofskys Zugang zu diesem Problem vergleiche man auch das Nachwort von P. Bourdieu zur französischen Ausgabe, die unter dem Titel *Gothique et pensée scholastique,* Paris 1967, erschienen ist.
13. L. Grodecki, *Problèmes de l'espace dans la définition de la sculpture gothique,* in: ›Archives de l'Art Français‹, N. F., XXX, 1978, S. 77.
14. Ders., *Les problèmes de l'origine de la peinture gothique et le Maître de Saint-Chéron à la Cathédrale de Chartres,* in: ›Revue de l'Art‹, Nr. 40–41, 1978, S. 43 ff.
15. Von Simson, *Das Mittelalter II,* Berlin 1972.
16. W. Freund, *Modernus und andere Zeitbegriffe des Mittelalters,* Köln-Graz, 1957; E. Gössmann, *Antiqui und Moderni im Mittelalter,* Paderborn 1974.
17. G. Ladner, *The Gesture of Prayer in the papal Iconography of the early 13th and early 14th Century,* in: ders., *Images and Ideas in The Middle Ages. Selected Studies in History and Art,* Rom 1983, S. 209 ff.
18. Vgl. *The Year 1200,* I, *The Exhibition* (besorgt von K. Hoffmann), II, *A Background Survey* (besorgt von F. Deuchler), New York 1970; *The Year 1200: A Symposium,* New York 1975.
19. R. Longhi, *Giudizio sul Duecento,* in: ›Proporzioni‹, II, 1948, S. 5–54, neu in: ders., *Opere Complete,* Bd. VII, Florenz 1974, S. 1–53.
20. H. Belting, *Zwischen Gotik und Byzanz,* in: ›Zeitschrift für Kunstgeschichte‹, XLI, 1978, S. 217 f.
21. Zu den nordischen Einflüssen im Werk von Torriti, siehe M. Alpatoff (in: ›Jahrbuch für Kunstwissenschaft‹, II, 1924), der hauptsächlich aus ikonographischen Gründen an Einflüsse von Salterio di Bianca aus Kastilien denkt; man sehe auch J. Gardner (in: ›Zeitschrift für Kunstgeschichte‹, Nr. 36, 1973, S. 11), der eine chromatische Beziehung zu den nordischen Glasmalereien in Assisi erkennt.
22. E. Kitzinger, *The Byzantine Contribution to Western Art of the 12th and 13th Century,* in: ›Dumbarton Oaks Papers‹, 1966, S. 25 ff., insbes. S. 34.
23. H. Hager, *Die Anfänge des italienischen Altarbildes,* München 1962.
24. A. Kinsley Porter, *Lombard Architecture,* New Haven 1917.
25. R. Krautheimer, *Lombardische Hallenkirchen im XII. Jahrhundert,* in: ›Jahrbuch für Kunstwissenschaft‹, 1928, S. 176 ff.
26. P. Héliot, *Du Roman au Gothique: Échecs et réussites,* in: ›Wallraf-Richartz Jahrbuch‹, XXXV, 1973, S. 109 ff.

27. Ders., *La Cathédrale de Cefalú, sa chronologie, sa filiation et les galéries murales dans les églises romanes du Midi,* in: ›Arte Lombarda‹, X, 1965, S. 11 ff., und XI, S. 6 ff.
28. A. M. ROMANINI, *Die Kathedrale von Piacenza,* in: ›Zeitschrift für Kunstgeschichte‹, XVII, 1954, S. 129 ff.
29. Die Bemerkung stammt von A. MARTINDALE (›The Burlington Magazine‹, 1967, Nr. 2, S. 539).
30. Zur gotischen Architektur in Italien siehe R. WAGNER-RIEGER, *Die italienische Baukunst zu Beginn der Gotik,* Graz-Köln 1957, sowie die umfassende und kommentierte Bibliographie von A. M. ROMANINI in seinem Beitrag *La cattedrale gotica: il caso di Arnolfo a Santa Maria del Fiore,* in: *Storia dell'arte italiana,* Bd. XII, Turin 1983, S. 5 ff.
31. Vgl. E. HERTLEIN, *Die Basilika S. Francesco in Assisi,* Florenz 1964; P. HÉLIOT, *La filiation de l'eglise haute à St. François d'Assise,* in: ›Bulletin Monumental‹, CXXVI, 1968; ders., *Coursières et passages muraux dans les églises gothiques de l'Europe Centrale,* in: ›Zeitschrift für Kunstgeschichte‹, 1970, S. 173 ff.; ders, *Passages muraux...,* in: ›Revue Suisse d'art et d'archéologie‹, XXVII, 1970.
32. H. BELTING, *Die Oberkirche von San Francesco in Assisi. Ihre Dekoration als Aufgabe und die Genese einer neuen Wandmalerei,* Berlin 1977; vgl. auch die Rezensionen von J. Gardner (in: ›Kunstchronik‹, Februar 1979, S. 69 f.), I. Hueck (in: ›Zeitschrift für Kunstgeschichte‹, Nr. 41, 1978, S. 326 f.) und R. Simon (in: ›The Burlington Magazine‹, 1981, S. 44 f.).
33. G. MARCHINI, *Le vetrate dell'Umbria,* Rom 1973.
34. C. VOLPE, *La formazione di Giotto nella cultura di Assisi,* in: *Giotto e i Giotteschi in Assisi,* Rom, 1970, S. 15 ff.; BELTING, *Die Oberkirche...,* op. cit., S. 192 f.
35. Zur Chronologie bei der Dekoration der Oberkirche in Assisi siehe: BELTING, *Die Oberkirche...,* op. cit., und die jüngsten Beobachtungen von F. BOLOGNA, *The Crowning disc of a duecento »Crucifixion« and other points relevant to Duccio's relationship to Cimabue,* in: ›The Burlington Magazine‹, 1983, S. 330 ff.
36. Zur Chronologie der *Franziskuslegende* in der Oberkirche von Assisi siehe: L. BELLOSI, *La barba di San Francesco. Nuove proposte per il »problema di Assisi«,* in: ›Prospettiva‹, Nr. 22, 1980, S. 11 f.; BOLOGNA, *The crowning disc...,* op. cit., bes. S. 339.
37. J. GARDNER, *Some Cardinals' Seals of the Thirteenth Century,* in: ›Journal of the Warburg and Courtauld Institutes‹, Nr. 38, 1975, S. 72 f.
38. J. T. WOLLESEN, *Die Fresken in Sancta Sanctorum. Studien zur römischen Malerei zur Zeit Papst Nikolaus III. (1227–1280),* in: ›Römisches Jahrbuch für Kunstgeschichte‹, 1981 S. 37 ff. Über Sancta Sanctorum als Reliquienkapelle vgl.: K. MÖSENEDER, *Lapides Vivi,* in: ›Wiener Jahrbuch für Kunstgeschichte‹, XXXIV, 1981, S. 52.
39. Vgl. P. BACCI, *Documenti e commenti per la storia dell'arte,* in: ›Le Arti‹, 1941, S. 30 u. 33.
40. C. DI FABIO, *La Madonna di Santa Margherita e il Davide di Pisa. Due testimonianze della scultura europea alla fine del XII secolo,* in: ›Storia dell'Arte‹, 1982, Nr. 44.
41. E. KANTOROWICZ, *Kaiser Friedrich der Zweite,* Stuttgart [2]1987.
42. A. M. ROMANINI, *Federico II e l'arte italiana del Duecento: Introduzione,* in: *Federico II e l'arte del Duecento italiano,* Galatina 1980, I, S. V ff.; A. CADEI, *Fossanova e Castel del Monte,* ebd., S. 191 ff.; J. POESCHKE, *Zum Einfluß der Gotik in Süditalien,* in: ›Jahrbuch der Berliner Museen‹, XXII, 1980, S. 91 ff.
43. R. HAMANN-MACLEAN, *Antikenstudium in der Kunst des Mittelalters,* in: ›Marburger Jahrbuch für Kunstwissenschaft‹, Nr. 15, 1949–50; H. LADENDORF, *Antikenstudium und Antikenkopie,* Berlin [2]1958; W. OAKESHOTT, *Classical Inspiration in Medieval Art,* London 1959; E. PANOFSKY, *Die Renaissancen der europäischen Kunst,* Frankfurt/M. 1979.
44. G. VON KASCHNITZ-WEINBERG, *Bildnisse Friedrichs II. von Hohenstaufen,* in: ›Mitteilungen des deutschen archäologischen Institutes. Römische Abteilung‹, Nr. 60–61, 1953–54, S. 1 ff.; Nr. 62, 1955, S. 1 ff.
45. Der Text von Riccardo die San Germano ist veröffentlicht bei: L. A. MURATORI, *Rerum Italicarum Scriptores,* Neue Folge, VII, 2, S. 188.
46. Über das Phänomen des Klassizismus in der französischen Skulptur und Steinschneidekunst, vgl. J. ADHÉMAR, *Influences antiques dans l'art du moyen-âge français,* London 1939; H. WENTZEL, *»Portraits à l'Antique« on French Mediaeval Gems and Seals,* in: ›Journal of the Warburg and Courtauld Institutes‹, XVI, 1955, S. 342 f.; W. SAUERLÄNDER, *Art antique et sculpture autour de 1200,* in: ›Art de France‹, 1961, S. 47 ff.; P. C. CLAUSSEN, *Antike und Gotische Skulptur in Frankreich um 1200,* in: *Wallraf-Richartz Jahrbuch,* Nr. 35, 1973, S. 83 ff.
47. Die wichtigen Studien von H. WENTZEL (grundlegend: *Antiken-Imitationen des 12. und 13. Jahrhunderts in Italien,* in: ›Zeitschrift für Kunstwissenschaft‹, IX, 1955, S. 29 ff.) haben Klarheit in dieses Gebiet gebracht; vgl. auch die Hinweise und die Bibliographie des Katalogs zur Ausstellung *Die Zeit der Staufer,* Stuttgart 1977, sowie die Besprechung der Ausstellung von W. Sauerländer in: ›Revue de l'Art‹, 1978, Nr. 39.
48. Über das Tor von Capua: C. A. WILLEMSEN, *Kaiser Friedrich II. Triumphator zu Capua,* Wiesbaden 1953; B. ROWLAND, *A new portrait head of Frederick II Hohenstaufen,* in: ›Pantheon‹, 1973, S. 35 ff.; C. A. WILLEMSEN, *Die Bauten Kaiser Friedrichs II. in Süditalien,* in: *Die Zeit der Staufer,* Katalog, III., S. 143 ff.
49. H. M. SCHALLER, *Das Relief an der Kanzel von Bitonto,* in: ›Archiv für Kulturgeschichte‹, Nr. 45, 1963, S. 265 f.; H. THELEN, *Ancora una volta per il rilievo del pulpito di Bitonto,* in: *Federico II e l'arte del Duecento italiano,* op. cit., S. 217 ff.
50. G. LADNER, *Die Anfänge des Kryptoporträts,* in: *Von Angesicht zu Angesicht. Portraitstudien. Festschrift für Michael Stettler,* Bern 1983, S. 78 ff.
51. Ein interessanter Vorläufer der Zelebration des Kaiserbildes durch Friedrich II. sind die »Königsgalerien« in den französischen Kathedralen (J. G. VON HOHENZOLLERN, *Die Königsgalerie der französischen Kathedrale,* München 1965), die möglicherweise nach dem Sieg von Bouvines (1214), geplant wurden, der die Vorherrschaft Frankreichs im westlichen Europa besiegelte (vgl. CLAUSSEN, *Antike und Gotische Skulptur...,* op. cit., S. 108, Anm. 81).
52. V. OSTOIA, *To Represent. What Is as It Is,* in: ›Bulletin of the Metropolitan Museum of Art‹, XXIII, 1965, S. 347 ff.; G. LADNER, *Die Papstbildnisse des Altertums und des Mittelalters,* II, Vatikanstadt 1970; E. CASTELNUOVO, *Il significato del ritratto pittorico nella società,* in: *Storia d'Italia Einaudi,* V, *I Documenti,* Turin 1973, S. 1035 ff.; W. SAUERLÄNDER, *Intentio vera nostra...,* op. cit.
53. M. THIEBAUX, *The Medieval Chase,* in: ›Speculum‹, XLII, 1967, S. 260 ff.
54. H. TOUBERT, *Influences Gothiques sur l'art frédéricien. Le Maître de la Bible de Manfred et son atelier,* in: *Federico II. e l'arte del Duecento italiano,* op. cit., II, S. 59 ff.
55. Zur Konradinsbibel: R. LONGHI, *Aperture sui trecentisti umbri,* in: ›Paragone‹ Nr. 191, 1966, S. 12 ff.; F. BOLOGNA, *I pittori alla corte angioina die Napoli,* Rom 1969, S. 51 ff.; H. TOUBERT, *Autour de la Bible de Conradin. Trois nouveaux Manuscrits enluminés,* in: ›Mélanges de l'École Française de Rome‹, 1979, 2, S. 1 ff.; A. CONTI, *La miniatura bolognese,* Bologna 1981, S. 29
56. O. PÄCHT, *Early Italian Nature Studies,* in: ›Journal of the Warburg and Courtauld Institutes‹, 1950; BOLOGNA, *I pittori alla corte...,* op. cit.; ders., *Nascita dell'arte senese,* in: *Il gotico a Siena,* Ausstellungskatalog (Siena 1982), Florenz 1982, S. 33.
57. Vgl. SCHAPIRO, *Sull'atteggiamento estetico...,* op. cit., S. 23.
58. Vgl. R. LONGHI, *Apertura sui Trecentisti Umbri...,* op. cit., über die Zentralität der Bildhauerei im italienischen Duecento vgl. E. GOMBRICH, *Means and Ends,* Lon-

don 1976, S. 34; S. Settis, *Ikonographie der italienischen Kunst, 1100–1500,* in diesem Band S. 52 ff. und S. 72 ff.

59. Zu den Signaturen der Künstler und der Bildhauer im besonderen: J. Larner, *The artist and the intellectual in 14th Century Italy,* in: ›History‹, LIV, 1969, S. 13 ff.; A. Middeldorf Kosegarten, *The Origins of Artistic Competition in Italy,* in: *Lorenzo Ghiberti nel suo tempo,* Atti del convegno internazionale di studi, Florenz 1980, I, S. 167 ff.; Claussen, *Früher Künstlerstolz. Mittelalterliche Signaturen als Quelle der Kunstsoziologie,* in: V. A., *Bauwerk und Bildwerk im Hochmittelalter,* Gießen 1982.

60. Der Begriff »Baumeister-Bildhauer« zur Bezeichnung der Bauleiter der großen gotischen Kathedralen in Frankreich – die nicht allein den Bau des Gebäudes leiteten, sondern auch aufmerksam seine Dekoration überwachten, den Bildhauern und Glasmalern Anregungen, Vorschläge und Entwürfe lieferten und in vielen Fällen direkt in die plastische Ausgestaltung eingriffen, wie dies im 14. Jahrhundert bei Peter Parler oder Henry Yevele der Fall gewesen war – dieser Begriff also wurde zuerst von W. Vöge bei seinen Studien zur gotischen Bildhauerei eingeführt. Vgl. von Simson, *Das Mittelalter II,* op. cit., S. 45.

61. G. Kreytenberg, *Tino di Camainos Grabmäler in Florenz,* in: ›Städel Jahrbuch‹, VII, 1979, S. 55

62. G. Romano, *Studi sul paesaggio,* Turin 1978, S. 14 ff.; C. Gnudi, *Il Maestro dei Mesi e la lunetta di San Mercuriale a Forlí,* in: *L'arte gotica in Francia e in Italia,* Turin 1982, S. 86 ff..

63. I. Tognarini u. M. Bucci, *Piombino città e stato nell'Italia moderna, nella storia e nell'arte.* Piombino 1977.

64. A. Gardner, *English Medieval Sculpture,* Cambridge 1951, S. 103.

65. Vgl. A. Bagnoli, *Novità su Nicola Pisano scultore nel Duomo di Siena,* in: ›Prospettiva‹, 1981, Nr. 27, S. 27 ff.. Ein typisches Beispiel für das Interesse der Bildhauer im Umkreis von Friedrich II. für eine vielfältige Typologie der Gesichter, die so weit geht, unterschiedliche Rassen und Gebräuche darzustellen, liefert das Kapitell in den Sammlungen der Cloisters, das aus der Kathedrale von Troia stammt: vgl. Ostoia, *To Represent. What Is…,* op. cit.; Bologna, *I pittori della corte…,* op. cit.; Gnudi, *L'arte gotica…,* op. cit.

66. Vgl. E. Carli, *Il Duomo di Siena,* Genua 1979; F. Bologna, *Les débuts de l'art Siennois,* in: *L'Art Gothique Siennois,* Katalog zur Ausstellung in Avignon 1983, Florenz 1983, S. 33.

67. W. Braunfels, *Zur Gestalt-Ikonographie der Kanzeln des Nicola und Giovanni Pisano,* in: ›Das Münster‹, II, 1949, S. 321 ff.; J. Poeschke, *Die Sieneser Domkanzel des Nicola Pisano,* Berlin 1973.

68. C. B. Fischer, *The Pisan Clergy and an Awakening of Historical Interest in a Medieval Commune,* in: ›Studies in Medieval and Renaissance History‹, III, 1966; G. Scalia, *Romanitas pisana tra XI e XII secola,* in: ›Studi Medievali‹, 3. Serie, Nr. 13, 1972, S. 791 ff.

69. M. Seidel, *Studien zur Antikenrezeption Nicola Pisanos,* in: ›Mitteilungen des kunsthistorischen Institutes in Florenz‹, XIX, 1975, S. 307 ff.

70. G. Swarzenski, *Das Auftreten des Eglomisé bei Nicola Pisano,* in: *Festschrift Paul Clemen,* Düsseldorf 1926, S. 326 ff.; C. Bertelli, *Vetri italiani a fondo d'oro del secolo XIII,* in: ›Journal of Glass Studies‹, XII, 1970, S. 70 ff.

71. Zu den klassizistischen Tendenzen und Episoden in der französischen Bildhauerei beachte man die bibliographischen Hinweise in Anm. 47. Zum außergewöhnlichen Fall der antikisierenden Reliefs an der Fassade der Kathedrale von Auxerre, die nur wenig später entstanden als die großen Kanzeln Nicolas, aber von außerordentlichem Interesse für die italienische Bildhauerei sind, vgl. F. Nordström, *The Auxerre Reliefs. A Harbinger of the Renaissance in France during the Reign of Philip le Bel,* Uppsala 1974, sowie die kritische Rezension, die für eine sehr frühzeitige Datierung der Reliefs große Bedeutung hat, von P. Kurmann (in: ›Zeitschrift für Kunstgeschichte‹, 1978, S. 165 ff.); U. Quednau, *Die Westportale der Kathedrale von Auxerre,* Wiesbaden 1979. Auf Beziehungen zwischen den Skulpturen von Auxerre und denen aus Siena, besonders bestimmten Reliefs der Säulen mit Blattmotiven aus der Fassade der Kathedrale zu Siena, haben M. Seidel und A. Kosegarten aufmerksam gemacht.

72. Vgl. von Simson, *Das Mittelalter II,* op. cit., S. 48.

73. A. Kosegarten, *Beiträge zur sienesischen Reliefkunst des Trecento,* in: ›Mitteilungen des Kunsthistorischen Institutes in Florenz‹, XII, 1966, S. 207 ff.; ders., *Einige sienesische Darstellungen der Muttergottes aus dem frühen Trecento,* in: ›Jahrbuch der Berliner Museen‹, VIII, 1966, S. 96–118.

74. M. Seidel, *Studien zu Giovanni di Balduccio und Tino di Camaino. Die Rezeption des Spätwerks von Giovanni Pisano,* in: ›Städel Jahrbuch‹, V, 1975, S. 37 ff.

75. J. Gardner, *Arnolfo di Cambio and Roman Tomb Design,* in: ›The Burlington Magazine‹, 1973, S. 420 ff.; K. Bauch, *Das Mittelalterliche Grabbild,* Berlin 1976.

76. A. A. Filarete, *Trattato sull'Architettura,* ed. Oethingen, Wien 1898, S. 428; vgl. P. Frankl, *The Gotic,* Princeton 1960, S. 256 und 858 ff.

77. F. Bucher, *Micro-Architecture and the »Idea« of Gothic Theory and Style,* in: ›Gesta‹, 1976, S. 71 ff.

78. E. Molinier, *L'inventaire du trésor du Saint-Siège sous Boniface VIII à 1295,* in: ›Bibliothèque de l'École des Chartres‹, Nr. 43, 1882, S. 646 ff.; Nr. 49, 1888, S. 226 ff.; J. Gardner, *The Stefaneschi Altarpiece: a reconsideration,* in: ›Journal of the Warburg and Courtauld Institutes‹, 1975, S. 74.

79. D. Cinelli, im Ausstellungskatalog *Il gotico a Siena,* op. cit., S. 79 ff.

80. F. Baron, *Enlumineurs, peintres et sculpteurs parisiens du XIVe et XVe siècles d'après les archives de l'Hôpital Saint-Jacques,* in: ›Bulletin Archéologique du Comité des Travaux Historiques et Scientifiques‹, 1970, S. 77 ff.

81. F. Saxl, *English Sculptures of the Twelth Century,* London 1954.

82. Nach dem Beitrag von P. Toesca *(Il Medioevo,* Turin 1927, S. 1148 ff.; *Il Trecento,* Florenz 1951, S. 950 ff.), vgl. G. L. Bescapè, *L'arte del sigillo nel Medio Evo e nel Rinascimento,* in: ›L'Arte‹, LX, 1961, S. 158 ff.; ders., *Sigillografia,* Mailand 1969; Gardner, *Some Cardinals' Seals…,* op. cit.; E. Cioni Liserani, *Sigilli medievali senesi,* Florenz 1981; *Il gotico a Siena,* op. cit.

83. Zu Guccio di Mannaia siehe *Il gotico a Siena,* op. cit., S. 95 ff.; E. Taburet, in: *L'art Gothique Siennois,* op. cit., S. 72.

84. Vasari, *Le Vite,* op. cit., S. 209.

85. M. Leone De Castris, *Tondino di Guerrino e Andrea Riguardi orafi e smaltisti a Siena,* in: ›Prospettiva‹, Nr. 21, 1980, S. 24 ff.

86. H. Laurent, *Orafi senesi del secolo XIII und XIV,* in: ›Bollettino senese di storia patria‹, N. F., VIII, 1937, S. 176 ff.; Gardner, *Some Cardinals' Seals…,* op. cit., S. 88.

87. Vgl. *Il gotico a Siena,* op. cit., S. 82 ff.

88. F. Bologna, in: *Il gotico a Siena,* op. cit.

89. Ders., *Note sulla propagazione delle arti minori toscane fuori di Toscana tra l'età romanica e la gotica,* in: *Civiltà delle Arti Minori in Toscana,* Atti del I Convegno, Florenz 1973, S. 11 ff..

90. Conti, *La minatura bolognese…,* op. cit.

91. H. R. Hahnloser, *Schola et artes Cristellariorum de Veneciis 1284–1319, Opus Veneticum ed Filum,* in: *Venezia e l'Europa,* Atti del 18° Congresso internazionale di storia dell'arte, Venedig 1956, Sammlung, S. 157 ff.; W. F. Volbach, H. R. Hahnloser u. a., *La Pala d'Oro,* Florenz 1965; I. Hueck, *De Opere duplici venetico,* in: ›Mitteilungen des Kunsthistorischen Institutes in Florenz‹, Nr. 12, 1965.

92. Bologna, *I pittori della corte…,* op. cit.; C. Bertelli, *Vetri e altre cose della Napoli angioina,* in: ›Paragone‹, Nr. 263, 1972, S. 89 ff.; C. Bertelli, *Opus Romanum,* in: *Festschrift Pächt,* Salzburg 1972, S. 99 ff.

93. H. Buchthal, *Early Fourteenth Century Illustrations from Palermo,* in: ›Dumbarton Oaks Papers‹, XX, 1966, S. 103 ff.

94. A. Martindale, Rezension zu J. White, *The Art and Architecture of Italy, 1250–1400,* in: ›The Burlington Magazine‹, II, 1967, S. 538 ff.
95. Zu der *Franziskuslegende* siehe: S. Romano, *Le storie parallele die Assisi: Il Maestro di San Francesco,* in: ›Storia dell' Arte‹, 1982, Nr. 44, S. 63 ff.; zum Tafelbild von Bonaventura Berlinghieri siehe: E. Gombrich, *Bonaventura Berlinghieri's Palmettes,* in: ›Journal of the Warburg and Courtauld Institutes‹, Nr. 39, 1976, S. 234 ff.
96. Belting, *Die Oberkirche von San Francesco in Assisi,* op. cit. Zur zeitlichen Abfolge in der Dekoration der Oberkirche siehe auch F. Bologna, *The Crowning disc of a duecento »Crucifixion« and other points relevant to Duccio's relationship to Cimabue,* in: ›The Burlington Magazine‹, Juni 1983, S. 330 ff..
97. D. Redig De Campos, *Di alcune tracce del palazzo di Nicola III,* in: ›Rendiconti della pontificia accademia romana di archeologia‹, Nr. 18, 1941–42, S. 71 ff.
98. G. Biasiotti, *La basilica esquilina di Santa Maria Maggiore e il palazzo apud S. Mariam Majorum,* Rom 1911; J. Gardner, *Pope Nicholas IV and the decoration of Santa Maria Maggiore,* in: ›Zeitschrift für Kunstgeschichte‹, Nr. 36, 1973, S. 1–50.
99. C. Bertelli, *L'Enciclopedia delle Tre Fontane,* in: ›Paragone‹, 1969, Nr. 235, S. 24 ff.
100. R. Krautheimer, *Roma, Profilo di una città,* Rom 1981, S. 264. Zu Rom im Duecento siehe auch: R. Brentano, *Rome before Avignon,* New York 1974.
101. Gardner, *Some Cardinal's Seals...,* op. cit.
102. Eine sehr informative Arbeit, die die Probleme im Zusammenhang mit Giottos frühem Wechsel nach Rom behandelt, ist: I. Toesca, *Una croce dipinta romana,* in: ›Bollettino d'Arte‹, 1966. Zu den generellen Problemen des ›Corpus‹ Giottos vgl. G. Previtali, *Giotto e la sua bottega,* Mailand 1974.
103. Grodecki, *Problèmes de l'espace dans la définition de la sculpture gothique...,* op. cit.
104. Zu Cavallini vgl. insbesondere: J. White, *Cavallini and the lost frescoes in San Paolo,* in: ›Journal of the Warburg and Courtauld Institutes‹, XIX, 1956, S. 84 ff.; P. Hetherington, *The Mosaics of Pietro Cavallini in Santa Maria in Trastevere,* ebd., XXXIII, 1970, S. 84 ff.; J. Gardner, *San Paolo Fuori Le Mura, Nicholas III and Pietro Cavallini,* in: ›Zeitschrift für Kunstgeschichte‹, 34, 1971, S. 240 ff.; P. Hetherington, *Cavallini, Artistic Style and Patronage in Late Medieval Rome,* in: ›The Burlington Magazine‹, CXIV, S. 4 ff.; G. Matthiae, *Pietro Cavallini,* Rom 1972; F. Zeri, *Un frammento su tavola di Pietro Cavallini,* in: *Diari di lavoro 2,* Turin 1976, S. 3 ff.; M. Boskovits, *Gli affreschi del Duomo di Anagni: un capitolo di pittura romana,* in: ›Paragone‹, Nr. 357, 1979, S. 3 ff., insbes. Anm. 73 auf S. 39 ff.
105. Gardner, *Pope Nicholas IV and the Decoration...,* op. cit.; A. Bellosi, *La barba di San Francesco,* in: ›Prospettiva‹, Nr. 22, 1980, S. 11 ff.; Bologna, *The crowning disc...,* op. cit., S. 339.
106. J. Gardner, *The Louvre Stigmatization and the problem of the narrative Altarpiece,* in: ›Zeitschrift für Kunstgeschichte‹, 1982, S. 217 ff.
107. Im Testament von Ricchuccio di Puccio aus Florenz wird Öl hinterlassen, um eine Lampe vor dem Kruzifix von Giotto zu entzünden: vgl. R. Davidsohn, *Forschungen zur älteren Geschichte von Florenz,* Berlin 1906, IV, S. 478; Larner, *The artist and the intellectual...,* op. cit., S. 23.
108. Zu Giotto in Neapel siehe Bologna, *I pittori alla corte angioina...,* op. cit., S. 179–99; über den Begriff »familiaris« und seine Bedeutungen: A. Martindale, *The Rise of the Artist in the Middle Ages and Early Renaissance,* London 1972, S. 37; vgl. dazu auch die Rezension von R. Hatfield, in: ›Art Bulletin‹, LVII, 1975, S. 577 ff.
109. C. Guasti, *Santa Maria del Fiore,* Florenz 1887, S. 43; W. Paatz, *Die Gestalt Giottos im Spiegel einer zeitgenössischen Urkunde,* in: *Eine Gabe der Freunde für Carl Georg Heise,* herausgegeben von L. Meyer, Berlin 1950, S. 85 und 102.
110. Der Text des *Martyrologium benefactorum Basilicae Vaticanae* ist publiziert bei: P. Egidi, *Necrologi e libri affini della provincia romana* (Fonti per la storia d'Italia, 1). Vgl. Gardner, *The Stefaneschi Altarpiece...,* op. cit., S. 57 ff.
111. *Il Decamerone,* 6. Tag, 5. Novelle (dtsch. Ausgabe in der Übersetzung von H. Conrad, Berlin 1923, Bd. 3, S. 144); vgl. M. Baxandall, *Giotto and the Orators,* Oxford 1971.
112. T. E. Mommsen, *Petrarch's Testament* (lat. u. engl.), Ithaca 1957, S. 78 ff.
113. S. Alpers, *Describe or narrate,* in: ›New Literary History‹, Herbst 1976.
114. Von Simson, *Das Mittelalter II...,* op. cit., S. 43.
115. Zu den Signaturen in denen die Epitheta »doctus« oder »doctor« Verwendung fanden vgl. Claussen, *Früher Künstlerstolz...,* op. cit., S. 21 ff.: *Die Phase des akademischen Anspruchs (ca. 1200 bis 1250).* Man erinnere sich außerdem, daß die berühmte »Relatio« aus Modena über die Translation des Körpers von San Gimignano sehr früh unterscheidet zwischen der geistigen Aktivität des Entwerfers und der praktischen des Erbauers: »[...] quesitum est ubi tanti operis designator, ubi talis structure edificator inveniri posset« (Es war die Frage, ob man den Entwerfer für eine so große Arbeit, den Erbauer für ein solches Werk fände), und nennt den »architector« Lanfranco »mirabilis artifex mirificus edificator«.
116. Siehe: C. Volpe, *Il Lungo percorso del »dipingere dolcissimo e tanto unito«,* in: *Storia dell'arte italiana,* Bd. V, Turin 1983, S. 231–304.
117. B. Cole, *Old and New in the Early Trecento,* in: ›Mitteilungen des Kunsthistorischen Institutes in Florenz‹, XVII, 1973, S. 57 ff.
118. H. Loyrette, *Une source pour la reconstruction du polyptyque d'Ugolino da Siena à Santa Croce,* in: ›Paragone‹, Nr. 343, 1978, S. 15 ff.; J. Cannon, *Simone Martini, the Dominicans and the Early Sienese Polyptich,* in: ›Journal of the Warburg and Courtauld Institutes‹, XLV, 1982, S. 69 ff.
119. A. Kosegarten hat die Hypothese aufgestellt, der Initiator dieser Tendenz sei Camaino di Crescentino, der Vater Tino di Camainos, gewesen (A. Kosegarten, *Einige Sienesische Darstellungen der Muttergottes aus dem frühen Trecento,* in: ›Jahrbuch der Berliner Museen‹, VIII, 1966, S. 111 ff.).
120. In der Toskana einen Geschmack der Guelfen von einem solchen der Ghibellinen zu unterscheiden, ist ein Ding der Unmöglichkeit. Man kann jedoch daran erinnern, daß Giovanni Pisano, der bedeutendste Bildhauer seiner Zeit, in viele Unternehmungen der Ghibellinen eingebunden war und daß er niemals für die guelfisch orientierte Stadt Florenz arbeitete. Weiter kann man darauf verweisen, daß der dramatische – und von Giovanni beeinflußte – Geschmack Pietro Lorenzettis auf das Wohlgefallen des Ghibellinen Guido Tarlati, des Bischofs von Arezzo, stieß (diese Zusammenhänge hat Carlo Volpe herausgestrichen). So stünde dem harmonischen und in gewisser Weise klassischen, wenn nicht gar antikisierenden, Gleichgewicht Giottos eine Art ghibellinische Expressivität gegenüber, wenn man nicht gar von Expressionismus sprechen will. Dieses Problem hatte Longhi so charakterisiert, daß er den Hl. Georg von Vitale als »Blauen Reiter des Bologneser Ghibellinismus« bezeichnete. Ein berühmter Fall, bei dem die Parteinahme künstlerische Konsequenzen hatte, ist der von Tino di Camaino, der als Bauleiter der Kathedrale von Pisa und Schöpfer des Grabmals von Heinrich VII., das zum Jahrestag seines Todes am 24. 8. 1315 eingesegnet werden sollte, am 29. 8. selbigen Jahres auf der Seite der guelfischen Sieneser an der Schlacht von Montecatini gegen die Pisaner teilnahm. Und als Konsequenz entließ der Ältestenrat von Pisa ihn aus dem Amt, »cum sit guelfus et in exercitu et prelio de Montecatino fuerit contra Pisanos« (weil er Guelfe und im Heer ist und in der Schlacht von Montecatino gegen die Pisaner kämpfte) und legte sodann fest, daß kein Guelfe jemals dieses Amt innehaben könne (P. Bacci, *Lo scultore Tino di Ca-*

maino e la tomba dell'alto Arrigo per il Duomo di Pisa, in: ›Rassegna d'arte antica e moderna‹, VII, 1921, S. 73 ff.; M. Seidel, *Studien zu Giovanni Balducci und Tino di Camaino,* in: ›Städel Jahrbuch‹, V, 1975, S. 66). Als Tino das pisaner Umfeld verließ, hatte das Auswirkungen auf seinen Stil.
121. P. Bacci, *Fonti e commenti per la storia dell'arte senese,* Siena 1944, S. 160; U. Feldges, *Landschaft als topographisches Porträt,* Bern 1980.
122. Vgl. M. Seidel, *Castrum pingatur in Palatio 1) Ricerche storiche e iconografiche sui castelli dipinti nel Palazzo Pubblico di Siena,* in: ›Prospettiva‹, Nr. 28, 1982, S. 17 ff.; L. Bellosi, *Castrum pingatur in Palatio 2) Duccio e Simone Martini pittori di castelli senesi »a l'esempio come erano«,* ebd.
123. L. Ghiberti, *I Commentarii,* hrsg. von J. Schlosser, Berlin 1912, S. 40 ff.
124. M. Seidel, *Wiedergefundene Fragmente eines Hauptwerkes von Ambrogio Lorenzetti,* in: ›Pantheon‹, 1977, S. 119 ff.
125. H. O. Edwards, *Ambrogio Lorenzetti and Classical Painting,* in: ›Florilegium‹, II, 1980, S. 146 ff.
126. Das anscheinende Desinteresse von Duccio für die Wandmalereien – die er wahrscheinlich trotz alledem vor 1285 in Assisi ausführte – stellt uns vor ein ungelöstes Problem bei der Zuschreibung des Freskos, das an der Wand der Sala del Mappamondo im Palazzo Pubblico zum Vorschein gekommen ist und das wahrscheinlich das Schloß von Giuncarico darstellt. Einzigartig scheint weiter, daß, falls Duccio häufig Fresken ausgeführt hätte, die Aufgabe, die *Maestà* des Palazzo Pubblico zu malen, 1315 Simone Martini übertragen wird. Trotz der ausgezeichneten Bestandsaufnahmen von L. Bellosi *(Castrum pingatur in Palatio ...,* op. cit.) verdient diese Frage ein weiteres Nachdenken.
127. Die besonders eng mit der Architektur verbundene Funktion des Freskos ist auch durch die intelligente Auswahl der Abbildungen im Buch von E. Borsook unterstrichen worden: *The Mural Painters of Tuscany,* Oxford 1980^{2}. Vgl. auch Gombrich, *Means and Ends,* op. cit.
128. U. Feldges Henning, *The pictorial Programme of the Sala della Pace: a new interpretation,* in: ›Journal of the Warburg and Courtauld Institutes‹, XXXV, 1972, S. 145 ff.
129. Zur politischen Malerei, siehe: S. Morpurgo, *Un affresco perduto di Giotto nel Palazzo del Podestà di Firenze,* Florenz 1897; ders., *Bruto, »il buon giudice«, nell'Udienza dell'Arte della Lana in Firenze,* in: *Miscellanea di storia dell'arte in onore di Igino Benvenuto Supino,* Florenz 1935, S. 141 ff.; H. Wieruszowski, *Art and the Commune in the Age of Dante,* in: ›Speculum‹, 1944, S. 14 ff.; N. Rubinstein, *Political Ideas in Sienese Art. The frescoes by Ambrogio Lorenzetti and Taddeo di Bartolo in the Palazzo Pubblico,* in: ›Journal of the Warburg and Courtauld Institutes‹, XXI, 1958, S. 179 ff.; G. Matthiae, *Pittura politica del Medioevo romano,* Rom 1964; C. Walter, *Papal political Imagery in the medieval Lateran Palace,* in: ›Cahiers Archéologiques‹, XX, 1970, S. 155 ff.; G. Ortalli, *Pingatur in Palatio. La politica infamante nei secolli XIII–XIV,* Rom 1979; E. Carter Southard, *The Frescoes in Siena's Palazzo Pubblico (1289–1539),* New York 1979; Seidel, *Castrum pingatur in Palatio ...,* op. cit.; J. F. Sonnay, *La politique artistique de Cola di Rienzo,* in: ›Revue de l'Art‹, Nr. 55, 1982, S. 35 ff.
130. Hager, *Die Anfänge des italienischen Altarbildes ...,* op. cit.; M. Cämmerer George, *Die Rahmung des Toskanischen Altarbildes im Trecento,* Straßburg 1966; M. Laclotte, *Retables Italiens du XIIIe au XVe siècle,* Dossiers du Département des Peintures du Musée du Louvre, Paris 1978; C. G. von Teuffel, *The Buttressed Altarpiece: A forgotten aspect of Tuscan fourteenth Century Altarpiece Design,* in: ›Jahrbuch der Berliner Museen‹, XXI, 1979, S. 21 ff.; Cannon, *Simone Martini, the Dominicans ...,* op. cit., S. 78. Den Formen des Polyptychons ist die Sommernummer 1982 des ›Bulletin of the Metropolitan Museum of Art‹ gewidmet: K. Christiansen, *Fourteenth-Century Italian Altarpieces.*
131. Gardner, *The Stefaneschi Altarpiece ..., op. cit.,* S. 61, 63, 103.
132. A. Preiser, *Das Entstehen und die Entwicklung der Predella in der italienischen Malerei,* Hildesheim 1973.
133. Gardner, *The Louvre Sigmatization ...,* op. cit
134. M. B. Hall, *Renovation and Counter-Reformation. Vasari and the Duke Cosimo in Sta. Maria Novella and Santa Croce 1567/1577,* Oxford 1979.
135. C. Bertelli, *Vetri italiani a fondo d'oro ...,* op. cit., S. 72, Anm. 6.
136. Über die künstlerischen Beziehungen zwischen Italien und Westeuropa im Trecento, vgl.: F. Scricchia Santoro, *Arte italiana e arte straniera,* in: *Storia dell'arte italiana,* Bd. III, Turin 1979, S. 80 ff. Die europäische Verbreitung der gotischen Bildhauerei aus Italien war, im Gegensatz zur Malerei, recht begrenzt. Im Jahr 1328–29 schenkte die Stadt Pisa Kaiser Ludwig dem Bayern eine Kopie der *Madonna di Arrigo* von Pisano, die sich heute in der Abtei von Ettal befindet (vgl. G. Kreytenberg, *Das Marmorbildwerk der Fundatrix Ettalensis und die Pisaner Skulptur zur Zeit Ludwigs des Bayern,* in: H. Glaser, *Wittelsbach und Bayern,* Bd. I, München 1980, S. 445 ff.). In Barcelona wird der Sarkophag der Heiligen Eulalia von Künstlern bearbeitet, die »de partibus Pisarum« (zum Teil aus Pisa) kommen (vgl. M. Salmi, *Un monumento della scultura pisana a Barcellona,* in: *Miscellanea Supino ...,* op. cit., S. 125 ff.), aber abgesehen von Katalonien kann man sagen, daß der Einfluß der toskanischen Bildhauerei gering war. In Avignon sind die Skulpturen ganz selten, die konsistente Spuren italienischer Einflüsse aufweisen (vgl. J. R. Gaborit im Katalog *L'Art Gothique Siennois ...,* op. cit., S. 179, Tafel 58).
137. K. Michaelsson, *Le livre de la taille de Paris, l'an 1296,* in: ›Arsskrift Acta Universitatis Gottenburgensis‹, LXIV, 1958, S. 269 ff.; ders., *Le livre de la taille de Paris l'an 1297,* ebd., LXVII, 1961, S. 421 ff.
138. J. Stubblebine, *Duccio di Buoninsegna and his School,* Princeton (N. J.) 1979, I, S. 4.
139. H. Moranvillé, *Artistes romains pensionnaires de Philippe Le Bel,* in: ›Bibliothèque de l'École de Chartres‹, I, 1881; B. Prost, *Quelques documents sur l'histoire des arts en France,* in: ›Gazette des Beaux-Arts‹, Nr. 35, 1887.
140. M. Meiss, *A cavallinesque fresque in Béziers,* in: ›Gazette des Beaux-Arts‹, 1937, S. 275 ff.
141. Zu den jüngst wiederaufgetauchten Fresken in Narbonne vgl. ›Bulletin Monumental‹, 1983, Nr. 2, S. 189 ff.
142. Über den Meister des Georgskodex vgl. insbesondere den Beitrag von F. Avril und L. Bellosi in den Ausstellungskatalogen *Il gotico a Siena* (Siena 1982) und *L'Art Gothique Siennois* (Avignon 1983), die die Anwesenheit des Künstlers in Avignon ab möglicherweise 1320–21 belegen.
143. Zu Jean Pucelle siehe: K. Morand, *Jean Pucelle,* Oxford 1962; Baron, *Enlumineurs peintres et sculpteurs parisiens ...,* op. cit.; Ausstellungskatalog: *Les Fastes du Gothique,* Paris 1981, S. 276 ff.; F. Avril, *L'Enluminure du XIVe siècle à la Cour de France,* Paris 1978, S. 13 ff.
144. Über die Beziehung zwischen den Glasmalereien in der Normandie und den Pariser Vorbildern vgl. J. Lafond, *Le vitrail du XIVe s. en France,* in: L. Lefrançois-Pillion, *L'Art du XIVe siècle en France,* Paris 1954. Zu den Glasmalereien von Saint-Ouen, siehe: J. Lafond, *Les Vitraux de Saint-Ouen de Rouen,* Paris 1970, S. 245, Abb. 71 und die Seite aus dem *Livre des Miracles de Notre-Dame,* die in Avril, *Manuscript Painting,* op. cit., S. 18, Abb. V, reproduziert ist.
145. Zu den Glasmalereien von Königsfelden: E. Maurer, *Die Kunstdenkmäler der Schweiz: Kanton Aargau III: Das Kloster Königsfelden,* Basel 1954; M. Beck, P. Felder, E. Maurer, D. W. H. Schwarz, *Königsfelden,* Olten-Freiburg 1970.
146. Über das Antependium von Königsfelden: Maurer, *Das Kloster Königsfelden,* op. cit., S. 337; Schwarz, in: *Königsfelden ...,* op. cit., S. 168 ff.
147. Über die Tafelbilder des Altars von Klosterneuburg: O. Pächt, *Österreichi-*

sche Tafelmalerei der Gotik, Augsburg 1929, S. 5 ff.; O. Benesch, *Katalog der Gemäldesammlung des stiftlichen Museums,* Klosterneuburg 1937, S. 39 ff.

148. Über die Malerschule von Sankt Florian: G. Schmidt, *Die Malerschule von St. Florian,* in: *Forschungen zur Geschichte Oberösterreichs,* Bd. 7, Linz 1962; vgl. *Gotik in Österreich,* Ausstellungskatalog (Krems 1967), S. 141 f., Tafel 67 u. 68.

149. Über das Antependium von Seidlin in Pettau: *Gotik in Österreich,* op. cit., S. 254 ff.

150. E. Panofsky, *Early Netherlandish Painters,* Cambridge (Mass.) 1958, S. 26. E. Panofsky vergleicht Österreich und England, die angeblich nur vereinzelt durch Italien beeinflußt wurden, mit Spanien, wo die italienischen Einflüsse so massiv gewesen sein sollen, daß keine autonome Ausarbeitung dieser Einflüsse möglich war, und weiter mit Frankreich und Böhmen, wo die italienischen Vorbilder originell und autonom verarbeitet worden sein sollen. Tatsächlich ist die österreichische Malerei des Trecento reich an Beispielen für einen italienischen Einfluß: Im Museum der Stadt Wien kommt ein Fresko aus Sankt Stefan der Darstellungsweise Altichieros ganz nahe (vgl. Toesca, *Il Trecento...,* op. cit., S. 797, Anm. 330); und in der Abtei von Stams in Tirol befindet sich eine Tafel mit der *Marienkrönung,* die Giusto de' Menabuoi auch in der sehr avancierten Konstruktion der Perspektive ganz nahe ist. Zu den Einflüssen der italienischen Malerei auf die Österreichs, vgl. W. Buchowiecki, in: *Gotik in Österreich...,* op. cit., S. 69.

151. Vgl. H. Reinhardt, *La Cathédrale de Strassbourg,* Grenoble-Paris 1972, S. 179 ff.

152. Maurer, *Das Kloster Königsfelden...,* op. cit., S. 319 ff.

153. Vgl. Buchowiecki im Katalog *Gotik in Österreich,* op. cit., S. 66.

154. Vgl. Klotz, *Deutsche und italienische Baukunst...,* op. cit.

155. Vgl. E. Castelnuovo und T. Hermanès, in: *Encyclopédie illustrée du Pays de Vaud,* Bd. 6, *Les Arts,* I, Lausanne 1976, S. 63 f.

156. O. Pächt, *A giottesque Episode in English Medieval Art,* in: ›Journal of the Warburg and Courtauld Institutes‹, 1943; F. Saxl und R. Wittkower, *British Art and the Mediterranean,* London 1948.

157. M. Meiss, *Italian Style in Catalonia,* in: ›Journal of the Walters Art Gallery‹, IV, 1941, S. 45 ff.; F. Bologna, *Les Primitifs Méditerranéens,* in: ›Paragone‹, Nr. 37, 1953, S. 49 ff.; ders., *Di alcuni rapporti tra Italia e Spagna nel Trecento e »Antonius Magister«,* in: ›Arte antica e moderna‹, IV, 1961, S. 29 ff.; ders., *I pittori alla corte angioina...,* op. cit.

158. Vgl. E. Castelnuovo, *Un pittore italiano alla corte di Avignone,* Turin 1962; ders., *Avignone e la nuova pittura: artisti, pubblico, committenti,* in: *Aspetti culturali della società italiana nel periodo del papato avignonese,* Convegni del Centro di Studi sulla spiritualità medievale, Todi 1981, S. 389 ff.; M. Laclotte, *Les peintres siennois à Avignon,* in: *L'Art Gothique siennois...,* op. cit., S. 98 ff.; M. Laclotte und D. Thiebaut, *L'École d'Avignon,* Paris 1983.

159. Über die Testamente in Avignon: A. M. Hayez, *Clauses pieuses de testaments avignonnais au XIVe siècle,* in: ›Actes du 99e Congrès National des Sociétés Savantes‹ (Besançon 1974), Paris 1977, S. 129 ff. Über die Briefe von Francesco di Marco Datini, die schon sehr früh die Existenz eines Kunstmarktes in Avignon belegen, vgl. J. Larner, *Culture and Society in Italy, 1290–1420,* London 1971, S. 312 ff.

160. Über die signierten Arbeiten Sieneser Maler in Avignon vgl. Castelnuovo, *Un pittore...,* op. cit., S. 143. Zur Gruppe von Künstlern um Simone Martini in Avignon siehe: C. De Benedictis, *La pittura senese 1330–1370,* Florenz 1979, S. 26 ff., und S. 40 ff.; in einem Statement auf dem Kolloquium *Le rayonnement de l'art siennois du Trecento en Europe* (Avignon 1983) mit dem Titel *Lippo Memmi in Avignon* hat B. Bennett vorgeschlagen, die Fresken der Vorhalle von Notre-Dame-des-Doms, die man allgemein für eine Arbeit Simones hielt, Lippo Memmi zuzuschreiben. Auch wenn dieser Vorschlag inakzeptabel ist, so scheint die Anwesenheit Lippo Memmis in Avignon doch ziemlich wahrscheinlich; dort wurde nach einem Zeugnis aus dem 17. Jhd. ein von ihm mit seinem Bruder 1347 signiertes Bild im Konvent der Franziskaner aufbewahrt. Die Tatsache, daß Lippo im November desselben Jahres in Siena weilt, schließt die Hypothese eines Aufenthaltes in Avignon nicht aus, da die Werkstatt Simone Martinis auch nach 1344 weitergearbeitet haben muß, wahrscheinlich unter der Leitung von Donato Martini und Lippo und Tederico Memmi.

161. Zum Datum der Ankunft Simone Martinis in Avignon, höchstwahrscheinlich 1336, vgl. J. Rowlands, *The Date of Simone Martini's Arrival in Avignon,* in: ›The Burlington Magazine‹, Nr. 107, 1965, S. 25 ff.; J. Brink, *Francesco Petrarca and the problem of chronology of the late painting of Simone Martini,* in: ›Paragone‹, Nr. 331, 1977, S. ff.

162. Zu den Besonderheiten der Situation in Avignon und den Möglichkeiten, die sie bieten konnte, siehe: Castelnuovo, *Avignone e la nuova pittura...,* op. cit., E. Castelnuovo und C. Ginzburg, *Zentrum und Peripherie,* in dieser Ausgabe, Bd. 1, S. 65 ff.

163. Vgl. O. Pächt, *The Avignon Diptych and its Eastern Ancestry,* in: ›De Artibus Opuscula‹, XL, New York 1961, S. 416 ff.; M. Kahr, *Jean Le Bon in Avignon,* in: ›Paragone‹, Nr. 197, 1966, S. 3 ff.

164. Über die beispielhafte Funktion der Fresken in Avignon und das Echo auf die Malerei in Avignon in der europäischen Malerei des 14. und 15. Jahrhunderts, siehe: Castelnuovo, *Avignone e la nuova pittura...,* op. cit., S. 402, mit Bibliographie; außerdem: C. Sterling, *Enguerrand Quarton. Le peintre de la Pietà d'Avignon,* 1983.

165. Über den »Maestro degli Angeli Ribelli«: M. Laclotte, *Le Maître des Anges Rebelles,* in: ›Paragone‹, Nr. 237, 1969, S. 3 ff. sowie die Ausstellungskataloge *Il gotico a Siena,* op. cit., S. 215 ff. u. *Le Gothique Siennois,* op. cit., S. 180 ff.

166. Einige Szenen der Fresken in Avignon von M. Giovannetti nehmen die Versuche Jean de Bondols vorweg: vgl. insbesondere die Szene mit dem Hl. Martial, der Aurelian zum Priester weiht (als Abb. 30 in Castelnuovo, *Un pittore italiano...,* op. cit.). Auf der anderen Seite derselben Kapelle, in der Szene mit Christus, der dem Hl. Martial das Martyrium der Hll. Peter und Paul ankündigt, ist der Kirchenraum, in dem der Hl. Martial die Botschaft von Christus empfängt, dreidimensional und komplex und stellt sich damit in Gegensatz zu jenem zweidimensionalen und ganz unwirklichen, in dem sich das Martyrium der beiden Heiligen abspielt: und zwar in einer Opposition von Raum der Realität und Raum der Offenbarung, die sich in der *Apokalypse* von Angers als Gegensatz zwischen den räumlichen und komplexen Architekturen der Baldachine, die die »Lektoren« einfassen, und der reaktiven Zweidimensionalität der apokalyptischen Szenen ausdrückt.

167. Zu den komplexen Beziehungen zwischen Avignon und Prag, auf die seinerzeit Max Dvořák besonders hingewiesen hatte, siehe die jüngsten Veröffentlichungen: O. Pujmanova, *Robert Anjou's unknown tabernacle in Brno,* in: ›The Burlington Magazine‹, 1979; dies., *Alcuni appunti sulle opere di Tomaso da Modena e Karlstein,* in: *Tomaso da Modena e il suo tempo,* Treviso 1980, S. 283 ff.

GIOVANNI ROMANO
Auf dem Weg zur ›modernen Manier‹: Von Mantegna zu Raffael

1. P. Kristeller, *Andrea Mantegna,* Berlin 1902, S. 551

2. Francesco Gonzaga hat die Kapelle des Papstes noch nicht gesehen und wird sie erst im März 1496 besichtigen (A. Luzio, *Isabella d'Este e i Borgia,* in: ›Archivio storico lombardo‹, 9. November 1914, S. 488).

3. C. Cottafavi, *Ricerche e documenti sulla costruzione del Palazzo Ducale,* Mantua 1939, S. 35 (Auszug aus: ›Atti e memorie della Reale Academia virgiliana di Mantova‹).

4. Kristeller, *Andrea Mantegna,* op. cit., S. 544.

5. Der Kontakt zwischen Neapel und Mantua wurde durch den traditionellen Austausch der Portraits unter Verwandten ermöglicht (Isabella d'Este, Gattin des Francesco Gonzaga, war die Tochter von Eleonora von Aragon und Ercole d'Este), doch gab es auch Werke für die Öffentlichkeit (F. Bologna, *Ricordi di un Cristo morto del Mantegna,* in: ›Paragone‹, März 1956, S. 56–61). Zu der Erwähnung in der *Arcadia,* vgl. O. Kurz, *Sannazaro and Mantegna,* in: *The Decorative Arts of Europe and the Islamic East. Selected Studies,* London 1977, S. 277–83 (die Numerierung entspricht der in Band II der *Scritti in onore di Riccardo Filangieri,* die 1959 herausgegeben wurden). Ein weiteres besonderes Kennzeichen des Kontakts zwischen Neapel und Mantua findet sich in der Korrespondenz zwischen Isabella d'Este und Pontano über ein Denkmal für Vergil, »nur mit dem Lorbeer auf dem Haupt, und dem antiken Gewand, mit der Toga bekleidet, auf der Schulter geknotet, oder im Senatorengewand, also dem einfachen Kleid und dem Übermantel, wie man volkstümlich sagt, bis zum Hals bewaffnet, worauf sich M. Andrea Mantinia gut versteht, und ohne etwas in der Hand zu haben [...] und mit antiken Sandalen« (über Pontanos Vorschläge berichtet Jacopo d'Altri in einem Brief an Isabella d'Este vom 17. März 1499, die im wesentlichen einer bekannten Zeichnung des Louvre, inv. RF 239, entsprechen); vgl. A. Luzio und R. Renier, *La coltura e le relazioni letterarie di Isabella d'Este Gonzaga,* Turin 1903, S. 399.

6. J. Schlosser, *Die Kunstliteratur. Ein Handbuch zur Quellenkunde der neueren Kunstgeschichte,* Wien 1924; M. Baxandall, *Die Wirklichkeit der Bilder. Malerei und Erfahrung im Italien des 15. Jahrhunderts,* Frankfurt/M. 1977, S. 139; R. Dubos, *Giovanni Santi,* Bordeaux 1971, S. 45–78.

7. In Wirklichkeit hat sich das Problem anfangs als das Problem einer »höfischen Sprache« gestellt, ein Begriff, der während der Ereignisse, die uns hier interessieren, entstanden ist. Erst vor kurzem ist man sich darüber klargeworden, daß die »höfische Theorie« die engen Grenzen eines Problems der Sprache überschritten hat und eine spezifische individuelle, kulturelle Haltung bedeutete. Inzwischen wird der Begriff allgemein verwendet, doch ist es immer gut, zu den Untersuchungen zurückzukehren, die die historischen Dimensionen das Phänomens deutlicher unterschieden haben: G. Folena, *La crisi linguistica del Quattrocento e l'Arcadia di I. Sannazaro,* Florenz 1952; C. Dionisotti, Einleitung zu P. Bembo, *Prose e rime,* Turin 1960 (neue und erweiterte Ausgabe 1966); P. V. Mengaldo, *Appunti su Vincenzo Calmeta e la teoria cortigiana,* in: ›La rassegna della letteratura italiana‹, September–Dezember 1960, S. 446–69; C. Dionisotti, *Niccolò Liburnio e la letteratura cortigiana,* in: ›Lettere italiane‹, Januar–März 1962, S. 33–58; P. V. Mengaldo, *La lirica volgare del Sannazaro e lo sviluppo del linguaggio poetico rinascimentale,* in: ›La rassegna della letteratura italiana‹, September bis Dezember 1962, S. 436–82; C. Dionisotti, *Fortuna del Petrarca nel Quattrocento,* in: ›Italia medioevale e umanistica‹, 1974, S. 60–113.

8. G. Fiocco, *Felice Feliciano amico degli artisti,* in: ›Archivio storico tridentino‹, 1926, S. 189–190 (Fiocco übernimmt den Text aus dem veronesischen Kodex von 1463, den ich nicht überprüfen konnte); für Mantegna ist auch der Teil der Widmung bedeutsam, den Fiocco außer acht läßt: »Quae cuncta in hunc usque diem per civitates Italiae diversis in locis agrorum reperta tibi Andreae amice incomparabili dedicavi, cum quia te huiusmodi antiquitatis investigandae promptissimum amantissimumque percepi. Tum quoniam nihil est apud me potius et antiquius quam te fieri quam dictissimum atque omnibus in rebus praeclaris consummatum virum evadere« (ich zitiere aus dem Kodex Marciano von 1464, Fol. 28*r*; der Text ist übersetzt erschienen bei G. Mardersteig, *Felice Feliciano. Alphabetum Romanum,* Verona 1960, S. 18–19: »Die Sammlung von all dem, was ich bis zum heutigen Tage in verschiedenen Städten Italiens und auf dem Lande fand, habe ich dir, Andrea, dem unvergleichlichen Freunde, gewidmet. Teils, weil ich zur Genüge weiß, daß du ein großer Liebhaber solcher Forschungen der Antike bist, teils, weil es für mich nichts Würdigeres und Wichtigeres gibt, als daß du so gelehrt als möglich bist und in allen edlen Dingen als erfahrener Mann giltst«). Zu Feliciano und der Kultur der ›Antiquare‹ vgl. A. Momigliano, *Ancient History and the Antiquarian,* in: ›Journal of the Warburg and Courtauld Institutes‹, Juli–Dezember 1950, S. 290; C. Mitchell, *Archaeology and Romance in Renaissance Italy,* in: *Italian Renaissance Studies. A Tribute to the late Cecilia M. Ady,* hrsg. von E. F. Jacob, London 1960, S. 455–83; ders., *Felice Feliciano Antiquarius,* in: ›Proceedings of the British Academy‹, 1961, S. 197–221; R. Weiss, *The Renaissance Discovery of Classical Antiquity,* Oxford 1973, S. 148–49; G. Gianella, *Il Feliciano,* in: *Storia della cultura veneta. Dal primo Quattrocento al Concilio di Trento,* Bd. I, Vicenza 1980, S. 460–77.

9. Vgl. den Brief aus Rom vom 31. Januar 1489 in: G. Paccagnini, *Andrea Mantegna,* Mailand 1961, S. 60.

10. Kristeller, *Andrea Mantegna,* op. cit., S. 523.

11. G. Muzzioli, *Mostra storica nazionale della miniatura,* Katalog, Rom 1953, S. 379–80 (Karte 601); D. Fava und M. Salmi, *I manoscritti miniati della Biblioteca Estense di Modena,* Bd. II, Mailand 1973, S. 44–48 (Cod. Lat. α L. 5.15).

12. F. Colonna, *Hypnerotomachia Polyphili,* hrsg. von G. Pozzi und L. A. Ciapponi, Padua 1964, Bd. I, S. 51.

13. Brief vom 7. Juli 1507 an die Schwägerin Elisabetta Gonzaga Montefeltro, Herzogin von Urbino, zitiert bei A. Luzio, *Isabella d'Este e la corte sforzesca,* in: ›Archivio storico lombardo‹, 1901, Abtlg. 28, S. 157–59.

14. Dieser Brief vom 24. Oktober 1476 wurde kürzlich wieder veröffentlicht bei C. M. Brown, *Gleanings from the Gonzaga Documents in Mantua. Gian Cristoforo Romano and Andrea Mantegna,* in: ›Mitteilungen des Kunsthistorischen Institutes in Florenz‹, 1973, S. 158 f.

15. Zu den Zeichnungen der Ambrosiana vgl. A. Schmitt, *Disegni del Pisanello e di maestri del suo tempo,* Ausstellungskatalog, Venedig 1966, S. 46–52 (Karten 29–33, die dem mailändischen Künstler gegen 1460 zugeschrieben werden; der Vorschlag ist plausibel, doch bedarf es einer präziseren Lösung des Problems, die für Foppa und vielleicht auch für Spanzotti sehr bedeutsam wäre); zu dem Skizzenband *Die Schule des Mantegna* in Berlin vgl. A. Martindale, *Andrea Mantegna. I Trionfi di Cesare,* Mailand 1980, S. 146, Abb. 149–52. Die Verwendung von Skizzenbüchern und Vorlagen bei Mantegna geht aus der Tradition der Werkstätten, in denen er gelernt hat, hervor und läßt sich aufgrund des Verhältnisses zwischen einigen Details der Fresken der Cappella Eremitani in Padua und den Zeichnungen des Schwiegervaters Jacopo Bellini als bewiesen ansehen (A. Moschetti, *Le iscrizioni lapidarie romane negli affreschi del Mantegna agli Erimitani,* in: ›Atti del Reale Istituto Veneto di scienze, lettere ed arti‹, 1929–30, S. 227–39). Auch Felice Felciano sammelte Zeichnungen; vgl. G. Mardersteig, *Nuovi documenti su Felice Feliciano da Verona,* in: ›La bibliofilia‹, März 1939, S. 106–108: Darin enthalten ist das Testament von Felice Feliciano von 1466 mit dem Hinweis auf die antiken Medaillen und auf Zeichnungen und Gemälde »a pluribus excellentibus magistris« (von vielen hervorragenden Meistern).

16. Zu den Zeichnungen in Wien vgl. Martindale, *Andrea Mantegna,* op. cit., S. 68, Anm. 70.

17. Zu Parentino in Padua vgl. A. de Niccolò Salmazo, *Bernardino Parenzano e le storie di S. Benedetto del chiostro maggiore di S. Giustina,* in: *I Benedettini a Padova e nel territorio padovano attraverso i secoli,* Ausstellungskatalog, Padua 1980,

S. 89–120 (mit Bibliographie). Auch Parentino war ›Antiquar‹, insofern er eine private kleine Sammlung von Inschriften besaß, die in Istria aufgefunden wurde, und eine Zeichnung des Sarkophags mit der Schlacht zwischen Römern und Barbaren aus der römischen Sammlung von Giovanni Ciampolini aufbewahrte. Da der Sarkophag wahrscheinlich erst mit der Sammlung von Giulio Romano nach Mantua gelangte, ist es nicht ausgeschlossen, daß der Überbringer Mantegna selbst bei seiner Rückkehr aus Rom gewesen sei. Zu den istrischen Epigraphien vgl. M. P. BILLANOVICH, *Una miniera di epigrafi e di antichità. Il chiostro maggiore di S. Giustina a Padova,* in: ›Italia medioevale e umanistica‹, 1969, insbesondere S. 224–43 (doch ist der gesamte Artikel wichtig, wegen der Fülle an ›antiquarischem‹ Material, wegen der präzisen Angaben zur Biographie Parentinos und wegen der Korrektur einer vorangegangenen Darstellung von Ważbiński, die voller ärgerlicher Ungenauigkeiten ist). Auf die Frage von Billanovich (S. 274) nach dem möglichen Vermittler zwischen Parentino und dem Illustrator des Polifilo hinsichtlich einer Zeichnung nach einer römischen Vorlage aus San Lorenzo, würde ich fast antworten wollen, daß Mantegna hierfür in Frage komme, und zwar nach seiner Rückkehr aus Rom. Zu den istrischen Epigraphien vgl. auch den zweiten Aufsatz von M. BILLANOVICH, *Bernardino Parenzano e le origini di Capodistria,* ebd., 1971, S. 252–65.

18. Ders., *Una miniera,* op. cit., S. 280–82. Die genauere Bestimmung des Verhältnisses Parentino-Mantegna-*Poliphilus,* die hier vorgenommen wird, bekräftigt die These von Casella-Ciapponi-Pozzi, die Francesco Colonna in einem venetischen Zusammenhang sieht, gegen die römische Hypothese bei M. CALVESI, *Il sogno di Polifilo prenestino,* Rom 1980 (die bereits in: ›L'Europa letteraria‹ 1965, aufgestellt wurde). Zur vollständigen Darstellung dieser Auseinandersetzung vgl. auch M. BILLANOVICH, *Francesco Colonna, il Polifilo e la famiglia Lelli,* in: ›Italia medioevale e umanistica‹, 1976, S. 419–28; G. POZZI und G. GIANELLA, *Scienza antiquaria e letteratura. Il Feliciano. Il Colonna,* in: *Storia della cultura veneta,* op. cit., Bd. I, S. 459–98. Zum Literarischen, das nicht mein Gebiet ist, möchte ich keine Stellung beziehen, doch bedarf es einiger Präzisierungen hinsichtlich der Illustrationen. In erster Linie muß man die unhaltbaren Thesen von Donati (1957) fallenlassen, daß die mittelitalienische Kultur, insbesondere Benozzo Gozzoli, irgendetwas mit den Illustrationen des Poliphilus zu tun hätte. Diese klaren Holzschnitte gehören in jeder Einzelheit der venetischen Tradition der Illustrationskunst an, die sich nach Vorlagen von Mantegna und Bramante entwickelt hat und im Ausgang des Jahrhunderts gegenüber der Bildhauerei der Lombardo und der Malerei der Bellini zur Reife gelangte: Zum Beweis mache ich auf die Übereinstimmung zwischen den Tafeln des Poliphilus und der schönen Leinwand von Giovanni Mansueti mit der *Guarigione della figlia di Benvegnudo di San Polo* in der Galerie der Akademie von Venedig aufmerksam; das Bild stammt aus der Scuola die San Giovanni Evangelista und kann nicht vor 1496 entstanden sein: Vgl. A. BALLARIN, *Una nuova prospettiva su Giorgione: la ritrattistica degli anni 1500–1503;* in: Giorgione, Atti del Convegno internazionale die studio per il quinto centenario della nascita (29.–30. Mai 1978), Castelfranco 1979, S. 237 f. Des weiteren weise ich darauf hin, daß das Täfelchen mit der *Educazione di Amore,* die man in zwei nicht sehr schönen Ausführungen im Victoria and Albert Museum in London und in der Ca' d'Oro in Venedig kennt, nicht von dem Florentiner Bertoldo, sondern vom Veneter Camelio stammt und insofern gegen die mittelitalienische Hypothese spricht (vgl. J. POPE-HENNESSY, *Italian Bronze Statuettes,* in: ›The Burlington Magazine‹, Januar 1963, S. 23). Es ist zu bedauern, daß die Untersuchung der venetischen Buchillustration fünfundzwanzig Jahre nach der These von Donati immer noch nicht weitergekommen ist; vgl. hierzu meine Darstellung in: *La Bibbia di Lotto,* in: ›Paragone‹, Juli–September 1976 (Francesco Arcangeli gewidmet), S. 82–84. Noch bedauerlicher ist, daß keiner der neuen Ikonographen die genialen Anregungen von F. SAXL, *Pagan Sacrifice in the Italian Renaissance,* in: ›Journal of the Warburg and Courtauld Institutes‹, April 1939, S. 359–63, hat weiterentwickeln wollen.

19. Auch die metaphorische Lexikalik des Poliphilus müßte in einer Geschichte der Literatur und Kunst berücksichtigt werden, zumal sie chronologisch den bemerkenswerten Versuchen Calmetas entspricht, auf die schon Mangaldo hinweist, *Appunti,* op. cit., S. 451–53 und 463–66. Die »kritische« Sprache des *Poliphilus* wird indirekt bei Castiglione erklärt, obwohl er diesen Text nicht liebte, und zwar in einer Passage des *Cortegiano,* die bislang von den Kunsthistorikern noch nicht erschöpfend interpretiert wurde: »Zuweilen muß er (der Hofmann) auch mit der Einfachheit der Unschuld, die alles so erscheinen läßt, als ob die Natur selbst spräche, gerührt und fast trunken von Wonne erscheinen, und zwar mit solcher Leichtigkeit, daß der Hörer meint, auch er könne mit geringer Mühe zu dieser Stufe gelangen, und sich dabei doch weit davon entfernt findet, wenn er es versucht. [...] Ich möchte ferner, daß er sich nicht scheue, neue Wörter zu bilden und in neuen Bildern zu sprechen« (so Graf LUDOVICO DA CANOSSA, *Das Buch vom Hofmann,* München 1986, 1. Buch, Kap. XXXIV, S. 66).

20. Diese Definition hatte man sich für das römische Amphitheater in Verona ausgedacht (vgl. WEISS, *The Renaissance Discovery,* op. cit., S. 117). Nach über einem halben Jahrhundert sind die treffenden Beobachtungen zur »verzweifelten und subtilen Dogmatik« der archäologischen Leidenschaft Mantegnas von Roberto Longhi immer noch aktuell, in: *Lettera pittorica a Giuseppe Fiocco,* 1926 (heute in: *Saggi e ricerche. 1925–1928,* Florenz 1967, S. 77–98).

21. Wenn nicht anders angegeben, findet sich das hier verwendete dokumentarische und bildliche Material bei MARTINDALE, *Andrea Mantegna,* op. cit.; das Buch zeichnet sich durch die professionelle Darstellung auf einem Gebiet aus, das leicht zum Opfer von Dilettanten wird; einige Angaben finden sich auch bereits bei A. LUZIO und R. PARIBENI, *Il Trionfo di Cesare di Andrea Mantegna,* Rom 1940, und bei E. Battisti, *Il Mantegna e la letteratura classica,* in: *Arte, pensiero e cultura a Mantova nel primo rinascimento in rapporto con la Toscana e con il Veneto,* Atti del VI Congresso internazionale di studi sul Rinascimento, Florenz 1956, S. 39.

22. Zur Beschreibung der Aufführung von Mantua vgl. G. CAMPORI, *Lettere artistiche inedite,* Modena 1866, S. 2–5; hinsichtlich der archäologischen Wißbegierde in Ferrara erinnere man sich, daß Ercole d'Este Niccolò Leoniceno mit der Übersetzung der *Roma instaurata* von Biondi beauftragt hatte (vgl. D. MUGNAI CARRARA, *Profilo di Niccolò Leoniceno,* in: ›Interpres‹, II, 1979, S. 178 f. Zum Paradiesfest in Mailand vgl. E. SOLMI, *Scritti vinciani,* Florenz 1976, S. 407–18 (die Schrift erschien ursprünglich in: ›Archivio storico lombardo‹, 1904).

23. Zur Verbreitung von Petrarcas *Trionfi* im Quattrocento vgl. DIONISOTTI, *Fortuna del Petrarca,* op. cit., S. 68–91; zu dem besonderen Fall von Mantua siehe auch C. FURLAN, *I Trionfi della Collezione Kress,* in: ›Arte veneta‹, 1973, S. 81–90.

24. Die Tafel des Louvre war gerade erst am 6. Juli 1496 fertiggestellt worden (KRISTELLER, *Andrea Mantegna,* op. cit., S. 561); die Altartafel für Verona folgt unmittelbar darauf, jedoch unter einer gewissen Mitwirkung der Werkstatt (ebd., S. 562).

25. Die Rolle von Benedetto Bordon ist nicht ganz klar, zumal es nicht logisch ist, daß die Ausgabe von Jacob von Straßburg folgt; aber die Forschung über den Kupferstecher Benedetto Bordon ist erst am Anfang und könnte noch Überraschungen bereithalten (vgl. M. T. CASELLA und G. POZZI, *Francesco Colonna. Biografia e opere,* Padua 1959, Bd. II, S. 157; es erscheint mir jedoch unwahrscheinlich, daß die Illustrationen des Poliphilus auf Bordon zurückgehen).

26. G. VASARI, *Le vite de' piu eccellenti*

pittori, scultori e architettori (Die Lebensbeschreibungen der ausgezeichnetsten Maler, Bildhauer und Baumeister, Bd. II. 2, Stuttgart und Tübingen 1839, S. 290). Später wird man einen weiteren außergewöhnlichen Erfolg des *Triumph des Cäsar* sehen, den Francisco da Hollanda vermerkt.
27. Ich zitiere aus dem Cod. Lat. α L. 5. 15, fol. 5r der Biblioteca Estense in Modena (Marcanova, *Quaedam antiquitatum fragmenta);* leider ist uns dieses Buch über die öffentlichen Würden und die Triumphe nicht überliefert. Man beachte, daß die *Roma triumphans* von Biondo für Marcanova transskribiert wurde (Biblioteca Marciana Cod. Lat. X, 23, der zu Lat. X, 21 und 22 gehört, den zum Teil Feliciano geschrieben hat); Zusätze und Ausschmükkungen von Feliciano lassen sich in einer Inkunabel von Valturius erkennen (1472), heute in der Bibliothek des Vatikan (Rossiano 1335): vgl. MITCHELL, *Felice Feliciano,* op. cit., S. 207 (Anm. 1) und S. 208.
28. A. VENTURI, *L'arte ferrarese nel periodo d'Ercole I d'Este,* in: ›Atti e memorie della R. Deputazione di storia patria per le provincie di Romagna‹, 1887–88, S. 412 f.
29. G. L. MELLINI, *Altichiero e Jacopo Avanzi,* Mailand 1965, S. 26–28; S. PETTENATI, *Vetri a oro del Trecento padano,* in: ›Paragone‹, Januar 1973, S. 79, Anm. 9.
30. F. SAXL, *L'antichità classica in Jacopo Bellini e nel Mantegna,* in: ders., *La storia delle immagini,* Bari 1965, S. 61–65; A. BRAHAM, *A Reappraisal of the »Introduction of the Cult of Cybele at Rome« by Mantegna,* in: ›The Burlington Magazine‹, Juli 1973, S. 457–63; C. M. BROWN, *Andrea Mantegna and the Cornaro of Venice,* ebd., Februar 1974, S. 101–3; G. KNOX, *The Camerino of Francesco Corner,* in: ›Arte veneta‹, 1978, S. 79–84.
31. Das einzige künstlerische Erzeugnis, das ausführlich in den *Asolani* erwähnt wird, ist Perottinos Taschentuch, ein Geschenk seiner Geliebten: »Es war aus feinsten Fäden gewebt mit einem Goldrand und mit Seide verziert, und darauf war ein Tier nach griechischer Sitte anmutig gemalt, es war eine sorgfältige Arbeit von Meisterhand und bewies ein klares Auge«. Dionisotti fragt sich in seinem Kommentar zu dieser Passage (am Ende des ersten Buches), ob es sich nicht um einen Hinweis auf die in Mode gekommene Groteskenmalerei handele; ich fürchte, dies ist nicht möglich, sowohl wegen der geringen Verbreitung der Groteskenmalerei in Norditalien vor 1506–07, als auch wegen des Hinweises auf die »griechische Sitte«, während die Groteskenmalerei ein typisch römisches Motiv der Verzierung war. Man wird vielleicht an einen bestickten Gebrauchsgegenstand denken müssen, dessen Motive die Venezianer als griechischen Ursprungs erkannten (vgl. BEMBO, *Prose e rime,* op. cit., S. 378, Anm. 1).
32. E. VERHEYEN, *The Paintings in the Studiolo of Isabella d'Este at Mantua,* New York 1971; *Le Studiolo d'Isabella d'Este,* Ausstellungskatalog, hrsg. von S. Béguin, Paris 1975 (andere Untersuchungen zum Studiolo, die mit dieser Ausstellung in Verbindung stehen, in: ›Laboratoire de recherche des Musées de France. Annales‹, 1975, und in: ›La Revue du Louvre‹, Juli–August 1975); P. WILLIAMS LEHMANN, *The Sources and Meanings of Mantegna's Parnassus,* in: P. WILLIAMS LEHMANN und K. LEHMANN, *Samothracian Reflections,* Princeton 1973, S. 57–178 (der Aufsatz stammt jedoch von 1968); C. M. BROWN, *The Grotta of Isabella d'Este,* in: ›Gazette des Beaux-Arts‹, Mai–Juni 1977, S. 155–71; Februar 1978, S. 72–82 (die Schrift ist in Zusammenarbeit mit A. M. LORENZONI entstanden); ders., »*Lo insaciabile desiderio nostro di cose antique*«: *New documents on Isabella d'Este's Collection of Antiquities,* in: *Cultural Aspects of the Italian Renaissance. Essays in Honour of Paul Oskar Kristeller,* hrsg. von C. H. CLOUGH, New York, 1976, S. 324–353.
33. Für diese erste Zeit sind die Hinweise bedeutsam, die G. Gerola zusammengestellt hat: *Trasmigrazioni e vicende dei Camerini di Isabella d'Este,* in: ›Atti e memorie della Reale Accademia virgiliana di Mantova‹, Bd. XXI, 1929, S. 254–60.
34. Zu dem verwickelten Gang der Korrespondenz zwischen den Gonzaga und den Bellini vgl. W. BRAGHIROLLI, *Carteggio di Isabella d'Este Gonzaga intorno ad un quadro di Giambellino,* in: ›Archivio veneto‹, 1877, Teil I, S. 370–83; V. CIAN, *Pietro Bembo e Isabella d'Este Gonzaga. Nuovi documenti,* in: ›Giornale storico della letteratura italiana‹, Januar–Juni 1887, S. 104–108; A. LUZIO, *Disegni topografici e pitture dei Bellini,* in: ›Archivio storico dell'arte‹, 1888, S. 276–78; J. M. FLETCHER, *Isabella d'Este and Giovanni Bellini's Presepio,* in: ›The Burlington Magazine‹, Dezember 1971, S. 703–12; C. M. BROWN, *Giovanni Bellini and Art Collecting,* ebd., Juni 1972, S. 404 f.
35. A. VENTURI, *Nuovi documenti su Leonardo da Vinci,* in: ›Archivio storico dell' arte‹, 1888, S. 45.
36. DIONISOTTI, *Niccolò Liburnio,* op. cit., S. 49, Anm. 4.
37. Die Verse, auf die wir uns hier beziehen, sind nachzulesen bei BAXANDALL, *Die Wirklichkeit der Bilder,* op. cit., S. 140.
38. BALLARIN, *Una nuova prospettiva,* op. cit., S. 237, Anm. 1.
39. F. BATTISTELLI, *Notizie e documenti sull'attività del Perugino a Fano,* in: ›Antichità viva‹, September–Oktober 1974, S. 67 f.
40. BAXANDALL, *Die Wirklichkeit der Bilder,* op. cit., S. 36–38.
41. P. SCARPELLINI, *Le fonti critiche relative ai pittori umbri del Rinascimento,* in: *L'Umanesimo umbro,* Atti del IX Convegno di studi umbri (Gubbio, 22.–23. September 1974), Perugia 1977, S. 624 f.
42. Zum Provinzialismus in Mailand vgl. die unmißverständlichen Zeugnisse, die ich gesammelt habe, in: *La pala sforzesca,* ›Quaderni di Brera‹ Nr. 4, Florenz 1978, S. 14 f. und S. 22, Anm. 22.
43. E. GARIN, *Giudizi artistici di Camillo Lunardi,* in: ›Rinascimento‹, Juni 1951, S. 191 f.; ich glaube nicht, daß der mailändische Steinschneider Leonardo, den Lunardi erwähnt, Leonardo da Vinci ist; diese Identifizierung wird erneut vorgeschlagen in: ders., *Il problema delle fonti nel pensiero di Leonardo,* in: *La cultura filosofica del Rinascimento italiano,* Florenz 1961, S. 397. Mantegna und Bellini, aber noch nicht Perugino, werden in der venezianischen Ausgabe des *Supplementum Chronicarum* (1503) von Jacopo Filippo Foresti lobend hervorgehoben: C. DIONISOTTI, *Tiziano e la letteratura,* in: *Tiziano e il manierismo europeo,* hrsg. von R. Pallucchini, Florenz 1978, S. 261.
44. Der *Hl. Sebastian* in Venedig ist ohne Zweifel derjenige, den Mantegna bei seinem Tod (13. September 1506) unvollendet ließ: Später weist Michiel auf ihn in der Sammlung von Pietro Bembo in Padua hin (J. Morelli [M. Michiel], *Notizia d'opere di disegno,* hrsg. von G. FRIZZONI, Bologna 1884, S. 50); der pessimistische Kommentar der Schriftrolle neben der kleinen Kerze »Nihil nisi divinum stabile est, coetera fumus« scheint mir von Poliphilus inspiriert zu sein, fügt sich aber gewiß gut in die Zeit der Pest von 1506 (BATTISTI, *Il Mantegna e la letteratura classica,* op. cit., S. 46 und 51). Der Vollständigkeit halber sei auch der heikle Artikel von M. LEVI D'ANCONA erwähnt, *Il Mantegna e la simbologia: Il S. Sebastiano del Louvre e quello della Ca' d'Oro,* in: ›Commentari‹, Januar–Juni 1972, S. 44–52.
45. VERHEYEN, *The Paintings in the Studiolo,* op. cit., S. 26 f.
46. Es ist offenbar undenkbar, daß Costa an dem Bild vor dem Tod Mantegnas gearbeitet hat, der offensichtlich mit dem Sujet beauftragt war; in den folgenden Jahren scheint mir ein plausibles Bindeglied in der Wiederaufnahme des Kontakts zu Francia gegen Ende des Jahres 1510 zu liegen, der dann überstürzt abgebrochen wurde (vgl. A. LUZIO, *Federico Gonzaga ostaggio alla corte di Giulio II,* in: ›Archivio della Società Romana di storia patria‹, 1886, S. 564 f.). Eine geringe Unsicherheit rührt von unserer begrenzten Kenntnis über Costas Aufenthalt in Mantua her, und die konfuse Monographie von Ranieri Varese stellt hierbei in gar keiner Weise eine Hilfe dar. Erst kürzlich wurde wiederholt, daß sich unter dem Gemälde von Costa die Skizze von Mantegna finde, obwohl dies absolut auszuschließen ist. Die Röntgenbilder der Pariser Ausstellung von 1975 waren viel lesbarer als es der Katalog vermu-

ten läßt: Das Gemälde wurde mit gedämpften und matten Farben ausgeführt, die vorherrschende Tönung ist ein bleiernes Grau; auf dieser Grundlage begann der Maler die gesamte Vegetation neu zu bearbeiten, die daher eine dickere Farbschicht aufweist als der Rest. Dieses offenkundige Mißverhältnis muß lange Zeit zu Neubearbeitungen angeregt haben, die jedoch nicht sehr umfassend sind: Die größten Schäden finden sich neben den Beinen der himmlischen Venus zur Linken, hinter dem Rükken der Nackten in der Mitte, die einen Reiher umfaßt, und in der unteren rechten Ecke.

47. KRISTELLER, *Andrea Mantegna,* op. cit., S. 572, 573, 585.

48. P. GAURICUS, *De sculptura* (1504), hrsg. von A. CHASTEL und R. KLEIN, Genf-Paris 1969, S. 55.

49. KRISTELLER, *Mantegna,* op. cit., S. 577.

50. Zu dem Stich vgl. J. A. LEVENSON, K. OBERHUBER und J. L. SHEENAN, *Early Italian Engravings from the National Gallery of Art,* Washington 1973, S. 222–27 (Karte von Levenson und Sheenan); zu den literarischen Quellen vgl. E. J. DWYER, *A Note on the Sources of Mantegna's Virtus combusta,* in: ›Marsyas‹, 1970–71, S. 58–62. Der Erfolg der lateinischen Editionen der *Tabula Cebetis* beginnt 1495–96, und in Mantua war möglicherweise die bolognesische Ausgabe vom 12. Mai 1497 (Benedictus Hectoris) in der lateinischen Übersetzung von Ludovici Odasi aus Padua bekannt, die Filippo Beroaldo herausgegeben hatte. Unter den anderen Schriften dieser Sammlung soll der albertinische Dialog zwischen Merkur und der Tugend Dosso (so glaubt Luciano) zu seinem berühmten Gemälde in Wien mit Jupiter, der den Schmetterlingen die Flügel färbt, angeregt haben. Es ist nicht auszuschließen, daß die *Virtus combusta* und das Gemälde mit der Minerva für das Studiolo mit einigen musikalischen Kompositionen, die Isabella zugeschrieben werden, und einem Sonett von Niccolò da Correggio in Zusammenhang stehen (vgl. C. GALLICO, *Poesie musicali di Isabella d'Este,* in: ›Collectanea Historiae Musicae‹, Bd. III, 1963, S. 109–15; der Kodex mit Isabellas Kompositionen stammt von 1495; C. DIONISOTTI, *Nuove rime di Niccolò da Correggio,* in: ›Studi di filologia italiana‹, 1959, S. 180). Zu der Beziehung zu dem Gemälde von Leombruno in der Brera vgl. BATTISTI, *Il Mantegna e la letteratura classica,* op. cit., S. 35.

51. C. DIONISOTTI, *Gli umanisti e il volgare fra Quattro e Cinquecento,* Florenz 1968, S. 80–87.

52. Der einzige sichere Anhaltspunkt für die Chronologie der *Schlacht der Seezentauren* ist die Kopie, die Dürer davon angefertigt hat und die auf 1494 datiert ist; daß es sich nicht unbedingt um einen früheren Stich handeln muß, scheint mir das Verhältnis zwischen den Köpfen der Kämpfer in der linken Mitte des Stiches und dem Zentaurenkopf im *Sieg der Tugend über die Laster* des Studiolo zu bestätigen (vgl. LEVENSON-OBERHUBER-SHEENAN, *Early Italian Engravings,* op. cit., S. 188–93); dies bedeutet auch die schon vermutete Beeinflussung durch den (venetischen) Francesco Colonna, wie sich aus dem angeführten Zitat erkennen läßt (siehe *Hypnerotomachia Poliphili,* op. cit., Bd. I, S. 52; Bd. II, S. 87). Die Vermutung, daß ein Text von Plinius hiermit in Zusammenhang stehe, rührt von einer Miniatur von Pietro Guindaleri (?) im *Plinius* der Gonzaga, heute in der Nationalbibliothek in Turin, her: vgl. A. BOVERO, *Ferrarese Miniatures at Turin,* in: ›The Burlington Magazine‹, August 1957, S. 261–65; U. MERONI, *Mostra dei codici gonzagheschi,* Katalog, Mantua 1966, S. 66 f. und 80 f.; doch die Miniatur (des Cod. I, 22.3 Fol. 5r) illustriert den Anfang von Buch IX, während der Passus zu den Meeresgöttern in Buch XXXVI 4 steht.

53. Die hier zusammengestellten Materialien finden sich bei V. CIAN, *Una baruffa letteraria alla corte di Mantova (1513). L'Equicola e il Tebaldeo* in: ›Giornale storico della letteratura italiana‹, Juli–Dezember 1886, S. 389, Anm. 1; ders., *Pietro Bembo,* op. cit., S. 90; LUZIO und RENIER, *La coltura e le relazioni letterarie,* op. cit., S. 382; A. LUZIO, *Isabella d'Este ne' primordi del papato di Leone X e il suo viaggio a Roma nel 1514–1515,* in: ›Archivio storico lombardo‹, 1906, S. 101; V. CALMETA, *Prose e lettere edite e inedite,* hrsg. von C. GRAYSON, Bologna 1959, S. XXXIV; Battisti, *Il Mantegna e la letteratura classica,* op. cit., S. 42 f.

54. E. H. GOMBRICH, *Botticelli's Mythologies,* in: ders., *Symbolic Images. Studies in the Art of the Renaissance,* 1972, London, S. 31–81; *Das symbolische Bild. Die Kunst der Renaissance II,* Stuttgart 1986 (jedoch stammt die erste Fassung dieses Aufsatzes von 1963). Nach der bereits erwähnten Untersuchung von Williams Lehmann kann man die Ikonographie von Mantegnas *Parnaß* als entschlüsselt ansehen, doch ist es wichtig, die Debatte, die dieser Lösung vorausging, zu betrachten, um die Probleme und Gefahren einer ikonographischen Untersuchung jenseits eines präzisen historischen Kontextes zu verstehen. Die scharfe Interpretation des Gemäldes, die E. Wind vorschlug, ist hierbei dem schwerwiegendsten Irrtum erlegen: *Bellini's Feast of the Gods. A Study in Venetian Humanism,* Cambridge (Mass.) 1948, S. 8; das beweist, daß Wind das Projekt des Studiolo in gar keiner Weise verstanden hatte, zumal er jedes Gemälde aus dem Zusammenhang der anderen löste und, auf der Fehlinterpretation des ersten Gemäldes von Mantegna aufbauend, es für möglich hielt, daß auch Bellinis *Bacchanal für Alphonso d'Este* in Washington Isabella gewidmet gewesen sei. Von der gerechtfertigten Polemik, die darauf folgte, sollte man zumindest den Aufsatz von E. TIETZE-CONTRAT erwähnen, *Mantegna's Parnassus. A Discussion of a recent interpretation,* in: ›The Art Bulletin‹, Juni 1949, S. 126–30; später, 1963, griff auch Gombrich mit neuen plausiblen Vorschlägen in die Debatte ein (heute in: *Symbolische Bilder,* op. cit.). Zusammenfassend wiederhole ich meine Überzeugung, daß die Gabelung der Warburg-Schule in die Richtungen von Panofsky und Saxl schwerwiegender ist, als sie erscheint und daß die Linie Panofsky-Wind weniger zuverlässig ist als die Linie Saxl-Gombrich.

55. Die Bibliographie über die Liebesabhandlungen des späten Quattrocento und die Verbreitung einer unbefangenen Form des Neoplatonismus ist mittlerweile enorm umfangreich; der Deutlichkeit halber kann man sich auf ein Minimum beschränken: E. VERHEYEN, *Eros et Anteros. L'Education de Cupidon et la prétendue Antiope du Corrège,* in: ›Gazette des Beaux-Arts‹, Mai–Juni 1965, S. 323–32; C. DIONISOTTI, *Appunti su Leone Ebreo,* in: ›Italia medioevale e umanistica‹, 1959, S. 415–21; M. POZZI, Einführung in die Neuauflage der *Trattati d'amore del Cinquecento,* hrsg. von G. ZONTA, Bari 1975, S. V–XV.

56. Zur Ikonographie des zweiten Gemäldes von Costa vgl. E. WIND, *Bellini's Feast of the Gods,* op. cit., S. 46–48; C. M. BROWN, *Comus, dieu des fêtes,* in: ›La Revue du Louvre‹ XIX, 1969, S. 31–38; J. SCHLODER, *Les Costa du Studiolo d'Isabella d'Este,* ebd., Juli–August 1975, S. 230–33.

57. F. LUISI, *La musica vocale nel Rinascimento,* Turin 1977, S. 18.

58. Auf den Lehrfabeln der antiken Dichter insistieren auch BEMBO (*Asolani* I XII) und LEONE EBREO (siehe das ausführliche Zitat bei A. GENTILI, *Da Tiziano a Tiziano,* Mailand 1980, S. 20). Mit Equicola und seiner späten Abhandlung haben sich kürzlich befaßt: D. DE ROBERTI, *La composizione del »De natura de amore« e i canzonieri antichi maneggiati da Mario Equicola,* in: ›Studi di filologia italiana‹, 1959, S. 189–220; I. ROCCHI, *Per una nuova cronologia e valutazione del »Libro de natura de Amore« di Mario Equicola,* in: ›Giornale storico della letteratura italiana‹, Oktober–Dezember 1976, S. 566–85; M. Aurigemma, *Il gusto letterario di Mario Equicola,* in: *Studi di letteratura e di storia in memoria di Antonio di Pietro,* Mailand 1977, S. 86–106; M. POZZI, *Mario Equicola e la cultura cortigiana;* in: ›Lettere italiane‹, April–Juni 1980, S. 149–71.

59. BEMBO, *Prose e rime,* op. cit., S. 662–63 (*Stanze di M. Pietro Bembo, recitate per giuoco,* 27 und 28).

60. A. LUZIO, *I ritratti di Isabella d'Este,* in: *La Galleria dei Gonzaga venduta all' Inghilterra nel 1627–28,* Mailand 1913,

S. 200 (der gleiche Aufsatz, jedoch in verkürzter Fassung, war bereits in ›Emporium‹, Mai 1900, S. 344–59, erschienen).

61. R. BACOU, *Cartons d'artistes du XVe an XIXe siècle,* Ausstellungskatalog, Paris 1974, S. 13 f.

62. C. PEDRETTI, *Ancora sul rapporto Giorgione-Leonardo e l'origine del ritratto di spalla,* in: *Giorgione,* op. cit., S. 181–85; Ballarin, *Una nuova prospettiva,* op. cit., S. 229 f. und 239 f., Anm. 8 und 9.

63. Wenn nicht anders angegeben, finden sich die hier verwendeten Daten bei LUZIO, *I ritratti di Isabella d'Este,* op. cit., S. 183–238. Ein wertvolles Zeugnis der Verwendung der Portraits ist uns in den sogenannten »Gesetzen des freundschaftlichen Umgangs« erhalten, die Dionisotti in der zweiten Aufl. von BEMBO, *Prose e rime,* op. cit., S. 700, veröffentlicht hat (die Freunde sind neben Bembo Vincenzo Querini, Trifon Gabriele, Niccolò Tiepolo, und der Text datiert zwischen 1503–1505).

64. Auf der Pariser Ausstellung des Studiolo im Jahre 1975 wurde ein schönes weibliches Portrait gezeigt, das früher für ein Portrait von Isabella d'Este gehalten wurde und bei dem lange Zeit unentschieden war, ob es aus der Lombardei oder Venetien stamme (*Le Studiolo d'Isabella d'Este,* op. cit., S. 6, Abb. 8, entscheidet für die venetische Schule und erwähnt Gronaus Zuschreibung zu Costa, die auch Adolfo Venturi teilt). Tatsächlich handelt es sich um ein mailändisches Portrait, um ein wichtiges Werk von Boltraffio, bei dem nur die Farbschäden des Gesichtes verhindert haben, es mit einer berühmten Zeichnung der Ambrosiana in Mailand in Verbindung zu bringen. Die Herausgeber des Katalogs von 1975 haben die Zuschreibung zu Lorenzo Lotto außer acht gelassen, die hinsichtlich der hohen Qualität und der lombardischen Herkunft durchaus berechtigt wäre (F. ARCANGELI, *Una Maddalena di Lorenzo Costa,* in: ›Paragone‹, September 1954, S. 51).

65. DIONISOTTI, *Nuove rime di Niccolò da Correggio,* op. cit., S. 173.

66. Auch um Boltraffios Bedeutung in der Diaspora von Leonardo nach 1499 zu erkennen, muß ich auf die Angaben von Ballarin verweisen, die den Ergebnissen meiner Arbeit in vieler Hinsicht entsprechen (*Una nuova prospettiva,* op. cit., S. 231 und 241, Anm. 19).

67. Brief an Giorgio Brognolo vom 17. April 1496 (vgl. C. M. BROWN und A. M. LORENZONI, *Isabella d'Este e Giorgio Brognolo nell' anno 1496,* in: ›Atti e memorie dell'Accademia virgiliana di Mantova‹, 1973, S. 105 und 121).

68. VENTURI, *Nuovi documenti su Leonardo,* op. cit., S. 45 f.; auch ein Portrait konnte »streitbar« sein, und es ist merkwürdig, daß dieses Adjektiv 1505 für ein Werk von Bonsignori verwendet wurde (LUZIO, *I ritratti d'Isabella,* op. cit., S. 192).

69. Das Problem dieses *Salvator mundi* ist dargestellt in: J. SNOW-SMITH, *The Salvator mundi of Leonardo da Vinci,* in: ›Arte lombarda‹, 1978, S. 69–81; es sei hinzugefügt, daß die unbekannte Veröffentlichung keine der erforderlichen Kennzeichen aufweist, um als autographisches Werk von Leonardo identifiziert zu werden.

70. Eine kleine Beschreibung des Gemäldes in Washington, früher Kress-Kollektion, bei C. GOULD, *The Paintings of Correggio,* London 1976, S. 277.

71. *Scritti d'arte del Cinquecento,* hrsg. von P. BAROCCHI, Mailand-Neapel, 1971–77, Bd. III, S. 2922 (zu Sabba Castiglione); C. PEDRETTI, *The Original Project for S. Maria delle Grazie,* in: ›Journal of the Society of Architectural Historians‹, März 1973, S. 31 (zu Bernardino Arluno); SOLMI, *Scritti vinciani,* op. cit., S. 180 (zu Jean Lemaire); *Scritti d'arte del Cinquecento,* op. cit., Bd. I, S. 64 (zu Luca Pacioli).

72. LEONARDO DA VINCI, *Scritti scelti (Das Buch von der Malerei,* I, Wien 1882, S. 333).

73. LEONARDO DA VINCI, *Das Buch von der Malerei,* I, op. cit., I S. 334 und 365; C. PEDRETTI, *Le note di pittura di Leonardo da Vinci nei manoscritti inediti di Madrid,* VIII lettura vinciana, Florenz 1968, S. 41, 43, 44, 47, 50; neben Pedretti siehe auch A. M. BRIZIO, *Correlazioni e rispondenze fra il ms 8937 della Biblioteca Nacional di Madrid e il ms A dell'Institut de France,* in: ›L'Arte‹, Dezember 1968, S. 106–11. Leonardos grundlegende Bedeutung in den Jahren des Übergangs vom Quattrocento zum Cinquecento wird sehr deutlich bei J. SHEARMAN, *Leonardo's Colour and Chiaroscuro,* in: ›Zeitschrift für Kunstgeschichte‹, 1962, S. 13–47; J. S. AKKERMAN, *On Early Renaissance Colour Theory and Practice,* in: *Studies in Italian Art and Architecture 15th through 18th Centuries,* hrsg. von H. A. MILLON, Rom 1980, S. 25–36. Obwohl die vornehmliche Absicht dieser Seiten die Untersuchung der Kunstliteratur vor Vasari ist, kann man an diesem Punkt Vasaris einfühlsame Interpretation der psychologisch intensivsten Meisterwerke von Leonardo nicht abstreiten: *Das Abendmahl, Die Schlacht von Anghiari* und der Karton für die *Hl. Anna Selbdritt.*

74. »Scriverai di filosomia« liest man auf einer Zeichnung von Windsor (1901 8*r*): Vgl. K. CLARK und C. PEDRETTI, *The Drawings of Leonardo da Vinci in the Collection of Her Majesty the Queen at Windsor Castle,* Bd. III, London 1969, S. 10 (in der entsprechenden Reproduktion ist die Schrift vorne links erkennbar).

75. Das Problem der florentinischen Ausgabe hat bei der Untersuchung der modernen Herausgeber von Gauricus (A. Chastel und R. Klein) kein besonderes Interesse erweckt; daß die Untersuchung Aufmerksamkeit verdienen würde, folgt aus C. DIONISOTTI, *Macchiavellerie,* Turin 1980, S. 184.

76. P. ZAMBELLI, *»Aut diabolus aut Achillinus«. Fisionomia, astrologia e demonologia nel metodo di un aristotelico,* in: ›Rinascimento‹, 1978, S. 61–64, 72 und 79.

77. LEONARDO DA VINCI, *Scritti scelti,* hrsg. von A. M. BRIZIO, Turin 1966, S. 98 (Forster III, Fol. 10 *v*).

78. A. LUZIO, *Isabella d'Este e Giulio II (1503–1505),* in: ›Rivista d'Italia‹, Dezember 1909, S. 863 f.

79. Zu Bentivoglio vgl. C. M. ADY, *I Bentivoglio,* Mailand 1965, S. 191–208, und das Stichwort von I. WALTER in: *Dizionario biografico degli italiani,* Bd. VIII, Rom 1966, S. 600–2. Zur Widmung der *Stanze* vgl. G. GHINASSI, *Il volgare letterario nel Quattrocento e le Stanze del Poliziano,* Florenz 1957, S. XI.

80. C. C. MALVASIA, *Le pitture di Bologna. 1686,* hrsg. von A. EMILIANI, Bologna 1969, S. 216 f. Zu dem *Bentivoglio-Konzert* vgl. D. VON HADELN, *Das Bentivoglio-Konzert von Lorenzo Costa,* in: ›Pantheon‹, 1934, S. 338–40.

81. M. BAXANDALL und E. H. GOMBRICH, *Beroaldus on Francia,* in: ›Journal of the Warburg and Courtauld Institutes‹, 1962, S. 113–15 zur Erwähnung von Achillini vgl. A. VENTURI, *Lorenzo Costa,* in: ›Archivio storico dell'arte‹, Juli 1888, S. 250. Francia wird als Goldschmied auch im *Speculum lapidum* von Camillo Lunardi gerühmt (GARIN, *Giudizi artistici di Camillo Lunardi,* op. cit., S. 191).

82. Das Oratorium von Santa Cecilia in Bologna hatte auch in jüngster Zeit beträchtlichen Erfolg bei der Kritik, doch wurde es bislang noch nicht in dem lebhaften höfischen Kontext des Bologna der Bentivoglio gesehen. Nach seinen Ausflügen nach Rom hatte Aspertinis Rückkehr in die Stadt eine sehr belebende Wirkung, wie Longhi in seinen Aufsätzen über Bologna und Ferrara mehrmals betont hat, und bereits dies wäre im Hinblick auf die spezifischen Gegebenheiten zu klären. Die Streitfrage um Aspertini ist bei den Kunsthistorikern in der Nachfolge von Longhi also recht offen, im Gegensatz zu dem, was kürzlich mit großer Überstürztheit behauptet wurde (unglücklicherweise in der Zeitschrift, die Longhi begründet hat: ›Paragone‹, September 1980, S. 38). Auf dem Longhi-Kongreß im September 1980 in Florenz habe ich versucht, die Seiten von Ezio Raimondi über Codro und die literarische Gesellschaft von Bologna im Hinblick auf Aspertini zu überdenken; hier beschränke ich mich darauf, einige bildliche Dokumente, die noch nicht erschöpfend untersucht wurden, anzugeben. Innerhalb des Korpus der Stiche von Francesco de Nanto ist die *Taufe Christi* sicherlich durch eine Zeichnung von Aspertini angeregt worden, doch bin ich sicher, daß die Untersuchung nicht mit diesem Zeugnis abge-

schlossen werden kann (vgl. den Hinweis von F. ZAVA BOCCAZZI, *Tracce per Gerolamo da Treviso il giovane in alcune xilografie di Francesco de Nanto,* in: ›Arte veneta‹, 1958, S. 73, Abb. 76). Die bereits bekannte Beziehung zwischen Aspertini und der graphischen Produktion ließe sich erweitern, indem man das Titelblatt der *Canzoni nove,* die 1510 in Rom von Andrea Antico und Giovanni Battista Columba veröffentlicht wurden, in die Debatte miteinbezöge. Von hier zu dem (nicht allzu) geheimnisvollen I B mit dem Vogel ist nur ein kleiner Schritt. Im Lager des Museo Civico in Como befindet sich ein Meisterwerk von Aspertini, das bislang nur als schlechte Reproduktion bekannt ist bei M. GIANONCELLI, *L'antico museo di Paolo Giovio in Borgovico,* Como 1977, S. 33; der nekromantische Dialog der Philosophen (Albertus Magnus und Johannes Scotus) ist aus offensichtlichen und auch aus weniger deutlichen Gründen bedeutsam, die die Carafa-Kapelle von Filippino und die Fresken der Casa Panigarola (heute in der Brera) betreffen. Es mangelt also nicht an Arbeit für die aufmerksamen und bereitwilligen Aspertini-Kenner, zumal die wichtigsten Arbeiten in der Nachfolge von Longhi eine gute philologische und dokumentarische Grundlage geschaffen haben. Vgl. P. PRAY BOBER, *Drawings after the Antique by Amico Aspertini. Sketchbooks in the British Museum,* London 1957; C. VOLPE, *Alcune schede per l'Aspertini,* in: ›Arte antica e moderna‹, April–Juni 1960, S. 165–69; M. CALVESI, *Gli affreschi a Santa Cecilia in Bologna,* Bologna 1960; L. GRASSI, *Considerazioni e novità su Amico Aspertini e Jacopo Ripanda,* in: ›Arte antica e moderna‹, Januar–März 1964, S. 47–65; M. G. CIARDI DUPRÉ, *La scultura di Amico Aspertini,* in: ›Paragone‹, November 1965, S. 3–25; D. SCAGLIETTI, *La cappella di Santa Cecilia,* in: *Il tempio di S. Giacomo a Bologna,* Bologna 1967, S. 133–46; ders., *La Maturità di Amico Aspertini,* in: ›Paragone‹, Juli 1969, S. 21–48; P. VENTUROLI, *Amico Aspertini a Gradara,* in: ›Storia dell'arte‹, Oktober–Dezember 1969, 417–39; F. ARCANGELI, *Natura ed espressione nell'arte bolognese-emiliana,* Ausstellungskatalog, Bologna 1970, S. 32–38 und 161–78; C. M. BROWN, *The Church of Santa Cecilia and the Bentivoglio Chapel in San Giacomo Maggiore in Bologna,* in: ›Mitteilungen des Kunsthistorischen Institutes in Florenz‹, 1968, S. 301–24.

83. A. LUZIO, *Giulio Campagnola, fanciullo prodigio,* in: ›Archivio storico dell'arte‹, Mai 1888, S. 184 f.; K. OBERHUBER, in: LEVENSON-OBERHUBER-SHEEHAN, *Early Italian Engravings,* op. cit., S. 390–413. Man sollte nicht vergessen, daß auch Costa sich in den ersten Jahren des Cinquecento für den Stich interessierte (J. A. LEVENSON, ebd., S. 489–91).

84. Wenn nicht anders angegeben, finden sich die Angaben zu Costa bei VENTURI, *Lorenzo Costa,* op. cit., S. 241–56, und bei LUZIO, *I ritratti di Isabella,* op. cit., S. 204–09.

85. J. SHEARMAN, *Raphael at the Court of Urbino,* in: ›The Burlington Magazine‹, Februar 1970, S. 72–78. Der ganze Artikel ist für die höfische Portraitkunst zu Beginn des Cinquecento grundlegend, und es werden einige Forschungsaspekte hierin entwickelt (insbesondere wäre das sonderbare Mißgeschick der ersten Portraits von Raffael bei der Kritik gründlich zu untersuchen).

86. Zu dem Portrait im Buckingham Palace vgl. LUZIO, *I ritratti di Isabella,* op. cit., S. 208 f. »Das Portrait der Frau, [...] Markgräfin von Mantua, und das [...] ihrer Tochter von der Hand des Lorenzo Costa, wurden nach Venedig zu dem Herrn Francesco geschickt, als er Gefangener im Turm war«; sie werden 1525 bei Marcantonio Michiel unter den Objekten der Sammlung von Gerolamo Marcello in San Tomà erwähnt: zusammen mit der *Venus* von Giorgione-Tizian, heute in Dresden, und einer *Diana* von Palma, sowie einem Hl. Hieronymus und einem Portrait von Giorgione, einer *Madonna* von Bellini und einem Portrait von Tizian (*Notizia d'opere di disegno,* op. cit., S. 168–71).

87. KRISTELLER, *Andrea Mantegna,* op. cit., S. 556: Brief vom 23. Mai 1494.

88. LUZIO, *Isabella d'Este ne' primordi del papato di Leone X,* op. cit., S. 135 f.; ders., *La reggenza di Isabella d'Este durante la prigionia del marito (1509–1510),* Mailand 1910, S. 21.

89. C. DIONISOTTI, *Battista Fiera,* in: ›Italia medioevale e umanistica‹, 1958, S. 417 f.

90. Das Zitat über den Hofmann Costa stammt von Equicola (aus den *Commentarii mantuani,* 1521) und findet sich bei MARTINDALE, *Andrea Mantegna,* op. cit., S. 187. Zur *Venus,* die nach Frankreich geschickt wurde, und zu weiteren Angaben über Costas Jahre in Mantua vgl. C. M. BROWN und A. M. LORENZONI, *Lorenzo Costa in Mantua. Five autograph Letters,* in: ›L'arte‹, Dezember 1970, S. 102–16. Den begrenzten Wert einer jüngeren Monographie über Lorenzo Costa habe ich bereits erwähnt, so daß ich auf die fruchtbare Diskussion des Bandes verweisen muß bei P. VENTUROLI, *Lorenzo Costa,* in: ›Storia dell'arte‹, Januar–Juni 1969, S. 161–68. In die Debatte hat schließlich auch P. TOSETTI GRANDI eingegriffen: *Lorenzo Costa »Civis Mantuae et bononiensis«,* in: ›Università di Padova. Annali della Faccoltà di lettere e filosofia‹, Bd. IV, 1979, S. 269–99.

91. *Scritti d'arte del Cinquecento,* op. cit., Bd. I, S. 17; der Brief von Giovio über Costa-Apelles ist erwähnt bei S. C. VIAL, *Mario Equicola in the Opinion of his Contemporaries,* in: ›Italica‹, Dezember 1957, S. 220, Anm. 55.

92. A. D'ANCONA, *Del secentismo nella poesia cortigiana del secolo XV,* in: *Studi sulla letteratura italiana de' primi secoli,* Ancona 1884, S. 151–61.

93. Zu Gian Cristoforo Romano muß man immer noch verweisen auf A. VENTURI, *Gian Cristoforo Romano,* in: ›Archivio storico dell'arte‹, März 1888, S. 49–59; April 1888, S. 107–118; Mai 1888, S. 148–158. Die jüngeren Untersuchungen sind: J. POPE-HENNESSY, *La scultura italiana. Il Quattrocento,* Mailand 1964, S. 99–101; BROWN, *Gleanings from the Gonzaga Documents,* op. cit., S. 153–58. Die Persönlichkeit dieses Bildhauers ist um einiges bedeutsamer, als es in der kurzen Bibliographie und den wenigen hier zusammengestellten Angaben scheinen will. Zur Ausführung der *Danae* in Mailand vgl. E. POVOLEDO, *Origini e aspetti della scenografia in Italia,* in: N. PIRROTTA, *Le due Orfei. Da Poliziano a Monteverdi,* Turin 1975, S. 348 f.

94. VENTURI, *Gian Cristoforo Romano,* op. cit., S. 149 f.

95. R. WEISS, *The Medals of Pope Julius II (1503–1513),* in: ›Journal of the Warburg and Courtauld Institutes‹, 1965, S. 172–76; zu dem Grabmal von Julius II. siehe natürlich C. TOLNAY, *The Tomb of Julius II,* Princeton 1954, S. 30 f.

96. CIAN, *Pietro Bembo e Isabella,* op. cit., S. 113.

97. Man beachte, daß die eingeschränkte Rolle von Gian Cristoforo erst in der letzten Fassung des *Cortegiano* zu finden ist (P. FLORIANI, *I personaggi del »Cortegiano«,* in: ›Giornale storico della letteratura italiana‹, April–Juni 1979, S. 172 f.).

98. R. RENIER, *Per la cronologia ... del »Libro de natura de amore«,* in: ›Giornale storico della letteratura italiana‹, Juli–Dezember 1889, S. 227.

99. Zu Sabba Castiglione vgl. *Scritti d'arte del Cinquecento,* op. cit., Bd. III, S. 2920; zu Michiel siehe die FRIZZONI-Ausgabe, *Notizia d'opere di disegno* (S. 92, 157, 181); zu Cesariano mag der Hinweis auf JULIUS SCHLOSSER genügen: *Die Kunstliteratur,* op. cit. Es ist sonderbar festzustellen, daß der Name des Bildhauers in dem Moment, da Vasari ein Schweigen über Gian Cristoforo verhängt, in Spanien im Vitruv von Lazaro Velasco wieder auftaucht (die Quelle ist offenbar Cesariano: Vgl. E. BATTISTI, *Note su alcuni biografi di Michelangelo,* in: *Scritti in onore di Lionello Venturi,* Bd. I, Rom 1956, S. 325, Anm. 3). Das VASARI-Zitat findet sich am Ende der *Leben der Bildhauer Paolo Romano und Maestro Mino* (Die *Lebensbeschreibungen,* op. cit., II 2, S. 25).

100. VENTURI, *Gian Cristoforo Romano,* op. cit., S. 149, Anm. 1.

101. LUZIO, *Isabella d'Este e Giulio II,* op. cit., S. 856 und 872 f.

102. Zu den Verhandlungen um den verlorengegangenen *Cupido* von Michelangelo vgl. ebd., S. 854 f., und A. LUZIO, *Isa-*

d'Este e i Borgia, in: ›Archivio storico lombardo‹, 30. März 1915, S. 677; 22. November 1915, S. 460. Zu dem Vorfall siehe heute M. FERRETTI, *Fälschungen und künstlerische Tradition,* in dieser Ausgabe, Bd. 1, S. 244–246; doch ist das gesamte Kapitel im Hinblick auf die hier gestellten Fragen hochinteressant). Die Anekdote der falschen Zuschreibung der *Pietà* von St. Peter ist bei VASARI erwähnt im *Leben des Michelangelo Buonarroti (Die Lebensbeschreibungen,* op. cit., Bd. V).

103. A. LUZIO und R. RENIER, *Il lusso di Isabella d'Este marchesa di Mantova,* Rom 1896 (Auszug aus: ›La nuova Antologia‹), S. 67 f.

104. Zur Sammelleidenschaft von Isabella siehe natürlich BROWN, *»Lo insaciabile desiderio nostro di cose antique«,* op. cit., S. 324–53; ders., *The Grotta of Isabella,* op. cit. Es ist bislang nicht möglich gewesen, den *Spinario* der Sammlung von Isabella mit Sicherheit zu identifizieren, doch wird er von dem Spinario, der sich heute in Modena befindet und den man der gonzagischen Sammlung zuschreibt, nicht sehr verschieden sein. Auch im Hinblick auf die große Persönlichkeit von Antico muß man doch auf die soliden Untersuchungen der positivistischen Kunstgeschichtsschreibung zurückgreifen (H. J. HERRMANN, *Pier Jacopo Alari-Bonacolsi, genannt Antico,* in: ›Jahrbuch der Kunsthistorischen Sammlungen des allerhöchsten Kaiserhauses‹, XXVIII, 1910, Nr. 5, S. 201–88). Glücklicherweise hat die jüngste Identifizierung der Büsten des Seminars von Mantua endgültig dem Irrglauben, daß Antico lediglich Sammelfiguren aus Bronze hergestellt habe, ein Ende bereitet. Seine hervorragenden Arbeiten in Mantua, insbesondere die späten, bezeugen Anticos Zugehörigkeit zum neuen Psychologismus der modernen Manier (vgl. A. H. ALLISON, *Four new Busts by Antico,* in: ›Mitteilungen des Kunsthistorischen Institutes in Florenz‹, 1976, S. 213–24).

105. LUZIO und RENIER, *Il lusso di Isabella,* op. cit., S. 36 und 39 f.

106. VENTURI, *Gian Cristoforo Romano,* op. cit., S. 157 f.

107. LUZIO und RENIER, *La coltura e le relazioni letterarie,* op. cit., S. 435–45. Wenn nicht anders angegeben, stammen die Anmerkungen zu Isabellas literarischen Beziehungen aus dieser reichen Quelle.

108. Zu dem Schicksal des Manuskripts der *Arcadia* mag es genügen, auf die Anmerkung von Alfredo Mauro im Anhang von J. SANNAZARO, *Opere volgari,* Bari 1961, S. 415–27 zu verweisen.

109. CALMETA, *Prose e lettere,* op. cit., S. 47–56.

110. Das schwindende Interesse an der humanistischen Mythologie ist nicht weniger deutlich in der Zusammenfassung der *Ars Amandi* von Ovid erkennbar, die Calmeta für Ludovico il Moro vorbereitet hatte: »Narrar fabüle e istorie è un tempo perso / a chi gionger desia presto a l'effetto: / celere aiuto vol chi è in mar sumerso« (Fabeln und Geschichten zu erzählen ist eine Zeitvergeudung / und bald ist die Folge: / schnelle Hilfe sucht, wer im Meer ertrinkt« (CALMETA, *Prose e lettere,* op. cit., S. 98, VV. 19–21).

111. Das Zitat ist einem Brief der Markgräfin von Cotrone an Francesco Gonzaga entnommen (LUZIO, *Isabella d'Este e i Borgia,* op. cit., S. 543); daß die zierliche und ungreifbare persönliche »Grazie« eine unverkennbare Naturgabe der Markgräfin von Mantua war, ist auch einem Brief von Jacopo d'Altri an Isabella zu entnehmen (6. Oktober 1495), der das Interesse Karls VIII. für die physischen und intellektuellen Qualitäten der jungen Gemahlin von Francesco Gonzaga berichtet; es wird auf die »hohe Grazie (neben der Schönheit), die wichtiger ist«, hingewiesen (ders., *I ritratti di Isabella d'Este,* op. cit., S. 233). Von diesem persönlichen und üblichen Gebrauch ausgehend, wird der Terminus – nachdem seine Bedeutung durch Castiglione und Giovio erhöht worden war – in das Buch von Vasari gelangen.

112. Zu der Entdeckung der arkadischen Landschaft und zu ihrer ideologischen Bedeutung verweise ich auf meine *Studi sul paesaggio,* Turin 1978, S. 58–61 (in den Anmerkungen habe ich hierzu die wichtigen Titel zusammengestellt).

113. CIAN, *Pietro Bembo e Isabella,* op. cit., S. 101.

114. Baldassare Castiglione preist in lateinischen Distichen Isabella d'Este, die die leidenschaftliche Klage der verlassenen Dido singt (*Eneide,* IV 651–58); andere verzweifelte Rufe der unglücklichen Königin (ebd., 305 ff.) wurden von Filippo da Lurano vertont, wie das Buch VIII der Märchen, das Petrucci 1507 in Venedig veröffentlichte, bezeugt (vgl. LUISI, *La musica vocale nel Rinascimento,* op. cit., S. 372–74 und 380–82).

115. W. H. KEMP, *Some Notes on Music in Castiglione's »Il Libro del Cortegiano«,* in: *Cultural Aspects of the Italian Renaissance,* op. cit., S. 354–69.

116. Aus dem *Trattato della pittura (Das Buch über die Malerei),* Biblioteca Vaticana, Cod. Urb. Lat. 1270, fol. 28*r*, wiedergegeben in: *Scritti d'arte del Cinquecento,* op. cit., Bd. 1, S. 245.

117. Eine Bibliographie zur Bedeutung der Musik und des Gesangs in der Gesellschaft des späten Quattrocento könnte einige Seiten in Anspruch nehmen und würde ein Phänomen enthüllen, das für die allgemeine Realitätsflucht in ein harmonisches Gefühlsparadies absolut bestimmend war; neben den vereinzelten Zitaten beschränke ich mich hier auf den Hinweis auf die auch für die bildende Kunst wichtigsten und fruchtbarsten Aufsätze: E. E. LOWINSKY, *Music in the Culture of the Renaissance,* in: ›Journal of the History of Ideas‹, 1954, S. 509–53; P. O. KRISTELLER, *Musik und Gelehrsamkeit in der frühen italienischen Renaissance,* in: *Humanismus und Renaissance,* Bd. II, München 1975, S. 149–164; E. WINTERNITZ, *The Inspired Musician. A Sixteenth-century Musical Pastiche,* in: ›The Burlington Magazine‹, Februar 1958, S. 48–55; N. PIRROTTA, *Music and cultural Tendenzies in 15th-century Italy,* in: ›Journal of the American Musicological Society‹, Sommer 1966, S. 127–61; E. E. LOWINSKY, *The musical Avant-garde of the Renaissance or the Peril and Profit of Foresight,* in: *Art, Science and History in the Renaissance, hrsg. von* C. S. SINGLETON, Baltimore 1967, S. 113–62.

118. Zu Petrarca vgl. M. SAVORGAN und P. BEMBO, *Carteggio d'amore (1500 bis 1501),* hrsg. von C. DIONISOTTI, Florenz 1950, S. 66 (die gesamte Korrespondenz ist ein grundlegendes Dokument des Zusammenhangs von gefühlsmäßigen Beziehungen, musikalischer und literarischer Erfahrung: Bembo arbeitet an den *Asolani;* um den wirklichen Grad jener Liebe zu ermessen, sind offenkundig die schmerzlichen Briefe von Savorgan zu bevorzugen, da sie weniger korrigiert und geglättet sind); zu Poliziano vgl. PIRROTTA, *Music and cultural Tendencies,* op. cit., S. 141 (der sich auf das Zeugnis von Bembo und Giovio stützt); zu Ercole d'Este vgl. L. LOCKWOOD, *Music at Ferrara in the Period of Ercole d'Este,* in: ›Studi musicali‹, 1972, S. 112.

119. A. LUZIO, *Isabella d'Este e due quadri di Giorgione,* in: ›Archivio storico dell' arte‹, 1888, S. 47 f.

120. S. SETTIS, *La »Tempesta« interpretata. Giorgione, i committenti, il soggetto,* Turin 1978 (Giorgiones ›Gewitter‹. Auftraggeber und verborgenes Sujet eines Bildes in der Renaissance, Berlin 1983, S. 174). Daß Kunstwerke ein Trost für den Geist sein konnten, war Francesco Gonzaga wohl bekannt, dem sich dieser einfühlsame Kommentar (13. Juni 1494) zum Geschenk eines Landgutes für Francesco Bonsognori verdankt: »pro eius ingeniosa picturae arte muneranda, quae parvo spatio amplissimum terrarum orbem comprehendere potis est et animantium formas lineamentis sic figurare ut spiritus tantum et motus desit ad vitalis corporis esentiam; ad quod eo etiam libentius invitamur, quo pictura ipsa non modice nos delectat eiusque oblectatione mentem variis occupationisbus, solicitudinibus, et curis implicitam sepius relaxamus et solamur« (um seine erfinderische Malkunst, zu belohnen, die auf kleinem Raum den weiten Erdkreis zu erfassen und die Gestalt der Lebewesen so darzustellen vermag, daß der bewegte Geist vom Körper gelöst ist; dazu lassen wir uns gerne verlocken, da uns die Malerei nicht wenig ergötzt, und durch ihren Genuß erheitern und befreien wir den Geist von Ge-

schäften, Kummer und Sorgen) (LUZIO, *I ritratti d'Isabella d'Este,* op. cit., S. 191). Die besondere Weise des Kunstgenusses, die hierin bezeugt ist, leitet sich vom Modell des musikalischen Genusses und seiner heilenden Wirkung, die schon Ficino beschreibt, her. Innerhalb des Ambiente, das uns hier interessiert, zeigt dies auch der Brief von Beatrice d'Este an die Schwester Isabella im Jahre 1493: Der Brief bittet darum, den Musiker Jacopo da Sansecondo ausleihen zu dürfen, »damit mein verehrter Herr Gemahl ein wenig Erholung während der kurzen Pause des Tertianafiebers, worunter er leidet, haben möge« (A. LUZIO, und R. RENIER, *Mantova e Urbino. Isabella d'Este ed Elisabetta Gonzaga nelle relazioni familiari e nelle vicende politiche,* Turin-Rom 1893, S. 107 f.).

121. Die Sammlung von Gabriele Vendramin ist natürlich beschrieben in MORELLI (MICHIEL), *Notizia d'opere di disegno,* op. cit., S. 214–23.

122. BATTISTI, *Il Mantegna e la letteratura classica,* op. cit., S. 27 und 54.

123. LUZIO, *Federico Gonzaga ostaggio,* op. cit., S. 509–82.

124. Die beiden Texte sind angegeben bei: E. BATTISTI, *La critica a Michelangelo prima del Vasari,* in: ›Rinascimento‹, Juni 1954, S. 122 und 126; der Brief von Michiel findet sich in: MORELLI (Michiel), *Notizia d'opere di disegno,* op. cit., S. 252–54.

125. Zur Bedeutung der Passage bei Castiglione siehe auch DIONISOTTI, *Tiziano e la letteratura,* op. cit., S. 263 f.

126. P. BAROCCHI, *Fortuna dell'Ariosto nella trattatistica figurativa,* in: *Critica e storia letteraria. Studi offerti a Mario Fubini,* Padua 1970, S. 388 f.

127. VASARI, *Die Lebensbeschreibungen,* op. cit., II 2, S. 290.

128. A. M. BESSONE AURELI, *Dialoghi michelangioleschi di Francisco d'Olanda,* Rom 1953, S. 87; zu Juan de Arfe vgl. BATTISTI, *Note su alcuni biografi di Michelangelo,* op. cit., S. 25, Anm. 3.

129. E. CARRARA, *La poesia pastorale,* Mailand 1908, S. 346.

130. DIONISOTTI, *Gli umanisti e il volgare,* op. cit., S. 111–30; diesen hervorragenden Seiten Dionisottis kann man einige frühere bibliographische Angaben hinzufügen: CIAN, *Una baruffa letteraria alla corte di Mantova,* op. cit., S. 387–98; R. SABBADINI, *Una satira contro Battista Pio,* in: ›Giornale storico della letteratura italiana‹, 1896, S. 185 f.; A. CAMPANA, Stichwort *Accursio Mariangelo,* in: *Dizionario biografico degli italiani,* Bd. I, Rom 1960, S. 126 f.

131. Zu dem Streit zwischen Bembo und Pico siehe neben DIONISOTTI, *Gli umanisti e il volgare,* op. cit., auch G. SANTANGELO, *Le epistole »De imitatione« di Giovanfrancesco Pico della Mirandola e di Pietro Bembo,* Florenz 1954; E. BATTISTI, *Il concetto di imitazione nel Cinquecento italiano,* in: ders., *Rinascimento e Barocco,* Turin 1960, S. 175–92 (der Aufsatz stammt aus dem Jahre 1956). Zu *De Venere et Cupidine* vgl. E. H. GOMBRICH, *Der Belvederegarten als ein Hain der Venus,* in: ders., *Das symbolische Bild,* op. cit., S. 128–132.

132. Ders., *Die mythologischen Gemälde Botticellis. Über die neuplatonische Symbolik seines Kreises,* in: ders., *Das symbolische Bild,* op. cit., S. 42–100, das Zitat: S. 255, Anm. 112.

133. Auch zu diesem, nur scheinbar linguistischen, Aspekt des Streites muß man auf DIONISOTTI verweisen: *Gli umanisti e il volgare,* op. cit., S. 87–110.

134. Zu Isabellas Lektüre von Apuleius vgl. LUZIO und RENIER, *La coltura e le relazioni letterarie,* op. cit., S. 16 f. Das breit gefächerte Lektüreinteresse der Markgräfin von Mantua ermöglichte ihr offenbar zahlreiche Ausbrüche aus der Welt der »erlesenen Vokabeln«; die hier der Deutlichkeit wegen aufgezeigte Tendenz soll aber nicht eine Gestalt in absurd eindeutige Schemata zwängen, deren Fähigkeiten weitaus vielfältiger waren, als es hier darstellbar wäre. Man braucht nur an ihre kämpferischen Diskussionen über die französischen Beschützer oder an ihre wirkliche Leidenschaft für den *Orlando Furioso* zu erinnern. Ein Zeugnis ihrer lebhaften Intelligenz und ihrer modernen Ungezwungenheit sind insbesondere ihre Reiseunternehmungen, und es ist nicht uninteressant, daß einem Toskaner wie Bibbiena der anmutige Dialekt der Markgräfin auffiel, so daß er die mantuanisch-ferraresische Mundart schriftlich imitierte (vgl. den Brief vom 3. Januar 1511 bei A. LUZIO, *Federico Gonzaga ostaggio,* op. cit., S. 518).

135. Sich mit Raffaels vitruvianischen Studien und dem zu Recht berühmten Brief von Raffael und Castiglione an Leo X. zu beschäftigen, ist hier nicht der Ort: In der Tat bezeugen sie, daß sich Raffael dem Sieg der Ciceronianer im Streit über die Nachahmung angepaßt hat, und insofern gehen sie über das Thema dieser Untersuchung hinaus. Doch sollte man betonen, daß neben Raffael Fabio Calvo aus Ravenna aufgetreten war, dessen Lebensweg sich zumindest zweimal mit dem von Isabella d' Este und ihrem Sohn Federico gekreuzt hat. Niemand anderes als Calvo kann der sonderbare Hauslehrer von Federico Gonzaga gewesen sein, über den Maddalena Tagliapietra in einem Brief vom 18. Juni 1512 an Isabella d'Este schreibt: »Ein Herr Fabio aus Revena, ein Mann von 50 Jahren [...]. Gebildet in den lateinischen Schriften, sehr gebildet im Griechischen, der gegenwärtig ein griechisches Buch der Medizin ins Lateinische übersetzt...« (vgl. ebd., S. 539). Messer Fabio war bereits am 19. Oktober 1511 der Hauslehrer von Federico geworden, ein nicht unwichtiges Indiz für die Rekonstruktion seiner ungewissen Biographie (der Hinweis fehlt bei V. FONTANA, *Elementi per una biografia di M. Fabio Calvo Ravennate,* in: *Vitruvio e Raffaello. Il »De architectura« di Vitruvio nella traduzione inedita di Fabio Calvo Ravennate,* hrsg. von V. FONTANA und P. MORACHIELLO, Rom 1975, S. 45–61). Fabio Calvo nannte sich gerne »nimis ambitiosus [...] antiquarius« (»sehr eifriger Antiquar«), und die jüngsten Untersuchungen über ihn haben auch außer acht gelassen, daß man ihn bei einer ikonographischen Lektüre eines Reliefs mit dem Mythos der Proserpina der Gonzaga-Sammlung entdecken kann. Wie vorauszusehen, mußte die Lektüre des »Antiquarius« aus Ravenna Mantegna und Isabella d'Este gefallen (vgl. den Brief von Angelo Germanello an Federico Gonzaga vom 22. Juli 1523; bei BROWN, *»Lo insaciabile desiderio nostro de cose antique«,* op. cit., S. 342).

136. B. FIERA, *De iusticia pingenda,* hrsg. von J. Wardrop, London 1957 (leider ist diese kostbare Londoner Ausgabe, die in einer Auflage von nur zweihundert Exemplaren erschien, schwer erhältlich); zu dem Verfasser vgl. DIONISOTTI, *Battista Fiera,* op. cit., S. 401–18.

137. Wenn ich richtig sehe, war dieser kurze und wichtige lateinische Dialog bei den Kunsthistorikern nicht sehr erfolgreich; ich glaube, er ist nur – und sehr allgemein – bei BATTISTI erwähnt: *Il Mantegna e la letteratura classica,* op. cit., S. 33.

138. LUZIO, *Isabella d'Este e i Borgia,* op. cit., S. 692 (der Brief betrifft gewisse Edelsteine, die erworben werden sollten): »... wir würden uns anders verhalten, wären wir nicht in der Blüte unserer Jugend; denn wenn wir nicht diese zehn oder zwölf Jahre genießen würden, hätten wir später noch weniger Freude, wenn wir uns dem Alter nähern«.

139. Ders., *Isabella d'Este ne' primordi del papato di Leone X,* op. cit., S. 108 f., doch beachte man auch Isabellas schönen, gekränkten Brief an den Gemahl vom 12. März 1513 (in: ders., *Isabella d'Este e la corte sforzesca,* op. cit., S. 164 f.).

140. Ders., *Federico Gonzaga ostaggio,* op. cit., S. 540 f. Zu den Dokumenten über den Aufenthalt von Isabella d'Este in Rom verweise ich natürlich auf: ders., *Isabella d'Este ne' primordi del papato di Leone X,* op. cit., S. 99–180 und 454–89.

141. Zu der nicht besonders avantgardistischen Ikonographie der *Stanzen* von Raffael vgl. E. H. GOMBRICH, *Die Symbolik von Raffaels Stanza della Segnatura,* in: ders., *Das symbolische Bild,* op. cit., S. 104–124; analoge Betrachtungen könnte man über die fast neoromanische Ikonographie der Decke der Sixtinischen Kapelle anstellen.

142. Den jüngeren, abenteuerlichen Interpretationen des Studiolo von Alfonso d' Este ist wohl immer noch die Interpretation

von F. SAXL vorzuziehen: *Un paradiso umanistico,* in ders., *La storia delle immagini,* op. cit., S. 139–55.
143. Zu diesen Arbeiten vgl. GEROLA, *Trasmigrazioni e vicende dei Camerini di Isabella d'Este,* op. cit., S. 264–72.
144. Aus den Dokumenten geht unzweifelhaft hervor, daß Equicola der ikonographische Ratgeber war, wie allerdings auch, daß seine Erfindungen zweifellos dürftig und ungenau waren; vgl. Luzio und Renier, *La coltura e le relazioni letterarie,* op. cit., S. 70 (Anm. 1) und S. 77 f.: »...in dem Zimmer, wo E. E. schlafen werden, gibt es vier Tondi und einen großen in halbem Schnitt [...] ich dachte mir, in dem einen den Sieg, in dem anderen die Tugend, im dritten den Krieg, also den Kampf, und im letzten die Hoffnung und in dem halben den Ruhm malen zu lassen. In den vier anderen, die etwas größer und länger sind, lasse ich drei edle antike Handlungen der Treue malen und im letzten E. E. so wie sie mir erscheint, es genügt, jenes Zimmer die Treue zu nennen« (Mario Equicola an Federico Gonzaga, 17. Februar 1522). In diesem Dokument wird deutlich, wie die philosophische Grundlage, die die Ikonographie in Isabellas Studiolo bestimmt hatte, ins Allgemeine abflacht. Dieses Phänomen beschränkt sich nicht auf Mantua und entspricht sowohl dem neuen Wert der bildlichen Produktion, der mehr auf ihrem formalen Ansehen als auf ihren didaktischen Inhalten beruht, als auch der tatsächlichen Krise, die bereits die letzten Vertreter des ficinianischen Neoplatonismus bedroht und sie sehr bald verstummen läßt. Hinzu kommt die zweifellos begrenzte Intelligenz Equicolas, die im Laufe der Jahre den Kritikern außerhalb Mantuas immer deutlicher wird; der schwindende Erfolg des Schriftstellers in der Oktave des *Orlando Furioso* ist hierfür sehr bezeichnend (vgl. VIAL, *Mario Equicola,* op. cit., S. 210).
145. Zu den Gemälden Correggios siehe neben der allgemeinen Bibliographie zum Studiolo, VERHEYEN, *Eros et Anteros,* op. cit., S. 321–39 (wo die *Erziehung Amors* in London und die *Schlafende Venus mit Amor und Satyr* in Paris untersucht werden, die mit großer Sicherheit für Isabella gemalt wurden); ders., *Correggio's Amori di Giove,* in: ›Journal of the Warburg and Courtauld Institutes‹, 1966, S. 160–92 (wo Correggios berühmte sinnliche Serie für Federico Gonzaga der moralischen Serie für Isabella, die gleichzeitig entstand, gegenübergestellt wird: Es gibt keinen deutlicheren Beweis der »modernen« Indifferenz gegenüber den mythologischen Inhalten); L. SOTH, *A Note on Correggio's Allegories of Virtue and Vice,* in: ›Gazette des Beaux-Arts‹, November 1964, S. 539–44 (es sind die beiden Gemälde in London und Paris, die bereits Verheyen untersucht hatte, der auf den Artikel von Soth in einem Brief an die gleiche Zeitschrift eingeht, Dezember 1965, S. 542 f.); S. BÉGUIN, *Remarques sur les deux allégories de Corrège du Studiolo d'Isabella d'Este,* in: ›La Revue du Louvre‹, Juli–August 1975, S. 221–26.
146. Dieses Problem ist 1958 durch die Publikation einer faszinierenden Tafel mit der Hl. Helena zwischen vier Heiligen aus einer privaten Sammlung aus Brescia aufgetaucht; Longhi entschied die Frage für Correggio, doch es bleibt die sehr enge Verbindung jenes Gemäldes mit der Tafel in der San-Martino-Kirche in Mantua, die man zu recht mit Leombruno in Zusammenhang bringt. Das Thema ist wegen der fraglichen Namen bedeutsam, und sollte nicht überstürzt abgetan werden, wie dies kürzlich Gould getan hat (vgl. R. LONGHI, *Le fasi del Correggio giovine e l'esigenza del suo viaggio romano,* in: ›Paragone‹, Mai 1958, S. 41 f., heute in: ders., *Cinquecento classico e Cinquecento manieristico. 1951–1970,* Florenz 1976, S. 67 f.). Zu Leombruno siehe M. PASETTI, *Lorenzo Leombruno in un documento del 1499;* in: ›Civiltà mantovana‹, 1978, S. 237–44 (das Geburtsdatum von Leombruno wird hier auf etwa 1477 rückdatiert und die Möglichkeit eines anderen Verhältnisses der gegenseitigen Beeinflussung zwischen Leombruno und Correggio, der 1489 geboren ist, infolgedessen angedeutet).
147. Zu den Orgelflügeln von San Benedetto Po vgl. P. PELATI, *Il Correggio e il Cenobio di Polirone in un contratto inedito del 1514,* San Benedetto Po 1974; zu dem Zimmer der Äbtissin von Parma und seinen kostbaren Ikonographien vgl. E. PANOFSKY, *The Iconography of Correggio's Camera di San Paolo,* London 1961.
148. LUZIO-RENIER, *Mantova e Urbino,* op. cit., S. 283 (Brief von Gianmaria Della Porta an Eleonora Gonzaga Della Rovere, Herzogin von Urbino).

Verzeichnis der Abbildungen

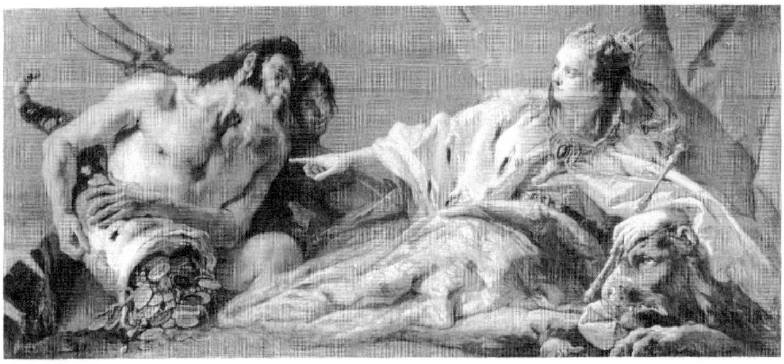

TIEPOLO,
Neptun bietet Venedig die Reichtümer des Meeres an,
um 1745–1750

Band 1

Seite

181 BACCIO BANDINELLI, *Selbstbildnis*, 1530. Isabella Stewart Gardner Museum
183 MICHAEL SWEERTS, Innenansicht der *accademia* Amsterdam, Rijksmuseum
184 FEDERICO ZUCCARI, *Kindheitserlebnisse des Taddeo Zuccari*, Zeichnung. Florenz, Uffizien
185 FEDERICO ZUCCARI, *Taddeo Zuccari studiert die Statuen des Belvedere.* Zeichnung. Florenz, Uffizien, Gabinetto dei Disegni e delle Stampe
186 GIUSEPPE GHEZZI, *Portrait Federico Zuccaris als Gründer der Akademie von San Luca*, um 1696
187 FEDERICO BAROCCI, *Selbstbildnis*. Salzburg, Residenzgalerie
189 DOMENICHINO, *Bildnis des Monsignor Giovan Battista Agucchi*, 1621–1623. York, York City Art Gallery
191 CARAVAGGIO, *Schlafender Amor*. Florenz, Palazzo Pitti
CARAVAGGIO, *Narziss*. Rom, Galleria Nazionale di Arte Antica
192 CARAVAGGIO, *Madonna der Parafrenieri* oder *Madonna mit der Schlange*. London, National Gallery
196 OTTAVIO LEONI, *Bildnis des Carlo Saraceni*, Verschollene Zeichnung
197 OTTAVIO LEONI, *Portrait des Annibale Carraci*
205 LAVINIA FONTANA, *Selbstbildnis*, 1579, Kupferstichminiatur. Florenz, Uffizien
209 LUCA GIORDANO, *Selbstbildnis*, um 1675. Florenz, Uffizien.
DOMENICHINO, Selbstbildnis, 1613. Darmstadt, Hessisches Landesmuseum
211 SALVATOR ROSA, *Selbstbildnis*, um 1640. London, National Gallery
214 CARLO MARATTA, *Selbstbildnis*, Zeichnung. London, British Museum
215 CARLO DOLCI, *Doppelselbstbildnis*, 1674. Florenz, Uffizien
217 CARLO MARATTA, *Portrait der Giovanna Garzoni*, um 1665–1670
223 ROSALBA CARRIERA, *Selbstbildnis*, 1731. Dresden, Gemäldegalerie. Archiv für Kunst und Geschichte, Berlin
ROSALBA CARRIERA, *Selbstbildnis*, 1715. Florenz, Uffizien. Archiv für Kunst und Geschichte, Berlin
GIUSEPPE MARIA CRESPI, *Selbstbildnis mit Familie*, 1708. Florenz, Uffizien
226 ROSALBA CARRIERA, *Bildnis des Sabastiano Ricci*, Pastel. Karlsruhe, Staatliche Kunsthalle
233 FRANCESCO BOTTICINI, *Madonna mit Kind.* Rom, Accademia di San Luca, Lazzaroni-Nachlaß
234 SIMONE DEI CROCIFISSI, *Madonna mit Kind*, um 1360. Perugia, Collezione Buitoni
237 Bildhauer des 16. Jh., Büste eines Knaben, Marmor. Venedig, Museo Archeologico
239 TULLIO LOMBARDO (?), *Eva* (?); Bronzefigur. Wien, Kunsthistorisches Museum
240 Venetischer Bildhauer des frühen 16. Jh., *Hermes*, Bronzefigur. Ehemals New York, Pierpont Morgan Collection
241 Paduaner Bildhauer des frühen 16. Jh., *Angerona*, Bronzefigur. Ferrara, Museo Civico
242 L'ANTICO, *Apollo*, Kopie des *Apollo vom Belvedere*, Bronzefigur mit Vergoldungen, 1498–1500. Venedig, Ca d'Oro
243 MARCANTONIO RAIMONDI, *Begegnung an der Goldenen Pforte*, Kupferstich nach einem Holzschnitt Dürers. Bologna, Pinacoteca Nazionale, Gabinetto dei Disegni e delle Stampe
245 MICHELANGELO, *Bacchus*, 1496–1497. Florenz, Bargello
247 Büste des Otos, Marmor. Florenz, Uffizien
252 LUCA GIORDANO, *Christus vor Pilatus*. Philadelphia, Philadelphia Museum of Art
253 ANGELO CAROSELLI, *Madonna mit Kind*. Rom, Galleria Corsini
254 ANGELO CAROSELLI, *Madonna mit Kind und den Erzengeln Gabriel und Raffael*, verschollen
256 LUCA GIORDANO, *Christus vor Pilatus*. Moskau, Puschkin-Museum
257 PIETRO MUTTONI, gen. DELLA VECCHIA, *Il Bravo*. Rom
TIZIAN, *Il Bravo*. Wien, Kunsthistorisches Museum
258 PIETRO MUTTONI, gen. DELLA VECCHIA, *Krieger*. Wien, Kunsthistorisches Museum
258 PIETRO MUTONI, Krieger, ehemals Rom. Sammlung Antonio Jandolo
258 PIETRO MUTONI, Krieger, mit späteren Erweiterungen der Leinwand. Genua, Palazzo Spinola
260 GIUSEPPE CALETTI, *David und Goliath*, verschollen. Foto, Deutsches Kunsthistorisches Institut, Florenz
261 TIZIAN, *Der Hl. Sebastian*, Ausschnitt aus dem Polyptychon Averoldi Brescia, Santi Nazaro e Celso. Archiv für Kunst und Geschichte, Berlin
GIUSEPPE CALETTI, *Der Hl. Sebastian*. Epinal, Musée Départemental des Vosges
262/263 GIACOMO GUARDI, *Santa Maria delle Grazie*. Budapest, Szépmüvésti Muzeum
269 SIMONE DEI CROCIFISSI, *Madonna mit Kind, Engeln und Betendem*, um 1378. Bologna, Pinacoteca Nazionale
271 GIOVANNI BATTISTA CASANOVA, *Drei Tänzerinnen und ein Flötenspieler*, Stich nach einer vermutlich antiken Malerei. Johann Joachim Winckelmann: *»Geschichte der Kunst des Alterthums«*, 1764
272 ANTON RAPHAEL MENGS, *Jupiter und Ganymed*, 1759–60. Rom, Galleria Corsini
273 GIOVAN DOMENICO CAMPIGLIA (?), *Die Muse Polymnia*. Cortona, Museo dell'Accademia Etrusca
Klassizistischer Maler, *Kleopatra*, 1914, *»La Bibliofilia«*. Ehemals Sorrent, Privatsammlung

274 GARLO GENNARI, *Landschaft.*
Bologna, Pinacoteca Nazionale, Gabinetto dei Disegni e delle Stampe
275 *Bacchanal,* Flachrelief, zusammengesetzt aus verschiedenen antiken Fragmenten von ORFEO BOSELLI. Rom, Palazzo Cardelli
281 CARLO CRIVELLI, *Pietà Caccialupi.* Cambridge, Mass., Fogg Art Museum
Nachahmer des Matteo di Giovanni, *Die mystische Vermählung der Hl. Katharina.* Rom, Accademia di San Luca, Lazaroni-Nachlaß
282 Nachahmer des Simone dei Crocifissi aus jüngster Zeit, *Madonna mit Kind.* Florenz, Museo Bardini
284 Bildhauer der 1. Hälfte des 19. Jh., *Madonna mit Kind.* Washington, National Gallery, Kress Collection
285 GIOVANNI BASTIANINI, *Lucrezia Donati,* im Stil des Mino da Fiesole. London, Victoria and Albert Museum
GIOVANNI BASTIANINI, *Aloysa Strozzi,* Gipsmodell. Florenz, Galleria d'Arte Moderna
GIOVANNI BASTIANINI, *Gaetano Bianchi.* Florenz, Biblioteca Laurenziana
286 Die Werkstatt des Pietro Faitini in Brescia.
Nachahmer des Luca della Robbia, *Figdor-Spiegel,* 19. Jh., Ost-Berlin, Bode Museum
287 Werkstatt Ginori, Putto, 1845, Kopie nach Andrea della Robbia. Florenz, Ospedale degli Innocenti
ANDREA DELLA ROBBIA, Putto. Florenz, Ospedale degli Innocenti. Archiv für Kunst und Geschichte, Berlin
288 »Il falsario in calcinaccio«, *Jäger,* um 1920. Ehemals Rom, Kunsthandel
»Il falsario in calcinaccio«, *Weibliche Halbfigur.* Ehemals Rom, Kunsthandel
Hochzeitstruhe, datiert 1475, dekoriert im Stil Botticellis vom »Falsario in calcinaccio«, um 1920. Ehemals Rom, Kunsthandel
289 Nachahmer des Simone dei Crocifissi aus jüngster Zeit, *Madonna mit Kind.* Foto Fotothek Berenson, Harvard University Center for Italian Renaissance Studies
SIMONE DEI CROCIFISSI, *Madonna mit Ohr,* um 1360. Perugia, Collezione Buitoni
290 Hochzeitsstühle, dekoriert im Stil Botticellis vom »Falsario in calcinaccio« um 1920. Ehemals Rom, Kunsthandel
291 *Der Spielmann Antonio,* aus der gefälschten veronesischen Chronik des Notars Battistella.
294 Casa Gioannetti in der Strada Maggiore, Bologna, vor der Restaurierung von 1907 durch Alfonso Rubbiani und Guido Zucchini. Zucchini, *»La verità«*
Casa Gioannetti nach der Restaurierung von 1907. Zucchini, *»La verità«*
297 Das Kastell von Vincigliata, Florenz, 1855–65, wiederaufgebaut von Giuseppe Fancelli.
298 ICILIO FEDERICO JONI, *Madonna mit Kind und Heiligen.* Baltimore, Walters Art Gallery
299 ALCEO DOSSENA, *Verkündigung,* im Stil der sienesischen Malerei des 14. Jh. Universität Pittsburg
301 Fälscher des 20. Jh., *Chariessa.* Neapel, Museo Archeologico Nazionale
Fälscher des 20. Jh., *Melanthò.* Neapel, Museo Archeologico Nazionale
305 GIOVANNI DA MODENA, *Die Hölle,* um 1410–15. Bologna, San Petronio
306 GIOVANNI BATTISTA CRESPI, gen. IL CERANO, *Madonna von San Celso mit den Hll. Franziskus und Borromäus,* um 1610. Galleria Sabanda
309 Erster Meister von Santa Chiara in Montefalco, *Kreuzigung,* um 1333. Montefalco, Santa Chiara
311 Meister der Einsiedelei von Campello, *Kreuzigung,* um 1330. Pissignano (Campello), Santi Benedetto e Antonio
313 GIOVANNI DA MODENA, *Das Jüngste Gericht,* um 1410–1415. Bologna, San Petronio
314 GIOVANNI DA MODENA, *Die Hölle,* um 1410–15. Bologna, San Petronio
315 ANTONIO ALBERTI, *Das Jüngste Gericht,* um 1422–23. Montone, San Francesco
Meister von Vignola, *Mariae Himmelfahrt,* um 1435. Vignola, Cappella della Rocca
316 Meister von Vignola, *Christus in der Vorhölle,* um 1435. Vignola, Cappella della Rocca
317 BARTOLOMEO DI TOMMASO, *Das jüngste Gericht,* um 1450. Terni, San Francesco
319 BARTOLOMEO DI TOMMASO, *Die Hölle,* um 1450. Terni, San Francesco
PIETRO ALEMANNO, *Der Hl. Jakob de Marchia.* Ascoli Piceno, Pinacoteca Civica
322/23 PONTORMO, *Auferstehung Christi,* um 1523–1525. Florenz, Chiostro della Certosa del Galluzzo
324 GIROLAMO SICIOLANTE, gen. SERMONETA, *Heimsuchung,* um 1549. Rom, Santa Maria dell'Anima
325 SEBASTIANO DEL PIOMBO, *Beweinung Christi,* 1516. Leningrad, Eremitage
326 FRA BARTOLOMEO DELLA PORTA, *Maria Magdalena dei Pazzi und die Hl. Katharina von Siena vor Gottvater,* 1509. Lucca, Pinacoteca
328 SCIPIONE PULZONE, *Mariae Himmelfahrt,* 1585. Rom, San Silvestro al Quirinale
331 SANDRO BOTTICELLI, *Thronende Madonna mit Heiligen,* um 1488.
338 ALESSANDRO BUONVICINO, gen. MORETTO, *Gastmahl in Bethanien bei Simon dem Aussätzigen,* um 1550. Brescia, Santa Maria Calchera
CARLO SARACENI, *Bußprozession des Hl. Karl Borromäus mit dem Nagelreliquiar des Hl. Chlodoald,* um 1619. Rom, San Lorenzo in Lucina
SIMON VOUET, *Die Versuchung des Hl. Franziskus,* 1624. Rom, San Lorenzo in Lucina

339 GUGLIELMO CACCIA, gen. MONCALVO, *Anbetung der Könige,* 1609–1613. Mailand, Sant'Alessandro
340 CARAVAGGIO, *Die Kreuzigung Petri,* 1600–1601. Rom, Santa Maria del Popolo
341 SANTI DI TITO, *Vision des Hl. Thomas von Aquin,* 1593. Florenz, San Marco
AMBROGIO FIGINO, *Gebet Christi am Ölberg,* um 1590–97. Mailand, Santa Maria della Passione
342 CARLO FRANCESCO NUVOLONE, *Die Beschneidung,* 1645. Piacenza, Museo Civico
343 MARIOTTO DI CRISTOFANO, Triptychon, um 1420. Ehemals Preci, Santa Maria
344 Filippino Lippi und Werkstatt, *Madonna mit Kind zwischen den Hll. Montanus und Bartholomäus,* um 1485. Tordiano, Preci, San Bartolomeo
345 MATTEO ROSSELLI, *Rosenkranzmadonna,* 1641. Abeto (Preci) San Martino
346 JACOPO CONFORTINI, *Madonna mit Kind und den Hll. Aegidius und Nikolaus von Bari,* 1640. Poggio di Croce (Preci), Sant'Egidio
348 BUFFALMACCO, *Das Jüngste Gericht,* um 1336. Pisa, Camposanto
349 BUFFALMACCO, *Das Jüngste Gericht,* um 1336. Pisa, Camposanto
351 VITTORE CARPACCIO, *Der Hl. Augustinus in seiner Studierstube,* 1502–1507. Venedig, Scuola di San Giorgio

Band 2

3 ANDREA MANTEGNA, *Camera degli Sposi,* um 1475. Mantua, Palazzo Ducale
8 CARAVAGGIO, *Lautenspieler,* um 1594. Leningrad, Eremitage
9 BONANNO PISANO, *Eva dient Adam,* Bildfeld der Bronzetür des Doms in Monreale
10 GIOTTO, *Der Neid,* um 1303–1305, Ausschnitt aus dem Jüngsten Gericht. Padua, Arena-Kapelle
11 Altägyptischer Maler, *Septimius Severus mit seiner Familie,* um 199–205. Berlin, Staatliche Museen
Venetische Mosaizisten, *Die Zerstörung der heidnischen Götzenbilder,* um 1320. Ausschnitt aus dem Mosaik im Atrium. Venedig, San Marco
12 Byzantinischer Miniaturist, *Ein Ikonoklast zerstört ein Abbild Christi,* 2. Hälfte 9. Jh. Moskau, Historisches Museum, MS Gr. 129 (Chludov-Psalter), f. 23r
14 Aquileische Werkstatt, *Mutter mit Kind,* Grabstelle, 1. Hälfte 3. Jh. n. Chr. Aquileia, Museo Nazionale.
Römischer Mosaizist (?), *Madonna mit Kind,* um 820. Rom, Santa Prassede, Cappella di San Zenone
15 Elfenbeinschnitzerei aus Konstantinopel, *Kaiser Justinianus I (?) als Herrscher des Erdkreises, Barberini-Diptychon,* Ende 5. Jh. Paris, Louvre
Toulouser Miniaturist, *Vespasian überreicht Titus den Reichsapfel,* Ende 11. Jh. Paris, Bibliothèque Nationale
20 Römischer Sarkophag des 3. Jh. n. Chr., eingearbeitet in eine mittelalterliche Kirchenfassade. Genua, San Matteo
21 NICOLÒ, *Strauß mit dem Eisen im Schnabel,* Teil des Portals, um 1314. Ferrara, Dom
22 BONANNO PISANO, *Bronzetor,* 1186. Monreale, Dom
23 BONANNO PISANO, *Der Zug der Hl. Drei Könige* und *Der Sündenfall.* Bildfeld der Bronzetür, nach 1186. Pisa, Dom
24 BONANNO PISANO, *Der Erzengel übergibt Adam und Eva Hacke und Stock mit der Anweisung zur Arbeit,* 1186, Bildfeld der Bronzetür. Monreale, Dom
24 BONANNO PISANO, *Adam und Eva mit Kain und Abel,* 1186, Bildfeld der Bronzetür Monreale, Dom
25 BONANNO PISANO, *Verkündigung,* nach 1186, Bildfeld der Bronzetür. Monreale, Dom
BONANNO PISANO, *Verkündigung,* nach 1186, Bildfeld der Bronzetür. Pisa, Dom
BONANNO PISANO, *Der Bethlehemitische Kindermord,* 1186, Bildfeld der Bronzetür. Monreale, Dom
26 BONANNO PISANO, *Der Bethlehemitische Kindermord,* 1186, Bildfeld der Bronzetür. Pisa, Dom
BONNANO PISANO, *Abendmahl,* 1186, Bildfeld der Bronzetür. Monreale Dom
BONANNO PISANO, *Abendmahl,* Bildfeld der Bronzetür, nach 1186. Pisa, Dom
27 Toskanischer Bildhauer (?), *Wildschweinjagd,* Architrav im Pieve di San Giovanni, Campiglia Marittima
Die Jagd des Meleager, Zeichnung nach einem römischen Sarkophag des 3. Jh. n Chr. Florenz, Uffizien
Pisaner Werkstatt, *Domfassade,* 2. Hälfte 12. Jh. Pisa, Dom
28 Luccheser Bildhauer (?), *Die Löwen von Barga,* Ausschnitt aus der Kanzel von San Cristofano), 2. Hälfte 12. Jh. (Barga) Lucca, San Cristofano

PISANER BILDHAUER, *Säulentragender Stier mit menschlichem Kopf,* Teil der Kanzel, 2. Hälfte des 12. Jh. Volterra, Dom
29 NICOLÒ und Gehilfen, Portal, um 1135. Ferrara. Dom
Werkstatt aus der Po-Ebene (?), »*Ädikula*« über dem Mittelportal, Ende 13. Jh.–Anfang 14. Jh. Ferrara, Dom
31 Kampanische Werkstatt, *Das Jüngste Gericht,* Ende 11. Jh. (?). Sant'Angelo in Formis, Capua, Basilika
32 BENEDETTO ANTELAMI, *Apostel tragen Schilde mit Prophetenbüsten,* Teile des Tympanons des *Portals der Jungfrau Maria,* 1196–1200. Parma, Baptisterium
35 Süditalienische Mosaizisten (?) byzantinischer Tradition, *Arche Noah,* 12.–13. Jh. Monreale, Dom
36 Süditalienische Mosaizisten (?) byzantinischer Tradition, *Rettung Petri aus den Fluten,* 12.–13. Jh. Monreale, Dom
Römischer Maler, *Der Sündenfall,* 4. Jh. n. Chr. Rom, Katakombe der Hll. Marcellinus und Petrus von Rom
Süditalienische Mosaizisten (?) byzantinischer Tradition, *Der Sündenfall,* 12.–13. Jh. Monreale, Dom
37 JACOPO DELLA QUERCIA, *Der Sündenfall,* um 1435–1438, Ausschnitt aus dem Hauptportal. Bologna, San Petronio
Der Sündenfall, Öldruck des 19. Jh.
BENEDETTO ANTELAMI, *Adam und Eva im Garten Eden,* um 1178. Parma, Museo Nazionale d'Antichita
38 Kampanische Werkstatt, *Auferstehung Christi* und *Auferweckung des Lazarus,* Ende 11. Jh. (?). Sant' Angelo in Formis (Capua), Basilika
39 Provenzalischer Bildhauer, *Der Salbenkauf der Frauen* und *Die drei Frauen am Grabe,* um 1150. Beaucaire (Gard, Frankreich), Pfarrkirche. Bildarchiv Marburg
Bildhauer aus der Po-Ebene (?), *Der Salbenkauf der Frauen* und *Die drei Frauen am Grabe,* Teile eines Kapitells, um 1160–1170. Modena, Museo Civico
40 PANTALEONE, *Fußbodenmosaik,* 1163–1165. Otranto, Dom, Mittelschiff
PANTALEONE, *Der Sündenfall,* um 1163–1165, Ausschnitt aus dem Fußbodenmosaik. Otranto, Dom, Mittelschiff
41 FRANCESCO, CIMABUE und Mitarbeiter, *Der thronende Christus zwischen Maria und dem Evangelist Johannes,* 1301–1303, Apsismosaik. Pisa, Dom
44 BERLINGHIERO BERLINGHIERI, *Kruzifix,* um 1220–1230. Lucca, Museo Nazionale di Villa Guinigi
45 GIUNTA PISANO (?), *Prozessionskreuz,* 1. Hälfte 13. Jh. Venedig, Fondazione Cini
46 GIUNTA PISANO, *Kruzifix,* um 1250. Bologna, San Domenico
CIMABUE, *Kruzifix,* um 1280. Florenz, Santa Croce (vor der Überschwemmung von 1966)
48 *Der Mönch Elias am Fuße des verlorenen Kreuzes von Giunta Pisano in Assisi (1236)* aus dem Stich, 17. Jh.
50 *Volto Santo,* Holzkruzifix, 12. Jh. (?). Lucca, Dom
51 HANS BURGKMAIR, *Volto Santo in Lucca,* um 1507, Holzschnitt
55 BONAVENTURA BERLINGHIERI, *Der Hl. Franziskus* und *Szenen aus seinem Leben,* 1235. Pescia, San Francesco. Archiv für Kunst und Geschichte, Berlin
57 JACOPO TORRITI, *Krönung der Heiligen Jungfrau,* um 1295, Ausschnitt aus dem Apsismosaik. Rom, Santa Maria Maggiore
DUCCIO DI BUONINSEGNA, *Maestà,* Vorderseite, 1308–1311. Siena, Museo dell'Opera del Duomo
58/9 DUCCIO DI BUONINSEGNA, Maestà, Rückseite, 1308–1311. Siena, Museo dell'Opera del Duomo
60 SIMONE MARTINI, *Maestà,* 1315. Siena, Palazzo Pubblico
65 NICOLA PISANO, *Darstellung Christi im Tempel,* Teil der Kanzel, 1260. Pisa, Baptisterium
66 NICOLA PISANO, *Kreuzigung,* 1260, Teil der Kanzel. Pisa, Baptisterium
NICOLA PISANO, *Engel,* Teil der Kanzel. Pisa, Baptisterium
67 GIOTTO, *Kruzifix,* um 1290. Florenz, Santa Maria Novella
68 GIOTTO, *Beweinung Christi* um 1303–1305. Padua, Arena-Kapelle
69 GIOTTO (?) und seine Schule, *Der Bethlehemitische Kindermord,* um 1303–1305. Assisi, San Francesco, Unterkirche
75 GIOTTO, *Anbetung der Könige,* um 1303–1305. Padua, Arena-Kapelle
76 GIOTTO, *Fußwaschung,* um 1303–1305. Padua, Arena-Kapelle
GIOTTO, *Abendmahl,* um 1303–1305. Padua, Arena-Kapelle
78 GIOTTO, *Der Bethlehemitische Kindermord,* um 1303–1305. Padua, Arena-Kapelle
79 GIOTTO, *Pfingsten,* um 1310–1315, London. National Gallery. Foto Fuatelli Fabbri, Mailand
80 GIOTTO, *Judas erhält den Verräterlohn,* um 1303–1305, Padua, Arena-Kapelle
90 TADEO GADDI, *Darstellung im Tempel,* 1332–1338. Florenz, Santa Croce
90 Florentiner Maler, *Darstellung im Tempel,* Kopie nach dem Fresko von Gaddi, Mitte des 14. Jh.

91 Florentiner Maler, *Darstellung Christi im Tempel,* um 1360–1370.
Florenz, Santa Croce, Capella Rinuccini
94/95 AMBROGIO LORENZETTI, *Verkündigung,* um 1340, Sinopie und Fresko.
Montesiepi, San Galgano
96 Toskanischer Miniaturist, *Verkündigung (Erscheinung des Erzengels Gabriel); Disputatio zwischen Maria und dem Engel,* um 1350. Paris, Louvre
97 CARLO BRACCESCO, *Verkündigung,* um 1490. Paris, Louvre. Foto Fratelli, Mailand
98 Ägidius aus Wiener Neustadt, *Vesperbild,* 1429. Padua, Santa Sofia
MICHELANGELO, *Pietà,* um 1499. Rom, Sankt Peter
99 PIERO DELLA FRANCESCA, *Auferstehung Christi,* um 1450–1460.
Sansepolcro, Pinacoteca Comunale
100 Florentiner Miniaturist, *Auferstehung Christi,* 2. Hälfte 14. Jh., Privatsammlung
102/3 LEONARDO, *Abendmahl,* 1495–1498. Mailand, Santa Maria delle Grazie.
102 Szene aus dem Film *Viridiana* von Louis Buñuel, 1961
103 Szene aus dem Film *Jesus Christ Superstar* von Norman Jewison, 1973.
107 LORENZO LOTTO, *Susanna und die Alten,* 1517. Ehemals Florenz, Collezione Contini Bonacossi
108 GIACOMO CERUTI, gen. PITOCCHETTO, *Bettelnder Neger,* um 1730. Turin, Privatsammlung
116 GIOTTO, *Hl. Johannes,* um 1290, Tafel des Kruzifixes. Florenz, S. Maria Novella
Werkstatt des Nicola Pisano (FRA GUGLIELMO ?), *Madonna,* um 1290.
Berlin, Staatliche Museen
122 GIOTTO, *Christus vor Kaiphas,* 1304–05. Padua, Arena-Kapelle
GIOTTO, *Gefangennahme Christi,* 1304–05. Padua, Arena-Kapelle
PSEUDO-JACOPINO, Kruzifix, um 1330. Bologna, San Giovanni in Monte
123 GIOTTO und Gehilfen, *Heilige Franziskaner,* um 1315, Ausschnitt aus der *Kreuzigung.*
Assisi, S. Francesco, Unterkirche
GIOTTO-Schule, *Darstellung Christi im Tempel,* um 1313–1315.
Assisi, S. Francesco, Unterkirche
MAESTRO DI FIGLINE, *Kopf des Engels,* um 1320, Ausschnitt aus der *Maestà.*
Figline Valdarno, Collegiata
124 MAESTRO DI FIGLINE, *Maestà,* um 1320. Figline Valdarno, Collegiata
GIOVANNI DI FRANCESCO, *Madonna mit Kind,* um 1455, Mittelbild des Triptychons.
Florenz, Palazzo Pitti, Collezione Contini-Bonacossi
125 TIZIAN, *Ländliches Konzert,* um 1511–1512. Paris, Louvre
GIOVANNI BELLINI, *Kreuzigung,* um 1470. Paris, Louvre
TINO DI CAMAINO, *Kardinal Petronius,* 1317–1318. Siena, Dom
TINO DI CAMAINO, *Madonna mit Kind,* 1321–1323, Vom Grabmal des Bischofs Orso.
Florenz, Museo Nazionale del Bargello
126 PIETRO LORENZETTI, *Auferstehung Christi,* um 1330. Siena, ehemals San Francesco
126 GIORGIONE, *Das Gewitter,* um 1505. Venedig, Galleria dell'Accademia
127 GIOTTO-Schule (?), *Die Bestätigung der franziskanischen Regel durch Innozenz III,* um 1330, Ausschnitt aus einem von Giotto signierten Tafelbild, Paris, Louvre
GENTILE DA FABRIANO, *Madonna dell'Umilità,* um 1415. Pisa, Museo Nazionale di S. Matteo
128 GIOVANNI DA MILANO, *Christus Pantokrator,* um 1365, Gewölbe der Capella Rinuccini,
Santa Croce, Florenz, Laboratori di restauro
VINCENZO FOPPA, *Kreuzigung,* 1456. Bergamo, Accademia Carrara
129 BARTOLOMEO SUARDI, gen. BRAMANTINO, *Kreuzigung,* um 1515. Mailand, Brera
CORREGGIO, *Madonna mit Kind, dem Hl. Hieronymus und der Hl. Katharina (Der Tag)*
1523–1528. Parma, Pinacoteca
PARMIGIANINO, *Bildnis einer jungen Frau (Türkische Sklavin),* um 1530.
Parma, Galleria Nazionale
LORENZO LOTTO, *Die Himmelfahrt Mariae und die Hll. Antonius Abbas und Ludwig,* 1506.
Asolo, Parrocchiale di Santa Maria Assunta
LORENZO LOTTO, *Madonna mit Kind, umgeben von den Hll. Joseph, Bernhard, Johannes d. T. und Antonius Abbas,* 1521. Bergamo, San Bernardino
130 GIROLAMO SAVOLDO, *San Girolamo,* um 1530. London, National Gallery of Art
LORENZO LOTTO, *Die Heilige Familie.* Florenz, Uffizien
ANDREA PISANO, *»Die Landwirtschaft«,* Vom Glockenturm des Giotto, 1335–1340.
Florenz, Opera del Duomo
131 ANNIBALE CARRACCI, *Madonna mit Kind und den Hll. Matthäus, Franziskus und Johannes d. T.,* 1588. Dresden, Gemäldegalerie, Bildarchiv Foto Marburg
LORENZO GHIBERTI, *Opferung Isaaks,* 1401. Florenz, Museo Nazionale del Bargello
PAOLO VENEZIANO, *Die Schiffahrt der Hl. Ursula,* um 1320. Florenz, Privatsammlung
133 MASACCIO, *Madonna del Solletico,* um 1425. Florenz, Palazzo Vecchio
MASACCIO, *Die Güterverteilung,* 1427. Florenz, Chiesa del Carmine Cappella Brancacci
137 JACOPO DELLA QUERCIA, *Madonna mit Kind,* um 1406. Ferrara, Museo del Duomo
FILIPPO DI SER BRUNELLESCCHI, *Opferung Isaaks,* 1401. Florenz, Museo Nazionale del Bargello
138 DONATELLO, *Madonna mit Kind,* um 1422. Berlin, Staatliche Museen
LUCA DELLA ROBBIA, *Madonna mit Kind,* um 1440. Florenz, Museo Nazionale del Bargello

DONATELLO, *Puttenkopf*, 1433–1439, Ausschnitt von der Sängertribüne des Doms in Florenz. Florenz, Museo dell'Opera del Duomo

140 PIETRO PERUGINO (?), *Madonna mit Kind*, um 1470. Berlin, Staatliche Museen

RAFFAEL, *Madonna di Foligno*, um 1511–1512. Rom, Pinacoteca Vaticana

141 PIETRO PERUGINO, *Madonna mit Kind und den Hll. Augustinus, Bernhard, Hieronymus und Sebastian*, 1500. Perugia, Galleria Nazionale dell'Umbria

142/43 GIOVANNI BELLINI, *Allegoria Sacra*, um 1485. Florenz, Uffizien

144 ANTONELLO DA MESSINA, *Kreuzigung*, 1475. Antwerpen, Museum

146 FILIPPO LIPPI, *Madonna dell'Umiltà*, um 1432, Ausschnitt Mailand, Castello Sforzesco

148 PONTORMO, *Die Heimsuchung*, um 1528. Carmignano, Pieve

154/55 SANDRO BOTTICELLI, *Die Geburt der Venus*, um 1485. Florenz, Uffizien

158 JACOPO PALMA IL VECCHIO, *Madonna mit Kind*, um 1500–1505. Berlin, Staatliche Museen

159 RAFFAEL, *Baldassar Castiglione*, um 1515. Paris, Louvre.

RAFFAEL, *Bildnis einer jungen Frau*, um 1515. Straßburg, Museum

160 GIOVAN FRANCESCO RUSTICI, *Der Levit*, aus der *Predigt des Täufers*, 1506–1509. Florenz, Baptisterium, Nordportal. Bildarchiv Foto Marburg

SEBASTIANO DEL PIOMBO, *Pietà*, um 1517. Viterbo, Museo Comunale

162 ANGIOLO BRONZINO, *Bildnis eines Edelmannes*, um 1540. Ottawa, National Gallery of Canada

164 FEDERICO ZUCCARI (?), *Madonna in der Glorie mit der Hl. Katharina und Johannes d. T.*, um 1565. Cortona, Museo Diocesano

165 GIOVAN BATTISTA MORONI, *Bildnis eines Gelehrten*, um 1545. Florenz, Uffizien

GIOVAN BATTISTA MORONI, *Bildnis einer vornehmen Dame in Schwarz*, um 1565

167 CARAVAGGIO, *Die Sieben Werke der Barmherzigkeit*, 1606. Neapel, Chiesa del Monte della Misericordia

168 ORAZIO GENTILESCHI, *Jesus und die Samariterin*, um 1610. Madrid, Palacio de Oriente

DOMENICO ZAMPIERI, gen. DOMENICHINO, *Almosen der Hl. Cäcilie*, 1611–1614. Rom, San Luigi dei Francesi

169 GIOVANNI LANFRANCO, *Verzückung der Hl. Margarete von Cortona*, 1621. Florenz, Palazzo Pitti

GIOVAN BATTISTA CRESPI, gen. CERANO, *Der Hl. Karl heilt Margherita Vertua*, 1609–1610. Mailand, Dom

ALESSANDRO ALGARDI, *Donna Olimpia Pamphili Maidalchini*, 1646. Rom, Palazzo Doria Pamphili

170 GIAN LORENZO BERNINI, *Der Raub der Proserpina*, 1621–1622. Rom, Galleria Borghese

GIAN LORENZO BERNINI, *Verzückung der Hl. Therese*, 1645–1652. Rom, Santa Maria della Vittoria

171 FRANCESCO MOCHI, *Maria bei der Verkündigung*, 1608. Orvieto, Museo dell'Opera del Duomo

FRANCESCO MOCHI, *Verkündigungsengel*, 1605. Orvieto, Museo dell'Opera del Duomo

172 GIAN LORENZO BERNINI, *Costanza Buonarelli*, um 1635. Florenz, Museo Nazionale del Bargello

173 PIETRO DA CORTONA, *Das Goldene Zeitalter*, 1637. Florenz, Palazzo Pitti, Sala della Stufa

174 GIOVAN BATTISTA SALVI, gen. SASSOFERRATO, *Die Heilige Familie*, um 1650. Berlin, Staatliche Museen

178 GIOVAN BATTISTA GAULLI, gen. BACICCA, *Tod des Hl. Franz Xaver*, 1676. Rom, Sant'Andrea al Quirinale

CARLO DOLCI, *Der segnende Christus*, um 1665. Dresden, Gemäldegalerie

180 GIACOMO CERUTI, gen. PITOCCHETTO, *Frauen bei der Arbeit*, um 1725. Padernello (Brescia), Collezione Conte Salvadego Molin.

181 BERNARDO BELLOTTO, gen. CANALETTO, *Veduta immaginaria*, um 1762–1766. Dresden, Gemäldegalerie

BERNARDO BELLOTTO, gen. CANALETTO, *Ansicht von Turin*. Turin, Sabanda

182 SEBASTIANO RICCI, *Vermählung des Bacchus und der Ariadne*, um 1710. Pommersfelden, Sammlung Graf von Schönborn-Wiesentheid

GIUSEPPE MARIA CRESPI, gen. SPAGNOLO, *Die drei Parzen*, 1691. Bologna, Palazzo Pepoli Campogrande

183 GIAMBATTISTA TIEPOLO, *Timokleia und der thrakische Kommandant*, um 1753. Washington D.C., National Gallery of Art, Kress Collection

ANTONIO CANAL, gen. CANALETTO, *Ansicht der Kirche Santa Maria della Carità, vom Campo San Vidal*, um 1730. London, National Gallery of Art

184 PIETRO ROTARI, *Bildnis einer jungen Frau*, um 1756–1762, Ausschnitt. Ehemals Florenz, Collezione Contini

185 VITTORE GHISLANDI, gen. FRA GALGARIO, *Francesco Maria Bruntino*, 1737. Bergamo, Accademia Carrara

186 VIVIANO CODAZZI, *Römische Ruinen*, um 1655. Prag, Nationalgalerie

188 ANDREA APPIANI, *Bildnis des Ugo Foscolo*, um 1802. Mailand, Brera. Foto Fratelli Fabbri, Mailand

GIOVANNI CARNOVALI, gen. IL PICCIO, *Selbstbildnis,* 1835
190 ANTONIO FONTANESI, *Kleiner Teich,* um 1855. Turin, Museo Civico
191 ENRICO REYCEND, *In der Umgebung von Turin,* 1885. Turin, Museo Civico
FILIPPO CARCANO, *Billardpartie,* 1873. Mailand, Brera
192/93 GIUSEPPE PELLIZZA DA VOLPEDO, *Der vierte Stand,* 1898–1901. Mailand, Palazzo Marino
194 CARLO CARRÀ, *Die Galleria in Mailand,* 1912. Mailand, Raccolta privata italiana d'Arte Moderna. Foto Fratelli Fabbri, Mailand
GIORGIO MORANDI, *Stilleben,* 1916. New York, Museum of Modern Art
UMBERTO BOCCIONI, *Aufruhr in der Galleria in Mailand,* 1910. Mailand, Collezione Jesi
195 LEONETTO CAPPIELLO, *Séverine Va mieu:,* aus »Le Rire«, 8. April 1899
197 GIOVANNI BELLINI, *Krönung Mariae,* um 1470. Pesaro, Musei Civici
198 GIOTTO, *Vertreibung der Dämonen aus Arezzo,* Szene aus dem *Leben des Hl. Franziskus.* Assisi, Unterkirche
200 GIOTTO und Werkstatt, *Drei Szenen aus dem Leben des Heiligen Franziskus,* um 1290–1292. Assisi, San Francesco, Oberkirche
202 DUCCIO DI BUONINSEGNA, *Madonna Rucellai,* 1285. Florenz, Uffizien
GIOTTO, *Madonna di Ognisanti,* um 1300–1303. Florenz, Uffizien
203 DUCCIO DI BUONINSEGNA, *Pfingsten,* 1308–1311, Ausschnitt aus der *Maestà.* Siena, Museo dell'Opera del Duomo
PIETRO CAVALLINI, *Geburt Mariae,* um 1290–1300, Mosaik. Rom, Santa Maria in Trastevere
204 GIOTTO-Schule, *Christus unter den Schriftgelehrten,* um 1309 (?). Assisi, San Francesco, Unterkirche
205 GIOTTO-Umkreis, *Der Hl. Franziskus erscheint dem Bischof Guido von Assisi im Traum,* 1297–1299. Assisi, San Francesco, Oberkirche
206 CIMABUE, *Madonna aus Santa Trinità,* um 1290–98 (?). Florenz, Uffizien
208 JAN VAN EYCK, *Verkündigung,* Genter Altar, 1432. Gent, St. Bavo
209 MATTEO GIOVANNETTI, *Die Enthauptung Johannes d. T.,* um 1346–1348. Avignon, Papstpalast, Kapelle des Hl. Johannes
210 PIETRO LORENZETTI, *Geburt Mariae,* 1342. Siena, Museo dell'Opera del Duomo
210/11 AMBROGIO LORENZETTI, *Die Auswirkung der Guten Regierung auf Stadt und Land,* 1338–1340. Siena, Palazzo Pubblico
211 AMBROGIO LORENZETTI, *Das Wunder des Hl. Nikolaus,* um 1332. Florenz, Uffizien
212 MASO DI BANCO, *Die Wunder des Hl. Silvester,* um 1341. Florenz, Santa Croce, Cappella Bardi di Vernio
213 TADDEO GADDI, *Die Zurückweisung des Joachim,* um 1330–1340. Florenz, Santa Croce, Cappella Baroncelli
214 GIOVANNI DA MILANO, *Die Zurückweisung des Joachim,* um 1365. Florenz, Santa Croce, Cappella Rinunccini
215 GIUSTO DE MENABUOI, *Darstellung Christi im Tempel,* um 1376 (?). Padua, Baptisterium
ALTICHIERO, *Darstellung Christi im Tempel,* um 1384 (?). Padua, Oratorio di San Giorgio
216 GEBRÜDER LIMBOURG, *Die Kreuztragung Christi,* aus den *»Très Riches Heures«* des Duc de Berry, um 1415–1416. Chantilly, Musée Condé
217 Französische Buchmalerei, *Jean de Berry vor der Jungfrau Maria, »Heures de Bruxelles«,* Ende 14. Jh. Brüssel, Königliche Bibliothek
219 MASACCIO, *Almosen des Hl. Petrus,* 1425–1428. Florenz, Chiesa del Carmine, Cappella Brancacci
220 DOMENICO VENEZIANO, *Wunder des Hl. Zenobius,* um 1445, Ausschnitt aus der Predella aus Santa Lucia dei Magnoli
DONATELLO, *Der Kampf des Hl. Georg mit dem Drachen,* um 1416. Florenz, Bargello
222 SASSETTA, *Abendmahl,* 1423–1426. Siena, Pinacoteca
224 GIOVANNI SCHEGGIA, *Hochzeitstruhe der Adimari,* um 1450. Florenz, Galleria dell'Accademia
MASOLINO, *Gastmahl des Herodes,* um 1435. Castiglione Olona, Baptisterium
225 FRA ANGELICO, *Krönung Mariae,* um 1430. Paris, Louvre
226 DONATELLO, *Die Himmelfahrt des Evangelisten Johannes,* um 1435. Florenz, San Lorenzo, Alte Sakristei
DOMENICO VENEZIANO, *Altarbild aus Santa Lucia de Magnoli,* um 1440–1450. Florenz, Uffizien
PAOLO UCCELLO, *Die Sintflut,* um 1450. Florenz, Kreuzgang von Santa Maria Novella
227 ANDREA DEL CASTAGNO, *Abendmahl,* um 1450. Florenz, Cenacolo di Sant'Apollonia. Archiv für Kunst und Geschichte, Berlin
FRA ANGELICO, *Der Hl. Laurentius verteilt Almosen,* um 1448–1450. Vatikan, Cappella Niccolina
JEAN FOUQUET, *Verkündigung,* Stundenbuch des Etienne Chevalier, um 1450. Chantilly, Musée Condé
228/9 PIERO DELLA FRANCESCA, *Geißelung Christi,* um 1450. Urbino, Palazzo Ducale
230 PIERO DELLA FRANCESCA, *Salomon und die Königin von Saba,* um 1455. Arezzo, San Francesco

231 ANDREA MANTEGNA, *Der Hl. Jakob tauft Hermogenes,* 1448–1450.
Ehemals Padua, Chiesa degli Eremitani
232 ANTONELLO DA MESSINA, *Der Hl. Hieronymus im Gehäuse,* um 1470.
London, National Gallery
233 ANTONELLO DA MESSINA, *Der Hl. Sebastian,* um 1476. Dresden, Gemäldegalerie
234 PIETRO PERUGINO, *Legende des Hl. Bernhard,* 1473. Perugia, Galleria Nazionale dell'Umbria
235 CRISTOFORO DA LENDINARA, Einlegearbeit. Modena, Kathedrale
236 MELOZZO DA FORLÌ, *Die Einweihung der Biblioteca Vaticana,* um 1477. Vatikan, Pinacoteca
237 BRAMANTINO, *Anbetung der Könige,* um 1500. London, National Gallery
BERNARDINO ZENALE, *Drei Heilige,* nach 1485, Ausschnitt aus einem Polyptychon.
Treviglio, Collegiata di San Martino
238 GIOVANNI ANTONIO AMADEO, *Der Hl. Himerius verteilt Almosen,* 1481–1484.
Cremona, Dom
PSEUDO-FÉLIX CHRÉTIEN (?), *Kellerszene,* 1537. Frankfurt, Städel. Bildarchiv Foto Marburg
239 ALBRECHT DÜRER, *Anbetung der Könige,* 1504. Florenz, Uffizien.
240 FRANCIABIGIO, *Der Brief des Uria,* 1523. Dresden, Gemäldegalerie.
Archiv für Kunst und Geschichte, Berlin
241 TINTORETTO, *Auffindung des Leichnams des Hl. Markus,* 1562. Mailand, Brera
PAOLO VERONESE, *Esther von Assuerus,* 1555–1556, Venedig. San Sebastiano
PAOLO VERONESE, *Deckenfresko in der Sala dell'Olimpo,* um 1561. Aser, Villa Barbaro
243 ANDREA POZZO, *Der Ruhm des Hl. Ignatius,* 1691–1694. Rom, Sant'Ignazio
245 GIOTTO, *Der Schreiber des Hl. Gregorius,* Ausschnitt aus der Volta dei dottori della Chiesa,
um 1304–1306. Assisi, San Francesco, Oberkirche
246 Sienesischer Maler (DUCCIO DI BUONINSEGNA ?), *Das Kastell des Giuncarico,* um 1314,
(Ausschnitt). Siena, Palazzo Pubblico
248 Englische Stickerei, *Der Zug der Hl. Drei Könige,* Ende 13. Jh., Ausschnitt aus einem
Pluviale. Bologna, Museo Civico d'Arte Medioevale e Moderna
253 Sienesischer Miniaturist, *Die Erschaffung der Fische und der Vögel,* um 1290.
Siena, Biblioteca Comunale degli Intronati
257 Meister nördlich der Alpen, *Lamech beklagt den Tod Kains* und *Gott tadelt Kain,*
Glasfenster des südlichen Querschiffes mit Szenen aus der Genesis, um 1270–80.
Assisi, San Francesco, Oberkirche.
258 Ostwand des nördlichen Querschiffes der Oberkirche von San Francesco. Assisi
259 GUCCIO DI MANNAIA (?), *Der Evangelist Johannes,* Teil des Fußes des Kelches Nikolaus IV.
Assisi, San Francesco, Museo-Tesoro
GUCCIO DI MANNAIA (?), *Kreuzigung,* reliefierte und bemalte Marmorplatte, um 1310–1315.
Siena, San Pellegrino alla Sapienza
260 MAITRE ETIENNE GODEFROYD, GUILLAUME DE VERDELAU und MILET D'AUXERRE, *Reliquiarbüste des Hl. Januarius,* Silber. Neapel, Dom, Cappella del Tesoro
Französischer Bildhauer (?), *Verkündigungsengel,* um 1320–1325, Teil einer Verkündigung. Carrara, Kathedrale
261 Süditalienischer Bildhauer, *Justitia Imperialis,* um 1240, Teil der Dekoration des
Triumphbogens Friedrichs II. in Capua. Capua, Museo Provinciale Campano
Süditalienischer Meister, *Kamee mit der Arche Noah,* Mitte 13. Jh.
London, British Museum
Süditalienische Steinschneidearbeit, *Kamee mit jungem Paar,* um 1250–1260. Wien,
Kunsthistorisches Museum
262 Gipsabdruck einer Kamee Friedrichs II., süditalienische Steinschneidearbeit, um
1220–1225. Nürnberg, Germanisches Nationalmuseum
Süditalienischer Bildhauer, *Kaiserbüste,* Fragment, um 1230. Barletta, Museo Civico
263 Meister des *De arte venandi cum avibus, Die Vogelwanderung,* 1258, aus dem Kodex des
Traktats Friedrichs II., *De arte venandi cum avibus.* Rom, Vatikan, Biblioteca Apostolica
Meister der Konradinsbibel, *Gefecht,* 1266–1268. Baltimore, Walters Art Gallery
264 JACOPO TORRITI, *Die Schöpfung,* Fresko. Assisi, San Francesco, Oberkirche
271 NICOLA PISANO, *Darstellung Christi im Tempel,* um 1260. Pisa, Baptisterium, Kanzel
272 AGOSTINO DI GIOVANNI, *Grabmal des Cino de Sinibaldi,* 1337–1339. Pistoia, Dom
Grabmal-Fragmente der Regentin Margaretha von Brabant, um 1312.
Genua, Galleria di Palazzo Bianco
273 GANO DI FAZIO (?), *Grabmal des Messer Porrina,* Marmor, um 1310–1315.
Casole d'Elsa, Prepositura di Santa Maria Assunta
GANO DI FAZIO (?), *Der Hl. Homobonus,* Marmor. Cremona, Dom
GORO DI GREGORIO, *Madonna degli storpi,* Marmor. Messina, Museo Nazionale
274 Sienesischer Goldschmied, *Kopfreliquiar des Hl. Galganus,* Kupfer und Silber, Ende
13. Jh. Siena, Museo dell'Opera del Duomo
275 Sienesischer Goldschmied, *Siegelmatrize für den Klarissenorden von San Giusto in Chianti,* Bronze, vergoldet, Ende 13. Jh. Florenz, Bargello
276 MANNO BANDINI, *Bonifaz VIII.,* nach 1301, getriebenes Kupfer, vergoldet.
Bologna, Museo Civico d'Arte Medievale e Moderna

277 Venezianischer Meister, *Emailliertes Trinkglas,* Anfang 14. Jh. London, British Museum
Sizilianischer Miniaturist, *Die Hl. Marina und die Tochter des Schankwirts,* Anfang 14. Jh. (Blatt 52 einer Sammlung der Vite di Santi. Turin, Biblioteca Nazionale)
282 MEMMO DI FILIPPUCCIO, *Madonna mit Kind zwischen acht Heiligen.* San Gimignano, Museo Civico
283 GIOTTO, *Schmuckfries.* Florenz, Santa Croce, Cappella Bardi
284 GIOTTO, *Evangelisten und Kirchenväter,* um 1304–1306, Ausschnitt eines Altarflügels mit Einlegearbeiten. Padua, Arena-Kapelle
285 TINO DI CAMAINO, *Noli me tangere,* Ausschnitt des Wandgrabes des Bischofs Gastone Torre. Florenz, Santa Croce
286 SIMONE MARTINI, *Polyptychon der Hl. Katharina,* 1319. Pisa, Museo Nazionale di San Matteo
287 SIMONE MARTINI, *Melkender Hirte,* Ausschnitt aus dem Titelblatt des *Virgilio* von Petrarca. Mailand, Biblioteca Ambrosiana
288 GIOTTO, *Ritter auf der Reise,* Ausschnitt aus der Darstellung der Justitia, um 1304–1306. Padua, Arena-Kapelle
AMBROGIO LORENZETTI, *Die Auswirkungen der Guten Regierung auf Stadt und Land,* 1337–1339. Siena, Palazzo Pubblico
289 BARTOLO DI FREDI, *Polyptychon des Bethlehemitischen Kindermordes.* Baltimore, Walters Art Gallery
293 JEAN PUCELLE, *Saul richtet die Lanze auf David,* Illustration des Blattes 24 v des Breviers von Belleville. Zwischen 1323 und 1326. Paris, Bibliothèque Nationale
294 Österreichische Stickerei (?), *Kreuzigung,* um 1330, Ausschnitt aus einem Antependium. Bern, Historisches Museum
296 *Madonna mit Kind,* Ausschnitt eines reliefierten Triptychons für John Grandisson, Bischof von Exeter, um 1350. London, British Museum
297 FERRER BASSA, *Verkündigung,* 1346. Pedralbes, Kloster, Cappella di San Michele
301 ANDREA MANTEGNA, *Triumph Scipios,* 1500, London, The National Gallery
302 RAFFAEL, *Portrait des Angelo Doni,* 1506. Florenz, Galleria Palatina. Archiv für Kunst und Geschichte, Berlin
304 Kopie nach einer Vorzeichnung von ANDREA MANTEGNA aus dem Zyklus *Der Triumph Cäsars,* Tafel II: *Götterstatue und Belagerungsmaschinen,* 1495–1505. Hampton Court, Lower Orangery. Archiv für Kunst und Geschichte, Berlin
305 *Der Triumph Cäsars,* Tafel VIII: *Musikanten und Insignienträger,* 1495–1505. Hampton Court, Lower Orangery. Archiv für Kunst und Geschichte, Berlin
L'Antico, *Vase der Gonzaga,* 1496 (?). Modena, Galleria Estense
306 *Der Triumph Cäsars,* Tafel IX: *Julius Cäsar auf dem Triumphwagen.* Hampton Court, Lower Orangery. Archiv für Kunst und Geschichte, Berlin
307 TIZIAN, *Isabella d'Este,* 1534. Archiv für Kunst und Geschichte, Berlin
308 FELICE FELICIANO, *Dedikationsblatt mit Widmung an Mantegna,* 1464. »Epigrammaton liber«, Kopie. Venedig, Biblioteca Marciana
309 ANDREA MANTEGNA, *Madonna mit Kind und Engeln,* 1459. Verona, San Zeno. Archiv für Kunst und Geschichte, Berlin
310 ANDREA MANTEGNA, *Mars und Venus auf dem Parnaß,* 1497. Paris, Louvre. Dokumentation, photographique de la Réunion des Musées Nationaux
ANDREA MANTEGNA, *Vertreibung der Laster aus dem Garten der Tugend,* 1502. Paris, Louvre, Documentation photographique de la Réunion des Musées Nationaux
312 ANDREA MANTEGNA, Zeichnung eines Ausschnitts des Konstantinbogens, 1488–1489. Wien, Foto Albertina
314 ANDREA MANTEGNA, *Madonna della Vittoria,* 1496. Paris, Louvre. Archiv für Kunst und Geschichte, Berlin
315 GENTILE BELLINI, *Portrait des Gianfrancesco Gonzaga, Herzog von Mantua.* Bergamo, Accademia Carrara
317 Nach Andrea Mantegna, *Die Senatoren folgen dem Triumphzug,* 1500–1505, Kopie einer Vorzeichnung für die Tafel X aus dem Zyklus *Der Triumph Cäsars.* Wien, Albertina
318 Zeichnung nach Jacopo Avanzi, *Triumph des Titus und des Vespasian,* um 1470. Paris, Louvre, Cabinet des Dessins
323 PIETRO PERUGINO, *Mariae Himmelfahrt,* 1506 (?). Neapel, Dom
PIETRO PERUGINO, *Madonna mit Kind und Heiligen,* 1495–1500. Bologna, Pinacoteca Nazionale
324 FILIPPINO LIPPI, *Die mystische Vermählung der Hl. Katharina,* 1501, Bologna, San Domenico
CRISTOFORO SOLARIO, *Grabmal der Beatrice d'Este,* 1497. Archiv für Kunst und Geschichte, Berlin
326 ANTONIO DEL POLLAIUOLO, *Die Schlacht der nackten Männer,* 1460–1470, Kupferstich
327 PIETRO PERUGINO, *Kampf der Keuschheit gegen die Sinnlichkeit,* 1505. Paris, Louvre. Documentation photographique de la Réunion des Musées Nationaux
LORENZO COSTA, *Isabella d'Este im Reich Amors,* 1506. Paris, Louvre, Documentation photographique de la Réunion des Musées Nationaux
328 Römischer Bildhauer, *Kopf der Faustina* d. Ä., 2. Jh. n. Chr. Mantua, Palazzo Ducale

329 Mitarbeiter des MANTEGNA, *Virtus Deserta,* 1495–1500.
Paris, Bibliothèque Nationale, Estampes
ANDREA MANTEGNA, *Virtus Combusta,* um 1490
334 LEONARDO, *Karton für das Bildnis der Isabella d'Este,* 1499–1500.
Paris, Louvre, Cabinet des Dessins. Archiv für Kunst und Geschichte, Berlin
335 LEONARDO, *Belle ferronnière,* Portrait der Beatrice d'Este (?), 1495–1500.
Paris, Louvre. Documentation photographique de la Réunion des Musées Nationaux
LEONARDO, *Portrait Cecilia Gallerani,* um 1490. Krakau, Nationalmuseum (Sammlung Czartoryski). Kunsthistorisches Institut der FU Berlin
336 GIAN CRISTOFORO ROMANO, *Portrait der Beatrice d'Este,* 1490–95. Paris, Louvre
339 PSEUDO BOLTRAFFIO, *Junger Christus,* 1495–1500. Madrid, Museum Lazaro Galdiano
343 FRANCESCO FRANCIA, *Anbetung des Kindes,* 1499. Bologna, Pinacoteca Nazionale
344 GIULIO CAMPAGNOLA, *Ganymed,* Anfang 16. Jh. Kupferstich
345 RAFFAEL, *Portrait der Elisabetta Gonzaga,* Montefeltro, 1504–1505. Florenz, Uffizien
RAFFAEL, *Portrait der Maddalena Doni,* 1506. Florenz, Galleria Palatina
LORENZO COSTA, *Portrait der Isabella d'Este als Allegorie der Treue,* 1505–1510.
London, Buckingham Palace
346 LORENZO COSTA, *Portrait des Giovanni Battista Fiera,* 1505. London, National Gallery
347 LORENZO COSTA, *Venus.* Budapest, Saépmüvezeti Múseum (Museum der Schönen Künste).
Archiv für Kunst und Geschichte, Berlin
349 GIAN CRISTOFORO ROMANO, Tür zum Studiolo der Isabella d'Este, 1505.
Mantua, Palazzo Ducale
350 GIAN CRISTOFORO, *Francesco Gonzaga,* Portraitbüste, um 1500.
Mantua, Palazzo Ducale
366 RAFFAEL, *Papst Leo X.,* 1517–1518
368 CORREGGIO, *Qualen des Lasters,* 1528–1530.
Paris, Louvre. Kunsthistorisches Institut der FU Berlin
369 CORREGGIO, *Triumph der Tugend,* 1528–1530, Paris, Louvre
371 PAOLO UCCELLO, *Geburt Christi,* Karlsruhe, Staatliche Kunsthalle
372 ANTONIO VIVARINI, *Der Hl. Petrus von Verona vertreibt den Teufel in der Gestalt der Maria.*
Paris, Sammlung Claude Lafontaine
375 GENTILE DA FABRIANO, *Krönung Mariae.* Malibu, Paul Getty Museum
MASACCIO, *Der Hl. Hieronymus.* London, National Gallery
NANNI DI BANCO, *Die vier gekrönten Heiligen.* Florenz, Orsanmichele
377 FILARETE, *Eingang zu einer Adelsburg,* »Trattato di Architettura«, 1460–1465.
Florenz, Biblioteca Nazionale
378 FILIPPO BRUNELLESCHI, *Fassade der Pazzi-Kapelle.* Florenz, Santa Croce, Chiostro
379 FILARETE, *Hauptturm einer Adelsburg,* »Trattato di Architettura«, 1460–1469.
Florenz, Biblioteca Nazionale
380 FILARETE, *Kreuzigung Petri,* Rom, St. Peter
382 DONATELLO, *Das Festmahl des Herodes.* Lille, Musée des Beaux-Arts
382 LORENZO GHIBERTI, *Johannes der Täufer vor Herodes.* Siena, Baptisterium
383 AGOSTINO DI DUCCIO, *Christi Abschied von der Mutter.* New York, Metropolitan Museum
384 Meister der Barberini-Tafeln, *Mariae Tempelgang.* Boston, Mass., Museum of Fine Arts
386 PAOLO UCCELLO, Kopf eines Propheten (?). Florenz, Dom
387 VERROCCHIO, *Grabmal des Piero und Giovanni de' Medici.*
Florenz, San Lorenzo, Alte Sakristei
LEONARDO, *Emblem auf der Rückseite des Portraits des Ginevra de' Benci.*
Washington, National Gallery
389 SASSETTA, *Madonna vom Schnee,* Florenz, Palazzo Pitti, Sammlung Contini Bonacossi
391 PIETRO DI GIOVANNI AMBROSI, *Madonna,* Fragment. Esztergom, Museum christlicher Kunst
392 LORENZO DI PIETRO, gen. VECCHIETTA, *Madonna mit Kind und zwei Heiligen.*
London, Privatsammlung
393 LORENZO DI PIETRO, gen. VECCHIETTA, *Auferstehung Christi.* New York, Frick Collection
394 FRANCESCO DI GIORGIO MARTINI, *Verkündigung.* Siena, Pinacoteca Nazionale
395 FRANCESCO DI GIORGIO MARTINI, *Geißelung Christi.* Perugia, Galleria Nazionale dell' Umbria
396 BARTOLOMEO DI TOMMASO, *Jüngstes Gericht,* Ausschnitt mit den Verdammten.
Terni, San Francesco
397 MATTEO DA GUALDO, *Anna Selbdritt.* Scirca (Sigillo), Santa Maria Assunta
398 LUDOVICO URBANI, *Die Stigmatisation des Hl. Franziskus.* Bergamo, Privatsammlung
399 FRANCESCO DI GENTILE DA FABRIANO, *Madonna dell'Umiltà.* Mailand, Privatsammlung
400 NICCOLÒ DI LIBERATORE, *Der Evangelist Johannes.* Foligno, Dom
400–403 BERNARDINO DI MARIOTTO, *Heimsuchung und Vermählung Mariae.*
Ehemals London, R. H. Benson Collection
402 DONATO DE' BARDI, *Madonna mit Kind.* Mailand, Museo Poldi Pezzoli
Lombardische Schule, Architekturdarstellung mit Geißelungsszene.
Cambridge (Mass.), Fogg Art Museum
403 VINCENZO FOPPA, *Anbetung der Könige,* London, National Gallery

404 JACOPO BELLINI, *Tempel.* Paris, Louvre
405 BRAMANTINO, *Lukretia.* Mailand, Collezione Sola
406 ANDREA MANTEGNA, *Der tote Christus gestützt von zwei Engeln.* Kopenhagen, Statens Museum for Kunst
407 ANDREA MANTEGNA, *Der Heilige Jakobus vor Herodes.* Ehemals Padua, Chiesa degli Eremitani, Cappella Ovetari
408 FRANCESCO MORONE, *Die Stigmatisation des Hl. Franziskus.* Verona, Museo di Castelvecchio
409 FRANCESCO SQUARCIONE, *Madonna mit Kind.* Berlin, Staatliche Museen
MARCO ZOPPO, *Madonna mit Kind und zwei Heiligen.* Braunschweig, Herzog Anton Ulrich-Museum
410 GIOVANNI FRANCESCO DA RIMINI, *Der Evangelist Johannes,* Teil des Kreuzes. Privatsammlung
411 GEROLAMO DA CREMONA, *Christus und vier Heilige.* Viterbo, Dom
412 GIORGIO DA SEBENICO, Portal. Ancona, Sant'Agostino
CARLO CRIVELLI, *Der Heilige Petrus.* Montefiori dell'Aso, Santa Lucia
NICOLA DI ANTONIO, *Madonna mit Kind.* Minneapolis, Institute of Arts
413 GIORGIO SCHIAVONE, *Madonna mit Kind und Engeln,* Baltimore, Walters Art Gallery
414 Meister der Geschichten Helenas, *Der Raub der Helena.* Baltimore, Walters Art Gallery
415 PETRUS CHRISTUS (zugeschr.), *Portrait eines Mannes.* Lugano, Sammlung Thyssen-Bornemisza
ANTONELLO DA MESSINA, *Portrait eines Mannes.* Lugano, Sammlung Thyssen-Bornemisza
416 JACOMETTO, *Portrait eines Prälaten.* London, Privatsammlung
GIORGIONE, *Portrait eines Mannes.* San Diego (Cal.), Fine Arts Gallery
417 JAN VAN EYCK, *Portrait eines Mannes.* London, National Gallery
419 PINTURICCHIO, *Portrait eines Artisten.* Spello, Santa Maria Maggiore, Cappella Baglioni
445 GIAMBATTISTA TIEPOLO, *Neptun bietet Venedig die Reichtümer des Meeres an,* um 1745–1750 Venedig, Palazzo Ducale
461 TINTORETTO, *Vulkan überrascht Venus und Mars,* um 1555. Bayerische Staatsgemäldesammlungen München

Namen- und Ortsregister

Die *kursiv* gesetzten Seitenzahlen verweisen auf Abbildungen

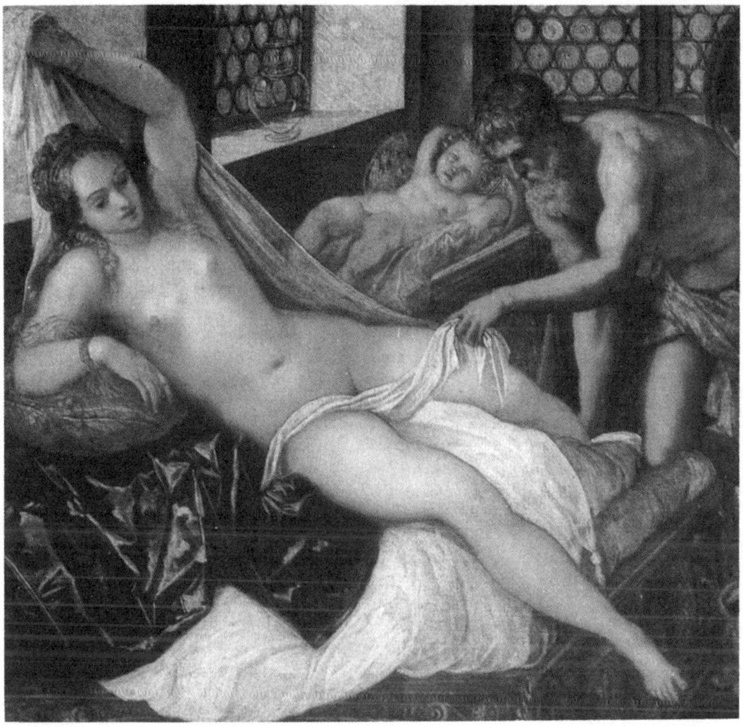

TINTORETTO,
Vulkan überrascht Venus und Mars,
um 1555
Ausschnitt

Über die Autoren

Luciano Bellosi

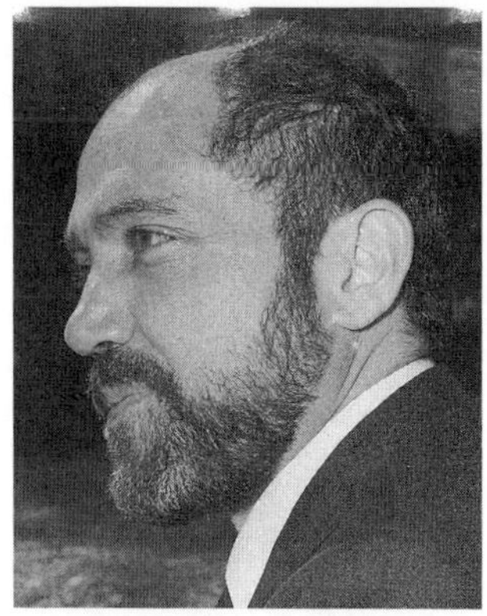

Geboren 1936 in Scandicci, Florenz, lehrt Geschichte der Mittelalterlichen Kunst an der Universität Siena.

Enrico Castelnuovo

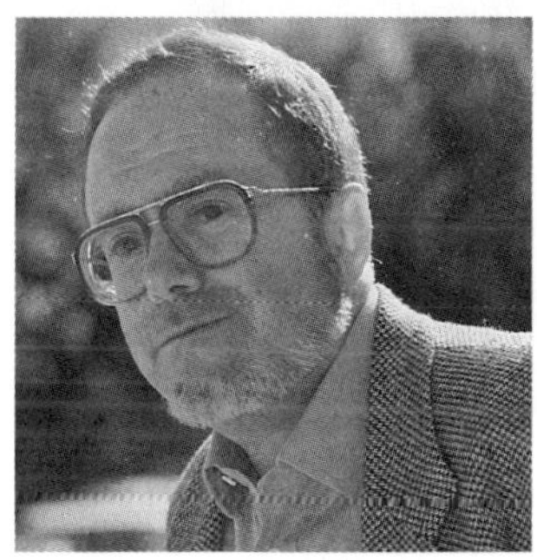

Geboren 1929 in Rom, lehrt Kunstgeschichte an der Scuola Normale Superiore in Pisa.

Alessandro Conti

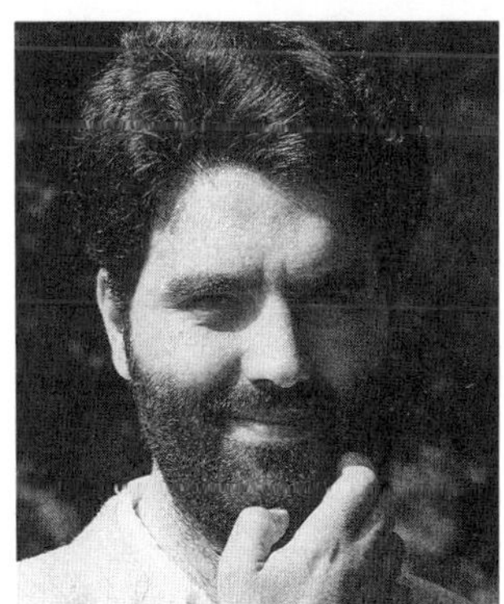

Geboren 1946 in Florenz, lehrt Wissenschaft und Technik der Restaurierung an der Universität Bologna.

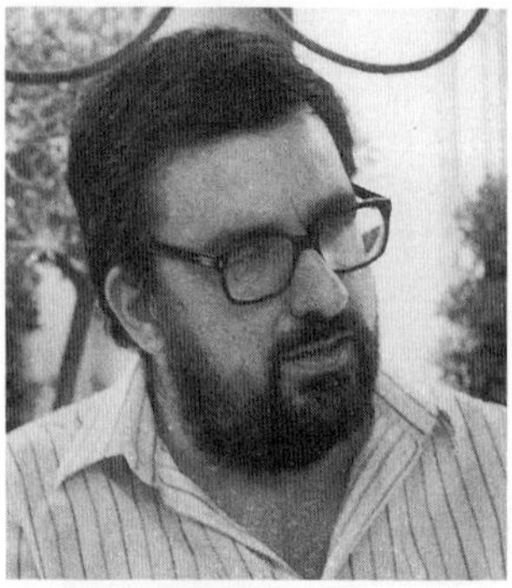

Massimo Ferretti

Geboren 1949 in Pisa, lehrt an der Universität Bologna. Spezialist für die Geschichte der Malerei der Toskana und der Emilia.

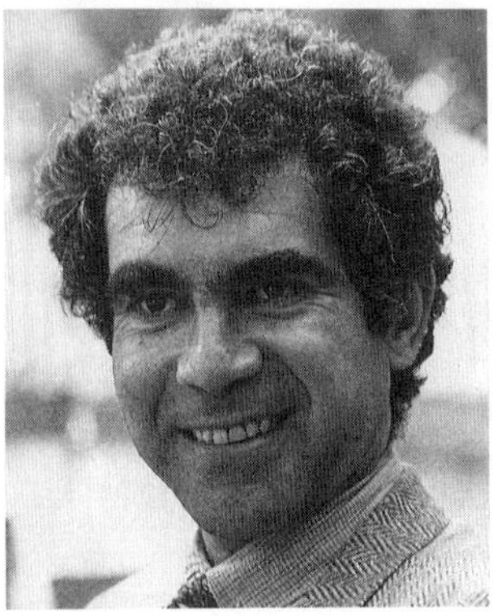

Carlo Ginzburg

Geboren 1939 in Turin, lehrt Geschichte an der Universität Bologna. Dt.: *Die Benandanti; Der Käse und die Würmer; Erkundungen über Piero; Spurensicherungen.*

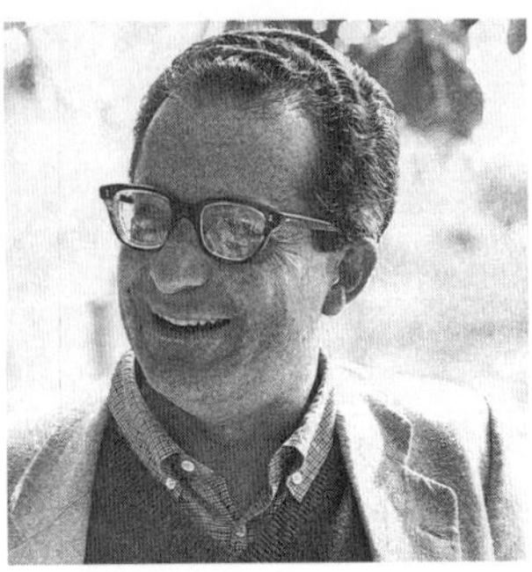

Giovanni Previtali

Geboren 1934 in Florenz, Direktor der Zeitschrift ›Prospettiva‹, die von der Region Toskana und der Universität Siena herausgegeben wird.

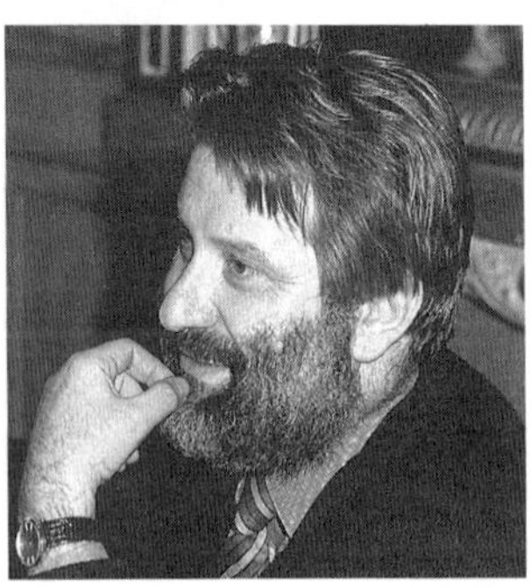

Giovanni Romano

Geboren 1939 in Carmagnola (Turin), Kunsthistoriker. Superintendent für die historischen und die künstlerischen Schätze der Region Piemont und Mitglied des Nationalen Rats für Kulturgüter.

Willibald Sauerländer

geboren 1924, Direktor des Zentralinstituts für Kunstgeschichte in München.
Veröffentlichungen u. a.: *Das gotische Figurenportal in Frankreich; Die Kathedrale von Chartres; Die Skulptur des Mittelalters; Gotische Skulpturen in Frankreich; Das Königsportal in Chartres.*

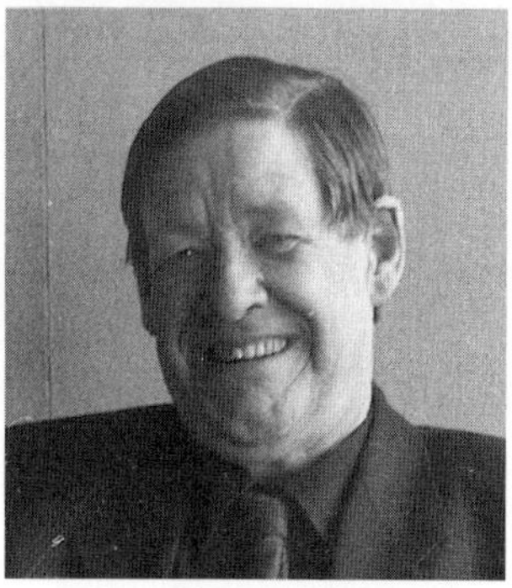

Salvatore Settis
Geboren 1941 in Rosarno, Kalabrien; lehrt Klassische Archäologie an der Scuola Normale Superiore in Pisa.
Dt.: *Giorgiones ›Gewitter‹*

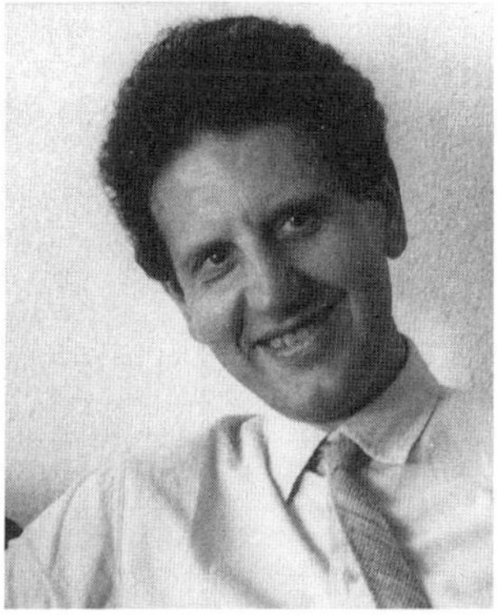

Bruno Toscano

Geboren 1930 in Spoleto, lehrt Geschichte der Kunstkritik an der Universität Rom. Mitglied des Nationalen Rats für Kulturgüter.

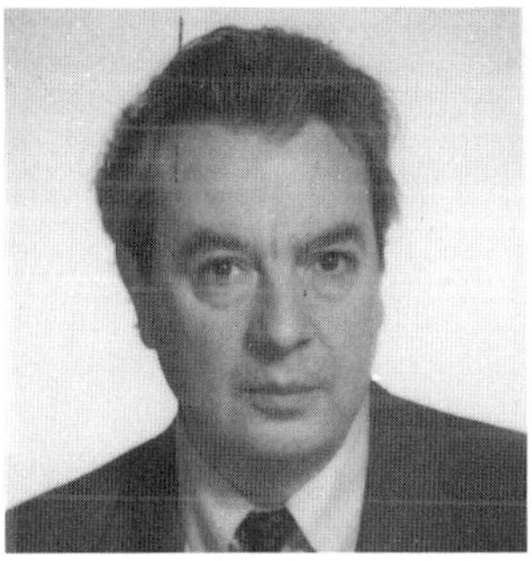

Federico Zeri

Geboren 1921 in Rom, lange Auslandsaufenthalte, Gastprofessor für Kunstgeschichte an der Harvard University und der Columbia University in New York.

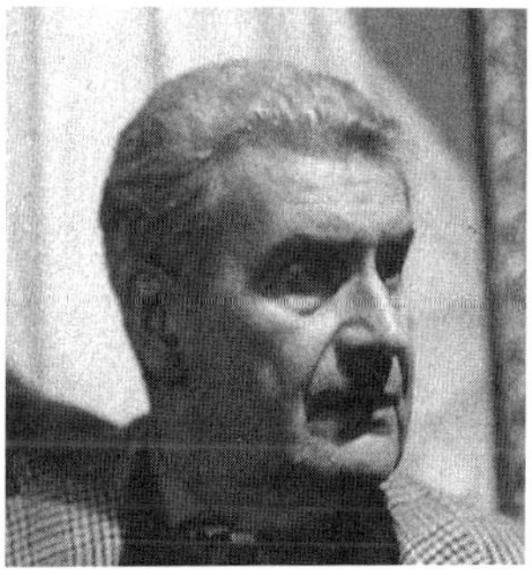

ITALIENISCHE GESCHICHTE

PETER BURKE
Städtische Kultur in Italien
zwischen Hochrenaissance und Barock

Nach welchen Regeln ging um 1600 ein römischer Dieb seinem Handwerk nach? Welche rituellen Abläufe bestimmten so verschiedene Ereignisse wie den Karneval in Venedig, einen Volksaufstand in Neapel oder die Heilung vom Biß einer Tarantel?
Burkes Analysen sind exemplarische Beiträge zum Verständnis des kulturellen Unterbaus einer Epoche, die die Moderne prägte.

Aus dem Englischen von Wolfgang Kaiser. Englische Broschur. 224 Seiten

PETER BURKE *Vico*
Philosoph, Historiker, Denker einer neuen Wissenschaft

Peter Burke versucht hier, den geheimnisvollen Ruf des Philosophen, Historikers, Sprachwissenschaftlers und Juristen Giambattista Vico (1668–1744), der bis heute zu einer Fülle von Mythen Anlaß bietet, zu erklären und seine Bedeutung für die moderne Soziologie und Kulturgeschichte aufzuzeigen.

Aus dem Englischen von Wolfgang Heuss. Broschur. 120 Seiten

ARNALDO MOMIGLIANO *Wege in die alte Welt*

Dieser Band stellt die zentralen Arbeiten des Altertumswissenschaftlers Arnaldo Momigliano vor, der einleuchtend zeigt, daß historische Reflexion in sich selbst einen Traditions- und Gedächtnisraum darstellt, den jeder, der diesen Raum betritt, verändert, indem er ihm seine jeweilige Aktualität einprägt.

Aus dem Italienischen von Horst Günther. Blaues Leinen. 240 Seiten

JOACHIM SCHUMACHER *Leonardo da Vinci*
Maler und Forscher in anarchischer Gesellschaft

Schumachers Buch bricht sowohl mit dem Kult um das ›Renaissance-Genie‹ als auch mit der Unterwerfung des Individuums unter allgemeine Inhalts- und Stiltheorien. Es zeigt Leonardo vielmehr als einen Antitypus zur Kaufmannsgesellschaft um 1500 und macht ihn erkennbar als das, was er auch war: ein Ärgernis.

Englische Broschur. 288 Seiten

ROBERTO ZAPPERI *Annibale Carracci*
Bildnis eines jungen Künstlers

Das Portrait eines großen Malers zwischen Manierismus und Barock und die Chronik einer Bologneser Künstlerfamilie. Erzählt im besten Stil der neuen italienischen Geschichtsschreibung: Wir begreifen, wie ein Künstler die Kunst bewegt und zugleich, was ihn dabei selbst bewegt.

Aus dem Italienischen von Ingeborg Walter. Englische Broschur. 160 Seiten

PETER BURKE *Die Renaissance*

Peter Burke hat einen jener generellen, verständlichen und einführenden Überblicke geschrieben, wie sie den Lehrenden in den angelsächsischen Ländern glücklicherweise immer wieder abverlangt werden, zum Nutzen der Studenten und interessierten Laien: Die Kultur der Renaissance in Europa, von 1300 bis ins siebzehnte Jahrhundert.

Aus dem Englischen von Robin Cackett. SALTO. Rotes Leinen. 112 Seiten

FRIEDERIKE HAUSMANN *Kleine Geschichte Italiens seit 1943*

Nicht nur ein nützlicher Begleiter für Italienreisende, sondern auch eine Anleitung zum Verständnis einer ganz anderen, faszinierenden politischen Kultur, die im ordentlichen europäischen Haus produktive Unruhe stiften könnte.

WaT 159. 176 Seiten mit vielen Bildern

ROBERTO LONGHI *Masolini und Masaccio*
Zwei Maler der Spätgotik und Renaissance

Ein Hauptwerk des einflußreichsten italienischen Kunsthistorikers zum erstenmal auf deutsch: Der Versuch, die Anteile Masolinos von denen Masaccios zu trennen und das Verhältnis Lehrer/Schüler zu klären. Die Ergebnisse – besonders bezüglich Masaccios revolutionärer Veränderung des künstlerischen Blicks – sind bis heute gültig.

Aus dem Italienischen von Andreas Beyer. Englische Broschur. 192 Seiten. (Frühjahr 1992)

ITALIENISCHE LITERATUR

CARLO EMILIO GADDA *Die Wunder Italiens*

Gaddas Texte – ebensooft Polemiken wie Liebeserklärungen – führen in ein verborgenes Italien, führen durch das ›entsetzliche Gewirr‹ des Lebens, ein imaginärer und exzentrischer Reiseführer: Italien ist, wo Gadda ist.

Aus dem Italienischen von Toni Kienlechner. Broschur. 144 Seiten

NICO NALDINI *Pier Paolo Pasolini. Eine Biographie*

Nico Naldini beschreibt in dieser genauen Chronologie das Leben und das gesamte Werk seines Cousins Pier Paolo Pasolini. Es ist das Portrait eines ungewöhnlichen, sanften und doch streitbaren Künstlers, der Italien bewegt hat und von ihm bewegt war.

Aus dem Italienischen von Maja Pflug. Englische Broschur. 320 Seiten

GIORGIO MANGANELLI *Irrläufe.*

Hundert Romane in Pillenform

Sie verlaufen sich ineinander und bleiben doch knapp, sind Romane in der kürzesten Form, eine Pille, die genügt, den Leser in den Rauschzustand der fortspinnenden Phantasie zu versetzen.

Aus dem Italienischen von Iris Schnebel-Kaschnitz. SALTO. Rotes Leinen. 132 Seiten

Italienische Liebesgeschichten

Herausgegeben von Klaus Wagenbach

Dieser Band sammelt (veröffentlichte wie auch unbekannte) Erzählungen der bedeutendsten italienischen Autoren der Gegenwart zu einem Thema, von dem der ›Latin Lover‹ nach landläufiger Meinung viel versteht.

SALTO. Rotes Leinen. 96 Seiten

ROMANO BILENCHI *Anna und Bruno*

Die Erzählungen aus der Toskana, die zu zwei größeren Gruppen zusammengestellt, das Leben von Dorf- und Kleinstadtbewohnern und andererseits Städte und Tageszeiten beschreiben, handeln von Menschen, die der Autor genau kennt.

Aus dem Italienischen von Karin Fleischanderl. Quartbuch. Schwarzes Leinen. 190 Seiten

PIER PAOLO PASOLINI *Ragazzi di vita*

Der Extremismus in der Sprache in Pasolinis Roman entspricht dem Extremismus seines Gegenstands: Das Werk überliefert den wüsten Jargon der römischen Vorstadt, die barocke Pracht seiner Flüche und Beschimpfungen, seine rabiate Geilheit. Das Pathos dieser Sprache, ihre Lebensintelligenz, ist Ausdruck der Liebe Pasolinis zu seinen Vorstadt-Helden.

Aus dem Italienischen von Moshe Kahn. Quartbuch. Schwarzes Leinen. 242 Seiten

LUIGI MALERBA *Das griechische Feuer*

Dieser historische Krimimalroman beschreibt eine schöne, nymphomane Kaiserin, ihre Bürokraten, Kaiser, Liebhaber und eine verderbenbringende Geheimwaffe, die über das Wasser laufen kann.

Aus dem Italienischen von Iris Schnebel-Kaschnitz. Schwarzes Leinen. 320 Seiten

NATALIA GINZBURG *Nie sollst Du mich befragen*

»Es ist mir nie gelungen, ein Tagebuch zu schreiben, diese Texte sind vielleicht so etwas wie ein Tagebuch«: Natalia Ginzburg schreibt in diesen Erzählungen an ihrer Autobiographie weiter, erinnert an ihr Lebensalter, ihren Alltag, ihr Arbeitsleben.

Aus dem Italienischen von Maja Pflug. Quartheft 180. 112 Seiten

Wenn Sie Lust auf weitere Bücher haben, schreiben Sie uns eine Postkarte – wir schicken Ihnen gern unseren jährlichen Verlagsalmanach ZWIEBEL:

Verlag Klaus Wagenbach, Ahornstraße 4, 1000 Berlin 30